Pohl/Rode/Schneider
Handbuch der Organschaft

# Handbuch der Organschaft

## Steuerrecht – Gesellschaftsrecht – Bilanzrecht

Herausgegeben von

**Prof. Dr. Carsten Pohl LL.M.**
Finanzverwaltung NRW
Hochschule für Finanzen NRW
Haltern am See

**Dr. Oliver Rode LL.M.**
Richter am Finanzgericht
Düsseldorf

**Prof. Dr. Norbert Schneider**
Rechtsanwalt, Steuerberater
Diplom-Finanzwirt
Köln

Bearbeitet von

*Dr. Magnus Bleifeld,* Notarassessor in Meerbusch; *Dr. Julia Busch,* Wirtschaftsprüferin und Steuerberaterin in München; *Dr. Urs Dempfle,* Steuerberater in Köln; *Ben Dörnhaus,* Richter am Finanzgericht in Düsseldorf; *Dr. Sebastian Falk,* Richter am Finanzgericht in Düsseldorf; *Paul Forst,* Wirtschaftsprüfer und Steuerberater in Düsseldorf; *Dr. Christian Herbst,* Diplom-Finanzwirt, Syndikus-Rechtsanwalt und Syndikus-Steuerberater in Berlin; *Dr. Carsten Höink,* Diplom-Finanzwirt, Rechtsanwalt und Steuerberater in Münster; *Ferdinand Huschens,* Diplom-Finanzwirt und Steuerberater in Mahlow; *Thorsten Kontny,* Diplom-Finanzwirt in Essen; *Alexander Kraus,* Steuerberater in Düsseldorf; *Dr. Sören Lehmann,* Diplom-Finanzwirt, Rechtsanwalt und Steuerberater in Krefeld; *Dr. Alexander Mann,* Ministerialrat in Wiesbaden; *Prof. Dr. Maria Marquardsen,* Juniorprofessorin für Öffentliches Recht und Steuerrecht in Bochum; *Dr. Elena Münster,* Rechtsanwältin in Köln; *Dr. Florian Oppel LL.M.,* Rechtsanwalt und Steuerberater in Köln; *Prof. Dr. Carsten Pohl LL.M.,* Finanzverwaltung NRW, Hochschule für Finanzen NRW, Haltern am See; *Dr. Philipp Redeker,* Rechtsanwalt und Steuerberater in Bonn; *Dr. Oliver Rode LL.M.,* Richter am Finanzgericht in Düsseldorf; *Dr. Georg Roderburg,* Rechtsanwalt und Steuerberater in Köln; *Prof. Dr. Joachim Schiffers,* Wirtschaftsprüfer und Steuerberater in Ratingen; *Jörg Schindler MBA,* Steuerberater in Essen; *Prof. Dr. Norbert Schneider,* Diplom-Finanzwirt, Rechtsanwalt und Steuerberater in Köln; *Dr. Markus D. W. Stoffels,* Diplom-Finanzwirt, Rechtsanwalt und Steuerberater in Meerbusch; *Markus Suchanek,* Steuerberater in Düsseldorf; *Michael Vodermeier M.Sc.,* Wirtschaftsprüfer und Steuerberater in München; *Dr. Martin Weiss,* Steuerberater und Fachberater für Internationales Steuerrecht in München; *Dr. Arnd Weißgerber,* Ministerialrat in München; *Dr. Stefanie Zimmermann,* Master of Science in Düsseldorf; *Prof. Dr. Christian Zwirner,* Wirtschaftsprüfer und Steuerberater in München

2025

C.H.BECK

*Zitierweise:* Pohl/Rode/Schneider Organschaft-HdB/Bearbeiter Rn. 1
PRS Organschaft-HdB/Bearbeiter Rn. 1

**beck.de**

ISBN 978 3 406 81156 2


Wilhelmstraße 9, 80801 München
info@beck.de
Satz, Druck und Bindung: Druckerei C.H.Beck Nördlingen
(Adresse wie Verlag)
Umschlag: Druckerei C.H.Beck Nördlingen

chbeck.de/nachhaltig
produktsicherheit.beck.de

Gedruckt auf säurefreiem, alterungsbeständigem Papier
(hergestellt aus chlorfrei gebleichtem Zellstoff)

# Vorwort

Die Bildung von Organschaften gehört zu den wichtigsten Instrumentarien im Unternehmenssteuerrecht. Der Abschluss eines Gewinnabführungsvertrages ermöglicht es, entgegen des ansonsten bei Kapitalgesellschaften anzuwendenden Trennungsprinzips, Gewinne und Verluste zusammenzuführen. Doch dies ist nur einer der vielen Gründe für die Etablierung ertragsteuerlicher Organschaften. Bis hin zur gewerbesteuerlichen Hinzurechnung und der Zinsschrankenregelung kann die Organschaft positive Effekte zeitigen. Häufig ist Eile geboten: Sollen nach einem Unternehmenskauf nicht zunächst vororganschaftliche Verluste entstehen, die während der Dauer der Organschaft „eingefroren" werden, ist zumeist das Wirtschaftsjahr der künftigen Organgesellschaft umzustellen, damit die Rechtsfolgen der Organschaft unmittelbar eintreten können.

Setzt die Organschaft im Ertragsteuerrecht aufgrund des Erfordernisses des Gewinnabführungsvertrages stets einen Willensakt voraus, kann im Bereich der Umsatzsteuer eine Organschaft sogar entstehen, ohne dass es den handelnden Personen bewusst ist. Unter den tatbestandlichen Voraussetzungen der Organschaft bildet mittlerweile lediglich noch die finanzielle Eingliederung eine Schnittstelle zwischen ertragsteuerlicher und umsatzsteuerlicher Organschaft. Das Grunderwerbsteuerrecht lehnt sich wiederum an die Voraussetzungen der umsatzsteuerlichen Organschaft an. Hier ist der Begriff der Organschaft für den Steuerpflichtigen jedoch ausschließlich negativ besetzt, Vorteile lassen sich hier nicht erzielen, die Organschaft wirkt vielmehr steuerbegründend.

Die Bedeutung der Organschaft im Unternehmenssteuerrecht ist somit ähnlich groß wie die mit ihr verbundenen Probleme. Die richtige Abfassung des Gewinnabführungsvertrages und die Beachtung der fünfjährigen Mindestlaufzeit sind dabei nur die Spitze des Eisberges. Zum Teil restriktive Finanzverwaltungsauffassungen und Rechtsprechung haben ihren Teil dazu beigetragen, dass sich die Organschaft für den Rechtsanwender als Minenfeld zu entpuppen vermag. Jegliche Überlegungen, die Organschaft in Richtung einer „modernen Gruppenbesteuerung" zu entwickeln und damit auch einige Fallstricke zu beseitigen, sind in der Vergangenheit immer wieder gescheitert. Der Beratungsbedarf im Zusammenhang mit der Organschaft ist daher nach wie vor groß.

Das vorliegende neue Werk hat es sich zum Ziel gesetzt, dem Rechtsanwender einen „vollständigen" Ratgeber an die Hand zu geben, der die körperschaftsteuerliche Organschaft in all ihren Facetten beleuchtet, aber ebenso die gewerbesteuerliche, die grunderwerbsteuerliche und nicht zuletzt die umsatzsteuerliche Organschaft umfassend behandelt. Wo praxisrelevante Spezialfragen identifiziert werden konnten, sind diese Gegenstand einzelner Kapitel. Der Leser soll somit idealerweise bereits beim Blick in das Inhaltsverzeichnis feststellen können, wo „sein" Problem im Buch verortet ist. Unter dem Gedanken „So umfangreich wie nötig, aber dabei so präzise wie möglich", war es beabsichtigt, Doppelungen – sofern möglich – zugunsten einer stringenten Themenbehandlung zu vermeiden.

Ermöglicht wurde dieses neue Handbuch durch die engagierte Arbeit eines renommierten jungen Autorenteams, das sich aus Vertretern der Berater- und Unternehmenspraxis, der Wissenschaft, der Finanzverwaltung und der Finanzgerichtsbarkeit zusammensetzt. Ihnen möchten wir für Ihren Einsatz herzlich danken! Bedanken möchten wir uns auch bei dem C.H.Beck Verlag und unserem Mitautoren und Lektor Dr. Martin Weiss, bei dem wir das Gesamtwerk in den besten Händen wussten.

## Vorwort

Wir hoffen, dass das neue Handbuch in Wissenschaft und Praxis eine gute Aufnahme erfährt und im Arbeitsalltag als hilfreich erachtet wird! Für jegliche Kritik, Ergänzung oder sonstige Anmerkung sind wir selbstverständlich dankbar!

Haltern am See, Düsseldorf, Köln im Februar 2025
*Prof. Dr. Carsten Pohl, Dr. Oliver Rode, Prof. Dr. Norbert Schneider*

## Bearbeiterverzeichnis

*Dr. Magnus Bleifeld* ............ § 4
*Dr. Julia Busch* .................. § 10 (mit *Vodermeier, Zwirner*)
*Dr. Urs Dempfle* ................. § 16 (mit *Schindler*)
*Ben Dörnhaus* .................... Teil 4
*Dr. Sebastian Falk* .............. § 19 (mit *Rode*)
*Paul Forst* ......................... § 15 (mit *Kraus, Zimmermann*)
*Dr. Christian Herbst* ............ § 5 (mit *Suchanek*)
*Dr. Carsten Höink* .............. Teil 3 (mit *Huschens*)
*Ferdinand Huschens* ............. Teil 3 (mit *Höink*)
*Thorsten Kontny* ................. § 13
*Alexander Kraus* ................. § 15 (mit *Forst, Zimmermann*)
*Dr. Sören Lehmann* ............. §§ 7, 8 (mit *Roderburg*)
*Dr. Alexander Mann* ........... §§ 1, 2 (mit *Weißgerber*)
*Prof. Dr. Maria Marquardsen* ... § 9
*Dr. Elena Münster* .............. § 14 (mit *Redeker*)
*Dr. Florian Oppel* ............... § 17
*Prof. Dr. Carsten Pohl* .......... §§ 6, 11
*Dr. Philipp Redeker* ............. § 14 (mit *Münster*)
*Dr. Oliver Rode* ................. §§ 3, 19 (mit *Falk*)
*Dr. Georg Roderburg* ........... §§ 7, 8 (mit *Lehmann*)
*Prof. Dr. Joachim Schiffers* ....... § 18
*Jörg Schindler* ..................... § 16 (mit *Dempfle*)
*Prof. Dr. Norbert Schneider* ..... Einleitung, § 12 (mit *Stoffels*)
*Dr. Markus D. W. Stoffels* ...... § 12 (mit *Schneider*)
*Markus Suchanek* ................ § 5 (mit *Herbst*)
*Michael Vodermeier* ............. § 10 (mit *Busch, Zwirner*)
*Dr. Martin Weiss* ................ Teil 2
*Dr. Arnd Weißgerber* ............ §§ 1, 2 (mit *Mann*)
*Dr. Stefanie Zimmermann* ...... § 15 (mit *Forst, Kraus*)
*Prof. Dr. Christian Zwirner* .... § 10 (mit *Busch, Vodermeier*)

# Inhaltsverzeichnis

# Abkürzungsverzeichnis und Verzeichnis der abgekürzt verwendeten Literatur

aA ..................... anderer Ansicht
ABl. EG ............ Amtsblatt der Europäischen Gemeinschaft
ABl. .................. Amtsblatt der Europäischen Union
Abs. .................. Absatz
Abschn. ............. Abschnitt
AEAO ............... Anwendungserlass zur Abgabenordnung
AEUV ............... Vertrag über die Arbeitsweise der Europäischen Union (ABl. 2008 C 115, 47)
aF ..................... alte Fassung
AfA ................... Abschreibungen für Abnutzung
AG .................... Aktiengesellschaft
AkStR Special ..... Aktuelles Steuerrecht Special
AktG ................. Aktiengesetz
Alt. ................... Alternative
Anh. .................. Anhang
Anl. ................... Anlage
Anm. ................. Anmerkung
AnwBl. .............. Anwaltsblatt (Zeitschrift)
AO ................... Abgabenordnung
APO ................. Ausgleichsposten
Art. ................... Artikel
AStG ................. Außensteuergesetz
ATAD ............... Anti-Tax-Avoidance-Directive. Richtlinie (EU) 2016/1164 des Rates vom 12. Juli 2016 mit Vorschriften zur Bekämpfung von Steuervermeidungspraktiken mit unmittelbaren Auswirkungen auf das Funktionieren des Binnenmarkts
Aufl. ................. Auflage
ausf. .................. ausführlich
Az. .................... Aktenzeichen

BayObLG .......... Bayerisches Oberlandesgericht
BB .................... Betriebs-Berater (Zeitschrift)
Bd. .................... Band
Begr. .................. Begründung
betr. ................... betrifft, betreffend
BewG ................ Bewertungsgesetz
BFH .................. Bundesfinanzhof
BFHE ................ Sammlung der Entscheidungen des BFH, hrsg. von den Mitgliedern des BFH
BFH/NV ........... Sammlung amtlich nicht veröffentlichter Entscheidungen des BFH
BFH/PR ............ Entscheidungen des Bundesfinanzhofs für die Praxis der Steuerberatung
BGB .................. Bürgerliches Gesetzbuch
BGBl. ................ Bundesgesetzblatt
BGH .................. Bundesgerichtshof

| | |
|---|---|
| BGHZ | Amtliche Sammlung von Entscheidungen des Bundesgerichtshofs in Zivilsachen |
| BMF | Bundesministerium der Finanzen |
| BP | Betriebsprüfung |
| BR-Drs. | Bundesrats-Drucksache |
| bspw. | beispielsweise |
| BStBl. | Bundessteuerblatt |
| BT-Drs. | Bundestags-Drucksache |
| Buchst. | Buchstabe |
| BV | Besloten vennootschap met beperkte aansprakelijkheid (Kapitalgesellschaft mit beschränkter Haftung, Niederlande) |
| BVerfG | Bundesverfassungsgericht |
| BVerfGE | Amtliche Sammlung von Entscheidungen des BVerfG |
| BVerwG | Bundesverwaltungsgericht |
| BVerwGE | Entscheidungen des Bundesverwaltungsgerichts |
| bzgl. | bezüglich |
| BZSt | Bundeszentralamt für Steuern |
| bzw. | beziehungsweise |
| CRR | Capital Requirements Regulation. Verordnung (EU) Nr. 575/2013 des Europäischen Parlaments und des Rates vom 26. Juni 2013 über Aufsichtsanforderungen an Kreditinstitute und Wertpapierfirmen und zur Änderung der Verordnung (EU) Nr. 646/2012 (EU-Bankenaufsichtsverordnung) |
| DB | Der Betrieb (Zeitschrift) |
| DBA | Abkommen zur Vermeidung der Doppelbesteuerung |
| ders. | derselbe(n) |
| dh | das heißt |
| DK | Der Konzern (Zeitschrift) |
| DNotZ | Deutsche Notar-Zeitschrift |
| DPPM | Dötsch/Patt/Pung/Möhlenbrock, Umwandlungssteuerrecht |
| DPM | Dötsch/Pung/Möhlenbrock, Die Körperschaftsteuer (Loseblatt) |
| DRS | Deutscher Rechnungslegungsstandard |
| DStR | Deutsches Steuerrecht (Zeitschrift) |
| DStRE | Deutsches Steuerrecht Erscheinungsdienst (Zeitschrift) |
| DStRK | Deutsches Steuerrechts kurzgefasst (Zeitschrift) |
| DStZ | Deutsche Steuer-Zeitung (Zeitschrift) |
| DV, DVO | Durchführungsverordnung |
| EBITDA | Earnings before interest, taxes, depriciation, and amortization |
| EBJS | Ebenroth/Boujong/Joost/Strohn HGB Kommentar |
| EFG | Entscheidungen der Finanzgerichte (Zeitschrift) |
| EG | Europäische Gemeinschaft |
| EG-RL | Richtlinie der Europäischen Gemeinschaft |
| Einl. | Einleitung |
| EL | Ergänzungslieferung |
| entspr. | entsprechend |
| Entw. | Entwurf |
| ErbStG | Erbschaftsteuer- und Schenkungsteuergesetz |
| ErbStR/ErbStH | Erbschaftsteuer-Richtlinien/-Hinweise |
| Erg. | Ergänzung |

Erl. .................... Erlass
EStDV .............. Einkommensteuer-Durchführungsverordnung
EStG ................ Einkommensteuergesetz
EStH ................ Einkommensteuer-Hinweise
EStR ................ Einkommensteuer-Richtlinien
EU .................... Europäische Union
EuG .................. Gericht der Europäischen Union
EuGH ................ Gerichtshof der Europäischen Union
EuGHE ............ Amtliche Sammlung der Entscheidungen des Europäischen Gerichtshofs
EURLUmsG ...... Gesetz zur Umsetzung von EU-Richtlinien in nationales Steuerrecht und zur Änderung weiterer Vorschriften (Richtlinien-Umsetzungsgesetz)
e. V. ................. eingetragener Verein
evtl. .................. eventuell
EWiR ............... Entscheidungen zum Wirtschaftsrecht (Zeitschrift)
EWIV ............... Europäische wirtschaftliche Interessenvereinigung
EWIV-AG .......... EWIV-Ausführungsgesetz
EWR ............... Europäischer Wirtschaftsraum

f., ff. ................. folgend, folgende
FA .................... Finanzamt
FG .................... Finanzgericht
FGO ................. Finanzgerichtsordnung
FinVerw ........... Finanzverwaltung
Fn. ................... Fußnote
FR .................... Finanz-Rundschau (Zeitschrift)
FWBS .............. Flick/Wassermeyer/Baumhoff/Schönfeld (Hrsg.), Außensteuerrecht (Loseblatt)

GAV .................. Gewinnabführungsvertrag
GbR ................. Gesellschaft bürgerlichen Rechts
gem. ................. gemäß
GewO .............. Gewerbeordnung
GewStDV .......... Gewerbesteuer-Durchführungsverordnung
GewStG ............ Gewerbesteuergesetz
GG .................. Grundgesetz
ggf. .................. gegebenenfalls
GLE ................. gleichlautende Ländererlasse
GmbH .............. Gesellschaft mit beschränkter Haftung
GmbHG ............ Gesetz betreffend die GmbH
GmbHR ............ GmbH-Rundschau (Zeitschrift)
GmbH-StB ....... GmbH-Steuerberater (Zeitschrift)
GoB ................. Grundsätze ordnungsgemäßer Buchführung
grds. ................. grundsätzlich
GrEStG ............. Grunderwerbsteuergesetz
Grüneberg ......... Grüneberg, Kommentar zum BGB
GRUR .............. Gewerblicher Rechtsschutz und Urheberrecht (Zeitschrift)
GRUR-RR ........ Gewerblicher Rechtsschutz und Urheberrecht – Rechtsprechungs-Report
GWR ............... Gesellschafts- und Wirtschaftsrecht (Zeitschrift)

hA .................. herrschende Auffassung
Halbs. ............... Halbsatz
hE .................... hiesigen Ermessens
Heidelberger
Komm. HGB ...... Glanegger/Kirnberger/Kusterer, Kommentar zum Handelsgesetzbuch
HFR ................. Höchstrichterliche Finanzrechtsprechung (Zeitschrift)
HGB ................. Handelsgesetzbuch
HHR ................. Hermann/Heuer/Raupach, Einkommensteuer- und Körperschaftsteuergesetz (Loseblatt)
HHSp ............... Hübschmann/Hepp/Spitaler (Hrsg.), Kommentar zur Abgabenordnung und Finanzgerichtsordnung (Loseblatt)
hL ..................... herrschende Lehre
hM ................... herrschende Meinung
HR ................... Handelsregister

idF .................... in der Fassung
idR ................... in der Regel
idS ................... in diesem Sinne
iE ..................... im Einzelnen
ieS .................... im engeren Sinn
iHv .................... in Höhe von
iRd ................... im Rahmen des/der
IDW ................. Institut der Wirtschaftsprüfer
insbes. .............. insbesondere
InsO ................. Insolvenzordnung
InvG ................. Investmentgesetz
IStR ................. Internationales Steuerrecht (Zeitschrift)
iSv .................... im Sinne (von)
ISR .................. Internationale Steuerrundschau (Zeitschrift)
IStR ................. Internationales Steuerrecht (Zeitschrift)
iÜ ..................... im Übrigen
iVm ................. in Verbindung (mit)

JA ..................... JA-Rechtsprechung (Zeitschrift)
JbFSt ............... Jahrbuch der Fachanwälte für Steuerrecht
JStG ................. Jahressteuergesetz
jurisPR ............. juris PraxisReport
jurisPK ............. juris PraxisKommentar

KG ................... Kommanditgesellschaft
KO ................... Konkursordnung
Kölner Komm.
AktG ................. Noack/Zetsche (Hrsg.), Kölner Kommentar zum Aktiengesetz
KöMoG ............ Gesetzes zur Modernisierung des Körperschaftsteuerrechts
KÖSDI ............. Kölner Steuerdialog (Zeitschrift)
krit. .................. kritisch
KStG ................ Körperschaftsteuergesetz
KStR ................ Körperschaftsteuer-Richtlinien

LBP ................. Littmann/Bitz/Pust, Das Einkommensteuerrecht
Lfg. .................. Lieferung
lit. .................... litera (= Buchstabe)

LStR ................ Lohnsteuer-Richtlinien
lt. ...................... laut

maW ................. mit anderen Worten
mE ................... meines Erachtens
mwN ................ mit weiteren Nachweisen
MitbestG ............ Mitbestimmungsgesetz
MittRhNotK ...... Mitteilungen der Rheinischen Notariatskammer (Zeitschrift)
MoPEG ............. Gesetz zur Modernisierung des Personengesellschaftsrechts (Personengesellschaftsmodernisierungsgesetz)
MüKoBGB ......... Münchener Kommentar zum Bürgerlichen Gesetzbuch
MüKoHGB ........ Münchener Kommentar zum Handelsgesetzbuch
MHdB GesR ...... Münchner Handbuch des Gesellschaftsrechts
mwN ................ mit weiteren Nachweisen
MwSt. .............. Mehrwertsteuer

nF ..................... neue(r) Fassung
NJW ................. Neue Juristische Wochenschrift
NJW-RR ........... Neue Juristische Wochenschrift-Rechtsprechungsreport
NK-BGB ........... Dauner-Lieb/Langen, Nomos Kommentar Bürgerliches Gesetzbuch
NK-HGB ........... Heidel/Schall, Nomos Kommentar Handelsgesetzbuch
Nr. .................... Nummer
nrkr. .................. nicht rechtskräftig
nv ..................... nicht veröffentlicht
NWB ................. NWB Steuer- und Wirtschaftsrecht (Zeitschrift)
NZG ................. Neue Zeitschrift für Gesellschaftsrecht
NZI .................. Neue Zeitschrift für Insolvenz- und Sanierungsrecht (Zeitschrift)

OECD .............. Organisation for Economic Cooperation and Development (Organisation für wirtschaftliche Zusammenarbeit und Entwicklung)
OECD-MA ........ OECD-Musterabkommen zur Vermeidung der Doppelbesteuerung
OECD-MK ........ OECD-Musterkommentar
OFD ................. Oberfinanzdirektion
o. g. ................... oben genannt
OG ................... Organgesellschaft
OHG ................. offene Handelsgesellschaft
OLG ................. Oberlandesgericht
OLGE ............... Entscheidungssammlung des Oberlandesgerichts
OT ................... Organträger

PartG ................ Partnerschaftsgesellschaft
phG .................. persönlich haftende Gesellschafterin einer Kommanditgesellschaft
PIStB ................ Praxis Internationale Steuerberatung (Zeitschrift)

RegE ................. Regierungserklärung
RFH ................. Reichsfinanzhof
RG .................... Reichsgericht
RGBl. ............... Reichsgesetzblatt
RHN ................. Rödder/Herlinghaus/Neumann, Körperschaftsteuergesetz, 2. Aufl. 2023
RHvL .............. Rödder/Herlinghaus/van Lishaut, Umwandlungssteuergesetz, 3. Aufl. 2019

RKL ................ Reiß/Kraeusel/Langer, Kommentar zum Umsatzsteuergesetz
RL .................. Richtlinie(n)
rkr. .................. rechtskräftig
Rn. .................. Randnummer
RNotZ ............. Rheinische Notar-Zeitschrift
Rs. .................. Rechtssache
Rspr. ................ Rechtsprechung
RStBl. .............. Reichssteuerblatt
Rz. .................. Randziffer

s. ..................... siehe
S. .................... Satz, Seite
SE ................... Societas Europaea (Europäische Aktiengesellschaft)
SGB ................. Sozialgesetzbuch
sog. ................. sogenannt(e)
StÄndG ............ Steueränderungsgesetz
StB .................. Der Steuerberater (Zeitschrift)
StBp ................ Die Steuerliche Betriebsprüfung (Zeitschrift)
SteuK .............. Steuerrecht kurzgefasst (Zeitschrift)
StGB ................ Steuergesetzbuch
StSenkG ............ Gesetz zur Senkung der Steuersätze und zur Reform der Unternehmensbesteuerung (Steuersenkungsgesetz)
Stpfl. ................ Steuerpflichtiger
str. ................... strittig
StuW ................ Steuer und Wirtschaft (Zeitschrift)
StVollzG ........... Strafvollzugsgesetz
subj. ................. subjektiv(e)

teilw. ................ teilweise
Tz. .................... Textziffer

Urt. .................. Urteil
u. a. .................. unter anderem; und andere
uÄ .................... und Ähnliches
Ubg .................. Die Unternehmensbesteuerung (Zeitschrift)
uE .................... unseres Erachtens
UmwG .............. Umwandlungsgesetz
UmwStE ........... Umwandlungssteuererlass
UR ................... Umsatzsteuer-Rundschau (Zeitschrift)
Urt. .................. Urteil
USt ................... Umsatzsteuer
UStAE ............... Umsatzsteuer-Anwendungserlass
UStG ................. Umsatzsteuergesetz
usw. .................. und so weiter
uU .................... unter Umständen
UVR .................. Umsatzsteuer- und Verkehrsteuer-Recht (Zeitschrift, ab 1989, vorher DVStR)

v. ...................... von, vom
Vfg. .................. Verfügung
vGA .................. verdeckte Gewinnausschüttung
vgl. .................. vergleiche

vH .................... vom Hundert
VO .................... Verordnung
VVaG ................ Versicherungsverein auf Gegenseitigkeit

WiB .................. Wirtschaftliche Beratung (Zeitschrift)
WM .................. Wertpapiermitteilungen. Zeitschrift für Wirtschafts- und Bankrecht

zB ..................... zum Beispiel
ZEV .................. Zeitschrift für Erbschaft und Vermögensnachfolge
ZGR .................. Zeitschrift für Unternehmens- und Gesellschaftsrecht
ZHR .................. Zeitschrift für das gesamte Handels- und Wirtschaftsrecht
ZIP .................... Zeitschrift für Wirtschaftsrecht
zit. ..................... zitiert
ZPO .................. Zivilprozessordnung
zT ..................... zum Teil
ZT .................... Zolltarif
zutr. .................. zutreffend
ZVG .................. Gesetz über die Zwangsversteigerung und die Zwangsverwaltung
zzgl. .................. zuzüglich
zZt. ................... zur Zeit

# Literaturverzeichnis


Baumbach/Hopt (Hrsg.), HGB Kommentar, 44. Auflage 2025

Beck'scher Bilanz-Kommentar, Handels- und Steuerbilanz, 14. Aufl., München 2024

Beck'sches Steuer- und Bilanzrechtslexikon, Online-Version

Behrens/Wachter (Hrsg.), Grunderwerbsteuergesetz, 2. Auflage 2022

Binz/Sorg (Hrsg.), Die GmbH & Co. KG, 12. Auflage 2018

Blaurock (Hrsg.), Handbuch Stille Gesellschaft, 9. Auflage 2020

Brandis/Heuermann (Hrsg.), EStG, KStG, GewStG (Loseblatt)

Brönner (Hrsg.), Die Besteuerung der Gesellschaften, 19. Auflage 2018

Brox/Walker, Allgemeiner Teil des BGB, 48. Aufl. 2024

Bunjes, Umsatzsteuergesetz, 23. Auflage 2024

Crezelius, Unternehmenserbrecht, 2. Auflage 2009

Dauner-Lieb/Langen (Hrsg.), Nomos Kommentar Bürgerliches Gesetzbuch Band 2/2: Schuldrecht, §§ 611–853, 4. Auflage 2021

Demharter, GBO, 33. Auflage 2023

Dötsch/Patt/Pung/Möhlenbrock, Umwandlungssteuerrecht.

Dötsch/Pung/Möhlenbrock (Hrsg.), Die Körperschaftsteuer (Loseblatt)

Dürrschmidt/Mückl/Weggenmann (Hrsg.), BeckOK UmwStG (Online-Kommentar)

Ebenroth/Boujong/Joost/Strohn (Hrsg.), HGB Kommentar Band 1, 4. Auflage 2020

Ebenroth/Boujong/Joost/Strohn (Hrsg.), HGB Kommentar Band 2, 4. Auflage 2020

Engel, Vermögensverwaltende Personengesellschaften im Ertragsteuerrecht, 3. Auflage 2023

Flick/Wassermeyer/Baumhoff/Schönfeld (Hrsg.), Außensteuerrecht (Loseblatt)

Frotscher/Drüen (Hrsg.), Kommentar zum Körperschaft-, Gewerbe- und Umwandlungssteuergesetz (Loseblatt)

Frotscher/Geurts (Hrsg.), Kommentar zum Einkommensteuergesetz (EStG) (Loseblatt)

Glanegger/Güroff, Gewerbesteuergesetz Kommentar, 11. Auflage 2023

Glanegger/Kirnberger/Kusterer (Hrsg.), Kommentar zum Handelsgesetzbuch. Handelsrecht – Bilanzrecht – Steuerrecht (Heidelberger Kommentar), 7. Auflage 2007

Gosch (Hrsg.), Körperschaftsteuergesetz, 4. Auflage 2020

Grüneberg (Hrsg.), BGB Kommentar, 84. Auflage 2025

Gummert/Weipert (Hrsg.), Münchener Handbuch des Gesellschaftsrechts, 6. Auflage 2024

Gürsching/Stenger, Bewertungsrecht (Loseblatt)

Haase (Hrsg.), Geistiges Eigentum. Nationales und Internationales Steuerrecht der immateriellen Wirtschaftsgüter, 2. Auflage 2015

Haase, Außensteuergesetz/Doppelbesteuerungsabkommen, 4. Auflage 2024

Haase/Hofacker (Hrsg.), Umwandlungssteuergesetz Praxiskommentar, 3. Auflage 2021

Habersack/Henssler (Hrsg.), Mitbestimmungsrecht, 4. Auflage 2018

Heidel/Schall (Hrsg.), Nomos Kommentar Handelsgesetzbuch, 4. Auflage 2024

Henssler/Strohn (Hrsg.), Gesellschaftsrecht, 6. Auflage 2024

Hermann/Heuer/Raupach (Hrsg.), Einkommensteuer- und Körperschaftsteuergesetz (Loseblatt)

Hesselmann/Tillmann/Mueller-Thuns, Handbuch der GmbH & Co. KG, 23. Auflage 2024.

Hofmann, Grunderwerbsteuergesetz Kommentar, 11. Auflage 2016

Hölters/Weber (Hrsg.), AktG, 4. Auflage 2022

Hopt (Hrsg.), HGB Kommentar, 43. Auflage 2024

Hübschmann/Hepp/Spitaler (Hrsg.), Kommentar zur Abgabenordnung und Finanzgerichtsordnung (Loseblatt)
Jahndorf/Oellerich/Weiss (Hrsg.), BeckOK GewStG (Online-Kommentar)
Jäschke, Probleme der einkommensteuerlichen Behandlung geschlossener Immobilienfonds, Frankfurt 1997
Kapp/Ebeling (Hrsg.), Erbschaftsteuer- und Schenkungsteuergesetz (Loseblatt)
Kirchhof/Kulosa/Ratschow (Hrsg.), BeckOK EStG (Online-Kommentar)
Kirchhof/Seer (Hrsg.), EStG Kommentar, 23. Auflage 2024
Kirchhof/Söhn/Mellinghoff, Einkommensteuergesetz Kommentar (Loseblatt)
Knobbe-Keuk (Hrsg.), Bilanz- und Unternehmenssteuerrecht, 9. Auflage 1993
Koenig (Hrsg.), Abgabenordnung (AO), 5. Auflage 2024
Kübler/Assmann, Gesellschaftsrecht, 6. Auflage 2006
Lademann (Hrsg.), Kommentar zum Einkommensteuergesetz – EStG (Loseblatt inkl. Online-Nutzung)
Littmann/Bitz/Pust (Hrsg.), Das Einkommensteuerrecht (Loseblatt)
Looks/Heinsen, Betriebsstättenbesteuerung, 3. Auflage 2017
Lothmann, Die vermögensverwaltende Personengesellschaft im Bereich der Einkommensteuer, 1986
Lüdicke/Sistermann (Hrsg.), Unternehmensteuerrecht, 2. Auflage 2018
Medicus/Petersen, Bürgerliches Recht, 29. Auflage 2023
Meilicke (Hrsg.), Partnerschaftsgesellschaftsgesetz, PartGG, 4. Auflage 2024
Micker/Pohl (Hrsg.), BeckOK KStG (Online-Kommentar)
Müller/Detmering/Saecker (Hrsg.), Die Organschaft, 13. Auflage 2024
Noack/Zetsche (Hrsg.), Kölner Kommentar zum Aktiengesetz, 3. Aufl. 2020 ff.
Pahlke, GrEStG, 7. Auflage 2023
Pfirrmann/Rosenke/Wagner (Hrsg.), BeckOK AO (Online-Kommentar)
Priester/Mayer/Wicke (Hrsg.), Münchener Handbuch des Gesellschaftsrechts, Band 3, 6. Auflage 2023
Prinz/Witt (Hrsg.), Steuerliche Organschaft, 3. Auflage 2024
Rau/Dürrwächter, Umsatzsteuergesetz Kommentar (Loseblatt)
Reichert, GmbH & Co. KG, 9. Auflage 2024
Reiß/Kraeusel/Langer, Umsatzsteuergesetz Kommentar (Loseblatt)
Rödder/Herlinghaus/Neumann, Körperschaftsteuergesetz, 2. Auflage 2023
Rödder/Herlinghaus/van Lishaut, Umwandlungssteuergesetz, 3. Auflage 2019
Röhricht/Graf von Westphalen/Haas (Hrsg.), Handelsgesetzbuch, 6. Auflage 2023
Rössler/Troll, Bewertungsgesetz (Loseblatt)
Ruppe/Achatz, Umsatzsteuergesetz, 6. Auflage 2024
Säcker/Rixecker (Hrsg.), Münchener Kommentar zum BGB, 7. Auflage 2017 ff. /8. Auflage 2020 ff. / 9. Auflage 2022 ff.
Schäfer, Münchener Kommentar zum BGB, 8. Auflage 2020
Scherer (Hrsg.), Unternehmensnachfolge, 6. Auflage 2020
Schmidt (Hrsg.), Münchener Kommentar zum HGB, Band 4, 4. Auflage 2020
Schmidt (Hrsg.), Gesellschaftsrecht, 5. Auflage 2022
Schmidt, Einkommensteuergesetz, 44. Auflage 2025
Schmitt/Hörtnagl (Hrsg.), Umwandlungsgesetz, Umwandlungssteuergesetz, 10. Auflage 2024
Schnitger/Fehrenbacher, Kommentar Körperschaftsteuer, 2. Aufl., Berlin 2018
Sölch/Ringleb, Kommentar zum Umsatzsteuergesetz, Loseblatt
Staudinger (Hrsg.), BGB – Eckpfeiler des Zivilrechts, 13. Bearbeitung und Neubearbeitungen, 1993
Staudinger (Hrsg.), BGB Kommentar §§ 705–740, 2003
Stenger/Loose (Hrsg.), Bewertungsrecht (Loseblatt)
Strunk/Kaminski/Köhler, AStG Außensteuergesetz (Loseblatt)

Tipke/Kruse (Hrsg.), Abgabenordnung/Finanzgerichtsordnung (Loseblatt)
Troll/Gebel/Jülicher (Hrsg.), Erbschaftsteuer- und Schenkungsteuergesetz (Loseblatt)
Viskorf, Grunderwerbsteuergesetz, 21. Auflage 2024 (früher: Boruttau)
von Hoyenberg, Vorweggenommene Erbfolge, 2010
Wassermeyer/Richter/Schnittker, Personengesellschaften im Internationalen Steuerrecht, 2. Auflage 2015
Weimann/Lang, Umsatzsteuer – national und international, 5. Auflage, Stuttgart 2019 (Online-Version) 6. Auflage 2024
Weymüller, Umsatzsteuergesetz, 2. Auflage 2019
Westermann/Wertenbruch (Hrsg.), Handbuch der Personengesellschaften (Loseblatt)
Weymüller (Hrsg.), BeckOK UStG (Online-Kommentar)
Widmann/Mayer, Umwandlungsrecht (Loseblatt)
Wißmann/Kleinsorge/Schubert, Mitbestimmungsrecht, 6. Auflage 2024
Wlotzke/Wißmann/Koberski/Kleinsorge (Hrsg.), Mitbestimmungsrecht, 4. Auflage 2017

# Teil 1. Körperschaftsteuerliche Organschaft

## Übersicht

# I. Einleitung

## Übersicht



## A. Bedeutung der ertragsteuerlichen Organschaft

Die ertragsteuerliche (körperschaftsteuerliche und gewerbesteuerliche) Organschaft ist von zentraler Bedeutung in der deutschen Unternehmenspraxis. Wirtschaftlich sind Unternehmen – und zwar nicht nur große Konzerne, sondern auch der breite Mittelstand – vielfach nicht als ein einheitliches Stammhaus-Unternehmen in einer einzigen Gesellschaft organisiert, sondern als eine Gruppe von Unternehmen, mit einer Obergesellschaft und von dieser direkt oder indirekt gehaltenen Tochtergesellschaften in Allein- oder Mehrheitsbesitz. In der wirtschaftlichen Realität verstehen sich die Gesellschaften idR (auch) als eine wirtschaftliche Einheit. Bilanziell wird diese idR auch entsprechend abzubilden sein durch eine konsolidierte Bilanz der Muttergesellschaft (§ 290 HGB) mit entsprechender Konzernrechnungslegung. Ertragsteuerlich besteht dagegen grundsätzlich das Prinzip der individuellen Besteuerung jeder einzelnen Gesellschaft[1]. Über die ertragsteuerliche Organschaft bietet sich insbesondere die Möglichkeit, die Einkommen der einzelnen Konzerngesellschaften – soweit sie als Kapitalgesellschaften organisiert sind – bei der Muttergesellschaft zusammenzufassen **(Gewinn- und Verlustausgleich).** 1

Insofern bietet die Organschaft eine **Reihe steuerlicher Vorteile,** die allerdings auch **nicht ohne wirtschaftliche Risken und Nachteile** zu erlangen sind (Überblick → Rn. 139 f.); der Hauptgrund liegt insbesondere in der **Notwendigkeit eines Gewinnabführungsvertrags (GAV),** der den Organträger u. a. zum Ausgleich laufender Verluste der Organgesellschaft verpflichtet. Zudem ist die Organschaft von zahlreichen Voraussetzungen abhängig, die eine durchaus **vielfältige Fehlerabhängigkeit** mit sich bringen. Aus diesem Grund werden seit längerem immer wieder Reformen bei der Organschaft bis hin zu einer „modernen" Gruppenbesteuerung gefordert. Einfacher strukturierte Gruppenbesteuerungssysteme sind ohne weiteres in den anderen Industrienationen – auch innerhalb der EU – zu finden. 2

---

[1] Zum Subjektsteuerprinzip, auch vor dem Hintergrund der Organschaft, zB → Rn. 89 sowie → Rn. 2422 ff.

3 Im Folgenden erfolgt zunächst ein Überblick über die wesentlichen heutigen Voraussetzungen der Organschaft, die sehr stark vom Gesellschaftsrecht geprägt und abhängig sind (→ Rn. 21 ff.), anschließend über die Entwicklung der Organschaft über die letzten mehr als 100 Jahre hin zu dem, wie sie heute ausgestaltet ist (→ Rn. 114 ff.). Im Anschluss erfolgt ein kurzer Abriss über ihre wesentlichen Vor- und Nachteile, auch in Abgrenzung zu Strukturalternativen (→ Rn. 139 ff.). Schließlich werden die Kritikpunkte an der heutigen Organschaft beleuchtet und die wesentlichen Reformdiskussionen insbesondere der letzten 20 Jahre (→ Rn. 158 ff.). In diesem Rahmen erfolgt auch ein kurzer Blick auf Gruppenbesteuerungssysteme einiger anderer Industriestaaten.

4–20 *(einstweilen frei)*

## B. Überblick über die Voraussetzungen der ertragsteuerlichen Organschaft

### I. Wesentliche Tatbestandsvoraussetzungen

21 Die Organschaft hat zahlreiche Voraussetzungen, die für die Körperschaftsteuer in den § 14 und 17 KStG niedergelegt sind. Diese gelten seit 2002 auch für die gewerbesteuerliche Organschaft; § 2 Abs. 2 S. 2 GewStG verweist seitdem (im Wege eines Rechtsgrundverweises) schlicht auf die Regelungen (und damit die Voraussetzungen) der §§ 14, 17 KStG. An dieser Stelle erfolgt nur ein erster Überblick über die wesentlichen Voraussetzungen; die Details werden in den Einzelkapiteln des Buchs beschrieben.

22 **Organgesellschaft** kann nur eine Kapitalgesellschaft sein. Dies betrifft zunächst – nach § 14 Abs. 1 S. 1 KStG – die Europäische Gesellschaft (SE), Aktiengesellschaft (AG) oder Kommanditgesellschaft auf Aktien (KGaA). Nach Maßgabe von § 17 Abs. 1 S. 1 KStG können zudem auch andere Kapitalgesellschaften (also insbesondere die in Deutschland vorherrschende GmbH) als Organgesellschaft fungieren. Es kommen seit dem 1. Januar 2014[2] auch Kapitalgesellschaften mit ausländischer Rechtsform als Organgesellschaft in Betracht, denn die Organgesellschaft muss lediglich ihre Geschäftsleitung im Inland haben, wohingegen ihr Sitz in der EU bzw. im EWR-Raum belegen sein kann.[3] Zu Einzelfragen bzgl. der Organgesellschaft → Rn. 201 ff.

23 **Organträger** kann dagegen jedes gewerbliche Unternehmen sein (§ 14 Abs. 1 S. 1 Nr. 2 KStG). Der Organträger muss also selbst nicht zwingend eine Kapitalgesellschaft (oder allgemeiner: Körperschaft) sein. Auch ein Einzelunternehmer kann Organträger sein, wenn er gewerblich tätig ist. Personengesellschaften können ebenfalls Organträger sein (unabhängig davon, wer ihre Mitunternehmer sind); allerdings muss die Organträger-Personengesellschaft selbst die notwendige Beteiligung halten, und sie muss selbst eine gewerbliche Tätigkeit ausüben. Als Organträger kommen neben im Inland ansässigen Personen auch solche mit Sitz und/oder Geschäftsleitung im Ausland in Betracht, sofern die Beteiligung an der Organgesellschaft einer inländischen Betriebsstätte iSv § 12 AO ununterbrochen während der gesamten Dauer der Organschaft zuzuordnen ist und Deutschland auch das Besteuerungsrecht (nach deutschem Recht und nach einem evtl. DBA) für das zugerechnete Einkommen aus der Organgesellschaft zusteht.[4] Zu Einzelfragen bzgl. des Organträgers → Rn. 301 ff.

24 Zwischen dem Organträger und der Organgesellschaft muss eine **finanzielle Eingliederung** bestehen. Dies bedeutet, dass der Organträger vom Beginn des Wirtschaftsjahres der Organgesellschaft an ununterbrochen über die Mehrheit der Stimmrechte bei der Organgesellschaft verfügen muss. Damit soll gewährleistet werden, dass der Organträger seinen Willen in der Organgesellschaft durchsetzen kann. In der Regel reicht dafür die

[2] Art. 6 des Gesetzes zur Änderung und Vereinfachung der Unternehmensbesteuerung und des steuerlichen Reisekostenrechts vom 20.2.2013, BGBl. 2013 I 285.

[3] Zu den Kriterien des Orts der Geschäftsleitung und des Sitzes der Organgesellschaft vgl. zB BeckOK KStG/Ebber KStG § 14 Rn. 56–57 (Stand 9/2024); HHR/Kolbe KStG § 14 Rn. 51–52.

[4] § 14 Abs. 1 S. 1 Nr. 2 S. 4 ff. KStG.

Mehrheit der Kapitalanteile[5]; die gesetzlich für besondere Abstimmungen vorgesehene höhere erforderliche Mehrheit von idR 75 %[6] muss nicht erreicht werden. Sieht die Satzung aber generell eine qualifizierte Mehrheit für Beschlüsse vor, muss diese qualifizierte Mehrheit erreicht werden.[7] Offen ist, wie in Fällen mit partiell erforderlichen höheren Mehrheiten umzugehen ist.[8] Schuldrechtliche Vereinbarungen über die Stimmrechte (wie Stimmbindungsverträge und Stimmrechtsvollmachten) sind dagegen für die Frage idR nicht relevant.[9] Ein zeitweiliges Fehlen der finanziellen Eingliederung während der Mindestlaufzeit führt zumindest nach Ansicht des BFH nicht zur vollständigen Versagung der Anerkennung der Organschaft, sondern vielmehr nur für die Jahre, in denen diese Voraussetzung nicht durchgehend erfüllt wurde (partielle Versagung iSe „Organschaftspause").[10] Zu Einzelfragen der finanziellen Eingliederung → Rn. 501 ff.

Zwischen dem Organträger und der Organgesellschaft muss ein **GAV iSd § 291 AktG** 25
abgeschlossen werden. Dieser aktienrechtliche Unternehmensvertrag räumt dem herrschenden Unternehmen einen Anspruch auf Abführung des Gewinns der beherrschten Gesellschaft ein. Gegenläufig ist das herrschende Unternehmen zum Ausgleich der Verluste der beherrschten Gesellschaft verpflichtet (§ 302 Abs. 1 AktG). Bei den in § 14 KStG angesprochenen AG, KGaA und SE gilt dies unmittelbar aufgrund der aktienrechtlichen Regelungen. Bei anderen Kapitalgesellschaften gibt es kein gesetzlich geregeltes Konzernrecht, die Regeln des AktG werden aber ganz weitgehend analog angewendet; gleichwohl verlangt § 17 KStG hier nicht nur den Abschluss eines GAV[11], sondern auch weitere inhaltliche Regelungen in diesem, insbesondere eine Vereinbarung der Geltung des § 302 AktG in seiner jeweils gelten Fassung (sog. dynamischer Verweis). Zu Einzelfragen des GAV → Rn. 601 ff.

Da seit 2012 auch Organträger mit Sitz und Geschäftsleitung in der EU/dem EWR 26
möglich sind (→ Rn. 117, ausführlich → Rn. 3790), kann auch ein **grenzüberschreitender GAV oder ähnlicher Vertrag** erforderlich sein. Hier stellen sich häufig Fragen, ob ein solcher Vertrag gesellschaftsrechtlich überhaupt möglich ist; hier stellen sich einige gesellschaftsrechtliche Fragen im Zusammenhang mit dem Vertragsabschluss, dem Vertragsinhalt und der Vertragsdurchführung.[12] Insbesondere solche Fälle, in denen das ausländische Gesellschaftsrecht einen GAV (oder vergleichbare Verträge) nicht kennt, sind problematisch. Nach (enger) Ansicht der Finanzverwaltung können auch einem GAV vergleichbare Verträge anerkannt werden, sie müssen aber inhaltlich einem GAV entsprechen; zudem wird verlangt, dass sie in einer eintragungspflichtigen Form vereinbart werden; sieht das ausländische Recht keine Eintragungspflicht für diese Verträge vor, sollen deshalb die Regelungen zur Gewinnabführung in die Satzung der Organgesellschaft aufgenommen und diese Satzungsänderung eingetragen werden.[13]

In zeitlicher Hinsicht setzen die Regelungen zur Organschaft voraus, dass der GAV 27
vertraglich für eine **Mindestlaufzeit von fünf Jahren** (dh Zeitjahre = 60 Monate) abgeschlossen wird.[14] Der Zeitraum beginnt nicht mit Vertragsschluss, sondern ab dem Beginn des Wirtschaftsjahres, in dem der GAV wirksam (§ 14 Abs. 1 S. 2 KStG)[15] wird. Bezüglich

5 Vgl. zB § 47 Abs. 2 GmbHG – eine Stimme je Euro Geschäftsanteil.

6 Vgl. zB § 53 Abs. 2 GmbHG für Satzungsänderungen einer GmbH; § 50 Abs. 1 S. 2 UmwG für Umwandlungsbeschlüsse bzgl. einer GmbH.

7 BFH 9.8.2023 – I R 50/20, BStBl. II 2024, 131, mit Nachweisen der Auffassungen der Literatur.

8 Vgl. zur Problematik auch zB Brühl/Weiss Ubg 2021, 198 (198 ff.); Roder FR 2021, 121.

9 BFH 10.5.2017 – I R 51/15, BStBl. II 2018, 30; BFH 9.8.2023 – I R 50/20, BStBl. II 2024, 131 Rn. 17.

10 BFH 10.5.2017 – I R 19/15, BStBl. II 2019, 81 (juris-Rn. 24); zustimmend Gosch KStG/Neumann, 4. Aufl. 2020, KStG § 14 Rn. 121 (auch zum Gleichlauf bzgl. der Zuordnung zu einer deutschen Betriebsstätte).

11 Dazu insbesondere BFH 3.3.2010 – I R 68/09, BFH/NV 2010, 1132 = DStR 2010, 858.

12 Vgl. Prinz/Witt Steuerliche Organschaft/Krüger/Epe Rn. 29.2.

13 OFD Frankfurt am Main vom 9.7.2020, DStR 2020, 2680.

14 Vgl. BFH 10.5.2017 – I R 19/15, BStBl. II 2019, 81 (juris-Rn. 24).

15 KStR 14.5 Abs. 2 S. 2.

der Auslegung der entsprechenden zeitlichen Geltungsklauseln ist die Rechtsprechung sehr streng. Durch die strikte Interpretation der 5-Jahresgrenze kann im Falle von Rumpfwirtschaftsjahren eine längere Mindestlaufzeit erforderlich sein.[16] Allgemein zu den zeitlichen Voraussetzungen → Rn. 1201 ff.

28 Zudem muss der abgeschlossene GAV zumindest während seiner Geltungsdauer auch **tatsächlich durchgeführt** werden. Tatsächliche Durchführung meint grundsätzlich die vertragsgemäße Erfüllung der Pflichten aus dem GAV durch Organträger und Organgesellschaft. Hier stellen sich in der Praxis eine Vielzahl von Anforderungen, insbesondere die handelsbilanziell richtige (dh den Grundsätzen ordnungsmäßiger Buchführung entsprechende) Ermittlung des richtigen abzuführenden Gewinns bzw. auszugleichenden Verlusts, die Bilanzierung der daraus resultierenden Rechte bzw. Pflichten, sowie die wirksame Erfüllung. Zu Einzelfragen der tatsächlichen Durchführung → Rn. 55 f. sowie ausführlich → Rn. 901 ff.

29–50 *(einstweilen frei)*

## II. Vielfältige Abhängigkeit vom Gesellschaftsrecht

51 Obwohl die ertragsteuerliche Organschaft das zentrale Element der deutschen Gruppenbesteuerung ist, ist sie in vielerlei Hinsicht insbesondere vom Gesellschaftsrecht abhängig. Das gilt in allen Phasen einer Organschaft, sowohl für die erstmalige Begründung (insbesondere den Abschluss eines GAV), die Durchführung des GAV und das sonstige „konsequente Leben" während der Laufzeit, wie auch Beachtenswertes bei der Beendigung und sogar im Nachgang.[17] Diese Abhängigkeit vom Gesellschaftsrecht schafft zugleich eine hohe – und eigentlich überhaupt nicht steuer-spezifisch indizierte – Fehleranfälligkeit. Das ist einer der wesentlichen Gründe für die immer wieder aufkommenden Forderungen nach einer Reform der Voraussetzungen der deutschen Organschaftsbesteuerung (dazu → Rn. 167). Der BFH beschreibt das Verhältnis der steuerlichen Organschaft zum Zivilrecht als ein „Anlehnen"; da wo das Steuerrecht über das Gesellschaftsrecht hinausgeht und mehr fordert, hält er das durch die besonderen Anforderungen an die Organschaft aufgrund ihrer Durchbrechung des Subjektsteuerprinzips für gerechtfertigt[18] (dazu → Rn. 89). Wesentliche Aspekte der Abhängigkeit vom Gesellschaftsrecht ergeben sich bereits aus den oben (→ Rn. 25 f.) dargestellten Voraussetzungen, sie werden hier aber noch einmal zusammengefasst und mit Fokus auf diese enge „Gesellschaftsrechts-Akzessorietät" dargestellt.[19]

52 **Wirksamer Abschluss eines GAV:** Die zentrale Abhängigkeit ist darin begründet, dass die ertragsteuerliche Organschaft einen GAV voraussetzt, also einen sehr spezifischen gesellschaftsrechtlichen Vertrag (→ Rn. 25). Der GAV muss gesellschaftsrechtlich wirksam sein; ein nicht wirksam gewordener GAV taugt nicht zur Begründung einer Organschaft (keine Anwendung der Grundsätze der fehlerhaften Gesellschaft[20]). Insofern sind die vielfältigen Anforderungen bei Abschluss zu berücksichtigen, zB welche Beschlüsse in welcher Form erforderlich sind (dazu → Rn. 656 ff.). Zudem hängt das Wirksamwerden grundsätzlich von der Eintragung im Handelsregister ab (§ 294 Abs. 2 AktG).[21] Die steuerliche Organschaft beginnt dann frühestens am Beginn des dann laufenden Wirtschaftsjahres der Organ-

16 BFH 12.1.2011 – I R 3/10, DStR 2011, 717 Rn. 19.

17 Dazu u. a. Schneider/Hinz Ubg 2009, 738; Schneider StbJb 2009/2010, 327 ff.

18 ZB BFH 3.3.2010 – I R 68/09, BFH/NV 2010, 1132 = DStR 2010, 858 Rn. 19, betreffend die explizite Forderung des § 17 Abs. 1 S. 2 Nr. 2 KStG nach einer vertraglichen Regelung der Verlustausgleichspflicht bei einer GmbH, obwohl § 302 AktG nach ganz hM mittlerweile analog für GmbHs gilt. BFH 22.11.2022 – R 37/19, BStBl. II 2023, 409, zur Forderung der Einbuchung der GAV-Ansprüche als Dokumentation des vom BFH geforderten „tatsächlichen Lebens" der Organschaft.

19 Vgl. auch Prinz/Witt Steuerliche Organschaft/Prinz Rn. 1.48.

20 BFH 30.7.1997 – I R 7/97, BStBl. II 1998, 33 = DStR 1997, 2020 (2021).

21 Bei eingegliederten Gesellschaften reicht dagegen bereits der schriftliche Vertragsschluss, vgl. § 324 Abs. 2 AktG, KStR 14.5 Abs. 1 S. 3.

gesellschaft (§ 14 Abs. 1 S. 2 KStG). Verzögert sich die Bearbeitung beim Handelsregister und rutscht dadurch die Eintragung (und das zivilrechtliche Wirksamwerden des GAV) in ein Wirtschaftsjahr nach Vertragsschluss, verschiebt dies auch den steuerlichen Organschaftsbeginn; nach Ansicht des BFH ist ein anderes steuerliches Ergebnis auch nicht im Billigkeitswege möglich.[22]

**Inhaltliche Anforderungen an den GAV:** Zudem muss der GAV – ohne dass dies gesellschaftsrechtlich zwingend wäre – bestimmte steuerlich vorgegebene Inhaltselemente enthalten. Dies betrifft u. a. eine **5-jährige Mindestlaufzeit** (§ 14 Abs. 1 S. 1 Nr. 3 S. 1 KStG). Gesellschaftsrechtlich ist diese nicht notwendig. Ob die Frist (die der BFH grundsätzlich als eine Frist von 5 Zeitjahren = 60 Monaten versteht) richtig vereinbart wurde, ist dann wieder eine Frage der (zivilrechtlichen) Vertragsauslegung, bei der insbesondere die grundsätzlich **strengen gesellschaftsrechtlichen Auslegungsregeln** eine Rolle spielen (dazu → Rn. 87 sowie → Rn. 778); so können vom Wortlaut her nicht genügende Formulierungen[23] nicht unter Heranziehung des steuerlichen Ziels der Organschaftsbegründung ausgelegt werden, weil GAVs wegen ihres satzungsgleichen Charakters grundsätzlich objektiv auszulegen sind. Ähnlich strenge Auslegungsregeln gelten bei der weiteren zentralen Inhaltsanforderung, der vertraglich richtigen **Vereinbarung der Geltung der Verlustausgleichsklausel des § 302 AktG** (für GmbHs und andere Kapitalgesellschaften, die keine in § 14 KStG genannte AG, SE oder KGaA sind). Früher genügte es, im Ergebnis (aber ohne Vorgabe an die Art und Weise der Vereinbarung) die Regeln des § 302 AktG inhaltlich richtig, aber auch vollständig, im Vertrag zu vereinbaren – was immer wieder zu Fehlern führte.[24] Das veranlasste den Gesetzgeber in der kleinen Organschaftsreform dazu, einerseits mit dem Verlangen eines dynamischen Verweises auf § 302 AktG eine klare inhaltliche Vorgabe zu machen (§ 17 Abs. 1 S. 2 Nr. 2 KStG), andererseits eine „heilende Anpassung" bisher unzureichender Formulierungen zuzulassen.[25] Grundsätzlich sollte die Fehleranfälligkeit dadurch gesunken sein – man sollte sich zur Vermeidung von (neuen) Auslegungsschwierigkeiten allerdings möglichst auf den schlichten dynamischen Verweis beschränken und andere Regelungen weglassen.[26] Der BFH verlangt die Einhaltung dieses formalen Verweises unabhängig von der gesellschaftsrechtlichen bereits analogen Geltung des § 302 AktG für GmbHs; die explizite vertragliche Einbeziehung des § 302 AktG ist insofern ein genuin steuerliches echtes Formerfordernis.[27] Der BFH hält diese Interpretation für erforderlich, um das steuerrechtliche Organschaftsrecht unabhängig von der Entwicklung der zivilrechtlichen Rechtsprechung sein zu lassen. Insofern überlagert das Steuerrecht in dieser Hinsicht das Gesellschaftsrecht. 53

Auch bei der **finanziellen Eingliederung der Organgesellschaft in den Organträger** spielt das Gesellschaftsrecht eine wesentliche Rolle. Das Gesetz fordert die „Mehrheit der Stimmrechte aus den Anteilen an der Organgesellschaft". Das bedeutet Stimmrechtsmehrheit nach der Satzung, daneben bestehende Vereinbarungen sind grundsätzlich nicht relevant.[28] Das KStG konkretisiert aber nicht, auf welche Beschlüsse abzustellen ist. Bei generell qualifizierten Mehrheitserfordernissen in der Satzung muss die entsprechende Beteiligungshöhe erreicht werden, wobei qualifizierte Mehrheiten für außerordentliche Beschlüsse unbeachtlich bleiben dürften.[29] Differenziert die Satzung zB nach verschiedenen 54

---

22 BFH 23.8.2017 – I R 80/15, BStBl. II 2018, 141.
23 ZB die Zitierung nur bestimmter Absätze des § 302 AktG, die Wiedergabe des Wortlautes der Vorschrift oder das Knüpfen der Verlustübernahme an weitergehende Voraussetzungen wie etwa das Fehlen anderweitiger Ausgleichmöglichkeiten bei der Organgesellschaft.
24 Einzelfälle vgl. → Rn. 766.
25 Dazu zB Schneider/Sommer GmbHR 2013, 23 (29 f.); Schneider StbJb 2012/2013, 93 (106 ff.).
26 Vgl. → Rn. 766.
27 BFH 3.3.2010 – I R 68/09, BFH/NV 2010, 1132 = DStR 2010, 858 Rn. 17 ff.
28 BFH 10.5.2017 – I R 51/15, DStR 2017, 2109 Rn. 21; zum Streitstand s. Brandis/Heuermann/Rode KStG § 14 Rn. 81a.
29 BFH 9.8.2023 – I R 50/20, DStR 2023, 2781 Rn. 20, 26.

Beschlussgegenständen, besteht Unsicherheit über das Erfüllen der steuerlichen Voraussetzung.[30] Zu Einzelfragen (→ Rn. 537 ff.

55 **Tatsächliche Durchführung des GAV:** Bei diesem Merkmal ist eine sehr starke gesellschaftsrechtliche Prägung gegeben. § 14 Abs. 1 S. 1 Nr. 3 S. 1 Hs. 2 KStG verlangt die Durchführung des GAV während seiner gesamten Geltungsdauer. Diese sog. tatsächliche Durchführung erfordert den **Vollzug des GAV entsprechend den Anforderungen des AktG sowie der vertraglichen Regeln des GAV.**[31] Das beinhaltet insbesondere die gesellschaftsrechtlichen Kernpflichten zu erfüllen, dh die Abführung des ganzen Gewinns der Organgesellschaft und den Ausgleich eines evtl. Verlusts. Dabei muss die Erfüllung – wie das Gesellschaftsrecht fordert – objektiv richtig erfüllt werden. Die entsprechenden abzuführenden bzw. auszugleichenden Ergebnisse sind streng objektiv nach handelsbilanziellen Kriterien zu bestimmen – das **objektiv richtige Ergebnis ist relevant,** nicht dasjenige, was zB in einem testierten (aber materiell nicht richtigen) Jahresabschluss festgestellt wurde.[32] Auch bei den zahlreichen Abführungssperren (→ Rn. 980 ff.) ist das handelsbilanzielle Verständnis maßgebend. **Änderungen zum Verständnis der aktienrechtlichen Regeln schlagen auf die steuerlichen Pflichten durch.**[33] Wegen dieser Akzessorietät gilt die Abhängigkeit vom Gesellschaftsrecht grundsätzlich auch für die Frage, ob eine wirksame **Erfüllungshandlung** vorgenommen wurde; dies ist insbesondere relevant, wenn nicht in Geld erfüllt wurde.[34] Zwar hat der BGH (zu einer Aufrechnung) klargestellt, dass die Ansprüche aus dem GAV auf Geld gerichtet, aber nicht zwingend in Geld erfüllt werden müssten, sondern **Erfüllungssurrogate** grundsätzlich zulässig sind.[35] Allerdings bestehen in dieser Hinsicht weiterhin eine Reihe gesellschaftsrechtlicher Unklarheiten, insbesondere im Verlustausgleichsfall, u. a. wegen zusätzlicher gesellschaftsrechtlicher Beschränkungen in Bezug auf Verzicht und Stundung. Die zivilrechtlichen Diskussionen sind dort in Teilen kritischer als die steuerrechtliche Praxis; dies zeigte sich jüngst an neu aufgekommenen Diskussionen um die aktienrechtliche Zulässigkeit der **Novation eines Verlustausgleichsanspruchs**[36] – und damit eines in der Praxis vielfach genutzten und nach der ganz überwiegenden steuerrechtlichen Auffassung grundsätzlich zulässigen Instruments![37] Würde hier tatsächlich zivilrechtlich die Unzulässigkeit der Novation vom BGH festgestellt[38], würde sich die Frage der Relevanz für das Steuerrecht stellen; wegen der starken Anlehnung des Merkmals an das Gesellschaftsrecht würde dies im Zweifel durchschlagen; für die Praxis würde dann hoffentlich (wie auch bei früheren Gelegenheiten)[39] das BMF zumindest mit einer übergangsweisen Nichtbeanstandung. Letztlich ist dies ein Paradebeispiel für die – mE verfehlte und steuerrechtlich nicht sinnvoll rechtfertigbare – massive Abhängigkeit einer immensen Breite an gesellschaftsrechtlichen Vorfragen.

30 Offen gelassen von BFH 9.8.2023 – I R 50/20, DStR 2023, 2781 Rn. 26.

31 BFH 2.11.2022 – I R 37/19, BStBl. II 2023, 409 Rn. 15; bereits BFH 5.4.1995 – I R 156/93, DStR 1995, 1109.

32 BGH 14.2.2005 – II ZR 361/02, DStR 2005, 750.

33 Vgl. zB BFH 8.8.2001 – I R 25/00, BStBl. II 2003, 923, zur Frage, ob eine in der Vertragszeit gebildete Kapitalrücklage der Abführung unterliegt oder (wie der BFH mit einer Mindermeinung feststellte) nicht. Die Finanzverwaltung gewährte eine zeitweise Nichtbeanstandungsregelung, vgl. BMF 27.11.2003, BStBl. I 2003, 647 = BeckVerw 046867.

34 Dazu ausführlich Schneider/Müller DStR 2023, 535.

35 BGH 10.7.2006 – II ZR 238/04, NJW 2006, 3279 (Voraussetzung: Werthaltigkeit der zur Aufrechnung gestellten Forderung), gegen die grundsätzlich ablehnende Entscheidung des OLG Jena 21.9.2004 – 8 U 1187/03, NZG 2005, 716.

36 OLG München 25.10.2022 – 7 U 1785/18, NZG 2023, 1179 (allerdings ohne weitere Auseinandersetzung mit den vertretenen Meinungen), Rev. II ZR 196/22; ausführlich dazu Widder/Kraske BB 2024, 394 mwN.

37 Zur ganz hM im Steuerrecht zur Zulässigkeit der Novation Bott/Walter/Walter, 177. EL Mai 2024, KStG § 14 Rn. 653; Schneider/Müller DStR 2023, 535 ff. sowie – aus der Rechtsprechung – FG Hamburg 30.6.2022 – 6 K 182/20, EFG 2022, 1868 (1869 f.), rkr.

38 Dagegen mit mE überzeugenden Gründen Widder/Kraske BB 2024, 394 sowie Widder/Bischoff NZG 2023, 99, jeweils mwN.

39 Vgl. zB zur Nichtabführung einer vertraglich gebildeten Kapitalrücklage Fn. 33.

Wie bereits erwähnt ist auch der richtige Erfüllungsbetrag außersteuerlich determiniert, nämlich durch das **handelsbilanziell objektiv richtige Ergebnis.**[40] Wegen der zahlreichen Buchungs- und Bilanzierungsentscheidungen gerade in größeren Jahresabschlüssen entstehen dadurch unweigerlich auch nicht wenige mögliche Fehlerquellen, die auf die Organschaft durchschlagen können.[41] Ob hier unwesentliche Fehler unbeachtlich sein können, hat der BFH mehrfach offen gelassen (weil er die jeweiligen Fehler nicht als unwesentlich ansah).[42] Früher waren Heilungsmöglichkeiten bei späterem Erkennen von Bilanzierungsfehlern dem Grunde und bzgl. der konkreten Anforderungen an die Korrektur nach nicht geklärt.[43] Durch die kleine Organschaftsreform hat der Gesetzgeber eine gewisse Abhilfe geschaffen; zwar erfolgt insofern keine Abkopplung der Organschaft vom Gesellschafts- und Bilanzrecht; jedoch wurde eine **Heilungsmöglichkeit** für die unrichtige Bilanz geschaffen (§ 14 Abs. 1 Nr. 3 S. 4 ff. KStG), wonach unter gewissen Voraussetzungen der außersteuerlich indizierte Fehler nachträglich bilanziell beseitigt werden kann, wenn der Korrekturbetrag dann auch tatsächlich ausgeglichen wird (umfassend dazu → Rn. 1094 ff.). Die „finale Relevanz" eines handelsbilanziellen Fehlers wurde dadurch zwar vermindert, beseitigt ist die Gefahr dadurch aber nicht vollends. Das gilt insbesondere dann, wenn der Anwendungsbereich der Heilungsregelung gar nicht eröffnet ist[44] oder zB der nachträgliche Ausgleich nicht mehr durchgeführt werden kann.[45] 56

**„Tatsächliches Leben des GAV" als neues im Gesetz nicht erwähntes Merkmal?** 57
Der GAV müsse – so jedenfalls der BFH in einem neueren Urteil – zudem in der Praxis „tatsächlich gelebt werden"; vor der Erfüllung müsse erkennbar sein, dass der Organträger und die Organgesellschaft ihre Vertragspflichten erfüllen werden. Deswegen müssten die entsprechenden Ansprüche gebucht werden, das spätere (wenn auch zeitnahe) Erfüllen soll nicht ausreichen.[46]. Der BFH hält dies wohl für erforderlich, um das Organschaftsrecht manipulationsfest auszugestalten, um willkürliche Beeinflussungen der Besteuerung zu vermeiden. Gesellschaftsrechtlich ist diese grundsätzliche Buchung dagegen nicht erfordert; vielmehr fordert das Gesellschaftsrecht (nur) die tatsächliche richtige Erfüllung. Der BFH geht also an dieser Stelle über das Gesellschaftsrecht hinaus, ohne dass der Wortlaut des KStG dies hergibt – die Entscheidung und ihre Begründung sind deshalb mE unzutreffend.[47] Dazu auch noch → Rn. 87 sowie → Rn. 779.

Die **Beendigung der Organschaft durch Beendigung des GAV** ist selbstverständlich vom Gesellschaftsrecht und dem GAV abhängig. Als solche Beendigungsgründe kommen insbesondere in Betracht die einseitige ordentliche oder außerordentliche (§ 297 Abs. 1 AktG) Kündigung des GAV, die beiderseitige Aufhebung des GAV (§ 296 AktG), Ablauf einer im GAV vorgesehenen Laufzeit, Beitritt eines außenstehenden Anteilseigners (§ 307 AktG) oder ein Untergehen durch bzw. im Rahmen einer Umwandlung (dazu (→ Rn. 806 ff.). Hier ist die Abhängigkeit vom Gesellschaftsrecht grundsätzlich unproble- 58

40 Vgl. → Rn. 281 sowie Prinz/Witt Steuerliche Organschaft/Ludwig Rn. 2.12.
41 Der BFH sah aber ein Mehrergebnis, welches auf Meinungsverschiedenheiten über die Bilanzierung im Rahmen einer Betriebsprüfung beruhte, nicht als hinderlich für die tatsächliche Vertragsdurchführung an; vgl. BFH 21.10.2010 – IV R 21/07, DStR 2010, 2505 Rn. 36; FG Nürnberg 11.12.2018 – 1 K 483/17, BeckRS 2018, 49718 Rn. 102 f.
42 ZB BFH 2.11.2022 – I R 37/19, BStBl. II 2023, 409 Rn. 22, zum Fehlen der Buchung der GAV-Ansprüche; BFH 21.10.2010 – IV R 21/07, DStR 2010, 2505 Rn. 37 zur vergessenen Verrechnung eines vororganschaftlichen Verlustvortrags mit einer Gewinnabführung entgegen § 301 AktG.
43 Vgl. dazu zB Schneider/Hinz Ubg 2009, 738; Schneider StbJb 2009/2010, 327 ff., jeweils mwN.
44 So BFH 2.11.2022 – I R 37/19, BStBl. II 2023, 409 Rn. 21, falls der Verlustausgleichsanspruch bei der Organgesellschaft gar nicht gebucht wurde.
45 ZB BFH 2.11.2022 – I R 29/19, BStBl. II 2023, 405 Rn. 34, 37, zur Unmöglichkeit einer angepassten Zahlung in der Insolvenz. Immer noch nicht geklärt ist zB auch die praktisch bedeutende Frage, ob der von der Heilungsvorschrift geforderte Ausgleich des Korrekturbetrags auch noch nach Beendigung der Organschaft geleistet werden kann, zB nach Verkauf der (ehemaligen) Organgesellschaft; vgl. → Rn. 1168 ff.
46 BFH 2.11.2022 – I R 37/19, BStBl. II 2023, 409 Rn. 22.
47 Vgl. Schneider/Müller DStR 2023, 537 (542 mwN).

matisch, da die Beendigung idR gewollt erfolgt. Anders kann das aber dann sein, wenn eine Änderung des GAV (§ 295 AktG) gesellschaftsrechtlich verstanden wird (insbesondere wegen einer wesentlichen Veränderung des bisherigen GAV) als eine Beendigung des bisherigen und Abschluss eines neuen GAV; denn dann entstehen gesellschaftsrechtlich zB Fragen der Wirksamkeit der „Änderung"; steuerrechtlich stellt sich parallel die Frage, ob eine neue Mindestlaufzeit erforderlich ist. Die Fallgruppen, in denen eine Änderung materiell als Neuabschluss angesehen wird, sind nicht klar; entsprechend kann die gesellschaftsrechtliche Unklarheit wiederum auf das Steuerrecht durchschlagen, ohne dass es dafür mE einen genuin steuerrechtlichen Grund gibt.[48] Der Steuergesetzgeber versucht diese Unsicherheiten gelegentlich auszuschließen, indem er Anpassungen von GAVs nach Änderungen der §§ 14 ff. KStG gesetzlich fingiert als kein Neuabschluss des GAV.[49]

**59** Unterschiede zwischen Gesellschafts- und Steuerrecht können sich ergeben bei der Frage, ob ein **wichtiger Grund für eine Beendigung** gegeben ist. Das Gesellschaftsrecht setzt einen wichtigen Grund für eine außerordentliche Kündigung voraus, sieht als Bsp. aber nur den Fall vor, dass der andere Vertragsteil voraussichtlich nicht mehr in der Lage sein wird, seine Vertragspflichten zu erfüllen (§ 297 Abs. 1 S. 2 AktG). In der Praxis werden idR bestimmte konkrete Fälle im GAV definiert, die die Vertragsparteien als wichtigen Grund ansehen wollen. Eine Aufhebung des GAV ist dagegen durch Vereinbarung der beiden Parteien ohne weitere materielle Voraussetzungen zu jedem Wirtschaftsjahresende möglich. Steuerrechtlich ist ein wichtiger Grund dagegen erforderlich, wenn der GAV während der Mindestlaufzeit beendet werden und die Organschaft für die bisherigen vollen Wirtschaftsjahre erhalten bleiben soll (§ 14 Abs. 1 S. 1 Nr. 3 S. 2 KStG).[50] Auch das KStG konkretisiert selbst keine wichtigen Gründe.[51] Nach dem BFH ist der Begriff des wichtigen Grunds iSd KStG nicht identisch mit dem gesellschaftsrechtlichen iSd § 297 AktG, sondern der **steuerlich wichtige Grund ist eigenständig zu bestimmen;** entscheidend ist dabei insbesondere der Zweck der Mindestlaufzeit willkürliche Beeinflussungen der Besteuerung zu verhindern; eine Beendigung des GAV dürfe (anders als im Zivilrecht insbesondere bei der Aufhebung) nicht im Belieben der Parteien stehen; deshalb müsse der wichtige Grund nach eigenen steuerrechtlichen Maßstäben objektiv vorliegen. Dabei schwebt dem BFH offenbar ein eher enges Verständnis vor.[52] Dies (und insbesondere ein Urteil des BFH aus 2013 zu einer speziellen konzerninternen Umhängung der Organgesellschaft[53]) hat zu gesteigerter Unsicherheit in der Praxis geführt, wann von einem solchen steuerlich wichtigen Grund (sicher) auszugehen ist. Die Praxis orientierte sich bis zu diesem Urteil – auch bei konzerninternen Maßnahmen – an einer Reihe von (nicht abschließenden) Fällen[54], die nach Ansicht der Finanzverwaltung wichtige Gründe darstellten; die Finanzverwaltung hat die Bedeutung dieser Fälle aber mittlerweile abgeschwächt, weil bei ihnen nach angepassten Verwaltungsstellungnahmen nur noch ein wichtiger Grund vorliegen „kann" und nicht (wie

---

[48] Vgl. Müller/Dettmering/Lieber, Die Organschaft, 12. Auflage, Rn. 209 f. zur isolierten Aufhebung des Beherrschungselements in einem bisher einheitlichen BGAV.

[49] Vgl. zB § 34 Abs. 6e S. 4 KStG für Anpassungen des GAV nach Änderung des § 14 Abs. 2 KStG für die Bemessung von Ausgleichszahlungen, oder § 34 Abs. 10b S. 4 KStG idF durch die Kleine Organschaftsreform (Gesetz v. 20.2.2013, BGBl. 2013 I 285) für Anpassung von GAVs bzgl. der Verlustübernahmeklausel.

[50] Das Gesetz spricht insofern nur von der Kündigung. Besteht ein steuerlich wichtiger Grund, ist die Beendigung des GAV in der Mindestlaufzeit aber auch durch Aufhebungsvertrag unschädlich für die bisherige Organschaft (vgl. BFH 13.11.2013 – I R 45/12, BStBl. II 2014, 486 Rn. 21 (verdeckte Regelungslücke). Entsprechendes muss dann auch für andere Formen der Beendigung gelten, wie zB Untergang des GAV durch eine Umwandlung.

[51] Ausnahmefälle bestehen bei Beendigung von GAVs nach bestimmten Gesetzesänderungen, zB § 34 Abs. 6e S. 3 KStG für Kündigung von GAVs nach Änderung des § 14 Abs. 2 KStG für die Bemessung von Ausgleichszahlungen.

[52] Vgl. Prinz/Witt Steuerliche Organschaft/Witt Rn. 7.35 f.

[53] BFH 13.11.2013 – I R 45/12, BStBl. II 2014, 486.

[54] KStR 14.5 Abs. 6 S. 2: Veräußerung oder Einbringung der Organbeteiligung durch den Organträger, Verschmelzung, Spaltung oder Liquidation des Organträgers oder der Organgesellschaft.

vorher) ein solcher „ist".[55] Zu Details aus gesellschaftsrechtlicher Sicht vgl. → Rn. 833 ff. und → Rn. 1386 ff. sowie zu steuerrechtlichen Detailfragen → Rn. 1651 ff.

Insgesamt ist die enge Verknüpfung – und vielfache Abhängigkeit – schon extrem für ein **60** so zentrales Element der deutschen Unternehmensbesteuerung. Dies ist auch einer der wesentlichen Gründe dafür, dass weiterhin eine grundlegende Reform der deutschen Gruppenbesteuerung gefordert wird, die insbesondere auf den GAV verzichten sollte (vgl. → Rn. 167 ff.).

*(einstweilen frei)* **61–85**

### III. Auslegung des GAV sowie der Organschafts-Voraussetzungen

Bei der Auslegung von Organschafts-Voraussetzungen gelten nach hM vielfach besonders **86** strenge Anforderungen. Hierbei ist zunächst zu unterscheiden zwischen (i) der **Auslegung des GAV selbst** (die sich nach den entsprechenden (strengeren) gesellschaftsrechtlichen Prinzipien richtet, die der BFH für die Steuerrechtsanwendung zugrunde legt und auch da grundsätzlich streng versteht) und (ii) der **Auslegung der weiteren Anforderungen der §§ 14 ff. KStG,** bei der originär steuerrechtliche Erwägungen zu berücksichtigen sind, die vom BFH insbesondere in jüngster Zeit in Teilen streng verstanden werden.

GAVs sind nicht bloße zweiseitige Verträge, sondern haben aufgrund der weitgehenden **87** Folgen einen (zumindest überwiegenden) organisationsrechtlichen Charakter.[56] Sie sind daher bereits nach der gesellschaftsrechtlich hM nicht nach den allgemeinen Regelungen (§§ 133, 157 BGB) auszulegen; stattdessen hat eine **objektivierte Auslegung** zu erfolgen, die revisibel ist. Deshalb soll nur auf den Vertrag selbst (insbesondere Wortlaut und Sinnzusammenhang) abgestellt werden sowie allgemein zugängliche Unterlagen, während Dritten nicht erkennbare Absichten und Erwägungen nicht verwertbar sind[57]; ausführlicher dazu → Rn. 778 f. Diese strengen zivilrechtlichen Auslegungsregeln wendet der BFH auch im Steuerrecht an;[58] GAVs sind nach dem BFH[59] auch für die Steuerrechtsanwendung entsprechend **objektiv, einheitlich und aus sich heraus auszulegen;** tragend für die Auslegung sind der Wortlaut der Vorschriften, ihr Sinn und Zweck sowie die systematische Betrachtung anhand der anderen Vorschriften des GAV; außerhalb der Urkunde liegende Umstände sind grds. nicht zu berücksichtigen, sofern sie nicht in allgemein zugänglichen Dokumenten für diese Gesellschaft (insbesondere in „ihrem" Handelsregister) enthalten sind. Vertragsklauseln können daher nicht gegen ihren unzweifelhaften Wortlaut so ausgelegt werden, dass das verfolgte – steuerliche – Ziel der Parteien des Einhaltens der rechtlichen Mindesterfordernisse der Organschaft eingehalten wird, selbst wenn eine Bezugnahme auf diesen Wunsch in der Vertragsurkunde erfolgt.[60] Grund für die enge Auslegung ist (neben ihrer gesellschaftsrechtlichen Prägung) u.a., dass der GAV den Finanzbehörden eine sichere Überprüfungsmöglichkeit für das Bestehen der Organschaft bieten müsse; der BFH möchte insbesondere ein „faktisches Wahlrecht" der Parteien unterbinden, sich durch eine unklare Formulierung beliebig auf die Wirksamkeit oder Unwirksamkeit

[55] Vgl. KStR 14.5 Abs. 6 S. 2, 3; nunmehr auch BMF 2.1.2025, BStBl. I 2025, 92 (= BeckVerw 647650) Rn. Org. 26; zur Anerkennung des wichtigen Grunds bei Aufwärtsverschmelzung der Organgesellschaft auf den Organträger BFH 11.7.2023 – I R 36/20, BStBl. II 2024, 419 Rn. 53.

[56] BeckOGK/Veil/Walla AktG § 291 Rn. 40; MüKoAktG/Altmeppen, 6. Aufl. 2023, AktG § 291 Rn. 35 f., jeweils beide mwN. Der BGH spricht bei Unternehmensverträgen vom „satzungsgleichen Charakter", vgl. BGH 24.10.1988 – II ZB 7/88, BGHZ 105, 324 (331). Daran anknüpfend BFH 3.9.2009 – IV R 38/07, BStBl. II 2010, 60 Rn. 23, bzgl. der Laufzeitbestimmung eines GAV.

[57] MüKoAktG/Altmeppen, 6. Aufl. 2023, AktG § 291 Rn. 35 mwN.

[58] Umfassend dazu bereits Schneider, StbJb 2010/2011, 327 (328 ff.).

[59] Ausführlich zuletzt BFH 13.7.2022 – I R 42/18, DStR 2022, 2615 Rn. 14 ff. mwN. Im Fall ging es um die Auslegung eines GAV, der nach Wortlaut eine feste Laufzeit von (im Ergebnis) 5 Jahren hatte, aber keine Verlängerungsklausel. Nach dem BFH hatte er (und damit die Organschaft) entsprechend nach Ablauf geendet, auch wenn die Parteien über viele Jahre vom Bestehen weiter ausgingen und den (objektiv beendeten) weiterhin tatsächlich durchführten.

[60] BFH 28.11.2007 – I R 94/06, DStRE 2008, 87 Rn. 29.

der Organschaft berufen zu können.[61] Der GAV dient daher nicht nur der Verwirklichung der Ziele der Vertragsparteien, sondern seine Auslegung muss auch seine steuerrechtliche Wirkung (und das Interesse des allgemeinen Rechtsverkehrs) berücksichtigen. Die Parteien haben es selbst in der Hand (und müssen dem angesichts der strengen Rechtsprechung auch höchste Beachtung widmen), durch klare Formulierungen Auslegungsproblemen aus dem Weg zu gehen.

**88** Relevant wurden diese Auslegungsstreitigkeiten in der Praxis oft bei den Klauseln, die für die steuerrechtliche Anwendung besonderen Anforderungen nach dem KStG unterliegen, also vor allem denjenigen zur Vereinbarung einer 5-jährigen **Mindestlaufzeit** sowie der ausdrücklichen Regelung einer **Verlustübernahmeverpflichtung** entsprechend § 302 AktG bei Organgesellschaften, die (wie GmbHs) von § 17 KStG erfasst werden.[62]

**89** Von der Frage der GAV-Auslegung zu trennen ist diejenige der **allgemeinen Auslegung der §§ 14 ff. KStG** im Ganzen. Dies ist primär eine steuerrechtliche Frage. Der BFH folgt dabei oft mehreren Leitgedanken, u. a. der starken Orientierung am Wortlaut sowie (neuerdings häufiger betont) der Bedeutung, Manipulationen sowie Unsicherheiten über das Bestehen oder Nichtbestehen einer Organschaft zu verhindern.[63] Zudem hat er in den letzten Jahren mehrfach die Behauptung aufgestellt, dass **im Zweifel eine enge bzw. strenge Auslegung der Organschaftsvoraussetzungen anzuwenden** sei. Die Rechtfertigung sieht der BFH offenbar darin, dass die Organschaft eine Ausnahme- bzw. Sonderregelung darstellt, weil sie durch ihre Ergebniskonsolidierung den allgemeinen Grundsatz im deutschen Steuerrecht durchbricht, dass jede Gesellschaft für sich steuerpflichtig ist (Subjektsteuerprinzip). Diese These hat der BFH bisher nicht überzeugend zu begründen versucht. Zu Recht ist sie deshalb methodischer Kritik ausgesetzt.[64] ME ist ein **Grundsatz einer pauschalen engen Auslegung klar abzulehnen;** die Herleitung ist genauso fragwürdig wie die Anwendung im Einzelfall. Dabei war der erste „Anwendungsfall" zumindest nachvollziehbar: in der Entscheidung **I R 68/09**[65] ging es darum, ob man bei einer Organgesellschaft in der Rechtsform der GmbH und einem GAV ohne eine dem damaligen § 17 S. 1 Nr. 2 KStG genügende Einbeziehung des § 302 AktG auf eine explizite ordnungsgemäße Einbeziehung verzichten könne, weil nach der seinerzeit bereits geltenden BGH-Rechtsprechung § 302 AktG bei GAVs mit GmbHs analog galt. Der BFH lehnte das ab, dem Gesetzgeber bleibe unbenommen, die Anforderungen an die Organschaft (und damit die Abweichung vom Subjektsteuerprinzip) festzulegen, zumal er sich damit von einer sich möglicherweise wandelnden zivilrechtlichen Rechtsentwicklung nicht abhängig mache. Es ging also darum, ob eine explizit im Gesetz aufgeführte Anforderung, die die Rechtsprechung auch zuvor immer betont hatte, gegen deren Wortlaut für obsolet erklärt werden konnte. Der BFH nutzte die These der „engen Auslegung" also „nur", um eine Auslegung gegen den Gesetzeswortlaut weiter zu stützen.

**90** Demgegenüber ging es im Verfahren **I R 37/19**[66] um etwas ganz anderes, nämlich darum, ob es – neben den ohnehin zahlreichen und weitreichenden – gesetzlich expliziten

61 BFH 13.7.2022 – I R 42/18, DStR 2022, 2615 Rn. 16.

62 Vgl. die Darstellung von Schneider StbJb 2010/2011, 327 (328 ff.), u. a. zu BFH 28.11.2007 – I R 94/06, DStRE 2008, 87 (erstes Kündigungsdatum im GAV datumsmäßig zu früh für die 5-jährige Mindestlaufzeit); BFH 22.10.2008 – I R 66/07, BStBl. II 2009, 972 (iE zu kurze Mindestlaufzeit, nachdem der Vertrag erst 2 Jahre verspätet wirksam geworden war; ähnliches Problem in BFH 3.9.2009 – IV R 38/07, BStBl. II 2010, 60); BFH 13.7.2022 – I R 42/18, DStR 2022, 2615 (fehlende Verlängerungsklausel; siehe Fn. 59). Zur Verlustübernahmeklausel u. a. BFH 28.7.2010 – I B 27/10, mit Klarstellung vom 15.9.2010, BStBl. II 2010, 932 und 935. Zu einem GAV, der einen dynamischen Verweis enthielt, aber auch die GAV-relevante Nutzung vororganschaftlich gebildeter Rücklagen FG Münster 11.12.2019 – 9 K 1171/19 K, BeckRS 2019, 52383; NZB abgelehnt durch BFH 19.10.2020 – I B 20/20, BFH/NV 2021, 356.

63 Zu diesen und den folgenden Leitgedanken Prinz/Witt Steuerliche Organschaft/Witt Rn. 7.2 ff.

64 Ausführlich Valta FS 75 Jahre Hochschule für Finanzen NRW, 2025 S. 191, der zu Recht eine pauschale „enge" Auslegung kritisiert und zudem das angebliche Regel-Ausnahme-Verhältnis in Frage stellt; im Ergebnis plädiert er für eine systemtreue Auslegung der einzelnen Regelungen im Einzelfall.

65 BFH 3.3.2010 – I R 68/09, BFH/NV 2010, 1132 Rn. 19.

66 BFH 2.11.2022 – I R 37/19, BStBl. II 2023, 409 Rn. 17.

Tatbestandsvoraussetzungen der Organschaft (inkl. dem der tatsächlichen Durchführung des GAV nach Maßgabe der gesellschaftsrechtlichen und vertraglichen Anforderungen) noch ein weiteres ungeschriebenes Merkmal gebe, nämlich die **Notwendigkeit des „tatsächlichen Lebens" der Organschaft;** schon vor dem Zeitpunkt der tatsächlichen Erfüllung (= tatsächliche Durchführung) müsse objektiv erkennbar sein, dass sowohl der Organträger als auch die Organgesellschaft ihre zivilrechtlichen Vertragspflichten aus dem GAV erfüllen würde, was zusätzlich neben der Erfüllung der Ansprüche deren grundsätzliche Verbuchung erfordere. Es ging also – mE also völlig gegensätzlich als in I R 68/09 – um die Frage der „(Er-)Findung" eines zusätzlichen, nicht im Gesetz geregelten Tatbestandsmerkmals; da dieses auch nicht systematisch nachvollziehbar hergeleitet wurde, sind auch die weiteren Konturen unklar. Eine konkrete Manipulationsgefahr bestand jedenfalls im Urteilsfall nicht.[67] Zu welchen Unsicherheiten und Auswüchsen dies führen könnte, zeigen Anmerkungen von Verwaltungsvertretern, die ernsthaft erwägen, ob das falsche Ausfüllen von Steuererklärungsformularen die Organschaft scheitern lassen könnte.[68]

Über den Ausgang der Entscheidung mag man streiten können[69], auch wenn sie mE nicht richtig ist. Auch mag es im Rahmen der Auslegung in Ordnung sein, konkreten Manipulationsversuchen entgegenzutreten. Aber das generelle Erfinden eines neuen (und zudem konturenlosen) Tatbestandsmerkmals bei den ohnehin vom Gesetzgeber über Jahrzehnte explizit gesetzlich vorgegebenen zahlreichen und detaillierten Organschaftsvoraussetzungen ist **mE genauso strikt abzulehnen wie die Behauptung einer generell (str) engen Auslegung dieser Voraussetzungen.**[70] Darin ändert auch nichts, dass außerhalb der Organschaft das Subjektsteuerprinzip gilt; die Organschaft besteht schon seit mehr als 100 Jahren, und der Gesetzgeber hat sie bewusst gesetzlich 1969 fortgeführt bzw. abgesichert; dabei hat er die Bedeutung des interpersonellen Verlustausgleichs im Konzern hervorgehoben, und die Organschaft insoweit als Bestandteil des Konzernsteuerrechts als unentbehrlich bezeichnet.[71] Diese bewusste gesetzgeberische Grundentscheidung durch eine generelle (str)enge Auslegung einzuengen, widerspricht mE dieser. 91

*(einstweilen frei)* 92–113

## C. Überblick über die Rechtsentwicklung

Der Überblick über die Rechtsentwicklung folgt erst an dieser Stelle, weil sich die Entwicklung sinnvoller nachvollziehen lässt, nachdem insbesondere die heutigen Voraussetzungen der ertragsteuerlichen Organschaft dargestellt wurden. 114

Das steuerliche Organschaftsrecht ist seinem ersten **Ursprung nach Richterrecht zur Gewerbesteuer.** Das PrOVGSt hatte bereits Ende des 19. Jahrhunderts eine abhängige Körperschaft als Angestellten eines Gewerbetreibenden angesehen; in der Gewerbesteuer ging es dabei zunächst um die Vermeidung von Gewinnverlagerungen innerhalb der betroffenen Länder.[72] Diese „Angestellten-Idee" **übertrug der RFH später auf den Bereich der Körperschaftsteuer** (und behandelte zB eine abhängige GmbH als deutsche Betriebsstätte einer niederländischen Kapitalgesellschaft).[73] Diese Rechtsprechung wurde vom RFH und dann BFH fortgeführt, wobei sie sich von der Angestellten-Idee insbesondere durch die Rechtsprechung des BFH fort- und weiterentwickelte zur Zurechnung des eigenen Einkommens der weiterhin selbständigen Organgesellschaft an das (von ihr zu 115

67 Valta FS 75 Jahre Hochschule für Finanzen NRW, 2025 S. 191, klassifiziert die Entscheidung daher auch als eine „stark typisierte Vorverlegung der Gefahrenschwelle".
68 Herkens Ubg 2023, 219 in einer Anmerkung zum Urteil.
69 Zum Streitstand vor der Entscheidung siehe BFH 2.11.2022 – I R 37/19, BStBl. II 2023, 409 Rn. 16. Besprechung des Urteils u. a. durch Oppel/Herkens/Witt Ubg 2023, 215 ff.
70 So bereits Schneider/Müller DStR 2023, 537 (542).
71 BT-Drs. 7/1470, 347.
72 Vgl. Herzig/Herzig, Organschaft, 2003, 4. Ausführlich dazu → Rn. 5652 ff.
73 RFH 31.3.1922 – I A 10/22, RFHE 9, 167. Zu Einzelheiten zB Herzig/Förster, Organschaft, 2003, 83 ff.

unterscheidende) herrschende Unternehmen; eine Zusammenfassung der an der Organschaft beteiligten Glieder zu einer steuerlichen Einheit wurde ebenso abgelehnt wie eine einheitliche Ermittlung des Einkommens von Organ und Organträger.[74] Dabei setzte der BFH eine **zivilrechtlich wirksame vertragliche Ergebnisabführungsvereinbarung** voraus (obwohl der GAV noch nicht im AktG geregelt war); eine bloße Weisung des Organträgers sollte (entgegen früherer Äußerungen des RFH) nicht genügen.[75] Das bestehende Vertragsverhältnis sah der BFH zwar als weitgehend gesellschaftsrechtlich (und nicht betrieblich) qualifiziert an, weil der Vertrag idR nicht ausgeglichen sei, gleichwohl aus wirtschaftlichen Erwägungen (zur Vermeidung einer Doppelbesteuerung von Gesellschaft und Gesellschafter im seinerzeit noch geltenden klassischen System) unter bestimmten Voraussetzungen wie ein betrieblicher Vorgang zu behandeln sei.[76]

**116** In einem Urteil aus 1965 erkannte der BFH[77] die Organschaft zwar noch weiter an, weil er darin mittlerweile **Gewohnheitsrecht** erkannte, mahnte allerdings – wegen unterschiedlicher Auffassungen über die Wirkungen des EAV, nicht immer einheitlicher Rechtsprechung und auch den Steuerpflichtigen zT belastender Elemente – eine gesetzliche Regelung durch den Gesetzgeber in „angemessener Zeit" an; da Steuerrecht Eingriffsrecht sei, bedürfe es zur Rechtssicherheit klarer Rechtssätze. Nur gut ein Jahr später versagte er einer Organschaft dann die Anerkennung, wenn Organträger ein Personenunternehmen (Einzelunternehmen oder Personengesellschaft) war; die Zurechnung des Einkommens einer selbst der Körperschaftsteuer unterliegenden Kapitalgesellschaft an einen der Einkommensteuer unterliegenden Stpfl. sei **ohne gesetzliche Regelung nicht (mehr) zu rechtfertigen** und auch selbst nicht gewohnheitsrechtlich verfestigt.[78] Nachdem ohnehin gesellschaftsrechtlich durch das AktG 1965 das Konzernrecht neu gestaltet worden war (und separate Regeln für Beherrschungs- sowie GAVs geschaffen wurden)[79], wurde die körperschaftsteuerliche Organschaft mit Wirkung ab 1969 erstmalig gesetzlich geregelt im damaligen § 7a KStG 1969.[80] Die wesentlichen Voraussetzungen orientierten sich weitgehend an der bisherigen Rechtsprechung; erforderlich war der Abschluss eines GAV auf mindestens 5 Jahre und seine tatsächliche Durchführung, die Mehrheit der Anteile sowie – seinerzeit noch – eine wirtschaftliche und finanzielle Eingliederung der Organgesellschaft in den Organträger. Als 1977 das klassische System durch das Anrechnungssystem ersetzt wurde, wurde das Organschaftsrecht in die §§ 14 ff. KStG verlagert und auf mehrere Paragraphen verteilt.[81] Dies geschah ohne wesentliche Änderungen am Gesetz. Geändert hatte sich durch den Systemwechsel aber die Bedeutung: im neuen Anrechnungsverfahren wurde die Doppelbelastung bei Ausschüttung nunmehr allgemein beseitigt, wodurch bei der Organschaft der mögliche Verlustausgleich stärker in den Fokus rückte; die Gesetzesbegründung

---

[74] Ausführlich BFH 4.3.1965 – I 249/61 S, NJW 1965, 1685 (juris Rn. 11); FG Schleswig-Holstein 7.7.2023 – 1 K 54/23, BeckRS 2023, 23384 Rn. 26 ff.

[75] BFH, Gutachten vom 27.11.1956 – I D 1/56 S, BFHE 64, 368 (juris Rn. 25; zur Dividendengarantie gegenüber Minderheitsgesellschaftern); die vertragliche Grundlage war zu dieser Zeit grundsätzlich die in § 256 AktG 1937 geregelte Gewinngemeinschaft; bei der vertraglichen Grundlage wurde häufig vom „Organschaftsvertrag" gesprochen, der Elemente von Beherrschung und Gewinnabführung in sich vereine (vgl. Herzig/Priester, Organschaft, 2003, 39). Zur Betonung der Selbstständigkeit der Organgesellschaft vgl. die Nachweise bei BFH 17.11.1966 – I 280/63, BStBl. III 1967, 118 (juris Rn. 11).

[76] BFH, Gutachten vom 27.11.1956 – I D 1/56 S, BFHE 64, 368 (juris Rn. 33 ff.).

[77] BFH 4.3.1965 – I 249/61 S, NJW 1965, 1685 (juris Rn. 16): *„Der Senat ist der Ansicht, dass durch den Gerichtsgebrauch bei den beteiligten Kreisen eine Rechtsüberzeugung dahin begründet worden ist, dass gleichartige Fälle idS entschieden werden; diesem Umstand ist ein so starkes Gewicht beizumessen, dass im Rahmen der bisherigen Rechtsprechung das Institut der Organschaft mit EAV anzuerkennen ist.".*

[78] BFH 17.11.1966 – I 280/63, BStBl. III 1967, 118.

[79] Vgl. zu Entwicklung und Hintergrund MüKoAktG/Altmeppen, 6. Aufl. 2023, AktG vor § 291 Rn. 10 ff.; Emmerich/Habersack KonzernR/Habersack, 10. Aufl. 2022, Einleitung Rn. 16 ff.; BeckOGK/Veil/Walla AktG § 291 Rn. 4.

[80] Gesetz zur Änderung des KStG und anderer Gesetze vom 15.8.1969, BGBl. 1969 I 1182; zur Gesetzesbegründung vgl. BT-Drs. V/3017.

[81] Körperschaftsteuerreformgesetz vom 31.8.1976, BGBl. 1976 I 2597.

betont, dass die Organschaft deshalb als Bestandteil des Konzernsteuerrechts auch nach dem Systemwechsel unentbehrlich sei.[82]

Seitdem ist die wesentliche Grundstruktur unverändert geblieben, die gesetzlichen Regelungen wurden aber in vielen Elementen angepasst. Als wesentliche Veränderungen sind die folgenden hervorzuheben:[83] **117**

- Im Jahr 2000 wurde die **organisatorische und wirtschaftliche Eingliederung als Voraussetzung der körperschaftsteuerlichen Organschaft aufgegeben.**[84] Kernmerkmal bei Implementierung der Organschaft war damit nur noch der wirksame GAV und die finanzielle Eingliederung (bei der nun explizit die Mehrheit der Stimmrechte aus den Anteilen gefordert war). Damit verloren Beherrschungsverträge für die ertragsteuerliche Organschaft (nicht aber für die umsatzsteuerliche und zunächst auch nicht die gewerbesteuerliche) Organschaft an Bedeutung, und es kam vermehrt zu reinen GAV[85].
- Ab 2001 wurde das **Anrechnungsverfahren ersetzt durch das heutige System,** dass wieder eine klassische Doppelbesteuerung vorsieht, auch wenn diese bei der Körperschaftsteuer erheblich (idR nur 5 % Steuerpflicht aufgrund der Schachtelstrafe des § 8b Abs. 5 KStG) bzw. bei Einkommensteuer durch das Teileinkünfteverfahren abgemildert wird. Die Organschaft wurde davon zwar nicht unmittelbar betroffen, ihre Bedeutung nahm aber als Folge zu. So kehrte damit der Vorteil der Vermeidung einer (gewissen) Doppelbesteuerung wieder zurück; die unmittelbare Verlustverrechnung durch Organschaft wurde noch wichtiger, weil die Möglichkeit der „indirekten" Verlustrealisierung durch Teilwertabschreibung auf Tochterkapitalgesellschaften durch § 8b Abs. 3 KStG wegfiel.[86]
- Ab 2002 wurden die **Voraussetzungen der gewerbesteuerlichen Organschaft an die der körperschaftsteuerlichen angeglichen;** insbesondere wurde damit der GAV auch für die Gewerbesteuer notwendig.[87] Geblieben ist allerdings die systematisch etwas unterschiedliche Rechtsfolge (Organgesellschaft als Betriebsstätte des Organträgers; vgl. dazu → Rn. 5612 ff., 5784 ff.. Zudem wurde begonnen, die **Organschaft auch für ausländische Rechtsträger zT zu ermöglichen;** ein Unternehmen mit Sitz in der EU/EWR, aber Geschäftsleitung im Inland, konnte erstmals Organträger werden. Zudem wurde zur Verhinderung einer doppelten Nutzung von (in Deutschland angefallenen!) Verlusten im Ausland der (schwer verständliche) § 14 Abs. 1 Nr. 5 KStG eingefügt, der zunächst 2013 verschärft[88] und dann 2024 wieder aufgehoben wurde[89] (da mit § 4k EStG – insbesondere Abs. 4 – zuvor eine allgemeine Norm zur Verhinderung aller möglichen „hybrid mismatches" eingeführt worden war).
- 2003 wurde durch das Steuervergünstigungsabbaugesetz[90] u. a. die **Mehrmütterorganschaft abgeschafft** und die Voraussetzungen verschärft, unter denen eine Personengesellschaft Organträger sein kann. Zudem wurde die Möglichkeit der „rückwirkenden" Organschaftsbegründung gestrichen, dh dass ein GAV für eine Organschaft bereits ausreicht, wenn er im betreffenden Jahr abgeschlossen wurde, die Eintragung im Handelsregister aber erst im Folgejahr erfolgte.[91] Allerdings kam es nicht zur zwischenzeitlich diskutierten Abschaffung der gewerbesteuerlichen Organschaft.[92]

---

82 BT-Drs. 7/1470, 347.
83 Vgl. ausführlich zB BeckOK KStG/Ebber KStG § 14 Rn. 41 ff.; DPM/Dötsch/Pung KStG § 14 Rn. 13 ff.
84 Steuersenkungsgesetz vom 23.10.2000, BGBl. 2000 I 1473.
85 Schön ZHR 168 (2004), 629 (630); Cahn/Simon Der Konzern 2003, 1.
86 Schön ZHR 168 (2004), 629 (630); Prinz/Witt Steuerliche Organschaft/Prinz Rn. 1.22.
87 Unternehmenssteuerfortentwicklungsgesetz vom 20.12.2001, BGBl. 2001 I 3858.
88 Dazu u. a. Schneider/Schmitz GmbHR 2013, 281.
89 Wachstumschancengesetz vom 27.3.2024, BGBl. I 2024, Nr. 108.
90 Steuervergünstigungsabbaugesetz vom 16.5.2003, BGBl. 2003 I 660.
91 Nunmehr § 14 Abs. 1 S. 2 KStG. Diese rückwirkende Begründung war erst 1992 durch das Steueränderungsgesetz (vom 25.2.1992, BGBl. 1992 I 297) eingeführt worden.
92 Vgl. Bott/Walter/Walter KStG § 14 Rn. 52, mit Darstellung des Gesetzgebungsprozesses.

- Erste gesetzliche Regelung durch das JStG 2007 der organschaftlichen Mehr- und Minderabführungen, mit der die sog. **Ausgleichsposten-Methode** kodifiziert wurde; mit Wirkung ab 2022 wurde diese aufgehoben und Einlagegrundsätze eingeführt (siehe unten sowie ausführlich → Rn. 3367 ff.).
- Wesentliche Änderungen im KSt-Recht mit Wirkung ab 2008 (u. a. Einführung der Zinsschranke) betrafen die Organschaft zwar nicht unmittelbar, die Organschaft wirkt sich seitdem aber idR vorteilhaft bei der Berechnung aus (Organkreis als ein Betrieb, § 15 Abs. 1 Nr. 3 KStG).[93]
- Nachdem die Rufe nach einer grundlegenden Reform des Organschaftsrechts Anfang der 2010er Jahre deutlich lauter wurden[94], führte der Gesetzgeber keine größere, systematische Reform durch, sondern griff durch die sog. **„Kleine Organschaftsreform"** nur einige Punkte auf.[95] U. a. wurde als Reaktion auf den zu dieser Zeit stärker geführten Streit um die Auslegung von GAVs, insbesondere der Verlustausgleichsklausel bei Organgesellschaften in Form der GmbHs[96], die Notwendigkeit einer expliziten Vereinbarung bei unter § 17 KStG fallenden Organgesellschaften nicht aufgegeben, sondern mit dem neuen Erfordernis des „dynamischen Verweises" lediglich eine klarere Vorgabe (grundsätzlich für neue Verträge) gemacht und bestehenden Verträgen mit uU problematischen Klauseln die Möglichkeit einer „heilenden Vertragsanpassung" eingeräumt[97]. Wegen des Problems, dass die Abführung eines handelsbilanziell falsch ermittelten Gewinns die tatsächliche Durchführung gefährdet, wurde einer Möglichkeit einer Heilung des Fehlers in laufender Rechnung eingeführt (§ § 14 Abs. 1 S. 1 Nr. 3 S. 4 ff. KStG). Zudem wurde erstmalig ein gesondertes Feststellungsverfahren (§ 14 Abs. 5 KStG) vorgesehen, um eine einheitliche Entscheidung wesentlicher Fragen der Organschaft auf Ebene der Organgesellschaft herbeizuführen.[98] Schließlich wurde für ausländische Organträger aufgegeben, dass ihre Geschäftsleitung im Inland sein müsse; stattdessen fordert das Gesetz die durchgehende Zuordnung der Organgesellschaft zu einer inländischen Betriebsstätte samt deutschem Besteuerungsrecht auch nach DBA (§ 14 Abs. 1 S. 1 Nr. 2 S. 4 ff. KStG).[99] Welche genauen Anforderungen an einen „grenzüberschreitenden GAV" und seine Durchführung zu stellen sind, wird allerdings nicht geregelt und bleibt daher zT unklar.[100]
- Schließung einer angeblichen Lücke bei der Gewerbesteuer hinsichtlich der 5 % Hinzurechnung des § 8b Abs. 5 KStG bei DBA-schachtelprivilegierten Dividenden durch den in 2016 eingeführten § 7a GewStG[101] (dazu ausführlich → Rn. 6149 ff.).
- Schaffung (weitgehender und zT überschießender) Sonderregeln für Organgesellschaft und Organträger im Zusammenhang mit der (erstmalig im Gesetz geregelten) bedingten Steuerfreiheit von Sanierungserträgen in 2017 (§§ 3a, 3c EStG, § 7b GewStG, § 15 Abs. 1 Nr. 1 S. 2 f., Nr. 1a KStG).[102]

---

93 Zutreffend Prinz/Witt Steuerliche Organschaft/Prinz Rn. 1.22. Zur Bedeutung bei der Zinsschranke vgl. auch → Rn. 139 sowie ausführlich → Rn. 4501 ff.

94 Dazu unten → Rn. 167 ff.

95 Dazu insgesamt u. a. von Wolfersdorff IFSt Nr. 481; Schneider StbJb 2012/2013, 93 ff.; Schneider/Sommer GmbHR 2013, 22.

96 Vgl. u. a. BFH 3.3.2010 – I R 68/09, DStR 2010, 858; 28.7.2010 – I B 27/10, DStR 2010, 1777; dazu Schneider StbJb 2010/2011, 327 (328).

97 Zur Heilung von GAV mit unzureichender Verlustübernahmeklausel § 34 Abs. 10b KStG sowie BFH 24.7.2013 – I R 40/12, BStBl. II 2014, 272: Die Heilung greift nicht, wenn der Stpfl. diese objektiv erkennbar nicht begehrt, vgl. BFH 3.5.2023 – I R 7/20, BStBl. II 2024, 199.

98 Ausführlich dazu → Rn. 5315 ff.

99 Dazu Schneider StbJb 2012/2013, 93 (113 ff.).

100 Aktuell s. zB BFH 9.8.2023 – I R 26/19, IStR 2024, 111. Die Finanzverwaltung ist zT sehr restriktiv in ihren Anforderungen, vgl. OFD Frankfurt am Main 9.7.2020, DStR 2020, 2680.

101 BEPS-Umsetzungsgesetz vom 20.12.2016, BGBl. 2016 I 3000.

102 BGBl. 2017 I 2074. Zu den körperschaftsteuerlichen Folgen vgl. → Rn. 1925 ff. und → Rn. 3601 ff., zur Gewerbesteuer → Rn. 6014.

- Grundsätzlich großzügigere Neuregelung der Anforderungen an die **Ausgestaltung von Ausgleichszahlungen an außenstehende Anteilseigner** in § 14 Abs. 2 KStG im Jahr 2018[103]. Dazu ausführlich → Rn. 3625 ff.
- Neureglung der Behandlung der **organschaftlichen Mehr- und Minderabführungen** durch das KöMoG in 2021.[104] Nunmehr erfolgt der systematische Wechsel in § 14 Abs. 4 KStG zur sog. **Einlagelösung;** alte Ausgleichsposten sind aufzulösen (§ 34 Abs. 6e S. 7 ff. KStG). Ausführlich dazu → Rn. 3395 ff.
- Aufhebung des § 14 Abs. 1 S. 1 Nr. 5 KStG durch das Wachstumschancengesetz (siehe bereits oben).

Man kann sicher sein, dass dies nicht die letzte Änderung der Organschaftsregeln bleiben wird. Dies liegt auf der Hand, u. a. angesichts der großen Bedeutung dieses Rechtsinstitut, seiner oftmals (zu) zu restriktiven Anforderungen (insbesondere durch die enge Anknüpfung an das Gesellschaftsrecht im Allgemeinen und den GAV und seine tatsächliche Durchführung im Besonderen), zu vielfältig die die noch immer nicht abschließend geklärten Sonderthemen (wie zB die grenzüberschreitende Organschaft; die Behandlung öffentlicher Unternehmen, § 15 Abs. 1 Nr. 4 und 5 iVm § 8 Abs. 7–9 KStG). Nicht überraschend hat daher auch die vom Bundesministerium der Finanzen eingesetzte Expertenkommission „Vereinfachte Unternehmensteuer" in ihrem Abschlussbericht vom Juli 2024[105] dafür plädiert, das GAV-Erfordernis aufzugeben und ein modernes Gruppenbesteuerungssystem einzuführen (dazu ausführlicher unten → Rn. 170). Selbst wenn sich der Gesetzgeber nicht „trauen" würde, diesen zu Recht geforderten großen Wurf umzusetzen, wird ihm ein regelmäßiger Anpassungsbedarf aufgrund der großen Bedeutung der Organschaft einerseits und der vielfältigen Problemkreise andererseits sicher nicht erspart bleiben. **118**

*(einstweilen frei)* **119–138**

## D. Vor- und Nachteile der Organschaft und evtl. Alternativen

### I. Überblick über die wesentlichen Vor- und Nachteile

Die ertragsteuerliche Organschaft bietet für die Besteuerung von verbundenen Unternehmen einige wesentliche steuerliche Vorteile, denen allerdings auch einige (steuerliche und nicht-steuerliche) Nachteile gegenüberstehen (zu den Nachteilen unten → Rn. 140). Die **wesentlichen steuerlichen Vorteile** sind:[106] **139**

- **Steuerlicher Verlustausgleich zwischen Organgesellschaft und Organträger:** Die ertragsteuerliche Organschaft ermöglicht die sofortige **phasengleiche Verrechnung von Gewinnen und Verlusten** zwischen dem Organträger und der Organgesellschaft bzw. den mehreren Organgesellschaften, da das steuerliche Einkommen der Organgesellschaft grundsätzlich (vorbehaltlich der eigenen Versteuerung von 20/17 der Ausgleichszahlungen nach § 16 KStG) bei dieser nicht besteuert wird, sondern dem Organträger zugerechnet und bei ihm additiv mit seinem eigenen Einkommen zusammengerechnet wird (zzgl. der Einkommen weiterer eventueller Organgesellschaften desselben Organträgers, sodass ein größerer steuerlicher Verrechnungskreis erreicht wird).[107] Ohne dass

[103] Gesetz vom 11.12.2018, BGBl. 2018 I 2338; die Neuregelung ist grundsätzlich begünstigend auch bereits auf offene Fälle anwendbar (§ 34 Abs. 6e KStG).

[104] KöMoG vom 25.6.2021, BGBl. 2021 I 2050.

[105] S. 75 des Berichts, abzurufen unter https://www.bundesfinanzministerium.de/Content/DE/Downloads/Broschueren_Bestellservice/bericht-kommission-vereinfachte-unternehmensteuer.html.

[106] Vgl. zB auch Bott/Walter/Walter, 177. EL Mai 2024, KStG § 14 Rn. 10 ff.; DPM/Dötsch/Pung KStG § 14 Rn. 50 ff.; Prinz/Witt Steuerliche Organschaft/Prinz Rn. 1.65.; mit besonderem Mittelstandsbezug Prinz DB 2023, 8 ff.

[107] Herzig/Orth, Organschaft, 2003, 167 ff.; Scheffler StuB 2008, 58 ff.; Gosch KStG/Neumann, 4. Aufl. 2020, KStG § 14 Rn. 33 f.; DPM/Dötsch/Pung KStG § 14 Rn. 54 (Stand EL 110, 06/2023); Prinz/Witt Steuerliche Organschaft/Wunschik/Happel Rn. 10.2.

die steuerliche Subjektivität der Organgesellschaft aufgehoben wird, wird dadurch im Ergebnis das Trennungsprinzip durchbrochen.[108] Das dürfte in der Praxis der mit Abstand wesentlichste Vorteil sein.[109] Die gesellschaftsübergreifende Ergebnisverrechnung führt grundsätzlich – wenn im selben Veranlagungszeitraum steuerliche Gewinne bei einem Mitglied des Organkreises vorliegen und steuerliche Verluste bei einem anderen – zur unmittelbaren Minderung der Steuerlast im Organkreis. Durch die unmittelbare Verrechnung entsteht daher zumindest ein Zins- und Liquiditätsvorteil; ob es wirtschaftlich ein lediglich temporärer oder eher dauerhafter Vorteil ist, hängt von der zukünftigen Ergebnisentwicklung der relevanten Verlusteinheit ab; je mehr diese langfristig oder gar dauerhaft defizitär ist, desto größer ist der entsprechende Vorteil.

- Allerdings sind auch gewisse Nachteile beim Verlustausgleich denkbar. So sind **vororganschaftliche Verlustvorträge der Organgesellschaft „eingefroren“,** dh während der Organschaft nicht nutzbar (§ 15 S. 1 Nr. 1 KStG); wenn steuerliche Gewinne der Organgesellschaft erwartet werden, kann es daher sinnvoll sein, die Organschaft nicht sofort zu implementieren, sondern vorab die Verlustvorträge der zukünftigen Organgesellschaft erst noch aufzubrauchen.[110]
- Als Folge dieser grundsätzlich positiven (und mindestens schnelleren) Verlustverrechnung wird zudem das Risiko minimiert, dass aufgebaute Verlustvorträge steuerlich ganz oder teilweise untergehen, zB nach § 8c KStG bei einem anstehenden schädlichen (ggfls. auch nur mittelbaren) Beteiligungserwerb[111] oder geplanten Umwandlungen (§§ 4 Abs. 2 S. 2, 12 Abs. 3, Hs. 2, 15 Abs. 3 UmwStG).[112]
- **Vermeidung Gewinnausschüttungen:** Durch die unmittelbare Einkommenszurechnung zum Organträger (und die außerbilanzielle Korrektur der Gewinnabführung) entfällt bei profitablen Organgesellschaften die Notwendigkeit einer Gewinnausschüttung; ein steuerlich separater Gewinntransfer ist nicht erforderlich. Durch diese steuerliche Erfassung nur auf der Ebene des Organträgers **entfällt eine zusätzliche Dividendenbesteuerung beim Organträger und entsprechend auch ein Kapitalertragsteuereinbehalt** bei der Organgesellschaft. Ist der Organträger eine Körperschaft, wird damit die „Schachtelstrafe“ iHv steuerpflichtigen 5 % vermieden und damit der entsprechende Kaskadeneffekt; bei natürlichen Personen (Einzelunternehmer oder Mitunternehmer einer Organträger-Personengesellschaft) wird die doppelte Besteuerung aus Ertragsbesteuerung bei der Organgesellschaft und einer nachgelagerten Dividendenbesteuerung nach dem Teileinkünfteverfahren (§ 3 Nr. 40 Buchst. d EStG) ersetzt durch eine direkte vollständige Besteuerung als Einkünfte aus Gewerbebetrieb.[113] Bei der Veräußerung ergeben sich dagegen keine Unterschiede zwischen der Veräußerung einer Organgesellschaft oder einer anderen Kapitalgesellschaft (in beiden Fällen Anwendung idR des § 8b Abs. 2, 3 KStG sowie des Teileinkünfteverfahrens).
- Gleichzeitig wird das steuerliche **Risiko von verdeckten Gewinnausschüttungen** zwischen dem Organträger und Organgesellschaften **im Ergebnis abgemildert.** Zwar können auch im Organkreis solche vGA dem Grunde nach anfallen (da die Organgesellschaft selbständiges Steuersubjekt bleibt und eine Zwischengewinneliminierung nicht stattfindet); allerdings gelten sie als vorweggenommene Gewinnabführungen (KStR 2022 14.6 Abs. 4), dh sie lösen zwar uU weiterhin eine steuerpflichtige Gewinnerhöhung nach

[108] Brandis/Heuermann/Rode KStG § 14 Rn. 2; Bott/Walter/Walter, 177. EL Mai 2024, KStG § 14 Rn. 10.
[109] RHN/Rödder/Liekenbrock KStG § 14 Rn. 7.
[110] Zutreffend Prinz/Witt Steuerliche Organschaft/Wunschik/Happel Rn. 10.2.
[111] Auch denkbar für die gewerbesteuerlichen Verlustvorträge bei einem Mitunternehmerwechsel bei einer Organträger-Personengesellschaft.
[112] Gosch KStG/Neumann, 4. Aufl. 2020, KStG § 14 Rn. 33; Bott/Walter/Walter, 177. EL Mai 2024, KStG § 14 Rn. 11; MüKoBilR/Witt, 1. Aufl., HGB § 271 Rn. 56.
[113] Vgl. Prinz/Witt Steuerliche Organschaft/Prinz Rn. 1.65, 2. Spiegelstrich; DPM/Dötsch/Pung KStG § 14 Rn. 55.

Fremdüblichkeitsmaßstäben aus, aber zumindest keine zusätzliche Dividendenbesteuerung.[114]

- Ein spezifischer steuerlicher Vorteil beim Gewinntransfer kann sich zudem ergeben, wenn die Organgesellschaft im Ausland steuerpflichtige Einkünfte erzielt, die in Deutschland nach einem anwendbaren **DBA freizustellende Einkünfte** sind (zB ausländische Betriebsstättengewinne). Im Rahmen der Einkommenszurechnung ist die DBA-Steuerbefreiung auch beim Organträger zu berücksichtigen, sie wird also quasi **„durchgeleitet"** und die ausschließlich im Ausland steuerpflichtigen Gewinne werden dem Organträger ohne zusätzliche steuerliche Belastung zugerechnet.[115] Das kann dann insbesondere vorteilhaft sein, wenn auf Organträger-Ebene natürliche Personen steuerpflichtig sind (Einzelunternehmen oder Mitunternehmer einer Organträger-Personengesellschaft), und ggfls. die Rechtsform der Körperschaftsteuer einen steuerlichen Vorteil bei der Besteuerung im Ausland bietet.[116] Diese oftmals als „Mittelstands-Modell" bezeichnete Struktur ist zuletzt zT kritisch von der Finanzverwaltung[117] und auch Teilen der Wissenschaft[118] beurteilt worden, u. a. weil es den Vorteil einer Thesaurierungsbelastung ohne den Nachteil einer Ausschüttungsbelastung im Inland ermögliche.[119]
- Die Organschaft kann auch **Vorteile in Zusammenhang mit Finanzierungsaufwendungen** bieten. So wird insbesondere der Organkreis bei der Zinsschranke als ein Betrieb angesehen, was insofern eine echte konsolidierte Betrachtung ermöglicht, was idR im Ergebnis eher vorteilhaft wirkt; allerdings wird auch die Freigrenze (§ 4h Abs. 2a) EStG nur einmal gewährt (zur Zinsschranke ausführlicher → Rn. 3601 ff.). Zudem greift (mangels Vorhandensein von teilweise steuerfreien) Dividenden bei natürlichen Personen als Organträger der § 3c Abs. 2 EStG nicht.[120]
- Gewerbesteuerlich liegt ein wesentlicher separater Effekt darin, dass es bei Geschäftsbeziehungen innerhalb des Organkreises (grundsätzlich) nicht zu Hinzurechnungen und Kürzungen kommen soll.[121] Das bietet **Vorteile bei der gewerbesteuerlichen Hinzurechnung** (bzw. vermeidet Nachteile dieser Hinzurechnung): Grundsätzlich werden die Gewerbeerträge von Organträger und Organgesellschaft zwar nicht einheitlich ermittelt, sondern getrennt, und erst dann zusammengerechnet. Gleichwohl kommt es dann (jedenfalls auf der zweiten Stufe), dazu, dass gewerbesteuerlich grundsätzlich **keine Hinzurechnung für Leistungen zwischen den Mitgliedern des Organkreises** erfolgt; so kommt es zB nicht zur Hinzurechnung von Schuldentgelten gem. § 8 Nr. 1 GewStG bei entsprechenden Zahlungen innerhalb des Kreises.[122] Auch soll **keine Mehrfach-Anwendung gewerbesteuerlicher Hinzurechnungen** erfolgen im Organkreis.[123] Allerdings wirken diese Regeln auch bzgl. Kürzungen; die Regeln sollen auch nicht so angewandt werden, dass sich unberechtigte **doppelte steuerrechtliche Entlastungen**

---

[114] Ausführlich Gosch/Neumann, 4. Aufl. 2020, KStG § 14 Rn. 411. Vgl. auch RHN/Rödder/Liekenbrock KStG § 14 Rn. 9; DPM/Dötsch/Pung KStG § 14 Rn. 58.

[115] Prinz/Witt Steuerliche Organschaft/Prinz Rn. 1.65, 6. Spiegelstrich; DPM/Dötsch/Pung KStG § 14 Rn. 55.

[116] Vgl. zB Haun/Klump IStR 2019, 452; Blumer DB 2019, 1161 ff.; Prinz DB 2023, 8 (13 f.).

[117] Bär/Spensberger Stbp 2017, 227; dieselben StBp 2019, 295. Zudem soll es zu vermehrten Aufgriffen in Betriebsprüfungen kommen, dazu Blumers DB 2019, 1161 ff.

[118] Valta DStR 2024, 1229.

[119] So Valta DStR 2024, 1229 ff., der u. a. eine Auslegung der in § 15 S. 2 KStG erweiterten Bruttomethode entgegen des bisherigen eng verstandenen Anwendungsbereichs für Gewinnanteile aus Kapitalgesellschaftsanteilen auch auf ausländische Betriebsstätteneinkünfte für nicht ausgeschlossen hält.

[120] Hierzu ferner Prinz/Witt Steuerliche Organschaft/Prinz Rn. 1.65, 1. und 3. Spiegelstrich; DPM/Dötsch/Pung KStG § 14 Rn. 54.

[121] BFH 11.7.2024 – III R 41/22, DStR 2024, 2315 Rn. 28 mwN.

[122] Vgl. DPM/Dötsch/Pung KStG § 14 Rn. 59 (Stand EL 110, 06/2023); Prinz/Witt Steuerliche Organschaft/Prinz Rn. 1.65, 4. Spiegelstrich. Abführungsbedingte Teilwertabschreibungen auf die Organgesellschaft werden allerdings hinzugerechnet (§ 8 Nr. 10 GewStG, Gleichbehandlung mit ausschüttungsbedingten Teilwertabschreibungen auf Nicht-Organgesellschaften).

[123] GewStR 7.1 Abs. 5 S. 3 f.; zur gewerbesteuerlichen Hinzurechnung im Organkreis vgl. Glanegger/Güroff/Güroff GewStG § 8 Rn. 9.

ergeben; auch diese sind nach Ansicht des BFH zu eliminieren; insofern hat er die erweiterte Kürzung bei Vermietung im Organkreis versagt, und zwar auch wenn am Ende eine Vermietung an gruppenexterne Mieter erfolgt; Rechtsgrundlage für diese Korrekturen ist § 2 Abs. 2 S. 2 GewStG.[124] Ausführlich zu diesen gewerbesteuerlichen Fragen → Rn. 5818 ff.

- ZT wird auch geltend gemacht, dass ein wirtschaftlicher Vorteil der Organschaft darin liege, dass durch die steuerliche und buchhalterische Konsolidierung der Unternehmensaktivitäten im Organkreis der **Verwaltungsaufwand und hiermit einhergehende Kosten reduziert** werden können.[125] Allerdings muss man auch konstatieren, dass die Organschaft gerade **spezifische zusätzliche prozedurale Erschwernisse** mit sich bringt; dies betrifft zB die generelle Abhängigkeit der Veranlagungen beim Organträger von den steuerlichen Verfahren bei der Organgesellschaft (was sich allerdings durch die Einführung des Feststellungsverfahrens nach § 14 Abs. 5 KStG deutlich verbessert hat[126], durch den nicht zweifelsfreien Umfang des Anwendungsbereichs und die unterschiedliche Lage bei der Gewerbesteuer aber auch nicht komplikationsfrei ist). Auch die Anwendung der vielen Korrekturen zB durch § 15 KStG kann Probleme aufwerfen, zumal auch insofern gewerbesteuerliche Sonderregelungen bestehen (wie zB § 7a GewStG). Zusätzlicher Aufwand bereitet auch die Notwendigkeit der Identifikation und steuerlich korrekten Umsetzung der Regeln zu Mehr- und Minderabführungen (auch wenn der Wechsel von der Ausgleichsposten- zur Einlagelösung Verbesserungen gebracht hat[127]). Insgesamt ist eine ertragsteuerliche Organschaft wegen der hohen steuerlichen und gesellschaftsrechtlichen Fehleranfälligkeit (dazu oben → Rn. 51 ff.) mit einem hohen Monitoring-Aufwand verbunden.[128]

**140** Die Begründung einer ertragsteuerlichen Organschaft kann allerdings auch mit **verschiedenen außersteuerlichen und steuerlichen Nachteilen** verbunden sein. Beispiele für solche (neben den bereits oben erwähnten Begleiterscheinungen) sind (grundsätzlich erst außersteuerliche, dann steuerliche):

- Der wesentliche „Preis" für die Erlangung der steuerlichen Organschaft ist der **Abschluss des gesellschaftsrechtlichen GAV.** Dieser durchbricht insbesondere das gesellschaftsrechtliche Trennungsprinzip insofern, als der Organträger zwar nicht pauschal für die Verbindlichkeiten der Organgesellschaft haftet, aber zur Übernahme aller anfallenden Verluste verpflichtet ist, solange der GAV besteht (was grundsätzlich mindestens für 5 Jahre der Fall sein muss). Für den Organträger hat der Eintritt in die Organschaft eine echte **haftungserweiternde Wirkung.**[129]
- Durch den GAV werden ggfls. **betriebswirtschaftliche Fehlanreize** gesetzt. Da er der Organgesellschaft kein eigenes Ergebnis belässt, egal ob Gewinn oder Verlust, stellt er einen erheblichen Eingriff in die Verantwortlichkeits- sowie Finanzstruktur des Konzerns dar. Letztlich hatte die entsprechende Geschäftsführung der Organgesellschaft keine echte, volle Ergebnisverantwortung, was im schlimmsten Fall mit einem Verlust der Motivation und Ergebnisorientierung des Organmanagements einhergehen kann.[130]
- Die **Mindestlaufzeit** des GAV von fünf Jahren beeinträchtigt ggfls. die **unternehmerische Flexibilität** der Organgesellschaft und des Organträgers, da eine „steuerunschädliche" Beendigung der Organschaft nur bei Vorliegen eines wichtigen Grundes gem. § 14

[124] BFH 11.7.2024 – III R 41/22, DStR 2024, 2315 Rn. 26; BFH 17.12.2014 – I R 39/14, BStBl. II 2015, 1052 Rn. 8; BeckOK GewStG/Specker GewStG § 2 Rn. 1036 f.

[125] So Prinz/Witt Steuerliche Organschaft/Prinz Rn. 1.65, 7. Spiegelstrich.

[126] Praktisch hilfreich ist auch die neuere „Verfahrenskonzentration" bei der verbindlichen Auskunft in Zusammenhang mit einer Organschaft (§ 89 Abs. 2 S. 6 AO iVm § 2 Abs. 2, 3 StAuskV), wodurch auch nur eine einheitliche Gebühr anfällt (§ 89 Abs. 3 S. 2 AO).

[127] Dazu → Rn. 3367.

[128] Bott/Walter/Walter, 177. EL Mai 2024, KStG § 14 Rn. 14.

[129] Vgl. Prinz/Witt Steuerliche Organschaft/Prinz Rn. 1.66, 1. Spiegelstrich.

[130] IFSt-Schrift Nr. 471, S. 23.

Abs. 1 S. 1 Nr. 3 S. 2 KStG möglich ist. In der Praxis ist die Frage, ob in bestimmten Situationen ein wichtiger Grund zur Beendigung der Organschaft vorliegt, mitunter nicht rechtssicher feststellbar[131], u. a. da sich die Auslegung des wichtigen Grunds im Gesellschafts- und im Steuerrecht nicht deckt und gerade im Steuerrecht in den letzten Jahren seit der Entscheidung des BFH im Verfahren I R 45/12[132] die Unsicherheit zugenommen hat.

- Die tatsächliche Durchführung des Gewinnabführungsvertrages kann einzelfallabhängig mit verschiedenen Risiken verbunden sein, die teilweise schwer zu überblicken sind. Dies bezieht sich beispielsweise auf die handelsrechtliche und steuerliche Gewinnabführung. Etwaige Unterschiedsbeträge im Zuge der gesellschaftsrechtlichen Gewinnabführung/Verlustübernahme zur nachfolgenden steuerlichen Einkommenszurechnung können in **Mehr- oder Minderabführungen** münden, die teilweise schwer identifizierbar sind. Ein Haftungsrisiko ergibt sich hieraus beispielsweise dann, wenn auf Mehrabführungen aus der vororganschaftlichen Zeit kein Kapitalertragsteuereinbehalt (§ 44 Abs. 7 EStG) vorgenommen wurde.[133]
- Die erweiterte Haftung durch den GAV (siehe oben) wird steuerlich in gewisser Weise gespiegelt, als der **Organträger primär für alle Steuern des Organkreises zuständig ist** und sich Steuerbescheide gegen ihn allein richten[134], auch wenn die positiven Einkommen nicht von ihm erwirtschaftet werden. Das ist in aller Regel aber kein Nachteil, solange dem steuerlich zugerechneten positiven Einkommen ein ebensolcher abzuführender HGB-Gewinn gegenübersteht, der Organträger also idR die Steuerkomponente als Teil der Gewinnabführung auch liquiditätsmäßig erhält. Eine verfahrensmäßige Komplikation und Nachteil liegt dagegen uU darin, dass die **Organgesellschaft subsidiär für die Steuern des Organträgers haftet,** für welche die zwischen der Organgesellschaft und dem Organträger bestehende Organschaft steuerlich relevant ist (§ 73 AO).[135] Während des Bestehens der Organschaft und der Gruppenzugehörigkeit verursacht das idR zwar auch keine Probleme; anders ist dies aber dann, wenn die Organschaft endet und insbesondere die ehemalige Organgesellschaft die Gruppe verlässt, weil dann der Erwerber die Haftung für Steuern des Organkreises mit übernimmt. Je größer der ehemalige Organkreis, desto größer das mögliche Risiko, auch wenn die Haftung – zumindest, aber nach hM nur dort – auf Ermessensebene idR (aber eben auch mit Ausnahmen) auf den Verursachungsbeitrag der konkreten Organgesellschaft begrenzt werden soll.[136]
- Steuerlich nachteilig kann die Organschaft sein, wenn es sich bei dem **Organträger** um eine **natürliche Person** (Einzelunternehmer oder Mitunternehmer einer Organträger-Personengesellschaft) handelt, und ihm das steuerliche Einkommen immer unmittelbar zugerechnet wird und phasengleich zu versteuern ist, die Organgesellschaft also keine Thesaurierungsfunktion mehr ausfüllen kann.[137]
- Während des Bestehens der Organschaft können bestimmte steuerliche **Freigrenzen** nicht weiter auf Ebene der Organgesellschaft und auf Ebene des Organträgers beansprucht werden. Nachteilig ist dies beispielsweise im Anwendungsbereich der **Zinsschranke.** Die Anwendbarkeit der Zinsschranke bei der Organgesellschaft ist gesetzlich aufgrund von § 15 Abs. 1 Nr. 3 S. 1 KStG suspendiert. Dies hat beispielsweise zur Folge, dass die Freigrenze iHv 3 Mio. EUR nach (§ 4h Abs. 2 S. 1a EStG) auf die Nettozinsaufwendun-

---

131 Vgl. Prinz/Witt Steuerliche Organschaft/Prinz Rn. 1.66, 4. Spiegelstrich.

132 BFH 12.11.2013 – I R 45/12, BStBl. II 2014, 486.

133 Vgl. Prinz/Witt Steuerliche Organschaft/Prinz Rn. 1.66, 2. Spiegelstrich.

134 Vgl. BeckOK AO/Specker, 29. Ed., AO § 73 Rn. 1.

135 Vgl. BeckOK AO/Specker, 29. Ed., AO § 73 Rn. 2. Zu Fragen des Umfangs der Haftung vgl. → Rn. 1850 f.

136 Dazu BeckOK AO/Specker § 73 Rn. 71 ff., sowie → Rn. 1850 f.

137 RHN/Rödder/Liekenbrock KStG § 14 Rn. 12.

gen nur einmalig (und nicht gesondert bei der Organgesellschaft und anschließend beim Organträger) anwendbar ist.[138]

- Zum Nachteil des Einfrierens der Verlustvorträge der Organgesellschaft während der Organschaft siehe bereits oben → Rn. 139. Weitere Nachteile können sich im Zusammenhang mit Verlustvorträgen zB bei einem **schädlichen Beteiligungserwerb iSd § 8c KStG** beim Organträger ergeben. Aufgrund der Organschaft führen Verluste der Organgesellschaft (wenn kein voller Ausgleich beim Organträger erfolgte) zu Verlustvorträgen bei letzterem; für Anwendung der Stille-Reserven Klausel (§ 8c Abs. 1 S. 5 ff. KStG) sollen aber **stille Reserven im Betriebsvermögen der Organgesellschaft irrelevant** sein und nur eigene des Organträgers berücksichtigt werden.[139] Zudem hindert die Stellung als Organträger die Anwendung des § 8d KStG (vgl. § 8d Abs. 1 S. 2 Nr. 2 KStG; dazu auch → Rn. 4801 ff.).

**141** Unabhängig von dieser längeren Aufzählung und den im Einzelnen zu berücksichtigenden Punkten: Es ist unstreitig, dass für die meisten Unternehmensgruppen die Möglichkeit der Organschaft von zentraler Bedeutung ist, weil sie es steuerlich ermöglicht, ihren Konzern nicht als ein komplexes und uU schwer zu überschauendes Einheitsunternehmen führen zu müssen, sondern mit einzelnen Kapitalgesellschaften nach Bedarf agieren können, ohne auf den Ergebnisausgleich im inländischen Organkreis verzichten zu müssen.

## II. Alternativen zur ertragsteuerlichen Organschaft

**142** Die Organschaft hat vielfältige steuerliche Vorteile, insbesondere die phasengleiche Ergebnisverrechnung im Organkreis für Körperschaftsteuer und Gewerbesteuer. Eine ähnlich weitgehende und grundsätzlich sichere Möglichkeit besteht nur in wenigen Fällen.

**143** Bei einer normalen steuerlichen **Mitunternehmerschaft iSd § 15 Abs. 1 Nr. 2 EStG** kommt es aufgrund des ertragsteuerlich grundsätzlich geltenden Transparenzprinzips zwar zur phasengleichen Ergebniszurechnung beim Mitunternehmer, aber nur für die Einkommensteuer/Körperschaftsteuer. Gewerbesteuerlich ist die Mitunternehmerschaft/Personengesellschaft aber selbst Steuerschuldner (§ 5 Abs. 1 S. 3 EStG), sodass es insofern keine Konsolidierung beim Mitunternehmer gibt; die Personengesellschaft bleibt eine „GewSt-Insel".[140] Jedenfalls bei unterschiedlichen (positiven und negativen) Ergebnissen ist dies idR ungünstiger gegenüber der Organschaft. Ist die Personengesellschaft allerdings nicht gewerblich (tätig oder geprägt), sondern eine **steuerlich vermögensverwaltende Personengesellschaft,** entsteht bei ihr keine Gewerbesteuer, sodass es insoweit doch zu einer vollständigen Poolung des steuerlichen Ergebnisses beim Gesellschafter kommt. Zum gleichen Effekt kommt es, wenn zwar eine Mitunternehmerschaft vorliegt, deren Ergebnis aber von einer GewSt-Befreiung erfasst wird; die Kürzung auf Ebene des Mitunternehmers setzt keine sachliche Stpfl. der Mitunternehmerschaft voraus.[141]

**144** Eine generelle Möglichkeit zur vollen Einkünftezurechnung einer gewerblich tätigen Personengesellschaft bietet dagegen das sog. **Treuhandmodell.** Dabei besteht typischerweise eine Personengesellschaft in der Rechtsform einer KG, bei der der Komplementär nahezu vollständig am Vermögen beteiligt ist (zB 99 %) und ein Kommanditist demgegenüber sehr gering; zudem hält der Kommanditist seine geringe Beteiligung treuhänderisch für den Komplementär.[142] Zivilrechtlich ist die KG mit allen Folgen existent; ertragsteuerlich erfüllt der Kommanditist aber nicht die Anforderungen an einen Mitunternehmer; alle

---

138 Hierzu instruktiv mit einem Beispiel Pyszka GmbHR 2014, 1296 (1297), Beispiel 2.

139 Vgl. DPM/Dötsch/Pung KStG § 14 Rn. 51.

140 Technisch erfolgt die Isolierung der Mitunternehmerschaft vom Gesellschafter dadurch, dass bei der GewSt des Gesellschafters Verlustanteile aus der Mitunternehmerschaft hinzugerechnet (§ 8 Nr. 8 GewStG) und Gewinnanteile gekürzt werden (§ 9 Nr. 2 GewStG). Dadurch wird die Einmalbesteuerung gesichert und eine Doppelbelastung vermieden, vgl. BeckOK GewStG/Hidien GewStG § 9 Rn. 661.

141 Weiss DStR 2023, 1097 (1102).

142 ZB Wegener/Krüger DStR 2022, 2469.

Anteile sind steuerlich dem Komplementär als alleinigem (Mit-)Unternehmer zuzurechnen, weshalb die KG als bloße Betriebsstätte des Komplementärs erscheint.[143] Hierdurch entstehen – bei zivilrechtlich existenter Personengesellschaft – ertragsteuerlich gesehen vergleichbare Folgen wie in einer Organschaft, dh es erfolgt eine ertragsteuerlich unbeschränkte Gewinn- bzw. Verlustkonsolidierung beim Kommanditisten. Das gilt nicht nur für die Einkommensteuer/Körperschaftsteuer, sondern wird seit der Entscheidung des BFH IV R 26/07 auch gewerbesteuerlich von der Finanzverwaltung anerkannt.[144] Ist die Struktur einmal wirksam errichtet und die Beteiligungsverhältnisse samt Treuhand nicht verändert, ist diese Struktur grundsätzlich „stabil". Dies bietet einen Vorteil gegenüber der Organschaft, bei der während des Bestehens zahlreiche Voraussetzungen zu beachten und zu monitoren sind. Die zivilrechtliche Haftung ist allerdings im Treuhandmodell noch etwas weiter als bei der Organschaft (Vollhaftung für Verbindlichkeiten der KG versus Verlustausgleichspflicht).

Gewisse organschaftsähnliche Rechtsfolgen können auch durch **stille Beteiligung** an **145** einer Kapitalgesellschaft erreicht werden. Hierdurch können auch Gewinne und Verluste der Kapitalgesellschaft dem still Beteiligten (der auch der Anteilseigner sein kann) zugerechnet werden.[145] Allerdings sind die Folgen begrenzt worden durch die Verlustverrechnungsbeschränkung in § 15 Abs. 4 S. 6, 7 EStG; aus einer Kapitalgesellschaft stammende und mittels Innengesellschaft zugerechneten Verluste können nur bei natürlichen Personen als Beteiligten unbeschränkt verrechnet werden; bei Kapitalgesellschaften gibt es ein *„ringfencing"*, es ist nur eine Verrechnung mit positiven Einkünften aus derselben stillen Gesellschaft möglich (§ 15 Abs. 4 S. 7 EStG).[146] Der Transfer von Gewinnen mittels stiller Beteiligung an einen Beteiligten mit eigenen Verlusten ist dagegen weiterhin möglich.[147]

Eine weitere (jedenfalls theoretische) Möglichkeit stellt die Begründung einer **Gewinngemeinschaft** dar. Hierbei werden vertragliche Ansprüche auf Zusammenlegung und **146** Aufteilung von Gewinnen oder Verlusten nach einem vereinbarten Verteilungsschlüssel begründet. Steuerlich betrachtet entsteht hierbei eine Innengesellschaft.[148] Die Finanzverwaltung wollte dieses Konstrukt aber nicht (als betrieblich veranlasst) anerkennen, und die entsprechenden Zuweisungen als vGA bzw. verdeckte Einlagen korrigieren.[149] Der BFH hält uU eine Mitunternehmerschaft für denkbar.[150] Auch wenn zT die partielle Vorteilhaftigkeit betont wird[151], scheint eine sichere, organschaftsähnliche Struktur mit diesem Modell z.Zt. eher nicht zu erreichen.[152]

Ferner können hybride Gesellschaftsformen wie insbesondere die **KGaA** genutzt werden, **147** um eine gewisse steuerliche Ergebniskonsolidierung zu erzielen. Bei der KGaA sind neben einem persönlich haftenden Gesellschafter, der wie ein Mitunternehmer behandelt wird, Kommanditaktionäre beteiligt, welche Kapitaleinkünfte iSv § 20 Abs. 1 Nr. 1 EStG bzw. § 20 Abs. 2 S. 1 Nr. 1 EStG erzielen. Entsprechend erfolgt eine anteilige Ergebniszurechnung ohnehin nur beim persönlich haftenden Gesellschafter.[153]

---

143 BFH 3.2.2010 – IV R 26/07, BStBl. II 2010, 751 = DStR 2010, 743 Rn. 27.

144 Vgl. Butler NWB 2012, 2925; Viehbrock/Stegemann DStR 2013, 2375; Kraft/Hohage FR 2016, 153; Jochimsen/Mangold/Zinowsky DStR 2014, 2045; Wegener/Krüger DStR 2022, 2469 (Teil 1), 2532 (Teil 2); HHR/Kolbe KStG § 14 Rn. 16, 7. Spiegelstrich; DPM/Dötsch/Pung KStG § 14 Rn. 67 f.

145 Prinz/Witt Steuerliche Organschaft/Prinz Rn. 1.76.

146 Kessler/Reitsam DStR 2003, 269 und 315; HHR/Kolbe § 14 KStG Rn. 16, 1. Spiegelstrich (Stand 08/2024); Prinz/Witt Steuerliche Organschaft/Prinz Rn. 1.76.

147 DPM/Dötsch/Pung KStG § 14 Rn. 65.

148 BFH 22.2.2017 – I R 35/14, BStBl. II 2018, 33 = DStR 2017, 1527 Rn. 21 und 23; Gosch IStR 2018, 747 (748).

149 DPM/Dötsch/Pung KStG § 14 Rn. 66.

150 BFH 22.2.2017 – I R 35/14, BStBl. II 2018, 33.

151 Ausführlicher Bott/Walter/Walter, 177. EL Mai 2024, KStG § 14 Rn. 537 ff., mwN.

152 Bott/Walter/Walter, 177. EL Mai 2024, KStG § 14 Rn. 16.

153 Vgl. Prinz/Witt Steuerliche Organschaft/Prinz Rn. 1.76. Bei der Besteuerung der KGaA sind die zugerechneten Ergebnisanteile des phG abzugsfähig (§ 9 Abs. 1 Nr. 1 KStG).

148 Darüber hinaus können auch bei einer **Betriebsaufspaltung** gewisse organschaftsähnliche Rechtsfolgen erzielt werden.[154] Im Gegensatz zur Organschaft ist der Abschluss und die Durchführung eines GAV nicht notwendig. Nach den durch den BFH entwickelten Voraussetzungen setzt die Betriebsaufspaltung voraus, dass zwischen einem Besitzunternehmen (idR Einzelunternehmen oder Personengesellschaft) und einem Betriebsunternehmen (Kapitalgesellschaft) eine personelle Verflechtung besteht und zudem durch das Besitzunternehmen eine für das Betriebsunternehmen wesentliche Betriebsgrundlage zur Nutzung überlassen wird.[155] Im typischen Fall einer Betriebsaufspaltung wird die Verlustübernahmeverpflichtung und die hiermit einhergehende Haftung des Besitzunternehmens für etwaige Verluste des Betriebsunternehmens jedoch *in praxi* gerade nicht gewünscht.[156]

149 Zum Teil werden auch **Tracking-Stocks** als Alternative zur Begründung einer Organschaft benannt.[157] Tracking Stocks ermöglichen eine gezielte Beteiligung an Teilen der Ergebnisse einer Kapitalgesellschaft. Beispielsweise soll durch Tracking Stocks auch eine isolierte Ergebnisbeteiligung an den Spartenergebnissen eines Unternehmens erreicht werden.[158] Bei der Vereinbarung von Tracking Stocks sollen insoweit organschaftsähnliche Besteuerungsfolgen herbeigeführt werden können, als dass positive Geschäfts- oder Spartenergebnisse mit auf Anteilseignerebene aufgelaufenen Verlusten (zB vor einem anstehenden schädlichen Beteiligungserwerb iSv § 8c KStG) verrechnet werden können. In der Praxis ist diese Gestaltung bisher aber noch wenig erprobt.

150–157 *(einstweilen frei)*

## E. Reformüberlegungen

### I. Vorab: Kurzer Blick auf andere Länder und ihre Gruppenbesteuerung

158 Bevor Reformüberlegungen in Bezug auf die deutsche Organschaft diskutiert werden, lohnt sich ein kurzer Blick auf Gruppenbesteuerungssysteme einiger anderer Industriestaaten. Hierbei sollen keine zu großen Details dargestellt werden, sondern die wesentlichen strukturellen Elemente (wesentliche Voraussetzungen, wesentliche Folgen) beschrieben werden. Klar ist jedenfalls, dass heute keines dieser Länder eine solche Anknüpfung an das Gesellschaftsrecht und einen sehr spezifischen Vertrag verlangt wie in Deutschland, sondern die steuerlichen Voraussetzungen autonom bestimmt.

159 **Belgien** hat steuerlich ein „Group Contribution"-Modell. Dieses Beitrags-Regime ermöglicht die Übertragung von Gewinnen auf Verlustgesellschaften, in dem eine entsprechende Zahlung *(„contribution")* erfolgt; diese ist dann beim zahlenden Gewinnunternehmen abzugsfähig und neutralisiert beim Empfangenden dessen steuerlichen Verlust. Der Höchstbetrag je Jahr ist der jeweilige Verlust der Empfängerin. Eine echte Konsolidierung der steuerlichen Ergebnisse findet nicht statt. Da nur die Verrechnung aktueller Verluste im Steuerjahr zulässig ist, können Verlustvorträge und Vergünstigungen aus vorherigen Jahren nicht verrechnet werden. Voraussetzung des Systems ist eine direkte 90%-Beteiligung zwischen den betreffenden belgischen Unternehmen oder über eine direkte gemeinsame Muttergesellschaft; diese Mindest-Beteiligung muss über mindestens fünf aufeinanderfolgende Geschäftsjahre bestehen. Die Regelung gilt auch für EU/EWR-Mutter- und Tochtergesellschaften mit Betriebsstätten in Belgien. Bestimmte Gesellschaften (zB Investmentfonds, regulierte Immobiliengesellschaften) sind von der Regelung ausgeschlossen. Die Unternehmen müssen eine Gruppenbeitragsvereinbarung abschließen, die sicherstellt, dass

[154] HHR/Kolbe § 14 KStG Rn. 16, 3. Spiegelstrich (Stand 08/2024).
[155] BFH 17.11.2020 – I R 72/16, BStBl. II 2021, 484 = DStR 2021, 1149 Rn. 19–20.
[156] Dehmer Betriebsaufspaltung, 5. Auflage 2023, § 5 Rn. 61.
[157] Vgl. Prinz/Witt Steuerliche Organschaft/Prinz Rn. 1.76.; HHR/Kolbe § 14 KStG Rn. 16, 6. Spiegelstrich (Stand 08/2024).
[158] Vgl. umfassend und mit Beispielen für verschiedene Typen von Tracking Stocks Prinz/Schürner GmbHR 2003, 279 (283 ff.).

die Steuerneutralität der Zahlungen in der Gruppe gewahrt bleibt. Jedes Gruppenmitglied bleibt verpflichtet, seine eigene Steuererklärung einzureichen.[159]

In **Frankreich** wird eine Gruppenbesteuerung durch ein vollständiges Konsolidierungssystem ermöglicht, bei dem die Gewinne und Verluste der Einheiten auf Ebene der Obergesellschaft konsolidiert werden. Voraussetzung der Steuergruppe ist, dass die Obergesellschaft eine (direkte oder indirekte) Mindestbeteiligung von 95 % am Kapital und den Stimmrechten der jeweiligen Tochtergesellschaft während des ganzen Wirtschaftsjahres hält (wobei u. a. bestimmte Arbeitnehmerbeteiligungen bis zu 10 % ignoriert werden). Es sind auch horizontale Steuergruppen zwischen Schwester-Gesellschaften erlaubt, solange die Muttergesellschaft ihren Sitz innerhalb der EU oder des EWR hat. Die Mitgliedschaft in der Steuergruppe ist optional auf Antrag, es besteht keine Einbeziehungspflicht. Grundsätzlich muss die Mitgliedschaft mindestens 5 Jahre betragen. Vertragliche Regeln zur Gruppenbegründung sind nicht erforderlich. Die Steuergruppe kann auch grenzüberschreitend innerhalb der EU/des EWR gebildet werden, wenn die Tochtergesellschaften über Betriebsstätten in Frankreich verfügen und dort der Körperschaftsteuer unterliegen. In dem recht weitgehenden Konsolidierungssystem werden auch die Ergebnisse aus gruppeninternen Transaktionen grundsätzlich ausgenommen und wegkonsolidiert (mit bestimmten Ausnahmen; Dividenden werden zB zu 1 % einbezogen). Verlässt ein Mitglied die Gruppe kann es allerdings zur Nachversteuerung in den letzten 5 Jahren als steuerneutral behandelter gruppeninterner Transfers (englisch *„degrouping charges"*) kommen. Auch andere Sonderregeln existieren für die Ermittlung des Gruppeneinkommens. Die zentrale Steuerverantwortung liegt bei der Muttergesellschaft, die jährlich eine konsolidierte Steuererklärung für die Gruppe abgibt. Sie ist der alleinige Steuerpflichtige, die Gruppenmitglieder haften allerdings als Gesamtschuldner i. H. ihres fiktiven stand alone-Steuerbetrags.[160] **160**

In **Irland** gibt es kein einheitliches System einer Steuergruppe. Allerdings existieren eine Reihe zT komplexer Sonderregeln, die u. a. davon abhängen, welche Beteiligung zwischen den Unternehmen besteht (mit Unterschieden zwischen 51 %, 75 % oder 90 %-Verbindungen) und welches Einkommen erzielt wird (zB trading oder non-trading Einkommen). Die Regeln erlauben uU die Übertragung von steuerlichen Verlusten auf andere Gruppenmitglieder (horizontal oder auch vertikal), zT auch die Übertragung von Wirtschaftsgütern zum Buchwert (vorbehaltlich bestimmter Behaltens- bzw. Gruppenzugehörigkeitsregeln); andererseits wird uU die Abzugsfähigkeit von Zinsen, Lizenzen oder anderen KapESt-pflichtiger Zahlungen innerhalb der Gruppe eingeschränkt. Alle Gesellschaften in der Gruppe müssen grundsätzlich in der EU ansässig sein oder in einem Land, mit dem Irland eine Doppelbesteuerungsabkommen hat; grundsätzlich muss diese Einheit in Irland steuerpflichtig sein, also mindestens dort eine Betriebsstätte haben. Eine vertragliche Regelung ist nicht erforderlich. Jedes Gruppenmitglied bleibt individuell steuerpflichtig und reicht eigene Steuererklärungen ein; wechselseitige Haftung für Steuerschulden besteht nur in Ausnahmefällen.[161] **161**

In den **Niederlanden** gibt es ein sehr weitreichendes steuerliches Gruppenmodell *(fiscale eenheid)*, bei dem es zu einer weitgehenden steuerlichen Konsolidierung der Gruppenmitglieder kommt mit grundsätzlicher Behandlung wie ein Steuerpflichtiger. Entsprechend werden nicht nur Gewinne und Verluste auf zentraler Ebene aggregiert, sondern auch grundsätzlich Ergebnisse aus gruppeninternen Transaktionen ignoriert/neutralisiert. Bei bestimmten Anti-Missbrauchsregeln wird die Existenz der Gruppe zT ignoriert und die Mitglieder wie eigenständig steuerpflichtige Gesellschaften behandelt. Voraussetzung der **162**

---

[159] IBFD/Cruysmans, Belgium – Corporate Taxation, Sec. 8 (Stand 1.8.2024); European Corporate Tax Handbook 2024, Belgium, 2.1.

[160] IBFD/Burg, France, Corporate Taxation, Sec. 8 (Stand 10.10.2024); European Corporate Tax Handbook 2024, France, 2.1.

[161] IBFD/O'Callaghan, Ireland – Corporate Taxation, Sec. 8 (Stand 1.9.2024); European Corporate Tax Handbook 2024, Ireland, 2.1.
PwC, Worldwide Tax Summaries, Ireland, Corporate, Group taxation (Stand 13.8.2024).

Steuergruppe ist allerdings eine hohe Mindestbeteiligung von mindestens 95 % der Stimmrechte und des Kapitals der Tochtergesellschaften. Die Mitgliedschaft ist dann antragsbasiert. Eine Mindestdauer für die Mitgliedschaft besteht grundsätzlich nicht. Das niederländische System erfordert keine vertragliche Regelung. Die Steuererklärung und Festsetzung erfolgt zentral durch bzw. gegenüber der Obergesellschaft; allerdings haften die Gruppenmitglieder gesamtschuldnerisch für die Steuern der Fiskalgruppe. Wenn ein Gruppenmitglied die Gruppe verlässt, sind uU steuerliche Anpassungen erforderlich, um konsolidierte Gewinne oder Verluste rückwirkend zu korrigieren. Bei der Obergesellschaft erfasste konsolidierte Verluste verbleiben dann grundsätzlich bei dieser, unter bestimmten Voraussetzungen können sie aber auch teilweise auf das ausscheidende Gruppenmitglied re-allokiert werden.[162]

**163** **Österreich** hatte früher ein Organschaftssystem, dass dem deutschen ähnelte und u. a. einen Gewinnabführungsvertrag erforderte. 2005 wurde jedoch ein neues System eingeführt, dass ohne einen GAV auskommt und rein antragsbasiert ist.[163] § 9 des österreichischen KStG ermöglicht eine steuerliche Unternehmensgruppe, wenn eine Muttergesellschaft direkt oder indirekt über mehr als 50 % von Kapital und Stimmrechten an einer Tochtergesellschaft verfügt. Auch ausländische Unternehmen können uU Teil der Gruppe sein, wenn sie in der EU oder in Ländern, mit denen eine umfassende Amtshilfevereinbarung besteht, ansässig sind; bei einem ausländischen Gruppenträger erfordert dies aber, dass eine in Österreich eingetragene Zweigniederlassung besteht und die Beteiligung dieser zuzurechnen ist. Liegt eine solche steuerliche Gruppe vor, werden die steuerlichen Ergebnisse der Gruppenmitglieder separat ermittelt, dem Gruppenträger zugerechnet und von diesem dann versteuert; eine Konsolidierung (wie zB in den Niederlanden) findet nicht statt. Verluste aus Zeiten vor Beitritt zu einer Gruppe (Vorgruppenverluste) werden nicht gänzlich eingefroren, sondern können mit eigenen Gewinnen der betreffenden Einheit weiter verrechnet werden, aber nicht in der Gruppe; Vorgruppenverluste des Gruppenträgers können sogar grundsätzlich mit dem ganzen Gruppeneinkommen verrechnet werden.[164] Unter Umständen können auch ausländische Verluste von Gruppenmitgliedern in der österreichischen Steuergruppe genutzt werden; allerdings bestehen dabei eine Reihe Beschränkungen; sie müssen zudem im Falle einer Nutzung im Ausland in Österreich nachversteuert werden, und zudem ggfls. auch, wenn das Mitglied die Gruppe verlässt. Die Begründung der Steuergruppe erfordert einen bestimmten Gruppenantrag; zudem muss ein Steuerausgleich vereinbart werden (der materiell steuerneutral ist) (§ 9 Abs. 8 KStG). Für jedes Gruppenmitglied besteht grundsätzlich eine Mindestzugehörigkeit zur Gruppe von 3 vollen Jahren; werden diese nicht erreicht, wird das Mitglied nicht einbezogen. Die österreichische Muttergesellschaft erfüllt die wesentlichen steuerlichen Pflichten für die Gruppe und reicht zB eine Gruppensteuererklärung ein. Praxisprobleme betreffen vor allem die Rückversteuerung ausländischer Verluste und die Verwaltung komplexer Steuerverpflichtungen für ausländische Tochtergesellschaften.[165]

**164** In **Spanien** kann eine steuerliche Gruppe gebildet werden, wenn eine Muttergesellschaft eine Tochtergesellschaft (vereinfacht) kontrolliert (hier bestehen verschiedene Optionen, insbesondere die Mehrheit der Stimmrechte). Eine Gruppe spanischer Gesellschaften kann auch bestehen, wenn die Muttergesellschaft selbst nicht in Spanien ansässig ist (vorausgesetzt sie ist nicht in einem Land ansässig, das als Steueroase gilt). Ein formeller Vertrag ist für die Gruppe nicht erforderlich, sondern lediglich entsprechende Erklärungen gegenüber der

---

[162] IBFD/Smit, Netherlands – Corporate Taxation Sec. 8 (Stand 30.8.2024); European Corporate Tax Handbook 2024, Netherlands, 2.1.
PwC, Worldwide Tax Summaries, Netherlands, Corporate, Group taxation (Stand 13.8.2024).

[163] Zur seinerzeitigen Einführung Mayr RdW 2004, 256. Eine wesentliche Änderung betrifft seit Etablierung die Abschaffung der anfangs möglichen Firmenwertabschreibung; dazu Lachmayer RdW 2014, 230.

[164] Zu jüngsten Änderungen Mayr RdW 2024, 502.

[165] IBFD/*Schuchter, Kras,* Austria – Corporate Taxation, Sec. 8 (Stand am 8.2.2024); European Corporate Tax Handbook 2024, *Austria,* 2.1.

Finanzverwaltung. Besteht eine Gruppe, so werden Gewinne und Verluste grundsätzlich konsolidiert zusammengerechnet; dabei erfolgt auch eine Eliminierung der Effekte aus gruppeninternen Transaktionen. Verlustvorträge unterliegen spezifischen Einschränkungen, wobei auch alte Verluste einer Gesellschaft grundsätzlich und mit Begrenzungen mit ihren eigenen Gewinnen verrechnet werden können. Die Muttergesellschaft ist für die zentralen Steuerpflichten der Gruppe verantwortlich und reicht eine konsolidierte Steuererklärung ein.[166]

In den **USA** besteht auf Bundesebene eine steuerliche Gruppe, wenn die Muttergesellschaft mindestens 80 % der Stimmrechte und des Kapitals an Tochtergesellschaften hält. Die Regeln sind beschränkt auf idR US-Kapitalgesellschaften. Besteht eine Gruppe, kann eine Konsolidierung von Gewinnen und Verlusten auf Ebene der Muttergesellschaft erfolgen. Zudem werden gruppeninterne Transaktionen steuerlich negiert und herauskonsolidiert; bei Verlassen der Gruppe kann es aber oftmals zu entsprechenden *recaptures* kommen. Die Muttergesellschaft gibt eine zusammengefasste Steuererklärung *(consolidated return)* für die ganze Gruppe ab. Herausforderungen bestehen insbesondere durch den hohen administrativen Aufwand, da umfangreiche Berechnungen und Dokumentationen für die zentralen steuerlichen Verpflichtungen erforderlich sind.[167] **165**

Im **Vereinigten Königreich** besteht ein strukturell vergleichbares System wie in Irland, dh keine einheitliche Steuergruppe vergleichbar eines Organschafts-Systems, stattdessen verschiedene Erleichterungen durch separate tax groups abhängig von der Höhe der Beteiligung (mindestens 51/75/90 % Beteiligung am Kapital einer anderen Gesellschaft); im Folgenden wird auf 75 %-Beteiligungen fokussiert. Möglich ist dann die Inanspruchnahme des sog. „Group Relief", was eine flexible Verlustübertragung innerhalb einer entsprechenden Gruppe ermöglicht. Zudem können gruppeninterne Übertragungen von Wirtschaftsgütern, die länger als ein Jahr gehalten wurden *(capital assets)*, ohne Gewinnrealisierung erfolgen (vorbehaltlich eines evtl. *recaptures* bei Verlassen der Gruppe innerhalb von 6 Jahren). Voraussetzung für diese Regeln ist grundsätzlich eine Beteiligung von mindestens 75 % am Kapital und den Stimmrechten der Tochtergesellschaft. Auch Betriebsstätten ausländischer Unternehmen können unter bestimmten Voraussetzungen in diese Regelungen einbezogen werden, soweit sie in UK steuerpflichtig sind; nach dem vollen Wirksamwerden des Brexits sind diese Möglichkeiten deutlich eingeschränkt worden. Eine vertragliche Regelung innerhalb der tax group ist nicht erforderlich; stattdessen geben alle Mitglieder der Organschaft weiterhin idR separate Steuererklärungen ab (wobei sie auch einen zum verfahrensmäßig zentralen Steuerzahler der Gruppe bestimmen können), in den die Konsequenzen aus der jeweiligen Anwendung einer Gruppe gezogen werden.[168] **166**

## II. Reformüberlegungen auf nationaler Ebene

Die Frage nach Reformüberlegungen zu stellen, impliziert daher, dass der Status Quo relevanten Verbesserungsbedarf hat. Das trifft auf die Organschaft zweifellos zu. Reformdiskussionen heute und in jüngerer Zeit beziehen sich in Deutschland in erster Linie auf die Besonderheit des GAV, der vielfacher Kritik ausgesetzt war und weiter ist. **167**

Derartige Reformbestrebungen sind nichts Neues, vielmehr werden grundlegende Änderungen bereits seit längerer Zeit gefordert. Bereits seit mehr als 30 Jahren wurden in Wissenschaft und Literatur Reformen angemahnt[169], die in der Politik aber keine echte Aufnahme fanden. In den 2000er Jahren traten (neben den unveränderten wirtschaftlichen **168**

---

[166] IBFD/*de la Cueva González-Cotera, Quintana Ortiz,* Spain – Corporate Taxation, Sec. 8 (Stand 22.10.2024); European Corporate Tax Handbook 2024, *Spain,* 2.1.
[167] PwC, Worldwide Tax Summaries, USA, Corporate, Group taxation (Stand 13.8.2024).
[168] IBFD/*Curra,* United Kingdom – Corporate Taxation, Sec. 8 (Stand 31.8.2024); European Corporate Tax Handbook 2024, *United Kingdom,* 2.1.
[169] Vgl. u. a. Grotherr BB 1993, 1986; Prinz FR 1993, 725; Krebühl DB 1995, 743; zusammenfassend dann Herzig/Krebühl, Organschaft, 2003, S. 595.

Gründen für eine Anpassung) zunehmend verschiedene Aspekte der starken Abhängigkeit vom Gesellschaftsrecht hervor und verursachten vielfache Probleme und Streitigkeiten mit der Finanzverwaltung[170]. Politisch wurde das Thema der Reform dann aufgegriffen im Koalitionsvertrag von CDU und FDP aus dem Jahr 2009; dieser sah einen Prüfungsauftrag vor für die Einführung einer modernen Gruppenbesteuerung anstelle der bisherigen Organschaft.[171] Daraufhin wurde eine **Facharbeitsgruppe des BMF „Verlustverrechnung und Gruppenbesteuerung"** gebildet.[172] Gleichzeitig erfolgte eine größere Untersuchung im Auftrag des Instituts für Finanzen und Steuern durch eine Arbeitsgruppe unter Leitung von *Johanna Hey,* die ebenfalls im Jahr 2011 veröffentlicht wurde.[173] Diese **umfassende Untersuchung des IFSt** schlug (auf der Basis einer grundlegenden Analyse der Nachteile des bisherigen Systems sowie u. a. der Betrachtung ausländischer existierender und parallel angestoßener Überlegungen in Hessen und Bayern zu einem Gruppenbeitrags- bzw. einem Verlustverrechnungskonten-Modell) eine strukturelle Reform vor, bei der das Erfordernis des GAV abgeschafft werden sollte; die notwendige wirtschaftliche Verbindung in der Steuergruppe sollte im Gegenzug eine qualifizierte Beteiligung von 75 % am Kapital erfordern, ohne dass daneben finanzielle Beitragszahlungen an Verlustmitglieder vorgeschlagen wurden; eine Vollkonsolidierung mit Zwischengewinn-Eliminierung sollte nicht erfolgen; formell sollte ein Gruppenantrag reichen, der aber eine grundsätzlich 5-jährige Bindung vorsehen sollte.[174] Parallel bewertete die Facharbeitsgruppe des BMF die erkennbaren Reformmodelle, insbesondere auch im Hinblick auf erwartete Haushaltsauswirkungen; sie kam zu dem Ergebnis, dass keines der Modelle aufkommensneutral sei, und das Modell des IFSt angeblich die größten Mindereinnahmen („im oberen einstelligen Milliarden-Euro-Bereich") zu verursachen drohe; entsprechend schlug diese Gruppe – unter Berücksichtigung der Vorgabe der Aufkommensneutralität – lediglich vor, die bisherigen Regelungen zur Organschaft ggfls. mit Modifikationen beizubehalten.

**169** Eine echte Strukturreform erfolgte dann auch nicht. Vielmehr setzte der Gesetzgeber nur die **kleine Organschaftsreform** im Jahr 2013 um. Der GAV wurde nicht aufgegeben, sondern lediglich gewisse Anpassungen vorgenommen (vgl. dazu bereits oben → Rn. 117). Die politische Chance auf eine größere Reform schien damit erst einmal verpufft. Überlegungen auf europäischer Ebene (dazu → Rn. 172) lösten auch keinen großen Widerhall aus und beeinflussten auch nicht die nationale Diskussion.

**170** Eine neue aktuelle Diskussion wurde ausgelöst durch das BMF im Jahr 2023, welches u. a. eine **Expertenkommission „Vereinfachte Unternehmensteuer"** einrichtete. Diese hochkarätig besetze Gruppe aus führenden Steuerwissenschaftlern und Steuerabteilungsleitern legte im Juli 2024 ihren Abschlussbericht vor.[175] Für die Gruppenbesteuerung kommt die Expertenkommission zu Vorschlägen, die denen des IFSt in vielen Teilen gleicht – was nicht gegen die Expertenkommission spricht, sondern vielmehr für die

---

[170] U. a. fehlerhaft formulierte GAVs hinsichtlich der Einbeziehung des § 302 AktG (bei gleichzeitiger Erweiterung des § 302 AktG um einen Abs. 4), fehlerhaft formulierte Klauseln zur Nutzung von Kapitalrücklagen (im Anschluss an BFH 8.8.2001 – I R 25/00, BStBl. II 2003, 923), Folgen aus der Abhängigkeit eines objektiv richtig zu bestimmenden HGB-Ergebnisses ohne Bindung an den festgestellten Jahresabschluss, etc.

[171] Koalitionsvertrag 2009 zwischen CDU, CSU und FDP, S. 14.

[172] Bericht der Facharbeitsgruppe „Verlustverrechnung und Gruppenbesteuerung" Wesentliche Ergebnisse 15. September 2011 (abzurufen heute noch unter https://kommunsense.de/wp_16/wp-content/uploads/newsmappen/ust/verlustverrechnung_gruppenbesteuerunh_10_11_2011.pdf).

[173] IFSt Schrift-Nr. 471 – Einführung einer modernen Gruppenbesteuerung – Ein Reformvorschlag (hierin ***IFSt Nr. 471***); abzurufen unter https://cdn.website-editor.net/cf934dd639f2413b9350f569d1cdeeba/files/uploaded/471.pdf.

[174] IFSt Nr. 471, S. 40 ff.

[175] Besteuerung der Unternehmen – Einfacher und Effizienter; Abschlussbericht der Expertenkommission „Vereinfachte Unternehmensteuer" (hierin ***Abschlussbericht Expertenkommission 2024***), abzurufen unter https://www.bundesfinanzministerium.de/Content/DE/Downloads/Broschueren_Bestellservice/bericht-kommission-vereinfachte-unternehmensteuer.html. Erste Besprechungen u. a. durch van Lishaut FR 2024, 825; zur Befragung von Steuerpraktikern durch EY Käshammer/Nonnenmacher/Mayer DB 2024, 2587 sowie Bolik/Porebski DB 2024, 2656.

Gründlichkeit der IFSt-Untersuchung in 2011 und die weiter ungelösten Problemkreise. Die einzelnen Elemente sollen kurz skizziert werden, da sie gleichzeitig die wichtigsten Diskussionspunkte einer jeden Reform der heutigen Organschaft prägen werden[176]:

- Das **Erfordernis des GAV soll abgeschafft werden.** Stattdessen soll die Organschaft mit einem Gruppenantrag hergestellt werden, der **freiwillig** ist (kein Gruppenzwang); die Mitgliedschaft in der Gruppe soll (im Prinzip wie heute) grundsätzlich **auf 5 Jahre bindend** sein, aber aus wichtigem Grund vorzeitig beendet werden können.
- Zur ausreichenden Rechtfertigung der zusammengefassten Besteuerung bei Wegfall des GAV wird eine **qualifizierte Beteiligung des Gruppenträgers von 75 %** der Stimmrechte und des Kapitals verlangt. Dies soll gewährleisten, dass es ein hinreichendes Interesse des Gruppenträgers am wirtschaftlichen Erfolg der Gruppengesellschaften gibt. Diese Schwelle (die im Gesellschaftsrecht idR ausreicht, um auch wesentliche Beschlüsse durchzusetzen) wird als ausreichend angesehen; zusätzliche Zahlungen (zB Gruppenbeiträge iHd anfallenden Verluste einer Gesellschaft oder zumindest Steuerausgleichszahlungen) sollen nicht erforderlich sein.
- Inhaltlich soll es bei der Zusammenrechnung von Ergebnissen der Gruppenmitgliedern auf Ebene des Gruppenträgers bleiben. Eine steuerliche **Vollkonsolidierung mit Zwischengewinneliminierung wird abgelehnt.** Dies beruht u. a. darauf, dass nach Ansicht der Kommission eine Vollkonsolidierung nicht nur komplex wäre, sondern insbesondere eine noch höhere Beteiligungsschwelle erforderlich machen würde, die dann den Kreis der Gruppenberechtigten weiter einschränke.[177] Die Bedeutung der Zwischengewinneliminierung in der Gruppenbesteuerung ist ohnehin im Gesamtvorschlag der Expertenkommission weniger bedeutend, weil sie gleichzeitig allgemein eine deutliche Ausweitung der Möglichkeiten einer steuerfreien Übertragung von Wirtschaftsgütern innerhalb von Unternehmensgruppen vorschlägt (u. a. Aufgabe des Teilbetriebserfordernisses).
- Die Gruppenmitglieder sollen **Körperschaften** sein, einschließlich der Personengesellschaften, die zur Körperschaftsteuer optiert haben (§ 1a KStG).
- Eine **grenzüberschreitende Gruppenbesteuerung wird nicht vorgeschlagen.** Dafür wird eine einheitliche Bemessungsgrundlage und ein zwischenstaatliches Verteilungsregime für erforderlich gehalten, was bisher nicht existiert. Eine Pflicht zur Berücksichtigung finaler Verluste soll nicht explizit geregelt werden, sondern lediglich die weitere EuGH-Rechtsprechung (die zunehmend restriktiv geworden war) zu beobachten. Das scheint politisch in der Tat ratsam, weil die Angst vor ausländischem Verlustimport bereits früher Reformbemühungen allgemein und die Abschaffung des GAV-Erfordernisses lahmgelegt hat. Allerdings plädiert die Expertenkommission allgemein ohnehin für eine Reaktivierung des § 2a EStG aF.
- Mit dem Vorschlag soll das bisherige System (wenn auch ohne GAV) im Ergebnis weiterentwickelt werden. Damit wird gleichzeitig anderen Systemen eine Absage erteilt. Das betrifft insbesondere ein System, bei denen Gruppenbeiträge geleistet werden müssen, um einen Verlusttransfer zu bewirken; dies wird als nachteilig angesehen, weil mit entsprechend erforderlichen Beitragszahlungen in die wirtschaftliche Situation existierender Konzerne eingegriffen und steuerlich ein Mitteltransfer erfordert würde.
- Die Abschaffung des GAV bei gleichzeitiger Anhebung der Beteiligungsschwelle wird auch **Auswirkungen auf das Gesellschaftsrecht** haben, weil die Notwendigkeit des Vertragskonzerns mit GAV steuerlich wegfiele und damit zunehmend mit faktischen Konzernierungen gerechnet werden muss. Das würde parallel zu einer steuerlichen Reform untersucht werden müssen. Hier hatte u. a. das IFSt bereits Vorarbeiten geleistet.[178]

---

[176] Detailliert Abschlussbericht Expertenkommission 2024, S. 75 ff.
[177] Vgl. zB in den Niederlanden: 95 % (siehe oben → Rn. 162).
[178] IFSt-Schrift Nr. 471, S. 114 ff.

171 Insgesamt wirkt dieser Vorschlag (anknüpfend in vielen Bereichen an denjenigen des IFSt 2011) rechtlich und politisch sehr durchdacht. Einerseits wird der zentrale Problemkreis der GAV-Abhängigkeit beseitigt, ohne das bestehende System grundlegend zu ändern (und damit noch größere Veränderungsängste zu schüren) oder absehbar schwierige Elemente (wie die grenzüberschreitende Verlustberücksichtigung) vorzuschlagen. Die Beteiligungsschwellen-Anhebung wird allerdings auch bisherige Organschaften ausschließen; das wird gerade im kommunalen Bereich befürchtet, was entsprechenden Widerstand aus dieser Ecke erwarten lässt. Ob und inwieweit eine solche Reform insgesamt politisch Chancen haben wird, wird sich nach der Bundestagswahl 2025 erweisen müssen. Als Oppositionspartei hatte die CDU jedenfalls schon die Abschaffung des GAV jüngst gefordert[179]; was davon in Regierungsverantwortung bleibt, wird man mit Spannung erwarten.

### III. Entwicklungen auf EU-Ebene

172 Auch auf EU-Ebene hatte es wiederholt Initiativen gegeben, Vereinheitlichungen bei der Konzernbesteuerung vorzusehen, die damit auch eine Gruppenbesteuerung mit grenzüberschreitenden Elementen beeinflusst hätte. Sehr weitgehend war der erste Vorschlag der EU-Kommission aus dem Jahr 2011 einer **gemeinsamen konsolidierten Körperschaftsteuer-Bemessungsgrundlage** (GKKB bzw. englisch CCCTB).[180] Diese Initiative der Kommission setzte sich aber in dieser Form (auch nach einer Aufspaltung in 2 Stufen/Richtlinienvorschläge) politisch nicht durch.

173 Der Vorschlag wurde offiziell zurückgezogen, als die Europäische Kommission stattdessen einen neuen (in Teilen ähnlichen) Vorschlag unter neuem Namen **(BEFIT)**[181] entwickelte und im September 2023 nebst einem ausformulierten Entwurf eines Richtlinienvorschlags veröffentlichte.[182] Der Richtlinienvorschlag schlägt eine unionsweite Gruppenbesteuerung vor, verpflichtend für Konzerne mit mehr als 750 EUR Mio. Umsatz und optional auch für kleinere.[183] Als Schwelle zur Einbeziehung von Unternehmen in die Gruppe wird auf 75 % abgestellt.[184] Im ersten Schritt soll (wieder) nach einheitlichen Regeln eine gemeinsame Bemessungsgrundlage innerhalb der Gruppe ermittelt und anschließend nach einem Schlüssel auf die Gruppenmitglieder (und damit auf die Mitgliedstaaten) verteilt werden; übergangsweise soll der prozentuale Anteil an der aggregierten Steuerbemessungsgrundlage berechnet werden als Durchschnitt der drei vorangegangenen Steuerjahre. Eine zentrale Anlaufstelle soll es einem Mitglied der Unternehmensgruppe erlauben, alle Steuerinformationen der gesamten Gruppe zentral bei einer Finanzbehörde einzureichen. Steuerprüfungen und Streitbeilegung sollen dagegen grundsätzlich weiter auf Ebene der Mitgliedstaaten erfolgen. Insgesamt sollen nach Hoffnung der EU die Befolgungskosten großer Unternehmen um bis zu 65 % sinken können. Wenn der Vorschlag angenommen würde, soll er Mitte 2028 in Kraft treten. Ob er allerdings Umsetzungschancen hat, dürfte z.Zt. eher skeptisch zu beurteilen sein.

174–200 *(einstweilen frei)*

179 Antrag der CDU/CSU-Fraktion im Bundestag, BT-Drs. 20/11954, 2 Nr. 3.c.

180 Ausführlich dazu zB Scheffler/Köstler DStR 2013, 2190 (Teil 1) und 2235 (Teil 2); Scheffler/Köstler IFSt-Schrift Nr. 518 (2017); zusammenfassend Prinz/Witt Steuerliche Organschaft/Prinz Rn. 1.80 mwN.

181 **B**usiness in **E**urope: **F**ramework for **I**ncome **T**axation.

182 Richtlinienvorschlag und weitere begleitende Unterlagen abzurufen unter https://taxation-customs.ec.europa.eu/taxation/business-taxation/business-europe-framework-income-taxation-befit_de.

183 Zu weiteren Details Prinz DB 2023, 480; Kowallik DB 2023, 2531; Meinecke/Tremurici IStR 2024, 213.

184 „Council Directive on Business in Europe: Framework for Income Taxation (BEFIT)" vom 12.9.2023, Artikel 5.

# II. Grundlagen der körperschaftsteuerlichen Organschaft (mit Verweis auf Spezialfragen)

## § 1 Taugliche Organgesellschaften

**Übersicht**



### A. Einführung und Rechtshistorie

201 Das Vorliegen einer tauglichen Organgesellschaft ist neben einem tauglichen Organträger (§ 14 Abs. 1 S. 1 Nr. 2 S. 1 KStG), der finanziellen Eingliederung der Organgesellschaft von Beginn ihres Wirtschaftsjahrs in das Unternehmen des Organträgers (§ 14 Abs. 1 S. 1 Nr. 1 KStG) sowie einem auf mindestens fünf Jahre geschlossen und während seiner gesamten Geltungsdauer durchgeführten Gewinnabführungsvertrag (§ 14 Abs. 1 S. 1 Nr. 3 S. 1 KStG) zwingende **Voraussetzung einer wirksamen ertragsteuerlichen Organschaft.** Liegen sämtliche Voraussetzungen vor, bleibt die Organgesellschaft zwar zivilrechtlich und steuerrechtlich eigenständiges Steuersubjekt und ermittelt selbständig ihr Einkommen,[1] wird steuerlich aber als unselbständiger Unternehmensteil des Organträgers behandelt, deren Einkommen diesem zugerechnet wird (Zurechnungstheorie). Das eigene Einkommen des Organträgers und das zuzurechnende Einkommen der Organgesellschaft bilden gemeinsam das vom Organträger zu versteuernde (Gesamt-)Einkommen.[2]

202 Nach der **Legaldefinition des § 14 Abs. 1 S. 1 KStG** ist eine Organgesellschaft eine Europäische Gesellschaft, Aktiengesellschaft oder Kommanditgesellschaft auf Aktien mit Geschäftsleitung im Inland und Sitz in einem EU- oder EWR-Mitgliedstaat. § 17 Abs. 1 S. 1 KStG erstreckt dies auf andere Kapitalgesellschaften, die ebenfalls ihre Geschäftsleitung im Inland und Sitz in einem Mitgliedstaat der Europäischen Union oder in einem Vertragsstaat des EWR-Abkommens haben. Der Kreis tauglicher Organgesellschaften ist daher – anders als der Kreis tauglicher Organträger, der auch natürliche Personen und Personengesellschaften umfasst – auf Kapitalgesellschaften beschränkt.

203 **Rechtshistorisch** wurde der Kreis tauglicher Organgesellschaften mehrfach angepasst. Die erste Kodifikation des Rechtsinstituts der Organschaft im Jahr 1996 hatte die Legaldefinition der Organgesellschaft noch auf „Aktiengesellschaften und Kommanditgesellschaften auf Aktien mit Geschäftsleitung und Sitz im Inland" beschränkt.[3] Um den Versuch von Versicherungsunternehmen zu unterbinden, durch die Begründung von Organschaften die Definitivbesteuerung von Dividenden bei Lebensversicherungsunternehmen nach Einfüh-

1 BFH 23.1.2002 – XI R 95/97, BStBl. II 2003, 9.
2 BFH 14.4.1992 – VIII R 149/86, BStBl. II 1992, 817.
3 § 7a Abs. 1 KStG idF Gesetz zur Änderung des Körperschaftsteuergesetzes und anderer Gesetze v. 15.8.1969, BGBl. 1969 I 1182, überführt in § 14 Nr. 3 KStG idF Körperschaftsteuerreformgesetz v. 31.8.1976, BGBl. 1976 I 2597.

rung des Halbeinkünfteverfahrens zu neutralisieren,[4] hat der Gesetzeber auf Empfehlung des Finanzausschusses[5] Lebens- oder Krankenversicherungsunternehmen ab dem Veranlagungszeitraum 2002[6] zunächst die Qualifikation als Organgesellschaft verwehrt,[7] diese Beschränkung ebenfalls auf Empfehlung des Finanzausschusses[8] ab dem Veranlagungszeitraum 2009[9] aber wieder aufgehoben.[10] Zwischenzeitlich wurde im Jahr 2006 als redaktionelle Änderung aufgrund der Anpassung des § 1 Abs. 1 Nr. 1 KStG[11] auch der Kreis tauglicher Organgesellschaften um die Europäische Gesellschaft ergänzt.[12] Nachdem die Europäische Kommission gegen Deutschland ein Vertragsverletzungsverfahren wegen Verstoß gegen die Niederlassungsfreiheit eingeleitet[13] und die Finanzverwaltung bereits auf dem Verwaltungsweg reagiert hatte,[14] hat der Gesetzgeber zudem den doppelten Inlandsbezug als Voraussetzung einer tauglichen Organgesellschaft aufgeben[15] und die Regelung an europarechtliche Vorgaben über die Niederlassungsfreiheit angepasst.[16] Um insoweit eine doppelte Verlustnutzung auszuschließen, wurde die Regelung des § 14 Abs. 1 S. 1 Nr. 5 KStG aF entsprechend erweitert, wonach negative Einkünfte des Organträgers und auch der Organgesellschaft bei der inländischen Besteuerung unberücksichtigt blieben, soweit sie in einem ausländischen Staat im Rahmen der Besteuerung des Organträgers, der Organgesellschaft oder einer anderen Person berücksichtigt wurden.[17] Die Vorschrift wurde mittlerweile wegen der Einführung des § 4k EStG[18] mangels Anwendungsbereichs aufgehoben.[19]

**204–214** *(einstweilen frei)*

## B. Voraussetzungen

**215** Die Voraussetzungen einer tauglichen Organgesellschaft ergeben sich unmittelbar aus § 14 Abs. 1 S. 1 KStG und § 17 Abs. 1 S. 1 KStG. Nach der Legaldefinition des § 14 Abs. 1 S. 1 KStG ist eine Organgesellschaft eine SE, AG oder KGaA mit Geschäftsleitung im Inland und Sitz in einem Mitgliedstaat der Europäischen Union oder in einem Vertragsstaat des EWR-Abkommens. Nach § 17 Abs. 1 S. 1 KStG gelten die Regelungen der §§ 14 bis 17 entsprechend für andere Kapitalgesellschaften mit Geschäftsleitung im Inland und Sitz in einem Mitgliedstaat der Europäischen Union oder in einem Vertragsstaat des EWR-Abkommens.

---

[4] BT-Drs. 14/7471, 10.
[5] BT-Drs. 14/7470, 11.
[6] § 36 Abs. 6 Nr. 3 KStG idF Steuerverkürzungsbekämpfungsgesetz v. 19.12.2001, BGBl. 2001 I 3922.
[7] § 14 Abs. 3 KStG idF Steuerverkürzungsbekämpfungsgesetz v. 19.12.2001, BGBl. 2001 I 3922.
[8] BT-Drs. 16/11108, 28.
[9] Zur Übergangsregelung § 34 Abs. 9 S. 1 Nr. 6 KStG idF des Jahressteuergesetz 2009 v. 19.12.2008, BGBl. 2008 I 2794.
[10] Jahressteuergesetz 2009 v. 19.12.2008, BGBl. 2008 I 2794.
[11] BT-Drs. 16/2710, 31.
[12] Gesetz über steuerliche Begleitmaßnahmen zur Einführung der Europäischen Gesellschaft und zur Änderung weiterer steuerrechtlicher Vorschriften (SEStEG) v. 7.12.2006, BGBl. 2006 I 2782.
[13] Beschl. v. 29.1.2009 Nr. 2008/4909.
[14] BMF 28.3.2011, BStBl. I 2011, 300.
[15] Gesetz zur Änderung und Vereinfachung der Unternehmensbesteuerung und des steuerlichen Reisekostenrechts v. 20.2.2013, BGBl. 2013 I 285.
[16] BT-Drs. 17/10774, 18.
[17] Vgl. BT-Drs. 17/10774, 20.
[18] BT-Drs. 20/9396, 30.
[19] Gesetz zur Stärkung von Wachstumschancen, Investitionen und Innovation sowie Steuervereinfachung und Steuerfairness (Wachstumschancengesetz) v. 27.3.2024, BGBl. 2024 I Nr. 108.

## I. Rechtsform

Taugliche Organgesellschaft kann nur eine **Kapitalgesellschaft** sein. Ausdrücklich nennt § 14 Abs. 1 S. 1 KStG die Europäische Gesellschaft (SE), die Aktiengesellschaft (AG) und die Kommanditgesellschaft auf Aktien (KGaA). § 17 Abs. 1 S. 1 KStG erweitert den Kreis tauglicher Organgesellschaften auf andere Kapitalgesellschaften. Dies betrifft insbesondere die Gesellschaft mit beschränkter Haftung (GmbH). **216**

Die Formulierung **„Europäische Gesellschaft"** in § 14 Abs. 1 S. 1 KStG erfasst die auf Grundlage der VO (EG) Nr. 2157/2001 v. 8.10.2001 (SE-VO)[20] sowie der nationalen Umsetzungsgesetze[21] gegründete **Societas Europaea (SE)**[22] als Kapitalgesellschaften europäischen Rechts. Eine SE kann nur durch Kapitalgesellschaften im Wege der Verschmelzung, Holding-Gründung, Gründung einer Tochtergesellschaft oder mittels formwechselnder Umwandlung gegründet werden (Art. 2 SE-VO). Sie gilt als Aktiengesellschaft (Art. 3 Abs. 1 SE-VO) und besitzt Rechtspersönlichkeit (Art. 1 Abs. 3 SE-VO). In Deutschland erlangt die SE vergleichbar einer AG Rechtspersönlichkeit mit der Eintragung in das Handelsregister (Art. 12 Abs. 1 SE-VO, § 3 SEAG). Sitz und Hauptverwaltung der SE müssen sich im gleichen Mitgliedstaat der Europäischen Union befinden (Art. 7 Satz 1 SE-VO). Ohne Bedeutung für die Tauglichkeit der SE als Organgesellschaft ist ihre Ausgestaltung als dualistische Form nach §§ 15 ff. SEAG (vergleichbar einer deutschen AG) oder monistische Form nach §§ 20 ff. SEAG[23] (der deutschen GmbH angenähert). **217**

**Aktiengesellschaften (AG)** sind Gesellschaften mit eigener Rechtspersönlichkeit (§ 1 Abs. 1 S. 1 AktG), deren Grundkapital in Aktien zerlegt ist (§ 1 Abs. 2 AktG). Eine AG kann durch mehrere natürliche oder juristische Personen oder auch Personengesellschaften gegründet werden. Sie muss ihren Sitz im Inland haben (§ 5 AktG) und erlangt Rechtsfähigkeit durch Eintragung im Handelsregister (§ 41 Abs. 1 AktG). Vor der Eintragung handelt es sich um eine Vorgesellschaft, die ebenfalls Organgesellschaft sein kann (→ Rn. 272). Keine Aktiengesellschaft iSd § 14 Abs. 1 S. 1 KStG ist dagegen die AG & Co. KG bzw. AG & Co. OHG, die trotz einer AG als persönlich haftendem Gesellschafter eine Personengesellschaft bleibt und damit keine Organgesellschaft sein kann. **218**

Die **Kommanditgesellschaft auf Aktien (KGaA)** ist trotz ihrer Hybridität als Mischform aus Kapital- und Personengesellschaft[24] eine Aktiengesellschaft, bei der mindestens ein Gesellschafter (Komplementär) unbeschränkt haftet, während die übrigen Gesellschafter (Kommanditaktionäre) an dem in Aktien zerlegten Grundkapital beteiligt sind, ohne persönlich für die Verbindlichkeiten der Gesellschaft zu haften (§ 278 Abs. 1 AktG). Wie die AG muss die KGaA ihren Sitz im Inland haben und erlangt Rechtsfähigkeit durch Eintragung ins Handelsregister. Die KGaA selbst ist als Kapitalgesellschaft Körperschaftsteuersubjekt (§ 1 Abs. 1 Nr. 1 KStG), ihr Komplementär unterliegt aber grundsätzlich der Besteuerung nach § 15 Abs. 1 S. 1 Nr. 3 EStG,[25] so dass sein Gewinnanteil zur Vermeidung einer wirtschaftlichen Doppelbesteuerung bei der Einkommensermittlung der KGaA abgezogen wird (§ 9 Abs. 1 Nr. 1 KStG).[26] Die Kommanditaktionäre erzielen dagegen Dividenden (§ 20 Abs. 1 Nr. 1 EStG). Ein praktisch bedeutsamer Unterfall der KGaA ist die **GmbH & Co KGaA**[27] (regelmäßig genutzt im Profifußball),[28] bei der eine **219**

20 SE-Verordnung (EG) Nr. 2157/2001 v. 8.10.2001, ABl. 2001 L 294, 1, geändert durch Verordnung (EG) Nr. 1791/2006 v. 20.11.2006, ABl. 2006 L 363, 1.
21 In Deutschland SEAG v. 22.12.2004 (BGBl. 2004 I 3675) und SEBG v. 22.12.2004 (BGBl. 2004 I 3686).
22 Zum Begriff vgl. § 1 Abs. 1 SE-VO.
23 Suspendierung der §§ 76–116 AktG.
24 Zu dieser Einordnung BGH 24.2.1997 – II ZB 11/96, NJW 1997, 1923.
25 Nach der Wurzeltheorie des BFH handelt es sich dabei um originäre gewerbliche Einkünfte, vgl. BFH 21.6.1989 – X R 14/88, BStBl. II 1989, 881; BFH 19.5.2010 – I R 62/09, IStR 2010, 661.
26 Gewerbesteuerrechtlich werden die Gewinnanteile dem Gewerbeertrag der KGaA wieder hinzugerechnet (§ 8 Nr. 4 GewStG).
27 Vgl. BFH 13.4.1994 – II R 57/90, BStBl. II 1994, 505.
28 Vgl. Fett/Stütz NZG 2017, 1121 (1124); dazu auch OLG Celle 28.8.2017 – 20 W 18/17, NZG 2017, 1191.

GmbH als Komplementär fungiert. Auch sie kann taugliche Organgesellschaft nach § 14 Abs. 1 S. 1 KStG sein.

220 § 17 Abs. 1 S. 1 KStG erweitert den Kreis tauglicher Organgesellschaften auf **andere Kapitalgesellschaften.** Danach gelten die §§ 14 bis 16 KStG entsprechend, wenn eine „andere als die in § 14 Abs. 1 S. 1 KStG bezeichnete Kapitalgesellschaft" mit Geschäftsleitung im Inland und Sitz in einem Mitgliedstaat der Europäischen Union oder in einem Vertragsstaat des EWR-Abkommens sich wirksam verpflichtet, ihren ganzen Gewinn an ein anderes Unternehmen iSd § 14 KStG abzuführen. Der Gesetzgeber nimmt Bezug auf die Aufzählung des § 1 Abs. 1 Nr. 1 KStG. Praktisch erfasst § 17 Abs. 1 S. 1 KStG daher insbesondere die **GmbH.**[29] Dass die GmbH nicht in § 14 Abs. 1 S. 1 KStG unmittelbar genannt wird, hat den Hintergrund, dass die Regelung für Gewinnabführungsverträge des § 291 AktG selbst nur die AG und KGaA nennt.

221 Keine „anderen Kapitalgesellschaften" iSd § 17 und damit auch keine tauglichen Organgesellschaften sind dagegen die in **§ 1 Abs. 1 Nr. 2 bis 6 KStG** aufgezählten Körperschaften, Personenvereinigungen und Vermögensmassen (Genossenschaften einschließlich Europäischer Genossenschaften; Versicherungs- und Pensionsfondsvereine auf Gegenseitigkeit; sonstige juristische Personen des privaten Rechts; Vereine ohne Rechtspersönlichkeit, nicht rechtsfähige Anstalten, Stiftungen und andere Zweckvermögen des privaten Rechts; Betriebe gewerblicher Art von juristischen Personen des öffentlichen Rechts), da es sich nicht um Kapitalgesellschaften handelt.[30]

222 **Gesellschaften ausländischen Rechts** können ebenfalls taugliche Organgesellschaften sein, wenn sie anhand eines Typenvergleichs[31] als Kapitalgesellschaften iSd § 17 Abs. 1 S. 1 KStG qualifizieren.[32] Zudem muss die ausländische Gesellschaft den Ort der Geschäftsleitung im Inland haben, sodass es sich um eine nach § 1 Abs. 1 KStG unbeschränkt steuerpflichtige Gesellschaft handelt. Folgt der ausländische Staat der Gründungstheorie, behält die ausländische Gesellschaft ihre Rechtsfähigkeit trotz Verlegung des Orts der Geschäftsleitung nach Deutschland bei. Für die Praxis ist zu beachten, dass die Finanzverwaltung nach bundeseinheitlich abgestimmter Auffassung einen ausländischen Gewinnabführungsvertrag allerdings nur unter besonderen Voraussetzungen anerkennt.[33] Der Vertrag muss

1. vollständig den Vorgaben des § 291 AktG entsprechen und insbesondere auch eine Pflicht zur Verlustübernahme entsprechen § 302 AktG beinhalten,
2. nach ausländischem Zivilrecht zulässig sein, was insbesondere die ausländischen handels- und gesellschaftsrechtlichen Vorschriften zum Schutz von Gläubigern sowie Minderheitsgesellschaftern verlangt,
3. in eintragungspflichtiger Form vereinbart werden, dh es besteht nach ausländischem Recht eine Pflicht, die Regelungen in ein mit dem deutschen Handelsregister vergleichbares öffentliches Register einzutragen, oder die Regelungen zur Gewinnabführung werden in die Satzung der beherrschten Gesellschaft aufgenommen und es besteht nach dem ausländischen Recht eine Eintragungspflicht hinsichtlich der Satzungsänderungen und
4. der Ergebnisabführungsvertrag, falls er nicht selbst in der Satzung verankert wird, satzungsändernden Charakter hat. Eine bloße satzungsüberlagernde Wirkung genügt nicht.

---

29 BT-Drs. 17/10774, 21 („insbesondere im GmbH-Konzern"); BFH 31.3.2011 – I B 177/10, BFH/NV 2011, 1397.

30 RHN/Rödder/Liekenbrock/Joisten KStG § 14 Rn. 78: teilweise aA Gosch KStG/Neumann KStG § 14 Rn. 48, der auch Gesellschaften iSd § 1 Abs. 1 Nr. 5 KStG als Organgesellschaften anerkennt.

31 Zu den Kriterien BMF 19.3.2004, BStBl. I 2004, 411; allgemein anzuwenden nach BMF 26.9.2014, BStBl. I 2014, 1258 Tz. 1.2; BMF 2.1.2025, BStBl. I 2025, 92 Rn. 01.27 und BFH 20.8.2008 – I R 34/08, BStBl. II 2009, 263.

32 Winter/Marx DStR 2011, 1101 (1102); Weigert/Strohm DK 2013, 249 (252); Kahle/Cortez FR 2014, 673 (684); RHN/Rödder/Liekenbrock/Joisten KStG § 14 Rn. 78.

33 OFD Frankfurt a. M. 9.7.2020, DStR 2020, 2680.

Hintergrund dieser Anforderungen ist ein von der EU-Kommission am 25.7.2019 eingeleitetes **Vertragsverletzungsverfahren** (Az. 2019/4053), da Deutschland Gewinnabführungs- und Verlustübernahmeverträge (die eine Voraussetzung für die steuerliche Konsolidierung sind) nicht anerkenne, die Unternehmen geschlossen haben, die ihren Verwaltungssitz nach Deutschland verlegen.

Rechtsformbedingt keine tauglichen Organgesellschaften sind **natürliche Personen** oder **Personengesellschaften.** Insbesondere die GmbH & Co KG scheidet daher als Organgesellschaft aus,[34] weil die Beteiligung einer Kapitalgesellschaft als persönlich haftende Gesellschafterin nicht zur Umqualifizierung der Kommanditgesellschaft in eine Kapitalgesellschaft führt.[35] **223**

*(einstweilen frei)* **224–234**

## II. Keine besonderen Tätigkeitsanforderungen

Das Gesetz stellt an die Organgesellschaft keinen besonderen Tätigkeitsanforderungen. Die Organgesellschaft kann daher sowohl **gewerblich** als auch rein **vermögensverwaltend** tätig sein.[36] Anders als Organträger, die im Fall der Personengesellschaft zur Verhinderung von Umgehungsgestaltungen[37] nach § 14 Abs. 1 S. 1 Nr. 2 S. 2 KStG originär gewerblich tätig sein müssen, findet sich für Organgesellschaften keine entsprechende Begrenzung. Zwar hatte der Gesetzgeber Lebens- und Krankenversicherungsunternehmen in der Rechtsform einer Kapitalgesellschaft ab dem Veranlagungszeitraum 2002[38] aus dem Kreis tauglicher Organgesellschaften ausgeschlossen,[39] diese Beschränkung ab dem Veranlagungszeitraum 2009[40] aber wieder aufgehoben.[41] **235**

Mangels besonderer gesetzgeberischer Anforderungen steht auch die **Steuerbefreiung nach § 5 Abs. 1 Nr. 9 KStG** der grundsätzlichen Eignung einer Kapitalgesellschaft (zB gemeinnützige GmbH) als Organgesellschaft zunächst nicht entgegen,[42] da die Steuerbefreiung keinen Einfluss auf die Qualifikation als Kapitalgesellschaft hat und das Gesetz über die Geschäftsleitung im Inland eine abstrakt bestehende unbeschränkte Steuerpflicht (§ 1 Abs. 1 Nr. 1 KStG) der Organgesellschaft ausreichen lässt. Praktische Grenzen für die Organschaft ergeben sich aber aus dem Gemeinnützigkeitsrecht. Das Gebot der satzungsmäßigen Mittelverwendung (§ 55 Abs. 1 Nr. 1 AO) hat zur Folge, dass eine Organschaft mit einem nicht nach § 5 Abs. 1 Nr. 9 KStG steuerbefreiten Organträger ausscheidet. Sind dagegen sowohl Organträger als auch Organgesellschaft gemeinnützige Körperschaften, ist eine Ergebnisverrechnung innerhalb des einheitlichen (durch die Organschaft zusammengefassten) wirtschaftlichen Geschäftsbetriebs möglich. Dies sollte nicht gegen das Gebot der satzungsmäßigen Mittelverwendung verstoßen. **236**

*(einstweilen frei)* **237–250**

---

34 Brandis/Heuermann/Rode KStG § 14 Rn. 47.

35 Vgl. BFH 24.4.1980 – IV R 68/77, BStBl. II 1980, 658; BFH 11.3.1982 – IV R 25/79, BStBl. II 1982, 707.

36 BFH 21.1.1970 – I R 90/67, BStBl. II 1970, 348; BFH 8.12.1971 – I R 3/69, BStBl. II 1972, 289.

37 Vgl. BT-Drs. 15/119, 43.

38 § 36 Abs. 6 Nr. 3 KStG idF Steuerverkürzungsbekämpfungsgesetz v. 19.12.2001, BGBl. 2001 I 3922.

39 § 14 Abs. 3 KStG idF Steuerverkürzungsbekämpfungsgesetz v. 19.12.2001, BGBl. 2001 I 3922.

40 Zur Übergangsregelung § 34 Abs. 9 S. 1 Nr. 6 KStG idF des Jahressteuergesetz 2009 v. 19.12.2008, BGBl. 2008 I 2794.

41 Jahressteuergesetz 2009 v. 19.12.2008, BGBl. 2008 I 2794.

42 BFH 11.8.2011 – I B 179/10, BFH/NV 2011, 2052; BFH 31.3.2011 – I B 177/10, BFH/NV 2011, 1397; Weigert/Strohm DK 2013, 249 (251); Hageböke DK 2013, 334 (344).

### III. Inlandsbezug

251 § 14 Abs. 1 S. 1 KStG setzt weiter voraus, dass die Organgesellschaft ihre **Geschäftsleitung im Inland** und ihren **Sitz in einem EU/EWR-Mitgliedstaat** hat. Gleiches gilt nach § 17 Abs. 1 S. 1 KStG für andere Kapitalgesellschaften als Organgesellschaften.

252 Bei der Kodifikation des Rechtsinstituts der Organschaft im Jahr 1996 hatte der Gesetzgeber für die Qualifikation als Organgesellschaft zunächst einen doppelten Inlandsbezug („Geschäftsleitung und Sitz im Inland") gefordert, dies aber im Jahr 2013[43] aufgegeben. Grund war ein Vertragsverletzungsverfahren der Europäischen Kommission[44] gegen Deutschland wegen Verstoß gegen die Niederlassungsfreiheit des Art. 49 AEUV, weil Gesellschaften durch ihren Sitz in Deutschland zwar der unbeschränkten Körperschaftsteuerpflicht unterliegen (§ 1 Abs. 1 KStG), die Ergebnisverrechnung durch Bildung einer körperschaftsteuerlichen Organschaft aber ausgeschlossen war. Nachdem die Finanzverwaltung im Vorgriff auf eine gesetzliche Änderung im EU-/EWR-Ausland gegründete Kapitalgesellschaften mit Geschäftsleitung im Inland als Organgesellschaften bereits zugelassen hatte,[45] passte der Gesetzgeber § 14 Abs. 1 S. 1 KStG dahingehend an, dass der Inlandsbezug allein durch die Geschäftsleitung genügt, wenn die Organgesellschaft ihren Sitz in einem EU/EWR-Mitgliedstaat hat.

253 **Geschäftsleitung** ist der Mittelpunkt der geschäftlichen Oberleitung (§ 10 AO). Die geschäftliche Oberleitung befindet sich dort, wo der für die Geschäftsführung maßgebende Wille gebildet wird.[46] Entscheidend ist, wo aufgrund des Gesamtbildes der im Einzelfall vorliegenden tatsächlichen Umstände[47] die für die Geschäftsführung nötigen Maßnahmen von einiger Wichtigkeit angeordnet werden.[48] Entscheidend sind die Tagesgeschäfte, dh die tatsächlichen und rechtsgeschäftlichen Handlungen des gewöhnlichen Betriebs sowie die zur gewöhnlichen Verwaltung gehörenden organisatorischen Maßnahmen. Ohne Bedeutung sind die Festlegung der Grundsätze der Unternehmenspolitik und die Mitwirkung der Gesellschafter an ungewöhnlichen Maßnahmen bzw. an Entscheidungen von besonderer wirtschaftlicher Bedeutung.[49] Bei Kapitalgesellschaften befindet sich die Geschäftsleitung regelmäßig in den Büroräumen der Geschäftsführung.[50] Kommen mehrere Orte der Geschäftsleitung in Frage, sind diese zu gewichten und der Ort der geschäftlichen Oberleitung – die in organisatorischer und wirtschaftlicher Hinsicht bedeutsamste Stelle – festzulegen.[51]

254 Die Geschäftsleitung befindet sich **im Inland,** wenn sie im Geltungsbereich der Bundesrepublik Deutschland liegt. Im Umkehrschluss scheiden Gesellschaften mit Geschäftsleitung in einem EU/EWR- oder Drittstaat als Organgesellschaften iSd § 14 Abs. 1 S. 1 KStG und § 17 Abs. 1 S. 1 KStG aus.[52] Dies betrifft sowohl Gesellschaften mit Sitz und Geschäftsleitung in einem anderen Staat als auch doppelt-ansässige Gesellschaften, die ihren (statuarischen) Sitz im Inland, ihre Geschäftsleitung aber in einem anderen Staat haben. Der

---

[43] Gesetz zur Änderung und Vereinfachung der Unternehmensbesteuerung und des steuerlichen Reisekostenrechts v. 20.2.2013, BGBl. 2013 I 285.

[44] Beschluss v. 29.1.2009 Nr. 2008/4909.

[45] BMF 28.3.2011, BStBl. I 2011, 300 – aufgehoben für nach dem 31.12.2012 verwirklichte Steuertatbestände durch BMF 24.3.2014 – IV A 2 – O 2000/13/10002, BStBl. I 2014, 606 (Positivliste). Die Anwendung für vor dem 1.1.2013 verwirklichte Steuertatbestände bleibt unberührt.

[46] Vgl. grundlegend RFH 23.6.1938 – III 40/38, RStBl. 1938, 949; ferner BFH 23.1.1991 – I R 22/90, BStBl. II 1991, 554; für die Verwaltung exemplarisch BMF 21.5.2019 – IV C 1 – S 1980-1/16/10010:001, BStBl. I 2019, 527 Rn. 4.1.

[47] St. Rspr. seit RFH 16.6.1931 – I A 462/30, RStBl. 1931, 848; BFH 7.12.1994 – I K 1/93, BStBl. II 1995, 175.

[48] RFH 25.7.1935 – III A 98/35, RStBl. 1935, 1366; BFH 17.7.1968 – I 121/64, BStBl. II 1968, 695; BFH 26.5.1970 – II 29/65, BStBl. II 1970, 759.

[49] BFH 3.7.1997 – IV R 58/95, BStBl. II 1998, 86.

[50] BFH 7.12.1994 – I K 1/93, BStBl. II 1995, 175; BFH 23.1.1991 – I R 22/90, BStBl. II 1991, 554.

[51] BFH 5.11.2014 – IV R 30/11, BStBl. II 2015, 601; Klein/Gersch AO § 10 Rn. 3.

[52] BeckOK KStG/Ebber KStG § 14 Rn. 69.

Organträger kann etwaige Gewinne daher nicht mit Verlusten von Gesellschaften verrechnen, die ihre Geschäftsleitung nicht im Inland, sondern in einem anderen Staat haben, selbst wenn es sich um einen Mitgliedstaat der Europäischen Union handelt.

Als zweite kumulative („und“) Voraussetzung muss die Organgesellschaft ihren **Sitz in** **255**
**einen EU/EWR-Mitgliedstaat** haben. Dies schließt Kapitalgesellschaften mit Sitz in einem Drittstaat (zB USA) vom Kreis tauglicher Organgesellschaften aus. Teilweise wird in dieser Beschränkung ein Verstoß gegen DBA-Diskriminierungsverbot (vergleichbar Art. 24 Abs. 1 OECD-MA) gesehen.[53] Praktisch spielt diese Diskussion keine Rolle, da regelmäßig eine formwechselnde Sitzverlegung in einen EU-/EWR-Staat erfolgt, die die ursprüngliche Drittstaatengesellschaft zur tauglichen Organgesellschaft macht.[54] Zu beachten ist allerdings, dass die in § 14 Abs. 1 S. 1 KStG genannten Rechtsformen in der Lage sein müssen, einen „Gewinnabführungsvertrag iSd § 291 Abs. 1 AKtG“ abzuschließen. Da das AktG nur für Gesellschaften mit Sitz im Inland gilt (§ 5 AktG), müssen AG und KGaA und SE, um diese Voraussetzung zu erfüllen, ihren (statuarischen) Sitz im Inland haben. Eine SE muss nach Art. 7 SE-VO ihren Sitz zudem ohnehin in einem EU/EWR-Mitgliedstaat haben. Bedeutung hat die Beschränkung auf Gesellschaften mit Sitz in einem EU/EWR-Mitgliedstaat daher im Ergebnis für „andere Kapitalgesellschaften“ nach § 17 Abs. 1 S. 1 KStG. Dies betrifft insbesondere die GmbH, deren Sitz sich nach dem Gesellschaftsvertrag bestimmt (§ 3 Abs. 1 GmbHG).

Ihren **Sitz** hat die Gesellschaft an dem Ort, der durch Gesetz, Gesellschaftsvertrag, **256**
Satzung, Stiftungsgeschäft oder dergleichen bestimmt ist (§ 11 AO). Anders als für den Ort der Geschäftsleitung ist nicht auf die tatsächlichen Verhältnisse, sondern das Rechtsgeschäft abzustellen. Ein Scheinsitz ist steuerlich unbeachtlich (§ 41 Abs. 2 AO). Das gilt auch, wenn der Ort des Scheinsitzes im Handelsregister oder bei der Gewerbeanmeldung angegeben wurde.[55]

**Mitgliedstaaten der EU** sind aktuell 27 Länder.[56] Keine Mitgliedstaaten sind Staaten, **257**
die sich erst im Prozess der „Umsetzung“ europäischer Rechtsvorschriften in nationales Recht als Zutrittsvoraussetzungen befinden (sog. „Kandidatenländer“) oder noch nicht die Voraussetzungen für eine Mitgliedschaft erfüllen, eine solche aber anstreben (sog. „potenzielle Kandidatenländer“). Da vorbereitende Beitrittsakte unbeachtlich sind (keine Vorwirkung), fehlt es vor dem offiziellen Beitritt eines Staates an dem Sitz der Organgesellschaft in einem Mitgliedstaat der EU.[57] Norwegen ist kein Mitglied der EU, aber des EWR-Abkommens. Zwar sollte Norwegen nach Unterzeichnung des Beitrittsvertrages mit Österreich, Finnland und Schweden ursprünglich zum 1.1.1995 der EU beitreten. Der unterzeichnete Vertrag wurde aber nicht wirksam, da das norwegische Volk in einem Referendum seine Zustimmung versagte. Die Schweiz ist weder Mitgliedstaat der EU noch des EWR. Das „Abkommen zwischen der Europäischen Gemeinschaft und ihren Mitgliedstaaten und der Schweizerischen Eidgenossenschaft über die Freizügigkeit“ ändert daran nichts,[58] da § 14 Abs. 1 S. 1 KStG und § 17 Abs. 1 S. 1 KStG auf eine formale Mitgliedschaft des Staates abstellen. Das Vereinigte Königreich Großbritannien und Nordirland war seit dem 1.1.1973 (Beitritt) Mitglied der EU, ist aber am 31.1.2020 ausgetreten

[53] Benecke/Schnitger IStR 2013, 143 (144); Winter/Marx DStR 2011, 1101 (1107); Strunk/Kaminski/Köhler/Hageböke Art. 24 OECD-MA, Rn. 40 mwN; Herzig/Eversberg, Organschaft, 2003, 75 (80); vgl. zur gegenläufigen Konstellation eines ausländischen Organträgers BFH 9.2.2011 – I R 54, 55/10, DStR 2011, 762.

[54] Vgl. Winter/Marx DStR 2011, 1101 (1107).

[55] Klein/Gersch AO § 11 Rn. 5.

[56] Für eine Aufstellung mit Nachweis der Beitrittsakte vgl. BeckOK EStG/Mann EStG § 4k Rn. 555.1. Zum AStG verweist die Finanzverwaltung für den Stand der Mitgliedstaaten auf die fortlaufend aktualisierte Liste des Auswärtigen Amtes, vgl. BMF 22.12.2023 – IV B 5 – S 1340/23/10001:001, BStBl. I 2023 Sondernr. 1, 2 Rn. 461.

[57] Vgl. BFH 18.12.2019 – I R 59/17, BStBl. II 2021, 270; Kahlenberg/Quilitzsch IStR 2021, 135 (139); EuGH 27.6.2018 – C-364/17, BeckRS 2018, 13204 mwN.

[58] Dazu Kahil-Wolff/Mosters EuZW 2001, 5.

(„Brexit").[59] Für einen Übergangszeitraum vom 1.2.2020 bis 31.12.2020 (vgl. Art. 126 Austrittsabkommen UK/EU) galt es nach § 1 BrexitÜG v. 27.3.2019[60] auch für Zwecke deutschen Bundesrechts aber grundsätzlich weiter als Mitgliedstaat. Die einmalige Verlängerungsoption um zwei Jahre wurde bis zum erforderlichen Zeitpunkt (1.7.2020) nicht ausgeübt. Ab 1.1.2021 ist das Vereinigte Königreich Großbritannien und Nordirland daher als Drittstaat zu behandeln. Eine irgendwie geartete Nachwirkung der ehemaligen EU-Mitgliedschaft gibt es nicht.[61] Nach britischem Recht gegründete Ltd. mit Verwaltungssitz in Deutschland können daher ab dem 1.1.2021 keine Organgesellschaft mehr sein.[62]

258 **Vertragsstaaten des EWR-Abkommens**[63] sind aktuell Island, Norwegen und Liechtenstein[64] sowie formal alle EU-Mitgliedstaaten außer Kroatien. In Island und Norwegen trat das EWR-Abkommen am 1.1.1994, in Liechtenstein am 1.1.1995 in Kraft. In Deutschland wurde es durch das Gesetz v. 31.3.1993[65] ratifiziert und trat idF des Anpassungsprotokolls gem. Bekanntmachung v. 6.4.1994 am 1.1.1994 in Kraft. Die Schweiz hat das EWR-Abkommen (als einziger EFTA-Staat) dagegen nicht ratifiziert. Sie ist daher kein Vertragsstaat des EWR-Abkommens. Das „Abkommen zwischen der Europäischen Gemeinschaft und ihren Mitgliedstaaten und der Schweizerischen Eidgenossenschaft über die Freizügigkeit"[66] ändert daran nichts.

259–270 *(einstweilen frei)*

## IV. Sonderfragen

271 Eine **Vorgründungsgesellschaft** als mögliches Vorstadium einer Kapitalgesellschaft[67] kann rechtsformbedingt keine Organgesellschaft sein.[68] Schließen sich verschiedene Personen durch einen Vorvertrag[69] zum Zweck der gemeinsamen Errichtung einer Kapitalgesellschaft[70] zusammen und nimmt die daraus entstehende Gesellschaft bereits vor der Errichtung der Kapitalgesellschaft durch formgültigen Gründungsakt (zB notarielle Beurkundung des Gesellschaftsvertrags) eine Geschäftstätigkeit auf,[71] spricht man gesellschaftsrechtlich von einer Vorgründungsgesellschaft. Zivilrechtlich ist die Vorgründungsgesellschaft Personengesellschaft (GbR iSd § 705 BGB) oder – soweit sie bereits ein Handelsgewerbe betreibt – Personenhandelsgesellschaft (OHG iSd §§ 105 ff. HGB).[72] Sie ist weder mit der Vorgesellschaft noch mit der später entstehenden Kapitalgesellschaft identisch.[73] Die Vorgründungsgesellschaft kann daher weder Gesellschaft iSd § 14 Abs. 1 S. 1 KStG noch „andere Kapitalgesellschaft" iSd § 17 Abs. 1 S. 1 KStG sein. Schließt eine Vorgründungsgesellschaft bereits einen Gewinnabführungsvertrag mit dem späteren Organträger ab, setzt die Anerkennung der Organschaft daher voraus, dass die Kapitalgesellschaft nach

59 Austrittsabkommen UK/EU 31.1.2020, ABl. 2020 L 29, 7.
60 BGBl. 2019 I 402.
61 Vgl. auch Kahlenberg/Quilitzsch IStR 2021, 135 (139).
62 Hoppe/Seitz DB 2020, 434; RHN/Rödder/Liekenbrock/Joisten KStG § 14 Rn. 84.
63 Abkommen über den Europäischen Wirtschaftsraum v. 2.5.1992, BGBl. 1993 II 266; ABl. 1994 L 1, 3.
64 Vgl. auch BMF 22.12.2023 – IV B 5 – S 1340/23/10001:001, BStBl. I 2023 Sondernr. 1, 2 Rn. 464.
65 BGBl. 1993 II 266.
66 ABl. 2002 L 114, 6; dazu Kahil-Wolff/Mosters EuZW 2001, 5.
67 Zu den Entwicklungsstadien einer GmbH Crezelius DStR 1987, 743; siehe auch BFH 8.11.1989 – I R 174/86, BStBl. II 1990, 91.
68 Ganz hM, vgl. im Ergebnis auch BFH 8.11.1989 – I R 174/86, BStBl. II 1990, 91; Brandis/Heuermann/Rode KStG § 14 Rn. 49; Gosch KStG/Neumann KStG § 14 Rn. 47.
69 Fehlt ein Vorvertrag, spricht man von einer Vorgründungsgesellschaft im weiteren Sinn, vgl. BGH 7.10.1991 – II ZR 252/90, DStR 1991, 1465.
70 BFH 8.11.1989 – I R 174/86, BStBl. II 1990, 91; BFH 5.2.1998 – III R 48/91, BStBl. II 1999, 836.
71 Vgl. BGH 7.5.1984 – II ZR 276/83, NJW 1984, 2164; BGH 26.10.1981 – II ZR 31/81, NJW 1982, 932; BGH 20.6.1983 – II ZR 200/82, NJW 1983, 2822; BGH 12.11.1984 – II ZR 96/84, NJW 1985, 1828.
72 BGH 7.5.1984 – II ZR 276/83, NJW 1981, 2164.
73 BGH 7.5.1984 – II ZR 276/83, NJW 1984, 2164; BFH 8.11.1989 – I R 174/86, BStBl. II 1990, 91.

Entstehung in diesen Vertrag eintritt.[74] Vereinzelt wird die Eigenschaft einer Vorgründungsgesellschaft als taugliche Organgesellschaft bejaht, wenn die Organschaft unter der aufschiebenden Bedingung der späteren Übernahme der Verpflichtungen durch die Vorgesellschaft bzw. Kapitalgesellschaft steht.[75] Dies ist abzulehnen, da die ausdrückliche Einschränkung des Kreises der Organgesellschaften auf Kapitalgesellschaften (§ 14 Abs. 1 S. 1 KStG; § 17 Abs. 1 KStG) nicht durch eine aufschiebende Bedingung überbrückt werden kann.

Die **Vorgesellschaft** einer späteren Kapitalgesellschaft (zB GmbH oder AG i.Gr.) kann 272
bei Erfüllung der übrigen Voraussetzungen dagegen Organgesellschaft sein.[76] In Abgrenzung zur Vorgründungsgesellschaft ist eine Vorgesellschaft bereits durch einen formgültigen Gründungsakt – zB bei der GmbH durch Abschluss des notariellen beurkundeten Gesellschaftsvertrages (§ 2 Abs. 1 GmbHG) – errichtet. Sie hat mangels Eintragung in das Handelsregister aber noch keine Rechtsfähigkeit erlangt. Zivilrechtlich ist die Vorgesellschaft eine nicht gesetzlich geregelte Gesellschaft eigener Art (sui generis), die Träger von Rechten und Pflichten sein kann.[77] Da Vorgesellschaft und später entstehende Kapitalgesellschaft steuerlich identisch (einheitliches Steuersubjekt) sind,[78] ist die Vorgesellschaft (sofern es tatsächlich zur Handelsregistereintragung kommt) bereits eigenes Steuersubjekt iSd § 1 Abs. 1 Nr. 1 KStG[79] und daher als „andere Kapitalgesellschaft" iSd § 17 Abs. 1 S. 1 KStG taugliche Organgesellschaft. Die Gegenauffassung, die eine Vorgesellschaft mangels Eintragung im Handelsregister nicht in § 1 Abs. 1 Nr. 1 KStG, sondern § 1 Abs. 1 Nr. 5 KStG einordnet und daher die Qualifikation als Organgesellschaft verneint,[80] ist abzulehnen, da sie unberücksichtigt lässt, dass die Vorgesellschaft als ein auf die künftige juristische Person angelegtes Rechtsgebilde mit der Eintragung der Gesellschaft ins Handelsregister in dieser aufgeht.[81] Geht man zutreffend von einem einheitlichen Steuersubjekt aus, kann die mit einer Vorgesellschaft wirksam begründete ertragsteuerliche Organschaft mit der durch Eintragung im Handelsregister entstehenden Kapitalgesellschaft als Rechtsnachfolgerin wirksam fortgesetzt werden. Scheitert die Eintragung der Vorgesellschaft im Handelsregister dagegen oder erfolgt diese nicht innerhalb der nach § 14 Abs. 1 S. 1 Nr. 3 S. 1 KStG erforderlichen Zeit, entfällt die Eigenschaft als taugliche Organgesellschaft rückwirkend.[82] Dies ist nicht bereits deshalb für die Qualifikation als taugliche Organgesellschaft unbeachtlich (und für die Möglichkeit zum Abschluss eines Gewinnabführungsvertrages relevant),[83] weil Körperschaften iSd § 1 Abs. 1 Nr. 2 bis 6 KStG als taugliche Organgesellschaften ausscheiden.

Die **Unternehmergesellschaft (UG) iSd** § 5a Abs. 1 GmbHG ist aufgrund ihrer 273
Rechtsform als Kapitalgesellschaft taugliche Organgesellschaft.[84] Die UG ist keine eigenständige Gesellschaftsform, sondern nur ein gesetzlich geregelter Unterfall der GmbH mit geringerem Mindeststammkapital und als solche „andere Kapitalgesellschaft" iSd § 17

74 BFH 8.11.1989 – I R 174/86, BStBl. II 1990, 91.
75 Bott/Walter/Walter KStG § 14 Rn. 64.
76 BFH 3.9.2009 – IV R 38/07, BStBl. II 2010, 60; siehe auch BFH 9.3.1978 – V R 90/74, BStBl. II 1978, 486 (zur Umsatzsteuer); FG Hamburg 28.11.1985 – II 118/83, EFG 1986, 414 (zur Gewerbesteuer); BeckOK KStG/Pohl KStG § 17 Rn. 81; Brandis/Heuermann/Rode KStG § 14 Rn. 49; Weigert/Strohm DK 2013, 250; DPM/Dötsch KStG § 14 Rn. 90; Gosch KStG/Neumann KStG § 14 Rn. 48, Rn. 182; HHR/Kolbe KStG § 14 Rn. 50; aA BeckOK KStG/Ebber KStG § 14 Rn. 354.
77 BGH 23.10.2006 – II ZR 162/05, DStR 2006, 2322.
78 BFH 14.10.1992 – I R 17/92, BStBl. II 1993, 352 mwN; BFH 3.9.2009 – IV R 38/07, BStBl. II 2010, 60.
79 KStH 1.1 „Beginn der Steuerpflicht".
80 BeckOK KStG/Ebber KStG § 14 Rn. 354.
81 Vgl. BGH 7.5.1984 – II ZR 276/83, NJW 1984, 2164; BFH 14.10.1992 – I R 17/92, BStBl. II 1993, 352.
82 Brandis/Heuermann/Rode KStG § 14 Rn. 49; Gosch KStG/Neumann KStG § 14 Rn. 49.
83 So aber Gosch KStG/Neumann KStG § 14 Rn. 48.
84 BeckOK KStG/Pohl KStG § 17 Rn. 80; BeckOK KStG/Ebber KStG § 14 Rn. 144; RHN/Rödder/Liekenbrock/Joisten KStG § 14 Rn. 77.

KStG. Fraglich ist allerdings, ob die Verpflichtung zur Bildung einer gesetzlichen Rücklage in Höhe von einem Viertel des um einen Verlustvortrag aus dem Vorjahr geminderten Jahresüberschusses (§ 5a Abs. 3 S. 1 GmbHG) dazu führt, dass die UG sich nicht mehr durch Abschluss eines Gewinnabführungsvertrages wirksam verpflichten kann, ihren „ganzen Gewinn" iSd § 14 Abs. 1 S. 1 KStG an den Organträger abzuführen. Nach zutreffender Auffassung steht dies der Möglichkeit zum Abschluss eines wirksamen Gewinnabführungsvertrages aber nicht entgegen, da die gesetzliche Pflicht zur Rücklagenbildung nach § 5a Abs. 3 GmbHG nach § 14 Abs. 1 S. 1 Nr. 4 KStG („mit Ausnahme der gesetzlichen Rücklagen") unbeachtlich ist.[85]

274 Eine **Genossenschaft** kann nicht Organgesellschaft sein.[86] Durch die ausdrückliche Normierung in § 1 Abs. 1 Nr. 2 KStG unterfällt sie nicht dem Begriff „Kapitalgesellschaft" in § 1 Abs. 1 Nr. 1 KStG und kann daher nicht „andere Kapitalgesellschaft" iSd § 17 Abs. 1 S. 1 KStG sein. Gleiches gilt für die ebenfalls in § 1 Abs. 1 Nr. 2 KStG genannte **Europäische Genossenschaft (SCE).**

275 **Pensionsfonds** (§ 236 Abs. 1 VAG) in der Rechtsform einer AG oder SE können nach § 14 Abs. 1 S. 1 KStG Organgesellschaft sein. Wird der Pensionsfonds dagegen als Pensionsfondsverein auf Gegenseitigkeit betrieben, unterfällt er als rechtsfähiger Verein § 1 Abs. 1 Nr. 3 KStG und scheidet als taugliche Organgesellschaft aus.

276 Eine **optierende Gesellschaft iSd § 1a KStG** ist steuerlich „wie eine Kapitalgesellschaft" zu behandeln (§ 1a Abs. 1 S. 1 KStG) und erfüllt daher als „andere Kapitalgesellschaft" iSd § 17 Abs. 1 S. 1 KStG grundsätzlich die Rechtsformvoraussetzungen einer Organgesellschaft. Die Finanzverwaltung lehnt die Anerkennung der optierenden Gesellschaft, die zivilrechtlich Personenhandelsgesellschaft, Partnerschaftsgesellschaft oder eingetragene Gesellschaft bürgerlichen Rechts bleibt, als Organgesellschaft unter Hinweis auf eine Entscheidung des OLG München[87] dennoch ab. Weder bestehe nach deutschem Gesellschaftsrecht eine Eintragungspflicht für mit Personenhandels- oder Partnerschaftsgesellschaften abgeschlossene Unternehmensverträge noch führen diese dazu, dass das Gesellschaftsstatut unternehmensvertraglich überlagert werde, sodass der Vertrag keinen organisationsrechtlichen Charakter habe.[88] Diese Argumentation ist aus Sicht der Finanzverwaltung folgerichtig, da sie auch ausländische Ergebnisabführungsverträge nur anerkennt, wenn sie in eintragungspflichtiger Form vereinbart werden (s. näher → Rn. 222).[89] In der Literatur wird die Auffassung der Finanzverwaltung überwiegend abgelehnt, da § 17 Abs. 1 S. 1 KStG (iVm §§ 14 bis 16 KStG) lediglich verlange, dass sich eine Kapitalgesellschaft durch einen „wirksamen" Gewinnabführungsvertrag zur Abführung ihres ganzen Gewinns verpflichte. Eine Pflicht zum Handelsregistereintrag sei dem Gesetz nicht zu entnehmen.[90]

277 Personenhandelsgesellschaften können sich durch Unternehmensverträge verpflichten, ihren ganzen Gewinn an eine andere Gesellschaft abzuführen.[91] Bereits im Jahr 1979 hatte

---

85 RHN/Rödder/Liekenbrock/Joisten KStG § 14 Rn. 109.

86 BeckOK KStG/Pohl KStG § 17 Rn. 80; Gosch KStG/Neumann KStG § 17 Rn. 3; RHN/Rödder/Joisten KStG § 17 Rn. 28.

87 OLG München 8.2.2011 – 31 Wx 2/11, ZIP 2011, 526: Da bereits ein Gesellschaftsvertrag einer Personengesellschaft nicht der Offenlegungspflicht beim Handelsregister unterliege, könne auch kein diesen überlagernder Ergebnisabführungsvertrag zur Eintragung angemeldet werden.

88 BMF 10.11.2021 – IV C 2 – S 2707/21/10001:004, BStBl. I 2021, 2212 Rn. 56; im Ergebnis ebenso Wacker/Krüger/Levedag/Loschelder DStR-Beih. 2021, 3 (17); Brandis/Heuermann/Wackerbeck KStG § 1a Rn. 67.

89 OFD Frankfurt a. M. 9.7.2020 – S 2770 A – 55 – St 55, DStR 2020, 2680.

90 Liekenbrock DB 2021, 2111 (2114); Dreßler/Kompolsek Ubg 2021, 301 (309); Cordes/Kraft FR 2021, 401 (406); Mayer/Käshammer NWB 2021, 1300 (1308); Böhmer/Schewe FR 2022, 69 (74); Jäschke GmbHR 2022, 627 (628); Prinz DB 2023, 8 (13); Brandis/Heuermann/Wackerbeck KStG § 1a Rn. 67; BeckOK KStG/Ebber KStG § 14 Rn. 164; BeckOK KStG/Pohl KStG § 17 Rn. 89; RHN/Rödder/Liekenbrock/Joisten KStG § 14 Rn. 94b.

91 OLG München 8.2.2011 – 31 Wx 2/11, ZIP 2011, 526; OLG Düsseldorf 27.2.2004 – 19 W 3/00 AktE, NZG 2005, 280.

der BGH anerkannt, dass ein beherrschendes Unternehmen aus einem Unternehmensvertrag mit einer abhängigen KG verpflichtet sein kann, einen bei dieser während der Beherrschung und Eingliederung entstandenen Verlust auszugleichen.[92] Zweifel an der gesellschaftsrechtlichen Zulässigkeit eines Gewinnabführungs- und Beherrschungsvertrages mit einer Personenhandelsgesellschaft sieht die Rechtsprechung nur, wenn Komplementär einer KG eine natürliche Person ist, die nicht zum Kreis des herrschenden Unternehmens gehört, und das herrschende Unternehmen selbst nicht an der Personengesellschaft beteiligt ist.[93] Aus der gesetzlichen Systematik sowie dem Verweis des § 17 Abs. 1 S. 1 KStG auf §§ 14–16 KStG folgt allerdings, dass ein bloßer schuldrechtlicher Vertrag auch im Rahmen des § 17 KStG für die Anerkennung einer Organschaft nicht genügt. Wenn jedoch der schuldrechtliche Vertrag (analog § 294 AktG) in das Handelsregister eingetragen wurde, ließe sich durchaus vertreten, dass dies den Anforderungen des § 17 Abs. 1 S. 1 KStG genügen kann.

Die **stille Gesellschaft** (§§ 230 ff. HGB) ist ihrer Rechtsnatur nach einer Gesellschaft **278** bürgerlichen Rechts in der Form der Innengesellschaft (§ 705 BGB)[94] und kann daher nicht taugliche Organgesellschaft sein.[95] Entsprechendes gilt, wenn am Handelsgewerbe einer Kapitalgesellschaft eine stille Beteiligung nach § 230 HGB besteht, die ertragsteuerlich als Mitunternehmerschaft zu qualifizieren ist **(atypisch stille Gesellschaft).** Insbesondere eine GmbH & atypisch stille Gesellschaft scheidet daher als taugliche Organgesellschaft aus.[96]

Umstritten ist dagegen, ob die **Beteiligung eines atypisch stillen Gesellschafters** an **279** dem Handelsgewerbe einer Kapitalgesellschaft deren Eigenschaft als taugliche Organgesellschaft ausschließt, weil die Auszahlung eines Gewinnanteils an den stillen Gesellschafter dazu führt, dass die Gesellschaft nicht mehr iSd § 14 Abs. 1 S. 1 KStG ihren „ganzen Gewinn" an den Organträger abführen kann. Für diese Frage kommt es entscheidend darauf an, ob der nach § 14 Abs. 1 S. 1 KStG abzuführende „ganze Gewinn" der vor Abzug der Anteile des stillen Gesellschafters bestehende (steuerrechtliche) Gewinn oder der nach Bedienung des stillen Gesellschafters verbleibende (handelsrechtliche) Restgewinn ist, mithin ob der in § 14 Abs. 1 S. 1 KStG verwendete Begriff „ganzer Gewinn" an den handelsrechtlichen oder an den steuerrechtlichen Gewinn anknüpft. Nach überwiegender Auffassung in der steuerrechtlichen Literatur soll sich der Begriff „ganzer Gewinn" in § 14 Abs. 1 S. 1 KStG allein nach handelsrechtlichen Maßstäben bestimmen, sodass es auf die Obergrenze nach § 301 AktG ankomme.[97] Die Gewinnbeteiligung des atypisch still Beteiligten sei (wie die des typisch still Beteiligten) lediglich ein gewinnschmälernder Kostenfaktor, der als Betriebsausgabe erfasst wird und den nach § 301 AktG als „Residualgröße" abzuführenden „ganzen Gewinn" mindere. Höchstrichterlich war die Frage lange ungeklärt. Das FG Hamburg hat die Eigenschaft einer GmbH als Organgesellschaft, an der sich ein Dritter atypisch still beteiligt hatte, verneint.[98] Ist die Gesellschaft aufgrund des Vertrages über die atypisch stille Gesellschaft verpflichtet, einen Teil ihres Gewinnes bereits an den bzw. die stillen Gesellschafter zu entrichten, sei es ihr unmöglich, ihren gesamten

---

92 BGH 5.2.1979 – II ZR 210/76, NJW 1979, 2245.

93 OLG Düsseldorf 27.2.2004 – 19 W 3/00 AktE, NZG 2005, 280.

94 Vgl. BFH 10.7.2001 – VIII R 45/98, BStBl. II 2002, 339.

95 FG Hamburg 26.10.2010 – 2 K 312/09, DStRE 2011, 1205 rkr. (BFH 31.3.2011 – I B 177/10, BFH/NV 2011, 1397 konnte die Frage offenlassen); BMF 20.8.2015, BStBl. I 2015, 649; BeckOK KStG/Ebber KStG § 14 Rn. 150; Brandis/Heuermann/Rode KStG § 14 Rn. 48.

96 BMF 20.8.2015, BStBl. I 2015, 649; OFD Frankfurt 30.1.2013 – S 2770 A-53-St 51, BeckVerw 269952; OFD Niedersachsen 19.4.2013 – S 2770-114-St 248 VD, StEd 2013, 380 (inhaltsgleich OFD Frankfurt a. M. 30.1.2013, BeckVerw 269952).

97 Schmidt/Werner GmbHR 2010, 29 (30 f.); Weigert/Strohm DK 2013, 249 (251); Hageböke DK 2013, 334 (345); Suchanek/Hesse GmbHR 2013, 1196 (1201); Suchanek GmbHR 2015, 1031 (1033); Hölzer FR 2015, 1065 (1068); Breuninger JbFAStR 2016/2017, 148 (164); Prinz/Witt Steuerliche Organschaft/Beinert/Nees Rn. 3.26; Gosch KStG/Neumann KStG § 14 Rz. 317; Brandis/Heuermann/Krumm KStG § 14 Rn. 48; RHN/Rödder/Liekenbrock/Joisten KStG § 14 Rn. 123.

98 FG Hamburg 26.10.2010 – 2 K 312/09, DStRE 2011, 1205.

Gewinn an den Organträger abzuführen. In dem nachfolgenden Beschluss vom 31.3.2011[99] musste der **BFH** die Frage nicht entscheiden, weil der Klägerin die Feststellung des FG Hamburg, es handele sich nicht um den „ganzen Gewinn", nicht in Frage gestellt hatte. Nachdem das FG Düsseldorf und das FG Mecklenburg-Vorpommern der ablehnenden Auffassung des FG Hamburg gefolgt waren,[100] hat der BFH am 11.12.2024 im Verfahren I R 33/22 verhandelt. Die Entscheidung lag bei Manuskriptabgabe noch nicht vor. Die **Finanzverwaltung** vertritt bislang die Auffassung, dass eine Kapitalgesellschaft, an der eine atypisch stille Beteiligung besteht, keine Organgesellschaft sein könne.[101] Dem ist zuzustimmen, da es nahe liegt, dass der steuerliche Gesetzgeber in § 14 Abs. 1 S. 1 KStG von einem steuerlichen Gewinnverständnis ausging. Die Verpflichtung zur Abführung des „ganzen Gewinns" in § 14 Abs. 1 S. 1 KStG meint daher den Gewinn vor Gewinnabführung und auch vor Gewinnbeteiligung. Erfolgt daher zunächst eine Gewinnbeteiligung eines an der Organgesellschaft atypisch still Beteiligten, kann es nicht mehr zur Abführung des „ganzen" Gewinns kommen. Für am 20.8.2015 (Datum des BMF-Schreibens) bereits bestehende, steuerlich anerkannte Organschaften gewährt die Finanzverwaltung aber **Vertrauensschutz.** Entsprechende Organschaften können unter Berücksichtigung der Umstände des Einzelfalls im Wege der Billigkeit und aus Gründen des Vertrauensschutzes weiter steuerlich anerkannt werden.[102] In der Praxis wird zudem die Umwandlung der atypisch stillen Beteiligung in eine Kapitalbeteiligung empfohlen.[103]

**280** Zu einer **(typisch) stillen Beteiligung** an einer tauglichen Organgesellschaft existiert keine einschlägige Verwaltungsauffassung oder Rechtsprechung. Die ganz überwiegende Auffassung in der Literatur betrachtet eine typisch stille Beteiligung an der Organgesellschaft als steuerlich unschädlich.[104] Als Argument wird – wie bereits im Fall der atypisch stillen Beteiligung – angeführt, dass der Gewinnanteil des still Beteiligten lediglich die Bezugsgröße für den abzuführenden Gewinn (Jahresüberschuss laut Handelsbilanz) verringere, sodass trotz der stillen Beteiligung der „ganze Gewinn" iSd § 14 Abs. 1 S. 1 KStG abgeführt werde. Zweifel an der steuerlichen Wirksamkeit der Organschaft werden nur diskutiert bei der stillen Beteiligung an einer AG, SE oder KGaA, da der BGH den Vertrag über die stille Gesellschaft als Teilgewinnabführungsvertrag iSv § 292 Abs. 1 Nr. 2 AktG qualifizieren hat.[105] Auch dies soll im Ergebnis aber unschädlich sein.[106] Geht man dagegen zutreffend von einem steuerrechtlichen Gewinnbegriff des § 14 Abs. 1 S. 1 KStG aus, schließt eine (typisch) stillen Beteiligung an einer Kapitalgesellschaft deren Eigenschaft als taugliche Organgesellschaft aus. Beteiligt sich daher ein Gesellschafter mit einer Vermögenseinlage am Handelsgewerbe einer GmbH, ohne Mitunternehmer zu sein (GmbH & typisch stille Gesellschaft), ist die GmbH keine taugliche Organgesellschaft. Dies gilt ungeachtet der Tatsache, dass der Gewinnanteil des typisch stillen Gesellschafters beim Inhaber des Handelsgeschäfts steuerrechtlich Betriebsausgabe ist, da der „ganze" Gewinn den ungeminderten Betrag meint. Als Alternative zur typisch stillen Beteiligung bietet sich ein partiarisches Darlehen an, das für die Eigenschaft als Organgesellschaft unschädlich ist.[107]

---

[99] BFH 31.3.2011 – I B 177/10, BFH/NV 2011, 1397.

[100] FG Düsseldorf 12.4.2021 – 6 K 2616/17 K,G,F, DStRE 2022, 25, Rev. eingelegt (Az. des BFH: I R 17/21); FG Mecklenburg-Vorpommern 5.7.2022 – 1 K 395/14, DStRE 2023, 470, Rev. eingelegt (Az. des BFH: I R 33/22).

[101] BMF 20.8.2015, BStBl. I 2015, 649.

[102] BMF 20.8.2015, BStBl. I 2015, 649.

[103] Olbing GmbH-StB 2015, 321 (322); Prinz/Witt Steuerliche Organschaft/Beinert/Nees Rn. 3.26.

[104] Vgl. Gosch KStG/Neumann KStG § 14 Rn. 317; RHN/Rödder/Liekenbrock/Joisten KStG § 14 Rn. 122; Brandis/Heuermann/Rode § 14 Rn. 48; HHR/Kolbe § 14 Rn. 204; Prinz/Witt Steuerliche Organschaft/Beinert/Nees Rn. 3.31; aA Berninger DB 2004, 297 (298); Oestreicher/Herlinghaus, Konzernbesteuerung, 2005, 83 (101); Milatz/Schäfers DB 2005, 1761 (1767).

[105] BGH 21.7.2003 – II ZR 109/02, DStR 2003, 2031.

[106] Gosch KStG/Neumann KStG § 14 Rn. 317; Prinz/Witt Steuerliche Organschaft/Beinert/Nees Rn. 3.25.

[107] Vgl. Prinz/Witt Steuerliche Organschaft/Beinert/Nees Rn. 3.25.

Die Beteiligung eines Dritten (neben dem Organträger), der an der Organgesellschaft im Rahmen einer **Tracking Stock-Struktur** beteiligt ist, hat keine Auswirkung auf die Eigenschaft als Organgesellschaft. Denn eine Tracking Stock-Vereinbarung bewirkt, dass sich die Abführungsverpflichtung nur auf das Ergebnis eines bestimmten Unternehmenssegments erstreckt und nicht auf den Gewinn insgesamt. Nach § 14 Abs. 2 KStG[108] gilt der ganze Gewinn auch dann als abgeführt, wenn über den mindestens zugesicherten Betrag iSd § § 304 Abs. 2 Satz 1 AktG hinausgehende Ausgleichszahlungen vereinbart und geleistet werden. Dies gilt nach § 14 Abs. 2 S. 1 KStG allerdings nur, wenn die Ausgleichszahlungen insgesamt den dem Anteil am gezeichneten Kapital entsprechenden Gewinnanteil des Wirtschaftsjahres nicht überschreiten, der ohne Gewinnabführungsvertrag hätte geleistet werden können. Zudem muss der über den Mindestbetrag nach § 304 Abs. 2 Satz 1 AktG hinausgehende Betrag vernünftiger kaufmännischer Beurteilung wirtschaftlich begründet sein (§ 14 Abs. 2 S. 3 KStG). **281**

*(einstweilen frei)* **282–300**

[108] Eingefügt durch Gesetz zum Handel mit Waren im Internet und zur Änderung weiterer steuerlicher Vorschriften, BGBl. 2018 I 2338. Zur Auslegung BMF 4.3.2020, BStBl. I 2020, 256.

# § 2 Taugliche Organträger

Übersicht



## A. Einführung und Rechtshistorie

Der Organträger ist in § 14 Abs. 1 S. 1 KStG legaldefiniert als **„Träger des Unternehmens"**. Nähere Hinweise zum „Unternehmen" enthält der vorhergehende Satzteil. Gemeint ist mithin ein **„einziges anderes gewerbliches Unternehmen"**, dem der ganze Gewinn der Organgesellschaft durch einen Gewinnabführungsvertrag abzuführen ist. Der Kreis der Rechtsträger, die als Organträger fungieren können, ergibt sich aus § 14 Abs. 1 S. 1 Nr. 2 KStG und umfasst – anders als bei der Organgesellschaft – neben Körperschaftsteuersubjekten auch natürliche Personen und Personengesellschaften. Nachdem der BFH dies im Jahre 1966 aus systematischen Gründen noch abgelehnt hatte,[1] hat der Gesetzgeber dies bereits in der ursprünglichen Gesetzesfassung zur Kodifizierung der Organschaft aus dem Jahre 1969 ausdrücklich so vorgesehen.[2] Maßgebliches Kriterium für die Organträgereigenschaft ist daher weniger die Rechtsform, sondern – gerade mit Blick auf die Gewerbesteuer – die **Erzielung gewerblicher Einkünfte.** Der damit ermöglichte Regimewechsel hinsichtlich der Besteuerung der zugerechneten Einkünfte von der Körperschaftsteuer zur Einkommensteuer erfordert entsprechende Korrekturen bei der Einkommensermittlung (beispielsweise § 15 S. 1 Nr. 2 KStG). Dieses gesetzliche Grundgerüst ist seit der Ursprungsfassung im Wesentlichen unverändert. 301

**Maßgebliche gesetzliche Anpassungen** gab es allerdings insbes. in zweierlei Hinsicht: Zum einen ist seit dem Gesetz zur Fortentwicklung des Unternehmenssteuerrechts vom 302

1 BFH 17.11.1966 – I 280/63, BStBl. III 1967, 118.

2 Siehe § 7a Abs. 1 Nr. 3 KStG idF Gesetz zur Änderung des Körperschaftsteuergesetzes und anderer Gesetze vom 15.8.1969, BGBl. 1969 I 1182, überführt in § 14 Nr. 3 KStG idF Körperschaftsteuerreformgesetz vom 31.8.1976, BGBl. 1976 I 2597; siehe hierzu Brandis/Heuermann/Rode KStG § 14 Rn. 9.

20.12.2001[3] mit der Formulierung in § 14 Abs. 1 S. 1 KStG klargestellt, dass ein Organverhältnis nur zu ***einem* beherrschenden Unternehmen,** nicht zu einer Mehrzahl von beherrschenden Unternehmen bestehen kann.[4] Die gleichzeitig in § 14 Abs. 2 KStG aF eingeführte Regelung, wonach sich mehrere gewerbliche Unternehmen mit dem Ziel einer einheitlichen Willensbildung formal zu einer GbR zusammenschließen können, die dann als Organträger anerkannt wurde (sog. Mehrmütterorganschaft), wurde mit dem Gesetz zum Abbau von Steuervergünstigungen und Ausnahmeregelungen vom 16.5.2003 wieder abgeschafft.[5] Zur Vermeidung von Ausweichgestaltungen kommen auch gewerblich geprägte Personengesellschaften seitdem als Organträger nicht mehr in Betracht; erforderlich ist nach § 14 Abs. 1 S. 1 Nr. 2 S. 2 KStG vielmehr eine eigene gewerbliche Tätigkeit der Personengesellschaft iSv § 15 Abs. 1 S. 1 Nr. 1 EStG. Ferner muss die finanzielle Eingliederung nach § 14 Abs. 1 S. 1 Nr. 2 S. 3 KStG im Verhältnis zur Personengesellschaft selbst erfüllt sein.[6]

**303** Zum anderen waren auch die Erfordernisse eines **hinreichenden Inlandsbezugs** des Organträgers Gegenstand zahlreicher gesetzlicher Anpassungen. Ursprünglich war gesetzlich geregelt, dass der Organträger ein „inländisches" gewerbliches Unternehmen sein musste. In Betracht kamen danach nur unbeschränkt steuerpflichtige natürliche Personen, Körperschaften, Personenvereinigungen und Vermögensmassen nach § 1 KStG mit Geschäftsleitung *und* Sitz im Inland sowie Personengesellschaften mit Geschäftsleitung *und* Sitz im Inland. Auf diesen sog. doppelten Inlandsbezug beim Organträger wurde mit dem Unternehmenssteuerfortentwicklungsgesetz vom 20.12.2001 verzichtet und stattdessen nur noch an die Geschäftsleitung im Inland angeknüpft; dies entsprach den DBA-Grundsätzen zur Verteilung der Besteuerungsrechte bei doppelt ansässigen Gesellschaften und stellte die Wahrung des inländischen Besteuerungsrechts für das Organeinkommen sicher.[7] Folglich wurde auch das Erfordernis eines „inländischen" gewerblichen Unternehmens im Einleitungsteil des § 14 Abs. 1 S. 1 KStG gestrichen. Gleichwohl folgte aus der Anknüpfung an die Geschäftsleitung im Inland weiterhin, dass der Organträger – abgesehen von den Fällen des § 18 KStG aF – der unbeschränkten Steuerpflicht im Inland unterliegen musste. Der Schritt zum heutigen **Betriebsstättenerfordernis** nach § 14 Abs. 1 Nr. 2 S. 4 ff. KStG wurde mit dem Gesetz zur Änderung und Vereinfachung der Unternehmensbesteuerung und des steuerlichen Reisekostenrechts vom 20.2.2013 (sog. kleine Organschaftsreform) mit Wirkung ab dem VZ 2012 vollzogen.[8] Damit reagierte der Gesetzgeber auf eine Rechtsprechung des BFH, wonach die bisherige Regelung nicht mit dem abkommensrechtlichen Gesellschafterdiskriminierungsverbot in Art. 24 Abs. 5 des OECD-Musterabkommens in Einklang stehe.[9] Das Gesetz erklärt nunmehr für inländische wie ausländische Unternehmen gleichermaßen für entscheidend, ob die Beteiligung des Organträgers an der Organgesellschaft einer inländischen Betriebsstätte des Organträgers iSd § 12 AO zuzurechnen ist.[10] Die frühere Regelung in § 18 KStG, die für ausländische Organträger eine im Handelsregister eingetragene Zweigniederlassung im Inland voraussetzte, konnte entfallen.[11] Die Besteuerung des Organeinkommens im Inland ist durch die Anknüpfung an die inländische Betriebsstätte sichergestellt; eine grenzüberschreitende Zurechnung des

[3] BGBl. 2001 I 3858.

[4] Mit der Gesetzesänderung wurde die bisherige Verwaltungspraxis festgeschrieben, nachdem der BFH in zwei Urteilen vom 9.6.1999 (I R 43/97, BStBl. II 2000, 695 und I R 37/98, BFH/NV 2000, 347) entschieden hat, dass die steuerlichen Gewinne und Verluste bei Mehrmütterorganschaften abweichend von der bisherigen Praxis direkt bei den Muttergesellschaften zu berücksichtigten sind (sog. Lehre von der mehrfachen Abhängigkeit).

[5] BGBl. 2003 I 660; hierzu BMF 10.11.2005 – IV B 7 – S 2770 – 24/05, BStBl. I 2005, 1038.

[6] Zur Gesetzesbegründung siehe BR-Drs. 866/02, 67; zur Mehrmütterorganschaft umfassend DPM/Dötsch/Pung KStG § 14 Rn. 230 ff.

[7] Siehe die Gesetzesbegründung BT-Drs. 14/6882, 37.

[8] BGBl. 2013 I 285.

[9] BFH 9.2.2011 – I R 54, 55/10, BStBl. II 2012, 106.

[10] Zur Gesetzesbegründung siehe BT-Drs. 17/10774, 18 f.

[11] Zur Gesetzesbegründung siehe BT-Drs. 17/10774, 21; hierzu DPM/Dötsch/Pung KStG § 14 Rn. 111 f.

Organeinkommens ins Ausland ist damit auch künftig ausgeschlossen.[12] Dazu war es erforderlich, dass die inländische Betriebsstätte nicht nur nach nationalem Recht, sondern auch nach einem einschlägigen Abkommen zur Vermeidung der Doppelbesteuerung das inländische Besteuerungsrecht für die der Betriebsstätte zuzurechnenden Einkünfte vermittelt (§ 14 Abs. 1 S. 1 Nr. 2 S. 7 KStG).

*(einstweilen frei)* **304–314**

## B. Voraussetzungen

Die Organträgereignung **hängt von der Rechtsform** (→ Rn. 316 ff., siehe unten I.), vom Vorhandensein eines **gewerblichen Unternehmens** (→ Rn. 367 ff., siehe unten II.) sowie einer Zuordnung der Organbeteiligung zu einer **inländischen Betriebsstätte** (→ Rn. 392 ff., siehe unten III.) ab. **315**

### I. Rechtsform

Regelungstechnisch wird der Organträger in § 14 Abs. 1 S. 1 KStG – anders als die Organgesellschaft – zunächst *unabhängig von der Rechtsform* als Träger desjenigen gewerblichen Unternehmens definiert, an das der ganze Gewinn der Organgesellschaft durch einen Gewinnabführungsvertrag abzuführen ist. Allerdings enthält § 14 Abs. 1 S. 1 Nr. 2 KStG hierzu ergänzende Voraussetzungen. **316**

Gesetzlich wird dabei nicht zwischen inländischen oder ausländischen Rechtsträgern unterschieden. Auf eine unbeschränkte Steuerpflicht im Inland kommt es seit der Umstellung auf das **Betriebsstättenerfordernis** nach der sog. kleinen Organschaftsreform[13] nicht mehr an. Die inländische Betriebsstätte begründet – soweit keine unbeschränkte Steuerpflicht vorliegt – inländische Einkünfte nach § 49 Abs. 1 Nr. 2 Buchst. a EStG sowie einen inländischen Gewerbebetrieb nach § 2 Abs. 1 S. 1 GewStG, sodass ein Organträger insoweit zumindest beschränkt steuerpflichtig sein muss. **317**

Die Aufzählung in § 14 Abs. 1 S. 1 Nr. 2 KStG nennt folgende taugliche Rechtsträger:

#### 1. Natürliche Personen

Taugliche Organträger sind nach § 14 Abs. 1 S. 1 Nr. 2 S. 1 KStG natürliche Personen. Ein Wohnsitz (§ 8 AO) oder gewöhnlicher Aufenthalt (§ 9 AO) im Inland ist nicht erforderlich. Entscheidend ist vielmehr, ob die natürliche Person eine gewerbliche Tätigkeit nach § 15 Abs. 1 S. 1 Nr. 1 EStG im Rahmen einer inländischen Betriebsstätte ausübt, der die Organbeteiligung zuzuordnen ist. Die Erzielung weiterer (beispielsweise freiberuflicher oder land- und fortwirtschaftlicher) Einkünfte ist unschädlich, solange die Beteiligung an der Organgesellschaft diesen Bereichen nicht zuzurechnen ist. **318**

*(einstweilen frei)* **319–329**

#### 2. Nicht von der Körperschaftsteuer befreite Körperschaften, Personenvereinigungen oder Vermögensmassen

§ 14 Abs. 1 S. 1 Nr. 2 S. 1 KStG nennt ferner die nicht von der Körperschaftsteuer befreiten Körperschaften, Personenvereinigungen oder Vermögensmassen. Diese Regelung bezieht sich auf **Körperschaftsteuersubjekte.** **330**

Hierunter fallen zunächst die in § 1 Abs. 1 KStG enthaltenen Rechtsformen, die insoweit für Zwecke der **unbeschränkten Körperschaftsteuerpflicht** (abschließend) aufgezählt

[12] Siehe hierzu BT-Drs. 17/10774, 19; siehe auch Brandis/Heuermann/Rode KStG § 14 Rn. 70.

[13] Gesetz zur Änderung und Vereinfachung der Unternehmensbesteuerung und des steuerlichen Reisekostenrechts vom 20.2.2013, BGBl. 2013 I 285.

werden.[14] Für die Kommanditgesellschaft auf Aktien gilt dies ungeachtet ihrer hybriden Rechtsnatur und der damit verbundenen Frage ihrer konkreten steuerlichen Behandlung.[15]

Allerdings ist § 14 Abs. 1 S. 1 Nr. 2 S. 1 KStG seit 2012 nicht mehr auf Körperschaften, Personenvereinigungen oder Vermögensmassen „im Sinne von § 1 KStG" beschränkt.[16] Umfasst sind daher dem Grunde nach auch die Rechtsformen, die der **beschränkten Körperschaftsteuerpflicht** nach § 2 KStG unterliegen können. Die Begriffsbestimmung ist hier – mangels konkreter Aufzählung – weiter als in § 1 KStG.[17] Beispielhaft sei eine ausländische juristische Person des öffentlichen Rechts genannt, deren Steuerpflicht sich nur aus § 2 Nr. 1 KStG ergeben kann.[18]

Auch **Personenzusammenschlüsse ohne Rechtspersönlichkeit** können als Personenvereinigung Organträger sein. Personenvereinigungen sind mit Wirkung ab 2024 in § 14a AO gesetzlich definiert.[19] Ein Beispiel ist der in § 1 Abs. 1 Nr. 5 KStG genannte Verein ohne Rechtspersönlichkeit. Nicht hierunter fallen jedoch Personenvereinigungen, nicht rechtsfähige Anstalten, Stiftungen und andere Zweckvermögen, deren Einkommen unmittelbar bei einem anderen Steuerpflichtigen zu versteuern ist, weil es sich hierbei entsprechend § 3 KStG nicht um Körperschaftsteuersubjekte handelt.

**331** Bei einer **ausländischen** Gesellschaft entscheidet über die Zuordnung der sog. Rechtstypenvergleich, dh die Vergleichbarkeit nach ihrer konkreten Gestaltung mit einer inländischen Körperschaft nach § 1 Abs. 1 Nr. 1 KStG oder einer sonstigen juristischen Person nach § 1 Abs. 1 Nr. 4 KStG.[20] Beispielsweise ist eine nach britischem Recht gegründete Limited mit statutarischem Sitz im Vereinigten Königreich nach dem Typenvergleich weiterhin als Kapitalgesellschaft zu beurteilen und kann daher unter diesem Aspekt Organträger sein.[21] Eine Löschung der Limited im Companies House allerdings bewirkt, dass körperschaftsteuerlich kein Steuersubjekt iSd §§ 1 ff. KStG mehr besteht.[22] Auch eine im Inland gegründete Kapitalgesellschaft, die Sitz und/oder Geschäftsleitung ins Ausland verlegt, kann – soweit die übrigen Voraussetzungen fortbestehen – weiterhin Organträger sein.[23]

**332** Die Steuerpflicht beginnt bei Kapitalgesellschaften nicht erst mit der Erlangung der Rechtsfähigkeit durch die Eintragung in das Handelsregister, sondern erstreckt sich auch auf die – mit einem rechtswirksamen (notariell beurkundeten) Gesellschaftsvertrag bzw. einer Satzung errichtete – **Vorgesellschaft.**[24] Die Vorgesellschaft wird körperschaftsteuerlich als identisch mit der späteren eingetragenen juristischen Person behandelt[25] und kann folglich Organträger sein.[26] Davon zu trennen ist die Frage, ob eine Vorgesellschaft zivilrechtlich bereits einen Gewinnabführungsvertrag abschließen kann.[27]

---

14 Siehe hierzu Gosch KStG/Lampert KStG § 1 Rn. 32.

15 Hierzu DPM/Dötsch/Pung KStG § 14 Rn. 125.

16 In der ursprünglichen Gesetzesfassung war dieser Verweis auf § 1 KStG noch enthalten. Dies war konsequent, da der Organträger wegen des Erfordernisses der Geschäftsleitung (und früher auch des Sitzes) im Inland der unbeschränkten Steuerpflicht unterliegen musste. Mit der Einführung des Betriebsstättenerfordernisses war dieser Verweis nicht mehr stimmig und wurde ab VZ 2012 gestrichen.

17 Siehe Gosch KStG/Pfirrmann KStG § 2 Rn. 15; Brandis/Heuermann/Rengers KStG § 2 Rn. 25.

18 KStR 1.1 Abs. 3 S. 2; zur Organträgereignung siehe DPM/Dötsch/Pung KStG § 14 Rn. 130.

19 Gesetz zur Förderung geordneter Kreditzweitmärkte und zur Umsetzung der Richtlinie (EU) 2021/2167 über Kreditdienstleister und Kreditkäufer und zur Änderung weiterer finanzrechtlicher Bestimmungen vom 22.12.2023, BGBl. 2023 I Nr. 411. Hintergrund war die Anpassung an die mit dem Gesetz zur Modernisierung des Personengesellschaftsrechts eingetretenen Rechtsänderungen.

20 Siehe hierzu HHR/Kolbe KStG § 14 Rn. 153 „Ausländische Kapitalgesellschaften" mwN.

21 DPM/Dötsch/Pung KStG § 14 Rn. 120.

22 Siehe BMF 19.7.2023, BStBl. I 2023, 1567, Rn. 13. Die Organträgereigenschaft nach Löschung ist dann nur noch als Personengesellschaft unter den in § 14 Abs. 1 S. 1 Nr. 2 KStG geregelten Voraussetzungen möglich. Anderes gilt im Falle einer sog. „restoration", wonach eine ggf. zuvor beendete Steuerpflicht rückwirkend wieder auflebt, siehe BMF 19.7.2023, BStBl. I 2023, 1567, Rn. 16.

23 Hierzu Gosch KStG/Neumann KStG § 14 Rn. 98.

24 KStH 1.1 „Beginn der Steuerpflicht" mwN.

25 BFH 14.10.1992 – I R 17/92, BStBl. II 1993, 352; Brandis/Heuermann/Rengers KStG § 1 Rn. 180 f. mwN.

26 Gosch KStG/Neumann KStG § 14 Rn. 95; DPM/Dötsch/Pung KStG § 14 Rn. 122.

27 Hierzu HHR/Kolbe KStG § 14 Rn. 153 „Vorgesellschaften".

Anders ist die steuerliche Beurteilung einer **Vorgründungsgesellschaft,** die sich auf die Zeit zwischen Vereinbarung über die Errichtung einer Kapitalgesellschaft und der notariellen Beurkundung des Gesellschaftsvertrags bzw. der Satzung bezieht. Eine Vorgründungsgesellschaft ist weder mit der Vorgesellschaft noch mit der später entstehenden Kapitalgesellschaft identisch[28] und daher kein tauglicher Organträger nach § 14 Abs. 1 S. 1 Nr. 2 S. 1 KStG. Sie kann jedoch als Personengesellschaft unter den hierfür nach § 14 Abs. 1 S. 1 Nr. 2 KStG geltenden Voraussetzungen als Organträger fungieren.[29] **333**

Um die Besteuerung des Organeinkommens im Inland sicherzustellen, darf die Körperschaft, Personenvereinigung oder Vermögensmasse nach § 14 Abs. 1 S. 1 Nr. 2 S. 1 KStG **nicht von der Körperschaftsteuer befreit** sein. Hierunter fallen nur persönliche, nicht jedoch sachlich begrenzte Steuerbefreiungen, soweit nicht die Organbeteiligung den sachlich steuerbefreiten Tätigkeiten zuzuordnen ist.[30] Auch persönlich steuerbefreite Körperschaften könnten allerdings Organträger sein, wenn sie partiell steuerpflichtig sind und die Organbeteiligung diesem steuerpflichtigen Teil zuzurechnen ist; ein Beispiel hierfür sind wirtschaftliche Geschäftsbetriebe von nach § 5 Abs. 1 Nr. 9 KStG steuerbefreiten Verbindungen (zB gemeinnützigen Vereinen).[31] **334**

Eine **optierende** Gesellschaft nach § 1a KStG gilt ertragsteuerlich als Kapitalgesellschaft und kann daher Organträgerin iSv § 14 Abs. 1 S. 1 Nr. 2 S. 1 KStG sein; die Ausübung der Option ändert nichts daran, dass eine bereits bestehende Organschaft fortgeführt wird und hat nicht den Neubeginn der fünfjährigen Mindestlaufzeit zur Folge.[32] **335**

*(einstweilen frei)* **336–346**

### 3. Personengesellschaften

Bei Personengesellschaften ist die Organträgereignung – neben dem Vorliegen eines gewerblichen Unternehmens – nach § 14 Abs. 1 S. 1 Nr. 2 Sätze 2 und 3 KStG an **zusätzliche Voraussetzungen** geknüpft, nämlich die **Ausübung der gewerblichen Tätigkeit** durch die Personengesellschaft und die finanzielle Eingliederung im **Verhältnis zur Personengesellschaft selbst.** Unerheblich ist dagegen, ob es sich bei den Gesellschaftern um natürliche Personen oder Körperschaftsteuersubjekte handelt. Das Gesetz erfasst ferner ausländische Personengesellschaften, die nach dem Rechtstypenvergleich einer inländischen Personengesellschaft entsprechen. **347**

**a) Mitunternehmerschaft.** Nach § 14 Abs. 1 S. 1 Nr. 2 S. 2 KStG kommen nur Personengesellschaften iSv § 15 Abs. 1 S. 1 Nr. 2 EStG in Betracht, dh Gesellschaften, bei denen die Gesellschafter als Mitunternehmer des Betriebs anzusehen sind. Aus der Notwendigkeit der Erzielung gewerblicher Einkünfte folgt, dass freiberufliche oder land- und forstwirtschaftliche Mitunternehmerschaften keine Organträger sein können.[33] Die Kommanditgesellschaft auf Aktien, die in § 15 Abs. 1 S. 1 Nr. 3 EStG genannt ist, ist vom Verweis in § 14 Abs. 1 S. 1 Nr. 2 S. 2 KStG nicht erfasst; sie fällt nach § 1 Abs. 1 Nr. 1 KStG als Kapitalgesellschaft unter § 14 Abs. 1 S. 1 Nr. 2 S. 1 KStG. Personengesellschaften, bei **348**

---

28 KStH 1.1 „Vorgründungsgesellschaft".

29 Gosch KStG/Neumann KStG § 14 Rn. 95; DPM/Dötsch/Pung KStG § 14 Rn. 123. Eine bestehende Organschaft wird mangels Personenidentität nicht mit der anschließend entstehenden Vorgesellschaft oder juristischen Person fortgesetzt; vielmehr muss die Organbeteiligung übertragen und der GAV neu abgeschlossen werden, DPM/Dötsch/Pung KStG § 14 Rn. 123.

30 BFH 10.3.2010 – I R 41/09, BStBl. II 2011, 181 Rn. 14; KStH 14.1 „Steuerbefreite Körperschaft als Organträgerin"; Gosch KStG/Neumann KStG § 14 Rn. 96; Brandis/Heuermann/Rode KStG § 14 Rn. 62; DPM/Dötsch/Pung KStG § 14 Rn. 131.

31 Hierzu Gosch KStG/Neumann KStG § 14 Rn. 96; Brandis/Heuermann/Rode KStG § 14 Rn. 62; DPM/Dötsch/Pung KStG § 14 Rn. 131. Davon getrennt zu beurteilen ist die Frage, ob eine Organschaft (etwa aufgrund der damit verbundenen Verlusttragungspflicht) mit einer Gemeinnützigkeit des Organträgers vereinbar wäre, siehe Gosch KStG/Neumann KStG § 14 Rn. 96; HHR/Kolbe KStG § 14 Rn. 155.

32 BMF 10.11.2021 – IV C 2 – S 2707/21/10001:004, BStBl. I 2021, 2212 Rn. 55.

33 Siehe Gosch KStG/Neumann KStG § 14 Rn. 76.

denen nur ein Gesellschafter mitunternehmerisch beteiligt ist (sog. Treuhandmodelle),[34] können kein Organträger sein; hier kommt nur der Treugeber als Organträger in Betracht, wenn er die entsprechenden Voraussetzungen erfüllt.[35]

349 **b) Steuerbefreiung von beteiligten Kapitalgesellschaften.** Umstritten ist, ob eine Personengesellschaft auch dann Organträger sein kann, wenn ein Gesellschafter eine von der Körperschaftsteuer befreite Kapitalgesellschaft ist. Praktisch relevant wird dies insbes. dort, wo die Steuerbefreiung nach § 5 KStG umfassend persönlich gewährt wird und nicht den Bereich eines wirtschaftlichen Geschäftsbetriebs, der regelmäßig durch eine mitunternehmerische Beteiligung begründet wird, ausschließt.[36] Der Gesetzeswortlaut nach § 14 Abs. 1 S. 1 Nr. 2 S. 2 enthält insoweit für die Personengesellschaft – anders als für die Kapitalgesellschaft in Satz 1 – keine einschränkenden Voraussetzungen.[37] Vor diesem Hintergrund wird vertreten, dass eine Steuerbefreiung nach § 5 Abs. 1 KStG – soweit sie auch die Beteiligung an Mitunternehmerschaften erfasst – zu einer umfassenden Befreiung führen soll und damit kein Bedürfnis einer einschränkenden Auslegung für ein zugerechnetes Organeinkommen besteht; etwaige Verwerfungen seien vielmehr unmittelbar in der Auslegung des Befreiungstatbestandes zu lösen.[38] Gegen diese Auffassung spricht jedoch die Regelung in § 14 Abs. 1 S. 1 Nr. 2 S. 1 KStG, die gerade die steuerbefreiten Kapitalgesellschaften von der Organträgereignung ausschließt. Der Gesetzgeber wollte also ausschließen, dass das Organeinkommen einer Steuerbefreiung nach § 5 KStG beim Organträger zugänglich ist. Nach Auffassung aus der Finanzverwaltung folgt aus diesem Zusammenhang zu Recht, dass eine Personengesellschaft, an der persönlich steuerbefreite Mitunternehmer beteiligt sind, als Organträger nicht zugelassen ist.[39]

350 **c) Keine gewerblich geprägte Personengesellschaft.** Weitere Voraussetzung ist nach § 14 Abs. 1 S. 1 Nr. 2 S. 2 KStG, dass die Personengesellschaft eine Tätigkeit iSd § 15 Abs. 1 S. 1 Nr. 1 EStG ausübt. Mit dieser Formulierung sollen gewerblich geprägte Personengesellschaften iSv § 15 Abs. 3 Nr. 2 EStG als Organträger ausgeschlossen werden.[40]

351 **d) Finanzielle Eingliederung zur Personengesellschaft selbst.** Schließlich muss nach § 14 Abs. 1 S. 1 Nr. 2 S. 3 KStG die finanzielle Eingliederung der Organgesellschaft im Verhältnis zur Personengesellschaft selbst erfüllt sein. Nach den Gesetzesmaterialen sowie Auffassung der Finanzverwaltung bedeutet dies, dass sich die Anteile an der Organgesellschaft im **Gesamthands- bzw. Gesellschaftsvermögen der Personengesellschaft** befinden müssen, weil damit die Ernsthaftigkeit des gemeinsamen Engagements in der Organschaft verdeutlicht werden soll.[41] Eine Zurechnung zum (notwendigen) Sonderbetriebsvermögen genügt nicht.[42] Hieran hat sich durch das Gesetz zur Modernisierung des

[34] BFH 3.2.2010 – IV R 26/07, BStBl. II 2010, 751.

[35] HHR/Kolbe KStG § 14 Rn. 161.

[36] Letzteres ist beispielsweise in § 5 Abs. 1 Nr. 5, 7 oder 9 KStG der Fall.

[37] In der bis VZ 2002 geltenden Fassung war zwar geregelt, dass die Gesellschafter mit dem auf sie entfallenden Teil des zuzurechnenden Einkommens im Geltungsbereich dieses Gesetzes der Einkommensteuer oder der Körperschaftsteuer unterliegen müssen. Diese Regelung bezog sich auf eine inländische Steuerpflicht und wurde nach der Einführung des Betriebsstättenerfordernisses insoweit durch die Regelung des Satzes 7 ersetzt. Aus der Abschaffung dieser Regelung ergeben sich daher keine Folgerungen für die vorliegende Frage hinsichtlich einer persönlichen Steuerbefreiung beim Mitunternehmer.

[38] Gosch KStG/Neumann KStG § 14 Rn. 84; im Ergebnis auch Brandis/Heuermann/Rode KStG § 14 Rn. 63.

[39] FM Schleswig-Holstein 19.6.2013 – VI 3011 – S 2770 - 085, DStR 2013, 1607; siehe auch OFD Niedersachsen 25.6.2013 – S 2270-117-St 241, BeckVerw 273824. Hierfür wird – analog zur o. g. Regelung in § 14 Abs. 1 S. 1 Nr. 2 S. 2 KStG aF – auch die Regelung des § 14 Abs. 1 S. 1 Nr. 2 S. 7 KStG angeführt, wonach eine Besteuerung des Betriebsstätteneinkommens im Inland vorausgesetzt wird, DPM/Dötsch/Pung KStG § 14 Rn. 161; aA Drüen Ubg 2016, 109.

[40] BR-Drs. 866/02, 67; BMF 10.11.2005 – IV B 7 – S 2770 - 24/05, BStBl. I 2005, 1038 Rn. 15.

[41] BR-Drs. 866/02, 67; siehe auch BMF 10.11.2005 – IV B 7 – S 2770 – 24/05, BStBl. I 2005, 1038 Rn. 13; HHR/Kolbe KStG § 14 Rn. 185.

[42] Siehe KStR 14.3 S. 5.

Personengesellschaftsrechts vom 10.8.2021[43] nichts geändert, denn in steuerlicher Hinsicht gelten rechtsfähige Personengesellschaften nach § 39 Abs. 2 Nr. 2 S. 2 AO für Zwecke der Ertragsbesteuerung als Gesamthand und deren Vermögen weiterhin als Gesamthandsvermögen.[44]

Zuordnungskonkurrenzen können entstehen, wenn eine Mutter-Kapitalgesellschaft mehrheitlich an einer Tochter-Kapitalgesellschaft beteiligt ist, diese Beteiligung jedoch – aufgrund eines wirtschaftlichen Zusammenhangs – gleichzeitig zum **Sonderbetriebsvermögen II der Mutter-Kapitalgesellschaft an einer Tochter-Personengesellschaft** (Schwester-Personengesellschaft zur Tochter-Kapitalgesellschaft) gehört.[45] Die Frage ist, ob in diesem Fall – trotz Zuordnung der Beteiligung zum Sonderbetriebsvermögen – eine Organschaft zwischen der Mutter-Kapitalgesellschaft und der Tochter-Kapitalgesellschaft möglich ist. Nach der Rechtsprechung liegt es nahe, in diesem Fall dem Gewinnabführungsvertrag Vorrang vor der Erfassung bei der Mitunternehmerschaft zu geben.[46] 352

**Innengesellschaften,** dh nicht rechtsfähige Gesellschaften nach § 705 Abs. 2 Var. 2 BGB, scheiden als Organträger aus, da sie nach § 740 Abs. 1 BGB über kein Gesellschaftsvermögen verfügen. Dies wird jedoch insbes. mit Blick auf die **atypisch stille Gesellschaft** teilweise anders gesehen.[47] So wird in der Literatur darauf hingewiesen, dass der Gesetzeswortlaut in § 14 Abs. 1 S. 1 Nr. 2 S. 3 KStG kein Erfordernis einer Zuordnung zum Gesellschafts- bzw. Gesamthandsvermögen enthält. Es komme daher nicht auf eine zivilrechtliche, sondern nur auf eine steuerliche Betrachtung an. Da eine atypisch stille Gesellschaft als Mitunternehmerschaft iSv § 15 Abs. 1 S. 1 Nr. 2 EStG eine Steuerbilanz aufzustellen habe und über ein steuerliches Betriebsvermögen verfüge, seien die Anforderungen des § 14 Abs. 1 S. 1 Nr. 2 S. 3 KStG erfüllt.[48] Die Finanzverwaltung ist – mit Teilen der Literatur – anderer Auffassung und lehnt die Organträgereignung einer atypisch stillen Gesellschaft unter Verweis auf den Gesetzeswortlaut ab.[49] 353

Vor diesem Hintergrund stellt sich die weitere Frage, ob eine **Beteiligung des atypischen stillen Gesellschafters am Organeinkommen** nicht dergestalt möglich ist, dass nur der Inhaber des Handelsgeschäfts, an dem die atypisch stille Beteiligung besteht, als Organträger fungiert. Dies wird in der Literatur bejaht, wenn der Geschäftsinhaber die Voraussetzungen des § 14 Abs. 1 S. 1 Nr. 2 KStG erfüllt.[50] Im Ergebnis würde dies bedeuten, dass das Organeinkommen nicht vollständig beim Organträger, sondern in Höhe der Beteiligung zunächst bei der Mitunternehmerschaft erfasst und dem atypisch still Beteiligten entsprechend seiner Beteiligung – gleichsam am Organträger vorbei – steuerlich zugerechnet würde.[51] Dadurch würde nicht der ganze abgeführte Gewinn der Organgesell- 354

---

[43] BGBl. 2021 I 3436.

[44] Neugefasst durch Gesetz zur Förderung geordneter Kreditzweitmärkte und zur Umsetzung der Richtlinie (EU) 2021/2167 über Kreditdienstleister und Kreditkäufer sowie zur Änderung weiterer finanzrechtlicher Bestimmungen (Kreditzweitmarktförderungsgesetz) vom 22.12.2023, BGBl. 2023 I Nr. 411.

[45] Siehe hierzu BFH 24.2.2005 – IV R 12/03, BStBl. II 2006, 361.

[46] BFH 24.2.2005 – IV R 12/03, BStBl. II 2006, 361 Anm. I.5; hierzu HHR/Kolbe KStG § 14 Rn. 185.

[47] Eine typisch stille Gesellschaft kommt von vorneherein nicht als Organträger in Betracht, da sie keine Mitunternehmerschaft nach § 15 Abs. 1 S. 1 Nr. 2 EStG ist; zum Streitstand bzgl. der atypisch stillen Gesellschaft siehe Brandis/Heuermann/Rode KStG § 14 Rn. 64; Gosch KStG/Neumann KStG § 14 Rn. 81; DPM/Dötsch/Pung KStG § 14 Rn. 167 ff.

[48] Siehe Suchanek GmbHR 2015, 1031 (1032); so auch Gosch KStG/Neumann KStG § 14 Rn. 81, wonach allerdings eine Organschaft zu einer Innengesellschaft deswegen ausscheidet, weil nicht die Innengesellschaft selbst – sondern nur der Inhaber des Handelsgeschäfts – Vertragspartner eines GAV ist.

[49] BMF 20.8.2015 – IV C 2 – S 2770/12/10001, BStBl. I 2015, 649; Brandis/Heuermann/Rode KStG § 14 Rn. 64 mwN; HHR/Kolbe KStG § 14 Rn. 174. Zur Möglichkeit einer atypisch stillen Beteiligung an einer Organgesellschaft siehe → Rn. 279.

[50] Siehe Brandis/Heuermann/Rode KStG § 14 Rn. 64 mwN; Gosch KStG/Neumann KStG § 14 Rn. 81c wird hierzu auch auf die Verlustausgleichsbeschränkung in § 15 Abs. 4 Sätze 6 ff. EStG verwiesen, woraus die grundsätzliche Zulässigkeit einer Innengesellschaft zum „Andocken" an einen Organträger geschlossen wird.

[51] Vgl. DPM/Dötsch/Pung KStG § 14 Rn. 172 mit einem Beispielsfall.

schaft beim Organträger ankommen.[52] Damit wären zudem bei entsprechender Gestaltung – wie beispielsweise der Begrenzung des Zwecks der Gesellschaft auf das Halten der Organbeteiligung – die gleichen Ergebnisse wie bei der gesetzlich abgeschafften Mehrmütterorganschaft möglich.[53] Die Finanzverwaltung verweigert einer Organschaft daher die Anerkennung, wenn am Organträger eine atypisch stille Beteiligung besteht.[54] Soweit allerdings die atypisch stille Beteiligung einen Unternehmensbereich der Kapitalgesellschaft umfasst, dem die Organbeteiligung nicht zuzuordnen ist, würde sich die Mitunternehmerschaft nicht auf die Organbeteiligung erstrecken und somit kein Grund bestehen, die Organschaft nicht anzuerkennen.[55] Die o. g. genannten Grundsätze gelten für entsprechend ähnliche sog. **Tracking-Stock-Strukturen** (beispielsweise Unterbeteiligungen), mit denen ein Dritter am Ergebnis eines bestimmten Geschäftsbereichs einer Kapitalgesellschaft beteiligt ist.

**355** Aus der in § 14 Abs. 1 S. 1 Nr. 2 S. 3 KStG vorausgesetzten finanziellen Eingliederung der Organgesellschaft zur Personengesellschaft selbst folgt, dass die **Veräußerung eines Mitunternehmeranteils bzw. die Veränderung im Gesellschafterbestand der Personengesellschaft** keine Auswirkungen auf das Organschaftsverhältnis hat, da die finanzielle Eingliederung zur Personengesellschaft selbst bestehen muss und die Personengesellschaft hierdurch nicht in ihrer Existenz berührt wird.[56] Dies gilt auch für Einbringungen nach § 24 UmwStG, nicht jedoch im Falle des Erlöschens der Personengesellschaft durch Anwachsung infolge Austritts des vorletzten Gesellschafters.[57]

**356–366** *(einstweilen frei)*

## II. Gewerbliches Unternehmen

**367** Der Organträger muss nach § 14 Abs. 1 S. 1 KStG ein gewerbliches Unternehmen sein. Das Organeinkommen soll damit auf Ebene des Organträgers – unabhängig von der Rechtsform – der Gewerbesteuer unterliegen. Voraussetzung hierfür ist ein **Gewerbebetrieb nach § 2 GewStG.**

### 1. Gewerbebetrieb kraft Rechtsform

**368** Körperschaften nach § 1 Abs. 1 Nr. 1 bis 3 KStG sind nach § 8 Abs. 2 KStG und § 2 Abs. 2 S. 1 GewStG in vollem Umfang Gewerbebetrieb kraft Rechtsform und daher unabhängig von ihrer Tätigkeit ein gewerbliches Unternehmen iSv § 14 Abs. 1 S. 1 KStG.[58] Dies gilt auch für rein vermögensverwaltende Körperschaften. Die in § 1 Abs. 1 Nr. 4 bis 6 KStG genannten Rechtsformen gehören hierzu nicht.

**369** Uneinheitlich wird beurteilt, ob die Grundsätze des § 8 Abs. 2 KStG auch für **ausländische** Körperschaften gelten, soweit sie dem Typenvergleich mit einer in § 1 Abs. 1 Nr. 1 bis 3 KStG genannten Rechtsform standhalten,[59] oder ob hier – anders als bei inländischen Körperschaften – eine originär gewerbliche Tätigkeit erforderlich ist.[60] Aufgrund des Erfordernisses der Zuordnung zu einer inländischen Betriebsstätte ist bei ausländischen Kör-

[52] Siehe auch FG Düsseldorf 12.4.2021 – 6 K 2616/17 K,G,F, DStRE 2022, 25, Rev. eingelegt, Az. BFH: I R 17/21 für den Fall einer atypisch stillen Beteiligung an der Organgesellschaft; hierzu auch FG Mecklenburg-Vorpommern 5.7.2022 – 1 K 395/14, Rev. eingelegt, Az. BFH: I R 33/22.
[53] Hierzu ausführlich Gosch KStG/Neumann KStG § 14 Rn. 81b sowie DPM/Dötsch/Pung KStG § 14 Rn. 173.
[54] BMF 20.8.2015 – IV C 2 – S 2770/12/10001, BStBl. I 2015, 649 mit einer Übergangsregelung für am 20.8.2015 bereits bestehende, steuerlich anerkannte Organschaften mit Organträgern, an deren Handelsgewerbe atypisch stille Beteiligungen bestehen.
[55] Siehe HHR/Kolbe KStG § 14 Rn. 48 „Stille Gesellschaft"; Suchanek GmbHR 2015, 1031 (1034).
[56] KStR 14.3 S. 3; HHR/Kolbe KStG § 14 Rn. 185.
[57] Gosch KStG/Neumann KStG § 14 Rn. 89 f.
[58] Siehe DPM/Dötsch/Pung KStG § 14 Rn. 114; Brandis/Heuermann/Rode KStG § 14 Rn. 65.
[59] So Gosch KStG/Neumann KStG § 14 Rn. 109; Brandis/Heuermann/Rode KStG § 14 Rn. 65.
[60] DPM/Dötsch/Pung KStG § 14 Rn. 114.

perschaften im Ergebnis jedoch in jedem Fall eine gewerbliche Tätigkeit im Inland erforderlich.[61]

### 2. Gewerbebetrieb kraft gewerblicher Tätigkeit

Wenn kein Gewerbebetrieb kraft Rechtsform nach § 8 Abs. 2 KStG und § 2 Abs. 2 S. 1 **370**
GewStG vorliegt, ist zur Begründung eines Gewerbebetriebs nach § 2 Abs. 1 GewStG eine gewerbliche Tätigkeit erforderlich. Nach § 2 Abs. 1 S. 2 GewSt ist Gewerbebetrieb ein gewerbliches Unternehmen iSd Einkommensteuergesetzes, womit wiederum Bezug auf die Formulierung in § 15 Abs. 1 S. 1 Nr. 1 EStG genommen wird. Die bloße Erzielung gewerblicher Einkünfte nach § 15 EStG genügt hierfür nicht, sondern es muss eine **originär gewerbliche Tätigkeit** nach § 15 Abs. 1 S. 1 Nr. 1 und Abs. 2 EStG ausgeübt werden.[62]

Wenn eine natürliche Person neben einem Gewerbebetrieb einen freiberuflichen oder **371**
land- und forstwirtschaftlichen Betrieb unterhält, kann die Organschaft nur zum Gewerbebetrieb begründet werden, wenn ihm die Organbeteiligung als Betriebsvermögen zuzurechnen ist. Eine Mitunternehmerstellung nach § 15 Abs. 1 S. 1 Nr. 2 EStG alleine genügt nicht.[63] Auch die Stellung als persönlicher haftender Gesellschafter einer Kommanditgesellschaft auf Aktien nach § 15 Abs. 1 S. 1 Nr. 3 EStG begründet kein gewerbliches Unternehmen.[64]

Die **Verpachtung** eines Gewerbebetriebs im Ganzen oder eines Teilbetriebs ist grds. **372**
nicht als Gewerbebetrieb anzusehen[65] und eröffnet damit keine Organträgereignung des Verpächters.[66] Im Rahmen einer **Betriebsaufspaltung** jedoch ist die Tätigkeit des Besitzunternehmens als gewerblich anzusehen und damit der Weg zur Organträgereignung des Besitzunternehmens eröffnet.[67] Auch die Finanzverwaltung erkennt die Organträgereignung einer Besitzpersonengesellschaft im Rahmen einer Betriebsaufspaltung an.[68]

Kontrovers diskutiert wird die Frage eines **Mindestumfangs** der gewerblichen Tätigkeit **373**
einer Personengesellschaft. Der Wortlaut des § 14 Abs. 1 S. 1 Nr. 2 S. 2 KStG enthält hierzu keine ausdrückliche Vorgabe. Allerdings verlangt die Finanzverwaltung, dass die eigene gewerbliche Tätigkeit einer Organträger-Personengesellschaft „nicht nur geringfügig" ist; denn durch das Merkmal der eigenen gewerblichen Tätigkeit solle insbes. auch verhindert werden, dass mit Hilfe einer Personengesellschaft ohne substanzielle originäre gewerbliche Tätigkeit das steuerliche Ergebnis einer Mehrmütterorganschaft erreicht werden kann.[69] Bestimmte Grenzen nennt die Finanzverwaltung nicht, sodass es insoweit auf den jeweiligen Einzelfall ankommt.[70] Dies bedeutet jedoch umgekehrt, dass auch aus Sicht der Finanzverwaltung gemischte Tätigkeiten – dh Personengesellschaften mit gewerblichen und nicht-gewerblichen Einkünften – grds. anerkannt werden können, solange der gewerbliche Teil hinreichend groß ist und sichergestellt ist, dass die Organeinkünfte tatsächlich der Gewerbesteuer unterliegen. In der Literatur wird dies unterschiedlich beurteilt. So wird

61 Siehe DPM/Dötsch/Pung KStG § 14 Rn. 114.
62 DPM/Dötsch/Pung KStG § 14 Rn. 118 (bzgl. natürlicher Person) sowie 145 (bzgl. Personengesellschaft).
63 So DPM/Dötsch/Pung KStG § 14 Rn. 118; anders Gosch KStG/Neumann KStG § 14 Rn. 106.
64 Gosch KStG/Neumann KStG § 14 Rn. 106.
65 GewStR 2.2.
66 Brandis/Heuermann/Rode KStG § 14 Rn. 65; DPM/Dötsch/Pung KStG § 14 Rn. 118; Gosch KStG/Neumann KStG § 14 Rn. 107.
67 BFH 24.7.2013 – I R 40/12, BStBl. II 2014, 272 Rn. 20 f. für den Fall einer Personengesellschaft sowie BFH 2.9.2009 – I R 20/09, BFH/NV 2010, 391, für den Fall eines Betriebs gewerblicher Art. So auch Brandis/Heuermann/Rode KStG § 14 Rn. 65; HHR/Kolbe KStG § 14 Rn. 170; anders Gosch KStG/Neumann KStG § 14 Rn. 80, 106, wonach der Besitzunternehmer originär gewerblich tätig sein müsse, etwa indem er die Funktion einer geschäftsleitenden Holding einnimmt.
68 BMF 10.11.2005 – IV B 7 – S 2770 - 24/05, BStBl. I 2005, 1038 Rn. 16.
69 BMF 10.11.2005 – IV B 7 – S 2770 - 24/05, BStBl. I 2005, 1038 Rn. 17.
70 Siehe OFD Frankfurt 29.6.2015 – S 2770 A – 39 – St 51, wonach das Überschreiten der von der Rechtsprechung zu § 15 Abs. 3 S. 1 Nr. 1 EStG entwickelten Bagatellgrenzen „nicht automatisch" genügt.

teilweise die Abfärberegelung nach § 15 Abs. 3 Nr. 1 S. 1 Var. 1 EStG für anwendbar gehalten mit der Folge, dass auch eine geringfügige Tätigkeit – wenn sie nur die von der Rechtsprechung entwickelten Bagatellgrenzen überschreitet[71] – ausreicht, um die gesamte Tätigkeit der Personengesellschaft als gewerblich einzuordnen.[72] Andere Stimmen wollen jedoch auch Tätigkeiten für ausreichend halten, die unterhalb der Geringfügigkeitsgrenzen der Rechtsprechung liegen; Voraussetzung sei allerdings, dass die Beteiligung entsprechend § 14 Abs. 1 S. 1 Nr. 2 S. 4 KStG dem gewerblichen Bereich zuzurechnen ist.[73]

**374** Ist eine **vermögensverwaltende Personengesellschaft** an einer gewerblich tätigen Personengesellschaft beteiligt und erzielt aufgrund dieser Beteiligung gewerbliche Einkünfte (§ 15 Abs. 3 Nr. 1 S. 1 Var. 2 EStG), wird sie nach Auffassung der Finanzverwaltung und Teilen des Schrifttums nicht allein deshalb gewerblich iSd § 14 Abs. 1 S. 1 Nr. 2 S. 2 KStG, weil eine bloße Beteiligung nicht zu einer Ausübung einer gewerblichen Tätigkeit führt.[74] Nach anderer Auffassung kann dem Mitunternehmer die Tätigkeit der Mitunternehmerschaft zugerechnet und folglich eine gewerbliche Tätigkeit der Mutter-Personengesellschaft angenommen werden.[75]

**375** Die Frage einer originär gewerblichen Tätigkeit einer Personengesellschaft stellt sich auch bei der Ausübung von **Holdingfunktionen** (sog. Holdinggesellschaften). Nicht ausreichend ist in jedem Fall eine nur vermögensverwaltende Tätigkeit, die sich auf die Ausübung der aus der Beteiligung folgenden Rechte (etwa die Ausübung der Gesellschafterrechte oder Aufsichts- und Kontrollfunktionen) beschränkt. Sie führt nicht zu einer Teilnahme am allgemeinen wirtschaftlichen Verkehr und daher nicht zu einer gewerblichen Tätigkeit.[76] Demgegenüber kann nach ständiger Rechtsprechung eine gewerbliche Tätigkeit nach § 15 Abs. 2 EStG begründet werden, wenn eine sog. geschäftsleitende Holding die einheitliche Leitung über mehrere Beteiligungsgesellschaften ausübt.[77] Die Tätigkeit einer geschäftsleitenden Holding geht über die private Vermögensverwaltung und reine passive Fruchtziehung hinaus, indem sie auf eine Vermögensmehrung durch aktives Handeln ausgerichtet ist (aktive Beteiligungsverwaltung).[78] Konkret wird dies angenommen, wenn die Gesellschaft über eine Zusammenfassung mehrerer Beteiligungen in einer Holding planmäßig Unternehmenspolitik betreibt oder in anderer Weise entscheidenden Einfluss auf die laufende Geschäftsführung der Kapitalgesellschaften ausübt und damit durch sie unmittelbar selbst am allgemeinen wirtschaftlichen Verkehr teilnimmt.[79] Die Leitung über nur eine Beteiligungsgesellschaft soll jedoch nicht genügen, weil darin keine Teilnahme am wirtschaftlichen Verkehr gesehen werden kann.[80] Diese Grundsätze entsprechen den Maßstäben

[71] Siehe hierzu BFH 30.6.2022 – IV R 42/19, BStBl. II 2023, 118.

[72] Brandis/Heuermann/Rode KStG § 14 Rn. 66; hierzu auch DPM/Dötsch/Pung KStG § 14 Rn. 146 mwN.

[73] HHR/Kolbe KStG § 14 Rn. 164; Gosch KStG/Neumann KStG § 14 Rn. 80.

[74] BMF 10.11.2005 – IV B 7 – S 2770 - 24/05, BStBl. I 2005, 1038 Rn. 20; DPM/Dötsch/Pung KStG § 14 Rn. 156; Gosch KStG/Neumann KStG § 14 Rn. 80.

[75] HHR/Kolbe KStG § 14 Rn. 169 mwN. Nach der Rechtsprechung des BFH würde ein Unternehmen, das nur kraft der Fiktion des § 15 Abs. 3 S. 1 Nr. 1 Var. 2 KStG als Gewerbebetrieb gilt, in verfassungskonformer Auslegung des § 2 Abs. 1 S. 2 GewStG allerdings keinen Gewerbebetrieb idS begründen (BFH 6.6.2019 – IV R 30/16, BStBl. II 2020, 649), mit der Folge, dass eine Organträgereignung schon aus diesem Grunde nach § 14 Abs. 1 S. 1 KStG („anderes gewerbliches Unternehmen") nicht angenommen werden könnte; siehe hierzu die gleichlautenden Erlasse der obersten Finanzbehörden der Länder 1.10.2020, BStBl. I 2020, 1032, wonach die gewerbesteuerlichen Grundsätze dieses Urteils nicht allgemein anzuwenden sind.

[76] HHR/Kolbe KStG § 14 Rn. 59.

[77] BFH 15.4.1970 – I R 122/66, BStBl. II 1970, 554; BFH 10.8.2005 – I B 27/05, BFH/NV 2006, 133; ausführlich FG Münster 15.12.2014 – 13 K 624/11 F, DStRE 2016, 1293, rkr.; DPM/Dötsch/Pung KStG § 14 Rn. 153.

[78] Hruschka IStR 2016, 437 (438).

[79] Hierzu BFH 17.12.1969 – I 252/64, BStBl. II 1970, 257 Rn. 32 ff.; BFH 10.8.2005 – I B 27/05, BFH/NV 2006, 133; BFH 17.9.2003 – I R 95, 98/01, BFH/NV 2004, 808; BFH 18.1.2023 – I R 16/19, BStBl. II 2023, 1096 Rn. 14.

[80] BFH 15.4.1970 – I R 122/66, BStBl. II 1970, 554; krit. zum Erfordernis von mindestens zwei Tochterunternehmen Gosch KStG/Neumann KStG § 14 Rn. 113.

für die (früher zur Begründung der Organschaft erforderliche) wirtschaftliche Eingliederung.[81] Nach überwiegender Auffassung in der Literatur sind diese Maßstäbe auch für § 14 Abs. 1 S. 1 Nr. 2 S. 2 KStG anwendbar, um eine für die Organträgereignung einer Personengesellschaft notwendige gewerbliche Tätigkeit zu begründen.[82] Die Finanzverwaltung zieht demgegenüber die Kriterien der (früheren) wirtschaftlichen Eingliederung mit Blick auf die geschäftsleitende Holding nicht heran.[83] Eine eigene gewerbliche Tätigkeit kann nach Auffassung der Finanzverwaltung vielmehr angenommen werden, wenn eine Gesellschaft Dienstleistungen (wie zB Erstellen der Buchführung, EDV-Unterstützung o. Ä.) gegenüber einer oder mehreren Konzerngesellschaften erbringt, vorausgesetzt, diese Leistungen werden gegen gesondertes Entgelt erbracht und wie gegenüber fremden Dritten abgerechnet.[84]

Die Gewerblichkeit muss auch bei **Betrieben gewerblicher Art** von juristischen Personen des öffentlichen Rechts gesondert geprüft werden. Betriebe gewerblicher Art sind nach §§ 14 Abs. 1 S. 1 Nr. 2 S. 1 iVm § 1 Abs. 1 Nr. 6 KStG zwar grds. geeignete Organträger, jedoch keine Gewerbebetriebe kraft Rechtsform nach § 2 Abs. 2 S. 1 GewStG. Sie sind nur dann gewerbesteuerpflichtig, wenn sie als stehende Gewerbebetriebe anzusehen sind[85] und können daher nur unter den Voraussetzungen des § 2 Abs. 1 GewStG ein gewerbliches Unternehmen iSv § 14 Abs. 1 S. 1 KStG darstellen. Praktisch bedeutet dies insbesondere, dass hierfür nach § 15 Abs. 2 EStG eine Gewinnerzielungsabsicht sowie eine Beteiligung am allgemeinen wirtschaftlichen Verkehr erforderlich ist.[86] Der Verzicht auf diese Voraussetzungen für Zwecke der Begründung eines Betriebs gewerblicher Art nach § 4 Abs. 1 S. 2 KStG schlägt insoweit nicht auf das Erfordernis eines gewerblichen Unternehmens nach § 14 Abs. 1 S. 1 KStG durch.[87] Dauerdefizitäre Betriebe gewerblicher Art scheiden daher mangels Gewinnerzielungsabsicht als Organträger aus.[88] Auch ein Verpachtungs-BgA ist nicht iSv § 15 Abs. 2 EStG gewerblich tätig; die Regelung des § 4 Abs. 4 KStG gilt nur für die Einordnung als Betrieb gewerblicher Art, nicht jedoch für die Einordnung als gewerbliches Unternehmen.[89] Anders ist dies bei Eigengesellschaften der öffentlichen Hand in Form von Kapitalgesellschaften, die nach § 1 Abs. 1 Nr. 1 KStG kraft Rechtsform einen Gewerbebetrieb begründen (§ 2 Abs. 2 S. 1 GewStG; § 8 Abs. 2 KStG) und somit auch als rein vermögensverwaltende oder dauerdefizitäre Kapitalgesellschaft ein tauglicher Organträger sein können. 376

Vor diesem Hintergrund stellt sich die Frage, ob zur Ermittlung der **Gewinnerzielungsabsicht eines Betriebs gewerblicher Art** auch die Erträge aus der Organbeteiligung heranzuziehen sind. In diesem Fall könnte mit einem dauerdefizitären Betrieb gewerblicher Art eine Organschaft begründet werden, wenn die Beteiligung dem (gewillkürten oder notwendigen) Betriebsvermögen zuzuordnen ist und die Erträge aus der Beteiligung die Defizite aus der übrigen Tätigkeit (zB Bäderbetrieb) übersteigen. In Rechtsprechung und Literatur wird dies uneinheitlich beurteilt.[90] Aus Sicht der Finanzverwaltung kann ein 377

---

81 Siehe Abschnitt 50 Abs. 2 KStR 1995.

82 Siehe HHR/Kolbe KStG § 14 Rn. 172; Gosch KStG/Neumann KStG § 14 Rn. 112.

83 BMF 10.11.2005 – IV B 7 – S 2770 – 24/05, BStBl. I 2005, 1038 Rn. 18. Ablehnend FG Nürnberg 12.1.2021 – 1 K 1090/19, BeckRS 2021, 52666. Ob im hierzu anhängigen Revisionsverfahren (I R 23/21) eine klärende Entscheidung des BFH erfolgt, bleibt abzuwarten.

84 BMF 10.11.2005 – IV B 7 – S 2770 – 24/05, BStBl. I 2005, 1038 Rn. 19.

85 § 2 Abs. 1 S. 1 GewStDV.

86 Siehe BFH 2.9.2009 – I R 20/09, BFH/NV 2010, 391 Rn. 15; GewStR 2.1 Abs. 6; Brandis/Heuermann/Rode KStG § 14 Rn. 67; Gosch KStG/Neumann KStG § 14 Rn. 109.

87 Siehe Brandis/Heuermann/Rode KStG § 14 Rn. 67.

88 BMF 12.11.2009 – IV C 7-S 2706/08/10004, BStBl. I 2009, 1303 Rn. 94; FG Düsseldorf 29.6.2010 – 6 K 2990/07 K, BeckRS 2010, 26029603. Ein BgA, der auch Dauerverlustgeschäfte iSd § 8 Abs. 7 KStG ausübt, kann jedoch Organträger sein, wenn er insgesamt ein gewerbliches Unternehmen iSd § 14 Abs. 1 KStG ist, KStR 4.2 Satz 4.

89 Siehe Verfügung der OFD Karlsruhe 19.7.2018 – S 270.6/57-St 213, BeckVerw 438306.

90 Zustimmend BFH 25.7.2002 – I B 52/02, BFH/NV 2002, 1341; FG Hessen 16.5.2017 – 4 K 1060/13, BeckRS 2017, 120813 mit ausführlicher Begründung; ablehnend FG Düsseldorf 29.6.2010 – 6 K 2990/

Betrieb gewerblicher Art, der auch Dauerverlustgeschäfte iSd § 8 Abs. 7 KStG ausübt, Organträger sein, wenn er insgesamt ein gewerbliches Unternehmen iSd § 14 Abs. 1 KStG ist.[91] In die Prüfung der Gewinnerzielungsabsicht sind danach auch Beteiligungserträge einzubeziehen, die der künftige Organträger (bisher) aus der Beteiligung an der Gesellschaft bezieht, zu der die Organschaft begründet werden soll.[92] Eine Zusammenfassung von Gewinn- und Verlustbetrieben mittels Organschaft ist auch in diesen Fällen aus Sicht der Finanzverwaltung nur zulässig, wenn diese als Betriebe gewerblicher Art nach § 4 Abs. 6 KStG hätten zusammengefasst werden können.[93]

378 Ist eine juristische Person des öffentlichen Rechts an einer **Mitunternehmerschaft** beteiligt, die als geschäftsleitende Holding Organschaften mit Tochter-Kapitalgesellschaften unterhält, wird hierdurch nach der Rechtsprechung des BFH eine BgA Beteiligung begründet.[94] Eine andere Frage ist jedoch, wie sich die Zwischenschaltung einer Mitunternehmerschaft auf die Prüfung der Zusammenfassungsgrundsätze bei der juristischen Person des öffentlichen Rechts nach § 4 Abs. 6 KStG bzw. § 15 S. 1 Nr. 5 iVm § 8 Abs. 9 KStG auswirkt.[95]

### 3. Gewerbebetrieb kraft wirtschaftlichen Geschäftsbetriebs

379 Für den wirtschaftlichen Geschäftsbetrieb einer steuerbefreiten juristischen Person des Privatrechts, beispielsweise einer steuerbegünstigten Körperschaft nach § 5 Abs. 1 Nr. 9 KStG, gelten andere Grundsätze als für einen Betrieb gewerblicher Art. Denn juristische Personen des privaten Rechts, die nicht bereits in § 2 Abs. 2 S. 1 GewStG aufgeführt sind, und die nichtrechtsfähigen Vereine unterliegen nach § 2 Abs. 3 GewStG der Gewerbesteuer, soweit sie einen wirtschaftlichen Geschäftsbetrieb unterhalten.[96] Für die Gewerbesteuerpflicht nach § 2 Abs. 3 GewStG und damit die Organträgereignung nach § 14 Abs. 1 S. 1 KStG genügt nach § 14 AO insoweit eine Einnahmenerzielungsabsicht.

### 4. Zeitliche Anforderungen

380 Eine zeitliche Vorgabe für das Vorliegen der Gewerblichkeit ist weder in § 14 Abs. 1 S. 1 KStG noch in der für Personengesellschaften geltenden Sonderregelung nach § 14 Abs. 1 S. 1 Nr. 2 S. 2 KStG enthalten. Entscheidend ist nach dem Sinn und Zweck der Regelung, nämlich der Sicherstellung der Gewerbesteuerpflicht der Organeinkünfte auf Ebene des Organträgers, dass der Organträger **im Zeitpunkt der Gewinnabführung** gewerblich tätig ist.[97] Die Gewinnabführung wiederum erfolgt zivil- wie steuerlich erst zum Ende des jeweiligen Geschäftsjahrs der Organgesellschaft. Es ist daher nicht erforderlich, dass der Organträger bereits zu Beginn des Wirtschaftsjahrs der Organgesellschaft gewerblich tätig sein musste.[98] Dessen ungeachtet muss die Organbeteiligung jedoch nach § 14 Abs. 1 S. 1

---

07 K, BeckRS 2010, 26029603, wonach bereits zweifelhaft ist, ob Beteiligung dem gewillkürten Betriebsvermögen des Betriebs gewerblicher Art zugeordnet werden kann und im Übrigen ein gewerbliches Unternehmen erst durch die Beteiligung an der Organgesellschaft begründet werden kann („Zirkelschluss"), FG Düsseldorf 18.3.2014 – 6 K 3493/11 K, BeckRS 2014, 95079; so auch Brandis/Heuermann/Rode KStG § 14 Rn. 67.

91 KStR 4.2 Satz 4.

92 Ausführlich hierzu Verfügung der OFD Karlsruhe 19.7.2018 – S 270.6/57-St 213, BeckVerw 438306.

93 KStR 4.2 Satz 5.

94 BFH 18.1.2023 – I R 16/19, BStBl. II 2023, 1096 (1098) für einen Streitfall aus dem Jahre 2008.

95 Siehe BMF 12.11.2009 – IV C 7 – S 2706/08/10004, BStBl. I 2009, 1303 Rn. 90 ff.; BMF 21.6.2017 – IV C 2 – S 2706/14/10001, BStBl. I 2017, 880 Rn. 5.

96 GewStR 2.1 Abs. 5 Sätze 1 und 2.

97 So BFH 24.7.2013 – I R 40/12, BStBl. II 2014, 272 Rn. 18.

98 BFH 24.7.2013 – I R 40/12, BStBl. II 2014, 272. Anders noch die frühere Verwaltungsauffassung, wonach alle gesetzlichen Voraussetzungen der Organschaft, einschließlich der eigenen gewerblichen Tätigkeit des Organträgers, grds. vom Beginn des Wirtschaftsjahrs der Organgesellschaft an erfüllt sein müssen, BMF 10.11.2005 – IV B 7 – S 2770 – 24/05, BStBl. I 2005, 1038; hierzu auch DPM/Dötsch/Pung KStG § 14 Rn. 157.

Nr. 2 S. 4 KStG ununterbrochen während der gesamten Dauer der Organschaft einer inländischen Betriebsstätte des Organträgers zuzuordnen sein (siehe hierzu → Rn. 433).

*(einstweilen frei)* **381–391**

### III. Zuordnung zu einer inländischen Betriebsstätte

§ 14 Abs. 1 S. 1 Nr. 2 KStG unterscheidet nicht zwischen inländischen oder ausländischen Organträgern. Auf eine unbeschränkte Steuerpflicht und eine Geschäftsleitung im Inland kommt es daher nicht an. Stattdessen muss nach § 14 Abs. 1 S. 1 Nr. 2 S. 4 KStG die Beteiligung an der Organgesellschaft einer inländischen Betriebsstätte des Organträgers iSv § 12 AO zuzuordnen sein.[99] Damit wird erreicht, dass das Organeinkommen der **inländischen Besteuerung** unterliegt und der Organträger – wenn er nicht unbeschränkt steuerpflichtig ist – mit den zugerechneten Organeinkünften aufgrund der erforderlichen Betriebsstätte zumindest beschränkt steuerpflichtig nach § 49 Abs. 1 Nr. 2 Buchst. a EStG ist. Mit der Organschaft ist es daher nicht möglich, Organeinkommen über die Grenze zu transferieren. **392**

Flankiert wird das Erfordernis einer inländischen Betriebsstätte durch die Regelung in § 14 Abs. 1 S. 1 Nr. 2 S. 7 KStG. Eine inländische Betriebsstätte und damit eine Organträgereignung im Inland liegen nur vor, wenn die der Betriebsstätte zugerechneten Einkünfte auch nach einem anzuwendenden Abkommen zur Vermeidung der Doppelbesteuerung der inländischen Besteuerung unterliegen. Diese – im Detail umstrittene – Gesetzesregelung ist eine Folge des Urteils des BFH 9.2.2011,[100] wonach der BFH davon ausgeht, dass bei ausländischen Organträgern ohne Betriebsstätte im Inland eine Besteuerung des Organeinkommens aufgrund der Verteilungsnorm entsprechend Art. 7 Abs. 1 iVm Art. 5 Abs. 7 OECD-MA ausscheiden könnte. Dies würde zu einer Gefährdung des deutschen Besteuerungsrechts am Organeinkommen führen. Die Organträgereignung durch Zuordnung zu einer inländischen Betriebsstätte steht nach Satz 7 daher unter dem **Vorbehalt einer Besteuerung gem.** einem anwendbaren DBA.[101] **393**

#### 1. Organträger im Inland

Im reinen Inlandsfall, dh bei inländischen Organträgern bzw. Mitunternehmern einer Organträgerpersonengesellschaft ohne Betriebsstätte im Ausland ist das Erfordernis einer Zurechnung der Organbeteiligung zu einer inländischen Betriebsstätte **ohne Weiteres** erfüllt, wenn die Organbeteiligung zum (notwendigen oder gewillkürten) Betriebsvermögen gehört. Dies gilt auch für rein vermögensverwaltend tätige Kapitalgesellschaften, die nach § 2 Abs. 2 S. 1 GewStG als Gewerbebetrieb kraft Rechtsform gelten, da hier eine Zurechnung zumindest zur Stätte der Geschäftsleitung nach § 12 S. 2 Nr. 1 AO vorliegen wird.[102] Hat der inländische Organträger im Inland mehrere Betriebsstätten, denen jeweils (in der Summe mehrheitsvermittelnde) Teilbeteiligungen an der Organgesellschaft zuzurechnen sind, ist dies nach dem Sinn und Zweck der gesetzlichen Regelung – ungeachtet der Formulierung nach § 14 Abs. 1 S. 1 Nr. 2 S. 4 KStG („einer") – unschädlich.[103] Verfügt der inländische Rechtsträger jedoch auch über Betriebsstätten im Ausland, ist dies **394**

[99] Bis VZ 2011 wurde gesetzlich noch eine unbeschränkte Steuerpflicht im Inland vorausgesetzt. Mit dem Gesetz zur Änderung und Vereinfachung der Unternehmensbesteuerung und des steuerlichen Reisekostenrechts vom 20.2.2013 (sog. „kleine Organschaftsreform") wurde diese Voraussetzung aufgehoben und durch das Betriebsstättenerfordernis ersetzt. Die bisherige Regelung des § 18 KStG, die bei ausländischen gewerblichen Unternehmen eine Zurechnung zu einer im Handelsregister eingetragenen Zweigniederlassung verlangte, wurde entbehrlich.

[100] BFH 9.2.2011 – I R 54, 55/10, BStBl. II 2012, 106.

[101] Brandis/Heuermann/Rode KStG § 14 Rn. 75.

[102] So DPM/Dötsch/Pung KStG § 14 Rn. 184 und 190 aE.

[103] HHR/Kolbe KStG § 14 Rn. 189; BeckOK KStG/Ebber KStG § 14 Rn. 213, str. Auf die Gewerbesteuerzerlegung hätte dies dem Grunde nach keine Auswirkung, da die Organgesellschaft nach § 2 Abs. 2 S. 2 GewStG als Betriebsstätte des Organträgers gilt.

mit Blick auf die Organträgereignung schädlich, wenn die Organbeteiligung der ausländischen Betriebsstätte zuzurechnen ist.[104] Diese Grundsätze gelten auch bei sog. doppelt ansässigen Gesellschaften, die ihren Sitz im Ausland und ihre Geschäftsleitung im Inland haben.[105]

**395–405** *(einstweilen frei)*

## 2. Organträger im Ausland

**406** Bei Organträgern oder Mitunternehmern von Organträger-Personengesellschaften ohne unbeschränkte Steuerpflicht muss eine Zuordnung der Organbeteiligung zu einer inländischen Betriebsstätte nach § 14 Abs. 1 S. 1 Nr. 2 Sätze 4 und 7 KStG **gesondert begründet** werden. Insbesondere über die abkommensrechtliche Einordnung des dem Organträger zugerechneten Einkommens der Organgesellschaft bestehen noch zahlreiche offene Fragen.[106] Im Ergebnis müssen nach überwiegender Auffassung im Zusammenspiel der Sätze 4 und 7 folgende Voraussetzungen vorliegen:

**407** Zunächst muss eine **inländische Betriebsstätte** vorliegen, die einerseits nach Satz 4 den innerstaatlichen Maßstäben des § 12 AO und ferner nach Satz 7 den Anforderungen des jeweils anwendbaren Doppelbesteuerungsabkommens (siehe Art. 5 OECD-MA) genügt. Die Betriebsstättenbegriffe nach § 12 AO und Art. 5 OECD-MA sind dabei nicht deckungsgleich.[107]

**408** Im zweiten Schritt muss die Beteiligung an der Organgesellschaft der inländischen Betriebsstätte **zuzurechnen** sein. Satz 7 knüpft zwar nur an die „dieser Betriebsstätte zuzurechnenden Einkünfte" und verlangt – anders als die Sätze 4 und 6 – nicht ausdrücklich eine Zuordnung der Beteiligung an der Organgesellschaft (oder einer vermittelnden Gesellschaft) zur Betriebsstätte. Diese Zuordnung der Beteiligung ist jedoch zur Erfassung des Einkommens der Organgesellschaft bei der Betriebsstätte auch nach abkommensrechtlichen Grundsätzen erforderlich.[108] Maßgeblich sind dabei – je nach anwendbarem Doppelbesteuerungsabkommen – die Kriterien, die für die Zuordnung eine Beteiligung für Zwecke der Art. 10 bzw. 13 OECD-MA gelten.[109] Es kommt daher nicht auf die Einordnung als notwendiges oder gewillkürtes Betriebsvermögen, sondern im Ergebnis auf einen funktionalen Zusammenhang dergestalt an, dass die Beteiligung an der Organgesellschaft der Tätigkeit der Betriebsstätte dient.[110] Dies gilt für Beteiligungen ungeachtet der

[104] Siehe DPM/Dötsch/Pung KStG § 14 Rn. 186 Fall b) und 212 für einen DBA-Fall. Wenn sich die ausländische Betriebsstätte in einem Nicht-DBA-Staat befindet und die Organbeteiligung nach allgemeinen Grundsätzen dieser Betriebsstätte zuzurechnen ist, wird vertreten, dass gleichwohl die Voraussetzungen des § 14 Abs. 1 S. 1 Nr. 2 S. 4 KStG erfüllt sind, da diese Einkünfte – mangels Freistellung durch DBA – im Inland der Besteuerung unterliegen, DPM/Dötsch/Pung KStG § 14 Rn. 186 Fall c). Hiergegen sprechen jedoch Sinn und Zweck der Regelung, siehe auch Brandis/Heuermann/Rode KStG § 14 Rn. 75, wonach das inländische Besteuerungsrecht nicht durch die Anrechnungsmethode eingeschränkt sein darf.

[105] Im umgekehrten Fall, dh bei Sitz im Inland und Geschäftsleitung im Ausland, muss die inländische Betriebsstätte unabhängig von der Stätte der Geschäftsleitung begründet werden.

[106] So ist bereits unklar, ob der Organträger mit dem ihm zugerechneten Einkommen der Organgesellschaft dem Grunde nach überhaupt abkommensberechtigt ist, siehe Lüdicke IStR 2011, 740; Schnitger/Berliner IStR 2011, 753; Benecke/Schnitger IStR 2013, 143 (152 ff.).

[107] Beispielsweise sind nach Art. 5 Abs. 4 OECD-MA – anders als nach § 12 AO – bestimmte vorbereitende Geschäfte und Hilfsgeschäfte ausgenommen; andererseits kann ein abhängiger ständiger Vertreter eine Betriebsstätte nach Art. 5 Abs. 5 OECD-MA begründen, fällt jedoch nicht unter die Betriebsstätte nach § 12 AO, sondern unter die eigene Regelung des § 13 AO, hierzu DPM/Dötsch/Pung KStG § 14 Rn. 206, BeckOK KStG/Ebber KStG § 14 Rn. 262.

[108] Dötsch/Pung DB 2014, 1215 (1216); Brandis/Heuermann/Rode KStG § 14 Rn. 75; HHR/Kolbe KStG § 14, Rn. 198.

[109] Siehe hierzu Dötsch/Pung DB 2014, 1215 (1216 ff.).

[110] Vgl. nur BFH 26.2.1992 – I R 85/91, BStBl. II 1992, 937; BFH 30.8.1995 – I R 112/94, BStBl. II 1996, 568; BFH 19.12.2007 – I R 66/06, BStBl. II 2008, 510; BFH 24.11.2021 – I B 44/21, BStBl. II 2022, 431; BMF 26.9.2014 – IV B 5 – S 1300/09/10003, BStBl. I 2014, 1258 Anm. 2.2.4.1; BMF 22.12.2016 – IV B 5 – S 1341/12/10001-03, BStBl. I 2017, 182 Rn. 103; hierzu Brandis/Heuermann/Rode KStG § 14 Rn. 71; HHR/Kolbe KStG § 14 Rn. 189.

nach § 1 Abs. 5 S. 3 AStG in Umsetzung des sog. Authorized OECD Approach (AOA) primär maßgeblichen Personalfunktion, weil nach § 7 Abs. 1 Sätze 1 und 2 BsGaV für die Zuordnung einer Beteiligung zu einer Betriebsstätte die Nutzung der Beteiligung die maßgebliche Personalfunktion darstellt, die sich wiederum aus dem funktionalen Zusammenhang zur Geschäftstätigkeit der Betriebsstätte ergibt. Die Rechtsprechung prüft die Zuordnung auch dann nach den Maßstäben des funktionalen Zusammenhangs, wenn die Beteiligung bei ausländischen Mitunternehmern zum Gesamthandsvermögen einer inländischen Personengesellschaft gehört.[111] Der funktionale Zusammenhang setzt nach Auffassung der Finanzverwaltung – auch bei Holdinggesellschaften – entsprechende Leistungsbeziehungen voraus.[112] Nicht ausreichend zur Begründung eines funktionalen Zusammenhangs ist jedenfalls, dass die Beteiligung nur aufgrund ihres Ergebnisses eine Bedeutung für die Betriebsstätte hat und buchmäßig in der Bilanz der Betriebsstätte ausgewiesen ist.[113]

*(einstweilen frei)* **409–419**

### 3. Mittelbare Organschaft

Im Fall einer mittelbaren Organschaft muss nach § 14 Abs. 1 S. 1 Nr. 2 S. 4 Var. 2 KStG **420** die Beteiligung an der vermittelnden Gesellschaft einer inländischen Betriebsstätte zuzuordnen sein. Dies ist auch nach § 14 Abs. 1 S. 1 Nr. 2 S. 6 KStG der für die Zurechnung des Einkommens der Organgesellschaft maßgebliche Anknüpfungspunkt. Auf eine unbeschränkte oder beschränkte Steuerpflicht der vermittelnden Gesellschaft oder die Zurechnung der Organbeteiligung zu einer inländischen Betriebsstätte der vermittelnden Gesellschaft kommt es nicht an.[114] Da das Gesetz eine Zuordnung zur inländischen Betriebsstätte des Organträgers verlangt, gilt dies bei mehrstufigen Beteiligungsketten nur für die dem Organträger **unmittelbar nachgeordnete Zwischenbeteiligung.**[115] Anders ist dies bei **Organschaftsketten;** hier muss jede Organbeteiligung einer inländischen Betriebsstätte zugeordnet sein.

Bei mittelbarer Beteiligung des Organträgers über eine oder mehrere **Personengesell-** **421** **schaften** gilt Satz 4 nach § 14 Abs. 1 S. 1 Nr. 2 S. 5 KStG sinngemäß. Der genaue Bedeutungsgehalt ist umstritten. Unklar ist insbesondere, ob es – entsprechend der Regelung zu zwischengeschalteten Kapitalgesellschaften nach Satz 4 – auf die Beteiligung des Organträgers an der (ersten zwischengeschalteten) Personengesellschaft oder auf die Beteiligung der zwischengeschalteten Personengesellschaft an einer nachgeschalteten Kapitalgesellschaft ankommt. Geht man davon aus, dass die Betriebsstätte einer Personengesellschaft nach allgemeinen Grundsätzen ertragsteuerlich als Betriebsstätte der Mitunternehmer gilt, ist nach dem Sinn und Zweck der Regelung letztere Auffassung zutreffend. Die Beteiligung an der Organgesellschaft (oder einer weiteren Zwischenkapitalgesellschaft) muss danach der Betriebsstätte der Personengesellschaft zuzurechnen sein, die dann wiederum dem Mitunternehmer vermittelt wird.[116] Dies gilt jedoch nur, wenn es sich bei der zwischengeschalteten Personengesellschaft um eine (gewerblich tätige oder geprägte) Mitunternehmerschaft handelt. Ist die Personengesellschaft dagegen vermögensverwaltend tätig, kann sie dem beteiligten Organträger keine Betriebsstätte vermitteln; die dort gehaltene Beteiligung wird daher nach der Bruchteilsregelung des § 39 Abs. 2 Nr. 2 S. 1 AO dem Organträger zugeordnet mit der Folge, dass nach Satz 4 eine Zurechnung der Organbeteiligung oder der Beteiligung an einer vermittelnden

111 BFH 29.11.2017 – I R 58/15, BFH/NV 2018, 684.
112 Dötsch/Pung DB 2014, 1215 (1216 f.).
113 FG Münster 15.12.2014 – 13 K 624/11 F, BeckRS 2015, 94779, rkr.
114 Vgl. Benecke/Schnitger IStR 2013, 143 (154).
115 Gosch KStG/Neumann KStG § 14 Rn. 122; DPM/Dötsch/Pung KStG § 14 Rn. 192.
116 So DPM/Dötsch/Pung KStG § 14 Rn. 194; Benecke/Schnitger IStR 2013, 143 (155); BT-Drs. 17/10774, 19; aA HHR/Kolbe KStG § 14, Rn. 192, wonach es auf die Beteiligung des Organträgers an der vermittelnden Personengesellschaft ankommt.

Zwischenkapitalgesellschaft zu einer eigenen inländischen Betriebsstätte des Organträgers erforderlich ist.[117] Bei mehreren hintereinander geschalteten Mitunternehmerschaften muss es konsequenterweise auf die Betriebsstätte der ersten nachgeschalteten Mitunternehmerschaft ankommen.

422–432 *(einstweilen frei)*

#### 4. Zuordnung in zeitlicher Hinsicht

433 Anders als mit Blick auf das Erfordernis der Gewerblichkeit enthält der Gesetzeswortlaut eine ausdrückliche Bestimmung in zeitlicher Hinsicht. So muss die Zuordnung zu einer inländischen Betriebsstätte nach § 14 Abs. 1 S. 1 Nr. 2 S. 4 KStG **ununterbrochen während der gesamten Dauer der Organschaft** bestehen. Der Bedeutungsgehalt dieser Formulierung erschließt sich jedoch nicht ohne Weiteres, zumal eine Organschaft (beispielsweise in Jahren einer fehlenden finanziellen Eingliederung) durchaus „unterbrochen“ werden kann.[118] So wird vertreten, dass diese Formulierung auf die fünfjährige Durchführungsdauer eines Gewinnabführungsvertrags nach § 14 Abs. 1 S. 1 Nr. 3 KStG Bezug nimmt.[119] Nach dem Sinn und Zweck der Regelung, nämlich die Sicherstellung der inländischen Besteuerung der zugerechneten Organeinkommen, spricht demgegenüber viel dafür, die Formulierung in Anknüpfung an das Tatbestandsmerkmal der finanziellen Eingliederung nach § 14 Abs. 1 S. 1 Nr. 1 S. 1 KStG zu interpretieren.[120] Dies bedeutet einerseits, dass eine Zuordnung zu einer inländischen Betriebsstätte vom Beginn des Wirtschaftsjahrs der Organgesellschaft erforderlich ist. Eine Zuordnung erst zum Zeitpunkt der Gewinnabführung (also am Ende des Wirtschaftsjahres der Organgesellschaft) genügt daher nicht. Andererseits würde danach eine Unterbrechung der Zuordnung für einzelne Wirtschaftsjahre zu einer Aberkennung der Organschaft nur für diese Jahre, nicht jedoch rückwirkend für die gesamte Organschaft zu führen.[121] Die Formulierung „ununterbrochen während der gesamten Dauer der Organschaft“ ist daher iSv „ununterbrochenen während der Wirtschaftsjahre der Organgesellschaft, in denen die Voraussetzungen der Organschaft vorliegen“ zu verstehen.[122]

434 Für den Fall einer Umwandlung des Organträgers wendet der BFH die sog. **Fußstapfentheorie** auch auf die Zuordnung von Organbeteiligungen zu einer inländischen Betriebsstätte nach § 14 Abs. 1 Satz 1 Nr. 2 S. 4 KStG an, mit der Folge, dass dieses Merkmal – entsprechend den Maßstäben für die finanzielle Eingliederung – Gegenstand einer umwandlungssteuerlichen Rechtsnachfolge sein kann.[123] Dies wird dahin interpretiert, dass eine von einer Kapitalgesellschaft gehaltene Organbeteiligung nach einem Formwechsel der Organträger-Kapitalgesellschaft in eine Personengesellschaft weiterhin der inländischen Betriebsstätte der Personengesellschaft zuzurechnen ist, ohne dass es auf Zurechnungsfragen mit Blick auf ausländische Mitunternehmer ankäme.[124]

435 Aus dem Sinn und Zweck der Regelung folgt ferner, dass (auch unterjährige) Zuordnungswechsel zwischen inländischen Betriebsstätten eines Organträgers zu keiner Unterbrechung führen und damit unschädlich sind, weil sie am inländischen Besteuerungsrecht

[117] DPM/Dötsch/Pung KStG § 14 Rn. 195, auch zum Fall einer ausländischen Personengesellschaft; Gosch KStG/Neumann KStG § 14 Rn. 122a.

[118] Siehe KStH 14.4 „Unterbrochene Organschaft“; BFH 10.5.2017 – I R 51/15, BStBl. II 2018, 30.

[119] Schwenke ISR 2013, 41 (46); siehe auch OFD Karlsruhe 16.1.2014 – S 277.0/52/2-St 221, BeckVerw 281800.

[120] So die überwiegende Auffassung, siehe Gosch KStG/Neumann KStG § 14 Rn. 121; Brandis/Heuermann/Rode KStG § 14 Rn. 74; DPM/Dötsch/Pung KStG § 14 Rn. 188.

[121] HHR/Kolbe KStG § 14 Rn. 190.

[122] Siehe auch Benecke/Schnitger IStR 2013, 143 (153).

[123] BFH 11.7.2023 – I R 36/20, BStBl. II 2024, 419 Rn. 51. Die Finanzverwaltung hat sich dieser Rechtsprechung mittlerweile angeschlossen, BMF 2.1.2025 – IV C 2 – S 1978/00035/020/040, BStBl. I 2025, 92 Rn. Org. 02.

[124] Siehe Prinz FR 2024, 14 (18).

des zugerechneten Organeinkommens beim Organträger nichts ändern.[125] Dies gilt auch bei Einbringung der Organbeteiligung in eine Mitunternehmerschaft unter fortdauernder Zurechnung zu einer inländischen Betriebsstätte.[126]

*(einstweilen frei)* **436–500**

[125] Brandis/Heuermann/Rode KStG § 14 Rn. 74; DPM/Dötsch/Pung KStG § 14 Rn. 198; aA HHR/Kolbe KStG § 14 Rn. 190.

[126] Gosch KStG/Neumann KStG § 14 Rn. 121.

# § 3 Finanzielle Eingliederung

## Übersicht



## A. Einführung

### I. Bedeutung für die ertragsteuerliche Organschaft

**§ 14 Abs. 1 S. 1 Nr. 1 S. 1 KStG** fordert für die angestrebte Zurechnung des Einkommens der Organgesellschaft zum Organträger, dass der Organträger an der Organgesellschaft vom Beginn ihres Wirtschaftsjahres an ununterbrochen in einem solchen Maße beteiligt ist, dass ihm die Mehrheit der Stimmrechte aus den Anteilen an der Organgesellschaft zusteht. Das Gesetz selbst bezeichnet das Vorliegen dieses Umstandes im Klammerzusatz als **finanzielle Eingliederung.** Ergänzt wird diese **Grundaussage** im Gesetz durch eine Regelung zur Berücksichtigung von mittelbaren Beteiligungen, sofern die unmittelbare Beteiligung des Organträgers an der Organgesellschaft zum Erreichen dieser Stimmrechtsmehrheit nicht ausreicht, § 14 Abs. 1 S. 1 Nr. 1 S. 2 und 3 KStG. Über **§ 2 Abs. 2 S. 2 GewStG,** der auf § 14 KStG verweist, ist die finanzielle Eingliederung ebenfalls Voraussetzung für die Annahme einer gewerbesteuerlichen Organschaft. **501**

Neben dem Erfordernis des Abschlusses eines Gewinnabführungsvertrages zwischen einem potenziell tauglichen Organträger und einer potenziell tauglichen Organgesellschaft ist die finanzielle Eingliederung damit derzeit die einzige Voraussetzung zur Etablierung einer ertragsteuerlichen Organschaft. Dies war jedoch nicht immer so: Lange Zeit setzte die Organschaft auch im Bereich der Ertragsteuern zusätzlich das Vorliegen einer organisatorischen und wirtschaftlichen Eingliederung voraus. Dies änderte sich erst durch das **StSenkG v. 23.10.2000,**[1] welches die Eingliederungsvoraussetzungen auf die finanzielle Eingliederung reduzierte. **502**

Während in der Praxis das Hauptaugenmerk zumeist auf den wirksamen Abschluss eines die gesetzlichen Anforderungen erfüllenden Gewinnabführungsvertrages gelegt wird, wird **503**

1 BGBl. 2000 I 1433.

der finanziellen Eingliederung zumeist deutlich weniger Beachtung geschenkt. Insbesondere wenn es sich bei der Organgesellschaft nicht – wie in den typischen Konzernfällen – um eine hundertprozentige Tochtergesellschaft des Organträgers handelt, vermögen sich jedoch Probleme ergeben, die nicht immer sofort ins Auge springen. Auch in Umwandlungsfällen ist die finanzielle Eingliederung häufig Streitgegenstand.

### II. Abweichendes Begriffsverständnis bei umsatzsteuerlicher Organschaft?

504 Die finanzielle Eingliederung ist ebenfalls Voraussetzung der umsatzsteuerlichen Organschaft, die darüber hinaus nach wie vor die organisatorische und die wirtschaftliche Eingliederung erfordert. Dies ergibt sich aus **§ 2 Abs. 2 Nr. 2 UStG.** In der Vergangenheit wurde der Begriff der finanziellen Eingliederung in § 14 Abs. 1 Nr. 1 S. 1 KStG und in § 2 Abs. 2 Nr. 2 UStG zumeist *de facto* gleichgesetzt. So soll nach UStAE 2.8 Abs. 5 S. 1 unter der finanziellen Eingliederung einer juristischen Person der Besitz der entscheidenden Anteilsmehrheit an der Organgesellschaft zu verstehen sein, die es dem Organträger ermöglicht, durch Mehrheitsbeschlüsse seinen Willen in der Organgesellschaft durchzusetzen. Dies entspricht dem nach wie vor vorherrschenden Verständnis der finanziellen Eingliederung für ertragsteuerliche Zwecke. Dementsprechend werden zur Erläuterung der finanziellen Eingliederung im Bereich der ertragsteuerlichen Organschaft regelmäßig ohne weitere Problematisierung Urteile der für die Umsatzsteuer zuständigen Senate des BFH (V. und IX. Senat) angeführt und *vice versa.* Selbstverständlich war dies jedoch nie. So hat das FG Düsseldorf[2] in einem Urteil aus dem Jahr 2021 die Zulassung der Revision damit begründet, dass die streitgegenständliche Frage zwar bereits als vom V. Senat des BFH abschließend geklärt gelten konnte, jedoch noch keine Entscheidung des für die ertragsteuerliche Organschaft zuständigen I. Senats vorlag.

505 Spätestens im Nachgang zu der Entscheidung des EuGH in der **Rs. Norddeutsche Gesellschaft für Diakonie** hat sich ein partiell abweichendes Begriffsverständnis entwickelt. Der EuGH sah es als **unionsrechtswidrig an,** die finanzielle Eingliederung bei der umsatzsteuerlichen Organschaft an die Bedingung zu knüpfen, dass der Organträger zusätzlich zu einer Mehrheitsbeteiligung an der Organgesellschaft über eine Stimmrechtsmehrheit bei ihr verfügen muss.[3] Der XI. Senat des BFH hat daraufhin seine bisherige Rechtsprechung geändert und entschieden, dass die finanzielle Eingliederung iSd § 2 Abs. 2 Nr. 2 UStG zwar im Grundsatz erfordere, dass dem Organträger die Mehrheit der Stimmrechte an der Organgesellschaft zustehe. Eine finanzielle Eingliederung liege aber auch dann vor, wenn die erforderliche Willensdurchsetzung dadurch gesichert sei, dass der Gesellschafter zwar nur über 50 % der Stimmrechte verfüge, er aber eine Mehrheitsbeteiligung am Kapital der Organgesellschaft hält und den einzigen Geschäftsführer der Organgesellschaft stellt.[4] Nach Auffassung des BFH kann iRd umsatzsteuerlichen Organschaft somit eine **„schwächer ausgeprägte" finanzielle Eingliederung** durch eine besonders stark ausgeprägte organisatorische Eingliederung ausgeglichen werden. Für die ertragsteuerliche Organschaft ist dieser Rechtsprechungsänderung jedoch keinerlei Bedeutung zuzumessen. Die finanzielle Eingliederung iSd § 14 Abs. 1 Nr. 1 S. 1 KStG wird auch künftig entweder zu bejahen oder zu verneinen sein; für eine Abstufung nach unterschiedlicher Ausprägung bleibt hier kein Raum.[5] Dies ergibt sich schon daraus, dass der Ausgleich einer „schwächer ausgeprägten" finanziellen Eingliederung mangels Erfordernisses einer organisatorischen Eingliederung erst gar nicht in Betracht kommt. Dies hat in der Folge auch der I. Senat des BFH bestätigt und ausgeführt, dass die neuere Rechtsprechung des BFH zur umsatzsteuerrechtlichen Organschaft auf einer Gesamtbetrachtung von finanzieller, organisatorischer und wirtschaftlicher Eingliederung beruhe, die nicht auf die körperschaftsteuer-

---

2 FG Düsseldorf 24.11.2020 – 6 K 3291/19, EFG 2021, 228 (Rev. I R 50/20).
3 EuGH 1.12.2022 – C-141/20, MwStR 2022, 880 – Norddeutsche Gesellschaft für Diakonie.
4 BFH 18.1.2023 – XI R 29/22, DStR 2023, 638.
5 Brandis/Heuermann/Rode KStG § 14 Rn. 81.

rechtliche Organschaft übertragbar sei.[6] Wenn das Verständnis der finanziellen Eingliederung bei § 14 Abs. 1 S. 1 Nr. 1 S. 1 KStG und § 2 Abs. 2 Nr. 2 UStG somit nicht deckungsgleich ist, bedeutet dies andererseits jedoch nicht, dass dem ein gänzlich anderes Begriffsverständnis zugrunde liegen würde. Mit der gebotenen Vorsicht kann insofern auch weiterhin für die Auslegung auf die jeweils „andere" Rechtsprechung zurückgegriffen werden. So hat es der I. Senat des BFH in der gleichen Entscheidung für zutreffend gehalten, zur Auslegung des Begriffs der Stimmrechtsmehrheit bei qualifizierten Mehrheitserfordernissen die zur umsatzsteuerrechtlichen Organschaft ergangene Rechtsprechung heranzuziehen.[7]

## B. Voraussetzungen der finanziellen Eingliederung

### I. Überblick

Nach § 14 Abs. 1 Nr. 1 S. 1 KStG ist es für die finanzielle Eingliederung erforderlich, dass der Organträger an der Organgesellschaft in einem solchen Maße beteiligt ist, dass ihm die Mehrheit der Stimmrechte aus den Anteilen an der Organgesellschaft zusteht. Vorausgesetzt wird somit zum einen **eine Beteiligung** des Organträgers an der Organgesellschaft (→ Rn. 507 ff.) und zum anderen eine **daraus resultierende Stimmrechtsmehrheit** (→ Rn. 533 ff.). Dabei muss die so definierte finanzielle Eingliederung vom Beginn des Wirtschaftsjahres der Organgesellschaft an ununterbrochen vorliegen (→ Rn. 551 ff.). § 14 Abs. 1 Nr. 1 S. 2 KStG erlaubt bei Vorliegen bestimmter Voraussetzungen, auch mittelbare Beteiligungen zur Erreichung der finanziellen Eingliederung heranzuziehen. Dabei hat eine **Zusammenrechnung** mehrerer mittelbarer Beteiligungen oder auch einer unmittelbaren Beteiligung mit einer oder mehreren mittelbaren Beteiligungen zu erfolgen. Nach § 14 Abs. 1 Nr. 1 S. 3 KStG sind mittelbare Beteiligungen aber nur dann zu berücksichtigen, wenn die geforderte Mehrheit der Stimmrechte nicht bereits allein durch die unmittelbare Beteiligung gewährt wird (→ Rn. 518 ff.; 540 ff.). § 14 Abs. 1 S. 1 Nr. 2 S. 4 KStG verlangt ergänzend, dass die Beteiligung des Organträgers an der Organgesellschaft bzw. bei mittelbaren Beteiligungen die Beteiligung des Organträgers an der vermittelnden Gesellschaft ununterbrochen während der gesamten Dauer der Organschaft einer **inländischen Betriebsstätte** des Organträgers zugeordnet ist (→ Rn. 531 ff.). **506**

### II. Vorliegen einer Beteiligung

#### 1. Grundsätzliches

§ 14 Abs. 1 Nr. 1 S. 1 KStG erfordert, dass der Organträger an der Organgesellschaft **„in einem solchen Maße beteiligt"** ist, dass ihm die Stimmrechtsmehrheit zusteht. Eine Beteiligung wird somit vom Gesetz zwingend vorausgesetzt. Dabei kann es sich um eine unmittelbare Beteiligung, eine mittelbare Beteiligung oder eine Kombination einer mittelbaren und einer unmittelbaren Beteiligung handeln. Liegt hingegen keine Form der Beteiligung des Organträgers an der Organgesellschaft vor, kommt eine finanzielle Eingliederung nicht in Betracht. Eine Organschaft zwischen **Schwestergesellschaften** scheidet aus diesem Grunde aus. Teilweise wird darin unter Verweis auf ein Urteil des EuGH zur niederländischen Gruppenbesteuerung[8] ein Verstoß gegen die europäische Niederlassungsfreiheit (Art. 49 AEUV) gesehen.[9] Der EuGH sah es als unionsrechtswidrig an, dass in den Niederlanden eine gebietsansässige Muttergesellschaft mit gebietsansässigen Tochtergesellschaften eine steuerliche Einheit bilden konnte, nicht jedoch gebietsansässige Schwesterge- **507**

[6] BFH 9.8.2023 – I R 50/20, DStR 2023, 2781.
[7] BFH 9.8.2023 – I R 50/20, DStR 2023, 2781.
[8] EuGH 12.6.2014 – C-39/13, DStR 2014, 1333 – SCA Group Holding BV.
[9] Prinz/Witt Steuerliche Organschaft/Marx Rn. 14.13 ff. mwN.

sellschaften, deren gemeinsame Muttergesellschaft ihren Sitz nicht in den Niederlanden hatte und dort auch über keine Betriebsstätte verfügte. Die Übertragbarkeit der Entscheidung auf das deutsche Organschaftsrecht wurde u. a. mit dem Erfordernis eines Gewinnabführungsvertrags abgelehnt.[10] Der BFH vermochte im Ausschluss der „Querorganschaft" durch die tatbestandliche Ausgestaltung der Organschaft in § 14 Abs. 1 S. 1 Nr. 1 S. 1 KStG bereits keine Diskriminierung grenzüberschreitender Sachverhalte zu erkennen, da es auch im Inlandsfall der Konzernmutter verwehrt sei, eine steuerrechtliche Ergebnispoolung zwischen Schwesterkapitalgesellschaften zu bewirken. Zur Vermeidung eines Verstoßes gegen die Niederlassungsfreiheit der ausländischen Konzernmutter sei der deutsche Gesetzgeber daher nicht gehalten, eine „Querorganschaft" bzw. eine steuerliche „Querkonsolidierung" im Gleichordnungskonzern zuzulassen.[11]

**508** Eine Beteiligung des Organträgers an der Organgesellschaft ist somit erforderlich. Dabei muss es sich aber nicht um eine Mehrheitsbeteiligung handeln, da die Stimmrechtsmehrheit **nicht zwingend die Anteilsmehrheit** voraussetzt. Ein Auseinanderfallen von Beteiligungsmehrheit und Stimmrechtsmehrheit kommt bspw. bei der Ausgabe von **stimmrechtslosen Vorzugsaktien** (§ 12 Abs. 1 S. 2 AktG) in Betracht. Grds. gilt dies auch für **Mehrstimmrechtsaktien,** die derzeit jedoch nur noch in Altfällen vorliegen können (vgl. § 12 Abs. 2 AktG; § 5 EGAktG: Bestehende Mehrstimmrechte sind am 1.6.2003 erloschen, sofern die Hauptversammlung nicht mit ¾-Mehrheit ihre Fortgeltung beschlossen hat). Umgekehrt sind **Höchststimmrechte** denkbar, vgl. § 134 Abs. 1 S. 2 AktG. Hält die Organgesellschaft **eigene Anteile,** ruhen die Stimmrechte aus diesen Anteilen und auch insofern können Stimmrechts- und Beteiligungsverhältnisse voneinander abweichen. Die gesellschaftsrechtlichen Entwicklungen sind daher im Blick zu behalten. So würde bspw. die Verbreitung der im US-amerikanischen Recht gängigen „Tracking Stocks", die sich nur auf einen bestimmten Geschäftsbereich eines Unternehmens beziehen, ungeklärte Fragen bei der finanziellen Eingliederung aufwerfen.

### 2. Unmittelbare Beteiligung

**509** In der überwiegenden Anzahl der Fälle wird die finanzielle Eingliederung allein durch die unmittelbare Beteiligung begründet sein. Eine solche liegt vor, wenn der Organträger selbst an der Organgesellschaft beteiligt ist, nicht aber, wenn seine Gesellschafter die Beteiligung halten.[12] Bei Personengesellschaften als Organträger bedarf es eines eigenen **Gesamthandsvermögens,** wobei die Beteiligung zu diesem Gesamthandsvermögen gehören muss.[13] Dies ergibt sich mE aus § 14 Abs. 1 S. 1 Nr. 2 S. 3 KStG, wonach die Voraussetzungen der finanziellen Eingliederung im Verhältnis zur Personengesellschaft selbst erfüllt sein müssen. Aus diesem Grunde scheidet die **atypisch stille Gesellschaft** nach zutreffender Auffassung der FinVerw und der hM im Schrifttum als Organträgerin aus, da sie als Innengesellschaft über kein Gesamthandsvermögen verfügt.[14] Eine Gegenansicht will die atypisch stille Gesellschaft mit der Begründung als mögliche Organträgerin anerkennen, dass § 14 Abs. 1 S. 1 Nr. 2 kein (zivilrechtliches) Gesamthandsvermögen verlange und die finanzielle Eingliederung im Verhältnis zur Personengesellschaft durchaus bestehe.[15] Zwar wurde das Gesamthandprinzip mit Inkrafttreten des MoPeG v. 10.8.2021[16] zum 1.1.2024 zivilrechtlich

[10] Möhlenbrock DB 2014, 1582 (1583); aA Prinz/Witt Steuerliche Organschaft/Marx Rn. 14.16: Zivilrechtlich könne der Gewinnabführungsvertrag auch zwischen Schwestergesellschaften abgeschlossen werden.

[11] BFH 22.2.2017 – I R 35/14, DStR 2017, 1810.

[12] DPM KStG § 14 Rn. 261.

[13] Brandis/Heuermann/Rode KStG § 14 Rn. 86.

[14] BMF 20.8.2015, BStBl. I 2015, 649; Brandis/Heuermann/Rode KStG § 14 Rn. 64; Frotscher/Drüen KStG § 14 Rn. 202; Müller/Detmering/Lieber Organschaft Rn. 314 f.; Prinz/Witt Steuerliche Organschaft/Wagner Rn. 4.11.

[15] Suchanek GmbHR 2015, 1031 (1032 f.); Hageböke Der Konzern 2013, 334 (335 ff.); Bott/Walter KStG § 14 Rn. 175.

[16] BGBl. 2021 I 3436.

abgelöst. Ertragsteuerliche Auswirkungen sollten damit jedoch nicht verbunden sein.[17] Dem Begriff des Gesamthandsvermögen dürfte damit ab 2024 eine eigenständige steuerrechtliche Bedeutung zukommen.

Gehören die Anteile an der Organgesellschaft nicht zum Vermögen der Personengesellschaft, reicht es für die finanzielle Eingliederung in die Personengesellschaft auch nicht aus, dass die Anteile notwendiges Sonderbetriebsvermögen der Gesellschafter der Personengesellschaft sind.[18] Anders verhielt es sich vor der im Zuge des **StVergAbG** v. 16.5.2003[19] erfolgten Einführung des § 14 Abs. 1 S. 1 Nr. 2 S. 3 KStG. Bis zum VZ 2002 war es ausreichend, wenn die Anteile an der Organgesellschaft von den Gesellschaftern der Personengesellschaft gehalten wurden und dem Sonderbetriebsvermögen zuzuordnen waren. Das Ausscheiden eines Gesellschafters konnte damals die finanzielle Eingliederung beenden, wenn die verbleibenden Gesellschafter nicht mehr über die Mehrheit der Stimmrechte verfügten. **510**

Die Anteile an der Organgesellschaft müssen dem Organträger in dem für die finanzielle Eingliederung erforderlichen Umfang **steuerrechtlich zugerechnet** werden können.[20] Dies bedeutet, dass nicht das zivilrechtliche, sondern das **wirtschaftliche Eigentum** ausschlaggebend ist. Denn § 39 Abs. 1 AO sieht zwar vor, dass Wirtschaftsgüter grds. dem Eigentümer zuzurechnen sind, dies nach § 39 Abs. 2 Nr. 1 S. 1 AO jedoch nicht gilt, wenn ein anderer als der Eigentümer die tatsächliche Herrschaft über ein Wirtschaftsgut in der Weise ausübt, dass er den Eigentümer im Regelfall für die gewöhnliche Nutzungsdauer von der Einwirkung auf das Wirtschaftsgut wirtschaftlich ausschließen kann. Beim Unternehmenskauf ist daher darauf zu achten, dass in dem Zeitpunkt, in dem eine Organschaft neu begründet werden soll, nicht (nur) das zivilrechtliche Eigentum an den Anteilen übergeht, sondern (auch) das wirtschaftliche.[21] **511**

Für das wirtschaftliche Eigentum erforderlich ist eine idR rechtlich abgesicherte Position, die es dem Inhaber ermöglicht, sich den wirtschaftlichen Wert des Wirtschaftsguts uneingeschränkt anzueignen, zB indem er darüber wie über eigenes Vermögen verfügt. Der zivilrechtliche Eigentümer hingegen hat entweder keinen Herausgabeanspruch oder dieser ist jedenfalls wirtschaftlich wertlos.[22] § 39 Abs. 2 Nr. 1 S. 2 AO führt als Beispiele für das Auseinanderfallen von zivilrechtlichem und wirtschaftlichen Eigentum neben dem Eigenbesitz die **Treuhand** und das **Sicherungseigentum** an. Wirtschaftlicher Eigentümer ist in diesen Fällen der Treugeber bzw. der Sicherungsgeber, wohingegen das bürgerlich-rechtliche Eigentum regelmäßig beim Treuhänder bzw. beim Sicherungsnehmer liegt. Die finanzielle Eingliederung zum zivilrechtlichen Eigentümer, somit zum Treuhänder bzw. zum Sicherungsnehmer ist in diesen Fällen nicht möglich. **512**

Doch auch der wirtschaftliche Eigentümer scheidet in diesen Konstellationen häufig als Organträger aus. Denn nicht nur die Beteiligung muss dem Organträger steuerrechtlich zuzurechnen sein, sondern auch die Stimmrechte hieraus. Das wirtschaftliche Eigentum an der Beteiligung verleiht jedoch noch keine Stimmrechte; diese stehen originär vielmehr dem bürgerlich-rechtlichen Eigentümer zu. Eine finanzielle Eingliederung scheidet daher in den Fällen der eigennützigen Treuhand aus, bei der der Treuhänder eigene Interessen vertritt und diese auch die Stimmrechtsausübung verfolgt.[23] Der **Treugeber** kommt jedoch dann als Organträger in Betracht, wenn er sich die Ausübung der Stimmrechte vorbehalten hat. Ausreichend ist dabei, dass der Treuhänder bei der Ausübung der Stimmrechte obligatorisch an die Weisungen des Treugebers gebunden ist. Allein der Umstand, dass der Treugeber die Stimmrechte über den Treuhänder ausübt, kann der finanziellen Einglie- **513**

17 BT-Drs. 19/27635.
18 KStR 14.3 S. 5.
19 BGBl. 2003 I 660.
20 Vgl. KStR 14.2 S. 1.
21 Bott/Walter/Walter KStG § 14 Rn. 277.
22 Klein/Ratschow AO § 39 Rn. 20, 21.
23 Gosch KStG/Neumann KStG § 14 Rn. 133.

derung nicht entgegengehalten werden.[24] Zur steuerlichen Anerkennung eines Treuhandverhältnisses ist allerdings nicht nur bei der sog. Vereinbarungs-Treuhand, sondern auch bei der sog. Erwerbs-Treuhand die Einhaltung der notariellen Form (§ 15 GmbHG) erforderlich.[25] Beim sog. **Treuhandmodell**[26] liegt eine finanzielle Eingliederung der Organgesellschaft in die Komplementär-GmbH vor, auch wenn die Anteile von der Treuhand-KG gehalten werden. Umstritten ist jedoch, ob die Komplementär-GmbH Empfängerin der erforderlichen tatsächlichen Gewinnabführung ist, wenn der Gewinnabführungsvertrag mit der Treuhand-KG abgeschlossen wird.[27] Die FinVerw scheint die Organträgereigenschaft der Komplementär-GmbH in dieser Konstellation jedenfalls zu verneinen[28] Die Ausführungen zur Treuhand lassen sich sinngemäß auf die **Sicherungsübereignung** übertragen. Das wirtschaftliche Eigentum steht dem Sicherungsgeber, die Stimmrechte stehen hingegen formal dem Sicherungsnehmer zu. Sofern der Sicherungsnehmer bei der Stimmrechtsausübung an die Weisungen des Sicherungsgebers gebunden ist, ist die finanzielle Eingliederung der Organgesellschaft in das Unternehmen des Sicherungsgebers anzunehmen.

**514** Besteht an den Anteilen an der Organgesellschaft ein **Nießbrauchsrecht,** steht dem Nießbraucher nach §§ 1068 Abs. 2, 1030 Abs. 1 BGB das Recht zu, Nutzungen aus dem Recht zu ziehen. Dem Nießbraucher steht somit der Gewinn der Organgesellschaft zu. Der Nießbrauchsbelastete kommt daher als Organträger grds. nicht in Betracht, da es an der notwendigen Gewinnabführung an ihn scheitert. Das Recht des Nießbrauchers wiederum ist regelmäßig auf die Ziehung der Nutzungen beschränkt, weshalb im Regelfall auch zu ihm ein Organschaftsverhältnis ausscheidet. Die Stimmrechte aus den Anteilen verbleiben regelmäßig beim Nießbrauchsbelasteten. Im Ausnahmefall kann der Nießbrauch jedoch so ausgestaltet sein, dass dem Nießbraucher sowohl das Stimmrecht als auch das wirtschaftliche Eigentum an den Anteilen an der Organgesellschaft zusteht. Nur dann liegt eine finanzielle Eingliederung vor. Vom wirtschaftlichen Eigentum des Nießbrauchers ist auszugehen, wenn dieser nach dem Inhalt der getroffenen Abrede alle mit der Beteiligung verbundenen wesentlichen Rechte, mithin Vermögensrechte und Verwaltungsrechte ausüben und im Konfliktfall effektiv durchsetzen kann.[29] Dies gilt bei der Einräumung einer **Unterbeteiligung** entsprechend.[30] Auch der Unterbeteiligte kann ausnahmsweise nach dem Gesamtbild der Verhältnisse als wirtschaftlicher Inhaber der Anteile angesehen werden.

**515** Die **Verpfändung** der Anteile führt grds. nicht zum Verlust der finanziellen Eingliederung, da der Organträger durch die bloße Verpfändung nicht an der Ausübung seines Stimmrechts gehindert wird. Ebenso erwirbt bei der **Pfändung** der Gläubiger zwar nach § 804 Abs. 1 ZPO ein Pfändungspfandrecht. Die Pfändung bewirkt aber keine Verwaltungsbeschränkung, sondern lediglich eine Verfügungsbeschränkung. Eine bestehende finanzielle Eingliederung bleibt somit unangetastet, sofern mit der Pfändung nicht ausnahmsweise eine Einschränkung der Stimmrechtsausübung verbunden ist.[31] Bei **Schenkungen** wird der Beschenkte selbst bei Vereinbarung einer Rückfallklausel wirtschaftlicher Eigentümer; das wirtschaftliche Eigentum verbleibt hingegen beim Schenker, wenn die Schenkung jederzeit von ihm frei widerrufen werden kann.[32]

**516** Im Falle der **Insolvenz** der Organgesellschaft bleibt das wirtschaftliche Eigentum an den Anteilen ebenfalls unberührt. Auch wenn § 80 Abs. 1 InsO anordnet, dass das Recht des Schuldners, das zur Insolvenzmasse gehörende Vermögen zu verwalten und über es zu verfügen, mit Eröffnung des Insolvenzverfahrens auf den Insolvenzverwalter übergeht, ist

24 Ebenso Müller/Detmering/Lieber Die Organschaft Rn. 82; Bott/Walter/Walter KStG § 14 Rn. 116g.
25 FG Schleswig-Holstein 2.12.2005 – 1 K 359/00, DStRE 2007, 478.
26 Hierzu Kraft/Hohage FR 2016, 153.
27 Dafür Suchanek/Hesse GmbHR 2013, 1196; aA DPM/Dötsch/Pung KStG § 14 Rn. 67.
28 Prinz/Witt Steuerliche Organschaft/Beinert/Nees Rn. 3.10.
29 FG Düsseldorf 26.4.2013 – 1 K 1143/12, EFG 2014, 447.
30 BFH 18.5.2005 – VIII R 34/01, DStR 2005, 1849.
31 HHR/Kolbe KStG § 14 Rn. 103.
32 HHR/Kolbe KStG § 14 Rn. 103.

damit nicht etwa der Übergang des wirtschaftlichen Eigentums an der Beteiligung auf den Insolvenzverwalter verbunden.[33] Die finanzielle Eingliederung entfällt dennoch, da der Organträger trotz ihm weiterhin zuzurechnender Beteiligung seinen Willen bei der Organgesellschaft nicht mehr durchsetzen kann → Rn. 538. Darüber hinaus wird der Fortbestand der Organschaft in diesen Fällen meist schon zuvor an der tatsächlichen Durchführung des Gewinnabführungsvertrages scheitern.[34]

Noch nicht abschließend geklärt ist, welche steuerlichen Auswirkungen die Aufwertung der Gesellschafterliste zur Legitimationsgrundlage im Hinblick auf die Ausübung mitgliedschaftlicher Rechte gegenüber der Gesellschaft nach der Neuregelung des **§ 16 GmbHG** durch das **MoMiG** v. 23.10.2008 (BGBl. I 2026) hat. Der Erwerber von GmbH-Anteilen kann sein Stimmrecht danach erst dann ausüben, wenn ihn die Eintragung in der Gesellschafterliste (§ 40 GmbHG) dazu legitimiert. Dies könnte zu der Annahme führen, dass der Erwerber erst zum Zeitpunkt der Eintragung in die Gesellschafterliste über die Stimmrechtsmehrheit verfügt, die bei der finanziellen Eingliederung vorausgesetzt wird. Die hM geht aber mE zutreffend davon aus, dass dem Erwerber die Stimmrechte an den GmbH-Anteilen bereits mit Wirksamkeit des Anteilsübergangs iSd § 14 Abs. 1 S. 1 Nr. 1 S. 1 KStG zustehen, unabhängig davon, wann die Eintragung erfolgt.[35] Zum Teil wird aus Gründen der Vorsicht empfohlen, dass der Veräußerer den Erwerber flankierend zur Ausübung der Stimmrechte bevollmächtigt oder der Veräußerer bis zur Eintragung des Erwerbers in die Gesellschafterliste an dessen Weisungen gebunden wird.[36] Richtigerweise dürfte dies jedoch nicht ausschlagegebend sein. 517

### 3. Mittelbare Beteiligung

Nach § 14 Abs. 1 S. 1 Nr. 1 S. 2 KStG sind auch mittelbare Beteiligungen zu berücksichtigen, wenn die Beteiligung an jeder vermittelnden Gesellschaft die Mehrheit der Stimmrechte gewährt. Somit kann die finanzielle Eingliederung auch durch eine mittelbare bzw. durch eine Kombination von unmittelbarer und mittelbarer Beteiligung begründet werden. Eine **mittelbare Beteiligung** liegt vor, wenn der Organträger nicht unmittelbar an der Organgesellschaft beteiligt ist, sondern über einen oder mehrere dazwischen geschaltete Beteiligungsträger. Die mittelbare Beteiligung kann somit nur in einem direkten Überordnungsverhältnis und Unterordnungsverhältnis bestehen. Organschaftsverhältnisse in einer Seitenlinie zB zwischen Schwestergesellschaften sind nicht möglich.[37] 518

Eine mittelbare Beteiligung kann jedoch nur dann relevant werden, wenn sie **„an jeder vermittelnden Gesellschaft die Mehrheit der Stimmrechte gewährt“.** Zum Begriff der Mehrheit der Stimmrechte im Einzelnen → Rn. 533 ff. Besteht somit eine Minderheitsbeteiligung an einer vermittelnden Gesellschaft, ist diese für Zwecke des § 14 Abs. 1 Nr. 1 KStG von Vornherein unbeachtlich. Die Stimmrechtsmehrheit muss dabei an jeder vermittelnden Gesellschaft bestehen. 519

**Beispiel:**
Die Organträgerin M hält 90 % der Anteile der T, diese hält wiederum 90 % der Anteile der E, welche wiederum 90 % der Anteile an der Organgesellschaft hält.

Die Stimmrechtsmehrheit an jeder einzelnen vermittelnden Gesellschaft muss aus Sicht der jeweiligen Muttergesellschaft vorliegen. Eine Durchrechnung der Beteiligung aus Sicht der Organträgerin zu einer vermittelnden Gesellschaft auf einer niedrigeren Stufe erfolgt nicht.

33 Gosch KStG/Neumann KStG § 14 Rn. 129.
34 Vgl. BFH 2.11.2022 – I R 29/19, DStR 2023, 264.
35 Stadler/Bindl GmbHR 2010, 412; Brandis/Heuermann/Rode KStG § 14 Rn. 92; Bott/Walter KStG § 14 Rn. 277; Frotscher/Drüen KStG § 14 Rn. 218.
36 Prinz/Witt Steuerliche Organschaft/Marx Rn. 14.32 mwN.
37 FG Niedersachsen 4.9.2007 – 6 K 194/07, EFG 2008, 323.

**Beispiel:**
Die Organträgerin M hält 60 % der Anteile der T, diese hält wiederum 60 % der Anteile der E, welche wiederum 100 % der Anteile an der Organgesellschaft hält.

Nach hier vertretener Auffassung ist die Organgesellschaft auch in dieser Konstellation in den Organträger finanziell eingegliedert. Die Beteiligung der E an der Organgesellschaft ist nicht etwa deshalb aus der Betrachtung auszuschließen, weil die M durchgerechnet lediglich 36 % der Anteile an der vermittelnden E hält. Ausreichend ist es, dass die M mit ihrer Mehrheitsbeteiligung auf die T und diese mit ihrer Mehrheitsbeteiligung auf die E einwirken kann.[38] Zur Berechnung der Stimmrechtsmehrheit vgl. ausf. → Rn. 542.

520 Durch das **JStG 2022** wurde **§ 14 Abs. 1 S. 1 Nr. 1 S. 3 KStG** eingefügt, wonach der vorangehende S. 2, nicht gilt, wenn bereits die unmittelbare Beteiligung die Mehrheit der Stimmrechte gewährt. Mittelbare Beteiligungen finden in diesem Fall somit keine Berücksichtigung. Der Sinn dieser Regelung erklärt sich nur vor dem Hintergrund der Ablösung der Ausgleichsposten bei organschaftlichen Mehr- und Minderabführungen durch die sog. Einlagelösung im Zuge des **KöMoG** v. 25.6.2021.[39] Nachdem die Behandlung von Mehr- und Minderabführungen unter der Einlagelösung im Falle des Vorliegens einer mittelbaren Organschaft zunächst unklar war, besserte der Gesetzgeber mit dem JStG 2022 durch die Einfügung des § 14 Abs. 4 S. 4 KStG nach. Mehr- und Minderabführungen wirken sich danach auf den Buchwert der Organgesellschaft sowohl beim Organträger als auch bei der Zwischengesellschaft aus. Die Auswirkung sollte jedoch auf den Buchwert der Organgesellschaft beim Organträger beschränkt bleiben, wenn die finanzielle Eingliederung bereits durch die unmittelbare Beteiligung allein gegeben ist. Zum Zwecke der Bestimmung der finanziellen Eingliederung hätte es des § 14 Abs. 1 S. 1 Nr. 1 S. 3 KStG hingegen **nicht bedurft,** da für die finanzielle Eingliederung allein ausschlaggebend ist, dass eine Stimmrechtsmehrheit vorliegt, nicht jedoch, wie hoch diese Mehrheit letztlich ausfällt.

521 Die vermittelnde Gesellschaft muss nicht dieselbe Rechtsform haben wie der Organträger.[40] Ebenso ist es unerheblich, ob die vermittelnde Gesellschaft selbst **„organschaftstauglich"** ist, dh selbst Teil einer Organschaftskette sein könnte. Der Gedanke, dass mittelbare Beteiligungen für die finanzielle Eingliederung nur deshalb berücksichtigt werden, damit der Umweg über eine Organschaftskette erspart wird, kann dem Gesetz nämlich nicht entnommen werden.[41] Dies ist mittlerweile unstreitig.[42] Einer früheren gegenteiligen Auffassung ist der BFH entgegengetreten.[43] Somit kann die vermittelnde Gesellschaft auch eine **Personengesellschaft** sein, obwohl diese selbst grds. nur als Organträgerin, nicht aber als Organgesellschaft in Betracht käme. Eine mittelbare Beteiligung des Organträgers über die zwischengeschaltete Personengesellschaft liegt aber nur dann vor, wenn die Organgesellschaftsanteile dem Gesamthandsvermögen der Personengesellschaft zuzurechnen sind. Bei einer Zugehörigkeit der Organgesellschaftsbeteiligung zum Sonderbetriebsvermögen des Organträgers bei der vermittelnden Personengesellschaft kann ebenfalls eine Organschaft in Betracht kommen, jedoch liegt dann kein Fall einer mittelbaren, sondern einer unmittelbaren Beteiligung vor.[44] Gleiches gilt bei einer zwischengeschalteten vermögensverwaltenden Personengesellschaft. Nach der anzuwendenden Bruchteilsbetrachtung sind die Wirtschaftsgüter der vermögensverwaltenden Personengesellschaft den Gesellschaftern anteilig zuzurechnen, weshalb auch in diesem Fall von einer unmittelbaren Beteiligung auszugehen ist.

---

[38] Brandis/Heuermann/Rode KStG § 14 Rn. 87; Frotscher/Drüen/Frotscher KStG § 14 Rn. 236 f.; HHR/Kolbe KStG § 14 Rn. 113; Bott/Walter/Walter KStG § 14 Rn. 295.1 ff.; aA Gosch KStG/Neumann KStG § 14 Rn. 138 ff.; Müller/Detmering/Lieber Die Organschaft Rn. 94.
[39] BGBl. 2021 I 2050.
[40] Gosch KStG/Neumann KStG § 14 Rn. 149.
[41] Müller/Detmering/Lieber Die Organschaft Rn. 89.
[42] Vgl. auch KStH 14.2.
[43] BFH 2.11.1977 – I R 143/75, BStBl. II 1978, 74.
[44] DPM/Dötsch/Pung KStG § 14 Rn. 275; RHN/Rödder/Liekenbrock KStG § 14 Rn. 208.

Ebenso kann eine mittelbare Beteiligung an einer inländischen Enkelgesellschaft über eine weder unbeschränkt noch beschränkt steuerpflichtige **ausländische Tochtergesellschaft** bestehen, ohne dass dies der Organschaft entgegenstünde.[45] Dies dürfte für EU-/EWR-Tochtergesellschaften ohnehin unionsrechtlich zwingend sein. Der EuGH hat wiederholt entschieden, dass eine steuerliche Konsolidierung von Muttergesellschaft und Enkelgesellschaft nicht daran scheitern darf, dass die zwischengeschaltete Tochtergesellschaft im Ausland ansässig ist. Dies würde eine Beschränkung der Niederlassungsfreiheit darstellen, die nicht mit der Aufteilung der Besteuerungsbefugnis zwischen den Mitgliedstaaten gerechtfertigt werden kann, da sich die Frage der Berücksichtigung von Gewinnen und Verlusten der dem Konzern zugehörenden Gesellschaften nur für Gesellschaften stellt, die in einem einzigen Mitgliedstaat ansässig sind, was auch die Gefahr der Steuerflucht von vornherein ausschließt.[46] Der Umstand, dass dabei der gesellschaftsrechtliche Umweg über das EU-/EWR-Ausland genommen wird, ist irrelevant. Die hM geht noch über das unionsrechtlich Gebotene hinaus und akzeptiert auch beteiligungs- und eingliederungsvermittelnde Gesellschaften, die außerhalb der EU bzw. des EWR ansässig bzw. gegründet sind.[47] 522

*(einstweilen frei)* 523–530

## III. Zuordnung der Beteiligung zu einer inländischen Betriebsstätte

Die Beteiligung des Organträgers an der Organgesellschaft bzw. bei mittelbaren Beteiligungen die Beteiligung des Organträgers an der vermittelnden Gesellschaft iSd § 14 Abs. 1 S. 1 Nr. 1 KStG muss nach § 14 Abs. 1 S. 1 Nr. 2 S. 4 KStG ununterbrochen während der gesamten Dauer der Organschaft einer inländischen Betriebsstätte des Organträgers zuzuordnen sein. Eine inländische Betriebsstätte idS ist nur gegeben, wenn die der Betriebsstätte zuzurechnenden Einkünfte sowohl nach innerstaatlichem Recht als auch nach einem anzuwendenden DBA der **inländischen Besteuerung** unterliegen. Somit kann zwar auch die finanzielle Eingliederung in einen ausländischen Organträger vorliegen, es ist aber nicht möglich, deutsches Steuersubstrat „über die Grenze“ zu verlagern. Ob die Stimmrechte von der inländischen Betriebsstätte oder von der ausländischen Hauptniederlassung ausgeübt werden, ist hingegen unbeachtlich.[48] 531

Zeitlich muss die Zuordnung der Beteiligung zu der inländischen Betriebsstätte ebenso wie die finanzielle Eingliederung insgesamt zu Beginn des Wirtschaftsjahres der Organgesellschaft vorliegen. Das bloße Vorliegen einer mehrheitlichen Beteiligung zu Beginn des Wirtschaftsjahres der Organgesellschaft reicht für eine wirksame Organschaft nicht aus, wenn die Beteiligung erst im Laufe dieses Wirtschaftsjahres einer inländischen Betriebsstätte des Organträgers zugeordnet wird.[49] Dies ergibt sich unmittelbar aus dem Gesetz, da die Beteiligung nach § 14 Abs. 1 S. 1 Nr. 1 S. 1 KStG vom Beginn des Wirtschaftsjahres der Organgesellschaft an ununterbrochen vorliegen muss und § 14 Abs. 1 S. 1 Nr. 2 S. 4 KStG auf diese Beteiligung Bezug nimmt. Ebenso wie die finanzielle Eingliederung an sich muss die Zuordnung zur inländischen Betriebsstätte jedoch nicht für mindestens fünf Jahre bestehen. Vielmehr besteht auch hier die Möglichkeit einer sog. „Organschaftspause“ für einzelne Wirtschaftsjahre, ohne dass die Organschaft *ex tunc* in Gänze gefährdet wäre. Zur Organschaftspause ausf. → Rn. 556. 532

45 Gosch KStG/Neumann KStG § 14 Rn. 150.

46 EuGH 27.11.2008 – C-418/07, IStR 2009, 66 – Société Papillion; EuGH 1.4.2014 – C-80/12, IStR 2014, 374 – Felixstowe Dock and Railway Company.

47 Brandis/Heuermann/Rode KStG § 14 Rn. 88.

48 Prinz/Witt/Marx Steuerliche Organschaft Rn. 14.2.

49 Gosch KStG/Neumann KStG § 14 Rn. 121; Brandis/Heuermann/Rode KStG § 14 Rn. 71.

## IV. Mehrheit der Stimmrechte

### 1. Stimmrechtsmehrheit aus eigenem Recht

533 Der Organträger muss an der Organgesellschaft in einem solchen Maß beteiligt sein, dass ihm die **Mehrheit der Stimmrechte** aus den Anteilen an der Organgesellschaft zusteht. Die erforderlichen Stimmrechte müssen dem Organträger **aus eigenem Recht** zustehen. Dies bedeutet, dass sich die Stimmrechte aus den dem Organträger zuzurechnenden Anteilen ergeben müssen. Eine **Stimmrechtsvollmacht** für fremde Anteile reicht daher nicht aus, um eine finanzielle Eingliederung zu begründen. Ebenso dürfte ein **Stimmrechtsbindungsvertrag** nicht bewirken, dass Stimmrechte, die auf fremde Anteile entfallen, in die Berechnung mit einbezogen werden. Zwar hat der V. Senat des BFH in einer Entscheidung aus dem Jahr 2001 ausgeführt, dass ein Stimmrechtsbindungsvertrag, durch den sich ein Minderheitsgesellschafter zu einem gleich gerichteten Stimmverhalten mit dem Mehrheitsgesellschafter verpflichtet, dazu führen könne, dass die Beteiligung des Minderheitsgesellschafters an der Organgesellschaft zu den Stimmen des Mehrheitsgesellschafters hinzugezählt wird, um ein bestimmtes satzungsmäßiges Quorum zu erreichen.[50] Diese Aussage ist jedoch zum einen zur umsatzsteuerlichen Organschaft,[51] zum anderen lediglich als *obiter dictum* ergangen. Jedenfalls im Bereich der ertragsteuerlichen Organschaft dürfte dem keine Geltung zukommen. So hat der I. Senat in einem Urteil vom 10.5.2017[52] – ohne auf die Entscheidung des V. Senats einzugehen – entschieden, dass eine zwischen den Gesellschaftern der Organgesellschaft getroffene schuldrechtliche Einschränkung der Stimmrechte für die Ermittlung der finanziellen Eingliederung nicht maßgeblich sei. Sofern schuldrechtliche Einschränkungen die finanzielle Eingliederung jedoch nicht berühren, kann die finanzielle Eingliederung konsequenterweise auch nicht durch schuldrechtliche Vereinbarungen begründet werden. Selbst wenn der vermeintliche Organträger bereits zu 50 % an der vermeintlichen Organgesellschaft beteiligt ist und sich mittels eines schuldrechtlichen Stimmbindungsvertrages mit dem Mitgesellschafter die Mehrheit der Stimmrechte gesichert hat, reicht dies für die finanzielle Eingliederung nicht aus.[53] Schuldrechtliche Vereinbarungen hinsichtlich der Stimmrechtsausübung sind somit für Zwecke der Erreichung der finanziellen Eingliederung iSd § 14 Abs. 1 S. 1 Nr. 1 S. 1 KStG insgesamt als irrelevant anzusehen.

### 2. Einfache Mehrheit/qualifizierte Mehrheit

534 Das Gesetz verlangt in § 14 Abs. 1 S. 1 Nr. 1 S. 1 KStG etwas unpräzise, dass dem Organträger aus seiner Beteiligung die „Mehrheit der Stimmrechte" zustehen muss. Ein Teil des Schrifttums schließt aus dem Wortlaut des Gesetzes, welches das Mehrheitserfordernis nicht weiter konkretisiert, auf die Maßgeblichkeit einer einfachen Mehrheit, die stets und schon dann erfüllt ist, wenn mehr als 50 % der Stimmen auf den Organträger entfallen und diese einfache Mehrheit nach der Satzung zumindest einen Anwendungsbereich besitzt.[54] Die Gegenansicht stellt demgegenüber mit Blick auf den Gesetzeszweck darauf ab, ob der Organträger in der Lage ist, **seinen Willen** in der Gesellschafterversammlung der Organgesellschaft **durchzusetzen.**[55]

**Beispiel** nach BFH (I R 50/20):[56]
Die M-GmbH ist an der T-GmbH zu 79,8 % beteiligt. Weitere Gesellschafter sind die Geschäftsführer der T-GmbH, nämlich der A (zu 10,2 % beteiligt) und der B (zu 10 % beteiligt). Im Gesellschaftsvertrag

---

50 BFH 22.11.2001 – V R 50/00, DStR 2002, 214.

51 Zum Verhältnis des Begriffs der finanziellen Eingliederung iRd umsatzsteuerlichen Organschaft einerseits und der ertragsteuerlichen Organschaft andererseits vgl. → Rn. 504 f.

52 BFH 10.5.2017 – I R 51/15, BStBl. II 2018, 30.

53 So rkr. FG Bremen 14.12.2017 – 3 K 12/17, EFG 2018, 228; vgl. dazu Weiss DStRK 2018, 86.

54 Bott/Walter/Walter KStG § 14 Rn. 274.

55 HHR/Kolbe KStG § 14 Rn. 111; Brandis/Heuermann/Rode KStG § 14 Rn. 81.

56 BFH 9.8.2023 – I R 50/20, DStR 2023, 2781.

der T-GmbH ist geregelt, dass Beschlüsse der Gesellschaft einer Mehrheit von 91% aller in der Gesellschafterversammlung anwesenden Stimmen bedürfen, soweit nicht das Gesetz oder die Satzung eine höhere Mehrheit vorschreibt.

Der BFH[57] hat ebenso wie bereits zuvor das FG Düsseldorf in dieser Konstellation die finanzielle Eingliederung verneint und sich der Auffassung angeschlossen, wonach der Organträger an der Organgesellschaft in einer Weise beteiligt sein muss, die es ihm ermöglicht, bei der Organgesellschaft seinen Willen durchzusetzen. Wenn die Satzung der Organgesellschaft **generell oder ganz überwiegend** das Erfordernis einer **qualifizierten Mehrheit** vorsieht, muss der Organträger demnach auch über diese qualifizierte Mehrheit der Stimmrechte verfügen. Dies ergibt sich aus dem Normzweck. Die mit der Organschaft verbundene Durchbrechung des Steuersubjektprinzips bedarf besonderer Rechtfertigung. Diese erfährt sie in erster Linie durch die Verpflichtung zur Gewinnabführung bzw. zum Verlustausgleich. Dies allein genügt aber nicht, um die Vorteile der Organschaft unter Überwindung des ansonsten im Körperschaftsteuerrecht geltenden Trennungsprinzips in Anspruch nehmen zu können: Das Gesetz fordert außerdem die Stimmrechtsmehrheit des Organträgers aus eigenem Recht. Die hiermit verbundene Absicht wäre aber nicht erfüllt, wenn die Geschicke der Organgesellschaft von außenstehenden Gesellschaftern gelenkt werden könnten. Als „Mehrheit der Stimmrechte" muss insofern die Mehrheit verstanden werden, die es in der konkreten Situation braucht. Diese Auffassung ist mit dem Wortlaut der Vorschrift kompatibel. Das Gesetz determiniert die aufgeworfene Frage nicht in eine Richtung, weil es nicht vorgibt, welche Art von Mehrheit erforderlich ist.[58]

Höchstrichterliche Entscheidungen zu den Anforderungen an die Stimmrechtsmehrheit bei der finanziellen Eingliederung lagen zuvor nur von den für die Umsatzsteuer zuständigen Senaten (V. und XI. Senat) vor. Diese stellten ebenfalls darauf ab, dass der Organträger bei der Organgesellschaft seinen Willen durchsetzen kann. Maßgebend sei, dass die Stimmenmehrheit allgemein und nicht nur im Einzelfall erreicht werde.[59] Jedoch ließen sich diese Entscheidungen nicht ohne weiteres für die ertragsteuerliche Organschaft nutzbar machen. Der V. Senat hat überdies zwischenzeitlich seine Rechtsprechung geändert und hält es nunmehr für möglich, dass eine „schwächer" ausgeprägte finanzielle Eingliederung auch durch eine besonders stark ausgeprägte organisatorische Eingliederung ausgeglichen werden kann.[60] Auf die ertragsteuerliche Organschaft kann dies schon deshalb nicht übertragen werden, da die organisatorische Eingliederung dort keine Organschaftsvoraussetzung ist und die Rechtsprechung zur umsatzsteuerrechtlichen Organschaft auf einer Gesamtbetrachtung von finanzieller, organisatorischer und wirtschaftlicher Eingliederung beruht.[61] Zum Verhältnis des Begriffes der finanziellen Eingliederung in § 14 Abs. 1 S. 1 Nr. 1 KStG und in § 2 Abs. 2 Nr. 2 UStG ausf. → Rn. 504 f. **535**

Gleichgelagerte Probleme ergeben sich immer dann, wenn der Organträger zwar grds. über die Stimmrechtsmehrheit verfügt, seinen Willen aber dessen ungeachtet nicht bei der Organgesellschaft durchsetzen kann. **536**

**Beispiel:**
X ist alleiniger Anteilseigner und Geschäftsführer eines Start-Up-Unternehmens. 90% der Anteile verkauft er an die Z-GmbH. X fungiert aber weiterhin als Geschäftsführer und behält sich in der Satzung bei einer Vielzahl von Beschlüssen ein Veto-Recht vor.

57 FG Düsseldorf 24.11.2020 – 6 K 3291/19, DStRE 2021, 728; BFH 9.8.2023 – I R 50/20, DStR 2023, 2781.

58 FG Düsseldorf 26.4.2013 – 1 K 1143/12, EFG 2014, 447.

59 BFH 22.11.2001 – V R 50/00, BStBl. II 2002, 167; BFH 19.5.2005 – V R 31/03, BStBl. II 2005, 671; BFH 22.4.2010 – V R 9/09, BStBl. II 2011, 597; BFH 1.12.2010 – XI R 43/08, BStBl. II 2011, 600; BFH 2.12.2015 – V R 25/13, BStBl. II 2017, 547; BFH 15.12.2016 – V R 14/16, BStBl. II 2017, 600.

60 BFH 18.1.2023 – XI R 29/22, DStR 2023, 638.

61 BFH 9.8.2023 – I R 50/20, DStR 2023, 2781.

Auch derartige **Veto-Rechte** können dazu führen, dass die finanzielle Eingliederung entfällt bzw. von vornherein nicht gegeben ist.[62] Es stellt sich ebenso die „Machtfrage“ wie beim Verfehlen einer von der Satzung geforderten qualifizierten Mehrheit.

**537** Problematisch ist die Beurteilung der finanziellen Eingliederung insbes. in den Fällen, in denen ein qualifiziertes Mehrheitserfordernis bzw. ein Vetorecht für einen Minderheitsgesellschafter im Einzelfall, aber nicht durchgängig besteht. Fraglich ist dann, **in welchem Umfang** der potenzielle Organträger seinen Willen durchsetzen können muss, damit die Organschaft nicht scheitert. Es kann nicht genügen, wenn lediglich ein wie auch immer gearteter Restbereich verbleibt, in dem der Organträger mit einfacher Mehrheit bzw. ohne entgegenstehendes Vetorecht durchregieren kann.[63] Denn Regelungsbereiche ohne jeden sachlichen Bezug zur Organschaft können für die Anerkennung der Organschaft keine Berücksichtigung finden.[64] Aus dem gleichen Grund kann dem Gesetzeszweck aber auch nicht entnommen werden, dass der Organträger in allen Bereichen in seiner Willensausübung völlig uneingeschränkt agieren können müsste. Meines Erachtens streiten die besten Argumente für die Auffassung, wonach der Organträger seinen Willen bei den **Beschlüssen** durchsetzen können muss, **welche die Ergebnisübernahme des Organträgers betreffen.**[65] Die Ergebnisübernahme stellt nämlich den Kernpunkt der Organschaft dar.[66] Zu den Beschlüssen, die der Organträger demnach ungehindert treffen können muss, gehören die Feststellung des Jahresabschlusses oder die Ergebnisverwendung durch die Bildung von Gewinnrücklagen. Weitergehende Forderungen, die im Schrifttum erhoben werden und darauf abzielen, dass der Organträger den „wesentlichen Teil der Geschäftspolitik“[67] bestimmen oder sich „in wichtigen regelmäßigen Fragen“[68] durchsetzen können muss, sind mE hingegen abzulehnen. Diese Anforderungen erscheinen zu unbestimmt und provozieren kaum lösbare Abgrenzungsschwierigkeiten. Es erschiene kaum praktikabel, wenn die Frage der finanziellen Eingliederung aufgrund einer umfassenden Gesamtwürdigung der Umstände des Einzelfalls zu entscheiden wäre. Anhängige Verfahren vor dem BFH gibt es zu dieser Thematik derzeit – soweit ersichtlich – jedoch nicht. In der Praxis ist daher Vorsicht im „Graubereich“ geboten. Mit anderen Worten ist fast jede Beschneidung der ungehinderten Willensausübung des Organträgers potenziell geeignet, die Organschaft zu gefährden.

**538** Die Durchsetzbarkeit des Mehrheitswillens ist auch und insbes. dann nicht mehr gegeben, wenn über das Vermögen der Organgesellschaft das **Insolvenzverfahren** eröffnet wird. Zwar ist dem Organträger die Beteiligung an der Organgesellschaft weiterhin zuzurechnen, das wirtschaftliche Eigentum an den Anteilen geht nicht etwa auf den Insolvenzverwalter über → Rn. 516. Auch kann die Gesellschafterversammlung dem Geschäftsführer, dessen Organstellung von der formellen Insolvenz unberührt bleibt, weiterhin Weisungen erteilen. Diese bleiben aber aufgrund des Übergangs der Verwaltungs- und Verfügungsbefugnis auf den Insolvenzverwalter wirkungslos. Der Organträger kann somit über seine Stimmrechte nicht mehr den erforderlichen Einfluss auf die Organgesellschaft ausüben. Das formale Innehaben der Stimmrechtsmehrheit ohne Möglichkeit der rechtlichen Durchsetzung reicht zur Begründung der finanziellen Eingliederung nicht aus.[69] Dies gilt auch bereits im **Insolvenzeröffnungsverfahren.** Unterliegen im Regeleröffnungsverfahren die Handlungen des Schuldners einem Zustimmungserfordernis des vorläufigen Insolvenzverwalters, entfällt mit Anordnung dieser Sicherungsmaßnahme die finanzielle Eingliederung.

---

62 Rode FR 2021, 151; Brühl/Weiss Ubg 2021, 198.
63 So aber wohl Bott/Walter/Walter KStG § 14 Rn. 274.
64 Brühl/Weiss Ubg 2021, 198.
65 DPM/Dötsch/Pung KStG § 14 Rn. 254; Prinz/Witt Steuerliche Organschaft/Marx Rn. 14.6; Rode FR 2021, 151.
66 So zutreffend DPM/Dötsch/Pung KStG § 14 Rn. 254.
67 HHR/Kolbe KStG § 14 Rn. 111.
68 Frotscher/Drüen/Frotscher KStG § 14 Rn. 210.
69 Frotscher/Drüen/Frotscher KStG § 14 Rn. 675.

Dies alles gilt sinngemäß auch im Falle der **Eigenverwaltung.** Zwar bleibt die Verwaltungs- und Verfügungsbefugnis bei der Eigenverwaltung beim Schuldner (also der Organgesellschaft). Jedoch bestimmt § 276a Abs. 1 InsO, dass der Aufsichtsrat, die Gesellschafterversammlung oder entsprechende Organe keinen Einfluss auf die Geschäftsführung des Schuldners haben und dass die Abberufung und Neubestellung von Mitgliedern der Geschäftsleitung nur dann wirksam ist, wenn der Sachwalter zustimmt. Auch in diesem Fall bleibt die nach wie vor bestehende Stimmrechtsmehrheit rechtlich ohne Wirkung, weshalb die finanzielle Eingliederung entfällt.[70] Mit der Änderung des § 276a InsO durch das SanInsFoG v. 22.12.2020[71] wurde die entsprechende Anwendung des § 276a Abs. 1 InsO für das **Eigenverwaltungseröffnungsverfahren** angeordnet. Daher gelten die vorherigen Ausführungen auch bereits für die Zeit der vorläufigen Eigenverwaltung.[72] 539

### 3. Berechnung der Stimmrechtsmehrheit

Die Stimmrechte des Organträgers ermitteln sich aus dem Verhältnis der Zahl der Stimmrechte, die der Organträger mittels seines Anteilsbesitzes an der Organgesellschaft ausüben kann, zur Gesamtzahl aller Stimmrechte bei der Organgesellschaft. Stimmrechte aus eigenen Anteilen sind dabei von der Gesamtzahl aller Stimmrechte abzusetzen. Relevant sind die Stimmrechte, die sich aus den dem Organträger zuzurechnenden Anteilen ergeben, wobei das wirtschaftliche Eigentum maßgebend ist (→ Rn. 511 ff.). 540

Mittelbare Beteiligungen finden keine Berücksichtigung, wenn bereits eine unmittelbare Beteiligung die Mehrheit der Stimmrechte gewährt, § 14 Abs. 1 S. 1 Nr. 1 S. 3 KStG. Ist dies jedoch nicht der Fall, kann eine finanzielle Eingliederung nach § 14 Abs. 1 S. 1 Nr. 1 S. 2 KStG auch durch eine mittelbare Beteiligung oder auch durch eine Kombination von unmittelbarer und mittelbarer Beteiligung begründet werden. Vor VZ 2001 konnte eine mittelbare Beteiligung ebenfalls bereits genügen, um eine finanzielle Eingliederung zu begründen. Jedoch sah das Gesetz ein Additionsverbot von unmittelbarerer und mittelbarer Beteiligung vor. Ab VZ 2001 hat sich dieses Additionsverbot in ein **Additionsgebot** gewandelt, sofern die finanzielle Eingliederung nicht bereits durch die unmittelbare Beteiligung erreicht wird. 541

Sofern auf mittelbare Beteiligungen zurückgegriffen werden muss, stellt sich die Frage, wie die Stimmrechtsmehrheit zu berechnen ist. 542

**Beispiel:**
Die OT-GmbH hält 25 % der Anteile an der OG-GmbH. Weitere 30 % hält die Z-GmbH, an der die OT-GmbH zu 80 % beteiligt ist. Sämtliche Beschlüsse in den Gesellschaften werden mit einfacher Mehrheit gefasst.

Für die Berechnung des Umfangs, in dem die mittelbare Beteiligung zu berücksichtigen ist, bieten sich zwei Möglichkeiten an: Nach der sog. **Durchrechnungsmethode** werden die Beteiligungsprozentsätze multipliziert. So ergibt sich eine unmittelbare Beteiligung der OT-GmbH an der OG-GmbH iHv 25 %, zu der noch eine im Wege der Durchrechnung ermittelte mittelbare Beteiligung iHv (80 % * 30 % =) 24 % addiert wird. Die Vertreter dieser Auffassung begründen diese damit, dass eine rechtlich anzuerkennende Möglichkeit der Stimmrechtsausübung im Interesse des Organträgers nur dann vorliege, wenn im Wege der Durchrechnung eine Mehrheit erreicht werde.[73] Eine finanzielle Eingliederung wäre nach dieser Auffassung im Beispielsfall somit nicht gegeben, eine Organschaft zwischen der OT-GmbH und der OG-GmbH käme nicht in Betracht.

---

70 So auch Kahlert DStR 2014, 73; Brandis/Heuermann/Rode KStG § 14 Rn. 82; Frotscher/Drüen/Frotscher KStG § 14 Rn. 675; aA aber offenbar Gosch KStG/Neumann KStG § 14 Rn. 297.

71 BGBl. 2020 I 3256.

72 Zur Rechtslage und den Auswirkungen auf die finanzielle Eingliederung vor der Gesetzesänderung durch das SanInsFoG Brandis/Heuermann/Rode KStG § 14 Rn. 82a.

73 Müller/Detmering/Lieber Die Organschaft Rn. 94; Gosch KStG/Neumann KStG § 14 Rn. 139; Herlinghaus FR 2000, 1105.

Nach der **Additionsmethode** werden hingegen sämtliche Stimmrechte, die der vermittelnden Gesellschaft an der Organgesellschaft zustehen, berücksichtigt, sodass die OT-GmbH im Beispielsfall über 25 % aus der unmittelbaren Beteiligung und über 30 % aus der mittelbaren Beteiligung an der OG-GmbH verfügen würde. Die Begründung einer Organschaft wäre somit möglich. Nur diese Berechnungsmethode **entspricht dem Sinn und Zweck des Gesetzes.**[74] Anknüpfend an die Frage, ob eine einfache oder eine qualifizierte Mehrheit der Stimmrechte erforderlich ist, muss auch hier der alleinige Maßstab sein, ob der Organträger seinen Willen bei der Organgesellschaft im Kernbereich der Ergebnisübernahme durchsetzen kann. Bei mittelbaren Beteiligungen ist daher zunächst entscheidend, ob der Organträger bei der vermittelnden Gesellschaft seinen Willen durchsetzen kann (wäre dies nicht der Fall, wäre die Beteiligung schon gar nicht nach § 14 Abs. 1 S. 1 Nr. 1 S. 2 KStG zu berücksichtigen). Hat er die entsprechende Machtposition inne, so sind ihm sämtliche Anteile, die der vermittelnden Gesellschaft an der Organgesellschaft zustehen, zuzurechnen. Die OT-GmbH im Beispielsfall kann nämlich das Stimmverhalten der Z-GmbH in der Gesellschafterversammlung der OG-GmbH kontrollieren und verfügt damit faktisch über insgesamt 55 % der Stimmen.

Die **Finanzverwaltung** scheint auf den ersten Blick die Durchrechnungsmethode anwenden zu wollen. Dies legt jedenfalls ein Berechnungsbeispiel in **KStR 14.2** nahe. Kurioserweise wird diese Berechnung in der Richtlinie aber anhand eines Beispielsfalls vorgenommen, in dem es auf die Art der Berechnung gar nicht ankommt. In dem Beispielsfall hält eine Organträgerin unmittelbar 20 % der Anteile an der Organgesellschaft. Die übrigen 80 % der Anteile an der Organgesellschaft werden von einer weiteren Gesellschaft gehalten, an die die Organträgerin ebenfalls zu 80 % beteiligt ist. Die FinVerw errechnet nun eine Gesamtbeteiligung iHv (20 % + 64 % =) 84 % und bejaht im Ergebnis wenig überraschend die finanzielle Eingliederung. Ob die Verfasser der Richtlinie damit bewusst die Anwendung der Durchrechnungsmethode vertreten wollten, bleibt offen. In diesem Fall wäre es naheliegender gewesen, in einem von insgesamt immerhin drei Beispielsfällen eine Konstellation auszuwählen, in der die beiden Berechnungsmethoden zu unterschiedlichen Ergebnissen führen. Die FinVerw hat die Überarbeitung der Körperschaftsteuerrichtlinien im Jahr 2022 bedauerlicherweise nicht zum Anlass genommen, eine entsprechende Klarstellung vorzunehmen. Vor den Finanzgerichten ist diese Frage indes – soweit ersichtlich – noch nie verhandelt, geschweige denn entschieden worden.

543 Bei **Personengesellschaften** als Organträger müssen sich die Anteile an der Organgesellschaft seit Einführung des § 14 Abs. 1 S. 1 Nr. 2 S. 3 KStG im Zuge des StVergAbG (ab VZ 2002) im Gesamthandsvermögen befinden vgl. → Rn. 509. Dabei muss die Organschaftsbeteiligung jedoch auch nur in dem Umfang im Gesamthandsvermögen gehalten werden, der die Stimmrechtsmehrheit vermittelt. Werden darüber hinaus noch Anteile im Sonderbetriebsvermögen gehalten, ist dies unschädlich.[75] Die Veräußerung eines Mitunternehmeranteils bzw. Änderungen im Gesellschafterbestand haben folgerichtig auch keine Auswirkungen auf das Bestehen der Organschaft.

544 Bei einer **KGaA** als Organgesellschaft steht dem persönlich haftenden Gesellschafter die Befugnis zur Geschäftsführung und Vertretung der KGaA zu. Für die Stimmrechtsmehrheit kommt es aber auf die Mehrheit der Kommanditaktien an. Der persönlich haftende Gesellschafter hat nach § 285 Abs. 1 S. 1 AktG in der Hauptversammlung nämlich nur ein Stimmrecht aus den Kommanditaktien.[76] Einer Beteiligung des Organträgers am persönlich haftenden Gesellschafter bedarf es nicht.[77]

545–550 *(einstweilen frei)*

---

[74] Für die Additionsmethode auch HHR/Kolbe KStG § 14 Rn. 113.
[75] DPM/Dötsch/Pung KStG § 14 Rn. 284.
[76] HHR/Kolbe KStG § 14 Rn. 113; Gosch KStG/Neumann KStG § 14 Rn. 134.
[77] Prinz/Witt Steuerliche Organschaft/Marx Rn. 14.10.

## C. Zeitliche Komponente

Die finanzielle Eingliederung muss nach § 14 Abs. 1 S. 1 Nr. 1 S. 1 KStG **vom Beginn des Wirtschaftsjahres der Organgesellschaft an ununterbrochen** vorliegen. Ununterbrochen bedeutet, dass die finanzielle Eingliederung vom Beginn ihres Wirtschaftsjahres an ohne Unterbrechung bis zum Ende des Wirtschaftsjahres bestehen muss. Dem Wortlaut nach ist somit jede auch nur kurze Unterbrechung schädlich. Es kommt jedoch nicht auf die Länge des Wirtschaftsjahres an, auch ein Rumpfwirtschaftsjahr ist ein Wirtschaftsjahr iSd Vorschrift.[78] 551

In Fällen des **unterjährigen Anteilserwerbs** behilft sich die Praxis daher regelmäßig mit der Bildung von Rumpfwirtschaftsjahren. So kann erreicht werden, dass die Voraussetzung der finanziellen Eingliederung der Organgesellschaft beim Veräußerer der Anteile bis zum Ende des Wirtschaftsjahres der Organgesellschaft und beim Erwerber der Anteile vom Beginn des anschließenden Wirtschaftsjahres der Organgesellschaft an erfüllt wird. Damit die Organschaft zum Zeitpunkt der Übertragung der Anteile wirksam werden kann, muss das **Wirtschaftsjahr** der Organgesellschaft also regelmäßig auf einen vom Kalenderjahr abweichenden Zeitraum **umgestellt** werden (sofern bei der Organgesellschaft nicht ohnehin bereits ein abweichendes Wirtschaftsjahr besteht, welches auf dem Übertragungsstichtag endet). Nach § 7 Abs. 4 S. 3 KStG ist hierfür grds. das Einvernehmen des Finanzamts erforderlich. Die Begründung bzw. die Beendigung eines Organschaftsverhältnisses ist dabei ein anerkennenswerter Grund für die Umstellung auf ein vom Kalenderjahr abweichendes Wirtschaftsjahr, weshalb die gesetzlich geforderte Zustimmung vom FA zwingend zu erteilen ist. Bei der Begründung eines Organschaftsverhältnisses gilt das auch, wenn das Wirtschaftsjahr der Organgesellschaft im selben Veranlagungszeitraum ein zweites Mal umgestellt wird, um den Abschlussstichtag der Organgesellschaft dem im Organkreis üblichen Abschlussstichtag anzupassen.[79] Zu beachten ist, dass die Bildung eines Rumpfwirtschaftsjahres der Änderung des Gesellschaftsvertrags in der nach § 53 Abs. 1 und 2 GmbHG, §§ 179, 181 AktG vorgeschrieben Form bedarf. Die Änderung des Wirtschaftsjahres wird erst mit der Eintragung in das Handelsregister wirksam. Eine Rückwirkung kommt nicht in Betracht, sodass die Eintragung in das Handelsregister noch vor dem Ende des Rumpfwirtschaftsjahres erfolgen muss. 552

Die nahtlose Fortführung der Organschaft zwischen der veräußernden und der erwerbenden Gesellschaft ist durch ein sog. **„Mitternachtsgeschäft"** auf den Bilanzstichtag der Organgesellschaft möglich. Der bisherige Organträger behält in diesem Fall das Eigentum an den Anteilen an der Organgesellschaft bis zum letzten Tag des Wirtschaftsjahres der Organgesellschaft um 24 Uhr. Dem Erwerber sind die Anteile am ersten Tag des neuen Wirtschaftsjahres ab 0 Uhr zuzurechnen. Der Übergang erfolgt somit innerhalb einer juristischen Sekunde. Möglich und von der FinVerw anerkannt sind auch sog. **Kettenübertragungen,** somit mehrere Mitternachtsgeschäfte hintereinander zum selben Stichtag, wobei die Reihenfolge der Geschäfte vertraglich festgelegt wird. Die Organbeteiligung wird dabei innerhalb einer logischen Sekunde, wenn auch in der festgeschriebenen Reihenfolge, mehrfach übertragen.[80] Denkbar ist bspw. die Ausgliederung der Organbeteiligung aus der Muttergesellschaft auf eine Enkelgesellschaft über eine Tochtergesellschaft.[81] 553

Bei allen Anteilsübertragungen ist zu beachten, dass der entsprechende Vertrag noch vor dem maßgeblichen Zeitpunkt wirksam geschlossen und der Zeitpunkt des Übergangs klar vereinbart wird. Eine auf die finanzielle Eingliederung durchschlagende **Rückwirkung** kann nicht vereinbart werden. Zwar können die Parteien sich, zB im Hinblick auf Gewinnbezugsrechte, zivilrechtlich so stellen, als seien die Anteile bereits zu einem früheren Zeit- 554

[78] KStR 14.4 Abs. 1 S. 3.
[79] KStR 14.4 Abs. 3 S. 1 f.
[80] DPM/Dötsch/Pung KStG § 14 Rn. 299; RHN/Rödder/Liekenbrock KStG § 14 Rn. 205.
[81] RHN/Rödder/Liekenbrock KStG § 14 Rn. 205.

punkt übergegangen, über den Zeitpunkt der finanziellen Eingliederung können sie sich insofern aber nicht mit steuerlicher Wirkung verständigen.[82] Davon zu unterscheiden sind die Umwandlungsfälle, bei denen ggf. eine umwandlungssteuerliche Rückbeziehung oder eine umwandlungssteuerliche Rechtsnachfolge in Betracht kommt. → Rn. 561 ff.

**555** Auch wenn die finanzielle Eingliederung vom Beginn bis zum Ende des Wirtschaftsjahres der Organgesellschaft an ununterbrochen vorliegen muss, schließt dies einen **Wechsel von unmittelbarer und mittelbarer Beteiligung** nicht aus. Konzerninterne Umstrukturierungen bleiben somit weiterhin möglich. Dies betrifft bspw. die Verlängerung oder auch die Verkürzung einer Beteiligungskette, denn der Wechsel ist in beide Richtungen möglich. Auch eine zunächst bestehende unmittelbare Beteiligung kann zu einer mittelbaren Beteiligung werden, ohne dass dies der Organschaft schadet, immer vorausgesetzt, dass die mittelbare Beteiligung nach den allgemeinen Grundsätzen die finanzielle Eingliederung gewährt. Ebenso kann eine Übertragung der vom Organträger mittelbar gehaltenen Organgesellschaft auf eine Schwestergesellschaft der zwischengeschalteten Gesellschaft erfolgen. In diesem Fall ändert der Austausch der zwischengeschalteten Gesellschaft nichts daran, dass der Organträger durchgängig an der Organgesellschaft mittelbar beteiligt ist. Dötsch/Pung weisen darauf hin, dass (nur) der Wechsel von einer zunächst mittelbaren zu einer unmittelbaren Beteiligung noch in KStR 1995 (R 49 S. 8) explizit als unschädlich anerkannt wurde, diese Aussage jedoch in späteren Fassungen der Richtlinien entfallen ist.[83] Eine Änderung der Finanzverwaltungsauffassung dürfte damit jedoch nicht verbunden gewesen sein. Eine davon abweichende Auffassung wäre mit dem insoweit eindeutigen Gesetzeswortlaut, der lediglich eine ununterbrochene finanzielle Eingliederung fordert, wohl auch nicht vereinbar.[84]

**556** Die finanzielle Eingliederung muss zwar immer ohne jegliche Unterbrechung für das ganze Wirtschaftsjahr der Organgesellschaft vorliegen, damit die Organschaft für das betreffende Wirtschaftsjahr anerkannt wird. Ein Zusammenhang mit der fünfjährigen Mindestlaufzeit des Gewinnabführungsvertrages besteht dabei aber nicht. Somit kann die Voraussetzung der finanziellen Eingliederung in einem oder mehreren Wirtschaftsjahren während des Fünf-Jahres-Zeitraums entfallen, ohne dass dies die Organschaft *ex tunc* insgesamt gefährden würde. Die Wirkung der Nichtanerkennung beschränkt sich lediglich auf die Wirtschaftsjahre, in denen die finanzielle Eingliederung nicht vorliegt. Die Möglichkeit einer solchen nicht die Organschaft *ex tunc* zerstörenden **Organschaftsunterbrechung** hat der BFH mit Blick auf die finanzielle Eingliederung in zwei Urteilen vom 17.5.2017 anerkannt.[85] Bis zum Ergehen dieser Urteile herrschte die Auffassung vor, dass aus der Mindestlaufzeit des Gewinnabführungsvertrages (im Rahmen einer teleologischen Auslegung) ein generell geltendes Zeitelement abzuleiten sei, wonach innerhalb der fünf Jahre sämtliche Tatbestandsvoraussetzungen erfüllt sein müssten. Der BFH orientierte sich jedoch ausschließlich am Gesetzeswortlaut des § 14 KStG, der in § 14 Abs. 1 S. 1 Nr. 3 S. 1 KStG lediglich fordert, dass der Gewinnabführungsvertrag auf mindestens fünf Jahre abgeschlossen und während dieser Zeit auch tatsächlich durchgeführt wird. Im Streitfall **I R 19/15** war die spätere Organgesellschaft im Februar 01 als Vorratsgesellschaft gegründet und im August 01 von der Organträgerin erworben worden. Diese übertrug ebenfalls im August 01 Teile ihres Vermögens auf die Organgesellschaft als Gesamtheit im Wege der Umwandlung durch Ausgliederung mit Wirkung zum 1.1.2001 0:00 Uhr. Beide Gesellschaften schlossen am gleichen Tag einen Beherrschungs- und Gewinnabführungsvertrag, der ab dem 1.1.2001 gelten sollte und frühestens zum 31.12.2005 gekündigt werden konnte. Nach der Entscheidung des BFH scheiterte die finanzielle Eingliederung in 01 daran, dass die Organgesellschaft nicht vom Organträger errichtet worden war, sondern die Anteile bis zu ihrem

82 DPM/Dötsch/Pung KStG § 14 Rn. 299.
83 DPM/Dötsch/Pung KStG § 14 Rn. 296.
84 Im Ergebnis ebenso Frotscher/Drüen/Frotscher KStG § 14 Rn. 272; RHN/Rödder/Liekenbrock KStG § 14 Rn. 206.
85 BFH 17.5.2017 – I R 51/15, BStBl. II 2018, 30; BFH 17.5.2017 – I R 19/15, BStBl. II 2019, 81.

Erwerb im August 01 einer dritten Person zustanden. Auch die mit der Umwandlung verbundene ertragsteuerrechtliche Rückwirkungsfiktion vermochte nicht den Tatbestand der finanziellen Eingliederung zu erfüllen. Gleichzeitig entschied der BFH aber, dass die Rückwirkungsfiktion für die Mindestdauer des Gewinnabführungsvertrages fruchtbar gemacht werden könne und errechnete vom 1.1.2001 (zu dem die Organgesellschaft tatsächlich nicht einmal gegründet war) bis zur ersten Kündigungsmöglichkeit zum 31.12.2005 die erforderliche fünfjährige Mindestlaufzeit. Das Ergebnis war somit eine an der finanziellen Eingliederung gescheiterte Organschaft in 01, die jedoch in den Folgejahren grds. steuerlich anzuerkennen war. Die oftmals gewählte Bezeichnung als **„Organschaftspause"**, die auf eine zwischenzeitliche Unterbrechung einer wirksam begründeten Organschaft hindeutet, ist somit irreführend. Die Organschaft kann vielmehr auch erst in die Wirksamkeit hineinwachsen, sofern nur der Gewinnabführungsvertrag auf mindestens fünf Jahre abgeschlossen und durchgeführt wird. Das Verfahren **I R 51/15** wiederum hatte den Wegfall der Mehrmütterorganschaft zum Hintergrund, welcher dazu führte, dass die zunächst errichtete sog. Willensbildungs-GbR keine taugliche Organträgerin mehr war. Das Vermögen der Organträgerin wurde noch innerhalb des Fünf-Jahres-Zeitraums auf ein anderes Rechtssubjekt übertragen. Da der Gewinnabführungsvertrag ununterbrochen durchgeführt wurde, erkannte der BFH die Organschaft in den Folgejahren an, obwohl sie in den Vorjahren wegen fehlender finanzieller Eingliederung gescheitert war.

*(einstweilen frei)* **557–560**

## D. Finanzielle Eingliederung bei Umwandlungen

### I. Allgemeines

Werden Organträger oder Organgesellschaft umgewandelt, sollen bestehende Organschaften regelmäßig nahtlos fortgeführt werden. In anderen Fällen soll die Organschaft mit Wirkung auf den steuerlichen Übertragungsstichtag erstmals begründet werden. Die Frage nach der finanziellen Eingliederung steht dabei jeweils primär im Fokus. Problematisch ist insbes., inwieweit die Rechtsinstitute der umwandlungssteuerlichen Rechtsnachfolge und der umwandlungssteuerlichen Rückbeziehung für den nahtlosen Übergang fruchtbar gemacht werden können. Die FinVerw hat sich dabei in vielen Zweifelsfällen in der Vergangenheit restriktiv verhalten. Die im Umwandlungssteuererlass[86] getroffenen Aussagen haben aber zwischenzeitlich bereits mehrfach Korrekturen durch die Rechtsprechung erfahren. **561**

### II. Umwandlung des Organträgers

Soll der Organträger auf einen anderen Rechtsträger **verschmolzen** werden, führt dies nicht zur Beendigung des Gewinnabführungsvertrages. Dieser geht vielmehr auf den übernehmenden Rechtsträger über. Umstritten war bislang jedoch, unter welchen Voraussetzungen dem übernehmenden Rechtsträger eine zwischen der übertragenden Gesellschaft und der Organgesellschaft bestehende finanzielle Eingliederung zugerechnet werden kann. Die FinVerw hat hierzu bislang die Auffassung vertreten, dass die Organschaft nur dann nahtlos fortgeführt werden könne, wenn dem übernehmenden Rechtsträger die Beteiligung an der Organgesellschaft steuerlich rückwirkend zum Beginn des Wirtschaftsjahres der Organgesellschaft zuzurechnen sei.[87] Die hM im Schrifttum hat dies von jeher für unzutreffend gehalten und darauf hingewiesen, dass es auf die umwandlungssteuerliche Rückbeziehung gar nicht ankomme, sondern allein die **umwandlungssteuerliche Rechtsnachfolge** zur finanziellen Eingliederung in den übernehmenden Rechtsträger **562**

[86] BMF 11.11.2011, BStBl. I 2011, 1314.
[87] BMF 11.11.2011, BStBl. I 2011, 1314 Rz. Org.02 S. 2 und Rz. 02.03.

führe.[88] Dies hat der BFH am 11.7.2023 in einer ganzen Reihe von Urteilen bestätigt, u. a. für die Verschmelzung einer Kapital- auf eine Personengesellschaft (Rechtsnachfolge nach § 4 Abs. 2 S. 1 iVm S. 3 UmwStG)[89] und die Verschmelzung zweier Kapitalgesellschaften (Rechtsnachfolge nach § 12 Abs. 3 iVm § 4 Abs. 2 UmwStG).[90] Der übernehmende Rechtsträger tritt umfassend und vorbehaltlos – und damit auch hinsichtlich des Merkmals der finanziellen Eingliederung – in die Rechtsstellung des übertragenden Rechtsträgers ein (sog. **Fußstapfentheorie**). Dies gilt auch für die nahtlose Fortführung des Inlandbezugs nach § 14 Abs. 1 S. 1 Nr. 2 S. 4 KStG. War die Beteiligung an der Organgesellschaft einer inländischen Betriebsstätte des übertragenden Rechtsträgers zugeordnet, dann wird dies dem übernehmenden Rechtsträger als Rechtsnachfolger ebenfalls zugerechnet. Nicht erforderlich ist, dass zusätzlich die Voraussetzungen einer umwandlungssteuerlichen Rückbeziehung auf den Beginn des Wirtschaftsjahres der Organgesellschaft vorliegen. Die Rechtsinstitute der umwandlungssteuerlichen Rechtsnachfolge und der umwandlungssteuerlichen Rückbeziehung stehen nach Ansicht des BFH gleichberechtigt nebeneinander und können den gleichen Zeitraum betreffen, müssen dies aber nicht.

563 Wird der Organträger im Wege eines **Down-Stream-Mergers** auf die Organgesellschaft verschmolzen, endet damit auch die finanzielle Eingliederung. Gleichzeitig erlischt der Gewinnabführungsvertrag durch Konfusion. Die Organschaft endet mit Wirkung zum steuerlichen Übertragungsstichtag.[91] Streit kann in diesen Fällen insbes. bei einer Beendigung des Gewinnabführungsvertrages vor Ablauf der Fünf-Jahres-Frist entstehen. Stand die Verschmelzung bereits bei Abschluss des Gewinnabführungsvertrages fest, dürfte (ausnahmsweise) kein wichtiger Grund iSd § 14 Abs. 1 S. 1 Nr. 3 S. 2 KStG vorliegen. Die Organschaft verunglückt dann *ex tunc*. Andernfalls dürfte die Beendigung für die Vorjahre unschädlich sein.

564 Für die Fälle des **qualifizierten Anteilstausches** iSd § 21 Abs. 1 S. 2 UmwStG hat der BFH ebenfalls entschieden, dass der übernehmende Rechtsträger als Organträger hinsichtlich des Merkmals der finanziellen Eingliederung in die Rechtsstellung des übertragenden Rechtsträgers eintritt. Beim qualifizierten Anteilstausch ergibt sich dies aus § 12 Abs. 3 iVm § 23 Abs. 1 und § 4 Abs. 2 S. 3 UmwStG.[92] Erneut entgegen der Auffassung der FinVerw[93] sah es der BFH als unschädlich an, dass der umwandlungssteuerliche Übertragungsstichtag beim qualifizierten Anteilstausch nicht auf den Beginn des Wirtschaftsjahres der Organgesellschaft zurückbezogen werden kann.

565 Bei einer **Aufspaltung** wird handelsrechtlich das Vermögen eines Rechtsträgers auf mindestens zwei neue Rechtsträger übertragen. Dem die Beteiligung an der Organgesellschaft übernehmenden Rechtsträger ist eine gegenüber dem übertragenden Rechtsträger zum steuerlichen Übertragungsstichtag bestehende finanzielle Eingliederung zuzurechnen. Gleiches gilt bei der **Abspaltung** oder der **Ausgliederung** der Beteiligung an der Organgesellschaft auf ein anderes gewerbliches Unternehmen. Auch in diesen Fällen vertritt die FinVerw bislang die Auffassung, dass die finanzielle Eingliederung nur dann nahtlos mit dem übernehmenden Rechtsträger fortgesetzt werden könne, wenn dem übernehmenden Rechtsträger die Beteiligung an der Organgesellschaft zum Beginn des Wirtschaftsjahres der Organgesellschaft zuzurechnen ist.[94] Eine Entscheidung des BFH hierzu liegt bislang nicht vor, jedoch tritt auch in diesen Konstellationen der übernehmende Rechtsträger als Rechtsnachfolger hinsichtlich des Merkmals der finanziellen Eingliederung in die Rechtsstellung des übertragenden Rechtsträgers ein. Der umwandlungssteuerliche Übertragungs-

---

[88] HHR/Kolbe KStG § 14 Rn. 116; Brandis/Heuermann/Rode KStG § 14 Rn. 294; Gosch KStG/Neumann KStG § 14 Rn. 158a; RHN/Rödder/Liekenbrock KStG § 14 Rn. 224; Schmitt/Hörtnagl/Schmitt UmwStG § 12 Rn. 84; Brühl DStR 2021, 313.

[89] BFH 11.7.2023 – I R 21/20, DStRE 2024, 142.

[90] BFH 11.7.2023 – I R 36/20, DStR 2023, 2607; BFH 11.7.2023 – I R 45/20, BFH/NV 2024, 139.

[91] BMF 11.11.2011, BStBl. I 2011, 1314 Rz. Org.04.

[92] BFH 11.7.2023 – I R 40/20, DStR 2023, 2613.

[93] BMF 11.11.2011, BStBl. I 2011, 1314 Rz. Org.15.

[94] BMF 11.11.2011, BStBl. I 2011, 1314 Rz. Org.06, Org.07, Org.08.

stichtag muss der Rechtsprechung zu Verschmelzung und Anteilstausch folgend somit richtigerweise nicht zwingend mit dem Beginn des Wirtschaftsjahres der Organgesellschaft zusammenfallen. Regelmäßig wird der übernehmende Rechtsträger auch die inländische Betriebsstätte übernehmen, der die Beteiligung an der Organgesellschaft zuzuordnen ist. Sollte dies ausnahmsweise nicht der Fall sein, ist eine nahtlose Fortführung der Organschaft nur möglich, wenn der übertragende Rechtsträger die Beteiligung an der Gesellschaft ohne zwischenzeitliche Unterbrechung einer eigenen inländischen Betriebsstätte zuordnet.[95]

### III. Umwandlung der Organgesellschaft

Umwandlungsvorgänge, bei denen die Organgesellschaft als übertragender Rechtsträger bestehen bleibt, wie bspw. die **Abspaltung** oder die **Ausgliederung,** lassen die finanzielle Eingliederung grds. unberührt. Gleiches gilt, wenn eine andere Gesellschaft auf die Organgesellschaft als übernehmender Rechtsträger umgewandelt wird. **566**

Wird die Organgesellschaft im Wege eines **Up-Stream-Mergers** auf den Organträger verschmolzen, entfällt die finanzielle Eingliederung und die Organschaft endet mit Wirkung zum steuerlichen Übertragungsstichtag. Bzgl. der Folgen bei Verschmelzung vor Ablauf der Fünf-Jahres-Frist → Rn. 563 zum insofern gleich zu behandelnden Down-Stream-Merger. **567**

Bei einer **Verschmelzung** der Organgesellschaft auf eine andere Gesellschaft als übernehmenden Rechtsträger muss zwischen dem Organträger und der übernehmenden Gesellschaft bei angestrebter Fortführung der Organschaft ein neuer Gewinnabführungsvertrag abgeschlossen werden. Die finanzielle Eingliederung wird in vielen Fällen aber bereits zuvor gegeben sein, nämlich immer dann, wenn der Organträger bereits vor der Verschmelzung an der übernehmenden Gesellschaft im hinreichenden Maße beteiligt gewesen ist. Eine neue Organschaft kann dann unproblematisch ohne zeitliche Unterbrechung zwischen dem Organträger und der übernehmenden Gesellschaft begründet werden. Sollte der Organträger erst im Zuge der Verschmelzung die Mehrheit der Stimmrechte an der übernehmenden Gesellschaft erlangen, dürfte dies nach der Fußstapfentheorie ebenfalls sofort möglich sein, nämlich immer dann, wenn die Anteile auf Antrag mit dem Buchwert angesetzt werden. Die Anteile an der übernehmenden Körperschaft treten dann nach § 13 Abs. 2 S. 2 UmwStG steuerlich an die Stelle der Anteile an der übertragenden Körperschaft, sodass die übernehmende Gesellschaft entsprechend der BFH-Rechtsprechung (vgl. → Rn. 562) auch hinsichtlich des Merkmals der finanziellen Eingliederung in die Rechtsstellung der bisherigen Organgesellschaft eintritt[96] Die Finanzverwaltung will indes auch in diesem Fall die finanzielle Eingliederung zwischen dem bisherigen Organträger und dem übernehmenden Rechtsträger frühestens ab dem Zeitpunkt der Wirksamkeit der Verschmelzung anerkennen.[97] Das Vorgesagte gilt entsprechend bei der **Aufspaltung** der Organgesellschaft, wenn mit der übernehmenden Gesellschaft ein neuer Gewinnabführungsvertrag geschlossen wird.[98] Ein etwaiger Übertragungsgewinn ist dem Organträger zuzurechnen.[99] **568**

Der **Formwechsel** der Organgesellschaft tangiert die finanzielle Eingliederung grds. nicht. Ob eine Organschaft fortbestehen kann, hängt von anderen Fragen ab: Bei einem Formwechsel in eine Personengesellschaft endet die Organschaft zwingend, da die Personengesellschaft keine taugliche Organgesellschaft darstellt. Bei einem Wechsel von einer Kapitalgesellschaftsform in eine andere sind ggf. Vorgaben bzgl. des Gewinnabführungsvertrages (§ 17 KStG) zu beachten. Wird von einer Personengesellschaft in eine Kapitalge- **569**

95 Gosch KStG/Neumann KStG § 14 Rn. 158 f.
96 So auch RHN/Rödder/Liekenbrock KStG § 14 Rn. 234 f.
97 BMF 11.11.2011, BStBl. I 2011, 1314 Rz. Org.21.
98 Brandis/Heuermann/Rode KStG § 14 Rn. 298.
99 BFH 11.8.2021 – I R 27/18, DStR 2021, 2783; dazu BMF 10.2.2023, BStBl. I 2023, 250 – teilw. Nichtanwendung.

sellschaft formgewechselt, wird – auch wenn eine Organschaft mit der Personengesellschaft bis zum Formwechsel nicht möglich gewesen ist – die finanzielle Eingliederung auf den steuerlichen Übertragungsstichtag rückbezogen, sodass eine Organschaft bereits ab diesem Zeitpunkt begründet werden kann.[100]

570–600 *(einstweilen frei)*

[100] BFH 17.9.2003 – I R 55/02, DStR 2003, 2062.

# § 4 Der Gewinnabführungsvertrag

**Übersicht**

## A. Einleitung

**601** Der Gewinnabführungsvertrag **(GAV)** ist die **zentrale Voraussetzung** der deutschen ertragsteuerlichen Organschaft. Er ist als Voraussetzung für eine Gruppenbesteuerung vermutlich in keiner anderen Rechtsordnung zu finden.[1] Die mit dem GAV verbundenen Komplexitäten (dazu sogleich) sind insbes. ausländischen Investoren kaum zu vermitteln[2], vor allem, wenn diese aus einer Rechtsordnung kommen, in der eine Gruppenbesteuerung zwar an bestimmte Voraussetzungen gebunden ist (insbes. Mehrheitsbeteiligungen), iÜ aber lediglich beantragt werden muss.

**602** Die besonderen Komplexitäten des GAV ergeben sich durch das an dieser Stelle besondere Zusammenspiel **von Steuerrecht und Zivilrecht.** Hintergrund für den Abschluss von GAV ist zwar idR ein rein steuerlicher (Herstellung einer ertragsteuerlichen Organschaft), das Steuerrecht verweist für die Voraussetzungen der Organschaft aber auf einen zivilrechtlich wirksamen GAV. Umgekehrt stellt das Steuerrecht auch eigene Anforderungen für die Anerkennung des (zivilrechtlich wirksamen) GAV auf (zB bei der Laufzeit, Beendigung des GAV, Anerkennung von Änderungen etc.), wodurch es zu einer entsprechenden Wechselwirkung kommt. Zuletzt ist der Abschluss oder die Beendigung des GAV regelmäßig mit einer bestimmten zeitlichen Taktung verbunden (insbesondere, wenn beim Anteilskauf eine nahtlose Fortführung der Organschaft gewollt ist), deren Einhaltung u. a. von der Bearbeitung durch das Handelsregister abhängig ist.

**603** GAV sind für Berater **haftungsanfällig,** weil sie die o. g. Verzahnung von Steuerrecht und Zivilrecht erfordern und Fehlerkorrekturen oftmals nicht möglich sind. Dies liegt zum einen daran, dass sowohl die steuerrechtliche und zivilrechtliche Rechtsprechung verlangt, dass der GAV aus sich heraus verständlich sein muss. Eine Auslegung unter Heranziehung von Umständen, die nicht im Wortlaut des Vertrages oder den sonst zum Handelsregister mit eingereichten, allgemein zugänglichen Unterlagen ihren Niederschlag gefunden haben, ist idR ausgeschlossen (zur Auslegung vgl. → Rn. 778 f.). Zum anderen kommt hinzu, dass aus steuerlicher Sicht ausnahmsweise die alleinige Vertragsdurchführung – ohne wirksamen GAV – nicht zur Anerkennung des GAV führt und eine rückwirkende Änderung/Korrektur von GAV nach allgemeinen steuerlichen Grundsätzen nicht möglich ist.

**604–605** *(einstweilen frei)*

---

1 Vgl. Endres FS Herzig, 2010, 189 (196).
2 So auch Brandis/Heuermann/Drüen, 170. EL 2023, GewStG § 2 Rn. 152.

## B. Grundlagen

### I. Historische Entstehung

GAV sind ursprünglich eine **Schöpfung der Kautelarjurisprudenz** und schon seit der ersten Hälfte des 20. Jahrhunderts bekannt. Sie wurden „erfunden", um die Wirkungen einer (zur damaligen Zeit ebenfalls noch nicht kodifizierten[3]) körperschaftsteuerlichen Organschaft herzustellen. Der RFH hatte für Zwecke einer körperschaftsteuerlichen Organschaft den Abschluss eines schriftlichen Gewinnabführungs- und Verlustübernahmevertrages (teilweise auch als „Organschaftsvertrag" bezeichnet) gefordert.[4] Der Gesetzgeber hatte dies zunächst so übernommen und für die körperschaftsteuerliche (§ 7a KStG 1969) Organschaft u. a. einen Gewinnabführungsvertrag verlangt.[5] Dieses Erfordernis ist seitdem trotz einiger Kritik aufrechterhalten geblieben. Eine Aufwertung hat der GAV ab 2002 im Bereich der gewerbesteuerlichen Organschaft erfahren. Durch die vollständige Angleichung der Voraussetzungen der gewerbesteuerlichen Organschaft an diejenigen der körperschaftsteuerlichen Organschaft iRd Unternehmenssteuerfortentwicklungsgesetzes 2001[6] ist der GAV ab dem Erhebungszeitraum 2002 auch für die gewerbesteuerliche Organschaft zur zwingenden Voraussetzung geworden (bis dahin war ein GAV für die gewerbesteuerliche Organschaft nicht erforderlich).[7] 606

Die heutigen gesetzlichen Regelungen zum GAV gehen auf das **AktG 1965**[8] zurück. Davor gab es keine Kodifizierung des GAV.[9] Eine wesentliche Ergänzung im Bereich der Informationspflichten für die Gesellschafter (§§ 293a ff. AktG) haben die Regelungen zum GAV durch das **Umwandlungsbereinigungsgesetz 1994**[10] erfahren. 607

### II. Begriff und wesentlicher Inhalt des GAV

Der GAV begründet die Pflicht des abhängigen Unternehmens zur Abführung des von ihm erwirtschafteten (ganzen) Gewinns (§ 291 Abs. 1 S. 1 Alt. 1 AktG, **Gewinnabführung**). Umgekehrt muss das herrschende Unternehmen auch eventuelle Verluste des abhängigen Unternehmens ausgleichen (§ 302 AktG, **Verlustausgleich**), weswegen der GAV teilweise auch als „Ergebnisübernahmevertrag" oÄ bezeichnet wird. Der GAV ist insoweit die Grundlage für die vom körperschaftsteuerlichen Trennungsprinzip abweichende Einkommenszurechnung beim Organträger.[11] 608

Der GAV führt dazu, dass der beim abhängigen Unternehmen entstehende Gewinn unmittelbar und grds. vollständig an den Organträger abzuführen ist. Für Zwecke einer **Gewinnausschüttung** steht daher bei dem abhängigen Unternehmen kein Ergebnis zur Verfügung. Eventuellen außenstehenden Gesellschaftern des abhängigen Unternehmens 609

[3] Vgl. zur Entwicklung der körperschaftsteuerlichen Organschaft → Rn. 14 ff.
[4] RFH RFHE 54, 102; RFHE 34, 228 (233). Zur vorherigen Rechtsprechung des PrOVG vgl. Brandis/Heuermann/Rode, 167. EL 2023, KStG § 14 Rn. 9.
[5] Gesetz zur Änderung des Körperschaftsteuergesetzes und anderer Gesetze v. 15.8.1969, BGBl. 1969 I 1182. Daneben war (wie auch bei der GewSt) eine finanzielle, wirtschaftliche und organisatorische Eingliederung erforderlich (wobei für die organisatorische Eingliederung auch relevant sein konnte, ob auch ein Beherrschungsvertrag geschlossen war, vgl. § 7a Abs. 1 Nr. 2 S. 2 KStG 1969); die wirtschaftliche und organisatorische Eingliederung wurden als Voraussetzung für die körperschaftsteuerliche Organschaft durch das Gesetz zur Senkung der Steuersätze und zur Reform der Unternehmensbesteuerung v. 23.10.2000, BGBl. 2000 I 1433 aufgegeben.
[6] Gesetz zur Fortentwicklung des Unternehmenssteuerrechts v. 20.12.2001, BGBl. 2001 I 3858; vgl. zur Gesetzesbegründung BT-Drs. 14/7344, 12.
[7] Zu weiteren Einzelheiten zur gewerbesteuerlichen Organschaft vgl. → Rn. 5501 ff.; vgl. auch MüKoGmbHG/Liebscher, 4. Aufl. 2022, GmbHG Anh. § 13 Rn. 652.
[8] Aktiengesetz v. 6.9.1965, BGBl. 1965 I 1089.
[9] MüKoAktG/Altmeppen, 6. Aufl. 2023, AktG § 291 Rn. 142.
[10] Gesetz zur Bereinigung des Umwandlungsrechts v. 28.10.1994, BGBl. 1994 I 3210.
[11] Vgl. insoweit auch BFH 17.11.1966 – I 280/63, BStBl. III 1967, 118.

– mit denen kein GAV besteht – wird somit ihr Recht auf den Jahresgewinn genommen.[12] Dafür erhalten sie jährlich eine betraglich fixierte Ausgleichszahlung auf ihre Beteiligung (§ 304 AktG) und können verlangen, dass das herrschende Unternehmen ihre Anteile an dem abhängigen Unternehmen gegen Zahlung einer Barabfindung übernimmt (§ 305 AktG).[13]

**610** Infolge der Gewinnabführungsverpflichtung gelten auch die **Kapitalerhaltungsregeln** für das abhängige Unternehmen nur noch eingeschränkt (§ 30 Abs. 1 S. 2 GmbHG, § 291 Abs. 3 AktG). Das abhängige Unternehmen und dessen Gläubiger werden im Gegenzug durch andere Sicherungsmaßnahmen geschützt (§§ 300–306 AktG).

**611** Schließlich ändert der GAV den **Satzungszweck** des abhängigen Unternehmens, da es infolge des GAV nicht mehr im eigenen Interesse tätig ist, sondern sein Ergebnis nur noch auf Rechnung des herrschenden Unternehmens erzielt.[14]

**612–615** *(einstweilen frei)*

## III. Organisationsrechtlicher Charakter des GAV

**616** Der GAV hat eine Doppelnatur: Einerseits hat er **schuldrechtliche Wirkung** in dem Sinne, dass die an ihm beteiligten Rechtsträger aus ihm Rechte und Pflichten ableiten können, die auch einklagbar sind (zB der Anspruch auf Gewinnabführung oder Verlustausgleich).[15]

**617** Darüber hinaus überlagert der GAV aber auch die Satzung des abhängigen Unternehmens und sieht eine von den sonstigen gesetzlichen Regelungen abweichende gesellschaftsrechtliche Struktur für die Organgesellschaft vor. Es handelt sich daher nicht um einen rein schuldrechtlichen Vertrag, sondern um einen **„Organisationsvertrag"**[16], der **satzungsähnliche Wirkung**[17] hat. Während rein schuldrechtliche Verträge nur *inter partes* wirken, wirken organisationsrechtliche Verträge – wie die Satzung im Allgemeinen[18] – gegenüber dem Rechtsverkehr insgesamt, insbes. hier ggü. den Aktionären.[19] Deshalb wirkt der GAV nicht nur zwischen den am Vertrag Beteiligten, sondern auch unmittelbar zulasten am Vertrag nicht Beteiligter Dritter, zB von Gläubigern (Lockerung der Kapitalerhaltungsregeln) oder außenstehenden Gesellschaftern (Ausschluss des Gewinnbezugsrechts). Vor diesem Hintergrund ist auch der mit dem alleinigen Gesellschafter einer GmbH abgeschlossene GAV ein Organisationsvertrag im vorgenannten Sinne, da in diesem Fall zumindest die Gläubiger der Organgesellschaft geschützt werden müssen.[20]

**618** Eine gewisse **Ähnlichkeit besteht zu Umwandlungsverträgen,** insbes. dem Verschmelzungsvertrag. Auch der Verschmelzungsvertrag wird als Vertrag mit organisationsrechtlichem (und schuldrechtlichem) Charakter angesehen, weil er die rechtliche und wirtschaftliche Struktur der beteiligten Rechtsträger ändert.[21] Hier wie dort wird in die Rechte von außenstehenden Gesellschaftern und Gläubigern eingegriffen, sodass sich auch parallele Regelungen finden: Während beim GAV der außenstehende Gesellschafter den Verlust

---

[12] Vgl. auch BGH 24.10.1988 – II ZB 7/88, NJW 1989, 295 (296); BGH 31.1.2023 – II ZB 10/22, DStR 2023, 717 (718).

[13] Zu außenstehenden Gesellschaftern vgl. → Rn. 1201 ff.

[14] Vgl. BGH 24.10.1988 – II ZB 7/88, NJW 1989, 295 (296); BGH 31.1.2023 – II ZB 10/22, DStR 2023, 717 (718); MüKoAktG/Altmeppen, 6. Aufl. 2023, AktG § 291 Rn. 144.

[15] Vgl. MüKoAktG/Altmeppen, 6. Aufl. 2023, AktG § 291 Rn. 37 f.; insoweit etwas irritierend BGH 24.10.1988 – II ZB 7/88, NJW 1989, 295 (296): „…ist ein solcher Unternehmensvertrag kein schuldrechtlicher Vertrag, sondern ein gesellschaftsrechtlicher Organisationsvertrag,…" – mE will der BGH damit aber nur zum rein schuldrechtlichen Vertrag abgrenzen.

[16] Vgl. schon Flume DB 1955, 485 (486); vgl. auch BGH 14.12.1987 – II ZR 170/87, NJW 1988, 1326 (1326).

[17] Vgl. BGH 30.1.1992 – II ZB 15/91, NJW 1992, 1452 (1453).

[18] Vgl. MüKoGmbHG/Heinze, 4. Aufl. 2022, GmbHG § 2 Rn. 4.

[19] Vgl. MüKoAktG/Altmeppen, 6. Aufl. 2023, AktG § 291 Rn. 30.

[20] BGH 30.1.1992 – II ZB 15/91, NJW 1992, 1452 (1454).

[21] Vgl. Schmitt/Hörtnagl/Winter, 10. Aufl. 2024, UmwG § 4 Rn. 7.

seines Dividendenanspruches durch entsprechende Ausgleichszahlungen (§ 304 AktG) und Abfindungsangebote (§ 305 AktG) ausgeglichen erhält, erfolgt beim Verschmelzungsvertrag der Ausgleich des Verlusts der Anteile am übertragenden Rechtsträger durch Gewährung neuer Anteile am übernehmenden Rechtsträger (§ 2 UmwG) oder Barabfindung (§ 29 UmwG). Die Informationsansprüche der Gesellschafter – Bericht des Vorstandes über den Unternehmensvertrag, Prüfung des Unternehmensvertrags durch unabhängige Vertragsprüfer, Vorlage eines Prüfungsberichts sowie Vorlage bestimmter weiterer Unterlagen – sind beim GAV (§§ 293a ff. AktG) sogar ausdrücklich den Regelungen zur Verschmelzung (§§ 8 ff. UmwG) nachempfunden worden.[22] Schließlich ist auch das **Recht der Gläubiger, Sicherheit zu verlangen** – entweder bei der Verschmelzung innerhalb von sechs Monaten nach Eintragung der Verschmelzung in das HR (§ 22 UmwG) oder beim GAV innerhalb von sechs Monaten nach Bekanntmachung der Eintragung der Beendigung des GAV (§ 303 AktG) – vergleichbar ausgestaltet. Wirtschaftlich gesehen sind Verschmelzung und GAV daher auch immer wieder als strukturelle Alternativen angesehen worden.[23]

### IV. Abgrenzung zum Beherrschungsvertrag

Mit dem GAV wird oftmals gleichzeitig ein **Beherrschungsvertrag** iSd § 291 Abs. 1 S. 1 Alt. 1 AktG abgeschlossen, durch den sich das abhängige Unternehmen der Leitung des herrschenden Unternehmens unterstellt. Für die ertragsteuerliche Organschaft hat der Beherrschungsvertrag nie eine zwingende Bedeutung gehabt, da die gesetzlichen Regelungen in § 7a KStG aF bzw. §§ 14, 17 KStG immer nur einen GAV voraussetzten; war zusätzlich ein Beherrschungsvertrag abgeschlossen, wurde allerdings die – bis 2000 erforderliche – organisatorische Eingliederung stets angenommen (§ 7a Abs. 1 Nr. 2 S. 2 KStG 1969); mit der Aufgabe der Voraussetzung (u.a.) der organisatorischen Eingliederung durch das Steuersenkungsgesetz 2000[24] (ab dem Veranlagungszeitraum 2001) ist diese Bedeutung für die ertragsteuerliche Organschaft entfallen.[25] 619

Der Beherrschungsvertrag wird häufig dennoch abgeschlossen, da er weiterhin **gesellschaftsrechtliche** Bedeutung hat. Bei einer abhängigen Aktiengesellschaft führt erst der Beherrschungsvertrag zu einer Weisungsabhängigkeit des Vorstandes (§ 308 AktG). Bei einer abhängigen GmbH gibt der Beherrschungsvertrag dem herrschenden Unternehmen erst die Möglichkeit, Weisungen auch ohne Gesellschafterbeschluss (dh insbes. ohne Beteiligung außenstehender Gesellschafter) zu erteilen und – bei einer Ein-Mann-GmbH relevant – auch für das abhängige Unternehmen nachteilige Weisungen zu erteilen (§ 308 Abs. 1 S. 2 AktG analog).[26] 620

*(einstweilen frei)* 621–625

## C. Zustandekommen des GAV

### I. Beteiligte Rechtsträger im gesellschaftsrechtlichen Sinn

Terminologisch wird gem. dem Wortlaut des § 17 Abs. 1 AktG im Folgenden von „herrschendem Unternehmen" (Organträger) und „abhängigem Unternehmen" (Organgesell- 626

[22] BT-Drs. 12/6699, 178.

[23] Vgl. BT-Drs. 12/6699, 178; MüKoAktG/Altmeppen, 6. Aufl. 2023, AktG § 293a Rn. 1; MüKoAktG/Altmeppen, 6. Aufl. 2023, Drittes Buch, Verbundene Unternehmen, Einleitung Rn. 18.

[24] Gesetz zur Senkung der Steuersätze und zur Reform der Unternehmensbesteuerung v. 23.10.2000, BGBl. 2000 I 1433.

[25] Hilfreich kann ein Beherrschungsvertrag aber weiterhin bei der umsatzsteuerlichen Organschaft sein. Auch dort ist er zwar nicht zwingend notwendig; wird er abgeschlossen, wird jedoch die organisatorische Eingliederung praktisch angenommen; vgl. A 2.8 Abs. 10 S. 4 UStAE sowie detailliert → Rn. 6816. Insofern ähnelt dies der Lage bei der körperschaftsteuerlichen Organschaft vor 2001.

[26] Vgl. BGH 30.1.1992 – II ZB 15/91, NJW 1992, 1452 (1454); Boor RNotZ 2017, 65 (69).

schaft) gesprochen. Der Unterschied zwischen „Organträger" und „herrschendem Unternehmen" wird schon an dieser Stelle deutlich. Denn streng genommen setzt § 291 Abs. 1 S. 1 Alt. 2 AktG keine Mehrheitsbeteiligung des herrschenden Unternehmens voraus, sodass gesellschaftsrechtlich zB auch ein GAV zwischen Schwestergesellschaften möglich ist. Gleichwohl verlangt dies steuerrechtlich § 14 Abs. 1 S. 1 Nr. 1 KStG für die Organschaft, sodass insofern auch die Annahme eines Abhängigkeitsverhältnisses iSv § 17 AktG naheliegt.[27]

### 1. Unternehmensbegriff

627 Die Vertragsbeteiligten müssen nach § 291 Abs. 1 AktG „Unternehmen" sein.[28] Nach hM muss es sich dabei um ein Unternehmen iSd § 15 AktG handeln.[29] Ein **„Unternehmen" iSd § 15 AktG** ist jeder Aktionär – gleich welcher Rechtsform –, der neben seiner Beteiligung an der Aktiengesellschaft noch anderweitige wirtschaftliche Interessenbindungen hat, die nach Art und Intensität die ernsthafte Besorgnis begründen, er könne deshalb seinen aus der Mitgliedschaft folgenden Einfluss zum Nachteil der Aktiengesellschaft geltend machen.[30] Demnach scheidet ein Privataktionär, dessen alleiniges Interesse die Gewinnerzielung aus der Beteiligung ist, als (herrschendes) Unternehmen grds. aus.[31] Die Bezugnahme auf § 15 AktG führt mE nicht immer zu passenden Ergebnissen. Für die Unternehmenspraxis relevant ist dabei insbes. die Einordnung von Holdings. Nach der vorgenannten Definition bedürfte auch eine **Holding** weitere Aktivitäten über die bloße Verwaltung der Beteiligung an dem abhängigen Unternehmen hinaus. Diese können sich nach der Literatur zum einen aus einer eigenen wirtschaftlichen Tätigkeit selbst ergeben oder aus der Verwaltung weiterer Beteiligungen.[32] Problematisch können allerdings Holdings sein, die nur eine einzige Beteiligung verwalten und daneben keine eigene wirtschaftliche Tätigkeit haben, zB reine Zwischenholdings. Für diese wird teilweise vertreten, dass sie keine Unternehmen iSd § 15 AktG seien[33], was bei strenger Anknüpfung des § 291 AktG an § 15 AktG dazu führte, dass Zwischenholdings keinen GAV abschließen könnten. Eine andere Ansicht stellt bei der Einordnung von Holdings (zumindest auch) auf die Rechtsform ab. Danach sollen Formkaufleute (§ 6 HGB) unabhängig von ihrer tatsächlichen Tätigkeit allein kraft Rechtsform Unternehmen iSd § 15 AktG sein (insbes. also auch Kapitalgesellschaften, § 3 Abs. 1 AktG, § 13 Abs. 3 GmbHG)[34]; Kapitalgesellschaften könnten demnach immer einen GAV abschließen. Die Unterscheidung macht deutlich, dass die strenge Anknüpfung an § 15 AktG für die Frage danach, wer einen GAV abschließen kann, nicht zu sachgerechten Ergebnissen führt. Im Rahmen des § 15 AktG geht es um die Frage, ob die Anwendung besonderer Schutzvorschriften des Konzernrechts aufgrund einer Mehrheitsbeteiligung gerechtfertigt ist (nur bei einem „Unternehmen", zB §§ 19, 20 AktG) oder ob die Anwendung allgemeiner Missbrauchsvorschriften (bei Privataktionären, zB §§ 93, 116, 117, 243 Abs. 3 AktG)

---

27 Vgl. auch Prinz/Witt Steuerliche Organschaft/Link, 3. Aufl. 2024, Rn. 3.25; ob der GAV alleine ausreicht, um ein Abhängigkeitsverhältnis iSd § 17 AktG zu begründen, ist jedoch umstritten, vgl. MüKoAktG/Bayer, 6. Aufl. 2024, AktG § 17 Rn. 66 mwN.

28 Insofern besteht grds. ein gewisser Gleichlauf mit den steuerlichen Anforderungen, denn § 14 Abs. 1 S. 1 KStG fordert sogar für den Organträger ein „gewerbliches Unternehmen"; dazu → Rn. 367 ff.

29 MüKoAktG/Altmeppen, 6. Aufl. 2023, AktG § 291 Rn. 3; Emmerich/Habersack/Emmerich, 10. Aufl. 2022, AktG § 291 Rn. 9, jeweils mwN.

30 Grundlegend BGH 13.10.1977 – II ZR 123/76, NJW 1978, 104; danach folgend u. a. BGH 16.2.1981 – II ZR 168/79, NJW 1981, 1512; BGH 17.3.1997 – II ZB 3/96, NJW 1997, 1855; BGH 18.6.2001 – II ZR 212/99, NJW 2001, 2973; so auch der BFH 23.3.2011 – X R 45/09, DStRE 2011, 1119.

31 MüKoAktG/Bayer, 6. Aufl. 2024, AktG § 15 Rn. 14; K. Schmidt/Lutter/Vetter, 5. Aufl. 2024, AktG § 15 Rn. 41.

32 MüKoAktG/Bayer, 6. Aufl. 2024, AktG § 15 Rn. 27; Emmerich/Habersack/Emmerich, 10. Aufl. 2022, AktG § 15 Rn. 16.

33 Vgl. MüKoAktG/Bayer, 6. Aufl. 2024, AktG § 15 Rn. 26.

34 Emmerich/Habersack/Emmerich, 10. Aufl. 2022, AktG § 15 Rn. 16; K. Schmidt/Lutter/Vetter, 5. Aufl. 2024, AktG § 15 Rn. 53 ff.

ausreicht.[35] Diese Diskussion passt mE nicht zu der Frage, wer als herrschendes Unternehmen einen GAV abschließen kann, da der Abschluss des GAV keine Schutzmaßnahme ist, sondern selbst einen den konzernrechtlichen Interessenkonflikt auslösenden Eingriff darstellt und insofern entsprechende Schutzmaßnahmen auslöst (wie §§ 300 ff. AktG). Anders als bei §§ 15 ff. AktG wird daher bei § 291 AktG durchaus erwogen, Privataktionären den Abschluss eines GAV zuzugestehen.[36] Andererseits wird dies aber auch abgelehnt, da der GAV eine ähnliche Fusionswirkung habe wie die Verschmelzung, an der eine Privatperson ebenfalls nicht beteiligt sein könne (einzige Sonderausnahme: die natürliche Person als Alleingesellschafter einer Kapitalgesellschaft, § 3 Abs. 2 Nr. 2 AktG[37]); die „Fusion" erlaube nur die Zusammenfassung von Unternehmen und nicht von Unternehmen und Privatpersonen.[38] Im Besonderen sollte mE der Begriff des „Unternehmens" iRd § 291 AktG von dem gleichlautenden Begriff des § 15 AktG gelöst werden. Es ist insofern mE insbes. davon auszugehen, dass Formkaufleute allein aufgrund der Rechtsform taugliche herrschende Unternehmen eines GAV sind. Ob auch Privataktionäre einen GAV abschließen können, ist mE hingegen eine Frage für den Gesetzgeber, da der Wortlaut des § 291 AktG insoweit eindeutig von einem „Unternehmen" spricht und der historische Gesetzgeber offensichtlich Privatpersonen ausklammern wollte[39].[40]

Die Frage nach dem Vorliegen eines Unternehmens ist entscheidend, da nach der hM ein mit einem Nicht-Unternehmen abgeschlossener GAV nichtig ist.[41] Wird der GAV dennoch in das HR eingetragen, wird teilweise davon ausgegangen, dass dies keine Auswirkungen habe[42], teilweise wird aber auch angenommen, dass dies zur Anwendung der Grundsätze über die fehlerhafte Gesellschaft führe.[43] In beiden Fällen fehlt es jedoch an einem zivilrechtlich wirksamen GAV, was dann auch steuerrechtlich eine wirksame Organschaft ausschließt.[44] **628**

*(einstweilen frei)* **629–630**

## 2. Herrschendes Unternehmen

Das AktG stellt **keine Anforderung an die Rechtsform** des herrschenden Unternehmens, es kann sich also neben juristischen Personen (einschließlich Vereinen[45] und Stiftungen[46], die mit der Beteiligung über die reine Gewinnerzielung hinaus weitere Zwecke verfolgen) auch um Personengesellschaften und Einzelkaufleute handeln.[47] **631**

Zwischen den Vertragsbeteiligten muss **kein Beteiligungsverhältnis** bestehen. Denkbar wäre daher – gesellschaftsrechtlich – zB auch ein GAV zwischen Schwestergesellschaften. Da § 14 Abs. 1 S. 1 Nr. 1 KStG aber eine Mehrheitsbeteiligung[48] verlangt, kommt diese **632**

[35] Vgl. Emmerich/Habersack/Emmerich, 10. Aufl. 2022, AktG § 15 Rn. 6a ff.; MüKoAktG/Bayer, 6. Aufl. 2024, AktG § 15 Rn. 14.

[36] So iE auch Emmerich/Habersack/Emmerich, 10. Aufl. 2022, AktG § 291 Rn. 9a.

[37] Diese hat der Gesetzgeber selbst als Sonderfall gesehen, BT-Drs. 12/6699, 82.

[38] MüKoAktG/Altmeppen, 6. Aufl. 2023, AktG § 291 Rn. 12.

[39] Kropff, AktG, 1965, Begründung RegE und Ausschussbericht zu § 21, 41 f.

[40] Für eine entsprechende Gesetzesänderung Vetter in Fleischer/Koch/Kropff/Lutter, 50 Jahre Aktiengesetz, 2016, 239 f.; Vetter FS Marsch-Barner, 2018, 575 (593).

[41] MüKoAktG/Altmeppen, 6. Aufl. 2023, AktG § 291 Rn. 13 mwN.

[42] Kölner Komm AktG/Koppensteiner, 3. Aufl. 2004, AktG § 294 Rn. 36.

[43] MüKoAktG/Altmeppen, 6. Aufl. 2023, AktG § 291 Rn. 16; Emmerich/Habersack/Emmerich, 10. Aufl. 2022, AktG § 291 Rn. 9a.

[44] Vgl. BFH 30.7.1997 – I R 7/97, BStBl. II 1998, 33.

[45] BGH 29.9.1982 – I ZR 88/80, NJW 1983, 569 (571).

[46] LG Dortmund, Die AG 1981, 236.

[47] Ausdrücklich BGH 13.10.1977 – II ZR 123/76, NJW 1978, 104 (104); vgl. im Übrigen zum Literaturstand MüKoAktG/Bayer, 6. Aufl. 2024, AktG § 15 Rn. 16. § 14 Abs. 1 KStG stellt auch keine grds. Anforderungen an die Rechtsform des körperschaftsteuerlichen Organträgers auf; vgl. zu spezifischen Anforderungen an Personengesellschaften als steuerliche Organträger bereits BMF 26.8.2003, BStBl. I 2003, 437 Rn. 3.

[48] Genauer: eine Beteiligung, die dem Organträger die Mehrheit der Stimmrechte aus den gehaltenen Anteilen vermittelt; dazu → Rn. 506 ff.

Situation praktisch nicht vor. Aus dem gleichen Grunde praktisch irrelevant ist der Abschluss eines GAV zugunsten eines dritten Unternehmens, das nicht Vertragsbeteiligter ist.[49] Was hingegen vorkommt, ist der Abschluss eines GAV zwischen nur mittelbar beteiligten Gesellschaften (steuerlich mittelbare Organschaft, vgl. § 14 Abs. 1 S. 1 Nr. 1 S. 2 KStG), was dementsprechend gesellschaftsrechtlich unproblematisch ist.

**633** Die herrschende Gesellschaft kann ihren Satzungssitz und/oder tatsächlichen Verwaltungssitz auch im Ausland haben. Der BGH geht ohne nähere Erläuterung davon aus, dass auch mit ausländischen Rechtsträgern ein GAV abgeschlossen werden kann.[50] Für weitere Einzelheiten wird auf → Rn. 406 ff. sowie → Rn. 3806 ff. verwiesen.[51]

### 3. Abhängiges Unternehmen

**634** Nach dem Wortlaut von § 291 Abs. 1 S. 1 AktG muss das abhängige Unternehmen eine **AG oder KGaA** sein. In der Praxis weitaus wichtiger ist jedoch der Fall einer **GmbH** als abhängiges Unternehmen. Dieser Fall ist (wie das gesamte GmbH-Konzernrecht) gesetzlich nicht geregelt, von der Rechtsprechung aber anerkannt[52] und im Gesetz teilweise auch vorausgesetzt (vgl. § 30 Abs. 1 S. 2 GmbHG). An der Zulässigkeit bestehen keine Zweifel.

**635** Ob auch **Personengesellschaften** abhängige Unternehmen sein können, ist nicht eindeutig[53], mangels praktischer Relevanz aber nicht weiter zu vertiefen. Die FinVerw lehnt jedenfalls auch eine nach § 1a KStG zur KSt optierende Personengesellschaft als ertragsteuerliche Organgesellschaft ab.[54]

**636** Nach internationalen Kollisionsregeln bestimmt sich das anwendbare Gesellschaftsrecht nach dem Gesellschaftsstatut (dh Satzungssitz) des abhängigen Unternehmens.[55] Bei einem **ausländischen abhängigen Unternehmen** (und deutschem herrschenden Unternehmen) bestimmt sich daher das auf den Vertrag anwendbare Recht nach dem ausländischen Gesellschaftsrecht, sodass die §§ 291 ff. AktG nicht anwendbar sind. Für weitere Einzelheiten wird auf → Rn. 255 ff. sowie → Rn. 3877 ff.

**637–640** *(einstweilen frei)*

## II. Vertragsschluss

### 1. Abschlusskompetenz

**641** Der GAV wird zwischen den beteiligten Rechtsträgern unmittelbar selbst abgeschlossen. Aufgrund des organisationsrechtlichen Charakters des GAV (satzungsähnliche Wirkung → Rn. 616 ff.) muss der GAV durch **organschaftliche Vertreter in satzungsmäßiger Zahl** unterzeichnet werden; dies umfasst auch die **unechte Gesamtvertretung** durch organschaftliche Vertreter zusammen mit einem Prokuristen.[56] Denn organisationsrechtliche Verträge sind aufgrund ihres satzungsähnlichen Charakters als Grundlagengeschäfte

---

49 Emmerich/Habersack/Emmerich, 10. Aufl. 2022, AktG § 291 Rn. 80.

50 BGH 15.6.1992 – II ZR 18/91, NJW 1992, 2760 (Schweizer AG).

51 Körperschaftsteuerlich ist allerdings erforderlich, dass die Beteiligung an der Organgesellschaft beim (ausländischen als auch inländischen) Organträger durchgängig einer inländischen Betriebsstätte zuzuordnen ist, vgl. § 14 Abs. 1 S. 1 Nr. 1 S. 4 KStG.

52 BGH 24.10.1988 – II ZB 7/88, NJW 1989, 295; 30.1.1992 – II ZB 15/91, NJW 1992, 1452; 31.1.2023 – II ZB 10/22, DStR 2023, 717 (718).

53 MüKoAktG/Altmeppen, 6. Aufl. 2023, AktG § 291 Rn. 21.

54 BMF 10.11.2021, BStBl. I 2021, 2212, Rn. 56; dagegen zB Brandis/Heuermann/Wackerbeck, 163. EL 2022; KStG § 1a Rn. 66 f. mwN.

55 Vgl. das Obiter Dictum in BGH 13.12.2004 – II ZR 256/02, NZG 2005, 214 (215); MüKoAktG/Altmeppen, 6. Aufl. 2023, AktG § 291 Einleitung Rn. 67.

56 Hermanns RNotZ 2015, 632 (632 f.); Boor RNotZ 2017, 65 (70); vgl. zu der Thematik der unechten Gesamtvertretung im Allgemeinen Seebach RNotZ 2015, 68 (78 f.).

einzuordnen. Dies schließt einen Vertragsschluss allein durch Prokuristen gem. § 49 Abs. 1 HGB („die der Betrieb eines Handelsgewerbes mit sich bringt")[57] aus.[58]

642 In Konzernstrukturen sind regelmäßig die gleichen Personen in verschiedenen Gesellschaften vertretungsberechtigt. Insofern ist beim Vertragsschluss auf eine ausreichende Befreiung vom Verbot der Mehrfachvertretung (§ 181 BGB) zu achten.

### 2. Form

643 GAV bedürfen der **Schriftform** iSd § 126 BGB, § 293 Abs. 3 AktG. Dies gilt auch für GAV mit anderen beteiligten Rechtsträgern als einer AG/KGaA (zB GmbH).[59]

644 Der GAV kann **ausnahmsweise beurkundungsbedürftig** sein, nämlich dann, wenn es sich bei dem abhängigen Unternehmen um eine GmbH handelt und der GAV eine Abfindungsverpflichtung gegenüber einem außenstehenden Gesellschafter der GmbH iSd § 305 Abs. 1 AktG (s. hierzu auch → Rn. 14) enthält. Die Abfindungsverpflichtung enthält ein verpflichtendes Angebot auf Erwerb der GmbH-Anteile des außenstehenden Gesellschafters und unterfällt daher der Beurkundungspflicht des § 15 Abs. 4 GmbHG.[60] Ein eventueller vorheriger Verzicht der außenstehenden Gesellschafter auf das Abfindungsangebot sollte in den GAV mit aufgenommen und vorsichtshalber ebenfalls beurkundet werden.[61]

### 3. Befristung, Bedingung, Rückbeziehung

645 Der Abschluss des GAV kann ohne Weiteres **befristet** werden, dh mit einem Anfangs- oder Endtermin versehen werden (zu den steuerlichen Voraussetzungen hinsichtlich der Laufzeit des GAV s. aber → Rn. 1201 ff.).

646 Vor dem Hintergrund registerrechtlicher Rechtssicherheit wird die Vereinbarung von **Bedingungen** teilweise kritisch gesehen. Die aufschiebende Bedingung (§ 158 Abs. 1 BGB) dürfte insofern unproblematisch sein, weil bei dieser der GAV erst in das HR eingetragen wird, wenn die Bedingung eingetreten ist und somit keine Verwirrung entstehen kann.[62] Bei Eintritt einer auflösenden Bedingung (§ 158 Abs. 2 BGB) würde hingegen der Registerinhalt mit dem tatsächlichen Bestand des GAV nicht übereinstimmen; daher werden auflösende Bedingungen für unzulässig gehalten.[63] Der Anwendung des § 15 HGB (iVm § 298 AktG) wird in diesem Fall unter Hinweis darauf, dass auch eine unter einer Bedingung erklärte Auflassung trotz entsprechender Verlautbarung im Grundbuch nicht wirksam sei (§ 925 Abs. 2 BGB), keine Bedeutung beigemessen.[64] Anstatt einer auflösenden Bedingung sollen iE allein die Regeln über die Beendigung des GAV (→ Rn. 806 ff.) gelten; insofern wird auch die Umdeutung einer auflösenden Bedingung in Kündigungsrechte für möglich gehalten.[65]

647 GAV können – anders als Beherrschungsverträge[66] – gesellschaftsrechtlich zurückbezogen werden **(zeitliche Rückbeziehung).**[67] Teilweise wird vertreten, dass auch eine Rück-

[57] Zum Ausschluss von Prokuristen aus den Grundlagengeschäften vgl. BGH 2.12.1991 – II ZB 13/91, NJW 1992, 975 (975); MüKoHGB/Krebs, 5. Aufl. 2021, HGB § 49 Rn. 23.
[58] Hermanns RNotZ 2015, 632 (633); Boor RNotZ 2017, 65 (70); aA BeckNotar-HdB/Heckschen, 8. Aufl. 2024, § 23 Rn. 531.
[59] Vgl. BGH 31.1.2023 – II ZB 10/22, DStR 2023, 717 (718).
[60] Emmerich/Habersack/Emmerich, 10. Aufl. 2022, AktG § 293 Rn. 41; Hermanns RNotZ 2015, 632 (633); Boor RNotZ 2017, 65 (70); BeckNotar-HdB/Mayer/Weiler, 8. Aufl. 2024, § 22 Rn. 413.
[61] Hermanns RNotZ 2015, 632 (633).
[62] Emmerich/Habersack/Emmerich, 10. Aufl. 2022, AktG § 293 Rn. 18.
[63] MüKoAktG/Altmeppen, 6. Aufl. 2023, AktG § 293 Rn. 26; Emmerich/Habersack/Emmerich, 10. Aufl. 2022, AktG § 293 Rn. 18.
[64] MüKoAktG/Altmeppen, 6. Aufl. 2023, AktG § 293 Rn. 26.
[65] Emmerich/Habersack/Emmerich, 10. Aufl. 2022, AktG § 293 Rn. 18.
[66] Emmerich/Habersack/Emmerich, 10. Aufl. 2022, AktG § 291 Rn. 15.
[67] BGH 5.4.1993 – II ZR 238/91, NJW 1993, 1976 (Rückwirkung zum Beginn des laufenden Geschäftsjahres).

beziehung über das laufende Wirtschaftsjahr hinaus möglich sei, solange noch kein Gewinnverwendungsbeschluss gefasst sei (ob der Jahresabschluss festgestellt ist oder nicht, soll demnach irrelevant sein) oder alle Gesellschafter zustimmen[68], was aber wegen der steuerlich begrenzten Rückwirkung auf den Beginn des laufenden Wirtschaftsjahres der Organgesellschaft (§ 14 Abs. 1 S. 2 KStG) praktisch nicht relevant ist.

**648–655** *(einstweilen frei)*

## III. Zustimmungsbeschlüsse

### 1. Zeitpunkt der Zustimmung und Beifügen des Vertragstextes

**656** Die Zustimmungsbeschlüsse können nach allgemeinen Grundsätzen sowohl vor Abschluss des GAV (Einwilligung, § 183 BGB) als auch danach (Genehmigung, § 184 BGB) gefasst werden.[69]

**657** Im Fall der vorherigen Einwilligung muss ein entsprechender Vertragsentwurf vorliegen, der als Basis der Abstimmung dient. Die Gesellschafter werden in der Folge dadurch geschützt, dass jede nachfolgende Änderung des GAV-Entwurfs eines weiteren Gesellschafterbeschlusses bedarf.[70]

**658** Dem Zustimmungsbeschluss ist der GAV (ggf. in Entwurfsform) beizufügen, § 293g Abs. 2 S. 2 AktG (bei der GmbH in analoger Anwendung[71]). Hintergrund ist, dass das Registergericht Feststellungen über die Identität des Vertragstextes treffen können soll, dem beide Gesellschafterversammlungen zugestimmt haben.[72] Der beigefügte Vertragstext ist somit nur Identifizierungsmittel und keine Anlage zur Niederschrift iSd § 9 Abs. 1 S. 2 BeurkG; der GAV braucht daher bei der Beurkundung nicht mitverlesen zu werden (sog. unechte Verweisung).[73]

### 2. Zustimmungsbeschluss der Gesellschafterversammlung des abhängigen Unternehmens

**659** Der GAV wird erst wirksam, wenn die Gesellschafterversammlung der abhängigen Gesellschaft zugestimmt hat. Für die abhängige AG/KGaA ergibt sich dies unmittelbar aus § 293 Abs. 1 S. 1 AktG. Bei der abhängigen GmbH geht der BGH davon aus, dass aufgrund des organisationsrechtlichen Charakters des GAV ein Zustimmungsbeschluss der Gesellschafterversammlung analog § 53 Abs. 1 GmbHG erforderlich ist[74] und zwar auch dann, wenn die abhängige GmbH nur einen Gesellschafter hat.[75] In letzterem Fall ergibt sich dies aus der Schutzbedürftigkeit der Gläubiger, da der GAV dem Alleingesellschafter auch nachteilige Weisungen ermöglicht (§ 308 Abs. 1 S. 2 AktG analog).[76] Dementsprechend kommt dem Zustimmungsbeschluss auch bei jeder abhängigen GmbH Außenwirkung in dem Sinne zu,

---

[68] MHdB GesR IV/Krieger, 6. Aufl. 2024, § 68 Rn. 14.
[69] MüKoAktG/Altmeppen, 6. Aufl. 2023, AktG § 293 Rn. 34.
[70] Vgl. MüKoAktG/Altmeppen, 6. Aufl. 2023, AktG § 293 Rn. 34.
[71] BGH 31.1.2023 – II ZB 10/22, DStR 2023, 717 (718); vgl. auch BGH 30.1.1992 – II ZB 15/91, NJW 1992, 1452 (1452); Boor RNotZ 2017, 65 (75).
[72] BGH 30.1.1992 – II ZB 15/91, NJW 1992, 1452 (1452).
[73] Boor RNotZ 2017, 65 (75); DNotI-Report 2016, 1; aA aber BeckOK BeurkG/Bremkamp, 10. Ed. 1.3.2024, BeurkG § 9 Rn. 77, der zumindest für den Fall des Beifügens eines Entwurfs davon ausgeht, dass eine unechte Verweisung gar nicht möglich ist und daher eine Tatsachenbeurkundung nach §§ 36 ff. BeurkG vorschlägt.
[74] St. Rspr. des BGH, vgl. grundlegend BGH 24.10.1988 – II ZB 7/88, NJW 1989, 295 (296) und zuletzt BGH 31.1.2023 – II ZB 10/22, DStR 2023, 717 (718) mwN. Eine direkte Anwendung der §§ 53, 54 GmbHG sieht der BGH nicht, da der Unternehmensvertrag nur einer Satzungsänderung gleichkomme, aber keine Satzungsänderung ieS sei, da der Wortlaut der Satzung nicht geändert werde, BGH 24.10.1988 – II ZB 7/88, NJW 1989, 295 (298).
[75] BGH 30.1.1992 – II ZB 15/91, NJW 1992, 1452 (1454).
[76] BGH 30.1.1992 – II ZB 15/91, NJW 1992, 1452 (1454).

dass der GAV erst mit der Beschlussfassung wirksam wird.[77] Bis zur Fassung des Beschlusses ist der GAV dementsprechend schwebend unwirksam. Bei Versagung des Beschlusses wird der GAV endgültig unwirksam.

Grundsätzlich ist für die **abhängige AG/KGaA** nach § 293 Abs. 1 S. 2 AktG eine einfache Stimmenmehrheit (Mehrheit der abgegebenen Stimmen, § 133 Abs. 1 AktG) und eine ¾-Mehrheit des bei der Beschlussfassung anwesenden Grundkapitals für den Zustimmungsbeschluss erforderlich. Dabei ist das herrschende Unternehmen nicht von der Abstimmung ausgeschlossen, ein entsprechendes Stimmrechtsverbot ist im AktG bewusst nicht vorgesehen.[78] Soweit die Satzung weitergehende (dh verstärkende) Erfordernisse verlangt, sind diese einzuhalten, § 293 Abs. 1 S. 3 AktG. Die doppelte Stimmenmehrheit von abgegebenen Stimmen und anwesendem Grundkapital hat ihren Hintergrund darin, dass Gesellschafter mit Mehrstimmrechten ohne entsprechende Kapitalbeteiligung den Beschluss nicht allein herbeiführen können sollen.[79] **660**

Ob bei der **abhängigen GmbH** eine ¾-Stimmenmehrheit erforderlich ist, ist nicht geklärt. Der BGH hat es in seiner Grundlagenentscheidung aus 1989 ausdrücklich offen gelassen[80], in einer neueren Entscheidung geht er von der entsprechenden Anwendung der „bei einer Änderung des Gesellschaftsvertrages geltenden Formvorschriften (§§ 53, 54 GmbHG)" aus[81]. Damit meinte der BGH in der Entscheidung aber offenbar nur die notarielle Beurkundung nach § 53 Abs. 2 S. 1 GmbHG und die Eintragung in das HR nach § 54 Abs. 1 S. 1, Abs. 3 GmbHG.[82] In der Literatur gibt es im Wesentlichen folgende Meinungsstränge[83]: **661**

- Nach einer Ansicht genügt eine **¾-Stimmenmehrheit.** Zur Begründung wird vor allem ein Vergleich zu den Strukturmaßnahmen nach dem UmwG gezogen. Auch bei Verschmelzung (§ 50 Abs. 1 S. 1 UmwG), Spaltung (§ 125 iVm § 50 Abs. 1 S. 1 UmwG) und Formwechsel (§ 240 Abs. 1 S. 1 UmwG) sei eine ¾-Mehrheit ausreichend. Diese Maßnahmen stellten einen stärkeren Eingriff dar als der Abschluss eines GAV, weshalb es zu einem Wertungswiderspruch komme, wenn man für einen GAV Einstimmigkeit verlange.[84] Weiterhin wird darauf hingewiesen, dass bei Annahme einer satzungsändernden Wirkung die (entsprechende) Anwendung des § 53 Abs. 2 S. 1 GmbHG konsequent sei.[85] Zum Schutz eventueller Minderheiten will diese Ansicht §§ 304, 305 AktG und § 1 SpruchG analog anwenden.[86]
- Nach einer anderen Ansicht ist für den Zustimmungsbeschluss **Einstimmigkeit** erforderlich. Zur Begründung wird auf den fehlenden Minderheitenschutz im GmbHG verwiesen. Diese Ansicht geht insoweit davon aus, dass die §§ 304, 305 AktG und § 1 SpruchG bei einer abhängigen GmbH keine Anwendung finden. Konsequenterweise müssten die Minderheiten dann beim Vertragsschluss auch mehr geschützt werden als bei einer Umwandlung, da – ohne §§ 304, 305 AktG – ihre Beteiligung entwertet würde, wohingegen sie bei einer Umwandlung im Tausch eine werthaltige Beteiligung erhielten.[87]

---

77 Zuletzt BGH 31.1.2023 – II ZB 10/22, DStR 2023, 717 (718) mwN.
78 MüKoAktG/Altmeppen, 6. Aufl. 2023, AktG § 293 Rn. 41.
79 MüKoAktG/Altmeppen, 6. Aufl. 2023, AktG § 293 Rn. 37.
80 BGH 24.10.1988 – II ZB 7/88, NJW 1989, 295 (297).
81 BGH 31.1.2023 – II ZB 10/22, DStR 2023, 717 (718).
82 So lautet es einen Absatz weiter in BGH 31.1.2023 – II ZB 10/22, DStR 2023, 717 (718): „Unter Berücksichtigung der Eigenart des Unternehmensvertrags folgt daraus, dass die materielle Wirksamkeit des Vertrags von der Einhaltung der Schriftform für den Unternehmensvertrag, der notariellen Beurkundung des Zustimmungsbeschlusses entsprechend § 53 Abs. 2 S. 1 GmbHG und der Eintragung von Zustimmungsbeschluss und Unternehmensvertrag in das Handelsregister entsprechend § 54 Abs. 1 S. 1, Abs. 3 GmbHG abhängig ist (…).".
83 Vgl. insbes. den Überblick bei Emmerich/Habersack/Emmerich, 10. Aufl. 2022, AktG § 293 Rn. 43.
84 Vgl. vor allem Halm NZG 2001, 728 (732).
85 Halm NZG 2001, 728 (733).
86 Halm NZG 2001, 728 (733).
87 Insb. Emmerich/Habersack/Emmerich, 10. Aufl. 2022, AktG § 293 Rn. 43a mwN; BeckNotar-HdB/Mayer/Weiler, 8. Aufl. 2024, § 22 Rn. 410.

**662** Bei der abhängigen GmbH ist der herrschende Gesellschafter ebenfalls nicht von der Abstimmung ausgeschlossen, da es sich bei dem Abschluss des GAV um einen organisationsrechtlichen Vertrag handelt, bei dem § 47 Abs. 4 GmbHG nicht greift.[88]

**663** Der Zustimmungsbeschluss bei einer abhängigen AG ist notariell zu beurkunden, § 130 Abs. 1 AktG. Für die abhängige GmbH leitet der BGH die **Beurkundungspflicht** aus dem satzungsändernden Charakter des GAV ab, der zu einer analogen Anwendung des § 53 Abs. 2 GmbHG führt.[89]

**664** Der Zustimmungsbeschluss unterliegt keinem sachlichen Rechtfertigungserfordernis. Zwar wurde in der Vergangenheit gelegentlich angenommen, dass der Zustimmungsbeschluss einer Inhaltskontrolle in dem Sinne unterliege, dass er sachlich gerechtfertigt, erforderlich und verhältnismäßig sein müsse, um damit Minderheitsgesellschafter ausreichend zu schützen.[90] Nach Einführung der Berichts- und Prüfungspflichten in den §§ 293a ff. AktG durch das Umwandlungsbereinigungsgesetz 1994[91] scheint sich diese Diskussion aber in dem Sinne aufgelöst haben, dass heutzutage einhellig vertreten wird, dass **keine Inhaltskontrolle** möglich sei.[92] Zur Begründung wird ausgeführt, dass die Berichts- und Prüfungspflichten (deren Einhaltung wiederum einklagbar sind) den Gesellschafter ausreichend schützen, um sich ein ausreichendes Bild davon zu machen, ob aus seiner Sicht der GAV sachlich gerechtfertigt ist. Für den Parallelfall der Verschmelzung (dem auch die Berichts- und Prüfungspflichten nachempfunden sind, s. o. → 618) ist dies ebenfalls durch Gerichte in dem Sinne entschieden worden[93]; auch hat der Gesetzgeber bei der Verschmelzung im Zusammenhang mit den Berichts- und Prüfungspflichten ausdrücklich von einer Inhaltskontrolle durch die Gerichte abgesehen.[94] Die sachliche Beurteilung wird damit sowohl bei der Verschmelzung als auch beim GAV ausschließlich in die Hände des – ausreichend informierten – Gesellschafters gelegt und nicht den Gerichten überlassen.

**665** Unterliegen *sowohl* herrschendes *als auch* abhängiges Unternehmen dem **MitbestG** und besteht eine Beteiligung des herrschenden Unternehmens am abhängigen Unternehmen von mind. 25 %, so bedarf es für die Zustimmung des herrschenden Unternehmens iRd Gesellschafterversammlung der abhängigen Gesellschaft der Zustimmung des Aufsichtsrats des herrschenden Unternehmens gem. § 32 MitbestG. Es handelt sich um eine echte Beschränkung der Vertretungsmacht des Vorstandes.[95] Der Zustimmungsbeschluss bedarf der einfachen Mehrheit der Stimmen der Anteilseigner im Aufsichtsrat, § 32 Abs. 1 S. 2 Hs. 1 MitbestG. Der Beschluss des Aufsichtsrates ist für das das Stimmrecht ausübende Organ des herrschenden Unternehmens verbindlich, § 32 Abs. 1 S. 2 Hs. 2 AktG. Umstritten ist, welche Folge eine Stimmrechtsausübung entgegen dem Beschluss des Aufsichtsrats hat. Nach der hM ist die Stimmrechtsausübung damit unwirksam.[96] Nach einer anderen Ansicht ist die Stimmrechtsausübung wirksam, da sonst die Vertretungsmacht des Vertretungsorgans für den Rechtsverkehr entgegen § 82 AktG, § 37 GmbHG in unzulässiger Weise beschränkt würde.[97]

**666–670** *(einstweilen frei)*

---

[88] Vgl. den spiegelbildlichen Fall der Kündigung des GAV BGH 31.5.2011 – II ZR 109/10, DStR 2011, 1576.

[89] BGH 24.10.1988 – II ZB 7/88, NJW 1989, 295 (296); 31.1.2023 – II ZB 10/22, DStR 2023, 717 (718).

[90] Vgl. zB Emmerich AG 1991, 303 (307).

[91] Gesetz zur Bereinigung des Umwandlungsrechts v. 28.10.1994, BGBl. 1994 I 3210.

[92] OLG Frankfurt 6.4.2009 – 5 W 7/09, BeckRS 2009, 11396; LG München I 4.6.2009 – 5 HK O 591/09, BeckRS 2009, 23099; Emmerich/Habersack/Emmerich, 10. Aufl. 2022, AktG § 293 Rn. 35 mwN.

[93] OLG Frankfurt am Main 20.3.2012 – 5 AktG 4/11, WM 2012, 1955 (abrufbar unter https://www.rv.hessenrecht.hessen.de); im Leitsatz auch OLG Jena 5.11.2008 – 6 W 288/08, NJW-RR 2009, 182; vgl. auch BGH 22.5.1989 – II ZR 206/88, NJW 1989, 2689 (2690): „Das Gesetz versteht die Pflichten zur Offenlegung und Prüfung somit als einander ergänzende Maßnahmen, mit denen der Schutz der außenstehenden Aktionäre so vollkommen wie möglich ausgestaltet werden soll.".

[94] BT-Drs. 12/6699, 86.

[95] BeckNotar-HdB/Heckschen/Salomon, 8. Aufl. 2024, § 23 Rn. 194.

[96] Vgl. MüKoAktG/Annuß, 6. Aufl. 2023, MitbestG § 32 Rn. 17 mwN.

[97] Vgl. MüKoAktG/Altmeppen, 6. Aufl. 2023, AktG § 293 Rn. 42 mwN.

### 3. Zustimmungsbeschluss der Gesellschafterversammlung des herrschenden Unternehmens

Ist das herrschende Unternehmen eine **AG/KGaA,** hat zur Wirksamkeit des GAV auch die Gesellschafterversammlung dieses Unternehmens unter den gleichen Bestimmungen wie für die Zustimmung bei dem abhängigen Unternehmen zuzustimmen, § 293 Abs. 2 AktG.[98] Der Zustimmungsbeschluss ist notariell zu beurkunden, § 130 Abs. 1 AktG. **671**

Ist das herrschende Unternehmen eine **GmbH,** wird § 293 Abs. 2 AktG analog angewandt (keine analoge Anwendung des § 53 GmbHG), sodass es auch hier zur Wirksamkeit des GAV eines entsprechenden Zustimmungsbeschlusses der herrschenden GmbH bedarf.[99] Der BGH geht dementsprechend ausdrücklich von einem qualifizierten Mehrheitserfordernis iHv 3/4 der bei der Beschlussfassung abgegebenen Stimmen aus.[100] Da § 130 AktG auf die GmbH nicht analog angewandt wird und der GAV für die herrschende GmbH keinen satzungsändernden Charakter iSd § 53 Abs. 2 S. 1 GmbHG hat, bedarf der Zustimmungsbeschluss der herrschenden GmbH grds. keiner notariellen Beurkundung.[101] Allerdings kann sich die Pflicht zur notariellen Beglaubigung des Zustimmungsbeschlusses ergeben, wenn dieser – wie in der Praxis regelmäßig anzutreffen – auch den Verzicht auf Vertragsbericht (§ 293a Abs. 3 AktG) und Vertragsprüfung (§ 293b Abs. 2 AktG) enthält.[102] **672**

Wie beim Zustimmungsbeschluss der Gesellschafterversammlung des abhängigen Unternehmens ist auch beim Zustimmungsbeschluss der Gesellschafterversammlung des herrschenden Unternehmens grds. kein sachliches Rechtfertigungsbedürfnis gegeben. Eine Ausnahme kann sich allerdings ergeben, wenn bei dem herrschenden Unternehmen infolge der Abfindungsverpflichtung nach § 305 Abs. 2 Nr. 1 und 2 AktG eine Kapitalerhöhung unter Ausschluss des Bezugsrechts vorzunehmen ist. Für die Kapitalerhöhung unter Ausschluss des Bezugsrechts sieht der BGH grds. eine Inhaltskontrolle vor.[103] Dementsprechend wird auch dann eine Inhaltskontrolle als zulässig angesehen, wenn diese Kapitalerhöhung iRd § 305 Abs. 2 Nr. 1 und 2 AktG erfolgt.[104] Als sachliche Rechtfertigung soll dabei allein der Wunsch, den GAV abzuschließen, nicht ausreichend sein; vielmehr sei das dahinterstehende unternehmerische Interesse maßgeblich.[105] **673**

### 4. Zustimmungsbeschlüsse in mehrstufigen Konzernstrukturen

Grundsätzlich betrifft die Zustimmungspflicht nur die unmittelbar an dem GAV beteiligten Unternehmen und nicht sonstige im Konzern vorhandene Unternehmen. Daher müssen zB auch beim Abschluss eines GAV zwischen Mutter- und Enkelgesellschaft die entsprechenden Zustimmungsbeschlüsse auch nur für die beteiligte Mutter- und Enkelgesellschaft gefasst werden und insbes. nicht auch für die zwischengeschaltete Tochtergesellschaft.[106] Diese Einschätzung gilt unabhängig von der Rechtsform der beteiligten Unternehmen. Wenn allerdings die Muttergesellschaft die Tochtergesellschaft dazu anweist, dem GAV mit der Enkelgesellschaft zuzustimmen, und entstehen der Tochtergesellschaft dadurch Nach- **674**

---

98 Vgl. auch BGH 30.1.1992 – II ZB 15/91, NJW 1992, 1452 (1453); 31.1.2023 – II ZB 10/22, DStR 2023, 717 (718).

99 BGH 24.10.1988 – II ZB 7/88, NJW 1989, 295 (297); 30.1.1992 – II ZB 15/91, NJW 1992, 1452 (1453); 31.1.2023 – II ZB 10/22, DStR 2023, 717 (718).

100 BGH 24.10.1988 – II ZB 7/88, NJW 1989, 295 (298); das Mehrheitserfordernis hat der BGH entsprechend der Regel in § 53 Abs. 2 S. 1 GmbHG auf ¾ der „abgegebenen Stimmen" anstatt des „bei der Beschlussfassung anwesenden Kapitals" angepasst, vgl. Baums DNotZ 1989, 102 (114).

101 Vgl. BGH 24.10.1988 – II ZB 7/88, NJW 1989, 295 (298); BeckNotar-HdB/Mayer/Weiler, 8. Aufl. 2024, § 22 Rn. 412.

102 Vgl. auch Hermanns RNotZ 2015, 632 (633).

103 BGH 13.3.1978 – II ZR 142/76, NJW 1978, 1316; 7.3.1994 – II ZR 52/93, NJW 1994, 1410.

104 MHdB GesR IV/Krieger, 6. Aufl. 2024, § 68 Rn. 13 iVm § 67 Rn. 51.

105 MHdB GesR IV/Krieger, 6. Aufl. 2024, § 68 Rn. 13 iVm § 67 Rn. 51.

106 LG Düsseldorf 13.1.2004 – 35 O 44/03, DB 2004, 428; vgl. weiter Emmerich/Habersack/Emmerich, 10. Aufl. 2022, AktG § 293 Rn. 10.

teile, kann sich die Muttergesellschaft ggf. gem. §§ 311–317 AktG haftbar machen, sodass ein entsprechender Nachteilsausgleich vorzusehen ist.[107]

675 Umstritten ist der Fall mehrstufiger GAVs, dh, dass in einer Beteiligungskette auf jeder Ebene ein GAV abgeschlossen wird, zB zwischen Mutter und Tochter sowie zwischen Tochter und Enkelin. In diesem Fall wird nach der Reihenfolge des Abschlusses der GAV differenziert (unabhängig von der Rechtsform der beteiligten Rechtsträger).

- Zuerst Abschluss GAV Tochter-Enkelin und danach Mutter-Tochter: Dieser Fall wird als unproblematisch eingestuft und keine Zustimmung der Haupt-/Gesellschafterversammlung des Mutterunternehmens hinsichtlich des GAV zwischen dem Tochter- und Enkelunternehmen verlangt. Denn zum Zeitpunkt der Zustimmung der Haupt-/Gesellschafterversammlung des Mutterunternehmens zum GAV mit dem Tochterunternehmen ist der GAV zwischen Tochter und Enkel bereits abgeschlossen, sodass der Zustimmungsbeschluss auch diesen mit abdeckt.[108]
- Zuerst Abschluss GAV Mutter-Tochter und danach Tochter-Enkelin: In diesem Fall wird eine analoge Anwendung des § 293 Abs. 2 AktG teilweise bejaht, sodass die Haupt-/Gesellschafterversammlung des Mutterunternehmens dem Abschluss des GAV zwischen Tochter und Enkelin zustimmen muss. Als Begründung wird vor allem angeführt, dass durch die Verlustübernahme „durch die Kette" (§ 302 AktG) ein erhöhtes Risiko auch für die Muttergesellschaft bestehe, welches bei Zustimmung ihrer Haupt-/Gesellschafterversammlung zu dem GAV mit dem Tochterunternehmen noch nicht gegeben war.[109] Die hLit lehnt eine analoge Anwendung des § 293 Abs. 2 AktG hingegen ab, da das Tochterunternehmen auch nach Abschluss des GAV mit dem Mutterunternehmen seine eigenständige Verpflichtungsfähigkeit nicht verliere; die analoge Anwendung des § 293 Abs. 2 AktG führe zu einem rechtswidrigen Zustimmungsdurchgriff des Mutterunternehmens.[110]

### 5. Zustimmungsbeschluss des Aufsichtsrats

676 Sofern es sich um eine AG handelt, kann sowohl beim herrschenden als auch beim abhängigen Unternehmen eine Zustimmungspflicht des Aufsichtsrates gem. § 111 Abs. 4 AktG bestehen, da es sich nach heute einhelliger Meinung beim Abschluss des GAV um eine Geschäftsführungsmaßnahme handelt.[111] Umstritten ist allerdings, ob der Zustimmungsvorbehalt immer (in der Satzung oder durch Aufsichtsratsbeschluss) vorgesehen werden kann. Hierzu haben sich folgende Meinungsströme herausgebildet[112]:

- Eine Ansicht geht davon aus, dass ein Zustimmungsvorbehalt für den Aufsichtsrat stets vorgesehen werden könne.[113]
- Eine weitere Ansicht geht davon aus, dass nur dann ein Zustimmungsvorbehalt des Aufsichtsrats vorgesehen werden könne, wenn der Vorstand nicht von der Hauptversammlung zum Abschluss des GAV angewiesen worden sei (§ 83 Abs. 1 S. 2, 3 AktG).[114] Hintergrund ist, dass die Letztentscheidungsbefugnis hinsichtlich des GAV ohnehin bei der Hauptversammlung liegt (§ 111 Abs. 4 S. 3 AktG). Ist der GAV allerdings ohne

---

107 Vgl. im Einzelnen dazu Krieger FS K. Schmidt, 2009, 999 (1008 ff.); Emmerich/Habersack/Emmerich, 10. Aufl. 2022, AktG § 293 Rn. 12a.

108 Vgl. Emmerich/Habersack/Emmerich, 10. Aufl. 2022, AktG § 293 Rn. 12 mwN.

109 Vgl. Emmerich/Habersack/Emmerich, 10. Aufl. 2022, AktG § 293 Rn. 12 mwN.

110 Vgl. Koch, 18. Aufl. 2024, AktG § 293 Rn. 20 mwN sowie die weiteren Nachweise bei MüKoAktG/Altmeppen, 6. Aufl. 2023, AktG § 293 Rn. 117.

111 Vgl. MüKoAktG/Altmeppen, 6. Aufl. 2023, AktG § 293 Rn. 11; MüKoAktG/Habersack, 6. Aufl. 2023, AktG § 111 Rn. 130; Emmerich/Habersack/Emmerich, 10. Aufl. 2022, AktG § 293 Rn. 34; früher gab es auch eine Ansicht, nach der grds. kein Zustimmungsvorbehalt vorgesehen werden könne, da es sich bei GAV nicht um Geschäftsführungsmaßnahmen handele, vgl. Timm DB 1980, 1201 (1204 f.).

112 Vgl. den Überblick bei MüKoAktG/Altmeppen, 6. Aufl. 2023, AktG § 293 Rn. 10.

113 Vgl. Emmerich/Habersack/Emmerich, 10. Aufl. 2022, AktG § 293 Rn. 34 mwN.

114 Vgl. MüKoAktG/Altmeppen, 6. Aufl. 2023, AktG § 293 Rn. 11 mwN.

entsprechende Anweisung der Hauptversammlung vom Vorstand abgeschlossen worden, soll das Vetorecht des Aufsichtsrats gem. § 111 Abs. 4 S. 2 AktG möglich sein.

Verweigert der Aufsichtsrat seine Zustimmung, kann der Vorstand die Hauptversammlung anrufen, um den Beschluss des Aufsichtsrats aufzuheben (§ 111 Abs. 4 S. 3 AktG). Umstritten ist, welcher Mehrheit es in diesem Fall für den Hauptversammlungsbeschluss bedarf. Teilweise wird vertreten, dass unter (vorrangiger) Anwendung des § 111 Abs. 4 S. 4 AktG eine Mehrheit von ¾ der abgegebenen Stimmen, nicht aber eine Kapitalmehrheit, erforderlich ist.[115] Nach einer weiteren Ansicht ist eine Mehrheit von ¾ des bei Beschlussfassung anwesenden Grundkapitals sowie eine einfache Mehrheit der abgegebenen Stimmen erforderlich.[116] Nach einer anderen Ansicht ist im Zusammenspiel von § 111 Abs. 4 S. 1 AktG und § 293 Abs. 1 S. 2 AktG sowohl eine ¾-Mehrheit der abgegebenen Stimmen als auch eine ¾-Mehrheit des bei der Beschlussfassung anwesenden Grundkapitals erforderlich.[117] Schließlich wird vertreten, dass gem. § 83 Abs. 1 S. 3 AktG iVm § 293 Abs. 1 S. 2 AktG ausschließlich eine ¾-Kapitalmehrheit erforderlich sei.[118] **677**

*(einstweilen frei)* **678–680**

## IV. Verfahrensregeln

Mit dem Umwandlungsbereinigungsgesetz 1994[119] sind die §§ 293a–293g AktG neu eingeführt worden, um das Verfahren beim Abschluss des GAV an das Verfahren bei der Verschmelzung anzugleichen (s. dazu auch schon oben → Rn. 618).[120] Ziel der dort genannten Verfahrensregeln ist die Verbesserung der Information der Aktionäre beim Abschluss eines GAV.[121] Die Aktionäre sollen im Vorfeld der Hauptversammlung „entscheiden können, inwieweit sie von ihrem Teilnahmerecht Gebrauch machen und insbes. wie sie dann ihr Fragerecht sinnvoll ausnutzen, um eine informierte Entscheidung treffen zu können.“[122] **681**

Die Informationspflichten gelten uneingeschränkt, soweit herrschendes oder abhängiges Unternehmen AG/KGaA sind, dh sobald eine AG/KGaA beteiligt ist, gelten für diese die §§ 293a ff. AktG. Sobald allerdings eine GmbH beteiligt ist, ist umstritten, inwieweit die §§ 293a ff. AktG für diese gelten (s. dazu nachfolgend unter → Rn. 683 ff.). Besondere praktische Relevanz dürfte der Streit idR nicht haben[123], da insbes.im GmbH-Vertragskonzern auf die entsprechenden Berichte und Prüfungen idR verzichtet wird (§ 293a Abs. 3, § 293b Abs. 2 AktG) bzw. eine Prüfung wegen einer 100 %-Beteiligungskette entbehrlich ist (§ 293b Abs. 1 AktG). **682**

### 1. Anwendbarkeit im GmbH-Vertragskonzern

**Abhängige GmbH, herrschende AG/KGaA:** Für die herrschende AG/KGaA ergibt sich die Anwendung der §§ 293a ff. AktG unmittelbar aus dem Gesetzeswortlaut.[124] Ob aber auch für die abhängige GmbH §§ 293a ff. AktG gelten, ist umstritten. Der Streit bzgl. der Anwendung der §§ 293a ff. AktG verläuft im Wesentlichen parallel zu dem Streit bzgl. der erforderlichen Stimmrechtsmehrheit bzgl. des Zustimmungsbeschlusses auf Ebe- **683**

115 Koch, 18. Aufl. 2024, AktG § 293 Rn. 25.
116 MüKoAktG/Altmeppen, 6. Aufl. 2023, AktG § 293 Rn. 12.
117 Vgl. Emmerich/Habersack/Emmerich, 10. Aufl. 2022, AktG § 293 Rn. 34; MHdB GesR IV/Krieger, 6. Aufl. 2024, § 67 Rn. 14.
118 MüKoAktG/Altmeppen, 6. Aufl. 2023, AktG § 293 Rn. 12.
119 Gesetz zur Bereinigung des Umwandlungsrechts v. 28.10.1994, BGBl. 1994 I 3210.
120 Zur Regierungsbegründung vgl. BT-Drs. 12/6699, 178 ff.
121 BT-Drs. 12/6699, 178.
122 LG Frankfurt am Main 18.12.2012 – 3-05 O 96/12, BeckRS 2013, 145.
123 Vgl. auch Emmerich/Habersack KonzernR, 12. Auflage 2023, § 32 Rn. 5.
124 Vgl. auch LG Frankfurt am Main 18.12.2012 – 3-05 O 96/12, BeckRS 2013, 145.

ne der abhängigen GmbH (s. dazu oben → Rn. 661).[125] Dementsprechend gibt es eine Ansicht, die die Anwendung der §§ 293a ff. AktG auf die abhängige GmbH ablehnt, weil nach dieser Ansicht ein einstimmiger Gesellschafterbeschluss auf Ebene der abhängigen GmbH für die Wirksamkeit des GAV erforderlich sei.[126] Eine andere Ansicht geht demgegenüber von einer ¾-Mehrheit aus und will daher zum Schutz der Minderheitsgesellschafter §§ 293a ff. AktG analog anwenden.[127] Neben diesen beiden – im Grundsatz bereits bekannten (→ Rn. 661) – Meinungen gesellt sich für die Frage nach der Anwendung der §§ 293a ff. AktG eine dritte Ansicht, die unabhängig von der erforderlichen Mehrheit davon ausgeht, dass §§ 293a ff. AktG nie auf eine abhängige (oder auch herrschende, s.u.) GmbH analoge Anwendung fänden, da diese auf Publikumsgesellschaften wie die AG/KGaA zugeschnitten seien und nicht auf die GmbH; auch der BGH wende schließlich auf die abhängige GmbH nicht § 293 AktG analog an, sondern komme zum erforderlichen Zustimmungsbeschluss der Gesellschafter über eine analoge Anwendung des § 53 GmbHG.[128]

684 **Abhängige AG/KGaA, herrschende GmbH:** Für die abhängige AG/KGaA gelten wiederum die §§ 293a ff. AktG unmittelbar.[129] Für die herrschende GmbH wird von der hLit vertreten, dass §§ 293a ff. AktG ebenfalls analog gelten.[130] Eine andere Ansicht vertritt demgegenüber auch hier die Ansicht, dass bei einer beteiligten GmbH generell §§ 293a ff. AktG keine analoge Anwendung fänden.[131]

685 **Abhängige GmbH, herrschende GmbH:** Diese Konstellation entscheidet die Literatur für die abhängige GmbH und die herrschende GmbH jeweils nach den vorgenannten Grundsätzen (→ Rn. 683 f.).[132]

686–690 *(einstweilen frei)*

### 2. Bericht über den Unternehmensvertrag, § 293a AktG

691 Die Vorstände/Geschäftsführer der beteiligten Unternehmen haben nach § 293a AktG einen ausführlichen schriftlichen Bericht zu dem GAV zu erstatten, in dem
1) der Abschluss des Unternehmensvertrags,
2) der Vertrag im Einzelnen und
3) Art und Höhe des Ausgleichs nach § 304 AktG und der Abfindung nach § 305 AktG rechtlich und wirtschaftlich erläutert und begründet werden.

692 Der Bericht kann von den betroffenen Vorständen/Geschäftsführern auch gemeinsam erstattet werden, § 293a Abs. 1 S. 1 Hs. 2 AktG.

693 Ziel des Berichtes ist es, die Aktionäre zu unterrichten und insbes. die außenstehenden Gesellschafter über ihre Rechte zu informieren.[133] Der Gesetzgeber hat sich dabei im Ausgangspunkt an der Parallelnorm des § 8 UmwG (Verschmelzungsbericht) orientiert. Hinsichtlich des Abschlusses des GAV (oben 1)) soll der Bericht darlegen, welche rechtlichen und wirtschaftlichen Gründe für den GAV sprechen und insbes. das unternehmerische Für und Wider im Vergleich zu anderen Alternativen (zB Verschmelzung) abgewogen werden.[134] Was hinsichtlich des Vertragsinhalts im Einzelnen darzulegen ist (oben 2)), ist unklar. Eine bloße Wiedergabe der gesetzlichen Normen dürfte nicht ausreichend sein.

[125] Vgl. den Überblick bei MüKoAktG/Altmeppen, 6. Aufl. 2023, AktG § 293a Rn. 13 und Emmerich/Habersack/Emmerich, 10. Aufl. 2022, AktG § 293a Rn. 11 ff.
[126] Vgl. Koch, 18. Aufl. 2024, AktG § 293a Rn. 6 mwN; BeckNotar-HdB/Mayer/Weiler, 8. Aufl. 2024, § 22 Rn. 416.
[127] Rowedder/Schmidt-Leithoff/Koppensteiner, 4. Aufl. 2002, GmbHG Anh. § 52 Rn. 63.
[128] MüKoAktG/Altmeppen, 6. Aufl. 2023, AktG § 293a Rn. 15.
[129] MüKoAktG/Altmeppen, 6. Aufl. 2023, AktG § 293a Rn. 21.
[130] Vgl. Emmerich/Habersack/Emmerich, 10. Aufl. 2022, AktG § 293a Rn. 12 mwN.
[131] MüKoAktG/Altmeppen, 6. Aufl. 2023, AktG § 293a Rn. 19.
[132] Emmerich/Habersack/Emmerich, 10. Aufl. 2022, AktG § 293a Rn. 13.
[133] BT-Drs. 12/6699, 178.
[134] MüKoAktG/Altmeppen, 6. Aufl. 2023, AktG § 293a Rn. 39; BT-Drs. 12/6699, 83 f.

Überwiegend wird angenommen, dass der rechtliche und wirtschaftliche Hintergrund des GAV aus der Perspektive eines durchschnittlichen Aktionärs erläutert werden muss.[135] Von besonderer Bedeutung dürften im Bericht – so sie denn in Betracht kommen (s. dazu → Rn. 777) – die Erläuterungen zur Art und Höhe des Ausgleichs nach § 304 AktG und der Abfindung nach § 305 AktG sein (oben 3)). Beides hängt iE von einer Bewertung des abhängigen Unternehmens ab, welche im Bericht ausführlich zu erläutern ist.[136]

Auf die Erstattung des Berichts kann verzichtet werden, wenn alle Gesellschafter aller beteiligter Unternehmen durch öffentlich beglaubigte Erklärung (§ 129 BGB) hierauf verzichten, § 293a Abs. 3 AktG. Im Gegensatz zum Verzicht auf einen Verschmelzungsbericht (§ 8 Abs. 3 S. 2 UmwG) ist eine notarielle Beurkundung nach §§ 8 ff. BeurkG grds. nicht erforderlich.[137] Der Verzicht wird in der Praxis allerdings häufig zusammen mit dem Zustimmungsbeschluss nach § 293 Abs. 1, Abs. 2 AktG (ggf. analog) bzw. § 53 GmbHG analog erfolgen (→ Rn. 661, 672). Soweit er damit Teil eines notariell beurkundeten Gesellschafterbeschlusses ist, reicht dies für die Form des § 293 Abs. 3 AktG aus[138], wenn der Gesellschafterbeschluss in der Form einer Niederschrift von Willenserklärungen (§§ 8 ff. BeurkG) und nicht als Tatsachenniederschrift (§§ 36 ff. BeurkG) beurkundet worden ist[139], vgl. § 129 Abs. 3 BGB. In der Praxis wird daher idR der Zustimmungsbeschluss zusammen mit den Verzichtserklärungen in der Form einer Niederschrift von Willenserklärungen (§§ 8 ff. BeurkG) beurkundet.[140] **694**

Von dem Bericht kann nicht aufgrund eines 100 %-Beteiligungsverhältnisses abgesehen werden. Anders als bei der Verschmelzung hat der Gesetzgeber beim GAV keine dem § 8 Abs. 3 S. 3 UmwG nachempfundene Ausnahme für 100 %-Konzernverhältnisse vorgesehen, sodass nur ein wirksamer Verzicht den Bericht entbehrlich macht. **695**

### 3. Prüfung des Unternehmensvertrags und Prüfungsbericht, §§ 293b–293e AktG

Der GAV ist durch einen oder mehrere sachverständige Prüfer zu prüfen, § 293b Abs. 1 AktG. Ziel der Prüfung ist es insbes., die Angemessenheit des Ausgleichs nach § 304 AktG bzw. der Abfindung nach § 305 AktG schon vor Beschlussfassung durch einen objektiven Dritten prüfen zu lassen, um damit spätere Spruchverfahren nach § 306 AktG möglichst überflüssig zu machen.[141] **696**

Daraus leiten sich auch diverse Aspekte hinsichtlich des (in der Literatur umstrittenen) Prüfungsumfangs ab. Richtigerweise beschränkt sich mE der Prüfungsumfang auf die Prüfung des GAV im Hinblick auf die Angemessenheit des Ausgleichs nach § 304 AktG bzw. der Abfindung nach § 305 AktG, mithin eine betriebswirtschaftliche Frage der Unternehmensbewertung. Nicht hingegen erfasst ist mE die Prüfung, ob der GAV aus unternehmerischer Sicht zweckmäßig ist; daher ist auch der Vertragsbericht nach § 293a AktG mE kein Prüfungsgegenstand (gleichwohl kann er natürlich von den Vertragsprüfern iRd Prüfung zu Rate gezogen werden). Auch übernehmen die Vertragsprüfer mE keine juristische Wirksamkeitskontrolle des GAV in dem Sinne, ob alle rechtlichen Voraussetzungen eingehalten sind.[142] **697**

Als Vertragsprüfer in Betracht kommen nach § 293d Abs. 1 S. 1 AktG iVm § 319 Abs. 1 S. 1 HGB ausschließlich Wirtschaftsprüfer bzw. Wirtschaftsprüfungsgesellschaften. Sie wer- **698**

[135] MüKoAktG/Altmeppen, 6. Aufl. 2023, AktG § 293a Rn. 42 mwN.
[136] MüKoAktG/Altmeppen, 6. Aufl. 2023, AktG § 293a Rn. 44.
[137] Der Gesetzgeber hat dies aus Kostengründen ausdrücklich abweichend von der Verschmelzung geregelt, BT-Drs. 12/6699, 178.
[138] Vgl. dazu Emmerich/Habersack/Emmerich, 10. Aufl. 2022, AktG § 293a Rn. 35.
[139] Zu dieser Unterscheidung vgl. Hermanns RNotZ 2015, 632 (633) und BeckOK BeurkG/Bremkamp, 10. Ed. 1.3.2024, BeurkG § 9, Rn. 76.1.
[140] BeckOK BeurkG/Bremkamp, 10. Ed. 1.3.2024, BeurkG § 9 Rn. 76.1.
[141] BT-Drs. 12/6699, 178.
[142] Vgl. insgesamt die mE zutreffende Differenzierung bei MüKoAktG/Altmeppen, 6. Aufl. 2023, AktG § 293b Rn. 9 ff. mwN auch zu abweichenden Ansichten.

den auf Antrag der beteiligten Unternehmen vom Gericht ausgewählt und bestellt, § 293c AktG.

699 Das Gesetz geht davon aus, dass jedes am GAV beteiligte Unternehmen einen eigenen Vertragsprüfer hat (§ 293b Abs. 1 AktG). Allerdings können die Unternehmen auch einen gemeinsamen Vertragsprüfer bestellen (§ 293c Abs. 1 S. 2 AktG).[143]

700 Die Vertragsprüfer haben jeweils einen oder einen gemeinsamen schriftlichen Prüfungsbericht über die Prüfung des GAV zu erstellen, § 293e AktG.

701 Auf die Prüfung (§ 293b Abs. 2 AktG) und auf den Prüfungsbericht (§ 293e Abs. 2 AktG) kann nach den gleichen Grundsätzen wie iRd § 293a Abs. 3 AktG durch öffentlich beglaubigte Erklärung aller beteiligten Gesellschafter verzichtet werden (s. dazu → Rn. 694). Es gibt damit die Möglichkeit, auch isoliert auf den Prüfungsbericht, nicht aber auf die Prüfung an sich zu verzichten, wobei in der Praxis idR direkt auf die gesamte Prüfung verzichtet wird.

702 Darüber hinaus sind Prüfung und Prüfungsbericht auch nicht erforderlich, wenn herrschendes und abhängiges Unternehmen in einer 100 %-Beteiligung zueinander stehen, § 293a Abs. 1 AktG.

#### 4. Vorbereitung und Durchführung der Hauptversammlung, §§ 293f–293g AktG

703 §§ 293f, 293g AktG enthalten schließlich Regelungen zur Vorbereitung und Durchführung der Hauptversammlung. Sie gelten sowohl für die das herrschende als auch für das abhängige Unternehmen.

704 § 293f AktG enthält insbes. Informationsrechte der Aktionäre, die ihnen eine informierte Entscheidung über den GAV ermöglichen sollen. Die Regelung ist mE nicht analog auf die GmbH anwendbar; für die GmbH-Gesellschafter findet mE stattdessen § 51a GmbHG Anwendung.

705 § 293g AktG enthält Regelungen zur Durchführung der Hauptversammlung, insbes. die Pflicht des Vorstands zur Erläuterung des GAV, § 293g Abs. 2 S. 1 AktG. Verfahrensrechtlich wichtig ist die Regelung in § 293g Abs. 2 S. 2 AktG, die eine Pflicht zur Beifügung des GAV zum Hauptversammlungsbeschluss vorsieht. Die Norm ist rechtsformübergreifend anzuwenden, dh auch im reinen GmbH-Vertragskonzern, zu Details dazu → Rn. 683 ff.

706–710 *(einstweilen frei)*

### V. Handelsregistereintragung

#### 1. Eintragung im HR am Sitz des abhängigen Unternehmens

711 Zur Wirksamkeit des GAV ist dieser im HR am Sitz des abhängigen Unternehmens einzutragen, § 294 Abs. 2 AktG. Dies gilt analog § 54 Abs. 3 GmbHG auch bei 1) einer GmbH als abhängigem Unternehmen einer AG[144] und 2) einer GmbH sowohl als herrschendem als auch als abhängigem Unternehmen[145]. Das Eintragungserfordernis kann uU zu zeitlichen Friktionen führen, da vor Eintragung der GAV auch steuerlich keine Wirkung entfalten kann. Da eine steuerliche Rückwirkung über das laufende Wirtschaftsjahr hinaus nicht möglich ist (§ 14 Abs. 1 S. 2 KStG), ist die HR-Anmeldung so zu planen, dass noch mit einer Eintragung im laufenden Wirtschaftsjahr gerechnet werden kann (sofern eine Rückwirkung auf das laufende Wirtschaftsjahr gewünscht ist). Dabei ist zu berücksichtigen, dass eine verzögerte Bearbeitung beim HR nach Ansicht des BFH steuerlich nicht, insbes. auch nicht im Billigkeitswege, berücksichtigt werden kann.[146]

[143] Vgl. MüKoAktG/Altmeppen, 6. Aufl. 2023, AktG § 293b Rn. 13.
[144] BGH 30.1.1992 – II ZB 15/91, NJW 1992, 1452 (1453); iE auch BGH 31.1.2023 – II ZB 10/22, DStR 2023, 717 (719).
[145] Vgl. grundlegend BGH 24.10.1988 – II ZB 7/88, NJW 1989, 295 (298); zuletzt BGH 31.1.2023 – II ZB 10/22, DStR 2023, 717 (718).
[146] BFH 23.8.2017 – I R 80/15, DStR 2017, 2803.

Eine Eintragung im HR am Sitz des herrschenden Unternehmens ist weder erforderlich noch zulässig. Nachdem in der Literatur intensiv darüber diskutiert wurde[147], hat der BGH im Jahr 2023 ausdrücklich vertreten, dass eine Eintragung des GAV im HR des herrschenden Unternehmens nicht zulässig und auch keine Wirksamkeitsvoraussetzung für den GAV ist (der entschiedene Fall betraf eine GmbH als herrschendes und abhängiges Unternehmen).[148] Dass die Eintragung im HR am Sitz des herrschenden Unternehmens keine Wirksamkeitsvoraussetzung für den GAV ist, leitet der BGH daraus ab, dass der Wortlaut des § 294 AktG nur die Eintragung im HR am Sitz des abhängigen Unternehmens erfordere und – bei einer GmbH als herrschendem Unternehmen – auch § 54 GmbHG nicht analog anwendbar sei.[149] Eine freiwillige Eintragung des GAV in das HR am Sitz des herrschenden Unternehmens lehnt der BGH ab, da er eine relevante Informationsfunktion nur dann gegeben sieht, wenn nicht nur die Eintragung des GAV – positiv – auf das Bestehen eines GAV hinweisen würde, sondern auch die Nichteintragung – negativ – auf das Nichtbestehen des GAV hinweisen würde. Dies sei aber bei einer freiwilligen Eintragung gerade nicht gegeben, sodass die Möglichkeit einer freiwilligen Eintragung des GAV im HR am Sitz des herrschenden Unternehmens bei Gläubigern und künftigen Gesellschaftern des herrschenden Unternehmens für Missverständnisse sorgen könnte.[150] 712

### 2. Pflicht zur Anmeldung zum HR

Der Vorstand der abhängigen AG ist zur Anmeldung verpflichtet, § 294 Abs. 1 S. 1 AktG. Entsprechendes gilt für den Geschäftsführer einer abhängigen GmbH. 713

Die Anmeldung kann vom HR nicht (nach § 14 HGB) erzwungen werden (§ 407 Abs. 2 AktG), da die Eintragung des GAV erst die Wirksamkeit und damit die eintragungspflichtige Tatsache herbeiführt.[151] Bei Verletzung der Anmeldepflicht kann sich der Vorstand/Geschäftsführer allerdings schadensersatzpflichtig machen. 714

Die HR-Anmeldung ist öffentlich zu beglaubigen, § 12 Abs. 1 S. 1 HGB. 715

Die HR-Anmeldung hat – parallel zum Vertragsschluss – durch organschaftliche Vertreter in satzungsmäßiger Zahl zu erfolgen; dies schließt auch die unechte Gesamtvertretung durch organschaftliche Vertreter zusammen mit einem Prokuristen ein.[152] Hintergrund ist, dass die Anmeldebefugnis parallel zur Vertretungsmacht läuft und somit bei einem Grundlagengeschäft – wie beim Abschluss des GAV (→ Rn. 641) – ein Prokurist nicht alleine anmelden kann.[153] Möglich sollte es aber sein, dem Prokuristen (oder auch anderen Personen) eine Vollmacht zur Handelsregisteranmeldung zu erteilen, die dann neben die Prokura tritt.[154] Eine solche Vollmacht bedarf der öffentlichen Beglaubigung, § 12 Abs. 1 S. 3 HGB. 716

### 3. Inhalt und Anlagen der HR-Anmeldung

Nach § 294 Abs. 1 S. 1 AktG sind 717

1) das Bestehen und
2) die Art des Unternehmensvertrages sowie
3) der Name des anderen Vertragsteils

---

147 Vgl. zum Diskussionsstand vor der BGH-Entscheidung MüKoAktG/Altmeppen, 6. Aufl. 2023, AktG § 294 Rn. 12 f.
148 BGH 31.1.2023 – II ZB 10/22, DStR 2023, 717.
149 BGH 31.1.2023 – II ZB 10/22, DStR 2023, 717 (718 f.).
150 BGH 31.1.2023 – II ZB 10/22, DStR 2023, 717 (719).
151 MüKoAktG/Altmeppen, 6. Aufl. 2023, AktG § 294 Rn. 9.
152 Hermanns RNotZ 2015, 632 (634); Boor RNotZ 2017, 65 (77).
153 Vgl. Seebach RNotZ 2015, 68 (73 ff.) mwN.
154 Vgl. MüKoHGB/Krebs, 5. Aufl. 2021, HGB § 49 Rn. 35; Seebach RNotZ 2015, 68 (69).

zum HR anzumelden. Ad 1): Anzumelden ist insofern nur die Tatsache des Bestehens des GAV, nicht dessen konkreter Inhalt.[155] Ad 2): Die Art des Unternehmensvertrages ergibt sich aus der Bezeichnung nach § 291 Abs. 1 S. 1 AktG. Bei einem kombinierten GAV/Beherrschungsvertrag ist diese Kombination auch so anzumelden.[156] Ad 3): Der Name des anderen Vertragsteils wird in der Praxis idR in dem Sinne verstanden, dass die vollständige Firma, der Sitz und, falls vorhanden, auch die Registerstelle anzugeben ist.[157] Eine HR-Anmeldung kann dementsprechend wie folgt lauten:

*„Die Gesellschaft hat mit der [herrschendes Unternehmen] in [Sitz] (Amtsgericht [_] HRB [_]) am [_] mit Zustimmung der Hauptversammlung vom [_] einen Gewinnabführungsvertrag geschlossen."*

Bei einer abhängigen GmbH ergibt sich die Anmeldepflicht aus einer analogen Anwendung des § 54 Abs. 1 S. 1 GmbHG[158], wobei der Anmeldungsinhalt demjenigen des § 294 Abs. 1 S. 1 AktG entspricht.

**718** Der HR-Anmeldung sind nach § 294 Abs. 1 S. 2 AktG beizufügen: 1) der GAV sowie 2) die Niederschrift des Zustimmungsbeschlusses für das herrschende Unternehmen und die dazugehörigen Anlagen (dh insbes. der GAV als Anlage), jeweils in Urschrift, Ausfertigung oder öffentlich beglaubigter Abschrift. Die Norm gilt analog bei einer GmbH als abhängiger Gesellschaft.[159] In § 294 AktG nicht erwähnt ist die Niederschrift des Zustimmungsbeschlusses für das abhängige Unternehmen, was nur daran liegt, dass das AktG davon ausgeht, dass diese nach § 130 Abs. 5 AktG ohnehin schon eingereicht worden ist[160]; diese Niederschrift ist samt Anlagen (dh insbes. der GAV als Anlage) daher ebenfalls in öffentlich beglaubigter Form beim HR einzureichen. Bei der abhängigen GmbH ergibt sich die Pflicht zur Einreichung der Niederschrift des Zustimmungsbeschlusses samt Anlagen (GAV) aus einer analogen Anwendung des § 54 Abs. 1 S. 2 GmbHG.[161] Die Anlagen dienen dazu, dem HR die Möglichkeit zu geben, zu prüfen, ob die relevanten Zustimmungsbeschlüsse zu dem geschlossenen GAV tatsächlich vorliegen.[162] Dem HR wird damit der GAV insgesamt dreifach vorgelegt: einmal der GAV selbst und dann jeweils einmal als Anlage zu den jeweiligen Zustimmungsbeschlüssen.

**719** Ist der GAV aufschiebend bedingt abgeschlossen, ist der Eintritt der aufschiebenden Bedingung nachzuweisen (s. dazu auch oben → Rn. 646).[163]

**720** Das HR (Registerrichter, § 17 Nr. 1 Buchst. d RPflG) prüft nicht nur die Einhaltung der formalen Voraussetzungen der Anmeldung des GAV (zB Form der Anmeldung, Vollständigkeit der eingereichten Unterlagen etc.), sondern auch die materiellen Voraussetzungen des Abschlusses des GAV, dh insbes. den wirksamen Abschluss des GAV (zB Unternehmenseigenschaft der beteiligten Rechtsträger, Abschlusskompetenz, Schriftform, Zustimmungsbeschlüsse, Vorliegen der Verlustübernahme nach § 302 AktG, Ausgleichszahlung nach § 304 Abs. 3 S. 1 AktG etc.).[164] Bei einem unwirksamen Vertragsschluss wird der GAV nicht eingetragen (Eintragungshindernis).

**721–725** *(einstweilen frei)*

[155] Krafka RegisterR, 12. Aufl. 2024, Rn. 1603.
[156] Krafka RegisterR, 12. Aufl. 2024, Rn. 1603.
[157] Krafka RegisterR, 12. Aufl. 2024, Rn. 1603.
[158] Vgl. BGH 31.1.2023 – II ZB 10/22, DStR 2023, 717 (718); 30.1.1992 – II ZB 15/91, NJW 1992, 1452 (1453); MüKoGmbHG/Liebscher, GmbHG, 4. Aufl. 2022, Anh. § 13 Rn. 796.
[159] BGH 31.1.2023 – II ZB 10/22, DStR 2023, 717 (718); 30.1.1992 – II ZB 15/91, NJW 1992, 1452.
[160] MüKoAktG/Altmeppen, 6. Aufl. 2023, AktG § 294 Rn. 24.
[161] Vgl. BGH 31.1.2023 – II ZB 10/22, DStR 2023, 717 (718); 30.1.1992 – II ZB 15/91, NJW 1992, 1452 (1453); MüKoGmbHG/Liebscher, 4. Aufl. 2022, GmbHG Anh. § 13 Rn. 796.
[162] BGH 30.1.1992 – II ZB 15/91, NJW 1992, 1452 (1452).
[163] Krafka RegisterR, 12. Aufl. 2024, Rn. 1606.
[164] Vgl. Koch, 18. Aufl. 2024, AktG § 294 Rn. 11; Krafka RegisterR, 12. Aufl. 2024, Rn. 1607.

## D. Gesellschaftsrechtliche Anforderungen an den Inhalt des GAV

### I. Gewinnabführung

§ 291 Abs. 1 S. 1 AktG definiert den Gewinnabführungsvertrag als einen Vertrag, nach dem sich eine Gesellschaft verpflichtet, ihren **ganzen Gewinn** an ein anderes Unternehmen abzuführen. Damit ist festgelegt, dass ein GAV nur vorliegt, wenn der GAV eine Verpflichtung zur Abführung des *gesamten* Gewinns enthält. Zwar erkennt das Aktienrecht auch Teilgewinnabführungsverträge als Unternehmensverträge an, § 292 Abs. 1 Nr. 2 AktG, diese sind jedoch nicht zur Begründung einer ertragsteuerlichen Organschaft geeignet (§ 14 Abs. 1 S. 1 KStG). 726

#### 1. Inhalt der Gewinnabführung

Der Begriff des „ganzen Gewinns" ist gesetzlich nicht definiert. Der Begriff ist handelsbilanziell und nicht steuerrechtlich zu verstehen.[165] Gemeint ist damit der (handelsrechtliche) Bilanzgewinn, der ohne den GAV beim abhängigen Unternehmen bestünde.[166] Die FinVerw nimmt ebenfalls an, dass der Jahresabschluss des abhängigen Unternehmens infolge der Gewinnabführung keinen *Bilanzgewinn* iSd § 268 Abs. 1 S. 2 HGB bzw. § 158 Abs. 1 Nr. 5 AktG mehr ausweisen darf.[167] Demnach wäre Grundlage der Gewinnabführung der Saldo aus Jahresüberschuss iSd § 266 Abs. 3 A. V. HGB und Gewinnvortrag/Verlustvortrag iSd § 266 Abs. 3 A. IV. HGB unter Berücksichtigung von Einstellungen in Gewinnrücklagen sowie Entnahmen aus Gewinn- und Kapitalrücklagen (vgl. auch § 275 Abs. 4 HGB).[168] 727

Allerdings definiert § 301 AktG einen **Höchstbetrag** für die Gewinnabführung und zwar als folgende Rechengröße: 728

| | |
|---|---|
| | Jahresüberschuss vor Gewinnabführung |
| ./. | Verlustvortrag aus dem Vorjahr (dh effektiv aus vororganschaftlicher Zeit) |
| ./. | Zuführung zur gesetzlichen Rücklage nach § 300 Nr. 1 AktG |
| ./. | ausschüttungsgesperrter Betrag iSd § 268 Abs. 8 HGB |
| + | Entnahmen aus aufgelösten anderen Gewinnrücklagen iSd § 266 Abs. 3 A. III. Nr. 4 HGB, die während des Bestehens des GAV gebildet worden sind |
| = | Höchstbetrag der Gewinnabführung |

Demnach wird mit dem „ganzen Gewinn" iSd § 291 Abs. 1 S. 1 AktG nur eine Ausgangsgröße definiert, die nach oben hin von § 301 AktG begrenzt wird (insbes. im Hinblick darauf, dass vorvertraglich gebildete Rücklagen/Gewinnvorträge nicht abgeführt werden dürfen, zu weiteren Einzelheiten zu § 301 AktG → Rn. 754 ff.).

Die aktienrechtliche (§ 291 Abs. 1 S. 1 AktG) Ausgangsgröße des „ganzen Gewinns" wird ertragsteuerlich durch einen **Mindestbetrag** ergänzt.[169] Nach § 14 Abs. 1 S. 1 Nr. 4 KStG dürfen Beträge nur insoweit in die Gewinnrücklagen (§ 272 Abs. 3 HGB) mit Ausnahme der gesetzlichen Rücklagen eingestellt werden, als dies bei vernünftiger kaufmännischer Beurteilung wirtschaftlich begründet ist. Die aktienrechtlich zulässige Zuführung zu den Gewinnrücklagen (vgl. → Rn. 727 oben zu § 268 Abs. 1 S. 2 HGB bzw. § 158 Abs. 1 Nr. 5 AktG) wird somit steuerlich durch einen „Vernunfttest" der FinVerw 729

165 BGH 14.2.2005 – II ZR 361/02, DStR 2005, 750 (751); BFH 18.12.2002 – I R 51/01, DStR 2003, 412 (413); offenlassend wiederum BFH 31.3.2011 – I B 177/10, BFH/NV 2011, 1397.
166 MüKoAktG/Altmeppen, 6. Aufl. 2023, AktG § 291 Rn. 146; Koch, 18. Aufl. 2024, AktG § 291 Rn. 26.
167 KStR 14.5 Abs. 3 S. 2; vgl. insoweit auch BGH 20.1.2021 – IV ZR 318/19, DStR 2021, 361 (363).
168 Vgl. hierzu BeckOGK/Suchan, 1.9.2023, HGB § 268 Rn. 7; MüKoAktG/Freisleben/Baumeister, 6. Aufl. 2024, AktG § 158 Rn. 32 f.
169 Vgl. auch BFH 8.8.2001 – I R 25/00, DStR 2002, 307 (308); Gosch KStG/Neumann, 4. Aufl. 2020, KStG § 14 Rn. 312.

abgewandelt.[170] Diese steuerliche „Einmischung" in die gesellschaftsrechtlichen Voraussetzungen der Organschaft[171] hat ihre Bedeutung darin, dass somit sichergestellt werden soll, dass auch tatsächlich eine Gewinnabführung erfolgt und diese nicht in das Belieben des abhängigen Unternehmens gestellt ist.[172]

730 Aktienrechtlicher Höchstbetrag und ertragsteuerlicher Mindestbetrag bilden somit einen Korridor für den organschaftlichen Gewinnabführungsbetrag. Zu weiteren Einzelheiten zum Betrag der Gewinnabführung (zB Bildung von Rücklagen etc.) vgl. ausführlich → Rn. 2621 ff. Eine Frage sei hier jedoch noch diskutiert, nämlich, ob ein GAV aufgrund bestimmter Gesellschaftsstrukturen *per se* (dh auch schon zivilrechtlich und nicht erst auf Ebene der Durchführung des GAV) ausgeschlossen ist.

731 Zum einen betrifft dies die **Beteiligung eines stillen Gesellschafters** entweder an dem abhängigen oder dem herrschenden Unternehmen. Der BGH ordnet stille Beteiligungen (unabhängig davon, ob es sich um eine typisch oder atypisch stille Beteiligung handelt) als Teilgewinnabführungsverträge iSd § 292 Abs. 1 Nr. 2 AktG ein.[173] Die FinVerw geht ohne nähere Begründung davon aus, dass zumindest atypisch stille Beteiligungen sowohl auf Ebene des herrschenden als auch des abhängigen Unternehmens für die Anerkennung der Organschaft schädlich seien.[174] Der BFH hat es aus meiner Sicht bislang offengelassen, ob er dieser Einordnung folgt[175], einige FG sind allerdings der FinVerw bereits gefolgt.[176] Sie begründen ihre Ansicht zum einen damit, dass es sich bei der stillen Gesellschaft als Teilgewinnabführungsvertrag auch zivilrechtlich um eine Gewinnverwendung handele, die der Abführung des ganzen Gewinns entgegenstehe und zum anderen damit, dass bei einer steuerrechtlichen Betrachtung (zumindest der atypisch stillen Gesellschaft) der an den stillen Teilhaber zu leistende Betrag eine Gewinnverteilung aus einer Mitunternehmerschaft und keine Betriebsausgabe sei.[177] In der Literatur wird demgegenüber teilweise angenommen, dass die aktienrechtliche Einordnung als Teilgewinnabführungsvertrag für die Anerkennung der Organschaft unschädlich sei, da es für die Frage der Abführung des „ganzen Gewinns" nur auf die handelsbilanzielle Einordnung ankomme und es sich bei der stillen Beteiligung handelsbilanziell um der Gewinnabführung vorgelagerten Aufwand handele, der den Jahresüberschuss (dh die Grundlage des GAV) mindere.[178] Stille Beteiligungen (unabhängig davon, ob es sich um typisch oder atypisch stille Beteiligungen handelt, und unabhängig davon, ob sich diese auf Ebene des herrschenden oder abhängigen Unternehmens befinden), hindern mE – iE im Einklang mit der o. g. Literatur – nicht die Abführung des „ganzen Gewinns" iSd § 291 Abs. 1 S. 1 AktG. Die Begründung der Literatur, dass es sich bei Teilgewinnabführungsverträgen/stillen Beteiligungen handelsbilanziell um dem Jahresüberschuss vorgelagerte Aufwandsbuchungen handele, trifft mE jedoch auch auf den GAV

[170] Zu Details hierzu s. → Rn. 2627.
[171] Kritisch hierzu Gosch KStG/Neumann, 4. Aufl. 2020, § 14 Rn. 323.
[172] Vgl. BFH 29.10.1980 – I R 61/77, BStBl. II 1981, 336.
[173] BGH 21.7.2002 – II ZR 109/02, DStR 2003, 2031 (2033); der Fall betraf zwar eine typische stille Gesellschaft, die Aussage, dass stille Beteiligungen als Teilgewinnabführungsverträge einzuordnen sind, trifft der BGH aber unterschiedslos; vgl. auch BGH 8.5.2006 – II ZR 123/05, NJW-RR 2006, 1182 (1183) und BGH 29.11.2004 – II ZR 6/03, NJW-RR 2005, 627 (628).
[174] BMF 20.8.2015, BStBl. I 2015, 649; für die typisch stille Beteiligung wohl auch OFD Frankfurt am Main 30.1.2013, BeckVerw 269952.
[175] Vgl. BFH 15.7.2020 – I R 33/18, DStR 2021, 1097 (1099, „höchstrichterlich nicht entschieden") mit Verweis auf BFH 11.8.2011 – I B 179/10, BFH/NV 2011, 2052 und BFH 31.3.2011 – I B 177/10, BFH/NV 2011, 1397; allerdings hat er für die gewerbesteuerliche Organschaft aufgrund der gewerbesteuerlichen Besonderheiten bereits entschieden, dass eine stille Beteiligung an der Organgesellschaft der Anerkennung der Organschaft entgegensteht, vgl. BFH 25.10.1995 – I R 76/93, BFH/NV 1996, 504.
[176] FG Düsseldorf 12.4.2021 – 6 K 2616/17 K,G,F, DStRE 2022, 25 (28, Rev. anhängig unter BFH I R 17/21); FG Mecklenburg-Vorpommern 5.7.2022 – 1 K 395/14, DStRE 2023, 470 (474 ff., Rev. anhängig unter BFH I R 33/22).
[177] Vgl. insb. FG Mecklenburg-Vorpommern 5.7.2022 – 1 K 395/14, DStRE 2023, 470 (474 ff.).
[178] Koch, 18. Aufl. 2024, AktG § 292 Rn. 15 und Prinz/Witt Steuerliche Organschaft/G. Wagner, 3. Aufl. 2024, Rn. 4.26, jeweils mwN; vgl. auch Gosch KStG/Neumann, 4. Aufl. 2020, KStG § 14 Rn. 317.

selbst zu (vgl. § 277 Abs. 3 S. 2 HGB)[179], sodass diese Argumentation den Konflikt nur schwer auflösen kann. Entscheidend dürfte vielmehr sein, dass es sich bei Teilgewinnabführungsverträgen um schuldrechtliche (Austausch-)Verträge und nicht – wie bei GAV – um organisationsrechtliche Verträge (s. dazu schon oben → Rn. 617 f.) handelt[180]; dies ist auch daran erkennbar, dass die Kapitalerhaltungsregeln beim Teilgewinnabführungsvertrag im Gegensatz zum GAV (§ 291 Abs. 3 AktG) nicht gelockert werden.[181] Aufgrund der Einordnung als schuldrechtliche Austauschverträge sah sich der Gesetzgeber gezwungen, in § 292 Abs. 2 AktG zahlreiche Ausnahmen vom Anwendungsbereich der Teilgewinnabführungsverträge vorzusehen.[182] § 292 Abs. 1 Nr. 2 AktG schützt daher diejenigen Aktionäre, in deren Gewinnverwendungsrecht (§ 174 AktG) aufgrund eines schuldrechtlichen Vertrages eingegriffen wird.[183] Demgegenüber schützen die Regelungen für GAV nicht nur die außenstehenden Aktionäre (§§ 304–307 AktG), sondern insbes. auch die Gläubiger (§ 302 AktG). Diese systematischen Unterschiede machen deutlich, dass Teilgewinnabführungsverträge (wenngleich am Gewinn orientierte) „normale" Austauschverträge sind, die zivilrechtlich auch neben GAV bestehen können und nicht die Abführung des ganzen Gewinns iSd § 291 Abs. 1 S. 1 AktG hindern.[184] Die insbes. vom FG Mecklenburg-Vorpommern vertretene These, dass die Abführung des „ganzen Gewinns" für Zwecke des § 14 KStG einer eigenen steuerlichen Auslegung bedürfe, geht mE fehl. Der BFH hat schon 2002 einer solchen steuerlichen Interpretation eine Absage erteilt und ausdrücklich festgehalten, dass mit der Abführung des „ganzen Gewinns" in § 14 Abs. 1 S. 1 KStG kein von § 291 Abs. 1 S. 1 AktG abweichender Umfang der Gewinnabführung festgelegt werden soll.[185] Sofern das FG Mecklenburg-Vorpommern unter Berufung auf andere BFH-Entscheidungen[186] annimmt, dass im Organschaftsrecht jeweils eine eigenständige steuerliche Würdigung erforderlich ist[187], so beziehen sich die genannten Entscheidungen auf in den Organschaftsregelungen des KStG enthaltene vom Zivilrecht abweichende gesetzliche Regelungen (zB dass in einem GAV die Verlustübernahme nach § 302 AktG ausdrücklich vereinbart werden muss gem. § 17 Abs. 1 S. 2 Nr. 2 KStG, obwohl zivilrechtlich dies nicht mehr erforderlich ist[188] oder dass wegen des Verweises in § 17 Abs. 1 S. 1 KStG auf §§ 14–16 KStG aus steuerlicher Sicht auch auf die GmbH § 304 AktG analog anzuwenden ist[189]). Bei der Frage nach der stillen Gesellschaft sehen die steuerlichen Organschaftsregelungen allerdings gerade keine vom Zivilrecht abweichende Regelung vor. Die abweichende Beurteilung leitet das FG Mecklenburg-Vorpommern vielmehr aus der grds. steuerlichen Beurteilung der stillen Gesellschaft ab, die aber mit den Organschaftsregeln nichts zu tun hat. Auf dieser Grundlage wäre die Aussage des BFH aus 2002, dass der handelsbilanzielle Umfang der Gewinnabführungspflicht maßgebend ist, obsolet.

Die bei der **UG** bestehende Verpflichtung zur Bildung einer gesetzlichen Rücklage gem. **732**
§ 5a Abs. 3 GmbHG (= ¼ des um einen Verlustvortrag aus dem Vorjahr geminderten

---

[179] Dementsprechend werden die Positionen „GAV" und „Teilgewinnabführungsvertrag" auf Ebene des abhängigen Unternehmens in der handelsbilanziellen Literatur prinzipiell gleich behandelt, vgl. Beck Bil-Komm./Justenhoven/Kliem/Müller, 14. Aufl. 2024, HGB § 277 Rn. 23; vgl. auch BFH 18.12.2002 – I R 51/01, DStR 2003, 412 (414); FG Mecklenburg-Vorpommern 5.7.2022 – 1 K 395/14, DStRE 2023, 470 (476).

[180] Vgl. grundlegend BGH 16.7.2019 – II ZR 175/18, NJW 2019, 3302 (3305) mit Verweis auf Kropff, AktG, 1965, Begründung RegE zu § 292, 378: „schuldrechtliche Verträge mit Austausch von Leistung und Gegenleistung".

[181] Vgl. Koch, 18. Aufl. 2024, AktG § 292 Rn. 2 mwN zur Einordnung der Teilgewinnabführungsverträge als schuldrechtliche Austauschverträge.

[182] Vgl. MüKoAktG/Altmeppen, 6. Aufl. 2023, AktG § 292 Rn. 5.

[183] Vgl. MüKoAktG/Altmeppen, 6. Aufl. 2023, AktG § 292 Rn. 67.

[184] AA wohl auch in zivilrechtlicher Hinsicht FG Mecklenburg-Vorpommern 5.7.2022 – 1 K 395/14, DStRE 2023, 470 (476).

[185] BFH 18.12.2002 – I R 51/01, DStR 2003, 412 (413).

[186] BFH 3.3.2010 – I R 68/09, DStR 2010, 858 und 10.5.2017 – I R 93/15, DStR 2017, 2429.

[187] FG Mecklenburg-Vorpommern 5.7.2022 – 1 K 395/14, DStRE 2023, 470 (474).

[188] BFH 3.3.2010 – I R 68/09, DStR 2010, 858.

[189] BFH 10.5.2017 – I R 93/15, DStR 2017, 2429 (2430 f.).

Jahresüberschusses) dürfte der Abführung des „ganzen Gewinns" iSd § 291 Abs. 1 S. 1 AktG bzw. § 14 Abs. 1 S. 1 iVm § 17 Abs. 1 S. 1 KStG mE ebenfalls nicht entgegenstehen.[190] Da man sich zivilrechtlich bei einer UG als abhängigem Unternehmen ohnehin im Bereich der analogen Anwendung des § 291 Abs. 1 S. 1 AktG bewegt, dürfte eine am Gesetzeswortlaut orientierte Antwort schwer fallen. Wenn man sich allerdings für eine analoge Anwendung der aktienrechtlichen GAV-Regeln auf die GmbH (die UG ist auch eine GmbH, § 5a Abs. 1 GmbHG) entscheidet, erscheint es folgerichtig, auch die UG in den Anwendungsbereich der §§ 291 ff. AktG einzubeziehen, zumal § 300 Nr. 1 AktG eine gesetzliche Rücklage (§ 150 AktG) bereits kennt und daher eine analoge Anwendung von § 300 Nr. 1 AktG naheliegt.[191]

**733–740** *(einstweilen frei)*

### 2. Entstehen und Fälligkeit des Gewinnabführungsanspruches

**741** Bei einem (vertraglichen) Anspruch ist allgemein zu unterscheiden zwischen der **Anspruchsentstehung** und **Anspruchsfälligkeit.** Ein Anspruch ist im Allgemeinen entstanden, wenn seine Tatbestandsvoraussetzungen erfüllt sind; der Anspruch ist aber trotz Anspruchsentstehung noch nicht fällig, solange der Gläubiger die Leistung nicht verlangen kann (vgl. auch § 271 Abs. 2 BGB), dh solange der Schuldner dem Anspruch Einreden entgegenhalten kann.[192]

**742** Beim GAV wird in der Literatur in weiten Teilen nicht zwischen Anspruchsentstehung und -fälligkeit differenziert, es sei denn, der GAV selbst enthält eine solche Differenzierung. Sofern man nicht zwischen diesen beiden Zeitpunkten differenziert, wird in der **Literatur** als einheitlicher Entstehungs- und Fälligkeitszeitpunkt entweder der Bilanzstichtag[193] (des abhängigen Unternehmens) oder der Zeitpunkt der Feststellung des Jahresabschlusses[194] (des abhängigen Unternehmens) angesehen. Weitere Teile der Literatur gehen überhaupt nicht auf die Anspruchsentstehung ein, sondern enthalten nur Ausführungen zur Anspruchsfälligkeit, die überwiegend auf den Zeitpunkt der Feststellung des Jahresabschlusses gelegt wird.[195] Sofern in der Literatur zwischen dem Zeitpunkt der Anspruchsentstehung und -fälligkeit unterschieden wird, wird als Entstehungszeitpunkt der Bilanzstichtag und als Fälligkeitszeitpunkt die Feststellung des Jahresabschlusses angesehen.[196]

**743** Der **BGH** hat sich bislang nicht zu der Frage positioniert, wann der Anspruch des herrschenden Unternehmens auf Gewinnabführung entsteht und fällig wird. Bislang hat er nur die Aussagen getroffen, dass der Anspruch spätestens zum Zeitpunkt der Feststellung des Jahresabschlusses[197], aber frühestens zum Bilanzstichtag[198] „entsteht".[199] Zur Fälligkeit musste er sich in den entschiedenen Fällen nie positionieren, da sich diese aus dem jeweiligen GAV ergab; gleichwohl scheint er zwischen den beiden Zeitpunkten zu differenzieren.[200]

**744** Nach der o. g. (→ Rn. 741) allgemeinen Definition ist von Anspruchsentstehung mE mit dem Bilanzstichtag auszugehen, da zu diesem Zeitpunkt alle Tatbestandsvoraussetzungen

---

[190] Rubel GmbHR 2010, 470; RHN/Rödder/Liekenbrock, 2. Aufl. 2023, KStG § 14 Rn. 109; aA Weber BB 2009, 842 (847).
[191] Rubel GmbHR 2010, 470.
[192] Vgl. BGH 23.1.2001 – X ZR 247/98, NJW 2001, 1724 (1724 f.) unter Verweis auf Larenz, Allgemeiner Teil des deutschen Bürgerlichen Rechts, 7. Aufl. 1989, § 14 III, S. 255.
[193] Wernicke/Scheunemann DStR 2006, 1399 (1399).
[194] Koch, 18. Aufl. 2024, AktG § 291 Rn. 26 mwN.
[195] Prinz/Witt, Steuerliche Organschaft/Link, 3. Aufl. 2024, Rn. 3.74; MüKoAktG/Altmeppen, 6. Aufl. 2023, AktG § 291 Rn. 149 mwN.
[196] Gosch KStG/Neumann, 4. Aufl. 2020, KStG § 14 Rn. 318 mwN.
[197] BGH 19.4.2011 – II ZR 237/09, NJW-RR 2011, 1119 (1121).
[198] BGH 17.9.2020 – IX ZR 174/19, NZG 2020, 1354 (1355).
[199] IE wohl auch OLG Frankfurt a. M. 29.9.2009 – 5 U 107/08, BeckRS 2009, 29287 Rn. 49.
[200] Vgl. BGH 19.4.2011 – II ZR 237/09, NJW-RR 2011, 1119 (1121); 17.9.2020 – IX ZR 174/19, NZG 2020, 1354 (1355).

(dh letztendlich wirksamer Vertragsabschluss[201] und Ablauf des Geschäftsjahres) erfüllt sind. Dies entspricht mE auch am besten der handelsbilanziellen Behandlung der Forderung aus dem GAV auf Ebene des herrschenden Unternehmens: Dieses aktiviert die Forderung aus dem GAV phasengleich mit dem abhängigen Unternehmen, dh zum Zeitpunkt des Ablaufs des Geschäftsjahres.[202] Dies dürfte nach allgemeinen handelsbilanziellen Realisationsprinzip nur zulässig sein, wenn der Anspruch auf Gewinnabführung zu diesem Zeitpunkt (zumindest wirtschaftlich) entstanden ist (§ 272 Abs. 1 Nr. 4 HGB). Die Fälligkeit setzt demgegenüber mE voraus, dass der Anspruch hinreichend bestimmbar ist, dh so bestimmbar, dass er theoretisch einklagbar wäre. Dafür ist die Feststellung des Jahresabschlusses unverzichtbar.[203] Für die handelsbilanzielle Behandlung ist die Fälligkeit dann allerdings nicht mehr entscheidend.[204]

In der Praxis sollte die Diskussion um Anspruchsentstehung und -fälligkeit dadurch von **745** vorneherein geklärt werden, dass man diese Zeitpunkte im GAV selbst definiert. Diese Festlegung ist als Ausfluss der Vertragsfreiheit iRd o. g. Grundsätze anzuerkennen.

*(einstweilen frei)* **746–750**

## II. Schutzmechanismen für das abhängige Unternehmen (§§ 300–302 AktG)

### 1. Gesetzliche Rücklage (§ 300 Nr. 1 AktG)

§ 300 Nr. 1 AktG sieht eine abweichende Berechnungsgrundlage für die bei einer AG **751** nach § 150 AktG zu bildende **gesetzliche Rücklage** vor. Die Notwendigkeit einer besonderen Regelung für eine durch einen GAV angebundene AG ergibt sich aus der Tatsache, dass § 150 Abs. 2 AktG den Jahresüberschuss (abzüglich des aus dem Vorjahr stammenden Verlustvortrages) als Bemessungsgrundlage für die Zuführungen zur gesetzlichen Rücklage ansieht, dieser bei einer durch einen GAV angebundenen AG aber „0" beträgt (vgl. § 277 Abs. 3 S. 2 HGB).[205] Dementsprechend sieht § 300 Nr. 1 AktG vor, dass Bemessungsgrundlage der um einen Verlustvortrag aus dem Vorjahr geminderte Jahresüberschuss ist, der ohne die Gewinnabführung entstünde (sog. „fiktiver Jahresüberschuss"). Mit dem Verlustvortrag aus dem Vorjahr kann – wie auch bei § 301 AktG – nur der aus vorvertraglicher Zeit stammende Verlustvortrag gemeint sein, da wegen § 302 AktG während des Bestehens des GAV kein Verlust entstehen kann. Mit § 150 Abs. 2 AktG identisch ist auch der als Ziel avisierte Betrag der Rücklage, dh 10 % oder der satzungsmäßig höhere Teil des Grundkapitals.

Zwischen § 150 Abs. 2 AktG und § 300 Nr. 1 AktG besteht allerdings ein Unterschied **752** hinsichtlich des Weges zum Erreichen der gesetzlichen Rücklage. Während § 150 Abs. 2 AktG einen jährlichen Betrag von 5 % des um einen aus dem Vorjahr stammenden Verlustvortrages geminderten Jahresüberschuss ausreichen lässt, verlangt § 300 Nr. 1 AktG die Zuführung eines Betrages, der erforderlich ist, um den Endbetrag der gesetzlichen Rücklage innerhalb der ersten fünf Geschäftsjahre während des Bestehens des GAV oder nach einer Kapitalerhöhung durch jährlich gleichbleibende Beiträge zu erreichen. Die Frist beginnt ausweislich des Wortlautes („während des Bestehens des Vertrages") mit der Wirksamkeit des GAV und nicht mit dessen Abschluss, sodass bei entsprechendem rückwirkendem Abschluss auch das laufende Geschäftsjahr mit einzubeziehen ist.[206] § 300 Nr. 1 AktG geht erkennbar davon aus, dass bereits eine gesetzliche Rücklage nach § 150 AktG zumindest teilweise gebildet worden ist und nur noch „aufgefüllt" werden muss. Dementsprechend stellt § 300 Nr. 1 AktG eine Verschärfung des § 150 Abs. 2 AktG

201 Vgl. auch BGH 14.12.1983 – VIII ZR 352/82, NJW 1984, 1557 (1558 – Anspruchsentstehung mit Vertragsschluss beim Werkvertrag).
202 ADS, 6. Aufl. 2001, HGB § 277 Rn. 71.
203 Vgl. Wolf NZG 2007, 641 (644); so wohl auch BFH 22.4.1964 – II 246/60 U, BStBl. III 1964, 334.
204 Vgl. Beck Bil-Komm./Schubert/Berberich, 14. Aufl. 2024, HGB § 247 Rn. 81.
205 Kropff, AktG, 1965, Begründung RegE zu §§ 301, 388.
206 MüKoAktG/Altmeppen, 6. Aufl. 2023, AktG § 300 Rn. 16.

dar.[207] Gleichwohl enthält § 300 Nr. 1 aE iVm Nr. 2 AktG noch eine zusätzliche Absicherung in dem Sinne, dass der Betrag mindestens dem entsprechen muss, was ohne den GAV nach § 150 Abs. 2 AktG in die gesetzliche Rücklage hätte eingestellt werden müssen. Schematisch lässt sich die Zuführung zu der gesetzlichen Rücklage gem. § 300 Nr. 1 AktG wie folgt darstellen:

| | | | |
|---|---|---|---|
| | Jahresüberschuss ohne GAV | | |
| ./. | Verlustvortrag aus vorvertraglicher Zeit | | Jahresüberschuss ohne GAV |
| ./. | Bestand der gesetzlichen Rücklage zum letzten Jahresabschluss | ./. | Verlustvortrag aus vorvertraglicher Zeit |
| = | Bemessungsgrundlage | = | Bemessungsgrundlage |
| 20 % = | jährliche Zuführung nach § 300 Nr. 1 AktG | 5 % = | jährliche Zuführung nach § 300 Nr. 2 AktG |

Der höhere der beiden Beträge (Zuführung nach § 300 Nr. 1 oder Nr. 2 AktG) ist maßgeblich. Nach einer **Kapitalerhöhung** fängt eine neue 5-Jahresfrist zu laufen an und zwar unabhängig davon, ob der GAV bereits fünf Jahre bestanden hat oder nicht. Fraglich ist dann nur, wie sich die Zuführung zur Kapitalrücklage berechnet, wenn der GAV noch keine fünf Jahre bestanden hat. Dafür werden zwei Wege diskutiert: Entweder wird die neue 5-Jahresfrist allein auf den durch die Kapitalerhöhung bedingten Erhöhungsbetrag bezogen oder aber auch auf den noch ausstehenden Restbetrag (vor Kapitalerhöhung); letzteres würde dazu führen, dass sich die Zuführung zur Rücklage verringert. Beide Methoden werden als zulässig erachtet, weil das Gesetz insoweit keine Vorgaben macht.[208]

**753** Eine analoge Anwendung von § 300 Nr. 1 AktG auf eine **GmbH** als abhängigem Unternehmen scheidet mE aus, weil § 300 Nr. 1 AktG nur eine Modifizierung des § 150 AktG ist und damit die Anwendung des § 150 AktG voraussetzt. Da es bei der GmbH keine dem § 150 AktG entsprechende Regelung gibt, muss daher mE eine analoge Anwendung des § 300 Nr. 1 AktG ausscheiden.[209] Anders dürfte dies nur bei der **UG** sein, da bei dieser eine gesetzliche Rücklage vorgesehen ist (§ 5a Abs. 3 GmbHG). Insoweit ist eine analoge Anwendung des § 300 Nr. 1 AktG mE sachgerecht[210] und führt auch dazu, dass die UG trotz der Zuführung zur gesetzlichen Rücklage ihren „ganzen Gewinn" iSd § 291 Abs. 1 S. 1 AktG abführen kann (s. dazu oben → Rn. 732).

### 2. Höchstbetrag der Gewinnabführung (§ 301 AktG)

**754** Der Höchstbetrag der Gewinnabführung ist zum Schutz der Gläubiger und der außenstehenden Gesellschafter des abhängigen Unternehmens gem. § 301 AktG begrenzt.[211] Der wesentliche Inhalt der Norm besteht darin, den nach § 291 Abs. 1 S. 1 AktG abzuführenden „ganzen Gewinn", der als der handelsrechtliche Bilanzgewinn iSd § 268 Abs. 1 S. 2 HGB bzw. § 158 Abs. 1 Nr. 5 AktG anzusehen ist, um die Nutzung von (vorvertraglichen) Rücklagen und Gewinnvorträgen zu bereinigen – mit Ausnahme der während des Bestehens des Vertrags gebildeten anderen Gewinnrücklagen iSd § 266 Abs. 3 A. III. Nr. 4 HGB.[212] Damit soll eine Erhaltung des Grundkapitals gewährleistet sein. Da vorvertragliche Verlustvorträge nicht über § 302 AktG ausgeglichen werden und für die Gewinnabführung auf Kapitalerhaltungsgrundsätze keine Rücksicht genommen werden

207 Emmerich/Habersack/Emmerich, 10. Aufl. 2022, AktG § 300 Rn. 7.
208 Koch, 18. Aufl. 2024, AktG § 300 Rn. 8 mwN.
209 MüKoAktG/Altmeppen, 6. Aufl. 2023, AktG § 300 Rn. 7 mwN.
210 Rubel GmbHR 2010, 470.
211 Vgl. zur Zielsetzung Kropff, AktG, 1965, Begründung RegE zu §§ 301, 389; vgl. auch BFH 8.8.2001 – I R 25/00, DStR 2002, 307 (308).
212 MüKoAktG/Altmeppen, 6. Aufl. 2023, AktG § 301 Rn. 4.

muss (§ 291 Abs. 3 AktG), könnte bei Auflösung von (vorvertraglich gebildeten) Rücklagen bzw. Nutzung von Gewinnvorträgen ohne § 301 AktG das Grundkapital angegriffen werden.

In der aktienrechtlichen Literatur wird diskutiert, ob § 301 AktG auf die **GmbH** als abhängiges Unternehmen analog anzuwenden ist.[213] Die Diskussion ist in der Praxis von nur geringer Bedeutung, da für die ertragsteuerliche Anerkennung der Organschaft § 17 Abs. 1 S. 2 Nr. 1 KStG ohnehin die Anwendung des § 301 AktG auf die GmbH vorschreibt. Da die gesellschaftsrechtliche Situation allerdings unklar ist, sollte mE der GAV in jedem Fall eine entsprechende vertragliche Regelung zur Beachtung des § 301 AktG vorsehen[214], auch wenn diese – anders als die explizite vertragliche Einbeziehung des § 302 AktG – für die steuerliche Anerkennung der Organschaft nicht zwingend ist. **755**

Ein Schema für die Ermittlung des Höchstbetrags der Gewinnabführung ist oben (→ Rn. 728) im Zusammenhang mit der Abführung des „ganzen Gewinns" iSd § 291 Abs. 1 AktG dargestellt. **756**

### 3. Verlustübernahme (§ 302 AktG)

Zum Ausgleich der Gewinnabführungsverpflichtung des abhängigen Unternehmens sieht § 302 AktG eine Verlustübernahmeverpflichtung des herrschenden Unternehmens vor. Die Norm soll nach heute hM das Grundkapital des abhängigen Unternehmens schützen, da für dieses die Kapitalerhaltungsregeln außer Kraft gesetzt sind (§ 291 Abs. 3 AktG).[215] **757**

Der Verlustübernahmeanspruch entsteht qua Gesetz, wenn die Tatbestandsvoraussetzungen des § 302 Abs. 1 AktG vorliegen.[216] Dies betrifft zum einen das Bestehen eines wirksamen GAV, zum anderen das Bestehen eines **während der Vertragsdauer entstehenden Jahresfehlbetrags,** der durch die Auflösung von während der Vertragsdauer gebildeten Gewinnrücklagen nicht ausgeglichen worden ist. **758**

Der Jahresfehlbetrag ist ohne Berücksichtigung der Verlustübernahmeverpflichtung auf Basis der **handelsbilanziellen Rechnungslegung** des abhängigen Unternehmens zu ermitteln.[217] Dabei kommt es nicht auf die tatsächliche, sondern die zutreffende Bilanzierung beim abhängigen Unternehmen an.[218] Dieser Jahresfehlbetrag muss **während der Vertragsdauer** erwirtschaftet worden sein, dh bei rückwirkendem Vertragsbeginn besteht die Verlustausgleichspflicht für das gesamte Geschäftsjahr. Gleiches (Haftung für Verluste für das gesamte Geschäftsjahr) dürfte auch gelten, wenn der GAV unterjährig ohne Rückwirkung abgeschlossen worden ist (was in der Praxis jedoch ohnehin nicht vorkommen dürfte).[219] Umgekehrt nimmt allerdings der BGH an, dass bei einer unterjährigen Beendigung des GAV die Verlustausgleichspflicht nur bis zu dem Stichtag der Vertragsbeendigung gilt; in diesem Fall ist eine auf diesen Stichtag endende Zwischenbilanz aufzustellen.[220] **759**

Soweit **während der Vertragsdauer gebildete Gewinnrücklagen aufgelöst** worden sind, wird der Jahresfehlbetrag reduziert und ist entsprechend weniger Verlust auszugleichen (bzw. Gewinn abzuführen). Die in § 302 Abs. 1 AktG genannten Gewinnrücklagen sind identisch mit den in § 301 S. 2 AktG genannten Gewinnrücklagen und entsprechen daher den in § 158 Abs. 1 Nr. 3 Buchst. d AktG genannten. Andere Rücklagen (zB **760**

---

[213] Vgl. zum Streitstand MüKoGmbHG/Liebscher, 4. Aufl. 2022, GmbHG Anh. § 13 Rn. 881 mwN.
[214] MüKoGmbHG/Liebscher, 4. Aufl. 2022, GmbHG Anh. § 13 Rn. 882 mwN.
[215] BGH 18.1.2022 – II ZR 71/20, DStR 2022, 1282 (1286); 10.7.2006 – II ZR 238/04, NJW 2006, 3279 (3280), jeweils mwN zur Rspr. sowie Koch, 18. Aufl. 2024, AktG § 302 Rn. 3 mwN zur Literatur; aA (Folge der Leitungsmacht des herrschenden Unternehmens) MüKoAktG/Altmeppen, 6. Aufl. 2023, AktG § 302 Rn. 10.
[216] MüKoAktG/Altmeppen, 6. Aufl. 2023, AktG § 302 Rn. 72.
[217] BGH 18.1.2022 – II ZR 71/20, DStR 2022, 1282 (1285) mwN zur st. Rspr.
[218] BGH 18.1.2022 – II ZR 71/20, DStR 2022, 1282 (1286); 14.2.2005 – II ZR 361/02, DStR 2005, 750 (751).
[219] HM, vgl. Koch, 18. Aufl. 2024, AktG § 302 Rn. 10 mwN.
[220] BGH 14.12.1987 – II ZR 170/87, NJW 1988, 1326 (1328); 18.1.2022 – II ZR 71/20, DStR 2022, 1282 (1285).

Kapitalrücklagen oder vorvertragliche Gewinnrücklagen) kommen dementsprechend zur Verlustminderung nicht in Betracht.[221]

761 Die Verlustausgleichspflicht aus § 302 AktG ist auf eine **GmbH** als abhängigem Unternehmen analog anwendbar.[222]

762 Der Anspruch des abhängigen Unternehmens auf Verlustausgleich **entsteht** und wird **fällig** mit dem Bilanzstichtag.[223] Der BGH begründet dies vor allem damit, dass ansonsten das abhängige Unternehmen veranlasst werden könnte, die Feststellung des Jahresabschlusses hinauszuzögern, um einen Verlustausgleich zeitlich nach hinten zu schieben.[224] Der gleiche Gedanke (Verhinderung von Manipulationen) steht letztendlich auch hinter dem Grundsatz, dass nicht der tatsächlich festgestellte Jahresabschluss Grundlage der Anspruchshöhe ist, sondern der – objektiv – zutreffende Jahresabschluss (s. o. → Rn. 759).[225] In der Konsequenz billigt der BGH dem abhängigen Unternehmen auch einen entsprechenden Ausgleichsanspruch bereits auf Basis einer noch nicht festgestellten Bilanz zu. Sofern sich aufgrund der später festgestellten – zutreffenden – Bilanz ein geringerer Verlustausgleichsanspruch ergebe, solle dieser durch einen entsprechenden Rückzahlungsanspruch des herrschenden Unternehmens ausgeglichen werden.[226] Infolge des Schutzzwecks des § 302 AktG (s. dazu oben → Rn. 757) wird überwiegend angenommen, dass das abhängige Unternehmen unterjährig auch Abschlagszahlungen auf den Verlustausgleichsanspruch verlangen kann, wenn dem abhängigen Unternehmen andernfalls die Insolvenz droht.[227]

763 Der Verlustausgleichsanspruch gem. § 302 AktG ist ein **Geldleistungsanspruch,** der gem. §§ 802a ff. ZPO vollstreckbar ist.[228] In der Praxis wird er jedoch selten durch tatsächliche Geldzahlung erfüllt (s. hierzu das Kapitel → Rn. 1143 ff.).

764 Der Anspruch auf Verlustausgleich nach § 302 AktG **entsteht kraft Gesetzes** infolge des Abschlusses des GAV (s. oben → Rn. 758), sodass eine vertragliche Vereinbarung hierzu grds. nicht erforderlich ist. Vereinbarungen zur Anspruchsentstehung und -fälligkeit sind daher auch – anders als beim Gewinnabführungsanspruch, der ein vertraglicher Anspruch ist (s. oben → Rn. 741 ff.) – einer vertraglichen Regelung nicht zugänglich.[229] Gleichwohl ist eine **vertragliche Regelung im GAV** zur Verlustübernahme in der Praxis idR anzutreffen. Bei der GmbH als abhängigem Unternehmen ergibt sich dies unmittelbar aus einer steuerlichen Notwendigkeit (§ 17 Abs. 1 S. 2 Nr. 2 AktG). Demnach muss bei der GmbH als abhängigem Unternehmen im GAV **die Verlustübernahme explizit im GAV vereinbart** sein, und zwar durch einen Verweis auf § 302 AktG in seiner jeweils gültigen Fassung (sog. **„dynamischer Verweis"**).[230] Diese vertragliche Vereinbarung muss selbst dann im GAV enthalten sein, wenn zivilrechtlich zweifelsfrei feststeht, dass die Norm auf die abhängige GmbH analog anwendbar ist (s. dazu oben → Rn. 761).[231]

765 Das Erfordernis des dynamischen Verweises auf die Regelung des § 302 AktG ist mit dem Gesetz zur Änderung und Vereinfachung der Unternehmensbesteuerung und des steuerlichen Reisekostenrechts v. 20.2.2013 (sog. **kleine Organschaftsreform**)[232] eingeführt worden und gilt seit dem 27.2.2013. Zuvor war zwar auch eine explizite Verein-

221 Vgl. ausführlich MüKoAktG/Altmeppen, 6. Aufl. 2023, AktG § 302 Rn. 47 ff.

222 BGH 18.1.2022 – II ZR 71/20, DStR 2022, 1282 (1286) mwN zur st. Rspr.; MüKoGmbHG/Liebscher, 4. Aufl. 2022, GmbHG Anh. § 13 Rn. 888 mwN zur Literatur.

223 BGH 14.2.2005 – II ZR 361/02, DStR 2005, 750 (751); grundlegend BGH 11.10.1999 – II ZR 120-98, DStR 1999, 1998 (1999); vgl. auch MüKoAktG/Altmeppen, 6. Aufl. 2023, AktG § 302 Rn. 74 mwN zur Literatur.

224 Vgl. BGH 11.10.1999 – II ZR 120-98, DStR 1999, 1998 (1999).

225 Vgl. BGH 11.10.1999 – II ZR 120-98, DStR 1999, 1998 (1999).

226 BGH 11.10.1999 – II ZR 120-98, DStR 1999, 1998 (1999).

227 Koch, 18. Aufl. 2024, AktG § 302 Rn. 13; ähnlich auch MüKoAktG/Altmeppen, 6. Aufl. 2023, AktG § 302 Rn. 75.

228 MüKoAktG/Altmeppen, 6. Aufl. 2023, AktG § 302 Rn. 71.

229 Vgl. zum Ganzen MüKoAktG/Altmeppen, 6. Aufl. 2023, AktG § 302 Rn. 72.

230 So auch die Finanzverwaltung, KStR 17 Abs. 3.

231 Ausdrücklich BFH 3.3.2010 – I R 68/09, DStR 2010, 858.

232 BGBl. 2013 I 285.

barung im GAV notwendig, es reichte aber neben einem Verweis auf § 302 AktG auch die (sinngemäße) Wiedergabe des Textes oder (jedenfalls grds.) statische Verweise. Daher hat der Gesetzgeber in § 17 Abs. 2 KStG eine Übergangsregel für Alt-GAV vorgesehen, wenn diese (u.a.) bis zum 31.12.2014 auf den neuen dynamischen Verweis angepasst worden sind (§ 34 Abs. 10b KStG idF des AIFM-StAnpG). Die Übergangsregel dürfte heutzutage keine Rolle mehr in der Vertragspraxis spielen und ist daher nicht dargestellt.[233]

Die frühere vertragliche Vereinbarung einer Verlustübernahme entsprechend den Regeln des § 302 AktG (also vor Pflicht zur Aufnahme eines dynamischen Verweises) war in der Praxis oftmals eine Fehlerquelle. Beispiele für typische Fehler waren: **766**

- keine vollständige Einbeziehung (durch Zitierung oder Verweis) des § 302 AktG, zB durch Zitierung nur bestimmter Absätze (und Weglassen anderer Absätze),[234]
- ergänzende Regelungen, die die Geltung des Verweises auf § 302 AktG inhaltlich in Frage stellten[235],
- anstatt eines dynamischen Verweises die (statische) Wiedergabe des Textes von § 302 AktG u. a. bei einer sich anschließend ändernden Rechtslage im AktG[236].

Vor dem Hintergrund der oben dargestellten Fehleranfälligkeit empfiehlt es sich in der Praxis, den Verweis lediglich wie folgt zu formulieren (und auf jegliche weitere Zusätze zu verzichten):

*„Für die Verlustübernahme gelten die Vorschriften des § 302 AktG in seiner jeweils gültigen Fassung."*[237]

*(einstweilen frei)* **767–775**

## III. Laufzeit

Aus zivilrechtlicher Sicht gibt es keine Vorgaben für die Laufzeit des GAV. Hinsichtlich der – insbes. aus steuerlicher Sicht geprägten (vgl. § 14 Abs. 1 S. 1 Nr. 3 S. 1 KStG) – Fragen zur Laufzeit des GAV wird auf die ausführliche Darstellung in → Rn. 1201 ff. verwiesen. **776**

## IV. Schutzmechanismen für außenstehende Gesellschafter (§§ 304–307 AktG)

Die Beteiligung außenstehender Aktionäre (§§ 304–307 AktG) ist in → Rn. 2801 ff. ausführlich dargestellt. **777**

## V. Mangelhafter GAV

### 1. Auslegung von GAV

Bei der Frage, wie ein GAV auszulegen ist, können die allgemeinen Auslegungsgrundsätze der §§ 133, 157 BGB nur eingeschränkt angewandt werden. Insbesondere kommt eine Auslegung nach dem Willen der Vertragsparteien nicht uneingeschränkt in Betracht. Dies hat seinen Grund darin, dass sich **GAV als organisationsrechtliche Verträge** (s. dazu → Rn. 617) – ebenso wie Satzungen – auch an Dritte, insbes. Gläubiger und künftige Gesellschafter, richten. Dies hat zur Folge, dass die Auslegung nicht – wie sonst bei **778**

[233] Zu Details vgl. zB Schneider/Sommer, GmbHR 2013, 22 (29 ff.); RHN/Rödder/Joisten, 2. Aufl. 2023, KStG § 17 Rn. 65 ff.

[234] Vgl. BFH 3.3.2010 – I R 68/09, RNotZ 2010, 420 (421 – keine Zitierung von § 302 Abs. 3 AktG); BFH 22.12.2010 – I B 83/10, DStR 2011, 219 (220 – keine Zitierung von § 302 Abs. 4 AktG); allerdings hat der BFH in dem vorgenannten Fall darauf hingewiesen, dass § 302 Abs. 2 AktG nicht in Bezug genommen werden müsse, da dieser nicht für den GAV gelte); BFH 24.7.2013 – I R 40/12, DStR 2013, 1939 (1941 – keine Zitierung von § 302 Abs. 4 AktG).

[235] Vgl. OFD Karlsruhe 16.1.2014, BeckVerw 281800, 11; offenlassend BMF 29.5.2013, BeckVerw 276566.

[236] Vgl. BFH 24.7.2013 – I R 40/12, DStR 2013, 1939 (1943).

[237] Ausdrückliche Formulierung von OFD Karlsruhe 16.1.2014, BeckVerw 281800, 11.

schuldrechtlichen Verträgen – (allein) nach dem Willen der Vertragsparteien, sondern **„objektiv"** zu erfolgen hat. Damit ist gemeint, dass nicht der (subjektive) Wille der Vertragsparteien über den Inhalt des GAV entscheidet, sondern der Wortlaut und Sinnzusammenhang der einzelnen Vertragsklauseln bei der Auslegung im Vordergrund steht. In der Folge spielen Umstände, die außerhalb des Vertrags liegen (zB Entstehungsgeschichte des GAV oder Äußerungen der am Vertragsschluss beteiligten Personen), keine Rolle.[238] Das Ganze geht soweit, dass der im allgemeinen Zivilrecht anerkannte Grundsatz des „falsa demonstratio non nocet"[239] bei der Auslegung von GAV keine Anwendung finden soll[240] und dass notarielle Nachtragsvermerke aufgrund einer offensichtlichen Unrichtigkeit (§ 44a Abs. 2 BeurkG) für die Vertragsauslegung keine Bedeutung haben sollen, wenn sie nicht im Einklang mit der o. g. Auslegungsmethode stehen.[241] Eine Ausnahme macht der BFH aber für Unterlagen, die *im Zusammenhang* mit dem auszulegenden GAV beim HR eingereicht worden und dort für jedermann einsehbar sind.[242] Der BFH zieht jedoch nur solche „allgemein zugänglichen Unterlagen" zur Auslegung heran, die für den konkret in Rede stehenden GAV zum HR eingereicht wurden. Unterlagen, die beispielsweise iRd Handelsregisteranmeldung für einen am gleichen Tag durch eine Schwestergesellschaft abgeschlossenen GAV eingereicht wurden, sollen daher nicht darunter fallen.[243]

**Beispiel aus der Praxis (nach BFH 23.1.2013 – I R 1/12)[244]:**

Zwei GmbHs (Mutter- und Tochtergesellschaft) haben einen als „Organschafts- und Gewinnabführungsvertrag" bezeichneten Vertrag abgeschlossen, der alle Voraussetzungen für einen zivilrechtlich wirksamen GAV enthält. Die Vertragslaufzeit begann am 1. Januar 1999 und sollte laut Vertrag bis zum „30. Dezember 2003" unkündbar sein. Im Rahmen einer Außenprüfung wurde die Organschaft wegen Nichterreichens der mindestens fünfjährigen Vertragslaufzeit nicht anerkannt. Der den GAV beurkundende Notar fertigte daraufhin einen Nachtragsvermerk gem. § 44a Abs. 2 BeurkG, in dem er als frühestes Kündigungsdatum den „31. Dezember 2003" richtigstellte. In dem anschließenden finanzgerichtlichen Verfahren wurde sämtliches Vorbringen der Vertragsparteien, dass es sich bei dem 30. Dezember 2003 um einen offensichtlichen Schreibfehler handele, nicht berücksichtigt. Insbesondere die Argumente, dass der Vertrag erkennbar zur Erreichung einer ertragsteuerlichen Organschaft (vgl. auch die Überschrift des Vertrages) abgeschlossen worden sei als auch, dass die Vertragsparteien subjektiv immer vom 31. Dezember 2003 als frühestes Kündigungsdatum ausgegangen seien, konnten den BFH nicht überzeugen, da sich diese Argumente nicht aus dem Wortlaut und Sinnzusammenhang des Vertrages ableiten ließen.

**779** Diese Grundsätze verdeutlichen das Gewicht der konkreten Formulierung im GAV und die Herausforderung für die Gestaltungspraxis: Der GAV muss so formuliert sein, dass er aus sich heraus und (allein) aufgrund des Wortlauts und Zusammenspiels seiner Vertragsklauseln von einem unbeteiligten Dritten so verstanden werden kann, dass er alle (gewollten) aktienrechtlichen und steuerlichen Ziele erreicht. Der BFH begründet die strenge Auslegung von GAV (zusätzlich) mit einem steuerlichen Argument: Die Tatsache, dass aufgrund der Organschaft ein Steuersubjekt (Organgesellschaft) durch eine anderes (Organträger) ausgetauscht wird, ist für den BFH eine so erhebliche Durchbrechung steuerlicher Prinzipien, dass er in jedem Fall sichergestellt wissen will, dass die Finanzbehörden die Voraussetzungen der Organschaft zuverlässig prüfen können; der BFH befürchtet Willkür, würde der Inhalt des GAV und damit die Voraussetzungen der Organschaft vom subjektiven Willen der Vertragsparteien abhängen.[245] Letztendlich dürfte dahinter auch die

---

[238] Vgl. zum Ganzen ausführlich BGH 18.1.2022 – II ZR 71/20, DStR 2022, 1282 (1283 f.); BFH 13.7.2022 – I R 42/18, DStR 2022, 2615 (2616 f.), jeweils mwN zur st. Rspr.

[239] Vgl. hierzu aktuell BGH 23.6.2023 – V ZR 89/22, NJW 2023, 2942 (2943) mwN zur st. Rspr.

[240] BFH 13.7.2022 – I R 42/18, DStR 2022, 2615 (2616 f.).

[241] BFH 13.7.2022 – I R 42/18, DStR 2022, 2615 (2618); BFH 23.1.2013 – I R 1/12, BeckRS 2013, 94832.

[242] So ausdrücklich in BFH 23.1.2013 – I R 1/12, BeckRS 2013, 94832 Rn. 15 sowie BFH 13.7.2022 – I R 42/18, DStR 2022, 2615 (2617).

[243] BFH 13.7.2022 – I R 42/18, DStR 2022, 2615 (2618).

[244] BFH 23.1.2013 – I R 1/12, BeckRS 2013, 94832.

[245] BFH 13.7.2022 – I R 42/18, DStR 2022, 2615 (2617).

Befürchtung vor Steuerausfällen stehen, die dadurch entstehen, dass die KSt zunächst gegen das falsche Steuersubjekt festgesetzt wird und wegen Festsetzungsverjährung nachträglich beim richtigen Steuersubjekt nicht mehr erhoben werden kann.[246]

### 2. Anwendung der Grundsätze über die fehlerhafte Gesellschaft

In der Zivilrechtspraxis wird auch der Fall des (formell oder materiell) fehlerhaften, aber **780** dennoch vollzogenen GAV diskutiert. Der BGH hat einen fehlerhaften, aber dennoch durchgeführten GAV als zivilrechtlich wirksam anerkannt. Grund dafür ist vor allem der Schutz der außenstehenden Gläubiger, der durch die in der Folge auch anzuwendenden §§ 300 ff. AktG gewährleistet wird. Nach Einschätzung des BGH gibt der unwirksame, aber durchgeführte GAV dem herrschenden Unternehmen so viel Einflussnahmemöglichkeiten auf das Vermögen der abhängigen Gesellschaft, dass eine Rückabwicklung aufgrund der nicht sicher feststellbaren Schäden (manche mögen klar bezifferbar sein, wie zB der abgeführte Gewinn; es können sich aber, insbes. bei kombiniertem GAV und Beherrschungsvertrag, zahlreiche mittelbare und nur schwer messbare Schäden ergeben) praktisch unmöglich wäre.[247] Der GAV wird demnach erst dann unwirksam, wenn sich eine der Vertragsparteien auf die Unwirksamkeit beruft; in diesem Fall tritt die Unwirksamkeit aber auch nur für die Zukunft ein und nicht für die Vergangenheit, in der der GAV durchgeführt wurde.[248] Der BGH orientiert sich bei dieser Entscheidung an den Grundsätzen der fehlerhaften Gesellschaft, welche er aufgrund des organisationsrechtlichen Charakters des GAV für ebenfalls anwendbar erklärt.[249]

Für den **BGH** ist der Grund der Unwirksamkeit unerheblich, er wendet die Grundsätze **781** über die fehlerhafte Gesellschaft sogar dann an, wenn die Handelsregistereintragung komplett unterblieben[250] oder der Zustimmungsbeschluss auf Gesellschafterebene unwirksam ist.[251] Die **Literatur** differenziert allerdings nach dem Grund der Unwirksamkeit und nimmt an, dass bei unterbliebener Handelsregistereintragung auch bei tatsächlicher Durchführung des GAV nicht von einem wirksamen GAV ausgegangen werden könne, hingegen aber bei unwirksamen Gesellschafterbeschlüssen der durchgeführte GAV für die Vergangenheit als wirksam anzusehen sei.[252] Keine Anwendung finden die Grundsätze über die fehlerhafte Gesellschaft aber, wenn das Gesetz die Unwirksamkeit des GAV ausdrücklich anordnet, wie bei fehlender Ausgleichszahlung gem. § 304 Abs. 3 S. 1 AktG oder beim erstmaligen Hinzutreten außenstehender Gesellschafter, § 307 AktG.[253]

Aus dem **steuerlichen** Blickwinkel ist die Diskussion irrelevant, da § 14 Abs. 1 **782** S. 1 KStG einen wirksamen GAV verlangt. Dementsprechend spielen die Grundsätze der fehlerhaften Gesellschaft für die Anerkennung der Organschaft keine Rolle; der GAV muss zivilrechtlich alle Wirksamkeitserfordernisse erfüllen.[254] Auch hier steht – wie bei der Vertragsauslegung (s. oben → Rn. 779) – im Vordergrund, dass es nicht im Belieben der Vertragsparteien stehen soll, nach ihrem freien Willen sich auf die Unwirksamkeit des Vertrags zu berufen (und damit einen Wechsel des Steuersubjekts herbeizuführen) oder nicht; es soll ein sicher überprüfbarer objektiver Maßstab für die Besteuerung gelten; insoweit wird auch § 41 Abs. 1 S. 1 AO von § 14 Abs. 1 S. 1 KStG iVm § 41 Abs. 1 S. 2 AO verdrängt.[255] Dies führt dazu, dass selbst Fehler bei der Begründung des GAV, die den Vertragsparteien nicht anzulasten sind (zB verzögerte Bearbeitung beim HR), nach

[246] BFH 13.7.2022 – I R 42/18, DStR 2022, 2615 (2617).
[247] Grundlegend BGH 14.12.1987 – II ZR 170/87, NJW 1988, 1326 (1326 f.).
[248] BGH 5.11.2001 – II ZR 119/00, DStR 2002, 1101 (1101).
[249] BGH 5.11.2001 – II ZR 119/00, DStR 2002, 1101 (1101).
[250] BGH 5.11.2001 – II ZR 119/00, DStR 2002, 1101 (1101).
[251] BGH 14.12.1987 – II ZR 170/87, NJW 1988, 1326.
[252] Vgl. insgesamt Emmerich/Habersack/Emmerich, 10. Aufl. 2022, AktG § 291 Rn. 48 mwN.
[253] Vgl. MüKoAktG/van Rossum, 6. Aufl. 2023, AktG § 304 Rn. 181.
[254] Vgl. grundlegend BFH 30.7.1997 – I R 7/97, DStR 1997, 2020; Gosch KStG/Neumann, 4. Aufl. 2020, KStG § 14 Rn. 208.
[255] BFH 30.7.1997 – I R 7/97, DStR 1997, 2020 (2021).

Ansicht des BFH iRd steuerlichen Würdigung, insbes. auch im Billigkeitswege, nicht unberücksichtigt bleiben können.[256]

### 3. Geltendmachung von Mängeln/Prüfung durch das HR

783 Das **Handelsregister** prüft die Wirksamkeit des GAV umfassend, dh sowohl hinsichtlich formaler Voraussetzungen (zB Schriftform des GAV, erforderliche Zustimmungsbeschlüsse in der vorgeschriebenen Form) als auch materieller Voraussetzungen (zB Vertragstyp, Vorliegen eines Ausgleichs gem. § 304 Abs. 3 S. 1 AktG, sofern außenstehende Anteilseigner vorhanden sind), und kann die Eintragung zurückweisen, wenn nicht alle Wirksamkeitsvoraussetzungen gegeben sind. Wird der unwirksame GAV dennoch eingetragen, führt dies allerdings nicht zur Heilung des GAV; der GAV ist von Amts wegen zu löschen (§ 395 FamFG).[257]

784 Die Geltendmachung von Mängeln durch die Aktionäre der **abhängigen AG** kann wie folgt systematisiert werden:

| | |
|---|---|
| Verletzung der Verfahrensvorschriften §§ 293 ff. AktG: | Anfechtungs- (§ 246 AktG) oder Nichtigkeitsklage (§ 249 AktG) |
| Ausgleich iSd § 304 Abs. 1 S. 1 AktG ist nicht vorgesehen: | Unmittelbare Leistungsklage des Betroffenen (mit inzidenter Feststellung der Nichtigkeit des GAV) |
| Ausgleich iSd § 304 Abs. 1 S. 1 AktG ist nicht angemessen: | Spruchverfahren, § 304 Abs. 3 S. 2, 3 AktG (Anfechtungsklage ist ausgeschlossen) |
| Abfindung iSd § 305 Abs. 1 AktG ist nicht vorgesehen oder unangemessen: | Spruchverfahren, § 305 Abs. 3 AktG (Anfechtungsklage ist ausgeschlossen) |
| Hinzutreten außenstehender Aktionäre, § 307 AktG | Unmittelbare Leistungsklage des Betroffenen (mit inzidenter Feststellung der Beendigung des GAV) |

Bei der **herrschenden AG** ergeben sich die gleichen Möglichkeiten, allerdings sollen nach hM die Anfechtungsausschlüsse des § 304 Abs. 3 S. 2, 3 AktG und § 305 Abs. 3 AktG nicht gelten, da die Aktionäre des herrschenden Unternehmens nicht Beteiligte eines Spruchverfahren sein können.[258] Weitere Details zum Schutz außenstehender Anteilseigner finden sich in → Rn. 2801 ff.

785 Da der BGH bei der **GmbH** grds. die Beschlussmängelklagen aus dem AktG analog anwendet (Nichtigkeits- und Anfechtungsklage)[259], kommt die o. g. Auflistung im Grundsatz auch bei einer abhängigen GmbH in Betracht. Allerdings hängt dies im Einzelnen auch davon ab, ob man §§ 304, 305 AktG und § 1 SpruchG auf die GmbH analog anwendet (s. dazu oben → Rn. 661).

786–790 *(einstweilen frei)*

## E. Änderung des GAV (§ 295 AktG)

791 Änderungen von GAVs kommen in der Praxis vor allem dann vor, wenn sich die (steuerliche) Rechtslage geändert hat (durch Gesetzesänderung oder auch Änderung der Verwaltungspraxis). Besonders deutlich ist dies infolge der Einführung des dynamischen Verweises

[256] BFH 23.8.2017 – I R 80/15, DStR 2017, 2803.
[257] Krafka RegisterR, 12. Aufl. 2024, Rn. 1607.
[258] MüKoAktG/van Rossum, 6. Aufl. 2023, AktG § 304 Rn. 184 und § 305 Rn. 213.
[259] Vgl. nur BGH 26.1.2021 – II ZR 391/18, DStR 2021, 1001 mwN.

in § 17 Abs. 1 S. 2 Nr. 2 KStG geworden, der ggf. eine Anpassung bestehender GAV erforderlich machte (s. dazu schon oben → Rn. 765). In diesem Zusammenhang haben sich durch Nichtbeachtung des § 295 AktG in der Praxis teilweise unwirksame Organschaften ergeben (s. dazu sogleich unten ein Beispielsfall → Rn. 796).

Die Änderung eines GAV untersteht den gleichen Regeln wie der Neuabschluss eines GAV, § 295 Abs. 1 AktG (s. dazu im Einzelnen oben → Rn. 641 ff.), insbes. muss die Vertragsänderung auch in das HR eingetragen werden (§ 295 Abs. 1 S. 2 AktG iVm § 294 AktG). Wegen dieses weitreichenden Verweises ist entscheidend, wann eine Vertragsanpassung eine solche iSd § 295 AktG ist. Darüber hinaus ist das Vorliegen einer Änderung auch steuerlich relevant, weil nur bei einer Änderung (und nicht bei einer Beendigung mit Neuabschluss) die Vertragslaufzeit des GAV nicht unterbrochen wird (§ 14 Abs. 1 S. 1 Nr. 3 S. 1 KStG).[260] **792**

Liegt eine Vertragsänderung vor (dazu sogleich → Rn. 794), die die Verpflichtung zum Ausgleich bzw. zur Abfindung der außenstehenden Aktionäre betrifft, sieht § 295 Abs. 2 AktG einen zusätzlichen Schutz für die außenstehenden Aktionäre in dem Sinne vor, dass diese in einem Sonderbeschluss mit ¾-Mehrheit (§ 295 Abs. 2 S. 2 iVm § 293 Abs. 1 S. 2 AktG) über die Änderung abstimmen müssen. Dadurch soll ein unzulässiger Eingriff in die – bereits durch den bestehenden GAV abgesicherten – Rechte der außenstehenden Aktionäre vermieden werden.[261] **793**

Der BGH definiert eine **Vertragsänderung** iSd des § 295 AktG als „zweiseitige Vereinbarung der Vertragspartner, durch die der Vertrag noch während seiner Laufzeit inhaltlich abgeändert werden soll".[262] Der Begriff der „Änderung" wird äußerst weit verstanden und erfasst daher im Grundsatz jegliche Änderung eines GAV, unabhängig davon, ob die Änderung eine materielle Bedeutung hat oder lediglich formaler Natur ist, ob sie wesentlich oder unwesentlich ist.[263] Dementsprechend sind auch bloß redaktionelle Änderungen erfasst.[264] Der Grund dafür liegt darin, dass die Abgrenzung zwischen materiellen und formalen Änderungen im Einzelnen kaum trennscharf durchzuführen ist.[265] Darüber hinaus sind nicht nur ausdrückliche (schriftliche) Vertragsänderungen erfasst, sondern auch konkludente Änderungen, die aus einer Änderung der Vertragspraxis herzuleiten sein können.[266] Gerade in diesen Konstellationen ist die Schutzwirkung des § 295 AktG besonders relevant. **794**

Für die Prüfung, ob eine **Vertragsänderung** vorliegt, wird der zivilrechtlich wirksame GAV zugrunde gelegt. Dieser Punkt ist wichtig, weil er die Bedeutung des Wortlautes der im GAV getroffenen Vereinbarungen – abermals – verdeutlicht. Den Vertragsparteien ist insoweit der Einwand abgeschnitten, dass es sich bei der „Änderung" lediglich um eine Klarstellung handele, deren Inhalt – ungeschrieben – in dem abgeschlossenen GAV bereits enthalten gewesen sei. Selbst wenn dies zuträfe und sich auch durch die Vertragspraxis belegen ließe, würde dies nicht ausreichen, um die Anwendung des § 295 Abs. 1 AktG zu vermeiden. **795**

Der BFH hatte insoweit über einen Fall zu entscheiden, in dem in dem GAV zunächst vereinbart war, dass eine Kündigung erstmals zum 31.12.2001 möglich sein sollte; das Datum wurde gewählt, weil der GAV im Jahre 1997 abgeschlossen wurde. Nachdem der GAV aber erst im Jahre 1999 in das HR eingetragen und wirksam geworden war, schlossen die Vertragsparteien im Jahr 1999 eine schriftliche Vertragsergänzung des Inhalts, dass die Kündigung erstmals zum 31.12.2003 (also fünf Jahre nach Beginn des Geschäftsjahres der Wirksamkeit des GAV) ausgeschlossen sein sollte. Die Vertragsergänzung wurde zwar schriftlich gefasst, jedoch ohne notariell beurkundeten Gesellschafterbeschluss der **796**

260 Gosch KStG/Neumann, 4. Aufl. 2020, KStG § 14 Rn. 306.
261 BGH 15.6.1992 – II ZR 18/91, NJW 1992, 2760 (2762).
262 BGH 18.9.2012 – II ZR 59/11, BeckRS 2012, 25608 Rn. 28.
263 Vgl. auch schon die Gesetzesbegründung Kropff, AktG, 1965, Begründung RegE zu §§ 295, 384; BGH 18.9.2012 – II ZR 59/11, BeckRS 2012, 25608 Rn. 28; 18.9.2012 – II ZR 127/11, BeckRS 2013, 250 Rn. 28; BFH 22.10.2008 – I R 66/07, DStR 2009, 100 (101).
264 MüKoAktG/Altmeppen, 6. Aufl. 2023, AktG § 295 Rn. 3 mwN.
265 MüKoAktG/Altmeppen, 6. Aufl. 2023, AktG § 295 Rn. 3.
266 BGH 18.9.2012 – II ZR 59/11, BeckRS 2012, 25608 Rn. 28.

abhängigen GmbH und ohne Eintragung in das HR. Dem Einwand der Vertragsparteien, dass sie die Vertragslaufzeit nur aus steuerlichen Gründen aufgenommen und ohnehin eine Kündigung niemals vorgehabt hätten, erteilte der BFH eine Absage mit der Begründung, dass ausweislich des wirksamen GAV aus dem Jahr 1997 eine ordentliche Kündigung ab 1.1.2002 möglich gewesen wäre und dass diese schriftliche Klausel unabhängig von dem subjektiven Willen der Vertragsparteien Grundlage für die Frage sei, ob eine Vertragsänderung vorliege.[267] Die Vertragsänderung war damit unwirksam und die Organschaft (mangels wirksamer Vereinbarung der geforderten fünfjährigen Mindestlaufzeit) nicht existent.

Der **Wechsel einer Vertragspartei** im Wege der Einzelrechtsnachfolge (Vertragsübernahme) ohne inhaltliche Änderung des GAV stellt nach hM ebenfalls eine Vertragsänderung dar und keinen Neuabschluss.[268] Erfolgt der Wechsel des Vertragspartners indes durch Gesamtrechtsnachfolge (zB iRv Umwandlungen), liegt keine Vertragsänderung vor; die Auswirkungen der einzelnen Umwandlungsarten auf den Bestand des GAV sind in dem gesonderten Kapitel → Rn. 4101 ff. dargestellt.

797 Änderungen der Vertragslaufzeit sind besonders umstritten. Für eine (in der Praxis wohl kaum relevante) **Verkürzung der Vertragslaufzeit** wird weitestgehend angenommen, dass es sich um eine Vertragsänderung iSd § 295 Abs. 1 AktG handele.[269] Für die **Vertragsverlängerung** wird jedoch von der hM angenommen, dass es sich nicht um eine bloße Vertragsänderung handele, sondern um den Neuabschluss eines GAV. Begründet wird dies damit, dass man einen bestehenden Vertrag nicht durch rechtsgeschäftliche Vereinbarung verlängern könne, der rechtsgeschäftliche Wille der Parteien gehe darauf, einen (beendeten) GAV erneut abzuschließen.[270] Solange die Verlängerung des GAV außerhalb der steuerlichen Mindestvertragslaufzeit geschieht, dürfte der Streit für die Anerkennung der bestehenden Organschaft zwar keine Bedeutung haben, für die Frage, ob eine neue fünfjährige Mindestlaufzeit einzuhalten ist aber schon. Geschieht die Laufzeitverlängerung während der Mindestvertragslaufzeit, kommt es ebenfalls auf die Unterscheidung zwischen Vertragsänderung und Neuabschluss an, weil sich bei einem Neuabschluss die Frage stellen würde, ob es für die „Beendigung" der bisherigen Vertragslaufzeit innerhalb der Mindestlaufzeit einen „wichtigen Grund" (§ 14 Abs. 1 Nr. 3 S. 2 KStG) geben würde. Für die Frage entscheidend dürften letztendlich (allgemeine) zivilrechtliche Wertungen sein. Demnach ist für die Abgrenzung der Wille der Vertragsparteien entscheidend.[271] Dieser dürfte bei einer Verlängerung der Vertragslaufzeit idR auf eine Vertragsänderung und nicht auf eine Beendigung mit nachfolgendem Neuabschluss gerichtet sein, da die Vertragsparteien insoweit von der Kontinuität des Vertragsverhältnisses ausgehen dürften (insbesondere, wenn die Verlängerung während der Mindestlaufzeit des GAV erfolgt).[272] In der Praxis relevant sind auch die Fälle, in denen sich die **Vertragsart ändert.** In der hLit wird der Wechsel der Vertragsart allgemein als Aufhebung mit Neuabschluss verstanden.[273] Dementsprechend handelt es sich bei einem kompletten Wechsel, dh von einem reinen GAV zu einem reinen Beherrschungsvertrag oder umgekehrt, nach hM ebenfalls nicht um eine Vertragsänderung, sondern eine Vertragsaufhebung mit anschließendem Neuabschluss.[274] Wird bei einem kombinierten GAV und Beherrschungsvertrag

267 BFH 22.10.2008 – I R 66/07, DStR 2009, 100 (101).

268 MüKoAktG/Altmeppen, 6. Aufl. 2023, AktG § 295 Rn. 4 mwN und Verweis auf OLG Karlsruhe 7.12.1990 – 15 U 256/89, NJW-RR 1991, 553 (554).

269 MüKoAktG/Altmeppen, 6. Aufl. 2023, AktG § 295 Rn. 9 mwN auch zur gegenteiligen Ansicht.

270 Vgl. insgesamt MüKoAktG/Altmeppen, 6. Aufl. 2023, AktG § 295 Rn. 12 mwN; vgl. auch OLG Frankfurt 5.7.2004 – 20 W 414/92, BeckRS 2004, 14732 Rn. 56.

271 Vgl. Grüneberg/Grüneberg, 84. Aufl. 2025, BGB § 311 Rn. 3.

272 MüKoGmbHG/Liebscher, 4. Aufl. 2022, GmbHG Anh. § 13 Rn. 996; davon geht mE auch indirekt der BFH aus: BFH 22.10.2008 – I R 66/07, DStR 2009, 100 (101).

273 Vgl. Koch, 18. Aufl. 2024, AktG § 295 Rn. 7 und MüKoAktG/Altmeppen, 6. Aufl. 2023, AktG § 295 Rn. 8 (bei Austausch der essentialia negotii), jeweils mwN; aA wohl Emmerich/Habersack/Emmerich, 10. Auflage 2022, AktG § 295, Rn. 12.

274 BayObLG 15.11.2001 – 3Z BR 175/00, NZG 2002, 133; wohl auch OLG Frankfurt 5.7.2004 – 20 W 414/92, BeckRS 2004, 14732, Rn. 56; zur hLit vgl. Koch, 18. Aufl. 2024, AktG § 295 Rn. 7 und

das Beherrschungselement entfernt oder einem isolierten GAV das Beherrschungselement hinzugefügt, ist die Einordnung mE weniger eindeutig. Für den ersten Fall hat das OLG Jena entschieden, dass es sich nicht um eine Vertragsänderung, sondern um eine Vertragsaufhebung mit anschließendem Neuabschluss handelt.[275] Der letztere Fall ist – soweit ersichtlich – noch nicht entschieden. Ob man hier aber auch nach der hLit zu einer Vertragsaufhebung mit Neuabschluss kommt, erscheint mir zweifelhaft, weil die essentialia negotii des bestehenden GAV gerade nicht ausgetauscht werden[276], sondern daneben nur noch ein Beherrschungselement tritt. Dementsprechend ist in diesem Fall mE von einer Vertragsänderung auszugehen.

In der Literatur wird teilweise vorgeschlagen, in dem GAV dem jeweiligen Geschäfts- **798** leitungsorgan eine **Ermächtigung zu schriftlichen Vertragsänderungen** (ohne Beteiligung der Gesellschafter) zu erteilen.[277] Eine solche Ermächtigung wird zum Teil allerdings nur auf redaktionelle Änderungen des GAV beschränkt (zB Änderung der Firma oder des Sitzes einer der Vertragsparteien) und auch nur dann als zulässig angesehen, wenn die Fälle der Ermächtigung im GAV ausdrücklich definiert sind.[278] Mir scheint ein solches Vorgehen schwierig, da hierdurch eine der wesentlichen Funktionen der Zustimmungspflicht – die Hauptversammlung über den Inhalt etwaiger Änderungen zu informieren – nicht erfüllt werden könnte. Der BGH hat insoweit entschieden, dass es unzulässig ist, eine ordentliche Kündigung im GAV zwar vorzusehen, die näheren Details der Voraussetzungen der Kündigung (zB Kündigungsfrist) aber den jeweiligen Geschäftsleitungsorgangen zu überlassen. Nach Ansicht des BGH wird damit der mit der Zustimmungspflicht der Hauptversammlung verbundene Informationszweck in unzulässiger Weise unterlaufen.[279] Die lässt sich mE in dem Sinne verallgemeinern, dass eine Ermächtigung für die Geschäftsleitungsorgane im GAV nicht zulässig ist.

Zu beachten ist, dass aus steuerlicher Sicht Vertragsänderungen nicht mit **Rückwirkung** **799** vereinbart werden können (steuerliches Rückwirkungsverbot, § 38 AO), sodass eventuelle Mängel im GAV grds. nicht nachträglich durch Vertragsanpassung korrigiert werden können.[280] Eine Ausnahme sollte aber mE für Änderungen des GAV bestehen, die im ersten Wirtschaftsjahr der Organschaft erfolgen, da in diesem steuerlich ohnehin eine Rückbeziehung auf den Beginn des Wirtschaftsjahres erfolgt (§ 14 Abs. 1 S. 2 KStG).

§ 295 AktG ist auf die **GmbH** als abhängiges Unternehmen analog anwendbar.[281] **800**

*(einstweilen frei)* **801–805**

## F. Beendigung des GAV

### I. Einvernehmliche Aufhebung (§ 296 AktG)

Die Aufhebung des GAV durch (zweiseitigen) Aufhebungsvertrag wird vom AktG voraus- **806** gesetzt. § 296 AktG enthält nur besondere Regelungen, die bei der grds. den Vertragsparteien freigestellten Vertragsaufhebung zu beachten sind. Die einvernehmliche Vertragsaufhebung bedarf als Ausfluss der Vertragsfreiheit aus zivilrechtlicher Sicht keines Grundes. Um die Voraussetzungen der ertragsteuerlichen Organschaft zu erfüllen, verlangen der BFH und die FinVerw – sofern die einvernehmliche Aufhebung innerhalb der Mindest-

---

MüKoAktG/Altmeppen, 6. Aufl. 2023, AktG § 295 Rn. 8, jeweils mwN; aA wohl Emmerich/Habersack/Emmerich, 10. Auflage 2022, AktG § 295, Rn. 12.

[275] OLG Jena 17.2.2021 – 2 W 31/21, RNotZ 2021, 539.

[276] Vgl. hierzu MüKoAktG/Altmeppen, 6. Aufl. 2023, AktG § 295 Rn. 8.

[277] MüKoGmbHG/Liebscher, 4. Aufl. 2022, GmbHG Anh. § 13 Rn. 992 mwN.

[278] Emmerich/Habersack/Emmerich, 10. Auflage 2022, AktG § 295, Rn. 7.

[279] BGH 5.4.1993 – II ZR 238/91, NJW 1993, 1976 (1977).

[280] BFH 13.7.2022 – I R 42/18, DStR 2022, 2615 (2618); BFH 28.11.2007 – I R 94/06, DStRE 2008, 878 (881).

[281] Vgl. BFH 22.10.2008 – I R 66/07, DStR 2009, 100 (101); Boor RNotZ 2017, 65 (79).

vertragslaufzeit erfolgt – indes auch bei der einvernehmlichen Vertragsaufhebung einen wichtigen Grund[282] (zum Vorliegen eines wichtigen Grundes s. unten → Rn. 834 ff. bei der Kündigung).

### 1. Abschlusskompetenz und Zustimmungserfordernisse

807 Für den Abschluss der Aufhebungsvereinbarung sind die Geschäftsleitungsorgane der beteiligten Unternehmen zuständig. Für die **abhängige AG** ordnet das Aktienrecht die Aufhebungsvereinbarung als Geschäftsführungsmaßnahme ein, bei der eine Zustimmung der Aktionäre – anders als beim Abschluss (s. dazu oben → Rn. 660) oder bei der Änderung des GAV (s. dazu oben → Rn. 792) – nicht erforderlich ist, weil es an einer ausdrücklichen gesetzlichen Anordnung fehlt.[283] Das AktG ordnet die Vertragsaufhebung als Geschäftsleitungsmaßnahme ein, weil es den Vorstand insoweit als weisungsfrei (der gesetzliche Normalzustand, § 76 Abs. 1 AktG) einordnen will; der Vorstand soll bei Beendigung und Änderung des GAV nicht den Weisungen des herrschenden Unternehmens unterliegen (vgl. § 299 AktG).[284] Allerdings kann der **Aufsichtsrat** der abhängigen AG den Abschluss eines Aufhebungsvertrages gem. § 111 Abs. 4 S. 2 AktG von seiner Zustimmung abhängig machen.

808 Anders ist jedoch die Rechtslage bei der **abhängigen GmbH.** Da die Aufhebung des GAV als „actus contrarius" zur Begründung des GAV angesehen wird, wird auch für die Aufhebung ein Zustimmungsbeschluss der Gesellschafterversammlung der abhängigen GmbH gefordert (zur Zustimmungspflicht beim Abschluss s. oben → Rn. 661).[285] § 296 AktG wird auf die GmbH nicht analog angewandt, weil es den über § 296 AktG erzielten Zustand (Weisungsfreiheit des Geschäftsleitungsorgans) ohnehin nicht gibt (§ 37 Abs. 1 GmbHG).[286] Damit kommt es zur analogen Anwendung der Regelungen über die Satzungsänderung (§§ 53, 54 GmbHG), was ua die Beurkundungspflicht des Zustimmungsbeschlusses mit sich bringt (vgl. iÜ die Ausführungen zum Abschluss des GAV, insbes. zu den erforderlichen Mehrheiten, oben → Rn. 661).[287] Das herrschende Unternehmen ist bei der Abstimmung in der Gesellschafterversammlung nicht von seinem Stimmrecht ausgeschlossen.[288]

809 Für die **herrschende AG** ist nach dem Vorgesagten dementsprechend kein Zustimmungsbeschluss erforderlich.[289] Bei der **herrschenden GmbH** wird grds. gleichermaßen kein Zustimmungsbeschluss gefordert, es sei denn, die Satzung der GmbH enthält einen grds. Zustimmungsvorbehalt für außergewöhnliche Geschäftsführungsmaßnahmen.[290] Gleichwohl ist hierzu bislang keine BGH-Entscheidung ergangen. Wegen der sich noch entwickelnden BGH-Rechtsprechung zum GmbH-Vertragskonzern wird daher empfohlen, auch für die Aufhebung des GAV einen zustimmenden Gesellschafterbeschluss auf Ebene der herrschenden GmbH einzuholen,[291] für den dann aber keine Beurkundungspflicht angenommen wird.[292]

---

282 BFH 13.11.2013 – I R 45/12, DStR 2014, 643 (646); KStR 14.5 Abs. 6 S. 1.

283 BGH 31.5.2011 – II ZR 109/10, DStR 2011, 1576 (1578; im konkreten Fall zwar zur ordentlichen Kündigung, der BGH sieht aber Kündigung und Aufhebung gleich an); vgl. auch die Gesetzesbegründung Kropff, AktG, 1965, Begründung RegE zu §§ 296, 385; BeckNotar-HdB/Heckschen/Salomon, 8. Aufl. 2024, § 23 Rn. 546 mwN.

284 BGH 31.5.2011 – II ZR 109/10, DStR 2011, 1576 (1578).

285 BGH 31.5.2011 – II ZR 109/10, DStR 2011, 1576 (1578); vgl. aus der Literatur Emmerich/Habersack/Emmerich, 10. Aufl. 2022, AktG § 296 Rn. 30 und BeckNotar-HdB/Mayer/Weiler, 8. Aufl. 2024, § 22 Rn. 419.

286 BGH 31.5.2011 – II ZR 109/10, DStR 2011, 1576 (1578).

287 Vgl. auch Boor RNotZ 2017, 65 (81) und BeckNotar-HdB/Mayer/Weiler, 8. Aufl. 2024, § 22 Rn. 420.

288 BGH 31.5.2011 – II ZR 109/10, DStR 2011, 1576 (1578).

289 Emmerich/Habersack/Emmerich, 10. Aufl. 2022, AktG § 296 Rn. 32 mwN.

290 MüKoGmbHG/Liebscher, 4. Aufl. 2022, GmbHG Anh. § 13 Rn. 1027.

291 MüKoGmbHG/Liebscher, 4. Aufl. 2022, GmbHG Anh. § 13 Rn. 1028.

292 BeckNotar-HdB/Mayer/Weiler, 8. Aufl. 2024, § 22 Rn. 421.

Enthält der GAV Verpflichtungen zur Zahlung eines Ausgleichs an **außenstehende Aktionäre** (§ 304 AktG) oder zum Erwerb ihrer Aktien (§ 305 AktG), ist der Aufhebungsvertrag nur wirksam, wenn die außenstehenden Aktionäre in einem Sonderbeschluss zustimmen (§ 296 Abs. 2 AktG). Der Sonderbeschluss bedarf wegen des Verweises auf § 293 Abs. 1 S. 1 AktG einer ¾-Mehrheit des stimmberechtigten Kapitals (zu Details hinsichtlich des Schutzes außenstehender Aktionäre s. das Kapitel → Rn. 2801 ff.). § 296 Abs. 2 AktG ist auf die abhängige GmbH entsprechend anwendbar, wenn man nicht ohnehin davon ausgeht, dass der Zustimmungsbeschluss auf Ebene der abhängigen GmbH eines einstimmigen zustimmenden Gesellschafterbeschlusses bedarf.[293] **810**

## 2. Form

Der Abschluss des Aufhebungsvertrages unterliegt – ebenso wie der Abschluss des GAV selbst (§ 293 Abs. 3 AktG) – der **Schriftform** iSd § 126 BGB (§ 296 Abs. 1 S. 3 AktG). **811**

## 3. Inhalt

„Aufhebung" bedeutet Beendigung des gesamten Vertrages. Werden nur einzelne Klauseln „aufgehoben", handelt es sich um eine Vertragsänderung, für die die Regeln des § 295 AktG gelten (s. dazu oben → Rn. 791 ff.).[294] **812**

Die Aufhebung kann nur zum **Ende des Geschäftsjahres** oder sonst bestimmten Abrechnungszeitpunktes erfolgen (§ 296 Abs. 1 S. 1, 2 AktG); dies soll der Rechtssicherheit und -klarheit dienen.[295] Es muss jedoch nicht das Ende des laufenden Geschäftsjahres sein, sondern kann auch das Ende eines jeden anderen (zukünftigen) Geschäftsjahres sein.[296] Auch ist eine unterjährige Aufhebung nicht völlig ausgeschlossen, sondern kann durch Bildung eines Rumpfgeschäftsjahres erreicht werden.[297] **813**

Darüber hinaus bestimmt § 296 Abs. 1 S. 2 AktG, dass eine rückwirkende Aufhebung unwirksam ist. Dadurch sollen die abhängige Gesellschaft und außenstehende Aktionäre vor einer Beseitigung der ihnen schon entstandenen Ansprüche geschützt werden.[298] Ein gegen dieses Rückwirkungsverbot verstoßender Vertrag ist nichtig.[299] Das Rückwirkungsverbot gilt nach Auffassung des OLG München nur für den Vertrag selbst, nicht für etwaige Zustimmungsbeschlüsse, dh diese können auch noch in ein abgelaufenes Geschäftsjahr (in dem die Vertragsaufhebung vereinbart wurde) zurückwirken.[300] **814**

§ 296 Abs. 1 S. 1, 2 AktG sind auf die **abhängige GmbH** entsprechend anwendbar.[301] **815**

## 4. HR-Anmeldung und -Eintragung

Die Aufhebung des GAV ist gem. § 298 AktG zum HR anzumelden. § 298 AktG ist das Korrelat zur Anmeldepflicht bei Begründung des GAV (§ 294 AktG). Die nach § 298 AktG erforderliche **Eintragung** im HR hat allerdings im Gegensatz zu § 294 AktG **keine konstitutive Wirkung** (und kann daher auch nach Ablauf des Wirtschaftsjahresendes erfolgen, auf das die – vor diesem vereinbarte – Aufhebung wirken soll) und zwar nach einer BGH-Entscheidung aus dem Jahre 1992 sowohl bei der abhängigen AG als auch bei der abhängigen GmbH.[302] Dies mag widersprüchlich erscheinen zu der analogen **816**

[293] Vgl. Boor RNotZ 2017, 65 (81); MüKoGmbHG/Liebscher, 4. Aufl. 2022, GmbHG Anh. § 13 Rn. 1028.
[294] MüKoGmbHG/Liebscher, 4. Aufl. 2022, GmbHG Anh. § 13 Rn. 1012.
[295] Kropff, AktG, 1965, Begründung RegE zu §§ 296, 385.
[296] MüKoAktG/Altmeppen, 6. Aufl. 2023, AktG § 296 Rn. 21 mwN.
[297] BGH 16.6.2015 – II ZR 384/13, DStR 2015, 1765 (1766).
[298] BGH 5.11.2001 – II ZR 119/00, NJW 2002, 822 (823).
[299] BGH 5.11.2001 – II ZR 119/00, NJW 2002, 822 (823).
[300] OLG München 27.10.2014 – 31 Wx 235/14, NZG 2015, 311.
[301] BGH 16.6.2015 – II ZR 384/13, DStR 2015, 1765; 5.11.2001 – II ZR 119/00, NJW 2002, 822.
[302] BGH 11.11.1991 – II ZR 287/90, NJW 1992, 505 (506); vgl. auch die Gesetzesbegründung Kropff, AktG, 1965, Begründung RegE zu §§ 298, 387.

Anwendung der Regelungen über die Satzungsänderung bei der GmbH (s. oben → Rn. 661)[303], der BGH sieht insoweit aber keine Notwendigkeit, die GmbH strengeren Formvorschriften zu unterwerfen als die AG.[304] Aufgrund dieses inneren Widerspruches wird in der Literatur bei der abhängigen GmbH teilweise von einer konstitutiven Eintragung ausgegangen.[305]

817 Ebenso wie bei § 294 Abs. 1 AktG erfolgt die Eintragung nur im HR des abhängigen Unternehmens.

818 Die **Anmeldung** zur HR-Eintragung hat der Vorstand (AG) bzw. die Geschäftsführung (GmbH) des abhängigen Unternehmens in vertretungsberechtigter Zahl vorzunehmen. In der HR-Anmeldung ist der Grund („Aufhebungsvertrag vom …") und der Beendigungszeitpunkt anzugeben.[306] Das herrschende Unternehmen hat nichts anzumelden. Die Anmeldung hat unverzüglich (§ 121 BGB) zu erfolgen.

819 Als Anlage ist bei der Aufhebung der Aufhebungsvertrag in einfacher Abschrift beizufügen sowie ggf. der Sonderbeschluss der außenstehenden Aktionäre in Urschrift, Ausfertigung oder öffentlich beglaubigter Abschrift (§ 12 Abs. 2 S. 2 HGB).[307] Soweit man von der Notwendigkeit eines zustimmenden Gesellschafterbeschlusses bei der GmbH ausgeht (dh in jedem Fall bei der abhängigen GmbH, s. oben → Rn. 661), muss auch dieser entsprechend eingereicht werden.

820 Die HR-Anmeldung wird grds. nur in formeller (Anmeldung ist durch die zuständigen Personen in der notwendigen Form und mit dem notwendigen Inhalt erfolgt, Vollständigkeit der Anlagen) und nicht in materieller Hinsicht (Wirksamkeit der Aufhebung) durch den Registerrichter (§ 17 Nr. 1 Buchst. d RPflG) geprüft.[308] Nur wenn Anhaltspunkte dahingehend bestehen, dass die Aufhebung materiell nicht wirksam war, prüft der Registerrichter auch in materieller Hinsicht.

821–825 *(einstweilen frei)*

## II. Einseitige Kündigung (§ 297 AktG)

826 Von der einvernehmlichen Aufhebung des GAV ist die einseitige Kündigung zu unterscheiden. Der GAV ist ein Dauerschuldverhältnis[309], sodass dessen einseitige Beendigung durch Kündigung zu erfolgen hat. Das Gesetz gibt den Vertragsparteien dabei ausdrücklich nur das Recht zur außerordentlichen Kündigung aus wichtigem Grund (§ 297 Abs. 1 AktG) und setzt die ordentliche Kündigung voraus (§ 297 Abs. 2 S. 1 AktG). Die außerordentliche Kündigung steht beiden Vertragsseiten gleichermaßen zur Verfügung.[310]

827 Die Kündigung muss sich nach hM immer auf den Vertrag insgesamt beziehen. Eine Teilkündigung, zB auch bei einem kombinierten Beherrschungs- und Gewinnabführungsvertrag ist insoweit nicht möglich.[311]

### 1. Ordentliche Kündigung

828 Die ordentliche Kündigung kann ohne Vorliegen eines Grundes erfolgen und ist dafür fristgebunden. Da das AktG keine Voraussetzungen oder Fristen für die ordentliche Kündigung formuliert, ist allerdings umstritten, unter welchen Voraussetzungen die ordentliche Kündigung überhaupt zulässig ist.

---

303 MüKoAktG/Altmeppen, 6. Aufl. 2023, AktG § 298 Rn. 2 mwN.
304 BGH 11.11.1991 – II ZR 287/90, NJW 1992, 505 (506).
305 Vgl. MüKoGmbHG/Liebscher, 4. Aufl. 2022, GmbHG Anh. § 13 Rn. 1086.
306 Krafka RegisterR, 12. Auflage 2024, Rn. 1615.
307 Krafka RegisterR, 12. Auflage 2024, Rn. 1616; Boor RNotZ 2017, 65 (81).
308 Krafka RegisterR, 12. Auflage 2024, Rn. 1618.
309 Vgl. BGH 14.12.1987 – II ZR 170/87, NJW 1988, 1326 (1328).
310 Koch, 18. Aufl. 2024, AktG § 297 Rn. 3.
311 Emmerich/Habersack/Emmerich, 10. Aufl. 2022, AktG § 291 Rn. 82.

Unstreitig ist die ordentliche Kündigung zulässig, wenn sie im GAV vereinbart ist.[312] 829
Sofern der GAV allerdings kein Recht zur ordentlichen Kündigung vorsieht, geht die hLit davon aus, dass – da keine gesetzliche Rechtsgrundlage für die ordentliche Kündigung vorgesehen ist – sie unzulässig ist.[313] Wegen der objektivierten Auslegung von GAV (s. dazu oben→ Rn. 778 f.) wird man ohne (schriftliche) Anhaltspunkte im GAV auch nicht von einem konkludent vereinbarten Recht zur ordentlichen Kündigung ausgehen können.[314]

Dementsprechend kommt es bei der Vertragsgestaltung darauf an, die Bedingungen der 830
ordentlichen Kündigung im GAV zu formulieren. Dabei bestehen drei Varianten:

- GAV mit bestimmter Vertragslaufzeit (befristeter GAV): Der GAV kann mit einer bestimmten Laufzeit vereinbart werden (wegen § 14 Abs. 1 S. 1 Nr. 3 S. 1 KStG mind. fünf Jahre), während der eine ordentliche Kündigung ausgeschlossen ist. Mit Erreichen der Vertragslaufzeit endet der GAV. Er kann zwar nach hier vertretener Ansicht durch Vertragsänderung verlängert werden (s. dazu oben → Rn. 797), die Vertragsänderung muss dann aber vor Ende der Vertragslaufzeit vereinbart und wirksam werden.
- GAV mit unbestimmter Laufzeit: Ein solcher GAV wäre nur bei entsprechender Vereinbarung ordentlich kündbar. Ansonsten bliebe immer nur (neben der einvernehmlichen Aufhebung) die außerordentliche Kündigung gem. § 297 Abs. 1 AktG (dazu sogleich → Rn. 833 ff.).
- GAV mit bestimmter Laufzeit und Verlängerungsklausel: In der Praxis am häufigsten anzutreffen sind GAV mit bestimmter Laufzeit, während der der GAV nicht ordentlich gekündigt werden darf (zur Erfüllung der Voraussetzungen des § 14 Abs. 1 S. 1 Nr. 3 S. 1 KStG typischerweise fünf Jahre oder mehr), und anschließender automatischer Verlängerung bei nicht rechtzeitiger Kündigung. Die Verlängerung kann dabei auch für eine bestimmte Laufzeit oder unbestimmte Zeit gelten[315] und damit dann in eine der beiden vorgenannten Kategorien fallen.

Die **Kündigungsfrist** für die ordentliche Kündigung ist Gegenstand der vertraglichen 831
Vereinbarungen im GAV.[316] Enthält der GAV keine ausdrückliche Kündigungsfrist, wird überwiegend eine sechsmonatige Kündigungsfrist analog § 132 Abs. 1 HGB angenommen.[317]

Die Vertragsparteien können darüber hinaus die Kündigung auch von weiteren Voraus- 832
setzungen abhängig machen, zB der Zustimmung von Gesellschafterversammlungen. Diese sind dann als echte Wirksamkeitsvoraussetzung bei der Wirksamkeit der Kündigung zu prüfen.[318]

## 2. Außerordentliche (fristlose) Kündigung

Die außerordentliche Kündigung kann gem. § 297 Abs. 1 S. 1 AktG nur aus wichtigem 833
Grund erfolgen. Ein „wichtiger Grund" liegt nach § 297 Abs. 1 S. 2 AktG ua vor, wenn der andere Vertragsteil voraussichtlich nicht in der Lage sein wird, seine aufgrund des Vertrags bestehenden Verpflichtungen zu erfüllen. Der BGH sieht den wichtigen Grund allgemein als gegeben an, wenn dem kündigenden Vertragsteil die Fortsetzung des Vertrags nicht mehr zumutbar ist.[319] Liegen allerdings die Gründe in der Risikosphäre der Vertragspartei, die kündigen will, dürfte ein wichtiger Grund idR nicht vorliegen.[320] Nach all-

312 MüKoAktG/Altmeppen, 6. Aufl. 2023, AktG § 297 Rn. 59 mwN.
313 Vgl. MüKoAktG/Altmeppen, 6. Aufl. 2023, AktG § 297 Rn. 68 mwN zur hM und unter Verweis auf die Gesetzesbegründung Kropff, AktG, 1965, Begründung RegE zu §§ 297, 386.
314 Vgl. auch Koch, 18. Aufl. 2024, AktG § 297 Rn. 13.
315 Vgl. zur Zulässigkeit dieser Fallgruppe MüKoAktG/Altmeppen, 6. Aufl. 2023, AktG § 297 Rn. 57.
316 BGH 16.6.2015 – II ZR 384/13, DStR 2015, 1765 (1766); 5.4.1993 – II ZR 238/91, NJW 1993, 1976 (1980).
317 Vgl. MüKoAktG/Altmeppen, 6. Aufl. 2023, AktG § 297 Rn. 75 mwN.
318 Vgl. MüKoAktG/Altmeppen, 6. Aufl. 2023, AktG § 297 Rn. 13 mwN.
319 BGH 31.5.2011 – II ZR 109/10, DStR 2011, 1576 (1577).
320 BGH 16.7.2019 – II ZR 175/18, NJW 2019, 3302 (3306) zu Teilgewinnabführungsverträgen.

gemeiner Ansicht können die Vertragsparteien wichtige Gründe im GAV selbst definieren; dadurch kann allerdings nicht ein eventuell erforderlicher Sonderbeschluss der Aktionäre gem. § 297 Abs. 2 AktG verhindert werden, dh liegt objektiv kein wichtiger Grund vor, ist § 297 Abs. 2 AktG uneingeschränkt anzuwenden.[321]

834 Für die Praxis entscheidend ist demnach, wann ein wichtiger Grund für eine Kündigung vorliegt. Das Vorliegen eines wichtigen Grundes hat auch deshalb eine überragende Bedeutung, weil nur bei einer Beendigung mit wichtigem Grund die Organschaft während der Mindestvertragslaufzeit für die Vergangenheit anerkannt wird (§ 14 Abs. 1 S. 1 Nr. 3 S. 2 KStG). Das Steuerrecht lässt es sich dabei nicht nehmen, seine eigenen Kriterien für das Vorliegen eines wichtigen Grundes aufzustellen und insoweit vom Zivilrecht abzuweichen.[322] Demnach müssen die in einem GAV vereinbarten (wichtigen) Kündigungsgründe den steuerrechtlichen Anforderungen an einen wichtigen Grund entsprechen.[323] Auch hier steht abermals die Befürchtung im Raum, dass es durch einen zu starken Bezug auf das Zivilrecht den Vertragsparteien freistehen könnte, die Rechtsfolgen der Organschaft herbeizuführen oder nicht.[324]

835 Besonders wichtige Beendigungsgründe ergeben sich bei Strukturveränderungen der Vertragsparteien. Die FinVerw hat dabei folgende Fälle als wichtigen Grund anerkannt[325]:

- Veräußerung oder Einbringung der Organbeteiligung durch den Organträger,
- Verschmelzung, Spaltung oder Liquidation des Organträgers oder der Organgesellschaft.

Für weitere Details hinsichtlich der im Steuerrecht anerkannten wichtigen Gründe wird auf das Kapitel → Rn. 1666 ff. verwiesen.

836 Diese steuerlich anerkannten Gründe müssen jedoch auch zivilrechtlich durchsetzbar sein. Dies ist im Hinblick auf das Vorliegen eines wichtigen Grundes iSd § 297 Abs. 1 AktG nicht immer der Fall. So wird in der zivilrechtlichen Rechtsprechung und Literatur zB überwiegend davon ausgegangen, dass die Veräußerung der Organbeteiligung durch den Organträger keinen wichtigen Grund iSd § 297 Abs. 1 AktG darstellt[326]; der BGH hat die Frage ausdrücklich offen gelassen[327]. Dementsprechend sollten die steuerlich anerkannten Gründe auch als (wichtige) Kündigungsgründe in den GAV ausdrücklich aufgenommen werden. Auf diese Weise kann sichergestellt werden, dass der GAV auch zivilrechtlich beendet werden kann.

### 3. Zeitpunkt und Form der Kündigung

837 Das AktG enthält keine Vorgaben zum (Wirksamkeits-)Zeitpunkt der Kündigung. Anders als die Vertragsaufhebung (§ 296 Abs. 1 S. 1 AktG) kann die Kündigung daher grds. auch unterjährig erfolgen[328], was jedoch im Hinblick auf die dann für das laufende Geschäftsjahr unwirksame Organschaft (§ 14 Abs. 1 S. 1 Nr. 3 S. 3 KStG) in der Praxis eher nicht der Regel-, sondern Ausnahmefall sein dürfte; praktisch wird die Kündigung dann oftmals mit der Bildung eines Rumpfgeschäftsjahres verbunden. Den allgemeinen Kündigungsgrundsätzen entsprechend, kann eine Kündigung aber nur mit Wirkung für die Zukunft und nicht rückwirkend erfolgen.[329]

---

321 BGH 5.4.1993 – II ZR 238/91, NJW 1993, 1976; insg. MüKoAktG/Altmeppen, 6. Aufl. 2023, AktG § 297 Rn. 46 mwN.

322 BFH 13.11.2013 – I R 45/12, DStR 2014, 643 (646) unter Hinweis auf die fehlende Bezugnahme auf das AktG in § 14 Abs. 1 S. 1 Nr. 3 KStG.

323 BFH 13.11.2013 – I R 45/12, DStR 2014, 643 (646).

324 BFH 13.11.2013 – I R 45/12, DStR 2014, 643 (646).

325 KStR 14.5 Abs. 6 S. 2.

326 Vgl. OLG Düsseldorf 19.8.1994 – 3 Wx 178/94, NJW-RR 1995, 233; OLG Oldenburg 23.3.2000 – 1 U 75/99, NZG 2000, 1138; Koch, 18. Aufl. 2024, AktG § 297 Rn. 7 mwN zur Literatur.

327 BGH 16.6.2015 – II ZR 384/13, DStR 2015, 1765 (1767).

328 Vgl. BGH 16.6.2015 – II ZR 384/13, DStR 2015, 1765 (1766); 5.4.1993 – II ZR 238/91, NJW 1993, 1976 (1980).

329 Boor RNotZ 2017, 65 (83).

Kündigungsfrist (bei der ordentlichen Kündigung) und Kündigungstermin sollten ausdrücklich im GAV geregelt sein. Nicht zulässig ist es hingegen, diese Details ausdrücklich den Geschäftsleitungsorganen zu überlassen (Informationsfunktion der Zustimmungspflicht wird nicht erfüllt, s. dazu schon oben → Rn. 798).[330] **838**

Die Kündigung hat schriftlich (§ 126 BGB) zu erfolgen (§ 297 Abs. 3 AktG). **839**

*(einstweilen frei)* **840–845**

## 4. Zustimmungserfordernisse

Die Erforderlichkeit von Zustimmungsbeschlüssen auf Gesellschafterebene ist insbes. im GmbH-Vertragskonzern weitestgehend ungeklärt. Zusammenfassend lassen sich die Zustimmungserfordernisse wie folgt darstellen. **846**

**a) Kündigung durch das abhängige Unternehmen.** Kündigt das abhängige Unternehmen und handelt es sich um eine **abhängige AG,** sieht § 297 AktG keine Zustimmungserfordernisse für die (außerordentliche und ordentliche) Kündigung auf Ebene der Aktionäre vor. Sieht der GAV allerdings die Verpflichtung zur Zahlung eines Ausgleichs (§ 304 AktG) an oder zum Erwerb der Aktien von außenstehenden Aktionären (§ 305 AktG) vor, ist die ordentliche (nicht: außerordentliche) Kündigung durch die abhängige AG nur wirksam, wenn die außenstehenden Aktionäre durch Sonderbeschluss zustimmen, § 297 Abs. 2 S. 1 AktG. Der Sonderbeschluss bedarf wegen des Verweises auf § 293 Abs. 1 S. 1 AktG einer ¾-Mehrheit des stimmberechtigten Kapitals (zu Details hinsichtlich des Schutzes außenstehender Aktionäre s. das Kapitel → Rn. 1201 ff.). Haben die Vertragsparteien wichtige Kündigungsgründe selbst formuliert, kann dadurch nicht ein eventuell erforderlicher Sonderbeschluss der Aktionäre gem. § 297 Abs. 2 AktG verhindert werden, dh liegt objektiv kein wichtiger Grund vor, ist § 297 Abs. 2 AktG uneingeschränkt anzuwenden.[331] **847**

Bei der **kündigenden, abhängigen GmbH** fordert der BGH – wie bei der Vertragsaufhebung – einen Zustimmungsbeschluss der Gesellschafterversammlung, und zwar nicht nur bei der ordentlichen Kündigung, sondern vermutlich auch bei der außerordentlichen.[332] Für die Begründung und weitere Details kann daher auf die Ausführungen zur Vertragsaufhebung verwiesen werden (s. oben → Rn. 806). **848**

Für die **herrschende AG** (als Kündigungsgegner) sieht das AktG keinerlei Zustimmungserfordernisse vor. Bei der **herrschenden GmbH** (als Kündigungsgegner) wird grds. gleichermaßen kein Zustimmungsbeschluss gefordert[333]. Dies ist mE auch sachgerecht, weil die herrschende GmbH in diesem Fall gar nicht handelt und der Zustimmungsbeschluss ihrer Gesellschafter nicht über die Wirksamkeit einer Kündigung des abhängigen Unternehmens entscheiden kann, es sei denn, dies ist so ausdrücklich im GAV vorgesehen (s. dazu auch sogleich bei der Kündigung durch das herrschende Unternehmen → Rn. 850). **849**

**b) Kündigung durch das herrschende Unternehmen.** Kündigt das herrschende Unternehmen und handelt es sich um eine **herrschende AG,** sieht das AktG keine Zustimmungserfordernisse auf Ebene der Aktionäre vor. Handelt es sich bei dem kündigenden, herrschenden Unternehmen um eine **GmbH,** wird von der hLit eine Zustimmungspflicht der Gesellschafterversammlung ebenfalls abgelehnt, von Teilen aber unter Hinweis auf die Folgen des § 303 AktG befürwortet.[334] **850**

Ebenfalls diskutiert wird, ob bei dem **abhängigen Unternehmen als Kündigungsgegner** – sofern es sich um eine GmbH handelt – ein entsprechender Gesellschafter- **851**

---

330 BGH 5.4.1993 – II ZR 238/91, NJW 1993, 1976 (1977).

331 BGH 5.4.1993 – II ZR 238/91, NJW 1993, 1976; insg. MüKoAktG/Altmeppen, 6. Aufl. 2023, AktG § 297 Rn. 46 mwN.

332 Vgl. BGH 31.5.2011 – II ZR 109/10, DStR 2011, 1576 (1578); vgl. auch Emmerich/Habersack/Emmerich, 10. Aufl. 2022, AktG § 297 Rn. 64.

333 Vgl. BeckNotar-HdB/Mayer/Weiler, 8. Aufl. 2024, § 22 Rn. 421.

334 Vgl. zum Ganzen MüKoGmbHG/Liebscher, GmbHG Anh. § 13 Rn. 1037 mwN zum Streitstand.

beschluss erforderlich ist. Davon ist mE nicht auszugehen, da es bei der abhängigen GmbH überhaupt nichts zuzustimmen gibt. Die Gesellschafterversammlung der abhängigen GmbH kann mE nicht über die Wirksamkeit einer Kündigung des herrschenden Unternehmens entscheiden, es sei denn, eine solche Zustimmung ist im GAV als Wirksamkeitsvoraussetzung vorgesehen worden.[335] Gleichwohl wird teilweise empfohlen, einen solchen Gesellschafterbeschluss einzuholen[336], wobei dann fraglich ist, ob für diesen die gleichen Formerfordernisse wie beim Abschluss des GAV gelten sollen (vgl. zu diesen oben → Rn. 659 ff.). Ein solches Erfordernis ist mE – wie gezeigt – nicht sachgerecht und rückt die Kündigung zu nah an die einvernehmliche Vertragsaufhebung.

### 5. HR-Anmeldung und -Eintragung

852 Für die Kündigung gilt – wie auch bei der Vertragsaufhebung – § 298 AktG. Dementsprechend hat die **Eintragung** im HR auch bei der Kündigung keine konstitutive Wirkung und zwar nach einer BGH-Entscheidung aus dem Jahre 1992 sowohl bei der abhängigen AG als auch bei der abhängigen GmbH (zu weiteren Einzelheiten hierzu vgl. die Ausführungen bei der Vertragsaufhebung oben → Rn. 816).[337]

853 Ebenso wie bei § 294 Abs. 1 AktG erfolgt die Eintragung nur im HR des abhängigen Unternehmens.

854 Die **Anmeldung** zur HR-Eintragung hat der Vorstand (AG) bzw. die Geschäftsführung (GmbH) des abhängigen Unternehmens in vertretungsberechtigter Zahl vorzunehmen. In der HR-Anmeldung ist der Grund („Kündigung vom …“) und der Beendigungszeitpunkt anzugeben.[338] Das herrschende Unternehmen hat nichts anzumelden. Die Anmeldung hat unverzüglich (§ 121 BGB) zu erfolgen.

855 Als Anlage ist das Kündigungsschreiben in einfacher Abschrift beizufügen sowie ggf. der Sonderbeschluss der außenstehenden Aktionäre in Urschrift, Ausfertigung oder öffentlich beglaubigter Abschrift (§ 12 Abs. 2 S. 2 HGB); ebenso ist der Zugang der Kündigung dem HR nachzuweisen.[339] Sofern man von der Notwendigkeit eines zustimmenden Gesellschafterbeschlusses bei der GmbH ausgeht (s. hierzu → Rn. 851), müsste auch dieser entsprechend eingereicht werden.

856 Die HR-Anmeldung wird grds. nur in formeller (Anmeldung ist durch die zuständigen Personen in der notwendigen Form und mit dem notwendigen Inhalt erfolgt, Vollständigkeit der Anlagen) und nicht in materieller Hinsicht (Wirksamkeit der Kündigung, insb. Vorliegen eines Kündigungsgrundes bei außerordentlicher Kündigung) durch den Registerrichter (§ 17 Nr. 1 Buchst. d RPflG) geprüft.[340] Nur wenn Anhaltspunkte dahingehend bestehen, dass die Kündigung materiell nicht wirksam war, prüft der Registerrichter auch in materieller Hinsicht.

## III. Weitere Beendigungsgründe

857 Neben den vorgenannten (rechtsgeschäftlichen) Beendigungsgründen gibt es weitere, im Gesetz nicht ausdrücklich normierte, Beendigungsgründe; dazu folgende nicht abschließende Aufzählung:

- Bei (erstmaligem) Hinzutreten außenstehender Aktionäre endet der GAV zu dem Ende des Geschäftsjahres, in dem der außenstehende Aktionär hinzugetreten ist (§ 307 AktG). Die Regelung dient dem Schutz des außenstehenden Aktionärs, da für diesen in dem abgeschlossenen GAV keine Schutzregelungen iSd §§ 304, 305 AktG vorgesehen sind.

[335] Vgl. hierzu oben → Rn. 832; iE auch BeckNotar-HdB/Mayer/Weiler, 8. Aufl. 2024, § 22, Rn. 421.
[336] MüKoGmbHG/Liebscher, GmbHG Anh. § 13 Rn. 1038.
[337] BGH 11.11.1991 – II ZR 287/90, NJW 1992, 505 (506); vgl. auch die Gesetzesbegründung Kropff, AktG, 1965, Begründung RegE zu §§ 296, 387.
[338] Krafka RegisterR, 12. Auflage 2024, Rn. 1615.
[339] Krafka RegisterR, 12. Auflage 2024, Rn. 1617.
[340] Krafka RegisterR, 12. Auflage 2024, Rn. 1618.

Ob § 307 AktG auf eine abhängige GmbH anwendbar ist, ist umstritten, Details hierzu finden sich im Kapitel zu den außenstehenden Aktionären unter → Rn. 1201 ff.

- Bei Umwandlungen ist wie folgt zu differenzieren, wobei es hierzu keine höchstrichterliche Rechtsprechung gibt und in der Literatur auch andere Ansichten vertreten werden (im Folgenden wird die hM dargestellt, zu Details vgl. → Rn. 4101 ff. zu Umwandlungen und Organschaft)[341]: Wird das abhängige Unternehmen auf einen anderen Rechtsträger verschmolzen, endet der GAV. Bei Verschmelzung des herrschenden Unternehmens wird der GAV allerdings vom übernehmenden Rechtsträger fortgeführt. Ebenso bleibt bei einer Abspaltung oder Ausgliederung auf Ebene des abhängigen Unternehmens der GAV bestehen. Bei einer Aufspaltung des abhängigen Unternehmens wird überwiegend angenommen, dass der GAV erlischt (weil das abhängige Unternehmen ebenfalls erlischt).

Auch die sonstigen Beendigungsgründe sind im HR anzumelden gem. § 298 AktG. Da **858** Umwandlungen ohnehin im HR eingetragen werden, ist bei diesen Maßnahmen allerdings – sofern sie eine GAV-Beendigung enthalten – keine separate HR-Anmeldung erforderlich.[342]

Bei einer sonstigen Beendigung hat das jeweilige Geschäftsleitungsorgan in vertretungs- **859** berechtigter Zahl den Grund und den Beendigungszeitpunkt (zB Ende des Geschäftsjahres des Beitritts des außenstehenden Aktionärs) anzumelden. Über die Beendigung muss ein Nachweis geführt werden, wobei es keine Vorgaben für die Nachweismittel gibt. Insoweit wird für eine Beendigung nach § 307 AktG vorgeschlagen, zB eine Erklärung von Veräußerer und Erwerber der Aktien vorzulegen.[343]

Zu beachten ist, dass auch die sonstigen Beendigungsgründe steuerrechtlich nur an- **860** erkannt werden, wenn sie einen wichtigen Grund iSd § 14 Abs. 1 S. 1 Nr. 3 KStG darstellen (zu weiteren Einzelheiten vgl. → Rn. 1666 ff.).

## IV. Gläubigerschutz im Falle der Beendigung des GAV (§ 303 AktG)

Infolge der Beendigung des GAV hat das herrschende Unternehmen den Gläubigern des **861** abhängigen Unternehmens, deren Forderungen begründet worden sind, bevor die Eintragung der Beendigung des GAV in das HR nach § 10 HGB bekannt gemacht worden ist, Sicherheit zu leisten, wenn sich die Gläubiger binnen sechs Monaten nach der Bekanntmachung der Eintragung zu diesem Zweck bei dem herrschenden Unternehmen melden (§ 303 Abs. 1 AktG). Hintergrund der Regelung ist, dass infolge des GAV die eigenständige Lebensfähigkeit des abhängigen Unternehmens, auch wenn das herrschende Unternehmen die Bilanzverluste ausgeglichen hat, wegen ihrer Ausrichtung auf das Konzerninteresse zweifelhaft ist.[344]

§ 303 AktG ist auf die abhängige GmbH entsprechend anwendbar.[345] **862**

*(einstweilen frei)* **863–900**

---

[341] Vgl. hierzu auch die Auffassung der Finanzverwaltung im Umwandlungssteuererlass, BMF 2.1.2025, BStBl. I 2025, 92 Rn. Org. 01 ff. und Org. 21 f. sowie Boor RNotZ 2017, 65 (84 f.) und MüKoGmbHG/Liebscher, GmbHG Anh. § 13 Rn. 1074.

[342] Krafka RegisterR, 12. Aufl. 2024, Rn. 1618; MüKoAktG/Altmeppen, 6. Aufl. 2023, AktG § 298 Rn. 4; aA Emmerich/Habersack/Emmerich, 10. Aufl. 2022, AktG § 298 Rn. 3, der zur besseren Information der Öffentlichkeit auch in diesen Fällen eine HR-Eintragung nach § 298 AktG fordert.

[343] Krafka RegisterR, 12. Auflage 2024, Rn. 1617.

[344] BGH 16.9.1985 – II ZR 275/84, NJW 1986, 188 (192).

[345] BGH 7.10.2014 – II ZR 361/13, DStR 2014, 2578 (2578) mwN zur st. Rspr.

# § 5 Tatsächliche Durchführung des GAV

## Übersicht

## A. Gebot der tatsächlichen Durchführung des Gewinnabführungsvertrags als Organschaftsvoraussetzung

### I. Anordnung des § 14 Abs. 1 S. 1 Nr. 3 S. 1 KStG

**901** § 14 Abs. 1 S. 1 Nr. 3 S. 1 KStG ordnet an, dass der Gewinnabführungsvertrag auf mindestens fünf Jahre abgeschlossen und während seiner gesamten Geltungsdauer durchgeführt werden muss. Durchgeführt iSv § 14 Abs. 1 S. 1 Nr. 3 S. 1 KStG ist ein GAV, wenn dieser in Übereinstimmung mit den in ihm enthaltenen zivilrechtlichen Vereinbarungen vollzogen worden ist.[1]

[1] Vgl. nur BFH 5.4.1995 – I R 156/93, DStR 1995, 1109; BFH 21.10.2010 – IV R 21/07, BStBl. II 2014, 481; BFH 26.4.2016 – I B 77/15, BFH/NV 2016, 1177 Rn. 10; BFH 2.11.2022 – I R 29/19, BStBl. II

Maßgeblich gehört dazu – als handelsrechtlicher Pflichtbestandteil – die Abführung des ganzen Gewinns der Organgesellschaft in Anwendung von § 301 AktG an den Organträger wie auch der Ausgleich eines Jahresfehlbetrags der Organgesellschaft nach Maßgabe des § 302 Abs. 1 AktG durch den Organträger. Durchführung bedeutet daher insbes., dass die nach Grundsätzen ordnungsmäßiger Buchführung (GoB) ermittelten Gewinne tatsächlich durch Zahlung oder Verrechnung an den Organträger abgeführt werden müssen.[2] **902**

Zudem sind die im Gewinnabführungsvertrag getroffenen Vereinbarungen einzuhalten, die auch über die handels- sowie steuerrechtlichen Pflichtbestandteile hinausgehen können. **903**

Werden die vertraglichen Vereinbarungen nicht eingehalten, so führt ein solcher Verstoß grds. zur (rückwirkenden) Nichtanerkennung der Organschaft (s. → Rn. 1178 f.) und den damit verbundenen Folgen („verunglückte Organschaft") (s. → Rn. 1186 f.). **904**

*(einstweilen frei)* **905–910**

## II. Herleitung des Gebots der tatsächlichen Durchführung (gesetzgeberischer Hintergrund)

Seinen gesetzlichen Ursprung findet das Gebot der tatsächlichen Durchführung in § 7a Abs. 1 Nr. 3 S. 1 KStG 1969. Die Begründung des Gesetzentwurfs erklärt hierzu, dass dies dem geltenden Rechtszustand entspräche.[3] Zurückzuführen ist die gesetzgeberische Kodifizierung der Regelungen über die körperschaftsteuerliche Organschaft auf die Rechtsprechung des Reichsfinanzhofs[4], welcher der Bundesfinanzhof sich lange Zeit grds.[5] angeschlossen hat,[6] schließlich aber auch vor dem Hintergrund der wirtschaftlichen Bedeutung der Organschaft und dem Erfordernis des Vorhandenseins klarer Rechtssätze eine gesetzliche Regelung angeregt hat.[7] **911**

In der vorgesetzlichen Rechtsprechung zur körperschaftsteuerlichen Organschaft erklärte der BFH den GAV zum Ausgangspunkt. Der durch diesen Vertrag geschaffene Tatbestand und seine „praktische" Durchführung bilden die Grundlage der Besteuerung, da die Besteuerung auf den tatsächlich vorliegenden rechtlichen und wirtschaftlichen Verhältnissen aufbaut.[8] Begründet wird dies damit, dass es nicht zulässig sei, für die Besteuerung von einem der Wirklichkeit nicht entsprechenden gedachten Tatbestand auszugehen, was dem Gedanken des heutigen § 38 AO entspricht. Das Gebot der tatsächlichen („praktischen") Durchführung des GAVs während seiner gesamten Gültigkeitsdauer entspricht daher dem allgemeinen steuerlichen Grundsatz, dass wirksam geschlossene Vereinbarungen steuerlich nur zu berücksichtigen sind, wenn sie auch „gelebt" werden. **912**

Aus diesem Grund sah bereits 1956 der BFH die Notwendigkeit, dass der nach den Grundsätzen einer ordnungsmäßigen Buchführung ermittelte tatsächliche Gewinn an den Organträger abzuführen sei und dieser die Grundlage der Verpflichtung der Organgesellschaft bilde.[9] **913**

*(einstweilen frei)* **914–919**

2023, 405 Rn. 25; FG Hamburg 12.3.1984 – II 46/81, EFG 1984, 569; Gosch KStG/Neumann KStG § 14 Rn. 310; HHR/Kolbe KStG § 14 Anm. 203 (Stand: Februar 2022); Bott/Walter/Walter KStG § 14 Rn. 649 (Stand: April 2024).

2 BFH 5.4.1995 – I R 156/93, DStR 1995, 1109; BFH 21.10.2010 – IV R 21/07, BStBl. II 2014, 481; BFH 26.4.2016 – I B 77/15, BFH/NV 2016, 1177 Rn. 10; BFH 2.11.2022 – I R 29/19, BStBl. II 2023, 405 Rn. 25.

3 BT-Drs. V/3017, 8.

4 Siehe hierzu die historische Entwicklung in RFH 18.2.1933 – I A 439/32, RStBl. 1933, 647.

5 Zu den Unterschieden in der Rechtsprechung des RFH und BFH s. BT-Drs. V/3017, 6.

6 Vgl. nur BFH 8.3.1955 – I 73/54 U, BStBl. III 1955, 187; BFH 27.11.1956 – I D 56/S, BStBl. III 1957, 139.

7 BFH 4.3.1965 – I 249/61 S, BStBl. III 1965, 329.

8 BFH 8.31955 – I 73/54 U, BStBl. III 1955. 187.

9 BFH 27.11.1956 – I D 1/56 S, BStBl. III 1957, 139.

## III. Auslegungsmaßstab bei der Beachtung des Gebots der tatsächlichen Durchführung

920 Maßgebliches Merkmal des Gebotes der tatsächlichen Durchführung ist die Vollziehung des GAV, also die Befolgung der vertraglich fixierten sowie der darüberhinausgehenden gesetzlich kodifizierten Verpflichtungen. Ob ein Verstoß gegen diese Pflichten vorliegt, ist anhand einer wertenden Auslegung (Verhältnismäßigkeitsprüfung) zu ermitteln, deren Grenze die willkürliche Herbeiführung der Nichtanerkennung der Organschaft bildet.

### 1. Wertende Auslegung (Verhältnismäßigkeitsprüfung)

921 Neben den gesetzlich kodifizierten Organschaftsvoraussetzungen bildet der Inhalt des GAV den objektiven Maßstab für eine Auslegung nach dessen Wortlaut, Sinn und Zweck als auch systematischen Bezug.[10] Hierbei ergibt sich ein Interpretationsspielraum hinsichtlich der vertraglichen Verpflichtungen bereits dem Grunde nach aus dessen zivilrechtlichen Auslegung, wobei das Auslegungsergebnis aus den „objektiven Gesichtspunkten" des im Handelsregister eingetragenen Vertrages (und nicht etwa aus den dem Formerfordernis nicht genügenden Nebenabreden der Vertragsparteien) zu begründen ist, ohne dabei Vertragslücken durch eine ergänzende Erforschung des maßgeblichen Willens der Vertragsparteien – dh allein außerhalb des Vertrages liegende Sachverhaltsumstände – zu schließen.[11]

922 Ob ein Verstoß gegen das Gebot der tatsächlichen Durchführung vorliegt, ist danach zu bestimmen, ob eine sich aus dem GAV bzw. dem Gesetz ergebende absolut oder relativ zu erfüllende Verpflichtung verletzt wird. Letztlich ist dies eine Frage nach der Verhältnismäßigkeit der Pflichtverletzung. Davon abzugrenzen ist die Frage nach den steuerlichen Folgen aus dem Durchführungsverstoß, also ob diese geringfügig oder vor- bzw. nachteilig für den Steuerpflichtigen sind.[12]

923 Regelmäßig ist ein enger Maßstab anzuwenden, wenn (steuer-)gesetzliche Verpflichtungen zu beachten sind (absolute Verpflichtungen). Denn bei den Regelungen über die Organschaft handelt es sich um eine Ausnahme vom steuerrechtlichen Grundprinzip der getrennten Besteuerung der einzelnen Steuersubjekte, sodass eine – im Zweifel eher – strenge Auslegung der vom Gesetzgeber hierfür vorgegebenen Anforderungen geboten ist.[13] Diese strenge Auslegung betrifft insbes. die gesetzlich kodifizierten Voraussetzungen – wie zB die nach § 14 Abs. 1 S. 1 Nr. 4 KStG zu berücksichtigende Mindestabführungsverpflichtung – als auch grds. die (auf die vertraglichen Vereinbarungen bzw. das Gesellschaftsrecht zurückgehende) Frage, ob und wie die Ansprüche aus dem GAV zu erfüllen sind (pekuniäre Komponente, s. → Rn. 1143 ff.).

924 Bei relativen Vertragspflichten ist ein großzügigerer (nicht „kleinlicher"[14]) Auslegungsmaßstab anzuwenden mit der Folge, dass auch ein zu vernachlässigender geringfügiger Durchführungsmangel gegeben sein kann, der (noch) als Durchführungsverstoß zu werten ist (Verhältnismäßigkeitsprüfung). Dies betrifft bspw. die Frage, wann die Ansprüche aus dem GAV zu vollziehen sind (s. → Rn. 1168). Auch Meinungsverschiedenheiten zwischen der FinVerw und dem Steuerpflichtigen über den (handelsrechtlichen) Ansatz oder die Bewertung von Bilanzposten, führen (noch) nicht zu einem Durchführungsverstoß. Denn

---

[10] BFH 28.11.2007 – I R 94/06, BFH/NV 2008, 1270.

[11] BFH 28.11.2007 – I R 94/06, BFH/NV 2008, 1270; Gosch KStG/Neumann KStG § 14 Rn. 231.

[12] FG Schleswig-Holstein 6.6.2019 – 1 K 113/17, DStRE 2019, 1331 Rn. 30, als Vorinstanz zu BFH 2.11.2022 –I R 37/19, BStBl. II 2023, 409.

[13] BFH 2.11.2022 – I R 37/19, BStBl. II 2023, 409, Rn. 17; BFH 3.3.2010 – I R 68/09, BFH/NV 2010, 1132.

[14] So die Wortwahl des FG Schleswig-Holstein 6.6.2019 – 1 K 113/17, DStRE 2019, 1331 Rn. 30, als Vorinstanz zu BFH 2.11.2022 – I R 37/19, BStBl. II 2023, 409, letztlich wird die Rechtsfrage aber explizit offengelassen, auch Bott/Walter/Walter KStG § 14 Rn. 649.1, 680.2 mwN (Stand: April 2024).

ansonsten wäre der Anwendungsbereich des § 14 KStG in einem Umfang eingeschränkt, der dem Zweck der „tatsächlichen Durchführung" nicht mehr entspräche.[15]

Demgegenüber wird in Teilen der Literatur[16] jede – auch noch so geringfügige – Vertragsverletzung als Verstoß gegen das Gebot der tatsächlichen Durchführung gewertet, unabhängig von der Art der Vertragsverletzung. Im Ergebnis wird damit eine Geringfügigkeits- bzw. Verhältnismäßigkeitsprüfung abgelehnt und insgesamt lediglich ein enger Auslegungsmaßstab angewendet. Begründet wird diese Auffassung dadurch, dass das Gesetz keinen objektiven Maßstab vorsähe, aus dem eine Geringfügigkeitsgrenze abgeleitet werden kann, sondern vielmehr durch einen – eng auszulegenden – Ausnahmetatbestand in § 14 Abs. 1 S. 1 Nr. 3 S. 4 KStG ergänzt wurde, der lediglich diejenigen Durchführungsmängel im Wege der Fiktion heilt, die auf einem fehlerhaften Bilanzansatz beruhen. Richtig ist, dass Ausnahmetatbestände ihrer Rechtsnatur nach bereits dem Grunde nach eng auszulegen sind. Allerdings wird die gesetzgeberische Intention zur Einführung des § 14 Abs. 1 S. 1 Nr. 3 S. 4 KStG verkannt. Denn es sollten nicht die Grundwertungen des § 14 KStG verändert werden, sondern ausschließlich Erleichterungen für den Steuerpflichtigen „minimalinvasiv" ergänzt werden (s. → Rn. 1094). 925

Zu unterscheiden ist die Frage des Auslegungsmaßstabs für Zwecke des § 14 Abs. 1 S. 1 Nr. 3 S. 1 KStG von derjenigen, ob ein Bilanzansatz fehlerhaft ist. Letztere richtet sich allein nach einem handelsrechtlichen Auslegungsmaßstab und dieser bestimmt eine Wesentlichkeits- und damit insbes. auch eine betragsmäßige (relative) Nichtaufgriffsgrenze für die Korrekturpflichtigkeit eines nicht den GoB entsprechend ermittelten Bilanzansatzes (s. ausf. → Rn. 1072 ff. zur Bestimmung der relativen Wesentlichkeitsgrenze nach objektivierten Kriterien). 926

### 2. Grenze: Willkür der Vertragsparteien

Der Wille der Vertragsparteien, den GAV zu vollziehen, ist objektiv nach außen erkennbar zu dokumentieren, bspw. durch die entsprechende buchhalterische Abbildung im Jahresabschluss (s. → Rn. 1064 ff. zur bilanziellen Komponente). So kann bspw. für den Fall der unterlassenen Verlustausgleichsverpflichtung nicht argumentiert werden, dass diese in einem darauffolgenden Jahr mit einer Gewinnabführung verrechnet werden sollte (ähnlich der bilanziellen Vorgehensweise bei einem Verlustvortrag).[17] Denn es fehlt damit bereits zum Bilanzstichtag an dem nach außen objektiv dokumentierten Willen der Vertragsparteien zur Vertragsdurchführung. 927

Allerdings soll die Nichtanerkennung der Organschaft – als Rechtsfolge von Vertragsverletzungen (wie etwa einem Durchführungsverstoß) – nicht im Belieben der Vertragsparteien stehen und insbes. nicht als Gestaltungsmittel eingesetzt werden können. Denn das Rechtsinstitut der Organschaft soll – zumindest innerhalb der Mindestlaufzeit – eine Vertragsdurchführung gewährleisten, unabhängig von der ertragsteuerlichen Vorteilhaftigkeit der Organschaft, wenn sich die Vertragsparteien hierfür – dokumentiert durch den Abschluss des GAV und dessen Eintragung in das Handelsregister – entschieden haben. 928

Ist die Nichtanerkennung der Organschaft beabsichtigt und wird eine (ggf. auch nur geringfügige) Vertragsverletzung willkürlich – und damit missbräuchlich – herbeigeführt (zB durch einen vorsätzlichen Verstoß gegen die Mindestabführungsverpflichtung des § 14 Abs. 1 S. 1 Nr. 4 KStG oder gegen die bilanzielle Komponente durch fehlende Ver- 929

---

15 BFH 5.4.1995 – I R 156, 93, BFH/NV 1995, 69 Rn. 16; BFH 21.10.2010 – IV R 21/07, BStBl. II 2014, 481 Rn. 36.

16 Gosch KStG/Neumann KStG § 14 Rn. 310.

17 BFH 21.10.2010 – IV R 21/07, BStBl. II 2014, 481, zu der „vergessenen" Verrechnung mit einem vororganschaftlichen Verlustvortrag, die keinen geringfügigen und dementsprechend auch nicht unbeachtlichen Verstoß gegen eine bloße Nebenpflicht darstelle; Gosch KStG/Neumann KStG § 14 Rn. 310; Frotscher/Drüen/Frotscher KStG § 14 Rn. 402 (Stand: Januar 2023); aA Bott/Walter/Walter KStG § 14 Rn. 680.2 mwN (Stand: April 2024), der in dem vergessenen und unterbliebenen Abzug des Verlustvortrags einen geringfügigen und damit zu vernachlässigenden Verstoß gegen eine Nebenpflicht sieht.

buchung), so kann diese – über den Rechtsgedanken des § 42 AO – zu heilen sein. Dies beruht auf dem vom Gesetzgeber verfolgten Ziel, Manipulationen iRd Besteuerungsregimes der Organschaft zu verhindern.[18] Die Organschaft soll nicht zum Zwecke der willkürlichen Beeinflussung der Besteuerung und zu Einkommensverlagerungen von Fall zu Fall abgeschlossen bzw. beendet werden können.[19] Dieser Gesichtspunkt hat dabei nicht (erst) iRd Vollziehung der Vertragspflichten aus dem GAV Bedeutung, sondern erfordert auch, dass diese Pflichten bereits durch eine entsprechende Bilanzierung objektiv erkennbar anerkannt werden.

**930–935** *(einstweilen frei)*

### IV. Zeitliche Reichweite des Gebots der tatsächlichen Durchführung

**936** Der GAV ist während seiner gesamten – zivilrechtlichen – Geltungsdauer durchzuführen, dh ab dem Wirtschaftsjahr, für das der GAV erstmalig Wirkung entfaltet, bis zu dem Wirtschaftsjahr, in dem der GAV letztmalig wirksam ist.

**937** Die Durchführungsverpflichtung endet allerdings nicht mit dem letzten Wirtschaftsjahr des GAVs, sondern ist auch nachvertraglich weiterhin in Bezug auf solche Verpflichtungen zu beachten, die während der Zeit seiner Geltung entstanden sind, zB aufgrund von Anpassungen anlässlich einer Betriebsprüfung.[20]

**938** Nach der hier vertretenen Auffassung ist der GAV (erst) zu dessen Ende „final" tatsächlich durchzuführen, dh die temporäre Komponente ist als Durchführungsvoraussetzung an dem Laufzeitende des GAVs auszurichten (s. auch → Rn. 1168 ff.).

**939–948** *(einstweilen frei)*

## B. Verpflichtung zur Abführung des ganzen Gewinns (§ 14 Abs. 1 einleitender Satz)

### I. Ganzer Gewinn als handelsrechtliche Größe

**949** Anerkennungsvoraussetzung für ein körperschaftsteuerliches Organschaftsverhältnis nach § 14 Abs. 1 S. 1, § 17 Abs. 1 S. 1 KStG ist, dass sich die Organgesellschaft durch einen GAV iSd § 291 Abs. 1 AktG verpflichtet, ihren ganzen Gewinn an ein einziges anderes gewerbliches Unternehmen abzuführen.

**950** Was als ganzer Gewinn iSd § 14 Abs. 1 S. 1, § 17 Abs. 1 S. 1 KStG zu verstehen ist, wird durch die Bezugnahme auf Gewinnabführungsverträge iSd § 291 Abs. 1 S. 1 AktG klargestellt und bestimmt sich demzufolge mangels steuergesetzgeberischen Regelungswillens allein nach Maßgabe des Zivilrechts.[21]

**951** Zivilrechtlich ist mit der Abführung des ganzen Gewinns der Bilanzgewinn gemeint, wie er sich ergäbe, wenn kein GAV bestände (fiktiver Bilanzgewinn).[22] Dieser wird unter Berücksichtigung der §§ 300 Nr. 1, 301 AktG ermittelt und entspricht dem Jahresüberschuss iSd § 275 Abs. 2 Nr. 17 und Abs. 3 Nr. 16 HGB.[23] Nach Abführung des ganzen Gewinns weist der Jahresabschluss der Organgesellschaft folglich in der Regel keinen

[18] BFH 2.11.2022 – I R 37/19, BStBl. II 2023, 409.

[19] BFH 10.5.2017 – I R 51/15, BStBl. II 2018, 30; BFH 10.5.2017 – I R 19/15, BStBl. II 2019, 81; BFH 2.11.2022 – I R 37/19, BStBl. II 2023, 409.

[20] BFH 5.4.1995 – I R 156/93, DStR 1995, 1109 unter Verweis auf BGH 5.6.1989 – II ZR 172/88, NJW-RR 1989, 1198; Forst/Suchanek/Martini GmbHR 2015, 408 (410); Gosch KStG/Neumann KStG § 14 Rn. 534 zur sog. „nachwirkenden Organschaft".

[21] BFH 18.12.2002 – I R 51/01, BStBl. II 2005, 49; BFH 18.12.2002 – I R 50/01, BeckRS 2002, 25001901; BFH 18.12.2002 – I R 68/01, BeckRS 2002, 25001903.

[22] Vgl. MüKoAktG/Altmeppen AktG § 291 Rn. 146; Hessler/Strohn/Paschos AktG § 291 Rn. 35; Koch/Koch AktG § 291 Rn. 26; Emmerich/Habersack/Emmerich AktG § 291 Rn. 88 mwN.

[23] Vgl. nur Emmerich/Habersack/Emmerich AktG § 291 Rn. 64; BeckOGK AktG/Veil AktG § 291 Rn. 102 f. (Stand: Februar 2024).

Bilanzgewinn mehr aus.[24] Etwaige ausschüttungsgesperrte Beträge, die auch im Rahmen eines GAVs zu beachten sind, sind dabei allerdings von der Gewinnabführung ausgeschlossen. Dies können zB nach § 268 Abs. 8 HGB selbst geschaffene immaterielle Vermögensgegenstände des Anlagevermögens sein (s. ausführl. → Rn. 980 ff.).

*(einstweilen frei)* **952–957**

## II. Maßgebliches Rechenwerk

Den Ausgangspunkt für die Gewinnabführungs- bzw. Verlustübernahmeverpflichtung bildet das maßgebliche Rechenwerk. Die Frage, in welcher Höhe ein Gewinn von der Organgesellschaft an den Organträger nach § 301 AktG abgeführt bzw. ein Verlust der Organgesellschaft durch den Organträger nach § 302 AktG ausgeglichen werden muss, kann nur auf der Grundlage des Jahresabschlusses der Organgesellschaft bestimmt werden. Demzufolge ist maßgebliches Rechenwerk grds. der Jahresabschluss der Organgesellschaft.[25] **958**

Gleichwohl bedarf es grds. nicht eines endgültigen (und festgestellten) Jahresabschlusses, sondern der Ermittlung des Jahresüberschusses, der bei zutreffender Anwendung der GoB in einem endgültigen Jahresabschluss auszuweisen wäre (s. auch → Rn. 1064 ff.).[26] Denn dem herrschenden Unternehmen soll nicht die Möglichkeit eröffnet werden, auf die Entstehung des Ausgleichsanspruchs dadurch Einfluss zu nehmen, dass es die Feststellung der Bilanz hinauszögert. Der Anspruch aus dem GAV entsteht unabhängig von der Feststellung des Jahresabschlusses der Organgesellschaft zum Bilanzstichtag und bei Unstimmigkeiten kann zunächst ein vorläufiger Jahresabschluss (Zwischenabschluss) erstellt werden, um die Voraussetzung der tatsächlichen Durchführung (vorläufig) sicherzustellen (s. aber → Rn. 970 zur nicht geklärten Rechtslage im Anwendungsbereich von § 301 AktG). Ergibt sich aus dem später festgestellten Jahresabschluss bei Richtigkeit der darin enthaltenen Ansätze eine betragsmäßige Abweichung, so ist der Anspruch aus dem Gewinnabführungsbetrag entsprechend zu berichtigen und es entsteht entweder ein Anspruch auf Rückzahlung des überzahlten Betrages oder ein zusätzlicher Zahlungsanspruch. **959**

*(einstweilen frei)* **960–965**

## III. Gewinnabführungsverpflichtung der Organgesellschaft

### 1. Umfang der Gewinnabführungsverpflichtung (Ober- und Untergrenze)

**a) „Laufender" Gewinn.** Ausgehend davon, dass der ganze Gewinn iSd § 14 Abs. 1 S. 1 einl. Satzteil KStG auf dem handelsrechtlichen Rechenwerk basiert (s. → Rn. 958), wird der Umfang der bestehenden Gewinnabführungsverpflichtungen von § 301 AktG bestimmt. **966**

Die Ermittlung des abzuführenden Gewinns erfolgt dabei auf Basis einer Vorbilanz, da in der endgültigen Handelsbilanz der Organgesellschaft grds. kein Gewinnausweis erfolgt, wenn ein GAV besteht.[27] **967**

Die Höhe des abzuführenden Gewinns wird durch einen Mindest- und einen Höchstbetrag begrenzt: Einerseits dürfen Beträge aus dem Jahresüberschuss gemäß § 14 Abs. 1 S. 1 Nr. 4 KStG nur insoweit in die anderen Gewinnrücklagen (§ 272 Abs. 3 S. 2 HGB) mit Ausnahme der gesetzlichen Rücklage eingestellt werden, als dies bei vernünftiger kaufmännischer Beurteilung wirtschaftlich begründet ist. Andererseits darf die Gewinnabfüh- **968**

---

[24] KStR 14.5 Abs. 3 S. 2.

[25] Vgl. Emmerich/Habersack/Emmerich AktG § 302 Rn. 29, § 301 Rn. 21; DPM/Dötsch/Pung KStG § 14 Rn. 504 (Stand: Juni 2024) zur Frage, welche Handelsbilanz iSd § 14 Abs. 1 S. 1 Nr. 3 S. 4 KStG fehlerhaft sein muss.

[26] Zur Verlustübernahme s. BGH 11.10.1999 – II ZR 120/98, BGHZ 142, 382; BFH 2.11.2022 – I R 29/19, BStBl. II 2023, 405.

[27] So explizit MüKoAktG/Altmeppen AktG § 291 Rn. 146.

rung bei anderen als in § 14 Abs. 1 S. 1 KStG genannten Kapitalgesellschaften gemäß § 17 Abs. 1 S. 2 Nr. 1 KStG den in § 301 AktG genannten Betrag nicht überschreiten. Dies ist der ohne die Gewinnabführung entstehende Jahresüberschuss, vermindert um einen Verlustvortrag aus dem Vorjahr, um den Betrag, der nach § 300 AktG in die gesetzliche Rücklage einzustellen ist, und um den nach § 268 Abs. 8 HGB ausschüttungsgesperrten Betrag (§ 301 S. 1 AktG). Beträge, die während der Dauer des Vertrages in andere Gewinnrücklagen eingestellt worden sind, können diesen Rücklagen entnommen und als Gewinn abgeführt werden (§ 301 S. 2 AktG).[28]

**969** Die Begrenzung auf Höchstbeträge soll verhindern, dass die Interessen der Gesellschaftsgläubiger geschmälert werden. Zugleich geht es um den Schutz außenstehender Gesellschafter; die Substanz der Gesellschaft gebührt (auch) ihnen und soll nicht infolge der Gewinnabführung verloren gehen.[29]

**970** Zwar ist maßgebendes Rechenwerk der Jahresabschluss der OG, auf dessen Basis der an den OT abzuführende Gewinn ermittelt wird (s. → Rn. 958); allerdings hat der BGH für den Verlustausgleich entschieden, dass nicht der festgestellte Jahresabschluss, sondern der bei objektiv ordnungsgemäßer Bilanzierung zum relevanten Bilanzstichtag auszuweisende Jahresfehlbetrag maßgeblich ist (s. → Rn. 1003).[30] Dies gilt uE auch im Anwendungsbereich von § 301 AktG, da Jahresüberschuss und Jahresfehlbetrag abschlusstechnisch die gleiche Position sind.[31]

**971** Die von § 301 AktG aufgestellte Ober- und Untergrenze ist zwingend zu beachten, um nicht gegen das Gebot der Abführung des ganzen Gewinns nach § 14 Abs. 1 S. 1 einl. Satzteil KStG sowie das Gebot der tatsächlichen Durchführung des GAVs nach § 14 Abs. 1 S. 1 Nr. 3 S. 1 KStG zu verstoßen.[32] Als „Klassiker" ist in diesem Kontext der vor Gewinnabführung zunächst von der OG zu verrechnende vorvertragliche Verlust zu nennen, der zur Nichtdurchführung des GAVs führt (zur Frage der Heilbarkeit s. → Rn. 1086). Dies bedeutet im Umkehrschluss aber auch, dass jedwede Aufwendungen der OG, die im handelsrechtl. Jahresabschluss Aufwand darstellen und damit in der handelsrechtl. Vorbilanz den Gewinn der OG mindern, die tatsächliche Durchführung des GAVs nicht in Frage stellen können,[33] da sie sich damit automatisch in den von § 301 AktG gesetzten Grenzen befinden. Dies gilt ungeachtet der Tatsache, dass die Aufwendungen steuerlich eventuell als vGA zu qualifizieren sind. Sie stellen dann lediglich eine vorweggenommene Gewinnabführung dar.[34] Dementsprechend stellen Auskehrungen auf Basis von Genussrechten unabhängig davon, ob sie eine Beteiligung am Liquidationserlös gewähren, partiarischen Darlehen oder stillen Beteiligungen auch bei steuerlich vorliegender Unangemessenheit die tatsächliche Durchführung nicht in Frage, da sie als handelsrechtl. Aufwand qualifizieren.[35]

**972** Etwas anderes gilt möglicherweise für überdotierte Ausgleichszahlungen und vGA[36] an außenstehende Gesellschafter. Diese stellen – zunächst – formal betrachtet einen Verstoß

[28] BFH 8.8.2001 – I R 25/00, BStBl. II 2003, 923.

[29] BFH 8.8.2001 – I R 25/00, BStBl. II 2003, 923; Emmerich/Habersack/Emmerich AktG § 301 Rn. 1; Hölters/Weber/Deilmann AktG § 301 Rn. 1; Koch/Koch AktG § 301 Rn. 1.

[30] BGH 11.10.1999 – II ZR 120/98, DStR 1999, 1998; BGH 14.2.2005 – II ZR 361/02, DStR 2005, 750; OLG Dresden 16.2.2006 – 2 U 290/05, AG 2006, 672; BFH 2.11.2022 – I R 37/19, BStBl. II 2023, 409 Rn. 17.

[31] Ebenso Schmidt/Lutter/Häller AktG § 301 Rn. 16; Emmerich/Habersack/Emmerich AktG § 301 Rn. 21; Hölters/Weber/Deilmann AktG § 301 Rn. 4; Koch/Koch AktG § 301 Rn. 26 mwN auch zur Gegenauffassung.

[32] Vgl. zB BFH 21.10.2010 – IV R 21/07, BStBl. II 2014, 481 Rn. 37 ff.

[33] Ebenso RHN/Rödder/Liekenbrock KStG § 14 Rn. 113; DPM/Dötsch/Pung KStG § 14 Rn. 454 (Stand: Juni 2024).

[34] Vgl. DPM/Dötsch/Pung KStG § 14 Rn. 454 (Stand: Juni 2024); Gosch KStG/Neumann KStG § 14 Rn. 316c.

[35] Ebenso Gosch KStG/Neumann KStG § 14 Rn. 316c f.; DPM/Dötsch/Pung KStG § 14 Rn. 454 (Stand: Juni 2024); differenzieren Frotscher/Drüen/Frotscher KStG § 14 Rn. 363 (Stand: Januar 2023); Bott/Walter/Walter KStG § 14 Rn. 586 (Stand: April 2024).

[36] VGA an außenstehende Gesellschafter werden grds. nach KStR 14.6 Abs. 4 S. 4 wie Ausgleichszahlungen iSd § 16 KStG behandelt.

gegen das Gebot der Abführung des ganzen Gewinns iSd § 14 Abs. 1 S. 1 einl. Satzteil KStG dar, da in Höhe des überdotierten Teils keine Abführung an den OT gegeben ist. Gleichwohl ist unter den Voraussetzungen des § 14 Abs. 2 KStG die Abführung des ganzen Gewinns zu fingieren (s. ausf. → Rn. 2896 ff.).

Bei einer KGaA als OG beschränkt sich das an den OT abzuführende Ergebnis und damit **973**
der ganze Gewinn iSd § 14 Abs. 1 S. 1 KStG auf den dem Aktienrecht unterliegenden Teil des Gewinns, da eine KGaA auch nur mit dem aktienrechtl. Teil OG sein kann.[37] Der auf den persönlich haftenden Gesellschafter entfallende Gewinn der KGaA kann aufgrund des GAVs nicht an den OT abgeführt werden, da dies der Stellung des phG, wie ein Mitunternehmer behandelt zu werden, und seinem Entnahmerecht widersprechen würde.[38]

**b) Besonderheit bei nach §§ 319 ff. AktG eingegliederten AG.** Ist die OG nach **974**
§§ 319 ff. AktG in den OT eingegliedert, sind nach § 324 Abs. 1 AktG die gesetzlichen Vorschriften über die Bildung einer gesetzlichen Rücklage, über ihre Verwendung und über die Einstellung von Beträgen in die gesetzliche Rücklage sind auf eingegliederte Gesellschaften nicht anzuwenden. Ferner sind nach § 324 Abs. 2 S. 1 AktG auf den GAV zwischen der eingegliederten Gesellschaft und der Hauptgesellschaft die §§ 293 bis 296, 298 bis 303 AktG nicht anzuwenden, so dass hier höchstens der Bilanzgewinn nach § 158 Abs. 1 Nr. 5 AktG von der OG an den OT abgeführt werden kann.[39] Die eingegliederte OG kann demnach auch einen Gewinnvortrag oder etwaige Rücklagen aus der Zeit vor dem Abschluss des GAVs an den OT abführen.[40]

Führt die eingegliederte AG als OG ihre in vorvertraglicher Zeit gebildeten Rücklagen **975**
an den OT ab, ist der auf die Rücklagen entfallende Teil der Gewinnabführung nicht iRd Einkommenszurechnung vom OT zu versteuern, sondern unterliegt den allgemeinen steuerrechtl. Vorschriften,[41] da die OG diesen bereits selbst versteuert hat bzw. dieser von einem anderen OT versteuert wurde, wenn sie zuvor OG eines anderen OT war. Dementsprechend stellt der entsprechende Teil eine auf Ebene des OT dem Regime des § 8b KStG unterliegende Gewinnausschüttung dar (vororganschaftlich verursachte Mehrabführung iSd § 14 Abs. 3 KStG).[42] Im Übrigen liegt kein Verstoß gegen das Gebot der tatsächlichen Durchführung vor, da die entsprechende Rücklagenabführung explizit handelsrechtl. zulässig ist.

**c) Abwicklungsgewinne.** Der Übergang der OG in eine Abwicklungsgesellschaft iRd **976**
Liquidation hat nach hA im Zivilrecht die Beendigung des GAVs zur Folge.[43] Folglich stellt sich im Weiteren die Frage nach der Erfassung von Abwicklungsgewinnen iRd Organschaft und der tatsächlichen Durchführung nicht mehr, da sie nicht an den OT abgeführt werden und folglich auch iRd Einkommenszurechnung nicht zu erfassen sind. Entsprechendes gilt, wenn die OG ihre Tätigkeit ohne Liquidationsbeschluss einstellt und ihr Vermögen ohne Reinvestition „versilbert" (stille Liquidation).[44] Anders ist diese Frage uE jedoch zu beurteilen, wenn die OG ihren Unternehmenszweck ändert (Branchenwechsel). In dieser Konstellation sind etwaige Veräußerungserlöse aus dem Verkauf der Vermögensgegenstände, die der bisherigen Unternehmenstätigkeit dienten, Teil der Gewinnabführungsverpflichtung und auch an den OT abzuführen.

---

37 S. auch Frotscher/Drüen/Frotscher KStG § 14 Rn. 364 (Stand: September 2019); DPM/Dötsch/Pung KStG § 14 Rn. 381 (Stand: Juni 2024).

38 Vgl. Frotscher/Drüen/Frotscher KStG § 14 Rn. 364 (Stand: September 2019).

39 Vgl. nur MüKoAktG/Grunewald AktG § 324 Rn. 7.

40 Vgl. nur MüKoAktG/Grunewald AktG § 324 Rn. 7 mwN.

41 KStR 14.6 Abs. 3 S. 4.

42 Ebenso DPM/Dötsch/Pung KStG § 14 Rn. 420 (Stand: Juni 2024).

43 Vgl. BeckOGK AktG/Veil/Walla AktG § 297 Rn. 41 (Stand: Februar 2024); Koch/Koch AktG § 297 Rn. 22; Emmerich/Habersack/Emmerich AktG § 297 Rn. 51; MHdB GesR IV/Krieger § 71 Rn. 207 mwN; siehe auch BFH 18.10.1967 – I 262/63, BStBl. II 1968, 105.

44 BFH 17.2.1971 – I R 148/68, BStBl. II 1971, 411.

977 Ob ein GAV mit Insolvenz der OG endet, ist zivilrechtl. hoch umstritten,[45] wobei die isolierte Insolvenz der OG aufgrund der bestehenden Verpflichtung des OT, den Verlust der OG auszugleichen (s. → Rn. 1001), schwerlich denkbar ist.[46] Geht man davon aus, dass sich die Rechtslage mit Inkrafttreten der InsO nicht geändert hat, endet der GAV – wie unter Geltung der KO[47] – mit der Eröffnung des Insolvenzverfahrens über das Vermögen der OG. Dies hätte auch hier zur Folge, dass der entsprechende Abwicklungsgewinn nicht mehr Bestandteil der handelsrechtl. Gewinnabführungsverpflichtung ist, da der GAV vorher endete. Zu beachten ist allerdings, dass der bis zur Insolvenzeröffnung entstehende Gewinn praktisch nicht abgeführt werden kann, da spätestens der entsprechende Gewinnabführungsanspruch des OT durch die OG zur Insolvenzforderung wird und allenfalls nur noch quotal erfüllt werden kann.[48]

978 **d) Umwandlungsgewinne.** Wird ein anderer Rechtsträger auf eine OG verschmolzen und entsteht in diesem Kontext ein handelsrechtl. Übernahmegewinn, unterliegt dieser der Gewinnabführungsverpflichtung der OG, soweit er nicht zur Aufstockung des Nennkapitals verwendet oder in die Kapitalrücklage eingestellt wird.[49] Eine Einstellung in die Kapitalrücklage nach § 272 Abs. 2 Nr. 4 HGB erfolgt bei einer Seitwärtsverschmelzung einer Schwestergesellschaft auf die OG, da die aufgrund der Verschmelzung eintretende Vermögenszuführung bei der OG aufgrund einer Maßnahme der Anteilseigner des untergehenden Rechtsträgers eintritt.[50] Zu näheren Einzelheiten s. → Rn. 4390 ff.

## 2. Entstehung und Fälligkeit

979 Abweichend zur Verlustausgleichsverpflichtung (s. → Rn. 1008) ist die Entstehung und Fälligkeit des Gewinnabführungsanspruchs nicht hinreichend geklärt.[51] Vor dem Hintergrund, dass der abzuführende Gewinn sich auf Basis einer objektiv ordnungsgemäßen Bilanzierung ermittelt (s. → Rn. 1064 f.), spricht uE vieles dafür, ohne explizite vertragliche Regelung auch die Entstehung des Gewinnabführungsanspruchs sowie dessen Fälligkeit wie die Verlustausgleichsverpflichtung (s. → Rn. 1008) grds. zum Bilanzstichtag der OG eintreten zu lassen.[52] Als final geklärt kann man diese Frage jedoch nicht betrachten. Gängige Praxis ist es, in den GAV eine entsprechende Regelung über Entstehung und Fälligkeit aufzunehmen, die sich regelmäßig an der Feststellung des Jahresabschlusses orientiert.[53] Ab dem Fälligkeitszeitpunkt ist der Gewinnabführungsanspruch des OT sodann nach §§ 352, 353 HGB (s. → Rn. 2614 zu den bilanziellen Effekten) zu verzinsen.

Eine unterlassene Verzinsung des Gewinnabführungsanspruchs begründet keinen Verstoß gegen die Durchführung des GAVs.[54] Hierbei handelt es sich lediglich um die Verletzung einer Nebenpflicht, die unschädlich für die Anerkennung der Organschaft ist. Steuerlich betrachtet legt der OT seinen gesetzlichen Zinsanspruch, der bis zum Erlöschen der

[45] S. nur BeckOGK AktG/Veil/Walla AktG § 297 Rn. 37 ff. (Stand: Februar 2024) mit einer Darstellung des Meinungsbildes.
[46] S. hierzu instruktiv MüKoAktG/Altmeppen AktG § 297 Rn. 117 ff.
[47] BGH 14.12.1987 – II ZR 170/87, NJW 1988, 1326.
[48] S. hierzu BFH 2.11.2022 – I R 29/19, BStBl. II 2023, 405 Rn. 31 ff.
[49] Vgl. BMF 11.11.2011, BStBl. I 2011, 1314 Rn. Org 30.
[50] S. hierzu auch IDW RS HFA 42, Rn. 50 iVm Rn. 48.
[51] Str. s. nur Koch/Koch AktG § 301 Rn. 26 mwN; BFH 22.4.1964 – II 246/60 U, BStBl. III 1964, 334 geht von der Fälligkeit mit Feststellung des Jahresabschlusses aus; BFH 2.11.2022 – I R 29/19, BStBl. II 2023,405 Rn. 30 wiederum geht unter Bezugnahme auf die Rspr. zur Verlustausgleichsverpflichtung ebenfalls von der Entstehung des Gewinnabführungsanspruchs aus, ohne dass jedoch eine tiefergehende Auseinandersetzung mit der Frage erfolgt; s. auch Bott/Walter/Walter KStG § 14 Rn. 649 (Stand: April 2024).
[52] Vgl. Emmerich/Habersack/Emmerich AktG § 301 Rn. 22; Hölters/Weber/Deilmann AktG § 301 Rn. 6 mwN.
[53] Vgl. nur Hölters/Weber/Deilmann AktG § 301 Rn. 6.
[54] Ebenso RHN/Rödder/Liekenbrock KStG § 14 Rn. 318; BMF 15.10.2007, BStBl. I 2007, 765 zum Verlustausgleich nach § 302 AktG.

Forderung des OT verwirklicht wurde, verdeckt in die OG ein, so dass sich hieraus auch keine Ergebnisauswirkung im Organkreis ergibt.

### 3. Abführungssperren

**a) Gesetzlich genannte Abführungssperre.** § 301 S. 1 AktG erklärt den nach § 268 Abs. 8 HGB ausschüttungsgesperrten Betrag explizit auch zur Abführungssperre, indem er anordnet, dass der an den OT abzuführende Gewinn u. a. um den nach § 268 Abs. 8 HGB ausschüttungsgesperrten Betrag zu mindern ist. **980**

Nach § 268 Abs. 8 S. 1 HGB dürfen aus Gründen des Gläubigerschutzes[55] Gewinne bei Ausweis selbst geschaffener immaterieller Vermögensgegenstände des Anlagevermögens in der Bilanz nur ausgeschüttet werden, wenn die nach der Ausschüttung verbleibenden frei verfügbaren Rücklagen zuzüglich eines Gewinnvortrags und abzüglich eines Verlustvortrags mindestens den insgesamt angesetzten Beträgen abzüglich der hierfür gebildeten passiven latenten Steuern entsprechen. **981**

Dies gilt nach § 268 Abs. 8 S. 2 und 3 HGB auch für den Aktivüberhang latenter Steuern sowie für Verpflichtungen zur Erfüllung von Schulden aus Altersversorgungsverpflichtungen iSd § 246 Abs. 2 S. 2 HGB. **982**

Diese gesetzlich normierte Abführungssperre ist zwingend zu beachten. Ein Verstoß gegen die gesetzliche Abführungssperre ist zugleich auch als Verstoß gegen das Gebot der tatsächlichen Durchführung des GAVs iSd § 14 Abs. 1 S. 1 Nr. 3 S. 1 KStG werten (s. zur Heilungsmöglichkeit aber → Rn. 1086).[56] **983**

**b) Weitere Ausschüttungssperren.** Neben der Ausschüttungssperre des § 268 Abs. 8 HGB, die in § 301 S. 1 AktG explizit als Abführungssperre normiert ist, existieren in verschiedenen Gesetzen weitere Ausschüttungssperren, die keinen gesetzlichen Niederschlag in § 301 S. 1 AktG gefunden haben. **984**

Durch die ausschließliche Nennung der Ausschüttungssperre des § 268 Abs. 8 HGB in § 301 AktG ist in der Praxis eine erhebliche Verunsicherung darüber eingetreten, ob auch die nicht genannten Ausschüttungssperren ebenfalls als Abführungssperren zu beachten sind. Werden diese auch als Abführungssperre verstanden, führt eine Nichtbeachtung zur Nichtdurchführung iSd § 14 Abs. 1 S. 1 Nr. 3 S. 1 KStG. Andererseits stellt deren Nichterfassung unter die Abführungssperre eine Nichtdurchführung des GAVs dar, wenn der entsprechende Gewinn nicht an den Organträger abgeführt wird. **985**

Unter diese weiteren Ausschüttungssperren fallen zB die Ausschüttungssperren der § 58d GmbHG, § 233 AktG bei vereinfachter Kapitalherabsetzung. Diese stellen uE auch Abführungssperren dar.[57] Keine Abführungssperre soll hingegen die Ausschüttungssperre nach § 253 Abs. 6 S. 2 HGB für Abzinsungsgewinne aus der Neubewertung von Pensionsrückstellungen sein.[58] **986**

Vor dem Hintergrund des unklaren Meinungsbildes empfiehlt es sich aus steuerlicher Sicht, im Vorfeld eine verbindliche Auskunft nach § 89 Abs. 2 AO darüber einzuholen, ob die jeweilige Ausschüttungssperre auch eine Abführungssperre darstellt, die zur ordnungsgemäßen Durchführung des GAVs zu beachten ist. Dies schützt allerdings nicht davor, dass im Insolvenzfall der OG dem OT eine Rückzahlung des ausschüttungsgesperrten Betrags **987**

---

55 Vgl. BT- Drs. 16/10067, 64.

56 BMF 14.1.2010, BStBl. I 2010; 65; Brandis/Heuermann/Rode KStG § 14 Rn. 117 (Stand: Dezember 2023); DPM/Dötsch/Pung KStG § 14 Rn. 398 (Stand: Juni 2024); RHN/Rödder/Liekenbrock KStG § 14 Rn. 131.

57 Ebenso Bott/Walter/Walter KStG § 14 Rn. 651 (Stand: April 2024); Suchanek/Herbst GmbHR 2006, 966 (968); DPM/Dötsch/Pung KStG § 14 Rn. 406 (Stand: Juni 2024); Scholz/Priester/Tebben, 12. Aufl. 2020, GmbHG § 58d Rn. 3 mit einer Übersicht zum zivilrechtl. Meinungsbild.

58 BMF 23.12.2016, BStBl. I 2017, 41; aA AOS Rechnungslegung/Hagemann HGB § 253Rn. 840; Hageböke/Hennrichs DB 2017, 18 (20 ff.); wohl auch DPM/Dötsch/Pung KStG § 14 Rn. 404 (Stand: Juni 2024).

droht, wenn die FinVerw die jeweilige Ausschüttungssperre nicht als Abführungssperre wertet. Dies kann nur als extrem misslich bezeichnet werden.

988–1000 *(einstweilen frei)*

## IV. Verlustausgleichsanspruch der Organgesellschaft

### 1. Wesen des Anspruchs

1001 Anders als bei der Gewinnabführungsverpflichtung ist bei dem Verlustübernahmeanspruch dessen besonderes Wesen zu beachten: Dieser Anspruch ergibt sich aus § 302 Abs. 1 AktG und dient dem Schutz der Organgesellschaft und ihrer Gläubiger gegen die Aushöhlung der bilanzmäßigen Substanz und schafft damit im Vertragskonzern einen Ausgleich für den Wegfall der Kapitalerhaltungsvorschriften (vgl. nur § 30 Abs. 1 S. 2 GmbHG).[59]

### 2. Verpflichtung zum Ausgleich des „sonst entstehenden Jahresfehlbetrags während der Vertragsdauer"

1002 Der OT ist verpflichtet, jeden *„während der Vertragslaufzeit sonst entstehenden Jahresfehlbetrag"* auszugleichen. Dies ist der Betrag, der sich aus der Gliederungsrechnung der GuV nach § 275 Abs. 2 Nr. 17, Abs. 3 Nr. 16 HGB ergäbe.[60] Der Anspruch auf Verlustausgleich wird in der Gewinn- und Verlustrechnung ertragswirksam ausgewiesen (§ 277 Abs. 3 S. 2 HGB: *„Erträge […] auf Grund […] eines Gewinnabführungsvertrages"*), so dass bei der OG der *„sonst entstehende Jahresfehlbetrag"* ausgeschlossen wird.[61]

1003 Maßgebendes Rechenwerk für die Bestimmung des vom OT gegenüber der OG auszugleichenden Betrags ist grds. der Jahresabschluss der OG (s. → Rn. 958). Final ist der Verlustausgleichsanspruch nach der Rechtsprechung des BGH[62] jedoch nicht der Jahresfehlbetrag aus dem festgestellten Jahresabschluss, sondern der (fiktive) Jahresfehlbetrag, der sich bei objektiv ordnungsgemäßer Bilanzierung zum relevanten Bilanzstichtag ergeben hätte (s. → Rn. 959; s. auch → Rn. 3660 ff. zur Aufstellung von Zwischenabschlüssen in der Krise).

1004 Der OT muss den Jahresfehlbetrag der OG nach § 302 Abs. 1 AktG allerdings (nur) ausgleichen, wenn und soweit der (fiktive) Jahresfehlbetrag dadurch ausgeglichen wird, dass den anderen Gewinnrücklagen Beträge entnommen werden, die während der Vertragsdauer in sie eingestellt wurden. Eine Verpflichtung zur Auflösung innervertraglicher anderer Gewinnrücklagen zum Ausgleich eines Verlusts besteht dabei allerdings nicht. Andere Gewinnrücklagen sind hier ebenso wie in § 301 S. 2 AktG allein die Rücklagen iSd § 272 Abs. 3 S. 2 HGB und des § 158 Abs. 1 S. 1 Nr. 4 Buchst. d AktG.[63] Ausschließlich diese dürfen zum Ausgleich des sonst entstehenden Jahresfehlbetrags verwendet werden, wobei als zusätzliche Voraussetzung hinzu kommen muss, dass sie während der Vertragslaufzeit gebildet wurden.

1005 Sind andere Gewinnrücklagen vor Beginn der Vertragslaufzeit gebildet worden, dürfen sie folglich nicht zum Ausgleich des sonst entstehenden Jahresfehlbetrags genutzt werden; sie dürfen allerdings zum Ausgleich oder zur Minderung eines vorvertraglichen Verlust-

[59] BGH 14.12.1987 – II ZR 170/87, BGHZ 103, 1 ff; BGH 10.7.2006 – II ZR 238/04, NJW 2006, 3279.

[60] Vgl. MüKoAktG/Altmeppen AktG § 302 Rn. 17; Schmidt/Lutter/Häller AktG § 302 Rn. 29; Koch/Koch AktG § 302 Rn. 9; Emmerich/Habersack/Emmerich AktG § 302 Rn. 27; Hölters/Weber/Deilmann AktG § 302 Rn. 6.

[61] FG Schleswig-Holstein 6.6.2019 – 1 K 113/17, EFG 2019, 1714 Rn. 25; Schmidt/Lutter/Häller AktG § 302 Rn. 29; Emmerich/Habersack/Emmerich AktG § 302 Rn. 28.

[62] BGH 11.10.1999 – II ZR 120/98, DStR 1999, 1998; BGH 14.2.2005 – II ZR 361/02, DStR 2005, 750; OLG Dresden 16.2.2006 – 2 U 290/05, AG 2006, 672; BFH 2.11.2022 – I R 37/19, BStBl. II 2023, 409 Rn. 17.

[63] Vgl. Koch/Koch AktG § 302 Rn. 12; Emmerich/Habersack/Emmerich AktG § 302 Rn. 32; Schmidt/Lutter/Häller AktG § 302 Rn. 41; MüKoAktG/Altmeppen AktG § 302 Rn. 47; Hölters/Weber/Deilmann AktG § 302 Rn. 11.

vortrags verwendet werden.[64] Alle weiteren Rücklagen, die nicht andere Gewinnrücklagen iSd § 272 Abs. 3 S. 2 HGB sind (insbes. Kapitalrücklagen[65]), dürfen unabhängig davon, ob sie vor oder während der Vertragslaufzeit gebildet wurden, nicht zum Ausgleich des sonst entstehenden Jahresfehlbetrags genutzt werden.[66]

Die Verlustübernahmeverpflichtung des OT beschränkt sich auf die sonst entstehenden Jahresfehlbeträge, die „während der Vertragsdauer" entstanden sind, mithin also mit Wirksamwerden des GAVs. Es kommt daher allein darauf an, ob der Bilanzstichtag des Jahresabschlusses, in dem der Jahresfehlbetrag auszuweisen wäre, in die Vertragszeit fällt. Gleichgültig ist, wann die Verluste, die zu dem Jahresfehlbetrag im laufenden Geschäftsjahr geführt haben, entstanden sind, insbes. ob ihre Entstehungsursachen schon vor dem Beginn des Vertrages liegen.[67] Andererseits ergibt sich aus dem eindeutigen Gesetzeswortlaut, dass Verlustvorträge aus vorvertraglicher Zeit nicht unter die Verlustausgleichspflicht fallen, weil sie nach § 158 Abs. 1 AktG nicht Teil des Jahresfehlbetrags sind (s. aber → Rn. 971 zur bestehenden Ausgleichspflicht iRd Gewinnabführung nach § 301 S. 1 AktG).[68] **1006**

Die tatsächliche Durchführung des GAVs setzt voraus, dass der OT den Verlust der OG – wie durch § 302 Abs. 1 AktG angeordnet – ausgleichen muss. Dies bedeutet, dass zB eine Verrechnung des Verlusts mit Kapitalrücklagen nach § 272 Abs. 2 Nr. 4 HGB die Durchführung des GAV scheitern lässt (zur Frage der Heilbarkeit des Durchführungsmangels s. → Rn. 1086). **1007**

### 3. Entstehung und Fälligkeit

Im Gegensatz zur Gewinnabführungsverpflichtung, deren Entstehung und Fälligkeit strittig ist (s. → Rn. 979), entsteht der Verlustausgleichsanspruch der OG am Bilanzstichtag und ist sodann sofort fällig.[69] Folge der Fälligkeit zum Bilanzstichtag ist im Weiteren, dass der Anspruch der OG nach §§ 352, 353 HGB ab dem Fälligkeitszeitpunkt, mithin ab dem Bilanzstichtag, zu verzinsen ist.[70] **1008**

Eine unterlassene Verzinsung des Verlustausgleichsanspruchs stellt keinen Verstoß gegen die Durchführung des GAVs dar (s. auch → Rn. 979).[71] Denn es wird lediglich eine vertragliche Nebenpflicht verletzt, die unschädlich für die Anerkennung der Organschaft ist. Das Unterlassen der Verzinsung eines Verlustausgleichsanspruchs führt steuerlich zu einer ebenfalls unschädlichen vorweggenommenen Gewinnabführung an den OT. **1009**

*(einstweilen frei)* **1010–1015**

[64] Vgl. MüKoAktG/Altmeppen AktG § 302 Rn. 49; Emmerich/Habersack/Emmerich AktG § 302 Rn. 32; Schmidt/Lutter/Häller AktG § 302 Rn. 41.

[65] S. explizit BFH 8.8.2001 – I R 25/00, BStBl. II 2003, 923.

[66] Vgl. Hölters/Weber/Deilmann AktG § 302 Rn. 12; Schmidt/Lutter/Häller AktG § 302 Rn. 44 f.; MüKoAktG/Altmeppen AktG § 302 Rn. 48; Koch/Koch AktG § 302 Rn. 12; Emmerich/Habersack/Emmerich AktG § 302 Rn. 35.

[67] Vgl. MüKoAktG/Altmeppen AktG § 302 Rn. 21; GroßkommAktG/Hirte/Haßelbach, 4. Aufl. 2013, AktG § 302 Rn. 15; Emmerich/Habersack/Emmerich AktG § 302 Rn. 37a; Schmidt/Lutter/Häller AktG § 302 Rn. 35.

[68] Vgl Schmidt/Lutter/Häller AktG § 302 Rn. 34; MüKoAktG/Altmeppen AktG § 302 Rn. 23; Emmerich/Habersack/Emmerich AktG § 302 Rn. 31.

[69] BGH 11.10.1999 – II ZR 120/98, DStR 1999, 1998; BGH 14.2.2005 – II ZR 361/02, DStR 2005, 750; BGH 16.6.2015 – II ZR 384/13, DStR 2015, 1765.

[70] BGH 11.10.1999 – II ZR 120/98, DStR 1999, 1998; MüKoAktG/Altmeppen AktG § 302 Rn. 77 mwN.

[71] BMF 15.10.2007, BStBl. I 2007, 765.

## V. Rücklagenbildung (§ 14 Abs. 1 S. 1 Nr. 4 KStG)

### 1. Steuergesetzliche Einschränkung handelsrechtlich zulässiger Rücklagenbildung

1016 Grundsätzlich ist die Bildung und Auflösung innervertraglicher Rücklagen handelsrechtl. vorgeprägt und unterliegt außerhalb der Begrenzung der Bildung der gesetzl. Rücklage nach §§ 150 Abs. 2, 300 Nr. 1 AktG (s. → Rn. 1028 ff.) ausschließlich den durch Parteien im GAV vereinbarten Bestimmungen.[72] Vor dieser handelsrechtl. Gemengelage greift § 14 Abs. 1 S. 1 Nr. 4 KStG in das Handelsrecht ein und ordnet einschränkend an, dass die Organgesellschaft Beträge aus dem Jahresüberschuss nur insoweit in die Gewinnrücklagen (§ 272 Abs. 3 HGB) mit Ausnahme der gesetzlichen Rücklagen (§ 300 Nr. 1 AktG) einstellen darf, als dies bei vernünftiger kaufmännischer Beurteilung wirtschaftlich begründet ist. Die Regelung soll sicherstellen, dass die OG ihren ganzen Gewinn an den OT abführt, da ansonsten handelsrechtlich nach freiem Belieben Rücklagen gebildet werden könnten und damit das Erfordernis der Abführung des ganzen Gewinns nach § 14 Abs. 1 S. 1 einl. Satzteil KStG unterlaufen würde.[73] § 14 Abs. 1 S. 1 Nr. 4 KStG stellt somit eine steuerliche Regelung dar, die im handelsrechtl. Jahresabschluss zu beachten ist, um wiederum keine nachteiligen steuerlichen Konsequenzen zu erleiden. Dies ergibt sich u. a. daraus, dass die steuergesetzl. Einschränkung des § 14 Abs. 1 S. 1 Nr. 4 KStG für die Einstellung von *„Beträgen aus dem Jahresüberschuss"* gilt, welcher dem Jahresüberschuss iSd § 275 Abs. 2 Nr. 17 und Abs. 3 Nr. 16 HGB entspricht,[74] der wiederum den ganzen Gewinn iSd § 14 Abs. 1 S. 1 einl. Satzteil KStG darstellt (s. → Rn. 951).

### 2. Begrenzung der Einstellung Beträgen aus dem Jahresüberschuss in die Gewinnrücklagen (§ 272 Abs. 3 HGB)

1017 **a) „Einstellung" in die Gewinnrücklagen.** § 14 Abs. 1 S. 1 Nr. 4 KStG reglementiert ausschließlich die Bildung der seinem Regelungsbereich unterfallenden Rücklagen. Die Auflösung dieser Rücklagen ist hingegen nicht von der Vorschrift erfasst,[75] so dass sie bspw. bei geänderter Investitionsentscheidung jederzeit und damit auch durchführungsunschädlich aufgelöst werden können. Ebenso regelt § 14 Abs. 1 S. 1 Nr. 4 KStG auch nicht, dass eine zulässigerweise gebildete Rücklage wieder aufgelöst werden muss, wenn der Grund für die Rücklagenbildung zu einem späteren Zeitpunkt entfallen ist.[76]

1018 In organschaftlicher Zeit gebildete andere Gewinnrücklagen, die aufgelöst werden, sind nach den Regelungen der §§ 301, 302 AktG an den OT abzuführen oder zum Ausgleich eines sonst entstehenden Jahresfehlbetrags zu verwenden. Eine Ausschüttung dieser Rücklagen stellt einen Verstoß gegen das Gebot der tatsächlichen Durchführung dar.

1019 **b) Erfasste Rücklagen.** § 14 Abs. 1 S. 1 Nr. 4 KStG begrenzt aufgrund seines eindeutigen Wortlauts ausschließlich die Bildung von Gewinnrücklagen iSd § 272 Abs. 3 HGB. Nach der gesetzlichen Definition des § 272 Abs. 3 S. 2 HGB zählen hierzu grds. aus dem Ergebnis zu bildende gesetzliche oder auf Gesellschaftsvertrag oder Satzung beruhende Rücklagen und andere Gewinnrücklagen, wobei die gesetzlichen Rücklagen explizit nicht von § 14 Abs. 1 S. 1 Nr. 4 KStG umfasst sind. Letztendlich erfasst sind von § 14 Abs. 1 S. 1 Nr. 4 KStG ausschließlich die satzungsmäßigen Rücklagen und die

---

[72] Vgl. auch Brandis/Heuermann/Rode KStG § 14 Rn. 124 (Stand: Mai 2023); RHN/Rödder/Liekenbrock KStG § 14 Rn. 418.

[73] BFH 29.10.1980 – I R 61/77, BStBl. II 1981, 336; Gosch KStG/Neumann KStG § 14 Rn. 323.

[74] S. hierzu auch HHR/Kolbe KStG § 14 Anm. 247 (Stand: Februar 2022).

[75] Vgl. DPM/Dötsch/Pung KStG § 14 Rn. 480 (Stand: Juni 2024); Bott/Walter/Walter KStG § 14 Rn. 663 (Stand: April 2024); RHN/Rödder/Liekenbrock KStG § 14 Rn. 434.

[76] Vgl. DPM/Dötsch/Pung KStG DPM/Dötsch/Pung KStG § 14 KStG Rn. 480 (Stand: Juni 2024); Bott/Walter/Walter KStG § 14 Rn. 664 (Stand: April 2024); RHN/Rödder/Liekenbrock KStG § 14 Rn. 435.

anderen Gewinnrücklagen, mithin also die Gewinnrücklagen iSd § 266 Abs. 3 A. III. Nr. 3 und 4 HGB.[77]

Satzungsmäßige Rücklagen (§ 266 Abs. 3 A. III. Nr. 3 HGB) werden gebildet, soweit **1020**
die Satzung der AG oder KGaA bzw. der GmbH-Gesellschaftsvertrag dies vorschreiben.[78] Rücklagen, zu deren Bildung die Satzung bzw. der Gesellschaftsvertrag nur ermächtigt, gehören nicht hierher.[79]

Andere Gewinnrücklagen (§ 266 Abs. 3 A. III. Nr. 4 HGB) sind Gewinnrücklagen, die **1021**
weder satzungsmäßig noch gesetzlich vorgeschrieben sind und daher prinzipiell auf autonomen Gewinnverwendungsentscheidungen der zuständigen Gesellschaftsorgane beruhen. Wesentlich ist, dass sie idR keinen Verwendungsbeschränkungen unterliegen und insoweit zu den „frei verfügbaren Rücklagen" (zB § 268 Abs. 8 S. 1, § 272 Abs. 1a S. 2, Abs. 1b S. 2, Abs. 4 S. 3 HGB) zählen.[80]

Ebenso soll nach Verwaltungsauffassung die Rücklage für Anteile am herrschenden bzw. **1022**
mehrheitlich beteiligten Unternehmen iSd § 272 Abs. 4 HGB, § 266 Abs. 3 A. III. Nr. 2 HGB dem Anwendungsbereich von § 14 Abs. 1 S. 1 Nr. 4 KStG unterfallen.[81] Dies ist uE nicht zutreffend, da sich § 14 Abs. 1 S. 1 Nr. 4 KStG aufgrund seines eindeutigen Wortlauts nicht auf die Rücklage nach § 272 Abs. 4 HGB bezieht.[82] Zudem ist diese Rücklage zwingend zu bilden,[83] so dass sie sich schlicht der vernünftigen kaufmännischen Beurteilung entzieht.

Ebenfalls nicht durch § 14 Abs. 1 S. 1 Nr. 4 KStG reglementiert ist die Bildung von **1023**
Kapitalrücklagen iSd § 272 Abs. 2 HGB, § 266 Abs. 3 A. II. HGB, da diese charakteristisch mit einer Kapitalzuführung von außen, mithin durch die Gesellschafter erfolgen, verbunden sind[84] und in der Folge nicht aus dem Gewinn der OG gebildet werden.[85]

Das Entstehen eines handelsrechtl. Gewinnvortrags, zB durch Beachtung der Abfüh- **1024**
rungssperre nach § 268 Abs. 8 HGB, unterliegt auch nicht dem Anwendungsbereich von § 14 Abs. 1 S. 1 Nr. 4 KStG.[86] Entsprechendes gilt, wenn das Wahlrecht nach Artikel 67 Abs. 3 EG-HGB nF zur Beibehaltung der im Jahresabschluss für das letzte vor dem 1.1.2010 beginnende Geschäftsjahr bestehenden nach § 249 Abs. 1 S. 3 und Abs. 2 HGB aF gebildeten Aufwandsrückstellungen nicht ausgeübt wird, stellt die daraus resultierende Auflösung dieser Rückstellungen sowie die unmittelbare Einstellung der aufgelösten Beträge in eine Gewinnrücklage keine Verletzung der Grundsätze des § 14 Abs. 1 S. 1 Nr. 4 KStG dar.[87]

**c) Vernünftige kaufmännische Beurteilung.** Die Formulierung „bei vernünftiger kauf- **1025**
männischer Beurteilung begründet" stellt einen unbestimmten Rechtsbegriff dar, dessen Bedeutung aus dem Sinnzusammenhang der Einzelregelungen über die Organschaft im Körperschaftsteuerrecht zu bestimmen ist.[88] Die Bildung der satzungsmäßigen Rücklagen und der anderen Gewinnrücklagen iSd § 266 Abs. 3 A. III. Nr. 3 und 4 HGB unterliegt

[77] KStR 14.5 Abs. 5 Nr. 3 S. 1; Brandis/Heuermann/Rode KStG § 14 Rn. 124 (Stand: Mai 2023) Bott/Walter/Walter KStG § 14 Rn. 661 (Stand: April 2024); aA wohl DPM/Dötsch/Pung KStG § 14 Rn. 467 (Stand: Juni 2024).
[78] Vgl. nur MüKoHGB/Reiner HGB § 272 Rn. 113 mwN.
[79] Vgl. nur BeckOGK HGB/Pöschke HGB § 272 Rn. 236 mwN (Stand: September 2023).
[80] Vgl. nur BeckOGK HGB/Pöschke HGB § 272 Rn. 241 (Stand: September 2023); MüKoHGB/Reiner HGB § 272 Rn. 115 mwN.
[81] KStR 14.5 Abs. 5 Nr. 3 S. 1; so auch Gosch KStG/Neumann KStG § 14 Rn. 323.
[82] Ebenso DPM/Dötsch/Pung KStG § 14 Rn. 467 (Stand: Juni 2024); RHN/Rödder/Liekenbrock KStG § 14 Rn. 430; Frotscher/Drüen/Frotscher KStG § 14 Rn. 423 (Stand: Januar 2023); Bott/Walter/Walter KStG § 14 Rn. 661 (Stand: April 2024); HHR/Kolbe KStG § 14 Anm. 248 (Stand: Februar 2022).
[83] Vgl. nur MüKoHGB/Reiner HGB § 272 Rn. 117; Hopt/Merkt HGB § 272 Rn. 11.
[84] Vgl. zum Charakter von Kapitalrücklagen nur MüKoHGB/Reiner HGB § 272 Rn. 64; Hopt/Merkt HGB § 272 Rn. 6.
[85] Vgl. nur KStR 14.5 Abs. 5 Nr. 3 S. 2.
[86] Ebenso RHN/Rödder/Liekenbrock KStG § 14 Rn. 433.
[87] BMF 14.1.2010, BStBl. I 2010, 65.
[88] BFH 29.10.1980 – I R 61/77, BStBl. II 1981, 336.

keinen handelsrechtl. Beschränkungen (s. → Rn. 1016). Um der Verpflichtung der OG zur Anführung des ganzen Gewinns nach § 14 Abs. 1 S. 1 einl. Satzteil KStG gerecht zu werden und eine willkürliche Rücklagenbildung zu unterbinden, die das Gebot der ganzen Gewinnabführung unterlaufen würde, bedarf es zur steuerlichen Anerkennung der Rücklagenbildung, dass diese unter vernünftiger kaufmännischer Beurteilung erfolgte.[89] Ein solches Belieben kann nur dadurch ausgeschaltet werden, dass für die Bildung von Rücklagen ein konkreter Anlass gefordert wird, der auch aus objektiver Sicht die Bildung der Rücklagen rechtfertigt.[90] Die FinVerw zählt in diesem Kontext eine geplante Betriebsverlegung, Werkserneuerung und Kapazitätserweiterung exemplarisch auf.[91] Dabei ist nicht erforderlich, dass die Rücklagenbildung zur Erlangung des Zwecks bei vernünftiger kaufmännischer Beurteilung notwendig ist. Es reicht aus, dass sie zur Zweckerfüllung geeignet ist.[92]

**1026** Das kaufmännische Ermessen darf jedoch in diesem Zusammenhang nicht weiter eingeschränkt werden, als es durch gesetzliche Vorschriften, durch Satzung, Gesellschaftsvertrag oder GAV ohnedies der Fall ist.[93] Ob ein konkreter Anlass vorliegt, bestimmt sich ausschließlich nach den Umständen im Einzelfall, wobei den für die Rücklagenbildung zuständigen Organen – auch für Zwecke der Höhe – ein Beurteilungsspielraum eingeräumt werden muss, da es nicht Sache des Finanzamts oder der Finanzgerichte ist, ihre Beurteilung an die Stelle der Organe des Unternehmens zu setzen, die im Zweifel die betrieblichen Verhältnisse des Unternehmens am besten einschätzen können.[94]

**1027** Nicht erforderlich ist, dass es sich um eine Investitionsentscheidung in der Zukunft handelt. Die Zuführung zu einer Gewinnrücklage kann auch mit bereits durchgeführten Maßnahmen zusammenhängen. Wenn die OG eine Investition zunächst fremdfinanziert hat und sie in einem oder in mehreren Folgejahren Gewinnrücklagen bildet, um das Darlehen abzulösen und damit eine günstigere Kapitalstruktur zu erreichen, dann ist auch diese Umfinanzierung einer vorangegangenen Investition bei vernünftiger kaufmännischer Beurteilung wirtschaftlich begründet.[95]

### 3. Einstellung in die gesetzlichen Rücklagen (§ 300 Nr. 1 AktG)

**1028** § 14 Abs. 1 S. 1 Nr. 4 KStG unterwirft nach seinem eindeutigen Wortlaut die Bildung einer gesetzlichen Gewinnrücklage nach §§ 300 Nr. 1, 150 Abs. 2 AktG nicht der Restriktion der Begründung nach vernünftiger kaufmännischer Beurteilung (s. → Rn. 1025 ff.).

**1029** Nach § 150 Abs. 2 AktG sind jährlich vom Jahresüberschuss abzüglich eines Verlustvortrags aus dem Vorjahr 5 % in die gesetzliche Rücklage einer AG/SE oder KGaA einzustellen, bis die gesetzliche Rücklage und die Kapitalrücklagen nach § 272 Abs. 2 Nr. 1 bis 3 HGB zusammen den zehnten oder den in der Satzung bestimmten höheren Teil des Grundkapitals erreichen. Diese Rücklagenbildung modifiziert § 300 Nr. 1 AktG bei Bestehen eines GAVs dergestalt, dass anstelle der in § 150 Abs. 2 AktG normierten Beträge der Betrag einzustellen ist, der erforderlich ist, um die gesetzliche Rücklage innerhalb der ersten fünf Geschäftsjahre, die während des Bestehens des GAVs oder nach Durchführung einer Kapitalerhöhung beginnen, gleichmäßig auf den zehnten oder den in der Satzung bestimmten höheren Teil des Grundkapitals aufzufüllen.[96] Er ergibt sich aus dem

89 BFH 29.10.1980 – I R 61/77, BStBl. II 1981, 336.
90 BFH 29.10.1980 – I R 61/77, BStBl. II 1981, 336; KStR 14.5 Abs. 5 Nr. 3 S. 3.
91 KStR 14.5 Abs. 5 Nr. 3 S. 3.
92 Vgl. HHR/Kolbe KStG § 14 Anm. 251 (Stand: Februar 2022); DPM/Dötsch/Pung KStG § 14 Rn. 476 (Stand: Juni 2024).
93 BFH 29.10.1980 – I R 61/77, BStBl. II 1981, 336.
94 BFH 29.10.1980 – I R 61/77, BStBl. II 1981, 336; Gosch KStG/Neumann KStG § 14 Rn. 323; RHN/Rödder/Liekenbrock KStG § 14 Rn. 419; Bott/Walter/Walter KStG § 14 Rn. 662 (Stand: April 2024).
95 Ebenso DPM/Dötsch/Pung KStG § 14 Rn. 478 (Stand: Juni 2024); RHN/Rödder/Liekenbrock KStG § 14 Rn. 420.
96 Zu den Wirkungen von §§ 150 Abs. 2, 300 Nr. 1 AktG s. auch Brandis/Heuermann/Rode KStG § 14 Rn. 123 (Stand: Mai 2023).

zehnten oder dem in der Satzung bestimmten höheren Teil des Grundkapitals der Gesellschaft, abzüglich der bereits bestehenden gesetzlichen Rücklage, geteilt durch fünf.[97] Für die GmbH hingegen besteht grds. keine gesetzliche Rücklagendotierungspflicht. Lediglich bei ihrer Rechtsformvariante der UG mit einem Stammkapital, das den gesetzlichen Mindestbetrag von 25.000 EUR unterschreitet, ist nach § 5a Abs. 3 GmbHG eine gesetzliche Rücklage zu bilden.

Wird die gesetzlich angeordnete Rücklagendotierung eingehalten, ist der GAV stets als durchgeführt iSd § 14 Abs. 1 S. 1 Nr. 3 S. 1 KStG zu betrachten. **1030**

Zu beachten ist, dass ein Verstoß gegen das gesetzliche Rücklagendotierungsgebot nach § 256 Abs. 1 Nr. 4 AktG zur Nichtigkeit des Jahresabschlusses führt, die innerhalb der Fristen des § 256 Abs. 6 AktG geltend gemacht werden kann. Hier ist uE im Weiteren zu differenzieren. Liegt eine Überdotierung der gesetzlichen Rücklage vor, sind die Zuführungen, die den gesetzlich angeordneten Zuführungsbetrag übersteigen, dem Vorbehalt der wirtschaftlichen Begründung nach vernünftiger kaufmännischer Beurteilung unterworfen.[98] Entgegen des Bilanzausweises liegt dann insoweit keine gesetzliche, sondern eine andere Gewinnrücklage iSd § 272 Abs. 3 S. 2 HGB vor, wenn für den übersteigenden Teil eine wirtschaftliche Begründung nach vernünftiger kaufmännischer Beurteilung vorliegt.[99] Entsprechendes gilt uE, wenn eine nach §§ 319 ff. AktG eingegliederte AG als OG eine gesetzliche Rücklage bildet, obwohl § 324 Abs. 2 S. 1 AktG die Anwendung der §§ 298 bis 303 AktG suspendiert.[100] Eine Unterdotierung der gesetzlichen Rücklage stellt hingegen stets einen Durchführungsmangel dar (zur potenziellen Heilung von Verstößen gegen das Gebot der gesetzlichen Rücklagendotierung s. → Rn. 1086). **1031**

### 4. Rechtsfolge der Rücklagenbildung

Die in zulässiger Weise in die Gewinnrücklage und die gesetzlichen Rücklagen eingestellten Beträge mindern zwar den Jahresüberschuss, nicht aber das dem OT zugerechnete Einkommen[101] und führen damit zu einer Minderabführung iSd § 14 Abs. 4 KStG.[102] **1032**

### 5. Rechtsfolge einer übermäßigen Rücklagenbildung

Rechtsfolge einer übermäßigen Bildung von anderen Gewinnrücklagen ist ein Durchführungsverstoß wegen Missachtung der Mindestabführungsverpflichtung des § 14 Abs. 1 S. 1 Nr. 4 KStG. **1033**

Fraglich ist dann nur, wie eine Berichtigung erfolgen kann, da ein Verstoß gegen § 14 Abs. 1 S. 1 Nr. 4 KStG grds. keinen handelsrechtl. Bilanzierungsfehler darstellt („fehlerhafter Bilanzansatz", s. → Rn. 1068). Bei strenger Auslegung des Gesetzes wäre dieser Durchführungsverstoß nicht heilbar, insbes. wäre tatbestandlich auch nicht die Heilungsfiktion § 14 Abs. 1 S. 1 Nr. 3 S. 4 KStG eröffnet. Die FinVerw scheint jedoch ein weites Verständnis des Begriffs „Bilanzansatz" iSd § 14 Abs. 1 S. 1 Nr. 3 S. 4 KStG zu haben und sieht auch Verstöße gegen gesellschaftsrechtliche Regelungen, wie zB Nichtbildung der gesetzlichen Rücklage, als fehlerhaften Bilanzansatz iSd § 14 Abs. 1 S. 1 Nr. 3 S. 4 KStG (s. ausf. → Rn. 1097, 1099).[103] **1034**

---

[97] S. hierzu nur MüKoAktG/Altmeppen AktG § 300 Rn. 13.

[98] KStR 14.5 Abs. 5 Nr 2 S. 2; RHN/Rödder/Liekenbrock KStG § 14 Rn. 428.

[99] RHN/Rödder/Liekenbrock KStG § 14 Rn. 428 sehen in KStR 14.5 Abs. 5 Nr 2 S. 2 eine Billigkeitsmaßnahme. Unseres Erachtens ist insoweit eher ein unschädlicher Ausweisfehler gegeben, ähnlich Bott/Walter/Walter KStG § 14 Rn. 652 (Stand: April 2024).

[100] Vgl. auch DPM/Dötsch/Pung KStG § 14 Rn. 487 (Stand: Juni 2024).

[101] BFH 29.10.1980 – I R 61/77, BStBl. II 1981, 336.

[102] Vgl. auch Brandis/Heuermann/Rode KStG § 14 Rn. 126 (Stand: Mai 2023); RHN/Rödder/Liekenbrock KStG § 14 Rn. 418.

[103] OFD Frankfurt a. M. 30.5.2016 – S 2770 A – 55 – St 51, DStR 2016, 1375; ebenso Bott/Walter/Walter KStG § 14 Rn. 652.2 (Stand: April 2024).

1035 Demgegenüber liegt ein beachtlicher Bilanzierungsfehler vor, wenn § 14 Abs. 1 S. 1 Nr. 4 KStG explizit zum Inhalt des GAVs gemacht wird und in der Folge auch bilanzielle Berücksichtigung bei der Ermittlung des abzuführenden Gewinns erlangen muss.[104]

### 6. Sonderfragen bei KWG-Instituten als Organgesellschaften

1036 **a) Regulatorischer Rahmen.** Nach Auffassung der European Banking Authority („EBA") steht ein GAV der Anerkennung von Kapitalbestandteilen des harten Kernkapitals grds. entgegen,[105] da es der OG aufgrund des GAVs an dem erforderlichen Ausschüttungsermessen in Bezug auf deren Instrumente des harten Kernkapitals mangelt. Neben weiteren Voraussetzungen ist ein GAV für die Anerkennung von hartem Kernkapital nach Art. 28 Abs. 3 Unterabs. 2 Buchst. d CRR jedoch unschädlich, wenn die OG bei Erstellung des Jahresabschlusses einen Ermessensspielraum für die Verringerung des Betrages der Ausschüttungen, hier also der Gewinnabführungen, haben muss, weil sie Beträge aus dem Jahresüberschuss in ihre Gewinnrücklagen einstellen oder dem Fonds für allgemeine Bankrisiken nach § 340g HGB (s. → Rn. 1038) zuweisen kann.

1037 **b) Bildung, Erhalt und Verbesserung von hartem Kernkapital als vernünftige kaufmännische Beurteilung im Sinne des § 14 Abs. 1 S. 1 Nr. 4 KStG.** Das Ermessen iSv Art. 28 Abs. 3 Unterabs. 2 Buchst. d CRR ist uE gleichzusetzen mit der vernünftigen kaufmännischen Beurteilung iSd § 14 Abs. 1 S. 1 Nr. 4 KStG.[106] Der Erhalt oder die Stärkung des harten Kernkapitals ist für Kreditinstitute für das Betreiben ihres Geschäfts von existenzieller Bedeutung, so dass der Beschluss der Geschäftsleitung, Teile des Gewinns der OG in die anderen Gewinnrücklagen einzustellen, stets unter Berücksichtigung der aufsichtsrechtlichen Regelungen über das harte Kernkapital erfolgen muss und folglich sodann unter vernünftiger kaufmännischer Beurteilung erfolgt. Im Rahmen der Bildung anderer Gewinnrücklagen zur Verbesserung des harten Kernkapitals ist nicht erforderlich, dass diese aufsichtsrechtlich zwingend erforderlich ist. Hier ist ausreichend, dass die Geschäftsleitung der OG dies im Rahmen ihres Ermessensspielraums und damit unter vernünftiger kaufmännischer Beurteilung zur Erreichung eines Zwecks für erforderlich hält.[107]

1038 **c) Offene Vorsorgereservenbildung über den Fonds für allgemeine Bankrisiken (§ 340g HGB).** Nach § 340g Abs. 1 HGB dürfen Kreditinstitute auf der Passivseite ihrer Bilanz zur Sicherung gegen allgemeine Bankrisiken einen Sonderposten „Fonds für allgemeine Bankrisiken" bilden, soweit dies nach vernünftiger kaufmännischer Beurteilung wegen der besonderen Risiken des Geschäftszweigs der Kreditinstitute notwendig ist. § 340g HGB sieht in diesem Zusammenhang keine quantitative Beschränkung der Reservenbildung vor.[108] Die Geschäftsleitung entscheidet vielmehr in eigener Verantwortung über die Bildung und die Höhe der offenen Vorsorgereserven.[109] Begrenzt wird die Möglichkeit der offenen Vorsorgereservenbildung nach § 340g Abs. 1 HGB durch den Verweis auf die „vernünftige kaufmännische Beurteilung", der eine qualitative Begrenzung der Höhe nach darstellt.[110]

---

[104] So Gosch KStG/Neumann KStG § 14 Rn. 332.

[105] EBA, Q&A 2013_408 und 2013_541 sowie 2013_543, vgl. auch Fischer/Schulte-Mattler/Glaser, 6. Aufl. 2023, CRR Art. 28 Rn. 81; Brühl/Holle/Weiss FR 2018, 131 (132).

[106] In diese Richtung auch Fischer/Schulte-Mattler/Glaser, 6. Aufl. 2023, CRR Art. 28 Rn. 84.

[107] Anderer Ansicht Frotscher/Drüen/Frotscher KStG § 14 Rn. 430a (Stand: September 2019); DPM/Dötsch/Pung KStG § 14 Rn. 473 (Stand: Juni 2024).

[108] Vgl. nur BeckOGK HGB/Gaber HGB § 340g Rn. 2 (Stand: September 2023); MüKoHGB/Böcking/Wiechens/Winner HGB § 340g Rn. 2; Scharpf/Schaber Handbuch Bankbilanz, 9. Aufl. 2022, 392.

[109] Vgl. Scharpf/Schaber Handbuch Bankbilanz, 9. Aufl. 2022, 392; MüKoBilanzR/Löw, 1. Aufl. 2013, HGB § 340g Rn. 5 mwN.

[110] Vgl. MüKoBilanzR/Löw, 1. Aufl. 2013, HGB § 340g Rn. 2; Scharpf/Schaber Handbuch Bankbilanz, 9. Aufl. 2022, 393; MüKoHGB/Böcking/Wiechens/Winner HGB § 340g Rn. 4.

Ob die Bildung des Sonderpostens nach § 340g Abs. 1 HGB Teil der Ergebnisermittlung oder Ergebnisverwendung ist, ist umstritten.[111] Die Rechtsprechung der Zivilgerichte sieht die Bildung und Auflösung des Sonderpostens zwar formal zutreffend als Teil der Ergebnisermittlung an, was auch durch § 340g Abs. 2 HGB zum Ausdruck kommt, wonach die entsprechenden Aufwendungen und Erträge in der Gewinn- und Verlustrechnung gesondert auszuweisen sind.[112] Allerdings ist der Charakter des Postens aber offensichtlich ambivalent, da einerseits eine Vorsorge über die GuV zu dotieren ist, um eindeutig zu klären, dass die Bildung dem Vorstand obliegt und den Interessen der Anteilseigner vorgeht, andererseits soll die Haftungsmasse der Bank durch Bildung einer Rücklage gestärkt werden.[113] **1039**

Ist die Bildung des Sonderpostens Teil der Ergebnisermittlung, ergeben sich bereits keine Berührungspunkte zwischen Sonderpostenbildung und der Gewinnabführung, da der zur Abführung zur Verfügung stehende Gewinn bereits auf der Vorstufe der Gewinnermittlung um den in den Sonderposten einzustellenden Betrag gemindert ist.[114] Es stellt sich lediglich die Frage, ob die Dotierung des Sonderpostens unter Berücksichtigung einer vernünftigen kaufmännischen Beurteilung stattgefunden hat. Dies ist jedoch keine Frage, ob eine Verpflichtung zur Abführung des ganzen Gewinns nach § 14 Abs. 1 S. 1 einl. Satzteil KStG gegeben ist, sondern eine Frage der eventuellen Fehlerhaftigkeit der Bilanz. **1040**

Folgt man demgegenüber der Auffassung, die Bildung und Auflösung des Sonderpostens der Gewinnverwendung zuzuordnen, und sieht entsprechend die Bildung und Auflösung als der Zuführung und Auflösung von Gewinnrücklagen vergleichbaren Vorgang an, ergibt sich auch kein anderes Ergebnis. Bei Vorliegen der für die Bildung des Sonderpostens nach § 340g HGB erforderlichen Voraussetzung, dass diese nach vernünftiger kaufmännischer Beurteilung wegen der besonderen Risiken des Geschäftszweigs der Kreditinstitute notwendig sein muss, ist stets auch die Voraussetzung des § 14 Abs. 1 S. 1 Nr. 4 KStG gegeben, nach der eine Einstellung von Beträgen in die Gewinnrücklagen steuerunschädlich ist, wenn die Einstellung bei vernünftiger kaufmännischer Beurteilung wirtschaftlich begründet ist.[115] Die vernünftige kaufmännische Beurteilung iSv § 340g HGB ist dabei zum einen Maßstab zur Schätzung allgemeiner Bankrisiken und zum anderen Maßstab zur Beurteilung der Notwendigkeit der Sicherung.[116] Sie beschreibt einen Schätzungsmaßstab und damit letztlich einen Beurteilungsspielraum des Bilanzierenden, der in sich schlüssig (kaufmännisch plausibel) sein muss und sich innerhalb der Bandbreite des Vertretbaren befindet.[117] Verlangt wird eine ausgewogene, durch das Vorsichtsprinzip überlagerte Risikobeurteilung. Dabei ist nicht eine durchschnittliche Risikobetrachtung der Branche, sondern die individuelle Risikosituation (dh das für das einzelne Institut maßgebliche allgemeine Bankrisiko) zugrunde zu legen.[118] **1041**

**d) Pflichtzuführungen zum Fonds für allgemeine Bankrisiken nach § 340e Abs. 4 HGB.** Nach § 340e Abs. 4 HGB besteht eine gesetzliche Verpflichtung, in jedem Geschäftsjahr mindestens 10 % der Nettoerträge des Handelsbestands in den Sonderposten „Fonds für allgemeine Bankrisiken" nach § 340g HGB einzustellen und dort gesondert **1042**

---

[111] Vgl. Kleinschmidt/Moritz/Weber Der Konzern 2013, 452 (454 ff.); MüKoHGB/Böcking/Wiechens/Winner HGB § 340g Rn. 5 mwN.

[112] OVG Berlin-Brandenburg 6.3.2014 – 1 B 18.12, OVGE BE 35, 47, Rn. 82 f.; LG Düsseldorf 21.12.2018 – 10 O 159/17, WM 2019, 498 Rn. 133; LG Kiel 19.4.2018 – 6 O 447/16 WM 2019, 403 Rn. 63 ff.

[113] Vgl. Löw WM 2020, 626.

[114] Vgl. BeckOGK HGB/Gaber HGB § 340g Rn. 14 (Stand: September 2024); Kleinschmidt/Moritz/Weber Der Konzern 2013, 452 (456 f.).

[115] Ebenso Kleinschmidt/Moritz/Weber Der Konzern 2013, 457; DPM/Dötsch/Pung KStG § 14 Rn. 473 (Stand: Juni 2024); Frotscher/Drüen/Frotscher KStG § 14 Rn. 430a (Stand: Januar 2023); Brühl/Holle/Weiss FR 20108, 131 (133).

[116] Vgl. BeckOGK HGB/Gaber HGB § 340g Rn. 7 mwN (Stand September 2023).

[117] Vgl. MüKoBilanzR/Löw, 1. Aufl. 2013, HGB § 340f Rn. 5; MüKoHGB/Böcking/Wiechens/Winner HGB § 340f Rn. 9 f.; BeckOGK HGB/Gaber HGB § 340g Rn. 7 mwN (September 2023).

[118] Vgl. BeckOGK HGB/Gaber HGB § 340g Rn. 7 mwN (Stand September 2023).

auszuweisen. Die Dotierung erfolgt unabhängig von Zuführungen nach § 340g Abs. 1 HGB.[119] Im Gegensatz zum Zuführungswahlrecht des § 340g HGB stellen die Zuführungen zum Sonderposten „Fonds für allgemeine Bankrisiken" nach § 340e Abs. 4 HGB Pflichtzuführungen dar. Die Zuführung zu dem Sonderposten ist der Höhe nach begrenzt. Sie hat solange zu erfolgen, bis der Sonderposten eine Höhe von 50 % des Durchschnitts der letzten fünf vor dem Berechnungstag erzielten jährlichen Nettoerträge des Handelsbestands erreicht.

1043 Die Pflichtzuführungen zum Fonds für allgemeine Bankrisiken sind vergleichbar mit der Bildung einer gesetzlichen Rücklage (s. → Rn. 1119). Dementsprechend unterliegen sie nicht der Restriktion des § 14 Abs. 1 S. 1 Nr. 4 KStG und können in der Folge auch nicht die tatsächliche Durchführung in Zweifel ziehen.

1044 **e) Stille Vorsorgereserven nach § 340f Abs. 1 S. 1 HGB.** Kreditinstitute dürfen nach § 340f Abs. 1 S. 1 HGB Forderungen an Kreditinstitute und Kunden, Schuldverschreibungen und andere festverzinsliche Wertpapiere sowie Aktien und andere nicht festverzinsliche Wertpapiere, die weder wie Anlagevermögen behandelt werden noch Teil des Handelsbestands sind, mit einem niedrigeren als dem nach § 253 Abs. 1 S. 1, Abs. 4 HGB vorgeschriebenen oder zugelassenen Wert ansetzen, soweit dies nach vernünftiger kaufmännischer Beurteilung zur Sicherung gegen die besonderen Risiken des Geschäftszweigs der Kreditinstitute notwendig ist. Mit dieser Regelung haben Institute die Möglichkeit, innerhalb fest definierter Grenzen stille Vorsorgereserven zu bilden, indem bestimmte Vermögensgegenstände wahlweise niedriger bewertet werden, als dies nach den für alle Kaufleute geltenden Grundsätzen gem. § 253 Abs. 1 S. 1 HGB erlaubt ist.[120] Die gebildeten und aufgelösten Vorsorgereserven sind dabei direkt bei den einzelnen Posten zu berücksichtigen, die die Bemessungsgrundlage bilden,[121] so dass die stillen Vorsorgereserven im Gegensatz zum Fonds für allgemeine Bankrisiken nach § 340g HGB weder aus der Bilanz noch aus der Gewinn- und Verlustrechnung ersichtlich sind.[122]

1045 Qualitativ ist eine Reservenbildung nur in dem Umfang zulässig, soweit dies nach vernünftiger kaufmännischer Beurteilung zur Sicherung gegen die besonderen Risiken des Geschäftszweigs der Kreditinstitute notwendig ist. Wie beim Fonds für allgemeine Bankrisiken beschreibt die vernünftige kaufmännische Beurteilung auch hier einen Schätzungsmaßstab und damit letztlich einen Beurteilungsspielraum des Bilanzierenden, der in sich schlüssig (kaufmännisch plausibel) sein muss und sich innerhalb der Bandbreite des Vertretbaren befindet.[123] Als eine besondere Form der besonderen Risiken des Geschäftszweigs der Kreditinstitute sind dabei die regulatorischen Risiken anzusehen. Insbesondere die steigenden Solvenzanforderungen (Basel III, Stress Tests der Aufsichtsbehörden) sowie die steigenden Anforderungen in der sog. Säule 2 (SREP) erfordern eine vermehrte Schaffung von haftenden Eigenmitteln und sind als eine Grundlage für die Bildung von Vorsorgereserven iRd vernünftigen kaufmännischen Beurteilung anzuerkennen.[124] Vor diesem Hintergrund gilt das zu den Zuführungen zum Fonds für allgemeine Bankrisiken nach § 340g HGB Ausgeführte hier entsprechend (s. → Rn. 1041).

1046–1056 *(einstweilen frei)*

---

119 Vgl. Scharpf/Schaber Handbuch Bankbilanz, 9. Aufl. 2022, 399.

120 Vgl. BeckOGK HGB/Gaber HGB § 340f Rn. 2 ff. (Stand: September 2023); MüKoBilanzR/Löw, 1. Aufl. 2013, HGB § 340f Rn. 4 f.; MüKoHGB/Böcking/Wiechens/Winner HGB § 340f Rn. 6.

121 Vgl. Scharpf/Schaber Handbuch Bankbilanz, 9. Aufl. 2022, 383.

122 Vgl. nur BeckOGK HGB/Gaber HGB § 340g Rn. 2 (Oktober 2019); Scharpf/Schaber Handbuch Bankbilanz, 9. Aufl. 2022, 384.

123 Vgl. MüKoBilanzR/Löw, 1. Aufl. 2013, HGB § 340f Rn. 7; MüKoHGB/Böcking/Wiechens/Winner HGB § 340f Rn. 9 f.

124 Vgl. BeckOGK HGB/Gaber HGB § 340f Rn. 7 (Stand: September 2023); Kleinschmidt/Moritz/Weber Der Konzern 2013, 452, 456.

## C. Richterliche Definition der tatsächlichen Durchführung

### I. Verständnis des BFH

Die tatsächliche Durchführung setzt voraus, dass die nach GoB ermittelten Ansprüche aus dem GAV tatsächlich durch Zahlung oder Verrechnung an den Organträger abgeführt bzw. durch diesen ausgeglichen werden müssen,[125] wobei „Verrechnung" in diesem Zusammenhang dahin zu verstehen ist, dass es sich um eine einer tatsächlichen Zahlung gleich stehende Aufrechnung handeln muss.[126] Dieser Aussage wohnen mithin zwei Schritte inne: Es bedarf zunächst eines nach den GoB ermittelten und ausgewiesenen abzuführenden Gewinns bzw. Verlusts (erster Schritt: bilanzielle Komponente) und dieser muss tatsächlich durch Zahlung oder Verrechnung ausgeglichen werden (zweiter Schritt: pekuniäre oder Leistungs-Komponente).[127] Diese Zweischrittigkeit verdeutlicht das Zusammenspiel von Bilanzierung und Vertragserfüllung als Grundvoraussetzungen der tatsächlichen Durchführung. **1057**

*(einstweilen frei)* **1058–1063**

### II. Bilanzielle Komponente

#### 1. Maßgeblichkeit des handelsrechtlichen Rechenwerks

Die bilanzielle Komponente der tatsächlichen Durchführung des GAVs setzt die GoB-konforme Ermittlung und Abbildung des Gewinns dem Grunde und der Höhe nach im Jahresabschluss voraus. Damit ist Ausgangspukt allein der nach § 264 Abs. 1 HGB aufzustellende handelsrechtliche Jahresabschluss (§ 242 HGB), nicht maßgeblich sind dabei steuerbilanzielle Aspekte. § 264 Abs. 2 HGB ordnet zudem an, dass der Jahresabschluss der Kapitalgesellschaft unter Beachtung der GoB (§ 243 Abs. 1 HGB) ein den tatsächlichen Verhältnissen entsprechendes Bild der Vermögens-, Finanz- und Ertragslage der Kapitalgesellschaft zu vermitteln hat. Letzteres ist insbes. bei der Bestimmung der relativen Wesentlichkeit von handelsrechtl. Bilanzierungsfehlern zu berücksichtigen (s. → Rn. 1072 ff.). **1064**

#### 2. Erfordernis der GoB-konformen Gewinnermittlung

§ 243 Abs. 1 HGB ordnet an, dass der Jahresabschluss nach den Grundsätzen ordnungsmäßiger Buchführung aufzustellen ist. Die GoB sind ein System von Regeln und Konventionen, das die gesamte Rechnungslegung umfasst und eine zweckadäquate Rechnungslegung sicherstellen soll.[128] Terminologisch kann zwischen den Grundsätzen ordnungsmäßiger Buchführung im engeren Sinne (bezogen auf die Führung der Bücher und die ordnungsmäßige Inventur) und den Grundsätzen ordnungsmäßiger Bilanzierung (bezogen auf die Aufstellung von Eröffnungsbilanz und Jahresabschluss) unterschieden werden, ohne dass diese Unterscheidung gesetzlich nachvollzogen wird (allein „Grundsätze ordnungsgemäßer Buchführung"). **1065**

Der größte Teil der GoB ist explizit im HGB gesetzlich verankert – insbes. in den allgemeinen Vorschriften zur Aufstellung des Jahresabschlusses (§§ 242 bis 245 HGB), den Ansatz- (§§ 246–251 HGB) und Bewertungsvorschriften (§§ 252–256a HGB) sowie den Gliederungsvorschriften (§§ 265–277 HGB). Kodifizierte – und für die Gewinnermittlung relevante – GoB sind insbes. der Grundsatz der Klarheit und Übersichtlichkeit der Bilanz **1066**

[125] BFH 5.4.1995 – I R 156/93, DStR 1995, 1109; BFH 21.10.2010 – IV R 21/07, BStBl. II 2014, 481; BFH 26.4.2016 – I B 77/15, BFH/NV 2016, 1177.

[126] BFH 2.11.2022 – I R 29/19, BStBl. II 2023,405 Rn. 25.

[127] Zur Zweistufigkeit der Vorgehensweise auch Adrian/Fey NWB 2023, 361 (362); Walter GmbHR 2019, 1202 (1206); Bott/Walter/Walter KStG § 14 Rn. 649 (Stand: April 2024); ablehnend Binnewies/Mühling AG 2020, 176 (177).

[128] BeckOGK HGB/Kleindiek HGB § 243 Rn. 2 (Stand: 1.11.2023).

(§ 243 Abs. 2 HGB); das Stichtagsprinzip (§ 242 Abs. 1, 2 HGB; § 252 Abs. 1 Nr. 3 HGB); der Grundsatz der wirtschaftlichen Zurechnung (§ 246 Abs. 1 S. 2 HGB); der Grundsatz der Einzelbewertung (§ 252 Abs. 1 Nr. 3 HGB; eingeschränkt gem. § 254 HGB durch Bewertungseinheiten); das Vollständigkeitsgebot (§ 246 Abs. 1 S. 1 HGB); der Grundsatz der Bilanzidentität (formelle Bilanzkontinuität; § 252 Abs. 1 Nr. 1 HGB); der Grundsatz der Stetigkeit (§§ 246 Abs. 3, 252 Abs. 1 Nr. 6 HGB); das Verrechnungsverbot (§ 246 Abs. 2 HGB); der Grundsatz der Unternehmensfortführung (§ 252 Abs. 1 Nr. 2 HGB); der Grundsatz der Periodenabgrenzung (§ 252 Abs. 1 Nr. 5 HGB); der Grundsatz der Vorsicht (§ 252 Abs. 1 Nr. 4 HGB) mit seinen konkretisierenden Ausprägungen (Gebot der Bewertungsvorsicht; Realisationsprinzip; Imparitätsprinzip); das Anschaffungskostenprinzip (§ 253 Abs. 1 S. 1 HGB); das Niederstwertprinzip (§ 253 Abs. 3 S. 5 und Abs. 4 HGB); das Wertaufholungsprinzip (§ 253 Abs. 5 S. 1 HGB).[129]

**1067** Da die GoB ein für die Weiterentwicklung bestehender Grundsätze offenes System darstellen, beschränken sie sich nicht lediglich auf den kodifizierten Bestand.[130] Die GoB umfassen auch unbestimmte Rechtsbegriffe, die der Ausfüllung und wertenden Konkretisierung bedürfen. Als nicht kodifizierte GoB kommen insbes. der Grundsatz der Bilanzwahrheit und der Grundsatz der Wesentlichkeit bzw. Wirtschaftlichkeit in Betracht.[131] Darüber hinaus hat es der BFH ausdrücklich offengelassen, ob auch der subjektive Fehlerbegriff zu den GoB gehört, da ein solcher handelsrechtl. GoB eine Steuerfestsetzung auf der Grundlage der jeweils maßgebenden steuerrechtl. Vorschriften nicht verhindern kann.[132]

### 3. Handelsrechtliche Fehlerkategorien und ihre Auswirkungen

**1068** **a) Objektive Bilanzierungsfehler. aa) Allgemeines handelsrechtliches Verständnis.** Ein Bilanzierungsfehler ist objektiv feststellbar, wenn die Handelsbilanz gegen die GoB – insbes. gegen zwingende handelsrechtliche Ansatz- und Bewertungsvorschriften – verstößt[133] und – als zwangsläufige Folge dieses Verstoßes – die im Jahresabschluss des Unternehmens dargestellten Verhältnisse von den tatsächlichen (bestehenden) Verhältnissen abweichen bzw. die bestehenden Verhältnisse (Vermögens-, Finanz- und Ertragslage) des Unternehmens unzutreffend wiedergeben werden (= „objektiv fehlerhafte Handelsbilanz bzw. objektiv fehlerhafter Jahresabschluss").[134]

**1069** Bloße formelle Fehler sind nicht zu berücksichtigen, zB ein Fehler in der Gliederung als Verstoß gegen den in § 243 Abs. 2 HGB kodifizierten Grundsatz der Klarheit und Übersichtlichkeit der Bilanz (unabhängig von einer möglichen Nichtigkeit des Jahresabschlusses gem. § 256 Abs. 4 HGB). Denn der Bilanzierungsfehler muss sich betragsmäßig auf die für den GAV relevante Größe des Jahresüberschusses – und nicht nur auf dessen äußere Form oder Art der Darstellung – ausgewirkt haben.[135] Jeder Bilanzierungsfehler ist getrennt auf seine betragsmäßige Auswirkung zu betrachten, dh zwei (zufällig) betragsmäßig gegenläufige Bilanzierungsfehler können iRd Einzelfallbetrachtung zunächst nicht kompensierend verrechnet werden. Beruhen die Bilanzierungsfehler allerdings auf dem gleichen Sachverhalt, ist eine kompensierende Berücksichtigung zulässig.

**1070** **bb) Verständnis der Finanzverwaltung.** Die FinVerw scheint – in Abgrenzung von dem allgemeinen handelsrechtl. Verständnis – ein anderes Verständnis zu haben. So führt sie zum fehlerhaften Bilanzansatz iSd § 14 Abs. 1 S. 1 Nr. 3 S. 4 KStG aus, dass ein solcher unabhängig davon vorliege, ob dieser gegen die GoB verstoße oder nicht. Weise die

[129] Aufzählung nach BeckOGK HGB/Kleindiek HGB § 243 Rn. 6 (Stand: 1.11.2023).
[130] BeckOGK HGB/Kleindiek HGB § 243 Rn. 3 (Stand: 1.11.2023).
[131] BeckOGK HGB/Kleindiek HGB § 243 Rn. 7 ff. (Stand: 1.11.2023).
[132] BFH 31.1.2013 – GrS 1/10, BStBl. II 2013, 317, Rn. 60 ff.
[133] Winnefeld Bilanz-Handbuch Kap. I Rn. 20; Beck Bil-Komm/Schubert, 13. Aufl. 2022, HGB § 253 Rn. 803.
[134] Vgl. MüKoAktG/Koch, 5. Aufl. 2021, AktG § 256 Rn. 59; auch Weilep/Weilep BB 2006, 147 (148).
[135] So zutreffend Brandis/Heuermann/Rode KStG § 14 Rn. 147 (Stand: Dezember 2023).

Handelsbilanz der Organgesellschaft nicht das objektiv zutreffende Ergebnis aus, läge ein Fehler vor. Für die Frage, ob überhaupt ein Fehler vorläge, komme es also auf die objektive Betrachtung an.[136] Dies ist uE nicht zutreffend (s. ausführl. → Rn. 1097).[137]

**cc) Beweislast.** Im Rahmen der Beweisrisikoverteilung hat die FinVerw nachzuweisen, dass ein Bilanzierungsfehler in objektiver (und subjektiver) Hinsicht vorliegt, der den Jahresabschluss fehlerhaft und berichtigungspflichtig werden lässt und damit ein Durchführungsmangel iSd § 14 Abs. 1 S. 1 Nr. 3 S. 1 KStG vorliegt. **1071**

**b) (Relative) Wesentlichkeit des Bilanzierungsfehlers.** Nicht jeder objektive Bilanzierungsfehler führt zu einem Verstoß gegen das Gebot der tatsächlichen Durchführung nach § 14 Abs. 1 S. 1 Nr. 3 S. 1 KStG, da abmildernd der nicht explizit gesetzlich normierte GoB der Wesentlichkeit bzw. Wirtschaftlichkeit zu beachten ist.[138] Nach diesem GoB sind bei der Bilanzierung alle Tatbestände zu berücksichtigen, die für die Adressaten des Jahresabschlusses wesentlich sein könnten. Tatsachen, die voraussichtlich für die Adressaten nicht relevant oder nicht wesentlich sind, können demnach grds. vernachlässigt werden. So haben bspw. auch lediglich unwesentliche Beanstandungen des Abschlussprüfers keinen Einfluss auf die Erteilung eines uneingeschränkten Prüfungsurteils in Bezug auf den jeweiligen Prüfungsgegenstand.[139] **1072**

Die Wesentlichkeit einer Tatsache ergibt sich aus der relativen Bedeutung der damit verbundenen Auswirkungen auf den Wertansatz, welche zB in Bezug auf den Wertansatz des Bilanzpostens, der mit der Tatsache berührt wird, oder in Bezug zur Bilanzsumme bestimmt werden kann. Im Bereich der handelsrechtlichen Rechnungslegung sind insbes. solche Tatsachen wesentlich, bei denen eine Nichtberücksichtigung zur Schädigung von Gläubigern oder zur Fehlentscheidung auf Seiten der Adressaten führen könnte.[140] Inhaltlich besagt der Wesentlichkeitsgrundsatz damit, dass der Jahresabschluss alle Informationen enthalten muss, die für die Einschätzung der tatsächlichen Vermögens- Finanz- und Ertragslage des Unternehmens von Bedeutung und damit wesentlich sind.[141] Im Ergebnis soll folglich bei der Abschlusserstellung nicht mehr Aufwand betrieben werden, als für die Jahresabschlussadressaten von Bedeutung ist.[142] Dementsprechend führt nicht jeder Bilanzierungsfehler, der die öffentlich-rechtlichen Rechnungslegungskriterien für eine fehlerhafte Handelsbilanz erfüllt, unabhängig von dessen Höhe, automatisch zu einem fehlerhaften (gesetzwidrigen) Jahresabschluss.[143] **1073**

**aa) Handelsrechtliche Korrekturpflicht als abstrakter Maßstab der Wesentlichkeit.** **1074**
Als abstrakter Maßstab für die Wesentlichkeit des objektiv festgestellten Bilanzierungsfehlers ist die – nach den Grundsätzen des Handelsrechts zu bestimmende – Pflicht zu dessen Korrektur. Diese handelsrechtliche Korrekturpflicht ist vorrangig zu der in § 14 Abs. 1 S. 1 Nr. 3 S. 4 Buchst. c KStG geforderten Korrekturpflicht, dh nicht jeder von der FinVerw beanstandete Fehler führt zu einem relevanten Durchführungsverstoß und eröffnet den Anwendungsbereich des § 14 Abs. 1 S. 1 Nr. 3 S. 4 KStG (s. → Rn. 1097).[144]

In Abhängigkeit von der Höhe und damit von der Wesentlichkeit des festgestellten Bilanzierungsfehlers hat eine Korrektur entweder durch eine Rückwärtsberichtigung an der **1075**

[136] FM Schleswig-Holstein 22.2.2016, DStR 2016, 539.
[137] Vgl. nur Suchanek/Klopsch GmbHR 2016, 524 (525 ff.).
[138] Zur Zugehörigkeit des Grundsatzes der Wesentlichkeit bzw. Wirtschaftlichkeit zu den GoB siehe nur die Übersicht bei Baetge/Kirsch/Thiele, Bilanzen, 17. Aufl. 2024, 121, wonach der Grundsatz der Wesentlichkeit bzw. Wirtschaftlichkeit zu den sog. Rahmengrundsätzen gehört; auch AOS Rechnungslegung/Drüen HGB § 252 Rn. 51; HKMS/Kahle/Braun HGB § 252 Rn. 218 mwN; im Ergebnis auch Frotscher/Drüen/Frotscher KStG § 14 Rn. 368, 445j3 (Stand: Januar 2023).
[139] Vgl. IDW WP Handbuch, Wirtschaftsprüfung & Rechnungslegung, 18. Aufl. 2023, Kap. M Rn. 64.
[140] Siehe nur Petersen/Zwirner Bilanzrecht/Brösel, 4. Aufl. 2020, HGB § 252 Rn. 4.
[141] Vgl. Kahle/Kopp DStR 2022, 2627 (2628).
[142] Vgl. HKMS/Kahle/Braun HGB § 252 Rn. 222 mwN.
[143] Vgl. explizit Forst/Suchanek/Klopsch GmbHR 2013, 914 (916).
[144] Anderer Ansicht FM Schleswig-Holstein 22.2.2016, DStR 2016, 539.

Quelle (also im Quell-Jahresabschluss) oder in laufender Rechnung zu erfolgen. Von einem korrekturpflichtigen fehlerhaften (Quell-)Jahresabschluss wird in der handelsrechtlichen Literatur nur gesprochen, wenn ein betrags- oder ausweismäßig gewichtiger (wesentlicher[145]) (Bilanzierungs-)Mangel vorliegt und der Jahresabschluss ohne eine Korrektur kein den tatsächlichen Verhältnissen entsprechendes Bild der Vermögens-, Finanz- und Ertragslage des Unternehmens vermittelt.[146] Es kommt insoweit für die Feststellung der Wesentlichkeit auf den Grad des durch den Bilanzierungsfehler hervorgerufenen Informationsverlusts für die Rechnungslegungsadressaten an. Erst wenn die grundlegenden Entscheidungen der Rechnungslegungsadressaten durch den Bilanzierungsfehler beeinflusst werden, ist von einem wesentlichen Bilanzierungsfehler auszugehen.

1076 Liegen hingegen nur weniger gewichtige (unwesentliche) Bilanzierungsfehler vor, ist der vorstehend beschriebene Informationsverlust nicht gravierend, so dass in diesen Fällen keine Korrekturpflicht des handelsrechtlichen (Quell-)Jahresabschlusses besteht und der Quellabschluss deshalb als objektiv richtig zu behandeln ist (nicht fehlerhaft),[147] so dass ein abzuführender Gewinn bzw. ein auszugleichender Verlust auf Basis einer objektiv ordnungsgemäßen Bilanzierung iSd §§ 301, 302 AktG ermittelt wurden (zur Bestimmung des abzuführenden Gewinns bzw. des auszugleichenden Verlusts auf Basis einer objektiv ordnungsgemäßen Bilanzierung s. → Rn. 1065 ff.). Dies ist umso mehr zu beachten, als das Handelsrecht nicht auf eine exakte Bestimmung der Vermögenslage ausgerichtet ist, sondern lediglich eine im Wesentlichen zutreffende Darstellung der Vermögenslage erzielen soll, wobei geringfügige Ungenauigkeiten bei der Abgrenzung der Vermögenssphären und der Ausschüttungsbegrenzung bewusst in Kauf genommen werden.[148] Die Forderung nach einer Pflicht zur Berichtigung des (Quell-)Jahresabschlusses bereits bei Bilanzierungsfehlern, die sich in Relation zum Gesamtvermögen als gering darstellen, würde dem handelsrechtlichen Jahresabschluss folglich eine Exaktheit beimessen, die dieser nicht aufweist. Folglich bedarf es auf der bilanziellen Ebene eines wesentlichen Bilanzierungsfehlers, damit ein Verstoß gegen die tatsächliche Durchführung gegeben ist.[149]

1077 Dies deckt sich auch mit dem Verständnis des BFH, wenn dieser ausführt, dass es der tatsächlichen Durchführung nicht entgegen stehe, wenn Meinungsverschiedenheiten zwischen der FinVerw und dem Unternehmen über den Ansatz oder die Bewertung von Bilanzposten entstehen und es später zu Mehrergebnissen aufgrund einer Betriebsprüfung kommt, da dieses den Anwendungsbereich des § 14 KStG in einem Umfang einschränke, der dem Zweck der „tatsächlichen Durchführung" und der Einkommenszurechnung nicht mehr entspräche.[150]

1078 **bb) Betragsmäßige Kriterien für die relative Wesentlichkeit.** Das Gesetz kennt keine Definition der Wesentlichkeit in Bezug auf Bilanzierungsfehler. Unter welchen Voraussetzungen ein wesentlicher Bilanzierungsfehler vorliegt, ist daher eine Einzelfallentscheidung nach quantitativen und qualitativen Kriterien. In der Literatur[151] werden zur Beurteilung eines Bilanzierungsfehlers und dessen Folgen für den Jahresabschluss die nach-folgenden betragsmäßigen Kriterien aufgestellt:

---

145 IDW RS HFA 6, Tz. 14; vgl. auch Winnefeld Bilanz-Handbuch Kap. I Rn. 20.

146 IDW RS HFA 6, Tz. 14; Breker/Kuhn WPg 2007, 772 (772 f.); Beck Bil-Komm/Schubert, 13. Aufl. 2022, HGB § 253 Rn. 806.

147 Vgl. insoweit auch Forst/Suchanek/Klopsch GmbHR 2013, 914 (916); Hoffmann/Lüdenbach HGB § 252 Rn. 245.

148 Vgl. hierzu Balthasar, Die Bestandskraft handelsrechtlicher Jahresabschlüsse, 1999, 135 f.

149 Vgl. Gosch KStG/Neumann KStG § 14 Rn. 333; HHR/Kolbe KStG § 14 Anm. 225 (Stand: Februar 2022); DPM/Dötsch/Pung KStG § 14 Rn. 500 mwN (Stand: Juni 2024); Schnitger/Fehrenbacher/Brink KStG § 14 Rn. 495s.

150 BFH 5.4.1995 – I R 156/93, DStR 1995, 1109; BFH 21.10.2010 – IV R 21/07, BStBl. II 2014, 481 Rn. 36.

151 Übersicht nach Forst/Suchanek/Klopsch GmbHR 2013, 914, 919; auch Kraft/Hohage Ubg 2020, 581 mit großzügigeren Richtwerten.

| Kriterium Verhältnis der… | objektiv richtiger Jahresabschluss | objektiv unrichtiger Jahresabschluss | |
|---|---|---|---|
| | **unwesentliche Fehler (öffentl.-rechtl. Sicht)** | **wesentliche Fehler (öffentl.-rechtl. Sicht)** | **wesentliche Fehler (Nichtigkeit)** |
| Höhe des Bilanzierungsfehlers zum Jahresüberschuss und zur Bilanzsumme | | | Jahresüberschuss:> 10,0 % und Bilanzsumme:> 0,25 % |
| Höhe des Bilanzierungsfehlers zur Bilanzsumme | ≤ 0,5 % | > 0,5 % | > 5,0 % |
| Höhe des Bilanzierungsfehlers zu für die Beurteilung des Unternehmens oder seiner Organe besonders wichtigen Einzelposten des Jahresabschlusses | | | > 10,0 % |
| Höhe des Bilanzierungsfehler zum Ergebnis vor Steuern bzw. zur Bestimmung der Nichtigkeit, der ergebniswirksamen Auswirkung des Bilanzierungsfehlers zum Jahresergebnis | ≤ 5,0 % | > 5,0 % | > 50,0 % |
| Höhe des Bilanzierungsfehlers zum fehlerhaften Bilanzposten | | | > 10,0 % |
| Höhe des Bilanzierungsfehlers zur Höhe des bilanziellen Eigenkapitals | ≤ 1,0 % | > 1,0 % | > 20,0 % |

**c) Subjektiver Fehlerbegriff.** Neben den objektiven Kriterien sind in die Beurteilung, ob wesentliche Bilanzierungsfehler vorliegen, nach hM nur Fehler einzubeziehen, die auch den subjektiven Fehlerbegriff erfüllen.[152] Nicht maßgeblich für die Frage der Fehlerhaftigkeit der Handelsbilanz ist in diesem Zusammenhang der von dem BFH für die Steuerbilanz angewendete Maßstab, nach welchem ausschließlich auf den objektiven Fehlerbegriff abzustellen ist.[153] **1079**

Nach dem subjektiven Fehlerbegriff hätte der Fehler für die Gesellschaft unter Berücksichtigung der objektiven Verhältnisse bei pflichtgemäßer und gewissenhafter Prüfung durch einen ordentlichen Kaufmann – nach hM bis spätestens zum Zeitpunkt der Feststellung des Jahresabschlusses – erkennbar sein müssen[154].[155] Dies bedeutet, dass ein Jahres- **1080**

[152] Vgl. BT-Drs. 17/10774, 19; DPM/Dötsch/Pung, Die Körperschaftsteuer, § 14 KStG Rn. 504 (Stand: Juni 2024); Gosch KStG/Neumann KStG § 14 Rn. 333; Brandis/Heuermann/Rode KStG § 14 Rn. 148, 148a (Stand: Dezember 2023); RHN/Rödder/Liekenbrock KStG § 14 Rn. 324; Rödder Ubg 2012, 717 (719); Schnitger/Fehrenbacher/Brink KStG § 14 Rn. 495r.; aA BMF 2.11.2015 – IV C 2 – S 1910/10/10117:005; 2015/0846493, nv; OFD Frankfurt a. M. 30.5.2016, DStR 2016, 1375; FM Schleswig-Holstein 22.2.2016, GmbHR 2016, 560.

[153] BFH 31.1.2013 – GrS 1/10, BStBl. II 2013, 317.

[154] Brandis/Heuermann/Rode KStG § 14 Rn. 148, 152 (Stand: Dezember 2023) unterscheidet zwischen dem Sorgfaltsmaßstab für Zwecke des handelsrechtlichen subjektiven Fehlerbegriffs („erkennen können") und demjenigen für Zwecke des § 14 Abs. 1 S. 1 Nr. 3 S. 4 Buchst. b KStG („erkennen müssen");

abschluss, der zwar objektiv nicht zutreffende Bilanzansätze enthält (=objektiv fehlerhafte Handelsbilanz), die Fehler aber nicht erkennbar gewesen sind (= subjektiv richtige Handelsbilanz), als nicht fehlerbehaftet anzusehen ist. Mit anderen Worten: wenn der Fehler nicht bis zum Feststellungszeitpunkt hätte erkannt werden können, gilt die Bilanz als richtig. In diesem Zusammenhang kann von der Gesellschaft gefordert werden, dass alle Umstände (zB in der einschlägigen Fachliteratur bereits veröffentlichte finanzgerichtliche Rechtsprechung) auch noch während der Aufstellung des Jahresabschlusses bis zu dessen Feststellung in die Betrachtung des Sorgfaltsmaßstabs einbezogen werden.

**1081** Als Indiz für die Nichterkennbarkeit bei Anwendung der Sorgfalt eines ordentlichen Kaufmanns kann insbes. das Vorliegen eines uneingeschränkten Bestätigungsvermerks nach § 322 Abs. 3 HGB oder einer Bescheinigung eines Steuerberaters oder Wirtschaftsprüfers über die Erstellung eines Jahresabschlusses mit umfassenden Beurteilungen gewertet werden (so auch kodifiziert als vereinfachter Entlastungsbeweis für steuerliche Zwecke gem. § 14 Abs. 1 S. 1 Nr. 3 S. 5 KStG, s. → Rn. 1106 ff.).

**1082** In diesem Zusammenhang ist die (positive) Kenntnis des OT von Bilanzierungsfehlern der OG grds. zuzurechnen. Dies kann bspw. relevant werden, wenn der Jahresabschluss der OG bereits vor dem Konzernabschluss bzw. dem Jahresabschluss des OT erstellt wird und sich etwa bei Konsolidierung der Abschlüsse Unregelmäßigkeiten zeigen. Als Gesellschafter der Organgesellschafter ist der OT bereits aus dem GAV heraus verpflichtet, diese (möglichen) Bilanzfehler vor der Feststellung des Jahresabschlusses der Geschäftsführung der OG mitzuteilen.

**1083** **d) Auswirkungen von Bilanzierungsfehlern (Nichtigkeit der Bilanz).** Liegt ein wesentlicher objektiver Bilanzierungsfehler einhergehend mit einem gravierenden Informationsverlust des Jahresabschlusses vor und hätte die Gesellschaft diesen Fehler auch kennen können (subjektiver Fehler), ist der betroffene Jahresabschluss als unrichtig (fehlerhaft) zu behandeln (zur Frage der Heilbarkeit s. → Rn. 1086 ff.). Grundsätzlich kann ein (nicht geheilter) Bilanzierungsfehler die Nichtigkeit des Jahresabschlusses – im Ganzen – herbeiführen. Die Wirksamkeit (bzw. Nichtigkeit) des Jahresabschlusses ist allerdings nicht für die Bestimmung eines Durchführungsverstoßes entscheidungserheblich, da allein auf den Jahresüberschuss abzustellen ist, der bei zutreffender Anwendung der GoB in einem endgültigen Jahresabschluss auszuweisen wäre (s. → Rn. 958, 1064 ff.). Allerdings kann die Nichtigkeit des Jahresabschlusses zum Ausschluss der Heilungsmöglichkeit nach § 14 Abs. 1 S. 1 Nr. 3 S. 4 KStG führen (s. → Rn. 1088).

**1084** In diesem Zusammenhang sind handelsrechtliche anerkannte Nichtigkeitsgründe insbes. die Überbewertung (§ 256 Abs. 5 S. 1 Nr. 1 iVm S. 2 AktG) und Unterbewertung, wenn dadurch Vermögens- und Ertragslage vorsätzlich unrichtig wiedergegeben oder verschleiert werden (§ 256 Abs. 5 S. 1 Nr. 2 iVm S. 3 AktG), die Verletzung von Vorschriften, die ausschließlich oder überwiegend dem Gläubigerschutz dienen (zB Verstoß gegen das Vollständigkeitsgebot des § 256 Abs. 1 Nr. 1 AktG, § 246 Abs. 1 1 HGB), die Verletzung gesetzlicher und/oder satzungsmäßiger Vorschriften über die Bildung oder Auflösung von Gewinn- oder Kapitalrücklagen (§ 256 Abs. 1 Nr. 4 AktG) und die vorsätzliche Falschbewertung.

**1085** Darüber hinaus führen auch die Verletzung von Gliederungsvorschriften, wenn dadurch Klarheit und Übersichtlichkeit wesentlich beeinträchtigt werden, und die Verletzung der Prüfungspflicht (§ 256 Abs. 1 Nr. 2 und 3 AktG iVm §§ 316, 319, 319a HGB) zu einer

---

letzterer wird zwar als strenger eingeordnet, gleichwohl dürften die Anforderungen an die mangelnde Offensichtlichkeit des Fehlers nicht überspannt werden.

[155] So IDW RS HFA 6, Rn. 14; Winnefeld Bilanz-Handbuch Kap. I Rn. Rn. 20; Koch/Koch AktG § 256 Rn. 25; Forst/Suchanek/Klopsch GmbHR 2013, 914; aA ADS Rechnungslegung, 6. Aufl. 1997, AktG § 256 Rn. 49, und Küting/Kaiser Wpg 2000, 588 f., die auf den Zeitpunkt der Aufstellung des Jahresabschlusses abstellen.

Nichtigkeit des Jahresabschlusses, ohne dass diese formellen Bilanzierungsfehler zugleich einen Durchführungsverstoß begründen (s. → Rn. 1069).

**e) Handelsrechtliche Heilung von Bilanzierungsfehlern (Rückwärtsberichtigung und Korrektur in laufender Rechnung).** Ist der betroffene Jahresabschluss objektiv unrichtig (fehlerhaft) und nichtig, löst dies eine handelsrechtl. Korrekturpflicht aus mit der Folge, dass der Bilanzierungsfehler durch eine abermalige Feststellung des bis dahin fehlerhaften Jahresabschlusses im Ergebnis geheilt werden kann (Rückwärtsberichtigung).[156] Die Rückwärtsberichtigung bezieht sich dabei auf den fehlerhaften Bilanzansatz wie auch die entsprechende Anpassung der Gewinnabführungsverpflichtung bzw. des Verlustübernahmeanspruchs. Im Kontext des GAVs kann die Pflicht zur Rückwärtsberichtigung insbes. Fälle betreffen, in denen die von § 301 AktG aufgestellte Ober- und Untergrenze missachtet wurde (zB der vor Gewinnabführung zunächst von der OG verrechnete vorvertragliche Verlust[157], s. → Rn. 971), gegen (weitere) gesetzlich normierte Abführungssperren (s. → Rn. 980 ff.) oder das in § 300 Nr. 1 AktG normierte Gebot der gesetzlichen Rücklagendotierung verstoßen wird (s. → Rn. 1028 ff.), sowie in den Fällen, in denen die Anordnung des § 302 Abs. 1 AktG durch eine Verrechnung des Verlusts mit Kapitalrücklagen nach § 272 Abs. 2 Nr. 4 HGB unterlaufen wird (s. → Rn. 1007). 1086

Die Rückwärtsberichtigung des fehlerhaften Jahresabschlusses löst neben der Nachtragsprüfung gem. § 316 Abs. 3 S. 1 HGB (soweit die OG prüfungspflichtig ist) des aufgestellten Jahresabschlusses auch dessen erneute Feststellung sowie die Änderung aller folgenden Abschlüsse (Grundsatzes der Bilanzverknüpfung, § 252 Abs. 1 Nr. 1 HGB) aus. Für steuerliche Zwecke ist bei der OG und dem OT unter den (verfahrensrechtlichen) Voraussetzungen des § 4 Abs. 2 EStG eine Bilanzberichtigung oder Bilanzänderung vorzunehmen. 1087

Ist der GAV wegen eines Bilanzierungsfehlers, der zur Nichtigkeit des Jahresabschlusses führt, als nicht tatsächlich durchgeführt iSv § 14 Abs. 1 S. 1 Nr. 3 S. 1 KStG anzusehen, kann er nicht nach den Regelungen des § 14 Abs. 1 S. 1 Nr. 3 S. 4 u. 5 KStG als durchgeführt betrachtet werden, da er bereits die Zugangsvoraussetzung des § 14 Abs. 1 S. 1 Nr. 3 S. 4 KStG nicht erfüllt. Er ist kein *„Jahresabschluss"*, so dass der abgeführte Gewinn oder ausgeglichene Verlust nicht auf einem *„Jahresabschluss beruht"* (s. → Rn. 1083). Ebenso mangelt es diesem an einer Feststellung, so dass auch § 14 Abs. 1 S. 1 Nr. 3 S. 4 Buchst. a KStG nicht erfüllt ist. Der Mangel in der tatsächlichen Durchführung kann aber dennoch geheilt werden, was grds. eine Rückwärtsberichtigung erforderlich macht. 1088

Demgegenüber ist handelsrechtl. eine Rückwärtsberichtigung nicht erforderlich, wenn der (wesentliche) Bilanzierungsfehler nicht zur Nichtigkeit des Quell-Jahresabschlusses geführt hat; solche Bilanzierungsfehler sind in laufender Rechnung – also in dem letzten „offenen" (noch nicht festgestellten) Jahresabschluss – zu korrigieren.[158] Dies betrifft insbes. Fälle, in denen die Nichtigkeit nach § 256 Abs. 6 AktG durch Zeitablauf geheilt wird.[159] Es liegt sodann auch wieder ein Jahresabschluss iSd § 14 Abs. 1 S. 1 Nr. 3 S. 4 KStG vor, der auch festgestellt ist, so dass der Anwendungsbereich von § 14 Abs. 1 S. 1 Nr. 3 S. 4 KStG eröffnet ist.[160] 1089

Bei einem nichtigen – und nicht geheilten – Jahresabschluss ist eine Rückwärtsberichtigung ebenfalls nicht erforderlich, wenn sich keine materiellen Folgewirkungen aus dem 1090

---

[156] Zu möglichen Ausnahmen von einer Rückwärtsberichtigungspflicht s. Forst/Suchanek/Klopsch GmbHR 2013, 914 (919).

[157] Wobei nach Frotscher/Drüen/Frotscher KStG § 14 Rn. 402 (Stand: Januar 2023) das Kriterium der Wesentlichkeit bei einem Verstoß gegen § 301 S. 1 AktG aufgrund einer restriktiven Gesetzesauslegung entfällt; ebenso Kreidl/Riehl BB 2006, 1880 (1881); Dötsch Der Konzern 2004, 273 (275).

[158] IDW RS HFA 6, Rn. 15, 21.

[159] IDW RS HFA 6, Rn. 15; RHN/Rödder/Liekenbrock KStG § 14 Rn. 330; Gosch KStG/Neumann KStG § 14 Rn. 335; Forst/Suchanek/Klopsch GmbHR 2013, 914 (921 f.); aA DPM/Dötsch/Pung KStG § 14 Rn. 509 mwN (Stand: Juni 2024).

[160] Ebenso DPM/Dötsch/Pung KStG § Rn. 509 mwN (Stand: Juni 2024).

Verzicht auf eine Rückwärtsberichtigung ergeben.[161] Eine materielle Folgewirkung liegt insbes. vor, wenn die sich aus dem GAV ergebenden Zahlungsverpflichtungen ohne Rückwärtsberichtigung unzutreffend dargestellt würden.[162] Dies betrifft Fälle, in denen die Zahlungsverpflichtungen zwischen den Parteien des GAVs nicht mehr ausgeglichen werden können (also bei einem im Zeitpunkt der Feststellung des Bilanzierungsfehlers bereits beendeten GAVs). Im Umkehrschluss kann daher uE bei einem fortbestehendem GAV eine Korrektur in laufender Rechnung erfolgen.[163] Darüber hinaus ist auch an die Fallkonstellation zu denken, in der sich gegenläufige Bilanzfehler betragsmäßig aufheben und damit die Zahlungsverpflichtungen aus dem GAV zutreffend dargestellt werden.[164]

1091 Eine Korrekturpflicht entfällt zwangsläufig, wenn sich der fehlerhafte Bilanzansatz infolge Zeitablaufs nicht mehr in laufender Rechnung korrigieren lässt und sich die laufende handelsbilanzielle Vermögens-, Ertrags- und Finanzlage als zutreffend darstellt (zB bei überhöhter AfA, wenn auch bei dem richtigen Bilanzansatz das Wirtschaftsgut inzwischen vollständig abgeschrieben wäre).[165]

1092 Der Heilung zugänglich sind auch die Fälle, in denen § 14 Abs. 1 S. 1 Nr. 4 KStG explizit zum Inhalt des GAVs gemacht wird und in der Folge eine bilanzielle Berücksichtigung bei der Ermittlung des abzuführenden Gewinns erlangen muss. Demgegenüber ist grds. ein (bloßer) Verstoß gegen die gesetzliche Regelung des § 14 Abs. 1 S. 1 Nr. 4 KStG ohne dessen vertragliche Verankerung wortlautgemäß nicht heilbar, da ein solcher Verstoß keinen (nach dem handelsrechtl. Verständnis zu bestimmenden) fehlerhaften Bilanzansatz hervorruft, dh der Jahresabschluss nicht fehlerhaft ist (s. → Rn. 1099). Gleichwohl fasst die FinVerw den Begriff des fehlerhaften Bilanzansatzes iSd § 14 Abs. 1 S. 1 Nr. 3 S. 4 KStG normspezifisch weiter und eröffnet damit – uE zutreffend – die Möglichkeit zur Heilung durch Korrektur in laufender Rechnung (s. ausführlicher → Rn. 1099).[166]

1093 **f) Zusammenfassende Übersicht zu den Auswirkungen handelsrechtlicher Bilanzierungsfehler.** In der nachfolgenden Übersicht wird zusammenfassend dargestellt, ob und welche Korrekturpflicht (in laufender Rechnung oder Rückwärtsberichtigung) bei einem handelsrechtl. Bilanzierungsfehler in Betracht kommt:[167]

---

161 IDW RS HFA 6, Rn. 16 f.
162 IDW RS HFA 6, Tz. 16 ff.; Breker/Kuhn WPg 2007, 771.
163 So auch Forst/Suchanek/Klopsch GmbHR 2013, 914 (920).
164 Frotscher/Drüen/Frotscher KStG § 14 Rn. 445m (Stand: Januar 2023).
165 Gosch KStG/Neumann KStG § 14 Rn. 342.
166 OFD Frankfurt a. M. 30.5.2016, DStR 2016, 1375; ebenso Bott/Walter/Walter KStG § 14 Rn. 652.2 (Stand: April 2024).
167 Übersicht nach Forst/Suchanek/Klopsch GmbHR 2013, 914 (920); in Anlehnung an Breker/Kuhn WPg 2007, 770 (773), Jungius/Schmidt DB 2012, 1697; Jungius/Schmidt DB 2012, 1761 (1767).

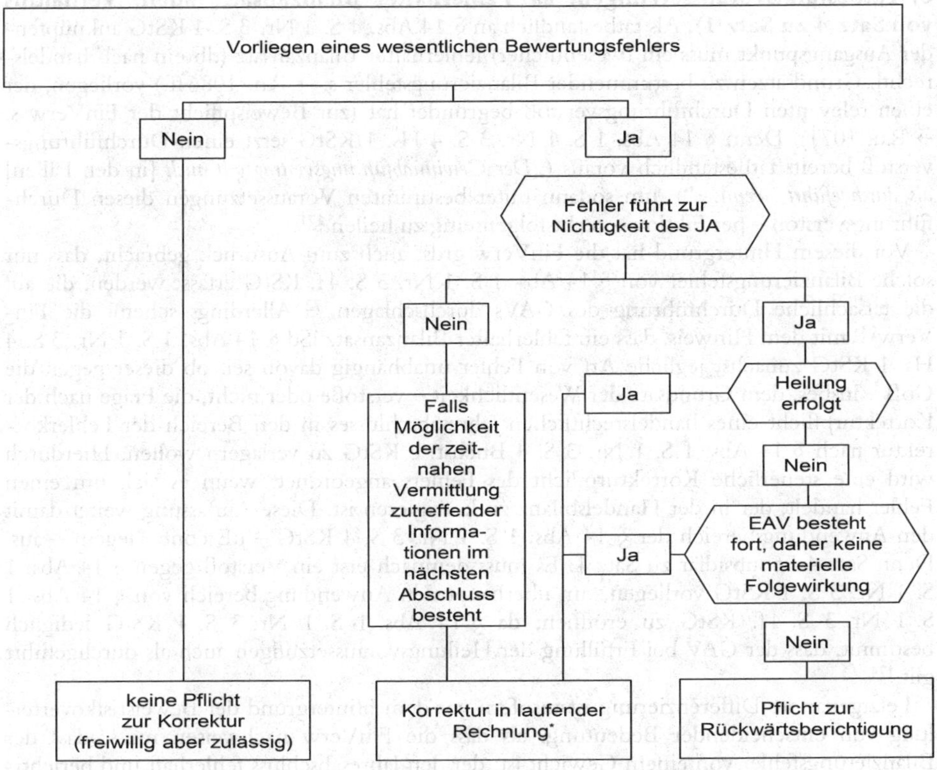


### 4. Steuerliche Heilung von Bilanzierungsfehlern in laufender Rechnung (§ 14 Abs. 1 S. 1 Nr. 3 S. 4 und 5)

**a) Gesetzgeberischer Hintergrund.** Der BFH hat klargestellt, dass typische Meinungsverschiedenheiten zwischen Organgesellschaft und FinVerw über den (handelsrechtlichen) Ansatz oder die Bewertung von Bilanzposten, die wohl selten zu vermeiden seien, nicht die tatsächliche Durchführung in Zweifel ziehen dürfen, da ansonsten der Anwendungsbereich des § 14 KStG in einem derartigen Umfang eingeschränkt würde, der dem Zweck der tatsächlichen Durchführung und der Einkommenszurechnung nicht mehr entspräche.[168] Diesen richterlichen Überlegungen folgend, hat der Gesetzgeber durch das UntStReisekÄndG[169] die Regelungen des § 14 Abs. 1 S. 1 Nr. 3 S. 4 f. KStG „minimalinvasiv" eingefügt, ohne dass die Grundwertungen der Vorschrift verändert, sondern nur ergänzt werden sollten. Diese Ergänzung soll – ausweislich der Gesetzesbegründung[170] – dabei allein als Erleichterung für den Steuerpflichtigen verstanden werden. 1094

**b) Zeitliche Anwendung.** § 14 Abs. 1 S. 1 Nr. 3 S. 4 und 5 KStG wurden durch das UntStReisekÄndG v. 20.2.2013 eingefügt und sind nach § 34 Abs. 9 Nr. 7 KStG idF des UntStReisekÄndG für alle zu diesem Zeitpunkt noch offenen Verfahren anzuwenden. 1095

[168] BFH 5.4.1995 – I R 156/93, DStR 1995, 1109; BFH 21.10.2010 – IV R 21/07, BStBl. II 2014, 481 Rn. 36.
[169] Gesetz zur Änderung und Vereinfachung der Unternehmensbesteuerung und des steuerlichen Reisekostenrechts v. 20.2.2013, BGBl. 2013 I 285, BStBl. I 2013, 188.
[170] Vgl. BT-Drs. 17/10774, 19; BT-Drs. 17/11217, 7.

1096 **c) Tatbestandsvoraussetzungen. aa) Fehlerhafter Bilanzansatz (auch: Verhältnis von Satz 4 zu Satz 1).** Als tatbestandlich an § 14 Abs. 1 S. 1 Nr. 3 S. 1 KStG anknüpfender Ausgangspunkt muss ein (wesentlicher) fehlerhafter Bilanzansatz (dh ein nach handelsrechtl. Grundsätzen zu bestimmender Bilanzierungsfehler s. → Rn. 1086 ff.) vorliegen, der einen relevanten Durchführungsverstoß begründet hat (zur Beweispflicht der FinVerw s. → Rn. 1071). Denn § 14 Abs. 1 S. 1 Nr. 3 S. 4 Hs. 1 KStG setzt einen Durchführungsverstoß bereits tatbestandlich voraus („*Der Gewinnabführungsvertrag gilt auch* [in den Fällen] *als durchgeführt, wenn…*"), um sodann unter bestimmten Voraussetzungen diesen Durchführungsverstoß – per Fiktion – rechtsfolgenseitig zu heilen.[171]

1097 Vor diesem Hintergrund hat die FinVerw grds. auch zum Ausdruck gebracht, dass nur solche Bilanzierungsfehler von § 14 Abs. 1 S. 1 Nr. 3 S. 4 f. KStG erfasst werden, die auf die tatsächliche Durchführung des GAVs durchschlagen.[172] Allerdings scheint die FinVerw[173] mit dem Hinweis, dass ein fehlerhafter Bilanzansatz iSd § 14 Abs. 1 S. 1 Nr. 3 S. 4 Hs. 1 KStG zunächst jegliche Art von Fehler unabhängig davon sei, ob dieser gegen die GoB – insbes. dem Grundsatz der Wesentlichkeit – verstoße oder nicht, die Frage nach der Korrekturpflicht eines handelsrechtlichen Jahresabschlusses in den Bereich der Fehlerkorrektur nach § 14 Abs. 1 S. 1 Nr. 3 S. 4 Buchst. c KStG zu verlagern wollen. Hierdurch wird eine steuerliche Korrekturpflicht des Fehlers angeordnet, wenn es sich um einen Fehler handelt, der in der Handelsbilanz zu korrigieren ist. Diese Auffassung weitet damit den Anwendungsbereich der § 14 Abs. 1 S. 1 Nr. 3 S. 4 KStG – uE contra legem – aus. Denn Satz 4 ist subsidiär zu Satz 1. Es muss demnach erst ein Verstoß gegen § 14 Abs. 1 S. 1 Nr. 3 S. 1 KStG vorliegen, um überhaupt den Anwendungsbereich von § 14 Abs. 1 S. 1 Nr. 3 S. 4 f. KStG zu eröffnen, da § 14 Abs. 1 S. 1 Nr. 3 S. 4 KStG lediglich bestimmt, dass der GAV bei Erfüllung der Heilungsvoraussetzungen auch als durchgeführt gilt.[174]

1098 Letztgenannte Differenzierung ist insofern vor dem Hintergrund der Beweisrisikoverteilung von entscheidender Bedeutung, als dass die FinVerw nachweisen muss, dass der Bilanzierungsfehler von einem Gewicht ist, der den Jahresabschluss fehlerhaft und berichtigungspflichtig macht und damit ein Durchführungsmangel vorliegt. Wäre hingegen die Auffassung der FinVerw zutreffend, müsste der Steuerpflichtige iRd Heilungsregelung des § 14 Abs. 1 S. 1 Nr. 3 S. 4 KStG nachweisen, dass eine handelsrechtl. Berichtigungspflicht nicht besteht.

1099 Kein – tatbestandlich in den Anwendungsbereich von § 14 Abs. 1 S. 1 Nr. 3 S. 4 KStG fallender – fehlerhafter Bilanzansatz liegt grds. vor, wenn lediglich gegen steuerrechtlich zu beachtende Vorschriften verstoßen wird. Dementsprechend eröffnet zB ein Verstoß gegen § 14 Abs. 1 S. 1 Nr. 4 KStG wortlautgemäß nicht den Anwendungsbereich des § 14 Abs. 1 S. 1 Nr. 3 S. 4 KStG (ohne dass es sich um einen zwingend auch handelsrechtlich zu beachtenden Bestandteil des GAVs handelt), da ein solcher Verstoß keinen (nach dem handelsrechtl. Verständnis zu bestimmenden) fehlerhaften Bilanzansatz hervorruft (s. → Rn. 1092). Gleichwohl fasst die FinVerw auch hier den Begriff des fehlerhaften Bilanzansatzes iSd § 14 Abs. 1 S. 1 Nr. 3 S. 4 KStG normspezifisch weiter und eröffnet damit – uE zutreffend – die Möglichkeit zur Heilung durch Korrektur in laufender Rechnung.[175] Denn für diesen abgrenzbaren Ausnahmefall lässt sich das großzügigere Verständnis zugunsten des Steuerpflichtigen mit der gesetzgeberischen Intention rechtfertigen, dass § 14 Abs. 1 S. 1 Nr. 3 S. 4 KStG eine Erleichterung für den Steuerpflichtigen darstellen soll.

---

[171] Vgl. nur IDW 23.1.2015, Ubg 2015, 110; RHN/Rödder/Liekenbrock KStG § 14 Rn. 374; HHR/Kolbe KStG § 14 Anm. 234 (Stand: Februar 2022).

[172] BMF 29.5.2013 – IV C 2 – S 1910/10/10117, BeckVerw 276566.

[173] BMF 2.11.2015 – IV C 2 – S 1910/10/10117:005; 2015/0846493, nv; OFD Frankfurt a. M. 30.5.2016, DStR 2016, 1375; FM Schleswig-Holstein 22.2.2016, DStR 2016, 539.

[174] Vgl. so explizit insbes. Suchanek/Klopsch GmbHR 2016, 524 (525 ff.); RHN/Rödder/Liekenbrock KStG § 14 Rn. 374.

[175] OFD Frankfurt a. M. 30.5.2016, DStR 2016, 1375; ebenso Bott/Walter/Walter KStG § 14 Rn. 652.2 (Stand: April 2024); aA DPM/Dötsch/Pung KStG § 14 Rn. 504 (Stand: Juni 2024).

Auch wenn der Wortlaut des § 14 Abs. 1 S. 1 Nr. 3 S. 4 Hs. 1 KStG auf „fehlerhafte Bilanzansätze" (in der Mehrzahl) abstellt, ist dessen Anwendungsbereich eröffnet, wenn der abgeführte Gewinn oder der ausgeglichene Verlust nicht betragsmäßig zutreffend ermittelt worden ist infolge auch nur eines (wesentlichen) Bilanzierungsfehlers in der Handelsbilanz der Organgesellschaft. 1100

**bb) Wirksame Feststellung des Jahresabschlusses.** § 14 Abs. 1 S. 1 Nr. 3 S. 4 Buchst. a KStG fordert – trotz eines fehlerhaften Bilanzansatzes – zur Eröffnung des Anwendungsbereichs der Heilungsvorschrift einen wirksam festgestellten Jahresabschluss der Organgesellschaft. Damit wird offensichtlich, dass der Anwendungsbereich der steuerlichen Heilungsvorschrift erheblich eingeschränkt ist, da nur diejenigen Fälle denklogisch in den Anwendungsbereich fallen können, bei denen keine rückwirkende Korrektur (s. → Rn. 1086) – sondern demgegenüber eine Korrektur in laufender Rechnung – vorgenommen wird. Dies entspricht auch dem Zweck des § 14 Abs. 1 S. 1 Nr. 3 S. 4 KStG, da eine handelsrechtlich nicht erforderliche rückwirkende Korrektur des Jahresabschlusses bei Meinungsverschiedenheiten mit der FinVerw gerade nicht ausschließlich aus Gründen der steuerlichen Organschaft erzwungen werden soll.[176] 1101

Terminologisch ist zwischen der Aufstellung (bzw. Erstellung) und der Feststellung des Jahresabschlusses zu unterscheiden. Der aufgestellte Jahresabschluss stellt einen Entwurf dar, der zu dessen öffentlich-rechtlicher Wirksamkeit der Feststellung bedarf. Hierbei ist zu beachten, dass die Feststellung eines prüfungspflichtigen Jahresabschlusses nur dann erfolgen kann, wenn die Abschlussprüfung stattgefunden hat. Inhaltlich ist von dem Feststellungsbeschluss die Bilanz mit Gewinn- und Verlustrechnung sowie der Anhang, nicht jedoch der Lagebericht, umfasst und es wird die Verbindlichkeit des Jahresabschlusses erklärt. 1102

Grundsätzlich ist der Jahresabschluss innerhalb der einem ordnungsmäßigen Geschäftsgang entsprechenden Zeit aufzustellen (§ 243 Abs. 3 HGB). Nach § 264 Abs. 1 S. 3 HGB besteht für die gesetzlichen Vertreter einer Kapitalgesellschaft die Pflicht, den Jahresabschluss (§ 242 HGB) in den ersten drei Monaten des Geschäftsjahrs für das vergangene Geschäftsjahr aufzustellen. Kleine Kapitalgesellschaften iSd § 267 Abs. 1 HGB dürfen den Jahresabschluss auch später aufstellen, wenn dies einem ordnungsgemäßen Geschäftsgang entspricht, jedoch innerhalb der ersten sechs Monate des Geschäftsjahres (§ 264 Abs. 1 S. 4 HGB). 1103

Der Jahresabschluss einer AG ist festgestellt, wenn der Aufsichtsrat die Feststellung billigt oder die Feststellung durch die Hauptversammlung beschlossen wird (§§ 172, 173 AktG). Dies gilt auch für eine SE mit Deutschland als Sitzstaat (Art. 61 der Verordnung über das Statut der SE[177]). Bei der GmbH haben gem. § 42a Abs. 2 GmbHG grds. die Gesellschafter spätestens bis zum Ablauf der ersten acht (bzw. elf bei kleinen Kapitalgesellschaften iSd § 267 Abs. 1 HGB) Monate des Geschäftsjahrs über die Feststellung des Jahresabschlusses und über die Ergebnisverwendung zu beschließen. 1104

Die Wirksamkeit der Feststellung des Jahresabschlusses entfällt, wenn dieser – aufgrund eines Bilanzierungsfehlers und mangels Heilung –nichtig ist (s. → Rn. 1084 f. zu den möglichen Nichtigkeitsgründen). Der nichtige Jahresabschluss kann – soweit dies handelsrechtlich noch möglich ist – korrigiert und nochmals (wirksam) festgestellt werden (zur Heilung durch Rückwärtsberichtigung s. → Rn. 1086). Gemäß § 256 Abs. 6 S. 1 AktG ist auch eine (rückwirkende) handelsrechtl. Heilung des Jahresabschlusses möglich, wenn die dort geforderte Frist von sechs Monaten bzw. drei Jahren nach Einstellung des Jahresabschlusses in das Handelsregister verstrichen ist, so dass der Jahresabschluss – trotz Fehlerhaftigkeit – (wieder) als wirksam festgestellt gilt.[178] 1105

[176] BT-Drs. 17/11217, 7.

[177] Verordnung (EG) Nr. 2157/2001 des Rates vom 8.10.2001 über das Statut der Europäischen Gesellschaft (SE), ABl. L 294, 1 v. 10.11.2001.

[178] Vgl. nur MüKoAktG/Koch, 5. Aufl. 2021, AktG § 256 Rn. 68; Henssler/Strohn/Vetter AktG § 256 Rn. 27; Koch/Koch AktG § 256 Rn. 28.

1106 **cc) Nichterkennbarkeit des Fehlers (einschließlich des vereinfachten Entlastungsbeweises nach Satz 5).** Nach § 14 Abs. 1 S. 1 Nr. 3 S. 4 Buchst. b KStG muss die OG bei der Aufstellung des Jahresabschlusses den Sorgfaltsmaßstab des ordentlichen Kaufmanns anwenden. Die Heilungsmöglichkeit setzt tatbestandlich voraus, dass die Fehlerhaftigkeit des wirksam festgestellten Abschlusses auch nicht unter Anwendung der Sorgfalt eines ordentlichen Kaufmanns bei Erstellung (bzw. „Aufstellung", also spätestens zum Zeitpunkt der Feststellung[179]) des Jahresabschlusses der Organgesellschaft hätte erkannt werden müssen (Entlastungsbeweis);[180] Es darf sich also nicht um einen offensichtlichen Fehler handeln.

1107 Nach § 14 Abs. 1 S. 1 Nr. 3 S. 5 KStG kann die Organgesellschaft einen vereinfachten Entlastungsbeweis dahingehend führen, dass (im Wege der Fiktion) angenommen wird, sie hätte die Sorgfalt eines ordentlichen Kaufmanns angewendet.

1108 Mittlere und große Gesellschaften müssen ihren Jahresabschluss durch einen Abschlussprüfer (idR Wirtschaftsprüfer oder Wirtschaftsprüfungsgesellschaften gem. § 316 Abs. HGB; auch vereidigte Buchprüfer oder Buchprüfungsgesellschaften in den Fällen des § 319 HGB) prüfen lassen. Bei einer Pflichtprüfung des (HGB-) Jahres- oder Konzernabschlusses ist ein uneingeschränkter Bestätigungsvermerk nach § 322 Abs. 3 HGB als Entlastungsnachweis erforderlich, bei einer freiwilligen Prüfung eine Bescheinigung des Steuerberaters oder Wirtschaftsprüfers über die Erstellung eines Jahresabschlusses mit umfassenden Beurteilungen[181]. Der Bestätigungsvermerk über den Konzernabschluss reicht allerdings nur aus, wenn sich die Prüfung auch auf den handelsrechtlichen Jahresabschluss der Organgesellschaft erstreckt hat.[182]

1109 Für Zwecke des Entlastungsnachweises ist demgegenüber eine bloße Bescheinigung über die prüferische Durchsicht ebenso wie ein eingeschränktes Testat (auch wenn sich die Einschränkung auf einen anderen Aspekt des Jahresabschlusses bezieht) wortlautgemäß nicht ausreichend.[183]

1110 **dd) Korrektur des von der Finanzverwaltung beanstandeten Fehlers in laufender Rechnung.** Der Bilanzierungsfehler muss von der FinVerw beanstandet werden. Als typische Beanstandungshandlung seitens der FinVerw hatte der Gesetzgeber den BP-Bericht explizit genannt.[184] Dieser BP-Bericht soll nach einer Verfügung der OFD Karlsruhe die heilbaren Fehler unter Hinweis auf § 14 Abs. 1 S. 1 Nr. 3 S. 4 und 5 KStG ausdrücklich benennen.[185] Auch außerhalb von Betriebsprüfungen kann es zu einer Beanstandung durch die FinVerw kommen, wobei eine nach außen erkennbare Willensbildung der FinVerw in Schriftform erforderlich ist.

1111 Als Folge löst die Beanstandung durch die FinVerw grds. eine Korrekturpflicht – sowohl für die OG als auch den OT – aus. Wird eine Korrektur der Handelsbilanz zwar von der FinVerw gefordert, aber von dem Steuerpflichtigen nicht als zwingend erachtet, sollte

---

[179] Brandis/Heuermann/Rode KStG § 14 Rn. 152 (Stand: Dezember 2023).

[180] Brandis/Heuermann/Rode KStG § 14 KStG 148, 152 (Stand: Dezember 2023), unterscheidet zwischen dem Sorgfaltsmaßstab für Zwecke des handelsrechtlichen subjektiven Fehlerbegriffs („erkennen können") und demjenigen für Zwecke des § 14 Abs. 1 S. 1 Nr. 3 S. 4 Buchst. b KStG („erkennen müssen"); letzterer wird zwar als strenger eingeordnet, gleichwohl dürften die Anforderungen an die mangelnde Offensichtlichkeit des Fehlers nicht überspannt werden. ausführlich hierzu auch Gosch KStG/Neumann KStG § 14 Rn. 336; Bott/Walter/Walter KStG § 14 Rn. 652.1, 652.4 (Stand: Januar 2023) weist darauf hin, dass die Änderung des Wortlautes („müssen" statt „können") erst im Gesetzgebungsverfahren erfolgt ist und hierdurch eine Absenkung unter den handelsrechtl. Maßstab vorgesehen war, um Rechtsstreitigkeiten zu vermeiden.

[181] Bescheinigung nach IDW S 7, Verlautbarung der Bundessteuerberaterkammer zu den Grundsätzen für die Erstellung von Jahresabschlüssen vom 12./13.4.2010, DStR 2010, Beihefter zu Heft 16.

[182] BT-Drs. 17/11217, 7.

[183] OFD Karlsruhe 16.1.2014, FR 2014, 434; Brandis/Heuermann/Rode KStG § 14 Rn. 153 (Stand: Dezember 2023); DPM/Dötsch/Pung KStG § 14 Rn. 521 (Stand: Juni 2024); nach Frotscher/Drüen/Frotscher KStG § 14 Rn. 445m (Stand: Januar 2023) eröffnet auch ein eingeschränkter Bestätigungsvermerk den Entlastungsbeweis, wenn sich die Einschränkung nicht auf die Fehlerquelle bezieht.

[184] BT-Drs. 17/11217, 7.

[185] OFD Karlsruhe 16.1.2014, BeckVerw 281800.

zumindest bei prüfungspflichtigen Unternehmen eine Bestätigung des (betroffenen) Abschlussprüfers eingeholt werden, dass der beanstandete Bilanzierungsfehler keine Nichtigkeit bzw. Korrekturpflicht auslöst (zB mangels Wesentlichkeit, s. → Rn. 1072 ff.). Eine Korrekturpflicht entfällt insbes., wenn sich der fehlerhafte Bilanzansatz infolge Zeitablaufs nicht mehr in laufender Rechnung korrigieren lässt (s. → Rn. 1091).[186]

Die Korrektur ist durch die OG und den OT spätestens in dem nächsten nach dem Zeitpunkt der Beanstandung des Fehlers aufzustellenden Jahresabschluss vorzunehmen. Maßgebender Zeitpunkt für das Ingangsetzen der Korrekturfrist ist regelmäßig die Bekanntgabe des BP-Berichts[187] bzw. eines anderweitig schriftlich beanstandeten Bilanzierungsfehler (zB in einem Steuerbescheid oder in einer Einspruchsentscheidung). Da die Korrektur in laufender Rechnung zu erfolgen hat, ist der nächste aufzustellenden Jahresabschluss grds. derjenige zum Ende des laufenden Geschäftsjahres (wobei auch der noch in der Aufstellung befindliche Jahresabschluss der laufenden Korrektur zugänglich sein kann).[188] Wird der Fehler in der Handelsbilanz nicht innerhalb der vorgesehenen Frist korrigiert (zB weil Streit darüber besteht, ob die Feststellungen der FinVerw zutreffend sind), trägt der Steuerpflichtige das Risiko des Ausgangs eines Rechtsstreits.[189] **1112**

Ohne dass dies gesetzlich explizit gefordert werden müsste, wird sodann das korrigierte Ergebnis der Gewinnabführung bzw. Verlustübernahme zum Gegenstand der tatsächlichen Durchführung. **1113**

Zudem ist auch § 14 Abs. 1 S. 1 Nr. 3 S. 4 Buchst. c letzter Hs. KStG (*„soweit es sich um einen Fehler handelt, der in der Handelsbilanz zu korrigieren ist“)* als rein deklaratorisch zu verstehen. Denn bereits der einleitende Halbsatz setzt als tatbestandlichen Ausgangspunkt einen fehlerhaften (Handels-) Bilanzansatz voraus, der ausgehend von der Wesentlichkeit dieses Bilanzierungsfehlers – in Anknüpfung an § 14 Abs. 1 S. 1 Nr. 3 S. 1 KStG – auch eine Korrekturpflicht auslöst. **1114**

Nicht erforderlich ist hingegen, dass eine rückwirkende Verzinsung des korrigierten Gewinns/Verlusts erfolgt, um einen Durchführungsmangel zu heilen (bloße vertragliche Nebenpflicht, s. → Rn. 979).[190] **1115**

**ee) Heilung des Durchführungsmangels bei Bilanzierungsfehlern, die handelsrechtlich eine Rückwärtsberichtigung erfordern.** Wird ein (wesentlicher) handelsrechtl. Bilanzierungsfehler festgestellt und ist eine Rückwärtsberichtigung des Quell-Jahresabschlusses erforderlich (s. → Rn. 1086 ff.), ist im Zuge der handelsrechtl. Fehlerkorrektur auch der Ausweis der Abführungsverpflichtung bzw. des Verlustausgleichsanspruchs entsprechend zu korrigieren. Diese Rückwärtsberichtigung heilt sodann ebenfalls den Durchführungsmangel, wenn im Weiteren ein Ausgleich der entsprechenden Mehr- oder Minderabführung erfolgt. **1116**

**d) Rechtsfolge: Heilung des Bilanzierungsfehler (Durchführungsfiktion).** Als Rechtsfolge des § 14 Abs. 1 S. 1 Nr. 3 S. 4 KStG gilt der in laufender Rechnung korrigierte Bilanzierungsfehler als geheilt und der betroffene (Quell-) Jahresabschluss damit rückwirkend als richtig (fehlerfrei) für Zwecke des steuerlichen Durchführungsgebotes. **1117**

### 5. Ausweis der betragsmäßig zutreffenden Abführungsverpflichtung bzw. des betragsmäßig zutreffenden Verlustübernahmeanspruches bei der Organgesellschaft zum Bilanzstichtag

Die tatsächliche Durchführung des GAVs setzt zunächst deren handelsbilanzielle Abbildung dem Grunde und der Höhe nach voraus (bilanzielle Komponente), bevor der Gewinn- **1118**

---

[186] Gosch KStG/Neumann KStG § 14 Rn. 342.
[187] BT-Drs. 17/11217, 7.
[188] OFD Karlsruhe 16.1.2014, BeckVerw 281800.
[189] BT-Drs. 17/11217, 7.
[190] OFD Karlsruhe 16.1.2014, BeckVerw 281800; Bott/Walter/Walter KStG § 14 Rn. 649 (Stand: Januar 2023).

abführungsanspruch bzw. die Verlustübernahmeverpflichtung tatsächlich, zB durch Zahlung oder Verrechnung, vollzogen werden muss (pekuniäre Komponente). Aus der Handelsbilanz muss für Außenstehende objektiv erkennbar sein, dass sowohl der Organträger als auch die Organgesellschaft ihre zivilrechtlichen Vertragspflichten aus dem GAV erfüllen werden.[191] Daher sind grds. die korrespondierenden Forderungen und Verbindlichkeiten bei der Organgesellschaft und dem Organträger zum Bilanzstichtag zu verbuchen.[192] Nicht ausreichend sind demgegenüber Umstände, die außerhalb der Bilanz liegen (zB Hinweise in internen Berichten und Begleitschreiben; Angaben in der Anlage ORG der Steuererklärung).[193]

1119 Für die Frage, ob der ganze Gewinn abgeführt bzw. der ganze Verlust übernommen wird, ist entscheidungserheblich auf den maßgeblichen Jahresabschluss, also denjenigen der OG (zum maßgeblichen Rechenwerk s. → Rn. 958) abzustellen, da nur ihre Bilanz für die Beachtung von §§ 301, 302 AktG – als Gläubigerschutzvorschriften[194] – maßgebend ist.[195] In dem Jahresabschluss der OG ist in der betragsmäßig zutreffenden Höhe (s. → Rn. 959, 1064 ff.) entweder eine Abführungsverpflichtung zu passivieren oder ein Verlustübernahmeanspruch zu aktivieren. Demgegenüber ist der Ausweis im Jahresabschluss des OT nur dem Grunde nach, nicht aber der Höhe nach entscheidungserheblich; dh es ist die Dokumentation des Willens zur Vertragsdurchführung erforderlich (Ausweis dem Grunde nach), ohne dass zwingend eine betragsmäßige Korrespondenz zu dem Ausweis der Organgesellschaft zu erfolgen hat, da die Bilanzierung beim OT einen bloßen Reflex aus der Bestimmung des auszugleichenden Verlusts bzw. des abzuführenden Gewinns bei der OG darstellt.[196]

1120 Bei der Organgesellschaft erfolgt die handelsbilanzielle Abbildung grds. gem. § 266 Abs. 3 HGB auf der Passivseite unter C. 6. als „Verbindlichkeit gegenüber verbundenen Unternehmen" bzw. gem. § 266 Abs. 2 HGB auf der Aktivseite unter B. II. 2 als „Forderung gegen verbundene Unternehmen". Korrespondierend ist in der Gewinn- und Verlustrechnung nach § 277 Abs. 3 S. 2 HGB der Verlust aus der Gewinnabführungsverpflichtung bzw. der Ertrag aus dem Verlustübernahmeanspruch jeweils gesondert unter entsprechender Bezeichnung auszuweisen (zum Verlustausgleichsanspruch s. auch → Rn. 1002).[197]

1121 An einer handelsbilanziellen Abbildung des Verlustübernahmeanspruches bei der Organgesellschaft fehlt es, wenn in Ermangelung der Werthaltigkeit der Verlustübernahmeanspruch zum Bilanzstichtag nicht oder nur teilweise erfasst werden kann. Denn die (mangelnde) bilanzielle Abbildung verdeutlicht, dass es dem Organträger bereits zum Fälligkeitszeitpunkt (Bilanzstichtag, s. → Rn. 1008) nicht möglich ist, seinen vertraglichen Verpflichtungen nachkommen. Hierbei ist zudem das besondere Wesen des Verlustübernahmeanspruchs zu beachten (s. → Rn. 1001): Dieser Anspruch ergibt sich aus § 302 Abs. 1 AktG und dient dem Schutz der Organgesellschaft und ihrer Gläubiger gegen die Aushöhlung der bilanzmäßigen Substanz und schafft damit im Vertragskonzern einen Ausgleich für den Wegfall der Kapitalerhaltungsvorschriften (vgl. nur § 30 Abs. 1 S. 2 GmbHG).[198]

1122 Demgegenüber ist die Gewinnabführungsverpflichtung bei der Organgesellschaft stets in voller Höhe zu erfassen, ohne dass die (ggf. wegen mangelnder Werthaltigkeit betragsmäßig eingeschränkte) erstmalige Abbildung der korrespondierenden Forderung beim Organträger entscheidungserheblich für die Frage der tatsächlichen Durchführung des GAVs zu diesem Zeitpunkt (Bilanzstichtag) ist (s. aber → Rn. 1168 ff. zur Vollziehung der Ansprüche aus dem GAV zumindest zum Ende der Laufzeit).

---

191 BFH 10.5.2017 – I R 51/15, BStBl. II 2018, 30; BFH 2.11.2022 – I R 37/19, BStBl. II 2023, 409.
192 BFH 2.11.2022 – I R 37/19, BStBl. II 2023, 409.
193 BFH 2.11.2022 – I R 37/19, BStBl. II 2023, 409.
194 Vgl. hierzu nur exemplarisch MüKoAktG/Altmeppen AktG § 301 Rn. 2; BeckOGK AktG/Veil/Walla AktG § 302 Rn. 4 (Stand: Februar 2024).
195 Vgl. Schneider/Hinz Ubg 209, 739 (746).
196 Vgl. auch Schneider/Hinz Ubg 2009, 739 (746).
197 Schnitger/Fehrenbacher/Brink KStG § 14 Rn. 467.
198 BGH 14.12.1987 – II ZR 170/87, BGHZ 103, 1 ff; BGH 10.7.2006 – II ZR 238/04, NJW 2006, 3279.

### 6. Besonderheiten bei bereits veräußerter Organgesellschaft

Stellt eine Außenprüfung für einen Zeitraum einen Bilanzierungsfehler fest, indem eine KapGes. OG einer anderen Gesellschaft war und ist sie zwischenzeitlich veräußert worden, stellt sich die Frage, ob der von der FinVerw beanstandete Fehler in laufender Rechnung (und damit in nachorganschaftlicher Zeit) korrigierbar ist oder zwingend eine Rückwärtsberichtigung vorzunehmen ist. Unseres Erachtens kann – wenn die Ansprüche aus dem GAV noch nicht verjährt sind – die Korrektur in laufender Rechnung vorgenommen werden,[199] da die Verpflichtung zur Abführung des ganzen Gewinns auch für die Zeit nach Beendigung des GAVs fort gilt.[200] **1123**

*(einstweilen frei)* **1124–1142**

## III. Pekuniäre Komponente (Durchführungswege im Einzelnen)

### 1. Erfüllung der wechselseitigen Ansprüche

Neben der Ermittlung des abzuführenden Gewinns bzw. auszugleichenden Verlusts nach den GoB und dem bilanziellen Ausweis der Gewinnabführungsverpflichtung bzw. des Verlustübernahmeanspruches bei der OG (erster Schritt: bilanzielle Komponente) setzt die tatsächliche Durchführung des GAVs nach der Rechtsprechung des BFH[201] ebenfalls voraus, dass der entsprechend ermittelte Gewinn tatsächlich durch Zahlung oder Verrechnung an den OT abgeführt bzw. ein Verlust durch diesen entsprechend ausgeglichen werden muss (zweiter Schritt: pekuniäre Komponente).[202] Entscheidend für die tatsächliche Durchführung und damit dem letztendlichen Vollzug des GAVs ist somit die Erfüllungswirkung, die bei einer bloßen Verbuchung der Gewinnabführungsverpflichtung als Verbindlichkeit bzw. des Verlustübernahmeanspruchs als Forderung – als Zwischenschritt zum Bilanzstichtag – grds. (noch) nicht eintritt.[203] Dieser Zwischenschritt ist erforderlich, um den Willen der Vertragsparteien zur Vertragsdurchführung objektiv zu dokumentieren (s. → Rn. 927). Hinzutreten muss – (ggf.) als weiterer Schritt – eine ebenfalls nach außen objektiv erkennbare eindeutige Handlung der Vertragsparteien zur Erfüllung des aus dem GAV entstandenen schuldrechtlichen Anspruchs. Beide Schritte können auch uno actu erfolgen, zB durch Verbuchung auf einem Kontokorrentkonto der Organgesellschaft unter gleichzeitiger Aufrechnung mit dem bestehenden Kontensaldo, wenn weitere Geschäftsvorfälle zwischen OG und OT auf dem Kontokorrentkonto gebucht werden (s. → Rn. 1156). **1143**

### 2. Zahlung

Der Anspruch aus dem GAV ist grds. als Geldleistungsanspruch durch Zahlung (Barausgleich) zu erfüllen, wodurch das Schuldverhältnis zwischen Organgesellschaft und Organträger erlischt (§ 362 Abs. 1 BGB).[204] **1144**

Der jeweilige Vertragspartner kann – soweit vertraglich zugelassen- auch bereits unterjährig Geldmittel (Vorauszahlungen) unter vorher vereinbarter Anrechnung auf eine künftige Verpflichtung aus dem GAV zur Verfügung stellen. Maßgeblich wird hierzu durch den BGH[205] gefordert, dass zwischen den Vertragsparteien klar und eindeutig zum Ausdruck **1145**

---

[199] Ausführlich Forst/Suchanek/Martini GmbHR 2015, 408 (409 ff.); ebenso Bott/Walter/Walter KStG § 14 Rn. 652.7 (Stand: Januar 2023); aA OFD Karlsruhe 16.1.2014, FR 2014, 434; DPM/Dötsch/Pung KStG § 14 Rn. 538 f. mwN (Stand: Juni 2024).

[200] BFH 5.4.1995 – I R 156/93, DStR 1995, 1109 unter Verweis auf die zivilrechtl. Rechtslage gemäß BGH 5.6.1989 – II ZR 172/88, NJW-RR 1989, 1198.

[201] BFH 5.4.1995 – I R 156/93, DStR 1995, 1109; BFH 21.10.2010 – IV R 21/07, BStBl. II 2014, 481; BFH 26.4.2016 – I B 77/15, BFH/NV 2016, 1177; BFH 2.11.2022 – I R 37/19, BStBl. II 2023, 409.

[202] Zur Zweistufigkeit der Vorgehensweise auch Adrian/Fey NWB 2023, 361 (362).

[203] BFH 26.4.2016 – I B 77/15, BFH/NV 2016, 1177; BFH 2.11.2022 – I R 37/19, BStBl. II 2023, 409.

[204] BGH 10.7.2006 – II ZR 238/04, NJW 2006, 3279; BGH 16.6.2015 – II ZR 384/13, DStR 2015, 1765.

[205] BGH 10.7.2006 – II ZR 238/04, NJW 2006, 3279; BGH 16.6.2015 – II ZR 384/13, DStR 2015, 1765.

kommt, dass diese Leistung mit dem künftig entstehenden (und zum Beispiel nicht mit einem bereits aus dem Vorjahr noch bestehenden) Anspruch zu verrechnen ist. Anderenfalls könnte die leistende Gesellschaft die von ihr erbrachten Leistungen nachträglich nach Belieben der einen oder anderen Verbindlichkeit zuordnen. Hinsichtlich der gegen den OT gerichteten Verlustausgleichsverpflichtung steht die Vorableistung auch im Einklang mit der Schutzzweck des § 302 AktG.[206]

### 3. Aufrechnung

1146 Der Zahlungsschuldner kann im Einverständnis mit dem Gläubiger auch eine alternative Erfüllungshandlung (Erfüllungssurrogat) vornehmen, welche ebenfalls ein Erlöschen des Schuldverhältnisses bewirkt. In Betracht kommen insbes. eine Handlung an „Erfüllungs Statt" (§ 364 Abs. 1 BGB)[207] oder die Verrechnung, dh die Vereinbarung über die Aufrechnung (§§ 387 ff. BGB) der Forderung aus dem GAVs mit einer gegenläufigen – ebenfalls auf eine Geldleistung ausgerichteten – Verbindlichkeit.[208] Die Aufrechnung bewirkt die wechselseitige Erfüllung der Forderungen, soweit sie sich decken. Die Erfüllungswirkung der Aufrechnung – dh das Erlöschen der gegenseitigen Forderungen – tritt gem. § 389 BGB mit dem erstmaligen Bestehen der Aufrechnungslage ein. Da der Verlustübernahmeanspruch nach § 302 AktG zum Bilanzstichtag fällig ist (s. → Rn. 1008),[209] ebenso wie nach heute herrschender zivilrechtl. Auffassung[210] die Verpflichtung zur Abführung des Gewinns nach § 301 AktG (s. → Rn. 979), kann die Aufrechnung grds. auf den Bilanzstichtag zurückwirken. Dies ist insbes. für Zwecke der Verzinsung relevant. Eine explizite (schriftliche) Aufrechnungsvereinbarung ist nicht erforderlich, es genügt die konkludente buchhalterische Abbildung zur Dokumentation des Aufrechnungswillens der Parteien, korrespondierend bei der Organgesellschaft und dem Organträger.

1147 Eine Aufrechnung des Gewinnabführungsanspruchs des OT mit einer gegenläufigen Forderung der OG kann grds. unabhängig von Werthaltigkeitsüberlegungen erfolgen, da die Werthaltigkeit faktisch durch das Gegenüberstehen der Ansprüche hergestellt wird; dh zur Erfüllung einer Gewinnabführungsverpflichtung kann die OG (als beherrschte Gesellschaft) auch eine Aufrechnung mit einer zuvor nicht voll werthaltigen (also in der Handelsbilanz abgeschriebenen) Forderung gegenüber dem OT vornehmen.[211]

1148 Diese Überlegungen greifen allerdings nicht im umgekehrten Fall des Verlustausgleichsanspruchs der OG und einer nicht (voll) werthaltigen Forderung des OT gegenüber der OG, da ansonsten die Gefahr besteht, dass die Wertungen der Verlustübernahmevorschrift des § 302 AktG sowie der Kapitalerhaltungsvorschriften (§ 57 AktG bzw. § 30 GmbHG) – und damit ein effektiver Schutz der Gläubiger des beherrschten Unternehmens – unterlaufen werden, und sich der OT zum Nachteil der OG und ihrer andere Gläubiger eine volle Befriedigung für eine nicht (voll) werthaltige – und gem. § 39 Abs. 1 S. 1 Nr. 5 InsO nachrangig von der OG zu bedienende – Forderung gegen den Wegfall der Verlustübernahmeverpflichtung verschaffen könnte.[212] Das bedeutet, dass die Werthaltigkeit der Aufrechnungsforderung des OT gegen die OG zwingend sowohl zum Zeitpunkt der Aufrechnung (zB bei Aufstellung des Jahresabschlusses) als auch zum Aufrechnungszeitpunkt (Bilanzstichtag) in voller Höhe gegeben sein muss. Ohne die (zumindest) zu diesen beiden Zeitpunkten gegebene (volle) Werthaltigkeit verstößt die Aufrechnung gegen das Gebot der

---

206 BGH 10.7.2006 – II ZR 238/04, NJW 2006, 3279.
207 BGH 16.6.2015 – II ZR 384/13, DStR 2015, 1765.
208 BFH 26.4.2016 – I B 77/15, BFH/NV 2016, 1177; FG Hamburg 30.6.2022 – 6 K 182/20, EFG 2022, 1868, rkr.
209 Vgl. nur BGH 11.10.1999 – II ZR 120/98, GmbHR 1999, 1299.
210 Vgl Emmerich/Habersack/Emmerich AktG § 301 Rn. 22; Hölters/Weber/Deilmann AktG § 301 Rn. 6 mwN.
211 Nach aA des FG Hamburg 30.6.2022 – 6 K 182/20, EFG 2022, 1868, rkr., ist stets bei einer Aufrechnung die volle Werthaltigkeit zu fordern.
212 BGH 10.7.2006 – II ZR 238/04, NJW 2006, 3279.

tatsächlichen Durchführung des GAVs. Steht eine (spätere) Werthaltigkeit in Frage, können unterjährige Zahlungen auch als Vorauszahlungen auf den zukünftigen Verlustausgleichsanspruch geleistet werden, um eine spätere Aufrechnung zu vermeiden (s. → Rn. 1145).

### 4. Einlage

Ein Sonderfall ist die Erfüllung des Gewinnabführungsanspruchs im Wege der Einlage in die OG. Dies kann rechtlich grds. über zwei Wege erfolgen: einerseits kann eine Sacheinlage des (voll werthaltigen) Gewinnabführungsanspruchs vorgenommen werden (regelmäßig als andere Zuzahlung in die Kapitalrücklage gem. § 272 Abs. 2 Nr. 4 HGB), so dass es auf der Ebene der OG zur Konfusion von Forderung und Verbindlichkeit (und damit zu deren Erlöschen) kommt. Anderseits kann auch eine betragsmäßig entsprechende Einlage beschlossen werden und die Einlageverpflichtung durch Aufrechnung mit dem Gewinnabführungsanspruch erfüllt werden.[213] Zwischen der OG und dem OT kann auch eine (Dauer-) Verpflichtung zur Einlage bzw. Aufrechnung eines in der Zukunft entstehenden Gewinnabführungsanspruchs abgeschlossen werden.[214] Derartige (Wieder-) Einlagevereinbarungen sind häufig in US-Inbound-Konstellationen, aufgrund von Verpflichtungen gegenüber Banken (zur Vermeidung der Aushöhlung des Sicherungskreis) sowie zur Eigenkapitalstärkung der Organgesellschaft anzutreffen.[215] **1149**

### 5. Novation

Als Handlung an Erfüllungs statt gilt die gesonderte Vereinbarung zwischen dem Zahlungsschuldner und dem Gläubiger, dass der Geldbetrag aus dem GAV zwischen der Organgesellschaft und dem Organträger fortan aus einem anderen Rechtsgrund (zB aus einem Darlehensverhältnis iSd § 488 BGB) geschuldet werden soll. In dieser Schuldumschaffung (Novation) kann eine Verfügung des Gläubigers über seine bisherige Forderung liegen, die so zu werten ist, als ob der Schuldner die Altschuld durch tatsächliche Zahlung beglichen hätte (= Zufluss beim Gläubiger) und der Gläubiger den vereinnahmten Betrag infolge des neu geschaffenen Verpflichtungsgrundes dem Schuldner sofort wieder zur Verfügung gestellt hätte (= Wiederabfluss des Geldbetrages beim Gläubiger); dieser „verlängerte" Leistungsweg zwischen den Parteien wird durch die Novationsvereinbarung lediglich verkürzt, indem auf den überflüssigen Umweg der Aus- und Rückzahlung des Geldbetrages verzichtet wird.[216] Da das Rechtsverhältnis aus dem GAV infolge der Novation seinen Rechtscharakter ändert und diese Handlung – ebenso wie eine Zahlung bzw. Verrechnung – objektiv nach außen erkennbar macht, dass sowohl der OT als auch die OG ihre zivilrechtlichen Vertragspflichten aus dem GAV erfüllt haben, ist die pekuniäre Komponente der tatsächlichen Durchführung erfüllt. Die (Rechts-) Wirksamkeit der Erfüllung durch die Novation vollzieht sich dabei unabhängig von deren wirtschaftlichen Gehalt, welcher regelmäßig einer Stundung des ursprünglichen Anspruchs gleichkommt. **1150**

Gesellschaftsrechtlich umstritten ist, ob der Novation des Verlustausgleichsanspruch der OG gegen den OT das Verzichtsverbot des § 302 Abs. 3 S. 1 AktG entgegen steht.[217] Diese **1151**

[213] So auch Schneider/Müller DStR 2023, 537 (539 f.); Schell/Schrade DStR 2017, 86 (90); Prinz/Witt Steuerliche Organschaft/Beinert/Nees, 2. Aufl. 2019, Rn. 3.60; Bott/Walter/Walter KStG § 14 Rn. 654 (April 2024); Brandis/Heuermann/Rode KStG § 14 Rn. 138b (Stand: Dezember 2023); DPM/Dötsch/Pung KStG § 14 Rn. 559 (Stand: Juni 2024); differenzierend HHR/Kolbe KStG § 14 Rn. 204 (Stand: Februar 2022) mwN: anzuerkennen, wenn betriebliche Gründe vorliegen.

[214] Ablehnend DPM/Dötsch/Pung KStG § 14 Rn. 559 (Stand: Juni 2024).

[215] Vgl. auch Schell/Schrade DStR 2017, 86 (87).

[216] BFH 10.7.2001 – VIII R 35/00, BStBl. II 2001, 646 = FR 2001, 958; BFH 24.3.1993 – X R 55/91, BStBl. II 1993, 499; BFH 14.2.1984 – VIII R 221/80, BStBl. II 1984, 480; FG Hamburg 30.6.2022 – 6 K 182/20, EFG 2022, 1868, rkr.

[217] Ablehnend FG Hamburg 30.6.2022 – 6 K 182/20, EFG 2022, 1868, rkr.; befürwortend OLG München 25.10.2022 – 7 U 1785/18, NZG 2023, 1179, nrkr.; anh. BGH II ZR 196/22; zu Darstellung des Meinungsstandes Widder/Kraske BB 2024, 394.

Regelung verbietet es der beherrschten Gesellschaft, innerhalb von drei Jahren nach Beendigung des GAV (und damit auch vor dessen Beendigung) auf den Verlustausgleichsanspruch zu verzichten oder sich über ihn zu vergleichen. Nach Auffassung des OLG München[218] sollen dem Anwendungsbereich des Verzichtsverbotes grds. auch die Stundung und stundungsgleiche Rechtsgeschäfte – wie die Umwandlung in eine Darlehensrückzahlungsforderung durch Novation – unterfallen. Eine derartige – eine extensive Auslegung des § 302 Abs. 3 S. 1 AktG rechtfertigende – Vergleichbarkeit ist aber uE bei einem „Werttransfer" des Verlustausgleichsanspruch in eine Darlehensrückzahlungsforderung nicht gegeben, ohne dass es auf die vertraglichen Nebenabreden (zB angemessene Verzinsung) ankommen kann, da die „bilanzmäßige Substanz"[219] weiterhin geschützt bleibt.[220]

**1152** Der Novation kommt nur insoweit eine Erfüllungswirkung zu, als dass die Werthaltigkeit des Anspruchs aus dem GAV zum Zeitpunkt der Novation gegeben ist.[221] Die „neue" Forderung gilt nur in Höhe des werthaltigen Teils als angeschafft, so dass der Restbetrag entweder noch nicht erfüllt worden ist (und dementsprechend weiterhin bilanziell als Anspruch aus dem GAV auszuweisen ist) oder – mangels fortbestehenden Bilanzausweises – ein konkludenter Verzicht anzunehmen ist (der gegen das Gebot der tatsächlichen Durchführung verstößt).

**1153** Im besonderen Kontext des GAVs hängt die Erfüllungswirkung der Novation grds. nicht davon ab, ob die Novation im überwiegenden Interesse des Schuldners oder des Gläubigers liegt,[222] da das beidseitige (subjektive) Interesse der Vertragsparteien an der Vollziehung ihrer Verpflichtungen aus dem GAV besteht und die Novation zudem Ausfluss ihrer Finanzierungsfreiheit ist. Dies kann sich allerdings anders darstellen, wenn ein erhöhter Liquiditätsbedarf besteht (zB bei einer Unternehmenskrise der OG) und damit das Gesellschaftsinteresse maßgeblich nicht auf eine Schuldumschaffung, sondern auf eine Erfüllung durch Zahlung gerichtet ist.[223] In diesen Fällen stellt die Novation uE einen Verstoß gegen die tatsächliche Durchführung des GAVs dar, wenn nicht das Gesellschafts- durch das Konzerninteresse ersetzt wird (zB durch Abschluss eine Beherrschungsvertrages iSd §§ 291, 308 AktG). Demgegenüber kann die Ausgestaltung der Darlehenskonditionen – also beispielsweise die Fremdüblichkeit der Vertragsbedingungen – nicht maßgeblich sein für die Erfüllungswirkung der Novation.[224] Denn es kommt allein auf den „Werttransfer" zwischen dem Anspruch aus dem GAV und dem Hauptleistungsanspruch aus dem neuen Rechtsverhältnis (bei Darlehen der Rückzahlungsanspruch) an.

### 6. Kontokorrentkonto

**1154** Eine Mischform aus Verrechnung und Novation und damit ebenfalls eine Handlung an Erfüllungs Statt kann auch die Verbuchung des Gewinnabführungsanspruch bzw. der Verlustübernahmeverpflichtung auf einem zwischen dem Organträger und der Organgesell-

[218] OLG München 25.10.2022 – 7 U 1785/18, NZG 2023, 1179, nrkr.; anh. BGH II ZR 196/22.
[219] RegE zum AktG, BT-Drs. IV/171, 221.
[220] So iE auch Widder/Kraske BB 2024, 394.
[221] BGH 10.7.2006 – II ZR 238/04, NJW 2006, 3279; BGH 16.6.2015 – II ZR 384/13, DStR 2015, 1765; FG Hamburg 30.6.2022 – 6 K 182/20, EFG 2022, 1868, rkr.; Widder/Kraske BB 2024, 394; Widder/Bischoff NZG 2023, 99; im Ergebnis auch Suchanek/Herbst FR 2005, 665 (668) zum Verlustausgleichsanspruch.
[222] Vgl. zu einer differenzierenden Sichtweise zur Einordnung einer Schuldumschaffung als Zufluss iSd § 11 EStG: BFH 24.3.1993 – X R 55/91, BStBl. II 1993, 499; BFH 14.2.1984 – VIII R 221/80, BStBl. II 1984, 480; BFH 14.5.1982 – VI R 124/77, BStBl. II 1982, 469; BFH 7.12.1999 – VIII R 8/98, BFH/NV 2000, 825; hierzu kritisch: Sommer DStR 1986, 744; nach HHR/Kister EStG § 11 Anm. 56 (Stand: April 2021) ist das Gläubigerinteresse unbedingte Voraussetzung des Zuflusses iSd § 11 EStG.
[223] So schon Suchanek/Herbst FR 2005, 665 (671 ff.).
[224] Vgl. FG Hamburg 30.6.2022 – 6 K 182/20, EFG 2022, 1868, rkr.; Schneider/Müller DStR 2023, 537 (539); aA Gosch KStG/Neumann KStG § 14 Rn. 318b, wonach das Darlehen einem Drittvergleich standhalten soll; weitergehend Melan/Karrenbrock FR 2009, 757 (760), die eine Besicherung des Darlehensanspruchs fordern.

schaft geführten Kontokorrentkonto – in Abhängigkeit von der Ausgestaltung des Kontokorrentkontos – darstellen.

Handelsrechtliche Grundlage des Kontokorrentkontos bildet § 355 HGB: Steht jemand mit einem Kaufmann derart in Geschäftsverbindung, dass die aus der Verbindung entspringenden beiderseitigen Ansprüche und Leistungen nebst Zinsen in Rechnung gestellt und in regelmäßigen Zeitabschnitten durch Verrechnung und Feststellung des für den einen oder anderen Teil sich ergebenden Überschusses ausgeglichen werden (laufende Rechnung, Kontokorrent), so kann derjenige, welchem bei dem Rechnungsabschluss ein Überschuss gebührt, gem. § 355 Abs. 1 HGB von dem Tag des Abschlusses an Zinsen von dem Überschuss verlangen, auch soweit in der Rechnung Zinsen enthalten sind. Der Rechnungsabschluss geschieht gem. § 355 Abs. 2 HGB jährlich einmal, sofern nicht ein anderes bestimmt ist. Wesen des Kontokorrents iSv § 355 HGB ist, dass eine Mehrzahl wechselseitiger Ansprüche auf eine einzige Schuld bzw. Forderung der einen an die andere Seite reduziert wird.[225] Es ist eine vertraglich vereinbarte Form der Leistungsabwicklung aus der Geschäftsverbindung mit einem Kaufmann (sog. Kontokorrentabrede). Inhalt der Abrede ist, dass die beiderseitigen Ansprüche und Leistungen in eine laufende Rechnung als unselbstständige Posten eingestellt werden, dass sie unter Feststellung des Überschusses gegeneinander verrechnet werden und dass der sich daraus ergebende Saldo anerkannt wird. Die Wirkung des Kontokorrents ist sodann, dass (erst) bei Abschluss der vereinbarten Periode die Einzelansprüche unter Anrechnung der in der Periode erbrachten Leistungen durch den Saldoanspruch ersetzt werden (im Wege der Novation).[226] Mit anderen Worten: Während der Kontokorrentperiode werden die wechselseitigen Forderungen und Verbindlichkeiten verrechnet und bei Abschluss der Periode durch Saldoanerkenntnis in einen neuen Schuldgrund in Gestalt des errechneten Überschusses umgeschaffen. Hierbei ist jedoch zu beachten, dass die wechselseitigen Forderungen kontokorrentfähig sein müssen, da es sich bei der Kontokorrentabrede um eine Verrechnung handelt, deren Wirkungen sich im Ergebnis wie eine Aufrechnung darstellen. Demzufolge sind Forderungen, mit denen nicht aufgerechnet werden kann, nicht kontokorrentfähig. Von der Anlage her hat das Kontokorrent keinen Kreditierungscharakter. Die beteiligten Parteien haben vorbehaltlich einer anderweitigen Abrede einen Anspruch auf Ausgleich des Debets, auch vor Periodenschluss und ohne Kontokorrentkündigung.[227] Da jedoch sofortige Ausgleichszahlungen dem vorherrschenden Zweck der Kontokorrentvereinbarung abträglich wären, wird durch den dahingehend praktizierten Verzicht eine faktische Kreditfunktion begründet. **1155**

Als Teil des Zahlungsverkehrs zwischen der OG mit dem OT können auch die Ansprüche bzw. Verpflichtungen aus dem GAV auf einem laufenden Kontokorrentkonto iSd § 355 HGB verbucht werden (zur Erfüllung der bilanziellen Komponente s. → Rn. 1118 f.). Eine Gewinnabführungsverpflichtung bzw. ein Verlustübernahmeanspruch wird iRd laufenden Kontokorrents nicht bereits bei Verbuchung einzeln beglichen, sondern (erst) innerhalb der vereinbarten Abrechnungsperiode mit gegenläufigen Forderungen bzw. Verbindlichkeiten aufgerechnet und ein sich nach Verrechnung ergebender Überhang zugunsten bzw. zulasten der OG in eine Forderung bzw. Verbindlichkeit umgewandelt. Hierbei tritt eine Erfüllungswirkung bereits – uno actu – durch eine Verbuchung auf einem „gemischten" Kontokorrentkonto ein, über welches beispielsweise auch der Liefer- und Leistungsverkehr zwischen dem OT und der OG abgewickelt wird.[228] Denn es kommt zur Umwandlung der Abführungsverpflichtung bzw. des Verlustübernahmeanspruchs in ein (anderes) darlehensähnliches Rechtsverhältnis mit gleichzeitiger Erfüllungswirkung (Aufrechnung). Insbesondere ist ein Brutto-Ausweis auf dem Verrechnungskonto nicht zu fordern, sondern es kann eine unmittelbare Aufrechnung mit einem gegenläufigen Saldo gegenüber dem Organträger vorgenommen werden bzw. ein gleichlaufender Saldo erhöht **1156**

225 Vgl. BGH 13.12.1990 – IX ZR 33/90, WM 1991, 495.
226 Vgl. BGH 2.11.1967 – II ZR 46/65, BGHZ 49, 26; BGH 24.1.1985 – I ZR 201/82, BGHZ 93, 313.
227 Vgl. BGH 19.12.1969 – I ZR 33/68, NJW 1970, 560; BGH 9.12.1971 – III ZR 58/69, WM 1972, 287.
228 S. auch Schneider/Müller DStR 2023, 537 (540).

werden. Denn auch infolge dieser verkürzten bilanziellen Erfassung wird die Gewinnabführungsverpflichtung bzw. der Verlustübernahmeanspruch zutreffend dem Grunde und der Höhe nach buchhalterisch erfasst und ebenso die Erfüllungshandlung dokumentiert. Da der GAV mit der Verbuchung auf dem Verrechnungskonto und gleichzeitiger Verrechnung bereits als erfüllt gilt, kommt es auf einen späteren (tatsächlichen) Ausgleich des Saldos des Verrechnungskonto – zB durch Zahlung – nicht mehr an.

1157 Demgegenüber fehlt es an der Erfüllungshandlung, wenn die Gewinnabführungsverpflichtung bzw. der Verlustübernahmeanspruch durch die OG auf einem gesonderten Kontokorrentkonto erfasst werden, auf dem keine weiteren Geschäftsvorfälle (außerhalb der Ansprüche aus dem GAV) verbucht werden. Hierdurch wird zwar der Wille der Vertragsparteien zur Vertragsdurchführung dem Grunde und der Höhe nach objektiv in der Handelsbilanz dokumentiert (bilanzielle Komponente), es fehlt allerdings an einer gesondert hinzutretenden Erfüllung („unechte" Schuldumschaffung). Denn in dieser Konstellation ergibt sich die Erfüllungswirkung (noch) nicht aus den Umständen der bilanziellen Abbildung, sondern muss als eigenständige Erfüllungshandlung objektiv erkennbar hinzutreten, zB durch Zahlung, Verrechnung oder Novation.[229]

1158 Bei der Verbuchung auf einem „gemischten" (echten) Kontokorrentkonto sind die Werthaltigkeitsüberlegungen zur Aufrechnung (bei einem gegenläufigen Saldo) sowie zur Novation (hinsichtlich eines nicht aufgerechneten Restbetrages) zu berücksichtigen, dh insbes. eine Aufrechnung des Verlustübernahmeanspruchs der Organgesellschaft gegen eine nicht voll werthaltige Forderung des Organträgers aus dem Kontokorrentverhältnis (s. → Rn. 1148) oder eine Novation bei einem auf Zahlung ausgerichtetem dringenden Erfüllungsinteresse der Organgesellschaft (s. → Rn. 1153) können einen Verstoß gegen das Verbot der tatsächlichen Durchführung des GAVs darstellen. Demgegenüber ist bei der Verbuchung des Verlustübernahmeanspruchs auf einem gesonderten (unechten) Kontokorrentkonto mangels Erfüllungswirkung (zunächst) allein die Werthaltigkeit zum Bilanzstichtag maßgeblich (s. zur bilanziellen Komponente → Rn. 1121).

### 7. Cash-Pool

1159 Praktische Umsetzung findet die Kontokorrentverrechnung von Ansprüchen im Konzern auch iRd Cash-Pooling.[230] Unter dem Begriff des Cash-Pooling versteht man die konzernweite Zusammenlegung der liquiden Mittel, wobei jede Gesellschaft auf dieses Konto wie ein eigenes Konto jederzeit zugreifen kann.

1160 In der Alternative des physischen Cash-Pooling wird bei einer Bank ein reales Zielkonto eingerichtet, das als Verrechnungskonto sämtlicher Konzernunternehmen geführt wird. Da der Anspruch auf Auszahlung aus dem physischen Cash-Pool wie eine Barzahlung zu behandeln ist, ist eine Erfüllungswirkung gegeben.[231]

1161 Bei einem virtuellen Cash-Pooling hingegen werden die (Einzel-)Kontensalden aller teilnehmenden Gesellschaften rein rechnerisch durch die Bank aus Zinsoptimierungsgründen zusammengefasst. Ein physischer Ausgleich der positiven und negativen Einzelsalden findet aber nicht statt (getrennte Kontensalden ohne Verrechnung). Dementsprechend ist ohne auszahlungsgleiche Verlustverrechnung bei einem virtuellen Cash-Pool die Erfüllungswirkung bei Verbuchung auf dem Cash-Pool-Konto erst unter den – in der Praxis regelmäßig gegebenen – Voraussetzungen eines „gemischten" Kontokorrentkontos (s. → Rn. 1156) anzunehmen.

1162–1167 *(einstweilen frei)*

[229] FG Köln 21.6.2022 – 10 K 1406/18, EFG 2022, 1940, nrkr.; BFH anh. I R 37/22; Schneider/Müller DStR 2023, 537 (540).

[230] Busemann/Gilson DStR 2024, 641, ausführlich zur Wechselwirkungspotenziale zwischen Cash Pool Systemen und ertragsteuerlichen Organschaften.

[231] So auch Schneider/Müller DStR 2023, 537 (540); nicht problematisiert in BFH 2.11.2022 – I R 29/19, BStBl. II 2023, 405 Rn. 26, zur Buchung auf einem Verrechnungskonto und anschließender Umbuchung auf ein Cash Clearing Konto.

## IV. „Finale" tatsächliche Durchführung (temporäre Komponente)

Zu welchem Zeitpunkt die sich aus einem GAV ergebenden wechselseitigen Forderungen und Verbindlichkeiten erfüllt werden müssen, regelt weder das Gesetz noch hat sich die Rechtsprechung zu dieser Frage geäußert.[232] Diese Frage ist daher der Auslegung zugänglich (s. → Rn. 920 ff.). In Teilen der – häufig finanzverwaltungsnahen – Literatur[233] wird eine temporäre Komponente der zeitnahen tatsächlichen Durchführung mit einem Bezug zum Ablauf des betroffenen Wirtschaftsjahres gefordert und hierbei werden insbes. Zeiträume zwischen drei und zwölf Monaten nach Fälligkeit (Bilanzstichtag, s. → Rn. 979, → Rn. 1008) genannt. Dieser Auffassung haben sich bisher zwei Finanzgerichte[234] angeschlossen und auch die FinVerw scheint dieser Auffassung angesichts der entsprechenden Positionierung in den finanzgerichtlichen Verfahren zu folgen, ohne dass allerdings eine offizielle Verlautbarung dazu veröffentlicht worden ist. Die wohl überwiegende – und uE zutreffende – Auffassung in der Literatur[235] sieht es als ausreichend an, wenn die wechselseitigen Forderungen und Verbindlichkeiten von Organgesellschaft und Organträger (erst) bei Beendigung des GAVs ausgeglichen werden.[236] Denn für den Bezugspunkt der temporären Komponente ist maßgeblich darauf abzustellen, dass der GAV in Übereinstimmung mit den in ihm enthaltenen zivilrechtlichen Vereinbarungen – als grundlegendes Prinzip des Gebots der tatsächlichen Durchführung iSd § 14 Abs. 1 S. 1 Nr. 3 S. 1 KStG – vollzogen wird. Dies ist bei einer „finalen" tatsächlichen Durchführung – also einer Erfüllungshandlung iSd pekuniären Komponente– zum Ende der Laufzeit gegeben. Demgegenüber ist nicht maßgeblich, wann der jeweilige Anspruch fällig wird, da dies – ebenso wie die Verzinsung – bloß eine vertragliche Nebenabrede darstellt, deren Nichtbeachtung nicht zugleich auch einen Verstoß gegen das Gebot der tatsächlichen Durchführung führt. Als Ergebnis der „nicht kleinlichen" Auslegung (s → Rn. 924) ist damit kein zeitlich verbindendes Element zwischen bilanzieller und pekuniärer Komponente zu fordern, sondern eine davon unabhängige, allein an dem Laufzeitende ausgerichtete Durchführungsvoraussetzung zu erfüllen. **1168**

Für Zwecke der „finalen" tatsächlichen Durchführung kann uE auf die Überlegungen zur Bemessung eines angemessenen Zeitraums auf die gesetzliche Kodifizierung in § 355 Abs. 2 HGB zurückgegriffen werden und es ist eine wirksame Erfüllungshandlung bis zum Ende der zwischen Organgesellschaft und Organträger angewendeten Abrechnungsperiode iRd Kontokorrentverhältnisses (also regelmäßig zum nächsten Bilanzstichtag) zu fordern. **1169**

Praktisch verbleiben nach der hier vertretenen Auffassung lediglich zwei Konstellationen, in denen eine Erfüllungswirkung (pekuniäre Komponente) nach der Verbuchung (bilanzielle Komponente) noch nicht eingetreten ist, bei der bilanziellen Abbildung der einzelnen Forderungen oder Verbindlichkeiten als gesonderte Bilanzpositionen (Brutto-Ausweis) oder Verbuchung auf einem gesonderten (unechten) Kontokorrentkonto (Netto-Ausweis). In diesen Konstellationen ist eine nach der Erst-Verbuchung zu den folgenden Bilanzstichtagen nicht mehr gegebene (volle) Werthaltigkeit des jeweiligen Anspruchs zunächst unerheblich. Denn eine Erfüllung der Ansprüche in voller Höhe muss erst zum Ende der Vertragslaufzeit vorgenommen werden. Diese Konstellationen und die damit einhergehende Rechtsunsicherheit kann dadurch vermieden werden, indem zB eine Verbuchung auf einem „gemischten" Verrechnungskonto vorgenommen wird, über welches u. a. auch der Liefer- und Leistungsverkehr zwischen den Gesellschaften abgewickelt wird (zur Erfüllungswirkung uno actu s. → Rn. 1156). **1170**

[232] Explizit offen gelassen in BFH 2.11.2022 – I R 37/19, BStBl. II 2023, 409.
[233] Siehe hierzu die Literaturübersicht bei DPM/Dötsch/Pung KStG § 14 Rn. 549 (Stand: Juni 2024).
[234] FG Köln 21.6.2022 – 10 K 1406/18, EFG 2022, 1940, nkr.; BFH anh. I R 37/22; FG Hamburg 19.5.2015 – 6 K 236/12, BeckRS 2015, 95170, rkr.
[235] Siehe hierzu die Literaturübersicht bei DPM/Dötsch/Pung KStG § 14 Rn. 549 (Stand: Juni 2024).
[236] Ausdrückliche Aufgabe der bisher vertretenen Auffassung, dass die wechselseitigen Ansprüche binnen 12 Monaten beglichen sein müssen, vgl. Suchanek/Herbst FR 2005, 665 (666, Fn. 10).

1171–1176 *(einstweilen frei)*

## D. Rechtsfolgen des Verstoßes gegen das Gebot der tatsächlichen Durchführung

1177 Ein Verstoß gegen das Gebot der tatsächlichen Durchführung führt grds. zur (rückwirkenden) Nichtanerkennung der Organschaft und den damit verbundenen Folgen („verunglückte Organschaft").

### I. (Rückwirkende) Nichtanerkennung der Organschaft

1178 Nach § 14 Abs. 1 S. 1 Nr. 3 S. 1 KStG ist der GAV auf mindestens fünf Jahre abzuschließen und „während seiner gesamten Geltungsdauer" durchzuführen. Kommt es während dieser Mindestvertragslaufzeit zu einem Durchführungsverstoß, führt dies nicht nur zu einer Unterbrechung der körperschaftsteuerrechtlichen Organschaft für einzelne Veranlagungszeiträume, sondern insgesamt zu einer (rückwirkenden) Nichtanerkennung der körperschaftsteuerrechtlichen Organschaft, dh §§ 14–19 sind von Beginn an nicht anzuwenden.[237]

1179 Die Nichtdurchführung des GAV in einem Veranlagungszeitraum nach Ablauf der Mindestvertragslaufzeit lässt die körperschaftsteuerrechtliche Organschaft für diesen einzelnen Veranlagungszeitraum entfallen. Nach – uE sich nicht aus dem Gesetzeswortlaut ergebender und damit abzulehnender – Auffassung der FinVerw[238] braucht es sodann wieder einer erneuten fünfjährigen Mindestlaufzeit (s. ausf. → Rn. 2232).[239]

1180–1185 *(einstweilen frei)*

### II. „Verunglückte" Organschaft

1186 Bei einer nicht anerkannten und damit „verunglückten" Organschaft treten die Rechtsfolgen der §§ 14–19 KStG nicht ein, dh es erfolgt keine Einkommenszurechnung von der OG zum OT und vollzogene Gewinnabführungen sind in verdeckte Gewinnausschüttungen, vollzogene Verlustübernahmen in verdeckte Einlagen umzuqualifizieren (s. ausf. → Rn. 2218 ff.). Im Ergebnis ist die OG nach den allgemeinen steuerrechtlichen Vorschriften zur KSt zu veranlagen.[240]

1187 Demgegenüber kommt es bei einer Nichtanerkennung der Organschaft grds. nicht zu handelsrechtlichen Folgen aufgrund des von dem – rein steuerlich beachtlichen – Verunglücken der Organschaft nicht betroffenen und damit fortbestehenden GAV (einschließlich der vertraglichen Verpflichtungen zur Gewinnabführung bzw. Verlustüberahme);[241] gleichwohl ist die beherrschte Gesellschaft für den Zeitraum der verunglückten Organschaft (wieder) KSt- und GewSt-Zahler, so dass die Steuerbelastungen entsprechend bilanziell, zB über die Steuerrückstellungen und latenten Steuern, abzubilden sind (s. → Rn. 2217).

1188–1200 *(einstweilen frei)*

---

[237] BFH 2.11.2022 – I R 29/19, BStBl. II 2023, 405 Rn. 49; BFH 2.11.2022 – I R 37/19, BStBl. II 2023, 409 Rn. 26; KStR 14.5 Abs. 8 S. 1 Nr. 1.

[238] KStR 14.5 Abs. 8 S. 1 Nr. 2 S. 2.

[239] Bott/Walter/Walter KStG § 14 Rn. 723 (Stand: Mai 2023); HHR/Kolbe KStG § 14 Anm. 207 (Stand: Februar 2021); Schnitger/Fehrenbacher/Brink KStG § 14 Rn. 492; RHN/Rödder/Liekenbrock KStG § 14 Rn. 315.

[240] KStR 14.5 Abs. 8 S. 2.

[241] DPM/Dötsch/Pung KStG § 14 Rn. 1578 (Stand: Juni 2024).

# § 6 Zeitliche Anforderungen

## Übersicht



## A. Abschluss eines Gewinnabführungsvertrags auf fünf Jahre

### I. Hintergrund

Nach § 14 Abs. 1 S. 1 Nr. 3 S. 1 KStG muss der Gewinnabführungsvertrag auf mindestens fünf Jahre geschlossen werden. Dies ist eine **Besonderheit des Steuerrechts.**[1] Die 1201

[1] RHN/Rödder/Liekenbrock KStG § 14 Rn. 305.

§§ 291 ff. AktG normieren für konzernrechtliche Zwecke keine entsprechende Anforderung. Bereits vor der gesetzlichen Kodifizierung der Organschaft wurde die Mindestlaufzeit von der Rechtsprechung des RFH[2] wie folgt begründet: „Die Organtheorie [Die Organschaft] darf nicht dazu benutzt werden, die Steuerleistungen nach Belieben zu beeinflussen, indem von Fall zu Fall das Betriebsergebnis der Gesellschaften des Organschaftsverhältnisses reguliert wird." Diese Zielsetzung ist bis heute als teleologisches Fundament des § 14 Abs. 1 S. 1 Nr. 3 S. 1 KStG erhalten geblieben.[3]

**1202** Offen blieb in den Urteilen des RFH[4] jedoch, welcher genaue Zeitraum erforderlich ist, um eine Nutzung der Organschaft von Fall zu Fall auszuschließen. Der BFH[5] ist der Rechtsprechung des RFH gefolgt. Eine Konkretisierung, was unter einer längeren Dauer zu verstehen ist, erfolgte jedoch ebenfalls nicht.[6] Erst mit Gesetz v. 15.8.1969[7] wurde die gesetzliche Mindestlaufzeit von **fünf Jahren** kodifiziert. Den Gesetzesmaterialien[8] ist hierzu nur folgendes zu entnehmen: „Der Gewinnabführungsvertrag soll nach § 7a Abs. 1 Ziff. 3 nur dann mit den vorgesehenen steuerlichen Wirkungen verbunden sein, wenn er für einen längeren Zeitraum abgeschlossen und durchgeführt wird. Das entspricht ebenfalls dem geltenden Rechtszustand."

**1203–1210** *(einstweilen frei)*

## II. Beginn der Fünfjahresfrist

**1211** **Zivilrechtlich** wird ein Gewinnabführungsvertrag gem. § 294 Abs. 2 AktG[9] mit der (konstitutiven) Eintragung im Handelsregister wirksam.[10] Dennoch können die Parteien vereinbaren, dass auch Zeiträume vor dieser Eintragung an der Wirkung des Gewinnabführungsvertrags teilnehmen.[11] Bereits in der Begründung des Regierungsentwurfs des AktG[12] ist hierzu zu lesen: „Ob und in welchen Grenzen eine solche Rückwirkung möglich ist, entscheidet sich nach allgemeinen Rechtsgrundsätzen, den der Entwurf hier ebenso wenig wie bei Satzungsänderungen (§ 169 Abs. 3) vorgreift." Wo genau die zeitliche Grenze der handelsrechtlichen Rückwirkung verläuft, ist umstritten.[13] Steuerrechtlich entspricht es auf Grundlage des § 14 Abs. 1 S. 2 KStG der ganz hM, dass sich die **steuerliche Rückwirkung** auf das Wirtschaftsjahr des Wirksamwerdens des Gewinnabführungsvertrags beschränkt.[14]

---

2 RFH 31.3./31.10.1933 – I A 391/31, RStBl. 1934, 684; vgl. auch RFH 14.2.1939 – I 32/38, RStBl. 1939, 948; RFH 9.5.1944 – I 15/44, RStBl. 1944, 539.

3 BFH 13.11.2013 – I R 45/12, BStBl. II 2014, 486; BFH 12.1.2011 – I R 3/10, BStBl. II 2011, 727; FG Berlin-Brandenburg 19.10.2011 – 12 K 12078/08, EFG 2012, 443 rkr.; Scheifele/Marx DStR 2014, 1793 (1793); Burwitz NZG 2013, 91; Weiss GmbH-StB 2018, 58 (61); RHN/Rödder/Liekenbrock § 14 Rn. 305; Herzberg GmbHR 2014, 85 (87); Schnitger/Fehrenbacher/Brink KStG § 14 Rn. 300; DPM/Dötsch KStG § 14 Rn. 534.

4 RFH 31.3./31.10.1993 – IA 391/31, RStBl. 1934, 684; vgl. auch RFH 14.2.1939 – I 32/38, RStBl. 1939, 948; RFH 9.5.1944 – I 15/44, RStBl. 1944, 539.

5 BFH 8.3.1955 – I 73/54 U, BStBl. III 1955, 187; 14.2.1956 – I 73/55 U, BStBl. III 1956, 151; 14.8.1958 – I – 39/57 U, BStBl. III 1958, 409.

6 Vgl. aber die gleichlautenden Ländererlasse v. 23.10.1959, BStBl. III 1959, 161: „[…] Der Ergebnisabführungsvertrag muß auf eine längere Zeit, mindestens auf fünf Jahre, abgeschlossen sein. […]". Ob diese Verwaltungspraxis bereits zu einer gewohnheitsrechtlichen Verfestigung führte (so Scheifele/Marx DStR 2014, 1793 (1793)) ist hingegen zweifelhaft.

7 BGBl. 1969 I 1182.

8 BT-Drs. V/3017, 8.

9 Zur entsprechenden Anwendung der Norm auf die GmbH als Organgesellschaft siehe BFH 22.10.2008 – I R 66/07, BStBl. II 2009, 972; Stangl/Winter, Organschaft 2013/2014, 74.

10 Die Eintragung betrifft nach nur das Handelsregister der Organgesellschaft, nicht auch das Handelsregister des anderen Vertragsteils/des Organträgers (BGH 31.1.2023 – II ZB 10/22, BGHZ 236, 123).

11 BGH 5.4.1993 – II ZR 238/91, BGHZ 122, 211 (223 ff.).

12 BT-Drs. IV/171, S. 219.

13 Vgl. Gosch KStG/Neumann KStG § 14 Rn. 242 ff. mwN.

14 Vgl. BT-Drs. 15/119, 43; RHN/Rödder/Liekenbrock KStG § 14 Rn. 483; Gosch KStG/Neumann KStG § 14 Rn. 245; **aA** noch Jurkat, Die Organschaft im Körperschaftsteuerrecht, 271 ff.

Entsprechend der steuerrechtlichen Rückwirkung beginnt nach Ansicht der Finanzverwaltung[15] und Teilen der Literatur[16] die Fünfjahresfrist mit dem Anfang des Wirtschaftsjahres, für das **die Rechtsfolgen des § 14 Abs. 1 S. 1 KStG erstmals eintreten.**[17] Verlangt wird damit neben der Wirksamkeit des Gewinnabführungsvertrags, dass auch die sonstigen Voraussetzungen der Organschaft vorliegen. Zwar erfordere § 14 Abs. 1 S. 1 Nr. 3 S. 1 KStG nur eine Mindestlaufzeit des „Gewinnabführungsvertrags" von fünf Jahren.[18] Jedoch ergebe sich aus dem systematischen Kontext mit § 14 Abs. 1 S. 1 KStG, dass das Erfordernis der Mindestlaufzeit nicht ohne Anknüpfung an die Organschaft zu verstehen sei.[19] **1212**

Die hM im Schrifttum[20] und wohl auch die höchstrichterliche Rechtsprechung[21] vertreten eine Gegenansicht.[22] Danach beginnt die Frist mit dem Anfang des Wirtschaftsjahres, in dem der **Gewinnabführungsvertrag** erstmals **wirksam** wird. Bei einem wirksamen Vertragsschluss[23] im Laufe eines Wirtschaftsjahres zählt dieses Wirtschaftsjahr deshalb von Beginn an.[24] Hierfür sprechen neben dem Wortlaut des § 14 Abs. 1 S. 1 Nr. 3 KStG auch die Gesetzesmaterialien[25], die ausschließlich auf den Gewinnabführungsvertrag abstellen. Vermieden wird zudem ein Wertungswiderspruch zu den Fällen einer „Organschaftspause".[26] **1213**

**Beispiel (nach BFH 10.5.2017 – I R 19/15, BStBl. II 2019, 81):**

Die T-GmbH wurde am 9.2.05 als Vorratsgesellschaft gegründet. Mit Vertrag vom 9.8.05 erwarb die M-GmbH alle Anteile an der T-GmbH von X und gliedert Vermögen zum 1.1.05 aus. Die M-GmbH schloss am 16.8.05 mit der T-GmbH als Organgesellschaft einen am 28.11.05 in das Handelsregister der T-GmbH eingetragenen Gewinnabführungsvertrag, der mit seiner Eintragung in das Handelsregister wirksam werden, ab dem 1.1.05 gelten und erstmals zum Ablauf des 31.12.09 kündbar sein sollte. Die Wirtschaftsjahre beider Gesellschaften entsprechen den Kalenderjahren. **1214**

Nach Ansicht der Finanzverwaltung[27] beginnt die Frist am 1.1.06, da erst in diesem Jahr die finanzielle Eingliederung vorliegt. Da auf dieser Grundlage die Mindestvertragsdauer von fünf Jahren nicht vorliegt, scheitert die Organschaft auch für die Folgejahre. Nach hM[28] kommt es hingegen nur auf das zivilrechtliche Wirksamwerden des Gewinnabführungsvertrags an. Die Frist läuft danach bereits ab dem 1.1.05 und die Mindestvertragsdauer von fünf Jahren wird gewahrt.[29]

Bei der Ermittlung des Beginns der Fünfjahresfrist ist die **umwandlungssteuerliche Rückwirkungsfiktion** auch dann zu beachten, wenn sie auf einen Zeitpunkt vor Gründung der Organgesellschaft zurückwirkt.[30] Im Beispiel unter → Rn. 1214 ist daher bereits der Zeitraum vom 1.1.05 bis 9.2.05 Teil der Mindestvertragsdauer. **1215**

---

15 KStR 14.5 Abs. 2 S. 2; OFD Frankfurt 29.6.2015 – S 2770 A – 39 – St 51, juris.

16 RHN/Rödder/Liekenbrock KStG § 14 Rn. 306.

17 GlA. FG Berlin-Brandenburg 15.7.2009 – 12 K 12148/08, EFG 2009, 2049 rkr.; Schirmer StBp. 2013, 245 (246); HHR/Kolbe KStG § 14 Rn. 200; Stangl/Winter Organschaft 2013/2014 Rn. 354.

18 HHR/Kolbe KStG § 14 Rn. 200.

19 HHR/Kolbe KStG § 14 Rn. 200.

20 DPM/Dötsch KStG § 14 Rn. 550; Frotscher/Drüen/Frotscher KStG § 14 Rn. 473; Scheifele/Marx DStR 2014, 1794 (1795); Prinz/Witt Steuerliche Organschaft/Beinert/Nees Rn. 3.36 und 11.10; Schell/Philipp FR 2018, 13 (14); Walter GmbHR 2017, 1226 (1227); Adrian/Fey DStR 2017, 2409 (2412); Brühl/Lange DK 2016, 541 (542).

21 So wohl BFH 10.5.2017 – I R 19/15, BStBl. II 2019, 81 Rn. 24; **aA** HHR/Kolbe KStG § 14 Rn. 200 („unklar").

22 Das BFH-Urteil 10.5.2017 – I R 19/15, BStBl. II 2019, 81 soll nach Ansicht der Finanzverwaltung anzuwenden sein (siehe KStH 14.5 „Beginn der Mindestlaufzeit des Gewinnabführungsvertrages bei umwandlungssteuerlicher Rückwirkungsfiktion").

23 Voraussetzung ist hierfür u. a. die Eintragung im Handelsregister der Organgesellschaft nach § 294 Abs. 2 AktG.

24 Herzig Organschaft/Dötsch, 111.

25 BT-Drs. V/3017, 8.

26 Hierzu → Rn. 1330 ff.

27 KStR 14.5 Abs. 2 S. 2; OFD Frankfurt 29.6.2015 – S 2770 A – 39 – St 51, juris.

28 Vgl. → Rn. 1213.

29 Zu weiteren Aspekten der Entscheidung vgl. Heurung/Schmidt/Kraft BB 2018, 470; Adrian/Fey DStR 2017, 2409.

30 BFH 10.5.2017 – I R 19/15, BStBl. II 2019, 81; KStH 14.5 „Beginn der Mindestlaufzeit des Gewinnabführungsvertrages bei umwandlungssteuerlicher Rückwirkungsfiktion"; DPM/Dötsch/Pung KStG § 14

1216 Für die Prüfung der Mindestlaufzeit des Gewinnabführungsvertrags nach § 14 Abs. 1 S. 1 Nr. 3 KStG ist die Laufzeit bei dem bisherigen und dem künftigen Organträger (übernehmender Rechtsträger bzw. Organträger neuer Rechtsform) zusammenzurechnen, wenn der übernehmende Rechtsträger aufgrund der **Umwandlung** in den bestehenden Gewinnabführungsvertrag eintritt.[31] Der Fristbeginn ändert sich dadurch nicht.

1217 Wurde der Gewinnabführungsvertrag mit einer **Vorgründungs- bzw. Vorgesellschaft** geschlossen, verschiebt sich der Beginn der Frist durch die Eintragung der Gesellschaft im Handelsregister nicht.[32]

1218–1227 *(einstweilen frei)*

### III. Fünfjährige Dauer

1228 Unter „Jahr" iSd § 14 Abs. 1 S. 1 Nr. 3 S. 1 KStG ist nach hM das **Zeitjahr** und nicht das Wirtschaftsjahr oder Kalenderjahr zu verstehen.[33] Hierfür spricht bereits der Wortlaut der Norm: Nach allgemeinem Sprachgebrauch verbindet man mit dem Begriff „Jahr" einen Zeitraum von 12 Monaten. Dies deckt sich mit systematischen Erwägungen. Das KStG verwendet die Ausdrücke „Jahr", „Wirtschaftsjahr"[34] und „Kalenderjahr"[35]. Dies impliziert eine unterschiedliche Bedeutung der Ausdrücke. Drittens stützt der Sinn und Zweck des § 14 Abs. 1 S. 1 Nr. 3 S. 1 KStG die hM: Ein Wirtschaftsjahr in Form eines Rumpfwirtschaftsjahres kann beliebig kurz sein. Insofern würde ein Abstellen auf Wirtschaftsjahre nicht die Gewähr für einen willkürfreien Betrachtungszeitraum bieten.

**Beispiel (nach BFH 12.1.2011 – I R 3/10, BStBl. II 2011, 727):**

1229 Die Organgesellschaft ist am 19.7.00 gegründet worden. Am 20.3.01 ist der Gewinnabführungsvertrag durch Eintragung in das Handelsregister wirksam geworden. Die Organgesellschaft hat ein Wirtschaftsjahr, das jeweils am 31.3. endet. Im Gewinnabführungsvertrag ist vereinbart, dass der Vertrag erstmals mit Ablauf des 31.3.05 kündbar sein soll.

Im Beispiel beginnt die Frist am 19.7.00.[36] Bis zum 31.3.05 vergehen fünf Wirtschaftsjahre (ein Rumpfwirtschaftsjahr und vier normale Wirtschaftsjahre) aber keine fünf Zeitjahre. Nach hM liegen die Voraussetzungen der Organschaft daher nicht vor.

1230 Nach dem Gesetzeswortlaut muss der Vertrag auf **mindestens** fünf Jahre abgeschlossen werden. Mangelt es hieran, kann auch die Durchführung des Gewinnabführungsvertrags über einen Zeitraum von fünf Zeitjahren die „verunglückte Organschaft" nicht heilen.[37] Aus dem Wortlaut „mindestens" ist gleichzeitig zu folgern, dass ein Abschluss des Vertrags über den Mindestzeitraum hinaus unschädlich ist.

---

Rn. 570; RHN/Rödder/Liekenbrock KStG § 14 Rn. 306; **aA** noch FG Düsseldorf 3.3.2015 – 6 K 4332/12 K,F, EFG 2015, 951.

31 BMF 2.1.2025, BStBl. I 2025, 92 Rn. Org.11; RHvL/Herlinghaus Anh. 4 Rn. 13; Streck/Olbing KStG § 14 Rn. 105; Herzig Organschaft/Dötsch S. 111; Dötsch Ubg 2011, 20 (21); Oppen/Polatzky GmbHR 2012, 263 (270); Heurung/Engel/Thiedemann DK 2012, 16 (17).

32 Gosch KStG/Neumann KStG § 14 Rn. 213.

33 BFH 13.11.2013 – I R 45/12, BStBl. II 2014, 486; BFH 12.1.2011 – I R 3/10, BStBl. II 2011, 727; FG Hessen 15.11.2006 – 12 K 4273/01, BeckRS 2006, 26024229 rkr.; KStR 14.5 Abs. 2 S. 1; KStH 14.5 „Mindestlaufzeit"; Erle/Sauter/Erle/Heurung KStG § 14 Rn. 177; DPM/Dötsch KStG § 14 Rn. 535; Scheifele/Marx DStR 2014, 1794 (1794); Suchanek/Herbst FR 2005, 665; Fenzl/Antoszkiewicz FR 2003, 1061; Kerssenbrock BB 1998, Beilage 3, 5; Lademann/Lohmar KStG § 14 Rn. 387; Streck/Olbing KStG § 14 Rn. 105; Schnitger/Fehrenbacher//Brink KStG § 14 Rn. 301; Stangl/Winter Organschaft 2013/2014 Rn. 352; DPM/Dötsch/Pung KStG § 14 Rn. 572; Jurkat, Die Organschaft im Körperschaftsteuerrecht, Rn. 459; **aA** FG Düsseldorf 26.1.2010 – 6 K 4601/07 K, G, EFG 2010, 903, rkr.; Abschn. 55 Abs. 2 KStR 1977/1981; Bödefeld/Krebs FR 1996, 157; Frotscher/Drüen/Frotscher KStG § 14 Rn. 232b.

34 Vgl. zB § 14 Abs. 1 S. 1 Nr. 3 S. 3 KStG.

35 § 14 Abs. 1 S. 2 KStG.

36 Zum Fristbeginn vgl. → Rn. 1212 f.

37 → § 5 Rn. 1186 ff.

Wird die gesetzlich festgeschriebene Dauer von fünf Zeitjahren auch nur um einen Tag unterschritten, liegt keine wirksame Organschaft vor.[38] Eine **Bagatellgrenze** existiert insoweit nicht;[39] **Billigkeitsmaßnahmen** werden ebenfalls nicht gewährt.[40] Bei der Prüfung, ob ein Gewinnabführungsvertrag auf mindestens fünf Jahre abgeschlossen ist, ist der Vertrag nach **objektiven Gesichtspunkten auszulegen.**[41] Der aus § 133 BGB abgeleitete Grundsatz „falsa demonstratio non nocet" gilt nur, soweit sich für das von den Vertragsschließenden subjektiv Gemeinte im Vertrag oder den allgemein zugänglichen Quellen eindeutige Belege finden lassen.[42] Deshalb liegen auch die Voraussetzungen für einen **Nachtragsvermerk nach § 44a Abs. 2 BeurkG** („offensichtliche Unrichtigkeiten") regelmäßig nicht vor.[43] 1231

**Beispiel 1 (nach BFH 23.1.2013 – I R 1/12, BFH/NV 2013, 989):**

Die A-GmbH und die B-GmbH haben zum 1.1.01 einen „Organschafts- und Gewinnabführungsvertrag geschlossen, der bis zum 30.12.05 nicht ordentlich kündbar sein sollte. Infolge der Beanstandung der Vertragslaufzeit durch die Finanzverwaltung berichtigte der Notar in 06 die Vertragsurkunde im Wege eines Nachtragsvermerks nach § 44a Abs. 2 BeurkG und stellte fest, dass das Enddatum richtig auf den „31.12.05" lauten musste. 1232

Nach Ansicht des BFH entspricht der Gewinnabführungsvertrag nicht den Vorgaben des § 14 Abs. 1 S. 1 Nr. 3 S. 1 KStG. Der Grundsatz „falsa demonstratio non nocet", nach dem ohne Rücksicht auf einen abweichenden Wortlaut das von den Vertragschließenden tatsächlich Gemeinte als Inhalt des Vertrags gilt, könne im Bereich der objektivierten Auslegung korporationsrechtlicher Vereinbarungen nicht uneingeschränkt angewendet werden. Findet sich nämlich im Vertrag und in den allgemein zugänglichen Unterlagen kein eindeutiger Beleg für einen dem Wortlaut entgegenstehenden subjektiven Willen der Vertragsparteien, sei kein Raum für dessen Berücksichtigung. Ein solcher eindeutiger Beleg sei auch nicht in der Überschrift „Organschaftsvertrag" zu sehen.[44]

**Beispiel 2 (nach FG Nürnberg 28.6.2022 – 1 K 536/21, EFG 2023, 1646[45]):**

Die A-GmbH schloss als Organträgerin mit der B-GmbH am 17.10.11 einen Gewinnabführungsvertrag. Die Eintragung in das Handelsregister erfolgte am 3.8.12. Die tatsächliche Durchführung des Vertrags erfolgte ab dem 1.1.13. Der Gewinnabführungsvertrag sollte unter Berücksichtigung der Mindestlaufzeit erstmals mit Ablauf des 31.12.16 ordentlich kündbar sein. Zudem enthielt der Gewinnabführungsvertrag folge gleitende Wirksamkeits- und Kündigungsregelung für den Fall, dass er nicht in 11 in das Handelsregister eingetragen würde: „[…] Der Beginn der Verpflichtung der Ergebnisabführung verschiebt sich in diesem Fall entsprechend auf den 1.1. des Jahres der Eintragung. Das Recht zur Kündigung […] verschiebt sich ebenfalls entsprechend.". 1233

Der Wortlaut des Vertrags „entsprechend" gibt Raum für unterschiedliche Interpretationen. Nach Ansicht des Landesamtes für Steuern verschiebe sich die Kündigungsmöglichkeit im Beispiel durch

38 BFH 23.1.2013 – I R 1/12, BFH/NV 2013, 989; Schnitger/Fehrenbacher/Brink KStG § 14 Rn. 307; DPM/Dötsch/Pung KStG § 14 Rn. 569.

39 BFH 23.1.2013 – I R 1/12, BFH/NV 2013, 989.

40 BFH 23.8.2017 – I R 80/15, BStBl. II 2018, 141; KStH 14.5 „Verzögerte Registereintragung".

41 BFH 23.1.2013 – I R 1/12, BFH/NV 2013, 989; BFH 28.11.2007 – I R 94/06, BFHE 220, 51; FG Bremen 7.7.2005 – 1 K 46/05 (6), EFG 2005, 1554 rkr.; vgl. daneben auch BFH 13.7.2022 – I R 42/18, BStBl. II 2023, 192 (zur steuerlichen Rückwirkung eines notariellen Nachtragsvermerks nach § 44a Abs. 2 S. 1 BeurkG); Lademann/Lohmar KStG § 14 Rn. 387; Hoffmann DStRK 2023, 329; **krit.** insoweit Walter GmbHR 2013, 602 ff.; Behrens BB 2013, 1318 ff.; Stangl/Winter Organschaft 2013/2014 Rn. A134 f.; aus gesellschaftsrechtlicher Sicht auch Grunewald ZGR 2009, 647 ff.

42 BFH 23.1.2013 – I R 1/12, BFH/NV 2013, 989; BFH 28.11.2007 – I R 94/06, BFHE 220, 51; FG Bremen 7.7.2005 – 1 K 46/05 (6), EFG 2005, 1554, rkr.; Lademann/Lohmar KStG § 14 Rn. 387; vgl. aber auch FG Nürnberg 28.6.2022 – 1 K 536/21, EFG 2023, 1646; Rev. Az. I R 18/23.

43 BFH 13.7.2022 – I R 42/18, BStBl. II 2023, 192, BFH 23.1.2013 – I R 1/12, BFH/NV 2013, 989; Scheifele/Marx DStR 2014, 1793 (1798). Der BFH musste sich deshalb bislang auch nicht zu der streitigen Frage positionieren, ob einem solchen Nachtragsvermerk rückwirkende Bedeutung zukommt (hierzu Walter GmbHR 2013, 602 (606); Frotscher/Drüen/Frotscher KStG § 14 Rn. 330; Scheifele/Marx DStR 2014, 1793 (1798)).

44 Vor dem Hintergrund dieser Entscheidung wird in der Literatur (Stangl/Winter, Organschaft 2013/2014, 62) zu folgender salvatorischer Klausel in Gewinnabführungsverträgen geraten: „Bei der Auslegung einzelner Bestimmungen dieses Vertrages sind die Vorgaben des § 14 KStG in seiner jeweils geltenden Fassung bzw. ggf. die entsprechende Nachfolgeregelung zu beachten.".

45 Rev. Az. I R 18/23.

die verspätete Eintragung entsprechend um ca. 10 Monate bis Ende Oktober 17.[46] Nach Ansicht des FG Nürnberg ergibt die Auslegung des Wortes „entsprechend" hingegen, dass damit nicht der Zeitraum zwischen erwarteter und tatsächlicher Eintragung im Handelsregister gemeint sei, sondern der Vertrag um ein Zeitjahr versetzt werden solle. Die ordentliche Kündigung sei daher erstmals mit Ablauf des 31.12.17 möglich. Die Vorgaben des BFH zur „objektiven Auslegung" stünden dem nicht entgegen.[47]

1234 Verwendet der **Vertragswortlaut** ebenfalls den Begriff des „Jahres", ist das nicht als Verstoß gegen § 14 Abs. 1 S. 1 Nr. 3 S. 1 KStG zu werten.[48] Von den Vertragsschließenden wird keine größere Sorgfalt als vom Gesetzgeber selbst erwartet. Vorbehaltlich anderer Hinweise im Vertrag ist in diesen Fällen der Begriff „Jahr" ebenfalls iSv „Zeitjahr" auszulegen.[49]

1235–1245 *(einstweilen frei)*

## IV. Ausschluss des ordentlichen Kündigungsrechts

1246 Die Mindestlaufzeit muss sich aus dem Vertrag ergeben.[50] Hiervon ist auszugehen, wenn die **ordentliche Kündigung** innerhalb dieses Zeitraums **vertraglich ausgeschlossen** ist.[51] Der Abschluss auf unbestimmte Zeit reicht daher beispielsweise nicht aus.[52] Unbeachtlich ist hingegen, ob der Vertrag während der Mindestvertragsdauer beidseitig aufgehoben werden kann.

**Beispiel (nach FG Bremen 7.7.2005 – 1 K 46/05 (6), EFG 2005, 1554 rkr.):**
Die Klägerin als Organgesellschaft wollte mit ihrer Muttergesellschaft als Organträgerin eine körperschaftsteuerliche Organschaft begründen. Versehentlich schlossen die Vertragspartner einen Beherrschungs- und Gewinnabführungsvertrag, der schon vor Ablauf von fünf Jahren ohne einen wichtigen Grund gekündigt werden konnte.
Der Gewinnabführungsvertrag genügt den Anforderungen des § 14 Abs. 1 S. 1 Nr. 3 S. 1 KStG nicht.[53] Ein solcher Vertrag kann auch nicht gegen seinen klaren Wortlaut dahin ausgelegt werden, dass er auf mindestens fünf Jahre abgeschlossen ist, selbst wenn die Vertragsschließenden eine mindestens fünfjährige Vertragsdauer vereinbaren wollten.[54] Ein später hinzugefügter klarstellender Nachtrag, in welchem die Beteiligten ihre Absicht dokumentieren, den Gewinnabführungsvertrag auf fünf Jahre abschließen zu wollen, ist ebenfalls nicht geeignet, die eindeutige Satzungsbestimmung des Beherrschungsvertrages und Gewinnabführungsvertrages rückwirkend zu verändern.[55]

1247 Folgende **Formulierungsalternativen** bieten sich im Grundsatz an: Der Gewinnabführungsvertrag wird auf unbestimmte Zeit geschlossen, verbunden mit einem ordentlichen Kündigungsrecht frühestens nach fünf Jahren[56] oder der Gewinnabführungsvertrag wird auf

---

46 Vgl. die Hinweise bei FG Nürnberg 28.6.2022 – 1 K 536/21, EFG 2023, 1646; Rev. Az. I R 18/23.
47 Hoffmann DStRK 2023, 329.
48 Scheifele/Marx DStR 2014, 1793 (1797); Prinz/Witt Steuerliche Organschaft/Beinert/Nees Rn. 3.37.
49 Scheifele/Marx DStR 2014, 1793 (1797); Schnitger/Fehrenbacher/Brink KStG § 14 Rn. 303; **aA** Stangl/Winter Organschaft 2013/2014 Rn. 352 die zusätzlich verlangen, dass der Vertrag auch fünf Zeitjahre durchgeführt wird. Gegen letztere Ansicht spricht, dass der Abschluss auf fünf Jahre und die Durchführung innerhalb der Geltungsdauer separat zu prüfen sind.
50 BFH 28.11.2007 – I R 94/06, DStRE 2008, 878; FG Bremen 7.7.2005 – 1 K 46/05 (6), EFG 2005, 1554 rkr.; HHR/Kolbe KStG § 14 Rn. 200.
51 FG Bremen 7.7.2005 – 1 K 46/05 (6), EFG 2005, 1554 rkr.; Herzberg GmbHR 2014, 85 (86); Schnitger/Fehrenbacher/Brink KStG § 14 Rn. 302; Lademann/Lohmar KStG § 14 Rn. 387.
52 Jurkat, Die Organschaft im Körperschaftsteuerrecht, Rn. 459; Streck/Olbing KStG § 14 Rn. 105; DPM/Dötsch/Pung KStG § 14 Rn. 566.
53 FG Bremen 7.7.2005 – 1 K 46/05 (6), EFG 2005, 1554 rkr.
54 FG Bremen 7.7.2005 – 1 K 46/05 (6), EFG 2005, 1554 rkr.; zur objektiven Auslegung auch BFH 13.7.2022 – I R 42/18, BStBl. II 2023, 192; BFH 23.1.2013 – I R 1/12, BFH/NV 2013, 989; Lademann/Lohmar KStG § 14 Rn. 387; Hoffmann DStRK 2023, 329 sowie → Rn. 1231.
55 FG Bremen 7.7.2005 – 1 K 46/05 (6), EFG 2005, 1554, rkr.
56 HHR/Kolbe KStG § 14 Rn. 200; Bott/Walter/Walter KStG § 14 Rn. 636; Schnitger/Fehrenbacher//Brink KStG § 14 Rn. 302.

fünf Jahre geschlossen, versehen mit einer Verlängerungsklausel, nach der sich der Vertrag jeweils um ein Jahr verlängert, sofern keine Kündigung innerhalb einer bestimmten Frist erfolgt.[57]

**Beispiel:**
Im September 01 wird ein Gewinnabführungsvertrag geschlossen, der möglichst früh im Handelsregister eingetragen und steuerliche Wirkung entfalten soll. Im Gewinnabführungsvertrag findet sich folgende Klausel: „Der Vertrag kann erstmals zum Ablauf des 31.12.05 ordentlich gekündigt werden." Beide Gesellschaften haben ein kalendergleiches Wirtschaftsjahr. **1248**

**Abwandlung 1:**
Abweichend vom Ausgangsbeispiel findet sich im Gewinnabführungsvertrag folgende Klausel: „Der Vertrag kann erstmals zum Ablauf von fünf Zeitjahren nach Beginn des Wirtschaftsjahres der Organgesellschaft, in dem der Vertrag wirksam geworden ist, gekündigt werden."

**Abwandlung 2:**
Abweichend vom Ausgangsbeispiel findet sich im Gewinnabführungsvertrag folgende Klausel: „Der Vertrag kann erstmals zum Ablauf von fünf Zeitjahren nach Beginn des Wirtschaftsjahres der Organgesellschaft, in dem alle Voraussetzungen der Organschaft vorliegen, gekündigt werden."

**Abwandlung 3:**
Abweichend vom Ausgangsbeispiel findet sich im Gewinnabführungsvertrag folgende Klausel: „Der Vertrag kann erstmals zum Ablauf des 31.12.06 ordentlich gekündigt werden."

Eine Formulierung wie im **Ausgangsbeispiel** („Der Vertrag kann erstmals zum Ablauf **1249** des 31.12.05 ordentlich gekündigt werden.") ist klar und eindeutig. In Fällen, in denen es zur Eintragung des Gewinnabführungsvertrag (ungewollt) erst in 02 kommt, scheitert die Organschaft jedoch nicht nur für das Jahr 01, sondern auch für die Folgejahre. Der Zeitpunkt der Eintragung ist für den Fristbeginn selbst dann relevant, wenn das Amtsgericht die Eintragung schuldhaft verzögert.[58] In einem Urteil aus dem Jahre 2017[59] hatte der BFH über eine vergleichbare Konstellation zu entscheiden: Am 24.10.2006 ging die Anmeldung der Eintragung des Gewinnabführungsvertrags beim Registergericht ein. Am 6.12.2006 erfolgte die Eingangsbestätigung durch den Rechtspfleger. Die Eintragung im Handelsregister erfolgte aber erst am 26.1.2007. Ausgehend von § 294 Abs. 2 AktG (analog) wurde der Gewinnabführungsvertrag erst in 2007 wirksam.[60]

Die Vertragsklausel in der **1. Abwandlung** („Der Vertrag kann erstmals zum Ablauf von **1250** fünf Zeitjahren nach Beginn des Wirtschaftsjahres der Organgesellschaft, in dem der Vertrag wirksam geworden ist, gekündigt werden.") vermeidet die oben beschriebene Schwachstelle, beinhaltet andererseits aber bzgl. der erstmaligen ordentlichen Kündigungsmöglichkeit kein exaktes Datum.[61] Zudem steht die Klausel nicht im Einklang mit der Verwaltungssichtweise.[62] Erfolgt im Beispiel die Eintragung des Gewinnabführungsvertrags in das Handelsregister bereits im Jahre 01, liegt die finanzielle Eingliederung aber erst ab dem Jahre 02 vor, würde die Organschaft nach Ansicht der Finanzverwaltung wiederum in allen Jahren an § 14 Abs. 1 S. 1 Nr. 3 S. 1 KStG scheitern.

Vor dem Hintergrund der aufgezeigten Probleme bietet sich eine Formulierung wie in **1251** der **Abwandlung 2** („Der Vertrag kann erstmals zum Ablauf von fünf Zeitjahren nach Beginn des Wirtschaftsjahres der Organgesellschaft, in dem alle Voraussetzungen der Organschaft vorliegen, gekündigt werden.") an.[63] Zweifelhaft ist allerding, ob ein Gewinnabführungsvertrag mit einer derartigen Vertragsklausel im Handelsregister eingetragen

---

57 Stangl/Winter Organschaft 2013/2014 Rn. 353; Schnitger/Fehrenbacher//Brink KStG § 14 Rn. 302.
58 FG Niedersachsen 13.12.2007 – 6 K 411/07, EFG 2008, 885; Weiss GmbH-StB 2018, 58 (62).
59 BFH 23.8.2017 – I R 80/15, BStBl. II 2018, 141.
60 Hierzu im Einzelnen Märtens jurisPR-SteuerR 5/2018 Anm. 4; Weiss GmbH-StB 2018, 58 (61 f.); Brandis BFH/PR 2018, 64; Wachter DB 2018, 272; v. Freeden/Lange DK 2018, 191.
61 Stangl/Winter Organschaft 2013/2014 Rn. 354; zu einer vergleichbaren gleitenden Wirksamkeits- und Kündigungsregelung vgl. FG Nürnberg 28.6.2022 – 1 K 536/21, EFG 2023, 1646, Rev. Az. I R 18/23.
62 Nach KStR 14.5 Abs. 2 S. 2 beginnt die Frist erst am Anfang des Wirtschaftsjahres, für das die Rechtsfolgen des § 14 Abs. 1 S. 1 KStG erstmals eintreten. Dies setzt das Vorhandensein sämtlicher Organschaftsvoraussetzungen voraus (→ Rn. 1212); **aA** DPM/Dötsch/Pung KStG § 14 Rn. 567.
63 So der Vorschlag der OFD Frankfurt 29.6.2015 – S 2770 A – 39 – St 51.

wird.[64] Denn weder für das Registergericht noch einen außenstehenden Dritten ist ohne weiteres erkennbar, ob und wann die Voraussetzungen der Organschaft vorliegen. Wann der Vertrag erstmals ordentlich gekündigt werden kann, bleibt für potentielle Adressaten ebenfalls unklar.

1252 Ein sicherer Weg ist die Aufnahme einer Klausel wie in der **Abwandlung 3** („Der Vertrag kann erstmals zum Ablauf des 31.12.06 ordentlich gekündigt werden."").[65] Mit dem expliziten Abstellen auf den 31.12.06 enthält die Klausel eine eindeutige Vorgabe. Der Sicherheitszuschlag von einem Jahr berücksichtigt zudem die in den ersten Beispielen aufgezeigten Eventualitäten. Einziger Nachteil ist, dass der unternehmerische Gestaltungsspielraum durch die Verlängerung der Mindestlaufzeit um ein weiteres Jahr noch stärker als ggf. nötig eingeschränkt wird.

1253–1264 *(einstweilen frei)*

## V. Einfluss wichtiger vertraglicher Kündigungsgründe

1265 Nach Ansicht des BGH[66] kommt die **Vereinbarung eines wichtigen Kündigungsgrundes**[67] einem beschränkten ordentlichen Kündigungsrecht nahe. Dennoch stehen derartige vertragliche Vereinbarungen dem Abschluss des Gewinnabführungsvertrags auf fünf Jahre nicht entgegen.[68] Unabhängig davon, dass auch nach Ansicht des BGH wichtige vertragliche Kündigungsgründe einem ordentlichen Kündigungsrecht nur nahekommen, diesem aber nicht gleichzusetzen sind, ist jedenfalls keine unterschiedliche Behandlung von vertraglichen und gesetzlichen außerordentlichen Kündigungsgründen gerechtfertigt. Wie § 14 Abs. 1 S. 1 Nr. 3 S. 2 KStG zeigt, ist die Existenz wichtiger Kündigungsgründe nicht organschaftsschädlich.

## VI. Einfluss nicht wichtiger vertraglicher Kündigungsgründe

1266 Klauseln, die eine Kündigung des Vertrags aus einem **nicht wichtigen Grund**[69] vorsehen, stehen der gesetzlich verlangten Mindestvertragsdauer (§ 14 Abs. 1 S. 1 Nr. 3 S. 1 KStG) ebenfalls nicht entgegen.[70] Ob ein solcher Kündigungsgrund, wenn er innerhalb der Mindestvertragsdauer konkret werden sollte, nach Maßgabe des § 14 Abs. 1 S. 1 Nr. 3 S. 2 KStG die (bisherige) steuerrechtliche Anerkennung der Organschaft unberührt lässt, ist für die Laufzeitvoraussetzung des § 14 Abs. 1 S. 1 Nr. 3 S. 1 KStG (zunächst) ohne Belang. Auch wird man in solchen Klauseln kein ordentliches Kündigungsrecht erblicken können, das die Mindestlaufzeit in Frage stellt.[71] Anders ist möglicherweise zu entscheiden, wenn im Gewinnabführungsvertrag die (außerordentlichen) Kündigungsgründe so ausufernd geregelt sind, dass der Vertragspassus von fünf Jahren zur bloßen Makulatur wird.[72] Denn in solchen Fällen bestehen Zweifel, an einer ernsthaft gewollten Mindestlaufzeit des Gewinnabführungsvertrags.[73]

---

[64] Prinz/Witt Steuerliche Organschaft/Beinert/Nees Rn. 3.80.

[65] Prinz/Witt Steuerliche Organschaft/Beinert/Nees Rn. 3.37; Stangl/Winter Organschaft 2013/2014 Rn. 354; Rödder/Schumacher DStR 2003, 805.

[66] BGH 5.4.1993 – II ZR 238/91, BGHZ 122, 211.

[67] Zum Begriff → Rn. 1666 ff.

[68] Im Ergebnis auch Herzberg GmbHR 2014, 85 (86).

[69] Zum Begriff → Rn. 1666 ff.

[70] BFH 13.11.2013 – I R 45/12, BStBl. II 2014, 486; Schnitger/Fehrenbacher/Brink KStG § 14 Rn. 302d.

[71] So aber wohl Herzberg GmbHR 2014, 85 (86); Prinz/Witt Steuerliche Organschaft/Beinert/Nees Rn. 3.43.

[72] Anders Herzberg GmbHG 2014, 503.

[73] Stangl/Winter Organschaft 2013/2014 Rn. 366 mit Hinweis auf die Sichtweise der Finanzverwaltung.

**Beispiel:**
Nach dem Gewinnabführungsvertrag ist der Vertrag auf mindestens fünf Zeitjahre abgeschlossen. Zusätzlich ist geregelt, dass eine Kündigung jederzeit möglich ist, wenn der Organträger seine Verlustvorträge verbraucht hat. **1267**
Sieht man in dem vereinbarten Kündigungsgrund keinen wichtigen Grund iSd § 14 Abs. 1 S. 1 Nr. 3 S. 2 KStG[74], wird dadurch die Mindestvertragsdauer jedoch nicht in Frage gestellt. Erst wenn es zur außerordentlichen Kündigung innerhalb des Fünfjahreszeitraums kommt, muss beurteilt werden, ob ein „wichtiger Grund" diese rechtfertigt.

## VII. Beendigung innerhalb eines Wirtschaftsjahres

Unschädlich ist es, wenn nach dem Gewinnabführungsvertrag die Mindestvertragsdauer **innerhalb eines Wirtschaftsjahres** endet.[75] Nach § 14 Abs. 1 S. 1 Nr. 3 S. 3 KStG wirkt die Kündigung[76] zwar auf den Beginn dieses Wirtschaftsjahres zurück. Im Zeitpunkt des Abschlusses des Gewinnabführungsvertrag ist aber noch nicht absehbar, ob die Organgesellschaft durch Umstellung ihres Wirtschaftsjahres eine Rückwirkung verhindern bzw. den Gewinnabführungsvertrag zivilrechtlich weiter durchführen wird.[77] Zudem geht es bei § 14 Abs. 1 S. 1 Nr. 3 S. 1 KStG nur um die Mindestdauer des Gewinnabführungsvertrags und nicht um die der Organschaft.[78] Nur Letztere ist durch § 14 Abs. 1 S. 1 Nr. 3 S. 3 KStG betroffen. **1268**

**Beispiel:**
Die OG-GmbH (Organgesellschaft) wird am 1.9.04 gegründet. Ihr Wirtschaftsjahr soll dem Kalenderjahr entsprechen. Ein Gewinnabführungsvertrag wird noch im Dezember 04 in das Handelsregister eingetragen. Nach dem Gewinnabführungsvertrag soll der Vertrag zum Ablauf des 1.9.09 kündbar sein. **1269**
Im Beispiel beginnt die Frist am 1.9.04 und endet am 1.9.09. Die Mindestlaufzeit ist daher eingehalten. Dass § 14 Abs. 1 S. 1 Nr. 3 S. 3 KStG die Organschaft bei einer Kündigung zum 1.9.09 bereits zum 1.1.09 entfallen lässt, ändert nach der hier vertretenen Ansicht daran (zunächst) nichts.

*(einstweilen frei)* **1270–1285**

## VIII. Änderung eines Gewinnabführungsvertrags

Kommt es zu einer **Änderung eines Gewinnabführungsvertrags** liegt weder zivilrechtlich noch steuerrechtlich ein „Abschluss" vor. Bereits der Überschrift vor § 293 AktG („Zweiter Abschnitt: Abschluss, Änderung und […]") ist eine bewusste Differenzierung des Gesetzgebers zu entnehmen. Zudem erklärt § 295 Abs. 1 S. 2 AktG die Vorschriften über den Abschluss eines Unternehmensvertrags auf seine Änderung nur für entsprechend anwendbar. Hinweise, dass der Steuergesetzgeber dieser zivilrechtlichen Ausgangslage nicht gefolgt ist, ergeben sich aus § 14 Abs. 1 S. 1 Nr. 3 S. 1 KStG nicht. Im Gegenteil: Die Gesetzesmaterialien[79] offenbaren, dass die körperschaftsteuerliche Organschaft „auf den Grundlagen aufbauen sollte, die durch das in der Beratung der Ausschüsse befindliche neue **1286**

---

74 Vgl. → Rn. 1666 ff.
75 BFH 13.11.2013 – I R 45/12, BStBl. II 2014, 486; KStH 14.5 „Mindestlaufzeit"; **aA** Gosch KStG/Neumann KStG § 14 Rn. 212.
76 Entsprechend anwendbar dürfte die Norm in anderen Fällen einer Beendigung des Gewinnabführungsvertrags sein.
77 BFH 2.11.2022 – I R 29/19, BStBl. II 2023, 405; BFH 13.11.2013 – I R 45/12, BStBl. II 2014, 486; zur Problematik auch Märtens jurisPR-StR 19/2014 Anm. 4; Gosch BFH/PR 2014, 200 ff.; Scheifele/Marx DStR 2014, 1793 ff.; Füger/Rieger/Schell DStZ 2015, 404 ff.; Seidel EWiR 2014, 243 ff.; Herzberg GmbHR 2014, 502 ff.; Trossen GmbH-StB 2014, 127 ff.; Brill GWR 2014, 183 ff.; Rödder JbFfSt 2014/2015, 110 ff.; Bumiller SteuK 2014, 193; Benz/Pung StJB 2016/2017, 139 ff.
78 **AA** Walter GStB 2014, 195; Walter GmbHR 2015, 546; Scheifele/Marx DStR 2014, 1793 (1796); Füger/Rieger/Schell DStZ 2015, 404 (411).
79 BT-Drs. IV/2320, 88, 99.

Aktiengesetz und hier vor allem durch das neue Konzernrecht geschaffen werden sollen." Nach wohl hM[80] ist hingegen entscheidend, ob die Änderung einem Neuabschluss gleichkommt.[81] Diese Sichtweise steht nicht nur im Widerspruch zum Zweck der Norm (eine Beeinflussung der Besteuerung nach Belieben liegt nicht vor, wenn der Vertrag nur inhaltlich geändert wird), sondern führt für die Praxis auch zu einer erheblichen Rechtsunsicherheit. Denn bisher ist es nicht gelungen, verlässliche Kriterien herauszuarbeiten, wann wertungsmäßig eine Identität zwischen Änderung und Neuabschluss vorliegt.

**1287** Nur punktuell haben der Gesetzgeber und die Finanzverwaltung[82] versucht, Klarheit zu schaffen. In **§ 34 Abs. 10b S. 4 KStG**[83] ist zu lesen: „Die Änderung iSd Satzes 2 eines bestehenden Gewinnabführungsvertrags gilt für die Anwendung des § 14 Absatz 1 Satz 1 Nummer 3 nicht als Neuabschluss." Das heißt, eine solche Anpassung des Gewinnabführungsvertrags verstößt weder gegen die fünfjährige Mindestlaufzeit noch löst sie eine neue Mindestlaufzeit aus. § 34 Abs. 6e S. 4 KStG verwendet eine ähnliche Formulierung: „Wird ein Gewinnabführungsvertrag iSd Satzes 2 an die Anforderungen des § 14 Absatz 2 idF des Artikels 6 des Gesetzes vom 11.12.2018 (BGBl. I 2338) angepasst, gilt diese Anpassung für die Anwendung des § 14 Absatz 1 Satz 1 Nummer 3 nicht als Neuabschluss." Formal betrachtet scheinen diese Gesetzespassagen der hier vertreten Ansicht zu widersprechen bzw. die hM zu stützen. Wenn man die Änderung nicht als Neuabschluss behandelt, wären die Normen bedeutungslos. Zumindest einer Fiktion hätte es dann nicht bedurft. Bereits die Gesetzesmaterialien[84] offenbaren jedoch, dass die Vorschriften nur der Klarstellung dienen.[85] Im BMF-Schreiben v. 24.3.2021[86] zur Anpassung an die Änderung des § 302 AktG formuliert die Finanzverwaltung bereits vorsichtiger: „In den vorgenannten Fällen stellt die Anpassung des Gewinnabführungsvertrags zur Aufnahme eines dynamischen Verweises auf § 302 AktG keinen Neuabschluss des Vertrags dar und daher wird keine neue Mindestlaufzeit iSd § 14 Abs. 1 S. 1 Nr. 3 Satz 1 KStG in Gang gesetzt."

**1288** Soweit es zu einer **Verlängerung der Vertragslaufzeit** eines Gewinnabführungsvertrags kommt, ist bereits zivilrechtlich umstritten (und daher auch steuerrechtlich unklar), ob es sich dabei um eine bloße Vertragsänderung oder einen Neuabschluss handelt.[87] Für einen Neuabschluss spricht, dass eine Vereinbarung, die die Zeit nach der Beendigung des (ursprünglichen) Vertrags betrifft, begrifflich schwerlich als dessen Änderung aufgefasst werden kann.[88] Überzeugender ist dennoch die Gegenansicht[89], da der Gewinnabführungsvertrag zuvor nicht beendet und nur eine einzelne Vertragsmodalität (die Laufzeit) angepasst wird. Zudem besteht die Besorgnis, dass das in § 295 Abs. 2 AktG statuierte Erfordernis eines Sonderbeschlusses übergangen wird.[90] Wird der Gewinnabführungsvertrag nach Ablauf der Mindestlaufzeit von fünf Jahren verlängert, ist daher auch eine kürzere **Verlängerung** als für erneute fünf Jahre unschädlich.[91] Anders ist die Rechtslage hingegen,

---

80 DPM/Dötsch KStG § 14 Rn. 218a.

81 Vgl. Scheifele/Marx DStR 2014, 1794 (1802), nach denen nur solche Änderungen zu einem Neuabschluss führen, ohne die der Gewinnabführungsvertrag steuerrechtlich nicht anzuerkennen wäre.

82 Siehe BMF 3.4.2019, BStBl. I 2019, 467.

83 IVm § 17 Abs. 2 KStG.

84 BT-Drs. 17/11217, 8 (zu § 34 Abs. 10b KStG): „Der neue Satz 4 stellt klar, […]".

85 Im Hinblick auf § 36 Abs. 6e S. 4 KStG auch Hasbach DStR 2019, 81 (87).

86 BStBl. I 2021, 379.

87 Schnitger/Fehrenbacher/Brink KStG § 14 Rn. 506 mwN.

88 OLG Frankfurt 5.7.2004 – 20 W 414/92, AG 2005, 353; MüKoAktG/Altmeppen § 295 Rn. 12; Humbeck BB 1995, 1893 (1894); Säcker DB 1988, 271 (272).

89 Hölters/Weber/Deilmann § 295 Rn. 7; Bungert DB 1995, 1449; Milatz GmbHR 1995, 369 (370); Emmerich/Habersack Aktien- und GmbH-Konzernrecht/Emmerich § 295 Rn. 11.

90 Schnitger/Fehrenbacher/Brink KStG § 14 Rn. 506 mwN.

91 HHR/Kolbe KStG § 14 Rn. 201; Gosch KStG/Neumann KStG § 14 Rn. 201; Streck/Olbing KStG § 14 Rn. 93; Bott/Walter/Walter KStG § 14 Rn. 636; Herzig Organschaft/Dötsch S. 111; Fenzl/Antoszkiewicz FR 2003, 1061; Scheifele/Marx DStR 2014, 1793 (1802); DPM/Dötsch/Pung KStG § 14 Rn. 581.

wenn der Vertrag nach Ablauf der Mindestlaufzeit zunächst beendet und erst danach neu abgeschlossen wird.

*(einstweilen frei)* **1289–1299**

### IX. Rechtsfolge eines Verstoßes

**1300** Mangelt es an einem Abschluss auf fünf Jahre liegen die Voraussetzung des § 14 KStG nicht vor; die Organschaft ist **„verunglückt"**. Ihre Behandlung richtet sich nach den allgemeinen Vorschriften.[92] Eine Heilung durch einen tatsächlichen Vollzug innerhalb der Mindestdauer ist ausgeschlossen.[93] Denn nach dem Wortlaut des § 14 Abs. 1 S. 1 Nr. 3 S. 1 KStG ist neben der Durchführung des Gewinnabführungsvertrags innerhalb des Mindestzeitraums auch sein Abschluss erforderlich.

**1301** Erfolgt die zunächst fehlende Vereinbarung der Mindestlaufzeit von fünf Jahren in rechtsgültiger Weise bis zum Ende des Wirtschaftsjahres, in dem der Gewinnabführungsvertrag wirksam wird, tritt für steuerliche Zwecke eine **Heilung des Mangels** ein.[94] Dies lässt sich aus § 14 Abs. 1 S. 2 KStG folgern, nach dem bis zum Ende des betreffenden Wirtschaftsjahres die Voraussetzungen vorliegen müssen.[95]

*(einstweilen frei)* **1302–1315**

## B. Durchführung während der gesamten Geltungsdauer

### I. Allgemeines

**1316** Neben dem Abschluss auf fünf Jahre muss der Gewinnabführungsvertrag während seiner gesamten Geltungsdauer auch **durchgeführt** werden (§ 14 Abs. 1 S. 1 Nr. 3 S. 1 KStG). Damit verhindert das Gesetz, dass der Abschluss des Gewinnabführungsvertrags und die Mindestvertragsdauer zur bloßen Makulatur werden können.

*(einstweilen frei)* **1317–1329**

### II. Durchführung des Gewinnabführungsvertrags

**1330** Die Durchführung des Gewinnabführungsvertrags erfordert, dass sich der Vertragsinhalt des Gewinnabführungsvertrag, so wie er sich aus dem Gesetz und dem Vertragstext ergibt, und der tatsächliche Vertragsvollzug decken.[96] Ob auch die Einhaltung **sonstiger Voraussetzungen der Organschaft** zur Durchführung zählt, ist hingegen umstritten.[97] Ausgehend vom Zweck der Mindestlaufzeit[98] scheint eine erweiternde Auslegung angezeigt.[99] Andernfalls hätten es die Beteiligten in der Hand, in einzelnen Jahren „Organschaftspausen"

---

92 So wohl auch KStR 14.5 Abs. 8 S. 2, die allerdings sprachlich unpräzise von einem steuerlich unwirksamen Gewinnabführungsvertrag spricht; zudem wird unvollständig nur auf die Organgesellschaft und nicht auf den Organträger Bezug genommen.

93 Stangl/Winter Organschaft 2013/2014 Rn. 351; Jurkat, Die Organschaft im Körperschaftsteuerrecht, Rn. 459; HHR/Kolbe KStG § 14 Rn. 200; DPM/Dötsch KStG § 14 Rn. 536; MSO/Müller KStG § 14 Rn. 571; Herzig Organschaft/Dötsch S. 110; Prinz/Witt Steuerliche Organschaft/Beinert/Nees Rn. 3.37.

94 Jurkat, Die Organschaft im Körperschaftsteuerrecht, Rn. 461.

95 Jurkat, Die Organschaft im Körperschaftsteuerrecht, Rn. 461.

96 Siehe BFH 21.10.2010 – IV R 21/07, BFH/NV 2011, 151; BFH 5.4.1995 – I R 156/93, BFHE 177, 429; HHR/Kolbe KStG § 14 Rn. 203; Gosch KStG/Neumann KStG § 14 Rn. 310; BeckOK KStG/Ebber KStG § 14 Rn. 424 ff.; Streck/Olbing KStG § 14 Rn. 129; Schnitger/Fehrenbacher/Brink KStG § 14 Rn. 316 ff.; RHN/Rödder/Liekenbrock KStG § 14 Rn. 316; Bott/Walter/Walter KStG § 14 Rn. 649.

97 Hemme Ubg 2017, 678.

98 Die Organschaft soll nicht dazu benutzt werden können, die Steuerleistungen beliebig von Fall zu Fall zu beeinflussen (hierzu → Rn. 1).

99 Frotscher/Drüen/Frotscher KStG § 14 Rn. 277.

einzulegen, ohne die Anerkennung der Organschaft in der Vergangenheit zu gefährden. Der Wortlaut des § 14 Abs. 1 S. 1 Nr. 3 S. 1 KStG ist jedoch eindeutig.[100] Allein der „Gewinnabführungsvertrag" nicht aber „die Organschaft" muss durchgeführt werden.[101]

**Beispiel 1:**

1331 Die A-KG schließt mit der B-GmbH in 01 einen Gewinnabführungsvertrag, der erstmals zum Ablauf des 31.12.05 kündbar sein soll. Im Rahmen einer Betriebsprüfung stellt sich heraus, dass die Gewerblichkeit der A-KG erst ab dem 30.12.01 vorgelegen hat. Die B-GmbH hat ein kalendergleiches Wirtschaftsjahr.

Die Gewerblichkeit des Organträgers nach § 14 Abs. 1 S. 1 Nr. 2 S. 2 KStG gehört nicht zur Durchführung des Gewinnabführungsvertrags. Aus § 14 Abs. 1 S. 1 Nr. 3 S. 1 KStG ergeben sich insoweit daher keine zeitlichen Vorgaben.[102] Allein aus § 14 Abs. 1 S. 1 KStG (Abführung an ein gewerbliches Unternehmen) lässt sich folgern, dass die Gewerblichkeit im Zeitpunkt der Gewinnabführung vorliegen muss.[103] Zeitpunkt der Gewinnabführung ist das Ende des Wirtschaftsjahres der Organgesellschaft[104] (im Beispiel der 31.12.01 24 Uhr).

**Beispiel 2:**

1332 Die A-KG schließt mit der B-GmbH in 01 einen Gewinnabführungsvertrag, der erstmals zum Ablauf des 31.12.05 kündbar sein soll. Die Gewerblichkeit der A-KG liegt vorübergehend in 03 nicht vor.

Die Gewerblichkeit des Organträgers nach § 14 Abs. 1 S. 1 Nr. 2 S. 2 KStG gehört nicht zur Durchführung des Gewinnabführungsvertrags. Aus § 14 Abs. 1 S. 1 Nr. 3 S. 1 KStG ergeben sich insoweit daher keine zeitlichen Vorgaben. Ob es unter Berücksichtigung der Vorgaben der → Rn. 1331 ausreicht, dass jeweils zum Zeitpunkt der Gewinnabführung (im Beispiel bspw. zum 31.12.03) eine gewerbliche Tätigkeit vorliegt, ist nicht abschließend geklärt.[105] Hierfür spricht, dass weder § 14 Abs. 1 S. 1 Nr. 2 S. 2 KStG noch § 14 Abs. 1 S. 1 KStG eine ununterbrochene gewerbliche Tätigkeit fordern.[106] Bejaht man hingegen einen Verstoß gegen § 14 Abs. 1 S. 1 Nr. 2 S. 2 KStG, kommt es allein in 03 zur Organschaftspause.

**Beispiel 3:**

1333 Die Voraussetzungen einer Organschaft lagen ab dem 1.1.01 zwischen der A-GmbH (Organträger) und der B-GmbH (Organgesellschaft) vor. Die Geschäftsjahre der Gesellschaften entsprechen den Kalenderjahren. Vorübergehend lag in 03 die Geschäftsleitung der B-GmbH nicht in Deutschland.

Nach § 17 Abs. 1 S. 1 KStG bzw. § 14 Abs. 1 S. 1 KStG muss die Geschäftsleitung der Organgesellschaft in Deutschland liegen. Einschlägig ist jedoch nicht § 14 Abs. 1 S. 1 Nr. 3 S. 1 KStG, weil sich die Anforderungen an die Geschäftsleitung nicht aus dem Gesellschaftsvertrag ergeben. Aus § 17 Abs. 1 S. 1 KStG bzw. § 14 Abs. 1 S. 1 KStG könnte gefolgert werden, dass die Geschäftsleitung nur im Zeitpunkt des Vertragsschlusses in Deutschland liegen muss. Ausgehend vom Zweck der Tatbestandsvoraussetzung ist abweichend zu fordern, dass im Zeitpunkt der Gewinnabführung die Geschäftsleitung im Inland liegt.[107]

---

[100] So auch DPM/Dötsch/Pung KStG § 14 Rn. 668.

[101] BFH 2.11.2022 – I R 37/19, DStR 2023, 268 Rn. 24; BFH 10.5.2017 – I R 19/15, BStBl. II 2019, 81; BFH 10.5.2017 – I R 51/15, BStBl. II 2018, 30; KStH 14.4 „Unterbrochene Organschaft"; FinVerw: Urteil I R 51/15 wurde im BStBl. veröffentlicht; Bott/Walter/Walter KStG § 14 Rn. 781; Brühl/Binder NWB 2018, 331 (333 f.); Adrian/Fey DStR 2017, 2409 (2412); Walter GmbHR 2017, 1222 (1223); Märtens jurisPR-SteuerR 48/2017 Anm. 2; HHR/Kolbe KStG § 14 Rn. 200; DPM/Dötsch/Pung KStG § 14 Rn. 668.

[102] Für die gewerbliche Tätigkeit einer Organträger-Personengesellschaft enthält auch § 14 Abs. 1 S. 1 Nr. 2 S. 2 KStG keine zeitlichen Anforderungen.

[103] BFH 24.7.2013 – I R 40/12, BStBl. II 2014, 272; HHR/Kolbe KStG § 14 Rn. 163; KStH 14.3 „Zeitpunkt einer gewerblichen Betätigung des Organträgers iSd § 15 Abs. 1 Satz 1 Nr. 1 EStG"; **aA** noch BMF 10.11.2005 – IV B 7 – S 2770 - 24/05, BStBl. I 2005, 1038 Rn. 21.

[104] BFH 24.7.2013 – I R 40/12, BStBl. II 2014, 272; HHR/Kolbe KStG § 14 Rn. 163; DPM/Dötsch/Pung KStG § 14 Rn. 670.

[105] Vgl. Prinz/Witt Steuerliche Organschaft/Witt Rn. 6.8.

[106] Vgl. Prinz/Witt Steuerliche Organschaft/Witt Rn. 6.8.

[107] Vgl. auch BMF 28.3.2011, BStBl. I 2011, 300 wo auf den Zeitpunkt der Zurechnung nach § 14 KStG abgestellt wird.

**Beispiel 4:**
Die Voraussetzungen einer Organschaft lagen ab dem 1.1.01 vor. Im Rahmen einer Außenprüfung stellt sich heraus, dass die Stimmrechte des Organträgers an der Organgesellschaft in 03 vorübergehend weniger als 50% betrugen. Die Geschäftsjahre der Gesellschaften entsprechen den Kalenderjahren. **1334**
Die finanzielle Eingliederung gehört nicht zur Durchführung des Gewinnabführungsvertrags. Dennoch muss die finanzielle Eingliederung ununterbrochen seit Beginn des Wirtschaftsjahres der Organgesellschaft vorliegen.[108] Vorübergehende Unterbrechungen sind jedoch (nur) für das betreffende Wirtschaftsjahr schädlich.[109]

**Beispiel 5:**
Zwischen der Organträgerin und der Organgesellschaft besteht seit dem 1.1.01 eine steuerliche Organschaft. Im Jahre 05 ist die Beteiligung an der Organgesellschaft vorübergehend einer ausländischen Betriebsstätte zuzurechnen. Die Geschäftsjahre der Gesellschaften entsprechen den Kalenderjahren. **1335**
Die Zuordnung der relevanten Beteiligung gehört nicht zur Durchführung des Gewinnabführungsvertrags. § 14 Abs. 1 S. 1 Nr. 2 S. 4 KStG verlangt – abweichend vom Wortlaut des § 14 Abs. 1 S. 1 Nr. 1 KStG – aber die „ununterbrochene" Zuordnung der Organbeteiligung zu einer inländischen Betriebsstätte „während der gesamten Dauer der Organschaft". Dennoch wird im Schrifttum lediglich gefordert, dass die Zuordnung während des gesamten Wirtschaftsjahrs der Organgesellschaft besteht.[110] Danach kommt es allein in 05 zur Organschaftspause.

Ebenfalls umstritten ist, wie mit **Verstößen gegen § 14 Abs. 1 S. 1 Nr. 4 KStG** umzugehen ist. Nach der Norm darf die Organgesellschaft Beträge aus dem Jahresüberschuss nur insoweit in die Gewinnrücklagen (§ 272 Abs. 3 HGB) mit Ausnahme der gesetzlichen Rücklagen einstellen, als dies bei vernünftiger kaufmännischer Beurteilung wirtschaftlich begründet ist. Nach Ansicht der Finanzverwaltung zählt die Einhaltung dieser Vorgabe zur Durchführung des Gewinnabführungsvertrags.[111] Hierfür sprechen die Gesetzesmaterialien[112]: § 14 Abs. 1 S. 1 Nr. 4 KStG wird damit begründet, dass andernfalls der Gewinnabführungsvertrag nicht durchgeführt wird. Die Regelung hat jedoch kein Pendant im Konzernrecht; sie ist vielmehr Teil der Vorschriften, die sich mit den steuerrechtlichen Anforderungen an die Organschaft beschäftigen. Dies bringt auch die systematische Trennung durch unterschiedliche Nr. des § 14 Abs. 1 S. 1 KStG zum Ausdruck. Überzeugender ist es daher, Verstöße gegen § 14 Abs. 1 S. 1 Nr. 4 KStG als Verstöße gegen sonstige Organschaftsvoraussetzungen zu behandeln. Anders ist allerdings zu entscheiden, wenn der Regelungsgehalt des § 14 Abs. 1 S. 1 Nr. 4 KStG in den Gewinnabführungsvertrag integriert wurde.[113] **1336**

**Beispiel:**
In 01 wurde der Gewinnabführungsvertrag auf fünf Jahre geschlossen. Die Voraussetzungen des § 14 KStG lagen zu diesem Zeitpunkt vor. In 03 werden von der Organgesellschaft Beträge in die gesetzliche Rücklage eingestellt (und nicht abgeführt), obwohl ein Anlass hierfür nicht erkennbar war. **1337**
Nach § 14 Abs. 1 S. 1 Nr. 4 KStG ist die Rücklagenbildung nur zulässig, wenn sie bei vernünftiger kaufmännischer Beurteilung wirtschaftlich begründet ist. Hierzu verlangt die Finanzverwaltung einen konkreten Anlass,[114] der laut Sachverhalt nicht gegeben ist. Zählt man § 14 Abs. 1 S. 1 Nr. 4 KStG thematisch zu den Vorschriften über die Durchführung des Gewinnabführungsvertrags,[115] führt der Verstoß in 03 zu einer rückwirkenden Aberkennung der Organschaft. Nach hier vertretener Ansicht

---

108 KStR 14.4 Abs. 1 S. 2.
109 KStR 14.4 Abs. 1 S. 2; HHR/Kolbe KStG § 14 Rn. 115; **aA** Jurkat, Die Organschaft im Körperschaftsteuerrecht, Rn. 561: Die finanzielle Eingliederung muss bis zur Beendigung der Organschaft vorliegen.
110 HHR/Kolbe KStG § 14 KStG Rn. 190; Adrian/Fey DStR 2017, 2409 (2412); Brühl/Binder NWB 2018, 331 (334); vermutlich auch Prinz/Keller DB 2018, 400 (403); DPM/Dötsch/Pung KStG § 14 Rn. 668; **aA** OFD Karlsruhe 16.1.2014 – S 2770/52/2-St 221, BeckVerw 281800; Frotscher/Drüen/Frotscher KStG § 14 Rn. 141k; Hemme Ubg 2017, 678 (682ff.).
111 Vgl. KStR 14.5 Abs. 5, wo § 14 Abs. 1 S. 1 Nr. 4 KStG unter der Überschrift „Durchführung des GAV" behandelt wird.
112 BT-Drs. V/3017, 8.
113 Zur Möglichkeit vgl. Gosch KStG/Neumann KStG § 14 Rn. 323.
114 KStR 14.4 Abs. 5 Nr. 3.
115 So KStR 14.5 Abs. 5.

kommt es hingegen nur im Jahr 03 zu einer „Organschaftspause". Ob die unzulässig gebildete Rücklage (solange sie nicht aufgelöst wird) zudem eine Dauerwirkung für zukünftige Jahre hat, erscheint diskutabel.

1338 Mangelt es an einer Voraussetzung des **§ 14 Abs. 2 KStG,** sollen nach Verwaltungsansicht[116] die Grundsätze der KStR 14.5 Abs. 8 anzuwenden sein.[117] Kommt es im Rahmen der Mindestlaufzeit von fünf Jahren zu einem Verstoß gegen § 14 Abs. 2 KStG, sei deshalb die Organschaft auch in den Vorjahren (rückwirkend) nicht anzuerkennen.[118] Die tatsächliche Durchführung bezieht sich jedoch nur auf die Einhaltung der gesetzlichen (§§ 300 ff. AktG) und ergänzenden vertraglichen Vorgaben.[119] Allein der Verstoß gegen steuerrechtliche Normen bzw. steuerliche Besonderheiten (Willkürverbot) reicht hierfür nicht aus.[120]

1339–1349 *(einstweilen frei)*

### III. Während seiner gesamten Geltungsdauer

1350 Nach § 14 Abs. 1 S. 1 Nr. 3 S. 1 KStG muss der Gewinnabführungsvertrag „während seiner gesamten Geltungsdauer" durchgeführt werden. Unter der Geltungsdauer ist die **gesamte Laufzeit des Gewinnabführungsvertrags** und nicht nur die Mindestvertragsdauer zu verstehen.[121] Dh auch nach Ablauf der Mindestvertragsdauer setzt die Organschaft (weiterhin) die Durchführung des Gewinnabführungsvertrags voraus. Wird der Vertrag vor Ablauf der Mindestvertragsdauer beendet, wird auch die Durchführungspflicht zeitlich eingeschränkt. Nicht abschließend geklärt – häufig aber auch bedeutungslos – ist, ob unter der Geltungsdauer die zivilrechtliche oder steuerrechtliche Geltungsdauer zu verstehen ist.[122]

**Beispiel:**

1351 Die Organgesellschaft mit einem kalendergleichen Wirtschaftsjahr ist am 1.9.01 gegründet worden. Noch in 01 wurde ein Gewinnabführungsvertrag geschlossen und in das Handelsregister eingetragen. Nach dem Gewinnabführungsvertrag soll der Vertrag frühestens zum Ablauf des 1.9.06 kündbar sein. Vertragsgemäß wird der Gewinnabführungsvertrag auch zum 1.9.06 gekündigt. Die Anforderungen des § 14 KStG lagen ursprünglich vor. Vor dem Hintergrund des § 14 Abs. 1 S. 1 Nr. 3 S. 3 KStG wird der Gewinnabführungsvertrag in 06 nicht mehr durchgeführt.

Im Beispiel ist davon auszugehen, dass ein Abschluss eines Gewinnabführungsvertrags auf fünf Jahre vorgelegen hat.[123] Möglich ist, die ordentliche Kündigung auch zu einem Zeitpunkt während eines Geschäftsjahres (im Beispiel zum 1.9.06) auszusprechen.[124] § 296 Abs. 1 S. 1 AktG ist nicht analog anzuwenden.[125] Stellt man auf die zivilrechtliche Geltungsdauer ab, müsste der Vertrag bis zum 1.9.06 durchgeführt werden. Legt man die steuerrechtliche Geltungsdauer zugrunde, ist wegen § 14 Abs. 1 S. 1 Nr. 3 S. 3 KStG eine Durchführung in 06 nicht mehr erforderlich.

1352 Nach Ansicht des FG Nürnberg[126] ist das Erfordernis der Durchführung eines Gewinnabführungsvertrags „während seiner gesamten Geltungsdauer" auch dann erfüllt, wenn der Gewinnabführungsvertrag nicht vom vertraglich vereinbarten Beginn an, sondern erst ab **einem späteren Zeitpunkt** bzw. ab einem nachfolgenden Wirtschaftsjahr für (mindestens) fünf Jahre tatsächlich durchgeführt wird.[127] Der Wortlaut des § 14 Abs. 1 S. 1 Nr. 3 S. 1

[116] BMF 4.3.2020, BStBl. I 2020, 256 Rn. 15 S. 2.
[117] Zustimmend RHN/Rödder/Liekenbrock KStG § 14 Rn. 555b; Weiss GmbH-StB 2020, 106.
[118] Hasbach DB 2020, 806 (810).
[119] HHR/Kolbe KStG § 14 Rn. 293a.
[120] → § 11 Rn. 2955.
[121] **AA** Scheifele/Marx DStR 2014, 1793 (1799); Schnitger/Fehrenbacher/Brink KStG § 14 Rn. 489.
[122] Vgl. Prinz/Witt Steuerliche Organschaft/Beinert/Nees Rn. 3.83: Die steuerrechtliche Geltungsdauer ist entscheidend; RHN/Rödder/Liekenbroch KStG § 14 Rn. 322: Die zivilrechtliche Geltungsdauer ist entscheidend.
[123] Vgl. zu dieser Problematik bereits Rn. 27.
[124] → Rn. 1416.
[125] → Rn. 1416.
[126] FG Nürnberg 28.6.2022 – 1 K 536/21, EFG 2023, 1646; Rev. Az. I R 18/23.
[127] Hoffmann DStRK 2023, 329.

KStG („gesamte Geltungsdauer") wird dadurch zwar ignoriert.[128] Mit dem Sinn und Zweck der Mindestvertragsdauer steht diese Sichtweise aber im Einklang.[129]

**Beispiel (vereinfacht nach FG Nürnberg 28.6.2022 – 1 K 536/21, EFG 2023, 1646[130]):**
Die A-GmbH schloss als Organträgerin mit der B-GmbH am 17.10.11 einen Gewinnabführungsvertrag. Die Eintragung in das Handelsregister erfolgte am 3.8.12. Die tatsächliche Durchführung des Vertrags erfolgte ab dem 1.1.13. Die Auslegung des Gewinnabführungsvertrags ergab, dass die ordentliche Kündigung erstmals mit Ablauf des 31.12.17 möglich war. **1353**
Weder in 11 (mangels wirksamen Gewinnabführungsvertrag) noch in 12 (mangels Durchführung des Gewinnabführungsvertrags) ist die körperschaftsteuerliche Organschaft anzuerkennen. Ab dem Jahre 13 lagen die Voraussetzungen der körperschaftsteuerlichen Organschaft nach Ansicht des FG Nürnberg[131] jedoch vor.

*(einstweilen frei)* **1354–1369**

## IV. Rechtsfolge eines Verstoßes

Wird der Gewinnabführungsvertrag innerhalb seiner Geltungsdauer nicht durchgeführt, ist wie folgt zu differenzieren: Kommt es zu einem Durchführungsverstoß **innerhalb der ersten fünf Jahre,** ist die Organschaft (rückwirkend) von Beginn an unwirksam.[132] Hierdurch wird gewährleistet, dass die zeitlichen Vorgaben an den Gewinnabführungsvertrag nicht durch seinen fehlenden Vollzug unterlaufen werden können. Verfahrensrechtlich ist die Rückwirkung durch § 164 Abs. 2 AO bzw. § 175 Abs. 1 S. 1 Nr. 2 AO umzusetzen.[133] **Außerhalb der Mindestlaufzeit** hat ein Durchführungsverstoß keine (rückwirkende) Bedeutung für Vorjahre.[134] Allein das Jahr des Durchführungsverstoßes und ggf. die Folgejahre sind betroffen. **1370**

Ob ein **wichtiger Grund** für die fehlende Durchführung ursächlich war, spielt nach hM keine Rolle.[135] § 14 Abs. 1 S. 1 Nr. 3 S. 2 KStG nennt den wichtigen Grund nur im Zusammenhang mit der vorzeitigen Beendigung. Dennoch überzeugt die hM nicht (vollumfänglich).[136] Liegt ein wichtiger Grund vor, bleibt die Beendigung des Gewinnabführungsvertrags und damit die Aufhebung sämtlicher Rechte und Pflichten aus dem Schuldverhältnis für die Vergangenheit folgenlos. Wird jedoch nur gegen eine einzelne Pflicht verstoßen, soll einem wichtigen Grund diese Legitimationswirkung nicht zukommen. Auch ein Blick auf die Entstehungsgeschichte belegt Ungereimtheiten. Bis zur gesetzlichen Kodifizierung der Organschaft hatte der bis dahin geltende Organschaftserlass 1959[137] folgenden Wortlaut: „Der Ergebnisabführungsvertrag muss auf eine längere Zeit, mindestens fünf Jahre, abgeschlossen sein. Wird der Vertrag vor Ablauf dieser Mindestzeit aufgehoben oder nicht vollzogen, so ist er nicht anzuerkennen, es sei denn, daß die Vertragsparteien ausreichende wirtschaftliche Gründe anzuführen vermögen." Man könnte in § 14 Abs. 1 S. 1 Nr. 3 S. 2 KStG eine bewusste Abkehr des Gesetzgebers von dieser Verwaltungsverlautbarung vermuten. In den Gesetzesmaterialien[138] ist aber zu lesen, dass die erstmalige gesetzliche Regelung dem geltenden Rechtszustand entsprechen soll. **1371**

---

128 Kritisch daher auch Falk EFG 2023, 1649.
129 Zustimmend auch Hoffmann DStRK 2023, 329.
130 Rev. Az. I R 18/23.
131 FG Nürnberg 28.6.2022 – 1 K 536/21, EFG 2023, 1646; Rev. Az. I R 18/23.
132 BFH 2.11.2022 – I R 37/19, DStR 2023, 268 Rn. 26; KStR 14.5 Abs. 8 S. 1; Streck/Olbing KStG § 14 Rn. 126; DPM/Dötsch/Pung KStG § 14 Rn. 667; RHN/Rödder/Liekenbrock KStG § 14 Rn. 306.
133 Streck/Olbing KStG § 14 Rn. 126 im Hinblick auf § 175 Abs. 1 S. 1 Nr. 2 AO.
134 BFH 2.11.2022 – I R 37/19, DStR 2023, 268 Rn. 26; KStR 14.5 Abs. 8; **aA** mit Blick auf den Wortlaut des § 14 Abs. 1 S. 1 Nr. 3 S. 1 KStG „während seiner gesamten Geltungsdauer" diskutabel (zu diesem Auslegungsansatz Schnitger/Fehrenbacher/Brink KStG § 14 Rn. 489).
135 BFH 2.11.2022 – I R 29/19, BStBl. II 2023, 405; Streck/Olbing KStG § 14 Rn. 105; **aA** wohl Kahlert DStR 2014, 73 (76).
136 In diese Richtung wohl auch Kahlert DStR 2014, 73 (76).
137 Gleichlautender Ländererlass 23.10.1959, BStBl. III 1959, 161.
138 BT-Drs. V/3017, 8.

1372 Nach einer in der Literatur anzutreffenden Ansicht sollen auch **sonstige Verstöße gegen die §§ 14 ff. KStG** bei einem wichtigen Grund für die Vergangenheit unbeachtlich sein.[139] Geht man davon aus, dass Verstöße gegen die Durchführung des Gewinnabführungsvertrags und Verstöße gegen sonstige Organschaftsvoraussetzungen nicht gleichzusetzen sind,[140] kommt es auf diese Streitfrage letztlich aber nicht an.

**Beispiel:**

1373 Zwischen dem ausländischen Organträger und der Organgesellschaft besteht seit dem 1.1.01 eine steuerliche Organschaft. Im Jahre 05 ist die Beteiligung an der Organgesellschaft vorübergehend einer ausländischen Betriebsstätte zuzurechnen.

Nach einer Ansicht führt der Verstoß gegen § 14 Abs. 1 S. 1 Nr. 2 S. 4 KStG zu einer rückwirkenden Nichtanerkennung der Organschaft.[141] Immerhin werden teilweise bei einem wichtigen Grund keine weiteren Konsequenzen für die zurückliegenden Jahre gezogen. Nach hier vertretener Ansicht[142] bezieht sich § 14 Abs. 1 S. 1 Nr. 2 S. 4 KStG nur auf das betreffende Wirtschaftsjahr. Auf den wichtigen Grund kommt es deshalb nicht an.

1374 Soll die Organschaft nach einem Durchführungsmangel **fortgesetzt** werden, bedarf es nach Ansicht der Finanzverwaltung „einer erneuten mindestens fünfjährigen Laufzeit und ununterbrochenen Durchführung des Vertrags".[143] Diese Vorgabe der KStR ist interpretationsbedürftig. Ein erneuter Abschluss eines Gewinnabführungsvertrag dürfte nicht gefordert werden.[144] Allein die Durchführung in den folgenden fünf Jahren wird der Finanzverwaltung aber wohl nicht genügen. Wurde der Gewinnabführungsvertrag nur auf fünf Jahre geschlossen oder verbleibt nur eine Restlaufzeit von weniger als fünf Jahren, ist zumindest eine entsprechende vertragliche Änderung des frühestmöglichen Kündigungstermins erforderlich.[145] Dies dürfte unabhängig davon gelten, ob der Durchführungsverstoß nach oder während der Mindestlaufzeit stattgefunden hat.[146] Nach anderer Ansicht bedarf es weder eines erneuten Abschlusses des Gewinnabführungsvertrags noch eine Änderung auf fünf Jahre.[147]

**Beispiel:**

1375 Der Gewinnabführungsvertrag wurde in 01 wirksam geschlossen und sollte erstmals mit Ablauf des 31.12.05 ordentlich kündbar sein. Gleichzeitig lagen die übrigen Voraussetzungen der Organschaft vor. Aufgrund einer verzögerten Gewinnabführung wird der Vertrag (nur) in 03 nicht ordnungsgemäß durchgeführt.

In 03 liegen die Voraussetzungen der Organschaft nicht vor. Rückwirkend ist die Organschaft auch in den Jahren 01 und 02 nicht anzuerkennen, da die fehlende Durchführung innerhalb des Fünfjahreszeitraums stattfand.[148] Für die Anerkennung in den Jahren ab 04 hätte es nach Ansicht der Finanzverwaltung „einer erneuten mindestens fünfjährigen Laufzeit und ununterbrochenen Durchführung des Vertrags" bedurft. Der Vertrag ist deshalb wohl in dem Sinne zu ändern, dass er frühestens zum Ablauf des 31.12.08 gekündigt werden kann.

1376–1385 *(einstweilen frei)*

---

139 Benecke/Schnitger IStR 2013, 143 (153); offen Schwenke ISR 2013, 41 (46); **aA** aber Prinz/Witt Steuerliche Organschaft/Beinert/Nees Rn. 11.6 ff.

140 Vgl. → Rn. 1330.

141 OFD Karlsruhe 16.1.2014 – S 2770/52/2 – St 221, BeckVerw 281800.

142 Prinz/Witt Steuerliche Organschaft/Beinert/Nees Rn. 11.12.

143 KStR 14.5 Abs. 8 Nr. 2 S. 2; dem folgend MSO/Müller KStG § 14 Rn. 581.

144 **AA** aber wohl Herzig Organschaft/Dötsch S. 111 („[…] bedarf es einer erneuten Gewinnabführungsvertrags […]").

145 So auch HHR/Kolbe KStG § 14 Rn. 207; Herzig Organschaft/Dötsch S. 111; **aA** Milatz GmbHR 1995, 369 ff.

146 KStR 14.5 Abs. 8 Nr. 2 S. 2 bezieht sich allerdings nur auf einen Durchführungsverstoß nach Ablauf der Mindestvertragsdauer.

147 Streck/Olbing KStG § 14 Rn. 127; Bott/Walter/Walter KStG § 14 Rn. 723; HHR/Kolbe KStG § 14 Rn. 207; Scheifele/Marx DStR 2014, 1793 (1799); Olbing GmbH-StB 2011, 281; Schneider StbJb. 2010/11, 327 (352); Schneider/Hinz Ubg 2009, 738 (739).

148 KStR 14.4 Abs. 8 S. 1 Nr. 1.

## C. (Vorzeitige) Beendigung des Gewinnabführungsvertrags

### I. Beendigungsgründe

#### 1. Aufhebungsvertrag

Nach § 296 AktG kann ein Unternehmensvertrag zum Ende des Geschäftsjahrs oder des sonst vertraglich bestimmten Abrechnungszeitraums aufgehoben werden.[149] Die Aufhebung bzw. der Aufhebungsvertrag ist eine Geschäftsführungsmaßnahme, die in die Zuständigkeit des Vorstands der Gesellschaft fällt.[150] Die **Zustimmung der Hauptversammlung** ist nicht erforderlich.[151] Dies ergibt ein Umkehrschluss aus § 295 Abs. 1 AktG bzw. § 296 Abs. 2 AktG. Nach richtiger Ansicht ist die Norm auf eine Organgesellschaft in der Rechtsform einer **GmbH** entsprechend anwendbar.[152] Der Schutzzweck von § 296 Abs. 1 S. 1 AktG erlaubt insoweit keine Differenzierung. **1386**

Im Interesse der Rechtssicherheit und -klarheit kann der Gewinnabführungsvertrag gem. § 296 AktG grds. nur **zum Ende des Geschäftsjahres** aufgehoben werden.[153] Die schwierige Zuordnung von Gewinnen und Verlusten innerhalb eines Geschäftsjahres wird auf diese Weise entbehrlich.[154] Eine sofortige Aufhebung kann allerdings in Kombination mit einer Änderung des Geschäftsjahres erreicht werden.[155] **1387**

Unter dem **sonst vertraglich bestimmten Abrechnungszeitraum** ist ein nach dem Ende des Geschäftsjahres endender Zeitpunkt gemeint.[156] Praktisch bedeutsam ist diese Tatbestandsvariante nicht. **1388**

Eine **rückwirkende Aufhebung** ist unzulässig (§ 296 Abs. 1 S. 2 AktG). Dadurch soll verhindert werden, dass Ansprüche der Gesellschaft sowie die ihrer Aktionäre und Gläubiger aus einem Unternehmensvertrag durch Aufhebung des Vertrags rückwirkend beseitigt werden.[157] **1389**

**Beispiel:**
Zwischen der A-AG und der B-AG bestand ein Gewinnabführungsvertrag. Beide Gesellschaften haben ein kalendergleiches Wirtschaftsjahr (Geschäftsjahr). Am 1.6.02 vereinbaren beide Gesellschaften die Aufhebung zum 31.12.01. **1390**
Die rückwirkende Aufhebung ist gem. § 296 Abs. 1 AktG nichtig.[158] Nach § 139 BGB entscheidet sich, ob damit auch der ganze Aufhebungsvertrag nichtig ist.[159] Wollten die Parteien den Gewinnabführungsvertrag auf jeden Fall ohne Rücksicht auf den genauen Aufhebungszeitpunkt beenden, so behält der Aufhebungsvertrag im Übrigen seine Bedeutung.[160] An die Stelle des 31.12.01 tritt dann der gesetzlich maßgebliche Zeitpunkt (31.12.02).

---

149 Zur Abgrenzung der Aufhebung von der Vertragsänderung siehe MüKoAktG/Altmeppen § 296 Rn. 4 ff.
150 MüKoAktG/Altmeppen § 296 Rn. 8.
151 Kuhlmann/Ahnis Konzernrecht S. 286.
152 BGH 16.6.2015 – II ZR 384/13, NZG 2015, 912; OLG 3.6.1994 – 4 W 122/93, NJW-RR 1994, 1062; Koch/Koch § 296 Rn. 10; Grüner NZG 2001, 35 (36 f.); Bungert NJW 1995, 1118; Dilger WM 1993, 935; Heisterkamp AnwBl 1994, 487 (491 ff.); Kallmeyer GmbHR 1995, 578; Krieger/Jannott DStR 1995, 1473 (1477); Lüttmann DNotZ 1994, 693; **aA** OLG Jena 15.2.2021 – 2 W 53/21, NZG 2021, 1025; Ebenroth/Wilken WM 1993, 1617 (1627); Ehlke ZIP 1995, 355; Hoffmann-Becking WiB 1994, 57 (62 f.); Priester ZGR 1996, 189; Hoffmann-Becking WiB 1994, 57 (63); Ulrich GmbHR 2004, 1000 (1002); Paschos/Goslar DK 2006, 479 (482 f.); Priester NZG 2012, 641 (644): Anwendung der §§ 53 f. GmbHG.
153 BT-Drs. 4/171, 220; BFH 16.6.2015 – II ZR 384/13, NZG 2015, 912; Streck/Olbing KStG § 14 Rn. 115.
154 Emmerich/Habersack Aktien- und GmbH-Konzernrecht/Emmerich § 297 Rn. 13.
155 Vgl. BGH 16.6.2015 – II ZR 384/13, BGHZ 206, 74; Prinz/Witt Steuerliche Organschaft/Beinert/Nees Rn. 11.17 Fn. 1; Stangl/Winter Organschaft 2013/2014 Rn. 343; **krit.** Paschos/Goslar DK 2006, 479 (483 f.).
156 Emmerich/Habersack Aktien- und GmbH-Konzernrecht/Emmerich § 297 Rn. 13 f.
157 BT-Drs. 4/171, 220.
158 Vgl. auch Kuhlmann/Ahnis, Konzernrecht, S. 285.
159 **Str.;** vgl. Jurkat, Die Organschaft im Körperschaftsteuerrecht, 276 mwN auch zur Gegenansicht.
160 Jurkat, Die Organschaft im Körperschaftsteuerrecht, 276.

**1391** Ein Vertrag, der zur Leistung eines Ausgleichs an die außenstehenden Aktionäre oder zum Erwerb ihrer Aktien verpflichtet, kann nur aufgehoben werden, wenn die **außenstehenden Aktionäre** durch Sonderbeschluss zustimmen. Dies dient ihrem Schutz (kein Vertrag zu ihren Lasten).[161] Für den Sonderbeschluss gilt § 293 Abs. 1 S. 2 und 3 AktG und § 295 Abs. 2 S. 3 AktG sinngemäß. Da unter Zustimmung sowohl die Einwilligung (vgl. § 183 S. 1 BGB) als auch die Genehmigung (vgl. § 184 Abs. 1 BGB) zu verstehen ist, kann der Sonderbeschluss sowohl vor als auch nach der Aufhebung erfolgen.[162] Fehlt der Sonderbeschluss, ist der Vertrag schwebend unwirksam.[163]

**1392** Im Interesse der Rechtssicherheit und -klarheit bedarf die Aufhebung der **Schriftform** (§ 296 Abs. 1 S. 3 AktG). Mangelt es hieran, ist der Aufhebungsvertrag nichtig (§ 125 BGB).

**1393–1410** *(einstweilen frei)*

### 2. Ordentliche Kündigung (§ 297 Abs. 2 AktG)

**1411** Die ordentliche Kündigung wird in § 297 Abs. 2 AktG angesprochen.[164] Auf eine **GmbH** als Organgesellschaft bzw. abhängige Gesellschaft ist die Regelung ebenfalls analog anwendbar.[165]

**1412** Nach wohl hM setzt die ordentliche Kündigung eine **vertragliche Fixierung** des Kündigungsrechts voraus.[166] Hierfür sprechen die Gesetzesmaterialien[167], nach denen § 297 Abs. 2 AktG (nur) nur das Erfordernis der Zustimmung der außenstehenden Aktionäre regelt. Weitere Einzelheiten wurden daneben bewusst offen gelassen:[168] „Die übrigen Rechtsfragen der Kündigung […] bleiben […] der Vertragsfreiheit überlassen.“.

**1413** Ist der Gewinnabführungsvertrag mit einem **Beherrschungsvertrag** verknüpft und als ein Unternehmensvertrag iSd § 291 AktG eingetragen, ist eine isolierte Kündigung nur des Gewinnabführungsteils unzulässig.[169] Die Kündigung muss sich stets auf beide Elemente beziehen.

**1414** Der Vorstand der Gesellschaft kann nach § 297 Abs. 2 AktG einen Vertrag, der zur Leistung eines Ausgleichs an die außenstehenden Aktionäre der Gesellschaft oder zum Erwerb ihrer Aktien verpflichtet, ohne wichtigen Grund nur kündigen, wenn die **außenstehenden Aktionäre** durch Sonderbeschluss zustimmen. Für den Sonderbeschluss gilt § 293 Abs. 1 S. 2 und 3 AktG und § 295 Abs. 2 S. 3 AktG sinngemäß. Dies dient dem Schutz des außenstehenden Gesellschafters. Allerdings wird dieser Schutz unvollkommen gewährleistet. § 297 Abs. 2 AktG gilt nach hM[170] – gestützt auf den Wortlaut und die Gesetzesmaterialien[171] – nicht, wenn das herrschende Unternehmen den Gewinnabfüh-

---

[161] MüKoAktG/Altmeppen § 295 Rn. 1.

[162] Jurkat, Die Organschaft im Körperschaftsteuerrecht, 276.

[163] OLG München 27.10.2014 – 31 Wx 235/14, NZG 2015, 311; Koch/Koch § 296 Rn. 7; MüKoAktG/Altmeppen § 296 Rn. 32; MHdB AG/Krieger § 71 Rn. 197.

[164] Teilweise wird die ordentliche Kündigung als ein besonderer fall der Aufhebung des Vertrags nach § 296 AktG eingestuft (Jurkat, Die Organschaft im Körperschaftsteuerrecht, S. 276 f. mwN). Hiergegen spricht jedoch die zivilrechtliche Struktur beider Rechtsgeschäfte.

[165] Emmerich/Habersack Aktien- und GmbH-Konzernrecht/Emmerich § 297 Rn. 57 ff. mwN auch zu abweichenden Ansichten.

[166] Emmerich/Habersack Aktien- und GmbH-Konzernrecht/Emmerich § 297 Rn. 4 f.; BeckOK KStG/Ebber KStG § 14 Rn. 389; Gosch KStG/Neumann KStG § 14 Rn. 258; Krieger/Jannott DStR 1995, 1473 (1475); **aA** MüKoAktG/Altmeppen § 297 Rn. 52–73; Grüner, Die Beendigung von Gewinnabführungs- und Beherrschungsverträgen, 2003, 92 ff.; Hüchting, Abfindung und Ausgleich im aktienrechtlichen Beherrschungsvertrag, 1972, 115: Gesetz geht konkludent von der Möglichkeit eines ordentlichen Kündigungsrechts aus.

[167] BT-Drs. IV/171, 220.

[168] BT-Drs. IV/171, 220.

[169] OLG Karlsruhe 12.4.2001 – 11 Wx 77/00, GmbHR 2001, 523; Herzig Organschaft/Dötsch S. 112.

[170] BGH 5.4.1993 – II ZR 238/91, NJW 1993, 1976; BGH 7.5.1979 – II ZR 139/78, NJW 1979, 2103.

[171] BT-Drs. IV/171, 220.

rungsvertrag aufkündigt. Die Folge ist, dass der mit dem Sonderbeschluss bezweckte Schutz der außenstehenden Aktionäre jederzeit umgangen werden kann.[172]

Die Kündigung erfolgt durch eine einseitige empfangsbedürftige Willenserklärung gegenüber dem anderen Vertragsteil.[173] Eine **Begründung** ist nicht erforderlich.[174] Die **Schriftform** ist nach § 297 Abs. 3 AktG jedoch zu Beweiszwecken einzuhalten. Mangelt es hieran, ist die Kündigung nichtig (§ 125 BGB). **1415**

Möglich ist es, die ordentliche Kündigung auch zu einem Zeitpunkt **während eines Geschäftsjahres** auszusprechen.[175] Weder § 132 HGB noch § 296 AktG sind insoweit analog anzuwenden. Der Gesetzgeber hat die Einzelheiten des Kündigungsrechts bewusst der Vertragsfreiheit überlassen.[176] Daher liegt keine für eine Analogie erforderliche planwidrige Regelungslücke vor. Eine **rückwirkende ordentliche Kündigung** ist allerdings nicht möglich.[177] **1416**

*(einstweilen frei)* **1417–1430**

### 3. Außerordentliche Kündigung (§ 297 Abs. 1 AktG)

Ein Unternehmensvertrag kann aus wichtigem Grund ohne Einhaltung einer Kündigungsfrist nach § 297 Abs. 1 AktG außerordentlich gekündigt werden. Sonderfälle der außerordentlichen Kündigung finden sich in § 304 Abs. 4 AktG und § 305 Abs. 5 S. 4 AktG. Die Norm ist auf eine **GmbH** als Organgesellschaft bzw. abhängige Gesellschaft analog anzuwenden.[178] **1431**

Ein **wichtiger Grund** liegt nach § 297 Abs. 1 S. 2 AktG dann vor, wenn der andere Vertragsteil voraussichtlich nicht in der Lage sein wird, seine aufgrund des Vertrags bestehenden Verpflichtungen zu erfüllen. Hierbei handelt es sich allerdings um keine abschließende Umschreibung der außerordentlichen Kündigungsgründe.[179] Im Übrigen greift man zur Bestimmung eines wichtigen Grundes auf § 314 Abs. 1 S. 2 BGB zurück.[180] Ein wichtiger Grund liegt danach vor, wenn dem kündigenden Teil unter Berücksichtigung aller Umstände des Einzelfalls und unter Abwägung der beiderseitigen Interessen die Fortsetzung des Vertragsverhältnisses bis zur vereinbarten Beendigung oder bis zum Ablauf einer Kündigungsfrist nicht zuzumuten ist.[181] **1432**

Streitig ist, ob sich daneben weitere wichtige Kündigungsgründe **vertraglich vereinbaren** lassen.[182] Dies wird aufgrund der Vertragsautonomie und dem Bedürfnis nach Rechtssicherheit teilweise bejaht.[183] Zur Verhinderung einer Umgehung des § 297 Abs. 2 AktG müssen die Anforderungen an den **Sonderbeschluss**[184] allerdings gewahrt bleiben. **1433**

---

172 Emmerich/Habersack Aktien- und GmbH-Konzernrecht/Emmerich § 297 Rn. 9.

173 Emmerich/Habersack Aktien- und GmbH-Konzernrecht/Emmerich § 297 Rn. 10.

174 Emmerich/Habersack Aktien- und GmbH-Konzernrecht/Emmerich § 297 Rn. 10.

175 BGH 5.4.1993 – II ZR 238/91, NJW 1993, 1976; Emmerich/Habersack Aktien- und GmbH-Konzernrecht/Emmerich § 297 Rn. 12; Hirte ZGR 1994, 644 (654); **aA** Gerth BB 1978, 1497 (1498); KölnKommAktG/Koppensteiner Rn. 5; Krieger in U. Schneider, Beherrschungs- und Gewinnabführungsverträge in der Praxis der GmbH, 1989, 99 (106); Jurkat, Die Organschaft im Körperschaftsteuerrecht, S. 277.

176 Siehe BT-Drs. IV/171, 220.

177 Krieger/Jannott DStR 1995, 1473 (1475).

178 Emmerich/Habersack Aktien- und GmbH-Konzernrecht/Emmerich § 297 Rn. 62.

179 Vgl. bereits BT-Drs. IV/171, 220.

180 Siehe Heurung/Engel/Müller-Thomczik GmbHR 2012, 1227 (1228); Paschos/Goslar DK 2006, 479 (480); MüKoAktG/Altmeppen § 297 Rn. 18.

181 Zu der vielschichtigen Kasuistik des wichtigen Grundes vgl. Heurung/Engel/Müller-Thomczik GmbHR 2012, 1227 ff. sowie → Rn. 1666 ff. zum teilweise identischen Begriff des wichtigen Grundes im Steuerrecht.

182 Heurung/Engel/Müller-Thomczik GmbHR 2012, 1227 (1229 f.).

183 BGH 5.4.1993 – II ZR 238/91, NJW 1993, 1976; OLG München 9.12.2008 – 31 Wx 106/08, RNotZ 2009, 104; Stangl/Winter Organschaft 2013/2014 Rn. 362; **aA** aber KölnKommAktG/Koppensteiner Rn. 20; wohl auch Hirte ZGR 1994, 644 (651 ff.).

184 Hierzu → Rn. 1414.

1434 Der Vorstand der Gesellschaft kann nach § 297 Abs. 2 AktG einen Vertrag, der zur Leistung eines Ausgleichs an die außenstehenden Aktionäre der Gesellschaft oder zum Erwerb ihrer Aktien verpflichtet, ohne wichtigen Grund nur kündigen, wenn die **außenstehenden Aktionäre** durch **Sonderbeschluss** zustimmen. Eine vergleichbare Regelung enthält § 297 Abs. 1 AktG nicht. Allein in Fällen, in denen ein wichtiger Grund losgelöst von den gesetzlichen Vorgaben vertraglich vereinbart wird, ist zur Verhinderung einer Umgehung des § 297 Abs. 2 AktG ein Sonderbeschluss notwendig.[185]

1435 Auf die außerordentliche Kündigung nach § 297 Abs. 1 AktG ist auch § 314 Abs. 3 BGB anwendbar.[186] Danach kann der Berechtigte nur **innerhalb einer angemessenen Frist** kündigen, nachdem er von dem Kündigungsgrund Kenntnis erlangt hat. Der Gesetzgeber hat es bewusst unterlassen, eine Höchstdauer als angemessene Frist zu bestimmen.[187] Vielmehr sollen die Umstände des Einzelfalles maßgeblich sein.[188]

1436 Die Kündigung erfolgt durch eine einseitige empfangsbedürftige Willenserklärung gegenüber dem anderen Vertragsteil.[189] Eine **Begründung** ist nicht erforderlich, sodass zu einem späteren Zeitpunkt andere Gründe nachgeschoben werden können.[190] Die **Schriftform** ist nach § 297 Abs. 3 AktG jedoch zu Beweiszwecken einzuhalten. Mangelt es hieran, ist die Kündigung nichtig (§ 125 BGB).[191]

1437 Die außerordentliche Kündigung wird regelmäßig zu einem Zeitpunkt während **eines Geschäftsjahres** ausgesprochen.[192] Weder § 132 HGB noch § 296 AktG sind insoweit analog anzuwenden. Dem Kündigenden steht es jedoch auch frei, dem anderen Teil einseitig eine Kündigungsfrist einräumen. Vertraglich kann dies aber nicht im Voraus bestimmt werden (vgl. § 23 Abs. 5 AktG).[193] Eine **rückwirkende außerordentliche Kündigung** ist nicht möglich.[194]

1438–1455 *(einstweilen frei)*

### 4. Hinzutreten eines außenstehenden Aktionärs (§ 307 AktG)

1456 Hat die Gesellschaft im Zeitpunkt der Beschlussfassung ihrer Hauptversammlung über einen Beherrschungs- oder Gewinnabführungsvertrag keinen außenstehenden Aktionär, so muss der Vertrag keine Ausgleichszahlung vorsehen (vgl. § 304 Abs. 1 S. 3 AktG). Beteiligt sich im Nachgang ein außenstehender Aktionär endet in seinem Interesse der Vertrag. Auf diese Weise soll erreicht werden, dass die Vertragsparteien den veränderten Beteiligungsverhältnissen Rechnung tragen, indem sie entweder nachträglich in den Unternehmensvertrag noch eine im Spruchverfahren überprüfbare Ausgleichs- und Abfindungsregelung aufnehmen oder einen entsprechenden neuen Unternehmensvertrag abschließen.[195]

1457 **Rechtspolitisch** ist die Vorschrift umstritten, weil sie dem herrschenden Unternehmen die Möglichkeit bietet, durch die Veräußerung von Anteilen am beherrschten Unternehmen einen ihm lästig gewordenen Unternehmensvertrag zu beenden und so die Voraus-

---

185 BGH 5.4.1993 – II ZR 238/91, BGHZ 122, 211.

186 Denn nach längerem Abwarten kann nicht mehr angenommen werden, dass die Fortsetzung des Vertragsverhältnisses unzumutbar ist (BT-Drs. 14/6040, 178).

187 BT-Drs. IV/171, 220; auch eine analoge Anwendung des § 626 Abs. 2 S. 1 BGB scheidet aus (KG Berlin 9.12.2016 – 5 U 163/15, 5 W 27/16, GRUR-RR 2017, 114 (116); OLG Nürnberg 27.4.2009 – 14 U 1037/08, MDR 2009, 737).

188 Teile der Literatur gehen jedoch davon aus, dass eine Zwei-Wochen-Frist dem Kündigungsberechtigten als Mindestfrist zustehen muss (von Hase NJW 2002, 2278 (2279); HMRWW/Weth jurisPK-BGB § 314 Rn. 46).

189 Emmerich/Habersack Aktien- und GmbH-Konzernrecht/Emmerich § 297 Rn. 10.

190 Emmerich/Habersack Aktien- und GmbH-Konzernrecht/Emmerich § 297 Rn. 10.

191 Zur Heilung vgl. auch FG Hamburg 19.6.2013 – 2 K 350/12, BeckRS 2013, 95938 rkr.

192 Emmerich/Habersack Aktien- und GmbH-Konzernrecht/Emmerich § 297 Rn. 26.

193 Emmerich/Habersack Aktien- und GmbH-Konzernrecht/Emmerich § 297 Rn. 26.

194 FG Hamburg 19.6.2013 – 2 K 350/12, BeckRS 2013, 95938, rkr.; Krieger/Jannott DStR 1995, 1473 (1475).

195 MüKoAktG/van Rosum § 307 Rn. 1.

setzungen der §§ 296, 297 AktG zu unterlaufen.[196] Dies hat auch steuerrechtliche Implikationen, zumal nach einer weit verbreiteten Ansicht,[197] das Hinzutreten eines außenstehenden Gesellschafters einen wichtigen Grund darstellen soll.

Originär anwendbar ist § 307 AktG auf eine AG als abhängige Gesellschaft. Umstritten ist, ob die Norm entsprechend gilt, wenn die **abhängige Gesellschaft** die Rechtsform einer GmbH hat.[198] **1458**

Die Gesellschaft darf im Zeitpunkt der Beschlussfassung ihrer Hauptversammlung über einen Beherrschungs- oder Gewinnabführungsvertrag **keinen außenstehenden Aktionär** haben. War zu diesem Zeitpunkt bereits ein außenstehender Gesellschafter vorhanden und tritt in einem späteren Geschäftsjahr ein weiterer außenstehender Gesellschafter hinzu, ist § 307 AktG nicht anzuwenden.[199] Nach der gesetzlichen Wertung reicht es bereits aus, wenn ein anderer außenstehender Aktionär die Möglichkeit hatte, den Gewinnabführungsvertrag anzufechten. **1459**

§ 307 AktG kommt auch dann zur Anwendung, wenn der Gewinnabführungsvertrag bereits **prophylaktisch eine Ausgleichszahlung** beinhaltet.[200] Dies folgt aus dem Wortlaut ergibt sich aber auch aus der Entwicklungsgeschichte[201] und dem Sinn und Zweck der Norm. Andernfalls könnten die Ausgleichszahlung unangemessen sein, weil innerhalb der Frist nach § 4 Abs. 1 Nr. 1 SpruchG keine Möglichkeit der gerichtlichen Überprüfung bestand. **1460**

Beteiligt sich ein außenstehender Gesellschafter an der abhängigen Gesellschaft, so endet der Gewinnabführungsvertrag **zum Ende dieses Geschäftsjahres.** Hieraus („zum Ende") folgt, dass die Gewinnabführungsverpflichtung noch für dieses Geschäftsjahr zu erfüllen ist und der außenstehende Gesellschafter insoweit leer ausgeht.[202] Nicht gesetzeswidrig ist es jedoch, dem außenstehenden Gesellschafter bereits für dieses Geschäftsjahr einen Ausgleich auf vertraglicher Grundlage zukommen zu lassen.[203] Aus dem Wort **spätestens** folgt, dass der Gewinnabführungsvertrag aus anderen Gründen (siehe §§ 296 f. AktG) auch schon früher ein Ende finden kann.[204] **1461**

Nicht geklärt ist, ob die Beendigung des Gewinnabführungsvertrags nach § 307 AktG dadurch vermieden werden kann, dass der Vertrag vor Ende des Geschäftsjahres **um eine wirksame Ausgleichszahlung ergänzt** wird.[205] Dagegen lässt sich anführen, dass § 307 AktG eine solche Möglichkeit nicht vorsieht und als zwingende Rechtsfolge die Beendigung des Gewinnabführungsvertrags vorgibt. Der Sinn und Zweck spricht jedoch für eine teleologische Reduktion der Norm, da ihr Ziel auch in diesen Fällen erreicht wird; dies jedenfalls dann, wenn man infolge der Änderung dem außenstehenden Gesellschafter ein Anfechtungsrecht nach § 4 Abs. 1 Nr. 1 SpruchG iVm § 295 Abs. 2 AktG zubilligt. **1462**

---

196 Müko AktG/van Rosum § 307 Rn. 2; KölnKommAktG/Koppensteiner Rn. 5; Emmerich/Habersack Aktien- und GmbH-Konzernrecht/Emmerich § 297 Rn. 2a; Großkomm AktG/Hirte Rn. 16; MHdB AG/Krieger § 70 Rn. 199.

197 Haase Ubg 2019, 14 (16); Herzig Organschaft/Dötsch S. 114; Frotscher/Drüen/Frotscher KStG § 14 Rn. 683; Katschinski FS Reuter 2010, 1043 (1045); RHN/Rödder/Liekenbrock KStG § 14 Rn. 63.

198 **Dafür** bspw. Krieger/Jannott DStR 1995, 1473 (1476); einschränkend Hopt/Wiedemann AktG Großkommentar/Hopt/Wiedemann § 307 AktG Rn. 24, sofern der außenstehende Gesellschafter den Gewinnabführungsvertrag nicht kannte; **dagegen** Priester FS Peltzer 2001, 327; Pluskat DK 2004, 525 wegen der größeren Transparenz bei der GmbH.

199 Lange GmbHR 2011, 806 (810).

200 MüKoAktG/van Rosum § 307 Rn. 2; Baldamus ZGR 2007, 819 (831); Emmerich/Habersack Aktien- und GmbH-Konzernrecht/Emmerich § 307 Rn. 2; KölnKommAktG/Koppensteiner Rn. 3; Großkomm AktG/Hirte Rn. 4; Spindler/Stilz/Veil § 307 Rn. 5).

201 BT-Drs. IV/171, 226.

202 BFH 4.3.2009 – I R 1/08, DStR 2009, 1749; Emmerich/Habersack Aktien- und GmbH-Konzernrecht/Emmerich § 307 Rn. 11; **aA** Großkomm AktG/Hirte Rn. 19.

203 BFH 4.3.2009 – I R 1/08, DStR 2009, 1749.

204 Emmerich/Habersack Aktien- und GmbH-Konzernrecht/Emmerich § 307 AktG Rn. 13.

205 Dafür Bredow/Liebscher BB 2003, 393 (396); Prinz/Witt Steuerliche Organschaft/Beinert/Nees Rn. 3.89; wohl auch MüKoAktG/van Rosum § 307 Rn. 2; dagegen wohl Emmerich/Habersack Aktien- und GmbH-Konzernrecht/Emmerich § 307 AktG Rn. 11.

1463–1480 *(einstweilen frei)*

### 5. Befristung

1481 Der Gewinnabführungsvertrag kann auch befristet werden.[206] In diesem Fall endet er mit Ablauf des vereinbarten Zeitraums oder mit Erreichen des verabredeten Zeitpunkts. Steuerrechtlich wird die Befristung häufig genutzt, um einen Abschluss des Gewinnabführungsvertrags auf fünf Jahre zu garantieren.

**Beispiel (nach BFH 13.7.2022 – I R 42/18, BStBl. II 2023, 192):**
Zwischen zwei GmbHs bestand ein Gewinnabführungsvertrag, der 1991 abgeschlossen und im Folgejahr in das Handelsregister eingetragen wurde. Der Vertrag sollte nach § 4 eine Befristung bis zum 31.12.1996 enthalten.
Die Befristung steht der zivilrechtlichen Wirksamkeit des Gewinnabführungsvertrags nicht entgegen. Zum 31.12.1996 endet der Vertrag gem. §§ 163, 158 Abs. 2 BGB, ohne dass es einer Kündigung bedarf.

1482–1490 *(einstweilen frei)*

### 6. Bedingung gem. § 158 Abs. 2 BGB

1491 Nach wohl hM kann der Gewinnabführungsvertrag nicht unter einer **auflösenden Bedingung** iSd § 158 Abs. 2 BGB abgeschlossen werden.[207] In Bezug auf die auflösende Bedingung sei der automatische Wegfall des Vertrags nicht mit der registergerichtlichen Verlautbarung vereinbar. Es müsse aber jederzeit aus dem Register erkennbar sein, ob ein Unternehmensvertrag besteht oder nicht.[208] Vor diesem Hintergrund ist die Bedingung in ein **außerordentliches Kündigungsrecht** nach § 140 BGB umzudeuten.[209] Steuerrechtlich ist dies unproblematisch, selbst wenn die Bedingung/der außerordentliche Kündigungsgrund innerhalb der Mindestvertragsdauer eintritt. Solange die Kündigung nicht erklärt wird, hat sowohl der Gewinnabführungsvertrag als auch die Organschaft bestand.[210]

**Beispiel:**
1492 Der Gewinnabführungsvertrag wird unter der auflösenden Bedingung geschlossen, dass dem Organträger nur noch 50 % oder weniger Stimmrechte in der Gesellschafterversammlung der Organgesellschaft zustehen. Im Jahr 03 veräußert der Organträger Anteile an der Organgesellschaft, sodass ihm nur noch 40 % der Stimmrechte in der Gesellschafterversammlung zustehen.
Nach hM kann der Gewinnabführungsvertrag nicht unter einer auflösenden Bedingung iSd § 158 Abs. 2 BGB abgeschlossen werden.[211] Vor diesem Hintergrund ist die Bedingung in ein außerordentliches Kündigungsrecht nach § 140 BGB umzudeuten.[212] Solange die Kündigung nicht erklärt wird, hat der Gewinnabführungsvertrag und damit die Organschaft Bestand.

1493–1500 *(einstweilen frei)*

---

206 BFH 13.7.2022 – I R 42/18, BStBl. II 2023, 192; BeckOK KStG/Ebber KStG § 14 Rn. 386; Emmerich/Habersack Aktien- und GmbH-Konzernrecht/Emmerich § 297 Rn. 33; Gosch KStG/Neumann KStG § 14 Rn. 270; Erle/Sauter/Erle/Heurung KStG § 14 Rn. 191; Jurkat, Die Organschaft im Körperschaftsteuerrecht, S. 279.

207 Hölters/Weber/Deilmann § 297 Rn. 24; Emmerich/Habersack Aktien- und GmbH-Konzernrecht/Emmerich § 297 Rn. 29; Grüner, Die Beendigung von Gewinnabführungs- und Beherrschungsverträgen, 2003, 141 f.; **aA** wohl BeckOK KStG/Ebber KStG § 14 Rn. 386; Walter GmbHR 2015, 965 (967) mwN; Timm FS Kellermann, 1991, 461 (468).

208 Vgl. Hölters/Weber/Deilmann § 297 Rn. 24 („Rechtsunsicherheit").

209 **AA** Emmerich/Habersack Aktien- und GmbH-Konzernrecht/Emmerich § 297 Rn. 29: ordentliches Kündigungsrecht.

210 **AA** Gosch KStG/Neumann KStG § 14 Rn. 271: Unbedenklich, solange die Vertragsbeziehung nicht darauf angelegt ist, dass der bedingungseintritt innerhalb des Mindestzeitraums von fünf Jahren zu erwarten ist.

211 → Rn. 1491.

212 **AA** Emmerich/Habersack Aktien- und GmbH-Konzernrecht/Emmerich § 297 Rn. 29: ordentliches Kündigungsrecht.

### 7. Anfechtung (§§ 119, 123 BGB)

Grundsätzlich unterliegen die Willenserklärungen, die zum Abschluss des Gewinnabführungsvertrags geführt haben, der Anfechtung nach den §§ 119, 123 BGB. Der Anfechtung kommt grds. eine **ex tunc Wirkung** zu (§ 142 Abs. 1 BGB). Aufgrund der damit verbundenen Abwicklungsprobleme geht eine verbreitete Meinung[213] davon aus, dass die Anfechtung nur bis zum tatsächlichen Vollzug des Gewinnabführungsvertrag möglich ist. Nach anderer Ansicht sind die Grundsätze über fehlerhafte Unternehmensverträge anwendbar.[214] **1501**

*(einstweilen frei)* **1502–1510**

### 8. Rücktritt

Die Frage, ob ein Gewinnabführungsvertrag durch Rücktritt enden kann, haben die Gesetzesverfasser bewusst offengelassen.[215] Nach hM ist wie folgt zu differenzieren. Zwischen Eintragung und Vollzug des Gewinnabführungsvertrags kann ein **gesetzliches** (zB nach § 323 BGB) oder **vertragliches Rücktrittsrecht** (vgl. § 346 Abs. 1 BGB) wirksam ausgeübt werden.[216] Im Anschluss ist ein solches Rücktrittsrecht in ein Recht auf außerordentliche bzw. ordentliche Kündigung umzudeuten.[217] Vor der Eintragung des Gewinnabführungsvertrags in das Handelsregister, ist der Vertrag noch nicht wirksam geworden (§ 294 Abs. 2 AktG). Gesetzliche Rücktrittsrechte finden deshalb grds. keine Anwendung. In diesem Zeitraum kommt allenfalls eine entsprechende Anwendung des § 323 Abs. 4 BGB in Betracht, nach dem der Gläubiger bereits vor Eintritt der Fälligkeit der Leistung zurücktreten kann, sofern offensichtlich ist, dass die Voraussetzungen des Rücktritts (demnächst) eintreten werden.[218] **1511**

*(einstweilen frei)* **1512–1520**

### 9. Umstrukturierungsvorgänge

**a) Verschmelzungen.** Ist der **Organträger** im Rahmen einer **Verschmelzung** übertragender oder übernehmender Rechtsträger, lässt dies den Gewinnabführungsvertrag grds. unberührt.[219] Das Gesetz sieht eine Beendigung des Gewinnabführungsvertrags nicht vor. **1521**

---

213 Hölters/Weber/Deilmann § 297 Rn. 25; Gerth BB 1978, 1497 (1498); Kley, Die Rechtsstellung der außenstehenden Aktionäre bei der vorzeitigen Beendigung von Unternehmensverträgen, 62; H. Wilhelm, Die Beendigung des Beherrschungs- und Gewinnabführungsvertrages, 124 ff.

214 Emmerich/Habersack Aktien- und GmbH-Konzernrecht/Emmerich § 297 Rn. 30; Gosch KStG/Neumann KStG § 14 Rn. 272; MüKoAktG/Altmeppen § 297 Rn. 100 f.: Die Grundsätze der fehlerhaften Gesellschaft kommen zur Anwendung.

215 BT-Drs. IV/3296: „Die Frage, ob und in welchen Grenzen ein Rücktritt möglich ist, soll der Rechtsprechung überlassen bleiben.".

216 Vgl. im Einzelnen Emmerich/Habersack Aktien- und GmbH-Konzernrecht/Emmerich § 297 Rn. 31 ff.

217 MüKoAktG/Altmeppen § 297 Rn. 92 f.; Hölters/Weber/Deilmann § 297 Rn. 25; Grüner, Die Beendigung von Gewinnabführungs- und Beherrschungsverträgen, 2003, 134 ff.; Hirte ZGR 1994, 644 (663); Hüffer/Koch/Koch Rn. 23; Kley, Die Rechtsstellung der außenstehenden Aktionäre bei der vorzeitigen Beendigung von Unternehmensverträgen, 1986, 61 f.; Großkomm AktG/Mülbert § 297 Rn. 103; Bürgers/Körber/Lieder/Schenk § 297 Rn. 21; BeckOGK/Veil/Walla § 297 Rn. 33; H. Wilhelm, Die Beendigung des Beherrschungs- und Gewinnabführungsvertrages, 1976, 18.

218 So Emmerich/Habersack Aktien- und GmbH-Konzernrecht/Emmerich § 297 Rn. 31a.

219 Für den Organträger als übertragenden Rechtsträger: BFH 11.7.2023 – I R 21/20, BeckRS 2023, 32759; OLG Karlsruhe 7.12.1990 – 15 U 256/89, DStR 1991, 360 (361); LG Bonn 30.1.1996 – 11 T 1/96, MittRhNotK 1996, 145 (145); BMF 2.1.2025, BStBl. I 2025, 92 Rn. Org.01; MüKoAktG/Altmeppen § 297 Rn. 125; Dötsch FS Widmann, 2000, 265 (266); Erle/Sauter/Erle/Heurung KStG § 14 Rn. 681, 727; Frotscher/Drüen/Frotscher KStG § 14 Rn. 913; Herlinghaus FR 2004, 974 (975); SH/Stratz § 20 UmwG Rn. 58; Stuth DStR 1998, Beihefter zu Heft 17, 36 (36); für den Organträger als übernehmenden Rechtsträger: BayObLG 22.10.2003 – 3Z BR 211/03, AG 2004, 99 (99 f.); BMF 2.1.2025, BStBl. I 2025, 92 Rn. Org.20; Emmerich/Habersack Aktien- und GmbH-Konzernrecht/Emmerich § 297 Rn. 44; RHvL/Herlinghaus Anh. 4 Rn. 17; Müller BB 2002, 157 (158); SH/Stratz § 20 UmwG Rn. 59.

§ 293 AktG verlangt bestimmte Zustimmungserfordernisse für den erstmaligen Abschluss des Gewinnabführungsvertrags, nicht aber für den Übergang des Gewinnabführungsvertrag im Wege der Gesamtrechtsnachfolge. So gesehen geht das Prinzip der Gesamtrechtsnachfolge etwaigen Schutzbedürfnissen der Beteiligten vor. Im Einzelfall kann den Beteiligten jedoch ein außerordentliches Kündigungsrecht zustehen.

**1522** Hingegen geht die wohl hM von einem Untergang des Gewinnabführungsvertrags aus, wenn die **Organgesellschaft** auf eine andere Gesellschaft **verschmolzen** wird.[220] Dagegen spricht, dass das Gesetz in diesem Fall die Beendigung des Gewinnabführungsvertrags nicht explizit als Rechtsfolge benennt. Umgekehrt spielt die Verschmelzung auf eine Organgesellschaft für die Existenz eines Gewinnabführungsvertrags keine Rolle.

**1523** Wir die Organgesellschaft oder der Organträger hingegen im Wege eines **up-stream-mergers** bzw. **down-stream-mergers** verschmolzen kommt es zum Untergang des Gewinnabführungsvertrags im Wege einer Konfusion.[221] Denn ein Schuldverhältnis setzt begrifflich einen Gläubiger und einen Schuldner voraus; fallen beide in einer Person zusammen, so kann es nicht fortbestehen.

**1524–1535** *(einstweilen frei)*

**1536** **b) Spaltungen.** Im Hinblick auf die **Spaltung des Organträgers** gelten die Ausführungen zur Verschmelzung entsprechend.[222] Bei einer Aufspaltung muss im Spaltungsplan geregelt werden, welcher der übernehmenden Rechtsträger die Beteiligung an der Organgesellschaft übernimmt und wer Vertragspartner des Gewinnabführungsvertrag wird.[223] Je nachdem kann es spaltungsbedingt zwar nicht zur Beendigung des Gewinnabführungsvertrag aber der Organschaft kommen. Nach ganz hM[224] werden durch die Aufspaltung die Gewinnabführungsverträge aber auch nicht verdoppelt.

**1537** Die **Abspaltung oder Ausgliederung der Organgesellschaft** hat keine Auswirkungen auf den Gewinnabführungsvertrag.[225] Die Aufspaltung der Organgesellschaft auf anderen Gesellschaften hat hingegen grds. die gleichen Auswirkungen wie die Verschmelzung.[226] Eine Ausnahme ist jedoch bei der Aufspaltung zur Neugründung anerkannt.[227]

**1538** Die **Spaltung auf den Organträger oder die Organgesellschaft** hat keinen Einfluss auf den Gewinnabführungsvertrag.[228]

**1539–1550** *(einstweilen frei)*

---

220 Vgl. OLG Karlsruhe 29.8.1994 – 15 W 19/94, NJW-RR 1995, 354; BMF 2.1.2025, BStBl. BStBl. I 2025, 92 Rn. Org.21; Gelhausen/Heinz NZG 2005, 775; Herlinghaus FR 2004, 974 (978); Müller BB 2002, 157 (159).

221 Zum down-stream-merger: OLG Karlsruhe 29.8.1994 – 15 W 19/94, ZIP 1994, 1531; OLG Düsseldorf 7.6.1990 – 19 W 13/86, DB 1990, 1394; Erle/Sauter/Erle/Heurung KStG § 14 Rn. 733; SHS/Schmitt § 12 UmwStG Rn. 82; Gosch KStG/Neumann KStG § 14 Rn. 278; Herzig Organschaft/Dötsch S. 117; Thill/Antoszkiewicz FR 2006, 7; HHR/Kolbe KStG § 14 Rn. 214; zum up-stream-merger: BFH 11.7.2023 – I R 36/20, DStR 2023, 2607; FG Hamburg 4.9.2020 – 6 K 150/18, EFG 2021, 55; BMF 2.1.2025, BStBl. I 2025, 92 Rn. Org.20; Herzig Organschaft/Dötsch S. 117.

222 Für die Aufspaltung BMF 2.1.2025, BStBl. I 2025, 92 Rn. Org.06; Gosch KStG/Neumann KStG § 14 Rn. 280; MüKoAktG/Altmeppen § 297 Rn. 126; DPM/Dötsch Anh., Rn. 4, 8; Emmerich/Habersack Aktien- und GmbH-Konzernrecht/Emmerich § 297 Rn. 46; Erle/Sauter/Erle/Heurung KStG § 14 Rn. 680 f.; Frotscher/Drüen/Frotscher KStG § 14 Rn. 924; RHvL/Herlinghaus Anh. 4 Rn. 19 ff.; Stuth DStR 1998, Beihefter zu Heft 17, 36 (36); für die Abspaltung und Ausgliederung: Pichler, Die ertragsteuerliche Organschaft im Umwandlungssteuerrecht, S. 221.

223 Gosch KStG/Neumann KStG § 14 Rn. 280.

224 Heidenhain NJW 1995, 2873 (2877); Krieger/Janott DStR 1995, 1473 (1479); Krieger ZGR 1990, 517 (542); Meister DStR 1999, 1741 (1741 f.); Müller BB 2002, 157 (159); Stuth DStR 1998, Beihefter zu Heft 17, 36 (36); Timm DB 1993, 569 (574 f.); **aA** Vossius in: FS Widmann, S. 133 (152 f.)).

225 BMF 2.1.2025, BStBl. I 2025, 92 Rn. Org.22.

226 BMF 2.1.2025, BStBl. I 2025, 92 Rn. Org.21.

227 Emmerich/Habersack Aktien- und GmbH-Konzernrecht/Emmerich § 297 Rn. 47.

228 BMF 2.1.2025, BStBl. I 2025, 92 Rn. Org.29; Pichler, Die ertragsteuerliche Organschaft im Umwandlungssteuerrecht, S. 225; MüKoAktG/Altmeppen § 297 Rn. 133 f.; Herzig Organschaft/Blumenberg, S. 268 f.; Emmerich/Habersack Aktien- und GmbH-Konzernrecht/Emmerich § 297 Rn. 47; Frotscher/Drüen/Frotscher KStG § 14 Rn. 936.

**c) Formwechsel.** Der Formwechsel lässt die Identität des Rechtsträgers grds. unberührt (§ 202 Abs. 1 Nr. 1 UmwG).[229] Der homogene und heterogene Formwechsel **des Organträgers** hat deshalb keine Auswirkungen auf den Bestand des Gewinnabführungsvertrags.[230] Für den Fortbestand der Organschaft muss allerdings sichergestellte sein, dass der Organträger nach dem Formwechsel die persönlichen Anforderungen des § 14 KStG erfüllt. Entsprechendes gilt für den homogenen Formwechsel der Organgesellschaft.[231] Nach Ansicht der Finanzverwaltung endet die Organschaft hingegen, wenn **die Organgesellschaft** im Wege eines heterogenen Formwechsels in eine Personengesellschaft umgewandelt wird.[232] Denn insoweit mangelt es zumindest an den persönlichen Anforderungen der §§ 14, 17 KStG. Offen bleibt allerdings, ob gleichzeitig auch der Gewinnabführungsvertrag beendet wird. Diese Frage ist auch für steuerrechtliche Zwecke nicht belanglos, da die Beendigung des Gewinnabführungsvertrags – anders als das Entfallen der persönlichen Anforderungen – zurückwirken kann.[233] Unstreitig möglich ist der Abschluss eines Gewinnabführungsvertrags mit einer AG, KGaA, GmbH sowie ggf. mit einer GmbH & Co. KG.[234] Ob auch mit einer Personengesellschaft ein Gewinnabführungsvertrag geschlossen werden bzw. fortbestehen kann, ist derzeit nicht abschließend geklärt.[235] In ihrem Anwendungsschreiben zu § 1a KStG hat sie sich die Finanzverwaltung unter Berufung auf einen Beschluss des OLG München[236] dagegen ausgesprochen:[237] *„Nach deutschem Gesellschaftsrecht besteht weder eine Eintragungspflicht für Unternehmensverträge mit Personenhandels- oder Partnerschaftsgesellschaften noch führen sie dazu, dass das Gesellschaftsstatut unternehmensvertraglich überlagert wird (vgl. OLG München 8.2.2011 – 31 Wx 2/11 –, ZIP 2011 Seite 526). Eine Eintragungspflicht ins Handelsregister für diese Gesellschaften kann weder auf eine ausdrückliche gesetzliche Bestimmung gestützt noch aus einer entsprechenden Anwendung der für eine Satzungsänderung geltenden Vorschriften hergeleitet werden. Zudem gehören Gesellschaftsverträge bzw. entsprechende Vertragsänderungen nicht zu den eintragungspflichtigen Tatsachen iSv §§ 106, 162 HGB oder § 4 PartGG.“* Diese Sichtweise dürfte sich auf die vorliegende Thematik übertragen lassen. **1551**

*(einstweilen frei)* **1552–1560**

**d) Sacheinlagen.** Sacheinlagen des Organträgers oder der Organgesellschaft, die sich im zivilrechtlichen Wege der **Einzelrechtsnachfolge** vollziehen, haben keinen Einfluss auf einen bestehenden Gewinnabführungsvertrag.[238] Das gilt selbst dann, wenn die gesamte Beteiligung an der Organgesellschaft eingebracht wird.[239] Einlagen in Gesellschaften des Organkreises sind ebenfalls unbeachtlich.[240] **1561**

---

229 RHvL/Herlinghaus Anh. 4 Rn. 33.

230 BMF 2.1.2025, BStBl. I 2025, 92 Rn. Org.10; DPM/Dötsch Anh. Rn. 5; Emmerich/Habersack Aktien- und GmbH-Konzernrecht/Emmerich § 297 Rn. 45; Erle/Sauter/Erle/Heurung KStG § 14 Rn. 679, 741; Frotscher/Drüen/Frotscher KStG § 14 Rn. 927; RHvL/Herlinghaus Anh. 4 Rn. 23; Müller BB 2002, 157 (158).

231 OLG Düsseldorf 27.2.2004 – 19 W 3/00, NZG 2005, 280 (282); BMF 2.1.2025, BStBl. I 2025, 92 Rn. Org.24; MüKoAktG/Altmeppen § 297 Rn. 137; Herzig Organschaft/Blumenberg, S. 267; DPM/Dötsch Anh., Rn. 47; Emmerich/Habersack Aktien- und GmbH-Konzernrecht/Emmerich § 297 Rn. 45; Erle/Sauter/Erle/Heurung KStG § 14 Rn. 748; Fichtelmann GmbHR 2010, 576 (583); Frotscher/Drüen/Frotscher KStG § 14 Rn. 944; Herlinghaus FR 2004, 974 (979); RHvL/Herlinghaus Anh. 4 Rn. 31; Müller BB 2002, 157 (160); Stuth DStR 1998, Beihefter zu Heft 17, 36 (36); Vogel DB 2011, 1239 (1241); Bott/Walter/Walter KStG § 14 Rn. 353.

232 BMF 2.1.2025, BStBl. I 2025, 92 Rn. Org.24.

233 Vgl. → Rn. 1370 ff.

234 RHvL/Herlinghaus Anh. 4 Rn. 33.

235 RHvL/Herlinghaus Anh. 4 Rn. 33.

236 OLG München 8.2.2011 – 31 Wx 2/11, ZIP 2011, 526.

237 **AA** Liekenbrock DB 2021, 2111 ff.

238 Pichler, Die ertragsteuerliche Organschaft im Umwandlungssteuerrecht, S. 220; DPM/Dötsch Anh. Rn. 6; Frotscher/Drüen/Frotscher KStG § 14 Rn. 930; RHvL/Herlinghaus Anh. 4 Rn. 22; Gosch KStG/Neumann KStG § 14 Rn. 286.

239 Pichler, Die ertragsteuerliche Organschaft im Umwandlungssteuerrecht, S. 221.

240 Pichler, Die ertragsteuerliche Organschaft im Umwandlungssteuerrecht, S. 220, 228.

1562–1571 *(einstweilen frei)*

1572 **e) Anwachsungen.** Geht das Unternehmen der Organträger-Personengesellschaft auf den verbliebenen Gesellschafter im Wege der **Gesamtrechtsnachfolge** über,[241] berührt dies die Existenz des Gewinnabführungsvertrags nicht.[242] Ob und unter welchen Voraussetzungen die zivilrechtliche von einer steuerrechtlichen Gesamtrechtsnachfolge begleitet wird, spielt insoweit keine Rolle.[243] Unter den dort genannten Voraussetzungen kann sich jedoch ein außerordentliches Kündigungsrecht nach § 297 Abs. 1 AktG ergeben.[244] Für Zwecke der Organschaft ist jedoch zu prüfen, ob der verbliebene Gesellschafter neuer Organträger iSd §§ 14, 17 KStG sein kann. Unerheblich für die Fortexistenz des Gewinnabführungsvertrags ist, wenn umgekehrt der Organträger bzw. die Organgesellschaft Vermögen im Wege der Anwachsung übernimmt.[245]

1573–1585 *(einstweilen frei)*

### 10. Eingliederung

1586 Die Eingliederung der Organgesellschaft in den Organträger führt nicht zur Beendigung eines zuvor abgeschlossenen Gewinnabführungsvertrags.[246] Dies lässt sich aus § 324 Abs. 2 AktG ableiten. Satz 1 der Norm geht von der Existenz eines Gewinnabführungsvertrags zwischen beiden Gesellschaften aus und der nachfolgende Satz 2 verlangt für dessen Aufhebung die Schriftform. Entsprechendes sollte gelten, wenn die Organgesellschaft in ein drittes Unternehmen eingegliedert wird.[247] Die Eingliederung des Organträgers in ein anderes Unternehmen lässt den Gewinnabführungsvertrag ebenfalls unberührt.[248]

1587–1595 *(einstweilen frei)*

### 11. Insolvenz

1596 Rechtlich unklar sind auch die Folgen, die die Insolvenz der Organgesellschaft oder des Organträgers für den Gewinnabführungsvertrag hat. Unter der Geltung der früheren **KO** ging man überwiegend davon aus, dass die Eröffnung des Konkursverfahrens über das Vermögen der beherrschten oder herrschenden Gesellschaft zur Beendigung eines Gewinnabführungsvertrages führe.[249] Ein Konkursverwalter habe bei Konkurs der herrschenden Gesellschaft nicht die Aufgabe, einen Konzern zu leiten. Bei Konkurs der abhängigen Gesellschaft sei er nicht an die Weisungen des herrschenden Unternehmens (§ 308 AktG) gebunden. Ob man daran auch festhalten kann, wenn eine Unternehmenssanierung angestrebt wird, erscheint zweifelhaft.[250] Nach anderer Ansicht sollte der Vertrag, unter Sus-

241 Siehe § 712a BGB.

242 Eine Anwachsung der Organgesellschaft kann es hingegen nicht geben, da nur Rechtsträger in der Rechtsform der Kapitalgesellschaft als taugliche Organgesellschaft in Betracht kommen (Pichler, Die ertragsteuerliche Organschaft im Umwandlungssteuerrecht, S. 229).

243 DPM/Dötsch Anh. Rn. 9, 42.

244 Siehe unter → Rn. 211 ff.

245 Pichler, Die ertragsteuerliche Organschaft im Umwandlungssteuerrecht, S. 228 f.

246 Gosch KStG/Neumann KStG § 14 Rn. 300; **aA** BGH 12.3.2001 – II ZB 15/00, AG 2001, 417; MüKoAktG/Altmeppen § 297 Rn. 141 mwN da die Eingliederung alle Wirkungen eines Gewinnabführungsvertrags enthalte.

247 Emmerich/Habersack Aktien- und GmbH-Konzernrecht/Emmerich § 297 Rn. 35; GroßkommAktG/Mülbert Rn. 111; BeckOGK/Veil/Walla Rn. 52; Hölters/Weber/Deilmann Rn. 27; **aA** KölnKommAktG/Koppensteiner Rn. 40.

248 KölnKommAktG/Koppensteiner Rn. 41; Emmerich/Habersack Aktien- und GmbH-Konzernrecht/Emmerich § 297 Rn. 36; GroßkommAktG/Mülbert § 297 Rn. 107; BeckOGK/Veil/Walla § 297 Rn. 53; Grüner, Die Beendigung von Gewinnabführungs- und Beherrschungsverträgen, 2003, S. 168; Hölters/Weber/Deilmann § 297 Rn. 28; Gerth BB 1978, 1497.

249 Ggf. FG Nürnberg 11.12.2018 – 1 K 483/17, EFG 2020, 340; BFH 14.12.1987 – II ZR 170/87, NJW 1988, 1326 unter der Geltung der Konkursordnung.

250 Unter Geltung der InsO Uhländer BB 2023, 1185 (1186); Waza/Uhländer/Schmittmann, Insolvenzen und Steuern/Uhländer Rn. 1654; ebenso Roth, Insolvenzsteuerrecht, 486; Sonnleitner/Witfeld, Insolvenz- und Sanierungssteuerrecht/Petersen/Epler, 206; Heyd/Kautenburger-Behr/Wind/Zondler/Stef-

pendierung seiner Rechte und Pflichten, fortbestehen.[251] Damit wurde vor allem bezweckt, nach einer etwaigen Aufhebung des Konkursverfahrens eine Fortsetzung des Vertrages zu ermöglichen. Andere gingen davon aus, dass der Gewinnabführungsvertrag unverändert fortbestehe.[252]

Unter der Geltung der **InsO** hat sich an diesem Meinungsspektrum nur wenig geändert.[253] Jüngst ging das FG Nürnberg[254] davon aus, dass der Gewinnabführungsvertrag in Folge der Insolvenz automatisch endet, ohne dass es einer Kündigung oder einer Ausübung des Wahlrechts des Insolvenzverwalters nach § 103 InsO bedarf. Der BFH[255] hat im Revisionsverfahren keine ausdrückliche Stellung zu der Problematik bezogen und die Organschaft an der fehlenden tatsächlichen Durchführung des Gewinnabführungsvertrags scheitern lassen.[256] Verneint man eine automatische Beendigung des Gewinnabführungsvertrag, dürfte zumindest ein Recht zur außerordentlichen Kündigung nach § 297 Abs. 1 AktG bestehen.[257] Dafür ist entscheidend, dass die Verbindlichkeiten aus dem Gewinnabführungsvertrag durch die Insolvenz zu Insolvenzforderungen iSd § 38 InsO werden, die grundsätzlich nicht mehr bedient werden dürfen.[258] **1597**

*(einstweilen frei)* **1598–1615**

## 12. Sonstige Fälle der Auflösung

Die Auflösung der Gesellschaft (siehe zB § 262 Abs. 1 AktG; § 60 Abs. 1 GmbHG) hat die Änderung ihres Zwecks zur Folge. Aus einer werbenden Gesellschaft wird eine Abwicklungsgesellschaft. Das Vermögen ist sodann zu versilbern und die Schulden zu tilgen (§ 268 AktG; § 70 GmbHG). Daraus wird teilweise der Schluss gezogen, dass Unternehmensverträge automatisch ihr Ende finden, wenn eine der beiden Vertragsparteien aufgelöst wird, weil sich die Pflichten der Abwickler nicht mit denen auf Grund eines Unternehmensvertrages vertrügen.[259] Sieht man vom Auflösungsgrund der Insolvenz ab[260], ist es jedoch überzeugender, eine Beendigung des Gewinnabführungsvertrags abzulehnen.[261] Es mangelt bereits an einer Vorschrift, die eine automatische Beendigung vorgibt. Bei einer Auflösung der herrschenden Gesellschaft (des Organträgers) würde zudem der Schutzzweck des § 302 AktG für die Organgesellschaft missachtet. Sofern ein Festhalten am Vertrag unzumutbar erscheint, steht den Beteiligten allerdings ein außerordentliches Kündigungsrecht zu.[262] **1616**

fens, 357; Kahlert/Kayser/Bornemann, Perspektiven für eine kohärente und praxisgerechte Verzahnung von Steuerrecht und Insolvenzrecht, 164; Frotscher, Besteuerung bei Insolvenz, S. 185).

251 BFH 18.10.1967 – I 262/63, BeckRS 1967, 21000879: Der Vertrag ist suspendiert.

252 OLG Düsseldorf 19.7.2021 – 3 Wx 152/20, NZI 2022, 81.

253 Vgl. auch OLG Düsseldorf 19.7.2021 – 3 Wx 152/20, NZI 2022, 81; Bergmann, Liquidationsbesteuerung von Kapitalgesellschaften, 169 ff.

254 FG Nürnberg 11.12.2018 – 1 K 483/17, EFG 2020, 479; offen allerdings die Revisionsentscheidung BFH 2.11.2022 – I R 29/19, BStBl. II 2023, 405, nach der die Organschaft an der fehlenden Durchführung scheiterte.

255 BFH 2.11.2022 – I R 29/19, BStBl. II 2023, 405.

256 BFH 2.11.2022 – I R 37/19, BStBl. II 2023, 409; hierzu auch Brandis/Heuermann/Rode KStG § 14 Rn. 165; Kontny-Pieske DStRK 2023, 88; Uhländer BB 2023, 1185; Pfirrmann BFH/PR 2023, 150; Egeln FR 2023, 358; Witt HFR 2023, 592; Oppel Ubg 2023, 215; Herkens Ubg 2023, 218; Witt Ubg 2023, 219.

257 Streck/Olbing KStG § 14 Rn. 119; vgl. zum wichtigen Grund nach § 14 Abs. 1 S. 1 Nr. 3 S. 2 KStG BFH 2.11.2022 – I R 29/19, BStBl. II 2023, 405 mwN.

258 BFH 2.11.2022 – I R 29/19, BStBl. II 2023, 405.

259 Emmerich/Habersack Konzernrecht/Lüdeking § 19 Rn. 70.

260 Hierzu → Rn. 1596 f.

261 OLG München 20.6.2011 – 31 Wx 163/11, NZG 2011, 867; MüKoAktG/Altmeppen § 297 Rn. 113 ff.; Emmerich/Habersack Aktien- und GmbH-Konzernrecht/Emmerich § 297 Rn. 50; BeckOK/Veil/Walla § 297 Rn. 41; **aA** Emmerich/Habersack/Emmerich, Aktien- und GmbH-Konzernrecht, § 297 Rn. 51; Großkomm AktG/Mülbert Rn. 135.

262 Emmerich/Habersack Aktien- und GmbH-Konzernrecht/Emmerich § 297 Rn. 50; anders wohl OLG München 20.6.2011 – 31 Wx 163/11, NZG 2011, 867.

**Beispiel:**

1617 Der Organträger hat bei seiner 100 %-Tochtergesellschaft den Beschluss der Auflösung gefasst.

Nach der hier vertretenen Ansicht wird der Gewinnabführungsvertrag nicht automatisch beendet. Eine außerordentliche Kündigung hat das OLG München[263] ebenfalls verneint, da der Organträger die Auflösung allein veranlasst hat.

1618–1630 *(einstweilen frei)*

## II. Folgen der vorzeitigen Beendigung

### 1. Grundsätze

1631 Die Beendigung des Gewinnabführungsvertrag vor Ablauf der fünf Jahre steht auf den ersten Blick nicht im Widerspruch zu § 14 Abs. 1 S. 1 Nr. 3 S. 1 KStG. Weder der dort genannte Abschluss auf fünf Jahre noch die Durchführung innerhalb der Geltungsdauer wird beeinträchtigt. Die vorzeitige Beendigung verkürzt allein die Geltungsdauer, was aber nach dem Wortlaut bedeutungslos erscheint. Der Sinn der Mindestvertragsdauer von fünf Jahren würde bei dieser Lesart allerdings verfehlt. Zudem kann § 14 Abs. 1 S. 1 Nr. 3 S. 2 KStG entnommen werden, dass die vorzeitige Beendigung für die Vergangenheit nur unter besonderen Voraussetzungen unschädlich ist. Grundsätzlich gilt daher: Wird der Gewinnabführungsvertrag innerhalb der fünfjährigen Mindestdauer beendet, entfällt die Organschaft **rückwirkend.**[264] Nichts anderes ist § 14 Abs. 1 S. 1 Nr. 3 S. 3 KStG zu entnehmen.[265] Allein bei Vorliegen eines wichtigen Grundes hat die Kündigung nur für das Jahr der Beendigung und die Folgejahre Bedeutung.[266] Unabhängig vom Vorliegen eines wichtigen Grundes hat die Kündigung außerhalb des Fünfjahreszeitraums nur eine ex nunc Wirkung.[267] Es schließt sich kein weiterer Fünfjahreszeitraum an.[268]

**Beispiel:**

1632 Der Gewinnabführungsvertrag wurde in 01 wirksam geschlossen. Gleichzeitig lagen die übrigen Voraussetzungen der Organschaft vor. In 07 wird der Gewinnabführungsvertrag im gegenseitigen Einvernehmen aufgehoben.

Im Beispiel fragt sich, ob nach KStR 14.5 Abs. 7 („für diese Jahre") bereits im Jahr 06 oder erst ab dem Jahr 07 keine Organschaft mehr existiert. Für letztere Sichtweise spricht der Sinn und Zweck der Mindestlaufzeit.

1633 Kommt es zum **erneuten Abschluss eines Gewinnabführungsvertrags** wird sein Laufzeit vor der Beendigung nicht angerechnet. Dh der Vertrag muss wieder erneut auf fünf Jahre abgeschlossen werden.

1634–1650 *(einstweilen frei)*

### 2. Beendigung aus wichtigem Grund

1651 **a) Anwendungsbereich des § 14 Abs. 1 S. 1 Nr. 3 S. 2 KStG.** Eine vorzeitige Beendigung des Vertrags durch Kündigung ist gem. § 14 Abs. 1 S. 1 Nr. 3 S. 2 KStG unschädlich, wenn ein wichtiger Grund die Kündigung rechtfertigt.[269] Die Vorschrift will verhindern, dass ein Gewinnabführungsvertrag aus steuerrechtlichen Gründen fortgeführt werden muss, obwohl ein „wichtiger Grund" seine Beendigung rechtfertigt.

---

263 20.6.2011 – 31 Wx 163/11, NZG 2011, 867.

264 BFH 2.11.2022 – I R 29/19, BStBl. II 2023, 405; BFH 10.5.2017 – I R 51/15, BStBl. II 2018, 30; KStR 14.5 Abs. 6 S. 5 und Abs. 7; Burwitz NZG 2013, 91 (92); Herzig Organschaft/Dötsch S. 113; Bott/Walter/Walter KStG § 14 Rn. 781; Stangl/Winter Organschaft 2013/2014 Rn. 356.

265 Vgl. hierzu → Rn. 1771 ff.

266 RHN/Rödder/Liekenbrock KStG § 14 Rn. 335.

267 Erle/Sauter/Erle/Heurung KStG § 14 Rn. 192.

268 **AA** möglicherweise KStR 14.5 Abs. 7.

269 Vgl. hierzu auch Pohl FS 75 Jahre Hochschule für Finanzen NRW, 2025 S. 135.

Nach dem Wortlaut gilt die Vorschrift nur für die **Kündigung.**[270] Hierzu kommt es durch eine einseitige empfangsbedürftige Willenserklärung (Kündigungserklärung).[271] Ob der Gewinnabführungsvertrag im aktienrechtlichen Sinne **außerordentlich** (§ 297 Abs. 1 AktG) oder **ordentlich** (vgl. § 297 Abs. 2 AktG) gekündigt wird, spielt für § 14 Abs. 1 S. 1 Nr. 3 S. 2 KStG hingegen keine Rolle. 1652

Nach dem Sinn und Zweck greift die Norm auch dann ein, wenn der Vertrag durch beidseitigen **Aufhebungsvertrag** beendet wird.[272] Ein Umkehrschluss aus § 14 Abs. 1 S. 1 Nr. 3 S. 3 KStG, der neben der Kündigung explizit auch die Aufhebung des Gewinnabführungsvertrags nennt, ist nicht geboten. Denn es kann für die Anerkennung der Organschaft keinen Unterschied machen, ob der Gewinnabführungsvertrag zivilrechtlich durch eine Kündigung oder einen Aufhebungsvertrag beendet wird.[273] 1653

Daneben dürfte auch bei einer **Beendigung kraft Gesetzes** (zB nach § 307 AktG) § 14 Abs. 1 S. 1 Nr. 3 S. 2 KStG anzuwenden sein.[274] Hierfür spricht wiederum der Sinn und Zweck der Norm: Liegt ein wichtiger Grund vor, kann die Form der Vertragsbeendigung nicht für steuerliche Anerkennung der Organschaft entscheidend sein. Die Finanzverwaltung[275] teilt diese Ansicht. Nach KStR 14.5 Abs. 6 S. 2 kann ein wichtiger Grund in der Verschmelzung einer Organgesellschaft gesehen werden, obwohl nach dem Umwandlungssteuererlass[276] der Gewinnabführungsvertrag in diesen Fällen von selbst endet. 1654

In Fällen, in denen der Gewinnabführungsvertrag durch **Zeitablauf** vorzeitig endet, hat § 14 Abs. 1 S. 1 Nr. 3 S. 2 KStG keine praktische Bedeutung.[277] In diesen Fällen mangelt es bereits an der fünfjährigen Mindestlaufzeit als Grundvoraussetzung der Organschaft. 1655

*(einstweilen frei)* 1656–1665

**b) Vorliegen eines wichtigen Grundes. aa) Begriff des wichtigen Grundes.** Das Gesetz verwendet den Ausdruck „wichtiger Grund" definiert diesen jedoch nicht. Auch die Gesetzesmaterialien[278] erlauben keine Konkretisierung. Der systematische **Rückgriff auf § 297 Abs. 1 AktG** verbietet sich ebenfalls.[279] Gleiche Begriffe in unterschiedlichen Gesetzen können zur Wahrung der Einheit der Rechtsordnung zwar gleich auszulegen sein. Voraussetzung ist aber, dass die ihnen zugrunde liegenden Zielrichtungen identisch sind.[280] Die Einheit der Rechtsordnung ist durch die Relativität der Rechtsbegriffe dann widerlegt, wenn den Begriffen in unterschiedlichen Gesetzen ein unterschiedlicher Zweck zukommt.[281] So ist es auch beim wichtigen Grund. Während es gesellschaftsrechtlich um den Schutz der anderen Gesellschaft geht, soll der wichtige Grund steuerrechtlich Fiskalinteressen waren (keine Beeinflussung der Steuerleistung nach Belieben). Dennoch sind die Unterschiede zwischen dem wichtigen Grund iSd § 297 Abs. 1 AktG und dem wichtigen 1666

270 Erle/Sauter/Erle/Heurung KStG § 14 Rn. 195.
271 Koch/Koch § 297 Rn. 3.
272 BFH 13.11.2013 – I R 45/12, BStBl. II 2014, 486 („verdeckte Gesetzeslücke"); FG Berlin-Brandenburg 19.10.2011 – 12 K 12078/08, EFG 2012, 443; KStR 14.5 Abs. 6 S. 1; Walter GmbHR 2012, 670; Lange GmbHR 2011, 806 f.; HHR/Kolbe KStG § 14 Rn. 212; Bott/Walter/Walter KStG § 14 Rn. 782; Prinz/Witt Steuerliche Organschaft/Beinert/Nees Rn. 11.30; Stangl/Winter Organschaft 2013/2014 Rn. 363.
273 Bott/Walter/Walter KStG § 14 Rn. 782.
274 BFH 11.7.2023 – I R 36/20, DStR 2023, 2607; FG Hamburg 4.9.2020 – 6 K 150/18, EFG 2021, 55; FG Nürnberg 11.12.2018 – 1 K 483/17, BeckRS 2018, 49718; zustimmend Brandis/Heuermann/Rode KStG § 14 Rn. 161; HHR/Kolbe KStG § 14 Rn. 212; Prinz/Witt Steuerliche Organschaft/Beinert/Nees Rn. 11.30; Bott/Walter/Walter KStG § 14 Rn. 782; MSO/Müller KStG § 14 Rn. 573; Streck/Olbing KStG § 14 Rn. 106; Solowjeff Ubg 2024, 42 (44); Pohl Ubg 2024, 44 (45).
275 KStR 14.5 Abs. 6 S. 1.
276 BMF 2.1.2025, BStBl. I 2025, 92 Rn. Org.21.
277 So auch HHR/Kolbe KStG § 14 Rn. 211.
278 Insbesondere BT-Drs. V/3017, 8.
279 Burwitz NZG 2013, 91 (92); Brandis/Heuermann/Rode KStG § 14 Rn. 162; Streck/Olbing KStG § 14 Rn. 116; Heurung/Engel/Müller-Thomczik GmbHR 2012, 1227 (1233); Autenrieth DStZ 1989, 199 (200).
280 Canaris, Systemdenken und Systembegriff in der Jurisprudenz, 2. Aufl. 1983, S. 122 ff.
281 Möllers, Juristische Methodenlehre, § 6 Rn. 17 ff.; Paris/Schönfeld/Sendke DStR 2023, 2305 (2310).

Grund nach § 14 Abs. 1 S. 1 Nr. 3 S. 2 KStG nicht so groß, wie dies die Diskussion vermuten lässt.[282] Allein in Fällen, in denen der wichtige Grund iSd § 297 Abs. 1 AktG vertraglich vereinbart wird, ist eine Diskrepanz möglich.[283]

**1667** Auch der **BFH**[284] hat dies zwischenzeitlich anerkannt:[285] „Ein wichtiger Grund ist steuerlich autonom zu bestimmen. Das schließt zwar nicht aus, entsprechend den allgemeinen zivilrechtlichen Grundsätzen zur außerordentlichen Kündigung bzw. zur Beendigung von Dauerschuldverhältnissen aus wichtigem Grund eine Verkürzung der Mindestlaufzeit ausreichen zu lassen, insbesondere bei wesentlichen Störungen der Vertragsbeziehungen, die bei Vertragsschluss nicht vorhersehbar waren. Geht es einer Partei oder den Parteien jedoch darum, die Rechtsfolgen der Organschaft mittels Vertragsaufhebung zeitlich zu begrenzen, um die fünfjährige Mindestlaufzeit zu unterlaufen, so liegt kein wichtiger Grund im Steuerrechtssinne vor."

**1668** Weiterhin nicht abschließend geklärt ist, wann es einer Partei oder den Parteien darum geht, iSd BFH-Rechtsprechung[286] die Rechtsfolgen der Organschaft mittels Vertragsaufhebung zeitlich zu begrenzen. Im Wesentlichen lassen sich hierzu drei Ansichten identifizieren. Nach Stangl/Brühl[287] ist ein wichtiger Grund dann anzuerkennen, wenn die Beendigung der Organschaft innerhalb des Fünfjahreszeitraums auf Gründe zurückzuführen ist, die erkennen lassen, dass nicht schon ursprünglich nur ein beliebiger Einkommenstransfer zur Steueroptimierung innerhalb eines weniger als fünf Jahre laufenden Zeitraums bezweckt war. Gegen dieses sehr weite Verständnis spricht, dass auch in Fällen in denen die vorzeitige Beendigung des Gewinnabführungsvertrags nicht schon ursprünglich beabsichtigt war, sich eine beliebige Beeinflussung der Steuerleistung ergeben kann. Der Sinn der Mindestlaufzeit wäre deshalb nur unvollkommen verwirklicht.

**1669** Nach Ansicht des FG Hessen[288] ist erforderlich, dass die Umstände des Einzelfalles eine Vertragsbeendigung **wirtschaftlich nachvollziehbar** erscheinen lassen.[289] Dies impliziert zum einen, dass steuerliche Gründe alleine nicht ausreichen sollen[290] und zum anderen, dass keine besonderen Anforderungen an den wirtschaftlichen Grund zu stellen sind.[291] Für diese Ansicht lässt sich die Entwicklungsgeschichte anführen. Vor Kodifizierung der Organschaft wurden wirtschaftliche Gründe als ausreichend für eine vorzeitige Beendigung des Gewinnabführungsvertrags angesehen.[292] Den Gesetzesmaterialien[293] lässt sich allerdings nicht entnehmen, dass dieser Zustand gesetzlich fortgeführt werden sollte. Die Vorgabe „Das entspricht ebenfalls dem geltenden Rechtszustand" in den Gesetzesmateria-

[282] Krit. gegenüber einer Gleichsetzung der Begriffe hingegen Schnitger/Fehrenbacher/Brink KStG § 14 Rn. 6080.

[283] So auch Prinz/Witt Steuerliche Organschaft/Beinert/Nees Rn. 11.47; **aA** Schnitger/Fehrenbacher/Brink KStG § 14 Rn. 608o: Unterschiede existieren auch ohne vertragliche Modifikationen; **aA** auch Bott/Walter/Walter KStG § 14 Rn. 781: Auch in Fällen vertraglichen Festlegung wichtiger Kündigungsgründe besteht eine Übereinstimmung zwischen Gesellschaft- und Steuerrecht.

[284] BFH 13.11.2013 – I R 45/12, BStBl. II 2014, 486; wohl auch KStH 14.5 „Beendigung des Gewinnabführungsvertrags".

[285] Zustimmend wohl auch KStH 14.5 „Beendigung des Gewinnabführungsvertrags".

[286] BFH 13.11.2013 – I R 45/12, BStBl. II 2014, 486.

[287] Stangl/Brühl Ubg 2012, 657.

[288] FG Hessen 28.5.2015 – 4 K 677/14, EFG 2015, 2100; dem folgend Prinz/Witt Steuerliche Organschaft/Beinert/Nees Rn. 11.39; zR **krit.** Gosch KStG/Neumann KStG § 14 Rn. 264.

[289] Vergleichbare Umschreibungen finden sich auch im Schrifttum: Es reiche aus, wenn die Vertragsbeendigung wirtschaftlich vernünftig sei (Heurung/Engel/Müller-Thomczik GmbHR 2012, 1227 (1231 f.); Stangl/Brühl Ubg 2012, 657 (664)); es reiche aus, wenn die Vertragsbeendigung wirtschaftlich sinnvoll sei (Breuninger JbFSt 2015/2016, 179 (189)); es reiche aus, wenn die Vertragsbeendigung aus vernünftiger kaufmännischer Überlegung heraus sachgerecht sei (Scheifele/Marx DStR 2014, 1793 (1801)).

[290] So wird zumindest in der Literatur der steuerliche Grund als etwas anderes als der wirtschaftliche Grund begriffen (Breuninger JbFSt 2015/2016, 179 (189)).

[291] FG Hessen 28.5.2015 – 4 K 677/14, EFG 2015, 2100, rkr.

[292] FM NRW 23.10.1959, BStBl. III 1959, 161: „Wird der Vertrag vor Ablauf dieser Mindestzeit aufgehoben oder nicht vollzogen, so ist er nicht anzuerkennen, es sei denn, daß die Vertragsparteien für die Aufhebung oder den Nichtvollzug des Vertrags ausreichende wirtschaftliche Gründe anzuführen vermögen."

[293] BT-Drs. V/3017, 3.

lien[294] bezieht sich allein auf den Abschluss und die Durchführung innerhalb der Geltungsdauer und damit nur auf § 14 Abs. 1 S. 1 Nr. 3 S. 1 KStG.

Nach einer dritten strengeren Sichtweise[295] setzt der wichtige Grund voraus, dass es für die Beteiligten **objektiv unzumutbar** sein muss, den Gewinnabführungsvertrag fortzusetzen. Hierfür sprechen mehrere Gründe.[296] Bereits der Wortlaut impliziert, dass nur ein wichtiger und nicht schon ein nachvollziehbarer Grund tatbestandsmäßig ist. Zudem ist eine beliebige Einkommensbeeinflussung erst dann ausgeschlossen, wenn es für die Beteiligten unzumutbar war, an der Organschaft festzuhalten. Die Ansicht steht auch am ehesten im Einklang mit den zivilrechtlichen Vorgaben des § 297 Abs. 1 AktG und des § 314 Abs. 1 BGB.[297] Die Einheit der Rechtsordnung wird durch die Relativität der Rechtsbegriffe zwar durchbrochen, wenn den Begriffen in unterschiedlichen Gesetzen ein unterschiedlicher Zweck zukommt.[298] Ausgehend von der Zielsetzung des § 14 Abs. 1 S. 1 Nr. 3 S. 2 KStG erscheint es jedoch verfehlt, den Begriff des wichtigen Grundes großzügiger als im Zivilrecht auszulegen. Allein in Fällen, in denen der wichtige Grund iSd § 297 Abs. 1 AktG vertraglich vereinbart wird, kann eine unterschiedliche Auslegung geboten sein. Letztlich berücksichtigt diese Sichtweise, dass eine vorzeitige Beendigung des Gewinnabführungsvertrags aus rein steuerrechtlichen Gründen willkürfrei erfolgen kann. **1670**

**Relevanter Zeitpunkt** für das Vorhandensein eines wichtigen Grundes ist die Beendigung des Gewinnabführungsvertrags.[299] Ob der Grund bereits bei Vertragsschluss als „wichtig" zu charakterisieren war, ist unerheblich.[300] **1671**

Da trotz der Vorgaben durch Rechtsprechung und Finanzverwaltung Rechtsunsicherheit bei der Identifizierung eines wichtigen Grundes verbleibt, empfiehlt sich in Zweifelfällen die Einholung einer **verbindlichen Auskunft.**[301] **1672**

*(einstweilen frei)* **1673–1685**

**bb) Erforderlichkeit eines zeitlichen Zusammenhangs?** Teilweise wird ein zeitlicher Zusammenhang zwischen dem Vorliegen eines wichtigen Grundes und der Beendigung des Gewinnabführungsvertrags gefordert.[302] Die vom Wortlaut vorausgesetzte Rechtfertigung kann jedoch auch dann vorliegen, wenn erst nach längerer Verweildauer von dem Recht auf Kündigung gebraucht gemacht wird.[303] Zudem fehlt in § 14 Abs. 1 S. 1 Nr. 3 S. 2 KStG eine dem § 314 Abs. 3 BGB vergleichbare Rechtsnorm.[304] Allerdings kommt **1686**

---

294 BT-Drs. V/3017, 3.

295 Gosch BFH/PR 2014, 200 (201); Gosch JbFSt 2016/2017, 193 (194); Märtens jurisPR-SteuerR 19/2014 Anm. 4; Prinz/Witt Steuerliche Organschaft/Witt Rn. 6.35; ähnlich mE auch Philipp/Kröger DB 2015, 2783 (2784); RHN/Rödder/Liekenbrock KStG § 14 Rn. 353: Es reiche aus, wenn die Vertragsbeendigung aus kaufmännischer Beurteilung heraus erforderlich sei.

296 Ausführlich Pohl FS 75 Jahre Hochschule für Finanzen NRW, 2025 S. 135.

297 Siehe auch Brandis/Heuermann/Rode KStG § 14 Rn. 162 wonach das Zivilrecht Anhaltspunkte für wichtige Gründe liefert, die in einem zweiten Schritt steuerrechtlichen Besonderheiten entsprechen müssen.

298 Möllers, Juristische Methodenlehre, § 6 Rn. 17 ff.

299 Scheifele/Marx DStR 2014, 1793 (1801); Prinz/Witt Steuerliche Organschaft/Beinert/Nees Rn. 11.31.

300 Prinz/Witt Steuerliche Organschaft/Beinert/Nees Rn. 11.31.

301 Prinz/Witt Steuerliche Organschaft/Beinert/Nees Rn. 11.44; Scheifele/Marx DStR 2014, 1793 (1801); Füger/Rieger/Schell DStZ 2015, 404 (410); Breuninger JbFSt 2015/2016, 179 (193); Benz/Pung StbJb. 2016/2017, 139 (143).

302 Finanzamt im Sachverhalt des Urteils des Hessischen FG 28.5.2015 – 4 K 677/14, EFG 2015, 2100; vgl. auch Pung nach Rüsch DStZ 2015, 27 (29); DPM/Dötsch KStG § 14 Rn. 597; Lange GmbHR 2011, 806 (808 f.); Frotscher/Drüen/Frotscher KStG § 14 Rn. 681b; **aA** FG Hessen 28.5.2015 – 4 K 677/14, BeckRS 2015, 95998, rkr.; Philipp/Kröger DB 2015, 2784 f.; Füger/Rieger/Schell DStZ 2015, 404 (410); Bott/Walter/Walter KStG § 14 Rn. 781.

303 FG Hessen 28.5.2015 – 4 K 677/14, DB 2015, 2783, rkr.; Bott/Walter/Walter KStG § 14 Rn. 781; **einschränkend** auch Prinz/Witt Steuerliche Organschaft/Beinert/Nees Rn. 11.31 wonach es ausreichend ist, wenn die Vertragsbeendigung erst zum Ende des Geschäftsjahres der Organgesellschaft erfolgt.

304 Zur gesellschaftsrechtlichen Notwendigkeit einer Kündigung innerhalb einer angemessenen Frist OLG München 31 Wx 80/11 21.3.2011, NZG 2011, 1183 rkr.; Koch AktG § 297 Rn. 19; MüKoAktG/Altmeppen § 297 Rn. 50.

dem zeitlichen Abstand eine gewisse Indizwirkung bei der Frage zu, ob tatsächlich eine objektive Unzumutbarkeit vorlag. So ist auch den Gesetzesmaterialien zu § 314 Abs. 3 BGB[305] zu entnehmen, dass nach längerem Abwarten nicht mehr angenommen werden, dass die Fortsetzung des Vertragsverhältnisses wirklich unzumutbar ist. Dies hat steuerrechtlich auch bei anderen Formen der Beendigung eines Gewinnabführungsvertrags (zB durch einen Aufhebungsvertrag) Bedeutung.[306]

1687 Nicht abschließend geklärt ist allerdings, was unter einer **angemessenen Frist** iSd § 314 Abs. 3 BGB zu verstehen ist.[307] Teile der Literatur gehen jedoch davon aus, dass eine Zwei-Wochen-Frist dem Kündigungsberechtigten als Mindestfrist zustehen muss.[308] Andererseits soll nach der zivilrechtlichen Rechtsprechung[309] eine Kündigungserklärung die erst zehn Monaten nach Kenntnis des Kündigungsgrundes abgegeben wird, verspätet sein. Letztlich sind die Umstände des Einzelfalles maßgeblich.[310]

1688–1697 *(einstweilen frei)*

1698 **cc) Vertragliche Fixierung wichtiger Gründe?** Nach einer verbreiteten Ansicht kann ein wichtiger Grund iSd § 297 Abs. 1 AktG vertraglich vereinbart werden.[311] Ob dem zu folgen ist, kann zumindest für § 14 Abs. 1 S. 1 Nr. 3 S. 2 KStG offen bleiben.[312] Ziel der Mindestlaufzeit ist es, eine Einkommensbeeinflussung von Fall zu Fall zu verhindern. Hätten es die Beteiligten in der Hand, wichtige Gründe für steuerrechtliche Zwecke vertraglich zu fixieren, bliebe diese Zielsetzung unberücksichtigt.[313]

1699–1710 *(einstweilen frei)*

1711 **dd) Vorhersehbarkeit der Beendigung des Gewinnabführungsvertrags.** § 14 Abs. 1 S. 1 Nr. 3 S. 2 KStG kommt nicht zur Anwendung, wenn im Zeitpunkt des Vertragsschlusses bereits feststand bzw. vorhersehbar war, dass es innerhalb von fünf Jahre zu einer Beendigung des Gewinnabführungsvertrag kommen wird.[314] Nach Ansicht des BFH[315] scheitert die Organschaft in diesen Fällen bereits an den Anforderungen des § 14 Abs. 1 S. 1 Nr. 3 S. 1 KStG: Die Mindestvertragsdauer sei **nicht ernsthaft gewollt.**[316] Abzustellen ist insoweit auf beide Vertragsparteien (Rechtsgedanke des § 116 BGB). Nach den allgemeinen Grundsätzen hat die Finanzverwaltung die Vorhersehbarkeit nachzuweisen.[317] Ob die Einschränkung bereits bei einer **„geplanten"** bzw. **„in Erwägung gezogenen"**

---

305 BT-Drs. 14/6040, 178.
306 Hierzu FG Hamburg 19.6.2013 – 2 K 350/12, BeckRS 2013, 95938 rkr.
307 Vgl. Junker/Beckmann/Rüßmann jurisPK-BGB/Weth § 314 Rn. 49.
308 Von Hase NJW 2002, 2278 (2279); HMRWW/Weth jurisPK-BGB § 314 Rn. 46.
309 OLG München 21.3.2011 – 31 Wx 80/11, NZG 2011, 1183 rkr.
310 HMRWW/Weth jurisPK-BGB § 314 Rn. 46.
311 BGH 5.4.1993 – II ZR 238/91, NJW 1993, 1976; OLG München 9.12.2008 – 31 Wx 106/08, RNotZ 2009, 104; **aA** KölnKommAktG/Koppensteiner Rn. 20; wohl auch Hirte ZGR 1994, 644 (651 ff.).
312 BFH 13.11.2013 – I R 45/12, BStBl. II 2014, 486; FG Hessen 28.5.2015 – 4 K 677/14, BeckRS 2015, 95998, rkr.; Autenrieth DStZ 1989, 199 f.; Vogel Ubg 2010, 618 f. Prinz/Witt Steuerliche Organschaft/Beinert/Nees Rn. 11.29; **aA** Bott/Walter/Walter KStG § 14 Rn. 781; Stahl/Fuhrmann NZG 2003, 250 (257); Behrens BB 2012, 2787.
313 Vgl. BFH 13.11.2013 – I R 45/12, BStBl. II 2014, 486; FG Hessen 28.5.2015 – 4 K 677/14, BeckRS 2015, 95998, rkr.; BeckOK KStG/Ebber KStG § 14 Rn. 393; Prinz/Witt Steuerliche Organschaft/Beinert/Nees Rn. 11.29; Authenrieth DStZ 1989, 199 f.; Vogel Ubg 2010, 618; **aA** Bott/Walter/Walter KStG § 14 Rn. 781; Stahl/Fuhrmann NZG 2003, 250 (257); Behrens BB 2012, 2787.
314 So im Erg. auch BFH 13.11.2013 – I R 45/12, BStBl. II 2014, 486; KStR 14.5 Abs. 6 S. 3; BeckOK KStG/Ebber KStG § 14 Rn. 395; Stangl/Brühl Ubg 2012, 657. RHN/Rödder/Liekenbrock KStG § 14 Rn. 353; Schnitger/Fehrenbacher/Brink KStG § 14 Rn. 302e; Gosch KStG/Neumann KStG § 14 Rn. 262; **krit.** Prinz/Witt Steuerliche Organschaft/Beinert/Nees Rn. 11.42, 11.51 sofern keine Manipulationsgefahr besteht.
315 BFH 13.11.2013 – I R 45/12, BStBl. II 2014, 486.
316 So wohl auch Nodoushani DStR 2017, 399 (404).
317 Prinz/Witt Steuerliche Organschaft/Beinert/Nees Rn. 11.36; Kowanda GmbH-StB 2017, 351 (356); Bott/Walter/Walter KStG § 14 Rn. 782.

**Beendigung** zu beachten ist, ist nicht abschließend geklärt.[318] Dafür spricht, dass auch in diesen Fällen von keiner hinreichend gewollten Mindestlaufzeit auszugehen ist.[319]

Auch die Finanzverwaltung teilt diese Ansicht.[320] Nach R 60 Abs. 6 S. 3f. KStR 2004 **1712** gab es hiervon allerdings **Ausnahmen** in Fällen einer Verschmelzung, Spaltung und Liquidation der Organgesellschaft.[321] Mit den KStR 2015 ist dieser Ausnahmetatbestand entfallen. Dies lässt darauf schließen, dass nunmehr in sämtlichen Konstellationen der Beendigung eines Gewinnabführungsvertrags KStR 14.5 Abs. 6 S. 3 Geltung beansprucht.[322]

**Beispiel:**
Die Y-GmbH (Organgesellschaft) wurde nach dreijähriger Laufzeit des Gewinnabführungsvertrags mit **1713** der X-GmbH (Organträger) auf eine andere Konzerngesellschaft verschmolzen. Im Anschluss wurde der Gewinnabführungsvertrag von den Beteiligten einvernehmlich aufgehoben. Als Grund für die Umstrukturierung wurden dringende wirtschaftliche Gründe vorgetragen. Wie sich im Rahmen einer Außenprüfung herausstellte, war die Umstrukturierung bereits bei Abschluss des Gewinnabführungsvertrags fest eingeplant.
Durch die Verschmelzung wird der Gewinnabführungsvertrag nach hM[323] kraft Gesetzes beendet. Einer Vertragsaufhebung hätte es deshalb nicht bedurft. Unabhängig davon, ob man im Beispiel einen wichtigen Grund identifizieren kann, scheitert die Organschaft jedenfalls an dem Umstand, dass die vorzeitige Beendigung des Gewinnabführungsvertrags bereits bei Vertragsschluss feststand.

*(einstweilen frei)* **1714–1721**

**ee) Wichtiger Grund bei gesetzlichen Beendigungsgründen.** In Fällen, in denen der **1722** Gewinnabführungsvertrag **kraft Gesetzes** von selbst endet, liegt nicht automatisch ein wichtiger Grund vor.[324] Zwar könnte erwogen werden, dass Gründe, die bereits nach dem Gesetz (zwingend) zur Beendigung des Gewinnabführungsvertrag führen, wichtig sein müssen. Dies würde jedoch Umgehungsmöglichkeiten schaffen. Hiervon geht im Ergebnis auch die Rechtsprechung[325] und Finanzverwaltung aus. Nach KStR 14.5 Abs. 6 „kann" die Verschmelzung der Organgesellschaft ein wichtiger Grund sein, obwohl in diesen Fällen der Gewinnabführungsvertrag kraft Gesetzes endet.[326]

Zur **Prüfung,** ob in diesen Fällen ein wichtiger Grund vorliegt, ist in einem ersten **1723** Schritt die Beendigung des Gewinnabführungsvertrags kraft Gesetzes wegzudenken und in einem zweiten Schritt zu fragen, ob das Festhalten an dem hypothetisch weiterbestehenden Gewinnabführungsvertrag für die Beteiligten unzumutbar ist. Sofern dies bejaht wird, ist von einem wichtigen Grund auszugehen.

*(einstweilen frei)* **1724–1728**

**ff) Einzelfälle.** Die **Auflösung** des Organträgers oder der Organgesellschaft (zur Behand- **1729** lung der Insolvenz als Sonderfall der Auflösung vgl. → Rn. 1738) kann einen wichtigen Grund darstellen.[327] Nach anderer Ansicht soll in den Fällen der Liquidation sogar zwingend

318 Hierzu Kowanda GmbH-StB 2017, 351 (356); Prinz/Witt Steuerliche Organschaft/Beinert/Nees Rn. 11.41.

319 Vgl. Prinz/Witt Steuerliche Organschaft/Beinert/Nees Rn. 11.41.

320 KStR 14.5 Abs. 6 S. 3.

321 Vgl. R 60 Abs. 6 S. 3f. KStR 2004: „Das gilt nicht für die Beendigung des GAV durch Verschmelzung, Spaltung oder aufgrund der Liquidation der Organgesellschaft"; so immer noch HHR/Kolbe KStG § 14 Rn. 213.

322 Pohl NWB 2016, 2424 (2427): **aA** Prinz/Witt Steuerliche Organschaft/Beinert/Nees Rn. 11.51 sofern keine Manipulationsgefahr besteht.

323 Vgl. OLG Karlsruhe 29.8.1994 – 15 W 19/94, NJW-RR 1995, 354; BMF 2.1.2025, BStBl. I 2025, 92 Rn. Org.21; Gelhausen/Heinz NZG 2005, 775; Herlinghaus FR 2004, 974 (978); Müller BB 2002, 157 (159).

324 KStR 14.5 Abs. 6 S. 2; Lange GmbHG 2011, 806 (810); mglw. auch BFH 11.7.2023 – I R 36/20, DStR 2023, 2607, wo die Konfusion als wichtiger Grund angesehen wird.

325 BFH 11.7.2023 – I R 36/20, DStR 2023, 2607; hierzu Pohl Ubg 2024, 44 (45).

326 So nun auch BMF 2.1.2025, BStBl. I 2025, 92 Rn. Org.26.

327 KStR 14.5 Abs. 6 S. 2; Bott/Walter/Walter KStG § 14 Rn. 782; HHR/Kolbe KStG § 14 Rn. 212; Schnitger/Fehrenbacher/Brink KStG § 14 Rn. 609l **aA** OLG München 20.6.2011 – 31 Wx 163/11,

ein wichtiger Grund anzunehmen sein, da davon auszugehen sei, dass eine Liquidation nicht bewusst zur willkürlichen steuerlichen Einkommensverlagerung eingesetzt wird.[328] Dagegen spricht, dass die Auflösung (zB aufgrund eines Beschlusses) auch willkürlich dazu genutzt werden kann, sich von einem mittlerweile ungewollten Gewinnabführungsvertrag zu trennen. Dies gilt vor allem dann, wenn der Organträger als alleiniger Gesellschafter selbst die Auflösung der Organgesellschaft beschließen kann.[329] Erforderlich ist daher, dass das hinter der Auflösung stehende Motiv für sich gesehen, einen wichtigen Grund darstellt.[330]

**1730** Ist im Einzelfall eine vor dem 1.8.2018 bestehende Organschaft unter Berücksichtigung von **Ausgleichszahlungen** nach anderen Grundsätzen als denen des § 14 Abs. 2 KStG anerkannt worden, so sind diese Grundsätze insoweit letztmals für den Veranlagungszeitraum 2021 maßgebend (§ 34 Abs. 6e S. 2 KStG). Wird ein solcher Gewinnabführungsvertrag vorzeitig nach dem 1.8.2018 durch Kündigung beendet, gilt die Kündigung als durch einen wichtigen Grund iSd § 14 Abs. 1 S. 1 Nr. 3 S. 2 KStG gerechtfertigt. Diese Fiktion dürfte entsprechend auch für auf eine Vertragsaufhebung iSd § 296 AktG anwendbar sein.

**1731** Wird ein **„außenstehender Gesellschafter"** Gesellschafter der Organgesellschaft, endet der Gewinnabführungsvertrag kraft Gesetzes gem. § 307 AktG.[331] Die Finanzverwaltung hat sich bisher nicht zu der Frage geäußert, ob darin ein wichtiger Grund zu sehen ist. Immerhin lässt sich KStR 14.5 Abs. 6 S. 2 („insbesondere") entnehmen, dass die dortige Aufzählung nicht abschließend ist. Im Schrifttum ist die Frage umstritten. Einige Autoren gehen ohne nähere Begründung stets von einem wichtigen Grund aus,[332] während andere, zur Verhinderung von Umgehungen des Mindestzeitraums, einen wichtigen Grund verneinen.[333] Letztlich findet sich die Literaturmeinung nach der ein wichtiger Grund vorliegen soll, wenn die Beteiligten den Gewinnabführungsvertrag mit einer Ausgleichsvereinbarung aber ohne zeitliche Unterbrechung fortsetzen.[334] Für diese Sichtweise spricht, dass bei einer Fortsetzung des Vertrags ein Missbrauch (Beeinflussung der Besteuerung von Fall zu Fall) ausgeschlossen erscheint.[335] Angesichts der bestehenden Rechtsunsicherheit sind die Beteiligten jedoch gut beraten, durch eine Änderung des Gewinnabführungsvertrags im Jahr des Hinzutretens eines außenstehenden Gesellschafters, eine Beendigung gem. § 307 AktG zu verhindern.[336]

**1732** Ein weiterer wichtiger Grund soll der (geplante) **Börsengang** einer Organgesellschaft sein.[337] Ein Börsengang führt durch die Beteiligung neuer Anleger zwar nicht automatisch zum Verlust der finanziellen Eingliederung.[338] Dennoch verändere er die wirtschaftlichen Rahmenbedingungen für die Vertragsparteien, sodass bei vernünftiger kaufmännischer Beurteilung die Beendigung des Ergebnisabführungsvertrags sachgerecht sei.[339] Die wesent-

---

NZG 2011, 867, wonach in diesem Fall zumindest kein wichtiger Grund iSv § 297 AktG gegeben sein soll.

[328] Bott/Walter/Walter KStG § 14 Rn. 782; Streck/Olbing KStG § 14 Rn. 116.

[329] OLG München 20.6.2011 – 31 Wx 163/11, NZG 2011, 867, rkr.; Kersenbrock BB 1998, Beilage 3 zu Heft 14, 7; DPM/Dötsch/Pung KStG § 14 Rn. 608a.

[330] Vgl. die Ausführungen unter → Rn. 1666 ff.

[331] Vgl. → § 11 Rn. 2881.

[332] Haase Ubg 2019, 14 (16); Herzig Organschaft/Dötsch, 114; Frotscher/Drüen/Frotscher KStG § 14 Rn. 683; Katschinski FS Reuter 2010, 1043 (1045); RHN/Rödder/Liekenbrock KStG § 14 Rn. 63.

[333] Bredow/Liebscher BB 2003, 393 (395).

[334] Lange GmbHR 2011, 806 (811).

[335] So auch Schnitger/Fehrenbacher/Brink KStG § 14 Rn. 608j.

[336] Für eine Änderungsmöglichkeit Bredow/Liebscher BB 2003, 393 (396); Prinz/Witt Steuerliche Organschaft/Beinert/Nees Rn. 3.89; wohl auch MüKoAktG/van Rosum § 307 Rn. 2; vgl. im Einzelnen → Rn. 1462.

[337] Herzig Organschaft/Dötsch S. 113; Prinz JbFSt 2005/2006 S. 285; Vogel Ubg 2010, 618; Lange GmbHR 2011, 806 (812) mwN; Bott/Walter/Walter KStG § 14 Rn. 781; Schnitger/Fehrenbacher/Brink KStG § 14 Rn. 609l.

[338] Schnitger/Fehrenbacher/Brink KStG § 14 Rn. 606l.

[339] Lange GmbHR 2011, 806 (812) mwN.

liche Änderung der wirtschaftlichen Rahmenbedingungen für die Organgesellschaft ergebe sich durch den geplanten Zugang am Kapitalmarkt.[340]

Aufgrund des Ausscheidens des Vereinigten Königreichs aus der EU (sog. **Brexit**) können Gesellschaften mit Sitz im Vereinigten Königreich nicht mehr taugliche Organgesellschaften sein (vgl. § 14 Abs. 1 S. 1 KStG bzw. § 17 Abs. 1 S. 1 KStG).[341] Eine Organschaft wurde durch den „Brexit" aber nicht rückwirkend beendet, wenn der Gewinnabführungsvertrag weiterhin durchgeführt wurde.[342] Im Falle seiner Beendigung, wird teilweise für einen Anwendungsfall nach § 14 Abs. 1 S. 1 Nr. 3 S. 2 KStG plädiert.[343] Dafür spricht, dass der „Brexit" ohne Einfluss der Beteiligten (also nicht willkürlich) zu einer wesentlichen Veränderung der steuerrechtlichen Rahmenbedingungen geführt hat. **1733**

Die **Einbringung der Organbeteiligung** kann nach Ansicht der Finanzverwaltung einen wichtigen Grund darstellen.[344] Durch das Wort „kann" innerhalb von KStR 14.5 Abs. 6 S. 2 kommt zum Ausdruck, dass eine Veräußerung nicht automatisch einen wichtigen Grund darstellt, sondern ihrerseits auf einem wichtigen Grund basieren muss.[345] Unerheblich ist hierfür, durch wen (Organträger oder eine vermittelnde Gesellschaft) und in wen (einen fremden Dritten oder eine andere konzernangehörige Gesellschaft) die Einbringung erfolgt.[346] Allein entscheidend ist, ob sich ein Festhalten am Gewinnabführungsvertrag als objektiv unzumutbar für die Beteiligten erweist.[347] Der Verlust der finanziellen Eingliederung und die Beendigung der Organschaft reichen dafür idR nicht aus.[348] Nach anderer Ansicht ist der KStR 14.5 Abs. 6 zu entnehmen, dass die Einbringung der Organbeteiligung stets einen wichtigen Grund darstellt.[349] Das Wort „kann" sei nur ein Hinweis auf den nachfolgen Satz 3 der KStR 14.5 Abs. 6, erlaube der Finanzverwaltung aber keine weitergehende Ermessensentscheidung.[350] Für diese restriktive Interpretation der KStR ergeben sich jedoch keine Anhaltspunkte. **1734**

Ein **Formwechsel** des Organträgers bzw. der Organgesellschaft ist grundsätzlich kein wichtiger Grund iSd § 14 Abs. 1 S. 1 Nr. 3 S. 2 KStG.[351] Entsprechendes gilt im Hinblick auf den **fiktiven Formwechsel** gem. § 1a KStG.[352] Eine Ausnahme kann vorliegen, wenn bei einem heterogenen Formwechsel die gesetzlichen Anforderungen an den Organträger bzw. die Organgesellschaft nicht mehr gegeben sind.[353] Dies ist beispielsweise der Fall, wenn eine vermögensverwaltende Kapitalgesellschaft als Organträger in eine vermögensverwaltende Personengesellschaft umgewandelt wird.[354] **1735**

340 Lange GmbHR 2011, 806 (812) mwN.
341 Bron BB 2019, 664 (667).
342 Zum Bezugspunkt der Durchführung des Gewinnabführungsvertrags vgl. → Rn. 1330 ff.
343 HHR/Kolbe KStG § 14 Rn. 213; Bron BB 2019, 664 (667).
344 KStR 14.5 Abs. 6 S. 2.
345 Lippross/Seibel/Herkens KStG § 14 Rn. 103; **aA** Burwitz NZG 2013, 91 (92); Streck/Olbing KStG § 14 Rn. 116; Bott/Walter/Walter KStG § 14 Rn. 781 die in dem Wort „kann" nur einen Hinweis auf KStR 14.5 Abs. 6 S. 3 erkennen wollen.
346 **AA** Prinz/Witt Steuerliche Organschaft/Beinert/Nees Rn. 11.48.
347 Vgl. → Rn. 1670.
348 **AA** Stangl/Winter Organschaft 2013/2014 Rn. 364.
349 Lippross/Seibel/Herkens KStG § 14 Rn. 103; Bott/Walter/Walter KStG § 14 Rn. 781.
350 So Stangl/Winter Organschaft 2013/2014 Rn. 365; Bott/Walter/Walter KStG § 14 Rn. 781.
351 BMF 2.1.2025, BStBl. I 2025, 92 Rn. Org.12 S. 2 bzw. Rn. Org.26 Hs. 2; Herzig Organschaft/Dötsch S. 113; Schnitger/Fehrenbacher/Brink KStG § 14 Rn. 609i; **aA** noch anders noch der UmwStE 1998, BMF 25.3.1998, BStBl. I 1998, 268 Rz. Org. 11.
352 BMF 10.11.2021, BStBl. I 2021, 2212 Rn. 55.
353 Vgl. hierzu Herzig Organschaft/Breuninger S. 143, 150; Herzig Organschaft/Dötsch S. 159 (166); Schild JbFSt 1995/1996 S. 680; Haase PIStB 2008, 295 (299); Bott/Walter/Walter KStG § 14 Rn. 782; Prinz/Witt Steuerliche Organschaft/Beinert/Nees Rn. 11.49; Schnitger/Fehrenbacher/Brink KStG § 14 Rn. 609i; zum Einfluss des Formwechsels auf den Fortbestand des Gewinnabführungsvertrags BMF 2.1.2025, BStBl. I 2025, 92 Rn. Org.10.
354 Prinz/Witt Steuerliche Organschaft/Beinert/Nees Rn. 11.49.

1736 **Gesetzesänderungen** können ebenfalls einen wichtigen Grund nach § 14 Abs. 1 S. 1 Nr. 3 S. 2 KStG darstellen.[355] So hat der BFH die **Einführung des § 14 Abs. 3 KStG** durch das EURLUmsG[356] als gravierende Änderung der steuerrechtlichen Rahmenbedingungen der Organschaft deklariert, die als wichtiger Grund iSv § 14 Abs. 1 S. 1 Nr. 3 S. 2 KStG anzusehen sei.[357] Denn in diesem Fall könne mit hinreichender Wahrscheinlichkeit ausgeschlossen werden, dass es einer Partei oder den Parteien bei einer Loslösung vom Vertrag darum geht, die Rechtsfolgen der Organschaft zeitlich zu begrenzen, um die fünfjährige Mindestlaufzeit zu unterlaufen.[358] Nicht entscheidend ist aber, ob die Änderung den Tatbestand oder die Rechtsfolge der Organschaft unmittelbar betrifft[359] oder aus sonstigen Gründen die Sinnhaftigkeit der Organschaft in Frage stellen. Unerheblich ist auch, ob es um eine Änderung der inländischen oder ausländischen Rechtsordnung geht.[360] Ausschlaggebend ist, ob angesichts der Gesetzesänderung ein Festhalten an dem Gewinnabführungsvertrag unzumutbar ist,[361] wobei erforderlich Anpassungen an die neuen gesetzlichen Rahmenbedingungen dies nicht automatisch implizieren müssen. Dies bringt auch § 34 Abs. 6e S. 3 KStG zum Ausdruck. Danach gilt in Folge der Einführung des § 14 Abs. 2 KStG eine Kündigung nach dem 1.8.2018 als durch wichtigen Grund gerechtfertigt. Wäre jede Gesetzesänderung automatisch ein wichtiger Grund, hätte es dieser Norm nicht bedurft. Zumindest wäre die dort enthaltene Fiktion[362] rechtsmethodisch verfehlt.

1737 Auch eine **geplante Gesetzesänderung** kann einen wichtigen Grund iSv § 14 Abs. 1 S. 1 Nr. 3 S. 2 KStG darstellen.[363] Die erforderlichen Hürden sind hier jedoch höher als bei einer bereits erfolgten Gesetzesänderung.[364] Hier muss außerdem unzumutbar sein, den Abschluss des Gesetzgebungsverfahren abzuwarten. Dies hängt wiederum von der Bedeutung der Gesetzesänderung und zum anderen vom Stand des Gesetzgebungsverfahrens ab.

1738 Sowohl die **Insolvenz** des Organträgers als auch die Insolvenz der Organgesellschaft stellen einen wichtigen Grund nach § 14 Abs. 1 Nr. 3 S. 2 KStG dar.[365] Ausschlaggebend ist dafür, dass die Verbindlichkeiten aus dem Gewinnabführungsvertrag durch die Insolvenz zu Insolvenzforderungen iSd § 38 InsO werden, die grundsätzlich nicht mehr bedient werden dürfen.[366]

---

355 Hierzu Lange GmbHR 2011, 806 (810); HHR/Kolbe KStG § 14 Rn. 213; Prinz/Witt Steuerliche Organschaft/Beinert/Nees Rn. 11.45.

356 V. 9.12.2004, BGBl. 2004 I 3310.

357 Als Anwendungsfälle sind ebenfalls zu nennen der Wegfall der Mehrmütterorganschaft (BMF 10.11.2005, BStBl. I 2005, 1038), die geänderten Anforderungen an eine Organträger Personengesellschaft (Prinz/Witt Steuerliche Organschaft/Beinert/Nees Rn. 11.45), die Einführung des § 14 Abs. 1 S. 1 Nr. 5 KStG (DPM/Dötsch KStG § 14 Rn. 605; Bott/Walter/Walter KStG § 14 Rn. 781) und die Einführung einer Dual-Consolidated Loss Rule im Ausland (RHN/Rödder/Liekenbrock KStG § 14 Rn. 357).

358 BFH 27.11.2013 – I R 36/13, BStBl. II 2014, 651; Heurung/Engel/Müller-Thomczik GmbHR 2012, 1227, 1232 und 1233; **aA** DPM/Dötsch KStG § 14 KStG Rz. 226.

359 Beispiele sind Wegfall der Mehrmütterorganschaft (BMF 10.11.2005 – IV B 7 – S 2770 – 24/05, BStBl. I 2005, 1038); Einführung des § 14 Abs. 3 KStG; Einführung des § 14 Abs. 1 S. 1 Nr. 5 KStG (von Freeden/Liekenbrock DB 2013, 1690 (1695); zweifelnd Pung, zit. nach Rüsch DStZ 2016, 263 (266)); Einführung des § 14 Abs. 2 KStG (Fiktion des § 34 Abs. 6e S. 3 KStG).

360 Behrens BB 2012, 2787; Stangl/Brühl Ubg 2012, 657 (665 f.); Burwitz NZG 2013, 91 (93); Bott/Walter/Walter KStG § 14 Rn. 781; **aA** wohl FG Niedersachsen 10.5.2012 – 6 K 140/10, DStRE 2013, 1237 (nicht bestätigt durch BFH 13.11.2013 – I R 45/12, BStBl. II 2024, 486).

361 Vgl. → Rn. 1670.

362 Die juristische Fiktion besteht in der gewollten Gleichbehandlung eines als ungleich Gewussten (Larenz/Canaris, Methodenlehre der Rechtswissenschaft, S. 83).

363 Neu/Lühn DStR 2003, 61 (63); Prinz/Otto FR 2003, 53 (58); Bott/Walter/Walter KStG § 14 Rn. 781; zweifelnd Lange GmbHR 2011, 806 (810).

364 Lange GmbHR 2011, 806 (810); Neu/Lühn DStR 2003, 61 (63); Prinz/Otto FR 2003, 53 (58).

365 BFH 2.11.2022 – I R 29/19, BStBl. II 2023, 405; FG Nürnberg 11.12.2018 – 1 K 483/17, EFG 2020, 479; DPM/Dötsch KStG § 14 KStG Rz. 582, 585 und 622 ff.; Gosch KStG/Neumann KStG § 14 Rn. 296; vgl. auch Brandis/Heuermann/Rode KStG § 14 Rz. 165; Schnitger/Fehrenbacher/Brink KStG § 14 Rn. 609c; zur streitigen Frage, ob der Gewinnabführungsvertrag kraft Gesetzes oder erst durch Kündigung etc. beendet wird vgl. → Rn. 1596 f.

366 BFH 2.11.2022 – I R 29/19, BStBl. II 2023, 405.

Wird der Gewinnabführungsvertrag durch **Konfusion**[367] in Folge eines **up-stream-mergers** beendet,[368] soll nach Ansicht des BFH[369] und des FG Hamburg[370] ein wichtiger Grund vorliegen.[371] Eine Manipulationsmöglichkeit (Abschluss und Beendigung der Organschaft zum Zwecke der willkürlichen Beeinflussung der Besteuerung) bestehe nicht, wenn die Organgesellschaft im Organträger aufgehe. Entsprechend dürfte im Falle eines **down-stream-mergers** zu entscheiden sein.[372] Die Finanzverwaltung steht dieser Position neuerdings kritisch gegenüber. Im UmwStE v. 2.1.2025 ist Rn. Org.04 S. 2, wonach die Beendigung des Gewinnabführungsvertrags im Falle eines down-stream-mergers ein wichtiger Grund „ist",[373] gestrichen worden. Dies sollte jedoch nicht in dem Sinne missverstanden werden, dass ein wichtiger Grund in diesen Fällen nicht mehr vorliegen kann.[374] Vielmehr muss – wie auch sonst – einzelfallabhängig entschieden werden.[375] **1739**

Die **Kündigung** des Gewinnabführungsvertrags **durch den Pfandgläubiger,** nachdem dieser Vollstreckungsinhaber wurde, wird als wichtiger Grund angesehen.[376] **1740**

Ein wichtiger Grund liegt nach § 297 Abs. 1 S. 2 AktG namentlich vor, wenn der andere Vertragsteil voraussichtlich nicht in der Lage sein wird, seine auf Grund des Vertrags bestehenden Verpflichtungen zu erfüllen **(voraussichtliche Leistungsunfähigkeit).** Als derartige Verpflichtungen kommen sowohl Pflichten gegenüber der Organgesellschaft – etwa die Pflicht zur Verlustübernahme nach § 302 AktG – als auch gegenüber außenstehenden Gesellschaftern gem. § 304 AktG in Betracht.[377] Diese konzernrechtliche Wertung dürfte auch steuerrechtlich verbindlich sein, zumal das Festhalten am Gewinnabführungsvertrag (zumindest für die Organgesellschaft) unzumutbar erscheint.[378] **1741**

Die **Spaltung** des Organträgers oder der Organgesellschaft kann nach Ansicht der Finanzverwaltung einen wichtigen Grund darstellen.[379] Durch das Wort „kann" innerhalb von KStR 14.5 Abs. 6 S. 2 kommt zum Ausdruck, dass eine Spaltung nicht automatisch einen wichtigen Grund darstellt, sondern ihrerseits auf einem wichtigen Grund basieren muss.[380] Demgegenüber spricht der UmwStE v. 11.11.2011 davon, dass die Spaltung ein wichtiger Grund „ist".[381] Welche Verwaltungsverlautbarung maßgeblich war, war lange umstritten.[382] Spätestens durch die Einführung der KStR 2015 dürfte der abweichenden Fassung im UmwStE keine entscheidende Bedeutung mehr zukommen, denn nach der Einführung der Richtlinie sind Anordnungen, die mit den Richtlinien im Widerspruch stehen, nicht mehr anzuwenden.[383] Entsprechendes gilt ab dem Veranlagungszeitraum 2022 nach den KStR 2022. Zwischenzeitlich hat die Verwaltung im UmwStE v. 2.1.2025[384] das **1742**

367 Ein Schuldverhältnis setzt begrifflich einen Gläubiger und einen Schuldner voraus. Fallen beide in einer Person zusammen, so erlischt es durch Konfusion.
368 Vgl. BMF 2.1.2025, BStBl. I 2025, 92 Rn. Org.04 S. 1; Herzig Organschaft/Dötsch S. 117.
369 BFH 11.7.2023 – I R 36/20, DStR 2023, 2607; hierzu Solowjeff Ubg 2024, 42 (44); Pohl Ubg 2024, 44 (45).
370 FG Hamburg 4.9.2020 – 6 K 150/18, EFG 2021, 55.
371 So auch HHR/Kolbe KStG § 14 Rn. 214 f.; Brandis/Heuermann/Rode KStG § 14 Rn. 164; Gosch KStG/Neumann KStG § 14 Rn. 278; Brühl GmbHR 2021, 166 (167).
372 BMF 2.1.2025, BStBl. I 2025, 92 Rn. Org.04 S. 2; Gosch KStG/Neumann KStG § 14 Rn. 278.
373 Siehe BMF 2.1.2025, BStBl. I 2025, 92 Rn. Org.04 S. 2.
374 Pohl Ubg 2024, 44 (45).
375 Vgl. BMF 2.1.2025, BStBl. I 2025, 92 Rn. Org.12 bzw. Rn. Org.26.
376 Prinz/Witt Steuerliche Organschaft/Beinert/Nees Rn. 11.53; Bott/Walter/Walter KStG § 14 Rn. 783.
377 BT-Drs. IV/171, S. 220; Gosch KStG/Neumann KStG § 14 Rn. 262.
378 Prinz/Witt Steuerliche Organschaft/Beinert/Nees Rn. 11.47; Brandis/Heuermann/Rode KStG § 14 Rn. 162a; Lange GmbHG 2011, 806 (810); Bott/Walter/Walter KStG § 14 Rn. 783; Schnitger/Fehrenbacher/Brink KStG § 14 Rn. 609b.
379 KStR 14.5 Abs. 6 S. 2.
380 **AA** Burwitz NZG 2013, 91 (92): Ermessensreduzierung auf Null; Streck/Olbing KStG § 14 Rn. 116; Lippross/Seibel/Herkens KStG § 14 Rn. 103.
381 BMF 11.11.2011, BStBl. I 2011, 1314 Rn. Org.12 S. 1 bzw. Rn. Org.26 S. 1.; hierzu RHvL/Herlinghaus Anh. 4 Rn. 11 f.
382 Stangl/Winter, Organschaft 2013/2014, Rn. 365.
383 Pohl NWB 2016, 2424 (2426 f.) mwN.
384 Rn. Org.12 bzw. Rn. Org.26.

Wort „ist“ durch ein „kann“ ersetzt.[385] Die Rechtlage dürfte dadurch endgültig geklärt sein.[386]

1743 Die **Veräußerung der Organbeteiligung** kann nach Ansicht der Finanzverwaltung einen wichtigen Grund darstellen.[387] Durch das Wort „kann“ innerhalb von KStR 14.5 Abs. 6 S. 2 kommt zum Ausdruck, dass eine Veräußerung nicht automatisch einen wichtigen Grund darstellt, sondern ihrerseits auf einem wichtigen Grund basieren muss.[388] Unerheblich ist hierfür, durch wen (Organträger oder eine vermittelnde Gesellschaft) und an wen (einen fremden Dritten oder eine andere konzernangehörige Gesellschaft) die Veräußerung erfolgt.[389] Allein entscheidend ist, ob sich ein Festhalten am Gewinnabführungsvertrag als objektiv unzumutbar für die Beteiligten erweist. Der Verlust der finanziellen Eingliederung und die Beendigung der Organschaft reichen dafür alleine nicht aus;[390] ebenso wenig der Umstand, dass der Vertrag seinen Zweck der Konzernverlustverrechnung erfüllt hat.[391] Nach anderer Ansicht ist der KStR 14.5 Abs. 6 zu entnehmen, dass die Veräußerung der Organbeteiligung stets einen wichtigen Grund darstellt.[392] Das Wort „kann“ sei nur ein Hinweis auf den nachfolgen Satz 3 der KStR 14.5 Abs. 6, erlaube der Finanzverwaltung aber keine weitergehende Ermessensentscheidung.[393] Für diese restriktive Interpretation geben die KStR jedoch keine Anhaltspunkte.

1744 Die **Veräußerung der Beteiligung am Organträger** ist kein „wichtiger Grund“, weil sie die Vertragssituation zwischen dem Organträger und der Organgesellschaft unberührt lässt.[394]

1745 Zur Verhinderung eines **Verlustuntergangs** bzw. zur **Anwendung des § 8d KStG** auf Ebene des Organträgers wird häufig vorgeschlagen, den Gewinnabführungsvertrag aus einem nicht wichtigen Grund zu kündigen und die Organschaft damit rückwirkend zu beseitigen.[395] Denn § 8d KStG findet auf einen Organträger keine Anwendung. Indes fragt sich, ob dieses Motiv (Rettung der Verluste) nicht automatisch einen wichtigen Grund indiziert und dem Gestaltungsvorschlag daher entgegensteht. Die Finanzverwaltung folgt diesem „Zirkelschluss“ im BMF-Schreiben zu § 8d KStG zu Recht nicht.[396]

**Beispiel (nach BeckOK KStG/Pohl § 8b Rn. 415.1):**

1746 Die V-GmbH ist seit dem Jahr 14 Organträgerin der B-GmbH. In 16 kommt es auf Ebene der V-GmbH zu einem schädlichen Beteiligungserwerb nach § 8c KStG. Die V-GmbH möchte einen Antrag nach § 8d KStG stellen.

Nach § 8d Abs. 1 KStG kann der Antrag zunächst nicht gestellt werden. Kündigt die V-GmbH jedoch den Gewinnabführungsvertrag, ohne dass ein wichtiger Grund vorliegt, entfällt die Organschaft und damit die Organträgerstellung der V-GmbH rückwirkend. § 8d Abs. 1 KStG iVm § 8d Abs. 2 Nr. 5 KStG stellt dann kein Antragshindernis mehr dar.

---

385 Siehe auch Pohl NWB 2024, 334 (337 f.); Link GmbHR 2023, 1177 (1184); Oppel/Solowjeff/Trapmann BB 2023, 2711 (2715).

386 Pohl NWB 2024, 334 (337 f.).

387 KStR 14.5 Abs. 6 S. 2; **aA** Streck/Olbing KStG § 14 Rn. 116; Herzberg GmbHR 2014, 85 (86): Die Veräußerung der Organbeteiligung ist (!) ein wichtiger Grund.

388 **AA** Burwitz NZG 2013, 91 (92): Ermessensreduzierung auf Null; Lippross/Seibel/Herkens KStG § 14 Rn. 103.

389 Prinz/Witt Steuerliche Organschaft/Beinert/Nees Rn. 11.48; **aA** Herzberg GmbHR 2014, 85 (86).

390 **AA** Stangl/Winter Organschaft 2013/2014 Rn. 364.

391 BFH 13.11.2013 – I R 45/12, BStBl. II 2014, 486; KStH 14.5 „Beendigung des Gewinnabführungsvertrags“.

392 Lippross/Seibel/Herkens KStG § 14 Rn. 103; Bott/Walter/Walter KStG § 14 Rn. 781.

393 So Stangl/Winter Organschaft 2013/2014 Rn. 365; Bott/Walter/Walter KStG § 14 Rn. 781.

394 Herzig Organschaft/Dötsch S. 113.

395 BMF 18.3.2021, BStBl. I 2021, 363 Rn. 42; BeckOK KStG/Pohl § 8b Rn. 415.1; Neumann/Heuser GmbHR 2021, 413 (422); Feldgen DStZ 2021, 443 (448); RHN/Höffer § 8d Rn. 208; Pohl BB 2018, 796 (797); Förster/von Cölln DStR 2017, 8 (13); Keilhoff/Risse FR 2016, 1085 (1088); offen Dörr/Reisich/Plum NWB 2017, 573 (578).

396 BMF 18.3.2021, BStBl. I 2021, 363 Rn. 42.

Die **Verschmelzung des Organträgers oder der Organgesellschaft** kann nach Ansicht der Finanzverwaltung einen wichtigen Grund darstellen.[397] Durch das Wort „kann" innerhalb von KStR 14.5 Abs. 6 S. 2 kommt zum Ausdruck, dass eine Verschmelzung nicht automatisch einen wichtigen Grund darstellt, sondern ihrerseits auf einem wichtigen Grund basieren muss.[398] Demgegenüber spricht der UmwStE v. 11.11.2011[399] davon, dass die Verschmelzung ein wichtiger Grund „ist".[400] Welche Verwaltungsverlautbarung maßgeblich war, war lange umstritten.[401] Spätestens durch die Einführung der KStR 2015 dürfte der abweichenden Fassung im UmwStE keine entscheidende Bedeutung mehr zukommen, denn nach der Einführung der Richtlinie sind Anordnungen, die mit den Richtlinien im Widerspruch stehen, nicht mehr anzuwenden.[402] Entsprechendes gilt ab dem Veranlagungszeitraum 2022 durch die KStR 2022. Zwischenzeitlich hat die Verwaltung im UmwStE v. 2.1.2025[403] das Wort „ist" durch ein „kann" ersetzt. Die Rechtlage dürfte dadurch endgültig geklärt sein.[404] **1747**

Die **Verschmelzung auf den Organträger oder die Organgesellschaft** ist für Zwecke des § 14 Abs. 1 S. 1 Nr. 3 S. 2 KStG bedeutungslos.[405] Allenfalls dann, wenn durch die Verschmelzung die finanzielle Eingliederung verloren geht oder die Lebensfähigkeit des Gesamtkonzerns bedroht ist, kann von einem wichtigen Grund auszugehen sein.[406] Zumindest in dem zuletzt genannten Fall ist die Fortführung des Unternehmensvertrags für den Organträger objektiv unzumutbar.[407] **1748**

Ob in Fällen einer **verunglückten Organschaft** die Voraussetzungen eines wichtigen Grundes vorliegen, lässt sich nicht allgemeinverbindlich sagen.[408] Liegen schon ursprünglich die Voraussetzungen der Organschaft nicht vor, ist nicht entscheidend, ob eine Beendigung des Gewinnabführungsvertrags steuerrechtlich eine ex tunc oder ex nunc Wirkung hat.[409] Der BFH[410] scheint indes eine andere Auffassung zu vertreten, da er im Fall einer nicht den Anforderungen des § 17 KStG genügenden Verlustübernahmeverpflichtung – also im Fall einer von Beginn an verunglückten Organschaft – einen wichtigen Grund in der unzureichenden Verlustübernahmeverpflichtung selbst erkennt.[411] Bedeutung kommt der Frage nur zu, wenn die Organschaft im Nachgang „verunglückt". Das Festhalten kann in diesen Fällen für den Organträger bzw. die Organgesellschaft unzumutbar sein.[412] Dies jedenfalls dann, wenn der Kündigende das Scheitern nicht selbst verursacht hat und ihm deshalb keine willkürliche Beeinflussung der Besteuerungssituation vorzuwerfen ist. **1749**

**Beispiel:**
Zwischen der OT-GmbH und der OG-GmbH besteht seit dem Jahre 01 eine Organschaft. In allen Jahren erzielt die OG-GmbH ausschließlich Verluste. In 02 verlegt die OG-GmbH ihre Geschäftsleitung ohne Veranlassung durch die OT-GmbH in das EU-Ausland. **1750**

---

[397] KStR 14.5 Abs. 6 S. 2.
[398] **AA** Burwitz NZG 2013, 91 (92): Ermessensreduzierung auf Null; Streck/Olbing KStG § 14 Rn. 116; Lippross/Seibel/Herkens KStG § 14 Rn. 103.
[399] BMF 11.11.2011, BStBl. I 2011, 1314 Rn. Org.12 bzw. Org.26; hierzu RHvL/Herlinghaus Anh. 4 Rn. 11 f.
[400] Zu diesem Widerspruch Stangl/Winter, Organschaft 2013/2014, Rn. 365.
[401] Stangl/Winter, Organschaft 2013/2014, Rn. 365.
[402] Pohl NWB 2016, 2424 (2426); Prinz/Witt Steuerliche Organschaft/Beinert/Nees Rn. 11.49.
[403] Rn. Org.12.
[404] Siehe auch Pohl NWB 2024, 334 (337 f.); Link GmbHR 2023, 1177 (1184); Oppel/Solowjeff/Trapmann BB 2023, 2711 (2715).
[405] Herzig Organschaft/Dötsch S. 113; Prinz/Witt Steuerliche Organschaft/Beinert/Nees Rn. 11.54.
[406] Brandis/Heuermann/Rode KStG § 14 Rn. 163.
[407] → Rn. 1670.
[408] Hierzu Bott/Walter/Walter KStG § 14 Rn. 781.
[409] **AA** wohl Lange GmbHR 2011, 806 (810).
[410] BFH 15.9.2010 – I B 27/10, BStBl. II 2010, 935.
[411] Vgl. Lange GmbHR 2011, 806 (810).
[412] **AA** wohl Lange GmbHR 2011, 806 (810).

Ab dem Jahre 02 ist die Organschaft bedingt durch § 17 Abs. 1 S. 1 KStG gescheitert. Dennoch bleibt die OT-GmbH verpflichtet, Verluste gem. § 302 AktG (analog) auszugleichen. Ein Festhalten am Gewinnabführungsvertrag erscheint vor diesem Hintergrund für ihn unzumutbar.

1751 **Wirtschaftliche Schwierigkeiten der Organgesellschaft** berechtigen allein nicht zur Beendigung des Gewinnabführungsvertrags aus wichtigem Grund.[413] § 302 AktG und § 17 Abs. 1 S. 2 Nr. 2 KStG (in Fällen einer anderen Kapitalgesellschaft als Organgesellschaft) bringen zum Ausdruck, dass der Gewinnabführungsvertrag nicht nur bei Gewinnen, sondern auch bei Verlusten der Organgesellschaft Anwendung finden soll. Wirtschaftliche Schwierigkeiten können daher nicht automatisch eine Beendigung des Gewinnabführungsvertrag rechtfertigen. Anders ist zu entscheiden, wenn durch die wirtschaftlichen Schwierigkeiten die Lebensfähigkeit des Gesamtkonzerns bedroht ist.[414] Denn in so einem Fall ist die Fortführung des Unternehmensvertrags für den Organträger objektiv unzumutbar.

1752–1770 *(einstweilen frei)*

### 3. Beendigung während des Wirtschaftsjahres der Organgesellschaft

1771 Die Kündigung oder Aufhebung des Gewinnabführungsvertrags auf einen Zeitraum während des Wirtschaftsjahres der Organgesellschaft **wirkt auf den Beginn dieses Wirtschaftsjahres zurück.** Die Vorschrift will verhindern, dass das Ergebnis eines Wirtschaftsjahres nur **teilweise der Organschaft unterliegt.**[415] Nach den Gesetzesmaterialien[416] will man zudem steuerrechtliche Rechtssicherheit vor dem Hintergrund einer **unklaren zivilrechtlichen Rechtslage** herstellen:[417] „Der neue Satz 4, wonach die Kündigung oder Aufhebung des Gewinnabführungsvertrags unabhängig von den zivilrechtlichen Auswirkungen auf den Beginn des Wirtschaftsjahrs der Organgesellschaft zurückwirkt, in dem die Kündigung oder Aufhebung beschlossen wird, dient angesichts der zivilrechtlich noch nicht geklärten Rechtslage der Rechtssicherheit auf steuerlichem Gebiet. Die Regelung entspricht der bisherigen Verwaltungspraxis. Wenn im Fall der Veräußerung einer Organbeteiligung der bisherige und der künftige Organträger eine durchgängige Organschaft anstreben, lässt sich dies – wie bisher (vgl. Abschnitt 53 Abs. 2 und 3 KStR) – erreichen, indem die Organgesellschaft auf den Zeitpunkt der Veräußerung der Organbeteiligung ihr Wirtschaftsjahr umstellt." Ob es einer solchen Regelung bedurft hätte, ist jedoch zweifelhaft.[418] Selbst wenn man davon ausgeht, dass eine Beendigung unterjährig möglich ist, wird in diesem Fall nicht der gesamte Gewinn des Geschäftsjahres abgeführt. Die Voraussetzungen der Organschaft liegen im Jahr der Beendigung des Gewinnabführungsvertrag dann ohnehin nicht vor.

1772 § 14 Abs. 1 S. 1 Nr. 3 S. 3 KStG nennt nur die **Kündigung** und die **Aufhebung des Gewinnabführungsvertrags.** Ausgehend von ihrem Zweck ist die Norm jedoch auch auf **sonstige Beendigungsgründe** anwendbar. Fehlt eine sonstige Organschaftsvoraussetzung kommt die Norm jedoch nicht zur Anwendung

**Beispiel 1:**

1773 Der im Februar 01 abgeschlossene Gewinnabführungsvertrag sollte aus Sicherheitsgründen bis zum 30.6.06 (Ende des Wirtschaftsjahres 05/06 der Organgesellschaft) laufen. Im Jahr 02 wurde das Wirtschaftsjahr auf den Zeitraum 1.1 bis 31.12 umgestellt.

---

413 FG Berlin-Brandenburg 19.10.2011 – 12 K 12078/08, EFG 2012, 443, rkr.; Brandis/Heuermann/Rode KStG § 14 Rn. 163; HHR/Kolbe KStG § 14 Rn. 212; Fichtelmann GmbHR 2010, 576 (582); Schnitger/Fehrenbacher/Brink KStG § 14 Rn. 609d; **aA** Wilken/Ziems FS Metzler, 2003, 153 (157); krit. zur Entscheidung des FG Berlin-Brandburg aaO auch Walter GmbHR 2012, 670 (671).

414 Brandis/Heuermann/Rode KStG § 14 Rn. 163; Schnitger/Fehrenbacher/Brink KStG § 14 Rn. 609d; wohl auch FG Berlin-Brandenburg 19.10.2011 – 12 K 12078/08, EFG 2012, 443 rkr.

415 RHN/Rödder/Liekenbrock KStG § 14 Rn. 368.

416 BT-Drs. 12/1108, 67.

417 BFH 2.11.2022 – I R 29/19, BStBl. II 2023, 405; Brandis/Heuermann/Rode KStG § 14 Rn. 167.

418 Schnitger/Fehrenbacher/Brink KStG § 14 Rn. 564; RHN/Rödder/Liekenbrock KStG § 14 Rn. 370 Fn. 1.

Obwohl der Gewinnabführungsvertrag hier nicht durch Kündigung oder Aufhebungsvertrag endet, wirkt die Beendigung nach § 14 Abs. 1 S. 1 Nr. 3 S. 3 KStG analog auf den Beginn des neuen Wirtschaftsjahres 1.1.06 zurück.

**Beispiel 2:**
Die X-GmbH (Organträger) ist seit dem 1.1.01 zu 55 % an der Y-GmbH (Organgesellschaft) beteiligt. **1774**
Die Organschaft besteht ebenfalls seit dem 1.1.01. Am 1.3.03 veräußert die X-GmbH die Hälfte dieser Anteile an einen Dritten.
Die Voraussetzungen der finanziellen Eingliederung liegen ab dem 1.3.03 nicht mehr vor. § 14 Abs. 1 S. 1 Nr. 3 S. 3 KStG ist weder direkt noch analog anwendbar. Da die finanzielle Eingliederung nicht während des ganzen Wirtschaftsjahres der Organgesellschaft ununterbrochen vorliegt, kommt es dennoch nach § 14 Abs. 1 S. 1 Nr. 1 KStG zur rückwirkenden Nichtanerkennung der Organschaft.

Kommt es innerhalb des Beendigungsjahres zu einer Gewinnabführungen/einem Verlustausgleich gelten die Grundsätze der **verunglückten Organschaft.**[419] Ob auf die wechselseitigen Ansprüche zur Vereinfachung verzichtet werden kann, ist umstritten.[420] **1775**

*(einstweilen frei)* **1776–1800**

[419] RHN/Rödder/Liekenbrock KStG § 14 Rn. 369; HHR/Kolbe KStG § 14 Rn. 222; Gosch KStG/Neumann KStG § 14 Rn. 540, 542.

[420] Hierzu Prinz/Witt Steuerliche Organschaft/Beinert/Nees Rn. 11.22; Pyszka GmbHR 2014, 1296 (1297).

# § 7 Rechtsfolgen der wirksamen Organschaft

**Übersicht**



## A. Grundkonzeption

Wesentliche Rechtsfolge des § 14 Abs. 1 S. 1 KStG bei einer wirksamen Organschaft ist die **Zurechnung des Einkommens der Organgesellschaft beim Organträger als „fremdes Einkommen"** (sog. Zurechnungstheorie)[1], soweit die Organgesellschaft ihr Einkommen nicht aufgrund von zu leistenden Ausgleichszahlungen nach § 16 KStG selbst zu versteuern hat.[2] **1801**

Das deutsche Körperschaftsteuerrecht kennt gerade keine Konzernbesteuerung in dem Sinne, dass für die gesamte steuerliche Erfassung des Konzerns auf den Konzern an sich oder **1802**

[1] BFH 29.8.2012 – I R 65/11, BStBl. II 2013, 555; BFH 23.1.2002 – XI R 95/97, BStBl. II 2003, 9; BFH 14.4.1992 – VIII R 149/86, BStBl. II 1992, 817.

[2] Brandis/Heuermann/Rode KStG § 14 Rn. 200; DPM/Dötsch/Pung KStG § 14 Rn. 760; Gosch KStG/Neumann KStG § 14 Rn. 390; ausführlich zu Ausgleichszahlungen → Rn. 2801 ff.

eine einzelne Obergesellschaft abgestellt würde. Es wird insbesondere auch **kein (steuerliches) Einheitsunternehmen** gebildet[3] oder anderweitig das Ergebnis aller Konzerngesellschaften im Rahmen einer echten Konsolidierung erfasst. Vielmehr bleiben trotz Bildung einer Organschaft alle beteiligten Rechtsträger als **selbständige Steuersubjekte** bestehen.[4] Die jeweiligen Einkommen der beteiligten Gesellschaften werden zunächst getrennt ermittelt, wobei fingiert wird, dass keine körperschaftsteuerliche Organschaft besteht bzw. dass eine Gewinnabführung oder Verlustübernahme aufgrund des GAVs nicht stattgefunden hat.[5]

1803 Dementsprechend wird zunächst das Einkommen der Organgesellschaft nach den allgemeinen ertragsteuerlichen Vorschriften ermittelt, wobei die Sonderregelungen der §§ 15 ff. KStG zu berücksichtigen sind.[6]

1804 Nach der Ermittlung des eigenen steuerlichen Gewinns des Organträgers wird diesem das Einkommen der Organgesellschaft als „fremdes Einkommen" zugerechnet.[7] Die **Zurechnung des Einkommens** ist bei Vorliegen der Voraussetzungen der Organschaft eine **zwingende Rechtsfolge** der §§ 14 ff. KStG, sodass diesbezüglich insbesondere kein Antrags- oder Wahlrecht besteht und auch kein Verzicht möglich ist.[8] Allerdings können die Voraussetzungen der Organschaft durch die beteiligten Rechtsträger durch entsprechende Maßnahmen grundsätzlich vermieden werden;[9] dabei ist aufgrund der Anforderungen, die sich insbesondere aus der 5-jährigen Mindestlaufzeit ergeben, kein jährliches Hin- und Herwechseln möglich.

1805 Beide Einkommen (dh das Einkommen des Organträgers und das diesem zugerechnete Einkommen der Organgesellschaft) bilden so das (Gesamt-)Einkommen des Organträgers, welches iRd steuerlichen Veranlagung des Organträgers zugrunde zu legen ist.[10] Hierdurch wird das wesentliche Ziel der ertragsteuerlichen Organschaft, die Herbeiführung eines vertikalen Gewinn- und Verlustausgleichs zwischen den beteiligten Rechtsträgern, herbeigeführt.[11]

1806–1814 *(einstweilen frei)*

## B. Organgesellschaft bleibt Steuersubjekt

1815 Die Organgesellschaft bleibt nach der vorangehend geschilderten Grundkonzeption ein eigenständiger körperschaftsteuerlicher Rechtsträger, bei dem das steuerliche Einkommen selbständig ermittelt wird.[12] Die Organgesellschaft erzielt weiterhin selbst die Einkünfte und bleibt subjektiv steuerpflichtig.[13] Sie ist Steuerschuldnerin, was sich insbesondere in den Fällen zeigt, in denen sie Ausgleichszahlungen iSv § 16 KStG selbst zu versteuern hat.[14]

[3] DPM/Dötsch/Pung KStG § 14 Rn. 761; Frotscher/Drüen/Frotscher KStG § 14 Rn. 538.
[4] BFH 6.11.1985 – I R 56/82, BStBl. II 1986, 73; Frotscher/Drüen/Frotscher KStG § 14 Rn. 15, 538; Gosch KStG/Neumann KStG § 14 Rn. 390.
[5] BFH 11.4.1990 – I R 167/86, BStBl. II 1990, 772; Bott/Walter/Walter KStG § 14 Rn. 801.
[6] DPM/Dötsch/Pung KStG § 14 Rn. 762; Gosch KStG/Neumann KStG § 14 Rn. 392; zu den Sonderregelungen → Rn. 1895 ff.
[7] BFH 29.8.2012 – I R 65/11, BStBl. II 2013, 555; DPM/Dötsch/Pung KStG § 14 Rn. 760.
[8] Bott/Walter/Walter KStG § 14 Rn. 800; Brandis/Heuermann/Rode KStG § 14 Rn. 200; Frotscher/Drüen/Frotscher KStG § 14 Rn. 608.
[9] Zu den Voraussetzungen der körperschaftsteuerlichen Organschaft siehe die §§ 1–8.
[10] BFH 23.1.2002 – XI R 95/97, BStBl. II 2003, 9; BeckOK KStG/Ebber KStG § 14 Rn. 538; Brandis/Heuermann/Rode KStG § 14 Rn. 201; Frotscher/Drüen/Frotscher KStG § 14 Rn. 642.
[11] Bott/Walter/Walter KStG § 14 Rn. 798; Brandis/Heuermann/Rode KStG § 14 Rn. 201.
[12] BFH 28.2.2013 – IV R 50/09, BStBl. II 2013, 494; BFH 23.1.2002 – XI R 95/97, BStBl. II 2003, 9; Bott/Walter/Walter KStG § 14 Rn. 799; Brandis/Heuermann/Rode KStG § 14 Rn. 201.
[13] Brandis/Heuermann/Rode KStG § 14 Rn. 200; Gosch KStG/Neumann KStG § 14 Rn. 390; Herlinghaus GmbHR 2002, 989 (989); Schnitger/Fehrenbacher/Brink KStG § 14 Rn. 620.
[14] Bott/Walter/Walter KStG § 14 Rn. 799; Frotscher/Drüen/Frotscher KStG § 14 Rn. 538; HHR/Kolbe KStG § 14 Rn. 80.

Darüber hinaus kann die Organgesellschaft selbst Organträgerin sein, sodass eine mehrstufige Organschaft entstehen kann.[15]

Die **Einkommensermittlung der Organgesellschaft** erfolgt grundsätzlich nach den allgemeinen ertragsteuerlichen Vorschriften (dh nach Maßgabe von § 8 KStG iVm den Vorschriften des EStG). Hierbei wird fingiert, dass kein Organschaftsverhältnis zwischen den Rechtsträgern besteht und keine Gewinne abgeführt bzw. Verluste auf Grundlage des GAVs ausgeglichen werden.[16] Steuerliche Bilanzierungs- und Bewertungswahlrechte für den Gewinn bzw. das Einkommen der Organgesellschaft können aufgrund der fortbestehenden Steuersubjektseigenschaft nur auf Ebene der Organgesellschaft ausgeübt werden.[17] **1816**

Aus der zivil- und steuerrechtlich weiterhin bestehenden Selbständigkeit der Rechtsträger folgt, dass diese trotz Organschaft **untereinander schuldrechtliche Verträge abschließen können.** Die schuldrechtlichen Beziehungen zwischen beiden Rechtsträgern sind dementsprechend auch bilanzierungsfähig;[18] dabei erzielte Gewinne oder Verluste beeinflussen den jeweiligen Gewinn von Organträger und Organgesellschaft und werden nicht – wie in einer Konzernrechnungslegung – „wegkonsolidert“. **1817**

Auch **verdeckte Gewinnausschüttungen** an den Organträger bzw. **verdeckte Einlagen** in die Organgesellschaft sind weiterhin möglich. Diese stellen insbesondere keine Verletzung des GAVs dar.[19] In diesem Rahmen gelten die allgemeinen Grundsätze, sodass eine verdeckte Gewinnausschüttung nach § 8 Abs. 3 S. 2 KStG das Einkommen einer Kapitalgesellschaft nicht mindern darf.[20] Die diesbezüglich erforderlichen Korrekturen zur Vermeidung einer Doppelbelastung werden nachfolgend dargestellt → Rn. 2061 ff. **1818**

Weitere Besonderheiten der Einkommensermittlung bei der Organgesellschaft ergeben sich insbesondere aus der Sondervorschrift des § 15 KStG. Hierzu ausführlich → Rn. 1895 ff. **1819**

Wie bereits erwähnt, wird das Einkommen der Organgesellschaft nach § 14 Abs. 1 S. 1 KStG dem Organträger zugerechnet und daher nicht mehr bei der Organgesellschaft erfasst und besteuert; aufgrund des daher durchzuführenden Abzugs des dem Organträger zuzurechnenden Einkommens bei der Organgesellschaft ist ihr **Einkommen in vielen Fällen mit 0 EUR** festzusetzen, sodass keine Körperschaftsteuer auf Ebene der Organgesellschaft anfällt.[21] Wegen dieser Null-Festsetzung bestehen insbesondere auch im Zusammenhang mit dem Anrechnungsverfahren einer **Forschungszulage nach dem FZulG** zu berücksichtigende Besonderheiten. Die Finanzverwaltung geht davon aus, dass es bei zulageberechtigten Organgesellschaften trotz der Null-Festsetzung zu einer vollen Erstattung auf deren Ebene kommt.[22] **1820**

Zu einer Festsetzung eines Einkommens und zu einer eigenen Steuerlast kann es kommen, wenn die Organgesellschaft über ein eigenes nicht abzuführendes Einkommen verfügt.[23] Dies ist insbesondere bei **Ausgleichszahlungen iSv § 16 S. 1 KStG** der Fall. Hiernach hat die Organgesellschaft ihr Einkommen in Höhe von 20/17 der geleisteten Ausgleichszahlungen an außenstehende Anteilseigner selbst zu versteuern. Dies gilt unabhängig davon, ob sie selbst oder aber der Organträger die Zahlungen leistet, § 16 S. 2 **1821**

---

15 Frotscher/Drüen/Frotscher KStG § 14 Rn. 539.

16 Brandis/Heuermann/Rode KStG § 14 Rn. 203; DPM/Dötsch/Pung KStG § 14 Rn. 771; Frotscher/Drüen/Frotscher KStG § 14 Rn. 559.

17 Bott/Walter/Walter KStG § 14 Rn. 800; Frotscher/Drüen/Frotscher KStG § 14 Rn. 542; HHR/Kolbe KStG § 14 Rn. 81.

18 Bott/Walter/Walter KStG § 14 Rn. 799.

19 BeckOK KStG/Ebber KStG § 14 Rn. 503; Brandis/Heuermann/Rode KStG § 14 Rn. 230; DPM/Dötsch/Pung KStG § 14 Rn. 796; Gosch KStG/Neumann KStG § 14 Rn. 410.

20 Brandis/Heuermann/Rode KStG § 14 Rn. 230; RHN/Rödder/Liekenbrock KStG § 14 Rn. 539.

21 Bott/Walter/Walter KStG § 14 Rn. 798; Frotscher/Drüen/Frotscher KStG § 14 Rn. 538.

22 BMF 7.2.2023, BStBl. I 2023, 364 Rn. 259; nach gegenteiliger Ansicht von Bärsch/Dreßler/Barbu/Schwechel DStR 2020, 1548 (1553 f.) soll die Anrechnung bei Organgesellschaften mangels eines selbst zu versteuernden Einkommens dagegen ins Leere laufen.

23 BFH 28.1.2004 – I R 84/03, BStBl. II 2004, 539; Schnitger/Fehrenbacher/Brink KStG § 14 Rn. 620.

KStG. Voraussetzungen und Rechtsfolgen von Ausgleichszahlungen werden ausführlich unter → Rn. 2801 ff. behandelt; im Folgenden werden die Kernpunkte der Rechtsfolgen zusammengefasst.

**1822** Werden Ausgleichsleistungen trotz Erzielung eines steuerlichen Verlustes gezahlt, erhöht sich das zuzurechnende negative Einkommen der Organgesellschaft. In diesem Fall hat sie 20/17 der Ausgleichszahlungen als (positives) Einkommen zu versteuern.[24]

**1823** Unter den Begriff der Ausgleichszahlungen iSv § 16 KStG fallen alle Zahlungen iSv § 304 AktG, welche aufgrund des Abschlusses eines GAVs als angemessener Ausgleich an Minderheitsgesellschafter gezahlt werden. Die Rechtsfolgen des § 16 KStG sind hierbei jedoch trotz der Anknüpfung an das AktG nicht auf Aktiengesellschaften beschränkt, sondern erfassen sämtliche Ausgleichszahlungen an außenstehende Anteilseigner.[25] Sie ist dann „geleistet", wenn sie bei der Organgesellschaft abfließen, sodass auch erst in diesem Zeitpunkt die Versteuerung zu erfolgen hat.[26]

**1824** Bei der Ausgleichszahlung handelt es sich um eine Betriebsausgabe. Diese darf jedoch nach § 4 Abs. 5 S. 1 Nr. 9 EStG iVm § 8 Abs. 1 KStG weder den Gewinn der Organgesellschaft noch den Gewinn des Organträgers mindern, sodass sie außerbilanziell wieder hinzuzurechnen ist.[27] 20/17 der geleisteten Ausgleichszahlung sind auf Ebene der Organgesellschaft dem allgemeinen Steuersatz nach § 23 Abs. 1 KStG zu unterwerfen.[28]

**1825** Das Gesetz sieht bezüglich der Ausgleichszahlungen keine eigenständige Regelung für die Behandlung beim Organträger vor. Jedoch entspricht es wohl einhelliger Meinung, dass das dem Organträger zuzurechnende Einkommen zur Vermeidung einer Doppelbelastung entsprechend (dh um 20/17 der geleisteten Ausgleichszahlung) zu kürzen ist.[29]

**1826** Verfahrensrechtlich wird für Veranlagungszeiträume ab dem Jahr 2014 **das zuzurechnende Einkommen der Organgesellschaft nach § 14 Abs. 5 KStG gegenüber dem Organträger und der Organgesellschaft gesondert und einheitlich festgestellt.**[30] Für vorangegangene Veranlagungszeiträume bleibt es bei der zuvor geltenden Rechtslage.[31] Ausführlich zum Feststellungsverfahren → Rn. 5301 ff.

**1827** Die diesbezüglichen Feststellungen sind für die Besteuerung des Einkommens des Organträgers und der Organgesellschaft bindend, § 14 Abs. 5 S. 2 KStG. Zuständig ist nach § 14 Abs. 5 S. 4 KStG das Finanzamt, welches auch für die Besteuerung nach dem Einkommen der Organgesellschaft zuständig ist. Die Erklärung zur gesonderten und einheitlichen Feststellung soll mit der Körperschaftsteuererklärung der Organgesellschaft verbunden werden, § 14 Abs. 5 S. 5 KStG.

**1828** Im Rahmen der gesonderten und einheitlichen Feststellung nach § 14 Abs. 5 S. 1 KStG werden sowohl das zuzurechnende Einkommen der Organgesellschaft als auch die damit zusammenhängenden Besteuerungsgrundlagen festgestellt.[32] Ob darüber hinaus auch die Voraussetzungen der steuerlichen Anerkennung der Organschaft bindend festgestellt werden, wird unterschiedlich beurteilt, aber wohl überwiegend bejaht und wurde mittlerweile

24 KStR 16 Abs. 2 S. 2; Brandis/Heuermann/Rode KStG § 16 Rn. 25; HHR/Pache KStG § 16 Rn. 21.
25 Brandis/Heuermann/Rode KStG § 16 Rn. 16.
26 Brandis/Heuermann/Rode KStG § 16 Rn. 22; RHN/Rödder/Joisten KStG § 16 Rn. 46; aA FG Münster 21.9.2007 – 9 K 4007/06 K, DStRE 2009, 283; Bott/Walter/Walter KStG § 16 Rn. 17.
27 KStR 16 Abs. 1 S. 1; Gosch KStG/Neumann KStG § 16 Rn. 22.
28 RHN/Rödder/Joisten KStG § 16 Rn. 69; zum Teil differenzierend: Frotscher/Drüen/Frotscher KStG § 14 Rn. 65 f.
29 KStR 16 Abs. 1 S. 1; Gosch KStG/Neumann KStG § 16 Rn. 26; RHN/Rödder/Joisten KStG § 16 Rn. 78.
30 § 14 Abs. 5 KStG eingefügt durch das Gesetz zur Änderung und Vereinfachung der Unternehmensbesteuerung und des steuerlichen Reisekostenrechts vom 20.2.2013 (BGBl. 2013 I 285).
31 Siehe hierzu Frotscher/Drüen/Frotscher KStG § 14 Rn. 923 ff.; Gosch KStG/Neumann KStG § 14 Rn. 529.
32 Siehe zum Gegenstand der Feststellung Gosch KStG/Neumann KStG § 14 Rn. 529c.

auch vom BFH so bestätigt.[33] Gegen den erlassenen Feststellungsbescheid sind sowohl der Organträger als auch die Organgesellschaft einspruchsberechtigt.[34]

Die geleisteten Ausgleichszahlungen iSv § 16 KStG werden dagegen nicht von der **1829** einheitlichen und gesonderten Feststellung erfasst, da diese ausschließlich das Einkommen der Organgesellschaft betreffen.[35]

*(einstweilen frei)* **1830–1839**

## C. Zurechnung des Einkommens und dessen Besteuerung beim Organträger

Wie dargestellt, wird das Einkommen der Organgesellschaft dem Organträger als fremdes **1840** Einkommen zugerechnet (sog. Zurechnungstheorie).[36] Diese Rechtsfolge wird durch § 14 Abs. 1 S. 1 Nr. 2 S. 6 KStG dahingehend konkretisiert, dass das Einkommen der inländischen Betriebsstätte des Organträgers zuzurechnen ist, der die Beteiligung an der Organgesellschaft oder, bei mittelbarer Beteiligung an der Organgesellschaft, die Beteiligung iSd § 14 Abs. 1 S. 1 Nr. 1 KStG an der vermittelnden Gesellschaft zuzuordnen ist.[37] Die Zuordnung des Einkommens folgt also zwingend der Zuordnung der jeweiligen Organgesellschaftsbeteiligung.[38] Zu Fragen der Zuordnung bei Organschaften mit Beteiligten mit Sitz und/oder Geschäftsleitung im Ausland siehe → Rn. 3816 ff.

Zu dem zuzurechnenden Einkommen gehört nach neuer höchstrichterlicher Recht- **1841** sprechung auch ein durch Verschmelzung oder Aufspaltung der Organgesellschaft anfallender Übertragungsgewinn.[39] Dies entsprach schon zuvor der überwiegenden Meinung in der Literatur.[40] Allerdings ist nach der Ansicht der Finanzverwaltung mit Blick auf vororganschaftliche Verluste § 15 S. 1 Nr. 1 KStG zu berücksichtigen.[41]

Im Gesetz findet sich kein Anhaltspunkt dafür, auf welcher Ermittlungsstufe das Ein- **1842** kommen der Organgesellschaft dem Organträger zuzurechnen ist, sodass diesbezüglich verschiedene Meinungen vertreten werden:

Nach Ansicht der Finanzverwaltung und eines Teils der Literatur erfolgt die Zurechnung **1843** erst nach der Ermittlung des steuerlichen Gewinns im Rahmen der Ermittlung des Gesamtbetrags der Einkünfte.[42] Dieser Sichtweise folgt auch die höchstrichterliche Rechtsprechung, welche ausdrücklich klarstellt, dass die Zurechnung nicht im Rahmen der Gewinnermittlung, sondern als Zurechnung fremden Einkommens zur Besteuerung erfolgt.[43]

---

33 BFH 11.7.2023 – I R 21/20, BStBl. II 2024, 413 Rn. 22; BeckOK KStG/Ebber KStG § 14 Rn. 709; Bott/Walter/Walter KStG § 14 Rn. 805.0.2; Dötsch/Pung DB 2013, 305 (313 f.); Frotscher/Drüen/Frotscher KStG § 14 Rn. 923; Teiche DStR 2013, 2197 (2200); dagegen zB Drüen DK 2013, 433 (446 ff.); zweifelnd Gosch KStG/Neumann KStG § 14 Rn. 529d.

34 BFH 11.7.2023 – I R 21/20, BFHE 281, 424 Rn. 28 mwN; KStR 14.6 Abs. 6 S. 2; Bott/Walter/Walter KStG § 14 Rn. 805.0.4; Rödder Ubg 2012, 717 (723); aA Teiche DStR 2013, 2197 (2204), welcher von einer fehlenden Beschwer der Organgesellschaft ausgeht.

35 Bott/Walter/Walter KStG § 14 Rn. 805.0.3; aA Gosch KStG/Neumann KStG § 14 Rn. 529c.

36 BFH 29.8.2012 – I R 65/11, BStBl. II 2013, 555; BFH 23.1.2002 – XI R 95/97, BStBl. II 2003, 9; BFH 14.4.1992 – VIII R 149/86, BStBl. II 1992, 817; Brandis/Heuermann/Rode KStG § 14 Rn. 201.

37 HHR/Kolbe KStG § 14 Rn. 194; siehe zur Rechtsentwicklung: DPM/Dötsch/Pung KStG § 14 Rn. 180 ff.

38 DPM/Dötsch/Pung KStG § 14 Rn. 202; RHN/Rödder/Liekenbrock KStG § 14 Rn. 274.

39 BFH 11.8.2021 – I R 27/18, BStBl. II 2023, 195; dem folgend auch nunmehr die Finanzverwaltung: BMF 10.2.2023, BStBl. I. 2023, 250; aA noch: BMF 11.11.2011, BStBl. I 2011, 1314 Rn. Org. 27, wonach bei Verschmelzung oder Aufspaltung ein steuerrechtlicher Übertragungsgewinn von der Organgesellschaft selbst zu versteuern ist.

40 Bahns/Graw DB 2008, 1645 (1650 f.); Rödder DStR 2011, 1053 (1058); Oppen/Polatzky GmbHR 2012, 263 (271); Prinz/Witt/Hierstetter Rn. 20.76.

41 BMF 10.2.2023, BStBl. I 2023, 250; zu § 15 S. 1 Nr. 1 KStG → Rn. 1895 ff.

42 KStR 7.1 Abs. 1 S. 2; Brandis/Heuermann/Rode KStG § 14 Rn. 214; DPM/Dötsch/Pung KStG § 14 Rn. 849; Frotscher/Drüen/Frotscher KStG § 14 Rn. 640; Schnitger/Fehrenbacher/Brink KStG § 14 Rn. 624 f.

43 BFH 23.1.2002 – XI R 95/97, BStBl. II 2003, 9; BFH 11.4.1990 – I R 167/86, BStBl. II 1990, 772; BFH 29.10.1974 – I R 240/72, BStBl. II 1975, 126; nicht eindeutig: BFH 12.10.2016 – I R 92/12, BStBl. II 2022, 123.

**1844** Dagegen wird in der Literatur teilweise vertreten, dass die Zurechnung bereits zu den gewerblichen Einkünften des Organträgers erfolgen müsse.[44] Hierfür spreche, dass die Zurechnung des Einkommens bei allen Organträgern einheitlich zu erfolgen habe. Bei Organträger-Personengesellschaften existiere jedoch kein Gesamtbetrag der Einkünfte, dem das Einkommen der Organgesellschaft hinzugerechnet werden könnte.[45] Zudem würden die Begriffe „Einkommen" und „Gewinn" durch die erstgenannte Ansicht in unzulässiger Weise verwechselt. Dies habe insbesondere Auswirkungen im Gewerbesteuergesetz, denn § 7 GewStG knüpfe gerade an den nach EStG und KStG „zu ermittelnden Gewinn" an. Sofern also tatsächlich nur das Einkommen des Organträgers erhöht werden würde, unterläge das Einkommen der Organgesellschaft beim Organträger nicht der Gewerbesteuer.[46]

**1845** Dieser Ansicht lässt sich jedenfalls der eindeutige Gesetzeswortlaut des § 14 Abs. 1 S. 1 KStG entgegenhalten, welcher gerade auf das Einkommen der Organgesellschaft und nicht auf den steuerlichen Gewinn abstellt. Bedeutung kann dies insbesondere iRd Gewerbesteuer erlangen, welche an den Gewerbeertrag und somit bereits an den Gewinn anknüpft. Die herrschende Ansicht führt jedoch auch hier zu sachgerechten Ergebnissen, denn auch gewerbesteuerlich werden die Gewerbeerträge zunächst gesondert ermittelt und im Anschluss zusammengerechnet. Wenn das Einkommen der Organgesellschaft aber bereits dem Gewinn des Organträgers zugerechnet würde, dann wäre dieser Betrag im Rahmen der Gewerbesteuer doppelt erfasst.[47]

**1846** Bei Organträger-Personengesellschaften ist bezüglich des zuzurechnenden Einkommens eine gewisse Modifikation notwendig: Bei diesen wird gerade kein eigenes Einkommen ermittelt, sondern nur der Gewinn aus Gewerbetrieb. Aus diesem Grund ist das zugerechnete Einkommen in der einheitlichen und gesonderten Gewinnfeststellung separat vom eigenen Gewinn auszuweisen und entsprechend der jeweiligen Beteiligung den Gesellschaftern zuzurechnen.[48]

**1847** Die Ermittlung des Einkommens des Organträgers erfolgt ebenfalls nach den allgemeinen Grundsätzen. In diesem Rahmen ist zu berücksichtigen, dass der Anspruch auf Abführung des Gewinns (bzw. die Verlustübernahmeverpflichtung) mit Entstehung bereits in die Handelsbilanz des Organträgers eingeflossen ist. Der entsprechende Betrag wäre aufgrund der dargestellten Zurechnung des Einkommens der Organgesellschaft an den Organträger faktisch doppelt zu versteuern. Aus diesem Grund ist der Gewinn des Organträgers ebenso wie das zuzurechnende Einkommen der Organgesellschaft ohne den abgeführten Gewinn bzw. ohne dem vom Organträger zum Ausgleich eines Jahresfehlbetrags geleisteten Betrag zu ermitteln.[49]

**1848** Nach § 14 Abs. 1 S. 1 Nr. 5 KStG aF blieben negative Einkünfte des Organträgers oder der Organgesellschaft bei der inländischen Besteuerung unberücksichtigt, soweit sie in einem ausländischen Staat im Rahmen der Besteuerung des Organträgers, der Organgesellschaft oder einer anderen Person berücksichtigt wurden.[50] Diese Vorschrift wurde durch das Wachstumschancengesetz im Jahr 2024 gestrichen.[51] Der Gesetzgeber begründete dies damit, dass die Regelung aufgrund der Einführung von § 4k EStG und durch die Einfüh-

---

44 HHR/Kolbe KStG § 14 Rn. 86; Gosch KStG/Neumann KStG § 14 Rn. 426; Pohl DStR 2017, 1687 (1688 ff.); Prinz/Witt/Kolbe Rn. 13.95; Wassermeyer DStR 2004, 214 (216); ders. GmbHR 2003, 313 (314).

45 HHR/Kolbe KStG § 14 Rn. 86.

46 Wassermeyer DStR 2004, 214 (215); ders. GmbHR 2003, 313 (314).

47 DPM/Dötsch/Pung KStG § 14 Rn. 765; Frotscher/Drüen/Frotscher KStG § 14 Rn. 640.

48 BFH 28.2.2013 – IV R 50/09, BStBl. II 2013, 494; Brandis/Heuermann/Rode KStG § 14 Rn. 206; Frotscher/Drüen/Frotscher KStG § 14 Rn. 641; Gosch KStG/Neumann KStG § 14 Rn. 511.

49 BFH 28.2.2013 – IV R 50/09, BStBl. II 2013, 494; BFH 29.10.1974 – I R 240/72, BStBl. II 1975, 126; KStR 14.6 Abs. 1 S. 2; Brandis/Heuermann/Rode KStG § 14 Rn. 207; DPM/Dötsch/Pung KStG § 14 Rn. 831.

50 Hierzu im Detail → Rn. 3717, 3719.

51 Art. 18 des Gesetzes zur Stärkung von Wachstumschancen, Investitionen und Innovation sowie Steuervereinfachung und Steuerfairness (BGBl. I 2024, Nr. 108).

rung des Mindeststeuergesetzes überflüssig sei und dass durch die Streichung eine hochkomplexe und streitanfällige Regelung entfalle.[52]

Der so ermittelte Betrag, dh die Summe des Einkommens des Organträgers und des zugerechneten fremden Einkommens der Organgesellschaft, bildet das (Gesamt-)Einkommen des Organträgers und unterliegt bei diesem der Besteuerung.[53] Bei natürlichen Personen als Organträger unterliegt das Einkommen der Einkommensteuer und bei einer Körperschaft als Organträger der Körperschaftsteuer. Bei Personengesellschaften richtet sich die Besteuerung aufgrund der transparenten Besteuerung nach der steuerlichen Behandlung der Anteilseigner.[54] In diesem Fall ist das Einkommen nur den Gesellschaftern einer Organträger-Personengesellschaft zuzurechnen, welche im maßgeblichen Zeitpunkt der Einkommenszurechnung an der Organträgerin beteiligt sind.[55] **1849**

Schuldner der auf dieser Grundlage ermittelten Körperschaftsteuer ist der Organträger.[56] Die Organgesellschaft haftet jedoch nach § 73 S. 1 AO für solche Steuern des Organträgers, für welche die Organschaft zwischen ihnen steuerlich von Bedeutung ist. Von § 73 AO werden auf Basis des weiten Wortlauts der Norm auch solche Steuern des Organträgers erfasst, welche zB durch die Zurechnung des Einkommens einer Schwestergesellschaft der Organgesellschaft beim Organträger veranlasst werden – die Organgesellschaft haftet dem Grunde nach für alle Steuern, die im Organkreis verursacht worden sind.[57] Die Finanzverwaltung geht allerdings – wie auch die Rechtsprechung[58] – davon aus, dass die Haftung einer Organgesellschaft im Rahmen des Ermessens grundsätzlich auf die durch die Zurechnung ihres Einkommens veranlassten Steuern beschränkt werden soll.[59] **1850**

Bei einer mehrstufigen Organschaft haftete die Organgesellschaft in der Vergangenheit nur für die Steuerverbindlichkeiten im konkreten Organschaftsverhältnis.[60] Durch das JStG 2019[61] hat der Gesetzgeber jedoch die Haftungsvorschrift des § 73 AO durch einen neuen Satz 2 ergänzt, welcher nunmehr auch die Haftung von Enkelgesellschaften für Steuerverbindlichkeiten im Verhältnis zur jeweiligen Muttergesellschaft erfasst.[62] Nach Art. 97 EGAO § 11 Abs. 4 S. 1 ist diese Vorschrift anzuwenden, wenn der haftungsbegründende Tatbestand nach dem 17.12.2019 verwirklicht wurde. Siehe ausführlich zur Haftung → Rn. 5375 ff. **1851**

*(einstweilen frei)* **1852–1859**

## D. Relevante Zurechnungszeiträume

Bezüglich der zeitlichen Zurechnung ist zwischen der laufenden Besteuerung der an der Organschaft beteiligten Rechtsträger und dem Beginn bzw. dem Ende der Organschaft zu differenzieren. **1860**

52 BR-Drs. 433/1/23, 70; siehe zum früher umstrittenen Verhältnis der Vorschrift zu § 4k EStG: Grotherr IStR 2020, 774 (783 f.); HHR/Kolbe KStG § 14 Rn. 265.
53 BFH 23.1.2002 – XI R 95/97, BStBl. II 2003, 9; BeckOK KStG/Ebber KStG § 14 Rn. 538; Brandis/Heuermann/Rode KStG § 14 Rn. 201; Frotscher/Drüen/Frotscher KStG § 14 Rn. 642.
54 Brandis/Heuermann/Rode KStG § 14 Rn. 213; Schnitger/Fehrenbacher/Brink KStG § 14 Rn. 615.
55 BFH 28.2.2013 – IV R 50/09, BStBl. II 2013, 494; BeckOK KStG/Ebber KStG § 14 Rn. 557; Brandis/Heuermann/Rode KStG § 14 Rn. 211; aA Gosch KStG/Neumann KStG § 14 Rn. 519, welcher eine zeitanteilige Verteilung des zugerechneten Einkommens als sachgerecht ansieht.
56 Frotscher/Drüen/Frotscher KStG § 14 Rn. 613.
57 AEAO zu § 73 Nr. 3.1; BeckOK KStG/Ebber KStG § 14 Rn. 485a; aA Frotscher/Drüen/Frotscher KStG § 14 Rn. 613.
58 FG Sachsen-Anhalt 30.5.2013 – 6 K 1146/12, BeckRS 2013, 96339 Rn. 28; FG Nürnberg 11.12.1990 – II 238/86, BeckRS 1990, 7532 Rn. 57.
59 AEAO zu § 73 Nr. 3.1.
60 BFH 31.5.2017 – I R 54/15, BStBl. II 2018, 54; BeckOK KStG/Ebber KStG § 14 Rn. 485b; Bott/Walter/Walter KStG § 14 Rn. 20; Gosch KStG/Neumann KStG § 14 Rn. 530b.
61 Jahressteuergesetz 2019 vom 12.12.2019, BStBl. I 2019, 2451; BeckOK KStG/Ebber KStG § 14 Rn. 485b.
62 Bott/Walter/Walter KStG § 14 Rn. 20; BeckOK KStG/Ebber KStG § 14 Rn. 485b.

## I. Laufende Besteuerung der Organschaft

1861 Das Einkommen der Organgesellschaft ist dem Organträger für den Veranlagungszeitraum zuzurechnen, in welchem diese das Einkommen selbst erzielt hat und es selbst zu versteuern hätte.[63] Es ist also auf den Veranlagungszeitraum abzustellen, welcher maßgeblich wäre, wenn die Organgesellschaft kein Teil einer Organschaft sein würde.[64]

1862 Der entsprechende handelsrechtliche Anspruch auf Gewinnabführung bzw. die Verpflichtung zum Verlustausgleich entsteht auf Ebene des Organträgers mit dem Ende des jeweiligen Wirtschaftsjahres der Organgesellschaft.[65]

1863 Sofern die beteiligten Rechtsträger ein übereinstimmendes Wirtschaftsjahr haben bzw. das Wirtschaftsjahr des Organträgers im Veranlagungszeitraum nach dem Wirtschaftsjahr der Organgesellschaft endet, ergeben sich keine zeitlichen Besonderheiten und es kommt insbesondere nicht zu einer Phasenverschiebung.[66]

**Beispiel 1**

1864 Die Wirtschaftsjahre von Organträger und Organgesellschaft beginnen am 1.1.2024 und enden am 31.12.2024. Das Einkommen der Organgesellschaft aus dem Jahr 2024 ist dem Organträger sowohl handels- als auch steuerrechtlich für den Veranlagungszeitraum 2024 zuzurechnen. Es kommt zu keiner Phasenverschiebung.

**Beispiel 2**

Das Wirtschaftsjahr des Organträgers beginnt am 1.1.2024 und endet am 31.12.2024. Das Wirtschaftsjahr der Organgesellschaft beginnt dagegen am 1.7.2023 und endet am 30.6.2024. Hierbei endet das Wirtschaftsjahr des Organträgers im Veranlagungszeitraum nach dem Wirtschaftsjahr der Organgesellschaft, sodass das Organeinkommen aus dem Jahr 2024 sowohl handelsrechtlich als auch steuerrechtlich für den Veranlagungszeitraum 2024 zuzurechnen ist. Es kommt somit ebenfalls zu keiner Phasenverschiebung.

1865 Besonderheiten ergeben sich jedoch, wenn das Wirtschaftsjahr der Organgesellschaft in einem Veranlagungszeitraum nach dem des Organträgers endet. In diesem Fall können die handelsrechtliche Bilanzierung des Anspruchs auf Gewinnabführung (bzw. der Verpflichtung zum Verlustausgleich) des Organträgers und die Einkommenszurechnung abweichen. In diesem Fall kommt es zu einer Phasenverschiebung.[67]

1866 Das Wirtschaftsjahr des Organträgers beginnt am 1.7.2023 bzw. 2024 endet am 30.6.2024 bzw. 2025. Das Wirtschaftsjahr der Organgesellschaft entspricht dem Kalenderjahr.
Handelsrechtlich ist das Einkommen der Organgesellschaft aus dem VZ 2024 erst im Jahresabschluss des Organträgers auf den 30.6.2025 zu erfassen. Steuerlich ist das Einkommen der Organgesellschaft aus dem VZ 2024 dem Organträger aber bereits für den VZ 2024 zuzurechnen. Es kommt somit zu einer Phasenverschiebung.[68]

1867 Die dargestellten Prinzipien gelten auch im Falle von mehrstufigen Organschaftsverhältnissen.[69] Entscheidend ist auch hier der Veranlagungszeitraum, in welchem das Einkommen erzielt wurde und von der Organgesellschaft selbst zu versteuern gewesen wäre.[70]

1868–1879 *(einstweilen frei)*

---

63 KStH 14.7 Veranlagungszeitraum der Zurechnung; BFH 29.10.1974 – I R 240/72, BStBl. II 1975, 126; Schnitger/Fehrenbacher/Brink KStG § 14 Rn. 628.

64 BFH 29.10.1974 – I R 240/72, BStBl. II 1975, 126; Brandis/Heuermann/Rode KStG § 14 Rn. 209; Gosch KStG/Neumann KStG § 14 Rn. 506.

65 BFH 28.2.2013 – IV R 50/09, BStBl. II 2013, 494; DPM/Dötsch/Pung KStG § 14 Rn. 817.

66 Frotscher/Drüen/Frotscher KStG § 14 Rn. 659; Schnitger/Fehrenbacher/Brink KStG § 14 Rn. 629.

67 HHR/Kolbe KStG § 14 Rn. 87; siehe auch DPM/Dötsch/Pung KStG § 14 Rn. 820 ff mit Beispielen zu mehrstöckigen Organschaften sowie zu Umwandlungsfällen.

68 DPM/Dötsch/Pung KStG § 14 Rn. 820; HHR/Kolbe KStG § 14 Rn. 87.

69 Frotscher/Drüen/Frotscher KStG § 14 Rn. 661; Schnitger/Fehrenbacher/Brink KStG § 14 Rn. 634.

70 Siehe zu weiteren Fällen der Zurechnung in mehrstufigen Organschaftsverhältnissen: HHR/Kolbe KStG § 14 Rn. 87.

### II. Beginn/Ende der Organschaft

Gemäß § 14 Abs. 1 S. 2 KStG ist das Einkommen der Organgesellschaft dem Organträger erstmals für das Kalenderjahr zuzurechnen, in dem das Wirtschaftsjahr der Organgesellschaft endet, in welchem der GAV wirksam wird. Dadurch kann sich – innerhalb eines Veranlagungszeitraums – eine begrenzte Rückwirkung der Organschaft ergeben: Auch wenn der GAV erst kurz vor dem Ende des betreffenden Wirtschaftsjahres der Organgesellschaft Wirksamkeit entfaltet, so treten die Wirkungen der Organschaft gleichwohl schon ab dem Beginn des betreffenden Wirtschaftsjahres ein. Zugleich bedeutet dies aber, dass wenn ein GAV geschlossen wird, die notwendige Eintragung ins Handelsregister aber erst im Folgejahr vorgenommen wird, die steuerliche Organschaft erst in diesem Jahr ihre Wirkungen entfalten kann.[71] **1880**

Dieses Ergebnis kann auch nicht im Wege etwaiger Billigkeitsvorschriften korrigiert werden, selbst wenn die Verzögerung auf einem Fehlverhalten des Registergerichts beruht. Nach der einschlägigen höchstrichterlichen Rechtsprechung fehle es in einem solchen Fall an der erforderlichen sachlichen Unbilligkeit, da der Gesetzgeber in § 14 Abs. 1 S. 2 KStG bewusst auf die Eintragung ins Handelsregister abgestellt und somit bewusst eine Verzögerung in Kauf genommen habe.[72] In diesen Fällen ist jedoch ein staatshaftungsrechtlicher Anspruch gegen das entsprechende Land zu prüfen.[73] **1881**

Sofern die Organschaft im Laufe eines Wirtschaftsjahres endet, entfaltet sie in diesem Wirtschaftsjahr bis zu diesem Zeitpunkt keine Wirkungen mehr, § 14 Abs. 1 S. 1 Nr. 3 S. 3 KStG. Eine andere Rechtsfolge lässt sich nur durch die Einfügung eines Rumpfwirtschaftsjahres herbeiführen.[74] **1882**

Bei Beendigung des GAVs können die bereits begründeten Verpflichtungen weiterhin bestehen. Steuerlich wurden die diesbezüglichen Auswirkungen jedoch bereits berücksichtigt. Die spätere Erfüllung der noch bestehenden Ansprüche hat keine steuerlichen Auswirkungen.[75] Insbesondere stellen die nachfolgenden Zahlungen auch weiterhin keine Gewinnausschüttungen dar.[76] **1883**

*(einstweilen frei)* **1884–1894**

## E. Sonderregeln im Rahmen der Einkommensermittlung, § 15 KStG

§ 15 KStG regelt im Rahmen der Organschaft Besonderheiten der Einkommensermittlung für die Organgesellschaft und den Organträger. **1895**

### I. Beschränkung des Verlustabzuges iSd § 10d EStG

Nach § 15 S. 1 Nr. 1 S. 1 KStG ist ein Verlustabzug iSd § 10d EStG bei der Organgesellschaft nicht zulässig. Mit der Regelung wird verhindert, dass vor- oder nachorganschaftliche Verluste der Organgesellschaft das während der Organschaft erzielte Einkommen der Organgesellschaft mindern.[77] Das außerhalb der Organschaft erwirtschaftete Einkommen der späteren/ehemaligen Organgesellschaft würde bei Zulassung eines Verlustvor- oder Verlustrücktrags bei der Organgesellschaft über die Einkommenszurechnung zum Organ- **1896**

---

71 BFH 23.8.2017 – I R 80/15, BStBl. II 2018, 141; Brandis/Heuermann/Rode KStG § 14 Rn. 210; Prinz/Witt/Prinz Rn. 1.50.

72 BFH 23.8.2017 – I R 80/15, BStBl. II 2018, 141 Rn. 14; aA wohl noch FG Düsseldorf 17.5.2011 – 6 K 3100/09, BeckRS 2012, 96419; siehe auch: Brandis/Heuermann/Rode KStG § 14 Rn. 210a; Veser AO-StB 2018, 73 (74); Wachter DB 2018, 272 (276 ff.).

73 Brandis/Heuermann/Rode KStG § 14 Rn. 210a; Veser AO-StB 2018, 73 (74).

74 Frotscher/Drüen/Frotscher KStG § 14 Rn. 669; Prinz/Witt/Kolbe Rn. 13.195.

75 Frotscher/Drüen/Frotscher KStG § 14 Rn. 670.

76 KStR 14.6 Abs. 7.

77 KStR 15; Bott/Walter/Walter KStG § 15 KStG Rn. 7; Gosch KStG/Neumann KStG § 15 Rn. 2.

träger dessen Einkommen mindern und so auf dessen Ebene steuerlich wirksam werden.[78] Die organschaftliche Einkommenszurechnung soll durch die Vorschrift von vor- oder nachorganschaftlichen Einflüssen „abgeschottet" werden.[79]

1897 Die Einkommensermittlung auf Ebene des Organträgers wird durch die Vorschrift nicht berührt.[80] Ein – nach Zurechnung – bestehendes negatives Einkommen des Organträgers kann somit bei diesem nach § 10d EStG auch in vor- oder nachorganschaftliche Zeiten vor- oder zurückgetragen werden.[81] Sollte der Organträger im Rahmen einer Organschaftskette seinerseits Organgesellschaft sein, gilt auch für ihn die Beschränkung des § 15 S. 1 Nr. 1 KStG.[82]

1898 Die Verlustabzugsbeschränkung weicht von der handelsrechtlichen Vorgabe des § 301 S. 1 AktG ab, wonach bei der Bestimmung des maximal aufgrund eines GAV abführbaren Gewinns der Organgesellschaft dieser um einen Verlustvortrag aus dem Vorjahr zu vermindern ist.[83] Gesellschaftsrechtlich sind daher Verlustvorträge, die handelsbilanziell im letzten Wirtschaftsjahr vor dem Beginn einer Organschaft nicht ausgeglichen wurden, von abzuführenden Gewinnen während der Organschaftszeit so lange abzuziehen, bis diese vollständig verbraucht/ausgeglichen sind.[84] Diese unterschiedliche Regelung zur Relevanz von Verlustvorträgen aus Vororganschaftszeit im Handels- und Steuerrecht führt zu einer steuerrechtlichen Minderabführung iSd § 14 Abs. 3 KStG. Der frühere Streit, ob die Minderabführung vororganschaftlich oder organschaftlich verursacht wird, hat sich inzwischen erledigt. Nunmehr geht die einhellige Literatur[85] und wohl auch die Finanzverwaltung[86] übereinstimmend davon aus, dass die Minderabführung vororganschaftlich verursacht wird. Die Minderabführung ist daher gem. § 14 Abs. 3 S. 2 KStG als Einlage des Organträgers in die Organgesellschaft zu werten, was zu einer Erhöhung des Beteiligungsansatzes beim Organträger führt.[87] Wegen der Einführung der Einlagelösung bei organschaftlichen Mehrabführungen ist dieser frühere Streit heute ohnehin irrelevant geworden. Ausführlich zu Mehr- und Minderabführungen → Rn. 3201 ff.

1899 Vororganschaftliche Verluste der Organgesellschaft werden für die Zeit des Bestehens der Organschaft steuerlich „eingefroren" und können nach deren Ende wieder genutzt werden.[88] Der „eingefrorene" Verlustvortrag ist hierbei nach § 10d Abs. 4 EStG iVm § 8 Abs. 1 KStG gesondert festzustellen.[89] Etwas anderes gilt auch richtigerweise nicht für

---

78 BeckOK KStG/Pohl KStG § 15 Rn. 183; Brandis/Heuermann/Rode KStG § 15 Rn. 10.

79 Frotscher/Drüen/Frotscher KStG § 15 Rn. 8.

80 Gosch KStG/Neumann KStG § 15 Rn. 2; BeckOK KStG/Pohl KStG § 15 Rn. 187.

81 Gosch KStG/Neumann KStG § 15 Rn. 2; vgl. zu Einzelheiten der Anwendung des § 10d EStG beim Organträger BeckOK KStG/Pohl KStG § 15 Rn. 187.1; Brandis/Heuermann/Rode KStG § 15 Rn. 10.

82 Frotscher/Drüen/Frotscher KStG § 15 Rn. 17; Gosch KStG/Neumann KStG § 15 Rn. 2; aA wohl Bott/Walter/Walter KStG § 15 KStG Rn. 6 aE, welcher davon ausgeht, dass der Organträger zunächst isoliert behandelt werde und die eigenen Verlustvorträge verrechnen könnte, bevor man ihn selbst als Organgesellschaft ansieht.

83 Brandis/Heuermann/Rode KStG § 15 Rn. 11; Gosch KStG/Neumann KStG § 15 Rn. 3.

84 Gosch KStG/Neumann KStG § 15 Rn. 3.

85 RHN/Rödder/Liekenbrock KStG § 15 Rn. 45; DPM/Dötsch/Krämer/Pung KStG § 15 Rn. 14; BeckOK KStG/Pohl KStG § 15 Rn. 188.1.; Frotscher/Drüen/Frotscher KStG § 15 Rn. 15; Brandis/Heuermann/Rode KStG § 15 Rn. 11.

86 Die Finanzverwaltung hat ihre diesbezüglich vertretene Gegenauffassung (KStR 2008 63 Abs. 2) in neueren Veröffentlichungen nicht mehr wiederholt, sodass davon ausgegangen wird, dass sie sich nunmehr der herrschenden Literatur angeschlossen hat, siehe hierzu RHN/Rödder/Liekenbrock KStG § 15 Rn. 45, Fn. 61.

87 KStH 14.7; Brandis/Heuermann/Rode KStG § 15 Rn. 11; siehe auch Frotscher/Drüen/Frotscher § 15 Rn. 15 wonach es dafür unerheblich ist, ob der Verlust der Organgesellschaft durch eine Zahlung des Organträgers oder durch die Verrechnung mit einem positiven Einkommen der Organgesellschaft nach § 301 AktG erfolgt. Hierbei soll allerdings im zweiten Fall nur aus steuerrechtlicher und nicht aus handelsrechtlicher Sicht eine Einlage vorliegen, sodass eine Aktivierung auf dem Beteiligungskonto nur in der Steuerbilanz erfolgt.

88 Gosch KStG/Neumann KStG § 15 Rn. 5; BeckOK KStG/Pohl KStG § 15 Rn. 188; Brandis/Heuermann/Rode KStG § 15 Rn. 10.

89 BeckOK KStG/Pohl KStG § 15 Rn. 188; Brandis/Heuermann/Rode KStG § 15 Rn. 10.

Gewinne der Organgesellschaft, die bei ihr anlässlich ihrer Verschmelzung oder Aufspaltung anfallen, weil auch diese Übertragungsgewinne der Organgesellschaft trotz ihres folgenden Untergangs dem Organträger zuzurechnen sind.[90]

§ 15 S. 1 Nr. 1 KStG schließt ebenfalls einen Verlustrücktrag des im ersten (bzw. – seit der Änderung des § 10d EStG durch das Vierte Corona-Steuerhilfegesetz –[91] auch des zweiten) Wirtschaftsjahr nach Beendigung der Organschaft durch die Organgesellschaft erwirtschafteten Verlustes in die organschaftlichen Veranlagungszeiträume aus.[92] Zudem scheidet auch ein – die Organschaftszeit überspringender – Verlustrücktrag in den letzten Veranlagungszeitraum vor Begründung der Organschaft aus, weil § 10d Abs. 1 S. 1 EStG lediglich einen Verlustrücktrag in den (bzw. nunmehr die beiden) „unmittelbar vorangegangenen Veranlagungszeitraum" vorsieht.[93] Für nach Beendigung der Organschaft erzielte Verluste der Organgesellschaft bleibt damit lediglich die Möglichkeit des Verlustvortrags.[94] **1900**

Laufende Verluste der Organgesellschaft, die während der Organschaft entstehen, werden steuerlich dem Organträger zugerechnet, sodass ein vor- oder rücktragsfähiger Verlust der Organgesellschaft gar nicht entstehen kann.[95] **1901**

Maßgeblich bei der Bestimmung, ob die Verluste (außer)organschaftlich (und damit von der Regelung in § 15 KStG erfasst) oder (inner)organschaftlich sind, ist der Zeitpunkt der Verlustentstehung und nicht der Zeitpunkt, in dem die Verluste steuerlich abziehbar wären.[96] **1902**

Unklar ist allerdings, ob sich die Reichweite des § 15 S. 1 Nr. 1 KStG neben § 10d EStG auch auf anderweitige Verlustabzugsvorschriften wie §§ 2a, 15a, EStG oder § 8d KStG erstreckt.[97] **1903**

Nach einer weit verbreiteten Ansicht soll § 15 S. 1 Nr. 1 S. 1 KStG auch auf alle anderen Verluste anzuwenden sein.[98] In diese Richtung könnte man auch die Äußerung der Finanzverwaltung verstehen, die in der KStR 2022 allgemein auf einen „Verlustabzug aus der Zeit vor dem Abschluss des GAV" abstellt und keine Einschränkung auf einen Verlustabzug nach § 10d EStG vorsieht.[99] Für dieses weite Verständnis der Finanzverwaltung spricht auch, dass sie im Rahmen von § 8d KStG[100] und § 4h EStG[101] unter Verweis auf § 15 S. 1 **1904**

---

[90] BFH 11.8.2021 – I R 27/18, BStBl. II 2023, 195; DPM/Dötsch UmwStG Anhang 1 Rn. 54; RHN/Rödder/Liekenbrock KStG § 14 Rn. 501; Bott/Walter/Walter KStG § 15 Rn. 6, § 14 Rn. 346; BeckOK KStG/Pohl KStG § 15 Rn. 183.3; aA noch Gosch KStG/Neumann KStG § 15 Rn. 5; nicht ganz eindeutig sind dagegen die Aussagen des BFH (aaO) in Rn. 25, in welcher es heißt, dass bei einer Umwandlung oberhalb des Buchwertes und bis zum gemeinen Wert vororganschaftliche Verluste der Organgesellschaft genutzt werden könnten. Siehe hierzu auch den Nichtanwendungserlass der Finanzverwaltung: BMF 10.2.2023 – IV C 2-S 2770/19/10006:008, BStBl. I 2023, 250.

[91] Viertes Gesetz zur Umsetzung steuerlicher Hilfsmaßnahmen zur Bewältigung der Corona-Krise (Viertes Corona-Steuerhilfegesetz) vom 19.6.2022, BGBl. 2022 I 911.

[92] Frotscher/Drüen/Frotscher KStG § 15 Rn. 10, 19; BeckOK KStG/Pohl KStG § 15 Rn. 184.

[93] BFH 12.12.2012 – I R 69/11, BStBl. II 2017, 1232; Frotscher/Drüen/Frotscher KStG § 15 Rn. 10, 19; Gosch KStG/Neumann KStG § 15 Rn. 6; BeckOK KStG/Pohl KStG § 15 Rn. 184; Brandis/Heuermann/Rode KStG § 15 Rn. 10; aA Bott/Walter/Walter KStG § 15 Rn. 10 sowie Walter GmbHR 2012, 670 (672), der den Zeitraum der Organschaft bei der zeitlichen Betrachtung „herausnehmen" möchte.

[94] Gosch KStG/Neumann KStG § 15 Rn. 6.

[95] Frotscher/Drüen/Frotscher KStG § 15 Rn. 8; Gosch KStG/Neumann KStG § 15 Rn. 7; Brandis/Heuermann/Rode KStG § 15 Rn. 10.

[96] HHR/Herlinghaus KStG § 15 Rn. 35; Frotscher/Drüen/Frotscher KStG § 15 Rn. 11a; DPM/Dötsch/Krämer/Pung KStG § 15 Rn. 5.

[97] Siehe hierzu auch Claudy Ubg 2021, 151; die praktische Relevanz des Streits um die Anwendung des § 15 S. 1 Nr. 1 S. 1 KStG auf andere Verlustabzugsvorschriften wird dabei von einigen Stimmen in der Literatur bezweifelt, da die Finanzverwaltung die Einkommenszurechnung nach § 14 KStG im Ermittlungsschema vor dem Verlustabzug nach § 10d EStG durchführt (so bspw. Pohl BB 2018, 796 (799)).

[98] Frotscher/Drüen/Frotscher KStG § 15 Rn. 11; DPM/Dötsch/Krämer/Pung KStG § 15 Rn. 6; HHR/Herlinghaus KStG § 15 Rn. 35.

[99] KStR 15.

[100] BMF 18.3.2021, BStBl. I 2021, 363 Rn. 60.

[101] BMF 4.7.2008, BStBl. I 2008, 718 Rn. 48.

Nr. 1 S. 1 KStG (analog) davon ausgeht, dass ein außerorganschaftlicher Verlust- bzw. Zinsvortrag der Organgesellschaft erst nach Beendigung der Organschaft bei der Organgesellschaft abziehbar sein soll. Diese Ansicht stützt sich vor allem auf das Telos der Norm, welches eine Zurechnung außerorganschaftlicher Verluste der Organgesellschaft an den Organträger im Rahmen der Organschaft verhindern soll.[102] Dieser Zweck würde dafür sprechen, auch andere außerorganschaftliche Verluste der Organgesellschaft von der Abzugsbeschränkung des § 15 S. 1 Nr. 1 S. 1 KStG zu erfassen. Dem soll auch der Wortlaut der Norm „ein Verlustabzug iSd § 10d EStG" nicht entgegenstehen.[103] Zudem verweisen viele der sonstigen Verlustabzugsvorschriften auf § 10d EStG[104], was als Argument dafür angeführt wird, dass auch die Verlustabzüge nach diesen Vorschriften durch § 15 S. 1 Nr. 1 S. 1 KStG bei der Organgesellschaft ausgeschlossen sein sollten.[105]

**1905** Inzwischen gibt es aber auch gewichtige Gegenstimmen, die der weiten Auslegung des § 15 S. 1 Nr. 1 S. 1 KStG widersprechen und von der Norm nur Verlustabzüge nach § 10d EStG erfasst ansehen. Entscheidend ist nach dieser Ansicht, ob der Verlustabzug der weiteren Verlustabzugsvorschriften nach § 10d EStG oder nach anderen Regelungen erfolgt.[106] Für diese Ansicht kann insbesondere der Wortlaut der Norm angeführt werden, der ausdrücklich nur auf einen „Verlustabzug iSd" § 10d EStG und nicht auf andere Verlustabzugsvorschriften abstellt.[107] In diese Richtung lässt sich auch die Gesetzesbegründung zu § 15 Nr. 1 KStG 1976 deuten, wonach § 15 Nr. 1 KStG 1976 der Vorgängernorm des § 7a Abs. 2 Nr. 1 KStG 1968 entspricht und der angepasste Wortlaut nur redaktionelle Bedeutung hat.[108] Inhaltlich hieß es in § 7a Abs. 2 Nr. 1 KStG 1968, dass § 10d EStG keine Anwendung findet. In § 15 Nr. 1 KStG 1976 hieß es, dass „ein Verlustabzug iSd § 10d EStG nicht zulässig ist".[109] Die Änderung des Wortlauts von „§ 10d EStG findet keine Anwendung" zu „ein Verlustabzug iSd § 10d EStG ist nicht zulässig" sollte demnach inhaltlich die Reichweite der Norm nicht ändern.[110]

**1906** Unseres Erachtens ist es daher überzeugend, der engen Auslegung des § 15 S. 1 Nr. 1 S. 1 KStG zu folgen. Die für die Organgesellschaft nachteilige Beschränkung ihrer Verlustnutzungsmöglichkeiten müsste sich eindeutig aus dem Gesetzeswortlaut ergeben. Der Gesetzgeber muss klar formulieren, welche Verlustverrechnungsmöglichkeiten suspendiert sind. Dies ist bisher nur bzgl. § 10d EStG geschehen.[111] Aufgrund der dargestellten Rechtsunsicherheit besteht aber ein erhebliches Risiko. In der Beratung ist auf das entsprechende Prozessrisiko hinzuweisen.[112] Eine gesetzliche Klarstellung wäre im Interesse der Rechtssicherheit wünschenswert.

**1907** Nachfolgend sollen einzelne Streitstände bezüglich spezifischer Verlustabzugsvorschriften näher dargestellt werden:

---

[102] BT-Drs. 7/1470, 348; KStR 15; Frotscher/Drüen/Frotscher KStG § 15 Rn. 11; HHR/Herlinghaus KStG § 15 Rn. 35.

[103] Frotscher/Drüen/Frotscher KStG § 15 Rn. 11.

[104] ZB § 2a Abs. 1 S. 1 letzter Hs. EStG; § 15 Abs. 4 EStG; § 15a Abs. 1 S. 1 Hs. 2 EStG; § 15b Abs. 1 S. 1 Hs. 2 EStG; § 10 Abs. 3 S. 5 AStG.

[105] Frotscher/Drüen/Frotscher KStG § 15 Rn. 11.

[106] Bott/Walter/Walter KStG § 15 Rn. 8; RHN/Rödder/Liekenbrock KStG § 15 Rn. 38 ff., 41a f. zu § 8d KStG; Schnitger/Fehrenbacher/Dallwitz KStG § 15 Rn. 51, wonach nur bei § 15 Abs. 4 EStG ein Verlustabzug nach Maßgabe des § 10d EStG erfolge, bei §§ 2a und 15b EStG erfolge der Verlustabzug dagegen nach anderen Voraussetzungen; Claudy Ubg 2021, 151 (156).

[107] Bott/Walter/Walter KStG § 15 Rn. 8; Schnitger/Fehrenbacher/Dallwitz KStG § 15 Rn. 48 ff; RHN/Rödder/Liekenbrock KStG § 15 Rn. 38; in diese Richtung auch Brandis/Heuermann/Rode KStG § 15 Rn. 13, der den Gesetzgeber in der Pflicht sieht, eindeutig zu benennen, welche Normen suspendiert werden sollen.

[108] BT-Drs. 7/1470, 348.

[109] BT-Drs. 7/5303, 14.

[110] Vgl. zum historischen Hintergrund Claudy Ubg 2021, 151 (152 f.).

[111] Vgl. auch RHN/Rödder/Liekenbrock KStG § 15 Rn. 41a zu § 8d KStG, wonach eine planwidrige Regelungslücke nicht vorliegt, weil der Gesetzgeber trotz Kenntnis der strittigen Auslegung des § 15 S. 1 Nr. 1 S. 1 KStG diesen nicht in Bezug auf § 8d KStG angepasst hat.

[112] Bott/Walter/Walter KStG § 15 Rn. 8.

**§ 10 Abs. 3 S. 5 AStG** ordnet eine entsprechende Anwendung des § 10d EStG an, was dafür sprechen könnte, die Einschränkung nach § 15 S. 1 Nr. 1 S. 1 KStG auch auf einen Verlustabzug nach § 10 Abs. 3 S. 5 AStG iVm § 10d EStG zu erstrecken.[113] Dem wird jedoch in zutreffender Weise entgegengehalten, dass die Verlustverrechnung im Rahmen des § 10 Abs. 3 S. 5 AStG nicht bei der Organgesellschaft, sondern bei der Zwischengesellschaft erfolgt, weshalb § 10 Abs. 3 S. 5 AStG nicht durch § 15 S. 1 Nr. 1 S. 1 KStG ausgeschlossen ist.[114] **1908**

Etwas anderes könnte für den fortführungsgebundenen Verlustvortrag nach **§ 8d KStG** **1909** gelten. Hierbei dürfte es entscheidend darauf ankommen, was die Rechtsgrundlage für den Abzug des fortführungsgebundenen Verlustabzugs ist. Einerseits wird vertreten, dass der Abzug des fortführungsgebundenen Verlustvortrags auf § 10d EStG beruhe. Begründet wird dies damit, dass § 8d KStG nur eine Ausnahme zu § 8c KStG enthalte und keine eigenständige Rechtsgrundlage für einen Verlustabzug.[115] Zudem solle sonst der fortführungsgebundene Verlustvortrag bessergestellt sein als andere Verluste.[116] Dem folgt im Ergebnis auch die Finanzverwaltung, die davon ausgeht, dass ein vororganschaftlicher fortführungsgebundener Verlustvortrag erst nach Beendigung der Organschaft verrechenbar sei.[117] Andere gehen dagegen (uE überzeugend) davon aus, dass § 8d Abs. 1 S. 8 KStG eine eigene Rechtsgrundlage für den (vorrangigen) Abzug des fortführungsgebundenen Verlustvortrags enthalte.[118] Dafür spricht, dass sich nach § 8d Abs. 1 S. 6 KStG ein bestehender Verlustvortrag in einen fortführungsgebundenen Verlustvortrag wandelt, sodass kein Verlustvortrag iSd § 10d Abs. 2 EStG mehr gegeben ist und daher ein Verlustabzug nach § 10d Abs. 2 EStG gar nicht mehr möglich ist.[119] Hierfür spricht auch, dass § 10d Abs. 4 EStG nach § 8d Abs. 1 S. 7 KStG nur entsprechend gilt.[120] Zudem ordnet § 8d Abs. 1 S. 8 KStG den vorrangigen Abzug des fortführungsgebundenen Verlustvortrags an.

Umstritten ist auch die Anwendung des § 15 S. 1 Nr. 1 S. 1 KStG auf **§ 15a EStG,** **1910** wenn die Organgesellschaft Mitunternehmerin ist und bei ihr noch vororganschaftliche Verluste aus der Beteiligung bestehen.[121] Einerseits wird vertreten, dass § 15a EStG eine besondere Form des Verlustausgleichs nach § 10d EStG sei, weshalb die Norm vom Ausschluss des § 15 S. 1 Nr. 1 S. 1 KStG erfasst sein soll.[122] Andererseits wird § 15a EStG dagegen als eigenständige Verlustausgleichsbeschränkung eingeordnet, sodass die Norm nicht durch § 15 S. 1 Nr. 1 S. 1 KStG suspendiert sein soll.[123] Hierfür wird zum einen überzeugend angeführt, dass der Wortlaut des § 15a EStG von der Vorschrift des § 10d EStG abweicht (insbesondere wird anstelle des „Verlustabzugs" in § 15a Abs. 2 S. 2 EStG von „verrechenbaren Verlusten" gesprochen).[124] Zum anderen gibt es bei § 15a EStG weitere erhebliche systematische Unterschiede zu § 10d EStG.[125] Zwar verweist § 15a Abs. 1 S. 1 Hs. 2 EStG auch auf § 10d EStG, dieser Verweis beinhaltet aber nur den

---

113 BeckOK KStG/Pohl KStG § 15 Rn. 186.1.

114 DPM/Dötsch/Krämer/Pung KStG § 15 Rn. 6; Frotscher/Drüen/Frotscher KStG § 15 Rn. 11b; RHN/Rödder/Liekenbrock KStG § 15 Rn. 41; Schnitger/Fehrenbacher/Dallwitz § 15 Rn. 52.

115 Frotscher/Drüen/Frotscher KStG § 15 Rn. 11; DPM/Dötsch/Krämer/Pung KStG § 15 Rn. 6.

116 BeckOK KStG/Pohl KStG § 15 Rn. 186.3.

117 BMF 18.3.2021, BStBl. I 2021, 363 Rn. 60.

118 Pohl BB 2018, 796 (798); RHN/Rödder/Liekenbrock KStG § 15 Rn. 41a mwN zu beiden Seiten; im Ergebnis auch HHR/Suchanek/Rüsch KStG § 8d Rn. 10; DPM/Leibner/Dötsch KStG § 8d Rn. 41 „Besonderheiten bei Organschaft".

119 Pohl BB 2018, 796 (798); RHN/Rödder/Liekenbrock KStG § 15 Rn. 41a.

120 Pohl BB 2018, 796 (798).

121 Vgl. Brandis/Heuermann/Rode KStG § 15 Rn. 13.

122 Frotscher/Drüen/Frotscher KStG § 15 Rn. 11; Gosch KStG/Neumann KStG § 15 Rn. 12; im Ergebnis auch DPM/Dötsch/Krämer/Pung KStG § 15 Rn. 6.

123 Claudy Ubg 2021, 151 (154 f.); RHN/Rödder/Liekenbrock KStG § 15 Rn. 38; im Ergebnis auch BeckOK KStG/Pohl § 15 Rn. 186.2; Schnitger/Fehrenbacher/Dallwitz KStG § 15 Rn. 50.

124 Claudy Ubg 2021, 151 (154).

125 Dazu im Detail Claudy Ubg 2021, 151 (154).

Ausschluss des Abzugs des zurechenbaren Verlustanteils an einer Kommanditgesellschaft nach § 10d EStG und soll rein klarstellender Natur sein.[126]

1911 In der Vergangenheit war zudem umstritten, ob § 15 S. 1 Nr. 1 S. 1 KStG auf **umwandlungsbedingt übergegangene Verlustvorträge**[127] anwendbar war.[128] Mit der Gesetzesänderung durch das SEStEG[129] hat sich dieser Streit erledigt, weil ein nicht verbrauchter Verlustvortrag iRe Verschmelzung oder Aufspaltung – als Ausnahme von der bei Umwandlungen jedenfalls grundsätzlich eintretenden steuerlichen Rechtsnachfolge – nicht auf den übernehmenden Rechtsträger ganz oder anteilig übergeht (§§ 4 Abs. 2 S. 2, 12 Abs. 3, Hs. 2 UmwStG (sondern vielmehr bei Verschmelzung untergeht bzw. sich bei einer Abspaltung entsprechend quotal verringert, § 15 Abs. 3 UmwStG).[130]

1912 Nach Ansicht des BFH soll eine Verrechnung des umwandlungsbedingten Übertragungsgewinns mit vororganschaftlichen Verlusten der Organgesellschaft uU möglich sein.[131] Die Finanzverwaltung hat allerdings klargestellt, dass die Verrechnung vororganschaftlicher Verluste der Organgesellschaft erst nach Beendigung der Organschaft erfolgen kann.[132]

1913 Umstritten ist auch, ob § 15 S. 1 Nr. 1 S. 1 KStG einer Verrechnung vor- oder nachorganschaftlicher Verluste der Organgesellschaft mit eigenem Einkommen der Organgesellschaft iSd **§ 16 KStG** entgegensteht.[133]

1914 Besonderheiten gelten auch bei unterjährigen Verlustausgleichen.[134]

1915 Aufgrund dieser unklaren Rechtslage bzgl. der Verrechnungsmöglichkeit außerorganschaftlicher Verluste der Organgesellschaft empfiehlt es sich in der Praxis, bestehendes Verlustnutzungspotenzial der künftigen Organgesellschaft vor Begründung der Organschaft zu nutzen. Dafür bietet es sich ggfls. an, Wirtschaftsgüter der künftigen Organgesellschaft, in denen stille Reserven vorhanden sind (und die idealerweise abschreibbar sind), im Wirtschaftsjahr vor Begründung der Organschaft an den späteren Organträger zu veräußern.[135]

Siehe zur Behandlung vororganschaftlicher Zins- und EBITDA-Vorträge → Rn. 5301 ff.

1916–1924 *(einstweilen frei)*

## II. Sanierungen im Organkreis

Siehe detailliert zur Sanierung im Organkreis → Rn. 3061 ff.

1925 § 15 S. 1 Nr. 1 S. 2, 3, Nr. 1a KStG enthalten Sonderregelungen für den Sanierungsertrag nach § 3a EStG, den eine Organgesellschaft erzielt. § 3a EStG dient dazu, Sanierungsbemühungen eines Unternehmens und seiner Gläubiger nicht durch eine Steuerbelastung der Erträge aus den Schulderlassen der Gläubiger zu konterkarieren.[136] Hierfür stellt

---

126 Claudy Ubg 2021, 151 (154).

127 § 12 Abs. 3 S. 2 iVm § 15 UmwStG idF vor dem SEStEG.

128 Siehe hierzu DPM/Dötsch/Krämer/Pung KStG § 15 Rn. 5.

129 Gesetz über steuerliche Begleitmaßnahmen zur Einführung der Europäischen Gesellschaft und zur Änderung weiterer steuerrechtlicher Vorschriften vom 7.12.2006, BGBl. I 2006, Nr. 57.

130 Frotscher/Drüen/Frotscher KStG § 15 Rn. 20; DPM/Dötsch/Krämer/Pung KStG § 15 Rn. 5; Gosch KStG/Neumann KStG § 15 Rn. 10, 11.

131 BFH 11.8.2021 – I R 27/18, BStBl. II 2023, 195 Rn. 25. Die Äußerung war nicht streitentscheidend und ist deshalb uE mit gewisser Vorsicht zu sehen.

132 BMF 10.2.2023, BStBl. I 2023, 250; Entwurf zum UmwStE 11.10.2023 Rn. Org. 27; so auch Oppel/Solowjeff/Trappmann BB 2023, 2711 (2716); siehe auch BeckOK KStG/Pohl KStG § 15 Rn. 183.3.

133 Bejahend: DPM/Dötsch/Krämer/Pung KStG § 15 Rn. 5; BeckOK KStG/Pohl KStG § 15 Rn. 183.1 mwN; Brandis/Heuermann/Rode KStG § 15 Rn. 10; Frotscher/Drüen/Frotscher KStG § 15 Rn. 18. Verneinend: Bott/Walter/Walter KStG § 15 Rn. 7, wonach § 16 KStG lex specialis zu § 15 S. 1 Nr. 1 S. 1 KStG sei; Schnitger/Fehrenbacher/Dallwitz KStG § 16 Rn. 46, unter Verweis auf das Leistungsfähigkeitsprinzip, auf die mögliche Einordnung des § 16 KStG als eigenständige Einkommensermittlungsvorschrift und zur Herstellung einer zutreffenden Gesamtsteuerbelastung von außenstehenden Gesellschaftern; vgl. zu § 16 KStG → Rn. 2801 ff.

134 Siehe hierzu Frotscher/Drüen/Frotscher KStG § 15 Rn. 11c mwN.

135 HHR/Herlinghaus KStG § 15 Rn. 39; DPM/Dötsch/Krämer/Pung KStG § 15 Rn. 3; Brandis/Heuermann/Rode KStG § 15 Rn. 12.

136 Vgl. Brandis/Heuermann/Krumm EStG § 3a Rn. 1.

§ 3a Abs. 1 S. 1 EStG Sanierungserträge aus einem Schuldenerlass steuerfrei. Allerdings dürfen nach § 3c Abs. 4 S. 1 EStG mit dem steuerfreien Sanierungsertrag im Zusammenhang stehende Betriebsvermögensminderungen oder Betriebsausgaben grundsätzlich nicht abgezogen werden; sie mindern lediglich nach § 3a Abs. 3 S. 1 EStG den (steuerfreien) Sanierungsertrag. Vor der Steuerfreistellung müssen insbesondere auch bestehende Steuerminderungspotenziale (ua Verlustvorträge iSd § 10d EStG und ähnliche Vorträge) des zu sanierenden Unternehmens und ggf. auch diesem nahestehender Personen verbraucht werden, um so Doppelbegünstigungen des zu sanierenden Unternehmens zu vermeiden und missbräuchliche Steuergestaltungen durch die Verschiebung von Verlustminderungspotenzialen zu verhindern.[137] Ist die zu sanierende Gesellschaft eine Organgesellschaft, müssen zusätzlich auch bestimmte Steuerminderungspotenziale (Verlustvorträge uÄ) des Organträgers verbraucht werden. Dies kann sogar gelten, wenn die Organschaft im Sanierungsjahr bereits beendet war. Darüber hinaus ist diese Rechtsfolge auch beim Erwerb von Anteilen an der Organgesellschaft im Sanierungszeitraum zu beachten, denn die Verluste der Organgesellschaft konnten in der Vergangenheit nicht in Abzug gebracht werden und trotzdem müssen Steuerminderungspotenziale des neuen Organträgers genutzt werden.[138] § 3a gilt für alle Sanierungserträge aus einem Schulderlass nach dem 8.2.2017 und auf Antrag auch für solche aus einem Schulderlass vor dem 9.2.2017.[139]

Ein Sanierungsertrag ist nach § 3a Abs. 1 S. 1 EStG die Betriebsvermögensmehrung oder Betriebseinnahme aus einem Schuldenerlass zum Zwecke einer unternehmensbezogenen Sanierung iSd § 3a Abs. 2 EStG. Eine unternehmensbezogene Sanierung liegt nach § 3a Abs. 2 EStG vor, wenn der Steuerpflichtige für den Zeitpunkt des Schuldenerlasses die Sanierungsbedürftigkeit und die Sanierungsfähigkeit des Unternehmens, die Sanierungseignung des betrieblich begründeten Schuldenerlasses und die Sanierungsabsicht der Gläubiger nachweist.[140] **1926**

Die Vorschriften des § 15 S. 1 Nr. 1 S. 2, 3, Nr. 1a KStG betreffen allein die Sanierung der Organgesellschaft und legen hierbei Besonderheiten der Verlustverrechnung mit dem auf einem Schuldenerlass beruhenden Sanierungsertrag der Organgesellschaft fest.[141] Im Rahmen der Sanierung des Organträgers haben § 15 S. 1 Nr. 1 S. 2, 3, Nr. 1a KStG keine Bedeutung.[142] Aufgrund der separaten Einkommensermittlung der Organgesellschaft und des Organträgers kann § 3a EStG sowohl bei der Organgesellschaft als auch beim Organträger Anwendung finden.[143] **1927**

Sofern ein steuerfreier Sanierungsertrag besteht, sind nach § 3a Abs. 1 S. 2 EStG im Sanierungsjahr sowie im Folgejahr steuerliche Wahlrechte des zu sanierenden Unternehmens gewinnmindernd auszuüben. Dies gilt aufgrund des Telos der Verrechnung der Verlustminderungspotenziale (Verhinderung einer Doppelbegünstigung) nach umstrittener, aber uE zutreffender Auffassung nur bis zur Höhe des nach § 3a Abs. 3 S. 1, 2 EStG geminderten Sanierungsertrags.[144] Nach § 3a Abs. 1 S. 3 EStG ist dabei insb. der Ansatz des **1928**

---

[137] BT-Drs. 18/12128, 31; Gosch KStG/Neumann KStG § 15 Rn. 14b; Suchanek/Schaaf/Hannweber WPg 2017, 909 (912).

[138] RHN/Rödder/Liekenbrock KStG § 15 Rn. 47k.

[139] DPM/Dötsch/Krämer/Pung KStG § 15 Rn. 18b; Gosch KStG/Neumann KStG § 15 Rn. 14, mit einer überblicksartigen Darstellung der Entstehungsgeschichte der Norm; siehe hierzu auch Frotscher/Drüen/Frotscher KStG § 15 Rn. 24a.

[140] Siehe zu den einzelnen Voraussetzungen im Detail Eilers/Schwahn SanierungsStR Kap. 2 Rn. 2.38 ff. sowie Brandis/Heuermann/Krumm EStG § 3a Rn. 20 ff.

[141] Gosch KStG/Neumann KStG § 15 Rn. 14a.

[142] Gosch KStG/Neumann KStG § 15 Rn. 14a; Frotscher/Drüen/Frotscher KStG § 15 Rn. 24 aE; DPM/Dötsch/Krämer/Pung KStG § 15 Rn. 18k.

[143] Brandis/Heuermann/Rode KStG § 15 Rn. 15.

[144] Brandis/Heuermann/Krumm EStG § 3a Rn. 34; Schmidt/Levedag EStG § 3a Rn. 32; Förster/Hechtner DB 2017, 1536 (1543); aA Desens FR 2017, 981 (989), der aber die überschießende Tendenz des Wortlauts kritisiert; HHR/Hallerbach EStG § 3a Rn. 17 mwN unter Hinweis auf sonst bestehende Folgeprobleme einer der Höhe nach begrenzten Ausübung der steuerlichen Wahlrechte.

niedrigeren Teilwerts aufgrund einer voraussichtlich dauernden Wertminderung nach § 6 Abs. 1 Nr. 1 S. 2, Nr. 2 S. 2 EStG zu wählen.

### 1. Ebene der Organgesellschaft

1929 Im Rahmen der Einkommensermittlung der Organgesellschaft – und somit vor der Einkommenszurechnung an den Organträger–[145] ist ein bestehender Sanierungsertrag zunächst gem. § 3a Abs. 3 S. 1 EStG um die mit dem Sanierungsertrag in unmittelbarem wirtschaftlichem Zusammenhang stehenden Betriebsvermögensminderungen und Betriebsausgaben, die nach § 3c Abs. 4 S. 1 EStG nicht abgezogen werden dürfen, zu kürzen.

1930 Dann reduziert dieser geminderte Sanierungsertrag in der vorgegebenen Reihenfolge des § 3a Abs. 3 S. 2 EStG verschiedene (auch vororganschaftliche) Verlustausgleichsposten der Organgesellschaft. Zu nennen sind dabei beispielhaft:

- Der Verlust der zu sanierenden Organgesellschaft im Sanierungsjahr (Nr. 8)
- Der bestehende vororganschaftliche Verlustvortrag der zu sanierenden Organgesellschaft (Nr. 10)
- Die Verluste des Folgejahres und des zweiten Folgejahres der zu sanierenden Organgesellschaft (Nr. 12)[146]
- Der bestehende vororganschaftliche Zins- und EBITDA-Vortrag der zu sanierenden Organgesellschaft (Nr. 13)

Auf Ebene der Organgesellschaft sind somit insbesondere vororganschaftliche Verluste von einem bestehenden Sanierungsertrag abzuziehen. Damit dies trotz des Verlustabzugsverbotes in § 15 S. 1 Nr. 1 S. 1 KStG[147] möglich ist, bestimmt § 15 S. 1 Nr. 1 S. 2 KStG, dass § 15 S. 1 Nr. 1 S. 1 KStG einer Anwendung von § 3a EStG nicht entgegen steht.[148] Der für eine Saldierung notwendige wirtschaftliche Zusammenhang zwischen den bestehenden Verlusten und dem Sanierungsertrag wird von § 3a Abs. 3 S. 2 EStG unwiderlegbar vermutet.[149]

1931 Wenn nach diesem Verrechnungsschritt noch ein Sanierungsertrag vorhanden ist, kann dieser bei Vorliegen der Voraussetzungen des § 3a Abs. 3 S. 3 EStG bei einer nahestehenden Person Posten iSd § 3a Abs. 3 S. 2 EStG mindern. Dies setzt voraus, dass Schulden einer nahestehenden Person innerhalb eines Zeitraums von fünf Jahren vor dem Schuldenerlass auf das zu sanierende Unternehmen übertragen wurden und dass der entsprechende verteilt abziehbare Aufwand, die Verluste, negativen Einkünfte, Zinsvorträge oder EBITDA-Vorträge zum Ablauf des Wirtschaftsjahres der Übertragung bereits entstanden waren.[150]

1932 Der sich nach diesen Verrechnungsschritten ergebende Sanierungsertrag ist gem. § 3a Abs. 3 S. 4 EStG der „verbleibende Sanierungsertrag", der dem Organträger zugerechnet wird.[151] Die vorher verrechneten Verluste gehen nach § 3a Abs. 3 S. 5 EStG endgültig unter.

---

145 Frotscher/Drüen/Frotscher KStG § 15 Rn. 24; DPM/Dötsch/Krämer/Pung KStG § 15 Rn. 18g.

146 Vgl. hierzu Kirchhof/Seer/Seer EStG § 3a Rn. 49 f.

147 Ausführlich zu § 15 S. 1 Nr. 1 S. 1 KStG → Rn. 1895 ff.

148 Vgl. Frotscher/Drüen/Frotscher KStG § 15 Rn. 24; Gosch KStG/Neumann KStG § 15 Rn. 14a, 14b; Brandis/Heuermann/Rode KStG § 15 Rn. 15; DPM/Dötsch/Krämer/Pung KStG § 15 Rn. 18d; 18l; aA Bott/Walter/Walter KStG § 15 Rn. 14, der für vororganschaftliche Verlustvorträge der Organgesellschaft davon ausgeht, dass diese erhalten bleiben, weil § 15 S. 1 Nr. 1 S. 2 KStG den § 15 S. 1 Nr. 1 S. 1 KStG nicht ausdrücklich einschränkt.

149 Gosch KStG/Neumann KStG § 15 Rn. 14b.

150 Siehe dazu Brandis/Heuermann/Krumm EStG § 3a Rn. 50; Schmidt/Levedag EStG § 3a Rn. 39; Sistermann/Beutel DStR 2017, 1065 (1067) f.; siehe auch zu einer möglichen teleologischen Reduktion im Falle einer Abspaltung: Frotscher/Drüen/Frotscher KStG § 15 Rn. 24c.

151 Frotscher/Drüen/Frotscher KStG § 15 Rn. 24b; DPM/Dötsch/Krämer/Pung KStG § 15 Rn. 18j; Vgl zur Prüfungsreihenfolge auch Gosch KStG/Neumann KStG § 15 Rn. 14c, der allerdings im letzten Schritt unzutreffender Weise eine Verrechnung des verbleibenden Sanierungsertrags nach § 3c Abs. 4 S. 4 EStG mit nachträglichen Sanierungskosten vorsieht. Nach § 15 S. 1 Nr. 1 S. 3 KStG ist der verbleibende Sanierungsertrag iSd § 3c Abs. 4 S. 4 EStG der sich nach Anwendung des § 15 S. 1 Nr. 1a KStG ergebende Sanierungsertrag (Siehe dazu Rn. 83).

## 2. Ebene des Organträgers

§ 15 S. 1 Nr. 1a KStG bestimmt, dass auf den zugerechneten verbleibenden Sanierungsertrag auch auf Ebene des Organträgers – und somit auf einer zweiten Ebene – die § 3a Abs. 3 S. 2, 3, 5 EStG anzuwenden sind.[152] § 15 S. 1 Nr. 1a KStG soll dabei weitere mögliche mehrfache Begünstigungen auf Ebene des Organträgers vermeiden[153] und dem Umstand gerecht werden, dass aufgrund der Einkommenszurechnung an den Organträger die während der Organschaft erzielten Verluste der Organgesellschaft bei ihr nicht nach § 3a Abs. 3 S. 2 EStG iVm § 15 S. 1 Nr. 1 S. 2 KStG untergehen können.[154] **1933**

Nicht anwendbar sind demnach unter anderem § 3a Abs. 1 S. 2 EStG, § 3a Abs. 3 S. 1 EStG und § 3c Abs. 4 EStG, sodass steuerliche Wahlrechte beim Organträger nicht gewinnmindernd auszuüben sind und ein Sanierungsaufwand des Organträgers abziehbar ist.[155] **1934**

Dafür vermindert der zugerechnete verbleibende Sanierungsertrag nach § 3a Abs. 3 S. 2 EStG aber vorhandene (vororganschaftliche) Verlustvorträge und laufende Verluste des Sanierungsjahres beim Organträger und unter den Voraussetzungen des § 3a Abs. 3 S. 3 EStG auch bei ihm nahestehenden Personen.[156] Unerheblich ist dabei, woher sich die Steuerminderungspotenziale des Organträgers ergeben haben.[157] Die verrechneten Verluste gehen gem. § 3a Abs. 3 S. 5 EStG endgültig unter.[158] **1935**

Strittig ist, wie ein eigener Sanierungsertrag des Organträgers neben dem zugerechneten Sanierungsertrag einer Organgesellschaft auf Ebene des Organträgers zu behandeln ist. Überzeugend ist uE die Sichtweise, wonach der eigene Sanierungsertrag des Organträgers mit einem zugerechneten verbleibenden Sanierungsertrag der Organgesellschaft beim Organträger zusammenzurechnen ist und dann einheitlich um Verlustvorträge und laufende Verluste des Organträgers zu kürzen ist, weil auch die Verluste der Organgesellschaft in den Verlustvorträgen des Organträgers enthalten sind.[159] **1936**

Der Sanierungsertrag der Organgesellschaft, der dem Organträger zugerechnet wird, ist nach § 14 Abs. 5 KStG gesondert und einheitlich festzustellen.[160] Sofern der Organträger eine Personengesellschaft ist und dessen Gewinn gesondert und einheitlich festgestellt wird, ist nach § 15 S. 1 Nr. 1a S. 2 KStG iVm § 3a Abs. 4 EStG ebenfalls der von der Organgesellschaft zugerechnete Sanierungsertrag und die Höhe der nach § 3a Abs. 3 S. 2 Nr. 1–6, 13 EStG mindernden Verlustnutzungspotentiale gesondert auszuweisen.[161] Anwendbar sind dann auch die speziellen Korrekturvorschriften des § 3a Abs. 4 S. 3, 4 EStG.[162] **1937**

Sofern die Organschaft im Sanierungsjahr schon beendet war, gilt das vorangehend Gesagte nach § 15 S. 1 Nr. 1a S. 3 KStG entsprechend, wenn in mindestens einem der letzten fünf Jahre vor dem Sanierungsjahr eine Organschaft mit der sanierten Gesellschaft als Organgesellschaft bestanden hat.[163] Die Regelung lässt sich dadurch erklären, dass durch die Organschaft möglicherweise Verluste der später zu sanierenden Gesellschaft dem Organ- **1938**

152 Vgl. DPM/Dötsch/Krämer/Pung KStG § 15 Rn. 18g, 18n.
153 Gosch KStG/Neumann KStG § 15 Rn. 15.
154 BeckOK KStG/Pohl KStG § 15 Rn. 216.
155 Frotscher/Drüen/Frotscher KStG § 15 Rn. 24b; DPM/Dötsch/Krämer/Pung KStG § 15 Rn. 18e; Gosch KStG/Neumann KStG § 15 Rn. 15 schließt aus dem fehlenden Verweis auf § 3a Abs. 3 S. 1 EStG dagegen, dass der Gesetzgeber davon ausgehe, dass bei dem Organträger nicht abziehbare Beträge iSd § 3c Abs. 4 EStG nicht entstehen können.
156 Frotscher/Drüen/Frotscher KStG § 15 Rn. 24b.
157 Brandis/Heuermann/Rode KStG § 15 Rn. 15.
158 Frotscher/Drüen/Frotscher KStG § 15 Rn. 24b.
159 Frotscher/Drüen/Frotscher KStG § 15 Rn. 24b; vgl. DPM/Dötsch/Krämer/Pung KStG § 15 Rn. 18k; aA Bott/Walter/Walter KStG § 15 Rn. 17, wonach der verbleibende Sanierungsertrag der Organgesellschaft den eigenen Sanierungsertrag des Organträgers mindert.
160 Frotscher/Drüen/Frotscher KStG § 15 Rn. 24d; DPM/Dötsch/Krämer/Pung KStG § 15 Rn. 18n.
161 DPM/Dötsch/Krämer/Pung KStG § 15 Rn. 18p; Frotscher/Drüen/Frotscher KStG § 15 Rn. 24d.
162 Gosch KStG/Neumann KStG § 15 Rn. 15a.
163 Frotscher/Drüen/Frotscher KStG § 15 Rn. 24e; Brandis/Heuermann/Rode KStG § 15 Rn. 16.

träger zugerechnet wurden und somit im Rahmen der Sanierungsverrechnung bei der ehemaligen Organgesellschaft nicht mehr verrechnet werden können.[164] Nach dem oben Gesagten ist dann ein Sanierungsertrag zunächst auf der Ebene der ehemaligen Organgesellschaft mit dortigen Verlusten zu verrechnen.[165] Sofern hierbei ein Sanierungsertrag übrig bleibt, mindert dieser dann bestehende Verluste des ehemaligen Organträgers.[166] Unklar ist hierbei, ob auch in diesen Fällen der verbleibende Sanierungsertrag nach § 14 Abs. 5 KStG gesondert festzustellen ist.[167]

**1939** § 15 S. 1 Nr. 1a S. 3 KStG wird als zu weitgehend angesehen, weil eine Verrechnung nicht betragsmäßig auf übertragene Verluste der sanierten ehemaligen Organgesellschaft begrenzt ist und weil die Verrechnung nicht auf solche Verluste des ehemaligen Organträgers begrenzt ist, die während der Organschaft entstanden sind.[168] Zudem ist § 15 S. 1 Nr. 1a S. 3 KStG sogar dann anwendbar, wenn die Sanierungsbedürftigkeit der ehemaligen Organgesellschaft erst nach Beendigung der Organschaft eintritt.[169] Daher wird eine teleologische Reduktion der Norm gefordert, nach der nur Verlustvorträge, Zins- und EBITDA-Vorträge untergehen, die in einem wirtschaftlichen Zusammenhang zur ursprünglichen Organschaft mit der sanierten ehemaligen Organgesellschaft stehen.[170]

**1940** Somit besteht eine einseitige Gefahr für einen ehemaligen Organträger, sein nach Beendigung der Organschaft entstandenes Verlustausgleichsvolumen aufgrund einer Sanierung der ehemaligen Organgesellschaft zu verlieren, auf die er selbst keinen Einfluss hat.[171] Dieser Gefahr kann im Rahmen eines Unternehmenskaufes mit einer Freistellungsklausel begegnet werden.[172]

**1941** Umstritten ist, wie bei einer Organschaftskette zu verfahren ist. Möglich erscheint eine Anwendung des § 15 S. 1 Nr. 1a S. 1 KStG nur auf Ebene des unmittelbaren Organträgers oder erst auf Ebene des obersten Organträgers.[173]

### 3. Sanierungskosten der Organgesellschaft in Folgejahren

**1942** Nach dem Sanierungsjahr entstehende Betriebsvermögensminderungen oder Betriebsausgaben, die in unmittelbarem wirtschaftlichem Zusammenhang zu der Sanierung stehen, sind nach § 3c Abs. 4 S. 4 EStG in dem Maße nicht vom Einkommen der sanierten Organgesellschaft abziehbar, in dem noch ein „verbleibender (verminderter) Sanierungsertrag" iSd § 3a Abs. 4 S. 4 EStG vorhanden ist. Der hierfür maßgebliche „verbleibende (verminderte) Sanierungsertrag" bestimmt sich im Rahmen einer Organschaft gem. § 15 S. 1 Nr. 1 S. 3 KStG nach dem sich nach Anwendung des § 15 S. 1 Nr. 1a KStG ergebenden verminderten Sanierungsertrag.[174] Das Abzugsverbot besteht also in der Höhe des Sanierungs-

[164] Frotscher/Drüen/Frotscher KStG § 15 Rn. 24e; DPM/Dötsch/Krämer/Pung KStG § 15 Rn. 18q, der auch Anwendungsfälle nennt.
[165] DPM/Dötsch/Krämer/Pung KStG § 15 Rn. 18r.
[166] DPM/Dötsch/Krämer/Pung KStG § 15 Rn. 18r.
[167] BeckOK KStG/Pohl KStG § 15 Rn. 230; Dafür: BT-Drs. 18/12128, 34 f.; HHR/Kruschke KStG § 15 Rn. J 17-9 (Jahreskommentierung 2018); Dagegen: DPM/Dötsch/Krämer/Pung KStG § 15 Rn. 18r; Pohl GmbH-StB 2019, 135 (138).
[168] Frotscher/Drüen/Frotscher KStG § 15 Rn. 24e Hasbach/Oesterwinter/Fahje DB 2020, 1249 (1254); kritisch auch Sistermann/Beutel DStR 2017, 1065 (1069), die auf Bedenken hinsichtlich des objektiven Nettoprinzips abstellen; Gosch KStG/Neumann KStG § 15 Rn. 15b; Suchanek/Schaaf/Hannweber WPg 2017, 909 (916); Desens FR 2017, 981 (991 f.); Pohl GmbH-StB 2019, 135 (137 Fn. 33).
[169] DPM/Dötsch/Krämer/Pung KStG § 15 Rn. 18s; Frotscher/Drüen/Frotscher KStG § 15 Rn. 24e.
[170] Aufgrund eines Verstoßes gegen das Folgerichtigkeitsgebot Gosch KStG/Neumann KStG § 15 Rn. 15b; Brandis/Heuermann/Rode KStG § 15 Rn. 16 spricht insofern von einer „Nachhaft" des Organträgers, die die zulässigen Grenzen der Typisierung überschreitet.
[171] DPM/Dötsch/Krämer/Pung KStG § 15 Rn. 18s; Frotscher/Drüen/Frotscher KStG § 15 Rn. 24e.
[172] Brandis/Heuermann/Rode KStG § 15 Rn. 16; DPM/Dötsch/Krämer/Pung KStG § 15 Rn. 18s.
[173] BeckOK KStG/Pohl KStG § 15 Rn. 217.1; für eine Anwendung auf Ebene des obersten Organträgers: Frotscher/Drüen/Frotscher KStG § 15 Rn. 24b; für eine Anwendung nur auf Ebene des unmittelbaren Organträgers Hasbach/Oesterwinter/Fahje DB 2020, 1249 (1253), die überzeugenderweise auf den Wortlaut und die Systematik des § 15 S. 1 Nr. 1a S. 1 abstellen; so auch Pohl GmbH-StB 2019, 135 (137 f.).
[174] Vgl. DPM/Dötsch/Krämer/Pung KStG § 15 Rn. 18i.

ertrags, der nach Verrechnung auf Ebene der Organgesellschaft und auf Ebene des Organträgers noch übriggeblieben ist.

## 4. Übersicht

| | | |
|---|---|---|
| **I. Ebene der Organgesellschaft** | | 1943 |
| | Ermittlung des steuerfreien Sanierungsertrags iSd § 3a Abs. 1 S. 1 EStG (Steuerliche Wahlrechte sind nach § 3a Abs. 1 S. 2 EStG gewinnmindernd auszuüben) | |
| ./. | Nicht abziehbare Beträge iSd § 3c Abs. 4 EStG (§ 3a Abs. 3 S. 1 EStG) | |
| ./. | Verlustminderungspotenziale der Organgesellschaft in der Reihenfolge des § 3a Abs. 3 S. 2 EStG | |
| ./. | Verlustminderungspotenziale der der Organgesellschaft nahestehenden Personen, sofern die Tatbestandsvoraussetzungen des § 3a Abs. 3 S. 3 EStG gegeben sind | |
| = | Verbleibender Sanierungsertrag (§ 3a Abs. 3 S. 4 EStG) | |
| **II. Ebene des Organträgers** | | |
| | Von der Organgesellschaft zugerechneter verbleibender Sanierungsertrag (Steuerliche Wahlrechte sind **nicht** nach § 3a Abs. 1 S. 2 EStG gewinnmindernd auszuüben.) | |
| ./. | Verlustminderungspotenziale des Organträgers in der Reihenfolge des § 3a Abs. 3 S. 2 EStG (Sofern die Organschaft im Zeitpunkt der Sanierung schon beendet war, kann das Verlustminderungspotenzial des Organträgers dennoch unter den Voraussetzungen des § 15 S. 1 Nr. 1a S. 3 KStG mit einem Sanierungsertrag der ehemaligen Organgesellschaft verrechnet werden) | |
| ./. | Verlustminderungspotenziale der dem Organträger nahestehenden Personen, sofern die Tatbestandsvoraussetzungen des § 3a Abs. 3 S. 3 EStG gegeben sind | |
| = | „verbleibender verminderter Sanierungsertrag" (§ 15 S. 1 Nr. 1 S. 3 KStG)(Dieser ist für das Abzugsverbot für spätere Sanierungskosten nach § 3c Abs. 4 S. 4 EStG maßgeblich) | |

*(einstweilen frei)* 1944–1954

## III. Erfassung von Dividenden und Veräußerungsgewinnen nach der Bruttomethode

§ 15 S. 1 Nr. 2 KStG regelt die sog. Bruttomethode. Der Begriff Bruttomethode ergibt 1955
sich daher, dass das Einkommen der Organgesellschaft dem Organträger ohne Beachtung etwaiger Steuerbefreiungen oder Abzugsverbote („brutto") zugerechnet wird.[175] Mit dieser Methode soll verhindert werden, dass über die Einkommenszurechnungen Steuerbefreiungen der Organgesellschaft – die zwingend eine Kapitalgesellschaft ist – an den Organträger – der auch eine natürliche Person oder Personengesellschaft sein kann – weitergegeben werden.[176] Es droht sonst die Gefahr, dass über die Begründung einer Organschaft rechtsformspezifische Vergünstigungen unabhängig von der Rechtsform des Organträgers an diesen weitergegeben werden und so die steuerliche Systematik der rechtsformabhängigen Steuerbefreiungen unterlaufen wird.[177] Rechtsformunabhängige Steuer-

[175] BMF 26.8.2003, BStBl. I 2003, 437, BeckVerw 045813 Rn. 22; Gosch KStG/Neumann KStG § 15 Rn. 17; Schnitger/Fehrenbacher/Dallwitz KStG § 15 Rn. 78; im Rahmen der Gewerbesteuer gilt dagegen nach § 7a GewStG die Nettomethode, BeckOK KStG/Pohl KStG § 15 Rn. 236.

[176] Schnitger/Fehrenbacher/Dallwitz KStG § 15 Rn. 79; Frotscher/Drüen/Frotscher KStG § 15 Rn. 27.

[177] BFH 12.3.2014 – I R 55/13, BStBl. II 2015, 658; Schnitger/Fehrenbacher/Dallwitz KStG § 15 Rn. 79; BeckOK KStG/Pohl KStG § 15 Rn. 235; Frotscher/Drüen/Frotscher KStG § 15 Rn. 26; Gosch KStG/Neumann KStG § 15 Rn. 18 ff.; DPM/Dötsch/Krämer/Pung KStG § 15 Rn. 20; HHR/Herlinghaus KStG § 15 Rn. 7; weitere Vorteile dieser Methode sind nach Frotscher/Drüen/Frotscher KStG § 15 Rn. 51, dass bei der Einkommensermittlung der Organgesellschaft die Rechtsform des Organträgers nicht berücksichtigt werden muss. Dies erfolgt erst auf Ebene des Organträger (einschließlich zB bei einer Organträger-Personengesellschaft die Berücksichtigung der Merkmale – wie zB die Rechtsform – der Mitunternehmer.

freistellungen[178] oder Abzugsverbote[179] sind dagegen schon auf der Ebene der Organgesellschaft zu berücksichtigen.[180] Die Norm findet nur Anwendung auf die Ermittlung des Einkommens der Organgesellschaft; auf die eigenen Einnahmen und Aufwendungen des Organträgers findet sie keine Anwendung.[181]

### 1. Ausschluss von § 8b Abs. 1–6 KStG

1956 Nach § 15 S. 1 Nr. 2 S. 1 KStG sind § 8b Abs. 1–6 KStG bei der Organgesellschaft nicht anzuwenden.[182] Es geht also insbesondere um die besonderen Steuerbefreiungen für Einkünfte aus einer Beteiligung an einer Körperschaft, also insbesondere Dividenden und Veräußerungsgewinne, einschließlich der dortigen speziellen Regelungen zur Berücksichtigung bestimmter Aufwendungen. Somit ist das Einkommen der Organgesellschaft nicht um die dort genannten Steuerbefreiungen zu kürzen.[183] Betriebsausgaben der Organgesellschaft sind vollumfänglich abzugsfähig, § 3c Abs. 1 EStG ist nicht anwendbar.[184] Nicht ausgeschlossen sind § 8b Abs. 7–11 KStG.[185] Diese Vorschriften sind somit weiterhin bei der Einkommensermittlung der Organgesellschaft anzuwenden.[186] Auf weitere rechtsformabhängige Steuerfreistellungen ist § 15 S. 1 Nr. 2 S. 1 KStG nicht analog anzuwenden.[187]

1957 Die Anwendung der Bruttomethode hat indirekt auch Auswirkungen auf den Spendenabzug nach § 9 Abs. 1 Nr. 2 KStG[188], weil der Spendenhöchstbetrag der Organgesellschaft von der Höhe des Einkommens der Organgesellschaft abhängt, bei dessen Ermittlung nach der Bruttomethode die Steuerbefreiungen und Abzugsverbote nicht anzuwenden sind und wofür es auch keine Korrekturvorschriften gibt.[189]

### 2. Anwendung von Freistellungs- und Teileinkünfteverfahren auf Ebene des Organträgers

1958 Die nach § 15 S. 1 Nr. 2 S. 1 KStG ausgeschlossenen Normen sind nach § 15 S. 1 Nr. 2 S. 2 KStG auf Ebene des Organträgers im Rahmen des ihm zugerechneten Einkommens der Organgesellschaft anzuwenden, sofern in dem zugerechneten Einkommen Bezüge, Gewinne oder Gewinnminderungen iSd § 8b Abs. 1–3 KStG enthalten sind.[190] Sofern diese Einkommensbestandteile durch andere Normen aus dem Organeinkommen gekürzt wurden, ist § 15 S. 1 Nr. 2 S. 2 KStG nicht mehr anwendbar.[191]

1959 Dies bezieht sich allerdings ausschließlich auf das zugerechnete Einkommen und nicht auf eigenes Einkommen des Organträgers.[192] Die Korrektur erfolgt außerbilanziell.[193]

178 Wie nach DBA steuerfreie Gewinne aus einer ausländischen Betriebsstätte der Organgesellschaft, DPM/Dötsch/Krämer/Pung KStG § 15 Rn. 20.

179 Wie solche nach § 4 Abs. 5 EStG, Frotscher/Drüen/Frotscher KStG § 15 Rn. 49.

180 Frotscher/Drüen/Frotscher KStG § 15 Rn. 29, 49.

181 Vgl. Gosch KStG/Neumann KStG § 15 Rn. 24a.

182 Gleiches gilt für die § 4 Abs. 6 und § 12 Abs. 2 S. 1 UmwStG, zur Umwandlung in der Organschaft → Rn. 4101 ff.

183 Frotscher/Drüen/Frotscher KStG § 15 Rn. 35, der auch auf die einzelnen ausgeschlossenen Tatbestände des § 8b KStG eingeht.

184 Frotscher/Drüen/Frotscher KStG § 15 Rn. 35, 38; Schnitger/Fehrenbacher/Dallwitz KStG § 15 Rn. 89, 101.

185 Siehe zu den einzelnen nichtausgeschlossenen Normen überblicksartig Schnitger/Fehrenbacher/Dallwitz KStG § 15 Rn. 86–89.

186 Schnitger/Fehrenbacher/Dallwitz KStG § 15 Rn. 86 ff.

187 Frotscher/Drüen/Frotscher KStG § 15 Rn. 30, der aufgrund der Aufzählung von einem abschließenden Charakter der Norm ausgeht.

188 Zum Spendenabzug → Rn. 2081 ff.

189 Gosch KStG/Neumann KStG § 15 Rn. 24a; Frotscher/Drüen/Frotscher KStG § 15 Rn. 55.; Schnitger/Fehrenbacher/Dallwitz KStG § 15 Rn. 94; DPM/Dötsch/Krämer/Pung KStG § 15 Rn. 21.

190 Schnitger/Fehrenbacher/Dallwitz KStG § 15 Rn. 106; Frotscher/Drüen/Frotscher KStG § 15 Rn. 39.

191 DPM/Dötsch/Krämer/Pung KStG § 15 Rn. 24a; RHN/Rödder/Liekenbrock KStG § 15 Rn. 65.

192 Schnitger/Fehrenbacher/Dallwitz KStG § 15 Rn. 108.

193 Gosch KStG/Neumann KStG § 15 Rn. 17; BeckOK KStG/Pohl KStG § 15 Rn. 240; Brandis/Heuermann/Rode KStG § 15 Rn. 21.

Sofern der Organträger eine Körperschaft ist, greifen für das zugerechnete Einkommen die Steuerbefreiungen und Abzugsverbote des § 8b KStG.[194] **1960**

Ist der Organträger dagegen eine Personengesellschaft, ist bei ihm gesellschafterbezogen zu prüfen, ob § 8b Abs. 1, 4 KStG oder § 3 Nr. 40 EStG anzuwenden ist.[195] Der einzelne Mitunternehmer des Organträgers gilt als anteiliger Organträger der Organgesellschaft.[196] **1961**

Für eine natürliche Person als Organträger und für natürliche Personen als Mitunternehmer einer Organträger-Personengesellschaft ist das Teileinkünfteverfahren anzuwenden.[197] Somit ist der Betriebsausgabenabzug nach § 3c Abs. 2 EStG eingeschränkt, auch wenn im zugerechneten Einkommen keine Verluste nach § 3c Abs. 2 EStG enthalten sind, weil die Organgesellschaft selbst nicht unter § 3c Abs. 2 fällt.[198] **1962**

Für einen beschränkt steuerpflichtigen Organträger mit einer inländischen Betriebsstätte erfolgt die Einkommenszurechnung von der Organgesellschaft an die Betriebsstätte.[199] Ob dabei die Steuerbefreiungen und Abzugsbeschränkungen nach § 8b KStG oder nach §§ 3 Nr. 40, 3c Abs. 2 EStG erfolgt, bestimmt sich nach der Rechtsform des Organträgers unter Anwendung des Rechtstypenvergleichs.[200] **1963**

Zusammenfassend erfolgt die Einkommensermittlung des Organträgers somit wie folgt: Das eigene Einkommen des Organträgers ist mit dem nach der Bruttomethode zugerechneten und nach Anwendung der Steuerbefreiungen und Abzugsverbote auf Ebene des Organträgers verbleibenden Einkommen der Organgesellschaft zusammenzurechnen.[201] **1964**

### 3. Ausnahmen von der Bruttomethode

Nach § 15 S. 1 Nr. 2 S. 3 KStG gilt § 15 S. 1 Nr. 2 S. 2 KStG nicht, wenn bei der Organgesellschaft § 8b Abs. 7, 8 oder 10 KStG anzuwenden ist. Dann ist schon auf Ebene der Organgesellschaft über die Anwendung der jeweiligen steuerlichen Regelungen zu entscheiden, die die Steuerbefreiungen des § 8b Abs. 1, 2 KStG ausschließen.[202] Die Anwendung der Nettomethode bei der Organgesellschaft beruht darauf, dass in Fällen des § 8b Abs. 7, 8 oder 10 KStG § 8b Abs. 1–3 KStG aufgrund bestimmter Tätigkeiten oder Qualifikationen der Organgesellschaft nicht anzuwenden sind; der Ausschluss ist somit rechtsformunabhängig, es kommt damit auch nicht auf die Rechtsform des Organträgers an.[203] Entgegen der Auffassung des Finanzausschusses ist die Norm nicht nur redaktioneller Art.[204] **1965**

Unklar ist allerdings, was gilt, wenn die Organgesellschaft als Körperschaft selbst nicht unter § 8b Abs. 7, 8 KStG fällt, sodass für sie eigentlich die Steuerbefreiung der § 8b Abs. 1, 2 KStG eingreifen würde, aber gleichzeitig der Organträger unter § 8b Abs. 7, 8 KStG fällt (also zB Lebens- oder Krankenversicherungsunternehmen ist).[205] Der Wortlaut **1966**

---

194 BMF 26.8.2003, BStBl. I 2003, 437, BeckVerw 045813 Rn. 25; Gosch KStG/Neumann KStG § 15 Rn. 17; Siehe überblicksartig zu den Voraussetzungen und Rechtsfolgen des § 8b KStG Frotscher/Drüen/Frotscher KStG § 15 Rn. 39.

195 BMF 26.8.2003, BStBl. I 2003, 437, BeckVerw 045813 Rn. 27; Gosch KStG/Neumann KStG § 15 Rn. 17; Frotscher/Drüen/Frotscher KStG § 15 Rn. 40; Schnitger/Fehrenbacher/Dallwitz KStG § 15 Rn. 112.

196 Frotscher/Drüen/Frotscher KStG § 15 Rn. 40; zur Berechnung der Mindestbeteiligungsquote des § 8b Abs. 4 KStG → Rn. 1968 f.

197 BMF 26.8.2003, BStBl. I 2003, 437, BeckVerw 045813 Rn. 26; Gosch KStG/Neumann KStG § 15 Rn. 17; Frotscher/Drüen/Frotscher KStG § 15 Rn. 43; Schnitger/Fehrenbacher/Dallwitz KStG § 15 Rn. 111.

198 Frotscher/Drüen/Frotscher KStG § 15 Rn. 43, mit Verweis darauf, dass der § 15 S. 1 Nr. 2 S. 2 KStG „Ausgaben iSd § 3c Abs. 2" verlangt; DPM/Dötsch/Krämer/Pung KStG § 15 Rn. 29; kritisch dazu Heurung/Werheim/Adrian BB 2004, 465.

199 Frotscher/Drüen/Frotscher KStG § 15 Rn. 48.

200 Frotscher/Drüen/Frotscher KStG § 15 Rn. 48.

201 DPM/Dötsch/Krämer/Pung KStG § 15 Rn. 24; Frotscher/Drüen/Frotscher KStG § 15 Rn. 50.

202 Frotscher/Drüen/Frotscher KStG § 15 Rn. 74; Schnitger/Fehrenbacher/Dallwitz KStG § 15 Rn. 120.

203 Frotscher/Drüen/Frotscher KStG § 15 Rn. 74, 75, die Tatbestandsvoraussetzungen der Abs. 7, 8, 10 werden übersichtlich in den Rn. 80 ff. dargestellt.

204 Frotscher/Drüen/Frotscher § 15 Rn. 77 ff.; DPM/Dötsch/Krämer/Pung KStG § 15 Rn. 39.

205 Schnitger/Fehrenbacher/Dallwitz KStG § 15 Rn. 122; Brandis/Heuermann/Rode KStG § 15 Rn. 27.

des § 15 S. 1 Nr. 2 S. 2 KStG verweist für den Organträger auf die Anwendbarkeit des gesamten § 8b KStG und somit auch auf § 8b Abs. 7, 8 KStG, was dafür sprechen würde, die Steuerbefreiung des § 8b Abs. 1, 2 KStG in einem solchen Fall zu versagen.[206] Andererseits könnte man auch annehmen, dass die Verwirklichung der § 8b Abs. 7 oder 8 KStG beim Organträger keine Auswirkung auf die Steuerfreiheit der Ausschüttungen hat, weil man aus § 15 S. 1 Nr. 2 S. 1 KStG entnehmen könnte, dass nur die Anwendung der § 8b Abs. 1–6 KStG auf Ebene des Organträgers erfolgen sollte.[207] Zudem wird argumentiert, dass im Rahmen des § 15 S. 1 Nr. 2 S. 3 KStG nicht begünstigte Einnahmen der Organgesellschaft nicht im Wege der Organschaft bei dem Organträger zu begünstigten Einnahmen werden können. Dies sollte dann aber auch spiegelbildlich gelten, sodass begünstigte Einnahmen bei der Organgesellschaft nicht aufgrund der Organschaft zu nicht begünstigten Einnahmen werden sollen.[208] Der Wortlaut des § 15 S. 1 Nr. 2 S. 2 KStG, der die Anwendung des gesamten § 8b KStG auf Ebene des Organträgers vorschreibt, ist aber eindeutig, weshalb uE in einem solchen Fall keine Steuerfreiheit der Einnahmen zu gewähren ist. Typischerweise wird der Organträger bezüglich des ihm zugerechneten Einkommens den gesamten Tatbestand des § 8b Abs. 7 oder 8 KStG (einschließlich der Voraussetzung, in welcher Sphäre – Handelsbestand, Kapitalanlagen – die Anteile an der Organgesellschaft gehalten werden) aber gar nicht erfüllen.[209]

**1967** Wenn bei einer Wertpapierleihe bei der Organgesellschaft § 8b Abs. 10 KStG anzuwenden ist, würde der Ausschluss des § 8b Abs. 1, 2 KStG für den Organträger zu einer Doppelbesteuerung führen und damit den Entleiher in einer Organschaft schlechter stellen als einen Entleiher ohne eine Organschaft.[210] Diese unsachgemäße Schlechterstellung soll im Wege einer einschränkenden Auslegung der Norm korrigiert werden.[211]

#### 4. Behandlung von Streubesitzanteilen

**1968** Im Rahmen der Bruttomethode ist die Anwendbarkeit der Steuerfreistellungen und Abzugsverbote auf Ebene des Organträgers zu prüfen. Für das Erreichen der 10 %-Beteiligungsgrenze des § 8b Abs. 4 KStG legt § 15 S. 1 Nr. 2 S. 4 KStG dabei fest, dass die Beteiligungen der Organgesellschaft und des Organträgers jeweils getrennt zu betrachten sind, also nicht zusammengerechnet werden.[212] Das bedeutet, dass für die Frage der Erfüllung der Beteiligungsgrenze gesondert auf die jeweils gehaltenen Beteiligungen abzustellen ist.[213] Dies entspricht auch dem Prinzip, dass die Gesellschaften des Organkreises eigenständige Steuersubjekte sind und keine echte Konsolidierung erfolgt.[214] Der Organträger muss somit für die Inanspruchnahme der Steuerbefreiung aus einer von ihm auch unmittelbar gehaltenen Beteiligung selbst unmittelbar zu mindestens 10 % an der ausschüttenden Gesellschaft beteiligt sein. Die Steuerfreistellung gilt dann auch nur für die Ausschüttung aus diesen unmittelbar gehaltenen Beteiligungen; für die von Organgesellschaft gehaltenen Anteile ist separat zu prüfen. Sofern der Organträger zu weniger als 100 % an

---

[206] Schnitger/Fehrenbacher/Dallwitz KStG § 15 Rn. 122; so wohl auch Gosch KStG/Neumann KStG § 15 Rn. 24b.

[207] Schnitger/Fehrenbacher/Dallwitz KStG § 15 Rn. 122; vgl. zum Für und Wider auch DPM/Dötsch/Krämer/Pung KStG § 15 Rn. 41.

[208] Schnitger/Fehrenbacher/Dallwitz KStG § 15 Rn. 122.

[209] DPM/Dötsch/Krämer/Pung KStG § 15 Rn. 41; BeckOK KStG/Pohl KStG § 15 Rn. 254.3 mwN; Brandis/Heuermann/Rode KStG § 15 Rn. 27; Schnitger/Fehrenbacher/Dallwitz KStG § 15 Rn. 123 f.; Gosch KStG/Neumann KStG § 15 Rn. 24b.

[210] Brandis/Heuermann/Rode KStG § 15 Rn. 28; vgl. auch DPM/Dötsch/Krämer/Pung KStG § 15 Rn. 48.

[211] Brandis/Heuermann/Rode KStG § 15 Rn. 28; Heurung/Seidel BB 2009, 472 (475); RHN/Rödder/Liekenbrock KStG § 15 Rn. 82 f.; Schnitger/Bildstein FR 2012, 117 (120); DPM/Dötsch/Krämer/Pung KStG § 15 Rn. 48.

[212] Frotscher/Drüen/Frotscher KStG § 15 Rn. 97; Schnitger/Fehrenbacher/Dallwitz KStG § 15 Rn. 127.

[213] Brandis/Heuermann/Rode KStG § 15 Rn. 23; Gosch KStG/Neumann KStG § 15 Rn. 24c; Frotscher/Drüen/Frotscher KStG § 15 Rn. 97.

[214] Ausführlich dazu → Rn. 1815 ff.; Schnitger/Fehrenbacher/Dallwitz KStG § 15 Rn. 127.

der Organgesellschaft beteiligt ist, ist umstritten, ob die Beteiligung auf den Organträger durchgerechnet mindestens 10 % betragen muss oder ob es allein darauf ankommt, ob die Organgesellschaft zu mindestens 10 % an der ausschüttenden Gesellschaft beteiligt ist.[215] Letztlich muss es uE auch hier bei der getrennten Betrachtung der einzelnen Gesellschaften des Organkreises bleiben; eine Durchrechnung ist daher nicht anzuwenden. Erreicht die Organgesellschaft die notwendige Schwelle selbst nicht, sind eigene Anteile des Organträgers an der ausschüttenden Gesellschaft oder mittelbar über andere Organgesellschaften zugerechnete Anteile wiederum nicht zu beachten.[216] § 8b Abs. 1, 4 KStG sind dabei nur einschlägig, wenn der Organträger eine Körperschaft ist.[217]

Würde man (entgegen der auch von uns für zutreffend gehaltenen Auffassung) eine Durchrechnung bejahen und nicht nur auf die Organgesellschaft abstellen, ergäbe sich bei Organträger-Personengesellschaften das Folgeproblem, ob die Beteiligungsquote von 10 % bei Durchrechnung sogar Mitunternehmer-individuell zu prüfen ist oder ob es reicht, wenn die Organgesellschaft mindestens 10 % der Beteiligungen an der ausschüttenden Gesellschaft hält. Angesichts dessen, dass für die Anwendung des § 8b KStG jeder Gesellschafter der Personengesellschaft anteilig als unmittelbar an der Organgesellschaft beteiligt gilt, wäre eine Mitunternehmer-individuelle Prüfung wohl naheliegend.[218] UE stellt sich die Frage aber bereits nicht, weil die Durchrechnung abzulehnen ist. Hält die Organträger-Personengesellschaft wiederum unmittelbar Anteile an der ausschüttenden Gesellschaft, ist eine Zusammenrechnung mit von der Organgesellschaft gehaltenen Anteilen ist aufgrund der im Organkreis gebotenen Einzelbetrachtung (vgl. oben → Rn. 2 f.) wiederum nicht möglich.[219] Die Steuerbefreiung für solche von dem Gesellschafter des Organträgers unmittelbar gehaltenen Anteile hängt dementsprechend wiederum davon ab, ob die unmittelbar gehaltenen Beteiligungen an der ausschüttenden Gesellschaft mindestens 10 % betragen. **1969**

## 5. Mehrstufige Beteiligungen

Sofern die Organgesellschaft selbst an einer Personengesellschaft mit Einkünften aus einer Beteiligung an einer Kapitalgesellschaft beteiligt ist, ist die Bruttomethode nach § 15 S. 1 Nr. 2 S. 1 KStG iVm § 8b Abs. 6 S. 1 KStG sowohl auf Ebene der Personengesellschaft als auch auf Ebene der Organgesellschaft anzuwenden.[220] Für Fälle des § 15a EStG wird dagegen schon auf Ebene der Personengesellschaft deren Einkommen um steuerfreie Beträge gemindert (Nettomethode auf Ebene der Personengesellschaft).[221] **1970**

Im Rahmen einer Organschaftskette ist die Bruttomethode auf jeder Ebene der Organschaftskette durchzuführen, weil der jeweilige Organträger auch Organgesellschaft ist.[222] **1971**

[215] Für eine Durchrechnung: Frotscher/Drüen/Frotscher KStG § 15 Rn. 40, 98. Für ein Abstellen nur auf die Organgesellschaft: Zinowsky/Jochimsen DStR 2016, 285 (288); Prokofiew Ubg 2021, 703 (705); RHN/Rödder/Liekenbrock KStG § 15 Rn. 85; Gosch KStG/Neumann KStG § 15 Rn. 24c; so auch Brandis/Heuermann/Rode KStG § 15 Rn. 25, Bott/Walter/Walter KStG § 15 Rn. 49; dies ist uE auch überzeugend, weil sonst aufgrund der Organschaft die der Organgesellschaft selbst grundsätzlich zustehende Steuerbefreiung möglicherweise nicht gewährt werden würde, wenn der Organträger nicht zu 100 % an der Organgesellschaft beteiligt ist. Erst recht problematisch wäre das, wenn bei dieser Durchrechnung bei einer Organträger-Personengesellschaft auf die Mitunternehmer abgestellt werden soll; dazu sogleich → Rn. 1969.

[216] Frotscher/Drüen/Frotscher KStG § 15 Rn. 97 f.; DPM/Dötsch/Krämer/Pung KStG § 15 Rn. 50.

[217] DPM/Dötsch/Krämer/Pung KStG § 15 Rn. 50, sonst ist das Teileinkünfteverfahren anzuwenden.

[218] So Frotscher/Drüen/Frotscher KStG § 15 Rn. 99; dazu auch ein Beispiel in Zinowsky/Jochimsen DStR 2016, 285 (288).

[219] Frotscher/Drüen/Frotscher KStG § 15 Rn. 99.

[220] Gosch KStG/Neumann KStG § 15 Rn. 25; Schnitger/Fehrenbacher/Dallwitz KStG § 15 Rn. 156; DPM/Dötsch/Krämer/Pung KStG § 15 Rn. 35; Frotscher Ubg 2009, 426.

[221] Schnitger/Fehrenbacher/Dallwitz KStG § 15 Rn. 157; Frotscher/Drüen/Frotscher KStG § 15 Rn. 35; DPM/Dötsch/Krämer/Pung KStG § 15 Rn. 36.

[222] Frotscher/Drüen/Frotscher KStG § 15 Rn. 53; DPM/Dötsch/Krämer/Pung KStG § 15 Rn. 22, 34; Schnitger/Fehrenbacher/Dallwitz KStG § 15 Rn. 159; RHN/Rödder/Liekenbrock KStG § 15 Rn. 64; Schnitger/Fehrenbacher/Dallwitz KStG § 15 Rn. 159.

Die Steuerbefreiungen und Abzugsverbote werden somit allein auf Ebene des obersten Organträgers geprüft.[223]

### 6. Internationales Schachtelprivileg

1972 Nach § 15 S. 2 KStG ist die Bruttomethode des § 15 S. 1 Nr. 2 KStG entsprechend für Gewinnanteile[224] aus der Beteiligung an einer ausländischen Gesellschaft, die nach DBA steuerfrei sind, anzuwenden. Damit sind Schachteldividenden auf der Ebene der Organgesellschaft nicht steuerfrei, sondern Teil des Einkommens der Organgesellschaft und somit dem Organträger zuzurechnen.[225] Die Anwendung des DBA erfolgt dann auf Ebene des Organträgers und führt nur zu einer Steuerbefreiung, wenn der Organträger selbst abkommensberechtigt ist.[226]

1973–1980 *(einstweilen frei)*

## IV. Beteiligungen an einem Investmentfonds

1981 Mit dem JStG 2018 wurde die Bruttomethode ab dem Veranlagungszeitraum 2018 auch auf Erträge der Organgesellschaft als Beteiligte an einem Investmentfonds erweitert.[227] Mit der Reform des InvStG[228] wurde die Besteuerung für Erträge aus der Beteiligung an einem Investmentfonds vom bis dahin geltenden Transparenzprinzip auf ein Trennungsprinzip umgestellt, sodass die Besteuerung des Investmentfonds und dessen Anleger nunmehr getrennt erfolgt.[229]

1982 Um dabei eine Doppelbesteuerung von Erträgen auf Ebene des Investmentfonds und der Anleger zu verhindern, sieht § 20 InvStG verschiedene Teilfreistellungen vor, die von der Anlageform und der Art bzw. Rechtsform der Anleger abhängen, wobei für Kapitalgesellschaften idR eine höhere Steuerbefreiung vorgesehen ist.[230] § 21 S. 1 InvStG sieht korrespondierend dazu ein anteiliges Abzugsverbot für Aufwendungen vor, die mit den teilfreigestellten Erträgen in wirtschaftlichem Zusammenhang stehen.[231]

1983 Aufgrund der dargestellten privilegierten Behandlung der Investmenterträge für Kapitalgesellschaften bestand die Gefahr, dass eine Organschaft gezielt genutzt wird, um einer natürlichen Person (oder eine Personengesellschaft mit natürlichen Personen als Mitunternehmer) als Organträgerin eine höhere Steuerbefreiung zu vermitteln.[232] Aus diesem Grund ordnet § 15 S. 1 Nr. 2a S. 1, 2 KStG an, dass die entsprechenden Sonderregelungen des InvStG nicht auf Ebene der Organgesellschaft, sondern erst auf Ebene des Organträgers Anwendung finden (Bruttomethode).[233]

1984 Etwaige Investmenterträge sind hiernach auf Ebene der Organgesellschaft zunächst als voll steuerpflichtig zu behandeln. Die Teilfreistellungen sind sodann auf Ebene des Organträgers auf die im zugerechneten Einkommen enthaltenen Fondserträge – entsprechend seiner Rechtsform – anzuwenden, § 15 S. 1 Nr. 2a S. 2 KStG.[234]

---

223 Schnitger/Fehrenbacher/Dallwitz KStG § 15 Rn. 159; DPM/Dötsch/Krämer/Pung KStG § 15 Rn. 24.
224 Siehe zum Begriff der Gewinnanteile Schnitger/Fehrenbacher/Dallwitz KStG § 15 Rn. 140.
225 Frotscher/Drüen/Frotscher KStG § 15 Rn. 73.
226 Gosch KStG/Neumann KStG § 15 Rn. 30; Frotscher/Drüen/Frotscher KStG § 15 Rn. 73. Hierzu im Einzelnen → Rn. 3701 ff.
227 Gosch KStG/Neumann KStG § 15 Rn. 35b; RHN/Rödder/Liekenbrock KStG § 15 Rn. 105b.
228 Investmentsteuergesetz idF vom 19.7.2016.
229 Gosch KStG/Neumann KStG § 15 Rn. 35b.
230 Vgl. überblicksartig zu den verschiedenen Steuerfreistellungen: Gosch KStG/Neumann KStG § 15 Rn. 35c; DPM/Dötsch/Krämer/Pung KStG § 15 Rn. 66d; Frotscher/Drüen/Frotscher § 15 KStG Rn. 100c.
231 Brandis/Heuermann/Rode KStG § 15 Rn. 35a.
232 DPM/Dötsch/Krämer/Pung KStG § 15 Rn. 66a.
233 DPM/Dötsch/Krämer/Pung KStG § 15 Rn. 66a; Gosch KStG/Neumann KStG § 15 Rn. 35d; Brandis/Heuermann/Rode KStG § 15 Rn. 35a.
234 Bott/Walter/Walter KStG § 15 Rn. 54; Frotscher/Drüen/Frotscher § 15 KStG Rn. 100c.

Vermögensminderungen und Betriebsausgaben sind wie dargestellt nach § 21 S. 1 InvStG anteilig nicht abziehbar. Sofern die Steuerfreistellung des InvStG auf § 8b KStG verweist[235], sind die Vermögensminderungen und Betriebsausgaben nicht abziehbar. § 8b Abs. 5 KStG findet keine Anwendung.[236] **1985**

**1986** Dabei sind die dem Organträger zugerechneten Investmenterträge und Aufwendungen nach § 14 Abs. 5 KStG als „andere Besteuerungsgrundlagen" gesondert und einheitlich festzustellen und dem Organträger zuzurechnen.[237]

**1987** Im Rahmen einer Organschaftskette gilt die Nichtanwendung der entsprechenden Teilfreistellungen und Teilabzugsverbote für jede Organgesellschaft der Kette.[238] Wiederum sind diese Regelungen lediglich auf Ebene des obersten Organträgers anzuwenden.[239]

**1988** Nach der Klarstellung in § 15 S. 1 Nr. 2a S. 3 KStG gilt für Zwecke des Satzes 2 der Organträger zudem als Anleger iSd § 2 Abs. 10 InvStG.[240] Diese Fiktion ist erforderlich, um die Steuerfreistellung auf Ebene des Organträgers zu ermöglichen, weil die Organgesellschaft trotz der Organschaft Anleger iSd InvStG bleibt.[241] Als Anleger muss der Organträger nach § 20 Abs. 4 InvStG den Anlegernachweis erbringen.[242]

**1989** § 22 Abs. 1 S. 1 InvStG fingiert bei einer Änderung des Teilfreistellungssatzes eine Veräußerung des Investmentanteils. Eine solche fiktive Veräußerung könnte bei Begründung oder Beendigung einer Organschaft insbesondere dann entstehen, wenn der Organträger eine Personengesellschaft und die Organgesellschaft eine Kapitalgesellschaft ist.[243] Um den Eintritt der Fiktion einer Veräußerung eines Investmentanteils aufgrund der Begründung oder Beendigung der Organschaft zu verhindern, ordnet § 15 S. 1 Nr. 2a S. 4 KStG für diese – und nur für diese – beiden Fälle die Nichtanwendung des § 22 Abs. 1 InvStG an.[244] Für andere Fälle, die zu einer Änderung des Teilfreistellungssatzes führen, ist § 22 InvStG anwendbar und führt somit zur Fiktion einer Investmentanteilsveräußerung, deren Gewinn dem Organträger zugerechnet wird.[245]

**1990** Von der Bruttomethode sind nach § 15 S. 1 Nr. 2a S. 5 KStG iVm § 20 Abs. 1 S. 4 InvStG und § 30 Abs. 3 InvStG Lebens- und Krankenversicherungsunternehmen mit Investmentanteilen als Kapitalanlagen und Kredit- und Finanzdienstleistungsinstitute, die die Investmentanteile in ihrem Handelsbestand halten, ausgeschlossen.[246] Diese Regelung entspricht der Regelung in § 15 S. 1 Nr. 2 S. 3 KStG (vgl. → Rn. 1965 ff.) und soll der besonderen Besteuerung dieser Unternehmen gerecht werden.[247] Die §§ 20–22 InvStG finden hiernach auf Ebene der Organgesellschaft Anwendung, wobei in diesen Fällen nach § 20 Abs. 1 S. 4 KStG und nach § 30 Abs. 3 KStG keine Freistellung der Einkommen aus den Fonds vorgesehen ist.[248]

---

[235] ZB in §§ 30 Abs. 2, 42 Abs. 2 S. 1, 49 Abs. 1 InvStG.
[236] Frotscher/Drüen/Frotscher § 15 KStG Rn. 100d.
[237] DPM/Dötsch/Krämer/Pung KStG § 15 Rn. 66b; Bott/Walter/Walter KStG § 15 Rn. 54; BeckOK KStG/Pohl KStG § 15 Rn. 300.
[238] DPM/Dötsch/Krämer/Pung KStG § 15 Rn. 66b; Frotscher/Drüen/Frotscher § 15 KStG Rn. 100d.
[239] Frotscher/Drüen/Frotscher § 15 KStG Rn. 100d.
[240] Gosch KStG/Neumann KStG § 15 Rn. 35d.
[241] DPM/Dötsch/Krämer/Pung KStG § 15 Rn. 66c; Frotscher/Drüen/Frotscher § 15 KStG Rn. 100e.
[242] DPM/Dötsch/Krämer/Pung KStG § 15 Rn. 66c; Frotscher/Drüen/Frotscher § 15 KStG Rn. 100e; BeckOK KStG/Pohl KStG § 15 Rn. 301.
[243] Gosch KStG/Neumann KStG § 15 Rn. 35d.
[244] Gosch KStG/Neumann KStG § 15 Rn. 35d; BeckOK KStG/Pohl KStG § 15 Rn. 305; Brandis/Heuermann/Rode KStG § 15 Rn. 35b.
[245] DPM/Dötsch/Krämer/Pung KStG § 15 Rn. 66g, die die Änderung der Anlagebedingungen des Investmentfonds und die Nichterbringung des Anlegernachweises als mögliche Ursachen für eine Änderung des Teilfreistellungssatzes nennen; Frotscher/Drüen/Frotscher § 15 KStG Rn. 100f; Brandis/Heuermann/Rode KStG § 15 Rn. 35b.
[246] Gosch KStG/Neumann KStG § 15 Rn. 35d.
[247] Gosch KStG/Neumann KStG § 15 Rn. 35d.
[248] Frotscher/Drüen/Frotscher § 15 KStG Rn. 100g; DPM/Dötsch/Krämer/Pung KStG § 15 Rn. 66h.

**1991** § 30 Abs. 1 InvStG gestattet Spezial-Investmentfonds die unwiderrufliche Option zur transparenten Besteuerung unmittelbar bei den Anlegern.[249] Diesbezüglich bestimmt § 15 S. 1 Nr. 2a S. 6 KStG allerdings, dass für die Berechnung der Beteiligungsgrenzen des § 30 Abs. 2 Nr. 2 InvStG und damit für die Anwendbarkeit des § 8b KStG die Beteiligungen innerhalb des Organkreises nicht zusammengerechnet werden dürfen, sodass für die Steuerfreistellung auf Ebene des Organträgers jede Beteiligung eines Mitglieds der Organschaft an dem Spezial-Investmentfond einzeln zu berücksichtigen ist.[250]

**1992** Erträge aus ausländischen Investmentfonds, die nach DBA steuerbefreit wären, sind gem. § 15 S. 3 KStG nur dann steuerbefreit, wenn neben der Steuerbefreiung nach DBA auch die weiteren Anforderungen der § 16 Abs. 4 und § 43 Abs. 1 S. 3 InvStG erfüllt sind.[251] Nach § 15 S. 4 KStG gilt der Organträger für die Anwendung des § 15 S. 3 KStG ebenfalls als Anleger iSd § 2 Abs. 10 InvStG, sodass er nach § 16 Abs. 4 S. 3 InvStG insbesondere nachweisen muss, dass der (Spezial-)Investmentfonds einer Mindestertragsbesteuerung von 10 % unterliegt.[252]

**1993–2000** *(einstweilen frei)*

## V. Zinsschranke in der Organschaft

**2001** Nach § 15 S. 1 Nr. 3 KStG ist die Bruttomethode ebenfalls bei der Betriebsausgabenabzugsbeschränkung für Zinsaufwendungen (Zinsschranke) derart anzuwenden, dass die Zinsschranke des § 4h EStG nach § 15 S. 1 Nr. 3 S. 1 KStG bei der Organgesellschaft keine Anwendung findet. Dafür gilt nach § 15 S. 1 Nr. 3 S. 3 KStG, dass Zinsaufwendungen und Zinserträge iSd § 4h Abs. 3 EStG im zuzurechnenden Einkommen der Organgesellschaft beim Organträger iRd Anwendung des § 4h Abs. 1 EStG einzubeziehen sind. Zudem gelten nach § 15 S. 1 Nr. 3 S. 2 KStG die Organgesellschaft und der Organträger als ein Betrieb iSd § 4h EStG. Insofern findet eine gesamthafte Berechnung der Zinsschranke im Organkreis statt. Ausführlich zur Anwendung der Zinsschranke bei Organschaft → Rn. 4501 ff.

**2002–2010** *(einstweilen frei)*

## VI. Anwendung von § 8c KStG

**2011** § 8c KStG schränkt die Nutzung von in der Vergangenheit erwirtschafteten Verlusten bei Körperschaften im Falle eines schädlichen Beteiligungserwerbs ein. Ein solcher liegt grundsätzlich vor, wenn innerhalb von fünf Jahren mittelbar oder unmittelbar mehr als 50 Prozent des gezeichneten Kapitals, der Mitgliedschaftsrechte, der Beteiligungsrechte oder der Stimmrechte an einer Körperschaft an einen Erwerber oder diesem nahe stehende Personen übertragen werden.

**2012** Die Vorschrift des § 8c KStG ist im Rahmen der Organschaft sowohl beim Organträger als auch bei der Organgesellschaft zu berücksichtigen und bei jeder Gesellschaft gesondert zu prüfen.[253] Ausführlich zur Anwendung des § 8c KStG bei Organschaft → Rn. 4801 ff. Im Folgenden werden daher nur einige Grundfragen angesprochen

**2013** Sofern die Beteiligung an der Organgesellschaft iRe schädlichen Beteiligungserwerbs übertragen wird, so sind idR aufgrund der Verlustausgleichspflicht des GAVs nur Verluste aus der vor-organschaftlichen Zeit betroffen.[254]

---

249 Gosch KStG/Neumann KStG § 15 Rn. 35e.

250 Frotscher/Drüen/Frotscher § 15 KStG Rn. 100h; Gosch KStG/Neumann KStG § 15 Rn. 35e; DPM/Dötsch/Krämer/Pung KStG § 15 Rn. 66i.

251 DPM/Dötsch/Krämer/Pung KStG § 15 Rn. 119; Gosch KStG/Neumann KStG § 15 Rn. 35 f.

252 DPM/Dötsch/Krämer/Pung KStG § 15 Rn. 120; Gosch KStG/Neumann KStG § 15 Rn. 35 f.

253 BMF 28.11.2017, BStBl. I 2017, 1645; Bott/Walter/Lang KStG § 8c Rn. 77.8; Brandis/Heuermann/Rode KStG § 14 Rn. 234.

254 Brandis/Heuermann/Rode KStG § 14 Rn. 234.

Wird die Beteiligung am Organträger im Rahmen eines schädlichen Beteiligungserwerb übertragen, so findet § 8c KStG jedenfalls auf dessen Ebene Anwendung. Fraglich ist jedoch, ob zusätzlich ein – grundsätzlich von der Vorschrift erfasster – mittelbarer Erwerb an den Anteilen der Organgesellschaft vorliegt. **2014**

Erfolgt die Übertragung zum Ende des Wirtschaftsjahres, so wird die Ergebniszurechnung des § 14 Abs. 1 S. 1 KStG eine juristische Sekunde vor der Übertragung durchgeführt, sodass es idR nicht zu einem Verlustuntergang auf Ebene der Organgesellschaft kommt.[255] Dagegen ist die Frage insbesondere bei unterjährigen Anteilsübertragungen relevant, da sich in diesem Fall die Frage stellt, ob die bereits erwirtschafteten Verluste aus diesem Jahr untergehen. **2015**

Für eine Anwendung auf Ebene der Organgesellschaft spricht sich insbesondere die Finanzverwaltung[256] und ein Teil der Literatur[257] aus. Hiernach unterliegt das noch nicht zugerechnete negative Organeinkommen der Verlustabzugsbeschränkung des § 8c KStG. Hierfür wird angeführt, dass es sich um eine Vorschrift der Einkommensermittlung handele, die der Anwendung des § 14 KStG vorausgehe.[258] Angesichts des Trennungsprinzips sei ein vorheriger vertikaler Ausgleich im Organkreis nicht zulässig.[259] Somit sei ein etwaiger Zurechnungsbetrag bereits vor der Zurechnung nach § 8c KStG zu kürzen.[260] **2016**

Dagegen vertritt eine weit verbreitete Meinung in der Literatur die Ansicht, dass § 8c KStG für die laufenden Verluste ausschließlich auf Ebene des Organträgers nach Kumulation der Ergebnisse iSe Gesamtbetrachtung anzuwenden sei.[261] Es wird zutreffender Weise angeführt, dass die wirtschaftliche Einheit, welche von den §§ 14 ff. KStG vorausgesetzt wird, bei strikter Anwendung des § 8c KStG in Frage gestellt würde.[262] Die Leistungsfähigkeit des Organkreises werde gerade auf Ebene des Organträgers gebündelt, sodass auch eine Gesamtbetrachtung sachgerecht sei.[263] Darüber hinaus sei nicht ersichtlich, warum die im laufenden Wirtschaftsjahr erzielten Verluste bei einem unterjährigen Erwerb anders behandelt werden sollten als bei einem Erwerb am Ende eines Wirtschaftsjahres.[264] Auch in diesem Fall könnten die Verluste aus dem aktuellen Jahr noch genutzt werden. **2017**

Aufgrund der entgegenstehenden Verwaltungsauffassung ist es jedoch unter Umständen ratsam, eine Implementierung von Rumpfwirtschaftsjahren in Betracht zu ziehen.[265] **2018**

*(einstweilen frei)* **2019–2029**

## VII. Teilwertabschreibungen auf Organbeteiligungen

Trotz des Bestehens einer Organschaft bilanzieren die beteiligten Unternehmen selbständig nach den allgemeinen handels- und steuerrechtlichen Bilanzierungsregelungen.[266] Dem- **2030**

---

255 BMF 28.11.2017, BStBl. I 2017, 1645; Brandis/Heuermann/Rode KStG § 14 Rn. 234; HHR/Suchanek KStG § 8c Rn. 32b.

256 BMF 28.11.2017, BStBl. I 2017, 1645.

257 Bott/Walter/Lang KStG § 8c Rn. 77.7; Brandis/Heuermann/Brandis KStG § 8c Rn. 56; Brinkmann StBp 2014, 193 (195); DPM/Leibner/Dötsch KStG § 8c Rn. 281; Neumann/Heuser GmbHR 2018, 21 (28); RHN/Neumann KStG § 8c Rn. 185.

258 Brinkmann StBp 2014, 193 (195); Neumann/Heuser GmbHR 2018, 21 (28).

259 Brandis/Heuermann/Brandis KStG § 8c Rn. 56.

260 Bott/Walter/Lang KStG § 8c Rn. 77.7; Neumann/Heuser GmbHR 2018, 21 (28).

261 Adrian/Weiler BB 2014, 1303 (1304); Benz Ubg 2011, 772 (775); Brandis/Heuermann/Rode KStG § 14 Rn. 234a; Dörr/Eggert NWB 2018, 1218 (1226 f.); Seer FR 2015, 729 (735); HHR/Suchanek KStG § 8c Rn. 32b; Moritz GmbHR 2016, 861 (865 ff.); Neyer DStR 2018, 2245 (2249); Schneider/Bleifeld/Butler DB 2018, 464 (469 f.); Schneider/Sommer FR 2014, 537 (543); Sommer/Sediqi FR 2018, 67 (69 f.); Suchanek FR 2013, 349 (353).

262 Moritz GmbHR 2016, 861 (865); Seer FR 2015, 729 (735).

263 Moritz GmbHR 2016, 861 (865).

264 Siehe hierzu auch Dörr/Eggert NWB 2018, 1218 (1226 f.).

265 Sommer/Sediqi FR 2018, 67 (69 f.).

266 BFH 24.7.1996 – I R 41/93, BStBl. II 1996, 614; BFH 2.2.1994 – I R 10/93, BStBl. II 1994, 768; BFH 6.11.1985 – I R 56/82, BStBl. II 1986, 73.

nach ist eine Beteiligung an der Organgesellschaft in der jeweiligen Bilanz des Organträgers zu aktivieren.[267]

**2031** Teilwertabschreibungen auf diese aktivierten Beteiligungen kommen in Betracht, wenn der Teilwert unter dem aktuellen Buchwert liegt. Hierbei muss es sich nach § 6 Abs. 1 Nr. 2 S. 2 EStG jedoch um eine voraussichtlich dauernde Wertminderung handeln.[268] Der Teilwert ist hierbei unter Berücksichtigung der Ertragslage, des Vermögenswerts und der Bedeutung der Beteiligung im Gesamtgefüge des Unternehmens des Organträgers zu bestimmen.[269] Eine dauernde Wertminderung liegt vor, wenn der Teilwert nachhaltig unter den Buchwert sinkt und am Bilanzstichtag nach objektiven Gesichtspunkten ernstlich mit einer langfristigen Wertminderung gerechnet werden muss.[270]

**2032** Gründe für eine solche Wertminderung können bei Beteiligungen unter anderem eine sinkende Ertragskraft, Substanzverzehr aufgrund dauerhafter Verluste, geänderte wirtschaftliche Verhältnisse und ein Verlust der funktionalen Bedeutung der Beteiligung für die Konzernstruktur sein.[271]

**2033** Eine solche Teilwertabschreibung ist auch bei einer Organbeteiligung möglich, sofern die erforderlichen Voraussetzungen des geltenden Rechts erfüllt sind.[272] Ständige Verluste der Organgesellschaft sind für sich genommen nach überwiegender Auffassung allein kein hinreichender Grund für eine Teilwertabschreibung, denn aufgrund der Verlustausgleichspflicht aus dem GAV wird das Vermögen der Organgesellschaft auch durch dauerhafte Verluste nicht gemindert.[273] Hierdurch soll zudem eine doppelte Berücksichtigung von Verlusten vermieden werden, denn die Verluste der Organgesellschaft werden dem Organträger aufgrund der Rechtsfolgen der Organschaft bereits zugerechnet und durch die entsprechende Teilwertabschreibung würde wiederum Aufwand auf Ebene des Organträgers entstehen.[274] Diese Begründung passt aber nur für bisherige Verluste und den durch den Verlustausgleich typisiert gleich bleibenden Substanzwert. Eine Teilwertabschreibung auf die Organgesellschaft kommt aber in Betracht, wenn der (zukünftige) Ertragswert oder die funktionale Bedeutung der Beteiligung für den Betrieb des Gesellschafters als weitere – neben dem Substanzwert – den Teilwert bestimmenden Faktoren sich negativ verändern und insbesondere ihren Geschäftswert negativ beeinflussen. In diesem Fall ist unter den weiteren Voraussetzungen des § 6 Abs. 1 Nr. 2 S. 2 EStG durchaus eine Teilwertabschreibung zulässig.[275]

**2034** Hinsichtlich der Rechtsfolgen einer solchen Teilwertabschreibung sieht § 8b Abs. 3 KStG für Organträger-Kapitalgesellschaften vor, dass Gewinnminderungen aus einer solchen Teilwertabschreibung bei der Ermittlung des Einkommens nicht zu berücksichtigen sind. Es ist eine entsprechende außerbilanzielle Korrektur vorzunehmen.[276] Dies gilt auch, wenn es sich beim Organträger um eine Personengesellschaft handelt, an der eine Körperschaft als Mitunternehmer beteiligt ist, § 8b Abs. 6 KStG.

---

267 Frotscher/Drüen/Frotscher KStG § 14 Rn. 615.

268 Schmidt/Kulosa EStG § 6 Rn. 364; Schneider/Bleifeld/Butler DB 2018, 464 (469).

269 BFH 18.6.2015 – IV R 6/11, BFH/NV 2015, 1381; Brandis/Heuermann/Rode KStG § 14 Rn. 227; Frotscher/Drüen/Frotscher KStG § 14 Rn. 618a.

270 BFH 18.6.2015 – IV R 6/11, BFH/NV 2015, 1381; BFH 27.11.1974 – I R 123/73, BStBl. II 1975, 294; BFH 9.9.1986 – VIII R 20/85, BFH/NV 1987, 442.

271 Frotscher/Drüen/Frotscher KStG § 14 Rn. 617, 622; siehe hierzu im Detail: Gosch KStG/Neumann KStG § 14 Rn. 429 ff.

272 KStR 14.7 Abs. 3 S. 1; Frotscher/Drüen/Frotscher KStG § 14 Rn. 617; Gosch KStG/Neumann KStG § 14 Rn. 429; HHR/Kolbe KStG § 14 Rn. 91.

273 BFH 12.10.1972 – IV R 37/68, BStBl. II 1973, 76; FG Nürnberg 5.12.2000 – I 45/99, BeckRS 2000, 21009392; KStR 14.7 Abs. 3 S. 2; DPM/Dötsch/Pung KStG § 14 Rn. 837; HHR/Kolbe, KStG § 14 Rn. 91; Frotscher/Drüen/Frotscher KStG § 14 Rn. 618; kritisch: Bott/Walter/Walter KStG § 14 Rn. 883.

274 Dötsch/Buyer DB 1991, 10 (11 f.); DPM/Dötsch/Pung KStG § 14 Rn. 837.

275 Frotscher/Drüen/Frotscher KStG § 14 Rn. 619 ff.; Bott/Walter/Walter KStG § 14 Rn. 887 f. HHR/Kolbe KStG § 14 Rn. 91; so auch BFH 22.4.1998 – I R 109/97, BStBl. II 1998, 748.

276 HHR/Kolbe KStG § 14 Rn. 91; Frotscher/Drüen/Frotscher KStG § 14 Rn. 615; Gosch KStG/Neumann KStG § 14 Rn. 434.

Sofern an einer Mitunternehmerschaft als Organträger allerdings natürliche Personen beteiligt sind, ist bei nicht gewinnausschüttungsbedingten Wertminderungen eine Korrektur nach § 3c Abs. 2 S. 8 EStG außerbilanziell vorzunehmen. Für Teilwertabschreibungen, die auf Gewinnausschüttungen zurückzuführen sind, gilt dies gemäß § 3c Abs. 2 S. 1 EStG.[277] Die Wertminderung wirkt sich bei ihnen iRd Ermittlung der Einkünfte also zu 60 % aus.[278] **2035**

Auf der anderen Seite ist in diesem Zusammenhang auch das Wertaufholungsgebot des § 6 Abs. 1 Nr. 2 S. 3, Abs. 1 Nr. 1 S. 4 EStG zu berücksichtigen, wonach Teilwertabschreibungen in den Folgejahren stets durch Zuschreibung bis zur Obergrenze der Anschaffungs- bzw. Herstellungskosten rückgängig zu machen sind, soweit der jeweilige niedrigere Teilwert durch den Steuerpflichtigen nicht mehr nachgewiesen werden kann.[279] **2036**

*(einstweilen frei)* **2037–2045**

## VIII. Abzug von Schuldzinsen im Zusammenhang mit der Organbeteiligung

Ausgaben, welche im Zusammenhang mit der Organbeteiligung stehen und die der Organträger zum Erwerb der Beteiligung aufgewendet hat, dürfen bei der Ermittlung des Einkommens des Organträgers grundsätzlich abgezogen werden.[280] **2046**

Hierunter fallen nach ganz überwiegender Ansicht auch Zinsen für Schulden, welche aufgrund der Fremdfinanzierung des Erwerbs der Beteiligung anfallen.[281] **2047**

Zwar wurde vereinzelt eingewandt, dass bezüglich dieser Zinsen das Abzugsverbot des § 3c Abs. 1 EStG entgegenstehen könnte, da diese in einem unmittelbarem wirtschaftlichen Zusammen mit dem abgeführten Gewinn der Organgesellschaft stünden, welcher beim Organträger außer Ansatz bleibe.[282] Dieser Einwand ist jedoch nicht durchgreifend, denn es liegen gerade keine steuerfreien Einnahmen iSd Vorschrift des § 3c EStG vor. Die Gewinnabführung ist insbesondere kein steuerfreier Bezug iSv § 8b Abs. 1 KStG.[283] Das Einkommen unterliegt aufgrund der durch § 14 Abs. 1 S. 1 KStG angeordneten Zurechnung auf Ebene des Organträgers weiterhin der Besteuerung.[284] Es wird lediglich eine Doppelerfassung der jeweiligen Beträge durch einen technischen Rechenvorgang vermieden.[285] **2048**

Dies ist gerade ein wesentlicher Unterschied gegenüber einer Konzernstrukturierung ohne Organschaft, denn in diesem Fall liegen aufgrund von § 8b KStG steuerfreie Einnahmen vor, für welche die Vorschrift des § 8b Abs. 3 KStG bzw. § 3c EStG eingreift.[286] **2049**

*(einstweilen frei)* **2050–2060**

## IX. Verdeckte Gewinnausschüttungen und verdeckte Einlagen

Wie dargestellt bleiben die iRd Organschaft beteiligten Rechtsträger zivil- und steuerrechtlich selbständig. Sie können weiterhin untereinander schuldrechtliche Verträge abschließen. Auch sind weiterhin verdeckte Gewinnausschüttungen der Organgesellschaft an den Organträger möglich. Diese stellen insbesondere keine Verletzung des GAVs dar.[287] In diesem **2061**

---

[277] Schmidt/Levedag EStG § 3c Rn. 19.

[278] Bott/Walter/Walter KStG § 14 Rn. 882.1; Gosch KStG/Neumann KStG § 14 Rn. 434.

[279] BFH 18.6.2015 – IV R 6/11, BFH/NV 2015, 1381; Bott/Walter/Walter KStG § 14 Rn. 882.1.

[280] KStR 14.7 Abs. 1; HHR/Kolbe KStG § 14 Rn. 91; Lüdicke BB 2002, 1521 (1521 f.).

[281] KStR 14.7 Abs. 1; Bott/Walter/Walter KStG § 14 Rn. 956; Brandis/Heuermann/Rode KStG § 14 Rn. 229; Frotscher/Drüen/Frotscher KStG § 14 Rn. 629; HHR/Kolbe KStG § 14 KStG Rn. 91; Lüdicke BB 2002, 1521 (1522 f.); Rödder/Schumacher DStR 2002, 1163 (1164 ff.).

[282] Thiel DB 2002, 1340 (1340 ff.); ders. FR 2002, 925 (925 f.).

[283] BMF 26.8.2003, BStBl. I 2003, 437; DPM/Dötsch/Pung KStG § 14 Rn. 845.

[284] Frotscher/Drüen/Frotscher KStG § 14 Rn. 629; HHR/Kolbe KStG § 14 KStG Rn. 91; Lüdicke BB 2002, 1521 (1522 f.).

[285] Siehe bezüglich der grundsätzlichen Rechtsfolgen → Rn. 1840 ff.; Bott/Walter/Walter KStG § 14 Rn. 956; Brandis/Heuermann/Rode KStG § 14 Rn. 229.

[286] Bott/Walter/Walter KStG § 14 Rn. 956; DPM/Dötsch/Pung KStG § 14 Rn. 845.

[287] BeckOK KStG/Ebber KStG § 14 Rn. 503; Brandis/Heuermann/Rode KStG § 14 Rn. 230; DPM/Dötsch/Pung KStG § 14 Rn. 796; Gosch KStG/Neumann KStG § 14 Rn. 410.

Rahmen gelten die allgemeinen Grundsätze, sodass eine verdeckte Gewinnausschüttung der Organgesellschaft nach § 8 Abs. 3 S. 2 KStG ihr Einkommen nicht mindern darf.[288] Eine auf der Ebene der Organgesellschaft identifizierte verdeckte Gewinnausschüttung erhöht vielmehr das zuzurechnende Organeinkommen (welches im Anschluss dem Organträger zugerechnet wird), sodass sich die verdeckte Gewinnausschüttung beim Organträger als vorweggenommene Gewinnabführung voll erfolgswirksam auswirkt.[289] § 8b KStG bzw. § 3 Nr. 40 EStG sind insofern nicht anwendbar.[290] Auf diese vorweggenommene Gewinnabführung fällt entsprechend auch keine Kapitalertragsteuer an.[291]

**2062** Aus dem Vorstehenden folgt, dass eine Korrektur notwendig ist, um eine doppelte Erfassung zu vermeiden.[292] Umstritten ist jedoch, auf welcher Ebene diese Korrektur vorzunehmen ist: Nach höchstrichterlicher Rechtsprechung ist die verdeckte Gewinnausschüttung aus dem zuzurechnenden Einkommen der Organgesellschaft auszuscheiden.[293] Dagegen geht die Finanzverwaltung und die wohl überwiegende Ansicht in der Literatur davon aus, dass ausschließlich eine Korrektur auf Ebene des Organträgers der gesetzlichen Systematik Rechnung trägt.[294] Diese Ansicht ist vorzugswürdig, denn § 14 Abs. 1 S. 1 KStG geht gerade von einer Zurechnung des gesamten Einkommens der Organgesellschaft aus, welches nach § 8 Abs. 3 S. 2 KStG auch den Betrag der verdeckten Gewinnausschüttung umfasst. Eine diesbezügliche gesetzliche Ausnahme ist nicht vorgesehen. Die Ansichten führen jedoch idR nicht zu unterschiedlichen steuerlichen Belastungen, da die Einkommen der beteiligten Rechtsträger ohnehin zusammengefasst werden. Allerdings können sich beispielsweise bei der Ermittlung des Spendenhöchstbetrags Unterschiede ergeben.[295]

**2063** Die Einordnung der verdeckten Gewinnausschüttung als vorweggenommene Gewinnabführung gilt auch, wenn eine Personengesellschaft Organträger ist und der Gewinn verdeckt an einen Gesellschafter dieser Gesellschaft ausgeschüttet wird.[296]

**2064** Gleiches gilt bei Vorteilsgewährungen an nahestehende Personen des Organträgers (dessen Gesellschafter, Schwester-Gesellschaften oÄ).[297] In dieser Konstellation kommt es steuerrechtlich zunächst zu einer Vorabgewinnabführung an den Organträger und im Anschluss zu einer verdeckten Gewinnausschüttung – außerhalb des Organkreises – an dessen Anteilseigner.[298]

**2065** Im Rahmen einer Beteiligungskette stellen verdeckte Gewinnausschüttungen ebenfalls häufig vorweggenommene Gewinnabführungen dar.[299] Sofern bspw. eine Enkelgesellschaft eine Leistung unmittelbar an die Muttergesellschaft erbringt, so erfolgt die verdeckte Gewinnausschüttung – und somit die vorweggenommene Gewinnausschüttung – entlang der Kette, dh jeweils an den unmittelbar beteiligten Rechtsträger.[300]

---

[288] Brandis/Heuermann/Rode KStG § 14 Rn. 230; Herlinghaus GmbHR 2002, 989 (989); RHN/Rödder/Liekenbrock KStG § 14 Rn. 539.

[289] BeckOK KStG/Ebber KStG § 14 Rn. 503; DPM/Dötsch/Pung KStG § 14 Rn. 796; Frotscher/Drüen/Frotscher KStG § 14 Rn. 631, 633; Gosch KStG/Neumann KStG § 14 Rn. 411; RHN/Rödder/Liekenbrock KStG § 14 Rn. 540; aA Wassermeyer DB 2006, 296 (297).

[290] KStR 14.6 Abs. 6; Brandis/Heuermann/Rode KStG § 14 Rn. 230.

[291] Brandis/Heuermann/Rode KStG § 14 Rn. 230.

[292] KStR 14.6 Abs. 4 S. 1; DPM/Dötsch/Pung KStG § 14 Rn. 794; Dötsch GmbHR 1991, 121 (122); Herlinghaus GmbHR 2002, 989 (991); RHN/Rödder/Liekenbrock KStG § 14 Rn. 540.

[293] BFH 20.8.1986 – I R 150/82, BStBl. II 1987, 455; aA noch: BFH 29.10.1974 – I R 240/72, BStBl. II 1975, 126.

[294] KStR 14.7 Abs. 2 S. 2; BeckOK KStG/Ebber KStG § 14 Rn. 503; Frotscher/Drüen/Frotscher KStG § 14 Rn. 579; RHN/Rödder/Liekenbrock KStG § 14 Rn. 540.

[295] Dötsch GmbHR 1991, 121 (122); Herlinghaus GmbHR 2002, 989 (991).

[296] KStR 14.6 Abs. 4 S. 2; DPM/Dötsch/Pung KStG § 14 Rn. 798.

[297] DPM/Dötsch/Pung KStG § 14 Rn. 798.

[298] BFH 22.8.2007 – I R 32/06, BStBl. II 2007, 961; Frotscher/Drüen/Frotscher KStG § 14 Rn. 584; DPM/Dötsch/Pung KStG § 14 Rn. 854.

[299] FG Hamburg 4.9.1997 – II 82/94, BeckRS 1997, 31019011 (rkr.); HHR/Kolbe KStG § 14 Rn. 82; RHN/Rödder/Liekenbrock KStG § 14 Rn. 547.

[300] BFH 22.8.2007 – I R 32/06, BStBl. II 2007, 961; DPM/Dötsch/Pung KStG § 14 Rn. 857; Frotscher/Drüen/Frotscher KStG § 14 Rn. 584; RHN/Rödder/Liekenbrock KStG § 14 Rn. 546.

Soweit zwischen einigen Gesellschaften der Beteiligungskette keine Organschaft besteht, greifen die dargestellten Rechtsfolgen nur im Rahmen der jeweiligen Organschaftsverhältnisse. Im Übrigen gelten die allgemeinen Grundsätze zur verdeckten Gewinnausschüttung.[301] **2066**

In sog. Dreieckskonstellationen (Vorteilsgewährung an Schwestergesellschaften) wird der gewährte Vorteil nach der einschlägigen höchstrichterlichen Rechtsprechung zunächst verdeckt an die Muttergesellschaft ausgeschüttet und in einem weiteren Schritt durch diese in die vorteilsempfangende Schwestergesellschaft verdeckt eingelegt.[302] Auch in diesem Fall stellt der erste Schritt eine vorweggenommene Gewinnabführung dar.[303] Zweiteres gilt nur, sofern der Vorteil einlagefähig ist. Andernfalls kommt es zu einem sog. Vorteilsverbrauch.[304] **2067**

Liegt ein einlagefähiger Vorteil vor, führt die verdeckte Gewinnausschüttung auf Ebene der Muttergesellschaft zu einer Erhöhung der Anschaffungskosten an der Beteiligung der vorteilsempfangenden Schwestergesellschaft, sodass sich die verdeckte Gewinnausschüttung bereits bei dem Organträger ausgewirkt hat.[305] In der Literatur wird deshalb zutreffend vertreten, dass auch hier eine Korrektur des Einkommens des Organträger zu erfolgen habe, da andernfalls eine Doppelbelastung erfolge.[306] **2068**

Im Fall eines nicht einlagefähigen Vorteils verbraucht sich der Vorteil auf Ebene des Organträgers ebenfalls. Die verdeckte Gewinnausschüttung führt zu einer beitragsgleichen Betriebsausgabe auf Ebene des Organträgers. Nach den bereits dargestellten allgemeinen Grundsätzen bleibt sie bei der Ermittlung des Einkommens des Organträgers außer Ansatz.[307] **2069**

Verdeckte Gewinnausschüttungen an außenstehende Gesellschafter sind dagegen wie Ausgleichszahlungen iSv § 16 KStG zu behandeln.[308] **2070**

Verdeckte Einlagen des Organträgers in die Organgesellschaft sind ebenfalls nach den allgemeinen Vorschriften zu behandeln.[309] Sie sind jedoch insbesondere nicht als vorweggenommener Verlustausgleich anzusehen, sondern führen zu einer Erhöhung der Anschaffungskosten beim Organträger.[310] Der Betrag der Einlage ist iRd steuerlichen Einlagekontos der Organgesellschaft zu berücksichtigen.[311] Mangels Erhöhung des Einkommens, bedarf es – anders als bei der verdeckten Gewinnausschüttung – somit keiner Korrektur zur Vermeidung einer Doppelbesteuerung.[312] **2071**

Hierbei ist zu beachten, dass eine Einlage nur bei unmittelbarer Beteiligung möglich ist. Sofern ein Organträger eine entsprechende Leistung an eine Gesellschaft erbringt, die in der Beteiligungskette weiter nachgeordnet ist, folgt die Einlage den unmittelbaren Beteiligungen entlang dieser Kette.[313] **2072**

*(einstweilen frei)* **2073–2080**

---

301 FG Hamburg 4.9.1997 – II 82/94, BeckRS 1997, 31019011 (rkr.); Frotscher/Drüen/Frotscher KStG § 14 Rn. 585.

302 BFH 20.8.1986 – I R 150/82, BStBl. II 1987, 455; DPM/Dötsch/Pung KStG § 14 Rn. 858.

303 DPM/Dötsch/Pung KStG § 14 Rn. 858; RHN/Rödder/Liekenbrock KStG § 14 Rn. 550.

304 BFH 26.10.1987 – GrS 2/86, BStBl. II 1988, 348; RHN/Rödder/Liekenbrock KStG § 14 Rn. 549.

305 DPM/Dötsch/Pung KStG § 14 Rn. 859.

306 RHN/Rödder/Liekenbrock KStG § 14 Rn. 551.

307 Brandis/Heuermann/Rode KStG § 14 Rn. 233; RHN/Rödder/Liekenbrock KStG § 14 Rn. 552.

308 KStR 14.6 Abs. 4 S. 4; Bott/Walter/Walter KStG § 14 Rn. 838; DPM/Dötsch/Pung KStG § 14 Rn. 799.

309 BeckOK KStG/Ebber KStG § 14 Rn. 513; DPM/Dötsch/Pung KStG § 14 Rn. 804; RHN/Rödder/Liekenbrock KStG § 14 Rn. 543.

310 Brandis/Heuermann/Rode KStG § 14 Rn. 232; DPM/Dötsch/Pung KStG § 14 Rn. 804; HHR/Kolbe KStG § 14 Rn. 82; RHN/Rödder/Liekenbrock KStG § 14 Rn. 543.

311 DPM/Dötsch/Pung KStG § 14 Rn. 804; Frotscher/Drüen/Frotscher KStG § 14 Rn. 587.

312 Frotscher/Drüen/Frotscher KStG § 14 Rn. 634; Gosch KStG/Neumann KStG § 14 Rn. 401.

313 DPM/Dötsch/Pung KStG § 14 Rn. 862; Frotscher/Drüen/Frotscher KStG § 14 Rn. 634a.

## X. Spendenabzug

2081 Nach § 9 Abs. 1 Nr. 2 KStG sind – vorbehaltlich des § 8 Abs. 3 KStG – Zuwendungen zur Förderung steuerbegünstigter Zwecke iSd §§ 52–54 AO bis zu einer Höhe von insgesamt 20 Prozent des Einkommens bzw. 4 Promille der Summe der gesamten Umsätze sowie Löhne und Gehälter abziehbare Aufwendungen. Bezüglich des Spendenabzugs ist hinsichtlich der Organgesellschaft und hinsichtlich des Organträgers zu differenzieren:

2082 Die Organgesellschaft bleibt Steuerrechtssubjekt und ermittelt ihr Einkommen zunächst eigenständig.[314] Aus diesem Grund kann sie auch Spendenabzüge im Rahmen dieser gesetzlichen Vorgaben geltend machen.[315] Hierdurch verringert sich das dem Organträger zuzurechnende Einkommen der Organgesellschaft.[316]

2083 Im Rahmen des vorgesehenen Spendenrahmens ist bei einer Spende durch den Organträger allein auf dessen Einkommen bzw. Umsätze sowie Löhne und Gehälter abzustellen.[317] Trotz der Zurechnung sind also die Höchstbeträge für die Organgesellschaft und für den Organträger gesondert zu ermitteln.[318] Das ermittelte (Gesamt-)Einkommen ist diesbezüglich unerheblich. Andernfalls käme es zu einer Doppelberücksichtigung der Spende.[319] Auch durch die Organgesellschaft nicht genutzte Spendenhöchstbeträge können auf Ebene des Organträgers nicht in Anspruch genommen werden.[320]

2084–2094 *(einstweilen frei)*

## XI. Steuerlicher Querverbund in der Organschaft

2095 § 15 S. 1 Nr. 4 und Nr. 5 KStG sehen für den sog. Steuerlichen Querverbund in der Organschaft Sonderregelungen vor. Sie wurden durch das JStG 2009 eingefügt.[321]

2096 § 8 Abs. 7 KStG sieht vor, dass die Rechtsfolgen der verdeckten Gewinnausschüttungen für Betriebe gewerblicher Art und für Kapitalgesellschaften nicht bereits deshalb zu ziehen sind, weil ein Dauerverlustgeschäft vorliegt. Ein solches liegt nach § 8 Abs. 7 S. 2 KStG vor, soweit aus verkehrs-, umwelt-, sozial-, kultur-, bildungs- oder gesundheitspolitischen Gründen eine wirtschaftliche Betätigung ohne kostendeckendes Entgelt unterhalten wird oder in den Fällen von Kapitalgesellschaften das Geschäft Ausfluss einer Tätigkeit ist, die bei juristischen Personen des öffentlichen Rechts zu einem Hoheitsbetrieb gehört.

2097 Statt der Einordnung als verdeckte Gewinnausschüttung tritt nach § 8 Abs. 9 KStG ein besonderer Verrechnungskreis.[322]

2098 § 15 S. 1 Nr. 4 S. 1 KStG sieht für Organkreise vor, dass § 8 Abs. 3 S. 2 und Abs. 7 KStG bei der Organgesellschaft auf Dauerverlustgeschäfte nicht anzuwenden ist. Zudem sieht § 15 S. 1 Nr. 5 S. 1 KStG vor, dass § 8 Abs. 9 KStG bei der Organgesellschaft nicht anzuwenden ist. Vielmehr sieht der jeweilige Satz 2 der Vorschrift vor, dass die entsprechenden Vorschriften bei der Ermittlung des Einkommens des Organträger anzuwenden sind. Diese Regelungen sind Ausfluss der sog. Bruttomethode.[323]

---

314 Ausführlich dazu → Rn. 15 ff.

315 BFH 23.1.2002 – XI R 95/97, BStBl. II 2003, 9; KStR 9 Abs. 5 S. 5; Brandis/Heuermann/Rode KStG § 14 Rn. 236; Frotscher/Drüen/Frotscher KStG § 14 Rn. 645.

316 Bott/Walter/Walter KStG § 14 Rn. 856; DPM/Dötsch/Pung KStG § 14 Rn. 773.

317 BFH 23.1.2002 – XI R 95/97, BStBl. II 2003, 9; KStR 9 Abs. 5 S. 2; BeckOK KStG/Pohl KStG § 9 Rn. 471.1; Bott/Walter/Walter KStG § 14 Rn. 856; Brandis/Heuermann/Rode KStG § 14 Rn. 236; Gosch KStG/Neumann KStG § 14 Rn. 442; Sievert/Stolze StuB 2006, 616 (616).

318 BFH 23.1.2002 – XI R 95/97, BStBl. II 2003, 9; Bott/Walter/Walter KStG § 14 Rn. 856; HHR/Kolbe KStG § 14 Rn. 82; Sievert/Stolze StuB 2006, 616 (616).

319 BFH 23.1.2002 – XI R 95/97, BStBl. II 2003, 9; Brandis/Heuermann/Rode KStG § 14 Rn. 236.

320 DPM/Dötsch/Pung KStG § 14 Rn. 773.

321 Jahressteuergesetz 2009 vom 19.12.2008, BGBl. 2008 I 2794.

322 Gosch KStG/Neumann KStG § 15 Rn. 40.

323 Bott/Walter/Walter KStG § 15 Rn. 70; Brandis/Heuermann/Rode KStG § 15 Rn. 42; Schiffers DStZ 2018, 417 (427).

Die Voraussetzungen und Rechtsfolgen der Vorschriften werden unter → Rn. 5001 ff. ausführlich dargestellt. **2099**

*(einstweilen frei)* **2100–2109**

## F. Ausschluss negativer Einkünfte bei Berücksichtigung im Ausland

Nach § 14 Abs. 1 S. 1 Nr. 5 KStG aF blieben negative Einkünfte des Organträgers oder der Organgesellschaft bei der inländischen Besteuerung unberücksichtigt, soweit sie in einem ausländischen Staat im Rahmen der Besteuerung des Organträgers, der Organgesellschaft oder einer anderen Person berücksichtigt wurden. Diese Vorschrift wurde durch das Wachstumschancengesetz im Jahr 2024 gestrichen.[324] **2110**

Der Ausschluss negativer Einkünfte bei Berücksichtigung im Ausland wird unter → Rn. 3701 ff. vertieft dargestellt. **2111**

*(einstweilen frei)* **2112–2120**

## G. Steuerabzug beim Organträger, § 19 KStG

Das (Gesamt-)Einkommen des Organträgers unterliegt grundsätzlich den Tarifvorschriften, welchen das Einkommen auch ohne Zurechnung im Rahmen eines Organkreises unterliegen würde. § 19 KStG modifiziert diese Grundregel dahingehend, dass bestimmte steuerliche Besonderheiten der Tarifvorschriften, die grundsätzlich nur für die Organgesellschaft gelten, auch durch den Organträger genutzt werden können.[325] Hierdurch sollen solche steuerlichen Begünstigungen erhalten bleiben, die zwar grundsätzlich der Organgesellschaft zustehen, welche diese jedoch aufgrund der idR erfolgenden Null-Festsetzung nicht in Anspruch nehmen kann. Die entsprechenden Vorschriften gingen also bei Anwendung nur auf Ebene der Organgesellschaft ins Leere und die Organschaft wäre insoweit mit Nachteilen verbunden. Aus diesem Grund ordnet § 19 KStG an, dass der Organträger die Begünstigungen anstelle der Organgesellschaft nutzen kann.[326] Sofern die jeweilige Begünstigung der Höhe nach begrenzt ist, richtet sich der Höchstbetrag nach den steuerlichen Verhältnissen beim Organträger.[327] **2121**

Gleichzeitig soll die Vorschrift aber iSe Missbrauchsverhinderung auch verhindern, dass allein durch Zwischenschaltung einer Organgesellschaft eine Steuerermäßigung beim Organträger herbeigeführt werden kann.[328] **2122**

Nach § 19 Abs. 1 KStG sind besondere Tarifvorschriften beim Organträger so anzuwenden, als wären die Voraussetzungen für ihre Anwendung bei ihm selbst erfüllt, soweit bei der Organgesellschaft die Voraussetzungen für ihre Anwendung erfüllt sind und der Organträger selbst der unbeschränkten Körperschaftsteuerpflicht unterliegt. **2123**

Besondere Tarifvorschriften iSd Vorschrift können nach dem Sinn und Zweck der Vorschrift nur solche sein, die sich noch nicht bei der Organgesellschaft iRd Einkommensermittlung ausgewirkt haben.[329] Hierunter fallen bspw. § 26 KStG sowie § 12 AStG.[330] **2124**

---

[324] Art. 18 des Gesetzes zur Stärkung von Wachstumschancen, Investitionen und Innovation sowie Steuervereinfachung und Steuerfairness (BGBl. I 2024, Nr. 108); siehe zum früher umstrittenen Verhältnis der Vorschrift zu § 4k EStG: Grotherr IStR 2020, 774 (783f); HHR/Kolbe KStG § 14 Rn. 265.

[325] BeckOK KStG/Pohl KStG § 19 Rn. 1; Bott/Walter/Walter KStG § 19 Rn. 1; Gosch KStG/Neumann KStG § 19 Rn. 1.

[326] KStR 19 Abs. 1 S. 3; BeckOK KStG/Pohl KStG § 19 Rn. 1; Bott/Walter/Walter KStG § 19 Rn. 2; HHR/Isler KStG § 19 Rn. 3.

[327] KStR 19 Abs. 1 S. 4; BeckOK KStG/Pohl KStG § 19 Rn. 149.1; HHR/Isler KStG § 19 Rn. 26.

[328] Bott/Walter/Walter KStG § 19 Rn. 4; Heinz/Scheuch IStR 2014, 915; HHR/Isler KStG § 19 Rn. 3.

[329] Bott/Walter/Walter KStG § 19 Rn. 2.

[330] KStR 19 Abs. 1 S. 1; siehe mit weiteren Beispielen: BeckOK KStG/Pohl KStG § 19 Rn. 124; Frotscher/Drüen/Frotscher KStG § 19 Rn. 6.

2125 Die Tarifvorschrift muss zudem gerade einen Abzug von der Körperschaftsteuer vorsehen. Aus diesem Grund wird es überwiegend abgelehnt, auch Steuersatzermäßigungen unter § 19 KStG zu subsumieren, da diese zwar eine Tarifvorschrift darstellen, jedoch keinen Abzug von der Körperschaftsteuer vorsehen.[331]

2126 Die Voraussetzungen der jeweiligen Tarifvorschrift müssen dem Grunde nach auf Ebene der Organgesellschaft erfüllt sein.[332] Dies ist der Fall, wenn die Gesellschaft unter Negierung des Organkreises die jeweiligen Tatbestandsmerkmale erfüllt.[333] Das Ergebnis wird in dem Feststellungsbescheid nach § 14 Abs. 5 KStG gesondert festgestellt.[334]

2127 Zum Teil sind die Ermäßigungen von einem Antrag bzw. von der Ausübung eines Wahlrechts abhängig. Es stellt sich die Frage, welcher Rechtsträger einen entsprechenden Antrag stellen bzw. ein solches Wahlrecht ausüben kann: Für das Antrags- bzw. Wahlrecht auf Ebene der Organgesellschaft spricht nach der wohl überwiegenden Ansicht in der Literatur, dass es sich hierbei um einen notwendigen Schritt zur Ermittlung des eigenen Einkommens der Organgesellschaft handelt. Hiernach wäre der Organträger bei Bestandskraft des Feststellungsbescheids an die Antragsstellung bzw. Wahlrechtsausübung durch die Organgesellschaft gebunden.[335]

2128 Die Gegenansicht führt jedoch an, dass der Normzweck der Vorschrift gerade in einer Auswirkung der Tarifvorschrift auf Ebene des Organträgers besteht. Demnach sei auch auf dieser Ebene über die Antragstellung bzw. Wahlrechtsausübung zu bestimmen.[336] Hiergegen spricht uE jedoch, dass die Antragstellung bzw. die Ausübung des Wahlrechts gerade zu den „Voraussetzungen der Anwendung" entsprechender Ermäßigungen gehört, die nach § 19 Abs. 1 KStG ausdrücklich auf Ebene der Organgesellschaft gegeben sein müssen.

2129 Aufgrund der (wohl) entgegenstehenden Verwaltungsauffassung sollte ein etwaiges Antrags- bzw. Wahlrecht jedoch trotz der vorzugswürdigen herrschenden Ansicht aus Gründen der Rechtssicherheit vom Organträger und von der Organgesellschaft einheitlich ausgeübt werden.[337]

2130 Der Organträger kann für sein eigenes Einkommen ebenfalls frei zum Steuerabzug optieren, ohne dass er diesbezüglich an eine Ausübung der Organgesellschaften gebunden ist.[338]

2131 Die Rechtsfolgen der Vorschrift treffen dagegen allein den Organträger.[339] Somit sind die besonderen Tarifvorschriften beim Organträger so anzuwenden, als wären die Voraussetzungen bei ihm selbst erfüllt.[340] In diesem Rahmen ist insbesondere zu prüfen, in welcher Höhe sich die Steuervergünstigung auswirken kann.[341] Eine Anwendung der besonderen Tarifvorschrift bei der Organgesellschaft ist dagegen im Organkreis ausgeschlossen, selbst dann, wenn sie nach § 16 KStG ein eigenes Einkommen zu versteuern hat.[342]

---

331 BeckOK KStG/Pohl KStG § 19 Rn. 135; RHN/Rödder/Joisten KStG § 19 Rn. 21 mwN.

332 KStR 19 Abs. 1 S. 2; BeckOK KStG/Pohl KStG § 19 Rn. 125; Bott/Walter/Walter KStG § 19 Rn. 6; HHR/Isler KStG § 19 Rn. 24.

333 HHR/Isler KStG § 19 Rn. 24.

334 Frotscher/Drüen/Frotscher KStG § 19 Rn. 21.

335 Bott/Walter/Walter KStG § 19 Rn. 6; Brandis/Heuermann/Rode KStG § 19 Rn. 15; Gosch KStG/Neumann KStG § 19 Rn. 11; zum Teil differenzierend: HHR/Isler KStG § 19 Rn. 25.

336 OFD Frankfurt 21.2.2017, IStR 2017, 336 (zu § 34c EStG); Claudy Ubg 2017, 621.

337 RHN/Rödder/Joisten KStG § 19 Rn. 34.

338 HHR/Isler KStG § 19 Rn. 26; Pohl BB 2017, 1825 (1826); aA DPM/Dötsch KStG § 19 Rn. 22; RHN/Rödder/Joisten KStG § 19 Rn. 35, welche davon ausgehen, dass nur eine einheitliche Wahlrechtsausübung für Einkünfte desselben ausländischen Staates im Organkreis möglich ist.

339 Bott/Walter/Walter KStG § 19 Rn. 6; HHR/Isler KStG § 19 Rn. 28.

340 BeckOK KStG/Pohl KStG § 19 Rn. 149; Pohl BB 2017, 1825 (1825).

341 Frotscher/Drüen/Frotscher KStG § 19 Rn. 12; RHN/Rödder/Joisten KStG § 19 Rn. 26.

342 DPM/Dötsch KStG § 19 Rn. 8; RHN/Rödder/Joisten KStG § 19 Rn. 29; aA Frotscher/Drüen/Frotscher KStG § 19 Rn. 4 sowie § 16 Rn. 69, wonach die ermäßigten Steuersätze auch auf das verbleibende Einkommen der Organgesellschaft anzuwenden seien.

Auch bei einer Organschaftskette ergeben sich keine Besonderheiten: Das entsprechende Einkommen wird „durch die Kette" zugerechnet und auf der Ebene des obersten Organträgers wird die Tarifermäßigung bei Vorliegen der Voraussetzungen genutzt.[343] **2132**

§ 19 Abs. 1 KStG gilt nach Absatz 2 entsprechend, soweit der Organträger der unbeschränkten Einkommensteuerpflicht unterliegt und für die Einkommensteuer gleichartige Tarifvorschriften wie für die Körperschaftsteuer existieren. Diese Regelung verweist sowohl auf den Rechtsgrund als auch auf die Rechtsfolgen des Absatzes 1.[344] Durch die Vorschrift soll vermieden werden, dass natürliche Personen Steuervergünstigungen in Anspruch nehmen können, welche grundsätzlich nur iRd Körperschaftsteuer vorgesehen sind.[345] Es bedarf demnach einer Tarifvorschrift, welche sowohl für die Einkommensteuer als auch für die Körperschaftsteuer besteht. Sofern die Tarifvorschrift ausschließlich einkommensteuerliche Vorschriften betrifft, erfüllt sie nicht den Tatbestand des Absatzes 2.[346] **2133**

Bei Vorliegen eines Veräußerungsgewinns iSd § 16 EStG soll die Steuervergünstigung des § 34 EStG nicht durch den Organträger in Anspruch genommen werden können.[347] Hierfür wird angeführt, dass das Einkommen der Organgesellschaft ungeteilt zugerechnet wird, dh ohne Unterscheidung nach laufenden oder außerordentlichen Gewinnen. In dem zugerechneten Einkommen sei demnach kein Veräußerungsgewinn (mehr) enthalten, sondern lediglich das ungeteilte Einkommen der Organgesellschaft.[348] **2134**

Nach § 19 Abs. 3 KStG gelten die Absätze 1 und 2 entsprechend, soweit die besonderen Tarifvorschriften bei beschränkt Steuerpflichtigen anwendbar sind. Hierunter fallen ausländische Organträger mit einer Betriebsstätte im Inland, soweit die Organbeteiligung dieser Betriebsstätte zuzurechnen ist und das zuzurechnende Einkommen der deutschen Besteuerung unterliegt (diese Grundvoraussetzungen sind nach § 14 Abs. 1 S. 1 Nr. 2 S. 4 ff. KStG erforderlich, damit die Organschaft überhaupt anerkannt werden kann).[349] **2135**

Für Gesellschafter einer Organträger-Personengesellschaft gelten die Absätze 1 bis 3 entsprechend, § 19 Abs. 4 S. 1 KStG. Bei jedem Gesellschafter ist der Teilbetrag abzuziehen, der dem auf den Gesellschafter entfallenden Bruchteil des dem Organträger zuzurechnenden Einkommens der Organgesellschaft entspricht, § 19 Abs. 4 S. 2 KStG. Dies ist idR der Gewinnverteilungsschlüssel.[350] Es erfolgt eine einheitliche gesonderte Feststellung auf Ebene der Organträger-Personengesellschaft, in welcher diese bruchteilsweise Zurechnung auf die Gesellschafter erfolgt, und welche selbständig neben die Feststellung nach § 14 Abs. 5 KStG tritt.[351] **2136**

§ 19 Abs. 5 KStG sieht vor, dass bei der Organgesellschaft einbehaltene Steuer beim Organträger oder – im Falle einer Personengesellschaft – bei dessen Gesellschaftern anzurechnen ist. Dies betrifft nur den im Inland vorgenommenen Steuerabzug (die Anrechnung der ausländischen Steuern als besondere Tarifvorschriften fallen bereits unter die Absätze 1–4), welcher zurzeit insbesondere bei der Anrechnung der Kapitalertragsteuer sowie bei Abzugsteuern nach § 50a EStG relevant ist.[352] Die Rechtsfolge des Absatzes 5 ist zwingend. Auch wenn die Organgesellschaft aufgrund von Ausgleichszahlungen iSv § 16 **2137**

---

[343] Bott/Walter/Walter KStG § 19 Rn. 6; Gosch KStG/Neumann KStG § 19 Rn. 12; HHR/Isler KStG § 19 Rn. 26.
[344] HHR/Isler KStG § 19 Rn. 32; RHN/Rödder/Joisten KStG § 19 Rn. 44.
[345] DPM/Dötsch KStG § 19 Rn. 27; Frotscher/Drüen/Frotscher KStG § 19 Rn. 29.
[346] DPM/Dötsch KStG § 19 Rn. 28; HHR/Isler KStG § 19 Rn. 31.
[347] BFH 22.1.2004 – III R 19/02, BStBl. II 2004, 515; BFH 14.4.1992 – VIII R 149/86, BStBl. II 1992, 817; KStR 19 Abs. 2; BeckOK KStG/Pohl KStG § 19 Rn. 62; DPM/Dötsch KStG § 16 Rn. 14; aA Tiedtke/Wälzholz GmbHR 2001, 847 (848 ff.).
[348] BFH 22.1.2004 – III R 19/02, BStBl. II 2004, 515; BeckOK KStG/Pohl KStG § 19 Rn. 62.
[349] DPM/Dötsch KStG § 19 Rn. 32; Gosch KStG/Neumann KStG § 19 Rn. 18.
[350] BeckOK KStG/Pohl KStG § 19 Rn. 180; Gosch KStG/Neumann KStG § 19 Rn. 21.
[351] Brandis/Heuermann/Rode KStG § 19 Rn. 22; DPM/Dötsch KStG § 19 Rn. 33.
[352] Frotscher/Drüen/Frotscher KStG § 19 Rn. 42; Gosch KStG/Neumann KStG § 19 Rn. 24.

KStG ein eigenes Einkommen zu versteuern hat, erfolgt die Anrechnung ausschließlich beim Organträger.[353]

2138–2200 *(einstweilen frei)*

[353] Frotscher/Drüen/Frotscher KStG § 19 Rn. 42; Gosch KStG/Neumann KStG § 19 Rn. 25; HHR/Isler KStG § 19 Rn. 62.

# § 8 Verunglückte Organschaft

## Übersicht



Eine verunglückte Organschaft liegt vor, wenn die Beteiligten die Bildung einer (ertragsteuerlichen) Organschaft gewollt haben, diese jedoch nicht oder zunächst nicht zustande gekommen ist bzw. nachträglich weggefallen ist.[1] Der Wegfall einer der Voraussetzungen der steuerlichen Organschaft ist hierbei grundsätzlich ohne Auswirkungen auf die Wirksamkeit des gesellschaftsrechtlichen GAV. Dieser ist weiterhin zu erfüllen, es sei denn, es erfolgt eine wirksame Kündigung bzw. sonstige Aufhebung.[2] **2201**

*(einstweilen frei)* **2202–2205**

---

1 Bott/Walter/Walter KStG § 14 Rn. 683; Gosch KStG/Neumann KStG § 14 Rn. 531; Schneider/Hinz Ubg 2009, 738.

2 Gosch KStG/Neumann KStG § 14 Rn. 531.

## A. Ursachen für eine verunglückte Organschaft

2206 Die Ursachen für eine verunglückte Organschaft können vielseitig sein. Durch die weitgehende Anknüpfung der Voraussetzungen der steuerlichen Organschaft im § 14 KStG an das Gesellschaftsrecht (insbesondere die Regeln der §§ 291 ff. AktG, die bei anderen deutschen Kapitalgesellschaften grundsätzlich analog gelten) werden die diesbezüglichen Fehlerquellen in das Ertragsteuerrecht überführt.[3] Besonders hervorzuheben sind das Nichtvorliegen bzw. der Wegfall der Voraussetzungen der finanziellen Eingliederung, der Verstoß gegen die gesellschaftsrechtlichen oder auch steuerlichen Anforderungen an den GAV oder seinen Inhalt (wie zB die Vereinbarung der 5-jährigen Mindestlaufzeit, § 14 Abs. 1 S. 1 Nr. 3 S. 1 KStG, oder der dynamischen Verweisung auf § 302 AktG, § 17 Abs. 1 S. 2 Nr. 2 KStG), dessen fehlende tatsächliche Durchführung, die vorzeitige Vertragskündigung oder sonstige Beendigung ohne steuerlich wichtigen Grund.[4]

2207 Von einer verunglückten Organschaft ist dagegen nicht auszugehen, wenn die entsprechenden Fehler bei der Durchführung des GAV nach § 14 Abs. 1 S. 1 Nr. 3 S. 4, 5 KStG unbeachtlich sind und dieser als durchgeführt gilt.[5]

2208 Die Ursachen der verunglückten Organschaft werden häufig erst iRe Betriebsprüfung und somit erst einige Jahre später aufgedeckt.[6] Ausgewählte Fallgruppen sowie mögliche Heilungsansätze werden unter → Rn. 2256 ff. näher dargestellt.

2209–2215 *(einstweilen frei)*

## B. Rechtsfolgen einer verunglückten Organschaft

2216 Die Rechtsfolgen einer verunglückten Organschaft unterscheiden sich in ihren handelsrechtlichen und steuerrechtlichen Folgen. Diese können für die beteiligten Rechtsträger von erheblicher Bedeutung sein.[7]

### I. Handelsrechtliche Folgen

2217 Sofern der GAV handelsrechtlich wirksam geschlossen wurde, ändert die Nichtanerkennung der Organschaft für steuerliche Zwecke nichts an dessen Wirksamkeit. Er entfaltet weiterhin seine Wirkungen, sodass Gewinne abzuführen bzw. Verluste auszugleichen sind, bis der Vertrag durch Kündigung oder Aufhebungsvertrag beendet wird.[8] Allerdings ändert sich – als Folge des steuerlichen Fehlschlagens – der Steueraufwand der (vermeintlichen) Organgesellschaft, was sich auf ihren Gewinn und Verlust (idR im Zeitpunkt der Fehlerkennung) auswirkt; wurde der GAV bis zu diesem Zeitpunkt noch nicht beendet, wirkt sich das auf den in diesem Wirtschaftsjahr unter dem GAV relevanten Gewinn/Verlust aus; bei beendetem GAV stellt sich die Frage, ob noch Ansprüche wegen objektiv nicht korrekt abgeführten Gewinns bzw. ausgeglichenen Verlusts bestehen.

[3] Schneider/Hinz Ubg 2009, 738.
[4] BeckOK KStG/Ebber KStG § 14 Rn. 733; Bott/Walter/Walter KStG § 14 Rn. 683; Brandis/Heuermann/Rode KStG § 14 Rn. 240; DPM/Dötsch/Pung KStG § 14 Rn. 1581.
[5] Frotscher/Drüen/Frotscher KStG § 14 Rn. 692.
[6] Bott/Walter/Walter KStG § 14 Rn. 683.1.
[7] Schneider/Hinz Ubg 2009, 738.
[8] Bott/Walter/Walter KStG § 14 Rn. 698; DPM/Dötsch/Pung KStG § 14 Rn. 1578; Frotscher/Drüen/Frotscher KStG § 14 Rn. 692; Gosch KStG/Neumann KStG § 14 Rn. 537; Rey/Starke FR 1991, 225 (226).

## II. Steuerrechtliche Folgen

Sofern die Voraussetzungen der Organschaft von Anfang an nicht vorgelegen haben, treten die dargestellten Rechtsfolgen der §§ 14 ff. KStG nie ein.[9] Das Einkommen der vermeintlichen Organgesellschaft kann insbesondere nicht dem vermeintlichen Organträger zugerechnet werden, sodass die Organgesellschaft ihr Einkommen nach den allgemeinen steuerrechtlichen Vorschriften selbst zu versteuern hat bzw. im Verlustfall diese Verluste bei ihr steuerlich berücksichtigt werden können (insbesondere durch Verlustabzug oder Verlustrück- bzw. Verlustvortrag).[10] **2218**

Ein Ausgleich von Gewinnen und Verlusten im Organkreis kann nicht erfolgen; jedoch kann die Organgesellschaft evtl. vororganschaftliche Verluste wieder berücksichtigen.[11] Auf der anderen Seite greifen auch die negativen Rechtsfolgen der Organschaft – wie beispielsweise die Haftung nach § 73 AO – nicht (mehr) ein.[12] **2219**

Der handelsrechtliche Gewinnabführungsanspruch bzw. der Verlustausgleichsanspruch besteht trotz des Scheiterns der Organschaft und wird idR auch noch durchgeführt, sodass dieser Vorgang aus steuerlicher Sicht zu würdigen ist: Nach ganz überwiegender Meinung stellt die Gewinnabführung durch die vermeintliche Organgesellschaft eine verdeckte Gewinnausschüttung an den vermeintlichen Organträger dar.[13] Hieran ändert auch ein etwaiger Rückforderungsanspruch nichts.[14] **2220**

Diese verdeckte Gewinnausschüttung darf das Einkommen der Organgesellschaft nach § 8 Abs. 3 S. 2 KStG nicht mindern.[15] Beim Organträger unterliegt die Gewinnabführung § 8b Abs. 1 KStG bzw. § 3 Nr. 40 EStG.[16] **2221**

Auch eine etwaige Rückgewähr des abgeführten Gewinns kann diese Rechtsfolge nicht verhindern, da eine einmal verwirklichte verdeckte Gewinnausschüttung grundsätzlich nicht wieder rückgängig gemacht werden kann. Vielmehr handelt es sich bei einer etwaigen Rückgewähr nach allgemeinen Grundsätzen um eine Einlage durch den Organträger.[17] **2222**

Eine etwaige Verlustübernahme stellt auf Ebene des Organträgers eine Einlage in die Organgesellschaft dar, welche auf dem steuerlichen Einlagekonto zu erfassen ist.[18] Es erhöhen sich zudem die Anschaffungskosten auf die Beteiligung an der Tochtergesellschaft.[19] Es liegt somit ein erfolgsneutraler Vorgang vor, welcher das für die Besteuerung maßgebliche Einkommen des Organträgers und der Organgesellschaft nicht beeinflusst.[20] Ein etwaiger Verlust der Organgesellschaft ist im Ausgangspunkt zwar ebenfalls nicht **2223**

---

9 DPM/Dötsch/Pung KStG § 14 Rn. 1584; Gosch KStG/Neumann KStG § 14 Rn. 539; Schneider/Hinz Ubg 2009, 738 (739).

10 KStR 14.5 Abs. 8 S. 2; Bott/Walter/Walter KStG § 14 Rn. 698; Brandis/Heuermann/Rode KStG § 14 Rn. 241; DPM/Dötsch/Pung KStG § 14 Rn. 1584; Frotscher/Drüen/Frotscher KStG § 14 Rn. 693; Gosch KStG/Neumann KStG § 14 Rn. 539; Rey/Starke FR 1991, 225 (226); Schneider/Hinz Ubg 2009, 738 (740).

11 Frotscher/Drüen/Frotscher KStG § 14 Rn. 696.

12 Schneider/Hinz Ubg 2009, 738 (740).

13 BFH 26.4.1989 – I R 152/84, BStBl. II 1989, 668; Bott/Walter/Walter KStG § 14 Rn. 699; Brandis/Heuermann/Rode KStG § 14 Rn. 241; Rey/Starke FR 1991, 225 (226); aA Frotscher/Drüen/Frotscher KStG § 14 Rn. 698, der von einer sonstigen Einkommensverwendung ausgeht, die nicht auf einem ordnungsgemäßen Gewinnverwendungsbeschluss beruht.

14 BFH 26.4.1989 – I R 152/84, BStBl. II 1989, 668.

15 Bott/Walter/Walter KStG § 14 Rn. 699; Brandis/Heuermann/Rode KStG § 14 Rn. 241.

16 Brandis/Heuermann/Rode KStG § 14 Rn. 243; DPM/Dötsch/Pung KStG § 14 Rn. 693; Schneider/Hinz Ubg 2009, 738 (740).

17 BFH 26.4.1989 – I R 152/84, BStBl. II 1989, 668; BFH 29.4.1987 – I R 176/83, BStBl. II 1987, 733; Gosch KStG/Neumann KStG § 14 Rn. 540.

18 Bott/Walter/Walter KStG § 14 Rn. 699; Brandis/Heuermann/Rode KStG § 14 Rn. 244; Pyszka GmbHR 2014, 1296 (1296); Schneider/Hinz Ubg 2009, 738 (740).

19 BFH 22.10.2008 – I R 66/07, BStBl. II 2009, 972; Bott/Walter/Walter KStG § 14 Rn. 702; Brandis/Heuermann/Rode KStG § 14 Rn. 244; Frotscher/Drüen/Frotscher KStG § 14 Rn. 694; Gosch KStG/Neumann KStG § 14 Rn. 542; Schneider/Hinz Ubg 2009, 738 (740).

20 BFH 22.10.2008 – I R 66/07, BStBl. II 2009, 972.

auszuweisen, da ein solcher durch die Aktivierung der Forderung aus dem GAV nicht entstehen kann, jedoch kommt es über die außerbilanzielle Neutralisierung des Verlustausgleichs unter dem GAV als verdeckte Einlage (§ 8 Abs. 3 S. 3 KStG) zu einem steuerlichen Verlust, der nach allgemeinen Maßstäben auf Ebene der Organgesellschaft selbständig ausgleichs- und abzugsfähig ist.[21]

2224 Etwaige nach dem GAV zu leistende Ausgleichszahlungen an Minderheitsgesellschafter führen im Falle einer verunglückten Organschaft nicht zu einer Anwendung des § 16 KStG. Vielmehr liegt eine verdeckte Gewinnausschüttung an die betroffenen Gesellschafter vor.[22]

2225 Bei einer Unwirksamkeit einer zunächst angenommenen Organschaft ist danach zu differenzieren, ob der GAV bereits fünf Jahre durchgeführt wurde:

2226 **GAV noch keine 5 Jahre durchgeführt:** Sofern der GAV zwar zivilrechtlich wirksam vereinbart wurde, aber noch nicht über die 5-jährige Mindestlaufzeit tatsächlich durchgeführt wurde, ist die Organschaft steuerlich als von Anfang an unwirksam anzusehen.[23] Es kommt zu der dargestellten Besteuerung nach den allgemeinen Vorschriften.

2227 Fraglich ist jedoch, wie es sich auswirkt, wenn eine andere Voraussetzung der Organschaft (bspw. der finanziellen Eingliederung) zeitweise wegfällt. Es ist umstritten, ob dies ebenfalls zu einer rückwirkenden oder bloß zu einer zukünftigen Versagung der Organschaft führt.

2228 Ein Teil der Literatur[24] und wohl auch die Finanzverwaltung[25] gingen davon aus, dass auch der Wegfall einer anderen Voraussetzung zu einer rückwirkenden Versagung der körperschaftsteuerlichen Organschaft führt. Hierfür wurde angeführt, dass die Zurechnung des Einkommens gerade an die Mindestlaufzeit angeknüpft werde.

2229 Dagegen sollte nach anderer Auffassung die Organschaft für alle Veranlagungszeiträume anzuerkennen sein, in denen alle Voraussetzungen vorlagen. Eine etwaige „Unterbrechung" schade nicht.[26]

2230 Der BFH hat sich in 2017 in uE zutreffender Weise der zweiten Ansicht angeschlossen.[27] Hierfür spreche insbesondere § 14 Abs. 1 S. 1 Nr. 1 S. 1 KStG und die dort vorgesehene zeitpunktbezogene Regelung, nach welcher die finanzielle Eingliederung von Beginn des Wirtschaftsjahres ununterbrochen vorliegen müsse. Ein allgemeiner Grundsatz, wonach § 14 KStG immer vertragslaufzeitbezogen ausgelegt werden müsse, existiere gerade nicht. Das wirtschaftsjahrübergreifende zeitliche Moment gelte nur für den GAV selbst und seine tatsächliche Durchführung, aber nicht generell für die übrigen Voraussetzungen eines Organschaftsverhältnisses.

2231 **GAV mehr als 5 Jahre durchgeführt:** Sofern der GAV dagegen bereits fünf Jahre ordnungsgemäß durchgeführt wurde, ist die Organschaft erst ab dem Veranlagungszeitraum nicht mehr anzuerkennen, in welchem dieser nicht mehr ordnungsgemäß durchgeführt wird. Für die davorliegenden Zeiträume bleibt die Organschaft jedoch wirksam.[28]

2232 Fraglich ist in diesen Fällen, welche Voraussetzungen an die erneute Begründung einer Organschaft zu stellen sind. Die Finanzverwaltung fordert, dass zur Neubegründung der Organschaft wieder die Mindestvertragslaufzeit von fünf Jahren erfüllt werden muss.[29] Dies wird jedoch uE zu Recht von der ganz überwiegenden Meinung (wenn auch noch ohne

---

21 Frotscher/Drüen/Frotscher KStG § 14 Rn. 694.

22 DPM/Dötsch/Pung KStG § 14 Rn. 1588; RHN/Rödder/Liekenbrock KStG § 14 Rn. 816.

23 KStR 14.5 Abs. 8 S. 1 Nr. 2; BeckOK KStG/Ebber KStG § 14 Rn. 734; Bott/Walter/Walter KStG § 14 Rn. 693; Schneider/Hinz Ubg 2009, 738 (739).

24 Lange GmbHR 2011, 806 (808); Scheifele/Marx DStR 2014, 1793 (1799).

25 KStR 14.5 Abs. 2 S. 2: Hiernach soll die Mindestlaufzeit erst mit dem Anfang des Wirtschaftsjahres beginnen, für das die Rechtsfolgen des § 14 Abs. 1 S. 1 KStG eintreten.

26 Brandis/Heuermann/Rode KStG § 14 Rn. 241a; DPM/Dötsch/Pung KStG § 14 Rn. 114, 1584; Herzberg GmbHR 2014, 85 (88); Prinz/Witt/Beinert/Nees Rn. 11.7; Schneider/Hinz Ubg 2009, 738 (739).

27 BFH 10.5.2017 – I R 51/15, BStBl. II 2018, 30; parallel BFH 10.5.2017 – I R 19/15, BStBl. II 2019, 81.

28 DPM/Dötsch/Pung KStG § 14 Rn. 1584; Schneider/Hinz Ubg 2009, 738 (739).

29 KStR 14.5 Abs. 8 S. 1 Nr. 2 S. 2.

eine explizit bestätigende Entscheidung des BFH) abgelehnt.[30] Die Organschaft wird daher mit Eintritt aller Voraussetzungen der Organschaft im folgenden Wirtschaftsjahr fortgesetzt. Der Wortlaut des § 14 Abs. 1 S. 1 Nr. 3 S. 1 KStG setzt voraus, dass der GAV während seiner gesamten Geltungsdauer durchgeführt wird. Der Sinn und Zweck der Vorschrift besteht gerade darin, eine „Bewährungsfrist" festzulegen, deren Voraussetzung durch den erstmaligen Ablauf der Fünfjahresfrist bereits erfüllt ist.[31] Das Gesetz sieht diesbezüglich keine fortlaufende Kontrolle vor.[32]

*(einstweilen frei)* **2233–2240**

## III. Zeitliche Erfassung der Gewinnabführung

Die zeitliche Erfassung des Gewinnabführungsanspruchs richtet sich bei der verunglückten Organschaft nach allgemeinen bilanziellen Grundsätzen.[33] Handelsrechtlich entsteht der Anspruch des vermeintlichen Organträgers auf Gewinnabführung bzw. die Verpflichtung zum Verlustausgleich mit dem Ablauf des jeweiligen Geschäftsjahrs. Gleiches gilt – mit umgekehrten Vorzeichen – für die Tochtergesellschaft.[34] Demzufolge sind die Forderungen und Verpflichtungen bei den beteiligten Gesellschaften zum identischen Zeitpunkt zu bilanzieren.[35] Aus diesem Grund kann es zu einer zeitlichen Verschiebung bei der Erfassung des Einkommens der Tochtergesellschaft im Vergleich mit der Situation bei einer intakten Organschaft kommen, wenn eine der beteiligten Gesellschaften ein abweichendes Wirtschaftsjahr hat.[36] **2241**

*(einstweilen frei)* **2242–2245**

## IV. Verunglückte mittelbare Organschaft

Im Rahmen einer verunglückten mittelbaren Organschaft (der Organträger ist also nicht direkt, sondern vermittelt über eine andere Gesellschaft an der Organgesellschaft beteiligt) gelten die dargestellten Grundsätze entsprechend.[37] **2246**

Auch in diesem Fall ist der GAV aus handelsrechtlicher Sicht – trotz der steuerlichen Nichtanerkennung der Organschaft – regelmäßig wirksam. Aus diesem Grund führt die Organgesellschaft zivilrechtlich ihren Gewinn unmittelbar und unter Übergehung der zwischengeschalteten Gesellschaft an den Organträger ab.[38] **2247**

Aus steuerlicher Sicht ergibt sich bei verunglückter Organschaft ein „Umweg": Die Gewinnabführung stellt dann (siehe auch bereits → Rn. 2220) eine verdeckte Gewinnausschüttung dar, die nunmehr – entsprechend allgemeiner Grundsätze – entlang der Beteiligungskette verläuft; sie ist damit zunächst als Ausschüttung von der Organgesellschaft an die Zwischengesellschaft, und erst im Anschluss als eine weitere Ausschüttung der Zwischengesellschaft an den Organträger zu behandeln.[39] Soweit zwischen dem Organ- **2248**

30 Bott/Walter/Walter KStG § 14 Rn. 723; Brandis/Heuermann/Rode KStG § 14 Rn. 132, 241a; HHR/Kolbe KStG, § 14 Rn. 207; RHN/Rödder/Liekenbrock KStG § 14 Rn. 315; Schneider/Hinz Ubg 2009, 738 (739).
31 Schneider/Hinz Ubg 2009, 738 (739).
32 Brandis/Heuermann/Rode KStG § 14 Rn. 132.
33 Bott/Walter/Walter KStG § 14 Rn. 701.1.
34 Bott/Walter/Walter KStG § 14 Rn. 701.1; DPM/Dötsch/Pung KStG § 14 Rn. 1585; Frotscher/Drüen/Frotscher KStG § 14 Rn. 699; Gosch KStG/Neumann KStG § 14 Rn. 546.
35 DPM/Dötsch/Pung KStG § 14 Rn. 1585.
36 Frotscher/Drüen/Frotscher KStG § 14 Rn. 700; Gosch KStG/Neumann KStG § 14 Rn. 546; Bott/Walter/Walter KStG § 14 Rn. 701.1.
37 Bott/Walter/Walter KStG § 14 Rn. 705; Frotscher/Drüen/Frotscher KStG § 14 Rn. 701.
38 Frotscher/Drüen/Frotscher KStG § 14 Rn. 702.
39 Bott/Walter/Walter KStG § 14 Rn. 705; Frotscher/Drüen/Frotscher KStG § 14 Rn. 702; Gosch KStG/Neumann KStG § 14 Rn. 551.

träger und der Zwischengesellschaft eine wirksame Organschaft besteht, finden in diesem Verhältnis weiterhin die Organschaftsregeln Anwendung.[40]

2249 Auch im umgekehrten Fall der Verlustübernahme ist von einer verdeckten Einlage des Organträgers über die Zwischengesellschaft in die Organgesellschaft auszugehen.[41]

2250–2255 *(einstweilen frei)*

## V. Ausgewählte Fallgruppen (mit ggf. möglichen Heilungsansätzen)

2256 Im Folgenden werden ausgewählte Fallgruppen der verunglückten Organschaft dargestellt. Aufgrund der erheblichen Rechtsfolgen für die beteiligten Gesellschaften werden auch ggf. mögliche Heilungsansätze besprochen.

### 1. Verstoß gegen Formvorschriften beim Abschluss und Abfassen des Gewinnabführungsvertrags

2257 Die steuerliche Anerkennung der Organschaft setzt voraus, dass ein wirksamer GAV geschlossen wurde. Soweit dieser fehlerhaft oder gar nichtig ist, kann auch die Organschaft nicht anerkannt werden. Dies gilt auch dann, wenn der GAV nach den Grundsätzen über die fehlerhafte Gesellschaft zivilrechtlich als wirksam behandelt wird.[42]

2258 Sofern ein steuerlich nicht anzuerkennender GAV durch den Steuerpflichtigen entdeckt oder durch die Betriebsprüfung beanstandet wird, sollte dieser schnellstmöglich angepasst werden, um die Rechtsfolgen der §§ 14 ff. KStG zumindest für das laufende Wirtschaftsjahr und die Zukunft herbeizuführen. Hierbei kann ein zivilrechtlich wirksamer Vertrag durch Vertragsänderung angepasst werden oder ein bestehender Vertrag beendet (bspw. durch einen Aufhebungsvertrag, der allerdings nur zu einem Wirtschaftsjahresende möglich ist, § 296 Abs. 1 AktG) und ein neuer Vertrag – welcher den Voraussetzungen der §§ 14 ff. KStG genügt – abgeschlossen werden.[43]

2259 Im Rahmen einer Änderung des bestehenden Vertrags ist zu berücksichtigen, dass auch hier alle formellen Voraussetzungen einzuhalten sind, welche für den Abschluss gelten (§ 295 Abs. 1 S. 2 AktG). Eine bloß schuldrechtliche Einigung ohne Eintragung ins Handelsregister und ohne Zustimmung der Gesellschafterversammlung der beherrschten Gesellschaft ist nicht ausreichend (zu weiteren Details der Vertragsänderung vgl. → § 4).[44] Erst mit der zivilrechtlichen Wirksamkeit des Änderungsvertrags können die steuerlichen Folgen der Organschaft eintreten[45], wobei in entsprechender Anwendung des § 14 Abs. 1 S. 2 KStG eine Rückwirkung auf den Beginn des laufenden Wirtschaftsjahres möglich ist.[46]

2260–2264 *(einstweilen frei)*

### 2. Fehlender angemessener Ausgleich für außenstehende Aktionäre

2265 Gemäß §§ 304 f. AktG muss der GAV einen angemessenen Ausgleichs- und Abfindungsanspruch vorsehen, wenn an der Gesellschaft außenstehende Aktionäre beteiligt sind. Sofern ein solcher Ausgleich überhaupt nicht vorgesehen ist, ist der Vertrag nach § 304 Abs. 3 S. 1 AktG nichtig. Bei Unangemessenheit ist der Vertrag dagegen nicht nichtig oder anfechtbar. Vielmehr wird die Regelung erst in einem gerichtlichen Spruchverfahren überprüft.[47] Im letztgenannten Fall kommt es damit nicht zwingend zu nachteiligen Auswirkungen auf die Anerkennung der körperschaftsteuerlichen Organschaft. Steuerliche Beson-

---

40 DPM/Dötsch/Pung KStG § 14 Rn. 1595; Frotscher/Drüen/Frotscher KStG § 14 Rn. 702.
41 DPM/Dötsch/Pung KStG § 14 Rn. 1595; Frotscher/Drüen/Frotscher KStG § 14 Rn. 703; Gosch KStG/Neumann KStG § 14 Rn. 551.
42 BFH 30.7.1997 – I R 7/97, BStBl. II 1998, 33; Schneider/Hinz Ubg 2009, 738 (740).
43 Schneider/Hinz Ubg 2009, 738 (740).
44 BFH 22.10.2008 – I R 66/07, BStBl. II 2009, 972; BFH 22.2.2006 – I R 74/05, BFH/NV 2006, 1513.
45 Schneider/Hinz Ubg 2009, 738 (741).
46 BFH 15.9.2010 – I B 27/10, BStBl. II 2010, 935; Bott/Walter/Walter KStG § 14 Rn. 638 mwN.
47 MüKoAktG/van Rossum AktG § 304 Rn. 187.

derheiten können sich jedoch aufgrund der Höhe der Ausgleichszahlung ergeben. Die beiden möglichen Ermittlungsalternativen ergeben sich aus dem (durch das JStG 2018 erheblich reformierten) § 304 Abs. 2 AktG: Die Ausgleichszahlung wird steuerlich anerkannt, wenn sie dem Mindestbetrag dieser Vorschrift entspricht. Zudem werden nach § 14 Abs. 2 S. 1 KStG auch solche Ausgleichszahlungen ermöglicht, die den Mindestbetrag übersteigen. Sie darf jedoch den dem Anteil am gezeichneten Kapital entsprechenden Gewinnanteil des Wirtschaftsjahres nicht überschreiten, der ohne GAV hätte geleistet werden können. Auch nachträgliche Anpassungen etwaiger Ausgleichszahlungen an geänderte Verhältnisse sind anzuerkennen, wenn sie sich in dem aufgezeigten Rahmen halten.[48] Ausführlich zu den Anforderungen und Grenzen der Ausgleichszahlungen für die steuerliche Organschaft → Rn. 2801 ff.

### 3. Gewinnabführungsvertrag gewährleistet nicht die Abführung des ganzen Gewinns

Der GAV muss sicherstellen, dass der „gesamte Gewinn" der Organgesellschaft an den Organträger abgeführt wird, § 14 Abs. 1 S. 1 KStG. Das gilt bei anderen Kapitalgesellschaften als AG/KGaA entsprechend (§ 17 Abs. 1 S. 1 KStG). **2266**

Nach der Rechtsprechung des BFH bestimmt sich das, was als Gewinnabführung iSv § 14 KStG zu verstehen ist, allein nach Maßgabe des Zivilrechts.[49] Diese Vorgabe wird nicht erfüllt, wenn die Abführungsverpflichtung bspw. nur den Gewinn aus einem bestimmten Betätigungsfeld erfasst oder nur eine Teilgewinnabführung iSv § 292 Abs. 2 AktG vorsieht.[50] **2267**

Sofern durch einen Vertrag gegen diese Voraussetzung verstoßen wird, kann keine wirksame körperschaftsteuerliche Organschaft begründet werden. Der entsprechende GAV muss entsprechend angepasst werden. Zivilrechtlich bleibt er aber weiterhin wirksam, sodass eine Änderung oder eine Aufhebung und ein neuer Abschluss in Betracht kommen.[51] **2268**

*(einstweilen frei)* **2269–2272**

### 4. Fehlerhafte Vereinbarung der Verlustübernahme iSd § 302 AktG

Bei einer AG, KGaA oder SE gelten bei Abschluss eines GAV die §§ 291 ff. AktG unmittelbar, und damit auch der § 302 AktG für die Einzelheiten der Verlustausgleichsverpflichtung. Für andere Kapitalgesellschaften ist es nach § 17 Abs. 1 S. 2 Nr. 2 KStG nF erforderlich, dass im GAV eine Verlustübernahme durch Verweis auf die Vorschriften des § 302 AktG in seiner jeweils gültigen Fassung vereinbart wird. Es ist also insbesondere ein sog. dynamischer Verweis auf die Regelung des § 302 AktG erforderlich. Hiervon ist die Anerkennung der Organschaft abhängig.[52] **2273**

Die neue Fassung des Gesetzes gilt für erstmals nach dem 26.2.2013 abgeschlossene GAV sowie für nach diesem Zeitpunkt geänderte Verträge. Für Altverträge (dh solche, die bis zum 27.2.2013 geschlossen und nicht nach diesem Zeitpunkt geändert wurden) bleibt es grundsätzlich bei der alten Fassung, nach der es ausreichte, wenn eine Verlustübernahme entsprechend der Regelung des § 302 AktG vereinbart war (aber keine weiteren Detailanforderungen an die Art und Weise der Vereinbarung – zB durch entsprechenden Verweis oder Wiedergabe der Regelungen – getroffen wurde).[53] Abgeschlossen ist der Vertrag nach überwiegender Auffassung durch die Unterschriften der jeweiligen Vertragspartner, sodass **2274**

48 Frotscher/Drüen/Frotscher KStG § 16 Rn. 28.

49 BFH 18.12.2002 – I R 51/01, BStBl. II 2005, 49.

50 BFH 31.3.2011 – I B 177/10, BFH/NV 2011, 1397; RHN/Rödder/Liekenbrock KStG § 14 Rn. 103; Schneider/Hinz Ubg 2009, 738 (743).

51 Hierzu auch → Rn. 2257 ff.

52 DPM/Dötsch/Pung KStG § 17 Rn. 30a; HHR/von Freeden/Schumacher KStG § 17 Rn. 40; RHN/Rödder/Joisten KStG § 17 Rn. 60.

53 Schneider/Sommer GmbHR 2013, 22 (29); BeckOK KStG/Pohl KStG § 17 Rn. 155; Brandis/Heuermann/Rode KStG § 17 Rn. 2; DPM/Dötsch/Pung KStG § 17 Rn. 31.

die Eintragung ins Handelsregister diesbezüglich ohne Relevanz ist.[54] Um Abgrenzungsschwierigkeiten zu vermeiden, ob die alte Vertragsklausel wirklich den alten Anforderungen ganz gerecht wurde, und um die Verlustausgleichsklausel zukunftsfest zu machen, wurden bis zum 31.12.2014 allerdings auch vielfach die GAVs geändert, die den alten Regelungen seinerzeit noch genügten.

2275 Für vor dem 27.2.2013 abgeschlossene oder letztmalig geänderte Altverträge, welche lediglich einen statischen Verweis auf § 302 AktG enthielten oder die bei Abschluss geltenden Regelungen wiedergaben, kam es bereits in der Vergangenheit immer wieder zu Anpassungsbedarf, wenn § 302 AktG selbst geändert wurde. Letztmals ergab sich wegen der Änderung des § 302 AktG zum 1.1.2021 ein entsprechender Anpassungsbedarf. Die Finanzverwaltung hat jedoch verlautbart, dass es der Anerkennung der Organschaft nicht entgegensteht, wenn die Anpassung der Altverträge zur Aufnahme des dynamischen Verweises nach § 17 Abs. 1 S. 2 Nr. 2 KStG spätestens bis zum Ablauf des 31.12.2021 vorgenommen wird. Darüber hinaus soll die Anpassung in den vorgenannten Fällen keinen Neuabschluss des Vertrags darstellen, sodass keine neue Mindestlaufzeit in Gang gesetzt wird.[55] Für Verträge, die auf dieser Basis angepasst wurden, aber immer noch nicht ausschließlich einen dynamischen Verweis auf § 302 AktG enthalten, muss auch weiterhin die gesetzliche Entwicklung des § 302 AktG unbedingt im Auge behalten werden.

2276 Sofern ein Verstoß gegen diese Vorgaben vorliegt, muss der GAV angepasst werden, da ansonsten die Rechtsfolgen der körperschaftsteuerlichen Organschaft nicht eintreten.[56]

2277–2280 *(einstweilen frei)*

### 5. Nichteinhaltung der fünfjährigen Mindestlaufzeit

2281 Wie dargestellt verlangt § 14 Abs. 1 S. 1 Nr. 3 KStG, dass der GAV auf mindestens 5 Jahre abgeschlossen wurde und während seiner ganzen Laufzeit tatsächlich durchgeführt wird. Wird der GAV innerhalb der Mindestlaufzeit nicht durchgehend tatsächlich durchgeführt, ist die Organschaft von Anfang an als steuerlich unwirksam anzusehen.[57] Es kommt zu den unter → Rn. 2216 ff. dargestellten Rechtsfolgen. Etwas anderes gilt nur dann, wenn die kürzere Laufzeit und tatsächliche Durchführung darauf beruht, dass der Vertrag vorzeitig aus steuerlich wichtigem Grund beendet wurde.

### 6. Fehlen/Verlust der finanziellen Eingliederung

2282 Die finanzielle Eingliederung setzt voraus, dass der Organträger an der Organgesellschaft vom Beginn ihres Wirtschaftsjahres an ununterbrochen in einem solchen Maße beteiligt ist, dass ihm die Mehrheit der Stimmrechte aus den Anteilen der Organgesellschaft zusteht, § 14 Abs. 1 S. 1 Nr. 1 S. 1 KStG. Diese kann insbesondere bei der Veräußerung von Anteilen, bei Kapitalerhöhungen oder bei Umwandlungen des Organträgers oder der Organgesellschaft wegfallen.[58]

2283 Sofern die Organschaft jedenfalls bis zur Veräußerung der Anteile beibehalten werden soll, bietet es sich an, ein Rumpfgeschäftsjahr bis zum Zeitpunkt der Veräußerung zu bilden oder aber die Veräußerung erst zum Schluss des Wirtschaftsjahres vorzunehmen.[59]

2284 Der Verlust der finanziellen Eingliederung – auch während der fünfjährigen Mindestlaufzeit – ist für die Anerkennung der Organschaft grundsätzlich unschädlich (zum früheren Streitstand vgl. → Rn. 2227 ff.). Ihr Wegfall führt insbesondere nicht dazu, dass die Organschaft insgesamt nicht anerkannt wird. Entscheidend für die Anerkennung der Organschaft

[54] DPM/Dötsch/Pung KStG § 17 Rn. 31; Brandis/Heuermann/Rode KStG § 17 Rn. 29; Gosch KStG/Neumann KStG § 17 Rn. 13a; aA BeckOK KStG/Pohl KStG § 17 Rn. 155.1.
[55] BMF 24.3.2021, BStBl. I 2021, 379; zustimmend: RHN/Rödder/Joisten KStG § 17 Rn. 61a.
[56] Schneider/Hinz Ubg 2009, 738 (741).
[57] Dazu → Rn. 2218 ff.
[58] Bott/Walter/Walter KStG § 14 Rn. 694.
[59] Bott/Walter/Walter KStG § 14 Rn. 694.

in einem Wirtschaftsjahr ist in diesem Zusammenhang allein, dass die finanzielle Eingliederung jeweils während des gesamten Wirtschaftsjahres vorgelegen haben muss (§ 14 Abs. 1 S. 1 Nr. 1 S. 1 KStG).[60]

*(einstweilen frei)* **2285–2288**

### 7. Unterlassene/fehlerhafte Durchführung des Gewinnabführungsvertrages

Der abgeschlossene und wirksame GAV muss auch während seiner gesamten Geltungsdauer tatsächlich durchgeführt werden, § 14 Abs. 1 S. 1 Nr. 3 S. 1 KStG. **2289**

Dies ist nach der Rechtsprechung der Fall, wenn der GAV entsprechend den vertraglichen Vereinbarungen vollzogen wird; das verlangt insbesondere die Abführung des ganzen Gewinns, wobei der Gewinn nach den Grundsätzen ordnungsmäßiger Buchführung zu ermittelten ist.[61] Bei der Ermittlung des ganzen Gewinns ist zu berücksichtigen, dass § 301 S. 1 AktG gewisse Begrenzungen gelten: Abzuführen ist höchstens der ohne die Gewinnabführung entstehende Jahresüberschuss, vermindert um einen Verlustvortrag aus dem Vorjahr sowie vermindert um bestimmte Abführungssperren (dazu → Rn. 2601 ff.). Der Anspruch auf Abführung des Gewinns oder auf Übernahme der Verluste entsteht zum Bilanzstichtag der Organgesellschaft. Der Anspruch ist grundsätzlich auf eine Geldleistung gerichtet, muss aber nicht zwingend in Geld erfüllt werden; es ist jedenfalls grundsätzlich anerkannt, dass auch Leistungen an Erfüllungs statt (wie zB Aufrechnung o.ä.) möglich sind, wobei aber je nach Art der Vornahme ggfls. Besonderheiten zu berücksichtigen sind.[62] **2290**

Sofern nicht der ganze Gewinn abgeführt wird (bspw. durch eine fehlerhafte Ermittlung), wurde der GAV nicht ordnungsgemäß durchgeführt.[63] Die steuerliche Organschaft kann also grundsätzlich nicht anerkannt werden. Allerdings kommt eine Heilung dieses Fehlers nach § 14 Abs. 1 S. 1 Nr. 3 S. 4 f. KStG in Betracht: Dieser enthält eine sog. Durchführungsfiktion.[64] Hiernach gilt der GAV als durchgeführt, wenn der Jahresabschluss wirksam festgestellt ist, die Fehlerhaftigkeit bei Erstellung des Jahresabschlusses unter Anwendung der Sorgfalt eines ordentlichen Kaufmanns nicht hätte erkannt werden müssen und ein von der Finanzverwaltung beanstandeter Fehler spätestens in dem nächsten nach dem Zeitpunkt der Beanstandung des Fehlers aufzustellenden Jahresabschluss der Organgesellschaft und des Organträgers korrigiert und das Ergebnis entsprechend abgeführt oder ausgeglichen wird, soweit es sich um einen Fehler handelt, der in der Handelsbilanz zu korrigieren ist. Ausführlich zu dieser Durchführungsfiktion → Rn. 1094 ff. **2291**

Vor Einführung dieser gesetzlichen Heilungsmöglichkeit durch die sog. kleine Organschaftsreform hatte sich die Praxis oftmals damit beholfen, bei später entdeckten Fehlern eine rückwirkende Änderung aller handelsrechtlichen Jahresabschlüsse zurück bis zur Fehlerquelle vorzunehmen[65] und den sich dann ergebenden Differenzbetrag tatsächlich auszugleichen.[66] Ob dies die Organschaft tatsächlich rettet, hat der BFH nicht entscheiden müssen.[67] Diese Option sollte auch heute – ergänzend bzw. alternativ zur neuen gesetzlichen Heilungsfiktion (die eine Korrektur in laufender Rechnung ermöglicht) – weiter **2292**

---

[60] BFH 10.5.2017 – I R 51/15, BStBl. II 2018, 30; parallel BFH 10.5.2017 – I R 19/15, BStBl. II 2019, 81; BFH 2.11.2022 – I R 29/19, BStBl. II 2023, 405.

[61] BFH 21.10.2010 – IV R 21/07, BStBl. II 2014, 481.

[62] DPM/Dötsch/Pung KStG § 14 Rn. 549 f.; RHN/Rödder/Liekenbrock KStG § 14 Rn. 319; ausführlich Schneider/Müller DStR 2023, 537.

[63] Schneider/Hinz Ubg 2009, 738 (743).

[64] BeckOK KStG/Ebber KStG § 14 Rn. 480w; RHN/Rödder/Liekenbrock KStG § 14 Rn. 373.

[65] Die Pflicht hierzu setzt freilich einen Fehler von erheblichem Gewicht voraus; bei Mängeln, die nicht zur Nichtigkeit des Jahresabschlusses führen, ist eine Rückwärtsberichtigung zulässig, aber nicht verpflichtend, siehe IDW RS HFA 6 Rn. 15 ff.

[66] Schneider/Hinz Ubg 2009, 738; Brandis/Heuermann/Rode KStG § 14 Rn. 149.

[67] Offen gelassen von BFH 21.10.2010 – IV R 21/07 BStBl. II 2014, 481; dort fehlte es jedenfalls an der tatsächlichen Abführung der Differenz. Für die Beachtlichkeit zB Schneider/Hinz Ubg 2009, 738; Meining GmbHR 2010, 309; dagegen Gosch KStG/Neumann KStG § 14 Rn. 310.

eröffnet sein, denn es ist nicht erkennbar, dass § 14 Abs. 1 S. 1 Nr. 3 KStG abschließenden Charakter haben soll.[68]

2293–2295 *(einstweilen frei)*

### 8. (Relevante und nicht geheilte) Bilanzierungsfehler bei der Organgesellschaft

2296 Die Durchführung des GAVs setzt voraus, dass der Gewinn nach den Grundsätzen ordnungsmäßiger Buchführung zutreffend ermittelt worden ist.[69] In diesem Rahmen sind die handelsrechtlichen Maßstäbe maßgeblich.[70]

2297 Ob ein Bilanzansatz fehlerhaft ist, richtet sich danach, ob der Steuerpflichtige die Fehlerhaftigkeit spätestens im Zeitpunkt der Feststellung des Jahresabschlusses bei pflichtgemäßer und gewissenhafter Prüfung hätte erkennen können. Es gilt der subjektive Fehlerbegriff des Handelsrechts und nicht – wie bei der Steuerbilanz – der objektive Fehlerbegriff.[71] Sofern ein materieller Bilanzierungsfehler in der Handelsbilanz vorliegt, ist der GAV nicht tatsächlich durchgeführt. Es kommt jedoch (wie oben dargelegt → Rn. 2291) eine Heilung nach § 14 Abs. 1 S. 1 Nr. 3 S. 4 f. KStG in Betracht.[72]

2298–2301 *(einstweilen frei)*

### 9. Vergessener (und nicht geheilter) Ausgleich vorvertraglicher Verluste

2302 Die Organgesellschaften müssen für die steuerliche Anerkennung der Organschaft den GAV tatsächlich durchführen und es muss insbesondere der gesamte Gewinn an den Organträger abgeführt werden, § 14 Abs. 1 KStG. Tatsächlich durchgeführt wird dieser, wenn er entsprechend den vertraglichen Vereinbarungen vollzogen wird. Der Gewinn muss nach den Grundsätzen ordnungsmäßiger Buchführung ermittelt und anschließend tatsächlich vertragsgemäß an den Organträger abgeführt werden (zur Ermittlung inkl. der Berücksichtigung von Abführungssperren vgl. bereits → Rn. 2290 sowie → Rn. 2601 ff.).[73]

2303 Gemäß § 301 S. 1 AktG kann eine Gesellschaft jedoch als ihren Gewinn höchstens den ohne die Gewinnabführung entstehenden Jahresüberschuss, vermindert um einen Verlustvortrag aus dem Vorjahr, um den Betrag, der nach § 300 AktG in die gesetzlichen Rücklagen einzustellen ist und den nach § 268 Abs. 8 HGB ausschüttungsgesperrten Betrag, abführen.

2304 Hierbei ist zu berücksichtigen, dass nach § 301 AktG der Jahresüberschuss insbesondere zwingend um einen etwaigen handelsrechtlichen Verlustvortrag aus vorvertraglicher Zeit vermindert werden muss. Andernfalls wird der GAV nicht tatsächlich durchgeführt, sodass die Organschaft steuerlich zu versagen ist.[74] Hierin ist insbesondere keine (möglicherweise) unbeachtliche Nebenpflichtverletzung zu sehen.[75] Auch eine nachträgliche Heilung war – jedenfalls nach altem Recht – nicht möglich.[76]

2305 Allerdings wurde durch das Gesetz zur Änderung und Vereinfachung der Unternehmensbesteuerung und des steuerlichen Reisekostenrechts[77] § 14 Abs. 1 S. 1 Nr. 3 S. 4 und 5 KStG eingefügt, wonach Bilanzierungsfehler nachträglich geheilt werden können. Das

---

[68] Brandis/Heuermann/Rode KStG § 14 Rn. 149; Schneider/Sommer GmbHR 2013, 22 (24); Bott/Walter KStG § 14 Rz. 652.1; aA Frotscher/Drüen/Frotscher KStG § 14 Rn. 445y.

[69] BFH 21.10.2010 – IV R 21/07, BStBl. II 2014, 481.

[70] Brandis/Heuermann/Rode KStG § 14 Rn. 148; RHN/Rödder/Liekenbrock KStG § 14 Rn. 324.

[71] Brandis/Heuermann/Rode KStG § 14 Rn. 148; Dötsch/Pung DB 2013, 305 (309); Gosch KStG/Neumann KStG § 14 Rn. 333; RHN/Rödder/Liekenbrock KStG § 14 Rn. 378.

[72] Hierzu auch → Rn. 2289 ff.

[73] BFH 21.10.2010 – IV R 21/07, BStBl. II 2014, 481.

[74] BFH 21.10.2010 – IV R 21/07, BStBl. II 2014, 481; Rohrer/von Goldacker/Huber DB 2009, 360 (360); Schneider/Hinz Ubg 2009, 738 (744).

[75] BFH 21.10.2010 – IV R 21/07, BStBl. II 2014, 481; DPM/Dötsch/Pung KStG § 14 Rn. 390; Gosch KStG/Neumann KStG § 14 Rn. 312b.

[76] Gosch KStG/Neumann KStG § 14 Rn. 312b.

[77] BGBl. I 2013, 285.

erfasst auch die nachträgliche Korrektur der Nichtberücksichtigung vororganschaftlicher Verluste.[78]

*(einstweilen frei)* **2306–2309**

### 10. Abführung vorvertraglicher Gewinnrücklagen oder vorvertraglicher und vertraglicher Kapitalrücklagen

Eine Abführung von Kapitalrücklagen sowie von vorvertraglichen Gewinnrücklagen ist nicht vom zulässigen Höchstbetrag des § 301 AktG erfasst, sodass der GAV bei einem Verstoß gegen diese Vorgabe grundsätzlich als nicht durchgeführt angesehen wird.[79] Allerdings kommt nach hM eine Heilung nach § 14 Abs. 1 S. 1 Nr. 3 S. 4 ff. KStG in Betracht.[80] **2310**

Darüber hinaus darf auch ein vor dem Inkrafttreten des GAVs vorhandener Gewinnvortrag weder abgeführt noch zum Ausgleich eines auszugleichenden Jahresfehlbetrags verwendet werden, da der Jahresüberschuss nach § 301 AktG keinen Gewinnvortrag umfasst.[81] **2311**

Nicht schädlich für die Organschaft ist es dagegen, wenn die Organgesellschaft diese Beträge (Kapitalrücklagen bzw. vorvertragliche Gewinnrücklagen oder -vorträge) auflöst und den entsprechenden Gewinn außerhalb des GAVs an ihre Anteilseigner ausschüttet. In diesem Fall greift nicht die Rechtsfolge des § 14 KStG, sondern die für die Gewinnausschüttung geltenden allgemeinen Grundsätze.[82] **2312**

*(einstweilen frei)* **2313–2316**

### 11. Verstoß gegen § 14 Abs. 1 S. 1 Nr. 4 KStG bei der Rücklagenbildung

§ 14 Abs. 1 S. 1 Nr. 4 KStG sieht vor, dass Beträge aus dem Jahresüberschuss nur insoweit in die Gewinnrücklagen mit Ausnahme der gesetzlichen Rücklage eingestellt werden dürfen, als dies bei vernünftiger kaufmännischer Beurteilung wirtschaftlich begründet ist. Die Finanzverwaltung verlangt, dass für die Bildung der Rücklagen ein konkreter Anlass gegeben sein muss, der es auch aus objektiver unternehmerischer Sicht rechtfertigt, eine Rücklage zu bilden.[83] **2317**

Das Handelsrecht sieht dagegen keine Einschränkung bezüglich der Bildung von Rücklagen vor.[84] Durch die beschriebene steuerliche Einschränkung soll sichergestellt werden, dass tatsächlich der ganze Gewinn abgeführt wird. Ohne die Einschränkung stünde es im freien Belieben der zuständigen Organe, ob und in welcher Höhe Rücklagen gebildet werden, welche eine Gewinnabführung (teilweise) verhindern würden.[85] **2318**

Ein etwaiger Verstoß gegen die Vorgaben des § 14 Abs. 1 S. 1 Nr. 4 KStG führt zu einer steuerlichen Nichtanerkennung der Organschaft, weil der GAV nicht durchgeführt worden ist.[86] Eine Heilung nach § 14 Abs. 1 S. 1 Nr. 3 S. 4 KStG scheidet nach überwiegender Auffassung aus, da kein fehlerhafter Bilanzansatz im handelsrechtlichen Jahresabschluss vorliegt.[87] **2319**

[78] So die Gesetzesbegründung, BT-Drs. 17/10774, 20; zustimmend auch die Finanzverwaltung (OFD Frankfurt a. M. 30.5.2016, DStR 2016, 1375) und die ganz hM in der Literatur, vgl. DPM/Dötsch/Pung KStG § 14 Rn. 390; Prinz/Ludwig FR 2020, 1069; Stangl/Brühl DK 2013, 77 (87).

[79] KStR 14.5 Abs. 4; Schneider/Hinz Ubg 2009, 738 (747).

[80] OFD Frankfurt 30.5.2016, DStR 2016, 1375; Dötsch/Pung DB 2013, 305 (309); Prinz/Ludwig FR 2020, 1069 (1072).

[81] KStR 14.5 Abs. 4 S. 2.

[82] KStR 14.5 Abs. 4 S. 4 und 5; Schneider/Hinz Ubg 2009, 738 (747).

[83] KStR 14.5 Abs. 5 Nr. 3 S. 3.

[84] HHR/Kolbe KStG § 14 Rn. 245.

[85] BFH 29.10.1980 – I R 61/77, BStBl. II 1981, 336; HHR/Kolbe KStG § 14 Rn. 245.

[86] BFH 29.10.1980 – I R 61/77, BStBl. II 1981, 336; HHR/Kolbe KStG § 14 Rn. 245; Gosch KStG/Neumann KStG § 14 Rn. 323.

[87] Frotscher/Drüen/Frotscher KStG § 14 Rn. 445g; DPM/Dötsch/Pung KStG § 14 Rn. 512; HHR/Kolbe KStG § 14 Rn. 253; Prinz/Ludwig FR 2020, 1069 (1072); aA Bott/Walter/Walter KStG § 14 Rn. 652.2.

2320–2324 *(einstweilen frei)*

### 12. Ort der Geschäftsleitung der Organgesellschaft wird ins Ausland verlegt

2325 Eine Kapitalgesellschaft ist nur dann eine taugliche Organgesellschaft, wenn sich ihre Geschäftsleitung im Inland befindet, § 14 Abs. 1 S. 1 KStG. Unter einer Geschäftsleitung ist nach § 10 AO der Mittelpunkt der geschäftlichen Oberleitung zu verstehen. Hierbei stellt die Rechtsprechung zentral auf den Ort ab, an welchem die für die Geschäftsführung notwendigen Maßnahmen von einiger Wichtigkeit angeordnet werden.[88]

2326 Durch die Verlegung des Orts der Geschäftsleitung ins Ausland entfällt dieser notwendige Inlandsbezug, sodass ein bestehendes Organschaftsverhältnis zwingend beendet wird.[89] Sofern diese Verlegung unterjährig erfolgt, entfällt die Organschaft für das gesamte laufende Wirtschaftsjahr. Es kommt jedoch uE nicht zu einer rückwirkenden Aberkennung bis zum Beginn der Laufzeit des GAVs, wenn dieser für die Mindestdauer von fünf Jahren abgeschlossen und tatsächlich durchgeführt wurde.[90] Denn die Forderung des zeitlichen durchgehenden Vorliegens besteht nach dem Gesetz für die Mindestlaufzeit des Vertrags und die tatsächliche Durchführung, aber nicht grundsätzlich für die übrigen Organschaftsvoraussetzungen (siehe oben → Rn. 2227 ff.).

2327 Zur Vermeidung einer ungewollten Verlagerung sollte bei etwaigen Funktionsverlagerungen bei der Organgesellschaft immer kritisch hinterfragt werden, ob hierdurch der Ort der Geschäftsleitung nicht verlegt werden könnte.

2328–2330 *(einstweilen frei)*

### 13. Organträger-Personengesellschaft ist nicht (mehr) originär gewerblich tätig

2331 Eine körperschaftsteuerliche Organschaft setzt voraus, dass sich die Organgesellschaft durch einen GAV verpflichtet, ihren ganzen Gewinn an ein einziges anderes gewerbliches Unternehmen abzuführen, § 14 Abs. 1 S. 1 KStG. Ist die Organträgerin eine Personengesellschaft, verlangt das Gesetz zusätzlich, dass diese originär gewerblich tätig ist (§ 14 S. 1 Abs. 1 Nr. 2 S. 2 KStG). Sofern diese Voraussetzung vorlag, diese Tätigkeit jedoch später wegfällt, treten die unter → Rn. 2325 ff. dargestellten Rechtsfolgen ein.

2332–2335 *(einstweilen frei)*

### 14. Keine Zuordnung der Anteile an der Organgesellschaft zu inländischer Betriebsstätte des Organträgers

2336 Nach § 14 Abs. 1 S. 1 Nr. 2 S. 4 KStG muss die Beteiligung iSd von dessen Nummer 1 an der Organgesellschaft (bzw. bei mittelbarer Beteiligung an der Organgesellschaft, die Beteiligung iSd Nummer 1 an der vermittelnden Gesellschaft) ununterbrochen während der gesamten Dauer der Organschaft einer inländischen Betriebsstätte iSd § 12 AO des Organträgers zuzuordnen sein. Ist der Organträger mittelbar über eine oder mehrere Personengesellschaften an der Organgesellschaft beteiligt, gilt dies sinngemäß, § 14 Abs. 1 S. 1 Nr. 2 S. 5 KStG. Diese Regelung dient der Sicherstellung der Besteuerung des Organeinkommens im Inland und etwaiger Veräußerungsgewinne aus dem Verkauf der Organbeteiligung.[91] Sofern diese Voraussetzung nicht mehr vorliegt, scheitert die steuerliche Anerkennung der Organschaft. Die unter → Rn. 2216 ff. dargestellten Rechtsfolgen gelten entsprechend. Da § 14 Abs. 1 S. 1 Nr. 2 S. 4 KStG eine Zuordnung der Organgesellschaft bzw. der diese vermittelnden Gesellschaft zu einer inländischen Betriebsstätte des Organträgers „ununterbrochen während der gesamten Dauer der Organschaft" fordert, stellt sich abermals die Frage, ob ein Entfall der inländischen Betriebsstättenzuordnung lediglich

[88] BFH 7.12.1994 – I K 1/93, BStBl. II 1995, 175; BFH 3.7.1997 – IV R 58/95, BStBl. II 1998, 86.
[89] DPM/Dötsch/Pung KStG § 14 Rn. 97; KKK/Kessler/Arnold KonzernStR § 8 Rn. 277.
[90] Siehe dazu auch → Rn. 2218 ff.; DPM/Dötsch/Pung KStG § 14 Rn. 97.
[91] RHN/Rödder/Liekenbrock KStG § 14 Rn. 370.

Auswirkungen für den Besteuerungszeitraum des Entfalls der Zuordnung und diesem nachfolgende Besteuerungszeiträume hat, oder gleichsam den Bestand der gesamten Organschaft „infiziert", sodass auch rückwirkend die Organschaft abzuerkennen sein soll. Der BFH hat hierzu – soweit ersichtlich – bisher noch nicht Stellung genommen. In seiner Entscheidung vom 10.5.2017 deutet er jedoch an, dass er – anders als für den Fall der finanziellen Eingliederung oder der gewerblichen Tätigkeit des Organträgers – in § 14 Abs. 1 S. 1 Nr. 2 S. 4 KStG durchaus eine zeitraumbezogene Voraussetzung sieht, die es dauerhaft zu erfüllen gilt.[92] In der Literatur wird einerseits vertreten, dass die Verletzung des Inlandsnexus zumindest dann nur eine laufende bzw. zukünftige Aberkennung der Organschaft zur Folge hat, wenn die fünfjährige Mindestlaufzeit eingehalten wird.[93] Andere Stimmen halten zumindest einen Entfall der Betriebsstättenzuordnung während der 5-jährigen Mindestvertragslaufzeit für dahingehend schädlich, dass dann – bei Nichtvorliegen eines wichtigen Grundes für den vorzeitigen Entfall – eine rückwirkende Aberkennung der Organschaft stattfinden soll.[94] Dem BFH ist insoweit zuzugeben, dass der Wortlaut des § 14 Abs. 1 S. 1 Nr. 2 S. 4 KStG ohne Zweifel einen Zeitraumbezug aufweist, der auch deutlich weiter ist, als die in § 14 Abs. 1 S. 1 Nr. 1 S. 1 und Nr. 3 S. 1 KStG genannten zeitlichen Kriterien. Bei einer bloßen Wortlautanwendung wird man deshalb zu dem Ergebnis gelangen können, dass die Organschaft bei Verletzung des inländischen Betriebsstättennexus vollständig, dh auch mit rückwirkendem Effekt für bereits abgelaufene Besteuerungszeiträume, abzuerkennen sein soll, soweit das steuerliche Verfahrensrecht eine Änderung bzw. Aufhebung der unterliegenden Steuerfestsetzungen und gesonderten und einheitlichen Feststellungen noch erlaubt. Eine Lesart, wonach zwischen einer Verletzung des Betriebsstättenzusammenhangs innerhalb oder außerhalb der 5-jährigen Mindestvertragslaufzeit zu differenzieren sein soll, scheint jedenfalls nicht zwingend. Andererseits scheint eine – lediglich durch die Änderbarkeit der unterliegenden Bescheide begrenzte – uneingeschränkte Rückwirkung des Wegfalls der Organschaft stark überschießend, um das Ziel einer inländischen Steuerverhaftung des Organeinkommens und der Verhinderung weißer Einkünfte[95] zu erreichen. So wird man jedenfalls festhalten können, dass der Gesetzeswortlaut missglückt ist und uE zumindest bei einer sehr weiten Lesart des Inlandsnexuserfordernisses verfassungsrechtliche Zweifel angezeigt sind. Der Gesetzgeber sollte hier nachbessern und sich für eine eindeutig handhabbare und verhältnismäßige Regelung zur Sicherung der Besteuerung des Organeinkommens entscheiden. In Anbetracht des potenziell nahezu uferlosen Wortlauts von § 14 Abs. 1 S. 1 Nr. 2 S. 4 KStG sind uE Bestrebungen zu einer weiten Anwendung des Betriebsstättennexus zu begrüßen.[96]

*(einstweilen frei)* **2337–2340**

## 15. Beendigung des Vertrags ohne wichtigen Grund vor Ablauf der fünfjährigen Mindestdauer

Sofern der GAV ohne wichtigen Grund vor Ablauf der fünfjährigen Mindestdauer beendet **2341** wird, wird die Organschaft rückwirkend nicht anerkannt. Die Organgesellschaft muss ihr Einkommen nach allgemeinen Grundsätzen versteuern.[97] Die zivilrechtliche Wirksamkeit

---

92 BFH 10.5.2017 – I R 51/15, BStBl. II 2018, 30, Rn. 28.

93 RHN/Rödder/Liekenbrock KStG § 14 Rn. 266 f. mwN; Frotscher/Drüen/Frotscher KStG § 14 Rn. 141k; Bott/Walter/Walter KStG § 14 Rn. 235 zieht insoweit begründend die BFH-Entscheidung vom 10.5.2017 heran, obwohl diese jedoch Streitjahre betrifft, die weit vor der Einführung des heutigen § 14 Abs. 1 S. 1 Nr. 2 S. 4 KStG lagen.

94 Beneke/Schnitger IStR 2013, 143 (154); Schwenke ISR 2013, 41 (46); so wohl auch OFD Karlsruhe 16.1.2014 – S 2770/52/2-St 221, BeckVerw 281800.

95 Dazu BT-Drs. 17/10774, 19.

96 RHN/Rödder/Liekenbrock KStG § 14 Rn. 266 f. mwN sprechen sich zB für die Unschädlichkeit eines Zuordnungswechsels zu einer anderen Inlandsbetriebsstätte desselben Organträgers oder eines Wechsels von unmittelbarer zu mittelbarer Organschaft und umgekehrt aus.

97 Ausführlich hierzu → Rn. 2218 ff.; KStR 14.5 Abs. 8 S. 2; HHR/Kolbe KStG § 14 Rn. 207.

bleibt hiervon allerdings unberührt, sodass für etwaige Gewinnabführungen oder Verlustübernahmen ein Rechtsgrund besteht und somit eine Rückabwicklung ausscheidet.[98]

2342–2345 *(einstweilen frei)*

### 16. Unterjährige Beendigung des Gewinnabführungsvertrags ohne Bildung eines Rumpfwirtschaftsjahres

2346 Soweit der GAV unterjährig beendet wird, besteht für das gesamte laufende Geschäfts- bzw. Wirtschaftsjahr keine körperschaftsteuerlich wirksame Organschaft, § 14 Abs. 1 S. 1 Nr. 3 S. 3 KStG. Die Organschaft endet demnach früher als der GAV, welcher bis zur wirksamen Kündigung bzw. Aufhebung durchzuführen ist.[99] Aus diesem Grund sollte idR ein Rumpfwirtschaftsjahr gebildet werden und die Kündigung bzw. sonstige Aufhebung sollte erst zu dessen Beendigung erfolgen. In diesem Fall treten die Rechtsfolgen der Organschaft noch bis zum Ende des Rumpfwirtschaftsjahres ein.[100] Zur Bildung eines solchen Rumpfwirtschaftsjahres bedarf es der Zustimmung des Finanzamtes.[101] Auch bei einer geplanten Veräußerung der Organgesellschaft ist dieses Vorgehen sinnvoll, denn dem Erwerber wird es ermöglicht, eine Anschlussorganschaft zu begründen, sofern die Übertragung der Anteile mit Ablauf des Rumpfwirtschaftsjahres erfolgt (sog. Mitternachtsgeschäft).[102]

2347–2400 *(einstweilen frei)*

---

[98] HHR/Kolbe KStG § 14 Rn. 207.

[99] Brandis/Heuermann/Rode KStG § 14 Rn. 167; RHN/Rödder/Liekenbrock KStG § 14 Rn. 370.

[100] Brandis/Heuermann/Rode KStG § 14 Rn. 167; Füger/Rieger/Schell DStZ 2015, 404 (411); HHR/Kolbe KStG § 14 Rn. 217; RHN/Rödder/Liekenbrock KStG § 14 Rn. 372.

[101] Füger/Rieger/Schell DStZ 2015, 404 (411). Die Zustimmung ist nach KStR 14.4 Abs. 3 bei Schaffung eines Rumpfwirtschaftsjahres im Zusammenhang mit der Begründung oder Beendigung einer Organschaft zu erteilen.

[102] Siehe KStR 14.4 Abs. 2; sa Füger/Rieger/Schell DStZ 2015, 404 (411).

# III. Spezialfragen der körperschaftsteuerlichen Organschaft

## § 9 Verfassungs- und unionsrechtliche Aspekte der Organschaft (KStG)

**Übersicht**



### A. Einführung

Die Geschichte der körperschaftsteuerlichen Organschaft reicht bis ins deutsche Kaiserreich zurück.[1] Insofern kann man sie sicherlich als eins der etabliertesten Institute des deutschen Unternehmensteuerrechts bezeichnen. Allein ihr über hundertjähriger Bestand feit sie aber nicht vor verfassungs- und unionsrechtlichen Zweifelsfragen. Höherrangiges Recht limitiert das einfachgesetzliche Steuerrecht und gibt dem Gesetzgeber in manchen Hinsichten Gestaltungsvorgaben. Es hegt den gesetzgeberischen Gestaltungsspielraum ein. **2401**

Recht entwickelt sich dynamisch; sowohl das einfachgesetzliche als auch das höherrangige Recht. Wie alle einfachgesetzlichen Rechtsinstitute muss sich auch die körperschaftsteuerliche Organschaft stets am höherrangigen Recht messen lassen und mit diesem Schritt halten. Obwohl sich einige verfassungs- und unionsrechtliche Fragen bereits seit Jahren oder gar Jahrzehnten stellen, sind sie vor dem Hintergrund der stetigen Rechtsentwicklung immer wieder aufs Neue zu beurteilen.

*(einstweilen frei)* **2402–2410**

1 Ursprünglich entwickelt durch das Preußische OVG in Steuersachen, siehe PrOVGSt 31.5.1902 – VI G. 38/01, PrOVGSt 10, 391 (392 ff.); zur historischen Entwicklung insgesamt zB Schön/Osterloh-Konrad/Hüttemann Kernfragen des Unternehmensteuerrechts, 127 (128 f.).

## B. Verfassungsrechtliche Aspekte

### I. Verfassungsrechtlicher Rahmen der Unternehmensbesteuerung

2411 Verfassungsrechtliche Vorgaben ergeben sich für das Steuerrecht insbesondere aus den Vorgaben der Finanzverfassung in den Art. 105 ff. GG sowie den Grundrechten. Rechtsstaatliche Grundprinzipien der Gesetzgebung wie Bestimmtheitsgebot und Rückwirkungsverbot gelten für steuerrechtliche Normen in gleichem Maße wie für alle anderen Rechtsbereiche. Insbesondere dem in Art. 3 Abs. 1 GG normierten allgemeinen Gleichheitssatz kommt für steuerrechtliche Belange aber besondere Bedeutung zu. Aus ihm werden die systemtragenden Prinzipien abgeleitet, die das gesamte Steuerrecht bestimmen und durchziehen.

Das als Fundamentalprinzip[2] des deutschen Steuerrechts beschworene Leistungsfähigkeitsprinzip wird primär aus dem allgemeinen Gleichheitssatz abgeleitet.[3] Einfluss nehmen aber auch die Vorgaben des Sozialstaatsprinzips[4] sowie der Eigentums- und Berufsfreiheit.[5] Beschrieben wird die steuerliche Leistungsfähigkeit als die Fähigkeit von Personen, Steuern aus dem gespeicherten Einkommen entsprechend der Höhe des disponiblen Einkommens zahlen zu können.[6] Dem gleichheitsrechtlichen Ursprung folgend geht damit der Anspruch horizontaler und vertikaler Lastengleichheit einher: Steuerpflichtige mit gleicher Leistungsfähigkeit sollen in gleichem Maße mit Steuern belastet werden, unterschiedlich leistungsfähige Steuerpflichtige entsprechend unterschiedlich.[7]

2412 Eng verwandt mit dem Prinzip leistungsfähigkeitsgerechter Besteuerung ist das Gebot folgerichtiger Rechtssetzung. Dem steuerrechtlichen Gesetzgeber wird verfassungsgerichtlich ein im Ausgangspunkt weiter Gestaltungsspielraum hinsichtlich der Auswahl von Steuergegenstand und Bestimmung des Steuersatzes zugestanden.[8] Die in diesem Rahmen legislativ getroffene Belastungsentscheidung muss anschließend dem Gebot der gleichmäßigen Besteuerung folgend aber folgerichtig umgesetzt und weiterentwickelt werden.[9] Neue gesetzliche Entwicklungen müssen sich an den grundlegenden gesetzgeberischen Entscheidungen messen lassen. Das Folgerichtigkeitsgebot basiert auf dem Ziel einer gleichmäßigen Besteuerung und ist somit ebenfalls Ausfluss des allgemeinen Gleichheitssatzes.

2413 Eine besondere Ausprägung des Leistungsfähigkeitsprinzips[10] ist bei den Personensteuern der Grundsatz der Individualbesteuerung, demzufolge beim Steuerpflichtigen nur das besteuert werden kann, was von ihm selbst erzielt wird bzw. ihm zuzurechnen ist.[11] Als

[2] Tipke Die Steuerrechtsordnung Bd. 1 494.

[3] Erstmals BVerfG 17.1.1957 – 1 BvL 4/54, BVerfGE 6, 55 (67), seitdem ständige Rspr. zB BVerfG 29.3.2017 – 2 BvL 6/11, BVerfGE 145, 106 (142); BVerfG 12.10.2010 – 1 BvL 12/07, BVerfGE 127, 224 (248); BVerfG 26.1.1994 – 1 BvL 12/86, BVerfGE 89, 346 (352); BVerfG 22.2.1984 – 1 BvL 10/80, BVerfGE 66, 214 (223).

[4] Tipke Die Steuerrechtsordnung Bd. 1 484.

[5] Kirchhof StuW 1985, 319 (323).

[6] Tipke Die Steuerrechtsordnung Bd. 1 480.

[7] ZB BVerfG 29.3.2017 – 2 BvL 6/11, BVerfGE 145, 106 (142 f.); BVerfG 15.12.2015 – 2 BvL 1/12, BVerfGE 141, 1 (40); BVerfG 9.12.2008 – 2 BvL 1/07, 2 BvL 2/07, 2 BvL 1/08, 2 BvL 2/08, BVerfGE 122, 210 (231); BVerfG 4.12.2002 – 2 BvR 400/98, 2 BvR 1735/00, BVerfGE 107, 27 (46 f.); BVerfG 10.11.1998 – 2 BvL 42/93, BVerfGE 99, 246 (260); BVerfG 29.5.1990 – 1 BvL 20/84, 1 BvL 26/84, 1 BvL 4/86, BVerfGE 82, 60 (89).

[8] ZB BVerfG 6.3.2002 – 2 BvL 17/99, BVerfGE 105, 73 (126); BVerfG 22.6.1995 – 2 BvL 37/91, BVerfGE 93, 121 (136).

[9] ZB BVerfG 6.3.2002 – 2 BvL 17/99, BVerfGE 105, 73 (126); BVerfG 10.11.1999 – 2 BvR 2861/93, BVerfGE 101, 151 (155); BVerfG 11.11.1998 – 2 BvL 10/95, BVerfGE 99, 280 (290); BVerfG 22.6.1995 – 2 BvL 37/9193, BVerfGE 121 (136); BVerfG 27.6.1991 – 2 BvR 1493/89, BVerfGE 84, 239 (271); Tipke/Lang/Hey SteuerR Rn. 3.118. Zur Kritik am Folgerichtigkeitsgebot siehe etwa Lepsius JZ 2009, 260 (262); Tappe JZ 2016, 27 (32 f.).

[10] Schön/Osterloh-Konrad/Hey Kernfragen des Unternehmensteuerrechts, 1 (5); Müller-Franken StuW 2004, 109 (117).

[11] BFH 17.12.2007 – GrS 2/04, BFHE 220, 129.

„Einkommenssteuer der juristischen Person"[12] ist die Körperschaftsteuer unzweifelhaft als Personensteuer zu qualifizieren. Die Individualbesteuerung beansprucht folglich auch hier Geltung, wenn die Konturen auch weniger scharf gezeichnet sind als bei der Einkommensteuer.[13]

Ableiten lässt sich der Grundsatz der Individualbesteuerung bereits aus dem verfassungsgerichtlich verwendeten Terminus der „individuellen Leistungsfähigkeit".[14] Geradezu zwingend wird er, wenn man sich vergegenwärtigt, dass Steuergerechtigkeit vor allem Verteilungsgerechtigkeit bedeutet.[15] Selbst wenn man diesen Verfassungsrang des Individualsteuerprinzips nicht anerkennen sollte, sondern die Entscheidung für oder gegen eine Individualbesteuerung der gesetzgeberischen Einschätzungsprärogative unterstellen möchte,[16] ergibt sich für das geltende Recht dennoch eine verfassungsrechtliche Verbürgung. Im Gesamtkonzept der deutschen Unternehmensbesteuerung kommt die gesetzgeberische Grundentscheidung für das Individualsteuerprinzip zum Ausdruck: Körperschaften werden als eigenständige Steuersubjekte qualifiziert, denen Besteuerungstatbestände individuell zuzuordnen sind.[17] Das Folgerichtigkeitsgebot bindet die Legislative prinzipiell an diese Grundentscheidung. Solange kein genereller Prinzipienwechsel eingeleitet werden soll, sind alle weiteren gesetzgeberischen Entscheidungen hieran auszurichten. Vor diesem Hintergrund ist es auch weniger bedeutsam, ob man Körperschaften eine eigene Leistungsfähigkeit zusprechen mag.[18]

Aus dem Folgerichtigkeitsgebot ergibt sich auch die verfassungsrechtliche Relevanz des **2414**
körperschaftsteuerlichen Trennungsprinzips.[19] Es gilt die im gesamten KStG zum Ausdruck kommende gesetzgeberische Grundentscheidung, dass jedes Körperschaftsteuersubjekt steuerlich unabhängig von seinen Gesellschaftern zu beurteilen ist.[20] Körperschaft und Gesellschafter sind jeweils eigenständige Steuersubjekte mit individueller Leistungsfähigkeit, die der jeweiligen Besteuerung zugrunde gelegt wird.[21] Infolgedessen sind für die Besteuerung von Körperschaften prinzipiell nur die Tatbestände relevant, die sie selbst verwirklicht haben.[22] Das Folgerichtigkeitsgebot verlangt dem Gesetzgeber ab, diese Wertung in der Entwicklung der Körperschaftsbesteuerung prinzipiell beizubehalten.

*(einstweilen frei)* **2415–2420**

## II. Organschaftsspezifische Verfassungsfragen

### 1. Grundstruktur der Organschaft

Das Rechtsinstitut der körperschaftsteuerlichen Organschaft berührt bereits durch seinen **2421**
Grundgedanken viele der dargelegten Prinzipien. Dass das Einkommen der Organgesellschaft dem Organträger zugerechnet wird und nur das Einkommen des Organträgers der Körperschaftsteuer unterworfen wird, widerspricht erst einmal dem Individualsteuer- und dem Trennungsprinzip. Damit einher geht eine Einschränkung von Leistungsfähigkeitsprinzip und Folgerichtigkeitsgebot.

12 Schön StuW 1988, 253 (256).
13 Schön/Osterloh-Konrad/Hey Kernfragen des Unternehmensteuerrechts, 1 (16).
14 ZB in BVerfGE 34, 103 (115); 47, 1 (29); 105, 17 (36).
15 Schön/Osterloh-Konrad/Hey Kernfragen des Unternehmensteuerrechts, 1 (5); Tipke Die Steuerrechtsordnung Bd. 2, 261.
16 In diese Richtung deutend BVerfG 17.1.1957 – 1 BvL 4/54, BVerfGE 6, 55 (67).
17 Vgl. Böhmer StuW 2012, 33 (35).
18 Siehe zu dieser Frage ausführlich Hey, Harmonisierung der Unternehmensbesteuerung in Europa, 245 ff. mwN.
19 Böhmer StuW 2012, 33 (34) sieht das Trennungsprinzip in Art. 106 Abs. 3 S. 1 GG verankert. Diese Einordnung misst Art. 106 Abs. 3 S. 1 GG allerdings eine Bedeutung bei, die ihm nicht zukommt, da die enumerative Aufzählung möglicher Steuerarten dem Gesetzgeber lediglich Möglichkeiten offenbart, nicht jedoch zur Einführung einer Körperschaftsteuer neben der Einkommensteuer zwingt.
20 Ausführlich zum Trennungsprinzip Böhmer StuW 2012, 33.
21 Böhmer StuW 2012, 33 (35).
22 Böhmer StuW 2012, 33 (34).

2422 Die Mitversteuerung fremden Einkommens durch den Organträger, die der körperschaftsteuerlichen Organschaft inhärent ist, bedeutet eine jedenfalls partielle Negierung der individuellen Steuersubjektseigenschaft von Organgesellschaft und Organträger. Sie werden gerade nicht mehr als einzelne Steuersubjekte nach ihrer eigenen individuellen Leistungsfähigkeit besteuert. Stattdessen werden sie in dieser Hinsicht als ein konsolidiertes Steuersubjekt behandelt.[23] Der Gesetzgeber ist mit der Einführung der körperschaftsteuerlichen Organschaft somit von zwei körperschaftsteuerlichen Grundentscheidungen abgewichen.

2423 Zweifel an der grundsätzlichen Verfassungsmäßigkeit der körperschaftsteuerlichen Organschaft dringen dennoch weder in Literatur noch der Rechtsprechung durch. Es wird gemeinhin angenommen, die Abweichungen von den körperschaftsteuerlichen Grundprinzipien seien gerechtfertigt. Die Begründungen dieser Rechtfertigungsannahme divergieren jedoch. Die Grenzen zwischen Beschreibung der wirtschaftlichen und rechtlichen Gründe der Organschaft und tatsächlicher verfassungsrechtlicher Rechtfertigung verschwimmen dabei häufig.[24] Ersteres ist zutreffend unter dem Stichwort der „Organtheorie" zu behandeln, die beschreibt, auf welcher Grundlage es zu einer Einkommenseinheit zweier rechtlich selbständiger Wirtschaftssubjekte kommen soll.[25] Hierunter sind die vom RFH entwickelten Theorien zu fassen: Sowohl mit seiner Angestellten-,[26] als auch der darauf aufbauenden Zurechnungstheorie[27] erläuterte das Gericht im Wesentlichen die Voraussetzungen für eine gemeinsame Betrachtung und verwies auf berechtigte Bedürfnisse der Wirtschaft für eine solche Herangehensweise.[28] Es wird insoweit der Ausnahmecharakter der Organschaft betont. Eine Rechtfertigung der Abweichung von körperschaftsteuerlichen Grundprinzipien liegt hierin allein jedoch nicht.[29]

2424 Zu überzeugen vermag aber der (wohl) hinter den Ausführungen stehende Gedanke der tatsächlichen wirtschaftlichen Einheit, die eine Abweichung von Individualbesteuerung und Trennungsprinzip vor dem Hintergrund einer leistungsfähigkeitsgerechten Besteuerung erforderlich macht.[30] Insbesondere jüngere Ausführungen knüpfen die Rechtfertigung deshalb nachvollziehbar an den Gewinnabführungsvertrag an.[31] Die körperschaftsteuerliche Organschaft sichert die Verwirklichung der Besteuerung nach der wirtschaftlichen Leistungsfähigkeit ab. Individualsteuer- und Trennungsprinzip würden dem in dieser besonderen wirtschaftlichen Situation andernfalls nicht gerecht. Der Gewinnabführungsvertrag verpflichtet den Organträger nämlich für das wirtschaftliche Ergebnis der Organgesellschaft einzustehen. Infolgedessen entspricht es der wirtschaftlichen Realität, dass das Einkommen der Organgesellschaft zum Einkommen des Organträgers zu zählen ist. Eine eigenständige wirtschaftliche Leistungsfähigkeit der Organgesellschaft besteht nicht. Es kommt zu einem tatsächlichen „Leistungsfähigkeitstransfer"[32]. Würde man diese tatsächlichen Umstände ignorieren, die Organschaft also nicht zulassen, bestünde die Gefahr einer Übermaßbesteuerung.[33] Die engen – wenn auch inzwischen etwas aufgeweichten – Voraussetzungen der körperschaftsteuerlichen Organschaft sichern ab, dass nur in diesem Ausnahmefall von den Grundprinzipien abgewichen wird. Die Durchbrechung der Prinzipien ist so auf das erforderliche Maß reduziert.

2425–2429 *(einstweilen frei)*

[23] RHN/Rödder/Liekenbrock KStG § 14 Rn. 20; Böhmer StuW 2012, 33 (36).
[24] Gleichrangig als Rechtfertigungsansätze dargestellt bspw. HHR/Kolbe KStG § 14 Rn. 3 ff.; Gosch KStG/Neumann KStG § 14 Rn. 2 ff., wobei dieser nachfolgend explizit auf diese Vermengung hinweist.
[25] Jurkat Die Organschaft im Körperschaftsteuerrecht Rn. 1.
[26] RFH 11.11.1927, RStBl. 1928, 52; 11.10.1928, RStBl. 1928, 360.
[27] RFH 18.2.1933, RStBl. 1933, 647; 25.9.1934, RStBl. 1935, 517.
[28] RFH 25.9.1934, RStBl. 1935, 517 (522).
[29] Ausführlich zu den Ansätzen der Organtheorie: Jurkat Die Organschaft im Körperschaftsteuerrecht Rn. 1 ff.
[30] Vgl. Prinz/Witt Steuerliche Organschaft/Drüen Rn. 4.5; Gosch KStG/Neumann KStG § 14 Rn. 6; RHN/Rödder/Liekenbrock KStG § 14 Rn. 21 ff.
[31] Gosch KStG/Neumann KStG § 14 Rn. 6; Musil/Weber-Grellet/Schober KStG § 14 Rn. 4, 150.
[32] Schön/Osterloh-Konrad/Hey Kernfragen des Unternehmensteuerrechts, 1 (17).
[33] Prinz/Witt Steuerliche Organschaft/Drüen Rn. 4.5.

## 2. Legislative Ausgestaltung der Organschaft

Neben diese grundsätzlichen verfassungsrechtlichen Erwägungen treten rechtsstaatliche Aspekte, die die legislative Ausgestaltung der körperschaftsteuerlichen Organschaft im Einzelnen betreffen. Dabei steht die Vereinbarkeit von (Teil-)Regelungen mit dem Bestimmtheitsgebot und dem Rückwirkungsverbot in Frage. **2430**

Der auf dem Rechtsstaatprinzip basierende Vertrauensschutz des Rechtsanwenders bedeutet für den Gesetzgeber, dass rückwirkende Gesetzgebung nur in engen Grenzen zulässig ist.[34] Gesetzesänderungen im Normkanon der körperschaftsteuerlichen Organschaft haben diese Grenzen des Öfteren strapaziert.[35] Die Verfassungsmäßigkeit angeordneter echter Rückwirkungen ist zweifelhaft, betrifft aber nur den Rückwirkungszeitraum. Der Anwendung der ansonsten verfassungsrechtlich unbedenklichen Regelungen auf alle nachfolgenden Veranlagungszeiträume steht die verfassungswidrige Rückwirkung nicht entgegen. **2431**

Aus dem Grundsatz der Gesetzmäßigkeit der Besteuerung wird das verfassungsrechtliche Bestimmtheitsgebot hergeleitet. Dem Gesetzgeber wird abverlangt, Gesetze so zu fassen, dass die Verwaltung klare Handlungsmaßstäbe vorfindet und der Bürger sich auf belastende Maßnahmen einstellen kann.[36] Im Fokus der Diskussion stand diesbezüglich die Verlustabzugsbeschränkung des bis 2024 als Voraussetzung der Organschaft normierten § 14 Abs. 1 S. 1 Nr. 5 KStG, dem fehlende Tatbestandsmerkmale und allgemeine Unklarheiten seiner Bedeutung attestiert wurden.[37] Ob das BVerfG tatsächlich einen Verstoß gegen das Bestimmtheitsgebot annähme, ist angesichts seiner allgemeinen Zurückhaltung in diesen Fragen im Bereich des Steuerrechts durchaus fraglich.[38] Mit der Abschaffung der Verlustabzugsbeschränkung[39] dürfte sich diese konkrete Frage zukünftig nicht mehr stellen. Das Bestimmtheitsgebot bleibt aber – wie in allen Bereichen der Gesetzgebung – für weitere gesetzgeberische Maßnahmen zu beachten. **2432**

Die Einzelregelungen müssen sich überdies jeweils am Leistungsfähigkeitsprinzip und dessen Subprinzipien wie dem objektiven Nettoprinzip als Ausfluss des Art. 3 Abs. 1 GG messen lassen. Die Ausgestaltung der Organschaftsregelungen im Detail muss damit einhergehend grundsätzlich so gefasst sein, dass der Organschaftsstatus allen Unternehmen zuteilwerden kann, die die allgemeinen Voraussetzungen erfüllen (keine Binnendiskriminierung). Außerdem darf es prinzipiell nicht zu Besser- oder Schlechterstellungen der Organschaftsunternehmen gegenüber nicht organschaftlich verbundenem Unternehmen in gleicher wirtschaftlicher Lage kommen (keine Außendiskriminierung).[40] **2433**

Sollten einzelne Regelungen eine solche Ungleichbehandlung herbeiführen, können sie ggf. unter den Gesichtspunkten der Missbrauchsabwehr und/oder Verwaltungsvereinfachung durch Typisierung gerechtfertigt werden. Erforderlich ist hierfür aber – den allgemeinen Rechtfertigungsgrundsätzen folgend –, dass es zu einer geeigneten Typisierung kommt, also beim Ziel der Missbrauchsabwehr tatsächlich vorrangig missbräuchliche Fälle und nur vereinzelt nicht missbräuchliche Strukturen erfasst werden.[41] **2434**

Eine Binnendiskriminierung wurde bzgl. des vorübergehend[42] normierten Ausschlusses von Lebens- und Krankenversicherungsunternehmen aus dem Organschaftsrecht diskutiert.[43] **2435**

---

34 Zum Rückwirkungsverbot im Steuerrecht Tipke/Lang/Hey SteuerR Rn. 3.260 ff.
35 Im Detail HHR/Kolbe KStG § 14 Rn. 11.
36 Zum Bestimmtheitsgrundsatz im Steuerrecht Tipke/Lang/Hey SteuerR Rn. 3.243 ff.
37 ZB HHR/Kolbe KStG § 14 Rn. 11; Prinz/Witt Steuerliche Organschaft/Müller R. 28.57; Schneider/Schmitz GmbHR 2013, 281.
38 Zum Bestimmtheitsgebot im Steuerrecht Tipke/Lang/Hey SteuerR Rn. 3.243 ff.
39 BR-Drs. 87/24, zur Begründung siehe BT-Drs. 20/9006, 29.
40 Dazu auch Prinz/Witt Steuerliche Organschaft/Drüen Rn. 4.9.
41 Zur Missbrauchsabwehr als Rechtfertigungsgrund Tipke/Lang/Hey SteuerR Rn. 3.129, 3.145 ff.
42 Eingefügt durch Gesetz v. 19.12.2001, BGBl. 2001 I 3922, aufgehoben durch Gesetz v. 19.12.2008, BGBl. 2008 I 2794.
43 Eingehend dazu Schnittker/Hartmann BB 2002, 277 (279 ff.).

2436 Aber auch die bis 2024 geltende Fassung des § 14 KStG war gleichheitsrechtlich nicht über Zweifel erhaben. Die Verlustabzugsbeschränkung des § 14 Abs. 1 S. 1 Nr. 5 KStG stand als Außendiskriminierung in der Kritik, weil sie eine Abweichung vom objektiven Nettoprinzip bedeutete und gleichzeitig ein doppelter Verlustabzug bei nicht organschaftlich verbundenen Unternehmen (jedenfalls soweit nicht §§ 4i, 4k EStG eingreifen) möglich blieb, es somit zu einer Schlechterstellung der Organschaft kam.[44] Dass es sich um eine gelungene Typisierung zur Missbrauchsabwehr handelte, wurde weithin bezweifelt.[45] Auch vor diesem Hintergrund ist es zu begrüßen, dass die Verlustabzugsbeschränkung nun ersatzlos gestrichen wird.[46]

2437–2445 *(einstweilen frei)*

## C. Unionsrechtliche Aspekte

### I. Bedeutung des Unionsrechts für das Unternehmensteuerrecht

2446 Der Europäischen Union wurden von ihren Mitgliedstaaten keine ausdrücklichen Harmonisierungskompetenzen für den Bereich der direkten Steuern übertragen. Anders als für die Umsatzsteuer und sonstige indirekte Steuern, für die in Art. 113 AEUV ein Harmonisierungsauftrag vorgesehen ist, kommt der Union somit infolge des Prinzips der begrenzten Einzelermächtigung für das Unternehmensteuerrecht keine Rechtsetzungskompetenz Kompetenz zu.

2447 Die dennoch – mittlerweile in beachtlicher Anzahl – bestehenden ertragsteuerrechtlichen Richtlinien stützen sich auf die Auffangkompetenz des Art. 115 AEUV. Dieser sieht die Möglichkeit vor, in Bereichen, die von keiner anderen Kompetenzgrundlage gedeckt sind,[47] Richtlinien zu erlassen, um Rechts- und Verwaltungsvorschriften der Mitgliedstaaten anzugleichen, die sich unmittelbar auf die Errichtung oder das Funktionieren des Binnenmarktes auswirken. Formal wird gefordert, dass hierfür das besondere Gesetzgebungsverfahren der Union zu durchlaufen ist. Es bedarf einer einstimmigen Entscheidung im Rat.[48] Bereits die formalen Anforderungen unterstreichen den Ausnahmecharakter der Norm. Nimmt man die materiellen Anforderungen ernst, wird dieser noch deutlicher. Der Union wird hiermit keineswegs ein Freifahrtschein zur Vereinheitlichung in allen Rechtsbereichen – wenn man nur die Einstimmigkeit erreicht – erteilt.[49] Vielmehr sollte Art. 115 AEUV einzig dazu dienen, auch in besonders souveränitätsrelevanten Bereichen wie dem Steuerrecht Angleichungen zu ermöglichen, die erforderlich sind, um den Binnenmarkt zu verwirklichen. Das nicht zu unterschätzende materielle Tatbestandsmerkmal der Erforderlichkeit ergibt sich nach verbreiteter Auffassung zwingend aus dem systematischen Zusammenspiel mit Art. 26 Abs. 1 AEUV.[50] Dass alle steuerrechtlichen Richtlinien(vorhaben) diesen materiellen Anforderungen genügen darf durchaus bezweifelt werden. Momentan wirkt aber das Einstimmigkeitserfordernis als Korrektiv, dessen Fortbestand allerdings angesichts seiner Hinderlichkeit bei der Gesetzgebung in Steuersachen in der Kritik steht.[51]

---

44 ZB Prinz/Witt Steuerliche Organschaft/Müller Rn. 28.54 ff.; Niemann, Doppelte Verlustberücksichtigung bei Organschaft, 226 ff.; Schneider/Schmitz GmbHR 2013, 281 (287); Benecke/Schnitger IStR 2013, 143 (151).

45 Frotscher/Drüen/Frotscher KStG § 14 Rn. 532 ff.; Niemann, Doppelte Verlustberücksichtigung bei Organschaft, 227.

46 BR-Drs. 87/24, zur Begründung siehe BT-Drs. 20/9006, 29.

47 Zum Verhältnis zu Art. 114 siehe zB Callies/Ruffert/Korte AEUV Art. 115 Rn. 2 f.

48 Zu den Voraussetzungen näher Marquardsen, Einstimmigkeit in Steuerfragen, 5 ff.

49 Grabitz/Hilf/Nettesheim/Tietje AEUV Art. 115 Rn. 26; zum ähnlich gelagerten Art. 114 AEUV EuGH 5.10.2000 – C-376/98, Slg. 2000, I-8419 Rn. 83 – Deutschland/Parlament u. Rat.

50 ZB Grabitz/Hilf/Nettesheim/Tietje AEUV Art. 115 Rn. 27; Schwarze/Hernfeld AEUV Art. 115 Rn. 5; Marquardsen, Einstimmigkeit in Steuerfragen, 7; mittelbar auch Callies/Ruffert/Korte AEUV Art. 115 Rn. 9, 16; zu den Anforderungen an die Erforderlichkeit im Einzelnen Grabitz/Hilf/Nettesheim/Tietje AEUV Art. 114 Rn. 94 ff.

51 Dazu insgesamt Marquardsen, Einstimmigkeit in Steuerfragen.

Die Grenzen der positiven Integration ändern nichts daran, dass die Mitgliedstaaten bei der Ausübung ihrer nicht der EU übertragenen Befugnisse verpflichtet sind, das Unionsrecht zu wahren. Hieraus hat der EuGH bereits vor fast 30 Jahren in Bezug auf das Steuerrecht erstmals ausdrücklich hingewiesen.[52] Das bedeutet insbesondere, die Verwirklichung der europäischen Grundfreiheiten zu achten und ermöglichen. Anders als in anderen Rechtsbereichen sind die Grundfreiheiten im Steuerrecht nicht freiheitsrechtlich, sondern gleichheitsrechtlich zu verstehen.[53] Die Grundfreiheiten schützen insofern grenzüberschreitende Vorgänge vor einer Schlechterstellung gegenüber rein innerstaatlichen Vorgängen.[54] Eine relevante Beschränkung setzt dabei eine Vergleichbarkeit der grenzüberschreitenden mit der innerstaatlichen Konstellation voraus.[55] Die Kriterien, an denen eine solche Vergleichbarkeit zu messen sind, bleiben allerdings sehr vage[56] und es ist zusehends zu beobachten, dass sie vom EuGH mit der Rechtfertigungsprüfung vermengt werden.[57] Im Unternehmensteuerrecht scheitert die Annahme einer Beschränkung nach Einschätzung des EuGH jedenfalls regelmäßig nicht an der Vergleichbarkeit, sodass sich die wesentlichen Fragen auf Ebene der Rechtfertigung abspielen. Da die geschriebenen Rechtfertigungsgründe für steuerrechtliche Aspekte nahezu keine Relevanz haben, gelingt die Rechtfertigung von Beschränkungen nur über die vom EuGH als Unterfälle der zwingenden Gründe des Allgemeinwohls entwickelten und anerkannten Fallgruppen: die Wahrung einer angemessenen Aufteilung der Besteuerungsbefugnisse,[58] die Kohärenz des Besteuerungssystems,[59] die Bekämpfung von Rechtsmissbrauch und Steuerflucht[60] sowie die Notwendigkeit wirksamer steuerlicher Kontrollen[61]. **2448**

*(einstweilen frei)* **2449–2455**

## II. Auswirkungen der positiven Integration auf die Organschaft

Den begrenzten Kompetenzen der Europäischen Union im Bereich der direkten Steuern entsprechend bestehen für die körperschaftsteuerliche Organschaft bisher keine sekundärrechtlichen Vorgaben, die das nationale Recht beeinflussen würden. Es handelt sich aber um ein Themenfeld, das ständig im Blick von Kommission und Rat ist. Immer wieder wurden und werden Rechtsetzungsverfahren angestoßen, die die konsolidierte Besteuerung von Unternehmensgruppen betreffen. Erste Ansätze wurden hierzu bereits vor einem halben Jahrhundert im ersten Entwurf der Mutter-Tochter-Richtlinie verfolgt. Hier war eine konsolidierte Besteuerung der Gewinne auf Ebene der Muttergesellschaft ab einer Beteiligung der Muttergesellschaft von 50 % vorgesehen.[62] In die letztlich (sehr viel später) **2456**

52 EuGH 14.2.1995 – C-279/93, ECLI:EU:C:1995:31 Rn. 21 ff. – Schumacker.

53 Tipke/Lang/Englisch SteuerR Rn. 4.83 ff.

54 ZB EuGH 25.2.2010 – C-337/08, ECLI:EU:C:2010:89 Rn. 18 f. – X Holding; 12.6.2014 – C-39/13 u.a., ECLI:EU:C:2014:1758 Rn. 21 ff. – SCA Group Holding.

55 ZB EuGH 14.2.1995 – C-279/93, ECLI:EU:C:1995:31 Rn. 30 – Schumacker; 7.9.2004 – C-319/02, ECLI:EU:C:2004:484 Rn. 29 – Manninen.

56 Näher hierzu Tipke/Lang/Englisch SteuerR Rn. 4.86 ff.

57 Tipke/Lang/Englisch SteuerR Rn. 4.86; Prinz/Witt Steuerliche Organschaft/Hulde Rn. 5.20.

58 EuGH 13.12.2005 – C-446/03, ECLI:EU:C:2005:763 Rn. 45 – Marks & Spencer; 7.9.2006 – C-470/04, ECLI:EU:C:2006:525 Rn. 42 ff – N.

59 EuGH 28.1.1992 – C-204/90, ECLI:EU:C:1992:35 Rn. 21 ff. – Bachmann; 7.9.2004 – C-319/02, ECLI:EU:C:2004:484 Rn. 42 – Manninen; 1.12.2011 – C-250/08, ECLI:EU:C:2011:793 Rn. 70 – Kommission/Belgien.

60 EuGH 16.7.1998 – C-264/96, ECLI:EU:C:1998:370 Rn. 26 – ICI; 18.7.2007 – C-231/05, ECLI:EU:C:2007:439 Rn. 54 ff. – Oy AA; 7.9.2017 – C-6/16, ECLI:EU:C:2017:641 Rn. 30 ff. – Eqiom und Enka.

61 EuGH 3.10.2006 – C-290/04, ECLI:EU:C:2006:630 Rn. 35 – Scorpio; 12.7.2012 – C-269/09, ECLI:EU:C:2012:439 Rn. 64 – Kommission/Spanien.

62 Vorschlag einer Richtlinie des Rates über das gemeinsame Steuersystem für Mutter- und Tochtergesellschaften verschiedener Mitgliedstaaten v. 16.1.1969, ABl. 1969 C 39, 7, Art. 7.

verabschiedete Richtlinie fand dies aber keinen Eingang mehr.[63] Im neuen Jahrtausend wurde der Gedanke einer unionalen Regelung mit der Idee einer gemeinsamen konsolidierten Körperschaftsteuerbemessungsgrundlage (GKKB) wieder aufgegriffen. Der Vorschlag wurde über ein gutes Jahrzehnt stetig fortentwickelt. Ursprüngliches Ziel war eine harmonisierte Berechnung mit grenzüberschreitender Konsolidierung der nationalen Bemessungsgrundlagen und daran anschließender formelhafter Aufteilung der Gewinne auf die Mitgliedstaaten.[64] Nachdem dies nicht durchsetzbar war, beschränkte man den Vorschlag (vorerst) auf eine gemeinsame Bemessungsgrundlage.[65] Verbunden wurde dies mit dem Vorschlag eines nachfolgenden europaweiten Gruppenbesteuerungskonzepts.[66] Insbesondere infolge der Entwicklungen der internationalen Unternehmensbesteuerung auf OECD-Ebene (Pillar 1 und 2) gab die Kommission diese Vorschläge im Jahr 2021 offiziell zugunsten neuer Vorhaben auf.[67] Hierzu zählt eine Initiative, mit der ein neuer Rahmen für die Unternehmensbesteuerung geschaffen werden soll (Business in Europe: Framework for Income Taxation – BEFIT). In einem nun diskutierten Richtlinienvorschlag wird ein neuer Aufschlag für ein gemeinsamen System zur Berechnung der Steuerbemessungsgrundlage von Unternehmensgruppen in der Europäischen Union gewagt, der allerdings nur besonders umsatzstarke Konzerne betreffen soll.[68] Nach den Erfahrungen der vergangenen Jahrzehnte ist allerdings kaum mit einer zeitnahen Verabschiedung zu rechnen, sodass es vorerst dabei bleiben dürfte, dass die Regelungen zur körperschaftsteuerlichen Organschaft nicht sekundärrechtlich determiniert sind.[69]

**2457** Mit der Einführung der internationalen Mindeststeuer (OECD Pillar 2),[70] deren Implementierung innerhalb der Europäischen Union aufgrund der Mindeststeuer-Richtlinie[71] gesichert ist, dürfte sich der Druck, einheitliche körperschaftsteuerliche Regelungen zu schaffen, zudem verringern. Die drohende Nachversteuerung von niedrigbesteuerten Gewinnen, dürfte es weniger attraktiv machen, Gewinne und Verluste über die Grenzen zu verlagern. Infolgedessen dürften sich auch einige nationale, protektionistisch und damit beschränkend wirkende Regelungen erledigen. Erste Auswirkungen zeigen sich in Deutschland in dem Beschluss, die Verlustabzugsbeschränkung des § 14 Abs. 1 S. 1 Nr. 5 KStG aufzuheben.[72] Das wird unter anderem mit der Einführung der internationalen Mindeststeuer begründet.[73]

**2458–2460** *(einstweilen frei)*

## III. Auswirkungen der negativen Integration auf die Organschaft

**2461** Die Vereinbarkeit der Organschaftsregelungen des KStG mit den europäischen Grundfreiheiten wird seit langem immer wieder thematisiert. Die bisher ergangene Rechtsprechung des EuGH gibt keinen zweifelsfreien Aufschluss darüber, ob die bestehenden Organ-

[63] Richtlinie des Rates vom 23. Juli 1990 über das gemeinsame Steuersystem der Mutter- und Tochtergesellschaften verschiedener Mitgliedstaaten (90/435/EWG), ABl. 1990 L 225. 6.

[64] Vorschlag für eine Richtlinie des Rates über eine Gemeinsame konsolidierte Körperschaftsteuer-Bemessungsgrundlage (GKKB) v. 16.3.2011, COM (2011) 121 final.

[65] Vorschlag für eine Richtlinie des Rates über eine Gemeinsame Körperschaftsteuer-Bemessungsgrundlage v. 25.10.2016, COM (2016) 685 final.

[66] Vorschlag für eine Richtlinie des Rates über eine Gemeinsame konsolidierte Körperschaftsteuer-Bemessungsgrundlage (GKKB) v. 25.10.2016, COM (2016) 683.

[67] Eine Unternehmensbesteuerung für das 21. Jahrhundert, COM (2021) 251 final, 14.

[68] Vorschlag für eine Richtlinie des Rates zur Schaffung eines Rahmens für die Unternehmensbesteuerung in Europa (BEFIT) v. 12.9.2023, COM (2023) 532 final.

[69] Grundsätzlich ähnlich skeptisch Kessler/Arnold IStR 2016, 226 (227).

[70] OECD Bericht v. 20.12.2021, Tax Challenges Arising from the Digitalisation of the Economy – Global Anti-Base Erosion Model Rules (Pillar Two).

[71] Richtlinie des Rates vom 14. Dezember 2022 zur Gewährleistung einer globalen Mindestbesteuerung für multinationale Unternehmensgruppen und große inländische Gruppen in der Union (2022/2523), ABl. 2022 L 328, 1.

[72] BR-Drs. 87/24.

[73] BT-Drs. 20/9006, 29.

schaftsregelungen unionsrechtskonform sind. Die Zweifel beziehen sich dabei weniger auf das Grundkonzept als vielmehr auf die Ausgestaltung der Organschaft im Detail.

*(einstweilen frei)* **2462–2470**

### 1. Leitlinien der EuGH-Rechtsprechung

Grundsätzlich steht vor allem eine Beschränkung der Niederlassungsfreiheit nach Art. 49 AEUV im Raum.[74] Zwar ist bei organschaftlichen Fragestellungen regelmäßig auch der sachliche Anwendungsbereich der Kapitalverkehrsfreiheit betroffen. Der EuGH gibt dahingehend aber vor, dass jedenfalls dann nur eine Grundfreiheit zu Tragen kommt, wenn die andere demgegenüber klar zweitrangig einschlägig ist.[75] Bei Regelungen, die Beziehungen innerhalb einer Unternehmensgruppe betreffen, nimmt der EuGH vor diesem Hintergrund an, dass nur die Niederlassungsfreiheit maßgeblich und die Beschränkung des freien Kapitalverkehrs nur unvermeidliche Konsequenz dessen sei, sodass es keiner eigenständigen Prüfung Letzterer bedürfe.[76] Dementsprechend ist bei organschaftlichen Aspekten die Niederlassungsfreiheit maßgeblich. Denn es steht hierbei gerade die Frage im Raum, ob sich Gesellschaften aufgrund der Regelungen darin gehindert sehen, sich in einem Staat niederzulassen. Mögliche Behinderungen des freien Kapitalverkehrs hängen hiermit zwar unmittelbar zusammen, sind aber als Folge der Niederlassungsentscheidung zu sehen. **2471**

Zur deutschen körperschaftsteuerlichen Organschaft ist bisweilen noch keine Entscheidung des EuGH ergangen. Gruppenbesteuerungssysteme anderer Staaten standen jedoch bereits auf dem Prüfstand.[77] Diese und daran anknüpfende Entscheidungen des EuGH (insbesondere zum grenzüberschreitenden Verlustabzug) sind als Leitlinien zur Unionsrechtskonformität auch für die deutsche Rechtsgestaltung maßgeblich. Erschwerend wirkt dabei allerdings, dass sich nicht immer eine eindeutige Rechtsprechungslinie ablesen lässt. Das dürfte unter anderem der nur kasuistischen Stellungnahmemöglichkeit des EuGH zuzuschreiben sein. **2472**

Den Startschuss für den Rechtsprechungsreigen des EuGH zu nationalen Gruppenbesteuerungsregeln und eng damit zusammenhängenden Verlustabzugs- und -verrechnungsbeschränkungen[78] bei grenzüberschreitenden Vorgängen gab die Rechtssache Marks & Spencer im Jahr 2005.[79] Bis zu diesem Zeitpunkt bestand eine weitgehende Unsicherheit dahingehend, wie der EuGH mit den Gruppenbesteuerungssystemen der Mitgliedstaaten, die sich in aller Regel auf inländische Strukturen beschränkten, umgehen würde. Der Entscheidung zu Marks & Spencer kann auch heute noch der Charakter eines Grundsatzurteils zugesprochen werden. Der EuGH machte hier anhand des britischen „group relief", der eine Verlustübertragung nur im inländischen Konzernkreis, nicht aber in grenzüberschreitenden Fällen zuließ, zwei grundlegende Feststellungen: **2473**

Zum einen seien solche gesetzlichen Strukturen, die besondere Besteuerungsregeln für Konzerngruppen vorsehen, sich dabei aber nicht (umfassend) auf grenzüberschreitende Fälle erstrecken, als Beschränkung der Niederlassungsfreiheit zu qualifizieren.[80] Was auf den ersten Blick nicht überraschen mag, beinhaltet aber vor allem die Erkenntnis, dass der EuGH hier von prinzipiell vergleichbaren Sachverhalten ausgeht. Das ist nicht banal, denn

[74] Ebenso Musil/Weber-Grellet/Schober KStG § 14 Rn. 71.
[75] EuGH 3.10.2006 – C-452/04, ECLI:EU:C:2006:631 Rn. 34 – Fidium Finanz AG.
[76] EuGH 18.7.2007 – C-231/05, ECLI:EU:C:2007:439 Rn. 23 f. – Oy AA; 15.5.2008 – C-414/06, ECLI:EU:C:2008:278 Rn. 16 – Lidl Belgium.
[77] ZB EuGH 13.12.2005 – C-446/03, ECLI:EU:C:2005:763 – Marks & Spencer; 27.11.2008 – C-418/07, ECLI:EU:C:2008:659 – Papillon; 25.2.2010 – C-337/08, ECLI:EU:C:2010:89 – X Holding; 1.4.2014 – C-80/12, ECLI:EU:C:2014:200 – Felixstowe; 12.6.2014 – C-39/13 u.a., ECLI:EU:C:2014:1758 – SCA Group Holding; 2.9.2015 – C-386/14, ECLI:EU:C:2015:524 – Groupe Steria; 6.10.2015 – C-66/14, ECLI:EU:C:2015:661 – Finanzamt Linz.
[78] Zusammenstellungen der wesentlichen Entscheidungen finden sich zB bei Musil/Weber-Grellet/Schober KStG § 14 Rn. 23 ff.; Prinz/Witt Steuerliche Organschaft/Hulde Rn. 5.32 ff.
[79] EuGH 13.12.2005 – C-446/03, ECLI:EU:C:2005:763 – Marks & Spencer.
[80] EuGH 13.12.2005 – C-446/03, ECLI:EU:C:2005:763 Rn. 34 – Marks & Spencer.

aus Sicht der Einzelstaaten gibt es grundlegende Besteuerungsunterschiede zwischen Konzerngruppen, in denen alle Mitglieder im Inland unbeschränkt steuerpflichtig sind, und solchen, an denen nur beschränkt oder nicht im Inland steuerpflichtige Gesellschaften beteiligt sind.

2474 Der EuGH erkennt in der Sache dann weitergehend jedoch auch, dass es zwingende Gründe des Gemeinwohls für solche beschränkenden Regeln geben kann. Er ebnet mit den dortigen Ausführungen den Weg für eine Rechtfertigung der zuvor erkannten Beschränkung. Zur Rechtfertigung zieht das Gericht eine Trias an Gründen heran. Die Kombination des staatlichen Interesses an der Wahrung einer angemessenen Aufteilung der Besteuerungsbefugnisse, der Gefahr einer doppelten Verlustberücksichtigung sowie der Steuerflucht genügte, um den britischen group relief grundsätzlich als unionsrechtskonform einzustufen.[81]

In der Entscheidung fand sich allerdings eine wichtige Einschränkung: Der Ausschluss grenzüberschreitender Verlustübertragung sei dann nicht mehr gerechtfertigt, wenn die Verluste final unberücksichtigt blieben.[82]

2475 Mit dieser Entscheidung des EuGH scheinen die Leitlinien für die Beurteilung auch der deutschen Organschaftsregeln gelegt. Absolute Rechtssicherheit ist hiermit für den deutschen Gesetzgeber aber nicht gewonnen. Das zeigt der Blick auf die weitere Rechtsprechungsentwicklung. In den zahlreichen nachfolgenden Entscheidungen vollzieht der EuGH eine Art Schlingerkurs, der weniger zu steigender Sicherheit, sondern vielmehr zu immer weiteren Unklarheiten führt.

Diese Unklarheiten beziehen sich gleich auf mehrere Aspekte der dargestellten Feststellungen:

2476 **a) Beschränkung der Niederlassungsfreiheit.** Vor allem in einigen jüngeren Entscheidungen wurde die Frage neu aufgeworfen, unter welchen Voraussetzungen bei konzerninternen Verlustverrechnungsbeschränkungen eine Vergleichbarkeit grenzüberschreitender mit rein inländischen Sachverhalten anzunehmen ist. Wurde die Beschränkung – und damit implizit die Vergleichbarkeit – in Marks & Spencer vom EuGH noch recht lapidar unter Hinweis darauf angenommen, dass der Ausschluss der Verrechnung von Verlusten ausländischer Tochtergesellschaften es weniger attraktiv mache, Tochtergesellschaften in anderen Staaten zu gründen, so wird nun stärker differenziert. In den Rechtssachen Nordea Bank Danmark[83], Timac Agro[84] als auch jüngeren Datums in der Rechtssache W AG[85] wurde betont, dass sich hinsichtlich Maßnahmen, die der Vermeidung von Doppelbesteuerung dienen, ausländische und inländische Betriebsstätten nicht in einer vergleichbaren Situation befänden. Das gelte jedenfalls so lange, wie das nationale Recht nicht seinerseits beide Arten der Betriebsstätte gleichstelle.[86] Für die grenzüberschreitende Verrechnung von Verlusten bedeute dies, dass keine relevante Beschränkung der Niederlassungsfreiheit anzunehmen wäre, wenn diese infolge dessen versagt wird, dass auch die Gewinne konsequent (infolge eines DBA) von der Besteuerung ausgenommen sind.[87] Diese Erkenntnis steht jedoch in (vermeintlichem) Widerspruch zur Rechtssache Bevola und Jens W. Trock[88]. Denn dort wurde eine Vergleichbarkeit in Bezug auf finale Verluste angenommen, obwohl der Ansässigkeitsstaat der Gesellschaft auf die Besteuerung der Gewinne unilateral verzichtet.[89] Der EuGH sieht in der unilateralen Entscheidung den wesentlichen Unterschied

[81] EuGH 13.12.2005 – C-446/03, ECLI:EU:C:2005:763 Rn. 44 ff. – Marks & Spencer.
[82] EuGH 13.12.2005 – C-446/03, ECLI:EU:C:2005:763 Rn. 55 – Marks & Spencer.
[83] EuGH 17.7.2014 – C-48/13, ECLI:EU:C:2014:2087 – Nordea Bank Danmark.
[84] EuGH 17.12.2015 – C-388/14, ECLI:EU:C:2015:829 – Timac Agro.
[85] EuGH 22.9.2022 – C-538/20, ECLI:EU:C:2022:717 – W AG.
[86] Aus diesem Grund wurde die Vergleichbarkeit in den Sachen Nordea Bank Danmark und Timac Agro letztlich angenommen, EuGH 17.7.2014 – C-48/13, ECLI:EU:C:2014:2087 Rn. 24 – Nordea Bank Danmark; 17.12.2015 – C-388/14, ECLI:EU:C:2015:829 Rn. 28 – Timac Agro.
[87] EuGH 22.9.2022 – C-538/20, ECLI:EU:C:2022:717 Rn. 22 – W AG.
[88] EuGH 12.6.2018 – C-650/16, ECLI:EU:C:2018:424 – Bevola und Jens W. Trock.
[89] EuGH 12.6.2018 – C-650/16, ECLI:EU:C:2018:424 Rn. 36 – Bevola und Jens W. Trock.

zur bilateralen Einigung, was zu der unterschiedlichen Beurteilung der Vergleichbarkeit führt.[90]

Eine neue Unsicherheits-Dimension wurde durch die Ausführungen des EuGH zu Organschaften zwischen Schwestergesellschaften geschaffen. Erstmals aufgekommen durch die Sache SCA Group Holding[91] und nun verschärft durch die Rechtssache B u.a.[92], steht die Vergleichbarkeit einer zugelassenen vertikalen Gruppenbesteuerung mit einer (nicht zugelassenen) horizontalen Gruppenbesteuerung im Raum. Das Gericht hat die Vergleichbarkeit für den Fall der luxemburgischen Gruppenbesteuerung angenommen, die eine mittelbare Konsolidierung der Schwestergesellschaften im Falle einer inländischen Muttergesellschaft auf deren Ebene ermöglicht, bei einer ausländischen Mutter aber keine Konsolidierung der Ergebnisse der inländischen Schwestergesellschaften zugelassen ist (Querorganschaft).[93] Diese Einordnung hat eine große Verunsicherung dahingehend verursacht, ob hieraus der allgemeine Grundsatz abzuleiten ist, dass eine horizontale Gruppenbesteuerung (zumindest subsidiär) zugelassen werden muss, wenn das nationale Recht prinzipiell eine Gruppenbesteuerung kennt.[94] Wie bereits bzgl. anderer Aspekte gesehen, müssen aber auch hier die innerstaatlichen Besonderheiten genau betrachtet werden, sodass berechtigte Zweifel daran bestehen, einen allgemeingültigen Grundsatz abzuleiten.[95] 2477

Dass die Vergleichbarkeit vom EuGH inzwischen gewissermaßen als Zwischenschritt zwischen Beschränkungs- und Rechtfertigungsebene geprüft wird, steigert die Unsicherheit über die Linie des EuGH noch ein Stück weiter, soll aber eine Randbemerkung bleiben.[96] 2478

Aus dieser Rechtsprechungsentwicklung folgt für die körperschaftsteuerliche Organschaft erst einmal das, was schon nach Marks & Spencer klar schien: Führen organschaftliche Regelungen dazu, dass ausländische Tochtergesellschaften oder Betriebsstätten nicht in den Genuss steuerlicher Vorteile kommen, die der Organschaft eigen sind, ist eine Vergleichbarkeit der Situationen in aller Regel anzunehmen. Der Ausschluss grenzüberschreitender Situationen resultiert bei der Organschaft nämlich regelmäßig nicht aus bilateralen Vereinbarungen, sondern aus generellen Symmetrie- und Steuerfluchtgedanken. Das bestätigen auch diverse Entscheidungen zu Gruppenbesteuerungssystemen anderer Mitgliedstaaten.[97] Diese mögen sich zwar in der spezifischen Ausgestaltung von den deutschen Regelungen unterscheiden. Der Grundgedanke ähnelt sich aber hinreichend, um die Ausführungen zur Beschränkung auf das deutsche System übertragen zu können. Große Unsicherheit besteht aber hinsichtlich der Frage, ob die Rechtsprechung zur horizontalen Gruppenbesteuerung auch Auswirkungen auf das deutsche Organschaftsrecht hat. 2479

**b) Eigenständigkeit der Rechtfertigungsgründe.** Nachdem eine Beschränkung der Niederlassungsfreiheit in aller Regel anzunehmen sein wird, kommt den Rechtfertigungsmöglichkeiten besonderes Gewicht zu. In den zwei Jahrzehnten nach Marks & Spencer wurden dem EuGH immer wieder innerstaatliche Regelungen vorgelegt, die eine grenzüberschreitende Verlustverrechnung begrenzten oder andere Vorteile nur für innerstaatliche Konzernstrukturen vorsahen. Die ursprünglich nur in Kombination dreier Gründe angenommene Rechtfertigung scheint dabei nach und nach aufgeweicht worden zu sein. 2480

[90] EuGH 22.9.2022 – C-538/20, ECLI:EU:C:2022:717 Rn. 23 ff. – W AG.
[91] EuGH 12.6.2014 – C-39/13 u.a., ECLI:EU:C:2014:1758 – SCA Group Holding.
[92] EuGH 14.5.2020 – C-749/18, ECLI:EU:C:2020:370 – B u. a.
[93] EuGH 14.5.2020 – C-749/18, ECLI:EU:C:2020:370 Rn. 34 ff. – B u. a.
[94] Das auch fürs deutsche Recht annehmend zB Brandis/Heuermann/Rode KStG§ 14 Rn. 41; Ismer/Büttner IStR 2021, 932 (934 f.).
[95] Dazu näher Musil/Weber-Grellet/Schober KStG § 14 Rn. 123.
[96] Zu systematischen Ungereimtheiten bei der Prüfung der Vergleichbarkeit Tipke/Lang/Englisch Rn. 4.86.
[97] ZB v. 27.11.2008 – C-418/07, ECLI:EU:C:2008:659 Rn. 32 – Papillon; 25.2.2010 – C-337/08, ECLI:EU:C:2010:89, Rn. 18 ff. – X Holding; 1.4.2014 – C-80/12, ECLI:EU:C:2014:200 Rn. 18 ff. – Felixstowe; 12.6.2014 – C-39/13 u.a., ECLI:EU:C:2014:1758 Rn. 20 ff. – SCA Group Holding; 6.10.2015 – C-66/14, ECLI:EU:C:2015:661 Rn. 27 ff. – Finanzamt Linz.

Zwar betonte das Gericht noch in Rewe Zentralfinanz, dass es der Kombination der Gründe von angemessener Aufteilung des Besteuerungssubstrats, Gefahr des doppelten Verlustabzugs und Gefahr der Steuerflucht bedürfe, um eine Rechtfertigung anzunehmen.[98] Bereits einige Monate später verzichtete er in der Rechtssache Oy AA[99] jedoch auf die Gefahr der doppelten Verlustberücksichtigung. Erklärte der EuGH dies in Oy AA noch explizit damit, dass es dort schlicht sachlich nicht um Verluste, sondern die Möglichkeit eines sog. Konzernbeitrags ging, erklärte er in Lidl Belgium mit der Aufteilung der Besteuerungsbefugnis und der Gefahr des doppelten Verlustabzugs zwei Merkmale für ausreichend und bezog sich dabei ausdrücklich auf die Entscheidung Oy AA.[100] In der Entscheidung Philips Electronics UK deutete das Gericht an, dass es sich bei der Gefahr doppelter Verlustberücksichtigung um keinen eigenständigen Rechtfertigungsgrund handeln könnte.[101] Daraus ergäbe sich, dass die angemessene Aufteilung der Besteuerungsbefugnis als einzelner Grund ausreichend sein kann, um Beschränkungen der Niederlassungsfreiheit durch körperschaftsteuerliche Regelungen zu rechtfertigen. Zwar hat der EuGH die Vermeidung des doppelten Verlustabzugs letztlich in NN A/S doch als eigenständigen Rechtfertigungsgrund anerkannt.[102] Indem er ihn hier als alleinigen Grund hätte durchgreifen lassen, hat er damit aber auch die Annahme bestätigt, dass ein einzelner Grund ausreichen kann.

Diese Entwicklung scheint auch insofern angemessen, als dass sich die auf dem Rechtfertigungsgrund der Wahrung einer angemessenen Aufteilung der Besteuerungsbefugnisse aufbauenden Regelungen weiterhin am Maßstab der Verhältnismäßigkeit messen lassen müssen.[103] Insofern führt allein die Anerkennung als einzeln durchschlagender Rechtfertigungsgrund noch nicht zu einer signifikanten Absenkung der Rechtfertigungsanforderungen insgesamt.

**2481** Für beschränkend wirkende Organschaftsregelungen besteht vor diesem Hintergrund prinzipiell die Möglichkeit einer Rechtfertigung. Keine abschließende Sicherheit bietet die EuGH-Rechtsprechung der letzten Jahre aber dahingehend, mit welcher sachlichen Begründung eine beschränkende Regelung gerechtfertigt werden kann. Zwar kann man mit einiger Sicherheit davon ausgehen, dass es der ursprünglich in Marks & Spencer proklamierten Trias der Rechtfertigungsgründe nicht (mehr) bedarf. Unklar scheint aber, ob die Verhinderung der doppelten Verlustberücksichtigung allein genügen kann.

**2482** Die konkret zu Fragen der ausländischen Gruppenbesteuerungsmodellen ergangene Rechtsprechung kann dabei Anhaltspunkte liefern. Eine uneingeschränkte Übertragung der Entscheidungen ist aber regelmäßig nicht möglich. Hier ist einerseits zu beachten, dass den Entscheidungen immer nur einzelne Ausprägungen der Gruppenbesteuerungsmodelle zur Entscheidung vorgelegt wurden. Darüber hinaus ist für die Rechtfertigung häufig die Ausgestaltung des nationalen (Körperschaft-)Steuersystems insgesamt ausschlaggebend. Das gilt gerade für den Rechtfertigungsgrund der Wahrung einer angemessenen Aufteilung der Besteuerungsbefugnisse sowie der Kohärenz des Besteuerungssystems. An einer EU-weiten Harmonisierung fehlt es hier, sodass es zu teils erheblichen oder jedenfalls im Einzelfall ausschlaggebenden Unterschieden kommen kann.

**2483–2500** *(einstweilen frei)*

### 2. Bedeutung für organschaftliche Einzelfragen

**2501** Der Rechtsprechung des EuGH kann trotz aller offenen Zweifelsfragen entnommen werden, dass ein gewisser Inlandbezug von Gruppenbesteuerungssystemen unionsrechtskonform ist. Zwar ist eine Ungleichbehandlung vergleichbarer Sachverhalte anzunehmen.

---

[98] EuGH 29.3.2007 – C-347/04, ECLI:EU:C:2007:194 Rn. 41 – Rewe Zentralfinanz.
[99] EuGH 18.7.2007 – C-231/05, ECLI:EU:C:2007:439 Rn. 60 – Oy AA.
[100] EuGH 15.5.2008 – C-414/06, ECLI:EU:C:2008:278 Rn. 41 ff. – Lidl Belgium.
[101] EuGH 6.9.2012 – C-18/11, ECLI:EU:C:2012:532 Rn. 28, 33 – Philips Electronics UK.
[102] EuGH 4.7.2018 – C-28/17, ECLI:EU:C:2018:526 Rn. 42 ff. – NN A/S.
[103] ZB EuGH 18.7.2007 – C-231/05, ECLI:EU:C:2007:439 Rn. 61 ff. – Oy AA.

Das Gericht erkennt aber regelmäßig an, dass bestimmte Einschränkungen erforderlich sind, um eine angemessene Aufteilung der Besteuerungsbefugnisse zu wahren und doppelte Verlustberücksichtigungen zu verhindern.

Das kann aber nicht pauschal für jeden Inlandsbezug bzw. die Beschränkung grenzüberschreitender Verrechnungen angenommen werden. Vielmehr bedarf es einer separaten Betrachtung der organschaftlichen Einzelregelungen. Hinsichtlich der deutschen körperschaftsteuerlichen Organschaft stehen insbesondere der erforderliche Inlandbezug der Organgesellschaft und das Erfordernis eines Gewinnabführungsvertrages zwischen Organträger und Organgesellschaft und jüngst die Notwendigkeit einer Querorganschaft im Fokus der Diskussion.

**a) Inlandbezug der Organgesellschaft.** Grundvoraussetzung einer körperschaftsteuerlichen Organschaft ist gem. § 14 Abs. 1 S. 1 KStG, dass die potenzielle Organgesellschaft ihre Geschäftsleitung im Inland und ihren Sitz in einem Mitgliedstaat der Europäischen Union bzw. einem Vertragsstaat des EWR-Abkommens hat.[104] Mit dieser Regelung wurde der bis dahin geltende doppelte Inlandsbezug aufgehoben. **2502**

Bis zur Änderung im Jahr 2013 forderte das Gesetz, dass sich Geschäftsleitung und Sitz einer Organgesellschaft im Inland befinden müssen. Die Änderung wurde aus unionsrechtlichen Gründen vollzogen. Nachdem die Europäische Kommission ein Vertragsverletzungsverfahren eingeleitet hatte, weil sie im doppelten Inlandsbezug einen Verstoß gegen die Niederlassungsfreiheit sah,[105] hat das BMF versucht, die Unionsrechtswidrigkeit mit einer Verwaltungsanweisung zu beheben.[106] Unabhängig davon, ob das BMF mit dieser – klar dem Normwortlaut widersprechenden – Anweisung seine Kompetenzen überschreitet (Vorbehalt des Gesetzes), genügte dieses Vorgehen aus Sicht der Kommission nicht, um dem Unionsrecht Genüge zu tun. Infolge des deshalb weiterhin angestrengten Vertragsverletzungsverfahrens wurde die Gesetzesänderung vorgenommen.[107]

Da mit der inländischen Geschäftsleitung aber weiterhin ein Inlandsbezug besteht, **2503**
werden auch bzgl. der geltenden Gesetzesfassung unionsrechtliche Zweifel angemeldet.[108] Tochtergesellschaften mit Sitz im Inland und ausländischer Geschäftsleitung sowie ausländische Tochtergesellschaften mit inländischer Betriebsstätte sind keine tauglichen Organgesellschaften. Die beschränkende Wirkung dieser Regelung hinsichtlich der Niederlassungsfreiheit liegt auf der Hand. Auch die Vergleichbarkeit dieser grenzüberschreitenden mit rein inländischen Fällen ist angesichts der bisherigen dahingehenden Rechtsprechung des EuGH anzunehmen.[109]

Für eine mögliche Rechtfertigung können der Rechtssache X Holding Anhaltspunkte **2504**
entnommen werden. Hier nahm der EuGH in Bezug auf die niederländische „fiscale eenheid" an, dass es mit dem Unionsrecht vereinbar sei, dass die Bildung einer steuerlichen Einheit mit einer gebietsfremden Tochtergesellschaft nicht zugelassen wird, deren Gewinne nicht den Steuervorschriften des jeweiligen Mitgliedstaates unterliegen.[110] Als Rechtfertigungsgrund wurde die angemessene Aufteilung der Besteuerungsbefugnisse herangezogen. Das Gericht stellte dabei darauf ab, dass ohne diese Beschränkung die Muttergesellschaft nach Belieben entscheiden könne, eine Einheit zu bilden und von einem Jahr zum anderen wieder aufzulösen, sodass die freie Wahl bestünde, welches Steuersystem auf die Verluste der Tochtergesellschaft angewendet wird.[111]

---

104 Näher zu dieser Voraussetzung zB Gosch KStG/Neumann KStG § 14 Rn. 65 ff.
105 Vertragsverletzungsverfahren Nr. 2008/4909.
106 BMF 28.3.2011, DStR 2011, 674.
107 Gesetz v. 20.2.2013, BGBl. 2013 I 285.
108 ZB BeckOK KStG/Ebber KStG § 14 Rn. 70 ff.; Musil/Weber-Grellet/Schober KStG § 14 Rn. 74 ff.; Schaumburg/Englisch/Oellerich EurSteuerR Rn. 8.122; Schwenke ISR 2013, 41 (43).
109 → Rn. 2476 ff.
110 EuGH 25.2.2010 – C-337/08, ECLI:EU:C:2010:89 Rn. 43 – X Holding.
111 EuGH 25.2.2010 – C-337/08, ECLI:EU:C:2010:89 Rn. 31 – X Holding.

**2505** Auf den ersten Blick scheint sich die niederländische Beschränkung mit der deutschen Lage zu decken. Auch hier besteht eine Einschränkung für ausländische Tochtergesellschaften. Wesentliche Unterschiede liegen aber in den sonstigen Voraussetzungen einer steuerlichen Einheit. Denn anders als in den Niederlanden besteht bei der deutschen Organschaft kein jährliches Wahlrecht. Die sichert der gem. § 14 Abs. 1 S. 1 Nr. 3 KStG auf mindestens fünf Jahre abzuschließende Gewinnabführungsvertrag. Will man die Rechtsprechung übertragen, kommt es darauf an, welche zeitlichen/qualitativen Anforderungen der EuGH an die – zu verhindernde – beliebige Entscheidung der Muttergesellschaft stellt.[112] Eine sichere Prognose erscheint kaum möglich. Für eine grundsätzliche Einschlägigkeit des Rechtfertigungsgrundes spricht aber, dass die Regelung tatsächlich dazu dient, eine beliebige Verlagerung von Besteuerungssubstrat und Verlusten zu verhindern und so die angemessene Aufteilung der Besteuerungsbefugnisse zu wahren.[113] Ungewisser erscheint, ob die Regelung dieses Ziel auch in erforderlicher Weise umsetzt, also nicht über das zur Zielerreichung Notwendige hinausgeht. Soweit typischerweise Tochtergesellschaften betroffen sind, für deren Gewinne Deutschland kein Besteuerungsrecht zukommt, wäre das anzunehmen. Die derzeitige Regelungsweise erfasst aber auch den Fall einer ausländischen Tochtergesellschaft mit deutscher Betriebsstätte. In dieser Situation steht Deutschland nach innerstaatlichem Recht ein Besteuerungsrecht für die Betriebsstättengewinne zu, das nach den üblichen Regeln der Doppelbesteuerungsabkommen auch bilateral durchschlägt (Art. 7 Abs. 1 OECD-MA). Die angemessene Aufteilung der Besteuerungsbefugnisse wäre insofern auch dann noch gewahrt, wenn die Konsolidierung solcher Betriebsstättengewinne mit der Muttergesellschaft zugelassen würde. Die bestehende Beschränkung greift dementsprechend zu weit.[114] Dass der EuGH zu diesem Ergebnis kommen könnte, lassen auch die Entscheidungen in den Rechtssachen Philips Electronics,[115] Felixstowe[116] und SCA Group Holding[117] vermuten, in denen die Rechtfertigung jeweils daran scheiterte, dass gebietsansässige Konzernteile aus der Gruppenbesteuerung ausgeschlossen wurden.

**2506** **b) Querorganschaft.** Große Unsicherheiten werden inzwischen in Bezug auf die Begrenzung der Organschaft auf Über-Unterordnungsverhältnisse gesehen. Der EuGH-Rechtsprechung zur Rechtssache B u. a. wird entnommen, dass der Ausschluss von Querorganschaften innerstaatlicher Schwestergesellschaften mit ausländischer Muttergesellschaft die Niederlassungsfreiheit verletzt.[118] Kernfrage ist dabei, ob es sich bei der Nichtzulassung von Querorganschaften in diesen Situationen überhaupt um eine Ungleichbehandlung vergleichbarer Fälle handelt. Bisweilen wurde das überwiegend verneint, weil das deutsche Recht eine Querorganschaft grundsätzlich nicht kennt. Da auch in der rein innerstaatlichen Konzernstruktur keine Querorganschaft zulässig ist, werde der grenzüberschreitende Fall nicht schlechter behandelt als der innerstaatliche.[119] Die Einschätzung des EuGH im luxemburgischen Fall könnte aber auf das gegenteilige Ergebnis schließen lassen. Das Gericht macht die Ungleichbehandlung daran fest, dass die Ergebnisse von Schwestergesellschaften im innerstaatlichen Konzern mittelbar auf Ebene der Muttergesellschaft konsolidiert werden können. Wenn den inländischen Schwestergesellschaften dies bei einer ausländischen Muttergesellschaft aber verwehrt ist, seien sie wegen des grenzüberschreitenden Falls benachteiligt.[120] Dieses Ergebnis stellt sich auch bei der deutschen Organschaft ein. Daraus folgern Teile der Literatur, dass die Beschränkung auf die vertikale Organschaft

---

[112] Musil/Weber-Grellet/Schober § 14 KStG Rn. 74.
[113] Ebenso Musil/Weber-Grellet/Schober KStG § 14 Rn. 75.
[114] Vgl. auch Musil/Weber-Grellet/Schober KStG § 14 Rn. 77; Gosch KStG/Neumann KStG § 14 Rn. 56a; Kessler/Arnold IStR 2016, 226 (228 f.).
[115] EuGH 6.9.2012 – C-18/11, ECLI:EU:C:2012:532 – Philips Electronics UK.
[116] EuGH 1.4.2014 – C-80/12, ECLI:EU:C:2014:200 – Felixstowe.
[117] EuGH 12.6.2014 – C-39/13 u.a., ECLI:EU:C:2014:1758 – SCA Group Holding.
[118] Brandis/Heuermann/Rode KStG § 14 Rn. 41; Ismer/Büttner IStR 2021, 932 (934 f.).
[119] BFH 22.2.2017 – I R 35/14, DStR 2017, 1527; Musil/Weber-Grellet/Schober § 14 Rn. 121 ff.
[120] EuGH 14.5.2020 – C-749/18, ECLI:EU:C:2020:370 Rn. 28 f. – B ua.

unionsrechtswidrig ist.[121] Die Querorganschaft passt allerdings nicht zum Grundprinzip des deutschen Systems, das auf einem Über-Unterordnungsverhältnis aufbaut. Hier könnte der wesentliche Unterschied zu anderen Gruppenbesteuerungssystemen liegen, der im deutschen Fall zu einem anderen Ergebnis führt.[122] Mit Sicherheit kann dies angesichts der recht apodiktischen Feststellungen des EuGH aber nicht gesagt werden.

Auf der Rechtfertigungsebene dürfte kaum Potential bestehen, das bestehende System beizubehalten. Bei inländischen Schwestergesellschaften liegt das Besteuerungsrecht ohnehin bei Deutschland, ganz unabhängig vom Ansässigkeitsstaat der Muttergesellschaft. Die Aufteilung der Besteuerungsbefugnisse wäre durch eine Konsolidierung entsprechend nicht berührt. Für ein Durschlagen der Kohärenz des Besteuerungssystems fehlt es an einer unmittelbar mit der Schlechterstellung korrespondierenden Besserstellung.

**c) Gewinnabführungsvertrag.** Ebenfalls weitgehend offen scheint, wie der EuGH das **2507**
Erfordernis eines Gewinnabführungsvertrags zwischen Organträger und Organgesellschaft im Hinblick auf die Vereinbarkeit mit der Niederlassungsfreiheit einordnen wird.

§ 14 Abs. 1 S. 1 KStG verlangt, dass sich die Organgesellschaft zur Abführung ihres Gewinns an den Organträger mittels eines Gewinnabführungsvertrages iSd § 291 Abs. 1 AktG verpflichtet. § 17 KStG ordnet die entsprechende Anwendung für Gesellschaften an, die nicht in § 14 Abs. 1 S. 1 KStG genannt sind, also insbesondere die GmbH und ggf. ausländische Gesellschaftstypen. Nicht abschließend geklärt ist, was das für die Anforderungen an einen Gewinnabführungsvertrag bedeutet. Die in einem koordinierten Ländererlass der OFD Frankfurt a. M. zum Ausdruck kommende Verwaltungsauffassung ist, dass auch ausländische Gewinnabführungsverträge anzuerkennen seien, sofern sie den Vorgaben des § 291 AktG entsprechen, nach ausländischem Recht zivilrechtlich zulässig sind, in eintragungspflichtiger Form vereinbart wurden und satzungsändernden Charakter haben.[123] Diese Verwaltungsanweisung erteilte die OFD infolge der Einleitung eines Vertragsverletzungsverfahrens durch die Europäische Kommission, in dem sie Deutschland aufforderte, Gewinnabführungsverträge anzuerkennen, die nach den Vorschriften anderer Mitgliedstaaten geschlossen wurden.[124] Diese Maßnahme der Kommission beweist, wie problematisch der Gewinnabführungsvertrag aus unionsrechtlicher Sicht ist. Die Bundesregierung geht davon aus, dass mit der in der Verwaltungsanweisung zum Ausdruck kommenden Auslegung des § 17 KStG den europarechtlichen Anforderungen genügt wird. Eine Gesetzesänderung wird für nicht erforderlich gehalten.[125]

Auch unter Anwendung dieser Auslegung stellt sich die Voraussetzung eines Gewinnabführungsvertrages aber nicht als unionsrechtlich unantastbar dar.

Das Hauptproblem liegt darin, dass ein § 291 AktG entsprechender Gewinnabführungs- **2508**
vertrag in anderen europäischen Rechtsordnungen kaum bekannt bzw. vorgesehen ist.[126] Kollisionsrechtlich richtet sich die Zulässigkeit von Unternehmensverträgen nach dem Gesellschaftsrecht der abhängigen Gesellschaft.[127] Infolgedessen ist es ausländischen Tochtergesellschaften regelmäßig nicht möglich, einen Gewinnabführungsvertrag zu schließen, der den Anforderungen des deutschen Rechts genügt, was letztlich die grenzüberschreitende Organschaft verhindert. Gleiches kann für doppelt ansässige Tochtergesellschaften gelten, für die das ausländische Gesellschaftsrecht maßgeblich ist.[128] Das gilt auch im Hinblick auf die von der OFD proklamierte Auslegung, da ein wesentliches Hindernis nicht beseitigt

---

[121] Brandis/Heuermann/Rode, § 14 KStG Rn. 41; Ismer/Büttner IStR 2021, 932 (934 f.).
[122] So Musil/Weber-Grellet/Schober KStG § 14 Rn. 123, in diese Richtung auch Prinz/Witt Steuerliche Organschaft/Hulde Rn. 5.103.
[123] OFD Frankfurt am Main 12.11.2019 – S 2770 A – 55 – St 55, DStR 2019, 2701; ersetzt durch OFD Frankfurt am Main 9.7.2020 – S 2770 A – 55 – St 55, DStR 2020, 2680.
[124] Pressemitteilung vom 25.7.2019 Punkt 8.
[125] BT-Drs. 19/18624, 2.
[126] Ausnahme ist Österreich, wo § 238 öAktG einen entsprechenden Gewinnabführungsvertrag vorsieht.
[127] BFH 7.12.2011 – I R 30/08, IStR 2012, 262 (264).
[128] Zu diesen Fällen auch Musil/Weber-Grellet/Schober KStG § 14 Rn. 204.

wird. Es wird auch für diese Verträge eine Eintragung des Vertrages in ein öffentliches Register gefordert. Das ist in vielen Jurisdiktionen nicht möglich.[129]

**2509** Der grenzüberschreitende Fall wird damit aufgrund rechtstatsächlicher Gegebenheiten gegenüber dem rein inländischen Fall benachteiligt. Die in der Literatur zu findenden Stimmen, die eine Beschränkung dennoch ablehnen wollen und dabei auf die fehlende Verantwortlichkeit Deutschlands verweisen,[130] sind abzulehnen. Zwar ist es richtig, dass eine Beschränkung nur angenommen werden kann, wenn es eine klare Verantwortlichkeit des nationalen Rechts gibt.[131] Die nachteilige Wirkung hier ist aber gerade keine Zufälligkeit, die sich aus dem Zusammenspiel unterschiedlicher Rechtsordnungen ergibt und keiner von beiden klar zuzurechnen ist, sondern klar dem deutschen System allein geschuldet. Es geht schließlich um die Voraussetzungen für die Inanspruchnahme eines deutschen Rechtsinstituts, für das der Gesetzgeber eine in grenzüberschreitenden Fällen kaum zu erfüllende Voraussetzung vorgibt.[132] Die Vergleichbarkeit der Situationen ist, der bisherigen EuGH-Rechtsprechung folgend, ebenso anzunehmen.

**2510** Die bisherige Rechtsprechung des EuGH zu Gruppenbesteuerungsmodellen gibt zu dieser unilateralen Regelung (noch) nichts Konkretes her. Da andere Mitgliedstaaten eine ähnliche Tatbestandsvoraussetzung nicht kennen, wurde bisher kein gleichzusetzender Sachverhalt entschieden. Dennoch lässt sich prognostizieren, dass eine Rechtfertigung nicht gelingen wird.[133] Zieht man die vom EuGH anerkannten Rechtfertigungsgründe zu Rate, vermag keiner durchzuschlagen. Der Gewinnabführungsvertrag selbst ist nicht das Merkmal, dass eine angemessene Aufteilung der Besteuerungsrechte gewährleistet, denn er verhindert nicht die Einbeziehung ansonsten im Inland nicht steuerpflichtiger Einkünfte, sondern auch solcher, die im Inland steuerpflichtig sind (zB inländische Betriebsstättengewinne einer ausländischen Tochtergesellschaft). Der Anknüpfungspunkt passt insofern schon ganz grundsätzlich nicht zum Ziel.[134] Im Übrigen wäre die angemessene Aufteilung der Besteuerungsbefugnis bereits durch eine (zielgenaue) Inlandsanbindung für die Organgesellschaften gewährleistet. Treffend stellen dementsprechend auch einige Autoren heraus, dass der Gewinnabführungsvertrag vor allem dazu dient, die Abweichung vom (innerstaatlichen) Individualsteuer- und Trennungsprinzip zu begründen.[135] Das ist aber ein innerstaatliches Anliegen, dass sich in den Rechtfertigungsgründen nicht wiederfindet.

**2511** Der Einschätzung der Bundesregierung, dass es einer gesetzlichen Änderung nicht bedarf, ist dennoch zuzustimmen. § 17 KStG lässt aufgrund seiner offenen Formulierung eine unionsrechtskonforme Auslegung zu. Die Norm ist unionsrechtskonform dahingehend auszulegen, dass eine schuldrechtliche Verpflichtung ausreichend ist, infolge derer die Organgesellschaft verpflichtet ist, ihren gesamten Gewinn an den Organträger abzuführen, und dieser sich im Gegenzug verpflichtet, Verluste der Organgesellschaft zu tragen.[136] Zu diesem Ergebnis kamen – im Wege der geltungserhaltenden Reduktion – auch bereits

---

[129] Boller/Hackemann IStR 2020, 41 (45).

[130] BeckOK KStG/Ebber KStG § 14 Rn. 107; Mitschke IStR 2011, 185 (186).

[131] Schaumburg/Englisch/Reimer EurSteuerR Rn. 7.158.

[132] Im Ergebnis ebenso FG Niedersachsen 11.2.2010 – K 406/08, DStRE 2010, 474 (476); Brandis/Heuermann/Rode KStG § 14 Rn. 39; Homburger IStR 2011, 111; Scheunemann IStR 2006, 145 (147); Pache/Englert IStR 2010, 448 (451); Glahe IStR 2012, 128 (132).

[133] Eine Unionsrechtswidrigkeit ebenfalls annehmend zB HHR/Kolbe KStG § 14 Rn. 12; Kessler/Arnold IStR 2016, 226 (231); Schaumburg/Englisch/Oellerich EurSteuerR Rn. 8.126; Glahe IStR 2012, 128 (131 f.); Ismer/Büttner IStR 2021, 932 (935).

[134] Musil/Weber-Grellet/Schober KStG § 14 Rn. 205.

[135] Vgl. BeckOK KStG/Ebber KStG § 14 Rn. 107; Homburg IStR 2010, 246 (251); Herzig/Wagner DB 2005, 1; Kleinert/Nagler/Rehm DB 2005, 1869.

[136] Ebenso BeckOK KStG/Pohl KStG § 17 Rn. 125; Schaumburg/Englisch/Oellerich EurSteuerR Rn. 8.126; Ismer/Büttner IStR 2021, 932 (935); Kessler/Arnold IStR 2016, 226 (231 f.); Schnitger IStR 2013, 82 (85); Benecke/Schnitger IStR 2013, 143 (145); zweifelnd BeckOK KStG/Ebber KStG § 14 Rn. 101.

einzelne Finanzgerichte.[137] An einer höchstrichterlichen Anerkennung fehlt es aber bisher.[138] Der BFH hat aber zumindest durchblicken lassen, dass ein solches Verständnis denkbar wäre.[139]

Diese Auslegung verlangt allerdings nach einer Berücksichtigung etwaiger verfassungsrechtlicher Wechselwirkungen. Der Gewinnabführungsvertrag ist wesentliches Rechtfertigungselement für die Abweichung vom Individualsteuer- und Trennungsprinzip. Kern dessen ist die darin zum Ausdruck kommende verbindliche, enge wirtschaftliche Verflechtung der Gesellschaften. Diese kann auch weiterhin erhalten bleiben. Unionsrechtlich spräche nichts dagegen, für innerstaatliche Organschaften weiterhin einen Gewinnabführungsvertrag in der derzeitigen Form zu fordern; es wäre allenfalls eine unionsrechtlich unbedenkliche Inländerdiskriminierung. Will man aber verfassungsrechtlichen Bedenken aufgrund der entstehenden Ungleichbehandlung aus dem Wege gehen, empfiehlt es sich, einen einheitlichen Standard anzusetzen. Zu fordern ist insofern eine hinreichende Verbindlichkeit der schuldrechtlichen Vereinbarung. 2512

**d) Verlustabzugsbeschränkung.** Erheblichen Bedenken ist daneben die bis vor Kurzem in § 14 Abs. 1 S. 1 Nr. 5 KStG vorgesehene Verlustabzugsbeschränkung für grenzüberschreitende Fälle ausgesetzt.[140] Die beschränkende Wirkung liegt auf der Hand. Mit Fragen der grenzüberschreitenden Verlustverrechnung hat sich der EuGH bereits in zahlreichen Fällen auseinandergesetzt – mit sehr unterschiedlichen Ergebnissen. Ob sich die deutsche Beschränkung mit der angemessenen Aufteilung der Besteuerungsbefugnisse bzw. Verhinderung einer doppelten Verlustberücksichtigung rechtfertigen ließe, ist äußerst fraglich – insbesondere im Hinblick auf die Verhältnismäßigkeit der Maßnahme. Angesichts der ersatzlosen Streichung der Verlustabzugsbeschränkung,[141] hat sich diese Frage nun erledigt. 2513

**e) Finale Verluste.** Die vielbeschworene Problemstellung, ob und wann sog. finale Verluste berücksichtigungsfähig sein müssen, ist im Kontext der Organschaft vor allem als Folgefrage zu betrachten. Sie wird dann virulent, wenn nach unionrechtskonformer Ausgestaltung und Auslegung der Organschaftsvoraussetzungen ein Inlandsbezug der Organschaft erhalten bleibt, der dazu führt, dass ausländische Tochtergesellschaften nicht einbezogen werden können. Nach dem Vorstehenden bedeutet ein unionrechtskonformer Inlandsbezug, dass nur solche ausländischen Tochtergesellschaften nicht Organgesellschaft sein können, deren (Betriebsstätten-) Gewinne nicht der deutschen Steuerhoheit unterliegen. Ausgeschlossen wären also Tochtergesellschaften ohne inländische Geschäftsleitung und ohne inländische Betriebsstätte. 2514

Sich darauf zurückzuziehen, es liege keine unionsrechtlich relevante Beschränkung vor, weil auch bei inländischen Tochtergesellschaften, die nicht Teil einer Organschaft sind, kein Abzug finaler Verluste bei der Muttergesellschaft zugelassen wird, vermag nicht zu überzeugen. Denn den inländischen Tochtergesellschaften steht der Weg in die Organschaft prinzipiell offen. Sie sind dementsprechend rechtlich bessergestellt. Allerdings dürfte eine Beschränkung an der Vergleichbarkeit scheitern. Bei ausländischen Tochtergesellschaften, ohne inländische Betriebsstätte steht Deutschland keinerlei Besteuerungsrecht an den Gewinnen der Tochtergesellschaft zu. Dieses fehlende Besteuerungsrecht ist nicht auf einen unilateral angeordneten Besteuerungsverzicht zurückzuführen, sondern auf allgemeine (international anerkannte) Besteuerungsgrundsätze.[142] Nach den dargestellten Grundsätzen der 2515

137 FG Niedersachsen 11.2.2010 – K 406/08, DStRE 2010, 474 (476); FG Schleswig-Holstein 13.3.2019 – 1 K 218/15, DStR 2019, 2304 (2311); dem zustimmend Brandis/Heuermann/Rode, § 14 KStG Rn. 39a.

138 In der Tendenz eher ablehnend BFH 7.12.2011 – I R 30/08, DStR 2012, 509 (512).

139 BFH 9.8.2023 – I R 26/19, IStR 2024, 111 (113 f.): Mangels tatsächlich gelebter Ergebnisabführung zwischen den Gesellschaften musste der Senat sich nicht abschließend festlegen.

140 HHR/Kolbe KStG § 14 Rn. 12; Brandis/Heuermann/Rode KStG § 14 Rn. 42; Prinz/Witt Steuerliche Organschaft/Hulde Rn. 5.100; Schneider/Schmitz GmbHR 2013, 281 (288); Benecke/Schnitger IStR 2013, 143 (151).

141 BR-Drs. 87/24, zur Begründung siehe BT-Drs. 20/9006, 29.

142 So auch Musil/Weber-Grellet/Schober KStG § 14 Rn. 273.

Rechtsprechung des EuGH zu vergleichbaren Fällen, kann hier keine Vergleichbarkeit angenommen werden.[143] Konsequenz dessen ist, dass sich die Frage einer Verhältnismäßigkeit der Regelung und damit auch der Anerkennung finaler Verluste nicht stellt.

**2516–2600** *(einstweilen frei)*

[143] AA BeckOK KStG/Ebber KStG § 14 Rn. 78 ff.; Kessler/Arnold IStR 2016, 226 (230).

# § 10 Bilanzielle Aspekte: Rechnungslegung, Prüfung, Offenlegung

Übersicht



## A. Vorbemerkung

Die Begründung und der Fortbestand einer ertragsteuerlichen Organschaft sind an unter- 2601
schiedliche steuerrechtliche Voraussetzungen geknüpft.[1] Viele dieser steuerrechtlich kodifizierten Voraussetzungen weisen einen **Bezug zu handelsrechtlichen Vorschriften** auf. Dies betrifft nicht nur die handelsrechtliche **Rechnungslegung,** sondern auch die **Abschlussprüfung** sowie die **Offenlegung** – sowohl beim Organträger als auch bei der Organgesellschaft.

## B. Abbildung des Gewinnabführungsvertrags in der handelsrechtlichen Rechnungslegung

### I. Ebene des Organträgers

Eine notwendige Voraussetzung für eine ertragsteuerliche Organschaft ist ein abgeschlosse- 2602
ner **Gewinnabführungsvertrag** (GAV) zwischen dem Organträger und der Organgesellschaft, nach dem sich die Organgesellschaft dazu verpflichtet, ihren gesamten Gewinn an den Organträger abzuführen (§ 14 Abs. 1 S. 1 KStG iVm § 291 Abs. 1 S. 1 AktG; bei GmbH iVm § 17 Abs. 1 S. 1 KStG). Mit einem solchen GAV geht aufseiten des Organträgers auch die Verpflichtung einher, im Fall eines Verlusts auf Ebene der Organgesell-

[1] Die Autoren danken Herrn StB Dr. Felix Krauß, M.Sc., für seine wertvolle Unterstützung bei diesem Beitrag.

schaft diesen auszugleichen (§ 302 Abs. 1 AktG; § 17 Abs. 1 S. 2 Nr. 2 KStG). Aus diesem Grund ist der im AktG Gewinnabführungsvertrag genannte Vertrag faktisch ein *Ergebnis*abführungs- bzw. -übernahmevertrag.

**2603** Eine weitere notwendige Voraussetzung für eine ertragsteuerliche Organschaft ist die Mehrheit der Stimmrechte aufseiten des Organträgers hinsichtlich der Organgesellschaft (finanzielle Eingliederung; § 14 Abs. 1 S. 1 Nr. 1 S. 1 KStG). Demnach können neben dem Organträger grds. noch weitere Gesellschafter an der Organgesellschaft beteiligt sein. Der Nachteil, den diese Minderheitsgesellschafter dadurch erleiden, dass der ganze Gewinn an ihnen vorbei an den Organträger abgeführt wird, ist durch einen angemessenen Ausgleich in Form von wiederkehrenden **Ausgleichszahlungen** zu kompensieren (§ 304 Abs. 1 S. 1 AktG). Als Ausgleichszahlung ist mindestens die jährliche Zahlung des Betrags zuzusichern, der nach der bisherigen Ertragslage und den künftigen Ertragsaussichten der Gesellschaft – unter Berücksichtigung angemessener Abschreibungen und Wertberichtigungen, jedoch ohne Bildung anderer Gewinnrücklagen – voraussichtlich als durchschnittlicher Gewinnanteil auf die übrigen Minderheitsgesellschafter verteilt werden könnte (§ 304 Abs. 2 S. 1 AktG). Diese Ausgleichszahlungen an die Minderheitsgesellschafter sind entweder von dem Organträger oder von der Organgesellschaft zu zahlen.[2]

**2604** Eine Gewinnabführung bzw. ein Verlustausgleich führt beim Organträger zu Erträgen (Gewinnabführung) oder Aufwendungen (Verlustausgleich), die gesondert unter entsprechender Bezeichnung in der **Gewinn- und Verlustrechnung des Organträgers** auszuweisen sind (§ 277 Abs. 3 S. 2 HGB). Die Erträge aus der Gewinnabführung werden erfasst unter dem Posten „Erträge aus Gewinnabführungsverträgen" und die Aufwendungen aus dem Verlustausgleich unter dem Posten „Aufwendungen aus Verlustübernahme".[3] Wo diese Posten in der handelsrechtlichen Gliederung der Gewinn- und Verlustrechnung einzuordnen sind, wird nicht gesetzlich kodifiziert.[4] In der Praxis erfolgt der Ausweis des Postens „Erträge aus Gewinnabführungsverträgen" für gewöhnlich vor oder hinter dem Posten „Erträge aus Beteiligungen" gem. § 275 Abs. 2 Nr. 9 bzw. Abs. 3 Nr. 8 HGB und der Ausweis des Postens „Aufwendungen aus Verlustübernahme" für gewöhnlich vor oder hinter dem Posten „Zinsen und ähnliche Aufwendungen" gem. § 275 Abs. 2 Nr. 13 bzw. Abs. 3 Nr. 12 HGB.[5] Ein einmal gewählter Ausweis unterliegt grds. dem Stetigkeitsgebot nach § 265 Abs. 1 Nr. 1 HGB.[6]

**2605** Die Erträge bzw. Aufwendungen infolge der Ergebnisabführung bzw. -übernahme orientieren sich an der **Höhe der für die Ergebnisabführung** relevanten Gewinne bzw. Verluste auf Grundlage des festgestellten Jahresabschlusses der Organgesellschaft.[7] Für den Fall, dass der Organträger zuständig ist für die Ausgleichszahlungen an die Minderheitsgesellschafter, sind die Ausgleichszahlungen mit dem Ertrag aus der Gewinnabführung zu verrechnen; wenn die Ausgleichszahlungen diesen Ertrag übersteigen, kommt es hingegen zum Ausweis von Aufwendungen aus dem Verlustausgleich (§ 158 Abs. 2 S. 1 AktG).[8]

**2606** Bei dem Ausweis der Erträge aus der Gewinnabführung und der Aufwendungen aus dem Verlustausgleich ist – mit Ausnahme der von dem Organträger geleisteten Ausgleichszahlung (§ 158 Abs. 2 AktG) – das **Verrechnungsverbot** nach § 246 Abs. 2 S. 1 HGB zu beachten. Demnach kommt es im Hinblick auf unterschiedliche Organgesellschaften

---

[2] Vgl. Beck Bil-Komm/Kliem/Müller HGB § 277 Rn. 13.
[3] Vgl. BeckOGK/Baumeister/Freisleben HGB § 275 Rn. 195 f., 221.
[4] Vgl. Beck Bil-Komm/Kliem/Müller HGB § 277 Rn. 6.
[5] Vgl. BeckOGK/Baumeister/Freisleben HGB § 277 Rn. 79; MüKoBilanzR/Kessler/Freisleben HGB § 277 Rn. 75; System. Praxiskomm./de la Paix HGB § 277 Rn. 20. Hiergegen wird zT eine freie Einordnung innerhalb des Finanzergebnisses (Posten gem. § 275 Abs. 2 Nr. 9 bis 13 bzw. Abs. 3 Nr. 8 bis 12 HGB) für ausreichend empfunden; vgl. Beck Bil-Komm//Kliem/Müller HGB § 277 Rn. 7; Heidel/Schall/Heinemann HGB § 277 Rn. 13.
[6] Vgl. Beck Bil-Komm/Kliem/Müller HGB § 277 Rn. 7.
[7] Vgl. MüKoHGB/Reiner HGB § 277 Rn. 38.
[8] Vgl. Beck Bil-Komm/Kliem/Müller HGB § 277 Rn. 13; System. Praxiskomm./de la Paix HGB § 277 Rn. 19.

jeweils zu einem unsaldierten Ausweis von Erträgen unter dem Posten „Erträge aus Gewinnabführungsverträgen" einerseits und von Aufwendungen unter dem Posten „Aufwendungen aus Verlustübernahme" andererseits.[9]

Der **Gewinnanspruch aufseiten des Organträgers** auf Grundlage eines GAVs entsteht grds. mit Ablauf des Geschäftsjahres der Organgesellschaft; liegt der Abschlussstichtag der Organgesellschaft nicht nach dem Abschlussstichtag des Organträgers, ist dieser Gewinnanspruch folglich bei dem Organträger (phasengleich) zu erfassen.[10] Im umgekehrten Fall, dass der Abschlussstichtag der Organgesellschaft nach dem Abschlussstichtag des Organträgers liegt, scheidet die Erfassung eines Ertrags in Antizipation eines abzuführenden Gewinns der Organgesellschaft dagegen aus.[11] Somit ist grds. eine **phasengleiche Vereinnahmung** vorgesehen. Weitere Voraussetzung für eine phasengleiche Ergebnisvereinnahmung ist, dass – vor Aufstellung des Jahresabschlusses des Organträgers – der Jahresabschluss der Organgesellschaft zumindest aufgestellt ist, alle für die Entstehung des Jahresergebnisses der Organgesellschaft wesentlichen Bilanzierungs- und Bewertungsentscheidungen getroffen sind und – im Fall einer Prüfung des Jahresabschlusses – die Prüfungshandlungen beendet sind.[12] In der Praxis ist dies regelmäßig spätestens bei Vorliegen eines Entwurfs des Prüfungsberichts für die Organgesellschaft der Fall. Die Feststellung des Jahresabschlusses der Organgesellschaft ist nicht zwingend notwendig.[13] 2607

Auch **auszugleichende Verluste** sind grds. **phasengleich zu vereinnahmen.**[14] 2608

Erfolgt eine Gewinnabführung bzw. ein Verlustausgleich auf Basis eines noch nicht festgestellten Jahresabschlusses der Organgesellschaft und stellt sich im Nachhinein ein **abweichendes Jahresergebnis** ein, erscheint ein gesonderter Ausweis des Differenzbetrags in der Gewinn- und Verlustrechnung im nächsten Geschäftsjahr sachgerecht.[15] 2609

Wenn der **Abschlussstichtag der Organgesellschaft nach dem Abschlussstichtag des Organträgers** liegt, ist – im Unterschied zu einem antizipierten Gewinn, der noch nicht zu erfassen ist (→ Rn. 2607) – ein antizipierter Verlust der Organgesellschaft bereits als ein drohender Verlustausgleich in Form einer **Rückstellung** für ungewisse Verbindlichkeiten zu erfassen.[16] Ein mit solch einer Rückstellungsbildung verbundener Aufwand ist dann wie bei einem herkömmlichen Verlustausgleich unter dem Posten „Aufwendungen aus Verlustübernahme" zu erfassen.[17] Ein Ertrag oder Aufwand aus einer zu hoch bzw. zu niedrig gebildeten Rückstellung im Vergleich zu dem sich dann realisierenden Verlustausgleich ist im nachfolgenden Geschäftsjahr als aperiodischer Ertrag bzw. Aufwand unter dem Posten „Erträge aus Gewinnabführungsverträgen" bzw. dem Posten „Aufwendungen aus Verlustübernahme" auszuweisen.[18] 2610

Neben der Antizipation des auszugleichenden Verlusts der Organgesellschaft für das aktuelle Geschäftsjahr kann es auch sachgerecht sein, weiter in der Zukunft liegende Geschäftsjahre zu berücksichtigen. So kann als Rückstellung die Passivierung des Barwerts 2611

---

9 Vgl. Beck Bil-Komm/Kliem/Müller HGB § 277 Rn. 14.

10 Vgl. Beck Bil-Komm/Kliem/Müller HGB § 277 Rn. 17; System. Praxiskomm./de la Paix HGB § 277 Rn. 21.

11 Vgl. BeckOGK/Baumeister/Freisleben HGB § 277 Rn. 83; System. Praxiskomm./de la Paix HGB § 277 Rn. 21.

12 Vgl. Beck Bil-Komm/Kliem/Müller HGB § 277 Rn. 17; MüKoHGB/Reiner HGB § 277 Rn. 39.

13 Vgl. BeckOGK/Veil/Walla AktG § 302 Rn. 23.

14 Vgl. MüKoBilanzR/Kessler/Freisleben HGB § 277 Rn. 78.

15 Vgl. Beck Bil-Komm/Kliem/Müller HGB § 277 Rn. 19; System. Praxiskomm./de la Paix HGB § 277 Rn. 21.

16 Vgl. Beck Bil-Komm/Kliem/Müller HGB § 277 Rn. 19 f.; IDW RS HFA 4, Tz. 4.

17 Vgl. Beck Bil-Komm/Kliem/Müller HGB § 277 Rn. 18. Demgegenüber wird auch ein Ausweis unter den sonstigen betrieblichen Aufwendungen vertreten, der mit Sicherheit des auszugleichenden Verlusts bei gleichzeitiger Buchung eines sonstigen betrieblichen Ertrags entsprechend umzugliedern ist, sodass der gesamte am Ende ausgeglichene Verlust als solcher in der Gewinn- und Verlustrechnung ausgewiesen ist; vgl. BeckOGK/Baumeister/Freisleben HGB § 277 Rn. 84; MüKoBilanzR/Kessler/Freisleben HGB § 277 Rn. 80; ADS HGB § 277 Rn. 72.

18 Vgl. im Ergebnis wohl Beck Bil-Komm/Kliem/Müller HGB § 277 Rn. 18; MüKoHGB/Reiner HGB § 277 Rn. 39.

des **voraussichtlichen Verlustausgleichs** für den Zeitraum bis zur frühestmöglichen Beendigung des GAVs vertretbar sein.[19] In diesem Fall ist darauf zu achten, dass bei einer Bewertung der entsprechenden Beteiligung zur Ermittlung eines etwaig niedrigeren beizulegenden Werts (§ 253 Abs. 3 S. 5 und 6 HGB) nach dem Ertragswertverfahren die entsprechenden Verluste nicht angesetzt werden, um eine Doppelerfassung zu vermeiden (beteiligungsreduzierend und rückstellungserhöhend).[20] Nur insoweit die zukünftigen Verlustausgleiche voraussichtlich zu einer Steigerung des inneren Ertragswerts der Beteiligung führen und insoweit dann eine Aktivierung als nachträgliche Anschaffungskosten der Beteiligung die Folge ist, ist von einer Rückstellungspassivierung abzusehen.[21] Eine Beteiligungsbewertung nach dem Ertragswertverfahren zur Ermittlung eines etwaig niedrigeren beizulegenden Werts (§ 253 Abs. 3 S. 5 und 6 HGB) ist dann wie gewohnt unter Berücksichtigung der voraussichtlichen Verluste der Organgesellschaft durchzuführen.[22]

**2612** Mit Vereinnahmung eines abzuführenden Gewinns aufseiten des Organträgers ist in der **Bilanz des Organträgers** eine entsprechende Forderung gegen verbundene Unternehmen zu bilanzieren (§ 266 Abs. 2 Nr. B II. 2. HGB).[23] Bei auszugleichenden Verlusten erfolgt mit Vereinnahmung eine Bilanzierung als Verbindlichkeit gegenüber verbundenen Unternehmen (§ 266 Abs. 3 Nr. C 6. HGB).[24]

**2613** Nach der ursprünglichen handelsrechtlichen Erfassung von Ansprüchen aus einer Gewinnabführung bzw. einem Verlustausgleich kann es zu **weiteren Effekten** kommen, die nach den allgemeinen handelsrechtlichen Vorschriften zu berücksichtigen sind. Hierzu zählen bspw. eine Verzinsung des entstandenen Anspruchs aufseiten des Organträgers oder der Organgesellschaft oder unterschiedliche Arten der Erfüllung des Anspruchs.

**2614** Forderungen gegen verbundene Unternehmen aufgrund eines mit Ablauf des Geschäftsjahres der Organgesellschaft entstandenen Anspruchs auf Gewinnabführung sind mit Feststellung des Jahresabschlusses der Organgesellschaft fällig.[25] Ab diesem Zeitpunkt hat der Organträger einen Anspruch auf **Fälligkeitszinsen** gem. §§ 352 und 353 BGB.[26] Außerdem kommen **Verzugszinsen** gem. §§ 286 Abs. 2 Nr. 1 und 288 BGB in Betracht.[27] Diese Zinsen sind handelsbilanziell beim Organträger als Zinsertrag und korrespondierend bei der Organgesellschaft als Zinsaufwand zu erfassen. Die Fälligkeit von Verbindlichkeiten gegenüber verbundenen Unternehmen aufgrund eines auszugleichenden Verlusts fällt hingegen mit dem Zeitpunkt der Anspruchsentstehung mit Ablauf des Geschäftsjahres der Organgesellschaft zusammen.[28] Analog entsteht ab diesem Zeitpunkt ein Anspruch auf Fälligkeitszinsen gem. §§ 352 und 353 BGB aufseiten der Organgesellschaft; auch Verzugszinsen können infrage kommen.[29] Die entstehenden Zinsen sind handelsbilanziell beim Organträger als Zinsaufwand und korrespondierend bei der Organgesellschaft als Zinsertrag zu erfassen.

**2615** Grundsätzlich richtet sich der Anspruch auf Gewinnabführung bzw. Verlustausgleich auf eine Geldleistung, er kann aber auf unterschiedlichem Weg beglichen werden. So ist bei Sicherstellung des Drittvergleichsgrundsatzes – insb. hinsichtlich der Werthaltigkeit und Verzinsung – die Umwandlung in ein Darlehen denkbar.[30] Auch ist eine Verrechnung mit

[19] Vgl. WPH/Justenhoven F Rn. 689.
[20] Vgl. WPH/Justenhoven F Rn. 689.
[21] Vgl. WPH/Justenhoven F Rn. 384.
[22] Vgl. WPH/Justenhoven F Rn. 689.
[23] Vgl. BeckOGK/Suchan HGB § 266 Rn. 72 f.; System. Praxiskomm./Lentz HGB § 266 Rn. 79 f.
[24] Vgl. ADS HGB § 266 Rn. 233 iVm 129.
[25] Vgl. BeckOGK/Veil/Walla AktG § 291 Rn. 105; MüKoAktG/Altmeppen AktG § 291 Rn. 149; Koch AktG § 291 Rn. 26. AA Gosch KStG/Neumann KStG § 14 Rn. 318 f.
[26] Vgl. Koch AktG § 291 Rn. 26; BeckOGK/Veil/Walla AktG § 302 Rn. 27 iVm § 291 Rn. 104.
[27] Vgl. BeckOGK/Veil/Walla AktG § 302 Rn. 27.
[28] Vgl. BeckOGK/Veil/Walla AktG § 302 Rn. 24; Emmerich/Habersack/Emmerich AktG § 302 Rn. 40; Grigoleit/Servatius AktG § 302 Rn. 13; Koch AktG § 302 Rn. 13; Hölters/Weber/Deilmann AktG § 302 Rn. 19.
[29] Vgl. Emmerich/Habersack/Emmerich AktG § 302 Rn. 40b; Grigoleit/Servatius AktG § 302 Rn. 13.
[30] Vgl. hierzu und zum weiteren Absatz → Rn. 2633 sowie Gosch KStG/Neumann KStG § 14 Rn. 318b, 321.

einer werthaltigen Gegenforderung möglich. In Abhängigkeit der gewählten **Erfüllung des Anspruchs** kommt es zu entsprechenden handelsbilanziellen Effekten nach Maßgabe der allgemeinen handelsrechtlichen Rechnungslegungsvorschriften.

*(einstweilen frei)* **2616–2620**

## II. Ebene der Organgesellschaft

Die Organgesellschaft hat infolge eines GAVs ihren **gesamten Gewinn** an den Organträger abzuführen (§ 291 Abs. 1 S. 1 AktG; § 14 Abs. 1 S. 1 KStG). Ermittelt wird der abzuführende Gewinn auf Basis des festgestellten Jahresabschlusses als handelsrechtlicher Jahresüberschuss unter Berücksichtigung eines Höchstbetrags und einer etwaigen Auflösung von während der Geltungsdauer des GAVs gebildeten Gewinnrücklagen nach § 301 AktG.[31] **2621**

Der einschlägige **Höchstbetrag** zur Gewinnabführung, auf den im Rahmen eines GAVs für gewöhnlich abgestellt wird,[32] ist nach § 301 S. 1 AktG der Jahresüberschuss der Organgesellschaft, der ohne die Gewinnabführung entstünde, vermindert um **2622**

- einen Verlustvortrag aus dem Vorjahr,
- einen nach § 300 AktG in die gesetzlichen Rücklagen einzustellenden Betrag und
- einen nach § 268 Abs. 8 HGB ausschüttungsgesperrten Betrag.

Existieren weder ein Verlustvortrag aus dem Vorjahr noch ein nach § 268 Abs. 8 HGB ausschüttungsgesperrter Betrag, entspricht der abzuführende Gewinn damit grds. dem Jahresüberschuss der Organgesellschaft, wenn auch keine Zuführung in eine gesetzliche Rücklage (oder eine andere zulässige Rücklagenbildung oder -auflösung, dazu → Rn. 2627) erfolgt.

Da während der Geltungsdauer eines GAVs der Organträger verpflichtet ist, einen etwaigen Verlust der Organgesellschaft auszugleichen, entsteht während dieses Zeitraums kein **Verlustvortrag** bei der Organgesellschaft (zu Sonderfall vgl. → Rn. 2631). Insofern bezieht sich der Abzugsposten in Höhe des Verlustvortrags aus dem Vorjahr zur Ermittlung des abzuführenden Höchstbetrags auf den letzten Verlustvortrag vor Wirksamwerden eines GAVs.[33] Dies hat zur Folge, dass so lange keine Gewinnabführung erfolgen kann, bis ein etwaiger Verlustvortrag aus der Zeit vor dem GAV durch Ergebnisthesaurierungen ausgeglichen wurde. Erfolgt keine Verrechnung des Jahresüberschusses mit dem Verlustvortrag aus dem Vorjahr, ist eine Organschaft nicht tatsächlich durchgeführt, sodass diese grds. steuerlich zu versagen ist.[34] **2623**

**Beispiel zum Höchstbetrag der Gewinnabführung bei Verlustvortrag**

Da die Z GmbH, eine 100 %ige Tochtergesellschaft der A GmbH, bisher an einem neuen Produkt forschte, erwirtschaftete sie in der Vergangenheit noch keine positiven Ergebnisse. Dies führte zum Ausweis eines Verlustvortrags zum 31.12.01 in Höhe von 2.500.000 EUR. Im Jahr 02 konnte die Gesellschaft das neue Produkt auf den Markt bringen. In der Folge erwirtschaftete sie erstmals einen Jahresüberschuss in Höhe von 500.000 EUR. Nach Verrechnung mit dem Verlustvortrag zum 31.12.01 verbleibt ein Verlustvortrag zum 31.12.02 in Höhe von 2.000.000 EUR. **2624**

Im Jahr 03 schloss die A GmbH mit der Z GmbH einen GAV ab mit der Folge einer ertragsteuerlichen Organschaft zwischen beiden Gesellschaften. Der Jahresüberschuss der Z GmbH beträgt im Jahr 03 nun 1.500.000 EUR. Eine Rücklagenbildung erfolgt nicht; auch liegen keine ausschüttungsgesperrten Beträge vor. Im Ergebnis ist jedoch keine Gewinnabführung im Jahr 03 möglich, da der gesamte Jahresüberschuss zum Ausgleich des Verlustvortrags verwendet wird.

---

31 Vgl. BeckOGK/Veil/Walla AktG § 291 Rn. 103; Grigoleit/Servatius AktG § 291 Rn. 64; MüKoHGB/Reiner HGB § 277 Rn. 39.

32 Vgl. BeckOGK/Veil/Walla AktG § 301 Rn. 7.

33 Vgl. BeckOGK/Veil/Walla AktG § 301 Rn. 10; Grigoleit/Servatius AktG § 301 Rn. 3; Koch AktG § 301 Rn. 5.

34 Vgl. BeckOGK/Veil/Walla AktG § 301 Rn. 10; Koch AktG § 301 Rn. 5 sowie ausführlich → Rn. 2304.

| | |
|---|---|
| Verlustvortrag zum 31.12.02 | 2.000.000 EUR |
| Jahresüberschuss | 1.500.000 EUR |
| Verlustvortrag zum 31.12.03 | 500.000 EUR |

Auch im Jahr 04 erwirtschaftet die A GmbH einen Jahresüberschuss in Höhe von 1.500.000 EUR. Erneut kommt es zu keiner Rücklagenbildung; auch liegen wieder keine ausschüttungsgesperrten Beträge vor. Der Höchstbetrag zur Gewinnabführung im Jahr 04 ergibt sich dann wie folgt:

| | |
|---|---|
| Verlustvortrag zum 31.12.03 | 500.000 EUR |
| Jahresüberschuss | 1.500.000 EUR |
| Höchstbetrag zur Gewinnabführung | 1.000.000 EUR |

Im Ergebnis kann erstmals im Jahr 04 – nachdem der Verlustvortrag aus den Vorjahren vor der Organschaft ausgeglichen wurde – ein Gewinn (im Bsp. von 1.000.000 EUR) abgeführt werden. Die durch den Verlustvortrag ausgelöste Minderabführung wirkt sich bis zu seinem vollständigen Ausgleich steuerlich auf das Einlagekonto aus, da die Minderabführung der Organgesellschaft als Einlage durch den Organträger in die Organgesellschaft behandelt wird (vgl. ausführlich → Rn. 3406).

**2625** In die **gesetzliche Rücklage** ist bei einer AG, SE oder KGaA im Fall eines GAVs ein Betrag ausgehend vom Jahresüberschuss vor einer Gewinnabführung und abzüglich eines Verlustvortrags aus dem Vorjahr einzustellen, der erforderlich ist, um die gesetzliche Rücklage zuzüglich einer Kapitalrücklage innerhalb der ersten fünf Geschäftsjahre, die während der Laufzeit des GAVs beginnen, gleichmäßig auf 10 % des gezeichneten Kapitals bzw. auf einen satzungsbedingt höheren Teil des gezeichneten Kapitals aufzufüllen (§ 300 Nr. 1 AktG); unterbliebene Zuweisungen in die gesetzliche Rücklage sind in folgenden Geschäftsjahren nachzuholen.[35] Zu beachten ist aber, dass stets eine Mindestzuweisung in die gesetzliche Rücklage nach § 150 Abs. 2 AktG zu prüfen ist, wonach mindestens eine jährliche Zuweisung von 5 % des Jahresüberschusses vor einer Gewinnabführung und abzüglich eines Verlustvortrags aus dem Vorjahr zu erfolgen hat, bis die gesetzliche Rücklage zuzüglich einer Kapitalrücklage 10 % des gezeichneten Kapitals bzw. eines satzungsbedingt höheren Teils des gezeichneten Kapitals erreicht hat (§ 300 Nr. 1 und 2 iVm § 150 Abs. 2 AktG).[36] Bei einer GmbH ist eine gesetzliche Rücklage grds. nicht vorgesehen; zur gesetzlichen Rücklage bei einer UG (haftungsbeschränkt) vgl. § 5a Abs. 3 GmbHG.

**2626** Neben einem Verlustvortrag aus dem Vorjahr und den evtl. Zuführungen in die gesetzliche Rücklage reduziert auch ein nach § 268 Abs. 8 HGB **ausschüttungsgesperrter Betrag** den abzuführenden Höchstbetrag der Organgesellschaft. Hintergrund der Ausschüttungssperre ist der Umstand, dass die Bewertung solcher Vermögensgegenstände und deren Realisierung oft unsicher sind, weshalb durch die Ausschüttungssperre verhindert werden soll, dass noch nicht realisierte und später gegebenenfalls gar nicht realisierte Gewinne ausgeschüttet bzw. abgeführt werden.[37] Zu Einzelfällen vgl. → Rn. 2651 ff.

**2627** Obwohl die Organgesellschaft grds. ihren gesamten Gewinn abzuführen hat (§ 291 Abs. 1 S. 1 AktG; § 14 Abs. 1 S. 1 KStG) und infolgedessen für gewöhnlich auf den Höchstbetrag der Gewinnabführung nach § 301 S. 1 AktG abgestellt wird,[38] darf die Organgesellschaft ohne Gefährdung einer Organschaft im Einzelfall insoweit Beträge in die **Gewinnrücklagen** (§ 272 Abs. 3 HGB) einstellen, als dies bei vernünftiger kaufmännischer Beurteilung wirtschaftlich begründet ist (§ 14 Abs. 1 S. 1 Nr. 4 KStG). Dies erfordert einen konkreten Anlass mit entsprechender Verwendungsabsicht (zB Betriebsverlagerung, Ausweitung der Produktionskapazitäten, Tilgung von Verbindlichkeiten;

35 Vgl. mit Beispiel BeckOGK/Euler/Sabel AktG § 300 Rn. 10–13.
36 Vgl. BeckOGK/Euler/Sabel AktG § 300 Rn. 16.
37 Vgl. Emmerich/Habersack/Emmerich AktG § 301 Rn. 19; Koch AktG § 301 Rn. 5.
38 Vgl. BeckOGK/Veil/Walla AktG § 301 Rn. 10.

R 14.5 Abs. 5 Nr. 3 KStR)[39] oder das Vorhandensein existenzbedrohender finanzieller Risiken.[40] In der Folge reduziert sich der abzuführende Gewinn um den in die Gewinnrücklagen eingestellten Betrag.[41] Eine derart gebildete Gewinnrücklage kann grds. beibehalten werden, wenn der Grund für die Zuführung wegfällt, ohne die Organschaft zu gefährden.[42] Solche während der Dauer des GAVs in die Gewinnrücklagen eingestellten Beträge können auch wieder entnommen und als Gewinn abgeführt werden (§ 301 S. 2 AktG), sodass sich das abzuführende bzw. auszugleichende Ergebnis insoweit erhöht.[43] Gewinnrücklagen, die vor dem Abschluss eines GAVs gebildet wurden, können demgegenüber nach ihrer Entnahme während der Vertragslaufzeit nicht Gegenstand einer Gewinnabführung sein; sie sind vielmehr als herkömmliche Gewinnausschüttung außerhalb der ertragsteuerlichen Organschaft zu behandeln (R 14.5 Abs. 5 KStR).[44]

Zur Ermittlung des relevanten **Verlusts** für den Verlustausgleich durch den Organträger **2628**
wird grds. auf den Jahresfehlbetrag der Organgesellschaft abgestellt (§ 302 Abs. 1 AktG).[45]

Wenn die Organgesellschaft die **Ausgleichszahlungen** nach § 304 Abs. 1 S. 1 AktG **2629**
anstelle des Organträgers übernimmt, reduziert sich der an den Organträger abzuführende Gewinn bzw. erhöht sich ein auszugleichender Verlust; im Einzelfall kann sich ein abzuführender Gewinn durch die Ausgleichszahlung zu einem auszugleichenden Verlust wandeln.[46]

Auch die Aufwendungen und Erträge, die sich aus einer Gewinnabführung bzw. einem **2630**
Verlustausgleich aufseiten der Organgesellschaft ergeben, sind jeweils gesondert und unter entsprechender Bezeichnung in der **Gewinn- und Verlustrechnung der Organgesellschaft** auszuweisen (§ 277 Abs. 3 S. 2 HGB). Die Aufwendungen aus der Gewinnabführung werden – als Pendant zu den entsprechenden Erträgen bei dem Organträger – unter dem Posten „Aufgrund von Gewinnabführungsverträgen abgeführte Gewinne" erfasst, während die Erträge aus einem Verlustausgleich – als Pendant zu den entsprechenden Aufwendungen bei dem Organträger – unter dem Posten „Erträge aus der Verlustübernahme" erfasst werden.[47] Die Verortung dieser Posten innerhalb der Gewinn- und Verlustrechnung der Organgesellschaft ist nicht gesetzlich normiert, für gewöhnlich werden die Posten aber jeweils vor dem Jahresüberschuss (§ 275 Abs. 2 Nr. 17 bzw. Abs. 3 Nr. 16 HGB) ausgewiesen.[48] Da entweder eine Gewinnabführung oder ein Verlustausgleich vorliegt, kann es nicht zu einem simultanen Ausweis beider Posten für ein Geschäftsjahr kommen. Der von der Organgesellschaft ausgewiesene Aufwand (abgeführter Gewinn) bzw. Ertrag (ausgeglichener Verlust) entspricht der Höhe nach den bei dem Organträger entsprechend erfassten Erträgen (abgeführter Gewinn) bzw. Aufwendungen (ausgeglichener Verlust).

Der abzuführende Gewinn wird in der **Bilanz der Organgesellschaft** gleichzeitig als **2631**
Verbindlichkeit gegenüber verbundenen Unternehmen ausgewiesen (§ 266 Abs. 3 Nr. C 6. HGB).[49] Gleichermaßen wird der auszugleichende Verlust als Forderung gegen verbundene Unternehmen gezeigt (§ 266 Abs. 2 Nr. B II. 2. HGB).[50] Die Bewertung erfolgt jeweils nach den allgemeinen handelsrechtlichen Vorschriften. Demnach ist eine Verbindlichkeit gegenüber verbundenen Unternehmen in Höhe des nach vernünftiger

[39] Vgl. Beck Bil-Komm/Justenhoven/Buchholz HGB § 277 Rn. 124.
[40] Vgl. BeckOGK/Veil/Walla AktG § 301 Rn. 14.
[41] Vgl. Beck Bil-Komm/Justenhoven/Heinz HGB § 277 Rn. 64 f.
[42] Vgl. Beck Bil-Komm/Justenhoven/Buchholz HGB § 277 Rn. 125.
[43] Vgl. → Rn. 727 f.; Beck Bil-Komm/Justenhoven/Heinz HGB § 277 Rn. 66 f.
[44] Vgl. → Rn. 727 f.; Beck Bil-Komm/Justenhoven/Heinz HGB § 277 Rn. 68.
[45] Vgl. Beck Bil-Komm/Justenhoven/Buchholz HGB § 277 Rn. 128; BeckOGK/Veil/Walla AktG § 302 Rn. 17; Zwirner DStR 2011, 741 (783).
[46] Vgl. Beck Bil-Komm/Kliem/Müller HGB § 277 Rn. 13.
[47] Vgl. BeckOGK/Baumeister/Freisleben HGB § 275 Rn. 257, 259.
[48] Vgl. BeckOGK/Baumeister/Freisleben HGB § 277 Rn. 79; Beck Bil-Komm/Kliem/Müller HGB § 277 Rn. 23.
[49] Vgl. BeckOGK/Veil/Walla AktG § 291 Rn. 105.
[50] Vgl. Emmerich/Habersack/Emmerich AktG § 291 Rn. 88.

kaufmännischer Beurteilung notwendigen Erfüllungsbetrags anzusetzen (§ 253 Abs. 1 S. 2 HGB). Die Forderung gegen verbundene Unternehmen wird mit ihren Anschaffungskosten, ggf. mit einem niedrigeren beizulegenden Wert, angesetzt (§ 253 Abs. 1 S. 1 und Abs. 4 S. 1 HGB). Demnach kann eine Abwertung der Forderung der Organgesellschaft gegen die Organträgerin infolge eines Verlustausgleichs erforderlich sein, wenn die Forderung nicht voll werthaltig ist.[51] Die Folge einer solchen außerplanmäßigen Abschreibung wäre aber theoretisch eine weitere Erhöhung des auszugleichenden Verlusts und hierdurch wiederum der abzuschreibenden Forderung gegen den Organträger usw. Um diese Zirkelbeziehung zu unterbinden, kann in einem solchen Fall ausnahmsweise ein Jahresfehlbetrag bei der Organgesellschaft bilanziert werden, der zu Lasten des Eigenkapitals geht, wobei aus Gründen der Klarheit und Übersichtlichkeit ein Ausweis in einem separaten Posten nach dem Posten „Erträge aus Verlustübernahme" empfohlen wird. Die bilanzielle Behandlung übriger Forderungen gegen den Organträger bleibt hiervon unbeeinflusst.

**2632** Analog zum Organträger werden Verbindlichkeiten gegenüber verbundenen Unternehmen aus abzuführenden Gewinnen mit der Feststellung des Jahresabschlusses fällig;[52] Forderungen gegen verbundene Unternehmen aufgrund von auszugleichenden Verlusten werden hingegen bereits mit Ablauf des Geschäftsjahres der Organgesellschaft fällig.[53] Ab dem Zeitpunkt der Fälligkeit hat der Organträger bzw. die Organgesellschaft einen Anspruch auf **Fälligkeitszinsen** gem. §§ 352 und 353 BGB.[54] Außerdem kann es zum Anspruch auf **Verzugszinsen** kommen.[55] Diese Zinsen sind bei der Organgesellschaft – ebenso wie bei dem Organträger – handelsbilanziell als Zinsaufwand bzw. Zinsertrag abzubilden.

**2633** Zwar richtet sich der Anspruch auf Gewinnabführung bzw. Verlustausgleich grds. auf eine Geldleistung, er kann aber auch anderweitig erfüllt werden. So kommen grds. auch eine Umwandlung in ein Darlehen oder eine Verrechnung mit einer werthaltigen Gegenforderung infrage.[56] Die jeweiligen **Erfüllungsarten** des Anspruchs sind nach den allgemeinen handelsrechtlichen Rechnungslegungsvorschriften bei der Organgesellschaft jeweils unterschiedlich abzubilden.

**2634, 2635** *(einstweilen frei)*

### III. Bilanzierungsfehler und Heilungsmöglichkeiten

**2636** Für eine ertragsteuerliche Organschaft ist nicht nur der Abschluss eines GAVs zwischen dem Organträger und der Organgesellschaft, sondern auch seine **tatsächliche und zutreffende Durchführung über die gesamte Geltungsdauer von mindestens fünf Jahren** notwendig (§ 14 Abs. 1 S. 1 Nr. 3 S. 1 KStG). Wenn die Gewinnabführung auf der Grundlage eines Jahresabschlusses der Organgesellschaft mit fehlerhaften handelsrechtlichen Bilanzansätzen beruht, gilt nach § 14 Abs. 1 S. 1 Nr. 3 S. 4 KStG der GAV grds. nicht als durchgeführt, es sei denn

- der Jahresabschluss ist wirksam festgestellt,
- die Fehlerhaftigkeit bei Erstellung des Jahresabschlusses hätte unter Anwendung der Sorgfalt eines ordentlichen Kaufmanns nicht erkannt werden müssen und
- ein von der Finanzverwaltung beanstandeter Fehler wird spätestens in dem nächsten nach dem Zeitpunkt der Beanstandung des Fehlers aufzustellenden Jahresabschluss der Organ-

[51] Vgl. hierzu und zum restlichen Absatz Beck Bil-Komm/Kliem/Müller HGB § 277 Rn. 24.
[52] Vgl. BeckOGK/Veil/Walla AktG § 291 Rn. 105; MüKoAktG/Altmeppen § 291 Rn. 149; Koch AktG § 291 Rn. 26. AA Gosch KStG/Neumann KStG § 14 Rn. 318f.
[53] Vgl. BeckOGK/Veil/Walla AktG § 302 Rn. 24; Emmerich/Habersack/Emmerich AktG § 302 Rn. 40; Grigoleit/Servatius AktG § 302 Rn. 13; Koch AktG § 302 Rn. 13; Hölters/Weber/Deilmann AktG § 302 Rn. 19.
[54] Vgl. Koch AktG § 291 Rn. 26; BeckOGK/Veil/Walla AktG § 302 Rn. 27; Emmerich/Habersack/Emmerich AktG § 302 Rn. 40b; Grigoleit/Servatius AktG § 302 Rn. 13.
[55] Vgl. BeckOGK/Veil/Walla AktG § 302 Rn. 27; Emmerich/Habersack/Emmerich AktG § 302 Rn. 40b; Grigoleit/Servatius AktG § 302 Rn. 13.
[56] Vgl. → Rn. 2615; Gosch KStG/Neumann KStG § 14 Rn. 318b, 321.

gesellschaft und des Organträgers korrigiert und das Ergebnis entsprechend abgeführt oder ausgeglichen, soweit es sich um einen Fehler handelt, der in der Handelsbilanz zu korrigieren ist.

Demnach können **handelsrechtliche Bilanzierungsfehler** aufseiten der Organgesell- **2637** schaft zur Nichtanerkennung der steuerlichen Organschaft führen, sofern die Gewinn- und Verlustrechnung und damit das abzuführende bzw. auszugleichende Ergebnis berührt wird, weil dann nicht das wie im GAV vereinbarte handelsrechtlich zutreffende Ergebnis abgeführt bzw. übernommen wurde.[57] Ausschlaggebend ist damit ausschließlich eine handelsrechtliche Sichtweise, da die Gewinnabführung bzw. der Verlustausgleich an das handelsrechtliche Jahresergebnis anknüpft.[58]

Voraussetzung für das Vorliegen eines solchen handelsrechtlichen Bilanzierungsfehlers, **2638** der die steuerliche Organschaft gefährdet, ist allerdings, dass die Organgesellschaft im Einklang mit dem **subjektiven Fehlerbegriff** des Handelsrechts (IDW RS HFA 6 Tz. 14) den Bilanzierungsfehler im Zeitpunkt der Feststellung des Jahresabschlusses hätte erkennen können.[59] Stellt sich der Jahresabschluss bspw. aufgrund einer nachgelagerten Rechtsprechung erst im Nachhinein als nicht zutreffend heraus, liegt kein solcher Bilanzierungsfehler vor.[60]

Weiter müssen handelsrechtliche, die Organschaft gefährdende Bilanzierungsfehler **der** **2639** **Höhe nach wesentlich** sein.[61] Grundsätzlich sind Bilanzierungsfehler dann wesentlich, wenn kein den tatsächlichen Verhältnissen entsprechendes Bild der Vermögens-, Finanz- oder Ertragslage (§ 264 Abs. 2 S. 1 HGB) vermittelt wird und deswegen eine Korrektur des handelsrechtlichen Jahresabschlusses – entweder als Rückwärtsänderung oder in laufender Rechnung – notwendig ist (IDW RS HFA 6 Tz. 21).[62]

Liegt ein solcher handelsrechtlicher Bilanzierungsfehler und damit eine hinsichtlich der **2640** Höhe grds. fehlerhafte Gewinnabführung bzw. ein hinsichtlich der Höhe grds. fehlerhafter Verlustausgleich vor, kann der zugrundeliegende GAV dennoch als durchgeführt und die steuerliche Organschaft insoweit als wirksam gelten. Für eine solche **Heilung** eines handelsrechtlichen Bilanzierungsfehlers müssen allerdings unterschiedliche Voraussetzungen kumulativ vorliegen (ausführlich dazu auch → Rn. 1086).

Zunächst muss der fragliche Jahresabschluss **wirksam festgestellt** worden sein (§ 14 **2641** Abs. 1 S. 1 Nr. 3 S. 4 Buchst. a) KStG). Dies setzt voraus, dass der Jahresabschluss nicht nach § 256 AktG nichtig ist.[63] Eine solche Nichtigkeit kann grds. wegen unterschiedlicher Gründe vorliegen, die u. a. einen Verstoß gegen handelsrechtliche Ansatz- und Bilanzierungsvorschriften beinhalten.[64] Zu beachten ist, dass ein einmal nichtiger Jahresabschluss uU nach § 256 Abs. 6 AktG mit Zeitablauf wirksam werden kann und insoweit die Voraussetzung eines wirksam festgestellten Jahresabschlusses erfüllt.[65]

Des Weiteren hätte die Fehlerhaftigkeit bei Erstellung des Jahresabschlusses unter Anwen- **2642** dung der Sorgfalt eines ordentlichen Kaufmanns **nicht erkannt werden müssen** (§ 14

---

57 Vgl. Beck Bil-Komm/Justenhoven/Buchholz HGB § 277 Rn. 130 f.; BeckOK KStG/Ebber KStG § 14 Rn. 480a.

58 Vgl. Beck Bil-Komm/Justenhoven/Buchholz HGB § 277 Rn. 131.

59 Vgl. BeckOK KStG/Ebber KStG § 14 Rn. 480i, 480q, mwN; Brandis/Heuermann/Rode KStG § 14 Rn. 148.

60 Vgl. Beck Bil-Komm/Justenhoven/Buchholz HGB § 277 Rn. 132; Brandis/Heuermann/Rode KStG § 14 Rn. 148a.

61 Vgl. Beck Bil-Komm/Justenhoven/Buchholz HGB § 277 Rn. 133; Brandis/Heuermann/Rode KStG § 14 Rn. 147; Petersen WPg 2018, 659 (665).

62 Vgl. im Ergebnis BeckOK KStG/Ebber KStG § 14 Rn. 480n. Vgl. auch Beck Bil-Komm/Schubert HGB § 253 Rn. 806.

63 Vgl. Brandis/Heuermann/Rode KStG § 14 Rn. 151. Bei nichtigen Jahresabschlüssen bleibt zwar eine Heilung der Gewinnabführung bzw. des Verlustausgleichs nach § 14 Abs. 1 S. 1 Nr. 3 S. 1 KStG verwehrt, dennoch kann uU eine Heilung durch Rückwärtskorrektur der handelsrechtlichen Bilanzierungsfehler „an der Quelle" erfolgen; vgl. Gosch KStG/Neumann KStG § 14 Rn. 335 mwN.

64 Vgl. BeckOGK/Jansen AktG § 256 Rn. 70 f.

65 Vgl. Brandis/Heuermann/Rode KStG § 14 Rn. 151.

Abs. 1 S. 1 Nr. 3 S. 4 Buchst. b) KStG). Das „Erkennen Müssen" zur Heilung eines handelsrechtlichen Bilanzierungsfehlers ist dahingehend strenger als das für einen solchen handelsrechtlichen Bilanzierungsfehler notwendige „Erkennen Können",[66] weil die Tochtergesellschaft einen handelsrechtlichen Bilanzierungsfehler zwar erkennen konnte, aber nicht erkennen musste.[67] Fraglich ist damit, ob der handelsrechtliche Bilanzierungsfehler, der hätte erkannt werden können, (nicht) so offensichtlich war, dass er (nicht) hätte erkannt werden müssen und infolge dessen einer Heilung (nicht) entgegensteht. Diese Beurteilung hat stets einzelfallabhängig zu erfolgen.[68] Abzustellen ist in diesem Kontext auf den Zeitpunkt der Feststellung des Jahresabschlusses.[69]

2643 Die Erfüllung der Voraussetzung, dass die Fehlerhaftigkeit des Jahresabschlusses unter Anwendung der Sorgfalt eines ordentlichen Kaufmanns nicht hätte erkannt werden müssen (§ 14 Abs. 1 S. 1 Nr. 3 S. 4 Buchst. b KStG), wird **gesetzlich fingiert,** wenn

- ein uneingeschränkter Bestätigungsvermerk nach § 322 Abs. 3 HGB
- zum Jahresabschluss oder
- zu einem Konzernabschluss, in den der handelsrechtliche Jahresabschluss einbezogen worden ist,
- eine freiwillige Prüfung des Jahresabschlusses mit umfassenden Beurteilungen oder
- eine Bescheinigung eines Steuerberaters oder Wirtschaftsprüfers über die Erstellung eines Jahresabschlusses mit umfassenden Beurteilungen

vorliegt (§ 14 Abs. 1 S. 1 Nr. 3 S. 5 KStG).

Demnach ist die Tatsache, dass die Fehlerhaftigkeit des Jahresabschlusses hätte erkannt werden müssen, in diesen Fällen unerheblich.[70] Auch wenn ein Konzernabschluss nach ausländischem Recht mit befreiender Wirkung nach §§ 291 oder 292 HGB vorliegt, ist diese gesetzliche Fiktion gewahrt.[71] Ein nach den IFRS aufgestellter Konzernabschluss reicht hingegen nicht aus.[72] Auch für den Fall, dass ein Jahresabschluss aufgrund einer der Befreiungen nach § 296 HGB nicht in einen Konzernabschluss einbezogen wurde, entfällt die gesetzliche Fiktion.[73] Nicht ausreichend ist außerdem eine Bescheinigung über die prüferische Durchsicht oder, wenn ein vereidigter Buchprüfer – anstelle eines Wirtschaftsprüfers oder eines Steuerberaters – eine Bescheinigung erstellt.[74] Ungenügend ist außerdem ein nur eingeschränkter Bestätigungsvermerk nach § 322 Abs. 4 HGB, es sei denn, die Einschränkung bezieht sich explizit nicht auf den Fehler, der die steuerliche Organschaft infrage stellt.[75] Ebenso erfüllt ein Versagungsvermerk nach § 322 Abs. 5 HGB nicht die Voraussetzungen des § 14 KStG.

2644 Damit der handelsrechtliche Bilanzierungsfehler die steuerliche Organschaft nicht gefährdet, muss nach § 14 Abs. 1 S. 1 Nr. 3 S. 4 Buchst. c) KStG als weitere und schlussendliche Voraussetzung der handelsrechtliche Fehler, nachdem er von der Finanzverwaltung beanstandet wurde, spätestens in dem nächsten nach dem Zeitpunkt der Beanstandung aufzustellenden Jahresabschluss des Organträgers und der Organgesellschaft korrigiert und somit dementsprechend der Jahresüberschuss abgeführt oder der Jahresfehlbetrag übernommen werden. Als Beanstandung der Finanzverwaltung gilt jede tatsächliche Handlung, die zu erkennen gibt, dass die Finanzverwaltung die fragliche Bilanzierung für falsch hält;[76] dies

---

66 Vgl. Brandis/Heuermann/Rode KStG § 14 Rn. 152.
67 Vgl. hierzu und zum nächsten Satz BeckOK KStG/Ebber KStG § 14 Rn. 480j.
68 Vgl. Gosch KStG/Neumann KStG § 14 Rn. 336.
69 Vgl. BeckOK KStG/Ebber KStG § 14 Rn. 480q; Brandis/Heuermann/Rode KStG § 14 Rn. 152a.
70 Vgl. Beck Bil-Komm/Justenhoven/Buchholz HGB § 277 Rn. 143.
71 Vgl. BeckOK KStG/Ebber KStG § 14 Rn. 480s.
72 Vgl. BeckOK KStG/Ebber KStG § 14 Rn. 480s, mwN; Brandis/Heuermann/Rode KStG § 14 Rn. 153a. AA bspw. Prinz DB 2023, 8 (11). Vgl. auch Beck Bil-Komm/Justenhoven/Buchholz HGB § 277 Rn. 144.
73 Vgl. Brandis/Heuermann/Rode KStG § 14 Rn. 153a.
74 Vgl. BeckOK KStG/Ebber KStG § 14 Rn. 480s.
75 Vgl. BeckOK KStG/Ebber KStG § 14 Rn. 480t. AA Gosch KStG/Neumann KStG § 14 Rn. 339.
76 Vgl. Gosch KStG/Neumann KStG § 14 Rn. 340.

geschieht in der Regel in Form eines Betriebsprüfungsberichts, sodass der relevante Zeitpunkt für den Beginn der Frist zur Fehlerkorrektur dann für gewöhnlich im Zeitpunkt der Bekanntgabe des Betriebsprüfungsberichts gesehen wird.[77] Da der handelsrechtliche Fehler (erst) im nächsten Jahresabschluss des Organträgers und der Organgesellschaft zu korrigieren ist, reicht eine **Korrektur** in laufender Rechnung aus, es sei denn, handelsrechtlich ist nach IDW RS HFA 6 Tz. 21 eine rückwirkende Berichtigung des ursprünglichen Fehlers an der Quelle geboten.[78] Ungeachtet dessen ist eine Berichtigung an der Quelle auch stets freiwillig möglich.[79] Auch kann ganz grds. eine freiwillige Korrektur des handelsrechtlichen Fehlers erfolgen, ohne dass es zu einer Beanstandung durch die Finanzverwaltung kam, und so eine vorzeitige Heilung des handelsrechtlichen Fehlers für die steuerliche Organschaft herbeigeführt werden.[80] Gleichzeitig gilt aber uE auch, dass ohne eine Beanstandung durch die Finanzverwaltung der GAV auch ohne eine Änderung des Fehlers als tatsächlich durchgeführt gilt und die steuerliche Organschaft nicht gefährdet ist.[81] Als nächster aufzustellender Jahresabschluss, in dem der handelsrechtliche Fehler zu korrigieren ist, ist der tatsächlich als nächstes aufzustellende Jahresabschluss unabhängig vom betroffenen Geschäftsjahr zu verstehen.[82]

Bei Erfüllung der beschriebenen Voraussetzungen gilt der GAV trotz eines wegen eines handelsrechtlichen Fehlers unzutreffend abgeführten bzw. übernommenen Ergebnisses als durchgeführt und die Organschaft als intakt. Auch **Verstöße gegen §§ 301 und 302 AktG,** die zu einem fehlerhaft abgeführten bzw. übernommenen Ergebnis führen, wie bspw. die falsche Ermittlung des Höchstbetrags für eine Gewinnabführung oder die Nichtbeachtung von Abführungsverboten, sind den handelsrechtlichen Fehlern im Anwendungsbereich des § 14 Abs. 1 S. 1 Nr. 3 S. 4 f. KStG zu subsumieren und damit einer entsprechenden Heilung grds. zugänglich.[83] Solche handelsrechtlichen Fehler unterliegen aber keiner Wesentlichkeitsgrenze, sodass bei deren Vorliegen – ohne entsprechende Heilung – grds. stets von einer Nichtdurchführung des GAVs auszugehen ist.[84] 2645

*(einstweilen frei)* 2646–2650

## C. Auswirkungen von Ausschüttungssperren und Abführungssperren auf die handelsrechtliche Rechnungslegung

### I. Handelsrechtliche Ausschüttungssperren

§ 268 Abs. 8 HGB regelt **Ausschüttungssperren,** die nach § 301 AktG auch den Höchstbetrag einer Gewinnabführung mindern (dh bei Bestehen eines GAVs also auch zu **Abführungssperren** werden). Der **ausschüttungsgesperrte Betrag** nach § 268 Abs. 8 HGB ergibt sich allgemein aus der Summe 2651

- der nach § 248 Abs. 2 S. 1 HGB aktivierten selbst geschaffenen immateriellen Vermögensgegenstände des Anlagevermögens abzüglich der hierfür gebildeten passiven latenten Steuern (§ 268 Abs. 8 S. 1 HGB),
- der aktiven latenten Steuern abzüglich der passiven latenten Steuern (§ 268 Abs. 8 S. 2 HGB) und

77 Vgl. BeckOK KStG/Ebber KStG § 14 Rn. 480v. Dies ist zT strittig; vgl. hierzu Brandis/Heuermann/Rode KStG § 14 Rn. 156.
78 Vgl. BeckOK KStG/Ebber KStG § 14 Rn. 480z.
79 Vgl. BeckOK KStG/Ebber KStG § 14 Rn. 480z.
80 Vgl. BeckOK KStG/Ebber KStG § 14 Rn. 480w; Brandis/Heuermann/Rode KStG § 14 Rn. 158; Gosch KStG/Neumann KStG § 14 Rn. 340.
81 Vgl. ebenso Gosch KStG/Neumann KStG § 14 Rn. 340; Beck Bil-Komm/Justenhoven/Buchholz HGB § 277 Rn. 145, mwN. AA BeckOK KStG/Ebber KStG § 14 Rn. 480x.
82 Vgl. BeckOK KStG/Ebber KStG § 14 Rn. 480z, mwN.
83 Vgl. Beck Bil-Komm/Justenhoven/Buchholz HGB § 277 Rn. 151 f. Vgl. im Detail auch Brandis/Heuermann/Rode KStG § 14 Rn. 150, mwN; Gosch KStG/Neumann KStG § 14 Rn. 332.
84 Vgl. Beck Bil-Komm/Justenhoven/Buchholz HGB § 277 Rn. 150.

- des nach § 246 Abs. 2 S. 2 HGB aktivierten Deckungsvermögens abzüglich der passiven latenten Steuern, soweit dies die Anschaffungskosten des Deckungsvermögens übersteigt (§ 268 Abs. 8 S. 3 HGB),

wobei hinsichtlich der passiven latenten Steuern darauf zu achten ist, dass keine doppelte Berücksichtigung erfolgt.[85] Eine Ausschüttung ist gem. § 268 Abs. 8 HGB dann nur insoweit möglich, wie der ausschüttungsgesperrte Betrag durch frei verfügbare Rücklagen zuzüglich eines Gewinnvortrags und abzüglich eines Verlustvortrags gedeckt ist. Hintergrund der Ausschüttungssperre ist der Umstand, dass die Bewertung solcher Vermögensgegenstände und deren Realisierung oft unsicher sind, weshalb durch die Ausschüttungssperre verhindert werden soll, dass noch nicht realisierte – und später gegebenenfalls gar nicht realisierte Gewinne – ausgeschüttet werden.[86] Die Ausschüttungssperre wirkt hierbei außerbilanziell,[87] orientiert sich aber an den relevanten Bilanzwerten.[88] Die Ausschüttungssperre ist grundsätzlich für Kapitalgesellschaften relevant,[89] welche – im Gegensatz zu Personengesellschaften – als Organgesellschaft fungieren können (§§ 14 Abs. 1 S. 1 und 17 Abs. 1 S. 1 AktG).

2652 Eine Gesellschaft kann nach § 248 Abs. 2 S. 1 HGB **selbst geschaffene immaterielle Vermögensgegenstände des Anlagevermögens** aktivieren. Da eine solche Aktivierung steuerbilanziell nicht nachvollzogen wird (§ 5 Abs. 2 EStG), kommt es unweigerlich zu Abweichungen zwischen dem handelsbilanziellen und dem steuerbilanziellen Ansatz. Infolgedessen sind uU – in Abhängigkeit eines Aktiv- oder Passivüberhangs der latenten Steuern auf Unternehmensebene und der Ausübung der bestehenden Bilanzierungswahlrechte – passive latente Steuern nach § 274 Abs. 1 S. 1–3 HGB bilanziert. Für die Ausschüttungssperre ist dann der in der Bilanz aktivierte Wert für die selbst erstellten immateriellen Vermögensgegenstände des Anlagevermögens abzüglich der hierfür – entweder als Bestandteil eines Aktiv- oder Passivüberhangs mit saldiertem oder nicht saldiertem Ausweis – bilanzierten passiven latenten Steuern maßgeblich (§ 268 Abs. 8 S. 1 HGB).

2653 Eine Gesellschaft hat **Vermögensgegenstände, die dem Zugriff aller übrigen Gläubiger entzogen sind und ausschließlich der Erfüllung von Schulden aus Altersversorgungsverpflichtungen oder vergleichbaren langfristig fälligen Verpflichtungen dienen,** mit diesen Schulden zu verrechnen (§ 246 Abs. 2 S. 2 HGB). Die Bewertung dieser Vermögensgegenstände erfolgt hierbei mit dem beizulegenden Zeitwert (§ 253 Abs. 1 S. 4 HGB; vorbehaltlich des § 253 Abs. 1 S. 5 f. HGB). Der beizulegende Zeitwert kann dabei grds. auch oberhalb der Anschaffungskosten dieser Vermögensgegenstände liegen. Da in der Steuerbilanz eine Verrechnung von Posten der Aktivseite mit Posten der Passivseite sowie eine Bewertung mit dem beizulegenden Zeitwert nicht gestattet sind (§§ 5 Abs. 1a S. 1 und 6 Abs. 1 Nr. 2 EStG), kann es bei der Bilanzierung dieser Vermögensgegenstände – analog zu bilanzierten selbst geschaffenen immateriellen Vermögensgegenständen des Anlagevermögens – ebenfalls zum Ansatz von passiven latenten Steuern kommen. Der für die Ausschüttungssperre maßgebliche Betrag ist in diesem Fall der für die fraglichen Vermögensgegenstände bilanzierte Wert (ohne Berücksichtigung der assoziierten Schulden), soweit er die entsprechenden Anschaffungskosten übersteigt, abzüglich von für diese Vermögensgegenstände bilanzierten passiven latenten Steuern (§ 268 Abs. 8 S. 3 HGB). Hierbei ist zu beachten, dass eine Verrechnung positiver und negativer Differenzen zwischen dem Bilanzwert bzw. dem beizulegenden Zeitwert und den Anschaffungskosten der einzelnen Vermögensgegenstände nicht gestattet und stattdessen eine jeweils gesonderte Betrachtung im Sinne eines Einzelbewertungsgrundsatzes

[85] Vgl. hierzu Beck Bil-Komm/Schubert HGB § 268 Rn. 69 f.; BeckOGK/Suchan HGB § 268 Rn. 56.
[86] Vgl. Emmerich/Habersack/Emmerich AktG § 301 Rn. 19; Koch AktG § 301 Rn. 5.
[87] Vgl. MüKoHGB/Reiner § 268 Rn. 29.
[88] Vgl. Beck Bil-Komm/Schubert HGB § 268 Rn. 66.
[89] Vgl. Beck Bil-Komm/Schubert HGB § 268 Rn. 65; BeckOK HGB/Poll HGB § 268 Rn. 25; Hopt/Merkt HGB § 268 Rn. 9; System. Praxiskomm./Lentz HGB § 268 Rn. 4, 52. Vgl. hierzu im Detail MüKoHGB/Reiner § 268 Rn. 39–42.

vorzunehmen ist.[90] Insofern setzt sich der ausschüttungsgesperrte Betrag ausschließlich aus den entsprechenden positiven Differenzen abzüglich der hierfür jeweils gebildeten passiven latenten Steuern zusammen.[91]

Schlussendlich greift eine Ausschüttungssperre dann, wenn eine Gesellschaft im Saldo **aktive latente Steuern** für eine zukünftige Steuerentlastung angesetzt hat (§ 274 Abs. 1 S. 2 HGB) ungeachtet dessen, ob ein saldierter Ausweis mit passiven latenten Steuern erfolgt oder nicht (§ 274 Abs. 1 S. 3 HGB). Der für die Ausschüttungssperre maßgebliche Betrag ergibt sich grds. in Höhe der bilanzierten aktiven latenten Steuern abzüglich der bilanzierten passiven latenten Steuern (§ 268 Abs. 8 S. 2 HGB). Bei der Ermittlung des relevanten Betrags ist aber darauf zu achten, dass diejenigen passiven latenten Steuern, die bereits im Zusammenhang mit selbst geschaffenen immateriellen Vermögensgegenständen des Anlagevermögens sowie mit Vermögensgegenständen, die dem Zugriff aller übrigen Gläubiger entzogen sind und ausschließlich der Erfüllung von Schulden aus Altersversorgungsverpflichtungen oder vergleichbaren langfristig fälligen Verpflichtungen dienen, berücksichtigt wurden, nicht nochmal zum Abzug gebracht werden.[92] Deshalb ist der Betrag der passiven latenten Steuern, der von den aktiven latenten Steuern abgezogen wird, um die entsprechenden bereits berücksichtigten passiven latenten Steuern zu kürzen.[93] Zu den daraus resultierenden Besonderheiten für die Berechnung der Abführungssperre vgl. → Rn. 2667 ff. **2654**

Die finale Ausschüttungssperre nach § 268 Abs. 8 HGB ergibt sich dann als Summe aus den jeweils maßgeblichen Beträgen. Eine Gewinnabführung ist damit nicht zulässig, soweit dieser Betrag der Ausschüttungssperre gem. § 268 Abs. 8 HGB nicht durch **frei verfügbare Rücklagen** zuzüglich eines etwaigen Gewinnvortrags und abzüglich eines etwaigen Verlustvortrags gedeckt ist[94]; vgl. dazu auch → Rn. 2669. **2655**

Neben der Ausschüttungssperre nach § 268 Abs. 8 HGB existieren grds. noch weitere handelsrechtliche Ausschüttungssperren, zB nach § 253 Abs. 6 S. 2 HGB, die in einer Organschaft allerdings – anders als diejenigen nach § 268 Abs. 8 HGB – nicht in § 301 Abs. 1 S. 1 AktG genannt werden und daher **keine Abführungssperre** sind. Denn nach § 301 Abs. 1 S. 1 AktG mindert nur die Ausschüttungssperre nach § 268 Abs. 8 HGB den für eine Gewinnabführung relevanten Höchstbetrag. Dies gilt aber nicht für nach § 253 Abs. 6 S. 2 HGB ausschüttungsgesperrte Beträge. Diese müssen im Rahmen der Gewinnabführung an den Organträger abgeführt werden. **2656**

Die Ausschüttungssperre nach § 253 Abs. 6 S. 2 HGB regelt den **Unterschiedsbetrag bei der Bewertung von Pensionsrückstellungen.** Denn abweichend von der Abzinsung der Rückstellungen grds. mit einem Zinssatz auf Basis der vergangenen sieben Geschäftsjahre schreibt § 253 Abs. 2 S. 1 HGB vor, dass im Falle von Rückstellungen für Altersversorgungsverpflichtungen der Zinssatz auf Basis der vergangenen zehn Geschäftsjahre zu ermitteln ist. Das Gesetz schreibt im Falle von Rückstellungen für Altersversorgungsverpflichtungen in § 253 Abs. 6 HGB zudem vor, dass der Unterschiedsbetrag zwischen dem Ansatz der Rückstellungen nach Maßgabe des entsprechenden durchschnittlichen Marktzinssatzes aus den vergangenen zehn Geschäftsjahren und dem Ansatz der Rückstellungen nach Maßgabe des entsprechenden durchschnittlichen Marktzinssatzes aus den vergangenen sieben Geschäftsjahren in jedem Geschäftsjahr zu ermitteln ist und Gewinne nur dann ausgeschüttet werden dürfen, wenn die nach der Ausschüttung verbleibenden frei verfügbaren Rücklagen zuzüglich eines Gewinnvortrags und abzüglich eines Verlustvortrags **2657**

90 Vgl. MüKoHGB/Reiner § 268 Rn. 32 Fn. 130, mwN. Vgl. ähnlich BeckOGK/Suchan HGB § 268 Rn. 54.

91 Vgl. ähnlich Beck Bil-Komm/Schubert HGB § 268 Rn. 69.

92 Vgl. hierzu und zum nächsten Satz BeckOGK/Suchan HGB § 268 Rn. 56; MüKoHGB/Reiner § 268 Rn. 34.

93 Vgl. auch mit Beispiel Beck Bil-Komm/Schubert HGB § 268 Rn. 71.

94 Vgl. auch Beck Bil-Komm/Schubert HGB § 268 Rn. 72. Vgl. im Detail System. Praxiskomm./Lentz HGB § 268 Rn. 56.

mindestens diesem Unterschiedsbetrag aus der Bewertung von Pensionsrückstellungen entsprechen. Diese handelsrechtliche Ausschüttungssperre hat indes keinen Eingang in die Regelung nach § 301 Abs. 1 AktG gefunden.

2658 In seinem **Schreiben vom 23.12.2016 (IV C 2 – S 2770/16/10002)** hat das Bundesfinanzministerium **(BMF)** Stellung zu der Frage nach einer bestehenden Abführungssperre genommen. Das BMF weist darauf hin, dass eine mit der handelsrechtlichen Ausschüttungssperre nach § 253 Abs. 6 HGB korrespondierende Abführungssperre bei GAV in § 301 AktG ausdrücklich nicht geregelt wurde. Nach § 14 Abs. 1 S. 1 KStG iVm § 301 AktG ist, so das BMF, für die Anerkennung der steuerlichen Organschaft eine vollständige Abführung des Gewinns notwendig. Damit sind nach Ansicht des BMF auch Gewinne, die auf der Anwendung des § 253 HGB beruhen, vollständig an den Organträger abzuführen. Eine analoge Anwendung der Ausschüttungssperre auf die Regelungen nach § 301 AktG als Abführungssperre kommt nicht in Betracht.

2659, 2660 *(einstweilen frei)*

## II. Ebene des Organträgers

2661 Die Ausschüttungssperre nach § 268 Abs. 8 HGB mindert nach § 301 S. 1 AktG den nach einem GAV abzuführenden Höchstbetrag auf Ebene der Organgesellschaft und ist aus diesem Grund im Kontext von Organschaften als Abführungssperre zu interpretieren.[95] Die Abführungssperre kommt damit zunächst nur bei der Organgesellschaft zum Tragen, mindert hierdurch aber gegebenenfalls den an den Organträger **abzuführenden Gewinn.** Dies ist für den Organträger dahingehend von Bedeutung, als dass der von der Organgesellschaft abzuführende Gewinn der Höhe nach am Ende dem vonseiten des Organträgers vereinnahmten Gewinn aus der Gewinnabführung entspricht.

2662 Falls kein abzuführender Gewinn, sondern ein auszugleichender Verlust aufseiten der Organgesellschaft vorliegt, entfaltet die Abführungssperre keine Wirkung. Denn der Betrag des Verlustausgleichs nach § 302 Abs. 1 AktG wird durch eine Ausschüttungssperre nach § 268 Abs. 8 HGB nicht beeinflusst.[96] Wenn der Organträger damit ohnehin schon einen **Verlust ausgleichen** muss, erhöht sich dieser nicht zusätzlich durch eine Abführungssperre auf Ebene der Organgesellschaft.

2663 Ein auf Ebene der Organgesellschaft nach § 253 Abs. 6 S. 2 HGB einer Ausschüttungssperre unterliegender Betrag, der aber gleichwohl nach § 301 Abs. 1 S. 1 AktG an den Organträger abzuführen ist, begründet auf Ebene des Organträgers selbst keine Ausschüttungssperre. Insofern liegt für grds. nach § 253 Abs. 6 S. 2 HGB ausschüttungsgesperrte Beträge auf Ebene der Organgesellschaft **keine mittelbare Ausschüttungssperre** auf Ebene des Organträgers vor. Vielmehr kann der Organträger diese Beträge an seine Anteilseigner auskehren.

**Beispiel zur Ausschüttungssperre bei der Bewertung von Pensionsrückstellungen**

Die Beta GmbH weist für das Geschäftsjahr 01 Pensionsrückstellungen iHv 5,0 Mio. EUR aus, wobei hierbei der zehnjährige durchschnittliche Marktzinssatz die Bewertungsgrundlage darstellt. Legt man den durchschnittlichen Marktzinssatz der letzten sieben Jahre zugrunde, würden sich hierdurch Altersversorgungsverpflichtungen iHv 5,5 Mio. EUR ergeben. Somit ergibt sich ein Entlastungseffekt von 0,5 Mio. EUR (5,5 Mio. EUR ./. 5,0 Mio. EUR). Nach § 253 Abs. 6 HGB ist dieser sich aus den unterschiedlichen Bewertungszinssätzen ergebende Unterschiedsbetrag grds. ausschüttungsgesperrt.

Die Beta GmbH ist Organgesellschaft der Alpha AG, wodurch der gesamte Gewinn abzuführen ist. Hierzu zählen auch ausschüttungsgesperrte Beträge iSd § 253 Abs. 6 HGB. Das Ergebnis vor Gewinnabführung der Beta GmbH im Geschäftsjahr 01 beträgt 1,25 Mio. EUR. Hiervon sind 0,5 Mio. EUR ausschüttungsgesperrt (nach § 253 Abs. 6 HGB), da keine ausreichend hohen frei verfügbaren Rücklagen vorliegen.

---

95 Vgl. zB Petersen WPg 2018, 659 (662).

96 Vgl. BeckOGK/Suchan HGB § 268 Rn. 59; Hopt/Merkt HGB § 268 Rn. 9.

Trotz der handelsrechtlichen Ausschüttungssperre nach § 253 Abs. 6 HGB muss die Beta GmbH ihren gesamten Gewinn iHv 1,25 Mio. EUR an die Alpha AG abführen.
Auf Ebene der Alpha AG liegt keine – auch keine mittelbare – Ausschüttungssperre vor, so dass die Alpha AG den Betrag an ihre Anteilseigner ausschütten kann.

*(einstweilen frei)* **2664, 2665**

## III. Ebene der Organgesellschaft

Bei einer Organschaft mindert nach § 301 S. 1 AktG neben einem Verlustvortrag aus dem Vorjahr und den Zuführungen in die gesetzliche Rücklage auch ein nach § 268 Abs. 8 HGB ausschüttungsgesperrter Betrag auf Ebene der Organgesellschaft den nach einem GAV abzuführenden Höchstbetrag der Organgesellschaft, weshalb auch von einer Abführungssperre gesprochen wird. Im Ergebnis sind die ausschüttungsgesperrten Beträge von einer Gewinnabführung ausgenommen, soweit nicht frei verfügbare Rücklagen zuzüglich eines etwaigen Gewinnvortrags und abzüglich eines etwaigen Verlustvortrags aus der Zeit vor der Organschaft vorliegen.[97] Demgegenüber wird der Betrag des Verlustausgleichs nach § 302 Abs. 1 AktG durch eine **Ausschüttungssperre nach § 268 Abs. 8 HGB** nicht beeinflusst.[98] **2666**

Die Abführungssperre ist damit auf Ebene der Organgesellschaft grds. anhand der von ihr bilanzierten Werte (siehe oben→ Rn. 2639 ff.; insbesondere für selbstgeschaffene immaterielle Vermögensgegenstände sowie passive und ggf. aktive latente Steuern) zu ermitteln. Allerdings werden – für diese Ermittlung relevante – latente Steuern bei Organschaften üblicherweise nicht bei der Organgesellschaft selbst, sondern bei dem Organträger bilanziert, auch wenn die latenten Steuern auf Differenzen beruhen, die sich aus von der Organgesellschaft bilanzierten Werten ergeben (DRS 18.32); vgl. ausführlich zum Ganzen → Rn. 2676 ff. Da die **Bilanzierung von latenten Steuern beim Organträger** nur für die erwartete Laufzeit der Organschaft infrage kommt (DRS 18.34), hat für den Fall einer erwarteten Beendigung der Organschaft eine zumindest teilweise Bilanzierung latenter Steuern auch bei der Organgesellschaft zu erfolgen.[99] Wenn steuerliche Be- und Entlastungen durch bestehende Steuerumlageverträge in voller Höhe auf die Organgesellschaft umgelegt werden, können die diesbezüglichen latenten Steuern auf temporäre Differenzen auch – dh statt einer Bilanzierung beim Organträger – bei der Organgesellschaft bilanziert werden.[100] **2667**

Infolge der Bilanzierung der latenten Steuern beim Organträger anstelle bei der Organgesellschaft ergibt sich die Frage nach der zutreffenden Ermittlung der Abführungssperre auf Ebene der Organgesellschaft.[101] Nunmehr ausschließlich auf die von der Organgesellschaft bilanzierten Werte zur Ermittlung der Abführungssperre abzustellen, erscheint bei einer wirtschaftlichen Betrachtungsweise fraglich, da in diesem Fall die bei dem Organträger für die Organgesellschaft bilanzierten latenten Steuern unberücksichtigt blieben.[102] Aus diesem Grund wird iRd sog. Nettomethode vertreten, die beim Organträger für die entsprechenden Sachverhalte der Organgesellschaft bilanzierten latenten Steuern für die Ermittlung der **Abführungssperre auf Ebene der Organgesellschaft** entsprechend zu berücksichtigen.[103] **2668**

Wenn der abführungsgesperrte Betrag die freien Rücklagen zuzüglich eines Gewinnvortrags und abzüglich eines Verlustvortrags aus der Zeit vor der Organschaft übersteigt, ist **2669**

---

97 Vgl. auch Beck Bil-Komm/Schubert HGB § 268 Rn. 74. Vgl. auch System. Praxiskomm./Lentz HGB § 268 Rn. 67.
98 Vgl. BeckOGK/Suchan HGB § 268 Rn. 59; Hopt/Merkt HGB § 268 Rn. 9.
99 Vgl. auch Beck Bil-Komm/Grottel/Larenz HGB § 274 Rn. 70.
100 Vgl. hierzu Beck Bil-Komm/Grottel/Larenz HGB § 274 Rn. 71.
101 Vgl. Petersen WPg 2018, 659 (662).
102 Vgl. ähnlich Beck Bil-Komm/Grottel/Huber HGB § 268 Rn. 75.
103 Vgl. Beck Bil-Komm/Grottel/Huber HGB § 268 Rn. 75, und ähnlich Beck Bil-Komm/Grottel/Larenz HGB § 274 Rn. 70. Vgl. ferner System. Praxiskomm./Lentz HGB § 268 Rn. 58.

eine Abführung des Differenzbetrags nicht zulässig. Die **freien Rücklagen** umfassen frei verfügbare Gewinnrücklagen, aber auch frei verfügbare Kapitalrücklagen.[104] Gewinnrücklagen gelten grds. als frei verfügbar, wenn deren Ausschüttung ansonsten keine gesetzlichen oder gesellschaftsvertraglichen Regelungen entgegenstehen.[105] Bei einer GmbH gelten grds. sämtliche Kapitalrücklagen nach § 272 Abs. 2 HGB als frei verfügbar,[106] während dies bei einer Aktiengesellschaft aufgrund der Verwendungsbeschränkung gem. § 150 Abs. 3 und 4 AktG nur auf die Kapitalrücklage nach § 272 Abs. 2 Nr. 4 HGB zutrifft.[107]

**2670** Kommt es aufgrund der Abführungssperre zu einer Reduktion des Höchstbetrags der Gewinnabführung, ergibt sich damit ein **Jahresüberschuss auf Ebene der Organgesellschaft,** der dann in die Gewinnrücklagen einzustellen ist.[108] Fällt die Abführungssperre weg, ist der entsprechende Betrag, wenn er in die Gewinnrücklage eingestellt wurde, grds. abführbar, da die Gewinnrücklage insoweit während der Zeit der Organschaft gebildet wurde (§ 301 S. 2 AktG).[109]

**2671–2675** *(einstweilen frei)*

## D. Latente Steuern

### I. Ebene des Organträgers

**2676** Beim Vorliegen ertragsteuerlicher Organschaften stellt sich aufgrund der damit verbundenen Regelungen zur Ertragsbesteuerung die Frage nach den **Folgewirkungen für die Bildung latenter Steuern.** Grundsätzlich erfolgt während des Bestehens einer Organschaft handelsrechtlich die Bildung latenter Steuern nicht auf Ebene der Organgesellschaft, sondern beim Organträger. Dabei sind zur Ermittlung der latenten Steuern die steuerlichen Verhältnisse bei der Organgesellschaft zugrunde zu legen. Dies gilt jedoch nur für die Differenzen, die während der Dauer der Organschaft bestehen und sich auch während der Dauer der Organschaft voraussichtlich umkehren.

**2677** Ist eine **Aufhebung der Organschaft absehbar** und kehren sich bestehende Wertansatzdifferenzen erst zu einem Zeitpunkt nach Beendigung des Organschaftsverhältnisses um, erfolgt die **Bildung der entsprechenden latenten Steuern auf Ebene der Organgesellschaft,** auch wenn zum Bilanzstichtag noch eine Organschaft besteht.[110] Eine Bildung latenter Steuern auf Ebene der Organgesellschaft – nicht des Organträgers – erfolgt auch dann, wenn die Organgesellschaft über eine ausländische Zweigniederlassung bzw. ausländische Betriebsstätte verfügt, deren Einkommen im Inland von der Besteuerung freigestellt ist, für die mit dieser verbundenen temporären Differenzen und Verlustvorträge, soweit diese entsprechende Steuerwirkungen entfalten.[111]

**Beispiel zur Bildung latenter Steuern beim Organträger**

In einem bestehenden ertragsteuerlichen Organkreis ist die A GmbH der Organträger, die B GmbH die Organgesellschaft. Von einem Fortbestehen der Organschaft auf unbestimmte Zeit ist auszugehen. Die B GmbH aktiviert in ihrem Jahresabschluss zum 31.12.01 selbst erstellte immaterielle Vermögensgegenstände in Höhe von 1 Mio. EUR. Die Steuerbelastung beträgt 30 %. Zum 31.12.01 sind im Jahresabschluss der B GmbH als Organgesellschaft keine latenten Steuern anzusetzen. Auf Ebene der A GmbH sind passive latente Steuern in Höhe von 30 %, also 300.000 EUR, anzusetzen.

---

104 Vgl. Beck Bil-Komm/Grottel/Huber HGB § 268 Rn. 73.
105 Vgl. MüKoHGB/Reiner § 268 Rn. 36.
106 Vgl. Beck Bil-Komm/Grottel/Huber HGB § 268 Rn. 73.
107 Vgl. Beck Bil-Komm/Grottel/Huber HGB § 268 Rn. 73; BeckOGK/Suchan HGB § 268 Rn. 57; MüKoHGB/Reiner § 268 Rn. 36.
108 Vgl. Petersen WPg 2018, 659 (663).
109 Vgl. zur Diskussion um eine Abführungspflicht mwN Petersen WPg 2018, 659 (663).
110 Vgl. Beck Bil-Komm/Grottel/Larenz HGB § 274 Rn. 70.
111 Vgl. System. Praxiskomm./Petersen/Zwirner/Busch HGB § 274 Rn. 115; WPH/Justenhoven F Rn. 743.

Mit der **Begründung der Organschaft** ergibt sich auf Ebene des Organträgers eine notwendige Berücksichtigung latenter Steuern in zweierlei Hinsicht: Einerseits kann sich eine ggü. der Vergangenheit abweichende Einschätzung der Notwendigkeit zur Bildung latenter Steuern aufgrund von originären Differenzen oder Verlustvorträgen beim Organträger ergeben. Andererseits müssen bei formaler Betrachtungsweise auch die wirtschaftlich durch die Organgesellschaft verursachten Differenzen mitberücksichtigt werden. **2678**

Bei der Bildung latenter Steuern sind nach § 274 Abs. 1 S. 4 HGB auch die steuerlichen Verlustvorträge in der Höhe zu berücksichtigen, in der innerhalb der nächsten fünf Jahre eine Verlustverrechnung zu erwarten ist. Dies gilt somit auch für ertragsteuerliche **Verlustvorträge auf der Ebene des Organträgers.** Aufgrund der Begründung einer Organschaft kann für Verlustvorträge des Organträgers eine geänderte Prognose der Nutzungsmöglichkeit mit entsprechenden Konsequenzen für die Bildung latenter Steuern eintreten. In diesen Fällen kann die Begründung einer Organschaft die Werthaltigkeit steuerlicher Verlustvorträge beim Organträger zur Folge haben und so eine Aktivierung latenter Steuern auf diese Verlustvorträge bedingen bzw. ermöglichen. **2679**

Da während des Bestehens der Organschaft die **vororganschaftlichen Verlustvorträge** der Organgesellschaft jedoch nicht genutzt werden können, scheidet die Bilanzierung aktiver latenter Steuern für diese Verlustvorträge beim Organträger grds. aus.[112] Zur ausnahmsweisen Berücksichtigung bei der Organgesellschaft vgl. → Rn. 2699. **2680**

Im Regelfall werden die durch Begründung der Organschaft eintretenden **Veränderungen der latenten Steuerposten erfolgswirksam** zu erfassen sein. Als Zeitpunkt der Erfassung sollte korrespondierend bei Organträger und Organgesellschaft auf den **Beginn** des ersten Organschaftsjahres abgestellt werden.[113] **2681**

Die sich aus der Beendigung der Organschaft ergebenden Veränderungen der Steuerlatenzen, weil einerseits eine geänderte Beurteilungsgrundlage beim Organträger vorliegt und andererseits die Organgesellschaft die Bildung latenter Steuern für bei ihr bestehende Differenzen wieder selbst übernimmt, sind analog zu behandeln. Sie erfordern eine **Anpassung der Bilanzierung latenter Steuern** sowohl beim Organträger als auch bei der Organgesellschaft. Auch in diesem Fall wird regelmäßig eine erfolgswirksame Anpassung der Steuerposten ab dem Zeitpunkt erfolgen, zu dem die Beendigung der Organschaft hinreichend konkretisiert ist.[114] **2682**

**Beispiel zur Bildung latenter Steuern bei Begründung der Organschaft**

Die B GmbH hat zum 31.12.01 aufgrund aktivierter Entwicklungskosten passive latente Steuern in Höhe von 100.000 EUR bilanziert. Mit Wirkung zum 1.1.02 schließt sie (als Organgesellschaft) einen GAV mit der A GmbH (als Organträger) und begründet eine ertragsteuerliche Organschaft.

Mit Wirksamwerden der Organschaft sind die passiven latenten Steuern auf Ebene der Organgesellschaft B GmbH ertragswirksam aufzulösen, sofern davon auszugehen ist, dass sich die zugrundeliegenden Differenzen während des Bestehens der Organschaft umkehren. Die ertragswirksame Auflösung erhöht den abzuführenden Gewinn der B GmbH im ersten Jahr der Organschaft.

Bei der A GmbH als Organträger müssen für diese auf Ebene der B GmbH bestehenden Differenzen nun passive latente Steuern gebildet werden. Diese werden zum 1.1.02 ergebniswirksam eingebucht und ab diesem Zeitpunkt fortgeschrieben. Hierfür ist nunmehr der Steuersatz der A GmbH und nicht mehr der B GmbH zugrundezulegen.

Für die Bewertung der latenten Steuern während der Organschaft ist der **Steuersatz** des Organträgers heranzuziehen. **2683**

Die Berücksichtigung der latenten Steuern ausschließlich auf Ebene des Organträgers folgt einer **formalen Betrachtungsweise.** Probleme daraus können sich im Zusammenhang mit der Ausschüttungs- bzw. Abführungssperre nach § 268 Abs. 8 HGB ergeben, die bei der Ermittlung des abzuführenden Ergebnisses iRd Organschaft zu beachten ist (vgl. **2684**

---

[112] Vgl. HdR-E/Simlacher/Vossel HGB § 274 Rn. 305.

[113] Vgl. ausführlich auch mit einem Beispiel Herzig/Liekenbrock/Vossel in: Herzig/Fuhrmann, HB latente Steuern, 347 ff.

[114] Vgl. Herzig/Liekenbrock/Vossel in: Herzig/Fuhrmann, HB latente Steuern, 353 f.

→ 2651 ff.).[115] Hiernach müssten bei der Abführung auf Ebene der Organgesellschaft die auf Ebene des Organträgers gebildeten latenten Steuern berücksichtigt werden. Dazu müssen auf Ebene der Organgesellschaft alle notwendigen Angaben zur Bildung latenter Steuern auf Ebene des Organträgers bekannt sein.[116]

2685 Die Ermittlungsproblematik auf Ebene des Organträgers kann bei Vorliegen entsprechender **Steuerumlageverträge** durch die Bilanzierung der latenten Steuern bei der Organgesellschaft verringert werden. Die Erfassung der latenten Steuern auf Ebene der Organgesellschaft sieht DRS 18.35 bei Steuerumlageverträgen, welche die gesamte steuerliche Belastung auf die Organgesellschaft umlegen, als möglich an. Sofern die Steuerumlageverträge bei der Organgesellschaft berücksichtigt werden, gestaltet sich die zutreffende Ermittlung der Abführungssperre einfacher, weil auf Ebene der betrachteten Organgesellschaft alle notwendigen Informationen hinsichtlich der zu berücksichtigenden latenten Steuern vorliegen.[117]

2686 Der Abschluss eines **Steuerumlagevertrags allein für latente Steuern** ist **nicht zulässig.** Die Umlage latenter Steuern setzt die Umlage effektiver Steuern voraus. Hinsichtlich der Steuerumlageverträge ist zudem zu prüfen, ob diese die Verrechnung von latenten Steuern einschließen. Insbesondere bei älteren Verträgen wurden im Zeitpunkt des Vertragsschlusses teilweise keine Regelungen hinsichtlich latenter Steuern berücksichtigt, sondern der Steuerumlagevertrag ausschließlich auf Basis effektiver Steuern abgeschlossen.[118]

2687 Zusätzlich problematisch bei der Organschaft sind Fälle, in denen – bezogen auf den Organträger und die Organgesellschaft – Kombinationen **unterschiedlicher handelsrechtlicher Größenklassen** nach § 267 HGB und damit verbundene Vorschriften zu latenten Steuern aufeinandertreffen. Ist zB vor Begründung des Organschaftsverhältnisses der Organträger eine mittelgroße Kapitalgesellschaft, die Organgesellschaft jedoch eine kleine Kapitalgesellschaft, kann diese die Befreiungsmöglichkeit des § 274a Nr. 4 HGB in Anspruch nehmen und auf die Anwendung von § 274 HGB zu latenten Steuern verzichten.[119]

2688 Mit Begründung der Organschaft müssen die **temporären und quasi-permanenten Differenzen** bei der Organgesellschaft auf Ebene der Muttergesellschaft bei der Bildung latenter Steuern berücksichtigt werden, weil die zivilrechtliche Betrachtungsweise die Bildung latenter Steuern auf Ebene des Organträgers nach den für diesen maßgebenden Vorschriften bedingt.

2689 Im umgekehrten Fall führt die **Konstellation einer kleinen Kapitalgesellschaft als Muttergesellschaft** und einer mittelgroßen Tochtergesellschaft dazu, dass für den gesamten Organkreis die Erleichterungen von § 274a Nr. 4 HGB in Anspruch genommen werden können. Dies ist vor allem bei Holdinggesellschaften mit einer Vielzahl von Beteiligungsgesellschaften von praktischer Bedeutung.

2690–2695 *(einstweilen frei)*

## II. Ebene der Organgesellschaft

2696 Wie bereits vorstehend (→ Rn. 2667 ff.) dargestellt, kommt es während des Bestehens einer ertragsteuerlichen Organschaft auf Ebene der Organgesellschaft in der Regel nicht zur Bildung latenter Steuern. Die auf **Ebene der Organgesellschaft** bestehenden temporären

115 Vgl. Ellerbusch/Schlüter/Hofherr DStR 2009, 2443 (2445 ff.).

116 Vgl. zur Alternative einer wirtschaftlichen Betrachtungsweise im Rahmen der Nettomethode System. Praxiskomm./Petersen/Zwirner/Busch HGB § 274 Rn. 122 ff.

117 Vgl. Ellerbusch/Schlüter/Hofherr DStR 2009, 2443 (2449); Maier/Weil DB 2009, 2729 (2736); zu einer Analyse der möglichen Optionen zur Bilanzierung für Organgesellschaft und Organträger Loitz/Klevermann DB 2009, 409 (417 f.).

118 Vgl. Petersen WPg 2011, 255 (261).

119 Vgl. Petersen WPg 2011, 255 (261).

und quasi-permanenten Differenzen sind auf Ebene des jeweiligen Organträgers bei der Bildung latenter Steuern zu berücksichtigen.

Dies gilt jedoch nur für solche Differenzen, die sich voraussichtlich **während der Dauer des Organschaftsverhältnisses** umkehren. Ist bereits absehbar, dass die bestehende Organschaft zu einem bestimmten Zeitpunkt beendet wird, müssen für alle Differenzen, die sich voraussichtlich erst nach diesem Zeitpunkt umkehren werden, die latenten Steuern auf Ebene der Organgesellschaft berücksichtigt werden.[120] Auf Ebene des Organträgers dürfen für solche Differenzen keine latenten Steuern (mehr) gebildet werden. **2697**

Sofern auf Ebene der Organgesellschaft während des Bestehens der Organschaft unter den oben genannten Voraussetzungen latente Steuern angesetzt werden, sind diese mit dem unternehmensindividuellen **Steuersatz der Organgesellschaft** im Zeitpunkt der Umkehrung der Differenz zu bewerten. **2698**

Auch für Verlustvorträge ist eine entsprechende Unterscheidung notwendig. Während des Bestehens eines Organschaftsverhältnisses sind auf Ebene der Organgesellschaft bestehende Verlustvorträge aus vororganschaftlicher Zeit nicht nutzbar (§ 15 S. 1 Nr. 1 KStG). Diese gehen jedoch nicht unter, sondern bleiben bestehen. Mit Beendigung der Organschaft können diese Verlustvorträge wieder mit einem positiven zu versteuernden Einkommen bzw. Gewerbeertrag auf Ebene der ehemaligen Organgesellschaft verrechnet werden. Sofern also eine Beendigung des Organschaftsverhältnisses absehbar ist, sind im Zeitraum nach der Beendigung voraussichtlich nutzbare Verlustvorträge bei der Bildung latenter Steuern auf Ebene der Organgesellschaft zu berücksichtigen. Dabei ist zu beachten, dass die **Anforderungen an die Nutzbarkeit** innerhalb eines Fünf-Jahres-Zeitraums für die Aktivierung latenter Steuern dann auch im Beurteilungszeitpunkt erfüllt sein müssen. **2699**

*(einstweilen frei)* **2700**

## E. Besonderheiten im Konzernabschluss

### I. Durchgehende Verpflichtungsübernahme eines Mutterunternehmens

Die **Einbeziehung einer Organgesellschaft in einen Konzernabschluss** kann mit Blick auf die einzelgesellschaftlichen Rechnungslegungspflichten dazu genutzt werden, die Anforderungen an die Aufstellung, Prüfung und Offenlegung von Jahresabschlüssen zu reduzieren (vgl. → Rn. 2711 ff.). Hierfür ist bei Kapitalgesellschaften das Vorliegen einer Verpflichtungsübernahmeerklärung erforderlich; wesentlicher Inhalt ist, dass sich das Mutterunternehmen bereit erklärt, für die von dem Tochterunternehmen bis zum Abschlussstichtag eingegangenen Verpflichtungen im folgenden Geschäftsjahr einzustehen. Beim Vorliegen eines GAVs, der eine der Voraussetzungen einer ertragsteuerlichen Organschaft darstellt, ist vom Vorliegen einer solchen Verpflichtungsübernahme auszugehen. Sofern also aus ertragsteuerlichen Gründen ein GAV abgeschlossen wurde, ist damit eine der Voraussetzungen für die Inanspruchnahme der Erleichterungsmöglichkeiten hinsichtlich Aufstellung, Prüfung und Offenlegung des Abschlusses nach § 264 Abs. 3 S. 1 Nr. 2 HGB erfüllt. **2701**

Bei **einstufigen Strukturen** mit einer Muttergesellschaft und einem oder mehreren Tochterunternehmen, deren Anteile alle vom Mutterunternehmen gehalten werden, ist die Erfüllung der **Voraussetzungen der Verpflichtungsübernahme** (nach § 264 Abs. 3 S. 1 Nr. 2 HGB) dahingehend unproblematisch, dass dann jeweils zwischen dem Mutterunternehmen und dem betroffenen Tochterunternehmen ein GAV vorliegt. Sofern das Mutterunternehmen einen Konzernabschluss aufstellt, der für die Tochterunternehmen befreiende Wirkung hinsichtlich der Aufstellung, Prüfung und/oder Offenlegung seines Jahresabschlusses entfalten soll, ist die Voraussetzung, dass eine Verpflichtungsübernahme durch das den Konzernabschluss aufstellende Unternehmen vorliegt, unmittelbar gegeben. **2702**

[120] Vgl. Beck Bil-Komm/Grottel/Larenz HGB § 274 Rn. 70.

2703 Sofern es sich jedoch um **mehrstufige Strukturen** handelt, ist dies nicht unbedingt der Fall. Sofern bspw. ein Enkelunternehmen einen GAV mit seinem unmittelbaren Mutterunternehmen, also einer Zwischenholding abgeschlossen hat, liegt nicht zwangsläufig auch eine Verpflichtungsübernahme durch das oberste Mutterunternehmen vor. In diesem Fall wäre eine Befreiung nur möglich, wenn auf Ebene der Zwischenholding ein befreiender Konzernabschluss aufgestellt wird und die weiteren Voraussetzungen des § 264 Abs. 3 HGB erfüllt sind.

2704 Um eine **Befreiungswirkung** auch unmittelbar durch den Konzernabschluss des obersten Mutterunternehmens herstellen zu können, sind mehrere Alternativen möglich.[121] Entweder gibt das oberste Mutterunternehmen unmittelbar eine Verpflichtungsübernahmeerklärung gegenüber dem betroffenen Enkelunternehmen ab. Das Vorliegen von GAV ist in diesem Fall unerheblich. Alternativ sind die Voraussetzungen auch dann erfüllt, wenn eine **lückenlose Kette von Verpflichtungsübernahmen vom zu befreienden Konzernunternehmen bis zum den befreienden Konzernabschluss aufstellenden Mutterunternehmen** vorliegt. Ob entlang dieser lückenlosen Kette entweder GAV vorliegen oder anderweitige Vereinbarungen oder Erklärungen – wie zB Patronatserklärungen – die Verpflichtungsübernahme begründen, ist ebenfalls unerheblich. Entscheidend ist ausschließlich, dass entweder eine unmittelbare Vereinbarung zwischen dem Mutterunternehmen und der zu befreienden Gesellschaft besteht oder die Voraussetzungen entlang einer lückenlosen Kette zwischen diesen beiden Gesellschaften erfüllt sind. Insofern kann eine Befreiung nach § 264 Abs. 3 HGB immer nur dann in Anspruch genommen werden, wenn das den befreienden Konzernabschluss aufstellende Mutterunternehmen letztlich für die Verluste der zu befreienden Gesellschaft haftet.

## II. Heilungsmöglichkeiten bei Bilanzierungsfehlern

2705 Mit Blick auf ertragsteuerliche Organschaften sind bei der handelsrechtlichen Konzernrechnungslegung die Regelungen des § 14 KStG zu beachten. Wie vorstehend bereits dargelegt (vgl. → Rn. 2643), kann die Einbeziehung der betroffenen Gesellschaften in einen geprüften Konzernabschluss bei der **Heilungsmöglichkeit** für Bilanzierungsfehler (und damit die ordnungsgemäße Durchführung des GAVs) relevant sein. Insofern entfaltet das Bestehen ertragsteuerlicher Organschaften auch Auswirkungen auf die Abgrenzung des Konsolidierungskreises für den Konzernabschluss.

2706 Auch wenn Gesellschaften, die einen GAV abgeschlossen haben, aus Konzernsicht ggf. aufgrund eines Konsolidierungswahlrechts nach § 296 HGB – zB aufgrund untergeordneter Bedeutung – nicht in den Konzernabschluss einbeziehungspflichtig sind, sollte mit Blick auf § 14 KStG eine Einbeziehung geprüft werden. Auch wenn in der Konsolidierung ein Mehraufwand für die Einbeziehung eines weiteren Tochterunternehmens anfällt, ist die **Absicherung der ertragsteuerlichen Organschaft durch die Einbeziehung in den Konzernabschluss** ein Entscheidungsfaktor, der berücksichtigt werden sollte. Dies gilt insbesondere, wenn es sich um eine Kette von mehreren GAV handelt, da bei einer nicht korrekten Durchführung der Gewinnabführung auf einer unteren Stufe alle folgenden Stufen entlang der Kette bis zum obersten Mutterunternehmen ebenfalls dahingehend gefährdet sind, dass die korrekte Durchführung der Gewinnabführung in Frage gestellt bzw. nicht anerkannt wird. Hier sollte in Abhängigkeit von der Konstellation im Einzelfall eine Risikominimierung durch die Einbeziehung auch einer nicht konsolidierungspflichtigen Gesellschaft in den Konzernabschluss erfolgen.

2707 Zu beachten ist, dass § 14 Abs. 1 S. 1 Nr. 3 S. 5 KStG explizit fordert, dass die Organgesellschaft mit ihrem **handelsrechtlichen Jahresabschluss** in den Konzernabschluss einbezogen worden ist. Demzufolge erfüllt ein **nach IFRS aufgestellter Kon-**

[121] Vgl. HFA, IDW LIFE 2014, 847 ff.

**zernabschluss** nach Ansicht der Finanzverwaltung[122] nicht die notwendigen Voraussetzungen.[123]

*(einstweilen frei)* 2708–2710

## F. Prüfung und Offenlegung

### I. Inhalt und Anforderungen

Kapitalgesellschaften haben als Handelsgesellschaften (§ 13 Abs. 3 GmbHG und § 3 Abs. 1 AktG iVm § 6 Abs. 1 HGB) einen **Jahresabschluss** aufzustellen (§ 242 Abs. 1–3 HGB) und diesen gegebenenfalls um einen Lagebericht zu erweitern (§ 264 Abs. 1 S. 1, 4 HGB). Für die Aufstellung des Jahresabschlusses haben Kapitalgesellschaften neben den allgemeinen Vorschriften, die für alle Kaufleute gelten (§§ 238–263 HGB), auch die besonderen Vorschriften für Kapitalgesellschaften (§§ 264-289f HGB) zu beachten. Darüber hinaus sind ein **Konzernabschluss** und ein **Konzernlagebericht** aufzustellen, wenn die Kapitalgesellschaft (Mutterunternehmen) auf ein anderes Unternehmen (Tochterunternehmen) unmittelbar oder mittelbar einen beherrschenden Einfluss ausüben kann (§ 290 Abs. 1 S. 1 HGB). Ein beherrschender Einfluss besteht bspw., wenn dem Mutterunternehmen bei einem anderen Unternehmen die Mehrheit der Stimmrechte der Gesellschafter zusteht (§ 290 Abs. 2 Nr. 1 HGB). Zur Ermittlung des Anteils des Mutterunternehmen an den Stimmrechten ist auf das Verhältnis der Zahl der Stimmrechte, die das Mutterunternehmen aus den ihm gehörenden Anteilen ausüben kann, zur Gesamtzahl aller Stimmrechte abzustellen, wobei von der Gesamtzahl der Stimmrechte die Stimmrechte aus eigenen Anteilen abzuziehen sind, die dem Unternehmen selbst oder einem seiner Tochterunternehmen oder einer für diese Unternehmen handelnden Person gehören (§ 290 Abs. 4 HGB). 2711

Eine notwendige Voraussetzung für eine ertragsteuerliche Organschaft ist die Mehrheit der Stimmrechte aufseiten des Organträgers hinsichtlich der Organgesellschaft (finanzielle Eingliederung; § 14 Abs. 1 S. 1 Nr. 1 S. 1 KStG). Wenn eine ertragsteuerliche Organschaft zwischen einem Organträger und einer Organgesellschaft vorliegt, ist damit in aller Regel auch eine Beherrschung der Organgesellschaft (Tochterunternehmen) durch den Organträger (Mutterunternehmen) nach § 290 Abs. 2 Nr. 1 HGB gegeben. Folglich geht eine ertragsteuerliche Organschaft in der Regel mit einem handelsrechtlichen Konzern einher. Deshalb ist der **Organträger als Mutterunternehmen** dann grds. auch nach § 290 Abs. 1 S. 1 HGB zur Aufstellung eines Konzernabschlusses verpflichtet. 2712

Grundsätzlich haben Kapitalgesellschaften und haftungsbeschränkte Personenhandelsgesellschaften iSd § 264a HGB ihren aufgestellten Jahresabschluss und Lagebericht durch einen Abschlussprüfer prüfen zu lassen, wenn sie nicht klein iSd § 267 Abs. 1 HGB sind (§ 316 Abs. 1 HGB). Ein Konzernabschluss und Konzernlagebericht sind stets durch einen Abschlussprüfer zu prüfen (§ 316 Abs. 2 HGB). Die handelsrechtliche **Prüfungspflicht** ist somit für den Jahresabschluss und Lagebericht von Kapitalgesellschaften und haftungsbeschränkten Personenhandelsgesellschaften iSd § 264a HGB sowie für Konzerne gesetzlich kodifiziert. Der Abschlussprüfer hat das Ergebnis der Prüfung schriftlich in einem Bestätigungsvermerk zum Jahresabschluss oder zum Konzernabschluss zusammenzufassen und eine Beurteilung des Prüfungsergebnisses – auch hinsichtlich des Lageberichts – anzubringen (§ 322 Abs. 1 S. 1 und Abs. 6 S. 1 HGB). 2713

Aufgestellte und bei Verpflichtung geprüfte Jahresabschlüsse und Lageberichte sowie Konzernabschlüsse und Konzernlageberichte sind zu veröffentlichen (§ 325 Abs. 1 S. 1 Nr. 1 und Abs. 3 HGB). Dies geschieht grds. anhand einer Offenlegung im Unterneh- 2714

122 Vgl. OFD Frankfurt, Verfügung vom 4.1.2022 (S 2770 A-55-St 55).
123 Vgl. BeckOK KStG/Ebber KStG § 14 Rn. 480s, mwN; Brandis/Heuermann/Rode KStG § 14 Rn. 153a. AA bspw. Prinz DB 2023, 8 (11) mwN. Vgl. auch Beck Bil-Komm/Justenhoven/Buchholz HGB § 277 Rn. 144.

mensregister (§ 325 Abs. 1 S. 2 iVm Abs. 3 HGB); bei Kleinstkapitalgesellschaften gem. § 267a Abs. 1 HGB kann eine Veröffentlichung durch Hinterlegung erfolgen (§ 326 Abs. 2 S. 1 HGB). Der Umfang der vorzunehmenden **Offenlegung bzw. Hinterlegung** variiert mit der Größe der Kapitalgesellschaft; die Offenlegung bzw. Hinterlegung ist grds. innerhalb eines Jahres nach dem Abschlussstichtag des entsprechenden Geschäftsjahres vorzunehmen.[124] Wenn keine rechtzeitige Offenlegung bzw. Hinterlegung erfolgt, wird vom Bundesamt für Justiz ein Ordnungsgeldverfahren durchgeführt (§ 335 Abs. 1 S. 1 HGB).[125]

**2715** Sofern es sich bei dem Mutterunternehmen (bzw. dem Organträger) nicht um eine Kapitalgesellschaft oder haftungsbeschränkte Personenhandelsgesellschaft handelt, kann sich eine **Konzernrechnungslegungspflicht nach dem Publizitätsgesetz** ergeben (PublG). Ein nach dem PublG aufzustellender Konzernabschluss und Konzernlagebericht unterliegt ebenfalls einer Prüfungs- und Offenlegungspflicht. Sofern eine Befreiungswirkung von der Konzernrechnungslegungspflicht auf Ebene einer Zwischenholding, die nach HGB konzernrechnungslegungspflichtig ist, erreicht werden soll, dürfen in dem nach PublG aufgestellten Konzernabschluss des übergeordneten Mutterunternehmens keine Erleichterungsmöglichkeiten des PublG in Anspruch genommen werden, die nach HGB nicht auch zulässig sind.

**2716–2720** *(einstweilen frei)*

## II. Befreiungsmöglichkeiten des § 264 Abs. 3 HGB

**2721** Nicht gem. § 264d HGB kapitalmarktorientierte Kapitalgesellschaften, die als Tochterunternehmen in den Konzernabschluss eines Mutterunternehmens (bzw. eines Organträgers) mit Sitz in der Europäischen Union oder im Europäischen Wirtschaftsraum einbezogen sind, brauchen die Vorschriften

- zum Inhalt des Jahresabschlusses bzw. zur Bilanz, Gewinn- und Verlustrechnung sowie zum Anhang und Lagebericht für Kapitalgesellschaften (§§ 264–289f HGB),
- zur Prüfung (§§ 316–324a HGB) und
- zur Offenlegung (§§ 325–329 HGB)

nicht anzuwenden, wenn die folgenden **Voraussetzungen jeweils kumulativ erfüllt** sind **(§ 264 Abs. 3 S. 1 HGB):**

- Alle Gesellschafter des Tochterunternehmens haben der Befreiung für das jeweilige Geschäftsjahr zugestimmt;
- das Mutterunternehmen hat sich bereit erklärt, für die bis zum Abschlussstichtag eingegangenen Verpflichtungen des Tochterunternehmens im folgenden Geschäftsjahr einzustehen;
- der Konzernabschluss und der Konzernlagebericht des Mutterunternehmens sind gesetzeskonform und im Einklang mit der Richtlinie 2013/34/EU des Europäischen Parlaments und des Rates vom 26.6.2013 und der Richtlinie 2006/43/EG des Europäischen Parlaments und des Rates vom 17.5.2006 aufgestellt und geprüft worden;
- die Befreiung des Tochterunternehmens ist im Anhang des Konzernabschlusses des Mutterunternehmens angegeben;
- für das Tochterunternehmen sind nach den Vorgaben des § 325 Abs. 1 bis 1b HGB die folgenden Offenlegungen vorgenommen worden:
- Beschluss aller Gesellschafter des Tochterunternehmens mit Zustimmung zur Befreiung für das Geschäftsjahr;

[124] Vgl. zu größenabhängigen Erleichterungen §§ 326–327a HGB. Kapitalmarktorientierten Unternehmen gem. § 264d HGB wird mit Ausnahmen eine kürzere Frist gesetzt (§§ 325 Abs. 4 S. 1 und 327a HGB). Vgl. hierzu auch Zwirner/Vodermeier WPg 2020, 1486 (1486 f.); Zwirner/Vodermeier StuB Beil. zu Heft 21/2019, 1 (1 f.).

[125] Vgl. hierzu Zwirner/Vodermeier WPg 2020, 1486 (1490–1492); Zwirner/Vodermeier StuB Beil. zu Heft 21/2019, 1 (15 f.).

- Bereitschaftserklärung des Mutterunternehmens, für die bis zum Abschlussstichtag eingegangenen Verpflichtungen des Tochterunternehmens im folgenden Geschäftsjahr einzustehen;
- Konzernabschluss;
- Konzernlagebericht;
- Bestätigungsvermerk zum Konzernabschluss und Konzernlagebericht.

Dies führt – aufgrund des regelmäßigen Vorliegens einer ertragsteuerlichen Organschaft in Konzernstrukturen – auch zu umfangreichen Befreiungsmöglichkeiten nach § 264 Abs. 3 HGB in Organschaften. Diese Befreiungsmöglichkeiten betreffen sowohl die Aufstellung als auch die Prüfung und Offenlegung von Jahresabschlüssen.

Die **Voraussetzungen** des § 264 Abs. 3 S. 1 HGB müssen grds. **zeitpunktbezogen** 2722 immer dann kumulativ erfüllt sein, wenn von einer Befreiung auf Grundlage dieser Vorschrift Gebrauch gemacht werden soll.[126] So müssen die Voraussetzungen für Befreiungen in Bezug auf die Offenlegung grds. erst später erfüllt sein als in Bezug auf die Aufstellung des Jahresabschlusses. Gleichwohl kann es sein, dass bestimmte Voraussetzungen zB zum Zeitpunkt der Aufstellung des Jahresabschlusses des Tochterunternehmens faktisch noch nicht erfüllt sein können. Dies betrifft in der Regel die Offenlegung des Konzernabschlusses, des Konzernlageberichts und des entsprechenden Bestätigungsvermerks auf Ebene des Organträgers, der zum Zeitpunkt der Aufstellung des Jahresabschlusses des Tochterunternehmens (Organgesellschaft) für gewöhnlich noch nicht offengelegt ist. In diesem Fall ist es ausreichend, wenn die übrigen Voraussetzungen erfüllt sind und keine Anhaltspunkte dafür sprechen, dass der Konzernabschluss, der Konzernlagebericht und der entsprechende Bestätigungsvermerk nicht offengelegt werden.[127] Zudem können Befreiungen grds. auch dann noch nachträglich in Anspruch genommen werden, wenn die Frist zur Offenlegung des Jahresabschlusses des Tochterunternehmens abgelaufen ist; eine Sanktionierung erfolgt lediglich über die Festsetzung von Ordnungsgeld (§ 335 HGB), bis der Abschluss des Tochterunternehmens offengelegt wurde oder die Voraussetzungen für eine Befreiung nach § 264 Abs. 3 S. 1 HGB im Nachhinein eintreten.

Grundlegende Voraussetzung für die Anwendung des § 264 Abs. 3 S. 1 HGB ist, dass 2723 das Tochterunternehmen tatsächlich in den Konzernabschluss des Mutterunternehmens im Wege der **Vollkonsolidierung** einbezogen wird.[128] Unbeachtlich ist an dieser Stelle, ob der Konzernabschluss nach HGB oder IFRS aufgestellt ist. Auch ist es ohne Bedeutung, ob eine nur freiwillige Aufstellung erfolgt. Auch wenn die Erträge und Aufwendungen aufgrund einer unterjährigen Begründung des Konzernverhältnisses nur anteilig in den Konzernabschluss eingehen, gilt das Tochterunternehmen als einbezogen. Gleiches gilt für ein Rumpfgeschäftsjahr zur Angleichung an das Geschäftsjahr der Muttergesellschaft. Ein Verzicht auf die Einbeziehung des Tochterunternehmens nach § 296 Abs. 1 oder 2 HGB führt dagegen zur Nichtanwendbarkeit der Befreiung.

Weiter müssen alle Gesellschafter des Tochterunternehmens der Befreiung für das Ge- 2724 schäftsjahr durch Beschluss zustimmen; dieser Beschluss ist zudem offenzulegen.[129] Die Gesellschafter können in diesem Zusammenhang auch Vorgaben über den Umfang der Erleichterungsinanspruchnahme machen; ansonsten steht dies zunächst im Ermessen der gesetzlichen Vertreter der Gesellschaft bis zur Feststellung des Jahresabschlusses durch die Gesellschafter. Die **Beschlussfassung der Gesellschafter des Tochterunternehmens**

[126] Vgl. Zwirner/Vodermeier StuB Beil. zu Heft 21/2019, 1 (11). Vgl. ferner zu diesem Absatz Beck Bil-Komm/Kliem/Deubert HGB § 264 Rn. 122.

[127] Vgl. auch Beck Bil-Komm/Kliem/Deubert HGB § 264 Rn. 130.

[128] Vgl. zu diesem Absatz Beck Bil-Komm/Kliem/Deubert HGB § 264 Rn. 125–129; Petersen WPg 2018, 1410 (1410 f.).

[129] Vgl. Beck Bil-Komm/Kliem/Deubert HGB § 264 Rn. 136, mwN, die allerdings auch eine Zustimmung anderer Art für grds. zulässig halten. Vgl. zum Weiteren Beck Bil-Komm/Kliem/Deubert HGB § 264 Rn. 137–142; Petersen WPg 2018, 1216 (1219); System. Praxiskomm./Zwirner/König/Hartmann HGB § 264 Rn. 78.

kann während des relevanten Geschäftsjahres oder auch danach erfolgen. In Abhängigkeit der Befreiungen, die angewendet werden sollen, ergeben sich unterschiedliche spätestmögliche Zeitpunkte für die Beschlussfassung;[130] so liegt die Aufstellung des Jahresabschlusses bspw. zeitlich vor der Offenlegung. Vor Beginn des Geschäftsjahres scheidet eine Beschlussfassung dagegen aus. Bei einem Gesellschafterwechsel bis zur Feststellung des Jahresabschlusses ist der neue Gesellschafter an eine Zustimmung des vorigen Gesellschafters gebunden.[131] Eine Zustimmung ist dagegen grds. möglich, wenn der vorige Gesellschafter diese bis dahin nicht gegeben hatte. Bei einer Erweiterung des Gesellschafterkreises durch eine Kapitalerhöhung ist die Zustimmung der neuen Gesellschafter nur dann einzuholen, wenn die Kapitalerhöhung während des Geschäftsjahres und nicht danach erfolgte.

**2725** Zudem muss als weitere Voraussetzung das Mutterunternehmen sich bereit erklären, für die bis zum Abschlussstichtag eingegangenen Verpflichtungen des Tochterunternehmens im folgenden Geschäftsjahr einzustehen. Zur Erfüllung dieser Einstandspflicht ist eine Innenhaftung des Mutterunternehmens gegenüber dem Tochterunternehmen ausreichend; eine Außenhaftung gegenüber Gläubigern des Tochterunternehmens ist nicht zwingend erforderlich. Bspw. kann eine harte Patronatserklärung vom Mutterunternehmen gegenüber Gläubigern des Tochterunternehmens oder gegenüber dem Tochterunternehmen selbst ausgesprochen werden.[132] Die harte Patronatserklärung lässt sich gegenüber dem Tochterunternehmen bspw. in Form von aufschiebend bedingten Darlehensversprechen und gegenüber Gläubigern des Tochterunternehmens in Form einer Liquiditäts- und Kapitalausstattungsgarantie umsetzen. Auch die interne Ausreichung von Darlehen oder die Einbindung in einen Cash-Pool werden als ausreichend angesehen.[133] Zudem kann grds. eine Erklärung dem Gesetzeswortlaut des § 264 Abs. 1 S. 1 Nr. 2 HGB nachempfunden werden; dies kann aber als Schuldbeitritt zu verstehen sein und damit eine gegebenenfalls unerwünschte Außenhaftung begründen.[134] Die Einstandspflicht muss grds. alle Verpflichtungen umfassen, die am Abschlussstichtag bestehen, unabhängig vom Zeitpunkt ihrer Entstehung, für das folgende Geschäftsjahr gelten und unbedingt sowie hinsichtlich der Höhe unbeschränkt ausgestaltet sein.[135] Eine vorzeitige Beendigung einer harten Patronatserklärung im nächsten Geschäftsjahr führt zum rückwirkenden Wegfall der Befreiungswirkung.[136] Als zu diesen Möglichkeiten gleichwertig gilt eine Verlustausgleichsverpflichtung im Rahmen einer Organschaft nach § 302 Abs. 1 AktG oder eine analog freiwillig übernommene Verpflichtung, die das folgende Geschäftsjahr betrifft.[137] Die unterjährige Beendigung eines GAVs führt im Gegensatz zu einer harten Patronatserklärung nicht zu einem rückwirkenden Wegfallen der Befreiungswirkung.[138] Im Fall mehrstufiger Konzernstrukturen muss die **Einstands- bzw. Verlustausgleichspflicht** das Mutterunternehmen übernehmen, das auch den befreienden Konzernabschluss aufstellt; ausreichend sind hierzu auch geschlossene Ketten von Einstands- oder Verlustausgleichsverpflichtungen, die jeweils gegenüber zwischengeschalteten Tochterunternehmen gelten (vgl. Kapitel E.I.).[139]

---

130 Vgl. im Einzelnen auch System. Praxiskomm./Zwirner/König/Hartmann HGB § 264 Rn. 80–82.

131 Vgl. auch mit Hinweis auf aA Beck Bil-Komm/Kliem/Deubert HGB § 264 Rn. 139.

132 Vgl. Beck Bil-Komm/Kliem/Deubert HGB § 264 Rn. 149.

133 Vgl. Beck Bil-Komm/Kliem/Deubert HGB § 264 Rn. 149, nach denen eine Nachschusspflicht als vergleichbares Instrument grds. ausscheidet; vgl. Beck Bil-Komm/Kliem/Deubert HGB § 264 Rn. 148. Vgl. dagegen zur Möglichkeit einer Nachschusspflicht im Einzelfall Petersen WPg 2018, 1216 (1221 f.).

134 Vgl. Beck Bil-Komm/Kliem/Deubert HGB § 264 Rn. 151. Eine weitere Möglichkeit zur Begründung einer ausreichenden Außenhaftung ist bspw. eine gesamtschuldnerische Haftung bei Eingliederung (§ 322 AktG); vgl. Beck Bil-Komm/Kliem/Deubert HGB § 264 Rn. 161; Petersen WPg 2018, 1216 (1222).

135 Vgl. Beck Bil-Komm/Kliem/Deubert HGB § 264 Rn. 152 f. Vgl. auch Petersen WPg 2018, 1216 (1222).

136 Vgl. Beck Bil-Komm/Kliem/Deubert HGB § 264 Rn. 155, dort auch mit Hinweis auf aA.

137 Vgl. Beck Bil-Komm/Kliem/Deubert HGB § 264 Rn. 163, 166. Vgl. hierzu und zum Folgenden auch Petersen WPg 2018, 1216 (1220 f.).

138 Vgl. Beck Bil-Komm/Kliem/Deubert HGB § 264 Rn. 168.

139 Vgl. Beck Bil-Komm/Kliem/Deubert HGB § 264 Rn. 180 und Petersen WPg 2018, 1216 (1222 f.).

Das OLG Köln entschied mit Beschluss vom 13.7.2018, dass sich der **Zeitraum der Einstands- bzw. Verlustausgleichspflicht** nicht nur auf das Geschäftsjahr beschränken darf, das auf den Abschlussstichtag des zu befreienden Geschäftsjahres folgt, sondern auch das zu befreiende Geschäftsjahr zu beinhalten hat.[140] Zwar erging der Beschluss im Kontext der alten Rechtslage vor BilRUG, ihm wird aber dennoch zum Teil eine gewisse Ausstrahlungswirkung auf die aktuelle Rechtslage zugestanden.[141] Obgleich der Beschluss im Widerspruch zur herrschenden Literaturmeinung steht,[142] kann es aus Gründen der Rechtssicherheit dennoch ratsam sein, die Einstands- bzw. Verlustausgleichspflicht so auszugestalten, dass sowohl das zu befreiende Geschäftsjahr als auch das Folgejahr von der Einstands- bzw. Verlustausgleichspflicht umfasst sind.[143] 2726

Der Konzernabschluss und der Konzernlagebericht müssen als Voraussetzung im Einklang mit den nationalen Vorschriften und mit EU-Recht **aufgestellt und geprüft** werden.[144] Damit können der Konzernabschluss und der Konzernlagebericht grds. aufgestellt werden nach HGB, nach anderweitigem nationalem Recht eines Staats der Europäischen Union oder des Europäischen Wirtschaftsraums oder nach den IFRS.[145] Außerdem muss dieser Konzernabschluss im Einklang mit dem EU-Recht für Abschlussprüfungen geprüft sein. Ein Versagungsvermerk führt dazu, dass das Tochterunternehmen die Befreiung nicht in Anspruch nehmen kann.[146] 2727

In dem Konzernanhang dieses Konzernabschlusses muss die Tatsache, dass für das Tochterunternehmen von der Befreiung Gebrauch gemacht wird, angegeben werden. Die Firma und der Sitz des befreiten Tochterunternehmens sind zu nennen, der Umfang der Befreiungsinanspruchnahme dagegen nicht.[147] Hinsichtlich der Verortung der **Anhangangabe** im Konzernanhang existieren keine gesonderten Vorgaben. Die Angabe ist nicht entbehrlich, selbst wenn bei dem Mutterunternehmen wegen der Gefahr erheblicher Nachteile die Möglichkeit eines Verzichts auf Pflichtangaben zum Tochterunternehmen gem. § 313 Abs. 3 HGB grds. einschlägig ist.[148] 2728

Schlussendliche Voraussetzung ist zudem, dass diverse Unterlagen von der Tochtergesellschaft (bzw. der Organgesellschaft), die von der Befreiung Gebrauch macht, offengelegt werden.[149] Hierzu gehören der Gesellschafterbeschluss zur Zustimmung hinsichtlich der Befreiung, die Erklärung des Mutterunternehmens zur Einstandspflicht bzw. zum Verlustausgleich sowie der Konzernabschluss und Konzernlagebericht inklusive des Bestätigungsvermerks des Mutterunternehmens. Eine Hinterlegung im Fall von Kleinstkapitalgesellschaften ist nicht ausreichend.[150] Der zustimmende Gesellschafterbeschluss muss grds. nur inhaltlich wiedergegeben werden, während eine Erklärung zur Einstandspflicht – für eine Verlustausgleichspflicht genügt ein Verweis auf die entsprechende Vorschrift[151] – im Wortlaut offenzulegen ist.[152] Auf etwaige Ketten von Verlustausgleichs- oder Einstandsverpflichtungen in einer Konzernstruktur ist hinzuweisen.[153] Zwar ist grds. das Tochterunternehmen 2729

[140] Vgl. OLG Köln, 28 Wx 2/18, NZG 2018, 1261 f.
[141] Vgl. zur Diskussion hierzu System. Praxiskomm./Zwirner/König/Hartmann HGB § 264 Rn. 90; Beck Bil-Komm/Kliem/Deubert HGB § 264 Rn. 175.
[142] Vgl. bspw. System. Praxiskomm./Zwirner/König/Hartmann HGB § 264 Rn. 90 mwN; Petersen WPg 2018, 1493 (1495).
[143] Vgl. System. Praxiskomm./Zwirner/König/Hartmann HGB § 264 Rn. 78; Beck Bil-Komm/Kliem/Deubert HGB § 264 Rn. 175.
[144] Vgl. hierzu auch Petersen WPg 2018, 1410 (1411).
[145] Vgl. hierzu und zum nächsten Satz Beck Bil-Komm/Kliem/Deubert HGB § 264 Rn. 190. Andernfalls hat eine Einklangsprüfung zu erfolgen; vgl. Petersen WPg 2018, 1410 (1411).
[146] Vgl. Petersen WPg 2018, 1410 (1412).
[147] Vgl. hierzu und zum folgenden Satz Beck Bil-Komm/Kliem/Deubert HGB § 264 Rn. 195.
[148] Vgl. MüKoHGB/Reiner § 264 Rn. 132.
[149] Vgl. Beck Bil-Komm/Kliem/Deubert HGB § 264 Rn. 200; Petersen WPg 2018, 1410 (1412 f.).
[150] Vgl. Beck Bil-Komm/Kliem/Deubert HGB § 264 Rn. 200.
[151] Bei freiwilligen Verlustausgleichspflichten genügt eine sinngemäße Wiedergabe; vgl. Beck Bil-Komm/Kliem/Deubert HGB § 264 Rn. 204.
[152] Vgl. Beck Bil-Komm/Kliem/Deubert HGB § 264 Rn. 201–203.
[153] Vgl. Beck Bil-Komm/Kliem/Deubert HGB § 264 Rn. 206. Vgl. auch Petersen WPg 2018, 1410 (1414).

zur **Offenlegung** der Unterlagen verpflichtet, grds. kann dies aber auch das Mutterunternehmen (teilweise) übernehmen, wenn die Unterlagen unter dem Tochterunternehmen auffindbar sind (§ 264 Abs. 3 S. 1 HGB). Die Offenlegung hat grds. innerhalb der Offenlegungsfrist von zwölf Monaten nach dem Abschlussstichtag des befreiten Geschäftsjahres zu erfolgen, es sei denn, es sollen bspw. Aufstellungserleichterungen in Anspruch genommen werden, die dann eine entsprechende frühere Offenlegung erfordern.[154]

**2730** Bei Erfüllung all dieser Voraussetzungen existieren nach § 264 Abs. 3 S. 1 HGB **umfangreiche Erleichterungen** für Kapitalgesellschaften, die als Tochtergesellschaften in einem Konzern integriert sind, nach denen die sonst für Kapitalgesellschaften geltenden handelsrechtlichen Vorschriften zum Inhalt des Jahresabschlusses (§§ 316-324a HGB), zur Prüfung (§§ 316-324a HGB) und zur Offenlegung (§§ 325–329 HGB) nicht beachtet werden brauchen. Dies führt im Ergebnis damit auch zu weitreichenden Erleichterungsmöglichkeiten in Organschaftsstrukturen. Die allgemeinen für alle Kaufleute geltenden Vorschriften (§§ 238–263 HGB) bleiben davon allerdings unberührt, sodass – bei vollständiger Befreiung nach § 264 Abs. 3 S. 1 HGB – nur ein vereinfachter Jahresabschluss nach § 242 HGB, bestehend aus Bilanz und Gewinn- und Verlustrechnung, ohne Beachtung der besonderen sonst für Kapitalgesellschaften relevanten Ansatz-, Gliederungs- und Ausweisvorschriften erstellt werden muss.[155] Ebenso kann auf die Aufstellung eines Anhangs sowie eines Lageberichts verzichtet werden. Die Aufstellung des Jahresabschlusses hat dann stets innerhalb eines ordnungsmäßigen Geschäftsgangs zu erfolgen (§ 243 Abs. 3 HGB). Ferner entfallen eine Prüfung und eine Offenlegung dieses Jahresabschlusses.[156] Bei Erfüllung der Voraussetzungen liegt ein Wahlrecht dahingehend vor, in welchem Umfang von diesen Befreiungen Gebrauch gemacht werden soll.[157]

**2731** Wenn – obwohl die Befreiung hiervon nach § 264 Abs. 3 S. 1 HGB grds. gegeben ist – eine **Abschlussprüfung** aufgrund einer entsprechenden Beauftragung durch das Tochterunternehmen durchgeführt wird, unterliegt die zutreffende Inanspruchnahme solcher Aufstellungserleichterungen wie der Verzicht auf Anhang und/oder Lagebericht ebenfalls der Prüfung durch den Abschlussprüfer. Dies gilt auch, wenn unterschiedliche Voraussetzungen hierfür – bspw. die Offenlegung des Konzernabschlusses des Mutterunternehmens – in der Regel zum Prüfungszeitpunkt noch nicht beurteilt werden können. In einem solchen Fall ist darauf abzustellen, ob diese Voraussetzungen voraussichtlich erfüllt werden, und auf diesen Umstand entsprechend im Bestätigungsvermerk hinzuweisen.[158] Sollten wider Erwarten die Voraussetzungen nach der Abschlussprüfung nicht eintreten, hat der Abschlussprüfer uU seinen Bestätigungsvermerk zu widerrufen.

**2732** Eine Befreiung eines Tochterunternehmens von den Rechnungslegungs-, Prüfungs- und Publizitätspflichten der §§ 264 ff. HGB kann **auch durch einen nach dem PublG aufgestellten Konzernabschluss** erreicht werden. Nach § 264 Abs. 4 HGB kann eine Befreiungswirkung nicht erreicht werden, wenn in dem Konzernabschluss das Wahlrecht in § 13 Abs. 3 S. 1 PublG ausgeübt wird und nach HGB keine Befreiungsmöglichkeit gemäß § 314 Abs. 3 HGB besteht. Da lediglich diese explizite Ausnahme von den Erleichterungsvorschriften des PublG in § 264 Abs. 4 HGB aufgenommen wurde, steht die Inanspruchnahme anderer Erleichterungen des PublG einer Befreiungsmöglichkeit für ein Tochterunternehmen nicht entgegen.[159]

**2733–2740** *(einstweilen frei)*

---

[154] Vgl. BeckOGK/Fehrenbacher HGB § 264 Rn. 144. Vgl. auch System. Praxiskomm./Zwirner/König/Hartmann HGB § 264 Rn. 81 f.

[155] Vgl. MüKoHGB/Reiner § 264 Rn. 126; Beck Bil-Komm/Kliem/Deubert HGB § 264 Rn. 115; System. Praxiskomm./Zwirner/König/Hartmann HGB § 264 Rn. 61.

[156] Gleichwohl hat der Prüfer des Konzernabschlusses nach § 317 Abs. 3 S. 1 HGB auch die in den Konzernabschluss einbezogenen Jahresabschlüsse zu überprüfen.

[157] Vgl. Beck Bil-Komm/Kliem/Deubert HGB § 264 Rn. 116, mwN.

[158] Vgl. zu diesem Absatz Beck Bil-Komm/Kliem/Deubert HGB § 264 Rn. 233–336.

[159] Vgl. Petersen WPg 2018, 1410 (1416 f.).

### III. Gestaltungsmöglichkeiten

Da die Befreiung nach § 264 Abs. 3 S. 1 HGB erhebliche Erleichterungen für Tochterunternehmen (bzw. Organgesellschaften) hinsichtlich der Aufstellung, der Prüfung und der Offenlegung von Jahresabschlüssen und Lageberichten bedeuten kann, können Konzerne daran interessiert sind, bewusst **Konzernabschlüsse zu nutzen,** um besagte Erleichterungen für Tochterunternehmen innerhalb des Konzerns in Anspruch zu nehmen. Beispielsweise kann das Ziel eine Publizitätsvermeidung auf Ebene der Tochterunternehmen oder die Reduktion der Anzahl an Abschlussprüfungen im Konzern sein. Insbesondere da auch freiwillig aufgestellte, geprüfte und offengelegte Konzernabschlüsse und Konzernlageberichte eine befreiende Wirkung haben können, kann eine entsprechende Befreiung gezielt herbeigeführt werden. Dass grds. frei wählbar ist, ob Befreiungen hinsichtlich der Aufstellung, Prüfung und/oder Offenlegung – und bei der Aufstellung in welchem Ausmaß – in Anspruch genommen werden sollen, spricht für die Flexibilität der Anwendung der Befreiungsvorschrift. So müssen die Voraussetzungen auch nicht allesamt zu einem gewissen Zeitpunkt vorliegen, sondern orientieren sich ausschließlich an den in Anspruch zu nehmenden Befreiungen. 2741

Soll bspw. nur von der Offenlegungserleichterung zur **Publizitätsvermeidung** Gebrauch gemacht werden, ist es ausreichend, wenn die entsprechenden Voraussetzungen innerhalb der zwölfmonatigen Offenlegungsfrist erfüllt werden. Dies bedeutet, dass auch eine Einstands- oder Verlustausgleichspflicht noch rückwirkend im auf das befreiende Geschäftsjahr folgenden Geschäftsjahr vereinbart werden kann, selbst wenn der Jahresabschluss und der Lagebericht des Tochterunternehmens bereits aufgestellt und geprüft sind. Eine im Vergleich späte Erklärung zur Einstands- oder Verlustausgleichspflicht reduziert auch das Risiko aus einer Inanspruchnahme für das Mutterunternehmen, da die Inanspruchnahmewahrscheinlichkeit des folgenden Geschäftsjahres bereits teilweise bekannt ist. Gleichwohl gilt es zu beachten, dass auf die Befreiung im Konzernanhang des Mutterunternehmens hinzuweisen ist, sodass vor Prüfung und Offenlegung des Konzernabschlusses zumindest die Entscheidung zur Befreiung des Tochterunternehmens getroffen sein sollte, um eine entsprechende Angabe anzubringen. 2742

In der Praxis ist indes eine **zeitnahe Entscheidung noch in dem zu befreienden Geschäftsjahr** seitens des befreienden Mutterunternehmens hinsichtlich der Inanspruchnahme der Befreiung nach § 264 Abs. 3 HGB für das zu befreiende Tochterunternehmen **empfehlenswert.** Liegt zum Geschäftsjahresende des Tochterunternehmens keine entsprechende Beschlussfassung durch die Gesellschafter vor, sollten die gesetzlichen Vertreter des Tochterunternehmens ihren Jahresabschluss und ggf. Lagebericht unter Beachtung der einschlägigen Regelungen aufstellen. Bei Vorliegen einer Prüfungspflicht ist ebenso ein Abschlussprüfer zu bestellen, der bspw. auch an der Inventur zum Geschäftsjahresende teilnehmen muss. Erstellen die gesetzlichen Vertreter in dem Vertrauen, dass der erforderliche Gesellschafterbeschluss zur Inanspruchnahme nach § 264 Abs. 3 HGB im Folgejahr (binnen der gültigen zwölfmonatigen Offenlegungsfrist nach § 325 Abs. 1a HGB) noch nachgeholt wird, keinen den gesetzlichen Anforderungen entsprechenden Jahresabschluss und Lagebericht, gehen sie das Risiko ein, dass zu einem späteren Zeitpunkt – wenn sich herausstellt, dass keine Befreiung nach § 264 Abs. 3 HGB in Anspruch genommen werden kann – die gesetzlichen Fristen zur Aufstellung des Jahresabschlusses und ggf. Lageberichts nicht mehr eingehalten werden können. 2743

Ein weiterer Beweggrund für die Inanspruchnahme der Befreiung kann die **Reduktion der Anzahl von Abschlussprüfungen** im Konzern sein. Zwar ist eine Befreiung für den Jahresabschluss des Mutterunternehmens nach § 264 Abs. 3 HGB nicht möglich,[160] die Jahresabschlüsse der Tochterunternehmen liegen aber grds. im Anwendungsbereich des § 264 Abs. 3 S. 1 HGB. So kann in einem Konzern mit einem Mutterunternehmen und 2744

[160] Vgl. Beck Bil-Komm/Kliem/Deubert HGB § 264 Rn. 116.

drei unmittelbaren Tochterunternehmen die Anzahl der Prüfungen von fünf (vier Jahresabschlüsse und Lageberichte sowie ein Konzernabschluss und Konzernlagebericht) auf zwei (ein Jahresabschluss und Lagebericht sowie ein Konzernabschluss und Konzernlagebericht jeweils auf Ebene des Mutterunternehmens) reduziert werden.

**Beispiel zur Reduzierung von Publizitätspflichten**

Die A GmbH ist Mutterunternehmen der B GmbH, C GmbH und D GmbH, alle vier Unternehmen sind große Kapitalgesellschaften iSd § 267 HGB. Zwischen der A GmbH und ihren drei unmittelbaren Tochtergesellschaften besteht jeweils ein GAV und eine ertragsteuerliche Organschaft.

Da alle vier Gesellschaften große Kapitalgesellschaften sind, sind ihre Jahresabschlüsse und Lageberichte jeweils prüfungs- und offenlegungspflichtig. Sofern jedoch für die drei Tochterunternehmen jeweils auch die anderen Voraussetzungen des § 264 Abs. 3 HGB erfüllt werden, kann die Erleichterungsmöglichkeit in Anspruch genommen werden. Für die drei Tochterunternehmen kann die Aufstellung eines Anhangs und Lageberichts sowie die Prüfungs- und Offenlegungspflicht vermieden werden.

Prüfungs- und Offenlegungspflichtig sind jeweils der Jahres- und Konzernabschluss der A GmbH. Die Anzahl der prüfungs- und offenlegungspflichtigen Abschlüsse reduziert sich somit von fünf – ohne Inanspruchnahme der Befreiungsmöglichkeiten – auf nur noch zwei.

2745–2750 *(einstweilen frei)*

## G. Schlussbemerkungen

2751 An die **tatsächliche Durchführung und handelsrechtliche Abbildung von Gewinnabführungsverträgen** sind in der Praxis **hohe Anforderungen** zu stellen. Zutreffend müssen auf Ebene der Organgesellschaft sowie auf Ebene des Organträgers die Effekte aus einem vorliegenden GAV abgebildet werden. Dies betrifft neben der damit regelmäßig einhergehenden phasengleichen **Ergebnisvereinnahmung** insbesondere auch die **Abbildung latenter Steuern.** Zudem muss sichergestellt sein, dass der GAV unter **Beachtung der abführungsrelevanten Regelungen zur Ausschüttungssperre** nach § 268 Abs. 8 HGB sowie unter **Berücksichtigung etwaiger bestehender handelsrechtlicher Verlustvorträge** erfolgt.

2752 Erfolgt in der Praxis eine unzutreffende Durchführung eines GAVs, so erlaubt § 14 Abs. 1 KStG bestimmte **Heilungsmöglichkeiten,** die auf die handelsrechtliche Rechnungslegung Bezug nehmen. Auch hier zeigt sich die enorme **Bedeutung des Handelsrechts** für die Absicherung bestehender ertragsteuerlicher Organschaften in der Praxis.

2753 Das Vorliegen einer ertragsteuerlichen Organschaft hat darüber hinaus **zahlreiche Bezüge** zu den handelsrechtlichen Regelungen zur **Rechnungslegung, Prüfung und Offenlegung** von Jahresabschlüssen und Lageberichten. In der Praxis können bestehende Organschaftsstrukturen daher dazu genutzt werden, Rechnungslegungspflichten auf einzelgesellschaftlicher Ebene deutlich zu reduzieren und die damit verbundenen Aufwendungen einzusparen. Dies betrifft einerseits die mit der Aufstellung von Jahresabschluss und Lagebericht verbundenen internen Aufwendungen beim Bilanzierenden sowie andererseits etwaige Kosten für eine gesetzlich vorgesehene Abschlussprüfung. Zudem können Publizitätspflichten reduziert werden. Denn wenn unter Anwendung von § 264 Abs. 3 HGB ein Jahresabschluss und Lagebericht nicht nach den für Kapitalgesellschaften und haftungsbeschränkte Personenhandelsgesellschaften geltenden Vorschriften aufgestellt werden müssen, müssen diese auch nicht geprüft und offengelegt werden.

2754 Wichtig ist zu verstehen, dass die **Inanspruchnahme von Erleichterungen** hinsichtlich Rechnungslegung, Prüfung und Offenlegung – neben dem Einhalten der erforderlichen gesetzlichen Voraussetzungen nach § 264 Abs. 3 HGB – eine **bewusste Willensentscheidung der Gesellschafter** erfordert. Diese Entscheidung muss jedes Jahr von Neuem getroffen werden und es ist das Vorliegen der erforderlichen Voraussetzungen jeweils bezogen auf das zu befreiende Geschäftsjahr zu würdigen. Insofern führt das Vorliegen der in § 264 Abs. 3 HGB genannten Voraussetzungen gerade nicht automatisch zum Wegfall bestimmter Rechnungslegungs-, Prüfungs- und Publizitätspflichten.

In der Praxis können bestehende **Konzernstrukturen** dazu genutzt werden, einzel- **2755**
gesellschaftliche **Erleichterungen** bzgl. Rechnungslegung, Prüfung und Publizität zu nutzen und eine **Absicherung** bestehender Organschaftsverhältnisse im Sinne von § 14 Abs. 1 S. 1 Nr. 3 KStG herzustellen. Hierzu sind **auch freiwillig nach HGB aufgestellte Konzernabschlüsse ausreichend.** Einer genauen Analyse von Konzernstrukturen und der damit verbundenen Möglichkeiten im Hinblick auf ertragsteuerliche Organschaften kommt in der Praxis damit eine große Bedeutung zu.

*(einstweilen frei)* **2756–2800**

# § 11 Beteiligung außenstehender Anteilseigner

## Übersicht

## A. Allgemeines

2801 Die Gewinnabführungsverpflichtung ist aufwandswirksam zu buchen und neutralisiert daher einen ansonsten vorhandenen Gewinn.[1] Die Beteiligungshöhe des Organträgers bzw. des herrschenden Unternehmens ist dafür nicht ausschlaggebend. Hält der Organträger weniger als 100 % der Anteile an der Organgesellschaft bzw. abhängigen Gesellschaft, so werden durch einen GAV die übrigen Anteilseigner der Organgesellschaft (außenstehende Gesellschafter) von Gewinnbeteiligungen in Form von Ausschüttungen vollständig abgeschnitten.[2] Außenstehende Aktionäre einer Aktiengesellschaft[3] sollen vor diesem Hintergrund Ausgleichszahlungen erhalten (siehe § 304 AktG).[4] Damit sind unterschiedliche gesellschafts- und steuerrechtliche Probleme verbunden.

2802 **Gesellschaftsrechtlich** ist zunächst von Bedeutung, ob und in welcher Höhe Ausgleichszahlungen zu vereinbaren sind.[5] Beispielsweise ist ein GAV, der entgegen § 304 AktG keine Ausgleichszahlung vorsieht, nichtig (vgl. § 304 Abs. 3 S. 1 AktG).

2803 Steuerrechtlich ist von großer Relevanz, ob und innerhalb welcher Grenzen Ausgleichszahlungen zulässig sind und die **Durchführung des Gewinnabführungsvertrags** nicht in Frage stellen.[6] Hierfür ist neben den Vorgaben der Rechtsprechung und Finanzverwaltung vor allem die Regelung des § 14 Abs. 2 KStG relevant.

2804 Letztlich stellt sich die Frage, wie Ausgleichszahlungen auf Ebene des Organträgers, der Organgesellschaft und des außenstehenden Gesellschafters **steuerrechtlich zu behandeln** sind.[7] Während die Ausgleichszahlungen handelsrechtlich auf Ebene der Organgesellschaft bzw. des Organträgers – falls dieser die Ausgleichszahlung geleistet hat – aufwandswirksam zu behandeln sind (vgl. § 277 Abs. 3 S. 2 HGB iVm § 158 Abs. 2 AktG), stellen sie steuerlich nichtabziehbare Betriebsausgaben dar (§ 4 Abs. 5 S. 1 Nr. 9 EStG (ggf. iVm § 8 Abs. 1 KStG).[8] Die Organgesellschaft hat sodann in Höhe von 20/17[9] der geleisteten Ausgleichszahlungen ein eigenes Einkommen selbst zu versteuern (§ 16 S. 1 KStG) und dies unabhängig davon, ob sie die Ausgleichszahlung auch geleistet hat. Nur das entsprechend geminderte Einkommen ist dem Organträger zuzurechnen (vgl. § 14 Abs. 1 S. 1 KStG: „[…] soweit sich aus § 16 nichts anderes ergibt, […]"). Damit verfolgt § 16 KStG das Ziel, eine Gesamtsteuerbelastung herzustellen, die auch ohne Organschaft bestehen würde.[10] Denn im Verhältnis der Körperschaft zum außenstehenden Gesellschafter sind keine Umstände eingetreten, die eine hiervon abweichende Besteuerung rechtfertigen.

2805–2810 *(einstweilen frei)*

1 KStR 14.5 Abs. 3 S. 2; BT-Drs. 4/171, 223; RHN/Rödder/Liekenbrock § 16 Rn. 510.
2 BT-Drs. 4/171, 223.
3 Zur analogen Anwendung des § 304 AktG auf die GmbH vgl. → Rn. 2813.
4 BVerfG 7.8.1962 – 1 BvL 16/60, NJW 1962, 1667; BVerfG 27.4.1999 – 1 BvR 1613-94, NJW 1999, 3769; BVerfG 11.7.2012 – 1 BvR 3142/07, 1569/08, NJW 2012, 3081; BVerfG 24.5.2012 – 1 BvR 3221/10, NJW 2012, 3020; BVerfG 5.12.2012 – 1 BvR 1577/11, AG 2013, 255; NJW 1992, 2760; BGH 21.7.2003 – II ZB 17/0, NJW 2003, 3272; BGH 29.9.2015 – II ZB 23/14, NZG 2016, 139; BGH 12.1.2016 – II ZB 25/14, NZG 2016, 461.
5 Hierzu → Rn. 2811 ff.
6 Hierzu → Rn. 2891 ff.
7 Hierzu → Rn. 3001 ff.
8 Vgl. KStR 16 Abs. 1 S. 1.
9 Bis 2007 iHv 4/3.
10 Vgl. auch BT-Drs. 7/1470, 347: „Damit soll sichergestellt werden, daß die Ausgleichszahlungen in jedem Fall der steuerlichen Doppelbelastung unter Anwendung des ermäßigten Körperschaftsteuersatzes für

## B. Gesellschaftsrechtliche Grundlagen

### I. Pflicht zur angemessenen Ausgleichszahlung (§ 304 AktG)

#### 1. Allgemeines

Gemäß § 304 Abs. 1 S. 1 AktG muss ein GAV einen angemessenen Ausgleich für die außenstehenden Aktionäre durch eine auf die Anteile am Grundkapital bezogene wiederkehrende Geldleistung (Ausgleichszahlung) vorsehen. **Sinn und Zweck** der Norm ist es, außenstehende Gesellschafter abzusichern, da sie ansonsten leer ausgehen würden.[11] Verfassungsrechtlich abgesichert wird dieser Zweck durch Art. 14 GG:[12] Wenn es die Rechtsordnung einem herrschenden Unternehmen gestattet, durch den Abschluss eines Beherrschungs- oder Gewinnabführungsvertrags in die Vermögens- und Mitverwaltungsrechte der außenstehenden Aktionäre einzugreifen, so muss sie zugleich mit Rücksicht auf Art. 14 Abs. 1 GG „wenigstens" für ihre volle Entschädigung sorgen.[13] **2811**

Von der Bestimmung eines angemessenen Ausgleichs kann nur abgesehen werden, wenn die Gesellschaft im Zeitpunkt der Beschlussfassung ihrer Hauptversammlung über den Vertrag **keinen außenstehenden Aktionär** hat (§ 304 Abs. 1 S. 3 AktG).[14] Durch den Wortlaut („kann") kommt zum Ausdruck, dass aber auch in diesen Fällen eine Ausgleichszahlungsvereinbarung gesetzeskonform ist.[15] **2812**

Ob § 304 AktG auf eine **GmbH als abhängige Gesellschaft** entsprechend anwendbar ist, ist nach wie vor umstritten.[16] Diese Frage hängt damit zusammen, ob alle Gesellschafter einer GmbH einem GAV zustimmen müssen. Geht man davon aus, bedarf es eines Schutzinstrumentes wie § 304 AktG nicht.[17] Hält man hingegen einen Mehrheitsbeschluss nach § 293 Abs. 1 S. 2 AktG analog für ausreichend, spricht – aufgrund der Schutzbedürftigkeit des außenstehenden Gesellschafters – viel für eine analoge Anwendung des § 304 AktG.[18] Zumindest aus steuerrechtlichem Blickwinkel sollte von einer analogen Anwendung des § 304 AktG ausgegangen werden. In § 14 Abs. 2 KStG wird mehrfach auf § 304 AktG verwiesen, obwohl die Norm nach § 17 KStG u. a. auf eine GmbH anzuwenden ist.[19] **2813**

Abzugrenzen sind Ausgleichszahlungen von **Abfindungszahlungen** nach § 305 AktG.[20] § 305 AktG regelt die Verpflichtung des anderen Vertragsteils, auf Verlangen eines außenstehenden Aktionärs dessen Aktien gegen eine im Vertrag bestimmte angemessene Abfindung zu erwerben. Die Abfindungszahlungen sind somit eine Entschädigung für den **2814**

berücksichtigungsfähige Ausschüttungen unterliegen."; Prinz/Witt Steuerliche Organschaft/Wagner Rn. 15.7; Schnitger/Fehrenbacher/Dallwitz KStG § 16 Rn. 6.

11 Vgl. auch BMF 20.4.2010, BStBl. I 2010, 372.

12 BVerfG 7.8.1962 – 1 BvL 16/60, NJW 1962, 1667; BVerfG 27.4.1999 – 1 BvR 1613-94, NJW 1999, 3769; BVerfG 11.7.2012 – 1 BvR 3142/07, 1569/08, NJW 2012, 3081; BVerfG 24.5.2012 – 1 BvR 3221/10, NJW 2012, 3020; BVerfG 5.12.2012 – 1 BvR 1577/11, AG 2013, 255; NJW 1992, 2760; BGH 21.7.2003 – II ZB 17/0, NJW 2003, 3272; BGH 29.9.2015 – II ZB 23/14, NZG 2016, 139; BGH 12.1.2016 – II ZB 25/14, NZG 2016, 461.

13 Emmerich/Habersack/Emmerich AktG § 304 Rn. 3.

14 Badde DStR 2019, 194 (196).

15 Eine prophylaktische Ausgleichsregelung ist jedoch zwecklos, weil ein Gewinnabführungsvertrag trotzdem spätestens zum Ende des Geschäftsjahrs gem. § 307 AktG endet, in dem sich ein außenstehender Aktionär beteiligt (Koch AktG § 304 Rn. 7 und → Rn. 2881 ff.).

16 GroßkommAktG/Hasselbach/Hirte AktG § 304 Rn. 142.

17 GroßkommAktG/Hasselbach/Hirte AktG § 304 Rn. 142; Baldamus ZGR 2007, 819 (843 ff.).

18 LG Dortmund 11.3.1998 – 20 AktE 4/97, GmbHR 1998, 941; GroßkommAktG/Hasselbach/Hirte AktG § 304 Rn. 142 f.; Hoffmann-Becking WiB 1994, 57 (59 f.); Kleindiek ZIP 1988, 613 (617 f.); MüKoGmbHG/Liebscher Anh. § 13 Rn. 913 ff., 921; Grigoleit AktG/Servatius Rn. 4; Emmerich/Habersack/Emmerich AktG § 304 Rn. 11 ff.

19 Siehe auch BFH 10.5.2017 – I R 93/15, BFH/NV 2018, 144; **aA** wohl DPM/Dötsch KStG § 16 Rn. 13, der aufgrund der fehlenden höchstrichterlichen Klärung von keiner steuerrechtlichen Relevanz des § 304 AktG ausgeht; hierzu auch Weiss/Brühl BB 2018, 94 (95).

20 Hierzu Kort ZGR 1999, 402.

Verlust der Aktionärsstellung.[21] § 304 AktG hingegen regelt den Ausgleichsanspruch des außenstehenden Aktionärs, der durch den Unternehmensvertrag benachteiligt wird. Der Ausgleichsanspruch ist folglich eine Entschädigung für den Wertverlust der Aktien. Im Hinblick auf die die Abgrenzung des § 304 AktG von § 327a AktG (sog. **squeeze-out**) gilt Entsprechendes.

### 2. Vorliegen eines außenstehenden Gesellschafters

2815 Der zentrale Begriff des „außenstehenden Aktionärs bzw. Gesellschafters" ist weder gesellschaftsrechtlich noch steuerrechtlich definiert.[22] Nach herrschender Ansicht zählen alle Gesellschafter dazu, die nicht selbst als **anderer Vertragsteil** Partei des Unternehmensvertrags werden und dem anderen Vertragsteil auch nicht **zuzurechnen** sind.[23] Stützen lässt sich dies auf die Gesetzesmaterialien.[24]

2816 Dem anderen Vertragsteil sind Gesellschafter nach **hM** zuzurechnen, die zu 100 % an dem anderen Vertragsteil beteiligt sind,[25] an denen der andere Vertragsteil zu 100 % beteiligt ist[26] und die mit dem anderen Vertragsteil einen Beherrschungs- oder Gewinnabführungsvertrag geschlossen haben.[27] Dies folgt ebenfalls aus den Gesetzesmaterialien[28] und führt zu einer einfachen und praktikablen Abgrenzung. Nach **aA** soll die Zurechnung bereits bei einer Minderheitsbeteiligung[29], einer faktischen Konzernbeziehung[30] oder einer bloßen Abhängigkeitsbeziehung[31] erfolgen.

**Beispiel 1:**

2817 Die T-AG und die E-AG haben einen Gewinnabführungsvertrag geschlossen. Die M-AG ist zu 100 % an der T-AG und zu 10 % an der E-AG beteiligt.

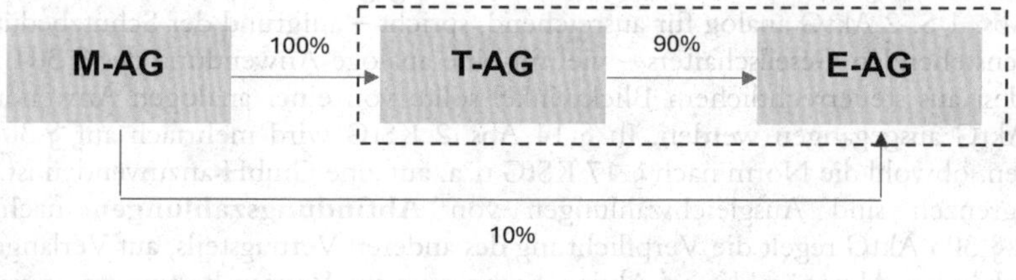


Nach hM[32] ist die M-AG keine außenstehende Aktionärin.

**Beispiel 2:**

2818 Die M-AG und die T1-AG haben einen Gewinnabführungsvertrag geschlossen. Die M-AG ist außerdem zu 100 % an der T2-AG beteiligt, die wiederum eine Beteiligung von 10 % an der T1-AG hält.

---

21 Hierzu im Einzelnen BT-Drs. 4/171, 225.

22 Baldamus ZGR 2007, 819 (820 f.); auch ein Rückgriff auf die Definition der außenstehenden Person in § 15 Abs. 2 S. 3 UmwStG verbietet sich.

23 Prinz/Witt Steuerliche Organschaft/Wagner Rn. 15.13 ff.; Schnitger/Fehrenbacher/Dallwitz KStG § 16 Rn. 32; Gosch KStG/Neumann KStG § 16 Rn. 4, **aA** alle Gesellschafter außer dem anderen Vertragsteil.

24 BT-Drs. IV/171, 220.

25 BT-Drs. IV/171, 220; BFH 4.3.2009 – I R 1/08, BStBl. II 2010, 407; Prinz/Witt Steuerliche Organschaft/Wagner Rn. 15.15.

26 BT-Drs. IV/171, 220; Herzig Organschaft/Schuhmacher S. 194; Prinz/Witt Steuerliche Organschaft/Wagner Rn. 15.15.

27 Herzig Organschaft/Schuhmacher S. 194; Prinz/Witt Steuerliche Organschaft/Wagner Rn. 15.15.

28 BT-Drs. IV/171, 220.

29 So Petzel, Ansprüche der Minderheitsaktionäre bei Unternehmensverbindungen und Umwandlungen, Diss. Göttingen, 1967, 29 f.; Stehle AG 1966, 233 (236); KölnKommAktG/Koppensteiner § 295 Rn. 43.

30 So Hüchting, Abfindung und Ausgleich im aktienrechtlichen Beherrschungsvertrag, 108.

31 So v. Godin/Wilhelmi Anm. 4, 7.

32 BT-Drs. IV/171, 220; BFH 4.3.2009 – I R 1/08, BStBl. II 2010, 407; Prinz/Witt Steuerliche Organschaft/Wagner Rn. 15.15.

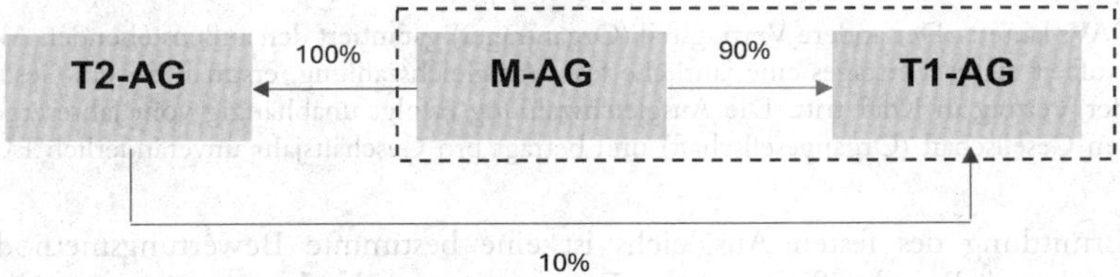


Nach hM[33] ist die T2-AG keine außenstehende Aktionärin.

**Beispiel 3:**

Die T1-AG und die E-AG haben einen Gewinnabführungsvertrag geschlossen. An der E-AG ist außerdem die T2-AG zu 10 % beteiligt. Gemeinsame Muttergesellschaft der T1-AG und der T2-AG (Beteiligung jeweils 100 %) ist die M-AG. **2819**

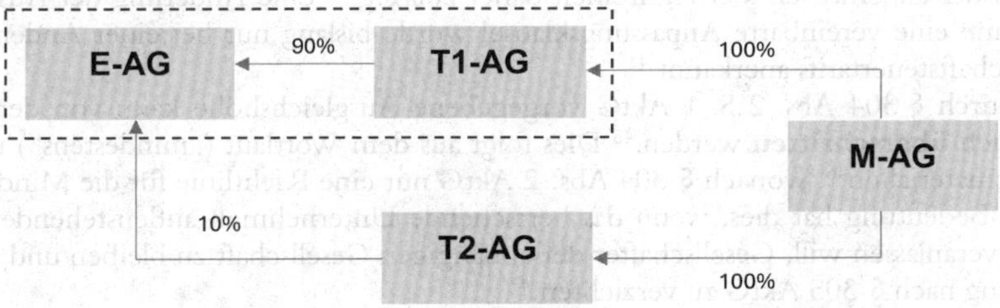


Ausgehend von den Gesetzesmaterialien[34] ist nach einer in der Literatur vertretenen Ansicht die T2-AG außenstehende Aktionärin, da sie nicht zu 100 % an der T1-AG und die T1-AG nicht zu 100 % an ihr beteiligt ist.[35] Bedingt durch die gleiche Muttergesellschaft bildet das Vermögen der T1-AG und das der T2-AG jedoch eine wirtschaftliche Einheit.[36] Teleologisch betrachtet, ist die T2-AG deshalb keine außenstehende Aktionärin.[37]

**Maßgebender Zeitpunkt** für die Frage, ob ein Gesellschafter außenstehend ist, ist der Zeitpunkt des (hypothetischen) Entstehens des Ausgleichsanspruchs.[38] **2820**

*(einstweilen frei)* **2821–2825**

### 3. Bemessung der Ausgleichszahlung

Als Ausgleichszahlung ist mindestens die jährliche Zahlung des Betrags zuzusichern, der nach der bisherigen Ertragslage der Gesellschaft und ihren künftigen Ertragsaussichten unter Berücksichtigung angemessener Abschreibungen und Wertberichtigungen, jedoch ohne Bildung anderer Gewinnrücklagen, voraussichtlich als durchschnittlicher Gewinnanteil auf die einzelne Aktie verteilt werden kann (sog. **fester Ausgleich** bzw. Garantiedividende gem. § 304 Abs. 2 S. 1 AktG). **2826**

---

33 BT-Drs. IV/171, 220; BFH 4.3.2009 – I R 1/08, BStBl. II 2010, 407; Prinz/Witt Steuerliche Organschaft/Wagner Rn. 15.15.

34 BT-Drs. IV/171, 220: „Nicht außenstehende Aktionäre sind daher auch Aktionäre, die mit dem anderen Vertragsteil unmittelbar oder mittelbar durch den Besitz aller Anteile oder durch einen Gewinnabführungs- oder Beherrschungsvertrag verbunden sind."

35 So Herzig Organschaft/Schuhmacher S. 195.

36 Zu dem Ausdruck wirtschaftliche Einheit vgl. BT-Drs. IV/171, 220.

37 Vgl. auch Stangl/Winter Organschaft 2013/2014, Rn. 276 f.

38 Großkommentar AktG/Hasselbach/Hirte AktG § 304 Rn. 33; Emmerich/Habersack/Emmerich AktG § 304 Rn. 21; Bürgers/Körber/Lieder AktG/Schenk AktG § 304 Rn. 15; Koch AktG § 304 Rn. 2; Prinz/Witt Steuerliche Organschaft/Wagner Rn. 15.16; vgl. auch Gosch KStG/Neumann KStG § 16 Rn. 4 mwN zu anderen Ansichten.

**Beispiel:**

2827 § 5 des GAVs lautet: „Der andere Vertragsteil (Organträger) garantiert den außenstehenden Aktionären für die Laufzeit dieses Vertrages eine jährliche feste Ausgleichszahlung, erstmals für das Geschäftsjahr, in dem der Vertrag in Kraft tritt. Die Ausgleichszahlung erfolgt unabhängig vom Jahresergebnis der abhängigen Gesellschaft (Organgesellschaft) und beträgt pro Geschäftsjahr unveränderlich EUR … je Aktie."

2828 Zur Ermittlung des festen Ausgleichs ist eine bestimmte Bewertungsmethode nicht vorgeschrieben.[39] Regelmäßig wird die **Ertragswertmethode** angewendet und von der Rechtsprechung akzeptiert.[40]

2829 Rechtlich problematisch ist, ob es zu einer **Änderung der Ausgleichshöhe** in den Folgejahren kommen kann.[41] Da ein GAVauf Dauer angelegt ist, sind Änderungen der für die Bemessung des Ausgleichs maßgeblichen Umstände während der Laufzeit des Vertrages nicht auszuschließen oder sogar zu erwarten.[42] Eine Vereinbarung über die Anpassung des vertraglich bestimmten Ausgleichs an veränderte ausgleichsrelevante Umstände ist in den Grenzen der allgemeinen Vertragsfreiheit daher zulässig.[43] Eine Änderung der Ausgleichshöhe ohne eine vereinbarte Anpassungsklausel wurde bislang nur bei einer Änderung des Körperschaftsteuertarifs anerkannt.[44]

2830 Die durch § 304 Abs. 2 S. 1 AktG vorgegebene Ausgleichshöhe kann von den Beteiligten auch **überschritten** werden.[45] Dies folgt aus dem Wortlaut („mindestens") und den Gesetzesmaterialien[46], wonach § 304 Abs. 2 AktG nur eine Richtlinie für die Mindesthöhe vorgibt. Bedeutung hat dies, wenn das herrschende Unternehmen außenstehende Gesellschafter veranlassen will, Gesellschafter der abhängigen Gesellschaft zu bleiben und auf eine Abfindung nach § 305 AktG zu verzichten.[47]

2831 Ist der andere Vertragsteil eine Aktiengesellschaft oder Kommanditgesellschaft auf Aktien, so kann als Ausgleichszahlung auch die Zahlung des Betrags zugesichert werden, der unter Herstellung eines angemessenen Umrechnungsverhältnisses auf Aktien der anderen Gesellschaft jeweils als Gewinnanteil entfällt (**variabler Ausgleich** gem. § 304 Abs. 2 S. 1 AktG).

**Beispiel:**

2832 Die A-AG garantiert den außenstehenden Aktionären der B-AG als angemessenen Ausgleich für jedes volle Geschäftsjahr der B-AG und für jede Aktie der B-AG die Zahlung der Hälfte des Betrags, der als Gewinnanteil auf eine Aktie der A-AG entfällt.

2833 Hat die herrschende Gesellschaft die Rechtsform einer GmbH, kommt die Norm nicht zur Anwendung.[48] Anhaltspunkte für eine planwidrige Regelungslücke sind nicht erkennbar.

---

[39] Stangl/Winter Organschaft 2013/2014 Rn. 288; vgl. im Einzelnen Popp AG 2023, 801 ff.

[40] Vgl. zB BGH 21.7.2003 – II ZB 17/01, AG 2003, 627 (628); OLG München 2.4.2008 – 31 Wx 85/06, BeckRS 2008, 11182; Wüstemann BB 2009, 1518; Stangl/Winter Organschaft 2013/2014 Rn. 288.

[41] Grigoleit AktG/Servatius AktG § 304 Rn. 25 ff.

[42] MüKoAktG/van Rossum AktG § 304 Rn. 142.

[43] BGH 5.4.1993 – II ZR 238/91, NJW 1993, 1976; Schnorbus ZHR 181 (2017), 902 (948); MüKoAktG/van Rossum AktG § 304 Rn. 142.

[44] BGH 21.7.2003 – II ZB 17/01, DStR 2003, 1938; **krit.** Baldamus AG 2005, 77 ff. sowie Popp AG 2023, 801 (802).

[45] Meisel/Bokeloh DB 2009, 2067 (2068); **aA** Grigoleit AktG/Servatius AktG § 304 Rn. 19 wonach hierfür ein im Gesellschaftsinteresse des anderen Vertragsteils liegender Grund sprechen muss; **aA** Scheuch FR 2021, 522 (529) wenn sich eine bewusst zu hoch bemessene feste Ausgleichszahlung nicht mehr als „Ausgleich" für den Verlust des mitgliedschaftlichen Gewinnbezugsrechts – dh nicht mehr als im Gesellschaftsverhältnis der außenstehenden Gesellschafter zur Organgesellschaft veranlasst – darstellt; **aA** (für steuerliche Zwecke) BFH 10.5.2017 – I R 93/15, BFHE 259, 49.

[46] BT-Drs. IV/171, 224.

[47] BGH 13.2.2006 – II ZR 392/03, BGHZ 166, 195; OLG Düsseldorf 17.2.1984 – 19 W 1/81, ZIP 1984, 586; Rogall DK 2009, 572 (573); MüKoAktG/van Rossum AktG § 304 Rn. 64; Spindler/Silz AktG/Veil/Preisser AktG § 304 Rn. 54a; zu diesem Motiv **krit.** Grigoleit AktG/Servatius AktG § 304 Rn. 19.

[48] Siehe auch BT-Drs. IV/171, 224: „Eine veränderliche Bemessung des Ausgleichsanspruchs der außenstehenden Aktionäre ist nur für den Fall vorgesehen, daß der andere Vertragsteil eine Aktiengesellschaft oder Kommanditgesellschaft auf Aktien ist.".

Die Angemessenheit der Umrechnung bestimmt sich nach dem Verhältnis, in dem bei einer Verschmelzung auf eine Aktie der Gesellschaft Aktien der anderen Gesellschaft zu gewähren wären (§ 304 Abs. 2 S. 3 AktG). Unter dem **Gewinnanteil** ist nach umstrittener Ansicht die **ausgeschüttete Dividende** zu verstehen.[49] Würde man auf den Jahresüberschuss abstellen, könnten sich hohe Kapital- und Liquidationsabflüsse ergeben, die das Unternehmen gefährden. Zudem würde ein außenstehender Gesellschafter bei einer Thesaurierung ohne GAV ebenfalls leer ausgehen. Letztlich sprechen auch die Gesetzesmaterialien[50] für dieses Verständnis: „Dieses Umtauschverhältnis kann allerdings in besonderen Fällen zu unangemessen niedrigen Ausgleichszahlungen führen, wenn etwa die andere Gesellschaft aus besonderen Gründen nur geringe Gewinne ausschüttet." **2834**

Unklar ist, ob die von § 304 Abs. 2 S. 2 AktG vorgegebene Höhe **betragsmäßig überschritten** werden darf.[51] Dafür spricht der Sinn und Zweck des § 304 AktG und die Gesetzesmaterialien[52]. Dagegen spricht ein Umkehrschluss aus § 304 Abs. 2 S. 1 AktG der – anders als § 304 Abs. 2 S. 2 KStG – das Wort „mindestens" beinhaltet. **2835**

Endet der GAV **während des laufenden Geschäftsjahres** der abhängigen Gesellschaft (Organgesellschaft),[53] ist die Ausgleichszahlung zeitanteilig zu entrichten.[54] **2836**

*(einstweilen frei)* **2837–2840**

### 4. Entstehung und Fälligkeit

Der Anspruch gem. § 304 AktG **entsteht** grds. mit Ablauf des Tages der auf das Geschäftsjahr folgenden Hauptversammlung der abhängigen Gesellschaft bzw. der Organgesellschaft (im Falle des § 304 Abs. 2 S. 1 AktG)[55] bzw. des Tages der Hauptversammlung der herrschenden Gesellschaft bzw. des Organträgers (im Falle des § 304 Abs. 2 S. 2 AktG)[56]. Da auch der Dividendenanspruch erst ab diesem Zeitpunkt fällig wird, muss gleiches auch für das wirtschaftliche Äquivalent des Ausgleichsanspruchs gelten. Ausnahmsweise entsteht der Anspruch früher, wenn dies **vertraglich** festgelegt wurde.[57] **2841**

**Fällig** wird der Anspruch gem. § 304 AktG mit dem Tag, der auf die jeweilige Hauptversammlung folgt.[58] Dies ergibt sich aus § 271 BGB. Vertraglich lässt sich aber auch insoweit ein früherer Zeitpunkt bestimmen. **2842**

*(einstweilen frei)* **2843–2844**

---

[49] OLG Düsseldorf 26.1.1978 – 19 W 5/77, NJW 1978, 827; Koch AktG § 304 Rn. 15; vgl. auch die Hinweise bei Baldamus Ubg 2010, 483 (484) Fn. 7; **aA** (der Jahresüberschuss ist entscheidend) Grigoleit/Servatius AktG § 304 Rn. 22; Spindler/Stilz AktG/Veil/Preisser AktG § 304 Rn. 67; Emmerich/Habersack/Emmerich AktG § 304 Rn. 49; KölnKommAktG/Koppensteiner AktG § 304 Rn. 81; wohl auch BMF 13.9.1991, KSt-Kartei BE §§ 14–19 KStG Nr. 16.

[50] BT-Drs. IV/171, 224.

[51] Dagegen sprechen sich Scheuch FR 2021, 522 (524 f.) und Meisel/Bokeloh DB 2009, 2067 (2068) aus.

[52] BT-Drs. IV/171, 224: „[…] Absatz 2 gibt nur Richtlinien für die Mindesthöhe der Ausgleichszahlung […]."

[53] Hierzu → Rn. 1386 ff.

[54] Zu den Auswirkungen der Beendigung des Gewinnabführungsvertrags auf die Ausgleichsansprüche im Einzelnen vgl. Kley, Die Rechtsstellung der außenstehenden Aktionäre bei der vorzeitigen Beendigung von Unternehmensverträgen, 1986, S. 218 ff.

[55] Vgl. BGH 19.4.2011 – II ZR 237/09, AG 2011, 514; OLG Düsseldorf 23.1.2008 – I-26 W 6/06 AktE, AG 2009, 822; OLG Frankfurt 26.8.2009 – 23 U 69/08, DB 2009, 2200; RHN/Rödder/Joisten KStG § 16 Rn. 60; Prinz/Witt Steuerliche Organschaft/Wagner Rn. 15.24; **aA** Frotscher/Drüen/Frotscher KStG § 16 Rn. 17.

[56] Koch AktG § 304 Rn. 15; Emmerich/Habersack/Emmerich AktG § 304 Rn. 30b; MüKoAktG/van Rossum AktG § 304 Rn. 110; Prinz/Witt Steuerliche Organschaft/Wagner Rn. 15.24; **aA** Frotscher/Drüen/Frotscher KStG § 16 Rn. 17.

[57] Vgl. BGH 9.4.2011 – II ZR 237/09, AG 2011, 514.

[58] Vgl. BGH 9.4.2011 – II ZR 237/09, AG 2011, 514 Rn. 15.

### 5. Schuldner der Ausgleichszahlung

2845 Schuldner des Ausgleichsanspruchs ist nach hM die herrschende Gesellschaft **(Organträger).**[59] Hierfür sprechen mehrere Gesichtspunkte: Der Rechtsgedanke des § 305 Abs. 1 AktG, § 5 Nr. 1 SpruchG und der Schutzzweck des § 304 AktG. Möglich ist allerdings, dass sich die abhängige Gesellschaft im Außenverhältnis (zB durch eine ursprüngliche gesamtschuldnerische Verpflichtung oder einen Schuldbeitritt), im Innenverhältnis (durch eine Erfüllungsübernahme) zur Befriedigung des außenstehenden Aktionärs verpflichtet ist oder ohne eine Verpflichtung den Ausgleichsanspruch erfüllt (vgl. § 267 Abs. 1 BGB). Im zuletzt genannten Fall muss die abhängige Gesellschaft (Organgesellschaft) einen Rückgriffsanspruch aktivieren und die andere Gesellschaft (Organträger) eine korrespondierende Verbindlichkeit passivieren.[60]

**Beispiel:**

2846 § 5 des GAV enthält folgende Klausel: „Die Gewinnberechtigte und die Abführungsverpflichtete verpflichten sich gesamtschuldnerisch gegenüber den außenstehenden Gesellschaftern, während der Dauer dieses Vertrages für jedes volle Geschäftsjahr jährlich eine fixe Ausgleichszahlung in Höhe von … je Beteiligungsquote zu zahlen."

2847 Unzulässig ist allerdings die Vereinbarung im GAV, dass allein die abhängige Gesellschaft Schuldnerin der Verpflichtung ist.[61] Dies würde einem unzulässigen Vertrag zu Lasten Dritter gleichkommen.

**Beispiel:**

2848 Im GAV hat sich allein die abhängige Gesellschaft (die Abführungsverpflichtete) zur Leistung der Ausgleichszahlung verpflichtet.
Diese Klausel macht den GAV nicht unwirksam gem. § 304 Abs. 3 AktG.[62] Dennoch ändert sie nichts an der Verpflichtung des anderen Vertragsteils die Ausgleichszahlung zu zahlen. Im Wege der Auslegung ist davon auszugehen, dass die abhängige Gesellschaft sich dazu verpflichtet hat, gesamtschuldnerisch für die Ausgleichsverpflichtung einzustehen.

2849–2855 *(einstweilen frei)*

### 6. Rechtsfolgen fehlender und fehlerhafter Ausgleichszahlungen

2856 Ein GAV, der entgegen § 304 Abs. 1 AktG überhaupt **keinen Ausgleich** vorsieht, ist nichtig (§ 304 Abs. 3 AktG). Dies gilt allerdings nur, wenn im Zeitpunkt der Beschlussfassung der abhängigen Gesellschaft außenstehende Gesellschafter vorhanden waren (§ 304 Abs. 1 S. 3 AktG). Im Falle eines sog. **Null-Ausgleichs** ist § 304 Abs. 3 AktG nicht einschlägig.[63] Denn der GAV enthält auch dann eine dem Gesetz entsprechende und wegen der Beteiligung außenstehender Aktionäre auch erforderliche, wenngleich negative Regelung der Frage des Ausgleichs.[64]

2857 Rechtlich umstritten ist, welche Rechtsfolge eintritt, wenn der GAV einen **nicht in § 304 Abs. 2 AktG genannten Ausgleich** vorsieht. Teilweise wird auch in diesen Fällen

---

59 Vgl. OLG Frankfurt 26.8.2009 – 23 U 69/08, NZG 2010, 389; OLG Düsseldorf 8.11.2004 – I-19 W 9/03 AktE, NZG 2005, 1012 jeweils mwN; MüKoAktG/Paulsen AktG § 304 Rn. 36; Emmerich/Habersack/Emmerich AktG § 304 Rn. 23; Hölters/Deilmann AktG § 304 Rn. 5; Prinz/Witt Steuerliche Organschaft/Wagner Rn. 15.23; **aA** Jurkat Organschaft, S. 440; Möhring FS Hengeler, 216 u. 220: Steuerschuldner ist die Organgesellschaft; **aA** Heidel/Meilicke/Kleinertz AktG § 304 Rn. 19: Organgesellschaft und Organträger sind Gesamtschuldner; scheinbar **aA** auch § 16 KStG, der davon ausgeht, dass primär die Organgesellschaft die Ausgleichszahlung leistet.

60 DPM/Dötsch KStG § 16 Rn. 14; Prinz/Witt Steuerliche Organschaft/Wagner Rn. 15.23.

61 Kölner Komm AktG/Koppensteiner AktG § 304 Rn. 24; MüKoAktG/van Rossum AktG § 304 Rn. 39.

62 Vgl. → Rn. 2857.

63 BGH 13.2.2006 – II ZR 392/03, DNotZ 2006, 701.

64 Emmerich/Habersack KonzernR/Lüdeking § 21 Rn. 56.

§ 304 Abs. 3 S. 1 AktG angewendet.[65] Wertungsmäßig sei der unzulässige Ausgleich einem fehlenden Ausgleich gleichzusetzen. Richtigerweise ist der GAV in derartigen Fällen jedoch wirksam, sodass die Bestimmung des zulässigen Ausgleichs dem Gericht im Spruchverfahren obliegt.[66] Denn anders als dies § 304 Abs. 3 AktG verlangt, ist eine Ausgleichszahlung tatsächlich vereinbart. Zudem verweisen die Gesetzesmaterialien[67] den außenstehenden Gesellschafter auf das Spruchverfahren.[68]

**Beispiel 1:**
Nach dem GAV erhält der außenstehende Gesellschaft 10 % des Jahresüberschusses der abhängigen Gesellschaft bzw. der Organgesellschaft (vor Gewinnabführung). **2858**
Die Vereinbarung ist gesetzeswidrig (vgl. § 304 Abs. 2 AktG). Dennoch ist der Vertrag nicht gem. § 304 Abs. 3 S. 1 AktG nichtig.

**Beispiel 2:**
Obwohl die herrschende Gesellschaft (Organträger) die Rechtsform einer GmbH hat, wird im GAV eine variable Ausgleichszahlung nach § 304 Abs. 2 S. 2 AktG vereinbart.
Die Vereinbarung ist gesetzeswidrig (vgl. § 304 Abs. 2 AktG). Dennoch ist der Vertrag nicht gem. § 304 Abs. 3 S. 1 AktG nichtig.

Von der Nichtigkeit gem. § 304 Abs. 3 AktG soll ferner auszugehen sein, wenn die **Ausgleichspflicht der abhängigen Gesellschaft**[69] und nicht dem herrschenden Unternehmen auferlegt wird.[70] Dagegen spricht, dass § 304 Abs. 3 AktG eine Ausgleichsverpflichtung nach § 304 Abs. 1 AktG vorschreibt, sich mit der Frage des Ausgleichsverpflichteten jedoch nicht beschäftigt. Wertungsmäßig dürfte der Fall eines falschen Ausgleichsverpflichteten, dem einer nicht gesetzlich vorgesehen Ausgleichsvereinbarung[71] entsprechen. Sollte der GAV nicht gesetzeskonform auszulegen sein,[72] ist in beiden Fällen Rechtsschutz durch das Spruchverfahren zu suchen. **2859**

Ist die Ausgleichszahlung im GAV **zu niedrig** vereinbart worden, bleibt der GAV ebenfalls wirksam.[73] Jeder außenstehende Gesellschafter hat jedoch die Möglichkeit ein gerichtliches Verfahren nach dem SpruchG zu betreiben. **2860**

*(einstweilen frei)* **2861–2864**

## II. Kündigungsrecht bei gerichtlicher Anpassung (§ 304 Abs. 4 AktG)

Bestimmt ein Gericht den Ausgleich nach § 304 AktG neu (dh höher als bislang vereinbart)[74], so kann der andere Vertragsteil den Vertrag binnen zwei Monaten nach Rechtskraft der Entscheidung ohne Einhaltung einer Kündigungsfrist kündigen (§ 304 Abs. 4 AktG). Hierdurch soll der andere Vertragsteil vor Mehrbelastungen geschützt werden, die bei Vertragsschluss nicht vorhersehbar waren.[75] **2865**

65 Emmerich/Habersack KonzernR/Lüdeking § 21 Rn. 57.
66 Kölner Komm AktG/Koppensteiner AktG § 304 Rn. 104; Hölters/Weber/Deilmann AktG § 304 Rn. 62; Schmidt/Lutter/Stephan AktG § 304 Rn. 105, 114; Bürgers/Körber/Lieder/Schenk AktG § 304 Rn. 54; Schnorbus ZHR 181 (2017), 901 (926 ff.); MüKoAktG/van Rossum § 304 Rn. 178.
67 BT-Drs. IV/171, 224 f.
68 BT-Drs. IV/171, 224: „Sieht der Vertrag hingegen eine feste Bemessung der Ausgleichszahlung (Absatz 2 Satz 1) oder eine im Gesetz gar nicht vorgesehene Bemessungsform vor, so hat das Gericht die Ausgleichszahlung nach Absatz 2 Satz 1 zu bestimmen.".
69 Zur Frage des richtigen Ausgleichsverpflichteten vgl. → Rn. 2845.
70 Emmerich/Habersack KonzernR/Lüdeking § 21 Rn. 57; MüKoAktG/van Rossum AktG § 304 Rn. 177; Hölters/Weber/Deilmann AktG § 304 Rn. 61; Koch AktG § 304 Rn. 20; Kölner Komm AktG/Koppensteiner AktG § 304 Rn. 26; BeckOGK/Veil/Preisser AktG § 304 Rn. 92; **aA** K. Schmidt/Lutter/Stephan AktG § 304 Rn. 105.
71 Hierzu → Rn. 2856.
72 Hierzu → Einleitung Rn. 86 ff.
73 RHN/Rödder/Joisten KStG § 16 Rn. 39 mwN.
74 Emmerich/Habersack KonzernR/Lüdeking § 21 Rn. 59.
75 BT-Drs. IV/171, 225; Emmerich/Habersack KonzernR/Lüdeking § 21 Rn. 59.

2866 § 304 Abs. 4 AktG normiert ein **außerordentliches Kündigungsrecht.**[76] Auf die Voraussetzungen des § 297 AktG kommt es nicht an.[77] Dies folgt schon daraus, dass § 304 Abs. 4 AktG nicht nur einen zusätzlichen wichtigen Grund benennt, sondern ein eigenständiges Kündigungsrecht anordnet.[78] In Fällen des § 304 Abs. 4 AktG existiert daher stets ein Kündigungsrecht und zwar unabhängig davon, ob im Einzelfall ein wichtiger Grund vorliegt.[79] Obwohl § 304 Abs. 4 AktG davon nicht spricht, bedarf die Kündigung der **Schriftform.**[80] Eines **Sonderbeschlusses der außenstehenden Aktionäre** (§ 297 Abs. 2 AktG) bedarf es aber nicht.[81]

2867 Die Kündigung beendet den Vertrag **ex nunc.**[82] Fällt die Kündigung in ein laufendes Geschäftsjahr, sind die Ausgleichszahlungen bis zur Beendigung des Vertrags anteilig zu leisten.[83]

2868–2870 *(einstweilen frei)*

## III. Sonderbeschluss der außenstehenden Gesellschafter bei nachträglichen Änderungen (§ 295 Abs. 2 AktG)

2871 Die Zustimmung der Hauptversammlung der Gesellschaft zu einer **Änderung der Bestimmungen des Gewinnabführungsvertrags,** der zur Leistung eines Ausgleichs an die außenstehenden Aktionäre der Gesellschaft oder zum Erwerb ihrer Aktien verpflichten, bedarf, um wirksam zu werden, eines Sonderbeschlusses der außenstehenden Aktionäre (§ 295 Abs. 2 S. 1 AktG). Für den Sonderbeschluss gilt § 293 Abs. 1 S. 2 und 3 AktG entsprechend (§ 295 Abs. 2 S. 2 AktG). Jedem außenstehenden Aktionär ist auf Verlangen in der Versammlung, die über die Zustimmung beschließt, Auskunft auch über alle für die Änderung wesentlichen Angelegenheiten des anderen Vertragsteils zu geben (§ 295 Abs. 2 S. 3 AktG).

2872 Ohne § 295 Abs. 2 AktG wäre es nach den **allgemeinen Vorschriften** (vgl. § 328 Abs. 2 BGB) zweifelhaft, ob der GAV ohne die Zustimmung der außenstehenden Aktionäre geändert werden könnte oder ob die Zustimmung aller außenstehenden Aktionäre erforderlich ist.[84] § 295 Abs. 2 AktG schlägt vor diesem Hintergrund einen vermittelnden Weg ein.[85] Er vermeidet einerseits, dass Vertragsänderungen durch das Erfordernis der Zustimmung aller außenstehenden Aktionäre zu sehr erschwert werden.[86] Andererseits wäre ein vollständiger Verzicht auf diese Zustimmung nicht mit den Interessen der außenstehenden Aktionäre vereinbar.[87] Erforderlich und ausreichend für den Sonderbeschluss ist nunmehr eine Mehrheit von mindestens drei Vierteln des bei der Beschlussfassung vertretenen Grundkapitals, soweit es auf die außenstehenden Aktionäre entfällt.

2873 § 295 Abs. 2 AktG verlangt zum Schutz der außenstehenden Aktionäre eine **weite Auslegung.**[88] Nicht erforderlich ist, dass die Vertragsänderung die Höhe der Ausgleichs-

[76] MüKoAktG/van Rossum AktG § 304 Rn. 198.
[77] Vgl. auch Emmerich/Habersack/Emmerich § 297 Rn. 15: Sonderfall der Kündigung aus wichtigem Grund.
[78] So wohl auch BT-Drs. IV/171, 225: „Absatz 5 gibt ihm daher das Recht, […] zu kündigen.".
[79] Zum gleichen Ergebnis kommt man dann, wenn man § 304 Abs. 4 AktG als typisierende Festlegung eines wichtigen Kündigungsgrundes begreift.
[80] BT-Drs. IV/171, 220 rechtfertigt die Schriftform mit dem Argument der Rechtssicherheit. Aus diesem Grund dürfte es dem Willen des Gesetzgebers entsprechen, auch für die Kündigung nach § 304 Abs. 4 AktG die Schriftform zu verlangen.
[81] BGH 5.4.1993 – II ZR 238/91, NJW 1993, 1976; BGH 7.5.19979 – II ZR 139/78, NJW 1979, 2103; OLG Düsseldorf 7.6.1990 – 19 W 13/86, AG 1990, 490 (491); Timm FS Kellermann, 1991, 461 (463); MüKoAktG/van Rossum AktG § 304 Rn. 200.
[82] LG Stuttgart 13.5.1997 – 25 O 703/96, AG 1998, 103; Emmerich/Habersack/Lüdeking Konzernrecht § 21 Rn. 59; MüKoAktG/van Rossum AktG § 304 Rn. 198.
[83] MüKoAktG/van Rossum AktG § 304 Rn. 202.
[84] BT-Drs. IV/171, 219; siehe auch Emmerich/Habersack/Lüdeking KonzernR § 18 Rn. 15.
[85] BT-Drs. IV/171, 219.
[86] BT-Drs. IV/171, 219.
[87] BT-Drs. IV/171, 219.
[88] MüKoAktG/Altmeppen AktG § 295 Rn. 30.

zahlung unmittelbar beeinflusst.[89] § 295 Abs. 2 AktG ist auch dann einschlägig, wenn sich die **Rechtsstellung** der außenstehenden Gesellschafter **verbessert.**[90] Denn über die Rechtswirkung der Änderung trifft die Norm keine Aussage.

*(einstweilen frei)* **2874–2880**

### IV. Hinzutreten außenstehender Gesellschafter (§ 307 AktG)

Hat die Gesellschaft im Zeitpunkt der Beschlussfassung ihrer Hauptversammlung über einen Beherrschungs- oder GAV keinen außenstehenden Aktionär, so muss der Vertrag keine Ausgleichszahlung vorsehen (vgl. § 304 Abs. 1 S. 3 AktG).[91] Beteiligt sich **im Nachgang** ein außenstehender Aktionär soll in seinem Interesse der Vertrag enden.[92] Auf diese Weise will man erreichen, dass die Vertragsparteien den veränderten Beteiligungsverhältnissen Rechnung tragen, indem sie entweder nachträglich in den Unternehmensvertrag noch eine im Spruchverfahren überprüfbare Ausgleichs- und Abfindungsregelung aufnehmen oder einen entsprechenden neuen Unternehmensvertrag abschließen.[93] **2881**

**Rechtspolitisch** ist die Vorschrift umstritten, weil sie dem herrschenden Unternehmen die Möglichkeit eröffnet, durch die Veräußerung einer Aktie des beherrschten Unternehmens einen ihm lästig gewordenen Unternehmensvertrag zu beenden und so die Voraussetzungen der §§ 296, 297 zu unterlaufen.[94] Dies hat auch steuerrechtliche Implikationen, zumal nach einer weit verbreiteten Ansicht, das Hinzutreten eines außenstehenden Gesellschafters einen wichtigen Grund darstellen soll.[95] **2882**

Originär anwendbar ist § 307 AktG auf eine AG als abhängige Gesellschaft. Ob die Norm bei einer **GmbH als abhängigen Gesellschaft** entsprechend gilt, ist umstritten.[96] Geht man von der analogen Anwendung des § 304 AktG aus, erscheint es konsequent, aufgrund der vergleichbaren Schutzbedürftigkeit des außenstehenden Gesellschafters, auch den § 307 AktG für analog anwendbar zu erklären.[97] **2883**

Die Gesellschaft darf im Zeitpunkt der Beschlussfassung ihrer Hauptversammlung über einen Beherrschungs- oder Gewinnabführungsvertrag **keinen außenstehenden Aktionär** haben.[98] War zu diesem Zeitpunkt bereits ein außenstehender Gesellschafter vorhanden und tritt in einem späteren Geschäftsjahr ein weiterer außenstehender Gesellschafter hinzu, ist § 307 AktG nicht anzuwenden.[99] Nach der gesetzlichen Wertung reicht es bereits aus, wenn ein anderer außenstehender Aktionär die Möglichkeit hatte, den GAV anzufechten. **2884**

---

[89] Vgl. Emmerich/Habersack/Emmerich AktG § 295 Rn. 26; GroßkommAktG/Mülbert AktG § 295 Rn. 55; BeckOGK/Veil/Walla AktG § 295 Rn. 24; MüKoAktG/Altmeppen AktG § 295 Rn. 30; Priester ZIP 1992, 293 (296); Pentz NZG 1998, 380 (381); Emmerich/Habersack/Lüdeking KonzernR § 18 Rn. 17.

[90] MüKoAktG/Altmeppen AktG § 295 Rn. 29; Ebenroth/Parche BB 1989, 637 (639); Priester ZIP 1992, 293 (296); **aA** Säcker DB 1988, 271 (272).

[91] BT-Drs. IV/171, 226.

[92] Emmerich/Habersack/Emmerich AktG § 307 Rn. 2.

[93] BT-Drs. IV/171, 226; MüKoAktG/van Rossum AktG § 307 Rn. 1.

[94] MüKoAktG/van Rossum AktG § 307 Rn. 2; Kölner Komm AktG/Koppensteiner AktG § 307 Rn. 5; Emmerich/Habersack/Emmerich AktG § 307 Rn. 4; GroßkommAktG/Hirte AktG § 307 Rn. 16; MHdB AG/Krieger § 70 Rn. 199; nach dem Bericht des Rechtsausschusses (zu BT-Drs. 4/3296, 166) hielt man die Vorschrift dennoch für nützlich, weil sie im Ergebnis zum Abschluss eines neuen Vertrags mit entsprechenden Sicherungen für den außenstehenden Aktionär zwinge.

[95] Haase Ubg 2019, 14 (16); Herzig Organschaft/Dötsch S. 114; Frotscher/Drüen/Frotscher KStG § 14 Rn. 683; Katschinski FS Reuter, 2010, 1043 (1045); RHN/Rödder/Liekenbrock KStG § 14 Rn. 63; **aA** Bredow/Liebscher BB 2003, 393 (395); → Rn. 1731.

[96] MüKoAktG/van Rossum AktG § 307 Rn. 5.

[97] Krieger/Jannott DStR 1995, 1473 (1476); Katschinski FS Reuter, 2010, 1043 (1045); Boor RNotZ 2017, 65 (73), Bredow/Liebscher BB 2003, 393; Emmerich/Habersack/Emmerich AktG § 293 Rn. 41 ff.; **aA** Priester FS Peltzer, 2001, 327; Pluskat DK 2004, 525; Göhmann/Winnen RNotZ 2015, 53 (64) wegen der größeren Transparenz bei der GmbH.

[98] Der Begriff des „außenstehenden Aktionärs" ist in § 304 AktG und § 307 AktG identisch auszulegen (MüKo AktG/van Rossum AktG § 307 Rn. 10. Vgl. daher → Rn. 2815.

[99] Lange GmbHR 2011, 806 (810).

2885 § 307 AktG kommt auch dann zur Anwendung, wenn der GAV bereits **prophylaktisch eine Ausgleichszahlung** beinhaltet.[100] Dies folgt aus dem Wortlaut ergibt sich aber auch aus der Entwicklungsgeschichte[101] und dem Sinn und Zweck der Norm. Andernfalls könnten die Ausgleichszahlung unangemessen sein, weil innerhalb der Frist nach § 4 Abs. 1 Nr. 1 SpruchG keine Möglichkeit der gerichtlichen Überprüfung bestand.[102]

2886 Beteiligt[103] sich ein außenstehender Gesellschafter, so endet der GAV **zum Ende dieses Geschäftsjahres.** Hieraus („zum Ende") folgt, dass die Gewinnabführungsverpflichtung noch für dieses Geschäftsjahr zu erfüllen ist und der außenstehende Gesellschafter insoweit leer ausgeht.[104] Nicht gesetzeswidrig ist es jedoch, dem außenstehenden Gesellschafter bereits für dieses Geschäftsjahr einen Ausgleich auf vertraglicher Grundlage zukommen zu lassen. Aus dem Wort **spätestens** folgt, dass der GAV aus anderen Gründen (siehe §§ 296 f. AktG) auch schon früher ein Ende finden kann.[105]

2887 Nicht geklärt ist, ob die Beendigung des GAVs nach § 307 AktG dadurch vermieden werden kann, dass der Vertrag vor Ende des Geschäftsjahres um eine **wirksame Ausgleichszahlung ergänzt** wird.[106] Dagegen lässt sich anführen, dass § 307 AktG eine solche Möglichkeit nicht erwähnt und als zwingende Rechtsfolge die Beendigung des GAVs vorgibt. Der Sinn und Zweck spricht jedoch für eine teleologische Reduktion, da sich der Zweck des § 307 AktG auch durch eine Änderung des Unternehmensvertrags erreichen lässt; dies jedenfalls dann, wenn man infolge der Änderung dem außenstehenden Gesellschafter ein Anfechtungsrecht nach § 4 Abs. 1 Nr. 1 SpruchG iVm § 295 Abs. 2 AktG zubilligt.[107]

2888–2890 *(einstweilen frei)*

## C. Vorliegen einer Organschaft bei einer (fehlenden) Ausgleichszahlung

### I. Allgemeines

2891 Dem Steuerrecht ist die Existenz von Ausgleichszahlungen nicht fremd. Während § 4 Abs. 5 S. 1 Nr. 9 EStG Ausgleichszahlungen in den Fällen einer Organschaft als nichtabziehbare Betriebsausgabe deklariert, regelt § 16 KStG (iVm § 14 Abs. 1 S. 1 KStG) wer im Falle von Ausgleichszahlung das Einkommen zu versteuern hat. Hieraus ist zugleich abzuleiten, dass der Gesetzgeber Ausgleichszahlungen nicht prinzipiell als Störfaktor der Organschaft ansieht.[108] Im Gegenteil: Wird eine Ausgleichszahlung gesetzeswidrig unterlassen, führt dies zur Nichtigkeit des GAVs (§ 304 Abs. 3 AktG). Da § 41 AO nicht anwendbar ist, kommt es zu einer sog. verunglückten Organschaft.[109] Jedoch wird nicht jede vertragliche Regelung den steuerrechtlichen Anforderungen gerecht. Dies liegt vor

100 BT-Drs. IV/171, 226; MüKoAktG/van Rossum AktG § 307 Rn. 2; Baldamus ZGR 2007, 819 (831); Koch AktG § 307 Rn. 1; Emmerich/Habersack/Emmerich AktG § 307 Rn. 2; Kölner Komm AktG/Koppensteiner AktG § 307 Rn. 3; GroßkommAktG/Hirte AktG § 307 Rn. 4; Spindler/Stilz/Veil Rn. 5.

101 BT-Drs. IV/171, 226.

102 BT-Drs. IV/171, 226.

103 Zum Begriff der Beteiligung MüKoAktG/van Rossum AktG § 307 Rn. 10.

104 BFH 4.3.2009 – I R 1/08, DStR 2009, 1749; Emmerich/Habersack/Emmerich AktG § 307 Rn. 11; **aA** GroßkommAktG/Hirte AktG § 307 Rn. 19.

105 Emmerich/Habersack/Emmerich AktG § 307 Rn. 13; Koch AktG § 307 Rn. 3.

106 Dafür Bredow/Liebscher BB 2003, 393 (396); wohl auch MüKoAktG/van Rossum AktG § 307 Rn. 2; **aA** wohl Emmerich/Habersack/Emmerich AktG § 307 Rn. 11; vgl. auch Koch AktG § 307 Rn. 1, wonach sich eine Fortsetzung des Vertrags ohne Unterbrechung durch den vorherigen Abschluss eines neuen Vertrags erreichen lässt.

107 MüKoAktG/van Rossum AktG § 307 Rn. 2.

108 BFH 10.5.2017 – I R 93/15, BFHE 259, 49; BFH 4.3.2009 – I R 1/08, BStBl. II 2010, 407; Scheuch FR 2021, 522 (525); Meyering/Reiter/Celiktas GmbHR 2022, 903 (904); Basiskommentar Steuerrecht/Herkens KStG § 16 Rn. 232; Jauch/Hörhammer NWB 2018, 3890 (3892).

109 Scheuch FR 2021, 522 (523).

allem an der unterschiedlichen Zielrichtung des Gesellschafts- und Steuerrechts. Während gesellschaftsrechtlich zum Schutz der Minderheitsaktionäre nur eine Mindest- aber keine Höchstgrenze existiert,[110] wird der dadurch eröffnete Gestaltungsspielraum dem Erfordernis einer willkürfreien Einkommenszurechnung für steuerrechtliche Zwecke nicht gerecht.[111]

Der BFH[112] hat dies mit folgenden Worten umschrieben: „Mit einem derartigen variablen Ausgleich hätten es die Beteiligten faktisch in der Hand, das von der Organgesellschaft erzielte Einkommen beliebig zwischen Organgesellschaft (vgl. § 16 KStG), Organträger (§ 14 Abs. 1 S. 1 KStG) und außenstehendem Gesellschafter aufzuteilen. Das ist zum einen mit dem Zweck des Tatbestandsmerkmals „Abführung des ganzen Gewinns" nicht zu vereinbaren […]. Zum anderen würden damit die Organschaftsregelungen, die als Ausnahmebestimmungen einer Einkommensverwendungsabrede in engen Grenzen steuerliche Wirkung beilegen […], zweck- und systemwidrig ausgeweitet. Steuerrechtlich sind deshalb für die AG und – durch die Anordnung der entsprechenden Anwendung der aktienrechtlichen Organschaftsregelungen (§ 17 S. 1 KStG) – auch für die GmbH grundsätzlich nur solche Ausgleichszahlungsvereinbarungen anzuerkennen, die gesellschaftsrechtlich dem dort zwingend Gebotenen Rechnung tragen und nicht zu einer beliebigen Aufteilung des von der Organgesellschaft erzielten Einkommens führen." **2892**

Auch wenn es in dieser Entscheidung um eine besondere Situation ging (Kombination einer Garantiedividende mit gewinnabhängigen Zusatzkomponente) lässt sich die zitierte Äußerung des BFH auch auf andere Fälle übertragen, in denen gesetzlich vorgegebene Mindestgrenze der Ausgleichszahlung überschritten wird. Die von § 304 Abs. 2 AktG normierte Mindestgrenze wird dann gleichzeitig zur Höchstgrenze für steuerrechtliche Zwecke. Dies ist vor allem deshalb misslich, weil erhöhte Ausgleichszahlungen häufig willkürfrei aus sachlichen Gründen vereinbart werden. So wird in der Praxis zB versucht, durch erhöhte Ausgleichszahlungen den außenstehenden Gesellschafter von einem Ausscheiden aus der Gesellschaft abzuhalten.[113] **2893**

*(einstweilen frei)* **2894–2895**

## II. Fiktion der Abführung des ganzen Gewinns (§ 14 Abs. 2 KStG)

### 1. Regelungsanliegen

Die Zielsetzung des § 14 Abs. 2 KStG ist dualistisch. Unter Berücksichtigung der Rechtsprechung des BFH[114] soll § 14 Abs. 2 KStG organschaftlich verbundenen Unternehmen die Möglichkeit verschaffen, an außenstehende Gesellschafter als Investoren (erhöhte) Ausgleichszahlungen zu leisten.[115] Im Blick hatte der Gesetzgeber dabei vor allem den kommunalen Querverbund.[116] Gleichzeitig versucht die Norm aber auch, rein steuerlich motivierten (variablen) Ausgleichszahlungen die Anerkennung zu versagen.[117] **2896**

---

110 OLG Düsseldorf 17.2.1984 – 19 W 1/81, ZIP 1984, 586; MüKoAktG/van Rossum AktG § 304 Rn. 65; Meisel/Bokeloh DB 2009, 2067 (2068); **aA** Grigoleit/Servatius AktG § 304 Rn. 19 wonach hierfür ein im Gesellschaftsinteresse des anderen Vertragsteils liegender Grund sprechen muss; **aA** Scheuch FR 2021, 522 (529), wenn sich eine bewusst zu hoch bemessene feste Ausgleichszahlung nicht mehr als „Ausgleich" für den Verlust des mitgliedschaftlichen Gewinnbezugsrechts – dh nicht mehr als im Gesellschaftsverhältnis der außenstehenden Gesellschafter zur Organgesellschaft veranlasst – darstellt.

111 BFH 10.5.2017 – I R 93/15, BFHE 259, 49.

112 BFH 10.5.2017 – I R 93/15, BFHE 259, 49.

113 MüKoAktG/van Rossum AktG § 304 Rn. 65.

114 Insbesondere BFH 10.5.2017 – I R 93/15, BFHE 259, 49.

115 BT-Drs. 19/4455, 52; Nürnberg NWB 2018, 2856 (2857); DPM/Dötsch/Pung KStG § 14 Rn. 720 ff.

116 Hierzu auch RHN/Rödder/Liekenbrock KStG § 14 Rn. 555; HHR/Kolbe KStG § 14 Rn. 292.

117 BT-Drs. 19/5595, 61.

### 2. Zeitlicher Anwendungsbereich

2897 § 34 Abs. 6e S. 1 KStG regelt den zeitlichen Anwendungsbereich des § 14 Abs. 2 KStG. Die Norm ist danach auch für **Veranlagungszeiträume vor 2017** anzuwenden. Ist im Einzelfall eine vor dem 1.8.2018 bestehende Organschaft unter Berücksichtigung von Ausgleichszahlungen nach anderen Grundsätzen als denen des § 14 Abs. 2 KStG anerkannt worden, so sind diese Grundsätze insoweit letztmals für den **Veranlagungszeitraum 2021** maßgebend (§ 34 Abs. 6e S. 2 KStG). Unter den anderen Grundsätzen sind nach den Gesetzesmaterialien die Vorgaben nach BMF 13.9.1991[118] und v. 20.4.2010[119] zu verstehen.[120] An die Anerkennung durch die Finanzverwaltung sind keine hohen Anforderungen zu stellen. Eine verbindliche Auskunft ist ebenso wenig erforderlich wie die Erwähnung in einem BP-Bericht.[121] Eine stillschweigende Berücksichtigung bei der steuerlichen Veranlagung reicht aus.[122] Steuerpflichtige, bei denen eine explizite Anerkennung noch nicht stattgefunden hat, sind jedoch nicht weniger schutzwürdig als Steuerpflichtige, bei denen auf Basis der Verwaltungsverlautbarung eine Anerkennung erfolgen musste.[123] Die Norm ist vor diesem Hintergrund entsprechend anzuwenden.[124]

2898 Ein bestehender GAV, der eine Regelung enthielt, die nicht den Anforderungen des § 14 Abs. 2 KStG entsprach, musste bis spätestens zum 31.12.2021 angepasst werden.[125] Um dem zu entgehen, konnten Steuerpflichtigen im Vorfeld den **Gewinnabführungsvertrag vorzeitig zu beenden.** Wurde dies getan, galt die Kündigung als durch einen wichtigen Grund iSd § 14 Abs. 1 S. 1 Nr. 3 S. 2 KStG gerechtfertigt (§ 34 Abs. 6e S. 3 KStG). Eine Kündigung innerhalb der Mindestdauer der Organschaft hatte daher keine ex tunc Wirkung. Auch wenn der Gesetzgeber in Kenntnis der Problematik[126] den Begriff der Kündigung verwendet, dürfte die Vorschrift auch in anderen Fällen der Beendigung (analog) anzuwenden sein. Eine unterschiedliche Auslegung des § 14 Abs. 1 Nr. 3 S. 2 KStG und des § 34 Abs. 6e S. 3 KStG würde nicht überzeugen.

2899 Alternativ konnten Steuerpflichtige den GAV **an die Vorgaben des § 14 Abs. 2 KStG anpassen.** Nach § 34 Abs. 6e S. 4 KStG gilt die Anpassung für Zwecke des § 14 Abs. 1 Nr. 3 KStG nicht als Neuabschluss. In diesen Fällen wird daher keine erneute Mindestlaufzeit nach § 14 Abs. 1 S. 1 Nr. 3 KStG ausgelöst.[127]

2900–2905 *(einstweilen frei)*

### 3. Grundvoraussetzungen (S. 1)

2906 **a) Mindestens zugesicherter Betrag iSd § 304 Abs. 1 S. 1 AktG.** § 14 Abs. 2 S. 1 KStG setzt voraus, dass über den mindestens zugesicherten Betrag iSd § 304 Abs. 2 S. 1 AktG hinausgehende Ausgleichszahlungen vereinbart und geleistet werden. Streitig ist bereits, ob aus dem Satzteil „über den mindestens zugesicherten Betrag iSd § 304 Absatz 2 Satz 1 des Aktiengesetzes“ folgt, dass im GAV explizit eine „Garantiedividende“ vereinbart sein muss.[128] Nach Ansicht der Finanzverwaltung[129] ist der Anwendungsbereich des § 14

---

118 IV B 7 – S 2770 – 11/91.
119 BStBl. I S. 372.
120 So BT-Drs. 19/5595, 84 f.; BeckOK KStG/Ebber KStG § 14 Rn. 622l; Brandis/Heuermann/Rode KStG § 14 Rn. 140 f.
121 Hasbach DB 2020, 806 (812).
122 Hasbach DB 2020, 806 (812); Zimmermann DK 2020, 181 (184).
123 So auch Hasbach DStR 2019, 81 (87).
124 Brandis/Heuermann/Rode KStG § 14 Rn. 140g.
125 BT-Drs. 19/5595, 84 f.
126 Bzgl. § 14 Abs. 1 S. 1 Nr. 3 S. 2 KStG stellte bzw. stellt sich ebenfalls die Frage, ob trotz des Wortlauts („Kündigung“) auch andere Fälle der Beendigung des Gewinnabführungsvertrags erfasst sind (hierzu KStR 14.5 Abs. 6 S. 1).
127 BT-Drs. 19/5595, 84 f.
128 Dafür bspw. Brühl/Weiss BB 2020, 1436; Bott/Walter/Walter KStG § 16 Rn. 12.4.
129 BMF 4.3.2020, BStBl. I 2020, 256 Rn. 5.

Abs. 2 KStG auch dann eröffnet, wenn die Vereinbarung zu Ausgleichszahlungen keine Festbetragskomponente iSd § 304 Abs. 2 S. 1 AktG enthält, sondern die Ausgleichszahlung nach dem Gewinn des Organträgers bemessen wird (variable Ausgleichszahlung iSd § 304 Abs. 2 S. 2 AktG).[130] Der mindestens zugesicherte Betrag belaufe sich in diesem Fall auf null.[131] Hierfür spricht, dass auch ein Betrag von null Euro zugesichert werden kann, das Gesetz eine ausdrückliche Erwähnung der Zusicherung im GAV aber nicht verlangt.[132] Zudem ist auch in Fällen überhöhter variabler Ausgleichszahlungen ein Bedürfnis für eine Anwendung des § 14 Abs. 2 KStG erkennbar.[133]

Die Ansicht des BMF führt jedoch zu der Konsequenz, dass auch dem Mindestumfang **2907**
nach § 304 Abs. 2 S. 2 AktG entsprechende Ausgleichszahlungen den besonderen Anforderungen des § 14 Abs. 2 S. 2 und 3 KStG entsprechen müssen,[134] obwohl die Beteiligten willkürfrei die gesetzlichen Anforderungen umgesetzt haben. Da eine dem § 304 Abs. 2 S. 2 AktG entsprechende Ausgleichszahlung nicht nur gesellschaftsrechtlich, sondern auch steuerrechtlich unproblematisch ist bzw. war, dürfte § 14 Abs. 2 KStG in solchen Fällen teleologisch zu reduzieren sein.

*(einstweilen frei)* **2908–2910**

**b) „Hinausgehende Ausgleichszahlungen".** Zu dem mindestens zugesicherten Betrag **2911**
iSd § 304 Abs. 2 S. 1 AktG muss eine weitere Ausgleichszahlung hinzukommen.[135] Der Begriff der Ausgleichszahlung wird in § 14 Abs. 2 S. 1 KStG nicht weiter konkretisiert. Ausgehend vom Wortlaut ist es zwar möglich auf das konzernrechtliche Begriffsverständnis des § 304 AktG zurückzugreifen. Zwingend ist diese Anknüpfung jedoch nicht, da ein Verweis auf § 304 AktG unterblieben ist. Die Entstehungsgeschichte und der Zweck sprechen zudem dafür, jede Zahlung ausreichen zu lassen, die bei wirtschaftlicher Betrachtung als Ersatz für den Anspruch auf Gewinnbeteiligung zu qualifizieren ist.[136] § 14 Abs. 2 KStG ist eine Reaktion auf ein Urteil des BFH[137]. Dort ging es um eine am Gewinn der Organgesellschaft bemessene Zusatzkomponente, die nicht in § 304 AktG erwähnt wird. In den Gesetzesmaterialien[138] wird zudem auf Ausgleichszahlungen nach § 16 KStG verwiesen. Bereits vor Inkrafttreten des § 14 Abs. 2 KStG entsprach es dort der hM, dass auch Ausgleichszahlungen jenseits des konzernrechtlichen Begriffsverständnis erfasst sind. Insbesondere folgende Ausgleichszahlungen sind daher tatbestandsmäßig:

- Ausgleichszahlungen iSd § 304 AktG;
- Variable am Ergebnis der Organgesellschaft bemessene Ausgleichszahlung;
- Einräumung eines Nießbrauchs an der Beteiligung[139];
- Zahlung eines Ausgleichs im Jahr des Hinzutretens eines außenstehenden Gesellschafters[140];

---

130 BeckOK KStG/Ebber KStG § 14 Rn. 621m; Brandis/Heuermann/Rode KStG § 14 Rn. 140b; **aA** Hasbach DB 2020, 806 (808 f.); Brühl/Weiss BB 2020, 1436 (1437); Zimmermann DK 2020, 181 (183 f.); Jauch/Hörhammer NWB 2018, 3890 (3893); Gosch KStG/Neumann KStG § 14 Rn. 326; HHR/Kolbe KStG § 14 Rn. 293a.

131 BMF 4.3.2020, BStBl. I 2020, 256 Rn. 5.

132 Siehe aber Brühl/Weiss BB 2020, 1436 (1437).

133 BFH 10.5.2017 – I R 93/15, BFHE 259, 49: „Steuerrechtlich sind deshalb für die AG und – durch die Anordnung der entsprechenden Anwendung der aktienrechtlichen Organschaftsregelungen (§ 17 S. 1 KStG) – auch für die GmbH grundsätzlich nur solche Ausgleichszahlungsvereinbarungen anzuerkennen, die gesellschaftsrechtlich dem dort zwingend Gebotenen Rechnung tragen und nicht zu einer beliebigen Aufteilung des von der Organgesellschaft erzielten Einkommens führen.".

134 So explizit BMF 4.3.2020, BStBl. I 2020, 256 Rn. 5.

135 DPM/Dötsch/Pung KStG § 14 Rn. 725.

136 Jauch/Hörhammer NWB 2018, 3890 (3894).

137 BFH 10.5.2017 – I R 93/15, BStBl. II 2019, 278; vgl. BT-Drs. 19/4455, 52.

138 BT-Drs. 19/4455, 52.

139 Jauch/Hörhammer NWB 2018, 3890 (3894); vgl. zum Begriff nach § 16 KStG auch FG Münster 15.12.2021 – 13 K 1136/18 G, EFG 2022, 416; BFH 25.7.1973 – I R 225/71, BStBl. II 1973, 791.

140 Vgl. zum Begriff nach § 16 KStG auch BFH 4.3.2009 – I R 1/08, BStBl. II 2010, 407.

- Zahlungen an einen nicht außenstehenden Gesellschafter[141];
- Zahlung von Zinsen nach § 305 Abs. 3 S. 3 AktG[142];
- VGA an außenstehende Anteilseigner[143];
- Zahlungen an den Genussrechtsinhaber[144].

2912 Offen ist, wie mit **reinen Garantiedividenden** iSd § 304 Abs. 2 S. 1 AktG umzugehen ist. Ist die Garantiedividende zu niedrig oder angemessen liegt ein Anwendungsfall des § 14 Abs. 2 KStG (wohl unstreitig) nicht vor.[145] Überschreitet die Garantiedividende hingegen den Mindestbetrag nach § 304 Abs. 2 AktG scheidet eine Anwendung des § 14 Abs. 2 KStG ebenfalls aus.[146] Ausgehend von der bisherigen Rechtsprechung des BFH[147] sind solche Vereinbarungen jedoch nicht unproblematisch: „Steuerrechtlich sind deshalb für die AG und – durch die Anordnung der entsprechenden Anwendung der aktienrechtlichen Organschaftsregelungen (§ 17 S. 1 KStG) – auch für die GmbH grundsätzlich nur solche Ausgleichszahlungsvereinbarungen anzuerkennen, die gesellschaftsrechtlich dem dort zwingend Gebotenen Rechnung tragen und nicht zu einer beliebigen Aufteilung des von der Organgesellschaft erzielten Einkommens führen." Sieht man in einer überhöhten (die zwingend gebotene Ausgleichszahlung übersteigende) Garantiedividende eine beliebige Aufteilung des Organeinkommens, so ist auch die Anwendung des § 14 Abs. 2 KStG folgerichtig.[148] Hilfsweise ist auf eine analoge Anwendung der Norm zurückzugreifen.

2913–2920 *(einstweilen frei)*

2921 **c) Vereinbart und geleistet.** Die über den mindestens zugesicherten Betrag iSd § 304 Abs. 2 S. 1 AktG hinausgehende Ausgleichszahlung muss vereinbart worden sein. Für die Annahme, dass die Vereinbarung Gegenstand des **Gewinnabführungsvertrag** sein muss,[149] gibt der Wortlaut jedoch nichts her. Zudem würde ein solches Verständnis den Anwendungsbereich des § 14 Abs. 2 KStG (bspw. im Hinblick auf vGA) entscheidend einengen.

2922 Darüber hinaus muss die Ausgleichszahlung geleistet worden sein. Insoweit ist der **Mittelabfluss** entscheidend. Die rein bilanzielle Buchung der Verpflichtung genügt nicht. In Fällen, in denen neben der Garantiedividende weitere, gewinnabhängige Ausgleichszahlungen zwar vereinbart sind, die variablen Betragskomponenten aber zB wegen eines niedrigen oder negativen Ergebnisses der Organgesellschaft in einem konkreten Wirtschaftsjahr nicht zu leisten sind und auch tatsächlich nicht geleistet werden, kommt § 14 Abs. 2 S. 1 KStG nach Verwaltungsansicht[150] für dieses Wirtschaftsjahr daher nicht zur Anwendung.[151]

---

[141] Vgl. zum Begriff nach § 16 KStG auch DPM/Dötsch KStG § 16 Rn. 5.
[142] Vgl. zum Begriff nach § 4 Abs. 5 S. 1 Nr. 9 EStG auch FG Münster 15.12.2021 – 13 K 1136/18 G, EFG 2022, 416.
[143] Jauch/Hörhammer NWB 2018, 3890 (3894); Brandis/Heuermann/Rode KStG § 14 Rn. 140b; **aA** Zimmermann DK 2020, 181 (185); vgl. zum Begriff nach § 16 KStG auch FG Münster 15.12.2021 – 13 K 1136/18 G, EFG 2022, 416.
[144] Zimmermann DK 2020, 181 (185); Jauch/Hörhammer NWB 2018, 3890 (3894); RHN/Rödder/Liekenbrock KStG § 14 Rn. 121.
[145] Scheuch FR 2021, 522 (531); **aA** wohl Gosch KStG/Neumann KStG § 14 Rn. 326.
[146] So Weiss/Brühl BB 2018, 2135 (2139); Zimmermann DK 2020, 181 (183); DPM/Dötsch/Pung KStG § 14 Rn. 730; HHR/Kolbe KStG § 14 Rn. 293a; Basiskommentar Steuerrecht/Herkens KStG § 16 Rn. 227; Meyering/Reiter/Celiktas GmbHR 2022, 903 (904 f.); Jauch/Hörhammer NWB 2018, 3890 (3892), die zwingend eine Kombination aus fester und variabler Ausgleichszahlung verlangen.
[147] BFH 10.5.2017 – I R 93/15, BStBl. II 2019, 278.
[148] Für eine Anwendung des § 14 Abs. 2 KStG auch BeckOK KStG/Ebber KStG § 14 Rn. 621k; Frotscher/Drüen/Frotscher KStG § 14 Rn. 365 f.
[149] HHR/Kolbe KStG § 14 Rn. 293b; Gosch KStG/Neumann KStG § 14 Rn. 326.
[150] BMF 4.3.2020, BStBl. I 2020, 256 Rn. 4.
[151] BeckOK KStG/Ebber KStG § 14 Rn. 621o; RHN/Rödder/Liekenbrock KStG § 14 Rn. 555d; Hasbach DB 2020, 806 (807); HHR/Kolbe KStG § 14 Rn. 293a; **aA** Weiss/Brühl BB 2018, 2135 (2139).

Rechtlich umstritten ist, ob es darauf ankommt, wer die Ausgleichszahlung geleistet hat. Gestützt auf den Rechtsgedanken des § 16 KStG geht die Finanzverwaltung[152] davon aus, dass sowohl **Zahlungen durch die Organgesellschaft als auch durch den Organträger** erfasst sind.[153] Hierfür spricht auch der Wortlaut, der nicht auf die Person des Zahlenden abstellt. Dem wird entgegengehalten, dass die Norm nur die Abführung des ganzen Gewinns (durch die Organgesellschaft) fingiert.[154] Wird die Ausgleichszahlung nicht nur durch den Organträger geschuldet, sondern von diesem auch geleistet, wird stets der ganze Gewinn (auch ohne Hilfe einer Fiktion) abgeführt. **2923**

*(einstweilen frei)* **2924–2925**

### 4. Höchstgrenze (S. 2)

Ausgleichszahlungen dienen der Sicherung der außenstehenden Gesellschafter bei Abschluss von Gewinnabführungsverträgen. Wie die Ausgleichszahlung zu bemessen ist, ist § 304 Abs. 2 AktG zu entnehmen. Nach den Gesetzesmaterialien handelt es sich dabei nur um eine Mindesthöhe.[155] Um den außenstehenden Gesellschafter vor Nachteilen zu schützen und ihn insbes. von einem Ausscheiden aus der Gesellschaft abzuhalten, werden ihm häufig weitere Zusatzkomponenten gewährt. Mit § 14 Abs. 2 S. 1 KStG hat der Gesetzgeber versucht, diese Praxis zu stützen. Die in § 14 Abs. 2 S. 2 KStG enthaltenen Höchstgrenze soll gleichzeitig jedoch verhindert, dass der außenstehende Gesellschafter durch die Ausgleichszahlung nicht (willkürlich) bessergestellt wird:[156] „Dies gilt nur, wenn die Ausgleichszahlungen insgesamt den dem Anteil am gezeichneten Kapital entsprechenden Gewinnanteil des Wirtschaftsjahres nicht überschreiten, der ohne Gewinnabführungsvertrag hätte geleistet werden können." Diese Regelung hat keine Entsprechung in früheren Verwaltungsverlautbarungen.[157] Auch erscheint fraglich, ob eine solche Regelung insbes. im Verhältnis zu nicht nahestehenden Gesellschaftern erforderlich ist. Jedenfalls kommt der Höchstgrenze eine große Bedeutung zu. Jede Überschreitung stellt die Organschaft in Frage. Bereits vertraglich – etwa durch Wiederholung des Wortlauts des § 14 Abs. 2 S. 2 KStG im GAV[158] – sollte daher sichergestellt werden, dass die gesetzlichen Vorgaben eingehalten werden. **2926**

Schlüsselbegriff der Höchstgrenze ist der **Gewinnanteil.** Dieser wird nach dem Gesetz durch zwei Faktoren beeinflusst. Zum einen muss bei der Gewinnermittlung der **Gewinnabführungsvertrag** hinweggedacht werden. Daraus folgt gleichzeitig, dass auch die Rechtsfolgen der Organschaft auszublenden sind, da der GAV notwendiges Merkmal der Organschaft ist (vgl. § 14 Abs. 1 S. 1 Nr. 3 KStG).[159] Für diese Auslegung spricht neben dem Wortlaut auch dem Sinn und Zweck der Höchstgrenze, den außenstehenden Gesellschafter nicht besser als ohne GAV zu stellen. In der Literatur ist dennoch mit Blick auf die Gesetzesmaterialien eine Gegenansicht verbreitet. Da der Regierungsentwurf – anders als der Gesetzeswortlaut – nur von „ohne Gewinnabführungsverpflichtung" spricht, sei nicht der GAV und damit die Organschaft, sondern nur die Abführungsverpflichtung wegzudenken. Bereits rechtsmethodisch überzeugt dies wenig. Ein Widerspruch zwischen Gesetzeswortlaut und Gesetzesmaterialien kann schwerlich zugunsten der Letzteren aufzulösen sein.[160] Zudem **2927**

[152] BMF 4.3.2020, BStBl. I 2020, 256 Rn. 2.
[153] So wohl auch BeckOK KStG/Ebber KStG § 14 Rn. 621q; Brühl/Weiss BB 2020, 1436 (1437); Hasbach DB 2020, 806 (807 f.); Zimmermann DK 2020, 181 (182); Jauch/Hörhammer NWB 2018, 3890 (3894); Weiss GmbH-StB 2020, 106 (106).
[154] Abt/Kremers StuB 2019, 427 (430); DPM/Dötsch/Pung KStG § 14 Rn. 679/8, 729; Frotscher/Drüen/Frotscher KStG § 14 Rn. 365d; Strüder GmbHR 2020, 644 (646).
[155] So auch § 304 Abs. 2 S. 1 AktG („mindestens").
[156] Hasbach DB 2020, 806 (810).
[157] Vgl. auch Nürnberg NWB 2018, 2856 (2857).
[158] Brühl/Weiss BB 2020, 1436 (1439).
[159] BeckOK KStG/Ebber KStG § 14 Rn. 621t; Brandis/Heuermann/Rode KStG § 14 Rn. 140c; Brühl/Weiss BB 2020, 1436 (1439); **aA** Hasbach DStR 2019, 81 (85); Zimmermann DK 2020, 181 (184) aus Praktikabilitätsgründen.
[160] Zum Stellenwert der einzelnen Auslegungskriterien auch Gosch DStZ 2023, 605 ff.

ergibt sich auch unter Berücksichtigung der Gesetzesmaterialien kein anderes Ergebnis. § 14 Abs. 1 S. 1 KStG verlangt explizit einen GAV iSd § 291 AktG. Dadurch wird gleichzeitig auch eine Verpflichtung zur Abführung des ganzen Gewinns zur Voraussetzung der Organschaft erklärt (vgl. § 291 AktG). Denkt man die Gewinnabführungsverpflichtung hypothetisch weg, steht dies ebenfalls der Organschaft entgegen. Daneben ist der Gewinn entscheidend, der „hätte geleistet werden können". Auch wenn der Ausdruck „Leistung" durch seine multiple Verwendung in der Rechtsordnung unklar ist, dürfte nach dem Zweck der Regelung entscheidend sein, in welcher Höhe der Gewinn an die Anteilseigner hätte ausgeschüttet werden können.

**2928** Ausgangsgröße für die Ermittlung des Höchstbetrags ist der **Gewinn** der Gesellschaft.[161] Darunter ist der Gewinn laut Handelsbilanz also der Jahresüberschuss zu verstehen, da nur er Bezugsgröße für die möglichen Ausschüttung ist.[162] Steuerbilanzielle Besonderheiten und außerbilanzielle Korrekturen sind daher bedeutungslos. Soweit mit einem außenstehenden Gesellschafter Ausgleichszahlungen vereinbart werden, die sich zB an dem Ergebnis einer einzelnen (gewinnträchtigen) **Sparte** orientieren, ist dies für die Prüfung des Höchstbetrags – nach dem insoweit eindeutigen Wortlaut – ebenfalls unbeachtlich.[163] Der Bundesrat hatte im Gesetzgebungsverlauf angeregt, zumindest bei **Eigengesellschaften** iSd § 8 Abs. 7 S. 1 Nr. 2 S. 2 KStG eine Begrenzung auf den Gewinn einzelner oder mehrerer Tätigkeiten zu ermöglichen.[164] Umgesetzt wurde dieser Vorschlag nicht. Auch bei Eigengesellschaften ist folglich auf den gesamten Jahresüberschuss der Organgesellschaft (dh die Gesamtsumme aller Spartenergebnisse) abzustellen.[165]

**2929** Die **Gewinnabführungsverpflichtung** ist auf Ebene der Organgesellschaft aufwandswirksam und die **Verlustausgleichsverpflichtung** ertragswirksam zu buchen. In einem zweiten Schritt ist diese bilanzielle Behandlung außerbilanziell wieder zu korrigieren.[166] Für die Ermittlung des Höchstbetrags verlangt § 14 Abs. 2 S. 2 KStG ebenfalls eine Gegenrechnung. Entscheidend ist der Betrag, der ohne GAV und damit auch ohne Gewinnabführung und Verlustausgleich hätte geleistet werden können.[167] Da auch **Ausgleichszahlungen** auf einem GAV basieren, erfolgt auch ihre Hinzurechnung.[168] Entsprechendes gilt für vGA an den außenstehenden Gesellschafter.[169] Ob auch die Effekte aus einem **Steuerumlagevertrag** zu neutralisieren sind, ist nicht abschließend geklärt. Nach Ansicht der Finanzverwaltung[170] sind Steuerumlageverträge nur bei der Ermittlung der fiktiven Ertragsteuerbelastung zu berücksichtigen.[171] Dagegen spricht, dass Gewinnabführungsverträge häufig die Existenz eines Steuerumlagevertrags bedingen und damit nach § 14 Abs. 2 S. 2 KStG ebenfalls hinweggedacht werden müssen.[172]

**2930** Betont man die Ausschüttungsmöglichkeit liegt es nah, auch vorhandene **Gewinnvorträge** aus der vororganschaftlichen Zeit in die Höchstbetragsberechnung einzubeziehen. § 14 Abs. 2 S. 2 KStG stellt jedoch auf den Gewinn des Wirtschaftsjahres ab und statuiert dadurch eine wirtschaftjahrbezogene Betrachtung.[173] Anders verhält es sich scheinbar bei

---

161 BMF 4.3.2020, BStBl. I 2020, 256 Rn. 10.

162 So auch BT-Drs. 19/4455, 52; HHR/Kolbe KStG § 14 Rn. 295.

163 BMF 4.3.2020, BStBl. I 2020, 256 Rn. 8; BeckOK KStG/Ebber KStG § 14 Rn. 622; DPM/Dötsch/Pung KStG § 14 Rn. 732; Brühl/Weiss BB 2020, 1436 (1437); Hasbach DB 2020, 806 (809 f.); Streck/Olbing KStG § 14 Rn. 191.

164 Vgl. BR-Drs. 378/18 (Beschluss), 12.

165 BMF 4.3.2020, BStBl. I 2020, 256 Rn. 8.

166 KStR 14.6 Abs. 1 S. 1.

167 BMF 4.3.2020, BStBl. I 2020, 256 Rn. 11; missverständlich allerdings die Gesetzesmaterialien, die nur auf eine Gewinnabführung abstellen.

168 BMF 4.3.2020, BStBl. I 2020, 256 Rn. 11; BeckOK KStG/Ebber KStG § 14 Rn. 621u; Brandis/Heuermann/Rode KStG § 14 Rn. 140c.

169 BeckOK KStG/Ebber KStG § 14 Rn. 621x.

170 BMF 4.3.2020, BStBl. I 2020, 256 Rn. 10.

171 Hierzu auch Scheuch GStB 2020, 225.

172 So wohl HHR/Kolbe KStG § 14 Rn. 295.

173 Weiss/Brühl BB 2018, 2135 (2139); Hasbach DB 2020, 806 (810).

einem vororganschaftlichen **Verlustvortrag.**[174] Soweit ein Verlustvortrag existiert, darf ein Gewinn des betreffenden Wirtschaftsjahres nicht ausgeschüttet werden (vgl. § 29 GmbHG; § 58 Abs. 4 AktG). Aus dem Gesetzeswortlaut und der daraus abgeleiteten wirtschaftjahrbezogenen Betrachtung folgt nichts anderes. Folgt man dem, liegt es nah, auch einen **hypothetischen Verlustvortrag** einzubeziehen.[175] Die gesetzliche Fiktion „ohne Gewinnabführungsvertrag" lässt sich auch auf Vorjahre erstrecken, sodass auch in Organschaftsjahren ein fiktiver Verlustvortrag enstehen kann. Insgesamt sprechen jedoch die besseren Gründe gegen die Einbeziehung eines (fiktiven) Verlustvortrags.[176] Die unterschiedliche Behandlung eines Gewinn- und eines Verlustvortrags lässt sich sachlich nicht rechtfertigen. Zudem wäre es nicht einleuchtend, warum ein vororganschaftlicher Verlustvortrag die Ausgleichszahlungen in allen folgenden Organschaftsjahren beeinflussen soll.

**Beispiel**

Die Organschaft besteht seit dem Jahre 01. Vor Verlustausgleich hat die Organgesellschaft in 01 einen **2931**
Verlust von 100.000 EUR erzielt. In 02 kommt es vor Gewinnabführung zu einem Jahresüberschuss von 100.000 EUR.

**Fiktive Ertragsteuerbeträge** (Körperschaftsteuer, Solidaritätszuschlag, Gewerbesteuer), **2932**
die ohne Bestehen der Organschaft auf Ebene der Organgesellschaft entstanden wären, sind nach hM abzuziehen.[177] Gleichzeitig sind Körperschaftsteuerbeträge auf Ausgleichszahlungen nach § 16 KStG, soweit sie den Jahresüberschuss gemindert haben, wieder hinzuzurechnen. Beides ergibt sich aus der Vorgabe des Gesetzes, den GAV und damit zwangsläufig auch die Organschaft zu ignorieren. Dem wird entgegengehalten, dass nach den Gesetzesmaterialien nicht der GAV, sondern nur die Gewinnabführungsverpflichtung wegzudenken sei.[178] Zudem sei die fiktive Ermittlung der Ertragsteuerbelastung zu komplex und letztlich unpraktikabel.[179] Aus den bereits unter → Rn. 2927 dargelegten Gründen ist der hM zu folgen. Da weder das Gesetz noch das BMF-Schreiben (aus Billigkeitsgründen) Vereinfachungen zulassen, hat die Ermittlung des fiktiven zu versteuernden Einkommens auch ohne Modifikationen zu erfolgen.[180] Das bedeutet beispielsweise, dass Besonderheiten des § 15 KStG im Rahmen der Steuerberechnung auszublenden und nachträgliche Veränderungen zu berücksichtigen sind.[181] Soweit Steuerumlagen den Jahresüberschuss der Organgesellschaft gemindert bzw. erhöht haben, sind diese Beträge nach Ansicht der Finanzverwaltung im Rahmen der Ermittlung der fiktiven Ertragsteuerbelastung der Organgesellschaft gegenzurechnen bzw. einzubeziehen.

Da nur ausschüttbare Gewinne zu berücksichtigen sind, sind Zuführungen in **gesetzliche** **2933**
**Rücklagen** abzuziehen.[182] Nicht abschließend geklärt ist, ob hierzu auch Rücklagen nach § 300 Nr. 1 AktG zu zählen sind. Dagegen könnte sprechen, dass § 300 Nr. 1 AktG einen GAV voraussetzt („[…] wenn ein Gewinnabführungsvertrag besteht […]"), dieser jedoch nach § 14 Abs. 2 S. 2 KStG gedanklich wegzudenken ist.[183] Zumindest dann muss aber der

[174] HHR/Kolbe KStG § 14 Rn. 295.
[175] BeckOK KStG/Ebber KStG § 14 Rn. 621y; Frotscher/Drüen/Frotscher KStG § 14 Rn. 365g.
[176] Weiss/Brühl BB 2018, 2135 (2139); Hasbach DB 2020, 806 (810); DPM/Dötsch/Pung KStG § 14 Rn. 739.
[177] BMF 4.3.2020, BStBl. I 2020, 256 Rn. 10; Brandis/Heuermann/Rode KStG § 14 Rn. 140c; HHR/Kolbe KStG § 14 Rn. 295; **aA** Hasbach DB 2020, 806 (810 f.); Hasbach DStR 2019, 81 (85); Jauch DK 2019, 220, (221 f.); Streck/Olbing KStG § 14 Rn. 193; Zimmermann DK 2020, 181 (185); Bott/Walter/Walter KStG § 16 Rn. 12.5.
[178] Vgl. BT-Drs. 19/4455, 52: „[…] ohne Gewinnabführungsverpflichtung […]".
[179] Hasbach DB 2020, 806 (810).
[180] **AA** Zimmermann DK 2020, 181 (184).
[181] Hasbach DB 2020, 806 (811).
[182] BMF 4.3.2020, BStBl. I 2020, 256 Rn. 10; Brandis/Heuermann/Rode KStG § 14 Rn. 140c; HHR/Kolbe KStG § 14 Rn. 295; Bott/Walter/Walter KStG § 16 Rn. 12.5; Frotscher/Drüen/Frotscher KStG § 14 Rn. 365 f.; DPM/Dötsch/Pung KStG § 14 Rn. 736; Hasbach DB 2020, 806 (810); RHN/Rödder/Liekenbrock KStG § 14 Rn. 555i.
[183] Etwas anderes könnte wiederum dann gelten, wenn abweichend vom Wortlaut des Gesetzes nicht der Gewinnabführungsvertrag, sondern nur die Gewinnabführung hinweggedacht wird.

hypothetische Betrag nach § 150 Abs. 2 AktG berücksichtigt werden. Neben den Zuführungen in gesetzliche Rücklagen sind auch **ausschüttungsgesperrte Beträge** wieder abzuziehen.[184] Das BMF-Schreiben[185] zählt hierzu u. a. Beträge nach § 253 Abs. 6 HGB.

2934 Streitig ist, ob auch Zuführungen in **andere Gewinnrücklagen** (vgl. § 272 Abs. 3 HGB) bei der Höchstbetragsberechnung nach § 14 Abs. 2 S. 2 KStG zu berücksichtigen sind. Die hM[186] bejaht das, da Beträge, die in eine andere Gewinnrücklage eingestellt wurden, nicht für die Ausschüttung zur Verfügung stehen. Dem wird entgegengehalten, dass die Berücksichtigung freiwilliger Beträge die Rücklagenbildung manipulierbar macht.[187] In der Tat gelingt es durch eine Rücklagenbildung und spätere Auflösung den gesetzlich nicht vorgesehenen Höchstbetragsvortrag zu ersetzen. Ein ausreichendes Korrektiv stellt jedoch § 14 Abs. 1 S. 1 Nr. 4 KStG dar. Danach dürfen Beträge nur insoweit in die (freiwilligen) Gewinnrücklagen eingestellt werden, als dies bei vernünftiger kaufmännischer Beurteilung wirtschaftlich begründet ist. Die Finanzverwaltung[188] verlangt hierfür einen konkreten wirtschaftlichen Anlass (zB eine geplante Betriebsverlegung, Werkserneuerungen, Kapazitätsausweitungen). Die Verschiebung des Höchstbetrags dürfte als rein steuerrechtliches Motiv hierfür nicht ausreichend sein.

2935 Geht man von einer Minderung des Höchstbetrags durch die Zuführung in gesetzliche oder andere Gewinnrücklagen aus, ist es konsequent, eine in späteren Jahren **aufgelöste Rücklage** dem Gewinn nach § 14 Abs. 2 S. 2 KStG wieder hinzuzurechnen.[189] Nicht erfasst werden vororganschaftliche Rücklagen, die in organschaftlicher Zeit aufgelöst werden.[190] Insoweit bleibt es bei der wirtschaftsjahrbezogenen Betrachtung. Dadurch werden vororganschaftliche Gewinnrücklagen nicht anders als ein Gewinnvortrag behandelt. Keine Berücksichtigung findet auch die Auflösung einer **Kapitalrücklage.**[191]

2936 Insgesamt ergibt sich aus den vorangegangenen Erläuterungen folgende **Berechnungsformel:**

| | |
|---|---|
| | Jahresüberschuss lt. Handelsbilanz |
| + | Betrag der Gewinnabführung |
| – | Betrag des Verlustausgleichs |
| + | Ausgleichszahlung, soweit sie den Jahresüberschuss gemindert hat |
| + | Körperschaftsteuer (§ 16 KStG), soweit sie den Jahresüberschuss gemindert hat |
| – | Fiktive Ertragsteuerbeträge |
| – | Zuführung in gesetzliche Rücklagen |
| – | Zuführung in andere Gewinnrücklagen nach § 272 Abs. 3 HGB |
| + | Auflösung von in organschaftlicher Zeit gebildeten Rücklagen |
| – | ausschüttungsgesperrte Beträge |
| = | Fiktiv ausschüttbarer Gewinn |

2937 Maßstab für die Berechnung des Gewinnanteils, der hätte geleistet werden können, ist der **Anteil am gezeichneten Kapital.** Die Ermittlung hängt von der Rechtsform der Organgesellschaft ab: Bei Nennbetragsaktien kommt es auf das Verhältnis des Nennbetrags zum Grundkapital der AG an, bei Stückaktien auf die Zahl der Aktien (§ 8 Abs. 4

184 BMF 4.3.2020, BStBl. I 2020, 256 Rn. 10; Hasbach DB 2020, 806 (810); HHR/Kolbe KStG § 14 Rn. 295; DPM/Dötsch/Pung KStG § 14 Rn. 736.

185 BMF 4.3.2020, BStBl. I 2020, 256 Rn. 10.

186 BMF 4.3.2020, BStBl. I 2020, 256 Rn. 10; Brandis/Heuermann/Rode KStG § 14 Rn. 140c; Jauch DK 2019, 220 (222); Bott/Walter/Walter KStG § 16 Rn. 12.5; RHN/Rödder/Liekenbrock KStG § 14 Rn. 555i; HHR/Kolbe KStG § 14 Rn. 295; DPM/Dötsch/Pung KStG § 14 Rn. 736.

187 Frotscher/Drüen/Frotscher KStG § 14 Rn. 365f; Hasbach DStR 2019, 81 (85 f.).

188 KStR 14.5 Abs. 5 Nr. 3.

189 BMF 4.3.2020, BStBl. I 2020, 256 Rn. 10; Hasbach DB 2020, 806 (810); RHN/Rödder/Liekenbrock KStG § 14 Rn. 555i; Brandis/Heuermann/Rode KStG § 14 Rn. 140c.

190 So wohl auch BMF 4.3.2020, BStBl. I 2020, 256 Rn. 10 („organschaftlicher"); Hasbach DB 2020, 806 (810).

191 Hasbach DB 2020, 806 (810).

AktG).[192] Bei einer GmbH ist das Verhältnis des Stammkapitals zu der Summe der Nennbeträge der Geschäftsanteile des Gesellschafters entscheidend (§ 5 Abs. 2, 3 GmbHG). Vertragliche Abweichungen **(disquotale Gewinnverteilungen[193])** finden angesichts des klaren Wortlauts keine Berücksichtigung.[194]

Die Ermittlung des Höchstbetrages iSd § 14 Abs. 2 S. 2 KStG ist für jedes Wirtschaftsjahr **2938** gesondert vorzunehmen **(wirtschaftsjahrbezogene Betrachtungsweise).**[195] Soweit in einem Wirtschaftsjahr die an den außenstehenden Gesellschafter insgesamt geleisteten Ausgleichszahlungen geringer sind als dessen fiktiver Gewinnanteil iSd § 14 Abs. 2 S. 2 KStG, kann der nicht voll ausgeschöpfte Teil des Höchstbetrages dennoch nicht in die Ermittlung des Höchstbetrages für die folgenden Wirtschaftsjahre einbezogen werden.[196] Vor diesem Hintergrund kann es sich bei einem nicht ausgeschöpften Höchstbetrag anbieten, Rücklagen zu bilden und diese in einem späteren Jahr wieder aufzulösen.[197] Die Vorgaben des § 14 Abs. 1 S. 1 Nr. 4 KStG sind dabei allerdings zu beachten.

**Beispiel:**
In 02 kommt es zu einer Ausgleichszahlung von insgesamt 60.000 EUR. Die Höchstgrenze nach § 14 **2939** Abs. 2 S. 2 KStG beträgt 80.000 EUR.
Durch die Bildung einer Rücklage iHv 20.000 EUR könnte der Höchstbetrag auf den nur erforderlichen Betrag von 60.000 EUR reduziert werden. Durch die Auflösung der Rücklage in einem späteren Jahr käme es dann zu einer entsprechenden Erhöhung des Höchstbetrags. Zu beachten ist allerdings, dass eine Rücklagenbildung vor dem Hintergrund des § 14 Abs. 1 S. 1 Nr. 4 KStG nicht beliebig, sondern nur bei einem konkreten Anlass zulässig ist.[198] Wird gegen § 14 Abs. 1 S. 1 Nr. 4 KStG verstoßen, scheitert die Organschaft ebenfalls.

*(einstweilen frei)* **2940–2945**

## 5. Kaufmannstest (S. 3)

Der über den nach § 304 Abs. 2 S. 1 AktG hinausgehende Betrag muss nach vernünftiger **2946** kaufmännischer Beurteilung wirtschaftlich begründet sein. Damit soll verdeutlicht werden, dass rein steuerlich motivierte variable Ausgleichszahlungen schädlich für die Organschaft sind.[199] Der Kaufmannstest hat daher insbes. in Fällen Bedeutung, in denen ein **natürlicher Interessengegensatz** zwischen Organträger und Minderheitsgesellschafter fehlt.[200] Das sei nach den Gesetzesmaterialien[201] zB der Fall, wenn sie als **nahestehende Personen** über eine gemeinsame Muttergesellschaft als Schwestergesellschaften gesellschaftlich verbunden sind. Im Umkehrschluss hat der Kaufmanntest keine Bedeutung, wenn sich die Beteiligten ohne ein solches Näheverhältnis wie fremde Dritte gegenüberstehen.[202]

---

192 HHR/Kolbe KStG § 14 Rn. 295.
193 Hierzu BMF 4.9.2024, BStBl. I 2024, 1246.
194 BMF 4.3.2020, BStBl. I 2020, 256 Rn. 7; BeckOK KStG/Ebber KStG § 14 Rn. 621z; DPM/Dötsch/Pung KStG § 14 Rn. 679/12; Jauch DK 2019, 220 (224 f.); HHR/Kolbe KStG § 14 Rn. 295; Schiffers DStZ 2019, 79 (81); Jauch/Hörhammer NWB 2018, 3890 (3892); RHN/Rödder/Liekenbrock KStG § 14 Rn. 555i; **aA** Hasbach DB 2020, 806 (809); Hasbach DStR 2019, 81 (85); **krit.** auch Brühl/Weiss BB 2020, 1436 (1438).
195 BMF 4.3.2020, BStBl. I 2020, 256 Rn. 12.
196 BMF 4.3.2020, BStBl. I 2020, 256 Rn. 12; MSO/Müller KStG § 14 Rn. 607/4; DPM/Dötsch/Pung KStG § 14 Rn. 679/17; HHR/Kolbe KStG § 14 Rn. 295; DPM/Dötsch/Pung KStG § 14 Rn. 738; **aA** Belcke/Westermann BB 2019, 1885 (1887); Brühl/Weiss BB 2020, 1436 (1439); Hasbach DB 2020, 806 (811); Jauch DK 2019, 220 (223).
197 Vgl. → Rn. 2935.
198 So zumindest KStR 14.5 Abs. 5 Nr. 3.
199 BT-Drs. 19/5595, 61; BeckOK KStG/Ebber KStG § 14 Rn. 622b; RHN/Rödder/Liekenbrock KStG § 14 Rn. 555k; Gosch KStG/Neumann KStG § 14 Rn. 326; Jauch/Hörhammer NWB 2018, 3890 (3893), **krit.** zum Kaufmannstest Weiss/Brühl BB 2018, 2135 (2139).
200 Jauch/Hörhammer NWB 2018, 3890 (3893).
201 BT-Drs. 19/5595, 61.
202 BT-Drs. 19/5595, 61; BeckOK KStG/Ebber KStG § 14 Rn. 622c; Brandis/Heuermann/Rode KStG § 14 Rn. 140b; Gosch KStG/Neumann KStG § 14 Rn. 326; Jauch/Hörhammer NWB 2018, 3890 (3894).

2947 Offen lässt das Gesetz, unter welchen Voraussetzungen ein **Näheverhältnis** anzunehmen ist. Zu denken ist an eine entsprechende Anwendung des § 1 Abs. 2 AStG bzw. einen Rückgriff auf die Kriterien der nahe stehenden Person im Kontext der vGA[203]. Im Schrifttum wird ein Näheverhältnis schon dann abgelehnt, wenn fremde Dritte an dem außenstehenden Gesellschafter beteiligt sind.[204]

2948 Liegt ein Näheverhältnis vor, kommt es darauf an, ob die Ausgleichszahlung **nach vernünftiger kaufmännischer Beurteilung wirtschaftlich begründet** ist. Die Formulierung entstammt dem § 14 Abs. 1 S. 1 Nr. 4 KStG, eine identische Auslegung verbietet sich dennoch.[205] Nach Ansicht der Finanzverwaltung[206] mangelt es an der Voraussetzung, wenn der Vereinbarung rein steuerlich motivierte variable Ausgleichszahlungen zugrunde liegen, bei denen es an einer sachlichen Begründung fehlt. Abschließend ist diese Umschreibung jedoch nicht.[207]

**Beispiel:**

2949 An der OG-GmbH (Organgesellschaft) ist zu 20 % die X-GmbH beteiligt. Zwischen der X-GmbH und der Organträgerin liegt kein Näheverhältnis vor. Dennoch wurde der X-GmbH neben einer Garantiedividende nach § 304 Abs. 2 S. 1 AktG eine variable Zulage vertraglich gewährt. Hauptmotiv für die variable Zulage ist es, die X-GmbH von einem Ausscheiden gegen Abfindungszahlung (§ 305 AktG) abzuhalten.
Eine ausreichende sachliche Begründung für die variable Zusatzzahlung liegt nicht vor. § 14 Abs. 2 S. 3 KStG steht der Vereinbarung daher nicht entgegen.

2950–2954 *(einstweilen frei)*

## 6. Rechtsfolge

2955 Liegen die Voraussetzungen des § 14 Abs. 2 KStG vor, gilt der ganze Gewinn als abgeführt iSd § 14 Abs. 1 S. 1 KStG. Diese Formulierung ist missverständlich. Der Satzteil „gilt der ganze Gewinn als abgeführt" deutet auf eine **Fiktion**[208] der **tatsächlichen Durchführung** des GAVs nach § 14 Abs. 1 S. 1 Nr. 3 S. 1 KStG hin, während „§ 14 Abs. 1 S. 1 KStG" nur die **Verpflichtung** hierzu regelt. Diese sprachliche Unschärfe ist offenbar dem Umstand geschuldet, dass auch der BFH in seiner Entscheidung vom 10.5.2017[209] nicht hinreichend deutlich gemacht hat, aus welchem Grund er die Organschaft scheitern ließ.[210] Zur Gewährleistung der Organschaft dürfte sich die Fiktion (im Zweifel) daher auf beide potentielle Mängel beziehen.

2956 Mangelt es an einer Voraussetzung des § 14 Abs. 2 KStG, liegen die Voraussetzungen der Organschaft nicht vor.[211] Ob in diesen Fällen eine Verpflichtung zur Abführung des ganzen Gewinns fehlt oder der ganze Gewinn nur nicht abgeführt wird, ist (auf den ersten Blick) bedeutungslos. Nach Verwaltungsansicht[212] sollen die Grundsätze der KStR 14.5 Abs. 8 anzuwenden sein.[213] Kommt es iRd **Mindestlaufzeit von fünf Jahren** zu einem Verstoß gegen § 14 Abs. 2 KStG sei die Organschaft daher rückwirkend nicht anzuerkennen.[214] Dagegen spricht jedoch, dass sich die tatsächliche Durchführung nur auf die Ein-

203 KStH 8.5 III. Veranlassung durch das Gesellschaftsverhältnis „Nahestehende Person".
204 So Hasbach DB 2020, 806 (811).
205 BeckOK KStG/Ebber KStG § 14 Rn. 622d; **aA** scheinbar RHN/Rödder/Liekenbrock KStG § 14 Rn. 555k.
206 BMF 4.3.2020, BStBl. I 2020, 256 Rn. 13.
207 BMF 4.3.2020, BStBl. I 2020, 256 Rn. 13 („Insbesondere"); zu möglichen Motiven vgl. auch BeckOK KStG/Ebber KStG § 14 Rn. 622e.
208 So auch DPM/Dötsch/Pung KStG § 14 Rn. 721.
209 BFH 10.5.2017 – I R 93/15, BStBl. II 2019, 278.
210 Vgl. Weiss/Brühl BB 2018, 2135 (2138).
211 Hasbach DB 2020, 806 (811); Brühl/Weiss BB 2020, 1436 (1440); Gosch KStG/Neumann KStG § 14 Rn. 326.
212 BMF 4.3.2020, BStBl. I 2020, 256 Rn. 15 S. 2.
213 Zustimmend RHN/Rödder/Liekenbrock KStG § 14 Rn. 555b; Weiss GmbH-StB 2020, 106.
214 Hasbach DB 2020, 806 (810).

haltung der gesetzlichen (§§ 300 ff. AktG) und ergänzenden vertraglichen Vorgaben bezieht.[215] Allein der Verstoß gegen steuerrechtliche Normen bzw. steuerliche Besonderheiten (Willkürverbot) reicht nicht aus.

**Beispiel:**
In dem am 3.5.01 abgeschlossenen GAV findet sich neben einer Garantiedividende ein variabler Zusatz. In 04 wird die Höchstgrenze iSd § 14 Abs. 2 S. 2 KStG überschritten. Die Wirtschaftsjahre der beteiligten Gesellschaften entsprechen den Kalenderjahren. **2957**
Unstreitig ist die Organschaft im Jahre 04 nicht anzuerkennen. Gleichzeitig ist die steuerliche Organschaft nach Verwaltungsansicht auch in den Jahren 01 bis 03 nicht gegeben.

Verstöße gegen § 14 Abs. 2 KStG können des Weiteren nicht nach § 14 Abs. 1 S. 1 Nr. 3 S. 4 ff. KStG **geheilt** werden.[216] Der abgeführte Gewinn beruht in diesen Fällen nicht auf einem Jahresabschluss, der fehlerhafte Bilanzansätze enthält. Verstöße gegen § 14 Abs. 2 KStG beeinflussen allein die steuerliche Anerkennung der Organschaft, lassen die handelsbilanzielle Behandlung jedoch unberührt. Etwas anderes kann nur gelten, wenn der Regelungsgehalt des § 14 Abs. 2 KStG in den GAV aufgenommen wurde.[217] **2958**

*(einstweilen frei)* **2959–2964**

## III. Einzelne Fallgruppen

### 1. Fehlen einer Ausgleichszahlung

§ 14 Abs. 1 S. 1 Nr. 3 KStG erfordert einen GAV, der tatsächlich durchgeführt wird. Sieht der GAV entgegen § 304 Abs. 1 AktG **keinen Ausgleich** vor, so ist der GAV gem. § 304 Abs. 3 S. 1 AktG nichtig und die Organschaft nicht anzuerkennen.[218] Eine Heilung gem. § 14 Abs. 2 KStG bzw. gem. § 14 Abs. 1 S. 1 Nr. 3 S. 4 f. KStG scheidet aus. **2965**

*(einstweilen frei)* **2966**

### 2. Nullausgleich

Nicht zu verwechseln ist eine fehlende Ausgleichszahlung mit einem sog. **Nullausgleich.** Von letzterem spricht man, wenn eine Ausgleichszahlung von 0 EUR im GAV explizit festgelegt wird.[219] Dies kann angemessen sein, wenn zukünftig keine Gewinne zu erwarten sind.[220] Ein Fall des § 304 Abs. 3 S. 1 AktG liegt nicht vor.[221] Die Organschaft wird daher auch bei einem gesellschaftsrechtlich angemessenen „Nullausgleich" steuerrechtlich akzeptiert.[222] **2967**

*(einstweilen frei)* **2968**

### 3. Negativer Ausgleich

Die außenstehenden Gesellschafter können sich bei entsprechender Ertragslage auch zu einer (anteiligen) **Verlustübernahme** im GAV oder einem separaten schuldrechtlichen Vertrag verpflichten.[223] **2969**

---

215 HHR/Kolbe KStG § 14 Rn. 293a.
216 HHR/Kolbe KStG § 14 Rn. 294; DPM/Dötsch/Pung KStG § 14 Rn. 679/23; zu möglichen Alternativgestaltungen vgl. aber Jauch DK 2019, 220 (225 ff.); Schiffers DStZ 2019, 79 (82); Nürnberg NWB 2018, 2856 (2861).
217 Zur vergleichbaren Problematik im Hinblick auf KStG § 14 Abs. 1 S. 1 Nr. 4 KStG siehe Gosch KStG/Neumann KStG § 14 Rn. 332.
218 BFH 4.3.2009 – I R 1/08, BStBl. II 2010, 407; BFH 30.7.1997 – I R 7/97, BStBl. II 1998, 33.
219 Baldamus Ubg 2010, 483 (487).
220 Vgl. BGH 13.2.2006 – II ZR 392/03, DB 2006, 830; Baldamus Ubg 2010, 483 (487); Frotscher/Drüen/Frotscher KStG § 16 Rn. 10.
221 Frotscher/Drüen/Frotscher KStG § 16 Rn. 10.
222 Stangl/Winter Organschaft 2013/2014 Rn. 305; ist der Nullausgleich unangemessen gelten die Grundsätze über eine unangemessen niedrige feste Ausgleichszahlung → Rn. 2860.
223 Baldamus Ubg 2010, 483 (487 f.).

**Beispiel:**
Aufgrund der schlechten Ertragslage war der Organträger nur dann zum Abschluss eines GAV bereit, wenn auch der außenstehende Gesellschafter sich verpflichtet, Verluste der Organgesellschaft durch eine Nachschusspflicht auszugleichen.

**2970** § 304 AktG gibt einen negativen Ausgleich nicht vor, steht ihm andererseits aber auch nicht entgegen.[224] Entsprechende Zuschüsse sind steuerlich als **verdeckte Einlagen** zu qualifizieren und stellen die Durchführung des GAVs nicht in Frage.[225]

**2971** *(einstweilen frei)*

### 4. Fester Ausgleich gem. § 304 Abs. 2 S. 1 AktG

**2972** Sieht der GAV einen festen Ausgleich gem. § 304 Abs. 2 S. 1 AktG vor, ist dies steuerrechtlich im Grundsatz unproblematisch.[226] Sowohl § 16 KStG als auch § 14 Abs. 2 KStG bringen zum Ausdruck, dass Ausgleichszahlungen die Organschaft unberührt lassen.

**2973** Ist eine Ausgleichszahlung gemessen an § 304 AktG **zu niedrig,** stellt dies die Durchführung des GAVs nach hM ebenfalls nicht in Frage.[227] Denn in diesem Fall gilt eine angemessene Ausgleichszahlung als geschuldet (§ 304 Abs. 3 S. 2 ff. AktG). Nach anderer Ansicht[228] genüge die Ausgleichszahlung bis zur Beanstandung durch die außenstehenden Gesellschafter im Rahmen eines Spruchverfahrens nicht den gesetzlichen Regeln. Eine nachträgliche Erhöhung zu niedriger Ausgleichszahlungen im Spruchverfahren gem. § 304 Abs. 3 S. 3 AktG wirke jedoch auf den Bewertungsstichtag zurück.[229] Dies sei ein für die Anerkennung der steuerlichen Organschaft unschädliches Ereignis iSv § 175 Abs. 1 S. 1 Nr. 2 AO. Bei einer zu niedrigen Ausgleichszahlung ist auch keine verdeckte Einlage des außenstehenden Gesellschafters in die Organgesellschaft anzunehmen, da es an einem einlagefähigen Vorteil fehlt.[230]

**2974** Ist eine Ausgleichszahlung gemessen an § 304 AktG **zu hoch,** ist dies nach hM ebenfalls nicht organschaftsschädlich.[231] Zwar spricht § 304 Abs. 1 AktG von einem angemessenen Ausgleich, was streng genommen auch einem unangemessen hohen Ausgleich entgegensteht. Der Wortlaut des § 304 Abs. 2 S. 1 AktG („mindestens") macht jedoch – im Einklang mit dem Telos der Norm – deutlich, dass § 304 AktG nur einen Mindestausgleich zwingend vorschreibt.[232] Auf eine dem § 14 Abs. 1 S. 1 Nr. 4 KStG vergleichbare Vorschrift im Hinblick auf Ausgleichszahlungen hat der Gesetzgeber verzichtet (vgl. jetzt aber § 14 Abs. 2 S. 3 KStG). Daneben ist zu berücksichtigen, dass eine unangemessen hohe Ausgleichszahlung zu einer vGA führt, die, isoliert betrachtet, die Durchführung des GAVs ebenfalls nicht in Frage stellen soll.[233]

---

224 RHN/Rödder/Joisten KStG § 16 Rn. 45; DPM/Dötsch KStG § 16 Rn. 21; Frotscher/Drüen/Frotscher KStG § 16 Rn. 35; wohl auch BMF 11.10.1990 – IV B 7 – S 2770 - 21/90, DB 1990, 2142.

225 Baldamus Ubg 2010, 483; Frotscher/Drüen/Frotscher KStG § 16 Rn. 11.

226 BFH 4.3.2009 – I R 1/08, BStBl. II 2010, 407; BMF 13.9.1991, BeckVerw 101496; BMF 16.4.1991, DStR 1991, 684; Hubertus/Lüdemann DStR 2009, 2138.

227 RHN/Rödder/Joisten KStG § 16 Rn. 39 mwN; DPM/Dötsch/Pung KStG § 14 Rn. 722.

228 Scheuch FR 2021, 522 (529).

229 Scheuch FR 2021, 522 (529).

230 Prinz/Witt Organschaft/Wagner Rn. 15.36; DPM/Dötsch KStG § 16 Rn. 6; Frotscher/Drüen/G. Frotscher KStG § 16 Rn. 24.

231 Wohl BMF 20.4.2010, BStBl. I 2010, 372; RHN/Rödder/Liekenbrock KStG § 14 Rn. 555c; Frotscher/Drüen/G. Frotscher KStG § 16 Rn. 29; DPM/Dötsch/Pung KStG § 14 Rn. 722; **aA** wohl BFH 10.5.2017 – I R 93/15, BStBl. II 2019, 278; teilweise **aA** auch RHN/Rödder/Joisten KStG § 16 Rn. 39 mwN, sofern die Ausgleichszahlung derart hoch ausfällt, dass nicht mehr der gesamte Gewinn abgeführt wird.

232 OLG Düsseldorf 17.2.1984 – 19 W 1/81, ZIP 1984, 586; MüKoAktG/van Rossum AktG § 304 Rn. 65; Meisel/Bokeloh DB 2009, 2067 (2068); **aA** Grigoleit AktG/Servatius AktG § 304 Rn. 19 wonach hierfür ein im Gesellschaftsinteresse des anderen Vertragsteils liegender Grund sprechen muss; **aA** Scheuch FR 2021, 522 (529) wenn sich eine bewusst zu hoch bemessene feste Ausgleichszahlung nicht mehr als „Ausgleich" für den Verlust des mitgliedschaftlichen Gewinnbezugsrechts – dh nicht mehr als im Gesellschaftsverhältnis der außenstehenden Gesellschafter zur Organgesellschaft veranlasst – darstellt.

233 Prinz/Witt Organschaft/Wagner Rn. 15.30.

Fragwürdig ist diese Sichtweise aber durch eine Entscheidung des BFH aus dem Jahre 2017 geworden.[234] Dort ist zu lesen: „Steuerrechtlich sind deshalb […] nur solche Ausgleichszahlungsvereinbarungen anzuerkennen, die gesellschaftsrechtlich dem dort zwingend Gebotenen Rechnung tragen und nicht zu einer beliebigen Aufteilung des von der Organgesellschaft erzielten Einkommens führen." Auch wenn es in der Entscheidung nicht um eine unangemessen zu hohe Ausgleichszahlung nach § 304 Abs. 2 S. 1 AktG ging, lässt sich die zitierte Urteilspassage auch auf die vorliegende Problematik übertragen. Bei dieser Lesart ist die Anwendung des § 14 Abs. 2 KStG dann aber folgerichtig.[235] **2975**

*(einstweilen frei)* **2976–2980**

### 5. Variabler Ausgleich gem. § 304 Abs. 2 S. 2 AktG

Variable Ausgleichszahlungen gem. § 304 Abs. 2 S. 2 AktG stehen der Durchführung des GAVs ebenfalls nicht entgegen.[236] Für § 14 Abs. 2 KStG besteht kein Bedürfnis.[237] Ist der variable Ausgleich unangemessen hoch, ist die Rechtslage unklar.[238] Bereits gesellschaftsrechtlich ist umstritten, ob der Betrag nach § 304 Abs. 2 S. 2 AktG überschritten werden darf und welche Folgen sich andernfalls für den GAV ergeben.[239] **2981**

*(einstweilen frei)* **2982**

### 6. Sonstige variable Ausgleichszahlungen

Während der variable Ausgleich nach § 304 Abs. 2 S. 2 AktG am Ergebnis des Organträgers bemessen wird, kommen in der Praxis auch Ausgleichszahlungen vor, die ausschließlich am Ergebnis der Organgesellschaft bemessen werden.[240] Vor Inkrafttreten des § 14 Abs. 2 KStG wurden solche Klauseln ganz überwiegend als organschaftsschädlich angesehen.[241] Geht man davon aus, dass solche Klauseln zur **Nichtigkeit des Gewinnabführungsvertrags** nach § 304 Abs. 3 AktG führen, hat sich an diesem Befund auch nach Einführung des § 14 Abs. 2 KStG nichts geändert. **2983**

*(einstweilen frei)* **2984**

### 7. Verdeckte Gewinnausschüttungen

Nach Ansicht der **Finanzverwaltung** waren bzw. sind vGA (§ 8 Abs. 2 S. 2 KStG) an den außenstehenden Gesellschafter organschaftsunschädlich; sie stellen die Durchführung des GAVs nicht in Frage.[242] Zudem sind vGA wie Ausgleichszahlungen iSd § 16 KStG zu behandeln.[243] Dies setzt die vorherige Anerkennung der steuerlichen Organschaft voraus. Auch nach Inkrafttreten des neuen § 14 Abs. 2 KStG dürfte sich an dieser Sichtweise der Finanzverwaltung nichts geändert haben.[244] **2985**

---

[234] **AA** Scheuch FR 2021, 522 (531).

[235] **AA** Weiss/Brühl BB 2018, 2135 (2139); Meyering/Reiter/Celiktas GmbHR 2022, 903 (904 f.); Basiskommentar Steuerrecht/Herkens KStG § 16 Rn. 227; HHR/Kolbe KStG § 14 Rn. 293a; Jauch/Hörhammer NWB 2018, 3890 (3892), die zwingend eine Kombination aus fester und variabler Ausgleichszahlung verlangen.

[236] BFH 4.3.2009 – I R 1/08, BStBl. II 2010, 407; BMF 13.9.1991, BeckVerw 101496; BMF 16.4.1991, DStR 1991, 684; Nürnberg NWB 2018, 2856 (2861).

[237] **AA** aber BMF 20.4.2010, BStBl. I 2010, 372 Rn. 5.

[238] Vgl. Scheuch FR 2021, 522 (529): steuerlich nicht tolerierbar; gegen eine Anwendung des KStG § 14 Abs. 2 KStG Frotscher/Drüen/Frotscher KStG § 14 Rn. 365c.

[239] Gegen einen Mindestbetrag Scheuch FR 2021, 522 (524 f.); Meiisel/Bokeloh DB 2009, 2067 (2068).

[240] Meyering/Reiter/Celiktas GmbHR 2022, 903 (905); Adrian StuB 2020, 316 (317).

[241] BFH 10.5.2017 – I R 93/15, BStBl. II 2019, 278; FG Niedersachsen 11.11.2015 – 6 K 386/13, EFG 2016, 1193; BFH 31.3.1976 – I R 123/74, BStBl. II 1976, 510; BMF 13.9.1991, BeckVerw 101496; **aA** Baldamus Ubg 2010, 493.

[242] KStR 14.6 Abs. 4 S. 1.

[243] KStR 14.6 Abs. 4 S. 4.

[244] Vgl. aktuell die KStR 2022.

2986 Ausgehend von der **BFH-Rechtsprechung**[245] bestehen dennoch Zweifel, ob dieser Rechtsansicht (weiterhin) zu folgen ist.[246] Steuerrechtlich sind nur solche Ausgleichszahlungsvereinbarungen anzuerkennen, die gesellschaftsrechtlich dem dort zwingend Gebotenen Rechnung tragen und nicht zu einer beliebigen Aufteilung des von der Organgesellschaft erzielten Einkommens führen. VGA entsprechen jedoch regelmäßig nicht dem **zwingend Gebotenen** und tragen zudem das Potential in sich, zu einer **beliebigen Einkommensaufteilung** zu führen. Zutreffend dürfte daher sein, vGA nur unter den Voraussetzungen des § 14 Abs. 2 KStG als organschaftsunschädlich zu betrachten.[247]

2987–2990 *(einstweilen frei)*

## 8. Ausgleichszahlungen an neu hinzugetretene Gesellschafter

2991 Hat die Gesellschaft im Zeitpunkt der Beschlussfassung ihrer Hauptversammlung über einen Beherrschungs- oder GAV keinen außenstehenden Aktionär, so muss der Vertrag keine Ausgleichszahlung vorsehen (vgl. § 304 Abs. 1 S. 3 AktG). Beteiligt sich im Nachgang ein außenstehender Aktionär an der abhängigen Gesellschaft (Organgesellschaft), endet der GAV zum Ende des Geschäftsjahres seiner Beteiligung (§ 307 AktG). Für dieses Geschäftsjahr steht dem außenstehenden Gesellschafter kraft Gesetzes keine Ausgleichszahlung zu. Andererseits kann der GAV – wie aus § 304 Abs. 1 S. 3 AktG gefolgert werden kann – prophylaktisch eine Ausgleichsverpflichtung enthalten, die dann auch ausgezahlt wird. Auch der BFH[248] hält eine Ausgleichszahlung, die sich an den Kriterien des § 304 AktG orientiert, für organschaftsunschädlich. § 14 Abs. 2 KStG ist folglich nicht anwendbar.

2992 *(einstweilen frei)*

## 9. Kombinationszahlungen

2993 Problematisch sind die Fälle, in denen neben einem festen Ausgleich nach § 304 Abs. 2 S. 1 AktG ein variabler Ausgleich gewährt wird.[249] In einem Urteil aus dem Jahre 2009[250] vertrat der BFH die Auffassung, dass ein variabler (am Ergebnis der Organgesellschaft bemessener) Zuschlag der steuerrechtlichen Anerkennung eines GAVs entgegenstehe, wenn dieser Zuschlag am hypothetischen Gewinnanspruch des Außenstehenden ohne Gewinnabführung bemessen werde.[251] Abweichend hiervon ließ die Finanzverwaltung[252] auch weiterhin Vereinbarungen zu, in denen sich ein an einen Minderheitsgesellschafter gezahlter Zuschlag auf einen festen Mindestbetrag an dem Gewinn der Organgesellschaft orientiert, sofern der Mindestausgleich nach § 304 Abs. 2 S. 1 AktG insgesamt nicht unterschritten wird.[253]

2994 In einer weiteren Entscheidung aus dem Jahre 2017 hat der BFH[254] seine Rechtsprechung bestätigt und einen variablen Ausgleich neben einem festen Ausgleich auch dann als schädlich angesehen, wenn dieser nicht an einem hypothetischen Gewinnanspruch des Außenstehenden bemessen wird. Mit dem „JStG 2018" hat der Gesetzgeber auf diese Rechtsprechung des BFH reagiert und § 14 Abs. 2 KStG in das Gesetz eingefügt.[255] Die Vorschrift erlaubt unter den dort beschriebenen Voraussetzungen, eine über den festen

---

245 BFH 10.5.2017 – I R 93/15, BStBl. II 2019, 278.
246 Anders Scheuch FR 2021, 522 (529).
247 RHN/Rödder/Liekenbrock KStG § 14 Rn. 555 f.; **aA** HHR/Kolbe KStG § 14 Rn. 293a: „Jedoch steht der eindeutige Wortlaut der Vorschrift der Einbeziehung von vGA grds. entgegen."; DPM/Dötsch/Pung KStG § 14 Rn. 724.
248 BFH 4.3.2009 – I R 1/08, BStBl. II 2010, 407.
249 Hierzu ausführlich Scheuch FR 2021, 522.
250 BFH 4.3.2009 – I R 1/08, BStBl. II 2010, 407.
251 Vgl. hierzu Brinkmeier GmbH-StB 2009, 271; Scheunemann/Bauersfeld BB 2009, 2186; Süß/Mayer BB 2009, 2467; Gosch BFH/PR 2009, 470; Meisel/Bokeloh DB 2009, 2067; Rogall DK 2009, 572.
252 BMF 20.4.2010, BStBl. I 2010, 372 und BMF 13.9.1991, BeckVerw 101496.
253 Walter GmbHR 2016, 975 ff.; **aA** BFH 10.5.2017 – I R 93/15, BStBl. II 2019, 278; FG Niedersachsen 11.11.2015 – 6 K 386/13, EFG 2016, 1193.
254 BFH 10.5.2017 – I R 93/15, BStBl. II 2019, 278.
255 BT-Drs. 19/4455, 52.

Anteil iSd § 304 Abs. 2 S. 1 AktG hinausgehende (kombinierte) Ausgleichszahlung.[256] Die variable Ausgleichszahlung muss den Vorgaben des § 304 AktG dabei nicht entsprechen.[257]

**Beispiel (nach BFH 10.5.2017 – I R 93/15, BStBl. II 2019, 278):**
Die Organschaft der SW-GmbH (Organgesellschaft) und der WB-GmbH (Organträger) sollte aus Sicht der Finanzverwaltung nicht bestehen, weil die Ausgleichszahlung an die zu 49 % beteiligte GL-GmbH neben einem festen Ausgleich einen variablen Zuschlag enthielt, der am Jahresüberschuss der SW-GmbH nach Korrekturen bemessen wurde. **2995**
Nach (früherer) Ansicht des BFH entspricht die Klausel im GAV zwar § 304 AktG, dennoch wird nicht der ganze Gewinn iSd § 14 Abs. 1 S. 1 Nr. 3 KStG abgeführt. Nunmehr gilt unter den Voraussetzungen des § 14 Abs. 2 KStG der ganze Gewinn als abgeführt.

*(einstweilen frei)* **2996–3000**

## D. Besteuerung von Ausgleichszahlungen

### I. Bilanzsteuerliche Behandlung

#### 1. Behandlung beim Organträger

Handelsrechtlich sind Ausgleichszahlungen **aufwandwirksam** zu behandeln.[258] Dies folgt aus § 277 Abs. 3 S. 2 HGB iVm § 158 Abs. 2 AktG.[259] Betroffen ist der Organträger als Schuldner der Ausgleichszahlung.[260] Streitig ist, wann die „Ausgleichszahlungsverpflichtung" bilanziell zu erfassen ist. Hier ist zwischen festen Ausgleichszahlungen nach § 304 Abs. 2 S. 1 AktG und variablen Ausgleichszahlungen nach § 304 Abs. 2 S. 2 AktG zu differenzieren. **3001**

Im Falle des **§ 304 Abs. 2 S. 1 AktG** ist bereits **zum Ende des betreffenden Geschäftsjahres** der Organgesellschaft eine Rückstellung zu passivieren.[261] Da mit einem vorzeitigen Ausscheiden des außenstehenden Gesellschafters der Anspruch letztlich nicht entsteht, muss zunächst auf den Ausweis einer Verbindlichkeit verzichtet werden. Für die Passivierung ist allein relevant, ob der Verlust zum Ende des Geschäftsjahres vorhersehbar war (§ 252 Abs. 1 Nr. 4 HGB). Zudem geht § 158 Abs. 2 AktG davon aus, dass Gewinnabführungsforderung und „Ausgleichsverpflichtung" zum gleichen Zeitpunkt zu berücksichtigen sind. Die steuerrechtlich bezweckte Gleichstellung von Abfindungsverpflichtung und Dividendenanspruch hat hingegen keine (handels-)bilanziellen Implikationen. **3002**

Im Zeitpunkt der Fälligkeit ist die **Rückstellung** in eine **Ausgleichsverbindlichkeit** umzubuchen. Scheidet der außenstehende Gesellschafter nach Ende des Geschäftsjahres der Organgesellschaft aber vor der Fälligkeit aus, ist die Rückstellung aufzulösen.[262] Dadurch erhöht sich der abzuführende Gewinn für das folgende Jahr.[263] **3003**

Geht es um eine Ausgleichszahlung nach **§ 304 Abs. 2 S. 2 AktG** ist die Ausgleichszahlungsverpflichtung erst im **Zeitpunkt ihrer Entstehung bzw. Fälligkeit** bilanziell berücksichtigungsfähig. Es liegen zum Ende des Geschäftsjahres die Voraussetzungen einer Verbindlichkeit oder Rückstellung nicht vor, da ein sicheres bzw. wahrscheinliches Bestehen einer Verbindlichkeit gegenüber einem Dritten nicht anzunehmen ist. Da nach hM der **3004**

[256] Scheuch FR 2021, 522 (530).
[257] HHR/Kolbe KStG § 14 Rn. 293a.
[258] BeckOK KStG/Pohl KStG § 16 Rn. 74; Erle/Sauter/Erle/Heurung KStG § 16 Rn. 62; Streck/Olbing KStG § 16 Rn. 5; eKommentar KStG/Dölker KStG § 16 Rn. 11.
[259] Vgl. im Einzelnen Herzig Organschaft/Schumacher S. 200; BeckOK KStG/Pohl KStG § 16 Rn. 2; hat der Organträger die Rechtsform der GmbH gelten die Vorschriften analog (Baldamus ZGR 2007, 819 (843 f.); Brandis/Heuermann/Rode KStG § 16 Rn. 5).
[260] Herzig Organschaft/Schumacher S. 200; hierzu → Rn. 2845.
[261] Centrale für GmbH Dr. Otto Schmidt GmbHR 2002, 965; RHN/Rödder/Liekenbrock KStG § 16 Fn. 104; wohl auch Herzig Organschaft/Schumacher S. 200.
[262] Herzig Organschaft/Schuhmacher S. 200.
[263] Herzig Organschaft/Schuhmacher S. 200.

Abfindungsanspruch von der Höhe der ausgeschütteten Dividende abhängt,[264] sind erst mit dem Ausschüttungsbeschluss der Organträgerin bilanzielle Konsequenzen verbunden.

3005–3010 *(einstweilen frei)*

## 2. Behandlung bei der Organgesellschaft

3011 Die Organgesellschaft ist selbst nicht Schuldnerin der Ausgleichszahlung, sodass die Ausgleichszahlung bei ihr grds. nicht zu berücksichtigen ist. Möglich ist allerdings, dass sich die Organgesellschaft im **Außenverhältnis** (zB durch eine ursprüngliche gesamtschuldnerische Verpflichtung oder einen Schuldbeitritt) oder im **Innenverhältnis** (durch eine Erfüllungsübernahme) zur Befriedigung des außenstehenden Aktionärs verpflichtet, oder ohne eigene Verpflichtung, den Ausgleichsanspruch **erfüllt** (vgl. § 267 Abs. 1 BGB). Damit gehen auch bilanzsteuerliche Folgen einher.

**Beispiel 1:**

3012 Der GAV enthält folgende Klausel: „Die H-GmbH (Organträger) garantiert den außenstehenden Gesellschaftern der B-GmbH (Organgesellschaft) als angemessenen Ausgleich für jedes Geschäftsjahr der Dauer des Vertrags einen Gewinnanteil von mindestens 1.000 EUR je Geschäftsanteil." Dennoch zahlt die Organgesellschaft die Ausgleichszahlung an die außenstehenden Gesellschafter.

Die Organgesellschaft ist nicht Schuldner der Ausgleichszahlung.[265] Ihre Zahlung führt zwar zu Aufwand. Gleichzeitig erhält sie jedoch einen (erfolgswirksamen) Regressanspruch gegen den Organträger.[266] Anspruchsgrundlage ist u. a. § 812 Abs. 1 S. 1 Alt. 1 BGB. Das etwas Erlangte ist die Befreiung von einer Verbindlichkeit. Diese basiert auf einer Leistung und erfolgt ohne Rechtsgrund.

Beim Organträger ist die Ausgleichsverbindlichkeit zu passivieren. Diese erlischt zwar durch die Zahlung der Organgesellschaft (§ 362 BGB iVm § 267 BGB). Zu diesem Zeitpunkt muss der Organträger dann aber die Regressverbindlichkeit gegenüber der Organgesellschaft passivieren.

**Beispiel 2:**

3013 Der GAV enthält folgende Klausel: „Die B-GmbH (Organgesellschaft) garantiert ihren außenstehenden Gesellschaftern als angemessenen Ausgleich für jedes Geschäftsjahr der Dauer des Vertrags einen Gewinnanteil von mindestens 1.000 EUR je Geschäftsanteil." Die Organgesellschaft zahlt die Ausgleichszahlung in 02 an den außenstehenden Gesellschafter.

Im Beispiel 2 ist die Organgesellschaft nicht alleinige Schuldnerin der Ausgleichszahlungsverpflichtung geworden. § 304 AktG ist nicht dispositiv. Zudem sind Verträge zu Lasten Dritter unzulässig. Ob die Klausel im GAV nur im Innenverhältnis wirkt oder auch im Außenverhältnis einen Anspruch der außenstehenden Gesellschafter bewirkt, ist durch Auslegung zu ermitteln. Im Zweifel ist bei der Erfüllungsübernahme nur von einer Bedeutung im Innenverhältnis auszugehen (§ 329 BGB). Jedenfalls entsteht bei der Organgesellschaft Aufwand, der nicht durch einen Regressanspruch gegenüber dem Organträger kompensiert wird.

3014–3020 *(einstweilen frei)*

## 3. Behandlung beim außenstehenden Gesellschafter

3021 Beim außenstehenden Gesellschafter ist der **Anspruch aus § 304 Abs. 2 S. 1 AktG** zum Ende des Geschäftsjahres der Organgesellschaft realisiert und daher zu aktivieren.[267] Da die **Ausgleichsforderung nach § 304 Abs. 2 S. 2 AktG** von einem Ausschüttungsbeschluss auf Ebene der Organträgerin abhängt, tritt die Realisation erst zu diesem Zeitpunkt ein.[268] Für eine phasengleiche Bilanzierung[269] mangelt es bereits an einer Mehrheitsbeteiligung des außenstehenden Gesellschafters.

3022 *(einstweilen frei)*

---

264 Hierzu → Rn. 2834.
265 Lippross/Seibel/Staats KStG § 16 Rn. 18.
266 DPM/Dötsch KStG § 16 Rn. 28; Lippross/Seibel/Staats KStG § 16 Rn. 18.
267 Herzig Organschaft/Schuhmacher S. 200.
268 Herzig Organschaft/Schuhmacher S. 200.
269 Hierzu BFH 7.8.2000 – GrS 2/99, BStBl. II 2000, 632; KStH 7.1 „Beteiligungserträge/Phasengleiche Aktivierung".

## II. Nicht abziehbare Betriebsausgabe (§ 4 Abs. 5 S. 1 Nr. 9 EStG)

Es hätte nahe gelegen, die unter → Rn. 3001 ff. beschriebene bilanzielle Ausgangslage auch steuerrechtlich nachzuvollziehen. Der Gesetzgeber hat sich jedoch dazu entschieden, die Ausgleichszahlung – als **wirtschaftliches Äquivalent** – einer **Gewinnausschüttung** gleichzustellen.[270] Nach § 4 Abs. 5 S. 1 Nr. 9 EStG zählen Ausgleichszahlungen zu den nicht abziehbaren Betriebsausgaben; sie mindern den Gewinn somit nicht. **3023**

Hat der Leistende die Rechtsform einer **Körperschaft,** ist die Norm gem. § 8 Abs. 1 KStG anwendbar.[271] Zudem besteht ein Konkurrenzverhältnis zu § 8 Abs. 3 S. 1 KStG.[272] Danach ist es für die Ermittlung des Einkommens ohne Bedeutung, ob das Einkommen verteilt wird. § 4 Abs. 5 S. 1 Nr. 9 EStG (iVm § 8 Abs. 1 KStG) dürfte als lex specialis allerdings vorrangig anzuwenden sein.[273] **3024**

Tatbestandlich ist für § 4 Abs. 5 S. 1 Nr. 9 EStG zunächst ein **Fall nach § 14 KStG oder § 17 KStG** erforderlich. Dadurch macht das Gesetz deutlich, dass ein Organschaftsverhältnis vorliegen muss. In Fällen der **verunglückten Organschaft** kommt die Norm nicht zur Anwendung. Einschlägig kann jedoch § 8 Abs. 3 S. 1 KStG sein. Ob die Organgesellschaft die Rechtsform einer Europäischen Gesellschaft, AG oder KGaA hat oder zum Kreis der anderen Kapitalgesellschaften zählt, ist nach dem Wortlaut ohne Bedeutung.[274] Dies wird auch dadurch deutlich, dass § 4 Abs. 5 S. 1 Nr. 9 EStG – anders als § 304 AktG – vom Anteilseigner und nicht vom Aktionär spricht.[275] Auch spielt keine Rolle, ob es sich beim Organträger um eine Kapitalgesellschaft handelt. **3025**

Wie § 16 KStG verlangt auch § 4 Abs. 5 S. 1 Nr. 9 EStG eine **Ausgleichszahlung,** ohne diese jedoch zu definieren. Neben den in § 304 AktG umschriebenen Ausgleichszahlungen dürften nach hM alle Zahlungen relevant sein, sofern sie wirtschaftlich als Ersatz für den fehlenden Dividendenanspruch gezahlt werden.[276] Nicht erfasst wird aber die Kapitalertragsteuer bzw. der Solidaritätszuschlag der auf die Ausgleichszahlung entfällt.[277] Anzuwenden sind insoweit aber die allgemeinen Vorschriften des § 12 Nr. 3 EStG bzw. § 10 Nr. 2 KStG.[278] **3026**

§ 4 Abs. 5 S. 1 Nr. 9 EStG verlangt eine **Leistung.** Durch wen die Leistung erfolgt, ist – wie auch nach § 16 KStG – unerheblich.[279] Die bloße Buchung einer Ausgleichsverpflichtung genügt für eine Leistung noch nicht. Wird die Ausgleichszahlung geleistet, kommt es (rückwirkend) zur Nichtabziehbarkeit der Betriebsausgaben. Anders als im Anwendungsbereich des § 16 KStG ist unstreitig, dass die Norm nicht im Jahre der Leistung zur Anwendung kommt. Entscheidend ist vielmehr der Zeitpunkt der Passivierung der Ausgleichsverpflichtung.[280] **3027**

---

[270] Vgl. auch FG Münster 15.12.2021 – 13 K 1136/18 G, EFG 2022, 416; KSM/Spilker EStG § 4 Rn. P 9.

[271] KStR 8.1 Abs. 1; BeckOK KStG/Pohl KStG § 16 Rn. 74.

[272] Wohl auch BFH 27.11.1956 – I D 1/56 S, BStBl. III 1957, 139: „Gewinnverteilungsabrede"; Jurkat Organschaft S. 441: „Gewinnverwendung"; Brandis/Heuermann/Rode KStG § 16 Rn. 5 („Einkommensverwendung"); KSM/Spilker EStG § 4 Rn. P 14, P 16; HHR/Rätke EStG § 4 Rn. 1800; Scheuch FR 2021, 522 (526); **aA** aber wohl Gosch KStG/Neumann KStG § 16 Rn. 22: „Die Ausgleichszahlung ist als Entschädigungsleistung keine Gewinnverwendung […]."; Frotscher/Drüen/Frotscher KStG § 16 Rn. 41; eKommentar KStG/Dölker KStG § 16 Rn. 11.

[273] Wohl KStR 8.1 Abs. 1; **aA** wohl KSM/Spilker EStG § 4 Rn. P 14, P 16.

[274] BeckOK KStG/Pohl KStG § 16 Rn. 74.

[275] Jurkat Organschaft S. 440.

[276] FG Münster 15.12.2021 – 13 K 1136/18 G, EFG 2022, 416 im Hinblick auf § 4 Abs. 5 S. 1 Nr. 9 EStG; FG Münster 21.9.2007 – 9 K 4007/06 K, EFG 2008, 324; BFH 4.3.2009 – I R 1/08, BStBl. II 2010, 407; BFH 25.7.1973 – I R 225/71, BStBl. II 1973, 791; offen FG München 6.6.2008 – 7 K 4752/06, EFG 2008, 1582; RHN/Rödder/Joisten KStG § 16 Rn. 28 mwN; **aA** HHR/Pache KStG § 16 Rn. 26 ff.; eKommentar EStG/Schiffers/Köster/Feldgen EStG § 4 Rn. 244; wohl auch Scheuch FR 2021, 522 (528).

[277] HHR/Pache KStG § 16 Rn. 6.

[278] HHR/Pache KStG § 16 Rn. 6.

[279] Herzig Organschaft/Schumacher S. 203; BeckOK KStG/Pohl KStG § 16 Rn. 74.

[280] Prinz/Witt Steuerliche Organschaft/Wagner Rn. 15.46; BeckOK KStG/Pohl KStG § 16 Rn. 75.

3028 Die Leistung muss an **außenstehende Anteilseigner** erfolgen. Viel spricht dafür, insoweit an das herrschende gesellschaftsrechtliche Verständnis anzuknüpfen.[281] Als außenstehende Anteilseigner kommen danach alle unmittelbar beteiligten Gesellschafter in Betracht, die nicht selbst als anderer Vertragsteil Partei des Unternehmensvertrags werden und dem anderen Vertragsteil auch nicht zuzurechnen sind.[282] Dem anderen Vertragsteil sind Gesellschafter zuzurechnen, die zu 100 % an dem anderen Vertragsteil unmittelbar oder mittelbar beteiligt sind,[283] an denen der andere Vertragsteil zu 100 % unmittelbar und mittelbar beteiligt ist[284] und Gesellschafter, die mit dem anderen Vertragsteil einen Beherrschungs- oder Gewinnabführungsvertrag geschlossen haben[285]. Wurde eine Ausgleichszahlung an einen nicht außenstehenden Anteilseigner geleistet, kommt ggf. jedoch **§ 8 Abs. 3 S. 1 KStG** zur Anwendung.[286]

**Beispiel:**

3029 Die OT-GmbH hat an die Minderheitsgesellschafterin der OG-GmbH (die A-GmbH) eine Ausgleichszahlung geleistet. Die A-GmbH ist zu 100 % an der OT-GmbH beteiligt.

Nach herrschendem Verständnis ist die A-GmbH nicht als außenstehender Anteilseigner anzusehen. § 4 Abs. 5 S. 1 Nr. 9 EStG (iVm § 8 Abs. 1 KStG) ist daher nicht einschlägig. Nach richtiger Ansicht sperrt die Vorschrift aber nicht die Anwendung des § 8 Abs. 3 S. 1 KStG. Der Aufwand ist somit nach dieser Norm zu neutralisieren.[287]

Liegen die Voraussetzungen der Vorschrift vor, sind die Betriebsausgaben nicht abziehbar. Es hat eine **außerbilanzielle Korrektur** zu erfolgen.[288] § 4 Abs. 5 S. 1 Nr. 9 EStG ist – anders als § 16 KStG – auch **gewerbesteuerlich** zu beachten.[289]

3030–3035 *(einstweilen frei)*

## III. Besteuerung eines eigenen Einkommens der Organgesellschaft (§ 16 KStG)

### 1. Zielsetzung des § 16 KStG

3036 Nach § 16 KStG soll der Organgesellschaft in Höhe von 20/17 der Ausgleichszahlung ein eigenes Einkommen zur Versteuerung verbleiben. Nur das Resteinkommen ist dem Organträger zuzurechnen (vgl. § 14 Abs. 1 S. 1 KStG: „[…] soweit sich aus § 16 nichts anderes ergibt […]"). Damit berücksichtigt das Gesetz, dass im Verhältnis der Organgesellschaft zum außenstehenden Gesellschafter kein Umstand eingetreten ist, der eine abweichende Besteuerung rechtfertigt.[290] Letztlich handelt es sich bei der Ausgleichszahlung nur um ein **wirtschaftliches Äquivalent** zur Gewinnausschüttung.[291]

---

281 → Rn. 2815 ff.

282 MüKoAktG/van Rossum AktG § 304 Rn. 27 ff.; Spindler/Stilz/Veil/Preisser AktG § 304 Rn. 17 ff.; GroßkommAktG/Hasselbach/Hirte AktG § 304 Rn. 31; Emmerich/Habersack/Emmerich AktG § 304 Rn. 18; Bürgers/Körber/Schenk AktG § 304 Rn. 12 f.; Koch AktG § 304 Rn. 3; vgl. auch BFH 4.3.2009 – I R 1/08, BStBl. II 2010, 407; zu abweichenden Umschreibungen vgl. → Rn. 2815.

283 BT-Drs. IV/171, 220; BFH 4.3.2009 – I R 1/08, BStBl. II 2010, 407; Prinz/Witt Steuerliche Organschaft/Wagner Rn. 15.15.

284 BT-Drs. IV/171, 220; BFH 4.3.2009 – I R 1/08, BStBl. II 2010, 407; Prinz/Witt Steuerliche Organschaft/Wagner Rn. 15.15.

285 Prinz/Witt Steuerliche Organschaft/Wagner Rn. 15.15.

286 **AA** aber wohl Gosch KStG/Neumann KStG § 16 Rn. 22: „Die Ausgleichszahlung ist als Entschädigungsleistung keine Gewinnverwendung […]."; Frotscher/Drüen/Frotscher KStG § 16 Rn. 41; – eKommentar KStG/Dölker KStG § 16 Rn. 11.

287 **AA** aber wohl Gosch KStG/Neumann KStG § 16 Rn. 22: „Die Ausgleichszahlung ist als Entschädigungsleistung keine Gewinnverwendung […]."; Frotscher/Drüen/Frotscher KStG § 16 Rn. 41; – eKommentar KStG/Dölker KStG § 16 Rn. 11.

288 KStR 7.1 Abs. 1 Satz 2 Zeile 21; BeckOK KStG/Pohl KStG § 16 Rn. 74; Gosch KStG/Neumann KStG § 16 Rn. 13.

289 Stangl/Winter Organschaft 2013/2014 Rn. 307; BeckOK KStG/Pohl KStG § 16 Rn. 76; Bott/Walter/Walter KStG § 16 Rn. 1; Prinz/Witt Steuerliche Organschaft/Wagner Rn. 15.59.

290 BT-Drs. 7/1470, 347: „Damit soll sichergestellt werden, daß die Ausgleichszahlungen in jedem Fall der steuerlichen Doppelbelastung unter Anwendung des ermäßigten Körperschaftsteuersatzes für berücksichtigungsfähige Ausschüttungen unterliegen; BeckOK KStG/Pohl KStG § 16 Rn. 2; Schmich GmbHR

Wirkung entfaltet § 16 KStG, wenn der Organträger und die Organgesellschaft nicht die gleiche Rechtsform haben, das Einkommen der Organgesellschaft negativ ist oder der Organträger über Verlustvorträge verfügt.[292] Die **Bedeutung der Norm** hängt zudem davon ab, wie weit bzw. eng man den Begriff der Ausgleichszahlung auslegt.[293] Rechtspolitisch ist § 16 KStG umstritten.[294] Vereinzelt wird auch die Aufhebung der Vorschrift gefordert.[295] **3037**

*(einstweilen frei)* **3038–3040**

## 2. Voraussetzungen des § 16 KStG

**a) Vorliegen einer Organschaft.** Nach seiner systematischen Stellung und seinem Wortlaut setzt § 16 KStG eine körperschaftsteuerliche Organschaft voraus.[296] Dafür spricht auch, dass bei einer sog. **verunglückten Organschaft** die Organgesellschaft ohnehin ihr Einkommen in voller Höhe selbst versteuern muss und dadurch § 16 KStG (Versteuerung von „nur" 20/17 der Ausgleichszahlung) betragsmäßig überlagert wird. Im Falle einer verunglückten Organschaft sind Ausgleichszahlungen seitens der Organgesellschaft regelmäßig als **verdeckte Gewinnausschüttungen** (§ 8 Abs. 3 S. 2 KStG) zu behandeln.[297] Leistet der Organträger die Ausgleichszahlung, liegt eine **verdeckte Einlage** in die Organgesellschaft und eine anschließende verdeckte Gewinnausschüttung der Organgesellschaft an die außenstehenden Anteilseigner vor.[298] Nach Ansicht von Dötsch[299] soll eine Saldierung der verdeckten Einlage mit der verdeckten Gewinnausschüttung im Wege des Vorteilsausgleichs an die Organträger-AG erfolgen. Dies funktioniert jedoch nicht in Fällen, in denen der Organträger einen Verlust von der Organgesellschaft übernommen hat.[300] **3041**

**Beispiel 1:**[301]

Der Jahresüberschuss der G-AG beträgt 0 EUR. Zulasten des Gewinns hat sie eine Gewinnabführung an die T-AG iHv 100.000 EUR und (mangels eines Regressanspruchs gegen die T-AG) eine Ausgleichszahlung iSd § 304 AktG iHv 8.500 EUR gebucht. Außerdem hat sie die Bildung einer KSt-Rückstellung iHv 1.500 EUR aufwandswirksam erfasst. Die Voraussetzungen der Organschaft liegen zwischen der G-AG und der T-AG jedoch nicht vor. **3042**

Die Gewinnabführung und die Ausgleichszahlung sind bei der G-AG als verdeckte Gewinnausschüttungen dem Gewinn hinzuzurechnen (§ 8 Abs. 3 S. 2 KStG). Ohne dass es einer Anwendung des § 16 KStG bedarf, hat die G-AG ein Einkommen iHv 110.000 EUR zu versteuern.

---

2008, 464 (472); **aA** Lippross/Seibel/Staats KStG § 16 Rn. 4 nach denen das Besteuerungsergebnis nur unabhängig von der Rechtsform des Organträgers gemacht werden soll.

[291] BFH 4.3.2009 – I R 1/08, BStBl. II 2010, 407; BFH 25.7.1961 – I 104/60 S, BFHE 73, 597; Herzig Organschaft/Schumacher S. 203.

[292] Vgl. auch die Körperschaftsteuerstatistik 2017 des Statistischen Bundesamtes, Fachserie 14, Reihe 7.2, 2017 S. 39 wonach Ausgleichszahlungen 2017 iHv ca. 722 Mio. EUR geleistet wurden; vgl. auch IFSt-Arbeitsgruppe, Einführung einer modernen Gruppenbesteuerung – Ein Reformvorschlag, IFSt-Schrift Nr. 471 (2011), 91.

[293] HHR/Pache KStG § 16 Rn. 3.

[294] DPM/Dötsch KStG § 16 Rn. 30 f.; Prinz/Witt Steuerliche Organschaft/Wagner Rn. 15.8.

[295] HHR/Pache KStG § 16 Rn. 3 mwN.

[296] BFH 10.5.2017 – I R 93/15, BStBl. II 2019, 278; so im Erg. auch die Vorinstanz FG Niedersachsen 11.11.2015 – 6 K 386/13, EFG 2016, 1193; Herzig Organschaft/Schuhmacher S. 207; BeckOK KStG/Pohl KStG § 16 Rn. 188; DPM/Dötsch KStG § 16 Rn. 49; HHR/Pache KStG § 16 Rn. 16; Prinz/Witt Steuerliche Organschaft/Wagner Rn. 15.63; so im Erg. auch FG Niedersachsen 11.11.2015 – 6 K 386/13, EFG 2016, 1193; Brandis/Heuermann/Rode KStG § 16 Rn. 9; **aA** Frotscher/Drüen/Frotscher KStG § 16 Rn. 63 f., der § 16 auch auf Ausgleichszahlungen bei einem unwirksamen Organschaftsverhältnis anwenden will.

[297] Vgl. auch FG Niedersachsen 11.11.2015 – 6 K 386/13, EFG 2016, 1193; BeckOK KStG/Pohl KStG § 16 Rn. 188.1; Erle/Sauter/Erle/Heurung KStG § 16 Rn. 85.

[298] BeckOK KStG/Pohl KStG § 16 Rn. 188.1.

[299] DPM/Dötsch KStG § 16 Rn. 49.

[300] Zutreffend Frotscher/Drüen/G. Frotscher KStG § 16 Rn. 64; BeckOK KStG/Pohl KStG § 16 Rn. 188.1.

[301] Nach BeckOK KStG/Pohl KStG § 16 Rn. 188.2.

**Beispiel 2:**[302]

3043 Wie Beispiel 1. Nur leistet die T-AG die Ausgleichszahlung (aufwandswirksam). Die G-AG hat eine Gewinnabführung iHv 108.500 EUR und 1.500 EUR KSt-Rückstellung als Aufwand erfasst.
Die Gewinnabführung ist als verdeckte Gewinnausschüttung (§ 8 Abs. 3 S. 2 KStG) und die KSt-Rückstellung gem. § 10 Nr. 2 KStG zu korrigieren. Die Ausgleichszahlung ist als verdeckte Einlage erfolgsneutral bei der G-AG zu behandeln. Gleichzeitig ist in Höhe der Ausgleichszahlung eine verdeckte Gewinnausschüttung iHv 8.500 EUR bei der G-GmbH anzusetzen. Nach Ansicht von Dötsch[303] soll eine Saldierung der verdeckten Einlage mit der verdeckten Gewinnausschüttung an die T-AG erfolgen.

3044 § 16 KStG findet auf **sämtliche Organgesellschaften** Anwendung.[304] Dies ergibt sich explizit aus § 17 KStG, der u. a. auf § 16 KStG verweist, lässt sich aber auch aus dem Zweck der Norm folgern.[305] Umstritten ist allerdings, ob § 304 AktG für eine **GmbH als Organgesellschaft** überhaupt relevant ist.[306] Geht man davon aus, dass der Gesellschafterbeschluss zum Abschluss eines GAVs bei der GmbH einstimmig erfolgen muss,[307] bedarf es einer analogen Anwendung des § 304 AktG im GmbH-Vertragskonzern nicht.[308] Der außenstehende Gesellschafter kann seine Zustimmung von einer angemessenen „Ausgleichszahlung" abhängig machen. Hält man hingegen eine ¾-Mehrheit für ausreichend, ist der außenstehende Gesellschafter einer GmbH nicht weniger schutzbedürftig als ein Aktionär. Eine analoge Anwendung des § 304 AktG ist dann geboten.

3045 Unabhängig von dem dargestellten Meinungsstreit dürfte eine „Ausgleichszahlung" an den außenstehenden GmbH-Gesellschafter jedenfalls dem § 16 KStG unterfallen.[309] Denn nach hM ist der Begriff der Ausgleichszahlung nicht mit dem des § 304 AktG identisch.[310] Erfasst sind vielmehr alle Zahlungen, die bei wirtschaftlicher Betrachtung einen **Ersatz für den Anspruch auf Gewinnbeteiligung** darstellen. Hierzu dürften auch Ausgleichszahlungen, die nicht auf § 304 AktG basieren, zählen. Andernfalls bliebe auch der ausdrückliche Verweis des § 17 KStG auf § 16 KStG ohne Bedeutung, was der Intention des Gesetzgebers widersprechen dürfte.

3046 Auch die **Rechtsform des Organträgers** spielt keine Rolle.[311] Hat der Organträger die Rechtsform einer Kapitalgesellschaft, macht zwar in vielen Fällen die Anwendung des § 16 KStG keinen Sinn.[312] Denn das von der Organgesellschaft selbst zu versteuernde Einkommen unterliegt bei der Organträgerin einer gleichen tariflichen Belastung.[313] Die Möglichkeit einer einschränkenden Auslegung der Norm ergibt sich dennoch nicht.[314] Die Anwendung des § 16 KStG wird nicht von der Rechtswirkung im Einzelfall beeinflusst.

3047–3050 *(einstweilen frei)*

3051 **b) Ausgleichszahlung.** § 16 KStG setzt eine Ausgleichszahlung voraus, definiert diese jedoch nicht.[315] Unstreitig dürften unter § 16 KStG Ausgleichszahlungen iSd § 304 AktG

---

[302] BeckOK KStG/Pohl KStG § 16 Rn. 188.3.
[303] DPM/Dötsch KStG § 16 Rn. 49.
[304] Schnitger/Fehrenbacher/Dallwitz KStG § 16 Rn. 17; vgl. auch BMF 16.4.1991, BeckVerw 099058 im Hinblick auf die GmbH; BeckOK KStG/Pohl KStG § 16 Rn. 202; Schmich GmbHR 2008, 464 (472).
[305] Auch die korrespondierende Norm des § 4 Abs. 5 S. 1 Nr. 9 EStG spricht – anders als § 304 AktG – allgemein vom außenstehenden Anteilseigner (vgl. BeckOK KStG/Pohl KStG § 16 Rn. 202).
[306] RHN/Rödder/Joisten KStG § 16 Rn. 24.
[307] Dafür Schmich GmbHR 2008, 464 (472); Scholz/Emmerich Anhang Konzernrecht Rn. 153 u. 165 mwN; **aA** LG Dortmund 11.3.1998 – 20 AktE 4/97, GmbHR 1998, 941.
[308] Vgl. hierzu Emmerich/Habersack/Emmerich AktG AktG § 304 Rn. 11a.
[309] Schmich GmbHR 2008, 464 (472).
[310] Vgl. → Rn. 2911.
[311] BeckOK KStG/Pohl KStG § 16 Rn. 208; Brandis/Heuermann/Rode KStG § 16 Rn. 9.
[312] BeckOK KStG/Pohl KStG § 16 Rn. 208.
[313] BeckOK KStG/Pohl KStG § 16 Rn. 208.
[314] BeckOK KStG/Pohl KStG § 16 Rn. 208.
[315] BeckOK KStG/Pohl KStG § 16 Rn. 214; auch die Gesetzesmaterialien (BT-Drs. 7/1470) sind insoweit unergiebig.

fallen.[316] Hat die Organgesellschaft die **Rechtsform einer GmbH,** ist umstritten, ob § 304 AktG analog anzuwenden ist. Entspricht die Ausgleichszahlung den Vorgaben des § 304 AktG, dürfte § 16 KStG jedenfalls einschlägig sein.[317] Dies folgt nicht zuletzt aus § 17 KStG, der den § 16 KStG auch für eine GmbH für entsprechend anwendbar erklärt.[318]

Nicht abschließend geklärt ist jedoch, ob der **Begriff der Ausgleichszahlung** iSd § 16 **3052**
KStG auch Sachverhalte losgelöst von § 304 AktG erfasst.[319] Unergiebig ist zunächst der Wortlaut der Vorschrift. Die identische Verwendung des Begriffs „Ausgleichszahlung" indiziert zwar eine inhaltsgleiche Bedeutung. Doch ist dies weder rechtsmethodisch zwingend noch naheliegend. Auch innerhalb einer Rechtsordnung können Begriffe unterschiedliche Bedeutungen haben, wenn sie in den jeweiligen Gesetzen bzw. Paragrafen nicht identisch definiert werden, die Zielsetzungen der Gesetze sich unterscheiden oder sich die Bedeutungen durch unterschiedliche Rechtsfortbildung verschieben. Auch bzgl. des Ausdrucks „wichtiger Grund", der sowohl im § 297 AktG als auch in § 14 KStG verwendet wird, geht die ganz hM von einer unterschiedlichen Interpretation aus.[320] Systematisch liegt auf den ersten Blick ebenfalls eine erweiternde Auslegung nahe. Anders als § 14 Abs. 1 S. 1 KStG, § 14 Abs. 2 KStG und § 17 KStG verweist § 16 KStG nicht explizit auf das AktG. Andererseits spricht gerade die identische Verwendung des Ausdrucks gegen eine gewollte Abgrenzung zum AktG. Angesichts dessen dürfte die Entstehungsgeschichte ausschlaggebend sein. Die Vorgängerregelung in § 7a Abs. 3 KStG aF enthielt ebenfalls nur den Begriff der Ausgleichszahlung, ohne explizit auf § 304 AktG zu verweisen. Aus der Gesetzesbegründung[321] geht jedoch eindeutig hervor, dass ausschließlich Ausgleichszahlungen iSd § 304 AktG gemeint waren: „§ 7a Abs. 3 […] regeln die steuerliche Behandlung der in den Fällen des § 7a geleisteten Ausgleichszahlungen im Sinne des § 304 des Aktiengesetzes". Auch mit der Übernahme der Vorschrift in § 16 durch das KStReformG v. 31.8.1976[322] ist insoweit keine Änderung der Rechtslage einhergegangen.[323] Dessen ungeachtet ist nach hM[324] jedoch ein weites Verständnis des Begriffs der Ausgleichszahlung anzutreffen. Grundsätzlich sollen alle Zahlungen, die bei wirtschaftlicher Betrachtung als **Ersatz für den Anspruch auf Gewinnbeteiligung** zu qualifizieren sind, erfasst sein.

Neben den Ausgleichszahlungen iSd § 304 AktG will die Finanzverwaltung[325] auch **3053**
**verdeckte Gewinnausschüttungen (vGA) an außenstehende Gesellschafter** unter § 16 KStG fassen.[326] In der Sache handelt es sich dabei um verdeckte Ausgleichszahlun-

[316] So auch Stangl/Winter Organschaft 2013/2014 Rn. 303; Streck/Olbing KStG § 16 Rn. 5; BeckOK KStG/Pohl KStG § 16 Rn. 215.

[317] Brandis/Heuermann/Rode KStG § 16 Rn. 16.

[318] Streck/Olbing KStG § 16 Rn. 5.

[319] Schmich GmbHR 2008, 464 (472); Streck/Olbing KStG § 16 Rn. 5; BeckOK KStG/Pohl KStG § 16 Rn. 215.

[320] Burwitz NZG 2013, 91 (92); Brandis/Heuermann/Rode KStG § 14 Rn. 162; Streck/Olbing KStG § 14 Rn. 116; Heurung/Engel/Müller-Thomczik GmbHR 2012, 1227 (1233); Autenrieth DStZ 1989, 199 (200); → Rn. 1666.

[321] BT-Drs. 5/3017, 9.

[322] BGBl. 1976 I 2597.

[323] Vgl. auch BT-Drs. 7/1470, 347: „Die Versteuerung der an außenstehende Gesellschafter geleisteten Ausgleichszahlungen durch die Organgesellschaft, auch wenn der Organträger geleistet hat, war bisher schon idS geregelt (§ 7a Abs. 3 KStG 1968)".

[324] BFH 4.3.2009 – I R 1/08, BStBl. II 2010, 407; BFH 25.7.1973 – I R 225/71, BStBl. II 1973, 791; FG Münster 15.12.2021 – 13 K 1136/18 G, EFG 2022, 416 im Hinblick auf § 4 Abs. 5 S. 1 Nr. 9 EStG; FG Münster 21.9.2007 – 9 K 4007/06 K, EFG 2008, 324; RHN/Rödder/Joisten KStG § 16 Rn. 28 mwN; Schmich GmbHR 2008, 464 (472); **offen** FG München 6.6.2008 – 7 K 4752/06, EFG 2008, 1582; **aA** BeckOK KStG/Pohl KStG § 16 Rn. 217; HHR/Pache KStG § 16 Rn. 26 ff.; eKommentar EStG/Schiffers/Köster/Feldgen EStG § 4 Rn. 244; wohl auch Scheuch FR 2021, 522 (528).

[325] Vgl. KStR 14.6 Abs. 4 S. 4.

[326] **GlA** auch Bott/Walter/Walter KStG § 16 Rn. 10; Brandis/Heuermann/Rode KStG § 16 Rn. 19; Gosch KStG/Neumann KStG § 16 Rn. 14; Frotscher/Drüen/G. Frotscher KStG § 16 Rn. 48; MDL/Müller Rn. 716; Jurkat, Die Organschaft im Körperschaftsteuerrecht, S. 440; Sauter/Heurung GmbHR 2001, 754; Birkholz FR 1971, 550; Prinz/Witt Organschaft/Wagner Rn. 15.37; **aA** BeckOK KStG/Pohl KStG

gen.[327] Gegen das Verständnis der Finanzverwaltung spricht zum einen der Wortlaut der Norm („Ausgleichszahlungen"), da die vGA nicht unbedingt wiederkehrend den Ausgleich für einen fehlenden Gewinnanspruch bezwecken muss. Zum anderen belegen die Gesetzesmaterialien[328], dass mit Ausgleichszahlungen iSd § 16 KStG die in § 304 AktG niedergelegten und gesellschaftsvertraglich fixierten Zahlungen gemeint sind.[329]

**3054** Bereits 1973 hatte der BFH über einen Fall zu entscheiden, in dem der außenstehende Gesellschafter dem Organträger einen **Nießbrauch an seiner Beteiligung** eingeräumt und hierfür ein Entgelt erhalten hatte. Nach damaliger Ansicht des BFH[330] ist das Entgelt für den Nießbrauch als Ausgleichszahlung nach § 16 KStG zu versteuern.[331] Ob der BFH erneut so entscheiden würde, ist mit Blick auf eine jüngere Entscheidung des BFH[332] offen.

**3055** Zahlung eines Ausgleichs im Jahr des **Hinzutretens eines außenstehenden Gesellschafters** sollen ebenfalls unter § 16 KStG fallen.[333] Beteiligt sich ein außenstehender Gesellschafter so endet der GAV gem. § 307 AktG zum Ende dieses Geschäftsjahres. Hieraus („zum Ende") folgt, dass die Gewinnabführungsverpflichtung noch für dieses Geschäftsjahr zu erfüllen ist und der außenstehende Gesellschafter insoweit leer ausgeht. Gesellschaftsrechtlich und wohl auch steuerrechtlich legitim ist es jedoch, dem außenstehenden Gesellschafter bereits für dieses Geschäftsjahr einen Ausgleich auf vertraglicher Grundlage zukommen zu lassen.[334] Wirtschaftlich ergeben sich keine Unterschiede zwischen dieser Zahlung und der späteren Erfüllung der Ausgleichszahlungsverpflichtung, sodass auch eine Gleichbehandlung nach § 16 KStG geboten ist.

**3056** Zahlungen an einen **nicht außenstehenden Gesellschafter** sind nach wohl hM nicht unter § 16 KStG zu fassen.[335] Zu diesem Ergebnis kommt man bereits, wenn man den Begriff der Ausgleichszahlung in § 16 KStG und § 304 AktG identisch auslegt. Zwar können auch Zahlungen an einen nicht außenstehenden Gesellschafter ein Äquivalent für eine Gewinnausschüttung sein. Die korrespondierende (und wohl auch inhaltlich gleich auszulegende) Regelung in § 4 Abs. 5 S. 1 Nr. 9 EStG verlangt jedoch zwingend einen außenstehenden Gesellschafter. Zudem verwenden die Gesetzesmaterialien[336] den Begriff des außenstehenden Gesellschafters.

**3057** Die Zahlung von **Zinsen nach § 305 Abs. 3 S. 3 AktG** wurde vom FG Münster[337] ebenfalls als Ausgleichszahlung behandelt. Denn auch der BGH setze nach Ansicht des FG die Verzinsung nach § 305 Abs. 3 S. 3 AktG, welche bis zur Ausübung des Optionsrechts geleistet wird, als „durchschnittliche Rendite" des Aktionärs auf das von ihm eingesetzte Kapital mit dem Ausgleich gem. § 304 AktG gleich.[338] Zur Begründung verweise der BGH darauf, dass die Entgegennahme der Ausgleichszahlung ähnlich wie die Entgegennahme

§ 16 Rn. 216; HHR/Pache KStG § 16 Rn. 26 ff.; ggf. auch BFH 4.3.2009 – I R 1/08, BStBl. II 2010, 407.

327 Zu diesem Begriff Jurkat Organschaft S. 440.

328 BT-Drs. 7/1470.

329 BeckOK KStG/Pohl KStG § 16 Rn. 216.

330 BFH 25.7.1973 – I R 225/71, BStBl. II 1973, 791.

331 Zustimmend Brandis/Heuermann/Rode KStG § 16 Rn. 20; MDL/Müller Rn. 715; Prinz/Witt Steuerliche Organschaft/Wagner Rn. 15.49; Gosch KStG/Neumann KStG § 16 Rn. 13; Sauter/Heurung GmbHR 2001, 754 (756); Frotscher/Drüen/G. Frotscher KStG § 16 Rn. 36; **aA** zB Bott/Walter/Walter KStG § 16 Rn. 9.

332 BFH 4.3.2009 – I R 1/08, BStBl. II 2010, 40, vgl. aber HHR/Pache KStG § 16 Rn. 34: Fortgeltung wohl zumindest aus Billigkeitsgründen.

333 BFH 4.3.2009 – I R 1/08, BStBl. II 2010, 407.

334 → Rn. 2886.

335 RHN/Rödder/Joisten KStG § 16 Rn. 51; HHR/Pache KStG § 16 Rn. 31; DPM/Dötsch KStG § 16 Rn. 5; Erle/Sauter/Erle/Heurung KStG § 16 Rn. 24; Frotscher/Drüen/G. Frotscher KStG § 16 Rn. 16; Stangl/Winter Organschaft 2013/2014 Rn. 306; ggf. analog BFH 4.3.2009 – I R 1/08, BStBl. II 2010, 407; **aA** Schnitger/Fehrenbacher/Dallwitz KStG § 16 Rn. 34.

336 BT-Drs. 7/1470, 347.

337 FG Münster 15.12.2021 – 13 K 1136/18 G, EFG 2022, 416; hierzu Einsfelder EFG 2022, 418.

338 FG Münster 15.12.2021 – 13 K 1136/18 G, EFG 2022, 416 unter Verweis auf BGH 16.9.2002 – II ZR 284/01, BGHZ 152, 29.

von Zinsen auf eine Forderung „Fruchtziehung" sei und es ohne die Anrechnung zu vom Gesetzgeber nicht beabsichtigten Überkompensationen komme.[339] Die Ausgleichszahlung sei jedoch nur mit den Abfindungszinsen, nicht mit der Barabfindung selbst zu verrechnen.[340]

Nach Ansicht des BGH ist jedenfalls in Fällen, in denen die Ertragsaussichten der **3058** abhängigen Gesellschaft vor Abschluss des Unternehmensvertrags positiv sind, den **beteiligungsähnlichen Genussrechtsinhabern** eine feste bzw. variable Ausgleichszahlung einzuräumen.[341] Die Ausgleichszahlung soll sich – wie bei einem außenstehenden Gesellschafter – anhand der bisherigen Ertragslage der Organgesellschaft und ihrer künftigen Ertragsaussichten unter Berücksichtigung angemessener Abschreibungen und Wertberichtigungen richten (§ 304 Abs. 2 AktG).[342] Damit wird der Genussscheininhaber wirtschaftlich weitgehend so gestellt, als wäre der Beherrschungs- und Gewinnabführungsvertrag nicht abgeschlossen worden.[343] Diese Wertung hat auch organschaftliche Implikationen. Verlangt wird insbes., dass Zahlungen an den Genussrechtsinhaber wie eine Ausgleichszahlung nach § 16 KStG zu behandelt sei.[344] Nach einer im Schrifttum vertretenen Gegenansicht verbiete sich eine (analoge) Anwendung des § 16 KStG, da sowohl aus aktienrechtlicher als auch aus steuerlicher Sicht Ausgleichszahlungen nur an einen Anteilseigner, nicht aber an einen Inhaber rein schuldrechtlicher gewinnabhängiger Ansprüche geleistet werden könne.[345]

Nach Ansicht des FG München[346] ist § 16 KStG auch dann anwendbar, wenn in einem **3059** GAV eine Ausgleichszahlung zugunsten eines außenstehenden Gesellschafters vereinbart worden ist und dieser seine Beteiligung nach Ende des Geschäftsjahres an den Organträger **veräußert.**[347] In der Vergütung der Ausgleichszahlung mit dem Kaufpreis liege zugleich die Leistung der Ausgleichszahlung durch den Organträger an den scheidenden außenstehenden Gesellschafter.[348]

Unstreitig nicht unter den Begriff der Ausgleichszahlung fallen **Abfindungen nach** **3060** **§ 305 AktG.**[349] Bereits der Begriff „Ausgleichszahlungen" (Plural) deutet auf eine fortlaufende Erfüllung, nicht aber auf eine einmalige Abfindungszahlung hin. Zudem ist die Abfindung kein Äquivalent zur Dividende. Geht man davon aus, dass der Begriff der „Ausgleichszahlung" zwischen § 16 KStG und § 304 AktG identisch ist, folgt dies zudem aus dem Wortlaut des § 16 KStG.

Im Hinblick auf Zahlungen im Rahmen eines **squeeze out gem. § 327a AktG** gelten **3061** die Ausführungen zu den Abfindungen[350] entsprechend.[351]

*(einstweilen frei)* **3062–3070**

**c) Leistung bzw. Erfüllung.** § 16 S. 1 KStG verlangt, dass die Ausgleichszahlung durch **3071** die Organgesellschaft **geleistet** wurde. Entscheidend ist danach ein Abfluss bei der Organ-

---

339 FG Münster 15.12.2021 – 13 K 1136/18 G, EFG 2022, 416 unter Verweis auf BGH 16.9.2002 – II ZR 284/01, BGHZ 152, 29; BGH 2.6.2003 – II ZR 85/02, BGHZ 155, 110; BGH 10.12.2007 – II ZR 199/06, BGHZ 174, 378.
340 Vgl. BGH 16.9.2002 – II ZR 284/01, BGHZ 152, 29; BGH 2.6.2003 – II ZR 85/02, BGHZ 155, 110.
341 BGH 28.5.2013 – II ZR 67/12, BGHZ 197, 284 mwN.
342 BGH 28.5.2013 – II ZR 67/12, BGHZ 197, 284 mwN.
343 BGH 28.5.2013 – II ZR 67/12, BGHZ 197, 284 mwN.
344 RHN/Rödder/Liekenbrock KStG § 14 Rn. 121; HHR/Pache KStG § 16 Rn. 34.
345 Schmich GmbHR 2008, 464 (472).
346 FG München 6.6.2008 – 7 K 4752/06, EFG 2008, 1582, rkr.
347 **AA** aber wohl Brandis/Heuermann/Rode KStG § 16 Rn. 18; RHN/Rödder/Joisten KStG § 16 Rn. 48.
348 Gosch KStG/Neumann KStG § 16 Rn. 6.
349 BeckOK KStG/Pohl KStG § 16 Rn. 58; HHR/Pache KStG § 16 Rn. 25; RHN/Rödder/Joisten KStG § 16 Rn. 48; Stangl/Winter Organschaft 2013/2014 Rn. 303; im Hinblick auf Zinsen nach § 305 Abs. 3 S. 3 AktG vgl. aber → Rn. 3057.
350 → Rn. 3060.
351 BeckOK KStG/Pohl KStG § 16 Rn. 58; HHR/Pache KStG § 16 Rn. 25; Stangl/Winter Organschaft 2013/2014 Rn. 303.

gesellschaft.[352] Eine gewinnmindernde Passivierung der Ausgleichszahlungsverpflichtung genügt insoweit nicht.[353] Für die Präzisierung des Leistungszeitpunktes sind die **Grundsätze des § 11 Abs. 2 EStG** maßgeblich.[354] Wird bspw. die Ausgleichszahlungsverpflichtung im Wege einer Novation in eine Darlehensverbindlichkeit umgewandelt, kommt es dadurch bereits zu einer Leistung iSd § 16 KStG.[355]

3072 Neben dem Begriff der Leistung verwendet § 16 S. 2 KStG auch den Ausdruck **„erfüllt"**. Damit scheint nach dem Wortlaut neben der Handlung (Leistung) auch der Eintritt des Erfolgs (Erfüllung bzw. Zufluss beim außenstehenden Gesellschafter) entscheidend zu sein.[356] Große Unterschiede zwischen § 16 S. 1 KStG und § 16 S. 2 KStG ergeben sich aber auch bei dieser Auslegung nicht, wenn man für den Zeitpunkt des Eingreifens des § 16 KStG beide Ereignisse als nicht maßgeblich ansieht.[357]

3073 Nicht einschlägig ist § 16 KStG, wenn die Leistung nicht von der Organgesellschaft oder dem Organträger, sondern einem **Dritten** erfolgt.[358]

**Beispiel:**

3074 Der außenstehende Gesellschafter veräußert seinen Anteil an der Organgesellschaft am 1.3.02 an den 100%igen Gesellschafter des Organträgers. Bei der Festlegung des Kaufpreises wurde die im GAV festgelegte Ausgleichszahlung berücksichtigt. Die Hauptversammlung der Organgesellschaft findet am 1.5.02 statt.

Im Beispiel 1 kommt § 16 KStG nicht zur Anwendung. Es mag zwar eine Leistung vorliegen, diese erfolgte aber nicht durch eine in § 16 S. 1 bzw. 2 KStG genannte Person. Auch ist die Zahlung weder der Organgesellschaft noch dem Organträger zuzurechnen, da die Zahlung nur zum Erwerb der Beteiligung und daher im eigenen Interesse des Dritten erfolgte.[359]

3075 *(einstweilen frei)*

### 3. Rechtsfolge

3076 Gemäß § 16 S. 1 KStG hat die Organgesellschaft ihr Einkommen in Höhe von 20/17 der geleisteten Ausgleichszahlungen **selbst** zu versteuern. Ist die Verpflichtung zum Ausgleich vom Organträger erfüllt worden, so hat die Organgesellschaft 20/17 der geleisteten Ausgleichszahlungen gem. § 16 S. 2 KStG **an Stelle des Organträgers** zu versteuern. Da § 16 KStG die Besteuerung von 20/17 der Ausgleichszahlung in beiden Fällen bei der Organgesellschaft vorsieht, ist dieser Teil des Organeinkommens dem Organträger nicht zuzurechnen (vgl. § 14 KStG „soweit sich aus § 16 nichts anderes ergibt").[360] Die Körperschaftsteuer auf die Ausgleichszahlung ist als nicht abzugsfähige Betriebsausgabe gem. § 10 Nr. 2 KStG zu behandeln.[361]

3077 Der Quotient von 20/17 ergibt sich aus der auf Ebene der Organgesellschaft anfallenden **Körperschaftsteuerbelastung von 15 %** (vgl. § 23 Abs. 1 KStG), die zur Zahlung an

---

[352] BFH 9.12.1987 – I R 260/83, BStBl. II 1988, 460; MDL/Müller Rn. 724; Brandis/Heuermann/Rode KStG § 16 Rn. 22; Prinz/Witt Steuerliche Organschaft/Wagner Rn. 15.45; DPM/Dötsch KStG § 16 Rn. 34; Gosch KStG/Neumann KStG § 16 Rn. 14; HHR/Pache KStG § 16 Rn. 3; Schnitger/Fehrenbacher/Dallwitz KStG § 16 Rn. 38; BeckOK KStG/Pohl KStG § 16 Rn. 233.

[353] BeckOK KStG/Pohl KStG § 16 Rn. 233; Rogall/Dreßler DStR 2015, 449 (450); Gosch KStG/Neumann KStG § 16 Rn. 15; Schnitger/Fehrenbacher/Dallwitz KStG § 16 Rn. 38; Brandis/Heuermann/Rode KStG § 16 Rn. 22; HHR/Pache KStG § 16 Rn. 19.

[354] So auch RHN/Rödder/Joisten KStG § 16 Rn. 46; BeckOK KStG/Pohl KStG § 16 Rn. 233; HHR/Pache KStG § 16 Rn. 19.

[355] Schnitger/Fehrenbacher/Dallwitz KStG § 16 Rn. 38; BeckOK KStG/Pohl KStG § 16 Rn. 234; Brandis/Heuermann/Rode KStG § 16 Rn. 22.

[356] BeckOK KStG/Pohl KStG § 16 Rn. 235.

[357] Vgl. im Einzelnen → Rn. 3080.

[358] RHN/Rödder/Joisten KStG § 16 Rn. 48.

[359] Anders wäre zu entscheiden, wenn die Veräußerung an den Organträger erfolgt wäre (FG München 6.6.2008 – 7 K 4752/06, EFG 2008, 1582 rkr.; **aA** wohl Brandis/Heuermann/Rode KStG § 16 Rn. 18; RHN/Rödder/Joisten KStG § 16 Rn. 48).

[360] Lippross/Seibel/Staats KStG § 16 Rn. 25.

[361] Jurkat Organschaft S. 444 f.

den außenstehenden Anteilseigner nicht mehr zur Verfügung stehen, aber nach § 10 Nr. 2 KStG das Einkommen nicht mindern darf.[362] Aus dem Bruch von „20/17" folgt zugleich, dass nur die **Körperschaftsteuer,** nicht aber der **Solidaritätszuschlag** Berücksichtigung findet.[363] Einen Grund für diese Ungenauigkeit hat der Gesetzgeber nicht kommuniziert.

**Beispiel 1:**[364]

Zwischen der OG-GmbH (Organgesellschaft) und der OT-GmbH (Organträger) liegen die Voraussetzungen einer körperschaftsteuerlichen Organschaft vor. Der Jahresüberschuss der OG-GmbH beträgt 0 EUR. Zulasten des Gewinns hat sie eine Gewinnabführung an den Organträger iHv 100.000 EUR und eine geleistete Ausgleichszahlung iHv 8.500 EUR gebucht. Außerdem hat sie 1.500 EUR KSt als Aufwand erfasst. Die OT-GmbH hat einen Jahresüberschuss iHv 150.000 EUR ausgewiesen, der um 50.000 EUR Körperschaftsteuer vermindert ist. **3078**

| | | |
|---|---|---|
| ZvE OG-GmbH: | | |
| | 0 | (Jahresüberschuss) |
| + | 1.500 | (§ 10 Nr. 2 KStG) |
| + | 8.500 | (§ 4 Abs. 5 S. 1 Nr. 9 EStG iVm § 8 Abs. 1 KStG) |
| + | 100.000 | (Gewinnabführung; KStR 14.6 Abs. 1 S. 2) |
| = | 110.000 | (steuerlicher Gewinn) |
| ./. | 100.000 | (Zurechnung gem. § 14 Abs. 1 KStG iVm § 16 KStG) |
| = | 10.000 | (Gesamtbetrag der Einkünfte bzw. zvE) |
| ZvE OT-GmbH: | | |
| | 150.000 | (Jahresüberschuss) |
| + | 50.000 | (§ 10 Nr. 2 KStG) |
| ./. | 100.000 | (Gewinnabführung; KStR 14 Abs. 1 S. 2) |
| = | 100.000 | (steuerlicher Gewinn) |
| + | 100.000 | (Zurechnung gem. § 14 Abs. 1 KStG iVm § 16 KStG) |
| = | 200.000 | (Gesamtbetrag der Einkünfte bzw. zvE) |

**Beispiel 2:**[365]

Sachverhalt wie vor, nur leistet die OT-GmbH die Ausgleichszahlung und hat diese zulasten seines Gewinns gebucht. Die OG-GmbH hat eine Gewinnabführung iHv 108.500 EUR und 1.500 EUR Körperschaftsteuer als Aufwand erfasst. **3079**

| | | |
|---|---|---|
| ZvE OG-GmbH: | | |
| | 0 | (Jahresüberschuss) |
| + | 1.500 | (§ 10 Nr. 2 KStG) |
| + | 108.500 | (Gewinnabführung; KStR 14.6 Abs. 1 S. 2) |
| = | 110.000 | (steuerlicher Gewinn) |
| ./. | 100.000 | (Zurechnung gem. § 14 Abs. 1 KStG iVm § 16 KStG) |
| = | 10.000 | (Gesamtbetrag der Einkünfte bzw. zvE) |
| ZvE OT-GmbH: | | |
| | 150.000 | (Jahresüberschuss) |
| + | 50.000 | (§ 10 Nr. 2 KStG) |
| + | 8.500 | (§ 4 Abs. 5 S. 1 Nr. 9 EStG iVm § 8 Abs. 1 KStG) |
| ./. | 108.500 | (Gewinnabführung; KStR 14.6 Abs. 1 S. 2) |
| = | 100.000 | (steuerlicher Gewinn) |
| + | 100.000 | (Zurechnung gem. § 14 Abs. 1 KStG iVm § 16 KStG) |
| = | 200.000 | (Gesamtbetrag der Einkünfte bzw. zvE) |

362 Lippross/Seibel/Staats KStG § 16 Rn. 22.
363 Gosch KStG/Neumann KStG § 16 Rn. 25; BeckOK KStG/Pohl KStG § 16 Rn. 244; Stangl/Winter Organschaft 2013/2014 Rn. 302; Prinz/Witt Organschaft/Wagner Rn. 15.60.
364 Nach BeckOK KStG/Pohl KStG § 16 Rn. 244.1.
365 Nach BeckOK KStG/Pohl KStG § 16 Rn. 244.2.

3080 § 16 KStG findet nach hM auch dann Anwendung, wenn die Organgesellschaft ein **negatives Einkommen** erzielt hat.[366] Das dem Organträger zuzurechnende Einkommen verringert sich in diesem Fall um 20/17 der Ausgleichszahlung.[367] Dagegen lässt sich einwenden, dass der Wortlaut („[…] Einkommen […] selbst zu versteuern.“) von einem positiven Einkommen ausgeht, das, denkt man die Organschaft weg, zu einer Steuerbelastung bei der Organgesellschaft führen würde.

**Beispiel:**[368]

3081 Der steuerliche Gewinn bzw. das Einkommen der Organgesellschaft beträgt -100.000 EUR. Die Organgesellschaft hat eine Ausgleichszahlung iHv 8.500 EUR geleistet.

Im Beispiel muss die Organgesellschaft nach hM 10.000 EUR selbst versteuern. Der Organträger bekommt gem. § 14 KStG ein Einkommen von -110.000 EUR zugewiesen.

3082 Konsequent ist § 16 KStG auch dann anzuwenden, wenn das zuzurechnende Einkommen infolge steuerfreier Einnahmen **kleiner als 20/17 der Ausgleichszahlung** ist bzw. (ausschließlich) aus **steuerfreien Einnahmen** besteht.[369]

**Beispiel (nach MDL/Müller Rn. 729):**

3083 Die OG hat steuerfreie Einnahmen iHv 100.000 EUR erzielt. Die Ausgleichszahlung iSd § 304 AktG betrug 8.500 EUR, die Körperschaftsteuer 1.500 EUR, der SolZ 82,50 EUR und der handelsrechtliche Gewinn 89.917,50 EUR.

| ZvE der Organgesellschaft: | | |
|---|---|---|
| | 0 | (Jahresüberschuss) |
| + | 89.917,50 | (Gewinnabführung; KStR 14.6 Abs. 1 S. 2) |
| + | 8.500,00 | (§ 4 Abs. 5 S. 1 Nr. 9 EStG iVm § 8 Abs. 1 KStG) |
| + | 1.500,00 | (§ 10 Nr. 2 KStG) |
| + | 82,50 | (§ 10 Nr. 2 KStG) |
| ./. | 100.000,00 | (steuerfreie Einnahmen) |
| ./. | 10.000,00 | (von der OG zu versteuerndes Einkommen) |
| = | - 10.000,00 | (zuzurechnendes Einkommen gem. § 14 KStG) |

3084 Umstritten ist, in **welchem Veranlagungszeitraum** § 16 KStG Wirkung entfaltet. Nach Ansicht des FG Münster[370] ist der Veranlagungszeitraum, für den die Ausgleichszahlung geleistet wird, betroffen.[371] Nach der Gegenansicht[372] greift § 16 KStG erst in dem Veranlagungszeitraum, in dem die Ausgleichszahlung abfließt. Für die Gegenansicht spricht der Wortlaut des § 16 KStG. Zu folgen ist dennoch der ersten Ansicht. Der Begriff

366 KStR 16 Abs. 1 S. 2; MDL/Müller Rn. 723; Herzig/Schuhmacher Organschaft S. 204 f.; Brandis/Heuermann/Rode KStG § 16 Rn. 26; BeckOK KStG/Pohl KStG § 16 Rn. 245; HHR/Pache KStG § 16 Rn. 24; Gosch KStG/Neumann KStG § 16 Rn. 24; Erle/Sauter/Erle/Heurung KStG § 16 Rn. 80; Schnitger/Fehrenbacher/Dallwitz KStG § 16 Rn. 43; eKommentar KStG/Dölker KStG § 16 Rn. 11; Jurkat Organschaft S. 442; Lippross/Seibel/Staats KStG § 16 Rn. 21; **krit.** RHN/Rödder/Joisten KStG § 16 Rn. 6 mwN.

367 Vgl. Herzig Organschaft/Schuhmacher S. 205; eKommentar KStG/Dölker KStG § 16 Rn. 11; Lippross/Seibel/Staats KStG § 16 Rn. 26.

368 Nach BeckOK KStG/Pohl KStG § 16 Rn. 245.1.

369 MDL/Müller Rn. 729; Herzig/Schuhmacher Organschaft, 205; RHN/Rödder/Joisten KStG § 16 Rn. 66; Brandis/Heuermann/Krumm KStG § 16 Rn. 25; Prinz/Witt Steuerliche Organschaft/Wagner Rn. 15.51; Erle/Sauter/Erle/Heurung KStG § 16 Rn. 82; Schnitger/Fehrenbacher/Dallwitz KStG § 16 Rn. 44.

370 21.9.2007 – 9 K 4007/06 K, EFG 2008, 324; offen hingegen BFH 4.3.2009 – I R 1/08, BStBl. II 2010, 407.

371 **GlA** DPM/Dötsch KStG § 16 Rn. 39; BeckOK KStG/Pohl KStG § 16 Rn. 247; Frotscher/Drüen/Frotscher KStG § 16 Rn. 47; Prinz/Witt Steuerliche Organschaft/Wagner Rn. 15.45; HHR/Pache KStG § 16 Rn. 15; Herzig Organschaft/Schuhmacher S. 204.

372 Schnitger/Fehrenbacher/Dallwitz KStG § 16 Rn. 52; HHR/Pache KStG § 16 Rn. 33; Brandis/Heuermann/Rode KStG § 16 Rn. 22; DPM/Dötsch KStG § 16 Rn. 22; Nolting/Voßkuhle DB 2007, 2223 (2225).

„Leistung" ist Bestandteil des Tatbestands und nicht der Rechtsfolge des § 16 KStG.[373] Zudem spricht der Sinn und Zweck der Norm für die Auslegung des FG Münster. § 16 KStG berücksichtigt, dass im Verhältnis der Organgesellschaft zum außenstehenden Gesellschafter kein Umstand eingetreten ist, der eine abweichende Besteuerung rechtfertigt.[374] Ohne Organschaft hätte die „Organgesellschaft" auch schon „früher" ihr Einkommen versteuern müssen. Erfolgt die Zahlung in einem späteren Veranlagungszeitraum, handelt es sich dann um ein **rückwirkendes Ereignis,** das die Korrektur eines bereits bestandskräftigen Verwaltungsaktes gem. § 175 S. 1 Abs. 1 Nr. 2 AO rechtfertigt.[375]

Nach § 15 S. 1 Nr. 1 KStG ist ein **Verlustabzug** iSd § 10d EStG bei der Organgesell- **3085**
schaft nicht möglich.[376] Dies gilt auch in Fällen des § 16 KStG, da der Wortlaut des § 15 S. 1 Nr. 1 KStG, keine Ausnahmen zugunsten des § 16 KStG zulässt.

**Beispiel:**
Die Organgesellschaft verfügt über einen Verlustvortrag von 100.000 EUR. Während der Zeit der **3086**
Organschaft leistet sie eine Ausgleichszahlung iHv 8.500 EUR.
Gemäß § 16 KStG hat die Organgesellschaft ein Einkommen iHv 10.000 EUR selbst zu versteuern. Der Verlustvortrag kommt insoweit nicht zur Anwendung.

Nach § 19 Abs. 1 bis 4 KStG sind unter den weiteren in der Vorschrift genannten **3087**
Voraussetzungen **besondere Tarifvorschriften** (zB § 26 KStG), die von der Organgesellschaft erfüllt wurden, beim Organträger anzuwenden.[377] Dadurch sollen Tarifvorschriften, die organschaftsbedingt bei der Organgesellschaft nicht genutzt werden können, zumindest beim Organträger zur Anwendung kommen.[378] In Fällen des § 16 KStG besteht dieses Bedürfnis nicht (in gleichen Maßen). Dennoch ist der Wortlaut des § 19 Abs. 1 KStG eindeutig („[…] beim Organträger anzuwenden […]") und nicht von einem Eingreifen des § 16 KStG abhängig. Entsprechendes gilt in Fällen des § 19 Abs. 5 KStG (im Hinblick auf **Steuerabzugsbeträge**).[379]

§ 16 KStG hat keine **gewerbesteuerlichen Konsequenzen,**[380] da eine „Betriebsstätte" **3088**
als Steuersubjekt keinen eigenen Gewerbeertrag versteuern kann. Zudem verweist § 7 GewStG nur auf die Gewinnermittlungsregelungen des EStG bzw. KStG. Anders als § 4 Abs. 5 S. 1 Nr. 9 EStG kommt § 16 KStG erst bei der Ermittlung des Gesamtbetrags der Einkünfte und damit nach der Ermittlung des steuerlichen Gewinns ins Spiel.[381] Die vom BFH vertretene gebrochene Einheitstheorie ändert daran nichts.[382]

*(einstweilen frei)* **3089–3090**

---

373 Herzig Organschaft/Schumacher, 204; BeckOK KStG/Pohl KStG § 16 Rn. 247.

374 BT-Drs. 7/1470, 347: „Damit soll sichergestellt werden, daß die Ausgleichszahlungen in jedem Fall der steuerlichen Doppelbelastung unter Anwendung des ermäßigten Körperschaftsteuersatzes für berücksichtigungsfähige Ausschüttungen unterliegen."

375 FG Münster 21.9.2007 – 9 K 4007/06 K, EFG 2008, 324; offen BFH 4.3.2009 – I R 1/08, BStBl. II 2010, 407; BeckOK KStG/Pohl KStG § 16 Rn. 247.

376 Vgl. MDL/Müller Rn. 727; Streck/Olbing KStG § 16 Rn. 8; Prinz/Witt Steuerliche Organschaft/Wagner Rn. 15.45.
HHR/Pache KStG § 16 Rn. 19; Herzig/Schuhmacher Organschaft S. 204; Streck/Olbing KStG § 16 Rn. 8; Brandis/Heuermann/Rode KStG § 16 Rn. 24; **aA** Schnitger/Fehrenbacher/Dallwitz KStG § 16 Rn. 46.

377 BeckOK KStG/Pohl § 19 Rn. 1.

378 Vgl. Pohl BB 2017, 1825; Heinz/Scheuch IStR 2014, 915; BeckOK KStG/Pohl § 19 Rn. 1.

379 BeckOK KStG/Pohl KStG § 16 Rn. 172; vgl. auch BT-Drs. 7/1470, 350 („[…] stets […] angerechnet werden.").

380 So auch GewStR 7.1 Abs. 5 S. 10; RHN/Rödder/Joisten KStG § 16 Rn. 76; HPS GewSt/Pohl, 396; Stangl/Winter Organschaft 2013/2014 Rn. 308; HHR/Pache KStG § 16 Rn. 5; Prinz/Witt Steuerliche Organschaft/Wagner Rn. 15.59; Horst StWa 2007, 91 (99).

381 Nicht ausschlaggebend dürfte hingegen sein, dass § 2 Abs. 2 S. 2 GewStG nicht auf § 16 KStG verweist, da es insoweit nur um den Tatbestand, nicht aber um die Rechtsfolge der Organschaft geht.

382 Prinz/Witt Steuerliche Organschaft/Wagner Rn. 15.59.

## IV. Weitere Fragen

### 1. Verfahrensrecht

3091 Die Höhe des selbst zu versteuernden Einkommens gem. § 16 KStG ist als andere Besteuerungsgrundlage gem. § 14 Abs. 5 KStG gegenüber dem Organträger und der Organgesellschaft **gesondert und einheitlich festzustellen.**[383] Dem wird entgegengehalten, dass es sich dabei um das von der Organgesellschaft zu versteuernde Einkommen handele.[384] Da die Körperschaftsteuer darauf stets von der Organgesellschaft zu tragen sei, könne auch nur sie durch Anfechtung ihres Körperschaftsteuerbescheids die Voraussetzungen des § 16 KStG dem Grund und der Höhe nach klären.[385] Gegen diese Argumentation spricht, dass dem § 16 KStG eine doppelte Bedeutung zukommt. Zum einen führt die Norm für die Organgesellschaft zu einem selbst zu versteuernden Einkommen und zum anderen mindert sie für den Organträger den Betrag, der nach § 14 KStG („[…] soweit sich aus § 16 nichts anderes ergibt […]") zuzurechnen ist. Aus Gründen der Rechtssicherheit und der Gleichmäßigkeit der Besteuerung (Zielsetzungen des § 14 Abs. 5 KStG[386]) muss daher für beide Gesellschaften die Höhe des von der Organgesellschaft selbst zu versteuernden Einkommens verbindlich und widerspruchsfrei feststehen. Zudem lässt sich im Hinblick auf den Wortlaut des § 14 Abs. 5 KStG nicht leugnen, dass der Betrag nach § 16 KStG eine Besteuerungsgrundlage ist, die in engem Zusammenhang mit dem zuzurechnenden Einkommen steht.[387]

3092 Ist die Organgesellschaft der Meinung, dass sie kein oder nur ein geringeres Einkommen zu versteuern hat, muss sie den Feststellungsbescheid anfechten. Teilweise wird eine Anfechtungsbefugnis der Organgesellschaft wegen fehlender Beschwer zwar verneint.[388] Der BFH[389] hat sich im Einklang mit den Gesetzesmaterialien[390] und der Finanzverwaltung[391] auf den gegenteiligen Standpunkt gestellt.[392] Im Hinblick auf das selbst zu versteuernde Einkommen dürfte diese Sichtweise erst Recht Geltung beanspruchen. Gleichzeitig kommt dem Organträger ein Anfechtungsrecht zu, da der Betrag nach § 16 KStG auch sein Einkommen beeinflusst.

3093–3095 *(einstweilen frei)*

### 2. Besteuerung auf Ebene des außenstehenden Gesellschafters

3096 § 16 KStG trifft keine Aussage zur Besteuerung des Anteilseigners. Entscheidend sind daher die allgemeinen Grundsätze. Wird die Ausgleichszahlung **von der Organgesellschaft** geleistet, liegen Einkünfte nach § 20 Abs. 1 Nr. 1 EStG (ggf. iVm § 20 Abs. 8 EStG) bei den empfangenden Gesellschaftern vor.[393]

---

383 So auch Gosch KStG/Neumann KStG § 14 Rn. 529c; eKommentar KStG/Dölker KStG § 16 Rn. 14; Prinz/Witt Steuerliche Organschaft/Wagner Rn. 15.48: Gesonderte Feststellung der auf die Ausgleichszahlung anfallenden Körperschaftsteuer; **aA** wohl RHN/Rödder/Liekenbrock KStG § 14 Rn. 762; Brandis/Heuermann/Rode KStG § 16 Rn. 12; HHR/Pache KStG § 16 Rn. 12; Brinkmann StBp 2016, 189 (191): Keine gesonderte Feststellung.

384 Brandis/Heuermann/Rode KStG § 16 Rn. 12.

385 Brandis/Heuermann/Rode KStG § 16 Rn. 12 unter Verweis auf FG Niedersachsen 22.4.2004 – 6 K 303/00, DStRE 2004, 1356 (1357).

386 Vgl. BT-Drs. 17/10774, 20.

387 Zum Begriff des Zusammenhangs vgl. Prinz/Witt Steuerliche Organschaft/Drüen Rn. 4.27.

388 BeckOK KStG/Ebber KStG § 14 Rn. 732; Gosch KStG/Neumann, KStG § 14 Rn. 529g; Teiche DStR 2013, 2197.

389 BFH 11.7.2023 – I R 21/20, DStRE 2024, 142; BFH 11.7.2023 – I R 36/20, DStR 2023, 2607; hierzu Pohl Ubg 2014, 44 (47).

390 Vgl. BT-Drs. 17/10774, 20: „Die Möglichkeit, den gesonderten und einheitlichen Feststellungsbescheid außergerichtlich oder gerichtlich anzufechten, haben sowohl der Organträger als auch die Organgesellschaft […]".

391 KStR 14.6 Abs. 6 S. 2.

392 So bereits BFH 1.7.2020 – XI R 20/18, BStBl. II 2021, 296.

393 Ministerium der Finanzen Brandenburg 5.7.2012, IDW-Veranlagungshandbuch KSt Anlage § 016-03; Rogall/Dreßler DStR 2015, 449; Prinz/Witt Steuerliche Organschaft/Wagner Rn. 15.47; Herzig Organ-

Wird die Ausgleichszahlung – wie im Regelfall – **von dem Organträger geleistet,** dürfte ebenfalls § 20 Abs. 1 Nr. 1 EStG (ggf. iVm § 20 Abs. 8 EStG) einschlägig sein.[394] Aus Sicht des außenstehenden Gesellschafters kann nicht entscheidend sein, wer zahlt, sondern durch wessen Gesellschafterstellung die Zahlung veranlasst ist. Auch die Gesetzesbegründung deutet darauf hin.[395] Irrelevant für ein Eingreifen des § 8b Abs. 1 KStG ist deshalb auch, ob und in welchem Umfang der außenstehende Gesellschafter an dem Organträger beteiligt ist. **3097**

Werden die Anteile an der Organgesellschaft vom außenstehenden Gesellschafter im Betriebsvermögen gehalten, können die Ausgleichszahlungen bei ihm **gewerbesteuerpflichtig** sein. **§ 8 Nr. 5 GewStG** und **§ 9 Nr. 2a GewStG** sind auf den außenstehenden Gesellschafter grds. anwendbar.[396] Entscheidend ist daher, ob die Beteiligung des außenstehenden Gesellschafters zu Beginn des Erhebungszeitraums mindestens 15 Prozent des Grund- oder Stammkapitals an der Organgesellschaft beträgt. **3098**

Ist der außenstehende Gesellschafter im Ausland ansässig, stellt sich die Frage nach der **abkommensrechtlichen Behandlung** der Ausgleichszahlung.[397] Die Anwendung des Art. 10 OECD-MA bzw. einer entsprechenden DBA-Regelung[398] ist nicht unproblematisch, da der feste Ausgleichsanspruch nach § 304 Abs. 2 S. 1 AktG dem außenstehenden Gesellschafter gerade keine Beteiligung am Gewinn oder Liquidationserlös verschafft. Sieht man die Ausgleichszahlung jedoch als Äquivalent zu den Dividenden, dürfte dies auch abkommensrechtlich maßgeblich sein. **3099**

*(einstweilen frei)* **3100–3105**

### 3. Steuerliches Einlagekonto

Die Ausgleichszahlung stellt als Äquivalent zur Gewinnausschüttung eine Leistung iSd § 27 Abs. 1 S. 3 KStG dar.[399] Wird sie von der Organgesellschaft an den außenstehenden Gesellschafter gezahlt, kommt es ggf. bei ihr zu einer Minderung des steuerlichen Einlagekontos.[400] Im Hinblick auf die Ermittlung des ausschüttbaren Gewinns bzw. der Einlagenrückgewähr gelten keine Besonderheiten.[401] Die Pflichten aus dem GAV führen jedoch grds. dazu, dass im ersten Jahr nach Begründung der Organschaft eine Verrechnung der Ausgleichszahlung mit dem steuerlichen Einlagekonto stattfindet.[402] Dabei handelt es sich **3106**

---

schaft/Schumacher, 207; HHR/Pache KStG § 16 Rn. 10; Lippross/Seibel/Staats KStG § 16 Rn. 32; HHR/Pache KStG § 16 Rn. 10; eKommentar KStG/Dölker KStG § 16 Rn. 13.

[394] Ministerium der Finanzen Brandenburg 5.7.2012, IDW-Veranlagungshandbuch KSt Anlage § 016-03; Rogall/Dreßler DStR 2015, 449 mwN auch zur Gegenansicht; Prinz/Witt Steuerliche Organschaft/Wagner Rn. 15.47; Herzig Organschaft/Schumacher S. 207; Stangl/Winter Organschaft 2013/2014 Rn. 310; **aA** DPM/Dötsch KStG § 16 Rn. 71 ff.; Haase IStR 2012, 659 (661): § 22 Nr. 3 EStG ist einschlägig.

[395] Vgl. BT-Drs. 7/1470, 348: „Die Regelung basiert auf der Fiktion, dass die Ausgleichszahlung ausnahmslos von der Organgesellschaft geleistet werden".

[396] HHR/Pache KStG § 16 Rn. 10.

[397] Hierzu ausführlich Haase IStR 2012, 659 ff.

[398] So Vogel/Lehner/Tischbirek OECD-MA 2017 Art. 10 Rn. 192; Frotscher/Drüen/Frotscher KStG § 16 Rn. 74a.

[399] BFH 3.2.2010 – I B 32/09, BFH/NV 2010, 1128; Nolting/Voßkuhl DB 2007, 2223 (2225); Prinz/Witt Steuerliche Organschaft/Wagner Rn. 15.52; Gosch KStG/Neumann KStG § 16 Rn. 32a; **aA** Gosch KStG/Bauschatz § 27 Rn. 50.

[400] Ministerium der Finanzen Brandenburg 5.7.2012, IDW-Veranlagungshandbuch KSt Anlage § 016-03; DPM/Dötsch § 27 Rn. 45c; BeckOK KStG/Pohl KStG § 16 Rn. 177; Nolting/Voßkuhl DB 2007, 2225; Schnitger/Fehrenbacher/Nordmeyer § 27 Rn. 104; Bott/Walter/Antweiler § 27 Rn. 125; Rogall/Dreßler DStR 2015, 449 (452); Dötsch DK 2006, 64 (65); Nolting/Voßkuhl DB 2007, 2223 (2225); Brandis/Heuermann/Oellerich § 27 Rn. 33.

[401] RHN/Rödder/Joisten KStG § 16 Rn. 74 f.; Rogall/Dreßler DStR 2015, 449; Prinz/Witt Steuerliche Organschaft/Wagner Rn. 15.52.

[402] Prinz/Witt Steuerliche Organschaft/Wagner Rn. 15.53; Eine Ausnahme gilt im Falle eines vorhandenen Gewinnvortrags; **aA** DPM/Dötsch KStG § 16 Rn. 66 ff. der wegen des unsystematischen Ergebnisses dafür plädiert, noch nicht abgeflossene Ausgleichszahlungen als Teil des ausschüttbaren Gewinns anzuse-

jedoch nur um einen einmaligen Effekt, weil die Minderung des steuerlichen Einlagekontos im ersten Jahr dazu führt, dass im Folgejahr der ausschüttbare Gewinn um den Betrag der Ausgleichszahlung aus dem Vorjahr erhöht ist.[403]

**Beispiel 1 (ohne Gewinn- und Verlustvorträge):**

**3107** Die OG-GmbH (Organgesellschaft) und die OT-GmbH (Organträger) haben einen GAV geschlossen. Die Voraussetzungen der Organschaft liegen seit dem 31.12.01 vor. Die OG hat ein Stammkapital von 50.000 EUR. Außerdem verfügt sie seit dem 31.12.00 über eine Kapitalrücklage iHv 100.000 EUR (entspricht der Höhe des steuerlichen Einlagekontos). Gewinnrücklagen oder Verlustvorträge aus vororganschaftlicher Zeit existieren zum 31.12.00 nicht. An den außenstehenden Gesellschafter der OG-GmbH ist jährlich eine Ausgleichszahlung von 10.000 EUR zu leisten. Diese wird von der Organgesellschaft erstmals in 02 (für 01) an den außenstehenden Gesellschafter überwiesen.

Da es aufgrund der Gewinnabführung zu keinem ausschüttbaren Gewinn zum 31.12.01 kommt, wird die Ausgleichszahlung in 02 durch das steuerliche Einlagekonto finanziert. Da das steuerliche Einlagekonto hierdurch gemindert wird, die Höhe der Kapitalrücklage aber konstant bleibt, wirkt sich dieses Privileg nur in 02 aus. In den Folgejahren wird in Folge eines ausschüttbaren Gewinns eine Einlagenrückgewähr durch die Ausgleichszahlung ausscheiden.

**Beispiel 2 (mit Verlustvortrag):**

**3108** Wie Beispiel 1, nur verfügt die OG-GmbH zum 31.12.00 über einen Verlustvortrag von 50.000 EUR. Der ohne die Gewinnabführung entstandene Jahresüberschuss (§ 301 AktG) beträgt in 01 50.000 EUR.

Der Jahresüberschuss 01 darf nicht abgeführt werden. Vielmehr hat eine Verrechnung mit dem Verlustvortrag aus der vororganschaftlichen Zeit zu erfolgen. Der ausschüttbare Gewinn zum 31.12.01 beträgt dennoch 0 EUR. Die Ausgleichszahlung in 02 wird aus dem steuerlichen Einlagekonto gespeist. Zum 31.12. des jeweiligen Folgejahres beträgt der ausschüttbare Gewinn daher 10.000 EUR

**Beispiel 3 (mit Gewinnvortrag):**

**3109** Wie Beispiel 1, nur verfügt die OG zum 31.12.00 über einen Gewinnvortrag von 50.000 EUR. Der ausschüttbare Gewinn beträgt zum 31.12.01 und den Folgejahren jeweils 50.000 EUR. Eine Verwendung des steuerlichen Einlagekontos ist aus diesem Grund nicht möglich.

**3110** Umstritten ist die Rechtslage, wenn die Ausgleichszahlung vom Organträger gezahlt wird. Nach einer Ansicht[404] ist die Leistung der Ausgleichszahlung als **Leistung iSd § 27 Abs. 1 S. 3 KStG des Organträgers** zu behandeln, die ggf. zu einer Minderung des steuerlichen Einlagekontos bei ihm führt. Nach anderer Ansicht[405] ist hingegen stets von einer **Leistung der Organgesellschaft** auszugehen.[406] Dem ist zu folgen. Nach der Gesetzesbegründung[407] basiert § 16 KStG auf der Fiktion, dass die Ausgleichszahlung ausnahmslos von der Organgesellschaft geleistet wird. Dies muss konsequent auch im Hinblick auf das steuerliche Einlagekonto berücksichtigt werden.

**Beispiel:**

**3111** Die OG-GmbH (Organgesellschaft) und die OT-GmbH (Organträger) haben einen GAV geschlossen. Die Voraussetzungen der Organschaft liegen in 01 vor. Die OG hat ein Stammkapital von 50.000 EUR. Außerdem verfügt sie zum Zeitpunkt der Errichtung der Organschaft über eine Kapitalrücklage iHv 100.000 EUR (entspricht der Höhe des steuerlichen Einlagekontos). Gewinnrücklagen oder Verlustvorträge aus vororganschaftlicher Zeit existieren nicht. An den außenstehenden Gesellschafter der OG-GmbH ist jährlich eine Ausgleichszahlung von 10.000 EUR zu leisten. Diese wird

hen; **aA** auch Frotscher/Drüen/Frotscher KStG § 16 Rn. 56 mit dem Argument, aufgrund des § 16 KStG liege immer ein positives die Ausgleichszahlung übersteigendes Einkommen vor.

[403] Prinz/Witt Steuerliche Organschaft/Wagner Rn. 15.53.

[404] Rogall/Dreßler DStR 2015, 449 (454); DPM/Dötsch KStG § 16 Rn. 70 ff.; Rogall/Dreßler DStR 2015, 449 (453 f.).

[405] Vgl. Ministerium der Finanzen Brandenburg 5.7.2012, IDW-Veranlagungshandbuch KSt Anlage § 016-03; BeckOK KStG/Pohl KStG § 16 Rn. 178; Frotscher/Drüen/Endert § 27 Rn. 96e; Lippross/Seibel/Staats KStG § 16 Rn. 32; vgl. auch die Nachweise bei Rogall/Dreßler DStR 2015, 449 (454); Prinz/Witt Steuerliche Organschaft/Wagner Rn. 15.52 ff.

[406] BeckOK KStG/Pohl KStG § 16 Rn. 178.

[407] BT-Drs. 7/1470, 348.

von der OT-GmbH erstmals in 02 (für 01) an den außenstehenden Gesellschafter überwiesen. Auf Ebene der OT-GmbH lag kein Bestand des steuerlichen Einlagekontos vor.
Nach der oben dargestellten ersten Ansicht liegt keine Einlagenrückgewähr vor. Auf Basis der auch hier vertretenen zweiten Ansicht entspricht die Rechtslage der unter → Rn. 3107.

Die Organgesellschaft muss die Einlagenrückgewähr nach § 27 Abs. 3 KStG bescheinigen.[408] Dies gilt auch dann, wenn die Ausgleichszahlung durch den Organträger geleistet wurde.[409] **3112**

*(einstweilen frei)* **3113–3115**

## 4. Kapitalertragsteuer

Geht man davon aus, dass Ausgleichszahlungen beim empfangenden Gesellschafter zu Einkünften iSd § 20 Abs. 1 Nr. 1 EStG führen, besteht insoweit eine Kapitalertragsteuerpflicht (vgl. § 43 Abs. 1 Nr. 1 EStG).[410] Umstritten ist, wer **Schuldner der Kapitalertragsteuer** ist. Nach einer weit verbreiteten Ansicht soll dies der Organträger sein.[411] Begründet wird dies mit § 44 Abs. 1 S. 3 EStG und der Schuldnerstellung des Organträgers. Auch wird die Ansicht vertreten, dass es darauf ankommen soll, wer die Ausgleichszahlung geleistet hat.[412] Systematisch stimmiger erscheint jedoch, allein die Organgesellschaft als kapitalertragsteuerpflichtig anzusehen.[413] Denn nach § 16 KStG sollen im Ergebnis Ausgleichszahlungen wie Gewinnausschüttungen behandelt werden.[414] Insoweit ist dann auch allein relevant, ob die Organgesellschaft Schuldnerin des ansonsten bestehenden Gewinnanspruchs wäre. **3116**

*(einstweilen frei)* **3117–3200**

---

408 BMF 15.12.2017, BStBl. I 2018, 13 Rn. 49; BeckOK KStG/Pohl KStG § 16 Rn. 129.

409 BMF 15.12.2017, BStBl. I 2018, 13 Rn. 49; BeckOK KStG/Pohl KStG § 16 Rn. 129.

410 Lippross/Seibel/Staats KStG § 16 Rn. 33; eKommentar KStG/Dölker KStG § 16 Rn. 12; **aA** DPM/Dötsch KStG § 16 Rn. 73 soweit der Organträger die Ausgleichszahlung leistet.

411 Gosch KStG/Neumann KStG § 16 Rn. 32 mwN zu den Folgen, wenn die Organgesellschaft die Ausgleichszahlung leistet; Schnitger/Fehrenbacher/Dallwitz KStG § 16 Rn. 6; HHR/Pache KStG § 16 Rn. 10.

412 Vgl. die Nachweise bei Rogall/Dreßler DStR 2015, 449 Fn. 62; Streck/Olbing KStG § 16 Rn. 16.

413 So auch BMF 5.11.2002, BStBl. I 2002, 1338 Rn. 3; BMF 20.12.2012, BStBl. I 2013, 36 Rn. 43 und wohl auch BFH 4.3.2009 – I R 1/08, BStBl. II 2010, 407; eKommentar KStG/Dölker KStG § 16 Rn. 12; Prinz/Witt Steuerliche Organschaft/Wagner Rn. 15.57; Erle/Sauter/Erle/Heurung KStG § 16 Rn. 86; Frotscher/Drüen/Frotscher KStG § 16 Rn. 73 f.; Bott/Walter/Walter KStG § 16 Rn. 2.

414 Vgl. BFH 4.3.2009 – I R 1/08, BStBl. II 2010, 407 Rn. 49.

# § 12 Mehr- und Minderabführungen

## Übersicht

## A. Hintergrund von Mehr- und Minderabführungen und Rechtsentwicklung

3201 Das Thema der Mehr- und Minderabführungen ist ein (rechts)technisch verursachtes, dadurch aber nicht minder relevantes und zT unterschätztes[1] Thema der spezifischen deutschen Organschaftsbesteuerung. Der **Ursprung des Problems** liegt darin begründet, dass die ertragsteuerliche Organschaft nach dem KStG (seit vielen Jahrzehnten und auch weiterhin[2]) den Abschluss eines gesellschaftsrechtlich geregelten Gewinnabführungsvertrags iSd §§ 291 ff. AktG und auch seine tatsächliche Durchführung voraussetzt (u. a. § 14 Abs. 1 S. 1 Nr. 3 S. 1 KStG). Dabei stellt auch die tatsächliche Durchführung primär auf die gesellschaftsrechtlichen Regelungen (insbesondere der §§ 291 ff. AktG) ab sowie den Inhalt des konkreten Gewinnabführungsvertrags. Verlangt wird dadurch die Abführung des „ganzen Gewinns", dh des handelsrechtlichen Jahresüberschusses unter Berücksichtigung von zB Rücklagenbildung und -auflösung sowie von (nicht wenigen) Abführungssperren. Der reale Vermögenstransfer, der (im Gewinnfall) von der Organgesellschaft zum Organträger stattfindet wird also grundsätzlich ausschließlich durch nicht-steuerliche Regeln bestimmt. Steuerlich hat der Organträger aber nicht den Betrag dieser tatsächlichen (handelsbilanziell und gesellschaftsrechtlich determinierten) Gewinnabführung zu versteuern, sondern ihm wird das separat ermittelte steuerliche Einkommen der Organgesellschaft zugerechnet (§ 14 Abs. 1 S. 1 KStG), welches seinerseits auf dem Steuerbilanzgewinn basiert. **Abgeführter Jahresüberschuss und Steuerbilanzgewinn sind aber idR nicht identisch,** sondern können – zT erheblich – differieren; es liegt also betraglich ein „mismatch" vor. Das gilt nicht nur im Gewinnfall, sondern besteht genauso in der Verlustsituation der Organgesellschaft, wo der Organträger einen handels- bzw. gesellschaftsrechtlich determinierten Verlustausgleich zu leisten hat. Ist der handelsbilanziell abgeführte Betrag der größere, liegt begrifflich eine Mehrabführung vor, im umgekehrten Fall eine Minderabführung[3] – die Begriffe „Mehr" und „Minder" haben also die reale gesellschaftsrechtliche Perspektive im Blick.

3202 Durch das Auseinanderfallen von handelsrechtlich abgeführtem Ergebnis und dem steuerlichen relevanten (auf dem Steuerbilanzergebnis beruhenden) Einkommen kann es zur **Gefahr von Doppelbesteuerungen kommen, aber auch von Keinmalbesteuerun-**

[1] Brandis BFH/PR 2018, 328.
[2] Zu Reformdiskussionen → Rn. 158 ff.
[3] Zur genauen Begriffsbestimmung vgl. → Rn. 3218 ff.

**gen:**[4] Zwar gleichen sich die Mehr- oder Minderabführungen – zumindest typischerweise – in folgenden Zeiträumen jeweils wieder aus[5], aber es kann jedenfalls dann zu einer „steuerlichen Störung" dieses Ausgleichs kommen, wenn die Beteiligung an der Organgesellschaft veräußert wird, bevor es innerhalb der Organschaft[6] zu einer Neutralisation von Mehr- oder Minderabführungen gekommen ist.[7] Ist es nämlich zuerst zu einer Minderabführung gekommen (vereinfacht: geringerer Vermögenstransfer an den Organträger als dieser über das zugerechnete Einkommen zu versteuern hatte; die Organgesellschaft ist daher typischerweise noch werthaltiger wegen des verminderten Vermögenstransfers), wird ein gedachter Erwerber für die Organgesellschaft idR einen höheren Preis zahlen; bei Mehrabführung gilt dies entsprechend umgekehrt.[8]

**Beispiel 1:**[9]

Die OT-GmbH ist Organträger der OG-GmbH und an dieser zu 100 % beteiligt. Der Jahresüberschuss der OG-GmbH vor Gewinnabführung beträgt EUR 10 Mio. Zulässigerweise stellt sie hiervon EUR 1 Mio. in eine Gewinnrücklage ein. Bei der Berechnung des Steuerbilanzgewinns der OG-GmbH wird die Rücklage nicht berücksichtigt, sodass der Steuerbilanzgewinn EUR 10 Mio. beträgt. Die OT-GmbH erhält folglich tatsächlich nur EUR 9 Mio. als Gewinnabführung, muss aber steuerlich im Rahmen des zuzurechnenden Einkommens der OG-GmbH deren Steuerbilanzgewinn iHv EUR 10 Mio. versteuern. Es liegt eine Minderabführung in Höhe von EUR 1 Mio. vor. **3203**

Kurz nach der Gewinnabführung veräußert OT die OG-GmbH; die nicht abgeführte Rücklage erhöht (jedenfalls typisierend) den Kaufpreis; gäbe es keine Korrektur, würde daher dieser Betrag zweimal besteuert – einmal im Rahmen der Zurechnung des Einkommens, und später bei der Veräußerung im höheren Veräußerungsgewinn.

In diesen Fällen wäre eine ideale **„steuerliche Einmalbesteuerung"** von Einkommen nicht gewährleistet (wobei Besteuerung der organschaftlichen Ergebnisse sowie der Veräußerung zusammenbetrachtet werden sollten[10]). Deswegen war bereits in den 1960er Jahren die Idee von sog. **Ausgleichsposten (APO)** entstanden, die entsprechende Effekte nach organschaftlichen Mehr- und Minderabführungen spätestens bei einer Veräußerung verhindern sollten. Die Finanzverwaltung sah entsprechende Regelungen in Erlassen bzw. den KStR vor.[11] Wegen der Komplexität wurden von einer Bund-Länder-Arbeitsgruppe bereits in den 1990er Jahren Vorschläge zu einer Regelung auf Basis einer konsistenten Einlagelösung für beide Fallgruppen (vororganschaftliche und organschaftliche Mehr- und Minderabführungen) erarbeitet; diese wurden jedoch nicht umgesetzt, nachdem der BFH die APOs im Grundsatz als technisches Mittel zum Umgang mit dem geschilderten Problem anerkannte[12]; das Institut der Mehr- und Minderabführungen (und dementsprechend die – früheren – APO) dienen nach dem BFH dazu, das **„Grundanliegen der Sicherstellung einer Einmalbesteuerung"**[13]. Mehrabführungen führten zu passiven APO, Minderabführung zu aktiven APO. **3204**

---

4 ZB BFH 24.7.1996 – I R 41/93, BStBl. II 1996, 614 mwN; BFH 7.2.2007 – I R 5/05, BStBl. II 2007, 796 Rn. 12; BFH 29.8.2012 – I R 65/11, BStBl. II 2013, 555 Rn. 18; BFH 15.3.2017 – I R 67/15, BFH/NV 2017, 1276 = DStR 2017, 1659 Rn. 20; Hannig Ubg 2022, 625 (625 f.); differenzierend Gosch KStG/Neumann KStG § 14 Rn. 416a.

5 ZB DPM/Dötsch/Pung KStG § 14 Rn. 896; Rödder/Tigges-Knümann Ubg 2023, 49 (51); Reifarth-Belli NWB 2022, 3222 (3233).

6 Zu sog. vororganschaftlich verursachten Mehrabführungen → Rn. 3310 ff.

7 Für die gedachte Ermittlung einer Einmalbesteuerung wird die Besteuerung beim Organträger einschließlich der nachorganschaftlichen Zeit zugrunde gelegt; vgl. Dötsch/Pung DB 2018, 1424 (1425).

8 Vgl. Hannig Ubg 2022, 625 (626).

9 Angelehnt an BeckOK KStG/Ebber KStG § 14 Rn. 639.1 f.

10 DPM/Dötsch/Pung KStG § 14 Rn. 1178.

11 ZB BMF 10.1.1981, BStBl. I 1981, 44; in den KStR erstmalig in Abschn. 59 Abs. 2 iVm Abs. 5 Sätze 2 und 3 KStR 1995; BMF 26.8.2003, BStBl. I 2003, 437 Rn. 40 ff.; R 63 Abs. 2 iVm Abs. 3 Sätze 2 und 3 KStR 2004. Weitergehend zur Historie HHR/Kolbe KStG § 14 Rn. 340; Dötsch DB 1993, 752; ausführlich insbesondere DPM/Dötsch/Pung KStG § 14 Rn. 1024 ff.

12 BFH 24.7.1996 – I R 41/93, BStBl. II 1996, 614.

13 BFH 15.3.2017 – I R 67/15, BFH/NV 2017, 1276 = DStR 2017, 1659 Rn. 20, 24 mwN.

3205 Nach Auffassung der Finanzverwaltung sollten die APO sich grundsätzlich bei Veräußerung der Beteiligung an der Organgesellschaft auswirken, und zwar nicht nur – bei aktiven APO – einkommensmindernd, sondern es umgekehrt bei passiven APO auch zu einer entsprechenden Besteuerung kommen. Der **Besteuerung der passiven APO** trat der BFH aber 2007 entgegen und entschied, dass es bei grundsätzlicher Anerkennung der APO keine Rechtsgrundlage gebe für eine solche Besteuerung.[14] Steuerrecht sei Eingriffsrecht und verlange für belastende Eingriffe eine entsprechende ausreichende Grundlage (Art. 20 Abs. 3 GG), die aber weder im Gesetz vorhanden sei noch sich aus Gewohnheitsrecht o.ä. ergebe; auch die Heranziehung fiktiver Einlagegrundsätze lehnte der BFH ab. Die Finanzverwaltung reagierte mit einem Nichtanwendungserlass[15] und der Gesetzgeber durch das **JStG 2008**[16] mit einer rechtsprechungsbrechenden (und angeblich klarstellenden) **Ergänzung in § 14 Abs. 4 KStG.** Obwohl auch damals schon eine „Einlagelösung" diskutiert wurde[17], schrieb man die bisherige APO-Lösung im Gesetz fest; für Mehr- und Minderabführungen, die ihre Ursache in organschaftlicher Zeit haben, waren in der Steuerbilanz des Organträgers aktive bzw. passive APO zu bilden, die im Zeitpunkt der Veräußerung der Organbeteiligung aufzulösen waren, wobei dafür das Teileinkünfteverfahren (also insbesondere § 3 Nr. 40 EStG und § 8b KStG) gelte; zugleich wurde in § 27 Abs. 6 KStG angeordnet, dass sich die organschaftlichen Mehr- und Minderabführungen auf das Einlagekonto auswirken. In diesem Zuge wurde erstmals eine Umschreibung (keine abschließende Definition) der Minder- und Mehrabführungen im Gesetz geregelt. Diese gesetzliche Regelung wurde – weil sie angeblich nur klarstellend sei – für alle offenen Fälle angeordnet; wegen dieser Rückwirkung wird sie von der Literatur überwiegend für verfassungswidrig gehalten, soweit sie für den Steuerpflichtigen belastend wirkt.[18]

3206 Dies war aber nicht die erste gesetzliche Regelung im Bereich der Mehr- und Minderabführungen, denn der BFH hatte einige Jahre zuvor bereits eine andere Regelung in den KStR verworfen, die die sog. **vororganschaftlichen Mehr- und Minderabführungen** betraf.[19] Bei diesen geht es um eine andere Abgrenzungsfrage, die sich bei der Organschaftsbesteuerung ergibt. Tritt zwar in der Organschaftszeit bei einem Vorgang ein Unterschied zwischen Handels- und Steuerbilanz auf, liegt aber der ursprüngliche Grund dafür in vororganschaftlicher Zeit[20], lässt sich die Frage aufwerfen, ob der Effekt in der Organschaftszeit steuerlich als normaler Teil der Einkommenszurechnung zu behandeln ist. Die Finanzverwaltung wollte Mehrabführungen, die derart vororganschaftlich verursacht sind, als separat steuerpflichtige Ausschüttungen an den Organträger behandeln.[21] Der BFH sah dagegen keine gesetzliche Grundlage, diesen Bestandteil der gesellschaftsrechtlich determinierten Gewinnabführung als Ausschüttung zu behandeln.[22] Daraufhin führte der Gesetzgeber in **2004 den § 14 Abs. 3 KStG** ein[23], mit dem im Ergebnis die Verwaltungsauffassung festgeschrieben werden sollte: Nach dieser neuen Regelung sollten Mehrabfüh-

14 BFH 7.2.2007 – I R 5/05, BStBl. II 2007, 796.
15 BMF 5.10.2007, BStBl. I 2007, 743.
16 JStG 2008 v. 20.12.2007, BGBl. 2007 I 3150.
17 Dafür seinerzeit wegen der Probleme der APO-Lösung u. a. Dötsch Ubg 2008, 117.
18 ZB Suchanek/Herbst FR 2008, 112; Prinz/Witt Steuerliche Organschaft/von Freeden Rn. 16.8; Bott/Walter/Walter KStG § 14 Rn. 977; Frotscher/Drüen/Frotscher KStG § 14 Rn. 796; in die Richtung deutet auch BFH 29.8.2012 – I R 65/11, BStBl. II 2013, 555 Rn. 23.
19 Vgl. zu diesen ausführlich → Rn. 3310 ff.
20 Beispiel: Bildung einer handelsbilanziellen Rückstellung in der Vororganschaftszeit, die steuerlich nicht anerkannt wird. In der danach beginnenden Organschaft dreht sich der Effekt um (anfallender Aufwand handelsbilanziell nicht mehr zu erfassen, soweit die Rückstellung in Anspruch genommen wird; steuerlich mindert sich der Steuerbilanzgewinn und das Einkommen). Es liegt also in diesem Zeitpunkt eine Mehrabführung vor.
21 A 59 Abs. 4 S. 3 KStR 1995; BMF 24.6.1996, BStBl. I 1996, 695; BMF 28.10.1997, BStBl. I 1997, 939.
22 BFH 18.12.2002 – I R 51/01, BStBl. II 2005, 49; dazu Dötsch/Pung Der Konzern 2003, 278; Wassermeyer GmbHR 2003, 313; Frotscher/Drüen/Frotscher KStG § 14 Rn. 744 f.
23 EURLUmsG v. 9.12.2004, BGBl. 2004 I 3310.

rungen, die ihre Ursache in vororganschaftlicher Zeit haben, als Gewinnausschüttungen der Organgesellschaft an den Organträger gelten, und organschaftlich verursachte Minderabführungen als Einlage des Organträgers in die Organgesellschaft.[24] Auch diese erste Gesetzesänderung erfolgte mit einer gewissen Rückwirkung, und ist deshalb – wie das BVerfG festgestellt hat – teilweise verfassungswidrig.[25]

Trotz dieser Kodifizierungen (die aber jeweils nicht sehr ausführlich ausfielen) blieben **3207**
viele Fragen offen bzw. umstritten.[26] Die gesetzlichen Regeln im KStG blieben aber zunächst bestehen. Mit dem **KöMoG**[27] änderte der Gesetzgeber dann grundlegend das System der Besteuerung der organschaftlichen Mehr- und Minderabführungen: die bisherige APO-Lösung in § 14 Abs. 4 KStG wurde ersetzt durch die sog. **Einlagelösung;** nach dieser sind für nach dem 31.12.2021 endende Wirtschaftsjahre[28] Mehrabführungen als Einlagerückgewähr an den Organträger zu behandeln und Minderabführungen als Einlagen in die Organgesellschaft; die bisherigen APO werden daneben nicht fortgeführt, sondern waren grundsätzlich in 2022 aufzulösen. Die Einzelheiten dieser Neureglung einschließlich des Übergangsregeln werden ausführlich unter → Rn. 3395 ff. beschrieben. Ein Überblick über die bisherigen Regeln zu den APOs erfolgt in → Rn. 3367, da sie für die Wirtschaftsjahre bis 2021 in der Praxis noch eine ganze Zeit Bedeutung haben werden.

*(einstweilen frei)* **3208–3217**

## B. Begriffsbestimmung und typische Fälle

### I. Begriff der Mehr- und Minderabführungen nach dem KStG

Das KStG enthält keine allgemeingültige Definition für die Mehr- und Minderabführung. **3218**
Es enthält allerdings seit 2008[29] eine nicht abschließende Umschreibung im Abs. 4 – also der Regelung der organschaftlichen Mehr- und Minderabführung; nach der hM gilt diese (bzw. die einheitliche Bestimmung von Mehr- und Minderabführungen) allgemein und einheitlich, also auch für die vororganschaftlich verursachten.[30] Eine Minder- oder Mehrabführung liegt nach § 14 Abs. 4 S. 6 KStG insbesondere vor, wenn **der an den Organträger abgeführte Gewinn vom Steuerbilanzgewinn der Organgesellschaft abweicht** und – wenn es um die organschaftlichen Mehr- und Minderabführungen geht – diese Abweichung in organschaftlicher Zeit verursacht ist. Das sprachliche Anknüpfen an den „Gewinn" ist dabei etwas unpräzise, weil die Gewinnabführung als letzte Buchung idR zu einem Jahresüberschuss von Null führen; richtigerweise geht es also um das abgeführte Ergebnis im Vergleich zum Steuerbilanzgewinn vor Gewinnabführung.[31] Wegen der Anknüpfung an ein Abweichen im Sinne einer rechnerischen Differenz des Steuer- vom abgeführten Handelsbilanzgewinn führen – jedenfalls grundsätzlich (vgl. aber → Rn. 3225) – **bloße außerbilanzielle Einkommenskorrekturen nicht zu einer Mehr- und Min-**

---

[24] Zu dieser Neuregelung zB Rödder DStR 2005, 217.

[25] BVerfG 14.12.2022 – 2 BvL 7/13, BVerfGE 165, 103; dazu Joisten FR 2023, 462. In der Folgeentscheidung I R 16/23 (Fortsetzung von I R 36/13) hat der BFH im konkreten Fall eine Verfassungswidrigkeit nicht festgestellt; vgl. BFH 10.4.2024 – I R 16/23, DStR 2024, 1928 Rn. 21 ff.

[26] DPM/Dötsch/Pung KStG § 14 Rn. 1026 bezeichnen die APO-Lösung u. a. als eine „Geheimwissenschaft", die außerhalb der zentralen Fragen nur „wenige Esoteriker" in Unternehmen, Beratung und Finanzverwaltung beherrschten.

[27] KöMoG v. 25.6.2021, BGBl. 2021 I 2050.

[28] Vgl. § 34 Abs. 6e S. 5 f. KStG.

[29] Eingeführt durch die erstmalige Regelung der organschaftlichen Mehr- und Minderabführungen im JStG 2008 v. 20.12.2007, BGBl. 2007 I 3150.

[30] So zB BFH 15.3.2017 – I R 67/15, DStR 2017, 1659 Rn. 19. DPM/Dötsch/Pung KStG § 14 Rn. 920; differenzierend Frotscher/Drüen/Frotscher KStG § 14 Rn. 713 (Mehr- und Minderabführungen sind gleich auszulegen und stellen auf die Gewinnunterschiede ab; der durch „insbesondere" erweiterte Rahmen in Abs. 4 gelte nicht für Abs. 3).

[31] Frotscher/Drüen/Frotscher KStG § 14 Rn. 714.

**derabführung**[32]; irrelevant sind daher zB vGA oder steuerliche Abzugsbeschränkungen (wie zB § 4 Abs. 5 EStG oder § 10 KStG).

3219 Dem Grunde nach kommt es also zu einem rechnerischen Vergleich zwischen

3220 • dem abgeführten Gewinn der Organgesellschaft (was wie bereits gesagt das nach HGB ermittelte und auf Basis des GAV und der aktienrechtlichen Regeln abgeführte Jahresüberschuss ist) und

3221 • ihrem Steuerbilanzgewinn; ob dieser Gewinn zT steuerfrei ist, ist nicht relevant.

3222 Eine **Mehrabführung** idS liegt vor, wenn der von Organgesellschaft abgeführte Gewinn *höher* ist als ihr Steuerbilanzgewinn. Bei einer **Minderabführung** ist der abgeführte Gewinn *niedriger* als der Steuerbilanzgewinn. Die Begrifflichkeiten sind also auf den real abgeführten Gewinn fokussiert – relevant ist, ob dieser höher *(mehr)* oder niedriger *(minder)* ist als der Steuerbilanzgewinn.

3223 Der Gesetzeswortlaut der § 14 Abs. 3 und 4 KStG spricht (mit den Begriffen Mehr- und Minderabführung sowie dem „abgeführten Gewinn" in § 14 Abs. 4 S. 6 KStG) explizit nur den Fall Gewinnabführung an, also eines Vermögenstransfers von der Organgesellschaft an den Organträger. Gleichwohl können nach hM auch entsprechende rechnerische Ergebnisdifferenzen im handelsbilanziellen Verlustfall (und damit vom Organträger zu leistendem Verlustausgleich iSd § 302 AktG) zu Mehr- und Minderabführungen führen (sog. **Minderverlustübernahme**). Es ist also nicht Voraussetzung, dass es tatsächlich zu einer Gewinnabführung im Sinne eines tatsächlichen Vermögenstransfers von der Organgesellschaft an den Organträger kommt, sondern es genügt nach dem BFH eine rein rechnerische Differenz, die der Höhe nach auch nicht auf das positive Handelsbilanz-Ergebnis begrenzt ist. Ist also zB der auszugleichende Verlust geringer als der Steuerbilanzverlust, liegt wiederum eine Mehrabführung vor, bzw. im umgekehrten Fall eine Minderabführung.[33]

3224 Obwohl der Vergleich der Positionen „abgeführter Gewinn" und „Steuerbilanzgewinn" (wie er auch in § 14 Abs. 4 S. 6 KStG angesprochen wird) auf einen Vergleich dieser Saldopositionen hindeutet, soll nach der Rechtsprechung des BFH bei der Feststellung der relevanten Differenzen grundsätzlich auf den einzelnen Geschäftsvorfall abzustellen sein **(geschäftsvorfallbezogene Betrachtungsweise)**[34], und zwar nicht nur bei der erstmaligen Feststellung, sondern auch der Fortentwicklung. Eine Saldierung soll daher jedenfalls grundsätzlich nicht zulässig (vgl. ausführlich → Rn. 3507 ff., auch zu begrenzter Saldierung bei organschaftlichen Mehr- und Minderabführung in der neuen Einlagelösung). Durch diese geschäftsvorfallbezogene Betrachtung war die Handhabung des Systems der Mehr- und Minderabführung und insbesondere der APOs sehr aufwändig.[35]

3225 Es handelt sich bei der Regelung in § 14 Abs. 4 S. 6 KStG aber – wie sich aus dem Wort „insbesondere" klar ergibt – um **keine abschließende gesetzliche Definition,** sondern lediglich um eine Umschreibung, die von manchen als Regelbeispiel[36] bzw. Hauptanwendungsfall[37] angesehen wird. Der BFH hat sie zT bezeichnet als Umschreibung der Regelcharakteristika im Sinne eines Typusbegriffs; er berücksichtigt zudem zusätzlich den

[32] Prinz/Witt Steuerliche Organschaft/von Freeden Rn. 16.21; Frotscher/Drüen/Frotscher KStG § 14 Rn. 719 ff. mit Beispielen zur Abgrenzung.

[33] BFH 6.6.2013 – I R 38/11, BStBl. II 2014, 398 Rn. 25 ff.; BFH 27.11.2013 – I R 36/13, BStBl. II 2014, 651 Rn. 28; BFH 10.4.2024 – I R 16/23, DStR 2024, 1928; zustimmend zB DPM/Dötsch/Pung KStG § 14 Rn. 912; Brandis/Heuermann/Rode KStG § 14 Rn. 251; Frotscher/Drüen/Frotscher KStG § 14 Rn. 715; BeckOK KStG/Ebber KStG § 14 Rn. 644; aA Gosch KStG/Neumann § 14 Rn. 420a („gesetzliche Unzulänglichkeit"); in diese Richtung auch RHN/Rödder/Joisten KStG § 14 Rn. 568 f.

[34] BFH 10.4.2024 – I R 16/23, DStR 2024, 1928 Rn. 18 mwN; Prinz/Witt Steuerliche Organschaft/von Freeden Rn. 16.14.

[35] Zu praktischen Fragen und Optionen des *handlings* bei Massensachverhalten zB Horsch DStR 2024, 281. Zur grundlegenden Identifizierung einer Mehr- und Minderabführung Prinz/Witt Steuerliche Organschaft/von Freeden Rn. 16.12 ff. (3-Schritt-Prüfung: liegt eine Mehr- und Minderabführung vor, ist sie vor- oder innerorganschaftlich, können mehrere Mehr- und Minderabführungen saldiert werden)?

[36] ZB HHR/Kolbe KStG § 14 Rn. 350, 361; Prinz/Witt Steuerliche Organschaft/von Freeden Rn. 16.16; so auch BFH 15.3.2017 – I R 67/15, DStR 2017, 1659 Rn. 19.

[37] ZB Brandis/Heuermann/Rode KStG § 14 Rn. 266.

Zweck, dass es sich beim Instrument der Mehr- und Minderabführungen um ein technisches Mittel zur Gewährleistung einer Einmalbesteuerung (bzw. zur Verhinderung einer Doppel- oder Keinmalbesteuerung) der organschaftlichen Erträge beim Organträger geht – aber eben nicht um mehr.[38] Deswegen hat der BFH zB **keine Mehrabführung** angenommen, wenn zwar der Steuerbilanzgewinn vom abgeführten Gewinn abweicht, aber der zugrunde liegende **bilanzielle Differenzposten außerbilanziell korrigiert wird** und daher die steuerliche Einkommenszurechnung nicht von der handelsrechtlichen Gewinnabführung abweicht.[39] Im Fall ging es um **§ 15a EStG-Verluste,** dh steuerliche Verluste der Organgesellschaft aus einer Mitunternehmerschaft (was zu einem Auseinanderfallen von Handels- und Steuerbilanz führte), die aber nach § 15a EStG steuerlich nicht abzugsfähig waren. Ebenso hat er bei einem **handelsbilanziellen Ertragszuschuss** angenommen, dass dieser in jedem Fall als Mehrabführung zu behandeln ist, und zwar unabhängig davon, ob er innerhalb der Steuerbilanz zu korrigieren ist oder „nur" außerhalb im Rahmen der Einkommensermittlung.[40] Vergleichbar der Behandlung des § 15a EStG-Verlusts wurde auch vom BFH anerkannt, dass ein **nur handelsbilanzieller Übernahmeverlust bei einer Umwandlung keine Minderabführung** darstelle.[41] Der Grundsatz des Anknüpfens an bilanzielle Differenzen wird also in bestimmten Fällen modifiziert, wenn es der Verwirklichung des Zwecks der Sicherstellung einer Einmalbesteuerung (und damit der Vermeidung von Doppel- oder Keinmalbesteuerungen) dient. Durch diese zusätzliche „Kontrollkomponente" bei der Bestimmung einer Mehr- und Minderabführung gegenüber dem schlichten numerischen Vergleich von abgeführtem Gewinn und Steuerbilanzgewinn ist die Qualifikation nicht unbedingt einfacher geworden, denn die Fälle, wo trotz rechnerischer Differenz keine Mehr- und Minderabführung vorliegen soll, sind nicht eindeutig und dementsprechend umstritten.[42]

*(einstweilen frei)* **3226–3235**

## II. Ursachen und typische Fälle

Die möglichen Gründe für das jedenfalls grundsätzlich relevante Abweichen des abgeführten Gewinns vom Steuerbilanzgewinn sind mannigfaltig. Die **Fallgestaltungen,** wo es zu solchen Abweichungen kommt, haben jedenfalls durch gesetzliche Änderungen deutlich zugenommen: **3236**

- Unmittelbar relevant sind die (zahlreichen) **steuerlichen Sonderregeln für den Ansatz und die Bewertung** von Wirtschaftsgütern und ihre Abschreibung, wie sie in §§ 5–7 EStG vorgesehen sind. **3237**
- Relevant ist insofern auch die **grundlegende Aufgabe der formellen Maßgeblichkeit** durch das BilMoG in 2009, wodurch Handels- und Steuerbilanz über die Sonderregeln hinaus grundsätzlich entkoppelt wurden. Hinzu kommt, dass seitdem auch steuerliche Wahlrechte eigenständig ausgeübt werden können ohne Abhängigkeit von den handelsrechtlichen GoB (§ 5 Abs. 1 S. 2 EStG; Aufgabe der umgekehrten Maßgeblichkeit). So müssen zB steuerlich Teilwertabschreibungen (Wahlrecht) nicht vorgenommen werden, auch wenn eine solche Abschreibung in der Handelsbilanz erfolgt.[43] **3238**
- Betraglich besonders große Unterschiede können sich bei Umwandlungen ergeben, da (auch) **im Umwandlungssteuerrecht keine Maßgeblichkeit der Handelsbilanz für** **3239**

38 BFH 29.8.2012 – I R 65/11, BStBl. II 2013, 555 Rn. 20.

39 BFH 29.8.2012 – I R 65/11, BStBl. II 2013, 555 Rn. 20; Gosch KStG/Neumann KStG § 14 Rn. 416c; HHR/Kolbe KStG § 14 Rn. 350; einschränkend BMF 15.7.2013, BStBl. I 2013, 921 (Anerkennung für diesen § 15a EStG Fall, aber grundsätzlich Festhalten am Abstellen auf bilanzielle Differenzen).

40 BFH 15.3.2017 – I R 67/15, DStR 2017, 1659 Rn. 22; zustimmend im Ergebnis Weber-Grellet FR 2018, 182; von Freeden/Lange DB 2017, 2055 (2057); Bünning BB 2017, 1262; BeckOK KStG/Ebber KStG § 14 Rn. 638; differenzierend Dötsch/Pung DB 2018, 1424.

41 BFH 15.3.2017 – I R 67/15, DStR 2017, 1659 Rn. 24.

42 Vgl. zB Dötsch/Pung DB 2018, 1424.

43 BMF 12.3.2010, BStBl. I 2010, 239 Rn. 15.

**die steuerlichen Wahlrechte** des UmwStG besteht, dh die Wahlrechte jeweils unterschiedlich ausgeübt werden können. So kommt es zB zu einer (uU sehr großen) Mehrabführung, wenn bei einer Umwandlung handelsbilanziell der Zeitwert angesetzt wird, um einen handelsbilanziellen Step up zu erreichen, gleichzeitig steuerlich aber die Buchwertfortführung gewählt wird, um Steuerbelastungen zu vermeiden.

3240 • Besonderheiten ergeben sich bei **Beteiligung der Organgesellschaft an einer Personengesellschaft:** handelsbilanziell wird diese als Beteiligung behandelt, sodass der Bilanzwert idR nicht schwankt; steuerlich wird der Ansatz beim Gesellschafter aufgrund der Spiegelbildmethode dagegen unmittelbar beeinflusst; bei einem Verlust der Personengesellschaft kommt es grundsätzlich zur Mehrabführung, bei einem Gewinn zur Minderabführung.[44]

3241 • Unterschiede können sich weiterhin ergeben, wenn zwar nicht die handelsbilanzielle Ermittlung des eigentlichen Jahresüberschuss betroffen ist, aber der **Betrag der Abführung nicht dem handelsbilanziellen Gewinn entspricht,** zB bei der Bildung oder Auflösung von Rücklagen oder bei Abführungssperren im Handels- bzw. Gesellschaftsrecht.[45]

3242 Durch all diese Effekte kommt es häufig zu Unterschieden zwischen Handels- und Steuerbilanz bei der Organgesellschaft. Entsprechend hat die Bedeutung von Mehr- und Minderabführungen innerhalb von körperschaftsteuerlichen Organschaften über die Jahre deutlich zugenommen.[46]

3243 Wesentliche Beispiele für Minderabführungen (also einen geringeren abgeführten Gewinn im Vergleich zum Steuerbilanzgewinn) sind zB[47]

- steuerrechtliche **Passivierungsverbote,** wie zB die Bildung von handelsrechtlich zulässigen, steuerrechtlich aber uU unzulässigen Rückstellungen (zB Drohverlustrückstellungen, Jubiläumsrückstellungen), gewinn- oder einnahmeabhängigen Verbindlichkeiten (§ 5 Abs. 2a EStG)
- **Bewertungsunterschiede** zwischen Handels- und Steuerrecht (zB Sonderregeln zur Bewertung von Rückstellungen im Allgemeinen, § 6 Abs. 1 Nr. 3a EStG, sowie zu Pensionsrückstellungen im Besonderen, § 6a EStG; unterschiedliche Abschreibungsregeln),
- der **Ausgleich eines vororganschaftlichen Verlustvortrags** (§ 301 S. 1 AktG),
- die Bildung oder Auflösung von in der Vertragszeit gebildeten **Gewinnrücklagen,** oder
- das Bestehen handelsrechtlicher **Abführungssperren** (zB Sperrbeträge nach § 268 Abs. 8 HGB).

**Beispiel 2: Minderabführung**

3244 Eine Minderabführung entsteht zB bei der Bildung einer Gewinnrücklage, vgl. oben Beispiel 1 → Rn. 3203.

3245–3248 *(einstweilen frei)*

3249 Mehrabführungen der Organgesellschaft ergeben sich oft aus der Umkehrung der Aspekte, die zu einer Minderabführung geführt haben, und umgekehrt (je nachdem, welche Gewinndifferenz zuerst entstand); denn die Effekte, die die ursprüngliche bilanzielle Differenz verursacht haben, drehen sich typischerweise bilanziell auch wieder um. Anknüpfend an die Bsp. zu den Minderabführungen ergeben sich Mehrabführungen daher zB

[44] Dazu zB Frotscher/Drüen/Frotscher KStG § 14 Rn. 728. Ausnahmen gelten im Verlustfall, wenn der Verlust nur verrechenbar iSd § 15a EStG ist (vgl. → Rn. 3225).

[45] Zu diesen ausführlich → Rn. 2651 ff.

[46] juris eKommentar Dölker KStG § 14 Rn. 62.

[47] Vgl. zB auch die Übersichten (jeweils zu Mehr- und Minderabführungen) bei Bott/Walter/Walter KStG § 14 Rn. 979; Prinz/Witt Steuerliche Organschaft/von Freeden Rn. 16.22; Frotscher/Drüen/Frotscher KStG § 14 Rn. 727; BeckOK KStG/Ebber KStG § 14 Rn. 639.

- bei Auflösung und Abführung von Gewinnrücklagen, die die Organgesellschaft in der Vertragszeit gebildet hatte,
- der Auflösung bzw. dem Verbrauch handelsrechtlich zulässiger, steuerrechtlich, aber bisher unzulässiger oder nur niedriger gebildeter Rückstellungen, oder zB auch – als „Erstursache" –
- bei Abschreibungen, die steuerrechtlich höher ausfallen als handelsrechtlich (zB „Superabschreibungen") oder
- bei zulässigen steuerlichen Rücklagen (§ 6b EStG, Rücklage für Ersatzbeschaffung oä).

**Beispiel 3: Mehrabführung**[48]

Die OG-GmbH veräußert ein unbebautes Grundstück mit einem Veräußerungsgewinn iHv EUR 1 Mio. und stellt den Veräußerungsgewinn zu 600.000 EUR in der Steuerbilanz in eine Rücklage nach § 6b Abs. 3 EStG ein. Der handelsrechtliche Jahresüberschuss vor Gewinnabführung steigt aufgrund des Veräußerungsgewinns um EUR 1 Mio., die Gewinnabführung ebenfalls. Der Steuerbilanzgewinn der OG-GmbH steigt dagegen wegen der Bildung der – nur steuerrechtlich relevanten – § 6b-Rücklage nur um 400.000 EUR, sodass eine Mehrabführung iHv 400.000 EUR gegeben ist. **3250**

*(einstweilen frei)* **3251–3265**

## C. Abgrenzung vororganschaftliche und organschaftliche Verursachung

### I. Grundsätzlicher Abgrenzungsmaßstab

Nach den Gesetzeswortlauten in § 14 Abs. 3 und 4 KStG müssen die Mehr- bzw. Minderabführungen jeweils „ihre Ursache" „in organschaftlicher Zeit" bzw. „in vororganschaftlicher Zeit" haben. Trotz der Wichtigkeit der Abgrenzung sind jedoch weder die Verursachung noch der relevante Zeitpunkt gesetzlich definiert, sodass deren Bedeutung durch Auslegung zu ermitteln ist. **3266**

Zunächst ist hervorzuheben, dass ausnahmslos jede Mehr- oder Minderabführung **entweder organschaftlich oder vororganschaftlich verursacht** ist. Es gibt also nur diese beiden im Gesetz alternativ und abschließend aufgezählten Kategorien (numerus clausus); eine dritte Kategorie wie **außerorganschaftliche Verursachungen sind nicht denkbar.** Dies hat der BFH[49] im Jahr 2022 klargestellt, und ist damit der bis dahin vertretenen Auffassung der Finanzverwaltung zu außerorganschaftlichen Verursachungen, die vororganschaftlichen Verursachungen gleichgestellt wurden, entgegengetreten. Damit war allgemein gemeint, dass eine Verursachung zwar in den *zeitlichen* Anwendungsbereich einer Organschaft fällt, aber nicht *sachlich* auf dem Organschaftsverhältnis beruht, sondern „von außen" in die bestehende Organschaft hineingetragen wird. Unter Berufung hierauf hatte die Finanzverwaltung in zwei Fällen jeweils eine vororganschaftliche und keine organschaftliche Verursachung angenommen: Einmal bezüglich einer Mehrabführung, die daraus resultiert, dass Vermögen von einer anderen Gesellschaft durch Umwandlung oder Einbringung auf die Organgesellschaft übergeht, falls die Organgesellschaft handelsrechtlich den Zeitwert, aber steuerlich den Buchwert ansetzt.[50] Zum anderen, wenn generell bereits bestehende Bewertungsunterschiede zwischen Handels- und Steuerbilanz im Wege einer Gesamtrechtsnachfolge von außen in die Organschaft hineingetragen wurden[51]. Die Finanzverwaltung hat sich der entgegenstehenden Auffassung des BFH jedoch über den Einzelfall hinaus angeschlossen, indem sie das Urteil im BStBl. Teil II veröffentlicht hat und die betreffenden Passagen im UmwStE wesentlich überarbeitet hat[52]. Damit dürfte sich **3267**

48 Angelehnt an BeckOK KStG/Ebber KStG § 14 Rn. 671.1 ff.

49 BFH 21.2.2022 – I R 51/19, BStBl. II 2023, 725 Rn. 21. Zustimmend zB Brandis/Heuermann/Rode KStG § 14 Rn. 254.

50 BMF 11.11.2011, BStBl. I 2011, 1314 Rn. Org.33.

51 BMF 11.11.2011, BStBl. I 2011, 1314 Rn. Org.34.

52 Vgl. BMF 2.1.2025, BStBl. I 2025, 92: Abänderung der Rn. Org.33 von § 14 Abs. 3 in Abs. 4 KStG unter Bezugnahme auf das BFH-Urteil 21.2.2022 – I R 51/19, BStBl. II 2023, 725.

die Rechtsfigur der außerorganschaftlichen Verursachung nunmehr in der Praxis erledigt haben.

3268 Der allgemeine Abgrenzungsmaßstab zwischen organschaftlichen und vororganschaftlicher Verursachung ist also rein zeitlich und nicht sachlich zu verstehen:[53] Als „Ursache" ist auf den konkreten Geschäftsvorfall abzustellen, auf den die Differenz zwischen handelsbilanziellem Jahresüberschuss und Steuerbilanzgewinn zurückgeht. Wäre dieser erstmalig in einer Handels- bzw. Steuerbilanz vor dem Wirtschaftsjahr zu bilanzieren gewesen (dh auf die tatsächliche Bilanzierung kommt es nicht an), ab dem der GAV bzw. die Organschaft erstmals gilt, so liegt eine vororganschaftliche Mehr- oder Minderabführung vor; ansonsten eine organschaftliche.[54]

**Beispiel 4:**

3269 T-GmbH ist eine 100%-Tochtergesellschaft der M-GmbH. T bildet im Jahr 01 (letztes Jahr vor GAV und Organschaft) eine Rückstellung iHv 100, die nur handelsrechtlich anerkannt wird, dh nicht oder noch nicht steuerlich. Steuerlich wird damit auf der Ebene von T ein um 100 höherer Gewinn im Jahr 01 erzielt und versteuert. Ab dem Jahr 02 ist ein GAV zwischen der T und ihrer Muttergesellschaft M wirksam; auch die übrigen Voraussetzungen einer ertragsteuerlichen Organschaft liegen. Ende 02 realisiert sich das Risiko, für das die handelsrechtliche Rückstellung von 100 in 01 vor dem GAV gebildet worden war. In 02 ergibt sich handelsrechtlich aber kein Aufwand; denn dieser wurde schon in 01 bei Rückstellungsbildung erfasst und damit zeitlich antizipiert; die gebildete Rückstellung wird in 02 erfolgsneutral ausgebucht. Steuerlich hingegen entsteht der Aufwand in 02 erstmals, weil eine Rückstellungsbildung in der Steuerbilanz nicht vorlag. Der handelsrechtliche Jahresüberschuss 02 ist damit um 100 höher als der Steuerbilanzgewinn 02; daher liegt eine Mehrabführung in 02 iHv 100 vor, die vororganschaftlich verursacht ist.

3270 Eine einmal (nach den vorstehenden Grundsätzen) getroffene Qualifikation als organschaftlich oder vororganschaftlich ist final, dh eine Mehr- oder Minderabführung kann in zeitlicher Hinsicht ihren Charakter nicht mehr wechseln.[55]

3271–3280 *(einstweilen frei)*

## II. Problemfälle/Sonderkonstellationen

### 1. Ausgangspunkt

3281 Der vorgenannte allgemeine zeitliche Abgrenzungsmaßstab geht vom einfachen Grundfall aus, dass es dauerhaft nur einen zivilrechtlichen GAV bzw. eine steuerliche Organschaft zwischen demselben Organträger und derselben Organgesellschaft gibt, und sich insbesondere auch die Beteiligungsverhältnisse nicht geändert haben. In den nachfolgend genannten Sonderkonstellationen zeigt sich jedoch, dass die vordergründig einfache Abgrenzung für den Grundfall nicht mehr ausreicht; vielmehr stellt sich die Zusatzfrage, auf welches Organschaftsverhältnis (zwischen denselben oder gar mehreren Parteien) genau abzustellen ist.

3282 Insoweit ist die Auslegung der Tatbestandsmerkmale „organschaftlich" in § 14 Abs. 4 KStG und vororganschaftlich in § 14 Abs. 3 KStG umstritten. Hier lassen sich grob zwei Meinungsströme unterscheiden: Eine **Mindermeinung** legt das relevante Organschaftsverhältnis unter Berufung auf den Gesetzeswortlaut generell sehr weit aus, indem es immer nur auf die Perspektive der Organgesellschaft ankomme, unabhängig von (i) der Person des Organträgers und (ii) dem zugrundeliegenden GAV ***(weite Auslegung).***[56] Nach der **herr-**

[53] BFH 21.2.2022 – I R 51/19, BStBl. II 2023, 725 Rn. 16 mwN.

[54] BFH 21.2.2022 – I R 51/19, BStBl. II 2023, 725 Rn. 18 und aus der Lit. statt vieler DPM/Dötsch/Pung KStG § 14 Rn. 937.

[55] DPM/Dötsch/Pung KStG § 14 Rn. 936. Erfolgt zB eine Verschmelzung auf eine Organgesellschaft, und bestanden bereits bei der übertragenden Gesellschaft Differenzen zwischen Handels- und Steuerbilanz, sind Umkehrungen bei der aufnehmenden Organgesellschaft daher auch vororganschaftlich; vgl. BMF 2.1.2025, BStBl. I 2025, 92 Rn. Org.34.

[56] Schumacher DStR 2006, 310 ff., hierauf bezugnehmend RHN/Rödder/Joisten KStG § 14 Rn. 580–586.

**schenden Auffassung** ist grundsätzlich die Identität der Organschaft zwischen demselben Organträger und derselben Organgesellschaft entscheidend ***(enge Auslegung)***[57], wobei für gewisse Sonderkonstellationen Ausnahmen und Binnendifferenzierungen innerhalb dieser Meinung bestehen, in welchen Fällen noch von Identität auszugehen ist und in welchen nicht, wie im Folgenden aufgezeigt wird.

## 2. Organträgerwechsel bei fortbestehendem GAV

Wechselt der Organträger infolge einer **zivilrechtlichen und steuerlichen Gesamtrechtsnachfolge** (zB durch **Verschmelzung, Auf- oder Abspaltung** der Organbeteiligung auf einen neuen Organträger), besteht soweit ersichtlich die einhellige Meinung, dass bei einer Verursachung der Mehr- und Minderabführungen im Organschaftsverhältnis zum alten Organträger später im Verhältnis zum neuen Organträger von einer *organschaftlichen* Verursachung auszugehen ist. Dem ist zuzustimmen, da die bisherige Organschaft mit dem neuen Organträger fortgesetzt wird, zB bei der Verschmelzung oder Abspaltung des übertragenden auf den übernehmenden Rechtsträger, vgl. §§ 15 Abs. 1 S. 1, 12 Abs. 3 S. 1, 4 Abs. 2 S. 1 UmwStG.[58] Dem stimmen im Grundsatz auch die Vertreter der engen Auslegung einstimmig ohne Weiteres mit Verweis auf die Gesamtrechtsnachfolge zu[59], sodass zwischen enger und weiter Auslegung insoweit kein Unterschied besteht. Umstritten ist jedoch, ob vorstehendes nur bei einem Ansatz unterhalb des gemeinen Werts gilt[60] oder auch bei Ansatz des gemeinen Werts[61]. 3283

Umstritten ist die Rechtslage bei **steuerlichen Einbringungen** der Organbeteiligung: Vorab sei gesagt, dass die absolut herrschende Auffassung als Grundvoraussetzung dafür, dass eine während der früheren Organschaft mit dem früheren Organträger verursachte Mehr- oder Minderabführung überhaupt im Verhältnis zum späteren Organträger als organschaftlich angesehen werden kann, ist, dass wenigstens steuerlich Rechtsnachfolge eintritt, und diese setzte schließlich einen Wertansatz unterhalb des gemeinen Werts voraus; ansonsten sei der Vorgang einer Veräußerung gleichzustellen und die Verursachung vororganschaftlich.[62] Nur die Vertreter der weiten Auffassung sehen eine Einbringung (und selbst eine Veräußerung) zum gemeinen Wert als organschaftlich verursacht an, da es sich immer noch um dieselbe Organschaft handele, die allein aus der Sicht der Organgesellschaft zu bestimmen sei.[63] 3284

Darüber hinaus ist nach der herrschenden Auffassung wie folgt zu differenzieren: 3285

- Erfolgt die Einbringung zivilrechtlich durch eine **Ausgliederung** (§§ 1 Abs. 1 Nr. 2, 123 Abs. 3 UmwG), ist ertragsteuerlich § 20 UmwStG anzuwenden (§ 1 Abs. 1 S. 2, Abs. 2 Nr. 2 UmwStG). Da hier ebenfalls zivilrechtlich und (im Falle eines Wertansatzes unterhalb des gemeinen Werts) steuerlich eine Gesamtrechtsnachfolge vorliegt, gelten die vorstehenden Ausführungen zur Verschmelzung, Auf- und Abspaltung entsprechend[64], nur mit dem Unterschied, dass ebenfalls ein Wert unterhalb des gemeinen Werts angesetzt wird, da die steuerliche Rechtsnachfolge ansonsten nicht eingreift, § 23 Abs. 1, 20 Abs. 2 S. 2, 12 Abs. 3 S. 1, 4 Abs. 2 S. 1 UmwStG. 3286

57 Vgl. – mit teils unterschiedlichen Binnendifferenzierungen innerhalb dieser Meinung – Frotscher/Drüen/Frotscher KStG § 14 Rz. 751 ff.; DPM/Dötsch/Pung KStG § 14 Rn. 937 f., 979–981.

58 Vgl. hierzu auch BMF 2.1.2025, BStBl. I 2025, 92 Rn. Org.01 f. sowie Org.02 und Org.07.

59 Vgl. nur DPM/Dötsch/Pung KStG § 14 Rn. 937.

60 Explizit auf Ansätze unterhalb des gemeinen Werts beschränkend Frotscher/Drüen/Frotscher KStG, § 14 Rz. 753; Dötsch/Pung DK 2008, 150 (153).

61 So explizit Schnitger/Fehrenbacher/Brink KStG § 14 Rn. 1281 mit dem Hinweis, weder der Eintritt der zivilrechtlichen noch der steuerlichen Rechtsnachfolge sei abhängig vom steuerlichen Wertansatz; implizit ohne weitere Differenzierung Schumacher DStR 2006, 310 (311 f.); Dötsch/Witt DK 2007,190 (195).

62 Vgl. Frotscher/Drüen/Frotscher KStG, § 14 Rz. 753; vgl. nur DPM/Dötsch/Pung KStG § 14 Rn. 980.

63 Schumacher DStR 2006, 310 (312), hierauf bezugnehmend RHN/Rödder/Joisten KStG § 14 Rn. 584.

64 Explizit zur Ausgliederung Schnitger/Fehrenbacher/Brink KStG § 14 Rn. 1282.

3287 • Erfolgt die Einbringung der Organbeteiligung zwar ebenfalls steuerlich nach § 20 UmwStG zusammen mit einem Betrieb oder Teilbetrieb, aber zivilrechtlich nicht im Wege der Ausgliederung, sondern als **Einzelrechtsnachfolge** (§ 1 Abs. 1 S. 2, Abs. 2 Nr. 4 UmwStG), ist die Behandlung des Falles für Zwecke des § 14 Abs. 3 und 4 KStG für Wertansätze unterhalb des gemeinen Werts umstritten:

3288 Die herrschende Auffassung will diesen Fall ebenso wie die Verschmelzung, Auf-/Abspaltung und Ausgliederung (s. oben) behandeln (dh bei einer Verursachung der Mehr- und Minderabführungen im Organschaftsverhältnis zum alten Organträger liegt später im Verhältnis zum neuen Organträger eine *organschaftliche* Verursachung vor), da in diesem Fall **dennoch rein steuerlich „Gesamtrechtsnachfolge"** (§ 23 Abs. 1 iVm 12 Abs. 3 S. 1 und 4 Abs. 2 S. 3 UmwStG) angeordnet ist, was entscheidend ist. Dies erkennen auch einige Vertreter der engen Auslegung an[65], die weite sowieso[66].

3289 Andere Vertreter der engen Auffassung wollen die zivilrechtliche Einzelrechtsnachfolge generell (dh selbst bei Ansatz unterhalb des gemeinen Werts und damit trotz steuerlicher Gesamtrechtsnachfolge) anders behandeln, dh als vororganschaftliche Verursachung, weil zivilrechtlich der GAV nicht übergehe und auch der steuerliche Eintritt in die Rechtsnachfolge nur die Organbeteiligung und damit die finanzielle Eingliederung umfasse, nicht aber die Organträgerstellung insgesamt und als solche.[67]

3290 Erfolgt die Einbringung der Organbeteiligung ebenfalls zivilrechtlich in Einzelrechtsnachfolge, aber steuerlich als **Anteilstausch** (§§ 1 Abs. 3 Nr. 5, 21 UmwStG) mit Wertansatz unterhalb des gemeinen Werts, sollten zwar im Ausgangspunkt auch die vorstehenden Ausführungen zur Einbringung als Teil eines Betriebs oder Teilbetriebs iSd § 20 UmwStG gelten. Ein **Zusatzproblem** ergibt sich jedoch aus der gesetzgeberischen Entscheidung, dass § 21 UmwStG keine Möglichkeit eines rückwirkenden steuerlichen Übertragungsstichtags vorsieht, dh der steuerliche Übertragungsstichtag bestimmt sich allein durch den Übergang des wirtschaftlichen Eigentums an den Anteilen.[68] Aus diesem Grund hängt die Einordnung der Verursachung als organschaftlich oder vororganschaftlich davon ab, ob man die Organschaft für unterbrochen hält oder nicht:[69] Hält man sie mit der *bisherigen* (aber jetzt aufgegebenen) Auffassung der Finanzverwaltung[70] für unterbrochen (da zwischen dem übernehmenden Rechtsträger und der eingebrachten Gesellschaft frühestens ab dem Beginn des auf die Einbringung folgenden Wirtschaftsjahrs der eingebrachten Gesellschaft erneut eine Organschaft begründet werden könne), so würden die Grundsätze der Organschaftspause (→ Rn. 3294) entsprechend gelten; insbesondere wäre eine Verursachung in diesem Unterbrechungszeitraum dann eine vororganschaftliche Verursachung für die spätere darstellen. Wenn man aber – wie bereits seit langem die hM in der Literatur – zutreffend darauf abstellt, dass der übernehmende Rechtsträger steuerlicher Rechtsnachfolger (§ 23 Abs. 1 iVm 12 Abs. 3 S. 1 und 4 Abs. 2 S. 3 UmwStG) der übertragenden Gesellschaft wird und dies auch für einen Eintritt in eine bestehende finanzielle Eingliederung bewirkt und damit eine Fortführung einer bestehenden und auch die Begründung einer neuen unmittelbaren Organschaft ermöglicht[71], gibt es keine Organschaftspause; insofern gelten die obigen Ausführungen zur Einbringung in Einzelrechtsnachfolge zusammen mit einem Betrieb oder Teilbetrieb nach § 20 UmwStG entsprechend. Der BFH hat sich (uE zu Recht) in mehreren Urteilen im Jahr 2023 der Auffassung der hM angeschlossen, die wegen des

65 Frotscher/Drüen/Frotscher KStG § 14 Rz. 753; DPM/Dötsch/Pung KStG § 14 Rn. 937, 980.
66 Schumacher DStR 2006, 312, hierauf bezugnehmend RHN/Rödder/Joisten KStG § 14 Rn. 583.
67 Schnitger/Fehrenbacher/Brink KStG § 14 Rn. 1258, 1283.
68 BMF 2.1.2025, BStBl. I 2025, 92 Rn. 21.17.
69 Dieses Problem explizit zum Anteilstausch aufwerfend Gosch KStG/Neumann KStG § 14 Rn. 423b.
70 So bis vor kurzem die Auffassung der Finanzverwaltung im UmwStE 2011, BMF 11.11.2011, BStBl. I 2011, 1314 Rn. Org.15.
71 Vgl. zB Gosch KStG/Neumann KStG § 14 Rn. 423b iVm Rn. 159b sowie die Nachweise im Urteil des FG Düsseldorf 29.9.2020 – 6 K 2704/17 K, DStRE 2021, 336 Rn. 20.

gesetzlich angeordneten Eintritts in die steuerliche Rechtsposition keine Organschaftspause verlangt.[72] Begründet wurde dies ausschließlich mit der umwandlungssteuerlichen Fußstapfentheorie; *(nur) deren* Voraussetzungen müssten vorliegen und *nicht* die des – *anderen,* gleichberechtigt danebenstehenden – Instituts der umwandlungssteuerlichen Rückwirkung. Im Fall ging es um eine erstmals begründete Organschaft beim Übernehmer, nicht um eine Fortführung einer bestehenden; der Eintritt in die Rechtsstellung bezieht sich laut BFH nicht auf die Organschaft als solche, sondern auf die einzelnen Merkmale einer Organschaft wie im entschiedenen Fall die notwendige finanzielle Eingliederung. Die Finanzverwaltung hat das Urteil nach einiger Bedenkzeit nunmehr ohne ersichtlichen Vorbehalt im BStBl. II veröffentlicht[73]; sie akzeptiert diese Prinzipien jetzt allgemein; entsprechend wurden Rn. Org. 15 ff. im UmwStE 2025 umfassend angepasst durch Verweis auf Rn. Org. 02[74]

Falls (anders als im BFH-Fall) bereits bislang ein GAV zwischen übertragender und **3291**
eingebrachter Gesellschaft bestanden hat, stellt sich die Frage, ob zwischen der übernehmenden und der eingebrachten Gesellschaft stets ein neuer GAV abgeschlossen werden muss oder die übernehmende Gesellschaft den bestehenden Vertrag zivilrechtlich – insbesondere im Wege der Vertragsübernahme – übernehmen und nahtlos fortführen kann. Dies ist zunächst eine zivilrechtliche Frage, auf die an dieser Stelle nicht näher eingegangen werden soll.[75]

### 3. Organträgerwechsel unter Beendigung und Neuabschluss des GAV

Schließt ein **neuer** Organträger mit der Organgesellschaft einen **neuen** GAV in der Weise **3292**
ab, dass es weder steuerlich noch zivilrechtlich zu einer zeitlichen Unterbrechung der organschaftlichen Anbindung der Organgesellschaft kommt, liegt nach der **weiten Auslegung** noch dieselbe lückenlose Organschaft vor, sodass auch hier unter dem alten GAV begründete Mehr- oder Minderabführungen als organschaftlich (und nicht vororganschaftlich) einzuordnen sind.[76] Nach der **engen Auffassung** liegt keine Identität der Organschaftsverhältnisse mehr vor, sodass von einer vororganschaftlichen Verursachung auszugehen ist.[77]

### 4. Anschlussorganschaft unter Beendigung und Neuabschluss des GAV

Im Gegensatz zur voranstehenden Fallgruppe des Organträgerwechsels durch Beendigung **3293**
und Neuabschluss des GAV wird für den (wohl praktischen) Ausnahmefall[78], dass **derselbe Organträger mit derselben Organgesellschaft** zwei verschiedene zeitlich nacheinander GAV ohne zeitlichen Zwischenraum schließt ***(„Anschlussorganschaft")*** soweit ersichtlich einhellig davon ausgegangen, dass die Mehr- oder Minderabführung in der zweiten Organschaft aufgrund einer Verursachung in der ersten Organschaft organschaftlich verursacht

---

[72] BFH 11.7.2023 – I R 40/20, DStR 2023, 2613; nunmehr auch veröffentlicht in BStBl. II 2024, 434. Dazu u. a. Dibbert DStR 2024, 1107; Witt HFR 2024, 144; Prinz FR 2024, 14; Anmerkungen von Solowjeff, Pohl und Intemann in Ubg 2024, 42 ff.

[73] BStBl. II 2024, 434.

[74] BMF 2.1.2025, BStBl. I 2025, 92 Rn. Org.15 ff; zuvor bereits Prinz FR 2024, 14 (17) und Dibbert DStR 2024, 1107 (1111).

[75] Im Kontext des Anteilstauschs aus der steuerlichen Literatur pro Vertragsübernahme zB Vogel Ubg 2010, 618 sowie Schießl, Der neue Umwandlungssteuer-Erlass, 2012, Besonderer Teil zum UmwStG, A.I.2.d.bb.; gegen Vertragsübernahme („Eintritt") Herlinghaus FR 2004, 974 (978).

[76] Schumacher DStR 2006, 310 (312) sowie RHN/Rödder/Joisten KStG § 14 Rn. 585.

[77] Vgl. nur DPM/Dötsch/Pung KStG § 14 Rn. 937; Frotscher/Drüen/Frotscher KStG § 14 Rz. 751.

[78] DPM/Dötsch/Pung KStG § 14 Rn. 938 weisen zu Recht darauf hin, dass der Fall zweier verschiedener GAV ohne Zwischenzeitraum zwischen denselben Gesellschaften in der Praxis eher selten sein dürfte, da die GAV in aller Regel eine Verlängerungsklausel enthalten und ein (administrativ und kostenmäßig aufwändiger) Neuabschluss daher grds. nicht notwendig ist. Ausnahmefälle sind allerdings denkbar, zB infolge der Verschärfung der formalen Anerkennungsvoraussetzungen in § 17 Abs. 1 S. 2 Nr. 2 KStG.

sind. Für die weite Auslegung gilt dies erst recht[79], aber auch die Vertreter der engen Auslegung erkennen dies an.[80]

### 5. Organschaftspause

3294 Zu einer **Organschaftspause** zwischen demselben Organträger und derselben Organgesellschaft kann es **bewusst** (zB mit dem Ziel der vororganschaftlichen Verlustnutzung) oder unbewusst kommen (verunglückte Organschaft). Unabhängig von dieser Art des Zustandekommens wird wie folgt nach der Zeit der Verursachung der Mehr- bzw. Minderabführungen unterschieden:

3295 • Wenn die in der zweiten Organschaft vorgenommene Mehr- oder Minderabführung ihre Verursachung gerade **in der Organschaftspause** hat, sollte unstreitig von einer vororganschaftlichen Verursachung auszugehen sein.[81]

3296 • Sofern aber die Verursachung **während der ersten Organschaft** stattgefunden hat, wird soweit ersichtlich ganz überwiegend davon ausgegangen, dass die Mehr- oder Minderabführung *organschaftlich* verursacht sind.[82]

### 6. Kettenorganschaft

3297 Fraglich ist, wie die zeitliche Abgrenzung in mehrstufigen Organschaften ***(Kettenorganschaften)*** zu beantworten ist. Praktisch relevant sollte diese Frage aber nur dann werden, wenn innerhalb der Kette unterschiedliche Organschaftszeiträume bestehen und der relevante Geschäftsvorfall genau in diesem zeitlichen Unterschiedszeitraum hätte erfasst werden müssen. In der Lit. herrscht die Auffassung vor, dass die zeitliche Beurteilung im Ausgangspunkt grundsätzlich auf jeder Organschaftsstufe separat vorzunehmen ist und damit im Grundsatz unterschiedliche Ergebnisse denkbar sind.[83] Die Einzelheiten bzw. verschiedenen Konstellationen sind aber wiederum umstritten und komplex und werden hier nur auszugsweise wiedergegeben:

3298 • Wenn bei einer (zB dreistufigen) Kettenorganschaft (i) die Organschaften auf allen Stufen entweder alle zeitgleich entstanden sind, (ii) oder die Organschaft auf der oberen Stufe früher begründet wurde (als auf der unteren), so sollen nach einer Auffassung eine vororganschaftliche Verursachung einer Mehr- oder Minderabführung nur auf der unteren Organschaftsebene denkbar sein, dh diese wirke sich weder auf die obere Organschaftsebene aus noch setzte sie sich dort fort[84]; nach der entgegenstehenden Auffassung kann sich die vororganschaftliche Mehr- oder Minderabführung auf der oberen Stufe in einen organschaftlichen Vorgang verwandeln, sodass die Zwischengesellschaft eine in der organschaftlichen Zeit angefallene Gewinnausschüttung erhält, und die dann in die Gewinnabführung zum Organträger der oberen Ebene einbezogen wird[85].

3299 • Im umgekehrten Fall, wenn die obere Organschaft erst entsteht, nachdem auf der unteren Ebene eine organschaftliche Mehr- oder Minderabführung erfolgt ist, soll sich letztere

[79] Schumacher DStR 2006, 310 (311).

[80] Vgl. nur DPM/Dötsch/Pung KStG § 14 Rn. 938, 1464; Frotscher/Drüen/Frotscher KStG § 14 Rz. 751.

[81] DPM/Dötsch/Pung KStG § 14 Rn. 938; RHN/Rödder/Joisten KStG § 14 Rn. 586 Strich 1; dieser Auffassung folgt auch die enge Auslegung mit Schumacher DStR 2006, 310 (312).

[82] Vgl. insbesondere Neumann Ubg 2010, 673 (679); RHN/Rödder/Joisten KStG § 14 Rn. 586 Strich 2; Gosch KStG/Neumann KStG § 14 Rn. 418, zweiter Unterpunkt; Schnitger/Fehrenbacher/Brink KStG § 14 Rn. 1257; Frotscher/Drüen/Frotscher KStG § 14 Rz. 750; DPM/Dötsch/Pung KStG § 14 Rn. 938, denen zufolge die auf den BFH gestützte zeitliche Abgrenzung zu zweckwidrigen Ergebnissen führt.

[83] Vgl. nur Frotscher/Drüen/Frotscher KStG § 14 Rz. 755; DPM/Dötsch/Pung KStG § 14 Rn. 981; diese Sichtweise jedoch als angreifbar bezeichnend Rödder DStR 2005, 217 (219, 222); RHN/Rödder/Joisten KStG § 14 Rn. 587.

[84] DPM/Dötsch/Pung KStG § 14 Rn. 997 f.

[85] Frotscher/Drüen/Frotscher KStG § 14 Rz. 755 mit Beispiel.

nach einer Auffassung nicht als vororganschaftliche Mehr- oder Minderabführung auf der oberen Ebene fortsetzen können, da noch überhaupt keine Organschaft auf der oberen Ebene bestand und diese daher nicht durch die vororganschaftliche Mehr- oder Minderabführung auf der unteren Ebene tangiert werden könne[86]; während nach der entgegengesetzten Auffassung sich die organschaftliche Mehr- oder Minderabführung auf der unteren Organschaftsebene gerade doch als vororganschaftliche Mehr- oder Minderabführung auf der oberen Organschaftsebene fortsetze[87].

*(einstweilen frei)* **3300–3309**

## D. Behandlung vororganschaftlicher Mehr- und Minderabführungen

### I. Rechtsfolge einer vororganschaftlichen Mehrabführung

#### 1. Rechtsfolge allgemein

Das Gesetz **fingiert** für den Fall einer vororganschaftlichen Mehrabführung eine Gewinnausschüttung der Organgesellschaft an den Organträger (§ 14 Abs. 3 S. 1 KStG). **3310**

Der **Sinn und Zweck** dieser Rechtsfolge (also der fingierten Gewinnausschüttung) liegt darin, zu verhindern, dass die (aus Abweichungen zwischen Handels- und Steuerbilanz aus vororganschaftlicher Zeit resultierenden) latenten Steuerfolgen auf Gewinnausschüttungen dadurch umgangen werden können, indem sie in den Bereich der Organschaft verlagert werden.[88] Am besten lässt sich der Sinn und Zweck anhand des klassischen Beispiels der (im letzten Jahr vor Wirksamkeit des GAV) handelsrechtlich zulässig gebildeten, steuerlich aber (noch) nicht anerkannten Rückstellung veranschaulichen:[89] **3311**

**Beispiel 5:**

Eine 100%-Tochtergesellschaft ***(T)*** bildet im Jahr 01 (letztes Jahr vor GAV und Organschaft) eine Rückstellung iHv 100, die nur handelsrechtlich anerkannt wird, dh nicht oder noch nicht steuerlich. Steuerlich wird damit auf der Ebene von T ein um 100 höherer Gewinn im Jahr 01 erzielt und versteuert. Ab dem Jahr 02 ist ein GAV zwischen der T und ihrer Muttergesellschaft ***(M)*** wirksam. Ende 02 realisiert sich das Risiko, für das die handelsrechtliche Rückstellung in 01 vor dem GAV gebildet worden war. In 02 ergibt sich handelsrechtlich aber kein Aufwand; denn dieser wurde schon in 01 gebucht und in 02 wird die Rückstellung erfolgsneutral ausgebucht. Steuerlich hingegen entsteht der Aufwand in 02 erstmals. Der handelsrechtliche Jahresüberschuss 02 ist damit um 100 höher als der Steuerbilanzgewinn 02, es liegt eine vororganschaftliche Mehrabführung 02 iHv 100 vor. **3312**

Die handelsrechtliche Folge ist, dass M die 100 erhält, zwar nicht durch eine Gewinnausschüttung, aber als Ergebnisabführung über den GAV; im wirtschaftlichen und zivilrechtlichen Ergebnis ist dies für M einerlei. Steuerlich wurde dieser Mehrgewinn iHv 100 zwar im letzten Jahr vor der Organschaft durch T versteuert. Allerdings „nur einmal" auf Ebene der Gesellschaft T. Er muss aber noch „ein zweites" Mal auf der Ebene des Anteilseigners M versteuert werden; mit dieser latenten Steuer auf eine Gewinnausschüttung (die handelsrechtlich wegen des GAV in 02 nicht mehr erfolgen kann) ist der steuerliche Gewinn 01 der T von vornherein belastet. Daher ist es steuerlich erforderlich, hier für das erste Jahr der Organschaft 02 eine Gewinnausschüttung von T an M iHv 100 zu fingieren, um die Steuer auf die Ausschüttung „nachzuholen", da diese Besteuerung beim Anteilseigner ansonsten nie erfolgen würde. Besondere Auswirkung hat dies bei Personengesellschaft oder natürlichen Personen als Organträger.[90] Für den Regelfall in dem auch der Organträger eine Kapitalgesellschaft ist, wirkt sich diese Gewinnausschüttung hingegen nur iHd 5% iSv § 8b Abs. 5 KStG aus.[91]

---

86 DPM/Dötsch/Pung KStG § 14 Rn. 999.

87 Frotscher/Drüen/Frotscher KStG § 14 Rz. 755 mit Beispiel.

88 Frotscher/Drüen/Frotscher KStG § 14 Rn. 709.

89 Beispiel und Erläuterung des Sinns und Zwecks angelehnt an DPM/Dötsch/Pung KStG § 14 Rn. 740 f.

90 juris eKommentar Dölker KStG § 14 Rn. 58.

91 DPM/Dötsch/Pung KStG § 14 Rn. 970, die deshalb konstatieren, dass es § 14 Abs. 3 KStG für diesen Regelfall abgesehen von § 8b Abs. 5 KStG gar nicht bedurft hätte, bzw. nur für den Sonderbereich der ehemals gemeinnützigen Wohnungsbauunternehmen (vgl. zu letzterem noch → Rn. 3356).

3313 **Von der Rechtskonstruktion her ist die Fiktion also erforderlich,** da wegen des GAV weder eine offene Gewinnausschüttung vorliegt (mangels tatsächlichen Ausschüttungsbeschlusses), noch eine verdeckte Gewinnausschüttung (wegen Veranlassung im schuldrechtlichen GAV und damit gerade nicht im Gesellschaftsverhältnis).[92]

Die Fiktion der Gewinnausschüttung wird sowohl für den Organträger als auch die Organgesellschaft gezogen, mit den nachfolgend jeweils dargestellten Auswirkungen:

## 2. Rechtsfolgen bei der Organgesellschaft

3314 Die Rechtsfolgen der fingierten Gewinnausschüttung sind im Wesentlichen identisch mit denen einer echten offenen oder verdeckten Gewinnausschüttung, was gerade auch beabsichtigt ist.

3315 Eine Einkommensauswirkung ergibt sich für die Organgesellschaft nicht, § 8 Abs. 3 S. 1 KStG.

3316 Die Organgesellschaft muss auf die fiktive Gewinnausschüttung im Grundsatz **Kapitalertragsteuer und SolZ** einbehalten. Dies ordnet § 44 Abs. 7 EStG an. Danach entsteht die Kapitalertragsteuer im Zeitpunkt der Feststellung der Handelsbilanz der Organgesellschaft, spätestens jedoch 8 Monate nach Ablauf des Wirtschaftsjahres der Organgesellschaft. Sie ist am nachfolgenden Werktag fällig und an das für die Besteuerung der Organgesellschaft zuständige Finanzamt abzuführen. Es war eine eigenständige Regelung zur Entstehung und Fälligkeit der Kapitalertragsteuer erforderlich, da eine (nur als Gewinnausschüttung fingierte) vororganschaftliche Mehrabführung keinen tatsächlichen Zufluss beim Organträger voraussetzt, wie sich besonders deutlich im Fall der vororganschaftlichen Minderverlustübernahme zeigt.[93]

3317 Falls und soweit allerdings kein positiver ausschüttbarer Gewinn iSd § 27 Abs. 1 S. 5 KStG zur Verfügung steht, kommt die fiktive Gewinnausschüttung nach allgemeinen Regeln als **Einlagenrückgewähr** iSv § 27 Abs. 1 S. 3 KStG in Betracht (§ 27 Abs. 6 KStG gilt nur für organschaftliche Mehr- und Minderabführungen).[94] In diesem Fall besteht auch keine Kapitalertragsteuereinbehaltungs- und -abführungspflicht.

## 3. Rechtsfolgen beim Organträger

3318 Die Steuerfolgen der fiktiven Gewinnausschüttung folgen (auch) beim Organträger allgemeinen Regeln wie für offene oder verdeckte Gewinnausschüttungen:

3319 Beim Organträger führt die fiktive Gewinnausschüttung aus vororganschaftlichen Mehrabführungen zu **Einkünften aus § 20 Abs. 1 Nr. 1 S. 1 EStG.** Dies gilt auch trotz fehlender klarstellender Nennung der Mehrabführungen nach § 14 Abs. 3 KStG, die sich insoweit jedenfalls unter die „sonstigen Bezüge“ nach § 20 Abs. 1 Nr. 1 S. 1 EStG subsumieren lassen.[95] Dies gilt nicht nur für vororganschaftliche Mehrabführungen im engeren Sinne, sondern auch für die Minderverlustübernahmen.[96]

3320 Der Umfang der Steuerpflicht hängt von der Rechtsform des Organträgers im fingierten Zuflusszeitpunkt (Wirtschaftsjahrende der Organgesellschaft, § 14 Abs. 3 S. 3 KStG) ab.[97] Ist der Organträger eine Kapitalgesellschaft (oder eine Personengesellschaft mit Kapitalgesellschaften als Mitunternehmer), sind grundsätzlich nach § 8b Abs. 1, 5 KStG im Ergebnis 95 % steuerfrei. Soweit der Organträger eine natürliche Person (Einzelunternehmer) oder ein Personengesellschaft mit natürlichen Personen als Mitunternehmer ist, kommt es im Ergebnis zu einer 40 %-Befreiung nach dem Teileinkünfteverfahren, §§ 3 Nr. 40 S. 1 lit. d) iVm 3c Abs. 2 EStG.

---

92 RHN/Rödder/Joisten KStG § 14 Rn. 596.
93 RHN/Rödder/Joisten KStG § 14 Rn. 597 mit Fn. 1428.
94 HHR/Kolbe KStG § 14 Rn. 313.
95 RHN/Rödder/Joisten KStG § 14 Rn. 601 mwN.
96 Vgl. BFH 21.2.2022 – I R 51/19, BStBl. II 2023, 725 Rn. 15.
97 Vgl. hierzu und im Folgenden RHN/Rödder/Joisten KStG § 14 Rn. 602 mwN.

Die vorgenannte Behandlung setzt allerdings nach den allgemeinen Grundsätzen voraus, dass bei der Organgesellschaft ausschüttbarer Gewinn iSd § 27 Abs. 1 S. 5 KStG vorhanden ist; ansonsten liegt insoweit eine nicht steuerbare Einlagenrückgewähr nach § 27 Abs. 1 S. 3 KStG vor. Es gelten also die *allgemeinen* Regeln. Es gilt insbesondere nicht § 27 Abs. 6 KStG, der für *organschaftliche* Mehr- und Minderabführungen stets eine Verringerung bzw. Erhöhung des steuerlichen Einlagekontos anordnet und zu Mehrabführungen regelt, dass diese vorrangig vor anderen Leistungen das Einlagekonto mindern (Direktzugriff, → Rn. 3416 f.). Dass § 27 Abs. 6 KStG nicht für vororganschaftliche Mehr- bzw. Minderabführungen gilt (sondern die allgemeinen Regeln nach Abs. 1), ergibt sich klar aus dem Wortlaut, aber auch aus der Natur der vororganschaftlichen Mehrabführung als Auskehrung von (auf Ebene der Organgesellschaft) versteuertem Gewinn (im Gegensatz zu einer Einlagenrückzahlung an Anteilseigner).[98] **3321**

**Gewerbesteuerlich** ist zu ergänzen, dass die fiktiven Gewinnausschüttungen aus vororganschaftlichen Minderabführungen zwar grundsätzlich für die Kürzung beim Organträger nach § 9 Nr. 2a GewStG in Betracht kommen. Die Regelung kommt bei Kapitalgesellschaften als Organträger aber faktisch nicht zum Tragen, da die 95 %-Steuerfreiheit nach § 8b Abs. 1 KStG bereits im Gewerbeertrag berücksichtigt ist (§ 7 S. 4 Halbs. 2 GewStG) und die restlichen 5 % gerade nicht mehr zusätzlich weggekürzt werden (§ 9 Nr. 2a S. 4 GewStG). Zum Tragen kommt die Regel daher nur bei natürlichen Personen als Organträger (oder Personengesellschaften als Organträger mit natürlichen Personen als Mitunternehmer); aber auch insofern nur teilweise, als die steuerfreien 40 % nach Anwendung des Teileinkünfteverfahrens bereits im Gewerbeertrag berücksichtigt sind (§§ 7 S. 4 Halbs. 2 GewStG iVm 3 Nr. 40 S. 1 lit. d und 3c EStG) und es somit nur noch um den zusätzlichen Abzug der „verbleibenden 60 %" gehen kann. Natürlich gilt dies auch nur dann, wenn bereits zu Beginn des Erhebungszeitraums mindestens 15 % an der Organgesellschaft gehalten wurden. **3322**

In Sonderfällen kommt gar die gewerbesteuerliche **Hinzurechnung** nach § 8 Nr. 5 GewStG in Betracht, etwa wenn die Beteiligung an der Organgesellschaft unterjährig erworben wird (und damit nicht bereits zu Beginn des Erhebungszeitraums des Organträgers bestand), aber trotzdem Organschaft besteht (wegen § 8b Abs. 4 S. 6 KStG).[99] Auch andere Konstellationen sind denkbar, zB dem Organträger stehen zwar die Mehrheit der Stimmrechte zu, wohingegen er nicht 15 % am Grund- oder Stammkapital der Organgesellschaft beteiligt ist, was zB der Fall sein kann, wenn andere Anteilseigner mit stimmrechtslosen Vorzugsaktien in hohem Umfang am Grund- oder Stammkapital beteiligt sind.[100] Dies gilt jedoch nur, falls und soweit die entsprechenden Erträge im gewerbesteuerlichen Gewinn des Organträgers vor Kürzung enthalten waren. **3323**

*(einstweilen frei)* **3324–3332**

## II. Rechtsfolge einer vororganschaftlichen Minderabführung

### 1. Rechtsfolge allgemein

Spiegelbildlich zur Fiktion einer Gewinnausschüttung der Organgesellschaft an den Organträger im Fall einer Mehrabführung (→ Rn. 3310 ff.) fingiert § 14 Abs. 3 S. 2 KStG bei einer Minderabführung eine Einlage des Organträgers in die Organgesellschaft; die Rechtsfolgen bestimmen sich nach den allgemeinen Grundsätzen. **3333**

Dies zeigt den Gedanken bzw. Sinn und Zweck hinter der Einlagefiktion: Es wird so getan, als sei der Betrag der Minderabführung zunächst an den Organträger abgeführt worden, und (weil dieser Betrag handelsrechtlich nie in das Vermögen des Organträgers gelangt ist) eine logische Sekunde später wieder vom Organträger in die Organgesellschaft **3334**

[98] Frotscher/Drüen/Frotscher KStG § 14 Rz. 768.
[99] Dieses Beispiel nennt Schnitger/Fehrenbacher/Brink KStG § 14 Rn. 1244.
[100] RHN/Rödder/Joisten KStG § 14 Rn. 610.

eingelegt worden.[101] Rechtsfolgen werden jedoch nur hinsichtlich dieses „gedanklichen zweiten Schrittes der Einlage" gezogen und nicht hinsichtlich „des gedanklichen ersten Schrittes der Gewinnausschüttung", da alles andere eine „Überkonstruktion" ohne Rechtsgrundlage wäre. Denn die Einlagefiktion soll nur die nachfolgend genannten Rechtsfolgen (Erhöhung des Einlagekonto bei der Organgesellschaft und des Beteiligungsbuchwert beim Organträger) sicherstellen.[102]

3335 Dieser Sinn und Zweck lässt sich auch hier wieder am besten anhand des klassischen Beispiels der (im letzten Jahr vor Wirksamkeit des GAV) nur steuerrechtlich zulässigen Sonderabschreibung eines Wirtschaftsguts verdeutlichen:[103]

**Beispiel 6:**

3336 Eine Tochtergesellschaft ***(T)*** ist mit dem Beteiligungsbuchwert 100 handels- und steuerlich bei der Muttergesellschaft ***(M)*** bilanziert. T besitzt **im Jahr 01** (letztes Jahr vor GAV und Organschaft) nur ein einziges Wirtschaftsgut mit Verkehrs- und Buchwert 100. Dieses wird mit 100% steuerlich abgeschrieben; handelsrechtlich soll keine Abschreibung vorzunehmen sein. Ergebnisauswirkungen bis hierhin: Steuerlicher Aufwand 100 und Gewinn./. 100. Handelsrechtlicher Aufwand 0 und Gewinn 0. **Im Jahr 02** (erstes Jahr von GAV und Organschaft) veräußert T das WG an einen Dritten für 100. Steuerlicher und handelsrechtlicher Gewinn vor Veräußerung des WG soll übereinstimmend 0 betragen. Ergebnisauswirkungen bis hierhin vor Anwendung des § 14 Abs. 3 KStG:

| | Steuerlich | Handelsrechtlich |
|---|---|---|
| Vor Veräußerung WG | 0 | 0 |
| Nach Veräußerung WG | +100, dh normale Besteuerung auf Ebene des Organträgers | 0, dh keine Ergebnisabführung mangels Gewinns |
| Verkehrs- und Beteiligungsbuchwert M an T | 100 | 100 |

Im **Jahr 03** veräußert M die Beteiligung an T an einen Dritten zum Verkehrswert 100, sodass die Veräußerung handels- und steuerrechtlich neutral ist. Die Folge aus den vorstehenden Geschehnissen wäre (ohne § 14 Abs. 3 KStG), dass M als Organträger (im Jahr 02) einen Gewinn von 100 versteuert hat, obwohl M weder (handelsrechtlich) eine Gewinnabführung erhalten hat, noch (handels- und steuerrechtlich) jemals einen Gewinn aus der Veräußerung der Beteiligung erzielt hat.

Lösung durch § 14 Abs. 3 KStG: Die Abweichung zwischen dem handelsrechtlichen Ergebnis 02 (0) und dem steuerlichen Ergebnis für 02 (+100) ist eine Minderabführung aus vororganschaftlicher Zeit. Sie gilt mit dem Ende des Wirtschaftsjahres 02 der Organgesellschaft als Einlage des Organträgers in die Organgesellschaft, sodass sich der steuerliche Beteiligungsbuchwert der M an der T um 100 auf 200 erhöht. Damit erzielt M im Jahr 03 mit der Veräußerung der Beteiligung an der T einen Veräußerungsgewinn von ./. 100 (Veräußerungspreis 100 ./. Beteiligungsbuchwert 200), was die steuerlichen Effekte für M (jedenfalls rechnerisch) wieder ausgleicht (wobei der Veräußerungsverlust nach § 8b Abs. 3 KStG nicht abzugsfähig ist).

## 2. Rechtsfolgen bei der Organgesellschaft

3337 Die fingierte Einlage ist bei der Organgesellschaft nach allgemeinen Regeln steuerneutral und **erhöht deren Einlagekonto** iSd § 27 Abs. 1 KStG (nicht nach Abs. 6, der nur für organschaftliche Mehr- und Minderabführungen gilt, → Rn. 3416 f.).

## 3. Rechtsfolgen beim Organträger

3338 Die fingierte Einlage führt beim Organträger zu einer **Erhöhung des Beteiligungsbuchwerts** an der Organgesellschaft.[104] Dieser weicht in der Steuerbilanz also insoweit von der

[101] BeckOK KStG/Ebber KSG § 14 Rn. 650.
[102] Vgl zu diesem Gedankengang und Schlussfolgerungen Frotscher/Drüen/Frotscher KStG § 14 Rn. 775 und 778.
[103] Beispiel entnommen von HHR/Kolbe KStG § 14 Rn. 319.
[104] Vgl. statt vieler Frotscher/Drüen/Frotscher KStG § 14 Rz. 776.

Handelsbilanz ab; § 14 Abs. 3 S. 2 KStG bildet insofern die Rechtsgrundlage für die Durchbrechung des Maßgeblichkeitsprinzips.[105]

*(einstweilen frei)* **3339–3348**

### III. Besondere Fallgestaltungen

#### 1. Beteiligung unter 100 %

Sofern der Organträger nicht zu 100 % an der Organgesellschaft beteiligt ist, ist auch in **3349** diesem Falle dem Organträger gleichwohl die **Mehrabführung** zu 100 % zuzurechnen, womit dieser die fiktive Gewinnausschüttung auch zu 100 % zu versteuern hat. Den außenstehenden Gesellschafter treffen insoweit keine steuerlichen Folgen.[106] Dies entspricht dem Wortlaut und Sinn und Zweck des § 14 Abs. 3 EStG, da (allein steuerlich) insoweit nur Korrekturbedarf beim Organträger gesehen wird und daher die Regelung ausdrücklich lediglich eine Gewinnausschüttung an den Organträger fingiert.[107] Entsprechendes gilt auch für die **Minderabführung,** dh es wird nur eine Einlage des Mehrheitsgesellschafters fingiert, keine des Minderheitsgesellschafters.

#### 2. Mittelbare Organschaft

Bei einer mittelbaren[108] Organschaft (um eine Zwischengesellschaft herum, die nicht Teil **3350** des Organkreises ist), ist umstritten, ob Empfänger der fingierten Gewinnausschüttung (nur) der Organträger sein soll oder zunächst die Zwischengesellschaft und anschließend der Organträger (Ausschüttung durch die Kette). Eine Mindermeinung[109] spricht sich nur für den Organträger als Empfänger der Gewinnausschüttung aus. Hierfür spreche der Wortlaut des § 14 Abs. 3 KStG; die Zwischengesellschaft stehe vollkommen außerhalb des GAV und der Organschaft und daher auch außerhalb des Regimes der Mehr- und Minderabführungen. Die uE zutreffende **absolut hM**[110] nimmt stattdessen eine **Gewinnausschüttung durch die Kette** an. Hierfür spreche, dass Sinn und Zweck der Rechtsfolge für vororganschaftliche Mehrabführungen sei, die Besteuerungsfolgen einer Ausschüttung eintreten zu lassen, die ebenso durch die Kette laufen würden. Zudem ist zu bedenken, dass die prima facie einfachere Lösung der Direktausschüttung an den Organträger zu Verwerfungen an anderen Stellen führen würde: So werden die Einkünfte aus Kapitalvermögen nach § 20 Abs. 5 EStG dem (wirtschaftlichen) Eigentümer der Anteile zugerechnet, was der Organträger nicht ist. Dies führt zu Folgeproblemen bei der Abbildung im steuerlichen Einlagekonto und der Schachtelstrafe des § 8b Abs. 5 KStG (die nach dem Wortlaut nicht anwendbar wäre).[111] Zum Teil wird darauf hingewiesen, dass die Finanzverwaltung[112] in ihrem Anwendungsschreiben zu *organschaftlichen* Mehr- und Minderabführungen ebenfalls vom Ziehen der Rechtsfolgen durch die Kette ausgeht, sodass nahe liegt, dass die Finanzverwaltung diese Sichtweise auch in Bezug auf vororganschaftliche Mehr- und Minder-

[105] Frotscher/Drüen/Frotscher KStG § 14 Rz. 776.
[106] RHN/Rödder/Joisten KStG § 14 Rn. 604 mwN.
[107] Schnitger/Fehrenbacher/Brink KStG § 14 Rn. 1239.
[108] Hier soll nur der Fall der mittelbaren Organschaft angesprochen werden, wo die Organgesellschaft ausschließlich über eine zwischengeschaltete Gesellschaft finanziell eingegliedert ist (Fallgruppe 1 im BMF 29.9.2022, BStBl. I 2022, 1412 Rn. 27), dh der Organträger soll an der Organgesellschaft nicht daneben auch noch unmittelbar beteiligt sein (Fallgruppen 2 und 3 des vorgenannten BMF-Schreibens). Für weitere komplizierte Fallgruppen der mittelbaren Organschaft vgl. etwa DPM/Dötsch/Pung KStG § 14 Rn. 994 ff.
[109] Vgl. Schnitger/Fehrenbacher/Brink KStG § 14 Rn. 1251.
[110] Vgl. statt vieler etwa DPM/Dötsch/Pung KStG § 14 Rn. 994.
[111] Auf diese Probleme hinweisend Neumann/Suchanek/Suchanek Ubg 2013, 549 (554); DPM/Dötsch/Pung KStG § 14 Rn. 994; RHN/Rödder/Joisten KStG § 14 Rn. 605 f. mwN; kritisch Schnitger/Fehrenbacher/Brink KStG § 14 Rn. 1240.
[112] BMF 29.9.2022, BStBl. I 2022, 1412 Rn. 27 ff.

abführen vertreten würde.[113] Allerdings ist hierbei zu beachten, dass die Neuregelung für *organschaftliche* Mehr- und Minderabführungen die Kettenlösung auch explizit im Gesetz anordnet (§ 14 Abs. 4 S. 4 KStG), während Abs. 3 durch das KöMoG unberührt blieb. Hieraus ist uE nicht zu folgern, dass die Gedanken des § 14 Abs. 4 S. 4 KStG bei Abs. 3 gerade im Umkehrschluss nicht gelten sollten; vielmehr können dessen Gedanken uE auf Abs. 3 übertragen werden; es ist uE wahrscheinlicher, dass der Gesetzgeber den Abs. 3 schlicht nicht für redaktionell anpassungsbedürftig gehalten hat.

**3351** Im Ergebnis und in der Begründung entsprechend wird die Diskussion bei **Minderabführungen** geführt: Während die absolut hM eine **Einlage durch die Kette in die Organgesellschaft** fingiert und daher auch die Beteiligungsbuchwerte auf jeder Stufe erhöht,[114] will eine Mindermeinung dies nur unmittelbar zwischen Organträger und Organgesellschaft annehmen[115].

**3352** Die gewerbesteuerliche Kürzung des § 9 Nr. 2a GewStG sollte aber unabhängig davon eingreifen, ob die (nach Mehrabführung fingierte) Gewinnausschüttung durch die Kette oder um die Zwischengesellschaft herum fingiert wird, da die gewerbesteuerliche Vorschrift des § 9 Nr. 2 GewStG im Gegensatz zu ihrem körperschaftsteuerlichen Äquivalent § 8b Abs. 4 KStG keine unmittelbare Beteiligung erfordert.[116]

**3353** Dies ist ein weiterer Beispielsfall dafür, dass das Gesetz im Ausgangspunkt ein schlichtes Zweierverhältnis von Organträger und Organgesellschaft zugrunde legt, und die Regelung in komplexeren Situationen eben „teleologisch zu Ende gedacht werden" muss.[117]

### 3. Kettenorganschaft

**3354** Oben (→ Rn. 3297 ff.) wurde bereits dargestellt, dass zwar bei einer Kettenorganschaft im Ausgangspunkt auf jeder Stufe getrennt gewürdigt werden muss, ob eine organschaftliche oder vororganschaftliche Verursachung vorliegt, es darüber hinaus im Einzelfall aber umstritten ist, ob und wie sich eine Mehr- oder Minderabführung auf der unteren Organschaftsebene auf der oberen Organschaftsebene fortsetzen kann. Falls und soweit man dies annimmt (→ Rn. 3298), wirkt sich eine Gewinnausschüttung wegen der in § 15 Abs. 1 Nr. 2 KStG festgelegten „Bruttomethode" erst auf der obersten Organschaftsebene aus. Vororganschaftliche Minderabführungen sind auf jeder Stufe zu berücksichtigen (Einlagekette).[118]

### 4. Zeitpunkt von vororganschaftlichen Mehr- und Minderabführungen, § 14 Abs. 3 S. 3 KStG

**3355** § 14 Abs. 3 S. 3 KStG fingiert als Zeitpunkt für sowohl Mehr- als auch Minderabführungen (sowohl für Organträger als auch Organgesellschaft) das Ende des Wirtschaftsjahres der Organgesellschaft. Diese Regelung ist erforderlich, da ansonsten (mangels tatsächlicher Gewinnausschüttung oder Einlage) Unklarheit bzw. Zweifel über deren Zeitpunkt entstehen könnten. Sie ist zum anderen sinnvoll, da auch in der Handelsbilanz der Organgesellschaft die Verbindlichkeit aus der Ergebnisabführungsverpflichtung zum Ende des Wirtschaftsjahres eingebucht wird.[119]

[113] Argument von RHN/Rödder/Joisten KStG § 14 Rn. 607, 686.
[114] Vgl. statt vieler etwa DPM/Dötsch/Pung KStG § 14 Rn. 1004.
[115] Generell und in Bezug auf die nachfolgenden Argumente Neumann/Suchanek/Suchanek Ubg 2013, 549 (554); Schnitger/Fehrenbacher/Brink KStG § 14 Rn. 1240.
[116] Generell GewStR 9.3 Satz 1 und GewStH 9.3 „Mittelbare Beteiligung" iVm BFH 17.5.2000 – I R 31/99, BStBl. II 2001, 685; im vorliegenden Zusammenhang darauf hinweisend RHN/Rödder/Joisten KStG § 14 Rn. 606, 610.
[117] Neumann/Suchanek/Neumann Ubg 2013, 549 (554).
[118] Frotscher/Drüen/Frotscher KStG § 14 Rn. 755.
[119] Vgl. zu diesen Aspekten Frotscher/Drüen/Frotscher KStG § 14 Rn. 781.

### 5. Teilwertansatz gem. § 13 Abs. 3 S. 1 iVm § 14 Abs. 3 S. 4 KStG

Die Regelung des § 14 Abs. 3 S. 4 KStG (mit der Annahme von Gewinnausschüttungen bei vororganschaftlichen Mehrabführungen) wirkt sich besonders auf **ehemals gemeinnützige Wohnungsunternehmen** aus, die auch Anlass der Regelung war, sodass sich deren Hintergrund, Telos und Wirkweise am besten damit erklären lässt: Gemeinnützige Wohnungsunternehmen waren bis Anfang der 1990er Jahre nach § 5 Abs. 1 Nr. 10 KStG steuerbefreit. Nach Abschaffung der Steuerbefreiung bzw. Übergang in die Steuerpflicht drohten erhebliche Steuerbelastungen durch Realisierung der hohen stillen Reserven. Dies wurde vermieden, indem die Wohnungsunternehmen nach § 13 Abs. 3 KStG ihre Wirtschaftsgüter in der Anfangsbilanz ihrer steuerpflichtigen Zeit mit den Teilwerten ansetzen konnten (die Gewinnrealisierung sollte also steuerfrei sein, da sie als letzter Akt der Gemeinnützigkeit anerkannt wurde). Da eine entsprechende Vorschrift zur Buchwertaufstockung handelsrechtlich nicht existiert, waren handelsrechtlich hingegen die Buchwerte fortzuführen. Durch die handelsrechtlich viel niedrigeren Abschreibungen (und damit höheren Gewinn) kommt es steuerlich zwingend zu Mehrabführungen. Der Gesetzgeber hat in § 13 Abs. 3 S. 4 KStG geregelt, dass diese Mehrabführungen vororganschaftlicher Zeit waren. Es handelt sich nur um eine Klarstellung, da die steuerliche Buchwertaufstockung noch als letzter Akt der Gemeinnützigkeit angesehen wurde und das gemeinnützige Wohnungsunternehmen ohnehin keinen GAV hätte abschließen können, da dies seinem Gemeinnützigkeitscharakter widersprochen hätte. Besteht aber mittlerweile (nach Begründung der Steuerpflicht) ein GAV, so gilt § 13 Abs. 3 KStG, dessen nachteilige Folgen (dh die Annahme einer Gewinnausschüttung) das Wohnungsunternehmen nicht vermeiden kann.[120] 3356

*(einstweilen frei)* 3357–3366

## E. Behandlung organschaftlicher Mehr- und Minderabführungen

### I. Frühere Rechtslage nach der APO-Methode (Überblick)[121]

### 1. Grundsatz der bisherigen Regelung

Wie bereits oben dargelegt (vgl. → Rn. 3204 f.) dienten die APO bisher dazu, der Gefahr 3367
einer Doppelbesteuerung von Minderabführungen und einer Nichtbesteuerung von Mehrabführungen zu begegnen; ihr **Zweck lag also in der Sicherung einer „Einmalbesteuerung“** (auf Gesellschafts- und Gesellschafterebene) zu verwirklichen. Der Gesetzgeber führte die zuvor nur durch Verwaltungserlasse geregelte APO-Lösung mit dem JStG 2008 in das Gesetz in § 14 Abs. 4 KStG ein.[122] Schon im damaligen Gesetzgebungsverfahren wurde die Einlagelösung als Alternative zum APO-Modell diskutiert.[123]

Nach § 14 Abs. 4 S. 1 KStG aF war für Minder- und Mehrabführungen, die ihre 3368
Ursache in organschaftlicher Zeit hatten, in der Steuerbilanz des Organträgers ein besonderer **aktiver oder passiver APO** in Höhe des Betrags zu bilden, der dem Verhältnis der Beteiligung des Organträgers am Nennkapital der Organgesellschaft entsprach.

[120] Vgl. zu allem ausführlicher Frotscher/Drüen/Frotscher KStG § 14 Rn. 785–788; vorliegende Darstellung fasst dessen Erwägungen zusammen. Darüber hinausgehend zur alten Rechtslage, zeitlichen Anwendung und partiellen Nichtigkeitserklärung durch das BVerfG durch unechte Rückwirkung, die in speziellen Konstellationen den Vertrauensschutzgrundsatz verletzt, siehe DPM/Dötsch/Pung KStG § 14 Rn. 1020–1022.

[121] Obwohl das alte Recht durch die Änderungen im KöMoG „ausgelaufen“ ist, wird es in den nächsten Jahren weiter Gegenstand von Betriebsprüfungen, Einspruchs- und finanzgerichtlichen Verfahren bleiben (ebenso Prinz/Witt Steuerliche Organschaft/von Freeden Rn. 16.57 und 16.3). Aus diesem Grund erfolgt hier noch eine überblicksartige Darstellung der Kernpunkte der APO-Grundsätze.

[122] Als Reaktion auf das Urteil des BFH 7.2.2007 – I R 5/05, BStBl. II 2007, 796 mit dem die Besteuerung passiver APO abgelehnt worden war; dazu → Rn. 3205 und dort Fn. 16.

[123] Vgl. zur Historie eKommentar KStG/Dölker KStG § 14 Rn. 61.

3369 Nach umstrittener Auffassung des BFH handelte es sich bei den zu bildenden APOs nicht um einen Teil der Beteiligung bzw. des Beteiligungsbuchwerts oder ein eigenes Wirtschaftsgut, sondern bloße **steuerliche Bilanzierungshilfen** in Form von steuerbilanziellen Merkposten, die den Zweck hatten, eine doppelte Besteuerung bzw. Nichtbesteuerung von Organkreiseinkommen zu verhindern.[124] Deswegen war zB eine Teilwertabschreibung auf einen aktiven APO nicht zulässig.[125]

3370 Im Falle von Minderabführungen der Organgesellschaft an den Organträger waren aktive APOs zu bilden, die bilanziell einen unterstellten typisierten Mehrwert der Beteiligung an der Organgesellschaft auswiesen. Als Gegenstück wurde im Fall von Mehrabführungen an den Organträger ein passiver APO gebildet. Die gebildeten APOs wurden in den Folgejahren entsprechend den laufenden Veränderungen fortgeführt und angepasst.[126]

3371 Die Bildung der APO erfolgte **einkommensneutral** in der Steuerbilanz des Organträgers, da es sich bei den APO lediglich um Bilanzierungshilfen handelte, die das Eigenkapital und den Steuerbilanzgewinn des Organträgers nicht berührten.[127]

3372 Bei Beteiligung des Organträgers unter 100 % wurde – aufgrund der ausdrücklichen Regelung in § 14 Abs. 4 KStG – der APO nur anteilig entsprechend der Beteiligung des Organträgers an der Organgesellschaft gebildet (zB bei 80 %-Beteiligung APO in Höhe von 80 % der Mehr- bzw. Minderabführung).[128] Es erfolgte also lediglich eine **beteiligungsquotale APO-Bildung.**

3373 Eine Regelung, wie die APO in Fällen von **mittelbaren Organschaften** zu behandeln waren, – insbesondere ob unter Einbezug der Zwischengesellschaft – enthielt das Gesetz (noch) nicht. Nach hM waren die APO nur auf Ebene des Organträgers zu bilden, nicht dagegen auch auf Ebene der Zwischengesellschaft. Beim Organträger war ein **quotaler „durchgerechneter" APO** in Höhe der mittelbaren Beteiligung zu bilden (Beispiel: Organträger ist zu 90 % an der vermittelnden Zwischengesellschaft beteiligt, Zwischengesellschaft hält eine Beteiligung in Höhe von 75 % der Organgesellschaft – damit mittelbare Beteiligung des Organträgers an der Organgesellschaft in Höhe von 67,5 % (0,9 x 0,75)).[129]

3374 Bei **mehrstöckigen Organschaften** erfolgte die APO-Bildung jeweils im Verhältnis der einzelnen Gesellschaften zueinander.[130]

3375 Auch eine Regelung zur **Auswirkung auf das Einlagekonto** wurde eingeführt. Auf der Ebene der Organgesellschaft ordnete § 27 Abs. 6 KStG an, dass organschaftliche Minderabführungen das steuerliche Einlagekonto erhöhten und Mehrabführungen spiegelbildlich zu Minderungen führten. Dem lag die Fiktion zugrunde, dass die Organgesellschaft, die nach der steuerlichen Gewinnermittlung erwirtschaftete Vermögensmehrung an den Organträger abgeführt und in Höhe des zurückbehaltenen Anteils eine Einlage vom Organträger erhalten bzw. in Höhe des übersteigenden Anteils eine Einlagenrückgewähr an den Organträger geleistet hat.[131] Insofern war schon seinerzeit – aber nur in Bezug auf das Einlagekonto – eine Einlagelösung angelegt. Dabei wurden beim steuerlichen Einlagekonto die Auswirkungen stets in voller Höhe der Mehr- und Minderabführungen berücksichtigt und nicht nur anteilig entsprechend der Beteiligung am Organträger – insofern unterschieden sich im Recht bis 2021 die Behandlung bei der APO-Bildung und beim Einlagekonto[132], was uE schon nicht folgerichtig war.

3376 Während die Bildung der APO einkommensneutral erfolgte, stellte hingegen die **spätere Auflösung der APO einen einkommenswirksamen Vorgang** dar. Nach § 14 Abs. 4 S. 2 KStG aF waren die APO im Falle der Veräußerung der Organgesellschaft aufzulösen.

[124] BFH 29.8.2012 – I R 65/11, BStBl. II 2013, 555 Rn. 23.
[125] Brandis/Heuermann/Rode KStG § 14 Rn. 274 mit weiteren Bsp.
[126] HHR/Kolbe KStG § 14 Rn. 352.
[127] RHN/Rödder/Joisten KStG § 14 Rn. 712; BFH 29.8.2012 – I R 65/11, BStBl. II 2013, 555 Rn. 18 ff.
[128] HHR/Kolbe KStG § 14 Rn. 352.
[129] HHR/Kolbe KStG § 14 Rn. 353; RHN/Rödder/Joisten KStG § 14 Rn. 703.
[130] Brandis/Heuermann/Krumm KStG § 14 Rn. 283.
[131] Gosch KStG/Neumann KStG § 14 Rn. 417.
[132] Bott/Walter/Walter KStG § 14 Rn. 981.

§ 14 Abs. 4 S. 5 KStG aF ordnete der Veräußerung gleichgestellte Vorgänge (Umwandlung der Organgesellschaft auf eine Personengesellschaft oder natürliche Person[133], verdeckte Einlage der Beteiligung an der Organgesellschaft und Auflösung der Organgesellschaft) an. Wurde nur ein Teil der Beteiligung an der Organgesellschaft veräußert und bestand der GAV fort, war der APO entsprechend der Höhe der veräußerten Anteile erfolgswirksam aufzulösen.[134] Die Beendigung der Organschaft selbst führte nicht zur Auflösung der APOs, sodass diese beim Organträger unverändert fortbestanden.[135]

Die Auflösung aktiver APO minderte den Veräußerungsgewinn, während die Auflösung der passiven APO den Gewinn erhöhte. Nach der herrschenden und in der Praxis angewendeten **Nettomethode** wirkte sich die Auflösung der APO unmittelbar auf den Veräußerungsgewinn aus (Zusammenfassung mit dem Buchwert der Beteiligung). In Abhängigkeit der Rechtsform des Organträgers waren bei der Auflösung der APO die **§§ 3 Nr. 40, 3c Abs. 2 EStG** (wenn Personengesellschaft oder natürliche Person als Organträger) oder **§ 8b KStG** (wenn Kapitalgesellschaft als Organträger) auf das Ergebnis der Auflösung anzuwenden.[136] Das Ergebnis aus der Auflösung eines APOs wurde danach so behandelt wie der Gewinn oder Verlust aus der Veräußerung einer Beteiligung an einer Kapitalgesellschaft. **3377**

**Beispiel 7: Bildung und Auflösung eines aktiven Ausgleichspostens:**[137]
Die OT-GmbH ist zu 100 % an der OG-GmbH beteiligt. Der Beteiligungsbuchwert der OG-GmbH in der Steuerbilanz der OT-GmbH beträgt 50.000 EUR. Im Rahmen der Gewinnabführung von der OG-GmbH an die OT-GmbH kommt es zu einer Minderabführung in Höhe von 10.000 EUR. Im Folgejahr verkauft die OT-GmbH die Beteiligung an der OG-GmbH für 100.000 EUR. **3378**
Wegen der Minderabführung ist in der Steuerbilanz der OT-GmbH ein aktiver APO in Höhe von 10.000 EUR zu bilden. Im Zuge der Veräußerung der Beteiligung ist der APO gewinnmindernd aufzulösen. Damit werden im Ergebnis 40.000 EUR der Besteuerung als Veräußerungsgewinn iSd § 8b Abs. 2 KStG unterworfen.

**Beispiel 8: Bildung und Auflösung eines passiven Ausgleichpostens:**[138]
Die OT-GmbH ist zu 80 % an der OG-GmbH beteiligt. Der Beteiligungsbuchwert in der Steuerbilanz der OT-GmbH beträgt 50.000 EUR. Im Rahmen der Gewinnabführung von der OG-GmbH kommt es zu einer Mehrabführung in Höhe von 100.000 EUR. Im Folgejahr verkauft die OT-GmbH die Beteiligung an der OG GmbH für 1.000.000 EUR.
Wegen der Mehrabführung ist in der Steuerbilanz der OT-GmbH ein passiver APO anteilig im Verhältnis der Beteiligung an der OG-GmbH zu bilden (= 80 % von 100.000 EUR = 80.000 EUR). Im Zuge der Veräußerung der Beteiligung ist der APO erfolgswirksam gewinnerhöhend aufzulösen. Dem eigentlichen Veräußerungsgewinn von 950.000 EUR wird der passive APO in Höhe von 80.000 EUR zugrechnet, sodass insgesamt 1.030.000 EUR nach § 8b Abs. 2 KStG zu besteuern sind.

## 2. Probleme und Kritik (u. a. Mehrabführungs-Modell)

Mit der APO-Lösung gingen viele Rechtsunsicherheiten und Kritik einher. So bestand zunächst schon **Unklarheit über die Rechtsnatur der APO** und die sich daraus ergebenden Rechtsfolgen (zB Bilanzierung der APO, Einfluss auf den Beteiligungsbuchwert, Teilwertabschreibung der APO möglich?).[139] Auch die **Art und Weise der APO-Bildung** war gesetzlich nicht geregelt. So herrschte Uneinigkeit darüber, ob und uU inwieweit eine Saldierung der Posten erfolgen konnte.[140] Gleiches galt für die Auflösung der APO, bei der **3379**

[133] Zu anderen Umwandlungsformen vgl. u. a. den UmwStE 2011, BMF 11.11.2011, BStBl. I 2011, 1314 Rn. Org.05-Org.08; Brandis/Heuermann/Rode KStG § 14 Rn. 281 f.
[134] Herrnmann/Heuer/Raupach/Kolbe KStG § 14 Rn. 355.
[135] Brandis/Heuermann/Rode KStG § 14 Rn. 276.
[136] KStR 14.8 Abs. 3 S. 2; Brandis/Heuermann/Rode KStG § 14 Rn. 275; von Freeden/Joisten Ubg 2014, 512 (518).
[137] Angelehnt an BeckOK KStG/Ebber KStG § 14 Rn. 667.1.
[138] Angelehnt an BeckOK KStG/Ebber KStG § 14 Rn. 674.1.
[139] Kußmaul/Klauck StB 2021, 292 (296).
[140] RHN/Rödder/Joisten KStG § 14 Rn. 664 ff.

im Rahmen der Ermittlung des Einkommens umstritten war, ob die Netto- oder Bruttomethode anzuwenden war.[141] Ferner wurde an der APO-Methode insbesondere auch kritisiert, dass die Bildung und Fortführung der APO **aufwändig und kompliziert** seien.[142]

3380 Schließlich ermöglichte die APO-Methode die **Bildung sog. Mehrabführungsmodelle.** Hierbei wurde durch eine gezielte Generierung von Mehrabführungen (zB im Rahmen von Umwandlungen), die zu hohen passiven APO führten, eine Steuerstundung auf den entsprechenden Vermögenstransfer zum Organträger bis zur Veräußerung der Beteiligung (oder gleichgestellten Vorgängen) ermöglicht.[143] Da die Bildung der APO einkommensneutral erfolgte, wurden die sich aus den Mehrabführungen ergebenden Differenzbeträge zunächst nicht besteuert. Auch bei einer Beendigung der Organschaft traten keine Besteuerungsfolgen ein, da die einkommenswirksame Auflösung der APO erst bei der Veräußerung der Beteiligung an der Organgesellschaft und gleichgestellten Vorgängen erfolgte. Bei mittelbaren Organschaften ließ sich dieser Effekt noch weiter ausreizen, da der entsprechende APO nur beim Organträger zu bilden sein sollte, sodass er erst bei Veräußerung der Zwischengesellschaft zu versteuern war, nicht jedoch bei Veräußerung der Organgesellschaft aufzulösen war.[144]

**Beispiel 9: Mehrabführungsmodell**

3381 Die OT-GmbH ist zu 100 % an der OG-GmbH beteiligt. Der Buchwert der Beteiligung an OG beträgt 50. Die OG-GmbH bringt in 01 einen Mitunternehmeranteil in eine Tochtergesellschaft ein, und zwar nach § 20 UmwStG steuerlich zu Buchwerten, aber handelsrechtlich zum Verkehrswert. Dadurch entsteht bei der OG-GmbH ein handelsrechtlicher Mehrgewinn (zB 200), der an die OT-GmbH abgeführt wird. Es kommt somit steuerlich zu einer Mehrabführung an die OT-GmbH iHv 200, für den bei der OT-GmbH ein passiver APO von 200 zu bilden ist. Die Bildung des APO erfolgt einkommensneutral; dass der passive APO den Buchwert von 50 deutlich übersteigt, ist irrelevant.
Einkommenswirksame Auswirkungen der Mehrabführung ergeben sich erst bei Veräußerung der Beteiligung an der OG-GmbH (und gleichgestellten Vorgängen iSd § 14 Abs. 4 S. 5 KStG). Bis dahin ergibt sich keine Besteuerung, auch wenn die Mehrabführung sehr hoch ist und zB den Buchwert der Beteiligung übersteigt – es tritt also eine langfristige Steuerstundung ein. Erst wenn die OT-GmbH die Beteiligung an der OG-GmbH veräußert, ist der passive APO aufzulösen, wodurch sich der Veräußerungsgewinn entsprechend erhöht und es letztlich zu einer Besteuerung der Mehrabführungen kommt.

3382 Diese Wirkungen ließen sich für die OT-GmbH zudem noch weiter steuern, wenn eine mittelbare Organschaft bestand, also eine Zwischengesellschaft (Z-GmbH) hinzutrat.

**Beispiel 10: Mehrabführungsmodell mit Zwischengesellschaft**

3383 Die OT-GmbH hält eine 100 % Beteiligung an der Z-GmbH. Die Z-GmbH wiederum hält 100 % der Anteile der OG-GmbH. Zwischen der OT-GmbH und der OG-GmbH besteht ein Organschaftsverhältnis iSd § 14 Abs. 1 KStG. Die OG-GmbH nimmt sowohl in 01 als auch 02 jeweils Mehrabführungen an die OT-GmbH in Höhe von insgesamt 200 vor, sodass bei der OT-GmbH ein passiver APO in Höhe von 200 besteht, bei der Z-GmbH werden dagegen keine APO gebildet.
Veräußert die Z-GmbH im Jahr 03 ihre Beteiligung an der OG-GmbH, hat dies keine Auswirkung auf die passiven APO bei der OT-GmbH, diese werden fortgeführt. Eine steuerwirksame Auflösung der APO erfolgt erst dann, wenn die OT-GmbH ihre Beteiligung an der Z-GmbH veräußert.[145]

3384 Die geschilderte Steuerstundung war (natürlich) besonders groß, wenn der Organträger keine Körperschaft war, sondern eine natürliche Person bzw. eine Organträger-Personengesellschaft mit natürlichen Personen als Mitunternehmer; denn damit machte der Steuer-

---

141 HHR/Kolbe KStG § 14 Rn. 356.
142 Kußmaul/Klauck StB 2021, 292 (296).
143 Schwalm DStR 2021, 980 (981).
144 Schwalm DStR 2021, 980 (981); Rödder/Tigges-Knümann Ubg 2023, 49 (50) und Fn. 6.
145 So zumindest die Finanzverwaltung und Teile der Lit. zur alten Rechtslage, vgl. R 14.8 Abs. 3 S. 7 KStR 2014; FinMin Schleswig-Holstein 8.12.2011, DStR 2012, 1607 (1608); zum Streitstand HHR/Kolbe KStG § 14 Rn. 356 mwN.

stundungseffekt im Ergebnis nicht nur lediglich 5 % der Mehrabführung aus, sondern (wegen der grundsätzlichen Anwendung des Teileinkünfteverfahrens) 60 %.

*(einstweilen frei)* **3385–3394**

## II. Geltende Rechtslage nach der neuen Einlagelösung

### 1. Historie der Neuregelung (Erstregelung im KöMoG, Ergänzung im JStG 2022)

Mit dem KöMoG v. 25.6.2021 erfolgte eine gesetzliche Neuregelung der Thematik; **3395** angeordnet wurde der zukünftige **Übergang von der APO-Lösung zur Einlagelösung.** Ausweislich der Gesetzesbegründung sollte dies zu einer Verringerung des Bürokratieaufwands bei der steuerbilanziellen Behandlung von Mehr- und Minderabführungen führen.[146] In § 14 Abs. 4 S. 1, 2 KStG wurde angeordnet, dass Minderabführungen nunmehr als Einlage des Organträgers in die Organgesellschaft und Mehrabführungen als Einlagenrückgewähr der Organgesellschaft an den Organträger zu behandeln seien. Dementsprechend verändern Minder- und Mehrabführungen unmittelbar die Beteiligungsbuchwerte des Organträgers an der Organgesellschaft. Die Behandlung als bloße Bilanzierungshilfe – wie bei den APO – wurde dadurch abgeschafft.

Die Einlagenlösung war durch das KöMoG allerdings nicht ausführlich geregelt und warf **3396** daher zunächst **einige wesentliche Rechtsfragen (und Lücken)** auf. So war insbesondere unklar, wie eine Besteuerung übersteigender Mehrabführungen (Mehrabführung größer als Summe aus Beteiligungsbuchwert und Minderabführung) zu erfolgen hatte, insb. ob die §§ 3 Nr. 40, 3c Abs. 2 EStG bzw. § 8b KStG Anwendung fanden. Auch bei mittelbaren Organschaften bestanden erhebliche Unsicherheiten, auf welchen Ebenen jeweils eine Einlage bzw. Einlagerückgewähr vorlag.[147] Ferner bestanden Unsicherheiten hinsichtlich des Übergangs der APO-Lösung auf die Einlagelösung und die damit zusammenhängende Auflösung der bestehenden APO (→ Rn. 3463 ff.) über eine mögliche Angleichung der anteilig gebildeten APO an die volle Höhe der Mehr- und Minderabführungen.[148]

Die Finanzverwaltung reagierte relativ schnell mit dem **BMF-Schreiben vom** **3397** **29.9.2022;** darin bezog das BMF zu vielen offenen Fragen und der seitens der Literatur geäußerten Kritik Stellung.[149] Das löste wiederum eine ausführliche Diskussion im Fachschrifttum aus.[150]

Mit dem kurz vor Jahresende 2022 verabschiedeten **JStG 2022** nahm der Gesetzgeber **3398** dann eine Reihe gesetzlicher Änderungen an den §§ 14, 34 KStG vor. Damit wurden ergänzende und klarstellende Regelungen an der neuen Einlagelösung umgesetzt, die im Wesentlichen der Auffassung der Finanzverwaltung aus dem BMF-Schreiben vom 29.9.2022 entsprachen. Viele der offenen Fragen wurden damit einer klar(rer)en gesetzlichen Rechtsgrundlage zugeführt.

Die folgende Darstellung setzt auf der finalen Regelung der Einlagelösung auf, wie sie **3399** sich seit dem JStG 2022 ergibt. Insgesamt erfolgten gesetzliche Änderungen zur Implementierung der Einlagelösung an vier verschiedenen Stellen:

- **§ 14 Abs. 4 KStG:** Anordnung der Einlagelösung und ihrer wesentlichen Behandlung, **3400** inkl. der Auswirkungen auf den Buchwert der Beteiligung, auch bei mittelbaren Organschaften; Behandlung einer den Buchwert übersteigenden Einlagerückgewähr; Anordnung der Anwendung des Teileinkünfteverfahrens/§ 8b KStG;

[146] BT-Drs. 19/28656, 26.
[147] Dazu ausführlich Liedgens/Himmer DStR 2022, 801 (803 ff.).
[148] Zu den Zweifelsfragen vgl. u. a. Schwalm DStR 2021, 980; Liedgens/Himmer DB 2021, 1221; Kußmaul/Klauck StB 2021, 292; Leucht/Jesic FR 2021, 934; Liedgens DB 2021, 2859; Stimpel/Schumacher StbJb 2021/2022, 197.
[149] BMF 29.9.2022, BStBl. I 2022, 1412.
[150] Unter Anderem Liedgens/Himmer DStR 2022, 2393; Reifarth-Belli NWB 2022, 3222; Fey/Aschenbrenner DB 2022, 2820 (2823).

3401 • **§ 14 Abs. 1 S. 1 Nr. 1 S. 2 KStG:** Klarstellung zu mittelbaren Organschaften bei gleichzeitig unmittelbarer Beteiligung (Klarstellung, dass eine mittelbare Organschaft nicht vorliegt, wenn auch eine unmittelbare Beteiligung besteht, die bereits die finanzielle Eingliederung bewirkt);

3402 • **§ 27 Abs. 1, 6 KStG:** Klarstellungen zur Behandlung von Mehr- und Minderabführungen auf das Einlagekonto;

3403 • **§ 34 Abs. 6e KStG:** zeitliche Anwendung der Neureglung und insbesondere sehr umfassende Regelung zum Übergang von der bisherigen APO-Lösung zur Einlagelösung, mit Anordnung einer Direktbesteuerung in 2022 bei passiven APO, soweit diese den Buchwert der Beteiligung übersteigen.

## 2. Zeitliche Anwendung der neuen Einlagelösung

3404 § 34 Abs. 6e S. 5 KStG bestimmt, dass die Einlagelösung erstmals anzuwenden ist auf **Minder- und Mehrabführungen, die nach dem 31.12.2021 erfolgen.** Hierzu ist auf das Ende des Wirtschaftsjahres der Organgesellschaft abzustellen (vgl. §§ 34 Abs. 6e S. 6, 14 Abs. 4 S. 7 KStG). Damit sind alle Mehr- und Minderabführungen aus Wirtschaftsjahren der Organgesellschaft erfasst, die in 2022 oder später enden. Das gilt auch, wenn das Wirtschaftsjahr des Organträgers nicht mit dem der Organgesellschaft übereinstimmt.[151]

3405 Da keine gesonderte Anwendungsregelung im JStG 2022 vorgesehen war, und dessen Verkündung noch im Dezember 2022 erfolgte[152], ist grundsätzlich davon auszugehen, dass die Gesamtregelung (einschließlich der Nachbesserungen durch das JStG 2022) erstmals auf den Veranlagungszeitraum 2022 anzuwenden ist. Sofern Wirtschaftsjahre der Organgesellschaft allerdings bereits vor Dezember 2022 endeten, könnte dies uU den Rahmen einer bloßen unechten Rückwirkung übersteigen.

## 3. Grundsätzliche Behandlung nach der Neuregelung; Wirkungsweise und Rechtsfolgen

3406 Im Gegensatz zur getrennten Darstellung zu vororganschaftlichen Mehr- und Minderabführungen (→ Rn. 3310 ff.) werden die Rechtsfolgen von organschaftlichen Mehr- und Minderabführungen darstellungstechnisch nicht getrennt, sondern im Zusammenhang dargestellt. Denn sie stehen seit Umsetzung der Einlagenlösung in engem Zusammenhang, da die jeweilige **Rechtsfolgenanordnung (Einlagen einerseits, Einlagenrückgewähr andererseits) sich gegenläufig entsprechen** und sich die Rechtsfolgen in ihrer Wirkung vereinfacht gegenseitig aufheben (anders als bei der Anordnung von Einlagen und Gewinnausschüttungen im vororganschaftlichen Bereich); daher wirken sich sowohl organschaftliche Mehr- als auch Minderabführung beide auf die Beteiligungsbuchwerte aus (weswegen die Finanzverwaltung mittlerweile auch in begrenztem Umfang eine Saldierung zulässt).

3407 **Grundsätzliche Anordnung der Einlagelösung:** § 14 Abs. 4 S. 1 KStG bestimmt, dass organschaftliche Minderabführungen als Einlage durch den Organträger in die Organgesellschaft zu behandeln sind. Mehrabführungen sind als Einlagenrückgewähr der Organgesellschaft an den Organträger zu behandeln (§ 14 Abs. 4 S. 2 KStG). Nach Auffassung der Finanzverwaltung ist eine **Saldierung von innerorganschaftlichen Mehr- und Minderabführungen beim Organträger** beteiligungsbezogen zulässig, da diese zeitgleich in dem Zeitpunkt als verursacht gelten, in dem das Wirtschaftsjahr der Organgesellschaft endet (§ 14 Abs. 4 S. 7 KStG).[153]

3408 **Auswirkung auf Beteiligungsbuchwerte:** Nach § 14 Abs. 4 S. 3 KStG mindern Mehrabführungen als Einlagenrückgewähr den Beteiligungsbuchwert an der Organgesell-

[151] BMF 29.9.2022, BStBl. I 2022, 1412, Rn. 1.
[152] JStG 2022 v. 16.12.2022, BGBl. 2022 I 2294.
[153] BMF 29.9.2022, BStBl. I 2022, 1412, Rn. 6. Darin liegt eine erhebliche Vereinfachung für die Praxis, vgl. Reifarth-Belli NWB 2022, 3222 (3233).

schaft und Minderabführungen erhöhen den Buchwert. Der Beteiligungsbuchwert darf dabei allerdings nicht negativ werden.

Die Veränderungen der Beteiligungsbuchwerte in der Steuerbilanz stellen für den Organträger **grundsätzlich einkommensneutrale Vorgänge** dar. Erträge aus der buchtechnischen Erhöhung des Beteiligungsbuchwerts bei Minderabführungen sind außerbilanziell zu korrigieren.[154] Das gilt entsprechend bei Mehrabführungen für den Aufwand aus der Minderung des Beteiligungsbuchwerts.[155] **3409**

**Beispiel 11: Minderabführung nach Einlagelösung[156]:**
Die OG-GmbH führt an die OT-GmbH einen handelsrechtlichen Gewinn in Höhe von 80 ab. **3410**
Steuerbilanziell beträgt der Gewinn der OG-GmbH dagegen 100, sodass eine Minderabführung in Höhe von 20 vorliegt. Der Beteiligungsbuchwert der OG-GmbH in der Steuerbilanz der OT-GmbH beträgt 100.
Infolge der Minderabführung kommt es zu einer Einlage oder OT-GmbH in die OG-GmbH in Höhe von 20, sodass sich der Beteiligungsbuchwert auf 120 erhöht. Wegen der Erhöhung des Beteiligungsbuchwertes an der OG-GmbH hat eine außerbilanzielle Korrektur des entstehenden Ertrages in Höhe von 20 zu erfolgen; der Organträger hat also nur 100 zu versteuern (Ausnahme: Steuerbilanzgewinn = zu versteuerndes Einkommen).

**Beispiel 12: Mehrabführung nach der Einlagelösung[157]**
Die OG-GmbH führt an die OT-GmbH einen Gewinn in Höhe von 100 ab. Der sich aus der Steuerbilanz ergebende Gewinn der OG-GmbH beträgt allerdings nur 60, sodass eine Mehrabführung in Höhe von 40 vorliegt. Der Beteiligungsbuchwert an der OG-GmbH beträgt 100.
Infolge der Mehrabführung kommt es zu einer Einlagenrückgewähr von der OG-GmbH an die OT-GmbH in Höhe von 40, sodass der Beteiligungsbuchwert an der OG-GmbH auf 60 gemindert wird. Korrespondierend kommt es zu einer außerbilanziellen Korrektur des entstehenden Aufwands in Höhe von 40.

Die Regelung enthält – anders als die zur APO-Lösung vor dem KöMoG – keine Aussage mehr dazu, dass bei Beteiligungen des Organträgers unter 100 % nur eine anteilige Berücksichtigung erfolgt. Deswegen wird allgemein davon ausgegangen, dass die **Berücksichtigung in voller Höhe der Mehr- oder Minderabführung** erfolgt und nicht mehr – wie noch in der APO-Lösung – nur quotal.[158] Dies ist uE folgerichtig, da auch „normale" Einlagen und Einlagerückgewähr-Vorgänge sich in vollem Umfang auf den Buchwert auswirken.[159] **3411**

**Buchwertübersteigende Mehrabführungen:** Einkommensteuerwirksame Vorgänge ergeben sich dagegen im Falle von sog. übersteigenden Mehrabführungen, dh wenn eine Mehrabführung den Beteiligungsbuchwert (zzgl. einer vorherigen evtl. Minderabführung) übersteigt. Nach ausdrücklicher gesetzlicher Anordnung erfolgt eine **Minderung des Buchwerts nur bis auf null;** der Beteiligungsbuchwert darf nicht negativ werden (§ 14 Abs. 4 S. 3, Hs. 2 KStG). § 14 Abs. 4 S. 5 KStG regelt die steuerliche Behandlung der den Buchwert übersteigenden Mehrabführung: Danach liegt in Höhe der Differenz von höherer Mehrabführung (Einlagenrückgewähr) und niedrigerem Beteiligungsbuchwert (zzgl. evtl. vorheriger Minderabführungen = Einlagen) ein steuerpflichtiger Ertrag vor, auf den die Regeln für Veräußerungsgewinne aus Kapitalgesellschaften anzuwenden sind: ist der Organträger eine natürliche Person, greift § 3 Nr. 40 lit. a, § 3c Abs. 2 EStG, ist der Organträger Kapitalgesellschaft/Körperschaft greift § 8b Abs. 2, 3, 6 bis 8 KStG; bei einer Organträger-Personengesellschaft wird nach den Mitunternehmern differenziert. **3412**

Es kommt damit zu einer **laufenden Besteuerung einer buchwertübersteigenden Mehrabführung** nach dem Teileinkünfteverfahren bzw. dem körperschaftsteuerlichen **3413**

[154] BMF 29.9.2022, BStBl. I 2022, 1412, Rn. 7; Liedgens/Himmer DStR 2022, 2393 (2395).
[155] BMF 29.9.2022, BStBl. I 2022, 1412, Rn. 8.
[156] Angelehnt an BeckOK KStG/Ebber KStG § 14 Rn. 682d.1.
[157] Angelehnt an Liedgens/Himmer DStR 2022, 2393 (2395).
[158] BMF 29.9.2022, BStBl. I 2022, 1412 Rn. 4; Liedgens/Himmer DStR 2022, 2393 (2394); Prinz/Witt Steuerliche Organschaft/von Freeden Rn. 16.41.
[159] So auch Rödder/Tigges-Knümann Ubg 2023, 49 (52).

Schachtelprivileg. Damit sind für die Zukunft die (oben dargestellten) Mehrabführungs-Modelle mit ihrer uU langfristigen Steuerstundung nicht mehr möglich.[160]

3414 Die gesetzliche Regelung, dass auf den entsprechenden Mehrbetrag die **Regeln des Teileinkünfteverfahrens/§ 8b KStG anzuwenden** sind, erfolgte erst durch das JStG 2022. Damit wurde eine Rechtsunsicherheit beseitigt. Denn das KStG enthält keine allgemeine Regelung für eine Einlagerückgewähr, die den Buchwert übersteigt, und der BFH hat die Anwendung des § 8b Abs. 2 KStG bisher ausdrücklich offengelassen.[161] Im KöMoG war nur eine Sonderregelung enthalten für Erträge iRd des Übergangs von der APO- zur Einlagelösung. Insofern ist die Klarstellung zu begrüßen. Besser wäre noch gewesen, eine allgemeine Anordnung für entsprechende übersteigende Mehrabführungen im § 8b Abs. 2 KStG selbst vorzusehen.[162]

**Beispiel 13: Übersteigende Mehrabführung nach der Einlagelösung**[163]

3415 Wie Beispiel 12, → Rn. 3410, jedoch beträgt der Jahresüberschuss/die Gewinnabführung 200. Es kommt daher zu einer Mehrabführung in Höhe von 140.

Der Beteiligungsbuchwert an der OG-GmbH von bisher 100 wird bis auf 0 gemindert, aber er darf nicht negativ werden (§ 14 Abs. 4 S. 3, Hs. 2 KStG). Der übersteigende Betrag in Höhe von 40 stellt für die OT-GmbH einen zu versteuernden Ertrag dar, auf den § 8b Abs. 2 KStG anwendbar ist (§ 14 Abs. 4 S. 5 KStG).

3416 **Auswirkung auf das Einlagekonto:** Wie bereits nach der alten Rechtslage bestimmt § 27 Abs. 6 S. 1 KStG, dass Minderabführungen das steuerliche Einlagekonto einer Organgesellschaft erhöhen und Mehrabführungen spiegelbildlich zu Minderungen führen. Im Gegensatz zum Beteiligungsbuchwert kann das steuerliche Einlagenkonto auch negativ werden. Es wird jetzt neuerdings klargestellt, dass es bei Mehrabführungen (wie sonst nur bei Nennkapitalrückzahlungen) zu einem **Direktzugriff** auf das steuerliche Einlagekonto kommt (§ 27 Abs. 1 S. 3 KStG).

3417 Bzgl. der Minderung des Einlagekonto ordnet § 27 Abs. 6 S. 2 KStG jetzt allerdings **einen Vorrang der Mehrabführungen gegenüber anderen Leistungen,** die als „normale" Einlagerückgewähr anzusehen sind, an. Offensichtlich wollte der Gesetzgeber vermeiden, dass erst die normale Einlagerückgewähr verrechnet wird, die nur bis auf null geht, und anschließend erst eine Mehrabführungs-bedingte Einlagerückgewähr, die das Einlagekonto negativ werden lassen kann. Dadurch wird faktisch erreicht, dass für „normale Leistungen" schneller kein/kein ausreichendes Einlagekonto mehr vorhanden ist und diese dann nicht mehr neutral erfolgen können, sondern zu steuerpflichtigen Dividenden werden.[164] Auf der Ebene der Organgesellschaft soll auch keine Saldierung vorgenommen werden dürfen.[165]

## 4. Mitunternehmerindividuelle Korrektur bei Organträger-Personengesellschaften

3418 Ist Organträger eine Personengesellschaft, ist die Einlagelösung Gesellschafter-individuell vorzunehmen wegen der Transparenz der Personengesellschaft. Insbesondere können sich die anteiligen Buchwerte der Mitunternehmer unterscheiden, wenn für den einzelnen Mitunternehmer Wertkorrekturen in Ergänzungsbilanzen erfasst waren. Nach Ansicht des BMF sind die Werte aus der Gesamthandsbilanz nach dem allgemeinen Gewinnverteilungsschlüssel zu verteilen und anschließend die Wertkorrekturen aus den Ergänzungsbilanzen zu

[160] Dies dürfte sachgerecht sein; der bisherige Besteuerungsaufschub trotz vorherigem, den Buchwert übersteigenden Mehrvermögenstransfer scheidet damit aus. Zustimmend zB Schwalm DStR 2021, 980 (981); Watermeyer WPg 2022, 997 (1001); Liekenbrock/Liedgens DStR 2023, 113 (114).

[161] BFH 28.10.2009 – I R 116/08, BStBl. II 2011, 898.

[162] So zu Recht Rödder/Tigges-Knümann Ubg 2023, 49 (50 f.).

[163] BMF 29.9.2022, BStBl. I 2022, 1412 Rn. 11.

[164] Rödder/Tigges-Knümann Ubg 2023, 49 (51).

[165] BMF 29.9.2022, BStBl. I 2022, 1412 Rn. 5; kritisch Liedgens/Himmer DStR 2022, 2393 (2398 f.).

berücksichtigen.[166] Aufgrund der individuellen Betrachtung kann es auch nur bei einzelnen Mitunternehmern zu buchwertübersteigenden Mehrabführungen kommen, die (wie dargelegt) einer Besteuerung nach dem Teileinkünfteverfahren/§ 8b KStG unterliegt.

**Beispiel 14:**[167]
An der OT-KG sind die natürlichen Personen A und B zu je 50 % beteiligt. Der Buchwert der Beteiligung an der OG-GmbH beträgt laut Gesamthandsbilanz 100. Für A besteht eine positive Ergänzungsbilanz mit einem Mehrvermögen/Mehr-Beteiligungsbuchwert bezogen auf die OG-GmbH von 20, für B eine entsprechende negative Ergänzungsbilanz mit einem Mindervermögen/Minder-Beteiligungsbuchwert bezogen auf die OG-GmbH von 50. **3419**
Im Jahr 01 erfolgt eine Mehrabführung der OG-GmbH von 80.
Individuell betrachtet ist der Buchwert der Beteiligung vor Berücksichtigung der Mehrabführung für A 70 (50 % von 100 aus der Gesamthandsbilanz zzgl. 20 aus der Ergänzungsbilanz), für B dagegen 0/null (50 % von 100 aus der Gesamthandsbilanz abzgl. 50 aus der Ergänzungsbilanz). Die Mehrabführung von 100 ist A und B entsprechend dem Gewinnverteilungsschlüssel hälftig zuzurechnen, also je 50. Der Buchwert der Beteiligung des A sinkt dadurch auf 20; der Buchwert der Beteiligung des B ist bereits null, er darf durch die Mehrabführung nicht negativ werden (§ 14 Abs. 4 S. 3 Hs. 2 KStG); für ihn kommt es daher zu einer buchwertübersteigenden Mehrabführung von 50, die zu einem steuerpflichtigen Ertrag von 50 führt, der dem Teileinkünfteverfahren unterliegt (§ 14 Abs. 4 S. 5 KStG), also zu 60 % steuerpflichtig ist (§ 3 Nr. 40 Buchst. a EStG).

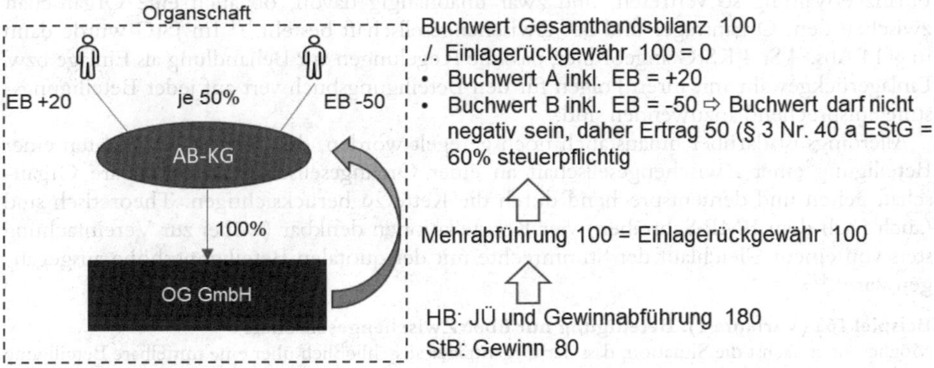


## 5. Besondere Fallgestaltungen

**a) Beteiligung unter 100 %.** Liegt die Beteiligung des Organträgers an der Organgesellschaft unterhalb von 100 %, führen die Mehr- und Minderabführungen beim Organträger nunmehr **in voller Höhe** zu einer Einlagenrückgewähr von der Organgesellschaft an den Organträger bzw. zu einer Einlage des Organträgers in die Organgesellschaft. Eine lediglich quotale Berücksichtigung entsprechend der Beteiligungsquote erfolgt – anders als bei der APO-Methode – nicht mehr.[168] Dementsprechend ist auch der Beteiligungsbuchwert in voller Höhe zu mindern bzw. zu erhöhen. Gleiches gilt für die durch die Mehr- und Minderabführungen verursachten Änderungen am steuerlichen Einlagekonto (was auch bisher bereits so war, vgl. → Rn. 3375). **3420**

Die vollständige Zurechnung des Betrags der Minder- bzw. Mehrabführung ist sachgerecht, weil dem Organträger (auch) der volle Gewinn der Organgesellschaft zugerechnet wird.[169] **3421**

[166] BMF 29.9.2022, BStBl. I 2022, 1412 Rn. 10.
[167] Angelehnt an Liedgens/Himmer DStR 2022, 2393 (2395).
[168] Gesetzesbegründung KöMoG, BT-Drs. 19/28656, 26.
[169] Zu Recht Liedgens/Himmer DStR 2022, 2393 (2394).

**Beispiel 15:**

3422 Die OT-GmbH ist als Organträger zu 80 % an der OG GmbH beteiligt. Die OG-GmbH bildet eine zulässige Gewinnrücklage iHv 100, woraus sich eine organschaftliche Minderabführung an die OT-GmbH iHv 100 ergibt.
Nach alter Rechtslage wäre bei der OT-GmbH ein anteiliger aktiver APO in Bezug auf den Beteiligungsbuchwert an der OG-GmbH iHv 80 % der Minderabführung, also 80, zu bilden gewesen.
Nach der Einlagelösung ist eine Beschränkung der Einlagenhöhe auf die Beteiligungsquote nicht mehr vorgesehen. Es kommt damit zu einer fiktiven Einlage in die OG-GmbH iHv 100, sodass sich der Beteiligungsbuchwert der OG-GmbH in der Steuerbilanz der OT-GmbH um 100 erhöht.

3423 **b) Mittelbare Organschaften.** Bei der bisherigen APO-Lösung wirkten sich Mehr- und Minderabführungen bei mittelbaren Organschaften (§ 14 Abs. 1 S. 1 Nr. 1 S. 2 KStG) nur beim Organträger aus, aber nicht bei der Zwischengesellschaft, was zu unsystematischen Folgen führen konnte.

3424 Dies ist nunmehr iRd Einlagelösung geändert worden, dh die Mehr- und Minderabführungen sind im Hinblick auf die Auswirkungen auf den Buchwert grundsätzlich auch auf Ebene der Zwischengesellschaft zu berücksichtigen, also „durch die Kette" ***(Ketten-Lösung).*** Das war zunächst in der Gesetzesänderung durch das KöMoG nicht geregelt worden und hinterließ daher erhebliche Zweifelsfragen[170], wurde aber im BMF-Schreiben von der Finanzverwaltung so vertreten, und zwar unabhängig davon, ob auch eine Organschaft zwischen dem Organträger und der Zwischengesellschaft besteht.[171] Im JStG wurde dann in § 14 Abs. 4 S. 4 KStG angeordnet, dass die Regelungen zur Behandlung als Einlage bzw. Einlagerückgewähr mit ihren Folgen für den Beteiligungsbuchwert auf jeder Beteiligungsstufe entsprechend anzuwenden sind.

3425 Allerdings ist darüber hinaus auch noch geregelt worden, dass nicht alle Varianten einer Beteiligung einer Zwischengesellschaft an einer Organgesellschaft als mittelbare Organschaft gelten und dementsprechend durch die Kette zu berücksichtigen. Theoretisch sind (auch nach dem BMF-Schreiben) vier Konstellationen denkbar (wobei zur Vereinfachung stets von einem Gleichlauf der Stimmrechte mit der quotalen Beteiligungshöhe ausgegangen wird).[172]

**Beispiel 16a (Variante 1): Beteiligung nur über Zwischengesellschaft**

3426 Möglich ist zunächst die Situation, dass der Organträger ausschließlich über eine mittelbare Beteiligung an einer vermittelnden Zwischengesellschaft an der Organgesellschaft beteiligt ist (Beispiel: OT-GmbH ist zu 100 % an der ZG-GmbH beteiligt; die ZG-GmbH hält wiederum eine 100 %-Beteiligung an der OG-GmbH).

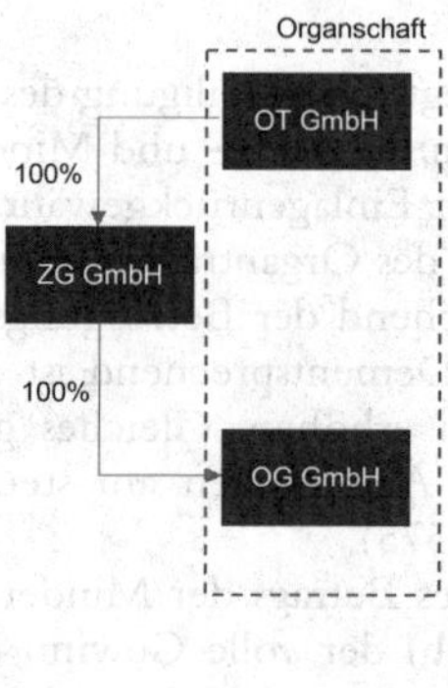


[170] Vgl. zB Stimpel/Schumacher StbJb 2021/2022, 197; Liedgens/Himmer DStR 2022, 801.
[171] BMF 29.9.2022, BStBl. I 2022, 1412 Rn. 30.
[172] Zu den möglichen Konstellationen: BMF 29.9.2022, BStBl. I 2022, 1412 Rn. 27; sehr ausführlich dazu DPM/Dötsch/Pung KStG § 14 Rn. 937 (1096 ff.).

**Beispiel 16b (Variante 2): auch unmittelbare Beteiligung des Organträgers, aber mehrheitliche Beteiligung der Zwischengesellschaft**
Daneben kann der Organträger auch selbst zum Teil unmittelbar an der Organgesellschaft beteiligt sein, die Zwischengesellschaft aber (weiterhin) die mehrheitliche Beteiligung an der Organgesellschaft halten (Beispiel: OT-GmbH ist zu 20 % an der OG-GmbH beteiligt und zu 100 % an der ZG-GmbH beteiligt; die ZG-GmbH ist zu 80 % an der OG-GmbH beteiligt).

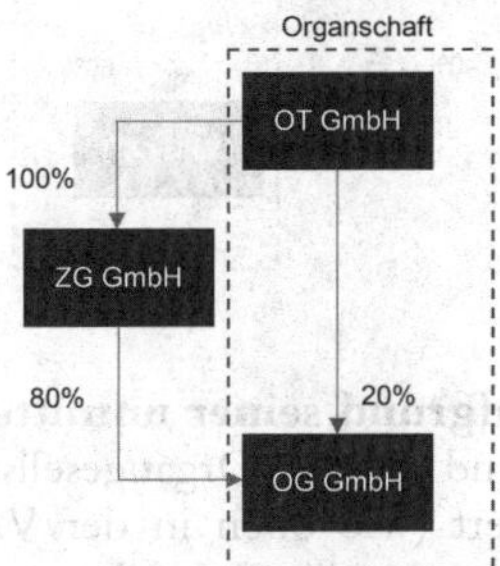


**Beispiel 16c (Variante 3): mehrheitliche Beteiligung nur durch Addition**
Schließlich kann sich die mittelbare Organschaft auch daraus ergeben, dass sowohl der Organträger als auch die Zwischengesellschaft an der Organgesellschaft beteiligt sind und sich nur aus der Addition der Beteiligungen eine finanzielle Eingliederung der Organgesellschaft in den Organträger ergibt (Beispiel: OT-GmbH ist zu 40 % an der OG-GmbH beteiligt und zu 100 % an der ZG-GmbH beteiligt; die ZG-GmbH ist ebenfalls zu 40 % an der OG-GmbH beteiligt).

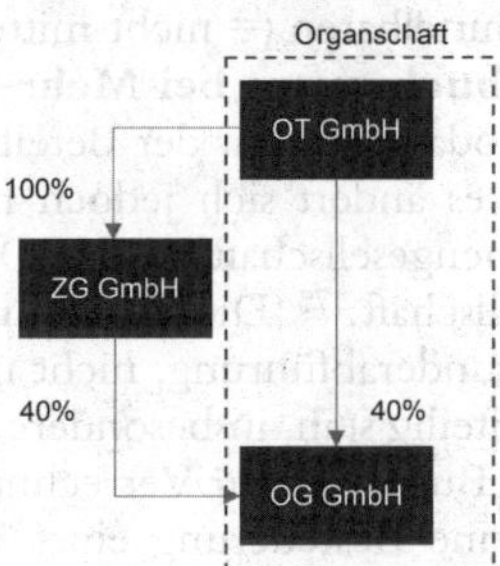


**Beispiel 16d (Variante 4): Unmittelbare Beteiligung begründet bereits finanzielle Eingliederung**
Denkbar ist auch, dass sich bereits aus der unmittelbaren Beteiligung des Organträgers an der Organgesellschaft die finanzielle Eingliederung ergibt, zusätzlich aber auch noch eine mittelbare Beteiligung über eine vermittelnde Zwischengesellschaft besteht.
Beispiel: OT-GmbH ist zu 60 % an der OG-GmbH beteiligt, zudem ist die OT-GmbH zu 100 % an der ZG-GmbH beteiligt; die ZG-GmbH hält die übrigen 40 % der Beteiligung der OG-GmbH.

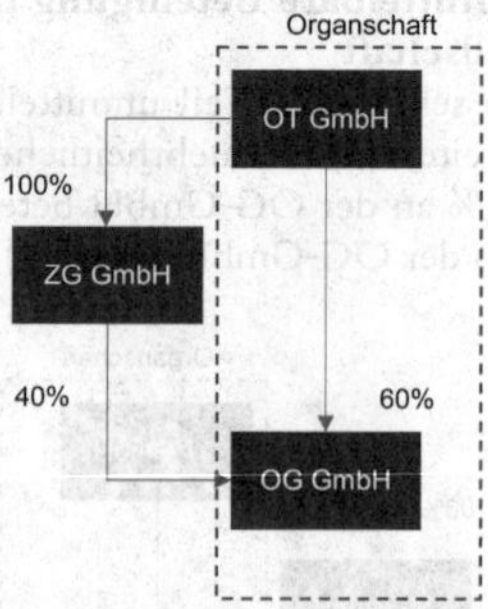


3427 Hat der Organträger bereits **aufgrund seiner unmittelbaren Beteiligung die Mehrheit der Stimmrechte** inne und ist die Organgesellschaft daher in den Organträger unmittelbar finanziell eingegliedert (wie oben in der Variante 4), liegt **kein Fall einer mittelbaren Organschaft** vor, bei der die Einlagelösung durch die bereits angesprochene „Korrektur durch die Kette" umgesetzt (insbesondere die Buchwerte durch die Kette angepasst) wird (§ 14 Abs. 4 S. 4 KStG nF). Dies ergibt sich daraus, dass mit dem JStG 2022 eine Ergänzung in § 14 Abs. 1 S. 1 Nr. 1 KStG durch Einfügung eines neuen Satz 3 vorgenommen wurde. Dieser nimmt die Fälle der Variante 4, bei der bereits eine für die finanzielle Eingliederung ausreichende unmittelbare Beteiligung des Organträgers an der Organgesellschaft besteht, aus der Anwendung des S. 2 heraus (maW: definiert sie als Nicht-Fall einer mittelbaren Organschaft), was dann auf § 14 Abs. 4 S. 4 KStG durchschlägt.

3428 In diesem Fall einer primär unmittelbaren (= nicht-mittelbaren) Organschaft ergeben sich **Änderungen des Beteiligungsbuchwertes bei Mehr- und Minderabführungen nur auf Ebene des Organträgers,** sodass sich nur der Beteiligungsbuchwert des Organträgers an der Organgesellschaft ändert; es ändert sich jedoch nicht (durch die Kette) auch der Beteiligungsbuchwert der Zwischengesellschaft an der Organgesellschaft und der des Organträgers an der Zwischengesellschaft.[173] Die Änderung beim Organträger erfolgt im vollen Umfang der Mehr- und Minderabführung, nicht nur in Höhe seiner unmittelbaren Beteiligungsquote. Das kann nachteilig sein, insbesondere bei Mehrabführungen, weil dann typischerweise nur ein geringerer Buchwert zur Verrechnung zur Verfügung steht, und der Organträger daher schneller in eine Besteuerung eines veräußerungsgleichen Ertrags bei einer Buchwert-übersteigenden Mehrabführung geraten kann. Hier wäre uU (zB bei Fällen mit niedrigem Buchwert des Organträgers und/oder der Gefahr höherer Mehrabführungen) eine Anpassung der Struktur zu erwägen (zB durch Einbringung der unmittelbaren Beteiligung des Organträgers in die Zwischengesellschaft).[174]

3429 **c) Rechtsfolgen bei „echten" mittelbaren Organschaftsverhältnissen.** Wie bereits gesagt, ordnet § 14 Abs. 4 S. 4 KStG nunmehr für „echte" mittelbare Organschaften an (oben Varianten 1 – 3), dass eine Erhöhung bzw. Minderung des Beteiligungsbuchwerts gem. § 14 Abs. 4 S. 3 KStG auf den Buchwert der Beteiligung an jeder vermittelnden Gesellschaft entsprechend anzuwenden ist. Es kommt damit zu Veränderungen des Beteiligungsbuchwertes auf jeder Beteiligungsstufe (sog. **„Kettenlösung"**[175]).

3430 In den oben genannten Varianten 2 und 3 – dh wo der Organträger auch eine unmittelbare Beteiligung an der Organgesellschaft hat, die aber nicht ausreicht für die Mehrheit der

173 So bereits vertreten in BMF 29.9.2022, BStBl. I 2022, 1412 Rn. 28. Es findet auch keine Veränderung des Einlagekontos der (für die finanzielle Eingliederung nicht notwendigen) Zwischengesellschaft statt; so auch Prinz/Witt Steuerliche Organschaft/von Freeden Rn. 16.51.

174 Siehe auch zB Rödder/Tigges-Knümann Ubg 2023, 49 (52 ff.); Liekenbrock/Liedgens DStR 2023, 113 (115 ff.).

175 Liedgens/Himmer DStR 2022, 2393 (2400).

Stimmrechte und damit eine unmittelbare finanzielle Eingliederung – sind Mehr- und Minderabführungen nach Auffassung der Finanzverwaltung anhand der **unmittelbaren und mittelbaren Beteiligungsquoten aufzuteilen.**[176] Sie beeinflussen den Beteiligungsbuchwert und das steuerliche Einlagekonto auf der jeweiligen Beteiligungsstufe nur in Höhe der Quote der Mehr- bzw. Minderabführung zueinander. Die Mehr- und Minderabführungen haben auf Ebene des Organträgers sowohl Auswirkungen auf den Beteiligungsbuchwert der (jeweils unmittelbar gehaltenen) Organgesellschaft als auch auf den Beteiligungsbuchwert der Zwischengesellschaft. Damit kann es im Falle von übersteigenden Mehrabführungen sowohl auf Ebene der Zwischengesellschaft als auch auf Ebene des Organträgers zu steuerpflichtigen Erträgen kommen, auf die gem. § 14 Abs. 4 S. 5 KStG die §§ 3 Nr. 40 lit. a, 3c Abs. 2 EStG bzw. § 8b Abs. 2, 3, 6 bis 8 KStG Anwendung finden.

**Beispiel 17: zu Variante 3**[177]

Die OT-GmbH ist unmittelbar an der OG-GmbH zu 40 % beteiligt. Darüber hinaus ist die OT-GmbH zu 100 % an der vermittelnden ZG-GmbH beteiligt, die wiederum zu 20 % an der OG-GmbH beteiligt ist. Damit ist die OT-GmbH insgesamt zu 60 % an der OG-GmbH beteiligt, sodass eine ausreichende finanzielle Eingliederung iSd § 14 Abs. 1 S. 1 Nr. 1 S. 2 KStG gegeben ist. Von diesen 60 % entfallen 40 % (also 2/3) auf die unmittelbare Beteiligung und 20 % (also 1/3) auf die mittelbare Beteiligung. **3431**

Die OG führt einen Gewinn in Höhe von 400 an die OT-GmbH ab, während sich bei der OG-GmbH ein Steuerbilanzgewinn in Höhe von 520 ergibt. Damit besteht eine Minderabführung in Höhe von 120, die nach § 14 Abs. 4 S. 1, 3, 4 zu einer Erhöhung der Beteiligungsbuchwerte führt.

Hieraus ergeben sich folgende konkrete Konsequenzen:

- Bei der OT-GmbH erhöht sich – im Hinblick auf die unmittelbare Beteiligung – der Beteiligungsbuchwert an der OG-GmbH um 80 (2/3 von 120).
- Wegen der mittelbaren Beteiligung erhöht sich der Beteiligungsbuchwert um 40 (mittelbare Beteiligung 1/3 von 120), und zwar jeweils (i) der ZG an der OG-GmbH sowie (ii) der OT-GmbH an der ZG.

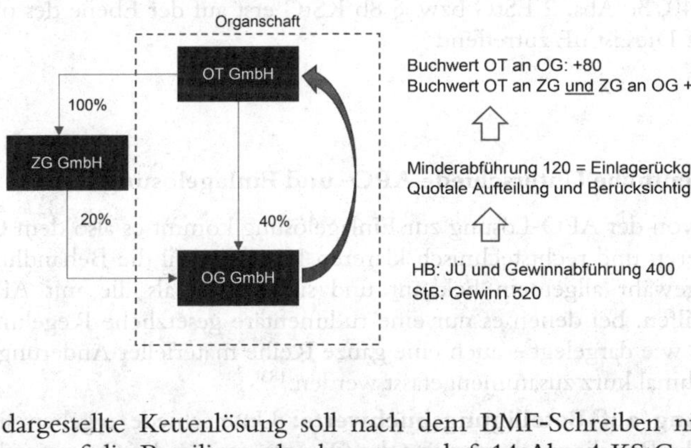


Die dargestellte Kettenlösung soll nach dem BMF-Schreiben nicht nur für die Auswirkungen auf die Beteiligungsbuchwerte nach § 14 Abs. 4 KStG gelten, sondern (sofern die Zwischengesellschaft eine Körperschaft ist) **auch für das steuerliche Einlagekonto.** Dh auch dieses soll auf jeder Beteiligungsstufe entsprechend zu erhöhen/zu mindern sein, und zwar auch auf allen Stufen mit Direktzugriff.[178] Das ist vom Ergebnis her sachgerecht. Gesetzlich ist diese Behandlung beim Einlagekonto im § 27 KStG allerdings nicht explizit geregelt worden, sodass auch hier wieder gewisse Unsicherheiten verbleiben (jedenfalls **3432**

[176] BMF 29.9.2022, BStBl. I 2022, 1412 Rn. 34.
[177] Angelehnt an BeckOK KStG/Ebber § 14 Rn. 684d.
[178] BMF 29.9.2022, BStBl. I 2022, 1412 Rn. 32.

wegen der Fälle, wo die Zwischengesellschaft selbst keine Organgesellschaft ist) und eine gesetzliche Klarstellung sinnvoll wäre.[179]

3433 Ist die Zwischengesellschaft eine **ausländische Körperschaft,** gilt auch dabei weiterhin die Kettenlösung. Liegt eine Mehrabführung vor und damit eine Einlagerückgewähr, erfolgt aus Sicht des deutschen Steuerrechts also die Fiktion, dass die ausländische Zwischengesellschaft die erhaltene Mehrabführung/Einlagenrückgewähr an den (wieder) inländischen Organträger weiterleitet. Zudem erhält das BMF-Schreiben eine verfahrensrechtliche Vereinfachungsregelung: Eigentlich müsste die Einlagenrückgewähr an die ausländische Zwischengesellschaft iRe antragsgebundenen Feststellungsverfahrens nach § 27 Abs. 8 KStG festgestellt werden. Nach dem BMF-Schreiben kann auf den Antrag aus Vereinfachungsgründen verzichtet werden.[180]

3434 **d) Mehrstufige Kettenorganschaften.** In Unternehmensgruppen bestehen vielfach mehrstufige Kettenorganschaften, wo der Organträger 1 eine Organschaft mit der Organgesellschaft 1 hat, die ihrerseits Organträger der Organgesellschaft 2 ist, usw. Damit bestehen technisch zwei oder mehrere Organschaftsverhältnisse, bei denen das Einkommen jeweils stufenweise zugerechnet wird.

3435 In diesen Konstellationen können sich Mehr- und Minderabführungen über die einzelnen Stufen fortsetzen. Hierbei ist auf jeder Stufe zu prüfen, ob es sich um organschaftliche oder vororganschaftliche Mehr- oder Minderabführungen handelt, wenn die einzelnen Organschaftsebenen nicht zeitgleich bestanden haben.[181] Bei einer mehrstufigen Organschaft führt eine Minder- oder Mehrabführung auf der untersten Stufe in aller Regel zu einer entsprechenden Minder- oder Mehrabführung auf den darüber liegenden Stufen. Auf jeder Stufe erfolgt dementsprechend die Berücksichtigung einer Einlage bzw. Einlagerückgewähr.

3436 Nach Auffassung des BMF soll im Falle von Mehrabführungen auf Ebene der Gesellschaften, die zugleich Organträger und Organgesellschaft sind, die Regeln der Bruttomethode (§ 15 S. 1 Nr. 2 S. 1 KStG) anzuwenden sein.[182] Damit sollen die Besteuerungsfolgen nach §§ 3 Nr. 40, 3c Abs. 2 EStG bzw. § 8b KStG erst auf der Ebene des obersten Organträgers eintreten. Dies ist uE zutreffend.

3437–3446 *(einstweilen frei)*

## III. Überblick – Wesentliche Unterschiede APO- und Einlagelösung

3447 Durch den Übergang von der APO-Lösung zur Einlagelösung kommt es also dem Grunde nach zu einer einfacheren und rechtstechnisch klareren Lösung, weil die Behandlung von Einlagen/Einlagerückgewähr allgemein bekannt und sicherer ist als die mit APOs als bloßen Bilanzierungshilfen, bei denen es nur eine rudimentäre gesetzliche Regelung gibt. Aber es ergeben sich – wie dargelegt – auch eine ganze Reihe materieller Änderungen, die hier im Überblick nochmal kurz zusammengefasst werden:[183]

3448 • **Technik/Auswirkung auf Beteiligungsbuchwerte:** Unterschiede ergeben sich zunächst in Bezug auf die Beteiligungsbuchwerte des Organträgers an der Organgesellschaft. Während diese nach APO-Lösung durch Minder- und Mehrabführungen nicht verändert wurden, kommt es nunmehr zu einer laufenden Veränderung der Buchwerte der Beteiligung an der Organgesellschaft. Minderabführungen erhöhen als Einlage den Beteiligungsbuchwert, während Mehrabführungen als Einlagenrückgewähr an den Organträger zu einer Minderung des Beteiligungsbuchwerts führen.

---

179 So zu Recht Rödder/Tigges-Knümann Ubg 2023, 49 (53).
180 BMF 29.9.2022, BStBl. I 2022, 1412 Rn. 33.
181 Brandis/Heuermann/Rode KStG § 14 Rn. 283; DPM/Dötsch/Pung KStG § 14 Rn. 1118.
182 BMF 29.9.2022, BStBl. I 2022, 1412 Rn. 36 f.
183 Vgl. auch den tabellarischen Überblick bei Reifarth-Belli NWB 2022, 3222 (3235).

- **Rechtsfolgen:** Grundsätzlich bleiben Minder- und Mehrabführungen für den Organträger wie bisher weiterhin **steuerneutral,** allerdings nur soweit sie über den Beteiligungsbuchwert korrigiert werden können; dann wirken sie sich weiter nur bei späterer Veräußerung der Organbeteiligung gewinnmindernd oder -erhöhend aus (wegen des veränderten Beteiligungsbuchwerts). 3449

Dies gilt jetzt allerdings nicht mehr für **Fälle von Buchwert-übersteigenden Mehrabführungen.** Insoweit besteht eine wesentliche materielle Änderung im Vergleich zur alten APO-Lösung, die sich insbesondere auf die früheren Mehrabführungsmodelle auswirkt. Während es nach alter Rechtslage keine unmittelbare Folge auslöste, wenn die Mehrabführung den Buchwert der Beteiligung des Organträgers überstieg (sondern erst bei Veräußerung = befristete Steuerstundung), kommt es nach der Einlagelösung zu einer laufenden Besteuerung der übersteigenden Mehrabführungen als veräußerungsgleicher Ertrag (dh mit §§ 3 Nr. 40 lit. a, 3c Abs. 2 EStG bzw. § 8b KStG). Insoweit bestehen keine steuerrechtlichen Anreize mehr, gezielt Mehrabführungen zu bilden und eine Besteuerung der Differenzbeträge bei der Gewinnabführung an den Organträger hinauszuschieben. 3450

- **Höhe der Auswirkungen:** Bei Beteiligungen des Organträgers unter 100 %, sind die Auswirkungen nunmehr in vollem Umfang zu ziehen, und nicht mehr nur iHd Beteiligungsquote. 3451
- **Mittelbare Organschaften:** Bei diesen findet nunmehr eine konsequente Korrektur durch die Kette statt und nicht nur eine unmittelbare Berücksichtigung ausschließlich beim Organträger. 3452

*(einstweilen frei)* 3453–3462

## IV. Übergang APO-Methode zur Einlagelösung

Die mit Abstand umfangsreichste Regelung iRd der Einführung der Einlagelösung erfolgte im § 34 Abs. 6e S. 5 ff. KStG, dh bei den Anwendungsregeln. Dort wird zunächst (Sätze 5 und 6) die zeitliche Anwendung der Neuregelung geregelt, anschließend erfolgen ausführliche Regeln zur Überleitung der bisherigen APOs in das neue, zukünftig anwendbare System der Einlagelösung, die – wie dargestellt – unmittelbaren Einfluss auf die Buchwerte an der Organgesellschaft hat. 3463

### 1. Zeitliche Anwendung der Einlagelösung

Nach § 34 Abs. 6e S. 5 KStG ist die Einlagelösung erstmals anzuwenden auf Minder- und Mehrabführungen, die nach dem 31.12.2021 erfolgen. Hierzu ist auf das Ende des Wirtschaftsjahres der Organgesellschaft abzustellen (vgl. §§ 34 Abs. 6e S. 6, 14 Abs. 4 S. 7 KStG) (→ Rn. 3404). 3464

### 2. Auflösung der APO und Verrechnung mit Beteiligungsbuchwert

**Grundsatz der Auflösung und Verrechnung der APOs mit dem Beteiligungsbuchwert:** Wie bei jedem Systemwechsel stellt sich die Frage, wie altes und neues Recht zueinanderstehen. Der Gesetzgeber hat sich nicht für einen fließenden/übergangsweisen, sondern abrupten Systemwechsel entschieden: Die alten **APOs sind nicht fortzuführen** neben der neuen Einlagelösung, sondern die APOs sind **aufzulösen** mit entsprechenden **Folgen für den Buchwert der Beteiligung** an der Organgesellschaft. Dabei ist die Grundregel einfach, wie mit aufzulösenden APOs verfahren wird (vgl. § 34 Abs. 6e S. 8 KStG): 3465

- Bisherige aktive APO erhöhen den Buchwert der Beteiligung an der Organgesellschaft; 3466
- Bisherige passive APO vermindern den Buchwert der Beteiligung an der Organgesellschaft. 3467

3468 **Verwendungsreihenfolge:** Allerdings darf im neuen System der Einlagelösung grundsätzlich der Buchwert nicht negativ werden (§ 14 Abs. 4 S. 3, Hs. 2 KStG), und Buchwert-übersteigende Mehrabführungen führen zukünftig zu einem veräußerungsgleichen Ertrag (§ 14 Abs. 4 S. 5 KStG; → Rn. 3412). Dieses Prinzip hat der Gesetzgeber auch für die Auflösung der bestehenden APOs im Rahmen der Übergangslösung vorgesehen. Der Verrechnung passiver APO mit dem Beteiligungsbuchwert sind also Grenzen gesetzt; wird der Buchwert durch die Verrechnung passiver APOs negativ, kommt es im Rahmen der Übergangslösung grundsätzlich zu einem **sofort steuerpflichtigen Einmalertrag,** für den allerdings eine Verteilung über 10 Jahre möglich (dazu im Detail sogleich (dazu → Rn. 3483 ff.). Bevor es zu dieser Folge kommt, stellt sich die Frage, wann bzw. in welcher Reihenfolge die Auflösung der APO erfolgt.

3469 Das KöMoG hatte insofern noch einige Zweifelsfragen hinterlassen.[184] Dies wurde im JStG dann nachgeholt und eine klare Regelung in § 34 Abs. 6e S. 7 ff. KStG eingeführt. Diese lautet:

3470 *Noch bestehende Ausgleichsposten für organschaftliche Minder- und Mehrabführungen, die nach Maßgabe des § 14 Absatz 4 in der am 31. Dezember 2021 geltenden Fassung in der Steuerbilanz gebildet wurden oder noch zu bilden sind, sind nach den zu berücksichtigenden organschaftlichen Minder- und Mehrabführungen iSv § 14 Absatz 4 idF des Artikels 1 des Gesetzes vom 25. Juni 2021 (BGBl. I S. 2050) zum Schluss des Wirtschaftsjahres aufzulösen, das nach dem 31. Dezember 2021 endet.*

3471 Danach sind die APOs zum Schluss des Wirtschaftsjahres aufzulösen, das nach dem 31.12.2021 endet. Da es sich um Änderungen beim (ehemaligen)[185] Organträger handelt, kommt es dabei auf sein Wirtschaftsjahr an.[186] Neben dem Auflösungszeitpunkt (Ende des Wirtschaftsjahres) wird auch die Reihenfolge bestimmt – erst sind die organschaftlichen Mehr- und Minderabführungen, die nach neuem Recht bereits zu berücksichtigen sind, zu verrechnen und dann erst die alten APOs aufzulösen und mit dem dann gegebenen Buchwert zu verrechnen. Die Anwendung der Übergangsregelung und die damit angeordnete Auflösung der APOs erfolgt somit als letzter Geschäftsvorfall in der Steuerbilanz.[187] Diese Reihenfolge kann je nach Sachverhalt zu positiven oder negativen Ergebnissen führen; relevant ist dabei, ob es alte aktive oder passive APO gibt, und ob es im ersten Wirtschaftsjahr zu Buchwert-mindernden Mehrabführungen oder Buchwert-erhöhenden Minderabführungen kommt:

**Beispiel 18:**[188]

3472 Der Organträger ist zu 100 % an der Organgesellschaft beteiligt. Der Buchwert der Beteiligung an der Organgesellschaft beträgt 80. Zudem besteht ein aktiver APO iHv 50 zum 31.12.2021.
Im Wirtschaftsjahr 2022 erfolgt eine **organschaftliche Mehrabführung** der Organgesellschaft iHv 100.
Lösung: Auf die Mehrabführung der Organgesellschaft in 2022 ist das neue Recht anwendbar. Die Mehrabführung von 100 führt zu einer Einlagerückgewähr. Dieser mindert nach § 34 Abs. 6e S. 7 KStG vorrangig vor der Auflösung des aktiven APO den Beteiligungsbuchwert an der Organgesellschaft von 80 auf 0; in Höhe des den Beteiligungsbuchwert übersteigenden Betrags von 20 liegt ein veräußerungsgleicher Ertrag vor.[189] Die Erhöhung des Beteiligungsbuchwerts für die Organgesellschaft aufgrund der Auflösung des APO nach § 34 Abs. 6e S. 8 KStG erfolgt nachrangig und kann daher nicht mit der Einlagerückgewähr des Jahres 2022 verrechnet werden.

---

[184] Vgl. Liekenbrock/Liedgens DStR 2023, 113 (117); Rödder/Tigges-Knümann Ubg 2023, 49 (55).

[185] Die Regelung ist auch anwendbar, wenn die Organschaft nicht mehr besteht und die APOs beim ehemaligen Organträger fortgeführt wurden; vgl. DPM/Dötsch/Pung KStG § 14 Rn. 1195; RHN/Rödder/Joisten KStG § 14 Rn. 696, dort Fn. 1590.

[186] Liekenbrock/Liedgens DStR 2023, 113 (117, im Bsp. 3).

[187] BMF 29.9.2022, BStBl. I 2022, 1412 Rn. 12; Fey/Aschenbrenner DB 2022, 2820 (2823).

[188] Angelehnt an Liekenbrock/Liedgens DStR 2023, 113 (117, im Bsp. 5).

[189] Liekenbrock/Liedgens DStR 2023, 113 (117), sehen dies als Ertrag nach § 34 Abs. 6e S. 13 KStG an; uE ergibt sich das aber – wegen der Vorrangigkeit der regulären Mehrabführung des Wirtschaftsjahres – aus § 14 Abs. 4 S. 5 KStG.

In umgekehrter Konstellation (passive APO, die aufgelöst werden müssen) ist die Reihenfolge dagegen grundsätzlich positiv, weil Einlagen des Organträgers vor Ende des Wirtschaftsjahres den Buchwert der Beteiligung noch erhöhen und daher verhindern können, dass der passive APO zu einer Besteuerung führt, sofern er größer als der Buchwert der Beteiligung ist. Das Gleiche gilt, wenn aus der Organgesellschaft in diesem Wirtschaftsjahr noch Minderabführungen iSd § 14 Abs. 3 oder 4 KStG erfolgen, die als Einlage gelten und daher den gleichen Effekt haben wie reale Einlagen. Diese Relevanz von unterjährigen Einlagen im ersten Wirtschaftsjahr hatte bereits das BMF-Schreiben vertreten.[190] 3473

**Beteiligung an Organgesellschaft unter 100 %:** War der Organträger nicht zu 100 % an der Organgesellschaft beteiligt, wurde der APO bisher nur anteilig entsprechend der Beteiligungsquote gebildet. Im neuen Recht der Einlagelösung erfolgt die Berücksichtigung zu 100 %. Würde man die APOs 1:1 mit dem Buchwert verrechnen, ergäben sich dadurch unsystematische Verzerrungen im Rahmen der Überführung der APOs in das neue System mit Auflösung zugunsten des Buchwerts. Im KöMoG hatte der Gesetzgeber das Problem noch nicht adressiert. Im JStG 2022 erfolgte dann aber eine Regelung, bei der der APO durch Anwendung eines sog. **Angleichungsfaktors** hochzurechnen ist (§ 34 Abs. 6e S. 9 ff. KStG). Diese Angleichung erfolgt in zwei Fällen: 3474

- Die Organschaft besteht noch am 31.12.2021, und zu diesem Zeitpunkt ist die Beteiligung des Organträgers an der Organgesellschaft kleiner als 100 %. 3475
- Die Organschaft besteht am 31.12.2021 nicht mehr, und die Beteiligungsquote des Organträgers an der Organgesellschaft war zum Ende des letzten Wirtschaftsjahres der Organschaft kleiner als 100 %. 3476

Der Angleichungsfaktor ist der Kehrwert des durchschnittlichen Beteiligungsanteils des Organträgers bezogen auf das Nennkapital der Organgesellschaft an den Bilanzstichtagen der letzten fünf Wirtschaftsjahre (oder – wenn die Organschaft nur einen kürzeren Zeitraum bestand – auf diesen[191]). Mit dem Angleichungsfaktor sind die aufzulösenden APOs zu multiplizieren, um sie (erst) dann mit dem Beteiligungsbuchwert zu verrechnen. 3477

**Beispiel 19:**[192]

Der Organträger ist an der Organgesellschaft seit vielen Jahren zu 80 % beteiligt. Zum 31.12.2021 besteht ein aktiver APO von 120. 3478

Lösung: Der Angleichungsfaktor beträgt 1,0/0,8 (oder anders ausgedrückt 1,25). Mit ihm ist der APO von 120 zu multiplizieren bei der Auflösung, es ergibt sich ein Betrag von 150. Um diesen erhöht sich jetzt der Buchwert der Beteiligung an der Organgesellschaft.

Abzustellen ist nicht auf die Beteiligungsquote zum 31.12.2021, sondern auf die **durchschnittliche Beteiligungsquote der letzten fünf Wirtschaftsjahre.** Gab es also Schwankungen ist eine Durchschnittsberechnung durchzuführen. 3479

**Beispiel 20:**[193]

Der Organträger ist an der Organgesellschaft seit Ende 2017 beteiligt, seit 1.1.2018 besteht eine Organschaft. Aufgrund diverser Mehr- und Minderabführungen besteht per saldo am 31.12.2021 ein passiver APO von 100 bei einem Beteiligungsbuchwert von 200. Die Beteiligungsquoten des Organträgers an der Organgesellschaft schwankten in der Organschaftszeit und betrugen (jeweils zum Ende des Wirtschaftsjahres) 2018: 70 %, 2019: 75 %, 2020: 80 % und 2021: 85 %. 3480

Lösung: Es ergibt sich eine durchschnittliche Beteiligungsquote über diese 4 Jahre von 77,5 %.[194] Der Angleichungsfaktor beträgt 1,0/0,775 (oder anders ausgedrückt 1,29). Mit ihm ist der APO von 100 zu multiplizieren bei der Auflösung, es ergibt sich ein Betrag von 129. Um diesen mindert sich jetzt der Buchwert der Beteiligung an der Organgesellschaft (von 200 auf 71).

---

[190] BMF 29.9.2022, BStBl. I 2022, 1412 Rn. 12.
[191] § 34 Abs. 6e S. 12 KStG.
[192] Angelehnt an die Gesetzesbegründung, BT-Drs. 20/4729, 142.
[193] Angelehnt an die Gesetzesbegründung, BT-Drs. 20/4729, 142.
[194] 70+75+80+85 = 310, dies geteilt durch 4 Jahre = 77,5.

3481 Durch die Hochrechnung mittels eines Anrechnungsfaktors wird die Wirkung bestehender APOs entsprechend erhöht. Bei passiven APOs wird dadurch die Möglichkeit einer Sofortbesteuerung (dazu → Rn. 3483) erhöht, wenn der Buchwert nicht ausreicht, um die Buchwertminderung auszugleichen. Hierin wird zT eine möglicherweise verfassungswidrige unechte Rückwirkung gesehen.[195]

3482 Bei **Organschaftsketten** ist die Auflösung grundsätzlich auf jeder Stufe vorzunehmen. Dadurch können sich entsprechende Folgen (und damit auch ggfls. sofort zu besteuernde Beträge) auf mehreren Ebenen ergeben. Das kann uU auch Wechselwirkungen auslösen.[196] Bei **mittelbarer Organschaft** wurden die APOs bisher grundsätzlich nur beim Organträger gebildet; Besonderheiten können sich ergeben, wenn neben der mittelbaren oder eine unmittelbare Beteiligung besteht; in diesem Fall sind die APOs für die jeweilige Beteiligung gesondert zu behandeln; im Zweifel ist eine quotale Aufteilung sachgerecht.[197]

### 3. Steuerpflichtiger Ertrag, Anwendung Teileinkünfteverfahren

3483 Übersteigen die passiven APO zum 31.12.2021 bei der Auflösung die Summe der aktiven APO und des Beteiligungsbuchwerts, ergibt sich in Höhe der übersteigenden Differenz ein **steuerpflichtiger veräußerungsgleicher Ertrag** (§ 34 Abs. 6e S. 13 KStG). Auf diesen ist entweder das Teileinkünfteverfahren nach §§ 3 Nr. 40 lit. a, 3c Abs. 2 EStG (wenn der Organträger eine Personengesellschaft oder natürliche Person ist) oder § 8b Abs. 2, 3 6 bis 8 KStG (wenn der Organträger eine Körperschaft ist) anzuwenden (§ 34 Abs. 6e S. 14 KStG).

3484 Insofern führte die Systemumstellung zur Beendigung der bis dahin erfolgten Steuerstundung von passiven APO. In dieser Sofortbesteuerung von möglicherweise schon sehr lange bestehenden Steuerstundungspotential wird zT eine verfassungswidrige unechte Rückwirkung gesehen[198]; der Gesetzgeber scheint dagegen in der Möglichkeit der Rücklagenbildung eine ausreichende Abmilderung des möglicherweise eintretenden Effekts zu sehen. Wer die Sofortbesteuerung vermeiden wollte, musste – im Hinblick auf die (nunmehr explizit geregelte) Verwendungsreihenfolge, die im Ergebnis eine Auflösung der APOs als letzten Vorgang anordnet – im nach dem 31.12.2021 endenden Wirtschaftsjahr noch für eine Erhöhung des Beteiligungsbuchwerts sorgen, dh durch Einlagen.

### 4. Wahlrecht zur Rücklagenbildung mit Auflösung über 10 Jahre

3485 Ein derartiger veräußerungsgleicher Ertrag iSd § 34 Abs. 6e S. 13 KStG ist allerdings nicht zwingend in vollem Umfang direkt zu versteuern. Denn der Gesetzgeber räumt in S. 15 der Übergangsregelung dem Organträger ein Wahlrecht ein, eine den **steuerlichen Gewinn mindernde Rücklage** bis zur Höhe des entsprechenden Ertrages zu bilden. Dieses Wahlrecht besteht bei der Bildung **dem Grunde und der Höhe nach,** kann also auch nur für einen Teil des entsprechenden Ertrags ausgeübt werden.[199] Bei Mitunternehmerschaften als Organträger ist das Wahlrecht zur Bildung der Rücklage einheitlich auszuüben und die Rücklage in der Gesamthandsbilanz zu bilden.[200] Bei mittelbarer Organschaft dürfte es

---

195 Andeutend jedenfalls DPM/Dötsch/Pung KStG § 14 Rn. 1225.

196 Dazu zB Liekenbrock/Liedgens DStR 2023, 123 (118); DPM/Dötsch/Pung KStG § 14 Rn. 1198; RHN/Rödder/Joisten KStG § 14 Rn. 713.

197 Vgl. Liekenbrock/Liedgens DStR 2023, 123 (118); Rödder/Tigges-Knümann Ubg 2023, 49 (60 f.); DPM/Dötsch/Pung KStG § 14 Rn. 1199.

198 So Nonnenmacher/Peterich Ubg 2021, 510 (519); Reifahrt-Belli/Lechtenberg DStR 2021, 2222 (2226); Leucht/Jesic FR 2021, 934 (936); dagegen DPM/Dötsch/Pung KStG § 14 Rn. 1196 (zumindest zweifelnd im Hinblick auf die Hochrechnung bei Beteiligung unter 100 % in Rn. 1225).

199 Rödder/Tigges-Knümann Ubg 2023, 49 (59); nach Frotscher/Drüen/Frotscher KStG § 14 Rz. 921 ist das Wahlrecht – allerdings auch nur für das betreffende Jahr der Auflösung der APO – auch dann nochmals ausübbar für Erhöhungsbeträge, die sich aufgrund von späteren Außenprüfungen ergeben.

200 BMF 29.9.2022, BStBl. I 2022, 1412 Rn. 25; dazu Frotscher/Drüen/Frotscher KStG § 14 Rz. 921a; RHN/Rödder/Joisten KStG § 14 Rn. 699. Bei APOs in der Ergänzungsbilanz ist die Rücklagenbildung auch für diesen Teilbetrag möglich; so uE zu Recht BeckOK KStG/Ebber KStG § 14 Rn. 685e.

zutreffend sein, dass die Rücklage bereits auf Ebene einer jeden Zwischengesellschaft gebildet wird.[201]

Bei Ausübung des Wahlrechts ist die Rücklage in der Steuerbilanz des Wirtschaftsjahres, welches nach dem 31.12.2021 endet, zu bilden. Soweit eine solche Rücklage gebildet wird, stellt S. 16 klar, dass die privilegierenden Regelungen der §§ 3 Nr. 40 lit. a, 3c Abs. 2 EStG dh § 8b KStG auf den Beteiligungsertrag nicht anzuwenden sind, da es (wegen der zeitgleichen Rücklagenbildung) an einem freizustellenden Ertrag mangelt. **3486**

Die Rücklage ist grundsätzlich **linear über 10 Jahre aufzulösen,** dh zu jeweils einem Zehntel, beginnend mit dem Wirtschaftsjahr, in dem die Rücklage gebildet wurde (S. 17). Bei Kalenderjahr-gleichem Wirtschaftsjahr beginnt die Auflösung also bereits in 2022. Die Auflösung mit einem Zehntel über 10 Jahre ist jedenfalls nach Auffassung des BMF, sodass weder eine schnellere noch eine in bestimmten Jahren höhere Auflösung wahlweise möglich sein soll[202] (was in Verlustjahren eine vorteilhafte und auch sachgerechte Option gewesen wäre[203]); jedenfalls Teile der Literatur gehen dagegen (wegen des Worts „grundsätzlich" in § 34 Abs. 6e S. 17 KStG) von einem Wahlrecht aus, schneller und/oder höher aufzulösen.[204] **3487**

Der Ertrag aus der Auflösung der Rücklage wird selbst konsequenterweise wiederum nach den Regelungen des Teileinkünfteverfahren bzw. § 8b Abs. 2 KStG partiell steuerbefreit (§ 34 Abs. 6e S. 20 KStG). **3488**

### 5. Sofortauflösung der Rücklage bei Veräußerung und gleichgestellten Vorgängen

Anstelle der grundsätzlich gleichmäßigen Auflösung der Rücklage über 10 Jahre kommt es gem. § 34 Abs. 6e S. 18 KStG zu einer vollständigen **Sofort-Auflösung der Rücklage bei Veräußerung** der (gesamten) Beteiligung des Organträgers an der Organgesellschaft oder – sofern eine mittelbare Organschaft besteht – wenn die Beteiligung des Organträgers an der Zwischengesellschaft veräußert wird; die Veräußerung der Beteiligung an der Organgesellschaft durch die Zwischengesellschaft ist dagegen nach dem Regelungswortlaut nicht schädlich.[205] Im Falle einer nur **teilweisen Veräußerung** kommt es entsprechend zu einer anteiligen Auflösung der Rücklage; ob die Organschaft anschließend fortbesteht oder nicht, ist nicht relevant.[206] Die Beendigung der Organschaft allein führt nicht zur Rücklagenauflösung.[207] **3489**

Im Falle der sofortigen Auflösung der Rücklage sind wiederum die §§ 3 Nr. 40 lit. a, 3c Abs. 2 EStG bzw. § 8b Abs. 2, 3, 6 bis 8 KStG auf den entsprechenden Ertrag anzuwenden § 34 Abs. 6e S. 20 KStG). **3490**

Die Sofort-Auflösung greift nach S. 19 auch bei der Veräußerung von **gleichgestellten Vorgängen.** Das Gesetz benennt als solche „insbesondere" die Umwandlung der Organgesellschaft auf eine Personengesellschaft oder eine natürliche Person, die verdeckte Einlage der Beteiligung an der Organgesellschaft und die Auflösung der Organgesellschaft. Wegen der Aufzählung mit „insbesondere" und der allgemeinen Anknüpfung an der Veräußerung gleichgestellte Vorgänge ist sind die Tatbestände, die zur Sofortauflösung der Rücklage führen, vom Gesetz nicht abschließend bestimmt. Welche Vorgänge diese grundsätzlich belastende Folge noch auslösen können, ist entsprechend durch Auslegung zu ermitteln. Die Formulierung entspricht derjenigen, die sich im alten § 14 Abs. 4 KStG idF vor **3491**

---

201 So uE zutreffend Fey/Aschenbrenner DB 2022, 2820 (2827); DPM/Dötsch/Pung KStG § 14 Rn. 1252.
202 BMF 29.9.2022, BStBl. I 2022, 1412 Rn. 19; DPM/Dötsch/Pung KStG § 14 Rn. 1253.
203 Zutreffend RHN/Rödder/Joisten KStG § 14 Rn. 699 („nicht zufriedenstellend").
204 So Frotscher/Drüen/Frotscher KStG § 14 Rz. 921d sowie Bott/Walter/Walter KStG § 14 Rn. 988.
205 Frotscher/Drüen/Frotscher KStG § 14 Rz. 921e; Rödder/Tigges-Knümann Ubg 2023, 49 (59); DPM/Dötsch/Pung KStG § 14 Rn. 1254.
206 Frotscher/Drüen/Frotscher KStG § 14 Rz. 922.
207 BMF 29.9.2022, BStBl. I 2022, 1412 Rn. 24; Liedgens/Himmer DStR 2022, 2393 (2404); Bünning BB 2022, 1579 (1582).

KöMoG fand für die Auflösung der APOs. Auch in dieser Hinsicht bestand weitgehend Einigkeit, dass die Aufzählung wegen des „insbesondere“ nicht abschließend sei und die genannten Fälle daher nur Regelbeispiele.[208] Insofern dürften die gleichen Streitfragen bestehen wie auch bereits bisher. In der Diskussion sind zB der Wegzug des Organträgers nach § 12 Abs. 1 KStG[209], die Entnahme der Organbeteiligung aus dem Betriebsvermögen der Organträgerpersonengesellschaft bzw. Sachausschüttung der Organbeteiligung bei einer Körperschaft als Organträger[210])

**3492** Das BMF nennt selbst als Bsp. im BMF-Schreiben die Entnahme oder Übertragung in das Sonderbetriebsvermögen, vor allem aber auch sehr pauschal **Umwandlungen und Formwechsel des Organträgers,** dagegen ohne explizite Erwähnung von Umwandlungen der Organgesellschaft.[211] Dazu wird im BMF-Schreiben verwiesen auf die Grundthese aus dem UmwSt-Erlass, dass alle Umwandlungen Veräußerungen seien.[212] Auch zu den bisherigen APOs hatte die Finanzverwaltung dort (entgegen vielfältiger Kritik) vertreten, dass diese grundsätzlich aufzulösen sind und nur in bestimmten Konstellationen eine Fortführung möglich sei. Nach dem UmwSt-Erlass galt:

**3493** • Bei Verschmelzung des Organträgers: grundsätzlich vollständige Auflösung. Keine Auflösung der APOs, sondern Fortführung durch den übernehmenden Rechtsträger möglich, wenn dieser die Organschaft fortführte <u>und</u> die Verschmelzung zum Buchwert erfolgte. Bei Verschmelzung zum gemeinen Wert erfolgte dagegen (auch bei Fortführung der Organschaft) eine vollständige Auflösung, bzw. anteilig bei Zwischenwertansatz.[213]

**3494** • Auf- oder Abspaltung, Ausgliederung: entsprechende Regelung wie bei der Verschmelzung, wenn die Beteiligung an der Organgesellschaft übertragen wird.[214] Dh die APOs waren nur dann nicht aufzulösen, wenn die Übertragung zum Buchwert erfolgte und vom Übernehmer fortgeführt wurde.

**3495** Fraglich ist, ob die Rücklage nach § 34 Abs. 6e KStG bei Umwandlungen immer aufzulösen ist oder ob die dargestellten Fortführungsmöglichkeiten entsprechend gelten sollen. Das BMF-Schreiben trifft dazu keine Aussage. In der Literatur wird daher dafür plädiert, diese Fortführungsmöglichkeiten weiter anzuwenden;[215] allerdings wird zT davon ausgegangen, dass die Finanzverwaltung diese nicht mehr anwenden wolle, was daran liegen könne, dass diese Rücklage einem anderen Zweck diene als die gebildeten APOs (nämlich „bloß“ der Vermeidung einer Sofortbesteuerung aus dem Übergang auf das neue Recht – also nur einer Steuerstreckung).[216] Unklar bleibt auf Basis des Wortlauts des BMF-Schreibens auch, ob die Umwandlung der Organgesellschaft insgesamt unschädlich ist, wobei dies vermutlich nicht der Verwaltungsauffassung entsprechen dürfte.[217]

**3496** Hier bleiben sehr viele Streitpunkte offen, da die Ausführungen im BMF-Schreiben sehr dürftig ausfallen, und andererseits bereits der UmwSt-Erlass mit seiner allgemeinen These, dass jede Umwandlung eine Veräußerung bewirke, sehr umstritten ist.[218]

**3497–3506** *(einstweilen frei)*

---

[208] HHR/Kolbe KStG § 14 Rn. 360.
[209] HHR/Kolbe KStG § 14 Rn. 360.
[210] RHN/Rödder/Joisten KStG § 14 Rn. 748.
[211] BMF 29.9.2022, BStBl. I 2022, 1412 Rn. 22 f.
[212] BMF BMF 2.1.2025, BStBl. I 2025, 92 Rn. 00.02.
[213] Vgl. dazu den UmwStE 2011, BMF 11.11.2011, BStBl. I 2011, 1314 Rn. Org.05. Diese Ausführungen zur Behandlung der APOs bei Umwandlungen aus dem UmwStE 2011 gelten weiterhin, vgl. BMF 2.1.2025, BStBl. I 2025, 92 Rn. Org.35.
[214] BMF 11.11.2011, BStBl. I 2011, 1314 Rn. Org.06 – Org.08.
[215] Liedgens/Himmer DStR 2022, 2393 (2405); zu Umwandlungen der Organgesellschaft Frotscher/Drüen/Frotscher KStG § 14 Rz. 922b, mit der Differenzierung ob für den Anteilseigner der Buchwert fortgeführt wird (keine Auflösung) oder nicht.
[216] Hannig Ubg 2022, 625 (628 ff.); grundsätzlich zustimmend DPM/Dötsch/Pung KStG § 14 Rn. 1254.
[217] Hannig Ubg 2022, 625 (630).
[218] Eine sehr ausführliche Auseinandersetzung zu der Thematik mit Darstellung der Streitpunkte bzgl. der Qualifikation einzelner Umwandlungsvorgänge findet sich bei Hannig Ubg 2022, 625.

## F. Eventuelle Saldierung von Mehr- und Minderabführungen

Das Gesetz enthält keine explizite Regelung für die Saldierung von Mehr- und Minderabführungen, weder innerhalb desselben Tatbestands noch tatbestandsübergreifend. Zudem sind die Mehr- und Minderabführungen wie dargelegt geschäftsvorfallbezogen, also einzeln zu ermitteln (→ Rn. 3224). Gleichwohl liegt auf der Hand, dass sich ein praktisches Bedürfnis für die Saldierung ergibt, da oft eine Vielzahl von Geschäftsvorfällen stattfindet, die sich handels- und steuerbilanziell unterschiedlich auswirken. Insgesamt sind hier die drei nachfolgend dargestellten Fallgruppen der Saldierung zu unterscheiden: **3507**

### I. Saldierung von vororganschaftlichen Mehr- und Minderabführungen iSd § 14 Abs. 3 KStG

Nach der ganz herrschenden Meinung in der Literatur[219] sowie des BFH[220] (obiter dicta) soll eine **Saldierung von vororganschaftlichen Mehr- und Minderabführungen nicht zulässig** sein. Begründet wird die Ablehnung mit den unterschiedlichen Rechtsfolgen in § 14 Abs. 3 KStG (fiktive Gewinnausschüttung und fiktive Einlage) und der Gesetzesformulierung im Plural (die gegen eine Saldierung hin zu einer einzigen Größe sprechen soll). Auch wenn derzeit keine Verlautbarung der Finanzverwaltung zu dieser Frage vorliegt, steht zu vermuten[221], dass diese eine Saldierung ablehnen würde, da sie eine Saldierung auch vor der gesetzlichen Regelung in Abschnitt 59 Abs. 4 Sätze 3–5 KStR 1995 abgelehnt hat[222]. Während eine Mindermeinung eine Saldierung generell für möglich erachtet[223], halten einige eine Saldierung ausnahmsweise bzw. jedenfalls dann für möglich, wenn vororganschaftliche Mehr- und Minderabführung auf ein und demselben Gesamtvorgang (wie zB einer Anwachsung) beruhen (und damit nicht zufällig auf mehreren Vorfällen, die nichts miteinander zu tun haben)[224]. **3508**

Hiervon zu unterscheiden ist die Frage der (stets) zulässigen formalen Zusammenfassung mehrerer vororganschaftlicher Mehrabführungen in einer einheitlichen Kapitalertragsteueranmeldung. Dies ist nicht nur praktisch sinnvoll, sondern auch rechtlich geboten, da die Mehrabführungen nach § 14 Abs. 3 S. 3 KStG alle einheitlich als zum Ende des Wirtschaftsjahrs der Organgesellschaft ausgeführt gelten und die Kapitalertragsteuer insoweit einheitlich nach § 44 Abs. 7 EStG entsteht.[225] **3509**

*(einstweilen frei)* **3510–3519**

### II. Saldierung von organschaftlichen Mehr- und Minderabführungen iSd § 14 Abs. 4 KStG

In Bezug auf die Saldierungsfähigkeit organschaftlicher Mehr- und Minderabführungen sind mehrere Meinungsströme zu unterscheiden: **3520**

Die **Finanzverwaltung** lässt nunmehr für das neue Recht explizit die Saldierung von (nur) organschaftlichen Mehr- und Minderabführungen (nur) **auf Ebene des Organträgers** zu, bezogen und begrenzt auf die jeweilige Beteiligung an einer Organgesellschaft **3521**

---

219 Vgl. insbesondere explizit Schnitger/Fehrenbacher/Brink KStG § 14 Rn. 1215 ff.; Prinz/Witt Steuerliche Organschaft/von Freeden Rn. 16.28 Bullet 1 mwN; DPM/Dötsch/Pung KStG § 14 Rn. 1002; Frotscher/Drüen/Frotscher KStG § 14 Rz. 716.

220 BFH 6.6.2013 – I R 38/11, BStBl. II 2014, 398 Rn. 30.

221 Ebenso Schnitger/Fehrenbacher/Brink KStG § 14 Rn. 1216.

222 BMF 28.10.1997, BStBl. I 1997, 939 Tz. III.

223 Rödder DStR 2005, 217 (221); Mylich DStR 2014, 2427 (2430–2432).

224 Neumann Ubg 2010, 673 (679); dem insoweit zustimmend DPM/Dötsch/Pung KStG § 14 Rn. 1002; zudem Schnitger/Fehrenbacher/Brink KStG § 14 Rn. 1216 iVm 1263; Mylich DStR 2014, 2427 (2430) bezeichnet diese Fallgruppe gar als „unproblematisch".

225 RHN/Rödder/Joisten KStG § 14 Rn. 575.

**(beteiligungsbezogen);** entsprechend sollen Mehrabführungen den Beteiligungsbuchwert in einem Wirtschaftsjahr auch erst dann mindern, wenn die sich aus den Minderabführungen resultierenden Erhöhungen des Beteiligungsbuchwerts im gleichen Wirtschaftsjahr berücksichtigt wurden. Begründet wird die Zulässigkeit insoweit damit, dass sowohl Mehr- und Minderabführungen nach § 14 Abs. 4 S. 7 KStG beide gleichzeitig jeweils in dem Zeitpunkt als erfolgt gelten, in dem das Wirtschaftsjahr der Organgesellschaft endet.[226] Zu einer Versteuerung einer buchwertübersteigenden Mehrabführung kommt es daher nur, wenn eine solche nach vorheriger Saldierung mit Minderabführungen der Organgesellschaft verbleibt.[227] Im Gegensatz dazu soll eine **Saldierung auf Ebene der Organgesellschaft nicht zulässig** sein.[228] Dies ließe sich damit begründen, dass der Gesetzeswortlaut in § 27 Abs. 6 KStG eine geschäftsvorfallbezogene Betrachtung anlegt.[229]

3522 Eine **engere Auffassung** hält eine Saldierung organschaftlicher Mehr- und Minderabführungen mit dem uE etwas (zu) formellen Argument **generell für unzulässig,** dass Mehr- und Minderabführungen in § 14 Abs. 3 und 4 KStG ein einheitlich auszulegender Begriff sei, sodass das anerkannte Saldierungsverbot innerhalb des Abs. 3 auch innerhalb des Abs. 4 gelten müsse.[230]

3523 Eine **weitere Auffassung,** die allerdings soweit ersichtlich überwiegend noch zur APO-Methode vertreten wurde, hält eine Saldierung organschaftlicher Mehr- und Minderabführungen beim Organträger und teilweise auch bei der Organgesellschaft generell für zulässig.[231]

3524–3533 *(einstweilen frei)*

### III. „Kreuzende" Saldierung von vororganschaftlichen und organschaftlichen Mehr- und Minderabführungen

3534 Während der **Geltung der APO-Methode** ging der BFH von einem **Saldierungsverbot** bezüglich organschaftlicher und vororganschaftlicher Mehr- und Minderabführungen aus, und begründete dies in erster Linie mit den seinerzeit unterschiedlichen gesetzlichen Tatbeständen und Rechtsfolgen in § 14 Abs. 3 für vororganschaftliche Mehr- und Minderabführungen (Gewinnausschüttung einerseits, Einlage andererseits) und denen in Abs. 4 KStG bei organschaftlichen (passive oder aktive APOs).[232]

3535 Mit der **Einführung der Einlagelösung** für die organschaftlichen Mehr- und Minderabführungen haben sich die Rechtsfolgen jedoch zT angenähert. Organschaftliche Minder- und Mehrabführungen führen jetzt zu Einlagen in bzw. einer Einlagerückgewähr der Organgesellschaft (vgl. → Rn. 3407). Die wohl herrschende Meinung geht trotzdem davon aus, dass das bisherige generelle Saldierungsverbot trotz dieser Annäherung der Rechtsfolgen in § 14 Abs. 3 und 4 KStG bestehen bleibt; dies zeige sich insbesondere daran, dass eine vororganschaftliche Mehrabführung immer noch (weiter) als Gewinnausschüttung zu behandeln sei, während bei der organschaftlichen Mehrabführung nur eine Einlagenrückgewähr anzunehmen sei.[233] Dies leuchtet zwar grundsätzlich ein, wo vororganschaftliche Mehrabführungen (Folge: Gewinnausschüttung der Organgesellschaft) mit organschaftli-

[226] BMF 29.9.2022, BStBl. I 2022, 1412 Rn. 6.
[227] Vgl. auch Liedgens/Himmer DStR 2022, 2393 (2394 f.), die weitergehend auch eine Saldierung mit vororganschaftlichen Minderabführungen zulassen wollen, da diese nach § 14 Abs. 3 S. 2 KStG ebenfalls als Einlage behandelt werden, also rechtsfolgenseitig identisch sind mit organschaftlichen Mehr- und Minderabführungen.
[228] BMF 29.9.2022, BStBl. I 2022, 1412 Rn. 5.
[229] DPM/Dötsch/Pung KStG § 14 Rn. 1045.
[230] Frotscher/Drüen/Frotscher KStG § 14 Rz. 716.
[231] Prinz/Witt Steuerliche Organschaft/von Freeden Rn. 16.28 Bullet 3 mwN.
[232] BFH 6.6.2013 – I R 38/11, BStBl. II 2014, 398 Rn. 30.
[233] Mit dieser Begründung explizit RHN/Rödder/Joisten KStG § 14 Rn. 576; aber ebenfalls iE die strikte Auffassung vertretend Frotscher/Drüen/Frotscher KStG § 14 Rn. 716 und DPM/Dötsch/Pung KStG § 14 Rn. 1001 („unrichtiges Mischergebnis").

chen Minderabführungen (Folge: Einlage in die Organgesellschaft) zusammentreffen. Für den umgekehrten Fall der organschaftlichen Mehrabführungen (Folge: Einlagenrückgewähr der Organgesellschaft) und vororganschaftlichen Minderabführungen (Folge: Einlage in die Organgesellschaft) sind die Rechtsfolgen dagegen „gegenläufig einheitlich". Deswegen spricht uE viel dafür, eine Saldierung jedenfalls in dem Umfang zuzulassen, wie man sie für die Saldierung von organschaftlichen Mehr- und Minderabführungen für zulässig hält (vgl. → Rn. 3520 ff.). Ein Teil der Lehre will aus diesen Gründen (Rechtsfolgengleichklang) die Verwaltungsauffassung (Saldierung von jeweils organschaftlichen Mehr- und Minderabführungen jedenfalls auf Ebene des Organträgers) damit auch auf *vor*organschaftliche Minderabführungen anwenden.[234] Dies überzeugt uE aufgrund des insoweit bestehenden Rechtsfolgengleichklangs.

Dötsch/Pung[235] kommen insoweit zu einem ähnlichen Ergebnis, gehen aber davon aus, **3536** dass es sich um die Beantwortung der (anderen) Frage handelt, von welchem Buchwert genau die Mehrabführungen nach § 14 Abs. 4 S. 2 KStG abgezogen werden, und begründen diese Frage auch etwas anders: Da sowohl die vororganschaftlichen als auch die organschaftlichen Minderabführungen zeitgleich als mit dem Ende des Wirtschaftsjahres der Organgesellschaft als Einlage gelten (§ 14 Abs. 3 S. 3 und Abs. 4 S. 7 KStG) und das Gesetz folglich keine Reihenfolge vorsehe, sei es zulässig, die für den Stpfl. günstigste Reihenfolge zu wählen, dh erst die Minderabführungen nach § 14 Abs. 4 S. 1 und Abs. 3 S. 2 KStG und erst anschließend die Mehrabführungen nach Abs. 4 S. 2 KStG. Diese Reihenfolge ist deswegen eher günstig, da laut einschränkender Ergänzung der Verwaltung[236] die organschaftlichen Mehrabführungen (Einlagenrückgewähren) den Beteiligungsbuchwert in einem Wirtschaftsjahr erst dann mindern, nachdem die sich aus den Minderabführungen (Einlagen) resultierenden Erhöhungen des Beteiligungsbuchwerts im gleichen Wirtschaftsjahr berücksichtigt wurden (vgl. → Rn. 3521).

*(einstweilen frei)* **3537–3600**

[234] Prinz/Witt Steuerliche Organschaft/von Freeden Rn. 16.28 Bullet 2; Liedgens/Himmer DStR 2022, 2393 (2394 f.) mit Fn. 27 (ihr zusätzliches Argument, dass das BMF-Schreiben nicht explizit nur organschaftliche Minderabführungen nennt, ist uE dagegen nicht überzeugend, da aus dem Regelungskontext klar ist, dass das gesamte BMF-Schreiben die organschaftliche Mehr- und Minderabführungen zum Gegenstand hat).

[235] DPM/Dötsch/Pung KStG § 14 Rn. 1045.

[236] BMF 29.9.2022, BStBl. I 2022, 1412 Rn. 6.





# § 13 Auswirkungen von Krise und Insolvenz auf die Organschaft

**Übersicht**



Neben der ohnehin schon komplexen Regelungs- und Anwendungsmaterie einer körperschaftsteuerlichen Organschaft in wirtschaftlich „guten" Zeiten stellt die Krise der beteiligten Gesellschaften den Anwender vor besondere Herausforderungen. Dabei rücken sowohl Fragen der Haftung der Organgesellschaft für Steueransprüche gegen den Organträger und der Behandlung einer Sanierung der Beteiligten, als auch die Frage der Fortführung der Organschaft im Zusammenhang mit einem Insolvenzverfahren des Organträgers, der Organgesellschaft oder gar beider Gesellschaften in den besonderen Fokus. **3601**

## A. Organschaft in der Krise

### I. Haftung der Organgesellschaft, § 73 AO

Auch im Steuerrecht hat der Haftende kraft Gesetzes für die Erfüllung einer fremden Schuld mit seinem eigenen Vermögen einzustehen; die Haftung ist mithin akzessorisch zur Steuerschuld.[1] Der Haftungsanspruch ist ein Anspruch aus dem Steuerschuldverhältnis iSv § 37 Abs. 1 AO,[2] er entsteht, sobald der Tatbestand verwirklicht ist, an den das Gesetz die Haftung knüpft.[3] Mit Ergehen eines Haftungsbescheides tritt der Haftungsanspruch selbstständig neben den Steueranspruch.[4] **3602**

Die grundlegenden Haftungsnormen der Abgabenordnung finden sich in den §§ 69 ff. AO. Daneben regeln aber auch die Einzelsteuergesetze unterschiedliche Haftungstatbestände.[5] Die Inanspruchnahme des Haftungsschuldners, also desjenigen, der kraft Gesetzes für eine Steuer haftet, erfolgt gem. § 191 Abs. 1 AO durch Haftungsbescheid. Für den **3603**

[1] Tipke/Kruse/Loose Vor § 69 Rn. 16.
[2] Tipke/Kruse/Drüen Vor § 33 Rn. 1.
[3] BFH 15.10.1996 – VII R 46/96, BStBl. II 1997, 171.
[4] Vgl. bspw. zur Zahlungsverjährung BFH 11.7.2001 – VII R 28/99, BStBl. II 2002, 267.
[5] Bspw. § 42d EStG, § 13c UStG.

Haftungsbescheid gelten die allgemeinen Vorschriften für Verwaltungsakte nach §§ 118 ff. AO.[6] Die Frist für die Haftungsinanspruchnahme beträgt – wie bei Steuerbescheiden – nach § 191 Abs. 3 S. 2 AO grds. vier Jahre.

**3604** Eine spezielle **Haftungsnorm für Organschaften** enthält § 73 AO. Bei der körperschaftsteuerlichen Organschaft bleibt die Organgesellschaft zwar Steuerrechtssubjekt, ihr Einkommen wird jedoch dem Organträger nach den Vorschriften der §§ 14 ff. KStG zugerechnet und ist auch von diesem zu versteuern. Die Organgesellschaft selbst versteuert nur ein besonders definiertes „eigenes" Einkommen, sofern sie Minderheitsgesellschafter hat und Ausgleichszahlungen iSd § 16 KStG an diese leistet; bei ihr sind dann 20/17 der Zahlungen selbst körperschaftsteuerpflichtig (vgl. dazu ausführlich → Rn. 1801 ff.). Innerhalb eines Organschaftsverhältnisses ist somit der Organträger Steuerschuldner für die Besteuerungsgrundlagen, die ihm aufgrund der Organschaft zugerechnet werden; dies heißt jedoch nicht, dass er in jedem Fall die von ihm geschuldeten Steueransprüche auch bedienen kann. Ziel der Regelung des § 73 AO ist es daher, diese „Unwucht" zu kompensieren[7] und bei Nichtzahlung der Steuern durch den Organträger die Befriedigung der Steuerverbindlichkeiten über die Heranziehung des Vermögens der Organgesellschaft im Haftungsverfahren zu erreichen.[8]

**3605** Gemäß § 73 S. 1 AO haftet eine Organgesellschaft für Steuerschulden ihres Organträgers; allerdings nur für solche Steuern und die Ansprüche auf Erstattung von Steuervergütungen[9], für die die Organschaft zwischen ihnen steuerlich von Bedeutung ist. In Betracht kommt also eine **Haftung für Körperschaftsteuer (inkl. Solidaritätszuschlag), daneben auch für Gewerbesteuer und/oder Umsatzsteuer.**[10] Keine Steuern sind steuerliche Nebenleistungen iSv § 3 Abs. 4 AO; folglich haftet die Organgesellschaft auch nicht für Zinsen.[11] Haftungsschuldner iSd Norm ist damit die Organgesellschaft. Stehen mehrere Organgesellschaften zu demselben Organträger in einem Organschaftsverhältnis, kommen alle als Haftungsschuldner in Betracht. Die als Haftungsschuldner in Anspruch genommenen Organgesellschaften sind dabei Gesamtschuldner; die Leistung eines Steuer- oder Haftungsschuldners wirkt daher zugleich schuldbefreiend für alle anderen Gesamtschuldner.[12] Eine Haftung nach § 73 S. 1 AO setzt ein **wirksames Organschaftsverhältnis im Zeitpunkt des Entstehens bzw. der wirtschaftlichen Verursachung**[13] des Steueranspruchs voraus.[14] Die Haftung bezieht sich aber nur auf die Steuern, für die die Organschaft gilt; beispielsweise erstreckt sich die Haftung der Organgesellschaft bei einer körperschaftsteuerlichen Organschaft nicht auch auf die Umsatzsteuer.[15] Ob eine Organschaft vorliegt, richtet sich nach dem jeweiligen Einzelsteuergesetz, das für die einzelne Steuer von Bedeutung ist (vgl. § 14 KStG; § 2 Abs. 2 Nr. 2 UStG; § 2 Abs. 2 GewStG).[16] Die Haftung besteht auch nach Beendigung der Organschaft fort, soweit die relevante Organschafts-Steuerschuld während der zeitlichen Dauer der Organschaft verursacht worden ist.[17]

---

6 Die Vorschriften über die Steuerfestsetzung nach §§ 155 ff. AO und Korrekturvorschriften der §§ 172 ff. AO gelten für Haftungsbescheide hingegen nicht, vgl. Tipke/Kruse/Loose AO § 191 Rn. 80.

7 Vgl. BFH 5.10.2004 – VII R 76/03, BStBl. II 2006 Rn. 6: „Die Haftung der im Organkreis untergeordneten Organgesellschaft für Steuerschulden des die Organgesellschaft beherrschenden Organträgers soll die steuerlichen Risiken ausgleichen, die mit der Verlagerung der steuerlichen Rechtszuständigkeit auf den Organträger verbunden sind. Durch den haftungsrechtlichen Zugriff auf das Vermögen der Organgesellschaft sollen bei Zahlungsunfähigkeit des Organträgers Steuerausfälle vermieden werden, die infolge von Vermögensverlagerungen innerhalb des Organkreises entstehen könnten.".

8 Klein/Rüsken AO § 73 Rn. 1.

9 § 73 S. 3 AO.

10 Zur Haftung für Gewerbesteuer vgl. → Rn. 6328 ff, zur Haftung für Umsatzsteuer vgl. → Rn. 7016 ff.

11 BFH 5.10.2004 – VII R 76/03, BStBl. II 2006, 3; Klein/Rüsken AO § 73 Rn. 10; Tipke/Kruse/Loose AO § 73 Rn. 7.

12 AEAO Nr. 1 zu § 73.

13 BFH 5.4.2022 – VII R 18/21, BStBl. II 2023, 3, zur umsatzsteuerlichen Organschaft.

14 BFH 31.5.2017 – I R 54/15, BStBl. II 2018, 54.

15 AEAO Nr. 3.1 zu § 73.

16 AEAO Nr. 2 zu § 73.

17 AEAO Nr. 3.2.2 zu § 73 unter Verweis auf BFH 5.4.2022 – VII R 18/21, BStBl. II 2023, 3.

Nach dem Wortlaut der Norm haftet die Organgesellschaft nicht nur für Steueransprüche, die aus der unmittelbaren Zurechnung ihrer Besteuerungsgrundlagen beim Organträger entstanden sind, sondern grds. für alle entstandenen und für die Organschaft bedeutenden Steueransprüche innerhalb des Organschaftsverhältnisses; damit zunächst also auch für Steueransprüche gegenüber dem Organträger, die aus der Zurechnung von Besteuerungsgrundlagen anderer Organgesellschaften des Organträgers oder dem eigenen Einkommen des Organträgers herrühren.[18] Die notwendige **Einschränkung des Haftungsumfangs** erfolgt dann allerdings im Rahmen einer **Ermessensausübung** der Finanzverwaltung (für KSt und USt) bzw. die zuständige Gemeinde (für GewSt). Wenn keine Ausnahmefälle vorliegen (dazu → Rn. 7), soll die Haftung auf die Steuern beschränkt werden, die im Betrieb der Organgesellschaft oder im Betrieb des Organträgers[19] verursacht worden sind. Der Verursachungsbeitrag einer Organgesellschaft für Steuerrückstände des Organträgers ist dabei bei der Körperschaftsteuer nach dem Verhältnis des zugerechneten positiven Einkommens der Organgesellschaft (originäres Organeinkommen) zu der Summe der gesamten zugerechneten positiven Organeinkommen des Organkreises (einschließlich des eigenen Einkommens des Organträgers) eines Veranlagungszeitraums zu bestimmen. Bei der Ermittlung des originären Einkommens der Organgesellschaft sind die auf Ebene des Organträgers nach § 15 S. 1 Nr. 2 und 3 sowie Satz 2 KStG vorzunehmenden Korrekturen zu berücksichtigen. Begrenzt ist die Inanspruchnahme darüber hinaus auf die fiktive Steuer auf das ermittelte Organeinkommen sowie (wegen der Akzessorietät der Haftung selbstverständlich) auf die gegen den Organträger festgesetzte Körperschaftsteuer.[20] **3606**

Diese „ermessensgerechte Haftungsbegrenzung" auf die eigenen „Steuerbeiträge der Organgesellschaft" erfolgt allerdings nicht **(Ausnahmefälle[21]),** wenn **3607**

- der Organträger oder andere Organgesellschaften
  - Vermögenswerte unentgeltlich auf die Organgesellschaft vom Organträger oder einer anderen Organgesellschaft übertragen haben oder
  - dieser unentgeltliche Nutzungen oder Leistungen gewährt haben oder
- die Begründung der Organschaft zu besonderen Steuervorteilen führte (zB Verlustausgleich bei der KSt).

Die ursprüngliche Verwaltungsauffassung[22] unterschied nicht zwischen unmittelbaren und sog. mittelbaren Organschaften (iSv **Organschaftsketten**), soll heißen, die Organgesellschaft sollte grds. für alle Steuern in mehrstufigen Organschaftsverhältnissen haften, auch wenn zwischen dem (obersten) Organträger und der (untersten) Organgesellschaft lediglich eine mittelbare Beteiligung bestand.[23] **3608**

Demgegenüber hat der BFH mit Urteil vom 31.5.2017[24] entschieden, dass der Haftungsgegenstand iSd § 73 S. 1 AO bei einer körperschaftsteuerlichen Organschaft auf Steueransprüche beschränkt ist, die sich gegen den durch das konkrete Organschaftsverhältnis bestimmten Organträger richten. Dies führte zu einer Haftungsbeschränkung auf das unmittelbare Organschaftsverhältnis und schloss eine Haftung bei mittelbaren Organschafts- **3609**

[18] Tipke/Kruse/Loose AO § 73 Rn. 4.

[19] AEAO Nr. 3.1 zu § 73 sowie Tipke/Kruse/Loose AO § 73 Rn. 5; aA HHS/Boeker AO § 73 Rn. 15 mwN zur verbreiteten Auffassung im Schrifttum. dass die Haftung nach § 73 von vornherein auf die Steuern begrenzt sei, welche allein die haftende Organgesellschaft verursacht habe.

[20] AEAO Nr. 3.1.1 zu § 73. Vgl. dort auch Nr. 3.1.2 zur Begrenzung bei der Umsatzsteuer. Zur GewSt vgl. OVG Nordrhein-Westfalen 12.5.2017 – 14 A 2484/14, BeckRS 2017, 112140 Rn. 32: Die Haftungsinanspruchnahme einer Organgesellschaft, die im Gebiet der Gemeinde nicht gewerblich tätig war, ist mit dem Zweck des § 73 S. 1 AO nicht vereinbar, wenn keiner der (in Rn. 7 aufgeführten) Ausnahmefälle vorliegt.

[21] AEAO Nr. 3.1; Klein/Rüsken AO § 73 Rn. 13; HHS/Boeker AO § 73 Rn. 23 mwN.

[22] AEAO zu § 73, Fassung vom 5.9.2016.

[23] Zwischen Muttergesellschaft und Tochtergesellschaft sowie zwischen Tochter- und Enkelgesellschaft besteht eine körperschaftsteuerliche Organschaft; hingegen nicht zwischen Mutter- und Enkelgesellschaft (sog. Klammerorganschaft), vgl. Schimmele/Weber BB 2013, 2263.

[24] BFH 31.5.2017 – I R 54/15, BStBl. II 2018, 54.

verhältnissen aus. Der BFH begründete seine Auffassung im Wesentlichen mit dem Wortlaut der Norm, wonach eine Organgesellschaft nur für solche Steuern des Organträgers haftet, für welche „die Organschaft zwischen ihnen" von Bedeutung ist. Die Haftung beschränkte sich damit auf ein zweipersonales Organschaftsverhältnis. In seiner Entscheidung wies der BFH allerdings darauf hin, dass ein weitergehender Haftungsumfang möglicherweise zweckgerecht erscheinen mag, es sich dabei jedoch um eine rechtspolitische Frage handelt, die nicht von den Gerichten, sondern vom Gesetzgeber zu beantworten sei.

**3610** Mit dem Gesetz zur weiteren steuerlichen Förderung der Elektromobilität und zur Änderung weiterer steuerlicher Vorschriften[25] reagierte der Gesetzgeber auf die Rechtsprechung des BFH und den deutlichen Hinweis zur zweckgerechten Ausgestaltung der Norm und erweiterte mit der Einfügung § 73 S. 2 AO den Anwendungsbereich iSd ursprünglichen Verwaltungsauffassung. Danach haftet die Organgesellschaft einer Organträgerin, die wiederum Organgesellschaft eines anderen Organträgers ist und selbst nach § 73 S. 1 AO haftet, neben dieser „Zwischen"-Gesellschaft ebenfalls nach § 73 S. 1 AO. Das heißt, dass bei mehrstufigen Organschaftsverhältnissen die nachrangigen Organgesellschaften der obersten Organgesellschaft ebenfalls für die Steuern des obersten Organträgers haften, für welche die Organschaft zwischen der obersten Organgesellschaft und dem „obersten" Organträger steuerlich von Bedeutung ist. Sind die nachrangigen Organgesellschaften wiederum selbst Organträger, haften nach § 73 S. 2 AO auch deren Organgesellschaften. Der Organträger und alle nach § 73 S. 1 und 2 AO in Haftung genommenen Organgesellschaften sind Gesamtschuldner. Die Leistung eines Steuer- oder Haftungsschuldners wirkt zugleich schuldbefreiend für alle anderen Gesamtschuldner.[26] Eine vorrangige Haftungsinanspruchnahme der obersten Organgesellschaft ist nicht erforderlich.[27]

**Beispiel**

**3611** Die A-GmbH hat im Jahr 2019 als Organgesellschaft mit der C-GmbH als Organträger einen Beherrschungs- und Gewinnabführungsvertrag geschlossen. Die C-GmbH hatte bereits mit Wirkung ab dem 1.1.2018 einen GAV als Organgesellschaft mit dem sie beherrschenden Unternehmen, der E-AG abgeschlossen. Nach der Eröffnung des Insolvenzverfahrens über das Vermögen der E AG in 2021 nahm das Finanzamt die A-GmbH mit Haftungsbescheid (§ 191 iVm § 73 AO) für die rückständige Körperschaftsteuer des Veranlagungszeitraums 2020 in Haftung. Unter dem Gesichtspunkt einer „Veranlassungshaftung" bestimmte das Finanzamt den Haftungsanteil der A-GmbH durch den Anteil des Einkommens der A-GmbH (originäres Organeinkommen) an der Summe des positiven Organeinkommen bei der E AG.

Die A-GmbH haftet als Organgesellschaft der C-GmbH gem. § 73 S. 2 AO für die rückständigen Körperschaftsteuern der E-AG, da ihre Organträgerin, die C-GmbH, als Organgesellschaft der E-AG gem. § 73 S. 1 AO haftet. Die Haftungsinanspruchnahme erfolgte zulässigerweise über einen Haftungsbescheid nach § 191 AO für die während des Bestehens der Organschaft zwischen A-GmbH und C-GmbH beim obersten Organträger E-AG entstandenen Steuern (Körperschaftsteuer 2020; keine Haftung der A-GmbH für Körperschaftsteuer 2019, da sie in 2019 noch nicht Organgesellschaft war), wobei die Haftung ermessensgerecht auf die Steuern beschränkt wurde, die im Betrieb der Organgesellschaft A-GmbH verursacht worden sind. Das Ergehen eines Haftungsbescheides nach § 73 S. 1 AO gegen die C-GmbH ist keine Tatbestandsvoraussetzung der Haftung nach Satz 2 der Norm.

**3612** § 73 S. 2 AO ist gem. Art. 97 § 11 Abs. 4 EGAO erstmals anzuwenden, wenn der haftungsbegründende Tatbestand nach dem 17.12.2019 verwirklicht worden ist. Haftungsbegründender Tatbestand ist die Entstehung der Steuerschuld oder des Anspruchs auf Erstattung einer Steuervergütung. Damit gilt die Norm grds. für Steuern ab Veranlagungszeitraum 2019.

**3613** Ertragsteuerlich führt die Haftungsinanspruchnahme der Organgesellschaft zu Aufwand; bei hinreichender Wahrscheinlichkeit der Inanspruchnahme bereits im Wege der Rück-

---

[25] „JStG 2019" vom 12.12.2019, BGBl. 2019 I 2451.
[26] AEAO Nr. 1 zu § 73.
[27] AEAO Nr. 2 zu § 73.

stellung.[28] Allerdings ist der Aufwand außerbilanziell nach § 8 Abs. 3 S. 2 KStG zu kürzen, da es sich um eine verdeckte Gewinnausschüttung handelt. Die gesellschaftsrechtliche Veranlassung ergibt sich dabei aus dem Abschluss des GAVs mit dem beherrschenden Gesellschafter, da die sich hieraus ergebenden Konsequenzen nur aus vorrangigem Konzerninteresse ableiten lassen und letztlich zur Inanspruchnahme über § 73 AO führen. Das gesellschaftsrechtliche Interesse setzt sich auch nach Beendigung einer Organschaft fort. Die Aufwendungen fallen mithin nicht unter das Abzugsverbot des § 10 Nr. 2 KStG (Abzugsverbot für Steuern vom Einkommen und sonstige Personensteuern).[29] Im Ergebnis bleibt der Aufwand steuerlich ohne Auswirkung.

*(einstweilen frei)* **3614–3620**

## II. Sanierung von Organschaften – Sanierungsgewinne und Verlustkürzung iSd § 3a EStG iVm § 15 S. 1 Nr. 1a KStG

20 Jahre nach Abschaffung des § 3 Nr. 66 EStG[30], welcher bereits eine Steuerfreiheit für „Erhöhungen des Betriebsvermögens vorsah, die dadurch entstehen, dass Schulden zum Zweck der Sanierung ganz oder teilweise erlassen werden", hat der Gesetzgeber[31] mit § 3a EStG erneut eine Regelung im Einkommensteuergesetz implementiert, die die Steuerfreiheit von sanierungsbedingten Betriebsvermögenserhöhungen zum Inhalt hat. Die gesetzliche Regelung erfolgte nahezu unmittelbar nach der Entscheidung des Großen Senats des BFH vom 28.11.2016[32] zum sog. „Sanierungserlass"[33], der in dem Absehen von der Besteuerung von Sanierungsgewinnen im Billigkeitswege[34] einen Verstoß gegen den Grundsatz der Gesetzmäßigkeit der Verwaltung sah. **3621**

§ 3a EStG ist erstmals auf Schuldenerlasse nach dem 8.2.2017 anzuwenden. Auf gesonderten Antrag kann die Vorschrift auch auf Schuldenerlasse vor dem 9.2.2017 bzw. auf Veranlagungszeiträume vor 2017 angewendet werden.[35] Im Rahmen dieser neuen Regelung sind auch eine Reihe organschaftsspezifischer Aspekte zu berücksichtigen (→ Rn. 3625 ff.). **3622**

### 1. Grundkonzeption des § 3a EStG

In seiner Grundkonzeption regelt § 3a EStG die **Steuerbefreiung** für Betriebsvermögensmehrungen und Betriebseinnahmen, die auf einen **Schuldenerlass zum Zwecke einer unternehmensbezogenen Sanierung** zurückzuführen sind.[36] Hierfür bedarf es einerseits der Sanierungsbedürftigkeit und Sanierungsfähigkeit des Unternehmens, der Sanierungseignung des betrieblich begründeten Schuldenerlasses und andererseits einer Sanierungsabsicht der Gläubiger. Die Voraussetzungen müssen im Zeitpunkt des Schuldenerlasses vorliegen und sind vom Steuerpflichtigen nachzuweisen (§ 3a Abs. 2 EStG). Die Rechtsfolge der Steuerfreiheit des Sanierungsertrags wird allerdings flankiert von der Verpflichtung **3623**

---

[28] Der Höhe nach, ggfs. gemindert nur durch einen werthaltigen Ausgleichsanspruch gem. § 426 BGB gegen den Organträger, welcher im Fall der Inanspruchnahme jedoch regelmäßig nicht vorliegen dürfte (vgl. hierzu BGH 1.12.2003 – II ZR 202/01, DStR 2004, 468 sowie BFH 24.10.2018 – I R 78/16, BStBl. II 2019, 570). Denkbar erscheint wegen der bestehenden Gesamtschuld auch die Berücksichtigung von evtl. Ausgleichsansprüchen gegen andere Organgesellschaften, wenn die vom Finanzamt in Anspruch genommene Organgesellschaft in der Relation „zu hoch" in Anspruch genommen wurde.

[29] BFH 24.10.2018 – I R 78/16, BStBl. II 2019, 570 zur Haftungsinanspruchnahme für Körperschaftsteuerschulden.

[30] Gesetz zur Finanzierung eines zusätzlichen Bundeszuschusses zur gesetzlichen Rentenversicherung vom 19.12.1997 (BGBl. 1997 I 3121). Geltung bis Ende 1997.

[31] Gesetz zur Vermeidung von Umsatzsteuerausfällen beim Handel mit Waren im Internet und zur Änderung weiterer steuerlicher Vorschriften (JStG 2018) vom 11.12.2018 (BGBl. 2018 I 2338).

[32] BFH 28.11.2016 – GrS 1/15, BStBl. II 2017, 393.

[33] BMF 27.3.2003, BStBl. I 2003, 240.

[34] §§ 163, 222, 227 AO.

[35] Vgl. § 52 Abs. 4a EStG.

[36] Zur unternehmerbezogenen Sanierung siehe aber § 3a Abs. 5 EStG.

zur gewinnmindernden Ausübung steuerlicher Wahlrechte (zB Teilwertabschreibungen) sowie dem Untergang der in Abs. 3 der Regelung bezeichneten „Verlustspeicher" (u. a. Verluste, Verlust- und andere Vorträge). Dies geschieht, um – anders als bei § 3 Nr. 66 EStG – unerwünschte Doppelbegünstigen zu vermeiden.[37] Zudem dürfen – korrespondierend zur Steuerbefreiung – diejenigen Betriebsvermögensminderungen oder Betriebsausgaben, die mit einem steuerfreien Sanierungsertrag nach § 3a EStG in unmittelbaren wirtschaftlichen Zusammenhang stehen, unabhängig davon, in welchem Veranlagungszeitraum der Sanierungsertrag entsteht, nach § 3c Abs. 4 S. 1 EStG nicht abgezogen werden.

3624 **Ermittlung des Sanierungsertrags**

1. Ermittlung des s**teuerfreien (Brutto-)Sanierungsertrags** iSd § 3a Abs. 1 S. 1 EStG
   (= Betriebsvermögensmehrungen oder Betriebseinnahmen aus einem Schuldenerlass zum Zwecke einer unternehmensbezogenen Sanierung)
   und Ausübung gewinnmindernder steuerlicher Wahlrechte.
2. Ermittlung des **geminderten Sanierungsertrags** iSd § 3a Abs. 3 S. 1 EStG
   (Brutto-)Sanierungsertrag
   abzüglich
   nicht abziehbare Beträge iSd § 3c Abs. 4, die in Veranlagungszeiträumen vor dem Sanierungsjahr und im Sanierungsjahr anzusetzen sind.
3. **Kürzung** der in § 3a Abs. 2 S. 2 EStG aufgezählten **Verlustverrechnungspotentiale** in der gesetzlich dargestellten Reihenfolge durch den geminderten Sanierungsertrag.
   Erst wenn nach diesen Schritten noch ein positiver Sanierungsertrag verblieben ist (**verbleibender Sanierungsertrag** iSd § 3a Abs. 3 S. 4 EStG), wird dieser nach § 3a EStG steuerfrei gestellt.

## 2. § 3a EStG und körperschaftsteuerliche Organschaften

3625 Für körperschaftsteuerliche Organschaften enthält das Regelungskonstrukt des § 3a EStG ein durchaus komplexes Anwendungskonzept.[38] Das gilt zunächst (über § 7 KStG) für die Körperschaftsteuer, aber grds. auch für die Gewerbesteuer (§ 7b GewStG; zur Gewerbesteuer unten → Rn. 3634). Bei der Körperschaftsteuer ist § 3a EStG zunächst sowohl für Organträger als auch Organgesellschaften körperschaftsteuerlicher Organschaften je nach Lage der Sanierungsbedürftigkeit unmittelbar und separat anwendbar, da die Ermittlung der Einkommen von Organgesellschaft und Organträger getrennt erfolgt.[39] Bei der Sanierung von Organträgerunternehmen bestehen dabei grds. keine Besonderheiten. Allerdings hat die Anwendung von § 3a EStG iVm § 8 KStG) bei der Organgesellschaft aufgrund des der Organschaftsbesteuerung immanenten Zurechnungskonzepts[40] ggfs. auch Auswirkungen auf den Organträger, insbes. auf die dort vorhandenen Verlustausgleichspotentiale. Für Organgesellschaften wird § 3a EStG zudem durch § 15 S. 1 Nr. 1 S. 2 f. sowie Nr. 1a KStG flankiert.

3626 Zunächst ist wie dargestellt der steuerfreie Sanierungsertrag iSd § 3a Abs. 1 S. 1 iVm Abs. 2 EStG gekürzt um nicht abziehbare Aufwendungen gem. § 3c Abs. 4 EStG vor dem und im Sanierungsjahr zu bestimmen. Sodann ist in einem **ersten Schritt** der **laufende Verlust** der **Organgesellschaft** gem. § 3a Abs. 3 S. 2 Nr. 8 EStG um den „geminderten Sanierungsertrag" iSd § 3a Abs. 3 S. 1 EStG zu kürzen. Sogar eine Kürzung **vororganschaftlicher Verluste** der Organgesellschaft gem. § 3a Abs. 3 S. 2 Nr. 10 EStG ist zulässig. § 15 S. 1 Nr. 1 S. 1 KStG steht dem aufgrund der Spezialregelung in § 15 Abs. 1 S. 1 Nr. 1 S. 2 KStG nicht entgegen.[41]

[37] Vgl. BT-Drs. 18/12128.
[38] Vgl. zB Desens FR 2017, 981; Hasbach/Oesterwinter/Fahje DB 2020, 2049.
[39] KStR 7.1; Brandis/Heuermann/Rode KStG § 14 Rn. 201.
[40] Brandis/Heuermann/Rode KStG § 14 Rn. 200.
[41] Vgl. auch Gosch KStG/Neumann KStG § 15 Rn. 14b.

**Erster Anwendungsschritt: Organgesellschaft** 3627

1. Ermittlung des steuerfreien (Brutto-)Sanierungsertrag iSd § 3a Abs. 1 S. 1 EStG und Ausübung gewinnmindernder steuerlicher Wahlrechte.
2. Ermittlung des geminderten Sanierungsertrags iSd § 3a Abs. 3 S. 1 EStG
(Brutto-)Sanierungsertrag
./. nicht abziehbare Beträge iSd § 3c Abs. 4, die in Veranlagungszeiträumen vor dem Sanierungsjahr und im Sanierungsjahr anzusetzen sind.
3. Anschließend Verwendung des geminderten Sanierungsertrags iSd § 3a Abs. 3 S. 1 EStG zur Kürzung von Verlustverrechnungspotenzialen der Organgesellschaft iSd § 3a Abs. 3 S. 2 Nr. 1–7 EStG
./. Kürzung des laufenden Verlusts der Organgesellschaft nach § 3a Abs. 3 S. 2 Nr. 8 EStG
./. Kürzung der vororganschaftlichen Verluste gem. § 3a Abs. 3 S. 2 Nr. 10 EStG iVm § 15 Abs. 1 S. 1 Nr. 1 S. 2 KStG.
= **übersteigender Sanierungsertrag** iSd § 3a Abs. 3 S. 3 EStG.

Da der **Organträger** zugleich nahestehende Person der Organgesellschaft ist, muss in einem **zweiten Schritt** die Regelung des § 3a Abs. 3 S. 3 EStG geprüft werden. Danach mindern sich die Verlustausgleichspotentiale einer der Organgesellschaft nahestehenden Person (hier: Organträger) um einen übersteigenden Sanierungsertrag nach § 3a Abs. 3 S. 3 EStG, wenn die nahestehende Person 3628

– die erlassenen Schulden innerhalb eines Zeitraums von fünf Jahren vor dem Schuldenerlass (bei der Organgesellschaft) auf das zu sanierende Unternehmen übertragen hat und
– soweit die entsprechenden Verlustpotentiale beim Organträger zum Ablauf des Wirtschaftsjahrs der Übertragung bereits entstanden waren.

§ 3a Abs. 3 S. 3 EStG stellt eine Missbrauchsverhinderungsvorschrift dar, welche als Spezialregelung vorrangig vor Anwendung von § 15 S. 1 Nr. 1a KStG zu berücksichtigen ist.[42] Einer Anwendung von § 15 Abs. 1 S. 1 Nr. 1 S. 3 KStG[43] beim Organträger bedarf es dann nicht mehr. Besteht nach der Minderung iSv § 3a Abs. 3 S. 3 EStG noch ein Sanierungsertrag (= verbleibender Sanierungsertrag iSv § 3a Abs. 3 S. 4 EStG) bei der Organgesellschaft, ist dieser schließlich um Betriebsvermögensminderungen oder Betriebsausgaben, die mit dem steuerfreien Sanierungsertrag in unmittelbarem wirtschaftlichen Zusammenhang stehen, zu kürzen, wenn diese nachträglich, also nach dem Jahr der Sanierung der Organgesellschaft, anfallen.[44] Zudem ist der verbleibende Sanierungsertrag die Grundlage für die Minderung der negativen Einkünfte nach § 10d Abs. 1 EStG des Folgejahres (vgl. § 3a Abs. 3 S. 2 Nr. 12 EStG) und der nicht abziehbaren Betriebsvermögensminderungen bzw. Betriebsausgaben nach § 3c Abs. 4 S. 4 EStG. 3629

Im Anschluss wird das ggfs. verbleibende Organeinkommen dem Organträger zugerechnet.

**Zweiter Anwendungsschritt: Organträger** 3630

Verlustausgleichspotentiale nahestehender Personen iSd § 3a Abs. 3 S. 3 EStG, hier: Organträger
./. ggfs. Kürzung um den übersteigenden Sanierungsertrag der Organgesellschaft unter den Voraussetzungen des § 3a Abs. 3 S. 3 EStG
= **verbleibender Sanierungsertrag** iSd § 3a Abs. 3 S. 4 EStG (ggfs. gekürzt um nicht abziehbare Aufwendungen iSd § 3c Abs. 4 EStG, die nach dem Sanierungsjahr anfallen).

Findet § 3a Abs. 3 S. 3 EStG keine Anwendung, kann es in einem **dritten Schritt** in Höhe **des verbleibenden Sanierungsertrags** iSd § 3a Abs. 3 S. 4 EStG über § 15 S. 1 3631

[42] Schmidt/Levedag EStG § 3a Rn. 39.
[43] „Dritter Schritt".
[44] Vgl. auch Gosch KStG/Neumann KStG § 15 Rn. 14b.

Nr. 1a KStG eine Minderung von Verlustausgleichspotentialen des Organträgers kommen.[45] Die Minderung beim Organträger um den verbleibenden Sanierungsertrag der Organgesellschaft geschieht unabhängig davon, ob die Verlustausgleichspotentiale des Organträgers durch Einkommenszurechnungen der Organgesellschaft (ganz oder teilweise) verursacht wurden.[46] Ob und inwieweit es zu einer Minderung von Verlustausgleichspotentialen beim Organträger kommt, richtet sich allerdings danach, wie das Ergebnis der Organgesellschaft nach Anwendung der Steuerbefreiung des § 3a EStG aussieht:

- Entsteht durch die Anwendung von § 3a EStG (Sanierungsertrag > Gewinn der Organgesellschaft ohne Anwendung von § 3a EStG) ein Verlust auf Ebene der Organgesellschaft, mindert lediglich der verlustbegründende Teil des Sanierungsertrags der Organgesellschaft nach § 15 S. 1 Nr. 1a KStG die Verlustpotentiale des Organträgers.
- Wird durch Anwendung von § 3a EStG der Gewinn der Organgesellschaft lediglich reduziert (Sanierungsertrag < Gewinn der Organgesellschaft ohne Anwendung von § 3a EStG), mindert der verbleibende Sanierungsertrag die Verlustausgleichspotentiale des Organträgers über § 15 S. 1 Nr. 1a KStG.
- Erzielt die Organgesellschaft auch ohne Berücksichtigung der Steuerbefreiung des § 3a EStG bereits einen Verlust, wird der (laufende) Verlust zunächst nach § 3a Abs. 3 S. 2 Nr. 8 EStG um den steuerfreien Sanierungsertrag gekürzt. Es verbleibt damit kein Sanierungsertrag, der beim Organträger über § 15 S. 1 Nr. 1a KStG zu einer Minderung von dessen Verlustpotentialen führen könnte.

**Dritter Anwendungsschritt**

3632 Die X-GmbH (Verlustvortrag iSv § 10d Abs. 4 EStG iHv 800.000 EUR) ist Organträgerin der zu sanierenden Y-GmbH (Organgesellschaft). Vor Berücksichtigung der Steuerbefreiung nach § 3a Abs. 1 EStG iVm § 8 KStG hat die Y-GmbH einen Gewinn von 220.000 EUR. Der Sanierungsertrag bei ihr beträgt 500.000 EUR. Aufwendungen, die nach § 3c Abs. 4 EStG im unmittelbaren Zusammenhang mit der Sanierung stehen, belaufen sich auf 100.000 EUR. Die Y-GmbH hat einen sog. vororganschaftlichen Verlustvortrag iSv § 10d Abs. 4 EStG iHv 50.000 EUR.

Der um die nicht abziehbaren Aufwendungen geminderte Sanierungsertrag iSv § 3a Abs. 3 S. 1 EStG beläuft sich auf 400.000 EUR (500.000 EUR ./. 100.000 EUR). Der Y-GmbH erzielt nach Anwendung von §§ 3a, 3c EStG einen Verlust von 180.000 EUR (220.000 EUR ./. 400.000 EUR). Nach § 3a Abs. 3 S. 2 EStG reduziert der geminderte Sanierungsertrag von 400.000 EUR die Verlustverrechnungspotentiale der Y-GmbH und damit zunächst den Verlust des Sanierungsjahrs gem. § 3a Abs. 3 S. 2 Nr. 8 EStG iHv 180.000 EUR auf 0 EUR (180.000 EUR ./. 180.000 EUR). Der Sanierungsertrag ist damit bereits um 180.000 EUR gemindert („Restbetrag" 220.000 EUR). Anschließend ist der vororganschaftliche Verlustvortrag der Y-GmbH um den bereits geminderten Sanierungsertrag (220.000 EUR) auf 0 EUR zu reduzieren (50.000 EUR ./. 50.000 EUR). Der verbleibende Sanierungsertrag iSv § 3a Abs. 3 S. 4 EStG beträgt damit nur noch 170.000 EUR (400.000 EUR ./. 180.000 EUR ./. 50.000 EUR). Nach § 15 S. 1 Nr. 1a S. 1 KStG mindert dieser Betrag bei der X-GmbH als Organträgerin den Verlustvortrag von 800.000 EUR gem. § 10d Abs. 4 iVm § 3a Abs. 3 S. 2 Nr. 10 EStG auf 630.000 EUR (800.000 EUR ./. 170.000 EUR).

3633 Nicht übersehen werden darf, dass § 15 S. 1 Nr. 1a KStG in Satz 3 auch noch eine Wirkung für bereits beendete Organschaften (sog. **Nachwirkung**) entfaltet. Danach kommt es zu einer Minderung der Verlustpotentiale iSv § 3a Abs. 3 EStG (sog. „Dritter Schritt") beim Organträger auch dann, wenn die Voraussetzungen einer Organschaft nach § 14 KStG im Sanierungsjahr zwar nicht vorliegen, das Einkommen der Organgesellschaft jedoch in einem innerhalb von fünf Jahren vor der Sanierung liegendem Veranlagungszeitraum dem Organträger über § 14 Abs. 1 S. 1 KStG zugerechnet worden ist. Ob und wie die Verlustpotentiale durch die (ehemalige) Organgesellschaft verursacht wurden und sogar ob die Verlustpotentiale zum Zeitpunkt der Beendigung bereits vorhanden waren oder erst nach Beendigung der Organschaft (in den folgenden fünf Jahren) entstanden sind,

---

45 Wird hingegen der Organträger saniert, greift § 15 S. 1 Nr. 1a KStG nicht, da es sich bei einem dem Organträger zugerechneten Einkommen nicht um ein Verlustpotential iSv § 3a Abs. 3 EStG handelt.

46 Brandis/Heuermann/Rode KStG § 15 Rn. 15.

ist nach dem Wortlaut von § 15 S. 1 Nr. 1a S. 3 KStG unbeachtlich. Insbesondere dieser Umstand wird in der Literatur überwiegend als überschießend kritisiert und zugunsten einer insoweit einschränkenden Auslegung argumentiert.[47]

Nach § 7b GewStG finden die Grundsätze der § 3a und § 3c EStG auch bei der Gewerbesteuer Anwendung, dh der Sanierungsertrag (vgl. § 3a Abs. 1, 2, 5 Satz 1 EStG) ist nach dem § 7b Abs. 1 GewStG gewerbesteuerfrei und die im unmittelbaren wirtschaftlichen Zusammenhang stehenden Sanierungsaufwendungen sind nicht abziehbar (vgl. § 3c Abs. 4 EStG).[48] § 7b Abs. 2 GewStG passt dabei die Regelungen des § 3a Abs. 3 EStG an gewerbesteuerliche Verlustverrechnungsgrundsätze an. Ist das zu sanierende Unternehmen eine gewerbesteuerliche Organgesellschaft iSd § 2 Abs. 2 S. 2 GewStG[49], finden Regelungen des § 7b Abs. 1 und 2 GewStG zunächst auf Ebene der Organgesellschaft Anwendung.[50] § 7b Abs. 3 GewStG enthält darüber hinaus einen Verweis auf § 15 Abs. 1 Nr. 1a KStG, dh die Gewerbeverluste und Fehlbeträge auf Ebene des Organträgers werden um den verbleibenden Sanierungsertrag gemindert.[51] Dabei ergeben sich bezüglich der Verlustminderung beim (ehemaligen) Organträger vergleichbare Fragestellungen wie bei der körperschaftsteuerlichen Organschaft (→ Rn. 3631).[52] **3634**

*(einstweilen frei)* **3635–3640**

## B. Organschaft in der Insolvenz und im Restrukturierungsverfahren

### I. Insolvenzverfahren

#### 1. Zivilrechtliche Beurteilung des Fortbestands eines Gewinnabführungsvertrages im Insolvenzverfahren

Da der Abschluss und der Bestand eines GAVs iSd § 291 Abs. 1 AktG konstitutive Voraussetzung einer körperschaftsteuerlichen Organschaft nach § 14 Abs. 1 KStG sind[53], ist bei der Frage des Fortbestands einer Organschaft mit Eröffnung des Insolvenzverfahrens zunächst die zivilrechtliche Fortgeltung des GAVs zu betrachten. Eine abschließende höchstrichterliche Antwort auf die Frage der zivilrechtlichen Fortgeltung im Anwendungsbereich der InsO steht für die körperschaftsteuerliche Organschaft allerdings noch aus[54] und ist in der Literatur stark umstritten. Dabei wird aufgrund der zivilrechtlichen und steuerrechtlichen Selbständigkeit der an der Organschaft beteiligten Rechtsträger und der unterschiedlichen Rechte und Pflichten, die sich aus einem GAV ergeben, für die weitere Betrachtung unterschieden, ob sich um ein Insolvenzverfahren beim Organträger, bei der Organgesellschaft oder gar um eine Simultaninsolvenz von Organträger und Organgesellschaft handelt, **3641**

47 Vgl. auch Gosch KStG/Neumann KStG § 15 Rn. 15b: „Die ausgesprochen holzschnittartige Lösung des Gesetzes nach seinem Wortlaut ist nicht angebracht und auch unter Vereinfachungsgesichtspunkten nicht erforderlich.“.

48 Die Entscheidung über einen Sanierungsertrag obliegt damit allein der Finanzverwaltung (und nicht den Gemeinden) bei der Festsetzung des Gewerbesteuermessbetrags; zum Streitstand unter Geltung des BMF-Schreibens vom 27.3.2003, BStBl. I 2003, 240 (Sanierungserlass), vgl. Krumm DB 2015, 2714.

49 Die Voraussetzungen einer gewerbesteuerlichen Organschaft sind aufgrund des Verweises in § 2 Abs. 2 GewStG auf die §§ 14 und 17 KStG mit denen einer körperschaftsteuerlichen Organschaft identisch. Rechtsfolge einer gewerbesteuerlichen Organschaft ist allerdings die Fiktion der Organgesellschaft als Betriebsstätte des Organträgers (Betriebsstättenfiktion), vgl. → Rn. 5784 sowie Wendt/Suchanek/Möllmann/Heinemann/Kontny GewStG § 2 Rn. 123.

50 Brandis/Heuermann/Drüen GewStG § 7b Rn. 27.

51 Wendt/Suchanek/Möllmann/Heinemann/Desens GewStG § 7b Rn. 25.

52 Lenski/Steinberg/Roser GewStG § 7b Rn. 37.

53 Das gilt für die gewerbesteuerliche Organschaft genauso, da sie sich grds. vollständig an die Voraussetzungen der körperschaftsteuerlichen Organschaft anlehnt; vgl. § 2 Abs. 2 S. 2 GewStG.

54 Zu den Auswirkungen des Insolvenzverfahrens auf die umsatzsteuerliche Organschaft siehe → § 6838.

3642 **a) Insolvenzverfahren beim Organträger.** Vor Inkrafttreten der InsO, also unter Geltung der **Konkurs- und Vergleichsordnung**[55], hatte der BGH[56] entschieden, dass der zwischen den beteiligten Unternehmen geschlossene Beherrschungs- und GAV automatisch beendet wird, wenn das Konkursverfahren bei der Organträgergesellschaft eröffnet wird.[57] Einer außerordentlichen Kündigung des Vertrages entsprechend § 297 Abs. 1 AktG bedurfte es daher nicht.

3643 Der BGH bediente sich in seiner Entscheidung einer an der vertraglichen Zielsetzung ausgerichteten ergänzenden Auslegung[58] des Unternehmensvertrages, die nach seiner Auffassung die Auflösung des Vertragsverhältnisses und damit die Verpflichtung zum Verlustausgleich bei Eröffnung des Konkursverfahrens zur Folge hatte. Zunächst sprach aus Sicht des Gerichts dafür, dass die vertragliche Komponente der Beherrschung iSv § 291 AktG[59], die für das herrschende Unternehmen das Recht begründet, „eine das Konzernganze umfassende unternehmerische Zielkonzeption zu entwickeln und zu verfolgen und diese, gegebenenfalls durch Ausübung ihres Weisungsrechts, in der beherrschten Gesellschaft auch durchzusetzen", im Konkursfall wegfällt. Durch die konkursbedingte Auflösung der herrschenden Gesellschaft werde der Zweck des Unternehmensvertrages geändert. Dieser sei nicht mehr auf Gewinnerzielung durch den Betrieb eines werbenden Unternehmens gerichtet, sondern auf Verwertung des Gesellschaftsvermögens; damit, also mit der Änderung des Zwecks, entfalle zugleich die Rechtsgrundlage für eine Konzernleitungsmacht. Auch die Stellung des Konkursverwalters ändere hieran nichts, so das Gericht weiter, da „die Ausübung der Leitungsmacht gegenüber den Weisungsempfängern des abhängigen Unternehmens über die Aufgabe des Konkursverwalters hinausgeht, der lediglich die Konkursmasse im Interesse der Gläubigerschaft bestmöglich und gleichmäßig zu verwerten, nicht aber einen Konzern zu leiten und Konzerninteressen wahrzunehmen" habe. Mit dem Ende der Leitungsmacht des herrschenden Unternehmens endete nach Ansicht des Gerichts im Übrigen auch die Pflicht zum Ausgleich von Verlusten durch den Organträger. Etwas anderes galt jedoch im **Vergleichsverfahren nach der Vergleichsordnung,** da hier der herrschenden Gesellschaft weiterhin hinreichend Gelegenheit blieb, die Leitungsmacht gegenüber der beherrschten Gesellschaft auszuüben.[60]

3644 In der zivilrechtlichen Literatur ist umstritten, ob die Entscheidung des BGH zur Konkursordnung auch nach Inkrafttreten der InsO weiterhin Bestand hat und damit auch die Eröffnung eines **Insolvenzverfahrens beim Organträger** zu einer automatischen Beendigung des (Beherrschungs-) und Gewinnabführungsvertrages und damit auch zu einer unmittelbaren Beendigung der Organschaft führt.

3645 Weite Teile der Literatur sprechen sich auch unter Geltung der InsO für eine automatische Beendigung der Unternehmensverträge iSv § 291 Abs. 1 AktG (analog) aus, da der Zweck eines Beherrschungs- und Gewinnabführungsvertrages daran geknüpft sei, dass der Organträger entsprechend den Regelungen in §§ 300 ff. AktG die wirtschaftliche Existenz der abhängigen Gesellschaft gewährleistet. Dies sei mit Eröffnung des Insolvenzverfahrens nicht mehr gegeben.[61] Ein solcher Automatismus ergebe sich zudem aus der

---

55 Bis Inkrafttreten der Insolvenzordnung vom 5.10.1994 (BGBl. 1994 I 2911) iVm § 110 EGInsO zum 1.1.1999.

56 BGH 14.12.1987 – II ZR 170/87, BGHZ 103, 1.

57 Erster Leitsatz „2. Ein Unternehmensvertrag endet regelmäßig, wenn ein Konkursverfahren über das Vermögen der beherrschten oder herrschenden Gesellschaft eröffnet wird.".

58 § 157 BGB.

59 § 291 Abs. 1 S. 1 1. Alt. AktG: „Ein Unternehmen stellt sich unter die Leitung eines anderen Unternehmens.".

60 BGH 14.12.1987 – II ZR 170/87, BGHZ 103, 1, Rn. 19.

61 Vgl. Koch AktG § 297 Rn. 22a; MüKoAktG/Altmeppen AktG § 297 Rn. 102 ff., jeweils mwN. In der FG-Rechtsprechung zB auch das FG Nürnberg 11.12.2018 – 1 K 483/17, BeckRS 2018, 49718 Rn. 86 ff.; der BFH hat im Revisionsurteil (BFH 2.11.2022 – I R 29/19, BStBl. II 2023, 405) sich primär auf die nicht ordnungsgemäße tatsächliche Durchführung gestützt und keine klaren Aussagen zum Fortbestand des GAV gemacht.

analogen Anwendung von § 115 InsO[62], wonach ein vom Schuldner erteilter Auftrag, der sich auf das zur Insolvenzmasse gehörende Vermögen bezieht, durch die Eröffnung des Insolvenzverfahren erlischt und es sich bei Beherrschungs- und Gewinnabführungsverträgen „um eine für das Auftragsrecht typische Interessenfusion handele, die mit Insolvenzeröffnung auseinander breche".[63] Darüber hinaus sprächen auch Zweckmäßigkeitsüberlegungen für eine automatische Beendigung, da das herrschende Unternehmen seine Garantieverpflichtung gegenüber dem abhängigen Unternehmen nicht mehr erfüllen könne und ein Abrechnungsinteresse der abhängigen Gesellschaft nach Insolvenzeröffnung hinsichtlich des bis zum Zeitpunkt der Insolvenzeröffnung bestehenden Verlustausgleichsanspruchs bestünde.

Gegen diesen Automatismus, insbes. für den in GmbH-Konzernen häufig vorkommenden Fall eines isolierten GAVs iSv § 291 Abs. 1 S. 1 2. Alt. AktG analog, spricht allerdings gerade, dass das Argument des BGH aus seiner Rechtsprechung zur Konkursordnung, nämlich einer fehlenden Leitungsmacht des herrschenden Unternehmens, insoweit bei reinen GAVs ins Leere geht. Zudem steht die Auskehrung von Gewinnen bzw. der Ausgleich von Verlusten einer weiteren Durchführung bei Insolvenz des Organträgers jedenfalls nicht per se, dh im Sinne einer rechtlichen Unmöglichkeit, entgegen (wenn auch beim Verlustausgleich durchaus gefährdet). Deshalb wird in anderen Teilen der Literatur lediglich ein außerordentliches Kündigungsrecht nach § 297 Abs. 1 S. 2 AktG analog angenommen.[64] **3646**

Auch andere Stimmen[65] sprechen sich mit Blick auf die in § 1 Abs. 1 InsO gegenüber der Konkursordnung neu definierten Zielsetzung des Insolvenzverfahrens, nämlich neben der Gläubigerbefriedigung durch Verteilung des Vermögens auch die Sanierung und den Erhalt des insolventen Unternehmens zu ermöglichen, dafür aus, den (Beherrschungs- und) Gewinnabführungsvertrag nach Insolvenzeröffnung bis zur Entscheidung der Fortführung oder Liquidation des Unternehmens fortbestehen zu lassen. Dies rührt auch daher, dass die Rechte und Pflichten aus dem Unternehmensvertrag bis zu einer endgültigen Entscheidung über Fortführung oder Liquidation des Unternehmens von den Beschränkungen des Insolvenzrechts überlagert würden. **3647**

Wesentlichen Teilen dieser Argumentation sprang auch das OLG Düsseldorf[66], jedenfalls für den Fall des Insolvenzverfahrens in Eigenverwaltung nach §§ 270 ff. InsO, bei, da dieses in besonderer Weise der Sanierung des insolventen Unternehmens diene. Das Konzernorganisationsrecht werde durch den spezifischen insolvenzrechtlichen Zweck überlagert und führe (nur) zu einem außerordentlichen Kündigungsrecht aus wichtigem Grund iSv § 297 AktG (analog), da aus Sicht der abhängigen Gesellschaft die Obergesellschaft voraussichtlich nicht in der Lage sein werde, ihre vertraglich begründeten Verpflichtungen zu erfüllen.[67] **3648**

**b) Insolvenzverfahren bei der Organgesellschaft.** Auch zu den Auswirkungen eines Konkursverfahrens bei der Organgesellschaft auf den Fortbestand eines Beherrschungs- und Gewinnabführungsvertrages hat der BGH in seiner Entscheidung aus 1987[68] Stellung bezogen. Danach würden derlei Unternehmensverträge bei einem Konkurs der beherrschten Gesellschaft ebenfalls enden.[69] Wie bei der Insolvenz des Organträgers sprechen sich auch hier Stimmen in der Literatur für eine Übertragung dieser Rechtsprechung auf **3649**

---

62 Emmerich/Habersack/Emmerich AktG § 291 Rn. 53; MüKoAktG/Altmeppen AktG § 297 Rn. 106.

63 Kritisch Bultmann ZInsO 2007, 785, da es sich beim Gewinnabführungsvertrag um einen Unternehmensvertrag und gerade nicht um ein Auftragsverhältnis iSv § 115 InsO handeln würde.

64 Vgl. Philippi/Neveling BB 2003, 1685; wohl auch RHN/Hageböke KStG § 11 Rn. 53 („vorsichtig folgend") mit Überblick zum Streitstand und Konsequenzen.

65 Vgl. u. a. Uhlenbruck/Hirte InsO § 11 Rn. 398.

66 OLG Düsseldorf 19.7.2021 – 3 Wx 152/20, GmbHR 2022, 87.

67 Offen gelassen hat das OLG hingegen das Vorliegen eines insolvenzrechtliches Sonderkündigungsrechts, wenn die Vertragsparteien über das Bestehen eines wichtigen Grundes nicht einig sind.

68 BGH 14.12.1987 – II ZR 170/87, BGHZ 103, 1.

69 Vgl. Kahlert DStR 2014, 73; zur Frage des Bestehens einer Insolvenzabwendungspflicht des Organträgers aus dem Gewinnabführungsvertrag und der damit verbundenen Frage der Möglichkeit einer isolierten

Verfahren nach der InsO aus und damit für eine automatische Beendigung des GAVs bei Eröffnung des Insolvenzverfahrens. Andere Stimmen lehnen einen Automatismus hingegen mit vergleichbaren Argumenten wie bei der Insolvenz des Organträgers ab und plädieren für eine Kündigungslösung über § 297 AktG (analog).[70]

3650 **c) Insolvenzverfahren beim Organträger und bei der Organgesellschaft („Doppelinsolvenz“).** Mangels Bestehens eines Konzerninsolvenzrechts ist die Frage des Fortbestands des GAVs auch bei gleichzeitiger Insolvenz von Organträger und Organgesellschaft unter Berücksichtigung der bereits dargestellten Argumente jeweils einzeln zu beurteilen. Für den Fall der Doppelinsolvenz im Eigenverwaltungsverfahren kann dabei erneut auf die Entscheidung des OLG Düsseldorf vom 19.7.2021[71] zurückgegriffen werden, welches zu dieser Konstellation zu entscheiden hatte und sich mit den bereits dargestellten Argumenten gegen eine automatische Beendigung des GAVs und für eine Kündigungslösung ausgesprochen hat.

3651–3655 *(einstweilen frei)*

## 2. Steuerrechtliche Beurteilung des Fortbestands der Organschaft

3656 **a) Finanzielle Eingliederung.** Aufgrund der bislang noch ungeklärten zivilrechtlichen Frage einer automatischen Beendigung des GAVs (statt „nur“ eines Rechts zur außerordentlichen Kündigung) im Falle einer Insolvenz, ist die steuerliche Seite des Fortbestands einer Organschaft besonders in den Blick zu nehmen. Hier kann die Insolvenz eines Beteiligten sich auf mehrere Tatbestandsmerkmale der körperschaftsteuerlichen Organschaft auswirken, nämlich – neben dem Fortbestand des GAVs –die finanzielle Eingliederung der Organgesellschaft in den Organträger sowie die die tatsächliche Durchführung (zur letzteren → Rn. 3660 ff.). Das Tatbestandsmerkmal der finanziellen Eingliederung (§ 14 Abs. 1 S. 1 Nr. 1 KStG) erfordert eine ununterbrochene Beteiligung des Organträgers an der Organgesellschaft, die ihm die Mehrheit der Stimmrechte aus den Anteilen sichert, von Beginn des Wirtschaftsjahres.[72] Allerdings fehlen auch insoweit bisher höchstrichterliche Entscheidungen.[73]

3657 In **Teilen der Literatur**[74] wird hierzu vertreten, dass mit Eröffnung eines Insolvenzverfahrens sowohl über das Vermögen des **Organträgers als auch der Organgesellschaft** (oder gar zeitgleich bei beiden) die finanzielle Eingliederung entfällt. Die Auffassung greift dabei zurück auf die Rechtsprechung des BFH zur Beendigung einer umsatzsteuerlichen Organschaft im Fall der Insolvenz.[75] Unter Heranziehung der Argumentation zur Beherrschungskonzeption des V. Senats des BFH[76] fehle es auch bei ertragsteuerlicher Betrachtung an der Durchsetzung der durch die Mehrheitsbeteiligung vermittelten Mehrheitsmacht aufgrund der vorrangigen Massesicherungspflicht. Zudem wird argumentiert, dass neben dem Innehaben der Stimmrechtsmehrheit auch deren Durchsetzbarkeit erforderlich sei, was in der Insolvenz wegen § 276a InsO gesperrt sei.[77]

---

Insolvenz der Organgesellschaft vgl. u. a. MüKoAktG/Altmeppen AktG § 297 Rn. 117 und § 302 Rn. 36 mwN.

70 Vgl. Bultmann ZInsO 2007, 785; Zeidler NZG 1999, 692.

71 OLG Düsseldorf 19.7.2021 – 3 Wx 152/20, GmbHR 2022, 87.

72 Vgl. ausführlich dazu → Rn. 501 ff.

73 Vgl. Fn. 61 zum Verfahren beim FG Nürnberg und der Revision I R 29/19 beim BFH.

74 Vgl. Kahlert DStR 2014, 73.

75 Dazu ausführlicher → Rn. 6836 ff.

76 Vgl. hierzu BFH 8.8.2013 – V R 18/13, BStBl. II 2017, 543 sowie zur Eigenverwaltung BFH 19.3.2014 – V B 14/14, DStR 2014, 793. Die bei der umsatzsteuerlichen Organschaft erforderliche finanzielle Eingliederung verlangt danach grds. nicht die Kapitalmehrheit, aber eine Beteiligung, die dem Organträger die Mehrheit der Stimmrechte vermittelt; nach neuerer EuGH-Rechtsprechung ist dies allerdings dann nicht mehr erforderlich, wenn sich der Organträger anderweitig durchsetzen kann (vgl. ausführlich BFH 18.1.2023 – XI R 29/22 (XI R 16/18), BFHE 279, 320, Rn. 33 ff.).

77 Brandis/Heuermann/Rode KStG § 14 Rn. 82 f. (im Insolvenzverfahren und auch bereits im Eröffnungsverfahren) mwN.

Bei einer **Insolvenz der Organgesellschaft** führe die Massesicherungspflicht zudem dazu, dass der (vorläufige) Insolvenzverwalter mit Zustimmungsvorbehalt einen Anspruch des Organträgers auf Gewinnabführung nicht erfüllen dürfe, weil es sich im Insolvenzverfahren um eine Insolvenzforderung iSd § 38 InsO handelt. Gleiches gelte auch für das Eigenverwaltungsverfahren. Darüber hinaus wird vertreten, dass im Fall der **Insolvenz des Organträgers** der Organgesellschaft ein Leistungsverweigerungsrecht iSv § 273 BGB[78] bereits bei Eröffnung des Insolvenzverfahrens zusteht, welches die finanzielle Eingliederung auf Seiten des Organträgers ebenfalls entfallen lasse. **3658**

**Andere Stimmen in der Literatur**[79] lehnen ein **Leistungsverweigerungsrecht der Organgesellschaft** hingegen ab, wenn sich der Insolvenzverwalter des Organträgers zur Fortführung der Organschaft und damit auch zur Erfüllung von Verlustausgleichsansprüchen entschieden hat. Zudem weisen sie zurecht darauf hin, dass sich das rein umsatzsteuerliche Merkmal der organisatorischen Eingliederung, auf der die Rechtsprechung des BFH aus 2013[80] im Wesentlichen beruht, von dem iRd körperschaftsteuerlichen Organschaft allein entscheidenden Merkmal der finanziellen Eingliederung unterscheidet, da hiernach lediglich die Mehrheit der Stimmrechte und nicht eine tatsächliche Einflussnahme- bzw. Durchsetzungsmöglichkeit auf die Geschäftsführung der Organgesellschaft erforderlich sei. Eine Neueinschätzung dieser Sichtweise ergibt sich dabei auch nicht durch die Neufassung von § 276a InsO durch das Gesetz zur Fortentwicklung des Sanierungs- und Insolvenzrechts (SanInsFoG) vom 22.12.2020[81], da hierdurch gerade nicht die mehrheitliche Beteiligung in Frage gestellt wird, sondern lediglich eine unmittelbare (dh ohne Zustimmung des Sachwalters) Einflussnahme der Organe des Organträgers auf die Geschäftsführung der insolventen (Organ-)Gesellschaft bei der vorläufigen Eigenverwaltung verhindert wird. **3659**

**b) Tatsächliche Durchführung.** Bei der Beurteilung des Fortbestands einer körperschaftsteuerlichen Organschaft trotz Eröffnung des Insolvenzverfahrens ist auch das Merkmal der tatsächlichen Durchführung des GAVs aus § 14 Abs. 1 KStG durch Entscheidung des BFH vom 2.11.2022[82] verstärkt in den Blick geraten. **3660**

Nach § 14 Abs. 1 S. 1 Nr. 3 S. 1 KStG muss der GAV auf mindestens fünf Jahre abgeschlossen und während seiner gesamten Geltungsdauer durchgeführt werden.[83] Der I. Senat des BFH hat entschieden, dass für den Fall, dass ein vorläufiger Jahresabschluss einer Organgesellschaft wegen Insolvenz nicht mehr korrigiert werden kann und bei zutreffender Anwendung der handelsrechtlichen Bilanzierungsgrundsätze im endgültigen Jahresabschluss ein anderes Ergebnis auszuweisen gewesen wäre, dies als Nichtdurchführung des GAVs zu qualifizieren sei. Eine Heilung sei auch nicht in (analoger) Anwendung des § 14 Abs. 1 S. 1 Nr. 3 S. 2 KStG möglich. Zwar enthielt der entschiedene Einzelfall einige Besonderheiten, die Entscheidung des BFH aus 2022 kann jedoch durchaus als „Grundsatzentscheidung"[84] zur körperschaftsteuerlichen Organschaft in der Insolvenz verstanden werden. Der I. Senat konzedierte zwar, dass eine tatsächliche Durchführung bei Unstimmigkeiten zunächst durch einen vorläufigen Jahresabschluss sichergestellt werden könne[85], das richtige Ergebnis **3661**

78 Das Leistungsverweigerungsrecht ergibt sich nach Auffassung von Kahlert DStR 2014, 73bereits daraus, dass die Organgesellschaft gegen den Organträger einen Anspruch auf Verlustausgleich nach § 302 AktG (analog) hätte und aufgrund des auf Massesicherung gerichteten Pflichtenprogramms nicht mehr davon ausgehen könne, dass ein solcher Anspruch erfüllt werde.

79 Vgl. u. a. Sonnleitner/Witfeld InsSteuerR/Petersen/Egler Kap. 4 Rn. 231.

80 BFH 8.8.2013 – V R 18/13, BStBl. II 2017, 543, Leitsatz 1: „Bestellt das Insolvenzgericht für die Organgesellschaft einen vorläufigen Insolvenzverwalter und ordnet es zugleich gemäß § 21 Abs. 2 Nr. 2 Alt. 2 InsO an, dass Verfügungen nur noch mit Zustimmung des vorläufigen Insolvenzverwalters wirksam sind, endet die organisatorische Eingliederung.".

81 BGBl. 2020 I 3256.

82 BFH 2.11.2022 – I R 29/19, BStBl. II 2023, 405 sowie teilweise inhaltsgleich I R 37/19, BStBl. II 2023, 409.

83 Vgl. dazu auch ausführlich unter → Rn. 1201 ff.

84 So auch Uhländer BB 2023, 1185.

85 Vgl dazu auch BGH 11.10.1999 – II ZR 120/98, BGHZ 142, 382.

letztlich aber unter zutreffender Anwendung der handelsrechtlichen Bilanzierungsgrundsätze in einem endgültigen Jahresabschluss ausgewiesen und abgeführt werden müsse. Hieran scheiterte die tatsächliche Durchführung im Streitfall, da das endgültige Ergebnis in jedem Fall vom vorläufigen Jahresabschluss abgewichen wäre. Die Auffassung des BFH gilt im Übrigen unbeschadet des Vorliegens insolvenzrechtlicher Restriktionen. Diese verhindern letztlich, dass eine Korrektur des vorläufigen Jahresabschlusses tatsächlich umgesetzt werden kann, da die aus dem GAV resultierenden Forderungen lediglich Insolvenzforderungen iSd § 38 InsO darstellen, die grds. nicht mehr bedient werden dürfen. Allein entscheidend sei nach Auffassung des BFH jedoch, dass der vorläufig abgeführte Gewinn bzw. der vorläufig erstattete Fehlbetrag nicht dem Betrag entspreche, der in einer endgültigen Bilanz auszuweisen wäre.[86] Der BFH beruft sich bei seiner erneut strengen Auslegung der Tatbestandsmerkmale einer körperschaftsteuerlichen Organschaft auf den Ausnahmecharakter der Organschaftsbesteuerung und der hierdurch erfolgten Durchbrechung der getrennten Besteuerung einzelner Steuersubjekte[87]. Daher sei es auch unbeachtlich, ob und in welchem Umfang die Beteiligten der Organschaft Einfluss auf die Erfüllung der Voraussetzungen nehmen können; dass gelte auch und gerade für den entscheidungserheblichen Fall von gesetzlichen Restriktionen bei Eröffnung eines Insolvenzverfahrens mit Auswirkungen auf die Möglichkeit zur Erstellung eines endgültigen Jahresabschlusses.[88]

**3662** Der BFH bestätigt[89] zudem, dass die Eröffnung eines Insolvenzverfahrens als wichtiger Grund iSv § 14 Abs. 1 S. 1 Nr. 3 S. 2 KStG für die vorzeitige Beendigung des GAVs während der Mindestlaufzeit anzusehen ist, da die Verbindlichkeiten aus dem GAV durch die Insolvenz zu Insolvenzforderungen iSd § 38 InsO würden, die grds. nicht mehr bedient werden dürften. Allerdings gelte die Ausnahme des § 14 Abs. 1 S. 1 Nr. 3 S. 2 KStG sowohl aufgrund seines Wortlauts als auch unter Auslegungsgesichtspunkten nur für die erste Teilvoraussetzung im § 14 Abs. 1 S. 1 Nr. 3 S. 1 KStG, dh für die Mindestvertragslaufzeit von fünf Jahren, und nicht für die im Streitfall entscheidungserhebliche zweite Teilvoraussetzung in der Norm der tatsächlichen Durchführung.[90]

**3663** Im Ergebnis ist damit in vergleichbaren Fällen die körperschaftsteuerliche Organschaft bei Nichtdurchführung des Gewinnabführungsanspruchs während der fünfjährigen Mindestlaufzeit von Beginn zu versagen. Bei Nichtdurchführung bzgl. eines Wirtschaftsjahres nach Ablauf der fünfjährigen Mindestlaufzeit kommt es dagegen (nur) zu einer Unterbrechung der Organschaft.

**3664–3670** *(einstweilen frei)*

## II. Restrukturierungsverfahren

**3671** Anders als im Insolvenzverfahren, wird für das Restrukturierungsverfahren nach dem StaRUG[91] überwiegend vertreten, dass weder der GAV automatisch beendet wird, noch die finanzielle Eingliederung entfällt.[92] Die Kodifizierung des Restrukturierungsverfahrens im StARUG erfolgte in Umsetzung der EU-Richtlinie[93] zur europaweiten Vereinheitlichung vorinsolvenzlicher Sanierungsverfahren. Das StaRUG enthält keine dem Insolvenz-

[86] Eine Heilung nach § 14 Abs. 1 S. 1 Nr. 3 S. 4 KStG war nach Auffassung des BFH ebenfalls nicht möglich, da dies ausdrücklich nur für die spätere Korrektur fehlerhafter Bilanzansätze eines wirksam festgestellten Jahresabschlusses gelte.

[87] Vgl. dazu auch → Rn. 1801 ff.

[88] Kritisch dazu Solowjeff FR 2023, 360, der mit Hinweis auf die Entscheidung des BFH 10.5.2017 – I R 51/15, BStBl. II 2018, 30, strengere Anforderungen an die tatsächliche Durchführung als bereits durch das Zivilrecht (hier § 38 InsO) hervorgerufen, ablehnt.

[89] So wohl hM, vgl. u. a. DPM/Dötsch KStG § 14 Rn. 582, 585 und 622 ff.; Gosch KStG/Neumann KStG § 14 Rn. 296 sowie Brandis/Heuermann/Krumm KStG § 14 Rn. 165.

[90] AA Kahlert DStR 2014, 73.

[91] Unternehmensstabilisierungs- und -restrukturierungsgesetz vom 22.12.2020, BGBl. 2020 I 3256.

[92] Vgl. Sonnleitner/Witfeld InsSteuerR/Witfeld/Sonnleitner Kap. 9 Rn. 112 mwN.

[93] Richtlinie (EU) 2019/1023 des Europäischen Parlaments und des Rates vom 20.6.2019 über präventive Restrukturierungsrahmen, über Entschuldung und über Tätigkeitsverbote sowie über Maßnahmen zur

verfahren vergleichbaren Regelungen mit entsprechenden Auswirkungen auf die betroffenen Gesellschaften, insbes. kommt mangels Auflösung der im Organkreis handelnden Gesellschaften nach dem StaRUG keinesfalls zu einer, für die automatische Beendigung des GAVs argumentativ herangezogenen, Zweckänderung des Unternehmens.[94] Sogar wenn man mit der hier abgelehnten Auffassung der Literatur eine der organisatorischen Eingliederung immanenten tatsächlichen Einflussnahmemöglichkeit auf die Geschäftsführung der Organgesellschaft auch für den Fortbestand der finanziellen Eingliederung als erforderlich ansieht[95], fehlt dem Restrukturierungsverfahren eine dem § 276a InsO vergleichbare Regelung.[96] Allenfalls können durch bestimmte Gestaltungen im Restrukturierungsplan die Eingliederungsvoraussetzungen ggfs. verletzt werden, nicht hingegen durch die bloße Inanspruchnahme des Stabilisierungs- und Restrukturierungsrahmens.[97]

*(einstweilen frei)* **3672–3700**

---

Steigerung der Effizienz von Restrukturierungs-, Insolvenz- und Entschuldungsverfahren und zur Änderung der Richtlinie (EU) 2017/1132, ABl. 2017 L 172.

[94] Eisolt/Wolters ZInsO 2021, 1058.

[95] Siehe unter „Finanzielle Eingliederung".

[96] So auch Sonnleitner/Witfeld InsSteuerR/Witfeld/Sonnleitner Kap. 9 Rn. 115.

[97] So jedenfalls Kümpel UR 2023, 545.

# § 14 Grenzüberschreitende Aspekte

**Übersicht**

## A. Grundlagen grenzüberschreitender Organschaften

3701 Zahlreiche Konzerne sind grenzüberschreitend organisiert und wirtschaftlich tätig. Deshalb entfaltet die Frage einer möglichen Gruppenbesteuerung und steuerlichen Konsolidierung von Gewinnen und Verlusten einzelner Konzerngesellschaften nicht nur auf nationaler, sondern auch auf internationaler Ebene Relevanz.

3702 Das nationale Recht regelt entsprechend zumindest partiell mittlerweile auch grenzüberschreitende Aspekte der Organschaft (→ Rn. 3716 ff.). So muss die Organgesellschaft zwar weiterhin ihre Geschäftsleitung im Inland haben, jedoch genügt ein Sitz in einem EU-Mitgliedstaat oder EWR-Staat, um taugliche Organgesellschaft zu sein (→ Rn. 3762 ff.). Organträger kann grds. jede ausländische Körperschaft, Personenvereinigung, Vermögensmasse oder Personengesellschaft sein (→ Rn. 3790 ff.). Die Verlustabzugsbeschränkung des § 14 Abs. 1 S. 1 Nr. 5 KStG aF[1] hat der Gesetzgeber erst kürzlich abgeschafft, wodurch sich jedoch aufgrund des weiterhin bestehenden § 4k Abs. 4 EStG keine großen Änderungen ergeben dürften (→ Rn. 3944 ff.).

3703 Trotz der partiellen Öffnung der Organschaft für grenzüberschreitende Aspekte trägt das nationale Recht dem Bedürfnis grenzüberschreitender Ergebniskonsolidierung multinationaler Konzerne weiterhin nur unzureichend Rechnung. Das deutsche Organschaftsrecht ermöglicht weiterhin keine umfassende grenzüberschreitende Organschaft. So muss die Organgesellschaft ihren Ort der Geschäftsleitung im Inland haben (→ Rn. 3762 ff.) und die Beteiligung an der Organgesellschaft einer inländischen Betriebsstätte des Organträgers zuzuordnen sein (→ Rn. 3806 ff.). Nicht ausreichend ist außerdem, wenn die Organgesellschaft ihren Sitz in einem Drittstaat hat, während Drittstaats-Gesellschaften zumindest Organträger sein können (zu Drittstaatenkonstellationen → Rn. 3986 ff.). Ein wesentliches Hemmnis für die grenzüberschreitende Organschaft stellt die Voraussetzung des Abschlusses und der Durchführung eines Gewinnabführungsvertrags **(GAV)** dar, der – zumindest nach Auffassung der Finanzverwaltung – den strengen nationalen gesellschaftsrechtlichen Anforderungen entsprechen muss (→ Rn. 3875 ff.). Auch die Rechtsfolgen der Organschaft sind auf das Inland beschränkt (→ Rn. 3907 ff.) Der Verlustabzug dürfte in grenzüberschreitenden Konstellationen durch § 4k Abs. 4 EStG – trotz Abschaffung des § 14 Abs. 1 S. 1 Nr. 5 KStG aF – weiterhin eingeschränkt sein (→ Rn. 3944 ff.). Die Organschaftsvorschriften behandeln außerdem nicht das Problemfeld des Abzugs finaler Verluste ausländischer Tochtergesellschaften und Betriebsstätten (→ Rn. 3973 f.). Der Zurückhaltung des

[1] § 14 Abs. 1 S. 1 Nr. 5 idF des Gesetzes zur Änderung und Vereinfachung der Unternehmensbesteuerung und des steuerlichen Reisekostenrechts v. 20.2.2013 (BGBl. 2013 I 285 (289)) ***(§ 14 Abs. 1 S. 1 Nr. 5 KStG aF)***.

nationalen Gesetzgebers liegt die als erforderlich empfundene Sicherstellung des inländischen Steuersubstrats zugrunde.

Einige Aspekte der Organschaft werfen vor diesem Hintergrund unionsrechtliche Bedenken auf (→ Rn. 3733). Zu nennen sind beispielsweise das Erfordernis der Geschäftsleitung einer Organgesellschaft im Inland, der Zurechnung der Organgesellschaftsbeteiligung zu einer inländischen Betriebsstätte des Organträgers sowie des Abschlusses eines GAV nach nationalen gesellschaftsrechtlichen Vorgaben. Dies gilt auch für die nicht mögliche Konsolidierung der Ergebnisse mehrerer im Inland ansässiger Tochterkapitalgesellschaften mit einer im Ausland ansässigen Mutterkapitalgesellschaft (sog. horizontale Organschaft) (→ Rn. 3890 ff.). Vor dem Hintergrund der Bedeutung grenzüberschreitender Gewinnkonsolidierung im Konzern und den unionsrechtlichen Bedenken werden seit längerer Zeit sowohl national als auch auf Unionsebene Reformansätze diskutiert (→ Rn. 3745 f.). **3704**

*(einstweilen frei)* **3705–3715**

## I. Rechtsentwicklung

Aufgrund der wachsenden grenzüberschreitenden Organisation und zunehmenden internationalen wirtschaftlichen Verflechtung von Konzernen sowie dem Einfluss des Unionsrechts wurden die Regelungen zur Organschaft in den §§ 14 ff. KStG in den letzten Jahren immer wieder angepasst. Im Folgenden soll auf wesentliche grenzüberschreitende Aspekte betreffende Anpassungen hingewiesen werden. **3716**

Im Rahmen des Unternehmensteuerfortentwicklungsgesetzes **(UntStFG)** vom 20.12.2001[2] wurden zwei erste wesentliche Anpassungen vorgenommen, die den zunehmenden internationalen Verflechtungen der deutschen Wirtschaft Rechnung tragen sollten.[3] So wurde das Erfordernis des „doppelten Inlandsbezugs" des Organträgers (Sitz und Geschäftsleitung im Inland) durch das Erfordernis der Geschäftsleitung im Inland ersetzt.[4] Zudem wurde mit § 14 Abs. 1 S. 1 Nr. 5 KStG idF des UntStFG[5] eine Beschränkung der Berücksichtigung von negativem Einkommen des Organträgers bei der inländischen Besteuerung vorgesehen, soweit dieses schon in einem ausländischen Staat im Rahmen einer der deutschen Besteuerung des Organträgers entsprechenden Besteuerung berücksichtigt wurde. Dadurch sollte verhindert werden, dass Verluste doppelt ansässiger Organträger doppelt oder aufgrund entsprechender nationaler Regelungen ausländischer Staaten (zB in den USA) stets zulasten der Bundesrepublik Deutschland berücksichtigt werden.[6] **3717**

Im Jahr 2008 leitete die Europäische Kommission aufgrund des weiterhin vorausgesetzten „doppelten Inlandsbezugs" der Organgesellschaft (Geschäftsleitung und Sitz im Inland) ein Vertragsverletzungsverfahren gem. Art. 258 AEUV gegen die Bundesrepublik Deutschland ein.[7] Sie war der Auffassung, dass die Voraussetzung gegen die Niederlassungsfreiheit (Art. 49 AEUV) verstieß, da im EU/EWR-Ausland gegründete Kapitalgesellschaften, die ihren Ort der Geschäftsleitung im Inland hatten und daher unbeschränkt körperschaftsteuerpflichtig waren, nicht von der Möglichkeit der Bildung einer steuerlichen Organschaft Gebrauch machen konnten. Als Reaktion hierauf hob das BMF mit Schreiben vom 28.3.2011[8] für nach EU- oder EWR-Recht gegründete Kapitalgesellschaften das Erfordernis des „doppelten Inlandsbezugs" für Organgesellschaften auf und öffnete – über den Wortlaut der Organschaftsregelungen im KStG hinaus – die Organschaft für EU-/ **3718**

---

2 Unternehmensteuerfortentwicklungsgesetz (UntStFG) v. 20.12.2001 (BGBl. 2001 I 3858).
3 BT-Drs. 14/6882, 37.
4 Unternehmensteuerfortentwicklungsgesetz (UntStFG) v. 20.12.2001 (BGBl. 2001 I 3858 (3864)).
5 Unternehmensteuerfortentwicklungsgesetz (UntStFG) v. 20.12.2001 (BGBl. 2001 I 3858 (3864)).
6 BT-Drs. 14/6882, 37.
7 Vertragsverletzungsverfahren Nr. 2008/4909.
8 BMF 28.3.2011, BStBl. I 2011, 300.

EWR-Kapitalgesellschaften mit Geschäftsleitung im Inland. Mangels gesetzgeberischer Anpassung verklagte die Europäische Kommission dennoch am 22.3.2012 die Bundesrepublik Deutschland vor dem EuGH.[9]

**3719** Deutschland reagierte hierauf iRd Gesetzes zur Änderung und Vereinfachung der Unternehmensbesteuerung und des steuerlichen Reisekostenrechts vom 20.2.2013[10] (sog. kleine Organschaftsreform), woraufhin das Vertragsverletzungsverfahren eingestellt wurde. Der Gesetzgeber schaffte den „doppelten Inlandsbezug" nun auch für die Organgesellschaft ab. Es genügt seitdem, wenn die Organgesellschaft ihre Geschäftsleitung im Inland und ihren Sitz in einem Mitgliedstaat der EU oder in einem Vertragsstaat des EWR-Abkommens hat (→ Rn. 3760 ff.).[11] Die Verlustnutzungsbeschränkung in § 14 Abs. 1 S. 1 Nr. 5 KStG aF wurde zudem auf negative Einkünfte (nicht mehr Einkommen) der Organgesellschaft ausgeweitet. Außerdem stellte der Tatbestand auf die Berücksichtigung der Einkünfte in einem ausländischen Staat iRd Besteuerung des Organträgers, der Organgesellschaft oder einer anderen Person ab (→ Rn. 3944 ff.).[12]

**3720** Zugleich öffnete der Gesetzgeber iRd kleinen Organschaftsreform den persönlichen Anwendungsbereich der Organschaft für Organträger mit Sitz und Geschäftsleitung im Ausland, indem er das Erfordernis der inländischen Geschäftsleitung eines Organträgers bzw. Eintragung einer Zweigniederlassung im Handelsregister eines ausländischen Organträgers (§ 18 KStG idF des UntStFG[13]) aufhob.[14] Er reagierte damit auf ein Urteil des BFH vom 20.2.2011.[15] Der BFH erblickte in dem Erfordernis der inländischen Geschäftsleitung des Organträgers einen Verstoß gegen das abkommensrechtliche Gesellschafterdiskriminierungsverbot (Art. 24 Abs. 5 OECD-MA), soweit Deutschland mit dem Staat des Organträgers ein entsprechendes DBA geschlossen hatte.[16] Das BMF belegte das Urteil zunächst mit einem Nichtanwendungserlass.[17] Der Gesetzgeber öffnete die Organschaft vor diesem Hintergrund nicht uneingeschränkt für ausländische Organträger, sondern setzt seither voraus, dass die Beteiligung an der Organgesellschaft ununterbrochen während der gesamten Dauer der Organschaft einer inländischen Betriebsstätte des Organträgers zuzuordnen ist (→ Rn. 3806 ff.). Die gesetzliche Neuregelung des Inlandsbezugs soll sicherstellen, dass das dem Organträger zugerechnete Einkommen einer Organgesellschaft der inländischen Besteuerung unterliegt. Andernfalls wäre eine grenzüberschreitende „Wegrechnung" des inländischen Organeinkommens zu einem ausländischen Organträger möglich gewesen, obwohl der ausländische Staat insoweit unter Umständen kein Besteuerungsrecht ausübt („weiße Einkünfte").[18] Da die Neuregelung weder an den Sitz noch an die Geschäftsleitung des Organträgers anknüpft, unterscheidet sie nicht mehr nach ansässigkeitsbegründenden Merkmalen und verstößt nicht gegen das abkommensrechtliche Gesellschafterdiskriminierungsverbot.[19]

---

9 Vertragsverletzungsverfahren Nr. 2008/4909.

10 Gesetzes zur Änderung und Vereinfachung der Unternehmensbesteuerung und des steuerlichen Reisekostenrechts v. 20.2.2013 (BGBl. 2013 I 285).

11 Gesetz zur Änderung und Vereinfachung der Unternehmensbesteuerung und des steuerlichen Reisekostenrechts v. 20.2.2013 (BGBl. 2013 I 285 (289).

12 Gesetz zur Änderung und Vereinfachung der Unternehmensbesteuerung und des steuerlichen Reisekostenrechts v. 20.2.2013 (BGBl. 2013 I 285 (289); BT-Drs. 17/10774, 20; vgl. auch Schwenke ISR 2013, 41 (42, 43).

13 Unternehmensteuerfortentwicklungsgesetz (UntStFG) v. 20.12.2001 (BGBl. 2001 I 3858 (3864)).

14 Gesetz zur Änderung und Vereinfachung der Unternehmensbesteuerung und des steuerlichen Reisekostenrechts v. 20.2.2013 (BGBl. 2013 I 285 (289).

15 BFH 9.2.2011 – I R 54, 55/10, BStBl. II 2012, 106 = IStR 2011, 345.

16 BFH 9.2.2011 – I R 54, 55/10, BStBl. II 2012, 106 = IStR 2011, 345 Rn. 17.

17 BMF 27.12.2011, BStBl. I 2012, 119.

18 BT-Drs. 17/10774, 19; vgl. auch BFH 9.2.2011 – I R 54, 55/10, BStBl. II 2012, 106 = IStR 2011, 345 Rn. 21; Dötsch/Pung DB 2014, 1215.

19 BT-Drs. 17/10774, 18; DPM/Dötsch/Pung KStG § 14 Rn. 112; Prinz/Witt Steuerliche Organschaft/Schade/Wagner Rn. 27.20; RHN/Rödder/Liekenbrock KStG § 14 Rn. 245.

Zuletzt wurde die Verlustabzugssperre des § 14 Abs. 1 S. 1 Nr. 5 KStG aF durch das Wachstumschancengesetz vom 27.3.2024 aufgehoben.[20] Es wurde aufgrund der Einführung des § 4k Abs. 4 EStG[21], der ein allgemeines Abzugsverbot für doppelt berücksichtigte Aufwendungen enthält, kein Bedarf mehr für eine zusätzliche Sonderregelung für Organschaften gesehen (→ Rn. 3944 ff.).[22] **3721**

*(einstweilen frei)* **3722–3732**

## II. Vereinbarkeit mit Unionsrecht

Die Vereinbarkeit der aktuellen Organschaftsregelungen in §§ 14 ff. KStG mit Unionsrecht und Abkommensrecht ist in vielen Aspekten umstritten (zur Vereinbarkeit mit Unionsrecht → § 9). **3733**

In der Diskussion stehen insbes. (1) der erforderliche Inlandsbezug der Organgesellschaft (Ort der Geschäftsleitung im Inland) (→ Rn. 3762 ff.), (2) die erforderliche Zuordnung der Beteiligung zu „einer" inländischen Betriebsstätte[23] (→ Rn. 3833 f.), (3) der erforderliche Abschluss eines GAV nach den strengen Vorgaben der §§ 291 ff. AktG mit einer Organgesellschaft, die ihren Ort der Geschäftsleitung im Inland und ihren Sitz im EU-/EWR-Ausland hat[24] (→ Rn. 3881 ff.), (4) der Ausschluss einer Ergebnisverrechnung zwischen inländischen Tochtergesellschaften einer ausländischen Muttergesellschaft (sog. horizontale Organschaft) (→ Rn. 3890 ff.), (5) die Verrechnung finaler Verluste über die Grenze (→ Rn. 3973 f.).

*(einstweilen frei)* **3734–3744**

## III. Reformvorschläge

In Reaktion auf die für unzureichend empfundenen gesetzlichen Änderungen gab es zwischenzeitig Bestrebungen, in Deutschland ein neues Konzept der Gruppenbesteuerung einzuführen, was die Rechtskonstruktion der Organschaft obsolet gemacht hätte.[25] Diese Diskussion ist infolge der kleinen Organschaftsreform im Jahr 2013 (→ Rn. 3716 ff.) aber weitestgehend verebbt. **3745**

Auf europäischer Ebene werden außerdem zur Harmonisierung der Unternehmensbesteuerung seit längerer Zeit Reformmodelle diskutiert, die eine Konsolidierung von Ergebnissen im Konzern vorsehen (zu EU-Initiativen → Einleitung Rn. 172 f.). Die gescheiterten Vorschläge einer gemeinsamen konsolidierten Körperschaftsteuerbemessungsgrundlage **(GKKB)**[26] und gemeinsamen Körperschaftsteuerbemessungsgrundlage **(GKB)**[27] wurden durch den Vorschlag der Europäischen Kommission für das „Business in Europe: **3746**

---

20 Gesetz zur Stärkung von Wachstumschancen, Investitionen und Innovation sowie Steuervereinfachung und Steuerfairness (Wachstumschancengesetz) vom 27.3.2024 (BGBl. 2024 I Nr. 108).

21 Gesetz zur Umsetzung der Anti-Steuervermeidungsrichtlinie (ATAD-Umsetzungsgesetz; ATADUmsG) vom 25.6.2021, BGBl. 2021 I 2035 (2036).

22 BT-Drs. 20/9396, 30.

23 Teilweise wird auch die Unionsrechtskonformität des Inlandsbezug in Form des Betriebsstättenerfordernisses grds. angezweifelt (so Jesse FR 2013, 629 (633)). Dies wird überwiegend nicht geteilt (Brandis/Heuermann/Rode KStG § 14 Rn. 40; Gosch KStG/Neumann KStG § 14 Rn. 17b; Stöber DStZ 2016, 582 (590)).

24 Vertragsverletzungsverfahren Nr. 2019/4053; vgl. Boller/Hackemann IStR 2020, 41.

25 Vgl. u. a. das umfassende Reformmodell der IFSt-Arbeitsgruppe 2011, IFSt-Schrift 2011 Nr. 471; Ismer DStR 2012, 821; Mayr IStR 2010, 633; Rödder Ubg 2011, 473; zur Angleichung an die französische Gruppenbesteuerung Lenz/Seroin/Handwerker DB 2012, 365; vgl. auch Vorschläge der Finanzverwaltungen der Länder: DPM/Dötsch/Pung KStG § 14 Rn. 1660 ff.

26 Europäische Kommission, Vorschlag für eine Richtlinie des Rates über eine Gemeinsame konsolidierte Körperschaftsteuer-Bemessungsgrundlage (GKKB) vom 25.10.2016, COM(2016) 683 final.

27 Europäische Kommission, Vorschlag für eine Richtlinie des Rates über eine Gemeinsame Körperschaftsteuer-Bemessungsgrundlage vom 25.10.2016, COM(2016) 685 final.

Framework for Income Taxation“ **(BEFIT)**[28] vom 12.9.2023 ersetzt, der im Jahr 2028 in Kraft treten soll. Der Vorschlag sieht ein gemeinsames Regelwerk zur Ermittlung der Steuerbemessungsgrundlage von Unternehmen innerhalb einer Gruppe (sog. BEFIT-Gruppe) vor, die in einem Mitgliedstaat körperschaftsteuerpflichtig sind. Im Anschluss an die Ermittlung der Steuerbemessungsgrundlage der einzelnen Unternehmen werden die vorläufigen steuerlichen Ergebnisse der Mitglieder einer BEFIT-Gruppe zu einer einzigen Steuerbemessungsgrundlage (sog. BEFIT-Steuerbemessungsgrundlage) aggregiert, die den qualifizierten Mitgliedern der BEFIT-Gruppe sodann nach einer Verteilformel zugerechnet wird.[29]

3747–3757 *(einstweilen frei)*

## B. Grenzüberschreitende Organschaften in der EU und dem EWR

3758 Im grenzüberschreitenden EU-/EWR-Kontext ergeben sich sowohl Besonderheiten hinsichtlich der Voraussetzungen (→ Rn. 3759 ff.) als auch der Rechtsfolgen einer Organschaft (→ Rn. 3907 ff.).

### I. Voraussetzungen einer grenzüberschreitenden Organschaft

3759 Die wesentlichen Voraussetzungen einer Organschaft, die im internationalen Kontext einer genaueren Betrachtung bedürfen, sind: (1) Eine taugliche Organgesellschaft (→ Rn. 3760 ff.) muss sich (2) gegenüber einem tauglichen Organträger (→ Rn. 3790 ff.), (3) der an der Organgesellschaft vom Beginn ihres Wirtschaftsjahres an ununterbrochen mehrheitlich beteiligt ist und dessen Beteiligung an der Organgesellschaft einer inländischen Betriebsstätte des Organträgers zuzuordnen ist (→ Rn. 3806 ff.), (4) durch einen mindestens auf fünf Jahre abgeschlossenen und während dieser Zeit auch tatsächlich durchgeführten GAV iSd § 291 Abs. 1 AktG verpflichten, ihren ganzen Gewinn an den Organträger abzuführen (→ Rn. 3875 ff.).

Besonderheiten ergeben sich im Fall von zwei inländischen Tochtergesellschaften einer ausländischen Muttergesellschaft (sog. Problem der horizontalen Organschaft) (→ Rn. 3890 ff.).

#### 1. Organgesellschaft § 14 Abs. 1 S. 1, § 17 Abs. 1 S. 1 KStG

3760 **a) Rechtsform.** Organgesellschaft kann nach ihrer Rechtsform eine Europäische Gesellschaft (derzeit nur die SE), AG, KGaA (§ 14 Abs. 1 S. 1 KStG) oder andere Kapitalgesellschaft iSd § 1 Abs. 1 Nr. 1 KStG (§ 17 Abs. 1 S. 1 KStG) sein (zu tauglichen Organgesellschaften → § 1).

3761 Über § 17 Abs. 1 S. 1 KStG iVm § 1 Abs. 1 Nr. 1 KStG kommen als andere Kapitalgesellschaften auch nach ausländischem Recht gegründete Gesellschaften in Betracht, die nach dem Rechtstypenvergleich[30] als Kapitalgesellschaft anzusehen sind. Dies ist Folge der Überseering-Entscheidung des EuGH, wonach innerhalb der EU/des EWR eine nach dem Recht eines Mitgliedstaats gegründete Kapitalgesellschaft, die ihren tatsächlichen Verwaltungssitz, der weitgehend dem steuerlichen Ort der Geschäftsleitung entspricht, in das Inland verlegt, vom Zuzugsstaat als Kapitalgesellschaft anzuerkennen ist und ihre Rechtsfähigkeit behält (zum Zuzug der Organgesellschaft → Rn. 3768 ff.).[31]

---

[28] Europäische Kommission, Vorschlag für eine Richtlinie des Rates zur Schaffung eines Rahmens für die Unternehmensbesteuerung in Europa (BEFIT) vom 12.9.2023, COM(2023) 532 final.
[29] Vgl. dazu auch Prinz DB 2023, 480.
[30] Siehe zum Rechtstypenvergleich ausführlich: RHN/Levedag KStG § 2 Rn. 61 ff.
[31] EuGH 5.11.2002 – C-208/00, ABl. 2003 C 323, 12–13 – Überseering.

**b) Sitz und Ort der Geschäftsleitung.** Die Organgesellschaft muss ihre Geschäftsleitung im Inland und ihren Sitz in einem EU-Mitgliedstaat oder in einem Vertragsstaat des EWR-Abkommens haben (§ 14 Abs. 1 S. 1 KStG). **3762**

Geschäftsleitung ist der Mittelpunkt der geschäftlichen Oberleitung (§ 10 AO), dh der Ort, an dem der für die Geschäftsführung maßgebende Wille gebildet wird und die für die Geschäftsführung notwendigen Maßnahmen von einiger Wichtigkeit angeordnet werden. Entscheidend ist, an welchem Ort die vorzunehmenden Geschäfte, die der gewöhnliche Betrieb des Handelsgewerbes mit sich bringt, sowie solche organisatorischen Maßnahmen, die zur gewöhnlichen Verwaltung der Gesellschaft gehören („Tagesgeschäfte"), tatsächlich wahrgenommen werden.[32] **3763**

Den Sitz hat eine Körperschaft an dem Ort, der durch Gesetz, Gesellschaftsvertrag oder Satzung bestimmt ist (§ 11 AO; vgl. § 5 AktG, § 3 Abs. 1 Nr. 1 GmbHG). Bei der SE muss sich der statutarische Sitz immer in dem gleichen Mitgliedstaat befinden, in dem die Hauptverwaltung liegt (Art. 7 S. 1 SE-VO[33]), weshalb eine SE mit Sitz im EU-/EWR-Ausland nicht Organgesellschaft sein kann.[34] Wird gesellschaftsrechtlich ausnahmsweise ein statutarischer Doppelsitz zugelassen[35], sollen jedenfalls nach *Neumann* beide Sitze in EU-/EWR-Staaten liegen müssen.[36] UE überzeugt diese Sichtweise nicht. Ist die Gesellschaft nach dem Recht eines Mitgliedsstaats gegründet und hat ihren Sitz (oder auch nur ihre Hauptverwaltung oder Hauptniederlassung) in der EU, genießt sie den Schutz der Niederlassungsfreiheit (Art. 54 AEUV). Es genügt bei einem Doppelsitz also jedenfalls, dass einer der Sitze innerhalb eines EU-/EWR-Staates liegt. **3764**

Organgesellschaften können damit vor allem **nach dem Recht eines anderen EU/EWR-Staates gegründete Kapitalgesellschaften mit Ort der Geschäftsleitung im Inland** sein. Der deutsche Gesetzgeber hat die Organschaft aus unionsrechtlichen Gründen iRd kleinen Organschaftsreform 2013[37] mit Aufgabe des doppelten Inlandsbezugs (also dem Erfordernis von Sitz und Ort der Geschäftsleitung im Inland) zumindest formal für nach Deutschland zugezogene EU-/EWR-Kapitalgesellschaften (→ Rn. 3774 ff.) als Organgesellschaften geöffnet (zur Rechtsentwicklung → Rn. 3716 ff.). Nachgelagerte Voraussetzungen, wie insbes. der Abschluss eines GAV nach § 291 Abs. 1 AktG, werfen im internationalen Kontext aber weiterhin Probleme auf, die diese Gesetzesänderung praktisch ins Leere laufen lassen und es zweifelhaft erscheinen lassen, ob der Verstoß gegen die Niederlassungsfreiheit tatsächlich beseitigt wurde (→ Rn. 3875 ff.). **3765**

Zudem sind weitere Fälle grenzüberschreitend tätiger Kapitalgesellschaften weiterhin in unionsrechtlich zweifelhafter Weise bereits formal als Organgesellschaften ausgeschlossen. So kommen **Kapitalgesellschaften mit Sitz im Inland und Geschäftsleitung im Ausland** nicht als Organgesellschaften in Betracht, obgleich sie nach § 1 Abs. 1 Nr. 1 KStG unbeschränkt steuerpflichtig sind. UE ist dies nicht mit der Niederlassungsfreiheit vereinbar, da die Ausübung des deutschen Besteuerungsrechts nicht gefährdet ist, wenn die Organgesellschaft unbeschränkt steuerpflichtig ist und die Besteuerung nicht durch DBA eingeschränkt wird.[38] Anders als teilweise vertreten wird,[39] handelt es sich nicht um den Fall **3766**

32 BFH 23.3.2022 – III R 35/20, BStBl. II 2022, 844 = IStR 2022, 687 Rn. 35; ausführlich: Tipke/Kruse/Drüen AO § 10 Rn. 1 ff.
33 VO (EG) Nr. 2157/2001, ABl. L 294, 1 (SE-VO).
34 Brandis/Heuermann/Rode KStG § 14 Rn. 52; Gosch KStG/Neumann KStG § 14 Rn. 56; Benecke/Schnitger IStR 2013, 143 (144).
35 Vgl. Lutter/Hommelhoff/Bayer GmbHG § 4a Rn. 5; aA Noack/Servatius/Haas/Servatius GmbHG § 4a Rn. 6, der einen Doppelsitz für die GmbH als ausgeschlossen erachtet.
36 So Gosch KStG/Neumann KStG § 14 Rn. 58.
37 Gesetz zur Änderung und Vereinfachung der Unternehmensbesteuerung und des steuerlichen Reisekostenrechts vom 20.2.2013, BGBl. 2013 I 285 (289)).
38 Vgl. Gosch KStG/Neumann § 14 Rn. 17a; Prinz/Witt Steuerliche Organschaft/Schade/Wagner Rn. 27.8 f.; Frotscher/Drüen/Frotscher KStG § 14 Rn. 191; Jesse FR 2013, 629 (632); Weigert/Strohm DK 2013, 249 (256); Schaumburg Internationales Steuerrecht/von Freeden, Rn. 7.14.
39 DPM/Dötsch/Pung KStG § 14 Rn. 102.

einer nicht zu beanstandenden Inländerdiskriminierung, also die Schlechterstellung eines reinen Inlandssachverhalts gegenüber einem grenzüberschreitenden Sachverhalt, sondern um die Schlechterstellung eines grenzüberschreitenden Sachverhalts gegenüber einem reinem Inlandssachverhalt. Dies betrifft insbes. Wegzugsfälle, in denen eine in Deutschland gegründete Kapitalgesellschaft ihren Verwaltungssitz ins EU-/EWR-Ausland verlegt (→ Rn. 3774 ff.).

3767 Ebenfalls als Organgesellschaft ausgeschlossen sind **ausländische Kapitalgesellschaften mit Betriebsstätte im Inland** in Bezug auf das Ergebnis ihrer Betriebsstätte, obgleich sie nach § 2 Nr. 1 KStG insoweit beschränkt steuerpflichtig sind. So können im Handelsregister eingetragene Zweigniederlassungen einer ausländischen Kapitalgesellschaft nicht Organgesellschaft eines inländischen Organträgers sein.[40] Dies wirft aufgrund des EuGH-Urteils in der Rechtssache „Philipps Electronics"[41] ebenfalls unionsrechtliche Bedenken auf.[42] In dem zugrunde liegenden Fall hatte eine im Vereinigten Königreich ansässige Muttergesellschaft eine in den Niederlanden ansässige Tochtergesellschaft, die wiederum eine Betriebsstätte im Vereinigten Königreich unterhielt. Die Muttergesellschaft begehrte die Verrechnung der in der Betriebsstätte entstandenen Verluste der Tochtergesellschaft im Wege des *group relief* im Vereinigten Königreich.[43] In dem Urteil bejaht der EuGH eine Verletzung der Niederlassungsfreiheit durch Ausschluss der gebietsfremden Tochtergesellschaft mit britischer Betriebsstätte, weil eine gebietsfremde Gesellschaft, die nur über eine Betriebsstätte im Inland verfüge, und eine gebietsansässige Gesellschaft in Bezug auf das Ziel des streitgegenständlichen britischen *group relief* objektiv vergleichbar seien.[44] Es ist uE nicht ersichtlich, warum dies für die deutsche Organschaft, die nicht nur eine Verlustübertragung, sondern eine Gesamtergebniskonsolidierung zulässt, im Grundsatz nicht ebenso gelten sollte.

3768 **c) Zuzug einer Kapitalgesellschaft mit statutarischem Sitz und Verwaltungssitz im Ausland.** Der erforderliche Inlandsbezug der Organgesellschaft ist vor allem in Zuzugsfällen relevant. Praktisch besonders relevant ist der Fall, dass eine Kapitalgesellschaft mit statutarischem Sitz und Verwaltungssitz im Ausland ihren Verwaltungssitz ins Inland verlegt (rechtsformwahrender Zuzug) bzw. von Vornherein so gegründet wurde (→ Rn. 3769 ff.). Darüber hinaus kommt in Betracht, dass eine Kapitalgesellschaft mit statutarischem Sitz und Verwaltungssitz im Ausland ihren statutarischen Sitz ins Inland verlegt (identitätswahrender Hereinformwechsel) (→ Rn. 3771 ff.). Inwiefern in diesen Fällen eine zugezogene Gesellschaft Organgesellschaft werden kann oder nicht, hängt im Ergebnis auch davon ab, ob der bisherige Sitz in einem EU-/EWR-Staat oder einem Drittland war (zu Drittstaatenkonstellationen → Rn. 3986 ff.).

3769 **aa) Verlegung des Verwaltungssitzes ins Inland (rechtsformwahrender Zuzug).** Grds. ist nach der in Deutschland geltenden Sitztheorie[45] auf eine im Ausland gegründete Kapitalgesellschaft, die ihren Verwaltungssitz nach Deutschland verlegt, deutsches Gesellschaftsrecht anzuwenden. Da das deutsche Gesellschaftsrecht die ausländische Rechtsform nicht kennt und die Gesellschaft nicht die formalen Voraussetzungen der Gründung einer deutschen Kapitalgesellschaft erfüllen wird (insb. Eintragung im Handelsregister), gilt die ausländische Gesellschaft als rechts- und parteifähige Personengesellschaft (idR OHG) bzw.

---

[40] So bereits FG München 23.3.1976 – VII 208/72, EFG 1976, 401; vgl. DPM/Dötsch/Pung KStG § 14 Rn. 97.
[41] EuGH 6.9.2012 – C-18/11, ABl. 2012 C 331, 4–5 – Philipps Electronics.
[42] Gosch KStG/Neumann KStG § 14 Rn. 56a; Schwenke ISR 2013, 41 (43); Prinz/Witt Steuerliche Organschaft/Schade/Wagner Rn. 27.6; Frotscher/Drüen/Frotscher KStG § 14 Rn. 188 f.; Weigert/Strohm DK 2013, 249 (257); Stöber DStZ 2016, 582 (590).
[43] Vgl. Stöber DStZ 2016, 582 (590).
[44] EuGH 6.9.2012 – C-18/11, ABl. 2012 C 331, 4–5 = IStR 2012, 847 Rn. 19 – Philipps Electronics.
[45] Grundsätzlich wird in Deutschland das anwendbare Gesellschaftsstatut nach der Sitztheorie bestimmt. Danach ist auf eine Kapitalgesellschaft das Recht des Staates anzuwenden, in dem sie ihren tatsächlichen Verwaltungssitz hat (siehe zur Sitztheorie: MüKoBGB/Kindler Int. WirtschaftsR Teil 10 Rn. 423).

einzelkaufmännisches Unternehmen in individueller Rechtsträgerschaft.[46] Weder Personengesellschaften noch Einzelunternehmen sind taugliche Organgesellschaften nach § 14 Abs. 1 S. 1, § 17 Abs. 1 S. 1 KStG.

Eine Ausnahme von der Sitztheorie gilt jedoch bei Kapitalgesellschaften, die in einem EU-Mitgliedstaat gegründet wurden. Deutschland erkennt aus unionsrechtlichen Gründen (Niederlassungsfreiheit, Art. 49 AEUV) wirksam gegründete Kapitalgesellschaften aus EU-Mitgliedstaaten als solche an.[47] Verlegt eine nach dem Recht eines EU-Mitgliedstaats gegründete Kapitalgesellschaft ihren Verwaltungssitz ins Inland, behält sie ihre Rechts- und Parteifähigkeit nach dem Recht ihres Gründungsstaates. Voraussetzung ist, dass der Wegzugsstaat die Verlegung des Verwaltungssitzes ins Ausland unter Fortbestand der Gesellschaft erlaubt.[48] Diese Grundsätze gelten auch für in einem EWR-Staat gegründete Gesellschaften.[49] In diesem Fall ist die zugezogene Kapitalgesellschaft taugliche Organgesellschaft nach §§ 14 Abs. 1 S. 1, § 17 Abs. 1 S. 1 KStG, da es sich um eine andere Kapitalgesellschaft handelt, die ihre Geschäftsleitung im Inland und Sitz im EU-/EWR-Ausland hat. 3770

**bb) Verlegung des statutarischen Sitzes ins Inland (identitätswahrender Hereinformwechsel).** Ob eine im Ausland gegründete Kapitalgesellschaft unter Beibehaltung ihres Verwaltungssitzes im Ausland ihren statutarischen Sitz nach Deutschland verlegen kann, richtet sich zunächst nach dem Gesellschafts- bzw. Umwandlungsrecht des ausländischen Staates.[50] In Deutschland ist der grenzüberschreitende identitätswahrende Hereinformwechsel einer Kapitalgesellschaft durch (isolierte)[51] Verlegung des statutarischen Sitzes ins Inland in den §§ 333 ff. UmwG geregelt, der – in Umsetzung der sog. EU-Umwandlungsrichtlinie – nur für EU- und EWR-Gesellschaften gilt, nicht aber für Gesellschaften aus Drittstaaten.[52] Eine echte grenzüberschreitende Satzungssitzverlegung ins Inland ohne Formwechsel ist nach derzeitiger Rechtslage allerdings ausgeschlossen.[53] Vielmehr ist erforderlich, dass eine zuziehende Kapitalgesellschaft in eine deutsche Rechtsform (zB in eine GmbH) wechselt. 3771

Solange die Kapitalgesellschaft dann aber nicht auch ihren Verwaltungssitz nach Deutschland verlegt, ist sie nach dem Gesetzeswortlaut keine taugliche Organgesellschaft, da die 3772

46 BGH 1.7.2002 – II ZR 380/00, BGHZ 151, 204 = NJW 2002, 3539; BGH 27.10.2008 – II ZR 158/06, BGHZ 178, 192 = NJW 2009, 289 Rn. 19 ff.; BGH 22.11.2016 – II ZB 19/15, BGHZ 212, 381 = NZG 2017, 347 Rn. 21 f.; vgl. auch MüKoBGB/Kindler Int. WirtschaftsR Teil 10 Rn. 844.

47 EuGH 9.3.1999 – C-212/97, ABl. 1999 C 136, 3–4 – Centros; EuGH 5.11.2002 – C-208/00, ABl. 2003 C 323, 12–13 – Überseering; EuGH 30.9.2003 – C-167/01, ABl. 2003 C 275, 10 – Inspire Art; BGH 14.3.2005 – II ZR 5/03, NJW 2005, 1648; BGH 27.10.2008 – II ZR 158/06, BGHZ 178, 192 = NJW 2009, 289 Rn. 19; BGH 12.7.2011 – II ZR 28/10, BGHZ 190, 242 = NJW 2011, 3372 Rn. 17.

48 Der Wegzugsstaat kann die Verlegung des Verwaltungssitzes mit dem Entzug der Rechtsfähigkeit sanktionieren. Allerdings darf der Wegzugsstaat eine Gesellschaft nicht daran hindern, sich durch Verlegung (auch) des Satzungssitzes – ohne Auflösung und Liquidation – in eine Gesellschaft nach dem Recht eines anderen Mitgliedstaats formzuwechseln, soweit dies nach dem Recht des Zuzugsstaats möglich ist (vgl. EuGH 16.12.2008 – C-210/06, ABl. 2009 C 44, 3 – Cartesio; Habersack/Wicke/Luy UmwG § 333 Rn. 11, 14; Sagasser/Bula Umwandlungen/Sagasser/Clasen § 33 Rn. 24).

49 BGH 19.9.2005 – II ZR 372/03, BGHZ 164, 148 = NJW 2005, 3351.

50 Unerheblich ist insoweit, ob der ausländische Staat der Sitztheorie oder der Gründungstheorie folgt. Er ist sowohl der Staat, in dem sich der Verwaltungssitz befindet, als auch der Gründungsstaat der Gesellschaft.

51 Nicht erforderlich ist die Verlegung des Verwaltungssitzes ins Inland. Entsprechend Art. 86b Nr. 2 RL (EU) 2017/1132 erfasst das UmwG im Einklang mit der EuGH-Entscheidung in der Rechtssache „Polbud“ (EuGH 25.10.2017 – C-106/16, ABl. EU 2017 C 437, 7–8 – Polbud) den grenzüberschreitenden Formwechsel im Wege der isolierten Satzungssitzverlegung. Ein grenzüberschreitender Formwechsel im Wege der isolierten Satzungssitzverlegung ist jedoch nur dann möglich, wenn der Zuzugsstaat für seine Gesellschaftsformen nur einen Satzungssitz im Inland voraussetzt (in Deutschland: § 4a GmbHG, § 5 AktG) (Lutter/Schmidt UmwG § 333 Rn. 20).

52 Der Dritte Teil des Sechsten Buches des UmwG mit den §§ 333–345 UmwG zum grenzüberschreitenden Formwechsel von Kapitalgesellschaften wurde durch das Gesetz zur Umsetzung der Umwandlungsrichtlinie (UmRUG) vom 22.2.2023 (BGBl. 2023 I Nr. 51) eingefügt, das am 1.3.2023 in Kraft trat.

53 Habersack/Wicke/Luy UmwG § 333 Rn. 27.1; Sagasser/Bula Umwandlungen/Sagasser/Clasen § 33 Rn. 34.

Voraussetzungen des § 14 Abs. 1 S. 1, § 17 Abs. 1 S. 1 KStG nicht erfüllt sind.[54] Sie hat ihren Ort der Geschäftsleitung nicht im Inland. UE ist dies jedoch unionsrechtswidrig, da die Organgesellschaft aufgrund ihres Satzungssitzes unbeschränkt in Deutschland steuerpflichtig wird und – vorbehaltlich anderweitiger DBA-Regelungen – die Ausübung des Besteuerungsrechts in Deutschland nicht beschränkt ist (→ Rn. 3766).

3773 **d) Wegzug einer Kapitalgesellschaft mit statutarischem Sitz und Verwaltungssitz im Inland.** Der erforderliche Inlandsbezug der Organgesellschaft ist außerdem in Wegzugsfällen relevant. Zum einen kommt in Betracht, dass eine Kapitalgesellschaft mit statutarischem Sitz und Verwaltungssitz im Inland ihren Verwaltungssitz ins Ausland verlegt (rechtsformwahrender Wegzug) (→ Rn. 3774 ff.). Zum anderen ist denkbar, dass eine Kapitalgesellschaft mit statutarischem Sitz und Verwaltungssitz im Inland ihren statutarischen Sitz ins Ausland verlegt (identitätswahrender Herausformwechsel) (→ Rn. 3777 ff.).

3774 **aa) Verlegung des Verwaltungssitzes ins Ausland (rechtsformwahrender Wegzug).** Verlegt eine Organgesellschaft mit statutarischem Sitz und Verwaltungssitz im Inland ihren Verwaltungssitz ins Ausland, ist dies nach deutschem Gesellschaftsrecht möglich. § 4a GmbHG und § 5 AktG bestimmen, dass der Satzungssitz einer GmbH bzw. einer AG völlig unabhängig von dem Ort der Geschäftsleitung oder Hauptverwaltung frei gewählt werden kann, sofern er im Inland verbleibt.[55] Es handelt sich nach herrschender Meinung bei § 4a GmbHG und § 5 AktG um versteckte Kollisionsnormen, die zur Anwendung der Gründungstheorie auf den Wegzug deutscher GmbHs und AGs führen.[56] Dies bedeutet, dass die Verlegung des Verwaltungssitzes einer deutschen Kapitalgesellschaft ins Ausland ungeachtet des Kollisionsrechts des Zuzugsstaats möglich ist.[57]

3775 Ob die Gesellschaft als Kapitalgesellschaft vom Zuzugsstaat anerkannt wird, richtet sich nach dessen Kollisionsrecht. Die Beibehaltung des Gesellschaftsstatuts, mithin der Identität der deutschen Kapitalgesellschaft, setzt voraus, dass dortiges Kollisionsrecht der Gründungstheorie folgt. Folgt der Staat hingegen der Sitztheorie würde die Anerkennung versagt werden und ggf. eine Umqualifizierung in eine Personengesellschaft oder einen Einzelkaufmann erfolgen. Aufgrund der EuGH-Rechtsprechung in den Rechtssachen „Centros", „Überseering" und „Inspire Art" ist jedoch davon auszugehen, dass sich die EU-Mitgliedstaaten als Zuzugsstaaten an die Gründungstheorie halten und die deutschen Kapitalgesellschaften, die nur ihren Verwaltungssitz verlegen, als solche anerkennen (→ Rn. 3769 ff.).[58]

3776 Nach dem Gesetzeswortlaut wird durch eine solche Verwaltungssitzverlegung die Organschaft beendet, da die Organgesellschaft nicht mehr die Voraussetzungen des § 14 Abs. 1 S. 1 KStG erfüllt.[59] Sie hat (wenn man eine Identität von Verwaltungssitz und Ort der Geschäftsleitung unterstellt) ihren Ort der Geschäftsleitung nicht mehr in Inland. UE ist die Nichtanerkennung der Organschaft allein wegen der Verwaltungssitzverlegung in einen EU/EWR-Staat unionsrechtswidrig, da die Organgesellschaft aufgrund ihres Satzungssitzes weiterhin unbeschränkt in Deutschland steuerpflichtig ist und – vorbehaltlich anderweitiger DBA-Regelungen – die Ausübung des Besteuerungsrechts in Deutschland nicht beschränkt ist (→ Rn. 3766 ff.). Zudem soll es nach einer neuerdings im Schrifttum vertretenen Auffassung bereits iRd Wortlauts von § 14 Abs. 1 S. 1 KStG genügen, dass die Organgesellschaft im Zeitpunkt der Begründung der Organschaft ihre Geschäftsleitung im Inland hatte.

[54] Gosch KStG/Neumann § 14 Rn. 17a.

[55] Sagasser/Bula Umwandlungen/Sagasser/Clasen § 33 Rn. 32; Noack/Servatius/Haas/Servatius GmbHG § 4a Rn. 10; MüKoAktG/Habersack Einl. Rn. 88.

[56] Sagasser/Bula Umwandlungen/Sagasser/Clasen Umwandlungen § 33 Rn. 33; Noack/Servatius/Haas/Servatius GmbHG § 4a Rn. 10; MükoAktG/Pentz Anhang Handelsgesetzbuch § 13d HGB Rn. 14; Scholz/Scheller GmbHG § 4a Rn. 32; Lutter/Hommelhoff/Bayer GmbHG § 4a Rn. 14; aA BeckOK GmbHG/Jaeger § 4a Rn. 1; Prinz/Witt Steuerliche Organschaft/Krüger/Epe Rn. 26.36.

[57] Lutter/Hommelhoff/Bayer GmbHG § 4a Rn. 14.

[58] Sagasser/Bula Umwandlungen/Sagasser/Clasen § 33 Rn. 33; Noack/Servatius/Haas/Servatius GmbHG § 4a Rn. 11; Lutter/Hommelhoff/Bayer GmbHG § 4a Rn. 14.

[59] Gosch KStG/Neumann KStG § 14 Rn. 17a.

Die ertragsteuerlichen Organschaftsregelungen würden zu den zeitlichen Voraussetzungen an den inländischen Geschäftsleitungsort der Organgesellschaft keine genauen Vorgaben machen.[60]

**bb) Verlegung des statutarischen Sitzes ins Ausland (identitätswahrender Herausformwechsel).** Verlegt eine nach deutschem Gesellschaftsrecht gegründete Organgesellschaft mit statutarischem Sitz und Verwaltungssitz im Inland ihren statutarischen Sitz in das Ausland, richtet sich sowohl nach der Sitztheorie als auch nach der Gründungstheorie der Wegzug nach deutschem Gesellschaftsrecht. Während der grenzüberschreitende Herausformwechsel in einen Drittstaat unter Beibehaltung des Verwaltungssitzes gesellschaftsrechtlich nicht möglich ist[61], wird der grenzüberschreitende Herausformwechsel in einen EU-/EWR-Mitgliedstaat durch die §§ 333 ff. UmwG ermöglicht.[62] Das deutsche Recht genügt damit – in Umsetzung der EU-Umwandlungsrichtlinie – den unionsrechtlichen Vorgaben, die der EuGH hinsichtlich eines Wegzugs durch Sitzverlegung von Kapitalgesellschaften in den Rechtssachen „Cartesio" (dort in Form eines obiter dictums) und „Polbud" zum Ausdruck gebracht hat.[63] Eine grenzüberschreitende Satzungssitzverlegung ohne Formwechsel ist nach derzeitiger Rechtslage hingegen ausgeschlossen.[64] Die Möglichkeit eines identitätswahrenden Formwechsels unter Beibehaltung des Verwaltungssitzes im Wegzugsstaat hängt weiterhin davon ab, ob der Zuzugsstaat einen solchen nach seinem innerstaatlichen Recht zulässt.[65] Verlangt der Zuzugsstaat, dass der Verwaltungssitz der nach seinem Recht errichteten Gesellschaft in seinem Gebiet liegt, verlangt auch die Gesellschaftsrechtsrichtlinie nicht, einen Formwechsel durch bloße Verlegung des Satzungssitzes zuzulassen.[66] **3777**

Erkennt der Zuzugsstaat die Gesellschaft als Kapitalgesellschaft an, führt dies dazu, dass die Organschaft aus deutscher steuerlicher Perspektive – vorbehaltlich der Einhaltung der übrigen Voraussetzungen (insbes. Abschluss und Durchführung eines GAV) – aufrecht erhalten bleibt.[67] Die Voraussetzungen des § 14 Abs. 1 S. 1, § 17 Abs. 1 S. 1 KStG sind erfüllt, da die Organkapitalgesellschaft ihren Ort der Geschäftsleitung weiterhin im Inland hat. Erkennt der Zuzugsstaat die Gesellschaft nur als Personengesellschaft an, führt dies aus **3778**

[60] Kollruss/Schultze/Nöhring WPg 2022, 54 ff.; aA DPM/Dötsch/Pung KStG § 14 Rn. 341.

[61] Habersack/Wicke/Luy UmwG § 333 Rn. 24.

[62] Habersack/Wicke/Luy UmwG § 333 Rn. 23; vgl. auch schon OLG Frankfurt a. M. 3.1.2017 – 20 W 88/15, NZG 2017, 423; Roth/Altmeppen GmbHG § 4a Rn. 21.

[63] In der Rechtssache „Cartesio" hat der EuGH in einem obiter dictum dargelegt, dass der Fall einer Sitzverlegung einer nach dem Recht eines Mitgliedstaats gegründeten Gesellschaft in einen anderen Mitgliedstaat ohne Änderung des für sie maßgeblichen Rechts von dem Fall zu unterscheiden ist, dass eine Gesellschaft aus einem Mitgliedstaat in einen anderen Mitgliedstaat unter Änderung des anwendbaren nationalen Rechts verlegt wird und dabei in eine dem nationalen Recht des zweiten Mitgliedstaats unterliegende Gesellschaftsform umgewandelt wird (EuGH 16.12.2008 – C-210/06, ABl. 2009 C 44, 3 – Cartesio). In der Rechtssache „Polbud" entschied der EuGH, dass der Wegzugsstaat einen grenzüberschreitenden Formwechsel akzeptieren muss, auch wenn im Zuzugsstaat keine tatsächliche Niederlassung erfolgt (EuGH 25.10.2017 – C-106/16, ABl. 2017 C 437, 7–8 – Poldbud; vgl. Habersack/Wicke/Luy UmwG § 333 Rn. 5; Lutter/Hommelhoff/Bayer GmbHG § 4a Rn. 17).

[64] Habersack/Wicke/Luy UmwG § 333 Rn. 27.1; Sagasser/Bula Umwandlungen/Sagasser/Clasen § 33 Rn. 34.

[65] Nach der Rechtsprechung des EuGH ist der Zuzugsstaat verpflichtet, eine grenzüberschreitende Verlegung des Satzungssitzes unter gleichzeitiger Umwandlung in eine nationale Rechtsform zuzulassen, sofern er inländischen Gesellschaften die Möglichkeit eines identitätswahrenden Formwechsels ermöglicht (EuGH 12.7.2012 – C-378/10, ABl. 2012 C 287, 3 – Vale). Ein grenzüberschreitender Formwechsel im Wege der isolierten Satzungssitzverlegung ist nur dann möglich, wenn der Zuzugsstaat für seine Gesellschaftsformen nur einen Satzungssitz im Inland verlangt. Verlangt der Zuzugsstaat hingegen, dass der Verwaltungssitz seiner Gesellschaftsformen im Inland liegt, so ist ein Formwechsel im Wege der isolierten Satzungssitzverlegung nicht möglich (Lutter/Schmidt UmwG § 333 Rn. 20).

[66] Schmidt, ZEuP 2020, 565 (567); Garcimartín/Gandía, ECFR 2019, 15 (20 f.). Erwägungsgrund 2 der RL 2019/2121 des Europäischen Parlaments und des Rates vom 21.11.2019 zur Änderung der RL (EU) 2017/1132 in Bezug auf grenzüberschreitenden Umwandlungen, Verschmelzungen und Spaltungen stellt ebenfalls klar, dass „*die Voraussetzungen des Rechts jenes anderen Mitgliedsstaats* [des Zuzugsstaats] *eingehalten sind und insbes. das Kriterium erfüllt ist, das in diesem anderen Mitgliedsstaat für die Verbundenheit einer Gesellschaft mit seiner nationalen Rechtsordnung erforderlich ist*".

[67] Vgl. Gosch KStG/Neumann KStG § 14 Rn. 17; Kollruss/Schultze/Nöhring WPg 2022, 54 (60).

deutsch steuerlicher Perspektive hingegen dazu, dass die Organschaft beendet wird, weil die wegziehende Organgesellschaft in diesem Fall weder nach inländischem Recht noch nach ausländischem Recht eine Kapitalgesellschaft ist.[68]

**3779–3789** *(einstweilen frei)*

### 2. Organträger § 14 Abs. 1 S. 1 Nr. 2 S. 1, 2 KStG

**3790** **a) Rechtsform.** Organträger kann eine natürliche Person oder eine nicht von der Körperschaftsteuer befreite Körperschaft, Personenvereinigung oder Vermögensmasse sowie eine Personengesellschaft iSd § 15 Abs. 1 S. 1 Nr. 2 EStG sein, wenn sie eine Tätigkeit iSd § 15 Abs. 1 S. 1 EStG ausübt (§ 14 Abs. 1 S. 1 Nr. 2 S. 1, 2 KStG). Voraussetzung ist, dass der Organträger ein gewerbliches Unternehmen betreibt (zu tauglichen Organträgern → § 2).

**3791** Die Einordnung ausländischer Rechtsgebilde als Körperschaft, Personenvereinigung, Vermögensmasse oder Personengesellschaft erfolgt nach den Grundsätzen des Rechtstypenvergleichs.[69] Auch ausländische Kapitalgesellschaften unterhalten einen Gewerbebetrieb kraft Rechtsform (§ 2 Abs. 2 S. 1 GewStG). Soweit die Fiktion des § 2 Abs. 2 S. 1 GewStG nicht greift, müssen ausländische Unternehmen einen Gewerbebetrieb iSd § 2 Abs. 1 oder 3 GewStG oder einen Gewerbebetrieb kraft gewohnheitsrechtlicher Fiktion unterhalten.[70]

**3792** **b) Sitz und Ort der Geschäftsleitung.** Seit der kleinen Organschaftsreform 2013 können Organträger ihren Sitz und Ort der Geschäftsleitung außerhalb Deutschlands haben (zur Rechtsentwicklung → Rn. 3716 ff.). Es wird jedoch ein Inlandsbezug in Gestalt einer inländischen Betriebsstätte des Organträgers, der die Beteiligung an der Organgesellschaft zuzuordnen ist, verlangt (→ Rn. 3806 ff.). Der Organträger (bei einer natürlichen Person oder Kapitalgesellschaft als Organträger) bzw. die Mitunternehmer (bei einer Personengesellschaft als Organträger) muss/müssen mithin zumindest beschränkt steuerpflichtig sein (vgl. § 49 Abs. 1 Nr. 2 Buchst. a) EStG).

**3793** Ausländische Personengesellschaften mit Sitz und Geschäftsleitung im Ausland, die eine inländische Betriebsstätte unterhalten, unterfallen § 15 Abs. 1 Nr. 2 EStG[71] und sind somit tauglicher Organträger.[72] Soweit ausländische Gesellschafter an einer inländischen Organträger-Mitunternehmerschaft beteiligt sind, sind sie mit ihrem Gewinnanteil, soweit er auf das zugerechnete Organträger-Einkommen entfällt, gem. § 49 Abs. 1 Nr. 2 Buchst. a) EStG beschränkt steuerpflichtig.[73]

**3794** Die Organschaft wird nicht allein dadurch gefährdet, dass der Organträger aus dem Inland durch Verlegung seines statutarischen und/oder Verwaltungssitzes in einen ausländischen Staat wegzieht, wenn die Beteiligung an der Organgesellschaft weiterhin einer inländischen Betriebsstätte zuzuordnen ist (→ Rn. 3806 ff.) und die übrigen Voraussetzungen für den Erhalt der Organschaft erfüllt bleiben (→ Rn. 3875 ff.).[74]

**3795–3805** *(einstweilen frei)*

### 3. Inlandsbezug des Organträgers § 14 Abs. 1 S. 1 Nr. 2 S. 4, 5 und 7 KStG

**3806** § 14 Abs. 1 S. 1 Nr. 2 S. 4, 5 und 7 KStG regeln den erforderlichen Inlandsbezug des Organträgers (→ Rn. 3809 ff.). Der Organträger muss im Inland eine Betriebsstätte unterhalten (→ Rn. 3812 ff.) und seine Beteiligung an der Organgesellschaft muss der inländi-

[68] Gosch KStG/Neumann KStG § 14 Rn. 17.
[69] Vgl. BMF 19.3.2004, BStBl. I 2004, 411; BMF 8.12.2004, BStBl. I 2004, 1181; Prinz/Witt Steuerliche Organschaft/Schade/Wagner Rn. 27.22; HHR/Kolbe KStG § 14 Rn. 153.
[70] HHR/Kolbe KStG § 14 Rn. 60.
[71] Schmidt/Wacker EStG § 15 Rn. 173.
[72] Gosch KStG/Neumann KStG § 14 Rn. 82.
[73] Gosch KStG/Neumann KStG § 14 Rn. 83.
[74] Gosch KStG/Neumann KStG § 14 Rn. 17b, 98; vgl. auch DPM/Dötsch/Pung KStG § 14 Rn. 119; Frotscher/Drüen/Frotscher KStG § 14 Rn. 104.

schen Betriebsstätte zuzuordnen sein (→ Rn. 3816 ff.). Die Zuordnung muss ununterbrochen während der gesamten Dauer der Organschaft gegeben sein (→ Rn. 3835 ff.). Es lassen sich verschiedene Anwendungsfälle der unmittelbaren Organschaft identifizieren, in denen der Inlandsbezug des Organträgers mehr oder weniger relevant wird (→ Rn. 3839 ff.).

Bei einer mittelbaren Beteiligung an der Organgesellschaft muss die Beteiligung an der vermittelnden Gesellschaft einer Betriebsstätte des Organträgers zuzuordnen sein (§ 14 Abs. 1 S. 1 Nr. 2 S. 4 Alt. 2 KStG) (→ Rn. 3850 f.). Ist der Organträger mittelbar über eine oder mehrere Personengesellschaften an der Organgesellschaft beteiligt, gilt dies sinngemäß (§ 14 Abs. 1 S. 1 Nr. 2 S. 5 KStG) (→ Rn. 3852 ff.). **3807**

Während § 14 Abs. 1 S. 1 Nr. 2 S. 4, 5 und 7 KStG Tatbestandsvoraussetzungen der Organschaft enthalten, statuiert Satz 6 die Rechtsfolge der Zurechnung des Organeinkommens zu der Betriebsstätte des Organträgers (→ Rn. 3930 ff.). **3808**

**a) Allgemeines zum Inlandsbezug – Verhältnis von nationalem Recht und Abkommensrecht.** § 14 Abs. 1 S. 1 Nr. 2 S. 4 KStG verlangt, dass die Beteiligung an der Organgesellschaft einer Betriebsstätte iSd § 12 AO des Organträgers zuzuordnen ist. § 14 Abs. 1 S. 1 Nr. 2 S. 7 KStG verlangt darüber hinaus, dass die der Betriebsstätte zuzurechnenden Einkünfte sowohl nach innerstaatlichem Steuerrecht als auch nach DBA der inländischen Besteuerung unterliegen. **3809**

Dass die der Betriebsstätte zuzurechnenden Einkünfte nach innerstaatlichem Steuerrecht der inländischen Besteuerung unterliegen, folgt bereits aus Satz 4 iVm § 2 Nr. 1 KStG bzw. § 1 Abs. 4, § 49 Abs. 1 Nr. 2 Buchst. a EStG.[75] Bedeutung erlangt Satz 7 aufgrund seines Abkommensvorbehalts. Dieser soll die Ausübung des deutschen Besteuerungsrechts sicherstellen, insbes. Besteuerungslücken durch eine unterschiedliche Definition der Betriebsstätte nach § 12 AO und DBA vermeiden.[76] Bei einem ausländischen Organträger könnte es sonst dazu kommen, dass zwar die Voraussetzungen für eine Besteuerung des Einkommens der Organgesellschaft im Inland nach den Vorschriften der beschränkten Steuerpflicht vorliegen, es jedoch aufgrund eines DBA weder im Inland noch im Ausland zu einer Besteuerung des Organeinkommens kommt.[77] **3810**

In der Literatur ist umstritten, ob bereits die Zuordnung der Beteiligung an der Organgesellschaft zu einer Betriebsstätte des Organträgers nach inländischem Recht (§ 14 Abs. 1 S. 1 Nr. 2 S. 4 KStG) unter Berücksichtigung der (uU engeren) abkommensrechtlichen Zuordnungsgrundsätze (§ 14 Abs. 1 S. 1 Nr. 2 S. 7 KStG) zu erfolgen hat.[78] UE kommt § 14 Abs. 1 S. 1 Nr. 2 S. 4 KStG nur dann eigenständige Bedeutung zu, wenn kein DBA anwendbar ist.[79] Da die Bundesrepublik Deutschland mit allen EU/EWR-Staaten ein DBA abgeschlossen hat, werden die Voraussetzungen nach inländischem Recht und Abkommensrecht im Folgenden parallel betrachtet. **3811**

**b) Betriebsstätte.** Zunächst muss eine inländische Betriebsstätte iSd § 12 AO (→ Rn. 3813) als auch eine inländische Betriebsstätte nach DBA (→ Rn. 3814 f.) gegeben sein. **3812**

**aa) Inländische Betriebsstätte iSd § 12 AO.** Betriebsstätte ist nach § 12 S. 1 AO jede feste Geschäftseinrichtung oder Anlage, die der Tätigkeit eines Unternehmens dient. Als Betriebsstätte sind insbes. die Stätte der Geschäftsleitung, Zweigniederlassungen, Geschäftsstellen, usw. anzusehen (§ 12 S. 2 AO). Eine Betriebsstätte muss weder in das Handelsregister eingetragen sein, noch muss es sich um eine Zweigniederlassung iSd §§ 13 ff. HGB handeln.[80] Inländisch ist eine Betriebsstätte, wenn die Geschäftseinrichtung oder Anlage, **3813**

[75] BeckOK KStG/Ebber KStG § 14 Rn. 252; RHN/Rödder/Liekenbrock KStG § 14 Rn. 280.
[76] BT-Drs. 17/10774, 19.
[77] BeckOK KStG/Ebber KStG § 14 Rn. 250.
[78] Dafür: HHR/Kolbe KStG § 14 Rn. 189; Stangl/Brühl DK 2013, 77 (79); DPM/Dötsch/Pung KStG § 14 Rn. 185. Dagegen: Bott/Walter/Walter KStG § 14 Rn. 124; Frotscher/Drüen/Frotscher KStG § 14 Rn. 141h.
[79] So auch RHN/Rödder/Liekenbrock KStG § 14 Rn. 245.
[80] DPM/Dötsch/Pung KStG § 14 Rn. 184; Frotscher/Drüen/Frotscher KStG § 14 Rn. 141 f.

auf die § 12 S. 1 AO Bezug nimmt, sich im Hoheitsgebiet Deutschlands befindet.[81] Organträger mit inländischer Geschäftsleitungsstätte unterhalten stets eine inländische Betriebsstätte (§ 12 S. 2 Nr. 1 AO).[82] Dies gilt auch bei unbeschränkt steuerpflichtigen Organträger-Kapitalgesellschaften mit inländischer Geschäftsleitung, die nur vermögensverwaltend die Anteile an der Organgesellschaft halten, da die unbeschränkt steuerpflichtige Kapitalgesellschaft stets einen Gewerbebetrieb kraft Rechtsform unterhält (§ 8 Abs. 2 KStG).[83]

3814 **bb) Inländische Betriebsstätte iSd DBA.** Eine Betriebsstätte iSv DBA nach dem Muster des OECD-MA ist jede feste Geschäftseinrichtung, durch die die Geschäftstätigkeit eines Unternehmens ganz oder teilweise ausgeübt wird (Art. 5 Abs. 1 OECD-MA). Dies umfasst nach Art. 5 Abs. 2 OECD-MA u. a. einen Ort der Leitung, eine Zweigniederlassung, eine Geschäftsstelle sowie eine Fabrikationsstätte.[84] Der Betriebsstättenbegriff des Art. 5 OECD-MA wird idR enger verstanden als der innerstaatliche Betriebsstättenbegriff.[85]

3815 Originär gewerblich tätige Personengesellschaften vermitteln ihren Gesellschaftern für abkommensrechtliche Zwecke jeweils anteilig Betriebsstätten.[86] Hingegen begründen gewerblich geprägte Personengesellschaften keine abkommensrechtliche Betriebsstätte in dem DBA-Staat, in dem die Personengesellschaft ansässig ist, der die Beteiligung an der Organgesellschaft zuzuordnen sein könnte (vorbehaltlich abkommensspezifischer Besonderheiten, die gewerblich geprägten Personengesellschaften eine Abkommensrelevanz beimessen).[87]

3816 **c) Zuordnung der Beteiligung an der Organgesellschaft zu einer inländischen Betriebsstätte.** Weiterhin muss die Beteiligung an der Organgesellschaft sowohl nach inländischem Recht (→ Rn. 3817 ff.) als auch nach DBA (→ Rn. 3820 ff.) der Betriebsstätte zuzuordnen sein. Praktisch ist eine tatsächlich-funktionale Zuordnung sicherzustellen, die insbes. bei geschäftsleitenden Holding-Personengesellschaften problematisch sein kann (→ Rn. 3825 ff.). Weiterhin ist zu beachten, dass § 14 Abs. 1 S. 1 Nr. 2 S. 4–7 KStG die Zuordnung zu „einer" Betriebsstätte verlangen (→ Rn. 3833 ff.)

3817 **aa) Zuordnung nach inländischem Recht.** Beteiligungen an Kapitalgesellschaften können einer Betriebsstätte nach deutschem Recht grds. rechtlich zugeordnet werden, wenn sie zum notwendigen oder zum gewillkürten Betriebsvermögen[88] gehören, wobei letzteres bei Organträger-Kapitalgesellschaften nicht in Betracht kommt.[89]

3818 Die Zugehörigkeit der Beteiligung zum Betriebsvermögen genügt für die Zuordnung iSd § 14 Abs. 1 S. 1 Nr. 2 S. 4 KStG indes nicht, wenn der Organträger bzw. ein Mitunternehmer einer Organträger-Personengesellschaft über eine oder mehrere Betriebsstätten im Ausland verfügt.[90] Es ist in diesem Fall nach allgemeinen Zuordnungsgrundsätzen zu bestimmen, ob die Beteiligung an der Organgesellschaft einer inländischen oder auslän-

---

81 RHN/Rödder/Liekenbrock KStG § 14 Rn. 247.

82 DPM/Dötsch/Pung KStG § 14 Rn. 184; Prinz/Witt Steuerliche Organschaft/Schade/Wagner Rn. 27.38; Frotscher/Drüen/Frotscher KStG § 14 Rn. 141g.

83 RHN/Rödder/Liekenbrock KStG § 14 Rn. 248.

84 S. dazu ausführlich: Vogel/Lehner/Görl/Gradl OECD-MA Art. 5 Rn. 12 ff.

85 Vgl. RHN/Rödder/Liekenbrock KStG § 14 Rn. 247; HHR/Kolbe KStG § 14 Rn. 195; Prinz/Witt Steuerliche Organschaft/Schade/Wagner Rn. 27.41.

86 Vgl. RHN/Rödder/Liekenbrock KStG § 14 Rn. 270.

87 BFH 28.4.2010 – I R 81/09, BStBl. II 2014, 754 = DStR 2010, 1220 Rn. 22; BFH 19.5.2010 – I B 191/09, BStBl. II 2011, 156 = DStR 2010, 1223 Rn. 15; BFH 24.8.2011 – I R 46/10, BStBl. II 2014, 764 = DStR 2011, 1085 Rn. 16; BMF 26.9.2014, BStBl. I 2014, 1258, Rn. 2.2.1; RHN/Rödder/Liekenbrock KStG § 14 Rn. 272; DPM/Dötsch/Pung KStG § 14 Rn. 195.

88 S. zur Zuordnung zum gewillkürten Betriebsvermögen: RHN/Rödder/Liekenbrock KStG § 14 Rn. 253; aA Jesse FR 2013, 629 (635).

89 Vgl. DPM/Dötsch/Pung KStG § 14 Rn. 185; RHN/Rödder/Liekenbrock KStG § 14 Rn. 254; HHR/Kobe KStG § 14 Rn. 189; Frotscher/Drüen/Frotscher KStG § 14 Rn. 141h; Dötsch/Pung DB 2014, 1215; BeckOK KStG/Ebber § 14 Rn. 638.

90 Vgl. BFH 29.11.2017 – I R 58/15, BFH/NV 2018, 684 = DStR 2018, 657 Rn. 27; Prinz/Witt Steuerliche Organschaft/Schade/Wagner Rn. 27.44.

dischen Betriebsstätte zuzuordnen ist. Nach innerstaatlichem Recht gilt grds. für die Zuordnung von Wirtschaftsgütern zu einer Betriebsstätte das Veranlassungsprinzip.[91] Maßstab ist danach die wirtschaftliche Zugehörigkeit der Beteiligung zu den in den einzelnen Betriebsstätten entfalteten betrieblichen Tätigkeiten.[92]

Umstritten ist, ob die Zuordnung nach § 14 Abs. 1 S. 1 Nr. 2 S. 4 KStG nach Maßgabe des § 1 Abs. 5 AStG iVm § 7 BsGAV[93] zu erfolgen hat.[94] Die Finanzverwaltung geht wohl von einer generellen Anwendbarkeit der in der BsGaV enthaltenen Grundsätze aus.[95] Der BFH hat hingegen kürzlich Zweifel daran geäußert, ob § 1 Abs. 5 AStG über seinen Anwendungsbereich als Einkünftekorrekturnorm hinaus anwendbar ist.[96] **3819**

**bb) Zuordnung nach DBA.** Abkommensrechtlich müssen die Beteiligung an der Organgesellschaft sowie die hieraus erzielten Einkünfte einer inländischen Betriebsstätte zuzuordnen sein.[97] **3820**

Für DBA, die einen dem Art. 7 Abs. 2 OECD-MA 2008 entsprechenden Artikel enthalten, ordnet der BFH Wirtschaftsgüter auf Basis von allgemeinen Verursachungs- und Veranlassungsgesichtspunkten zu.[98] Im Rahmen der Betriebsstättenvorbehalte in DBA setzt er einen allgemeinen wirtschaftlichen Zusammenhang des Wirtschaftsguts zu der Betriebsstätte (Art. 13 Abs. 2 OECD-MA)[99] bzw. eine tatsächlich-funktionale Zugehörigkeit des Wirtschaftsguts zu der in der Betriebsstätte ausgeübten Tätigkeit (Art. 10 Abs. 4 OECD-MA, Art. 11 Abs. 4, Art. 12 Abs. 3 OECD-MA) voraus.[100] **3821**

Bei DBA, die einen dem Art. 7 Abs. 2 OECD-MA 2010 oder 2017 entsprechenden Artikel enthalten, erfolgt die Zuordnung von Beteiligungen nach Maßgabe des sog. Authorized OECD Approach[101] bzw. § 1 Abs. 5 AStG iVm § 7 BsGAV.[102] **3822**

§ 14 Abs. 1 S. 1 Nr. 2 S. 7 KStG verlangt seinem Wortlaut nach, dass die „dieser Betriebsstätte zuzurechnenden Einkünfte" abkommensrechtlich der inländischen Besteuerung unterliegen.[103] Es müssen indes nicht alle der Betriebsstätte zuzurechnenden Einkünfte **3823**

91 Vgl. BFH 29.11.2017 – I R 58/15, BFH/NV 2018, 684 = DStR 2018, 657 Rn. 27; Prinz/Witt Steuerliche Organschaft/Schade/Wagner Rn. 27.44.

92 BFH 29.11.2017 – I R 58/15, BFH/NV 2018, 684 = DStR 2018, 657 Rn. 27; BFH 24.11.2021 – I B 44/21, BStBl. II 2022, 432 = DStR 2022, 399 Rn. 19.

93 Betriebsstättengewinnaufteilungsverordnung (BsGAV), BMF 22.12.2016, BStBl. I 2017, 182.

94 Dafür: HHR/Kolbe KStG § 14 Rn. 189; Mroz/Wellmann FR 2018, 740 (746); Habel/Müller IWB 2020, 772 (775); Stangl/Brühl DK 2013, 77 (79); wohl auch Gosch KStG/Neumann, § 14 Rn. 123; Weigert/Strohm DK 2013, 249 (266). Für § 1 Abs. 5 AStG iVm § 7 BsGAV in DBA-Fällen und Veranlassungsprinzip in Nicht-DBA-Fällen: DPM/Dötsch/Pung KStG § 14 Rn. 186, 212. Für Anwendung der funktionalen Betrachtungsweise nach Betriebsstättenerlass der FinVerw (BStBl. I 1999, 1076, Rn. 2.4) oder Gewinnabgrenzung nach § 1 Abs. 5 AStG: Brandis/Heuermann/Rode KStG § 14 Rn. 71. Dagegen: Bott/Walter/Walter KStG § 14 Rn. 124; Frotscher/Drüen/Frotscher KStG § 14 Rn. 141h.

95 Vgl. BMF 26.9.2014, BStBl. I 2014, 1258, Rn. 2.2.4.1; BMF 17.12.2019, BStBl. I 2017, 182, Rn. 20, 451.

96 BFH 24.11.2021 – I B 44/21 (AdV), BStBl. II 2022, 431 = BeckRS 2021, 47212 Rn. 25.

97 RHN/Rödder/Liekenbrock KStG § 14 Rn. 280.

98 BFH 11.12.2013 – I R 4/13, BStBl. II 2014, 791 = IStR 2014, 219 Rn. 23; vgl. auch RHN/Rödder/Liekenbrock KStG § 14 Rn. 286.

99 BFH 12.6.2013 – I R 47/12, BStBl. II 2014, 770 = DStR 2013, 2320 Rn. 15; vgl. auch RHN/Rödder/Liekenbrock KStG § 14 Rn. 286.

100 BFH 26.2.1992 – I R 85/91, BStBl. II 1992, 937 = DStR 1992, 1352; BFH 30.8.1995 – I R 112/94, BStBl. II 1995, 563, BFH 30.8.1995 – I R 112/94, BeckRS 1995, 22011559; BFH 19.12.2007 – I R 66/06, BStBl. II 2008, 510 = IStR 2008, 367; BFH 17.12.2003 – I R 47/02, BFH/NV 2004, 771, BeckRS 2003, 25003116; vgl. auch BMF 24.12.1999, BStBl. I 1999, 1076, Rn. 2.4.; DPM/Dötsch/Pung KStG § 14 Rn. 212; Gosch/Neumann KStG § 14 Rn. 123; Bott/Walter/Walter KStG § 14 Rn. 128; ausführlich dazu: Prinz/Witt Steuerliche Organschaft/Schade/Wagner Rn. 27.59 ff.; RHN/Rödder/Liekenbrock KStG § 14 Rn. 286, 295.

101 Siehe dazu ausführlich: RHN/Rödder/Liekenbrock KStG § 14 Rn. 287 ff.

102 In § 1 Abs. 5 AStG wird ein Treaty-Override gesehen (vgl. RHN/Rödder/Liekenbrock KStG § 14 Rn. 283).

103 Warum der Gesetzgeber in Satz 6 die Zurechnung des „Einkommen[s] der Organgesellschaft]" regelt und in Satz 7 auf die der „Betriebsstätte zuzurechnenden Einkünfte" abstellt, ist unklar (vgl. Weigert/Strohm DK 2013, 249 (270)).

in Deutschland steuerpflichtig sein. Vielmehr bezieht sich der dortige Abkommensvorbehalt lediglich auf die Einkünfte aus der Organbeteiligung.[104]

3824 Zu den relevanten Einkünften aus der Organbeteiligung zählen einerseits die unmittelbaren Einkünfte, zB aus Veräußerung der Organbeteiligung[105], sowie andererseits das zugerechnete Organeinkommen.[106] Dabei ist die abkommensrechtliche Behandlung des zugerechneten Organeinkommens nicht abschließend geklärt. Überwiegend wird davon ausgegangen, dass (i) der Organträger im Zusammenhang mit dem zugerechneten Organeinkommen ansässige Person und damit abkommensberechtigt ist[107] und (ii) das zugerechnete Organeinkommen zu den Unternehmensgewinnen iSd Art. 7 OECD-MA gehört, die abkommensrechtlich einer Betriebsstätte des Organträgers zuzuordnen sind.[108] Die Zurechnung des Organgesellschafts-Einkommens folgt dann der Zuordnung der Organbeteiligung zu der inländischen Betriebsstätte des Organträgers.[109]

3825 **cc) Tatsächlich-funktionale Zuordnung.** Es bestehen zahlreiche Unklarheiten, nach welchen genauen Kriterien die Zuordnung der Beteiligung an der Organgesellschaft vorzunehmen ist, insbes. ob und inwieweit sich (i) eine Zuordnung nach dem Veranlassungszusammenhang, (ii) die Rechtsprechung zum tatsächlich-funktionalen Zusammenhang nach dem DBA-Betriebsstättenvorbehalt und (iii) die Zuordnung nach § 1 Abs. 5 AStG unterscheiden.

3826 So geht die Finanzverwaltung davon aus, dass die Zuordnung nach § 1 Abs. 5 AStG iVm § 7 BsGAV „in Grundzügen" mit der BFH-Rechtsprechung zum funktionalen Zusammenhang übereinstimme.[110] In der Literatur wird vertreten, dass die Zuordnung nach dem Veranlassungszusammenhang im Ergebnis der tatsächlich-funktionalen Zuordnung nach dem Betriebsstättenvorbehalt und § 1 Abs. 5 AStG entspreche.[111] Andere bezweifeln, ob sich die Maßstäbe des funktionalen Zusammenhangs nach BsGaV und BFH-Rechtsprechung zum tatsächlich-funktionalen Zusammenhang decken.[112]

3827 In der Praxis erscheint es empfehlenswert, einen tatsächlich-funktionalen Zusammenhang nach abkommensrechtlichen Kriterien zwischen der Organbeteiligung und der inländischen Betriebsstätte des Organträgers in DBA als auch in Nicht-DBA-Fällen sicherzustellen.[113] Aus Vorsichtsgründen sollte auch die uU abweichende Zuordnung nach § 1 Abs. 5 AStG iVm § 7 BsGaV in die Überlegungen einbezogen werden.[114] Weiterhin ist dazu zu raten, jedenfalls in Zweifelsfragen eine verbindliche Auskunft zur Zuordnung der Beteiligung zu einer inländischen Betriebsstätte einzuholen.[115]

---

104 OFD Karlsruhe 16.1.2014 – S 2770/52/2 – St 221, BeckVerw 281800; Weigert/Strohm DK 2013, 249 (270); Dötsch/Pung DB 2013, 305 (308); Bott/Walter/Walter KStG § 14 Rn. 128 aE; DPM/Dötsch/Pung KStG § 14 Rn. 225.

105 RHN/Rödder/Liekenbrock KStG § 14 Rn. 282, 290.

106 Weigert/Strohm DK 2013, 249 (270 f.); Gosch/Neumann KStG § 14 Rn. 123; DPM/Dötsch/Pung KStG § 14 Rn. 208.

107 BFH 9.2.2011 – I R 54, 55/10, BStBl. II 2012, 106 = IStR 2011, 345 Rn. 19; Weigert/Strohm DK 2013, 249 (271); DPM/Dötsch/Pung KStG § 14 Rn. 221; kritisch: Schnitger/Berliner IStR 2011, 753 (756 f.); Lüdicke IStR 2011, 740 (744 f.); wohl auch BFH 17.9.2014 – I R 30/13, BStBl. II 2017, 726 = IStR 2015, 28 Rn. 19.

108 BFH 9.2.2011 – I R 54, 55/10, BStBl. II 2012, 106 = IStR 2011, 345 Rn. 21; Buciek FR 2011, 584 (588 f.); Weigert/Strohm, DK 2013, 249 (271); Brandis/Heuermann/Rode KStG § 14 Rn. 75; Prinz/Witt Steuerliche Organschaft/Schade/Wagner Rn. 27.82; RHN/Rödder/Liekenbrock KStG § 14 Rn. 290; HHR/Kolbe KStG § 14 Rn. 198; kritisch: Schnitger/Berliner IStR 2011, 753 (760); Lüdicke IStR 2011, 740 (742).

109 DPM/Dötsch/Pung KStG § 14 Rn. 208; RHN/Rödder/Liekenbrock KStG § 14 Rn. 281; Brandis/Heuermann/Rode KStG § 14 Rn. 75.

110 BMF 26.9.2014, BStBl. I 2014, 1258, Rn. 2.2.4.1.

111 DPM/Dötsch/Pung KStG § 14 Rn. 186 Nr. 6; Oppel IWB 2018, 735 (742).

112 Vgl. Häck ISR 2015, 113 (120); Kaeser ISR 2012, 63 (68).

113 So auch RHN/Rödder/Liekenbrock KStG § 14 Rn. 258, 294.

114 Prinz/Witt Steuerliche Organschaft/Schade/Wagner Rn. 27.58.

115 BeckOK KStG/Ebber KStG § 14 Rn. 273a; Prinz DB 2023, 8 (11).

Beteiligungen sind im Grundsatz einer Betriebsstätte dann zuzuordnen, wenn ein funktionaler Zusammenhang zwischen der Tätigkeit der Betriebsstätte und der Beteiligung besteht. Wann ein solcher Zusammenhang besteht, ist im Einzelnen umstritten und es gibt keine klaren allgemeinen Grundsätze.[116] **3828**

Ausgangspunkt für die Prüfung des tatsächlich-funktionalen Zusammenhangs ist die Funktion der Betriebsstätte im Gesamtunternehmen des Organträgers.[117] Die Funktionsverteilung unterliegt dem Unternehmer bzw. der Geschäftsleitung.[118] Es muss ein funktionaler Zusammenhang mit der Haupttätigkeit der Betriebsstätte bestehen, der die Beteiligung zugeordnet werden soll.[119] Ein starker Indikator für die Zuordnung der Beteiligung ist, dass diese nach den wirtschaftlichen Verhältnissen in der Betriebsstätte notwendiges Betriebsvermögen darstellt.[120] Indizwirkung kann der Abschluss des GAV unter der Firma der Zweigniederlassung oder die Stimmrechtsallokation auf die Betriebsstätte haben, welche eine Zuordnung zur inländischen Betriebsstätte unterstützt.[121] Demgegenüber ist unerheblich, ob die Stimmrechte in der Gesellschafterversammlung der Organgesellschaft durch den ausländischen Organträger oder durch die Betriebsstätte bzw. deren bevollmächtigtes Personal ausgeübt werden.[122] **3829**

Eine funktionale Zuordnung ist gegeben, wenn eine Kapitalgesellschaft Produkte einer Produktionsbetriebsstätte vertreibt. Der Vertrieb der Produkte hängt unzweifelhaft mit der Tätigkeit der Betriebsstätte zusammen.[123] **3830**

Nach der BsGaV[124] sind Erträge, Wirtschaftsgüter etc. grds. nach der maßgeblichen Personalfunktion zuzuordnen. Für die Zuordnung einer Beteiligung zu einer Betriebsstätte ist die Nutzung der Beteiligung die maßgebliche Personalfunktion (§ 7 Abs. 1 S. 1 BsGaV), die sich aus dem funktionalen Zusammenhang zur Geschäftstätigkeit einer Betriebsstätte ergibt (§ 7 Abs. 1 S. 2 BsGaV). Eine Beteiligung ist der Betriebsstätte zuzuordnen, in der sie funktional genutzt wird.[125] Von dieser Zuordnungsregelung nach dem funktionalen Zusammenhang besteht eine Ausnahme, wenn eine andere Personalfunktion, die in einer anderen Betriebsstätte ausgeübt wird, so bedeutend ist, dass sie die Bedeutung der Nutzung der Beteiligung eindeutig überwiegt (§ 7 Abs. 2 S. 1 BsGaV). Andere Personalfunktionen sind insbes. solche, die im Zusammenhang mit der Anschaffung, Verwaltung, Risikosteuerung oder Veräußerung der Beteiligung stehen (§ 7 Abs. 2 S. 2 BsGaV).[126] Vor diesem Hintergrund erscheint es sinnvoll, die Verwaltung der Beteiligung ebenso wie die Stimmrechtsauübung bei der inländischen Betriebsstätte anzusiedeln.[127] **3831**

Problematisch kann die Zuordnung der Beteiligung an der Organgesellschaft zu der inländischen Betriebsstätte einer **geschäftsleitenden Organträger-Holdingpersonengesellschaft** mit ausländischen Gesellschaftern sein.[128] **3832**

Umstritten ist, ob die Beteiligungserträge Nebenerträge einer aktiven Tätigkeit der Betriebsstätte sein müssen. Nach teilweise vertretener Ansicht muss die Geschäftsleitungsaufgabe in einem hinreichend organisatorisch verselbstständigten Teil des Organträgers im

---

116 Vgl. FG Münster 15.12.2014 – 13 K 624/11 F, EFG 2015, 704 = DStRE 2016, 1293; Prinz/Witt Steuerliche Organschaft/Schade/Wagner Rn. 27.59.
117 RHN/Rödder/Liekenbrock KStG § 14 Rn. 296.
118 RHN/Rödder/Liekenbrock KStG § 14 Rn. 296.
119 RHN/Rödder/Liekenbrock KStG § 14 Rn. 296.
120 RHN/Rödder/Liekenbrock KStG § 14 Rn. 296.
121 Prinz/Witt Steuerliche Organschaft/Schade/Wagner Rn. 27.62.
122 RHN/Rödder/Liekenbrock KStG § 14 Rn. 249; Frotscher/Drüen/Frotscher KStG § 14 Rn. 141i; HHR/Kolbe KStG § 14 Rn. 189; Weigert/Strohm DK 2013, 249 (267).
123 Vgl. für weitere Beispiele: Prinz/Witt Steuerliche Organschaft/Schade/Wagner Rn. 27.64.
124 Betriebsstättengewinnaufteilungsverordnung (BsGAV), BMF 22.12.2016, BStBl. I 2017, 182.
125 BR-Drs. 401/14, 70.
126 Siehe dazu ausführlich: RHN KStG § 14 Rn. 289.
127 Prinz/Witt Steuerliche Organschaft/Schade/Wagner Rn. 27.62; vgl. auch RHN/Rödder/Liekenbrock KStG § 14 Rn. 289.
128 Es wird an dieser Stelle vorausgesetzt, dass der Organträger mit seiner Holdingfunktion ein gewerbliches Unternehmen durch seine geschäftsleitende Tätigkeit betreibt.

Inland wahrgenommen werden, der die Voraussetzungen einer Betriebsstätte erfüllt.[129] Eine weitergehende Ansicht setzt voraus, dass zwischen Organgesellschaft und Geschäftsleitungsbetriebsstätte Liefer- und Leistungsbeziehungen bestehen müssen.[130] Nach zutreffender Ansicht reichen die geschäftsleitenden Funktionen isoliert aus, um eine funktionale Zugehörigkeit zu begründen.[131] Dies scheint auch die Finanzverwaltung grds. anzuerkennen, verlangt aber, dass mehr als eine Beteiligung gehalten wird und über die Ausübung von Gesellschafterrechten hinaus tatsächlich Einfluss auf das Geschäft der Beteiligungsgesellschaften genommen wird.[132] Bei dem zugerechneten Organeinkommen handelt es sich nicht um tatsächliche Beteiligungserträge, sondern um (fremde) Unternehmensgewinne iSd Art. 7 OECD-MA (→ Rn. 3820 ff.).[133]

Dieses Ergebnis dürfte auch einer Zuordnung nach BsGaV entsprechen. Danach dürfte die Organgesellschaftsbeteiligung der Holding-Personengesellschaft zuzuordnen sein, wenn Personal der unternehmerisch tätigen Holdiggesellschaft Leitungsaufgaben in den Beteiligungsgesellschaften übernimmt. Die unternehmerische Leitungstätigkeit, die in der Betriebsstätte der Holding-Personengesellschaft ausgeübt wird, hängt funktional mit den nachgeordneten Beteiligungsgesellschaften zusammen.[134]

In der Praxis sollte die Zuordnung der Beteiligung zur gewerblichen Organträger-Holdingpersonengesellschaft durch den Abschluss von Dienstleistungsverträgen unterstützt werden.[135] Es sollte bestenfalls auch eine verbindliche Auskunft in Deutschland eingeholt werden.[136]

3833 **dd) Zuordnung zu „einer" inländischen Betriebsstätte des Organträgers.** § 14 Abs. 1 S. 1 Nr. 2 S. 4 KStG bestimmt ausdrücklich, dass die Beteiligung an der Organgesellschaft „einer" (einzigen) inländischen Betriebsstätte des Organträgers zuzuordnen sein muss.[137] Bei einem inländischen Organträger ist der Gewinn aus Gewerbebetrieb einheitlich zu ermitteln, weshalb es unerheblich ist, aus welcher (inländischen) Betriebsstätte der Gewinn herrührt.[138]

3834 Anders ist dies beim (praktisch uE äußerst seltenen) Fall eines ausländischen Organträgers, der über mehrere Teilbeteiligungen verfügt, die inländischen Betriebsstätten zuzurechnen sind, von denen indes keine die Mehrheit der Stimmrechte ausmacht.[139] Hielte man eine Zusammenrechnung von mehreren Beteiligungen des Organträgers an der Organgesellschaft, die in unterschiedlichen Betriebsstätten gehalten werden, für möglich, stellt sich die Frage, wie das Organgesellschaftseinkommen den Betriebsstätten des Organträgers nach Satz 6 zuzurechnen ist.[140] Diesbezüglich werden unionsrechtliche Bedenken geltend gemacht, da ein ausländischer Organträger mit mehreren inländischen Betriebsstätten, denen die Beteiligungen an der Organgesellschaft jeweils nur teilweise zuzuordnen sind, im Verhältnis zu einem inländischen Organträger, dem schlicht (dh nicht über eine

[129] Brandis/Heuermann/Rode KStG § 14 Rn. 71; Gosch KStG/Neumann, § 14 Rn. 120a.

[130] DPM/Dötsch/Pung KStG § 14 Rn. 214 f., 217; Dötsch/Pung DB 2014, 1215 (1217).

[131] Wiese/Lukas GmbHR 2016, 803 (805); Prinz/Witt Steuerliche Organschaft/Schade/Wagner Rn. 27.77; aA Schirmer GmbHR 2013, 797 (799); Schulze zur Wiesche DStZ 2013, 621 (627).

[132] Im BMF-Schreiben vom 10.11.2005 (BStBl. I 2005, 1038 Rn. 18) schweigt die Finanzverwaltung hierzu zwar, setzt aber eine originär gewerbliche Tätigkeit durch Ausübung von geschäftsleitendem Einfluss auf die Beteiligungsgesellschaften im sog. PE-Erlass (BMF-Schreiben vom 16.12.2003, BStBl. I 2004, 40) voraus und stellt im BMF-Schreiben zu § 50d Abs. 3 EStG (24.1.2012, BStBl. I 2012, 171 Tz. 5.2) die genannten Kriterien auf.

[133] RHN/Rödder/Liekenbrock KStG § 14 Rn. 297.

[134] Prinz/Witt Steuerliche Organschaft/Schade/Wagner Rn. 27.79.

[135] Prinz/Witt Steuerliche Organschaft/Schade/Wagner Rn. 27.78.

[136] Wiese/Lukas GmbHR 2016, 803 (805); Prinz/Witt Steuerliche Organschaft/Schade/Wagner Rn. 27.79.

[137] HHR/Kolbe KStG § 14 Rn. 186, 189.

[138] HHR/Kolbe KStG § 14 Rn. 189.

[139] HHR/Kolbe KStG § 14 Rn. 189.

[140] Bott/Walter/Walter KStG § 14 Rn. 125; aA Frotscher/Drüen/Frotscher KStG § 14 Rn. 141j, 141u; BeckOK KStG/Ebber § 14 Rn. 638.

Betriebsstätte) das Einkommen der Organgesellschaft zugerechnet werde, diskriminiert werde.[141]

**d) Ununterbrochen während gesamter Geltungsdauer der Organschaft.** Die Beteiligung an der Organgesellschaft muss ununterbrochen während der gesamten Dauer der Organschaft einer inländischen Betriebsstätte des Organträgers zuzuordnen sein. **3835**

Die Voraussetzung bezieht sich auf die „Beteiligung iSd Nummer 1" und verweist damit auf die Voraussetzung der finanziellen Eingliederung. Dies bedeutet, dass auch der Inlandsbezug des Organträgers von Beginn des Wirtschaftsjahres der Organgesellschaft an vorliegen muss.[142] Teilweise wird darüber hinaus vorausgesetzt, dass die Zuordnung für mindestens fünf Jahre bestehen muss.[143] Dies hätte zur Folge, dass die Organschaft insgesamt nicht anzuerkennen wäre, wenn die Zuordnung etwa nur in einem von fünf Jahren fehlt. Dies würde bedeuten, dass, wenn die Zuordnung etwa im ersten Jahr des GAV nicht gegeben wäre, aber in den vier Jahren danach, auch insoweit die Organschaft zu versagen wäre. Dies lässt sich uE dem Gesetz jedoch nicht entnehmen. Im Gegensatz zu § 14 Abs. 1 S. 1 Nr. 3 S. 1 KStG regeln weder § 14 Abs. 1 S. 1 Nr. 2 S. 4 KStG noch § 14 Abs. 1 S. 1 Nr. 1 KStG eine Mindestzeitspanne von fünf Jahren, weshalb uE eine solche hinsichtlich des Inlandsbezugs des Organträgers nicht zu verlangen ist.[144]

Es kommt zu einer schädlichen Unterbrechung der Organschaft, wenn die inländische **3836**
Betriebsstättenzuordnung nicht mehr gegeben ist. Unschädlich sind Zuordnungswechsel zwischen einer unmittelbaren und einer mittelbaren Beteiligung an der Organgesellschaft (und umgekehrt)[145] sowie zwischen zwei inländischen Betriebsstätten des Organträgers, wenn das deutsche Besteuerungsrecht nicht beeinträchtigt wird.[146] Letzteres wird zB relevant bei einer Verschmelzung eines inländischen Organträgers auf eine ausländische Gesellschaft als aufnehmender Rechtsträger sowie bei einer Verlegung der Geschäftsleitung des Organträgers ins Ausland. War die Beteiligung an der Organgesellschaft bisher der inländischen Geschäftsleitungsbetriebsstätte des Organträgers zuzuordnen, würde die Organschaft enden, wenn die Beteiligung in Folge der Verschmelzung/Sitzverlegung der ausländischen Geschäftsleitungsbetriebsstätte des Organträgers zuzuordnen wäre. Sie muss mithin vor dem steuerlichen Übertragungsstichtag bzw. vor Wegzug des Organträgers einer anderen inländischen Betriebsstätte des Organträgers zugeordnet werden.[147] Unschädlich dürfte auch der Austausch der Beteiligung am vermittelnden Rechtsträger sein, auch wenn der Organträger an der neuen vermittelnden Gesellschaft nicht bereits seit Beginn des Organschaftsverhältnisses beteiligt war bzw. die Beteiligung nicht einer Inlandsbetriebsstätte zuzuordnen war.[148]

Im Fall einer schädlichen Unterbrechung der Zuordnung kommt es uE nur für das **3837**
jeweilige Wirtschaftsjahr zu einer Nichtanerkennung der Organschaft („Organschaftspau-

[141] HHR/Kolbe KStG § 14 Rn. 186; aA Frotscher/Drüen/Frotscher KStG § 14 Rn. 141j.
[142] Brandis/Heuermann/Rode KStG § 14 Rn. 74; Gosch KStG/Neumann § 14 Rn. 121; DPM/Dötsch/Pung KStG § 14 Rn. 188; RHN/Rödder/Liekenbrock KStG § 14 Rn. 265; Frotscher/Drüen/Frotscher KStG § 14 Rn. 141k; Bott/Walter/Walter KStG § 14 Rn. 126; HHR/Kolbe KStG § 14 Rn. 190; Jesse FR 2013, 629 (635).
[143] OFD Karlsruhe 16.1.2014 – S 2770/52/2 – St 221, BeckVerw 281800; Schwenke ISR 2013, 41 (46).
[144] So auch Brandis/Heuermann/Rode KStG § 14 Rn. 74; Gosch KStG/Neumann KStG § 14 Rn. 121; DPM/Dötsch/Pung KStG § 14 Rn. 188 f.; Prinz/Witt Steuerliche Organschaft/Schade/Wagner Rn. 27.80; RHN/Rödder/Liekenbrock KStG § 14 Rn. 266; Frotscher/Drüen/Frotscher KStG § 14 Rn. 141k; Weigert/Strohm DK 2013, 249 (268); Jesse FR 2013, 629 (635).
[145] Brandis/Heuermann/Rode KStG § 14 Rn. 74; Gosch KStG/Neumann § 14 Rn. 121; RHN/Rödder/Liekenbrock KStG § 14 Rn. 265; Frotscher/Drüen/Frotscher KStG § 14 Rn. 141l; Bott/Walter/Walter KStG § 14 Rn. 126.
[146] Brandis/Heuermann/Rode KStG § 14 Rn. 74; Gosch KStG/Neumann KStG § 14 Rn. 121; DPM/Dötsch/Pung KStG § 14 Rn. 198; RHN/Rödder/Liekenbrock KStG § 14 Rn. 245, 265; Frotscher/Drüen/Frotscher KStG § 14 Rn. 141j1, 141l; Bott/Walter/Walter KStG § 14 Rn. 126; aA HHR/Kolbe KStG § 14 Rn. 190.
[147] Zutreffend: Frotscher/Drüen/Frotscher KStG § 14 Rn. 141l.
[148] RHN/Rödder/Liekenbrock KStG § 14 Rn. 265; Frotscher/Drüen/Frotscher KStG § 14 Rn. 141k.

se").[149] Auch nach Auffassung des BFH gilt die Fünf-Jahres-Frist ausschließlich für die Vertragslaufzeit und Durchführung des GAV, nicht hingegen für andere Voraussetzungen der Organschaft.[150]

**3838** Bei Umwandlungen, an denen der Organträger oder die Organgesellschaft beteiligt ist, muss das Merkmal der Zuordnung der Beteiligung zu einer inländischen Betriebsstätte des Organträgers stets gegeben sein.[151] Problematisch kann in Umwandlungsfällen sein, ob das Merkmal der Zugehörigkeit der Organbeteiligung zu einer inländischen Betriebsstätte des Organträgers für steuerliche Zwecke auf den steuerlichen Übertragungsstichtag rückbezogen werden kann (zur Organschaft und Umwandlungen → § 15).[152]

**3839** **e) Anwendungsfälle der unmittelbaren Organschaft.** Es können verschiedene Anwendungsfälle der unmittelbaren Organschaft unterschieden werden:[153] (1) reine Inlandssachverhalte (→ Rn. 3840 f.), (2) unbeschränkt steuerpflichtiger Organträger bzw. Organträger-Personengesellschaft mit unbeschränkt steuerpflichtigen Mitunternehmern mit Betriebsstätte im DBA-Ausland (→ Rn. 3842), (3) unbeschränkt steuerpflichtiger Organträger bzw. Organträger-Personengesellschaft mit unbeschränkt steuerpflichtigen Mitunternehmern mit Betriebsstätte im Nicht-DBA-Ausland (→ Rn. 3843), (4) beschränkt steuerpflichtiger Organträger bzw. Organträger-Personengesellschaft mit beschränkt steuerpflichtigen Mitunternehmern mit Betriebsstätten im Inland und DBA-Ausland (→ Rn. 3844 ff.); (5) beschränkt steuerpflichtiger Organträger bzw. Organträger-Personengesellschaft mit beschränkt steuerpflichtigen Mitunternehmern mit Betriebsstätten im Inland und Nicht-DBA-Ausland (→ Rn. 3849).

**3840** **aa) Reine Inlandssachverhalte.** Bei rein inländischen Sachverhalten, zB wenn der Organträger eine Kapitalgesellschaft mit Sitz und Ort der Geschäftsleitung in Deutschland ohne ausländische Betriebsstätte ist, muss die Beteiligung an der Organgesellschaft uE nicht funktional der Betriebsstätte des Organträgers zuzuordnen sein. Unerheblich ist uE deshalb in reinen Inlandsfällen, dass die unbeschränkt steuerpflichtige Organträger-Kapitalgesellschaft keine originär gewerbliche Tätigkeit ausübt und deshalb kein funktionaler Zusammenhang zwischen der Tätigkeit der Organträger-Kapitalgesellschaft und der Organgesellschaft besteht.[154] Auch eine Organträger-Kapitalgesellschaft, die die Organbeteiligung nur vermögensverwaltend hält und nicht über eine feste Geschäftseinrichtung verfügt, hat eine Geschäftsleitungsbetriebsstätte iSd § 12 S. 2 Nr. 1 AO.[155] Weiterhin ist nach der Rechtsprechung des BFH jedes Wirtschaftsgut einer Betriebsstätte zuzuordnen, dh es gibt kein betriebsstättenloses Vermögen, sodass die Beteiligung im Zweifelsfall der Geschäftsleitungsbetriebsstätte des Organträgers zuzuordnen ist.[156] Es bedarf in reinen Inlandsfällen auch keiner Sicherstellung des deutschen Besteuerungsrechts.[157]

**3841** Bei Einzelunternehmen bzw. Organträger-Personengesellschaften mit inländischen Gesellschaftern muss die Organbeteiligung lediglich dem Betriebs- bzw. Gesamthandsvermögen zugeordnet werden können, wenn weder der Einzelunternehmer bzw. die Per-

[149] So auch Brandis/Heuermann/Rode KStG § 14 Rn. 74; Gosch KStG/Neumann KStG § 14 Rn. 121; HHR/Kolbe KStG § 14 Rn. 190; aA OFD Karlsruhe 16.1.2014 – S 2770/52/2 – St 221, BeckVerw 281800.

[150] Vgl. BFH 10.5.2017 – I R 19/15, BStBl. II 2019, 81 = DStR 2017, 2112, Rn. 24.

[151] Gosch KStG/Neumann KStG § 14 Rn. 123a.

[152] DPM/Dötsch/Pung KStG § 14 Rn. 199 ff.; Gosch KStG/Neumann KStG § 14 Rn. 158c; RHN/Rödder/Liekenbrock KStG § 14 Rn. 299 ff.

[153] Vgl. DPM/Dötsch/Pung KStG § 14 Rn. 186; RHN/Rödder/Liekenbrock KStG § 14 Rn. 252 ff.

[154] AA Schirmer GmbHR 2013, 797; Schirmer FR 2013, 605 (607); Schulze zur Wiesche DStZ 2013, 621 (627).

[155] DPM/Dötsch/Pung KStG § 14 Rn. 184; RHN/Rödder/Liekenbrock KStG § 14 Rn. 248, 252; Jesse FR 2013, 629 (634); iErg auch Bott/Walter/Walter KStG § 14 Rn. 124; aA wohl Frotscher/Drüen/Frotscher KStG § 14 Rn. 141g; Gosch KStG/Neumann, § 14 Rn. 120a.

[156] Vgl. BFH 19.12.2007 – I R 19/06, BStBl. II 2010, 398 = DStRE 2008, 401; vgl. auch Prinz/Witt Steuerliche Organschaft/Schade/Wagner Rn. 27.34; Jesse FR 2013, 629 (634).

[157] Prinz/Witt Steuerliche Organschaft/Schade/Wagner Rn. 27.34.

sonengesellschaft noch die Mitunternehmer eine ausländische Betriebsstätte unterhalten.[158]

3842 **bb) Unbeschränkt steuerpflichtiger Organträger bzw. Organträger-Personengesellschaft mit unbeschränkt steuerpflichtigen Mitunternehmern mit Betriebsstätte im DBA-Ausland.** Zunächst soll der Anwendungsfall eines unbeschränkt steuerpflichtigen Organträgers bzw. einer Organträger-Personengesellschaft mit unbeschränkt steuerpflichtigen Mitunternehmern, der/die eine Betriebsstätte im DBA-Ausland unterhält, betrachtet werden.

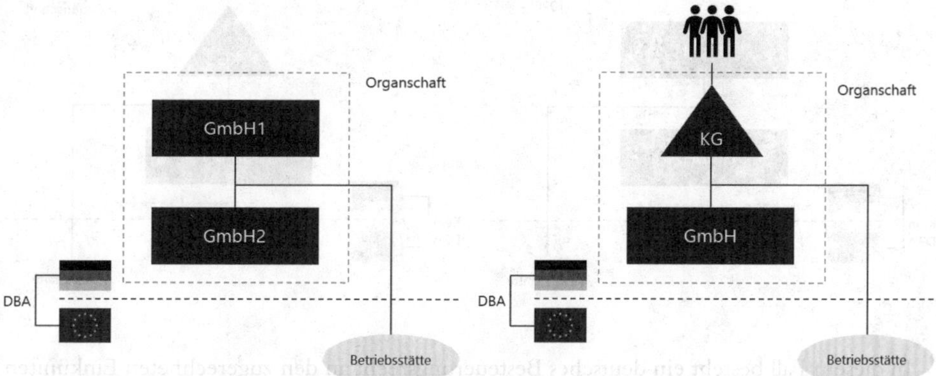


Nach Auffassung der Finanzverwaltung sind Wirtschaftsgüter Betriebsvermögen einer in einem anderen DBA-Staat belegenen Betriebsstätte, wenn sie dieser Betriebsstätte nach § 1 Abs. 5 AStG zuzuordnen sind,[159] wobei die Grundsätze des § 1 Abs. 5 AStG in Grundzügen mit der Rechtsprechung zum funktionalen Zusammenhang übereinstimmen sollen.[160] Daraus lässt sich ableiten, dass die Beteiligung an der Organgesellschaft eines unbeschränkt steuerpflichtigen Organträgers bzw. einer Organträger-Personengesellschaft mit unbeschränkt steuerpflichtigen Mitunternehmern grundsätzlich dem Inland zuzuordnen ist, wenn es an einer tatsächlich-funktionalen Zuordnung der Beteiligung zu einer DBA-Betriebsstätte fehlt.[161]

Nach Auffassung der Literatur sind an die abkommensrechtliche Zuordnung der Beteiligung an der Organgesellschaft zum Inland ebenfalls keine strengen Anforderungen zu stellen, wenn der Organträger unbeschränkt steuerpflichtig ist, weil nach den allermeisten DBA die Einkünfte aus der Fruchtziehung und Substanzverwertung von Kapitalgesellschaftsbeteiligungen grds. dem Ansässigkeitsstaat zustehen (Art. 10 Abs. 1, 13 Abs. 1 OECD-MA). Die abkommensrechtliche Regelzurechnung rechtfertigt daher uE eine Regelvermutung dahingehend, dass im Falle eines im Inland ansässigen, unbeschränkt steuerpflichtigen Organträgers mit Betriebsstätten im Inland und im DBA-Ausland davon auszugehen ist, dass die aus der Beteiligung an der Organgesellschaft erzielten Einkünfte abkommensrechtlich einer inländischen Betriebsstätte des Organträgers zuzuordnen sind. Praktisch stellt es uE in diesem Fall die Ausnahme dar, dass die Organgesellschaft funktional einer ausländischen Betriebsstätte zuzuordnen ist.[162]

[158] RHN/Rödder/Liekenbrock KStG § 14 Rn. 253.
[159] BMF 26.9.2014, BStBl. I 2014, 1258, Rn. 4.1.1.1. iVm Rn. 2.2.4.1.
[160] BMF 26.9.2014, BStBl. I 2014, 1258, Rn. 4.1.1.1. iVm Rn. 2.2.4.1.
[161] Vgl. DPM/Dötsch/Pung KStG § 14 Rn. 186, Nr. 2.
[162] RHN/Rödder/Liekenbrock KStG § 14 Rn. 291; vgl. auch HHR/Kolbe KStG § 14 Rn. 189.

3843 **cc) Unbeschränkt steuerpflichtiger Organträger bzw. Organträger-Personengesellschaft mit unbeschränkt steuerpflichtigen Mitunternehmern mit Betriebsstätte im Nicht-DBA-Ausland.** Etwas anders gestaltet sich der Anwendungsfall eines unbeschränkt steuerpflichtigen Organträgers bzw. einer Organträger-Personengesellschaft mit unbeschränkt steuerpflichtigen Mitunternehmern, der/die eine Betriebsstätte im Nicht-DBA-Ausland unterhält.

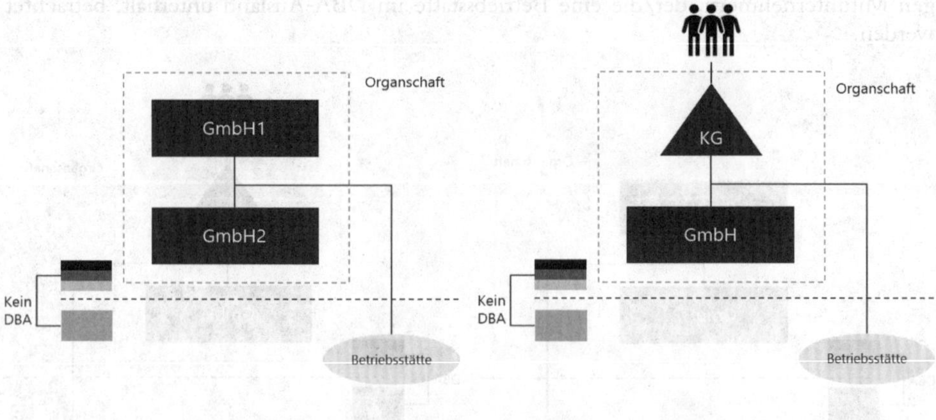


In diesem Fall besteht ein deutsches Besteuerungsrecht an den zugerechneten Einkünften der Organgesellschaft, auch wenn die Organgesellschafts-Beteiligung einer ausländischen Betriebsstätte des Organträgers zuzuordnen wäre. Für Zwecke des § 14 Abs. 1 S. 1 Nr. 2 S. 4 KStG ist uE davon auszugehen, dass die Organgesellschaftsbeteiligung einer inländischen Betriebsstätte des Organträgers zuzuordnen ist. Die Einkünfte unterliegen der deutschen Besteuerung, sodass der Schutzzweck erreicht ist.[163]

3844 **dd) Beschränkt steuerpflichtiger Organträger bzw. Organträger-Personengesellschaft mit beschränkt steuerpflichtigen Mitunternehmern mit Betriebsstätten im Inland und DBA-Ausland.** Sodann ist der Anwendungsfall eines beschränkt steuerpflichtigen Organträgers bzw. einer Organträger-Personengesellschaft mit beschränkt steuerpflichtigen Mitunternehmern, der/die eine Betriebsstätte im Inland und DBA-Ausland unterhält, zu betrachten.

163 DPM/Dötsch/Pung KStG § 14 Rn. 186, Nr. 3; aA RHN/Rödder/Liekenbrock KStG § 14 Rn. 259, Rn. 605, da der Wortlaut in § 14 Abs. 1 S. 1 Nr. 2 S. 4 KStG auf die Zuordnung der Organbeteiligung und nicht auf das deutsche Besteuerungsrecht abstelle.

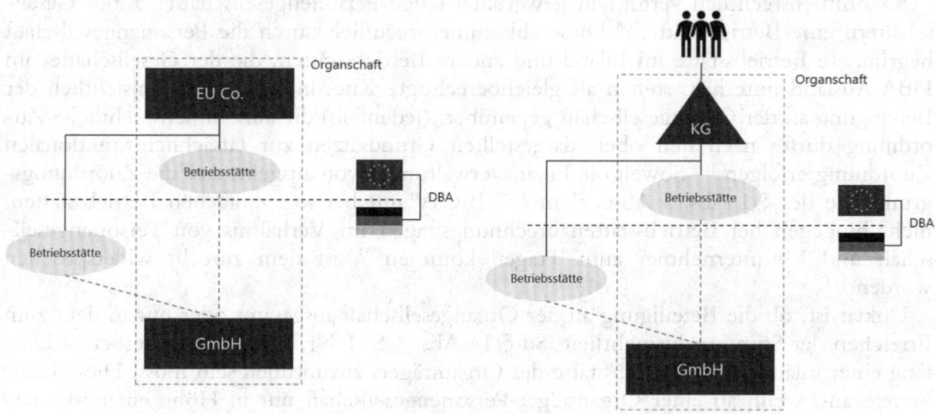


Aus praktischer Sicht stellt sich in diesen Fällen die Schwierigkeit, dass es regelmäßig nicht ausgeschlossen werden kann, dass die Organbeteiligung (auch) der ausländischen Betriebsstätte des Organträgers bzw. der Organträger-Personengesellschaft funktional zugeordnet werden kann.[164] Besteht keine eindeutige funktionale Zuordnung zu der inländischen Betriebsstätte, darf der Ansässigkeitsstaat des Organträgers bzw. der Mitunternehmer der Organträger-Personengesellschaft das Besteuerungsrecht an der Organbeteiligung ausüben.[165]

Problematischer gestaltet sich der Fall, dass an einer inländischen Organträger-Personen- **3845**
gesellschaft mit ausschließlich inländischen Betriebsstätten ausländische Mitunternehmer aus einem DBA-Staat beteiligt sind.

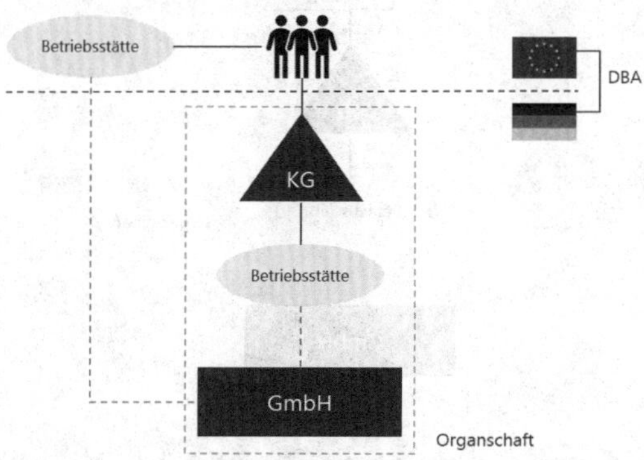


Nach innerstaatlichem Recht soll nach Auffassung der Finanzverwaltung bei einer Organträger-Personengesellschaft mit ausländischen Gesellschaftern das zivilrechtliche Gesamthandseigentum eine Zuordnung zur inländischen Betriebsstätte indizieren.[166] Hingegen geht der BFH betreffend eine inländische KG mit Drittstaatengesellschaftern davon aus, dass die allgemeinen Betriebsstättenzuordnungsgrundsätze gelten würden.[167]

164 RHN/Rödder/Liekenbrock KStG § 14 Rn. 263 f.; vgl. auch HHR/Kolbe KStG § 14 Rn. 189; Jesse FR 2013, 929 (934).
165 DPM/Dötsch/Pung KStG § 14 Rn. 186 Nr. 5; RHN/Rödder/Liekenbrock KStG § 14 Rn. 264, 292.
166 OFD Karlsruhe 16.1.2014 – S 2770/52/2 – St 221, BeckVerw 281800; Bott/Walter/Walter KStG § 14 Rn. 124; Prinz/Witt Steuerliche Organschaft/Schade/Wagner Rn. 27.68.
167 BFH 29.11.2017 – I R 58/15, BFH/NV 2018, 684 = DStR 2018, 657 Rn. 27; BFH 24.11.2021 – I B 44/21 (AdV), BStBl. II 2022, 431 = IStR 2022, 284.

3846 Abkommensrechtlich vermitteln gewerblich tätige Personengesellschaften ihren Gesellschaftern eine Betriebsstätte.[168] Diese abkommensrechtlich durch die Personengesellschaft begründete Betriebsstätte im Inland und andere Betriebsstätten, die der Gesellschafter im DBA-Ausland unterhält, stehen als gleichberechtigte Zuordnungsobjekte hinsichtlich der Beteiligung an der Organgesellschaft gegenüber. (Jedenfalls) die abkommensrechtliche Zuordnung dürfte nach den oben dargestellten Grundsätzen zur tatsächlich-funktionalen Zuordnung erfolgen.[169] Soweit die Finanzverwaltung davon ausgeht, dass die Zuordnungsgrundsätze des § 1 Abs. 5 AStG iVm § 7 BsGaV nur bei sog. einfachen Betriebsstätten, nicht hingegen bei Betriebsstättenzurechnungsfragen im Verhältnis von Personengesellschaft und Mitunternehmer zum Tragen kommen[170], ist dem zurecht widersprochen worden.[171]

3847 Unklar ist, ob die Beteiligung an der Organgesellschaft insgesamt oder nur in dem zum Erreichen der Stimmrechtsmehrheit iSd § 14 Abs. 1 S. 1 Nr. 1 KStG erforderlichen Umfang einer inländischen Betriebsstätte des Organträgers zuzuordnen sein muss. Diese Frage ist relevant, wenn an einer Organträger-Personengesellschaft nur in Höhe einer Minderheitsbeteiligung ausländische Gesellschafter mit ausländischen Betriebsstätten beteiligt sind. Soweit kein funktionaler Zusammenhang zwischen der Organgesellschafts-Beteiligung und der inländischen Mitunternehmer-Betriebsstätte des ausländischen Gesellschafters besteht, ist in DBA-Fällen eine Zuordnung der Beteiligung zur anteiligen Mitunternehmer-Betriebsstätte des ausländischen Gesellschaftersnicht möglich.

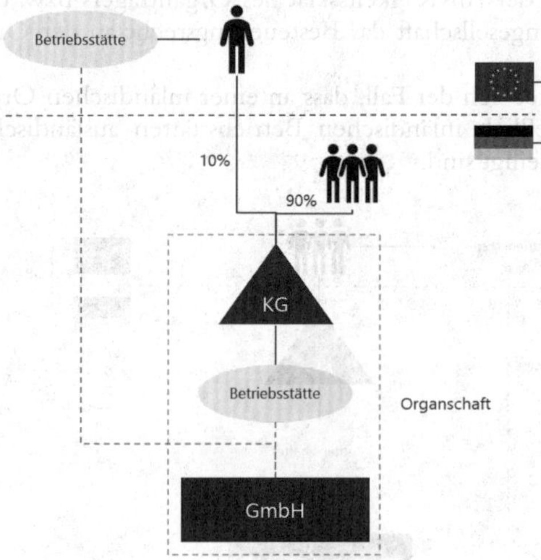


In der Literatur wird – uE zutreffend – für ausreichend erachtet, dass die Beteiligung an der Organgesellschaft nur in dem zum Erreichen der Stimmrechtsmehrheit erforderlichen Umfang einer inländischen Betriebsstätte zugeordnet werden kann. Die Organschaft ist anzuerkennen und das Organeinkommen vollumfänglich der Organträger-Personengesellschaft zuzurechnen. Es unterliegt, weil es sich DBA-rechtlich um Unternehmensgewinne des Organträgers handelt, der deutschen Besteuerung. Unerheblich ist insofern, dass bezogen auf die Beteiligung des ausländischen Gesellschafters für einen Beteiligungsveräuße-

[168] BFH 16.10.2002 – I R 17/01, BStBl. II 2003, 631 = IStR 2003, 172; BFH 14.8.2011 – I R 46/10, BFH/NV 2011, 2165 = DStR 2011, 2085 Rn. 15; BMF 26.9.2014, BStBl. I 2014, 1258, Rn. 2.2.3.
[169] Prinz/Witt Steuerliche Organschaft/Schade/Wagner Rn. 27.69; RHN/Rödder/Liekenbrock KStG § 14 Rn. 262, 293; Dötsch/Pung DB 2014, 1215 (1216).
[170] BMF 22.12.2016, BStBl. I 2017, 182, Rn. 13.
[171] Wacker BB 2018, 2519 (2527); vgl. auch Mroz/Wellmann FR 2018, 740 (744).

rungsgewinn Deutschland kein Besteuerungsrecht ausüben darf. Das dem ausländischen Mitunternehmer zugerechnete Organeinkommen unterliegt wegen der Gewerblichkeit der Einkünfte der deutschen Besteuerung, sodass § 14 Abs. 1 S. 1 Nr. 2 S. 7 KStG erfüllt ist.[172]

Kein Zuordnungsproblem dürfte bestehen, wenn neben der inländischen Personengesellschafts-Betriebsstätte keine weitere Betriebsstätte im Ausland besteht, etwa weil die im Ausland ansässigen Mitunternehmer nicht gewerblich tätig sind.[173] Es empfiehlt sich deshalb für ausländische Investoren, die Beteiligung an der Organträger-Personengesellschaft über eine Gesellschaft zu halten, die im Ausland ihren Sitz und Ort der Geschäftsleitung hat, dort aber keine weiteren Geschäftsaktivitäten entfaltet.[174] 3848

**ee) Beschränkt steuerpflichtiger Organträger bzw. Organträger-Personengesellschaft mit beschränkt steuerpflichtigen Mitunternehmern mit Betriebsstätten im Inland und Nicht-DBA-Ausland.** Wiederum zu unterscheiden ist der Anwendungsfall eines beschränkt steuerpflichtigen Organträgers bzw. einer Organträger-Personengesellschaft mit beschränkt steuerpflichtigen Mitunternehmern, der/die eine Betriebsstätte im Inland und Nicht-DBA-Ausland unterhält. 3849

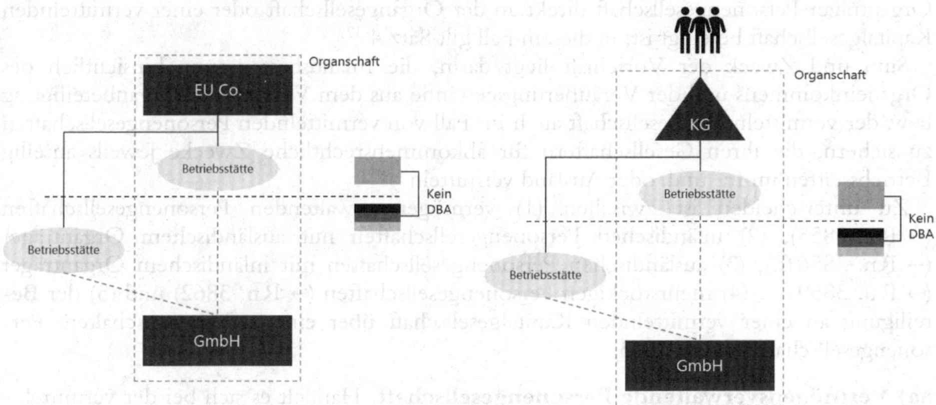


In Nicht-DBA-Fällen muss ein beschränkt steuerpflichtiger Organträger bzw. eine Organträger-Personengesellschaft mit beschränkt steuerpflichtigen Mitunternehmern, der/die über Betriebsstätten im In- und Ausland verfügt, die Beteiligung an der Organgesellschaft einer inländischen Betriebsstätte nach inländischem Recht (dh nach dem sog. Veranlassungszusammenhang bzw. der Zuordnung nach Maßgabe der tatsächlich-funktionalen Betrachtungsweise bzw. unter Heranziehung des § 1 Abs. 5 AStG iVm § 7 BsGAV) zuordnen können.[175]

**f) Zuordnung der Beteiligung an der Organgesellschaft zur inländischen Betriebsstätte des Organträgers bei mittelbarer Organschaft (§ 14 Abs. 1 S. 1 Nr. 2 S. 4 Alt. 2 KStG).** Ist der Organträger mittelbar über eine weitere Kapitalgesellschaft an der Organgesellschaft beteiligt, muss nur die Beteiligung an der vermittelnden Gesellschaft der inländischen Betriebsstätte des Organträgers zuzuordnen sein. Diese Zuordnungsvoraussetzung gilt nur für die dem Organträger unmittelbar nachgeordnete Gesellschaft, dh die 3850

[172] DPM/Dötsch/Pung KStG § 14 Rn. 183; vgl. auch Bott/Walter/Walter KStG § 14 Rn. 125, 128; aA Frotscher/Drüen/Frotscher KStG § 14 Rn. 142d1.
[173] Vgl. BFH 12.6.2013 – I R 47/12, BStBl. II 2014, 770 = DStR 2013, 2320; vgl. Prinz/Witt Steuerliche Organschaft/Schade/Wagner Rn. 27.72; RHN/Rödder/Liekenbrock KStG § 14 Rn. 262, 293; Mroz/Wellmann FR 2018, 740 (745).
[174] Bott/Walter/Walter KStG § 14 Rn. 128 (kritisch hins. der Unionsrechtmäßigkeit).
[175] DPM/Dötsch/Pung KStG § 14 Rn. 180, 185, 186.

vermittelnde Gesellschaft. Es ist jedoch nicht erforderlich, dass die darauffolgende Beteiligung an der Organgesellschaft einer inländischen Betriebsstätte der vermittelnden Gesellschaft zuzuordnen ist.[176] Es kommt nicht darauf an, ob es sich um eine inländische oder ausländische Zwischengesellschaft handelt, dh ob die Zwischengesellschaft im Inland ihren Sitz und/oder ihre Geschäftsleitung hat oder ob sie im Inland steuerpflichtig ist.[177]

**3851** Bei Kettenorganschaften ist hingegen auf jeder einzelnen Organträger-Ebene vorauszusetzen, dass eine Zuordnung der Beteiligung an der Organgesellschaft zu einer Inlandsbetriebsstätte des jeweiligen Organträgers möglich ist.[178] Für Personengesellschaften als vermittelnde Gesellschaft gilt § 14 Abs. 1 S. 1 Nr. 5 KStG (→ Rn. 3852 ff.).

**3852** **g) Zuordnung der Beteiligung an der Organgesellschaft zur inländischen Betriebsstätte des Organträgers bei mittelbarer Organschaft über Personengesellschaften (§ 14 Abs. 1 S. 1 Nr. 2 S. 5 KStG).** Die Regelungen zur Zuordnung der Beteiligung zu einer inländischen Betriebsstätte gelten sinngemäß, wenn die Beteiligung an der Organgesellschaft über eine oder mehrere Personengesellschaften gehalten wird (§ 14 Abs. 1 S. 1 Nr. 2 S. 5 KStG). Die Vorschrift bezieht sich nur auf Fälle der mittelbaren finanziellen Eingliederung über die Personengesellschaft, nicht aber auf Fälle, in dem eine Organträger-Personengesellschaft direkt an der Organgesellschaft oder einer vermittelnden Kapitalgesellschaft beteiligt ist; in diesem Fall gilt Satz 4.[179]

**3853** Sinn und Zweck der Vorschrift liegt darin, die Inlandsbesteuerung hinsichtlich des Organeinkommens und der Veräußerungsgewinne aus dem Verkauf der Organbeteiligung bzw. der vermittelnden Gesellschaft auch im Fall von vermittelnden Personengesellschaften zu sichern, die ihren Gesellschaftern für abkommensrechtliche Zwecke jeweils anteilig Betriebsstätten im In- und/oder Ausland vermitteln.[180]

**3854** Zu unterscheiden ist zwischen (1) vermögensverwaltenden Personengesellschaften (→ Rn. 3855), (2) inländischen Personengesellschaften mit ausländischem Organträger (→ Rn. 3856 ff.), (3) ausländischen Personengesellschaften mit inländischem Organträger (→ Rn. 3859 ff.), (4) mehrstöckigen Personengesellschaften (→ Rn. 3862) und (5) der Beteiligung an einer vermittelnden Kapitalgesellschaft über eine zwischengeschaltete Personengesellschaft (→ Rn. 3863).

**3855** **aa) Vermögensverwaltende Personengesellschaft.** Handelt es sich bei der vermittelnden Personengesellschaft um eine vermögensverwaltende Personengesellschaft, vermittelt sie dem Organträger-Gesellschafter keine Betriebsstätte. Im Wege der Bruchteilsbetrachtung muss die Beteiligung an der Organgesellschaft nach Satz 4 Alt. 1 bzw. an der vermittelnden Gesellschaft nach Satz 4 Alt. 2 unmittelbar einer inländischen Betriebsstätte des Organträgers zugeordnet werden können.[181]

**3856** **bb) Inländische Personengesellschaft mit ausländischem Organträger.** Anders zu beurteilen ist der Fall, in dem ein ausländischer Organträger über eine nicht-vermögensverwaltende inländische Personengesellschaft an der Organgesellschaft beteiligt ist. In diesem Fall gilt § 14 Abs. 1 S. 1 Nr. 2 S. 4 KStG sinngemäß (§ 14 Abs. 1 S. 1 Nr. 2 S. 5 KStG).

[176] Gosch KStG/Neumann KStG § 14 Rn. 122; DPM/Dötsch/Pung KStG § 14 Rn. 192; RHN/Rödder/Liekenbrock KStG § 14 Rn. 249; Dötsch/Pung DB 2013, 305 (307); Frotscher/Drüen/Frotscher KStG § 14 Rn. 141o; Bott/Walter/Walter KStG § 14 Rn. 122; HHR/Kolbe KStG § 14 Rn. 191; aA Schirmer FR 2013, 605 (607).

[177] Gosch KStG/Neumann KStG § 14 Rn. 122; DPM/Dötsch/Pung KStG § 14 Rn. 191; RHN/Rödder/Liekenbrock KStG § 14 Rn. 269; Frotscher/Drüen/Frotscher KStG § 14 Rn. 141n; Bott/Walter/Walter KStG § 14 Rn. 122; Dötsch/Pung DB 2013, 305 (308).

[178] RHN/Rödder/Liekenbrock KStG § 14 Rn. 249.

[179] RHN/Rödder/Liekenbrock KStG § 14 Rn. 268.

[180] Vgl. RHN/Rödder/Liekenbrock KStG § 14 Rn. 270.

[181] Gosch KStG/Neumann § 14 Rn. 122a; DPM/Dötsch/Pung KStG § 14 Rn. 195; RHN/Rödder/Liekenbrock KStG § 14 Rn. 271; Frotscher/Drüen/Frotscher KStG § 14 Rn. 141r; aA Bott/Walter/Walter KStG § 14 Rn. 125; Weigert/Strohm DK 2013, 249 (268).

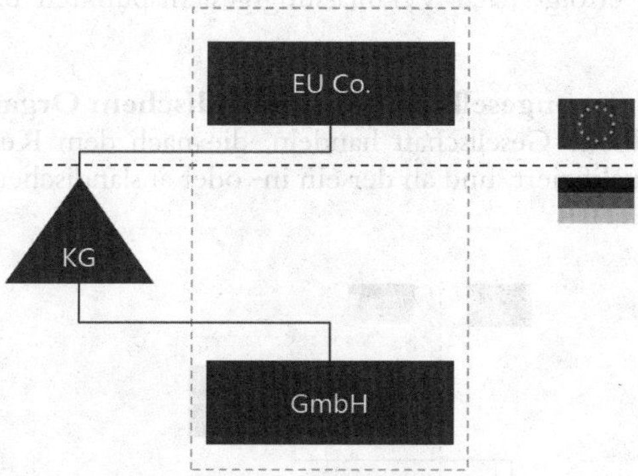


Umstritten ist, was unter einer „sinngemäßen" Geltung des Satzes 4 zu verstehen ist. Nach einer Ansicht muss die Beteiligung an der Organgesellschaft einer inländischen Betriebsstätte der Mitunternehmerschaft zuzuordnen sein und die Mitunternehmerschaft als anteilige Betriebsstätte des Organträger-Mitunternehmers qualifizieren.[182] Nur so werde eine inländische Verhaftung der Beteiligung an der Organgesellschaft und des zuzurechnenden Einkommens der Organgesellschaft sichergestellt.[183] Nach anderer Ansicht muss nur die vermittelnde Beteiligung an der Mitunternehmerschaft einer inländischen Betriebsstätte des Organträgers zuzuordnen sein.[184] **3857**

Verfolgt man die erste Ansicht und sind an der inländischen Personengesellschaft ausländische Gesellschafter aus einem DBA-Staat beteiligt, muss es sich um eine originär gewerblich tätige Mitunternehmerschaft handeln, da nur diese den ausländischen Mitunternehmern eine inländische Betriebsstätte nach inländischem Recht (§ 12 AO) und DBA-Recht (Art. 7 OECD-MA) vermitteln kann, der die Organgesellschafts-Beteiligung zugeordnet werden kann. Eine gewerblich geprägte Personengesellschaft vermittelt zwar gewerbliche Einkünfte (§ 15 Abs. 1 Nr. 2 iVm § 49 Abs. 1 Nr. 2 Buchst. a EStG) und eine Betriebsstätte nach inländischem Recht (§ 12 AO), jedoch nicht nach DBA-Recht (Art. 7 OECD-MA).[185] Entscheidend ist, dass eine solche gewerblich geprägte Personengesellschaft keine unternehmerische Tätigkeit im Abkommenssinne entfaltet und über keine Betriebsstätten verfügen kann. Die Frage nach der Zuordnung der Beteiligung an der Organgesellschaft stellt sich nicht. Unabhängig von der Erfassung im Gesamthandsvermögen der Personengesellschaft erfolgt ihre Zuordnung zu anderen Betriebsstätten der Mitunternehmer oder zu den Mitunternehmern selbst.[186]

Bei inländischen Personengesellschaften mit Gesellschaftern aus einem Nicht-DBA-Staat kann es sich hingegen auch um gewerblich geprägte Personengesellschaften handeln. Auch solche haben nach innerstaatlichem Recht eine Betriebsstätte iSv § 12 AO.[187] Die Zuord- **3858**

---

[182] DPM/Dötsch/Pung KStG § 14 Rn. 194 (anders in → Rn. 196); RHN/Rödder/Liekenbrock KStG § 14 Rn. 270; Jesse FR 2013, 629 (635); wohl auch Gosch KStG/Neumann KStG § 14 Rn. 122a; Bott/Walter/Walter KStG § 14 Rn. 123; Brandis/Heuermann/Rode KStG § 14 Rn. 73; Weigert/Strohm DK 2013, 249 (268); vgl. auch BT-Drs. 17/10774, 19.

[183] DPM/Dötsch/Pung KStG § 14 Rn. 194; RHN/Rödder/Liekenbrock KStG § 14 Rn. 270.

[184] Frotscher/Drüen/Frotscher KStG § 14 Rn. 141r; Prinz/Witt Steuerliche Organschaft/Schade/Wagner Rn. 27.84; HHR/Kolbe KStG § 14 Rn. 192.

[185] Vgl. BFH 29.11.2017 – I R 58/15, BFH/NV 2018, 684 = DStR 2018, 657 Rn. 20; BFH 25.5.2011 – I R 95/10, BStBl. II 2014, 760 = DStR 2011, 1553 Rn. 22; RHN/Rödder/Liekenbrock KStG § 14 Rn. 272; aA wohl DPM/Dötsch/Pung KStG § 14 Rn. 195, die bei inländischen Personengesellschaften annehmen, dass auch gewerblich geprägte Gesellschaften in Betracht kommen, ohne indes zwischen in- und ausländischen Gesellschaftern zu differenzieren.

[186] Mroz/Wellmann FR 2018, 740.

[187] BFH 29.11.2017 – I R 58/15, BFH/NV 2018, 684 = DStR 2018, 657 Rn. 20.

nung der Beteiligung erfolgt nach Veranlassungsgesichtspunkten bzw. § 1 Abs. 5 AStG iVm § 7 BsGaV.

3859 **cc) Ausländische Personengesellschaft mit inländischem Organträger.** Es kann sich auch um eine ausländische Gesellschaft handeln, die nach dem Rechtstypenvergleich als Personengesellschaft qualifiziert, und an der ein in- oder ausländischer Organträger beteiligt ist.[188]

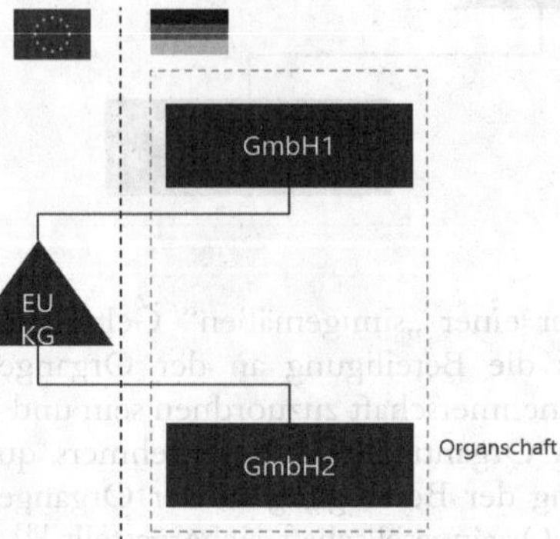


Handelt es sich bei der ausländischen Personengesellschaft um eine originär gewerblich tätige Personengesellschaft in einem DBA-Staat, kann diese dem Organträger eine in dem ausländischen Staat liegende Betriebsstätte sowohl nach innerstaatlichem Recht (§ 34d Nr. 2 Buchst. a) iVm § 15 Abs. 1 Nr. 1 EStG) als auch nach DBA-Recht (Art. 7 OECD-MA) vermitteln, die in Konkurrenz zu einer inländischen Betriebsstätte des Organträgers treten kann.[189]

3860 Etwas anderes gilt bei einer gewerblich geprägten Personengesellschaft in einem DBA-Staat. Sie vermittelt dem Organträger keine abkommensrechtliche Betriebsstätte in dem DBA-Staat, in dem die Personengesellschaft ansässig ist, der die Beteiligung an der Organgesellschaft zuzuordnen sein könnte (vorbehaltlich abkommensspezifischer Besonderheiten, die gewerblich geprägten Personengesellschaften eine Abkommensrelevanz beimessen).[190] Es kommt insoweit darauf an, ob die Organbeteiligung im Wege der Bruchteilsbetrachtung einer inländischen Betriebsstätte des Organträgers zugeordnet werden kann.[191] Diese Grundsätze gelten auch dann, wenn die Personengesellschaft im DBA-Ausland wie eine Kapitalgesellschaft besteuert wird.[192] Bei Prüfung eines DBA zwischen dem Sitz-/Quellenstaat der ausländischen Personengesellschaft und dem Ansässigkeitsstaat der inländischen Gesellschafter ist die steuerliche Würdigung des Anwenderstaats maßgeblich.[193]

3861 Handelt es sich um eine gewerblich geprägte Personengesellschaft in einem Nicht-DBA-Staat, kommt allenfalls eine Geschäftsleitungsbetriebsstätte im ausländischen Staat in Betracht, der die Beteiligung an der Organgesellschaft zugeordnet werden könnte,

[188] Vgl. RHN/Rödder/Liekenbrock KStG § 14 Rn. 269.
[189] RHN/Rödder/Liekenbrock KStG § 14 Rn. 272.
[190] BFH 28.4.2010 – I R 81/09, BStBl. II 2014, 754 = DStR 2010, 1220 Rn. 22; BFH 19.5.2010 – I B 191/09, BStBl. II 2011, 156 = DStR 2010, 1223 Rn. 15; BFH 24.8.2011 – I R 46/10, BStBl. II 2014, 764 = DStR 2011, 1085 Rn. 16; BMF 26.9.2014, BStBl. I 2014, 1258, Rn. 2.2.1; RHN/Rödder/Liekenbrock KStG § 14 Rn. 272; DPM/Dötsch/Pung KStG § 14 Rn. 195.
[191] DPM/Dötsch/Pung KStG § 14 Rn. 195.
[192] RHN/Rödder/Liekenbrock KStG § 14 Rn. 272; DPM/Dötsch/Pung KStG § 14 Rn. 195.
[193] Vgl. BFH 25.5.2011 – I R 95/10, BStBl. II 2014, 760 = DStR 2011, 1553 Rn. 16; BMF 26.9.2014, BStBl. I 2014, 1258, Rn. 4.1.4. RHN/Rödder/Liekenbrock KStG § 14 Rn. 273.

was indes bei rein vermögensverwaltenden, gewerblich geprägten Gesellschaften unwahrscheinlich ist.[194]

**dd) Mehrstöckige Personengesellschaft.** Wird die Beteiligung an der Organgesellschaft über eine mehrstöckige Personengesellschaft, dh über eine Tochterpersonengesellschaft von einer Enkelpersonengesellschaft, gehalten, muss die Beteiligung an der Organgesellschaft nach einer Auffassung einer inländischen Betriebsstätte der Enkelpersonengesellschaft zuzuordnen sein und die Enkelpersonengesellschaft dem Organträger eine inländische Betriebsstätte vermitteln.[195] Nach anderer Auffassung komme es bei mehreren hintereinander geschalteten Personengesellschaften auf die Zuordnung der Beteiligung an der obersten (Tochter-)Personengesellschaft zu einer inländischen Betriebsstätte des Organträgers an.[196] 3862

**ee) Beteiligung an vermittelnder Kapitalgesellschaft über zwischengeschaltete Personengesellschaft.** Nach der Gesetzesbegründung kann der Organträger auch über die zwischengeschaltete Personengesellschaft an einer vermittelnden Kapitalgesellschaft iSd § 14 Abs. 1 S. 1 Nr. 2 S. 4 KStG beteiligt sein.[197] Die Beteiligung an der vermittelnden Kapitalgesellschaft muss der zwischengeschalteten Personengesellschaft zuzuordnen sein, die wiederum als Betriebsstätte des Organträger-Mitunternehmers qualifiziert.[198] Nach anderer Auffassung komme es auf Zuordnung der Beteiligung an der Personengesellschaft zu einer inländischen Betriebsstätte des Organträgers an.[199] 3863

*(einstweilen frei)* 3864–3874

## 4. Grenzüberschreitender GAV § 14 Abs. 1 S. 1 Nr. 3 KStG

§ 14 Abs. 1 S. 1 Nr. 3 KStG setzt voraus, dass zwischen der Organgesellschaft und dem Organträger ein GAV iSd § 291 Abs. 1 AktG besteht, der auf mindestens fünf Jahre abgeschlossen wurde und während seiner Geltungsdauer der Organschaft durchgeführt wird. Für andere als die in § 14 Abs. 1 S. 1 KStG genannten Kapitalgesellschaften gilt § 14 Abs. 1 S. 1 Nr. 3 KStG entsprechend (§ 17 Abs. 1 S. 1 KStG). Weitere Voraussetzungen normiert § 17 Abs. 1 S. 2 KStG (zu der Voraussetzung des Abschlusses und der Durchführung des GAV → §§ 4, 5). 3875

Die Voraussetzung des Abschlusses eines GAV iSd § 291 AktG kann sich in Fällen der grenzüberschreitenden Organschaft, dh wenn die Organgesellschaft ihren statutarischen Sitz im EU-/EWR-Ausland hat und/oder der Organträger seinen statutarischen Sitz im Ausland hat, als problematisch erweisen. Es stellt sich die Frage, ob der Abschluss eines GAV iSd § 291 Abs. 1 AktG mit einer ausländischen Organgesellschaft und/oder einem ausländischen Organträger gesellschaftsrechtlich möglich (→ Rn. 3877 ff.) und/oder steuerrechtlich notwendig (→ Rn. 3881 ff.) ist. Weiterhin stellt sich die Frage, unter welchen Voraussetzungen eine hinreichende Durchführung des GAV in grenzüberschreitenden Fällen gegeben ist (→ Rn. 3887 ff.). 3876

**a) Gesellschaftsrecht.** Die zivilrechtliche Zulässigkeit des Abschlusses eines GAV richtet sich kollisionsrechtlich nach dem Gesellschaftsstatut der gewinnabführenden Gesellschaft.[200] 3877

194 RHN/Rödder/Liekenbrock KStG § 14 Rn. 272.
195 Gosch KStG/Neumann KStG § 14 Rn. 122a.
196 DPM/Dötsch/Pung KStG § 14 Rn. 196 (in Widerspruch zu Rn. 194); Frotscher/Drüen/Frotscher KStG § 14 Rn. 141t, 141u.
197 BT-Drs. 17/10774, 19.
198 Brandis/Heuermann/Rode KStG § 14 Rn. 73; Gosch KStG/Neumann KStG § 14 Rn. 122a; Dötsch/Pung DB 2013, 305 (308); Jesse FR 2013, 629 (635).
199 Frotscher/Drüen/Frotscher KStG § 14 Rn. 141t, 141u.
200 BFH 7.12.2011 – I R 30/08, BStBl. II 2012, 507 = IStR 2012, 262 Rn. 21; DPM/Dötsch/Pung KStG § 14 Rn. 341; MüKoBGB/Kindler Int. WirtschaftsR Teil 10 Rn. 703; Frotscher IStR 2011, 697 (701); Prinz/Witt Steuerliche Organschaft/Krüger/Epe Rn. 26.4.

Eine Rechtswahl scheidet bei einem GAV als körperschaftsrechtlichem Organisationsvertrag aus.[201]

3878 Hat die Organgesellschaft ihren Sitz und Ort der Geschäftsleitung im Inland richtet sich die Zulässigkeit des Abschlusses eines GAV nach deutschem Gesellschaftsrecht.[202] Danach kann ein GAV von einer inländischen Tochtergesellschaft mit einer ausländischen herrschenden Gesellschaft grds. abgeschlossen werden.[203] Unerheblich ist insoweit, wo die herrschende Gesellschaft ansässig ist.[204] Die Haupt- oder Gesellschafterversammlung der Tochtergesellschaft muss dem GAV zustimmen (§ 293 Abs. 1 AktG). Ob darüber hinaus auch ein Haupt- oder Gesellschafterversammlungsbeschluss der herrschenden Gesellschaft notwendig ist, richtet sich nach dem für diese geltenden Gesellschaftsrecht.[205] Der GAV wird wirksam, wenn er in das Handelsregister der Tochtergesellschaft eingetragen worden ist (§ 294 Abs. 2 AktG). Ob ein GAV auch in das Handelsregister oder anderes öffentliches Register der herrschenden Gesellschaft eingetragen werden kann, ist umstritten und wurde vom BGH kürzlich für den Fall eines rein inländischen GAV zwischen zwei GmbHs verneint.[206]

3879 Inhaltlich müssen die Gewinnabführung der Tochtergesellschaft nach § 301 AktG und bei Verlusterzielung die Verlustübernahme durch die herrschende Gesellschaft nach § 302 AktG vereinbart werden. Zudem müssen – sofern außenstehende Gesellschafter vorhanden sind – Ausgleichs- und Abfindungsregelungen nach §§ 304, 305 AktG getroffen werden. Umstritten ist, ob darüber hinaus explizit das deutsche Recht für anwendbar erklärt und die Zuständigkeit deutscher Gerichte für Streitigkeiten aus dem GAV vereinbart werden muss.[207]

3880 Hat die Organgesellschaft ihren Ort der Geschäftsleitung im Inland und Sitz im Ausland richtet sich die Zulässigkeit des Abschlusses eines GAV nach dem Gesellschaftsrecht der Rechtsordnung der Organgesellschaft.[208] Dies gilt jedenfalls für in der EU-/dem EWR gegründete Gesellschaften, für die die Gründungstheorie anerkannt wird (zur Sitz- und Gründungstheorie → Rn. 3769 ff.).[209] Viele Rechtsordnungen kennen allerdings keinen GAV oder lassen einen solchen nur in rein nationalen Sachverhalten zu.[210] Möglich ist deshalb oftmals nur ein inhaltlich dem GAV iSd § 291 AktG nachgebildeter schuldrechtlicher Vertrag.[211] Dem könnten allerdings ausländische Gläubigerschutzvorschriften oder andere gesellschaftsrechtliche Vorschriften entgegenstehen.[212] Zudem dürfte in einer Vielzahl von Ländern ein entsprechender schuldrechtlicher Vertrag nicht in das Handelsregister oder ein ähnliches öffentliches Register (für die Organgesellschaft) eingetragen werden können. Eine Eintragung in das deutsche Handelsregister (für die Organgesellschaft) schei-

---

201 MüKoBGB/Kindler Int. WirtschaftsR Teil 10 Rn. 703.

202 MüKoBGB/Kindler Int. WirtschaftsR Teil 10 Rn. 703, 714; Prinz/Witt Steuerliche Organschaft/Krüger/Epe Rn. 26.7.

203 Vgl. BFH 7.12.2011 – I R 30/08, BStBl. II 2012, 507 = IStR 2012, 262 Rn. 21; OLG Düsseldorf 30.10.2006 – I-26 W 14/06 AktE, BZA 2007, 707; MüKoAktG/Altmeppen Einl. §§ 291 ff. Rn. 64; MüKoBGB/Kindler Int. WirtschaftsR Teil 10 Rn. 705 ff.

204 DPM/Dötsch/Pung KStG § 14 Rn. 341.

205 Prinz/Witt Steuerliche Organschaft/Krüger/Epe Rn. 26.7, 26.9; MüKoBGB/Kindler Int. WirtschaftsR Teil 10 Rn. 714.

206 BGH 31.1.2023 – II ZB 10/22, BGHZ 236, 123 = NZG 2023, 508 Rn. 12 f.

207 Siehe zum Streit: MüKoAktG/Altmeppen, Einl. §§ 291 ff. Rn. 65 f.

208 Schaumburg Internationales Steuerrecht/von Freeden Rn. 7.17; DPM/Dötsch/Pung KStG § 14 Rn. 341; Prinz/Witt Steuerliche Organschaft/Krüger/Epe Rn. 26.18.

209 Vgl. Prinz/Witt Steuerliche Organschaft/Krüger/Epe Rn. 26.6.

210 Vgl. BFH 9.8.2023 – I R 26/19, BStBl. II 2024, 134 = IStR 2024, 111 Rn. 20; Schaumburg Internationales Steuerrecht/von Freeden Rn. 7.17; DPM/Dötsch/Pung KStG § 14 Rn. 315, 340; Prinz/Ludwig DB 2020, 1022 (1023), wonach nur Österreich, Portugal, Kroatien und Slowenien einen organisationsvertraglichen Gewinnabführungsvertrag in ihren Rechtsordnungen kennen.

211 Vgl. DPM/Dötsch/Pung KStG § 14 Rn. 340 ff.; Prinz/Witt Steuerliche Organschaft/Krüger/Epe Rn. 26.19.

212 Prinz/Witt Steuerliche Organschaft/Krüger/Epe Rn. 26.19; Schaumburg Internationales Steuerrecht/von Freeden Rn. 7.17.

det aus, da die Gesellschaft ihren Satzungssitz im Rahmen einer solchen grenzüberschreitenden Organschaft im Ausland hat.[213] Umstritten ist, ob für einen wirksamen (schuldrechtlichen) GAV ein Zustimmungsbeschluss der herrschenden (inländischen) Gesellschaft (§ 293 Abs. 2 AktG) und eine Eintragung in das Handelsregister der herrschenden Gesellschaft erforderlich sind.[214] Nach einer Auffassung gilt das ausländische Gesellschaftsrecht für beide Vertragsparteien, sodass die deutschen Regelungen auch für die herrschende Gesellschaft nicht gelten.[215] Nach anderer Auffassung ist § 293 Abs. 2 AktG anwendbar, auch wenn das ausländische Kollisionsrecht entsprechende Voraussetzungen nicht kennt.[216] Aus Vorsichtsgründen sollte ein Zustimmungsbeschluss der herrschenden Gesellschaft eingeholt werden[217] und uE zumindest versucht werden, eine Eintragung in das Handelsregister der herrschenden Gesellschaft zu erreichen.

**b) Steuerrecht.** Wie gezeigt ist aus gesellschaftsrechtlicher Perspektive vor allem der Abschluss eines GAV bei Organgesellschaften, die ihre Geschäftsleitung im Inland und ihren statutarischen Sitz im EU-/EWR-Staat haben, problematisch. **3881**

Die **Finanzverwaltung** will in einem solchen Fall einen grenzüberschreitenden GAV nach der Rundverfügung der OFD Frankfurt a. M.[218] nur dann anerkennen, wenn der Vertrag **3882**

- vollständig den Vorgaben des § 291 AktG entspricht und die Pflicht zur Verlustübernahme nach § 302 AktG enthält,
- nach ausländischem Recht zulässig ist (insbes. mit den dortigen Schutzvorschriften für Gläubiger und Minderheitsgesellschafter vereinbar ist),
- in eintragungspflichtiger Form vereinbart wird (wenn entweder die Regelungen nach ausländischem Recht in einem dem deutschen Handelsregister vergleichbaren öffentlichen Register eingetragen werden müssen oder in die Satzung der beherrschten Gesellschaft aufgenommen werden und nach dem ausländischen Recht eine Eintragungspflicht bezüglich der Satzungsänderung besteht) und,
- wenn der GAV nicht selbst in der Satzung verankert wird, dieser nach ausländischem Gesellschaftsrecht satzungsändernden Charakter hat. Eine bloße satzungsüberlagernde Wirkung soll danach nicht reichen; ebenso wenig die satzungsmäßige Möglichkeit zum Abschluss eines GAV.

In der Praxis sind diese hohen Anforderungen idR nur schwer zu erfüllen.[219] Dies gilt insbes. für das formelle Handelsregistererfordernis für die Eintragung des GAV. Selbst wenn Staaten einen GAV kennen sollten und ein vergleichbares öffentliches Register haben, würde die Organschaft oftmals bei Anlegung der Auffassung der Finanzverwaltung an der „Eintragungspflicht" und dem „satzungsändernden Charakter" des GAV scheitern.[220] **3883**

Es findet sich zwar **Rechtsprechung,** die sich mit der Frage beschäftigt, ob auf einen GAV in grenzüberschreitenden EU-/EWR-Fällen vollständig verzichtet oder er durch eine schuldrechtliche Verpflichtung (ggfs. nur zur Verlustübernahme) ersetzt werden kann.[221] **3884**

---

213 Schaumburg Internationales Steuerrecht/von Freeden Rn. 7.18.

214 Schaumburg Internationales Steuerrecht/von Freeden Rn. 7.17.

215 Bärwaldt/Schabacker AG 1998, 182 (187); vgl. Schaumburg Internationales Steuerrecht/von Freeden Rn. 7.17.

216 MüKoBGB/Kindler Int. WirtschaftsR Teil 10 Rn. 685.

217 Schaumburg Internationales Steuerrecht/von Freeden Rn. 7.17.

218 OFD Frankfurt a.M. 9.7.2020, DStR 2020, 2680, ersetzt durch OFD Frankfurt a.M. 12.11.2019, DStR 2019, 2701, ohne inhaltliche Änderungen vorzunehmen.

219 Habel/Müller IWB 2020, 772 (774); Prinz/Ludwig DB 2020, 1022 (1024).

220 Prinz/Ludwig DB 2020, 1022 (1024).

221 BFH 7.12.2011 – I R 30/08, BStBl. II 2012, 507 = IStR 2012, 262 Rn. 24 f.; BFH 9.8.2023 – I R 26/19, BStBl. II 2024, 134 = IStR 2024, 111 Rn. 18 ff.; FG Schleswig-Holstein 13.3.2019 – 1 K 218/15, EFG 2019, 1466 = DStRE 2019, 1177 Rn. 62 ff.; FG Niedersachsen 11.2.2010 – 6 K 406/08, EFG 2010, 815 = IStR 2010, 260; FG Rheinland-Pfalz 17.3.2010 – 1 K 2406/07, EFG 2010, 1632 = DStRE 2010, 802.

Bisher liegt indes keine abschließende Entscheidung des BFH oder gar des EuGH über diese Frage vor.

In der instanzengerichtlichen Rechtsprechung haben das FG Niedersachsen und das FG Rheinland-Pfalz bereits in zwei Urteilen aus dem Jahr 2010 und das FG Schleswig-Holstein in einem neueren Urteil aus dem Jahr 2019 Zweifel daran geäußert, dass die Voraussetzung eines GAV im Sinne eines satzungsändernden gesellschaftsrechtlichen Vertrags unionsrechtskonform ist. Der Gesetzgeber sei gehalten – so das FG Niedersachsen – steuerrechtliche Regelungen nur an solche zivilrechtlichen Tatbestandsmerkmale anzuknüpfen, die die Grundfreiheiten nicht übermäßig beschränken. Dies wäre aber beim Anknüpfen an einen formalen GAV der Fall, da der Abschluss eines solchen Vertrags über die Grenze nur im Verhältnis zu einer eingeschränkten Zahl ausländischer Kapitalgesellschaften möglich sei.[222] Für das FG Niedersachsen, das FG Rheinland-Pfalz und das FG Schleswig-Holstein bedeutete dies jedoch nicht, dass auf die Tatbestandsvoraussetzung gänzlich verzichtet werden kann. Sie sei vielmehr dahingehend unionsrechtskonform auszulegen, dass zumindest eine (schuld-)rechtliche Verpflichtung zur Verlustübernahme durch die Muttergesellschaft, die sich soweit wie möglich den gesetzlichen Vorgaben der §§ 14 ff. KStG annähert, unerlässliche Voraussetzung der Verlustverrechnung sei.[223] Da eine solche Verpflichtung in den Fällen nicht existierte, mussten die Finanzgerichte nicht abschließend entscheiden.

Auch der BFH hat die Frage des Erfordernisses eines GAV bzw. schuldrechtlichen „Quasi-GAV" bislang nicht abschließend entschieden, aber zumindest die Revision gegen das Urteil des FG Schleswig-Holstein nunmehr zum Anlass genommen, sie zumindest umfassend zu erörtern.[224] Anknüpfend an eine – in anderem Zusammenhang ergangene Entscheidung aus dem Jahr 2011[225] – bestätigt der BFH einerseits die Sichtweise, dass die Organschaft anders als die britische *group income election* kein steuerliches Wahlrecht sei, sondern mit einschneidenden Eingriffen in die Organisation der beteiligten Unternehmen, die sich über den Bereich des Steuerrechts hinaus auswirken, verbunden sei. Dies könne dafür sprechen, auch bei grenzüberschreitenden Situationen nur bei Vorliegen eines GAV eine Gleichbehandlung aus unionsrechtlichen Gründen zu verlangen.[226] Er erkennt andererseits aber auch an, dass durch die Anknüpfung an rein inländische Rechtsinstitute der Gesetzgeber es in der Hand habe, jede Vergleichbarkeit durch Schaffung und Inbezugnahme eines inländischen Rechtsinstituts auszuschließen.[227] Als Mindestanforderung bleibt nach Auffassung des BFH erforderlich, dass die Muttergesellschaft die angefallenen Verluste der Tochtergesellschaft tatsächlich getragen habe.[228] Da dies in dem entschiedenen Fall

[222] BFH 9.8.2023 – I R 26/19, BStBl. II 2024, 134 = IStR 2024, 111 Rn. 18 ff.; FG Schleswig-Holstein 13.3.2019 – 1 K 218/15, EFG 2019, 1466 = DStRE 2019, 1177 Rn. 73.

[223] FG Schleswig-Holstein 13.3.2019 – 1 K 218/15, EFG 2019, 1466 = DStRE 2019, 1177 Rn. 81, 84, 97; vgl. auch schon FG Niedersachsen 11.2.2010 – 6 K 406/08, EFG 2010, 815 = IStR 2010, 260; FG Rheinland-Pfalz 17.3.2010 – 1 K 2406/07, EFG 2010, 1632 = DStRE 2010, 802.

[224] BFH 9.8.2023 – I R 26/19, BStBl. II 2024, 134 = IStR 2024, 111.

[225] Die Entscheidung betraf die Frage, ob Zinszahlungen an eine EU-Muttergesellschaft durch eine deutsche Tochtergesellschaft der gewerbesteuerlichen Hinzurechnung unterliegen dürfen. Die Klägerin sah hierin u. a. eine Verletzung der Niederlassungsfreiheit, weil zwischen deutscher Mutter- und Tochtergesellschaft eine Organschaft möglich gewesen wäre, um die Hinzurechnung zu vermeiden. Der BFH sah keine solche Verletzung, weil die Organschaft eben nicht nur ein steuerliches Wahlrecht sei, sondern zwingende Voraussetzungen wie einen erheblich in die Zivilrechtlage einschneidenden GAV verlange. Die klagende deutsche Tochtergesellschaft habe aber noch nicht einmal versucht, diese Voraussetzungen einzuhalten.

[226] BFH 9.8.2023 – I R 26/19, BStBl. II 2024, 134 = IStR 2024, 111 Rn. 21.

[227] BFH 9.8.2023 – I R 26/19, BStBl. II 2024, 134 = IStR 2024, 111 Rn. 21.

[228] Es sei ausgeschlossen, dass Unternehmen eines grenzüberschreitenden Verbunds unter Berufung auf die unionsrechtlichen Grundfreiheiten nachträglich einzelne für sie vorteilhafte Elemente der Organschaftsbesteuerung für sich in Anspruch nehmen könnten, ohne dass sie im relevanten Zeitraum zumindest den Willen bekundet hätten, eine Organschaft bilden zu wollen, und ohne dass sie zumindest versucht hätten, die für die Anerkennung der Organschaft im Inlandsfall erforderlichen Voraussetzungen zu schaffen (BFH 9.8.2023, I R 26/19, BStBl. II 2024, 134 = IStR 2024, 111 Rn. 22 ff.).

nicht gegeben war, musste der BFH nicht abschließend entscheiden, ob darüber hinaus auch eine (schuld-)rechtliche Verpflichtung zur Verlustübernahme oder mehr für eine Gleichbehandlung erforderlich ist.[229]

Aus der Rechtsprechung kann daher zwar nicht sicher abgeleitet werden, dass die Gerichte bei Vorliegen eines wirksamen schuldrechtlichen Vertrags, der sich soweit wie möglich den gesetzlichen Vorgaben der §§ 14 ff. KStG annähert, eine umfassende grenzüberschreitende Organschaft mit einer laufenden Ergebnisverrechnung akzeptieren würden. UE spricht jedoch viel dafür.

In der **Literatur** wird das Erfordernis des Abschlusses eines GAV iSd § 291 AktG in grenzüberschreitenden Fällen unterschiedlich behandelt. Einige lehnen es in grenzüberschreitenden Fällen generell ab und halten die tatsächliche Gewinnabführung an bzw. die Verlustübernahme durch die Muttergesellschaft für die Anerkennung einer Organschaft für ausreichend.[230] Andere setzen die Einhaltung der strengen Vorgaben der §§ 291 ff. AktG voraus.[231] Vermittelnd wird überwiegend vertreten, dass der Abschluss eines schuldrechtlichen Äquivalents zu einem GAV iSd §§ 291 ff. AktG, insbes. mit Blick auf die Niederlassungsfreiheit, für die Anerkennung der Organschaft ausreichen müsse.[232] **3885**

Nach **unserer eigenen Auffassung** ist dem BFH darin zuzustimmen, dass die deutsche Organschaft nicht ein einfaches steuerliches Wahlrecht ist, sondern an die Einhaltung strenger Voraussetzungen gebunden ist, die über das Steuerrecht hinausgehen und einschneidend in die gesellschaftsrechtliche Organisation der beteiligten Unternehmen eingreifen. Dies gilt insbes. für das Einstehen für Verluste der Tochtergesellschaft. Es spricht daher viel dafür, dass im Grundsatz eine potenziell unionsrechtswidrige Ungleichbehandlung nur vorliegt, wenn die inländische Muttergesellschaft und die ausländische Tochtergesellschaft über die finanzielle Eingliederung hinaus auch durch einen GAV oder etwas schuldrechtlich inhaltlich Vergleichbares verbunden sind. Das Unionsrecht verlangt aber nicht nur eine formale Gleichbehandlung, sondern eine nationale Rechtsanwendung, die auch praktisch dem Unionsrecht zur Geltung verhilft (sog. Effektivitätsgrundsatz).[233] Das strenge Anknüpfen an rein deutsche Rechtsinstitute wie einen satzungsändernden, im Register einzutragenden GAV, die in anderen Rechtsordnungen vielfach nicht existieren, macht die unionsrechtlich gebotene Gleichbehandlung von in- und ausländischen Organgesellschaften praktisch unmöglich oder erschwert sie zumindest wesentlich. Die Verfügung der OFD Frankfurt a.M., die eine Organschaft zwischen nicht-deutschen EU-/EWR-Organgesellschaften und deutschen Muttergesellschaften vielfach unmöglich macht, könnte daher kaum evidenter gegen den Effektivitätsgrundsatz verstoßen. **3886**

Vor diesem Hintergrund muss es uE in grenzüberschreitenden Fällen ausreichen, wenn ein schuldrechtlicher Vertrag zwischen dem Organträger und der Organgesellschaft, die ihren Sitz im EU-/EWR-Ausland hat, abgeschlossen wird, der, so weit wie es nach dem jeweils anwendbaren Recht möglich ist, den gesetzlichen Vorgaben der §§ 291 ff. AktG angenähert ist. Soweit rechtlich möglich, müssen daher jedenfalls die Gewinnabführung an

---

[229] BFH 9.8.2023 – I R 26/19, BStBl. II 2024, 134 = IStR 2024, 111 Rn. 23, 25.

[230] von Brocke DStR 2010, 964 (967); Graw DB 2010, 2469 (2472); Schulz-Trieglaff IWB 2020, 712 (718); Maack/Kersten DStR 2019, 2281 (2289), die eine faktische Verlustübernahme „finaler" Verluste ausreichen lassen wollen; Glahe IStR 2012, 128; Schönfeld IStR 2012, 368 (370).

[231] Gosch KStG/Neumann KStG § 14 Rn. 189a, § 17 Rn. 8a; wohl auch DPM/Dötsch/Pung KStG § 14 Rn. 345 u. 1641 aE; Gosch IWB 2012, 694 (696 f.) mit Verweis darauf, dass es das ausländische Recht ist, das den Abschluss eines GAV verhindere und gerade nicht das deutsche Recht; differenzierend nach den Beteiligungsquoten und der Gesellschaftsform der ausländischen Tochterkapitalgesellschaft Heurung/Schmidt/Kollmann GmbHR 2016, 449 (454).

[232] Frotscher/Drüen/Frotscher KStG § 14 Rn. 327c ff.; Mitschke DStR 2010, 1368 (1371); Prinz/Ludwig DB 2020, 1022 (1025) (1028); RHN/Rödder/Liekenbrock KStG § 14 Rn. 89; HHR/von Freeden/Schumacher KStG § 17 Rn. 22; Brandis/Heuermann/Rode KStG § 14 Rn. 39a; Schaumburg Internationales Steuerrecht/von Freeden Rn. 7.17; Prinz/Witt Steuerliche Organschaft/Krüger/Epe Rn. 27.29; Prinz/Ludwig DB 2020, 1022 (1028); Kessler/Arnold IStR 2016, 226 (231).

[233] Vgl. EuGH 12.7.2012 – C 378/10, ABl. 2012 C 287, 3 = NJW 2012, 2715 Rn. 48 – VALE.

die Muttergesellschaft, die Verlusttragungspflicht der Muttergesellschaft[234] und eine fünfjährige Mindestdauer vereinbart werden.[235] Wenn nach dem Recht der ausländischen Organgesellschaft für die Wirksamkeit des Vertrags eine Eintragung in ein inländisches oder ausländisches Register erforderlich ist, muss diese Eintragung auch erfolgen.[236] Sollte eine solche Vereinbarung nach dem anwendbaren Recht überhaupt nicht möglich sein, wäre es uE erforderlich, würde aber auch ausreichen, dass – soweit rechtlich zulässig – Verlustübernahme und Gewinnabführung tatsächlich erfolgen.

Unseres Erachtens ist mehr nicht zu verlangen. Gleichwohl empfiehlt es sich, sofern rechtlich zulässig, auch die eher formalen (Wirksamkeits-)Voraussetzungen eines deutschen GAV zu beachten. So sollte die Gesellschafterversammlung der ausländischen Tochtergesellschaft dem Vertrag zustimmen.[237] Ebenso sollte die Gesellschafterversammlung der inländischen herrschenden Gesellschaft zustimmen (§ 293 Abs. 2 AktG). Da zudem umstritten ist, ob aus deutscher Sicht eine Eintragung des Vertrages in ein ausländisches Firmenregister der Organgesellschaft ausreicht[238] oder die Eintragung in ein öffentliches Register erforderlich ist,[239] sollten alle ausländischen Eintragungsmöglichkeiten sicherheitshalber ausgeschöpft werden. Auch sollte der Vertrag in das deutsche Handelsregister des inländischen Organträgers eingetragen werden, wenn eine Registereintragung im Ausland bei der ausländischen Organgesellschaft nicht möglich ist.[240] Dies dürfte trotz der Rechtsprechung des BGH, der für inländische Sachverhalte eine Eintragung des GAV im Handelsregister des Organträgers ablehnt,[241] bei einer Organschaft mit einer ausländischen Organgesellschaft möglich sein, weil so die fehlende Eintragungsmöglichkeit in einem öffentlich Register der ausländischen Organgesellschaft bestmöglich ausgeglichen wird.

Unseres Erachtens lassen sich diese Vorgaben des Unionsrechts durch eine unionsrechtskonforme Auslegung von §§ 14 ff. KStG berücksichtigen. Denn §§ 14 ff. KStG sind für ausländische Körperschaften als Organgesellschaften nach § 17 Abs. 1 KStG nur „entsprechend" anzuwenden.[242] Zwar interpretieren die Rechtsprechung und weite Teile der Literatur den Verweis in § 17 Abs. 1 S. 1 KStG in Inlandsfällen (zB für eine inländische GmbH als Organgesellschaft) so, dass der GAV die gleichen Anforderungen erfüllen müsse wie ein von einer SE, AG oder KGaA geschlossener GAV.[243] Einer inländischen GmbH ist es jedoch möglich, die strengen Anforderungen der §§ 291 ff. AktG zu erfüllen. UE lässt sich der Verweis im Fall von Kapitalgesellschaften, die ihren Sitz im EU-/EWR-Ausland haben, dahingehend auslegen, dass sie die strengen Anforderungen der §§ 291 ff. AktG nur insoweit erfüllen müssen, wie es ihnen rechtlich nach ihrem Gesellschaftsrecht möglich ist. Ein Festhalten an den formalen Voraussetzungen der §§ 291 ff. KStG würde dazu führen, dass nur im Verhältnis zu einer eingeschränkten Zahl ausländischer Kapitalgesellschaften ein Organschaftsverhältnis begründet werden könnte. Eine solche Begrenzung des Anwendungsbereichs der Organschaft stünde nicht im Einklang mit dem durch die kleine Organschaftsreform verfolgten Ziel der Öffnung der Organschaft für Organgesellschaften mit Sitz

---

[234] Vgl. zu den wesentlichen Einzelheiten eines äquivalenten schuldrechtlichen Vertrags Prinz/Ludwig DB 2020, 1022 (1028); Frotscher/Drüen/Frotscher KStG § 14 Rn. 327d ff.

[235] Prinz/Ludwig DB 2020, 1022 (1028); Frotscher/Drüen/Frotscher KStG § 14 Rn. 327 f.

[236] Frotscher/Drüen/Frotscher KStG § 14 Rn. 327g.

[237] Prinz/Ludwig DB 2020, 1022 (1028).

[238] So Prinz/Ludwig DB 2020, 1022 (1028).

[239] So RHN/Rödder/Liekenbrock KStG § 14 Rn. 88e; Frotscher/Drüen/Frotscher KStG § 14 Rn. 327g.

[240] Prinz/Ludwig DB 2020, 1022 (1028).

[241] BGH 31.1.2023 – II ZB 10/22, BGHZ 236, 123 = NZG 2023, 508.

[242] Prinz/Ludwig DB 2020, 1022 (1023); Benecke/Schnitger IStR 2013, 143 (145); Winter/Marx DStR 2011, 1101 (1103); Schnitger IStR 2013, 82 (85); vgl. auch DPM/Dötsch/Pung KStG § 14 Rn. 345; Frotscher/Drüen/Frotscher KStG § 14 Rn. 327c.

[243] BFH 8.8.2001 – I R 25/00, BStBl. II 2003, 923 = DStR 2002, 307; BFH 3.9.2009 – IV R 38/07, BStBl. II 2010, 60 = DStR 2009, 2366; BFH 23.8.2017 – I R 80/15, BStBl. II 2018, 141 = NZG 2018, 319 Rn. 13; DPM/Dötsch KStG § 17 Rn. 9; DPM/Dötsch/Pung KStG § 14 Rn. 345; Brandis/Heuermann/Rode KStG § 17 Rn. 8.

im Ausland (zur Rechtsentwicklung → Rn. 3716 ff.).[244] Hielte man eine solche unionsrechtskonforme Auslegung von §§ 14 ff. KStG nicht für möglich, wären die Voraussetzungen der Organschaft infolge des Anwendungsvorrangs des Unionsrechts entsprechend geltungserhaltend zu reduzieren.

**c) Verpflichtung zur Abführung des ganzen Gewinns.** Nach § 14 Abs. 1 S. 1 KStG muss sich die Organgesellschaft in Anlehnung an § 291 Abs. 1 iVm § 301 AktG unter dem GAV zur Abführung ihres ganzen Gewinns verpflichten. **3887**

Organgesellschaften mit Geschäftsleitung und Sitz im Inland unterliegen deutschem Handelsrecht, weshalb sich auch der objektiv abzuführende Gewinn nach diesem richtet (→ § 1 Rn. 255). **3888**

Organgesellschaften mit Geschäftsleitung im Inland und Sitz im EU-/EWR-Ausland unterliegen indes dem ausländischen Handelsrecht, das unter Umständen vom deutschen Handelsrecht abweicht.[245] Es stellt sich die Frage, ob in diesen Fällen der GAV (bzw. das schuldrechtliche Äquivalent zum GAV (→ Rn. 3881 ff.) als erfüllt anzuerkennen ist, wenn (nur) der nach ausländischem Handelsrecht ermittelte Gewinn abgeführt wird. UE ist dies aufgrund des § 17 Abs. 1 S. 2 Nr. 1 KStG, der lediglich darauf abstellt, dass die Gewinnabführung den „ganzen Gewinn" betrifft und den in § 301 AktG genannten Betrag nicht überschreitet, anzunehmen. § 17 Abs. 1 S. 2 Nr. 1 KStG unterscheidet nicht danach, nach welchem nationalen Recht der der Abführung zugrunde liegende „ganze Gewinn" ermittelt worden ist. Eine andere Sichtweise, die zur Ermittlung des Gewinns oder Verlustes nach deutschem Handelsrecht zwingen würde, wäre uE auch wieder kaum unionsrechtskonform, da sie dazu zwingen würde, eine zweite, deutsche Buchführung und Bilanzierung durchzuführen. Es bleibt abzuwarten, wie sich die Finanzverwaltung positioniert[246]; die Verfügung der OFD Frankfurt[247] trifft dazu keine Aussage. **3889**

## 5. Sonderfall: Horizontale Organschaft mit ausländischem Organträger

Besonderer Betrachtung bedarf die Frage, ob eine Ergebniskonsolidierung zwischen zwei inländischen Schwestergesellschaften möglich ist, die von einer ausländischen Muttergesellschaft ohne inländische Betriebsstätte gehalten werden (sog. horizontale Organschaft).[248] **3890**

Die Möglichkeit einer horizontalen Organschaft kennt das deutsche Recht nicht. § 14 Abs. 1 S. 1 Nr. 1 S. 1 KStG verlangt die finanzielle Eingliederung zwischen Organgesellschaft und Organträger, die nur in vertikaler Richtung möglich ist (→ § 3).[249] Eine Ergebnisverrechnung unter der Beteiligung von inländischen Schwestergesellschaften mit einer ausländischen Muttergesellschaft ist nur über eine gewerbliche Zwischenholding in Form einer Kapitalgesellschaft, gewerblichen Personengesellschaft oder inländischen Betriebsstätte der Muttergesellschaft möglich, wenn die Anteile an den Schwestergesellschaften einer inländischen Betriebsstätte des jeweiligen Organträgers zuzuordnen sind (→ Rn. 3806 ff.).[250] Es erfolgt gerade keine Ergebnisverrechnung direkt zwischen den Schwestergesellschaften.[251] Zu beachten ist dabei, dass Gewinnausschüttungen aus einer Kapitalgesellschaft grds. quellensteuerbehaftet sind.[252]

[244] Prinz/Ludwig DB 2020, 1022 (1026) (1028); Brandis/Heuermann/Rode KStG § 14 Rn. 39a.
[245] DPM/Dötsch/Pung KStG § 14 Rn. 101; Prinz/Witt Steuerliche Organschaft/Krüger/Epe Rn. 26.26.
[246] DPM/Dötsch/Pung KStG § 14 Rn. 101; Dötsch/Pung DB 2013, 305 (306).
[247] OFD Frankfurt a. M. 9.7.2020, DStR 2020, 2680.
[248] Vgl. EuGH 14.5.2020 – C-749/18, ABl. 2020 C 240, 12 = IStR 2020, 545 Rn. 27; DPM/Dötsch/Pung KStG § 14 Rn. 245.
[249] BFH 22.2.2017 – I R 35/14, BStBl. II 2018, 33 = DStR 2017, 1527 Rn. 27; DPM/Dötsch/Pung KStG § 14 Rn. 245; Gosch KStG/Neumann KStG § 14 Rn. 125; RHN/Rödder/Liekenbrock KStG § 14 Rn. 191a; Habel/Müller IWB 2020, 772 (773 f.).
[250] Habel/Müller IWB 2020, 772 (775 f.); Gosch KStG/Neumann KStG § 14 Rn. 17b.
[251] Gosch KStG/Neumann KStG § 14 Rn. 17b.
[252] Habel/Müller IWB 2020, 772 (775).

3891 Der EuGH hat sich in den Rechtssachen „SCA Group Holding u.a."[253] mit der Bildung einer steuerlichen Einheit zwischen niederländischen Tochtergesellschaften einer deutschen Muttergesellschaft auseinandergesetzt. Er entschied, dass das niederländische Recht, wonach zwar die Bildung einer steuerlichen Einheit zwischen einer gebietsansässigen Muttergesellschaft mit gebietsansässigen Tochtergesellschaften möglich, jedoch zwischen gebietsansässigen Schwestergesellschaften einer nicht gebietsansässigen Muttergesellschaft ohne inländische Betriebsstätte ausgeschlossen war, gegen die Niederlassungsfreiheit verstieß.[254] In der Rechtssache „B u.a."[255] entschied der EuGH sodann, dass auch die luxemburgischen Rechtsvorschriften, die zwar eine vertikale steuerliche Integration zwischen einer gebietsansässigen Muttergesellschaft (oder einer inländischen Betriebsstätte einer gebietsfremden Muttergesellschaft) und ihren gebietsansässigen Tochtergesellschaften, nicht aber eine horizontale steuerliche Integration zwischen den gebietsansässigen Tochtergesellschaften derselben gebietsfremden Muttergesellschaft zuließen, nicht mit der Niederlassungsfreiheit vereinbar waren.[256] Zwar war auch bei einem reinen Inlandssachverhalt keine horizontale steuerliche Integration zwischen Schwestergesellschaften möglich, jedoch ließ sich die Ergebniskonsolidierung der Tochtergesellschaften dadurch erreichen, dass deren Ergebnisse in das Ergebnis der Muttergesellschaft integriert werden konnten.[257] Tochtergesellschaften einer gebietsfremden Muttergesellschaft seien ungleich behandelt worden, da eine Ergebniskonsolidierung weder durch eine vertikale noch horizontale steuerliche Integration möglich war.[258] Weiterhin hätte die steuerliche Integration der Ergebnisse der Tochtergesellschaften nicht von dem Erfordernis einer inländischen Betriebsstätte abhängig gemacht werden dürfen.[259]

3892 Es ist umstritten, ob diese EuGH-Urteile unmittelbar Auswirkung auf die deutschen Organschaftsregelungen haben.

Der BFH erkannte in seinem Urteil vom 22.2.2017[260] eine horizontale Organschaft zwischen zwei gebietsansässigen Tochtergesellschaften einer gebietsfremden Muttergesellschaft ohne inländische Betriebsstätte nicht an. Die Anerkennung sei aus unionsrechtlichen Gründen nicht geboten, weil eine horizontale Organschaft auch bei einem rein inländischen Sachverhalt mit einer inländischen Muttergesellschaft nicht in Betracht komme.[261] Er setzte sich nicht mit dem zum Entscheidungszeitpunkt bereits ergangenen erstgenannten Urteil des EuGH auseinander. Nach uE zutreffender Ansicht dürfte die deutsche Rechtslage jedenfalls mit der in den Streitjahren geltenden luxemburgischen Rechtslage vergleichbar sein und mithin das zweitgenannte Urteil des EuGH Auswirkungen auf das deutsche Recht haben.[262] Nach den vom EuGH beurteilten luxemburgischen Regelungen in der

[253] EuGH 12.6.2014 – C-39/13, C-40/13, C-41/13, ABl. 2014 C 282, 9 = DStR 2014, 1333 – SCA Group Holding u. a.

[254] EuGH 12.6.2014 – C-39/13, C-40/13, C-41/13, ABl. 2014 C 282, 9 = DStR 2014, 1333 Rn. 56 – SCA Group Holding u. a. Eine Beschränkung der Niederlassungsfreiheit sah der EuGH darin, dass die vorteilhafte Möglichkeit der laufenden Ergebnisverrechnung der Tochtergesellschaften ausgeschlossen war, wenn die Muttergesellschaft weder ihren Sitz, noch eine Betriebsstätte in den Niederlanden hatte (Rn. 47, 51). Die Rechtfertigungsgründe der Kohärenz der Steuerregelung iVm der Verhinderung einer doppelten Verlustberücksichtigung konnten diese Ungleichbehandlung nicht rechtfertigen (Rn. 53).

[255] EuGH 14.5.2020 – C-749/18, ABl. 2020 C 2410, 12 = IStR 2020, 545.

[256] EuGH 14.5.2020 – C-749/18, ABl. 2020 C 2410, 12 = IStR 2020, 545 Rn. 38, 59.

[257] EuGH 14.5.2020 – C-749/18, ABl. 2020 C 2410, 12 = IStR 2020, 545 Rn. 28.

[258] EuGH 14.5.2020 – C-749/18, ABl. 2020 C 2410, 12 = IStR 2020, 545 Rn. 29.

[259] EuGH 14.5.2020 – C-749/18, ABl. 2020 C 2410, 12 = IStR 2020, 545 Rn. 30.

[260] BFH 22.2.2017 – I R 35/14, BStBl. II 2018, 33 = DStR 2017, 1527 Rn. 27.

[261] BFH 22.2.2017 – I R 35/14, BStBl. II 2018, 33 = DStR 2017, 1527 Rn. 27; Prinz DB 2020, 1876 (1877); DPM/Dötsch/Pung KStG § 14 Rn. 245.

[262] So auch Brandis/Heuermann/Rode KStG § 14 Rn. 41; Bott/Walter/Walter KStG § 14 Rn. 281; RHN/Rödder/Liekenbrock KStG § 14 Rn. 243a; Hackemann IStR 2020, 545 (553); Ismer/Büttner IStR 2021, 923; Dautzenberg FR 2020, 636 (644); Habel/Müller IWB 2020, 772 (777); Kessler/Arnold IStR 2016, 226 (228); aA Möhlenbrock DB 2014, 1582 (1583), wonach im deutschen Erfordernis eines GAV ein wesentlicher Unterschied liege, der eine Anwendung der Urteile auf Deutschland entgegenstehe; ohne Begründung auch DPM/Dötsch/Pung KStG § 14 Rn. 245.

Rechtssache „B u.a." war eine horizontale Integration im reinen Inlandssachverhalt in Luxemburg ebenfalls nicht möglich.[263] Der EuGH hat außerdem klargestellt, dass die steuerliche Integration nicht vom Erfordernis einer inländischen Betriebsstätte abhängig gemacht werden kann.[264] UE könnte der BFH daher, sofern die Frage der Zulässigkeit einer horizontalen Organschaft bei EU-/EWR-Muttergesellschaft erneut entscheidungserheblich ist, an seinem Urteil nicht ohne weiteres festhalten, sondern müsste die Frage, ob eine solche horizontale Organschaft unionsrechtlich geboten ist, zwingend dem EuGH vorlegen (Art. 267 Abs. 3 AEUV). Würde er die Frage erneut nicht vorlegen, würde es sich uE um einen Entzug des gesetzlichen Richters handeln, gegen den mit einer Verfassungsbeschwerde beim BVerfG vorgegangen werden könnte.[265]

Um eine horizontale Organschaft rechtssicher zu ermöglichen, bedürfte es verschiedener **3893** Gesetzesanpassungen.[266] Es müssten insbes. die Voraussetzungen der finanziellen Eingliederung und des Inlandsbezugs des Organträgers angepasst werden.[267]

Unklar ist, welche Gesellschaften einen GAV i.S.d § 291 Abs. 1 AktG schließen müss- **3894** ten.[268] In Betracht kommt einerseits ein GAV zwischen den inländischen Tochtergesellschaften und der ausländischen Muttergesellschaft[269] und andererseits ein GAV zwischen den Tochtergesellschaften.[270] Gesellschaftrechtlich zulässig ist ein GAV auch (nur) zwischen Schwestergesellschaften.[271] Für einen GAV zwischen Muttergesellschaft und den inländischen Tochtergesellschaften spricht, dass ein solcher auch im reinen Inlandssachverhalt abgeschlossen werden müsste. Dagegen könnte man allerdings anführen, dass die horizontale Organschaft eine Konsolidierung nur zwischen den inländischen Tochtergesellschaften ermöglichen soll und somit eine rein inländische Wirkung haben soll.[272]

Weitergehender kann man sich noch die Frage stellen, ob aufgrund der Urteile des **3895** EuGH auch eine Verrechnung vom Einkommen einer inländischen Schwestergesellschaft mit dem Einkommen einer ausländischen Schwestergesellschaft, die eine inländische Betriebsstätte unterhält, möglich sein muss.[273]

*(einstweilen frei)* **3896–3906**

## II. Rechtsfolgen einer grenzüberschreitenden Organschaft

Die Rechtsfolge des § 14 Abs. 1 KStG besteht – vorbehaltlich des § 16 KStG – in der **3907** Zurechnung des Einkommens der Organgesellschaft zum Organträger (→ § 7). Die steuerlichen Wirkungen der Organschaft in Form der Ergebniskonsolidierung bleiben auch bei grenzüberschreitenden Organschaften auf das Inland beschränkt, eine grenzüberschreitende Einkommenssaldierung erfolgt nicht.[274]

Besonderheiten, die im internationalen Kontext einer genaueren Betrachtung bedürfen, sind (1) die Ermittlung des Einkommens der Organgesellschaft (§ 15 KStG)

---

[263] Vgl. Prinz DB 2020, 1876 (1877), der darauf hinweist, dass in Luxemburg erst nach dem entscheidungserheblichen Streitjahr eine Ergebniskonsolidierung zwischen Tochtergesellschaften ermöglicht wurde.
[264] Vgl. RHN/Rödder/Liekenbrock KStG § 14 Rn. 243a; Brandis/Heuermann/Rode KStG § 14 Rn. 41.
[265] Vgl. zu dieser Rechtsschutzmöglichkeit etwa Streinz/Ehricke, Art. 267 AEUV Rn. 52.
[266] Andere wollen dies über teleologische Auslegung der bestehenden Regelungen erreichen (vgl. Bott/Walter/Walter KStG § 14 Rn. 580; Walter GmbHR 2015, 182 (183); kritisch dazu Gosch IStR 2018, 747 (749), der eine horizontale Ergebnisverrechnung mit steuerlicher Wirkung indes schon im Rahmen eines Gewinngemeinschaftsvertrages iSd § 292 Abs. 1 Nr. 1 AktG für möglich hält; aA Bott/Walter/Walter KStG § 14 Rn. 537).
[267] Vgl. zu möglichen Gesetzesanpassungen: Habel/Müller IWB 2020, 772 (780 f.).
[268] Vgl. Bott/Walter/Walter KStG § 14 Rn. 281 Fn. 997.
[269] Hackemann IStR 2020, 545 (554).
[270] Habel/Müller IWB 2020, 772 (781) aE; Ismer/Büttner IStR 2021, 923 (935 f.).
[271] DPM/Dötsch/Pung KStG § 14 Rn. 245, 314; vgl. auch Emmerich/Habersack/Emmerich AktG § 291 Rn. 10; MüKoAktG/Altmeppen § 291 Rn. 18; aA Möhlenbrock DB 2014, 1582 (1583).
[272] Vgl. Hackemann IStR 2020, 545 (554); Brandis/Heuermann/Rode KStG § 14 Rn. 41.
[273] RHN/Rödder/Liekenbrock KStG § 14 Rn. 243; Brandis/Heuermann/Rode KStG § 14 Rn. 41; Hackemann IStR 2020, 553 (555); Micker ISR 2020, 360 (362).
[274] Schaumburg Internationales Steuerrecht/von Freeden Rn. 7.15; Habel/Müller IWB 2020, 772 (775).

(→ Rn. 3908 ff.), (2) die Zurechnung des Einkommens zum Organträger unter Berücksichtigung von § 14 Abs. 1 S. 1 Nr. 2 S. 6 KStG (→ Rn. 3930 ff.), (3) die bis einschließlich Veranlagungszeitraum 2023 geltende Verlustabzugsbeschränkung des § 14 Abs. 1 S. 1 Nr. 5 KStG (→ Rn. 3944 ff.), und (4) die Verrechnung finaler Verluste der Organgesellschaft über die Grenze (→ Rn. 3973 f.).

### 1. Ermittlung des Einkommens der Organgesellschaft (§ 15 KStG)

**3908** Die Ermittlung des Einkommens der Organgesellschaft richtet sich – wie auch in nicht grenzüberschreitenden Fällen – nach § 15 KStG (→ § 7). Hat die Organgesellschaft Einkünfte außerhalb Deutschlands, die nach einem DBA von der Besteuerung auszunehmen sind, ist dies unter Umständen iRd Gewinnermittlung nach § 15 KStG zu beachten. In Betracht kommen insbes. Gewinnanteile aus der Beteiligung an einer ausländischen Kapitalgesellschaft (→ Rn. 3909), Gewinne aus einer Betriebsstätte (→ Rn. 3910 f.) und Gewinne aus der Beteiligung an einer ausländischen Personengesellschaft (→ Rn. 3912 ff.).

**3909** **a) Beteiligung an einer ausländischen Kapitalgesellschaft.** Nach § 15 S. 2 KStG gilt für Gewinnanteile aus der Beteiligung an einer ausländischen Gesellschaft, die nach den Vorschriften eines DBA von der Besteuerung auszunehmen sind, § 15 S. 1 Nr. 2 KStG entsprechend. Nach § 15 S. 2 KStG ist mithin die Bruttomethode auch auf nach einem DBA freigestellte Gewinnausschüttungen aus Kapitalgesellschaften (sog. DBA-Schachtelprivileg; vgl. zB Art. 20 Abs. 1 Buchst. b) DBA Frankreich[275]) anzuwenden. Ohne § 15 S. 2 KStG würden die auf Ebene der Organgesellschaft im Inland freigestellten Einkünfte schon nicht dem Organträger zugerechnet werden.[276] Die Vorschrift führt als „Treaty Override" dazu, dass die Anwendung des DBA-Schachtelprivilegs auf die Ebene des Organträgers verlagert wird.[277]

**3910** **b) Ausländische Freistellungsbetriebstätte.** Einkünfte aus einer ausländischen Betriebsstätte der inländischen Organgesellschaft, die nach einem DBA von der Besteuerung auszunehmen sind (vgl. Art. 7 Abs. 1 S. 2, Art. 23A Abs. 1 OECD-MA), werden nicht von § 15 S. 2 KStG erfasst. Ausländische Betriebsstätteneinkünfte sind deshalb, soweit ein DBA eine entsprechende Regelung enthält, von der Besteuerung bei der Organgesellschaft auszunehmen und dem Organträger nicht zuzurechnen.[278] Sind die Betriebsstätteneinkünfte nach DBA von der Besteuerung in Deutschland freizustellen, wird der handelsrechtlich zunächst bei der Organgesellschaft erfasste Betriebsstättengewinn außerbilanziell gekürzt; korrespondierend werden Betriebsstättenverluste dem Gewinn der Organgesellschaft außerbilanziell hinzugerechnet.[279]

**3911** Die Freistellung und außerbilanzielle Korrektur der Betriebsstättenergebnisse löst keine organschaftlichen Minder- bzw. Mehrabführungen iSd § 14 Abs. 4 KStG aus.[280] Abweichungen zwischen der handelsrechtlichen Gewinnabführung und dem dem Organträger

[275] Abkommen zwischen der Bundesrepublik Deutschland und der Französischen Republik zur Vermeidung der Doppelbesteuerung und über gegenseitige Amts- und Rechtshilfe auf dem Gebiete der Steuern vom Einkommen und vom Vermögen sowie der Gewerbesteuern und der Grundsteuern vom 21.7.1959, BGBl. 1961 II 397 (398), zuletzt geändert durch Zusatzabkommen vom 31.3.2015, BGBl. 2015 II 1332 (1335) iVm Bek. v. 19.1.2016, BGBl. 2016 II 227).

[276] DPM/Dötsch/Krämer/Pung KStG § 15 Rn. 105.

[277] DPM/Dötsch/Krämer/Pung KStG § 15 Rn. 114. Frotscher/Drüen/Frotscher KStG § 15 Rn. 73 ordnet § 15 S. 2 KStG nicht als Treaty Override ein, sondern als sachgerechte Anpassung an die Organschaftsverhältnisse, die im DBA nicht berücksichtigt werden, weil die Anwendung der DBA nicht ausgeschlossen, sondern auf Ebene des Organträgers verlagert werden.

[278] Brandis/Heuermann/Rode KStG § 15 Rn. 34; Musil/Weber-Grellet/Schober KStG § 15 Rn. 51f; Gosch KStG/Neumann KStG § 15 Rn. 31a; Schönfeld IStR 2012, 368 (372); Heurung/Möbus BB 2003, 766 (768 f.).

[279] Drinhausen/Eckstein BeckHdb AG/Böing § 12 Rn. 87.

[280] DPM/Dötsch/Pung KStG § 14 Rn. 1421; Frotscher DK 2007, 34 (36); KStG – eKommentar/Dölker § 14 Rn. 66.

zuzurechnenden Organeinkommen[281], die auf außerbilanziellen Hinzu- und Abrechnungen beruhen, führen grds. nicht zu Mehr- oder Minderabführungen iSd § 14 Abs. 4 S. 6 KStG, da es an einer Abweichung zwischen Handels- und Steuerbilanz fehlt (*zu Mehr- und Minderabführungen* → § 12).[282] Etwas anderes gilt im Fall von unterschiedlichen Wertansätzen in der Steuer- und Handelsbilanz bei der Ermittlung von nach einem DBA steuerfreien Einkünften aus einer ausländischen Betriebsstätte.[283]

**c) Beteiligung an einer ausländischen Personengesellschaft.** Einen Sonderfall stellt die Beteiligung einer Organgesellschaft als Mitunternehmerin an einer ausländischen Personengesellschaft dar. Handelsrechtlich wird die Beteiligung wie eine Kapitalbeteiligung behandelt.[284] Sie ist in der Handelsbilanz der Organgesellschaft mit den Anschaffungskosten auszuweisen.[285] Erträge werden in der Handelsbilanz der Organgesellschaft nur ausgewiesen, wenn und soweit Entnahmen aus der Personengesellschaft erfolgen.[286] In der Steuerbilanz der Organgesellschaft erfolgt der Wertansatz in Höhe deren Kapitalkontos bei der Personengesellschaft. Änderungen der Kapitalkonten der Gesellschafter bei der Personengesellschaft spiegeln sich unmittelbar in der Steuerbilanz der Organgesellschaft wider und führen zu einem steuerlichen Gewinn oder Verlust (sog. Spiegelbildmethode).[287] 3912

Es können vor diesem Hintergrund verschiedene Fallgruppen unterschieden werden, in denen geprüft werden muss, ob es zu Mehr- oder Minderabführungen kommt. Im Folgenden wird davon ausgegangen, dass Handelsbilanz und Steuerbilanz identische Wertansätze für Wirtschaftsgüter ausweisen (zur Folge unterschiedlicher Wertansätze → Rn. 3910 f. sowie allgemein → § 12 Rn. 3240). 3913

**aa) Gewinnpersonengesellschaft, Entnahme und Abführung des Gewinns.** Keine Mehr- oder Minderabführung ist gegeben, wenn und soweit der Ansatz der Beteiligung der Organgesellschaft an der Personengesellschaft in Handels- und Steuerbilanz übereinstimmt. Dies ist bei einer Personengesellschaft, die Gewinne erzielt, die durch die Organgesellschaft in entsprechender Höhe entnommen und an den Organträger abgeführt werden, der Fall.[288] 3914

**bb) Verlustkommanditgesellschaft bzw. entsprechende ausländische Personengesellschaft.** Eine Mehrabführung kommt hingegen grds. in Betracht, wenn die Organgesellschaft an einer ausländischen Personengesellschaft beteiligt ist und Verluste macht, solange sie nicht zu einer Abschreibung der Beteiligung führen. Das gilt auch dann, wenn das für die Organgesellschaft geführte Kapitalkonto negativ ist. Steuerbilanziell wird ein negatives Kapitalkonto nach der Spiegelbildmethode anerkannt.[289] Hingegen wird die Beteiligung in 3915

---

281 Das dem Organträger zuzurechnende Einkommen der Organgesellschaft wird auf der Grundlage des Steuerbilanzgewinns der Organgesellschaft zzgl. außerbilanzieller Hinzurechnungen und abzüglich außerbilanzieller Abrechnungen ermittelt.

282 Vgl. BMF 15.7.2013, BStBl. I 2013, 921, letzter Absatz; DPM/Dötsch/Pung KStG § 14 Rn. 1409; Gosch KStG/Neumann § 14 Rn. 416c; HHR/Kolbe KStG § 14 Rn. 350; Frotscher/Drüen/Frotscher KStG § 14 Rn. 720; Prinz/Witt Steuerliche Organschaft/von Freeden Rn. 14.16; aA BeckOK KStG/Ebber § 14 Rn. 638, wenn aufgrund einer Abweichung des abgeführten Gewinns von dem zugerechneten Einkommen infolge außerbilanzieller Hinzu- oder Abrechnungen eine Nichtbesteuerung bzw. eine Doppelbesteuerung droht; zweifelnd auch Brandis/Heuermann/Rode KStG § 14 Rn. 266.

283 Vgl. DPM/Dötsch/Pung KStG § 14 Rn. 1409, 1421, 1432.

284 Frotscher/Drüen/Frotscher KStG § 14 Rn. 728; Schmidt/Wacker EStG § 15 Rn. 690.

285 DPM/Dötsch/Pung KStG § 14 Rn. 1432.

286 Frotscher/Drüen/Frotscher KStG § 14 Rn. 728.

287 Vgl. BFH 4.3.2009 – I R 58/07, BFH/NV 2009, 1953 = BeckRS 2009, 25015642; BFH 29.8.2012 – I R 65/11, BStBl. II 2013, 555 = NZG 2012, 1432 Rn. 19; BFH 25.6.2014 – I R 29/13, BFH/NV 2015, 27 = BeckRS 2014, 96195; OFD Koblenz 28.2.2007, DStR 2007, 992; Frotscher/Drüen/Frotscher KStG § 14 Rn. 728; Schmidt/Wacker EStG § 15 Rn. 690.

288 DPM/Dötsch/Pung KStG § 14 Rn. 1433; vgl. auch Frotscher/Drüen/Frotscher KStG § 14 Rn. 728.

289 Vgl. BFH 29.8.2012 – I R 65/11, BStBl. II 2013, 55 = NZG 2012, 1432 Rn. 19; Schmidt/Wacker EStG § 15a Rn. 15.

der Handelsbilanz höchstens bis auf null abgeschrieben.[290] Es besteht eine Abweichung zwischen Handels- und Steuerbilanz.

**3916** Keine Mehrabführung ist nach Auffassung des BFH jedoch anzunehmen, wenn es sich um nur verrechenbare Verluste aus einer Kommanditbeteiligung handelt, die zu einem negativen Kapitalkonto führen oder dieses erhöhen (§ 15a Abs. 1 EStG).[291] In diesem Fall sind die Verluste außerbilanziell wieder hinzuzurechnen und mindern entsprechend das dem Organträger zuzurechnende Einkommen der Organgesellschaft nicht. Nach Auffassung des BFH kommt es nicht zu einer Mehrabführung iSd § 14 Abs. 4 KStG, wenn die auf die Organgesellschaft entfallenden Beteiligungsverluste aus dem Kommanditanteil aufgrund außerbilanzieller Hinzurechnung nach § 15a EStG neutralisiert werden.[292] Er begründet dies damit, dass die Abweichung zwischen abgeführtem Gewinn und Steuerbilanzgewinn nur auf der Technik der Einkommensermittlung (Anerkennung des negativen Kapitalkontos iVm außerbilanziellem Ausgleich) beruhe.[293]

**3917** **cc) Sonstige ausländische Verlustpersonengesellschaft.** Das Urteil des BFH dürfte auf andere außerbilanzielle Korrekturen übertragen werden können, mit denen eine Abweichung zwischen Handels- und Steuerbilanz ausgeglichen wird.[294] Dies wurde beispielsweise angenommen, soweit ein Verlust der Organgesellschaft auf eine ausländische Anrechnungsbetriebsstätte in Form einer ausländischen Personengesellschaft entfiel und außerbilanziell nach § 14 Abs. 1 S. 1 Nr. 5 KStG aF hinzugerechnet wurde (→ Rn. 3954).[295] Entsprechendes dürfte für eine außerbilanzielle Hinzurechnung nach § 4k Abs. 4 EStG gelten (zum Verhältnis von § 14 Abs. 1 S. 1 Nr. 5 KStG aF zu § 4k Abs. 4 EStG → Rn. 3959 ff.).

**3918** **dd) Gewinnpersonengesellschaft, keine Entnahme und Abführung des Gewinns.** Vertreten wird, dass es zu einer Minderabführung kommt, wenn eine Organgesellschaft an einer ausländischen Personengesellschaft beteiligt ist, deren Einkünfte nach dem anzuwendenden DBA freigestellt sind, und der ausländische Gewinn nicht entnommen und somit auch nicht an den Organträger abgeführt wird. In der Steuerbilanz wird der Gewinnanteil als Ertrag ausgewiesen und wegen der Freistellungsanordnung im DBA außerbilanziell korrigiert. Hingegen kommt es nicht zu einer handelsrechtlichen Gewinnabführung.[296] Nach anderer Auffassung sind in Anlehnung an das Urteil des BFH 29.8.2012 zu § 15a EStG[297] auch solche Einkünfte, die eine Personengesellschaft einer Organgesellschaft erzielt und nach einem DBA freizustellen sind, nicht dazu geeignet eine Mehr- oder Minderabführung zu begründen.[298]

**3919–3929** *(einstweilen frei)*

---

[290] Vgl. BFH 29.8.2012 – I R 65/11, BStBl. II 2013, 555 = NZG 2012, 1432 Rn. 19; DPM/Dötsch/Pung KStG § 14 Rn. 1432, 1417.

[291] BFH 29.8.2012 – I R 65/11, BStBl. II 2013, 555 = NZG 2012, 1432 Rn. 19 ff.

[292] BFH 29.8.2012 – I R 65/11, BStBl. II 2013, 555 = NZG 2012, 1432 Rn. 19 f.; kritisch dazu: DPM/Dötsch/Pung KStG § 14 Rn. 1417, 1419.

[293] BFH 29.8.2012 – I R 65/11, BStBl. II 2013, 555 = NZG 2012, 1432 Rn. 20.

[294] Vgl. BFH 29.8.2012 – I R 65/11, BStBl. II 2013, 555 = NZG 2012, 1432, Leitsatz; BFH 15.3.2017 – I R 67/15, BFH/NV 2017, 1276 = DStR 2017, 1650 Rn. 20; HHR/Kolbe KStG § 14 Rn. 350; Frotscher/Drüen/Frotscher KStG § 14 Rn. 728; Wagner/Liekenbrock Ubg 2013, 133, unter 3.2.2; Trautmann/Faller DStR 2013, 293 (295); Faller DStR 2013, 1977 (1979); aA BMF 15.7.2013, BStBl. I 2013, 921.

[295] HHR/Kolbe KStG § 14 Rn. 350; Wagner/Liekenbrock Ubg 2013, 133, unter 3.2.2.

[296] Vgl. DPM/Dötsch/Pung KStG § 14 Rn. 1435.

[297] BFH 29.8.2012, I R 65/11, BStBl. II 2013, 555 = NZG 2012, 1432.

[298] Trautmann/Faller DStR 2013, 293 (295); Faller DStR 2013, 1977 (1979).

## 2. Zurechnung des Einkommens zum Organträger (§ 14 Abs. 1 S. 1 Nr. 2 S. 6 KStG)

§ 14 Abs. 1 S. 1 Nr. 2 S. 6 KStG stellt klar, dass das zugerechnete Einkommen der Organgesellschaft Teil der Einkünfte des Organträgers ist, die vermittels der inländischen Betriebsstätte des Organträgers (zumindest) der beschränkten Steuerpflicht unterliegen. Er ergänzt insoweit § 49 Abs. 1 Nr. 2 Buchst. a EStG.[299] Das Einkommen der Organgesellschaft ist derjenigen inländischen Betriebsstätte des Organträgers zuzurechnen, der nach § 14 Abs. 1 S. 1 Nr. 2 S. 4, 5 KStG die Organbeteiligung bzw. die Beteiligung an der vermittelnden Gesellschaft zuzuordnen ist.[300] **3930**

Die Norm soll sicherstellen, dass das Organeinkommen nicht aufgrund der allgemeinen Einkommenszurechnung dem ausländischen Stammhaus bzw. Ansässigkeitsstaat des beschränkt steuerpflichtigen Organträgers oder einer anderen Betriebsstätte zuzurechnen ist.[301] Sie setzt eine (mindestens) beschränkte Steuerpflicht in Folge des Vorhandenseins eigener gewerblicher Einkünfte des Organträgers aus einer inländischen Betriebsstätte iSd § 49 Abs. 1 Nr. 2 Buchst. a EStG voraus.[302] **3931**

Die Auswirkungen von organschaftlichen Mehr- und Minderabführungen im Beteiligungsbuchwert erfolgen in der Betriebsstättenbilanz des beschränkt steuerpflichtigen Organträgers.[303] **3932**

*(einstweilen frei)* **3933–3943**

## 3. Keine doppelte Verlustberücksichtigung bei ertragsteuerlicher Organschaft § 14 Abs. 1 S. 1 Nr. 5 KStG aF

Gemäß § 14 Abs. 1 S. 1 Nr. 5 KStG aF, der mit Wirkung zum Veranlagungszeitraum 2024 abgeschafft wurde, blieben negative Einkünfte von Organträger oder Organgesellschaft bei der inländischen Besteuerung unberücksichtigt, soweit sie in einem ausländischen Staat iRd Besteuerung des Organträgers, der Organgesellschaft oder einer anderen Person berücksichtigt wurden (zur Rechtsentwicklung → Rn. 3716 ff.). **3944**

Ziel der Vorschrift war die Verhinderung einer doppelten Verlustnutzung und des Imports von Auslandsverlusten.[304] Der Gesetzgeber wollte ausdrücklich die Fallkonstellation erfassen, dass negative Einkünfte einer doppelt ansässigen Organgesellschaft iRd Besteuerung in einem ausländischen Staat mit positiven Einkünften eines Organträgers ausgeglichen oder abgezogen werden können.[305] Die Vorschrift wurde sowohl aus unionsrechtlichen[306] als auch verfassungsrechtlichen[307] Aspekten erheblich kritisiert. **3945**

Die Vorschrift war sowohl in ihrem Tatbestand (→ Rn. 3947 ff.) als auch ihren Rechtsfolgen (→ Rn. 3951 f.) weitgehend unklar. Es konnten indes einige typische Anwendungs- **3946**

---

299 Brandis/Heuermann/Rode KStG § 14 Rn. 70; Stangl/Brühl DK 2013, 77 (82); DPM/Dötsch/Pung KStG § 14 Rn. 204.

300 DPM/Dötsch/Pung KStG § 14 Rn. 202; RHN/Rödder/Liekenbrock KStG § 14 Rn. 274.

301 RHN/Rödder/Liekenbrock KStG § 14 Rn. 275.

302 DPM/Dötsch/Pung KStG § 14 Rn. 202; RHN/Rödder/Liekenbrock KStG § 14 Rn. 275.

303 RHN/Rödder/Liekenbrock KStG § 14 Rn. 279; DPM/Dötsch/Pung KStG § 14 Rn. 205; Frotscher/Drüen/Frotscher KStG § 14 Rn. 141w; HHR/Kolbe KStG § 14 Rn. 194.

304 Vgl. BT-Drs. 17/10774, 20; Prinz/Ludwig DB 2020, 1022 (1023).

305 BT-Drs. 17/10774, 20.

306 Vgl. Prinz/Witt Steuerliche Organschaft/Müller Rn. 28.50 ff.; Ritzer/Aichberger DK 2013, 602 (610 ff.); Scheipers/Linn IStR 2013, 139 (142); von Freeden/Liekenbrock DB 2013, 1690 (1695); Schneider/Schmitz GmbHR 2013, 281 (287); Schaden/Polatzky IStR 2013, 131 (137 f.); Frotscher/Drüen/Frotscher KStG § 14 Rn. 535 ff.; DPM/Dötsch/Pung KStG § 14 Rn. 684; Brandis/Heuermann/Rode KStG § 14 Rn. 217; Schneider/Schmitz GmbHR 2013, 281 (286 f.).

307 Vgl. Prinz/Witt Steuerliche Organschaft/Müller Rn. 28.54 ff.; Frotscher/Drüen/Frotscher KStG § 14 Rn. 510, 529a, 532 ff.; DPM/Dötsch/Pung KStG § 14 Rn. 677, 682; Brandis/Heuermann/Rode KStG § 14 Rn. 216; Schneider/Schmitz GmbHR 2013, 281 (286 f.); Benecke/Schnittger IStR 2013, 143 (151).

fälle identifiziert werden (→ Rn. 3953 ff.). Die Vorschrift wurde zwar im März 2024 aufgehoben, es sollte sich jedoch an der möglichen Verlustberücksichtigung (bzw. ihrer Einschränkung) aufgrund des weiterhin bestehenden § 4k Abs. 4 EStG nicht viel ändern (→ Rn. 3959 ff.).

3947 **a) Tatbestandsvoraussetzungen § 14 Abs. 1 S. 1 Nr. 5 KStG aF.** In persönlicher Hinsicht erstreckte sich § 14 Abs. 1 S. 1 Nr. 5 KStG aF auf alle Organgesellschaften und Organträger. Die Vorschrift enthielt keine Begrenzung auf doppelt ansässige Gesellschaften.[308] Unklar war, ob die Vorschrift auf Personengesellschafts-Organträger anwendbar war, da eine Personengesellschaft nicht eigenes Steuersubjekt mit eigenen (negativen) Einkünften ist.[309] Die Frage hatte in der Praxis Bedeutung für die Akquisitionsfinanzierung unter Zwischenschaltung einer inländischen Organträger-Personengesellschaft.[310]

3948 In sachlicher Hinsicht setzte § 14 Abs. 1 S. 1 Nr. 5 KStG aF zum einen negative Einkünfte im In- und Ausland und zum anderen die Berücksichtigung dieser negativen Einkünfte in einem ausländischen Staat iRd Besteuerung des Organträgers, der Organgesellschaft oder einer anderen Person voraus.

3949 Negative Einkünfte beim Organträger lagen nur vor, wenn nach der Zurechnung des Einkommens der Organgesellschaft Verluste verblieben.[311] Wurden die Organträger-Einkünfte durch die Einkommenszurechnung positiv, kam die Vorschrift mangels negativer Einkünfte des Organträgers nicht zur Anwendung.[312] Unklar war hingegen, ob sich der Anwendungsbereich der Vorschrift auf negative Einkünfte des Organträgers beschränkte, die ihre Ursache im Organschaftsverhältnis, dh in der Zurechnung eines negativen Einkommens der Organgesellschaft, hatten.[313] Einzelne im Ausland abgezogene Betriebsausgaben oder Posten waren jedenfalls im Inland auch dann abziehbar, wenn die Gesellschaft insgesamt positive Einkünfte erzielte.[314]

3950 Die negativen Einkünfte wurden im Ausland berücksichtigt, wenn ein Abzug von der ausländischen Bemessungsgrundlage möglich war.[315] Eine Berücksichtigung im Rahmen eines Progressionsvorbehalts sollte nicht ausreichen.[316] Die Vorschrift erfasste eine Berücksichtigung negativer Einkünfte im Rahmen einer ausländischen Besteuerung unabhängig davon, bei welcher Person diese im Ausland erfolgte.[317] Sie stellte ihrem Wortlaut nach nicht darauf ab, ob die negativen Einkünfte einer ausländischen Gruppenbesteuerung

---

308 Umstritten war, ob der Tatbestand im Wege einschränkender Auslegung auf doppelt ansässige Gesellschaften beschränkt werden musste (vgl. Stangl/Brühl DK 2013, 77 (100 f.); Schaden/Polatzky IStR 2013, 131 (135 f.)). Der Wortlaut gibt eine solche Auslegung nicht her (so auch Prinz/Witt Steuerliche Organschaft/Müller Rn. 28.9; DPM/Dötsch/Pung KStG § 14 Rn. 687, 691; HHR/Kolbe KStG § 14 Rn. 271; Brandis/Heuermann/Rode KStG § 14 Rn. 219; Schwenke ISR 2013, 41 (43 f.); Kraft/Hohage Ubg 2019, 305 (306); Schneider/Schmitz GmbHR 2013, 281 (282)).

309 Dagegen: Schaden/Polatzky IStR 2013, 131 (134); Bott/Walter/Walter KStG § 14 Rn. 958 mwN. Zweifelnd: Benecke/Schnitger IStR 2013, 143 (147); Wacker IStR 2017, 286 (288). Dafür: DPM/Dötsch/Pung KStG § 14 Rn. 692; Brandis/Heuermann/Rode KStG § 14 Rn. 220; Frotscher/Drüen/Frotscher KStG § 14 Rn. 499; HHR/Kolbe KStG § 14 Rn. 271; Gosch KStG/Neumann § 14 Rn. 479.

310 Prinz/Witt Steuerliche Organschaft/Müller Rn. 28.10, 28.27 ff. (auch zum Verhältnis zu § 4i EStG); Brandis/Heuermann/Rode KStG § 14 Rn. 215a.

311 BFH 12.10.2016 – I R 92/12, BStBl. II 2022, 123 = IStR 2017, 278 Rn. 49; aA BMF 14.2.2022, FR 2022, 231; DPM/Dötsch/Pung KStG § 14 Rn. 698; Gosch KStG/Neumann § 14 Rn. 480a.

312 Brandis/Heuermann/Rode KStG § 14 Rn. 218.

313 Bejahend: HHR/Kolbe KStG § 14 Rn. 271, 275; Stangl/Brühl DK 2013, 77 (101 f.). Verneinend: Gosch KStG/Neumann KStG § 14 Rn. 480a; Frotscher/Drüen/Frotscher KStG § 14 Rn. 501 ff.; Dötsch/Pung DB 2013, 305 (312).

314 BFH 12.10.2016 – I R 92/12, BStBl. II 2022, 123 = IStR 2017, 278 Rn. 50; DPM/Dötsch/Pung KStG § 14 Rn. 701; Gosch KStG/Neumann § 14 Rn. 480; RHN/Rödder/Liekenbrock KStG § 14 Rn. 449; Schneider/Schmitz GmbHR 2013, 281, (282).

315 Prinz/Witt Steuerliche Organschaft/Müller Rn. 28.21; DPM/Dötsch/Pung KStG § 14 Rn. 705; RHN/Rödder/Liekenbrock KStG § 14 Rn. 469.

316 Prinz/Witt Steuerliche Organschaft/Müller Rn. 28.23; DPM/Dötsch/Pung KStG § 14 Rn. 705; RHN/Rödder/Liekenbrock KStG § 14 Rn. 469; Brandis/Heuermann/Rode KStG § 14 Rn. 221; Gosch KStG/Neumann KStG § 14 Rn. 482; Benecke/Schnitger IStR 2013, 143 (150).

317 Kritisch zu der Reichweite: Prinz/Witt Steuerliche Organschaft/Müller Rn. 28.13.

unterlagen.[318] Probleme ergaben sich insbes. bei der Berücksichtigung ausländischer Gewinnermittlungsvorschriften[319] und hinsichtlich des maßgeblichen Zeitpunkts der Berücksichtigung im Ausland.[320]

**b) Rechtsfolge § 14 Abs. 1 S. 1 Nr. 5 KStG aF.** Die von § 14 Abs. 1 S. 1 Nr. 5 KStG aF erfassten negativen Einkünfte wurden bei der Besteuerung im Inland nicht berücksichtigt.[321] Negative Einkünfte der Organgesellschaft wurden dem Organträger bereits nicht mehr zugerechnet.[322] Ein Verlustvortrag oder eine spätere Verrechnung der Verluste mit künftigen Gewinnen war nicht vorgesehen.[323] 3951

Problematisch stellte sich das Verhältnis des § 14 Abs. 1 S. 1 Nr. 5 KStG aF zu § 15 S. 1 Nr. 2 KStG (Bruttomethode auf Ausschüttungen und Veräußerungsgewinne)[324] sowie zu § 15 S. 1 Nr. 3 KStG (Zinsschranke)[325] dar. Ungeklärt war zudem, ob die Rechtsfolgen des § 14 Abs. 1 S. 1 Nr. 5 KStG aF auf die Gewerbesteuer durchschlugen.[326] 3952

**c) Anwendungsbeispiele § 14 Abs. 1 S. 1 Nr. 5 KStG aF.** Trotz der beschriebenen Unklarheiten in Tatbestand und Rechtsfolge, ließen sich einige typische Anwendungsfälle der Vorschrift identifizieren. 3953

**aa) Ausländische Betriebsstätten von Organträger und/oder Organgesellschaft.** § 14 Abs. 1 S. 1 Nr. 5 KStG aF fand seinem Wortlaut nach auf sämtliche Fälle Anwendung, in denen negative Einkünfte eines im Inland ansässigen Organträgers oder einer im Inland ansässigen Organgesellschaft aus einer ausländischen Betriebsstätte im Inland nicht der Freistellungsmethode unterlagen.[327] 3954

---

318 Umstritten war, ob der Tatbestand im Wege einschränkender Auslegung voraussetze, dass die Gesellschaft in eine ausländische Gruppenbesteuerung einbezogen war (Schaden/Polatzky IStR 2013, 131 (134 f.)). Der Wortlaut gibt eine solche Auslegung nicht her (so auch HHR/Kolbe KStG § 14 Rn. 284; Schwenke ISR 2013, 41 (43); Prinz/Witt Steuerliche Organschaft/Müller Rn. 28.9; Schneider/Schmitz GmbHR 2013, 283 f.).

319 Prinz/Witt Steuerliche Organschaft/Müller Rn. 28.23.; Schneider/Schmitz GmbHR 2013, 281 (284).

320 Prinz/Witt Steuerliche Organschaft/Müller Rn. 28.24 ff.; Schneider/Schmitz GmbHR 2013, 281 (285).

321 DPM/Dötsch/Pung KStG § 14 Rn. 711.

322 DPM/Dötsch/Pung KStG § 14 Rn. 712.

323 Brandis/Heuermann/Rode KStG § 14 Rn. 222.

324 Vgl. dazu Prinz/Witt Steuerliche Organschaft/Müller Rn. 28.18 f. Es wurde diskutiert, die Verlustabzugssperre nicht anzuwenden, soweit bei einer Organgesellschaft negative Einkünfte entstanden waren, die sich aufgrund einer gegenläufigen Korrektur auf Ebene des Organträgers insgesamt nicht mindernd auf die im Inland steuerpflichtige Bemessungsgrundlage ausgewirkt haben (RHN/Rödder/Liekenbrock KStG § 14 Rn. 465; DPM/Dötsch/Pung KStG § 14 Rn. 699). Ein anderer Lösungsvorschlag lag darin, die Bruttomethode einzuschränken mit der Folge, dass eine Hinzurechnung beim Organträger unterblieb, soweit die Verlustabzugssperre in Bezug auf die Organgesellschaft angewendet wurde (Ritzer/Aichberger DK 2013, 602 (606)).

325 Vgl. dazu Prinz/Witt Steuerliche Organschaft/Müller Rn. 28.20; DPM/Dötsch/Pung KStG § 14 Rn. 699; RHN/Rödder/Liekenbrock KStG § 14 Rn. 457; Benecke/Schnitger IStR 2013, 143 (146); Liekenbrock Ubg 2014, 785 (786, 788).

326 Dagegen: Prinz/Witt Steuerliche Organschaft/Müller Rn. 28.11; Schaden/Polatzky IStR 2013, 131 (137); DPM/Dötsch/Pung KStG § 14 Rn. 681; Schneider/Schmitz GmbHR 2013, 283 (284); vgl. auch Benecke/Schnitger IStR 2013, 143 (148).

327 Vgl. DPM/Dötsch/Pung KStG § 14 Rn. 705, 713; Gosch KStG/Neumann § 14 Rn. 487; Schneider/Schmitz GmbHR 2013, 281 (284 f.).

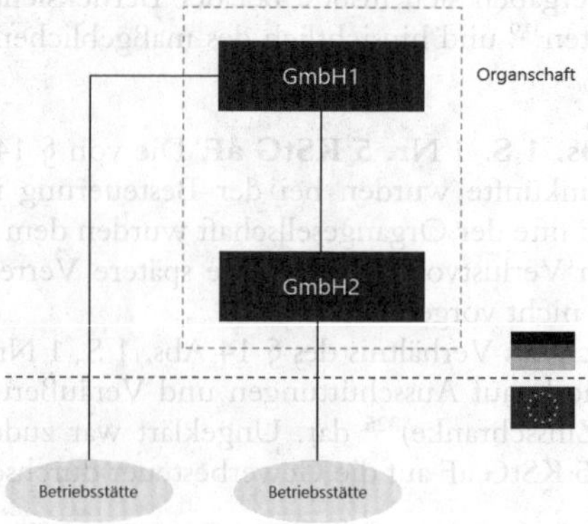


Im Normalfall kann eine inländische unbeschränkt steuerpflichtige Kapitalgesellschaft die Verluste ihrer ausländischen Anrechnungsbetriebsstätte (unter Berücksichtigung des § 2a EStG[328]) bei der inländischen Besteuerung geltend machen und als Verlustvortrag erfassen, während die Verluste auch im ausländischen Betriebsstättenstaat berücksichtigt werden.[329]

3955 Dies wurde durch § 14 Abs. 1 S. 1 Nr. 5 KStG aF ausgeschlossen, wenn die Kapitalgesellschaft Organträger oder Organgesellschaft war, auch wenn die ausländische Betriebsstätte außerhalb des Organkreises gehalten wurde, und sich auf Ebene des Organträgers bzw. der Organgesellschaft insgesamt negative Einkünfte ergaben.[330] Im umgekehrten Fall positiver Betriebsstätteneinkünfte hätten diese im Inland der vollen Besteuerung unterlegen, ohne dass eine Verlustverrechnungsmöglichkeit mit Verlusten aus vergangenen Veranlagungszeiträumen bestand, mit der Folge, dass es zu einer Besteuerung von Scheingewinnen kommen konnte.

3956 In der Literatur wurde vorgeschlagen, die Verlustabzugssperre des § 14 Abs. 1 S. 1 Nr. 5 KStG aF nur anzunehmen, wenn negative Einkünfte des Organträgers oder der Organgesellschaft in einem ausländischen Staat mit positiven Einkünften verrechnet wurden, die keiner Besteuerung im Inland unterlagen.[331]

3957 **bb) Doppelt ansässige Gesellschaften.** Relevanz entfaltete § 14 Abs. 1 S. 1 Nr. 5 KStG aF auch bei doppelt ansässigen Kapitalgesellschaften.

Beispielsweise ist ein nach ausländischem Recht gegründeter Kapitalgesellschafts-Organträger mit Ort der Geschäftsleitung im Inland regelmäßig sowohl in Deutschland (§ 1 Abs. 1 Nr. 1 KStG) als auch im Ausland unbeschränkt steuerpflichtig, sodass grds. negative Einkünfte in beiden Staaten berücksichtigt werden könnten.

---

328 Zum Verhältnis des § 14 Abs. 1 S. 1 Nr. 5 KStG zu § 2a EStG siehe Prinz/Witt Steuerliche Organschaft/Müller Rn. 28.35; Schneider/Schmitz GmbHR 2013, 284 (285).

329 Prinz/Witt Steuerliche Organschaft/Müller Rn. 28.37.

330 Prinz/Witt Steuerliche Organschaft/Müller Rn. 28.36; Dötsch/Pung DB 2013, 305 (312 f.).

331 Prinz/Witt Steuerliche Organschaft/Müller Rn. 28.38; Benecke/Schnitger IStR 2013, 143 (149); weitergehend: RHN/Rödder/Liekenbrock KStG § 14 Rn. 475: generell keine Anwendung von § 14 Abs. 1 S. 1 Nr. 5 KStG in Fällen, in denen die Anrechnungsmethode zur Anwendung kommt.

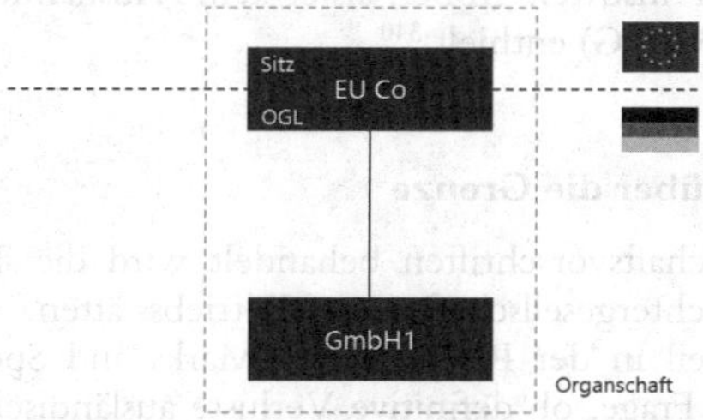


Besteht zwischen Deutschland und dem ausländischen Staat ein DBA, regelt dieses regelmäßig, in welchem Staat die Kapitalgesellschaft als ansässig gilt (vgl. Art. 4 Abs. 2 OECD-MA). Wurden nach dem DBA die negativen Einkünfte des Organträgers in einem der Staaten freigestellt, griff die Verlustabzugssperre nicht ein. Bestand kein DBA oder wurden die Einkünfte angerechnet, fand die Verlustabzugssperre Anwendung, wenn ihre Voraussetzungen im Übrigen erfüllt waren.[332]

**cc) Doppelt ansässiger Organträger mit Sitz in den USA; „Check the Box"-Regelungen.** Ein weiterer Anwendungsfall bestand in dem Fall, dass ein doppelt ansässiger Organträger mit Sitz in den USA und Geschäftsleitung in Deutschland Verluste erlitten hat und diese Verluste, weil der Organträger nach den sog. „Check the Box"-Regelungen in den USA als transparent behandelt wurde, sowohl im Inland als auch im Ausland bei dem Investor steuerlich berücksichtigt werden konnten.[333] **3958**

**d) Aufhebung der Verlustabzugssperre durch Wachstumschancengesetz 2024.** Die Verlustabzugssperre des § 14 Abs. 1 S. 1 Nr. 5 KStG aF wurde durch das Wachstumschancengesetz 2024 aufgehoben.[334] Es wurde aufgrund der Einführung des § 4k Abs. 4 EStG, der ein allgemeines Abzugsverbot für doppelt berücksichtigte Aufwendungen enthält, kein Bedarf mehr für eine zusätzliche Sonderregelung für Organschaften gesehen.[335] **3959**

Bereits zuvor standen § 14 Abs. 1 S. 1 Nr. 5 KStG aF und § 4k Abs. 4 EStG, der erstmals für Aufwendungen anzuwenden ist, die nach dem 31.12.2019 entstanden sind, in einem Konkurrenzverhältnis. Da § 4k Abs. 4 EStG die Einkommensermittlung betrifft, hatte sie Vorrang gegenüber § 14 Abs. 1 S. 1 Nr. 5 KStG aF.[336] **3960**

Während sich § 4k EStG auf den Abzug von Aufwendungen bezieht, betraf § 14 Abs. 1 S. 1 Nr. 5 KStG negative Einkünfte.[337] Es war daher denkbar, dass zB eine Organgesellschaft Aufwendungen doppelt iSd § 4k Abs. 4 EStG abzog, § 14 Abs. 1 S. 1 Nr. 5 KStG aF aber nicht eingriff, weil die Organgesellschaft insgesamt keine negativen Einkünfte erzielte.[338] Teilweise wurde § 14 Abs. 1 S. 1 Nr. 5 KStG aF deshalb kein eigener Anwendungsbereich mehr beigemessen.[339] Zugleich war indes die Regelungsreichweite des § 14 **3961**

---

[332] Vgl. Prinz/Witt Steuerliche Organschaft/Müller Rn. 28.44; DPM/Dötsch/Pung KStG § 14 Rn. 705; Schneider/Schmitz GmbHR 2013, 281 (285 f.).

[333] Vgl. dazu Prinz/Witt Steuerliche Organschaft/Müller Rn. 28.39 ff.; DPM/Dötsch/Pung KStG § 14 Rn. 676; Gosch/Neumann KStG § 14 Rn. 488.

[334] Gesetz zur Stärkung von Wachstumschancen, Investitionen und Innovation sowie Steuervereinfachung und Steuerfairness (Wachstumschancengesetz) vom 27.3.2024 (BGBl. 2024 I Nr. 108).

[335] BT-Drs. 20/9396, 30.

[336] HHR/Kolbe KStG § 14 Rn. 265; Kirchhof/Seer/Gosch EStG § 4k Rn. 3; Grotherr IStR 2020, 773 (784); Schmidt/Loschelder EStG § 4k Rn. 5; BeckOK EStG/Mann EStG § 4k Rn. 74; Musil/Weber-Grellet Europäisches Steuerrecht/Schober § 14 KStG Rn. 282; Schnitger/Oskamp IStR 2020, 909 (913); aA EStG – eKommentar/Frase § 4k Rn. 16 (nebeneinander anwendbar).

[337] HHR/Kolbe KStG § 14 Rn. 265; EStG – eKommentar/Frase EStG § 4k Rn. 16.

[338] HHR/Kolbe KStG § 14 Rn. 265; Krause DB 2019, 1097 (1098, 1100).

[339] BeckOK EStG/Mann EStG § 4k Rn. 74; FWBS/Tcherveniachki EStG § 4k Rn. 23.

Abs. 1 S. 1 Nr. 5 KStG aF insoweit größer, als er keine Ausnahme bei doppelt besteuerten Erträgen (§ 4k Abs. 4 S. 3 EStG) enthielt.[340]

3962–3972 *(einstweilen frei)*

### 4. Verlustverrechnung über die Grenze

3973 Nicht durch die Organschaftsvorschriften behandelt wird die Thematik der definitiven Verluste ausländischer Tochtergesellschaften und Betriebsstätten.

Nach dem EuGH-Urteil in der Rechtssache „Marks and Spencer"[341] und den Folgeurteilen[342] stellt sich die Frage, ob definitive Verluste ausländischer Tochtergesellschaften iRd Besteuerung einer deutschen Muttergesellschaft – unter Umständen im Rahmen einer unionsrechtskonformen Auslegung der Organschaftsvorschriften – abgezogen werden können müssen.[343] Insoweit ist auch die aktuelle Rechtsprechung des BFH zu beachten (keine grenzüberschreitende Verrechnung von (finalen) Verlusten ohne tatsächliche Verlusttragung durch eine inländische Muttergesellschaft.[344]

3974 Für ausländische Betriebsstättenverluste geht der EuGH hingegen davon aus, dass es nicht unionsrechtswidrig ist, wenn definitive Verluste nicht berücksichtigt werden, wenn der Ansässigkeitsstaat aufgrund eines DBA auf sein Besteuerungsrecht für die aus der Betriebsstätte stammenden Einkünfte verzichtet hat.[345] Der BFH hat den Abzug definitiver Verluste einer in einem anderen Mitgliedstaat belegenen Freistellungsbetriebsstätte entsprechend abgelehnt.[346]

3975–3985 *(einstweilen frei)*

## C. Grenzüberschreitende Organschaften mit Drittstaaten-Gesellschaften

3986 Im grenzüberschreitenden Drittstaaten-Kontext stellt sich insbes. die Frage, ob und unter welchen Voraussetzungen Gesellschaften mit Bezug zu einem Drittstaat Organgesellschaft (→ Rn. 3987 ff.) bzw. Organträger (→ Rn. 4026 f.) sein können.

### I. Drittstaaten-Organgesellschaft

3987 Kapitalgesellschaften mit Geschäftsleitung und/oder Sitz in Drittstaaten scheiden als taugliche Organgesellschaft aus.[347] Teilweise wird in dem Ausschluss von Kapitalgesellschaften mit Ort der Geschäftsleitung im Inland und Sitz in einem Drittstaat ein Verstoß gegen das Diskriminierungsverbot des Art. 24 Abs. 1 OECD-MA gesehen, soweit Deutschland ein entsprechendes DBA mit dem jeweiligen Drittstaat abgeschlossen hat.[348] Ein möglicher Verstoß gegen die auch Drittstaatenschutz gewährende Kapitalverkehrsfreiheit kommt infolge des Vorrangs der Niederlassungsfreiheit in Fällen mit Mehrheitsbeteiligung – wie bei einer Organgesellschaft – nicht in Betracht.[349]

3988 Zu berücksichtigen sind indes – auch bei einer unter Umständen gebotenen Erweiterung des Anwendungsbereichs der Organschaftsregelungen – die gesellschaftsrechtlichen Folgen

---

340 Kirchhof/Seer/Gosch EStG § 4k Rn. 3; Loose PIStB 2020, 73.
341 EuGH 13.12.2005 – C-446/03, ABl. 2006 C 36, 5–6 – Marks & Spencer.
342 Vgl. EuGH 15.5.2008 – C-414/06, ABl. 2008 C 171, 6 – Lidl Belgium; EuGH 25.2.2010 – C-337/08, ABl. 2010 C 100, 3–4 – X Holding; EuGH 19.6.2019 – C-607/17, ABl. 2019 C 270, 5 – Memira Holding; EuGH 19.6.2019 – C-608/17, ABl. 2019 C 270, 6 – Holmen.
343 Vgl. DPM/Dötsch/Pung KStG § 14 Rn. 103.
344 BFH 9.8.2023 – I R 26/19, BStBl. II 2024, 134 = IStR 2024, 111.
345 EuGH 22.9.2022 – C-538/20, ABl. 2022 C 424, 6 – W.
346 BFH 22.2.2023 – I R 35/22, BStBl. II 2023, 761 = IStR 2023, 363.
347 Brandis/Heuermann/Rode KStG § 14 Rn. 54; Gosch KStG/Neumann KStG § 14 Rn. 56a.
348 Benecke/Schnitger IStR 2013, 143 (144); Frotscher/Drüen/Frotscher KStG § 14 Rn. 190a; Prinz/Witt Steuerliche Organschaft/Schade/Wagner Rn. 27.10; Kessler/Arnold IStR 2016, 229.
349 EuGH 13.11.2012 – C-35/11, ABl. 2013 C 9, 9–10 = IStR 2012, 924 Rn. 91 f. – The Test Claimants in the FII Group Litigation; Jesse FR 2013, 629 (631); Frotscher/Drüen/Frotscher KStG § 14 Rn. 190a.

einer Verlegung des Ortes der Geschäftsleitung ins Inland unter Beibehaltung des statutarischen Sitzes im Drittstaat (Zuzug) (→ Rn. 4000 f.) bzw. der Verlegung des statutarischen Sitzes ins Ausland unter Beibehaltung der Geschäftsleitung im Inland (Wegzug) (→ Rn. 4013 f.).

*(einstweilen frei)* **3989–3999**

### 1. Organgesellschaft mit statutarischem Sitz und Verwaltungssitz im Ausland verlegt Verwaltungssitz ins Inland (rechtsformwahrender Zuzug)

Der BGH folgt im Verhältnis zu Drittstaaten der Sitztheorie, sodass eine aus einem Drittstaat zuziehende Kapitalgesellschaft ihre Rechtspersönlichkeit verliert und in Deutschland als Personengesellschaft anzusehen ist (ausführlich zur Sitztheorie im Fall des Zuzugs → Rn. 3769 f.).[350] Weder Personengesellschaften noch Einzelunternehmen sind taugliche Organgesellschaften nach § 14 Abs. 1 S. 1, § 17 Abs. 1 S. 1 KStG. **4000**

Eine Ausnahme von der Sitztheorie könnte zwar grds. gelten, soweit einzelne DBA ein Diskriminierungsverbot gem. Art. 24 Abs. 1 OECD-MA vorsehen. Jedoch ist zu berücksichtigen, dass der Wegzugsstaat die Verlegung des Verwaltungssitzes ins Ausland unter Fortbestand der Gesellschaft ebenfalls nicht erlaubt, soweit dort die sog. Sitztheorie gilt.[351] Nach der Rechtsprechung des EuGH darf der Wegzugsstaat die isolierte Verlegung des Verwaltungssitzes mit dem Entzug der Rechtsfähigkeit sanktionieren.[352] **4001**

*(einstweilen frei)* **4002–4012**

### 2. Organgesellschaft mit statutarischem Sitz und Verwaltungssitz im Inland verlegt statutarischen Sitz ins Ausland (identitätswahrender Herausformwechsel)

Verlegt eine nach deutschem Gesellschaftsrecht gegründete Organgesellschaft mit statutarischem Sitz und Verwaltungssitz im Inland ihren statutarischen Sitz in das Ausland, kommt sowohl nach der Sitztheorie als auch nach der Gründungstheorie das deutsche Gesellschaftsrecht zur Anwendung. Der grenzüberschreitende Herausformwechsel in einen Drittstaat unter Beibehaltung des Verwaltungssitzes ist gesellschaftsrechtlich aktuell nicht möglich.[353] **4013**

Nach britischem Recht gegründete Limiteds (Ltd.) mit Verwaltungssitz in Deutschland verloren wegen des Ausscheidens des Vereinigten Königreichs aus der EU spätestens mit Ablauf des im Austrittsabkommen geregelten Übergangszeitraums ihre zivilrechtliche Rechtsfähigkeit in Deutschland und bestanden als Personengesellschaft bzw. Einzelunternehmen fort.[354] Nach der Rechtsprechung des BFH[355] und Ansicht des BMF[356] ist die Ltd. jedoch weiterhin als Körperschaftsteuersubjekt anzusehen, solange sie nicht im Companies House gelöscht ist. Insoweit ist sie auch weiterhin taugliche Organgesellschaft. **4014**

*(einstweilen frei)* **4015–4025**

## II. Drittstaaten-Organträger

Organträger können auch Drittstaatengesellschaften sein. Dies gilt auch für eine nach britischem Recht gegründete Ltd. mit Verwaltungssitz in Deutschland, die infolge des Ausscheidens des Vereinigten Königsreichs aus der EU ihre zivilrechtliche Rechtsfähigkeit **4026**

[350] BGH 27.10.2008 – II ZR 158/06, BGHZ 178, 192 = NJW 2009, 289 Rn. 19 ff.; Jesse FR 2013, 629 (630).
[351] Jesse FR 2013, 629 (631).
[352] Vgl. EuGH 16.12.2008 – C-210/06, ABl. 2009 C 44, 3 – Cartesio; Habersack/Wicke/Luy UmwG § 333 Rn. 11, 14; Sagasser/Bula Umwandlungen/Sagasser/Clasen § 33 Rn. 24.
[353] Habersack/Wicke/Luy UmwG § 333 Rn. 24; Henssler/Strohn/Drinhausen/Keinath UmwG § 333 Rn. 2.
[354] DPM/Dötsch/Pung KStG § 14 Rn. 98; BMF 30.12.2020, BStBl. I 2021, 45 Rn. 5 f.
[355] BFH 13.10.2021 – I B 31/21, BFH/NV 2022, 357.
[356] BMF 19.7.2023, BStBl. I 2023, 1567.

verloren hat (→ Rn. 4014). Sie sind nach § 1 Abs. 1 Nr. 1 KStG bei Vorhandensein einer inländischen Geschäftsleitung so lange unbeschränkt körperschaftsteuerpflichtig, wie im Vereinigten Königreich die Gründungstheorie gilt.[357]

**4027** Die Beteiligung an der Organgesellschaft muss einer inländischen Betriebsstätte ununterbrochen während der Dauer der Organschaft zuzuordnen sein (§ 14 Abs. 1 S. 1 Nr. 2 S. 4, 5, 7 KStG). Es stellen sich insoweit dieselben rechtlichen Probleme wie bei einer EU-/EWR-Gesellschaft (→ Rn. 3806 ff.).

**4028–4100** *(einstweilen frei)*

[357] DPM/Dötsch/Pung KStG § 14 Rn. 120.

# § 15 Organschaft und Umwandlungen

## Übersicht

## A. Einführung

### I. Fragestellungen und Praxisprobleme

Weder die Vorschriften zur Organschaft im Körperschaftsteuergesetz noch das Umwandlungssteuergesetz beinhalten explizit Regelungen zu den Folgen einer Umwandlung auf ein bestehendes Organschaftsverhältnis. Darüber hinaus sind Regelungen des Aktiengesetzes aufgrund der Voraussetzung des Bestehens eines Gewinnabführungsvertrages als wesentliche Voraussetzung für die Anerkennung einer Organschaft von Bedeutung. Es sind aber auch die Regelungen des Umwandlungsgesetzes zu beachten. In beiden Fällen fehlt es ebenfalls an expliziten Regelungen zu den Auswirkungen einer Umwandlung auf einen bestehenden Gewinnabführungsvertrag („normatives Vakuum"). **4101**

Aufgrund dessen müssen die jeweiligen Folgen eines Umwandlungsvorgangs durch die Kombination verschiedener einzelgesetzlicher Regelungen des Zivilrechts und des Steuerrechts abgeleitet werden, was in einer besonderen Komplexität mündet.[1] **4102**

Einerseits ergeben sich Fragestellungen nach den Folgen von Umwandlungsvorgängen auf bestehende Gewinnabführungsverträge und damit bestehende Organschaftsverhältnisse, andererseits nach der Möglichkeit der (rückwirkenden) erstmaligen Begründung einer Organschaft. Darüber hinaus sind die Folgen von Umwandlungen auf die organschaftliche Einkommensermittlung und -zurechnung zu beachten. **4103**

### II. Steuerrechtliche Grundlagen

Im Hinblick auf das Körperschaftsteuergesetz sind von den Regelungen nach § 14 KStG und § 17 KStG zur Organschaft insbesondere von Bedeutung **4104**

- die finanzielle Eingliederung gem. § 14 Abs. 1 S. 1 Nr. 1 KStG,
- die fünfjährige Laufzeit des Gewinnabführungsvertrags bei Abschluss gem. § 14 Abs. 1 S. 1 Nr. 3 KStG und die mögliche vorzeitige Beendigung aufgrund des Umwandlungsvorgangs,
- der Zeitpunkt der Beendigung der Organschaft bei unterjähriger Beendigung des Gewinnabführungsvertrags nach § 14 Abs. 1 S. 1 Nr. 3 S. 3 KStG aufgrund des Umwandlungsvorgangs,
- die Zuordnung zu einer inländischen Betriebsstätte § 14 Abs. 1 S. 1 Nr. 2 S. 4 KStG,
- die Organträgereigenschaft nach § 14 Abs. 1 S. 1 Nr. 2 S. 1 KStG und der Umwandlungsvorgang,
- die Organgesellschaftseigenschaft nach § 14 Abs. 1 S. 1 KStG und § 17 KStG und der Umwandlungsvorgang,
- die vororganschaftlichen Mehr- und Minderabführungen nach § 14 Abs. 3 KStG im Zuge des Umwandlungsvorgangs,

[1] Vgl. Pichler NWB 2018, 2640 (2643).

- die Einlagelösung nach § 14 Abs. 4 KStG in Bezug auf sog. Mehr- und Minderabführungen in organschaftlicher Zeit aufgrund des Umwandlungsvorgangs.

4105 Das Umwandlungssteuergesetz beinhaltet zwar keine expliziten Regelungen zu den Folgen von Umwandlungsvorgängen auf eine bestehende Organschaft.

Zu berücksichtigen ist aber die über § 4 Abs. 2 S. 1 UmwStG mit weiteren Verweisen angeordnete steuerliche Gesamtrechtsnachfolge (sog. Fußstapfentheorie) im Hinblick auf das Merkmal der finanziellen Eingliederung der Gesellschaft im Fall von Umwandlungsvorgängen auf Ebene des Organträgers.

Des Weiteren sind die Regelungen zur steuerlichen Rückwirkung in §§ 2 ff. UmwStG bei der Abgrenzung des Organeinkommens bei Umwandlungsvorgängen auf Ebene der Organgesellschaft von Bedeutung.

### III. Zivilrechtliche Grundlagen

4106 Durch das Abstellen auf das Bestehen eines Gewinnabführungsvertrags zwischen dem Organträger und der Organgesellschaft, als eine wesentliche Voraussetzung für die Anerkennung der Organschaft, sind insbesondere die Regelungen in §§ 291 ff. AktG zu den Gewinnabführungsverträgen von Bedeutung. Das Aktiengesetz enthält keine expliziten Vorschriften über die Auswirkungen von Umwandlungsvorgängen auf einen bestehenden Gewinnabführungsvertrag. Über die aktienrechtlichen Regelungen kann es aber zu einer Beendigung eines bestehenden Gewinnabführungsvertrags in bestimmten Umwandlungsfällen kommen.

4107 Das Umwandlungsgesetz, das grundsätzlich den Ablauf der verschiedenartigen Umwandlungsvorgänge rechtsformübergreifend detailliert regelt, enthält selbst ebenfalls keine Spezialregeln zu organschaftlich eingebundenen Unternehmen bzw. zu den Auswirkungen der Umwandlungsvorgänge auf zwischen den an den Umwandlungsvorgängen beteiligten Rechtsträgern bestehenden Unternehmensverträgen wie zB einem Gewinnabführungsvertrag. Das Umwandlungsgesetz beinhaltet eine umfassende Gesamtrechtsnachfolge des übernehmenden Rechtsträgers in Bezug auf Rechtsverhältnisse des übertragenden Rechtsträgers. Diese umfasst grundsätzlich auch bestehende Gewinnabführungsverträge.

Inwieweit ein Gewinnabführungsvertrag im Rahmen eines Umwandlungsvorgangs fortbesteht oder beendet wird, ist im Wesentlichen davon abhängig, ob es sich um eine Umwandlung auf Ebene des herrschenden oder des beherrschten Unternehmens handelt. Als „Dicke-Daumen-Regelung" gilt, dass Umwandlungen des Organträgers nicht zur Beendigung eines bestehenden Gewinnabführungsvertrags führen, sondern dass dieser im Verhältnis zum übernehmenden Rechtsträger fortgesetzt wird, während Umwandlungen der Organgesellschaft zu einer Beendigung eines bestehenden Gewinnabführungsvertrags führen.[2]

Das Umwandlungsgesetz regelt darüber hinaus die wirtschaftliche Rückwirkung für Umwandlungsvorgänge auf den Stichtag der Schlussbilanz gem. § 17 UmwG, welche insbesondere von Bedeutung für die Abgrenzung von Gewinnen und Verlusten im Hinblick auf den Gewinnabführungsvertrag bei unterjähriger Umwandlung der Organgesellschaft ist.

Nicht im Umwandlungsgesetz geregelt sind umwandlungsähnliche Vorgänge wie die Einbringung, bei der Vermögen im Wege der Einzelrechtsnachfolge übergeht, oder die ebenfalls mit einer zivilrechtlichen Gesamtrechtsnachfolge verbundene Anwachsung.

4108–4118 *(einstweilen frei)*

---

2 Vgl. Dötsch GmbHR 2012, 175 (176).

## B. Auswirkungen von Umwandlungsvorgängen auf Gewinnabführungsverträge

In den nachstehenden Kapiteln erfolgt eine detaillierte Darstellung der verschiedenartigen Auswirkungen von Umwandlungsvorgängen auf Gewinnabführungsverträge in Bezug auf Zivilrecht, Steuerrecht und Handelsrecht.

### I. Allgemeines zur Beendigung von Gewinnabführungsverträgen

Der Gewinnabführungsvertrag gehört zu den Unternehmensverträgen iSd § 291 AktG. Mit Abschluss eines Gewinnabführungsvertrags nach § 291 Abs. 1 AktG verpflichtet sich eine Gesellschaft (abhängiges Unternehmen), ihren ganzen Gewinn an ein anderes Unternehmen (herrschendes Unternehmen) abzuführen. Für den anderen Vertragsteil (herrschendes Unternehmen) ergibt sich aus § 302 Abs. 1 AktG eine Verlustausgleichsverpflichtung während der Vertragsdauer. **4119**

Die Beendigung eines Gewinnabführungsvertrags bestimmt sich allein nach gesellschaftsrechtlichen Grundsätzen.[3] Die Gründe für die jeweilige Beendigung sind vielfältig. Diese können sein: **4120**

- der Ablauf einer im Vertrag festgelegten Dauer[4]
- eine Aufhebung gem. § 296 AktG
- eine ordentliche Kündigung
- eine außerordentliche Kündigung aus wichtigem Grund gem. § 297 Abs. 1 AktG
- eine außerordentliche Kündigung aus wichtigem Grund bei Eintritt eines im Vertrag festgelegten Beendigungsgrundes
- eine Vertragsbeendigung gem. § 307 AktG zur Sicherung außenstehender Aktionäre.

Bei Vorliegen eines wichtigen Grunds iSv § 297 Abs. 1 AktG kann beiderseitig sowohl vom herrschenden als auch vom abhängigen Unternehmen fristlos gekündigt werden.[5] Das beiderseitige Kündigungsrecht leitet sich daraus ab, dass ein Gewinnabführungsvertrag als Organisationsvertrag einem Dauerschuldverhältnis gleicht, das für beide Vertragsteile stets aus wichtigem Grund kündbar ist.[6] **4121**

Ein Gewinnabführungsvertrag ist ein beidseitiger Vertrag mit sich gegenseitig bedingenden Rechten und Pflichten in Form der Gewinnabführungsverpflichtung der beherrschten Gesellschaft auf der einen Seite und der Verlustausgleichsverpflichtung der herrschenden Gesellschaft auf der anderen Seite. Aus diesem Verständnis heraus ist ein Umwandlungsvorgang grundsätzlich als ein wichtiger Grund iSv § 297 Abs. 1 AktG in der Weise anzusehen, als dass sich durch den Umwandlungsvorgang die rechtliche Identität zumindest bei einer der beteiligten Vertragsparteien ändert.[7]

In Umwandlungsfällen entsteht damit ein Spannungsverhältnis zwischen der organisationsrechtlichen Forderung nach der Identität der beteiligten Vertragsparteien einerseits und der zivilrechtlichen Gesamt- oder Sonderrechtsnachfolge für Umwandlungsvorgänge nach dem UmwG andererseits.[8] **4122**

---

[3] Vgl. Fichtelmann GmbHR 2010, 576; Heurung/Engel/Müller-Thomczik GmbHR 2012, 1228; Deilmann NZG 2015, 461.

[4] Vgl. Goette/Habersack/Kalss/Altmeppen AktG § 297 Rn. 55; Hölters/Weber/Deilmann AktG § 297 Rn. 34; Emmerich/Habersack/Emmerich AktG § 297 Rn. 33.

[5] Vgl. Stilz/Veil/Veil/Walla AktG § 297 Rn. 6; Goette/Habersack/Kalss/Altmeppen AktG § 297 Rn. 1; Koch AktG § 297 Rn. 3.

[6] Vgl. Goette/Habersack/Kalss/Altmeppen AktG § 297 Rn. 16.

[7] Vgl. Müller BB 2002, 157 (157); Herlinghaus FR 2004, 974 (975); Fichtelmann GmbHR 2010, 576; DPM/Dötsch UmwStG Anhang 1 Rn. 3; Schmitt/Hörtnagl/Winter UmwG § 20 Rn. 55.

[8] Vgl. RHvL/Herlinghaus UmwStG Anhang 4 Rn. 6.

Inwieweit ein Gewinnabführungsvertrag im Rahmen eines Umwandlungsvorgangs fortbesteht oder beendet wird, ist letztlich im Wesentlichen davon abhängig, ob es sich um eine Umwandlung auf Ebene des herrschenden oder des beherrschten Unternehmens handelt.

Bei einem Umwandlungsvorgang auf Ebene des herrschenden Unternehmens besteht der Gewinnabführungsvertrag idR fort. Der mit dem teilweisen Austausch der am ursprünglichen Vertragsabschluss beteiligten Parteien gegebene Kündigungsgrund, tritt hinter dem vorrangigeren Interesse zurück, dass man sich durch einen Umwandlungsvorgang nicht den Pflichten aus dem Vertrag und in Bezug auf das herrschende Unternehmen konkret der Verlustausgleichsverpflichtung entziehen kann.[9] Konsequent ist in diesem Zusammenhang auch, dass in diesem Fall aber eine Kündigung nach § 297 Abs. 1 S. 2 AktG seitens des beherrschten Unternehmens möglich ist, wenn das herrschende Unternehmen aufgrund des Umwandlungsvorgangs zukünftig voraussichtlich nicht in der Lage ist, seine Verpflichtungen aus dem Gewinnabführungsvertrag weiterhin erfüllen zu können.[10]

Ein Umwandlungsvorgang auf Ebene des beherrschten Unternehmens führt hingegen idR zu einem Erlöschen des Gewinnabführungsvertrages mit der zivilrechtlichen Wirksamkeit des Umwandlungsvorgangs aufgrund dessen Eintragung in das Handelsregister. Es kommt in diesen Fällen zu einer Zwangsbeendigung des Gewinnabführungsvertrages, da ansonsten ohne das Zutun des übernehmenden Rechtsträgers dieser in die Stellung einer abhängigen Gesellschaft gedrängt würde, was ohne Beteiligung der Organe der Gesellschaft nicht zulässig ist.[11]

4123–4133 *(einstweilen frei)*

## II. 5-jährige Mindestlaufzeit und Beendigung von Gewinnabführungsverträgen aus wichtigem Grund aus steuerlicher Sicht

4134 Wird ein Gewinnabführungsvertrag beendet, dann führt dies zur Beendigung der steuerlichen Organschaft.[12] Wenn der Gewinnabführungsvertrag vor Ablauf von fünf Jahren beendet wird, stellt sich aus steuerlicher Sicht (immer) die Frage nach einem wichtigen Grund iSd § 14 Abs. 1 S. 1 Nr. 3 S. 2 KStG für die Beendigung.[13] Das Vorliegen eines wichtigen Grunds ist für steuerliche Zwecke entscheidend dafür, ob der Gewinnabführungsvertrag, trotz seiner vorzeitigen Beendigung, für die Jahre seiner Durchführung weiterhin steuerlich anerkannt wird.[14] Inwieweit ein solcher wichtiger Grund iSd § 14 Abs. 1 S. 1 Nr. 3 S. 2 KStG im konkreten Einzelfall gegeben ist, bestimmt sich dabei nicht alleine anhand der zivilrechtlich durch § 297 AktG vorgegebenen Maßstäbe, vielmehr ist der Begriff rein steuerlich zu interpretieren, auch wenn er in vielen Fällen mit dem zivilrechtlichen Verständnis nach dem Aktienrecht deckungsgleich ist.[15] Von der Finanzverwaltung werden insbesondere

- die Veräußerung oder Einbringung der Organbeteiligung durch den Organträger,
- die Verschmelzung, Spaltung (Aufspaltung, Abspaltung und Ausgliederung) oder Liquidation des Organträgers,
- die Verschmelzung, Spaltung (Aufspaltung, Abspaltung und Ausgliederung) oder Liquidation der Organgesellschaft

9 Vgl. BGH 16.7.2019 – II ZR 175/18, BGHZ 223, 13; Goette/Habersack/Kalss/Altmeppen AktG § 297 Rn. 55; Hölters/Weber/Deilmann AktG § 297 Rn. 35.

10 Vgl. hierzu insgesamt Fichtelmann GmbHR 2010, 579; Emmerich/Habersack/Emmerich KonzernR § 19 Rn. 45.

11 Vgl. Müller BB 2002, 159; Lutter/Grunewald UmwG § 20 Rn. 38.

12 Vgl. Fichtelmann GmbHR 2010, 576.

13 Vgl. Prinz/Solowjeff DB 2023, 1433 (1434).

14 Vgl. Heurung/Engel/Müller-Thomczik GmbHR 2012, 1228.

15 Vgl. BFH 13.11.2013 – I R 45/12, BStBl. II 2014 Rn. 21; zum Verhältnis der Gründe für eine außerordentlichen Kündigung nach § 297 Abs. 1 AktG und der von der Finanzverwaltung als wichtiger Grund iSd § 14 Abs. 1 S. 1 Nr. 3 S. 2 KStG akzeptierten weiteren Gründe vgl. auch Gosch KStG/Neumann KStG § 14 Rn. 260–263.

als wichtiger Grund zur Beendigung des Gewinnabführungsvertrags innerhalb einer Laufzeit von fünf Zeitjahren anerkannt.[16]

Dies gilt (aber nur) mit der Einschränkung, dass im Zeitpunkt des Vertragsabschlusses nicht bereits feststand, dass es zu einer verkürzten Laufzeit kommen würde.[17] Dies wäre gegeben, wenn zB die Veräußerung der Organbeteiligung bereits bei Vertragsschluss geplant ist und auch tatsächlich innerhalb des Fünfjahreszeitraums erfolgt.[18]

Für den Fall der Verschmelzung von Organträger und Organgesellschaft und der damit **4135** verbundenen Beendigung des Gewinnabführungsvertrags durch Konfusion hat der BFH im Fall der Aufwärtsverschmelzung dies ausdrücklich als unschädlichen Vorgang bestätigt.[19] Im Rahmen des Umwandlungssteuererlasses unterscheidet die Finanzverwaltung nicht mehr anhand des konkreten Umwandlungsvorgangs, sondern sieht grundsätzlich alle Umwandlungsvorgänge nach dem UmwG sowohl auf Ebene des Organträgers als auch auf Ebene der Organgesellschaft – ausgenommen den Fall des Formwechsels – dem Grunde nach als unschädlichen Vorgang.[20]

Ein Formwechsel des Organträgers wird ebenso wie der Formwechsel der Organgesell- **4136** schaft von der Finanzverwaltung nicht als wichtiger Grund iSd § 14 Abs. 1 S. 1 Nr. 3 S. 2 KStG angesehen.[21] Beim Formwechsel der Organgesellschaft wird hingegen seitens der Finanzverwaltung ein wichtiger Grund iSd § 14 Abs. 1 S. 1 Nr. 3 S. 2 KStG angenommen, sofern es sich nicht lediglich um einen Formwechsel von der Kapitalgesellschaft in eine andere Kapitalgesellschaft handelt.[22]

In diesem Zusammenhang gilt es zu beachten, dass für die Praxis generell empfohlen **4137** wird, bei Abschluss des Gewinnabführungsvertrages ein beidseitiges außerordentliches Kündigungsrecht insbesondere für die konkret seitens der Finanzverwaltung unschädlichen Fälle aufzunehmen.[23] Hier gilt es aber die neuere Rechtsprechung des BFH[24] in Bezug auf vertraglich vereinbarte wichtige Kündigungsgründe zu beachten, wonach trotz oder gerade wegen dieser vertraglich vereinbarten wichtigen Kündigungsgründe immer der konkrete Einzelfall zu prüfen ist, ob tatsächlich ein unschädlicher wichtiger Kündigungsgrund iSd § 14 Abs. 1 S. 1 Nr. 3 S. 2 KStG vorliegt.[25]

Tritt im Rahmen eines Umwandlungsvorgangs der übernehmende Rechtsträger in den **4138** mit dem übertragenden Rechtsträger bestehenden Gewinnabführungsvertrag ein, sind in Bezug auf die nach § 14 Abs. 1 S. 1 Nr. 3 S. 1 KStG geforderte Mindestlaufzeit von 5 Jahren die (ursprüngliche) Laufzeit auf Ebene des übertragenden Rechtsträgers und die nachfolgende Laufzeit auf Ebene des übernehmenden Rechtsträgers zusammenzurechnen.[26]

---

16 Vgl. KStR 14.5 Abs. 6 S. 2. Der neue Umwandlungssteuererlass verweist nunmehr auf R 14.5 Abs. 6 Satz 2 KStR 2022. Vgl. BMF 2.1.2025, BStBl. I 2025, 92 Tz. Org.12 und Org.26.

17 Vgl. KStR 14.5 Abs. 6 S. 3, BMF 2.1.2025, BStBl. I 2025, 92 Tz. Org.26.

18 Vgl. Gosch KStG/Neumann KStG § 14 Rn. 262; DPM/Dötsch UmwStG Anhang 1 Rn. 624.

19 Vgl. BFH 11.7.2023 – I R 36/20, BStBl. II 2024, 419 Rn. 53. Der neue Umwandlungssteuererlass verweist für den Fall der Aufwärtsverschmelzung ebenfalls auf die Rechtsprechung des BFH vom 11.7.2023 – I R 36/20, BStBl. II 2024, 419. Vgl. BMF 2.1.2025, BStBl. I 2025, 92 Tz. Org.26.

20 Vgl. BMF 2.1.2025, BStBl. I 2025, 92 Tz. Org.12 und Org.26, welcher nicht mehr zwischen der Aufwärts- und Abwärtsverschmelzung differenziert, sondern sich an KStR 14.5 Abs. 6. S. 2 orientiert, der generell Verschmelzungen auf Ebene des Organträgers und der Organgesellschaft als unschädlich ansieht; vgl. Link DStR 2024, 1056 (1062).

21 Vgl. BMF 2.1.2025, BStBl. I 2025, 92 Tz. Org.12 S. 2; DPM/Dötsch UmwStG Anhang 1 Rn. 11.

22 Vgl. BMF 2.1.2025, BStBl. I 2025, 92 Tz. Org.26; DPM/Dötsch UmwStG Anhang 1 Rn. 19.

23 Vgl. Fichtelmann GmbHR 2010, 579.

24 Vgl. BFH 13.11.2013 – I R 45/12, BStBl. II 2014, 486.

25 Daher ist entsprechend Prinz/Solowjeff DB 2023, 1433 (1434) anzuraten, im Hinblick auf das Vorliegen eines wichtigen Grundes zur außerordentlichen Kündigung bei einer anstehenden Umwandlung dies vorab im Rahmen einer verbindlichen Auskunft mit dem Finanzamt abzustimmen.

26 Vgl. BMF 2.1.2025, BStBl. I 2025, 92 Tz. Org.11; DPM/Dötsch UmwStG Anhang 1 Rn. 10.

## III. Umwandlungsvorgänge auf Ebene des herrschenden Unternehmens (als übertragender und übernehmender Rechtsträger)

In welchen Umwandlungsfällen der Gewinnabführungsvertrag zivilrechtlich fortbesteht bzw. beendet wird und in welchen Fällen sich zivilrechtlich ein wichtiger Grund zur (fristlosen) Kündigung ergeben kann, ist den nachfolgenden Einzelfällen zu entnehmen.

### 1. Verschmelzung

***Verschmelzung auf einen dritten Rechtsträger***

4139 Im Rahmen der Verschmelzung auf einen dritten Rechtsträger wird das Vermögen des herrschenden Unternehmens (übertragender Rechtsträger) als Ganzes im Wege der Gesamtrechtsnachfolge auf den übernehmenden Rechtsträger übertragen (§ 2 UmwG). Die herrschende Gesellschaft als übertragender Rechtsträger erlischt ohne Durchführung einer Liquidation (§ 20 Abs. 1 UmwG). Die Rechte und Pflichten aus dem Gewinnabführungsvertrag gehen aufgrund der zivilrechtlichen Gesamtrechtsnachfolge auf den übernehmenden Rechtsträger über. Der übernehmende Rechtsträger tritt somit in den bestehenden Gewinnabführungsvertrag ein.[27] In diesem Fall könnte sich für die abhängige Gesellschaft ggf. ein außerordentliches Kündigungsrecht aus wichtigem Grund nach § 297 Abs. 1 S. 2 AktG ergeben, wenn sich die wirtschaftliche Lage des Vertragspartners durch die Verschmelzung auf den dritten Rechtsträger derart verschlechtert, dass dieser seine Verpflichtungen aus dem Gewinnabführungsvertrag nicht mehr erfüllen kann.[28] Es bedarf jedoch einen Nachweis über die voraussichtliche Leistungsunfähigkeit des „neuen" Vertragspartners.[29]

***Verschmelzung eines dritten Rechtsträgers auf die herrschende Gesellschaft***

4140 In Umwandlungsfällen, in denen ein dritter Rechtsträger auf das herrschende Unternehmen als übernehmender Rechtsträger verschmolzen wird, besteht der Gewinnabführungsvertrag fort, da lediglich ein für das Schicksal des Unternehmensvertrages unerheblicher Vermögenszuwachs des herrschenden Unternehmens vorliegt.[30] In (Ausnahme-)Fällen, in denen sich die wirtschaftliche Lage durch die Verschmelzung eines dritten Rechtsträgers auf das herrschende Unternehmen verschlechtert, würde dem abhängigen Unternehmen ebenso ein außerordentliches Kündigungsrecht aus wichtigem Grund zustehen.[31]

***Verschmelzung von herrschender und abhängiger Gesellschaft***

4141 Wird das herrschende auf das abhängige Unternehmen oder umgekehrt das abhängige auf das herrschende Unternehmen verschmolzen, endet der Gewinnabführungsvertrag aufgrund von Konfusion.[32]

---

[27] Vgl. OLG Karlsruhe 7.12.1990 – 15 U 256/89, DStR 1991, 360; LG Bonn 30.1.1996 – 11 T 1/96, GmbHR 1996, 774 (775 f.); OLG Köln 8.10.2009 – 18 U 57/09, NZG 2010, 225; Schmitt/Hörtnagl/Winter UmwG § 20 Rn. 58; Grunewald/Lutter UmwG § 20 Rn. 40, mwN; Müller BB 2002, 157; Goette/Habersack/Kalss/Altmeppen AktG § 297 Rn. 125; Emmerich/Habersack/Emmerich AktG § 297 Rn. 22, 23.

[28] Vgl. Müller BB 2002, 157; Schmitt/Hörtnagl/Winter UmwG § 20 Rn. 58.

[29] Vgl. Müller BB 2002, 157.

[30] Vgl. Schmitt/Hörtnagl/Winter UmwG § 20 Rn. 59; Stilz/Veil/Veil/Walla AktG § 297 Rn. 42; Emmerich/Habersack/Emmerich AktG § 297 Rn. 44; Goette/Habersack/Kalss/Altmeppen AktG § 297 Rn. 125; Hölters/Weber/Deilmann AktG § 297 Rn. 34.

[31] Vgl. Müller BB 2002, 157.

[32] Vgl. Stilz/Veil/Veil/Walla AktG § 297 Rn. 43; Goette/Habersack/Kalss/Altmeppen AktG § 297 Rn. 130; Emmerich/Habersack/Emmerich AktG § 297 Rn. 38.

## 2. Auf- und Abspaltung, Ausgliederung

***Aufspaltung***

Im Rahmen der Aufspaltung geht das Vermögen des herrschenden Unternehmens (übertragender Rechtsträger) nach Maßgabe des Spaltungsvertrags (Spaltung zur Aufnahme gem. § 126 Abs. 1 UmwG) respektive des Spaltungsplans (Spaltung zur Neugründung gem. § 136 UmwG) im Wege der Gesamtrechtsnachfolge auf die übernehmenden Rechtsträger über (§ 131 Abs. 1 Nr. 1 UmwG). Die herrschende Gesellschaft als übertragender Rechtsträger erlischt ohne Durchführung einer Liquidation (§ 131 Abs. 1 Nr. 1 S. 1 UmwG). Der bestehende Gewinnabführungsvertrag kann einem der übernehmenden Rechtsträger zugewiesen werden.[33] Voraussetzung hierfür ist jedoch, dass der Gewinnabführungsvertrag in dem Spaltungsvertrag oder -plan hinreichend genau bestimmt werden muss.[34] Wird die Übertragung des Gewinnabführungsvertrags nicht ausdrücklich geregelt, erlischt dieser im Zuge des Spaltungsvorgangs.[35] Der abhängigen Gesellschaft steht ein außerordentliches Kündigungsrecht aus wichtigem Grund nach § 297 Abs. 1 S. 2 AktG zu, wenn die herrschende Gesellschaft wirtschaftlich voraussichtlich nicht in der Lage sein wird, ihren vertraglichen Pflichten nachzukommen.[36] Bisher ist ungeklärt, ob für die Übertragung des Gewinnabführungsvertrags die Zustimmung der Anteilseigner des übernehmenden Rechtsträgers erforderlich ist.[37] Fraglich ist ebenfalls, inwieweit Unternehmensverträge mehreren übernehmenden Rechtsträgern zugewiesen werden können.[38] **4142**

***Abspaltung***

Bei der Abspaltung wird ein Teil oder mehrere Teile des Vermögens des herrschenden Unternehmens (übertragender Rechtsträger) im Wege der partiellen Gesamtrechtsnachfolge auf einen oder mehrere entweder bereits bestehende oder neu zu gründende Rechtsträger übertragen (§ 123 Abs. 2 Nr. 1 und 2 UmwG). Der übertragende Rechtsträger erlischt im Zuge des Abspaltungsvorgangs nicht. Wird die Rechtsposition aus dem Gewinnabführungsvertrag – nach Maßgabe des Spaltungsvertrags oder -plans – im Zuge der Abspaltung auf den übernehmenden Rechtsträger übertragen, tritt dieser im Wege der zivilrechtlichen Rechtsnachfolge in den bestehenden Gewinnabführungsvertrag ein.[39] Es ergibt sich für die abhängige Gesellschaft – analog zur Verschmelzung der herrschenden Gesellschaft auf einen dritten Rechtsträger – ein neuer Vertragspartner.[40] Der abhängigen Gesellschaft steht ein außerordentliches Kündigungsrecht aus wichtigem Grund gem. § 297 Abs. 1 AktG zu.[41] **4143**

Verbleibt der Gewinnabführungsvertrag bei der herrschenden Gesellschaft wird dieser unverändert fortgeführt.[42] In Fällen, in denen die herrschende Gesellschaft wesentliche Betriebsgrundlagen abspaltet und somit im Anschluss an die Abspaltung nicht mehr ausreichend wirtschaftlich leistungsfähig ist, um ihren vertraglichen Pflichten nachzukommen, besteht für die abhängige Gesellschaft ein Recht zur Kündigung aus wichtigem Grund gem. § 297 Abs. 1 S. 2 AktG.[43]

---

33 Vgl. Müller BB 2002, 157 (158); Semler/Stengel/Leonard/Schröer/Greitemann UmwG § 131 Rn. 29; Hölters/Weber/Deilmann AktG § 297 Rn. 35.

34 Vgl. Emmerich/Habersack/Emmerich AktG § 297 Rn. 46.

35 Vgl. Schmitt/Hörtnagl/Hörtnagl UmwG § 126, Rn. 92 mwN und § 131 Rn. 61.

36 Vgl. Müller BB 2002, 157 (159).

37 Vgl. Emmerich/Habersack/Emmerich AktG § 297 Rn. 46.

38 Vgl. Hölters/Weber/Deilmann AktG § 297 Rn. 35.

39 Vgl. Schmitt/Hörtnagl/Hörtnagl UmwG § 131 Rn. 59; Stilz/Veil/Veil/Walla AktG § 297 Rn. 44; Goette/Habersack/Kalss/Altmeppen AktG § 297 Rn. 126 f.; Emmerich/Habersack/Emmerich AktG § 297 Rn. 46.

40 Vgl. Müller BB 2002, 157 (158).

41 Vgl. Müller BB 2002, 157 (158); Schmitt/Hörtnagl/Hörtnagl UmwG § 131, Rn. 59.

42 Vgl. Müller BB 2002, 157 (158); Schmidt/Lutter/Langenbucher AktG § 297; MüKoAktG/Altmeppen AktG § 297 Rn. 126.

43 Vgl. Müller BB 2002, 157 (158).

*Ausgliederung*

4144 Die Ausgliederung unterscheidet sich lediglich dahingehend von der Abspaltung, dass die Anteile an dem übernehmenden Rechtsträger nicht den Anteilseignern des übertragenden Rechtsträgers, sondern diesem selbst gewährt werden (§ 123 Abs. 3 UmwG). Soll der Gewinnabführungsvertrag bei dem bisherigen herrschenden Unternehmen verbleiben, ändert sich – im Gegensatz zum Abspaltungsfall – nicht die Vermögenssituation des übertragenden Rechtsträgers, da dieser als Gegenleistung für die Vermögensübertragung im Rahmen der Ausgliederung selbst Anteile an dem übernehmenden Rechtsträger erhält.[44] Anders als bei der Abspaltung steht der abhängigen Gesellschaft daher in diesen Fällen, in denen der bestehende Gewinnabführungsvertrag bei der herrschenden Gesellschaft verbleibt, grundsätzlich kein außerordentliches Recht zur Kündigung aus wichtigem Grund nach § 297 Abs. 1 S. 2 AktG zu.[45]

In Ausgliederungsfällen, in denen der bestehende Gewinnabführungsvertrag als Teil des ausgegliederten Vermögens auf den übernehmenden Rechtsträger übergeht, gelten die Ausführungen zur Abspaltung.[46]

### 3. Formwechsel

4145 Im Rahmen eines Formwechsels iSd § 190 UmwG wird lediglich das Rechtskleid des herrschenden Unternehmens geändert, während die Identität als Rechtsträger erhalten bleibt.[47] Der Formwechsel hat somit keinen Einfluss auf einen bestehenden Gewinnabführungsvertrag.[48]

### 4. Einbringung und Anwachsung

4146 Neben den durch das Umwandlungsgesetz als „Spezialgesetz“ eröffneten Möglichkeiten der Umwandlung können diese auch auf der Grundlage der allgemeinen gültigen zivilrechtlichen Regelungen erfolgen. Hier sind insbesondere Einbringungs- und Anwachsungsvorgänge von Bedeutung.

*Einbringung*

4147 In Einbringungsfällen erfolgt die Übertragung von Vermögen gegen Gewährung von (Gesellschafts-)Anteilen im Rahmen einer Sachgründung oder Sachkapitalerhöhung im Wege der Einzelrechtsnachfolge, sodass ein Eintritt des übernehmenden Rechtsträgers in die Rechte und Pflichten des Gewinnabführungsvertrags ausgeschlossen ist. Der Gewinnabführungsvertrag bleibt daher grundsätzlich unverändert bestehen.

Demnach ist ein bestehender Gewinnabführungsvertrag mit dem Einbringenden zu beenden und ein neuer Gewinnabführungsvertrag zwischen der abhängigen Organgesellschaft und dem übernehmenden Rechtsträger abzuschließen.[49]

4148 Im Hinblick auf die Beendigung des Gewinnabführungsvertrags besteht die Möglichkeit der einvernehmlichen Aufhebung gem. § 296 AktG durch beide Vertragsparteien oder die außerordentliche Kündigung aus wichtigem Grund, wenn dieser für Einbringungs- und Ausgliederungsfälle vorab im zugrundeliegenden Gewinnabführungsvertrag festgelegt wurde.

---

[44] Vgl. Müller BB 2002, 157 (159).

[45] Vgl. Müller BB 2002, 157 (159).

[46] Vgl. Müller BB 2002, 157 (159).

[47] Vgl. Schmitt/Hörtnagl/Winter UmwG § 190, Rn. 1.

[48] Vgl. Müller BB 2002, 157 (158).

[49] Vgl. DPM/Dötsch UmwStG Anhang 1 Rn. 6; Gosch KStG/Neumann KStG § 14 Rn. 286; RHvL/Herlinghaus UmwStG Anhang 4 Rn. 26.

***Anwachsung***
In Fällen, in denen durch Anwachsung des Vermögens auf den „letzten" Gesellschafter einer Organträger-Personengesellschaft diese erlischt, bewirkt die mit der Anwachsung verbundene Rechtsnachfolge in das Gesamthandsvermögen der Personengesellschaft, dass die Rechte und Pflichten aus dem Gewinnabführungsvertrag auf den „letzten" Gesellschafter (übernehmender Rechtsträger) übergehen.[50] **4149**

### 5. Umwandlung auf Ebene des herrschenden Unternehmens als wichtiger Grund für die vorzeitige Aufhebung des Gewinnabführungsvertrags

In Fällen, in denen der Gewinnabführungsvertrag bestehen bleibt, ergibt sich für die abhängige Gesellschaft dann ein wichtiger Grund für eine außerordentliche Kündigung nach § 297 Abs. 1 S. 2 AktG, wenn sich die wirtschaftlichen Verhältnisse der herrschenden Gesellschaft derart verschlechtern, dass diese voraussichtlich nicht in der Lage sein wird, ihren vertraglichen Verpflichtungen nachzukommen. Die wirtschaftliche Leistungsunfähigkeit muss sich zum Vorliegen eines wichtigen Grunds jedoch belegbar abzeichnen.[51] **4150**

*(einstweilen frei)* **4151–4161**

## IV. Umwandlungsvorgänge auf Ebene der abhängigen Gesellschaft (als übertragender und übernehmender Rechtsträger)

### 1. Verschmelzung

***Verschmelzung auf einen dritten Rechtsträger***
Wird das Vermögen der abhängigen Gesellschaft auf einen anderen Rechtsträger verschmolzen, dann erfolgt trotz der Vermögensübertragung im Wege der Gesamtrechtsnachfolge eine zwingende Beendigung eines bestehenden Gewinnabführungsvertrags.[52] Dies ergibt sich daraus, dass andernfalls dem übernehmenden Rechtsträger die Rechte und Pflichten aus dem Gewinnabführungsvertrag ohne Beteiligung der verantwortlichen Organe „aufgezwungen" würden.[53] **4162**

***Verschmelzung eines dritten Rechtsträgers auf die abhängige Gesellschaft***
Vermögen im Wege der Gesamtrechtsnachfolge auf die abhängige Gesellschaft als übernehmenden Rechtsträger über.[54] Die Verschmelzung auf die abhängige Gesellschaft hat keinen Einfluss auf einen bestehenden Gewinnabführungsvertrag.[55] Es ergibt sich jedoch ein außerordentliches Kündigungsrecht aus wichtigem Grund gem. § 297 Abs. 1 AktG für die herrschende Gesellschaft, wenn sich die wirtschaftliche Lage der abhängigen Gesellschaft nachweislich derart **4163**

---

50 Vgl. BFH 10.5.2017 – I R 51/15, BStBl. II 2018, 30 Rn. 18; RHvL/Herlinghaus UmwStG Anhang 4 Rn. 26; DPM/Dötsch UmwStG Anhang 1, Rn. 9.

51 Vgl. Müller BB 2002, 157; Emmerich/Habersack/Emmerich AktG § 297 Rn. 21; Hölters/Weber/Deilmann AktG § 297 Rn. 12; Hoffmann-Becking/Krieger § 71 Rn. 202; K. Schmidt/Lutter/Langenbucher AktG § 297 Rn. 4; aA Goette/Habersack/Kalss/Altmeppen AktG § 297 Rn. 19, wonach voraussichtliche Nichterfüllbarkeit objektiv nicht festzustehen braucht.

52 Vgl. Müller BB 2002, 157 (159); Stilz/Veil/Veil/Walla AktG § 297 Rn. 45; Goette/Habersack/Kalss/Altmeppen AktG § 297 Rn. 131; Emmerich/Habersack/Emmerich AktG § 297 Rn. 39; Hölters/Weber/Deilmann AktG § 297 Rn. 20.

53 Vgl. OLG Karlsruhe 29.8.1994 – 15 W 19/94, NJW-RR 1995, 354; Müller BB 2002, 157 (159); Stilz/Veil/Veil/Walla AktG, § 297 Rn. 45; Goette/Habersack/Kalss/Altmeppen AktG § 297 Rn. 131; Emmerich/Habersack/Emmerich AktG § 297 Rn. 39; Hölters/Weber/Deilmann AktG § 297 Rn. 30; zu einer möglicherweise anderen Auffassung vgl. Gosch KStG/Neumann KStG § 14 Rn. 288.

54 Vgl. Müller BB 2002, 157.

55 Vgl. BayObLG 22.10.2003 – 3 Z BR 211/03, AG 2004, 99; Müller BB 2002, 157 (159); Goette/Habersack/Kalss/Altmeppen AktG § 297 Rn. 133; Emmerich/Habersack/Emmerich AktG § 297 Rn. 41; Hölters/Weber/Deilmann AktG § 297 Rn. 32.

verschlechtert, dass ein erhöhtes Risiko für die herrschende Gesellschaft zum Ausgleich von Verlusten entsteht.[56]

## 2. Auf- und Abspaltung, Ausgliederung

***Aufspaltung***

4164 Bei der Aufspaltung der abhängigen Gesellschaft zur Aufnahme geht diese gem. § 131 Abs. 1 Nr. 2 UmwG unter. Ein bestehender Gewinnabführungsvertrag mit der verpflichteten Gesellschaft wird – analog zur Verschmelzung auf einen dritten Rechtsträger – im Fall der Aufspaltung zur Aufnahme beendet.[57] Anders verhält es sich im Fall der Aufspaltung zur Neugründung.[58] Hierbei sind vor und nach der Spaltung wirtschaftlich dieselben Beteiligten betroffen. Wird der Gewinnabführungsvertrag auf den respektive die übernehmenden Rechtsträger übertragen, kommt der herrschenden Gesellschaft ein außerordentliches Recht zur Kündigung aus wichtigem Grund gem. § 297 Abs. 1 AktG zu, wenn sich aufgrund der Aufspaltung eine Verschlechterung der wirtschaftlichen Lage der abhängigen Gesellschaft deutlich abzeichnet und damit ein erhöhtes Risiko für die herrschende Gesellschaft entsteht, Verluste ausgleichen zu müssen.[59]

***Abspaltung***

4165 Im Rahmen der Abspaltung gem. § 123 Abs. 2 UmwG besteht die abhängige Gesellschaft – anders als bei der Aufspaltung – fort, wodurch der bestehende Gewinnabführungsvertrag mit der abhängigen Gesellschaft grundsätzlich unberührt bleibt.[60]. D. h. wird der bestehende Gewinnabführungsvertrag im Zuge der Abspaltung nicht auf den übernehmenden Rechtsträger übertragen, dann bleibt dieser bei der abhängigen Gesellschaft fortbestehen.[61] Der herrschenden Gesellschaft steht ein außerordentliches Kündigungsrecht aus wichtigem Grund gem. § 297 Abs. 1 AktG zu, wenn sich die wirtschaftliche Lage der abhängigen Gesellschaft (übernehmender Rechtsträger) nach dem Spaltungsvorgang nachweislich verschlechtert und die herrschende Gesellschaft mit einem erhöhten Risiko zum Verlustausgleich rechnen muss.[62]

Soll der Gewinnabführungsvertrag Teil des abzuspaltenden Vermögens sein, ist zwischen der Abspaltung zur *Aufnahme* und zur *Neugründung* zu unterscheiden.

Im Rahmen der Abspaltung zur *Aufnahme* kann ein bestehender Gewinnabführungsvertrag nicht auf den bereits bestehenden übernehmenden Rechtsträger übertragen werden.[63] Bei einer Abspaltung zur *Neugründung* kann ein Gewinnabführungsvertrag, bei entsprechender Aufnahme der Rechtsverhältnisse in den Spaltungsvertrag, auf den übernehmenden Rechtsträger übertragen werden.[64] Dies ergibt sich aus der Tatsache, dass wirtschaftlich betrachtet vor und nach dem Spaltungsvorgang dieselben Beteiligten betroffen sind.[65] Der herrschenden Gesellschaft steht ggf. ein außerordentliches Kündigungsrecht aus wichtigem Grund gem. § 297 Abs. 1

---

56 Vgl. Müller BB 2002, 157 (160); MüKoAktG/Altmeppen AktG § 297 Rn. 133 und 125.

57 Vgl. Emmerich/Habersack/Emmerich AktG § 297 Rn. 47; BeckOGK/Förster UmwG § 131 Rn. 73.

58 Vgl. Emmerich/Habersack/Emmerich AktG § 297 Rn. 47; Hölters/Weber/Deilmann AktG § 297 Rn. 36.

59 Vgl. Müller BB 2002, 157 (161) mwN.

60 Vgl. MüKoAktG/Altmeppen AktG § 297, Rn. 13.

61 Vgl. Schmitt/Hörtnagl/Hörtnagl UmwG § 131 Rn. 60; Semler/Stengel/Leonard/Schröer/Greitemann UmwG § 131 Rn. 28.

62 Vgl. Müller BB 2002, 157 (161); MüKoAktG/Altmeppen AktG § 297 Rn. 135; Stilz/Veil/Veil/Walla AktG § 297 Rn. 44.

63 Vgl. Emmerich/Habersack/Emmerich AktG § 297 Rn. 47; Hölters/Weber/Deilmann AktG § 297 Rn. 36.

64 Vgl. Schmitt/Hörtnagl/Hörtnagl UmwG § 131 Rn. 61 f.; Semler/Stengel/Leonard/Schröer/Greitemann UmwG § 131 Rn. 28; Emmerich/Habersack/Emmerich AktG § 297 Rn. 47; Müller BB 2002, 157 (161).

65 Vgl. Schmitt/Hörtnagl/Hörtnagl UmwG § 131 Rn. 61 f.; MüKoAktG/Altmeppen AktG § 297 Rn. 134.

AktG zu, weil sich die rechtliche Identität des Vertragspartners ändert; jedoch fraglich, da lediglich aus einem Rechtsträger zwei geworden sind.[66]

***Ausgliederung***

Im Rahmen der Ausgliederung gem. § 123 Abs. 3 UmwG besteht die abhängige Gesellschaft – anders als bei der Aufspaltung – fort, sodass der bestehende Gewinnabführungsvertrag zu der herrschenden Gesellschaft grundsätzlich unberührt bleibt.[67] **4166**

Soll der Gewinnabführungsvertrag Teil des auszugliedernden Vermögens sein, ist zwischen der Ausgliederung zur Aufnahme und zur Neugründung zu unterscheiden.

Im Rahmen der Ausgliederung zur Aufnahme kann ein bestehender Gewinnabführungsvertrag nicht auf den bereits bestehenden übernehmenden Rechtsträger übertragen werden.[68] Bei einer Ausgliederung zur Neugründung kann ein bestehender Gewinnabführungsvertrag, bei entsprechender Aufnahme der Rechtsverhältnisse in den Ausgliederungsvertrag, auf den übernehmenden Rechtsträger übertragen werden.[69]

Erfolgt die Ausgliederung auf eine weitere abhängige Gesellschaft, ergibt sich für die herrschende Gesellschaft ggf. ein außerordentliches Kündigungsrecht gem. § 297 Abs. 1 AktG iVm § 308 AktG, da die herrschende Gesellschaft nicht mehr unmittelbar ihr Weisungsrecht gem. § 308 AktG im Hinblick auf die ausgegliederten Vermögensteile ausüben kann.[70]

### 3. Formwechsel

Die formwechselnde Umwandlung der abhängigen Gesellschaft dürfte grundsätzlich den **4167** bestehenden Gewinnabführungsvertrag unberührt lassen, da sich an einem Gewinnabführungsvertrag nach heutiger Auffassung Unternehmen sämtlicher Rechtsformen beteiligen können.[71]

Aus steuerlicher Sicht setzt sich das Organschaftsverhältnis jedoch nur fort, wenn eine **4168** Organ-Kapitalgesellschaft in eine Kapitalgesellschaft anderer Rechtsform formgewechselt wird. Der Formwechsel einer Organ-Kapitalgesellschaft in eine andere Kapitalgesellschaft stellt folglich (steuerlich) keinen wichtigen Grund zur außerordentlichen Kündigung dar. Beim Formwechsel einer Organ-Kapitalgesellschaft in eine optierende Personengesellschaft[72] scheidet hingegen eine Fortführung der Organschaft aus, insofern die Finanzverwaltung aktuell der optierenden Gesellschaft die Anerkennung als Organgesellschaft versagt.[73]

Der Formwechsel einer Organgesellschaft in eine Personengesellschaft führt grundsätzlich **4169** für steuerliche Zwecke dazu, dass das Organschaftsverhältnis endet und der Gewinnabführungsvertrag aus wichtigem Grund gekündigt werden kann, sofern vertraglich vereinbart. Die Organschaft endet auch, wenn der Gewinnabführungsvertrag mit der Personengesellschaft fortgesetzt wird, da die Personengesellschaft keine taugliche Organgesellschaft darstellt.

66 Vgl. Müller BB 2002, 157 (161); Emmerich/Habersack/Emmerich AktG § 297 Rn. 47.
67 Vgl. MüKoAktG/Altmeppen AktG § 297 Rn. 135.
68 Vgl. Emmerich/Habersack/Emmerich AktG § 297 Rn. 47; Hölters/Weber/Deilmann AktG § 297 Rn. 36.
69 Vgl. Schmitt/Hörtnagl/Hörtnagl UmwG § 131 Rn. 61 f.; Emmerich/Habersack/Emmerich AktG § 297 Rn. 47; Müller BB 2002, 157 (161).
70 Vgl. Müller BB 2002, 157 (161) mwN.
71 Vgl. OLG Düsseldorf 27.2.2004 – 19 W 3/00 AktE, NZG 2005, 280; Müller BB 2002, 157 (160); Goette/Habersack/Kalss/Altmeppen AktG § 297 Rn. 137; Emmerich/Habersack/Emmerich AktG § 297 Rn. 45.
72 Mit dem Wachstumschancengesetz vom 27.3.2024 (BGBl. 2024 I Nr. 108) und der Einführung von § 1a Abs. 1 S. 7 KStG ist nunmehr ein Wechsel einer Kapitalgesellschaft in die optierte Personengesellschaft möglich, ohne dass es zu einer Lücke in der Besteuerung mit Körperschaftsteuer kommt.
73 Vgl. BMF 10.11.2021, BStBl. I 2021, 2212 Rn. 56.

4170 Der Formwechsel einer Personengesellschaft in eine Kapitalgesellschaft bei bereits mit der Personengesellschaft bestehendem Gewinnabführungsvertrag führt zur Neubegründung einer Organschaft, soweit für den Vertrag beim ursprünglichen Abschluss eine fünfjährige Mindestlaufzeit vereinbart und der Gewinnabführungsvertrag zivilrechtlich wie vereinbart durchgeführt wurde.[74]

### 4. Einbringung

4171 Die Einbringung von Vermögen der abhängigen Gesellschaft im Wege der Einzelrechtsnachfolge sowohl zur Aufnahme durch einen (bereits) bestehenden als auch zur Neugründung des übernehmenden Rechtsträgers hat keine Auswirkung auf den mit der herrschenden Gesellschaft bestehenden Gewinnabführungsvertrag. Der herrschenden Gesellschaft steht auch kein außerordentliches Kündigungsrecht aus wichtigem Grund gem. § 297 Abs. 1 AktG aus den gleichen Überlegungen wie bei der Ausgliederung nach dem Umwandlungsgesetz zu. Die Finanzverwaltung sieht daher (folglich) in dem Einbringungsvorgang wie auch (schon) bei der Ausgliederung keinen wichtigen Grund für ein außerordentliches Kündigungsrecht.[75]

4172 Bei einem sich der Einbringung anschließenden Neuabschluss eines Gewinnabführungsvertrags zwischen abhängiger Gesellschaft und dem das Vermögen übernehmenden Rechtsträger ist die steuerliche und zivilrechtliche Rückziehbarkeit des Gewinnabführungsvertrags zu beachten, wonach gem. § 14 Abs. 1 S. 2 KStG der neue Gewinnabführungsvertrag noch innerhalb des zum Zeitpunkt der Übertragung des Vermögens laufenden Wirtschaftsjahres des übernehmenden Rechtsträgers abgeschlossen und in das Handelsregister eingetragen sein muss, sofern eine erstmalige Begründung eines Organschaftsverhältnisses zum übernehmenden Rechtsträger schon für das Wirtschaftsjahr der Übertragung des Vermögens gewünscht ist.

### 5. Umwandlung einer dritten Gesellschaft auf die abhängige Gesellschaft als übernehmender Rechtsträger

4173 Die Umwandlung eines dritten Rechtsträgers auf die abhängige Gesellschaft hat keinen Einfluss auf einen bestehenden Gewinnabführungsvertrag.[76]

### 6. Umwandlung auf Ebene der abhängigen Gesellschaft als wichtiger Grund für die vorzeitige Aufhebung des Gewinnabführungsvertrags

4174 In Fällen, in denen der Gewinnabführungsvertrag bestehen bleibt, ergibt sich für die herrschende Gesellschaft dann ein wichtiger Grund für eine außerordentliche Kündigung nach § 297 Abs. 1 AktG, wenn sich die wirtschaftlichen Verhältnisse der abhängigen Gesellschaft verschlechtern, sodass die herrschende Gesellschaft ggf. ein erhöhtes Risiko für einen Verlustausgleich zu tragen hat.[77]

4175–4185 *(einstweilen frei)*

---

[74] Mit Urteil vom 10.5.2017 – I R 51/15, BStBl. II 2018, 30, hat der BFH entschieden, dass eine Unterbrechung der Organschaft auch innerhalb der fünfjährigen Mindestlaufzeit des Gewinnabführungsvertrags unschädlich ist, wenn der Gewinnabführungsvertrag auch in den Jahren der Unterbrechung zivilrechtlich tatsächlich durchgeführt wird. Es hängt damit von der tatsächlichen Durchführung des Gewinnabführungsvertrags während der Mindestvertragslaufzeit auch in solchen Jahren ab, in denen ein anderes Tatbestandsmerkmal der Organschaft nicht erfüllt war, hier also die Organgesellschaftsfähigkeit einer Personengesellschaft. Vgl. Bott/Walter/Walter KStG § 14 Rn. 649. Was für eine Unterbrechung gilt, muss erst recht für die Frage nach dem Beginn einer Organschaft gelten.

[75] Vgl. KStR 14.5 Abs. 6 Satz 2, die ausschließlich nur die Einbringung der Organbeteiligung selbst als wichtigen Grund nennt, sowie BMF 2.1.2025, BStBl. I 2025, 92 Tz. Org.22, wonach die Ausgliederung des Vermögens der Organgesellschaft den Gewinnabführungsvertrag nicht berührt.

[76] Vgl. BMF 2.1.2025, BStBl. I 2025, 92 Tz. Org.29.

[77] Vgl. Müller BB 2002, 157 (160).

## V. Durchführung des Gewinnabführungsvertrages für das im Umwandlungszeitpunkt laufende Wirtschaftsjahr

Geht im Zuge einer Umwandlung der Gewinnabführungsvertrag auf einen neuen Rechtsträger über oder endet der Gewinnabführungsvertrag anlässlich der Umwandlung, stellt sich die Frage nach der handelsrechtlichen Gewinnabführung bzw. der Verlustübernahme für die von der Umwandlung jeweils betroffenen Wirtschaftsjahre. Es ist grundsätzlich der zivilrechtlichen Ausgangslage folgend zu unterscheiden, zwischen einem Umwandlungsvorgang mit Übergang und Fortführung des Gewinnabführungsvertrages und einem Umwandlungsvorgang, der zur Beendigung des Gewinnabführungsvertrages führt. **4186**

### 1. Übergang und Fortführung des Gewinnabführungsvertrages bei Umwandlungsvorgängen auf Ebene des Organträgers

In der Regel besteht der Gewinnabführungsvertrag bei Umwandlungsvorgängen auf Ebene des Organträgers fort. **4187**

Der Gewinnabführungsvertrag ist gegenüber dem bisherigen Organträger letztmalig auf den letzten regulären Abschlussstichtag der Organgesellschaft vor dem Umwandlungsstichtag abzurechnen. Dies ist darin begründet, dass der anstehende Umwandlungsvorgang und damit die Überleitung des Gewinnabführungsvertrages auf den neuen Organträger zu diesem Zeitpunkt mangels Eintragung in das Handelsregister zivilrechtlich noch nicht wirksam ist oder mit anderen Worten dies tatsächlich der letzte Abschlussstichtag ist, wo zivilrechtlich der ursprüngliche Organträger noch Vertragspartner ist. **4188**

Für dem Umwandlungsstichtag nachgelagerte Abschlussstichtage der Organgesellschaft ist der Gewinnabführungsvertrag hingegen bereits gegenüber dem neuen Organträger abzurechnen, da zu diesem Zeitpunkt der Umwandlungsvorgang idR durch Eintragung in das Handelsregister zivilrechtlich wirksam umgesetzt ist. Sollte es im Falle eines nachgelagerten Abschlussstichtages an der Eintragung des Umwandlungsvorgangs in das Handelsregister mangeln – zB da der nachgelagerte Abschlussstichtag vor dem Tag des Abschlusses der Umwandlungsverträge liegt – ist zivilrechtlich weiterhin gegenüber dem ursprünglichen Organträger abzurechnen. Diese Gewinnabführungsansprüche oder Verlustausgleichverpflichtungen des ursprünglichen Organträgers gehen aber dann bei späterer Eintragung des Umwandlungsvorgangs im Rahmen der angeordneten Gesamtrechtsnachfolge auf den neuen Organträger über. Was im Übrigen auch für Gewinnabführungsansprüche oder Verlustausgleichsverpflichtungen des ursprünglichen Organträgers in Bezug auf das letzte Wirtschaftsjahr vor dem Umwandlungsstichtag gilt, sofern diese noch nicht ausgeglichen wurden. Gleiches gilt darüber hinaus auch im Falle, dass sich die zivilrechtliche Umsetzung des Umwandlungsvorgangs insgesamt verzögert und es zu einer verspäteten Eintragung in das Handelsregister erst im Folgejahr kommt. **4189**

Davon zu unterscheiden ist die handelsrechtliche Erfassung des Anspruchs auf Gewinnabführung bzw. der Verpflichtung zum Verlustausgleich in der Handelsbilanz des ursprünglichen und des neuen Organträgers. Aufgrund der umwandlungsrechtlichen Festlegung des Stichtags des Wechsels der Rechnungslegung nach § 5 Abs. 1 Nr. 6 UmwG im Innenverhältnis zwischen übertragendem und übernehmenden Rechtsträger werden ab dem maßgebenden handelsrechtlichen Umwandlungsstichtag die Ergebnisse nicht mehr auf eigene Rechnung des übertragenden Rechtsträgers, sondern für Rechnung des übernehmenden Rechtsträgers erzielt (sog. „Für-Rechnung-Führen"-Periode).[78] Danach sind dem bisherigen Organträger die Ansprüche aus der Abrechnung des Gewinnabführungsvertrages immer nur für den letzten regulären Abschlussstichtag vor dem Umwandlungsstichtag zuzurechnen. Für alle nachgelagerten Abschlussstichtage hat hingegen -unabhängig von der zivilrechtlichen Wirksamkeit des Umwandlungsvorgangs- eine Zurechnung immer (bereits) **4190**

[78] Vgl. IDW RS HFA 42, Rn. 10; Gelhausen/Heinz NZG 2005, 775 (777).

beim neuen Organträger zu erfolgen. Dies erfolgt dann wiederrum losgelöst von der (rückwirkenden) Zurechnung nach § 5 Abs. 1 Nr. 6 UmwG nach Maßgabe der Regelungen des Übergangs des wirtschaftlichen Eigentums häufig mit Abschluss des Verschmelzungsvertrags.[79]

Ist dies nicht gewünscht, ist sicherzustellen, dass noch vor dem anstehendem Umwandlungsvorgang für die Organgesellschaft (handelsrechtlich) ein vor dem Umwandlungsstichtag endendes Rumpfwirtschaftsjahr eingelegt wird.[80]

### 2. Beendigung des Gewinnabführungsvertrages bei Umwandlungsvorgängen auf Ebene des Organträgers

4191 Bei Umwandlungsvorgängen auf Ebene des Organträgers hat die Organgesellschaft trotz des Übergangs des Gewinnabführungsvertrages aufgrund der Gesamtrechtsnachfolge auf den neuen Organträger immer das Recht gegenüber dem neuen Organträger zur außerordentlichen Kündigung nach § 297 Abs. 1 S. 2 AktG aus wichtigem Grund, wenn dieser voraussichtlich nicht in der Lage ist, seine Verpflichtungen aus dem Gewinnabführungsvertrag erfüllen zu können.

Die (unterjährige) außerordentliche Kündigung erfolgt zivilrechtlich immer ex nunc. Das zum Zeitpunkt der Kündigung laufende Wirtschaftsjahr der Organgesellschaft ist zivilrechtlich bereits gegenüber dem neuen Organträger abzurechnen. Für den Fall eines Verlustes ist hingegen strittig, ob der Verlust insgesamt vom neuen Organträger auszugleichen oder doch zeitanteilig vom alten und neuen Organträger zu übernehmen ist.[81]

### 3. Beendigung des Gewinnabführungsvertrags bei Umwandlungsvorgängen auf Ebene der Organgesellschaft

4192 Sofern mit dem Umwandlungsvorgang die Organgesellschaft erlischt, führt dies auch zu einer Beendigung eines Gewinnabführungsvertrages. Die Beendigung wird zivilrechtlich ex nunc auf den Tag der zivilrechtlichen Wirksamkeit des Umwandlungsvorgangs (idR Eintragung in das betreffende Handelsregister) und damit unterjährig im Laufe des betreffenden Wirtschaftsjahres der Organgesellschaft wirksam.

4193 Im Falle der unterjährigen Beendigung eines Gewinnabführungsvertrages ist nach herrschender Meinung für diese Rumpfperiode eine Abrechnung für den Zeitraum vom Beginn des betreffenden Geschäftsjahres an bis zum Tag der Vertragsbeendigung auf der Grundlage einer Stichtagsbilanz auf den Tag der Vertragsbeendigung vorzunehmen.[82] In Bezug auf diese Abrechnung ist zu beachten, dass für diese Rumpfperiode die Ergebniszurechnung nach dem GAV mit der Ergebniszurechnung nach den umwandlungsrechtlichen Regelungen des § 5 Abs. 1 Nr. 6 UmwG (sog. „Für-Rechnung-Führen") konkurriert, insofern ab dem maßgebenden handelsrechtlichen Umwandlungsstichtag die Ergebnisse nicht mehr auf eigene Rechnung der Organgesellschaft, sondern für Rechnung des übernehmenden Rechtsträgers erzielt werden. Man spricht in Bezug auf dieses für Rechnung des übernehmenden Rechtsträgers erzielte Ergebnis auch von der sog. umwandlungsrechtlichen „Für-Rechnung-Führen"-Periode.[83]

---

79 Vgl. IDW RS HFA 42, Rn. 29; Gelhausen/Heinz NZG 2005, 775 (777). Zu den weiteren Voraussetzungen zum Übergang des wirtschaftlichen Eigentums neben dem Abschluss des Umwandlungsvertrags siehe auch ausführlich IDW RS HFA 42, Rn. 29.

80 Vgl. DPM/Dötsch UmwStG Anhang 1 Rn. 4.

81 Vgl. Gelhausen/Heinz NZG 2005, 775 (776); Knott/Rodewald BB 1996, 472 (476); Koch AktG § 302 Rn. 11.

82 Vgl. zur Notwendigkeit einer Abrechnungsbilanz auf den Beendigungszeitpunkt des Gewinnabführungsvertrags Philippi/Neveling BB 2003, 1691 mwN; Emmerich/Habersack/Emmerich AktG § 302 Rn. 39; Gelhausen/Heinz NZG 2005, 775 (777) mwN.

83 Vgl. IDW RS HFA 42, Rn. 10; Gelhausen/Heinz NZG 2005, 775 (777).

Dieses umwandlungsrechtliche „Für-Rechnung-Führen" ist vorrangig anzuwenden und bewirkt damit, dass der Gewinnabführungsvertrag quasi (in Teilen) unterlaufen wird.[84]

Es sind konkret dabei die folgenden drei Konstellationen zu unterscheiden: 4194

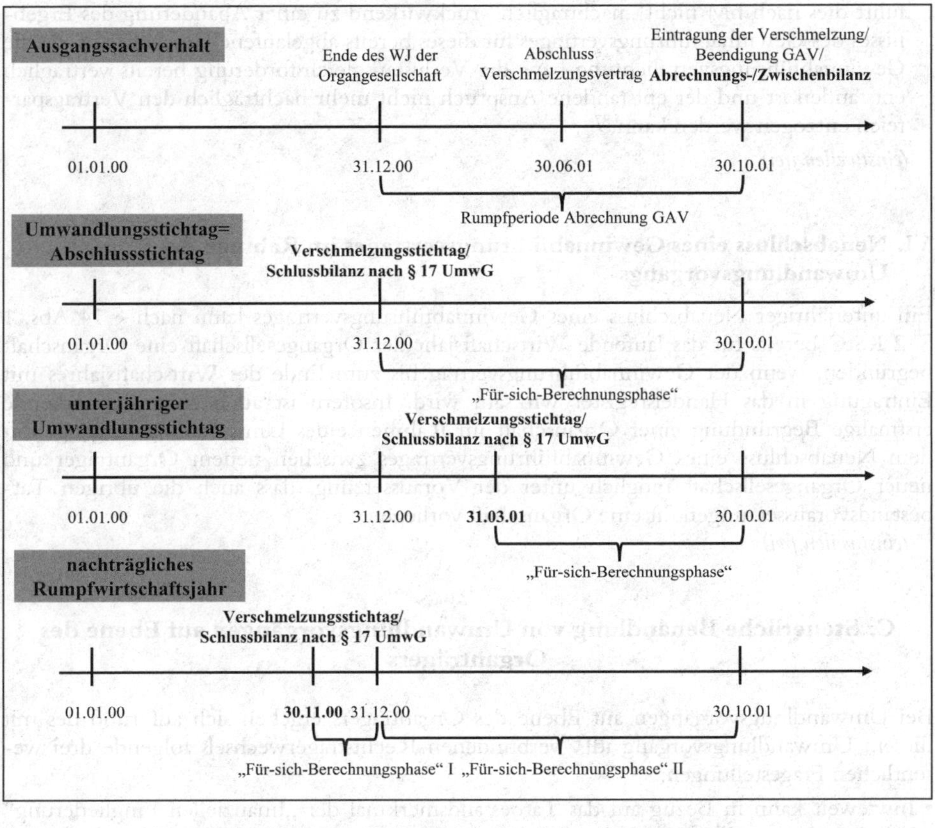


a) Der Umwandlungsstichtag ist gleich dem regulären Abschlussstichtag der Organgesellschaft. Es kommt nicht zu einem „eigenen" Ergebnis des formal bis zur Handelsregistereintragung der Umwandlung fortbestehenden Gewinnabführungsvertrages, da das gesamte Ergebnis bereits dem übernehmenden Rechtsträger zuzurechnen ist.[85]
b) Der Umwandlungsstichtag fällt in ein laufendes Wirtschaftsjahr der Organgesellschaft, es wird also ein unterjähriger Umwandlungsstichstichtag gewählt. In diesem Fall wird nur ein Teil des Ergebnisses dem übernehmenden Rechtsträger zugerechnet. Ab dem Umwandlungsstichtag wird der Gewinnabführungsvertrag durch die umwandlungsrechtliche sog. Für-Rechnungsphase verdrängt, sodass über ein Rest-Ergebnis aus dem Gewinnabführungsvertrag abzurechnen ist.[86]

---

84 Vgl. DPM/Dötsch UmwStG Anhang 1 Rn. 12; Gelhausen/Heinz NZG 2005, 775 (777); Stangl/Aichberger Ubg 2013, 685 (686); RHvL/Rödder UmwStG Anh 2, 3. Aufl. Rn. 43; RHN/Rödder/Liekenbrock KStG § 14 Rn. 138 ff.

85 Vgl. Gelhausen/Heinz NZG 2005, 775 (777). Siehe zur Aufstellung einer Schlussbilanz iSv § 17 UmwG im Hinblick auf die Abgrenzung des Ergebnisses des übertragenden Rechtsträgers IDW RS HFA 42 Rn. 10.

86 Ein bis zum Schlussbilanzstichtag erzielter Gewinn der Organgesellschaft ist als Abführungsverpflichtung (ggf. als Rückstellung) in der Schlussbilanz zu passivieren und ein auszugleichender Verlust als Ausgleichsanspruch in der Schlussbilanz zu aktivieren. Vgl. Gelhausen/Heinz NZG 2005, 775 (780).

c) Der Umwandlungsstichtag wird nachträglich in ein abgelaufenes Wirtschaftsjahr der Organgesellschaft gelegt. Trotz der umwandlungsrechtlich nach § 5 Abs. 1 Nr. 6 UmwG grundsätzlich vorgesehenen Zurechnung eines Teil-Ergebnisses zum übernehmenden Rechtsträger für die umwandlungsrechtliche „Für-Rechnung-Führen"-Periode führt dies nach hM nicht „nachträglich" rückwirkend zu einer Abänderung des Ergebnisses des Gewinnabführungsvertrages für dieses bereits abgelaufene Geschäftsjahr, da die Gewinnabführungsverpflichtung bzw. die Verlustausgleichsforderung bereits vertraglich entstanden ist und der entstandene Anspruch nicht mehr nachträglich den Vertragsparteien entzogen werden kann.[87]

4195–4205 *(einstweilen frei)*

## VI. Neuabschluss eines Gewinnabführungsvertrages im Rahmen des Umwandlungsvorgangs

4206 Ein unterjähriger Neuabschluss eines Gewinnabführungsvertrages kann nach § 14 Abs. 1 S. 2 KStG bereits für das laufende Wirtschaftsjahr der Organgesellschaft eine Organschaft begründen, wenn der Gewinnabführungsvertrag bis zum Ende des Wirtschaftsjahres mit Eintragung in das Handelsregister wirksam wird. Insofern ist auch eine rückwirkende erstmalige Begründung einer Organschaft im Rahmen eines Umwandlungsvorgangs mit dem Neuabschluss eines Gewinnabführungsvertrages zwischen neuem Organträger und neuer Organgesellschaft möglich unter der Voraussetzung, dass auch die übrigen Tatbestandsvoraussetzungen für eine Organschaft vorliegen.

4207–4217 *(einstweilen frei)*

# C. Steuerliche Behandlung von Umwandlungsvorgängen auf Ebene des Organträgers

4218 Bei Umwandlungsvorgängen auf Ebene des Organträgers ergeben sich aufgrund des mit diesem Umwandlungsvorgang idR verbundenen Rechtsträgerwechsels folgende drei wesentlichen Fragestellungen:

- Inwieweit kann in Bezug auf das Tatbestandsmerkmal der „finanziellen Eingliederung" bei einer Umwandlung auf Ebene des Organträgers im Verhältnis zum übernehmenden Rechtsträger eine bestehende Organschaft nahtlos fortgesetzt bzw. eine Organschaft unmittelbar neu begründet werden?
- Inwieweit kann in Bezug auf das Tatbestandsmerkmal „Zurechnung der Organbeteiligung zu einer inländischen Betriebsstätte" bei einer Umwandlung auf Ebene des Organträgers im Verhältnis zum übernehmenden Rechtsträger eine bestehende Organschaft nahtlos fortgesetzt bzw. eine Organschaft unmittelbar neu begründet werden?
- Wie ist das Einkommen aus der Organgesellschaft zwischen dem alten und dem neuen Organträger bei einer Umwandlung aufzuteilen?

## I. Auswirkungen auf das Tatbestandsmerkmal „finanzielle Eingliederung"

4219 Für eine ertragsteuerliche Organschaft ist es nach § 14 Abs. 1 S. 1 Nr. 1 KStG erforderlich, dass der Organträger an der Organgesellschaft vom Beginn des Wirtschaftsjahrs der Organgesellschaft an ununterbrochen in einem solchen Maße beteiligt ist, dass ihm die Mehrheit der Stimmrechte aus den Anteilen an der Organgesellschaft zusteht (sog. finanzielle Eingliederung).[88]

---

[87] Vgl. Gelhausen/Heinz NZG 2005, 775 (779).

[88] Vgl. hierzu auch die Ausführungen in → Rn. 4228 ff.

Umwandlungsvorgänge auf Ebene des Organträgers haben grundsätzlich (direkt) Auswirkungen auf das Tatbestandsmerkmal der finanziellen Eingliederung, insofern es durch diesen (Umwandlungsvorgang) idR zu einem Rechtsträgerwechsel kommt. Dieser Rechtsträgerwechsel erfolgt zivilrechtlich erst mit Wirksamkeit des Umwandlungsvorgangs durch Eintragung in das Handelsregister und damit idR unterjährig im Laufe eines Wirtschaftsjahres der betreffenden Organgesellschaft. **4220**

Eine durchgehende Organschaft bzw. eine nahtlose Begründung einer neuen Organschaft setzt danach voraus, dass für steuerliche Zwecke eine (abweichende) rückwirkende Zurechnung der Beteiligung zum übernehmenden Rechtsträger bereits auf den Beginn des betreffenden Wirtschaftsjahres der Organgesellschaft möglich ist. Dafür kommen vom Grundsatz her entweder die Regelungen zur steuerlichen Rückwirkung oder die Regelungen zur steuerlichen Gesamtrechtsnachfolge in Betracht.

## 1. Umwandlungssteuerliche Rückwirkung

Das Umwandungssteuergesetz beinhaltet in § 2 UmwStG eine steuerliche Rückwirkung,[89] welche eine Ausnahme bildet von dem allgemeinen Grundsatz, dass Rechtsvorgänge mit steuerlicher Wirkung nicht rückbezogen werden können. § 2 UmwStG bestimmt die steuerliche Rückwirkung für Fälle der Verschmelzungen, Aufspaltungen und Abspaltungen nach den §§ 3–19 UmwStG. Daneben gilt eine Rückwirkung nach § 9 S. 2 und 3 UmwStG für den Formwechsel von Körperschaften in Personenunternehmen. **4221**

Für die Übertragungen im Wege einer Ausgliederung sowie außerhalb des Umwandlungsgesetzes im Wege der Einzelrechtsnachfolge in Form einer Einbringung enthalten § 20 Abs. 5 und 6 UmwStG, § 24 Abs. 4 und § 25 S. 2 UmwStG eigene Vorschriften zur Rückbeziehung, zum Teil unter Verweis auf § 2 und § 9 S. 2 und 3 UmwStG.[90]

Die Wirkung der steuerlichen Rückwirkung in Bezug auf Umwandlungen ist, dass Vermögen und Einkommen des übertragenden Rechtsträgers für steuerliche Zwecke mit dem steuerlichen Übertragungsstichtag dem übernehmenden Rechtsträger als „eigene Position" – losgelöst davon, dass die zivilrechtliche Wirksamkeit des Umwandlungsvorgangs erst zeitlich nachgelagert erfolgt – zuzurechnen sind.[91] Die steuerliche Rückwirkung und das damit verbundene Verständnis der Zurechnung als eigene Positionen ist beschränkt auf den Zeitraum zwischen steuerlichem Übertragungsstichtag und zivilrechtlicher Wirksamkeit des Umwandlungsvorgangs.[92] **4222**

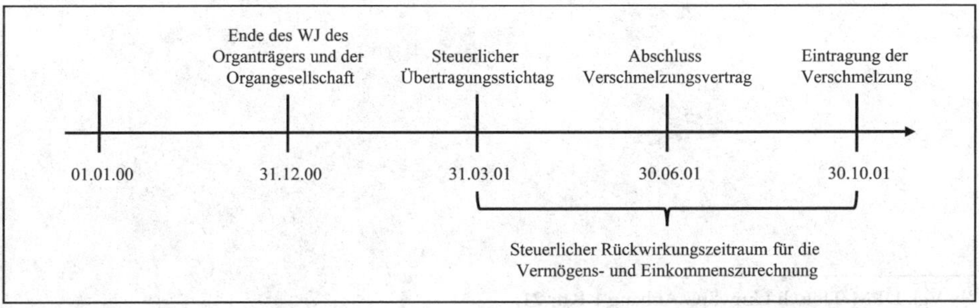


Eine durchgehende Organschaft wäre danach auf Basis der Regelungen zur steuerlichen Rückwirkung nur möglich in den Fällen, in denen der steuerliche Übertragungsstichtag mit dem Beginn des betreffenden Wirtschaftsjahres der Organgesellschaft übereinstimmt.

89 Vgl. BMF 2.1.2025, BStBl. I 2025, 92 Tz. 02.09.
90 Vgl. RHvL/van Lishaut UmwStG § 2 Rn. 7.
91 Vgl. Brühl Ubg 2016, 586.
92 Vgl. Brühl Ubg 2016, 586.

Dies hätte in Bezug auf einen – bezogen auf das Wirtschaftsjahr der Organgesellschaft – unterjährigen steuerlichen Übertragungsstichtag zur Folge, dass es zu einer sog. „Organschaftslücke" kommen würde, als die finanzielle Eingliederung nicht zum Beginn des Wirtschaftsjahres der Organgesellschaft vorläge.[93]

**4223** Die Auffassung der Finanzverwaltung war daher in der Vergangenheit, dass das Tatbestandsmerkmal der finanziellen Eingliederung grundsätzlich als Voraussetzung der tatsächlichen Art nicht im Sinne einer „eigenen Position" rückbeziehungsfähig wart.[94]

### 2. Umwandlungssteuerliche Rechtsnachfolge

**4224** Umwandlungsvorgänge nach dem Umwandlungsgesetz führen (schon) zivilrechtlich zur Gesamtrechtsnachfolge des übernehmenden Rechtsträgers.[95] Der übernehmende Rechtsträger übernimmt die Rechtsstellung des übertragenden Rechtsträgers.[96]

**4225** Trotz der zivilrechtlichen Rechtsnachfolge beinhaltet das Umwandlungssteuergesetz darüber hinaus eine gesonderte umwandlungssteuerliche Rechtsnachfolge, die mit vergleichbaren Formulierungen und Rechtsverweisen in den §§ 4 Abs. 2 S. 1 und Satz 3, 12 Abs. 3, 13 Abs. 2 S. 2, 23 Abs. 1, Abs. 3 und Abs. 4, 24 Abs. 4 1. Halbsatz UmwStG geregelt ist. Aus diesen Vorschriften folgt, dass die übernehmende Körperschaft umfassend und vorbehaltlos in die steuerliche Rechtsstellung der übertragenden Körperschaft eintritt (sog. Fußstapfentheorie).[97]

Die Rechtsnachfolge umfasst sämtliche dem übergehenden Vermögen anhaftenden Besteuerungsmerkmale. Die vollumfängliche Zurechnung gilt daher auch für die organschaftlichen Voraussetzungen, insbesondere die finanzielle Eingliederung.[98]

Dem übernehmenden Rechtsträger werden über die steuerliche Gesamtrechtsnachfolge somit „fremde Positionen" des übertragenden Rechtsträgers zugerechnet.[99] Die steuerliche Rechtsnachfolge gilt dabei umfassend sowohl in Bezug auf Vorgänge vor dem steuerlichen Übertragungsstichtag als auch in Bezug auf Vorgänge zwischen steuerlichen Übertragungsstichtag und tatsächlich zivilrechtlicher Wirksamkeit der Umwandlung mit Eintragung in das Handelsregister. In Bezug auf das Tatbestandsmerkmal der finanziellen Eingliederung bedeutet dies, dass die in der „Übergangszeit" zwischen dem steuerlichen Übertragungsstichtag und der Handelsregistereintragung tatsächlich im Verhältnis zum ursprünglichen Organträger bestehende finanzielle Eingliederung über die steuerliche Gesamtrechtsnachfolge (uneingeschränkt) dem neuen Organträger zugerechnet wird.[100]

---

93 Vgl. DPM/Dötsch UmwStG Anhang 1 Rn. 21.

94 Vgl. BMF 25.3.1998, BStBl. I 1998, 268, Tz. Org.02, Org.05; BMF 26.8.2003, BStBl. I 2003, 437 Rn. 12; BMF 11.11.2011, BStBl. I 2011, 1314, Tz. Org.03, Org.08, Org.13.

95 Vgl. exemplarisch Henssler/Strohn UmwG § 2 Rn. 7.

96 Vgl. exemplarisch Schmitt/Hörtnagl UmwG § 20 Rn. 23.

97 Vgl. BFH 11.7.2023 – I R 21/20, BStBl. II 2024, 413 Rn. 35 sowie I R 40/20, BStBl. II 2024, 434, Rn. 12 jeweils unter Verweis auf die BFH-Urteile vom 28.7.2010 – I R 89/09, BStBl. II 2011, 528 und vom 28.7.2010 – I R 111/09, BFH/NV 2011, 67.

98 Vgl. BFH 11.7.2023 – I R 36/20, BStBl. II 2024, 419; teilweise inhaltsgleich BFH 11.7.2023 – I R 40/20, BStBl. II 2024, 434 sowie I R 45/20, BStBl. II 2024, 438 und I R 21/20, BStBl. II 2024, 413.

99 Vgl. Brühl Ubg 2016, 586.

100 Vgl. DPM/Dötsch UmwStG Anhang 1 Rn. 21c.

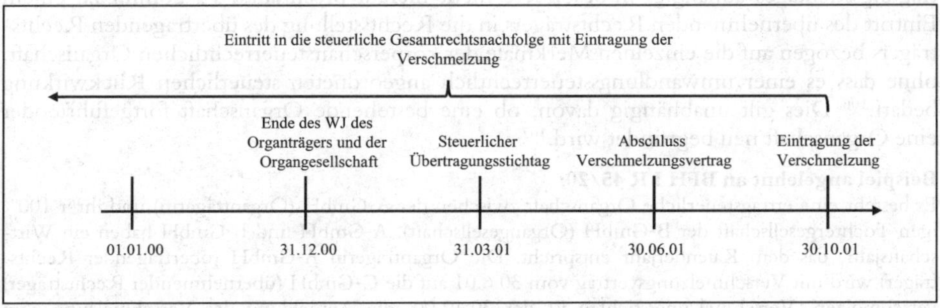


Nach herrschender Auffassung ist danach eine durchgehende Organschaft bzw. eine nahtlose Begründung einer neuen Organschaft alleine nach Maßgabe der Regelungen zur steuerlichen Gesamtrechtsnachfolge – unabhängig vom steuerlichen Übertragungsstichtag – immer möglich, sofern der übertragende Rechtsträger selbst (bereits) mit Beginn des betreffenden Wirtschaftsjahres an der Organgesellschaft mehrheitlich iSd Tatbestandsmerkmals der finanziellen Eingliederung beteiligt ist.[101] **4226**

Nach Auffassung der Finanzverwaltung war in der Vergangenheit eine solche Zurechnung über die Gesamtrechtsnachfolge auf den Rückwirkungszeitraum beschränkt, mit der Folge, dass es bei einem – bezogen auf das Wirtschaftsjahr der Organgesellschaft – unterjährigen steuerlichen Übertragungsstichtag zu einer sog. „Organschaftslücke" kam.[102] **4227**

### 3. Verhältnis der steuerlichen Rückwirkung und Rechtsnachfolge zueinander in Bezug auf die finanzielle Eingliederung

Die Finanzverwaltung vertrat in der Vergangenheit hinsichtlich des Verhältnisses der beiden Regelungen zueinander die Auffassung, dass die steuerliche Rückwirkung, die immer nur bis zum steuerlichen Übertragungsstichtag reicht, auch die Wirkung der steuerlichen Gesamtrechtsnachfolge auf den Zeitraum bis zum steuerlichen Übertragungsstichtag begrenzt, insofern die Finanzverwaltung im Umwandlungssteuererlass vom 11.11.2011 eine gegenüber dem übertragenden Rechtsträger bereits bestehende tatsächliche Eingliederung in Bezug auf die steuerliche Gesamtrechtsnachfolge rückwirkend (lediglich) ab dem steuerlichen Übertragungsstichtag dem übernehmenden Rechtsträger zurechnen wollte.[103] Diese Auffassung hat die Finanzverwaltung nunmehr mit dem neuen Umwandlungssteuererlass vom 2.1.2025 aufgegeben und sich der neueren Rechtsprechung des BFH angeschlossen.[104] **4228**

Der BFH hat in mehreren grundlegenden Urteilen über das Verhältnis der steuerlichen Rückwirkung und Rechtsnachfolge zueinander in Bezug auf das Tatbestandsmerkmal der finanziellen Eingliederung entschieden. Danach sind die Rechtsinstitute der umwandlungssteuerlichen Rückbeziehung und der umwandlungssteuerlichen Rechtsnachfolge trotz bestehender weitgehender Parallelität voneinander zu unterscheiden. Sie stehen gleichberechtigt nebeneinander, insofern sie den gleichen Zeitraum betreffen können, dies aber nicht zwingend so sein muss.[105] Die Zurechnung des Tatbestandsmerkmals der finanziellen Eingliederung über die Gesamtrechtsnachfolge und deren Umfang ist nicht von der umwandlungssteuerrechtlichen Rückwirkung und dem Zeitpunkt des steuerlichen Über- **4229**

[101] Vgl. RHvL/Herlinghaus UmwStG, 3. Aufl. 2019, Anhang 4 Rn. 44.
[102] Vgl. BMF 11.11.2011, BStBl. I 2011, 1314 Tz. Org.02; DPM/Dötsch UmwStG Anhang 1 Rn. 21.
[103] Vgl. DPM/Dötsch UmwStG Anhang 1 Rn. 22.
[104] Vgl. BMF 2.1.2025, BStBl. I 2025, 92 Tz. Org.02, Org.08.
[105] Vgl. BFH 11.7.2023 – I R 36/20, BStBl. II 2024, 419; teilweise inhaltsgleich BFH 11.7.2023 – I R 40/20, BStBl. II 2024, 434 sowie I R 45/20, BStBl. II 2024, 438 und I R 21/20, BStBl. II 2024, 413.

tragungsstichtages abhängig, insbesondere nicht hierauf beschränkt. Es kommt zu einem Eintritt des übernehmenden Rechtsträgers in die Rechtsstellung des übertragenden Rechtsträgers bezogen auf die einzelnen Merkmale der körperschaftsteuerrechtlichen Organschaft, ohne dass es einer umwandlungssteuerrechtlich angeordneten steuerlichen Rückwirkung bedarf.[106] Dies gilt unabhängig davon, ob eine bestehende Organschaft fortgeführt oder eine Organschaft neu begründet wird.[107]

**Beispiel angelehnt an BFH I R 45/20:**
Es besteht eine ertragsteuerliche Organschaft zwischen der A-GmbH (Organträgerin) und ihrer 100% igen Tochtergesellschaft der B-GmbH (Organgesellschaft). A-GmbH und B-GmbH haben ein Wirtschaftsjahr, das dem Kalenderjahr entspricht. Die Organträgerin A-GmbH (übertragender Rechtsträger) wird mit Verschmelzungsvertrag vom 30.6.01 auf die C-GmbH (übernehmender Rechtsträger) verschmolzen. Verschmelzungsstichtag ist der 30.12.00, die Anmeldung der Verschmelzung zum Handelsregister erfolgt am 29.7.01. Die Verschmelzung wird im Handelsregister der aufnehmenden Gesellschaft am 30.10.01 eingetragen.
**Lösung:**
**Steuerliche Gesamtrechtsnachfolge:** Die Organschaft zwischen der A-GmbH und der B-GmbH kann mit der C-GmbH als neuer Organträgerin unverändert fortgeführt werden. Die C-GmbH tritt hinsichtlich des Tatbestandsmerkmals finanzielle Eingliederung in die steuerliche Gesamtrechtsnachfolge nach der A-GmbH ein. Dem steht nicht die (bisher) von der Finanzverwaltung in Org. 02 vertretene Auffassung entgegen, wonach hinsichtlich der finanziellen Eingliederung auch die steuerliche Rückwirkung zu beachten sei und demnach eine finanzielle Eingliederung erst ab dem steuerlichen Übertragungsstichtag vorläge.
**Steuerliche Rückwirkung:** Die steuerliche Rückwirkung hat ausschließlich Bedeutung in Bezug auf die Zurechnung von Einkommen und Vermögen. Das mit dem Ende des Wirtschaftsjahres zum 31.12.00 entstehende Einkommen der B-GmbH ist demnach trotz der zivilrechtlichen Umsetzung der Verschmelzung mit Wirkung erst zum 30.10.01 der C-GmbH als neuer Organträgerin zuzurechnen, insofern dieser aufgrund des Verschmelzungsstichtags 30.12.00 das Vermögen und Einkommen der A-GmbH mit steuerlicher Rückwirkung bereits ab dem 30.12.00 zuzurechnen ist.

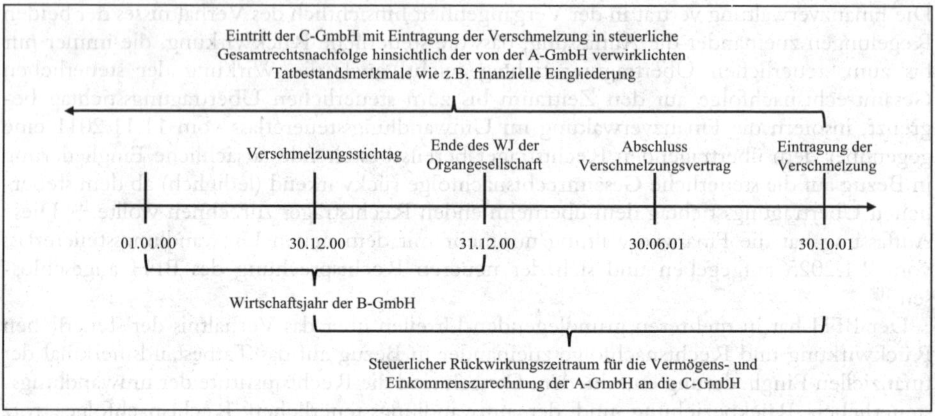


**Hinweis:** In diesem Fall war nach Auffassung der Finanzverwaltung in der Vergangenheit (UmwStE 2011, Org. 02) eine finanzielle Eingliederung erst ab dem 1.1.01 gegeben (Rückwirkungszeitraum), sodass eine Fortsetzung der Organschaft ausschied, weil die finanzielle Eingliederung nicht für das gesamte Wirtschaftsjahr der Organgesellschaft vom 1.9.00 bis 31.8.01 vorlag. Folge war nach dieser Sichtweise eine sog. Organschaftslücke. Diese Auffassung hat die Finanzverwaltung nunmehr mit dem

106 Vgl. BFH 11.7.2023 – I R 36/20, BStBl. II 2024, 419; teilweise inhaltsgleich BFH 11.7.2023 – I R 40/20, BStBl. II 2024, 434 sowie I R 45/20, BStBl. II 2024, 438 und I R 21/20, BStBl. II 2024, 413.
107 Vgl. BFH 11.7.2023 – I R 21/20, BStBl. II 2024, 413; I R 36/20, BStBl. II 2024, 419; I R 40/20, sowie 45/20.

neuen Umwandlungssteuererlass vom 2.1.2025 aufgegeben und sich der neueren Rechtsprechung des BFH angeschlossen.[108]

Letztliche Konsequenz ist entgegen der (bisherigen) Auffassung der Finanzverwaltung, dass die steuerliche Rückwirkung nicht zu einer zeitlichen Begrenzung der steuerlichen Gesamtrechtsnachfolge führt. Vielmehr folgt aus der neueren Rechtsprechung unmittelbar die Irrelevanz der umwandlungssteuerlichen Rückwirkung der Umwandlung für die finanzielle Eingliederung. Es ist allein das Vorliegen einer umwandlungssteuerlichen Rechtsnachfolge in Bezug auf die finanzielle Eingliederung maßgebend.[109] **4230**

Eine durchgehende Organschaft wäre damit auch in Fällen gegeben, bei denen der Umwandlungsvorgang wegen verspäteter Handelsregistereintragung erst im Folgejahr (zivilrechtlich) wirksam wird. Dötsch sieht hier unter Berücksichtigung der steuerlichen Rückwirkung das Risiko, dass für das „Übergangsjahr" ein Fortbestand der Organschaft zum alten Organträger – mit dem der Gewinnabführungsvertrag mangels zivilrechtlich wirksamer Handelsregistereintragung fortbesteht – nicht mehr möglich sei. Grund dafür sei, dass die in der „Übergangszeit" tatsachlich noch im Verhältnis zum alten Organträger bestehende Eingliederung bereits dem neuen Organträger über die steuerliche Rückwirkung zugerechnet wird. Eine Zurechnung der finanziellen Eingliederung über die steuerliche Gesamtrechtsnachfolge erfolgt hingegen erst mit der zivilrechtlich wirksamen Handelsregistereintragung und dem damit verbundenen Erlöschen des ursprünglichen Organträgers, denn erst dann kann der neue Organträger tatsächlich in die Fußstapfen des ursprünglichen Organträger treten. Die in der „Übergangszeit" tatsachlich noch im Verhältnis zum alten Organträger bestehende Eingliederung ist dann auch für steuerliche Zwecke maßgebend.[110] **4231**

*(einstweilen frei)* **4232–4242**

## II. Mögliche Umwandlungsvorgänge auf Ebene des Organträgers

In folgenden Fällen der Umwandlung des Organträgers stellt sich die Frage, inwieweit die finanzielle Eingliederung der Organbeteiligung im Rahmen der steuerlichen Gesamtrechtsnachfolge auf den übernehmenden Rechtsträger übergeht: **4243**

- Verschmelzung des Organträgers auf einen dritten Rechtsträger.
- Auf- oder Abspaltung des Organträgers und damit verbunden die Übertragung der Organbeteiligung auf einen dritten Rechtsträger.
- Einbringung oder Ausgliederung der Organbeteiligung auf eine Tochtergesellschaft des Organträgers.
- Sonderfall: Ausgliederung eines Teilbetriebs des Organträgers auf eine neu gegründete Tochterkapitalgesellschaft und Begründung einer Organschaft mit dieser Tochtergesellschaft.
- Anwachsung des Vermögens einer Organträgerpersonengesellschaft auf einen Gesellschafter.
- Formwechsel des Organträgers.

### 1. Verschmelzung des Organträgers auf einen dritten Rechtsträger

In Fällen der Verschmelzung des Organträgers auf einen dritten Rechtsträger sind in Bezug auf die steuerliche Gesamtrechtsnachfolge folgende Fälle unter Berücksichtigung der Rechtsform zu unterscheiden: **4244**

---

108 Vgl. BMF 2.1.2025, BStBl. I 2025, 92 Tz. Org.02.

109 Vgl. BFH 11.7.2023 – I R 36/20, BStBl. II 2024, 419; teilweise inhaltsgleich BFH 11.7.2023 – I R 40/20, BStBl. II 2024, 434 sowie I R 45/20, BStBl. II 2024, 438 und I R 21/20, BStBl. II 2024, 413.

110 Vgl. DPM/Dötsch UmwStG Anhang 1 Rn. 25.

| **Verschmelzung von:** | **Steuerliche Gesamtrechtsnachfolge gem.:** |
|---|---|
| Kapitalgesellschaft auf Personengesellschaft §§ 3 ff. UmwStG | § 4 Abs. 2, 3 UmwStG |
| Kapitalgesellschaft auf Kapitalgesellschaft §§ 11 ff. UmwStG | § 12 Abs. 3 iVm § 4 Abs. 2, 3 UmwStG |
| Personengesellschaft auf Kapitalgesellschaft §§ 20 ff. UmwStG | Bei Ansatz unterhalb des gemeinen Werts § 23 Abs. 1 iVm § 4 Abs. 2 S. 3 und § 12 Abs. 3 UmwStG |
| Personengesellschaft auf Personengesellschaft § 24 UmwStG | Bei Ansatz unterhalb des gemeinen Werts § 24 Abs. 4 iVm § 23 Abs. 1, § 4 Abs. 2 S. 3 und § 12 Abs. 3 UmwStG |

**4245** In den Fällen der Verschmelzung des Organträgers ist die durchgängige Zurechnung des Tatbestandsmerkmals der finanziellen Eingliederung durch die steuerliche Rechtsnachfolge immer gegeben, sodass unter der Voraussetzung, dass der übernehmende Rechtsträger als solcher die Eigenschaft eines Organträgers iSd § 14 Abs. 1 KStG erfüllt, das Organschaftsverhältnis zwischen dem neuen Organträger und der Organgesellschaft ununterbrochen fortgeführt wird.[111]

Ein vorhandener Gewinnabführungsvertrag geht im Rahmen der zivilrechtlichen Gesamtrechtsnachfolge nahtlos auf den übernehmenden Rechtsträger über.[112]

**4246** Im Hinblick auf die genannten Umwandlungsvorgänge des sechsten und siebten Teils des Umwandlungssteuergesetzes ist Voraussetzung für die steuerliche Gesamtrechtsnachfolge im Hinblick auf das Tatbestandsmerkmal der finanziellen Eingliederung, dass das Wahlrecht für einen Buch- oder Zwischenwertansatz ausgeübt werden kann und wird.

**4247** Die noch im Umwandlungssteuererlass 2011vertretene Auffassung der Finanzverwaltung, dass das Organschaftsverhältnis nicht nahtlos fortgesetzt werden kann, wenn die Verschmelzung des Organträgers auf einen unterjährigen steuerlichen Übertragungsstichtag erfolgt,[113] ist durch die vorgenannte BFH-Rechtsprechung überholt.[114] Diese Auffassung hat die Finanzverwaltung nunmehr mit dem neuen Umwandlungssteuererlass vom 2.1.2025 aufgegeben und sich der neueren Rechtsprechung des BFH angeschlossen.[115]

**4248** Eine erstmalige Begründung der Organschaft zum übernehmenden Rechtsträger ist (rückwirkend) steuerlich anzuerkennen, wenn der übertragende Rechtsträger die Anteile schon zu Beginn des laufenden Wirtschaftsjahres der – zukünftigen – Organgesellschaft gehalten hat.[116] Auch in diesem Fall tritt der übernehmende Rechtsträger in Bezug auf das Tatbestandsmerkmal der finanziellen Eingliederung in die steuerliche Rechtsstellung des übertragenden Rechtsträgers ein. Weitere Voraussetzung für die Begründung der Organschaft ist in diesem Fall, dass der übernehmende Rechtsträger mit der zukünftigen Organgesellschaft einen Gewinnabführungsvertrag vor Ablauf des betreffenden Wirtschaftsjahres abschließt.[117]

[111] Vgl. BFH 11.7.2023 – I R 36/20, BStBl. II 2024, 419; I R 45/20, BStBl. II 2024, 438 sowie I R 21/20, BStBl. II 2024, 413; BMF 2.1.2025, BStBl. I 2025, 92 unter Tz. Org.02 Satz 1; DPM/Dötsch UmwStG Anhang 1 Rn. 22, 23; Gosch KStG/Neumann KStG § 14 Rn. 158a; Rödder DStR 2011, 1054; SRS/Sistermann Umwandlungssteuer-Erlass 2011 Rn. Org.02.
[112] Vgl. OLG Karlsruhe 7.12.1990 – 15 U 256/89, DStR 1991, 360.
[113] Vgl. BMF 11.11.2011, BStBl. I 2011, 1314 Tz. Org.02 Satz 2.
[114] Vgl. BFH 11.7.2023 – I R 36/20, BStBl. II 2024, 419; teilweise inhaltsgleich BFH 11.7.2023 – I R 40/20, BStBl. II 2024, 434 sowie I R 45/20, BStBl. II 2024, 438 und I R 21/20, BStBl. II 2024, 413.
[115] Vgl. BMF 2.1.2025, BStBl. I 2025, 92 Tz. Org.02, Org.08.
[116] Vgl. BMF 2.1.2025, BStBl. I 2025, 92 Tz. Org.03 Satz 1.
[117] Vgl. Heurung/Engel BB 2011, 153.

Eine erstmalige Begründung einer Organschaft zum übernehmenden Rechtsträger ist aufgrund der steuerlichen Rechtsnachfolge in Bezug auf das Tatbestandsmerkmal der finanziellen Eingliederung, hier genauer der finanziellen Beteiligung, auch in den Fällen möglich, in denen der übertragende Rechtsträger eine Beteiligung iHv 50 % und kleiner hatte und diese sich nach der Verschmelzung mit Anteilen des übernehmenden Rechtsträgers an der Organgesellschaft auf eine Beteiligung iHv mehr als 50 % addiert. Voraussetzung ist auch in diesem Fall, dass sowohl der übertragende als auch der übernehmende Rechtsträger jeweils zum Beginn des Wirtschaftsjahres, für das die Regelungen zur Organschaft Anwendung finden sollen an der Organgesellschaft entsprechend beteiligt waren. Entscheidend ist darüber hinaus in diesem Fall, dass eine den jeweiligen gesellschaftsvertraglichen Regelungen entsprechende Stimmrechtsmehrheit (einfache Mehrheit oder qualifizierte Mehrheit) im Einzelfall gegeben ist.[118] Weitere Voraussetzung für die Neubegründung der Organschaft mit dem aufnehmenden Rechtsträger als neuem Organträger ist, dass zwischen dem neuen Organträger und der Organgesellschaft mit Abschluss des betreffenden Wirtschaftsjahres der Organgesellschaft ein gültiger Gewinnabführungsvertrag abgeschlossen wird. 4249

**Beispiel:**
Die A-GmbH und die B-GmbH sind jeweils zu 50 % an der C-GmbH beteiligt. A-GmbH und B-GmbH haben ein Wirtschaftsjahr, das dem Kalenderjahr entspricht. Die C-GmbH hat ein Wirtschaftsjahr vom 1.7. bis 30.6. Mit Wirkung zum 31.12.00 wird die A-GmbH auf die B-GmbH verschmolzen.

**Lösung:**
Die B-GmbH tritt hinsichtlich des Tatbestandsmerkmals der finanziellen Eingliederung in die steuerliche Gesamtrechtsnachfolge der A-GmbH ein, wodurch ab dem 1.7.00 eine finanzielle Eingliederung der C-GmbH in die B-GmbH gegeben ist (Beteiligungsquote A-GmbH 50 % + Beteiligungsquote B-GmbH 50 % = 100 %). Mit Abschluss eines gültigen Gewinnabführungsvertrags zwischen der C-GmbH als Organgesellschaft und der B-GmbH als Organträgerin kann eine ertragsteuerliche Organschaft erstmalig für das Wirtschaftsjahr der C-GmbH vom 1.7.00 – 30.6.01 begründet werden.

## 2. Auf- und Abspaltung

Die Auf- und Abspaltung des Organträgers unter Berücksichtigung der steuerlichen Gesamtrechtsnachfolge lassen sich abhängig von der Rechtsform wie folgt gruppieren: 4250

| **Vorgang** | **Steuerliche Gesamtrechtsnachfolge gem.:** |
|---|---|
| Kapitalgesellschaft auf Kapitalgesellschaft § 15 UmwStG | § 15 Abs. 1 iVm § 12 Abs. 3, § 4 Abs. 2, 3 UmwStG |
| Kapitalgesellschaft auf Personengesellschaft § 16 UmwStG | § 16 S. 1 iVm § 4 Abs. 2, 3 UmwStG |
| Personengesellschaft auf Kapitalgesellschaft §§ 20 ff. UmwStG | Bei Ansatz unterhalb des gemeinen Werts § 23 Abs. 1 iVm § 4 Abs. 2 S. 3 und § 12 Abs. 3 UmwStG |
| Personengesellschaft auf Personengesellschaft § 24 UmwStG | Bei Ansatz unterhalb des gemeinen Werts § 24 Abs. 4 iVm § 23 Abs. 1, § 4 Abs. 2 S. 3 und § 12 Abs. 3 UmwStG |

[118] Vgl. ggf. so: RHN/Rödder/Liekenbrock KStG § 14 Rn. 223 f.; aA BMF 2.1.2025, BStBl. I 2025, 92 Tz. Org.03 und DPM/Dötsch UmwStG Anhang 1 Rn. 22. Ob die andere Auffassung überholt sein könnte aufgrund der Urteile des BFH zur steuerlichen Gesamtrechtsnachfolge BFH 11.7.2023 – I R 36/20, BStBl. II 2024, 419; teilweise inhaltsgleich BFH 11.7.2023 – I R 45/20, BStBl. II 2024, 438 und I R 21/20, BStBl. II 2024, 413 ist offen, weil über diese Frage nicht explizit entschieden wurde. Grundsätzlich ist auf die tatsächliche Beherrschung der Tochtergesellschaft abzustellen, die von den konkreten vertraglichen Gegebenheiten des Einzelfalls abhängig ist. Vgl. Ausführungen Rode→ Rn. 534–539. Demnach dürfte ein rein zahlenmäßiges („nachträgliches") Zusammenrechnen von Beteiligungsquoten ggf. nicht ausreichend sein.

In Fällen der Auf- und Abspaltung gelten die Ausführungen zur steuerlichen Gesamtrechtsnachfolge bei Verschmelzung des Organträgers in Bezug auf das Tatbestandsmerkmal der finanziellen Eingliederung grundsätzlich entsprechend.

**4251** Im Hinblick auf die o. g. Umwandlungsvorgänge des sechsten und siebten Teils des Umwandlungssteuergesetzes ist Voraussetzung für die steuerliche Gesamtrechtsnachfolge im Hinblick auf das Tatbestandsmerkmal der finanziellen Eingliederung, dass das Wahlrecht für einen Buch- oder Zwischenwertansatz ausgeübt werden kann und wird.

Dies bedeutet konkret im Falle der Auf- und Abspaltung einer Organbeteiligung von einer Personengesellschaft auf eine Kapitalgesellschaft, dass die Organbeteiligung entweder Teil einer Sachgesamtheit in Form eines Betriebs, Teilbetriebs, Mitunternehmeranteils (hier: Organbeteiligung ist SBV des Mitunternehmeranteils) oder eine mehrheitsvermittelnde Beteiligung iSv § 21 UmwStG ist. Für den Fall der Auf- und Abspaltung einer Organbeteiligung von einer Personengesellschaft auf eine andere Personengesellschaft tritt an die Stelle der mehrheitsvermittelnden Beteiligung die Notwendigkeit einer 100%igen Beteiligung an der Organgesellschaft, die nach Auffassung der Finanzverwaltung als Teilbetrieb iSd § 24 Abs. 1 UmwStG anzuerkennen ist.[119]

**4252** Weitere Voraussetzung für die durchgängige Fortsetzung der Organschaft ist, dass im Spaltungsvertrag oder -plan der zugehörige Gewinnabführungsvertrag ebenfalls auf den die Organbeteiligung übernehmenden Rechtsträger übergeht.

**4253** Eine erstmalige Begründung der Organschaft zum übernehmenden Rechtsträger ist ebenfalls in Fällen der Auf- und Abspaltung wie in den Fällen der Verschmelzung möglich. Voraussetzung für die Begründung der Organschaft ist in diesem Fall lediglich der Abschluss eines Gewinnabführungsvertrags vor Ablauf des betreffenden Wirtschaftsjahres der Organgesellschaft.[120]

**4254** Eine erstmalige Begründung einer Organschaft zum übernehmenden Rechtsträger ist darüber hinaus in Fällen der Auf- und Abspaltung auch dann möglich, wenn der übertragende Rechtsträger eine Beteiligung iHv 50 % und kleiner hatte und diese sich nach der Auf- oder Abspaltung mit Anteilen des übernehmenden Rechtsträgers an der Organgesellschaft auf eine Beteiligung iHv mehr als 50 % addiert, sofern sowohl der übertragende als auch der übernehmende Rechtsträger jeweils zum Beginn des Wirtschaftsjahres, für das die Regelungen zur Organschaft Anwendung finden sollen, an der Organgesellschaft entsprechend beteiligt waren.[121]

**4255** Im Hinblick auf die Ausführungen zu den Umwandlungsvorgängen, die unter den sechsten und siebten Teil des UmwStG fallen, ist dementsprechend eine steuerliche Rechtsnachfolge in Bezug auf das Tatbestandsmerkmal der finanziellen Eingliederung bzw. genauer der finanziellen Beteiligung im Falle der Auf- und Abspaltung einer Personengesellschaft auf andere Personengesellschaften nur dann gegeben, wenn die Organbeteiligung Teil einer Sachgesamtheit Betrieb oder Teilbetrieb ist, da aufgrund der Beteiligung von 50 % und weniger kein fiktiver Teilbetrieb iSd § 24 UmwStG in Form einer 100%igen Beteiligung gegeben ist. Im Falle der Auf- und Abspaltung einer Personengesellschaft auf eine Kapitalgesellschaft ist hingegen die steuerliche Gesamtrechtsnachfolge bei Übertragung lediglich von Anteilen der zukünftigen Organgesellschaft möglich, insofern das Tatbestandsmerkmal der mehrheitsvermittelnden Beteiligung auf eine Beteiligung von mehr

---

[119] Vgl. BMF 2.1.2025, BStBl. I 2025, 92 Tz. 24.02.

[120] Vgl. Heurung/Engel BB 2011, 153.

[121] Vgl. ggf. so: RHN/Rödder/Liekenbrock KStG § 14 Rn. 223 f.; aA BMF 2.1.2025, BStBl. I 2025, 92 Tz. Org.03 und DPM/Dötsch UmwStG Anhang 1 Rn. 22. Ob die andere Auffassung überholt sein könnte aufgrund der Urteile des BFH zur steuerlichen Gesamtrechtsnachfolge BFH 11.7.2023 – I R 36/20, BStBl. II 2024, 419, teilweise inhaltsgleich BFH 11.7.2023 – I R 45/20, BStBl. II 2024, 438 und I R 21/20, BStBl. II 2024, 413 ist offen, weil über diese Frage nicht explizit entschieden wurde. Grundsätzlich ist auf die tatsächliche Beherrschung der Tochtergesellschaft abzustellen, die von den konkreten vertraglichen Gegebenheiten des Einzelfalls abhängig ist. Vgl. Ausführungen Rode → Rn. 534–539. Demnach dürfte ein rein zahlenmäßiges („nachträgliches") Zusammenrechnen von Beteiligungsquoten ggf. nicht ausreichend sein.

als 50 % nach dem entsprechenden Umwandlungsvorgang auf Ebene des übernehmenden Rechtsträgers abstellt (vgl. § 21 Abs. 1 Satz 2 Nr. 1 iVm § 23 Abs. 1 UmwStG).

In Fällen, in denen im Rahmen einer Abspaltung von Vermögen eines Organträgers die Beteiligung an der Organgesellschaft selbst und der zugehörige Gewinnabführungsvertrag beim Organträger verbleibt, setzt sich die Organschaft selbstverständlich unverändert fort.[122] **4256**

### 3. Einbringung, Ausgliederung

Die Einbringung oder Ausgliederung von Vermögen des Organträgers unter Berücksichtigung der steuerlichen Gesamtrechtsnachfolge lassen sich abhängig von der Rechtsform wie folgt gruppieren: **4257**

| **Vorgang** | **Steuerliche Gesamtrechtsnachfolge gem.:** |
|---|---|
| Ausgliederung/Einbringung der (Organ)-Beteiligung auf einen neuen Organträger in der<br>a) Rechtsform Kapitalgesellschaft<br>b) Rechtsform Personengesellschaft | Bei Ansatz unterhalb des gemeinen Werts<br>a) § 23 Abs. 1 iVm § 4 Abs. 2 S. 3 und § 12 Abs. 3 UmwStG (qualifizierter Anteilstausch)<br>b) § 24 Abs. 4 iVm § 23 Abs. 1, § 4 Abs. 2 S. 3 und § 12 Abs. 3 UmwStG |
| **Sonderfall:** Ausgliederung/Einbringung Teilbetrieb auf eine potenzielle Organgesellschaft in Form der Kapitalgesellschaft | Bei Ansatz unterhalb des gemeinen Werts § 23 Abs. 1 iVm § 4 Abs. 2 S. 3 und § 12 Abs. 3 UmwStG |

All den o. g. Umwandlungsvorgängen ist gemein, dass sie unter die Regelungen des sechsten und siebten Teils des UmwStG fallen und insoweit Voraussetzung für die steuerliche Gesamtrechtsnachfolge im Hinblick auf das Tatbestandsmerkmal der finanziellen Eingliederung ist, dass in Bezug auf den fraglichen Umwandlungsvorgang das Wahlrecht für einen Buch- oder Zwischenwertansatz ausgeübt werden kann und wird.[123] **4258**

**a) Einbringung/Ausgliederung von (Organ-)Beteiligungen.** Dies bedeutet konkret im Falle der Einbringung oder Ausgliederung einer Organbeteiligung auf eine Kapitalgesellschaft, dass die Organbeteiligung entweder Teil einer Sachgesamtheit in Form eines Betriebs, Teilbetriebs, Mitunternehmeranteils ist oder eine mehrheitsvermittelnde Beteiligung iSv § 21 UmwStG darstellt.[124] Für den Fall der Einbringung oder Ausgliederung einer Organbeteiligung auf eine Personengesellschaft tritt an die Stelle der mehrheitsvermittelnden Beteiligung die Notwendigkeit einer 100%igen Beteiligung die nach Auffassung der Finanzverwaltung als Teilbetrieb iSd § 24 Abs. 1 UmwStG anzuerkennen ist.[125] **4259**

Zu beachten ist in diesem Zusammenhang, dass bei der Übertragung einer mehrheitsvermittelnden Beteiligung iSv § 21 UmwStG eine steuerliche Rückwirkung insgesamt nicht vorgesehen ist, sowie bei der Übertragung einer 100%igen Beteiligung in eine Personengesellschaft als Teilbetrieb nach § 24 Abs. 1 UmwStG eine steuerliche Rückwirkung nur bei Übertragung im Wege der zivilrechtlichen Gesamtrechtsnachfolge möglich ist. Nach der Auffassung des BFH steht dies einer Fortführung der Organschaft mit **4260**

---

[122] Vgl. BMF 2.1.2025, BStBl. I 2025, 92 Tz. Org.09.

[123] Vgl. RHvL/Herlinghaus UmwStG Anhang 4 Rn. 53 und hier Ausführungen in Fußnote 42 mwN.: „Insoweit spielt die in § 24 Abs. 4 UmwStG ausgeschlossene Rückwirkung bei zutreffender Betrachtung keine Rolle, sondern kommt es alleine auf die in § 24 Abs. 4 iVm §§ 23 Abs. 1 und 12 Abs. 3 Hs. 1 UmwStG angeordnete Rechtsnachfolge an.".

[124] BFH 11.7.2023 – I R 40/20, BStBl. II 2024, 434. BMF 2.1.2025, BStBl. I 2025, 92 Tz. Org 15i V m Org.02 f.

[125] Vgl. BMF 2.1.2025, BStBl. I 2025, 92 Tz. 24.02.

dem neuen Organträger nicht entgegen, da es allein auf das Rechtsmerkmal der steuerlichen Gesamtrechtsnachfolge ankommt.[126]

**Beispiel angelehnt an BFH I R 40/20:**
Die A-GmbH ist zu 100% an ihrer Tochtergesellschaft der B-GmbH beteiligt. Es besteht keine ertragsteuerliche Organschaft. A-GmbH und B-GmbH haben ein Wirtschaftsjahr, das dem Kalenderjahr entspricht. Die A-GmbH (übertragender Rechtsträger) bringt mit Einbringungsvertrag vom 30.6.01 die Anteile an der B-GmbH in die C-GmbH (übernehmender Rechtsträger) mit zivilrechtlicher Wirkung zum 1.7.01 ein. Die Einbringung erfolgt steuerlich zu Buchwerten.
Zwischen der C-GmbH und der B-GmbH wird ein Gewinnabführungsvertrag abgeschlossen und am 30.10.01 in das Handelsregister eingetragen.
**Lösung:**
Steuerliche Gesamtrechtsnachfolge: Eine Organschaft zwischen der C-GmbH und der B-GmbH wird ab dem Wirtschaftsjahr 01 neu begründet. Die C-GmbH tritt hinsichtlich des Tatbestandsmerkmals finanzielle Eingliederung in die steuerliche Gesamtrechtsnachfolge nach der A-GmbH ein, da eine Übertragung der B-GmbH steuerlich unter dem gemeinen Wert erfolgt.
Steuerliche Rückwirkung: Im Falle des Anteilstauschs (§ 21 UmwStG) ist keine steuerliche Rückwirkung gegeben. Diese ist aber auch nicht entscheidend, da das Wirtschaftsjahr der Organgesellschaft, für das zum ersten Mal eine Organschaft gelten soll, nach dem zivilrechtlichen Übergang der Anteile auf die C-GmbH endet. Das mit dem Ende des Wirtschaftsjahres zum 31.12.01 entstehende Einkommen der B-GmbH ist der C-GmbH als neuer Organträgerin zuzurechnen.

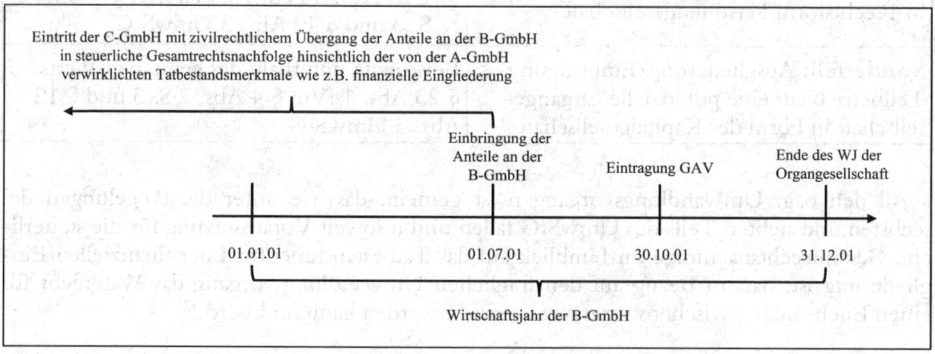


**Hinweis:** In diesem Fall war nach Auffassung der Finanzverwaltung (UmwStE 2011, Org. 15) in der Vergangenheit eine finanzielle Eingliederung erst ab dem 1.7.01 gegeben, da aufgrund fehlender steuerlicher Rückwirkung der steuerliche Übertragungsstichtag gleich dem zivilrechtlichen Übertragungsstichtag ist, sodass eine Neubegründung der Organschaft für das im Zeitpunkt der Übertragung laufende Wirtschaftsjahr der Organgesellschaft ausschied. Diese Auffassung hat die Finanzverwaltung nunmehr mit dem neuen Umwandlungssteuererlass vom 2.1.2025 aufgegeben und sich der neueren Rechtsprechung des BFH angeschlossen.[127]

4261 Eine durchgängige Fortsetzung der Organschaft mit dem aufnehmenden Rechtsträger als neuem Organträger ist möglich, insofern zwischen dem neuen Organträger und der Organgesellschaft mit Abschluss des betreffenden Wirtschaftsjahres der Organgesellschaft ein gültiger Gewinnabführungsvertrag besteht.

4262 Bei der Ausgliederung iSd § 123 Abs. 3 UmwG ist dies grundsätzlich im Wege der zivilrechtlichen Gesamtrechtsnachfolge möglich, sofern im Spaltungsvertrag oder -plan vorgesehen ist, dass der Gewinnabführungsvertrag auf den übernehmenden Rechtsträger übergeht.[128]

---

[126] Vgl. BFH 11.7.2023 – I R 40/20, BStBl. II 2024, 434.
[127] Vgl. BMF 2.1.2025, BStBl. I 2025, 92 Tz. Org.15 iVm Org.02 f.
[128] Vgl. → Rn. 4144.

Ist eine *Kettenorganschaft* über die drei beteiligten Gesellschaften gewünscht, ist weitere Voraussetzung in den Fällen, in denen auf einen bereits bestehenden Rechtsträger übertragen wird, dass dieser von Beginn seines Wirtschaftsjahres bereits in den übertragenden Rechtsträger finanziell eingegliedert war. **4263**

Darüber hinaus ist möglich, dass der Gewinnabführungsvertrag zwischen dem ursprünglichen Organträger und der Organgesellschaft auch nach der Einbringung oder Ausgliederung weiterhin bestehen bleibt. Die Organschaft wird als sog. *Klammerorganschaft* zwischen der eingebrachten Organgesellschaft und der übertragenden Organträgerin fortgesetzt, ohne dass die aufnehmende Gesellschaft in die Organschaft einbezogen wird.[129] Eine steuerliche Rechtsnachfolge im Hinblick auf die finanzielle Eingliederung der Organgesellschaft ist nicht notwendig. Das Tatbestandsmerkmal der finanziellen Eingliederung ist in Form der mittelbaren Beteiligung des Organträgers an der Organgesellschaft erfüllt.[130] **4264**

**Beispiel zur Begründung einer Kettenorganschaft:**
Die A-GmbH ist Organträgerin im Verhältnis zu ihrer 100%igen Tochter B-GmbH (Organgesellschaft). Beide Gesellschaften haben ein kalendergleiches Wirtschaftsjahr. Die A-GmbH gliedert im Juli 01 die B-GmbH auf die C-GmbH zur Neugründung aus. Die C-GmbH hat ein kalendergleiches Wirtschaftsjahr. Die Ausgliederung erfolgt nach § 21 Abs. 2 UmwStG zum Buchwert.
**Lösung:**
Ab dem Wirtschaftsjahr 01 kann eine Organschaft zwischen der A-GmbH als oberste Organträgerin, der C-GmbH als Organgesellschaft zur A-GmbH und Organträgerin zur B-GmbH sowie der B-GmbH als Organgesellschaft zur C-GmbH begründet werden.
Das Tatbestandsmerkmal der finanziellen Eingliederung der B-GmbH geht aufgrund der steuerlichen Gesamtrechtsnachfolge von der A-GmbH auf die C-GmbH über.
Im Ausgliederungsvertrag ist der Gewinnabführungsvertrag als Teil des auszugliedernden Vermögens aufzuführen. Die C-GmbH tritt in den bestehenden Ergebnisabführungsvertrag zwischen der A-GmbH und der B-GmbH als neue Organträgerin im Rahmen der zivilrechtlichen Gesamtrechtsnachfolge ein.
Für die weitere Begründung einer ertragsteuerlichen Organschaft zwischen der A-GmbH und der C-GmbH im Sinne einer Kettenorganschaft ist der Abschluss eines Ergebnisabführungsvertrags vor Ende des Wirtschaftsjahres 01 der C-GmbH zwischen beiden Gesellschaften erforderlich.

In Fällen der Einbringung ist mangels zivilrechtlicher Gesamtrechtsnachfolge ein Eintritt des übernehmenden Rechtsträgers in die Rechte und Pflichten des Gewinnabführungsvertrags ausgeschlossen.[131] Eine Organschaft in Fällen der Einbringung mit dem aufnehmenden Rechtsträger setzt daher voraus, dass ein bestehender Gewinnabführungsvertrag mit dem ursprünglichen Organträger auf das Ende des Wirtschaftsjahres der Organschaft beendet wird, welches vor oder an dem Stichtag der Einbringung der Organgesellschaft endet, und ein neuer Gewinnabführungsvertrag zwischen der Organgesellschaft und dem übernehmenden Rechtsträger für das betreffende Wirtschaftsjahr abgeschlossen wird. **4265**

**Beispiel Abwandlung 1:**
Die A-GmbH ist Organträgerin im Verhältnis zu ihrer 100%igen Tochter B-GmbH (Organgesellschaft). Die A-GmbH beabsichtigt im Jahr 00 für den Juli 01 eine neue Tochtergesellschaft, die C-GmbH, zu gründen und anschließend die B-GmbH in die C-GmbH einzubringen. Alle Gesellschaften haben ein kalendergleiches Wirtschaftsjahr. Die Einbringung erfolgt nach § 21 Abs. 2 UmwStG zum Buchwert.
**Lösung:**
Eine Organschaft zwischen der aufnehmenden C-GmbH und der eingebrachten B-GmbH ist grundsätzlich ab dem Wirtschaftsjahr 01 möglich. Das Tatbestandsmerkmal der finanziellen Eingliederung der B-GmbH geht aufgrund der steuerlichen Gesamtrechtsnachfolge von der A-GmbH auf die C-GmbH über.
Eine weitergehende Begründung einer ertragsteuerlichen Organschaft zwischen der A-GmbH und der C-GmbH im Sinne einer Kettenorganschaft ist ebenfalls möglich, insofern die C-GmbH mit dem Beginn des Rumpfwirtschaftsjahres der Neugründung in die A-GmbH finanziell eingegliedert ist. Das

[129] Vgl. RHvL/Herlinghaus UmwStG Anhang 4 Rn. 51.
[130] Vgl. DPM/Dötsch UmwStG Anhang 1 Rn. 38; BMF 2.1.2025, BStBl. I 2025, 92 Tz. Org.16.
[131] Vgl. Ausführungen in → Rn. 4147.

Vorliegen des Tatbestandsmerkmals der finanziellen Eingliederung in Bezug auf die A-GmbH und C-GmbH wäre nicht zu bejahen, wenn die C-GmbH unterjährig von der A-GmbH erworben worden wäre.
Der Gewinnabführungsvertrag zwischen der A-GmbH und der B-GmbH wird durch die Einbringung grundsätzlich nicht berührt und geht erst recht nicht im Wege der zivilrechtlichen Gesamtrechtsnachfolge auf die C-GmbH über. Für eine Organschaft mit der C-GmbH in 01 ist daher der Gewinnabführungsvertrag zwischen der A-GmbH und der B-GmbH auf das Ende des Wirtschaftsjahres der B-GmbH zu beenden.
Die Beendigung des Gewinnabführungsvertrags zwischen der A-GmbH und B-GmbH kann ggf. schwebend unwirksam gestaltet werden, sodass in Zweifelsfällen der Gewinnabführungsvertrag und damit auch die bestehende Organschaft zwischen der A-GmbH und der B-GmbH auch fortgeführt werden kann, wenn es zu der angedachten Übertragung der Anteile an der B-GmbH auf die C-GmbH tatsächlich nicht kommen würde.[132]
Eine Organschaft mit der C-GmbH als neuem Organträger setzt aber voraus, dass zwischen der C-GmbH und der B-GmbH in 01 ein gültiger Gewinnabführungsvertrag abgeschlossen wird.

**4266** Eine erstmalige Begründung einer Organschaft zum übernehmenden Rechtsträger ist darüber hinaus in Fällen der Einbringung oder Ausgliederung in eine Kapitalgesellschaft als übernehmender Rechtsträger auch dann möglich, wenn der übertragende Rechtsträger eine Beteiligung iHv 50 % und kleiner hatte und diese sich nach der Einbringung oder Ausgliederung mit Anteilen des übernehmenden Rechtsträgers an der künftigen Organgesellschaft auf eine Beteiligung iHv mehr als 50 % addiert – und mithin ein qualifizierter Anteilstausch, der den Eintritt in die steuerliche Gesamtrechtsnachfolge vermittelt, vorliegt, sofern sowohl der übertragende als auch der übernehmende Rechtsträger jeweils zum Beginn des Wirtschaftsjahres, für das die Regelungen zur Organschaft Anwendung finden sollen, an der Organgesellschaft entsprechend beteiligt waren.[133]

**4267** In Fällen der Einbringung oder Ausgliederung in eine Personengesellschaft ist eine steuerliche Rechtsnachfolge in Bezug auf das Tatbestandsmerkmal der finanziellen Eingliederung bzw. genauer der finanziellen Beteiligung nur dann gegeben, wenn die Organbeteiligung Teil einer Sachgesamtheit Betrieb oder Teilbetrieb ist,da aufgrund der Beteiligung von 50 % und weniger kein fiktiver Teilbetrieb iSd § 24 UmwStG in Form einer 100%igen Beteiligung gegeben ist.

Weitere Voraussetzung für die Begründung der Organschaft ist in diesen Fällen, dass der übernehmende Rechtsträger mit der zukünftigen Organgesellschaft einen Gewinnabführungsvertrag vor Ablauf des betreffenden Wirtschaftsjahres abschließt.

**4268** **b) Einbringung/Ausgliederung von Sachgesamtheiten auf eine potenzielle Organgesellschaft (Sonderfall).** Die steuerliche Gesamtrechtsnachfolge hinsichtlich des Tatbestandsmerkmals der finanziellen Eingliederung gilt nach der Auffassung des BFH, selbst in dem Fall, dass ein (Teil-)Betrieb im Rahmen einer Neugründung einer Tochtergesellschaft auf diese übertragen wird.[134] Die Frage der finanziellen Eingliederung des übernehmenden Rechtsträgers ist in diesem Fall eine Besonderheit, weil bei der Über-

[132] Vgl. hierzu OLG München 27.10.2014 – 31 Wx 235/14, MittBayNot 2015, 333: Das OLG München hatte die Frage zu beantworten, ob das Rückwirkungsverbot nach § 296 Abs. 1 S. 2 AktG auch in einem GmbH-Konzern gilt. Nach dem OLG kann der Zustimmungsbeschluss der Gesellschafterversammlung einer beherrschten GmbH zur Aufhebung eines Gewinnabführungsvertrags, wenn die herrschende Gesellschaft die Alleingesellschafterin der beherrschten Gesellschaft ist, auch noch nach dem für die Aufhebung bestimmten Stichtag gefasst werden; der Beschluss entfaltet insofern Rückwirkung.

[133] Vgl. ggf. so: RHN/Rödder/Liekenbrock KStG § 14 Rn. 223 f.; aA BMF 2.1.2025, BStBl. I 2025, 92 Tz. Org.03 und DPM/Dötsch UmwStG Anhang 1 Rn. 22. Ob die andere Auffassung überholt sein könnte aufgrund der Urteile des BFH zur steuerlichen Gesamtrechtsnachfolge BFH 11.7.2023 – I R 36/20, BStBl. II 2024, 419, teilweise inhaltsgleich BFH 11.7.2023 – I R 45/20, BStBl. II 2024, 438 und I R 21/20, BStBl. II 2024, 413 ist offen, weil über diese Frage nicht explizit entschieden wurde. Grundsätzlich ist auf die tatsächliche Beherrschung der Tochtergesellschaft abzustellen, die von den konkreten vertraglichen Gegebenheiten des Einzelfalls abhängig ist. Vgl. Ausführungen Rode, Rn. 534–539. Demnach dürfte ein rein zahlenmäßiges („nachträgliches") Zusammenrechnen von Beteiligungsquoten ggf. nicht ausreichend sein.

[134] Vgl. BFH 28.7.2010 – I R 89/09, DStR 2010, 2182.

tragung eines (Teil-)Betriebs im Rahmen einer Neugründung einer Tochtergesellschaft nicht Anteile an einer Gesellschaft übertragen werden, hinsichtlich derer Anteile das Tatbestandsmerkmal der finanziellen Eingliederung fraglich ist. Vielmehr werden die Anteile, die Gegenstand einer finanziellen Eingliederung sein können, durch den Vorgang erst geschaffen.[135]

Danach ist bei Einbringung oder Ausgliederung eines Betriebs oder Teilbetriebs zur Neugründung zwischen dem übertragenden Rechtsträger und dem übernehmenden Rechtsträger mit Wirkung ab dem ersten Wirtschaftsjahr der neuen Organgesellschaft ein Organschaftsverhältnis möglich.[136]

Der BFH sieht den Teilbetrieb als stärkste Form der finanziellen Eingliederung von Vermögen in einen Rechtsträger an. Diese finanzielle Eingliederung des Teilbetriebs liegt beim übertragenden Rechtsträger bereits – unabhängig von deren zivilrechtlichen Gründung – zum Beginn des Wirtschaftsjahres der neuen Organgesellschaft vor und setzt sich in der finanziellen Eingliederung der zivilrechtlich später entstehenden Anteile an der übernehmenden (Organ-)Gesellschaft fort.[137] Weitere Voraussetzung für die Neubegründung der Organschaft mit dem neugegründeten aufnehmenden Rechtsträger als neuer Organgesellschaft ist, dass mit Abschluss des betreffenden Wirtschaftsjahres der (neugegründeten) Organgesellschaft ein gültiger Gewinnabführungsvertrag abgeschlossen wird.

**Beispiel angelehnt an BFH I R 89/09:**
Die A-GmbH hat zwei Teilbetriebe. Sie gliedert einen Teilbetrieb auf die B-GmbH zur Neugründung mit Vertrag aus Juni 01 und Umwandlungsstichtag 1.1.01 aus. Die Eintragung der Umwandlung erfolgt am 5. August 01. Zwischen der B-GmbH und der A-GmbH wird in 01 ein GAV abgeschlossen.
**Lösung:**
**Steuerliche Gesamtrechtsnachfolge:** Eine Organschaft zwischen der B-GmbH und der A-GmbH kann ab dem Wirtschaftsjahr 01 neu begründet werden. Das Tatbestandsmerkmal der finanziellen Eingliederung ist bereits für das mit Vertragsabschluss im Juni 01 beginnende Rumpfwirtschaftsjahr gegeben. Das gilt in dem Fall auch obwohl Anteile, an denen eine finanzielle Eingliederung bestehen könnte, gar nicht Gegenstand einer Umwandlung sind, sondern im Rahmen des Umwandlungsvorgangs Vermögen auf eine neue Tochtergesellschaft übertragen wird, hinsichtlich deren Anteile das Tatbestandsmerkmal der finanziellen Eingliederung fraglich ist, insofern der Teilbetrieb die stärkste Form der finanziellen Eingliederung von Vermögen in einen Rechtsträger darstellt und sich diese finanzielle Eingliederung in den erst neuentstandenen Anteilen an der B-GmbH fortsetzt.
**Steuerliche Rückwirkung:** Die steuerliche Rückwirkung, die nach der neueren BFH-Rechtsprechung nur für die Einkommenszurechnung wichtig ist,[138] war für den BFH auch in diesem Urteilsfall nicht relevant für die Frage der finanziellen Eingliederung der Anteile an der B-GmbH in die A-GmbH.

[135] Vgl. die Ausführungen von Brühl Ubg 2016, 586 (589): „Damit stand der BFH vor dem Problem, dass bei restriktivem Verständnis der finanziellen Eingliederung mangels stimmrechtsvermittelnder Beteiligung der R-GmbH (Anm.: Organträger) an der OG-GmbH (Anm.: Organgesellschaft) bis zum zivilrechtlichen Wirksamwerden der Ausgliederung die Organschaft hätte versagt werden müssen. Denn im Zeitraum zwischen dem 1.1.2004 und dem zivilrechtlichen Wirksamwerden der Teilbetriebsausgliederungen zur Neugründung am 24.6.2004 hatte die R-GmbH tatsächlich noch keine Anteile an der OG-GmbH gehalten.“.

[136] Vgl. BFH 28.7.2010 – I R 89/09, BStBl. II 2011, 528 und BMF 2.1.2025, BStBl. I 2025, 92 Tz. Org.13; DPM/Dötsch UmwStG Anhang 1 Rn. 34.

[137] Vgl. auch die Ausführungen bei Brühl Ubg 2016, 586 (589), wonach das größere Ausmaß wirtschaftlicher Integration das unmittelbare Halten von Teilbetrieben anstatt nur das Halten von Anteilen an Tochterkapitalgesellschaften, denen die Teilbetriebe gehören, ist. Der BFH hat deshalb die Zugehörigkeit der Teilbetriebe als „stärkste Form der Eingliederung“ begriffen und damit eine rein formale Betrachtungsweise abgelehnt.

[138] Vgl. Ausführungen unter → Rn. 4229.

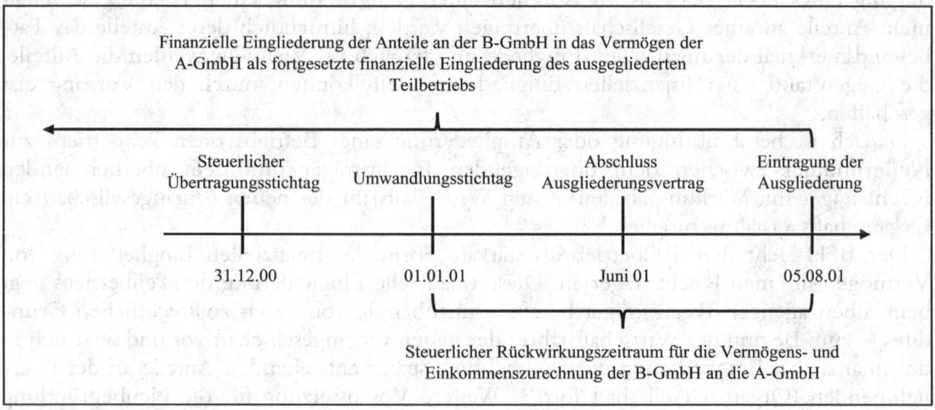


**Hinweis:** In diesem Fall war nach Auffassung der Finanzverwaltung in der Vergangenheit (UmwStE 2011, Org. 14) eine finanzielle Eingliederung erst ab dem 5. August 01 gegeben, da erst ab diesem Tag die Anteile an der B-GmbH Vermögen der A-GmbH darstellten und erst in diesem Zeitpunkt eine finanzielle Eingliederung der Anteile angenommen wurde. Diese Auffassung hat die Finanzverwaltung nunmehr mit dem neuen Umwandlungssteuererlass vom 2.1.2025 aufgegeben und sich der neueren Rechtsprechung des BFH angeschlossen.[139]

4269 Das gilt auch in dem Fall, wenn die Anteile an der übernehmenden neu gegründeten Gesellschaft in einem nächsten Schritt im gleichen Wirtschaftsjahr in eine weitere Kapitalgesellschaft iRd § 21 UmwStG zu einem Wert unter dem gemeinen Wert ausgegliedert bzw. eingebracht werden.[140] Der übernehmende Rechtsträger übernimmt aufgrund der steuerlichen Gesamtrechtsnachfolge die (fortgesetzte) finanzielle Eingliederung der neu gegründeten Gesellschaft.[141] Weitere Voraussetzung für die Neubegründung der Organschaft zwischen dem aufnehmenden Rechtsträger als neuem Organträger und der übertragenden neu gegründeten Gesellschaft als Organgesellschaft ist, dass mit Abschluss des betreffenden Wirtschaftsjahres der (neugegründeten) Organgesellschaft ein gültiger Gewinnabführungsvertrag abgeschlossen wird.

**Beispiel Fortführung angelehnt an BFH I R 89/09:**
Nach Ausgliederung des Teilbetriebs zur Neugründung der B-GmbH im Juni 01 wird die Beteiligung an der B-GmbH im Oktober 01 in die C-GmbH im Rahmen einer Kapitalerhöhung eingebracht.
**Lösung:**
Ertragsteuerliche Organschaft kann bereits für das Jahr 01 zwischen der C-GmbH als Organträgerin und der B-GmbH als Organgesellschaft begründet werden. Hintergrund ist, dass die Anteile an der B-GmbH zu Beginn des Erhebungszeitraums in einem ersten Schritt als in die A-GmbH finanziell eingegliedert angesehen werden (fortgesetzte finanzielle Eingliederung des übertragenen Teilbetriebs der A-GmbH). Die C-GmbH tritt dann in einem zweiten Schritt im Hinblick auf das Tatbestandsmerkmal der finanziellen Eingliederung wiederum in die steuerliche Gesamtrechtsnachfolge nach der A-GmbH. Voraussetzung für die Begründung der ertragsteuerlichen Organschaft ist, dass im Jahr 01 noch ein Gewinnabführungsvertrag zwischen der C-GmbH und der B-GmbH wirksam wird.

---

[139] Vgl. BMF 2.1.2025, BStBl. I 2025, 92 Tz. Org.14.
[140] Voraussetzung für die steuerliche Gesamtrechtsnachfolge im Hinblick auf das Tatbestandsmerkmal der finanziellen Eingliederung ist, dass in Bezug auf den fraglichen Umwandlungsvorgang das Wahlrecht für einen Buch- oder Zwischenwertansatz ausgeübt werden kann und wird (§ 23 Abs. 1 iVm § 4 Abs. 2 S. 3 und § 12 Abs. 3 UmwStG).
[141] Vgl. BFH 28.7.2010 – I R 89/09, BStBl. II 2011, 528; Brühl Ubg 2016, 586 (589 f.).

Das gilt alternativ auch, wenn sämtliche Anteile (100 %) an der übernehmenden neu gegründeten Gesellschaft in eine Personengesellschaft iRd § 24 UmwStG zu einem Wert unter dem gemeinen Wert ausgegliedert oder eingebracht werden.[142] **4270**

Wird Vermögen in eine bereits finanziell eingegliederte Tochtergesellschaft eingebracht oder ausgegliedert, ist selbstverständlich die Begründung einer Organschaft möglich.[143] Voraussetzung ist auch in diesem Fall, dass ein Gewinnabführungsvertrag abgeschlossen wird. **4271**

## 4. Formwechsel

Im Rahmen des Formwechsels ändert der Organträger zwar die Rechtsform, die rechtliche Identität des formwechselnden Organträgers bleibt aber gewahrt.[144] Aufgrund einer fehlenden anderweitigen Vermögenszurechnung bedarf es keiner expliziten Regelung zur steuerlichen Gesamtrechtsnachfolge im Hinblick auf das Tatbestandsmerkmal der finanziellen Eingliederung der Anteile an der Organgesellschaft.[145] **4272**

Der Gewinnabführungsvertrag bleibt bestehen. Findet ein Formwechsel in eine nach § 14 Abs. 1 S. 1 Nr. 2 KStG organträgerfähige Rechtsform statt, ist eine durchgängige Anerkennung der Organschaft grundsätzlich möglich.[146] **4273**

Bei einem Formwechsel einer Kapitalgesellschaft in eine Personengesellschaft ist allerdings § 14 Abs. 1 S. 1 Nr. 2 und 3 KStG zu beachten. Sofern die umgewandelte Gesellschaft nur ausschließlich die Beteiligung an der Organgesellschaft oder weitere Beteiligungen hält und damit eine vermögensverwaltende Finanzholding ist, wäre hier eine unterjährige Begründung einer gewerblichen Tätigkeit iSv § 14 Abs. 1 S. 1 Nr. 2 und 3 KStG notwendig und auch ausreichend für die Fortführung einer bestehenden Organschaft.[147] **4274**

Sofern keine gewerbliche Tätigkeit iSv § 14 Abs. 1 S. 1 Nr. 2 und 3 KStG ausgeübt wird, ist eine Fortführung der bestehenden Organschaft nicht möglich. Wird mit dem Formwechsel der Gewinnabführungsvertrag einvernehmlich aufgehoben, ist dies unschädlich für eine bereits in Vorjahren bestehende Organschaft, sofern die Fünfjahresfrist bereits abgelaufen ist, weil die Finanzverwaltung und wohl auch hM den Formwechsel des Organträgers nicht als wichtigen Grund für eine Kündigung des Gewinnabführungsvertrags anerkennt.[148] In Fällen, in denen die Fünfjahresfrist noch nicht abgelaufen ist, ist für die Anerkennung der Organschaft für die Jahre vor dem Formwechsel erforderlich, dass der Gewinnabführungsvertrag für die verbleibenden Jahre bis zum Ablauf der Fünfjahresfrist bestehen bleibt und weiterhin tatsächlich durchgeführt wird, auch wenn die Rechtsfolgen der Organschaft nicht greifen.[149]

142 Voraussetzung für die steuerliche Gesamtrechtsnachfolge im Hinblick auf das Tatbestandsmerkmal der finanziellen Eingliederung ist, dass in Bezug auf den fraglichen Umwandlungsvorgang das Wahlrecht für einen Buch- oder Zwischenwertansatz ausgeübt werden kann und wird (§ 23 Abs. 1 iVm § 4 Abs. 2 S. 3 und § 12 Abs. 3 UmwStG). In diesem Fall ist zu beachten, dass nur eine 100 %ige Beteiligung als fiktiver Teilbetrieb gilt.

143 Vgl. RHvL/Herlinghaus UmwStG Anhang 4 Rn. 53.

144 Vgl. BMF 2.1.2025, BStBl. I 2025, 92 Tz. Org.10; Gosch KStG/Neumann KStG § 14 Rn. 159d; Neu/Schiffers/Watermeyer GmbHR 2011, 729 (743); Heurung/Engel BB 2011, 151 (154).

145 Vgl. RHvL/Herlinghaus UmwStG Anhang 4 Rn. 55; Neu/Schiffers/Watermeyer GmbHR 2011, 729 (743); BMF 2.1.2025, BStBl. I 2025, 92 Tz. Org.24.

146 Vgl. BMF 2.1.2025, BStBl. I 2025, 92 Tz. Org.10; DPM/Dötsch UmwStG Anhang 1 Rn. 29; Neu/Schiffers/Watermeyer GmbHR 2011, 729 (743).

147 Vgl. BFH 24.7.2013 – I R 40/12, BStBl. II 2014, 272: Der BFH hat entschieden, dass eine unterjährige Begründung der Organträgerfähigkeit bis zum Zeitpunkt der Gewinnabführung für die Begründung einer ertragsteuerlichen Organschaft ausreicht. Nach überholter Auffassung der Finanzverwaltung (BMF 10.11.2005, BStBl. I 2005, 1038 Rn. 21) musste diese Voraussetzung vom Beginn des Wirtschaftsjahres der Organgesellschaft an erfüllt sein.

148 Vgl. BMF 2.1.2025, BStBl. I 2025, 92 Tz. Org.12 Satz 2; Bott/Walter/Walter KStG § 14 Rn. 649; Adrian/Fey DStR 2017, 2409 (2413).

149 Hintergrund ist zum einen, dass der Formwechsel des Organträgers seitens der Finanzverwaltung nicht als wichtiger Grund für die vorzeitige Beendigung des Gewinnabführungsvertrags anerkannt wird, insofern ist die Fünfjahresfrist einzuhalten. Vgl. BMF 2.1.2025, BStBl. I 2025, 92 Tz. Org.12; KStR 14.5 Abs. 6

4275 Findet ein Formwechsel von einer nicht die nach § 14 Abs. 1 S. 1 Nr. 2 S. 2 KStG geforderte Gewerblichkeit erfüllenden Personengesellschaft in eine Kapitalgesellschaft statt, ist selbstverständlich auch eine erstmalige Begründung einer Organschaft möglich, wenn die Organgesellschaft zu Beginn ihres Wirtschaftsjahres ununterbrochen in dem formwechselnden Rechtsträger finanziell eingegliedert war. Insoweit liegt eben keine Frage der Rückbeziehung der finanziellen Eingliederung vor. Ebenso wenig bedarf es einer steuerlichen Rückwirkung in Bezug auf die Organträgerfähigkeit, da eine gewerbliche Tätigkeit iSv § 14 Abs. 1 S. 1 Nr. 2 und 3 KStG nicht über das gesamte Wirtschaftsjahr des Organträgers erforderlich ist, sondern eine unterjährige Begründung der Organträgerfähigkeit durch Aufnahme einer gewerblichen Tätigkeit iSv § 14 Abs. 1 S. 1 Nr. 2 und 3 KStG möglich ist.[150]

Voraussetzung für die Begründung der Organschaft ist in diesen Fällen, dass der (zukünftige) Organträger mit der zukünftigen Organgesellschaft einen Gewinnabführungsgewinn vor Ablauf des betreffenden Wirtschaftsjahres der (zukünftigen) Organgesellschaft abschließt.

**Beispiel:**
Die lediglich gewerblich geprägte A-GmbH & Co. KG ist zu 100 % an der B-GmbH beteiligt. Beide Gesellschaften haben ein kalendergleiches Wirtschaftsjahr. Die A-GmbH & Co.KG wird im Juli 01 mit steuerlicher Rückwirkung auf den Beginn des Kalenderjahres 01 in eine Kapitalgesellschaft (A-GmbH) formgewechselt.

**Lösung:**
Für das Wirtschaftsjahr 01 kann zwischen der A-GmbH als Organträgerin und der B-GmbH als Organgesellschaft ein Organschaftsverhältnis begründet werden. Das gilt auch in dem Fall, dass die B-GmbH ein abweichendes Wirtschaftsjahr hat und mithin zu Beginn des Wirtschaftsjahres der B-GmbH die zukünftige Organträgerin noch nicht organträgerfähig ist. Voraussetzung ist, dass im Jahr 01 vor Ende des Wirtschaftsjahres der B-GmbH noch ein Gewinnabführungsvertrag zwischen der A-GmbH und der B-GmbH abgeschlossen wird.

### 5. Anwachsung

4276 Fälle der Anwachsung ergeben sich, wenn der Organträger eine Personengesellschaft ist und das Vermögen dieser Personengesellschaft mit Ausscheiden aller übrigen Gesellschafter aus der Gesellschaft auf den letzten verbleibenden Gesellschafter anwächst. Die Anwachsung bewirkt zivilrechtlich eine Gesamtrechtsnachfolge des das Vermögen der Personengesellschaft übernehmenden Gesellschafters. Ein (noch) von der Personengesellschaft abgeschlossener Gewinnabführungsvertrag geht daher auf den verbleibenden Gesellschafter über.

Darüber hinaus geht die herrschende Meinung für die Anwachsung generell auch von einer steuerlichen Gesamtrechtsnachfolge aus.[151]

---

S. 2. Darüber hinaus ergibt sich aus dem BFH 10.5.2017 – I R 51/15, BStBl. II 2018, 30, dass das Nichtvorliegen der finanziellen Eingliederung innerhalb der Fünfjahresfrist dazu führt, dass die Organschaft für das betreffende Wirtschaftsjahr nicht anerkannt wird. Ist der Gewinnabführungsvertrag jedoch auf mindestens fünf Jahre abgeschlossen und auch durchgeführt worden, dann ist die Organschaft für die übrigen Wirtschaftsjahre anzuerkennen. Es hängt damit von der tatsächlichen Durchführung des Gewinnabführungsvertrags während der Mindestvertragslaufzeit auch in solchen Jahren ab, in denen ein anderes Tatbestandsmerkmal der Organschaft nicht erfüllt war. Die Urteilsgrundsätze lassen sich auch auf den hier beschriebenen Fall des Formwechsels einer Organträger-Kapitalgesellschaft in eine nicht gewerblich tätige Personengesellschaft anwenden. Vgl. auch die weitergehende Literatur hierzu DPM/Pung KStG § 14 Rn. 668 f. sowie Rn. 671, Adrian/Fey DStR 2017, 2409 (2412 f.); Hemme Ubg 2017, 678.

[150] Vgl. BFH 24.7.2013 – I R 40/12, BStBl. II 2014, 272. Dies gilt entsprechend auch für den dargestellten Umwandlungsfall des Formwechsels einer vermögensverwaltenden Personengesellschaft in eine Kapitalgesellschaft, ohne dass es notwendigerweise auf eine steuerliche Rückwirkung ankäme.

[151] Vgl. BFH 28.4.1965 – II 9/62 U, BStBl. III 1965, 422; BFH 18.9.1980 – V R 175/74, BStBl. II 1981, 293; BFH 7.6.2016 – VIII R 23/14, BFH/NV 2016, 1684 Rn. 40; BMF 29.12.2023, BStBl. I 2024, 12 Rn. 4 Nr. 1; AEAO zu § 45 AO Tz. 1; Orth DStR 2005, 1629 (1630).

Im Hinblick auf eine Zurechnung des Tatbestandsmerkmals der finanziellen Eingliederung über die steuerliche Gesamtrechtsnachfolge in Anwachsungsfällen ist bisher nach Auffassung der Finanzverwaltung und Teilen der Literatur zu unterscheiden zwischen

- einer Anwachsung als Folge eines die Gesellschafter betreffenden Umwandlungsvorgangs, der mit steuerlicher Rückwirkung vollzogen wird.
- einer Anwachsung als Folge einer Anteilsübertragung unter den Gesellschaftern, der ohne steuerliche Rückwirkung vollzogen wird.

Die Finanzverwaltung will in den Anwachsungsfällen die steuerliche Gesamtrechtsnachfolge nur, sofern und soweit auch eine steuerliche Rückwirkung gegeben ist, zur Anwendung kommen lassen. Ein Fortbestehen der Organschaft in Anwachsungsfällen ist danach nur möglich, wenn der Anwachsungsvorgang sich als Reflex eines Umwandlungsvorgangs mit steuerlicher Rückwirkung auf den Beginn des Wirtschaftsjahres der Organgesellschaft vollzieht.[152] An dieser Auffassung hält die Finanzverwaltung auch mit dem neuen Umwandlungssteuererlass vom 2.1.2025 trotz der neueren Rechtsprechung des BFH fest. In den anderen Fällen ist nach Ansicht der Finanzverwaltung die Beteiligung an der Organgesellschaft dem übernehmenden Rechtsträger mit Übergang des wirtschaftlichen Eigentums zuzurechnen.[153] Die neueren BFH-Entscheidungen zur steuerlichen Gesamtrechtsnachfolge in Bezug auf die finanzielle Eingliederung in Umwandlungsfällen stellen ausschließlich auf das Vorliegen einer steuerlichen Gesamtrechtsnachfolge ab. Nach unserer Auffassung ist für die Anwachsungsfälle in gleicher Weise zu verfahren und allein auf die steuerliche Gesamtrechtsnachfolge abzustellen, sodass auch bei Anwachsungsfällen aufgrund von Übertragungen der Anteile der Gesellschafter untereinander eine Fortführung der Organschaft möglich ist.[154] **4277**

Zu berücksichtigen ist darüber hinaus, dass es über die Beteiligung an einer Personengesellschaft gleichzeitig zu einer mittelbaren Zurechnung der Organbeteiligung im Hinblick auf die finanzielle Eingliederung zu den Gesellschaftern der Organträgerpersonengesellschaft kommt. Das Fortbestehen der Organschaft aufgrund einer durchgängigen finanziellen Eingliederung ist demnach auch anzunehmen, wenn dem nach der Anwachsung verbleibenden Gesellschafter die Organgesellschaft bereits vorher mittelbar mehrheitlich zuzurechnen war.[155] **4278**

**Beispiel:**
Die C-KG ist Organträgerin der D-GmbH. An der C-KG sind die A-GmbH als Kommanditistin zu 100 % und die B-GmbH als Komplementärin vermögensmäßig nicht beteiligt. Alle Gesellschaften haben ein kalendergleiches Wirtschaftsjahr. Im Juli 01 wird die B-GmbH auf die A-GmbH mit steuerlichem Übertragungsstichtag 31.12.00 verschmolzen.

**Lösung:**
Die zwischen der C-KG und der D-GmbH bestehende Organschaft wird nahtlos mit der A-GmbH als neuem Organträger fortgesetzt. Die A-GmbH tritt in die steuerliche Gesamtrechtsnachfolge nach der C-KG. Damit liegt die finanzielle Eingliederung der D-GmbH in die A-GmbH vor. Darüber hinaus war die D-GmbH bereits mittelbar finanziell in die A-GmbH eingegliedert, sodass auch darüber bereits die Voraussetzungen für eine nahtlose Fortsetzung der Organschaft vorliegen würden. Der Gewinnabführungsvertrag geht über die zivilrechtliche Gesamtrechtsnachfolge von der C-KG auf die A-GmbH über.

**Hinweis:** Entspricht dem Verständnis der Finanzverwaltung, da in diesem Fall sowohl steuerliche Gesamtrechtsnachfolge als auch steuerliche Rückwirkung vorliegt.[156]

---

152 Vgl. BMF 2.1.2025, BStBl. I 2025, 92 Tz. Org.18.
153 Vgl. DPM/Dötsch UmwStG Anhang 1 Rn. 42, BMF 2.1.2025, BStBl. I 2025, 92 Tz. Org.18.
154 Vgl. FG Saarland 16.6.2015 – 1 K 1109/13, DStRE 2016, 779; Brühl/Binder Ubg 2016, 647; Schmid/Dietel DStR 2008, 529 (533); RHvL/Herlinghaus UmwStG Anhang 4 Rn. 56; Gosch KStG/Neumann KStG § 14 Rn. 160b; DPM/Dötsch UmwStG Anhang 1 Rn. 42a mwN.
155 Vgl. BMF 2.1.2025, BStBl. I 2025, 92 Tz. Org.18.
156 Vgl. BMF 2.1.2025, BStBl. I 2025, 92 Tz. Org. 18.

**Beispiel:**
Die C-OHG ist Organträgerin der D-GmbH. An der C-OHG sind die A-GmbH und die B-GmbH zu jeweils 50 % beteiligt. Im Juli 01 veräußert die B-GmbH ihre Anteile an der C-OHG an die A-GmbH. Das Vermögen der C-OHG geht mit dem Ausscheiden der B-GmbH aufgrund der Veräußerung im Wege der Anwachsung auf die A-GmbH über. Alle Gesellschaften haben ein kalendergleiches Wirtschaftsjahr.
**Lösung:**
Die zwischen der C-OHG und der D-GmbH bestehende Organschaft wird nahtlos mit der A-GmbH als neuem Organträger fortgesetzt. Die A-GmbH tritt im Rahmen der Anwachsung in die steuerliche Gesamtrechtsnachfolge nach der C-OHG. Damit liegt die finanzielle Eingliederung der D-GmbH in die A-GmbH vor. Der Gewinnabführungsvertrag geht über die zivilrechtliche Gesamtrechtsnachfolge von der C-OHG auf die A-GmbH über.
**Hinweis:** Widerspricht dem Verständnis der Finanzverwaltung, da es an dem Kriterium der steuerlichen Rückwirkung fehlt[157].

## 6. Verschmelzung des Organträgers und der Organgesellschaft

4279 Die Organschaft endet zwingend, wenn der Organträger auf die Organgesellschaft oder umgekehrt verschmolzen wird. Erfolgt die Verschmelzung auf das Ende des Wirtschaftsjahres der Organgesellschaft gilt die körperschaftsteuerliche Organschaft noch für das ganze Wirtschafsjahr. Erfolgt die Verschmelzung auf einen unterjährigen Stichtag entsteht ein steuerliches Rumpf-Wirtschaftsjahr der Organgesellschaft, für welches die Rechtsfolgen der körperschaftsteuerlichen Organschaft gelten.[158]

## 7. Weitere Umwandlungsvorgänge außerhalb des UmwStG

4280 Bei einem Organträger in der Rechtsform einer Personengesellschaft kann die Übertragung der Organbeteiligung inklusive des Gewinnabführungsvertrags auf den neuen Rechtsträger in Fällen der Spaltung (Auf- und Abspaltung, Ausgliederung) steuerlich auch nach den Regelungen des § 6 Abs. 5 EStG (Übertragung und Überführung von einzelnen Wirtschaftsgütern) und den Regelungen § 16 Abs. 3 S. 2 EStG (Realteilung) erfolgen.

In Bezug auf diese Regelungen wird die Auffassung vertreten, dass der übernehmende Rechtsträger gem. § 23 Abs. 1 iVm § 12 Abs. 3 Hs. 1 UmwStG analog in die Rechtsstellung des übertragenden Rechtsträgers eintritt.[159] Darüber hinaus ist bei analoger Anwendung von § 23 Abs. 1 iVm § 4 Abs. 2 S. 3 UmwStG die Besitzzeit des Rechtsvorgängers dem übertragenden Rechtsträgers anzurechnen.[160]

Dies kann nach unserer Auffassung auch mit den Ausführungen des BFH im Rahmen seiner Entscheidungen bzgl. der steuerlichen Gesamtrechtsnachfolge für das Tatbestandsmerkmal der Inlandsverhaftung der Organbeteiligung gestützt werden, insofern der BFH dort sowohl die steuerliche Gesamtrechtsnachfolge aus § 12 Abs. 3 Hs. 1 UmwStG als auch § 4 Abs. 2 S. 3 UmwStG ableitet.[161]

Der BFH stellt hinsichtlich der finanziellen Eingliederung in Umwandlungsfällen ausschließlich auf das Vorliegen einer steuerlichen Gesamtrechtsnachfolge ab. Nach unserer Auffassung ist für die Fälle der Umwandlungsvorgänge außerhalb des UmwStG danach in gleicher Weise zu verfahren und allein auf die steuerliche Gesamtrechtsnachfolge abzustellen.

4281–4291 *(einstweilen frei)*

---

157 Vgl. BMF 2.1.2025, BStBl. I 2025, 92 Tz. Org. 18.
158 Vgl. RHvL/Herlinghaus UmwStG Anhang 4 Rn. 47 mwN; DPM/Dötsch UmwStG Anhang 1 Rn. 14 mwN.
159 Vgl. HHR/Niehus/Wilke EStG § 6 Rn. 1590.
160 Vgl. Hoffmann GmbHR 2002, 125 (130); HHR/Niehhus/Wilke EStG § 6 Rn. 1590.
161 Vgl. BFH 11.7.2023 – I R 21/20, BStBl. II 2024, 413; I R 40/20, BStBl. II 2024, 434; I R 36/20, BStBl. II 2024, 419; I R 45/20, BStBl. II 2024, 438.

### III. Auswirkungen von Umwandlungsvorgängen auf die Zurechnung der Organbeteiligung zu einer inländischen Betriebsstätte des Organträgers

Die Beteiligung an der Organgesellschaft oder bei mittelbarer Beteiligung an der Organgesellschaft die Beteiligung an der vermittelnden Gesellschaft muss nach § 14 Abs. 1 Nr. 2 Sätze 4, 5 und 7 KStG ununterbrochen während der gesamten Dauer der Organschaft einer inländischen Betriebsstätte iSd § 12 AO des Organträgers zuzuordnen sein.[162] **4292**

Wenn die Anteile an einer Organgesellschaft erst nach dem Beginn des Wirtschaftsjahres der Organgesellschaft einer inländischen Betriebsstätte des Organträgers zuzuordnen sind oder zugeordnet werden oder es zu einer zeitweisen Unterbrechung der Zugehörigkeit der Anteile an der Organgesellschaft zur inländischen Betriebsstätte des Organträgers kommt, ist die ertragsteuerliche Organschaft mit Wirkung (nur) für das betreffende Wirtschaftsjahr nicht anzuerkennen (Organschaftspause).[163] **4293**

Das Tatbestandsmerkmal der Inlandsverhaftung der Organbeteiligung ist ein Tatbestandsmerkmal tatsächlicher Art. Das Bestehen einer Betriebsstätte und das Vorliegen der für die funktionale Zuordnung der Organbeteiligung zu dieser Betriebsstätte erforderlichen Merkmale – wie das Bestehen von Liefer- und Leistungsbeziehungen zwischen der Betriebsstätte und der Organbeteiligung – sind Merkmale tatsächlicher Art, die einer steuerlichen Rückbeziehung grundsätzlich nicht zugänglich sind.[164] **4294**

Wenn in Fällen der Umwandlung des Organträgers (übertragender Rechtsträger) bereits die Beteiligung an einer Tochter-Kapitalgesellschaft funktional einer inländischen Betriebsstätte dieses übertragenden Rechtsträgers zuzuordnen war, wird nach herrschender Meinung wegen der steuerlichen Gesamtrechtsnachfolge das bereits im Verhältnis zum übertragenden Rechtsträger bestehende Merkmal der Zugehörigkeit der Beteiligung zu einer inländischen Betriebsstätte dem übernehmenden Rechtsträger zugerechnet. Wenn bereits zwischen dem übertragenden Rechtsträger und der Tochter-Kapitalgesellschaft eine Organschaft bestand, kann diese Organschaft unter den übrigen Voraussetzungen nahtlos im Verhältnis zum übernehmenden Rechtsträger fortgesetzt werden.[165] **4295**

Diese Auffassung hat der BFH mit zwei Urteilen bestätigt.[166] Das Merkmal der Zuordnung der Beteiligung an der Organgesellschaft zu einer inländischen Betriebsstätte des Organträgers kann – wie das Merkmal der finanziellen Eingliederung – Gegenstand einer umwandlungssteuerlichen Rechtsnachfolge sein.[167] Hinzu kommt entsprechend den Ausführungen des BFH, dass die Besitzzeitanrechnung nach § 4 Abs. 2 S. 3 UmwStG ausdrücklich an die Dauer der Zugehörigkeit eines Wirtschaftsgutes zum Betriebsvermögen anknüpft und insoweit eine Anrechnung des Zeitraums der Zugehörigkeit zum Betriebsvermögen des übertragenden Rechtsträgers beim übernehmenden Rechtsträger vorsieht. Davon wird auch das Merkmal des § 14 Abs. 1 S. 1 Nr. 2 S. 4 KStG erfasst, auch wenn hier nicht nur die Zugehörigkeit der Beteiligung an der Organgesellschaft zum Betriebsvermögen des übertragenden Rechtsträgers maßgeblich ist, sondern zusätzlich die Zuordnung der Beteiligung zu einer inländischen Betriebsstätte.[168] **4296**

**Beispiel angelehnt an BFH I R 21/20:**
Es besteht eine ertragsteuerliche Organschaft zwischen der A-GmbH (Organträgerin) und ihrer 100%-igen Tochtergesellschaft der B-GmbH (Organgesellschaft). Anteilseigner der A-GmbH ist die C-KG

[162] Vgl. § 14 Abs. 1 S. 1 Nr. 2 S. 4 KStG.
[163] Vgl. Gosch KStG/Neumann KStG § 14 Rn. 121; HHR/Kolbe KStG § 14 Rn. 190.
[164] Vgl. DPM/Dötsch UmwStG Anhang 1 Rn. 20b.
[165] Vgl. RHvL/Herlinghaus UmwStG Anhang 4 Rn. 35, 41; Rödder DStR 2011, 1053; DPM/Dötsch UmwStG Anhang 1 Rn. 20b; Gosch KStG/Neumann KStG § 14 Rn. 123a, 158c, 159b.
[166] Vgl. BFH 11.7.2023 – I R 21/20, BStBl. II 2024, 413, unter II. 6. b) aa); I R 36/20, BStBl. II 2024, 419 Rn. 51 unter II. 5. b) aa).
[167] Vgl. BFH 11.7.2023 – I R 21/20, BStBl. II 2024, 413 unter II. 6. b) aa); I R 36/20, BStBl. II 2024, 419 Rn. 51 unter II. 5. b) aa).
[168] Vgl. BFH 11.7.2023 – I R 21/20, BStBl. II 2024, 413 unter II. 6. b) aa); I R 36/20, BStBl. II 2024, 419 Rn. 51 unter II. 5. b) aa).

welche die Anteile mit Vertrag vom 31.3.01 von einem Dritten erwarb. Alle Gesellschaften haben ein Wirtschaftsjahr, das dem Kalenderjahr entspricht.
Mit Vertrag vom 30.11.01 wird die A-GmbH auf die C-KG mit steuerlicher Rückwirkung auf den 1.4.01 verschmolzen. Die Verschmelzung wird im Handelsregister der aufnehmenden Gesellschaft am 30.12.01 eingetragen.
**Lösung:**
**Steuerliche Gesamtrechtsnachfolge:** Eine Organschaft zwischen der C-KG und der B-GmbH kann ab dem Wirtschaftsjahr 01 neu begründet werden. Die C-KG tritt hinsichtlich des Tatbestandsmerkmals der Zuordnung der Beteiligung an der Organgesellschaft zu einer inländischen Betriebsstätte des Organträgers in die steuerliche Gesamtrechtsnachfolge nach der A-GmbH ein.
**Steuerliche Rückwirkung:** Das mit dem Ende des Wirtschaftsjahres zum 31.12. entstehende Einkommen der B-GmbH ist trotz der zivilrechtlichen Umsetzung der Verschmelzung mit Wirkung erst zum 30.12. der C-KG als neuer Organträgerin zuzurechnen. Die steuerliche Rückwirkung auf den 1.4.01 ist insofern unbedeutend, da die C-KG zum Zeitpunkt des Wirtschaftsjahresendes Gesellschafter der B-GmbH ist.

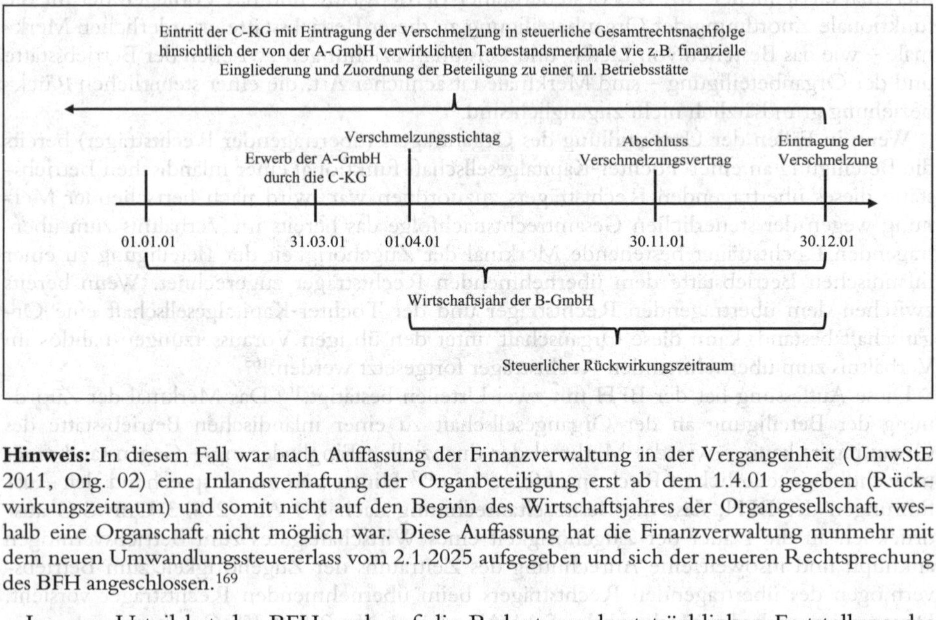


**Hinweis:** In diesem Fall war nach Auffassung der Finanzverwaltung in der Vergangenheit (UmwStE 2011, Org. 02) eine Inlandsverhaftung der Organbeteiligung erst ab dem 1.4.01 gegeben (Rückwirkungszeitraum) und somit nicht auf den Beginn des Wirtschaftsjahres der Organgesellschaft, weshalb eine Organschaft nicht möglich war. Diese Auffassung hat die Finanzverwaltung nunmehr mit dem neuen Umwandlungssteuererlass vom 2.1.2025 aufgegeben und sich der neueren Rechtsprechung des BFH angeschlossen.[169]

Im o. g. Urteil hat der BFH auch auf die Bedeutung der tatsächlichen Feststellung des Vorliegens der Zugehörigkeit der Anteile an der Organgesellschaft zu einer inländischen Betriebsstätte des Organträgers und genau welcher Betriebsstätte bei mehreren, als Tatbestandsmerkmal tatsächlicher Art hingewiesen.[170]

4297 Dies gilt entsprechend, wenn die Beteiligung des übertragenden Rechtsträgers an der Gesellschaft wie bei einer unterjährigen Ausgliederung zur Neugründung erst durch die Umwandlungsmaßnahme mit steuerlicher Rückwirkung geschaffen wird. Der seitens des BFH im Rahmen seiner Entscheidung vom 28.7.2010 zur Ausgliederung eines Teilbetriebs formulierte Surrogationsgedanke, wonach eine am steuerlichen Übertragungsstichtag ganz oder teilweise bestehende Steuerverhaftung des übergehenden Betriebsvermögens sich am Surrogat „Beteiligung" nach Maßgabe der umwandlungssteuerlichen Rechtsnachfolge mit Rückwirkung fortsetzt, sollte auch auf das Tatbestandsmerkmal der Inlandsverhaftung der Organbeteiligung übertragbar sein.[171]

---

[169] Vgl. BMF 2.1.2025, BStBl. I 2025, 92 Tz. Org.02.
[170] Vgl. BFH 11.7.2023 – I R 20/21, BStBl. II 2024, 413 Rn. 52; siehe dazu auch Brühl DStR 2021, 313 (317).
[171] Vgl. BFH 28.7.2010 – I R 89/09, BStBl. II 2011, 528; DPM/Dötsch UmwStG Anhang 1 Rn. 20d; Rödder/Liekenbrock Ubg 2015, 445 (450).

Auf die Fälle der Einbringung der Beteiligung an der (zukünftigen) Organbeteiligung nach § 21 UmwStG konnten nach Auffassung der Finanzverwaltung in der Vergangenheit diese Überlegungen nicht angewendet werden, da eine Übertragung nach § 21 UmwStG sich ohne steuerliche Rückwirkung vollzieht.[172] Da nach Auffassung des BFH in Bezug auf das Tatbestandsmerkmal der finanziellen Eingliederung iSd § 14 Abs. 1 S. 1 Nr. 1 KStG auch im Falle der Einbringung einer mehrheitsvermittelnden Beteiligung nach § 21 UmwStG alleine auf die umwandlungssteuerliche Gesamtrechtsnachfolge abzustellen ist, sollte dies auch im Hinblick auf das Tatbestandsmerkmal der Inlandsverhaftung iSd § 14 Abs. 1 S. 1 Nr. 2 S. 4 und 7 KStG in den Fällen der Buch- oder Zwischenwerteinbringung gelten.[173] Die Finanzverwaltung hat nunmehr mit dem neuen Umwandlungssteuererlass vom 2.1.2025 ihre bisherige Auffassung aufgegeben und sich der neueren Rechtsprechung des BFH angeschlossen.[174] **4298**

Bei Anwachsung des Vermögens der Organträgerpersonengesellschaft auf den verbleibenden Gesellschafter ist immer eine steuerliche Gesamtrechtsnachfolge gegeben.[175] Dies muss auch in Bezug auf die Zurechnung der Organbeteiligung zu einer inländischen Betriebsstätte des Organträgers gelten. **4299**

Im Rahmen des Formwechsels ändert der Organträger zwar die Rechtsform, die rechtliche Identität des formwechselnden Organträgers bleibt aber gewahrt.[176] Aufgrund einer fehlenden anderweitigen Vermögenszurechnung bedarf es keiner expliziten Regelung zur steuerlichen Gesamtrechtsnachfolge in Bezug auf die Zurechnung der Organbeteiligung zu einer inländischen Betriebsstätte des Organträgers. **4300**

*(einstweilen frei)* **4301–4311**

## IV. Zurechnung des Organeinkommens bei Umwandlungsvorgängen auf Ebene des Organträgers

Fraglich ist, welchem Organträger wann welches Einkommen der Organgesellschaft in Fällen, in denen es aufgrund eines Umwandlungsvorgangs zu einem Wechsel des Organträgers kommt, zuzurechnen ist.[177] **4312**

Die Einkommenszurechnung erfolgt auch bei Umwandlungsvorgängen den Organträger betreffend nach den allgemeinen Regelungen, wonach für die Einkommenszurechnung auf das Ende des Wirtschaftsjahres der Organgesellschaft abzustellen ist. Das Organeinkommen ist nach dem Umwandlungssteuererlass demjenigen Rechtsträger zuzurechnen der zum Schluss des Wirtschaftsjahres der Organgesellschaft als Organträger anzusehen ist.[178]

Die Zurechnung des Organeinkommens der Organgesellschaft zum Organträger bestimmt sich danach in Umwandlungsfällen – abweichend von der Zurechnung nach Maßgabe des Zivilrechts – unter Berücksichtigung der steuerlichen Rückwirkung nach § 2 UmwStG wie folgt: **4313**

- In den Fällen, in denen das Ende des Wirtschaftsjahres der Organgesellschaft vor dem steuerlichen Übertragungsstichtag liegt oder diesem entspricht, ist das Organeinkommen dem ursprünglichen Organträger zuzurechnen.[179]

---

[172] Vgl. BMF 11.11.2011, BStBl. I 2011, 1314 Rn. Org.15; DPM/Dötsch UmwStG Anhang 1 Rn. 37.
[173] Vgl. BFH 11.7.2023 – I R 21/20, BStBl. II 2024, 413; I R 40/20, BStBl. II 2024, 434; I R 36/20, BStBl. II 2024, 419; I R 45/20, BStBl. II 2024, 438.
[174] Vgl. BMF 2.1.2025, BStBl. I 2025, 92 Tz. Org.08 i. V. m. Org.02.
[175] Vgl. FG Saarland 16.6.2015 – 1 K 1109/13, DStRE 2016, 779; Brühl/Binder Ubg 2016, 647; Schmid/Dietel DStR 2008, 529 (533); DPM/Dötsch UmwStG Anhang 1 Rn. 56; Gosch KStG/Neumann KStG § 14 Rn. 160b; DPM/Dötsch UmwStG Anhang 1 Rn. 42a mwN.
[176] Vgl. BMF 2.1.2025, BStBl. I 2025, 92 Tz. Org.10; Gosch KStG/Neumann KStG § 14 Rn. 159d; Neu/Schiffers/Watermeyer GmbHR 2011, 729 (743); Heurung/Engel BB 2011, 151 (154).
[177] Vgl. RHvL/Herlinghaus UmwStG, Anhang 4 Rn. 62.
[178] Vgl. BMF 2.1.2025, BStBl. I 2025, 92 Tz. Org.19.
[179] Vgl. RHN/Rödder/Liekenbrock KStG § 14 Rn. 498.

- Bei einem auf das laufende Wirtschaftsjahr der Organgesellschaft bezogenen unterjährigen steuerlichen Übertragungsstichtag ist dem übernehmenden Rechtsträger das Organeinkommen zuzurechnen.[180]

**4314** Die Wahl des steuerlichen Übertragungsstichtags ist insbesondere im Hinblick auf die Nutzung von Verlustvorträgen und die Verrechnung von laufenden Verlusten auf Ebene der Organträger von Bedeutung.

In Bezug auf den ursprünglichen Organträger kann durch die Wahl des steuerlichen Übertragungsstichtags die Nutzung bestehender steuerlicher Verlustvorträge des Organträgers optimiert werden, die ansonsten nach § 12 Abs. 3 UmwStG iVm § 4 Abs. 2 S. 2 UmwStG untergehen würden.[181]

**4315** In Bezug auf den neuen Organträger besteht wiederum die Möglichkeit, dass mit einer gezielten nachträglich rückwärts gerichteten Festlegung des steuerlichen Übertragungsstichtags für ein bereits abgelaufenes Wirtschaftsjahr der Organgesellschaft rückwirkend die Zurechnung des Organeinkommens zum neuen Organträger erreicht werden kann. Dies kann zB bei Verlustvorträgen oder laufenden Verlusten des übernehmenden Rechtsträgers von Interesse sein, um so die Verrechnung mit einem positiven Organeinkommen der Organgesellschaft zu erreichen.[182]

**4316** Ein weiteres Ergebnis der (freien) Bestimmung des steuerlichen Übertragungsstichtags in diesen Fällen ist, dass in den Organschaftsfällen über die Verknüpfung mit dem Gewinnabführungsvertrag die maximal achtmonatige Rückwirkung für Umwandlungsvorgänge de facto „ausgehebelt" werden kann, insofern sich diese im Hinblick auf das steuerliche Organeinkommen quasi um maximal 12 Monate verlängern lässt.[183]

**Beispiel angelehnt an BFH I R 45/20:**
Es besteht eine ertragsteuerliche Organschaft zwischen der A-GmbH (Organträgerin) und ihrer 100%-igen Tochtergesellschaft, der B-GmbH (Organgesellschaft). A-GmbH und B-GmbH haben ein Wirtschaftsjahr, das dem Kalenderjahr entspricht. Die Organträgerin A-GmbH (übertragender Rechtsträger) wird mit Verschmelzungsvertrag vom 30.6.01 auf die C-GmbH (übernehmender Rechtsträger) verschmolzen. Verschmelzungsstichtag ist der 30.12.00, die Anmeldung der Verschmelzung zum Handelsregister erfolgt am 29.7.01. Die Verschmelzung wird im Handelsregister der aufnehmenden Gesellschaft am 30.10.01 eingetragen.
**Lösung:**
**Steuerliche Gesamtrechtsnachfolge:** Die Organschaft zwischen der A-GmbH und der B-GmbH kann mit der C-GmbH als neuer Organträgerin unverändert fortgeführt werden. Die C-GmbH tritt hinsichtlich des Tatbestandsmerkmals finanzielle Eingliederung in die steuerliche Gesamtrechtsnachfolge nach der A-GmbH ein. Dem steht die von der Finanzverwaltung in der Vergangenheit im UmwStE 2011, Org. 02 vertretene Auffassung entgegen, wonach hinsichtlich der finanziellen Eingliederung auch die steuerliche Rückwirkung zu beachten sei und demnach eine finanzielle Eingliederung erst ab dem steuerlichen Übertragungsstichtag vorliege. Diese Auffassung hat die Finanzverwaltung nunmehr mit dem neuen Umwandlungssteuererlass vom 2.1.2025 aufgegeben und sich der neueren Rechtsprechung des BFH angeschlossen.[184]
**Steuerliche Rückwirkung:** Die steuerliche Rückwirkung hat ausschließlich Bedeutung in Bezug auf die Zurechnung von Einkommen und Vermögen. Das mit dem Ende des Wirtschaftsjahres zum 31.12.00 entstehende Einkommen der B-GmbH ist demnach trotz der zivilrechtlichen Umsetzung der Verschmelzung mit Wirkung erst zum 30.10.01 der C-GmbH als neuer Organträgerin zuzurechnen, insofern dieser aufgrund des Verschmelzungsstichtags 30.12.00 das Vermögen und Einkommen der A-GmbH mit steuerlicher Rückwirkung bereits ab dem 30.12.00 zuzurechnen ist.

---

[180] Vgl. RHN/Rödder/Liekenbrock KStG § 14 Rn. 498; DPM/Dötsch/Pung KStG § 14 Rn. 824; Frotscher/Drüen/Frotscher KStG § 14 Rn. 663.
[181] Vgl. SRS/Sistermann UmwSt-Erlass 2011 H Org.49, RHvL/Herlinghaus UmwStG Anhang 4 Rn. 63.
[182] Vgl. SRS/Sistermann UmwSt-Erlass 2011 H Org.49, RHvL/Herlinghaus UmwStG Anhang 4 Rn. 63.
[183] Vgl. Schwetlik EStB 2024, 5 (6).
[184] Vgl. BMF 2.1.2025, BStBl. I 2025, 92 Tz. Org.02.

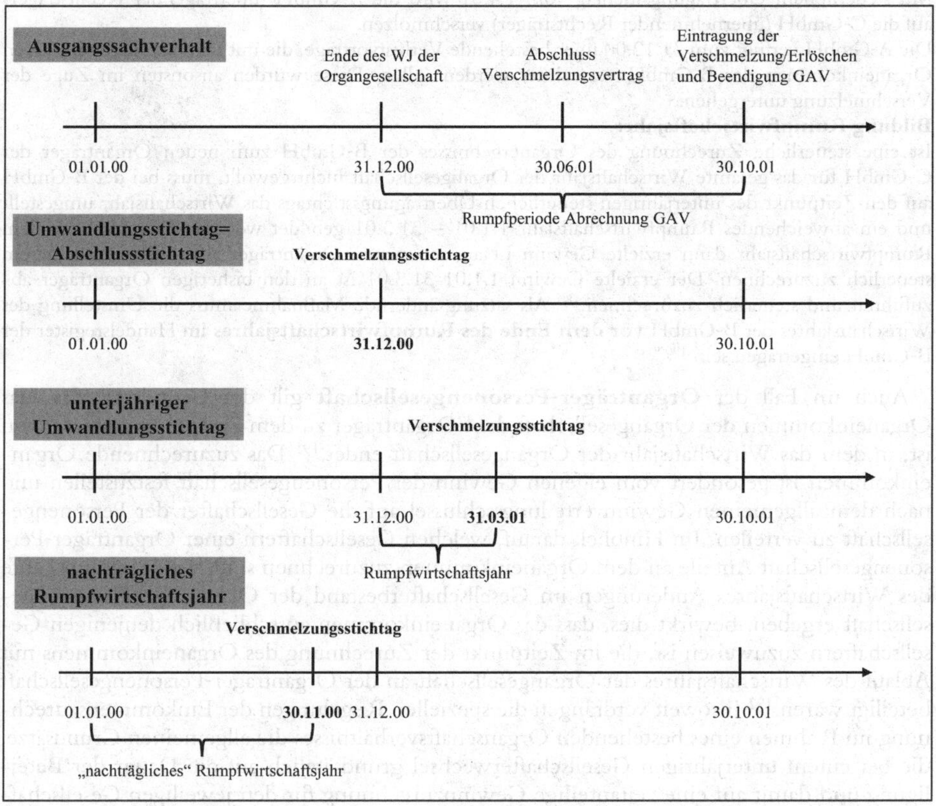


Die Wahl eines unterjährigen vom Ende des Wirtschaftsjahres der Organgesellschaft abweichenden steuerlichen Übertragungsstichtages führt nach Auffassung des BFH nicht zur Aufteilung des Einkommens der Organgesellschaft.[185] Das FG Hessen sah noch im Fall eines unterjährigen Übertragungsstichtags eine zeitanteilige Aufteilung des zuzurechnenden von der Organgesellschaft erwirtschafteten Einkommens auf den bisherigen und den neuen Organträger zum steuerlichen Übertragungszeitpunkt vor.[186]

Ist diese vollständige Zurechnung des Organeinkommens nur zu einem Organträger nicht gewünscht, weil zB noch die Verrechnung von positiven Einkommen der Organgesellschaft mit Verlusten des bisherigen Organträgers oder umgekehrt erfolgen soll, dann bietet sich an für die Organgesellschaft ein mit dem steuerlichen Übertragungsstichtag endendes Rumpfwirtschaftsjahr einzulegen.[187] 4317

**Abwandlung des Beispiels**[188]
**Sachverhalt:**
Es besteht eine ertragsteuerliche Organschaft zwischen der A-GmbH (Organträgerin) und ihrer 100%-igen Tochtergesellschaft, der B-GmbH (Organgesellschaft). A-GmbH und B-GmbH haben ein Wirtschaftsjahr, das dem Kalenderjahr entspricht.

185 Vgl. BFH 11.7.2023 – I R 21/20, BStBl. II 2024, 413; I R 40/20, BStBl. II 2024, 434; I R 36/20, BStBl. II 2024, 419; I R 45/20, BStBl. II 2024, 438.
186 Vgl. FG Hessen 14.5.2020 – 4 K 412/19, DStR 2021, 342 – Vorinstanz zu BFH 11.7.2023 – I R 21/20, BStBl. II 2024, 413; gl. A. FG Rheinland-Pfalz 19.8.2020 – 1 K 1585/15, DStRE 2021, 1043; aA FG Hamburg 4.9.2020 – 6 K 150/18, DStRE 2021, 730; DPM/Dötsch UmwStG Anhang 1 Rn. 22b.
187 Vgl. Prinz FR 2024, 14 (18).
188 Vgl. hierzu die Anmerkungen von Schwetlik EStB 2024, 5 (6).

Mit steuerlichem Übertragungsstichtag vom 1.4.01 wird die A-GmbH (übertragender Rechtsträger) auf die C-GmbH (übernehmender Rechtsträger) verschmolzen.
Die A-GmbH verfügt zum 31.12.00 über bestehende Verlustvorträge, die mit dem anteiligen positiven Organeinkommen der B-GmbH verrechnet werden sollen. Diese würden ansonsten im Zuge der Verschmelzung untergehen.
**Bildung Rumpfwirtschaftsjahr:**
Ist eine steuerliche Zurechnung des Organergebnisses der B-GmbH zum neuen Organträger der C-GmbH für das gesamte Wirtschaftsjahr der Organgesellschaft nicht gewollt, muss bei der B-GmbH auf den Zeitpunkt des unterjährigen steuerlichen Übertragungsstichtags das Wirtschaftsjahr umgestellt und ein abweichendes Rumpfwirtschaftsjahr 1.1.01 – 31.3.01 gebildet werden. Nur der nach dem Rumpfwirtschaftsjahr dann erzielte Gewinn ist an den neuen Organträger abzuführen und diesem steuerlich zuzurechnen. Der erzielte Gewinn 1.1.01-31.3.01 ist an den bisherigen Organträger abzuführen und steuerlich zuzurechnen.[189] Als satzungsändernde Maßnahme muss die Umstellung des Wirtschaftsjahres der B-GmbH **vor dem Ende des Rumpfwirtschaftsjahres** im Handelsregister der B-GmbH eingetragen sein.[190]

4318 Auch im Fall der **Organträger-Personengesellschaft** gilt der Grundsatz, dass das Organeinkommen der Organgesellschaft dem Organträger zu dem Zeitpunkt zuzurechnen ist, in dem das Wirtschaftsjahr der Organgesellschaft endet.[191] Das zuzurechnende Organeinkommen ist gesondert vom eigenen Gewinn der Personengesellschaft festzustellen und nach dem allgemeinen Gewinnverteilungsschlüssel auf die Gesellschafter der Personengesellschaft zu verteilen. Im Hinblick darauf, welchen Gesellschaftern einer Organträger-Personengesellschaft Anteile an dem Organeinkommen zuzurechnen sind, wenn sich im Laufe des Wirtschaftsjahres Änderungen im Gesellschafterbestand der Organträger-Personengesellschaft ergeben, bewirkt dies, dass das Organeinkommen ausschließlich denjenigen Gesellschaftern zuzuweisen ist, die im Zeitpunkt der Zurechnung des Organeinkommens mit Ablauf des Wirtschaftsjahres der Organgesellschaft an der Organträger-Personengesellschaft beteiligt waren.[192] Insoweit verdrängen die speziellen Regelungen der Einkommenszurechnung im Rahmen eines bestehenden Organschaftsverhältnisses die allgemeinen Grundsätze, die bei einem unterjährigen Gesellschafterwechsel grundsätzlich auf die Dauer der Beteiligung und damit auf eine zeitanteilige Gewinnzurechnung für den jeweiligen Gesellschafter an der Personengesellschaft abstellen.[193] Die zum Ende des Wirtschaftsjahres des Organgesellschaft vorzunehmende Zurechnung des Einkommens der Organgesellschaft an den Organträger ist somit auf Ebene der Organträger-Personengesellschaft in der Sache wie ein Geschäftsvorfall zu behandeln.[194]

**Beispiel**[195]
**Sachverhalt:**
A-GmbH und B-GmbH sind zu je 50 % an der Organträger-Personengesellschaft beteiligt, die wiederum 100 % der Anteile an der Organgesellschaft hält. Alle Gesellschaften haben ein kalenderjahrgleiches Wirtschaftsjahr. Der eigene laufende Gewinn der Organträger-Personengesellschaft für das Wirtschaftsjahr 01 beträgt 1.000.000 EUR. Das dem Organträger zugerechnete Einkommen der Organgesellschaft für das Wirtschaftsjahr 01 beträgt 2.000.000 EUR. Mit steuerlichem Übertragungsstichtag zum 1.7.01 wird die B-GmbH auf die C-GmbH verschmolzen.
**Lösung:**
Der B-GmbH sind 25 % (250.000 EUR) des eigenen laufenden Gewinns der Organträger-Personengesellschaft zuzurechnen, da diese im Wirtschaftsjahr 01 ein halbes Jahr zu 50 % (500.000 EUR) an dieser beteiligt war.
Der C-GmbH sind damit ebenfalls 25 % (250.000 EUR) des eigenen laufenden Gewinns der Organträger-Personengesellschaft zuzurechnen. Darüber hinaus entfallen 50 % (1.000.000 EUR) des Organ-

[189] Vgl. BFH 11.7.2023 – I R 21/20, BStBl. II 2024, 413.
[190] Vgl. Ziemons/Jaeger/Pöschke/Trölitzsch GmbHG § 53 Rn. 343.
[191] Vgl. BFH 28.2.2013 – IV R 50/09, BStBl. II 2013, 494.
[192] Vgl. BFH 28.2.2013 – IV R 50/09, BStBl. II 2013, 494.
[193] Vgl. BFH 28.2.2013 – IV R 50/09, BStBl. II 2013, 494; DPM/Dötsch UmwStG Anhang 1 Rn. 54.
[194] Vgl. BFH 28.2.2013 – IV R 50/09, BStBl. II 2013, 494.
[195] Vgl. zum Beispiel RHN/Rödder/Liekenbrock KStG § 14 Rn. 493.

einkommens für das Wirtschaftsjahr 01 auf die C-GmbH, da diese im Zeitpunkt der Zurechnung (Ende des Wirtschaftsjahres der Organgesellschaft) an der Organträger-Personengesellschaft beteiligt war.

**Abwandlung des Beispiels**
**Sachverhalt:**
A-GmbH und B-GmbH sind zu je 50 % an der Organträger-Personengesellschaft beteiligt, die wiederum 100 % der Anteile an der Organgesellschaft hält. Die Organträger-Personengesellschaft und ihre Gesellschafter haben ein kalenderjahrgleiches Wirtschaftsjahr und die Organgesellschaft hat ein abweichendes Wirtschaftsjahr (1.7.00-30.6.01). Der eigene laufende Gewinn der Organträger-Personengesellschaft für das Wirtschaftsjahr 01 beträgt 1.000.000 EUR. Das dem Organträger zugerechnete Einkommen der Organgesellschaft für das Wirtschaftsjahr 00/01 beträgt 2.000.000 EUR. Mit steuerlichem Übertragungsstichtag zum 1.7.01wird die B-GmbH auf die C-GmbH verschmolzen.
**Lösung:**
Der B-GmbH sind 25 % (250.000 EUR) des eigenen laufenden Gewinns der Organträger-Personengesellschaft zuzurechnen, da diese im Wirtschaftsjahr 01 ein halbes Jahr zu 50 % (500.000 EUR) an dieser beteiligt war. Darüber hinaus entfallen 50 % (1.000.000 EUR) des Organeinkommens für das Wirtschaftsjahr auf die B-GmbH, da diese im Zeitpunkt der Zurechnung (Ende des Wirtschaftsjahres der Organgesellschaft 30.6.01) an der Organträger-Personengesellschaft beteiligt war.
Der C-GmbH sind 25 % (250.000 EUR) des eigenen laufenden Gewinns der Organträger-Personengesellschaft zuzurechnen, da diese im Wirtschaftsjahr 01 ein halbes Jahr zu 50 % (500.000 EUR) beteiligt war.

*(einstweilen frei)* 4319–4329

## D. Steuerliche Behandlung von Umwandlungsvorgängen auf Ebene der Organgesellschaft

Organgesellschaft können nach §§ 14, 17 KStG dem Grunde nach nur Kapitalgesellschaften sein. Umwandlungen von Organgesellschaften sind daher von den Umwandlungen eines Organträgers zunächst dahingehend abzugrenzen, dass es sich dem Grunde nach schon nur um Fälle der Umwandlung einer Kapitalgesellschaft auf eine andere Kapitalgesellschaft handeln kann. 4330

Es ergeben sich aufgrund des mit diesem Umwandlungsvorgang idR verbundenen (zivilrechtlichen) Erlöschen der Organgesellschaft folgende zwei wesentliche Rechtsfragen: 4331

- Kann bei Umwandlungen auf Ebene der Organgesellschaft mit dem übernehmenden Rechtsträger eine neue Organschaft ohne Unterbrechung begründet werden, sodass es „wirtschaftlich“ zu einer nahtlosen Fortsetzung der bisherigen Organschaft kommt?
- Inwieweit ist das Einkommen der (bisherigen) Organgesellschaft im Übergangszeitraum dem bisherigen Organträger zuzurechnen?

### I. Auswirkung von Umwandlungen der Organgesellschaft auf bestehende Organschaften und Möglichkeit der Neubegründung

Geht das Vermögen der Organgesellschaft im Zuge eines Umwandlungsvorgangs auf einen anderen (übernehmenden) Rechtsträger über, wird ein bestehender Gewinnabführungsvertrag beendet.[196] 4332

Der Gewinnabführungsvertrag geht bei Verschmelzung der Organgesellschaft nicht auf den übernehmenden Rechtsträger über.

Die Beendigung eines Gewinnabführungsvertrags infolge der Umwandlung der Organgesellschaft ist ein wichtiger Grund iSd § 14 Abs. 1 S. 1 Nr. 3 S. 2 KStG, sodass eine Beendigung auch vor Ablauf der 5-jährigen Mindestlaufzeit steuerlich unschädlich für die Anerkennung der Organschaft für die Vorjahre ist.[197]

[196] Vgl. die Ausführungen zu → Rn. 4122.
[197] Vgl. BMF 2.1.2025, BStBl. I 2025, 92 Tz. Org.26.

Falls der übernehmende Rechtsträger ebenfalls organschaftlich eingebunden werden soll, muss ein neuer Gewinnabführungsvertrag mit dem Organträger abgeschlossen werden.

Im Hinblick auf die Neubegründung der Organschaft mit dem übernehmenden Rechtsträger stellt sich dann vorrangig die Frage nach der finanziellen Eingliederung dieses übernehmenden Rechtsträgers.

### 1. Finanzielle Eingliederung

4333 Die umzuwandelnde Organgesellschaft bleibt bis zur Eintragung der Umwandlung in das Handelsregister und dem damit verbundenen Erlöschen der Gesellschaft finanziell in den Organträger eingegliedert.

4334 Eine zurückbezogene Zurechnung der finanziellen Eingliederung im Verhältnis zum übernehmenden Rechtsträger ist nicht möglich, auch wenn das Vermögen der Organgesellschaft mit steuerlicher Gesamtrechtsnachfolge auf eine Nachfolgegesellschaft übergeht.

Die Gesamtrechtsnachfolge bezieht sich auf das Vermögen des umzuwandelnden Rechtsträgers.[198] Insofern ist im Hinblick auf die Auswirkung der Gesamtrechtsnachfolge in Bezug auf die finanzielle Eingliederung zwischen der Umwandlung des Organträgers und der Umwandlung der Organgesellschaft zu unterscheiden. Lediglich bei Umwandlung des Organträgers ergibt sich eine Gesamtrechtsnachfolge in Bezug auf die Beteiligung an der Organgesellschaft, da Gegenstand der Umwandlung die Übertragung des Vermögens des Organträgers ist.

Die Finanzverwaltung und die herrschende Literaturauffassung kommen daher zu dem Ergebnis, dass eine zurückbezogene Zurechnung der finanziellen Eingliederung im Verhältnis zum übernehmenden Rechtsträger nicht möglich ist.[199]

4335 Umwandlungen der Organgesellschaft stellen für den Organträger steuerlich eine Veräußerung der Anteile an der (bisherigen) Organgesellschaft und eine Neuanschaffung der Anteile an dem übernehmenden Rechtsträger dar.[200]

4336 Für den homogenen Formwechsel einer Kapitalgesellschaft in eine Kapitalgesellschaft anderer Rechtsform (zB GmbH in AG oder umgekehrt) sowie für die Abspaltung oder Einbringung von Vermögen der Organgesellschaft bleibt die Organgesellschaft finanziell in den Organträger eingegliedert.[201]

4337 In den übrigen Fällen der Umwandlung der Organgesellschaft mit tatsächlicher bzw. zivilrechtlicher Auswirkung auf die Anteile der Organgesellschaft auf Ebene der Organträgerin geht die herrschende Literaturmeinung in Übereinstimmung mit der Auffassung der Finanzverwaltung davon aus, dass wenn der übernehmende Rechtsträger nicht bereits selbst in den (bisherigen und künftigen) Organträger finanziell eingegliedert ist, die Eingliederungsvoraussetzungen zum steuerlichen Übertragungsstichtag nicht gegeben sind. Das bestehende Organschaftsverhältnis endet.[202]

4338 Ein Organschaftsverhältnis mit dem aufnehmenden Rechtsträger kann damit grundsätzlich entsprechend den Grundlagen der ertragsteuerlichen Organschaft erst ab dem Beginn des auf den Übertragungsstichtag folgenden Wirtschaftsjahres des aufnehmenden Rechtsträgers begründet werden.

---

198 Vgl. Liedgens Ubg 2024, 127 (128).

199 Vgl. BMF 2.1.2025, BStBl. I 2025, 92 Tz. Org.03; RHvL/Herlinghaus UmwStG Anhang 4 Rn. 36.

200 Vgl. BMF 2.1.2025, BStBl. I 2025, 92 Tz. 00.02, Org.21, Org.22; BFH 15.10.1997 – I R 22/96, BStBl. II 1998, 168; BFH 16.5.2002 – III R 45/98, BStBl. II 2003, 10 und BFH 17.9.2003 – I R 97/02, BStBl. II 2004, 686. Das gilt auch für den Formwechsel einer Kapitalgesellschaft in eine Personengesellschaft (BFH 19.10.2005 – I R 38/04, BStBl. II 2006, 568 und BFH 18.11.2020 – I R 25/18, BStBl. II 2021, 732). Vgl. BMF 2.1.2025, BStBl. II 2025, 92 Tz. 00.02.

201 Vgl. Ausführungen unter → Rn. 4267.

202 Vgl. zB RHvL/Herlinghaus UmwStG Anhang 4 Rn. 57; DPM/Dötsch UmwStG Anhang 1 Rn. 44; BMF 2.1.2025, BStBl. I 2025, 92 Tz. Org.21 ff.

## 2. Mögliche andere Auffassung

In Fällen der Verschmelzung einer Organgesellschaft mit einer Kapitalgesellschaft bzw. der Auf- und Abspaltung des Vermögens einer Organgesellschaft auf eine Kapitalgesellschaft treten nach §§ 15 Abs. 1, 13 Abs. 2 S. 3 UmwStG auf Ebene des Organträgers bei entsprechender Wahlrechtsausübung die Anteile an dem übernehmenden Rechtsträger steuerlich an die Stelle der Anteile an der übertragenden Organgesellschaft, wodurch nach anderer Auffassung[203] ein Fall der erforderlichen steuerlichen Gesamtrechtsnachfolge vorliegt.[204] Für den Organträger ergibt sich ein unter §§ 15, 13 UmwStG fallender „Anteilstauschvorgang". Es wird daher vertreten, dass seit dem SEStEG ein durchgängiges Organschaftsverhältnis/eine nahtlose Anschlussorganschaft zumindest im Falle der Verschmelzung der Organgesellschaft mit einer Kapitalgesellschaft bzw. der Auf- und Abspaltung des Vermögens der Organgesellschaft auf eine Kapitalgesellschaft anzuerkennen ist. **4339**

Diese Rechtsauffassung mag überzeugen. In der Praxis kann jedoch aufgrund der anders lautenden Rechtsauffassung der Finanzverwaltung im Umwandlungssteuererlass[205] ein durchlaufendes Organschaftsverhältnis in diesen Fällen nicht rechtssicher gestaltet werden. **4340**

*(einstweilen frei)* **4341–4351**

## II. Einzelfälle unter Berücksichtigung einer Beendigung, Neubegründung oder Fortsetzung einer Organschaft

### 1. Verschmelzung der Organgesellschaft

Wird die Organgesellschaft auf einen anderen Rechtsträger verschmolzen, so stellt die Verschmelzung grundsätzlich auch auf der Ebene des Organträgers eine Veräußerung der Beteiligung an der Organgesellschaft im Zeitpunkt der (zivilrechtlichen) Wirksamkeit der Verschmelzung dar. **4352**

Die herrschende Meinung geht in Übereinstimmung mit der Auffassung der Finanzverwaltung davon aus, dass die Eingliederungsvoraussetzungen des übernehmenden Rechtsträgers zum steuerlichen Übertragungsstichtag grundsätzlich nicht gegeben sind.[206] **4353**

Ein Organschaftsverhältnis mit dem aufnehmenden Rechtsträger kann damit grundsätzlich erst ab dem Beginn des auf den Übertragungsstichtag folgenden Wirtschaftsjahres des aufnehmenden Rechtsträgers begründet werden. Voraussetzung für die Begründung der Organschaft ist daher in diesen Fällen, dass der (zukünftige) Organträger mit der zukünftigen Organgesellschaft einen Gewinnabführungsvertrag vor Ablauf des betreffenden Wirtschaftsjahres der (zukünftigen) Organgesellschaft abschließt.

Unproblematisch ist der Fall, wenn die Organgesellschaft auf eine Schwesterkapitalgesellschaft verschmolzen wird, welche bereits seit dem Beginn ihres Wirtschaftsjahres in den Anteilseigner finanziell eingegliedert war. Ist die Schwesterkapitalgesellschaft bereits eine Organgesellschaft, wird diese Organschaft fortgeführt, welche dann um das Vermögen bzw. das Einkommen der übertragenden Organgesellschaft bereichert ist.[207] Sofern die Schwesterkapitalgesellschaft bisher keine Organgesellschaft ist, ist Voraussetzung für die Begründung der Organschaft, dass der (bisherige) Organträger mit der aufnehmenden Schwesterkapitalgesellschaft als zukünftiger Organgesellschaft einen Gewinnabführungsvertrag vor Ablauf des betreffenden Wirtschaftsjahres der zukünftigen Organgesellschaft abschließt. **4354**

---

[203] Vgl. RHvL/Herlinghaus UmwStG Anhang 4 Rn. 57; Liedgens/Neudenberger Ubg 2024, 127 (134 f.).

[204] § 13 Abs. 2 S. 3 UmwStG spricht konkret davon, dass die Anteile an der übernehmenden Körperschaft **steuerlich an die Stelle** der Anteile an der übertragenden Körperschaft **treten.** Das „an die Stelle treten" ist dabei sogar stärker als eine bloße steuerliche Gesamtrechtsnachfolge. Es ist auch kein Veräußerungs- oder Anschaffungsvorgang anzunehmen. Vgl. RHvL/Neumann UmwStG § 13 Rn. 78.

[205] Vgl. BMF 2.1.2025, BStBl. I 2025, 92 Tz. Org.21 ff.

[206] Vgl. RHvL/Herlinghaus UmwStG Anhang 4 Rn. 57; DPM/Dötsch UmwStG Anhang 1 Rn. 44; BMF 2.1.2025, BStBl. I 2025, 92 Tz. Org.21 ff.

[207] Vgl. DPM/Dötsch UmwStG Anhang 1 Rn. 45.

4355 Wird ein außenstehender Rechtsträger auf die Organgesellschaft verschmolzen, ergibt sich keine Auswirkung auf die finanzielle Eingliederung der bisherigen Organgesellschaft.[208] Voraussetzung ist, dass die Mehrheitsbeteiligung (finanzielle Eingliederung) bestehen bleibt.

4356 Nach Maßgabe der unter (→ Rn. 4339dargestellten anderen Auffassung, dass im Falle der Verschmelzung der Organgesellschaft mit einer Kapitalgesellschaft die aufnehmende Gesellschaft im Rahmen der Gesamtrechtsnachfolge durchgängig finanziell in den Organträger eingegliedert ist, geht jedenfalls der Gewinnabführungsvertrag bei Verschmelzung der Organgesellschaft nicht auf den übernehmenden Rechtsträger über.[209] Voraussetzung für die Fortführung der Organschaft ist daher auch hier, dass der Organträger mit dem übernehmenden Rechtsträger einen Gewinnabführungsvertrag vor Ablauf des betreffenden Wirtschaftsjahres des übernehmenden Rechtsträgers abschließt.

## 2. Aufspaltung der Organgesellschaft

4357 Im Falle der Aufspaltung der Organgesellschaft wird diese ohne Abwicklung aufgelöst.[210] Die herrschende Meinung geht in diesem Fall wie bei der Verschmelzung der Organgesellschaft davon aus, dass wenn der übernehmende Rechtsträger nicht bereits selbst in den (bisherigen und künftigen) Organträger finanziell eingegliedert ist, die Eingliederungsvoraussetzungen zum Übertragungsstichtag nicht gegeben sind. Eine Organschaft kann damit erst ab dem Beginn des auf den Übertragungsstichtag folgenden Wirtschaftsjahres des aufnehmenden Rechtsträgers begründet werden, wenn durch die Aufspaltung oder nachfolgend die finanzielle Eingliederung des aufnehmenden Rechtsträgers in den bisherigen Organträger begründet wird.[211]

4358 Bei der Aufspaltung zur Neugründung ist es möglich, die Rechtsposition aus dem Gewinnabführungsvertrag – nach Maßgabe des Spaltungsvertrags oder -plans – auf den übernehmenden Rechtsträger zu übertragen. Es bedarf in diesem Fall keiner neuen Vereinbarung über eine 5-jährige Mindestlaufzeit iSd § 14 Abs. 1 Nr. 3 S. 1 KStG.[212]

4359 Bei Aufspaltung der Organgesellschaft zur Aufnahme dagegen geht der Gewinnabführungsvertrag nicht auf den übernehmenden Rechtsträger über.[213] Voraussetzung für die Begründung der Organschaft ist daher in Fällen der Aufspaltung der Organgesellschaft zur Aufnahme, dass der (zukünftige) Organträger mit der zukünftigen Organgesellschaft einen Gewinnabführungsvertrag vor Ablauf des betreffenden Wirtschaftsjahres der (zukünftigen) Organgesellschaft abschließt.

Wird der unter → Rn. 4339 dargestellten Auffassung, dass im Falle der Auf- und Abspaltung der Organgesellschaft auf eine Kapitalgesellschaft die aufnehmenden Gesellschaften im Rahmen der Gesamtrechtsnachfolge durchgängig finanziell in den Organträger eingegliedert sind, gefolgt, wäre bei entsprechendem Abschluss des Gewinnabführungsvertrags eine Organschaft bereits in dem laufenden Wirtschaftsjahr der übernehmenden Rechtsträger möglich, in das der Übertragungsstichtag fällt.

---

208 Vgl. RHvL/Herlinghaus UmwStG Anhang 4 Rn. 57.

209 Vgl. Ausführungen zu → Rn. 4147.

210 Vgl. § 123 UmwG; Schmitt/Hörtnagl/Hörnagl UmwG § 123 Rn. 5 f.

211 Vgl. RHvL/Herlinghaus UmwStG Anhang 4 Rn. 58.

212 Vgl. BFH 10.5.2017 – I R 51/15, BStBl. II 2018, 30: Aufgrund der Übertragung des Gewinnabführungsvertrags im Rahmen der zivilrechtlichen Gesamtrechtsnachfolge auf den übernehmenden Rechtsträger tritt dieser vollumfänglich in die Rechtsposition des übertragenden Rechtsträgers, also auch hinsichtlich der vereinbarten Laufzeit und der tatsächlichen Durchführung. Sofern die Mindestlaufzeit schon wie im Urteilsfall nicht gleichlaufend mit den übrigen Tatbestandsmerkmalen der ertragsteuerlichen Organschaft vorliegen muss, muss für eine Übertragung im Wege der zivilrechtlichen Gesamtrechtsnachfolge bei Vorliegen aller Tatbestandsmerkmale auch keine neue 5-jährige Mindestlaufzeit vereinbart und durchgeführt werden.

213 Vgl. Ausführungen zu → Rn. 4164.

### 3. Abspaltung der Organgesellschaft

Im Falle der Abspaltung von Teilen des Vermögens der Organgesellschaft bleibt diese **4360**
bestehen und es ergibt sich keine Auswirkung auf die finanzielle Eingliederung der Organgesellschaft in den Organträger.[214]

Für die Frage der finanziellen Eingliederung des übernehmenden Rechtsträgers in den **4361**
(bisherigen) Organträger gilt für die Abspaltung das oben zur Aufspaltung ausgeführte entsprechend. Das hat zur Folge, dass eine Organschaft erst ab dem Beginn des auf den Übertragungsstichtag folgenden Wirtschaftsjahres des aufnehmenden Rechtsträgers begründet werden kann, wenn der aufnehmende Rechtsträger nicht in den bisherigen Organträger finanziell eingegliedert war.[215]

Bei der Abspaltung ist es möglich, die Rechtsposition aus dem Gewinnabführungsvertrag **4362**
– nach Maßgabe des Spaltungsvertrags oder -plans – im Zuge der Abspaltung auf den übernehmenden Rechtsträger zu übertragen. Dieser tritt im Wege der zivilrechtlichen Rechtsnachfolge in den bestehenden Gewinnabführungsvertrag ein.[216] Es bedarf in diesem Fall keiner neuen Vereinbarung über eine 5-jährige Mindestlaufzeit iSd § 14 Abs. 1 Nr. 3 S. 1 KStG.[217]

Sofern zwischen dem Organträger und der übertragenden Gesellschaft ein Organschafts- **4363**
verhältnis „weiter" bestehen soll, ist Voraussetzung, dass ein neuer Gewinnabführungsvertrag vor Ablauf des betreffenden Wirtschaftsjahres des übertragenden Rechtsträgers abgeschlossen wird. In diesem Fall ist erneut die 5-jährige Mindestlaufzeit zu beachten.[218]

Sofern eine Organschaft zwischen dem übernehmenden Rechtsträger und dem Anteils- **4364**
eigner (bisheriger Organträger) begründet werden soll, ohne dass der Gewinnabführungsvertrag im Zuge der Abspaltung auf den übernehmenden Rechtsträger übertagen wird, muss der Organträger mit diesem übernehmenden Rechtsträger einen Gewinnabführungsvertrag vor Ablauf des betreffenden Wirtschaftsjahres des übernehmenden Rechtsträgers abschließen. Wird der in → Rn. 4339 dargestellten Auffassung, dass im Falle der Auf- und Abspaltung der Organgesellschaft auf eine Kapitalgesellschaft die aufnehmende Gesellschaft im Rahmen der Gesamtrechtsnachfolge durchgängig finanziell in den Organträger eingegliedert ist, gefolgt, wäre bei entsprechendem Abschluss des Gewinnabführungsvertrags eine Organschaft bereits in dem laufenden Wirtschaftsjahr des übernehmenden Rechtsträgers möglich, in das der Übertragungsstichtag fällt.

### 4. Einbringung/Ausgliederung durch die Organgesellschaft

Im Falle der Einbringung oder Ausgliederung von Teilen des Vermögens der Organgesell- **4365**
schaft bleibt die Organgesellschaft bestehen und es ergibt sich keine Auswirkung auf die finanzielle Eingliederung der Organgesellschaft in den Organträger.[219]

Zur Neubegründung einer (mittelbaren) Organschaft mit dem übernehmenden Rechts- **4366**
träger gelten die Ausführungen zur Einbringung oder Ausgliederung von Teilen des Vermögens der Organträgerin entsprechend.[220]

[214] Vgl. DPM/Dötsch UmwStG Anhang 1 Rn. 46; Herlinghaus FR 2004, 974 (979) sowie hinsichtlich des Fortbestands des Gewinnabführungsvertrags die Ausführungen zu → Rn. 4165.
[215] Vgl. RHvL/Herlinghaus UmwStG Anhang 4 Rn. 59; BMF 2.1.2025, BStBl. I 2025, 92 Tz. Org.21.
[216] Vgl. Ausführungen unter → Rn. 4165 „Abspaltung".
[217] Vgl. BFH 10.5.2017 – I R 51/15, BStBl. II 2018, 30 sowie die Ausführungen zur Verneinung der Vereinbarung und Durchführung einer neuen 5-jährigen Mindestlaufzeit in Fn. 212.
[218] Mögliche aA BeckOK KStG/Ebber KStG § 14 Rn. 418, wonach nicht erneut eine fünfjährige Mindestlaufzeit zu beachten ist, sofern der bisherige Gewinnabführungsvertrag bereits fünf Jahre bestand und tatsächlich durchgeführt wurde.
[219] Vgl. Herlinghaus FR 2004, 974 (979); DPM/Dötsch UmwStG Anhang 1 Rn. 46. Zum Fortbestand des Gewinnabführungsvertrags und Möglichkeiten der Einbeziehung des Gewinnabführungsvertrags in die Ausgliederung zur Neugründung vgl. Ausführungen zu → Rn. 4164.
[220] Vgl. die Ausführungen unter → Rn. 4257 ff.

### 5. Formwechsel der Organgesellschaft

4367 Der Formwechsel einer Organgesellschaft in eine Kapitalgesellschaft anderer Rechtsform berührt die steuerliche Anerkennung der Organschaft nicht. Wird eine Organgesellschaft in eine Personengesellschaft formgewechselt, so endet ein bestehendes Organschaftsverhältnis zwingend, weil Personengesellschaften nach §§ 14, 17 KStG nicht Organgesellschaften sein können.[221]

4368 Die formwechselnde Umwandlung der Organgesellschaft lässt den bestehenden Gewinnabführungsvertrag unberührt.[222]

4369 Beim Formwechsel einer Tochterpersonengesellschaft in eine Tochterkapitalgesellschaft ist rückwirkend ab dem steuerlichen Übertragungsstichtag eine finanzielle Eingliederung der Tochterkapitalgesellschaft gegeben. Eine mitunternehmerische Beteiligung steht der Beteiligung an einer Kapitalgesellschaft für Zwecke der Beurteilung der finanziellen Eingliederung gleich, was bedeutet, dass die finanzielle Eingliederung eines Mitunternehmeranteils sich in der finanziellen Eingliederung eines Kapitalgesellschaftsanteils fortsetzt.[223] Voraussetzung für die Begründung der Organschaft ist in diesem Fall der Abschluss eines Gewinnabführungsvertrags vor Ablauf des betreffenden Wirtschaftsjahres der Organgesellschaft.

### 6. Steuerliche Rückbeziehung der Organgesellschaftsfähigkeit

4370 Für die Frage der steuerlichen Rückbeziehung der Organgesellschaftsfähigkeit kommt es nicht auf die in den vorigen Kapiteln wesentliche steuerliche Gesamtrechtsnachfolge an, sondern es ist entscheidend, dass ein Fall der steuerlichen Rückwirkung gegeben ist.

4371 Ein Organschaftsverhältnis kann durch Umwandlung einer Personengesellschaft in eine Kapitalgesellschaft (spätere Organgesellschaft) mit steuerlicher Rückwirkung auf den Übertragungsstichtag begründet werden. Hintergrund ist, dass eine formgewechselte Gesellschaft von der Finanzverwaltung zwanglos rückwirkend als körperschaftsteuer- und gewerbesteuerpflichtig und damit wie eine Kapitalgesellschaft behandelt wird.[224]

4372–4382 *(einstweilen frei)*

## III. Besonderheiten bei Ermittlung des Organeinkommens bei Umwandlungsvorgängen auf Ebene der Organgesellschaft

### 1. Ermittlung des Organeinkommens bei unterjährigem steuerlichen Übertragungsstichtag

4383 Bei Umwandlung der Organgesellschaft auf das Ende des Wirtschaftsjahres der Organgesellschaft unterliegt das Organeinkommen des letzten (vollen) Wirtschaftsjahres vor dem Umwandlungsstichtag noch dem bestehenden Gewinnabführungsvertrag und ist damit steuerlich noch dem Organträger gem. § 14 Abs. 1 S. 1 KStG zuzurechnen.[225]

4384 Vor dem Hintergrund, dass zivilrechtlich die Organgesellschaft und damit auch der Gewinnabführungsvertrag bis zur Eintragung der Umwandlung im Handelsregister fortbesteht, stellt sich die Frage wie mit einem möglichen (zusätzlichen) steuerlichen Einkommen iVm dem Gewinnabführungsvertrag für das auf das letzte (volle) Wirtschaftsjahr vor dem Umwandlungsstichtag folgende Wirtshaftjahr zu verfahren ist. Zu berücksichtigen ist hier, dass abweichend zur handelsrechtlichen Vorgehensweise bei einer Umwandlung auf einen unterjährigen Übertragungs-/Umwandlungsstichtag, die Organgesellschaft eine

[221] Vgl. BMF 2.1.2025, BStBl. I 2025, 92 Tz. Org.25.
[222] Vgl. die Ausführungen unter → Rn. 4167 ff.
[223] Vgl. DPM/Dötsch UmwStG Anhang 1 Rn. 47 mwN.
[224] Vgl. BFH 17.9.2003 – I R 55/02, BStBl. II 2004, 534; BMF 2.1.2025, BStBl. I 2025, 92 Tz. Org.25.
[225] Vgl. DPM/Dötsch UmwStG Anhang 1 Rn. 54.

steuerliche Schlussbilanz auf diesen Stichtag aufzustellen hat.[226] Es kommt insofern nur steuerlich, nicht dagegen auch handelsrechtlich zu einem mit dem Übertragungsstichtag endenden Rumpfwirtschaftsjahr.[227] Konkret stellt sich damit die Frage, inwieweit das Einkommen der Organgesellschaft, das auf dieses Rumpfwirtschaftsjahr entfällt, dem bisherigen Organträger zugerechnet werden kann.

Es sind konkret im Wesentlichen folgende Konstellationen zu unterscheiden: **4385**

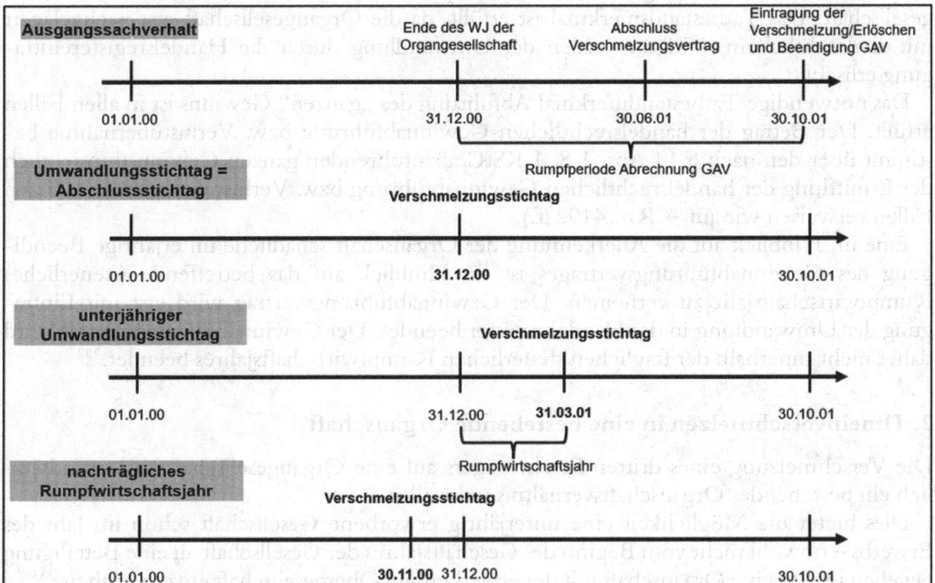


a) Der Umwandlungsstichtag ist gleich dem regulären Abschlussstichtag der Organgesellschaft. Es kommt nicht zu einem „eigenen" Ergebnis des formal bis zur Handelsregistereintragung der Umwandlung fortbestehenden Gewinnabführungsvertrages, da das gesamte Ergebnis bereits steuerlich dem übernehmenden Rechtsträger zuzurechnen ist. Ein Rumpfwirtschaftsjahr entsteht nicht.[228]

b) Der Umwandlungsstichtag fällt in ein laufendes Wirtschaftsjahr der Organgesellschaft, es wird also ein unterjähriger Umwandlungsstichtag gewählt. In diesem Fall wird nur ein Teil des Ergebnisses dem übernehmenden Rechtsträger zugerechnet, sodass über ein Rest-Ergebnis aus dem Gewinnabführungsvertrag abzurechnen ist. Es entsteht steuerlich ein Rumpfwirtschaftsjahr.[229]

c) Der Umwandlungsstichtag wird nachträglich in ein abgelaufenes Wirtschaftsjahr der Organgesellschaft gelegt. Umwandlungsrechtlich ist nach § 5 Abs. 1 Nr. 6 UmwG grundsätzlich die Zurechnung des Ergebnisses zum übernehmenden Rechtsträger vorgesehen (sog. umwandlungsrechtliche Für-Rechnungsphase). Dies führt nach hM jedoch nicht „nachträglich" rückwirkend zu einer Abänderung des Ergebnisses des Gewinnabführungsvertrages für dieses bereits abgelaufene Geschäftsjahr. Nach hM ist die Gewinnabführungsverpflichtung bzw. die Verlustausgleichsforderung bereits vertraglich

---

226 Vgl. RHN/Rödder/Liekenbrock KStG § 14 Rn. 144.
227 Vgl. RHvL/Herlinghaus UmwStG Anhang 4 Rn. 65.
228 Vgl. RHN/Rödder/Liekenbrock KStG § 14, Rn. 140 f.
229 Vgl. RHN/Rödder/Liekenbrock KStG § 14 Rn. 144.

entstanden und der entstandene Anspruch kann nicht mehr nachträglich den Vertragsparteien entzogen werden. Es kommt steuerlich nachträglich aber zu einem verkürzten Rumpfwirtschaftsjahr.[230]

Das Einkommen der jeweiligen Rumpfwirtschaftsjahre ist als Organeinkommen dem alten Organträger zuzurechnen.[231]

**4386** Das Tatbestandsmerkmal der finanziellen Eingliederung bezieht sich allein auf das in den verschiedenen Fällen in Frage stehendem Rumpfwirtschaftsjahr der untergehenden Organgesellschaft. Das Tatbestandsmerkmal ist erfüllt, da die Organgesellschaft erst nachgelagert mit zivilrechtlichem Wirksamwerden der Umwandlung durch die Handelsregistereintragung erlischt.

**4387** Das notwendige Tatbestandmerkmal Abführung des „ganzen" Gewinns ist in allen Fällen erfüllt. Der Betrag der handelsrechtlichen Gewinnabführung bzw. Verlustübernahme bestimmt über den nach § 14 Abs. 1 S. 1 KStG abzuführenden ganzen Gewinn (hinsichtlich der Ermittlung der handelsrechtlichen Gewinnabführung bzw. Verlustübernahme in diesen Fällen verweisen wir auf → Rn. 4192 ff.).

**4388** Eine im Hinblick auf die Anerkennung der Organschaft schädliche unterjährige Beendigung des Gewinnabführungsvertrages ist im Hinblick auf das betreffende (steuerliche) Rumpfwirtschaftsjahr zu verneinen. Der Gewinnabführungsvertrag wird erst mit Eintragung der Umwandlung in das Handelsregister beendet. Der Gewinnabführungsvertrag wird daher nicht innerhalb der fraglichen steuerlichen Rumpfwirtschaftsjahres beendet.[232]

### 2. Hineinverschmelzen in eine bestehende Organschaft

**4389** Die Verschmelzung eines dritten Rechtsträgers auf eine Organgesellschaft lässt grundsätzlich ein bestehendes Organschaftsverhältnis unberührt.

Dies bietet die Möglichkeit eine unterjährig erworbene Gesellschaft schon im Jahr des Erwerbs – obwohl nicht vom Beginn des Geschäftsjahres der Gesellschaft an eine Beteiligung gegeben ist – in eine Organschaft mit der erwerbenden Obergesellschaft einzubeziehen.[233]

Sofern die erwerbende Gesellschaft bisher in keinem Organschaftsverhältnis zu einer Tochtergesellschaft steht, besteht die Möglichkeit der Neugründung einer Tochtergesellschaft, für die dann mit dem Rumpfwirtschaftsjahr ihrer Gründung ein Organschaftsverhältnis begründet werden kann.[234]

### 3. Zurechnung des Übertragungsgewinns in Umwandlungsfällen mit der Organgesellschaft als übertragender Rechtsträger

**4390** Nach Auffassung der Finanzverwaltung in der Vergangenheit war ein im Rahmen der Verschmelzung oder Aufspaltung entstehender Übertragungsgewinn von der Organgesellschaft selbst zu versteuern.[235] Erfolgte die Umwandlung hingegen im Wege der Abspaltung oder Ausgliederung, war der Übertragungsgewinn als Organeinkommen dem Organträger zuzurechnen.[236] Die Finanzverwaltung begründete ihre Auffassung hinsichtlich der Verschmelzungs- und Aufspaltungsfälle mit Verweis auf die Grundsätze des BFH-Urteils vom 18.10.1967[237], wonach ein Abwicklungsgewinn im Liquidationsfall nicht der zivilrechtlichen Gewinnabführungsverpflichtung unterläge und daher von der Organgesellschaft selbst zu versteuern sei.[238]

---

[230] Vgl. RHN/Rödder/Liekenbrock KStG § 14 Rn. 142.
[231] Vgl. DPM/Dötsch UmwStG Anhang 1 Rn. 54.
[232] Vgl. RHN/Rödder/Liekenbrock KStG § 14 Rn. 143.
[233] Vgl. DPM/Dötsch UmwStG Anhang 1 Rn. 55.
[234] Vgl. DPM/Dötsch UmwStG Anhang 1 Rn. 56.
[235] Vgl. BMF 11.11.2011, BStBl. I 2011, 1314 unter Rn. Org.27 Satz 1.
[236] Vgl. BMF 11.11.2011, BStBl. I 2011, 1314 unter Rn. Org.27 Satz 2.
[237] Vgl. BFH 18.10.1967 – I 262/63, BStBl. II 1968, 105.
[238] Vgl. DPM/Dötsch UmwStG Anhang 1 Rn. 54.

Der BFH hat mit seinem Urteil vom 11.8.2021 der Auffassung der Finanzverwaltung widersprochen. Dieser führt aus: „Die Umwandlung der Organgesellschaft ist ihrer Liquidation schon deshalb nicht rechtlich und/oder wirtschaftlich vergleichbar, weil es bei der übertragenden Umwandlung gerade nicht zu der angesprochenen Zweckänderung von einer Erwerbs- in eine Abwicklungsgesellschaft kommt, vielmehr das Vermögen der Organgesellschaft ohne Abwicklung im Weg der Gesamt- oder Sonderrechtsnachfolge auf den übernehmenden Rechtsträger übergeht. Da die Auflösung des übertragenden Rechtsträgers auch erst zeitgleich mit der Eintragung der Umwandlung in das Handelsregister des übernehmenden Rechtsträgers erfolgt, kann das Übertragungsergebnis nicht nach Zweckänderung der Organgesellschaft in eine Abwicklungsgesellschaft anfallen. Der Gewinnabführungsvertrag endet im Fall der Aufspaltung handelsrechtlich auch erst mit der Eintragung der Umwandlung in das Handelsregister, sodass ein handelsrechtlicher Übertragungsgewinn der Organgesellschaft aus einem über dem Buchwert liegenden Wertansatz, der allerdings nur in engen Grenzen (insb. In Fällen der Wertaufholung) entstehen kann, der Gewinnabführungsverpflichtung nach dem Gewinnabführungsvertrag unterliegt.“[239] 4391

Die Finanzverwaltung hat ihre bisherige Auffassung nunmehr mit dem neuen Umwandlungssteuererlass vom 2.1.2025 aufgegeben und sich der neueren Rechtsprechung des BFH angeschlossen.[240] Danach ist auch ein im Rahmen einer Verschmelzung oder einer Aufspaltung der Organgesellschaft anfallender Übertragungsgewinn Teil des insgesamt dem Organträger zuzurechnenden Organeinkommens. Die Erfassung des Übertragungsgewinns sowie die Verrechnung mit etwaigen vororganschaftlichen Verlusten bei der Organgesellschaft, die im Zuge der Verschmelzung oder Aufspaltung erlischt, setzt dagegen voraus, dass der bestehende Gewinnabführungsvertrag zuvor beendet wurde.[241]

#### 4. Übernahmegewinn bzw. -verlust und Gewinnabführung in Umwandlungsfällen mit der Organgesellschaft als übernehmender Rechtsträger

Im Hinblick auf die Abführungsverpflichtung eines bei der Organgesellschaft als übernehmender Rechtsträger entstehenden Übernahmegewinns ist zwischen den zwei folgenden Fällen zu unterscheiden: 4392

- Aufwärtsverschmelzung einer Tochtergesellschaft auf die (Mutter-)Organgesellschaft
- Seitwärtsverschmelzung einer Schwestergesellschaft auf die Organgesellschaft[242]

Bei der *Aufwärtsverschmelzung* einer Tochtergesellschaft auf ihre Muttergesellschaft entsteht idR immer ein Unterschiedsbetrag, entweder weil der Buchwert des Vermögens der Tochtergesellschaft den (historischen) Buchwert der Anteile an der Tochtergesellschaft auf Ebene der Muttergesellschaft aufgrund in der Vergangenheit in der Tochtergesellschaft thesaurierter Gewinne übersteigt oder weil andersherum der Buchwert der Anteile aufgrund eines für die Akquisition der Tochtergesellschaft aufgewendeten Kaufpreises, der die mit dem Erwerb der Tochtergesellschaft zukünftig erwarteten Gewinne antizipiert, den Buchwert des Vermögens der Tochtergesellschaft übersteigt. 4393

Eine *Aufwärtsverschmelzung* vollzieht sich ohne Kapitalerhöhung, sodass ein Übernahmeergebnis unmittelbar das handelsrechtliche Jahresergebnis des übernehmenden Rechtsträger beeinflusst.[243] Ein Übernahmegewinn unterliegt damit handelsrechtlich – als Teil des laufenden Gewinns einer werbenden Gesellschaft – der Gewinnabführungsverpflichtung aus dem bestehenden Gewinnabführungsvertrag.[244] Ein Übernahmeverlust bei der Organ-

---

[239] BFH 11.8.2021 – I R 27/18, BStBl. II 2023, 195 Rn. 22 f.
[240] Vgl. BMF 2.1.2025, BStBl. I 2025, 92 Tz. Org.27 Satz 1.
[241] Vgl. BMF 2.1.2025, BStBl. I 2025, 92 Tz. Org.27 Satz 2, BMF 10.2.2023, BStBl. I 2023, 250.
[242] Vgl. BMF 2.1.2025, BStBl. I 2025, 92 Tz. Org.30.
[243] Vgl. HHR/Kolbe KStG § 14 Rn. 91.
[244] Vgl. BMF 2.1.2025, BStBl. I 2025, 92 Tz. Org.30 Nr. 1; Schmitt/Hörtnagl/Schmitt UmwStG § 12 Rn. 89.

gesellschaft unterliegt der Verlustausgleichsverpflichtung des Organträgers gem. § 302 AktG respektive vermindert den nach § 301 AktG an den Organträger abzuführenden Betrag.[245]

Insoweit der Übernahmegewinn auf die untergehende Beteiligung an dem übertragenden Rechtsträger entfällt, unterliegt dieser gem. § 12 Abs. 2 S. 2 UmwStG der Besteuerung nach § 8b KStG. Ein Übernahmeverlust bleibt hingegen gem. § 12 Abs. 2 S. 1 UmwStG steuerlich bei der Ermittlung des Organeinkommens der übernehmenden Organgesellschaft außer Ansatz.[246]

Eine Mehr-/Minderabführung iSd § 14 Abs. 3 oder § 14 Abs. 4 KStG liegt dem Grunde nach nicht vor, da sich ein Übernahmegewinn bzw. -verlust in diesen Fällen gleichermaßen in der Handels- und der Steuerbilanz ergibt. Das Übernahmeergebnis wird (lediglich) gem. § 12 Abs. 2 S. 1 UmwStG außerbilanziell korrigiert.[247] Zur möglichen Mehr-/Minderabführung iSd § 14 Abs. 3 oder § 14 Abs. 4 KStG aufgrund zeitlicher Divergenz wird verwiesen auf → Rn. 4423.

**4394** Im Fall der *Seitwärtsverschmelzung* einer Schwestergesellschaft auf die Organgesellschaft ergibt sich unabhängig davon, ob die Organgesellschaft handelsrechtlich die Buchwerte des übergehenden Vermögens des übertragenden Rechtsträger übernimmt oder höhere Wert ansetzt, ein Übernahmegewinn.[248] Die Vermögenswerte des übertragenden Rechtsträgers werden auf die Organgesellschaft als übernehmendem Rechtsträger übertragen, ohne dass korrespondierend Vermögenswerte wegfallen.[249] Hier tritt das übertragene Vermögen nicht an die Stelle der untergehenden Beteiligung am übertragenden Rechtsträger.

Bei der Seitwärtsverschmelzung liegt dem Grunde nach – anders als im Fall der Aufwärtsverschmelzung – ein einlageähnlicher Vorgang vor.[250] Gewährt die Organgesellschaft dem übertragenden Rechtsträger als Gegenleistung für die Vermögensübernahme *neue Anteile,* dann ist der Übernahmegewinn im Rahmen der Abbildung der Kapitalerhöhung im ersten Schritt zur Aufstockung des Nennkapitals (Einlage in das gezeichnete Kapital) zu verwenden. Eine darüberhinausgehende Eigenkapitalzuführung (Aufgeld) ist in die Kapitalrücklage gem. § 272 Abs. 2 Nr. 1 HGB einzustellen.[251] Der Übernahmegewinn unterfällt somit nicht der Abführungsverpflichtung gem. § 301 AktG aus dem Gewinnabführungsvertrag.[252]

Verzichten die Anteilseigner des übertragenden Rechtsträgers gem. § 54 Abs. 1 S. 3 UmwG bzw. § 68 Abs. 1 S. 3 UmwG auf die Gewährung von Anteilen an der übernehmenden Organgesellschaft, dann unterliegt der Übernahmegewinn trotzdem nicht der Gewinnabführungsverpflichtung nach § 301 AktG. Der Übernahmegewinn ist vielmehr sodann unmittelbar gem. § 272 Abs. 2 Nr. 4 HGB in die Kapitalrücklage einzustellen.[253] Aufgrund des Ausweises der Zuführung zu den Kapitalrücklage nach dem für § 301 AktG maßgeblichen Jahresüberschuss (§ 275 Abs. 2 Nr. 17 sowie Abs. 3 Nr. 16 HGB), erhöht der Betrag nicht den abzuführenden Gewinn.[254]

**4395** Die Vermögensmehrung in Höhe des Übernahmeergebnisses bleibt in beiden Fällen steuerlich als Einlage und aufgrund von § 12 Abs. 2 S. 1 UmwStG außer Ansatz. Insoweit der Übernahmegewinn auf die untergehende Beteiligung an dem übertragenden Rechts-

[245] Vgl. BMF 2.1.2025, BStBl. I 2025, 92 Tz. Org.32; RHvL/Herlinghaus UmwStG Anhang 4 Rn. 68.
[246] Vgl. RHvL/Herlinghaus UmwStG Anhang 4 Rn. 67 f.; Schmitt/Hörtnagl/Schmitt UmwStG § 12 Rn. 89; DPM/Dötsch UmwStG Anhang 1 Rn. 58.
[247] Vgl. hierzu insgesamt DPM/Dötsch UmwStG Anhang 1 Rn. 58.
[248] Vgl. DPM/Dötsch UmwStG Anhang 1 Rn. 58.
[249] Vgl. Blumenberg/Lechner DB 2012, 57 (68).
[250] Vgl. Blumenberg/Lechner DB 2012, 57 (68).
[251] Vgl. IDW RS HFA 42 Rn. 68.
[252] Vgl. BMF 2.1.2025, BStBl. I 2025, 92 Tz. Org.30 Nr. 2.
[253] Vgl. IDW RS HFA 42 Rn. 74, 75.
[254] Vgl. BMF 2.1.2025, BStBl. I 2025, 92 Tz. Org.30 Nr. 2 sowie RHvL/Herlinghaus UmwStG Anhang 4 Rn. 70 mwN.

träger entfällt, unterliegt dieser gem. § 12 Abs. 2 S. 2 UmwStG der Besteuerung nach § 8b KStG.[255]

Der aus einer späteren Rücklagenauflösung entstehende Auflösungsgewinn darf nicht an den Organträger abgeführt, sondern ausschließlich ausgeschüttet werden.[256]

Gewährt die Organgesellschaft dem übertragenden Rechtsträger als Gegenleistung für die Vermögensübernahme *eigene Anteile,* dann ist dies nach § 272 Abs. 1b HGB idF des BilMoG wie eine Kapitalerhöhung abzubilden.[257] Steuerlich bleibt der Übernahmegewinn als Einlage sowie nach § 12 Abs. 2 S. 1 UmwStG steuerfrei.[258] **4396**

*(einstweilen frei)* **4397–4407**

## E. Organschaftliche Mehr- und Minderabführungen iSv § 14 Abs. 3 KStG/ § 14 Abs. 4 KStG im Rahmen von Umwandlungsvorgängen

### I. Gesetzliche Einordnung und Systematisierung der Neuregelung nach KöMoG

Im Rahmen einer ertragsteuerlichen Organschaft kann es zu Abweichungen zwischen der handelsrechtlichen Gewinnabführung und dem Steuerbilanzgewinn kommen. Eine Mehrabführung liegt vor, wenn das handelsrechtliche Ergebnis den Steuerbilanzgewinn überschreitet; im umgekehrten Fall handelt es sich um eine Minderabführung (§ 14 Abs. 4 S. 3 KStG). **4408**

Für organschaftliche Mehr- und Minderabführungen bilanzierte der Organträger in der Steuerbilanz für Wirtschaftsjahre, die bis zum 31.12.2021 endeten, einen passiven organschaftlichen Ausgleichsposten für in organschaftlicher Zeit verursachte Mehrabführungen sowie einen aktiven organschaftlichen Ausgleichsposten für in organschaftlicher Zeit verursachte Minderabführungen.

Durch das Gesetz zur Modernisierung des Körperschaftsteuerrechts[259] wurde unter anderem die Behandlung der in organschaftlicher Zeit verursachten Minder- und Mehrabführungen für steuerliche Zwecke geändert. **4409**

Für organschaftliche Mehr- und Minderabführungen nach dem 31.12.2021 erfolgt eine Umstellung auf die Einlagelösung.[260] Das heißt, dass

- organschaftliche Mehrabführungen als Einlagenrückgewähr der Organgesellschaft an den Organträger gelten, sodass beim Organträger der Beteiligungsbuchwert der Organgesellschaft grundsätzlich zu mindern ist und
- organschaftliche Minderabführungen als Einlage durch den Organträger in die Organgesellschaft zu behandeln sind, sodass beim Organträger der Beteiligungsbuchwert der Organgesellschaft zu erhöhen ist.

Was zunächst wie eine Umgliederung in der Steuerbilanz des Organträgers erscheint, kann im Einzelfall zu einer steuerlichen Mehrbelastung des Organträgers oder dessen Gesellschafter führen.

*(einstweilen frei)* **4410–4420**

255 Vgl. Blumenberg/Lechner DB 2012, 57 (68).
256 Vgl. BFH 8.8.2001 – I R 25/00, BStBl. II 2003, 923.
257 Vgl. IDW RS HFA 42 Rn. 53; DPM/Dötsch UmwStG Anhang 1 Rn. 59.
258 Vgl. RHvL/Herlinghaus UmwStG Anhang 4 Rn. 70.
259 KöMoG, BGBl. 2021 I 2050.
260 Vgl. DPM/Dötsch UmwStG Anhang 1 Rn. 60a.

## II. Organschaftliche Mehr- und Minderabführungen im Zusammenhang mit Umwandlungsvorgängen bei Anwendung der Neuregelung

### 1. Umwandlungen auf Ebene des Organträgers

4421 Umwandlungen auf Ebene des Organträgers können in Fällen, in denen der Organträger nicht selbst Organgesellschaft ist, nicht zu organschaftlichen Mehr- und Minderabführungen führen. In Fällen in denen der Organträger selbst eine Organgesellschaft ist, vgl. Ausführungen → Rn. 4422 ff. ((E. II. 2. Umwandlungen auf Ebene der Organgesellschaft)).

### 2. Umwandlungen auf Ebene der Organgesellschaft

4422 Organschaftliche Mehr- und Minderabführungen im Zusammenhang mit Umwandlungsvorgängen beruhen grundsätzlich darauf, dass die Umwandlung in der Handelsbilanz des aufnehmenden Rechtsträgers anders dargestellt wird als in der Steuerbilanz.[261] Dies betrifft sowohl den Fall, dass

1. die Organgesellschaft umgewandelt wird und die ertragsteuerliche Organschaft mit dem übernehmenden Rechtsträger fortgesetzt wird, als auch den Fall, dass
2. die Organgesellschaft selbst übernehmender Rechtsträger eines Umwandlungsvorganges ist.

4423 Regelmäßig ergeben sich bei Verschmelzungen, Auf- und Abspaltungen, Ausgliederungen und Einbringungen Umwandlungsgewinne oder -verluste auf Ebene des übernehmenden Rechtsträgers aufgrund des Übergangs des Vermögens des übertragenden Rechtsträgers. Diese Umwandlungsgewinne oder -verluste können auch aufgrund der unterschiedlichen zeitlichen Berücksichtigung des Umwandlungsvorgangs in Handels- und Steuerbilanz (theoretisch) zu organschaftlichen Mehr- und Minderabführungen führen.[262]

Der steuerliche Übertragungsstichtag iSd § 2 Abs. 1 UmwStG und der handelsrechtliche Umwandlungsstichtag nach § 17 UmwG sind nicht identisch. Bei Verschmelzungen, Auf- und Abspaltungen und Ausgliederungen liegt der steuerliche Übertragungsstichtag regelmäßig ein Tag vor dem handelsrechtlichen Umwandlungsstichtag.[263]

In der Praxis werden regelmäßig Schlussbilanzen auf den regulären Abschlussstichtag für Umwandlungen verwendet. Dies führt dazu, dass die Umwandlung in der Steuerbilanz für das mit dem Abschlussstichtag endende Wirtschaftsjahr berücksichtigt wird, während in der Handelsbilanz die Umwandlung erst in dem auf diesen Abschlussstichtag folgenden Wirtschaftsjahr berücksichtigt wird.

Abhängig davon, ob sich ein Umwandlungsgewinn oder ein Umwandlungsverlust ergibt, weicht der steuerliche Jahresüberschuss des Wirtschaftsjahres, auf den die Schlussbilanz erstellt wird, vom handelsbilanziellen Gewinn ab. Hierdurch ergibt sich eine organschaftliche Mehr- oder Minderabführungen, welche sich im nachfolgenden Jahr aufgrund der handelsrechtlich nachlaufenden Berücksichtigung umkehrt.

Hierzu folgendes Beispiel[264]:

Die Organgesellschaft A-GmbH erwirbt 2024 für 110 Mio. EUR sämtliche Anteile an der T-GmbH, die ein handels- und steuerbilanzielles Eigenkapital von 10 Mio. EUR hat. Alleingesellschafterin der A-GmbH ist die Z-GmbH & Co. KG, an der ausschließlich natürliche Personen als Kommanditisten vermögensmäßig beteiligt sind. Zwischen der A-GmbH und der Z-KG besteht seit mehr als 6 Jahren eine ertragsteuerliche Organschaft; der steuerliche Buchwert für die Organbeteiligung beträgt 0 EUR. Um den Finanzierungsaufwand für den Erwerb der T-GmbH mit deren Gewinnen steuerlich verrechnen zu können, soll die T-GmbH in 2024 auf die Organgesellschaft A-GmbH verschmolzen werden – und zwar mit steuerlicher Rückwirkung zum Ablauf des 31.12.2023.

---

[261] Vgl. RHvL/Herlinghaus UmwStG Anhang 4 Rn. 69.
[262] Vgl. DPM/Dötsch UmwStG Anhang 1 Rn. 60a; Schwetlik/Mach GmbH-StB 2023, 79 (82 f.).
[263] Vgl. BMF 2.1.2025, BStBl. I 2025, 92 Tz. 02.01 f.
[264] Vgl. inhaltsgleich Schwetlik/Mach GmbH-StB 2023, 79 (82 f.).

**Lösung:** Die Verschmelzung führt bei der A-GmbH zu einem steuerlich irrelevanten Übernahmeverlust iSd § 12 Abs. 2 S. 1 UmwStG – und zwar iHv 100 Mio. EUR. Dieser steuerliche Übernahmeverlust wird zum steuerlichen Umwandlungsstichtag wirksam – nämlich zum Ablauf des 31.12.2023 (= letzte logische Sekunde in 2023) – und entspricht der Differenz zwischen dem steuerlichen Buchwert für die Beteiligung an der T-GmbH (110 Mio. EUR) und dem steuerbilanziellen Eigenkapital der T-GmbH zum steuerlichen Umwandlungsstichtag (10 Mio. EUR). Handelsrechtlich wird die Verschmelzung in 2024 erfasst, insofern mit deren Anmeldung zum Handelsregister, denn erst ab diesem Zeitpunkt geht das für die handelsrechtliche Bilanzierung maßgebliche wirtschaftliche Eigentum an den Aktiva und Passiva der T-GmbH auf die A-GmbH übergeht. Dies führt zu den folgenden Abführungsdivergenzen:

- In 2023 übersteigt das handelsrechtlich abzuführende Ergebnis der A-GmbH deren steuerbilanzielles Ergebnis um 100 Mio. EUR, dh auf Ebene der Z-GmbH & Co. KG ergibt sich in 2023 eine in organschaftlicher Zeit verursachte Mehrabführung von 100 Mio. EUR Da an der Z-GmbH & Co. KG nur natürliche Personen vermögensmäßig beteiligt sind, ist das Teileinkünfteverfahren anzuwenden. Zu beachten ist, dass die verschmelzungsbedingte, organschaftlich verursachte Mehrabführung einen steuerlichen Ertrag auslöst, soweit sie die Summe aus steuerlichem Beteiligungsbuchwert und Einlage übersteigt (vgl. § 14 Abs. 4 S. 5 KStG). Da der steuerliche Buchwert der Organbeteiligung im steuerlichen Verschmelzungsstichtag 0 EUR beträgt, die Mehrabführung aber 100 Mio. EUR, löst die Verschmelzung in 2023 einen mehrabführungsbedingten steuerlichen Ertrag von 100 Mio. EUR aus, der wegen des Teileinkünfteverfahrens zu 60 % steuerpflichtig ist. Auf Basis einer unterstellten Steuerquote von 50 % beträgt die damit verbundene Steuerlast 30 Mio. EUR.
- In 2024 kommt es zu einem Umkehreffekt – und zwar dahingehend, dass sich iHv 100 Mio. EUR eine verschmelzungsbedingte, organschaftlich verursachte Minderabführung ergibt. Diese ist als verdeckte Einlage zu behandeln und erhöht in 2024 das steuerliche Einlagekonto der A-GmbH und den steuerlichen Buchwert für die Beteiligung an der A-GmbH um jeweils 100 Mio. EUR.
- Die auf der Mehrabführung basierende Steuerlast bleibt auch dann bestehen, wenn die A-GmbH den verschmelzungsbedingten Übernahmeverlust dadurch vermeidet, dass sie die stillen Reserven im verschmolzenen Vermögen nach § 24 UmwG aufstockt, insbesondere entfällt durch einen solchen rein handelsbilanziellen step-up nur der abführungstechnische Umkehreffekt, dh die in 2024 anderenfalls eintretende, organschaftlich verursachte Minderabführung. Es kommt zu einer ratierlichen Verlagerung auf die nachfolgenden Veranlagungszeiträume – und zwar dahingehend, dass die laufenden Abschreibungen auf die handelsbilanziell aufgestockten stillen Reserven organschaftlich verursachte Minderabführungen auslösen.[265]

Nach Auffassung der Finanzverwaltung sind die Folgen einer Mehr-Minderabführung nicht zu ziehen, wenn sich im Folgejahr Abweichungen des steuerlichen und handelsrechtlichen Übernahmeergebnisses infolge der Rückbeziehung wieder ausgleichen.[266] Im vorgenannten Beispiel wäre danach § 14 Absatz 4 KStG nicht anzuwenden, wodurch die aufgezeigte Steuerlast iHv 30 Mio. EUR nicht entstünde.

In Ergänzung zu den Ausführungen der Finanzverwaltung im UmwStE 2025 kann unter Verweis auf die Rechtsprechung des BFH in solchen Fällen argumentiert werden, dass eine teleologische Reduktion des § 14 Abs. 4 KStG erforderlich ist.[267]

*(einstweilen frei)* **4424–4434**

## III. Abgrenzungsproblematik zwischen vororganschaftlicher Verursachung iSv § 14 Abs. 3 KStG und Verursachung in organschaftlicher Zeit iSv § 14 Abs. 4 KStG

Durch die Abgrenzung zwischen vororganschaftlichen Mehr- und Minderabführungen und **4435**
solchen, die in organschaftlicher Zeit erfolgen, soll sichergestellt werden, dass nur der steuerliche Gewinn der Organgesellschaft, der während der Wirksamkeit der Organschaft erwirtschaftet worden ist, „ausschüttungssteuerfrei" von der Organgesellschaft an den Organträger in Form einer Gewinnabführung transferiert wird. Dieses organschaftliche

265 Beispiel entnommen: Schwetlik/Mach GmbH-StB 2023, 79 (82 f.).
266 Vgl. BMF 2.1.2025, BStBl. I 2025, 92 Tz. Org 33.
267 Vgl. BFH 15.3.2017 – I R 67/15, BStBl. II 2024, 571; Schwetlik/Mach GmbH-StB 2023, 79 (82 f.).

Privileg soll aber nur Gewinne der Organgesellschaft erfassen, die diese in der Zeit der Organschaft erzielt hat.[268]

**4436** Liegt die Ursache für eine Mehrabführung in vororganschaftlicher Zeit, so gilt die Mehrabführung gem. § 14 Abs. 3 S. 1 KStG als Gewinnausschüttung der Organgesellschaft an den Organträger. Liegt die Ursache für eine Minderabführung in vororganschaftlicher Zeit, so ist gem. § 14 Abs. 3 S. 2 KStG in Höhe der Minderabführung eine Einlage des Organträgers in die Organgesellschaft zu erfassen.

Das in § 14 Abs. 3 S. 1, 2 KStG enthaltene Tatbestandsmerkmal „vororganschaftlich" ist nur in zeitlicher, nicht jedoch auch in sachlicher Hinsicht zu verstehen. Hinsichtlich des Zeitpunkts der Ursache der Mehrabführung ist dabei auf den Zeitpunkt abzustellen, in dem das Ereignis eintritt, auf dem der Unterschied zwischen der handelsrechtlichen Gewinnabführung und der Vermögensmehrung in der Steuerbilanz beruht. Der Geschäftsvorfall, auf den die Differenz zwischen handelsbilanziellem Jahresüberschuss und Steuerbilanzgewinn zurückgeht, muss demnach erstmalig in einer Handels- bzw. Steuerbilanz vor Wirksamwerden des Ergebnisabführungsvertrags zu bilanzieren gewesen sein. Der BFH hat mit Urteil vom 21.2.2022 klargestellt, dass Mehr- und Minderabführungen, die auf der unterschiedlichen handels- und steuerbilanziellen Bewertung im Zuge einer Umwandlung auf eine Organgesellschaft entfallen, keine vororganschaftlichen Mehr- und Minderabführungen, sondern organschaftlichen Mehr- und Minderabführungen sind.[269] Die Finanzverwaltung war in der Vergangenheit der Auffassung, dass es sich hierbei um vororganschaftliche Mehr- und Minderabführungen handele.[270] Diese Auffassung hat die Finanzverwaltung nunmehr mit dem neuen Umwandlungssteuererlass vom 2.1.2025 aufgegeben und sich der neueren Rechtsprechung des BFH angeschlossen.[271]

**4437** Eine vororganschaftliche Mehr- oder Minderabführung kann sich aber ergeben in Umwandlungsfällen, bei denen die übernehmende Organgesellschaft an dem übertragenden Rechtsträger beteiligt ist und Differenzen im Beteiligungsbuchwert zwischen Handels- und Steuerbilanz bei der übernehmenden Organgesellschaft in Bezug auf die Beteiligung an dem übertragenden Rechtsträger vorliegen. Das ist der Fall, wenn die Differenzen in dem Wertansatz der Beteiligung auf Ebene der Organgesellschaft an dem übertragenden Rechtsträger in Handels- und Steuerbilanz in vororganschaftlicher Zeit (§ 14 Abs. 3 KStG) entstanden sind. Sofern die Differenzen in organschaftlicher Zeit (§ 14 Abs. 3 KStG) entstanden, ergibt sich eine organschaftliche Mehr- oder Minderabführung.[272]

**4438–4448** *(einstweilen frei)*

## IV. Skizzierung der Auswirkungen von Umwandlungen auf vorhandene organschaftliche Ausgleichsposten (vor KöMoG)

**4449** Wegen der durch das KöMoG[273] eingeführten sog. Einlagenlösung, die an die Stelle der bisherigen Ausgleichsposten-Lösung tritt, haben die nachstehenden Ausführungen nur noch bei Umwandlungen Bedeutung, bei denen der steuerliche Übertragungsstichtag vor dem in § 34 Abs. 6e S. 7 KStG idF des KöMoG geregelten Stichtag der Zwangsauflösung von organschaftlichen Ausgleichsposten (Schluss des nach dem 31.12.2021 endenden Wirtschaftsjahres des Organträgers) liegt. Die Auswirkung von Umwandlungen auf vorhandene organschaftliche Ausgleichsposten (vor KöMoG) variiert in den möglichen Umwandlungsvorgängen.[274]

---

[268] Vgl. HHR/Kolbe KStG § 14 Rn. 300.
[269] Vgl. BFH 21.2.2022 – I R 51/19, BStBl. II 2023, 725.
[270] Vgl. BMF 11.11.2011, BStBl. I 2011, 1314 Tz. Org.33.
[271] Vgl. BMF 2.1.2025, BStBl. I 2025, 92 Tz. Org.33.
[272] Vgl. RHN/Rödder/Liekenbrock KStG § 14 Rn. 592.
[273] BGBl. 2021 I 2050.
[274] Vgl. DPM/Dötsch UmwStG Anhang 1 vor Rn. 68a.

### 1. Umwandlungsvorgänge auf der Ebene des Organträgers

**a) Verschmelzung des Organträgers.** Die Verschmelzung des Organträgers stellt einen Veräußerungsvorgang iSd § 14 Abs. 4 KStG (a. F.) hinsichtlich der Beteiligung an der Organgesellschaft dar. Auf dieses Organschaftsverhältnis entfallende organschaftliche Ausgleichsposten sind nach § 14 Abs. 4 S. 2 KStG (a. F.) zum steuerlichen Übertragungsstichtag aufzulösen.[275] **4450**

Wird die Organschaft vom übernehmenden Rechtsträger zulässigerweise fortgeführt, sind die organschaftlichen Ausgleichsposten abweichend davon nicht aufzulösen, wenn die Verschmelzung zum Buchwert erfolgt. Der übernehmende Rechtsträger hat die organschaftlichen Ausgleichsposten fortzuführen. Erfolgt die Verschmelzung zum gemeinen Wert, sind die organschaftlichen Ausgleichsposten in voller Höhe, bei Verschmelzung zum Zwischenwert anteilig aufzulösen.[276] **4451**

In den Fällen der Abwärtsverschmelzung des Organträgers auf die Organgesellschaft sind die organschaftlichen Ausgleichsposten stets in voller Höhe aufzulösen, da eine Fortführung der Organschaft ausscheidet. Bei einer 100%igen Beteiligung des Organträgers an der Organgesellschaft heben sich die Wirkungen aus der Auflösung des Ausgleichspostens und des dem Ausgleichsposten in dem übergehenden Betriebsvermögen der Organgesellschaft entsprechendem steuerlichen Mehrvermögens auf.[277] **4452**

**b) Auf- und Abspaltung sowie Ausgliederung des Vermögens des Organträgers.** **4453**
Bei Übertragung einer Organbeteiligung durch Auf- oder Abspaltung des Unternehmens des Organträgers oder durch Ausgliederung sind bestehende organschaftliche Ausgleichsposten grundsätzlich nach § 14 Abs. 4 S. 2 KStG aufzulösen.

Erfolgt die Auf- oder Abspaltung des Unternehmens des Organträgers oder durch Ausgliederung zum gemeinen Wert, sind die organschaftlichen Ausgleichsposten in voller Höhe, bei Ansatz eines Zwischenwertes anteilig aufzulösen.[278]

Bei Auf- und Abspaltung, sowie Ausgliederungen zu Buchwerten sind die Ausgleichsposten generell von der Übernehmerin fortzuführen, der auch die Organbeteiligung zugeordnet wird, ohne dass es auf die Fortführung der Organschaft ankommt.[279]

Der beim Einbringenden gebildete Ausgleichsposten ist in unveränderter Höhe fortzuführen. Das entspricht auch dem Grundsatz, dass bei einer mehrstufigen Organschaft bei Verursachung der Mehr- bzw. Minderabführung auf der untersten Beteiligungsstufe auf jeder höheren Beteiligungsstufe ein entsprechender Ausgleichsposten auszuweisen ist.[280] **4454**

Das gilt auch, wenn nach der Einbringung der Organbeteiligung eine neue Organschaft zwischen der übernehmenden Gesellschaft und der übertragenen Gesellschaft (frühere und künftige Organgesellschaft) begründet wird.[281]

Bleibt die bisherige unmittelbare Organschaft als mittelbare Organschaft ohne Einbeziehung der übernehmenden Gesellschaft bestehen (sog. „Klammerorganschaft"), wird ein vorhandener steuerlicher Ausgleichsposten unverändert auf Ebene der bisherigen und künftigen Organträgerin ausgewiesen. Bei der übernehmenden Gesellschaft ist ein organschaftlicher Ausgleichsposten in diesem Fall nicht auszuweisen.[282] **4455**

---

[275] Vgl. BMF 11.11.2011, BStBl. I 2011, 1314 Rn. Org.05. Im neuen Umwandlungssteuererlass vom 2.1.2025, BStBl. I 2025, 92, ist die Tz. Org.05 aufgrund der alten Rechtslage nicht mehr enthalten.
[276] Vgl. RHvL/Herlinghaus UmwStG Anhang 4 Rn. 73 unter „Verschmelzung Organträger" mwN.
[277] Vgl. DPM/Dötsch UmwStG Anhang 1 Rn. 75, 88; vgl. auch Ausführungen zu → Rn. 4352 ff. Verschmelzung der Organgesellschaft auf eine andere Kapitalgesellschaft.
[278] Vgl. RHvL/Herlinghaus UmwStG Anhang 4 Rn. 73 unter „Aufspaltung Organträger".
[279] Vgl. DPM/Dötsch UmwStG Anhang 1 Rn. 76; BMF 11.11.2011, BStBl. I 2011, 1314 Rn. Org.23 iVm Org.21. Im neuen Umwandlungssteuererlass BMF 2.1.2025, BStBl. I 2025, 92, sind aufgrund der alten Rechtslage keine Ausführungen mehr zu den steuerlichen Ausgleichsposten enthalten.
[280] Vgl. DPM/Dötsch UmwStG Anhang 1 Rn. 77.
[281] Vgl. DPM/Dötsch UmwStG Anhang 1 Rn. 77a.
[282] Vgl. DPM/Dötsch UmwStG Anhang 1 Rn. 77 f.

4456 Im Falle der Verkürzung einer bisher zweistufigen auf eine einstufige Organschaft, indem die Tochtergesellschaft die Enkelbeteiligung in ihre Muttergesellschaft einbringt, sind die auf das bisherige Organschaftsverhältnis entfallende organschaftliche Ausgleichsposten auf Ebene der Tochtergesellschaft aufzulösen.[283]

**Beispiel:**
Bisher bestand eine zweistufige Organschaft von M zu T und von T zu E. Sowohl in der St-Bil der Zwischengesellschaft T (OT im Verhältnis zu E) als auch in der der Obergesellschaft M (OT im Verhältnis zu T) wurde ein aktiver Ausgleichsposten gebildet. T überträgt die E-Beteiligung durch Einbringung auf die M, sodass T und E als Schwestergesellschaften künftig Organgesellschaften im Verhältnis zu M sind.
Die auf das bisherige Organschaftsverhältnis entfallende organschaftliche Ausgleichsposten bei der T sind aufzulösen, und zwar unabhängig davon, ob die Einbringung zu Buchwert, Zwischenwert oder gemeinem Wert erfolgt. Die organschaftlichen Ausgleichsposten auf Ebene der M sind unverändert fortzuführen. Das gilt auch in dem Fall (Abwandlung), dass zwischen M und T eine unmittelbare Organschaft und zusätzlich zwischen M zu E eine mittelbare Organschaft (Klammerorganschaft) vorliegt, also keine Organschaft zwischen T und E besteht.

4457 Im Fall der Abspaltung oder Ausgliederung von Vermögen des Organträgers bleibt der Ausgleichsposten beim Organträger zurück, wenn auch die Organbeteiligung zurückbleibt.[284]

4458 **c) Einbringung der Anteile an dem Organträger.** Die Einbringung der Anteile an dem Organträger iSd §§ 20, 21 und 24 UmwStG berührt das Organschaftsverhältnis nicht. Es ergeben sich daher keine Auswirkungen auf vorhandene organschaftliche Ausgleichsposten.

4459 **d) Formwechsel des Organträgers.** Der Formwechsel des Organträgers berührt das Organschaftsverhältnis nicht, wenn beim Organträger neuer Rechtsform die Voraussetzungen des § 14 Abs. 1 S. 1 Nr. 2 KStG vorliegen.[285]

4460 **e) Anwachsung bei einer Organträger-Personengesellschaft.** Bei der Anwachsung der Organbeteiligung als Folge des Ausscheidens des vorletzten Gesellschafters aus einer Organträgerpersonengesellschaft zum verbleibenden Gesellschafter ist nach Auffassung der Finanzverwaltung ein organschaftlicher Ausgleichsposten vom verbleibenden Gesellschafter fortzuführen.[286]

4461 In der Literatur wird diese Auffassung kritisiert und nach herrschender Meinung soll im Grundsatz danach zu unterscheiden sein, ob das Ausscheiden des vorletzten Gesellschafters durch einen Übertragungsvorgang im Wege der steuerlichen Gesamtrechtsnachfolge beziehungsweise steuerlicher Rückwirkung oder durch einen Übertragungsvorgang im Wege der Einzelrechtsnachfolge ohne steuerlichen Gesamtrechtsnachfolge beziehungsweise steuerlicher Rückwirkung erfolgt ist. Ein organschaftlicher Ausgleichsposten vom verbleibenden Gesellschafter soll nur fortzuführen sein, wenn die Anwachsung sich als Reflex einer übertragenden Umwandlung mit steuerlicher Rückwirkung bzw. steuerlicher Gesamtrechtsnachfolge gestaltet. Anwachsungen, die nicht als Reflex einer übertragenden Umwandlung mit steuerlicher Rückwirkung bzw. steuerlicher Gesamtrechtsnachfolge sollen nach herrschender Meinung die organschaftlichen Ausgleichsposten aufzulösen sein.[287]

283 DPM/Dötsch UmwStG Anhang 1 Rn. 77 f.
284 Vgl. DPM/Dötsch UmwStG Anhang 1 vor Rn. 76.
285 Vgl. BMF 2.1.2025, BStBl. I 2025, 92 Tz. Org.10.
286 Vgl. SRS UmwStE 2011 Rn. Org.47 sowie BMF 11.11.2011, BStBl. I 2011, 1314 Rn. Org.18. Im neuen Umwandlungssteuererlass 2.1.2025 sind aufgrund der alten Rechtslage in Tz. Org.18 keine Ausführungen mehr zu den steuerlichen Ausgleichsposten enthalten.
287 Vgl. DPM/Dötsch UmwStG Anhang 1 Rn. 81; RHvL/Herlinghaus UmwStG Anhang 4 Rn. 73 unter „Anwachsung bei Organträger-Personengesellschaften".

## 2. Umwandlungsvorgänge auf der Ebene der Organgesellschaft

**a) Umwandlung der Organgesellschaft auf eine Personengesellschaft oder natürliche Person.** Die Umwandlung einer Organgesellschaft auf eine Personengesellschaft (auch Formwechsel) oder natürliche Person ist gem. § 14 Abs. 4 S. 5 KStG idF vor KöMoG der Veräußerung der Organbeteiligung gleichgestellt und führt zur steuerwirksamen Auflösung eines organschaftlichen Ausgleichspostens, weil der übernehmende Rechtsträger in diesen Fällen gesetzlich nicht als Organgesellschaft fungieren kann.[288] Die Auflösung des organschaftlichen Ausgleichspostens ist erfolgswirksam und als das Übernahmeergebnis nach § 4 Abs. 4 UmwStG mindernder Posten zu behandeln.[289] 4462

**b) Verschmelzung der Organgesellschaft auf eine andere Kapitalgesellschaft.** Wird die Organgesellschaft auf eine andere Kapitalgesellschaft verschmolzen sind die organschaftlichen Ausgleichsposten an der Organgesellschaft in voller Höhe (Verschmelzung zum gemeinen Wert) oder anteilig (Verschmelzung zum Zwischenwert) aufzulösen. Erfolgt die Verschmelzung zu Buchwerten auf eine andere Kapitalgesellschaft, so ist nach herrschender Meinung der organschaftliche Ausgleichsposten in der Steuerbilanz des Organträgers nicht aufzulösen, sondern der Beteiligung an der Übernehmerin zuzuordnen, und zwar unabhängig davon, ob diese organschaftlich eingebunden ist oder nicht. Werden mehrere Organgesellschaften verschmolzen, sind die existierenden organschaftlichen Ausgleichsposten zusammenzufassen.[290] 4463

Die Finanzverwaltung nimmt dagegen auch in Fällen der Verschmelzung zum Buchwert an, dass die Ausgleichsposten aufzulösen sind.[291]

Wird die Organgesellschaft auf den Organträger verschmolzen, sind die Ausgleichsposten aufzulösen. Bei einer 100%igen Beteiligung des Organträgers an der Organgesellschaft heben sich die Wirkungen aus der Auflösung des Ausgleichspostens und des dem Ausgleichsposten in dem übergehenden Betriebsvermögen der Organgesellschaft entsprechendem steuerlichen Mehrvermögens auf. 4464

**Beispiel (100 %ige Organbeteiligung)[292]:**
Die Organgesellschaft weist eine nach § 14 Abs. 1 S. 1 Nr. 4 KStG zulässige Gewinnrücklage iHv 100.000 EUR aus.
Das dem Organträger zuzurechnende Einkommen ist 100.000 EUR höher als der handelsrechtlich abgeführte Gewinn, sodass sich eine organschaftliche Minderabführung ergibt. Für die organschaftliche Minderabführung bildet der Organträger einen aktiven Ausgleichsposten iHv 100.000 EUR in der Steuerbilanz.
In einem Folgejahr wird die Organgesellschaft auf den Organträger verschmolzen.
Er ergibt sich ein Übernahmegewinn iHv 100.000 EUR welcher durch Auflösung des aktiven Ausgleichspostens iHv 100.000 EUR kompensiert wird.

**c) Auf- und Abspaltung, Ausgliederung und Einbringung des Vermögens der Organgesellschaft.** Die Ausgliederung und auch die Einbringung von Vermögen durch die Organgesellschaft in eine Tochtergesellschaft hat keine Auswirkungen auf die bestehenden organschaftlichen Ausgleichsposten.[293] 4465

288 Vgl. DPM/Dötsch UmwStG Anhang 1 Rn. 81a, 82; SRS UmwStE 2011 Rn. Org.62.

289 Vgl. DPM/Dötsch UmwStG Anhang 1 (SEStEG) Rn. 82a; RHvL UmwStG Anhang 4 Rn. 73 unter „Anwachsung bei Organträger-Personengesellschaften"; BMF 11.11.2011, BStBl. I 2011, 1314 Rn. Org.24 Im neuen Umwandlungssteuererlass 2.1.2025 sind aufgrund der alten Rechtslage in Tz. 24 keine Ausführungen mehr zu den steuerlichen Ausgleichsposten enthalten. Vgl. zur alten Rechtslage auch Dötsch Ubg 2011, 20 (28).

290 Vgl. RHvL/Herlinghaus UmwStG Anhang 4 Rn. 73; DPM/Dötsch UmwStG Anhang 1 Rn. 84.

291 Vgl. BMF 11.11.2011, BStBl. I 2011, 1314 Rn. Org.21. Im neuen Umwandlungssteuererlass BMF 2.1.2025, BStBl. I 2025, 92, sind aufgrund der alten Rechtslage in Tz. Org.21 keine Ausführungen mehr zu den steuerlichen Ausgleichsposten enthalten. Vgl. zur alten Rechtslage auch SRS UmwStE 2011 Rn. Org.57.

292 Vgl. DPM/Dötsch UmwStG Anhang 1 Rn. 75, 88.

293 Vgl. SRS UmwStE 2011 Rn. Org.58; DPM/Dötsch UmwStG Anhang 1 Rn. 87.

4466 Bei der Auf- und Abspaltung des Vermögens der Organgesellschaft zum gemeinen Wert oder Zwischenwert sind die organschaftlichen Ausgleichsposten an der Organgesellschaft in voller Höhe (Spaltung zum gemeinen Wert) oder anteilig (Spaltung zum Zwischenwert) aufzulösen. Erfolgt die Auf- und Abspaltung zu Buchwerten sind die Ausgleichsposten nicht aufzulösen, sondern fortzuführen.[294]

4467 **d) Formwechsel der Organgesellschaft in eine andere Kapitalgesellschaft.** Der Formwechsel einer Organgesellschaft in eine Kapitalgesellschaft anderer Rechtsform (zB GmbH in AG) ist kein Fall, der im UmwStG geregelt ist und berührt die organschaftlichen Ausgleichsposten nicht.[295]

4468

| **Umwandlungs-vorgang** | **Auswirkung auf den Gewinnabführungsvertrag** | **Kündigungsrecht &Wichtiger Grund iSd § 14 Abs. 1 Nr. 3 S. 2 KStG** | **Fortsetzung der Organschaft aufgrund Gesamtrechtsnachfolge** |
|---|---|---|---|
| **Ebene des herrschenden Unternehmens (Organträgers)** | | | |
| **Verschmelzung des herrschenden Unternehmens auf einen dritten Rechtsträger** | | | |
| Kapitalgesellschaft auf Personengesellschaft §§ 3 ff. UmwStG | GAV besteht fort | Außerordentliches Kündigungsrecht für die abhängige Gesellschaft gem. § 297 Abs. 1 AktG<br>Wichtiger Grund zur Beendigung des GAV gegeben (KStR 14.5 Abs. 6 S. 2, UmwStE 2.1.2025, Org.12) | § 4 Abs. 2, 3 UmwStG<br>BFH 11.7.2023 – I R 21/20<br>UmwStE vom 2.1.2025, Org.01-Org.03 |
| Kapitalgesellschaft auf Kapitalgesellschaft §§ 11 ff. UmwStG | GAV besteht fort | Außerordentliches Kündigungsrecht für die abhängige Gesellschaft gem. § 297 Abs. 1 AktG<br>Wichtiger Grund zur Beendigung des GAV gegeben (KStR 14.5 Abs. 6 S. 2, UmwStE 2.1.2025, Org.12) | § 12 Abs. 3 i.V.m § 4 Abs. 2, 3 UmwStG<br>BFH 11.7.2023 – I R 36/20, I R 45/20<br>UmwStE 2.1.2025, Org.01-Org.03 |
| Personengesellschaft auf Kapitalgesellschaft §§ 20 ff. UmwStG | GAV besteht fort | Außerordentliches Kündigungsrecht für die abhängige Gesellschaft gem. § 297 Abs. 1 AktG<br>Wichtiger Grund zur Beendigung des GAV | Bei Ansatz unterhalb des gemeinen Werts § 23 Abs. 1 iVm § 4 Abs. 2 S. 3 und § 12 Abs. 3 UmwStG<br>UmwStE 2.1.2025, Org.01-Org.03 |

[294] Vgl. RHvL/Herlinghaus UmwStG Anhang 4 Rn. 73; DPM/Dötsch UmwStG Anhang 1 Rz. 85; SRS UmwStE 2011 Rn. Org.59.

[295] Vgl. SRS UmwStE 2011 Rn. Org.61 sowie BMF 11.11.2011, BStBl. I 2011, 1314 Rn. Org.24. Im neuen Umwandlungssteuererlass BMF 2.1.2025, BStBl. I 2025, 92, sind aufgrund der alten Rechtslage in Tz. Org.24 keine Ausführungen mehr zu den steuerlichen Ausgleichsposten enthalten.

| **Umwandlungs-vorgang** | **Auswirkung auf den Gewinnabführungsvertrag** | **Kündigungsrecht &Wichtiger Grund iSd § 14 Abs. 1 Nr. 3 S. 2 KStG** | **Fortsetzung der Organschaft aufgrund Gesamtrechtsnachfolge** |
|---|---|---|---|
| | | gegeben (KStR 14.5 Abs. 6 S. 2, Umw-StE 2.1.2025, Org.12) | |
| Personengesellschaft auf Personengesellschaft § 24 UmwStG | GAV besteht fort | Außerordentliches Kündigungsrecht für die abhängige Gesellschaft gem. § 297 Abs. 1 AktG Wichtiger Grund zur Beendigung des GAV gegeben (KStR 14.5 Abs. 6 S. 2, Umw-StE 2.1.2025, Org.12) | Bei Ansatz unterhalb des gemeinen Werts § 24 Abs. 4 iVm § 23 Abs. 1, § 4 Abs. 2 S. 3 und § 12 Abs. 3 UmwStG UmwStE 2.1.2025, Org.01-Org.03. |
| **Auf- und Abspaltung des herrschenden Unternehmens auf einen dritten Rechtsträger** | | | |
| Kapitalgesellschaft auf Kapitalgesellschaft § 15 UmwStG | GAV besteht fort | Außerordentliches Kündigungsrecht für die abhängige Gesellschaft gem. § 297 Abs. 1 AktG Wichtiger Grund zur Beendigung des GAV gegeben (KStR 14.5 Abs. 6 S. 2, Umw-StE 2.1.2025, Org.12) | § 15 Abs. 1 iVm § 12 Abs. 3, § 4 Abs. 2, 3 UmwStG UmwStE 2.1.2025, Org.06 und Org.07 |
| Kapitalgesellschaft auf Personengesellschaft § 16 UmwStG | GAV besteht fort | Außerordentliches Kündigungsrecht für die abhängige Gesellschaft gem. § 297 Abs. 1 AktG Wichtiger Grund zur Beendigung des GAV gegeben (KStR 14.5 Abs. 6 S. 2, Umw-StE 2.1.2025, Org.12) | § 16 S. 1 iVm § 4 Abs. 2, 3 UmwStG UmwStE 2.1.2025, Org.06 und Org. 07 |
| Personengesellschaft auf Kapitalgesellschaft §§ 20 ff. UmwStG | GAV besteht fort | Außerordentliches Kündigungsrecht für die abhängige Gesellschaft gem. § 297 Abs. 1 AktG Wichtiger Grund zur Beendigung des GAV | Bei Ansatz unterhalb des gemeinen Werts § 23 Abs. 1 iVm § 4 Abs. 2 S. 3 und § 12 Abs. 3 UmwStG UmwStE 2.1.2025, Org.06 und Org.07 |

| Umwandlungs-vorgang | Auswirkung auf den Gewinnabführungsvertrag | Kündigungsrecht &Wichtiger Grund iSd § 14 Abs. 1 Nr. 3 S. 2 KStG | Fortsetzung der Organschaft aufgrund Gesamtrechtsnachfolge |
|---|---|---|---|
| | | gegeben (R 14.5 Abs. 6 S. 2 KStR, UmwStE 2.1.2025, Org.12) | |
| Personengesellschaft auf Personengesellschaft § 24 UmwStG | GAV besteht fort | Außerordentliches Kündigungsrecht für die abhängige Gesellschaft gem. § 297 Abs. 1 AktG Wichtiger Grund zur Beendigung des GAV gegeben (KStR 14.5 Abs. 6 S. 2, UmwStE 2.1.2025, Org.12) | Bei Ansatz unterhalb des gemeinen Werts § 24 Abs. 4 iVm § 23 Abs. 1, § 4 Abs. 2 S. 3 und § 12 Abs. 3 UmwStG UmwStE 2.1.2025, Org.06 und Org.07 |
| **Einbringung/Ausgliederung** | | | |
| Ausgliederung/Einbringung der (Organ)-Beteiligung auf einen neuen Organträger in der (a) Rechtsform Kapitalgesellschaft (b) Rechtsform Personengesellschaft | GAV besteht fort | Außerordentliches Kündigungsrecht für die abhängige Gesellschaft gem. § 297 Abs. 1 AktG Wichtiger Grund zur Beendigung des GAV gegeben (KStR 14.5 Abs. 6 S. 2, UmwStE Org.12) | Bei Ansatz unterhalb des gemeinen Werts (a) § 23 Abs. 1 iVm § 4 Abs. 2 S. 3 und § 12 Abs. 3 UmwStG (qualifizierter Anteilstausch) BFH 11.7.2023 – I R 40/20 (b) § 24 Abs. 4 iVm § 23 Abs. 1, § 4 Abs. 2 S. 3 und § 12 Abs. 3 UmwStG UmwStE 2.1.2025, Org.08 |
| **Sonderfall:** Ausgliederung/Einbringung Teilbetrieb auf eine potenzielle Organgesellschaft | ./. | ./. | Bei Ansatz unterhalb des gemeinen Werts § 23 Abs. 1 iVm § 4 Abs. 2 S. 3 und § 12 Abs. 3 UmwStG BFH-Urteile vom 28.7.2010 – I R 89/09, v. 28.7.2010 – I R 111/09 UmwStE 2.1.2025, Org.08 |

| **Umwandlungsvorgang** | **Auswirkung auf den Gewinnabführungsvertrag** | **Kündigungsrecht &Wichtiger Grund iSd § 14 Abs. 1 Nr. 3 S. 2 KStG** | **Fortsetzung der Organschaft aufgrund Gesamtrechtsnachfolge** |
|---|---|---|---|
| **Formwechsel des Organträgers** | | | |
| Formwechsel in eine<br>(a) Kapitalgesellschaft<br>(b) Personengesellschaft | GAV besteht fort | Kein außerordentliches Kündigungsrecht<br>Kein wichtiger Grund für die Beendigung des GAV gegeben (UmwStE 2.1.2025, Org.12) | (a) Organschaft besteht fort, es kommt nicht zu einer Gesamtrechts-nachfolge<br>(b) Organschaft besteht nur dann fort, wenn die Personengesell-schaft organträger-fähig ist.<br>UmwStE 2.1.2025, Org.10 |
| **Verschmelzung Organträger und Organgesellschaft** | | | |
| Verschmelzung | GAV endet aufgrund von Konfusion | Wichtiger Grund zur Beendigung des GAV gegeben (KStR 14.5 Abs. 6 S. 2, UmwStE 2.1.2025, Org.12) | ./.<br>UmwStE 2.1.2025, Org.21 |
| **Umwandlung der abhängigen Gesellschaft (Organgesellschaft)** | | | |
| Verschmelzung der abhängigen Gesellschaft auf einen dritten Rechtsträger | GAV endet | Wichtiger Grund zur Beendigung des GAV gegeben (KStR 14.5 Abs. 6 S. 2, UmwStE 2.1.2025, Org. 26) | Organschaft endet |
| Verschmelzung eines dritten Rechtsträgers auf die abhängige Gesellschaft | GAV besteht fort | Außerordentliches Kündigungsrecht für die herrschende Gesellschaft gem. § 297 Abs. 1 AktG<br>Wichtiger Grund zur Beendigung des GAV gegeben | Organschaft besteht fort |
| Abspaltung | Abspaltung zur Neugründung: GAV kann mit der abhängigen Gesellschaft, dem übernehmenden Rechtsträger fortbestehen<br>Abspaltung zur Aufnahme: GAV endet, | Außerordentliches Kündigungsrecht für die herrschende Gesellschaft gem. § 297 Abs. 1 AktG<br>Wichtiger Grund zur Beendigung des GAV gegeben (KStR 14.5 Abs. 6 S. 2, Umw- | Organschaft kann mit der übertragenden Organgesellschaft fortbestehen, wenn GAV nicht im Spaltungsplan aufgenommen wird.<br>Organschaft kann mit der übernehmenden |

| **Umwandlungs-vorgang** | **Auswirkung auf den Gewinnabführungsvertrag** | **Kündigungsrecht &Wichtiger Grund iSd § 14 Abs. 1 Nr. 3 S. 2 KStG** | **Fortsetzung der Organschaft aufgrund Gesamtrechtsnachfolge** |
|---|---|---|---|
| | wenn GAV im Spaltungsplan aufgenommen wird<br>GAV besteht fort, wenn GAV nicht im Spaltungsplan aufgenommen wird | StE 2.1.2025, Org. 26) | Kapitalgesellschaft erst ab dem nachfolgenden Wirtschaftsjahr der übernehmenden Kapitalgesellschaft begründet werden, wenn diese bisher nicht in den Organträger finanziell eingegliedert war<br>UmwStE 2.1.2025, Org.22 |
| Aufspaltung | Aufspaltung zur Neugründung: GAV kann mit einem übernehmen-den Rechtsträger fortbestehen<br>Aufspaltung zur Aufnahme: GAV endet | Außerordentliches Kündigungsrecht für die herrschende Gesellschaft gem. § 297 Abs. 1 AktG<br>Wichtiger Grund zur Beendigung des GAV gegeben (KStR 14.5 Abs. 6 S. 2, UmwStE 2.1.2025, Org. 26) | Organschaft kann mit einer übernehmenden Kapitalgesellschaft erst ab dem nachfolgenden Wirtschaftsjahr der übernehmenden Kapitalgesellschaft begründet werden, wenn diese bisher nicht in den Organträger finanziell eingegliedert war.<br>UmwStE 2.1.2025, Org.23 |
| Ausgliederung | Keine Auswirkung auf den GAV | Kein außerordentliches Kündigungsrecht<br>Dennoch wäre ein wichtiger Grund bei Beendigung des GAV gegeben (KStR 14.5 Abs. 6 S. 2, UmwStE Org. 26) | Organschaft kann mit der übertragenden Organgesellschaft fortbestehen.<br>Für eine Begründung einer Organschaft zwischen übertragendem und übernehmendem Rechtsträger gelten die obigen Ausführungen für den Organträger<br>UmwStE 2.1.2025, Org.22 |
| **Formwechsel** | | | |
| Formwechsel | GAV besteht fort | Kein außerordentliches Kündigungsrecht | Identitätswahrender Formwechsel: Organschaft besteht fort |

| **Umwandlungs-vorgang** | **Auswirkung auf den Gewinnabführungsvertrag** | **Kündigungsrecht &Wichtiger Grund iSd § 14 Abs. 1 Nr. 3 S. 2 KStG** | **Fortsetzung der Organschaft aufgrund Gesamtrechtsnachfolge** |
|---|---|---|---|
| | | Kein wichtiger Grund für die Beendigung des GAV gegeben (UmwStE Org. 26) | Formwechsel in Personengesellschaft: Organschaft endet Formwechsel in optierte Personengesellschaft: Organschaft besteht fort (§ 1a Abs. 1 S. 7 KStG) UmwStE 2.1.2025, Org.24 und Org.25 |

*(einstweilen frei)* **4469–4500**

# § 16 Organschaft und Zinsschranke

**Übersicht**



## A. Allgemeines zur Zinsschranke

### I. Einordnung und Begriffsbestimmung „Zinsen"

Mit dem Unternehmenssteuerreformgesetz 2008[1] wurde der Betriebsausgabenabzug für Zinsaufwendungen durch die Einführung einer Zinsschranke in § 4h EStG eingeschränkt. Über § 8 Abs. 1 KStG entfaltet die Zinsschranke ihre Wirkung für Körperschaften in gleicher Weise wie für Einzelunternehmen und Personengesellschaften. Beabsichtigt wurde mit dieser Regelung, die inländischen Steuersubstrate zu sichern und missbräuchliche Steuergestaltungen zu unterbinden. Zudem soll durch die Gewinnabhängigkeit der Abzugsbeschränkung Anreiz für Unternehmen geschaffen werden, Gewinne in das Inland zu verlagern.[2] Während die Vorgängerregelung zur Gesellschafterfremdfinanzierung in § 8a **4501**

[1] Unternehmensteuerreformgesetz 2008 v. 14.8.2007, BGBl. 2007 I 1912.

[2] Vgl. BT-Drs. 16/4841, 31 (35, 48); BT-Drs. 220/07, 53 f. (61, 75). Die Verfassungsmäßigkeit der Zinsschranke wurde seit ihrer Einführung kontrovers diskutiert und überwiegend bezweifelt. Der BFH hat mit Beschluss vom 14.10.2015 – I R 20/15, BStBl. II 2017, 1240 ff. – dem BVerfG die Frage, ob § 4h EStG iVm § 8a KStG gegen Art. 3 Abs. 1 GG verstößt, zur Entscheidung vorgelegt (2 BvL 1/16). Vgl. zB Gosch KStG/Förster KStG § 8a Rn 50 ff.; DPM/Möhlenbrock/Maiworm KStG § 8a Rn. 22; Beck-

KStG aF lediglich Vergütungen, die an wesentlich beteiligte Anteilseigner gezahlt wurden, erfasst hat, greift die Zinsschranke bei jeder Art der Fremdfinanzierung, womit auch übliche Aufwendungen aus der Unternehmensfinanzierung, beispielsweise über Bankdarlehen, durch die Zinsschranke abzugsbeschränkt sind.[3] Im Laufe der Zeit hat die Norm eine Reihe von Modifikationen erfahren, zuletzt durch das Kreditzweitmarktförderungsgesetz.[4]

**4502** Zinsaufwendungen iSd Zinsschranke sind gem. § 4h Abs. 3 S. 2 EStG idF des Kreditzweitmarktförderungsgesetzes nicht nur sämtliche Vergütungen für Fremdkapital (Zinsaufwendungen im engeren Sinne), sondern auch wirtschaftlich gleichwertige Aufwendungen und sonstige Aufwendungen im Zusammenhang mit der Beschaffung von Fremdkapital iSd Art. 2 Abs. 1 der ATAD[5], die den maßgeblichen Gewinn gemindert haben. Dieser weite Zinsbegriff wurde mit dem Kreditzweitmarktförderungsgesetz in die Vorschriften zur Zinsschranke aufgenommen, da die Zinsabzugsbeschränkung aufgrund von Art. 4 iVm Art. 11 Abs. 6 der ATAD spätestens zum 31.12.2023 an die Vorschriften der ATAD anzupassen waren.[6] Nach der ATAD sind neben Zinsaufwendungen für alle Arten von Forderungen auch andere wirtschaftlich mit Zinsen vergleichbare Aufwendungen sowie Aufwendungen im Zusammenhang mit der Beschaffung von (Fremd-)Kapital dem Abzugsverbot zu unterwerfen.[7]

**4503** Durch den ab dem 1.1.2024 geltenden Verweis in § 4h Abs. 3 S. 2 EStG gelten insbesondere auch die im Art. 2 Abs. 1 der ATAD aufgeführten Regelbeispiele für Kapitalbeschaffungskosten als Zinsaufwendungen iSd Zinsschranke.[8] Im Einzelnen sind dies

- Zahlungen im Rahmen von Beteiligungsdarlehen,
- kalkulatorische Zinsen auf Instrumente wie Wandelanleihen und Nullkuponanleihen,
- Beträge im Rahmen von alternativen Finanzierungsmodalitäten, wie sie zB islamische Banken praktizieren,
- Finanzierungskosten im Rahmen von Finanzierungsleasing,
- im Bilanzwert eines zugehörigen Vermögenswerts enthaltene kapitalisierte Zinsen oder die Amortisation kapitalisierter Zinsen,
- ggf. Beträge, die durch Bezugnahme auf eine Finanzierungsrendite im Rahmen von Verrechnungspreisregelungen gemessen werden,
- Beträge fiktiver Zinsen im Rahmen von Derivaten oder Hedging-Vereinbarungen im Zusammenhang mit dem Fremdkapital eines Unternehmens,
- bestimmte Wechselkursgewinne und -verluste auf Fremdkapital und
- Instrumente im Zusammenhang mit der Beschaffung von Kapital, Garantiegebühren für Finanzierungsvereinbarungen, Vermittlungsgebühren und ähnliche Kosten im Zusammenhang mit der Aufnahme von Fremdkapital.

---

OK KStG/Bohn KStG § 8a Rn. 51 ff.; BeckOK EStG/Adrian EStG § 4h Rn. 2; Prinz, ifst-Schrift 553 (2024), 6 f.; aA hinsichtlich der Verfassungsmäßigkeit der Zinsschranke zB Brandis/Heuermann/Loewens EStG § 4h Rn. 25 ff.

[3] Vgl. BT-Drs. 16/4841, 47 f.; BT-Drs. 220/07, 75. Vgl. zu den Unterschieden im Einzelnen DPM/Möhlenbrock/Maiworm KStG § 8a Rn. 7 f.

[4] Gesetz zur Förderung geordneter Kreditzweitmärkte und zur Umsetzung der Richtlinie (EU) 2021/2167 über Kreditdienstleister und Kreditkäufer sowie zur Änderung weiterer finanzrechtlicher Bestimmungen (Kreditzweitmarktförderungsgesetz) v. 29.12.2023, BGBl. 2023 I Nr. 411.

[5] Anti Tax Avoidance Directive, Richtlinie (EU) 2016/1164 des Rates vom 12. Juli 2016 mit Vorschriften zur Bekämpfung von Steuervermeidungspraktiken mit unmittelbaren Auswirkungen auf das Funktionieren des Binnenmarkts, ABl. 2016 L 193 v. 19.7.2016.

[6] Durch die europarechtlich zwingende Einführung einer Zinsschrankenregelung entsprechend der ATAD dürfte die verfassungsrechtliche Problematik seitdem, jedenfalls mit Blick in die Zukunft, entfallen sein, vgl. Gosch KStG/Förster KStG § 8a Rn 56; BeckOK EStG/Adrian EStG § 4h Rn. 2, 12; Brandis/Heuermann/Loewens EStG § 4h Rn. 25; Prinz, ifst-Schrift 553 (2024), 7 f.

[7] Vgl. BT-Drs. 20/9782 (neu), 193. Vgl. zur Neuregelung des Zinsbegriffs durch das Kreditzweitmarktförderungsgesetz Bünning BB 2024, 619; Prinz, ifst-Schrift 553 (2024), 9 f.; ausführlich DPM/Möhlenbrock/Maiworm KStG § 8a Rn. 213 ff.

[8] Vgl. BT-Drs. 20/9782 (neu), 193.

Sogenannte arrangement fees, also Gebühren für Vermittlungstätigkeiten von Banken vor Abschluss eines Kreditvertrages, mit der gesonderte, über die eigentliche Kapitalüberlassung hinausgehende Leistungen vergütet werden, fallen damit entgegen der BFH-Rechtsprechung zum Zinsaufwandsbegriff vor Geltung des Kreditzweitmarktförderungsgesetzes[9] ebenfalls unter die Zinsschranke.[10] Aufgrund der Einbeziehung von im Bilanzwert eines Vermögenswerts enthaltener kapitalisierter Zinsen und der Amortisation kapitalisierter Zinsen in die Fremdkapitalkosten gelten jetzt auch Abschreibungen auf unter Umständen bereits vor langer Zeit aktivierte Bauzeitzinsen als Zinsaufwand iSd Zinsschranke.[11] **4504**

Zinserträge sind entsprechend der Vorgaben der ATAD Erträge aus Kapitalforderungen jeder Art und wirtschaftlich gleichwertige Erträge im Zusammenhang mit Kapitalforderungen, die den maßgeblichen Gewinn erhöht haben, § 4h Abs. 3 S. 3 EStG.[12] **4505**

Nicht zu den Zinsaufwendungen und -erträgen gehören gem. § 4h Abs. 6 EStG Zinsen aus Darlehen, die zur Finanzierung langfristiger öffentlicher Infrastrukturprojekte verwendet und auf Grund von allgemeinen Förderbedingungen vergeben werden. Voraussetzungen hierfür sind, dass Projektbetreiber, Fremdkapitalkosten und Vermögenswerte sämtlich in der EU ansässig bzw. belegen sind und die Einkünfte aus den Projekten ebenfalls in der EU erzielt werden.[13] **4506**

*(einstweilen frei)* **4507–4516**

## II. Grundregel der Zinsschranke

Gemäß § 4h Abs. 1 S. 1 EStG sind Zinsaufwendungen eines Betriebs stets in Höhe des Zinsertrags, darüber hinaus nur bis zur Höhe des verrechenbaren EBITDA[14] abziehbar.[15] Das verrechenbare EBITDA ist gem. § 4h Abs. 1 S. 2 EStG 30 % des maßgeblichen Gewinns des Betriebes, der um die Zinsaufwendungen und um die Abschreibungen[16] erhöht und um die Zinserträge vermindert wurde. Maßgeblicher Gewinn ist gem. § 4h Abs. 3 S. 1 EStG der steuerpflichtige Gewinn nach den Vorschriften des Einkommensteuergesetzes, aber vor Anwendung der Zinsschranke. **4517**

**Verrechenbares EBITDA gem. § 4h EStG**[17]
Steuerpflichtiger Gewinn vor Anwendung des § 4h EStG (=maßgeblicher Gewinn)
+ Zinsaufwendungen
+ Abschreibungen nach §§ 6 Abs. 2 S. 1, 6 Abs. 2a S. 2 und 7 EStG
./. Zinserträge
= steuerliches EBITDA, hiervon gelten 30 % als verrechenbares EBITDA

9 BFH 22.3.2023 – XI R 45/19, DStR 2023, 1590.
10 Vgl. Wienke/Graßl DStR 2023, 2831; Wagner/Herbst DB 2023, 2331; DPM/Möhlenbrock/Maiworm KStG § 8a Rn. 219; Entwurf eines überarbeiteten BMF-Schreibens zur Zinsschranke (§ 4h EStG; § 8a KStG), 18.9.2024 Rn. 18; zweifelnd Bünning BB 2024, 621.
11 Vgl. Wagner/Herbst DB 2023, 2331; Prinz, ifst-Schrift 553 (2024), 10; Entwurf eines überarbeiteten BMF-Schreibens zur Zinsschranke (§ 4h EStG; § 8a KStG), 18.9.2024 Rn. 16, S 3.
12 Vgl. BT-Drs. 20/9782 (neu), 193. Vgl. DPM/Möhlenbrock/Maiworm KStG § 8a Rn. 224 f.
13 Eingeführt mit dem Kreditzweitmarktförderungsgesetz zur Nutzung der Ausnahmemöglichkeit von Art. 4 Abs. 4 Unterabs. 1 Buchst. b) Unterabs. 2 und 3 der ATAD, vgl. BT-Drs. 20/9782 (neu), 194. Vgl. DPM/Möhlenbrock/Maiworm KStG § 8a Rn. 217.
14 EBITDA: Earnings Before Interest, Tax, Depreciations and Amortization.
15 Die Gewinnabhängigkeit der Abzugsbeschränkung gewährt den Unternehmen Anreize, Gewinne in das Inland zu verlagern, um den Abzug von Fremdfinanzierungsaufwand zu verbessern, vgl. BT-Drs. 220/07, 75.
16 Abschreibungen auf Sachanlagen und auf immaterielle Vermögensgegenstände gem. § 6 Abs. 2 S. 1, § 6 Abs. 2a S. 2 und § 7 EStG.
17 Vgl. BMF 4.7.2008, BStBl. I 2008, 718 Rn. 40; Entwurf eines überarbeiteten BMF-Schreibens zur Zinsschranke (§ 4h EStG; § 8a KStG), 18.9.2024 Rn. 33.

**4518** Der Betrieb wird für Zwecke des § 4h EStG nicht gesondert definiert, vielmehr gilt der allgemeine Betriebsbegriff des Einkommensteuerrechts,[18] nach dem ein Betrieb eine selbständige und nachhaltige Betätigung mit Gewinnerzielungsabsicht und der Beteiligung am allgemeinen wirtschaftlichen Verkehr voraussetzt, die zu Gewinneinkünften führt. Sofern die Tätigkeiten über die reine Vermögensverwaltung hinausgehen, unterfallen gewerbliche und freiberufliche Einkünfte damit ebenso der Zinsschranke wie Einkünfte aus Land- und Forstwirtschaft.[19]

**4519** Einzelunternehmer können mehrere Betriebe haben, während Mitunternehmerschaften nur einen Betrieb haben, der neben dem Gesamthandsvermögen auch das Sonderbetriebsvermögen der Mitunternehmer umfasst. Damit ist auch bei der Ermittlung des steuerpflichtigen Gewinns als Ausgangsgröße des verrechenbaren EBITDA der Gesamtbetrieb der Mitunternehmerschaft zu betrachten, namentlich der steuerpflichtige Gewinn der Mitunternehmerschaft einschließlich der Ergebnisse aus Sonder- und Ergänzungsbilanzen. Vermögensverwaltende Personengesellschaften sind grundsätzlich keine Betriebe iSd Zinsschranke, außer, wenn ihre Einkünfte aufgrund von gewerblicher Prägung oder gewerblicher Infektion zu Gewinneinkünften umqualifiziert werden.[20]

**4520** Bei Körperschaften entfaltet die Zinsschranke zunächst über § 8 Abs. 1 KStG ihre Wirkung auch bei der Ermittlung des zu versteuernden Einkommens. Bei sämtlichen Steuerpflichtigen im Sinne des Körperschaftsteuergesetzes gelten alle Einkünfte als in einem Betrieb im Sinne der Zinsschranke erzielt, Betriebstätten sind keine eigenständigen Betriebe.[21]

**4521** Zusätzlich zu den Grundsätzen des § 4h EStG sind bei Körperschaften die speziellen Regelungen des § 8a KStG zu beachten. § 8a Abs. 1 S. 1 und 2 KStG ersetzen zur Ermittlung des verrechenbaren EBITDA bei Körperschaften den maßgeblichen Gewinn durch das maßgebliche Einkommen. Das maßgebliche Einkommen wird dabei definiert als das nach den Vorschriften des Einkommensteuergesetzes und des Körperschaftsteuergesetzes ermittelte Einkommen vor Anwendung der Zinsschranke und des Verlustabzuges gem. § 10d EStG sowie vor dem Spendenabzug gem. § 9 Abs. 1 Nr. 2 KStG. Mithin erhöhen verdeckte Gewinnausschüttungen das verrechenbare EBITDA der „ausschüttenden" Körperschaft, erhaltene Gewinnausschüttungen, Dividenden und Veräußerungsgewinne, soweit nach § 8b KStG steuerfrei, vermindern es.[22]

**Verrechenbares EBITDA gem. §§ 8, 8a KStG**[23]
Einkommen der Körperschaft vor Anwendung des § 4h EStG (= maßgebliches Einkommen)
+ Zinsaufwendungen
+ Abschreibungen nach §§ 6 Abs. 2 S. 1, 6 Abs. 2a S. 2 und 7 EStG
+ Verlustabzug gem. § 10d EStG
+ Spendenabzug gem. § 9 Abs. 1 S. 1 Nr. 2 KStG
./. Zinserträge
= steuerliches EBITDA, hiervon gelten 30 % als verrechenbares EBITDA

**4522–4531** *(einstweilen frei)*

18 Vgl. BT-Drs. 16/4835, 1 f.
19 Vgl. BMF 4.7.2008, BStBl. I 2008, 718 Rn. 2; Entwurf eines überarbeiteten BMF-Schreibens zur Zinsschranke (§ 4h EStG; § 8a KStG), 18.9.2024 Rn. 2; BeckOK EStG/Adrian EStG § 4h Rn. 43; DPM/Möhlenbrock/Maiworm KStG § 8a Rn. 45 mwN.
20 Vgl. BMF 4.7.2008, BStBl. I 2008, 718 Rn. 3 ff.; Entwurf eines überarbeiteten BMF-Schreibens zur Zinsschranke (§ 4h EStG; § 8a KStG), 18.9.2024 Rn. 3 ff.; BeckOK EStG/Adrian EStG § 4h Rn. 44, 46; Prinz/Witt Steuerliche Organschaft/Appl Rn. 19.3, 19.11.
21 Vgl. Entwurf eines überarbeiteten BMF-Schreibens zur Zinsschranke (§ 4h EStG; § 8a KStG), 18.9.2024 Rn. 7 ff.; Prinz, ifst-Schrift 553 (2024), 14 f.
22 Vgl. BMF 4.7.2008, BStBl. I 2008, 718 Rn. 41; Entwurf eines überarbeiteten BMF-Schreibens zur Zinsschranke (§ 4h EStG; § 8a KStG), 18.9.2024 Rn. 34.
23 Vgl. BMF 4.7.2008, BStBl. I 2008, 718 Rn. 41; Entwurf eines überarbeiteten BMF-Schreibens zur Zinsschranke (§ 4h EStG; § 8a KStG), 18.9.2024 Rn. 34.

### III. EBITDA-Vortrag

Übersteigt das verrechenbare EBITDA die Nettozinsaufwendungen[24] des Betriebs, ist der Differenzbetrag gem. § 4h Abs. 1 S. 3 EStG als EBITDA-Vortrag in die folgenden fünf Wirtschaftsjahre vorzutragen. Der Vortrag des EBITDA ist dabei nicht antragsgebunden und auch kein Wahlrecht, er erfolgt vielmehr von Amts wegen.[25] Der EBITDA-Vortrag ist gem. § 4h Abs. 4 S. 1 f. EStG gesondert festzustellen. **4532**

Nettozinsaufwendungen eines späteren Wirtschaftsjahres, die nach dem Grundsatz des § 4h Abs. 1 S. 1 EStG nicht abgezogen werden können, dürfen bis zur Höhe der EBITDA-Vorträge aus vorangegangenen Wirtschaftsjahren abgezogen werden. Sie mindern dabei gem. § 4h Abs. 1 S. 4 EStG die EBITDA-Vorträge in der zeitlichen Reihenfolge ihrer Entstehung, beginnend mit dem ältesten.[26] Können EBITDA-Vorträge innerhalb von fünf Wirtschaftsjahren nicht genutzt werden, verfallen diese gem. § 4h Abs. 1 S. 3 Hs. 1 EStG. Der EBITDA-Vortrag ist im Grunde eine Ergänzung des Gedankens der gewinnabhängigen Abzugsmöglichkeit von Nettozinsaufwendungen und soll Gewinnschwankungen eines von der Zinsschranke betroffenen Betriebes ausgleichen.[27] **4533**

In Wirtschaftsjahren, in denen die Zinserträge des Betriebs dessen Zinsaufwendungen übersteigen, mithin kein Nettozinsaufwand vorliegt, oder eine der Ausnahmen von der Zinsabzugsbeschränkung gem. § 4h Abs. 2 EStG zur Anwendung kommt, entsteht gem. § 4h Abs. 1 S. 3 Hs. 2 EStG kein EBITDA-Vortrag.[28] Ob dabei die bloße Möglichkeit zur Nutzung der Ausnahmeregelungen zur Versagung des EBITDA-Vortrages ausreicht oder ob der Steuerpflichtige tatsächlich aktiv die Ausnahmen in Anspruch nehmen muss, ist umstritten. Nach Verwaltungsauffassung solle es zur Versagung eines EBITDA-Vortrages bereits ausreichen, wenn der Steuerpflichtige einen der Ausnahmetatbestände des § 4h Abs. 2 EStG abstrakt erfüllt, auf ein ausreichend hohes verrechenbares EBITDA soll es dabei ebenso wenig ankommen wie auf die konkrete Berufung auf einen der Ausnahmetatbestände.[29] **4534**

Dieser Auffassung steht allerdings der Grund für die Einführung eines EBITDA-Vortrages entgegen, ungenutztes Verrechnungsvolumen nicht verfallen zu lassen und ein Polster für konjunkturelle Schwankungen des EBITDA zu schaffen.[30] Folgte man der Verwaltungsauffassung, würden Betriebe, die schon aufgrund ausreichend hohem EBITDA nicht unter die Zinsschranke fallen, gleichzeitig aber auch einen der Ausnahmetatbestände des § 4h Abs. 2 EStG erfüllen, schlechter gestellt als Betriebe, die keine der Ausnahmen nutzen könnten.[31] Insofern sollte der EBITDA-Vortrag auch dann entstehen, wenn die Voraussetzungen für die Nutzung einer Ausnahme von der Zinsschranke zwar grundsätzlich vorliegen, tatsächlich aber aufgrund von ausreichend vorhandenem verrechenbarem EBITDA nicht in Anspruch genommen werden.[32] **4535**

---

24 Der Begriff der Nettozinsaufwendungen wurde durch das Kreditzweitmarktförderungsgesetz erstmals legal definiert als die um die Zinserträge geminderten Zinsaufwendungen, § 4h Abs. 1 S. 3 EStG.

25 Vgl. BT-Drs. 17/15, 17.

26 Zur Verwendungsreihenfolge BT-Drs. 17/15, 17.

27 Vgl. DPM/Möhlenbrock/Maiworm KStG § 8a Rn. 42a; BeckOK EStG/Adrian EStG § 4h Rn. 67.

28 Vor dem 1.1.2024 war die Entstehung eines EBITDA-Vortrages nur durch die Ausnahmen gem. § 4h Abs. 2 EStG ausgeschlossen, vgl. zur Ergänzung des § 4h Abs. 1 S. 3 Hs. 2 EStG durch das Kreditzweitmarktförderungsgesetz DPM/Möhlenbrock/Maiworm KStG § 8a Rn. 240d; Prinz, ifst-Schrift 553 (2024), 11.

29 Vgl. zB OFD Karlsruhe 10.10.2014, BeckVerw 312855 Rn. 6. Gl.A. DPM/Möhlenbrock/Maiworm KStG § 8a Rn. 240e; Prinz/Witt Steuerliche Organschaft/Appl Rn. 19.13.

30 Vgl. Herzig/Bohn DStR 2009, 2344; Brandis/Heuermann/Loewens EStG § 4h Rn. 45; BeckOK EStG/Adrian EStG § 4h Rn. 67.

31 Vgl. Gosch KStG/Förster KStG § 8a Rn. 94.

32 Vgl. schon Herzig/Bohn DStR 2009, 2345. So könnten Körperschaften beispielsweise Nachweise über das Nicht-Vorhandensein einer Gesellschafterfremdfinanzierung gem. § 8a Abs. 3 KStG schlicht nicht erbringen, sodass die tatbestandliche Voraussetzung zur Nutzung der Escape-Klausel nicht vorliegen, vgl. Herzig/Liekenbrock DB 2010, 692; Bohn/Loose DStR 2011, 242; BeckOK EStG/Adrian EStG § 4h Rn. 67; Gosch KStG/Förster KStG § 8a Rn. 94.

4536 Wird der Betrieb als Ganzes aufgegeben oder übertragen, geht ein noch nicht verbrauchter EBITDA-Vortrag gem. § 4h Abs. 5 S. 1 EStG unter. Für die Aufgabe oder Übertragung eines Teilbetriebes ist seit dem 1.1.2024 mit § 4h Abs. 5 S. 4 EStG auch der anteilige Untergang eines noch nicht verbrauchten EBITDA-Vortrages gesetzlich normiert, wobei die Aufteilung ausweislich der Gesetzesbegründung zum Kreditzweitmarktförderungsgesetz anhand des Verhältnisses des gemeinen Wertes der Teilbetriebe vorzunehmen sein soll.[33]

4537–4546 *(einstweilen frei)*

## IV. Zinsvortrag

4547 Können trotz Nutzung der EBITDA-Vorträge nicht alle Nettozinsaufwendungen vom steuerlichen Ergebnis abgezogen werden, sind die verbleibenden nichtabziehbaren Zinsen gem. § 4h Abs. 1 S. 5 EStG als Zinsvortrag in die folgenden Wirtschaftsjahre vorzutragen. Zinsvorträge sind ebenso wie EBITDA-Vorträge gem. § 4h Abs. 4 S. 1 f. EStG gesondert festzustellen.

4548 Die Zinsvorträge erhöhen gem. § 4h Abs. 1 S. 6 EStG die Zinsaufwendungen, nicht aber den maßgeblichen Gewinn der folgenden Wirtschaftsjahre. Das ist grundsätzlich auch folgerichtig, denn ansonsten würden die dem Zinsvortrag zugrundeliegenden Zinsen das verrechenbare EBITDA und damit das Abzugsvolumen für den Abzug von Zinsaufwendungen sowohl im Wirtschaftsjahr ihrer Entstehung, als auch im Wirtschaftsjahr ihrer Nutzung als Zinsvortrag beeinflussen.[34] Im Gegensatz zum EBITDA-Vortrag enthält die Vorschrift zum Zinsvortrag keine zeitliche Begrenzung.

4549 Gemäß § 8a Abs. 1 S. 3 KStG gelten bei Körperschaften die Vorschriften zum Verlustabzug und zum fortführungsgebundenen Verlustvortrag auch für den Zinsvortrag mit der Folge, dass bei schädlichen Beteiligungserwerben iSd §§ 8c und 8d KStG Zinsvorträge nicht weiter genutzt werden können. Stille Reserven iSv § 8c Abs. 1 S. 6 KStG sind dabei zum Erhalt von Zinsvorträgen zu berücksichtigen, dies aber nur, soweit sie nicht zuvor bereits zum Erhalt von Verlustvorträgen oder fortführungsgebundenen Verlustvorträgen genutzt wurden. Die §§ 8c und 8d KStG sind ausdrücklich nur auf Zinsvorträge, nicht auf EBITDA-Vorträge anzuwenden, sodass EBITDA-Vorträge bei schädlichen Anteilsübertragungen vollständig bestehen bleiben.[35]

4550 Unabhängig von der Anwendbarkeit der §§ 8c und 8d KStG geht ein noch nicht verbrauchter Zinsvortrag ebenso wie ein noch nicht verbrauchter EBITDA-Vortrag (→ Rn. 4536) gem. § 4h Abs. 5 S. 1 und 4 EStG vollständig bzw. seit dem 1.1.2024 auch anteilig unter, wenn der Betrieb oder ein Teilbetrieb aufgegeben oder übertragen wird. Wie beim EBITDA-Vortrag soll auch in Bezug auf den Zinsvortrag die Aufteilung anhand des Verhältnisses des gemeinen Wertes der Teilbetriebe stattfinden.[36]

4551–4560 *(einstweilen frei)*

## V. Zusammenfassung der Grundregel

4561 Im wirtschaftlichen Ergebnis sind Zinsaufwendungen damit zunächst uneingeschränkt immer in Höhe der Zinserträge abzugsfähig. Übersteigen die Zinsaufwendungen die Zinserträge, ist der sich daraus ergebende Nettozinsaufwand in Höhe des verrechenbaren EBITDA abzugsfähig. Danach noch verbleibende Nettozinsaufwendungen dürfen zuletzt in Höhe der EBITDA-Vorträge vorangegangener Wirtschaftsjahre abgezogen werden.

---

33 Vgl. BT-Drs. 20/9782 (neu), 194.
34 Vgl. BT-Drs. 16/4841, 48; Gosch KStG/Förster KStG § 8a Rn. 106; Prinz/Witt Steuerliche Organschaft/Appl Rn. 19.15.
35 Vgl. Herzig/Liekenbrock DB 2010, 694; BeckOK EStG/Adrian EStG § 4h Rn. 339, 341; DPM/Möhlenbrock/Maiworm KStG § 8a Rn. 44a; Frotscher/Drüen/Frotscher KStG § 8a Rn. 126.
36 Vgl. BT-Drs. 20/9782 (neu), 194.

Sofern Zinsaufwendungen nach dieser Berechnung als Residualgröße verbleiben, sind diese im zu betrachtenden Veranlagungszeitraum nicht als Betriebsausgaben abzugsfähig, sondern als Zinsvortrag auf folgende Veranlagungszeiträume vorzutragen. **4562**

*(einstweilen frei)* **4563–4572**

## VI. Ausnahmen von der Zinsabzugsbeschränkung

§ 4h Abs. 2 EStG normiert drei Ausnahmen vom Grundsatz der Zinsabzugsbeschränkung, die es Betrieben unter bestimmten Umständen und aus verschiedenen Gründen ermöglichen, Zinsen vollumfänglich als Betriebsausgaben nutzen zu können. Alle Vorschriften sind dabei für jeden Veranlagungszeitraum gesondert zu prüfen.[37] **4573**

### 1. Freigrenze

Zinsen sind gem. § 4h Abs. 2 S. 1 Buchst. a EStG dann nicht vom Grundsatz der Zinsabzugsbeschränkung erfasst, wenn die Nettozinsaufwendungen eines Betriebes weniger als drei Millionen EUR betragen. Hintergrund ist insbesondere, dass kleine und mittlere Betriebe von der Zinsschranke verschont werden sollen.[38] Diese Ausnahme von der Zinsschranke ist nicht als Freibetrag, sondern als Freigrenze ausgestaltet mit der Folge, dass bei Erreichen des Nettozinsaufwands von drei Millionen EUR die Zinsschranke in vollem Umfang greift.[39] Gleichzeitig eröffnet diese Regelung die Möglichkeit für Unternehmensgruppen, die Finanzierung der zugehörigen Betriebe so zu strukturieren, dass sie jeweils die Freigrenze in Anspruch nehmen können (Atomisierung). **4574**

Allerdings kann die gesetzgeberische Ausgestaltung von Zinsvorträgen dazu führen, dass auch kleine oder mittelgroße Betriebe die Freigrenze nicht nutzen können und so dauerhaft unter die Zinsschranke fallen, obwohl ihr Nettozinsaufwand regelmäßig kleiner als 3 Millionen EUR ist. Denn können Betriebe in einem Jahr ihren Nettozinsaufwand nicht in voller Höhe abziehen, sind die verbleibenden nichtabziehbaren Zinsen in den Zinsvortrag (→ Rn. 4547 ff.) einzustellen. Dieser Zinsvortrag erhöht die Zinsaufwendungen der kommenden Wirtschaftsjahre. Dies führt aufgrund der Kumulation von laufendem Zinsaufwand und Zinsvortrag dazu, dass Betriebe, bei denen die Nettozinsaufwendungen erst zusammen mit dem Zinsvortrag mindestens 3 Millionen EUR betragen, aus der ansonsten möglichen Nutzung der Freigrenze herausfallen.[40] Beträgt der Zinsvortrag alleine bereits mindestens 3 Millionen EUR, so ist die Nutzung der Freigrenze dauerhaft ausgeschlossen. Da somit sowohl der Zinsvortrag, als auch die Freigrenze als grundsätzlich entlastende Elemente innerhalb der Zinsschrankenregelung in ihrem Zusammenwirken belastende Wirkung haben können, wäre eine gesetzgeberische Klarstellung dahingehend sachdienlich, dass ein Zinsvortrag keinen Einfluss auf die Inanspruchnahme der Freigrenze des § 4h Abs. 2 S. 1 Buchst. a EStG entfaltet.[41] **4575**

### 2. Stand alone-Klausel

Bislang kam die Zinsschranke auch dann nicht zur Anwendung, wenn der Betrieb nicht oder nur anteilmäßig zu einem Konzern gehörte.[42] Seit dem 1.1.2024 ist diese sog. **4576**

[37] Vgl. Frotscher/Drüen/Frotscher EStG § 4h Rn. 57.

[38] Vgl. BT-Drs. 16/4841, 48 (hier aber nur Freigrenze von 1 Million).

[39] Vgl. zur Problematik dieser „Belastungssprünge" Köhler, Die Unternehmensteuerreform 2008, II D 64. Zur Diskussion, ob die Ausgestaltung dieser Ausnahmeregelung als Freibetrag sinnvoller wäre, Bohn, Zinsschranke und Alternativmodelle zur Beschränkung des steuerlichen Zinsabzugs, 255 f.

[40] So bereits die Verwaltungsauffassung im Jahr 2008, vgl. BMF 4.7.2008, BStBl. I 2008, 718 Rn. 46, zur damals geltenden Freigrenze von 1 Million Euro; bestätigt durch den Entwurf eines überarbeiteten BMF-Schreibens zur Zinsschranke (§ 4h EStG; § 8a KStG), 18.9.2024 Rn. 42.

[41] Vgl. hierzu ausführlich und mit Reformvorschlägen Bohn, Zinsschranke und Alternativmodelle zur Beschränkung des steuerlichen Zinsabzugs, 227 f., 255 f.; aA Brandis/Heuermann/Loewens EStG § 4h Rn. 49.

[42] § 4h Abs. 2 S. 1 Buchst. b EStG in der vor dem 1.1.2024 geltenden Fassung.

Konzern- oder Stand alone-Klausel allerdings stark eingeschränkt. So greift die Zinsschranke gem. § 4h Abs. 2 S. 1 Buchst. b EStG idF des Kreditzweitmarktförderungsgesetzes nur dann nicht, wenn der Steuerpflichtige ein eigenständiges Unternehmen ist, das keiner Person iSd § 1 Abs. 2 AStG (ggf. iVm § 1 Abs. 1 S. 2 AStG) nahesteht und über keine Betriebsstätte außerhalb des Staates verfügt, in dem sich sein Wohnsitz, gewöhnlicher Aufenthalt, Sitz oder seine Geschäftsleitung befindet. Gemäß § 4h Abs. 2 S. 3 EStG gelten für Zwecke der Stand alone-Klausel auch Personengesellschaften oder Mitunternehmerschaften als Steuerpflichtige.

**4577** Mit nahestehender Person ist nach § 1 Abs. 2 AStG eine (unmittelbare oder mittelbare) Beteiligung einer Person an dem Steuerpflichtigen oder des Steuerpflichtigen an dieser Person von mindestens 25 % zu verstehen. Die Beteiligung bezieht sich dabei auf das gezeichnete Kapital, die Mitgliedschaftsrechte, die Beteiligungsrechte, die Stimmrechte oder auf das Gesellschaftsvermögen. Sobald also ein Gesellschafter eine unmittelbare oder mittelbare Beteiligung von mindestens 25 % an dem zu beurteilenden Steuerpflichtigen hält oder der Steuerpflichtige eine solche Beteiligung oder eine ausländische Betriebsstätte unterhält, greift die Stand alone-Klausel nicht mehr.[43]

### 3. Escape-Klausel

**4578** Eine weitere Ausnahme von der Zinsschranke neben der Freigrenze und der Stand alone-Klausel stellt gem. § 4h Abs. 2 S. 1 Buchst. c EStG die sog. Escape-Klausel dar. Hiernach bleiben Nettozinsaufwendungen dann in voller Höhe abziehbar, wenn der Betrieb zu einem Konzern gehört und seine Eigenkapitalquote zum dem Veranlagungszeitraum vorangegangenen Abschlussstichtag mindestens genauso hoch ist wie die Eigenkapitalquote des Konzerns (Eigenkapitalvergleich). Gemäß § 4h Abs. 3 S. 4 EStG idF des Kreditzweitmarktförderungsgesetzes gehört ein Betrieb zu einem Konzern, wenn er nach dem für die Anwendung der Escape-Klausel zugrunde gelegten Rechnungslegungsstandard mit einem oder mehreren anderen Betrieben konsolidiert wird.[44] Ist die Eigenkapitalquote des Betriebs um maximal zwei Prozentpunkte kleiner als die des Konzerns, ist dies gem. § 4h Abs. 2 S. 1 Buchst. c S. 1 f. EStG für die Anwendung der Escape-Klausel unschädlich.

**4579** Die relevanten Eigenkapitalquoten sind jeweils das Verhältnis von Eigenkapital und Bilanzsumme des Betriebs und des Konzerns. Die hierfür relevanten Abschlüsse sind neben dem Konzernabschluss, der den Betrieb umfasst, der Jahresabschluss oder der Einzelabschluss des Betriebs, wobei alle Abschlüsse nach denselben Rechnungslegungsvorschriften erstellt werden müssen; dies sollen grundsätzlich die IFRS sein, aber auch das Handelsrecht eines Mitgliedstaats der Europäischen Union oder zuletzt auch US-GAAP sind zulässig. Wurden Jahres- oder Einzelabschluss nicht nach denselben Rechnungslegungsstandards wie der Konzernabschluss erstellt, kann die Eigenkapitalquote des Betriebs hilfsweise auch in einer Überleitungsrechnung nach den für den Konzernabschluss geltenden Rechnungslegungsstandards ermittelt werden. Sämtliche Wahlrechte sind im Konzernabschluss einerseits und im Jahres- oder Einzelabschluss andererseits einheitlich auszuüben.[45]

**4580** Eigenkapital und Bilanzsumme des Betriebes sind gem. § 4h Abs. 2 S. 1 Buchst. c S. 5 ff. EStG zu modifizieren. So ist das Eigenkapital des Betriebs um einen Firmenwert zu erhöhen, soweit dieser auf den Betrieb entfällt. Die Erhöhung um die Hälfte von Sonder-

[43] Vgl. zur Neuregelung und zum Bedeutungsverlust der Stand alone-Klausel DPM/Möhlenbrock/Maiworm KStG § 8a Rn. 77 ff.

[44] Auch der für die Escape-Klausel maßgebliche Konzernbegriff wurde ausweislich der Gesetzesbegründung, BT-Drs. 20/9782 (neu), 193, mit dem Kreditzweitmarktförderungsgesetz an die ATAD angepasst. So entsprach die bisherige Einbeziehung auch solcher Betriebe, die mit einem oder mehreren anderen Betrieben lediglich konsolidiert werden könnten, in einen Konzern iSd Escape-Klausel ebenso wenig dem ATAD-Mindeststandard wie die Einbeziehung eines Betriebs bereits dann, wenn seine Finanz- und Geschäftspolitik mit einem oder mehreren anderen Betrieben einheitlich bestimmt werden kann. Beides wurde mit Einführung des Kreditzweitmarktförderungsgesetzes gestrichen. Vgl. DPM/Möhlenbrock/Maiworm KStG § 8a Rn. 122.

[45] § 4h Abs. 2 S. 1 Buchst. c S. 3 f. und 8 ff. EStG.

posten mit Rücklagenanteil (§ 273 des Handelsgesetzbuchs) ist mit Umsetzung des Kreditzweitmarktförderungsgesetzes seit dem 1.1.2024 weggefallen.

Das Eigenkapital des Betriebs ist zudem um verschiedene Elemente zu kürzen; namentlich um Eigenkapital, das keine Stimmrechte vermittelt (außer Vorzugsaktien), um Anteile an anderen Konzerngesellschaften und um Einlagen der letzten sechs Monate vor dem relevanten Abschlussstichtag, soweit diesen Einlagen Entnahmen oder Ausschüttungen innerhalb von sechs Monaten nach dem relevanten Abschlussstichtag gegenüberstehen. Die Modifikationen des Eigenkapitals wirken sich notwendigerweise auch auf die Bilanzsumme des Betriebes aus.[46] **4581**

Die Bilanzsumme ist des Weiteren um Kapitalforderungen zu kürzen, die im Konzernabschluss nicht ausgewiesen sind und denen Verbindlichkeiten in mindestens gleicher Höhe gegenüberstehen. Sind im Konzernvermögen Gegenstände des Sonderbetriebsvermögens einer Mitunternehmerschaft enthalten, so sind diese gem. § 4h Abs. 2 S. 1 Buchst. c S. 6 f. EStG dem Betrieb der Mitunternehmerschaft zuzuordnen. **4582**

Bei Körperschaften kommt darüber hinaus gem. § 8a Abs. 3 KStG die Anwendung der Escape-Klausel nach § 4h Abs. 2 S. 1 Buchst. c EStG nur dann in Betracht, wenn im Konzern keine schädliche Gesellschafterfremdfinanzierung besteht und das Nicht-Vorliegen einer schädlichen Gesellschafterfremdfinanzierung von der Körperschaft nachgewiesen wird.[47] Nach § 8a Abs. 3 S. 1 KStG idF des Kreditzweitmarktförderungsgesetzes liegt eine schädliche Gesellschafterfremdfinanzierung vor, wenn die Körperschaft oder ein anderer, demselben Konzern zugehöriger Rechtsträger Zinsaufwand aus Fremdkapital gegenüber unmittelbar oder mittelbar zu mindestens 25 % an einer konzernzugehörigen Gesellschaft (auch ihrer selbst) beteiligten Gesellschaftern, gegenüber diesen nahestehenden Personen (gem. § 1 Abs. 2 AStG) oder gegenüber Dritten, die auf die Gesellschafter oder diesen nahestehende Personen zurückgreifen können, hat, und dieser Zinsaufwand mehr als 10 % ihres gesamten Nettozinsaufwands ausmacht. Dabei kommt es auf die Größe oder das Gewicht der konzernzugehörigen Gesellschaft im Verhältnis zum Konzern nicht an. So können zB selbst aus Konzernsicht absolut immaterielle Zinszahlungen an qualifiziert beteiligte außenstehende Gesellschafter von kleinsten joint venture-Gesellschaften im Konzern dazu führen, dass die Escape-Klausel für alle Körperschaften des Konzerns nicht zur Anwendung kommt.[48] Konzerninterne Darlehensbeziehungen sind bei der Prüfung auf schädliche Gesellschafterfremdfinanzierung gem. § 8a Abs. 3 S. 2 KStG ausgenommen. **4583**

Bei der Prüfung der Gesellschafterfremdfinanzierung sind seit dem 1.1.2024 die Vergütungen der konzernzugehörigen Gesellschaft, die an die jeweiligen qualifiziert beteiligten Gesellschafter gezahlt werden, zusammenzufassen. Dem Wortlaut der Regelung vor dem 1.1.2024 entsprechend[49] wurde hier vom BFH entgegen der Meinung der Finanzverwaltung[50] die Auffassung vertreten, dass Vergütungen an die qualifiziert beteiligten Gesellschafter nur dann eine schädliche Gesellschafterfremdfinanzierung darstellen, wenn sie bei **4584**

[46] Vgl. BMF 4.7.2008, BStBl. I 2008, 718 Rn. 75 f.; Entwurf eines überarbeiteten BMF-Schreibens zur Zinsschranke (§ 4h EStG; § 8a KStG), 18.9.2024 Rn. 77 f.; Prinz/Witt Steuerliche Organschaft/Appl Rn. 19.22 mwN.

[47] Dasselbe gilt gem. § 4h Abs. 2 S. 2 EStG für nachgeordnete Personengesellschaften, vgl. Frotscher/Drüen/Frotscher KStG § 8a Rn. 80.

[48] Vgl. bereits Schaden/Käshammer, Die Unternehmensteuerreform 2008, II D 183.

[49] § 8a Abs. 3 S. 1 KStG idF vor dem 1.1.2024 lautete (Hervorhebungen von den Verfassern): „§ 4h Abs. 2 S. 1 Buchstabe c des Einkommensteuergesetzes ist nur anzuwenden, wenn die Vergütungen für Fremdkapital der Körperschaft oder eines anderen demselben Konzern zugehörenden Rechtsträgers an **einen** zu mehr als einem Viertel unmittelbar oder mittelbar am Kapital beteiligten **Gesellschafter** einer konzernzugehörigen Gesellschaft, **eine diesem nahe stehende Person** (§ 1 Abs. 2 des Außensteuergesetzes) oder **einen Dritten,** der auf den zu mehr als einem Viertel am Kapital beteiligten Gesellschafter oder eine diesem nahe stehende Person zurückgreifen kann, nicht mehr als 10 Prozent der die Zinserträge übersteigenden Zinsaufwendungen des Rechtsträgers iSd § 4h Abs. 3 des Einkommensteuergesetzes betragen und die Körperschaft dies nachweist.“ (Hervorherbung nur hier).

[50] Vgl. BMF 4.7.2008, BStBl. I 2008, 718 Rn. 82.

isolierter Betrachtung jedes einzelnen qualifiziert beteiligten Gesellschafters die 10%-Grenze überschreiten.[51] Mit dem Kreditzweitmarktförderungsgesetz wurde durch Ersatz der Worte „an einen […] Gesellschafter" durch „an […] Gesellschafter", „eine diesem nahestehende Person" durch „diesen nahestehende Personen" und „einen Dritten" durch „Dritte" die Zusammenrechnung der Zinsaufwendungen entsprechend der Verwaltungsauffassung gesetzlich festgeschrieben, was eine Verschärfung der Zinsschranke darstellt.[52]

### 4. Rückausnahme

**4585** Mit dem Kreditzweitmarktförderungsgesetz wurde § 4h Abs. 1 S. 7 EStG in das Gesetz eingefügt, demzufolge die Ausnahmen von der Zinsabzugsbeschränkung nicht zur Anwendung kommen, soweit Zinsaufwendungen aufgrund eines Zinsvortrags erhöht wurden. Damit sind grundsätzlich nur die Nettozinsaufwendungen des jeweiligen Veranlagungszeitraumes durch die Ausnahmeregelungen des § 4h Abs. 2 EStG geschützt. Hintergrund dieser Vorschrift ist es sicherzustellen, dass Zinsvorträge nicht alleine deshalb genutzt und unter Umständen in leichter zu verrechnende Verlustvorträge umgewandelt werden können, weil in einem späteren Wirtschaftsjahr eine der drei Ausnahmen von der Zinsabzugsbeschränkung erfüllt ist. Der Abzug von Zinsvorträgen soll nur möglich sein, soweit ausreichendes verrechenbares EBITDA vorhanden ist.[53]

**4586** Unklar ist die Verwendungsreihenfolge von Nettozinsaufwand des laufenden Jahres und Zinsvortrag. Vom Wortlaut der Vorschrift des § 4h Abs. 1 S. 7 EStG ist nicht ausgeschlossen, dass zunächst Zinsaufwand aus dem Zinsvortrag durch das verrechenbare EBITDA genutzt wird und darüber hinaus weitere Nettozinsaufwendungen des laufenden Jahres durch Anwendung einer der Ausnahmen des § 4h Abs. 2 EStG.[54]

**4587–4596** *(einstweilen frei)*

## VII. Organschaftsrelevante Vorschriften zur Zinsschranke (§ 15 S. 1 Nr. 3 KStG)

**4597** Die Anwendung der Zinsschranke des § 4h EStG auf die Einkommensermittlung bei Organschaften ist in § 15 S. 1 Nr. 3 KStG geregelt. So suspendiert Satz 1 der Vorschrift zunächst ganz grundsätzlich die isolierte Anwendung der Zinsschranke bei Organgesellschaften.

**4598** Gemäß § 15 S. 1 Nr. 3 S. 2 KStG gelten der Organträger zusammen mit allen Organgesellschaften als ein Betrieb iSd Zinsschranke. Das bedeutet, dass auch bei mehrstufigen Organschaften, also Organschaftsketten mit Gesellschaften, die sowohl Organgesellschaft als auch Organträger sind, der gesamte Organkreis als ein einziger Betrieb gilt.[55] Diese Fiktion der Betriebseinheit bedeutet zunächst, dass Fremdfinanzierungen innerhalb des Organkreises keine Bedeutung haben und Zinsaufwendungen und -erträge bei der Ermittlung des Nettozinsaufwands des Betriebes der Organschaft unbeachtlich bleiben. Des Weiteren wirken sich im Einkommen der Organgesellschaft enthaltene Abschreibungen erst im Rahmen der EBITDA-Ermittlung des Organträgers aus und erhöhen dort das Abzugspotential für die Nettozinsaufwendungen. Gleichzeitig bedeutet die Einheit des Betriebs der Organschaft, dass die Freigrenze des § 4h Abs. 2 S. 1 Buchst. a EStG nicht für alle

51 Vgl. BFH 11.11.2015 – I R 57/13, DStR 2016, 530 Rn. 16 f. mwN pro und contra.
52 Vgl. Entwurf eines überarbeiteten BMF-Schreibens zur Zinsschranke (§ 4h EStG; § 8a KStG), 18.9.2024 Rn. 85. Ebenso stellt die Anpassung der Beteiligungsgrenze des § 8a Abs. 3 S. 1 KStG für qualifiziert beteiligte Gesellschafter von „mehr als" zu „mindestens" 25% eine Verschärfung der Vorschrift dar. Vgl. Wagner/Herbst DB 2023, 2334; Prinz, ifst-Schrift 553 (2024), 15 f.
53 Vgl. BT-Drs. 20/9782 (neu), 192.
54 Vgl. mit anschaulichem Beispiel Wagner/Herbst DB 2023, 2335; ebenso Prinz, ifst-Schrift 553 (2024), 12.
55 Vgl. Frotscher/Drüen/Frotscher KStG § 15 Rn. 105; BeckOK EStG/Adrian EStG § 4h Rn. 44; DPM/Dötsch/Krämer/Pung KStG § 15 Rn. 75.

beteiligten Gesellschaften addiert, sondern nur einmalig für den Betrieb der Organschaft gewährt wird.[56]

Da die Zinsschranke auf Ebene der Organgesellschaften nicht anzuwenden ist, bestimmt § 15 S. 1 Nr. 3 S. 3 KStG, dass sämtliche Zinsaufwendungen und -erträge der Organgesellschaften mit den Zinsaufwendungen und -erträgen des Organträgers zusammenzufassen sind und erst auf Ebene des Organträgers der Zinsschrankenregelung des § 4h Abs. 1 EStG unterfallen. Die organschaftliche Bruttomethode wird damit auch für die Anwendung der Zinsschranke übernommen.[57] Da die Prüfung der Abziehbarkeit eines Nettozinsaufwands mithin erst auf Ebene des Organträgers stattfindet, entscheidet dessen Rechtsform darüber, ob sich die Abziehbarkeit der Zinsen alleine nach § 4h EStG richtet oder ob die zusätzlichen Vorschriften des § 8a KStG zur Anwendung kommen.[58] **4599**

*(einstweilen frei)* **4600–4609**

## B. Zinsschrankeneffekte bei Begründung der Organschaft

### I. Organgesellschaft

In Zeiten vor der Organschaft entstandene Zinsvorträge der angebundenen Organgesellschaften können während der Organschaft nicht weiter bei ihnen selbst oder beim Organträger genutzt werden.[59] Entsprechendes gilt für EBITDA-Vorträge. Dies ergibt sich schon aus dem Wortlaut der Vorschrift des § 15 S. 1 Nr. 3 S. 1 KStG, der die Anwendung des gesamten § 4h EStG auf Organgesellschaften ausschließt. Da die Entstehung und insbesondere auch die Nutzung von Zins- und EBITDA-Vorträgen aber in § 4h Abs. 1 S. 3 ff. EStG normiert ist, der für Gesellschaften ab dem Zeitpunkt ihres Eintritts in einen Organkreis eben nicht weiter anwendbar ist, kommt eine weitere Nutzung der vororganschaftlichen Zins- und EBITDA-Vorträge von Organgesellschaften während der Organschaft nicht infrage.[60] **4610**

Die Zinsvorträge gehen dabei nicht final unter, vielmehr werden sie weiterhin auf Ebene der Organgesellschaft festgestellt und stehen dieser für eine Nutzung nach Beendigung der Organschaft weiter zur Verfügung; damit werden die Zinsvorträge, genau wie die Verlustvorträge der Organgesellschaften, eingefroren.[61] Für EBITDA-Vorträge gilt grundsätzlich dasselbe, wobei das Einfrieren hier in aller Regel ins Leere läuft: Da EBITDA-Vorträge nur fünf Jahre vorgetragen werden dürfen, ein Ergebnisabführungsvertrag gleichzeitig aber gem. **4611**

[56] Vgl. BT-Drs. 16/4841, 77, BMF 4.7.2008, BStBl. I 2008, 718 Rn. 45, 57; Entwurf eines überarbeiteten BMF-Schreibens zur Zinsschranke (§ 4h EStG; § 8a KStG), 18.9.2024 Rn. 38, 60; Brandis/Heuermann/Rode KStG § 15 Rn. 38; DPM/Dötsch/Krämer/Pung KStG § 15 Rn. 85.

[57] Vgl. Herzig/Liekenbrock DB 2007, 2387; Frotscher/Drüen/Frotscher KStG § 15 Rn. 102, 110; Brandis/Heuermann/Rode KStG § 15 Rn. 36; Prinz/Witt Steuerliche Organschaft/Appl Rn. 19.30; DPM/Dötsch/Krämer/Pung KStG § 15 Rn. 67.

[58] Vgl. Frotscher/Drüen/Frotscher KStG § 15 Rn. 108 f.; Brandis/Heuermann/Rode KStG § 15 Rn. 36; DPM/Dötsch/Krämer/Pung KStG § 15 Rn. 67, 83.

[59] Vgl. BMF 4.7.2008, BStBl. I 2008, 718 Rn. 48; Entwurf eines überarbeiteten BMF-Schreibens zur Zinsschranke (§ 4h EStG; § 8a KStG), 18.9.2024 Rn. 44.

[60] So die überwiegende Literaturauffassung, vgl. zB Frotscher/Drüen/Frotscher KStG § 15 Rn. 126 f.; Prinz/Witt Steuerliche Organschaft/Appl Rn. 19.36; Brandis/Heuermann/Rode KStG § 15 Rn. 37; DPM/Dötsch/Krämer/Pung KStG § 15 Rn. 74; aA zB Köhler/Hahne DStR 2008, 1512, nach denen „gute Gründe dafür [sprechen], dass ein „vororganschaftlicher" Zinsvortrag der Organgesellschaft den laufenden Zinsaufwand der Organgesellschaft während des Bestehens der Organschaft erhöht. Der Zinsaufwand ist dabei gem. § 15 S. 1 Nr. 3 S. 3 KStG dem Organträger nach allgemeinen Grundsätzen zuzurechnen und bei diesem nutzbar."; aA auch von Goldacker/Fredrich/Schuster BB 2022, 220 f., die auch für vororganschaftliche EBITDA-Vorträge von Organgesellschaften deren Nutzung beim Organträger vorschlagen. Für Zinsvorträge zuletzt bestätigt durch FG Köln 14.11.2024 – 13 K 1081/22, BeckRS 2024, 41137 Rn. 62 ff. mwN, pro und contra in Rn. 60 f.

[61] Vgl. BMF 4.7.2008, BStBl. I 2008, 718 Rn. 48; Entwurf eines überarbeiteten BMF-Schreibens zur Zinsschranke (§ 4h EStG; § 8a KStG), 18.9.2024 Rn. 44, sowie Prinz/Witt Steuerliche Organschaft/Appl Rn. 19.36, DPM/Dötsch/Krämer/Pung KStG § 15 Rn. 74, 81.

§ 14 Abs. 1 S. 1 Nr. 3 S. 1 KStG im Normalfall nur dann seine steuerliche Wirkung entfaltet, wenn er über mindestens fünf Jahre abgeschlossen und durchgeführt wurde, sind sämtliche vororganschaftlichen EBITDA-Vorträge nach der Mindestlaufzeit des Ergebnisabführungsvertrages verfallen.[62]

4612–4621 *(einstweilen frei)*

## II. Organträger

4622 Für den Organträger hat die bloße Begründung einer Organschaft (vor Übernahme der ersten Besteuerungsmerkmale der Organgesellschaften) zunächst keinen Einfluss auf die Zinsabzugsbeschränkung durch die Zinsschranke. Aus dem bisherigen Betrieb des Organträgers wird der Betrieb der Organschaft.[63] Zins- und EBITDA-Vorträge des Organträgers „überleben" und werden nun zu Vorträgen des Betriebs des Organkreises.[64] Auf Ebene des Organträgers können dessen Zins- und EBITDA-Vorträge weiter genutzt werden, sich erhöhen oder auch erstmalig entstehen.

4623–4632 *(einstweilen frei)*

## III. Organschaft als Gestaltungselement bei der Zinsschranke

4633 Die Bildung einer Organschaft zwischen bis dahin steuerlich selbständigen Unternehmen einer Unternehmensgruppe führt zu einer Vielzahl von steuerlichen Konsequenzen. Mit Blick auf die Zinsschranke ist dabei insbesondere die innerorganschaftliche Zinsverrechnung zu nennen, die aus § 15 S. 1 Nr. 3 S. 3 KStG mit der hierdurch vorgesehenen Aggregation der laufenden Zinsaufwendungen und -erträge der Organgesellschaften mit den Zinsaufwendungen und -erträgen des Organträgers resultiert. Dadurch eröffnet die Begründung einer Organschaft die Möglichkeit, Gesellschaften mit tendenziell hohen steuerpflichtigen Zinserträgen mit solchen zusammenzufassen, die isoliert betrachtet Zinsaufwandsüberhänge haben und damit unter die Zinsschranke fallen.

4634 Ein verbleibender Nettozinsaufwand des Organkreises unterfällt zwar beim Organträger der Zinsschranke. Unter Umständen kann der Organkreis aber durch die Verrechnung der Zinsen nun die Ausnahmeregelung von § 4h Abs. 2 S. 1 Buchst. a EStG (Freigrenze) nutzen, die ansonsten für Gesellschaften mit Zinsertragsüberhängen ebenso ins Leere laufen würde wie für Gesellschaften, die isoliert betrachtet Nettozinsaufwendungen von drei Millionen EUR oder mehr haben. Insofern ist der Umstand, dass die Freigrenze für den Organkreis als Ganzes nur einmalig auf Ebene des Organträgers gewährt wird, dann nur scheinbar von Nachteil, wenn durch Einbezug von Gesellschaften in den Organkreis erhöhtes Zinsabzugspotential geschaffen werden kann.

4635 Zudem kann durch Bildung einer Organschaft mit Einbezug aller in einen Konzern eingebundenen Gesellschaften der Versuch unternommen werden, die Ausnahmeregelung von § 4h Abs. 2 S. 1 Buchst. b EStG (Stand alone-Klausel) in Anspruch zu nehmen. Denn wenn alle Konzernteile eine Organschaft bilden, ist, da dann lediglich ein Betrieb vorliegt, der eben nicht mehr in einen Konzern eingebunden ist, die Zinsschranke nicht anwendbar. Hierbei ist allerdings die Neufassung der Stand alone-Klausel in § 4h Abs. 2 S. 1 Buchst. b EStG nF zu beachten: Sobald ein – dann organschafts- und konzernexterner – Gesellschafter am Steuerpflichtigen mit mindestens 25 % beteiligt ist oder eine ausländische

[62] Vgl. Frotscher/Drüen/Frotscher KStG § 15 Rn. 126; Prinz/Witt Steuerliche Organschaft/Appl Rn. 19.37, DPM/Dötsch/Krämer/Pung KStG § 15 Rn. 74, 81; Bohn/Loose DStR 2011, 1011. Hiervon ausgenommen sind EBITDA-Vorträge von Organgesellschaften, wenn der Gewinnabführungsvertrag aus wichtigem Grunde vorzeitig beendet wird, vgl. BeckOK KStG/Bohn KStG § 8a Rn. 289.2; BeckOK KStG/Pohl KStG § 15 Rn. 321.1.

[63] Vgl. Prinz/Witt Steuerliche Organschaft/Appl Rn. 19.57.

[64] Vgl. Herzig/Liekenbrock DB 2009, 1950; Bohn/Loose DStR 2011, 1011.

Betriebstätte des Steuerpflichtigen vorliegt, findet die Stand alone-Klausel keine Anwendung mehr.

*(einstweilen frei)* **4636–4645**

## C. Wirkung der Zinsschranke während des Bestehens der Organschaft

### I. Organgesellschaft

Aus dem Regelungsinhalt von § 15 S. 1 Nr. 3 KStG wird deutlich, dass die Zinsschranke für Organschaften eine ganz eigene Wirkungsweise im Vergleich zur Zinsschranke bei Einzelgesellschaften entfaltet. Denn zunächst finden die Vorschriften des § 4h EStG gem. § 15 S. 1 Nr. 3 S. 1 KStG im Rahmen der Einkommensermittlung bei Organgesellschaften keine Anwendung. Sind im Einkommen der Organgesellschaft Zinsaufwendungen und -erträge enthalten, so sind diese bei den Organgesellschaften einkommenswirksam zu erfassen; Aufwendungen mindern, Erträge erhöhen das eigene Einkommen der Organgesellschaften. Die Zinsschranke hat mithin keinen Einfluss auf die Einkommensermittlung bei Organgesellschaften.[65] **4646**

Die Nichtanwendung des § 4h EStG bei Organgesellschaften führt gleichzeitig auch dazu, dass Zins- und EBITDA-Vorträge, gesetzlich normiert in § 4h Abs. 1 S. 3 ff. EStG, weder entstehen, noch sich erhöhen und bereits bestehende vororganschaftliche Vorträge auch nicht genutzt werden können. Da § 4h EStG bei der Einkommensermittlung der Organgesellschaften nicht anzuwenden ist, kommt auch die Anwendung von Ausnahmevorschriften des § 4h Abs. 2 EStG bei Organgesellschaften nicht in Betracht. **4647**

*(einstweilen frei)* **4648–4657**

### II. Organträger

#### 1. Ermittlung des Nettozinsaufwands

Sind im Einkommen der Organgesellschaft Zinsaufwendungen und -erträge enthalten, sind diese dem Organträger mitzuteilen und gem. § 15 S. 1 Nr. 3 S. 3 KStG erst dort bei der Anwendung der Vorschriften des § 4h Abs. 1 EStG, hier namentlich bei der Ermittlung des Nettozinsaufwands des Organkreises, zu berücksichtigen.[66] Der Organträger gilt dabei zusammen mit allen Organgesellschaften als ein Betrieb iSd Zinsschranke, auch bei mehrstufigen Organschaften. Durch diese Betriebseinheit soll „dem Umstand Rechnung getragen [werden], dass innerhalb eines Organkreises Finanzierungsgestaltungen keine Bedeutung haben“[67]. Ob das allerdings bedeutet, dass die Zinsaufwendungen und -erträge, die innerhalb des Organkreises fließen, schon dem Grunde nach ohne Bedeutung sind oder erst in ihrer wirtschaftlichen Wirkung, nämlich weil sie sich auf Ebene des Organträgers grundsätzlich neutralisieren, wird unterschiedlich gesehen.[68] **4658**

Die Aggregation der Zinsen auf Ebene des Organträgers führt grundsätzlich dazu, dass sämtliche innerorganschaftlichen Darlehensbeziehungen schon bei wirtschaftlicher Betrachtung eliminiert werden: Zinsaufwendungen einer Organgesellschaft gegenüber einer anderen Organgesellschaft oder gegenüber dem Organträger stehen grundsätzlich Zinserträge in identischer Höhe gegenüber, sodass schon ihre Saldierung keinen Zinsaufwand oder -ertrag innerhalb des Betriebes bestehen lässt. Lediglich bei unverzinslichen Darlehensbeziehungen innerhalb des Organkreises hätte es in der Vergangenheit aufgrund der steuerrechtlich **4659**

[65] Vgl. Frotscher/Drüen/Frotscher KStG § 15 Rn. 103.
[66] Vgl. DPM/Dötsch/Krämer/Pung KStG § 15 Rn. 81.
[67] BT-Drs. 16/4841, 77.
[68] Für die grundsätzliche Unbedeutsamkeit zB Brandis/Heuermann/Rode KStG § 15 Rn. 38; Prinz/Witt Steuerliche Organschaft/Appl Rn. 19.31; Frotscher/Drüen/Frotscher KStG § 15 Rn. 110 f.; Gosch KStG/Neumann, KStG KStG § 15 Rn. 36; aA zB Schaden/Käshammer, Die Unternehmensteuerreform 2008, II D 189; DPM/Dötsch/Krämer/Pung KStG § 15 Rn. 77.

zwingenden Abzinsung gem. § 6 Abs. 1 Nr. 3 EStG aF[69] zu Abweichungen zwischen Zinsaufwand und Zinsertrag der beteiligten Gesellschaften kommen können, was sich im Nettozinsaufwand des Betriebs der Organschaft widergespiegelt hätte.[70]

**4660** Da der Gesetzgeber aber ausweislich der Begründung zur Einführung der Zinsschranke von der Bedeutungslosigkeit von Finanzierungsgestaltungen innerhalb eines Organkreises ausgeht und auch die Gesetzesformulierung dem nicht entgegensteht, kann davon ausgegangen werden, dass der Gesetzgeber schon grundsätzlich organkreisinterne Finanzierungsgestaltungen aus der Zinsschranke ausnehmen wollte.[71] Damit sind nur Darlehensbeziehungen zwischen in den Organkreis einbezogenen Gesellschaften und organkreisexternen Gesellschaften relevant für die Berechnung des Nettozinsaufwands des Betriebes der Organschaft; nur die hieraus resultierenden Zinsaufwendungen und -erträge werden auf Ebene des Organträgers saldiert.[72]

**2. Ermittlung des verrechenbaren EBITDA**

**4661** Des Weiteren resultiert aus der Fiktion des Organkreises als ein einziger Betrieb, dass auch das verrechenbare EBITDA für den Organkreis einheitlich auf Ebene des Organträgers ermittelt werden muss. Hierfür ist zunächst der maßgebliche Gewinn oder das maßgebliche Einkommen des Betriebs der Organschaft zu bestimmen, wobei nicht von einem konsolidierten Ergebnis, sondern vielmehr von der Addition der Ergebnisse des Organträgers und aller Organgesellschaften ausgegangen wird.[73]

**4662** Ausgehend vom maßgeblichen Gewinn oder Einkommen sind nun dieselben Korrekturen notwendig, die auch bei Einzelgesellschaften zur Ermittlung des verrechenbaren EBITDA vorgesehen sind. Dazu müssen die Organgesellschaften außer ihren Zinsaufwendungen und -erträgen auch sämtliche daneben relevanten Bestandteile zur Ermittlung des verrechenbaren EBITDA an den Organträger melden, bei dem die gemeldeten Korrekturbeträge letztlich zu berücksichtigen sind. Insbesondere die Abschreibungsbeträge der Organgesellschaften sind dabei relevant, diese erhöhen beim Organträger das verrechenbare EBITDA und damit das Abzugspotential für die Nettozinsaufwendungen des Betriebes der Organschaft.[74]

**4663** Aus der Betriebsfiktion des Organkreises folgt ferner, dass auch das eigene Einkommen der Organgesellschaften aus Ausgleichzahlungen an Minderheitsgesellschafter bei der Ermittlung des EBITDA des Organkreises einzubeziehen ist.[75] Zu berücksichtigen ist außerdem die Bedeutungslosigkeit der Zinsaufwendungen und -erträge, die aufgrund von Darlehensbeziehungen innerhalb des Organkreises fließen und die aus diesem Grunde bei der Ermittlung des EBITDA vollständig auszuscheiden sind (→ Rn. 4660).[76]

---

69 Das Abzinsungsgebot des § 6 Abs. 1 Nr. 3 EStG für unverzinsliche Verbindlichkeiten mit einer Restlaufzeit von mindestens 12 Monaten wurde mit dem Vierten Corona-Steuerhilfegesetz (v. 19.6.2022, BGBl. 2020 I 911) für Wirtschaftsjahre, die nach dem 31.12.2022 enden, abgeschafft.

70 Vgl. zB Schaden/Käshammer, Die Unternehmensteuerreform 2008, II D 190; DPM/Dötsch/Krämer/Pung KStG § 15 Rn. 77. Dem hat Brandis/Heuermann/Rode KStG § 15 Rn. 38 bereits entgegengehalten, dass die Betriebsfiktion in § 15 S. 1 Nr. 3 S. 2 KStG der Einbeziehung der Zinsen der Organgesellschaften beim Organträger gem. § 15 S. 1 Nr. 3 S. 3 KStG vorgehe.

71 Vgl. Prinz/Witt Steuerliche Organschaft/Appl Rn. 19.31, auch zur Auswirkung auf die gewerbesteuerliche Hinzurechnung von Zinsen.

72 Vgl. Frotscher/Drüen/Frotscher KStG § 15 Rn. 110 f.; ders. in Frotscher/Drüen KStG § 8a Rn. 101; Gosch KStG/Neumann, KStG KStG § 15 Rn. 36; aA zB Schaden/Käshammer, Die Unternehmensteuerreform 2008, II D 189.

73 Vgl. Frotscher/Drüen/Frotscher KStG § 15 Rn. 104; Prinz/Witt Steuerliche Organschaft/Appl Rn. 19.32; BeckOK KStG/Pohl KStG § 15 Rn. 338.

74 Vgl. DPM/Dötsch/Krämer/Pung KStG § 15 Rn. 81; Brandis/Heuermann/Rode KStG § 15 Rn. 38; Gosch KStG/Neumann, KStG KStG § 15 Rn. 37.

75 Vgl. schon Herzig/Liekenbrock, DB 2007, 2392; Frotscher/Drüen/Frotscher KStG § 15 Rn. 112; ders. in Frotscher/Drüen KStG § 8a Rn. 105; DPM/Dötsch/Krämer/Pung KStG § 15 Rn. 75; Prinz/Witt Steuerliche Organschaft/Appl Rn. 19.34.

76 Vgl. Frotscher/Drüen/Frotscher KStG § 8a Rn. 102; aA DPM/Dötsch/Krämer/Pung KStG § 15 Rn. 77.

Die Prüfung, ob das verrechenbare EBITDA des Organkreises für einen Abzug sämtlicher Nettozinsaufwendungen des Betriebes der Organschaft ausreichend ist, findet nun beim Organträger statt. Insofern ist die Rechtsform des Organträgers dafür entscheidend, welche Vorschriften zur Anwendung kommen. Ist der Organträger eine natürliche Person, richtet sich der Zinsabzug lediglich nach § 4h EStG. Ist der Organträger eine Körperschaft, so ist neben § 4h EStG auch § 8a Abs. 1 KStG zu berücksichtigen. Bei Personengesellschaften als Organträger ist weiterhin auf die beteiligten Mitunternehmer abzustellen: Sind dies natürliche Personen, so findet nur § 4h EStG Anwendung, sind Körperschaften beteiligt, so ist bei diesen neben § 4h EStG wiederum auch § 8a Abs. 1 KStG anzuwenden (→ Rn. 4517 ff.).[77] **4664**

### 3. Zins- und EBITDA-Vorträge

Übersteigt das verrechenbare EBITDA, einheitlich für den gesamten Organkreis beim Organträger ermittelt, den Nettozinsaufwand des Organkreises, wird der übersteigende Betrag gem. § 4h Abs. 1 S. 3 EStG in die folgenden Wirtschaftsjahre vorgetragen. Aus der Nicht-Anwendbarkeit des § 4h EStG für Organgesellschaften wegen § 15 S. 1 Nr. 3 S. 1 KStG folgt, dass der EBITDA-Vortrag nur auf der Ebene des Organträgers ermittelt und gem. § 4h Abs. 4 EStG gesondert für diesen festgestellt werden kann.[78] **4665**

Auch die Nutzung eines EBITDA-Vortrages findet beim Organträger für den gesamten Organkreis statt.[79] Dabei ist es unerheblich, ob ein EBITDA-Vortrag, der für den Zinsabzug des gesamten Organkreises genutzt werden soll, bereits Ergebnisbestandteile von Organgesellschaften enthält, deren Zinsen nun in den Nettozinsaufwand den Organkreises eingehen. EBITDA-Vorträge des Organträgers aus vororganschaftlicher Zeit können während der Organschaft im Betrieb der Organschaft ebenfalls weiter genutzt werden.[80] **4666**

Aus den für den EBITDA-Vortrag dargestellten Gründen können auch Zinsvorträge während einer Organschaft nur beim Organträger entstehen, sich erhöhen und auch nur bei diesem genutzt werden; auch die Feststellung der Zinsvorträge gem. § 4h Abs. 4 EStG geschieht folgerichtig nur gegenüber dem Organträger.[81] Dabei bleiben die Zinsvorträge des Organträgers aus vororganschaftlicher Zeit ebenfalls bestehen und werden bei Beginn der Organschaft zu Zinsvorträgen des neuen Betriebs der Organschaft, da die erstmalige Begründung einer Organschaft als Erweiterung des Betriebs des Organträgers um den oder die Betriebe der Organgesellschaften zu verstehen ist.[82] Da die Nettozinsaufwendungen des Organkreises neben den Zinsaufwendungen und -erträgen des Organträgers auch die der Organgesellschaften beinhalten, gehen deren Zinsaufwendungen und -erträge bei Wirkung der Zinsschranke ebenso in den Zinsvortrag des Organkreises ein wie die des Organträgers.[83] **4667**

Ist der Organträger eine Körperschaft,[84] so sind gem. § 8a Abs. 1 S. 3 KStG bei schädlichen Anteilsübertragungen die §§ 8c und 8d KStG für den Zinsvortrag entsprechend zu berücksichtigen. Da der Zinsvortrag während der Organschaft nur beim Organträger besteht, greift die Regelung zunächst nur, wenn Anteile am Organträger übertragen werden. Liegt indes eine schädliche Übertragung von Anteilen an einer Organgesellschaft vor, gehen uU vorhandene vororganschaftliche Zinsvorträge der jeweiligen Organgesell- **4668**

---

[77] Vgl. Frotscher/Drüen/Frotscher KStG § 15 Rn. 108 f.; Brandis/Heuermann/Rode KStG § 15 Rn. 36; DPM/Dötsch/Krämer/Pung KStG § 15 Rn. 67, 83.

[78] Vgl. DPM/Dötsch/Krämer/Pung KStG § 15 Rn. 81; BeckOK KStG/Pohl KStG § 15 Rn. 318.

[79] Vgl. Frotscher/Drüen/Frotscher KStG § 15 Rn. 113; DPM/Dötsch/Krämer/Pung KStG § 15 Rn. 87.

[80] Vgl. Herzig/Liekenbrock DB 2010, 695; Bohn/Loose DStR 2011, 1011; BeckOK KStG/Bohn KStG § 8a Rn. 287 f.; ausführlich Prinz/Witt Steuerliche Organschaft/Appl Rn. 19.57.

[81] Vgl. DPM/Dötsch/Krämer/Pung KStG § 15 Rn. 81; Brandis/Heuermann/Rode KStG § 15 Rn. 36a; BeckOK KStG/Pohl KStG § 15 Rn. 318.

[82] Vgl. Herzig/Liekenbrock DB 2009, 1950; ausführlich Prinz/Witt Steuerliche Organschaft/Appl Rn. 19.57.

[83] Vgl. Brandis/Heuermann/Rode KStG § 15 Rn. 36 f.; BeckOK KStG/Pohl KStG § 15 Rn. 357.

[84] Zur Anwendung jedenfalls von § 8c KStG auf nachgeordnete Personengesellschaften, an denen unmittelbar oder mittelbar eine Körperschaft beteiligt ist, Frotscher/Drüen/Frotscher KStG § 8a Rn. 127 f.

schaft ebenfalls unter. Die schädliche Anteilsübertragung an der Organgesellschaft kann auch mittelbar aufgrund eines Wechsels des Anteilseigners des Organträgers stattfinden.[85] Ein jedenfalls denkbarer anteiliger Untergang des Zinsvortrags des Organträgers bei einem schädlichen Anteilseignerwechsel auf Ebene der Organgesellschaft findet nicht statt.[86]

### 4. Anwendung der Ausnahmen zur Zinsschranke

4669 **a) Freigrenze.** Die Zinsschranke ist aufgrund der Freigrenze des § 4h Abs. 2 S. 1 Buchst. a EStG nicht anzuwenden, wenn die Nettozinsaufwendungen des Betriebs weniger als drei Millionen EUR betragen. Aus der Fiktion des Organkreises als ein einziger Betrieb folgt, dass die Freigrenzen der Organgesellschaften und des Organträger nicht zu addieren sind, die Freigrenze wird für den Betrieb vielmehr nur einmalig gewährt.[87]

4670 Bei der Prüfung der Anwendbarkeit der Freigrenze sind zur Bestimmung des Nettozinsaufwands des Betriebes der Organschaft die Zinsaufwendungen und -erträge der Organgesellschaften mit denen des Organträgers zu aggregieren. Dem steht § 15 S. 1 Nr. 3 S. 3 KStG zwar grundsätzlich entgegen, da hierin die Zusammenfassung der Zinsaufwendungen und -erträge der Organgesellschaften mit denen des Organträgers lediglich für Zwecke des § 4h Abs. 1 EStG vorgesehen ist. Da die Betriebsfiktion in § 15 S. 1 Nr. 3 S. 2 KStG der konkreten Zurechnungsvorschrift des § 15 S. 1 Nr. 3 S. 3 KStG allerdings vorgeht, müssen Zinsaufwendungen und -erträge zusammengefasst werden.[88] Im Ergebnis findet die Zinsschranke damit nur dann Anwendung, wenn die aggregierten Zinsaufwendungen und -erträge aller einbezogenen Gesellschaften die Freigrenze übersteigen.[89]

4671 **b) Stand alone-Klausel.** Beträgt der Nettozinsaufwand des Organkreises drei Millionen EUR oder mehr, kommt als weitere Ausnahme von der Anwendung der Zinsschranke die Stand alone-Klausel in Betracht. Die Zinsschranke ist nach § 4h Abs. 2 S. 1 Buchst. b EStG nicht anwendbar, wenn der Steuerpflichtige ein eigenständiges Unternehmen ist, das keiner Person nahesteht und über keine ausländische Betriebsstätte verfügt, wobei eine Person nahestehend ist, wenn eine (unmittelbare oder mittelbare) Beteiligung der Person an dem Steuerpflichtigen oder des Steuerpflichtigen an dieser Person von mindestens 25 % besteht (→ Rn. 4576 f.).

4672 Der Wortlaut der Stand alone-Klausel wurde durch das Kreditzweitmarktförderungsgesetz vollkommen neu gefasst und ebenfalls an die Vorgaben der ATAD angepasst.[90] Zuvor kam die Zinsschranke nur bei konzernzugehörigen Betrieben zur Anwendung,[91] so dass durch Einbezug aller Gesellschaften eines Konzerns in den Organkreis die Anwendung der Zinsschranke vermieden werden konnte. Denn waren in einem Konzern sämtliche Gesellschaften als eine einzige Organschaft strukturiert ohne weitere konsolidierungsfähige Beteiligungen außerhalb des Organkreises, konnte der Betrieb der Organschaft als einziger Betrieb innerhalb des Konzerns alleine keinen Konzern begründen.[92] Damit war, sofern

[85] Vgl. Frotscher/Drüen/Frotscher KStG § 15 Rn. 129, 134; DPM/Dötsch/Krämer/Pung KStG § 15 Rn. 88; Prinz/Witt Steuerliche Organschaft/Appl Rn. 19.46 f.; BeckOK KStG/Bohn KStG § 8a Rn. 891.

[86] Vgl. DPM/Möhlenbrock/Maiworm KStG § 8a Rn. 243d.

[87] Vgl. BT-Drs. 16/4841, 77; BMF 4.7.2008, BStBl. I 2008, 718 Rn. 57; Entwurf eines überarbeiteten BMF-Schreibens zur Zinsschranke (§ 4h EStG; § 8a KStG), 18.9.2024 Rn. 60; Schaden/Käshammer, Die Unternehmensteuerreform 2008, II D 196; Brandis/Heuermann/Rode KStG § 15 Rn. 38; Prinz/Witt Steuerliche Organschaft/Appl Rn. 19.38; BeckOK KStG/Pohl KStG § 15 Rn. 341; Gosch KStG/Neumann KStG § 15 Rn. 36.

[88] Vgl. BeckOK KStG/Pohl KStG § 15 Rn. 341; zum Vorrang von Satz 2 gegenüber Satz 3 Brandis/Heuermann/Rode KStG § 15 Rn. 38.

[89] Vgl. Gosch KStG/Neumann KStG § 15 Rn. 36.

[90] Vgl. BT-Drs. 20/9782 (neu), 192.

[91] § 4h Abs. 2 S. 1 Buchst. b EStG in der vor dem 1.1.2024 geltenden Fassung lautete „[§ 4h] Absatz 1 Satz 1 [EStG] ist nicht anzuwenden, wenn … der Betrieb nicht oder nur anteilmäßig zu einem Konzern gehört".

[92] Vgl. Frotscher/Drüen/Frotscher KStG § 15 Rn. 115.

zudem die Voraussetzung des § 8a Abs. 2 KStG[93] erfüllt war, die Zinsschranke nicht anwendbar.[94]

Durch die Neufassung der Stand alone-Klausel kann die Anwendung der Zinsschranke seit Geltung des Kreditzweitmarktförderungsgesetzes nur noch dann verhindert werden, wenn kein Gesellschafter mit einer Beteiligung von mindestens 25 % unmittelbar oder mittelbar an dem Steuerpflichtigen beteiligt ist, dessen Nettozinsaufwendungen zu beurteilen sind. Hinzu kommt die Schädlichkeit des Vorhandenseins einer eigenen qualifizierten Beteiligung des Steuerpflichtigen und von ausländischen Betriebsstätten (→ Rn. 4576 f.). Insofern kann sich ein Konzern nicht mehr allein auf die vollumfängliche Bildung eines Organkreises aller konzernzugehörigen Gesellschaften konzentrieren, um die Zinsschranke zu vermeiden.[95] **4673**

Nicht gesetzgeberisch geklärt ist allerdings, wie der Begriff des Steuerpflichtigen in § 4h Abs. 2 S. 1 Buchst. b EStG bei Organschaft zu verstehen ist. So könnte aufgrund der Betriebsfiktion des § 15 S. 1 Nr. 3 S. 2 KStG der Betrieb der Organschaft als Ganzes als Beurteilungsobjekt herangezogen werden. Damit wäre die Zinsschranke nur anwendbar, wenn eine Beteiligung des externen Gesellschafters von mindestens 25 % am gesamten Betrieb der Organschaft vorläge. Die Beteiligung müsste also durchgerechnet für alle am Organkreis beteiligten Gesellschaften mindestens 25 % betragen, wobei bei 100 %-Beteiligungen innerhalb des Organkreises eine 25 %ige Beteiligung am Organträger ausreichend wäre. Ebenfalls ungeklärt ist, ob nicht eine vermögensmäßige Beurteilung des Nahestehenden am Betrieb der Organschaft in Betracht kommen könnte. In diesem Fall wäre die Stand alone-Klausel nur dann nicht anwendbar, wenn die 25 %ige Beteiligung am gesamten Vermögen des Betriebs der Organschaft vorliegen würde, was bei Organgesellschaften mit verhältnismäßig hohen Vermögenswerten eine umso höhere Beteiligung am Organträger erfordern würde. Aufgrund der Nicht-Anwendbarkeit der Zinsschranke auf Organgesellschaften schon wegen § 15 S. 1 Nr. 3 S. 1 KStG ist vorliegend aber der Organträger als Steuerpflichtiger zu verstehen. Insofern greift die Stand alone-Klausel nicht, wenn eine mindestens 25 %ige Beteiligung eines Externen am Organträger vorliegt, dies unabhängig von der weiteren Beteiligungskette innerhalb der Organkreises. Dasselbe gilt für das Vorliegen einer eigenen qualifizierten Beteiligung oder einer ausländischen Betriebstätte. Auch für diese Zwecke ist der Organträger als Steuerpflichtiger anzusehen, sodass, sofern der Organträger eine eigene qualifizierte Beteiligung oder eine ausländische Betriebstätte unterhält, die Anwendung des § 4h Abs. 2 S. 1 Buchst. b EStG aus diesem Grunde verwehrt wird und die Zinsschranke greift. **4674**

**c) Escape-Klausel.** Finden weder Freigrenze noch Stand alone-Klausel Anwendung, können sich auch Organkreise auf die Escape-Klausel des § 4h Abs. 2 S. 1 Buchst. c EStG berufen, um die Anwendung der Zinsschranke zu vermeiden. Demnach ist die Zinsschranke nicht anwendbar, wenn der Betrieb zu einem Konzern gehört und seine Eigenkapitalquote am Schluss des vorangegangenen Abschlussstichtags mindestens genauso hoch ist, wie die Eigenkapitalquote des Konzerns, wobei ein Unterschreiten der Eigenkapitalquote des Konzerns um bis zu zwei Prozentpunkte unschädlich ist. Insbesondere zwei Themenkomplexe werfen dabei Fragen auf: Zum einen die Herleitung der Eigenkapitalquote im „Einzelabschluss des Organkreises" iSd § 4h Abs. 2 S. 1 Buchst. c S. 3 ff. EStG und zum anderen die Frage des Zeitpunktes der erstmaligen Einbeziehung von Organgesellschaften in diesen Abschluss. **4675**

Das Gesetz enthält hinsichtlich der Erstellung eines „Einzelabschlusses" für den Organkreis keine eigenen Vorschriften. Im Ergebnis ist ein eigener, den Konsolidierungsgrundsätzen folgender Teilkonzernabschluss für den Betrieb der Organschaft zu erstellen, in den **4676**

93 Ebenfalls in der vor dem 1.1.2024 geltenden Fassung.
94 Vgl. BT-Drs. 16/4841, 77.
95 Vgl. Wagner/Herbst DB 2023, 2335.

sämtliche Gesellschaften des Organkreises einzubeziehen sind.[96] Dabei sind gem. § 4h Abs. 2 S. 1 Buchst. c S. 4 und 8 ff. EStG dieselben Rechnungslegungsvorschriften wie für die Aufstellung des Konzernabschlusses anzuwenden, Wahlrechte sind im Konzern- und im Teilkonzernabschluss einheitlich auszuüben.

**4677** Durch die Anwendung der Konsolidierungsgrundsätze sind damit im Teilkonzernabschluss des Organkreises neben den Vermögensgegenständen und Schulden des Organträgers nicht weiter die Beteiligungen an den einbezogenen Organgesellschaften enthalten, sondern deren Vermögensgegenstände und Schulden sowie Unterschiede zu den Beteiligungsbuchwerten der einbezogenen Gesellschaften. Insbesondere werden innerorganschaftliche Forderungen und Verbindlichkeiten eliminiert.[97]

**4678** Eigenkapital und Bilanzsumme des Teilkonzernabschlusses unterliegen grundsätzlich denselben Modifikationen, wie sie für Zwecke der Escape-Klausel auf jeden Betrieb anzuwenden sind. Allerdings läuft die gem. § 4h Abs. 2 S. 1 Buchst. c S. 5 EStG vorgesehene Kürzung des Eigenkapitals um Anteile an anderen Konzerngesellschaften bei Organkreisen ins Leere, da diese im Teilkonzernabschluss nicht mehr enthalten sind. Dieser Umstand führt zu einer Verbesserung der Eigenkapitalquote des Organkreises.[98]

**4679** Die Eigenkapitalquoten des Organkreises und des Konzerns sind nun miteinander zu vergleichen, wobei gem. § 4h Abs. 2 S. 2 Buchst. c S. 1 EStG auf den Schluss des vorangegangenen Abschlussstichtages abzustellen ist. Fraglich ist damit, welche Gesellschaften in den Teilkonzernabschluss des Organkreises auf den vorangegangenen Abschlussstichtag einzubeziehen sind, wenn der Organkreis im laufenden Jahr erstmalig begründet oder erweitert wurde.

**4680** Wird ein bestehender Organkreis um Gesellschaften erweitert, die am vorangegangenen Abschlussstichtag bereits zum Konzern gehört haben, sind diese in den Teilkonzernabschluss des Organkreises auf den vorangegangenen Abschlussstichtag einzubeziehen, denn diese Gesellschaften haben auch das Eigenkapital und die Bilanzsumme des Konzerns zum vorangegangenen Abschlussstichtag beeinflusst. Gesellschaften, die erst nach dem maßgeblichen Abschlussstichtag erworben, aber im laufenden Jahr in den Organkreis aufgenommen wurden, sind dementsprechend nicht in den Teilkonzernabschluss des Organkreises auf den vorangegangenen Abschlussstichtag einzubeziehen.[99]

**4681** Die erstmalige Begründung einer Organschaft ist als Erweiterung des Betriebs des Organträgers um den oder die Betriebe der Organgesellschaften zu verstehen und damit analog zum Erweiterungsfall zu behandeln.[100] Voraussetzung zur Nutzung der Escape-Klausel ist allerdings gem. § 4h Abs. 2 S. 1 Buchst. c S. 1 EStG, dass auch nach Begründung oder Erweiterung des Organkreises weiterhin ein Konzern vorliegt, dass mithin nicht sämtliche Gesellschaften des Konzerns in den Organkreis einbezogen wurden. Wäre dies der Fall, würde die Escape-Klausel nicht weiter angewendet werden können, uU käme dann die Anwendung der Stand alone-Klausel in Betracht.[101] Dies allerdings nur, sofern keine nahestehende Person und keine ausländische Betriebstätte vorliegt (→ Rn. 4671 ff.).

**4682** Ist der Organträger eine Körperschaft oder eine Personengesellschaft, an der Körperschaften mittelbar oder unmittelbar beteiligt sind, ist neben § 4h EStG auch § 8a Abs. 3 KStG anzuwenden mit der Folge, dass der Organträger das Nicht-Vorliegen der Gesellschafterfremdfinanzierung nachzuweisen hat (→ Rn. 4583). Zur Prüfung der 10 %-Grenze des § 8a

[96] Vgl. bereits Herzig/Liekenbrock DB 2007, 2389; DPM/Dötsch/Krämer/Pung KStG § 15 Rn. 78; DPM/Möhlenbrock/Maiworm KStG § 8a Rn. 131; Frotscher/Drüen/Frotscher KStG § 15 Rn. 120; Prinz/Witt Steuerliche Organschaft/Appl Rn. 19.43 mwN.

[97] Vgl. Herzig/Liekenbrock DB 2007, 2389; Prinz/Witt Steuerliche Organschaft/Appl Rn. 19.44; DPM/Möhlenbrock/Maiworm KStG § 8a Rn. 131, 156.

[98] Vgl Herzig/Liekenbrock DB 2007, 2389; Schaden/Käshammer, Die Unternehmensteuerreform 2008, II D 199; Prinz/Witt Steuerliche Organschaft/Appl Rn. 19.44.

[99] Vgl. Prinz/Witt Steuerliche Organschaft/Appl Rn. 19.60.

[100] Vgl. Prinz/Witt Steuerliche Organschaft/Appl Rn. 19.57, 19.59.

[101] Vgl. Wagner/Herbst DB 2023, 2335.

Abs. 3 S. 1 KStG ist dabei auf den Nettozinsaufwand des Betriebes der Organschaft abzustellen. Zwar könnte aufgrund des Begriffs des „Rechtsträgers" auch auf eine gesonderte Berechnung für den Organträger und alle Organgesellschaften geschlossen werden. Einzig sinnvoll erscheint aber eine Betrachtung des Organkreises insgesamt.[102]

*(einstweilen frei)* **4683–4692**

## D. Zinsschrankeneffekte bei Beendigung der Organschaft

### I. Organgesellschaft

Wird die Organschaft beendet, leben die zu Beginn der Organschaft bei der Organgesellschaft eingefrorenen Zins- und EBITDA-Vorträge aus vororganschaftlicher Zeit wieder auf und können grundsätzlich weiter genutzt werden.[103] Für den EBITDA-Vortrag ist dies allerdings in den meisten Fällen praktisch ohne Bedeutung: EBITDA-Vorträge sind gem. § 4h Abs. 1 S. 3 EStG nur in die folgenden fünf Wirtschaftsjahre vorzutragen und sind daher, sofern eine Organschaft nicht vor Ablauf der Mindestlaufzeit von fünf Jahren aus wichtigem Grund beendet wird,[104] nach dem Ende der Organschaft durch Zeitablauf untergegangen.[105] Wird die Organschaft allerdings durch Veräußerung der Organgesellschaft beendet und handelt es sich dabei um einen schädlichen Beteiligungserwerb iSd §§ 8c oder 8d KStG, führt dies zu einem Untergang des vororganschaftlichen Zinsvortrages der Organgesellschaft.[106] **4693**

*(einstweilen frei)* **4694–4703**

### II. Organträger

Die Beurteilung der Zins- und EBITDA-Vorträge des Organträgers bei Beendigung der Organschaft ist im Vergleich zu denen der Organgesellschaften komplexer. Denn wird die Organschaft vollständig beendet, wird der bisherige Betrieb der Organschaft im Betrieb des Organträgers fortgeführt. Damit bleiben auch die während der Organschaft entstandenen Zins- und EBITDA-Vorträge bestehen und gehen in den Betrieb des Organträgers über; dies gilt auch, soweit Zins- und Ergebnisbeiträge von Organgesellschaften zur Höhe der Zins- und EBITDA-Vorträge beigetragen haben.[107] **4704**

Der Wortlaut des § 4h Abs. 5 EStG sah bis zum 31.12.2023 mit Satz 1 der Vorschrift lediglich für Fälle der vollständigen Aufgabe oder Übertragung „des Betriebs" den Untergang noch nicht verbrauchter Zins- und EBITDA-Vorträge vor. Demgegenüber vertrat die Finanzverwaltung bereits mit dem Schreiben betreffend die Zinsschranke vom 4.7.2008 die Auffassung, dass schon gem. § 4h Abs. 5 S. 1 EStG nicht nur die vollständige Betriebsaufgabe oder -übertragung, sondern bereits die Aufgabe oder Übertragung eines Teilbetriebes den dann anteiligen Untergang eines noch nicht verbrauchten Zins- oder EBITDA-Vortrags zur Folge haben solle. Darüber hinaus solle das Ausscheiden einer Organge- **4705**

---

[102] Vgl. Herzig/Liekenbrock DB 2007, 2390; DPM/Möhlenbrock/Maiworm KStG § 8a Rn. 169; Prinz/Witt Steuerliche Organschaft/Appl Rn. 19.49.

[103] Vgl. Herzig/Liekenbrock DB 2009, 1950; Frotscher/Drüen/Frotscher KStG § 15 Rn. 131; DPM/Dötsch/Krämer/Pung KStG § 15 Rn. 74; zuletzt auch FG Köln 14.11.2024 – 13 K 1081/22, BeckRS 2024, 41137 Rn. 79.

[104] Vgl. Herzig/Liekenbrock DB 2010, 695; BeckOK KStG/Bohn KStG § 8a Rn. 289.2; BeckOK KStG/Pohl KStG § 15 Rn. 321.1.

[105] AA von Goldacker/Fredrich/Schuster BB 2022, 221, die sich für ein Aussetzen der Fünfjahresfrist zur Nutzung von EBITDA-Vorträgen während der Dauer der Organschaft aussprechen.

[106] Vgl. BeckOK KStG/Bohn KStG § 8a Rn. 891; Frotscher/Drüen/Frotscher KStG § 15 Rn. 134; DPM/Dötsch/Krämer/Pung KStG § 15 Rn. 88.

[107] Vgl. schon Schaden/Käshammer, Die Unternehmensteuerreform 2008, II D 192; Frotscher/Drüen/Frotscher KStG § 15 Rn. 131, 133; DPM/Dötsch/Krämer/Pung KStG § 15 Rn. 87; Prinz/Witt Steuerliche Organschaft/Appl Rn. 19.57.

sellschaft aus dem Organkreis als Aufgabe eines Teilbetriebes gelten.[108] Diese Ansicht wurde weit überwiegend abgelehnt, da zum einen schon das Verständnis des Ausscheidens einer Organgesellschaft aus dem Organkreis als Teilbetriebsaufgabe als unrichtig erachtet wurde und zudem § 4h Abs. 5 S. 1 EStG ausdrücklich die Aufgabe oder Übertragung des gesamten Betriebes, nicht nur eines Teilbetriebes gefordert hat.[109]

**4706** Zwischenzeitlich wurde zwar der § 4h Abs. 5 EStG mit dem Kreditzweitmarktförderungsgesetz um einen Satz 4 erweitert, in dem die bisherige Verwaltungsauffassung zum anteiligen Untergang von Zins- und EBITDA-Vorträgen bei der Aufgabe oder Übertragung eines Teilbetriebes gesetzlich festgeschrieben wurde.

**4707** Keinen Eingang ins Gesetz hat allerdings die ebenfalls strittige Auffassung gefunden, dass auch das Ausscheiden einer Organgesellschaft aus dem Organkreis als Teilbetriebsaufgabe gelten solle, wenngleich auch in der Gesetzesbegründung zur Einführung des § 4h Abs. 5 S. 4 EStG und im Entwurf eines überarbeiteten BMF-Schreibens zur Zinsschranke genau diese Ansicht wiederholt wird.[110] Die Tatsache, dass die gesetzliche Normierung dieser umstrittenen Auffassung weiterhin unterlassen wurde, dürfte daher weiter zu Diskussionen führen, gleichzeitig bleibt sie gerade wegen der weiterhin fehlenden gesetzlichen Grundlage abzulehnen.[111] Denn auch wenn mit einer Organgesellschaft ein Teil des Organkreises aufgegeben wurde, bleibt doch der Betrieb der Organschaft als solcher weiter bestehen. Und da Zins- und EBITDA-Vorträge aufgrund der Betriebsfiktion des § 15 S. 1 Nr. 3 S. 2 KStG und der Nicht-Anwendbarkeit der Zinsschranke bei der Organgesellschaft wegen § 15 S. 1 Nr. 3 S. 1 KStG ausschließlich auf Ebene des Organträgers existieren (diesem anhaften[112]), bleiben dessen Zins- und EBITDA-Vorträge trotz anderslautender Auffassung der Finanzverwaltung ebenfalls weiter bestehen.

**4708–4800** *(einstweilen frei)*

[108] Vgl. BMF 4.7.2008, BStBl. I 2008, 718 Rn. 47; zur analogen Behandlung des EBITDA-Vortrages BeckOK KStG/Bohn KStG § 8a Rn. 893.

[109] Vgl. insbesondere Frotscher/Drüen/Frotscher KStG § 8a Rn. 122, der die Einordnung des Ausscheidens einer Organgesellschaft aus einem Organkreis (zB durch Auflösung des Ergebnisabführungsvertrages) als „Aufgabe eines Teilbetriebs" für völlig verfehlt hält; sowie bereits Fischer/Wagner, BB 2008, 1875; Schaden/Käshammer, Die Unternehmensteuerreform 2008, II D 192; DPM/Dötsch/Krämer/Pung KStG § 15 Rn. 87; Brandis/Heuermann/Rode KStG § 15 Rn. 339; Bohn, Zinsschranke und Alternativmodelle zur Beschränkung des steuerlichen Zinsabzugs, 243 f.; BeckOK KStG/Bohn KStG § 8a Rn. 894; Prinz/Witt Steuerliche Organschaft/Appl Rn. 19.16 und 19.37; aA DPM/Möhlenbrock/Maiworm KStG § 8a Rn. 244, 249.

[110] Vgl. BT-Drs. 20/9782 (neu), 194; Entwurf eines überarbeiteten BMF-Schreibens zur Zinsschranke (§ 4h EStG; § 8a KStG), 18.9.2024 Rn. 43.

[111] Vgl. bereits Fischer/Wagner BB 2008, 1875, für die die Sichtweise der Finanzverwaltung jeglicher gesetzlicher Grundlage entbehrt; auch BeckOK KStG/Bohn KStG § 8a Rn. 894, sieht „keine Rechtsgrundlage für die Teilbetriebsfiktion" einer Organgesellschaft bei deren Ausscheiden aus dem Organkreis.

[112] Vgl. Fischer/Wagner BB 2008, 1875, dort Fn. 26.

# § 17 Organschaft im Kontext des § 8c KStG und § 8d KStG

**Übersicht**



## A. Einführung

§ 8c KStG (iVm § 10a S. 10 GewStG) ordnet bei sog. schädlichen Erwerben von Kapitalgesellschaftsanteilen an, dass Verluste und ähnliche Steuerpositionen der Kapitalgesellschaft nicht mehr abziehbar sind. Sie können also nicht mehr mit positiven Einkünften verrechnet werden. Damit entfällt Steuerminderungspotential in der Zukunft. § 8c KStG erfasst auch mittelbare Erwerbe, sodass nachgelagerte Kapitalgesellschaften in einer Beteiligungskette ebenfalls betroffen sein können. Die Regelung sieht selbst einige Ausnahmen von dem Verlustuntergang vor, insbesondere die sog. Stille-Reserven-Klausel (§ 8c Abs. 1 S. 5 bis 8 KStG). § 8d KStG ermöglicht es zudem auf Antrag, der Anwendung von § 8c KStG zu entgehen. Voraussetzung dafür ist insbesondere, dass die betroffene Kapitalgesellschaft ihren Geschäftsbetrieb fortführt. Es handelt sich bei § 8d KStG also um eine weitere Ausnahme des selbst vom Gesetzgeber als überschießend eingestuften § 8c KStG.[1] **4801**

Das Verhältnis zwischen den Regelungen über den Wegfall von Verlusten in §§ 8c, 8d KStG einerseits, zu den Vorschriften über die Organschaft in §§ 14 ff. KStG andererseits wirft viele Fragen auf. Die Vorschriften sind nämlich nicht aufeinander abgestimmt. So trifft § 8c KStG ebenso wenig wie die §§ 14 ff. KStG eine Regelung zum Verhältnis der Regelungen zueinander. Immerhin hat die Finanzverwaltung im BMF-Schreiben betr. die Verlustabzugsbeschränkung für Körperschaften[2] ihre Auffassung zur Interaktion der beiden Regelungskomplexe niedergelegt. Dabei legt sie aber eine **4802**

[1] BT-Drs. 18/9986, 12: „Die bisherige Besteuerungspraxis zu § 8c KStG hat gezeigt, dass […] Fälle aufgetreten sind, in denen ein Untergang der Verluste bei Anteilseignerwechsel in einer Körperschaft aus wirtschaftlichen Erwägungen nicht gerechtfertigt und aus steuersystematischen Gründen nicht erforderlich erscheint.".

[2] BMF 28.11.2017, BStBl. I 2017, 1645.

unnötig profiskalische Auslegung zugrunde. Das Schrifttum folgt dem weitgehend nicht, der BFH hat noch nicht entschieden. Demgegenüber enthält § 8d KStG selbst Regelungen für den Fall, dass die verlustabzugsbedrohte Körperschaft Organträgerin ist oder wird. In diesen Fällen gehen die Verluste und ähnlichen Steuerpositionen trotz Erfüllung der übrigen Voraussetzungen des § 8d KStG unter. Hier schränkt die Eigenschaft als Organträger also den Anwendungsbereich des § 8d KStG ein. Regelungen über Organgesellschaften enthält § 8d KStG nicht. Insgesamt sind also bei organschaftlich miteinander verbundenen Gesellschaften im Kontext von §§ 8c, 8d KStG komplizierte[3] Besonderheiten zu berücksichtigen.

**4803–4811** *(einstweilen frei)*

## B. Organschaft im Kontext von § 8c KStG

### I. Wirtschaftliche Identität als gemeinsame rechtsdogmatische Rechtfertigung für die Durchbrechung des Trennungsprinzips

**4812** Die Regeln zur Verlustabzugsbeschränkung wie auch die Organschaft durchbrechen beide das Trennungsprinzip. Das Trennungsprinzip besagt, dass sich Körperschaften (insbesondere Kapitalgesellschaften) und Anteilseigner grds. wie fremde Dritte gegenüberstehen.[4] Gewinne einer Kapitalgesellschaft werden erst bei Ausschüttung an die Gesellschafter auf dieser Ebene besteuert, Vorgänge auf Ebene der Gesellschafter berühren grundsätzlich die Gesellschaft nicht. Der Gesetzgeber hat sich mit dem Trennungsprinzip dafür entschieden, die Leistungsfähigkeit der Kapitalgesellschaft selbst und nicht die der Gesellschafter zum Maßstab der Besteuerung der Kapitalgesellschaft zu machen.[5] Das Trennungsprinzip gilt aber nicht absolut. Der Gesetzgeber darf es durchbrechen, wenn dies folgerichtig ist und/oder auf sachlichen Gründen beruht (→ Rn. 2421 ff.).[6] Diese aus der Verfassung abgeleitete Anforderungen sind nicht nur im Hinblick auf die Durchbrechungen selbst zu beachten. Vielmehr sind Rechtsvorschriften in diesem Lichte auslegen, um zwei Ausnahmevorschriften – hier Organschaft und Verlustabzugsbeschränkung – möglichst friktionsfrei auch ohne gesetzliche Regelung aufeinander abzustimmen.

**4813** Der Gesetzgeber stützt die mit der Verlustabzugsbeschränkung in § 8c KStG (sowie der Vorgängerregeln) und die mit der Organschaft verbundene Durchbrechung des Trennungsprinzips auf das nach Auffassung des BFH „schwierig[e] und zweifelhaft[e]“[7] Gedankenmodell der wirtschaftlichen Identität.[8]

**4814** § 8c KStG ist die Nachfolgevorschrift der deutlich engeren Mantelkaufregelung in § 8 Abs. 4 KStG aF. Der Gesetzgeber hat sie mit dem UnStRef 2008 vom 14.8.2007[9] eingeführt. § 8c KStG gilt erstmals für den Veranlagungszeitraum 2008. Die Mantelkaufregelung stand dem Verlustabzug entgegen, wenn die Körperschaft nur rechtlich, aber nicht wirtschaftlich mit der Körperschaft identisch ist, die den Verlust erlitten hat (§ 8 Abs. 4 S. 1 KStG aF). Die wirtschaftliche Identität entfiel insbesondere, wenn mehr als die Hälfte der Anteile an der Kapitalgesellschaft übertragen wurden und sie ihren Geschäftsbetrieb mit

---

3 Rödder/Möhlenbrock Ubg 2008, 595 (604), „vielschichtige[e]“ Problematik; Benz Ubg 2011, 772 (772) („kompliziert“).

4 Tipke/Lang/Hey Steuerrecht Rn. 11.2; detailliert zum verfassungsrechtlichen Rahmen Schön/Hüttemann/Schön Unternehmenssteuerrecht Rn. 1.224.

5 BVerfG 29.3.2017 – 2 BvL 6/11, BStBl. II 2017, 1082 Rn. 114; BVerfG 21.6.2006 – 2 BvL 2/99, DStRE 2006, 988 Rn. 118; BVerfG 12.10.2010 – 1 BvL 12/07, DStR 2010, 2393 Rn. 62; instruktiv zum Thema Drüen GmbHR 2008, 393 (398).

6 Speziell zur Organschaft: Prinz/Witt Steuerliche Organschaft/Drüen Rn. 4.5; Böhmer StuW 2012, 33 (37 ff.); BFH 2.11.2022 – I R 37/19, BStBl. II 2023, 409 Rn. 17; speziell zu § 8c KStG: BVerfG 29.3.2017 – 2 BvL 6/11, BStBl. II 2017, 1082.

7 BFH 8.1.1958 – I 131/57 U, NJW 1958, 967.

8 Zum Begriff ausführlich BVerfG 29.3.2017 – 2 BvL 6/11 BStBl. II 2017, 1082 (Rn. 131).

9 UnStRefG 2008 v. 14.8.2007, BGBl. 2007 I 1912; zur Rechtsentwicklung vgl. auch BeckOK KStG/Thonemann-Micker/Kanders KStG § 8c Rn. 15 ff.

überwiegend neuem Betriebsvermögen fortführt oder wieder aufnimmt.[10] Anders als die Mantelkaufregelung knüpft § 8c KStG nur noch an den Anteilseignerwechsel sowie gleichgestellte Vorgänge an, auf das Merkmal der wirtschaftlichen Identität kommt es dem Wortlaut nach nicht mehr an. Das soll nach der Gesetzesbegründung die Rechtsanwendung erleichtern.[11] Das Merkmal der wirtschaftlichen Identität sei – so die Gesetzesbegründung – in der Handhabung schwierig und aufgrund zahlreicher Zweifelsfragen Gegenstand zahlreicher Gerichtsverfahren.[12] Der Regelung liegt nach der Gesetzesbegründung gleichwohl weiterhin der Gedanke zugrunde, dass sich die wirtschaftliche Identität einer Gesellschaft durch das wirtschaftliche Engagement eines anderen Anteilseigners ändert. Die in früherer Zeit erwirtschafteten Verluste bleiben nach der gesetzgeberischen Konzeption unberücksichtigt, soweit sie auf dieses neue wirtschaftliche Engagement entfallen.[13]

Ursprünglich unterschied § 8c KStG zwischen vollständigem (§ 8c Abs. 1 S. 1 KStG) **4815**
und nur quotalem Verlustuntergang (§ 8c Abs. 1 S. 2 KStG). Bei Erwerben von mehr als 25 % bis zu 50 % kam es nur zu einem anteiligen Verlustuntergang,[14] bei Erwerben von mehr als 50 % zum vollständigen Untergang des Verlustes. Die Regelung über den quotalen Untergang von Verlusten ist nach dem Beschluss des BVerfG 29.3.2017 mit Art. 3 Abs. 1 GG unvereinbar.[15] Es fehlt nach dieser Rechtsprechung an einer Rechtfertigung für die mit der Verlustabzugsbeschränkung verbundenen Durchbrechung des Leistungsfähigkeitsprinzips. Mit Anteilsübertragungen von bis zu 50 % haben die neu hinzutretenden Gesellschafter nämlich keine Möglichkeit, unmittelbar maßgeblichen Einfluss auf die Kapitalgesellschaft auszuüben. Damit liegt kein neues wirtschaftliches Engagement vor, welches die Verlustabzugsbeschränkung möglicherweise rechtfertigen könnte. Der Gesetzgeber hat also unzulässig typisiert.[16]

Der Gesetzgeber hat infolge dieses Beschlusses § 8c Abs. 1 KStG 2018 neu gefasst und **4816**
S. 1 gestrichen.[17] Ein quotaler Verlustuntergang ist nicht mehr vorgesehen. Bei Erwerben von mehr als 50 % kommt es nun vorbehaltlich der Ausnahmen in § 8c KStG und § 8d KStG jedoch weiterhin zu einem vollständigen Wegfall des Verlustes. Auch diese Regelung ist aus verfassungsrechtlicher Perspektive zweifelhaft. Das FG Hamburg, welches mit seiner Richtervorlage bereits den quotalen Verlustuntergang zu Fall brachte,[18] legte 2017 dem BVerfG auch die Regelung über den vollständigen Verlustuntergang vor, weil es von der Verfassungswidrigkeit dieser Vorschrift überzeugt ist.[19] Nach Auffassung des FG Hamburg sind Rechtfertigungsgründe für den vollständigen Verlustuntergang nicht erkennbar. Zwar werde ab Erreichen einer 50 %-Schwelle auch an anderen Stellen das Trennungsprinzip durchbrochen – etwa bei den Regelungen über die Organschaft (§ 14 Abs. 1 S. 1 Nr. 1 KStG, finanzielle Eingliederung). Es handele es sich aber dabei um eine den Steuerpflichtigen begünstigende Spezialvorschrift. Demgegenüber kann nach Auffassung des FG Hamburg aus dem Erwerb einer Mehrheitsbeteiligung nicht abgeleitet werden, dass es stets zu einer Änderung der wirtschaftlichen Identität komme. Nur die Änderung der wirtschaftlichen Identität rechtfertigte aber überhaupt den Untergang der Verluste.[20] In diese Richtung lässt sich auch das BVerfG verstehen, wenn es – in Bezug auf § 8c Abs. 1 S. 1 KStG aF – argumentiert, dass ohne Änderung der wirtschaftlichen Identität in der Nutzung „fremder" Verluste kein Missbrauch liegt.[21]

10 Zur Altregelung vgl. Hemmelrath DStR 1998, 1033.
11 BT-Drs. 16/4841, 76.
12 BT-Drs. 16/4841, 74.
13 BT-Drs. 16/4841, 76; dazu auch FG Köln 17.5.2018 – 10 K 2695/15, EFG 2020, 732.
14 Zur Anwendung § 34 Abs. 6 KStG.
15 BVerfG 29.3.2017 – 2 BvL 6/11, BStBl. II 2017, 1082.
16 BVerfG 29.3.2017 – 2 BvL 6/11, BStBl. II 2017, 1082 Rn. 126.
17 UStAVermG 11.12.2018, BGBl. 2018 I 2338.
18 FG Hamburg 4.4.2011 – 2 K 33/10, DStR 2011, 1172.
19 FG Hamburg 29.8.2019 – 2 K 245/17, DStR 2017, 2377.
20 BT-Drs. 16/4841, 76.
21 BVerfG 29.3.2017 – 2 BvL 6/11 BStBl. II 2017, 1082 Rn. 149.

**4817** Der ertragsteuerlichen Organschaft liegt ebenfalls der Gedanke zugrunde, dass die organschaftlich verbundenen Gesellschaften durch den Gewinnabführungsvertrag zu einer wirtschaftlichen Einheit werden (→ Rn. 2423). Lediglich formal bleiben sie verschiedene Rechtsträger, durch die Zurechnung des Einkommens der Organgesellschaft wird jedoch die Leistungsfähigkeit der Organgesellschaft zum Organträger transferiert, sodass ihr keine eigene Leistungsfähigkeit mehr bleibt.[22] Sowohl Organschaft wie Verlustabzugsbeschränkungen als Durchbrechungen des Trennungsprinzips werden also mit der gleichen Gedankenfigur begründet und gerechtfertigt, selbst wenn das jedenfalls im Tatbestand von § 8c KStG nicht (mehr) zum Ausdruck kommt. Die Schnittpunkte der Regelungskomplexe sind gesetzlich nicht geregelt. Der Rechtsanwender muss diese nicht geregelten Lücken und die sich daraus ergebenden Zweifelsfragen also durch Auslegung schließen. Das Ergebnis der Auslegung muss so sein, dass die Vorschriften friktionsfrei ineinandergreifen. Dabei wiegen wirtschaftliche Gesichtspunkte im Vergleich zu formalen bzw. (steuer-)technischen schwerer. Denn rein wirtschaftliche Überlegungen sind überhaupt der Grund, wieso es Organschaft und Verlustabzugsbeschränkung gibt. Dem steht nicht entgegen, dass der BFH auf den Regelungsbereich der Organschaft eine sehr formale Sichtweise entwickelt hat und die Vorschriften wegen ihres Ausnahmecharakters eng auslegt.[23] Im Gegenteil: Auch § 8c KStG ist eine Ausnahmevorschrift und im Lichte der gesetzgeberischen Intention – der Bekämpfung von Missbräuchen bei Wechsel der wirtschaftlichen Identität – eng auszulegen.[24]

**4818–4826** *(einstweilen frei)*

## II. Überblick über die Voraussetzungen von § 8c KStG

**4827** § 8c Abs. 1 S. 1 KStG führt bei einem schädlichen Beteiligungserwerb zum Untergang nicht genutzter Verluste. Diese Rechtsfolge tritt dabei im Veranlagungszeitraum des schädlichen Beteiligungserwerbs ein.[25] Ein schädlicher Beteiligungserwerb liegt vor, wenn innerhalb von fünf Jahren mittelbar oder unmittelbar mehr als 50 Prozent des gezeichneten Kapitals, der Mitgliedschaftsrechte, der Beteiligungsrechte oder der Stimmrechte an einen Erwerber oder diesem nahestehende Personen (Erwerberkreis) übertragen werden oder ein vergleichbarer Sachverhalt verwirklicht wird. Als ein Erwerber gilt auch eine Gruppe von Erwerbern mit gleichgerichteten Interessen (sog. Erwerbergruppe; § 8c Abs. 1 S. 2 KStG). Verschieben sich durch eine Kapitalerhöhung die Beteiligungsquoten, steht dies der Übertragung des gezeichneten Kapitals gleich (§ 8c Abs. 1 S. 3 KStG).

**4828** Der sachliche Anwendungsbereich des § 8c KStG ist nicht nur auf den laufenden Verlust bis zum schädlichen Erwerb[26] und Verlustvorträge iSd § 10d Abs. 2, Abs. 4 S. 1 EStG bzw. § 2a EStG beschränkt.[27] Bei Verwirklichung der Tatbestandsvoraussetzungen gehen auch Zinsvorträge iSd § 4h Abs. 1 S. 5 EStG unter (§ 8a Abs. 1 S. 3 KStG).[28] § 10a S. 10 GewStG ordnet an, dass § 8c KStG auf gewerbesteuerliche Fehlbeträge entsprechend anzuwenden ist. Dabei ist jedoch umstritten, ob nur der gewerbesteuerliche Verlustvortrag

[22] Zur Zurechnungstheorie vgl. → Rn 1801.

[23] Beispielsweise BFH 10.5.2017 – I R 51/15, BStBl. II 2018, 30; BFH 2.11.2022 – I R 37/19, BStBl. II 2023, 409; mE unzutreffend, weil Ausnahmevorschriften nicht per se einschränkend auszulegen sind. Es kommt vielmehr auf die Art der Auslegungsvorschrift an. Die Organschaft führt sich – wie dargelegt – gerade auf eine wirtschaftliche Betrachtungsweise zurück. Dies sollte bei der Auslegung leitend sein.

[24] In diese Richtung auch FG Köln 17.5.2018 – 10 K 2695/15, BeckRS 2018, 51542 Rn. 20.

[25] BFH 30.11.2011 – I R 14/11, BStBl. II 2012, 360; BFH 9.5.2012 – I B 18/12, BFH/NV 2012 1489; BMF 28.11.2017, BStBl. I 2017, 1645 Rn. 231.

[26] BFH 30.11.2011 – I R 14/11, BStBl. II 2012, 360.

[27] Siehe zum Anwendungsbereich auch BMF 28.11.2017, BStBl. I 2017, 1645 unter Rn. 2; entgegen der Auffassung des BMF sind jedoch verrechenbare Verluste iSv § 15a EStG (BFH 24.4.2024 – IV R 27/21, DStR 2024, 1291 Rn. 33) sowie Verlustrückträge (FG Köln 8.12.2022 – 13 K 198/20, DStRE 2023, 1308; Rev. anhängig unter I R 1/23) nicht erfasst; ausführlich zum Anwendungsbereich auch BeckOK KStG/Thonemann-Micker/Kanders KStG § 8c Rn. 78.

[28] EBITDA-Vorträge gehen demgegenüber nicht unter, BeckOK KStG/Bohn KStG § 8a Rn. 854.

oder auch der laufende gewerbesteuerliche Verlust betroffen ist. Die Finanzverwaltung bejaht letzteres.[29] Der Wortlaut des § 10a S. 10 GewStG nennt jedoch nur Fehlbeträge. Fehlbetrag ist nach der Definition in § 10a S. 7 GewStG nur der nach Kürzung am Schluss des Erhebungszeitraums verbleibende Fehlbetrag. Darum verneint die hM zutreffend die Anwendung von § 8c KStG iVm § 10a GewStG auf den laufenden negativen Gewerbeertrag.[30]

§ 8c KStG sieht vier Ausnahmen vor. **4829**

- § 8c Abs. 1 S. 4 KStG statuiert die sog. Konzernklausel. Danach kommt es vereinfacht gesagt nicht zum Verlustuntergang, wenn der übertragende Rechtsträger am Erwerber zu 100 % beteiligt ist, wenn der Veräußerer am übernehmenden Rechtsträger zu 100 % beteiligt ist oder wenn am übertragenden und am übernehmenden Rechtsträger dieselbe Person oder dieselbe Personengesellschaft zu 100 % beteiligt ist.
- § 8c Abs. 1 S. 5 bis 8 KStG sieht die sog. Stille-Reserven-Klausel vor. Danach kann der nicht abziehbare Verlust genutzt werden, soweit er die zum Zeitpunkt des schädlichen Beteiligungserwerbs vorhandenen und im Inland steuerpflichtigen stillen Reserven des Betriebsvermögens der Körperschaft nicht übersteigt.
- § 8c Abs. 1a KStG enthält die sog. Sanierungsklausel. Es kommt nicht zum Verlustuntergang, wenn die Beteiligung zum Zweck der Sanierung des Geschäftsbetriebs erfolgt. Sanierung setzt voraus, dass die Zahlungsunfähigkeit oder Überschuldung verhindert oder beseitigt werden soll und die wesentlichen Betriebsstrukturen dabei erhalten bleiben. § 8c Abs. 1a S. 3 KStG regelt im Einzelnen, wann letzteres der Fall ist.
- Letztlich eröffnet § 8d KStG die Möglichkeit, die nach Maßgabe von § 8c KStG untergehenden Verluste als sog. fortführungsgebundenen Verlustvortrag zu erhalten.

*(einstweilen frei)* **4830–4838**

## III. Wirkung des § 8c KStG bei Organschaft

§ 8c KStG regelt nicht gesondert, welche Wirkungen die Vorschrift bei Bestehen einer Organschaft auf den Organträger und die Organgesellschaft entfaltet. Aus den Gesetzesmaterialien geht nicht hervor, dass der Gesetzgeber die allgemeinen Grundsätze angewandt wissen wollte oder ob und ggf. wie der durch die Organschaft entstandenen wirtschaftlichen Identität Rechnung zu tragen ist. Die Vorgängervorschrift § 8 Abs. 4 KStG enthielt ebenfalls keine Regelung, die das Verhältnis zur Organschaft regelte. Allerdings sind nach heutigem Recht vor allem Fälle problematisch, in denen § 8c KStG mit Blick auf die Organgesellschaft mittelbar durch den Erwerb von Anteilen am Organträger verwirklicht wird. In § 8 Abs. 4 KStG aF blieben mittelbare Anteilsübertragungen unberücksichtigt.[31] Die Fragestellung war also weniger relevant. **4839**

Umstritten ist vor diesem Hintergrund insbesondere, ob auf den Zeitpunkt der (unterjährigen) Übertragung des Organträgers und damit einem mittelbaren schädlichen Beteiligungserwerb mit Blick auf Organgesellschaften noch eine Zurechnung des Einkommens und damit eine Saldierung von Gewinnen und Verlusten möglich ist oder nicht. Das wäre bei einer wirtschaftlichen Betrachtungsweise geboten, da dies einer Behandlung entspräche, als wären Organträger und Organgesellschaft tatsächlich eine Gesellschaft. Die Organschaft lässt aber die Eigenschaft der Mitglieder des Organkreises als Steuerrechtssubjekte unberührt. Deshalb sind im Ausgangspunkt die Ebenen der Organgesellschaft und die des Organträgers zu trennen. Danach ergeben sich folgende Fallgruppen:[32] **4840**

[29] GewStR 10a.1 Abs. 3 S. 7; Neumann/Heuser GmbHR 2018, 21 (31).
[30] Brandis/Heuermann/Brandis KStG § 8c Rn. 24; Brandis/Heuermann/Drüen GewStG § 10a Rn. 89; Seer FR 2015, 729; Suchanek/Hesse DK 2017, 335 (337); Zerwas/Fröhlich DStR 2007, 1933 (1939); Lenz Ubg 2008, 24 (25); Moritz GmbHR 2016, 861 (866); Kahle/Braun DStZ 2019, 380 (386).
[31] BFH 20.8.2003 – I R 61/01, BStBl. II 2004, 616; BFH 20.8.2003 – I R 81/02, BStBl. II 2004, 614; Brandis/Heuermann/Rengers KStG § 8 Rn. 950.
[32] So auch Gosch KStG/Roser KStG § 8c Rn. 101.

| | |
|---|---|
| Schädlicher Beteiligungserwerb der Anteile an der Organgesellschaft | OT macht Gewinne, OG macht Verluste |
| | OT macht Verlust, OG macht Gewinn |
| Schädlicher Beteiligungserwerb der Anteile am Organträger | OT macht Gewinn, OG macht Verluste |
| | OT macht Verlust, OG macht Gewinn |

4841 Weiterhin ist nach unterjährigen Erwerben und solchen zum Ende eines Wirtschaftsjahrs zu unterscheiden.

4842 Die Finanzverwaltung hat sich im BMF-Schreiben betr. die Verlustabzugsbeschränkung für Körperschaften[33] in Rn. 37 positioniert. Sie geht von dem Grundsatz aus, dass die Verlustabzugsbeschränkung des § 8c KStG auf Ebene des Organträgers und auf Ebene der Organgesellschaft getrennt anzuwenden ist (S. 1). Diese Rechtsauffassung lässt die wirtschaftliche Identität der Mitglieder des Organkreises, welche die Organschaft rechtfertigt, unberücksichtigt und hat deshalb unsachgemäße Ergebnisse zur Folge.

### 1. Schädlicher Beteiligungserwerb in Bezug auf Organgesellschaft

4843 Bestehen auf Ebene der Organgesellschaft vororganschaftliche Verluste oder laufende Verluste, kann § 8c KStG zu einem Untergang dieser Verluste führen. In diesem Zusammenhang ist relevant, ob und ggf. unter welchen Voraussetzungen diese Verluste zuvor dem Organträger zugerechnet und dort mit Gewinnen ausgeglichen werden können.

4844 **a) Unmittelbare schädliche Beteiligungserwerbe.** § 8c KStG erfasst mittelbare und unmittelbare Erwerbe. Zu einem unmittelbaren Erwerb in Bezug auf die Organgesellschaft kommt es, wenn der Organträger oder bei einer Klammerorganschaft die zwischengeschaltete, nicht in die Organschaft einbezogene Gesellschaft Anteile an der Organgesellschaft veräußert. Ist danach die finanzielle Eingliederung (§ 14 Abs. 1 S. 1 Nr. 1 KStG) nicht mehr gegeben, endet die Organschaft. Dies wird stets der Fall sein, denn § 8c KStG setzt die Übertragung von mehr als 50 Prozent der Anteile voraus. Die Übertragung kleinerer Pakete lässt also entweder nicht die Voraussetzungen der Organschaft entfallen oder erfüllt die Voraussetzungen von § 8c Abs. 1 S. 1 KStG nicht.[34] Eine Berücksichtigung des laufenden Verlustes des Organgesellschaft auf Ebene des Organträgers kommt bei schädlichen unmittelbaren Beteiligungserwerben nicht in Betracht, weil die Organschaft stets die durchgehende finanzielle Eingliederung im ganzen Wirtschaftsjahr voraussetzt (§ 14 Abs. 1 S. 1 Nr. 1 S. 1 KStG).[35] Wird die Organgesellschaft im Folgejahr organschaftlich neu angebunden, sind keine Besonderheiten zu berücksichtigen. Ein zwischen dem schädlichen Beteiligungserwerb und dem Beginn der Organschaft zum Anfang des folgenden Wirtschaftsjahrs neu entstandener Verlust wird auf Ebene der Organgesellschaft als vororganschaftlicher Verlust eingefroren (§ 15 S. 1 Nr. 1 KStG).[36] Der zuvor bestehende vororganschaftliche Verlust ist nach Maßgabe von § 8c KStG untergegangen.

4845 **b) Mittelbare schädliche Beteiligungserwerbe.** § 8c KStG kann jedoch auch ausgelöst werden, ohne dass die Organschaft endet. Das ist der Fall, wenn Anteile an dem Organträger veräußert werden und es dadurch zu einem mittelbaren schädlichen Beteiligungserwerb in Bezug auf die Organgesellschaft ohne Änderung der Beteiligung des Organträgers an der Organgesellschaft kommt.

**Beispiel:**

4846 A ist zu 75 % am Stammkapital der B GmbH beteiligt, die ihrerseits 75 % des Stammkapitals der C GmbH hält und deren Organträger ist. Die C GmbH hält 75 % der Anteile an der D GmbH und ist ihr

[33] BMF 28.11.2017, BStBl. I 2017, 1645.
[34] DPM/Leibner/Dötsch KStG § 8c Rn. 180; G. Frotscher DK 2008, 548 (553).
[35] KStR 14.4 Abs. 1 S. 2.
[36] DPM/Leibner/Dötsch KStG § 8c Rn. 179.

Organträger. A veräußert seine Beteiligung an der B GmbH am 30.6.01 an E. B GmbH, C GmbH und D GmbH haben Verlustvorträge.

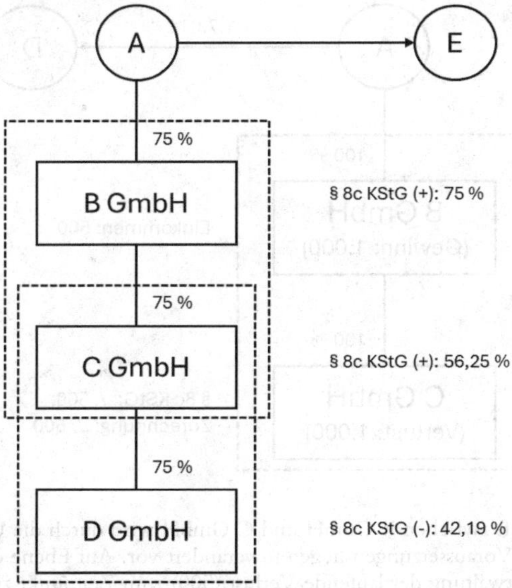


**Lösung:** In Bezug auf die B GmbH ergibt sich ein schädlicher Beteiligungserwerb nach § 8c Abs. 1 S. 1 KStG, denn es gehen mehr als die Hälfte (nämlich 75 %) des gezeichneten Kapitals unmittelbar über. Bei mittelbaren Erwerben ist die durchgerechnete Beteiligungsquote maßgeblich.[37] In Bezug auf die C GmbH ergibt sich ein mittelbarer schädlicher Beteiligungserwerb, denn es gehen mittelbar 56,25 % (75 % x 75 %) des Stammkapitals über. In Bezug auf die D GmbH ergibt sich kein schädlicher Beteiligungserwerb, denn es gehen mittelbar lediglich 42,19 % (56,25 % x 75 %) des Stammkapitals über. **4847**

**aa) Laufende Verluste.** Umstritten ist, was mit laufenden Verlusten der Organgesellschaft bei einem unterjährigen schädlichem Beteiligungserwerb geschieht. Die Finanzverwaltung geht davon aus, dass § 8c KStG getrennt auf Ebene der Organgesellschaft und des Organträgers anzuwenden ist. Das hat zur Folge, dass es bei einem mittelbar schädlichen Beteiligungserwerb in Bezug auf die Organgesellschaft durch Veräußerung von Anteilen am Organträger zum Untergang des laufenden Verlustes der Organgesellschaft kommt. Das negative Einkommen der Organgesellschaft und des Organträgers seien – so die Finanzverwaltung – bei einem unterjährigen Beteiligungserwerb jeweils vor der Einkommenszurechnung auf Ebene der Organgesellschaft bzw. auf Ebene des Organträgers zu kürzen.[38] Damit entfällt der laufende Verlust bis zu dem Zeitpunkt des schädlichen Beteiligungserwerbs ungenutzt und kann nicht mit dem Ergebnis des Organträgers konsolidiert werden. Der Organträger kann jedoch den nach dem schädlichen Beteiligungserwerb bis zum Ende des Wirtschaftsjahrs der Organgesellschaft „neu" entstehenden laufenden Verlust nutzen. **4848**

**Beispiel**

**Sachverhalt:** A hält 100 % der Anteile an der B GmbH. Die B GmbH hält 100 % der Anteile an der C GmbH, zwischen beiden besteht eine ertragsteuerliche Organschaft mit der C GmbH als Organgesellschaft. B GmbH und C GmbH haben ein dem Kalenderjahr entsprechendes Wirtschaftsjahr. A überträgt die Anteile an der B GmbH zum 1.7.01 an D. Im Jahr 01 erzielt die B GmbH einen Gewinn von 1.000, die C GmbH hingegen einen Verlust von 1.000. Gewinn und Verlust verteilen sich jeweils **4849**

37 BMF 28.11.2017, BStBl. I 2017, 1645 Rn. 11.
38 BMF 28.11.2017, BStBl. I 2017, 1645 Rn. 37.

gleichmäßig auf das Jahr 01,[39] so dass die C GmbH bis zum Zeitpunkt des schädlichen Beteiligungserwerbs einen Verlust von 500 erlitten hatte.

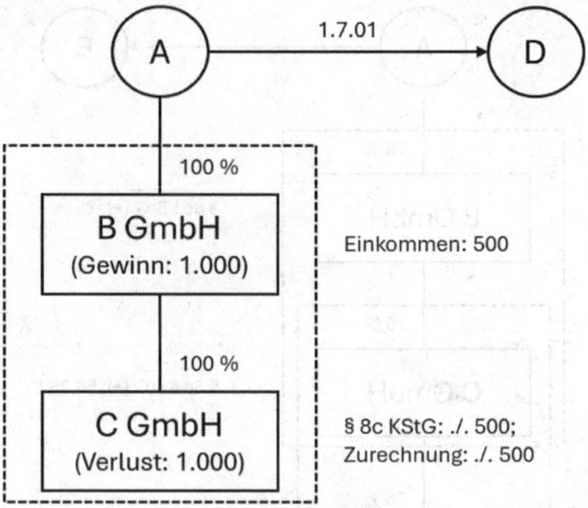


**Lösung:** Die Organschaft zwischen B GmbH und C GmbH wird durch die Übertragung der Anteile nicht berührt, denn die Voraussetzungen liegen unverändert vor. Auf Ebene der C GmbH geht nach Auffassung der Finanzverwaltung der laufende Verlust (500) zum Zeitpunkt zum 1.7.01 unter. Durch die Übertragung der Anteile an der B GmbH ist es nämlich mit Blick auf die C GmbH zu einem schädlichen Beteiligungserwerb gekommen. Zum Ende des Wirtschaftsjahres können der GmbH daher nur Verluste seit dem schädlichen mittelbaren Beteiligungserwerb zugerechnet werden, der vor diesem Zeitpunkt entstandene Verlust ist nicht mehr abziehbar. Das Einkommen der B GmbH beträgt also 500 statt 0 wie ohne den schädlichen Beteiligungserwerb.

**4850** Die Auffassung der Finanzverwaltung stützt sich auf die Überlegung, dass § 8c KStG vor der Zurechnung des Einkommens der Organgesellschaft anzuwenden ist. Die Zurechnung erfolgt nach ihrer Auffassung entsprechend der Entstehung der gesellschaftsrechtlichen Gewinnabführungsverpflichtung erst am Ende des Wirtschaftsjahres der Organgesellschaft, also nach dem schädlichen Beteiligungserwerb.[40] In diesem Zeitpunkt ist der Verlust mit dem vorangegangenen schädlichen Beteiligungserwerb bereits untergegangen. Teilweise wird auch das Urteil IV R 50/09 des BFH zur Begründung herangezogen.[41] Darin hatte der BFH in Bezug auf eine Organträgerpersonengesellschaft entschieden, die Zurechnung des Organeinkommens erfolge zum Ende des Wirtschaftsjahrs der Organgesellschaft.[42] Dabei ging es aber nicht um die Frage des Zusammenwirkens von § 8c KStG und den Vorschriften der Organschaft.

**Beratungshinweis**

**4851** Ereignet sich der schädliche Beteiligungserwerb spät im (Wirtschafts-)Jahr, ist nach Auffassung der Finanzverwaltung trotz unverändertem Fortbestand der Organschaft ein Großteil des laufenden Verlusts der Organgesellschaft nicht mehr zu berücksichtigen.[43] Gestalterisch lässt sich dem vorbeugen, indem das Wirtschaftsjahr der Organgesellschaft auf einen Zeitpunkt vor dem schädlichen Beteiligungserwerb umgestellt wird.[44] Auch auf Basis der Auffassung der Finanz-

39 BMF 28.11.2017, BStBl. I 2017, 1645 Rn. 35.
40 So auch DPM/Leibner/Dötsch KStG § 8c Rn. 180; Neumann/Heuser GmbHR 2018, 21 (28); RHN/Neumann KStG § 8c Rn. 184; zustimmend wohl Gosch KStG/Roser KStG § 8c Rn. 101.
41 RHN/Neumann KStG § 8c Rn. 184.
42 BFH 28.2.2013 – IV R 50/09, BStBl. II 2013, 494.
43 Siehe dazu Beispiel bei DPM/Leibner/Dötsch Körperschaftsteuer § 8c Rz. 180.
44 Gosch/Roser KStG § 8c Rn. 101; Schwan DStR 2020, 575 (580); Sommer/Sediqi FR 2018, 67 (69); DPM/Leibner/Dötsch Körperschaftsteuer § 8c Rz. 183.

verwaltung sollte dann der bis dahin entstandene Verlust zurechenbar sein, denn maßgeblicher Zeitpunkt ist das Ende des Wirtschaftsjahrs. Die Umstellung erfordert die Zustimmung der Finanzverwaltung (§ 7 Abs. 4 S. S. 3 KStG).
Denkbar ist auch, auf Ebene der Organgesellschaft einen Antrag nach Maßgabe von § 8d KStG zu stellen (→ Rn. 4807).

Vor dem Hintergrund von Sinn und Zweck des § 8c KStG sowie der Regelungen zur Organschaft, welche letztlich der wirtschaftlichen Identität Rechnung tragen, überzeugt die Auffassung der Finanzverwaltung nicht.[45] § 8c KStG bezweckt, den Neugesellschafter von der Nutzung der vor seiner Ägide entstanden Verluste auszuschließen. Dies wird dadurch gerechtfertigt, dass sich die wirtschaftliche Identität der Kapitalgesellschaft durch den Gesellschafterwechsel ändere. Die wirtschaftliche Identität ist es auch, welche eine Konsolidierung der Gewinne und Verluste von Organträger und Organgesellschaft rechtfertigt. Obgleich die Zurechnung technisch erst zum Ende des Wirtschaftsjahres erfolgt, muss im Falle eines schädlichen Beteiligungserwerbs zur Berücksichtigung der wirtschaftlichen Identität eine Zwischenkonsolidierung der organschaftlich verbundenen Gesellschaften vorgenommen werden. Diese Position findet auch eine Stütze in der Rechtsprechung des BFH. In Bezug auf § 8c Abs. 1 S. 1 KStG hat der BFH entschieden, dass in dem schädlichen Beteiligungserwerb eine Zäsur liege. Bis zu diesem Zeitpunkt nicht ausgeglichene negativen Einkünfte können trotz des an sich geltenden Prinzips der Jährlichkeit mit Gewinnen der aktuellen Periode bis zum schädlichen Beteiligungserwerb verrechnet werden. Im vom BFH entschiedenen Fall ging es um die Verrechnung eines Verlustvortrags mit laufenden Gewinnen in dem Jahr des schädlichen Beteiligungserwerbs.[46] Das FG Köln hat den Rücktrag eines bis zum schädlichen Beteiligungserwerbs aufgelaufenen Verlustes in Vorperioden ebenso zugelassen.[47] Innerhalb einer Einheitsstruktur ist es also möglich, Gewinne und Verluste auch in der Periode des schädlichen Beteiligungserwerbs bis zum Zeitpunkt des Erwerbs zu verrechnen, obwohl „negative Einkünfte" (iSd § 10d Abs. 1 S. 1 EStG) begrifflich grundsätzlich bezogen auf ein Wirtschaftsjahr zu ermitteln sind. Allerdings definiert § 8c Abs. 1 S. 1 als nicht abziehbare Verluste die nicht ausgeglichenen oder abgezogenen negativen Einkünfte. Unter Verlustausgleich ist eine Verrechnung innerhalb des Veranlagungszeitraums zu verstehen. Dies rechtfertigt eine Abkürzung des Ermittlungszeitraums.[48] BFH und FG Köln begründen ihre Entscheidungen auch mit der wirtschaftlichen Identität, die während der Verlustentstehung bis zum schädlichen Beteiligungserwerb unverändert war. Kommt es aufgrund der Organschaft zu einer steuersubjektübergreifenden Erfassung von Leistungsfähigkeit, ist kein Grund ersichtlich, innerhalb eines Organkreises die Verlustverrechnung nicht zuzulassen. Richtig ist es also, eine Zwischenkonsolidierung auf den Zeitpunkt des schädlichen Beteiligungserwerbs zuzulassen.[49] 4852

**bb) „Laufende Verluste" bei Erwerb zum Ende des Wirtschaftsjahrs.** Erfolgt der (mittelbare) Erwerb hingegen als so genanntes Mitternachtsgeschäft zum Ende eines Wirtschaftsjahres der Organgesellschaft, kann der auf dieser Ebene entstandene „laufende Verlust" berücksichtigt werden. Die Zurechnung des Einkommens ist dann bereits erfolgt, sodass § 8c KStG auf Ebene der Organgesellschaft ins Leere geht. Auf Ebene des Organträgers ist er zum Zeitpunkt des schädlichen Erwerbs bereits berücksichtigt.[50] 4853

45 So auch Suchanek FR 2013, 349 (352); HHR/Suchanek EStG/KStG 8c KStG Rn. 32b; Seer FR 2015, 729 (734); Neyer DStR 2010, 1600 (1602); Benz Ubg 20110, 772 (774).
46 BFH 30.11.2011 – I R 14/11, DStR 2012, 458 Rn. 11.
47 FG Köln 8.12.2022 – 13 K 198/20, DStRE 2023, 1308 Rn. 68.
48 BFH 30.11.2011 – I R 14/11, DStR 2012, 458 Rn. 11.
49 So auch HHR/Suchanek KStG 8c Rn. 32b; Moritz GmbHR 2016, 861 (865, 867); Ernst DB 2012, 1002 (1006); Sommer/Sediqi FR 2018, 67 (69); Breuninger GmbhR 2014, R161, R162; Ritzer/Stangl DStR 2014, 997 (980), Gläser/Zöller BB 2018, 87 (89); Schneider/Sommer FR 2014, 537 (541).
50 BMF 28.11.2017, BStBl. I 2017, 1645 Rn. 32; DPM/Leibner/Dötsch KStG § 8c Rn. 181; HHR/Suchanek KStG 8c Rn. 32b.

4854 **cc) Besonderheiten bei abweichendem Wirtschaftsjahr.** Weitere Besonderheiten ergeben sich, wenn die Organgesellschaft ein vom Kalenderjahr abweichendes Wirtschaftsjahr hat und dieses vor dem schädlichen Beteiligungserwerb abgeschlossen war. Nach Auffassung der Finanzverwaltung ist das Einkommen des Organgesellschaft dann bereits zugerechnet, sodass – wenn kein neuer laufender Verlust entstanden ist – insoweit bereits eine Konsolidierung stattgefunden hat und § 8c KStG auf Ebene der Organgesellschaft ins Leere geht.[51]

**Beispiel**

4855 **Sachverhalt:** A hält 100 % der Anteile an der B GmbH, die ihrerseits 100 % der Anteile an der C GmbH hält. B GmbH ist Organträger der C GmbH. Beide haben ein abweichendes Wirtschaftsjahr vom 1.10. bis zum 30.9. Im Wirtschaftsjahr 01/02 erzielt die B GmbH einen Gewinn von 100, die C GmbH einen Verlust von 100. Am 1.11.02 erwirbt D alle Anteile an der B GmbH. Zwischen dem 1.10.02 und dem 1.11.02 ist kein neuer laufender Verlust entstanden.

**Lösung:** Auf Basis der Auffassung der Finanzverwaltung ist der Verlust der C GmbH mit Ende deren Wirtschaftsjahr zuzurechnen. Im Zeitpunkt des schädlichen Beteiligungserwerbs war kein Verlust auf dieser Ebene mehr vorhanden, sodass § 8c KStG ins Leere gilt.

**Abwandlung 1:** Das Wirtschaftsjahr der B GmbH entspricht dem Kalenderjahr.

**Lösung:** Auch hier ist es mit Ende des Wirtschaftsjahrs der C GmbH zu einer Zurechnung des negativen Einkommens gekommen, sodass § 8c KStG auf Ebene der C GmbH ins Leere geht.

**Abwandlung 2:** Im Oktober 02 erzielt die C GmbH einen Verlust.

**Lösung:** Der laufende Verlust kann auf Basis der Auffassung der Finanzverwaltung im Zeitpunkt des schädlichen Beteiligungserwerbs nicht saldiert werden; er kann nach Maßgabe von § 8c Abs. 1 S. 1 KStG nicht ausgeglichen werden.

4856 *Leibner/Dötsch* kritisieren die für den Steuerpflichtigen günstige Lösung, weil das Organeinkommen nach allgemeinen Grundsätzen für das Kalenderjahr zuzurechnen ist, in dem das Wirtschaftsjahr der Organgesellschaft endet. Dies ergebe sich aus § 14 Abs. 1 S. 2 KStG.[52] Diese Auffassung überzeugt nicht.[53] Sie entspricht auch nicht der Auffassung des BFH, der in anderem Zusammenhang entschieden hat, dass der Zeitpunkt der Zurechnung der Schluss des Wirtschaftsjahres der Organgesellschaft ist.[54]

4857 **dd) Verluste aus Jahren vor dem schädlichen Beteiligungserwerb.** Verfügt die Organgesellschaft vor Begründung der Organschaft über Verluste, sind diese nicht dem Organträger zugerechnet worden. Stattdessen schreibt § 15 S. 1 Nr. 1 KStG vor, dass sie bis zum Ende der Organschaft eingefroren werden. Kommt es zu einem unmittelbaren oder mittelbaren schädlichen Beteiligungserwerb, gehen die vororganschaftlichen Verluste unter. Es besteht keine Möglichkeit, diese vororganschaftlichen Verluste im Zeitpunkt der Veräußerung dem Organträger zuzurechnen. Es sind insofern keine Besonderheiten zu berücksichtigen.[55]

4858 Erzielte die Organgesellschaft während der Organschaft Verluste, sind diese mit Ausnahme laufender Verluste bereits dem Organträger zugerechnet worden. Sie sind nicht mehr auf Ebene der Organgesellschaft als Verlustvortrag vorhanden und können daher nicht nach Maßgabe von § 8c Abs. 1 S. 1 KStG untergehen.

4859 **ee) Gewinne auf Ebene der Organgesellschaft.** Erzielt die Organgesellschaft Gewinne, geht § 8c KStG auf Ebene der Organgesellschaft zwar ins Leere. Gleichwohl ist eine auf den Zeitpunkt des unterjährigen schädlichen Beteiligungserwerbs gerichtete Konsolidierung mit negativen Einkünften des Organträgers nach Auffassung der Finanzverwaltung nicht möglich, denn auch insofern kommt es noch zu keiner Zurechnung.[56] Auch dies wird Sinn und Zweck von § 8c KStG und der Organschaftsvorschriften nicht gerecht.[57]

---

51 BMF 28.11.2017, BStBl. I 2017, 1645 (Rn. 37 iVm Rn. 32).
52 DPM/Leibner/Dötsch KStG § 8c Rz. 181, 176.
53 Ausführlich Suchanek FR 2013, 349 (352 f.).
54 BFH 28.2.2013 – IV R 50/09, BStBl. II 2013, 494 (495).
55 Benz Ubg 2011, 772 (777); DPM/Leibner/Dötsch KStG § 8c Rz. 179.
56 DPM/Leibner/Dötsch KStG § 8c Rz. 183.
57 Kritisch wie hier Dörr/Eggert NWB 2018, 1218 (1226).

**ff) Besonderheiten in Bezug auf die Zinsschranke.** Aus dem Zusammenspiel zwischen Zinsschränke und Organschaft ergeben sich bei unterjährigen Beteiligungserwerben weitere Besonderheiten. Die Zinsschranke hat nach Maßgabe von § 8a KStG iVm § 4h EStG stark vereinfacht zur Folge, dass ein positiver Saldo aus Zinsaufwendungen und Zinserträgen eines Betriebs nur in Höhe von 30 % des EBITDA abzugsfähig ist. Die Anwendung der Zinsschranke erhöht also die Einkünfte aus Gewerbebetrieb, bestimmte Zinsaufwendungen bleiben außer Betracht. Danach verbleibende nicht abziehbare Zinsaufwendungen sind in die folgenden Wirtschaftsjahre vorzutragen. Der Zinsvortrag entfällt bei schädlichen Beteiligungserwerben nach § 8c KStG allerdings ebenfalls (§ 4h Abs. 5 S. 3 KStG). **4860**

Besteht eine Organschaft, wird das Einkommen zugerechnet. § 8c Abs. 1 S. 1 KStG bezieht sich demgegenüber auf Einkünfte. Einkünfte sind im Fall einer Kapitalgesellschaft wegen § 8 Abs. 2 KStG nur die Einkünfte aus Gewerbebetrieb nach § 2 Abs. 2 Nr. 1 EStG, die dort als Gewinn iSd §§ 4 bis 4k EStG definiert sind. § 15 S. 1 Nr. 3 KStG ordnet an, dass die Zinsschranke auf Ebene der Organgesellschaft nicht anzuwenden ist. Organträger und Organgesellschaft gelten vielmehr für Zwecke der Zinsschranke als ein Betrieb. Zinsaufwendungen und Zinserträge sind im Rahmen der Bruttomethode dem Organträger zuzurechnen.[58] Das hat einen steuerverschärfenden Effekt. Während bei einer Stand-Alone-Besteuerung die Zinsschranke einen Verlust der Tochtergesellschaft verringert, ist bei einem unterjährigen Beteiligungserwerb der Verlust anteilig nicht zu berücksichtigen, die Einkommenserhöhung durch Anwendung der Zinsschranke aber vollständig. Die Zinsschranke wird also erst nach § 8c KStG angewendet, also auf Einkünfte, die bisher ohne Berücksichtigung der Zinsschranke ermittelt wurden. Die Anwendung von § 8c KStG auf Ebene jeder Gesellschaft einerseits ist nicht mit der Betrachtung des gesamtes Organkreises für Zwecke der Zinsschranke andererseits abgestimmt. Das hat zusätzliche negative Effekte zur Folge.[59] **4861**

**Beispiel**

**Sachverhalt:** A hält 100 % der Anteile an der B GmbH, die 100 % der Anteile an der C GmbH hält. Bei beiden Gesellschaften entspricht das Wirtschaftsjahr dem Kalenderjahr. Die B GmbH hat im Jahr 01 keine eigenen Betriebseinnahmen und -ausgaben. Die C GmbH hat Zinsaufwand von 8 Mio. EUR und weiteren Aufwand von 8 Mio. EUR. Ausnahmen von der Zinsschranke greifen nicht ein. **4862**

**Abwandlung 1:** Am 1.10.01 erwirbt D die Anteile an der B GmbH.

**Abwandlung 2:** Die B GmbH ist der Organträger der C GmbH.

**Lösung (Grundfall):** Besteht zwischen B GmbH und C GmbH keine Organschaft und ergäbe sich kein schädlicher Beteiligungserwerb, hätte die C GmbH ein Ergebnis von EUR 0. Zwar hat sie bilanziell einen Verlust von 16 Mio. EUR. Jedoch führt die Zinsschranke dazu, dass Zinsen nur in Höhe des verrechenbaren EBITDA berücksichtigt werden dürfen. Ist das EBITDA 0, können keine Zinsen abgezogen werden. Es kommt also zu einer Einkommenserhöhung von 8 Mio. EUR, sodass der Gewinn EUR 0 ist.

**Lösung (Abwandlung 1):** Der schädliche Beteiligungserwerb zum 1.10.01 führt ohne Organschaft dazu, dass die nicht abgezogenen negativen Einkünfte nicht mehr abziehbar sind. Auf den 1.10. sind diese auch null. Ein laufender Verlust von 6 Mio. EUR wird durch nicht abziehbaren Zinsaufwand in gleicher Höhe auf EUR 0 erhöht.

**Lösung (Abwandlung 2):** Besteht die Organschaft, ist die Zinsschranke auf Ebene der C GmbH jedoch nicht anzuwenden (§ 15 S. 1 Nr. 3 KStG). Es wird also der vollständige, nicht abziehbare Zinsaufwand iHv 8 Mio. EUR auf Ebene der B GmbH einkünfteerhöhend erfasst. Demgegenüber wird nur ein laufender Verlust iHv 2 Mio. EUR von der C GmbH zugerechnet, denn 6 Mio. EUR sind in Anwendung der zeitanteiligen Aufteilung auf Basis der Rechtsauffassung der Finanzverwaltung entfallen.[60]

---

[58] Brandis/Heuermann/Rode KStG § 15 Rn. 36; Gosch KStG/Neumann KStG § 15 Rn. 36, jeweils mwN.

[59] Schmidt/Mertgen DB 2012, 1830 (1831, mit Beispielen); Fuhrmann/Hoffmann DB 2014, 738 (742); andeutungsweise auch DPM/Leibner/Dötsch KStG § 8c Rn. 177.

[60] BMF 28.11.2017, BStBl. I 2017, 1645 Rn. 35.

Die Problematik ergäbe sich in dieser dramatischen Form nicht, wenn auf den Zeitpunkt des schädlichen Beteiligungserwerbs – wie unter → Rn. 4852 vorgeschlagen – Gewinne und Verluste im Organkreis konsolidiert würden. Besser wäre indes, wenn der Gesetzgeber die Anwendung des § 8c KStG in Organschaftsfällen in § 15 KStG in dem Sinne regeln würde, dass § 8c KStG nur auf Ebene des Organträgers für den gesamten Organkreis unter Einkommensermittlung auf den Zeitpunkt des schädlichen Beteiligungserwerbs anzuwenden ist.[61]

4863–4871 *(einstweilen frei)*

4872 **c) Durchführung des Gewinnabführungsvertrags.** Gesellschaftsrechtlich besteht trotz des schädlichen Beteiligungserwerbs die Pflicht des Organträgers, den Verlust der Organgesellschaft auszugleichen, fort (vgl. § 302 AktG). Nach zutreffender und überwiegender Ansicht im Schrifttum ergibt sich daraus keine Minderabführung iSd § 14 Abs. 4 KStG.[62] Eine Minderabführung ergibt sich nämlich insbesondere, wenn der an den Organträger abgeführte Gewinn von dem Steuerbilanzgewinn der Organgesellschaft abweicht. In der Bilanz der OG ist der Verlust aber in voller Höhe ausgewiesen.

4873–4881 *(einstweilen frei)*

### 2. Schädlicher Beteiligungserwerb in Bezug auf Organträger

4882 **a) Grundätze.** Ergibt sich in Bezug auf den Organträger ein schädlicher Beteiligungserwerb, entfallen auf dieser Ebene nicht genutzte Verluste nach Maßgabe von § 8c Abs. 1 S. 1 KStG. In den Positionen ist zum Ende der Wirtschaftsjahre der Organgesellschaften zugerechnetes Einkommen enthalten. Es ergeben sich keine Besonderheiten.

4883 Der schädliche Beteiligungserwerb von Anteilen am Organträger wird in vielen Fällen auch ein schädlicher Erwerb in Bezug auf die Organgesellschaft zur Folge haben. In diesen Fällen kommt es nach der Auffassung der Finanzverwaltung auf dieser Ebene zu einem Untergang der vororganschaftlichen und der laufenden Verluste. Wegen der von der Finanzverwaltung vertretenen Prüfung auf jeder Ebene kommt es dazu selbst dann, wenn der Organkreis im Ganzen weder über Verlustvorträge noch über laufende Verluste verfügt.[63] Von § 8c KStG sind also betroffen der festgestellte Verlustvortrag auf Ebene des Organträgers (einschließlich bereits zugerechneter Verluste), der laufende Verlust des Organträgers sowie der laufende Verlust der Organgesellschaften.

4884 **b) Stille-Reserven-Klausel.** In § 8c Abs. 1 S. 5 ff. KStG ist mit der Stille-Reserven-Klausel eine Ausnahme von § 8c Abs. 1 S. 1 KStG geregelt. Danach kann ein nicht genutzter Verlust abgezogen werden, soweit er die gesamten zum Zeitpunkt des schädlichen Beteiligungserwerbs vorhandenen im Inland steuerpflichtigen stillen Reserven „des Betriebsvermögens der Körperschaft" nicht übersteigt.[64] Die Finanzverwaltung ist der Auffassung, dass die Prüfung der Stille-Reserven-Klausel auf jeder Ebene separat zu prüfen ist. Stille Reserven im Betriebsvermögen einer Organgesellschaft sind also auf Ebene des Organträgers nicht zu berücksichtigen.[65]

4885 Die Auffassung ist nicht überzeugend.[66] Sie kann sich nur vordergründig auf den Wortlaut stützen, wonach nur die stillen Reserven des Betriebsvermögens „der" Körperschaft zu berücksichtigen sind. § 8c KStG enthält nämlich keine Regelungen für das Zusammen-

[61] Schmidt/Mertgen DB 2012, 1830 (1833), mit Formulierungsvorschlag.
[62] DPM/Leibner/Dötsch KStG § 8c Rn. 189; G. Frotscher DK 2008, 548 (554).
[63] DPM/Leibner/Dötsch KStG § 8c Rn. 193 mit Beispiel.
[64] Zur Berechnungsmethodik im Einzelnen Ernst/Zimmerl DStR 2020, 1350; Brauer/Richter/Müller DStR 2020, 1892.
[65] BMF 28.11.2017, BStBl. I 2017, 1645 Rn. 60.
[66] Kritisch wie hier HHR/Suchanek KStG § 8c Rn. 57a; Haase/Nürnberg Ubg 2024, 53 (56); Schneider/Sommer FR 2014, 537, 543; Sistermann/Brinkmann DStR 2009, 2633 (2637); Rödder/von Freeden Ubg 2010 551 (553); Brauer/Richter/Müller DStR 2020 (1892); Ernst/Zimmerl DStR 2020, 1350 (1354); aA RHN/Neumann KStG § 8c Rn. 253; DPM/Leibner/Dötsch KStG § 8c Rn. 279.

wirken mit §§ 14 ff. KStG, sodass man hier nicht von einer bewussten Regelung des Gesetzgebers ausgehen darf. Abermals ignoriert die Finanzverwaltung den Umstand, dass die Organschaft der wirtschaftlichen Identität der Unternehmen des Organkreises Rechnung trägt. Auf Ebene der Organgesellschaften hat die Anwendung der Stille-Reserve-Klausel idR nur einen geringen Effekt, denn auf dieser Ebene sind allenfalls laufende und vororganschaftliche Verluste vorhanden. Ist der Organträger eine bloße Holdinggesellschaft, wirkt sich die Stille-Reserven-Klausel im Ergebnis nicht aus.[67] Hier sind stille Reserven in Beteiligungsansätzen vorhanden. Diese sollen jedoch nicht berücksichtigt werden können.[68]

**Beratungshinweis**

Steuerplanerisch kann es sich auf Grundlage der Auffassung der Finanzverwaltung anbieten, stille Reserven auf Ebene der Organgesellschaften zu realisieren und ggf. durch Änderung des Wirtschaftsjahrs der Organgesellschaft für eine „vorzeitige" Zurechnung auf die Ebene des Organträgers zu sorgen. Dabei sind jedoch die Limitierungen der Mindestbesteuerung (§ 8 Abs. 1 S. 1 KStG iVm § 10d Abs. 2 EStG) zu berücksichtigen. **4886**

*(einstweilen frei)* **4887–4895**

### 3. Gewerbesteuerliche Besonderheiten

Die Voraussetzungen der gewerbesteuerlichen Organschaft entsprechen denen der körperschaftlichen Organschaft. Allerdings unterscheidet sich die Rechtsfolge. Nach § 2 Abs. 2 S. 2 GewStG gilt die Organgesellschaft gewerbesteuerlich als Betriebsstätte des Organträgers. Es gilt nicht die Zurechnungstheorie, sondern die gebrochene Einheitstheorie (→ Rn. 5798). Die gebrochene Einheitstheorie bewirkt, dass Gewinne und Verluste innerhalb des Organkreises gewerbesteuerlich ohne förmliche Zurechnung auf Ebene des Organträgers zusammenzufassen sind. Die persönliche Steuerpflicht der Organgesellschaft wird ihr entzogen und für die Dauer der Organschaft dem Organträger zugerechnet.[69] **4896**

§ 10a S. 10 GewStG ordnet die entsprechende Anwendung des § 8c KStG auf gewerbesteuerliche Fehlbeträge an. Dabei ist umstritten, ob die Regelung auch gewerbesteuerliche Fehlbeträge erfasst (→ Rn. 4828). Auf eine Entscheidung des Streites kommt es aber im Organkreis bei unterjährigen schädlichen Beteiligungserwerben nicht an, denn die gebrochene Einheitstheorie hat eine laufende Konsolidierung zur Folge.[70] Das muss mE auch für die Anwendung der Stille-Reserve-Klausel gelten.[71] Vom Verlustuntergang sind jedoch vororganschaftliche Fehlbeträge betroffen. **4897**

*(einstweilen frei)* **4898–4906**

## C. Organschaft im Kontext von § 8d KStG

§ 8d KStG ist eine weitere Ausnahme von § 8c KStG. Die mit dem Gesetz zur Weiterentwicklung der steuerlichen Verlustverrechnung bei Körperschaften vom 20.12.2016[72] eingeführte Vorschrift erlaubt im Falle eines schädlichen Beteiligungserwerbs die weitere Nutzung der untergangsbedrohten Verluste, wenn der Geschäftsbetrieb der Körperschaft erhalten bleibt und eine anderweitige Nutzung der Verluste ausgeschlossen ist.[73] Liegen die **4907**

67 Beispiel bei Schneider/Sommer FR 2014, 537 (543).
68 BMF 28.11.2017, BStBl. I 2017, 1645 (Rn. 60).
69 BFH 18.9.1996 – I R 44/95, BStBl. II 1997, 181 Rn. 9; BFH 27.6.1990 – I R 183/85, BStBl. II 1990, 916; BFH 10.3.2010 – I R 41/09, BStBl. II 2011, 181.
70 HHR/Suchanek KStG § 8c Rn. 32b; DPM/Leibner/Dötsch KStG § 8c Rn. 391; Kroppen JbFStR 2018/19 1035 (1049); Herlinghaus JbFStR 2018/19, 1058.
71 So auch Suchanek/Rüsch DStZ 2014, 871 (876).
72 BGBl. 2016 I 2998.
73 Instruktiv Förster/von Cölln DStR 2017, 8.

Voraussetzungen der Vorschrift vor und stellt die betroffene Körperschaft einen entsprechenden Antrag, wandelt sich der durch § 8c KStG bedrohte Verlust in den sog. fortführungsgebundenen Verlustvortrag. Dieser wird künftig mit Gewinnen vorrangig vor übrigen Verlusten nach den besonderen Regelungen des § 8d KStG verrechnet, geht aber bei in § 8d Abs. 2 KStG geregelten schädlichen Ereignissen unter.

**4908** Der Gesetzgeber wollte mit § 8d KStG besonders junge, innovative Unternehmen erfassen, deren Potenzial sich noch nicht zu einer greifbaren Geschäftschance verdichtet hat und bei denen im Falle eines Anteilseignerwechsels ein Verlustuntergang aus wirtschaftlichen Erwägungen nicht gerechtfertigt und steuersystematisch nicht erforderlich erscheint.[74] Gleichzeitig möchte der Gesetzgeber jedoch den Handel mit steuerlichen Verlusten weiter „zuverlässig unterbinden". Dieses Ziel ist durch zwei Mechanismen abgesichert. Zum einen ist eine Vorfrist ab Gründung der Gesellschaft oder zumindest drei Jahre vor dem schädlichen Beteiligungserwerb zu berücksichtigen. Weiter gibt es eine Nachbeobachtung bis zur Erschöpfung des fortführungsgebundenen Verlustvortrags. Im Wesentlichen muss damit ab Beginn der Vorfrist bis zur Erschöpfung des fortführungsgebundenen Verlustvortrags die Körperschaft ausschließlich denselben Geschäftsbetrieb unterhalten (§ 8d Abs. 1 S. 1, § 8d Abs. 2 S. 1 KStG). Dieses Erfordernis wird abgesichert, indem das Gesetz weitere Möglichkeiten zur Nutzung des fortführungsgebundenen Verlustvortrags durch Gewinne außerhalb des Geschäftsbetriebs der antragstellenden Körperschaft ebenfalls als schädlich ansieht. Auch § 8d KStG ist nur unzureichend auf die Regelungen zur Organschaft abgestimmt.

## I. Verlustkörperschaft als Organträger

### 1. Vorfrist

**4909** Ist die antragstellende Körperschaft zu Beginn des dritten Veranlagungszeitraums, der dem Veranlagungszeitraum des schädlichen Beteiligungserwerbs vorausgeht, Organträger, ist die Anwendung von § 8d KStG gesperrt (§ 8d Abs. 1 S. 2 Nr. 2 KStG). Der Gesetzgeber will so verhindern, dass Gewinne oder Verluste außerhalb der antragstellenden Körperschaft berücksichtigt werden.

**4910** Der Begriff des Organträgers ist – anders als in § 8d Abs. 2 S. 2 Nr. 5 KStG – nicht näher beschrieben. Mit Blick auf Sinn und Zweck der Vorschrift ist aber offenbar die Stellung als Organträger gem. § 14 KStG oder § 17 KStG gemeint.[75] Unschädlich ist, ob die Körperschaft umsatzsteuerlicher Organträger iSd § 2 UStG ist. Dabei ist es unerheblich, in welchem Umfang die Körperschaft an der Organgesellschaft beteiligt war und ob bzw. in welchem Umfang Gewinne oder Verluste zugerechnet wurden. Es ist auch unerheblich, ob die Organschaft mittelbar oder unmittelbar bestand.[76]

**4911** Endete die Stellung als Organträger vor Beginn der Vorfrist, steht dies der Anwendung von § 8d KStG nicht entgegen. Ebenfalls kann die Stellung rückwirkend entfallen, insbesondere wenn der Gewinnabführungsvertrag nicht während der fünfjährigen Mindestlaufzeit entsprechend § 14 Abs. 1 S. 1 Nr. 3 S. 1 KStG durchgeführt wird.[77] Durch eine gezielte Verletzung des Gewinnabführungsvertrags oder Kündigung ohne wichtigen Grund kann die Körperschaft also die Voraussetzungen von § 8d KStG herstellen.[78]

**4912** Weiterhin darf während der Vorfrist kein schädliches Ereignis nach § 8d Abs. 2 KStG stattgefunden haben (§ 8d Abs. 1 S. 1 KStG aE). Schädlich ist insb. die Begründung einer Stellung als Organträger (§ 8d Abs. 2 S. 2 Nr. 5 KStG).

74 BT-Drs. 18/9986, 12.
75 BMF 18.3.2021, BStBl. I 2021, 363 Rn. 47; BeckOK KStG/Pohl § 8d Rn. 264; DPM/Leibner/Dötsch KStG § 8d Rn. 74.
76 BeckOK KStG/Pohl KStG § 8d Rn. 265.
77 BMF 18.3.2021, BStBl. I 2021, 363 Rn. 48; BeckOK KStG/Pohl KStG § 8d Rn. 268; Neumann/Heuser GmbHR 2017, 281 (284).
78 Pohl BB 2018, 796 (797).

Der Anwendung von § 8d KStG steht nicht entgegen, wenn die Körperschaft während der Vorfrist Organgesellschaft war. Wird die Organschaft anerkannt, wären von § 8c KStG allerdings lediglich vororganschaftliche Verluste und ggf. laufende Verluste betroffen. **4913**

### 2. Zeitraum bis zur Erschöpfung des fortführungsgebundenen Verlustvortrags

Der fortführungsgebundene Verlustvortrag geht – vorbehaltlich der Stille-Reserven-Klausel in § 8c Abs. 1 S. 5 bis 8 KStG – unter, wenn die Körperschaft ihren Geschäftsbetrieb einstellt (§ 8d Abs. 1 S. 1 KStG). Dem steht gleich, wenn die Körperschaft die Stellung als Organträger iSd § 14 Abs. 1 KStG einnimmt (§ 8d Abs. 2 Nr. 3 KStG). Auch hier ist eine rückwirkende Beseitigung der an sich schädlichen Organschaft möglich. Nicht erfasst ist der Fall, dass die Körperschaft Organgesellschaft wird.[79] **4914**

*(einstweilen frei)* **4915–4923**

## II. Verlustkörperschaft als Organgesellschaft

Die Stellung als Organgesellschaft schließt die Anwendung von § 8d KStG nicht ausdrücklich aus. Es ist also weder während der Vorfrist noch im Beobachtungszeitraum grundsätzlich schädlich, wenn die Körperschaft Organgesellschaft wird oder war.[80] Die Organgesellschaft kann also grundsätzlich einen Antrag nach § 8d KStG stellen. Denkbar ist jedoch, die Begründung der Organschaft unter § 8d Abs. 2 Nr. 2 KStG zu fassen. Danach ist schädlich, wenn der Geschäftsbetrieb einer andersartigen Zweckbestimmung zugeführt wird. Dagegen spricht jedoch, dass es an einer ausdrücklichen Regelung fehlt.[81] **4924**

Das Gesetz regelt nicht ausdrücklich, welche Auswirkungen genau die Antragstellung auf den laufenden Verlust der Organgesellschaft hat. Nach Auffassung der Finanzverwaltung ist § 8d KStG vor der Zurechnung des Einkommens an den Organträger anzuwenden. Die Anwendung des § 8d KStG auf der Ebene der Organgesellschaft führt danach zur vollständigen Suspendierung der Regelungen des § 8c KStG, sodass der laufende Verlust der Organgesellschaft nicht untergeht. Dieser Verlust wird sodann dem Organträger nach den allgemeinen organschaftlichen Regeln ungekürzt zugerechnet. Verbleibt ein Verlustvortrag auf Ebene des Organträgers, ist dieser nicht fortführungsgebunden, unterliegt also nicht den Restriktionen des § 8d Abs. 2 KStG.[82] **4925**

Besteht ein vororganschaftlicher Verlust, ist dieser bei Anwendung des § 8d KStG auf Ebene der Organgesellschaft einzufrieren (§ 15 S. 1 Nr. 1 S. 1 KStG). Er kann nach Ende der Organschaft genutzt werden, wenn kein schädliches Ereignis nach § 8d Abs. 2 KStG eintritt.[83] **4926**

**Beispiel**
**Sachverhalt:** A hält alle Anteile an der B GmbH, diese hält als Organträger alle Anteile an der C GmbH. Das Wirtschaftsjahr beider Gesellschaften entspricht dem Kalenderjahr. Vor Begründung der Organschaft in Jahr 05 hatte die C GmbH Verluste iHv 100. Diese sind mit Begründung der Organschaft eingefroren (§ 15 S. 1 Nr. 1 S. 1 KStG). Im Jahr 06 erzielt die B GmbH einen Verlust von 1.000 EUR, die C GmbH einen Verlust von 1.000 EUR, der sich jeweils gleichmäßig auf das Jahr verteilt. Zum 1.7.06 erwirbt D alle Anteile an der B GmbH. **4927**
**Lösung:** Die Finanzverwaltung wendet §§ 8c, 8d KStG jeweils vor der Einkommenszurechnung an. Auf Ebene der B GmbH geht zeitanteilig ein laufender Verlust von 500 unter, ihr steht am Ende des Jahres ein weiterer Verlust von 500 EUR zur Verfügung. Erfüllt die C GmbH die weiteren Voraus-

[79] BMF 18.3.2021, BStBl. I 2021, 363 Rn. 41; BeckOK KStG/Pohl KStG § 8d Rn. 412; Neumann/Heuser GmbHR 2017, 281 (291).
[80] BMF 18.3.2021, BStBl. I 2021, 363 Rn. 59; Pohl BB 2018, 796 (798).
[81] Pohl BB 2018, 796 (798).
[82] BMF 18.3.2021, BStBl. I 2021, 363 Rn. 61; kritisch dazu Pohl BB 2018, 796 (799) (gesetzgeberischer Handlungsbedarf „offenkundig"); Neumann/Heuer GmbHR 2017, 281 (291) („(planwidrige) Gesetzeslücke").
[83] BMF 18.3.2021, BStBl. I 2021, 363 Rn. 61; Pohl BB 2018, 796 (799); Suchanek/Rüsch GmbHR 2018, 57 (63).

setzungen von § 8d KStG, bleibt ihr Verlust vollständig erhalten. Er wird der B GmbH zugerechnet, auf deren Ebene sich insgesamt ein Verlust von 1.500 EUR ergibt. Der vororganschaftliche Verlust wandelt sich in einen fortführungsgebundenen Verlustvortrag, der eingefroren ist.

**4928–5000** *(einstweilen frei)*

# § 18 Organschaft bei öffentlichen und gemeinnützigen Unternehmen

**Übersicht**

## A. Juristische Personen des öffentlichen Rechts und Organschaft

### I. Betrieb gewerblicher Art als Organträger

#### 1. Kommunalrechtliche Rahmenbedingungen und Gewinnabführungsvertrag

**5001** Im Bereich der jPdöR sind wirtschaftliche Aktivitäten vielfach defizitär. In solchen Fällen besteht steuerlich u. a. die Zielsetzung, diese Verluste zum Ausgleich von positiven Ergebnissen anderer Aktivitäten zu nutzen und auf diese Weise die steuerliche Belastung der wirtschaftlichen Tätigkeiten insgesamt zu mindern. Ein solcher **steuerlicher Querverbund** hat in der Praxis der Kommunen eine wichtige Finanzierungsfunktion. Insbesondere wird regelmäßig ein Ausgleich von Gewinnen im Versorgungbereich mit Verlusten aus dem Verkehrsbereich (ÖPNV) angestrebt, sodass im Ergebnis im günstigsten Fall die Gewinne aus dem Versorgungsbereich ohne steuerliche Belastung zur Deckung des Defizits im ÖPNV eingesetzt werden können. Ein steuerliches Instrument der Verrechnung von positiven und negativen Ergebnissen verschiedener steuerrechtlicher Einheiten ist die ertragsteuerliche Organschaft.

**5002** Soll aus steuerlicher Sicht Organträger ein Betrieb gewerblicher Art werden, so kann dies kommunalrechtlich in verschiedenen Konstellationen gegeben sein. Ein BgA kann immer dann vorliegen, wenn die wirtschaftliche Tätigkeit der jPdöR nicht als Eigengesellschaft in der Rechtsform der Kapitalgesellschaft oder ggf. GmbH & Co. KG organisiert wird. Die kommunalrechtliche Ausgestaltung kann dann insbesondere in folgenden Formen in Betracht kommen:[1]

– **Regiebetrieb:** Der Regiebetrieb ist ein rechtlich und wirtschaftlich unselbständiger Betriebszweig der Kommune. Eine organisatorische Abgrenzung muss nicht zwingend gegeben sein.

– **Anstalt des öffentlichen Rechts (Kommunalunternehmen):** Rechtlich selbständige Anstalten des öffentlichen Rechts (AöR) (Kommunalunternehmen) mit eigener Rechtspersönlichkeit sind in den meisten Landesgesetzen ausdrücklich vorgesehen. So sieht zB § 114a GO NRW vor, dass die Kommune Unternehmen und Einrichtungen in der Rechtsform einer Anstalt des öffentlichen Rechts errichten oder bestehende Eigen- und Regiebetriebe im Wege der Gesamtrechtsnachfolge in rechtsfähige Anstalten des öffentlichen Rechts umwandeln darf. Wie die Organisation in einer privaten Rechtsform bietet die Rechtsform der rechtsfähigen Anstalt des öffentlichen Rechts bzw. des Kommunalunternehmens eine größere Selbständigkeit als der Regie- und Eigenbetrieb. Im Gegensatz zu Eigengesellschaft in privatwirtschaftlicher Form bleibt bei der AöR Landesrecht maßgebend. Insbesondere gibt es – anders als zB bei der GmbH – keine Steuerpflicht kraft Rechtsform.

– **Eigenbetrieb:** Als Eigenbetriebe sind organisatorisch und haushaltsmäßig verselbstständigte Einrichtungen der Gemeinden zu verstehen, die als wirtschaftliche Unternehmen ohne eigene Rechtspersönlichkeit nach den Eigenbetriebsgesetzen bzw. der Eigenbetriebsverordnungen der Länder (zB: EigVO NRW) geführt werden. Diese sind als Sondervermögen der Gemeinde zu verwalten und im Haushaltsplan auszuweisen. Eigenbetriebe haben eine eigene Betriebssatzung und müssen in kaufmännischer Weise Rechnung legen. Werden nicht der EigVO unterliegende Tätigkeiten in einer der EigVO angenäherten verselbstständigten Form ausgeführt, so wird von einer eigenbetriebsähnlichen Einrichtung gesprochen.

In diesen Konstellationen ist Körperschaftsteuersubjekt nicht die kommunalrechtliche Organisationseinheit, sondern nach § 1 Abs. 1 Nr. 6 KStG iVm § 4 KStG die jPdöR mit dem von ihr unterhaltenen Betrieben gewerblicher Art.

---

[1] Vgl. hierzu nur Hoppe/Uechtritz/Reck/Hellermann, Handbuch Kommunale Unternehmen, 3. Aufl. 2012, § 13.

**Aus kommunalrechtlicher Sicht** sind in diesen Konstellationen im Hinblick auf die Begründung einer ertragsteuerlichen Organschaft stets zwei Frage zu klären, nämlich 5003

- die kommunalrechtliche Zulässigkeit des Abschlusses eines Gewinnabführungsvertrages und
- die Zuständigkeit bei Abschluss des Gewinnabführungsvertrages.

Diese Fragen sind steuerlich insoweit von Bedeutung, als § 14 KStG einen zivilrechtlich wirksam bestehenden (und tatsächlich durchgeführten) Gewinnabführungsvertrag als Voraussetzung für die Anerkennung der Organschaft nennt.

Die Frage der **kommunalrechtlichen Zulässigkeit** des Abschlusses eines Gewinnabführungsvertrages ergibt sich aus dem Umstand, dass die Gemeindeordnungen aller Länder ein Verbot der Beteiligung an privatrechtlichen Unternehmen mit unbegrenzter Haftung der Gemeinde vorsehen (so beispielhaft Art. 92 Abs. 1 Nr. 3 BayGO und § 108 Abs. 1 Nr. 4 GO NW). Der Abschluss eines Gewinnabführungsvertrags führt aber gerade dazu, dass sich die Kommune verpflichtet, sämtliche Verluste der abhängigen Gesellschaft zu übernehmen. Allerdings wird insoweit argumentiert, dass in dieser Konstellation die Risiken für die Kommune nicht größer sind, als bei Organisation der wirtschaftlichen Tätigkeit in einer rechtlich unselbstständigen Form, wie bspw. einem Eigenbetrieb.[2] 5004

Soweit diese Fragen nicht dadurch umgangen werden, dass der Vertragskonzern mittels einer städtischen Holdinggesellschaft aufgebaut wird,[3] welche dann insoweit zur jPdöR eine abschirmende Wirkung entfaltet, wird diese Frage der kommunalrechtlichen Zulässigkeit letztlich dadurch gelöst, dass zum Abschluss des Gewinnabführungsvertrages die Genehmigung der Kommunalaufsichtsbehörde eingeholt wird. Die Genehmigung der Kommunalaufsichtsbehörde ist grds. erforderlich, da Unternehmensverträge kommunalrechtlich wie eine Bürgschaft oder ein Gewährvertrag eingestuft werden,[4] und derartige Rechtsgeschäfte nach den Gemeindeordnungen der Länder regelmäßig der Genehmigung durch die Kommunalaufsichtsbehörde bedürfen (so beispielhaft Art. 72 Abs. 12 BayGO und § 86 Abs. 2 GO NW).

Die **Zuständigkeit für den Abschluss des Gewinnabführungsvertrags** ergibt sich aus der entsprechenden Kommunalverfassung und liegt grds. beim Bürgermeister (so beispielhaft Art. 93 Abs. 1 S. 1 BayGO und § 63 Abs. 1 GO NRW).[5] Umstritten ist, ob bei einer AöR die Zustimmung des Trägers der AöR zu dem Abschluss des Gewinnabführungsvertrags erforderlich ist. Insoweit ist die Rechtsprechung uneinheitlich.[6] 5005

*(einstweilen frei)* 5006–5016

## 2. BgA und Organträgereignung iSd § 14 Abs. 1 S. 1 KStG

**a) Gewerbliche Tätigkeit als Organträger-Voraussetzung.** Nach § 14 Abs. 1 S. 1 KStG liegt ein tauglicher Organträger nur dann vor, wenn dieser als „gewerbliches Unternehmen" eingestuft wird. Ein **gewerbliches Unternehmen** liegt dann vor, wenn die Voraussetzungen für einen Gewerbebetrieb iSd § 2 GewStG erfüllt sind. Anders als für die Einstufung als BgA iSd § 4 Abs. 1 S. 2 KStG, welcher ausdrücklich nur eine Einnahmeerzielungsabsicht fordert, liegt ein gewerbliches Unternehmen nur dann vor, wenn eine Gewinnerzielungsabsicht und die Beteiligung am allgemeinen wirtschaftlichen Verkehr 5017

---

2 Zu dieser Diskussion Hoppe/Uechtritz/Reck/Hellermann, Handbuch Kommunale Unternehmen, 3. Aufl. 2012, § 13 Rn. 116 mwN.

3 Vgl. Hoppe/Uechtritz/Reck/Hellermann, Handbuch Kommunale Unternehmen, 3. Aufl. 2012, § 13 Rn. 121.

4 Vgl. OLG Celle 12.7.2000 – 9 U 125/99, NVwZ-RR 2000, 754.

5 Vgl. Hoppe/Uechtritz/Reck/Hellermann, Handbuch Kommunale Unternehmen, 3. Aufl. 2012, § 13 Rn. 125.

6 So zur Eintragung eines Beherrschungs- und Gewinnabführungsvertrags, bei dem herrschendes Unternehmen eine Sparkasse (als rechtsfähige Anstalt öffentlichen Rechts) ist: OLG Celle 16.5.2014 – 9 W 69/14, AG 2014, 909 (Bedarf der Zustimmung des Trägers); OLG München 3.7.2014 – 31 Wx 263/14, 31 Wx 264/14, NZG 2014, 1147 (bedarf keiner Zustimmung des Trägers); hierzu Adenauer NZG 2018, 164.

vorliegt (§ 2 Abs. 1 GewStG iVm § 15 Abs. 2 EStG). Mithin sind nicht alle BgA taugliche Organträger, sondern nur solche, die diese zusätzlichen Voraussetzungen erfüllen.[7]

5018 Insbesondere ist bei **Dauerverlustbetrieben** eine Gewinnerzielungsabsicht nicht gegeben. Ein dauerdefizitär arbeitender BgA, wie bspw. regelmäßig ein BgA „ÖPNV", BgA „Schwimmbad" oder BgA „Parkhaus", kann daher im Grundsatz nicht die Stellung eines Organträgers einnehmen.[8]

5019 Bei einem **Verpachtungs-BgA** liegt kein gewerbliches Unternehmen vor, da lediglich eine Vermögensverwaltung ausgeübt wird, die nur durch die gesetzliche Regelung in § 4 Abs. 4 KStG im Wege der Fiktion als BgA iSd KStG gilt. Eine Gewerbesteuerpflicht kann also für den Verpachtungs-BgA nicht bestehen und ebenso wenig kann ein Verpachtungs-BgA Organträger iSd § 14 KStG sein.[9]

5020 **b) Dauerdefizitärerer BgA und Beteiligungserträge.** Fraglich war, ob ein dauerdefizitärer BgA als Organträger fungieren kann, wenn dieser aufgrund von **Erträgen aus einer gewillkürten Beteiligung** insgesamt ein positives Ergebnis erzielt. Fraglich war also, ob Beteiligungserträge dazu führen können, dass insgesamt eine Gewinnerzielungsabsicht gegeben ist. Früher wurde dies von der FinVerw verneint.[10] Bestätigt wurde diese Auffassung durch Rechtsprechung.[11]

5021 **Bejaht hat diese Frage** dagegen das FG Köln[12] unter Hinweis auf die Rspr. des BFH[13], sofern der BgA mit den Beteiligungserträgen der Organgesellschaft ein positives Erg. erwirtschaftet.[14] Dieser Ansicht folgt mittlerweile auch die **FinVerw.**[15] Unerheblich ist insoweit, ob sich die Beteiligung im notwendigen oder im gewillkürten Betriebsvermögen des BgA befindet. Somit sind in die Prüfung der Gewinnerzielungsabsicht auch Beteiligungserträge einzubeziehen, die der künftige Organträger (bisher) aus der Beteiligung an der Gesellschaft bezieht, zu der die Organschaft begründet werden soll. Maßgebend sind aber insoweit auch lediglich bezogene Gewinnausschüttungen. Nicht zu berücksichtigen ist dagegen die mögliche Gewinnabführung bei Anerkennung der Organschaft, da diese als Rechtsfolge erst dann erfolgt, wenn die Voraussetzungen für die steuerliche Organschaft vorliegen.[16] Ist insoweit die Gewinnerzielungsabsicht des BgA nicht erreichbar, so verbleibt in der Praxis der Ausweg über die Etablierung einer Holding-Kapitalgesellschaft, welche kraft Rechtsform gewerbliche Einkünfte vermittelt.

5022 Hinsichtlich der **Prüfung der Gewinnerzielungsabsicht** ist auf den Unterschiedsbetrag nach § 4 Abs. 1 S. 1 EStG (Steuerbilanzgewinn) abzustellen, sodass zB die Steuerbefreiung nach § 8b KStG oder außerbilanziell zu korrigierende nicht abziehbare Betriebsausgaben insoweit keinen Einfluss haben.

5023 Somit kann bspw. eine Organschaft zwischen einem BgA-Bäderbetrieb oder BgA Parkhaus und einer in diesem BgA gehaltenen Stadtwerke-Tochtergesellschaft begründet werden, ohne dass es der Errichtung einer städtischen Holdinggesellschaft bedarf.[17]

5024 **c) Betriebsaufspaltungs-BgA.** Insbesondere die Ausgliederung operativer Tätigkeiten aus dem Kernhaushalt in Eigengesellschaften führt vielfach zur Begründung einer steuerlichen Betriebsaufspaltung, da vielfach einzelne Vermögensgegenstände bei der jPdöR – zB

[7] So auch OFD Karlsruhe 19.7.2018, BeckVerw 438306, unter 2.
[8] BMF 12.11.2009, BStBl. I 2009, 1303 Rn. 94; OFD Karlsruhe 19.7.2018, BeckVerw 438306, unter 2.
[9] OFD Karlsruhe 19.7.2018, BeckVerw 438306.
[10] BMF 12.11.2009, BStBl. I 2009, 1303 Rn. 94.
[11] BFH 2.9.2009 – I R 20/09, BFH/NV 2010, 391; FG Düsseldorf 29.6.2010 – 6 K 2990/07 K, EFG 2010, 1732, rkr.; bestätigt durch FG Düsseldorf 18.3.2014 – 6 K 3493/11 K, EFG 2014, 1032, rkr.
[12] FG Köln 19.12.2013 – 10 K 2933/11, EFG 2014, 662, rkr.; bestätigend FG Hessen 16.5.2017 – 4 K 1060/13, EFG 2017, 1544.
[13] BFH 25.7.2002 – I B 52/02, BFH/NV 2002, 1341.
[14] Zust. Belcke/Westermann BB 2015, 1500; Streck/Schwedhelm/Olbing, 10. Aufl. 2021, KStG § 8 Rn. 531.
[15] OFD Karlsruhe 19.7.2018, BeckVerw 438306. So mittlerweile auch OFD NRW, „Arbeitshilfe zur Besteuerung der juristischen Personen des öffentlichen Rechts" 15.3.2019, 126, Rn. 16.1.
[16] Ebenso HHR/Kolbe KStG § 14 Rn. 58.
[17] So auch HHR/Bürstinghaus KStG § 8 Rn. 620.

zur Vermeidung einer Belastung mit Grunderwerbsteuer – zurückbehalten werden. Die Verpachtung nicht eines ganzen Betriebs, sondern nur einzelner Wirtschaftsgüter ist grds. dem Bereich der Vermögensverwaltung der jPdöR zuzuordnen. Liegen aber die personellen und sachlichen Voraussetzungen für eine Betriebsaufspaltung vor,[18] insbesondere also, wenn mindestens eine wesentliche Betriebsgrundlage an eine Eigengesellschaft verpachtet wird, die die jPdöR beherrscht, also eine Stimmenmehrheit innehat, so wird die Verpachtung als **Betriebsaufspaltungs-BgA** steuerlich erfasst.[19]

Für die Begründung eines Besitz-BgA ist der **Umfang der Verpachtungstätigkeit** **5025**
unerheblich. Ausreichend ist bereits die Verpachtung eines Wirtschaftsgutes, welches für die Betriebsgesellschaft eine wesentliche Betriebsgrundlage darstellt. Etwas anderes gilt nur ausnahmsweise dann, wenn das Wirtschaftsgut für die Betriebsgesellschaft funktional lediglich von untergeordneter Bedeutung ist.[20]

Die **Überlassung von Hoheitsvermögen** begründet allerdings keinen Betriebsaufspal- **5026**
tungs-BgA.[21] In einem solchen Fall werden auf Seiten der jPdöR die Pachteinnahmen steuerlich nicht erfasst, andererseits sind auf Seiten der nutzenden Eigengesellschaft die Pachtaufwendungen aber Betriebsausgaben.[22]

Kerngedanke der steuerlichen Betriebsaufspaltung ist nach heutigem Verständnis der **5027**
Rechtsprechung, dass bei Bestehen einer personellen und sachlichen Verflechtung, wenn also vorliegend die verpachtende jPdöR ihren Geschäfts- und Betätigungswillen auch in der nutzenden Eigengesellschaft durchsetzen kann, die Nutzungsüberlassung über eine reine Vermögensverwaltung hinausgeht.[23] Dann nimmt die an die Betriebsgesellschaft erfolgende Nutzungsüberlassung an den Risiken des Gewerbebetriebs der Betriebsgesellschaft teil und die Tätigkeit des Besitzunternehmens geht damit über eine bloße Vermögensverwaltung in Form der Fruchtziehung aus dem vorhandenen Vermögen hinaus; das BVerfG spricht von einer „qualifizierten Verpachtung".[24] In der vorliegenden Struktur bei Verpachtung durch eine jPdöR an eine von dieser beherrschten Beteiligungsgesellschaft ist die **Verpachtungstätigkeit als (originärer) BgA** iSd § 4 Abs. 1 KStG und nicht als steuerlich nicht relevante Vermögensverwaltung einzustufen.

Das **notwendige Betriebsvermögen des BgA-Betriebsaufspaltung** umfasst **5028**

- das überlassene Wirtschaftsgut bzw. die überlassenen Wirtschaftsgüter, einschließlich ggf. hierdurch veranlasste Darlehen und
- die Beteiligung an der Eigengesellschaft, zu der die personelle Verflechtung besteht;[25]
- ebenso sind von der jPdöR der Betriebsgesellschaft gewährte Darlehen und für diese übernommene Bürgschaften dem Besitz-BgA zuzurechnen und entsprechend die Zinsen und Avalprovisionen in diesem BgA steuerlich zu erfassen, wenn das Darlehen bzw. die Bürgschaft dazu dient, die Vermögens- und Ertragslage der Betriebsgesellschaft zu verbessern und damit den Wert der Beteiligung des Besitzunternehmens an der Betriebsgesellschaft zu erhalten oder zu erhöhen.[26]

---

[18] Vgl. EStH 15.7 Abs. 4 „Allgemeines".

[19] Hierzu Hidien/Jürgens Besteuerung öffentl. Hand, 2. Aufl. 2023, § 4 Rn. 464 ff.; Baldauf DStZ 2010, 523 (526 f.); BMF 12.11.2009, BStBl. I 2009, 1303 Rn. 17; vgl. FG Münster 30.6.2003 – 9 K 5219/99 K, 9 K 5222/99 K, EFG 2003, 1648, rkr.

[20] Vgl. hierzu BFH 18.9.2002 – X R 4/01, BFH/NV 2003, 41; 11.2.2003 – IX R 43/01, BFH/NV 2003, 910 mwN; 19.3.2009 – IV R 78/06, BStBl. II 2009, 803; 29.7.2015 – IV R 16/13, HFR 2016, 207 Rn. 16 mwN. Ausführlich Söffing/Micker, Die Betriebsaufspaltung, 9. Aufl. 2023, Rn. 144 f.; Schmidt/Wacker, 43. Aufl. 2024, EStG § 15 Rn. 813.

[21] So auch Brandis/Heuermann/Pfirrmann KStG § 4 Rn. 85; DPM/Krämer KStG § 4 Rn. 76 und Rn. 78.

[22] Ebenso DPM/Krämer KStG § 4 Rn. 76 und Rn. 78.

[23] Kritisch hierzu Kessler/Schreiber DStR 2024, 1569.

[24] BVerfG 25.3.2004 – 2 BvR 944/00, HFR 2004, 691. Hierzu nur Kirchhof/Seer/Krumm, 22. Aufl. 2023, EStG § 15 Rn. 76; KSM/Desens/Blischke EStG § 15 Rn. B 117 f.; Wacker FR 2021, 505 (513).

[25] Vgl. Gosch KStG/Märtens, 4. Aufl. 2020, KStG § 4 Rn. 97; HHR/Bürstinghaus KStG § 4 Rn. 59; Hidien/Jürgens Besteuerung öffentl. Hand, 2. Aufl. 2023, § 4 Rn. 466; FinMin NRW 11.3.1993, S 2706 – 12 – V B 4 /S 3501 – 3 – V A 4, FR 1993, 278.

[26] BFH 7.3.1978 – VIII R 38/74, BStBl. II 1978, 378; vgl. DPM/Krämer KStG § 4 Rn. 78.

Daher sind auch etwaige Gewinnausschüttungen der Betriebsgesellschaft steuerlich im Besitz-BgA zu erfassen und können so dazu beitragen, dass der Besitz-BgA mit Gewinnerzielungsabsicht betrieben wird; gleiches gilt für etwaige Wertsteigerungen der Beteiligung an der Betriebsgesellschaft.[27]

**5029** Im Hinblick auf **dauerdefizitäre Besitz-BgA**[28] vertritt die FinVerw die Auffassung, dass wenn im Falle des Bestehens einer Betriebsaufspaltung die in § 8 Abs. 7 S. 2 KStG aufgeführten Tätigkeiten ausschließlich von der Betriebsgesellschaft ausgeübt werden, § 8 Abs. 7 KStG auf den Besitz-BgA anzuwenden ist.[29] Diese Handhabung ist deutlich großzügiger als bei einem Verpachtungs-BgA.

**Beispiel:**[30]
Stadt B ist zu 100 % an der ÖPNV-GmbH beteiligt, die ihrerseits den (dauerdefizitären) ÖPNV im Stadtgebiet B unterhält. B überlässt die in ihrem Eigentum befindlichen Gleisanlagen entgeltlich an die ÖPNV-GmbH und erhebt aus verkehrspolitischen Gründen keine kostendeckende Pacht.
Steuerliche Würdigung: Die Überlassung erfüllt die Voraussetzungen einer Betriebsaufspaltung und führt zu einem dauerdefizitären Besitz-BgA. Dieser umfasst die überlassenen Gleisanlagen sowie die Beteiligung an der ÖPNV-GmbH. Auf den dauerdefizitären Besitz-BgA ist § 8 Abs. 7 KStG anzuwenden.

**5030** Allerdings muss in diesen Fällen stets beachtet werden, dass das Vorliegen einer Betriebsaufspaltung eine **Einnahmeerzielungsabsicht** voraussetzt.[31] Die FinVerw stellt insoweit ausdrücklich im Schreiben v. 15.12.2021[32] klar, dass insoweit

- hinsichtlich der Prüfung der Entgeltlichkeit die Grundsätze zu den Verpachtungs-BgA gelten und
- ergänzend „in einer Gesamtbetrachtung neben der Pacht auch erwartbare Dividenden und Wertzuwächse zu berücksichtigen“ sind.

**5031** Dieser BgA „Betriebsaufspaltung“ ist Gewerbebetrieb, da durch die Betriebsaufspaltung **originär gewerbliche Einkünfte** vorliegen,[33] so dass die Besitz-Gesellschaft als tauglicher Organträger einzustufen ist.[34] Bei bestehender Gewinnerzielungsabsicht unterliegt dieser der GewSt und ist als gewerbliches Unternehmen iSd § 2 GewStG einzustufen. In diesem Fall liegt mit dem Besitz-BgA ein tauglicher Organträger vor.

**5032–5042** *(einstweilen frei)*

## II. Kommunale Eigen-/Beteiligungsgesellschaft als Organträger

### 1. Kommunale Holding als Organträger

**5043** Die Bündelung verschiedener wirtschaftlicher Aktivitäten einer Kommune erfolgt vielfach über eine kommunale Holding. Hierfür sprechen zunächst vor allem **betriebswirtschaftliche Gründe.** Die Holding kann

- ein aktives Beteiligungsmanagement ausüben, ohne stets die Entscheidungsgremien auf Ebene der Kommune einbinden zu müssen;
- Finanzströme der Beteiligungsgesellschaften zusammenfassen und so bspw. Defizite einer Gesellschaft durch Überschüsse einer anderen Beteiligungsgesellschaft ausgleichen, ohne dass insoweit der kommunale Haushalt berührt wird und

27 BFH 2.9.2009 – I R 20/09, HFR 2010, 450.
28 Eine etwaige Abzugsbeschränkung nach § 3c Abs. 2 S. 6 EStG kann bei einem Besitz-BgA als Subjekt der Körperschaftsteuer nicht Anwendung finden.
29 BMF 15.12.2021, BStBl. I 2021, 2483.
30 Entnommen aus BMF 15.12.2021, BStBl. I 2021, 2483.
31 Vgl. HHR/Bürstinghaus KStG § 4 Rn. 59.
32 BMF 15.12.2021, BStBl. I 2021, 2483, Rn. 17 Satz 3 und 4.
33 EStH 15.7 Abs. 4 „Allgemeines“.
34 BMF 10.11.2005, BStBl. I 2005, 1038 Rn. 16.

– eine steuerliche Ergebnisverrechnung insbesondere durch Begründung von Organschaftsverhältnissen zu den Beteiligungsgesellschaften erreichen.[35]
– Auch regulatorische Vorgaben, wie bspw. nach dem EnWG können eine Trennung verschiedener Bereiche erforderlich machen.

Im Hinblick auf eine steuerliche Ergebnisverrechnung mittels ertragsteuerlicher Organschaft sind allerdings die **Restriktionen des § 8 Abs. 7 und Abs. 9 KStG** zu beachten – hierzu unten unter Rz. 40 ff. und Rz. 46 ff. **5044**

**Beispiel:** Stadtwerke Freiburg GmbH[36]

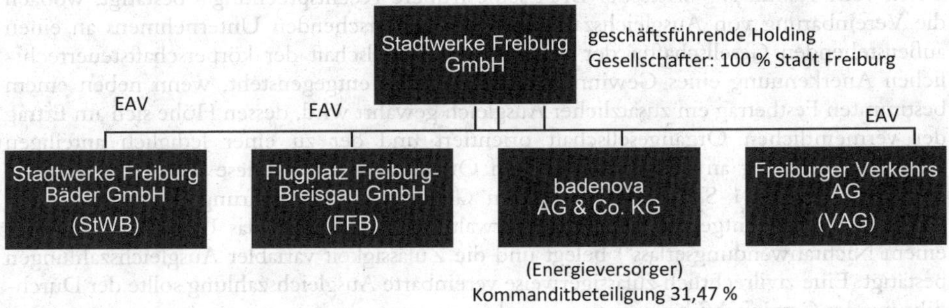


Die Stadtwerke Freiburg GmbH fungierte – wie in den Vorjahren – allein als geschäftsführende Holding für die VAG, die StWB und die FFB sowie als Verwalterin der Beteiligung an der badenova. Zudem stellt sie als Organträgerin den steuerlichen Querverbund zwischen den Tochtergesellschaften und den Gewinnausschüttungen der badenova AG & Co. KG her.

Ist die OT-Kapitalgesellschaft – wie im vorstehenden Beispiel – ihrerseits an Personengesellschaften beteiligt, so sind aufgrund der steuerlich transparenten Betrachtung der Personengesellschaft deren Tätigkeiten der OT-Kapitalgesellschaft zuzurechnen und gehen bei dieser in die Spartenrechnung ein.[37] Soweit die Personengesellschaft mehrere abgrenzbare Tätigkeiten ausübt, sind entsprechend der segmentierten Betrachtung die einzelnen Tätigkeiten der OT-Kapitalgesellschaft zuzurechnen. **5045**

**Beispiel:** Energieversorgungs- und Verkehrsgesellschaft mbH Aachen, Aachen[38]

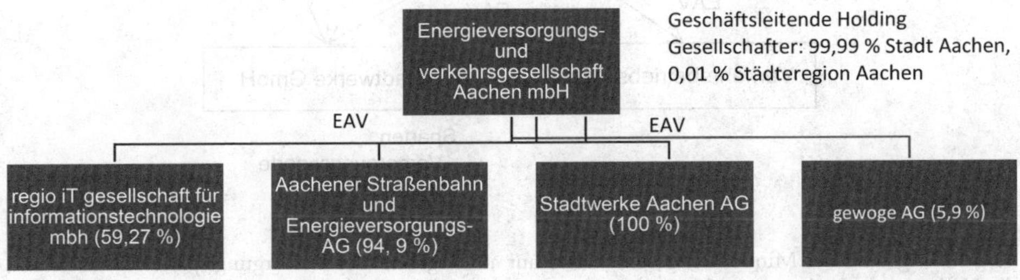


Hierzu wird im Geschäftsbetrieb ausgeführt: „Die Energieversorgungs- und Verkehrsgesellschaft mbH Aachen, Aachen, (E. V. A.) ist in ihrer Doppelfunktion als geschäftsführende Holding und als Dienstleistungsgesellschaft für sämtliche Konzern- und Beteiligungsgesellschaften tätig. Die Geschäftsgrundlage für ihre Stellung als Holding bilden die Beherrschungs- und Gewinnabführungsverträge mit den

35 Ausführlich hierzu Hidien/Jürgens/Schiffers Besteuerung öffentl. Hand, 2. Aufl. 2023, § 16 Rn. 217.
36 Quelle: Beteiligungsbericht der Stadt Freiburg.
37 So auch DPM/Krämer KStG § 8 Rn. 30c.
38 Quelle: Geschäftsbericht der Energieversorgungs- und Verkehrsgesellschaft mbH, Aachen für 2022.

Gesellschaften Aachener Straßenbahn und Energieversorgungs-AG, Aachen, (ASEAG) und Stadtwerke Aachen Aktiengesellschaft, Aachen, (STAWAG), die als zentrale Säulen der öffentlichen Daseinsvorsorge anzusehen sind und für den kommunalen und steuerlichen Querverbund stehen."

5046–5056 *(einstweilen frei)*

## 2. Grenzen der steuerlichen Anerkennung variabler Ausgleichszahlungen (§ 14 Abs. 2 KStG)

5057 **a) Problematik insbesondere in Strukturen des kommunalen Querverbunds.** Mit Urteil vom 10.5.2017[39] hatte der BFH seine frühere Rechtsprechung[40] bestätigt, wonach die Vereinbarung von Ausgleichszahlungen des beherrschenden Unternehmens an einen außenstehenden Gesellschafter der beherrschten Gesellschaft der körperschaftsteuerrechtlichen Anerkennung eines Gewinnabführungsvertrags entgegensteht, wenn neben einem bestimmten Festbetrag ein zusätzlicher Ausgleich gewährt wird, dessen Höhe sich am Ertrag der vermeintlichen Organgesellschaft orientiert und der zu einer lediglich anteiligen Gewinnzurechnung an den vermeintlichen Organträger führt. Diese Konstellation stehe dem in § 14 Abs. 1 S. 1 KStG geregelten Gebot der Vollabführung des Gewinns der Organgesellschaft entgegen. Die Finanzverwaltung hatte bereits das Urteil aus 2009 mit einem Nichtanwendungserlass[41] belegt und die Zulässigkeit variabler Ausgleichszahlungen bestätigt. Eine zivilrechtlich zulässigerweise vereinbarte Ausgleichszahlung sollte der Durchführung des Gewinnabführungsvertrags nicht entgegenstehen.

5058 In der Praxis wurden auf dieser Basis ertragsteuerliche Organschaften gestaltet. Insbesondere in **Strukturen des kommunalen Querverbundes** sind solche gewinnabhängigen Ausgleichszahlungen an Minderheitsgesellschafter anzutreffen, wenn an einem Teilbereich – regelmäßig der Versorgungssparte – auch ein privates Unternehmen beteiligt ist und dieses eben nur, aber auch in Höhe der Beteiligungsquote, am Ergebnis der Versorgungssparte partizipieren soll.[42] Beispielhaft wird dies an folgender Struktur skizziert:

5059 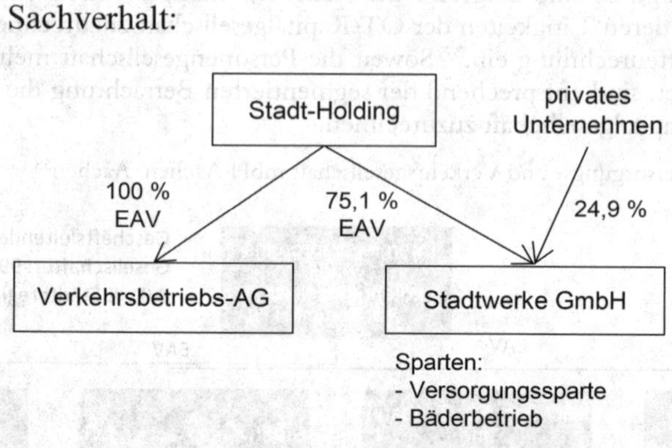


Regelmäßig wird der Minderheitsgesellschafter nur am Ergebnis der Versorgungssparte teilhaben und die Verluste aus der kommunalen Tätigkeit – hier: Bäderbetrieb – nicht (mit-)tragen. Die Ermittlung der Ausgleichszahlung an den Minderheitsgesellschafter erfolgt dann mittels Spartenergebnisrechnung, zB:

---

[39] BFH 10.5.2017 – I R 93/15, DStR 2017, 2429.

[40] BFH 4.3.2009 – I R 1/08, BStBl. II 2010, 407 und bereits BFH 31.1.1976 – I R 123/74, BStBl. II 1976, 510.

[41] BMF 20.4.2010, BStBl. I 2010, 372.

[42] Nur Jäckel/Schwarz DStR 2018, 433 (439).

| Stadtwerke GmbH | | | Gewinnverteilung Gesellschafter | |
|---|---|---|---|---|
| | Sparten-ergebnisrechnung | | Stadt 75,1% | Privater 24,9% |
| Gewinn Versorgungssparte | 1.000.000 € | | | |
| darauf Steuern (30 %) | 300.000 € | 1.300.000 € | 976.300 € | 323.700 € |
| Verlust Bäderbetrieb | - 100.000 € | | | |
| darauf Steuern (30 %) | - 30.000 € | - 130.000 € | - 130.000 € | |
| Jahresüberschuss | | 1.170.000 € | 846.300 € | 323.700 € |

**b) Gesetzliche Festschreibung der (begrenzten) Zulässigkeit variabler Ausgleichs-zahlungen.** Angesichts der bestätigten und eindeutigen Rechtsprechung des BFH war ein Festhalten der Finanzverwaltung an der bisherigen Nichtanwendungsreglung schwerlich möglich. Mit dem Gesetz zur Vermeidung von Umsatzsteuerausfällen[43] sollte der bisher von der FinVerw tolerierte Spielraum bei der Anerkennung von Ausgleichszahlungen gesetzlich festgeschrieben werden. In § 14 Abs. 2 KStG wurde eine **gesetzliche Fiktion** aufgenommen, nach der der ganze Gewinn auch dann als abgeführt iSd § 14 Abs. 1 S. 1 KStG gilt, wenn über den mindestens zugesicherten Betrag iSd § 304 Abs. 2 S. 1 AktG hinausgehende Ausgleichszahlungen vereinbart und geleistet werden, vorausgesetzt, dass die Ausgleichszahlung insgesamt den dem Anteil am gezeichneten Kapital entsprechenden Gewinnanteil des Wj. nicht überschreiten, der ohne Gewinnabführungsvertrag hätte geleistet werden können. 5060

Erfasst werden **Ausgleichszahlungen** an außenstehende Gesellschafter, die **als variable Größe** über die nach § 304 Abs. 2 S. 1 AktG im Grundfall als jährlicher Festbetrag ausgestaltete Garantiedividende hinausgehen. Die Ausgleichszahlungen können sowohl von der Organgesellschaft (Regelfall in der Praxis) als auch vom Organträger geleistet werden.[44] Auch wenn § 304 AktG wohl nach hM bei der GmbH nicht analog gilt, kann in einem Gewinnabführungsvertrag mit einer GmbH als beherrschtes Unternehmen entsprechendes vereinbart werden.[45] Insoweit ist darauf hinzuweisen, dass die vereinbarte Ausgleichsregelung stets gesellschaftsrechtlich zulässig sein muss, da es ansonsten bereits an dem zivilrechtlichen Wirksamkeitserfordernis für den Gewinnabführungsvertrag fehlt und damit die ertragsteuerliche Organschaft insgesamt scheitert. 5061

**c) Konsequenzen in der Praxis kommunaler Strukturen.** Die gesetzliche Festschreibung der grundsätzlichen steuerlichen Anerkennung variabler Ausgleichszahlungen ist zu begrüßen, da damit Rechtssicherheit geschaffen wurde. Bei der Gestaltung von Gewinnabführungsverträgen sind allerdings die verschärfend zur bisherigen Ansicht der FinVerw[46] eingeführten zwei gesetzlichen Voraussetzungen für die Anerkennung zu beachten, nämlich: 5062

1. die Begrenzung der Ausgleichszahlung auf den fiktiven Gewinnanteil, der ohne Gewinnabführungsvertrag bestehen würde und
2. der Kaufmannstest.

Im Falle der Vereinbarung einer variablen Ausgleichszahlung (Satz 1) muss die Ausgleichszahlung nach Satz 2 **gedeckelt sein auf den fiktiven Gewinnanteil,** der ohne Gewinnabführungsvertrag bestehen würde. Dabei stellt das Gesetz ausdrücklich auf den 5063

43 Gesetz zur Vermeidung von Umsatzsteuerausfällen beim Handel mit Waren im Internet und zur Änderung weiterer steuerlicher Vorschriften v. 11.12.2018, BGBl. I 2018, 2338.

44 Vgl. hierzu nur K. Schmidt/Lutter/Häller, Aktiengesetz, 4./5. Aufl., AktG § 304 Rn. 44 ff.; bestätigend BMF 4.3.2020, BStBl. I 2020, 256 Rn. 2.

45 Davon geht auch der BFH aus, vgl. BFH 10.5.2017 – I R 93/15, BStBl. II 2019, 278. Hierzu auch Scheuch FR 2021, 522 (523); DPM/Dötsch/Pung KStG § 14 Rn. 722; zweifelnd Brühl/Weiss BB 2020, 1436 (1438).

46 BMF 20.4.2010, BStBl. I 2010, 372.

Gewinnanteil ab, der dem Anteil am Grund- oder Stammkapital entspricht; inkongruente Gewinnvereinbarungen sind nicht möglich.[47]

Sind gewinnabhängige Ausgleichszahlungen zwar vereinbart, die variablen Betragskomponenten aber zB wegen eines niedrigen oder negativen Ergebnisses der Organgesellschaft in einem konkreten Wirtschaftsjahr nicht zu leisten und werden solche auch tatsächlich nicht geleistet, kommt § 14 Abs. 2 S. 1 KStG für dieses Wirtschaftsjahr nicht zur Anwendung.[48] Auch spartenbezogene Gewinnvereinbarungen sind unbeachtlich.[49]

Wird dieser Betrag überschritten, so scheitert die steuerliche Anerkennung der Organschaft in dem betreffenden Wirtschaftsjahr – nicht dagegen grundsätzlich (wirtschaftsjahrbezogene Betrachtung).[50] In der Praxis muss daher die vertragliche Regelung über die Ausgleichszahlung eine betragsmäßige Deckelung vorsehen.[51]

Gerade diese Begrenzung führt in kommunalen Strukturen nicht selten dazu, dass die Zielsetzungen der Gesellschafter durch die gesetzliche Neufassung nicht gedeckt sind.[52] So wäre im oben angeführten Beispiel die Ausgleichszahlung an den Minderheitsgesellschafter begrenzt auf 24,9 % von 1 170 000 EUR, also 291.330 EUR. Die typischerweise gewünschte Struktur, nach der der (private) Minderheitsgesellschafter ausschließlich am Ergebnis der Gewinnsparte partizipieren soll und die Verluste der kommunalen Aktivitäten (im obigen Beispiel: Bäderbetrieb) ausschließlich von dem kommunalen Anteilseigner getragen werden sollen („tracking stock-Struktur") werden gerade nicht durch die gesetzliche Neuregelung aufgefangen.[53] Dies wurde auch im Gesetzgebungsverfahren erkannt, aber die diesbezügliche Ausschussempfehlung fand keinen Eingang in das Gesetz.[54]

5064 Die Ausgleichszahlung muss nach Satz 3 zudem nach vernünftiger kaufmännischer Beurteilung wirtschaftlich begründet sein **(Kaufmannstest).** Ist der Minderheitsgesellschafter im Verhältnis zum Organträger ein fremder Dritter, so dürfte dieser Kaufmannstest also unproblematisch sein.[55] Bei fehlendem Interessengegensatz muss dieser Test sorgfältig erfolgen und dokumentiert werden.[56] Für die Praxis bleibt angesichts dieses unbestimmten Rechtsbegriffs allerdings eine Unsicherheit.[57] Allerdings trägt die Feststellungslast, dass die getroffene Vereinbarung nicht dem fremdüblichen entspricht, die FinVerw.[58]

5065 Soweit die Zielsetzungen der beteiligten Parteien sich unter den Rahmenbedingungen des § 14 Abs. 2 KStG nicht umsetzen lassen, sind folgende **alternative Strukturen** in Erwägung zu ziehen:[59]

– Einheitsgesellschaft: Im Falle einer Einheitsgesellschaft greifen die Restriktionen des § 14 Abs. 2 KStG nicht. In diesem Fall kann die wirtschaftlich sinnvolle Gewinnverteilung mittels entsprechender Gewinnverteilungsabreden (inkongruente Gewinnausschüttungen) sichergestellt werden, was in diesen Fällen auch von der Finanzverwaltung anerkannt wird.[60] Ob die Zusammenführung unterschiedlicher Aktivitäten in eine Einheitsgesellschaft betriebswirtschaftlich sinnvoll ist, bedarf einer Abwägung im Einzelfall.

---

47 Strittig; wie hier: Jauch/Hörhammer NWB 2018, 3890 (3893); Jauch DK 2019, 220 (224); Weiss/Brühl BB 2018, 2135 (2139); DPM/Dötsch/Pung KStG § 14 Rn. 739; BMF 4.3.2020, BStBl. I 2020, 256 Rn. 7; aA Hasbach DStR 2019, 81 (85); Hasbach DB 2020, 806 (809); Belcke/Westermann BB 2019, 1885 (1886).

48 BMF 4.3.2020, BStBl. I 2020, 256 Rn. 4.

49 BMF 4.3.2020, BStBl. I 2020, 256 Rn. 8.

50 BMF 4.3.2020, BStBl. I 2020, 256 Rn. 12.

51 So auch Nürnberg NWB 2018, 2860.

52 So auch die Stellungnahme des BDEW, VKU und VDV zum Regierungsentwurf eines Jahressteuergesetzes 2018 v. 10.10.2018.

53 So auch Belcke/Westermann BB 2018, 1431.

54 Empfehlungen der Ausschüsse, BR-Drs. 372/1/18 v. 11.9.2018.

55 Bestätigend BMF 4.3.2020, BStBl. I 2020, 256 Rn. 13.

56 Hierzu auch die Gesetzesbegründung, BT-Drs. 19/5595 v. 7.11.2018, 61 (elektronische Vorabfassung).

57 So auch Nürnberg NWB 2018, 2860 f.

58 So auch Weiss/Brühl BB 2018, 2135 (2139); DPM/Dötsch/Pung KStG § 14 Rn. 741.

59 Hierzu auch Jäckel/Schwarz DStR 2018, 433 (439).

60 BMF 17.12.2013, BStBl. I 2014, 63.

– Trennung von Gewinn- und Verlustaktivitäten: Im oben geschilderten Beispiel könnte die Problematik der Begrenzung der Ausgleichszahlung dadurch gelöst werden, dass der Bäderbetrieb aus der Stadtwerke GmbH in eine Parallel-Gesellschaft überführt wird, die wiederum mittels Gewinnabführungsvertrag an die Stadt-Holding angebunden ist. Der Minderheitsgesellschafter würde dann die variable Ausgleichszahlung auf das Ergebnis der Versorgungssparte als einzige Sparte der Stadtwerke GmbH erhalten.
– Atypisch stille Gesellschaft: Der Minderheilsgesellschafter könnte statt über eine Kapitalbeteiligung in Form einer atypisch stillen Beteiligung an der Gewinnsparte beteiligt werden. In diesem Rahmen bestehen keine Restriktionen hinsichtlich der Gewinnverteilung auf den stillen Gesellschafter einerseits und den Geschäftsinhaber andererseits, soweit dies fremdüblich ist, was bei Partnern, die sich als fremde Dritte gegenüberstehen anzunehmen ist. Allerdings steht eine atypisch stille Beteiligung an der Organgesellschaft (nach strittiger und höchstrichterlich noch nicht entschiedener Auffassung) der Anerkennung der Organschaft im Wege.[61]
– Formwechsel in eine Personengesellschaft: Erfolgt ein Formwechsel in eine Personengesellschaft, so bestehen grds. keine Beschränkungen hinsichtlich der Gewinnverteilungsabrede. Wird die Beteiligung an dieser von einer städtischen Holding gehalten, so erfolgt eine Ergebniszurechnung ähnlich einer Organschaft. Allerdings kann dann keine gesellschaftsübergreifende Ergebnisverrechnung bei der Gewerbesteuer erreicht werden. Allerdings sind die Konsequenzen eines solchen Schrittes im Hinblick auf die transparente Betrachtung der Personengesellschaft sorgfältig zu prüfen und abzuwägen.
– Einlagen des Organträgers: Zielführend kann es sein, wenn der Organträger die Verluste der kommunalen Sparte durch Einlagen ausgleicht. Ein solcher Ertragszuschuss ist allerdings hinsichtlich der steuerlichen Folgen nicht vollständig abgesichert, da das BFH-Urteil v. 15.3.2017[62], welches sich gegen die Ansicht der FinVerw[63] wendet, nicht im BStBl. II veröffentlicht ist, also nicht über den entschiedenen Fall hinaus angewendet wird. Der BFH hat insoweit entschieden, dass der Ertragszuschuss eine verdeckte Einlage ist und damit zu einer Erhöhung des steuerlichen Einlagekontos der Organgesellschaft nach § 27 Abs. 1 S. 1 KStG führt. Das steuerliche Einlagekonto mindert sich sodann aber auf Grund einer Mehrabführung iSd § 27 Abs. 6 S. 1 KStG.

Dies verdeutlicht, dass für den konkreten Fall Alternativstrukturen gefunden werden können, die den neuen gesetzlichen Rahmenbedingungen genügen.

*(einstweilen frei)* **5066–5076**

### III. Besonderheiten bei der Ermittlung des Einkommens iSd § 15 KStG

#### 1. Dauerdefizitäre Tätigkeiten im Organkreis/verdeckte Gewinnausschüttungen

Für den Fall einer **strukturell dauerdefizitären kommunalen Eigengesellschaft** in der **5077**
Rechtsform einer GmbH hat der BFH im Urteil v. 22.8.2007[64] entschieden, dass ohne Zahlung eines (schuldrechtlich vereinbarten) Verlustausgleichs durch den Gesellschafter (Trägerkörperschaft), ggf. zuzüglich eines angemessenen Gewinnaufschlags, regelmäßig die Voraussetzungen einer vGA an die Trägerkörperschaft vorliegen. Denn ein ordentlicher und gewissenhafter Geschäftsleiter der Kapitalgesellschaft wäre nicht bereit, fortdauernde Verluste aus Tätigkeiten hinzunehmen, die an sich dem Gesellschafter obliegen und dort zu einem materiellen Vorteil in Gestalt der Vermeidung von Aufwendungen führen. Darüber hinaus ist der BFH in der vorgenannten Entscheidung davon ausgegangen, dass es in

[61] Nur BFH 31.3.2011 – I B 177/10, BFH/NV 2011, 1397; FG Düsseldorf 12.4.2021 – 6 K 2616/17 K,G,F, EFG 2021, 1052 mwN; Rev. BFH: I R 17/21. Ebenso BMF 20.8.2015, BStBl. I 2015, 649; aA vgl. die Nachweise in FG Düsseldorf 12.4.2021 – 6 K 2616/17 K,G,F, EFG 2021, 1052 Rn. 37.
[62] BFH 15.7.2017 – I R 67/15, DStR 2017, 1650.
[63] BMF 15.7.2013, BStBl. I 2013, 921.
[64] BFH 22.8.2007 – I R 32/06, BStBl. II 2007, 961.

mehrstufigen Beteiligungsketten zu einer vGA – bzw. bei Zwischenschaltung einer körperschaftsteuerlichen Organschaft zu vorweggenommenen Gewinnabführungen – entlang der Beteiligungskette bis zur Trägerkörperschaft als Obergesellschafterin kommt und diese vGA von einem gesellschaftsrechtlich veranlassten Verlustausgleich zu trennen ist.

**5078** In der Entscheidung vom 11.12.2018[65] bestätigt der BFH, dass Eigengesellschaften im Hinblick auf die Einkommensabgrenzung mittels vGA keine Sonderbehandlung aufgrund der Anteilseignerstruktur erfahren. Im Hinblick auf das Vorliegen einer möglichen vGA sind nicht nur Leistungsbeziehungen zwischen Eigengesellschaft und Trägerkörperschaft, wie zB die Bereitstellung von Hebedaten für Zwecke der Abwassergebührenerhebung oder Energie- und Wasserlieferungen zu prüfen, sondern auch der Fall, dass die Eigengesellschaft eine **dauerdefizitäre Tätigkeit aus gesellschaftsrechtlichen Gründen** ausübt. Denn dauerhafte Verluste würde ein ordentlicher und gewissenhafter Geschäftsführer einer Kapitalgesellschaft regelmäßig nicht hinnehmen. Vielmehr würde er von einem Gesellschafter, in dessen Interesse er den Verlust trägt, zumindest einen Ausgleich des Verlustes verlangen.[66] Ob dies auch für BgA gilt, hat der BFH mangels Entscheidungserheblichkeit bislang noch nicht klären müssen.[67]

**5079** Bestärkt wird dieser Tatbestand durch die **Sonderregelung zur Einkommensermittlung in § 8 Abs. 7 KStG.** Diese Vorschrift bekräftigt in Satz 1 explizit, dass die Ausübung eines Dauerverlustgeschäftes durch einen BgA oder eine Eigengesellschaft als vGA einzustufen ist. Allerdings bestimmt diese Vorschrift, dass die Rechtsfolgen einer vGA iSd § 8 Abs. 3 S. 2 KStG bei einer Eigengesellschaft bzw. einem BgA nicht bereits deshalb zu ziehen sind, weil dieser ein Dauerverlustgeschäft iSd § 8 Abs. 7 S. 2 KStG ausübt. Ein solcher Verlust führt also nicht zu einer Einkommenshinzurechnung und kann damit grundsätzlich zur Ergebnisverrechnung genutzt werden. Eine Belastung mit Kapitalertragsteuer auf die vGA ergibt sich nicht. Ausdrücklich gilt der Ausschluss der Rechtsfolgen der vGA nur für die in § 8 Abs. 7 S. 2 KStG genannten Dauerverlustgeschäfte. Das heißt, im Grundsatz ist bei BgA/kommunalen Eigengesellschaften das Vorliegen einer vGA zu prüfen und soweit kein begünstigtes Dauerverlustgeschäft vorliegt, sind die Rechtsfolgen einer vGA zu ziehen.[68] Damit ist die Rechtslage eben auch in dieser Hinsicht (zulasten der Steuerpflichtigen) klargestellt.

**5080** Die Prüfung einer vGA und entsprechend eines Dauerverlustgeschäftes nach § 8 Abs. 7 KStG ist nicht etwa im Hinblick auf den BgA bzw. die Tätigkeit der Eigengesellschaft insgesamt vorzunehmen, sondern **für den einzelnen Geschäftsvorfall.**[69] Auch wird das Vorliegen einer vGA nicht dadurch gehindert, dass der BgA bzw. die Eigengesellschaft auch andere gewinnbehaftete Einkunftsquellen hat. Insbesondere können Gewinnausschüttungen aus als gewillkürtes Betriebsvermögen eingelegten Beteiligungen vGA in Form eines Dauerverlustgeschäfts nicht verhindern. So stellt das FG Hessen in dem Urteil vom 14.9.2017[70] hinsichtlich der Prüfung einer Dauerverlusttätigkeit einer Eigengesellschaft, welche insbesondere verschiedene Stadthallen betrieb, auf die einzelne Tätigkeit ab und nicht etwa auf eine betriebsbezogene Betrachtung.[71] Beteiligungen an Kapitalgesellschaften sind (im Regelfall) den einzelnen Tätigkeiten des BgA nicht zuzuordnen.[72] In der Praxis ist also zunächst sorgfältig das jeweils maßgebende Geschäft abzugrenzen und die Abgrenzung

---

65 BFH 11.12.2018 – VIII R 44/15, HFR 2019, 676.

66 Vgl. Gosch KStG/Gosch, 4. Aufl. 2020, KStG § 8 Rn. 1040 f.

67 Ausdrücklich offen gehalten in BFH 25.7.2002 – I B 52/02, BFH/NV 2002, 1341. Hierzu ausführlich Becker/Kretzschmann DStR 2007, 1421.

68 So auch BMF 12.11.2009, BStBl. I 2009, 1303 Rn. 33.

69 BFH 11.11.2015 – I R 26/15, BStBl. II 2016, 489 mwN. Hierzu auch Hidien/Jürgens/Jürgens Besteuerung öffentl. Hand, 2. Aufl. 2023, § 5 Rn. 686 ff.

70 FG Hessen 14.9.2017 – 4 K 1822/15, EFG 2018, 473.

71 So für den vorliegenden Fall bereits Schiffers dSTG III./2015, 25.

72 So auch DPM/Krämer KStG § 8 Rn. 28 und 39; Bott/Walter/Bott KStG § 8 Rn. 1498; Gosch KStG/Gosch, 3. Aufl. 2016, KStG § 8 Rn. 1041.

zu dokumentieren. Nur auf dieser Basis kann der nachfolgende zweite Schritt in Gestalt der Prüfung einer etwaigen vGA erfolgen.

**Beispiel:** Urteilsfall BFH v. 11.12.2018[73].
Dem BFH-Urteil lag folgender Sachverhalt zu Grunde: Ursprünglich war die Klägerin, eine kommunale Gebietskörperschaft, an drei dauerdefizitären Tochtergesellschaften (A-GmbH., B-GmbH und C-GmbH) beteiligt. Gesellschaftsvertraglich bestand eine Verpflichtung, etwaige Verluste der Gesellschaften zu übernehmen. Daneben bestand eine Beteiligung an der Y-GmbH, welche wiederum Alleingesellschafterin der Z-GmbH war. Mit notariellem Vertrag v. 12.12.2003 übertrug die Klägerin ihre Beteiligungen an der A-GmbH, B-GmbH und C-GmbH ohne Gegenleistung auf die Z-GmbH, die zuvor ein Aktien-Paket erhalten hatte, aus dem sie Dividenden iHv 6 685 000 EUR im Jahr 2003 und iHv 5 511 000 EUR im Jahr 2004 bezog. Die Gewinnbezugsrechte für die A- und C-GmbH standen der Z-GmbH ab dem 1.1.2003 um 0:00 Uhr zu. Darüber hinaus wurde der Gesellschaftsvertrag der A-GmbH geändert und die Verpflichtung zum Verlustausgleich auf die Z-GmbH übertragen. Für die B- und die C-GmbH wurden entsprechende Änderungen der Gesellschaftsverträge in den Jahren 2004 bzw. 2006 vorgenommen. Zwischen der Y-GmbH und der Z-GmbH bestand ein Ergebnisabführungsvertrag. Die Struktur stellte sich mithin wie folgt dar:

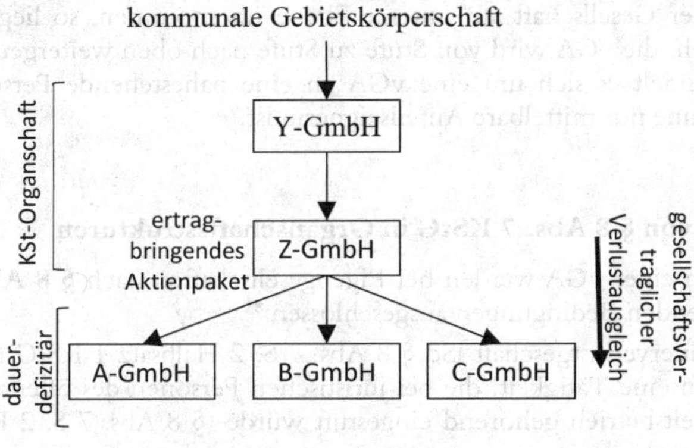


Die Z-GmbH leistete in den Streitjahren 2003 und 2004 Verlustausgleichszahlungen an alle drei Tochtergesellschaften. Dies wertet der BFH so, dass es bereits auf Ebene der A-, B- und C-GmbH zu vGA iSd § 8 Abs. 3 S. 2 KStG kommt, die über die Beteiligungskette bis zur Klägerin gelangen und dort die Voraussetzungen einer vGA iSd § 20 Abs. 1 Nr. 1 S. 2 EStG erfüllen.
Auch hat die Klägerin (also die kommunale Gebietskörperschaft) die streitigen Verluste getragen. Hierfür kommt es nicht auf eine etwaige Verpflichtung der Klägerin an, sondern ausschließlich darauf, dass die Klägerin die Verluste tatsächlich wirtschaftlich getragen hat.[74] Auch eine mittelbare Tragung der Verluste durch den öffentlich-rechtlichen Anteilseigner reicht aus.[75] Im Streitfall hat die Klägerin die Z-GmbH mit dividendenträchtigen Beteiligungen ausgestattet, um ihr den Ausgleich der Verluste der A-, B- und C-GmbH zu ermöglichen. Dadurch hat sie auf die entsprechenden Dividendeneinnahmen verzichtet und die Verluste mittelbar selbst getragen.
Die Wirkungen einer vGA schieden vorliegend nach § 8 Abs. 7 KStG nur aus hinsichtlich der Verluste der B-GmbH. Das von der B-GmbH betriebene Dauerverlustgeschäft wurde aus kulturpolitischen Gründen betrieben. Hinsichtlich der Tätigkeiten der A- und C-GmbH lagen keine begünstigten Dauerverlustgeschäfte iSd § 8 Abs. 7 S. 2 KStG vor.

Wird eine vGA nicht von der Schutzwirkung des § 8 Abs. 7 KStG erfasst, kann der **5081**
Belastung mit Kapitalertragsteuer vielfach dadurch begegnet werden, dass eine **Verrechnung der vGA mit dem steuerlichen Einlagenkonto** ermöglicht wird. Gelten für die vGA Beträge aus dem steuerlichen Einlagekonto iSd § 27 KStG als verwendet, so erzielt

73 BFH 11.12.2018 – VIII R 44/15, HFR 2019, 676.
74 Bott/Walter/Bott KStG § 8 Rn. 1452; Frotscher/Drüen/Frotscher KStG § 8 Rn. 606; Gosch KStG/Gosch, 4. Aufl. 2020, KStG § 8 Rn. 1043g; Schnitger/Fehrenbacher/Kohlhepp KStG § 8 Rn. 848; DPM/Krämer KStG § 8 Abs. 7 Rn. 59b.
75 Vgl. BFH 9.11.2016 – I R 56/15, BStBl. II 2017, 498; HHR/Bürstinghaus KStG § 8 Rn. 558.

die Trägerkörperschaft nach § 20 Abs. 1 Nr. 10 Buchst. b Satz 5 iVm Abs. 1 Nr. 1 S. 3 EStG keine der Kapitalertragsteuer unterliegenden Einnahmen aus Kapitalvermögen.[76] Dies erfordert allerdings zwingend eine rechtzeitige Bescheinigung der Einlagekontoverwendung, da diese ansonsten durch die Verwendungsfestschreibung nach § 27 Abs. 5 KStG gesperrt wird. Dies erfordert ggf. auch die Erklärung etwaiger verdeckter Gewinnausschüttungen – so insbesondere bei nicht durch § 8 Abs. 7 KStG geschützten Dauerverlusten.

**5082** In Erwägung gezogen werden kann, die Annahme einer vGA dadurch zu verhindern, dass die entsprechende Tätigkeit seitens des Gesellschafters ertragsmäßig positiv gestellt wird. Eine derartige Gestaltung wurde von der FinVerw ausdrücklich für Wirtschaftsförderungsgesellschaften bestätigt, deren Verlust nach hM nicht in den Schutzbereich des § 8 Abs. 7 KStG fallen.[77] Hinsichtlich der Gewährung des Zuschusses muss die Gestaltung dahin gehen, dass dieser ertragswirksam zu vereinnahmen ist und nicht etwa steuerlich erfolgsneutral in das Eigenkapital eingeht.[78] Im Zweifel darf kein freiwilliger Betriebskostenzuschuss geleistet werden, sondern es muss sich um einen verpflichtenden **Ertragszuschuss** auf vertraglicher Grundlage handeln.[79]

**5083** Wird in einer mehrstufigen Kapitalgesellschaftsstruktur eine dauerdefizitäre des Gesellschafters von einer Gesellschaft auf unterer Ebene übernommen, so liegt eine sog. **Ketten-vGA** vor. D. h. die vGA wird von Stufe zu Stufe nach oben weitergereicht.[80] Systematisch gesehen handelt es sich um eine vGA an eine nahestehende Person, da die empfangende Kommune nur mittelbare Anteilseignerin ist.

**5084–5094** *(einstweilen frei)*

### 2. Anwendung von § 8 Abs. 7 KStG in Organschaftsstrukturen

**5095** Die Rechtsfolgen einer vGA werden bei Eigengesellschaften nach **§ 8 Abs. 7 S. 1 Nr. 2 KStG** unter folgenden Bedingungen ausgeschlossen:[81]

- Es wird ein Dauerverlustgeschäft iSd § 8 Abs. 7 S. 2 Halbsatz 1 KStG betrieben oder es handelt sich um eine Tätigkeit, die bei juristischen Personen des öffentlichen Rechts als zu einem Hoheitsbetrieb gehörend eingestuft würde (§ 8 Abs. 7 S. 2 Halbsatz 2 KStG) und
- die Mehrheit der Stimmrechte entfällt unmittelbar oder mittelbar auf juristische Personen des öffentlichen Rechts und
- nachweislich tragen ausschließlich diese Gesellschafter die Verluste aus den Dauerverlustgeschäften.[82] Ausreichend ist eine mittelbare Verlusttragung.[83]

**5096** Insoweit bestimmt allerdings **§ 15 S. 1 Nr. 4 KStG** für den Fall einer Organschaft dass

- § 8 Abs. 3 S. 2 und Abs. 7 KStG bei der Organgesellschaft auf Dauerverlustgeschäfte iSd § 8 Abs. 7 S. 2 KStG nicht anzuwenden ist, sondern

---

76 Hierzu nur Bott DStZ 2009, 710.

77 Vgl. FinMin Schleswig-Holstein 20.3.2013 – VI 3010 – S 0177 – 010, StEd 2013, 282, BeckVerw 270720.

78 So auch DPM/Krämer KStG § 8 Abs. 7 Rn. 30; Strahl KÖSDI 2011, 17546 (17555); Feldgen/Feldgen, verdeckte Gewinnausschüttung/verdeckte Einlage, Teil 5 Rn. B 5. Zur Abgrenzung bspw. HHR/Clausen EStG § 5 Rn. 1611.

79 So FinMin Schleswig-Holstein 20.3.2013 – VI 3010 - S 0177 - 010, StEd 2013, 282, BeckVerw 270720; Gosch KStG/Gosch, 4. Aufl. 2020, KStG § 8 Rn. 1041.

80 Hierzu ausführlich DPM/Lang KStG § 8 Abs. 3 Teil C Rn. 816.

81 Ausführlich Bott/Walter/Bott KStG § 8 Rn. 1525 ff.; Leippe DStZ 2010, 107; Pinkos DStZ 2010, 97; Strahl DStR 2010, 193. Im Ergebnis erfolgte eine Festschreibung der früheren Verwaltungsauffassung; vgl. BMF 7.12.2007, BStBl. I 2007, 905 und OFD Rheinland 21.8.2008 – S 2742 – 1013 – St 134, DB 2008, 2055, BeckVerw 126831. Zu Fragen der Schranken des europäischen Beihilferechts vgl. Weitemeyer FR 2009, 1. Zu den Änderungen BMF 12.11.2009, BStBl. I 2009, 1303.

82 Hierzu BayLfSt 18.10.2010 – S 2706.1.1-14/2 St 31, DStR 2010, 2636.

83 BFH 22.8.2007 – I R 32/06, BStBl. II 2007, 961.

– wenn in dem dem Organträger zugerechneten Einkommen Verluste aus Dauerverlustgeschäften iSd § 8 Abs. 7 S. 2 KStG enthalten sind, § 8 Abs. 3 S. 2 und Abs. 7 KStG bei der Ermittlung des Einkommens des Organträgers anzuwenden ist.

Mithin ist das **Einkommen der Organgesellschaft** mit dem Verlust aus dem Dauerverlustgeschäft und ohne eventuelle außerbilanzielle vGA-Korrektur (also Ausschluss der Rechtsfolgen des § 8 Abs. 3 S. 2 KStG) zu ermitteln und dem Organträger zuzurechnen.[84] Dies betrifft allerdings ausdrücklich nur verdeckte Gewinnausschüttungen, die als Dauerverlustgeschäfte iSd § 8 Abs. 7 S. 2 KStG einzustufen sind und nicht etwa andere verdeckte Gewinnausschüttungen. Dies bedeutet auch, dass die Prüfung, ob ein Dauerverlustgeschäfte iSd § 8 Abs. 7 S. 2 KStG vorliegt, bereits auf Ebene der Organgesellschaft vorzunehmen ist.[85] Tätigt die Organgesellschaft dagegen als vGA einzustufende Geschäfte, die nicht als Dauerverlustgeschäft iSd § 8 Abs. 7 S. 2 KStG einzustufen sind, so erfolgt bei dieser eine außerbilanzielle Korrektur nach § 8 Abs. 3 S. 2 KStG, welche sich auf das dem Organträger zuzurechnende Einkommen auswirkt.[86] **5097**

Sodann sind § 8 Abs. 3 S. 2 und Abs. 7 KStG in Bezug auf das dem Organträger zugerechnete Einkommen, welches Verluste aus Dauerverlustgeschäften iSd § 8 Abs. 7 S. 2 KStG enthält, bei der Ermittlung des **Einkommens des Organträgers** anzuwenden. Damit sind die Rechtsfolgen des § 8 Abs. 7 KStG – also das Suspendieren der Rechtsfolgen des § 8 Abs. 3 S. 2 KStG – auf Ebene des Organträgers für den gesamten Organkreis zu ziehen. Im Ergebnis erfolgt dann aufgrund der Anwendung des § 8 Abs. 7 KStG beim Organträger ebenfalls keine außerbilanzielle Korrektur des Verlusts aus dem Dauerverlustgeschäft. Damit wird die Wirkung des § 8 Abs. 7 KStG in Organkreisen sichergestellt vor dem Hintergrund, dass die Anwendung des § 8 Abs. 7 KStG erfordert, dass die Gesellschaft das Dauerverlustgeschäft selbst trägt, was ansonsten in Frage stünde, wenn das Dauerverlustgeschäft von einer Organgesellschaft betrieben würde, die Besteuerung aber erst auf Ebene des Organträgers erfolgen würde.[87] **5098**

In der Praxis muss beachtet werden, dass insoweit ein **Informationsaustausch zwischen Organgesellschaft und Organträger** über die Einstufung etwaiger Verlusttätigkeiten und deren Einstufung in Hinblick auf § 8 Abs. 3 S. 2 KStG und im Hinblick auf § 8 Abs. 7 KStG erfolgen muss. Nur eine insoweit gleiche Wertung auf beiden Ebenen führt zu konsistenten Besteuerungsergebnissen. Problematisch kann sein, dass einerseits die Prüfung, ob eine Dauerverlusttätigkeit iSd § 8 Abs. 7 S. 2 KStG vorliegt auf Ebene der Organgesellschaft erfolgen muss, das Vorliegen der persönlichen Voraussetzungen des § 8 Abs. 7 S. 1 Nr. 2 S. 2 KStG dagegen auf Ebene des Organträgers zu prüfen ist. **5099**

Die insoweit getroffenen Wertungen der Organgesellschaft gehen in die **gesonderte Feststellung nach § 14 Abs. 5 KStG** ein.[88] D.h. es ist gesondert festzustellen, dass Dauerverluste iSd § 8 Abs. 3 S. 2, Abs. 7 KStG im zugerechneten Einkommen der Organgesellschaft enthalten sind. Diese gesonderte Feststellung hat in Bezug auf die Besteuerung beim Organträger insoweit Grundlagenfunktion und Bedeutung insbesondere für die Frage, ob die Spartenrechnung nach § 8 Abs. 9 KStG zur Anwendung kommt.[89] **5100**

Ist der **Organträger** keine Kapitalgesellschaft, sondern ein **BgA,** so stellt sich die Frage, ob auch in diesem Fall die Spartenrechnung zur Anwendung kommt. Dies vor dem Hintergrund, dass § 8 Abs. 9 KStG ausdrücklich hinsichtlich des persönlichen Anwendungsbereichs auf „Kapitalgesellschaften" abstellt. Zwar könnte argumentiert werden, dass **5101**

---

84 So auch Gosch KStG/Neumann, 4. Aufl. 2020, KStG § 15 Rn. 41; HHR/Herlinghaus KStG § 15 Rn. 77; Brandis/Heuermann/Rode KStG § 15 Rn. 42; BeckOK KStG/Pohl, 22. Ed. 15.9.2024, KStG § 15 Rn. 370.

85 Ebenso HHR/Herlinghaus KStG § 15 Rn. 77 und 81.

86 Vgl. Prinz/Witt Steuerliche Organschaft/Ballwieser/Hetzel, 3. Aufl. 2025, Rn. 24.53.

87 So auch BT-Drs. 16/10189, 112.

88 Vgl. Gosch KStG/Neumann, 4. Aufl. 2020, KStG § 14 Rn. 529c. Ebenso FG Münster 6.6.2024 – 13 K 780/22 F, BeckRS 2024, 20503 Rn. 42.

89 Vgl. Gosch KStG/Neumann, 4. Aufl. 2020, KStG § 14 Rn. 529f.

BgA steuerlich wie eine Kapitalgesellschaft behandelt werden („fiktive Kapitalgesellschaft"), doch erscheint diese weite Sichtweise gerade vor dem Hintergrund, dass der Gesetzgeber in § 8 Abs. 7 KStG ausdrücklich sowohl BgA als auch als zweiten Fall Kapitalgesellschaften anspricht, schwer zu vertreten. Offensichtlich existiert insoweit eine gesetzliche Lücke, denn das Erfordernis der Identifizierung von nach § 8 Abs. 7 KStG geschützten und von dieser Vorschrift nicht erfassten Dauerverlustgeschäften stellt sich ebenso in einem Organkreis, an dessen Spitze ein BgA als Organträger steht.

5102 Aus diesem Grund wendet die **FinVerw** § 8 Abs. 9 KStG auch dann an, wenn der Organträger keine Kapitalgesellschaft iSd § 8 Abs. 9 KStG, sondern ein BgA ist.[90] Hinsichtlich der Rechtsfolgen des § 8 Abs. 9 KStG macht insoweit die FinVerw keinen Unterschied zu einem Organkreis mit einer Kapitalgesellschaft als Organträger. Mithin sind auch die Tätigkeiten des Organträger-BgA in die Spartenrechnung mit einzubeziehen.[91]

5103 Einschränkend legt die FinVerw[92] jedoch in dieser Konstellation den Anwendungsbereich der Spartenrechnung aus. **Unterhält die Organgesellschaft kein Dauerverlustgeschäft** iSd § 8 Abs. 7 KStG, sondern ausschließlich der Organträger, so kommt – so auch der Wortlaut des § 15 Abs. 1 Nr. 5 Satz 2 KStG – die Spartenrechnung auf Ebene des Organträger-BgA nicht zur Anwendung.[93] In diesen Fällen will die FinVerw[94] vielmehr auf die eigenen Tätigkeiten des Organträger-BgA und die von den Organgesellschaften zugerechneten Tätigkeiten die Zusammenfassungsgrundsätze des § 4 Abs. 6 KStG anwenden, also eine Verrechnung von Ergebnissen aus verschiedenen Tätigkeiten nur insoweit zulassen, als eine Zusammenfassung nach § 4 Abs. 6 KStG möglich ist. Anwendungsfall ist, dass ein dauerdefizitärer BgA – zB Bäder-BgA – eine ertragsteuerliche Organschaft zu einer (gewinnträchtigen) Stadtwerke GmbH begründet. In diesem Fall wäre eine Verrechnung des von der Organgesellschaft zugerechneten Einkommens mit den Verlusten der Bäder-Tätigkeit nur möglich, wenn eine Zusammenfassung nach § 6 Abs. 6 Satz 1 Nr. 2 KStG hergestellt ist.

5104–5111 *(einstweilen frei)*

### 3. Spartenrechnung nach § 8 Abs. 9 KStG in Organschaftsfällen

5112 **a) Zielsetzung der Spartenrechnung und Anwendungsbereich.** Die körperschaftsteuerliche Organschaft führt im Grundsatz zu einer Saldierung der steuerlichen Ergebnisse der einzelnen in den Organkreis einbezogenen steuerlichen Einheiten. In Organkreisen unter Beteiligung der öffentlichen Hand soll allerdings sichergestellt werden, dass die **Verrechnung von Gewinnen und Verlusten** nur in dem Umfang erfolgt, als dies auch möglich wäre, wenn die Tätigkeiten des Organkreises bei der jPdöR selbst in Form von BgA ausgeübt würden. In letzterem Fall wäre eine Zusammenfassung unterschiedlicher Tätigkeiten, die als eigenständige BgA einzustufen wären, nur unter der Maßgabe des § 4 Abs. 6 KStG zulässig und damit wäre auch nur in diesem Rahmen die Möglichkeit der Verrechnung von Gewinnen und Verlusten eröffnet.

5113 Diese Gleichstellung für Organschaftsfälle soll mit der Spartenrechnung nach § 8 Abs. 9 KStG erreicht werden.[95] Folge der Anwendung des § 8 Abs. 9 KStG bei den einschlägigen Kapitalgesellschaften ist eine **spartenbezogene Ermittlung des Gesamtbetrags der Einkünfte;** es erfolgt keine einheitliche Ermittlung des Gesamtbetrags der Einkünfte (§ 8

---

90 BMF 12.11.2009, BStBl I 2009, 1303, Rn. 92.

91 Kritisch: Prinz/Witt Steuerliche Organschaft/Ballwieser/Hetzel, 3. Aufl. 2025, Rn. 24.64 ff.

92 OFD NRW, Arbeitshilfe zur Besteuerung der juristischen Personen des öffentlichen Rechts, Stand: 9.6.2022, S. 141.

93 So auch Prinz/Witt Steuerliche Organschaft/Ballwieser/Hetzel, 3. Aufl. 2025, Rn. 24.66.

94 OFD NRW, Arbeitshilfe zur Besteuerung der juristischen Personen des öffentlichen Rechts, Stand: 9.6.2022, S. 141.

95 Vgl. BT-Drs. 16/11108 v. 27.11.2008, 27. Bestätigend nur BFH 16.12.2020 – I R 50/17, BStBl. II 2021, 443 Rn. 14; BFH 23.9.2019 – I R 25/17, BFH/NV 2020, 522.

Abs. 9 S. 2 KStG); dazu regelt § 8 Abs. 9 S. 8 KStG die gesonderte Feststellung der spartenbezogenen Verluste.

Die Spartenrechnung auf der Ebene des Organträgers kommt auch dann zum Tragen, wenn der Organträger keine Kapitalgesellschaft, sondern ein BgA ist.[96] Die Spartenbildung ist losgelöst von der Frage vorzunehmen, ob die einzelnen Sparten einen Teilbetrieb bilden oder nicht.[97] **5114**

**b) Spartenrechnung auf Ebene des Organträgers.** § 15 S. 1 Nr. 5 KStG bestimmt, dass § 8 Abs. 9 KStG bei der Organgesellschaft nicht anzuwenden ist. Mithin ist für die Organgesellschaft das dem Organträger zuzurechnende Einkommen insgesamt für die gesamte Tätigkeit der Organgesellschaft festzustellen.[98] Sind in dem dem Organträger zugerechneten Einkommen Einkommen enthalten, auf die § 8 Abs. 7 S. 1 Nr. 2 KStG anzuwenden ist, ist § 8 Abs. 9 KStG vielmehr bei der **Ermittlung des Einkommens des Organträgers** anzuwenden. **5115**

Dies bedeutet, dass beim Organträger eine Spartenrechnung vorzunehmen ist, wenn § 8 Abs. 7 S. 1 Nr. 2 KStG zur Anwendung kommt, also **5116**

1. mindestens eine Dauerverlusttätigkeit iSv § 8 Abs. 7 S. 2 KStG
   – bei einer Organgesellschaft ausgeübt werden oder
   – der Organträger selbst ein Dauerverlustgeschäft iSv § 8 Abs. 7 S. 2 KStG ausübt

   und
2. der Organträger die persönlichen Voraussetzungen des § 8 Abs. 7 S. 1 Nr. 2 S. 2 KStG erfüllt, also die Mehrheit der Stimmrechte auf jPdöR entfällt und diese ausschließlich die Verluste aus dem Dauergeschäft tragen.[99]

Die zweitgenannte Bedingung muss auch erfüllt sein, da ansonsten die dauerdefizitäre Tätigkeit nicht den besonderen Rechtsfolgen des § 8 Abs. 7 KStG unterliegen würde und mithin aufgrund der Anwendung der vGA-Grundsätze eine Verrechnung der negativen Ergebnisse aus dieser Tätigkeit von vorneherein ausgeschlossen wäre.[100]

Hinzuweisen ist darauf, dass nach **Verwaltungsauffassung** die Spartenrechnung nach § 8 Abs. 9 KStG nur anzuwenden ist, „wenn für eine Kapitalgesellschaft § 8 Abs. 7 Satz 1 Nr. 2 KStG zur Anwendung kommt und diese

– mehr als eine Tätigkeit ausübt, die bei einer jPöR jeweils zu einem BgA führen würde, die ggf. aber nach § 4 Abs. 6 KStG zusammengefasst werden könnten,
– neben mindestens einer wirtschaftlichen Tätigkeit auch eine Tätigkeit im Sinne des § 8 Abs. 7 Satz 2 letzter Halbsatz KStG ausübt oder
– mehrere Tätigkeiten im Sinne des § 8 Abs. 7 Satz 2 letzter Halbsatz KStG ausübt.“[101]

Einigkeit besteht darüber, dass eine Spartenrechnung dann nicht zu erfolgen hat, wenn die Eigengesellschaft ausschließlich gewinnträchtige Tätigkeiten oder (daneben) nicht nach § 8 Abs. 7 KStG begünstigte Dauerverlustgeschäfte ausübt; im zweitgenannten Fall erfolgt eine Korrektur über § 8 Abs. 3 Satz 2 KStG.[102]

Für den gesamten Organkreis ist daher eine Spartenrechnung bereits dann vorzunehmen, wenn lediglich bei einer Organgesellschaft ein noch so geringfügiges Dauerverlustgeschäft ausgeübt wird. Dies bedeutet in der Praxis einen sehr hohen Aufwand für diese steuerliche Nebenrechnung. Vermeiden lässt sich dies nur dadurch, dass die entsprechende Organgesellschaft nicht in den Organkreis eingebunden wird.

---

96 Vgl. BMF 12.11.2009, BStBl. I 2009, 1303 Tz. 92 f.
97 BMF 12.11.2009, BStBl. I 2009, 1303 Rn. 77; Streck/Alvermann KStG § 8 Rn. 527; Gosch KStG/Gosch KStG § 8 Rn. 1044e.
98 Vgl. Prinz/Witt Steuerliche Organschaft/Ballwieser/Hetzel, 3. Aufl. 2025, Rn. 24.59.
99 So auch DPM/Krämer KStG § 8 Rn. 4.
100 Ebenso DPM/Krämer KStG § 8 Abs. 9 Rn. 4a (Stand: 1.12.2024).
101 BMF 12.11.2009, BStBl I 2009, 1303, Rn. 66. Zu Recht kritisch DPM/Krämer KStG § 8 Abs. 9 Rz. 4 (Stand: 1.12.2024).
102 Ebenso DPM/Krämer KStG § 8 Abs. 9 Rn. 4 (Stand: 1.12.2024).

5117 § 8 Abs. 9 KStG ist nur in den Veranlagungszeiträumen einschlägig, in denen die Eigengesellschaft die Voraussetzungen für die Ausnahmen vom Ansatz der vGA nach § 8 Abs. 7 S. 1 Nr. 2 KStG erfüllt. Wird dagegen – auch bei mehreren Tätigkeitsbereichen – überhaupt kein nach § 8 Abs. 7 KStG begünstigtes Dauerverlustgeschäft ausgeübt, kommt die Spartentrennung gem. § 8 Abs. 9 KStG nicht zur Anwendung, da dann die Ergebniskorrektur bei gesellschaftsrechtlich veranlassten Verlusten über den Ansatz einer vGA erfolgt.[103] Auch dann, wenn die Gesellschaft zwar (auch) begünstigte Dauerverlustgeschäfte iSd § 8 Abs. 7 S. 2 KStG ausübt, jedoch die persönlichen Voraussetzungen des § 8 Abs. 7 S. 1 Nr. 2 S. 2 KStG nicht erfüllt, kommt die Spartenrechnung nicht zur Anwendung, sondern die Verluste aus der nicht geschützten Tätigkeit werden durch den Ansatz von vGA kompensiert.[104]

5118 Soweit die Gesellschaft die **Voraussetzungen erst- oder letztmals erfüllt,** enthält § 8 Abs. 9 S. 6 und 7 KStG Sonderregelungen für vorhandene Verlustvorträge.

5119 § 15 S. 1 Nr. 4 KStG führt dazu, dass auf Ebene des Organträgers eine **Spartenrechnung für den gesamten Organkreis,** also unter Einbezug des Einkommens des gesamten Organkreises vorzunehmen ist. Von der Wirkung her wird eine spartenbezogene Verlustverrechnung über den gesamten Organkreis hinweg ermöglicht.[105]

5120 **c) Spartenbildung beim Organträger für den gesamten Organkreis.** Das dem Organträger zugerechnete Einkommen der Organgesellschaft(en) ist auf Ebene des Organträgers nach den allgemeinen Maßstäben des § 8 Abs. 9 S. 1 KStG den beim Organträger zu bildenden Sparten zuzuordnen (§ 15 S. 1 Nr. 5 S. 2 KStG). Innerhalb dieser Sparten ist dann § 8 Abs. 3 S. 2 und Abs. 7 KStG anzuwenden (§ 15 S. 1 Nr. 4 S. 2 KStG).

5121 § 8 Abs. 9 KStG sieht in S. 1 Nr. 1–3 in Abhängigkeit von der ausgeübten Tätigkeit jeweils eine gesonderte Zuordnung zu einer Sparte vor. Die einzelnen Tätigkeiten der Kapitalgesellschaft, bei denen die Regelungen des § 8 Abs. 7 S. 1 Nr. 2 KStG zur Anwendung kommen, sind den folgenden **Sparten** zuzuordnen:

- Zunächst sind Sparten iSd S. 1 Nr. 1 („hoheitliche" Dauerverlustgeschäfte),
- danach Sparten iSd S. 1 Nr. 2 Alt. 1 (zusammenfassbare Tätigkeiten),
- dann Sparten iSd S. 1 Nr. 2 Alt. 2 (nicht „hoheitliche" Dauerverlustgeschäfte) und
- schließlich Sparten iSd S. 1 Nr. 3 (übrige Tätigkeiten, dh nicht zusammenfassbare und nicht „hoheitliche" Tätigkeiten) zu bilden.

5122 Die **Anzahl der Sparten** ist nicht festgeschrieben, sondern passt sich den jeweiligen Tätigkeiten dynamisch an, sodass laufend neue Sparten hinzukommen bzw. vorhandene untergehen können.[106] Jede Änderung in der Tätigkeitsstruktur der Kapitalgesellschaft ist daher auf ihre Auswirkung hinsichtlich der Spartenzuordnung zu überprüfen.[107] Die nachfolgende Übersicht[108] skizziert – in komprimierter Form – die unterschiedlichen Fallgruppen des § 8 Abs. 9 S. 1 KStG.

| Sparten: | Sparten: | Sparten: | Sparten: |
|---|---|---|---|
| Hoheitliche Verlustgeschäfte gem. § 8 Abs. 9 S. 1 Nr. 1 KStG | Zusammenfassbare Tätigkeiten gem. § 8 Abs. 9 S. 1 Nr. 2 Alt. 1 KStG | Restliche Dauerverlustgeschäfte gem. § 8 Abs. 9 S. 1 Nr. 2 Alt. 2 KStG | Übrige Tätigkeiten gem. § 8 Abs. 9 S. 1 Nr. 3 KStG |

[103] Vgl. Streck/Alvermann KStG § 8 Rn. 520; Bott/Walter/Bott KStG § 8 Rn. 1565; DPM/Krämer KStG § 8 Rn. 4.

[104] Ebenso DPM/Krämer KStG § 8 Rn. 4a.

[105] So auch RHN/Rödder/Liekenbrock, 2. Aufl. 2023, KStG § 15 Rn. 147; DPM/Dötsch/Krämer KStG § 15 Rn. 99; Frotscher/Drüen/Frotscher KStG § 15 Rn. 147; Gosch KStG/Neumann, 4. Aufl. 2020, KStG § 15 Rn. 44.

[106] Vgl. Bracksiek FR 2009, 15; HHR/Bürstinghaus KStG § 8 Rn. 610.

[107] BMF 12.11.2009, BStBl. I 2009, 1303 Rn. 72; Streck/Alvermann KStG § 8 Rn. 528.

[108] So auch Fiand KStZ 2010, 49, ergänzt um Fiand KStZ 2015, 162.

| Sparten: | Sparten: | Sparten: | Sparten: |
|---|---|---|---|
| Jedes hoheitliche Dauerverlustgeschäft ist einer gesonderten Sparte zuzuordnen. | Zusammenfassbare Tätigkeiten sind jeweils einer gesonderten Sparte zuzuordnen. | Dauerverlustgeschäfte, die nicht aus einer hoheitlichen Tätigkeit stammen, sind jeweils gesonderten Sparten zuzuordnen. | Für die übrigen Tätigkeiten ist eine einheitliche (zusammenfassbare) Sparte zu bilden. |
| Beispiele: Abwasserentsorgung mit Verlusten; Restmüll- und Altpapierentsorgung mit Verlusten; Bildungspolitische Betätigungen mit Verlusten; Schulschwimmen | Beispiele: Zusammenfassung von Verkehrs- und Versorgungsbetrieben; Zusammenfassung von Bäder- und Versorgungsbetrieben, wenn eine enge technisch-wirtschaftliche Verflechtung besteht; Verschiedene Theater oder Museen | Beispiele: Nutzungsüberlassung einer Sport-, Stadt- oder Mehrzweckhalle; Bäderbetrieb (ohne Zusammenfassung); Verkehrsbetrieb (ohne Zusammenfassung) | Beispiele: Gewinnträchtiger Grundstückshandel; Gewinnträchtiger Abwasserentsorgungsbetrieb; Duales System; Gewerbliche Siedlungsabfälle; Gewerbemüllbeseitigung; Tiergarten; Zoologischer Garten |

Diese Spartenrechnung ist eine **rein steuerliche Nebenrechnung** zur Ermittlung der steuerlichen Bemessungsgrundlage. In der handelsrechtlichen Gewinnermittlung findet diese im Grundsatz keinen Niederschlag. Dennoch wird es angezeigt sein, die spartenbezogene Zuordnung von Aktiva, Passiva, Erträgen und Aufwendungen auch im Rechnungswesen bereits abzubilden, um die Spartenrechnung durchführen zu können. Möglich ist insoweit allerdings auch eine Differenzierung bspw. aus der Kostenrechnung heraus. 5123

**d) Rechtsfolgen der Spartenbildung nach § 8 Abs. 9 KStG.** Für jede sich nach § 8 Abs. 9 S. 1 KStG ergebende Sparte ist der Gesamtbetrag der Einkünfte getrennt zu ermitteln (1. Verfahrensstufe), hierbei sind insbes. § 8 Abs. 3 S. 2 und Abs. 7 KStG anzuwenden.[109] Nur Sparten, deren Gesamtbetrag der Einkünfte nicht negativ ist, sind bei der anschließenden Ermittlung des Einkommens der Eigengesellschaften (2. Verfahrensstufe) zu berücksichtigen.[110] Damit ergibt sich im Ergebnis eine **Segmentierung innerhalb der Einkommensermittlung** der Kapitalgesellschaft bzw. des BgA, die für unmittelbar unterhaltene BgA der jPdöR aus der grds. steuerlichen Einzelerfassung der wirtschaftlichen Tätigkeit und damit der getrennten Einkommensermittlung sowie der eingeschränkten Zusammenfassungsmöglichkeit nach § 4 Abs. 6 S. 1 KStG und der steuerlichen Unbeachtlichkeit von hoheitlichen Tätigkeitsfeldern resultiert.[111] Die Bildung der Sparten lässt die Steuerpflicht der Kapitalgesellschaft selbst unberührt.[112] Jedoch gehen in die KSt-Veranlagung (als Summe) nur die Ergebnisse derjenigen Sparten ein, die jeweils einen positiven Gesamtbetrag der Einkünfte erzielt haben.[113] Die Ergebnisse der übrigen Sparten sind nur für die spartenweise Feststellung der Verlustvorträge zu berücksichtigen.[114] 5124

Die spartenbezogene Einkommensermittlung erfordert zunächst eine spartenbezogene Gewinnermittlung. Für die Ermittlung der Spartenergebnisse sind die **Wirtschaftsgüter** 5125

[109] BMF 12.11.2009, BStBl. I 2009, 1303 Tz. 86.
[110] BMF 12.11.2009, BStBl. I 2009, 1303 Tz. 87; Brandis/Heuermann/Rengers KStG § 8 Rn. 1145; Bott/Walter/Bott KStG § 8 Rn. 1584; Streck/Alvermann KStG § 8 Rn. 529; Schiffers GmbH-StB 2009, 67.
[111] Bott/Walter/Bott KStG § 8 Rn. 1568.
[112] Roth, Der Gemeindehaushalt 2010, 14; Hüttemann DB 2009, 2629.
[113] Vgl. BMF 12.11.2009, BStBl. I 2009, 1303 Rn. 87 und KStR 7.1 Abs. 1. Ebenso DPM/Krämer KStG § 8 Abs. 9 Rn. 16.
[114] Vgl. DPM/Krämer KStG § 8 Abs. 9 Rn. 16.

**und die Geschäftsvorfälle** der Kapitalgesellschaft aus der für sie bestehenden Rechnungslegung den einzelnen Sparten in sachgerechter Weise rechnerisch zuzuordnen; dies gilt insbes. für Beteiligungen oder Finanzanlagen oder sonstiges gewillkürtes Betriebsvermögen.[115] Schulden sind ebenfalls den einzelnen Sparten sachgerecht unter Berücksichtigung eines wirtschaftlichen unmittelbaren Zusammenhangs zuzuordnen. Eine anteilige Zuordnung zB nach Tätigkeitszeiten der einzelnen Mitarbeiter dürfte zB bei Pensionsrückstellungen in Betracht zu ziehen sein.[116] Wird die spartenmäßige Zuordnung eines Wirtschaftsgutes geändert, führt dies nicht zur Realisierung stiller Reserven, da keine Verschiebung zwischen verschiedenen Besteuerungssubjekten erfolgt.[117]

**5126** Kommt es bei einer Kapitalgesellschaft iSd § 8 Abs. 7 und 9 KStG nach den Grundsätzen des BMF v. 4.7.2008[118] zur Anwendung des § 4h EStG bzw. § 8a KStG **(Zinsschranke),** ist der nicht abziehbare Betrag bzw. der Zinsvortrag nach BMF v. 12.11.2009[119] sachgerecht den einzelnen Sparten zuzuordnen, während eine spartenbezogene Ermittlung der Zinsschrankenbeträge unterbleibt.[120] Dies dürfte in gleicher Weise für einen evtl. bestehenden EBITDA-Vortrag gelten. Wie diese Zuordnung erfolgen soll, wird jedoch nicht aufgezeigt. Sachgerecht kann etwa eine Aufteilung nach der Kapitalverwendung in den einzelnen Sparten sein, wobei verschiedene Zinssätze durch eine Gewichtung berücksichtigt werden müssten.[121]

**5127** § 8 Abs. 9 S. 4 KStG enthält eine **„Spartensperre"** dergestalt, dass ein negativer Gesamtbetrag der Einkünfte einer Sparte immer nur mit der nämlichen Sparte und nicht mit einem positiven Gesamtbetrag einer anderen Sparte ausgeglichen oder nach Maßgabe des § 10d EStG im Rahmen des Verlustabzugs berücksichtigt werden darf. Ein Verlustabzug ist damit lediglich innerhalb einer Sparte zulässig; diese bildet damit einen geschlossenen Verlustverrechnungskreis.[122] Sofern keine veranlagungszeitraumübergreifende Verlustverrechnung erfolgt, bleiben die Jahresfehlbeträge aus den einzelnen Sparten im Rahmen der steuerlichen Einkünfteermittlung für den jeweiligen Veranlagungszeitraum unberücksichtigt, mithin setzt sich die steuerliche Bemessungsgrundlage dann aus den verbleibenden positiven Spartenergebnissen der Eigengesellschaft zusammen. Innerhalb einer Sparte lässt der Gesetzgeber somit eine steuerlich beachtliche Verlustverrechnung zu, die zB im Bereich des Querverbunds iSd § 4 Abs. 6 S. 1 Nr. 3 iVm § 4 Abs. 3 KStG zu einer wettbewerbsrelevanten Ergebnissaldierung mit außerbetrieblich bedingten Aufwendungen aus dauerdefizitären Tätigkeiten führt.[123] Ein Verlust in einer Sparte mindert nach § 10d EStG den positiven Gesamtbetrag der Einkünfte, der sich in dem unmittelbar vorangegangenen (Verlustrücktrag) und in den folgenden Veranlagungszeitraum (Verlustvortrag) für diese Sparte ergibt. Der sich hiernach pro Sparte ergebende verbleibende Verlustvortrag ist nach Maßgabe des § 10d Abs. 4 EStG gesondert festzustellen.[124]

**5128** Nicht abschließend geklärt ist, welche Informationen zur Spartenbildung **nach § 14 Abs. 5 KStG gesondert und einheitlich festgestellt** werden. Das FG Münster[125] zählt zu den festzustellenden Besteuerungsgrundlagen ferner den Umstand, dass im zuzurechnenden Einkommen der Organgesellschaft Einkommensteile enthalten sind, die unter § 8

[115] BMF 12.11.2009, BStBl. I 2009, 1303, Rn. 80–82; DPM/Krämer KStG § 8 Abs. 9 Rn. 16.
[116] Bott/Walter/Bott KStG § 8 Rn. 1579.
[117] BMF 12.11.2009, BStBl. I 2009, 1303 Rn. 80; DPM/Krämer KStG § 8 Abs. 9 Rn. 16; Brandis/Heuermann/Rengers, KStG, § 8 Rn. 1146; HHR/Bürstinghaus KStG § 8 Rn. 617; Rang/Baldauf DStZ 2014, 38; RHN/Paetsch, 2. Aufl. 2023, KStG § 8 Rn. 1898; aA Gosch KStG/Gosch, 4. Aufl. 2020, KStG § 8 Rn. 1144g.
[118] BMF 4.7.2008, BStBl. I 2008, 718 Rn. 91–93.
[119] BMF 12.11.2009, BStBl. I 2009, 1303 Rn. 85.
[120] Bott/Walter/Bott KStG § 8 Rn. 1583; Brandis/Heuermann/Rengers KStG § 8 Rn. 1146.
[121] Fiand KStZ 2010, 49.
[122] RHN/Paetsch KStG § 8 Rn. 1902.
[123] Krit. Bott/Walter/Bott KStG § 8 Rn. 1588; Heger FR 2009, 301.
[124] BMF 12.11.2009, BStBl. I 2009, 1303 Rn. 89.
[125] FG Münster 6.6.2024 – 13 K 780/22 F, EFG 2024, 1706, Rev. BFH: I R 18/24; bestätigt durch FG Münster 25.11.2024 – 10 K 781/22 K,F, BeckRS 2024, 41060.

Abs. 7 Satz 1 Nr. 2 KStG 2002 idF des JStG 2009 fallen, also ein begünstigtes Dauerverlustgeschäft darstellen.[126] Darüber hinaus sollen zu den „damit zusammenhängende(n) andere(n) Besteuerungsgrundlagen", die mit Bindung für die Organgesellschaft und den Organträger gesondert und einheitlich festgestellt werden, nicht gehören eine Tätigkeitsbeschreibung der Organgesellschaft sowie die Höhe des auf die festgestellte Tätigkeit entfallenden Gesamtbetrags der Einkünfte zur Vorbereitung der Spartentrennung iSd § 8 Abs. 9 KStG.[127] Das FG sieht insoweit in dem unscharfen Wortlaut des § 14 Abs. 5 KStG keine ausreichende Grundlage für solche Feststellungen. Dies ist in der Fachliteratur umstritten.[128] Abzuwarten bleibt im Hinblick auf den Umfang der nach § 14 Abs. 5 KStG festzustellenden Daten nun das beim BFH unter dem Az. I R 18/24 anhängige Revisionsverfahren. Der Argumentation des FG kann insoweit gefolgt werden, als auf Ebene der Organgesellschaft nicht abschließend beurteilt werden kann, welche Tätigkeitsabgrenzung für die Spartenrechnung beim Organträger von Bedeutung ist. Insbesondere die Frage, ob gleichartige oder zusammenfassbare Tätigkeiten iSd Spartenrechnung vorliegen, kann auf Ebene der einzelnen Organgesellschaft nicht beantwortet werden. Andererseits führt die Sichtweise des FG dazu, dass auf Ebene des Organträgers für Zwecke der Spartenrechnung umfangreiche Ermittlungen über den gesamten Organkreis hinweg erfolgen müssen. Insoweit verbleibt es bei der Feststellung, dass die Spartenrechnung im Organkreis in der Praxis äußerst aufwendig und in vielen Fällen letztlich praktisch auch kaum zu handhaben ist.e) Aufnahme oder Beendigung einer einzelnen Tätigkeit

Bei der Spartenrechnung für einen Organkreis stellen sich insbesondere Fragen der Neubildung bzw. Aufgabe einzelner Sparten, was zur **Einfrierung von bestehenden Verlustvorträgen** führen kann. Diese Problematik ist im Organkreis besonderes relevant, da insoweit alle Tätigkeiten im Organkreis einzubeziehen sind, also bspw. auch die Neuaufnahme bzw. Aufgabe von Tätigkeiten bei anderen rechtlichen Einheiten bzw. gar bei rechtlichen Einheiten, die selber gar keine Dauerverlusttätigkeiten iSd § 8 Abs. 7 S. 2 KStG betreiben. **5129**

Insoweit ist wie folgt zu differenzieren **5130**

| Fall | Aufnahme/Einstellung von … | Folge bei der Spartenbildung |
|---|---|---|
| 1 | gleichartigen Tätigkeit iSd § 4 Abs. 6 S. 1 Nr. 1 KStG | Keine Änderung der Spartenbildung, da dann die nämliche Sparte in ihrer veränderten Form fortgeführt wird[129] |
| 2 | Nicht gleichartige Tätigkeit | separate Sparte |
| 3 | nicht gleichartigen, aber nach § 4 Abs. 6 S. 1 Nr. 2 und 3 KStG zusammenfassbare Tätigkeit | führt nach § 8 Abs. 9 S. 3 KStG zur **Aufgabe einer Sparte bzw. zur Bildung einer neuen (zusammengefassten) Sparte,**[130] so dass bestehende Verlustvorträge in der neuen Sparte nicht weiter genutzt werden können |

[126] In diesem Sinne auch Schnitger/Fehrenbacher/Brink, KStG, 2. Aufl. 2018, § 14 Rn. 682h; Gosch/Neumann, KStG, 4. Aufl. 2020, § 14 Rz. 529c.

[127] So im Ergebnis Hölzer DB 2020, 1700 (1708); aA bspw. DPM/Krämer KStG § 15 Rn. 100c; Schiffers DStZ 2018, 417 (429); ähnlich Brandis/Heuermann/Rode KStG § 14 Rn. 304: Bildung von in dem konkreten Einkommen enthaltenen Verlustverrechnungskreisen.

[128] Entsprechend der Auffassung des FG Münster auch Hölzer DB 2020, 1700 (1708) f.; aA dagegen DPM/Krämer § 15 KStG Rn. 100c; Schiffers DStZ 2018, 417 (429); ähnlich Brandis/Heuermann/Rode KStG § 14 Rn. 304: Bildung von in dem konkreten Einkommen enthaltenen Verlustverrechnungskreisen.

[129] Vgl. BMF 12.11.2009, BStBl. I 2009, 1303 Rn. 73.

[130] So BMF 12.11.2009, BStBl. I 2009, 1303 Rn. 75.

| Fall | Aufnahme/Einstellung von … | Folge bei der Spartenbildung |
|---|---|---|
| 4 | übrige Tätigkeiten iSd § 8 Abs. 9 S. 1 Nr. 3 KStG | Keine Änderung der Spartenbildung, da diese Tätigkeiten insgesamt eine einheitliche Sparte bilden und „Veränderungen in der „übrigen Sparte" (§ 8 Abs. 9 S. 1 Nr. 3 KStG) […] zu Änderungen in dieser Sparte und der Fortführung dieser Sparte in der veränderten Form [führen]"[131] |

**5131** Kern der Problematik ist, dass nach dem Gesetzeswortlaut davon auszugehen ist, dass eine Zusammenfassung unter Beachtung der Grundsätze des § 4 Abs. 6 KStG bei der Spartenbildung zwingend zu erfolgen hat.[132] Dabei geht die wohl hM davon aus, dass eine **Zusammenfassung in größtmöglichem Rahmen** erfolgen muss.[133] Dies stellt eine Ungleichbehandlung zu den BgA dar, bei denen die Zusammenfassung im Ermessen des Stpfl. liegt.[134] Daher wird mE zutreffend angenommen, dass bei Wahlrechten zur Zusammenfassung von Tätigkeiten in Sparten auf die vom Stpfl. geltend gemachten Zusammenfassung abzustellen ist.[135] Dies würde dann konsequenterweise aber auch bedeuten, dass die Aufnahme einer neuen nach § 4 Abs. 6 S. 1 Nr. 2 und 3 KStG zusammenfassbare, aber nicht gleichartigen Tätigkeit nicht zur Auflösung der bisherigen Sparte führen würde, wenn das Wahlrecht zur Zusammenfassung mit den bisherigen, diese Sparte ausmachenden Tätigkeiten nicht ausgeübt würde.

**5132** Der BFH hat nun allerdings bestätigt, dass bei Aufnahme einer weiteren, nicht gleichartigen Tätigkeit iSd § 4 Abs. 6 S. 1 Nr. 1 KStG eine neue Sparte zu bilden ist.[136] Die Gleichartigkeit iSv § 8 Abs. 9 S. 3 Hs. 1 KStG ist tätigkeitsbezogen auszulegen, sodass die Voraussetzungen von § 4 Abs. 6 S. 1 Nr. 2 und 3 KStG ohne Bedeutung sind. Dabei stellt der BFH heraus, dass eine Gleichartigkeit idS von Verkehrs- und Versorgungsbetrieben zu verneinen sei. Der BFH weist ausdrücklich darauf hin, dass sofern dem in Rz. 79 des BMF-Schreibens v. 12.11.2009[137] gebildeten Beispiel zur „neue[n] Sparte Stromversorgung/Verkehrsbetrieb/Wasserversorgung" ein anderes Verständnis zugrunde liegen sollte, sich der erkennende Senat dem nicht anschließt.

**5133** Wird – bei welcher rechtlichen Einheit des Organkreises auch immer – eine **neue Tätigkeit aufgenommen** oder eine bestehende Tätigkeit aufgegeben, so ist stets zu prüfen, ob diese in Bezug auf bestehende Sparten beim Organträger

- eine gleichartige Tätigkeit iSd § 4 Abs. 6 S. 1 Nr. 1 KStG darstellt: dann wird die bestehende Sparte in der um die neue Tätigkeit erweiterten Form fortgeführt (Umkehrschluss aus § 8 Abs. 9 S. 3 KStG) oder
- eine nicht gleichartige, aber zusammenfassbare Tätigkeit ist: dann entsteht zwingend eine neue Sparte aus den bisher ausgeübten Tätigkeiten und der hiermit zusammenfassbaren neu aufgenommenen Tätigkeit.

**5134** Dies ist unabhängig davon, welchen Umfang die neu aufgenommene Tätigkeit hat. D. h. eine noch so geringfügige neu aufgenommene Tätigkeit i. S. einer nicht gleichartigen aber zusammenfassbaren Tätigkeit kann dazu führen, dass eine bisherige Sparte nicht fortgeführt

[131] BMF 12.11.2009, BStBl. I 2009, 1303 Rn. 74.
[132] So auch BMF 12.11.2009, BStBl. I 2009, 1303 Rn. 68. Hierzu auch Bott/Walter/Bott KStG § 8 Rn. 1569.
[133] Vgl. Pinkos DStZ 2010, 96; Brandis/Heuermann/Rengers KStG § 8 Rn. 1137; DPM/Krämer KStG § 8 Rn. 9; Frotscher/Drüen/Frotscher KStG § 8 Rn. 658.
[134] Vgl. Schnitger/Fehrenbacher/Kohlhepp KStG § 8 Rn. 948.
[135] Vgl. HHR/Bürstinghaus KStG § 8 Rn. 610; Bott/Walter/Bott KStG § 8 Rn. 1569; RHN/Paetsch, 2. Aufl. 2023, KStG § 8 Rn. 1888; Bracksiek FR 2009, 15.
[136] BFH 14.3.2024 – V R 51/20, DStR 2024, 1541.
[137] BMF 12.11.2009, BStBl. I 2009, 1303.

und damit etwaige bestehende Verluste eingefroren werden. Daher sollte im Einzelfall geprüft werden, ob die neue Tätigkeit in einer separaten rechtlichen Einheit ausgeübt wird, welche (zunächst) nicht in den Organkreis einbezogen wird, also kein Gewinnabführungsvertrag abgeschlossen wird, damit insofern eine „Infizierung" der bestehenden Spartenbildung beim Organträger verhindert wird.

Von besonderer Bedeutung ist insoweit die Frage, ob eine gleichartige Tätigkeit iSd § 4 Abs. 6 S. 1 Nr. 1 KStG vorliegt. Nach Auffassung der FinVerw sind Versorgungsbetriebe iSd § 4 Abs. 3 KStG als gleichartig anzusehen und damit nach § 4 Abs. 6 S. 1 Nr. 1 zusammenfassbar.[138] Dagegen sollen Verkehrsbetriebe iSd § 4 Abs. 3 KStG nicht gleichartig zu Versorgungsbetrieben sein. Wird also bei einer bestehenden Verkehrssparte eine Versorgungstätigkeit aufgenommen, so führt dies dazu, dass die bisherige Verkehrssparte endet (und etwaige Verlustvorträge eingefroren werden) und eine neue Verkehrs-/Versorgungssparte beginnt.[139] Insoweit ist die Aussage der FinVerw von Bedeutung, nach der Tätigkeiten der Telekommunikation (einschließlich Breitbandausbau) als gleichartig zu den Versorgungsbetrieben iSd § 4 Abs. 3 KStG anzusehen sind,[140] so dass die Aufnahme einer solchen Tätigkeit nicht zur Bildung einer neuen (erweiterten) Sparte führt. **5135**

Bei einer bestehenden Sparte mit mehreren Tätigkeiten, zB ÖPNV und Stromversorgung ist zu prüfen, welche **Tätigkeit der Sparte das Gepräge gibt,** da dies im Hinblick auf die Frage, ob die neu hinzutretende Tätigkeit gleichartig ist, entscheidet. Wie zu messen ist, welche Tätigkeit einer zusammengefassten Sparte das „Gepräge" gibt, ist weitgehend offen. M. E. kommt es auf die wirtschaftliche Bedeutung der Tätigkeiten an,[141] was an unternehmerischen Kennzahlen, wie Umsatz, Jahresüberschuss oder auch Personaleinsatz gemessen werden kann, letztlich aber nur für den Einzelfall zu entscheiden ist. **5136**

**Beispiel 1** (zur Fallgruppe 3 aus Tab.1):

Sachverhalt: Es besteht eine Sparte Stromversorgung/ÖPNV bei der der ÖPNV der Sparte das Gepräge gibt. Nun wird bei irgendeiner rechtlichen Einheit im Organkreis die Wasserversorgung aufgenommen. **5137**

Lösung: Die bisherige Sparte Stromversorgung/ÖPNV wird beendet und es entsteht eine neue Sparte Stromversorgung/ÖPNV/Wasserversorgung.

**Beispiel 2:**[142]

Sachverhalt: Die Organgesellschaft 1 unterhält einen Versorgungsbetrieb. Die Organgesellschaft 2 unterhält einen Bäderbetrieb. Zwischen beiden wurde über ein BHKW eine steuerlich wirksame Zusammenfassung vorgenommen. Nun wird das BHKW aus wirtschaftlichen Gründen außer Betrieb genommen. **5138**

Lösung: Bislang existierte eine zusammengefasste Sparte Versorgungsbetrieb/Bäderbetrieb. Mit Außerbetriebnahme des BHKW ist die Zusammenfassung nicht mehr gegeben und die bisherige Sparte wird nicht fortgeführt.

**Beispiel 3:**

Sachverhalt: Organträger eines tief strukturierten im Bereich der Versorgung aktiven Organkreises sei eine (gewerblich tätige) GmbH & Co. KG. Sämtliche Aktivitäten im Organkreis werden mit Gewinnerzielungsabsicht betrieben. Mitunternehmer dieser GmbH & Co. KG sind wiederum drei Stadtwerke-GmbH (Eigengesellschaften). Diese Eigengesellschaften unterhalten verschiedenste Tätigkeiten und zwar auch Dauerverlusttätigkeiten. **5139**

Bei der Eigengesellschaft I existiert eine Sparte iSd § 8 Abs. 9 S. 1 Nr. 2 KStG bestehend aus den Tätigkeiten Energieversorgung und ÖPNV, welche durch die Energieversorgung geprägt sei.

Bei der Eigengesellschaft II existiert ebenfalls eine Sparte bestehend aus den Tätigkeiten Energieversorgung und ÖPNV, welche aber durch den ÖPNV geprägt sei.

---

[138] BMF 12.11.2009, BStBl. I 2009, 1303 Rn. 4.

[139] So auch HHR/Bürstinghaus KStG § 8 Rn. 622; bestätigend der Hinweis in BFH 14.3.2024 – V R 51/20, DStR 2024, 1541 Tz. 79; aA Hölzer DB 2021, 2378.

[140] Nur OFD NRW 30.1.2020 – S 2706-2017/0011-St 15, BeckVerw 463724, unter 5.

[141] So auch FG Nürnberg 16.6.2015 – 1 K 1305/13, EFG 2016, 592 Rn. 55–56; Urteil durch BFH 29.11.2017 – I R 83/15, BStBl. II 2018, 495 aufgehoben und an das FG zurückverwiesen.

[142] Nach DPM/Krämer § 8 Abs. 9 KStG Rn. 22.

Nun wird im Organkreis eine weitere Gesellschaft hinzuerworben und mittels Gewinnabführungsvertrag eingebunden, welche eine Versorgungstätigkeit ausübt.
Lösung: Aufgrund der bestehenden Struktur erfolgt die Spartenrechnung erst auf oberster Ebene, also bei den Eigengesellschaften (Dauerverlusttätigkeiten: ÖPNV). Die Tätigkeiten der Organgesellschaften werden den Eigengesellschaften zugerechnet und zwar entsprechend der Beteiligungsquote an der Organträger-GmbH & Co. KG.
Die Aufnahme der neuen Versorgungstätigkeit im Organkreis führt nun bei der Eigengesellschaft I zur Fortführung der bisherigen Sparte erweitert um die neue Tätigkeit. Bei der Eigengesellschaft II wird dagegen aufgrund der Prägung der bisherigen Sparte durch den ÖPNV die bisherige Sparte aufgegeben und eine neue Sparte gebildet.

5140–5150 *(einstweilen frei)*

## IV. Kommunale Personengesellschaft als Organträger

### 1. Wirkung der Organschaft, Abgrenzung des BgA

5151 **a) BFH v. 18.1.2023, I R 16/19.** Betrachtet sei der Fall, dass eine jPdöR an einer gewerblichen Personengesellschaft beteiligt ist, die ihrerseits ertragsteuerliche Organschaften mit Tochter-Kapitalgesellschaften begründet hat. Über eine solche Konstellation hat der BFH mit Urteil vom 18.1.2023 entschieden.[143] Im Streitfall war die Klägerin, eine Kommune alleiniger Kommanditist der A-KG. Bei der A-KG handelte es sich um eine Holdinggesellschaft, in der die Klägerin auf Grund der Gesellschaftsverträge eine beherrschende Stellung innehatte. Die A-KG hielt im Streitjahr Beteiligungen an drei kommunalen Gesellschaften, nämlich der B GmbH (74,9 %), deren Geschäftszweck in der Versorgung der Stadt mit Strom, Wärme und Wasser bestand, der C GmbH (100 %), die den öffentlichen Nahverkehr betrieb, und der D GmbH (100 %), die das Freibad und ein Blockheizkraftwerk betrieb. Zwischen der A-KG und den drei Beteiligungsgesellschaften bestand jeweils ein Gewinnabführungsvertrag. Zudem erbrachte die A-KG gegenüber den drei Beteiligungsgesellschaften EDV-Dienstleistungen.

Die gesellschaftsrechtliche Struktur stellte sich mithin wie folgt dar:

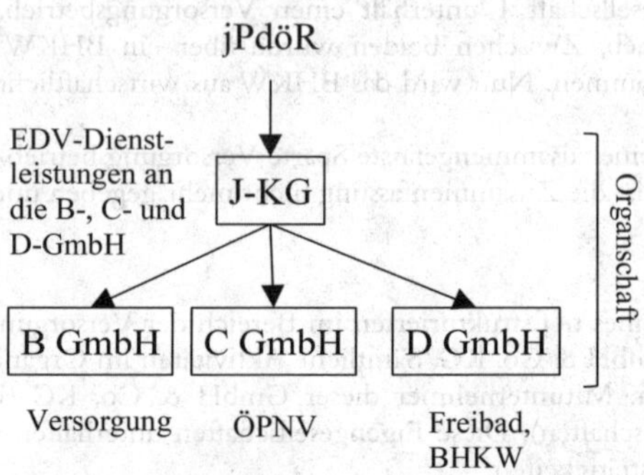


Insoweit bestätigt der BFH, dass die Beteiligung der Kommune an der **gewerblich tätigen Holding-KG** einen BgA (hier: BgA Beteiligung) begründet.[144] Fungiert die Personengesellschaft als Holdinggesellschaft und begründet sie ertragsteuerrechtliche Organschaften mit Tochter-Kapitalgesellschaften, werden durch die Tätigkeiten der Tochtergesellschaften keine weiteren BgA vermittelt. Auf Grund der durch die A-KG als Holdinggesellschaft gegenüber den Organgesellschaften erbrachten EDV-Dienstleistungen und der beherrschenden Stellung der Klägerin gegenüber der A-KG ist im Streitfall auch die

[143] BFH 18.1.2023 – I R 16/19, BStBl. II 2023, 1074.
[144] Bestätigung der Rechtsprechung, zB BFH 29.11.2017 – I R 83/15, BStBl. II 2018, 495 Rn. 18 mwN.

Zurechnung von Einkommen auf Grund der Organschaft auf Ebene des durch die A-KG vermittelten BgA Beteiligung zu berücksichtigen.

Das Einkommen der Organgesellschaften der A-KG ist auf Ebene des durch die A-KG vermittelten BgA Beteiligung zu berücksichtigen. Ein Organschaftsverhältnis kann zwischen einem BgA als Organträger und Kapitalgesellschaften begründet werden.[145] Ein solches Organschaftsverhältnis ist somit auch dann auf Ebene einer juristischen Person des öffentlichen Rechts zu beachten, wenn ein BgA durch eine Mitunternehmerschaft iSv § 15 Abs. 1 S. 1 Nr. 2 EStG vermittelt wird und dieser auf Grund seiner gewerblichen Betätigung der maßgebliche Anknüpfungspunkt für die Organschaft ist (s. § 14 Abs. 1 S. 1 Nr. 2 S. 2 KStG). So liegt es im Streitfall.

Der BFH kommt jedoch zu dem Ergebnis, dass die Organgesellschaften der A-KG der **5152** Klägerin keine weiteren BgA vermitteln. Über die Organschaft werde grundsätzlich nur das Einkommen der Organgesellschaften, aber nicht deren Tätigkeit zugerechnet, sodass hierdurch kein weiterer BgA begründet werden kann. Daher sei bzgl. des BgA lediglich auf die den einheitlichen BgA begründenden Tätigkeiten abzustellen, jedoch nicht auf die durch die Organgesellschaften ausgeübten Tätigkeiten. Die Tätigkeiten der A-KG erschöpfen sich nach den Feststellungen des FG in der Erbringung von EDV-Dienstleistungen und dem Halten von Beteiligungen.

Darüber hinaus war folgendes in dem Streitfall zu klären: Neben der Beteiligung an der **5153** Holding-KG unterhielt die Klägerin in eigener Trägerschaft ein städtisches Hallenbad, das Verluste erwirtschaftete und als BgA behandelt wurde (BgA Hallenbad). Die Klägerin erfasste die Kommanditbeteiligung an der A-KG beim BgA Hallenbad als gewillkürtes Betriebsvermögen und gelangte dadurch iRd Gewinnermittlung des BgA Hallenbad zu einer Saldierung der Verluste aus dem Betrieb des Hallenbades mit den Erträgen aus der Beteiligung an der A-KG. Das FA akzeptierte diese Sachbehandlung bis einschließlich 2004. Für das Streitjahr 2008 sah das FA dagegen einen eigenständigen BGA Beteiligung an der A-KG, der eigenständig von dem BgA Hallenbad zu erfassen sei. Eine Ergebnisverrechnung schied daher aus.

Hierzu stellt der BFH fest, dass das steuerliche Ergebnis einer Beteiligung an einer Personengesellschaft, durch die auf Ebene einer juristischen Person des öffentlichen Rechts ein BgA begründet wird, nur dann durch Erfassung der Beteiligung als gewillkürtes Betriebsvermögen eines weiteren BgA (hier: BgA Hallenbad) mit dem steuerlichen Ergebnis jenes weiteren BgA verrechnet werden kann, wenn die Voraussetzungen der sog. Zusammenfassungsgrundsätze des § 4 Abs. 6 KStG erfüllt sind. Insoweit ist einerseits auf die durch die A-KG erbrachten EDV-Dienstleistungen und das Halten der Beteiligungen abzustellen und andererseits auf den Betrieb des Hallenbades. Auf die Tätigkeiten der Organgesellschaften kann dagegen nach der Entscheidung des BFH nicht abgestellt werden, da durch die Organschaft dem Organträger nur das Einkommen der Organgesellschaften, aber nicht deren Tätigkeit zugerechnet wird. Vorliegend schied daher eine Zusammenfassung aus.

Eine Verrechnung des steuerlichen Ergebnisses der A-KG mit dem steuerlichen Ergebnis des BgA Hallenbad auf Grund einer Bilanzierung der A-KG als gewillkürtes Betriebsvermögen beim BgA Hallenbad ist nach der Entscheidung des BFH nicht möglich.[146] Die Beteiligung an der A-KG stellt einen eigenständigen BgA dar. Die von der Klägerin begehrte Verrechnung auf Ebene des BgA Hallenbad wäre damit nur unter den zuvor dargestellten Zusammenfassungsgrundsätzen möglich.[147] Nur unter diesen Voraussetzungen

[145] Vgl. BFH 2.9.2009 – I R 20/09, BFH/NV 2010, 391 unter II.2.a; 29.11.2017 – I R 83/15, BStBl. II 2018, 495 Rn. 26.

[146] S. insoweit auch Schiffers DStZ 2016, 535 (543); Schiffers DStZ 2020, 332 (335); aA wohl HHR/Bürstinghaus KStG § 4 Rn. 29; DPM/Krämer KStG § 4 Rn. 51a; einschränkend Brandis/Heuermann/Pfirrmann KStG § 4 Rn. 49.

[147] Ebenso Schiffers DStZ 2016, 535 (543).

kann ein durch eine Mitunternehmerschaft vermittelter BgA einem anderen BgA zugeordnet bzw. mit diesem zusammengefasst werden.

5154 **b) Anmerkungen.** Die begrenzte Reichweite der ertragsteuerlichen Organschaft, nämlich „lediglich" die Zuweisung des Einkommens zum Organträger (hier: Holding-Personengesellschaft) und nicht etwa deren Tätigkeiten, führt vorliegend dazu, dass nach Ansicht des BFH diese Tätigkeiten auch nicht etwa aufgrund des Transparenzprinzips auf Ebene der jPdöR als Gesellschafter der Holding-Personengesellschaft nach § 4 KStG zu würdigen und ggf. als BgA einzustufen und bei Vorliegen der spezifischen Voraussetzungen nach § 4 Abs. 6 KStG zusammenfassbar gewesen wären.

Insbesondere liegen anders als bei Tätigkeiten der Beteiligungs-Personengesellschaft selbst – nach dieser Sichtweise – keine Tätigkeiten vor, die der jPdöR zugerechnet werden und auf deren Ebene eine Zusammenfassung nach § 4 Abs. 6 KStG mit anderen BgA der jPdöR erlauben würden. Damit wird die Urteilsstruktur steuerlich anders gewertet, als wenn die Beteiligungs-Personengesellschaft die Tätigkeiten der Organgesellschaften selbst ausgeübt hätte. In diesem Fall lägen insoweit auf Ebene der jPdöR BgA vor (BgA „Beteiligung Versorgungsbetrieb", BgA „Beteiligung ÖPNV" sowie BgA „Beteiligung Freibad").[148]

In dem BgA Beteiligung werden dann die Ergebnisse der Tätigkeit der KG (Erbringung von EDV-Dienstleistungen) und die zugerechneten Einkommen der Organgesellschaften steuerlich erfasst. Das FG sah insoweit die Möglichkeit der Zusammenfassung dieser Tätigkeiten nach § 4 Abs. 6 KStG (Verkehr und Versorgung und das Freibad mittels des BHKW zur Versorgungstätigkeit).[149]

5155 Eine Rechtsgrundlage für vorstehende Sichtweise ist mE nicht zu sehen. Bei einer alternativen Struktur mit einer Organträger-Kapitalgesellschaft würde auf Ebene der Organträger-Kapitalgesellschaft die Spartenrechnung nach § 8 Abs. 9 KStG zur Anwendung kommen (und zu dem vom FG gewonnenen Ergebnis führen). Vorliegend ist der Anwendungsbereich der Spartenrechnung auf Ebene der Organträger-Personengesellschaft nicht eröffnet. Dass das FG auf Ebene der Organträger-Personengesellschaft offensichtlich verschiedene BgA erblickt, deckt sich nun wiederum nicht mit der Sichtweise des BFH, nach der die Tätigkeiten der Organgesellschaften gerade nicht dem Organträger zugerechnet werden.

5156 M. E. ist diese Sichtweise des BFH im Hinblick auf die transparente Besteuerung der Mitunternehmerschaften fraglich. Ein schlüssiges Besteuerungssystem ergibt sich insoweit nicht. M. E. ist es geboten, die Tätigkeiten der Organgesellschaften der Organträger-Personengesellschaft zuzurechnen, sodass diese dann auf Ebene der Mitunternehmerin nach Maßgabe des § 4 gewürdigt werden können.[150] Auch ergeben sich durch die Sichtweise des BFH systemwidrige Nichtverrechnung von Gewinnen und Verlusten und ebenso systemwidrige Verrechnungsmöglichkeiten.[151]

5157 Da § 8 Abs. 7 und Abs. 9 KStG mangels Körperschaftsteuersubjekt bei der Holding GmbH & Co. KG nicht zur Anwendung kommen, kann ein sinnvolles Ergebnis mE nur dadurch erreicht werden, dass diese Vorschriften auf Ebene des BgA „Mitunternehmerschaft" zur Anwendung gebracht werden. Insoweit sind die Tätigkeiten der OT-Personengesellschaft und auch die Tätigkeiten der Organgesellschaften erst auf Ebene der Mitunternehmer der OT-Personengesellschaft körperschaftsteuerlich zu erfassen und auf dieser Ebene hat eine Abgrenzung nach Maßgabe des § 4 KStG zu erfolgen, was eine separate steuerliche Erfassung der Tätigkeiten bedeutet, soweit nicht die Voraussetzungen für eine

148 Vgl. Strahl NWB 2023, 1546, mit Verweis auf OFD Karlsruhe 14.6.2018 – S 270.6/242-St 213, BeckVerw 436547 Abschn. 2.3.4.

149 FG Nürnberg 23.10.2018 – 1 K 723/18, EFG 2019, 1549 Rn. 65.

150 So auch BMF 21.6.2017, BStBl. I 2017, 880 Rn. 5; ebenso FG Hessen 6.4.2020 – 4 K 1112/18, EFG 2020, 1526 Rn. 51; durch BFH 14.3.2024 – V R 51/20, DStR 2024, 1541 aus anderen Gründen aufgehoben.

151 Vgl. Laß DStZ 2024, 372.

steuerliche Zusammenfassung nach § 4 Abs. 6 Satz 1 KStG gegeben sind.[152] Mithin sind dann mehrere BgA anzunehmen.[153] Zum gleichen Ergebnis gelangt aber auch die Annahme lediglich eines BgA „Mitunternehmerschaft", der sämtliche Tätigkeiten des Organkreises erfasst und bei diesem BgA kommt § 8 Abs. 9 KStG zur Anwendung.[154]

Hinsichtlich der Anwendung der Spartenrechnung ist insoweit zu differenzieren nach dem Steuerstatus des Mitunternehmers der OT-Personengesellschaft: **5158**

– Ist Mitunternehmer der OT-Personengesellschaft wiederum eine Eigengesellschaft, so kommt mE auf dieser Ebene die Spartenrechnung nach § 8 Abs. 9 KStG zur Anwendung. Dabei ist mE die Abgrenzung der Sparten über alle Tätigkeiten im Organkreis vorzunehmen, nach denselben Maßstäben wie bei einer Eigengesellschaft als Organträger.[155]
– Ist Mitunternehmer der OT-Personengesellschaft eine jPdöR, so liegt auf deren Ebene ein BgA iSd § 4 KStG vor, soweit diesem Gesellschafter aus der Tätigkeit der Mitunternehmerschaft eine Tätigkeit iSd § 4 Abs. 1 KStG zugerechnet wird. Werden aus der OT-Personengesellschaft bzw. aus den Organgesellschaften verschiedene, nach § 4 Abs. 6 KStG nicht zusammenfassbare Tätigkeiten zugerechnet, so bestehen mehrere BgA. Einer Anwendung der Spartenrechnung bedarf es auf Ebene dieses/dieser BgA im Grundsatz nicht. Allerdings wird das gleiche steuerliche Ergebnis erzielt, wenn lediglich ein BgA „Mitunternehmerschaft" angenommen wird, der sämtliche Tätigkeiten umfasst und bei diesem § 8 Abs. 9 KStG zur Anwendung kommt.

*(einstweilen frei)* **5159–5167**

## 2. Anwendung von § 8 Abs. 7 KStG

Wegen deren ertragsteuerlichen Transparenz sind Beteiligungen an Personengesellschaften grundsätzlich nach der von der Personengesellschaft ausgeübten Tätigkeit zu beurteilen. Die steuerliche Erfassung der Tätigkeiten der Personengesellschaft bei der juristischen Person des öffentlichen Rechts als Gesellschafterin erfolgt nach den Vorgaben des § 4 KStG.[156] Insoweit ist zu differenzieren: **5168**

– Die Beteiligungen der öffentlichen Hand an einer gewerblich tätigen Personengesellschaft (Mitunternehmerschaft) begründet einen BgA.[157] Insoweit liegt ein eigenständiger BgA vor.
– Die Beteiligung einer juristischen Person des öffentlichen Rechts an einer gewerblich geprägten vermögensverwaltenden Personengesellschaft ist kein BgA.[158] § 15 Abs. 3 Nr. 2 S. 1 EStG ist im Rahmen des § 4 KStG nicht anwendbar, da § 4 Abs. 1 S. 1 KStG eine eigenständige, von den einkommensteuerrechtlichen Begriffen des Gewerbebetriebs und gewerblicher Einkünfte unabhängige und ausschließlich tätigkeitsbezogene Definition des BgA enthält.[159]
– land- und forstwirtschaftliche Tätigkeiten führen nicht zu einem BgA,[160] sind also steuerlich – soweit diese auf die juristische Person des öffentlichen Rechts als Gesellschafter entfallen – irrelevant;
– bei vermögensverwaltenden Tätigkeiten, wie das Verpachten von Immobilien oder das Halten von Beteiligungen soll nach BMF 21.6.2017[161] differenziert werden: (aa) Hilfs-

[152] So bereits Schiffers DStZ 2018, 417 (428).
[153] So wohl auch DPM/Krämer KStG § 8 Rn. 1004 (Stand: 4/2020).
[154] So wohl Gosch/Neumann, 4. Aufl. 2020, KStG § 15 Rn. 45.
[155] Ebenso RHN/Paetsch, 2. Aufl. 2023, § 8 Rn. 1885a und Gosch/Neumann, 4. Aufl. 2020, KStG § 15 Rn. 45.
[156] FG Schleswig-Holstein 15.1.2019 – 1 K 116/13, EFG 2019, 1458 Rn. 33.
[157] BFH 25.3.2015 – I R 52/13, BStBl. II 2016, 172; BFH 29.11.2017 – I R 83/15, BStBl. II 2018, 495; BFH 26.6.2019 – VIII R 43/19, DStRE 2019, 1323; BFH 18.1.2023 – I R 16/19, BStBl. II 2023, 1074.
[158] BFH 29.11.2017 – I R 83/15, BStBl. II 2018, 495.
[159] BFH 29.11.2017 – I R 83/15, BStBl. II 2018, 495 Rn. 24.
[160] BMF 21.6.2017, BStBl. I 2016, 237 Tz. 1 Satz 2 und Rn. 6.
[161] BMF 21.6.2017, BStBl. I 2016, 237 Tz. 4.

oder Nebentätigkeit zu einer der übrigen Tätigkeit teilen das steuerliche Schicksal dieser Tätigkeit; (bb) selbständige Tätigkeiten sind nicht als BgA zu erfassen und daher steuerlich irrelevant.

**5169** Übt die Personengesellschaft mehrere selbständige Tätigkeiten aus, so sind diese aufgrund der ertragsteuerlich transparenten Betrachtung auf Ebene der juristischen Person des öffentlichen Rechts als Gesellschafterin als separate BgA zu behandeln (segmentierte Betrachtung);[162] eine Zusammenfassung kommt nur dann in Betracht, wenn dies nach den Voraussetzungen des § 4 Abs. 6 KStG möglich ist.

**5170** Die Sondervorschrift des **§ 8 Abs. 7 KStG,** wonach die Rechtsfolgen einer verdeckten Gewinnausschüttung bei bestimmten Dauerverlusttätigkeiten nicht gezogen werden, kommt bei der Personengesellschaft selbst nicht zur Anwendung. Vielmehr kommt § 8 Abs. 7 KStG ggf. zur Anwendung bei der Besteuerung des Mitunternehmers. Ist eine jPdöR Gesellschafterin der PersGes, so sind auf die ihr anteilig zuzurechnenden Dauerverlusttätigkeiten iSd § 8 Abs. 7 S. 1 Halbs. 1 KStG bei der Besteuerung des BgA Beteiligung die Grundsätze des § 8 Abs. 7 S. 1 Nr. 1 KStG anzuwenden.[163] Auf die dem Grunde nach hoheitliche Dauerverlusttätigkeiten ist § 8 Abs. 7 S. 2 Halbs. 2 KStG im Billigkeitswege anzuwenden.[164] Ist eine Eigengesellschaft Gesellschafterin einer PersGes, sind auf derartige Verlustgeschäfte mE bei der Eigengesellschaft § 8 Abs. 7 KStG anzuwenden;[165] nach hM sollen diese Tätigkeiten bei der Einkommensermittlung der Eigengesellschaft mangels Gewinnerzielungsabsicht gar nicht zu erfassen sein.[166]

**5171** Fraglich ist nun die Anwendung des § 8 Abs. 7 KStG, wenn die Personengesellschaft ihrerseits Organträgerin ist und die **dauerdefizitäre Tätigkeit bei einer Organgesellschaft** ausgeübt wird. Nach § 15 S. 1 Nr. 4 S. 1 KStG sind § 8 Abs. 3 S. 2 und Abs. 7 KStG bei der Organgesellschaft auf Dauerverlustgeschäfte iSd § 8 Abs. 7 S. 2 KStG nicht anzuwenden. Andererseits läuft die Anweisung nach § 15 S. 1 Nr. 4 S. 2 KStG, nach der diese Vorschriften im Hinblick auf die dem Organträger zugerechneten Einkünfte bei diesem anzuwenden sind bei einer Personengesellschaft als Organträger leer, da diese lediglich Subjekt der Gewinnermittlung ist.[167] Insoweit werden mE die Tätigkeiten der Organgesellschaften über die Organträger-Personengesellschaft deren Gesellschafter zugerechnet und bei diesen – also vorliegend einem BgA, wenn Gesellschafter unmittelbar eine jPdöR ist bzw. eine Eigengesellschaft – sind die Regelungen der § 8 Abs. 3 S. 2 und Abs. 7 KStG anzuwenden auf die in dem von der Organgesellschaft zugerechneten Ergebnisse aus den Dauerverlustgeschäften. D. h. handelt es sich um ein Dauerverlustgeschäft iSd § 8 Abs. 7 S. 2 KStG, so werden die Rechtsfolgen der verdeckten Gewinnausschüttung nicht gezogen.[168] Handelt es sich dagegen nicht um ein Dauerverlustgeschäft iSd § 8 Abs. 7 S. 2 KStG, so sind die Rechtsfolgen der verdeckten Gewinnausschüttung zu ziehen, was insbesondere eine Belastung mit Kapitalertragsteuer nach sich zieht und eine eventuell bestehende Möglichkeit der Verrechnung dieser Verluste mit positiven Ergebnissen aus anderen Tätigkeiten ausschließt.[169]

**5172** Fraglich erscheint, ob vorstehende Sichtweise mit dem BFH-Urteil v. 18.1.2023[170] konform geht. Der BFH hat in dieser Entscheidung herausgestellt, dass die Tätigkeiten der Organgesellschaften nicht als eigene Tätigkeiten der Personengesellschaft zuzurechnen sind und mithin für die Frage, ob die Beteiligung an der Personengesellschaft einen oder

---

162 BMF 21.6.2017, BStBl. I 2016, 237 Tz. 3.
163 So auch HHR/Bürstinghaus KStG § 8 Rn. 561.
164 BMF 21.6.2017, BStBl. I 2017, 880 Rn. 11 Satz 2.
165 So wohl auch HHR/Bürstinghaus, KStG § 8 Rn. 561.
166 BMF 12.11.2009, BStBl. I 2009, 1303 Rn. 63.
167 Ebenso Gosch KStG/Neumann, 4. Aufl. 2020, KStG § 15 Rn. 41.
168 Ebenso Gosch KStG/Neumann, 4. Aufl. 2020, KStG § 15 Rn. 41 und wohl auch HHR/Herlinghaus KStG § 15 Rn. 81.
169 Ebenso Gosch KStG/Neumann, 4. Aufl. 2020, KStG § 15 Rn. 41 und wohl auch HHR/Herlinghaus KStG § 15 Rn. 81.
170 BFH 18.1.2023 – I R 16/19, BStBl. II 2023, 1074.

mehrere BgA begründet, nur die originären Tätigkeiten der Personengesellschaft (Organträger) zu berücksichtigen sind. Die Frage der Anwendung des § 8 Abs. 7 KStG war insoweit nicht entscheidungserheblich, sodass der BFH hierzu keine Aussage gemacht hat. Die Aussage kann so verstanden werden, dass eine Anwendung des § 8 Abs. 7 KStG auf Tätigkeiten der Organgesellschaften bei der OT-Personengesellschaft bzw. deren Gesellschaftern mangels Zurechnung dieser Tätigkeiten ausscheidet.[171]

*(einstweilen frei)* **5173–5183**

### 3. Anwendung der Spartenrechnung

§ 15 S. 1 Nr. 5 KStG bestimmt, dass § 8 Abs. 9 KStG bei der Organgesellschaft nicht anzuwenden ist. Mithin ist für die Organgesellschaft das dem Organträger zuzurechnende Einkommen insgesamt für die gesamte Tätigkeit der Organgesellschaft festzustellen. Sind in dem dem Organträger zugerechneten Einkommen Einkommen enthalten, auf die § 8 Abs. 7 S. 1 Nr. 2 KStG anzuwenden ist, ist § 8 Abs. 9 KStG vielmehr bei der Ermittlung des Einkommens des Organträgers anzuwenden. Auch insoweit besteht bei einer Organträger-Personengesellschaft wiederum die Problematik, dass diese nicht in den Anwendungsbereich des § 8 Abs. 9 KStG fällt. M. E. bedarf es insoweit auch nicht der Anwendung des § 8 Abs. 9 KStG. Vielmehr sind die Tätigkeiten der OT-Personengesellschaft und mE auch die Tätigkeiten der Organgesellschaften erst auf Ebene der Mitunternehmer der OT-Personengesellschaft steuerlich zu erfassen und auf dieser Ebene hat eine Abgrenzung nach Maßgabe des § 4 KStG zu erfolgen, was eine separate steuerliche Erfassung der Tätigkeiten bedeutet, soweit nicht die Voraussetzungen für eine steuerliche Zusammenfassung nach § 4 Abs. 6 S. 1 KStG gegeben sind.[172] **5184**

Ist Mitunternehmer der OT-Personengesellschaft wiederum eine Eigengesellschaft, so kommt mE auf dieser Ebene, also beim BgA „Mitunternehmerschaft“, die Spartenrechnung nach § 8 Abs. 9 KStG zur Anwendung. Dabei ist mE die Abgrenzung der Sparten über alle Tätigkeiten im Organkreis vorzunehmen, nach denselben Maßstäben wie bei einer Eigengesellschaft in der Rechtsform einer Kapitalgesellschaft als Organträger.[173] **5185**

Aber auch dieses Ergebnis erscheint vor dem Hintergrund des BFH-Urteils v. 18.1.2023[174] fraglich. Dieses BFH-Urteil könnte auf den hier angesprochenen Fall so verstanden werden, dass die einzelnen Tätigkeiten der Organgesellschaften nicht mehr in die steuerliche Würdigung eingehen, sondern insoweit stets die Tätigkeit „Beteiligung“ vorliegt. **5186**

## V. Spartenrechnung und Gewerbesteuer

Nach **§ 7 Satz 5 GewStG** ist die Spartenrechnung entsprechend bei der Ermittlung des Gewerbeertrags zu beachten, dh für jede Sparte ist der Gewerbeertrag separat zu ermitteln.[175] Der Gewerbeertrag der Kapitalgesellschaft ist in diesen Fällen die Summe der positiven Gewerbeerträge der jeweiligen Sparten.[176] **5187**

Dies erfordert auch eine **spartenbezogene Ermittlung von Hinzurechnungen** nach § 8 GewStG und Kürzungen nach § 9 GewStG.[177] Insoweit ist die spartenbezogene Zuordnung der einzelnen Geschäftsvorfälle und Wirtschaftsgüter maßgebend.[178] Der Freibetrag des § 8 Nr. 1 GewStG ist nach Ansicht der FinVerw nur für die Eigengesellschaft insgesamt **5188**

[171] So wohl HHR/Bürstinghaus KStG § 8 Rn. 35.
[172] Im Ergebnis so auch Gosch KStG/Neumann, 4. Aufl. 2020, KStG § 15 Rn. 45.
[173] Ebenso RHN/Paetsch, 2. Aufl. 2023, § 8 Rn. 1885a.
[174] BFH 18.1.2023 – I R 16/19, BStBl. II 2023, 1074.
[175] So auch BFH 14.3.2024 – V R 51/20, HFR 2024, 848 Rn. 19 und Rn. 21.
[176] GewStR 7.1 Abs. 4 Satz 6.
[177] Ebenso WSMH/Möllmann/Zantopp, 2. Aufl. 2022, GewStG § 7 Rn. 158.
[178] BMF 12.11.2009, BStBl I 2009, 1303 Rz. 96.

einmal zu gewähren und auf die einzelnen Sparten entsprechend dem Verhältnis aufzuteilen, wie die Hinzurechnungsbeträge (vor Freibetrag) auf die Sparten entfallen.[179]

5189 Besonderheiten ergeben sich dann, wenn der **Organträger eine Mitunternehmerschaft** ist. Wie oben dargestellt, kommt die Spartenrechnung nicht auf Ebene der Organträger-Personengesellschaft sondern erst auf Ebene ihrer Mitunternehmer zur Anwendung. Für Zwecke der Körperschaftsteuer ist die Organträger-Personengesellschaft kein Steuersubjekt, sondern aus Sicht ihrer Mitunternehmer eine transparente Struktur. Für Zwecke der Gewerbesteuer ist dagegen die Organträger-Personengesellschaft Besteuerungsobjekt. Auf deren Ebene ist zu prüfen, ob im Rahmen der segmentierten Betrachtung separate Dauerverlusttätigkeiten bei der Organträger-Personengesellschaft oder einer Organgesellschaft vorliegen. Diese wären aus der Ermittlung des Gewerbeertrags auszuscheiden. Eine Spartenrechnung erfolgt insoweit nicht und ist durch das Ausscheiden der Dauerverlusttätigkeiten (segmentierte Betrachtung) auch entbehrlich.

5190–5197 *(einstweilen frei)*

## B. Gemeinnützige Körperschaften und Organschaft

### I. Ertragsteuerliche Organschaft in gemeinnützigen Strukturen

5198 Auch in gemeinnützigkeitsrechtlichen Strukturen kann sich die Frage nach dem Einsatz ertragsteuerlicher Organschaften stellen. Insbesondere im Bereich wirtschaftlicher Geschäftsbetriebe sind oftmals einzelne Tätigkeitsbereiche auf Tochtergesellschaften ausgelagert, sodass bspw. die Möglichkeit einer Ergebnissaldierung zwischen wirtschaftlichem Geschäftsbetrieb und dieser Tochtergesellschaft angestrebt werden kann.

**Beispiel:**
Der gemeinnützige Sportverein X betreibt einen wirtschaftlichen Geschäftsbetrieb Profifußball. Dieser hat die Bereiche Vermarktungsrechte und Catering auf jeweils eigenständige Tochter-Kapitalgesellschaften ausgegliedert. Die Tochtergesellschaften sind regelmäßig profitabel, dass Ergebnis des wirtschaftlichen Geschäftsbetriebs selbst hängt dagegen stark von dem sportlichen Erfolg der Fußballmannschaft ab und ist in einzelnen Jahren auch negativ. Daher kann der Ergebnisausgleich zwischen wirtschaftlichem Geschäftsbetrieb und den Tochter-Kapitalgesellschaften anzustreben sein.

5199 Insoweit stellt sich die Frage, ob eine **gemeinnützige Körperschaft als Organträger** iSd § 14 KStG fungieren kann. Dies ist vor dem Hintergrund der Anforderungen des § 14 KStG zu prüfen und ebenso im Hinblick auf die gemeinnützigkeitsrechtlichen Anforderungen. Im Hinblick auf die Voraussetzungen des § 14 KStG wird im Folgenden nur auf spezifische Fragen bei gemeinnützigen Körperschaften eingegangen.

5200–5210 *(einstweilen frei)*

### II. Gemeinnützige Körperschaft als Organträger

#### 1. Eignung als Organträger iSd § 14 KStG

5211 **a) Voraussetzungen der Organträgereigenschaft.** Gemäß § 14 Abs. 1 Nr. 2 S. 1 KStG zweite Alternative können alle Körperschaften, Personenvereinigungen oder Vermögensmassen Organträger sein. Grundsätzlich kommen damit die typischen Rechtsformen für gemeinnützige Unternehmen als Organträger in Betracht, nämlich Verein, GmbH, Stiftung und auch BgA von juristischen Personen des öffentlichen Rechts.

5212 Nach § 14 Abs. 1 S. 1 Nr. 2 S. 1 KStG muss der Organträger eine „nicht von der Körperschaftsteuer befreite Körperschaft …" sein. Dies gilt nach § 2 Abs. 2 S. 2 GewStG gleichermaßen für die Gewerbesteuer. Zweck dieser Normen ist, dass verhindert werden soll, dass durch Begründung einer Organschaft grundsätzlich steuerpflichtiges Einkommen

---

[179] BMF 12.11.2009, BStBl I 2009, 1303 Rz. 96.

der Organgesellschaft dem Besteuerungszugriff durch Zurechnung an einen steuerlich nicht erfassten Organträger entzogen wird. Mithin scheiden vollständig steuerbefreite Körperschaften – anders als bei sachlicher Steuerbefreiung einzelner Einkünfte –[180] als Organträger aus. Dies gilt grds. auch für steuerbegünstigte Körperschaften iSd §§ 51 ff. AO, die persönlich steuerbefreit sind nach § 5 Abs. 1 Nr. 9 KStG. So soll – nach umstrittener Ansicht – die Organträgereigenschaft auch für eine Personengesellschaft ausgeschlossen sein, wenn deren Gesellschafter steuerbefreit sind.[181]

Anders ist dies jedoch bei gemeinnützigen Körperschaften insoweit, als diese mit einem **5213** (oder mehreren) wirtschaftlichen Geschäftsbetrieb(en) – der nicht Zweckbetrieb ist – der partiellen Steuerpflicht unterliegt (§§ 14 und 64 AO). Insoweit ist auch eine steuerbefreite Körperschaft als Organträger geeignet, da bei **Erfassung des Organeinkommens im wirtschaftlichen Geschäftsbetrieb** eine Besteuerung sichergestellt ist.[182]

Unerheblich ist, ob die **Freigrenze des § 64 Abs. 3 AO** von 45.000 EUR überschrit- **5214** ten wird, da insoweit lediglich aus Vereinfachungsgründen auf eine steuerliche Erfassung verzichtet wird.[183] Allerdings kann das zugerechnete Organeinkommen dazu führen, dass diese Freigrenze überschritten wird und es zu einer steuerlichen Erfassung des wirtschaftlichen Geschäftsbetriebs insgesamt kommt.[184]

Die grds. Organträgereignung der gemeinnützigen Körperschaft mit ihrem wirtschaftli- **5215** chen Geschäftsbetrieb ist allerdings nur dann gegeben, wenn **die Beteiligung an der Organgesellschaft diesem wirtschaftlichen Geschäftsbetrieb zugeordnet** wird. Die Beteiligung einer von der Körperschaftsteuer befreiten Körperschaft an einer Kapitalgesellschaft ist aber grundsätzlich der Vermögensverwaltung zuzurechnen, was selbst dann gilt, wenn es sich um eine hundertprozentige Beteiligung handelt.[185] Eine Beteiligung wird dagegen als wirtschaftlicher Geschäftsbetrieb angesehen bzw. einem solchen zugeordnet, wenn

(a) mit ihr tatsächlich[186] ein entscheidender Einfluss auf die laufende Geschäftsführung der Kapitalgesellschaft ausgeübt wird,[187] insbesondere Einfluss auf die Tochtergesellschaft durch Personenidentität in der Geschäftsführung besteht[188] oder
(b) ein Fall der Betriebsaufspaltung vorliegt[189] oder
(c) die Beteiligung unmittelbar einem wirtschaftlichen Geschäftsbetrieb dient, also dem steuerlichen Betriebsvermögen des wirtschaftlichen Geschäftsbetriebs zuzuordnen ist (Beispiel: Catering GmbH eines wirtschaftlichen Geschäftsbetriebs Profifußball im Beispiel unter Rz. 87).[190]

---

[180] BFH 30.6.1971 – I R 57/70, BStBl. II 1971, 753; BFH 27.3.2001 – I R 78/99, BStBl. II 2001, 449; BFH 19.8.2002 – II B 122/01, BFH/NV 2003, 64; BFH 10.3.2010 – I R 41/09, BStBl. II 2011, 181 Rn. 14; BFH 25.8.2010 – I R 97/09, BFH/NV 2011, 312.

[181] Hierzu nur FinMin. Schleswig-Holstein 19.6.2013 – VI 3011 – S 2770 - 085, DStR 2013, 1607 und FG Schleswig-Holstein 7.7.2023 – 1 K 54/23, EFG 2023, 1487; Rev. BFH: I R 46/23.

[182] BFH 10.3.2010 – I R 41/09, BStBl. II 2011, 181. Auch KStH 14.1 „Steuerbefreite Körperschaft als Organträgerin". Ebenso Gosch KStG/Neumann, 4. Aufl. 2020, KStG § 14 Rn. 96; Bott/Walter/Walter KStG § 14 Rn. 267; HHR/Kolbe KStG § 14 Rn. 155; Frotscher/Drüen/Frotscher KStG § 14 Rn. 105a; Prinz/Witt Steuerliche Organschaft/G. Wagner, 3. Aufl. 2025, Rn. 4.7; Prinz/Witt Steuerliche Organschaft/Dennisen, 3. Aufl. 2025, Rn. 24.67; RHN/Rödder/Liekenbrock, 2. Aufl. 2023, KStG § 14 Rn. 173; Milatz/Schäfers DB 2005, 1761 (1765); Herzig/Hüttemann, Organschaft, Stuttgart 2003, 400.

[183] Ebenso Milatz/Schäfers DB 2005, 1761 (1765).

[184] So zu Gewinnausschüttungen aus einer einem wirtschaftlichen Geschäftsbetrieb zuzuordnenden Beteiligung vgl. AEAO Nr. 21 S. 2 zu § 64 Abs. 3 AO. Hierzu auch stellvertretend Hübner/Berg Ubg 2023, 180 mwN.

[185] BFH 25.8.2010 – I R 97/09, BFH/NV 2011, 312.

[186] Vgl. FG Köln 15.7.2009 – 13 K 4468/05, BeckRS 2009, 26028131.

[187] Kritisch hierzu nur Hüttemann, 5. Aufl. 2021, Rn. 6.138.

[188] BFH 25.8.2010 – I R 97/09, BFH/NV 2011, 312; BFH 25.10.2016 – I R 54/14, BStBl. II 2017, 1216 Rn. 49. Vgl. zu den Fallkonstellationen auch Schienke-Ohletz BB 2018, 2012 (2014 f.).

[189] Vgl. BFH 25.8.2010 – I R 97/09, BFH/NV 2011, 312; BFH 30.6.1971 – I R 57/70, BStBl. II 1971, 753; EStH 15.7 Abs. 4 bis EStH 15.7 Abs. 6.

[190] Auch AEAO Nr. 3 S. 4 zu § 64 Abs. 1 AO.

Entscheidend für die Zuordnung der Beteiligung zum wirtschaftlichen Geschäftsbetrieb ist im Kern, dass die gemeinnützige Körperschaft durch die Beteiligungsgesellschaft unmittelbar selbst am allgemeinen wirtschaftlichen Verkehr teilnimmt.[191]

5216 Dagegen kann zu einer dem Bereich der Vermögensverwaltung,[192] dem ideellen Bereich oder auch einem Zweckbetrieb zuzuordnenden Beteiligung keine ertragsteuerliche Organschaft begründet werden, da insoweit keine steuerliche Erfassung des Organeinkommens erfolgt. Mithin scheidet insoweit bereits die Begründung einer Organschaft zu **Kooperationskörperschaften** iSv § 57 Abs. 3 AO aus (abgesehen von der Frage, ob eine solche Körperschaft überhaupt Organgesellschaft iSv § 14 KStG sein könnte). Mithin kann die Besteuerung der Beteiligungsgesellschaft nicht durch eine Zurechnung des Organeinkommens in den steuerfreien Bereich verhindert werden.

5217 **b) Partiell steuerpflichtiger Organträger als gewerbliches Unternehmen.** Als weiteres gesetzliches Merkmal setzt die körperschaft- und gewerbesteuerliche Organschaft gem. § 14 Abs. 1 S. 1 KStG, § 2 Abs. 2 GewStG voraus, dass es sich bei dem Organträger um ein **„gewerbliches Unternehmen"** iSd § 2 GewStG handelt,[193] damit sichergestellt ist, dass eine Erfassung bei der Gewerbesteuer erfolgt.[194] Insoweit muss der wirtschaftliche Geschäftsbetrieb, dem die Beteiligung an der potentiellen Organgesellschaft zugeordnet wird, gewerbliche Einkünfte vermitteln. Bei einer gemeinnützigen Kapitalgesellschaft ist diese Bedingungen gegeben, da eine Kapitalgesellschaft nach § 8 Abs. 2 KStG stets gewerbliche Einkünfte erzielt.

5218 Bei anderen gemeinnützigen Körperschaften, wie bspw. einem Verein oder einer Stiftung können nach § 8 Abs. 1 KStG grds. sämtliche Einkunftsarten des EStG vorliegen,[195] so dass bei einer gewerblichen Tätigkeit nach § 15 Abs. 2 EStG zwingend eine **Gewinnerzielungsabsicht** bestehen muss.[196] Im Regelfall liegt ein wirtschaftlicher Geschäftsbetrieb nur dann vor, wenn eine gewerbliche Tätigkeit unterhalten wird, sodass insoweit die Voraussetzungen für eine Organträgereigenschaft gegeben sein dürften. Zwingend ist eine Gewinnerzielungsabsicht aber nicht, da § 14 S. 2 AO lediglich eine Einnahmeerzielungsabsicht verlangt. Allerdings kann nur im Ausnahmefall ein dauerdefizitärerer wirtschaftlicher Geschäftsbetrieb vorliegen, wenn dessen Verluste durch andere wirtschaftliche Geschäftsbetriebe mindestens ausgeglichen werden, da ansonsten die Gemeinnützigkeit in Gefahr wäre. Im Übrigen sind bei der Frage des Vorliegens einer Gewinnerzielungsabsicht – wie bei einem BgA – die von der Organgesellschaft zugerechneten Einkünfte mit einzubeziehen (hierzu oben → Rn. 5020 ff.).

5219 Bei der vorliegend relevanten Frage, ob ein gewerbliches Unternehmen iSd § 2 GewStG vorliegt, spielt die Gewinnerzielungsabsicht – anders als bei BgA einer jPdöR als Organträger (hierzu oben → Rn.. 5020 ff.) – im Ergebnis aber keine Rolle:[197]

– Besteht für den wirtschaftlichen Geschäftsbetrieb eine Gewinnerzielungsabsicht, so liegt bereits ein Gewerbebetrieb iSd § 2 Abs. 1 GewStG vor.[198]
– Besteht in dem wirtschaftlichen Geschäftsbetrieb keine Gewinnerzielungsabsicht, so wird dieser nach **§ 2 Abs. 3 GewStG** (außerhalb der Land- und Forstwirtschaft) als Gewerbebetrieb erfasst.[199]

---

[191] BFH 25.8.2010 – I R 97/09, BFH/NV 2011, 312 Rn. 11 mwN.
[192] Vgl. Frotscher/Drüen/Frotscher, § 14 KStG Rn. 105a.
[193] Ebenso BMF 26.8.2003, BStBl. I 2003, 437, Rn. 2.
[194] Vgl. DPM/Dötsch/Pung § 14 KStG Rn. 113; HHR/Kolbe KStG § 14 Rn. 58.
[195] Vgl. nur BeckOK AO/Erdbrügger, 29. Ed. 24.7.2024, AO § 64 Rn. 36.
[196] Vgl. Frotscher/Drüen/Frotscher KStG § 14 Rn. 89c.
[197] Ebenso Prinz/Witt Steuerliche Organschaft/Dennisen, 3. Aufl. 2025, Rn. 24.72.
[198] GewStR 2.1 Abs. 5 Satz 7.
[199] GewStR 2.1 Abs. 5 Satz 2; BFH 18.1.1984 – I R 138/79, BStBl. II 1984, 451. Ebenso BeckOK AO/Erdbrügger, 29. Ed. 24.7.2024, AO § 64 Rn. 36.

Auch bei Bestehen einer steuerlichen **Betriebsaufspaltung** zu der Tochter-Kapitalgesellschaft liegt mit dem wirtschaftlichen Geschäftsbetrieb „Besitzunternehmen" eine originär gewerbliche Tätigkeit vor, sodass dieser Organträger sein kann. **5220**

In der Zusammenschau dieser Anforderungen des § 14 Abs. 1 S. 1 KStG (keine steuerbefreite Körperschaft und gewerbliche Einheit) kommt eine gemeinnützige Körperschaft als Organträger in Betracht, soweit diese einen wirtschaftlichen Geschäftsbetrieb unterhält und die Beteiligung an der Tochter-Kapitalgesellschaft diesem zuzuordnen ist.[200] Bestehen mehrere wirtschaftliche Geschäftsbetriebe und werden diese nach § 64 Abs. 2 AO für steuerliche Zwecke als ein wirtschaftlicher Geschäftsbetrieb behandelt, so ist dieser Organträger.[201] **5221**

*(einstweilen frei)* **5222–5232**

## 2. Verlustübernahmeverpflichtung und Mittelverwendungsgebot

Darüber hinaus ist zu prüfen, ob der notwendige Gewinnabführungsvertrag mit den Vorgaben des Gemeinnützigkeitsrechts konform geht. Die Frage eines möglichen Verstoßes gegen das **Ausschließlichkeitsgebot** stellt sich im Bereich der ertragsteuerlichen Organschaft, welche sich lediglich im Bereich des wirtschaftlichen Geschäftsbetriebs vollzieht, anders als bspw. bei der umsatzsteuerlichen Organschaft mE nicht.[202] **5233**

Allerdings stellt sich im Fall des gemeinnützigen Organträgers die Frage, ob die im Rahmen des Gewinnabführungsvertrags eingegangene **Verpflichtung zur Verlustübernahme** nicht einen Verstoß gegen das Mittelverwendungsgebot iSd § 55 Abs. 1 S. 1 AO darstellt. Nach dieser Vorgabe darf eine gemeinnützige Körperschaft ihre Mittel nur für gemeinnützige Zwecke verwenden. **5234**

Der Abschluss eines Gewinnabführungsvertrags verstößt mE nicht grundsätzlich gegen § 55 Abs. 1 S. 1 AO.[203] Soweit die Frage der Zulässigkeit des Abschlusses eines Gewinnabführungsvertrages auf solche Beteiligungen fokussiert wird, die einem wirtschaftlichen Geschäftsbetrieb zuzuordnen sind, gelten mE die allg. Grundsätze für die Führung eines solchen wirtschaftlichen Bereichs. Danach muss der wirtschaftliche Geschäftsbetrieb auf Dauer Überschüsse erwirtschaften, die der Finanzierung der satzungsmäßigen Zwecke dienen.[204] Insoweit kann es im Ergebnis keinen Unterschied machen, ob die Tätigkeit auf die Tochter-Kapitalgesellschaft ausgegliedert ist und mit dieser ein Gewinnabführungsvertrag abgeschlossen wurde, oder aber diese Tätigkeit selbst im Rahmen des wirtschaftlichen Geschäftsbetriebs ausgeführt wird.[205] Auch im Übrigen kennt die Rechtsprechung einen Durchgriff durch die an sich rechtliche selbstständige Beteiligungs-Kapitalgesellschaft für Zwecke der steuerlichen Beurteilung auf Ebene des gemeinnützigen Gesellschafters.[206] Die Vorgabe des § 55 Abs. 1 S. 1 AO ist insofern für den wirtschaftlichen Geschäftsbetrieb insgesamt zu prüfen. D. h. eventuelle Verluste der Organgesellschaft dürfen nicht mit gemeinnützig gebundenen Mitteln ausgeglichen werden, sondern müssen aus Mitteln des wirtschaftlichen Geschäftsbetriebs getragen werden. Dies umfasst auch die Pflicht zur Überwachung und laufenden Infragestellung der Beteiligung an der eingegliederten Gesellschaft und für den Fall einer dauerhaft negativen Entwicklung der Beteiligungsgesellschaft entsprechende Maßnahmen, wie bspw. die Kündigung des Gewinnabführungsvertrages. **5235**

---

200 Ebenso Bott/Walter/Walter KStG § 14 Rn. 267; Milatz/Schäfers DB 2005, 1761 (1766).
201 Ebenso DPM/Dötsch/Pung KStG § 14 Rn. 133.
202 Zu Fragen der Zulässigkeit einer wirtschaftlichen Eingliederung vgl. BFH 27.2.2020 – V R 10/18, MwStR 2020, 981 und nur von NK-GemnR/Holt, 3. Aufl. 2024, § 56 AO Rn. 55; Milatz/Schäfers DB 2005, 1761 (1766).
203 Ebenso nur Herzig/Hüttemann, Organschaft, Stuttgart 2003, S. 402.
204 Vgl. hierzu nur Hüttemann, Gemeinnützigkeitsrecht und Spendenrecht, 5. Aufl. 2021, Rn. 6.54.
205 So auch Milatz/Schäfers DB 2005, 1761 (1766).
206 So zur Frage der Begründung eines wirtschaftlichen Geschäftsbetriebs durch das Halten einer Kapitalgesellschaftsbeteiligung, vgl. BFH 25.8.2010 – I R 97/09, BFH/NV 2011, 312 Rn. 11 mwN.

5236 Zu beachten ist, dass die Ausweitung des wirtschaftlichen Geschäftsbetriebs durch Beteiligung an einer Kapitalgesellschaft und Abschluss eines Gewinnabführungsvertrages das Risiko des Entstehens von Verlusten im wirtschaftlichen Geschäftsbetrieb vergrößert und damit auch eine Gefahr für die Anerkennung des Status als gemeinnützige Körperschaft darstellt. Andererseits können auch Gewinne einer Organgesellschaft zum Ausgleich von Verlusten im wirtschaftlichen Geschäftsbetrieb und damit zum Erhalt der Gemeinnützigkeit beitragen.[207]

5237–5247 *(einstweilen frei)*

### 3. Alternativen zur ertragsteuerlichen Organschaft

5248 Festzuhalten bleibt, dass sich der Anwendungsbereich einer ertragsteuerlichen Organschaft in gemeinnützigen Strukturen auf wirtschaftliche Geschäftsbetriebe und diesen zuzurechnenden Kapitalgesellschaftsbeteiligungen beschränkt. In diesen Fällen kann eine Verlustverrechnung auch durch Etablierung einer Treuhandstruktur, also durch eine Ein-Personen-GmbH & Co. KG als Tochtergesellschaft erreicht werden.[208]

5249–5259 *(einstweilen frei)*

## III. Gemeinnützige Körperschaft als Organgesellschaft

5260 Der Kreis der potenziellen Organgesellschaften ist nach § 14 Abs. 1 S. 1 KStG und § 17 KStG auf Kapitalgesellschaften begrenzt. Damit scheiden gemeinnützige Körperschaften in anderer rechtlicher Form, bspw. eines BgA oder eines Vereins von vornherein als Organgesellschaft iSd § 14 KStG aus.[209] Im Übrigen steht die Steuerbefreiung nach § 5 Abs. 1 Nr. 9 KStG einer Eignung als Organgesellschaft nicht im Wege, da insoweit in § 14 KStG keine Einschränkungen bestehen.[210]

5261 Allerdings scheidet für eine gemeinnützige Kapitalgesellschaft die Stellung als Organgesellschaft grundsätzlich aufgrund der Vorgaben des Gemeinnützigkeitsrechts aus. Die im Rahmen des ertragsteuerlich notwendigen Gewinnabführungsvertrags bestehende Verpflichtung, den gesamten Gewinn an den Organträger abzuführen, würde sowohl gegen den Grundsatz der Selbstlosigkeit iSd § 55 Abs. 1 Nr. 1 AO und das Mittelverwendungsgebot verstoßen, als auch eine Verletzung des Verbots des § 55 Abs. 1 Nr. 1 S. 2 AO, Mitgliedern oder Gesellschaftern Gewinnanteile oder sonstige Vorteile zuzuwenden, darstellen.[211]

5262 Anders kann dies nur ausnahmsweise dann sein, wenn die finanzielle Eingliederung zu einer selbst auch gemeinnützigen Körperschaft besteht und damit die Mittelverwendung für gemeinnützige Zwecke nicht gefährdet ist.[212] Dies würde aber andererseits voraussetzen, dass diese andere gemeinnützige Gesellschaft die Beteiligung ihrerseits in einem steuerpflichtigen wirtschaftlichen Geschäftsbetrieb hält, da nur dann eine Eignung als Organträger besteht. In diesem Fall müsste die gemeinnützigkeitskonforme Mittelweitergabe auf § 58 Nr. 1 KStG gestützt werden. Allerdings verlangt § 58 Nr. 1 AO, dass die Mittel mit einer konkreten Zweckbestimmung zur steuerbegünstigten Verwendung übertragen werden.[213] Fraglich ist, ob dies im Rahmen eines Gewinnabführungsvertrages erfolgen kann.[214] Inso-

---

[207] Vgl. Prinz/Witt Steuerliche Organschaft/Dennisen, 3. Aufl. 2025, Rn. 24.73.

[208] Hierzu stellvertretend Butler NWB 2012, 2925; Viebrock/Stegemann DStR 2013, 2375; Wegener/Krüger DStR 2022, 2469 (Teil I) und 2532 (Teil II).

[209] So auch DPM/Dötsch/Pung, § 14 KStG Rn. 89; Milatz/Schäfers DB 2005, 1761 (1767).

[210] Vgl. Milatz/Schäfers DB 2005, 1761 (1767).

[211] Vgl. nur Prinz/Witt Steuerliche Organschaft/Dennisen, 3. Aufl. 2025, Rn. 24.74; Milatz/Schäfers DB 2005, 1761 (1767).

[212] So auch Bott/Walter/Walter KStG § 14 Rn. 101.

[213] Vgl. Koenig/Koenig, 5. Aufl. 2024, AO § 58 Rn. 6; Herbert BB 1991, 178.

[214] Ablehnend Milatz/Schäfers DB 2005, 1761 (1767); Prinz/Witt Steuerliche Organschaft/Dennisen, 3. Aufl. 2025, Rn. 24.75.

weit wäre zu klären, ob die nach § 291 Abs. 1 S. 1 Alt. 2 AktG zwingend notwendige Abführung des ganzen Gewinns mit der Auflage verbunden werden kann, den abgeführten Gewinn ausschließlich für gemeinnützige Zwecke zu verwenden.

*(einstweilen frei)* **5263–5300**

# § 19 Verfahrensrechtliche Aspekte

## Übersicht



## A. Allgemeines

### I. Organträger und Organgesellschaft als eigenständige Steuersubjekte

Obwohl die §§ 14 ff. KStG das Trennungsprinzip als eines der wesentlichen Grundprinzipien des Körperschaftsteuerrechts insofern durchbrechen, als sie mehrere juristische bzw. juristische und natürliche Personen für Zwecke der Besteuerung als Einheit betrachten,[1] **5301**

[1] Vgl. Brandis/Heuermann/Rode KStG § 14 Rn. 1; Prinz/Witt Steuerliche Organschaft/Drüen Rn. 5.12.

existiert nach wie vor **kein spezielles Verfahrensrecht** der Organschaft. Der Rechtsanwender ist im Wesentlichen auf die allgemeinen Vorschriften zu verweisen. Einzige, wenn auch bedeutsame Ausnahme stellt derzeit das Feststellungsverfahren nach § 14 Abs. 5 KStG dar, welches für nach dem 31.12.2013 beginnende Feststellungszeiträume Anwendung findet (hierzu ausführlich → Rn. 5321 ff.).

**5302** Somit bleibt es trotz der Zusammenfassung des Einkommens des Organträgers und der Organgesellschaft für steuerliche Zwecke nicht nur bei der zivilrechtlichen, sondern grds. auch der körperschaftsteuerlichen **Eigenständigkeit der Organgesellschaft** (dies gilt jedoch nicht uneingeschränkt bei der Gewerbesteuer, bei der die Organgesellschaft nach § 2 Abs. 2 S. 2 GewStG als Betriebsstätte des Organträgers gilt, vgl. hierzu → Rn. 5369 ff.). Diese ist subjektiv steuerpflichtig.

**5303** Die Organgesellschaft hat ihr **Einkommen** zunächst **getrennt** vom Einkommen des Organträgers **zu ermitteln.** Gleiches gilt für den Organträger, dessen Einkommen ebenfalls getrennt zu ermitteln ist, bevor dem so ermittelten Einkommen das für die Organgesellschaft ermittelte Einkommen hinzugerechnet wird. Beide Einkommen bilden nur für Zwecke der Besteuerung eine Einheit.[2] Organträger und Organgesellschaft sind verpflichtet, beim jeweils örtlich zuständigen FA eine eigene **Steuererklärung** abzugeben. Örtlich zuständig ist bei Körperschaften nach § 20 Abs. 1 AO das FA, in dessen Bezirk sich die Geschäftsleitung befindet. Die örtliche und sachliche Zuständigkeit für die Feststellung nach § 14 Abs. 5 KStG liegt nach der Spezialvorschrift des § 14 Abs. 5 S. 4 bei dem FA, das für die Besteuerung nach dem Einkommen der Organgesellschaft zuständig ist (hierzu, insbes. zu den Erklärungs- und Berichtigungspflichten → Rn. 5346 ff.).

**5304** Entsprechend ergeht nicht nur dem Organträger, sondern auch der Organgesellschaft gegenüber ein **Körperschaftsteuerbescheid,** wobei die Steuerfestsetzung gegenüber der Organgesellschaft regelmäßig 0 EUR betragen wird, da die Organgesellschaft aufgrund der Zurechnung des Einkommens zum Organträger kein eigenes Einkommen zu versteuern hat. Anders verhält es sich lediglich, wenn Ausgleichszahlungen an außenstehende Gesellschafter geleistet werden, da diese nach § 16 KStG von der Organgesellschaft iHv 20/17 als Einkommen selbst zu versteuern sind. Ebenso ergehen gegenüber der Organgesellschaft Bescheide über die gesonderte Feststellung des steuerlichen Einlagekontos nach § 27 KStG sowie ggf. Feststellungsbescheide über vororganschaftliche Verluste.

**5305** Auch im Übrigen bleibt es bei der verfahrensrechtlichen Eigenständigkeit der Organgesellschaft. So hat sie ungeachtet der Organschaft ihre **allgemeinen Mitwirkungs- und Duldungspflichten** zu erfüllen.[3] Demnach trifft die Organgesellschaft die allgemeine Buchführungspflicht nach den §§ 140 ff. AO und sie hat den allgemeinen Dokumentationspflichten ebenso wie finanzbehördlichen Mitwirkungsverlangen eigenständig nachzukommen.[4] Kurzum: Die Organgesellschaft bleibt uneingeschränkt **Steuerpflichtiger iSd § 33 Abs. 1 AO.**

## II. Außenprüfung, verbindliche Auskunft und Verständigungsverfahren

**5306** Der grundsätzlichen Eigenständigkeit der Organgesellschaft und des Organträgers Rechnung tragend sind auch die steuerlichen **Außenprüfungen** von Organträger und Organgesellschaft vom jeweils örtlich zuständigen FA getrennt voneinander durchzuführen, wobei jeweils eigenständige Prüfungsanordnungen zu erlassen sind.[5] § 13 Abs. 1 BpO enthält zwar die Aussage, dass Unternehmen, die zu einem Konzern iSd § 18 AktG gehören, im Zusammenhang, unter einheitlicher Leitung und nach einheitlichen Gesichtspunkten zu prüfen sind, wenn die Außenumsätze der Konzernunternehmen insgesamt mindestens 25 Mio. EUR im Jahr betragen. Dies ändert jedoch grds. nichts daran, dass auch im

[2] So ausdrücklich BFH 11.4.1990 – I R 167/86, BStBl. II 1990, 772.
[3] Brandis/Heuermann/Rode KStG § 14 Rn. 300.
[4] Hendricks Ubg 2011, 711 (713).
[5] Prinz/Witt Steuerliche Organschaft/Drüen Rn. 5.18.

Konzern das einzelne Konzernunternehmen Gegenstand der Prüfung ist, nicht hingegen der Konzern. Eine konzernübergreifende Gesamtprüfung ist weder für Konzern- noch für Organschaftsfälle vorgesehen.[6] Die Zuständigkeitsregelung des § 14 Abs. 5 S. 4 KStG im Hinblick auf die Feststellungsverfahren gilt auch für die Durchführung von Außenprüfungen.[7]

Zuständig für die Erteilung einer **verbindlichen Auskunft** ist gem. § 89 Abs. 2 S. 2 AO die Finanzbehörde, die bei Verwirklichung des dem Antrag zugrunde liegenden Sachverhalts örtlich zuständig sein würde. Nähere Bestimmungen zu Form, Inhalt und Voraussetzungen des Antrages auf Erteilung einer verbindlichen Auskunft sind durch Rechtsverordnung (Ermächtigungsgrundlage: § 89 Abs. 2 S. 5 AO) in der Steuer-Auskunftsverordnung (StAuskV) getroffen worden. Nach § 1 Abs. 2 Nr. 2, 3 StAuskV kann eine verbindliche Auskunft von allen Beteiligten nur gemeinsam beantragt werden, wenn sie sich auf einen Sachverhalt bezieht, der zur Begründung einer ertragsteuerlichen oder umsatzsteuerlichen Organschaft führen (Nr. 2) oder von einer Organgesellschaft verwirklicht werden soll und entweder über die gesonderte und einheitliche Feststellung nach § 14 Abs. 5 KStG oder den dem Organträger zuzurechnenden Gewerbeertrag Auswirkungen auf die Besteuerungsgrundlagen des Organträgers haben kann (Nr. 3). Zuständig für die Erteilung der verbindlichen Auskunft ist in diesen Fällen das FA, das für die gesonderte und einheitliche Feststellung nach § 14 Abs. 5 KStG zuständig ist, § 1 Abs. 3 Nr. 3 StAuskV. Das ist nach § 14 Abs. 5 S. 4 KStG das FA, das für die Besteuerung nach dem Einkommen der Organgesellschaft zuständig ist. 5307

Von abkommenswidriger Besteuerung betroffene Steuerpflichtige können nach Art. 25 Abs. 1 S. 1 OECD-MA ein **Verständigungsverfahren** beantragen. Dies setzt nach dem Wortlaut der Vorschrift aber voraus, dass Maßnahmen eines Vertragsstaats oder beider Vertragsstaaten „für sie" zu einer Besteuerung führen oder führen werden, die dem jeweiligen Abkommen nicht entspricht. Dieses Erfordernis der Selbstbetroffenheit ist aus Sicht der Organgesellschaft fraglich, soweit die Steuer beim Organträger erhoben wird. In der Praxis empfiehlt sich daher aus Gründen der Vorsicht eine gemeinsame Initiierung des Verständigungsverfahrens durch Organträger und Organgesellschaft.[8] 5308

*(einstweilen frei)* 5309–5314

## B. § 14 Abs. 5 KStG

### I. Alte Rechtslage

**Bis** zur Einfügung von § 14 Abs. 5 KStG mit Wirkung zum **VZ 2014** gab es keine Norm, die die Besteuerung von Organträger und Organgesellschaft verfahrensrechtlich verknüpfte. Mangels spezieller Verfahrensregeln richtete sich die steuerliche Behandlung von Organgesellschaft und Organträger uneingeschränkt nach **allgemeinen Verfahrensvorschriften.** 5315

Organgesellschaft als auch Organträger mussten – insofern unverändert zur heutigen Rechtslage (→ Rn. 5302 ff.) – als selbstständige Steuersubjekte jeweils eigene Körperschaftsteuererklärungen abgeben und erhielten auch jeweils **eigene Körperschaftsteuerbescheide,** die **verfahrensrechtlich nicht miteinander verknüpft** waren. Dabei erließ das FA der Organgesellschaft gegenüber regelmäßig[9] einen sog. Nullbescheid. Das Einkommen der Organgesellschaft wurde dem Organträger in dessen Körperschaftsteuerbescheid als unselbstständiger Teil der Steuerfestsetzung **(§ 157 Abs. 2 AO)** zugerechnet.[10] 5316

Diese **fehlende Verknüpfung** zwischen den beiden Ebenen führte in der Praxis häufig zu Problemen. Das bei der Organgesellschaft festgestellte Einkommen entfaltete keinerlei 5317

---

6 Tipke/Kruse/Seer AO § 193 Rn. 16.
7 Prinz/Witt Steuerliche Organschaft/Drüen Rn. 5.43; Brinkmann StBp 2016, 189.
8 So auch die Empfehlung von Schönfeld/Ditz/Flüchter DBA, Art. 25 OECD-MA Rn. 55.
9 Zu Ausnahmefällen: DPM/Dötsch/Pung KStG § 14 Rn. 1522 ff.
10 FG Berlin 9.12.2003 – 7 K 7106/03, EFG 2004, 766.

Bindungswirkung für die Besteuerung des Organträgers. Das für die Besteuerung der Organgesellschaft zuständige FA teilte dem für die Besteuerung des Organträgers das bei der Organgesellschaft ermittelte und dem Organträger zuzurechnende Einkommen lediglich mittels des **Vordrucks „MO"** mit; bei diesem handelte es sich aber nicht um einen rechtsbehelfsfähigen Bescheid, sondern um eine interne Kontrollmitteilung.[11] Ebenso wenig war der Körperschaftsteuerbescheid der Organgesellschaft Grundlagenbescheid für die Steuerfestsetzung des Organträgers. Dies bedeutete letztlich auch, dass selbst über den Status der Organschaft, also über die Frage des Bestehens oder Nichtbestehens der Organschaft, lediglich inzidenter iRd Steuerfestsetzungen gegenüber Organträger und Organgesellschaft entschieden wurde. Somit konnten in letzter Konsequenz die Fragen, ob zum einen die Organschaft anzuerkennen ist und zum anderen, in welcher Höhe dann ggf. eine Einkommenszurechnung zu erfolgen hat, auf Ebene von Ober- und Untergesellschaft völlig unterschiedlich beantwortet werden.

**5318** Hinsichtlich der Frage nach der **Rechtsbehelfsbefugnis** musste sowohl nach dem Begehren als auch danach unterschieden werden, ob das Einkommen der Organgesellschaft positiv oder negativ war. Wurde geltend gemacht, das FA habe unzutreffend die Organschaft nicht anerkannt, war bei positivem Einkommen der Organgesellschaft nur diese beschwert, im Falle des negativen Einkommens der Organgesellschaft hingegen nur der Organträger. Wurde geltend gemacht, das FA habe die Organschaft fälschlicherweise anerkannt, verhielt es sich genau andersherum.[12] Bei Einwendungen gegen die Höhe des zugerechneten Einkommens war wiederum nur der Organträgers rechtsbehelfsbefugt. Im Klageverfahren des Organträgers war die Organgesellschaft nicht notwendig beizuladen (§ 60 Abs. 3 FGO). Aus Vorsichtsgründen und wegen verbleibender Unsicherheiten wurden Rechtsbehelfe in der Praxis häufig sowohl vom Organträger als auch von der Organgesellschaft eingelegt.

**5319** Die fehlende verfahrensmäßige Verknüpfung der beiden Veranlagungsverfahren war nicht nur ein theoretisches Problem. Der Gesetzgeber sah sich schlussendlich zum Tätigwerden veranlasst, nachdem der BFH die Konsequenzen der gesetzlichen Ausgestaltung schonungslos offengelegt hatte.[13] Dem Verfahren **IV R 74/05**[14] lag ein Sachverhalt zugrunde, bei dem eine Organgesellschaft zu 50 % an einer oHG beteiligt war. Nach einer Außenprüfung erging für die oHG ein geänderter Gewinnfeststellungsbescheid, mit dem der Gewinnanteil der Organgesellschaft um einen siebenstelligen Betrag erhöht wurde. Daraufhin erließ das FA gegenüber der Organgesellschaft einen nach § 175 Abs. 1 S. 1 Nr. 1 AO geänderten Körperschaftsteuerbescheid, in dem die Steuer allerdings aufgrund des bestehenden Organschaftsverhältnisses weiterhin auf 0 festgesetzt wurde. Das FA änderte anschließend aufgrund einer Kontrollmitteilung auch den Gewinnfeststellungsbescheid des Organträgers und stützte dies auf § 173 Abs. 1 Nr. 1 AO. Nachdem die Vorinstanz[15] die Änderung zwar nicht von § 173 Abs. 1 Nr. 1 AO, dafür aber von § 175 Abs. 1 S. 1 Nr. 1 AO als gedeckt angesehen hatte, erklärte der BFH beide Korrekturvorschriften für nicht anwendbar. Der Anwendung des § 173 Abs. 1 Nr. 1 AO stand im Streitfall aufgrund einer zuvor beim Organträger durchgeführten Außenprüfung § 173 Abs. 2 AO entgegen. Eine Änderung auf der Grundlage von § 175 Abs. 1 S. 1 Nr. 1 AO schied aus Sicht des BFH hingegen aus, da weder der geänderte Körperschaftsteuerbescheid der Organgesellschaft noch der geänderte Gewinnfeststellungsbescheid für die oHG als Grundlagenbescheid iSd Norm angesehen werden konnte. Aus dem Gewinnfeststellungsbescheid für die Tochterpersonengesellschaft einer Organgesellschaft konnten damit im Ergebnis keine Folgen innerhalb des Organkreises gezogen werden. Das Urteil des BFH schloss mit der eher ungewöhnlichen Aussage, dass der Senat das gefundene Ergebnis nicht für sachgerecht

---

[11] DPM/Dötsch/Pung KStG § 14 Rn. 1520; Gosch/Neumann KStG § 14 Rn. 529.
[12] Vgl. Frotscher/Drüen/Frotscher KStG § 14 Rn. 923.
[13] Brandis/Heuermann/Rode KStG § 14 Rn. 300.
[14] BFH 6.3.2008 – IV R 74/05, DStR 2008, 1546.
[15] FG Hamburg 2.3.2005 – VI 320/03, EFG 2005, 1223.

halte, sich wegen des Fehlens einer gesetzgeberischen Verfahrensentscheidung über die Erstreckung der Bindungswirkung auf den Organträger aber nicht zu einer anderen Entscheidung in der Lage gesehen habe.

In der **Praxis** führte diese Gesetzeslage, insbes. im Nachgang zu der zuvor zitierten Entscheidung des BFH, dazu, dass darauf geachtet wurde, dass die Steuerfestsetzungen des Organträgers nicht vor den Steuerfestsetzungen der Organgesellschaften bestandskräftig wurden. Die Finanzbehörden hielten die Steuerbescheide des Organträgers soweit wie möglich auf Grundlage von §§ 164, 165 AO offen. Dies sorgte für entsprechend lange Besteuerungsverfahren beim Organträger.[16] Der verfahrensrechtliche Reformbedarf lag offen zutage. **5320**

## II. Zeitlicher und sachlicher Anwendungsbereich der Neuregelung des § 14 Abs. 5 KStG

Durch das Gesetz zur Änderung und Vereinfachung der Unternehmensbesteuerung und des steuerlichen Reisekostenrechts (UntSt/RKVereinfG) v. 20.2.2013[17] fügte der Gesetzgeber schließlich **§ 14 Abs. 5 KStG** ein, der für **Feststellungszeiträume** gilt, die **nach dem 31.12.2013**[18] beginnen.[19] Dies gilt sowohl für Steuerpflichtige mit einem dem Kalenderjahr entsprechenden Wirtschaftsjahr als auch für solche mit einem abweichenden Wirtschaftsjahr.[20] **5321**

Durch § 14 Abs. 5 KStG werden die Steuerfestsetzung von Organgesellschaft und Organträger miteinander **verfahrensrechtlich verknüpft.** Das dem Organträger zuzurechnende Einkommen der Organgesellschaft wird nunmehr außerhalb der körperschaftsteuerlichen Veranlagung **gesondert und einheitlich** sowohl gegenüber der Organgesellschaft als auch gegenüber dem Organträger **festgestellt** (§ 14 Abs. 5 **S. 1** KStG). Der Feststellungsbescheid nach § 14 Abs. 5 S. 1 KStG ist gem. § 14 Abs. 5 **S. 2** KStG **Grundlagenbescheid** für die Körperschaftsteuerbescheide von Organträger und Organgesellschaft[21] (→ Rn. 5342). **5322**

Ausweislich der Gesetzesbegründung lag der beabsichtigte **Zweck** der Einführung **der Norm** darin, die Besteuerung von Unternehmen, die organschaftlich verbunden sind, verfahrensrechtlich in sich konsistent sowie rechtssicher zu gestalten und damit auch zu vereinfachen.[22] **5323**

§ 14 Abs. 5 KStG gilt **nur für Zwecke der Körperschaft- bzw. Einkommensteuer,** nicht für Zwecke der Gewerbesteuer. Der Feststellungsbescheid nach § 14 Abs. 5 S. 1 KStG ist auch nicht Grundlagenbescheid für den Gewerbesteuermessbescheid.[23] Eine vergleichbare Notwendigkeit für die Schaffung einer gesonderten Feststellung bestand aus Sicht des Gesetzgebers aufgrund der gesetzesspezifischen Besonderheiten für die Gewerbesteuer nicht.[24] Denn nach § 35b Abs. 1 S. 1 GewStG ist der Gewerbesteuermessbescheid von Amts wegen aufzuheben oder zu ändern, wenn der Einkommensteuerbescheid, der Körperschaftsteuerbescheid oder ein Feststellungsbescheid aufgehoben oder geändert wird und die Aufhebung oder Änderung den Gewinn aus Gewerbebetrieb „berührt". Dies ist bei einer Gewinnänderung auf der Ebene der Organgesellschaft mit Blick auf den Organträger der Fall, sodass ein bestandskräftiger Gewerbesteuermessbescheid des Organträgers entsprechend geändert werden kann (vgl. ausführlich → Rn. 5373). **5324**

16 Rödder Ubg 2012, 717 (723).
17 BGBl. 2013 I 285.
18 § 34 Abs. 9 Nr. 9 KStG idF des Art. 2 Nr. 5 Buchst. b UntSt/RKVereinfG.
19 BFH 26.9.2018 – I R 16/16, BStBl. II 2020, 206.
20 Frotscher/Drüen/Frotscher KStG § 14 Rn. 923.
21 RHN/Rödder/Liekenbrock KStG § 14 Rn. 798.
22 BT-Drs. 17/10774, 2.
23 BFH 11.7.2023 – I R 21/20, DStRE 2024, 142; BFH 11.7.2023 – I R 36/20, DStR 2023, 2607.
24 BT-Drs. 17/10774, 21.

## III. Gesonderte und einheitliche Feststellung und deren Folgen

### 1. Gesonderte und einheitliche Feststellung (Abs. 5 S. 1)

5325 § 14 Abs. 5 **S. 1** KStG ordnet an, dass das dem Organträger zuzurechnende Einkommen der Organgesellschaft und damit zusammenhängende andere Besteuerungsgrundlagen (als Gegenstand der Feststellung) gesondert und einheitlich festzustellen sind. Die Feststellungen nach § 14 Abs. 5 S. 1 KStG sind zwingend vorzunehmen. Es besteht kein Ermessen der Finanzbehörde.[25]

5326 Die **gesonderte** Feststellung bedeutet, dass der Gegenstand der Feststellung außerhalb eines Körperschaftsteuerbescheids in einem eigenen Verwaltungsverfahren durch einen Feststellungsbescheid als eigener Verwaltungsakt separat iSd § 179 AO festgestellt wird. Dies stellt eine Ausnahme von dem Grundsatz dar, dass der Feststellungsgegenstand (hier insbes. das Einkommen der Organgesellschaft) sonst nur unselbstständiger Teil der Steuerfestsetzung (§ 157 Abs. 2 AO) wäre.[26]

5327 Die **einheitliche** Feststellung bedeutet, dass die Feststellung gegenüber der Organgesellschaft und dem Organträger erfolgt (§ 179 Abs. 2 S. 2 AO). Sie sind Adressaten **eines** inhaltsgleichen Feststellungsbescheids, der sowohl Organgesellschaft als auch Organträger entsprechend bindet. Soweit der Gegenstand der Feststellung reicht, ist damit insoweit eine divergierende Entscheidung der FinVerw gegenüber dem Organträger und der Organgesellschaft ausgeschlossen.[27]

5328 Die gesonderte und einheitliche Feststellung erfolgt jeweils im Verhältnis **der** Organgesellschaft (vgl. § 14 Abs. 5 S. 1 KStG) mit ihrem Organträger. Ein einheitliches Feststellungsverfahren für den gesamten Organkreis sieht das Gesetz nicht vor. Daraus folgt, dass ein Organträger, der mit **verschiedenen Organgesellschaften** ein Organschaftsverhältnis begründet hat, für jedes einzelne Organschaftsverhältnis ein gesondertes Feststellungsverfahren zu durchlaufen hat. Im Fall einer **sog. Kettenorganschaft** hat das Feststellungsverfahren sowohl im Verhältnis zwischen Mutter- und Tochtergesellschaft als auch im Verhältnis zwischen Tochtergesellschaft und Enkelgesellschaft jeweils eigenständig zu erfolgen.[28] Bei einer **mittelbaren Organschaft** haben die gesonderten Feststellungen zB zwischen Mutter- und Enkelgesellschaft zu erfolgen. Das Feststellungsverfahren betrifft nicht die Zwischengesellschaft[29]

### 2. Gegenstand der Feststellungen

5329 **a) Dem Organträger zuzurechnendes Einkommen der Organgesellschaft (Abs. 5 S. 1 Alt. 1).** § 14 Abs. 5 S. 1 KStG ordnet zunächst an, dass das dem Organträger zuzurechnende **Einkommen der Organgesellschaft** gesondert und einheitlich festzustellen ist. Gemeint ist damit nicht das tatsächliche Einkommen der Organgesellschaft nach der Zurechnung zum Organträger, sondern das auf Ebene der Organgesellschaft nach der **sog. Bruttomethode** des § 15 KStG ermittelte Einkommen vor Zurechnung zum Organträger.

5330 Dieses ermittelt sich wie folgt:[30]

| | |
|---|---|
| | Jahresüberschuss/-fehlbetrag der Organschaft lt. Handelsbilanz |
| +/- | Korrekturen nach § 60 Abs. 2 EStDV |
| = | steuerlicher Gewinn/Verlust der Organgesellschaft |

---

25 Frotscher/Drüen/Frotscher KStG § 14 Rn. 927; RHN/Rödder/Liekenbrock KStG § 14 Rn. 792.
26 Brandis/Heuermann/Rode KStG § 14 Rn. 301.
27 Brandis/Heuermann/Rode KStG § 14 Rn. 301.
28 DPM/Dötsch/Pung KStG § 14 Rn. 1546; Frotscher/Drüen/Frotscher KStG § 14 Rn. 928; RHN/Rödder/Liekenbrock KStG § 14 Rn. 792; Brandis/Heuermann/Rode KStG § 14 Rn. 301.
29 DPM/Dötsch/Pung KStG § 14 Rn. 1546; Frotscher/Drüen/Frotscher KStG § 14 Rn. 928; RHN/Rödder/Liekenbrock KStG § 14 Rn. 792.
30 HHR/Fissenewert KStG § 14 Rn. 371.

+ nicht abziehbare Aufwendungen, insbes. § 4 Abs. 5 EStG
- steuerfreie Einnahmen (außer § 8b KStG und nach DBA steuerfreie Einnahmen)
+/- sonstige Korrekturen
+/- abgeführter Gewinn/ausgeglichener Fehlbetrag
= Zwischensumme
- eigener Spendenabzug der Organgesellschaft
= **dem Organträger zuzurechnendes Einkommen der Organgesellschaft**

Das von der Organgesellschaft selbst zu versteuernde Einkommen, das sich bei **Ausgleichszahlungen gem. § 16 KStG** ergibt, ist nach hM nicht Gegenstand der gesonderten Feststellung gem. § 14 Abs. 5 S. 1 Alt. 1 KStG, da es sich nicht um ein Einkommen der Organgesellschaft handelt, das dem Organträger zuzurechnen ist.[31] Die Gegenauffassung verweist darauf, dass insbes. den vom Organträger geleisteten Ausgleichszahlungen Bedeutung für die eigene Steuerpflicht der Organgesellschaft zukommt und vertritt, dass auch sämtliche Ausgleichszahlungen nach § 16 KStG, ebenso wie den Ausgleichszahlungen gleichstehende verdeckte Gewinnausschüttungen Gegenstand der Feststellung seien.[32] Die FinVerw scheint der letztgenannten Auffassung insoweit zu folgen, als sie in Zeile 24 der Anlage FE-OT eine Angabe über die Ausgleichszahlungen des Organträgers iSd § 16 S. 2 KStG verlangt. **5331**

**b) Damit zusammenhängende andere Besteuerungsgrundlagen (Abs. 5 S. 1 Alt. 2).** **5332**
Nach § 14 Abs. 5 S. 1 KStG ist nicht nur das dem Organträger zuzurechnende Einkommen der Organgesellschaft, sondern es sind auch „damit zusammenhängende andere Besteuerungsgrundlagen" einheitlich und gesondert festzustellen. Was damit im Einzelnen gemeint ist, ist angesichts des offenen Wortlauts der Norm in Teilbereichen nicht geklärt und gehört damit zu den **„größten Rätseln"** des § 14 Abs. 5 KStG.[33] Erforderlich ist eine teleologische Auslegung der Norm. Nach Sinn und Zweck des gesonderten und einheitlichen Feststellungsverfahrens umfasst der Begriff der anderen Besteuerungsgrundlagen alle über die Höhe des dem Organträger zuzurechnenden Einkommens hinausgehenden Merkmale, die für die Besteuerung des Einkommens auf der Ebene des Organträgers von Bedeutung und auf der Ebene der Organgesellschaft angesiedelt sind.[34]

Als Feststellungsgegenstand gem. § 14 Abs. 5 S. 1 Alt. 2 KStG kommen insbes. in Betracht[35]: **5333**

- die in dem zuzurechnenden Einkommen enthaltenen Bezüge, Gewinne und Gewinnminderungen iSd § 8b Abs. 1–3 KStG bzw. § 3 Nr. 40 Buchst. d) EStG und hiermit zusammenhängende Ausgaben nach § 3c Abs. 2 EStG (vgl. § 15 S. 1 Nr. 2 KStG);
- ein Übernahmeverlust iSd § 4 Abs. 6 UmwStG;
- Übernahmegewinn und -verlust nach § 12 Abs. 2 S. 1 UmwStG sowie Übernahmegewinn nach § 12 Abs. 2 S. 2 UmwStG (vgl. § 15 S. 1 Nr. 2 KStG);
- positive Einkünfte im Rückwirkungszeitraum iSd § 2 Abs. 4 S. 3 und 4 UmwStG;
- nach DBA steuerfreie Gewinnanteile und zugehörige Aufwendungen (vgl. § 15 S. 2 KStG);
- Zinsaufwendungen, -erträge und Abschreibungen iSd Zinsschranke (§ 4h EStG iVm § 8a KStG);
- der sich nach § 3a Abs. 3 S. 4 EStG ergebende verbleibende Sanierungsertrag der Organgesellschaft (§ 15 S. 1 Nr. 1a KStG);

[31] Frotscher/Drüen/Frotscher KStG § 14 Rn. 930; RHN/Rödder/Liekenbrock KStG § 14 Rn. 794; DPM/Dötsch/Pung KStG § 14 Rn. 1531.
[32] Gosch/Neumann KStG § 14 Rn. 529c und § 16 Rn. 14.
[33] Bott/Walter/Walter KStG § 14 Rn. 805.0.3; Brinkmann StBp 2016, 189 (193).
[34] BeckOK KStG/Ebber KStG § 14 Rn. 715.
[35] Frotscher/Drüen/Frotscher KStG § 14 Rn. 931; HHR/Fissenewert KStG § 14 Rn. 372; DPM/Dötsch/Pung KStG § 14 Rn. 1532; Brandis/Heuermann/Rode KStG § 14 Rn. 304.

– die Gesamtsumme der Einkünfte der Organgesellschaft für Zwecke der Höchstbetragsberechnung nach § 34c EStG beim Organträger;[36]
– die im zuzurechnenden Einkommen enthaltenen Einnahmen einer Kapitalgesellschaft, auf die § 8 Abs. 7 S. 1 Nr. 2 KStG anzuwenden ist;
– Hinzurechnungsbeträge nach §§ 7 Abs. 1, 10 AStG;
– Erträge aus Investmentfonds und Spezial-Investmentfonds (§ 15 S. 1 Nr. 2a KStG);
– ein investmentsteuerlicher Ausgleichsposten für die jährlich fiktiv anzusetzenden Vorabpauschalen (§§ 16 Abs. 1 Nr. 2, 18 Abs. 3 InvStG) bei von der Organgesellschaft gehaltenen Investmentanteilen;[37]
– im Einkommen der Organgesellschaft enthaltene Dauerverlustgeschäfte nach § 8 Abs. 7 KStG sowie hierin enthaltene gesonderte Verlustverrechnungskreise für die spartenbezogene Betrachtung nach § 8 Abs. 9 KStG (§ 15 S. 1 Nr. 4 und Nr. 5 KStG);
– Mehr- und Minderabführungen nach § 14 Abs. 3, 4 KStG sind jedenfalls, soweit sie während der Organschaftszeit erfolgen, gesondert und einheitlich festzustellen.[38] Nach hM[39] gilt Gleiches auch für Mehr- und Minderabführungen aus vororganschaftlicher Zeit.

5334 **Nicht** gesondert festgestellt werden hingegen
– geleistete Spenden, da Organgesellschaft und Organträger jeweils über einen eigenen Spendenkreis verfügen;[40]
– nach hM[41] nicht zu berücksichtigende negative Einkünfte der Organgesellschaft nach § 14 Abs. 1 S. 1 Nr. 5 KStG aF, weil sie als außerbilanzielle Hinzurechnung nach der Nettomethode auf der Ebene der Organgesellschaft berücksichtigt werden;
– Ausgleichszahlungen nach § 16 KStG (→ Rn. 5331).

5335 Bis einschließlich **VZ 2018** waren die der **sog. „Bruttomethode“** unterliegenden Besteuerungsgrundlagen der Organgesellschaft in den amtlichen Vordrucken der FinVerw einzeln auf der „Anlage OT“ einzutragen.[42] Mit Wirkung zum **VZ 2019** hat die FinVerw das Verfahren auf das **sog. optimierte Bruttoverfahren** umgestellt.[43] Danach werden die „anderen Besteuerungsgrundlagen“ iSd § 14 Abs. 5 S. 1 KStG nicht mehr einzeln, sondern nur mit ihrem saldierten Endbetrag festgestellt. Nur dieser Betrag fließt in die nach § 14 Abs. 5 S. 1 KStG vorzunehmende gesonderte und einheitliche Feststellung ein. Die bisherigen Einzelfeststellungen der der Bruttomethode unterliegenden Besteuerungsgrundlagen entfallen und werden nur noch innerhalb des Feststellungsbescheids nach § 14 Abs. 5 KStG in der Ermittlung der Feststellungsgrundlagen dargestellt.[44]

5336 Angesichts des offenen Wortlauts des § 14 Abs. 5 S. 1 KStG war lange streitig, ob der **Status des Bestehens oder Nichtbestehens der Organschaft Gegenstand der** in § 14 Abs. 5 S. 1 KStG angeordneten **Feststellung** ist. Vor dem Hintergrund der Entstehungsgeschichte des § 14 Abs. 5 KStG und angesichts des Gesetzeszwecks ist dies zu bejahen. Für den Fall des **positiven Bestehens** einer Organschaft setzt die Feststellung eines zuzurech-

---

36 FG Baden-Württemberg 24.3.2022 – 3 K 2794/20, EFG 2022, 1311 mit Anm. Falk.
37 Bott/Walter/Walter KStG § 14 Rn. 805.0.3.
38 BFH 11.7.2023 – I R 36/20, DStR 2023, 2607.
39 DPM/Dötsch/Pung KStG § 14 Rn. 1532; Frotscher/Drüen/Frotscher KStG § 14 Rn. 938; HHR/Fissenewert KStG § 14 Rn. 372.
40 Prinz/Witt Steuerliche Organschaft/Drüen Rn. 5.29; Brandis/Heuermann/Rode KStG § 14 Rn. 304; HHR/Fissenewert KStG § 14 Rn. 372; Brinkmann StBp. 2016, 189 (195); aA Bott/Walter/Walter KStG § 14 Rn. 805.0.3 unter Hinweis auf die Relevanz der Spendenhöhe für die Ermittlung des vortragsfähigen EBITDA iSv § 4h EStG.
41 Frotscher/Drüen/Frotscher KStG § 14 Rn. 931b; RHN/Rödder/Liekenbrock KStG § 14 Rn. 794; aA Bott/Walter/Walter KStG § 14 Rn. 805.0.3; BeckOK KStG/Ebber KStG § 14 Rn. 717; HHR/Fissenewert KStG § 14 Rn. 372.
42 HHR/Fissenewert KStG § 14 Rn. 372.
43 ZB FinMin. Schleswig-Holstein 25.3.2020 – VI 313 – S 2932 - 087/01, BeckVerw 466189.
44 HHR/Fissenewert KStG § 14 Rn. 372; DPM/Dötsch/Pung KStG § 14 Rn. 1533; Staats Stbg 2020, 245 (253); zutreffend kritisch hierzu: Frotscher/Drüen/Frotscher KStG § 14 Rn. 931a.

nenden Einkommens das Bestehen einer Organschaft bereits denknotwendig voraus. Dies war auch die Auffassung des Gesetzgebers, der in der Gesetzesbegründung hierzu ausführt: „Aufgrund der oben dargestellten materiell-rechtlichen Systematik beinhaltet die Feststellung gleichzeitig auch die grundlegende Feststellung darüber, dass eine steuerlich anzuerkennende Organschaft vorliegt, denn nur dann ist die Rechtsgrundlage für eine Einkommenszurechnung gegeben."[45] Die hL und auch die finanzgerichtliche Rspr.[46] gingen ebenfalls davon aus, dass mit der Feststellung des Einkommens der Organgesellschaft zugleich eine Bindungswirkung in Ansehung des Bestehens einer Organschaft eintritt.

Deutlich umstrittener war die Frage, was verfahrensrechtlich zu geschehen hat, wenn die FinVerw ein vermeintlich bestehendes Organschaftsverhältnis nicht anerkennen will. Zum Teil wurde vertreten, dass die FinVerw einen negativen Feststellungsbescheid erlassen „sollte", eine andere Auffassung ging davon aus, dass in diesem Fall ein negativer Feststellungsbescheid zwingend zu erlassen sei. Wieder andere Stimmen vertraten ohne weitere Begründung die Auffassung, dass im Falle des Nichtbestehens einer Organschaft gar kein negativer Feststellungsbescheid erlassen werden könne.[47] Die FinVerw zeigte sich von der letztgenannten Auffassung indes unbeeindruckt und ging in der Praxis dazu über, **negative Feststellungsbescheide** zu erlassen. 5337

Der **BFH** hat den Streit, ob die Statusfrage Gegenstand der gesonderten und einheitlichen Feststellung ist, iSd hM entschieden.[48] Der **Status** sowohl des Bestehens als auch des Nichtbestehens einer Organschaft sei zumindest „inzidenter" **Gegenstand der in § 14 Abs. 5 S. 1 KStG angeordneten Feststellung** der „damit" (Feststellung des dem Organträger zuzurechnenden Einkommens) „zusammenhängende(n) andere(n) Besteuerungsgrundlagen". Denn ohne das Bestehen einer Organschaft könne kein dem Organträger zuzurechnendes Einkommen festgestellt werden. Die Statusfeststellung sei als Vorbedingung für die Feststellung des zuzurechnenden Einkommens die stärkste Form „damit zusammenhängender Besteuerungsgrundlagen". Die Einbeziehung der Statusfeststellung in § 14 Abs. 5 S. 1 KStG widerspreche deshalb nicht dem Grundsatz gesetzlicher Feststellungsklarheit und damit auch nicht dem Gebot der Gesetzmäßigkeit der Verwaltung nach Art. 20 Abs. 3 GG sowie dem Gebot effektiven Rechtsschutzes nach Art. 19 Abs. 4 GG. Für dieses Ergebnis spreche auch der Wille des Gesetzgebers (→ Rn. 5336). Außerdem gehöre iRd vergleichbar formulierten § 180 Abs. 1 S. 1 Nr. 2 Buchst. a AO („im Zusammenhang stehende andere Besteuerungsgrundlagen") die vergleichbare Situation des Bestehens einer Mitunternehmerschaft ebenfalls zu den möglichen Feststellungen.[49] Dem stehe auch nicht entgegen, dass zum Zeitpunkt des Erlasses des Feststellungsbescheids insbes. die Voraussetzung der tatsächlichen Durchführung des Gewinnabführungsvertrages noch nicht abschließend beurteilt werden könne.[50] Dieser Umstand sei zwar zutreffend beschrieben, gelte aber gleichermaßen, wenn hierüber in einem Körperschaftsteuerbescheid entschieden werde. Für den Fall einer Änderung der Beurteilung einzelner Tatbestandsmerkmale komme es allein auf die Systematik der verfahrensrechtlichen Änderungsvorschriften an. 5338

**c) Feststellung anzurechnender Steuern der Organgesellschaft (Abs. 5 S. 3).** § 14 Abs. 5 **S. 3** KStG ordnet – vgl. wie § 180 Abs. 5 Nr. 2 AO – die entsprechende Geltung des gesonderten und einheitlichen Feststellungsverfahrens des Abs. 5 S. 1 und S. 2 für Steuern an, die von der Organgesellschaft geleistet wurden und auf die Steuer des Organträgers anzurechnen sind (vgl. § 19 KStG). Eine entsprechende Anwendung war notwendig, weil anzurechnende Steuern weder Teil des Organeinkommens noch „andere Besteuerungsgrundlagen" sind. Sie sind eigenständig als weiterer Feststellungsgegenstand neben den in S. 1 angeordneten Feststellungsgegenständen auszuweisen und zwar im Rahmen 5339

45 BT-Drs. 17/10774, 20.
46 Umfangreiche Nachweise bei HHR/Fissenewert KStG § 14 Rn. 372.
47 Übersicht über den Meinungsstand bei Prinz/Witt Steuerliche Organschaft/Drüen Rn. 5.35.
48 BFH 11.7.2023 – I R 21/20, DStRE 2024, 142; BFH 11.7.23 – I R 36/20, DStR 2023, 2607.
49 Vgl. zB BFH 20.8.2015 – IV R 12/12, BFH/NV 2016, 412.
50 So aber Gosch/Neumann KStG § 14 Rn. 529d.

eines zusammengefassten Feststellungsbescheids, der sämtliche Feststellungen gem. § 14 Abs. 5 KStG enthält.[51]

**5340** Steuern iSd Norm sind insbes. die inländischen Abzugssteuern iSv § 19 Abs. 5 KStG. Hierunter fallen bspw.[52] die für Kapitalerträge der Organgesellschaft einbehaltene und abgeführte **Kapitalertragsteuer** zuzüglich des Solidaritätszuschlages, die Abzugssteuern auf **Lizenzeinnahmen** (§ 50a EStG) sowie **Bauabzugssteuern** (§ 48 EStG). Ferner werden vom sachlichen Anwendungsbereich des § 14 Abs. 5 S. 3 KStG sämtliche **ausländische Quellensteuern** erfasst, die anrechenbar sind und für die nicht der Abzug von der Bemessungsgrundlage beantragt wurde (§ 26 Abs. 2 S. 2 KStG iVm § 34c Abs. 2 EStG). Hat die Organgesellschaft sich hingegen für den Abzug der ausländischen Steuern nach § 26 KStG iVm § 34c Abs. 2 EStG entschieden, ist die ausländische Steuer nicht in die gesonderte und einheitliche Feststellung nach § 14 Abs. 5 S. 3 KStG einzubeziehen. Gleiches gilt, wenn die ausländische Steuern gem. § 26 KStG iVm § 34c Abs. 3 EStG zwingend von der steuerlichen Bemessungsgrundlage abzuziehen sind.[53]

**5341** Bei **fehlender Feststellung** nach § 14 Abs. 5 S. 3 KStG kann keine Anrechnung erfolgen, da die gesonderte Feststellung der anzurechnenden Steuer Bindungswirkung für den Abrechnungsteil des KSt- oder ESt-Bescheids des Organträgers bzw. für einen etwaigen nachfolgenden Abrechnungsbescheid nach § 218 Abs. 2 AO hat und insofern die Steuerbescheinigung für die anzurechnenden Beiträge substituiert. Da der Gesetzgeber es versäumt hat, eine dem § 182 Abs. 1 S. 2 AO entsprechende Regelung zu schaffen, folgt die Bindungswirkung aus der Auslegung von § 14 Abs. 5 S. 3 KStG nach Sinn und Zweck.[54] Vollständig fehlende Feststellungen sollen nach § 179 Abs. 3 AO durch einen Ergänzungsbescheid nachgeholt werden können.[55]

### 3. Wirkung der Feststellungen

**5342** Nach § 14 Abs. 5 S. 2 KStG sind die getroffenen Feststellungen für die Besteuerung des Einkommens des Organträgers und der Organgesellschaft **bindend.** Damit wird zunächst die Frage des Bestehens bzw. des Nichtbestehens der Organschaft (die sog. **Statusfrage**) für beide Gesellschaften im Feststellungsbescheid geklärt und kann nicht mehr im Körperschaftsteuerbescheid des Organträgers oder der Organgesellschaft abweichend beantwortet werden (→ Rn. 5336 ff.). Der Feststellungsbescheid ist darüber hinaus hinsichtlich der Höhe des Einkommens der Organgesellschaft **Grundlagenbescheid für den Körperschaftsteuerbescheid des Organträgers.** Einwendungen gegen die Höhe des zuzurechnenden Einkommens müssen somit gegen den Feststellungsbescheid vorgebracht werden; die Steuerfestsetzung des Organträgers kann mit dieser Begründung nicht angefochten werden (§ 351 Abs. 2 AO).[56] Hieraus ergibt sich uE auch, dass die **Ermittlung des Einkommens der Organgesellschaft** (mit Ausnahme des Einkommens nach § 16 KStG) ebenso wie im Feststellungsverfahren nach § 179 AO **im Feststellungsbescheid** und nicht im Körperschaftsteuerbescheid der Organgesellschaft erfolgt.[57] Der an die Organgesellschaft gerichtete Körperschaftsteuerbescheid wird dadurch regelmäßig – sofern sich kein eigenes zu versteuerndes Einkommen der Organgesellschaft aus § 16 KStG ergibt – zur „leeren Hülle".[58] Gegenüber der Organgesellschaft entfaltet der Feststellungsbescheid gem. § 14 Abs. 5 S. 2 KStG jedenfalls insofern wohl unstreitig dahingehend Bindungswirkung, dass diese ihr Einkommen insoweit nicht versteuern muss, als es dem Organträger zugerechnet wird.[59]

[51] Brandis/Heuermann/Rode KStG § 14 Rn. 309; RHN/Rödder/Liekenbrock KStG § 14 Rn. 802.
[52] Brinkmann StBp 2016, 189 (196).
[53] Frotscher/Drüen/Frotscher KStG § 14 Rn. 940; RHN/Rödder/Liekenbrock KStG § 14 Rn. 803.
[54] Frotscher/Drüen/Frotscher KStG § 14 Rn. 942 f.
[55] Bott/Walter/Walter KStG § 14 Rn. 805.0.3.
[56] Brandis/Heuermann/Rode KStG § 14 Rn. 302.
[57] DPM/Dötsch/Pung KStG § 14 Rn. 1550; kritisch Prinz/Witt Steuerliche Organschaft/Drüen Rn. 5.52.
[58] HHR/Fissenewert KStG § 14 Rn. 380.
[59] DPM/Dötsch/Pung KStG § 14 Rn. 1548; Frotscher/Drüen/Frotscher KStG § 14 Rn. 934.

Schließlich kommt dem Feststellungsbescheid nach § 14 Abs. 5 KStG auch eine Bindungswirkung für andere Bescheide als den Körperschaftsteuerbescheiden des Organträgers und der Organgesellschaft zu, in denen sich die „damit zusammenhängenden anderen Besteuerungsgrundlagen" auswirken.[60] Die Bindungswirkung des § 14 Abs. 5 KStG umfasst damit auch den Bescheid über die gesonderte Feststellung des steuerlichen Einlagekontos hinsichtlich der Mehr- und Minderabführungen.[61]

In **zeitlicher Hinsicht** erstreckt sich die Wirkung der Feststellung nur auf den jeweiligen VZ. Die Auffassung, die eine Wirkung eines negativen Feststellungsbescheides innerhalb der Mindestdauer von fünf Jahren auch für andere Zeiträume annimmt[62], verkennt die Rechtsprechung des BFH zur Möglichkeit einer „Organschaftspause".[63] Danach kann aus der Mindestlaufzeit des Gewinnabführungsvertrags nach § 14 Abs. 1 S. 1 Nr. 3 S. 1 KStG kein generell geltendes Zeitelement abgeleitet werden, wonach innerhalb der fünf Jahre sämtliche Tatbestandsvoraussetzungen der Organschaft erfüllt sein müssten. Die Bindungswirkung des Feststellungsbescheides erstreckt sich aber lediglich auf die Frage des Bestehens oder des Nichtbestehens der Organschaft. Es wird hingegen nicht verbindlich festgestellt, aus welchen Gründen die Organschaft nicht anzuerkennen ist. Nur wenn die Organschaft wegen Verletzung der Tatbestandsvoraussetzung des § 14 Abs. 1 S. 1 Nr. 3 S. 1 KStG nicht anerkannt wird, hat dies Auswirkungen auf die Anerkennung der Organschaft in anderen VZ. 5343

Die Wirkungen des § 14 Abs. 5 KStG und die Folgen für den Rechtsschutz sind in vielen Punkten jedoch noch nicht abschließend geklärt. So herrscht nicht einmal Einigkeit über die Frage, ob mit der gesetzlichen Neuregelung die ursprünglichen Probleme der fehlenden Bindungswirkung, die insbes. in dem Verfahren **IV R 74/05**[64] eindrucksvoll zutage getreten sind, beseitigt worden sind. In dem Verfahren konnte ein geänderter Gewinnfeststellungsbescheid einer Personengesellschaft, an der die Organgesellschaft beteiligt war, im Organkreis nicht mehr berücksichtigt werden (→ Rn. 5319). Nach einer im Schrifttum vertretenen Auffassung soll der **Gewinnfeststellungsbescheid der Mitunternehmerschaft** auch nach aktueller Rechtslage kein **Grundlagenbescheid für den Feststellungsbescheid nach § 14 Abs. 5 KStG** sein. Es fehle insofern an einer verfahrensrechtlichen Verknüpfung der Feststellungsverfahren.[65] Die Gegenauffassung sieht den Gewinnfeststellungsbescheid der Mitunternehmerschaft hingegen als Grundlagenbescheid für den Feststellungsbescheid nach § 14 Abs. 5 KStG an.[66] Dies ist uE zutreffend und ergibt sich unmittelbar aus § 182 Abs. 1 S. 1 AO, wonach Feststellungsbescheide für andere Feststellungsbescheide (Folgebescheide) bindend sind, soweit die in den Feststellungsbescheiden getroffenen Feststellungen für diese Folgebescheide von Bedeutung sind. Der Feststellungsbescheid nach § 14 Abs. 5 KStG ist seinerseits Grundlagenbescheid für die Körperschaftsteuerbescheide des Organträgers und der Organgesellschaft (→ Rn. 5342). Letztlich ergibt sich somit eine **„lückenlose Kette von Grundlagen- und Folgebescheiden".**[67] Unter den Vertretern dieser Auffassung wird aber zT noch ein Folgeproblem diskutiert: Nicht nur der Feststellungsbescheid nach § 14 Abs. 5 KStG, sondern auch der Gewinnfeststellungsbescheid der Mitunternehmerschaft sei Grundlagenbescheid für den Körperschaftsteuerbescheid der Organgesellschaft. Insofern bestünde ein Konkurrenzproblem, welches mit einer Stufenbetrachtung gelöst werden könne: Auf der ersten Stufe weise der Gewinnfeststellungsbescheid der Mitunternehmerschaft der Organgesellschaft ein bestimmtes Einkommen zu. Auf der zweiten Stufe werde ihr dieses wieder entzogen, soweit der Feststellungs- 5344

60 DPM/Dötsch/Pung KStG § 14 Rn. 1549; Frotscher/Drüen/Frotscher KStG § 14 Rn. 939.
61 BFH 11.7.2023 – I R 36/20, BFH/NV 2024, 133.
62 Frotscher/Drüen/Frotscher KStG § 14 Rn. 935.
63 BFH 17.5.2017 – I R 51/15, BStBl. II 2018, 30; BFH 17.5.2017 – I R 19/15, BStBl. II 2019, 81.
64 BFH 6.3.2008 – IV R 74/05, DStR 2008, 1546.
65 Gosch/Neumann KStG § 14 Rn. 530.
66 Teiche DStR 2013, 2197 (2200); Frotscher/Drüen/Frotscher KStG § 14 Rn. 936; DPM/Dötsch/Pung KStG § 14 Rn. 1550; im Ergebnis offengelassen von RHN/Rödder/Liekenbrock § KStG 14 Rn. 798.
67 Teiche DStR 2013, 2197 (2200).

bescheid nach § 14 Abs. 5 KStG eine (vorrangige) Zuweisung an den Organträger vorsehe.[68] Unseres Erachtens stellt sich dieses Konkurrenzproblem nicht, wenn man mit der hier vertretenen Auffassung davon ausgeht, dass die Ermittlung des Einkommens der Organgesellschaft außerhalb des Anwendungsbereichs des § 16 KStG nicht mehr im Körperschaftsteuerbescheid der Organgesellschaft, sondern im Feststellungsbescheid nach § 14 Abs. 5 KStG erfolgt (→ Rn. 5342).[69] In diesem Fall ist der Gewinnfeststellungsbescheid der Personengesellschaft nur für den Feststellungsbescheid nach § 14 Abs. 5 KStG Grundlagenbescheid, nicht aber für den Körperschaftsteuerbescheid der Organgesellschaft, der sich – jedenfalls insoweit – ausschließlich nach dem Feststellungsbescheid nach § 14 Abs. 5 KStG richtet.

5345 Ähnliche Probleme stellen sich bei mehrstufigen Organschaften, den sog. **Kettenorganschaften.** Unstreitig hat die Feststellung nach § 14 Abs. 5 KStG hier auf jeder Organschaftsstufe zu erfolgen (→ Rn. 5327).[70] Es ergeht keine Feststellung für den gesamten Organkreis insgesamt. Dementsprechend ist auch für jedes Organschaftsverhältnis eine eigene Feststellungserklärung abzugeben und es ergeht jeweils ein eigener Feststellungsbescheid. Ebenso wie bei der Beteiligung der Organgesellschaft an einer Personengesellschaft stellt sich dann die Folgefrage, in welchem Verhältnis die einzelnen Feststellungsbescheide zueinanderstehen. Nach der hier vertretenen Ansicht stellt jeder Feststellungsbescheid einen Grundlagenbescheid für den nachfolgenden Feststellungsbescheid bis zur Ebene des obersten Organträgers dar, sodass auch hier eine lückenlose Kette von Grundlagen- und Folgebescheiden anzunehmen ist.[71]

### 4. Erklärung, Bekanntgabe und Rechtsschutz

5346 § 14 Abs. 5 KStG enthält in S. 4 eine Regelung, wonach für den Feststellungsbescheid das FA zuständig ist, das auch für die Besteuerung nach dem Einkommen der Organgesellschaft zuständig ist (→ Rn. 5366). Dies trifft ebenso wie die Regelung in S. 5, wonach die Feststellungserklärung mit der Körperschaftsteuererklärung der Organgesellschaft verbunden werden soll, jedoch noch keine Aussage zu der Frage, welche Gesellschaft für die Abgabe der Steuererklärung zuständig ist.[72] Vielmehr ist auf die allgemeine Regelung in § 181 Abs. 2 S. 1 AO zurückzugreifen, wonach derjenige eine Erklärung zur gesonderten Feststellung abzugeben hat, dem der Gegenstand der Feststellung ganz oder teilweise zuzurechnen ist. Dies deutet zunächst auf den Organträger hin, da nur diesem das festgestellte Einkommen zuzurechnen ist. Jedoch wird in dem Feststellungsbescheid nach zutreffender Auffassung auch über die Statusfrage, also über das Bestehen oder das Nichtbestehen der Organschaft entschieden (→ Rn. 5336 ff.). Dies betrifft Organträger wie Organgesellschaft gleichermaßen. Daraus folgt, dass auch **beide Gesellschaften zur Abgabe der Steuererklärung verpflichtet** sind.[73] Es liegt dann im Ermessen der FinVerw, welchen der beiden Verpflichteten sie in Anspruch nimmt, wobei das Ermessen durch die Regelung des § 14 Abs. 5 S. 5 KStG eingeschränkt ist (somit Vorrang der Abgabe durch die Organgesellschaft).[74] Wird die Feststellungserklärung von einer der beiden Gesellschaf-

---

68 Teiche DStR 2013, 2197 (2201); Prinz/Witt Steuerliche Organschaft/Drüen Rn. 5.52 sieht diesen Weg als theoretisch gangbar an, allerdings fehle es an der hinreichend klaren gesetzlichen Anordnung der atypischen Bindungswirkung.

69 So auch DPM/Dötsch/Pung KStG § 14 Rn. 1550.

70 RHN/Rödder/Liekenbrock KStG § 14 Rn. 792; DPM/Dötsch/Pung KStG § 14 Rn. 1546; Brandis/Heuermann/Rode KStG § 14 Rn. 301.

71 Prinz/Witt Steuerliche Organschaft/Drüen Rn. 5.38 hält dies für „fragwürdig", geht aber davon aus, dass die Praxis so verfahren wird.

72 Anderer Ansicht aber Bott/Walter/Walter KStG § 14 Rn. 805.0.3, der in § 14 Abs. 5 S. 5 KStG inzidenter die Anordnung einer Erklärungspflicht der Organgesellschaft erblickt.

73 Frotscher/Drüen/Frotscher KStG § 14 Rn. 945a; im Ergebnis ebenso Prinz/Witt Steuerliche Organschaft/Drüen Rn. 5.41.

74 Frotscher/Drüen/Frotscher KStG § 14 Rn. 945a.

ten abgegeben, wird die jeweils andere damit nach § 181 Abs. 2 S. 3 AO von der eigenen Erklärungspflicht befreit.

Der Feststellungsbescheid ist sowohl an Organträger als auch Organgesellschaft zu adressieren und beiden Gesellschaften bekanntzugeben. Einen gemeinsamen **Empfangsbevollmächtigten** sieht das Gesetz nicht vor.[75] Allerdings können Organträger und Organgesellschaft freiwillig einen solchen Empfangsbevollmächtigten bestellen.[76] **5347**

Da somit sowohl Organträger als auch Organgesellschaft Adressat des Feststellungsbescheides sind, ist bei beiden eine **Einspruchs- und Klagebefugnis** gegeben. Das Gesetz sieht insbes. keine Rechtsschutzkonzentration beim Organträger vor. In der Gesetzesbegründung findet sich hierzu die Aussage: „Die Möglichkeit, den gesonderten und einheitlichen Feststellungsbescheid außergerichtlich oder gerichtlich anzufechten, haben sowohl der Organträger als auch die Organgesellschaft."[77] Dies passt zur weiteren Aussage in der Gesetzesbegründung, dass § 14 Abs. 5 KStG zur Verbesserung der Prozessökonomie beitragen soll, schließlich war nach alter Rechtslage regelmäßig fraglich, ob der Rechtsbehelf vom Organträger oder der Organgesellschaft eingelegt werden musste, was in der Praxis oft dazu führte, dass vorsorglich sowohl Organträger als auch Organgesellschaft den Rechtsbehelf einlegten (→ Rn. 5318). Unseres Erachtens sollten die Steuerpflichtigen jedoch auch zukünftig Vorsicht walten lassen: Der Umstand, dass Organträger und Organgesellschaft Adressaten des Bescheides und beide rechtsbehelfsbefugt sind, führt nämlich noch nicht zwangsläufig dazu, dass sie auch in jeder Konstellation zulässigerweise Einspruch und Klage erheben können. **5348**

Zwar ist die Einspruchsbefugnis nach § 352 AO Voraussetzung für die Durchführung des Einspruchsverfahrens, als weitere Zulässigkeitsvoraussetzung ist jedoch immer auch die **Beschwer** nach § 350 AO zu prüfen.[78] Ebenso setzt eine zulässige Klage nach § 40 Abs. 2 FGO voraus, dass der Kläger beschwert ist. Eine Beschwer dürfte bei der Organgesellschaft in den meisten Fällen jedoch nicht gegeben sein, insbes. ist durch die Feststellung des Einkommens der Organgesellschaft nur der Organträger beschwert.[79] Unstreitig kann die Organgesellschaft nicht geltend machen, dass dem Organträger ein höheres Einkommen zuzurechnen sei. Dann stellt sich aber die Frage, weshalb sie geltend machen können sollte, dass ihm weniger Einkommen zuzurechnen sei. In beiden Fällen sind die rechtlichen Interessen der Organgesellschaft nicht berührt.[80] Legt man diese allgemeinen verfahrensrechtlichen Grundsätze als Maßstab an, kann die **Organgesellschaft nur in Ausnahmefällen** einen **zulässigen Einspruch einlegen bzw. eine zulässige Klage erheben.** So wird sie in Bezug auf geleistete Ausgleichszahlungen nach § 16 KStG, aber auch ggf. im Hinblick auf vororganschaftliche Mehrabführungen rechtsbehelfsbefugt sein und eine Beschwer vorweisen können. Zur Rechtsbehelfsbefugnis, wenn allein das Bestehen oder Nichtbestehen der Organschaft streitig ist → Rn. 5353. **5349**

Das FG Münster[81] und nachfolgend der **XI. Senat des BFH**[82] sind demgegenüber der Auffassung, dass die **Organgesellschaft als Adressatin des Bescheides** über die gesonderte und einheitliche Feststellung des dem Organträger zuzurechnenden Einkommens **beschwert und** (ebenso wie der Organträger) **klagebefugt** sei. § 14 Abs. 5 S. 2 KStG lege ausdrücklich fest, dass die Feststellungen für die Besteuerung auch der Organgesellschaft bindend sind, ohne nach dem Inhalt der Feststellungen zu differenzieren. Die Organgesellschaft sei Adressatin des Feststellungsbescheids und infolge der Feststellungswirkung selbst durch den Feststellungsbescheid beschwert und somit berechtigt, Einspruch einzulegen. **5350**

---

75 Drüen DK 2013, 433 (443).
76 Frotscher/Drüen/Frotscher KStG § 14 Rn. 946; vgl. auch BT-Drs. 17/10774, S. 20.
77 BT-Drs. 17/10774, S. 20.
78 Gosch/Werth AO § 352 Rn. 6; Brandis/Heuermann/Rode KStG § 14 Rn. 301a.
79 So auch Gosch/Neumann KStG § 14 Rn. 529g; Gosch/Bartone AO § 350 Rn. 15; Brühl DStR 2021, 313 (317); Teiche DStR 2013, 2197 (2203).
80 Brühl DStR 2021, 313 (317).
81 FG Münster 21.3.2018 – 9 K 3187/16 F, EFG 2018, 1350.
82 BFH 1.7.2020 – XI R 20/18, DStRE 2021, 285–291.

Diese Auffassung wird auch von der hM im Schrifttum geteilt.[83] Die frühere Einschränkung, wonach die Organgesellschaft bei einem Nullbescheid nicht beschwert war, sei überwunden.[84] Begründet wird dies u. a. mit der Gesetzesbegründung, wonach es erklärtes Ziel des Gesetzgebers war, sowohl Organträger als auch Organgesellschaft die Möglichkeit zur Anfechtung des Feststellungsbescheides einzuräumen. Auch die **Finanzverwaltung** scheint diese Auffassung zu vertreten, wenn sie in den Richtlinien pauschal ausführt, dass gegen den Bescheid über die gesonderte und einheitliche Feststellung sowohl der Organträger als auch die Organgesellschaft einspruchsbefugt seien.[85]

**5351** Die Auffassung des XI. Senats und der hM im Schrifttum hat zwar den Vorzug einer möglichst weitgehenden Rechtsschutzgewährung, dennoch nimmt diese uE eine **unzulässige Vermischung von Rechtsbehelfsbefugnis und Beschwer** vor.[86] Allein aus dem Umstand der Adressatenstellung per se eine Beschwer ableiten zu wollen, erscheint etwas zu kurz gesprungen. So wird zutreffend darauf hingewiesen, dass beschwert immer nur derjenige ist, für den der Bescheid inhaltlich bestimmt oder der sonst von ihm (inhaltlich) betroffen ist. Zu unterscheiden ist insofern zwischen dem Bekanntgabeadressaten und dem Inhaltsadressaten, wobei Inhaltsadressat und Bekanntgabeadressat auch auseinanderfallen können.[87] Bezüglich der Feststellung des dem Organträger zuzurechnenden Einkommens der Organgesellschaft sei insoweit ausschließlich der Organträger Inhaltsadressat des Feststellungsbescheids und demzufolge auch nur dieser beschwert.[88] Auch der Umstand, dass der Gesetzgeber offensichtlich eine Verfahrensvereinfachung beabsichtigte und erklärtermaßen sowohl Organträger als auch Organgesellschaft eine Anfechtungsmöglichkeit in Bezug auf den Feststellungsbescheid einräumen wollte, vermag die Zulässigkeit eines Rechtsbehelfs nicht zu begründen. Es ist schon gar nicht klar, ob der Gesetzgeber bei seinen Aussagen nicht insbes. die Statusfrage vor Augen hatte, welche nunmehr unstreitig für Organträger und Organgesellschaft einheitlich beantwortet wird, was von Organträger und Organgesellschaft jeweils zulässigerweise angefochten werden kann (→ Rn. 5353). Insofern geht auch die Mindermeinung im Schrifttum, die eine Beschwer der Organgesellschaft hinsichtlich der Feststellung des dem Organträger zuzurechnenden Einkommens als grds. nicht gegeben ansieht, davon aus, dass die Organgesellschaft ausnahmsweise doch zulässigerweise Einspruch einlegen kann, wenn dies mit dem grundsätzlichen Einwand erfolgt, dass überhaupt keine Organschaft vorliegt.[89]

**5352** Der XI. Senat des BFH hat seine Auffassung zur allgemein bestehenden „parallelen Rechtsschutzbefugnis" von Organgesellschaft und Organträger nachfolgend noch einmal bestätigt.[90] Rechtssicherheit dürfte aber auch damit noch nicht eingetreten sein. Der **I. Senat des BFH** hat sich in einer Reihe von Urteilen, bei denen jeweils ein negativer Feststellungsbescheid Anfechtungsgegenstand, die Organschaft also von der FinVerw nicht anerkannt worden war, zur Frage der Klagebefugnis nach § 40 Abs. 2 FGO auf die Formel zurückgezogen, dass es auf den im Hinblick auf die Entscheidungen des XI. Senats geführten Meinungsstreit im Ergebnis nicht ankomme und die entscheidende Frage damit **explizit offengelassen.**[91] Für die Steuerpflichtigen empfiehlt es sich daher bis zu einer endgültigen Klärung der Rechtslage, den Rechtsbehelf zumindest auch von der inhaltlich betroffenen Einheit im Organkreis einlegen zu lassen.

---

83 Mössner/Oellerich/Valta/Müller KStG § 14 Rn. 765; HHR/Fissenewert KStG § 14 Rn. 380; RHN/Rödder/Liekenbrock KStG § 14 Rn. 769; Tipke/Kruse/Seer AO § 350 Rn. 12; Frotscher/Drüen/Frotscher KStG § 14 Rn. 946; Prinz/Witt Steuerliche Organschaft/Drüen Rn. 5.54.
84 DPM/Dötsch/Pung KStG § 14 Rn. 1546.
85 KStR 14.6 Abs. 6 S. 2.
86 Brandis/Heuermann/Rode KStG § 14 Rn. 301a.
87 Teiche DStR 2013, 2197 (2204), insofern mit Verweis auf Tipke/Kruse/Seer AO § 122 Rn. 17.
88 Gosch/Bartone AO § 350 Rn. 15.
89 Gosch/Bartone AO § 350 Rn. 15.
90 BFH 18.8.2021 – XI R 43/20, DStR 2022, 402.
91 BFH 9.8.2023 – I R 50/20, DStR 2023, 2781; BFH 11.7.2023 – I R 21/20, DStRE 2024, 142; BFH 11.7.2023 – I R 36/20, DStR 2023, 2607.

Anders verhält es sich im Hinblick auf die **Statusfrage,** ob die Organschaft insgesamt anerkannt wird oder nicht. Insoweit können sich **sowohl Organträger als auch Organgesellschaft** zulässigerweise gegen den Feststellungsbescheid zur Wehr setzen und zwar unabhängig davon, ob die FinVerw die Organschaft im Feststellungsbescheid anerkennt oder nicht und ungeachtet der Frage, welche steuerlichen Folgen sich aus dem (negativen) Feststellungsbescheid im konkreten Streitjahr ergeben. Wegen der weitgehenden und über den einzelnen Veranlagungszeitraum hinausgehenden Auswirkungen der Anerkennung oder Versagung der Organschaft verbietet sich hier der isolierte Blick auf die steuerlichen Auswirkungen im einzelnen Streitjahr. Sofern die FinVerw die Organschaft nicht anerkennen will und daher einen negativen Feststellungsbescheid erlässt, ist die **Verpflichtungsklage** (§ 40 Abs. 1 Variante 2 FGO) die zutreffende Klageart, sofern der erstmalige Erlass eines positiven Feststellungsbescheids erreicht werden soll. Die in dem Klagebegehren enthaltene Aufhebung des negativen Feststellungsbescheids wird dann von dieser Verpflichtungsklage umfasst. Die Feststellungsklage ist gegenüber der Verpflichtungsklage nach § 41 Abs. 2 FGO subsidiär.[92] Wird hingegen die Aufhebung eines negativen Feststellungsbescheids, mit dem das FA den ursprünglich positiven Feststellungsbescheid aufgehoben hat, begehrt, ist die **Anfechtungsklage** (§ 40 Abs. 1 Variante 1 FGO) die zulässige Klageart.[93] Über die Frage des Bestehens der Organschaft kann das Gericht nach § 99 Abs. 1 FGO aus Gründen der Prozessökonomie vorab durch **Zwischenurteil** entscheiden, denn die Statusfrage ist nicht irgendein Element des Steueranspruchs, sondern grundlegende Vorbedingung für die daraus resultierenden Steueransprüche.[94] **5353**

Legt nur einer der am Organschaftsverhältnis Beteiligten einen Rechtsbehelf ein, tritt nach allgemeiner Auffassung auch gegenüber dem anderen Beteiligten keine Bestandskraft ein; der jeweils andere Beteiligte ist im Einspruchsverfahren nach § 360 Abs. 3 AO notwendig **hinzuzuziehen** bzw. nach § 60 Abs. 3 FGO im Klageverfahren notwendig **beizuladen.**[95] Dies gilt jedenfalls in den Verfahren, in denen die **Statusfrage** im Streit steht. Ist hingegen die Höhe des dem Organträger zuzurechnenden Einkommens der Organgesellschaft streitig, ist nach hier vertretener Auffassung lediglich der Organträger einspruchs- und klagebefugt, da es der Organgesellschaft an einer Beschwer mangelt (→ Rn. 5348 ff.). Eine notwendige Hinzuziehung bzw. notwendige Beiladung der Organgesellschaft scheidet dann uE ebenfalls aus.[96] **5354**

Erfolgt im Verfahren des einstweiligen Rechtsschutzes eine **Aussetzung der Vollziehung** des Feststellungsbescheides nach § 14 Abs. 5 KStG, sind auch die Folgebescheide, somit die Körperschaftsteuerbescheide der Organgesellschaft und des Organträgers nach § 361 Abs. 3 AO bzw. § 69 Abs. 2 S. 4 FGO von der Vollziehung auszusetzen.[97] **5355**

*(einstweilen frei)* **5356–5365**

## IV. Örtliche und sachliche Feststellungszuständigkeit (Abs. 5 S. 4)

Mit § 14 Abs. 5 S. 4 KStG enthält das Gesetz erstmals eine gesetzliche Regelung hinsichtlich der örtlichen und sachlichen Zuständigkeit bei der Organschaft. Zuständig für die Feststellungen gem. § 14 Abs. 5 KStG ist nach dessen S. 4 das Finanzamt, das für die Besteuerung nach dem Einkommen der Organgesellschaft zuständig ist. **5366**

Für die **Körperschaftsteuer** folgt die Feststellungszuständigkeit aus **§ 20 Abs. 1 AO** (vgl. im Hinblick auf die Gewerbesteuer (→ Rn. 5372). Zuständig ist danach das FA, in dessen Bezirk sich die Geschäftsleitung der Organgesellschaft befindet. Entscheidend ist **5367**

92 BFH 11.7.2023 – I R 36/20, DStR 2023, 2607.
93 BFH 9.8.2023 – I R 50/20, DStR 2023, 2781.
94 BFH 11.7.2023 – I R 21/20, DStRE 2024, 142.
95 HHR/Fissenewert KStG § 14 Rn. 380; Frotscher/Drüen/Frotscher KStG § 14 Rn. 946; RHN/Rödder/Liekenbrock KStG § 14 Rn. 801; Olbing Stbg 2015, 312.
96 Ebenso Gosch/Bartone AO § 360 Rn. 34.
97 HHR/Fissenewert KStG § 14 Rn. 380; RHN/Rödder/Liekenbrock KStG § 14 Rn. 769.

damit der Ort, an dem der für die Geschäftsführung maßgebliche Wille gebildet wird. Dieser Ort kann, muss aber nicht mit dem Ort der Geschäftsleitung des Organträgers zusammenfallen. Beeinflusst die Geschäftsleitung des Organträgers die Geschäftsleitung der Organgesellschaft maßgeblich, kann sich die Zuständigkeit für die Besteuerung der Organgesellschaft generell zu dem Ort verlagern, von dem aus der Organträger die Geschäfte leitet.[98]

**5368** Das gesetzliche **Konzept der dezentralen Zuständigkeit**[99] stellt eine Abkehr von der bisher von der FinVerw praktizierten Zuständigkeit des Organträgers dar.[100] Es erfasst nachfolgend das außergerichtliche (§ 367 Abs. 1 AO) und gerichtliche Rechtsbehelfsverfahren (§ 38 Abs. 1 FGO). Das gesetzliche Konzept beinhaltet die Gefahr der divergierenden Entscheidung gleichgelagerter Sachverhalte, dem mit einem fortlaufenden Informationsaustausch mit dem für den Organträger zuständigen FA begegnet werden sollte.[101]

## C. Besonderheiten bei der gewerbesteuerlichen Organschaft

**5369** Die Voraussetzungen der körperschaftsteuerlichen und der gewerbesteuerlichen Organschaft sind zwar zunächst einmal identisch (vgl. § 2 Abs. 2 S. 2 GewStG), doch sind einige Besonderheiten zu beachten (ausführlich zur gewerbesteuerlichen Organschaft → Rn. 5501 ff.). Dies beginnt bereits mit der Rechtsfolge, wonach die Organgesellschaft als Betriebsstätte des Organträgers „gilt". Die Folgen dieser gesetzlichen Fiktion sind nicht vollständig geklärt. Der BFH vertritt hierzu in ständiger Rechtsprechung die sog. **gebrochene oder eingeschränkte Einheits- oder Filialtheorie.**[102] Demnach sollen trotz der gesetzlichen Fiktion die Organgesellschaft und der Organträger kein einheitliches Unternehmen bilden. Sie bleiben vielmehr selbstständige Gewerbebetriebe, die einzeln für sich bilanzieren und deren Gewerbeerträge und -kapitalien getrennt zu ermitteln sind. Die Organschaft soll aber dazu führen, dass die persönliche Gewerbesteuerpflicht der Organgesellschaft für die Dauer der Organschaft dem Organträger zugerechnet wird. Nach der Rechtsprechung des BFH gilt die Organgesellschaft somit zwar als Betriebsstätte des Organträgers, wird aber nicht in jeder Hinsicht als bloße Betriebsstätte behandelt.[103]

**5370** Bleibt für körperschaftsteuerliche Zwecke die Organgesellschaft weiterhin Steuersubjekt (→ Rn. 5302), gilt somit im Bereich der Gewerbesteuer das Gegenteil.[104] Die **Organgesellschaft** selbst ist nicht gewerbesteuerpflichtig. Mit der Begründung eines gewerbesteuerlichen Organschaftsverhältnisses **erlischt ihre persönliche – jedoch nicht ihre sachliche – Steuerpflicht.** Zwar wird zunächst der Gewerbeertrag von Organgesellschaft und Organträger grds. getrennt nach den für das einzelne Unternehmen maßgebenden Vorschriften ermittelt. Die Organgesellschaft hat aber weder eine eigene Steuererklärung abzugeben noch ergeht gegen sie ein Gewerbesteuermessbescheid oder ein Gewerbesteuerbescheid. Vielmehr wird gegen den Organträger ein einheitlicher Gewerbesteuermessbescheid für sämtliche zum Organkreis gehörende Gewerbebetriebe erlassen.[105]

**5371** Im **Gewerbesteuermessbescheid,** der gegen den Organträger ergeht, wird über das Vorliegen der gewerbesteuerlichen Organschaft entschieden.[106] Dieser ist nach der hM im Schrifttum **kein Folgebescheid des Feststellungsbescheids nach § 14 Abs. 5 KStG.**[107]

---

[98] Bott/Walter/Walter KStG § 14 Rn. 805.0.1.
[99] HHR/Fissenewert KStG § 14 Rn. 383; Teiche DStR 2013, 2197 (2201).
[100] Frotscher/Drüen/Frotscher KStG § 14 Rn. 945.
[101] Drüen DK 2013, 433 (449).
[102] BFH 21.10.2009 – I R 29/09, DStR 2010, 376; BFH 4.6.2003 – I R 100/01, DStR 2003, 1968; BFH 18.9.1996 – I R 44/95, DStR 1997, 198.
[103] So zusammenfassend Müller/Detmering/Lieber Die Organschaft Rn. 962.
[104] Zu den Unterschieden auf Seiten der Rechtsfolgen ausführlich → Rn. 5612 ff.
[105] Prinz/Witt Steuerliche Organschaft/Drüen Rn. 5.56.
[106] Müller/Detmering/Lieber Die Organschaft Rn. 936; Prinz/Witt Steuerliche Organschaft/Drüen Rn. 5.57.
[107] Brühl GmbHR 2021, 166 (168); Teiche DStR 2013, 2197 (2201).

Dieser Auffassung hat sich mittlerweile auch der **BFH** angeschlossen.[108] Der Gewerbesteuermessbetrag werde in einem eigenständigen Verfahren ermittelt. Dies habe sich auch nicht durch die Einführung des § 35b GewStG geändert. Auch die in § 35b Abs. 1 GewStG genannten Bescheide stehen zum Gewerbesteuermessbescheid nicht im Verhältnis eines bindenden Grundlagenbescheids zum Folgebescheid iSv § 182 Abs. 1 AO.[109] Die Verfahren stehen grds. getrennt voneinander, eine faktische Grundlagenfunktion ändert hieran nichts.

Für den Gewerbesteuermessbescheid ist nach den allgemeinen Regelungen (§ 22 Abs. 1 S. 1 AO iVm § 18 Abs. 1 Nr. 2 AO) das **Betriebsfinanzamt** zuständig, in dessen Bezirk sich die Geschäftsleitung des **Organträgers** befindet. Die Zuständigkeitsregelung des § 14 Abs. 5 S. 4 KStG findet keine Anwendung. *Drüen* weist zutreffend darauf hin, dass dem FA des Organträgers zwar Angaben aus den Bilanzen der Organgesellschaft für die Ermittlung der Hinzurechnungen und Kürzungen nach §§ 8, 9 GewStG fehlen, diese aber intern durch die „Ermittlung des Gewerbeertrags von Organgesellschaften" maschinell bereitgestellt werden. Ein Ausfertigung der Werte wird dem Organträger als Anlage zum Gewerbesteuermessbescheid bereitgestellt.[110] Für Zwecke der Gewerbesteuer entscheidet somit das Betriebsfinanzamt des Organträgers auch über das Bestehen der Organschaft. **5372**

Eine **gesonderte Feststellung** wie in § 14 Abs. 5 KStG wurde vom Gesetzgeber **für gewerbesteuerliche Zwecke nicht für notwendig erachtet.**[111] Dies wurde mit Verweis auf § 35b GewStG begründet. Nach § 35b Abs. 1 S. 1 GewStG ist der Gewerbesteuermessbescheid von Amts wegen aufzuheben oder zu ändern, wenn der Einkommensteuerbescheid, der Körperschaftsteuerbescheid oder ein Feststellungsbescheid aufgehoben oder geändert wird und die Aufhebung oder Änderung den Gewinn aus Gewerbebetrieb berührt. Die Änderung des Gewinns aus Gewerbebetrieb ist insoweit zu berücksichtigen, als sie die Höhe des Gewerbeertrags oder des vortragsfähigen Gewerbeverlustes beeinflusst. Nach Auffassung des BFH[112] ermöglicht § 35b GewStG in Organschaftsfällen auch bei einer Gewinnänderung auf der Ebene der Organgesellschaft eine Änderung des bestandskräftigen Gewerbesteuermessbescheides, denn der dem Gewerbesteuermessbescheid zugrunde liegende Gewerbeertrag umfasst zum einen den originären Gewerbeertrag des Organträgers, zum anderen den der Organgesellschaft. Der Gewinn der Organgesellschaft ist daher als unselbstständige Besteuerungsgrundlage im Gewerbeertrag des Organträgers enthalten. Ändert sich der Gewinn der Organgesellschaft, wirkt sich dies in gleicher Weise auf den Gewerbeertrag des Organträgers aus wie eine entsprechende Änderung seines eigenen Gewinns. Das Gesetz, das für Organschaftsfälle keine gesonderte Regelung trifft, spricht in § 35b Abs. 1 S. 1 GewStG nur davon, dass der Gewinn aus Gewerbebetrieb durch die Änderung der Körperschaftsteuer- oder Einkommensteuerfestsetzungen „berührt" sein muss. Es fordert jedoch nicht, dass die Gewinnänderung den nämlichen Gewerbebetrieb betrifft, sondern verlangt nur, dass eine Gewinnänderung den Gewerbeertrag beeinflusst hat. Dies ist jedoch auch dann der Fall, wenn sich der Gewinn der Organgesellschaft ändert. **5373**

Da die persönliche Gewerbesteuerpflicht der Organgesellschaft für die Dauer der Organschaft dem Organträger zugerechnet wird, ist die Organgesellschaft auch nicht im Einspruchsverfahren nach § 360 Abs. 3 AO hinzuzuziehen bzw. nach § 60 Abs. 3 FGO im Klageverfahren beizuladen, wenn der Organträger gegen den Gewerbesteuermessbescheid einen Rechtsbehelf einlegt, weil er den vom FA angenommenen und im Gewerbeertrag enthaltenen Gewinn der Organgesellschaft als für zu hoch erachtet. Sofern das FA die Organschaft hingegen nicht anerkennt, wird es sowohl gegenüber der Organgesellschaft als **5374**

[108] BFH 11.7.2023 – I R 21/20, DStRE 2024, 142; BFH 11.7.2023 – I R 36/20, DStR 2023, 2607.
[109] WSMH/Kontny GewStG § 35b Rn. 8.
[110] Prinz/Witt Steuerliche Organschaft/Drüen Rn. 5.57.
[111] BT-Drs. 17/10774, 20.
[112] BFH 21.10.2009 – I R 29/09, DStR 2010, 376.

auch gegenüber dem Organträger einen eigenen Gewerbesteuermessbescheid erlassen. Im Falle eines positiven Gewerbeertrags der Organgesellschaft kann dann auch die Organgesellschaft gegen den ihr gegenüber erlassenen Gewerbesteuermessbescheid einen Rechtsbehelf einlegen. Fraglich ist, ob der Organträger dann **notwendig hinzuzuziehen bzw. beizuladen** ist. Das FG Hessen und diesem folgend der BFH bejahen dies.[113] Unseres Erachtens ist dies zweifelhaft, da für gewerbesteuerliche Zwecke die Entscheidung über das Bestehen oder Nichtbestehen der Organschaft anders als nach § 14 Abs. 5 KStG gerade nicht einheitlich erfolgt.

## D. Haftung

### I. Normative Grundlagen

5375 Nach § 73 S. 1 AO haftet eine Organgesellschaft für solche Steuern des Organträgers, für welche die Organschaft zwischen ihnen steuerlich von Bedeutung ist. Haftet eine Organgesellschaft, die selbst Organträger ist, nach S. 1, haften ihre Organgesellschaften neben ihr ebenfalls nach S. 1 (§ 73 S. 2 AO). Gemäß § 73 S. 3 AO stehen den Steuern die Ansprüche auf Erstattung von Steuervergütungen gleich.

### II. Inhalt und Zweck der Vorschrift

5376 Rechtsfolge einer wirksamen Organschaft ist, dass sich – trotz zivilrechtlicher Selbstständigkeit der Gesellschaften – die Steueransprüche des Fiskus gegen den Organträger als Steuerschuldner richten. Zur Sicherung dieses Steueranspruchs, der sich auf die wirtschaftliche Tätigkeit des gesamten Organkreises bezieht, wird mit § 73 AO eine Haftung der Organgesellschaften für die Steuern des Organträgers normiert. **Sinn und Zweck** der Norm ist es daher, die steuerlichen Risiken ausgleichen, die mit der Verlagerung der steuerlichen Rechtszuständigkeit auf den Organträger verbunden sind. Durch den haftungsrechtlichen Zugriff auf das Vermögen der Organgesellschaft sollen bei Zahlungsunfähigkeit des Organträgers Steuerausfälle vermieden werden, die infolge von Vermögensverlagerungen innerhalb des Organkreises entstehen könnten.[114]

5377–5384 *(einstweilen frei)*

### III. Tatbestandsvoraussetzungen

#### 1. Bestehen einer wirksamen Organschaft

5385 Der Haftungsanspruch nach § 73 S. 1 AO setzt das Bestehen einer wirksamen Organschaft voraus. Die Anforderungen hierfür ergeben sich aus den einzelnen Steuergesetzen (§§ 14 ff. KStG, § 2 Abs. 2 S. 2 GewStG, § 2 Abs. 2 Nr. 2 UStG).

#### 2. Sonderfall: Mehrstufige Organschaft (§ 73 S. 2 AO)

5386 Nach der Grundregel des § 73 S. 1 AO haftet eine Organgesellschaft für solche Steuern des Organträgers, für welche die Organschaft zwischen ihnen steuerlich von Bedeutung ist. Umstritten war die Reichweite dieses Haftungsanspruchs, insbes. die Frage, ob bei Organschaftsketten auch Enkelgesellschaften für die Steuern der Muttergesellschaft haften. Dies wurde zT mit Blick auf Sinn und Zweck des § 73 AO bejaht. Der Organkreis solle als „einheitliches Ganzes"[115] betrachtet werden. Die Gegenauffassung verwies auf den Wortlaut der Norm, der eine so weitgehende Haftung nicht zuließe.[116] Dem schloss sich der

[113] FG Hessen 14.5.2020 – 4 K 412/19, DStR 2021, 342; BFH 11.7.2023 – I R 21/20, DStRE 2024, 142.
[114] BFH 5.4.2022 – VII R 18/21, DStR 2022, 1863 Rn. 25 mwN.
[115] BT-Drs. VI/1982, 120.
[116] Lüdicke FS Herzig, 2010, 259 (279 ff.); Braunagel/Paschke Ubg 2011, 233 (238).

**BFH** in der Sache **I R 54/15**[117] entgegen der Auffassung der Vorinstanz[118] an. Der Gegenstand der Haftung nach § 73 S. 1 AO sei bei einer **körperschaftsteuerrechtlichen Organschaft** auf solche Steueransprüche beschränkt, die gegen den durch das konkrete Organschaftsverhältnis bestimmten Organträger gerichtet sind. Das Gesetz ordne die Haftung der Organgesellschaft für die Steuern des Organträgers an, für die „die Organschaft zwischen ihnen" von Bedeutung sei. Dementsprechend sei die Haftung auf ein „zweipersonales Organschaftsverhältnis" begrenzt. Nichts anderes gelte bei mehrstufigen Organschaften. Auch wenn bei gestuften Organschaftsverhältnissen ein weitergehender Haftungsumfang zweckgerecht erscheinen möge, so handele es sich hierbei um eine rechtspolitische Frage, die nicht von den Gerichten, sondern vom Gesetzgeber zu beantworten sei und die insbes. mit Rücksicht auf den klaren Wortlaut des § 73 AO nicht Gegenstand einer ausdehnenden Gesetzesauslegung sein könne. Diese explizit zur körperschaftsteuerlichen Organschaft ergangene Rechtsprechung des BFH ist auch auf die **gewerbesteuerliche Organschaft** übertragbar.[119]

Als Reaktion auf diese Rechtsprechung des BFH fügte der Gesetzgeber mit Wirkung für haftungsbegründende Tatbestände, die **nach dem 17.12.2019** verwirklicht worden sind (Art. 97 § 11 Abs. 4 EGAO)[120] einen neuen Satz 2 in § 73 AO ein. Nach **§ 73 S. 2 AO** haftet die Organgesellschaft der unteren Stufe (Enkelgesellschaft) auch für die Steuern des oberen Organträgers (Muttergesellschaft), wenn und soweit ihr Organträger (Tochtergesellschaft) unmittelbar als Organgesellschaft nach § 73 S. 1 AO haftet. Der Haftungsbescheid nach § 73 S. 2 AO setzt nicht den Erlass eines Haftungsbescheides nach § 73 S. 1 AO voraus.[121] Ausweislich der Gesetzesbegründung sollte mit der Neuregelung die vom BFH aufgezeigte Regelungslücke geschlossen werden. Sämtliche nachrangige Organgesellschaften sollten ebenfalls für die von dem oberen Organträger geschuldeten Steuern haften.[122] Ob der Gesetzgeber dieses Ziel tatsächlich erreicht hat, ist unklar. Zwar wird die Haftung für Steuerschulden des jeweiligen Organträgers eindeutig auf Enkelgesellschaften innerhalb der Organschaftskette ausgeweitet. Aber ob der Wortlaut des § 73 S. 2 AO auch Organgesellschaften der darunter liegenden Ebenen erfasst, wird vereinzelt – allerdings von einem Mitglied des insofern zuständigen I. Senats des BFH – **angezweifelt.**[123] Unseres Erachtens bestehen diese Zweifel nicht zu Unrecht: Die in S. 2 angesprochene Organgesellschaft, die nach S. 1 haftet und selbst Organträger ist, dürfte die Tochtergesellschaft des oberen Organträgers sein. „Ihre Organgesellschaften" können demnach nur die Enkelgesellschaften des oberen Organträgers sein. Die hM im Schrifttum scheint jedoch davon auszugehen, dass die vom BFH aufgezeigte Regelungslücke vom Gesetzgeber vollumfänglich geschlossen worden ist und die nachrangigen Organgesellschaften sämtlich von der Norm umfasst werden.[124] Zu diesem Ergebnis gelangt man nur dann, wenn der erste Satzteil von § 73 S. 2 AO nicht als Tatbestandsverweisung auf S. 1 verstanden wird, sondern auch diejenigen Organgesellschaften erfasst, die ihrerseits nur über die Anordnung der Rechtsfolge in S. 2 haften, sodass S. 2 quasi ein „Perpetuum mobile" der Haftung schafft. Eine klarere Regelung des Gesetzgebers wäre in jedem Fall wünschenswert gewesen. 5387

Unproblematisch von § 73 S. 1 AO erfasst sind hingegen die sog. **Klammerorganschaften,** also Organschaftsverhältnisse mit einer Muttergesellschaft als Organträger und einer Enkelgesellschaft als Organgesellschaft. In diesem Fall liegt ein vom BFH so bezeich- 5388

117 BFH 31.5.2017 – I R 54/15, BStBl. II 2018, 54.
118 FG Düsseldorf 19.2.2015 – 16 K 932/12 H(K), DStRE 2016, 1002.
119 Witt FR 2020, 622 (623).
120 Kritisch hierzu Witt FR 2020, 622.
121 AEAO Nr. 2 zu § 73.
122 BT-Drs. 356/19, 218.
123 Witt FR 2020, 622 (624).
124 Gosch/Jatzke AO § 73 Rn. 11; Klein/Rüsken AO § 73 Rn. 7; Koenig/Kratzsch AO § 73 Rn. 13; offengelassen von Tipke/Kruse/Loose AO § 73 Rn. 4a.

netes „zweipersonales Organschaftsverhältnis“[125] vor, auf welches § 73 S. 1 AO Anwendung findet.[126] § 73 S. 2 AO erfasst diese Konstellationen (folgerichtig) nicht.

5389 Im Rahmen der **umsatzsteuerlichen Organschaft** hat § 73 S. 2 AO ebenfalls keine Bedeutung, da es eine mehrstufige umsatzsteuerliche Organschaft in diesem Sinne nicht gibt. Steuern des Organträgers, „für welche die Organschaft zwischen ihnen steuerlich von Bedeutung ist“, liegen demzufolge nach Wortlaut und Systematik von § 73 S. 1 AO iVm § 2 Abs. 1 S. 1 und Abs. 2 Nr. 2 Sätze 1 und 3, § 18 UStG grds. dann vor, wenn der Organträger die Umsätze der Organgesellschaft zu versteuern hat und Vorsteuerbeträge aus Rechnungen über Leistungsbezüge der Organgesellschaft abziehen kann. Für diese Steuern haftet folglich die Organgesellschaft nach § 73 S. 1 AO.[127]

### 3. Steuer des Organträgers, für welche die Organschaft zwischen ihnen steuerlich von Bedeutung ist

5390 Der Haftungstatbestand des § 73 S. 1 AO („… für welche die Organschaft zwischen ihnen von Bedeutung ist“) sieht eine Haftung nur für solche **Steuern** vor, **für welche die Organschaft besteht.** Besteht bspw. nur eine ertragsteuerliche Organschaft und keine umsatzsteuerliche Organschaft, dann erstreckt sich die Haftung nur auf die Ertragsteuern und eben nicht auf die USt. Ist der Organträger eine natürliche Person, kommt auch eine Haftung der Organgesellschaft für **Einkommensteuer** in Betracht. Wegen der Beschränkung im Wortlaut des § 73 S. 1 AO („Steuern des Organträgers, für welche die Organschaft von Bedeutung ist“) erstreckt sich die Haftung der Organgesellschaft allerdings nur auf die ESt der natürlichen Person, soweit sie Einkommen aus der Organschaft erzielt und eben nicht auf die gesamte ESt.

5391 Nach der bisher vorherrschenden Auffassung muss die **Steuer** des Organträgers während der Dauer des Organschaftsverhältnisses **entstanden** sein (§ 38 AO). Gleiches gilt für Ansprüche auf Erstattung von Steuervergütungen **(§ 73 S. 3 AO).** Die **Fälligkeit** der Steuer bzw. des Anspruchs auf Erstattung einer Steuervergütung ist unstreitig irrelevant. Dieser hM ist der **BFH**[128] nunmehr in einem Fall, der eine **umsatzsteuerliche Organschaft** betraf, entgegengetreten. Es sei nicht erforderlich, dass die Steuer während der Dauer des Organschaftsverhältnisses entstanden sei. Es komme auch eine Haftung für Steuern in Betracht, die erst nach der Beendigung der Organschaft entstanden seien. Steuern des Organträgers, „für welche die Organschaft zwischen ihnen steuerlich von Bedeutung ist“, liegen – so der BFH – demzufolge nach Wortlaut und Systematik von § 73 AO iVm § 2 Abs. 1 S. 1 und Abs. 2 Nr. 2 Sätze 1 und 3, § 18 UStG grds. dann vor, wenn der Organträger die Umsätze der Organgesellschaft zu versteuern hat und Vorsteuerbeträge aus Rechnungen über Leistungsbezüge der Organgesellschaft abziehen kann.

5392 Für die **KSt** kommt eine Haftung der Organgesellschaft nur in Betracht, wenn die Organschaft das ganze Wirtschaftsjahr bestanden hat, da die KSt erst mit dem Ablauf des entsprechenden Wirtschaftsjahres entsteht.[129] Hingegen kommt bei der **USt** eine **unterjährige Haftung** in Betracht, da die USt bereits mit Ablauf des jeweiligen Voranmeldezeitraumes entsteht.[130]

5393 Umstritten ist, ob die Gleichstellung auch für Ansprüche auf Erstattung zu Unrecht gewährter Steuererstattungen gilt.[131] Zu den Steuern des Organträgers iSd § 73 S. 1 AO zählen weder von diesem einzubehaltende **Abzugsbeträge** (KapESt, LSt) noch steuerliche **Nebenleistungen** iSd § 3 Abs. 4 AO.[132]

---

[125] BFH 31.5.2017 – I R 54/15, BStBl. II 2018, 54.
[126] So auch Witt FR 2020, 622 (624).
[127] BFH 5.4.2022 – VII R 18/21, DStR 2022, 1863 Rn. 29.
[128] BFH 5.4.2022 – VII R 18/21 DStR 2022, 1863.
[129] Tipke/Kruse/Loose AO § 73 Rn. 7 mwN.
[130] BeckOK AO/Specker AO § 73 Rn. 52.
[131] Tipke/Kruse/Loose AO § 73 Rn. 7 mwN.
[132] BFH 5.10.2004 – VII R 76/03, BStBl. II 2006, 3.

## IV. Rechtsfolgen

### 1. Ermessensausübung

Der Tatbestand des § 73 AO gibt die Voraussetzungen für eine Inanspruchnahme des Haftungsschuldners nur unvollständig wieder. Er wird ergänzt durch die Regelungen in **§ 191 Abs. 1 S. 1 iVm § 5 AO.** Danach setzt der Haftungsanspruch voraus, dass die Haftungsinanspruchnahme bei der gebotenen Ermessensausübung überhaupt in Betracht kommt.[133] 5394

Das Ermessen betrifft zunächst die Frage, ob und ggf. in welcher Höhe der Haftungsschuldner in Anspruch genommen werden soll **(Entschließungsermessen).** Sofern mehrere Organgesellschaften zum Organkreis gehören, die jeweils nach § 73 S. 1 AO haften, steht der Finanzbehörde bei Erlass des Haftungsbescheides auch ein **Auswahlermessen** zu, welches pflichtgemäß auszuüben ist (§ 5 AO). 5395

### 2. Haftungsschuldner

Haftungsschuldner ist die Organgesellschaft. Sie haftet nach § 73 AO **akzessorisch** neben dem Organträger als Steuerschuldner. Beide sind **Gesamtschuldner** iSd § 421 BGB. Sind mehrere Organgesellschaften demselben Organträger eingegliedert, kommen alle Organgesellschaften als Haftungsschuldner in Betracht.[134] 5396

Droht der Organgesellschaft eine Haftung nach § 73 AO ist sie berechtigt, eine gewinnmindernde **Rückstellung** zu bilden.[135] Aufwendungen der Organgesellschaft infolge einer Haftungsinanspruchnahme nach § 73 AO für die Körperschaftsteuer des Organträgers fallen nicht unter das **Abzugsverbot des § 10 Nr. 2 KStG** und sind als **verdeckte Gewinnausschüttungen** zu qualifizieren.[136] 5397

### 3. Haftungsumfang

Der Wortlaut des § 73 S. 1 AO sieht eine weitreichende Haftung der Organgesellschaft vor. Danach haftet diese für alle Steuern innerhalb des Organkreises ohne Rücksicht darauf, wo diese Steuern verursacht worden sind. Dies bedeutet, dass nach dem Wortlaut der Norm die Organgesellschaft nicht nur für Steuern haftet, die durch sie bzw. den Organträger verursacht worden sind, sondern auch für die Steuern haftet, die durch die wirtschaftliche Tätigkeit anderer Organgesellschaften verursacht worden sind. 5398

### 4. Begrenzung der Haftung

**a) Ermessensentscheidung.** Die vom Wortlaut vorgegebene weitreichende Haftung der Organgesellschaft wird allgemein hin als zu weitgehend angesehen. Um ein Verstoß gegen das **Übermaßverbot** zu vermeiden, wird eine einschränkende Auslegung der Norm gefordert. Danach kann eine am Zweck der Norm orientierte Ermessensentscheidung gebieten, die Haftung der Organgesellschaft auf ihren Beitrag zu begrenzen.[137] Nach Auffassung der **Finanzverwaltung** soll die Haftung der Organgesellschaft iRd Ermessensausübung grds. auf die in ihrem eigenen Betrieb oder im Betrieb des Organträgers verursachten Steuern beschränkt werden.[138] Die Haftung einer gebietsfremden Organgesellschaft für die **Gewerbesteuer des Organträgers** ist grds. nicht ermessensgerecht.[139] 5399

[133] BFH 23.9.2009 – VII R 43/08, BStBl. II 2010, 215, Rn. 27.
[134] HHSp/Boeker AO § 73 Rn. 5.
[135] BFH 24.10.2018 – I R 78/16, BStBl. II 2019, 570.
[136] BFH 24.10.2018 – I R 78/16, BStBl. II 2019, 570.
[137] Vgl. zu den (unbestimmten) Kriterien für eine weitergehende Haftung: BeckOK AO/Specker AO § 73 Rn. 76 f. mwN.
[138] AEAO zu § 73 Nr. 3.1. Abs. 2.
[139] Vgl. OVG Münster 12.5.2017 – 14 A 2484/14, BeckRS 2017, 112140.

5400 **b) Subsidiarität.** Der Haftungsanspruch nach § 73 AO ist gegenüber dem Steueranspruch gegenüber dem Organträger **subsidiär.** Sofern der Organträger solvent ist, darf die Organgesellschaft nicht gem. § 73 AO in Anspruch genommen werden. Nach **§ 219 Abs. 1 S. 1 AO** darf ein Haftungsschuldner auf Zahlung nur in Anspruch genommen werden, soweit die Vollstreckung in das bewegliche Vermögen des Steuerschuldners ohne Erfolg geblieben oder anzunehmen ist, dass die Vollstreckung aussichtslos sein würde.[140]

5401–5409 *(einstweilen frei)*

## V. Geltendmachung der Haftung

5410 Den materiellen Haftungstatbestand des § 73 AO kann die FinVerw verfahrensrechtlich durch einen **Haftungsbescheid nach § 191 AO** gegenüber der Organgesellschaft verwirklichen. Dabei ist irrelevant, ob im Zeitpunkt des Erlasses des Haftungsbescheids das Organschaftsverhältnis noch besteht oder nicht.[141]

5411 Die Finanzbehörde hat nach pflichtgemäßem Ermessen **(§ 5 AO)** über die Haftung dem Grunde und der Höhe nach zu entscheiden (→ Rn. 5394 f.). Sie hat ihre Ermessensentscheidung zu begründen **(§ 121 AO).**

## VI. Rechtsbehelfe

5412 Statthafte Rechtsbehelfe der Organgesellschaft gegen den Haftungsbescheid sind Einspruch (§ 347 AO) und Anfechtungsklage (§ 40 FGO). Die Überprüfung der Ermessensentscheidung durch das FG wird unter Beachtung der Maßstäbe des § 102 FGO erfolgen. Erlässt eine Gemeinde einen auf § 73 AO gestützten Haftungsbescheid wegen **Gewerbesteuer,** dann kann die Organgesellschaft dagegen durch Klage bei den allgemeinen Verwaltungsgerichten vorgehen.[142]

5413 Im Rechtsbehelfsverfahren der Organgesellschaft gegen einen Haftungsbescheid kann diese nicht nur einwenden, dass keine Organschaft besteht. Sie kann insbes. auch alle Einwendungen gegen die Steuerschuld vorbringen.[143]

5414–5500 *(einstweilen frei)*

---

140 BFH 23.9.2009 – VII R 43/08, DStR 2009, 2670.
141 BFH 8.9.1983 – V R 114/78, UR 1983, 222.
142 BFH 25.11.2015 – I R 85/13, DStRE 2016, 630.
143 BFH 25.11.2015 – I R 85/13, DStRE 2016, 630.

# Teil 2. Gewerbesteuerliche Organschaft

**Übersicht**

# A. Einführung

## I. Überblick über die gewerbesteuerliche Organschaft

5501 Die Gewerbesteuer als („ertragsorientierte")[1] Objektsteuer bzw. „auf den tätigen Betrieb bezogene […] Real-(Sach-)Steuer"[2] knüpft dem Grunde nach an den **einzelnen stehenden Gewerbebetrieb,** soweit er im Inland betrieben wird (§ 2 Abs. 1 S. 3 GewStG), an (§ 2 Abs. 1 S. 1 GewStG).[3] Steuergegenstand der Gewerbesteuer sind daher nicht Personen, sondern Gewerbebetriebe.[4] Als Objektsteuer wird die Gewerbesteuer nicht einer bestimmten Person auferlegt, sondern dem Steuergegenstand „Gewerbebetrieb" selbst.[5] Die Gewerbesteuer wird nach dem „Grundsatz der Abschnittsbesteuerung"[6] nach dem Erhebungszeitraum des § 14 S. 2 f. GewStG erhoben („Wesen der Gewerbesteuer als Jahressteuer").[7]

5502 Dadurch ergeben sich Fragestellungen rund um die Anzahl der Gewerbebetriebe, da eine einzige natürliche Person verschiedene Steuergegenstände in Form des „Gewerbebetriebs" aufweisen kann. Insbesondere mit Blick auf den Verlustabzug nach § 10a GewStG[8] sowie die Gewährung von Freibeträgen (§ 11 Abs. 1 S. 3 GewStG, § 8 Nr. 1 GewStG aE)[9] und die Erfüllung von Mitwirkungspflichten[10] ergeben sich mithin verschiedene Konstellatio-

[1] BFH 4.6.2014 – I R 21/13, BeckRS 2014, 95935 Rn. 12 mwN.
[2] Zum Objektsteuercharakter der Gewerbesteuer BFH 30.8.2022 – X R 17/21, BStBl. II 2023, 396 Rn. 17.
[3] BFH 23.4.2009 – IV R 73/06, BeckRS 2009, 24003705; BFH 23.2.2017 – III R 35/14, BStBl. II 2017, 757 Rn. 25 mwN.
[4] BFH 18.2.2021 – III R 8/19, BStBl. II 2021, 627 Rn. 38 mwN.
[5] BFH 20.3.2013 – X R 38/11, BFH/NV 2013, 1125 Rn. 20.
[6] BFH 13.2.2008 – I R 63/06, DStR 2008, 1025 unter II.3.a.
[7] BFH 17.10.2024 – III R 1/23, DStR 2025, 148 Rn. 16.
[8] Zum Bezug des Verlustabzugs auf den einzelnen Gewerbebetrieb BFH 23.2.2017 – III R 35/14, BStBl. II 2017, 757 Rn. 25.
[9] FG Düsseldorf 23.6.2020 – 10 K 197/17 G, BeckRS 2020, 13756, rkr.; BeckOK GewStG/Weiss GewStG § 7 Rn. 87.1 ff.
[10] § 149 Abs. 1 AO, § 14a GewStG, § 25 Abs. 1 GewStDV; BFH 8.12.2016 – IV R 8/14, BStBl. II 2017, 538 Rn. 27.

nen, in denen die Frage der Anzahl von Gewerbebetrieben streitig ist.[11] Bei Personen- und Kapitalgesellschaften ist hingegen in einem einzigen Zeitpunkt nur ein einziger Gewerbebetrieb iSd § 2 Abs. 1 GewStG denkbar,[12] auch wenn dieser sich im Zeitablauf verändern kann.[13]

Unter Gewerbebetrieb ist nach § 2 Abs. 1 S. 2 GewStG ein gewerbliches Unternehmen **5503** iSd EStG zu verstehen, mithin nach den Regelungen des § 15 Abs. 2 EStG.[14] Die Tätigkeit der Kapitalgesellschaften (insbesondere Europäische Gesellschaften, Aktiengesellschaften, Kommanditgesellschaften auf Aktien, Gesellschaften mit beschränkter Haftung), Genossenschaften einschließlich Europäischer Genossenschaften sowie der Versicherungs- und Pensionsfondsvereine auf Gegenseitigkeit wird hingegen durch § 2 Abs. 2 S. 1 GewStG „stets und in vollem Umfang" als Gewerbebetrieb fingiert.[15]

Der so definierte Gewerbebetrieb als Steuerobjekt soll für Zwecke der Gewerbesteuer **5504** „mit der ihm eigenen Ertragskraft ohne Rücksicht auf die persönlichen Merkmale des Steuersubjekts und seiner persönlichen Beziehung zum Steuerobjekt erfasst werden".[16] Die Vorschrift des § 2 GewStG wirkt insoweit vorgreiflich gegenüber der Anwendung des § 6 GewStG und in seiner Folge der §§ 7 GewStG ff.[17]

Der Gewerbeertrag des so definierten, einzelnen Gewerbebetriebs bildet die (derzeit) **5505** einzige Besteuerungsgrundlage für die Gewerbesteuer (§ 6 GewStG).[18] Das Gewerbesteuerrecht greift dabei als Ausgangsgröße auf den „Gewinn aus dem Gewerbebetrieb" zurück, der sich nach dem Einkommensteuergesetz oder Körperschaftsteuergesetz ermittelt (§ 7 S. 1 GewStG; „erster Ermittlungsschritt").[19] Sodann kommt es zur Modifikation dieser Ausgangsgröße durch Hinzurechnungen und Kürzungen (§§ 8, 9 GewStG; „zweiter Ermittlungsschritt").[20] Im Ergebnis belastet die Gewerbesteuer einen „objektivierten Istertrag".[21]

Der Unternehmer (§ 5 Abs. 1 S. 1 GewStG) schuldet (§ 43 S. 1 AO) die auf die so **5506** ermittelte Bemessungsgrundlage entfallende Gewerbesteuer (§ 5 Abs. 1 S. 2 GewStG).[22] Bei gewerblich tätigen oder fiktiv gewerblichen (§ 15 Abs. 3 EStG) Personengesellschaften schuldet diese die Gesellschaft selbst (§ 5 Abs. 1 S. 3 GewStG).[23] Der Bezug auf den einzelnen stehenden Gewerbebetrieb als sachlicher Anknüpfungspunkt der Besteuerung

---

11 Zu den Kriterien BFH 17.6.2020 – X R 15/18, BStBl. II 2021, 157.

12 Zu **Personengesellschaften:** BFH 3.4.2014 – IV R 12/10, BStBl. II 2014, 1000 Rn. 74; BFH 1.9.2022 – IV R 13/20, DStR 2022, 2202 Rn. 32; BFH 4.5.2017 – IV R 2/14, BStBl. II 2017, 1138 Rn. 36 mwN; zu **Kapitalgesellschaften** GewStR 2.4 Abs. 4; FG Sachsen 7.9.2020 – 5 K 114/19, DStRE 2022, 987 Rn. 25; in der Revision bestätigt (BFH 25.4.2024 – III R 30/21, DStR 2024, 2052); zum Ganzen Weiss DStR 2022, 1785; Weiss DStR 2024, 2609; BFH 25.11.2009 – I R 18/08, BFH/NV 2010, 941 Rn. 11 f.

13 BFH 3.4.2014 – IV R 12/10, BStBl. II 2014, 1000 Rn. 74; BFH 1.9.2022 – IV R 13/20, DStR 2022, 2202 Rn. 32; zuletzt BFH 22.2.2024 – IV R 14/21, BStBl. II 2024, 408 Rn. 25; zur Frage des Übergangs von Betrieben zwischen Personengesellschaften und Kapitalgesellschaften durch Umwandlungen BFH 25.4.2024 – III R 30/21, DStR 2024, 2052 sowie BFH 1.2.2024 – IV R 26/21, DStR 2024, 671; zur Anwachsung BFH 25.4.2024 – III R 30/21, DStR 2024, 2052; zum Ganzen Weiss DStR 2024, 2609.

14 BFH 27.6.2019 – IV R 44/16, BStBl. II 2020, 24 Rn. 28.

15 BFH 17.10.2024 – III R 1/23, DStR 2025, 148 Rn. 18; Zur Reichweite der Fiktion und ihrer Ausdehnung auch auf ausländische Kapitalgesellschaften Weiss IStR 2022, 301 (304) mwN; Weiss IStR 2024, 426.

16 BFH 1.9.2021 – III R 20/19, BStBl. II 2022, 83 Rn. 21.

17 BFH 20.3.2019 – VIII B 81/18, BeckRS 2019, 8467 Rn. 12.

18 Zur historischen Entwicklung des Besteuerungsgrundlagen bei der Gewerbesteuer siehe zB BFH 6.11.2019 – I R 32/18, BStBl. II 2021, 68 Rn. 46 sowie BeckOK GewStG/Weiss GewStG § 6 Rn. 1 ff.

19 BFH 23.11.2021 – I R 5/18, DStR 2022, 755 Rn. 17; BFH 16.10.2024 – I R 16/20, BeckRS 2024, 42819 Rn. 18 mwN.

20 BFH 23.11.2021 – I R 5/18, DStR 2022, 755 Rn. 17.

21 Kirchhof FS Gosch, 2016, 193 (204).

22 BFH 18.2.2021 – III R 8/19, BStBl. II 2021, 627 Rn. 38.

23 BFH 19.9.2019 – IV R 50/16, BStBl. II 2020, 57 Rn. 22 mwN; BFH 18.8.2021 – XI R 43/20, DStR 2022, 402 Rn. 40.

geht dabei soweit, dass der Einzelunternehmer – wie bei der Einkommensteuer[24] – simultan mehrere verschiedene Gewerbebetriebe iSd § 2 Abs. 1 GewStG betreiben kann,[25] für die er jeweils die Gewerbesteuer schuldet (§ 5 Abs. 1 S. 1 GewStG)[26] und zwischen denen kein Ausgleich oder Abzug von gewerbesteuerlichen Fehlbeträgen (§ 10a GewStG) möglich ist.[27]

5507 Andererseits steht ihm für jeden dieser Gewerbebetriebe separat der Freibetrag etwa des § 8 Nr. 1 GewStG aE[28] oder des § 11 Abs. 1 S. 3 Nr. 1 GewStG zu. Gewerbliche Personengesellschaften[29] und Kapitalgesellschaften[30] können hingegen in einem einzigen Zeitpunkt nur einen einzigen Gewerbebetrieb unterhalten, der sich jedoch im Zeitablauf verändern kann.[31]

5508 Damit folgt die Gewerbesteuer dem Grunde nach der Körperschaftsteuer, die das zu versteuernde Einkommen (Bemessungsgrundlage nach § 7 KStG) **der einzelnen Körperschaft** der Besteuerung unterwirft („Grundsatz der steuerlichen Eigenständigkeit der Körperschaften", „Trennungstheorie").[32] Es gilt nach der ständigen Rechtsprechung des BFH das „steuerrechtliche Grundprinzip der getrennten Besteuerung einzelner Steuersubjekte"[33] bzw. „Prinzip der Trennung (Verselbständigung) der Kapitalgesellschaft von der Person oder dem Kreis ihrer Gesellschafter".[34] Im Gegensatz zur Körperschaftsteuer unterliegen jedoch nicht nur Körperschaften, sondern auch **gewerblich tätige Einzelunternehmer und gewerbliche Personengesellschaften** der Gewerbesteuer (§ 2 Abs. 1 GewStG). So schuldet bspw. eine Personengesellschaft die Gewerbesteuer nur für den eigenen Gewerbebetrieb (§ 5 Abs. 1 S. 3 GewStG),[35] nicht für den etwaigen Gewerbebetrieb eines Gesellschafters.[36]

5509 Diese „Individualbesteuerung" sowohl bei der Körperschaftsteuer als auch bei der Gewerbesteuer gilt **auch innerhalb von Gruppen von „verbundenen Unternehmen".** Durch bloße gesellschaftsrechtliche Verbundenheit allein wird diese nicht aufgehoben oder beeinträchtigt. Eine „allgemeine Konzernbesteuerung ist dem Einkommensteuerrecht"[37] und insgesamt dem Ertragsteuerrecht, ebenso wie eine „den gesamten Konzern erfassende Leistungsfähigkeit"[38], fremd.

5510 Das deutsche Steuerrecht kennt dementsprechend – anders als einige ausländische Steuerordnungen[39] – „keine Konzernbesteuerung".[40] Vielmehr gibt es zwischen verschiedenen sachlich gewerbesteuerpflichtigen Gewerbebetrieben (§ 2 GewStG) grundsätzlich gerade keine Zusammenfassung von Gewerbeerträgen und auch gerade keine „Korrespondenz", die die Besteuerungsergebnisse zwischen ihnen koordinieren könnte.[41] Eine solche „Kor-

[24] Siehe etwa die Regelung des § 6 Abs. 5 S. 1 EStG zur Überführung eines einzelnen Wirtschaftsguts von einem Betriebsvermögen in ein anderes Betriebsvermögen desselben Steuerpflichtigen.
[25] GewStR 2.4 Abs. 1; BFH 17.6.2020 – X R 15/18, BStBl. II 2021, 157; BFH 18.2.2021 – III R 8/19, BStBl. II 2021, 627 Rn. 38 ff.
[26] BFH 7.8.2008 – IV R 86/05, BStBl. II 2012, 145, unter II.1.b.
[27] BeckOK GewStG/Weiss GewStG § 10a Rn. 208.3.
[28] GewStH 8.1 Abs. 6, „Anwendungsfragen"; Oberste Finanzbehörden der Länder 2.7.2012, BStBl. I 2012, 654 Rn. 45.
[29] BFH 4.5.2017 – IV R 2/14, BStBl. II 2017, 1138 Rn. 36; GewStR 2.4 Abs. 3 S. 1.
[30] BFH 25.11.2009 – I R 18/08, BeckRS 2009, 25015981 Rn. 12.
[31] BFH 13.4.2017 – IV R 49/15, DStR 2017, 1428 Rn. 22; BFH 3.4.2014 – IV R 12/10, BStBl. II 2014, 1000 Rn. 74; BFH 1.9.2022 – IV R 13/20, DStR 2022, 2202 Rn. 32.
[32] BFH 3.3.2010 – I R 68/09, BFH/NV 2010, 1132 Rn. 19; BFH 2.11.2022 – I R 37/19, BeckRS 2022, 42320 Rn. 17; Suchanek/Rüsch DStZ 2014, 871 (872).
[33] BFH 2.11.2022 – I R 29/19, DStR 2023, 264 Rn. 36.
[34] BFH 22.2.2024 – III R 13/23, DStR 2024, 1078 Rn. 17.
[35] BFH 18.2.2021 – III R 8/19, BStBl. II 2021, 627 Rn. 38.
[36] BFH 28.2.2013 – IV R 33/09, DStR 2013, 1324 Rn. 12; Weiss DStR 2023, 1097.
[37] BFH 27.9.2023 – IV R 8/21, BeckRS 2023, 35666 Rn. 37.
[38] BFH 18.12.2019 – I R 59/17, BeckRS 2019, 48624 Rn. 33.
[39] Siehe bspw. zur niederländischen Gruppenbesteuerung FG Münster 31.8.2023 – 10 K 2613/20 F, DStR 2023, 2773, Rev. anh. BFH I R 58/23; Weiss DStR 2023, 2766.
[40] BFH 30.11.2017 – IV R 22/15, BeckRS 2017, 140059 Rn. 23.
[41] BeckOK GewStG/Weiss GewStG § 7 Rn. 518 ff.

respondenz" muss vielmehr zwischen den Besteuerungsergebnissen verschiedener Gewerbebetriebe explizit angeordnet werden.[42]

Durch diese „Individualbesteuerung" jedes einzelnen Gewerbebetriebs iSd § 2 Abs. 1 GewStG für Zwecke der Gewerbesteuer ergibt sich der **gravierende** Nachteil, dass negative und positive Gewerbeerträge innerhalb einer Gruppe verbundener Unternehmen nicht ausgeglichen werden können.[43] Die Verlustverrechnung, u. a. der Verlustabzug nach § 10a GewStG, ist vielmehr streng auf den einzelnen Gewerbebetrieb iSd § 2 Abs. 1 GewStG bezogen.[44] Zudem ist ein Verlustabzug nach § 10a GewStG Risiken bezüglich seines Fortbestands ausgesetzt. Bei Personengesellschaften ist eine ununterbrochene Unternehmeridentität[45] und Unternehmensidentität[46] erforderlich. Bei Kapitalgesellschaften sind die Wertungen des § 8c KStG zu beachten (§ 10a S. 10 Hs. 1 GewStG). **5511**

Durch § 2 Abs. 2 S. 2 GewStG wird allerdings unter den **Bedingungen der §§ 14, 17 KStG,** mithin des Tatbestands der körperschaftsteuerlichen Organschaft,[47] gewerbesteuerlich fingiert, dass eine Kapitalgesellschaft als Organgesellschaft iSd § 14 oder § 17 des Körperschaftsteuergesetzes als Betriebsstätte des Organträgers gilt.[48] Durch diese gesetzliche Anordnung wird der Tatbestand der §§ 14, 17 KStG **gewerbesteuerlich ebenfalls** zum Anlass genommen, eine Organschaft eines Gewerbebetriebs (Organträger) zu einer Kapitalgesellschaft als Organgesellschaft anzunehmen.[49] Die körperschaftsteuerlich durch die Organschaft ausgelöste „systematische Durchbrechung des steuerlichen Subjektprinzips"[50] wird insoweit gewerbesteuerlich nachvollzogen. Die „Ausnahme vom steuerrechtlichen Grundprinzip der getrennten Besteuerung einzelner Steuersubjekte", die die körperschaftsteuerliche Organschaft darstellt,[51] wird somit auch gewerbesteuerlich umgesetzt. Aufgrund des Ausnahmecharakters der ertragsteuerlichen Organschaften legt der BFH deren Tatbestandsmerkmale jeweils streng aus.[52] **5512**

Allerdings bleibt auf Rechtsfolgenseite, die dem Gesetz nicht unmittelbar zu entnehmen ist,[53] die **sachliche** Gewerbesteuerpflicht der Organgesellschaft (§ 2 Abs. 2 S. 1 GewStG) ebenso erhalten, wie dies für die körperschaftsteuerliche Organgesellschaft (§ 14 Abs. 1 S. 1 KStG, § 17 Abs. 1 S. 1 KStG) gilt: Eine **„Konsolidierung"** der Gewerbebetriebe des Organträgers und der Organgesellschaft wird weder bei der Körperschaftsteuer noch bei der Gewerbesteuer durchgeführt, sodass für beide Ertragsteuern gerade kein „einheitliches Unternehmen" entsteht,[54] auch wenn Organträger und Organgesell- **5513**

[42] Weiss DStR 2023, 1097 mwN.

[43] Siehe auch zur Trennung von „Betrieben" eines Einzelunternehmers, zwischen denen ebenfalls kein Verlustausgleich möglich ist, FG Münster 29.11.2023 – 13 K 986/21 G, BeckRS 2023, 42570. Zur „Segmentierung" der Tätigkeiten bei einer Personengesellschaft FG Berlin-Brandenburg 29.4.2008 – 6 K 4071/04 B, BeckRS 2008, 26025231; bestätigt durch BFH 5.3.2009 – IV B 70/08, BeckRS 2009, 25014899.

[44] BeckOK GewStG/Weiss GewStG § 7 Rn. 208 ff.; zum Zusammenhang mit der Organschaft BFH 26.2.1987 – IV R 26/85, BStBl. II 1987, 579.

[45] BFH 17.1.2019 – III R 35/17, BStBl. II 2019, 407, Rn. 18 ff.; BFH 1.2.2024 – IV R 26/21, DStR 2024, 671 Rn. 23 ff.

[46] BFH 19.12.2019 – IV R 8/17, DStR 2020, 978; GewStR 10a.1 Abs. 3 S. 3; GewStR 10a.2.

[47] GewStR 2.3 Abs. 1 S. 1; seit dem Erhebungszeitraum 2002, Brandis/Heuermann/Drüen GewStG § 2 Rn. 129; BFH 29.8.2000 – VIII R 1/00, BStBl. II 2001, 114; → Rn. 201 ff.

[48] BFH 17.12.2014 – I R 39/14, BeckRS 2015, 94472 Rn. 8.

[49] Siehe auch die historische Entwicklung der beiden Organschaften bei FG Schleswig-Holstein 7.7.2023 – 1 K 54/23, BeckRS 2023, 23384 Rn. 26 ff.

[50] BFH 28.7.2010 – I R 111/09, BeckRS 2010, 25016629 Rn. 12; BFH 11.7.2023 – I R 45/20, BeckRS 2023, 32763 Rn. 18.

[51] BFH 2.11.2022 – I R 29/19, DStR 2023, 264 Rn. 35.

[52] BFH 3.3.2010 – I R 68/09, DStR 2010, 858; BFH 2.11.2022 – I R 29/19, DStR 2023, 264 Rn. 35, 42; BFH 11.7.2023 – I R 36/20, DStR 2023, 2607 Rn. 38.

[53] BFH 17.12.2014 – I R 39/14, BStBl. II 2015, 1052 Rn. 14.

[54] GewStR 2.3 Abs. 1 S. 3; BFH 7.9.2016 – I R 9/15, BeckRS 2017, 94189 Rn. 16; im Unterschied etwa zu ausländischen Gruppenbesteuerungssystemen, wie etwa in den Niederlanden („fiscale eenheid"); dazu FG Münster 31.8.2023 – 10 K 2613/20 F, BeckRS 2023, 32348, Rev. anh. I R 58/23; Weiss DStR 2023, 2766.

schaft zumindest eine „wirtschaftliche Einheit bilden".[55] Eine einheitliche Ermittlung insb. des Gewerbeertrags des Organträgers und der zum Organkreis gehörenden Organgesellschaften – etwa auf der Grundlage einer Einheits- oder Konzernbilanz – kommt nicht in Betracht.[56] Die Grundsatzentscheidung des Gesetzgebers, dass jede Kapitalgesellschaft selbst mit den bei ihr verwirklichten Besteuerungsmerkmalen zu besteuern ist und gerade kein steuersubjektübersteigendes Konzern- oder Gruppenbesteuerungsrecht gelten soll,[57] wird mithin für beide Steuerarten umgesetzt.[58] So bleiben – um Beispiele herauszugreifen – Organträger wie Organgesellschaft berechtigt, eigenständig Investitionsabzugsbeträge nach (§ 8 Abs. 1 S. 1 KStG iVm) § 7g EStG zu bilden.[59] Gewerbesteuerlich ist der Freibetrag des § 8 Nr. 1 GewStG für jeden Gewerbebetrieb im Organkreis separat und vollumfänglich zu gewähren.[60] Ebenso sind die Bedingungen der sog. „erweiterten Kürzung" (§ 9 Nr. 1 S. 2 ff. GewStG) für jeden Gewerbebetrieb des Organkreises separat zu prüfen.[61]

5514 Vielmehr ist auf **Rechtsfolgenseite der körperschaftsteuerlichen Organschaft** (§ 14 Abs. 1 S. 1 KStG) lediglich das „Einkommen der Organgesellschaft, soweit sich aus § 16 nichts anderes ergibt, dem Träger des Unternehmens (Organträger) zuzurechnen".[62] Organträger und Organgesellschaft bleiben jedoch zivilrechtlich und steuerrechtlich verschiedene Rechtsträger[63] und ermitteln selbständig ihr jeweiliges Einkommen.[64] Erst danach ist das Einkommen der Organgesellschaft nach § 14 KStG als „fremdes Einkommen" und als „unselbständiges Besteuerungsmerkmal"[65] dem Organträger zuzurechnen **(„Zurechnungstheorie").**[66] Dieses fremde Einkommen geht dort in „ein einheitliches Gesamteinkommen ein, welches vom Organträger zu versteuern ist".[67] Neben dieser Zurechnung werden zahlreiche zusätzliche Anordnungen des Körperschaftsteuergesetzes wirksam, wie etwa die Besonderheiten bei der „Ermittlung des Einkommens der Organgesellschaft" in § 15 KStG[68] oder die Durchbrechung der „Subjektidentität" bei der Anrechnung von Abzugssteuern in § 19 KStG.

5515 Die **persönliche Körperschaftsteuerpflicht** bleibt bei der körperschaftsteuerlichen Organschaft auf Ebene der Organgesellschaft (ebenfalls) erhalten,[69] so dass diese – in den Fällen des § 14 Abs. 1 S. 1 KStG iVm § 16 KStG – auch selbst Körperschaftsteuer schulden kann (§ 43 S. 1 AO; § 31 Abs. 1 S. 1 KStG iVm § 36 Abs. 4 S. 1 EStG).[70]

5516 Die **persönliche Gewerbesteuerpflicht** der Organgesellschaft (§ 5 Abs. 1 S. 1, 2 GewStG; § 184 Abs. 1 S. 2 AO) wird hingegen **für die Dauer der gewerbesteuerlichen**

---

55 BFH 4.6.2003 – I R 100/01, BStBl. II 2004, 244.

56 BFH 6.11.1985 – I R 56/82, BeckRS 1985, 22007459, unter 1.; „Es wird keine Konzernbilanz aufgemacht", BFH 27.9.1960 – I 162/60 U, BStBl. III 1960, 471.

57 BFH 3.3.2010 – I R 68/09, BeckRS 2010, 25016115 Rn. 19; zu der Folgerung einer „strengen Auslegung" im Kontext der Organschaft BFH 2.11.2022 – I R 37/19, BeckRS 2022, 42320 Rn. 17.

58 Siehe bereits BFH 6.10.1953 – I 29/53 U, BStBl. III 1953, 329.

59 BMF 15.6.2022, BStBl. I 2022, 945 Rn. 1.

60 Gleichlautender Erlass der Obersten Finanzbehörden der Länder 2.7.2012, BStBl. I 2012, 654 Rn. 45.

61 GewStH 9.2 Abs. 2, „Organschaft"; zuletzt BFH 11.7.2024 – III R 41/22, DStR 2024, 2315.

62 → Rn. 1801 ff.

63 BFH 18.5.2011 – X R 4/10, BStBl. II 2011, 887 Rn. 50; BFH 16.11.2023 – IV R 26/20, DStR 2024, 599 Rn. 60; → Rn. 1815 ff.

64 BFH 28.2.2013 – IV R 50/09, BeckRS 2013, 94952 Rn. 16; siehe zu den Auwirkungen bspw. BMF 15.6.2022, BStBl. I 2022, 945, Rn. 1, 15, zu § 7g EStG.

65 BFH 28.1.2004 – I R 84/03, DStRE 2004, 790 unter II.3.a.

66 BFH 23.1.2002 – XI R 95/97, BStBl. II 2003, 9 unter II.1.b.; bestätigt bei BFH 16.11.2023 – IV R 26/20, DStR 2024, 599 Rn. 60; Suchanek/Rüsch DStZ 2014, 871 (873); Prinz/Witt/Prinz, Steuerliche Organschaft Tz. 1.6; → Rn. 1840 ff.

67 BFH 28.1.2004 – I R 84/03, DStRE 2004, 790 unter II.3.a.

68 Zur Anwendbarkeit des § 15 S. 1 Nr. 2 KStG („Bruttomethode") auch bei der Gewerbesteuer BFH 17.12.2014 – I R 39/14, BStBl. II 2015, 1052 Rn. 12.

69 BFH 26.9.2018 – I R 16/16, BStBl. II 2020, 206 Rn. 16; BFH 28.2.2013 – IV R 50/09, BStBl. II 2013, 494 Rn. 16; RHN/Rödder/Liekenbrock KStG § 14 Rn. 477 mwN; zu Folgerungen hieraus auch Liekenbrock/Liedgens IStR 2023, 415 (418).

70 Suchanek/Rüsch DStZ 2014, 871 (873).

**Organschaft suspendiert**[71] und dem Organträger zugeordnet[72]. Daher ist im Gewerbesteuerrecht der einheitliche Gewerbesteuermessbetrag (§ 14 S. 1 GewStG) des Organkreises – abweichend von der körperschaftsteuerlichen Organschaft[73] – allein gegenüber dem persönlich steuerpflichtigen (§ 43 S. 1 AO; § 5 Abs. 1 GewStG) Organträger festzusetzen.[74] Die Unterschiede bezüglich der persönlichen Steuerpflicht stellen eine wesentliche Abweichung zwischen der körperschaftsteuerlichen und der gewerbesteuerlichen Organschaft dar.[75] Gewerbesteuerrechtlich ist bspw. § 16 KStG („Ausgleichszahlung an außenstehende Gesellschafter")[76] allein aus diesem Grund nicht anzuwenden,[77] da eine Festsetzung von Gewerbesteuer mangels persönlicher Steuerpflicht (§ 5 Abs. 1 GewStG; § 184 Abs. 1 S. 2 AO) bei der Organgesellschaft nicht möglich ist.

**Rechtsfolgenseitig** besteht bei der gewerbesteuerlichen Organschaft mithin ein deutlicher Unterschied zu den Rechtsfolgen bei der körperschaftsteuerlichen Organschaft, da erstere vom **„Betriebsstättenkonzept"** des § 2 Abs. 2 S. 2 GewStG, letztere aber vom **„Zurechnungskonzept"**[78] des § 14 Abs. 1 S. 1 KStG bestimmt ist.[79] Auf Ebene der Organgesellschaft als „selbständigem Gewerbebetrieb",[80] dem allerdings wichtige „gewerbesteuerliche Fähigkeiten" wie diejenige zum Verlustabzug nach § 10a GewStG fehlen (§ 10a Satz 3 GewStG),[81] wird für Zwecke der Gewerbesteuer ein eigener Gewerbeertrag unter eigenständiger Bilanzierung[82] und Berücksichtigung von Hinzurechnungen und Kürzungen (§§ 8, 9 GewStG) ermittelt.[83] Ihr Gewerbeertrag ist so zu ermitteln, „als wäre diese Gesellschaft selbständiges Steuersubjekt".[84] Organgesellschaft und Organträger sind nach ständiger Rechtsprechung des BFH nicht nur bürgerlich-rechtlich, sondern auch steuerrechtlich selbständige Gesellschaften.[85] § 2 Abs. 2 S. 2 GewStG gebietet „nur die rechnerische Zusammenfassung der Ergebnisse der dem Organkreis angehörenden Unternehmen".[86] 5517

Daraus folgt, dass beispielsweise auf Ebene der Organgesellschaft erzielte Veräußerungsgewinne aus Betrieben oder Teilbetrieben unabhängig von den Eigenschaften des Organträgers gewerbesteuerpflichtig werden (§ 7 S. 2 GewStG).[87] Ebenso bleibt die für den fortgesetzten Verlustabzug erforderliche Unternehmeridentität[88] nicht „durch die Organgesellschaft" gewahrt, wenn der Organträger seinen gesamten (iSd § 10a GewStG verlustbehafteten) Mitunternehmeranteil an die Organgesellschaft veräußert.[89] Die Rechtsfolgen der gewerbesteuerlichen Organschaft werden neben der Bezeichnung **„Betriebsstättenkonzept"** auch mit dem Begriff **„gebrochene oder eingeschränkte Einheitstheorie"** gekennzeichnet,[90] der in der Rechtsprechung des BFH „senatsüber- 5518

[71] BFH 9.2.2011 – I R 54/10, BeckRS 2011, 95028 Rn. 23; BFH 30.1.2002 – I R 73/01, BStBl. II 2003, 354; BFH 11.7.2024 – III R 41/22, DStR 2024, 2315 Rn. 20.
[72] BFH 18.5.2011 – X R 4/10, BStBl. II 2011, 887 Rn. 38; BFH 9.2.2011 – I R 54/10, BStBl. II 2012, 106 Rn. 23; zuletzt BFH 16.10.2024 – I R 16/20, BeckRS 2024, 42819 Rn. 12.
[73] BFH 28.1.2004 – I R 84/03, DStRE 2004, 790 unter II.2.b.
[74] BFH 18.5.2011 – X R 4/10, BStBl. II 2011, 887 Rn. 38; BFH 9.2.2011 – I R 54/10, BStBl. II 2012, 106 Rn. 23; zuletzt BFH 16.10.2024 – I R 16/20, BeckRS 2024, 42819 Rn. 12.
[75] Suchanek/Rüsch DStZ 2014, 871 (873).
[76] Ausführlich → Rn. 2801 ff.
[77] GewStR 7.1 Abs. 5 S. 10; DPM/Dötsch/Pung KStG § 14 Rn. 6; → Rn. 3088.
[78] BFH 29.8.2012 – I R 65/11, BStBl. II 2013, 555 Rn. 18; Prinz DB 2023, 8 (9).
[79] Prinz/Witt Steuerliche Organschaft/Prinz Rn. 01.35; Suchanek/Rüsch DStZ 2014, 871 (873).
[80] GewStR 2.3 Abs. 1 S. 4.
[81] BFH 27.6.1990 – I R 158/87, BeckRS 1990, 6118.
[82] BFH 7.9.2016 – I R 9/15, BeckRS 2017, 94189 Rn. 16.
[83] GewStR 7.1 Abs. 5 S. 2; Suchanek/Rüsch DStZ 2014, 871 (874).
[84] BFH 7.9.2016 – I R 9/15, BeckRS 2017, 94189 Rn. 16.
[85] BFH 25.7.1995 – VIII R 54/93, DStR 1995, 1506.
[86] BFH 27.6.1990 – I R 158/87, BeckRS 1990, 6118.
[87] BFH 22.1.2004 – III R 19/02, BeckRS 2004, 24001646; siehe bereits BFH 23.3.1965 – I 338/60 U, BStBl. III 1965, 449.
[88] BFH 17.1.2019 – III R 35/17, BStBl. II 2019, 407, Rn. 18 ff.; BFH 1.2.2024 – IV R 26/21, DStR 2024, 671 Rn. 23 ff.
[89] BFH 29.8.2000 – VIII R 1/00, BStBl. II 2001, 114.
[90] BFH 30.1.2002 – I R 73/01, BStBl. II 2003, 354 mwN.

greifend“[91] verwendet wird.[92] Zudem ist die „gebrochene oder eingeschränkte Einheitstheorie“ auch über die letzten Jahrzehnte – seit dem Urteil des BFH vom 6.10.1953[93] – stabil vom BFH vertreten worden.[94] Vor den „weittragenden Folgen“ einer „Änderung dieser Rechtsprechung“ ist der BFH bereits früh zurückgeschreckt.[95]

**5519** Über § 7 S. 1 GewStG (iVm § 2 Abs. 2 S. 2 GewStG) wird die Ermittlung des Gewerbeertrags von den körperschaftsteuerlichen Regelungen bezüglich ihrer Ausgangsgröße bestimmt.[96] Durch § 7a GewStG – sowie § 7b Abs. 3 GewStG bei der „Ermittlung des Gewerbeertrags bei unternehmensbezogener Sanierung“ – sind indes **von Gesetzes wegen** Abweichungen von der üblichen Anwendung der Hinzurechnungen und Kürzungen der §§ 8, 9 GewStG zu beachten.

**5520** Daneben ergeben sich nach der Ansicht der Finanzverwaltung Abweichungen bei der Ermittlung des Gewerbeertrags, die insb. die doppelte Erfassung oder doppelte Nicht-Erfassung von Teilen des Gewerbeertrags vermeiden sollen.[97] Je nachdem, um welchen Rechenposten es sich handelt, sind die Korrekturen entweder bereits bei den selbständig ermittelten Gewerbeerträgen der zum Organkreis gehörenden Betriebe oder – auf einer zweiten Stufe – durch Hinzurechnungen zu bzw. Abzügen von der Summe der getrennt ermittelten Gewerbeerträge vorzunehmen.[98] Diese Abweichungen von der normalen Ermittlung des Gewerbeertrags leitet der BFH aus § 2 Abs. 2 S. 2 GewStG her.[99] Die Hinzurechnungs- und Kürzungsvorschriften sind innerhalb des Organkreises jedoch dann anzuwenden, wenn sich ihre Wirkungen ausgleichen.[100]

**5521** Erst der in der beschriebenen Weise selbständig ermittelte Gewerbeertrag der Organgesellschaft, bei dessen Ermittlung u. a. die Sondervorschrift des § 7a GewStG sowie die Billigkeitsregelungen der Finanzverwaltung[101] anzuwenden sind, ist sodann – auf einer zweiten Stufe[102] – mit dem für den Organträger selbst ermittelten Gewerbeertrag zusammenzurechnen[103] und ergibt dort einen „organschaftlichen Gesamt-Gewerbeertrag“.[104] Der unter diesen Bedingungen ermittelte Gewerbeertrag ist der Organträgerin „als Saldogröße“, ohne Unterscheidung von „Einzelbestandteilen und Einzelbeträgen“,[105] zuzurechnen und mündet nur dort in einen **einheitlichen Gewerbesteuermessbetrag des Organkreises** (§ 14 S. 1 GewStG; § 184 AO).[106] Der Gewerbeertrag der Organgesellschaft wird der Organträgerin jedoch nach § 2 Abs. 2 S. 2 GewStG „als Saldogröße zugerechnet“. Er wird

91 Prinz/Witt Steuerliche Organschaft/Witt Rn. 6.114.

92 BFH 29.8.2000 – VIII R 1/00, BStBl. II 2001, 114; BFH 7.9.2016 – I R 9/15, BeckRS 2017, 94189 Rn. 16; BFH 18.5.2011 – X R 4/10, BStBl. II 2011, 887 Rn. 38; BFH 22.1.2004 – III R 19/02, BStBl. II 2004, 515; zuletzt BFH 16.10.2024 – I R 16/20, BeckRS 2024, 42819 Rn. 12; siehe auch die Nachweise zu früherer Rechtsprechung bei FG Münster 21.3.2023 – 11 K 2517/21, DStR 2023, 1350 Rn. 29.

93 BFH 6.10.1953 – I 29/53 U, BStBl. III 1953, 329; siehe zu weiteren Nachweisen zur historischen Entwicklung auch BFH 6.11.1985 – I R 56/82, BeckRS 1985, 22007459, unter 1.

94 Siehe zu dem Streitjahr 1992 BFH 27.11.2008 – IV R 72/06, DStR 2009, 849; aus der älteren Rechtsprechung BFH 27.6.1990 – I R 158/87, BeckRS 1990, 6118; BFH 28.10.1999 – I R 79/98, DStRE 2000, 366.

95 So BFH 27.9.1960 – I 162/60 U, BStBl. III 1960, 471.

96 BFH 17.12.2014 – I R 39/14, BStBl. II 2015, 1052 Rn. 12.

97 GewStR 7.1 Abs. 5 S. 3 ff.; BFH 17.9.2014 – I R 30/13, BStBl. II 2017, 726.

98 BFH 18.5.2011 – X R 4/10, BStBl. II 2011, 887 Rn. 39.

99 BFH 7.9.2016 – I R 9/15, BeckRS 2017, 94189 Rn. 16; BFH 18.5.2011 – X R 4/10, BStBl. II 2011, 887 Rn. 39.

100 BFH 18.5.2011 – X R 4/10, BStBl. II 2011, 887 Rn. 40.

101 GewStR 7.1 Abs. 5 S. 3; BFH 17.9.2014 – I R 30/13, BStBl. II 2017, 726.

102 BFH 25.7.1995 – VIII R 54/93, DStR 1995, 1506.

103 BFH 30.10.2014 – IV R 9/11, BeckRS 2014, 96554 Rn. 19; FG Düsseldorf 22.9.2022 – 9 K 2833/21 G, BeckRS 2022, 33431 Rn. 20; aus anderen Gründen in der Revision BFH 11.7.2024 – III R 41/22, DStR 2024, 2315 aufgehoben; BFH 7.9.2016 – I R 57/14, DStR 2017, 193 Rn. 8.

104 BFH 17.9.2014 – I R 30/13, IStR 2015, 28 Rn. 19.

105 BFH 17.12.2014 – I R 39/14, BStBl. II 2015, 1052 Rn. 17.

106 BFH 10.3.2010 – I R 41/09, BStBl. II 2011, 181 Rn. 17; BFH 27.6.1990 – I R 183/85, BeckRS 1990, 22009555; zu den Folgerungen für die Erklärungspflichten im Organkreis siehe unten → Rn. 5762 ff.

„nicht in Einzelbestandteile und Einzelbeträge zerlegt" und erst bei dem Organträger im Rahmen des für diesen zu ermittelnden Gewerbeertrags entsprechend „zusammengesetzt".[107] Dort kommt es dann auch zur „Konsolidierung" von gewerbesteuerlichen Fehlbeträgen und positiven Gewerbeerträgen, sodass sich keine gewerbesteuerlichen „Verlustinseln" bilden.

Daneben ergeben sich zahlreiche Folgewirkungen einer gewerbesteuerlichen Organschaft, insbesondere mit Blick auf die Haftung für die Gewerbesteuer (§ 191 AO; § 73 AO), die erweiterte Kürzung aus dem Gewerbeertrag des § 9 Nr. 1 S. 2 ff. GewStG[108] sowie den Verlustabzug („eingefrorene Verluste" nach § 10a S. 3 GewStG).[109] 5522

*(einstweilen frei)* 5523–5542

## II. Bedeutung der gewerbesteuerlichen Organschaft

Durch die Zurechnung des Gewerbeertrags von der Organgesellschaft an den Organträger wird – ganz entsprechend den ökonomischen Wirkungen der körperschaftsteuerlichen Organschaft – eine Besteuerung einer Ausschüttung von Gewinnen (§ 20 Abs. 1 Nr. 1 EStG) an die Muttergesellschaft vermieden. In den Fällen einer körper- wie gewerbesteuerlichen Organschaft muss die finanzielle Eingliederung der Organgesellschaft in den Organträger vorliegen (§ 14 Abs. 1 S. 1 Nr. 1 KStG, § 2 Abs. 2 S. 2 GewStG).[110] Diese erfordert, dass der Organträger an der Organgesellschaft vom Beginn ihres Wirtschaftsjahrs an ununterbrochen in einem solchen Maße beteiligt ist, dass ihm die Mehrheit der Stimmrechte aus den Anteilen an der Organgesellschaft zusteht.[111] Die Bedingungen des § 9 Nr. 2a S. 1 GewStG für eine gewerbesteuerlichen Kürzung bei der Organträgerin, insb. eine Beteiligung von 15 % zu Beginn des Erhebungszeitraum (§ 14 S. 2 f. GewStG), müssen aus diesem Grund vorliegen. Selbst im Fall einer Organgesellschaft, die entsprechend den Bedingungen des § 14 Abs. 1 S. 1 KStG, § 17 Abs. 1 S. 1 KStG (nur) ihre Geschäftsleitung[112] im Inland, ihren Sitz aber in einem Mitgliedstaat der Europäischen Union oder in einem Vertragsstaat des EWR-Abkommens hat, wäre § 9 Nr. 2a GewStG anzuwenden.[113] 5543

Eine Ausschüttung von Gewinnen der Tochtergesellschaft ohne Organschaft würde mithin im Vergleich gewerbesteuerlich (§ 9 Nr. 2a S. 4 GewStG) ebenso wie körperschaftsteuerlich (§ 8b Abs. 5 S. 1 KStG) zu 5 % in die Bemessungsgrundlage der Muttergesellschaft eingehen. Durch die Zurechnung von Gewerbeerträgen bzw. Einkommen (§ 14 Abs. 1 S. 1 KStG) statt einer Ausschüttung wird mithin ein Aufgriff dieser **„Schachtelstrafe"** für während der Organschaft erzielte Gewinne (auch) gewerbesteuerlich verhindert. 5544

In mehrstufigen Strukturen würde sich der Effekt der Schachtelstrafe kumulieren. Die **Schachtelstrafe** des § 8b Abs. 5 S. 1 KStG, § 9 Nr. 2a S. 4 GewStG würde auf jeder Zwischenebene eintreten. Durch eine mehrstufige Organschaft[114] kann dieser Effekt auch bei einem mehrstufigen Konzernaufbau für Zwecke der Körperschaftsteuer und Gewerbesteuer verhindert werden. 5545

Bei einer **Personengesellschaft als Muttergesellschaft** wäre ohne ertragsteuerliche Organschaft entsprechend der Beteiligungsquote von natürlichen Personen oder Körperschaften über die Anwendung des Teileinkünfteverfahrens (§ 7 S. 4 Hs. 1 GewStG) oder 5546

---

[107] BFH 17.12.2014 – I R 39/14, BStBl. II 2015, 1052 Rn. 17.

[108] GewStH 9.2 Abs. 2, „Organschaft"; BFH 11.7.2024 – III R 41/22, DStR 2024, 2315.

[109] GewStR 10a.4; → Rn. 5980 ff.

[110] → Rn. 501 ff.

[111] Siehe zu dem genauen Verständnis des BFH bei qualifizierten Mehrheitserfordernissen BFH 9.8.2023 – I R 50/20, DStR 2023, 2781.

[112] Zum Ort der Geschäftsleitung bei den Mitgliedern des Organkreises BFH 7.12.1994 – I K 1/93, BeckRS 1994, 22011309.

[113] BFH 28.6.2022 – I R 43/18, IStR 2022, 927.

[114] „Kettenorganschaft", so bezeichnet bei BMF 29.9.2022, BStBl. I 2022, 1412 Rn. 36.

des § 8b KStG zu entscheiden (§ 7 S. 4 Hs. 2 GewStG). Auch insoweit würde sich eine Belastung mit der „Schachtelstrafe" des (§ 8b Abs. 6 S. 1 KStG iVm) § 8b Abs. 5 S. 1 KStG bei Beteiligung von Kapitalgesellschaften einstellen, da die Schachtelstrafe nicht aus dem Gewerbeertrag der Personengesellschaft gekürzt werden kann, auch wenn die Bedingungen des § 9 Nr. 2a GewStG erfüllt werden (§ 7 S. 4 Hs. 2 GewStG iVm § 9 Nr. 2a S. 4 GewStG). Bezüglich der beteiligten natürlichen Personen käme es hingegen zur vollständigen Kürzung der nach Anwendung des Teileinkünfteverfahrens (§ 7 S. 4 Hs. 1 GewStG iVm § 3 Nr. 40 S. 1 Buchst. d S. 1 EStG) noch vorhandenen Teile der Ausschüttung. Auch diese Belastung durch die Schachtelstrafe lässt sich durch Bildung einer gewerbesteuerlichen Organschaft vermeiden, wobei die besonderen Anforderungen an die Fähigkeit einer Personengesellschaft zur Rolle als Organträgerin (§ 14 Abs. 1 S. 1 Nr. 2 KStG; § 2 Abs. 2 S. 2 GewStG)[115] zu beachten sind.

**5547** Durch die grundsätzliche Besteuerung einzelner Gewerbebetriebe als Objekte der Gewerbesteuer (§ 2 GewStG) ergeben sich weitere Nachteile bezüglich der gewerbesteuerlichen Erfassung, die durch eine Organschaft vermieden werden können. Insbesondere ist einer der zentralen Nachteile einer Mehrzahl von sachlich gewerbesteuerpflichtigen Gewerbebetrieben die Tatsache, dass zwischen diesen kein Ausgleich von negativen Gewerbeerträgen vorgenommen werden kann.[116] Vielmehr sind Fehlbeträge nach § 10a S. 6 GewStG auf deren Ebene jeweils gesondert festzustellen (§ 179 Abs. 1 AO; § 10a S. 6 GewStG).[117] Sie sind auf dieser Ebene von diversen „Untergangsszenarien" bedroht.[118] Im Fall von Kapitalgesellschaften ist insbesondere § 8c KStG nach § 10a S. 10 Hs. 1 GewStG auf die Fehlbeträge bei der Gewerbesteuer entsprechend anzuwenden. Zudem sind die Fehlbeträge bei Umstrukturierungen vom Untergang bedroht (§ 18 Abs. 1 S. 2 UmwStG; § 19 Abs. 2 UmwStG iVm § 12 Abs. 3 UmwStG, § 15 Abs. 3 UmwStG). Teilweise wird auch ihr Übergang auf einen übernehmenden Rechtsträger gesetzlich verweigert (§ 23 Abs. 5 UmwStG).[119] Nur in seltenen Fällen ist ein Übergang gewerbesteuerlicher Fehlbeträge bei Umwandlungen denkbar, etwa bei einer „Totalausgliederung" iSd § 24 UmwStG auf eine Personengesellschaft.[120]

**5548** Daneben ergibt sich bei höheren gewerbesteuerlichen Fehlbeträgen der Tochtergesellschaften die Problematik, dass diese – ebenso wie im Körperschaftsteuerrecht (§ 8 Abs. 1 S. 1 KStG iVm § 10d Abs. 2 EStG) – nur unter den Bedingungen der „Mindestbesteuerung" genutzt werden können (§ 10a S. 1, 2 GewStG).[121] Der 1 Million Euro übersteigende maßgebende Gewerbeertrag ist danach nur bis zu 60 Prozent um nach § 10a S. 1 GewStG nicht berücksichtigte Fehlbeträge der vorangegangenen Erhebungszeiträume zu kürzen (§ 10a S. 2 GewStG).

**5549** Diese ohne Organschaft entstehenden **„Gewerbesteuerinseln"** mit der Höhe nach beschränktem Verlustabzug können durch eine Organschaft vermieden werden, indem positive und negative Gewerbeerträge des Organkreises im Jahr ihrer Entstehung bereits verrechnet werden. Ein danach verbleibender vortragsfähiger Fehlbetrag (§ 10a S. 7 GewStG) ist (nur) auf Ebene des Organträgers gesondert festzustellen und dort vorzutragen.

**5550** Die Bildung derartiger „Gewerbesteuerinseln" ist dabei keineswegs auf Tochtergesellschaften in Form von Kapitalgesellschaften (§ 2 Abs. 2 S. 1 GewStG) begrenzt. Vielmehr

[115] GewStR 2.3 Abs. 3.

[116] Zum Bezug des Verlustabzugs auf den einzelnen Gewerbebetrieb BFH 23.2.2017 – III R 35/14, BStBl. II 2017, 757 Rn. 25.

[117] Zum (geringen) Regelungsumfang des Verlustfeststellungsbescheids BFH 25.4.2024 – III R 30/21, DStR 2024, 2052 Rn. 32; zum Ganzen Weiss DStR 2024, 2609 (2615).

[118] Siehe bspw. die Diskussion verschiedener Gründe für den Untergang gewerbesteuerlicher Fehlbeträge bei BFH 12.11.2020 – IV R 29/18, BeckRS 2020, 42022.

[119] BFH 1.2.2024 – IV R 26/21, DStR 2024, 671 Rn. 35; Wendt FR 2023, 663.

[120] BFH 1.2.2024 – IV R 26/21, DStR 2024, 671.

[121] Zur verfassungsrechtlichen Würdigung BFH 26.2.2014 – I R 59/12, DStR 2014, 1761; BVerfG 2 BvL 19/14; GewStH 10a.1, „Allgemeines".

stellt eine gewerbliche Personengesellschaft als Tochtergesellschaft ebenso eine solche Insel dar, da sie selbständig der Gewerbesteuer unterliegt (§ 2 Abs. 1 S. 2 GewStG) und diese selbst schuldet (§ 43 S. 1 AO; § 5 Abs. 1 S. 3 GewStG). Auf Ebene der Muttergesellschaft wird ihr Gewerbeertrag nach § 8 Nr. 8 GewStG, § 9 Nr. 2 GewStG,[122] in den meisten Fällen nicht erneut erfasst.[123] Die durch Personengesellschaften entstehende Problematik kann allerdings **nicht durch eine Organschaft vermieden werden,** da die Personengesellschaft nach § 14 Abs. 1 S. 1 KStG, § 17 Abs. 1 KStG und § 2 Abs. 2 S. 2 GewStG keine zulässige Organgesellschaft ist.[124] Alternativ steht hier das sog. **„Treuhandmodell"** zur auch gewerbesteuerlichen Konsolidierung zur Verfügung.[125]

*(einstweilen frei)* **5551–5560**

## 1. Vorteile

Der hauptsächliche Vorteil der gewerbesteuerlichen Organschaft[126] wird in der Konsolidierung von positiven und negativen Gewerbeerträgen zwischen Organgesellschaften und Organträger gesehen.[127] Einen Verlustausgleich zwischen verschiedenen Gewerbebetrieben sieht das Gewerbesteuerrecht – ebenso wie das Körperschaftsteuerrecht – ansonsten nicht vor.[128] Auch durch Umwandlungen lässt sich ein solcher „Transfer" von Verlusten nicht erreichen (§ 4 Abs. 2 S. 2 UmwStG; § 12 Abs. 3 Hs. 2 UmwStG).[129] Ein solcher Verlusttransfer ist zunächst aufgrund der Voraussetzung der finanziellen Eingliederung nur in einem Über- und Unterordnungsverhältnis möglich (§ 14 Abs. 1 S. 1 Nr. 1 KStG; § 2 Abs. 2 S. 2 GewStG).[130] Allerdings kann indirekt eine Konsolidierung auch zwischen Schwestergesellschaften vorgenommen werden, indem diese jeweils Organschaften mit einer gemeinsamen Mutter herstellen. **5561**

Weiterhin wird die Besteuerung von nicht abziehbaren Betriebsausgaben gem. § 8b Abs. 5 S. 1 KStG, § 9 Nr. 2a S. 4 GewStG,[131] im Organkreis für die zugerechneten Einkommen (§ 14 Abs. 1 Satz 1 KStG, § 17 Abs. 1 KStG) bzw. Gewerbeerträge (§ 2 Abs. 2 Satz 2 GewStG) vermieden.[132] Bei der Zurechnung von Gewerbeerträgen zum Organträger werden keine Beteiligungserträge nach § 20 Abs. 1 Nr. 1 EStG geleistet, sodass es nicht zum Aufgriff unter § 8b Abs. 5 S. 1 KStG kommt. Da kein Beteiligungsertrag nach § 20 Abs. 1 Nr. 1 EStG vorliegt, ist zudem keine Kapitalertragsteuer einzubehalten (§§ 43 ff. EStG). Bei Beteiligung natürlicher Personen an einem transparenten Organträger – unmittelbar oder über eine gewerbliche Mitunternehmerschaft (§ 14 Abs. 1 S. 1 Nr. 2 KStG) – wird das auf Ausschüttungen sonst anwendbare Teileinkünfteverfahren des § 3 Nr. 40 S. 1 Buchst. d EStG, § 3 Nr. 40 S. 2 EStG, auf die Zurechnung von Gewerbeer- **5562**

[122] „Miteinander korrespondierende Bestimmungen", BFH 25.7.1995 – VIII R 54/93, DStR 1995, 1506.
[123] Weiss DStR 2023, 1097.
[124] GewStH 2.3 Abs. 1, „GmbH & Co. KG"; BFH 25.7.1995 – VIII R 54/93, BStBl. II 1995, 794; FG München 15.2.2024 – 7 K 2315/20, BeckRS 2024, 23162 Rn. 28.
[125] BFH 3.2.2010 – IV R 26/07, BStBl. II 2010, 751, dort in Rn. 43 auch zur Verbindung mit der gewerbesteuerlichen Organschaft; BeckOK GewStG/Weiss GewStG § 7 Rn. 135.3 ff.; Bott/Walter/Walter, KStG, 172. Ergänzungslieferung, Oktober 2023, § 14 KStG Rn. 10.
[126] Zu den Zwecken der gewerbesteuerlichen Organschaft auch Lenski/Steinberg/Kratzsch/Nöcker/Keß, GewStG, 150. Lieferung, 4/2024, GewStG § 2 Rn. 3510 mwN; Schaumburg/Bäuml FR 2010, 1061 (1062); siehe auch umfassend → Rn. 139 ff.
[127] → Rn. 139 ff.; Prinz/Witt Steuerliche Organschaft/Wunschik/Happel Rn. 10.2; Musil/Weber-Grellet/Desens GewStG § 2 Rn. 33; Lenski/Steinberg/Kratzsch/Nöcker/Keß, GewStG, 150. Lieferung, 4/2024, GewStG § 2 Rn. 3512; siehe zu den Wirkungen einer Abschaffung der gewerbesteuerlichen Organschaft Prinz/Otto FR 2003, 53 (56); Rödder/Schumacher DStR 2002, 1969 (1970).
[128] Siehe zu dieser Wirkung der Organschaft auch BFH 26.2.1987 – IV R 26/85, BStBl. II 1987, 579.
[129] Gosch KStG/Neumann KStG § 14 Rn. 33.
[130] → Rn. 507.
[131] Die Anwendung des § 9 Nr. 7 S. 3 GewStG ist hingegen in diesem Kontext nicht denkbar, da die Organgesellschaft ihre Geschäftsleitung zwingend im Inland haben muss; zur Anwendung des § 9 Nr. 2a GewStG in diesem Zusammenhang BFH 28.6.2022 – I R 43/18, IStR 2022, 927.
[132] Prinz/Witt Steuerliche Organschaft/Wunschik/Happel Rn. 10.11.

trägen ebenfalls nicht angewandt.[133] Ein ähnliches „Phänomen" wie die 5%-Besteuerung nach § 8b Abs. 5 S. 1 KStG besteht in diesem Bereich allerdings nicht.

5563 Bei der Veräußerung der Organbeteiligung ist die Organschaft hingegen – im Gegensatz zur Vermeidung der 5%-Besteuerung nach § 8b Abs. 5 S. 1 KStG – „neutral". Die Veräußerung der Beteiligung an der Organgesellschaft wird von § 3 Nr. 40 S. 1 Buchst. a S. 1 EStG („…oder an einer Organgesellschaft iSd § 14 oder § 17 des Körperschaftsteuergesetzes…") ebenso erfasst wie von § 8b Abs. 2 S. 1 KStG. Durch § 8b Abs. 3 S. 1 KStG kommt es dann – jedenfalls bei einem unbeschränkt körperschaftsteuerpflichtigen Organträger (§ 1 Abs. 1 KStG) – zu einer Erfassung von 5% nicht abziehbarer Betriebsausgaben.[134]

5564 Ein weiterer Vorteil besteht in der Unterlassung diverser Hinzurechnungen nach § 8 Nr. 1 GewStG innerhalb des Organkreises.[135] Die Unterlassung der nach dem Gesetz vorzunehmenden Hinzurechnungen steht unter der Bedingung, dass sie nur insoweit vorzunehmen ist, als die Hinzurechnung zu einer doppelten steuerlichen Belastung führt.[136] Eine doppelte Belastung idS kann eintreten, wenn die für die Hinzurechnung in Betracht kommenden Beträge bereits in einem der zusammenzurechnenden Gewerbeerträge enthalten sind.[137] Kommt es hingegen zur Hinzurechnung nach § 8 Nr. 1 GewStG, wird der dort vorgesehen Freibetrag von 200.000 EUR sowohl dem Organträger als auch der Organgesellschaft gewährt.[138]

5565 Auch die Anwendung der Zinsschranke (§ 4h EStG; § 8a KStG) wird im Organkreis eingeschränkt.[139] Nach § 15 S. 1 Nr. 3 S. 1 KStG ist § 4h EStG bei der Organgesellschaft nicht anzuwenden.[140] Nach § 15 S. 1 Nr. 3 S. 2 KStG gelten Organträger und Organgesellschaften als ein Betrieb iSd § 4h EStG. Sind in dem dem Organträger zugerechneten Einkommen der Organgesellschaften Zinsaufwendungen und Zinserträge iSd § 4h Abs. 3 EStG enthalten, sind diese bei Anwendung des § 4h Abs. 1 EStG beim Organträger einzubeziehen (§ 15 S. 1 Nr. 3 S. 2 KStG). Da das Abzugsverbot nach § 4h EStG auch auf die Gewerbesteuer durchschlägt (§ 7 S. 1 GewStG),[141] ergibt sich durch die Eliminierung von Zinsaufwendungen und Zinserträgen im Organkreis ein körperschaft- wie gewerbesteuerlicher Vorteil.

5566 Nach § 35 EStG wird natürlichen Personen eine – pauschalisierte und mehrfach begrenzte – Steuerermäßigung für die erlittene Gewerbesteuer gewährt.[142] Die Gewerbesteuer selbst ist keine Betriebsausgabe (§ 4 Abs. 5b EStG),[143] so dass § 35 EStG die einzige Möglichkeit zur Milderung der Doppelbelastung aus Einkommensteuer und Gewerbesteuer darstellt. Für die auf Ebene einer Kapitalgesellschaft als Gewerbebetrieb (§ 2 Abs. 2 S. 1 GewStG) erlittene Gewerbesteuer steht keine solche Steuerermäßigung zur Verfügung.

---

[133] Zur Anwendung des § 3c Abs. 2 EStG auf Schuldzinsen in diesem Zusammenhang BFH 25.7.2019 – IV R 61/16, DStR 2019, 2131; BFH 16.11.2023 – IV R 26/20, DStR 2024, 599.

[134] Bei beschränkt körperschaftsteuerpflichtigen Gesellschaften kommt es in Fällen ohne Verhaftung in einer inländischen Betriebsstätte iSd § 12 AO nicht zur Erfassung nicht abziehbarer Betriebsausgaben; BFH 31.5.2017 – I R 37/15, BStBl. II 2018, 144. Aufgrund der zwingenden Verhaftung der Anteile an der Organgesellschaft in einer inländischen Betriebsstätte (§ 14 Abs. 1 S. 1 Nr. 2 S. 4 ff. KStG, § 2 Abs. 2 S. 2 GewStG) kann dieser Fall jedoch bei einer körperschaft- und gewerbesteuerlichen Organschaft nicht auftreten, sodass auch insoweit § 8b Abs. 3 S. 1 KStG zur Anwendung kommt.

[135] Musil/Weber-Grellet/Desens GewStG § 2 Rn. 35; Schaumburg/Bäuml FR 2010, 1061 (1062).

[136] GewStR 7.1 Abs. 5 S. 3.

[137] GewStR 7.1 Abs. 5 S. 4.

[138] Oberste Finanzbehörden der Länder 2.7.2012, BeckVerw 262372, Rn. 45.

[139] Ausführlich FG Köln 14.11.2024 – 13 K 1081/22, BeckRS 2024, 41137; Rev. anh. BFH I R 1/25.

[140] Gosch KStG/Neumann KStG § 14 Rn. 33.

[141] BeckOK GewStG/Frantzmann, 12. Ed. 1.12.2024, GewStG § 8 Rn. 73 f.

[142] → Rn. 6344 ff.

[143] Zur Umsetzung des Regelungsbefehls in der Steuerbilanz EStR 5.7 Abs. 1; zur Umsetzung beim Schuldzinsenabzug unter § 4 Abs. 4a EStG BMF 5.11.2021, BStBl. I 2021, 2211; zum persönlichen Anwendungsbereich des § 4 Abs. 5b EStG BFH 7.3.2019 – IV R 18/17, BStBl. II 2019, 696 Rn. 19 f.; zur verfassungsrechtlichen Beurteilung BFH 16.1.2014 – I R 21/12, BStBl. II 2014, 531, für die Körperschaftsteuer; BFH 10.9.2015 – IV R 8/13, BStBl. II 2015, 1046, für die Einkommensteuer.

Durch eine gewerbesteuerliche Organschaft mit einer Personengesellschaft bzw. mit einer natürlichen Person selbst als Organträger (§ 14 Abs. 1 S. 1 Nr. 2 KStG) wird (auch) der Gewerbeertrag der Organgesellschaft als Kapitalgesellschaft in die Steuerermäßigung nach § 35 EStG dem Grunde nach einbezogen.[144]

Auch auf Seiten der steuerberechtigten Gemeinden (§ 1 GewStG) ergeben sich Verteilungswirkungen durch die gewerbesteuerliche Organschaft,[145] die bei der Einführung der Organschaft eine große Rolle spielten: „Die 1936 verfolgte Einfügung der Vorschrift des § 2 Abs. 2 Ziff. 2 Satz 2 in das GewStG bezweckte, die an dem Aufkommen der Gewerbesteuer beteiligten Gemeinden davor zu schützen, daß eng verbundene Unternehmungen durch interne Maßnahmen ihren Gewinn willkürlich verlagerten. Es sollte gewissermaßen eine Poolung der Erträge erfolgen."[146] Diese Verteilungswirkungen spiegeln sich wiederum mit „umgekehrtem Vorzeichen" bei dem gewerbesteuerlichen Organkreis in der dort vorzunehmenden Zerlegung des einheitlichen Gewerbesteuermessbetrags (§§ 28 ff. GewStG) und den dadurch denkbaren Vorteilen bezüglich der Gesamtbelastung mit Gewerbesteuer.[147] **5567**

*(einstweilen frei)* **5568–5582**

## 2. Nachteile

Mit der körperschaftsteuerlichen Organschaft[148] teilt die gewerbesteuerliche Organschaft den (außersteuerlichen) Nachteil, dass der Organträger sich durch den Abschluss eines Gewinnabführungsvertrags, der (seit dem Erhebungszeitraum 2002)[149] unabdingbare Voraussetzung auch für die gewerbesteuerliche Organschaft ist (§ 14 Abs. 1 S. 1 Nr. 3 KStG, § 2 Abs. 2 S. 2 GewStG), auch zur Übernahme von Verlusten der Organgesellschaft verpflichtet. Die zivilrechtliche Abschirmwirkung der Tochterkapitalgesellschaft wird dadurch weitgehend durchbrochen, sodass der Organträger für Verluste der Organgesellschaft ohne Beschränkung einstehen muss. **5583**

Durch § 73 S. 1 AO (iVm § 191 AO) wird zudem eine **Haftung der Organgesellschaft** für solche Steuern des Organträgers, für welche die Organschaft zwischen ihnen steuerlich von Bedeutung ist, etabliert.[150] Zu den damit sachlich umfassten Steuerarten gehört auch die Gewerbesteuer.[151] Durch § 73 S. 2 AO wird diese Haftung auch in mehrstufigen Organschaften auf alle Stufen ausgedehnt: Ist die Organgesellschaft selbst Organträger und haftet sie nach § 73 S. 1 AO, haften ihre Organgesellschaften neben ihr ebenfalls nach § 73 S. 1 AO.[152] **5584**

*(einstweilen frei)* **5585–5598**

## 3. Vergleich mit der körperschaftsteuerlichen Organschaft

**a) Auf Seiten des Tatbestandes.** Der Tatbestand der körperschaftsteuerlichen Organschaft (§§ 14, 17 KStG)[153] stimmt – jedenfalls in seiner heutigen Fassung[154] – mit dem der gewerbesteuerlichen Organschaft exakt überein.[155] § 2 Abs. 2 S. 2 GewStG nimmt die Tatsache, dass „eine Kapitalgesellschaft Organgesellschaft iSd § 14 oder § 17 des Körper- **5599**

[144] Frotscher/Drüen/M. Frotscher GewStG § 2 Rn. 104.
[145] Siehe hierzu auch Prinz/Otto FR 2003, 53 (56).
[146] BFH 6.10.1953 – I 29/53 U, BStBl. III 1953, 329.
[147] Prinz/Witt Steuerliche Organschaft/Wunschik/Happel Rn. 10.03 ff.
[148] Zu deren Nachteilen → Rn. 140 ff.
[149] BFH 14.10.2009 – X R 46/06, BFH/NV 2010, 677 Rn. 26.
[150] → Rn. 6328 ff.
[151] BeckOK AO/Specker AO § 73 Rn. 50; AEAO zu § 73, unter 2.
[152] AEAO zu § 73, unter 3.4; zur erstmaligen Anwendung siehe AEAO zu § 73, unter 4.
[153] → Rn. 21 ff.
[154] Siehe zu früheren Rechtslagen, bei denen die Voraussetzungen nicht genau übereinstimmten, bspw. BFH 28.3.1979 – I R 81/76, BStBl. II 1979, 447 unter I.d.; BFH 10.11.1998 – I R 91/97, I R 102/97, BStBl. II 1999, 306 unter II.2.b.aa.
[155] GewStR 2.3 Abs. 1 S. 1.

schaftsteuergesetzes“ ist, als Tatbestandsmerkmal zum Anlass, um als Rechtsfolge anzuordnen, dass diese Organgesellschaft „als Betriebsstätte des Organträgers“ gilt.[156]

5600 Insoweit sind mithin sämtliche Tatbestandsmerkmale der §§ 14, 17 KStG[157] zu beachten, um eine gewerbesteuerliche Organschaft bejahen zu können.

5601–5611 *(einstweilen frei)*

5612 **b) Auf Seiten der Rechtsfolgen. Rechtsfolgenseitig** unterscheiden sich die körperschaftsteuerliche und gewerbesteuerliche Organschaft hingegen **deutlich.** Die Anordnung des § 2 Abs. 2 S. 2 GewStG, wonach eine Kapitalgesellschaft als „Organgesellschaft iSd § 14 oder § 17 des Körperschaftsteuergesetzes … als Betriebsstätte des Organträgers“ gilt, führt zu von der Körperschaftsteuer abweichenden Ergebnissen.[158]

5613 In beiden Organschaften bleibt die **sachliche Steuerpflicht der Organgesellschaft** jeweils erhalten. Organträger und Organgesellschaft behalten ihre Selbständigkeit für Zwecke der Ermittlung des körperschaftsteuerlichen Einkommens und des Gewerbeertrags.[159] Zu einer „Durchleitung“ von steuerlich relevanten Eigenschaften aufgrund der Organschaft kommt es somit nicht. Ein durch die Organgesellschaft verwirklichter Veräußerungstatbestand kann bspw. nicht nach den Verhältnissen des Organträgers gewerbesteuerlich beurteilt werden.[160] Ebenso kann für Zwecke des § 35 EStG **keine „Durchleitung“ von Gewerbesteuermessbeträgen** aus der Organgesellschaft nachgeschalteten Personengesellschaften vorgenommen werden.[161]

5614 Es ergeben sich jedoch bezüglich der **persönlichen Steuerpflicht** (§ 43 S. 1 AO; § 5 GewStG) deutliche Abweichungen. Die Organgesellschaft iSd §§ 14, 17 KStG bleibt im Körperschaftsteuerrecht **persönlich körperschaftsteuerpflichtig** (§ 31 Abs. 1 S. 1 KStG iVm § 36 Abs. 4 S. 1 EStG). Sie kann demnach auf ihr eigenes Einkommen, insbesondere in Fällen des § 14 Abs. 1 S. 1 KStG iVm § 16 KStG („Ausgleichszahlungen an außenstehende Gesellschafter“),[162] die Körperschaftsteuer sowie den Solidaritätszuschlag (§ 3 Abs. 1 Nr. 1 SolZG) schulden.[163]

5615 Im Gewerbesteuerrecht hingegen wird die **persönliche Gewerbesteuerpflicht** der Organgesellschaften gem. § 5 GewStG[164] dem Organträger für die Dauer der Organschaft zugerechnet.[165] Als Folgerung aus der Suspendierung der persönlichen Gewerbesteuerpflicht der Organgesellschaft ist der **einheitliche Gewerbesteuermessbetrag** allein gegenüber dem persönlich steuerpflichtigen (§ 43 S. 1 AO; § 5 Abs. 1 GewStG) Organträger festzusetzen (§ 14 S. 1 GewStG).[166] Eine § 16 KStG entsprechende Regelung besteht demgemäß im Gewerbesteuerrecht nicht.[167]

5616–5629 *(einstweilen frei)*

---

156 Siehe auch den Vergleich der Organschaften im Steuerrecht bei Gosch KStG/Neumann KStG § 14 Rn. 29.

157 → Rn. 201 ff.

158 Zu diesem Vergleich siehe auch BFH 28.1.2004 – I R 84/03, DStRE 2004, 790 unter II.2.

159 BFH 18.5.2011 – X R 4/10, BStBl. II 2011, 887 Rn. 38; BFH 22.1.2004 – III R 19/02, BStBl. II 2004, 515.

160 BFH 22.1.2004 – III R 19/02, BStBl. II 2004, 515, zu § 7 S. 2 GewStG; BFH 14.4.1992 – VIII R 149/86, BStBl. II 1992, 817, zur Tarifvorschrift des § 34 EStG.

161 BFH 22.9.2011 – IV R 3/10, DStR 2011, 2241; keine sachliche Unbilligkeit iSd § 163 AO, BFH 22.9.2011 – IV R 42/09, BeckRS 2011, 97042 Rn. 29; BeckOK GewStG/Weiss, 12. Ed. 1.12.2024, GewStG § 7 Rn. 574.1 ff.

162 Ausführlich → Rn. 2801 ff.

163 BFH 28.1.2004 – I R 84/03, DStRE 2004, 790 unter II.2.a.

164 Zur Unterscheidung der sachlichen und persönlichen Gewerbesteuerpflicht BFH 18.2.2021 – III R 8/19, BStBl. II 2021, 627 Rn. 38.

165 BFH 10.3.2010 – I R 41/09, BStBl. II 2011, 181 Rn. 17; BFH 18.5.2011 – X R 4/10, BStBl. II 2011, 887 Rn. 38; aus der älteren Rechtsprechung BFH 27.6.1990 – I R 158/87, BeckRS 1990, 6118; BFH 28.10.1999 – I R 79/98, DStRE 2000, 366.

166 BFH 9.2.2011 – I R 54/10, BStBl. II 2012, 106 Rn. 23; BFH 28.1.2004 – I R 84/03, DStRE 2004, 790 unter II.2.b.; zuletzt BFH 16.10.2024 – I R 16/20, BeckRS 2024, 42819 Rn. 12.

167 GewStR 7.1 Abs. 5 S. 10; → Rn. 3088.

**c) Verfahrensrechtliche Unterschiede (§ 14 Abs. 5 KStG).** Durch § 14 Abs. 5 S. 1 KStG wird gesetzlich vorgeschrieben, dass das dem Organträger zuzurechnende Einkommen der Organgesellschaft und damit zusammenhängende andere Besteuerungsgrundlagen gegenüber dem Organträger und der Organgesellschaft gesondert und einheitlich festgestellt werden[168]. Insoweit wird iSd § 179 AO eine gesonderte und einheitliche Feststellung angeordnet, sodass über die darin enthaltenen Feststellungen ein abgestuftes (mehrstufiges) Steuerverwaltungsverfahren, das von der Grundkonzeption des § 157 Abs. 2 AO abweicht, vorgesehen ist.[169] Nach § 34 Abs. 9 Nr. 9 KStG idF des Gesetzes zur Änderung und Vereinfachung der Unternehmensbesteuerung und des steuerlichen Reisekostenrechts[170] gelten diese Vorschriften erstmalig für nach dem 31.12.2013 beginnende Feststellungszeiträume.[171] 5630

Bereits nach dem Wortlaut des Gesetzes wird hiervon insb. „das dem Organträger zuzurechnende Einkommen der Organgesellschaft" umfasst. Nach der Rechtsprechung des BFH wird zudem durch die Feststellung „damit zusammenhängende(r) andere(r) Besteuerungsgrundlagen" auch die Feststellung von Minderabführungen aus organschaftlicher Zeit nach § 14 Abs. 4 KStG erfasst.[172] „Incidenter" wird zudem über den Status des Bestehens oder Nichtbestehens einer Organschaft bindend entschieden, da ohne das Bestehen einer Organschaft kein dem Organträger zuzurechnendes Einkommen festgestellt werden kann.[173] Die Statusfeststellung ist als Vorbedingung für die Feststellung des zuzurechnenden Einkommens die stärkste Form „damit zusammenhängender Besteuerungsgrundlagen".[174] Welche „damit zusammenhängenden anderen Besteuerungsgrundlagen" iSd § 14 Abs. 5 Satz 1 KStG zudem festzustellen sind, ist noch nicht abschließend geklärt.[175] 5631

**Rechtsschutzbefugt** gegen diese gesonderte und einheitliche Feststellung sind sowohl der Organträger als auch die Organgesellschaft.[176] Insoweit stimmt die Rechtsprechung des BFH[177] mit der Auffassung der Finanzverwaltung[178] überein. Zuständig für diese Feststellungen ist das Finanzamt, das für die Besteuerung nach dem Einkommen der Organgesellschaft zuständig ist (§ 14 Abs. 5 Satz 4 KStG).[179] 5632

**Gewerbesteuerlich** ist hingegen über die „Statusfrage" des Bestehens einer Organschaft nach § 2 Abs. 2 S. 2 GewStG allein im Rahmen des – für den Organkreis einheitlichen[180] – Bescheids über den Gewerbesteuermessbetrag zu entscheiden.[181] Der Bescheid über den Gewerbesteuermessbetrag ist im Verhältnis zu dem Feststellungsbescheid nach § 14 Abs. 5 KStG **kein Folgebescheid.**[182] 5633

Bei einer Gewinnänderung auf der Ebene der Organgesellschaft wird eine **Änderung des bestandskräftigen Gewerbesteuermessbescheides** durch § 35b GewStG gewährleistet.[183] Der dem Gewerbesteuermessbescheid zu Grunde liegende Gewerbeertrag umfasst 5634

[168] Siehe auch FG Schleswig-Holstein 7.7.2023 – 1 K 54/23, BeckRS 2023, 23384 Rn. 21 mwN; → Rn. 5301 ff.; zur früheren Rechtslage siehe bspw. BFH 28.1.2004 – I R 84/03, DStRE 2004, 790.
[169] BFH 11.7.2023 – I R 36/20, BeckRS 2023, 32761 Rn. 12.
[170] Vom 20.2.2013, BGBl. 2013 I 285, BStBl. I 2013, 188.
[171] BFH 11.7.2023 – I R 21/20, BeckRS 2023, 32759 Rn. 21; → Rn. 5321 ff.
[172] BFH 11.7.2023 – I R 36/20, BeckRS 2023, 32761 Rn. 16.
[173] FG Schleswig-Holstein 7.7.2023 – 1 K 54/23, BeckRS 2023, 23384 Rn. 21, Rev. anh. BFH I R 46/23.
[174] BFH 11.7.2023 – I R 36/20, BeckRS 2023, 32761 Rn. 17; so auch FG Schleswig-Holstein 7.7.2023 – 1 K 54/23, BeckRS 2023, 23384 Rn. 21, Rev. anh. BFH I R 46/23.
[175] FG Münster 6.6.2024 – 13 K 780/22 F, BeckRS 2024, 20503 Rn. 39 ff.
[176] BFH 11.7.2023 – I R 21/20, BeckRS 2023, 32759 Rn. 28.
[177] BFH 1.7.2020 – XI R 20/18, BeckRS 2020, 37136 Rn. 16 ff.
[178] R 14.6 Abs. 6 S. 2 KStR.
[179] FG Hessen 1.8.2024 – 4 K 115/19, BeckRS 2024, 31452 Rn. 37 ff.
[180] BFH 11.7.2024 – III R 41/22, DStR 2024, 2315 Rn. 20.
[181] BFH 11.7.2023 – I R 36/20, DStR 2023, 2607 Rn. 28; BFH 11.7.2023 – I R 21/20, BeckRS 2023, 32759 Rn. 31; BeckOK GewStG/Specker GewStG § 2 Rn. 995; → Rn. 5324.
[182] BFH 11.7.2023 – I R 36/20, DStR 2023, 2607 Rn. 27; Weiss AO-StB 2020, 380 (382); Prinz/Witt Steuerliche Organschaft/Herkens Rn. 8.25; siehe zur Außenprüfung des ertragsteuerlichen Organkreises BeckOK AO/Hannig, 30. Ed. 1.10.2024, AO § 193 Rn. 111.
[183] BFH 21.10.2009 – I R 29/09, BStBl. II 2010, 644.

zum einen den originären Gewerbeertrag des Organträgers, zum anderen den der Organgesellschaften. Der Gewinn der Organgesellschaft ist daher als unselbständige Besteuerungsgrundlage im Gewerbeertrag des Organträgers enthalten. Ändert sich der Gewinn der Organgesellschaft, wirkt sich dies in gleicher Weise auf den Gewerbeertrag des Organträgers aus wie eine entsprechende Änderung seines eigenen Gewinns.[184]

**5635–5651** *(einstweilen frei)*

## III. Historische Entwicklung der gewerbesteuerlichen Organschaft

**5652** Die ertragsteuerliche Organschaft als Rechtsinstitut wurde zunächst ohne gesetzliche Kodifikation und **allein für die Zwecke der Gewerbesteuer** zur Abgrenzung der Steuerhoheit zwischen den Ländern des Deutschen Reichs durch das Richterrecht des Preußischen OVG[185] geprägt.[186] Erst später wurde das Rechtsinstitut auf die Körperschaftsteuer übertragen.[187] Der Grund für die gewerbesteuerliche Organschaft lag darin, dass „die Gemeinde, in deren Bezirk das Unternehmen einer Organgesellschaft liegt, in ihrem Anspruch auf Gewerbesteuer benachteiligt werden kann, wenn das Unternehmen des Organträgers in dem Bezirk einer anderen Gemeinde liegt. Die Organschaft gibt dem Organträger die Möglichkeit, Gewerbekapital und Gewerbeertrag der Organgesellschaft so zu beeinflussen, daß die Gemeinde der Organgesellschaft nicht oder nicht in einem ausreichenden Umfang an der vom Organkreis aufgebrachten Gewerbesteuer beteiligt wird."[188]

**5653** Die Anerkennung der Organschaft, die bis zum Reichsgewerbesteuergesetz 1936 nicht kodifiziert war, erforderte nach der Rechtsprechung sowohl (für Körperschaftsteuerzwecke) den Abschluss eines Gewinnabführungsvertrags als auch die finanzielle, organisatorische und wirtschaftliche Eingliederung[189] in einen anderen Gewerbebetrieb.[190]

**5654** Erstmals kodifiziert wurde die – bislang nur auf Richterrecht beruhende[191] – gewerbesteuerliche Organschaft dann durch § 2 Abs. 2 Ziff. 2 S. 2 GewStG 1936,[192] während eine Kodifikation der körperschaftsteuerlichen Organschaft noch bis 1969[193] ausstand.[194] § 2 Abs. 2 Ziff. 2 GewStG 1936 definierte in seinem S. 1 – entsprechend dem heutigen § 2 Abs. 2 S. 1 GewStG – die Tätigkeit von Kapitalgesellschaften „stets und in vollem Umfang" als Gewerbebetrieb. Aufgezählt wurden als Kapitalgesellschaften – ohne die in der heutigen Gesetzesfassung enthaltene Formulierung „insbesondere" (§ 2 Abs. 2 S. 1 GewStG)[195] – „Aktiengesellschaften, Kommanditgesellschaften auf Aktien, Gesellschaften mit beschränkter Haftung, Kolonialgesellschaften, bergrechtliche Gewerkschaften". Da-

[184] BFH 21.10.2009 – I R 29/09, BStBl. II 2010, 644 Rn. 10.
[185] Siehe zu Nachweisen Lenski/Steinberg/Kratzsch/Nöcker/Keß, GewStG, 150. Lieferung, 4/2024, GewStG § 2 Rn. 3501; BFH 4.3.1965 – I 249/61 S, BStBl. III 1965, 329.
[186] Gosch KStG/Neumann KStG § 14 Rn. 10; Brandis/Heuermann/Drüen GewStG § 2 Rn. 137; BFH 28.3.1979 – I R 81/76, BeckRS 1979, 22004858, unter 1.c.; zum Ganzen Lüdicke in FS Herzig, 2010, 259 (266); Prinz/Witt Steuerliche Organschaft/Prinz Rn. 1.20 ff.; zur Entwicklung der ertragsteuerlichen Organschaften insgesamt → Rn. 114 ff.
[187] FG Schleswig-Holstein 7.7.2023 – 1 K 54/23, BeckRS 2023, 23384 Rn. 26, Rev. anh. BFH I R 46/23.
[188] BFH 28.3.1979 – I R 81/76, BeckRS 1979, 22004858, unter 1.c., mwN zur Rechtsprechung der Reichsfinanzhofs; BFH 6.10.1953 – I 29/53 U, BStBl. III 1953, 329.
[189] BFH 26.4.1966 – I 44/64, BStBl. III 1966, 376 mwN zur Rechtsprechung des RFH. Siehe zur Historie speziell des GAV auch → Rn. 606.
[190] Lenski/Steinberg/Kratzsch/Nöcker/Keß, GewStG, 150. Lieferung, 4/2024, GewStG § 2 Rn. 3501 mwN; siehe zB BFH 14.10.2009 – X R 46/06, BFH/NV 2010, 677 Rn. 22.
[191] Lenski/Steinberg/Kratzsch/Nöcker/Keß, GewStG, 150. Lieferung, 4/2024, GewStG § 2 Rn. 3501.
[192] Reichsgewerbesteuergesetz 1936 vom 1.12.1936, RGBl. I 1936, 979, RStBl. 1936, 1149; Prinz/Witt Steuerliche Organschaft/Prinz Rn. 1.23; BFH 6.10.1953 – I 29/53 U, BStBl. III 1953, 329 mwN; BFH 20.2.1974 – I R 8/71, BStBl. II 1974, 616.
[193] Gesetz zur Änderung des Körperschaftsteuergesetzes und anderer Gesetze v. 15.8.1969, BGBl. 1969 I 1182.
[194] BFH 6.11.1985 – I R 56/82, BeckRS 1985, 22007459, unter 1.; BeckOK KStG/Ebber KStG § 14 Rn. 30 ff.
[195] Dazu BFH 28.6.2022 – I R 43/18, IStR 2022, 927 Rn. 25.

neben nannte § 2 Abs. 2 Ziff. 2 S. 1 GewStG 1936 die „Erwerbs- und Wirtschaftsgenossenschaften“ und die „Versicherungsvereine auf Gegenseitigkeit“.

Satz 2 des § 2 Abs. 2 Ziff. 2 GewStG 1936 bestimmte dann: „Ist ein solches Unternehmen dem Willen eines anderen inländischen Unternehmens derart untergeordnet, daß es keinen eigenen Willen hat, so gilt es als Betriebsstätte dieses Unternehmens“.[196] Durch die Fiktion der Eigenschaft als Betriebsstätte sollte sichergestellt werden, dass „die für die Organgesellschaft zuständige Gemeinde an der Zerlegung des einheitlichen Gewerbesteuermeßbetrags (§ 28 GewStG) des Organträgers teilnimmt.“[197] Die an dem Aufkommen der Gewerbesteuer beteiligten Gemeinden sollten davor geschützt werden, „daß eng verbundene Unternehmungen durch interne Maßnahmen ihren Gewinn willkürlich verlagerten. Es sollte gewissermaßen eine Poolung der Erträge erfolgen.“[198] **5655**

Durch Art. 3 Nr. 1a des Gesetzes zur Änderung des Körperschaftsteuergesetzes und anderer Gesetze[199] wurde das in der bisherigen Gesetzesfassung zuerst genannte Unternehmen („ein solches Unternehmen“) durch das Wort „Kapitalgesellschaft“ ersetzt.[200] **5656**

Für die gewerbesteuerliche Organschaft wurden noch bis zum Erhebungszeitraum 2001 die finanzielle, wirtschaftliche[201] und organisatorische Eingliederung gefordert[202] (§ 36 Abs. 1 GewStG idF Unternehmenssteuerfortentwicklungsgesetzes[203]),[204] während diese Voraussetzungen bei der Körperschaftsteuer bereits ein Jahr zuvor abgeschafft worden waren.[205] Insofern stimmten die Voraussetzungen bis zu diesem Zeitpunkt mit den heutigen Voraussetzungen der umsatzsteuerlichen Organschaft überein (§ 2 Abs. 2 Nr. 2 S. 1 UStG).[206] **Im Gegensatz zum Körperschaftsteuerrecht** war hingegen ein Gewinnabführungsvertrag für die Annahme einer gewerbesteuerlichen Organschaft gerade nicht erforderlich.[207] So konnte die körperschaftsteuerliche Organschaft abzulehnen sein, während eine gewerbesteuerliche Organschaft bestand.[208] Auch grenzüberschreitende Fragestellungen konnten sich somit leichter bei der gewerbesteuerlichen als bei der körperschaftsteuerlichen Organschaft stellen, da der Gewinnabführungsvertrag, der mit ausländischen Rechtsträgern schwerer abzuschließen ist, nicht erforderlich war.[209] **5657**

Das Erfordernis eines Gewinnabführungsvertrags wurde hingegen ab dem Erhebungszeitraum 2002 auch gewerbesteuerlich eingeführt.[210] Das Erfordernis einer wirtschaftlichen **5658**

---

196 BFH 28.3.1979 – I R 81/76, BeckRS 1979, 22004858, unter 1.a.
197 BFH 28.3.1979 – I R 81/76, BeckRS 1979, 22004858, unter 1.c.
198 BFH 6.10.1953 – I 29/53 U, BStBl. III 1953, 329.
199 Vom 15.8.1969, BGBl. 1969 I 1182.
200 BFH 28.3.1979 – I R 81/76, BeckRS 1979, 22004858, unter 1.a.
201 Zu den Voraussetzungen der wirtschaftlichen Eingliederung BFH 9.4.2008 – I R 43/07, BeckRS 2008, 25013867.
202 Siehe bspw. BMF 30.12.1971, BStBl. I 1972, 2; BFH 9.2.2011 – I R 54/10, BStBl. II 2012, 106 Rn. 10 ff.; FG Düsseldorf 25.6.2021 – 2 K 622/18, BeckRS 2021, 20450 Rn. 143 ff.; BFH 14.10.2009 – X R 46/06, BFH/NV 2010, 677 Rn. 22.
203 „UntStFG“ vom 20.12.2001, BGBl. 2001 I 3858; BMF 26.8.2003, BStBl. I 2003, 437 Rn. 7; Krebühl DStR 2002, 1241.
204 BMF 26.8.2003, BStBl. I 2003, 437 Rn. 10; BFH 9.2.2011 – I R 54/10, BStBl. II 2012, 106 Rn. 10 ff.
205 Krebs BB 2001, 2029; Bergemann DStR 2000, 1410 (1417).
206 Siehe als Beispiel den Sachverhalt bei BFH 21.12.2005 – I R 66/05, BStBl. II 2006, 469, zum Streitjahr 1999; zur umsatzsteuerlichen Organschaft → Rn. 6401 ff.
207 BFH 23.3.1965 – I 338/60 U, BStBl. III 1965, 449; FG Münster 13.10.2017 – 13 K 951/16 G F, BeckRS 2017, 131505 Rn. 43 ff. Dementsprechend erwähnen ältere Urteile zur gewerbesteuerlichen Organschaft auch ein mögliches Auseinanderfallen von der körperschaftsteuerlichen Organschaft; zB BFH 21.10.2009 – I R 29/09, BeckRS 2009, 24003925 Rn. 13; BFH 14.10.2009 – X R 46/06, BFH/NV 2010, 677 Rn. 26.
208 Siehe als Beispiele etwa BFH 27.9.2006 – IV R 50/98, BeckRS 2006, 25011690; BFH 21.10.2009 – I R 29/09, BStBl. II 2010, 644 Rn. 13; BGH 1.3.1999 – II ZR 312/97, BGHZ 141, 79.
209 Siehe als Beispiel das Verfahren BFH 9.2.2011 – I R 54/10, BStBl. II 2012, 106; Mösser, IStR 2015, 349 (350); BFH 14.10.2009 – X R 46/06, BFH/NV 2010, 677 Rn. 26.
210 BMF 26.8.2003, BStBl. I 2003, 437 Rn. 11; FG Münster 13.10.2017 – 13 K 951/16 G F, BeckRS 2017, 131505 Rn. 78; BFH 14.10.2009 – X R 46/06, BFH/NV 2010, 677 Rn. 26; siehe zur Historie speziell des GAV auch → Rn. 606.

und organisatorischen Eingliederung[211] fiel hingegen weg.[212] Damit waren ab dem Erhebungszeitraum 2002 die körperschaftsteuerliche und die gewerbesteuerliche Organgeschaft **in ihrem Tatbestand** „deckungsgleich ausgestaltet",[213] während die Rechtsfolgen weiterhin[214] – und bis heute – deutlich divergierten. Zwischenzeitlich war jedoch auch geplant, die gewerbesteuerliche Organschaft ganz abzuschaffen.[215]

**5659** Durch die Einführung des § 7a GewStG haben die Rechtsfolgen der Organschaft im Rahmen des „Gesetzes zur Umsetzung der Änderungen der EU-Amtshilferichtlinie und von weiteren Maßnahmen gegen Gewinnkürzungen und -verlagerungen"[216] für die Kürzungen nach § 9 Nr. 2a, 7 GewStG und die Hinzurechnungen des § 8 Nr. 1, 5 GewStG zuletzt Änderungen erfahren. § 7a GewStG ist nach § 36 Abs. 2b GewStG 2018 erstmals auf Gewinne aus Anteilen iSd § 9 Nr. 2a, 7 oder 8 GewStG, die nach dem 31.12.2016 zufließen, und auf Aufwendungen, die im unmittelbaren Zusammenhang mit diesen Gewinnen aus Anteilen stehen und nach diesem Zeitpunkt gewinnwirksam werden, anzuwenden.[217]

**5660** Zu Recht wird insoweit angemahnt, dass eine umfassende Reform der ertragsteuerlichen Organschaften hin zu einem „modernen Gruppenbesteuerungssystem" in Deutschland bislang nicht angegangen worden ist.[218] Vielmehr hat sich der Gesetzgeber auf punktuelle Änderungen des Rechts beschränkt, wie etwa mit der rein profiskalischen Einführung des § 7a GewStG. Im Jahr kam dies durch die Bezeichnung „Kleine Organschaftsreform"[219] auch klar zum Ausdruck.[220] Insbesondere der Gewinnabführungsvertrag als zentrales – und keiner zeitlichen Unterbrechung zugängliches – Kernelement des Tatbestands der § 14 KStG, § 2 Abs. 2 S. 2 GewStG, steht dabei immer wieder in der Kritik.[221] Zudem sind die unionsrechtlichen Einflüsse zu beachten.[222]

**5661–5670** *(einstweilen frei)*

## B. Tatbestandsvoraussetzungen der gewerbesteuerlichen Organschaft

**5671** Der Tatbestand der gewerbesteuerlichen Organschaft wird allein durch § 2 Abs. 2 S. 2 GewStG bestimmt. Dieser rekurriert auf die §§ 14, 17 KStG, mithin die Voraussetzungen der körperschaftsteuerlichen Organschaft.[223] Insoweit kann auf die Kommentierung dort verwiesen werden.[224] Wie bei der körperschaftsteuerlichen Organschaft sind auch bei der gewerbesteuerlichen Organschaft die Tatbestandsvoraussetzungen unbeschadet des Umstands, dass sich die Frage des Bestehens einer Organschaft über einen mehrere Veranlagungszeiträume bzw. Erhebungszeiträume umfassenden Zeitraum hinzieht, jeweils pro Erhebungszeitraum zu beurteilen.[225]

---

211 Siehe zB BFH 14.10.2009 – X R 46/06, BFH/NV 2010, 677 Rn. 22.
212 BFH 2.9.2009 – I R 20/09, BeckRS 2009, 25015836 Rn. 19; Krebühl DStR 2002, 1241 (1242); Harle/Bank BB 2002, 1341.
213 BFH 22.9.2011 – IV R 3/10, DStR 2011, 2241 Rn. 30.
214 Krebühl DStR 2002, 1241 (1244).
215 Prinz/Otto FR 2003, 53; Rödder/Schumacher DStR 2002, 1969 (1970); zu Reformüberlegungen auch → Rn. 158 ff.; → Rn. 167 ff.
216 v. 20.12.2016, BGBl. 2016 I 3000.
217 Siehe zur vorherigen Rechtslage auch BFH 14.8.2019 – I R 44/17, IStR 2020, 506 Rn. 66, zum Streitjahr 2005.
218 Zu dieser Kritik Prinz/Keller DB 2018, 400.
219 Gesetz vom 20.2.2013, BGBl. 2013 I 285; zur Forderung einer entsprechende „Großen Organschaftsreform" Prinz/Keller DB 2018, 400 (408).
220 DPM/Dötsch/Pung, § 14 KStG Rn. 24.
221 Prinz/Witt Steuerliche Organschaft/Prinz Rn. 1.79.
222 Ausführlich Musil/Weber-Grellet/Schober, 2. Aufl. 2022, KStG § 14 Rn. 1 ff.; v. Brocke/Müller DStR 2014, 2106.
223 GewStR 2.3 Abs. 1 S. 1; BFH 29.8.2000 – VIII R 1/00, BStBl. II 2001, 114.
224 → Rn. 201 ff.
225 Zur körperschaftsteuerlichen Organschaft BFH 3.9.2009 – IV R 38/07, DStR 2009, 2366 unter II.1.b.; BFH 10.5.2017 – I R 93/15, DStR 2017, 2429 Rn. 30.

Diese Voraussetzungen müssen **während des ganzen Wirtschaftsjahres der (zukünftigen) Organgesellschaft** vorliegen, da ansonsten die Wirkungen des § 2 Abs. 2 S. 2 GewStG für das gesamte Wirtschaftsjahr nicht eintreten.[226] Treten die Wirkungen nicht ein, bedeutet dies, dass die Organgesellschaft insoweit selbst zur Gewerbesteuer herangezogen wird,[227] ihre persönliche Gewerbesteuerpflicht (§ 5 Abs. 1 GewStG; § 184 Abs. 1 S. 2 AO) mithin (möglicherweise entgegen den Erwartungen der Beteiligten)[228] nicht suspendiert wird, sondern weiter besteht. Die „Nichtanerkennung der Organschaft" bedeutet „letztlich nur eine (einmalige) Rückkehr zum steuerrechtlichen Grundprinzip der getrennten Besteuerung einzelner Steuersubjekte."[229] **5672**

Am Ende des wirtschaftlichen Lebens der Organgesellschaft kann durch Bildung eines Rumpfwirtschaftsjahres (§ 8b S. 2 EStDV) verhindert werden, dass die Organschaft nach einem Beschluss zur Liquidation scheitert.[230] Wird die Liquidation einer Organgesellschaft beschlossen und besteht u. a. wegen Beendigung des Gewinnabführungsvertrages das Organschaftsverhältnis nicht während des gesamten Wirtschaftsjahres, kann die Organgesellschaft für die Zeit vom Schluss des vorangegangenen Wirtschaftsjahres bis zum Beginn der Abwicklung ein Rumpfwirtschaftsjahr bilden.[231] In diesem Fall sind die Voraussetzungen des § 2 Abs. 2 S. 2 GewStG gesondert zu prüfen.[232] **5673**

*(einstweilen frei)* **5674–5682**

## I. Übernahme der Voraussetzungen des § 14 KStG

### 1. Organträger

Die Fähigkeit, Organträger zu sein, ergibt sich aus § 14 Abs. 1 S. 1 KStG und § 14 Abs. 1 S. 1 Nr. 2 KStG sowie auch § 17 Abs. 1 KStG, die gem. § 2 Abs. 2 S. 2 GewStG auch gewerbesteuerlich beachtlich sind. Der Wortlaut des § 2 Abs. 2 S. 2 GewStG bezieht sich zwar nur auf eine „Kapitalgesellschaft", die „Organgesellschaft iSd § 14 oder § 17 des Körperschaftsteuergesetzes" ist. Dieser ist jedoch nach einhelliger Meinung umfassend zu verstehen und umfasst u. a. auch die Eigenschaften des Organträgers.[233] Erforderlich ist insoweit ein „einziges anderes gewerbliches Unternehmen" (§ 14 Abs. 1 S. 1 KStG), das gesetzlich als „Träger des Unternehmens (Organträger)" bezeichnet wird. **5683**

In diesem Punkt unterscheiden sich Körperschaftsteuer und Gewerbesteuer nicht: § 14 KStG liegt kein eigenständiges, von § 15 Abs. 1 S. 1 Nr. 1, Abs. 2 S. 1 EStG und § 2 Abs. 1 S. 2 GewStG abweichendes Verständnis des Begriffs „gewerbliches Unternehmen" zu Grunde. Der Begriff „gewerbliches Unternehmen" knüpft vielmehr an die Formulierung in § 15 Abs. 1 S. 1 Nr. 1 EStG an und ist in beiden Regelungen einheitlich auszulegen.[234] **5684**

Der Organträger **muss nicht unbeschränkt körperschaftsteuerpflichtig** sein. Vielmehr erfordert das Gesetz nur, dass er ein „einziges anderes gewerbliches Unternehmen" betreibt (§ 14 Abs. 1 S. 1 KStG) und die Voraussetzungen des § 14 Abs. 1 S. 1 Nr. 2 KStG erfüllt.[235] Dementsprechend ist eine **„natürliche Person oder eine nicht von der Körperschaftsteuer befreite Körperschaft, Personenvereinigung oder Vermögensmasse"** als Organträger zulässig (§ 14 Abs. 1 S. 1 Nr. 2 S. 1 KStG), ebenso wie eine gewerbliche Personengesellschaft (§ 14 Abs. 1 S. 1 Nr. 2 S. 2 f. KStG). **5685**

226 GewStR 2.3 Abs. 2 S. 1.
227 GewStR 2.3 Abs. 2 S. 2.
228 Zur verunglückten gewerbesteuerlichen Organschaft → Rn. 5929 ff.
229 BFH 2.11.2022 – I R 29/19, DStR 2023, 264 Rn. 36.
230 Siehe zur Zustimmung der Finanzbehörde zur Umstellung des Wirtschaftsjahres ausführlich FG Münster 8.8.2024 – 10 K 864/21 AO, BeckRS 2024, 27166.
231 GewStR 2.3 Abs. 2 S. 3.
232 GewStR 2.3 Abs. 2 S. 4.
233 WSMH/Kontny, GewStG § 2 Rn. 129; BFH 10.11.1998 – I R 91/97, I R 102/97, BStBl. II 1999, 306.
234 BFH 2.9.2009 – I R 20/09, BeckRS 2009, 25015836 Rn. 19.
235 → Rn. 301 ff.

5686 Zudem sind beschränkt Steuerpflichtige (§ 1 Abs. 4 EStG; § 2 AStG; § 2 Nr. 1 KStG) als Organträger dem Grunde nach zulässig, wie u. a. § 19 Abs. 3 KStG zeigt. Entgegenstehende Regelungen hatte der BFH als Verstoß gegen das in Art. 24 Abs. 5 des OECD-MA vorgesehene DBA-rechtliche Diskriminierungsverbot interpretiert.[236] Bei **beschränkt körperschaftsteuerpflichtigen Organträgern** ergibt sich durch die zwingende Zuordnung der die finanzielle Eingliederung vermittelnden Beteiligung an der Organgesellschaft iSd § 14 Abs. 1 S. 1 Nr. 1 KStG zu einer inländischen Betriebsstätte (§ 14 Abs. 1 S. 1 Nr. 2 S. 4 ff. KStG)[237] in jedem Fall eine beschränkte Körperschaftsteuerpflicht nach § 2 Nr. 1 KStG, § 49 Abs. 1 Nr. 2 Bu. a EStG. Gewerbesteuerlich gibt es hingegen ohnehin keine Unterscheidung zwischen unbeschränkter und beschränkter Steuerpflicht.[238]

5687 Die Regelung zur Zuordnung zur inländischen Betriebsstätte des § 14 Abs. 1 S. 1 Nr. 2 S. 4 ff. KStG,[239] die durch die sog. „kleine Organschaftsreform"[240] eingeführt wurde und auch gewerbesteuerlich zu beachten ist (§ 2 Abs. 2 S. 2 GewStG), geht auf die BFH-Rechtsprechung zur „grenzüberschreitenden gewerbesteuerlichen Organschaft" zurück.[241] Der BFH hatte aus dem Diskriminierungsverbot des DBA-Großbritannien 1964[242] (im Streitjahr 1999) gefolgert,[243] dass eine Beschränkung auf inländische Kapitalgesellschaften nicht zulässig sei.[244]

5688 Gewerbesteuerlich wird unter der heutigen Gesetzeslage bei einer ausländischen Körperschaft durch die inländische Betriebsstätte iSd § 12 AO, § 14 Abs. 1 S. 1 Nr. 2 S. 4 KStG, eine sachliche Gewerbesteuerpflicht in jedem Fall begründet (§ 2 Abs. 1 S. 3 GewStG).[245] Bei natürlichen Personen als Organträger wird bereits durch § 14 Abs. 1 S. 1 KStG ein „einziges anderes gewerbliches Unternehmen" erfordert, sodass auch insoweit durch die inländische Betriebsstätte nach § 12 AO die sachliche Gewerbesteuerpflicht gegeben ist (§ 2 Abs. 1 S. 1, 3 GewStG).[246]

5689 Bei **Kapitalgesellschaften** als Organträger (§ 14 Abs. 1 S. 1 Nr. 2 S. 1 KStG) ist eine originäre Tätigkeit der Organträgerin aufgrund der Gewerblichkeitsfiktion des § 2 Abs. 2 S. 1 GewStG nicht entscheidend, diese kann mithin auch originär vermögensverwaltend tätig sein.[247] Dies gilt auch für die optierende Gesellschaft des (§ 2 Abs. 8 GewStG iVm) § 1a KStG, die ebenfalls Organträgerin[248] sein kann, auch insoweit unabhängig von ihrer originären Tätigkeit.[249]

---

236 BFH 9.2.2011 – I R 54, 55/10, BStBl. II 2012, 106.
237 → Rn. 531 ff.
238 BeckOK GewStG/Weiss GewStG § 7 Rn. 400.
239 BFH 11.7.2023 – I R 36/20, DStR 2023, 2607 Rn. 48 ff.
240 Gesetz zur Änderung und Vereinfachung der Unternehmensbesteuerung und des steuerlichen Reisekostenrechts (v. 20.2.2013, BGBl. 2013 I 285).
241 BFH 9.2.2011 – I R 54/10, BStBl. II 2012, 106; daneben war ein Vertragsverletzungsverfahren der Europäischen Kommision gegen die Bundesrepublik Deutschland für die Änderungen im Gesetz ausschlaggebend (Lenski/Steinberg/Kratzsch/Nöcker/Keß, GewStG Kommentar, 149. Lieferung, 1/2024, GewStG § 2 Rn. 3501).
242 Abkommen zwischen der Bundesrepublik Deutschland und dem Vereinigten Königreich Großbritannien und Nordirland zur Vermeidung der Doppelbesteuerung und zur Verhinderung der Steuerverkürzung vom 26.11.1964 (BStBl. I 1966, 730).
243 BFH 9.2.2011 – I R 54/10, BStBl. II 2012, 106.
244 Da es in dem Verfahren BFH 9.2.2011 – I R 54/10, BStBl. II 2012, 106 um die Anerkennung von Verlusten ging, war diese Entscheidung in ihren Auswirkungen profikalisch; Mössner, IStR 2015, 349 (350).
245 BFH 12.10.2016 – I R 93/12, BFH/NV 2017, 586 Rn. 29; BFH 20.12.2017 – I R 98/15, BFH/NV 2018, 497 Rn. 27; BFH 25.2.2021 – III R 67/18, DStRE 2021, 1349 Rn. 28.
246 Zuletzt BFH 5.6.2024 – I R 32/20, DStR 2024, 2520; Weiss IStR 2025, 54.
247 BMF 26.8.2003, BStBl. I 2003, 437 Rn. 4; BFH 2.9.2009 – I R 20/09, BeckRS 2009, 25015836 Rn. 19 mwN.
248 Nach Auffassung der Finanzverwaltung aber nicht Organgesellschaft, BMF 10.11.2021, BStBl. I 2021, 2212 Rn. 56.
249 BMF 10.11.2021, BStBl. I 2021, 2212 Rn. 55.

Auch eine Befreiung von der Gewerbesteuer auf Ebene des Organträgers ist – entgegen der Regelung bei der Körperschaftsteuer (§ 14 Abs. 1 S. 1 Nr. 2 S. 1 KStG)[250] – nicht zwingend schädlich für die Fähigkeit, Organträger zu sein.[251] Dies gilt insbesondere, wenn Körperschaften nur im Hinblick auf einen bestimmten Teil ihrer Tätigkeit oder ihres Ertrags von der Steuerpflicht ausgenommen sind (sog. beschränkte persönliche oder sachliche Steuerbefreiungen), wie etwa bei der Steuerbefreiung nach § 3 Nr. 20 GewStG.[252] Diese Körperschaften kommen als Organträger grundsätzlich in Betracht, soweit nicht die Beteiligung an der Organgesellschaft den steuerbefreiten Aktivitäten zuzuordnen ist.[253] Allerdings ist im Fall eines beschränkt persönlich oder sachlich gewerbesteuerbefreiten Organträgers der aufgrund der Organschaft zuzurechnende Gewerbeertrag der Organgesellschaft nicht gewerbesteuerbefreit, wenn die Organgesellschaft nicht selbst die Voraussetzungen der Steuerbefreiung erfüllt.[254] **5690**

Auch eine **Personengesellschaft** kann nach § 14 Abs. 1 S. 1 Nr. 2 S. 2 f. KStG Organträgerin sein.[255] Die Voraussetzungen der finanziellen Eingliederung müssen in diesem Fall im Verhältnis zur Personengesellschaft selbst erfüllt sein (§ 14 Abs. 1 S. 1 Nr. 2 S. 3 KStG). Danach ist es erforderlich, dass zumindest die Anteile, die die Mehrheit der Stimmrechte an der Organgesellschaft (§ 14 Abs. 1 S. 1 Nr. 1 KStG) vermitteln, im Gesamthandsvermögen[256] der Personengesellschaft gehalten werden.[257] **5691**

Erforderlich ist zudem eine Personengesellschaft iSd § 15 Abs. 1 S. 1 Nr. 2 EStG, die eine eigene **gewerbliche Tätigkeit** iSd § 15 Abs. 1 S. 1 Nr. 1 EStG[258] ausübt (§ 14 Abs. 1 S. 1 Nr. 2 S. 2 KStG):[259] Wie bei der Körperschaftsteuer ist die Organschaft nur gegenüber einem anderen gewerblichen Unternehmen möglich.[260] Eine „Gleichbehandlung" gegenüber der Kapitalgesellschaft als Organträger ist – auch gewerbesteuerlich[261] – insoweit nicht geboten. **5692**

Ausreichend ist auch die (originäre)[262] Gewerblichkeit, die sich aus der Eigenschaft als **Besitzunternehmen einer Betriebsaufspaltung** ergibt.[263] Die gewerbliche Tätigkeit muss sich dabei erst während des ersten Jahres der Organschaft einstellen.[264] Die Frage der geschäftsleitenden Holding und der gewerblichen Tätigkeit ist weiterhin umstritten.[265] **5693**

**Nicht** ausreichend für die „Gewerblichkeit" einer Organträger-Personengesellschaft iSd § 14 Abs. 1 S. 1 Nr. 2 S. 2 KStG ist indes eine gewerbliche Prägung (§ 15 Abs. 3 Nr. 2 EStG),[266] die nur bei rein vermögensverwaltenden Personengesellschaften auftreten kann, **5694**

---

250 Zur Reichweite bei einer Personengesellschaft als Organträgerin zuletzt FG Schleswig-Holstein 7.7.2023 – 1 K 54/23, BeckRS 2023, 23384, Rev. anh. BFH I R 46/13.
251 BFH 10.3.2010 – I R 41/09, BStBl. II 2011, 181.
252 BFH 10.3.2010 – I R 41/09, BStBl. II 2011, 181 Rn. 15; zum Anwendungsbereich des § 3 Nr. 20 GewStG BFH 1.9.2021 – III R 20/19, BStBl. II 2022, 83 Rn. 20 ff.; BFH 22.6.2011 – I R 43/10, BStBl. II 2011, 892.
253 BFH 10.3.2010 – I R 41/09, BStBl. II 2011, 181 Rn. 14.
254 BFH 10.3.2010 – I R 41/09, BStBl. II 2011, 181 Rn. 18.
255 GewStR 2.3 Abs. 3.
256 Ab dem 1.1.2024 ertragsteuerlich fingiert durch § 39 Abs. 2 Nr. 2 S. 2 AO.
257 BMF 10.11.2005, BStBl. I 2005, 1038 Rn. 13; FG Schleswig-Holstein 7.7.2023 – 1 K 54/23, BeckRS 2023, 23384 Rn. 23.
258 KStR 14.3 S. 1; Bäuml FR 2013, 1121.
259 BMF 10.11.2005, BStBl. I 2005, 1038 Rn. 15; GewStR 2.3 Abs. 3 S. 2.
260 GewStR 2.3 Abs. 3 S. 1.
261 BFH 4.5.2017 – IV R 2/14, BStBl. II 2017, 1138 Rn. 31.
262 BFH 17.11.2020 – I R 72/16, BeckRS 2020, 46803 Rn. 27 mwN.
263 GewStR 2.3 Abs. 3 S. 4, 5; BMF 10.11.2005 – BStBl. I 2005, 1038 Rn. 16; KStH 14.3 „Vermögensverwaltende…".
264 BFH 24.7.2013 – I R 40/12, DStR 2013, 1939; KStH 14.3 „Zeitpunkt…".
265 BMF 10.11.2005, BStBl. I 2005, 1038 Rn. 18; FG Nürnberg 12.1.2021 – 1 K 1090/19, DStR 2022, 1150, Rev. BFH I R 23/21.
266 GewStR 2.3 Abs. 3 S. 3; BMF 10.11.2005, BStBl. I 2005, 1038 Rn. 15.

da die Personengesellschaft hierfür „keine Tätigkeit iSd Absatzes 1 S. 1 Nummer 1" des § 15 EStG ausüben darf.[267]

**5695** Unklar ist indes der Status der „gewerblichen Abfärbung" mit Blick auf die Eigenschaft der Personengesellschaft als Organträger (§ 15 Abs. 3 Nr. 1 EStG). Die Abfärbung des § 15 Abs. 3 Nr. 1 S. 1 EStG zerfällt in die Varianten der „Seitwärtsabfärbung" (Variante 1) und der „Aufwärtsabfärbung" (Variante 2). Beide Varianten sind auch gewerbesteuerlich beachtlich, da sie zu einem Gewerbebetrieb iSd § 2 Abs. 1 S. 2 GewStG führen.[268] Für die Aufwärtsabfärbung (§ 15 Abs. 3 Nr. 1 S. 1 Variante 2 EStG) ist dies jedenfalls nach Ansicht der Finanzverwaltung korrekt.[269]

**5696** Nach Auffassung der Finanzverwaltung wird eine vermögensverwaltende Personengesellschaft nicht allein deshalb selbst gewerblich iSd § 14 Abs. 1 S. 1 Nr. 2 S. 2 KStG tätig, weil sie an einer gewerblich tätigen Personengesellschaft beteiligt ist und aufgrund dieser Beteiligung gewerbliche Einkünfte erzielt.[270] Diese Aussage ist offensichtlich auf die Aufwärtsabfärbung des (§ 15 Abs. 3 Nr. 1 S. 1 Variante 2 EStG) gemünzt. Bezüglich der Seitwärtsabfärbung hat sich die Finanzverwaltung nicht genau festgelegt, welchen Umfang eine mögliche gewerbliche Tätigkeit im Verhältnis zu nicht gewerblichen Tätigkeiten haben müsste, um ausreichend für eine Eigenschaft als Organträgerin zu sein.[271] Im Schrifttum wird teilweise vertreten, dass ein bestimmter Umfang der gewerblichen Tätigkeit durch die Vorschrift nicht vorausgesetzt werde.[272]

**5697** Bezüglich des Umfangs des Organkreises mit **einer Organträger-Personengesellschaft** (§ 14 Abs. 1 S. 1 Nr. 2 S. 2, 3 KStG, § 2 Abs. 2 S. 2 GewStG) ist zu beachten, dass der Organkreis **nur die Personengesellschaft,** mit ihrem Gesamthandsvermögen (§ 39 Abs. 2 Nr. 2 S. 2 AO) sowie dem eventuell vorhandenen – auch gewerbesteuerlich beachtlichen[273] – Sonderbetriebsvermögen[274] ihrer Gesellschafter, umfasst.[275] Ein eigener Gewerbebetrieb der **Gesellschafter der Personengesellschaft** wird hingegen **gewerbesteuerlich isoliert** (§ 8 Nr. 8, § 9 Nr. 2 GewStG).[276] **Im Gegensatz dazu** steht die Zurechnung des Einkommens für einkommensteuerliche und körperschaftsteuerliche Zwecke bei den Gesellschaftern der Organträger-Personengesellschaft nach dem Transparenzprinzip des § 15 Abs. 1 S. 1 Nr. 2 S. 1 EStG.[277]

**5698** Daneben sind die weiteren Besonderheiten bezüglich der Organträgereigenschaft, etwa das von der Finanzverwaltung vertretene[278] Verbot atypisch stiller Gesellschaften an dem

---

[267] BFH 12.5.2016 – IV R 1/13, BStBl. II 2017, 489 Rn. 31; BFH 25.5.2023 – IV R 33/19, DStR 2023, 1774 Rn. 39.
[268] GewStH 2.1 Abs. 2 „Umfassender Gewerbebetrieb einer Personengesellschaft".
[269] Gleich lautende Ländererlasse 1.10.2020, BStBl. I 2020, 1032; aA BFH 6.6.2019 – IV R 30/16, BStBl. II 2020, 649.
[270] BMF 10.11.2005, BStBl. I 2005, 1038 Rn. 20.
[271] Weiss Ertrag-StB 2015, 407.
[272] HHR/Kolbe, EStG/KStG, § 14 KStG Rn. 162.
[273] BFH 3.4.2008 – IV R 54/04, BStBl. II 2008, 742; BFH 28.2.2013 – IV R 33/09, DStR 2013, 1324 Rn. 12.
[274] EStR 4.2 Abs. 2; BFH 12.10.2016 – I R 92/12, BStBl. II 2022, 123 Rn. 12; zum Sonderbetriebsvermögen II BFH 21.12.2021 – IV R 15/19, BStBl. II 2022, 651 Rn. 23; BFH 1.2.2024 – IV R 9/20, DStR 2024, 744 Rn. 41; insgesamt zur gewerbesteuerlichen Anerkennung des Sonderbetriebsvermögens zB BFH 1.2.2024 – IV R 26/21, BeckRS 2024, 4882 Rn. 45.
[275] Frotscher/Drüen/M. Frotscher GewStG § 2 Rn. 101.
[276] Zum Ganzen Weiss DStR 2023, 1097; zu Folgerungen bei der Ermittlung der Gewerbeerträge → Rn. 5508 ff.
[277] BFH 28.2.2013 – IV R 50/09, BStBl. II 2013, 494 Rn. 16; BVerfG 10.4.2018 – 1 BvR 1236/11, BStBl. II 2018, 303 Rn. 108.
[278] BMF 20.8.2015, BStBl. I 2015, 649; siehe zur Abgrenzung auch FG München 15.2.2024 – 7 K 2315/20, BeckRS 2024, 23162; Rev. BFH III R 9/24, zur atypisch stillen Gesellschaft der Organgesellschaft an einem außenstehenden Rechtsträger.

Organträger,[279] zu beachten.[280] Teilweise wird auch vertreten, dass bereits eine typisch stille Gesellschaft schädlich sei.[281]

*(einstweilen frei)* **5699–5710**

## 2. Organgesellschaft

Nach § 2 Abs. 2 S. 2 GewStG ist eine gewerbesteuerrechtliche Organschaft, wie bei der Körperschaftsteuer (§§ 14 Abs. 1 S. 1, 17 Abs. 1 S. 1 KStG), nur gegenüber einer Europäische Gesellschaft, Aktiengesellschaft oder Kommanditgesellschaft auf Aktien oder einer „anderen Kapitalgesellschaft" iSd § 17 Abs. 1 S. 1 KStG als Organgesellschaft möglich. In jedem Fall muss es sich bei der Organgesellschaft um eine Kapitalgesellschaft handeln,[282] so dass bspw. die GmbH & Co. KG ausgeschlossen ist.[283] Für die Anerkennung einer gewerbesteuerlichen Organschaft ist es hingegen nicht erforderlich, dass die eingegliederte Kapitalgesellschaft gewerblich tätig ist.[284] **5711**

Die Anforderungen des § 14 Abs. 1 S. 1, § 17 Abs. 1 S. 1 KStG, dass die Organgesellschaft ihre Geschäftsleitung im Inland und ihren Sitz in einem Mitgliedstaat der Europäischen Union oder in einem Vertragsstaat des EWR-Abkommens haben muss,[285] gelten auch im Gewerbesteuerrecht. Eine ausländische Kapitalgesellschaft, deren Geschäftsleitung im Ausland liegt, fällt zwar auch unter die Fiktion des § 2 Abs. 2 S. 2 GewStG,[286] kann aber aus diesem Grund nicht Organgesellschaft sein, selbst wenn sie im Inland einen Gewerbebetrieb unterhält.[287] **5712**

Daneben sind alle weiteren Besonderheiten bezüglich der Orgagesellschaftseigenschaft, etwa das von der Finanzverwaltung vertretene Verbot atypisch stiller Gesellschaften an der Organgesellschaft, zu beachten.[288] Zudem versagt die Finanzverwaltung der „optierenden Gesellschaft" des (§ 2 Abs. 8 GewStG iVm) § 1a KStG die Fähigkeit, Organgesellschaft zu sein.[289] **5713**

Die Eignung einer Kapitalgesellschaft, Organgesellschaft nach § 14 Abs. 1 S. 1 KStG, § 17 Abs. 1 S. 1 KStG, § 2 Abs. 2 S. 2 GewStG zu sein, beginnt mit ihrer Eigenschaft als „Vorgesellschaft",[290] mithin mit Abschluss des notariellen Gesellschaftsvertrags (§ 2 GmbHG) oder durch notarielle Feststellung der Satzung (§ 23 Abs. 1, § 280 Abs. 1 AktG).[291] **5714**

*(einstweilen frei)* **5715–5722**

---

[279] Zu dieser Fragestellung FG Düsseldorf 12.4.2021 – 6 K 2616/17, DStRE 2022, 25, Rev. BFH I R 17/21; Weiss DStRK 2021, 149; zum Verfahrensrecht siehe BFH 15.7.2020 – I R 33/18, DStR 2021, 1097.

[280] Siehe dazu → Rn. 353.

[281] Siehe bspw. DPM/Dötsch/Pung § 14 KStG Rn. 82, 457 mwN.

[282] BFH 25.7.1995 – VIII R 54/93, BStBl. II 1995, 794; FG München 15.2.2024 – 7 K 2315/20, BeckRS 2024, 23162 Rn. 28.

[283] GewStH 2.3 Abs. 1, „GmbH & Co. KG".

[284] GewStR 2.3 Abs. 1 S. 6; siehe zur entsprechenden Fragestellung beim Organträger BMF 26.8.2003, BStBl. I 2003, 437 Rn. 4.

[285] → Rn. 3701 ff.

[286] GewStH 2.1 Abs. 4, „Gewerbesteuerpflicht ausländischer Kapitalgesellschaften"; Weiss IStR 2022, 301; Weiss IStR 2024, 426.

[287] GewStH 2.3 Abs. 1, „Ausländische Kapitalgesellschaft als Organgesellschaft"; siehe zu der Frage einer „grenzüberschreitenden Organschaft" auch BFH 9.8.2023 – I R 26/19, DStR 2023, 2784, zu dem Streitjahr 2012.

[288] BMF 20.8.2015, BStBl. I 2015, 649; GewStH 2.3 Abs. 1, „GmbH & atypisch stille Gesellschaft"; → Rn. 278. Siehe speziell für Zwecke der gewerbesteuerlichen Organschaft bereits BFH 25.10.1995 – I R 76/93, BFH/NV 1996, 504.

[289] BMF 10.11.2021, BStBl. I 2021, 2212 Rn. 56.

[290] Brandis/Heuermann/Rode, 172. EL Juli 2024, KStG § 14 Rn. 49; zur gewerbesteuerlichen Bedeutung BFH 24.1.2017 – I R 81/15, DStR 2017, 1591.

[291] KStH 1.1 „Beginn der Steuerpflicht".

### 3. Finanzielle Eingliederung

5723 Die Anforderungen an die finanzielle Eingliederung iSd § 14 Abs. 1 S. 1 Nr. 1 KStG[292] sind ebenso wie im Körperschaftsteuerrecht nach § 2 Abs. 2 S. 2 GewStG für die gewerbesteuerliche Organschaft bindend. Das Erfordernis einer (zusätzlich erforderlichen) wirtschaftlichen und organisatorischen Eingliederung[293] fiel ab dem Erhebungszeitraum 2002 weg.[294]

5724 Nach § 14 Abs. 1 S. 1 Nr. 1 S. 2 KStG sind **ausdrücklich auch mittelbare Beteiligungen** „zu berücksichtigen, wenn die Beteiligung an jeder vermittelnden Gesellschaft die Mehrheit der Stimmrechte gewährt".[295] Insofern kann die körperschaftsteuerliche **und gewerbesteuerliche** Organschaft auch über vermittelnde Gesellschaften bestehen, die selbst gar nicht der deutschen Gewerbesteuer unterliegen, da sie keine inländischen Betriebsstätten nach § 12 AO aufweisen (§ 2 Abs. 1 S. 3 GewStG): Die vermittelnde Gesellschaft muss selbst nicht taugliche Organgesellschaft sein.[296]

5725–5732 *(einstweilen frei)*

### 4. Gewinnabführungsvertrag

5733 Der Gewinnabführungsvertrag gem. § 14 Abs. 1 S. 1 Nr. 3 KStG ist seit dem Erhebungszeitraum 2002[297] zwingende Voraussetzung **auch einer gewerbesteuerlichen Organschaft.** Insoweit kann auf die Kommentierung zur körperschaftsteuerlichen Organschaft verwiesen werden.[298]

5734–5746 *(einstweilen frei)*

### 5. Sonstige Voraussetzungen

5747 Neben den oben genannten Voraussetzungen ist auch § 14 Abs. 1 S. 1 Nr. 4 KStG gewerbesteuerlich nach § 2 Abs. 2 S. 2 GewStG zu beachten. Die Organgesellschaft darf Beträge aus dem Jahresüberschuss nur insoweit in die Gewinnrücklagen (§ 272 Abs. 3 HGB) mit Ausnahme der gesetzlichen Rücklagen einstellen, als dies bei vernünftiger kaufmännischer Beurteilung wirtschaftlich begründet ist.[299] Die dadurch entstehenden Minderabführungen aus organschaftlicher Zeit sind dann unter § 14 Abs. 4 KStG zu würdigen.[300]

5748 Auch die Tatbestandsvoraussetzungen des § 17 KStG werden durch § 2 Abs. 2 S. 2 GewStG für die gewerbesteuerliche Organschaft übernommen.

5749–5761 *(einstweilen frei)*

## II. Gewerbesteuerliche Erklärungspflichten im Organkreis (§ 149 AO; § 14a GewStG; § 25 GewStDV)

5762 Nach § 149 Abs. 1 S. 1 AO bestimmen die Steuergesetze, wer zur Abgabe einer Steuererklärung verpflichtet ist. Diese Verpflichtung wird für die Gewerbesteuer durch § 14a GewStG und § 25 GewStDV konkretisiert. Nach § 14a S. 1 GewStG hat der gem. § 5

[292] → Rn. 501 ff.
[293] Siehe zB BFH 14.10.2009 – X R 46/06, BFH/NV 2010, 677 Rn. 22.
[294] BFH 2.9.2009 – I R 20/09, BeckRS 2009, 25015836 Rn. 19; Krebühl DStR 2002, 1241 (1242); Harle/Bank BB 2002, 1341; zur Beurteilung der Voraussetzungen der ertragsteuerlichen Organschaften pro Veranlagungszeitraum bzw. Erhebungszeitraum BFH 3.9.2009 – IV R 38/07, DStR 2009, 2366 unter II.1.b.; BFH 10.5.2017 – I R 93/15, DStR 2017, 2429 Rn. 30.
[295] Beispiele bei KStR 14.2.
[296] KStH 14.2 „Mittelbare Beteiligung".
[297] BMF 26.8.2003, BStBl. I 2003, 437 Rn. 11; FG Münster 13.10.2017 – 13 K 951/16 G F, BeckRS 2017, 131505 Rn. 78.
[298] → Rn. 601 ff.
[299] → Rn. 1016 ff.
[300] Zur „Einlagelösung" des § 14 Abs. 4 KStG BMF 29.9.2022, DStR 2022, 2104.

GewStG zu bestimmende Steuerschuldner (§ 43 S. 1 AO) für steuerpflichtige Gewerbebetriebe eine Erklärung zur Festsetzung des Steuermessbetrags abzugeben. In den Fällen der Zerlegung des Gewerbesteuermessbetrags nach § 28 GewStG hat der Steuerschuldner außerdem eine Zerlegungserklärung nach amtlich vorgeschriebenem Datensatz durch Datenfernübertragung zu übermitteln (§ 14a S. 1 GewStG).

Die persönliche Steuerpflicht des § 5 Abs. 1 GewStG liegt während der Dauer der gewerbesteuerlichen Organschaft ausschließlich beim Organträger, während die persönliche Steuerpflicht der Organgesellschaft suspendiert ist.[301] Daher ist (allein) der Organträger zur Abgabe von Erklärungen zur Festsetzung des Steuermessbetrags verpflichtet. Für die Organgesellschaft als (nicht von der Gewerbesteuer befreite) Kapitalgesellschaft ist stets eine Erklärung zur Festsetzung des Steuermessbetrags abzugeben (§ 25 Abs. 1 Nr. 2 GewStDV). Im Fall der Organschaft ist der Organträger als alleiniger Steuerschuldner auch für die Organgesellschaften als Kapitalgesellschaften erklärungspflichtig, § 25 Abs. 1 Nr. 2 GewStDV.[302] **5763**

Dies gilt ebenso für die Zerlegungserklärung nach § 149 Abs. 1 AO iVm § 14a S. 1 GewStG. Aufgrund der Fiktion der Organgesellschaft als Betriebsstätte des Organträgers gem. § 2 Abs. 2 S. 2 GewStG liegt die Pflicht zur Zerlegung des einheitlichen Gewerbesteuermessbetrags im Organkreis sehr nahe.[303] **5764**

*(einstweilen frei)* **5765–5770**

## III. Verbindliche Auskunft zur gewerbesteuerlichen Organschaft (§ 89 AO)

Die zahlreichen Voraussetzungen der gewerbesteuerlichen Organschaft (§ 2 Abs. 2 S. 2 GewStG; §§ 14, 17 KStG) können dazu führen, dass vor der Begründung einer solchen Organschaft ein Antrag auf verbindliche Auskunft gestellt werden soll (§ 89 Abs. 2 AO).[304] Die dafür anfallenden Kosten (§ 89 Abs. 3 AO)[305] stellen steuerliche Nebenleistungen dar (§ 3 Abs. 4 Nr. 7 AO). Als solche sind sie bei einer verbindlichen Auskunft zur Gewerbesteuer ertragsteuerlich nicht abziehbar (§ 4 Abs. 5b EStG),[306] ebenso wie bei einer verbindlichen Auskunft zur Körperschaftsteuer (§ 10 Nr. 2 Hs. 2 KStG).[307] **5771**

(§ 89 Abs. 2 S. 5 AO iVm) § 1 Abs. 2 S. 1 Nr. 2 Buchst. c StAuskV sieht dazu vor, dass eine verbindliche Auskunft von allen Beteiligten nur gemeinsam beantragt werden kann, wenn sie sich auf einen Sachverhalt bezieht, der zur Begründung oder Beendigung einer Organschaft iSd § 2 Abs. 2 S. 2 GewStG führen kann. Ebenso sieht § 1 Abs. 2 S. 1 Nr. 3 Buchst. b StAuskV vor, dass eine verbindliche Auskunft von allen Beteiligten nur gemeinsam beantragt werden kann, wenn sie sich auf einen Sachverhalt bezieht, der von einer Organgesellschaft verwirklicht werden soll und über den dem Organträger zuzurechnenden Gewerbeertrag Auswirkungen auf die Besteuerungsgrundlagen des Organträgers haben kann. Die verbindliche Auskunft gilt in persönlicher Hinsicht gemäß § 2 Abs. 1 S. 1 StAuskV nur für den oder die Antragsteller.[308] **5772**

Für die Fälle u. a. des (§ 89 Abs. 2 S. 5 AO iVm) § 1 Abs. 2 S. 1 Nr. 2 Buchst. c sowie des § 1 Abs. 2 S. 1 Nr. 3 Buchst. b StAuskV sieht § 1 Abs. 3 Nr. 3 StAuskV zur Vermeidung unterschiedlicher Zuständigkeiten vor, dass das Finanzamt, das für die gesonderte und einheitliche Feststellung nach § 14 Abs. 5 KStG örtlich zuständig ist, für die Erteilung **5773**

[301] BFH 18.5.2011 – X R 4/10, BStBl. II 2011, 887 Rn. 38.
[302] BeckOK GewStG/Faber GewStG § 14a Rn. 51.
[303] → Rn. 5850 ff.
[304] Zu dieser Frage bei der Körperschaftsteuer → Rn. 5307.
[305] Siehe zur Problematik der Bemessung bei „einheitlichem Auskunftsersuchen" iSd § 89 Abs. 3 Satz 2 AO zB FG Niedersachsen 15.1.2025 – 9 V 197/24, BeckRS 2025, 1646 (AdV); FG Münster 26.7.2022 – 13 K 1563/20, BeckRS 2022, 23369; Rev. BFH X R 30/22; Weiss DStRK 2022, 336; zum Ganzen Sundheimer/Riedel DStR 2023, 2641.
[306] OFD Münster 10.4.2008, BeckVerw 116449.
[307] BFH 8.12.2021 – I R 24/19, BeckRS 2021, 54265 Rn. 46 ff.
[308] BFH 22.10.2024 – VIII R 23/21, DStR 2024, 2809 Rn. 25.

der verbindlichen Auskunft ebenfalls die Zuständigkeit hat. Nach § 14 Abs. 5 S. 4 KStG ist für die Feststellungen nach § 14 Abs. 5 KStG das Finanzamt zuständig, das für die Besteuerung nach dem Einkommen der Organgesellschaft zuständig ist. Dies ist das Finanzamt, in dessen Bezirk sich die Geschäftsleitung, die nach § 14 Abs. 1 S. 1 KStG, § 17 Abs. 1 S. 1 KStG, zwingend im Inland liegen muss, befindet (§ 20 Abs. 1 AO).[309] Ein Fall des § 20 Abs. 2 AO, bei dem sich „die Geschäftsleitung nicht im Geltungsbereich des Gesetzes" befindet, ist hingegen nicht denkbar, da dann ohnehin die Anforderungen des § 14 Abs. 1 S. 1 KStG, § 17 Abs. 1 S. 1 KStG, an den Ort der Geschäftsleitung der Organgesellschaft nicht erfüllt wären.[310]

**5774–5783** *(einstweilen frei)*

## C. Rechtsfolgen der gewerbesteuerlichen Organschaft

**5784** Die Rechtsfolgen der gewerbesteuerlichen Organschaft stimmen – im Gegensatz zum Tatbestand der beiden Organschaften – mit denen der körperschaftsteuerlichen Organschaft (§§ 14–19 KStG, § 27 Abs. 6 KStG) nicht zwingend überein. Sie sind zudem nicht unmittelbar dem Gesetz zu entnehmen.[311] Die Anordnung des § 2 Abs. 2 S. 2 GewStG gibt zunächst nur die Fiktion der Organgesellschaft als Betriebsstätte des Organträgers her.[312] Die weiteren Folgerungen müssen durch die Rechtsprechung entwickelt werden. Diese hat die sog. „gebrochene oder eingeschränkte Einheitstheorie" in Abkehr von der früheren sog. „Filial- oder Einheitstheorie",[313] wie sie der RFH noch vertreten hatte, entwickelt.[314] Die mit gewerbesteuerlichen Fragestellungen befassten Senate des BFH vertreten die „gebrochene oder eingeschränkte Einheitstheorie" allesamt.[315]

**5785–5797** *(einstweilen frei)*

### I. Gebrochene oder eingeschränkte Einheitstheorie des BFH

**5798** Die Anordnung des § 2 Abs. 2 S. 2 GewStG, dass eine Kapitalgesellschaft als Organgesellschaft iSd § 14 oder § 17 KStG als Betriebsstätte des Organträgers gilt, wird von der Rechtsprechung auf der Grundlage der sog. **„gebrochenen oder eingeschränkten Einheitstheorie"** bei der Ermittlung des Gewerbeertrags verstanden.[316] Die Betriebsstättenfiktion des § 2 Abs. 2 S. 2 GewStG führt nicht dazu, dass Organträger und Organgesellschaft als einheitliches Unternehmen anzusehen sind,[317] so dass bspw. bezüglich der Mindestbeteiligungsquote des § 9 Nr. 2a S. 1 GewStG die Beteiligungen des Organträgers und seiner Organgesellschaften nicht zusammengerechnet werden dürfen.[318] Es liegen vielmehr wei-

309 Brandis/Heuermann/Rode KStG § 14 Rn. 311.

310 Siehe zu der Frage einer „grenzüberschreitenden Organschaft" auch BFH 9.8.2023 – I R 26/19, DStR 2023, 2784.

311 BFH 17.12.2014 – I R 39/14, BStBl. II 2015, 1052 Rn. 14.

312 BFH 17.12.2014 – I R 39/14, BStBl. II 2015, 1052 Rn. 8.

313 Siehe auch BFH 23.3.1965 – I 338/60 U, BStBl. III 1965, 449; BFH 27.9.1960 – I 162/60 U, BStBl. III 1960, 471.

314 BFH 17.12.2014 – I R 39/14, BStBl. II 2015, 1052 Rn. 9 mwN.

315 Für den I. Senat BFH 17.12.2014 – I R 39/14, BeckRS 2015, 94472; für den III. Senat: BFH 11.7.2024 – III R 41/22, DStR 2024, 2315; für den IV. Senat BFH 30.10.2014 – IV R 9/11, BFH/NV 2015, 227; für den X. Senat BFH 18.5.2011 – X R 4/10, BStBl. II 2011, 887.

316 BFH 29.8.2000 – VIII R 1/00, BStBl. II 2001, 114; BFH 7.9.2016 – I R 9/15, BeckRS 2017, 94189 Rn. 16; BFH 18.5.2011 – X R 4/10, BStBl. II 2011, 887 Rn. 38; BFH 21.10.2009 – I R 29/09, BStBl. II 2010, 644 Rn. 8; BFH 22.1.2004 – III R 19/02, BStBl. II 2004, 515; zuletzt BFH 16.10.2024 – I R 16/20, BeckRS 2024, 42819 Rn. 12; siehe auch die Nachweise zu früherer Rechtsprechung bei FG Münster 21.3.2023 – 11 K 2517/21, DStR 2023, 1350 Rn. 29.

317 BFH 7.9.2016 – I R 57/14, DStR 2017, 193 Rn. 8; siehe bereits BFH 6.10.1953 – I 29/53 U, BStBl. III 1953, 329.

318 FG Rheinland-Pfalz 14.12.1999 – 2 K 2355/96, BeckRS 1999, 30837076, rkr.; aA aber FG Köln 30.10.2002 – 4 K 5914/97, EFG 2003, 946, aus anderen Gründen aufgehoben durch BFH 25.2.2004 – I

terhin selbständige Gewerbebetriebe vor,[319] da die Organgesellschaft ihre rechtliche Selbständigkeit nicht verliert.[320] Vielmehr besteht ihre sachliche Gewerbesteuerpflicht (§ 2 Abs. 2 S. 1 GewStG) fort, während ihre persönliche Gewerbesteuerpflicht (§ 5 Abs. 1 GewStG) suspendiert ist und dem Organträger zugerechnet wird.[321]

Der Gewerbeertrag der **Organgesellschaft** ist für sie als „selbständiger Gewerbebetrieb"[322] getrennt zu ermitteln und dem Organträger zur Berechnung eines „einheitlichen" Gewerbeertrags[323] zuzurechnen.[324] Die durch Organschaft verbundenen Unternehmungen bilanzieren weiterhin getrennt, um die zusammenzurechnenden Gewerbeerträge zu ermitteln.[325] Eine einheitliche Ermittlung des Gewerbeertrags des Organträgers und der zum Organkreis gehörenden Organgesellschaften – etwa auf der Grundlage einer Einheits- oder Konzernbilanz – kommt gerade nicht in Betracht[326], was der BFH als **„Mechanismus der zunächst getrennten Ermittlung der Gewerbeerträge"** bezeichnet hat.[327] Durch die **Einführung des § 7a GewStG** hat der Gesetzgeber – ohne die Bezeichnung selbst zu gebrauchen – die Anwendung der **„gebrochenen oder eingeschränkten Einheitstheorie"** bei der Ermittlung des Gewerbeertrags bestätigt: Im Normtext (§ 7a Abs. 1 Satz 1 GewStG; § 7a Abs. 2 Satz 1 GewStG) wird gerade von der (autonomen) „Ermittlung des Gewerbeertrags einer Organgesellschaft" gesprochen. **5799**

Der dem Gewerbesteuermessbescheid zu Grunde liegende Gewerbeertrag umfasst somit zum einen den originären Gewerbeertrag des Organträgers, zum anderen „als Saldogröße"[328] den der Organgesellschaft.[329] Der Organträger wird zum „alleinigen Gewerbesteuerschuldner" (§ 43 S. 1 AO) des Organkreises.[330] Daher ist der einheitliche Gewerbesteuermessbetrag auch nur ihm gegenüber festzusetzen (§ 14 S. 1 GewStG).[331] **5800**

Bei der Ermittlung des Gewerbeertrags jedes der Mitglieder des Organkreises sind auf einer **„ersten Stufe"** die Hinzurechnungs- und Kürzungsvorschriften (§§ 8, 9 GewStG) grundsätzlich vollumfänglich zu beachten.[332] Dabei ist bspw. der Freibetrag nach § 8 Nr. 1 GewStG jeweils gesondert zu berücksichtigen, da der Gewerbeertrag für die Unternehmen in einem Organkreis weiterhin jeweils gesondert ermittelt wird.[333] Zu beachten ist dabei u. a. die Ausnahmevorschrift des § 7a GewStG, die Anwendungsverbote für Hinzurechnungen und Kürzungen im Zusammenhang mit Beteiligungserträgen enthält.[334] Daneben enthält § 7b GewStG Anwendungsgebote für die Regelungen zur „unternehmensbezogenen Sanierung" der §§ 3a, 3c EStG bei der Ermittlung des Gewerbeertrags im Organkreis (§ 7b Abs. 3 GewStG).[335] **5801**

---

R 1/03, BeckRS 2004, 25006728; Brandis/Heuermann/Gosch, 172. EL Juli 2024, GewStG § 9 Rn. 170.

319 GewStR 2.3 Abs. 1; BFH 18.5.2011 – X R 4/10, BStBl. II 2011, 887 Rn. 38.

320 BFH 18.5.2011 – X R 4/10, BStBl. II 2011, 887 Rn. 38; BFH 19.11.2003 – I R 88/02, BStBl. II 2004, 751 unter II.1.

321 Suchanek/Rüsch DStZ 2014, 871 (873); BFH 30.10.2014 – IV R 9/11, BeckRS 2014, 96554 Rn. 18; BFH 11.7.2024 – III R 41/22, DStR 2024, 2315 Rn. 20; zur Unterscheidung der sachlichen und persönlichen Gewerbesteuerpflicht BFH 18.2.2021 – III R 8/19, BStBl. II 2021, 627 Rn. 38.

322 GewStR 2.3 Abs. 1 S. 4.

323 BFH 21.10.2009 – I R 29/09, BStBl. II 2010, 644 Rn. 9.

324 GewStH 2.3 Abs. 1, „Ermittlung des Gewerbeertrags von Organträger und Organgesellschaft"; GewStR 7.1 Abs. 5.

325 Siehe bereits BFH 6.10.1953 – I 29/53 U, BStBl. III 1953, 329.

326 BFH 6.11.1985 – I R 56/82, BStBl. II 1986, 73.

327 BFH 17.12.2014 – I R 39/14, BStBl II 2015, 1052 Rn. 19; bestätigt in BFH 16.10.2024 – I R 16/20, BeckRS 2024, 42819 Rn. 12.

328 BFH 17.12.2014 – I R 39/14, BStBl. II 2015, 1052 Rn. 17.

329 BFH 21.10.2009 – I R 29/09, BStBl. II 2010, 644 Rn. 10.

330 BFH 30.10.2014 – IV R 9/11, BeckRS 2014, 96554 Rn. 35.

331 BFH 21.10.2009 – I R 29/09, BStBl. II 2010, 644 Rn. 8.

332 GewStR 7.1 Abs. 5 S. 2; BFH 30.1.2002 – I R 73/01, BStBl. II 2003, 354, unter II.1.

333 Gleichlautender Erlass der Obersten Finanzbehörden der Länder 2.7.2012, BStBl. I 2012, 654 Rn. 45.

334 → Rn. 6149 ff.

335 BeckOK GewStG/Bleschick GewStG § 7b Rn. 433 ff.

5802 Ebenso wird die autonome Anwendung der Hinzurechnungen und Kürzungen der §§ 8–9 GewStG daran klar, dass die erweiterte Kürzung des § 9 Nr. 1 S. 2 ff. GewStG grundsätzlich an der Tätigkeit des einzelnen Mitglieds des Organkreises gemessen wird.[336] Auf der Grundlage des § 2 Abs. 2 S. 2 GewStG wird die erweiterte Kürzung allerdings trotz Erfüllung ihrer Voraussetzungen versagt, wenn es sich bei dem Grundstücksunternehmen um eine Organgesellschaft handelt, die alle ihre Grundstücke an eine andere Organgesellschaft desselben Organkreises vermietet.[337]

5803 Je nachdem, um welchen Rechenposten es sich handelt, sind auf § 2 Abs. 2 S. 2 GewStG basierende Korrekturen bereits bei dieser selbständigen Ermittelung der Gewerbeerträge der zum Organkreis gehörenden Betriebe vorzunehmen.[338]

5804–5816 *(einstweilen frei)*

### 1. Ermittlung eines einheitlichen Gewerbesteuermessbetrags für den Organkreis

5817 Erst der selbständig ermittelte Gewerbeertrag der Organgesellschaft („als wäre diese Gesellschaft selbständiges Steuersubjekt")[339] ist sodann – auf einer **„zweiten Stufe"**[340] – mit dem für den Organträger selbst ermittelten Gewerbeertrag zusammenzurechnen.[341] Beim Organträger bildet sich ein „eigener organschaftlicher Gesamt-Gewerbeertrag".[342] Ebenso wie bei der Körperschaftsteuer werden die handelsrechtlichen Effekte aus der Gewinnabführung oder Verlustübernahme aus den steuerlichen Ermittlungen (außerbilanziell)[343] eliminiert, um durch die Zurechnung von körperschaftsteuerlichem Einkommen (§ 14 Abs. 1 S. 1 KStG) oder gewerbesteuerlichem Gewerbeertrag (§ 2 Abs. 2 S. 2 GewStG) ersetzt zu werden.

5818 Bei diesem Schritt der „zweiten Stufe" werden, je nachdem, um welchen Rechenposten es sich handelt, weitere auf § 2 Abs. 2 S. 2 GewStG basierende[344] Korrekturen durch Hinzurechnungen zu bzw. Abzüge von der Summe der getrennt ermittelten Gewerbeerträge vorgenommen.[345] Ziel dieser Korrekturen ist es, die sich aufgrund der Zusammenrechnung etwa ergebenden steuerlichen Doppelbelastungen oder ungerechtfertigten steuerlichen Entlastungen zu korrigieren.[346]

5819 Zu den möglichen Gründen einer solchen steuerlichen Doppelbelastung oder ungerechtfertigten steuerlichen Entlastung können bspw. Geschäftsbeziehungen innerhalb des Organkreises gehören. Prominentes Beispiel sind Schuldzinsen aus Darlehensbeziehungen im Organkreis, die durch Hinzurechnungen nach § 8 Nr. 1 GewStG – bei Überschreitung des pro Organmitglied zu gewährenden Freibetrags von 200.000 EUR (§ 8 Nr. 1 GewStG aE) [347] – jedenfalls teilweise gewerbesteuerlich doppelt erfasst würden.[348] Die Hinzurechnung nach § 8 Nr. 1 GewStG hat daher auch zu unterbleiben, wenn es sich um Schulden zwischen zwei Organgesellschaften desselben Organträgers handelt.[349]

5820 Ebenso hat die Rechtsprechung die Teilwertabschreibungen des Organträgers auf Beteiligungen an Organgesellschaften beurteilt: Der beim Organträger zusammenzufassende Gewerbeertrag des Organkreises sei nur insoweit um Teilwertabschreibungen des Organ-

[336] GewStH 9.2 Abs. 2, „Organschaft"; zuletzt BFH 11.7.2024 – III R 41/22, DStR 2024, 2315 Rn. 25 mwN.
[337] BFH 30.10.2014 – IV R 9/11, BeckRS 2014, 96554 Rn. 28.
[338] BFH 18.5.2011 – X R 4/10, BeckRS 2011, 95972 Rn. 39.
[339] BFH 7.9.2016 – I R 57/14, DStR 2017, 193 Rn. 8.
[340] BFH 25.7.1995 – VIII R 54/93, DStR 1995, 1506.
[341] BFH 18.5.2011 – X R 4/10, BStBl. II 2011, 887 Rn. 38; BFH 30.10.2014 – IV R 9/11, BeckRS 2014, 96554 Rn. 19; BFH 7.9.2016 – I R 57/14, DStR 2017, 193 Rn. 8.
[342] BFH 17.9.2014 – I R 30/13, BStBl. II 2017, 726 Rn. 19.
[343] KStR 7.1 Abs. 1 S. 2 Zeile 21.
[344] BFH 27.9.2006 – IV R 50/98, BeckRS 2006, 25011690.
[345] BFH 18.5.2011 – X R 4/10, BeckRS 2011, 95972 Rn. 39; Suchanek/Rüsch DStZ 2014, 871 (874).
[346] BFH 18.5.2011 – X R 4/10, BeckRS 2011, 95972 Rn. 39.
[347] Gleichlautender Erlass der Obersten Finanzbehörden der Länder 2.7.2012, BStBl. I 2012, 654 Rn. 45.
[348] BFH 18.5.2011 – X R 4/10, BeckRS 2011, 95972 Rn. 40.
[349] BFH 23.10.1974 – I R 182/72, BStBl. II 1975, 46.

trägers auf Beteiligungen an Organgesellschaften zu erhöhen, als die Teilwertabschreibungen betragsmäßig den erlittenen Verlusten der Organgesellschaften entsprechen. Der Teilwert der Beteiligung könne jedoch auch ohne Rücksicht auf während des Organschaftsverhältnisses entstandene Verluste unter den Betrag der Anschaffungskosten sinken. In einem solchen Fall seien Teilwertabschreibungen zulässig.[350] Durch die Einführung des Abzugsverbots des § 8b Abs. 3 S. 3 KStG ist jedenfalls bei Kapitalgesellschaften als Organträger die Bedeutung dieser Rechtsprechung gesunken. Ebenso gilt dies für Personengesellschaften als Organträger, soweit Kapitalgesellschaften daran beteiligt sind (§ 8b Abs. 6 S. 1 KStG iVm) § 8b Abs. 3 S. 3 KStG.

Ebenso hat der BFH entschieden, dass Gewinnausschüttungen der Organgesellschaft, die **5821** im Gewerbeertrag des Organträgers enthalten sind, nicht nach § 9 Nr. 2a GewStG aufzugreifen sind. Ihre Freistellung ergibt sich direkt aus § 2 Abs. 2 S. 2 GewStG.[351]

Anders hat dies die Rechtsprechung nur gesehen, wenn sich die Wirkungen der §§ 8, 9 **5822** GewStG im Organkreis ausgleichen. Dies war bis 2007 bei der Hinzurechnung von Miet- und Pachtzinsen nach § 8 Nr. 7 GewStG einerseits bzw. ihrer Kürzung nach § 9 Nr. 4 GewStG andererseits der Fall.[352]

Es sind die Gewerbeerträge derjenigen Wirtschaftsjahre des Organträgers und der Organ- **5823** gesellschaft zusammenzurechnen, die in demselben Erhebungszeitraum (§ 14 S. 2, 3 GewStG) enden.[353]

*(einstweilen frei)* **5824–5835**

## 2. Keine Anwendung des § 16 KStG für Zwecke der Gewerbesteuer

§ 16 S. 1 KStG schreibt vor, dass die Organgesellschaft ihr Einkommen in Höhe von 20/17 **5836** der an einen außenstehenden Anteilseigner geleisteten Ausgleichszahlungen selbst zu versteuern hat.[354] Nach § 16 S. 2 KStG hat die Organgesellschaft 20/17 der geleisteten Ausgleichszahlungen anstelle des Organträgers zu versteuern, wenn die Verpflichtung zum Ausgleich vom Organträger erfüllt worden ist.[355] In beiden Fällen ist die Zahlung der an einen außenstehenden Anteilseigner geleisteten Ausgleichszahlungen eine nicht abziehbare Betriebsausgabe (§ 4 Abs. 5 S. 1 Nr. 9 EStG).[356]

Körperschaftsteuerlich entsteht damit, wie von § 14 Abs. 1 S. 1 KStG vorgesehen („so- **5837** weit sich aus § 16 nichts anderes ergibt") Einkommen der Organgesellschaft. Die darauf entfallende Körperschaftsteuer wird von der Organgesellschaft selbst geschuldet (§ 43 S. 1 AO; § 31 Abs. 1 S. 1 KStG iVm § 36 Abs. 4 S. 1 EStG). Da die persönliche Körperschaftsteuerpflicht der Organgesellschaft während der Dauer der Organschaft bestehen bleibt, kann an sie ein Körperschaftsteuerbescheid – als Folgebescheid iSd § 182 Abs. 1 S. 1 AO zur gesonderten und einheitlichen Feststellung des § 14 Abs. 5 KStG – gerichtet werden.

Gewerbesteuerlich ist hingegen die persönliche Steuerpflicht (§ 43 S. 1 AO; § 5 **5838** GewStG) während der Dauer der Organschaft suspendiert.[357] Daher ergeht gegen die Organgesellschaft auch kein Gewerbesteuermessbescheid. Vielmehr wird der einheitliche Gewerbesteuermessbetrag, der „zum einen den originären Gewerbeertrag des Organträgers, zum anderen den der Organgesellschaft" umfasst,[358] nur gegen den Organträger festgesetzt (§ 14 S. 1 GewStG). Eine Regelung wie § 16 KStG, die eigenen Gewerbeertrag bei der Organgesellschaft bestehen lassen würde, ist daher nicht denkbar.[359] Dementsprechend ist

[350] BFH 22.4.1998 – I R 109/97, BStBl. II 1998, 748.
[351] BFH 27.9.2006 – IV R 50/98, BeckRS 2006, 25011690.
[352] BFH 23.1.1992 – XI R 47/89, DStR 1992, 817.
[353] GewStR 7.1 Abs. 5 S. 11; FG München 19.8.1999 – 15 V 2468/99, BeckRS 1999, 15788, rkr.
[354] KStR 16 Abs. 1.
[355] KStR 16 Abs. 2.
[356] KStR 7.1 Abs. 1 S. 2 Zeile 14.
[357] BFH 18.5.2011 – X R 4/10, BStBl. II 2011, 887 Rn. 38; BFH 21.10.2009 – I R 29/09, BStBl. II 2010, 644 Rn. 8.
[358] BFH 21.10.2009 – I R 29/09, BStBl. II 2010, 644 Rn. 10.
[359] Brandis/Heuermann/Rode KStG § 16 Rn. 11; → Rn. 3088.

„der volle Gewerbeertrag – also vor Berücksichtigung der Gewinnabführungsvereinbarung und ggf. einschließlich des nur bei der Körperschaftsteuer vorhandenen eigenen Einkommens der Organgesellschaft in Höhe der geleisteten Ausgleichszahlungen – … mit dem vom Organträger selbst erzielten Gewerbeertrag zusammenzurechnen“.[360]

5839–5849 *(einstweilen frei)*

## II. Zerlegung des einheitlichen Gewerbesteuermessbetrags (§§ 28 ff. GewStG)

5850 Der gemeinsame Gewerbeertrag des Organträgers und seiner Organgesellschaften, der so zu ermitteln ist, als wäre jede Gesellschaft selbständiges Steuersubjekt,[361] ist auf Ebene des Organträgers zusammenzurechnen und um die oben beschriebenen[362] doppelten Belastungen oder Entlastungen zu bereinigen. Aus dem so ermittelten Gewerbeertrag ist dann der einheitliche Gewerbesteuermessbetrag für die zum Organkreis gehörenden Gewerbebetriebe zu ermitteln. Er ist allein gegenüber dem Organträger als persönlich Gewerbesteuerpflichtigem (§ 5 Abs. 1 GewStG)[363] festzusetzen.[364]

5851 Sowohl der gewerbesteuerliche Organträger als auch die Organgesellschaften müssen inländische Betriebsstätten iSd § 12 AO aufweisen. Im Fall des Organträgers ist jedenfalls eine inländische Betriebsstätte erforderlich, der die Beteiligung iSd § 14 Abs. 1 S. 1 Nr. 1 KStG an der Organgesellschaft oder, bei mittelbarer Beteiligung an der Organgesellschaft, die Beteiligung im Sinne § 14 Abs. 1 S. 1 Nr. 1 KStG an der vermittelnden Gesellschaft, ununterbrochen während der gesamten Dauer der Organschaft zuzuordnen sein muss (§ 14 Abs. 1 S. 1 Nr. 2 S. 4 KStG).[365] Zudem kann der Organträger weitere Betriebsstätten, insb. seine Geschäftsleitungsbetriebsstätte nach § 12 S. 2 Nr. 1 AO[366] oder auch Betriebsstätten, die der Produktion dienen, im Inland aufweisen.

5852 Die Organgesellschaften müssen nach § 14 Abs. 1 S. 1 KStG, § 17 Abs. 1 S. 1 KStG, jedenfalls ihre Geschäftsleitung im Inland haben, da ansonsten keine körperschaftsteuerliche und damit gewerbesteuerliche Organschaft besteht.[367] Insoweit muss eine Geschäftsleitungsbetriebsstätte nach § 12 S. 2 Nr. 1 AO vorliegen. Die Organgesellschaften selbst gelten nach § 2 Abs. 2 S. 2 GewStG als Betriebsstätten des Organträgers.[368]

5853 Daher ist der einheitliche Gewerbesteuermessbetrag des Organkreises regelmäßig auf die inländischen Gemeinden (§ 4 Abs. 1 S. 2 GewStG), in denen im Laufe des Erhebungszeitraums (§ 14 S. 2, 3 GewStG) – nicht zwingend während des gesamten Erhebungszeitraums[369] – Betriebsstätten iSd § 12 AO bestanden haben, zu zerlegen, § 28 Abs. 1 S. 1 GewStG.[370] Verfahrensrechtlich muss in diesem Fall auch die Zerlegungserklärung (§ 149 Abs. 1 AO, § 14a S. 1 GewStG) abgegeben werden.[371]

5854 Durch die Zerlegung ergibt sich ein „gewogenes Mittel“ der Gewerbesteuerbelastungen, die sich in den einzelnen inländischen Gemeinden ergeben würden, wenn nur dort Betriebsstätten iSd § 12 AO bestehen würden.[372] Die „Gewichte“, anhand derer die Gewichtung vorgenommen wird, werden durch die Arbeitslöhne des § 31 GewStG repräsentiert. Diese sind nach den Regelungen des § 31 GewStG zu modifizieren, insb. nach

[360] GewStR 7.1 Abs. 5 S. 10.
[361] BFH 27.9.2006 – IV R 50/98, BeckRS 2006, 25011690.
[362] → Rn. 6070 ff.
[363] BFH 27.9.2006 – IV R 50/98, BeckRS 2006, 25011690.
[364] BFH 18.5.2011 – X R 4/10, BStBl. II 2011, 887 Rn. 38.
[365] → Rn. 531 ff.
[366] Ausführlich zur Geschäftsleitungsbetriebsstätte BFH 20.12.2017 – I R 98/15, DStR 2018, 449 Rn. 30; ausführlich Töben/Deitel IStR 2022, 145.
[367] → Rn. 3701 ff.
[368] BFH 4.4.2007 – I R 23/06, BStBl. II 2007, 836 unter II.2.
[369] BFH 25.11.2009 – I R 18/08, BFH/NV 2010, 941 Rn. 14.
[370] Prinz/Witt Steuerliche Organschaft/Wunschik/Happel Rn. 10.03 ff.; zur zeitlichen Dimension BFH 17.2.1993 – I R 19/92, DStR 1993, 1061.
[371] → Rn. 5762 ff.
[372] Siehe auch die Beispiele bei Prinz/Witt Steuerliche Organschaft/Wunschik/Happel Rn. 10.5 ff.

§ 31 Abs. 4 GewStG, um nach dem Gewinn berechnete einmalige Vergütungen (zB Tantiemen, Gratifikationen) und „sonstige Vergütungen", soweit sie bei dem einzelnen Arbeitnehmer 50.000 EUR übersteigen, zu bereinigen.

Als „Sicherheitsventil" bei einem „offenbar unbilligen Ergebnis" der Zerlegung des Gewerbesteuermessbetrags steht § 33 Abs. 1 GewStG zur Verfügung. Nach ständiger Rechtsprechung des BFH rechtfertigt aber nicht jede offenbare Unbilligkeit, die sich aus einem gesetzlichen Zerlegungsmaßstab (§§ 28 bis 31 GewStG) ergibt, eine Zerlegung nach einem abweichenden Maßstab, sondern nur eine eindeutige Unbilligkeit von erheblichem Gewicht.[373] **5855**

*(einstweilen frei)* **5856–5869**

## III. Zeitliche Grenzen der gewerbesteuerlichen Organschaft

Beginn und Ende der Organschaft sind sowohl körperschaft- als auch gewerbesteuerlich entscheidende Fragestellungen, da sämtliche Rechtsfolgen nach der Grundregel des § 14 Abs. 1 S. 2 KStG erstmalig „für das Kalenderjahr…, in dem das Wirtschaftsjahr der Organgesellschaft endet, in dem der Gewinnabführungsvertrag wirksam wird", einsetzen.[374] **5870**

*(einstweilen frei)* **5871–5880**

### 1. Beginn der gewerbesteuerlichen Organschaft

**Auch für gewerbesteuerliche Zwecke** gilt die Regelung des § 14 Abs. 1 S. 2 KStG für den Beginn der Organschaft.[375] Danach ist das (körperschaftsteuerliche) Einkommen der Organgesellschaft dem Organträger erstmals für das Kalenderjahr zuzurechnen, in dem das Wirtschaftsjahr der Organgesellschaft endet, in dem der Gewinnabführungsvertrag wirksam wird.[376] Die Voraussetzungen für ein Organschaftsverhältnis müssen während des ganzen Wirtschaftsjahres der Organgesellschaft vorliegen, da ansonsten die steuerlichen Wirkungen des § 2 Abs. 2 S. 2 GewStG für dieses Wirtschaftsjahr nicht eintreten.[377] Ob der Steuerpflichtige die Wirkungen subjektiv „will", ist für ihren Eintritt nicht entscheidend. **5881**

Tatbestandsvoraussetzungen, die zwingend während des gesamten Wirtschaftsjahres der Organgesellschaft vorliegen müssen, sind u. a. die finanzielle Eingliederung des § 14 Abs. 1 S. 1 Nr. 1 KStG, die bereits ihrem Wortlaut nach ununterbrochen bestehen muss, sowie ein Gewinnabführungsvertrag des § 14 Abs. 1 S. 1 Nr. 3 KStG, der u. a. zeitlich das gesamte Wirtschaftsjahr umfasst. **5882**

Andere Tatbestandsvoraussetzungen, wie etwa die gewerbliche Tätigkeit einer Organträger-Personengesellschaft,[378] sind erst am Entstehungszeitpunkt der Körperschaftsteuer (§ 30 KStG) sowie der Gewerbesteuer (§ 18 GewStG) zu erfüllen.[379] Ähnliches gilt für die (originäre)[380] Gewerblichkeit, die sich aus der Eigenschaft einer Personengesellschaft als **Besitzunternehmen einer Betriebsaufspaltung** ergibt.[381] **5883**

*(einstweilen frei)* **5884–5891**

---

[373] BFH 16.12.2009 – I R 56/08, DStR 2010, 481 Rn. 32; BFH 15.5.2024 – IV R 22/21, BeckRS 2024, 19574 Rn. 71.
[374] Zu den Folgen einer verspäteten Eintragung BFH 23.8.2017 – I R 80/15, BeckRS 2017, 135726.
[375] Glanegger/Güroff/Güroff, 11. Aufl. 2023, GewStG § 2 Rn. 534.
[376] BFH 23.8.2017 – I R 80/15, DStR 2017, 2803 Rn. 12; Lenski/Steinberg/Keß § 2 Rn. 3700.
[377] GewStR 2.3 Abs. 2 S. 1.
[378] BFH 24.7.2013 – I R 40/12, DStR 2013, 1939; KStH 14.3 „Zeitpunkt…".
[379] BFH 2.11.2022 – I R 37/19, BStBl. II 2023, 409 Rn. 24.
[380] BFH 17.11.2020 – I R 72/16, BeckRS 2020, 46803 Rn. 27 mwN.
[381] GewStR 2.3 Abs. 3 S. 4, 5; BMF 10.11.2005 – BStBl. I 2005, 1038 Rn. 16; KStH 14.3 „Vermögensverwaltende…".

### 2. Ende der gewerbesteuerlichen Organschaft

5892 Das Ende der gewerbesteuerlichen Organschaft ist anzunehmen, wenn eines ihrer – über § 2 Abs. 2 S. 2 GewStG vermittelten – Tatbestandsmerkmale wegfällt.[382] Zeitlich endet die gewerbesteuerliche Organschaft dann bereits **zum Beginn des Wirtschaftsjahres des Wegfalls einer der Voraussetzungen.**[383] Auch eine Beendigung durch Umwandlungen[384] ist denkbar, wobei dann die umwandlungssteuerrechtliche Rückwirkung innerhalb ihres persönliche Anwendungsbereichs (§ 2 Abs. 1, 2 UmwStG) bezüglich des Zeitpunkts zu beachten ist.[385]

5893 Handelt es sich bei dem weggefallenen Tatbestandsmerkmal um den Gewinnabführungsvertrag des § 14 Abs. 1 S. 1 Nr. 3 KStG, ist zudem der Zwang zur Durchführung „während seiner gesamten Geltungsdauer" (§ 14 Abs. 1 S. 1 Nr. 3 S. 1 KStG) zu beachten. Wird der Gewinnabführungsvertrag in einem Jahr nicht durchgeführt, ist er von Anfang an als steuerrechtlich unwirksam anzusehen, wenn er noch nicht fünf aufeinander folgende Jahre durchgeführt worden ist.[386] Außerhalb dieses Zeitraums ist er erst ab dem Jahr der fehlenden Durchführung als steuerrechtlich unwirksam anzusehen.[387]

5894 Allerdings ist nicht jeder Wegfall eines Tatbestandsmerkmals innerhalb der ersten fünf Jahre einer Organschaft zwingend schädlich für die gesamte Organschaft.[388] Vielmehr kann ein wichtiger Grund für die Kündigung des Gewinnabführungsvertrags vorliegen (§ 14 Abs. 1 S. 1 Nr. 3 S. 2 KStG).[389] In diesem Fall ist die fünf Jahre umfassende Mindestdauer seiner Durchführung unschädlich.[390]

5895 Die Rechtsprechung des BFH hat zudem zwischenzeitlich geklärt, dass nicht alle Tatbestandsmerkmale der körperschaftsteuerlichen Organschaft der §§ 14, 17 KStG innerhalb der ersten fünf Jahre eines Ergebnisabführungsvertrags durchgehalten werden müssen, solange nur die Durchführung des Ergebnisabführungsvertrags[391] während dieser Zeit gewährleistet ist.[392] § 14 KStG wird nach dieser Rechtsprechung „nicht von einem allgemeinen Grundsatz getragen, dass sämtliche Erfordernisse einer Organschaft während der gesamten Vertragslaufzeit des EAV vorliegen müssten. Vielmehr ist auch während der Mindestvertragslaufzeit des EAV grundsätzlich eine „Unterbrechung der Organschaft" für einzelne Veranlagungszeiträume denkbar."[393]

5896 Welche Tatbestandsmerkmale der §§ 14, 17 KStG, § 2 Abs. 2 S. 2 GewStG, eine „Organschaftspause" bzw. „Unterbrechung der Organschaft"[394] iSd Rechtsprechung des BFH ermöglichen, ist nicht abschließend geklärt.[395] Die in einem Wirtschaftsjahr fehlende finanzielle Eingliederung (§ 14 Abs. 1 S. 1 Nr. 1 KStG) gehört nach der genannten Recht-

---

382 Glanegger/Güroff/Güroff, 11. Aufl. 2023, GewStG § 2 Rn. 535.

383 Lenski/Steinberg/Keß § 2 Rn. 3700; BFH 21.12.2005 – I R 66/05, BStBl. II 2006, 469, zum Streitjahr 1999.

384 Ausführlich zu Umwandlungen im Kontext der ertragsteuerlichen Organschaften → Rn. 4101 ff.

385 Etwa durch Abwärtsverschmelzung des Organträgers auf die Organgesellschaft; BMF 2.1.2025, BStBl. I 2025, 92 Rn. Org.04; zum „wichtigen Grund" iSd § 14 Abs. 1 S. 1 Nr. 3 S. 2 KStG in diesem Fall KStR 14.5 Abs. 6.

386 KStR 14.5 Abs. 8 S. 1 Nr. 1.

387 KStR 14.5 Abs. 8 S. 1 Nr. 2.

388 → Rn. 1201 ff.

389 → Rn. 1651 ff.

390 KStR 14.5.

391 ZB BFH 13.11.2013 – I R 45/12, BStBl. II 2014, 486; BFH 2.11.2022 – I R 29/19, DStR 2023, 264; zu einer „verunglückten Organschaft" bei fehlendem Gewinnabführungsvertrag siehe zB BFH 13.7.2022 – I R 42/18, DStR 2022, 2615.

392 „Organschaftslücke", BFH 11.7.2023 – I R 45/20, BeckRS 2023, 32763 Rn. 4; auch: „Organschaftspause"; BFH 10.5.2017 – I R 51/15, BStBl. II 2018, 30; BFH 2.11.2022 – I R 37/19, BStBl. II 2023, 409; DPM/Dötsch/Pung, KStG § 14 Rn. 631 ff.; Weiss GmbH-StB 2018, 86 (87).

393 BFH 2.11.2022 – I R 37/19, BStBl. II 2023, 409 Rn. 24.

394 BFH 2.11.2022 – I R 29/19, DStR 2023, 264 Rn. 47.

395 Siehe auch die Diskussion bei Prinz/Witt Steuerliche Organschaft/Beinert Rn. 13.23 ff.

sprechung jedenfalls dazu.[396] Die „Gewerblichkeit" der Organträger-Personengesellschaft (§ 14 Abs. 1 S. 1 Nr. 2 S. 2 f. KStG) ist ebenfalls bereits als solches Merkmal anerkannt.[397] Ein weiteres im Schrifttum[398] diskutiertes Tatbestandsmerkmal, das eine „Organschaftspause" ermöglichen könnte, ist bspw. die nach § 14 Abs. 1 S. 1 Nr. 2 S. 4 ff. KStG erforderliche Zuordnung der Beteiligung an der Organgesellschaft zu einer inländischen Betriebsstätte des Organträgers.[399] Auch diese hat der BFH im Kontext der „Organschaftspause" ausdrücklich genannt.[400]

Bei Verletzung eines Merkmals, das zu einer „Organschaftspause" iSd Rechtsprechung des BFH führt, kommt es mithin **zu einer Unterbrechung,** nicht zwingend zum Ende der körperschaftsteuerlichen und gewerbesteuerlichen Organschaft. Während der Dauer einer „Unterbrechung der körperschaftsteuerlichen Organschaft" sind aufgrund des § 2 Abs. 2 S. 2 GewStG auch die gewerbesteuerlichen Folgen einer Organschaft nicht zu ziehen. Damit kann auch das Verbot der Kürzung gewerbesteuerlicher Fehlbeträge nach § 10a S. 3 GewStG während dieser Zeit nicht zur Anwendung kommen, da kein „Fall des § 2 Abs. 2 S. 2" GewStG vorliegt. Die Organgesellschaft wird während dieser Zeit einer „Organschaftspause" wieder persönlich gewerbesteuerpflichtig (§ 5 Abs. 1 S. 1, 2 GewStG), sodass auch das Recht zur Kürzung gewerbesteuerlicher Fehlbeträge nach § 10a GewStG besteht. **5897**

Während einer solchen Organschaftspause sind auch weitere Regelungen, die nur innerhalb einer bestehenden gewerbesteuerlichen Organschaft anwendbar sind, nicht anzuwenden. Dazu gehört etwa § 7a GewStG[401] bei der Ermittlung des Gewerbeertrags der beherrschten Gesellschaft. Die Erfassung von Gewinnen aus Anteilen an Tochterkapitalgesellschaften der beherrschten Gesellschaften wird während der Organschaftspause durch § 8 Nr. 5 GewStG iVm § 9 Nr. 2a, 7 GewStG bestimmt. **5898**

*(einstweilen frei)* **5899–5915**

### 3. „Fernwirkungen" der gewerbesteuerlichen Organschaft

Die gewerbesteuerliche Organschaft des § 2 Abs. 2 S. 2 GewStG kann über ihre unmittelbaren Wirkungen hinaus auch „Fernwirkungen" auslösen. Eine dadurch induzierte gewerbesteuerliche Doppelbelastung, die sich bei „periodenübergreifender Betrachtung" einstellt, ist nach der Rechtsprechung des BFH nicht zwingend zu korrigieren.[402] Insgesamt ist das Gewerbesteuergesetz nur in seltenen Fällen auf eine derartige „Korrespondenz" innerhalb desselben Erhebungszeitraums zwischen zwei Gewerbebetrieben oder auch über Erhebungszeiträume hinweg bei demselben Gewerbebetrieb angelegt.[403] Ein allgemeiner Rechtsgrundsatz des Inhalts, dass eine Kürzung bei der Ermittlung des Gewerbeertrages durchzuführen ist, soweit es ohne diese Kürzung zu einer Doppelerfassung kommt, und dessen „Umkehrung", also eine Kürzung, die unterbleiben muss, wenn dies zu einer doppelten Entlastung führt, wird vom BFH abgelehnt.[404] **5916**

Dementsprechend hat der BFH in einem Fall, bei dem eine aufgrund des § 2 Abs. 2 S. 2 GewStG nicht steuerwirksame Teilwertabschreibung auf die Beteiligung an der Organge- **5917**

[396] BFH 10.5.2017 – I R 51/15, BStBl. II 2018, 30; bestätigt in BFH 2.11.2022 – I R 37/19, DStR 2023, 268 Rn. 24.
[397] BFH 24.7.2013 – I R 40/12, BStBl. II 2014, 272; KStH 14.3, „Zeitpunkt einer gewerblichen Betätigung des Organträgers iSd § 15 Abs. 1 S. 1 Nr. 1 EStG"; bestätigt in BFH 10.5.2017 – I R 51/15, BStBl. II 2018, 30 Rn. 28; BFH 2.11.2022 – I R 37/19, BStBl. II 2023, 409 Rn. 24.
[398] Zusammenfassung bei DPM/Dötsch/Pung KStG § 14 Rn. 631 ff.
[399] Brühl/Binder NWB 2018, 331 (334).
[400] BFH 10.5.2017 – I R 51/15, BStBl. II 2018, 30 Rn. 28; siehe auch BFH 11.7.2023 – I R 36/20, BeckRS 2023, 32761 Rn. 51.
[401] → Rn. 6149 ff.
[402] BFH 7.9.2016 – I R 9/15, BeckRS 2017, 94189 Rn. 24.
[403] Weiss DStR 2023, 1097 mwN; BFH 11.7.2017 – I R 88/15, DStR 2018, 20 Rn. 22.
[404] BFH 23.9.2008 – I R 19/08, BStBl. II 2010, 301; BFH 17.12.2014 – I R 39/14, BStBl. II 2015, 1052 Rn. 19.

sellschaft in der Vergangenheit (1989) vorgenommen worden war, die entsprechende Zuschreibung (§ 6 Abs. 1 Nr. 2 S. 3 EStG) im Streitjahr 2003 nicht steuerlich freigestellt. Durch die Regelung des § 8b Abs. 2 S. 3, 4 KStG wurde die entsprechende Zuschreibung körperschaftsteuerlich nicht freigestellt, sondern voll erfasst, da sie im Jahr 1989 voll steuerlich wirksam gewesen war. Eine entsprechende gewerbesteuerliche „Sonderbehandlung", wonach die frühere gewerbesteuerliche Versagung der Wirkungen der Teilwertabschreibung jetzt die gewerbesteuerlichen Wirkungen der Zuschreibung verhindern soll, gibt es nach Auffassung des BFH nicht.

5918–5928 *(einstweilen frei)*

## IV. Verunglückte gewerbesteuerliche Organschaft

5929 Ebenso wie bei der Körperschaftsteuer[405] ergibt sich durch Wegfall der Voraussetzungen der Organschaft (§§ 14, 17 KStG) nach bereits teilweiser Durchführung des Gewinnabführungsvertrags eine „verunglückte Organschaft"[406] auch für Zwecke der Gewerbesteuer (§ 2 Abs. 2 S. 2 GewStG). Eine verfahrensrechtliche Bindung zwischen Körperschaft- und Gewerbesteuermessbescheid im Sinne einer Verhältnisses von Grundlagen- und Folgebescheid (§ 171 Abs. 10 S. 1 AO; § 182 Abs. 1 S. 1 AO) besteht gerade nicht,[407] so dass die Entscheidung zwischen beiden Steuerarten bezüglich der Annahme einer verunglückten Organschaft nicht zwingend gleich ausfallen muss.[408]

5930 Nach der Anordnung des § 14 Abs. 1 S. 1 Nr. 3 S. 1 KStG muss der Gewinnabführungsvertrag auf mindestens fünf Jahre abgeschlossen[409] und während seiner gesamten Geltungsdauer durchgeführt werden. Der BFH hat entsprechend dieser gesetzlichen Anordnung die tatsächliche Durchführung des Gewinnabführungsvertrags als nicht „unterbrechungsfähig" bzw. „pausenfähig" angesehen.[410] Andererseits sind andere Tatbestandsmerkmale, insb. die „finanzielle Eingliederung" des § 14 Abs. 1 S. 1 Nr. 1 KStG, einer Unterbrechung auch während der ersten fünf Jahre der Organschaft zugänglich, ohne dass die **Organschaft insgesamt dadurch verunglücken** würde.[411] Ähnliches gilt für den Eintritt der Voraussetzungen der gewerblichen Tätigkeit als Bestandteil der Fähigkeit, Organträger-Personengesellschaft zu sein (§ 14 Abs. 1 S. 1 Nr. 2 S. 2 KStG).[412]

5931 Sowohl im Fall eines unterbrechungsfähigen als auch eines nicht unterbrechungsfähigen Tatbestandsmerkmals ergibt sich aus einem Scheitern der gewerbesteuerlichen Organschaft, dass die persönliche Gewerbesteuerpflicht (§ 184 Abs. 1 S. 2 AO) der (vermeintlichen) Organgesellschaft wieder auflebt (§ 5 Abs. 1 GewStG).[413] Damit sind – neben geänderten Körperschaftsteuerbescheiden – auch erstmalig Gewerbesteuermessbescheide gegen diese zu erlassen (§ 14 S. 1 GewStG).[414] Die Nichtanerkennung der Organschaft bedeutet letzt-

[405] Ausführlich zur verunglückten Organschaft → Rn. 2201 ff.
[406] Zu diesem Begriff und zu den Rechtsfolgen siehe auch BFH 31.12.2024 – I R 17/21, BeckRS 2024, 44039 Rn. 45.
[407] Zur autonomen Entwicklung des Gewerbesteuermessbetrags zB BFH 18.4.2012 – X R 34/10, DStR 2012, 1327 Rn. 38; BFH 15.3.2017 – I R 41/16, BFH/NV 2017, 1548 Rn. 19; Weiss AO-StB 2017, 339; BFH 19.9.2019 – IV R 50/16, BStBl. II 2020, 57 Rn. 28; GewStH 7.1 Abs. 1 „Eigenständige Ermittlung des Gewerbeertrags".
[408] BFH 28.11.2007 – I R 94/06, BeckRS 2007, 24003318.
[409] Zu einem Fall, bei dem es daran mangelt, zB BFH 28.11.2007 – I R 94/06, BeckRS 2007, 24003318.
[410] BFH 2.11.2022 – I R 37/19, BeckRS 2022, 42320 Rn. 24 ff.
[411] BFH 10.5.2017 – I R 51/15, BeckRS 2017, 125940; bestätigt in BFH 2.11.2022 – I R 37/19, BeckRS 2022, 42320 Rn. 24.
[412] BFH 24.7.2013 – I R 40/12, BStBl. II 2014, 272; BFH 2.11.2022 – I R 37/19, BeckRS 2022, 42320 Rn. 24.
[413] Siehe auch GewStR 2.3 Abs. 2 S. 2.
[414] Siehe zB den Sachverhalt des Urteils des FG Köln 21.6.2022 – 10 K 1406/18, BeckRS 2022, 34355 Rn. 46, Rev. I R 37/22; ausführlich zu den Folgen einer verunglückten Organschaft → Rn. 2218 ff.

lich nur eine (einmalige) Rückkehr zum steuerrechtlichen Grundprinzip der getrennten Besteuerung einzelner Steuersubjekte.[415]

*(einstweilen frei)* **5932–5942**

## V. Besonderheiten der Ermittlung des Gewerbeertrags im Organkreis

Dem Grunde nach sind der Organträger und die Organgesellschaft unter den Bedingungen des § 2 Abs. 2 S. 2 GewStG weiterhin getrennt zu betrachtende Gewerbebetriebe und stellen gerade kein „einheitliches Unternehmen" dar.[416] Allerdings ist die persönliche Gewerbesteuerpflicht der Organgesellschaft (§ 184 Abs. 1 S. 2 AO; § 5 Abs. 1 GewStG) während des Bestehens der Organschaft suspendiert. Diese liegt allein bei dem Organträger.[417] **5943**

Bei der Ermittlung des einheitlichen Gewerbesteuermessbetrags sind mithin für die selbständigen Gewerbebetriebe, die einzeln für sich bilanzieren,[418] deren Gewerbeerträge getrennt zu ermitteln. Der Gewerbeertrag der Organgesellschaft ist so zu ermitteln, als wäre diese Gesellschaft selbständiges Steuersubjekt. Bei der Ermittlung des Gewerbeertrags jedes der Unternehmen sind auf dieser ersten Stufe die Hinzurechnungs- und Kürzungsvorschriften (§§ 8, 9 GewStG) zu beachten.[419] **5944**

*(einstweilen frei)* **5945–5949**

### 1. Steuerbefreiungen im Organkreis (§ 3 GewStG)

Die Fähigkeit einer nach § 3 Nr. 20 GewStG von der Gewerbesteuer befreiten GmbH, Organträger zu sein (§ 14 Abs. 1 KStG, § 17 Abs. 1 S. 1 KStG, § 2 Abs. 2 S. 2), wird nicht beeinträchtigt. Das entsprechende Verbot bei der Körperschaftsteuer (§ 14 Abs. 1 S. 1 Nr. 2 S. 1 KStG, „eine nicht von der Körperschaftsteuer befreite Körperschaft, Personenvereinigung oder Vermögensmasse") schlägt nicht auf die gewerbesteuerliche Betrachtung durch.[420] **5950**

Der der Organträgerin zuzurechnende Gewerbeertrag der nicht selbst steuerbefreiten Organgesellschaft wird jedoch **gerade nicht von der Gewerbesteuerbefreiung des Organträgers umfasst.**[421] Zudem erstreckt sich die Befreiung einer Organgesellschaft von der Gewerbesteuer gem. § 3 Nr. 20 GewStG auch dann nicht auf eine andere Organgesellschaft desselben Organkreises, die die Befreiungsvoraussetzungen ihrerseits nicht erfüllt, wenn die Tätigkeiten der Gesellschaften sich gegenseitig ergänzen. Die tatbestandlichen Voraussetzungen einer gesetzlichen Steuerbefreiung müssen von der jeweiligen Organgesellschaft selbst erfüllt werden.[422] **5951**

*(einstweilen frei)* **5952–5969**

### 2. Behandlung von Fehlbeträgen im Organkreis

Gewerbesteuerliche Fehlbeträge sind nach § 179 Abs. 1 AO iVm § 10a S. 6 GewStG bei dem Steuerschuldner (§ 43 S. 1 AO; § 5 Abs. 1 GewStG) gesondert festzustellen. Der **5970**

[415] BFH 2.11.2022 – I R 29/19, DStR 2023, 264 Rn. 36.

[416] BFH 17.12.2014 – I R 39/14, BStBl. II 2015, 1052 Rn. 8.

[417] Suchanek/Rüsch DStZ 2014, 871 (873); BFH 30.10.2014 – IV R 9/11, BeckRS 2014, 96554 Rn. 18; BFH 11.7.2024 – III R 41/22, DStR 2024, 2315 Rn. 20; zur Unterscheidung der sachlichen und persönlichen Gewerbesteuerpflicht BFH 18.2.2021 – III R 8/19, BStBl. II 2021, 627 Rn. 38.

[418] BFH 25.7.1995 – VIII R 54/93, DStR 1995, 1506; BFH 2.2.1994 – I R 10/93, DStR 1994, 613, unter 3.a.; „unter Zugrundelegung ihrer eigenen Bilanz", BFH 6.11.1985 – I R 56/82, BStBl. II 1986, 73 unter 1.

[419] BFH 30.1.2002 – I R 73/01, BStBl. II 2003, 354, unter II.1.

[420] BFH 10.3.2010 – I R 41/09, BStBl. II 2011, 181 Rn. 13 ff.; GewStH 2.3 Abs. 1, „Steuerbefreiung des Organträgers".

[421] BFH 10.3.2010 – I R 41/09, BStBl. II 2011, 181; siehe auch BFH 4.6.2003 – I R 100/01, BStBl. II 2004, 244.

[422] BFH 4.6.2003 – I R 100/01, BStBl. II 2004, 244; GewStH 2.3 Abs. 1, „Steuerbefreiung im Organkreis".

Zeitpunkt der Feststellung ist – unabhängig von der Frage des Wirtschaftsjahres des Gewerbebetriebs (§ 8b EStDV, § 10 GewStG) – immer das Ende des Erhebungszeitraums (§ 14 S. 2 f. GewStG).[423] Von diesem Grundsatz gehen offensichtlich auch § 35b Abs. 2 S. 2 Hs. 1 GewStG und § 25 Abs. 1 Nr. 6 GewStDV aus.[424]

**5971** Gewerbesteuerliche Fehlbeträge können mithin als „vororganschaftliche Fehlbeträge" iSd § 10a S. 3 GewStG bei der Organgesellschaft bestehen. Im Fall des § 2 Abs. 2 S. 2 GewStG kann die Organgesellschaft den maßgebenden Gewerbeertrag nicht um Fehlbeträge kürzen, die sich vor dem rechtswirksamen Abschluss des Gewinnabführungsvertrags ergeben haben. Hintergrund ist die körperschaftsteuerliche Regelung des § 15 S. 1 Nr. 1 S. 1 KStG („eingefrorene Verluste").[425] Die durch § 10a S. 3 GewStG „gesperrten" Fehlbeträge der Organgesellschaft werden nach Ende der Organschaft wieder nutzbar, soweit sie nicht durch schädliche Ereignisse – etwa nach § 8c KStG, § 10a S. 10 Hs. 1 GewStG – nicht mehr abziehbar sind.

**5972** Darüber hinaus können gewerbesteuerliche Fehlbeträge iSd § 10a GewStG auch auf Ebene des Organträgers vorliegen. Diese können während des Bestehens der Organschaft unter den Bedingungen des § 10a GewStG, insb. der „Mindestbesteuerung" des § 10a S. 1, 2 GewStG,[426] genutzt werden.

**5973–5979** *(einstweilen frei)*

**5980** **a) Kein Abzug vororganschaftlicher Fehlbeträge der Organgesellschaft (§ 10a S. 3 GewStG).** Historisch gesehen gab es keine besondere Restriktion für den Verlustabzug der Organgesellschaft:[427] Die Organgesellschaft konnte ihre vor Begründung der Organschaft entstandenen Verluste nach § 10a GewStG auch nach Begründung der Organschaft, jedoch nur bei ihrem – positiven – Gewerbeertrag, nicht aber bei dem für den Organträger ermittelten Gewerbeertrag absetzen. Bei dem Organträger wirkte sich der Verlustabzug erst dadurch aus, dass ihm der für die Organgesellschaft selbständig ermittelte Gewerbeertrag anschließend zuzurechnen war.[428]

**5981** Durch § 10a S. 3 GewStG,[429] der ab dem Erhebungszeitraum 2004 anwendbar war,[430] wird bestimmt, dass im Fall der gewerbesteuerlichen Organschaft die Organgesellschaft den maßgebenden Gewerbeertrag nicht um Fehlbeträge kürzen kann, die sich vor dem rechtswirksamen Abschluss des Gewinnabführungsvertrags ergeben haben. Insoweit wird die körperschaftsteuerliche Regelung des § 15 S. 1 Nr. 1 S. 1 KStG, wonach ein Verlustabzug iSd § 10d EStG (iVm § 8 Abs. 1 S. 1 KStG) bei der Organgesellschaft nicht zulässig ist, für Zwecke der Gewerbesteuer repliziert („eingefrorene Verluste").[431]

**5982** **Nicht** von der Regelung umfasst sind hingegen während der Organschaft anfallende Verluste, die dem Organträger zuzurechnen sind. Nur dort können sie zu einer gesonderten Feststellung nach § 10a S. 6 GewStG führen. Auch nach Beendigung der Organschaft können während der Dauer der Organschaft entstandene Verluste nur vom maßgebenden Gewerbeertrag des Organträgers abgezogen werden.[432] § 2 Abs. 2 S. 2 GewStG hat zur Folge, dass ein während der Organschaft erwirtschafteter Verlust gewerbesteuerrechtlich als Betriebsstättenverlust des Organträgers zu behandeln ist. Die Aufteilung der Verluste bei Beendigung der Organschaft würde deshalb eine Vorschrift voraussetzen, die die Fiktion des § 2 Abs. 2 S. 2 GewStG (rückwirkend) wieder aufhebt oder aber die Aufteilung des

[423] BFH 1.9.2022 – IV R 13/20, DStR 2022, 2202 Rn. 19.
[424] BeckOK GewStG/Weiss GewStG § 10a Rn. 630.1.
[425] GewStR 10a.4 S. 2; → Rn. 1896 ff.
[426] Dazu BeckOK GewStG/Weiss, 12. Ed. 1.12.2024, GewStG § 10a Rn. 259 ff.
[427] Rödder DStR 2001, 780; BFH 27.6.1990 – I R 158/87, BeckRS 1990, 6118.
[428] BFH 23.1.1992 – XI R 47/89, BStBl. II 1992, 630; siehe zu dem Streitjahr 1992 auch BFH 27.11.2008 – IV R 72/06, DStR 2009, 849.
[429] Eingeführt durch das Gesetz zur Änderung des Gewerbesteuergesetzes und anderer Gesetze v. 23.12.2003 (BGBl. 2003 I 2922).
[430] BMF 10.11.2005, BStBl. II 2006, 61 Rn. 2.
[431] GewStR 10a.4 S. 2; BeckOK GewStG/Weiss GewStG § 10a Rn. 297.
[432] GewStH 10a.4, „Organschaftliche Verluste"; BFH 7.9.2016 – IV R 31/13, BStBl. II 2017, 482 Rn. 4.

Gewerbeverlusts auf die einzelnen Unternehmen vorschreibt.[433] An einer solchen Vorschrift fehlt es jedoch.[434]

Die bei Eintritt in die Organschaft gesondert festgestellten (§ 179 Abs. 1 AO; § 10a S. 6 GewStG) gewerbesteuerlichen Fehlbeträge der Organgesellschaft sind zwar während der Organschaft nicht nutzbar (§ 10a S. 3 GewStG), werden aber unverändert gesondert festgestellt. Bedroht ist ihr Bestand hingegen während der Organschaft u. a. von einer möglichen Anwendung des § 10a S. 10 Hs. 1 GewStG iVm § 8c KStG[435] oder auch von einem Untergang durch eine Umwandlung der Organgesellschaft.[436] Nach Ende der Organschaft[437] können die Fehlbeträge wieder auf Ebene der Organgesellschaft zum Verlustabzug genutzt werden. **5983**

Zu beachten ist nicht nur ein möglicher Wegfall der gewerbesteuerlichen Fehlbeträge der Organgesellschaft iSd § 10a S. 3 GewStG durch die Regelungen des § 10a S. 10 Hs. 1 GewStG iVm § 8c KStG, sondern auch durch Anwendung des § 7b Abs. 2 S. 1 Nr. 2 GewStG bei einer „unternehmensbezogenen Sanierung".[438] **5984**

Vororganschaftliche Verluste des Organträgers sind von § 10a S. 3 GewStG **nicht** umfasst. Diese können auch mit den positiven Gewerbeerträgen der Organgesellschaft, die beim Organträger während der Organschaft der Gewerbesteuer unterliegen, verrechnet werden.[439] **5985**

*(einstweilen frei)* **5986–5993**

**b) Fehlbeträge während der Organschaft.** Gewerbesteuerliche Fehlbeträge, die während der Organschaft anfallen, können mithin nur beim (allein persönlich gewerbesteuerpflichtigen)[440] Organträger genutzt werden. Sie sind dort gesondert festzustellen (§ 179 Abs. 1 AO; § 10a S. 6 GewStG). Auch nach Ende der gewerbesteuerlichen Organschaft wird die Zuordnung zum (dann: ehemaligen) Organträger nicht gelöst.[441] **5994**

Einen Rücktrag von Verlusten kennt das Gewerbesteuerrecht nicht.[442] Kommt es jedoch zum Verlustabzug durch Verlustvortrag nach § 10a GewStG auf Ebene des Organträgers, werden die gewerbesteuerlichen Fehlbeträge der Organgesellschaft, die während der Organschaft angefallen sind, mit einbezogen. Bei der Anwendung der gewerbesteuerlichen Mindestbesteuerung (§ 10a S. 1, 2 GewStG) wird der „Sockelbetrag" von 1.000.000 EUR des § 10a S. 2 GewStG nur **einmal für den gesamten Organkreis gewährt.** **5995**

Eine **Ausnahme** stellen gewerbesteuerliche Verluste dar, die im Zuge einer **Anwachsung** (§ 712a BGB; § 738 BGB aF) als Verluste einer Personengesellschaft auf eine Organgesellschaft übergehen.[443] Diese können sowohl in Zeiträumen vor als auch nach dem Abschluss des Gewinnabführungsvertrages zwischen Organgesellschaft und Organträger entstanden sein.[444] Bei Verlusten, die **vor Abschluss des Gewinnabführungsvertrages** bei der Personengesellschaft entstanden sind, handelt es sich um vororganschaftliche **5996**

[433] BFH 14.3.2006 – I R 1/04, DStR 2006, 890, zu dem Streitjahr 1987.
[434] Siehe (zu dem Streitjahr 1992) BFH 27.11.2008 – IV R 72/06, DStR 2009, 849; BFH 27.6.1990 – I R 158/87, BeckRS 1990, 6118.
[435] → Rn. 4801 ff.
[436] Etwa durch eine Abspaltung, die nach § 19 Abs. 2 UmwStG, § 18 Abs. 1 S. 2 UmwStG iVm § 15 Abs. 3 UmwStG auch einen Teil der gewerbesteuerlichen Fehlbeträge vernichtet; ausführlich zu Umwandlungen im Kontext der ertragsteuerlichen Organschaften → Rn. 4101 ff.
[437] Zum Ende der gewerbesteuerlichen Organschaft → Rn. 5892 ff.
[438] BeckOK GewStG/Bleschick, 12. Ed. 1.12.2024, GewStG § 7b Rn. 352.
[439] WSMH/Suchanek/Hesse § 10a Rn. 159.
[440] BFH 18.5.2011 – X R 4/10, BStBl. II 2011, 887 Rn. 38.
[441] GewStH 10a.4, „Organschaftliche Verluste"; BFH 7.9.2016 – IV R 31/13, BStBl. II 2017, 482 Rn. 4; BFH 27.6.1990 – I R 183/85, BeckRS 1990, 22009555.
[442] BeckOK GewStG/Weiss, 12. Ed. 1.12.2024, GewStG § 10a Rn. 209; Lamprecht/Weichenrieder BB 2020, 2207; Weiss DB 2020, 1531 (1533).
[443] Zu diesem Übergang und der Frage, wie die gewerbesteuerlichen Fehlbeträge der Personengesellschaft, die der Kapitalgesellschaft zuzurechnen sind (§ 10a S. 4 GewStG), fortzuführen sind, zuletzt BFH 25.4.2024 – III R 30/21, DStR 2024, 2052; zum Ganzen Weiss DStR 2024, 2609.
[444] GewStR 10a.4 S. 1.

Verluste, die aufgrund des § 10a S. 3 GewStG während des Bestehens der Organschaft nicht von dem maßgebenden Gewerbeertrag der Organgesellschaft abziehbar sind.[445]

5997 Die **nach Abschluss des Gewinnabführungsvertrages** auf Ebene der Personengesellschaft entstandenen und der Organgesellschaft angewachsenen Verluste stellen Verluste dar, die während der Organschaft auf Ebene der Organgesellschaft entstanden sind.[446] Für diese gilt die Regelung des § 10a S. 3 GewStG nicht.[447] Als Schlussfolgerung können Verluste, die in diesem Sinne der Organgesellschaft angewachsen sind, auf Ebene der Organgesellschaft nach Maßgabe des § 10a S. 1 und 2 GewStG jeweils höchstens bis auf Null mit positiven Gewerbeerträgen der Organgesellschaft ausgeglichen werden.[448] Diese Grundsätze hat die Finanzverwaltung durch das Schreiben zur Anwendung des § 8c KStG bei der Gewerbesteuer[449] noch einmal bekräftigt.[450] Die umgekehrte Konstellation, bei der der Organträger einen verlustbehafteten Mitunternehmeranteil auf die Organgesellschaft überträgt, wird hingegen ganz anders behandelt: Aufgrund des Verlustes der Unternehmeridentität kann ein gewerbesteuerlicher Fehlbetrag nicht weiter abgezogen werden.[451]

5998–6008 *(einstweilen frei)*

6009 **c) Wegfall gewerbesteuerlicher Fehlbeträge.** Entsprechend den allgemeinen Grundsätzen zum Wegfall gewerbesteuerlicher Fehlbeträge können auch die im Organkreis bestehenden Fehlbeträge wegfallen. Da die Organgesellschaft immer eine Kapitalgesellschaft sein muss (§ 14 Abs. 1 S. 1 KStG, § 17 Abs. 1 S. 1 KStG, § 2 Abs. 2 S. 2 GewStG), ist für einen Untergang gewerbesteuerlicher Fehlbeträge – in Form vororganschaftlicher Verluste (§ 10a S. 3 GewStG) – auf ihrer Ebene dem Grunde nach der Untergang nach § 10a S. 10 Hs. 1 GewStG iVm § 8c KStG einschlägig.[452]

6010 Daneben ist – bei einer Umwandlung der Organgesellschaft[453] – ein Untergang bzw. fehlender Übergang nach § 18 Abs. 1 S. 2 UmwStG bzw. § 19 Abs. 2 UmwStG denkbar. Durch eine Umwandlung der Organgesellschaft wird die Organschaft jedenfalls nicht zwingend beendet, da bspw. eine Abspaltung (§ 123 Abs. 2 UmwG) bzw. Ausgliederung (§ 123 Abs. 3 UmwG) aus dem Vermögen der Organgesellschaft die Fortführung der ertragsteuerlichen Organschaften nicht behindert.[454]

6011 Im Fall der Abspaltung von der Organgesellschaft im sachlichen Anwendungsbereich des Umwandlungssteuergesetzes (§ 1 Abs. 1 S. 1 Nr. 1 UmwStG)[455] gehen (auch) gewerbesteuerliche Fehlbeträge nach § 15 Abs. 3 UmwStG anteilig unter (§ 18 Abs. 1 S. 2 UmwStG bei Abspaltung auf Personengesellschaften; § 19 Abs. 2 UmwStG bei Abspaltungen auf Kapitalgesellschaften). Im Fall der Ausgliederung im sachlichen und persönlichen Anwendungsbereich des Umwandlungssteuergesetzes (§ 1 Abs. 1 S. 2 UmwStG; § 1 Abs. 3 Nr. 2 UmwStG; § 1 Abs. 4 UmwStG) auf eine Kapitalgesellschaft (§ 20 UmwStG) ist ein Übergang gewerbesteuerlicher Fehlbeträge nach § 23 Abs. 5 UmwStG auf die übernehmende Gesellschaft explizit ausgeschlossen. Allerdings verbleiben die Fehlbeträge dann bei der übertragenden Organgesellschaft.

---

445 GewStR 10a.4 S. 2.
446 GewStR 10a.4 S. 3.
447 GewStR 10a.4 S. 4.
448 GewStR 10a.4 S. 5.
449 Gleich lautender Ländererlass 29.11.2017, BStBl. I 2017, 1643.
450 BeckOK GewStG/Weiss, 12. Ed. 1.12.2024, GewStG § 10a Rn. 342 ff.
451 BFH 29.8.2000 – VIII R 1/00, DStR 2001, 164; BFH 25.7.1995 – VIII R 54/93, DStR 1995, 1506.
452 Suchanek/Hesse DK 2017, 335 (337); → Rn. 4801 ff.
453 Zu Umwandlungen einer Organgesellschaft BMF 2.1.2025, BStBl. I 2025, 92 Rn. Org.21 ff.; ausführlich zu Umwandlungen im Kontext der ertragsteuerlichen Organschaften → Rn. 4101 ff.
454 BMF 2.1.2025, BStBl. I 2025, 92 Rn. Org.22; anders hingegen bei der Aufspaltung nach § 123 Abs. 1 UmwG, BFH 11.8.2021 – I R 27/18, BStBl. II 2023, 195; → Rn. 4101 ff.
455 Persönliche Anwendungsvoraussetzungen bestehen nicht, da § 1 Abs. 2 UmwStG im Rahmen des „KöMoG" (v. 25.6.2021, BGBl. 2021 I 2050) aufgehoben worden ist; Holle/Krüger/Weiss IStR 2021, 489.

Im Fall der Ausgliederung aus dem Vermögen der Organgesellschaft auf eine Personengesellschaft unter § 24 UmwStG enthält das Umwandlungssteuergesetz schließlich keine Anweisung bezüglich der Behandlung der gewerbesteuerlichen Fehlbeträge, da § 24 Abs. 4 Hs. 1 UmwStG keinen entsprechenden Verweis vorsieht.[456] Nach der Rechtsprechung des BFH ist ein Übergang gewerbesteuerlicher Fehlbeträge auf die übernehmende Personengesellschaft bei einer Ausgliederung nach § 24 UmwStG möglich bzw. zwingend, wenn sich die Tätigkeit des Einbringenden (hier: der Organgesellschaft) fortan auf die Verwaltung der Mitunternehmerstellung an der aufnehmenden Gesellschaft sowie das Halten der Beteiligung an der Komplementär-GmbH beschränkt.[457] Durch eine solche „Totalausgliederung" lässt sich mithin ein Übergang auf eine der Organgesellschaft nachgeschaltete Personengesellschaft erreichen. Dabei müssen allerdings sowohl funktional wesentliche (§ 24 Abs. 1 UmwStG) als auch funktional unwesentliche Wirtschaftsgüter ohne Unterschied übertragen werden.[458] In diesem Fall lassen sich mithin die ansonsten durch § 10a S. 3 GewStG nicht nutzbaren Verluste der Organgesellschaft auch während der Organschaft nutzbar machen. Eine nachfolgende Übertragung des gesamten durch die Einbringung nach § 24 UmwStG erhaltenen Mitunternehmeranteils würde hingegen die Unternehmeridentität[459] verletzen und zum Untergang des gewerbesteuerlichen Fehlbeträge führen. Diese können mithin nur „unterhalb" der Organgesellschaft genutzt werden, nicht aber – auch nicht innerhalb eines Unternehmensgruppe[460] – an einer anderen Stelle. **6012**

Sollten hingegen (funktional unwesentliche)[461] Wirtschaftsgüter zurückbleiben, verbleiben auch die gewerbesteuerlichen Fehlbeträge bei der einbringenden Organgesellschaft als Kapitalgesellschaft.[462] **6013**

In dem seltenen Fall einer „unternehmensbezogenen Sanierung" fallen Fehlbeträge der Organgesellschaft zudem nach § 7b Abs. 2 S. 1 Nr. 2 GewStG weg. Diese Minderung tritt allerdings erst für den „nach Anwendung des § 3a Absatz 3 S. 2 Nummer 1 des Einkommensteuergesetzes verbleibenden geminderten Sanierungsertrag iSd § 3a Absatz 3 S. 1 des Einkommensteuergesetzes" ein (§ 7b Abs. 2 S. 1 GewStG). Dieser mindert zunächst den negativen Gewerbeertrag des Sanierungsjahrs des zu sanierenden Unternehmens (§ 7b Abs. 2 S. 1 Nr. 1 GewStG). Erst nachdem dieser verzehrt ist, mindert der noch verbleibende Betrag die Fehlbeträge iSd § 10a S. 3 GewStG. **6014**

*(einstweilen frei)* **6015–6024**

**d) Nutzung von Fehlbeträgen nach Ende der Organschaft.** Nach Ende der gewerbesteuerlichen Organschaft leben die auf Ebene der Organgesellschaft weiterhin gesondert festgestellten Fehlbeträge (§ 10a S. 6 GewStG) wieder auf, indem sie zum Abzug von positiven Gewerbeerträgen der (nun ehemaligen) Organgesellschaft wieder zur Verfügung stehen. **6025**

Allerdings ist hierbei auch beachtlich, durch welche Maßnahme die gewerbesteuerliche Organschaft beendet worden ist. Handelte es sich hierbei um eine Veräußerung der Anteile an der Organgesellschaft, kann hierdurch ein Ereignis iSd § 10a S. 10 Hs. 1 GewStG iVm § 8c KStG ausgelöst werden. Unter den Bedingungen etwa der „Konzernklausel" des § 8c Abs. 1 S. 4 KStG kann dieses Ereignis zwar auf Tatbestandsseite verneint werden. Ebenso sind § 8c Abs. 1a KStG („Sanierungsklausel") und § 8d KStG („fortführungsgebundener **6026**

---

[456] BFH 17.1.2019 – III R 35/17, BStBl. II 2019, 407; Weiss StuB 2019, 616.

[457] BFH 1.2.2024 – IV R 26/21, BFH/NV 2024, 592.

[458] Suchanek FR 2024, 447.

[459] BFH 17.1.2019 – III R 35/17, BStBl. II 2019, 407, Rn. 18 ff.; BFH 1.2.2024 – IV R 26/21, DStR 2024, 671 Rn. 23 ff.

[460] BFH 12.11.2020 – IV R 29/18, BeckRS 2020, 42022.

[461] Würden funktional wesentliche Wirtschaftsgüter nicht übertragen, wäre bereits der Tatbestand des § 24 Abs. 1 UmwStG nicht gegeben; BFH 1.2.2024 – IV R 9/20, BeckRS 2024, 5508. In diesem speziellen Fall genügt allerdings auch eine Verhaftung der funktional wesentlichen Wirtschaftsgüter im Sonderbetriebsvermögen der übernehmenden Personengesellschaft; BFH 17.4.2019 – IV R 12/16, BStBl. II 2019, 745 Rn. 54; BMF 2.1.2025, BStBl. I 2025, 92 Rn. 24.05.

[462] BFH 17.1.2019 – III R 35/17, BStBl. II 2019, 407.

Verlustvortrag", § 10a S. 11, 12 GewStG) beachtlich. Auf Rechtsfolgenseite kann auch die „Stille-Reserven-Klausel" des § 8c Abs. 1 S. 5–8 KStG einschlägig sein. Ist allerdings keine Ausnahmevorschrift einschlägig, führt die Veräußerung zum Untergang von gewerbesteuerlichen Fehlbeträgen.

6027 Beachtlich ist dabei auch, dass § 10a S. 11, 12 GewStG ein eigenes Regime für die gewerbesteuerliche Anwendung der fortführungsgebundenen Verlustvorträge des § 8d KStG bereithält. Durch § 10a S. 12 GewStG wird ein fortführungsgebundener Verlustvortrag auch ermöglicht, wenn körperschaftsteuerlich keine nicht genutzten Verluste vorliegen.[463]

6028–6042 *(einstweilen frei)*

6043 **e) Sonderfragen der Verlustnutzung bei Personengesellschaften als Organträger.** Bei gewerblichen Personengesellschaften stellen sich besondere Fragen hinsichtlich der Berücksichtigung gewerbesteuerlicher Fehlbeträge nach § 10a GewStG. Die Schuldnerschaft für die Gewerbesteuer (§ 43 S. 1 AO; § 5 Abs. 1 S. 3 GewStG) liegt bei der gewerblichen Mitunternehmerschaft.[464] Die Mitunternehmer sind jedoch gewerbesteuerlich als Unternehmer iSd § 5 Abs. 1 S. 1, 2 GewStG anzusehen.[465] Sie sind die Träger des Rechts auf den Verlustabzug unter § 10a GewStG.[466] Durch § 10a S. 4 GewStG wird dieser Grundsatz offensichtlich anerkannt.[467] Der Fehlbetrag der Mitunternehmerschaft wird nach seinem ersten Halbsatz „den Mitunternehmern zugerechnet".

6044 Zur weiteren Nutzung der Fehlbeträge sind zwischen dem Jahr der Entstehung des gewerbesteuerlichen Fehlbetrags und dem Jahr des Abzugs unter § 10a GewStG grundsätzlich die **Unternehmensidentität**[468] und **Unternehmeridentität**[469] zu wahren. Daneben wird mit § 10a S. 10 **Hs. 2** GewStG die entsprechende Anwendung des § 8c KStG bei einer einer Kapitalgesellschaft „nachgeschalteten Personengesellschaft" angeordnet.[470]

6045 Bei einem unterjährigen **partiellen** Gesellschafterwechsel ist der Gewerbeertrag der Mitunternehmerschaft nach Auffassung der Finanzverwaltung für den gesamten Erhebungszeitraum einheitlich zu ermitteln. Unabhängig von unterjährigen Gesellschafterwechseln bleibt die Identität der Personengesellschaft als Gewinnerzielungs- und -ermittlungssubjekt erhalten.[471] Danach können nach dem Gesellschafterwechsel entstandene Verluste mit vor dem Gesellschafterwechsel entstandenen Gewinnen und umgekehrt verrechnet werden.[472] Fragen des Abzugs gewerbesteuerlicher Fehlbeträge nach § 10a GewStG stellen sich nicht, da es sich um einen intratemporalen Verlustausgleich des einheitlichen Erhebungszeitraums (§ 14 S. 2 GewStG) handelt.[473] Ein simultaner Wechsel aller Mitunternehmer während des laufenden Kalenderjahres löst hingegen die Folgen des § 10a S. 8 GewStG aus. In diesem Fall ist ein abgekürzter Erhebungszeitraum nach § 14 S. 3 GewStG anzunehmen.[474]

---

463 Zu möglichen Gründen für die Unterschiede zwischen der Körperschaftsteuer und der Gewerbesteuer BeckOK GewStG/Weiss, 12. Ed. 1.12.2024, GewStG § 10a Rn. 225 ff.

464 BFH 25.4.2018 – IV R 8/16, DStR 2018, 1287 Rn. 19 mwN.

465 Gerade unabhängig von der Frage der Schuldnerschaft für die Gewerbesteuer; BFH 1.6.2022 – III R 3/21, DStR 2022, 2146 Rn. 23.

466 BFH 12.11.2020 – IV R 29/18, BStBl. II 2021, 722 Rn. 14; BFH 16.6.2011 – IV R 11/08, BStBl. II 2011, 903 Rn. 12; GewStR 10a.3 Abs. 3 S. 1; siehe auch die Formulierung in § 7b Abs. 2 S. 4 2. HS GewStG.

467 BFH 16.6.2011 – IV R 11/08, BStBl. II 2011, 903 Rn. 13.

468 BFH 19.12.2019 – IV R 8/17, DStR 2020, 978; GewStR 10a.1 Abs. 3 S. 3; GewStR 10a.2.

469 BFH 24.4.2014 – IV R 34/10, DStR 2014, 1384, Rn. 26; BFH 3.5.1993 – GrS 3/92, BStBl. II 1993, 616; GewStR 10a.1 Abs. 3 S. 3; Steger/Raible, DStR 2018, 287.

470 BFH 12.11.2020 – IV R 29/18, BeckRS 2020, 42022 Rn. 22 ff.; GewStR 10a.1 Abs. 3 S. 4.

471 BFH 28.2.2013 – IV R 50/09, BStBl. II 2013, 494 Rn. 14.

472 GewStR 10a.3 Abs. 3 S. 9 Nr. 9 S. 1; Suchanek FR 2024, 118 (121).

473 GewStH 10a.1, „Gesellschafterwechsel bei einer Personengesellschaft"; BFH 22.1.2009 – IV R 90/05, DStR 2009, 683, unter II.2.a.

474 BFH 19.12.2019 – IV R 8/17, BStBl. II 2020, 401; zur Erweiterung der Urteilsgrundsätze auch auf die Zuordnung von Veräußerungsgewinnen zum Gewerbeertrag siehe BFH 10.2.2022 – IV R 6/19, DStR 2022, 1419.

Dabei sollen die Rechtsfolgen des § 10a GewStG bei unterjährigen Änderungen der Unternehmeridentität nach Auffassung der Finanzverwaltung auf den jeweiligen Zeitraum vor und nach dem Gesellschafterwechsel eintreten.[475] Die für diese Zwecke erforderliche Aufteilung des einheitlich ermittelten positiven oder negativen Gewerbeertrags hat danach zeitanteilig zu erfolgen, sofern dies nicht zu offensichtlich unzutreffenden Ergebnissen führt.[476] **6046**

Gewerbliche Personengesellschaften können auch Organträger einer ertragsteuerlichen Organschaft sein (§ 14 Abs. 1 S. 1 Nr. 2 S. 2 f. KStG; § 2 Abs. 2 S. 2 GewStG).[477] Insofern ergeben sich besondere Fragestellungen beim unterjährigen Ausscheiden von Mitunternehmern aus der Personengesellschaft als Organträgerin. Gefährdet sind insoweit gewerbesteuerliche Verluste bei der Organträgerin selbst, die bei ihr genuin auftreten können, da sie für die Tauglichkeit als Organträgerin zwingend originär gewerblich tätig sein muss (§ 14 Abs. 1 S. 1 Nr. 2 S. 2 KStG).[478] **6047**

Bei einem unterjährigen Ausscheiden aus der Personengesellschaft als Organträgerin hat der BFH die Zurechnung des Einkommens bei der körperschaftsteuerlichen Organschaft bereits entschieden: Das Einkommen einer Organgesellschaft ist danach für Zwecke der Einkommen- und Körperschaftsteuer entsprechend dem allgemeinen Gewinnverteilungsschlüssel **nur** den Gesellschaftern einer Organträger-Personengesellschaft zuzurechnen, die im Zeitpunkt der Einkommenszurechnung an der Organträgerin beteiligt sind, also am Ende des Wirtschaftsjahres der Organgesellschaft.[479] Auf diesen Zeitpunkt wird zudem für die erforderliche Gewerblichkeit einer Organträger-Personengesellschaft (§ 14 Abs. 1 S. 1 Nr. 2 S. 2 KStG; § 2 Abs. 2 S. 2 GewStG) abgestellt.[480] **6048**

Die gesetzlichen Regelungen der körperschaftsteuerrechtlichen Organschaft gehen von der sog. Zurechnungstheorie aus:[481] Organträger und Organgesellschaft bleiben zivilrechtlich und steuerrechtlich verschiedene Rechtsträger und ermitteln selbständig ihr jeweiliges Einkommen. Erst danach ist das Einkommen der Organgesellschaft nach § 14 Abs. 1 S. 1 KStG dem Organträger zuzurechnen. Die Zurechnung erfolgt nicht im Rahmen der Gewinnermittlung, sondern als Zurechnung fremden Einkommens zur Besteuerung. Das eigene Einkommen des Organträgers und das zuzurechnende Einkommen der Organgesellschaft bilden gemeinsam das vom Organträger zu versteuernde (Gesamt-)Einkommen.[482] **6049**

Gewerbesteuerlich gibt es hingegen keine „Zurechnungstheorie", sondern die **„gebrochene oder eingeschränkte Einheitstheorie"** bei der Ermittlung des Gewerbeertrags.[483] Der Organträger erzielt zunächst einen „originären Gewerbeertrag", der sich von dem der Organgesellschaften unterscheidet.[484] Nach der zunächst separaten Ermittlung dieser einzelnen Gewerbeerträge im Organkreis schuldet nur der Organträger die so für den Organkreis ermittelte Gewerbesteuer (§ 43 S. 1 AO; § 5 Abs. 1 GewStG).[485] Dabei werden formell „die Gewerbeerträge für die Organgesellschaft einerseits und den Organträger andererseits getrennt ermittelt" und gehen „erst danach in einem – einheitlichen – Gewerbeertrag des Organträgers auf".[486] Ein besonderer Zeitpunkt für die Zusammenfassung der Gewerbeer- **6050**

---

475 GewStR 10a.3 Abs. 3 S. 9 Nr. 9 S. 2.
476 GewStR 10a.3 Abs. 3 S. 9 Nr. 9 S. 3.
477 GewStR 2.3 Abs. 3.
478 GewStR 2.3 Abs. 3 S. 2.
479 Grundlegend BFH 29.10.1974 – I R 240/72, BStBl. II 1975, 126; BFH 28.2.2013 – IV R 50/09, BStBl. II 2013, 494; zur genauen Technik der Zurechnung BFH 16.11.2023 – IV R 26/20, DStR 2024, 599 Rn. 61.
480 BFH 24.7.2013 – I R 40/12, BStBl. II 2014, 272.
481 BFH 29.8.2012 – I R 65/11, BStBl. II 2013, 555 Rn. 18; → Rn. 1840 ff.
482 BFH 23.1.2002 – XI R 95/97, BStBl. II 2003, 9 unter II.1.b.
483 BFH 7.9.2016 – I R 9/15, BeckRS 2017, 94189 Rn. 16; BFH 18.5.2011 – X R 4/10, BStBl. II 2011, 887 Rn. 38; BFH 21.10.2009 – I R 29/09, BStBl. II 2010, 644 Rn. 8; BFH 28.1.2004 – I R 84/03, DStRE 2004, 790.
484 BFH 21.10.2009 – I R 29/09, BStBl. II 2010, 644 Rn. 10.
485 BFH 11.7.2024 – III R 41/22, DStR 2024, 2315 Rn. 20.
486 BFH 21.10.2009 – I R 29/09, BStBl. II 2010, 644 Rn. 9.

träge der Mitglieder des Organkreises ist – im Gegensatz zur „Zurechnungstheorie" bei der Körperschaftsteuer – nicht ersichtlich.[487]

6051 Ein Gewinn der Organgesellschaften muss daher auch unterjährig bezüglich der Frage des Untergangs von laufenden Verlusten oder gewerbesteuerlichen Fehlbeträgen nach § 10a S. 6 GewStG bei einem Wechsel der Mitunternehmer auf Ebene der Organträger-Personengesellschaft zur Milderung der Folgen fehlender Unternehmeridentität zur Verfügung stehen. Vom Untergang durch den Unternehmerwechsel kann dann nur noch der bis zu diesem Zeitpunkt erzielte „saldierte" Gewerbeertrag betroffen sein.[488] In der Rechtsprechung wird dieser Sachverhalt teilweise abweichend beurteilt.[489]

6052 Bei einem Übergang des Betriebs der Organträger-Personengesellschaft (§ 2 Abs. 5 GewStG), der das vollständige Ausscheiden aller bisherigen Gesellschafter erfordert,[490] ändert sich die Schuldnerschaft nach § 5 Abs. 2 GewStG. Diese Folgerung gilt grundsätzlich auch bei einer gewerbesteuerlichen Organschaft. Die sachliche Steuerpflicht der Organgesellschaft bleibt indes unberührt.[491] Die Verluste der Organträger-Personengesellschaft gehen durch den Übergang des Betriebs mithin unter (§ 10a S. 8 GewStG), während die vororganschaftlichen Verluste der Organgesellschaft nicht unmittelbar betroffen sind.[492]

6053 **f) Nutzung von gewerbesteuerlichen Fehlbeträgen in Organschaftsketten.** In mehrstufigen Organschaften[493] ist (mindestens)[494] eine Organgesellschaft gleichzeitig auch Organträgerin einer weiteren Organschaft. Aufgrund der Tatbestandsvoraussetzung der „finanziellen Eingliederung" (§ 14 Abs. 1 S. 1 Nr. 1 KStG, § 2 Abs. 2 S. 2 GewStG) ist dies nur in Beteiligungsketten denkbar, nicht zwischen Schwestergesellschaften.[495]

6054 In solchen mehrstufigen Organschaften geht die Finanzverwaltung von einer „Zurechnung von Gewerbeerträgen" entsprechend der finanziellen Eingliederung des § 14 Abs. 1 S. 1 Nr. 1 KStG aus.[496] Die Gewerbeerträge sollen danach „stufenweise" dem jeweiligen Organträger zuzurechnen sein. Bei der „mittleren" Kapitalgesellschaft ist insoweit eine Verrechnung mit vororganschaftlichen Verlusten bei der Gewerbesteuer möglich.[497]

6055–6069 *(einstweilen frei)*

### 3. Hinzurechnungen und Kürzungen (§§ 8, 9 GewStG) im Organkreis

6070 Bei der Ermittlung des Gewerbeertrags jedes der Mitglieder des gewerbesteuerlichen Organkreises sind auf der ersten Stufe die Hinzurechnungs- und Kürzungsvorschriften (§§ 8, 9 GewStG) bei der autonomen Entwicklung des Gewerbeertrags zu beachten.[498] Umfasst sind davon insbesondere die Hinzurechnungen von Zinsen und zinsähnlichen Aufwendungen nach § 8 Nr. 1 GewStG. Diese sind – entsprechend dem Einleitungssatz des § 8 GewStG – immer nur insoweit vorzunehmen, als die entsprechenden Aufwendungen bei der Ermittlung des Gewinns abgesetzt worden sind.[499] Innerhalb des Organkreises

487 Suchanek FR 2023, 660 (662).
488 Suchanek FR 2024, 118 (125); BeckOK GewStG/Weiss, 12. Ed. 1.12.2024, GewStG § 10a Rn. 418 ff.
489 FG Münster 21.3.2023 – 11 K 2517/21 G, DStR 2023, 1350, rkr.; ausführlich Suchanek FR 2024, 118.
490 GewStR 2.7 Abs. 2; zu den Fallgruppen in diesem Kontext Brandis/Heuermann/Gosch, 172. EL Juli 2024, GewStG § 5 Rn. 70.
491 Brandis/Heuermann/Gosch, 172. EL Juli 2024, GewStG § 5 Rn. 72; BeckOK GewStG/Reis, 12. Ed. 1.12.2024, GewStG § 5 Rn. 217.
492 Suchanek FR 2024, 118 (122).
493 „Kettenorganschaft", so bezeichnet bei BMF 29.9.2022, BStBl. I 2022, 1412, Rn. 36.
494 Siehe auch das „vierstufige" Beispiel bei BMF 29.9.2022, BStBl. I 2022, 1412, Rn. 36.
495 BFH 22.2.2017 – I R 35/14, BStBl. II 2018, 33 Rn. 27, dort auch zu unionsrechtlichen Fragestellungen in diesem Zusammenhang.
496 OFD Hannover 7.10.2003, DStR 2003, 1836.
497 BeckOK GewStG/Weiss, 12. Ed. 1.12.2024, GewStG § 10a Rn. 320; Glanegger/Güroff/Güroff, 11. Aufl. 2023, GewStG § 10a Rn. 139.
498 BFH 30.1.2002 – I R 73/01, BStBl. II 2003, 354 unter II.1.
499 Oberste Finanzbehörden der Länder 2.7.2012, BeckVerw 262372, Rn. 2.

sind mithin die Abzugsbeschränkungen des deutschen Ertragsteuerrechts für derartige Aufwendungen zu beachten, da vom einkommen- oder körperschaftsteuerlichen Abzug ausgeschlossene Aufwendungen schon dem Grunde nach nicht dem Gewerbeertrag hinzuzurechnen sind.[500]

Dazu gehört insbesondere die Zinsschranke des § 4h EStG, § 8a KStG. Deren Anwendung ist innerhalb des Organkreises durch die Regelung des § 15 S. 1 Nr. 3 KStG[501] modifiziert, nach dessen S. 1 § 4h EStG bei der Organgesellschaft nicht anzuwenden ist. Organträger und Organgesellschaften gelten nach S. 2 des § 15 S. 1 Nr. 3 KStG als ein Betrieb iSd § 4h EStG. Sind in dem dem Organträger zugerechneten Einkommen der Organgesellschaften Zinsaufwendungen und Zinserträge iSd § 4h Abs. 3 EStG enthalten, sind diese nach S. 3 bei Anwendung des § 4h Abs. 1 EStG beim Organträger einzubeziehen. Aufgrund dieser Fiktion sind Darlehensbeziehungen innerhalb des Organkreises irrelevant für Zwecke der Anwendung der Zinsschranke.[502] **6071**

Dem Grunde nach sind damit auch Finanzierungsbeziehungen sowie weitere schuldrechtliche Verträge, die innerhalb des Organkreises zu Aufwendungen iSd § 8 Nr. 1 GewStG führen, von der Hinzurechnung betroffen. Diese schuldrechtlichen Beziehungen werden, da die Mitglieder des Organkreises weiterhin eigenständige Gewerbebetriebe sind, nicht „konsolidiert", sondern gerade anerkannt.[503] Eine einheitliche Ermittlung insb. des Gewerbeertrags von Organträger und der zum Organkreis gehörenden Organgesellschaften – etwa auf der Grundlage einer Einheits- oder Konzernbilanz – kommt nach der Rechtsprechung des BFH gerade nicht in Betracht.[504] **6072**

Nach der so modifizierten Anwendung der Zinsschranke – sowie weiterer Abzugsbeschränkungen u. a. aus §§ 4i-4k EStG sowie § 4 Abs. 4a EStG[505] – wird der Zinsaufwand durch § 8 Nr. 1 GewStG teilweise vom Abzug bei der Gewerbesteuer ausgeschlossen. Bei der Anwendung des § 8 Nr. 1 GewStG sind die Unternehmen in einem Organkreis jeweils gesondert zu behandeln.[506] Der Freibetrag nach § 8 Nr. 1 GewStG von 200.000 EUR ist bei jeder Ermittlung der Gewerbeerträge des Organkreises jeweils gesondert zu berücksichtigen.[507] **6073**

*(einstweilen frei)* **6074–6089**

**a) Billigkeitsregelung der Finanzverwaltung.** Allerdings hat die Finanzverwaltung in ihrer Billigkeitsregelung[508] in GewStR 7.1 Abs. 5 S. 3[509] eingeräumt, dass Hinzurechnungen nach § 8 GewStG im Organkreis zu unterbleiben haben, soweit die Hinzurechnungen zu einer doppelten steuerlichen Belastung des Organkreises führen.[510] Nach GewStR 7.1 Abs. 5 S. 4 kann eine solche doppelte Belastung eintreten, wenn die für die Hinzurechnung in Betracht kommenden Beträge bereits in einem der zusammenzurechnenden Gewerbeerträge enthalten sind.[511] Auch der BFH war bereits früh der Auffassung, dass der Organschaft „in den Sonderfällen der §§ 8 und 9 GewStG bei den Zu- und Abrechnungen Rechnung getragen werden" müsse. „Forderungen und Schulden beider Unternehmungen unter- **6090**

---

500 Siehe auch GewStR 8.7 S. 2.
501 → Rn. 2001 ff.
502 Brandis/Heuermann/Rode KStG § 15 Rn. 38.
503 GewStR 7.1 Abs. 5 S. 2.
504 BFH 6.11.1985 – I R 56/82, BeckRS 1985, 22007459, unter 1.; GewStR 7.1 Abs. 5 S. 2.
505 Wenn eine Personengesellschaft oder natürliche Person Organträgerin ist; zur Anwendung des § 4 Abs. 4a EStG bei der Gewerbesteuer BFH 22.3.2022 – IV R 19/19, BeckRS 2022, 19635 Rn. 10; bestätigt in BFH 27.9.2023 – IV R 8/21, BStBl. II 2024, 110 Rn. 29.
506 Oberste Finanzbehörden der Länder 2.7.2012, BeckVerw 262372, Rn. 4.
507 Oberste Finanzbehörden der Länder 2.7.2012, BeckVerw 262372, Rn. 45.
508 „Wohl aus Gründen der Billigkeit", BFH 17.9.2014 – I R 30/13, BStBl. II 2017, 726 Rn. 16.
509 Zuvor Abschn. 41 Abs. 1 S. 5 und 6 GewStR 1998.
510 Kein Verstoß gegen das Unionsrecht oder die Diskriminierungsverbote der DBA (Art. 24 OECD-MA 2017; Art. 23 Deutsche Verhandlungsgrundlage, IStR-Beih. 2013, 46); BFH 7.12.2011 – I R 30/08, DStR 2012, 509; BFH 17.9.2014 – I R 30/13, BStBl. II 2017, 726.
511 BFH 30.10.2014 – IV R 9/11, BeckRS 2014, 96554 Rn. 25.

einander mit den geschuldeten bzw. gezahlten Zinsen, Mieten und dergleichen bleiben zur Vermeidung einer doppelten Heranziehung unbeachtlich."[512]

**6091** Diese Situation kann eintreten, wenn Organträger und Organgesellschaft bspw. eine Darlehensbeziehung unterhalten, bei der mehr als 200.000 EUR an Zinsaufwand bei einem der beiden Gewerbeerträge des Organkreises anfällt. Der den Freibetrag des § 8 Nr. 1 GewStG übersteigende Zinsaufwand ist dann insoweit von der Hinzurechnung nach § 8 Nr. 1 Buchst. a GewStG ausgenommen, als der zugehörige Zinsertrag in den Gewerbeertrag eines Mitglieds des Organkreises eingeht. Ähnliche Effekte können sich bei einer Lizenzierung im Organkreis unter § 8 Nr. 1 Buchst. f GewStG ergeben. Denkbar ist auch die Anwendung der übrigen Buchstaben des § 8 Nr. 1 GewStG, etwa aufgrund einer **typisch stillen Gesellschaft** innerhalb des Organkreises (§ 8 Nr. 1 Buchst. c GewStG).[513]

**6092** Nicht betroffen von diesen Restriktionen bezüglich der Hinzurechnungen und Kürzungen sind hingegen die „Außenbeziehungen" des Organkreises zu anderen Rechtsträgern. Darlehensbeziehungen mit einem gegenüber dem Organkreis Außenstehenden etwa führen nach den allgemeinen Regeln zu Hinzurechnungen nach § 8 Nr. 1 GewStG bei dem Schuldner innerhalb des Organkreises. Nicht betroffen sind auch Fälle, bei denen etwa aufgrund eines grenzüberschreitenden Bezugs im konkreten Fall keine doppelte Belastung droht.[514]

**6093** Ebenfalls nicht von der Billigkeitsregelung der Finanzverwaltung umfasst sind Hinzurechnungen und Kürzungen aus Beziehungen der Organgesellschaft mit den **Gesellschaftern einer Organträger-Personengesellschaft** (§ 14 Abs. 1 S. 1 Nr. 2 S. 2, 3 KStG, § 2 Abs. 2 S. 2 GewStG). Der Organkreis umfasst nur die Personengesellschaft, mit ihrem Gesamthandsvermögen (§ 39 Abs. 2 Nr. 2 S. 2 AO) sowie dem eventuell vorhandenen – auch gewerbesteuerlich beachtlichen[515] – Sonderbetriebsvermögen[516] ihrer Gesellschafter.[517] Ansonsten ist der Gewerbebetrieb der Organträger-Personengesellschaft – und damit der Organkreis – gegenüber einem möglichen eigenen Gewerbebetrieb der Gesellschafter der Personengesellschaft gewerbesteuerlich strikt isoliert (§ 8 Nr. 8, § 9 Nr. 2 GewStG). Dementsprechend „schuldet eine Personengesellschaft die Gewerbesteuer nur für den eigenen Gewerbebetrieb, nicht für den etwaigen Gewerbebetrieb eines Gesellschafters".[518] Auch die Billigkeitsregelungen der GewStR 7.1 Abs. 5 kann damit im Verhältnis zu den Gesellschaftern einer Organträger-Personengesellschaft nicht gelten.[519]

**6094–6105** *(einstweilen frei)*

**6106** **b) Teilwertabschreibung und Veräußerung bei Anteilen an der Organgesellschaft (§ 8 Nr. 10 GewStG).** Die Beteiligung an der Organgesellschaft ist bei dem Organträger als nicht abnutzbares Wirtschaftsgut des Anlagevermögens nach § 6 Abs. 1 Nr. 2 S. 1 EStG grundsätzlich mit ihren Anschaffungskosten oder dem an deren Stelle tretenden Wert, vermindert um Abzüge nach § 6b EStG und ähnliche Abzüge, anzusetzen. Ist der Teilwert (§ 6 Abs. 1 Nr. 1 S. 3 EStG) auf Grund einer voraussichtlich dauernden Wertminderung

[512] BFH 6.10.1953 – I 29/53 U, BStBl. III 1953, 329.

[513] Eine **atypisch stille Gesellschaft** an den Mitgliedern des Organkreises ist hingegen bereits dem Grunde nach für die Annahme einer ertragsteuerlichen Organschaft schädlich (BMF 20.8.2015, BStBl. I 2015, 649; GewStH 2.3 Abs. 1, „GmbH & atypisch stille Gesellschaft"). Teilweise wird auch vertreten, dass bereits eine typisch stille Gesellschaft schädlich sei; siehe bspw. Prinz/Witt Steuerliche Organschaft/G. Wagner Rn. 4.25; DPM/Dötsch/Pung KStG § 14 Rn. 79 mwN.

[514] BFH 7.12.2011 – I R 30/08, DStR 2012, 509 Rn. 33.

[515] BFH 3.4.2008 – IV R 54/04, BStBl. II 2008, 742; BFH 28.2.2013 – IV R 33/09, DStR 2013, 1324 Rn. 12.

[516] EStR 4.2 Abs. 2; BFH 12.10.2016 – I R 92/12, BStBl. II 2022, 123 Rn. 12; zum Sonderbetriebsvermögen II BFH 21.12.2021 – IV R 15/19, BStBl. II 2022, 651 Rn. 23; BFH 1.2.2024 – IV R 9/20, DStR 2024, 744 Rn. 41; insgesamt zur gewerbesteuerlichen Anerkennung des Sonderbetriebsvermögens zB BFH 1.2.2024 – IV R 26/21, BeckRS 2024, 4882 Rn. 45.

[517] Frotscher/Drüen/M. Frotscher GewStG § 2 Rn. 101.

[518] BFH 28.2.2013 – IV R 33/09, DStR 2013, 1324 Rn. 12; BFH 2.12.2015 – I R 13/14, BStBl. II 2016, 927, Rn. 20 f.; zum Ganzen Weiss DStR 2023, 1097.

[519] Frotscher/Drüen/M. Frotscher GewStG § 2 Rn. 103.

niedriger, so kann dieser angesetzt werden (§ 6 Abs. 1 Nr. 2 S. 2 EStG). Die Verpflichtung zum jährlichen Nachweis der weiterhin vorliegenden Wertminderung (§ 6 Abs. 1 Nr. 1 S. 4 EStG) gilt entsprechend (§ 6 Abs. 1 Nr. 2 S. 3 EStG).

Je nach Rechtsform des Organträgers ist der Aufwand aus einer nach § 6 Abs. 1 Nr. 2 **6107** S. 2 EStG vorgenommenen Teilwertabschreibung einkommen- oder körperschaftsteuerlich außerbilanziell zu korrigieren. Insoweit als natürliche Personen betroffen sind, ist der Aufwand zu 40 % nicht abziehbar (§ 3 Nr. 40 S. 1 Buchst. a S. 1 EStG, „…oder an einer Organgesellschaft iSd § 14 oder § 17 des Körperschaftsteuergesetzes"; § 3c Abs. 2 S. 1 EStG). Insoweit als unmittelbar oder mittelbar (§ 8b Abs. 6 S. 1 KStG) Körperschaften betroffen sind, ist nach § 8b Abs. 3 S. 3 KStG der Aufwand vollumfänglich nicht abzugsfähig.[520]

In diesen Grenzen fließt eine Teilwertabschreibung auch in die Ausgangsgröße des § 7 **6108** S. 1 GewStG beim Organträger ein. Nach § 8 Nr. 10 Buchst. a GewStG sind Gewinnminderungen, die durch Ansatz des niedrigeren Teilwerts des Anteils an einer Körperschaft entstanden sind, dem Gewerbeertrag des Organträgers hinzuzurechnen, soweit sie bei der Ermittlung des Gewinns abgesetzt worden sind (Einleitungssatz des § 8 GewStG). Die Verpflichtung zur Hinzurechnung besteht jedoch nur, soweit der Ansatz des niedrigeren Teilwerts u. a. auf organschaftliche Gewinnabführungen der Körperschaft zurückzuführen ist.[521] Daneben ist es innerhalb einer gewerbesteuerlichen Organschaft auch denkbar, dass die Gewinnminderung oder der Ansatz des niedrigeren Teilwerts auf die Ausschüttung von Gewinnen aus vororganschaftlicher Zeit[522] zurückzuführen ist.[523]

Gleiches gilt für die Veräußerung der Beteiligung an der Organgesellschaft. Werden die **6109** Anteile in einem Umfang veräußert, dass die finanzielle Eingliederung (§ 14 Abs. 1 S. 1 Nr. 1 KStG) nicht mehr gegeben ist, fällt – jedenfalls für dieses Wirtschaftsjahr[524] – die ertragsteuerliche Organschaft selbst weg. Werden Anteile an der Organgesellschaft hingegen in einem Umfang veräußert, dass die finanzielle Eingliederung (§ 14 Abs. 1 S. 1 Nr. 1 KStG) ununterbrochen während des Wirtschaftsjahrs der Organgesellschaft erhalten bleibt, bleibt auch die Organschaft bestehen.[525] Entsteht ein Veräußerungsverlust aus der Beteiligung an der Organgesellschaft, ist dieser unter den Bedingungen des § 8 Nr. 10 Buchst. b GewStG dem Gewerbeertrag des Organträgers hinzurechnen.

*(einstweilen frei)* **6110–6115**

**c) Anwendung der erweiterten Kürzung des § 9 Nr. 1 S. 2 ff. GewStG im Organkreis.** **6116** Bei der autonomen Entwicklung der Gewerbeerträge[526] im Organkreis kommt auch die Kürzung nach § 9 Nr. 1 GewStG zur Anwendung. Für Grundvermögen, das sich am relevanten Stichtag „Beginn des Kalenderjahres" (§ 20 Abs. 1 S. 2 GewStDV)[527] im einkommen- oder körperschaftsteuerlichen Betriebsvermögen eines Mitglieds des Organkreises befindet, wird insoweit die „einfache Kürzung" des § 9 Nr. 1 S. 1 GewStG von Amts wegen gewährt.

Für ausschließlich grundstücksverwaltende Gesellschaften kommt hingegen auf Antrag **6117** die erweiterte Kürzung nach § 9 Nr. 1 S. 2 ff. GewStG zur Anwendung,[528] wobei es sich um eine „Alles-oder-Nichts"-Entscheidung bezüglich der Gewährung der erweiterten Kürzung dem Grunde nach handelt.[529] Die Voraussetzungen für die erweiterte Kürzung

520 Ausnahmen gelten insoweit nur in den (seltenen) Fällen des § 8b Abs. 7, 8 KStG sowie bei § 3 Nr. 40 S. 3 EStG.
521 Siehe zur Historie u. a. BFH 23.9.2008 – I R 19/08, BeckRS 2008, 24003522.
522 KStR 14.5 Abs. 4 S. 4, 5.
523 GewStR 8.6 S. 5.
524 BFH 10.5.2017 – I R 51/15, BeckRS 2017, 125940; bestätigt in BFH 2.11.2022 – I R 37/19, BeckRS 2022, 42320 Rn. 24.
525 BMF 2.1.2025, BStBl. I 2025, 92 Rn. Org.09.
526 GewStR 7.1 Abs. 5 S. 2.
527 GewStR 9.1 Abs. 1 S. 10; GewStH 9.1, „Grundbesitz als Betriebsvermögen".
528 GewStR 9.2 Abs. 1.
529 Oberste Finanzbehörden der Länder 17.6.2022, DStR 2022, 1316 Rn. 5.

müssen während des gesamten Erhebungszeitraums nach § 14 S. 2 GewStG oder während des gesamten abgekürzten Erhebungszeitraums (§ 14 S. 3 GewStG) vorliegen.[530] Bei den Unternehmen im gewerbesteuerlichen Organkreis wird indes der Gewerbeertrag jeweils gesondert ermittelt.[531] Dementsprechend sind auch die Voraussetzungen für die erweiterte Kürzung des Gewerbeertrags nach § 9 Nr. 1 S. 2 ff. GewStG jeweils allein nach den bei dem einzelnen Unternehmen gegebenen Verhältnissen zu beurteilen.[532]

**6118** Ebenso gilt dies für die durch das Fondsstandortgesetz[533] ergänzend eingeführten Bedingungen des § 9 Nr. 1 S. 3, 4 GewStG für kürzungsunschädliche Tätigkeiten („Bagatellgrenze").[534] Auch die prozentualen Unschädlichkeitsgrenzen des § 9 Nr. 1 S. 3 Buchst. b und c GewStG sind für jedes zum Organkreis gehörende Unternehmen gesondert zu prüfen.[535]

**6119** Einschränkungen der autonomen Anwendung des § 9 Nr. 1 S. 2 ff. GewStG im Organkreis ergeben sich jedoch mit Blick auf die Mieter der Grundstücke, die eine Organgesellschaft vermietet. Die erweiterte Kürzung für Grundstücksunternehmen (§ 9 Nr. 1 S. 2 GewStG) ist nach der Rechtsprechung des BFH zu versagen, wenn es sich bei dem Grundstücksunternehmen um eine Organgesellschaft handelt, die **alle ihre Grundstücke** an eine andere Organgesellschaft desselben Organkreises vermietet.[536] Diese Rechtsprechung ist zu Recht mit Blick auf die Funktion des § 9 Nr. 1 S. 2 ff. GewStG, die Freistellung von vermögensverwaltenden, allein aufgrund der Rechtsform des Vermieters gewerbesteuerpflichtigen Tätigkeiten von der Gewerbesteuer zu erreichen, kritisiert worden.[537]

**6120** Ob diese auch gilt, wenn zunächst innerhalb des Organkreises an andere Organgesellschaften, von diesen aber an Außenstehende vermietet wird, war lange Zeit nicht geklärt.[538] Der BFH hat die erweiterte Kürzung gem. § 9 Nr. 1 S. 2 GewStG für ein Grundstücksunternehmen in ständiger Rechtsprechung versagt, wenn es sich bei diesem Unternehmen um eine Organgesellschaft handelt, die sämtliche Grundstücke an eine andere Organgesellschaft derselben Organschaft verpachtet und damit an die ständige Rechtsprechung angeschlossen.[539] Dies gilt nach Ansicht des III. Senats auch, wenn die pachtende Organgesellschaft diesen Grundbesitz an außerhalb des Organkreises stehende Dritte weitervermietet oder weiterverpachtet.[540]

**6121–6133** *(einstweilen frei)*

**6134** **d) Spendenabzug im Organkreis.** Spenden der Organgesellschaft als Körperschaft (§ 14 Abs. 1 S. 1 KStG; § 17 Abs. 1 S. 1 KStG; § 2 Abs. 2 S. 2 GewStG)[541] sind nach § 9 Abs. 1 Nr. 2 S. 1 KStG vorbehaltlich des § 8 Abs. 3 KStG[542] als Zuwendungen (Spenden und Mitgliedsbeiträge) zur Förderung steuerbegünstigter Zwecke iSd §§ 52–54 AO bis zu den dort genannten Höchstbeträgen körperschaftsteuerlich abziehbar.[543] Gewerbesteuerlich wird durch § 8 Nr. 9 GewStG der Abzug zunächst durch Hinzurechnungen rückgängig

530 GewStR 9.2 Abs. 1 S. 3; BFH 17.10.2024 – III R 1/23, DStR 2025, 148 Rn. 15.
531 Oberste Finanzbehörden der Länder 2.7.2012, BStBl. I 2012, 654 Rn. 4.
532 GewStH 9.2 Abs. 2, „Organschaft"; Oberste Finanzbehörden der Länder 17.6.2022, DStR 2022, 1316 Rn. 9; BeckOK GewStG/Jahndorf GewStG § 9 Rn. 361 ff.
533 FoStoG v. 3.6.2021 (BGBl. 2021 I 1498).
534 Oberste Finanzbehörden der Länder 17.6.2022, DStR 2022, 1316 Rn. 3.
535 Oberste Finanzbehörden der Länder 17.6.2022, DStR 2022, 1316 Rn. 9.
536 BFH 18.5.2011 – X R 4/10, BeckRS 2011, 95972; BFH 30.10.2014 – IV R 9/11, BFH/NV 2015, 227.
537 BeckOK GewStG/Jahndorf GewStG § 9 Rn. 362 ff.
538 Dazu FG Düsseldorf 22.9.2022 – 9 K 2833/21 G, BeckRS 2022, 33431; in der Revision BFH 11.7.2024 – III R 41/22, DStR 2024, 2315 aufgehoben.
539 BFH 18.5.2011 – X R 4/10, BStBl. II 2011, 887 und BFH 30.10.2014 – IV R 9/11, BFH/NV 2015, 227.
540 BFH 11.7.2024 – III R 41/22, DStR 2024, 2315.
541 BeckOK GewStG/Specker, 12. Ed. 1.12.2024, GewStG § 2 Rn. 998.
542 Zur Unterscheidung von der (vorrangigen) verdeckten Gewinnausschüttung des § 8 Abs. 3 S. 2 KStG FG Köln 21.3.2018 – 10 K 2146/16, DStRE 2019, 88 sowie die Revisionsentscheidung BFH 13.7.2021 – I R 16/18, BStBl. II 2022, 119.
543 KStR 7.1 Abs. 1 S. 2 Zeile 15, 32.

gemacht. Durch § 9 Nr. 5 GewStG wird dann eine eigene gewerbesteuerliche Kürzungsvorschrift angewendet.

Die Grenzen des § 9 Nr. 5 GewStG sind im Rahmen einer Organschaft für den Organträger und die Organgesellschaft getrennt zu ermitteln. Dabei ist das Einkommen bzw. der „um die Hinzurechnungen nach § 8 Nr. 9 GewStG erhöhte Gewinn aus Gewerbebetrieb (§ 7 GewStG)" der Organgesellschaft beim Organträger nicht zu berücksichtigen.[544] **6135**

*(einstweilen frei)* **6136–6148**

## 4. Anwendung der Bruttomethode des § 15 KStG

Durch die körperschaftsteuerliche Bruttomethode des § 15 S. 1 Nr. 2 KStG werden Beteiligungserträge der Organgesellschaft auf deren Ebene zunächst körperschaftsteuerlich voll in ihrem Einkommen belassen.[545] Das dem Organträger zugerechnete Einkommen enthält damit solche Beteiligungserträge in vollem Umfang. Auf Ebene des Organträgers wird dann nach den bei ihm bestehenden Verhältnissen entweder die Anwendung des § 8b KStG oder des § 3 Nr. 40 EStG auf derartige Beteiligungserträge nachgeholt.[546] Im Fall einer Personengesellschaft als Organträgerin kann somit auch eine – über § 8b Abs. 6 S. 1 KStG vermittelte – teilweise Anwendung von § 8b KStG und eine teilweise Anwendung von § 3 Nr. 40 EStG in Betracht kommen. Betroffen sind mithin Beteiligungserträge in Form von offenen oder verdeckten Gewinnausschüttungen sowie Beteiligungserträge in Form von Veräußerungsgewinnen, die die Organgesellschaft aus ihren – nicht organschaftlich angebundenen – Tochtergesellschaften bezieht. Die Ansässigkeit der Tochtergesellschaften im Inland oder Ausland ist hierfür grundsätzlich nicht relevant.[547] **6149**

Gemäß § 15 S. 1 Nr. 2 S. 1 KStG sind § 8b Abs. 1 bis 6 KStG sowie § 4 Abs. 6 UmwStG und § 12 Abs. 2 S. 1 UmwStG bei der Ermittlung des Einkommens der Organgesellschaft nicht anzuwenden („Bruttomethode").[548] Sind in dem dem Organträger körperschaftsteuerlich zugerechneten Einkommen Bezüge, Gewinne oder Gewinnminderungen iSd § 8b Abs. 1 bis 3 KStG oder mit solchen Beträgen zusammenhängende Ausgaben iSd § 3c Abs. 2 EStG, ein Übernahmeverlust iSd § 4 Abs. 6 UmwStG oder ein Gewinn oder Verlust iSd § 12 Abs. 2 S. 1 UmwStG enthalten, sind gem. § 15 S. 1 Nr. 2 S. 2 Hs. 1 KStG § 8b KStG, § 4 Abs. 6 und § 12 Abs. 2 UmwStG sowie § 3 Nr. 40 EStG und § 3c Abs. 2 EStG bei der Ermittlung des Einkommens des Organträgers anzuwenden. Zudem enthält § 15 S. 1 Nr. 2 KStG weitere Details zur Anwendung der Bruttomethode, insb. zur Anwendung des § 8b Abs. 4 KStG. Bei diesem sind nach S. 4 des § 15 S. 1 Nr. 2 KStG Beteiligungen der Organgesellschaft und Beteiligungen des Organträgers getrennt zu betrachten. **6150**

Gewerbesteuerlich ist nach § 7 S. 1 GewStG iVm § 2 Abs. 2 S. 2 GewStG die Bruttomethode ebenfalls beachtlich.[549] Nach früherer Auffassung der Finanzverwaltung sollte gem. § 15 S. 1 Nr. 2 S. 2 KStG die Anwendung der Vorschriften § 8b KStG, § 3 Nr. 40 EStG und § 3c EStG auf der Ebene des Organträgers auch für Zwecke der Gewerbesteuer nachgeholt werden.[550] Durch vollumfängliche Anwendung der Regelung des § 8b KStG wäre dann auch die Schachtelstrafe nach § 8b Abs. 5 S. 1 KStG der Gewerbesteuer auf Ebene des körperschaftlichen Organträgers bzw. bei Körperschaften als Mitunternehmern einer Organträger-Personengesellschaft (§ 14 Abs. 1 S. 1 Nr. 2 S. 2 ff. KStG; § 8b Abs. 6 S. 1 KStG) zu unterwerfen. **6151**

*(einstweilen frei)* **6152–6162**

---

544 BFH 23.1.2002 – XI R 95/97, BStBl. II 2003, 9; Lenski/Steinberg/Roser GewStG § 9 Rn. 27.

545 → Rn. 1955 ff.

546 BFH 15.6.2016 – I R 64/14, BStBl. II 2017, 182 Rn. 9.

547 BFH 18.5.2021 – I R 12/18, BStBl. II 2021, 875 Rn. 12; BMF 28.4.2003, BStBl. I 2003, 292 Rn. 4.

548 BFH 26.9.2018 – I R 16/16, BStBl. II 2019, 206 Rn. 25.

549 BFH 17.12.2014 – I R 39/14, BStBl. II 2015, 1052; bestätigt in BFH 16.10.2024 – I R 16/20, BeckRS 2024, 42819 Rn. 15.

550 BMF 26.8.2003, DStR 2003, 1529 Rn. 28.

6163 **a) Entscheidung des BFH 17.12.2014 – I R 39/14.** Die Rechtsprechung des BFH[551] hat die Schachtelstrafe des § 8b Abs. 5 S. 1 KStG im Ergebnis nicht bei einer Organträger-Kapitalgesellschaft zur Anwendung kommen lassen.[552] Nach Ansicht des BFH ist auf Bezüge der Organgesellschaft iSd § 20 Abs. 1 Nr. 1 EStG im Ergebnis beim Organträger für Zwecke der Gewerbesteuer keine Hinzurechnung von fiktiven nichtabziehbaren Betriebsausgaben nach § 8b Abs. 5 S. 1 KStG vorzunehmen. Eine sich daraus ggf. ergebende „Hinzurechnungslücke" lasse sich weder durch Auslegung oder Analogie noch durch eine spezifisch organschaftliche Korrektur über § 2 Abs. 2 S. 2 GewStG schließen.

6164 Nach den Urteilsgrundsätzen hätten sich Gestaltungsmöglichkeiten innerhalb von gewerbesteuerlichen Organschaften ergeben.[553] Die Organgesellschaft hätte als Holding für Schachtelbeteiligungen an Kapitalgesellschaften iSd § 9 Nr. 2a, 7, 8 GewStG genutzt werden können, um Bezüge nach § 20 Abs. 1 Nr. 1 EStG insoweit gewerbesteuerlich ohne Belastung durch die Schachtelstrafe des § 8b Abs. 5 S. 1 KStG zu vereinnahmen. Dabei hätten thesaurierte Gewinne aus vergangenen Geschäftsjahren gezielt ausgeschüttet werden können.[554]

6165 Der Gesetzgeber und die Finanzverwaltung haben jedoch auch in anderen Kontexten immer wieder versucht, die Schachtelstrafe des § 8b Abs. 5 S. 1 KStG durchzusetzen.[555] Der BFH sieht in der Schachtelstrafe des § 8b Abs. 3 S. 1 KStG und § 8b Abs. 5 S. 1 KStG „eine Fiktion nichtabziehbarer Betriebsausgaben […], die nicht durch eine wirtschaftliche Betrachtung überspielt werden kann, der zufolge die Steuerfreistellung nach § 8b Abs. 2 S. 1 KStG im Ergebnis nur zu 95 % gewährt wird, mithin die Steuerfreistellung partiell wieder zurückgenommen wird".[556] Auch wenn diese Fiktion nichtabziehbarer Betriebsausgaben wirtschaftlich wie eine partielle Rücknahme der Steuerfreistellung um 5 % wirkt, ist der vom Gesetz gewählte Weg der Qualifizierung der Nichtabzugsgröße als nichtabziehbare Betriebsausgaben nach ständiger Rechtsprechung des BFH wörtlich zu verstehen und ernst zu nehmen.[557]

6166 Das Ansinnen, die Schachtelstrafe in allen Kontexten durchzusetzen,[558] hat beispielsweise im Fall der Kollision des § 8b Abs. 5 S. 1 KStG mit den Freistellungsverpflichtungen unter den deutschen Doppelbesteuerungsabkommen Erfolg gehabt.[559] Ebenso war dies bei dem Zusammentreffen mit § 3 Nr. 41 EStG aF, der Freistellung von Ausschüttungen aus Zwischengesellschaften bei der Hinzurechnungsbesteuerung, zu beobachten.[560] Gescheitert ist dieser Versuch bislang nur im Kontext der beschränkten Körperschaftsteuerpflicht, bei der Veräußerungsgewinne aus Anteilen an inländischen Kapitalgesellschaften ohne Verhaftung in einer inländischen Betriebsstätte des beschränkt Steuerpflichtigen (§ 49 Abs. 1 Nr. 2 Buchst. e EStG) nicht mit der Schachtelstrafe des § 8b Abs. 3 S. 1 KStG belegt werden durften.[561]

6167 Die Finanzverwaltung hatte daher das BFH-Urteil vom 17.12.2014[562] durch Veröffentlichung im Bundessteuerblatt als für ihre Zwecke bindend anerkannt.[563] Allerdings hatte sie diese Veröffentlichung mit umfassenden Verfügungen bezüglich der Anwendung der

[551] BFH 17.12.2014 – I R 39/14, BStBl. II 2015, 1052; GewStH 7.1 Abs. 5, „Dividendeneinnahmen einer Organgesellschaft".
[552] Siehe auch BFH 14.8.2019 – I R 44/17, DStR 2020, 1307 Rn. 67, bei dem eine Kürzung nach § 9 Nr. 7 auf Ebene der Organgesellschaft mangels Erfüllung des Tatbestands ohnehin unterblieb.
[553] Roser FR 2015, 475 (476).
[554] Zu Details solcher Gestaltungsmöglichkeiten BeckOK GewStG/Weiss GewStG § 7a Rn. 49 ff.
[555] Zum Ganzen Weiss DK 2017, 174.
[556] BFH 11.4.2018 – I R 34/15, BStBl. II 2020, 201 Rn. 38.
[557] BFH 31.5.2017 – I R 37/15, BStBl. II 2018, 144 Rn. 18.
[558] Zum Ganzen BeckOK GewStG/Weiss, 12. Ed. 1.12.2024, GewStG § 7a Rn. 7.1 ff.
[559] BFH 22.9.2016 – I R 29/15, IStR 2017, 194.
[560] BFH 26.4.2017 – I R 84/15, BStBl. II 2018, 492.
[561] BFH 31.5.2017 – I R 37/15, BStBl. II 2018, 144.
[562] BFH 17.12.2014 – I R 39/14, BStBl. II 2015, 1052.
[563] GewStH 7.1 Abs. 5, „Dividendeneinnahmen einer Organgesellschaft".

Grundsätze des Urteils bedacht.[564] Insbesondere hat sie in einem umfassenden Abschnitt 4 „Umsetzung der BFH-Rechtsprechung" in der erstgenannten Verfügung sowie in einem entsprechenden Abschnitt 5 in letzterer Verfügung zahlreiche Hinweise und Beispiele zur Handhabung der Urteilsgrundsätze gegeben.

*(einstweilen frei)* 6168–6185

**b) Gesetzgeberische Reaktion durch § 7a GewStG.** Der Gesetzgeber hat sich jedoch im Rahmen des „Gesetzes zur Umsetzung der Änderungen der EU-Amtshilferichtlinie und von weiteren Maßnahmen gegen Gewinnkürzungen und -verlagerungen"[565] zu einer Überschreibung der BFH-Rechtsprechung durch § 7a GewStG entschlossen. Hintergrund war die Verhinderung einer „Lücke" bei der Besteuerung von Dividenden und ähnlichen Bezügen iSd § 8b Abs. 1 KStG, die ansonsten bei Bezug über eine Organgesellschaft nach Ansicht des Gesetzgebers entstanden wäre. § 7a GewStG ist nach § 36 Abs. 2b GewStG 2018 erstmals auf Gewinne aus Anteilen iSd § 9 Nr. 2a, 7 oder 8 GewStG, die nach dem 31.12.2016 zufließen, und auf Aufwendungen, die im unmittelbaren Zusammenhang mit diesen Gewinnen aus Anteilen stehen und nach diesem Zeitpunkt gewinnwirksam werden, anzuwenden. 6186

§ 7a GewStG stellt eine Sonderregelung bei der Ermittlung des Gewerbeertrags einer Organgesellschaft dar. Die ansonsten grundsätzlich über § 7 S. 1 GewStG vermittelte Geltung der körperschaftsteuerlichen Regelungen[566] wird insoweit „persönlich" für bestimmte Gewerbebetriebe (§ 2 Abs. 2 S. 2 GewStG) eingeschränkt. Sachlich besteht eine Beschränkung auf den Bezug von Gewinnen aus Anteilen iSd § 9 Nr. 2a, 7 oder 8 GewStG und die gewinnmindernde Berücksichtigung von Aufwendungen, die im unmittelbaren Zusammenhang mit diesen Gewinnen aus Anteilen stehen.[567] 6187

Nach § 7a **Abs. 1** S. 1 GewStG ist bei der Ermittlung des Gewerbeertrags einer Organgesellschaft § 9 Nr. 2a, 7 und 8 GewStG nicht anzuwenden. Nach dessen S. **2** ist in den Fällen des Satzes 1 § 8 Nr. 1 GewStG bei Aufwendungen, die im unmittelbaren Zusammenhang mit Gewinnen aus Anteilen iSd § 9 Nr. 2a, 7 oder 8 GewStG stehen, nicht anzuwenden. Somit wird zunächst die Anwendung der Kürzungsvorschriften u. a. des § 9 Nr. 2a, 7 GewStG für „Gewinne aus Anteilen" an einer Kapitalgesellschaft bei Ermittlung des Gewerbeertrags der Organgesellschaft ausgeschaltet. Zu einer Kürzung von Beteiligungserträgen bei einer Beteiligung zu Beginn des Erhebungszeitraums von mindestens 15 % (§ 9 Nr. 2a S. 1 GewStG; § 9 Nr. 7 S. 1 GewStG) kommt es damit nicht. Ausdrücklich bezieht sich diese Aussage **nur auf laufende „Gewinne aus Anteilen" wie Dividenden und verdeckte Gewinnausschüttungen** (§ 20 Abs. 1 Nr. 1 EStG),[568] nicht aber auf Veräußerungsgewinne: Diese sind von § 9 Nr. 2a, 7 GewStG bereits dem Grunde nach nicht umfasst,[569] da es nach Auffassung der Rechtsprechung „begrifflich an einem Gewinn aus Anteilen an einer Kapitalgesellschaft" mangelt. Mit „Gewinn aus Anteilen" kann danach nur der ausgeschüttete und nicht der bei der Veräußerung der Anteile erzielte Gewinn gemeint sein.[570] 6188

Nach § 7a **Abs. 2** S. 1 GewStG sind § 15 S. 1 Nr. 2 S. **2 bis 4** KStG und § 8 Nr. 1 und 5 GewStG sowie § 9 Nr. 2a, 7 und 8 GewStG bei der Ermittlung des Gewerbeertrags der Organgesellschaft entsprechend anzuwenden, wenn im Gewinn der Organgesellschaft Gewinne aus Anteilen iSd § 9 Nr. 2a, 7 und 8 GewStG oder in solchen Fällen auch 6189

[564] OFD Karlsruhe 17.2.2016, BeckVerw 324799; OFD Karlsruhe 6.12.2017, BeckVerw 351354.
[565] v. 20.12.2016, BGBl. 2016 I 3000.
[566] Zur genauen Interpretation des § 7 S. 1 GewStG zB BFH 7.9.2016 – I R 9/15, BeckRS 2017, 94189 Rn. 11 ff.
[567] BeckOK GewStG/Weiss, 12. Ed. 1.12.2024, GewStG § 7a Rn. 2.
[568] GewStR 9.5 S. 3.
[569] GewStH 9.3, „Veräußerungsgewinne"; BMF 26.8.2003, DStR 2003, 1529 Rn. 29 sowie BFH 7.9.2016 – I R 9/15, BeckRS 2017, 94189 Rn. 19; BFH 26.4.2001 – IV R 75/99, DStR 2001, 1212 unter 2.; BFH 13.2.2008 – I R 63/06, DStR 2008, 1025 unter II.4.
[570] So bereits BFH 29.8.1984 – I R 154/81, BStBl II 1985, 160 unter 3.

Aufwendungen, die im unmittelbaren Zusammenhang mit diesen Gewinnen aus Anteilen stehen, enthalten sind. § 15 S. 1 Nr. 2 S. 2 bis 4 KStG – als Regelung, die bei körperschaftsteuerlicher Anwendung der Bruttomethode auf Ebene des Organträgers anzuwenden ist[571] – wird mithin **gewerbesteuerlich bei der Organgesellschaft** angewendet. Die aufgrund des § 7a Abs. 1 S. 1 GewStG bislang nicht gekürzten laufenden Gewinne aus Anteilen werden mithin auf Ebene der Organgesellschaft bereits (für Zwecke der Ermittlung ihres Gewerbeertrags) dem § 8b Abs. 1, 5 KStG unterworfen.

**6190** Damit sind in dem dem Organträger (als Kapitalgesellschaft) zuzurechnenden Gewerbeertrag die Gewinne aus Anteilen zum einen nach § 8b Abs. 1 S. 1 KStG freigestellt. Zum anderen sind durch § 8b Abs. 5 S. 1 KStG 5 % dieser Gewinne als fiktive nicht abziehbare Betriebsausgaben im Gewerbeertrag enthalten. Auf Ebene der Organgesellschaft wird durch die Anwendung des § 9 Nr. 2a S. 4 GewStG, die § 7a Abs. 2 S. 1 GewStG ebenfalls anordnet, keine Veränderung dieses Ergebnisses mehr erreicht, da die Schachtelstrafe selbst nicht kürzungsfähig ist. Auf Ebene des Organträgers kommt es dann zu keiner weiteren Veränderung dieses zugerechneten Gewerbeertrags, sodass im Ergebnis die Schachtelstrafe des § 8b Abs. 5 S. 1 KStG im Organkreis der Gewerbesteuer unterliegt.

**6191** Bei einer Personengesellschaft als Organträgerin (§ 14 Abs. 1 S. 1 Nr. 2 S. 2 f. KStG) kommt es bezüglich der Anwendung des (§ 7a Abs. 2 S. 1 GewStG iVm) § 15 S. 1 Nr. 2 S. 2–4 KStG auf die Mitunternehmer der Personengesellschaft an. Soweit an der Personengesellschaft Kapitalgesellschaften beteiligt sind, ist über § 8b Abs. 6 S. 1 KStG vermittelt der § 8b KStG ebenfalls anwendbar.[572] Insoweit kommt es zur Anwendung der Schachtelstrafe des § 8b Abs. 5 S. 1 KStG auch für Zwecke der Gewerbesteuer. Auf Ebene der Organgesellschaft wird durch die Anwendung des § 9 Nr. 2a S. 4 GewStG,[573] die § 7a Abs. 2 S. 1 GewStG ebenfalls anordnet, keine Veränderung dieses Ergebnisses mehr erreicht, da die Schachtelstrafe selbst nicht kürzungsfähig ist. Soweit an der Personengesellschaft natürliche Personen beteiligt sind, kommt es zur Anwendung des § 3 Nr. 40 EStG sowie § 3c Abs. 2 EStG, die beide ohnehin nicht zur Anwendung der Schachtelstrafe führen.

**6192–6203** *(einstweilen frei)*

**6204** **c) Abgrenzung zu anderen Fragestellungen.** Die Anwendung des § 7a GewStG ist auf Fälle begrenzt, bei denen die Organgesellschaft Beteiligungserträge iSd § 9 Nr. 2a, 7, 8 GewStG aus außerhalb des Organkreises stehenden Kapitalgesellschaften bezieht.[574]

**6205** Eine andere Fragestellung ergibt sich, wenn Ausschüttungen von der Organgesellschaft an den Organträger geleistet werden. In diesem Fall besteht keine Fragestellung des § 7a GewStG, da nun ausschließlich der Gewerbeertrag des Organträgers in Frage steht. Solche Fragen können sich zum einen bei der Ausschüttung vorvertraglicher Rücklagen ergeben. Deren Ausschüttung ist unter den in KStR 14.5 Abs. 4 vorgesehenen Bedingungen zulässig. Insoweit ist § 14 KStG nicht anzuwenden. Vielmehr gelten für die Gewinnausschüttung die allgemeinen Grundsätze.[575] Zum anderen können durch Mehrabführungen, die ihre Ursache in vororganschaftlicher Zeit haben, Gewinnausschüttungen der Organgesellschaft an den Organträger auf das Ende des Wirtschaftsjahrs der Organgesellschaft fingiert werden (§ 14 Abs. 3 S. 1, 3 KStG).

**6206** Diese Ausschüttungen sind nach den allgemeinen Regeln aufzugreifen und auch der Kapitalertragsteuer bei der leistenden Organgesellschaft zu unterwerfen.[576] Sie sind nach

[571] BeckOK GewStG/Weiss, 12. Ed. 1.12.2024, GewStG § 7a Rn. 247; → Rn. 1955 ff.
[572] BeckOK GewStG/Weiss, 12. Ed. 1.12.2024, GewStG § 7a Rn. 249.3.
[573] In § 9 Nr. 7 S. 2 GewStG repliziert für ausländische leistende Körperschaften; zur Abgrenzung BFH 28.6.2022 – I R 43/18, IStR 2022, 927.
[574] Siehe zu einem Fall vor Anwendbarkeit des § 7a GewStG BFH 14.8.2019 – I R 44/17, IStR 2020, 506 Rn. 66, zum Streitjahr 2005.
[575] KStR 14.5 Abs. 4 S. 5.
[576] Siehe auch § 44 Abs. 7 EStG.

§ 8b Abs. 1, 5 KStG im Ergebnis zu 95 %[577] beim Organträger körperschaftsteuerlich freigestellt, wenn es sich beim Organträger um eine Kapitalgesellschaft handelt. § 8b Abs. 4 KStG ist aufgrund der bestehenden finanziellen Eingliederung der leistenden Organgesellschaft (§ 14 Abs. 1 S. 1 Nr. 1 KStG) erfüllt. Gewerbesteuerlich sind die Ausschüttungen in der Ausgangsgröße des § 7 S. 1 GewStG zu 5 % enthalten. Zu einer Hinzurechnung käme es aufgrund des § 8 Nr. 5 GewStG iVm § 9 Nr. 2a GewStG nicht. Eine Kürzung der Schachtelstrafe des § 8b Abs. 5 S. 1 KStG käme jedoch auch nicht in Betracht (§ 9 Nr. 2a S. 4 GewStG). Der BFH hingegen stützt den fehlenden Aufgriff von Ausschüttungen der Organgesellschaft an den Organträger direkt auf § 2 Abs. 2 S. 2 GewStG.[578]

*(einstweilen frei)* **6207–6218**

### 5. Behandlung ausländischer Einkünfte des Organkreises

**a) Steuerpflicht und DBA-Berechtigung im Organkreis.** Sowohl die Organgesellschaft als auch der Organträger können ausländische Einkünfte (etwa iSd § 34d EStG) erzielen. Körperschaftsteuerlich ist insoweit bei der Organgesellschaft aufgrund ihrer unbeschränkten Körperschaftsteuerpflicht (§ 1 Abs. 1 Nr. 1 KStG; § 14 Abs. 1 S. 1 KStG; § 17 Abs. 1 S. 1 KStG, Geschäftsleitung im Inland) immer das Welteinkommensprinzip des § 1 Abs. 2 KStG anzuwenden. Auch ausländische Einkünfte sind damit körperschaftsteuerlich dem Grunde nach aufzugreifen.[579] In dem dem Organträger zuzurechnenden Einkommen (§ 14 Abs. 1 S. 1 KStG) sind diese weltweiten Einkünfte enthalten. Sie gehen über § 7 S. 1 GewStG dem Grunde nach auch in den Gewerbeertrag ein. **6219**

Eingeschränkt werden kann dieser Besteuerungsanspruch auch auf Gewerbesteuer durch ein anwendbares Doppelbesteuerungsabkommen.[580] Nach § 2 Abs. 1 AO gehen Verträge mit anderen Staaten iSd Art. 59 Abs. 2 S. 1 GG über die Besteuerung, soweit sie unmittelbar anwendbares innerstaatliches Recht geworden sind, den Steuergesetzen vor. Die Organgesellschaft stellt als Kapitalgesellschaft[581] eine „Gesellschaft" iSd Art. 3 Abs. 1 Buchst. b OEDC-MA 2017 und auch eine „Person" iSd Art. 3 Abs. 1 Buchst. a OECD-MA 2017 dar. Sie bleibt als „Person" unter den deutschen Doppelbesteuerungsabkommen persönlich abkommensberechtigt (Art. 1 Abs. 1 OECD-MA 2017):[582] Sie ist weiterhin Körperschaftsteuersubjekt,[583] auch wenn ihr Einkommen nach dem Regelungsbefehl des § 14 Abs. 1 S. 1 KStG – mit der Ausnahme nach § 16 KStG – bei einer anderen Person zu besteuern ist.[584] Die Abkommensberechtigung der Organgesellschaft ist dabei unabhängig von der Rechtsform des Organträgers.[585] **6220**

Eine **„Doppelansässigkeit"** unter den Regeln des Art. 4 Abs. 1 S. 1 OECD-MA 2017 ist bei der Organgesellschaft grundsätzlich denkbar. Diese muss nach § 14 Abs. 1 S. 1 KStG, § 17 Abs. 1 S. 1 KStG, „nur" ihre Geschäftsleitung im Inland aufweisen, während ihr Sitz in einem Mitgliedstaat der Europäischen Union oder in einem Vertragsstaat des EWR-Abkommens liegen darf.[586] Unter den „tie-breaker"-Regeln des Art. 4 Abs. 3 OECD-MA 2017 wird die Ansässigkeit unter den deutschen Doppelbesteuerungsabkom- **6221**

---

[577] Zur (abweichenden) Sichtweise des BFH auf die 5 %-Schachtelstrafe BFH 31.5.2017 – I R 37/15, DStR 2017, 2374 Rn. 18 mwN; ausführlich BeckOK GewStG/Weiss, 12. Ed. 1.12.2024, GewStG § 7a Rn. 7 ff.

[578] BFH 27.9.2006 – IV R 50/98, BeckRS 2006, 25011690.

[579] Zum Einbezug ausländischer „Streubesitzdividenden" zB BFH 16.10.2024 – I R 16/20, BeckRS 2024, 42819 Rn. 16.

[580] Zum Bestand deutscher ertragsteuerlicher Doppelbesteuerungsabkommen zum 1.1.2024 siehe BMF 15.1.2024, BStBl. I 2024, 193; zum Bestand zum 1.1.2025 siehe BMF 20.1.2025, BeckVerw 648680.

[581] BeckOK GewStG/Specker, 12. Ed. 1.12.2024, GewStG § 2 Rn. 998.

[582] Siehe zB auch BMF 21.2.2024, BeckVerw 633925 Rn. 42, zur Antragstellung unter § 89a AO.

[583] BFH 18.5.2011 – X R 4/10, BStBl. II 2011, 887 Rn. 50.

[584] Lüdicke IStR 2011, 740 (743); Wassermeyer/Wassermeyer/Drüen, 166. EL Juli 2024, OECD-MA 2017 Art. 3 Rn. 18c.

[585] Haase/Linn/Pignot, AStG/DBA, 4. Auflage 2024, Art. 4 OECD-MA 2017 Rn. 41.

[586] Siehe zu der Frage einer „grenzüberschreitenden Organschaft" auch BFH 9.8.2023 – I R 26/19, DStR 2023, 2784, zu dem Streitjahr 2012; → Rn. 3701 ff.

men jedoch meist im Inland liegen, da diese meist auf die Geschäftsleitung als entscheidendes Kriterium abstellen („POEM"-Test).[587] Auch die deutsche Verhandlungsgrundlage sieht diesen vor.[588] Seit dem OECD-MA in seiner Fassung des Jahres 2017[589] sind die Vorgaben zwar differenzierter. Die deutsche Abkommenspraxis in Art. 4 Abs. 3 muss aber erst an diese neuen Vorgaben angepasst werden.

**6222** Dem Grunde nach sind sämtliche deutschen Doppelbesteuerungsabkommen[590] sachlich (Art. 2 OECD-MA 2017) auch auf die Gewerbesteuer anwendbar.[591] Damit kann bereits auf Ebene der Organgesellschaft bei der zunächst autonomen Ermittlung ihres Gewerbeertrags[592] durch abkommensrechtliche Verteilungs- oder Vermeidungsnormen eine gewerbesteuerliche Erfassung eingeschränkt oder ausgeschlossen[593] werden.[594] Kürzungen wie § 9 Nr. 3 S. 1 GewStG zur Umsetzung des „Territorialitätsprinzips" der Gewerbesteuer[595] sind in diesem Fall nicht erforderlich,[596] sofern die besonderen abkommensrechtlichen Voraussetzungen für eine Freistellung von Betriebstättengewinnen[597] erfüllt werden. Eine mögliche Steuerfreistellung aufgrund der Doppelbesteuerungsabkommen wird durch die entsprechende Anwendung der Bruttomethode des § 15 S. 1 Nr. 2 KStG über den Verweis des § 15 S. 2 KStG eingeschränkt. In diesen Fällen ist § 7a Abs. 3 GewStG anzuwenden.

**6223** Der Organträger kann ebenfalls eine unbeschränkt körperschaftsteuerpflichtige Kapitalgesellschaft sein (§ 14 Abs. 1 S. 1 KStG; § 14 Abs. 1 S. 1 Nr. 2 KStG), was bei ihm ebenfalls zum Aufgriff des Einkommens nach dem Welteinkommensprinzip (§ 1 Abs. 2 KStG) führt. Denkbar ist auch ein unbeschränkt Einkommensteuerpflichtiger als Organträger (§ 14 Abs. 1 S. 1 KStG; § 14 Abs. 1 S. 1 Nr. 2 KStG). Dieser unterliegt nach § 2 Abs. 1 S. 1 EStG ebenfalls mit seinen weltweiten Einkünften der Einkommensbesteuerung. In beiden Fällen wird der Organträger damit als „Person" iSd Art. 3 Abs. 1 Buchst. a OECD-MA 2017 im Inland ansässig (Art. 4 Abs. 1 OECD-MA 2017) und damit ebenfalls abkommensberechtigt (Art. 1 Abs. 1 OECD-MA 2017) sein. Bei doppelt ansässigen Personen als Organträger kann allerdings trotz unbeschränkter Einkommensteuerpflicht[598] die Ansässigkeit auch im anderen Vertragsstaat liegen (Art. 4 Abs. 2, 3 OECD-MA 2017).

**6224** Im Falle einer Personengesellschaft als Organträgerin (§ 14 Abs. 1 S. 1 Nr. 2 S. 2 f. KStG) liegt keine Abkommensberechtigung vor, da sie nicht aufgrund ihres Wohnsitzes, ihres ständigen Aufenthalts oder eines anderen steuerlichen Merkmals unbeschränkt steuerpflichtig ist (Art. 4 Abs. 1 S. 1 OECD-MA 2017). Eine „Ansässigkeit" iSd Art. 4 Abs. 1 S. 1 OECD-MA 2017 wird durch die bloße sachliche Gewerbesteuerpflicht einer Personengesellschaft (§ 2 Abs. 1 S. 2 GewStG) nicht begründet.[599] Allerdings sind bei Per-

---

587 Abkommensübersicht bei Vogel/Lehner/Ismer/Blank, 7. Aufl. 2021, OECD-MA 2017 Art. 4 Rn. 273; zu Besonderheiten auch Haaf/Weiss IStR 2022, 701 (705).

588 IStR-Beih. 2013, 46 (47).

589 Dazu Ditz/Bärsch/Quilitzsch DB 2018, 1171.

590 Zum Bestand BMF 15.1.2024, BStBl. I 2024, 193; zum Bestand zum 1.1.2025 siehe BMF 20.1.2025, BeckVerw 648680.

591 BeckOK GewStG/Weiss, 12. Ed. 1.12.2024, GewStG § 7 Rn. 152 mwN; BFH 11.12.2013 – I R 4/13, BStBl. II 2014, 791 Rn. 44; BFH 5.6.2024 – I R 32/20, DStR 2024, 2520 Rn. 21; Weiss IStR 2025, 54.

592 BFH 11.7.2024 – III R 41/22, DStR 2024, 2315 Rn. 24 mwN.

593 Siehe bei Ausschluss des Besteuerungsrechts und transparent besteuertem Organträger auch die Regelung zum Progressionsvorbehalt des § 32b Abs. 1a EStG; dazu BFH 22.9.2011 – IV R 3/10, DStR 2011, 2241 Rn. 34.

594 BFH 6.11.2019 – I R 32/18, BStBl. II 2021, 68 Rn. 19; BFH 22.2.2006 – I R 30/05, BeckRS 2006, 25010176.

595 BeckOK GewStG/Weiss, 12. Ed. 1.12.2024, GewStG § 7 Rn. 754 mwN.

596 BFH 12.10.2016 – I R 93/12, BFH/NV 2017, 586 Rn. 29 f.

597 Dazu zuletzt BFH 3.7.2024 – I R 4/21, DStR 2024, 2364.

598 Zum Zusammenhang zwischen nationaler unbeschränkter Steuerpflicht und abkommensrechtlicher Ansässigkeit BFH 23.10.2018 – I R 74/16, IStR 2019, 318.

599 Umfassende Diskussion bei Vogel/Lehner/Ismer/Blank OECD-MA 2017 Art. 4 Rn. 76c mwN; BFH 5.6.2024 – I R 32/20, DStR 2024, 2520 Rn. 22 ff.; siehe etwa den Anwendungsfall zum DBA Schweiz

sonengesellschaften die Gesellschafter als natürliche oder juristische Personen als abkommensberechtigt anzusehen.[600]

Der Organträger kann auch beschränkt einkommen- oder körperschaftsteuerpflichtig sein (§ 1 Abs. 4 EStG; § 2 AStG; § 2 Nr. 1 KStG; siehe auch § 19 Abs. 3 KStG). In diesem Fall ist der einkommen- oder körperschaftsteuerliche Aufgriff seiner Einkünfte auf die inländischen Einkünfte (§ 49 EStG) bzw. die Einkünfte nach der Definition des § 2 Abs. 1 S. 1 AStG begrenzt. Über § 7 S. 1 GewStG schlägt dieser „Zuschnitt" der Einkünfte auf die Ausgangsgröße der Gewerbesteuer durch.[601] Zudem sind dann die Bedingungen des § 14 Abs. 1 S. 1 Nr. 2 S. 4 ff. KStG für die Zuordnung der die finanzielle Eingliederung begründenden Anteile an der Organgesellschaft zu beachten. Auch in diesem Fall kann eine Ansässigkeit (Art. 4 Abs. 1 OECD-MA 2017) und damit eine Abkommensberechtigung unter den deutschen DBA (Art. 1 Abs. 1 OECD-MA 2017) durch eine unbeschränkte Steuerpflicht im anderen Vertragsstaat gegeben sein, während die beschränkte Steuerpflicht in Deutschland gerade nicht zur Ansässigkeit in Deutschland führen kann (Art. 4 Abs. 1 S. 2 OECD-MA 2017). **6225**

*(einstweilen frei)* **6226–6240**

**b) Territorialitätsprinzip der Gewerbesteuer.** Die Gewerbesteuer stellt eine Realsteuer (§ 3 Abs. 2 AO) dar, deren Charakter insbesondere von ihrem „Objektsteuercharakter" bestimmt wird.[602] Das „Steuerobjekt – der Gewerbebetrieb – soll mit der ihm eigenen Ertragskraft ohne Rücksicht auf die persönlichen Merkmale des Steuersubjekts und seiner persönlichen Beziehung zum Steuerobjekt erfasst werden".[603] Als Ausgangsgröße zur Bestimmung der Bemessungsgrundlage „Gewerbeertrag" (§ 6 GewStG) wird der „Gewinn aus Gewerbebetrieb" nach den Vorschriften des EStG und KStG angesetzt. Aufgrund der oben beschriebenen[604] Eigenschaften des Organträgers und der Organgesellschaft enthält diese Ausgangsgröße bei unbeschränkter Einkommen- oder Körperschaftsteuerpflicht auch ausländische Bestandteile,[605] soweit sie nicht bereits nach anwendbaren Doppelbesteuerungsabkommen freigestellt sind.[606] **6241**

Die Auslandsbezüge der Gewerbesteuer sollen hingegen von dem sog. „Territorialitätsprinzip"[607] bzw. einem „strukturellen Inlandsbezug" bestimmt werden.[608] Regelungen wie § 2 Abs. 1 S. 3 GewStG,[609] § 8 Nr. 8 GewStG,[610] § 8 Nr. 12 GewStG, § 9 Nr. 2 GewStG und § 9 Nr. 3 S. 1 GewStG zeigen dieses Prinzip deutlich auf.[611] Der gewerbesteuerliche Aufgriff soll danach auf „inlandsradizierte" Einkünfte des sachlich gewerbesteuerpflichtigen Gewerbebetriebs begrenzt werden.[612] Erstreckt sich der Gewerbebetrieb auch auf das Aus- **6242**

---

1971 FG Hamburg 23.2.2023 – 5 K 38/22, BeckRS 2023, 9792 Rn. 45 ff.; Schönfeld/Korff IStR 2018, 705 (707); Wagenblast/Karcher IStR 2021, 121 (123).

600 BMF 26.9.2014, BStBl. I 2014, 1258 Tz. 2.1.1; zum DBA Schweiz 1971 FG Hamburg 23.2.2023 – 5 K 38/22, BeckRS 2023, 9792 Rn. 47.

601 BeckOK GewStG/Weiss, 12. Ed. 1.12.2024, GewStG § 7 Rn. 400 ff. sowie Rn. 756 f.

602 BFH 30.8.2022 – X R 17/21, BStBl. II 2023, 396 Rn. 17 mwN; Wendl DStR 2023, 1561.

603 BFH 7.3.2007 – I R 60/06, BStBl. II 2007, 654.

604 → Rn. 5683 ff.

605 Weiss IWB 2020, 887; Roser FS Gosch, 2016, 351; BFH 6.11.2019 – I R 32/18, BStBl. II 2021, 68 Rn. 53; BFH 22.2.2023 – I R 35/22, DStR 2023, 877 Rn. 17.

606 BFH 5.6.2024 – I R 32/20, DStR 2024, 2520 Rn. 19; BFH 9.6.2010 – I R 107/09, DStR 2010, 1611.

607 Weiss IStR 2025, 54.

608 BFH 10.8.2016 – I R 60/14, BStBl. II 2017, 534 Rn. 29; BFH 11.3.2015 – I R 10/14, BStBl. II 2015, 1049 Rn. 10; BeckOK GewStG/Weiss GewStG § 7 Rn. 754 ff.

609 BFH 20.7.2016 – I R 50/15, BStBl. II 2017, 230 Rn. 18; FG Münster 17.6.2016 – 9 K 593/13 K, G, F, BeckRS 2016, 95721.

610 Dazu bspw. BFH 2.12.2015 – I R 13/14, BStBl. II 2016, 927.

611 Zum Ganzen BFH 12.10.2016 – I R 93/12, BFH/NV 2017, 586 Rn. 29.

612 BFH 25.2.2021 – III R 67/18, DStRE 2021, 1349 Rn. 28, gewerbliche Einkünfte eines Pokerspielers müssen Betriebsstätten (§ 12 AO) zugeordnet werden; zur Abgrenzung BFH 22.2.2023 – X R 8/21, BStBl. II 2023, 811, gewerbliche Einkünfte eines Online-Pokerspielers; grundlegend BFH 28.7.1982 – I R 196/79, BStBl. II 1983, 77. Zum Ganzen BFH 5.6.2024 – I R 32/20, DStR 2024, 2520.

land, werden nach Auffassung der Finanzverwaltung nur die im Inland befindlichen Betriebsstätten (§ 12 AO) der Besteuerung unterworfen.[613]

6243 Die Umsetzung des „Territorialitätsprinzips" bzw. des „strukturellen Inlandsbezugs"[614] der Gewerbesteuer **gelingt nur eingeschränkt,** da im Ausland belegene Betriebsstätten iSd § 12 AO[615] erforderlich sind, um zu einer Kürzung nach § 9 Nr. 3 S. 1 aus dem Gewerbeertrag zu gelangen. Die Erzielung durch eine ausländische Betriebsstätte iSd § 12 AO muss dabei positiv nachgewiesen werden, um die Gewerbesteuerbarkeit zu vermeiden.[616] Wird die „Schwelle" zur Betriebsstätte iSd § 12 AO[617] für Auslandsaktivitäten nicht überschritten, werden im „Outbound-Fall" – bei unbeschränkter Einkommen- oder Körperschaftsteuerpflicht – auch ausländische Einkünfte (§ 34d EStG) im Gewerbeertrag erfasst,[618] was zu der Bezeichnung „eingeschränktes Inlandsprinzip" geführt hat.[619]

6244 Diese Grundsätze gelten dem Grunde nach auch im gewerbesteuerlichen Organkreis. Durch die autonome Entwicklung der Gewerbeerträge der Organgesellschaft und des Organträgers werden ausländische Einkünfte und zugehörige Aufwendungen nach den allgemeinen Regelungen durch die Hinzurechnungen und Kürzungen der §§ 8, 9 GewStG aus dem Gewerbeertrag ausgeschieden. Sämtliche „Problemfälle" des Territorialitätsprinzips, die sich bei der Gewerbesteuer stellen, sind damit auch im Organkreis relevant.

6245 Lizenzgebühren oder Zinsen aus dem Ausland werden bei Direktbezug in den Gewerbeertrag mit einbezogen, ebenso wie Dividenden aus Streubesitz iSd § 8 Nr. 5 iVm § 9 Nr. 7 GewStG, mithin bei einer Beteiligungsquote an der leistenden Körperschaft zu Beginn des Erhebungszeitraums (§ 14 S. 2 f. GewStG) von unter 15 %. Dies gilt jedenfalls, wenn Dividenden nicht durch das Internationale Schachtelprivileg eines anwendbaren DBA freigestellt werden.[620] Insofern kann bei neueren Doppelbesteuerungsabkommen bereits ab 10 % Beteiligungsquote eine Freistellung in Betracht kommen.[621] Nach herrschender Meinung muss diese – abweichend von § 9 Nr. 7 S. 1 GewStG – nicht zu Beginn des Erhebungszeitraums, sondern zum Zeitpunkt der Zahlung bzw. der Aktivierung des Anspruchs auf die Ausschüttung vorliegen.[622] Andererseits enthalten die Methodenartikel deutscher DBA für eine solche Freistellung häufig Aktivitätsvorbehalte, die § 9 Nr. 7 GewStG in seiner heutigen Fassung nicht aufstellt. Zudem enthalten sie meist eine Regelung zum „materiellen Korrespondenzprinzip", die § 9 Nr. 7 GewStG gerade nicht kennt.[623]

6246 Die Tatsache, dass beispielsweise Zinsen, „wenn der Schuldner Wohnsitz, Geschäftsleitung oder Sitz in einem ausländischen Staat hat oder das Kapitalvermögen durch ausländischen Grundbesitz gesichert ist", als „ausländische Einkünfte" iSd § 34d Nr. 6 EStG anzusehen sind, ist für den gewerbesteuerlichen Aufgriff gerade nicht entscheidend. Ein gewerbliches Unternehmen, das ausschließlich im Inland eine Betriebsstätte unterhält, unterliegt mit seiner gesamten Tätigkeit der Gewerbesteuer, auch wenn diese nicht im

[613] GewStR 2.8 S. 2; zur Aufteilung des Gewerbeertrags auf in- und ausländische Betriebsstätten BFH 5.6.2024 – I R 32/20, DStR 2024, 2520.

[614] BFH 5.6.2024 – I R 32/20, DStR 2024, 2520 Rn. 35.

[615] BFH 20.7.2016 – I R 50/15, BStBl. II 2017, 230; BFH 15.5.2024 – IV R 21/21, BeckRS 2024, 19578 Rn. 24; FG Münster 17.6.2016 – 9 K 593/13 K, G, F, BeckRS 2016, 95721; GewStH 7.1 Abs. 1 „Ausländische Betriebsstättenergebnisse".

[616] BFH 20.12.2017 – I R 98/15, IStR 2018, 238 Rn. 27.

[617] BFH 15.5.2024 – IV R 21/21, BeckRS 2024, 19578 Rn. 24.

[618] So bereits BFH 29.8.1984 – I R 154/81, BStBl II 1985, 160 unter 2.

[619] Lenski/Steinberg/Roser § 9 Nr. 3 Rn. 12; Hidien Ubg 2023, 165 (173).

[620] BFH 23.6.2010 – I R 71/09, BStBl. II 2011, 129; bestätigt in BFH 14.8.2019 – I R 44/17, IStR 2020, 506 Rn. 66; BFH 22.2.2006 – I R 30/05, BeckRS 2006, 25010176; GewStH 8.3 „Hinzurechnung bei abkommensrechtlicher Freistellung (DBA)".

[621] Überblick über die deutsche Abkommenspraxis bei Vogel/Lehner/Ismer OECD-MA 2017 Art. 23 Rn. 90.

[622] SKK/Schmidt/Blöchle/Weggenmann/Böchle, 59. Aufl. 2004, OECD-MA Art. 23A Rn. 106; Überblick über die Unterschiede zwischen § 8b KStG, § 9 Nr. 7 GewStG und den Schachtelprivilegien der DBA bei Weiss StuB 2016, 182 (184).

[623] BeckOK GewStG/Weiss, 12. Ed. 1.12.2024, GewStG § 7a Rn. 2.3.

Inland ausgeübt oder verwertet wird. Eine gesonderte Zuordnung zu der inländischen Betriebsstätte ist in diesen Fällen für die Gewerbesteuerpflicht gerade nicht erforderlich.[624]

Ebenso können bei Beteiligung des Organträgers oder der Organgesellschaft an einer ausländischen Personengesellschaft bezüglich der Sondervergütungen Fragestellungen des § 50d Abs. 10 EStG als Abkommensüberschreibung („treaty override") auftreten. Über § 7 S. 6 GewStG sind diese auch gewerbesteuerlich bei der autonomen Entwicklung der Gewerbeerträge im Organkreis beachtlich.[625] **6247**

*(einstweilen frei)* **6248–6264**

**c) Anwendung der dual-consolidated-loss rule des § 14 Abs. 1 S. 1 Nr. 5 KStG aF.** **6265**
Durch die „dual-consolidated-loss rule" des § 14 Abs. 1 S. 1 Nr. 5 KStG aF wollte der Gesetzgeber die Berücksichtigung negativer Einkünfte des Organträgers oder der Organgesellschaft bei der inländischen Besteuerung ausschließen, soweit sie in einem ausländischen Staat im Rahmen der Besteuerung des Organträgers, der Organgesellschaft oder einer anderen Person berücksichtigt wurden. Der BFH hatte diese Norm einschränkend ausgelegt, indem er negative Einkünfte des Organträgers iSd § 14 Abs. 1 S. 1 Nr. 5 KStG nur dann als gegeben ansah, wenn bei diesem nach der Zurechnung des Einkommens der Organgesellschaft ein Verlust verbleibt.[626]

Die gewerbesteuerliche Anwendbarkeit des 14 Abs. 1 S. 1 Nr. 5 KStG aF war umstritten.[627] Im Zuge des „Wachstumschancengesetzes"[628] hat der Gesetzgeber die Regelung des § 14 Abs. 1 S. 1 Nr. 5 KStG aufgehoben. Hintergrund war die Einführung des Abzugsverbots des § 4k Abs. 4 EStG, der ein allgemeines Abzugsverbot für doppelt berücksichtigte Aufwendungen enthält.[629] **6266**

*(einstweilen frei)* **6267–6277**

**d) Gewerbesteuerliche Erfassung des Hinzurechnungsbetrags im Organkreis (§ 7 S. 7 GewStG).** Das „Territorialitätsprinzip" der Gewerbesteuer[630] soll dem Grunde nach den gewerbesteuerlichen Aufgriff auf die „inlandsradizierten" Bestandteile des Gewinns aus dem Gewerbebetrieb reduzieren.[631] Durch § 8 GewStG sind demnach allein Hinzurechnungen bezüglich des Gewerbeertrags inländischer Betriebsstätten iSd § 12 AO[632] vorgesehen.[633] Die Umsetzung des Territorialitätsprinzips gelingt allerdings nur eingeschränkt, da im Ausland belegene Betriebsstätten iSd § 12 AO für eine Kürzung nach § 9 Nr. 3 S. 1 GewStG aus dem Gewerbeertrag erforderlich sind,[634] wenn diese nicht bereits durch Anwendung der Doppelbesteuerungsabkommen freigestellt sind.[635] **6278**

Zum anderen will der Gesetzgeber in gewissen Konstellationen bewusst die Ergebnisse ausländischer Aktivitäten (auch) gewerbesteuerlich aufgreifen. Eine Anrechnung ausländischer Ertragsteuern auf die Gewerbesteuer sieht er hingegen weiterhin nicht vor, auch **6279**

624 BFH 20.12.2017 – I R 98/15, IStR 2018, 238 Rn. 27.
625 BeckOK GewStG/Weiss, 12. Ed. 1.12.2024, GewStG § 7 Rn. 715 ff.
626 BFH 12.10.2016 – I R 92/12, BeckRS 2017, 94316 Rn. 49.
627 BFH 12.10.2016 – I R 93/12, BeckRS 2017, 94432 Rn. 45 mwN zu den vertretenen Auffassungen.
628 v. 27.3.2024, BGBl. 2024 I Nr. 108.
629 Bergan/Lätsch DStR 2024, 705 (719).
630 BFH 10.8.2016 – I R 60/14, BStBl. II 2017, 534 Rn. 29; BFH 11.3.2015 – I R 10/14, BStBl. II 2015, 1049 Rn. 10; → Rn. 6241 ff.
631 BFH 25.2.2021 – III R 67/18, DStRE 2021, 1349 Rn. 28.
632 BFH 20.7.2016 – I R 50/15, BStBl. II 2017, 230; BFH 15.5.2024 – IV R 21/21, BeckRS 2024, 19578 Rn. 24.
633 BeckOK GewStG/Weiss, 12. Ed. 1.12.2024, GewStG § 7 Rn. 752 ff.
634 BFH 15.5.2024 – IV R 21/21, BeckRS 2024, 19578 Rn. 24; BFH 20.12.2017 – I R 98/15, IStR 2018, 238 Rn. 27; BFH 12.10.2016 – I R 93/12, BFH/NV 2017, 586 Rn. 29; GewStH 7.1 Abs. 1 „Ausländische Betriebsstättenergebnisse".
635 BFH 6.11.2019 – I R 32/18, BStBl. II 2021, 68 Rn. 19; BFH 22.2.2023 – I R 35/22, DStR 2023, 877 Rn. 17.

wenn derartige Überlegungen in die Rechtsprechung der Finanzgerichte Eingang gefunden haben.[636]

6280 Bei der **Hinzurechnungsbesteuerung der §§ 7–13 AStG,** die zu einer Umformung von Einkünften der Zwischengesellschaft (§ 7 Abs. 1 AStG, § 8 Abs. 1 AStG) in solche nach § 20 Abs. 1 Nr. 1 EStG (§ 10 Abs. 2 AStG) der an ihr qualifiziert beteiligten Inlandsgesellschaft führt,[637] hat sich der Gesetzgeber durch § 7 S. 7 GewStG iVm § 9 Nr. 3 S. 1 GewStG zum Aufgriff auslandsradizierter Bestandteile des Gewerbeertrags entschlossen. Ein Schutz durch die Doppelbesteuerungsabkommen vor den Folgen der Hinzurechnungsbesteuerung besteht nicht (§ 20 Abs. 1 AStG). Damit wurde entgegenstehende Rechtsprechung des BFH überschrieben, die die Einbeziehung des Hinzurechnungsbetrags nach § 10 Abs. 2 AStG in die Ausgangsgröße bejaht hatte.[638] Dieser Bestandteil sollte jedoch durch § 9 Nr. 3 S. 1 GewStG aF wieder aus dem Gewerbeertrag gekürzt werden.[639]

6281 Nach § 7 S. 7 GewStG[640] sind Hinzurechnungsbeträge iSd § 10 Abs. 1 AStG „Einkünfte, die in einer inländischen Betriebsstätte anfallen". Nach § 9 Nr. 3 S. 1 **Hs. 2** GewStG gilt die Kürzung für „den Teil des Gewerbeertrags eines inländischen Unternehmens, der auf eine nicht im Inland belegene Betriebsstätte dieses Unternehmens entfällt" nach dem ersten Halbsatz u. a. nicht für Einkünfte iSd § 7 S. 7 GewStG. Ebenso ist § 9 Nr. 2 S. 1 GewStG – die Kürzung für Gewinnanteile aus in- oder ausländischen Mitunternehmerschaften, nach S. 2 nicht anzuwenden, soweit im Gewinnanteil u. a. Einkünfte iSd § 7 S. 7 GewStG enthalten sind. Eine Anrechnung der Steuern vom Einkommen, die zu Lasten der ausländischen Gesellschaft auf die dem Hinzurechnungsbetrag unterliegenden Einkünfte tatsächlich erhoben worden sind, ist hingegen nur auf die Einkommen- oder Körperschaftsteuer des Steuerpflichtigen, die auf den Hinzurechnungsbetrag entfällt, vorgesehen (§ 12 Abs. 1 S. 1 AStG).

6282 Innerhalb einer ertragsteuerlichen Organschaft kann **sowohl die Organgesellschaft als auch der Organträger von der Hinzurechnungsbesteuerung betroffen sein.** Ist die Organgesellschaft Beteiligter an der ausländischen Gesellschaft iSd § 7 Abs. 1 AStG, ist die Hinzurechnung des § 10 AStG gegenüber ihr selbst vorzunehmen.[641] Dementsprechend liegt bei der Organgesellschaft die Erklärungspflicht iSd § 149 Abs. 1 AO iVm § 18 AStG.[642] Im Feststellungsbescheid nach § 18 AStG – als Grundlagenbescheid (§ 171 Abs. 10 S. 1 AO) mit Bindungswirkung nach § 182 Abs. 1 S. 1 AO – sind dementsprechend Feststellungen gegenüber der Organgesellschaft vorzunehmen,[643] die von derjenigen nach §§ 14 ff. KStG sowie § 2 Abs. 2 S. 2 GewStG getrennt sind.[644] Eine besondere Feststellung für Zwecke der Gewerbesteuer ist dabei jedoch nicht durchzuführen.[645]

6283 Ist der Organträger Beteiligter an der ausländischen Gesellschaft iSd § 7 Abs. 1 AStG, ist die Hinzurechnung des § 10 AStG gegenüber ihm selbst vorzunehmen. Auch bei einer (denkbaren[646]) beschränkten Steuerpflicht des Organträgers ist die Hinzurechnungsbesteuerung nicht zwigend ausgeschlossen (§ 7 Abs. 1 S. 4 AStG).[647]

6284 Gewerbesteuerlich wird bei der autonomen Entwicklung des Gewerbeertrags der Organgesellschaft § 7 S. 7 GewStG angewendet und die Anwendung des § 9 Nr. 3 S. 1 GewStG

---

[636] Offen gelassen bei BFH 20.12.2017 – I R 98/15, BFH/NV 2018, 497 Rn. 42; bejaht in FG Hessen 26.8.2020 – 8 K 1860/16, DStR 2021, 845, Rev. als unzulässig verworfen, BFH 8.2.2022 – I R 8/21, BeckRS 2022, 12537; Weiss IWB 2021, 246.

[637] BFH 11.3.2015 – I R 10/14, BStBl. II 2015, 1049 Rn. 9.

[638] BFH 21.12.2005 – I R 4/05, BStBl. II 2006, 555.

[639] BFH 11.3.2015 – I R 10/14, BStBl. II 2015, 1049.

[640] Eingeführt durch das Gesetz zur Umsetzung der Änderungen der EU-Amtshilferichtlinie und von weiteren Maßnahmen gegen Gewinnkürzungen und -verlagerungen v. 20.12.2016, BGBl. 2016 I 3000.

[641] FWBS/Ditz/Wassermeyer/Hörnicke AStG § 10 Rn. 60.

[642] FWBS/Schönfeld/Engler AStG § 18 Rn. 408.

[643] BFH 29.8.1984 – I R 21/80, BStBl. II 1985, 119; BMF 22.12.2023, BeckVerw 632010 Tz. 18.1.1.2.3, Rn. 934 (= AEAStG).

[644] Siehe auch grundlegend BFH 6.3.2008 – IV R 74/05, BStBl. II 2008, 663.

[645] BMF 22.12.2023, BeckVerw 632010 Tz. 18.1.1.2.3, Rn. 937 (= AEAStG).

[646] → Rn. 177.

[647] Oppel/Wittling BB 2022, 1495 (1496).

nach dessen zweitem Halbsatz verweigert. Der so um den Hinzurechnungsbetrag erhöhte Gewerbeertrag der Organgesellschaft wird dem Organträger zugerechnet.[648] Er stellt bei der Zurechnung zum Organträger bereits eine „Saldogröße", die „nicht in Einzelbestandteile und Einzelbeträge zerlegt und erst bei dem Organträger im Rahmen des für diesen zu ermittelnden Gewerbeertrags entsprechend „zusammengesetzt"„ wird, dar.[649] Damit kann die Herkunft aus einem Hinzurechnungsbetrag beim Organträger keine Rolle spielen. Dieser wird – gemeinsam mit allen anderen Bestandteilen des Gewerbeertrags des Organträgers und der Organgesellschaften – bei ihm der Gewerbesteuer unterworfen.

*(einstweilen frei)* **6285–6295**

**e) Anwendung des § 7 S. 8 f. GewStG im gewerbesteuerlichen Organkreis.** Im Zuge der Einführung des § 7 S. 7 GewStG hat der Gesetzgeber auch die Behandlung ausländischer Betriebsstätteneinkünfte des Gewerbebetriebs in den Sätzen 8 und 9 des § 7 GewStG geregelt.[650] Maßgeblich für die Bestimmung der Betriebsstätte (auch) für die Gewerbesteuer ist die Definition des § 12 AO.[651] Nach dem **ersten Halbsatz des § 7 S. 8 GewStG** aF galten Einkünfte iSd § 20 Abs. 2 S. 1 AStG als in einer inländischen Betriebsstätte erzielt. Damit waren niedrig besteuerte (§ 8 Abs. 5 AStG) und passive Einkünfte (§ 8 Abs. 1 AStG) einer Betriebsstätte gemeint, die – ungeachtet des „Cadbury-Schweppes-Escapes" des § 8 Abs. 2–4 AStG – bei einer ausländischen Gesellschaft die Hinzurechnungsbesteuerung auslösen würden (§ 20 Abs. 2 S. 1 Hs. 1 AStG). Nach dem **zweiten Halbsatz des § 7 S. 8 GewStG** waren auch Einkünfte ausländischer Betriebsstätten umfasst, die nicht von einem Abkommen zur Vermeidung der Doppelbesteuerung erfasst werden[652] oder für die das Abkommen zur Vermeidung der Doppelbesteuerung selbst die Steueranrechnung anordnet.[653] **6296**

Als Rechtsfolge ordnete § 7 S. 8 GewStG aF an, dass die betroffenen Einkünfte des Gewerbebetriebs „als in einer inländischen Betriebsstätte erzielt" gelten. Im Zuge des Jahressteuergesetzes 2024[654] hat der Gesetzgeber die Regelung umgestaltet und den Satz 8 neu gefasst. Einkünfte, die in einer ausländischen Betriebsstätte anfallen und nach den §§ 7 bis 13 AStG steuerpflichtig wären, falls diese Betriebsstätte eine ausländische Gesellschaft im Sinne dieser Vorschriften wäre, gelten nach § 7 Satz 8 GewStG nF als in einer inländischen Betriebsstätte erzielt.[655] Auch insoweit kann sowohl die Organgesellschaft als auch der Organträger entsprechende Einkünfte aufweisen. **6297**

Bei der autonomen Ermittlung des Gewerbeertrags der Organgesellschaft wird die Regelung des § 7 S. 8 GewStG eigenständig angewendet. Die Hinzurechnungen und Kürzungen der §§ 8, 9 GewStG und damit auch die Kürzung nach § 9 Nr. 3 S. 1 Hs. 2 GewStG sind auf erster Stufe bei ihr selbst zu prüfen.[656] Die Kürzung aus ihrem Gewerbeertrag wird jedoch unter dem § 7 S. 8 GewStG, also bei niedrig besteuerten und passiven Einkünften der ausländischen Betriebsstätte, verweigert. Eben dies gilt auch für die Kürzung nach § 9 Nr. 2 GewStG über dessen S. 2.[657] **6298**

[648] Zum Ganzen auch Neumann-Tomm IStR 2016, 889; Liekenbrock/Liedgens IStR 2023, 415, dort auch zum Kürzungsbetrag des § 11 AStG.

[649] BFH 17.12.2014 – I R 39/14, BStBl. II 2015, 1052 Rn. 17.

[650] BeckOK GewStG/Weiss, 12. Ed. 1.12.2024, GewStG § 7 Rn. 825 ff.; Adrian/Rautenstrauch/Sterner DStR 2017, 1457.

[651] BFH 20.7.2016 – I R 50/15, BStBl. II 2017, 230; BFH 15.5.2024 – IV R 21/21, BeckRS 2024, 19578 Rn. 24; AEAO zu § 12, unter 10.

[652] Zum Bestand deutscher DBA zum 1.1.2024 BMF 15.1.2024, BStBl. I 2024, 193; zum Bestand zum 1.1.2025 siehe BMF 20.1.2025, BeckVerw 648680.

[653] Siehe etwa Art. 22 Abs. 1 DBA Zypern 2011.

[654] Vom 2.12.2024, BGBl. 2024 I Nr. 387; Bergan/Lätsch DStR 2024, 2721 sowie 2849.

[655] Bergan/Lätsch DStR 2024, 2849 (2851).

[656] BFH 30.1.2002 – I R 73/01, BStBl. II 2003, 354, unter II.1.; GewStR 7.1 Abs. 5 S. 2.

[657] Zur umstrittenen Bemessung der Beteiligungsquote für Zwecke der Anwendung des § 20 Abs. 2 S. 1 AStG bei Anwendung auf ausländische Personengesellschaften FG Düsseldorf 18.4.2023 – 6 K 3278/19 K, BeckRS 2023, 10020, Rev. BFH IX R 32/23; BeckOK GewStG/Weiss, 12. Ed. 1.12.2024, GewStG § 7 Rn. 851 ff.

6299 Als Escape sah § 7 S. 9 GewStG aF – entgegen § 20 Abs. 2 S. 1 Hs. 1 AStG – vor, dass der „Cadbury-Schweppes-Escapes" des § 8 Abs. 2–4 AStG[658] für die Betriebsstätteneinkünfte geltend gemacht werden konnte. Der Entlastungsbeweis führte damit nur gewerbesteuerlich zum Ausschluss dieser Einkünfte aus dem Gewerbeertrag, während körperschaftsteuerlich die Umschaltklausel weiter wirkte. Er war allerdings auf Einkünfte aus Betriebsstätten innerhalb der Europäischen Union oder des Europäischen Wirtschaftsraums begrenzt (§ 8 Abs. 3 AStG).[659] Den Satz 9 hat der Gesetzgeber im Jahressteuergesetz 2024[660] gestrichen.[661] Er ging dabei davon aus, dass „die bisher in § 7 Satz 9 GewStG normierte Ausnahme von der Anwendung des § 7 Satz 8 GewStG […] durch den in der Neufassung des § 7 Satz 8 GewStG enthaltenen Verweis auf §§ 7 bis 13 AStG nicht mehr erforderlich" sei.[662]

6300–6311 *(einstweilen frei)*

6312 **f) Abzug ausländischer Steuern nach § 34c Abs. 2, 3 EStG im gewerbesteuerlichen Organkreis.** § 34c Abs. 2 EStG lässt auf Antrag statt der von Amts wegen vorzunehmenden Anrechnung ausländischer Steuern nach § 34c Abs. 1 EStG einen Abzug bei der Ermittlung der Einkünfte zu.[663] Dies gilt auch, wenn ein Doppelbesteuerungsabkommen die Anrechnung anordnet.[664] Nach § 34c Abs. 3 EStG ist dieser Abzug in Fällen, bei denen die Anrechnung aus den drei in der Vorschrift genannten Gründen nicht möglich ist, von Amts wegen vorzunehmen.[665] Körperschaftsteuerlich werden diese Regelungen durch § 26 Abs. 1 KStG weitgehend entsprechend angewendet.[666]

6313 Dieser Abzug bei der Ermittlung der Einkünfte aus Gewerbebetrieb ist auch gewerbesteuerlich über § 7 S. 1 GewStG beachtlich. Eine abweichende Ausübung des Wahlrechts zum Abzug nach § 34c Abs. 2 EStG für körperschaftsteuerliche und gewerbesteuerliche Zwecke ist nicht möglich: Einem Abzug ausländischer Quellensteuern nach § 34c Abs. 2 EStG (ausschließlich) bei der Ermittlung des Gewerbeertrags im gewerbesteuerrechtlichen Organkreis steht bereits die Bezugnahme des § 7 GewStG auf den „Gewinn aus Gewerbebetrieb" entgegen, wodurch für die Ermittlung des Gewerbeertrags an die Ermittlung des körperschaftsteuerrechtlichen Gewinns angeknüpft wird. Um den Gleichlauf beider Rechtskreise sicherzustellen, bleibt kein Raum für einen spezifisch gewerbesteuerlichen Abzug ausländischer Quellensteuern nach § 34c Abs. 2 EStG.[667] Eine eigenständige Steuerbilanz für Zwecke der Gewerbesteuer ist nach zutreffender herrschender Meinung nicht anzuerkennen.[668] Der BFH hat Ansätze einer „Als-Ob-Steuerbilanz für gewerbesteuerliche Zwecke" nicht bestätigt.[669] Damit sind bilanzsteuerrechtliche Wahlrechte für die Zwecke der Einkommen- oder Körperschaftsteuer und der Gewerbesteuer in gleicher Weise auszuüben.[670] Bei Fällen des § 34c Abs. 3 EStG handelt es sich ohnehin um einen zwingenden Abzug von Amts wegen.[671] Der Begriff der „ausländischen Einkünfte …, die nicht steuer-

[658] BFH 13.6.2018 – I R 94/15, DStR 2018, 2251 Rn. 27 ff.; BFH 14.11.2018 – I R 47/16, DStR 2019, 1130 Rn. 16.
[659] BFH 18.12.2019 – I R 59/17, IStR 2020, 901 Rn. 21.
[660] Vom 2.12.2024, BGBl. 2024 I Nr. 387; Bergan/Lätsch DStR 2024, 2721 sowie 2849.
[661] Bergan/Lätsch DStR 2024, 2849 (2851).
[662] BeckOK GewStG/Weiss, 12. Ed. 1.12.2024, GewStG § 7 Rn. 883; Reg-E des JStG 2024 vom 5.6.2024, 154.
[663] EStR 34c Abs. 4.
[664] § 34c Abs. 6 Satz 2 EStG; EStR 34c Abs. 5.
[665] EStH 34c Abs. 1–2, „Nichtanrechenbare ausländische Steuern"; siehe zur Anwendung der Vorschrift bzw. ihrer Versagung auch BFH 2.3.2016 – I R 73/14, BStBl. II 2016, 887.
[666] KStR 8.1 Abs. 1.
[667] BFH 16.10.2024 – I R 16/20, BeckRS 2024, 42819 Rn. 19; Weiss/Brühl ISR 2020, 225.
[668] GewStH 7.1 Abs. 1, „Bewertungswahlrechte"; BeckOK GewStG/Weiss, 12. Ed. 1.12.2024, GewStG § 7 Rn. 122.
[669] BFH 3.2.2010 – IV R 26/07, BStBl. II 2010, 751 Rn. 40.
[670] BFH 6.9.2000 – XI R 18/00, BStBl. II 2001, 106 unter II.2.a.; BFH 17.7.2013 – X R 40/10, BStBl. II 2013, 883 Rn. 53.
[671] EStH 34c Abs. 1–2, „Nichtanrechenbare ausländische Steuern".

frei sind" in § 34c Abs. 2 EStG ist nach Auffassung des BFH zudem „organschaftsübergreifend" zu verstehen: Ist aufgrund Anwendung des § 8b Abs. 1 KStG eine Dividende einer ausländischen Kapitalgesellschaft steuerfrei, aber unter dem Regime des § 8 Nr. 5 GewStG iVm § 9 Nr. 7 GewStG gewerbesteuerlich aufzugreifen, kann der Begriff „steuerfrei" **nicht speziell gewerbesteuerlich** verstanden werden. Die Steuerfreiheit, die eine Anwendung des § 34c Abs. 2 EStG sperrt, gilt dann auch gewerbesteuerlich als Sperrung für den Antrag nach § 34c Abs. 2 EStG.[672] Bei § 34c Abs. 3 EStG gilt ebenfalls die Voraussetzung, dass ein von Amts wegen zu gewährender Abzug nur anwendbar ist, soweit die ausländische Steuer „auf Einkünfte entfällt, die der deutschen Einkommensteuer unterliegen".

Innerhalb des Organkreises steht nach Auffassung der Finanzverwaltung das Wahlrecht nach § 34c Abs. 2 EStG zum Abzug der ausländischen Steuer bei der Ermittlung der Einkünfte für die ausländischen Steuern des gesamten Organkreises allein dem Organträger zu.[673] Demnach sind die gesamten ausländischen Steuern des Organkreises entweder nach § 34c Abs. 2 EStG von den Einkünften des Organträgers abzuziehen oder, wenn dieses Wahlrecht nicht in Anspruch genommen wurde, nach § 34c Abs. 1 EStG iVm § 19 Abs. 1 und 5 KStG auf die Körperschaftsteuer bzw. Einkommensteuer des Organträgers anzurechnen. Der BFH hat die Frage noch nicht entschieden.[674] Jedenfalls ab dem Veranlagungszeitraum 2017 erfolgt der tatsächliche Abzug der ausländischen Steuer nach § 34c Abs. 3 EStG ebenfalls auf Ebene des Organträgers.[675] **6314**

Nach § 8 Nr. 12 GewStG werden ausländische Steuern, die nach § 34c EStG oder nach einer Bestimmung, die § 34c EStG für entsprechend anwendbar erklärt, bei der Ermittlung der Einkünfte abgezogen werden, dem Gewerbeertrag wieder hinzugerechnet. Daher ergibt sich (auch) durch § 34c Abs. 2, 3 EStG in den allermeisten Fällen kein Einfluss auf den Gewerbeertrag. Die Hinzurechnung nach § 8 Nr. 12 GewStG gilt jedoch nur, soweit die abgezogenen ausländischen Steuern auf Gewinne oder Gewinnanteile entfallen, die bei der Ermittlung des Gewerbeertrags außer Ansatz gelassen oder nach § 9 GewStG gekürzt werden. Aufgrund des Einleitungssatzes des § 8 GewStG gilt dies auch nur, soweit sie bei der Ermittlung des Gewinns abgesetzt worden sind. Eine Restriktion kann sich hier ganz allgemein aus § 3c Abs. 2 EStG ergeben.[676] **6315**

*(einstweilen frei)* **6316–6327**

## D. Haftung der Organgesellschaften für Gewerbesteuer (§ 73 AO)

§ 73 S. 1 AO ordnet an, dass eine Organgesellschaft für solche Steuern des Organträgers, für welche die Organschaft zwischen ihnen steuerlich von Bedeutung ist, haftet.[677] Durch die Haftung wird die Organgesellschaft auch insoweit zum „Steuerpflichtigen" iSd § 33 Abs. 1 AO. § 73 S. 2 AO ordnet darüber hinaus an, dass im Fall einer Haftung einer Organgesellschaft, die selbst Organträger ist, nach § 73 S. 1 AO deren Organgesellschaften neben ihr ebenfalls nach § 73 S. 1 AO haften.[678] Die Haftung der im Organkreis untergeordneten Organgesellschaft für Steuerschulden des die Organgesellschaft beherrschenden Organträgers soll nach Auffassung des BFH die steuerlichen Risiken ausgleichen, die mit der Verlagerung der steuerlichen Rechtszuständigkeit auf den Organträger verbunden sind.[679] Durch den haftungsrechtlichen Zugriff auf das Vermögen der Organgesellschaft **6328**

672 BFH 16.10.2024 – I R 16/20, BeckRS 2024, 42819 Rn. 24.
673 OFD Frankfurt am Main 15.1.2018, BeckVerw 352951.
674 Bewusst offen gelassen in BFH 16.10.2024 – I R 16/20, BeckRS 2024, 42819 Rn. 22.
675 OFD Frankfurt am Main 15.1.2018, BeckVerw 352951.
676 Etwa bei dem Teileinkünfteverfahren nach § 3 Nr. 40 EStG unterliegenden ausländischen Einkünften, EStR 34c Abs. 4 S. 8.
677 GewStH 5.3, „Haftung".
678 BeckOK AO/Specker, 28. Ed. 15.4.2024, AO § 73 Rn. 30.
679 BFH 5.10.2004 – VII R 76/03, BStBl. II 2006, 3.

sollen bei Zahlungsunfähigkeit des Organträgers Steuerausfälle vermieden werden, die infolge von Vermögensverlagerungen innerhalb des Organkreises entstehen könnten.[680]

6329 Die Haftung nach § 73 AO erstreckt sich dem Grunde nach auf die Steuern und Ansprüche auf Erstattung von Steuervergütungen, für die die Organschaft steuerlich von Bedeutung ist,[681] wozu auch die Gewerbesteuer gehört.[682] Eine Haftung für Nebenleistungen zu diesen Steuern (§ 3 Abs. 4 AO) besteht indes nicht.[683]

6330 Aufwendungen einer Organgesellschaft aufgrund einer Haftungsinanspruchnahme für Körperschaftsteuerschulden des Organträgers nach § 73 AO fallen nicht unter das Abzugsverbot des § 10 Nr. 2 KStG. Sie sind als vGA zu qualifizieren.[684] Bei der Gewerbesteuer folgt das Abzugsverbot aus § 4 Abs. 5b EStG.[685]

6331 Durch § 73 **S. 2** AO ist bei Haftung einer Organgesellschaft, die selbst Organträger ist, nach § 73 S. 1 AO auch eine Haftung ihrer Organgesellschaften neben ihr nach § 73 S. 1 AO gegeben. Die entgegenstehende Rechtsprechung des BFH,[686] die den Gegenstand der Haftung für eine körperschaftsteuerrechtliche Organschaft auf solche Steueransprüche beschränken wollte, die gegen den durch das konkrete Organschaftsverhältnis bestimmten Organträger gerichtet sind, wurde mithin gesetzgeberisch überschrieben. Bei „mehrstufigen Organschaften" ist dieser Grundsatz zur Haftung auch gewerbesteuerlich zu beachten.[687]

6332–6343 *(einstweilen frei)*

## E. Einkommensteuerliche Folgewirkungen der gewerbesteuerlichen Organschaft (§ 35 EStG)

6344 Nach § 35 Abs. 1 S. 1 EStG ermäßigt sich die tarifliche Einkommensteuer bis zu einem Ermäßigungshöchstbetrag im Wege einer Steuerermäßigung,[688] soweit eine (unbeschränkt oder beschränkt einkommensteuerpflichtige)[689] natürliche Person auf gewerbliche Einkünfte Gewerbesteuer erlitten hat. Körperschaften hingegen steht bereits dem Grunde nach keine solche Steuerermäßigung zur Verfügung, sodass bei einer Körperschaft als Organträgerin die Regelung des § 35 EStG von vornherein keine Anwendung finden kann,[690] auch wenn sie verfahrensrechtlich in den gesonderten Feststellungen unter § 35 EStG aufzunehmen ist.[691]

6345 Daneben sind weitere Beschränkungen der Steuerermäßigung sowie das besondere Verfahrensrecht in diesem Bereich[692] zu beachten. Unter anderem stellt die „tatsächlich zu zahlende Gewerbesteuer" eine solche Beschränkung dar (§ 35 Abs. 1 S. 5 EStG).[693] Zudem erfordert eine Ermäßigung tariflicher Einkommensteuer naturgemäß, dass überhaupt eine tarifliche Einkommensteuer (§ 2 Abs. 5 S. 1 EStG; EStR 2 Abs. 2 Zeile 1) vorliegt. Zudem

[680] BFH 31.5.2017 – I R 54/15, DStR 2017, 2214 Rn. 9.
[681] AEAO zu § 73, unter 3.1.
[682] Koenig/Kratzsch, 5. Aufl. 2024, AO § 73 Rn. 11; BeckOK AO/Specker, 29. Ed. 24.7.2024, AO § 73 Rn. 50; Brandis/Heuermann/Gosch GewStG § 5 Rn. 104; zur **Haftung für Körperschaftsteuer** auch → Rn. 1850 ff.
[683] AEAO zu § 73, unter 3.1.; Koenig/Kratzsch, 5. Aufl. 2024, AO § 73 Rn. 12; BFH 5.10.2004 – VII R 76/03, DStRE 2005, 51.
[684] BFH 24.10.2018 – I R 78/16, BStBl. II 2019, 570.
[685] EStR 5.7 Abs. 1.
[686] BFH 31.5.2017 – I R 54/15, DStR 2017, 2214.
[687] Klein/Rüsken, 17. Aufl. 2023, AO § 73 Rn. 7.
[688] EStR 2 Abs. 2 Zeile 7.
[689] BMF 3.11.2016, BStBl. I 2016, 1187, Rn. 1.
[690] Zu den Besonderheiten bei dem persönlich haftenden Gesellschafter einer KGaA BMF 3.11.2016, BStBl. I 2016, 1187, Rn. 8, 27; BFH 24.1.2024 – I R 54/20, BeckRS 2024, 8864.
[691] BFH 22.9.2011 – IV R 8/09, BStBl. II 2012, 183 Rn. 22 ff.
[692] BFH 22.9.2011 – IV R 8/09, BStBl. II 2012, 183; BFH 28.5.2015 – IV R 27/12, BStBl. II 2015, 837 Rn. 21 ff.; BeckOK GewStG/Faber, 12. Ed. 1.12.2024, GewStG § 14 Rn. 28 ff.
[693] BMF 3.11.2016, BStBl. I 2016, 1187, Rn. 5; zum Verfahrensrecht in diesem Fall BFH 28.10.2021 – IV R 12/19, BeckRS 2021, 43607.

knüpft § 35 EStG nicht nur an die tarifliche Einkommensteuer an, sondern modifiziert diese noch, indem sie „um die sonstigen Steuerermäßigungen mit Ausnahme der §§ 34f, 34g, 35a und 35c" EStG zu vermindern ist (§ 35 Abs. 1 S. 1 EStG).[694] Nur wenn der daraus resultierende Betrag positiv ist, ist eine weitere Verminderung durch eine Steuerermäßigung überhaupt denkbar.

Innerhalb dieser Höchstbeträge wird die Ermäßigung der Einkommensteuer bei natürlichen Personen in Höhe des Vierfachen des jeweils für den dem Veranlagungszeitraum entsprechenden Erhebungszeitraum nach § 14 GewStG für das Unternehmen festgesetzten Steuermessbetrags („Gewerbesteuer-Messbetrag") gewährt (§ 35 Abs. 1 S. 1 Nr. 1 EStG). Bei Einkünften aus Gewerbebetrieb als Mitunternehmer iSd § 15 Abs. 1 S. 1 Nr. EStG 2 oder als persönlich haftender Gesellschafter einer Kommanditgesellschaft auf Aktien iSd § 15 Abs. 1 S. 1 Nr. 3 EStG wird sie hingegen in Höhe des Vierfachen des jeweils für den dem Veranlagungszeitraum entsprechenden Erhebungszeitraum festgesetzten anteiligen Gewerbesteuer-Messbetrags gewährt (§ 35 Abs. 1 S. 1 Nr. 2 EStG). Die Ermäßigung ist dabei jeweils „betriebsbezogen" zu ermitteln.[695] Im Ergebnis werden niedrigere Hebesätze aufgrund des § 35 Abs. 1 S. 5 EStG „niemals überkompensiert, während die Kompensation höherer Hebesätze" durch die Begrenzung des § 35 Abs. 1 S. 1 EStG gedeckelt ist.[696] **6346**

Somit führen die gewerblichen Einkünfte, die aus dem Organkreis bei einer natürlichen Person als Organträger (§ 14 Abs. 1 S. 1 Nr. 2 S. 1 KStG) oder bei einer natürlichen Person als (unmittelbarer oder mittelbarer) Mitunternehmer einer Personengesellschaft als Organträgerin (§ 14 Abs. 1 S. 1 Nr. 2 S. 2 f. KStG) zu besteuern sind, grundsätzlich ebenfalls zu einer Steuerermäßigung nach § 35 EStG.[697] Zu beachten ist dabei der relevante Zeitpunkt für die Berechtigung zur Steuerermäßigung: Diese steht nur den Mitunternehmern einer Personengesellschaft zu, die im Entstehungszeitpunkt der Gewerbesteuer (§ 38 AO, § 18 GewStG) – mithin mit Ablauf des Erhebungszeitraums (§ 14 S. 2 f. GewStG) – an der Personengesellschaft beteiligt sind.[698] Eine „Aufteilung" des Ermäßigungsvolumens für unterjährig ausgeschiedene Mitunternehmer gibt es nicht.[699] Umstritten ist bislang jedoch, ob der „allgemeine Gewinnverteilungsschlüssel" des § 35 Abs. 2 S. 2 EStG auf das Ende des Erhebungszeitraums oder das Ende des Wirtschaftsjahres zu bestimmen ist.[700] **6347**

Ausnahmen bestehen u. a. nach § 35 Abs. 1 S. 3 EStG iVm § 18 Abs. 3 S. 3 UmwStG für Veräußerungs- oder Aufgabegewinne nach einer Umwandlung einer Kapital- auf eine Personengesellschaft oder natürliche Person unter §§ 3–8, 18 UmwStG. Wird ein solcher Gewinn innerhalb von fünf Jahren nach dem steuerlichen Übertragungsstichtag realisiert (§ 18 Abs. 3 S. 1 UmwStG) oder ein Teilbetrieb oder Anteil an der übernehmenden Personengesellschaft aufgegeben oder veräußert (§ 18 Abs. 3 S. 2 UmwStG), unterliegt dieser Gewinn entgegen sonstiger Praxis (§ 7 S. 2 GewStG) der Gewerbesteuer. § 18 Abs. 3 S. 4 UmwStG[701] sperrt dann entsprechend § 35 Abs. 1 S. 3 EStG insoweit die Steuerermäßigung für erlittene Gewerbesteuer. Allerdings sieht der BFH einen Vorrang des § 7 S. 2 GewStG – und damit eine Berechtigung zur Steuerermäßigung – wenn es sich bei der veräußerten Personengesellschaft um eine umgewandelte Organgesellschaft handelt und **6348**

---

694 BMF 3.11.2016, BStBl. I 2016, 1187, Rn. 4.

695 BMF 3.11.2016, BStBl. I 2016, 1187, Rn. 9, 25, 26; BFH 20.3.2017 – X R 12/15, DStR 2017, 1917; BFH 20.3.2017 – X R 62/14, DStRE 2017, 1491.

696 BFH 20.3.2017 – X R 12/15, DStR 2017, 1917 Rn. 26.

697 Prinz/Witt Steuerliche Organschaft/Blumenberg/Hundeshagen Rn. 09.38 ff.

698 BFH 14.1.2016 – IV R 48/12, BFH/NV 2016, 1024; BFH 14.1.2016 – IV R 5/14, BStBl. II 2016, 875; so auch zur Zurechnung von Einkommen des Organs BFH 28.2.2013 – IV R 50/09, DStR 2013, 966.

699 BMF 3.11.2016, BStBl. I 2016, 1187, Rn. 28.

700 FG Düsseldorf 20.7.2022 – 10 K 686/20, BeckRS 2022, 25587, Rev. BFH IV R 21/22.

701 Zur Einfügung eines neuen Satzes 3 in § 18 Abs. 3 UmwStG im JStG 2024 (v. 2.12.2024, BGBl. 2024 I Nr. 387) siehe Bergan/Lätsch DStR 2024, 2849 (2853).

ein von dieser erzielter und dem Organträger zuzurechnender Veräußerungs- oder Aufgabegewinn zu einer Anrechnung nach § 35 EStG geführt hätte.[702]

**6349** Allerdings reicht die Zurechnung von Einkommen nach § 14 Abs. 1 S. 1 KStG sowie die Fiktion der Betriebsstätte des § 2 Abs. 2 S. 2 GewStG nicht so weit, dass auch anteilige Gewerbesteuer-Messbeträge von der Organgesellschaft nachgeschalteten gewerblichen Mitunternehmerschaften „durch die Organgesellschaft" als Kapitalgesellschaft[703] für Zwecke des § 35 EStG zum Organträger durchzuleiten wären.[704] Dem steht die Abschirmung der Vermögenssphäre der Kapitalgesellschaft gegenüber ihren Anteilseignern entgegen.[705] Die Vorschrift des § 35 Abs. 2 S. 5 EStG, nach der bei der Feststellung nach § 35 Abs. 2 S. 1 EStG anteilige Gewerbesteuer-Messbeträge, die aus einer Beteiligung an einer Mitunternehmerschaft stammen, einzubeziehen sind, gilt nur bei doppel- oder mehrstöckigen Personengesellschaften.

**6350–6400** *(einstweilen frei)*

[702] BFH 28.5.2015 – IV R 27/12, BStBl. II 2015, 837; BeckOK GewStG/Weiss, 12. Ed. 1.12.2024, GewStG § 7 Rn. 167.1.

[703] BeckOK GewStG/Specker, 12. Ed. 1.12.2024, GewStG § 2 Rn. 998.

[704] Zu verfahrensrechtlichen Einschränkungen bei nachgeschalteten Mitunternehmerschaften BFH 6.3.2008 – IV R 74/05, BStBl. II 2008, 663.

[705] BFH 22.9.2011 – IV R 3/10, BStBl. II 2012, 14.

# Teil 3. Umsatzsteuerliche Organschaft

## Übersicht

## A. Einführung/Historischer Abriss

Die umsatzsteuerrechtliche Organschaft ist eine besondere Ausgestaltung des Unternehmers. **6401**

Unternehmer, welche nach § 2 Abs. 1 UStG natürliche Personen, juristische Personen oder Personengesellschaften und Gesamthandsgemeinschaften oder Gemeinschaften (Bruchteilsgemeinschaften sollen laut BFH[1] keine Unternehmer sein – mit Änderung des § 2 Abs. 1 S. 1 letzter Hs. nun aber möglich) sind, welche eine gewerbliche oder berufliche Tätigkeit nachhaltig und mit Einnahmeerzielungsabsicht ausüben, müssen selbständig sein. Die Besonderheit der umsatzsteuerrechtlichen Organschaft nach § 2 Abs. 2 Nr. 2 UStG ist, dass die juristisch selbständigen Organgesellschaften iSd Umsatzsteuerrechts (unionsrechtlich: Mehrwertsteuerrecht) ihre Selbständigkeit verlieren und Teil des Unternehmens des Organträgers werden. § 2 UStG bestimmt den Unternehmer, welcher für steuerbare Leistungen nach § 1 Abs. 1 Nr. 1 und Nr. 5 UStG unabdingbar ist.[2] Die Wirkungen der umsatzsteuerrechtlichen Organschaft sind auf das Inland beschränkt. Wesentlicher Zweck der Organschaft ist seit Einführung des seinerzeitigen Allphasen-Brutto-Umsatzsteuerrechts[3] die Vereinfachung und Gleichbehandlung von nicht voll vorsteuerabzugsberechtigten organschaftlich verbundenen Gesellschaften mit (idR) großen Gesellschaften, welche große Teile ihrer Wertschöpfungskette im eigenen Unternehmen vollziehen.[4] Es ist für alle Unternehmen, welche nicht voll vorsteuerabzugsberechtigt sind, eine legale Gestaltungsvariante, Wertschöpfung im umsatzsteuerrechtlichen Organkreis als nichtsteuerbare Innenleistungen stattfinden zu lassen.[5] **6402**

So sind beispielsweise die inländische Organgesellschaft 1 und die Organgesellschaft 2 Teil des Organkreises (Unternehmen) des Organträgers OT, wenn selbige finanziell, **6403**

[1] Vgl. BFH 22.11.2018 – V R 65/17, MwStR 2019, 236: Gemeinschaft nach Bruchteilen ist unfähig, Trägerin von Rechten und Pflichten zu sein; Offerhaus/Söhn/Lange/Hartman UStG § 2 Rn. 52. Nach Änderung des § 2 Abs. 1 S. 1 letzter Hs. UStG ab 1.1.2023 ist diese Rechtsprechung überholt.
[2] Ebenso Offerhaus/Söhn/Lange/Hartmann UStG § 2 Rn. 1.
[3] Siehe ausführlich zum Umsatzsteuersystem; Höink/Huschens, Einführung in die Umsatzsteuer, 24 ff.
[4] Ebenso Sölch/Ringleb/Treiber UStG § 2 Rn. 140.
[5] Kritisch unter dem Blickwinkel des Gleichheitsgrundsatzes und Wettbewerb: Rauch UR 2017, 885 (888); EU-Kommission v. 2.7.2009, UR 2009, 632.

organisatorisch und wirtschaftlich eingegliedert sind. Aufgrund der Beschränkung der Wirkungen der umsatzsteuerrechtlichen Organschaft auf das Inland ist die Organgesellschaft 3 nicht Teil des Organkreises.

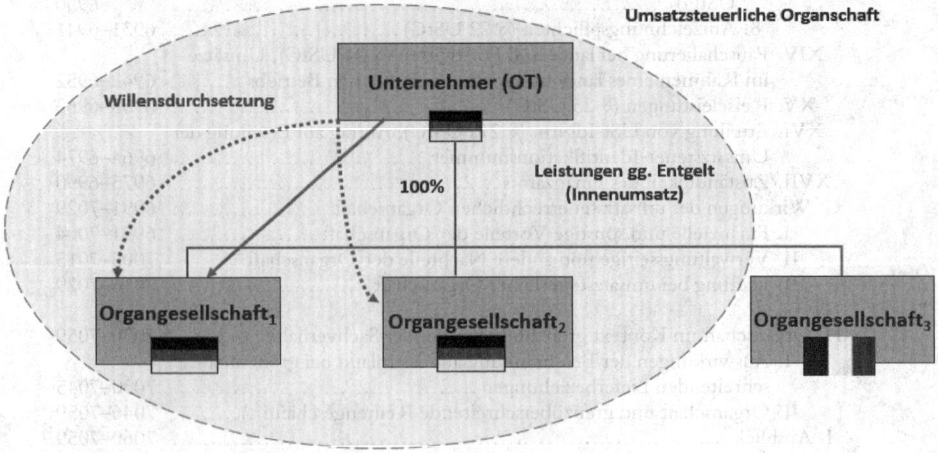


**Abb.:** Beispiel eines Organkreises

6404 Die umsatzsteuerrechtliche Organschaft hat eigenständige Eingliederungsanforderungen und es bestehen – auch aufgrund der unionsrechtlichen Grundlage und Autonomie der Mehrwertsteuer – erhebliche Unterschiede zur körperschaftsteuerlichen und gewerbesteuerlichen Organschaft[6]

6405 Dieses Institut der umsatzsteuerrechtlichen Organschaft hat in Deutschland eine lange Tradition, welche älter ist als das Harmonisierte Mehrwertsteuerrecht der Europäischen Union (6. EG-RL später MwStSystRL u.a.).

6406 Das Institut der umsatzsteuerrechtlichen Organschaft im deutschen Recht geht auf die Rechtsprechung des Reichsfinanzhofes (RFH) zurück. Begründet wurde sie mit der (im aktuellen nationalen Recht Österreichs noch begrifflich enthaltenen) Annahme, dass die Organgesellschaft „keinen eigenen Willen" habe (vgl. § 2 Abs. 2 Nr. 2 Unterabs. 1 des österreichischen UStG 1994, wonach „die gewerbliche oder berufliche Tätigkeit nicht selbständig ausgeübt (wird), wenn eine juristische Person dem Willen eines Unternehmers derart untergeordnet ist, dass sie keinen eigenen Willen hat. Eine juristische, Person ist dem Willen eines Unternehmers dann derart untergeordnet, dass sie keinen eigenen Willen hat (Organschaft), wenn sie nach dem Gesamtbild der tatsächlichen Verhältnisse finanziell, wirtschaftlich und organisatorisch in sein Unternehmen eingegliedert ist"). Unselbständigkeit einer gewerblichen Tätigkeit liege vor, „wenn die tätige Person im wirtschaftlichen Organismus des gewerblichen Unternehmens eines anderen bei Betätigung ihres geschäftlichen Willens unter der Leitung dieses anderen" stehe.[7]

6407 Mit Urteil v. 27.1.1923 – V A 11/23, RFHE 7, 207, hatte der RFH entschieden, dass juristische Personen trotz ihrer rechtlichen Selbständigkeit umsatzsteuerrechtlich unter bestimmten Voraussetzungen unselbständig sein können. Eine juristische Person könne „Angestellte" eines anderen Unternehmens, also unselbständig sein, allerdings nur „unter ganz besonderen Umständen". Der Begriff der „Organschaft" bezeichnet das sich aus der Anwendung der Organlehre ergebende Rechtsverhältnis. Die Organlehre selbst wurde in das Umsatzsteuerrecht im Wege einer langjährigen im Anfang zögernden, mehrfach auch

6 Offerhaus/Söhn/Lange/Hartmann UStG § 2 Rn. 172.
7 Vgl. RFH 6.10.1920 – II A 141/20, RFHE 3, 290.

wechselvollen Rechtsprechung eingeführt, bis dann schließlich durch das grundsätzliche Urteil des RFH 23.2.1934 – V A 480/33, Slg. Bd. 36, 39, 42, 43, Umfang und Grenzen dieser Lehre abgesteckt wurden. Sie kann als die steuerrechtliche Lehre von der wirtschaftlichen Einheit mehrerer rechtlich selbständiger Unternehmen bezeichnet werden.[8]

1934 wurde dann vom damaligen Gesetzgeber erstmals eine umsatzsteuerrechtliche **6408** Organschaftsregelung in das deutsche UStG aufgenommen, bei der es sich nach der Gesetzesbegründung um die Kodifizierung der bis dahin ergangenen RFH-Rechtsprechung zur Organlehre handelte. Demnach wurde gem. § 2 Abs. 2 Nr. 2 UStG 1934 (RGBl. I 1934, 942) „die gewerbliche oder berufliche Tätigkeit […] nicht selbständig ausgeübt, wenn eine juristische Person dem Willen eines Unternehmers derart untergeordnet ist, dass sie keinen eigenen Willen hat". Der Gesetzgeber sah sich damals zur Festlegung einer solchen Regelung veranlasst, weil in der Wirtschaft vermehrt die Tendenz erkennbar war, durch Fusionierungen von Unternehmen Wirtschaftsstufen einzusparen, was im System der damals auf allen Wirtschaftsstufen erhobenen Brutto-Allphasen-Umsatzsteuer ohne Vorsteuerabzug vorteilhaft war. Solche Fusionierungen waren zudem oftmals mit schädlichen Wirkungen für den Arbeitsmarkt verbunden, die durch die Regelung ebenfalls vermieden werden sollten.[9]

Der BFH führt in seinem Urteil v. 17.7.1952 – V 17/52 S, BFHE 56, 604 unter Rn. 15 **6409** zur „Organlehre" Folgendes aus:

*„Der Begriff der „Organschaft" bezeichnet das sich aus der Anwendung der Organlehre ergebende Rechtsverhältnis. Die Organlehre selbst wurde in das Umsatzsteuerrecht im Wege einer langjährigen im Anfang zögernden, mehrfach auch wechselvollen Rechtsprechung eingeführt, bis dann schließlich durch das grundsätzliche Urteil des Reichsfinanzhofs V A 480/33 vom 23. Februar 1934, Slg. Bd. 36 S. 39. 42, 43 Umfang und Grenze dieser Lehre abgesteckt wurden. Sie kann als die steuerrechtliche Lehre von der wirtschaftlichen Einheit mehrerer rechtlich selbständiger Unternehmen bezeichnet werden. Gerade hier zeigt sich die Notwendigkeit der wirtschaftlichen Betrachtungsweise, die, mag sie bisweilen als recht kühn empfunden werden, durch die besondere starke Wirtschaftsgebundenheit der Umsatzsteuer mit ihren unmittelbar das Geschehen der Wirtschaft beeinflussenden Eingriffen bedingt ist.*

*Verfährt doch das Umsatzsteuerrecht sehr eigenwillig mit den sonst angewandten Grundbegriffen: so ist weder der Grundbegriff der Lieferung noch der der gewerblichen Tätigkeit dem Handelsgesetzbuch oder der Gewerbeordnung entnommen, beiden Begriffen wird vielmehr ein völlig eigener Inhalt gegeben. Diese freie Stellung des Umsatzsteuerrechts gegenüber den herkömmlichen Rechtsbegriffen hat schon seit Jahrzehnten dazu geführt, von der Selbständigkeit der steuerlichen Begriffe zu sprechen und diese neuen Begriffe als steuerrechtliche Wirtschaftsbegriffe zu bezeichnen. Diese Begriffe können nur nach dem Sinn und Zweck des Umsatzsteuerrechts ausgelegt werden, jede Heranziehung ähnlicher Begriffe, etwa des privaten oder des öffentlichen Rechts, zur unmittelbaren Hilfestellung bei der Auslegung verbietet sich; die Auslegung muss zum Ziele haben, das Material hierfür aus den wirtschaftlichen Vorgängen selbst und aus dem steuerlichen Zweck zu finden. An dem Vorrang dieser wirtschaftlichen Betrachtungsweise, die die rechtsbegriffliche Entwicklung überhaupt wie auch die Fortbildung der Steuerrechtsbegriffe insbesondere beeinflusst hat, hält der Senat bei der Auslegung des Umsatzsteuergesetzes fest. Nur so allein kann auf diesem Steuerrechtsgebiet dessen Grundgedanken voll Rechnung getragen werden. Im Schrifttum sind neuerdings Befürchtungen geltend gemacht worden, dass das Bestreben oder, wie hier, die Notwendigkeit, das Umsatzsteuerrecht von den Begriffen des bürgerlichen Rechts zu lösen, eine Gefährdung der bestehenden Rechtssicherheit mit sich bringe. Auf Grund der umfassenden Rechtsprechung und der darauf abgestellten Verwaltungsübung kann der Senat diese Bedenken nicht teilen. Im Gegenteil, es hat sich gezeigt, dass die von der Rechtsprechung erarbeiteten Grundbegriffe eine im Rahmen des Umsatzsteuerrechts klare Grundlage dafür boten, dass die Ver-*

---

[8] Vgl. BFH 17.7.1952 – V 17/52 S, BStBl. III 1952, 234.

[9] Vgl. BFH 17.7.1952 – V 17/52 S, BStBl. III 1952, 234; vgl. auch Stadie/Stadie UStG § 2 Abs. 2 Nr. 2 Rn. 256.

*waltung und Wirtschaft mit diesen Begriffen praktisch und sicher arbeiten kann. Ein solcher steuerrechtlicher Wirtschaftsbegriff ist auch der Begriff der Organschaft."*

**6410** 1938 wurde die Organschaftsregelung konkretisiert und in § 17 der Umsatzsteuerdurchführungsbestimmungen (UStDB) festgelegt, dass eine Unterordnung einer juristischen Person entsprechend den vom RFH geprägten Eingliederungsmerkmalen dann gegeben ist, wenn diese „nach dem Gesamtbild der tatsächlichen Verhältnisse finanziell, wirtschaftlich und organisatorisch" in das Unternehmen des beherrschenden Unternehmers eingegliedert ist. § 17 UStDB legte fest, dass eine juristische Person keinen eigenen Willen hat, wenn sie nach dem Gesamtbild der tatsächlichen Verhältnisse finanziell, wirtschaftlich und organisatorisch in das Unternehmen des beherrschenden Unternehmers eingegliedert ist.

**6411** Das Kontrollratsgesetz Nr. 15 v. 11.2.1946 (Amtsblatt des Kontrollrats in Deutschland 1946 S. 75) änderte eine Reihe von Bestimmungen des damals geltenden Umsatzsteuerrechts ab. Während die Art. I und III des Gesetzes, die Tarif- und Verwaltungsvorschriften betrafen, durch Gesetz Nr. A – 17 des Rats der Alliierten Hohen Kommission v. 21.6.1951 (Amtsblatt der Alliierten Hohen Kommission für Deutschland 1951 S. 941) seit 1.7.1951 aufgehoben waren, war Art. II, der die Umsatzsteuerpflicht bei Mutter- und Tochtergesellschaften behandelte, in Kraft geblieben und rechtswirksam.

**6412** Art. II lautete nach dem Kontrollratsgesetz beigefügten deutschen Text (vgl. BFH 17.7.1952 – V 17/52 S, BFHE 56, 604):

*„1. Alle zwischen einer Muttergesellschaft und ihren Tochtergesellschaften oder zwischen mehreren Tochtergesellschaften derselben Muttergesellschaft getätigten Transaktionen unterliegen der Umsatzsteuerpflicht in allen Fällen, in denen sie umsatzsteuerpflichtig wären, wenn es sich um unabhängige Unternehmen gehandelt hätte.*

*2. § 2 Abs. 2 UStG vom 17. Oktober 1934 und § 17 UStDB vom 23. Dezember 1938 sowie alle anderen einschlägigen Bestimmungen der Umsatzsteuergesetzgebung treten außer Kraft oder werden hiermit nach Maßgabe der Vorschriften des Abs. 1 dieses Paragraphen geändert."*

**6413** Die Leitstelle der Finanzverwaltung für die britische Zone (Finanzleitstelle) hatte in Ausführungsanweisungen und Durchführungsbestimmungen zum Kontrollratsgesetz Nr. 15 (Steuer- und Zollblatt – StuZBl. – 1946 S. 22, 1947 S. 386) den § 2 Abs. 2 UStG 1934 und den § 17 UStDB 1938 aufgehoben und hatte dadurch zum Ausdruck gebracht, dass Art. II KontrRG Nr. 15 die Organschaft im Umsatzsteuerrecht beseitigt habe. Der Bundesminister der Finanzen dagegen ging seinerzeit davon aus, dass Art. II die Organschaft im Umsatzsteuerrecht nicht aufgehoben, sondern im Rahmen der Organschaft lediglich die Besteuerung der sog. Innenumsätze („Transaktionen") zwischen Mutter- und Tochtergesellschaft eingeführt habe. Es handle sich um eine Art Zusatzsteuer, um fingierte Umsätze zwischen Betrieben eines einheitlichen Unternehmens. Bei der Neufassung des UStG 1951 und seiner Durchführungsbestimmungen seien deshalb die Vorschriften über die umsatzsteuerliche Organschaft unverändert aus dem UStG 1934 (§ 2 Abs. 2 Nr. 2) und den Umsatzsteuer-Durchführungsbestimmungen 1938 (§ 17) übernommen und nach der Verordnung zur Änderung und Ergänzung der Durchführungsbestimmungen zum UStG v. 30.6.1951 (BStBl. – 1951 S. 205) durch Einfügung des § 17a (in den Durchführungsbestimmungen 1951: § 18), der die Besteuerung der Innenumsätze von Mutter- und Tochtergesellschaften regelte, ergänzt worden.[10]

**6414** Die rechtliche Begründung dafür, dass bei Vorliegen der Eingliederungsmerkmale die Organgesellschaft nicht selbständig ist, war noch deutlicher in § 2 Abs. 2 Nr. 2 S. 1 und 2 UStG 1934/1951 (BGBl. I 1951, 791), später idF des Elften Gesetzes zur Änderung des UStG vom 16.8.1961 (BGBl. I 1961, 1330) erkennbar. Dort hieß es: „(2) Die gewerbliche oder berufliche Tätigkeit wird nicht selbständig ausgeübt, … 2., wenn eine juristische Person dem Willen eines Unternehmers derart untergeordnet ist, dass sie keinen eigenen

[10] Vgl. BFH 17.7.1952 – V 17/52 S, BStBl. III 1952, 234.

Willen hat (Organgesellschaft). Diese Voraussetzung ist erfüllt, wenn sie nach dem Gesamtbild der tatsächlichen Verhältnisse finanziell, wirtschaftlich und organisatorisch in sein Unternehmen eingegliedert ist." Dieser Wortlaut findet sich in wesentlichen Teilen heute noch in § 2 Abs. 2 Nr. 2 S. 1 und 2 des österreichischen UStG.[11]

Bei Anwendung des UStG 1951 hatte sich der BFH der mit Urteil des RFH 13.12.1940, **6415**
V 25/39, RStBl. 1941, 320, begründeten Rechtsprechung angeschlossen, die – gestützt auf die Ausführungen von Sölch (Steuer und Wirtschaft 1939 Teil I Sp 893) und Herting (Deutsche Steuer-Zeitung 1940, 320) – aus § 2 Abs. 2 Nr. 1 UStG 1934 gefolgert hatte, nichtrechtsfähige Personenvereinigungen seien unselbständig, sofern die gesetzlichen Merkmale der Organschaft (§ 2 Abs. 2 Nr. 2 UStG 1934) vorlägen.[12] Diese Unselbständigkeit von nichtrechtsfähigen Personenvereinigungen wurde unter der Voraussetzung bejaht, dass die Personenvereinigung dem Willen eines an ihr Beteiligten (natürliche oder juristische Person) derart untergeordnet war, dass sie keinen diesem Willen entgegenstehenden Willen bilden konnte, also iSd damaligen Fassung des § 2 Abs. 2 Nr. 2 UStG 1934 „keinen eigenen Willen" hatte.[13]

Nach dem in den Umsatzsteuergesetzen 1934, 1951 und 1967 nahezu wortgleichen § 2 **6416**
Abs. 2 Nr. 1 UStG wird eine gewerbliche oder berufliche Tätigkeit nicht selbständig ausgeübt, soweit natürliche Personen, einzeln oder zusammengeschlossen, einem Unternehmen so eingegliedert sind, dass sie den Weisungen des Unternehmers zu folgen verpflichtet sind. Zu dieser – erstmals im UStG 1934 getroffenen – Bestimmung der Unselbständigkeit natürlicher Personen liegt die folgende amtliche Begründung vor (RStBl. 1934, 1549): „Im § 2 Abs. 2 ist die neuere Rechtsprechung zur Frage der Selbständigkeit und der Organschaft niedergelegt. Der Begriff der Organschaft ist nur noch bei juristischen Personen anwendbar. Diese sind entweder selbständig oder unselbständig. Eine teilweise Selbständigkeit gibt es für die juristischen Personen nicht. Anders ist es bei den natürlichen Personen und bei den nicht rechtsfähigen Personenvereinigungen. Diese können teils selbständig, teils unselbständig sein" (vgl. BFH 7.12.1978 – V R 22/74, BStBl. II 1979, 356).

Mit dem Regierungsentwurf eines Gesetzes zur Änderung des Umsatzsteuergesetzes und **6417**
des Beförderungsteuergesetzes sollte im Umsatzsteuergesetz v. 16.10.1934 (RGBl. I 1934, 942) idF, die sich aus den später erfolgten Änderungen und Ergänzungen ergab, die Organschaftsregelung wie folgt gefasst werden:

*„Die gewerbliche oder berufliche Tätigkeit wird nicht selbständig ausgeübt, wenn eine juristische Person dem Willen eines Unternehmers derart untergeordnet ist, dass sie keinen eigenen Willen hat."*

Zur Gesetzesbegründung (vgl. Begründung des Regierungsentwurfs eines Gesetzes zur **6418**
Änderung des Umsatzsteuergesetzes und des Beförderungsteuergesetzes v. 26.2.1951, BT-Drs. Nr. 01/1983) wird Folgendes ausgeführt: „Durch Artikel II des Kontrollratgesetzes Nr. 15 zur Abänderung der Umsatzsteuergesetze vom 11. Februar 1946 (Amtsbl. KR 1946 S. 76) sind entgegen der in § 2 Abs. 2 Ziffer 2 des Umsatzsteuergesetzes vom 16. Oktober 1934 (Reichsgesetzbl. I S. 942) getroffenen Regelung mit Wirkung ab 1. Januar 1946 alle zwischen einer Muttergesellschaft und ihren Tochtergesellschaften oder zwischen mehreren Tochtergesellschaften derselben Muttergesellschaft „getätigten Transaktionen" in den Fällen der Umsatzsteuerpflicht unterworfen worden, in denen sie steuerpflichtig wären, wenn es sich um unabhängige Unternehmen gehandelt hätte. Diese Vorschrift sollte die umsatzsteuerliche Begünstigung der Unternehmen mit vertikaler Betriebskonzentration beseitigen. Tatsächlich ist dieses Ziel nur in geringem Umfang erreicht worden. Denn die Muttergesellschaften konnten durch rechtliche Fusion die Wirkungen der erwähnten Besteuerung vermeiden. Außerdem haben sich unerwünschte, die Wirtschaft belastende

[11] Vgl. auch BFH 11.12.2019 – XI R 16/18, DStR 2023, 638.
[12] Vgl. BFH 7.12.1978 – V R 22/74, BStBl. II 1979, 356.
[13] Vgl. zB BFH 23.7.1959 – V 47/56 U, BStBl. III 1959, 394; BFH 19.11.1964 – V 245/61 S, BStBl. III 1965, 182; BFH 2.2.1967 – V 35/64, BStBl. III 1967, 499.

Nebenfolgen ergeben, die auf den Güterverkehr hemmend einwirken. Einerseits ist es nämlich vielen Großunternehmen gelungen, durch Gründung oder Benutzung von Verkaufsgesellschaften der steuerlichen Mehrbelastung in erheblichem Umfang auszuweichen und in nicht wenigen Fällen sogar eine bedeutende Umsatzsteuerersparnis im Vergleich zu dem vor dem 1. Januar 1946 geltenden Rechtszustand zu erzielen. Andererseits sind die wechselseitigen Beziehungen zwischen Mutter- und Tochtergesellschaften und Tochtergesellschaften untereinander häufig nicht so einfach gestaltet, dass nur reine Warenbewegungen – gewissermaßen Lieferungen – zwischen ihnen stattfinden. Vielfach wechseln im Fortgang der Produktion Rohstoffe, Halbfabrikate usw. mehrfach hin und her, sodass man diese „Transaktionen" nur als Verarbeitung oder Veredelung ansehen kann. In diesen Fällen belastet die Steuer zusätzlich den Lohn und führt dadurch zu einer Verteuerung der Lohnarbeit. Je nach dem Aufbau der Betriebszusammenschlüsse führt die in Rede stehende Besteuerung infolge der verschieden hohen Steuerbelastungen zu einer nicht beabsichtigten Ungleichmäßigkeit in der Besteuerung und zu einer die Wirtschaft erschwerenden unterschiedlichen Preisgestaltung. Im Ganzen gesehen, werden die industriellen Massengüter verteuert. Ihre Ausfuhr wird erschwert, da die zusätzliche Belastung der Organgesellschaften durch die Ausfuhrvergütung nur in beschränktem Maße ausgeglichen wird. Die durch das Kontrollratsgesetz[14] eingeführte Besteuerung der sog. Innenumsätze der Organgesellschaften hat sich auch bei der Konzernentflechtung und Bildung neuer Einheits- oder Kerngesellschaften als hemmend bemerkbar gemacht. Auf diesem Gebiet ist die Fusion ebenfalls das Mittel, um der steuerlichen Mehrbelastung zu entgehen. Die Besteuerung nach dem erwähnten Kontrollratsgesetz fördert mithin die Neubildung von konzentrierten Unternehmen und wirkt dadurch der Dekartellisierung entgegen. Im Interesse einer einheitlichen Preisgestaltung, der Förderung des Exports und der reibungslosen Durchführung der Entflechtung ist es daher geboten, die Besteuerung der Innenumsätze der Organgesellschaften wieder aufzuheben".

**6419** In dem Gesetz zur Änderung des Umsatzsteuergesetzes und des Beförderungssteuergesetzes v. 28.6.1951[15], war diese Änderung jedoch nicht aufgenommen worden (zurückgehend auf „Mündlicher Bericht des Ausschusses für Finanz- und Steuerfragen (11. Ausschuss) über den Entwurf eines Gesetzes zur Änderung des Umsatzsteuergesetzes und des Beförderungsteuergesetzes – Nr. 1983 der Drucksachen", BT-Drs. 1. Wahlperiode 1949 Nr. 2229).

**6420** Mit der Verordnung zur Änderung und Ergänzung der Durchführungsbestimmungen zum Umsatzsteuergesetz v. 29.6.1951, BGBl. 1951 I 418, erhielt § 17 UStDB folgende Fassung:

*„(1) Eine juristische Person, die nicht Organgesellschaft (Absatz 2) ist, übt ihre Tätigkeit selbständig aus; sie kann mit einer anderen juristischen Person oder mit einer natürlichen Person eine Unternehmereinheit nicht bilden.*
*(2) Eine juristische Person ist dem Willen eines Unternehmers dann derart untergeordnet, dass sie keinen eigenen Willen hat (Organgesellschaft), wenn sie nach dem Gesamtbild der tatsächlichen Verhältnisse finanziell, wirtschaftlich und organisatorisch in sein Unternehmen eingegliedert ist."*

Mit der vorgenannten Verordnung wurde in die UStDB außerdem ein neuer § 17a eingefügt, der hier auszugsweise wiedergegeben wird:

*„Muttergesellschaften und Tochtergesellschaften*

*(1) Die Vorschriften des Gesetzes sind auf die nach Artikel II des Kontrollratsgesetzes Nr. 15 (Amtsblatt des Kontrollrats in Deutschland 1946 S. 75) steuerpflichtigen Vorgänge zwischen einer Muttergesellschaft und ihren Tochtergesellschaften oder zwischen mehreren Tochtergesellschaften derselben Muttergesellschaft sinngemäß anzuwenden.*

---

14 ABl. d. Alliierten Hohen Komm. 1946, 75 = StuZBl. [brit. Zone] 1946, 21.
15 BGBl. 1951 I 402.

*(2) Muttergesellschaften können juristische Personen oder Vereinigungen von natürlichen Personen sein, die Unternehmer im Sinn des § 2 Abs. 1 des Gesetzes sind.*
*(3)…*
*(4)…"*

Nach dem UStG 1951 (Bekanntmachung zur Neufassung des UStG v. 1.9.1951 (aufgrund § 18 Abs. 2 Nr. 3 des UStG idF des Gesetzes zur Änderung des Umsatzsteuergesetzes und des Beförderungsteuergesetzes v. 28.6.1951, BGBl. I 1951, 402), BGBl. I 1951, 791) hatte die Organschaftsregelung in § 2 Abs. 2 Nr. 2 UStG folgenden Wortlaut:

*„Die gewerbliche oder berufliche Tätigkeit wird nicht selbständig ausgeübt, wenn eine juristische Person dem Willen eines Unternehmers derart untergeordnet ist, dass sie keinen eigenen Willen hat."*

Die Organschaftsregelung hatte unbestritten bis zur Einführung der Mehrwertsteuer- **6421**
regelung zum 1.1.1968 erhebliche finanzielle Bedeutung. Durchlief eine Leistung in der Vormehrwertsteuerzeit mehrere einstufige Unternehmen, wurde grundsätzlich auf jeder einzelnen Unternehmensstufe die Umsatzsteuer vom vollen Entgelt erhoben. Waren die Unternehmen in Form der Organschaft zu einem Unternehmen zusammengeschlossen, so entstand nur einmal Umsatzsteuer beim Verlassen des Organkreises.[16] Die Kritik am damaligen Allphasen-Brutto-Umsatzsteuersystem war so alt, wie diese Umsatzsteuer selbst – ihre Intensität hing jeweils von dem Ausmaß der Belastung ab, die die Steuer mit sich brachte. Seit im Jahre 1951 der Umsatzsteuersatz von 3 % auf 4 % angehoben worden war, verstärkte sich die Kritik an der Bruttoallphasenumsatzsteuer zunehmend. Ihr wurde mit Recht vorgeworfen, nicht wettbewerbsneutral zu sein, da sie eine Ware umso mehr mit Umsatzsteuer belastet, je mehr Unternehmen bei der Herstellung und dem Vertrieb eingeschaltet werden. Umgekehrt ist die gleiche Ware geringer mit Umsatzsteuer belastet, wenn sie in einem vertikal gegliederten, einheitlichen Unternehmen hergestellt oder vertrieben worden ist. Gegen diesen Konzentrationsvorteil hatte sich insbesondere die kleine und mittlere Wirtschaft gewandt.[17]

Auf die Regelung des § 2 Abs. 2 Nr. 2 UStG wurde auch bei Harmonisierung des **6422**
Mehrwertsteuersystems nicht verzichtet.[18] Mit dem UStG 1967 (UStG v. 29.5.1967, BGBl. I 1967, 545) wurde vom deutschen Gesetzgeber – in erster Linie einem Petitum der Wirtschaft entsprechend – die Organschaft auch in das Mehrwertsteuerrecht übernommen. Nach § 2 Abs. 2 Nr. 2 UStG 1967) wird

*„die gewerbliche oder berufliche Tätigkeit nicht selbständig ausgeübt, wenn eine juristische Person nach dem Gesamtbild der tatsächlichen Verhältnisse finanziell, wirtschaftlich und organisatorisch in ein Unternehmen eingegliedert ist (Organgesellschaft)".*

Die Bestimmung über die Organschaft (§ 2 Abs. 2 Nr. 2 UStG 1967) war damit zwar **6423**
sprachlich neu gefasst worden; materiellrechtlich trat hierdurch jedoch keine Änderung ein. Der Gesetzgeber hatte das Institut der Organschaft zur Vermeidung unnötiger Verwaltungsarbeit in der Wirtschaft beibehalten. Steuerliche Auswirkungen sollten mit der Organschaft wegen des Vorsteuerabzugs grundsätzlich nicht verbunden sein.[19]

Dabei wurde auch am Prinzip der grenzüberschreitenden Organschaft festgehalten. Es **6424**
konnten also auch nicht im Inland ansässige Rechtsgebilde Mitglieder eines inländischen Organkreises sein, was vor allen Dingen im Bereich von Ausfuhrlieferungen Bedeutung

[16] Vgl. Steppert UR 1994, 343.
[17] Vgl. Schriftlicher Bericht des Finanzausschusses (14. Ausschuss) über den von den Fraktionen der CDU/CSU, FDP eingebrachten Entwurf eines Umsatzsteuergesetzes (Nettoumsatzsteuer) – BT-Drs. V/48, zu BT-Drs. V/1581.
[18] Vgl. Bunjes/Korn UStG § 2 Rn. 186.
[19] Vgl. Schriftlicher Bericht des Finanzausschusses (14. Ausschuss) über den von den Fraktionen der CDU/CSU, FDP eingebrachten Entwurf eines Umsatzsteuergesetzes (Nettoumsatzsteuer) – BT-Drs. V/48, zu BT-Drs. V/1581.

hatte, weil – wenn zwischen den Beteiligten Organschaft bestand – ein nicht steuerbarer Innenumsatz vorlag, sodass die Führung des Ausfuhr- und Buchnachweises entfiel.

**6425** Diese grenzüberschreitende Organschaft war vom deutschen Gesetzgeber auch im UStG 1980 beibehalten worden (Gesetz zur Neufassung des Umsatzsteuergesetzes und zur Änderung anderer Gesetze v. 26.11.1979, BGBl. I 1979, 1953).

**6426** Nach § 2 Abs. 2 Nr. 2 UStG 1980 wird die

*„gewerbliche oder berufliche Tätigkeit nicht selbständig ausgeübt, wenn eine juristische Person nach dem Gesamtbild der tatsächlichen Verhältnisse finanziell, wirtschaftlich und organisatorisch in ein Unternehmen eingegliedert ist (Organgesellschaft).“*

Der Gesetzgeber hatte mit dieser Lösung (nach der Begründung zu § 2 Abs. 1 und 2 UStG zu dem Entwurf der Bundesregierung für ein UStG 1979, BT-Drs. 8/1779, sollten die Absätze 1 und 2 von § 2 UStG mit § 2 Abs. 1 und 2 UStG 1973 übereinstimmen; Art. 4 Abs. 1 bis 4 der 6. Richtlinie erfordere keine Änderung dieser Vorschriften) bewusst gegen die 6. EG-Richtlinie und das dortige Verbot der grenzüberschreitenden Organschaft[20], wo es heißt „Vorbehaltlich der Konsultation nach Artikel 29 steht es jedem Mitgliedstaat frei, im Inland ansässige Personen, die zwar rechtlich unabhängig, aber durch gegenseitige finanzielle, wirtschaftliche und organisatorische Beziehungen eng miteinander verbunden sind, zusammen als einen Steuerpflichtigen zu behandeln“, verstoßen.

**6427** Aufgrund einer von der EG-Kommission beim EuGH eingereichten Organklage wurde das deutsche Umsatzsteuergesetz mit Wirkung ab 1.1.1987, auf Antrag des Unternehmers unter bestimmten Voraussetzungen auch ab 1.1.1980, in der Weise geändert, dass in Bezug auf die grenzüberschreitende Organschaft eine Art von Mischsystem eingeführt wurde.[21]

Durch das Gesetz wurde in § 2 Abs. 2 UStG die Nummer 2 wie folgt gefasst:

*„2. wenn eine juristische Person nach dem Gesamtbild der tatsächlichen Verhältnisse finanziell, wirtschaftlich und organisatorisch in das Unternehmen des Organträgers eingegliedert ist (Organschaft). Die Wirkungen der Organschaft sind auf Innenleistungen zwischen den im Erhebungsgebiet gelegenen Unternehmensteilen beschränkt. Diese Unternehmensteile sind als ein Unternehmen zu behandeln. Hat der Organträger seine Geschäftsleitung außerhalb des Erhebungsgebietes, gilt der wirtschaftlich bedeutendste Unternehmensteil im Erhebungsgebiet als der Unternehmer.“*

**6428** Diese Fassung entspricht im Wesentlichen der heute noch geltenden Fassung (s. u. zur Änderung durch das Einigungsvertragsgesetz v. 23.9.1990, BStBl. I 1990, 654).

**6429** In dem Zweiten Bericht des BT-Finanzausschusses zu dem von der Bundesregierung eingebrachten Entwurf eines Steuerbereinigungsgesetzes 1985 – Drucksache 10/1636 – heißt es als Begründung hierfür (BT-Drs. 10/4513):

*„Durch die Änderung wird die Organschaft in ihren Wirkungen auf das Erhebungsgebiet beschränkt. Grenzüberschreitende Umsätze innerhalb eines Organkreises, die bisher als Innenumsätze nicht der Umsatzsteuer unterlagen, können dadurch steuerbar werden. Artikel 4 Abs. 4 Unterabsatz 2 der 6. EG-Richtlinie zur Harmonisierung der Umsatzsteuern lässt nach Auffassung der EG-Kommission keine Regelung zu, die die Wirkungen der Organschaft über das Erhebungsgebiet hinaus erstreckt. Innenleistungen zwischen den im Erhebungsgebiet gelegenen Teilen eines Organkreises sind wie bisher nicht steuerbar. Die neuen Sätze 3 und 4 der Vorschrift schaffen für diese Unternehmensteile die Grundlage für die Anwendung der übrigen Vorschriften des Gesetzes, insbesondere der Vorschriften über das Verfahren und den Steuerschuldner.“*

---

[20] Vgl. Art. 4 Abs. 4 Unterabs. 2 der 6. EG-Richtlinie (Sechste Richtlinie 77/388/EWG des Rates vom 17. Mai 1977 zur Harmonisierung der Rechtsvorschriften der Mitgliedstaaten über die Umsatzsteuern – Gemeinsames Mehrwertsteuersystem: einheitliche steuerpflichtige Bemessungsgrundlage, ABl. EG 1977 L 145, 1).

[21] Steuerbereinigungsgesetz 1986 v. 19.12.1985, BGBl. 1985 I 2436 = BStBl. I 1985, 735; vgl. auch Schlienkamp UR 1986, 49.

Das bedeutete im Ergebnis (§ 2 Abs. 2 Nr. 2 UStG), dass für die Frage, ob Organschaft zwischen den Rechtsgebilden vorliegt, nach wie vor das Prinzip der grenzüberschreitenden Organschaft galt und dass Leistungen zwischen Mitgliedern des Organkreises nur dann nicht steuerbare Innenumsätze darstellen, wenn sie zwischen im Inland belegenen Unternehmensteilen des Organkreises erfolgen, die Leistungen zwischen einem inländischen und einem ausländischen Unternehmensteil aber wie Leistungen zwischen fremden Unternehmen zu behandeln sind. **6430**

Die EG-Kommission hatte durch ihre daraufhin erfolgte Klagerücknahme zu erkennen gegeben, dass sie diese Lösung akzeptiert. Unabhängig davon mussten bei dieser gespaltenen Betrachtungsweise einige ergänzende Regelungen getroffen werden, sodass das an sich nicht einfache Institut der Organschaft noch komplizierter wurde (vgl. Abschn. 21a UStR; vgl. Steppert UR 1994, 343). Englisch[22], führt aus, dass im wissenschaftlichen Schrifttum bereits überzeugend dargelegt worden sei, dass die in Art. 11 Abs. 1 MwStSystRL vorgegebene Beschränkung der Organschaftswirkungen auf das Inland nicht mit den primärrechtlichen Vorgaben des AEUV im Einklang stehe und es einer entsprechenden Änderung der MwStSystRL bedürfe. **6431**

Die letzte Änderung des § 2 Abs. 2 Nr. 2 UStG erfolgte dann durch das Einigungsvertragsgesetz.[23] Es wurden nach der Wiedervereinigung Deutschlands die Begriffe „Erhebungsgebiet" und „außerhalb des Erhebungsgebiets" durch die Begriffe „Inland" und „Ausland" ersetzt. Seither ist die nationale Organschaftsregelung vom Gesetzesvorlaut unverändert geblieben. Allerdings erfuhr sie in der Ausprägung und Auslegung durch die Rechtsprechung und Finanzverwaltung viele weitere Änderungen, sodass der Wortlaut nur noch im Lichte der Rechtsprechung angewandt werden kann. **6432**

Unionsrechtlich geht die umsatzsteuerrechtliche Organschaft auf Art. 11 MwStSystRL zurück. Inwieweit die aktuelle Fassung des § 2 Abs. 2 Nr. 2 UStG unionsrechtskonform ist, war umstritten (siehe auch → Rn. 6545 ff.). **6433**

*(einstweilen frei)* **6434–6443**

## B. Allgemeines zum Institut der Organschaft

### I. Die Organschaftsregelung im EU-Recht und die EuGH-Rechtsprechung

Die 6. EG-Richtlinie in ihrer ursprünglichen Fassung enthielt zur Organschaft folgende Regelung in Art. 4 Abs. 4 Unterabs. 2: **6444**

*„Vorbehaltlich der Konsultation nach Artikel 29 steht es jedem Mitgliedstaat frei, im Inland ansässige Personen, die zwar rechtlich unabhängig, aber durch gegenseitige finanzielle, wirtschaftliche und organisatorische Beziehungen eng miteinander verbunden sind, zusammen als einen Steuerpflichtigen zu behandeln."*

Der Wortlaut des Art. 4 Abs. 4 Unterabs. 2 der 6. EG-Richtlinie beruhte auf Anhang A Nr. 2 zu Art. 4 der 2. EG-Richtlinie (67/228/EWG) des Rates v. 11.4.1967 zur Harmonisierung der Rechtsvorschriften der Mitgliedstaaten über die Umsatzsteuern – Struktur und Anwendungsmodalitäten des gemeinsamen Mehrwertsteuersystems.[24] Dieser gestattete es den Mitgliedstaaten, *„Personen, die zwar rechtlich unabhängig, aber durch finanzielle, wirtschaftliche und organisatorische Beziehungen untereinander verbunden sind, nicht getrennt als mehrere Steuerpflichtige, sondern zusammen als einen Steuerpflichtigen zu behandeln"*.

[22] Englisch UR 2016, 822 mwN.

[23] Gesetz zu dem Vertrag vom 31. August 1990 zwischen der Bundesrepublik Deutschland und der Deutschen Demokratischen Republik über die Herstellung der Einheit Deutschlands – Einigungsvertragsgesetz – und der Vereinbarung vom 18. September 1990 v. 23.9.1990, BGBl. 1990 II 885.

[24] ABl. EG 1967 Nr. 71, 1303.

6445 Art. 4 Abs. 4 Unterabs. 2 der 6. EG-Richtlinie führte dies auf der Grundlage eines redaktionell geänderten Wortlauts fort[25] und stellte es den Mitgliedstaaten frei, die durch die vorstehenden Beziehungen verbundenen Personen „zusammen als einen Steuerpflichtigen zu behandeln".

6446 In Art. 4 Abs. 4 der 6. EG-Richtlinie war dann durch Art. 1 Nr. 1 der Richtlinie 2006/69/EG „zur Änderung der Richtlinie 77/388/EWG hinsichtlich bestimmter Maßnahmen zur Bekämpfung der Steuerhinterziehung oder -umgehung, zur Vereinfachung der Erhebung der Mehrwertsteuer sowie zur Aufhebung bestimmter Entscheidungen über die Genehmigung von Ausnahmeregelungen" v. 24.7.2006[26] ein weiterer (dritter) Unterabsatz eingefügt worden, und zwar mit Wirkung vom 13.8.2006. Danach kann ein Mitgliedstaat, der die Organschaftsregelung nach Art. 4 Abs. 4 Unterabs. 2 der 6. EG-Richtlinie in Anspruch nimmt, die erforderlichen Maßnahmen treffen, um Steuerhinterziehung oder -umgehung durch die Anwendung dieser Regelung vorzubeugen.[27]

6447 Ausweislich des Richtlinienvorschlags der EU-Kommission v. 16.3.2005 (KOM[2005] 89 endgültig) sollte die Bestimmung der Regelung in Art. 20 Abs. 6 der 6. EG-Richtlinie (ab 1.1.2007: Art. 192 MwStSystRL) zur Vorsteuerberichtigung bei einem Wechsel des Besteuerungsverfahrens nachgebildet sein und den Mitgliedstaaten eine Möglichkeit bieten, unerwünschte Gestaltungen oder Nebeneffekte im Zusammenhang mit der Organschaftsregelung zu unterbinden. Nach dem Wortlaut des Richtlinienvorschlags sollten die Mitgliedstaaten, die die Organschaftsregelung anwenden, dafür sorgen, *„dass den Steuerpflichtigen daraus weder ungerechtfertigte Vorteile noch ungerechtfertigte Nachteile entstehen"*. Mehrere Mitgliedstaaten hatten Vorbehalte gegen diese Formulierung erhoben, weil nicht klar sei, was mit ungerechtfertigten Vor- und Nachteilen gemeint sei. Der letztlich vom Rat angenommene Wortlaut macht deutlich, dass eine Kohärenz mit anderen vergleichbaren Bestimmungen der Richtlinie angestrebt wurde und bei den von den Mitgliedstaaten beabsichtigten Maßnahmen immer der Grundsatz der Verhältnismäßigkeit zu beachten ist.

6448 Die Ergänzung von Art. 4 Abs. 4 der 6. EG-Richtlinie durch die Richtlinie 2006/69/EG macht deutlich, dass die Organschaftsregelung es den Mitgliedstaaten bis 12.8.2006 grundsätzlich nicht erlaubte, zusätzliche (materiell-rechtliche) Bedingungen an die Organschaftsregelung zu knüpfen.

6449 Die Organschaftsregelung der 6. EG-Richtlinie war dann zum 1.1.2007 unverändert in Art. 11 der Richtlinie 2006/112/EG des Rates v. 28.11.2006 über das gemeinsame Mehrwertsteuersystem, ABl. EG 2006 Nr. L 347, 1 (sog. Mehrwertsteuersystem-Richtlinie, MwStSystRL) übernommen worden. Aus dieser Regelung ergibt sich zunächst einmal, dass es dem Gesetzgeber der einzelnen Mitgliedstaaten freisteht, die Organschaft in sein nationales Umsatzsteuerrecht aufzunehmen oder auch nicht. Zum anderen sagt die Regelung aus, dass – wenn sich der nationale Gesetzgeber für die Organschaft entscheidet – diese nur zwischen „im Inland ansässigen Personen" eingeführt werden darf, sodass letztlich die sog. „grenzüberschreitende Organschaft" nach dem Unionsrecht ausgeschlossen ist.

6450 Nach dem EuGH vom 20.6.1991– C-60/90 (Polysar Investments Netherlands BV)[28] ist eine Holding-Gesellschaft, deren einziger Zweck die Beteiligung an anderen Unternehmen ist und die sich weder unmittelbar noch mittelbar in die Geschäftsführung dieser Unternehmen einmischt, kein Unternehmer iSd 6. EG-Richtline und hat somit kein Recht auf Vorsteuerabzug. Das Urteil besagt des Weiteren, dass eine wirtschaftliche (unternehmerische) Tätigkeit nicht vorliegt, wenn lediglich Gesellschaftsanteile erworben und gehalten werden. Der bloße Erwerb von Beteiligungen an anderen Unternehmen stellt danach keine Nutzung eines Gegenstandes zur nachhaltigen Erzielung von Einnahmen dar, weil eine Dividende als Ergebnis einer Beteiligung Ausfluss der bloßen Innehabung des Gegenstandes ist. Etwas anderes gilt, wenn die Holding in die Verwaltung der Gesellschaften eingreift.

---

[25] Vgl. EuGH 9.4.2013 – C-85/11, HFR 2013, 542 Rn. 39 – Kommission/Irland.
[26] ABl. 2006 L 221, 9.
[27] Art. 4 Abs. 4 Unterabs. 3 der 6. EG-Richtlinie; ab 1.1.2007: Art. 11 Abs. 2 MwStSystRL.
[28] HFR 1993, 48.

Der EuGH hat in diesem Urteil zugleich bestätigt, dass gem. Art. 4 Abs. 4 Unterabs. 2 der 6. EG-Richtlinie (jetzt Art. 11 Abs. 2 MwStSystRL) Personen, die zwar rechtlich unabhängig, aber durch gegenseitige finanzielle, wirtschaftliche und organisatorische Beziehungen eng miteinander verbunden sind, nur dann als ein Steuerpflichtiger behandelt werden können, wenn sie im Hoheitsgebiet nur eines Mitgliedstaats ansässig sind; der EuGH hat somit die Möglichkeit einer grenzüberschreitenden Organschaft verneint (vgl. Rn. 15 des Urteils).

Nach dem EuGH-Urteil v. 22.5.2008 – C-162/07, Ampliscientifica und Amplifin[29], **6451** handelt es sich bei der Organschaftsregelung nach Art. 4 Abs. 4 Unterabs. 2 der 6. EG-Richtlinie (seit 1.1.2007: Art. 11 MwStSystRL) um eine Norm, deren Umsetzung durch einen Mitgliedstaat die vorherige Konsultation des Beratenden Ausschusses für die Mehrwertsteuer durch den Mitgliedstaat und den Erlass einer nationalen Regelung voraussetzt, die es im Inland ansässigen Personen, insbesondere Gesellschaften, die rechtlich unabhängig, aber durch gegenseitige finanzielle, wirtschaftliche und organisatorische Beziehungen eng miteinander verbunden sind, gestattet, nicht mehr als getrennte Mehrwertsteuerpflichtige, sondern zusammen als ein Steuerpflichtiger behandelt zu werden, dem allein eine persönliche Identifikationsnummer für diese Steuer zugeteilt wird und der allein infolgedessen Mehrwertsteuererklärungen abgeben kann. Der EuGH führt aus (und dies überrascht), dass aufgrund der (zwingenden) Wirkungsweise der Vorschrift, dass verbundene Gesellschaften zu einem einzigen Steuerpflichtigen verschmolzen werden, dem jeweiligen Konzern bei Anwendung der Organschaftsregelung nur eine einzige „Mehrwertsteuernummer" zugeteilt werden kann. Dieser Grundsatz bestehe auch vor dem Hintergrund, dass seit Errichtung des Binnenmarkts den Steuerpflichtigen „persönliche Umsatzsteuer-Identifikationsnummern" zugeteilt würden.

Deutschland hatte im Zuge des Entwurfs für die am 1.1.1980 in Kraft getretene Neufassung des UStG den Mehrwertsteuer-Ausschuss (Art. 398 MwStSystRL) in dessen 3. Sitzung am 28.6.1978 wegen der seinerzeit geplanten (und auch in das Gesetz aufgenommenen) Organschaftsregelung (§ 2 Abs. 2 Nr. 2 UStG) konsultiert. Insoweit ist die deutsche Organschaftsregelung unionsrechtlich also nicht angreifbar. **6452**

Der EuGH äußert sich in seinem Urteil v. 22.5.2008 – C-162/07 (Ampliscientifica und Amplifin)[30] nicht zu der dort nahe liegenden Frage, welche rechtlichen Konsequenzen eine fehlende Konsultation des Mehrwertsteuer-Ausschusses für die Wirksamkeit der nationalen Regelung denn hätte. In der Sache Stradasfalti[31] hatte der EuGH im Zusammenhang mit dem nach Art. 17 Abs. 7 der 6. EG-Richtlinie ebenfalls erforderlichen Konsultationsverfahren noch ausgeführt, die Vorschrift lasse es nicht zu, einen Vorsteuerabzug ohne vorherige Konsultation des Mehrwertsteuer-Ausschusses auszuschließen. Sie berechtige die Mitgliedstaaten auch nicht, einen Vorsteuerausschluss zeitlich unbegrenzt zu regeln oder mit Haushaltsdefiziten zu begründen. Soweit der Vorsteuerausschluss nicht auf Art. 17 Abs. 7 der 6. EG-Richtlinie gestützt werden könne, dürfe die nationale Finanzverwaltung dem Steuerpflichtigen keine Bestimmung entgegenhalten, die von den Grundprinzipien des Vorsteuerabzugs abweicht (Art. 17 der 6. EG-Richtlinie). Überträgt man diese Grundsätze auf den Fall in der Sache C-162/07, dürfte bei fehlender Konsultation eine nationale Organschaftsregelung nicht anwendbar sein, wenn sich der Betroffene (unionsrechtlich Steuerpflichtiger; im nationalen Recht: Unternehmer) dadurch in seinen Rechten eingeschränkt sieht. **6453**

Die Regelung in Unterabsatz 3 von Art. 4 Abs. 4 der 6. EG-Richtlinie (ab 1.1.2007: Art. 11 Abs. 2 MwStSystRL) dürfte vor dem Hintergrund, dass Artikel 4 Abs. 4 als ein Beispiel für Ausnahmebestimmungen gilt, die nach ständiger EuGH-Rechtsprechung eng auszulegen sind und im Lichte des EuGH-Urteils v. 11.5.2006 – C-384/04 (Federation of **6454**

[29] HFR 2008, 878.
[30] HFR 2008, 878.
[31] EuGH 14.9.2006 – C-228/05, HFR 2006, 1173 – Stradasfalti.

Technological Industries u.a.)[32] lediglich förmliche Verpflichtungen, nicht aber weitere materiell-rechtliche Voraussetzungen für das Bestehen einer Organschaftsregelung zulassen. Bei dem Verfahren in der Rechtssache C-384/04 ging es u. a. um die Frage, ob die nach britischem Recht zur Bekämpfung von Umsatzsteuer-Karussellbetrug eingeführte gesamtschuldnerische Haftung auf Art. 22 Abs. 8 der 6. EG-Richtlinie (ab 1.1.2007: Art. 273 Abs. 1 MwStSystRL) gestützt werden konnte. Nach der Vorschrift können die Mitgliedstaaten vorbehaltlich der Gleichbehandlung der von Steuerpflichtigen bewirkten Inlandsumsätze und innergemeinschaftlichen Umsätze weitere Pflichten vorsehen, die sie für erforderlich erachten, um eine genaue Erhebung der Steuer sicherzustellen und um Steuerhinterziehung zu vermeiden, sofern diese Pflichten im Handelsverkehr zwischen den Mitgliedstaaten nicht zu Formalitäten beim Grenzübertritt führen. Der EuGH hat entschieden, dass die Vorschrift nur Verpflichtungen der Steuerschuldner beinhalte, nicht aber regele, wer diese sind und dass die Vorschrift von daher keine materiell-rechtliche Haftung zulässt. Überträgt man diesen Grundsatz auf die im Wortlaut ähnliche Bestimmung von Art. 4 Abs. 4 Unterabs. 3 der 6. EG-Richtlinie (ab 1.1.2007: Art. 11 Abs. 2 MwStSystRL), dürften die Mitgliedstaaten keine weiteren Voraussetzungen an das Vorliegen einer Organschaft knüpfen können, sondern den Betroffenen lediglich zusätzliche förmliche Verpflichtungen (Nachweispflichten u.a.) auferlegen können. All dies hat der EuGH in seinem Urteil v. 22.5.2008 – C-162/07 (Ampliscientifica und Amplifin)[33] jedoch nicht aufgegriffen.

**6455–6464** *(einstweilen frei)*

## II. Wahlrecht der Mitgliedstaaten und unterschiedliche Umsetzung in der EU

**6465** Da Art. 11 MwStSystRL als aktuelle unionsrechtliche Grundlage einer sog. Mehrwertsteuergruppe (im nationalen Recht umsatzsteuerrechtliche Organschaft) eine Kann-Bestimmung ist, haben die Mitgliedstaaten der EU unterschiedlich davon Gebrauch gemacht. Auch ist die Ausprägung an die Eingliederungsmerkmale abweichend, da Art. 11 MwStSystRL ermöglicht, dass ein Mitgliedstaat in seinem Steuergebiet *„ansässigen Personen, die zwar rechtlich unabhängig aber durch gegenseitige finanzielle, wirtschaftliche und organisatorische Beziehungen eng miteinander verbunden sind"* als ein Steuerpflichtiger (im nationalen Recht Unternehmer) behandelt werden können. Es bestehen keine einheitlichen Regelungen.[34] Bei Redaktionsschluss war in Bulgarien, Griechenland, Kroatien, Litauen, Portugal und Slowenien keine Regelung zur Mehrwertsteuergruppe eingeführt. In den anderen EU-Mitgliedstaaten, welche eine Mehrwersteuergruppe eingeführt haben, war die Umsetzung hinsichtlich Eingliederungsmerkmale, der Steuerbarkeit von Innenleistungen sowie der Ausgestaltung als Optionsrecht untereinander divergierend.[35] Allesamt sind abweichend ausgestaltet als die nationale Organschaft in § 2 Abs. 2 Nr. 2 UStG, welche bei Vorliegen der Tatbestandsvoraussetzungen zwingend die Wirkungen der Organschaft zu Folge hat.

### 1. Derzeit kein Antragsrecht – Tatbestandsmäßigkeit

**6466** Deutschland macht von der Organschaftsregelung der 6. EG-Richtlinie bzw. der MwStSystRL (wie einige, aber wenige andere Mitgliedstaaten) Gebrauch. Allerdings wurde die Umsetzung im Gegensatz zu dem Recht anderer Mitgliedstaaten so vorgenommen, dass mit § 2 Abs. 2 Nr. 2 UStG lediglich die Option von Art. 4 Abs. 4 der 6. EG-Richtlinie (ab 1.1.2007: Art. 11 MwStSystRL), die sich an die Mitgliedstaaten richtet, wahrgenommen wurde, im Übrigen aber von dem Bestehen einer Organschaft auszugehen ist, wenn die gesetzlichen Voraussetzungen vorliegen. Der Unternehmer hat nach deutschem Recht somit kein Wahlrecht (Antragsrecht), die Vorschriften über die Organschaft nicht an-

32 HFR 2006, 740.
33 HFR 2008, 878.
34 Vgl. Forster/Striegl MwStR 2024, 465.
35 Einen Überblick bieten Forster/Striegl MwStR 2024, 465.

zuwenden oder abzuwählen. Sie sind nach deutschem Recht zwingend und durch die den Mitgliedstaaten eingeräumte Gestaltungsfreiheit, die Organschaft einzuführen, gedeckt. Das Unionsrecht schreibt zweifelsfrei kein Wahlrecht vor. Wenn andere Mitgliedstaaten dem Unternehmer ein Wahlrecht für oder gegen die Organschaft einräumen, mag dies zweckmäßig sein, präjudiziert oder bindet andere Mitgliedstaaten aber nicht.[36] Das deutsche Recht kennt (bisher) also (im Gegensatz zu dem Recht anderer Mitgliedstaaten) keine zweite Option, die der Mitgliedstaat dem Unternehmer einräumt und zB ein Antragsrecht der Betroffenen regelt, um die Organschaftsregelung in Anspruch nehmen zu können.

Mithin liegt eine umsatzsteuerrechtliche Organschaft vor, sobald die Tatbestandsvoraus- **6467** setzungen (finanzielle, wirtschaftliche und organisatorische Eingliederung der Organgesellschaft in das Unternehmen des Organträgers) erfüllt sind. In der Praxis bereitet dies sowohl Unternehmen als auch Beratern vielfach erhebliche Mühe, da die Tatbestandsvoraussetzungen stark durch die Rechtsprechung ausgeprägt und stetig im Wandel sind. Eine unerkannte Organschaft führt zu dem Problem, dass die Organgesellschaften idR ihre steuerlichen Pflichten erfüllten aber Verpflichteter zur Deklaration und Abführung der Umsatzsteuer der Organträger wäre. Hier entstehen neben den Korrekturen in der Deklaration und der ggf. fehlerhaften Rechnungslegung (im Hinblick auf die Angabe der zutreffenden Steuernummer des Unternehmers auf den Rechnungen) auch Nachzahlungszinsen (im Wege der sog. Normalverzinsung, §§ 233a ff. AO) beim Organträger. Die Organgesellschaften hingegen haben fehlerhaft die Steuer deklariert und entrichtet, sodass grds. Erstattungszinsen (§ 233a AO) entstehen. Nach AEAO 70.2.6 zu § 233a sollen etwaige Differenzen in der Verzinsung im Billigkeitswege (§§ 163, 227 AO) ausgeglichen werden.

Vergleichbar ist die Situation einer fehlerhaft angenommenen umsatzsteuerrechtlichen **6468** Organschaft. In dieser Konstellation hat der Organträger fehlerhafterweise die Umsatzsteuerpflicht der betroffenen Organgesellschaft deklariert und ausgeglichen, sodass die Organgesellschaft mit Korrekturen und Nachzahlungen nebst Verzinsung betroffen ist und der Organträger durch Korrekturen eine Erstattungsverzinsung erhielte. Da die Verzinsung nach § 233a AO den Liquiditätsvorteil des Steuerschuldners und den Nachteil des Steuergläubigers der individuellen Steuerforderung ausgleichen soll, kann – aus Sicht der Verwaltung nur ausnahmsweise – eine Billigkeitsmaßnahme in Betracht kommen, wenn und soweit dieser Schuldner keine Zinsvorteile hatte oder haben konnte (AEAO 70.2.5. zu § 233a AO).

Unternehmen sind daher gut beraten, die Tatsbestandsmerkmale stetig zu überwachen **6469** und Änderungen in der Rechtsprechung und Verwaltungsauffassung nachzuvollziehen. Dies führt zu Anpassungsdruck aus der Wirtschaft und Politik.[37]

Allerdings laufen in Deutschland seit geraumer Zeit Planungen, die Organschaftsregelung **6470** nach § 2 Abs. 2 Nr. 2 UStG auf ein sog. Antragsverfahren umzustellen (vgl. dazu → Rn. 7060 ff.)

## 2. Eine oder mehrere USt-IdNrn.

Der EuGH ist in seinem Urteil v. 22.5.2008 – C-162/07 (Ampliscientifica und Amplifin)[38] **6471** des Weiteren ganz offensichtlich der Auffassung, dass einem Organkreis nur eine einzige USt-IdNr. zugeteilt werden kann. Er unterscheidet nämlich zwischen der Organschaft iSv Art. 4 Abs. 4 der 6. EG-Richtlinie und einem System vereinfachter Erklärungen und Zahlungen der Mehrwertsteuer, bei dem Konzerngesellschaften jeweils ihre eigene Unternehmereigenschaft behalten und nur die Mehrwertsteuer in den Konten der Muttergesellschaft zusammengeführt wird.

36 So zutreffend Birkenfeld UR 2008, 2.
37 Siehe zB Aufforderung des Bundesrates; BR-Drs. 310/18 vom 27.6.2018.
38 HFR 2008, 878.

6472 Dieser Standpunkt überrascht in dreierlei Hinsicht. Erstens war in dem Verfahren in der Sache C-162/07 die Frage der Vergabe von Steuernummern vom Vorlagegericht nicht angesprochen worden. Zweitens regelt Art. 4 Abs. 4 der 6. EG-Richtlinie nicht die Vergabe von Steuernummern oder USt-Id-Nummern. Drittens enthält die 6. EG-Richtlinie und auch die MwStSystRL keine Vorschrift, wonach Gesellschaften eines Konzerns außerhalb einer Organschaftsregelung zwar jeweils für sich als Steuerpflichtige behandelt, ihre Steuererklärungs- und Zahlungspflichten aber in der Muttergesellschaft vereint werden dürfen. Außerhalb einer Organschaftsregelung treffen die Erklärungs- und Zahlungspflichten nach dem Unionsrecht (Art. 250 ff. MwStSystRL) jeden einzelnen Unternehmer für sich.

6473 Art. 4 Abs. 4 der 6. EG-Richtlinie (ab 1.1.2007: Art. 11 MwStSystRL) enthält lediglich die Option für die Mitgliedstaaten, einen Organkreis insgesamt als einen Steuerpflichtigen (für Zwecke des Besteuerungsverfahrens) zu behandeln. Die Vorschrift schließt es nicht aus, dass die Organgesellschaften jeweils für sich die (materiell-rechtliche) Unternehmereigenschaft besitzen können. Denn die Gesellschaften bleiben auch bei Anwendung der Organschaftsregelung selbständige Rechtssubjekte, die auch im Wirtschaftsverkehr als solche auftreten können (dies hat auch der EuGH mit seinen Urteilen v. 1.12.2022 – C-141/20 (Norddeutsche Gesellschaft für Diakonie)[39] und v. 1.12.2022 – C-269/20 (Finanzamt T),[40] bestätigt (vgl. dazu → Rn. 6575). Auch sprechen die Art. 214 ff. MwStSystRL, in denen das Verfahren zur Erteilung von USt-Id-Nrn. geregelt ist, zwar von den „Steuerpflichtigen", denen die USt-Id-Nrn. vergeben werden. Gleichwohl schließen sie es, wie von Deutschland bisher praktiziert, nicht aus, dass für jede Organgesellschaft eine eigene USt-Id-Nr. vergeben wird, mit der sie im Wirtschaftsverkehr nach außen hin auftreten kann (vgl. UStAE 27a.1 Abs. 3). Im Übrigen wird es in der Praxis häufig vorkommen, dass eine Organgesellschaft sich gegenüber einem Geschäftspartner nicht als Organgesellschaft bzw. Angehörige eines Konzerns zu erkennen geben möchte, was bei der vom EuGH verlangten Zuteilung einer einzigen USt-Id-Nr. (der des Organträgers) jedoch zwangsläufig der Fall wäre. Insofern ist es nicht erstaunlich, dass die deutsche Finanzverwaltung aufgrund des Urteils v. 22.5.2008 – C-162/07 (Ampliscientifica und Amplifin)[41] bisher nicht dazu übergegangen ist, Organkreisen nur noch eine einzige USt-Id-.Nr. zuzuteilen.

### 3. Nichtunternehmer als Teil des Organkreises

6474 In seinem Urteil v. 9.4.2013 – C-85/11 (Kommission/Irland)[42] hatte der EuGH über eine Klage der EU-Kommission gegen Irland zu entscheiden. Nach Auffassung der EU-Kommission hat Irland gegen Art. 9 und 11 MwStSystRL verstoßen, indem es im irischen Recht möglich sei, dass ein Nichtunternehmer zu einer Organschaft gehören kann. Aus Erleichterungsgründen und zur Bekämpfung möglichen Missbrauchs ermögliche die MwStSystRL es den Mitgliedstaaten, zwei oder mehrere Steuerpflichtige zusammen als einen einzigen Steuerpflichtigen zu behandeln. Die EU-Kommission meinte aber, dass die MwStSystRL es nicht zulasse, Nichtsteuerpflichtige in eine solche Gruppe (Organschaft) einzubeziehen und so die Rechte und Pflichten von Steuerpflichtigen auf Nichtsteuerpflichtige auszudehnen.

6475 Der EuGH hat entschieden, dass es nach Art. 11 MwStSystRL zulässig ist, auch nichtsteuerpflichtige Personen in eine Mehrwertsteuergruppe einzubeziehen, und hatte die Vertragsverletzungsklage der Kommission abgewiesen. Er war damit den Schlussanträgen des Generalanwalts Jääskinen v. 27.11.2012 gefolgt.

6476 Die EU-Kommission hatte vorgetragen, nach Art. 11 MwStSystRL könnten nichtsteuerpflichtige Personen nicht in eine Mehrwertsteuergruppe einbezogen werden. Die Vor-

---

39 EuGH 1.12.2022 – C-141/20, DStR 2022, 2481 – Norddeutsche Gesellschaft für Diakonie.
40 EuGH 1.12.2022 – C-269/20, DStR 2022, 2488 – S/FA T.
41 HFR 2008, 878.
42 HFR 2013, 542.

schrift räume die Möglichkeit ein, mehrere Personen zusammen als einen Steuerpflichtigen zu behandeln, sofern jede dieser Personen einzeln mehrwertsteuerpflichtig (Unternehmer) sei. Sie stelle eine Ausnahme von der allgemeinen Regel dar, wonach jeder Steuerpflichtige im Rahmen der Anwendung der Mehrwertsteuerregeln als gesonderte Einheit zu behandeln sei und müsse demnach eng ausgelegt werden. Zwar beziehe sich die Vorschrift nach ihrem Wortlaut auf „Personen", die Tatsache aber, dass die in eine Mehrwertsteuergruppe einbezogenen Personen als „ein" Steuerpflichtiger zu behandeln seien, bedeute, dass jedes Mitglied dieser Gruppe selbst steuerpflichtig sein müsse. Ebenso setze der Begriff „Gruppe" voraus, dass die betreffenden Personen für die Zwecke des gemeinsamen Mehrwertsteuersystems zu derselben Kategorie gehörten. Im Übrigen könnte, wenn das Wort „Personen" so zu verstehen sei, dass es sich ohne Einschränkung auf jede Person beziehe, eine Mehrwertsteuergruppe allein aus nichtsteuerpflichtigen Personen bestehen, was gegen das gemeinsame Mehrwertsteuersystem verstieße.

Irland hatte vorgetragen, die Auslegung durch die EU-Kommission sei mit dem Wortlaut **6477** von Art. 11 MwStSystRL nicht vereinbar. Dass in der englischen Fassung das Wort „persons" (Personen) und nicht der Ausdruck „taxable persons" (Steuerpflichtige) verwendet werde, resultiere aus einer bewussten Entscheidung des Unionsgesetzgebers. Die These, wonach das Wort „taxable" weggelassen worden sei, um eine Wiederholung zu vermeiden, sei nicht glaubhaft, da beim Erlass der 6. EG-Richtlinie in deren englischer Fassung das Wort „any" zwischen dem Ausdruck „single taxable person" und dem Wort „persons" hinzugefügt worden sei.

Der EuGH hatte sich der irischen Position zur Auslegung von Art. 11 MwStSystRL nach **6478** dem Wortlaut der Regelung angeschlossen. Daraus ergebe sich, dass es jedem Mitgliedstaat gestattet ist, mehrere Personen unter den weiteren Voraussetzungen der Regelung zusammen als einen Steuerpflichtigen zu behandeln. Die Vorschrift mache nach ihrem Wortlaut die Anwendung nicht von weiteren Voraussetzungen und insbesondere nicht davon abhängig, dass die genannten „Personen" selbst einzeln die Unternehmereigenschaft nach Art. 9 Abs. 1 MwStSystRL besitzen müssen. Da das Wort „Personen" und nicht das Wort „Steuerpflichtiger" verwendet wird, werde kein Unterschied zwischen steuerpflichtigen und nichtsteuerpflichtigen Personen gemacht.

Nach den weiteren Urteilsgründen kann die Einbeziehung von Nichtunternehmern in **6479** eine Organschaft zu Verwaltungsvereinfachungen führen und missbräuchliche Gestaltungen verhindern. Für den Fall, dass die Einbeziehung von Nichtunternehmern in eine Organschaft zu Missbräuchen führt, haben die Mitgliedstaaten nach dem Urteil über Art. 11 Abs. 2 MwStSystRL die Möglichkeit, entsprechende Gegenmaßnahmen zu ergreifen. Dieser Hinweis des EuGH belegt, dass das Urteil nicht so verstanden werden muss, als gebe es für die Mitgliedstaaten einen Zwang, Nichtunternehmer (bei gegebenen finanziellen, organisatorischen und wirtschaftlichen Verflechtungen) in eine Organschaft einzubeziehen.

Das deutsche Recht schließt angesichts der Voraussetzungen von § 2 Abs. 2 Nr. 2 UStG **6480** ebenfalls aus, dass ein Nichtunternehmer einer Organschaft angehören kann.

Holdinggesellschaften, die keine entgeltlichen Leistungen erbringen und deshalb keine **6481** umsatzsteuerlichen Unternehmer sind, können nicht Organträger sein.[43] Selbiges gilt für Organgesellschaften. Beteiligungsgesellschaften, welche nicht über eigene unternehmerische Tätigkeiten verfügen, können nicht Organgesellschaft einer umsatzsteuerrechtlichen Organschaft sein.

Es ist zwar ausreichend, wenn die finanzielle Eingliederung mittelbar über eine unterneh- **6482** merisch oder nichtunternehmerisch tätige Tochtergesellschaft des Organträgers erfolgt. Eine nichtunternehmerisch tätige Tochtergesellschaft wird dadurch jedoch nicht Bestandteil des Organkreises.[44]

---

[43] Vgl. zB OFD Karlsruhe 28.1.2009, UStK § 2 Abs. 1 UStG Karte 4, BeckVerw 161115: Die Unternehmereigenschaft einer an sich umsatzlosen Führungsholding kann nicht mehr durch die Zurechnung der unternehmerischen Aktivitäten der Tochtergesellschaften begründet werden.

[44] Vgl. UStAE 2.8 Abs. 5b S. 3.

**6483** Das EuGH-Urteil vom 9.4.2013 – C-85/11 (Kommission/Irland)[45] kann keine Auswirkung auf die deutsche Rechtslage haben. Zwar hat Deutschland mit der USt-Organschaft nach § 2 Abs. 2 Nr. 2 UStG von der Möglichkeit des Art. 11 MwStSystRL Gebrauch gemacht. Die Ausgestaltung der MwSt-Gruppenregelungen im Einzelnen überlässt Art. 11 MwStSystRL jedoch den Mitgliedstaaten. Bestimmt wird lediglich, dass im Inland ansässige und rechtliche unabhängige Personen, die durch gegenseitige finanzielle, wirtschaftliche und organisatorische Beziehungen eng miteinander verbunden sind, zusammen als ein Steuerpflichtiger behandelt werden können. Nach dem EuGH-Urteil können die Mitgliedstaaten – wenn sie von der Option des Art. 11 MwStSystRL Gebrauch machen – auch Nichtsteuerpflichtige in eine MwSt-Gruppe einbeziehen. Aus dem Urteil ist jedoch nicht der Schluss zu ziehen, dass die Mitgliedstaaten hierzu auch verpflichtet sind.

**6484** Die EU-Kommission hatte auch gegen Tschechien (C-109/11), Dänemark (C-95/11), Finnland (C-74/11), Großbritannien (C-86/11) und die Niederlande (C-65/11) Vertragsverletzungsklagen mit gleichlautendem Vorwurf erhoben. Es war nach dem EuGH 9.4.2013 – C-85/11 (Kommission/Irland)[46] damit zu rechnen, dass der EuGH auch diese Klagen abweisen würde, was dann auch so geschehen ist.[47]

**6485** In der Sache C-65/11 hatte die EU-Kommission außerdem die Auffassung vertreten, die Niederlande verstießen gegen die Art. 9 und 11 MwStSystRL, weil sie nicht den Mehrwertsteuerausschuss (Art. 398 MwStSystRL) konsultiert hätten und es nach niederländischem Recht zulässig sei, dass Nichtsteuerpflichtige (insbesondere Holdinggesellschaften, die sich in ihrer Tätigkeit auf die Ausrichtung der Konzernpolitik beschränken, während reine Holdinggesellschaften, die nur Anteile halten auch nach niederländischem Recht nicht Teil einer Organschaft sein können) einer steuerlichen Einheit beitreten. Zu dem Vorwurf der Kommission, den Mehrwertsteuer-Ausschuss nicht konsultiert zu haben, führt der EuGH aus, dass die Kommission nicht nachgewiesen habe, dass eine Konsultation die Regelung des niederländischen Rechts (Einbeziehung der betreffenden Holding-Gesellschaften) substantiell beeinflusst hätte.

### 4. Keine Beschränkung auf bestimmte Branchen (zB Finanzsektor)

**6486** In der Sache C-74/11 hatte die EU-Kommission außerdem vorgetragen, das finnische Recht verstoße zudem gegen Art. 11 MwStSystRL, soweit der Anwendungsbereich der Gruppenregistrierung auf Unternehmen beschränkt sei, die im Finanz- bzw. Versicherungsbereich tätig sind. Das System der Gruppenregistrierung müsse auf alle in einem Mitgliedstaat niedergelassene Unternehmen anwendbar sein, unabhängig davon, welche Art der Tätigkeit ein Unternehmen ausübe. Das gemeinsame Mehrwertsteuersystem sei ein einheitliches System. Werde darin eine besondere Regelung aufgenommen, müsse diese grundsätzlich allgemein anwendbar sein. Der Wortlaut des Art. 11 MwStSystRL enthalte keinen Hinweis darauf, dass ein Mitgliedstaat die Anwendung der Organschaft auf bestimmte, in einem bestimmten Bereich tätige Gruppen beschränken dürfe. Auch im Hinblick auf seinen Zweck sei Art. 11 MwStSystRL dahin auszulegen, dass er alle Unternehmen, unabhängig von ihrem Tätigkeitsbereich, erfasse. Die Vorschriften des finnischen Mehrwertsteuerrechts stünden dadurch, dass sie die Organschaft auf bestimmte Unternehmergruppen beschränkten, auch im Widerspruch zum allgemeinen Gleichbehandlungsgrundsatz des Unionsrechts.

**6487** Hierzu hat der EuGH entschieden, die EU-Kommission habe nicht überzeugend nachgewiesen, dass die finnische Regelung im Hinblick auf den Kampf gegen Steuerhinterziehung und Steuerumgehung nicht begründet wäre. Art. 11 Abs. 1 MwStSystRL ist eine

[45] HFR 2013, 542.

[46] HFR 2013, 542.

[47] Vgl. EuGH 25.4.2013 – C-109/11, BeckRS 2013, 80874 – Kommission/Tschechien; 25.4.2013 – C-95/11, BeckEuRS 2013, 421504 – Kommission/Dänemark; 25.4.2013 – C-74/11, BeckEuRS 2013, 421502 – Kommission/Finnland; 25.4.2013 – C-86/11, BeckEuRS 2013, 421503 – Kommission/Vereinigtes Königreich; 25.4.2013 – C-65/11, BeckEuRS 2013, 421501 – Kommission/Niederlande.

Kannbestimmung, wonach es den Mitgliedstaat gestattet ist, mehrere Personen zusammen als einen Steuerpflichtigen zu behandeln, wenn sie im Gebiet dieses Mitgliedstaats ansässig, und zwar rechtlich unabhängig, aber durch gegenseitige finanzielle, wirtschaftliche und organisatorische Beziehungen eng miteinander verbunden sind. Nach dem EuGH 25.4.2013 – C-74/11 (Kommission/Finnland), ist die Regelung nach ihrem Wortlaut nicht von weiteren Voraussetzungen abhängig. Insoweit bezieht der EuGH sich auf sein Urteil v. 9.4.2013 – C-85/11 (Kommission/Irland).[48] Nach dem Urteil in der Sache C-74/11 sieht Art. 11 Abs. 1 MwStSystRL für die Mitgliedstaaten auch nicht die Möglichkeit vor, den Unternehmern weitere Bedingungen für die Bildung einer Organschaft aufzubürden, wie zB dass sie eine bestimmte Tätigkeit ausüben oder zu einer bestimmten Branche gehören müssen. Für eine solche restriktive Auslegung der Vorschrift sieht der EuGH keine Basis in der Richtlinie. Allerdings haben die Mitgliedstaaten nach dem Urteil über Art. 11 Abs. 2 MwStSystRL, wonach Maßnahmen zur Verhinderung von Steuerhinterziehungen und Steuerumgehungen erlaubt sind, die Anwendung der Organschaftsregelung zu beschränken, wobei das Unionsrecht (dh wohl insbesondere das Neutralitätsprinzip) gewahrt werden muss.

Finnland hatte die Beschränkung der Organschaftsregelung damit begründet, dass nichts **6488**
im Wortlaut von Art. 11 MwStSystRL eine Auslegung dieser Bestimmung in dem Sinne erlaube, dass die Organschaftsregelung allgemein Anwendung finden müsse. Das finnische Recht stehe mit dem Ziel der Einheitlichkeit des Gemeinsamen Mehrwertsteuersystems eher in Einklang als die Auslegung, die die EU-Kommission in Bezug auf Art. 11 MwStSystRL vornehme, weil nach diesem Ziel der Anwendungsbereich von in der MwStSystRL enthaltenen Sonderregelungen möglichst begrenzt sein müsse. Die Begrenzung des Anwendungsbereichs der Organschaftsregelung könne von keiner anderen Bedingung abhängig gemacht werden als vom Neutralitätsgrundsatz. Dass diese Regelung auf Unternehmen des Finanz- und Versicherungssektors beschränkt werde, stehe zu diesem Grundsatz – und in jedem Fall auch zum Grundsatz der Gleichbehandlung – in keinem Widerspruch. Dem hat der EuGH sich im Ergebnis angeschlossen. Nach deutschem Recht ist die Organschaft nicht auf bestimmte Branchen beschränkt, sondern steht allen Unternehmern offen, wenn die Voraussetzungen nach § 2 Abs. 2 Nr. 2 UStG vorliegen. Insofern hat das EuGH-Urteil in der Sache C-74/11 ebenfalls keine Bedeutung für das deutsche Recht.

Wie in der Sache C-74/11 hat der EuGH mit Urteil v. 25.4.2013 – C-480/10 (Kommis- **6489**
sion/Schweden)[49] zur Beschränkung der Organschaftsregelung auf den Finanzsektor entschieden. Die EU-Kommission hatte Schweden einen Verstoß gegen Art. 11 MwStSystRL vorgeworfen, weil das schwedische Recht das Institut der Organschaft auf den Finanz- und Versicherungsdienstleistungssektor beschränkt. In Schweden könnten nur Kreditinstitute, Investmentgesellschaften, Versicherungsgesellschaften, Unternehmen, die eine steuerbefreite Finanztätigkeit ausübten, und Unternehmen, die hauptsächlich Lieferungen an oder Dienstleistungen für Finanzunternehmen erbrächten, eine Organschaft bilden. Die EU-Kommission war der Auffassung, eine nationale Regelung für Mehrwertsteuergruppen müsse auf alle Unternehmen anwendbar sein, die ihren Sitz in dem Mitgliedstaat haben, der die Organschaftsregelung in Art. 11 MwStSystRL anwendet, unabhängig davon, welcher Art von Tätigkeit das Unternehmen nachgeht. Das gemeinsame Mehrwertsteuersystem sei ein einheitliches System. Die Einführung einer Sonderregelung in dieses System müsse daher grundsätzlich so erfolgen, dass die Regelung allgemein gelte. Im Wortlaut von Art. 11 MwStSystRL deute nichts darauf hin, dass ein Mitgliedstaat die Anwendbarkeit einer Regelung für Mehrwertsteuergruppen auf bestimmte Unternehmen beschränken dürfe, die in einem bestimmten Sektor tätig seien. Auch der mit Art. 11 MwStSystRL verfolgte Zweck spreche dafür, die Bestimmung dahin auszulegen, dass sie für Unterneh-

[48] Vgl. EuGH 9.4.2013 – C-85/11, DStR 2013, 806 – Kommission/Irland.
[49] HFR 2013, 545.

men aller Sektoren gelte. Außerdem verstoße die schwedische Regelung gegen den unionsrechtlichen Grundsatz der Gleichbehandlung. Schweden hatte u. a. geltend gemacht, dass die Beschränkung der Organschaft auf Unternehmen, die der Finanzaufsicht unterliegen, der Verhinderung von Steuerhinterziehung oder Steuerumgehung diene.[50]

**6490** Der EuGH hat in seinem Urteil v. 25.4.2013 – C-480/10 (Kommission/Schweden), HFR 2013, 545, festgestellt, dass die EU-Kommission einen Unionsrechtsverstoß nicht nachgewiesen hat, und hatte die Vertragsverletzungsklage abgewiesen. Die EU-Kommission habe nicht überzeugend nachgewiesen, dass die schwedische Regelung im Hinblick auf den Kampf gegen Steuerhinterziehung und Steuerumgehung nicht begründet wäre; der EuGH war damit nicht den Schlussanträgen des Generalanwalts Jääskinen v. 27.11.2012 gefolgt.

**6491** Art. 11 Abs. 1 MwStSystRL ist eine Kannbestimmung, wonach es den Mitgliedstaat gestattet ist, mehrere Personen zusammen als einen Steuerpflichtigen zu behandeln, wenn sie im Gebiet dieses Mitgliedstaats ansässig, und zwar rechtlich unabhängig, aber durch gegenseitige finanzielle, wirtschaftliche und organisatorische Beziehungen eng miteinander verbunden sind. Nach dem EuGH 25.4.2013 – C-480/10 (Kommission/Schweden)[51] ist die Regelung nach ihrem Wortlaut nicht von weiteren Voraussetzungen abhängig. Insoweit bezieht der EuGH sich auf sein Urteil v. 9.4.2013 – C-85/11 (Kommission/Irland).[52] Allerdings haben die Mitgliedstaaten nach dem Urteil über Art. 11 Abs. 2 MwStSystRL, wonach Maßnahmen zur Verhinderung von Steuerhinterziehungen und Steuerumgehungen erlaubt sind, die Anwendung der Organschaftsregelung zu beschränken, wobei das Unionsrecht (dh wohl insbesondere das Neutralitätsprinzip) gewahrt werden muss. Schweden hatte die Beschränkung der Organschaftsregelung damit begründet, dass sie zur Verhinderung von Steuerhinterziehungen und Steuerumgehungen nur Unternehmen offenstehen sollte, die unmittelbar oder mittelbar der Überwachung der Finanzaufsicht und somit einem Regelwerk öffentlicher Kontrolle unterlägen. Die EU-Kommission hat nach dem EuGH-Urteil aber nicht überzeugend nachgewiesen, dass eine solche Maßnahme im Hinblick auf den Kampf gegen Steuerhinterziehung und Steuerumgehung nicht begründet wäre. Soweit die EU-Kommission ihren Klageantrag mit dem Gleichbehandlungsgrundsatz begründet hatte, war die Klage unzulässig, weil die Kommission im vorprozessualen Verfahren insoweit noch von einem Verstoß gegen den Neutralitätsgrundsatz ausgegangen war und daher eine unzulässige Erweiterung des Klageantrags im Vergleich zu der mit Gründen versehenen Stellungnahme vorlag. Der EuGH hat in seinem Urteil v. 25.4.2013 – C-480/10 (Kommission/Schweden)[53] außerdem klargestellt, dass im Neutralitätsgrundsatz der Grundsatz der Gleichbehandlung im Mehrwertsteuerbereich zum Ausdruck kommt, der es verbietet, dass vergleichbare Sachverhalte unterschiedlich behandelt werden, es sei denn, dass eine Differenzierung objektiv gerechtfertigt ist. Während ein Verstoß gegen den Neutralitätsgrundsatz nur zwischen konkurrierenden Unternehmern in Betracht kommt, kann ein Verstoß gegen den allgemeinen Grundsatz der Gleichbehandlung im Steuerbereich durch andere Arten der Diskriminierung gekennzeichnet sein, die Unternehmer betreffen, die nicht zwangsläufig miteinander konkurrieren, aber sich trotzdem in einer in anderer Beziehung vergleichbaren Situation befinden.[54] Daraus folgt, dass der Grundsatz der Gleichbehandlung auf steuerlichem Gebiet nicht mit dem umsatzsteuerlichen Neutralitätsgrundsatz deckungsgleich ist.

---

50 Vgl. Art. 11 Abs. 2 MwStSystRL.
51 HFR 2013, 545.
52 Vgl. EuGH 9.4.2013 – C-85/11, DStR 2013, 806 – Kommission/Irland.
53 HFR 2013, 545.
54 Vgl. EuGH 10.4.2008 – C-309/06, HFR 2008, 775 – Marks & Spencer.

### 5. Verhältnis von ausländischen Betriebsstätten zur Organschaft

Bei dem Urteil des EuGH vom 17.9.2014 – C-7/13 (Skandia America (USA))[55], war die Steuerbarkeit von IT-Dienstleistungen, die die Klägerin S (eine US-amerikanische Zweigniederlassung in Schweden) in den Jahren 2007 und 2008 von ihrer in den USA ansässigen Hauptniederlassung (US) gegen Kostenverrechnung erhalten hat, Gegenstand der Entscheidung. Fraglich war, ob es sich hierbei um steuerpflichtige Leistungen oder nicht steuerbare Innenumsätze handelte. **6492**

S gehörte einer schwedischen umsatzsteuerlichen Organschaft (O) an und war zugleich eine in Schweden tätige Zweigniederlassung einer US Corporation (US). US war in den USA ansässig und war in den Streitjahren zentrale Einkaufsgesellschaft des US-Konzerns für IT-Dienstleistungen. US stellte die extern erworbenen IT-Dienstleistungen verschiedenen Gesellschaften innerhalb des US-Konzerns und S zur Verfügung. S verarbeitete die extern erworbenen IT-Dienstleistungen zu dem Endprodukt IT-Produktion weiter und stellte dieses Gesellschaften im US-Konzern zur Verfügung. Bei den Gesellschaften handelte es sich um solche innerhalb als auch außerhalb der Organschaft O. Bei den Dienstleistungen – sowohl von US an S als auch von S an die übrigen Gesellschaften des US-Konzerns – wurde ein Aufschlag („mark-up") von 5 % in Rechnung gestellt. Zwischen US und S wurden die Kosten durch die Aufstellung von internen Rechnungen zugewiesen. Die schwedische Steuerbehörde war der Ansicht, dass es sich bei den Dienstleistungen von US an S um steuerpflichtige Umsätze handele. Da US nicht Teil der schwedischen Organschaft O sein könne, verteile sich die Tätigkeit von US auf zwei Steuersubjekte, US und die Organschaft O. Eine Leistung zwischen US und S sei somit mehrwertsteuerrechtlich als Leistung von US an die Organschaft O anzusehen. Als Steuerschuldner sah die schwedische Steuerbehörde US an, die über ihre feste Niederlassung S zu besteuern sei. Für diesen Zweck registrierte die schwedische Steuerbehörde S als Steuerschuldner und setzte die Steuer zu Lasten dieser Registrierung fest. Die Registrierung bedeute indessen nicht, dass S als ein von der Organschaft O getrenntes Steuersubjekt anzusehen sei. S war der Auffassung, dass Umsätze, die zwischen einer Hauptniederlassung und einer Zweigniederlassung bewirkt werden, nicht umsatzsteuerbar sind. Dies gelte auch dann, wenn eine der Niederlassungen einer Organschaft angehöre. Die internen Rechnungen dienten allein den körperschaftsteuerrechtlichen Anforderungen an eine korrekte Ergebnisaufteilung zwischen der Haupt- und Zweigniederlassung. Für die Registrierung einer Zweigniederlassung parallel zu der bestehenden Registrierung in der Organschaft fehle es ebenfalls an einer Rechtsgrundlage. **6493**

Das Vorlagegericht fragte den EuGH, ob extern erworbene Dienstleistungen, die von der Hauptniederlassung eines Unternehmens in einem Drittland an seine Zweigniederlassung in einem Mitgliedstaat erbracht werden und bei denen die Kosten für den Erwerb der Zweigniederlassung zugewiesen werden, steuerpflichtige Umsätze darstellen, wenn die Zweigniederlassung zu einer Organschaft in diesem Mitgliedstaat gehört. Für den Fall, dass dies zu bejahen ist, fragte das Vorlagegericht weiter, ob dann die Hauptniederlassung in dem Drittland als nicht in dem Mitgliedstaat ansässiger Steuerpflichtiger gem. Art. 196 MwStSystRL anzusehen ist mit der Folge, dass der Leistungsempfänger Steuerschuldner ist (Reverse Charge – Steuerschuldverlagerung auf den Leistungsempfänger – im nationalen Recht § 13b UStG). **6494**

Der EuGH hat entschieden, dass die von einer Hauptniederlassung in einem Drittland zugunsten einer Zweigniederlassung in einem Mitgliedstaat erbrachten Dienstleistungen steuerbare Umsätze darstellen, wenn die ausländische Zweigniederlassung dort einer MwSt-Gruppe (Organschaft) angehört. Den Schlussanträgen des Generalanwalts Wathelet vom 8.5.2014 war der EuGH damit nicht gefolgt. Zur Begründung führt der EuGH aus, dass eine Zweigniederlassung zwar grundsätzlich nicht selbst Steuerpflichtiger (Unternehmer) sei, etwas anderes gelte jedoch bei Zugehörigkeit zu einer MwSt-Gruppe iSd Art. 11 **6495**

[55] HFR 2014, 1031.

MwStSystRL. Aufgrund der Zugehörigkeit zur MwSt-Gruppe bilde die Zweigniederlassung mit den anderen Mitgliedern einen einzigen Steuerpflichtigen. Die in der mündlichen Verhandlung aufgeworfene Frage, ob eine Zweigniederlassung eines ausländischen Unternehmens überhaupt Mitglied einer inländischen MwSt-Gruppe sein kann, bejaht der EuGH damit im Ergebnis, begründet dies jedoch nicht. Der EuGH hat seine Rechtsprechung wiederholt, wonach die Verschmelzung zu einem einzigen Steuerpflichtigen es ausschließt, dass die Mitglieder einer Mehrwertsteuergruppe weiterhin getrennt Mehrwertsteuererklärungen abgeben und innerhalb wie außerhalb ihres Konzerns weiter als Steuerpflichtige angesehen werden. Folglich seien die von einem Dritten zugunsten eines Mitglieds der MwSt-Gruppe erbrachten Dienstleistungen nicht als zugunsten dieses Mitglieds, sondern vielmehr als zugunsten seiner MwSt-Gruppe erbracht anzusehen. Somit müssen auch die von einer Hauptniederlassung zugunsten ihrer Zweigniederlassung erbrachten Dienstleistungen als an die MwSt-Gruppe erbracht angesehen werden. Die Erbringung solcher Dienstleistungen stelle daher einen steuerbaren Umsatz dar. Zur zweiten Vorlagefrage betreffend die Steuerschuldnerschaft des Leistungsempfängers bei im Ausland ansässigen Leistungserbringern kam der EuGH zu dem Ergebnis, dass die MwSt-Gruppe als Empfänger der Dienstleistungen gilt und somit die MwSt schuldet (Reverse-Charge).

**6496** Umsätze zwischen der Hauptniederlassung eines Unternehmens und einer Zweigniederlassung werden innerhalb ein und desselben Unternehmens getätigt. Es handelt sich um sog. Innenumsätze, die vom Anwendungsbereich der MwSt nach aktueller deutscher Sicht[56] nicht erfasst werden. Dieser Grundsatz soll nach dem EuGH-Urteil v. 17.9.2014 – C-7/13 (Skandia America (USA))[57] dann nicht gelten (entgegen dem derzeitigen deutschen Recht), wenn eine der Niederlassungen einer Organschaft angehört.

**6497** In seinem Urteil v. 23.3.2006 – C-210/04 (FCE Bank)[58] hatte der EuGH zu der Frage Stellung genommen, ob eine feste Niederlassung, die kein eigenständiges Rechtssubjekt ist, und von der Hauptniederlassung in einem anderen Mitgliedstaat Dienstleistungen bezieht, als Unternehmer anzusehen ist. Der EuGH hatte hierzu festgestellt, dass eine Niederlassung in einem anderen Mitgliedstaat, die kein eigenes Rechtssubjekt ist und das in Art. 9 Abs. 1 MwStSystRL genannte Merkmal der Selbständigkeit nicht erfüllt, nicht als Steuerpflichtiger angesehen werden kann. Das Urteil betraf zwar einen Fall, in dem sich sowohl die Hauptniederlassung als auch die Zweigniederlassung in EU-Mitgliedstaaten Union befanden. Die gleichen Grundsätze müssten aber auch gelten, wenn sich die Hauptniederlassung oder Zweigniederlassung in einem Drittland befinden. Es ist nämlich nicht ersichtlich, warum der Begriff des Steuerpflichtigen in Art. 9 MwStSystRL einer anderen Auslegung bedarf, wenn sich eine Niederlassung außerhalb des Gemeinschaftsgebietes befindet. Insbesondere unterliegt die „Einfuhr“ von Dienstleistungen aus Drittstaaten ebenso wenig dem Anwendungsbereich der MwStSystRL wie der „innergemeinschaftliche Erwerb“ von Dienstleistungen. Hauptniederlassung und unselbständige Zweigniederlassungen eines einheitlichen Rechtssubjekts sind stets als ein Steuerpflichtiger nach Art. 9 MwStSystRL zu beurteilen.

**6498** Die vom EuGH im Urteil FCE Bank aufgestellten Grundsätze zur mehrwertsteuerlichen Behandlung von Leistungen zwischen Haupt- und Zweigniederlassung schienen allgemein gültig. Der Umstand, dass eine Zweigniederlassung Mitglied einer Organschaft ist, führt nach dem EuGH-Urteil vom 17.9.2014 – C-7/13 (Skandia America (USA))[59] jedoch dazu, dass eine Hauptniederlassung und ihre Zweigniederlassung nicht als ein Unternehmen angesehen werden kann.

**6499** In ihrer Mitteilung an das Europäische Parlament und den Rat v. 2.7.2009 (KOM(2009) 325) vertrat die EU-Kommission – insoweit zutreffend – die Auffassung, dass Steuerpflichtige mit ihren im Ausland gelegenen Niederlassungen nicht in eine Organschaft einbezogen

---

56 Hierzu war ein Vorlageverfahren des BFH beim EuGH anhängig; BFH 26.1.2023 – V R 20/22, DStR 2023, 632; Az. EuGH C-184/23.

57 HFR 2014, 1031.

58 HFR 2006, 624.

59 HFR 2014, 1031.

werden dürfen. Daraus soll dann folgen, dass die ausländische Niederlassung im Verhältnis zur gesamten Gruppe selbst als Steuerpflichtige zu behandeln ist, mithin auch im Verhältnis zu dem Gruppenmitglied, dessen Niederlassung sie ist. Folglich würden, falls ein Steuerpflichtiger einer Mehrwertsteuergruppe beitritt, alle anschließend an seine feste Niederlassung im Ausland erbrachten Dienstleistungen als Leistungen zwischen zwei getrennten Steuerpflichtigen betrachtet. Diese Auffassung wird mit dem EuGH 17.9.2014 – C-7/13 (Skandia America (USA)),[60] bestätigt.

Die zutreffende Annahme der EU-Kommission, dass es diskriminierend wäre, wenn im Ausland ansässige Rechtsträger mit ihren im Inland belegenen Niederlassungen nicht Gruppenmitglieder werden könnten, macht es h. E. weder notwendig, noch rechtfertigt sie es, nunmehr die im Ausland belegenen Niederlassungen dadurch zu diskriminieren, dass sie als selbständige Steuerpflichtige gegenüber ihrem Rechtsträger behandelt werden. Weshalb rein innerunternehmerische Vorgänge, falls daran im In- und Ausland gelegene Niederlassungen beteiligt sind, der Besteuerung unterliegen sollen, ist nicht unmittelbar ersichtlich. **6500**

Das EuGH-Urteil widerspricht UStAE 2.9 Abs. 2 in seiner bisherigen Fassung. Danach bleibt der Begriff des Unternehmens in § 2 Abs. 1 S. 2 UStG von der Beschränkung der Organschaft auf das Inland unberührt. Daher sind grenzüberschreitende Leistungen innerhalb des Unternehmens, insbesondere zwischen dem Unternehmer, zB Organträger oder Organgesellschaft, und seinen Betriebsstätten (Abschn. 3a.1 Abs. 3) oder umgekehrt – mit Ausnahme von Warenbewegungen auf Grund eines innergemeinschaftlichen Verbringens– nicht steuerbare Innenumsätze. **6501**

Im Fall des EuGH-Urteils v. 17.9.2014 – C-7/13 (Skandia America (USA))[61] (sonstige Leistung einer ausländischen Muttergesellschaft, die an eine inländische Zweigniederlassung leistet, die im Inland einer Organschaft angehört), läge nach geltendem deutschem Recht ein nichtsteuerbarer Innenumsatz vor, der künftig ggf. im Inland steuerbar wäre (Steuerschuldner wäre der Organträger). Den umgekehrten Fall (sonstige Leistung einer inländischen Muttergesellschaft an ihre ausländische Zweigniederlassung, die dort einer Organschaft angehört), hatte der EuGH nicht entschieden, aber auch für diesen Fall dürften die Grundsätze des vorliegenden Urteils gelten. In solchen Fällen würde dies zur Folge haben, dass Innenumsätze zwischen einer inländischen Hauptniederlassung und ihren in verschiedenen Mitgliedstaaten belegenen Zweigniederlassungen, die dort jeweils zu einer Gruppe gehören, unter sonst gleichen Bedingungen unterschiedlich besteuert würden. Die umsatzsteuerliche Würdigung der Innenumsätze würde davon abhängen, ob der Mitgliedstaat der jeweiligen Zweigniederlassung von der Möglichkeit einer Gruppenbesteuerung Gebrauch macht oder nicht. **6502**

Im Fall der EuGH-Urteils v. 11.3.2021 – C-812/19 (Danske Bank)[62] ging es um einen ähnlichen Fall wie in der EuGH-Sache C-7/13 und wiederum um das Spannungsfeld zwischen dem Grundsatz der Unternehmenseinheit und den Auswirkungen der Zugehörigkeit zu einer Organschaft. Im Kern ging es um die Besteuerung von Dienstleistungen, die eine zu einer Organschaft gehörende Hauptniederlassung einer Gesellschaft in einem Mitgliedstaat zugunsten ihrer in einem anderen Mitgliedstaat gelegenen Zweigniederlassung erbringt. Fraglich war, ob auch auf eine solche Konstellation die vom EuGH in seinem Urteil in der Rechtssache C-7/13 (Skandia America (USA)) aufgestellten Grundsätze anzuwenden sind. **6503**

Die Klägerin war ein Finanzinstitut mit Hauptsitz in Dänemark. Dieser war Teil einer dänischen Organschaft. In Schweden unterhielt die Klägerin zudem eine Zweigniederlassung, die dort jedoch nicht Teil einer Organschaft war. Zur Ausübung ihrer Tätigkeit in nordeuropäischen Ländern verwandte die Klägerin für alle Zweigniederlassungen eine in **6504**

---

60 HFR 2014, 1031.
61 HFR 2014, 1031.
62 HFR 2021, 518.

weiten Teilen identische IT-Plattform. Die auf die Nutzung dieser IT-Plattform durch die schwedische Zweigniederlassung entfallenden Kosten rechnete die Hauptniederlassung gegenüber dieser ab. Vor diesem Hintergrund beantragte die Klägerin bei der schwedischen Finanzverwaltung einen Vorabentscheid (eine Art verbindliche Auskunft). Dabei wollte sie u. a. wissen, ob der Umstand, dass die Klägerin in Dänemark einer Organschaft angehört, zur Folge hat, dass diese Organschaft im Verhältnis zur schwedischen Zweigniederlassung als eigenständiger Steuerpflichtiger zu betrachten ist.

**6505** Die schwedische Finanzverwaltung vertrat hierzu die Auffassung, dass die dänische Organschaft und die schwedische Zweigniederlassung als zwei getrennte Unternehmer anzusehen seien. Die Klägerin beantragte danach, gerichtlich festzustellen, dass die Zweigniederlassung und die Hauptniederlassung ein Unternehmer sind und somit die der Zweigniederlassung zugerechneten Kosten für die Nutzung der IT-Plattform nicht als Gegenleistung für einen Umsatz iSd MwStSystRL zu betrachten seien. Zur Begründung führte sie aus, dass die Zweigniederlassung die mit ihrer Tätigkeit verbundenen wirtschaftlichen Risiken nicht selbst trage und von der Hauptniederlassung abhängig sei. Folglich sei die Zweigniederlassung mangels Selbstständigkeit nicht als eigenständiger Unternehmer anzusehen. Auch der Umstand, dass die Hauptniederlassung Mitglied einer dänischen Organschaft ist, sei hierbei unerheblich. Eine Trennung der Zweigniederlassung von der Hauptniederlassung käme nur dann in Betracht, wenn die Zweigniederlassung selbst Mitglied einer schwedischen Organschaft wäre.

**6506** Das Vorlagegericht wollte vom EuGH wissen, ob die schwedische Zweigniederlassung einer Bank mit Hauptniederlassung in einem anderen Mitgliedsstaat als eigenständiger Unternehmer anzusehen ist, wenn die Hauptniederlassung zugunsten der Zweigniederlassung Dienstleistungen erbringt und die Hauptniederlassung in dem anderen Mitgliedsstaat einer Organschaft (MwSt-Gruppe) angehört, während die schwedische Zweigniederlassung nicht Teil einer schwedischen Organschaft ist. Fraglich war aus Sicht des vorlegenden Gerichts im Wesentlichen, ob auf einen Sachverhalt, wie er dem Vorabentscheidungsersuchen zu Grunde lag, die vom EuGH in seinem Urteil in der Rechtssache C-7/13 (Skandia America (USA)) aufgestellten Grundsätze anwendbar sind. In diesem Urteil hatte der EuGH (wie oben ausgeführt) seine Grundsatzentscheidung in der Rechtssache C-201/04 (FCE Bank) zur Nichtsteuerbarkeit von Dienstleistungen zwischen Hauptsitz und Zweigniederlassung dahingehend eingeschränkt, dass eine im Drittland gelegene Hauptniederlassung und eine in einem Mitgliedsstaat gelegene Zweigniederlassung, die dort Mitglied einer Organschaft ist, nicht als ein Unternehmer anzusehen sind und daher Leistungen zwischen diesen beiden keine Innenumsätze iSd des Urteils FCE-Bank darstellen.

**6507** Der EuGH hat mit Urteil v. 11.3.2021 – C-812/19 (Danske Bank)[63] entschieden, dass Art. 9 Abs. 1 und Art. 11 MwStSystRL dahingehend auszulegen sind, dass die in einem Mitgliedstaat ansässige Hauptniederlassung einer Gesellschaft, die zu einer Mehrwertsteuergruppe iSv Art. 11 MwStSystRL gehört, und die in einem anderen Mitgliedstaat ansässige Zweigniederlassung dieser Gesellschaft für Mehrwertsteuerzwecke als getrennte Steuerpflichtige anzusehen sind, wenn die Hauptniederlassung für die Zweigniederlassung Dienstleistungen erbringt und ihr die Kosten für diese Dienstleistungen zurechnet. Der EuGH hat damit im Ergebnis seine vorherige Rechtsprechung in der Sache C-7/13 (Skandia America (USA)) bestätigt. Der in diesem Urteil aufgestellte Grundsatz findet auch Anwendung, wenn die Leistungen zwischen einer in einem Mitgliedstaat ansässigen Hauptniederlassung, die zu einer Mehrwertsteuergruppe gehört, und einer in einem anderen Mitgliedstaat ansässigen Zweigniederlassung erbracht werden.

**6508** Von der in Art. 11 MwStSystRL enthaltenen Möglichkeit, im Inland ansässige Personen, die zwar rechtlich unabhängig sind, aber durch gegenseitige finanzielle, wirtschaftliche und organisatorische Beziehungen eng miteinander verbunden sind, zusammen als einen Steu-

---

[63] HFR 2021, 518.

erpflichtigen zu behandeln, hat Deutschland in § 2 Abs. 2 Nr. 2 UStG (umsatzsteuerliche Organschaft) Gebrauch gemacht. Nach Abschnitt 2.9 Absatz 2 UStAE in seiner bisherigen Fassung bleibt nach Ansicht der Finanzverwaltung der Begriff des Unternehmens (Steuerpflichtigen) jedoch von der Beschränkung der Organschaft auf das Inland grundsätzlich unberührt. Daher sind grenzüberschreitende Leistungen innerhalb des Unternehmens, insbesondere zwischen dem Unternehmer, zB Organträger oder Organgesellschaft, und seinen Betriebsstätten oder umgekehrt nicht steuerbare Innenumsätze (siehe dazu → Rn. 7030 ff.).

Zwar war den Verbänden Mitte 2018 der Entwurf eines BMF-Schreibens zur Umsetzung **6509**
des EuGH-Urteils in der Sache C-7/13 zugesandt worden.[64] Danach sollten die Grundsätze dieses Urteils nur auf Fälle anzuwenden sein, in denen der Sachverhalt dem des Urteils entspricht, nämlich sofern Leistungen zwischen einer Hauptniederlassung in einem Drittland und ihrer Betriebsstätte, die in einem Mitgliedstaat einer Mehrwertsteuergruppe angehört, ausgetauscht werden. Bisher (Stand Januar 2025) hat die deutsche Finanzverwaltung aus dem Urteil des EuGH in der Rechtssache C-7/13 (Skandia America (USA)) aber noch keine endgültigen Konsequenzen gezogen.

Nach dem EuGH 11.3.2021 – C-812/19 (Danske Bank)[65] gilt nunmehr, dass **6510**

- eine im Drittland belegene Hauptniederlassung und eine in einem Mitgliedsstaat belegene Zweigniederlassung, die dort Mitglied einer Organschaft ist, nicht als ein Unternehmer anzusehen sind und daher Leistungen zwischen diesen beiden keine Innenumsätze darstellen;
- eine in einem Mitgliedstaat belegene Hauptniederlassung, die dort einer Organschaft angehört, und eine in einem anderen Mitgliedstaat belegene Zweigniederlassung (die dort nicht notwendigerweise einer Organschaft angehören muss), nicht als ein Unternehmer anzusehen sind und Leistungen zwischen diesen beiden ebenfalls keine Innenumsätze darstellen.

*(einstweilen frei)* **6511–6520**

## III. Beteiligte im Organkreis aus Sicht der MwStSystRL

### 1. Personengesellschaften als Organgesellschaften

Bei dem EuGH 16.7.2015, verb. Rs. C-108/14 und C-109/14 (Larentia + Minerva und **6521**
Marenave Schiffahrt)[66] zurückgehend auf die Vorabentscheidungsersuchen des BFH v. 11.12.2013[67] war neben dem Umfang des Vorsteuerabzugs einer Holding streitig, ob eine Personengesellschaft Teil einer umsatzsteuerlichen Organschaft sein kann.

In der Rs. C-108/14 war die Höhe des Vorsteuerabzugs einer Holding aus Eingangs- **6522**
rechnungen im Zusammenhang mit der Kapitalbeschaffung streitig, wenn das dadurch eingeworbene Kapital zum Erwerb von Anteilen an Tochtergesellschaften dient und die Holding diesen gegenüber später steuerpflichtige Dienstleistungen erbringt. Die Klägerin war eine „Beteiligungsgesellschaft" in der Rechtsform einer GmbH & Co. KG und war im Streitjahr (2005) als sog. „Dachfonds" an zwei – ebenfalls in der Rechtsform einer GmbH & Co. KG betriebenen – Tochtergesellschaften als Kommanditistin beteiligt. Ihre Kommanditeinlagen betrugen jeweils über 98 %. Die Tochtergesellschaften waren jeweils Eigentümerinnen eines von ihnen im internationalen Schiffsverkehr betriebenen Vollcontainerschiffes. Die Klägerin schloss mit ihren Tochtergesellschaften am 1.3.2005 einen „Dienstleistungsvertrag". Danach erbrachte sie gegenüber den Tochtergesellschaften „ad-

[64] Vgl. zB https://www.dstv.de/interessenvertretung/steuern/stellungnahmen-steuern/2018-s11-entwurf-bmf-schreiben-umsetzung-eugh-rs-skandia-america oder https://www.bstbk.de/export/sites/standard/de/ressourcen/Dokumente/04_presse/stellungnahmen/2018/2018-09-17_Stellungn._BMF_Skandia_America_ex.pdf.
[65] HFR 2021, 518.
[66] HFR 2015, 901.
[67] BFH 11.12.2013 – XI R 17/11, BStBl. II 2014, 417; 11.12.2013 – XI R 38/12, BStBl. II 2014, 428.

ministrative Leistungen" und stand ihnen als „allgemeiner betriebswirtschaftlicher Berater" zur Seite. Insbesondere übernahm sie die Organisation und Durchführung von Gesellschafterversammlungen, die Beratung bei betrieblichen Abläufen, Beratungen auf dem Gebiet des Chartermarktes, die Beratung in Finanzierungsfragen, die Vermittlung von Kontakten zu Hafen- und anderen in- oder ausländischen Behörden für die Tochtergesellschaften, die Beratung bei anlässlich dieser Vermittlung geführten Gesprächen sowie die Vermittlung von Rechts-, Steuerberatungs- und Wirtschaftsprüfungsleistungen. Für diese Dienstleistungen erhielt sie ab dem Jahr 2006 eine jährliche Vergütung zuzüglich Umsatzsteuer. Für die Beratung in der Gründungsphase und für die Beratung zur laufenden Tätigkeit in der Zeit bis zum Ablauf des Streitjahres 2005 erhielt sie eine Pauschalvergütung zuzüglich Umsatzsteuer. Die Klägerin warb im Streitjahr 2005 mithilfe der A-GmbH Kapital ein, wovon sie ca. 80 % für die Erbringung ihrer Kommanditeinlage bei den Tochtergesellschaften verwandte. Für Aufwendungen der Klägerin im Zusammenhang mit der Einwerbung des Kapitals durch die A-GmbH und für die Erstellung eines von der B-GmbH erstellten Prospektgutachtens fiel Umsatzsteuer an, die die Klägerin in ihrer Umsatzsteuererklärung für 2005 als Vorsteuer geltend machte. Das Finanzamt ließ davon zuletzt ca. 22 % zum Vorsteuerabzug zu. Das von der Klägerin insgesamt eingeworbene Kapital diene in Höhe von ca. 78 % ihrem nichtwirtschaftlichen Bereich des Haltens von Anteilen an den Tochtergesellschaften, für den ein Vorsteuerabzug ausscheide.

**6523** In der Rs. C-109/14 ging es um einen ähnlichen Sachverhalt. Die Klägerin war eine Aktiengesellschaft, deren einzige Aktionärin zunächst eine X-GmbH & Co. KG war. Die Klägerin erwarb, betrieb und veräußerte Seeschiffe. Daneben erwarb und verwaltete sie insbesondere im Bereich der Schifffahrt in- und ausländische Beteiligungen und Finanzanlagen. Durch eine im Rahmen ihres Börsengangs erfolgte Aktienemission erhöhte sie ihr Kapital im Jahr 2006 (Streitjahr) um ca. 300 %. Hierdurch entstanden für sie Emissionskosten, die mit Umsatzsteuer belastet waren. Nach dem Ausgabeprospekt zum Börsengang beabsichtigte die Klägerin, sich als internationale Anbieterin in der Branche der zeitweiligen entgeltlichen Überlassung von Container- und Tankerschiffen zu positionieren. Diese sog. Schiffscharter führte sie nach ihrem Konzept über sog. Schiffskommanditgesellschaften in der Rechtsform einer GmbH & Co. KG aus, die – u. a. zur Verringerung des Haftungsrisikos – Eigentümerinnen und Betreiberinnen der Schiffe werden und Fremdkapitalanteile aufnehmen sollten. Die Klägerin war Mehrheitskommanditistin an den jeweiligen Schiffs-KGen mit einer Beteiligungsquote von mehr als 99 %. Die weiteren Kommanditisten waren jeweils die X-GmbH & Co. KG sowie der jeweilige Vertragsreeder. Als einzige Komplementärin war jeweils eine GmbH vorgesehen, deren Anteile vollständig von der Klägerin gehalten wurden. Diese Komplementärin und die Klägerin waren jeweils vertretungsberechtigt und führten die Geschäfte der jeweiligen Schiffs-KG. Die Klägerin erhielt für die Geschäftsführungsleistung bei der jeweiligen Schiffs-KG neben einem Aufwendungsersatz eine jährliche Vergütung zuzüglich Umsatzsteuer. Die Höhe dieses Geschäftsführergehalts hatte die Klägerin auf der Grundlage ihrer Kosten für die Aktienemission und der Annahme einer durchschnittlichen betrieblichen Nutzungsdauer eines Seeschiffs von 20 Jahren kalkuliert. Zur Finanzierung des Erwerbs und des Betriebs des jeweiligen Seeschiffs wurde bei den Schiffs-KGen eine Kapitalerhöhung durchgeführt, die im Wesentlichen durch die Klägerin mittels einer Kapitaleinlage erbracht wurde. Nach den jeweils gleich gestalteten Gesellschaftsverträgen lag der Gesellschaftszweck der operativen Schiffs-KGen in der Verwaltung eigenen Vermögens, in dem Erwerb, in dem Betrieb, in der Veräußerung von (bestimmten) Seeschiffen, in dem Abschluss von Charterverträgen und Derivaten sowie in der Vereinbarung aller hiermit im Zusammenhang stehenden Geschäfte. Im Streitjahr 2006 gründete die Klägerin als Konzernobergesellschaft und geschäftsführende Holdinggesellschaft vier solcher Schiffs-KGen in der Rechtsform einer GmbH & Co. KG. Die nach dem Konzept vorgesehene Erhöhung der Kapitaleinlage zur Finanzierung des Erwerbs von Seeschiffen belief sich bei den Tochtergesellschaften auf jeweils den gleichen Betrag. Überdies gewährte die Klägerin den Tochtergesellschaften kurzfristige verzinsliche Darlehen zur Zwischenfinanzierung in Höhe von jeweils rund des Doppelten der Kapitaleinlage bei den Tochtergesellschaften. Die Tochtergesellschaften schlossen die für die Schiffscharter notwendigen Geschäfte selbst ab, wobei die Klägerin neben der X-GmbH & Co. KG in die wesentlichen Entscheidungen des Tagesgeschäfts eingebunden war. Die Klägerin erhielt für ihre Geschäftsführungsleistungen von den Tochtergesellschaften im Streitjahr ein Entgelt zuzüglich Mehrwertsteuer. Überdies erzielte sie im Streitjahr aus den den Tochtergesellschaften gewährten Darlehen Zinserträge, Beteiligungserträge sowie aus Anlagen von Teilen des mit den Aktienemissionen eingeworbenen Kapitals bei Kreditinstituten Zinserträge. In ihrer Umsatzsteuererklärung für das Streitjahr 2006 erklärte die Klägerin steuerpflichtige Leistungen aus der Geschäftsführertätigkeit und machte u. a. den Abzug der im Zusammenhang mit der Aktienemission angefallenen Vorsteuerbeträge geltend. Das Finanzamt versagte den Vorsteuerabzug, da die Klägerin mangels tatsächlicher Eingriffe in die Verwaltung der Tochtergesellschaften nicht als Unternehmerin tätig geworden sei.

Der BFH fragte den EuGH, nach welcher Berechnungsweise eine Aufteilung der Vorsteuern in Zusammenhang mit der Kapitalbeschaffung vorzunehmen ist. Die zweite Vorlagefrage bezog sich auf die Regelungen zur Organschaft, die auf der Regelung über Mehrwertsteuergruppen in Art. 4 Abs. 4 Unterabs. 2 der 6. EG-Richtlinie (jetzt Art. 11 MwstSystRL) beruht. In den Streitfällen begehrten die Holdings jeweils, hilfsweise eine solche Eingliederung der Tochter-Personengesellschaften in ihr Unternehmen anzunehmen, um die Vorsteuerbeträge in voller Höhe abziehen zu können. Nach damaliger nationaler Rechtsauffassung (zu der geänderten Auffassung s. → Rn. 6535 ff.) war eine Besteuerung als Organschaft jedoch nicht möglich, da nur juristische Personen Organgesellschaften sein konnten. Der BFH wollte daher mit seiner zweiten Vorlagefrage wissen, ob die deutschen Regelungen über die Organschaft mit den Vorgaben der 6. EG-Richtlinie im Einklang stünden. Schließlich fragte der BFH mit seiner dritten Vorlagefrage, ob sich ein Steuerpflichtiger im Falle der Unionsrechtswidrigkeit der deutschen Organschaftsregelung unmittelbar auf die entsprechende Bestimmung der 6. EG-Richtlinie (jetzt MwStSystRL) berufen kann. **6524**

Zu den organschaftlichen Streitpunkten hat der EuGH entschieden, dass Art. 4 Abs. 4 Unterabs. 2 der 6. EG-Richtlinie (jetzt Art. 11 MwStSystRL) im Unterschied zu anderen Bestimmungen der 6. EG-Richtlinie, insbesondere ihren Art. 28a und 28b (jetzt insbesondere Art. 138 ff. MwStSystRL), die sich ausdrücklich auf „juristische Personen" beziehen, nicht per se Gesellschaften von seinem Anwendungsbereich ausschließt, die – wie die Kommanditgesellschaften der Ausgangsverfahren – keine juristischen Personen sind. Auch sieht nach der Entscheidung Art. 4 Abs. 4 der 6. EG-Richtlinie insbesondere nicht vor, dass die Mitgliedstaaten verlangen könnten, dass ausschließlich juristische Personen Mitglieder einer Organschaft sein könnten. Der BFH als vorlegendes Gericht musste dann prüfen, ob der Ausschluss von Personengesellschaften von der Eigenschaft als Organgesellschaften den in Art. 11 Abs. 2 MwStSystRL geregelten Zielen dient und eine für diese Ziele der Verhinderung missbräuchlicher Praktiken oder Verhaltensweisen und der Vermeidung von Steuerhinterziehung oder-umgehung erforderliche und geeignete Maßnahme ist. Art. 4 Abs. 4 der 6. EG-Richtlinie bringt nach der Entscheidung nicht zum Ausdruck, dass Organgesellschaften in einem Unterordnungsverhältnis zum Organträger stehen müssen. **6525**

Schließlich hat der EuGH in seinem Urteil v. 16.7.2015, verb. Rs. C-108/14 und C-109/14 (Larentia + Minerva und Marenave Schifffahrt)[68] noch entschieden, dass Art. 4 Abs. 4 der 6. EG-Richtlinie kein unmittelbares Berufungsrecht eröffnet. Die Vorschrift ist iSd ständigen EuGH- Rechtsprechung nicht unbedingt. Die in der Bestimmung aufgestellte Voraussetzung, nach der die Bildung einer Organschaft davon abhängt, dass zwischen den **6526**

[68] EuGH 16.7.2015 – C-108/14 und C-109/14, HFR 2015, 901 – Larentia + Minerva und Marenave Schifffahrt.

betreffenden Personen enge Verbindungen in finanzieller, wirtschaftlicher und organisatorischer Hinsicht bestehen, bedarf einer Präzisierung auf nationaler Ebene. Die Vorschrift hat daher insoweit einen bedingten Charakter, als sie die Anwendung nationaler Rechtsvorschriften voraussetzt, die den konkreten Umfang solcher Verbindungen bestimmen.

**6527** Hinsichtlich der Organschaft hatte der EuGH somit klar entschieden, dass die Voraussetzung einer finanziellen, wirtschaftlichen und organisatorischen Eingliederung – im Sinne eines Über- und Unterordnungsverhältnisses – nicht mit Art. 4 Abs. 4 Unterabs. 2 der 6. EG-Richtlinie vereinbar ist. Bei der in dieser Vorschrift enthaltenen Formulierung, dass Personen „durch gegenseitige finanzielle, wirtschaftliche und organisatorische Beziehungen eng miteinander verbunden sind", handelt es sich – wie auch der BFH in seinen Vorabentscheidungsersuchen feststellte – um einen nicht hinreichend genauen Begriff, sodass die Vorschrift auch kein unmittelbares Berufungsrecht eröffnet. Aufgrund des EuGH-Urteils v. 16.7.2015, verb. Rs. C-108/14 und C-109/14 (Larentia + Minerva und Marenave Schifffahrt)[69] war eigentlich zu erwarten gewesen, dass der deutsche Gesetzgeber tätig werden würde und es auch Personengesellschaften wie zB OHGs, KGs, aber auch BGB-Gesellschaften ermöglicht würde, Organgesellschaften zu sein. Die strenge Regelung (die Personengesellschaften davon ausschließt, Organgesellschaften sein zu können) könnte nur beibehalten werden, wenn sie als (auf Art. 11 Abs. 2 MwStSystRL) geeignete Maßnahme zur Verhinderung von Steuermissbrauch in Organschaftsfällen erklärt werden könnte. Dies hätte kaum gelingen können. Da eine unmittelbare Berufung auf das Unionsrecht nicht möglich ist, hätten betroffene Gesellschaften bis zu einer Gesetzesänderung ihren Anspruch nur gerichtlich durchsetzen können. Hierbei wäre aber fraglich gewesen, ob das jeweilige Gericht § 2 Abs. 2 Nr. 2 UStG gegen seinen eindeutigen Wortlaut, der nur juristische Personen als Organgesellschaften zulässt, EU-richtlinienkonform auslegen könnte.

**6528** Nach Ergehen des EuGH 16.7.2015, verb. Rs. C-108/14 und C-109/14 (Larentia + Minerva und Marenave Schifffahrt)[70], und wohl nicht zuletzt wegen der Untätigkeit des deutschen Gesetzgebers entstand innerhalb des BFH (zwischen dem V. und dem XI. Senat) ein grundsätzlicher Streit hinsichtlich der Frage, ob und unter welchen Voraussetzungen Personengesellschaften Organgesellschaften sein könnten.[71]

**6529** Mit Urteil v. 2.12.2015 – V R 25/13[72], hatte der V. Senat des BFH entschieden, dass § 2 Abs. 2 Nr. 2 UStG mit der Verwendung der im Zivilrecht geläufigen Terminologie „juristische Person" den darin ausgedrückten Tatbestand aufnimmt. Juristische Person sei daher eine Körperschaft mit eigener Rechtspersönlichkeit, wie etwa eine GmbH oder eine AG. Personengesellschaften würden deshalb von dieser Regelung nicht umfasst. Ferner hielt der V. Senat des BFH an seiner Rechtsprechung im Interesse einer einfachen und rechtssicheren Bestimmung des Steuerschuldners für den Organträger im Grundsatz fest, wonach eine Personengesellschaft nicht iSv § 2 Abs. 2 Nr. 1 UStG unselbständig sein kann. Für den nationalen Gesetzgeber bestehe in Art. 4 Abs. 4 Unterabs. 2 der 6. EG-Richtlinie (jetzt Art. 11 Unterabs. 2 MwStSystRL) eine hinreichende unionsrechtliche Grundlage, die Regelung zur Organschaft im Grundsatz auf die Eingliederung juristischer Personen zu beschränken. Diese Einschränkung diene nicht dazu, die Umsatzbesteuerung rechtsformabhängig auszugestalten, sondern sie solle den unionsrechtlich auch vom EuGH anerkannten Präzisierungsvorbehalt rechtssicher ausfüllen. Während über die finanzielle Eingliederung einer juristischen Person rechtssicher, einfach und ohne Nachweisschwierigkeiten entschieden werden könne, treffe dies auf die Personengesellschaft nicht zu. Jedoch kam der V. Senat des BFH zu dem Schluss, dass im Wege einer teleologischen Erweiterung von § 2 Abs. 2 Nr. 2 UStG eine Personengesellschaft ausnahmsweise wie eine juristische Person als

[69] EuGH 16.7.2015 – C-108/14 und C-109/14, HFR 2015, 901 – Larentia + Minerva und Marenave Schifffahrt.

[70] HFR 2015, 901.

[71] Vgl. zu dieser konkurrierenden Rechtsprechung kritisch Lange UR 2016, 197; Reiß UR 2016, 739 sowie Englisch UR 2016, 822.

[72] BStBl. II 2017, 547.

eingegliedert angesehen werden kann. Erforderlich sei, dass die finanzielle Eingliederung wie bei einer juristischen Person zu bejahen ist. Dies setze voraus, dass Gesellschafter der Personengesellschaft neben dem Organträger nur Personen sind, die nach § 2 Abs. 2 Nr. 2 UStG in das Unternehmen des Organträgers finanziell eingegliedert sind. Die erforderliche Durchgriffsmöglichkeit müsse selbst bei – der stets möglichen – Anwendung des Einstimmigkeitsprinzips bei Personengesellschaften gewährleistet sein. Treffe dies auf alle Gesellschafter der Personengesellschaft zu, könne der Organträger seinen Willen durchsetzen, sodass dem allgemeinen Einstimmigkeitsprinzip bei der Personengesellschaft von vornherein keine Bedeutung zukomme.

Der XI. Senat des BFH war hingegen in seinem Urteil vom 19.1.2016 – XI R 38/12[73], im Anschluss an das EuGH-Urteil vom 16.7.2015 (C-108/14 und C-109/14)[74] zum Vorliegen einer umsatzsteuerlichen Organschaft (anders als der V. Senat) zu dem Ergebnis gekommen, dass § 2 Abs. 2 Nr. 2 S. 1 UStG jedenfalls insoweit unionsrechtswidrig ist, als die Vorschrift vorsieht, dass eine GmbH & Co. KG allein aufgrund ihrer Rechtsform nicht Organgesellschaft sein kann. Dieser Ausschluss sei weder zur Verhinderung missbräuchlicher Praktiken oder Verhaltensweisen noch zur Vermeidung von Steuerhinterziehungen oder -umgehungen erforderlich und angemessen. § 2 Abs. 2 Nr. 2 S. 1 UStG kann nach Auffassung des XI. Senats des BFH richtlinienkonform dahingehend ausgelegt werden, dass der Begriff „juristische Person" auch eine GmbH & Co. KG umfasst. Abweichend vom V. Senat des BFH, der in seinem Urteil (nur) über eine teleologische Extension zu dem Ergebnis gekommen war, dass neben der juristischen Person auch eine Personengesellschaft in das Unternehmen des Organträgers eingegliedert sein kann, wenn Gesellschafter der Personengesellschaft neben dem Organträger nur Personen sind, die nach § 2 Abs. 2 Nr. 2 UStG in das Unternehmen des Organträgers eingegliedert sind, sah der XI. Senat diese zusätzliche Einschränkung bei einer GmbH & Co. KG (als kapitalistisch geprägte Personengesellschaft) nicht vor. Jedenfalls bei kapitalistisch strukturierten Personengesellschaften sei die richtlinienkonforme Auslegung möglich. **6530**

Mit Urteil v. 1.6.2016 – XI R 17/11[75], hatte der XI. Senat die Rechtsprechung seines Urteils v. 19.1.2016 – XI R 38/12[76] bestätigt. § 2 Abs. 2 Nr. 2 S. 1 UStG könne in einer mit Art. 4 Abs. 4 Unterabs. 2 der 6. EG-Richtlinie zu vereinbarenden Weise richtlinienkonform dahingehend ausgelegt werden, dass der Begriff „juristische Person" auch eine GmbH & Co. KG umfasst. Hinsichtlich der Frage, ob eine Personengesellschaft in Form einer GmbH & Co KG Organgesellschaft sein kann, hatte der BFH die gleichen Entscheidungskriterien angewendet wie in seinem Urteil v. 19.1.2016 – XI R 38/12.[77] Danach steht eine richtlinienkonforme Auslegung des Tatbestandsmerkmals „juristische Person" in § 2 Abs. 2 Nr. 2 S. 1 UStG, in dem Sinne, dass es auch eine GmbH & Co. KG umfasst, im Einklang mit der Rechtsprechung des BVerfG. Steuerrechtliche Tatbestandsmerkmale sind nach dieser Rechtsprechung, auch wenn sie einem anderen Rechtsgebiet – wie hier dem Zivilrecht – entnommen sind, nach dem steuerrechtlichen Bedeutungszusammenhang, nach dem Zweck des jeweiligen Steuergesetzes und dem Inhalt der einschlägigen Einzelregelung zu interpretieren. Es bestehe weder eine Vermutung für ein übereinstimmendes noch für ein abweichendes Verständnis. **6531**

Insgesamt bestanden erhebliche Widersprüche zwischen den vorgenannten Urteilen des V. und des XI. Senats des BFH. Der V. Senat sah in § 2 Abs. 2 Nr. 2 UStG eine Regelungslücke, die er vor dem Hintergrund des Gesetzeszwecks in der Weise zu schließen versuchte, dass er die genannte Vorschrift erweiternd auch auf Personengesellschaften anwendet, die gewisse Voraussetzungen erfüllen, dh diese Personengesellschaften treten **6532**

---

[73] BStBl. II 2017, 567.
[74] EuGH 16.7.2015 – C-108/14 und C-109/14, HFR 2015, 901 – Larentia + Minerva und Marenave Schifffahrt.
[75] BStBl. II 2017, 581.
[76] BStBl. II 2017, 567.
[77] BStBl. II 2017, 567.

neben die in § 2 Abs. 2 Nr. 2 UStG erwähnten „juristischen Personen" und fallen additiv in den persönlichen Anwendungsbereich der Organschaftsregelung. Hiervon abweichend betrachtete der XI. Senat die Gesellschaften in der Rechtsform einer GmbH & Co. KG stets als juristische Personen iSd § 2 Abs. 2 Nr. 2 UStG.

**6533** Möglicherweise noch erheblicher als die unterschiedlichen Aussagen zur Reichweite des Begriffs der „juristischen Person" dürften die Widersprüche zwischen beiden Entscheidungen hinsichtlich der Voraussetzungen für einen Einbezug von Personengesellschaften in Organkreise gewesen sein. Der V. Senat hatte entschieden, dass neben einer juristischen Person auch eine Personengesellschaft in das Unternehmen des Organträgers eingegliedert sein kann, wenn Gesellschafter der Personengesellschaft neben dem Organträger nur Personen sind, die nach § 2 Abs. 2 Nr. 2 UStG in das Unternehmen des Organträgers finanziell eingegliedert sind. Im Sachverhalt des Verfahrens XI R 38/12[78] waren an der zu beurteilenden Schiffs-GmbH & Co. KG neben dem Organträger (Beteiligungsquote > 99 %, aber < 100 %) jedoch auch Personen beteiligt, die nicht finanziell in das Unternehmen des Organträgers eingegliedert waren. Hinsichtlich der Fähigkeit von Personengesellschaften, als Organ in das Unternehmen eines Organträgers eingegliedert zu sein, wollte der XI. Senat des BFH offensichtlich jedenfalls bei einer GmbH & Co. KG dem V. Senat somit dann nicht folgen, wenn an dieser Personengesellschaft auch andere Gesellschafter als der Organträger selbst und/oder in den Organträger eingegliederte juristische Personen beteiligt sind. Der XI. Senat wollte insoweit der Auffassung folgen, wonach eine Personengesellschaft mit „kapitalistischer Struktur", wie es die GmbH & Co. KG sei, „wie eine juristische Person unselbständig dem Willen … des Organträgers unterworfen sein (kann)".. Jedenfalls eine GmbH & Co. KG mit kapitalistischer Struktur kann daher offensichtlich nach Auffassung des XI. Senats des BFH auch dann Organgesellschaft sein, wenn ihre Gesellschafter nicht sämtlich gem. § 2 Abs. 2 Nr. 2 UStG als juristische Personen in den Organträger eingegliedert sind oder es sich bei ihren Gesellschaftern um den Organträger selbst handelt.[79]

**6534** Die Verwaltung folgte mit dem BMF-Schreiben v. 26.5.2017[80] der Auffassung des V. Senats des BFH und nicht der des XI. Senats. Diese Auffassung ist bisher (Stand Januar 2025) unverändert, obwohl zwischenzeitlich die Rechtsprechung sich fortentwickelte. Nach dem mit BMF-Schreiben v. 26.5.2017 geänderten und nach wie vor in dieser Fassung gültigen UStAE 2.8 kann eine Personengesellschaft ausnahmsweise wie eine juristische Person als eingegliedert iSd § 2 Abs. 2 Nr. 2 UStG anzusehen sein, wenn die finanzielle Eingliederung wie bei einer juristischen Person zu bejahen ist (UStAE 2.8 Abs. 2 S. 5). Die finanzielle Eingliederung einer Personengesellschaft setzt voraus, dass Gesellschafter der Personengesellschaft neben dem Organträger nur Personen sind, die nach § 2 Abs. 2 Nr. 2 UStG in das Unternehmen des Organträgers finanziell eingegliedert sind, sodass die erforderliche Durchgriffsmöglichkeit selbst bei der stets möglichen Anwendung des Einstimmigkeitsprinzips gewährleistet ist. Für die danach notwendige Beteiligung des Organträgers sind mittelbare Beteiligungen ausreichend.[81]

**6535** Der juristische Streit zwischen dem V. und dem XI. Senat wurde in der Folge mittels des Vorabentscheidungsersuchens des FG Berlin-Brandenburg v. 21.11.2019[82], durch den EuGH mit Urteil v. 15.4.2021 – C-868/19 (Finanzamt für Körperschaften Berlin;[83] im Ergebnis zugunsten des XI. Senats des BFH) entschieden. Das FG Berlin-Brandenburg hatte es für ernstlich zweifelhaft gehalten, dass die finanzielle Eingliederung einer Personengesellschaft (GmbH & Co. KG), an der auch Personen (hier: natürliche Personen) beteiligt sind, die nicht nach § 2 Abs. 2 Nr. 2 UStG in das Unternehmen des Organträgers einge-

[78] BStBl. II 2017, 567.
[79] Vgl. Reiß UR 2016, 739.
[80] BStBl. I 2017, 790.
[81] Vgl. UStAE 2.8 Abs. 5a mit Beispielen.
[82] FG Berlin-Brandenburg 21.11.2019 – 5 K 5044/19, MwStR 2020, 236.
[83] MwStR 2021, 421.

gliedert sind, grundsätzlich ausscheidet. Das FG lehnte diesbezüglich die engere Auffassung des V. Senats im BFH-Urteil vom 2.12.2015 ab.[84]

Dem FG Berlin-Brandenburg lag folgender Sachverhalt vor: Die Klägerin war Gesamtrechtsnachfolgerin einer GmbH & Co. KG (KG) als streitige Organgesellschaft. Gesellschafter der KG waren im Streitjahr eine Komplementär-GmbH (A) sowie als Kommanditisten eine GbR (B), drei natürliche Personen sowie eine GmbH (C) als möglicher Organträger. Laut Gesellschaftsvertrag besaß jeder Gesellschafter, unabhängig von der Höhe der Pflichteinlagen, jeweils eine Stimme. Hiervon abweichend besaß die C sechs Stimmen. Beschlüsse der Gesellschaft wurden grundsätzlich mit einfacher Mehrheit gefasst. Hiervon ausgenommen waren Beschlüsse über den Ausschluss und die Aufnahme von Gesellschaftern sowie über eine Änderung des Gesellschaftsvertrages. A und C handelten im Streitjahr durch denselben Geschäftsführer. Darüber hinaus bestanden umfangreiche Leistungsbeziehungen zwischen der KG und C. Die wirtschaftliche und die organisatorische Eingliederung wurden als unstrittig beurteilt. **6536**

Die KG war im Streitzeitraum weder eine juristische Person iSd der Organschaftsregelung des § 2 Abs. 2 Nr. 2 UStG, noch eine einer juristischen Person gleichzustellende Personengesellschaft nach Sichtweise des BFH im o. g. Urteil v. 2.12.2015 (V R 25/13).[85] Die finanzielle Eingliederung erfordert, dass der Organträger seinen Willen durch Mehrheitsbeschlüsse in der Organgesellschaft durchsetzen kann. Das FG hielt dies im Streitfall für gegeben, da der Organträger die Stimmenmehrheit für Beschlussfassungen besessen habe (sechs von elf Stimmen) und damit seinen Willen habe durchsetzen können. Dass vereinzelte Beschlussfassungen über Fragen des Gesellschafterbestands sowie über Änderungen des Gesellschaftervertrages dem Einstimmigkeitsprinzip unterlagen, sei insoweit unerheblich. Entscheidend für die Beherrschungsmöglichkeit im Sinne einer finanziellen Eingliederung sei allein, ob eine solche bei Entstehung der Steuer nach der aktuellen Fassung des Gesellschaftsvertrages und dem aktuellen Gesellschafterbestand gegeben ist, sodass es auf besondere Mehrheitsverhältnisse hinsichtlich dieser Fragen nicht ankommen könne. **6537**

Aus den Entscheidungsgründen des EuGH-Urteils v. 16.7.2015, verb. Rs. C-108/14 und C-109/14 (Larentia + Minerva und Marenave Schifffahrt),[86] war nach Auffassung des FG zu folgern, dass eine Einschränkung der tatbestandlichen Vorgaben des Art. 11 Abs. 1 MwStSystRL durch die Mitgliedstaaten bei der Umsetzung in nationales Recht nur bei Vorliegen der Voraussetzungen des Art. 11 Abs. 2 MwStSystRL oder insoweit zulässig ist, wie der EuGH den Mitgliedstaaten eine Präzisierungsbefugnis eingeräumt hat (wie es bei der Voraussetzung der engen Verbundenheit durch gegenseitige finanzielle, wirtschaftliche und organisatorische Beziehungen der Fall ist.[87] Hinsichtlich des personellen Anwendungsbereichs („Personen") hat der EuGH nach Auffassung des FG den Mitgliedstaaten eine solche Präzisierungsbefugnis indes nicht eingeräumt. Hieraus war nach Auffassung des FG zu folgern, dass eine Einschränkung des personellen Anwendungsbereichs des Art. 11 Abs. 1 MwStSystRL außer in den Fällen des Art. 11 Abs. 2 MwStSystRL schlechthin nicht möglich sei. **6538**

Das FG meinte auch, der vom V. Senat des BFH angenommene Verstoß gegen den Grundsatz der Rechtssicherheit im Fall von Personengesellschaften liege nicht vor. Hierbei sei zum einen zu berücksichtigen, dass der unionsrechtliche Grundsatz der Rechtssicherheit nicht die Verwaltung bei der Anwendung von Rechtsnormen schützen dürfte, sondern vielmehr den durch die Norm belasteten Steuerpflichtigen. Der Grundsatz der Rechtssicherheit verlange nach ständiger Rechtsprechung des EuGH, dass die dem Einzelnen durch das Unionsrecht verliehenen Rechte hinreichend präzise, klar und vorhersehbar **6539**

---

[84] BFH 2.12.2015 – V R 25/13, BStBl. II 2017, 547.
[85] BFH 2.12.2015 – V R 25/13, BStBl. II 2017, 547.
[86] HFR 2015, 901.
[87] Vgl. EuGH 16.7.2015 – C-108/14 und C-109/14, HFR 2015, 901 – Larentia + Minerva und Marenave Schifffahrt.

umgesetzt werden, damit die Betroffenen ihre Rechte und Pflichten genau kennen, sich darauf einstellen können und sie ggf. vor nationalen Gerichten geltend machen können. Ob die Voraussetzungen der finanziellen Eingliederung bei Personengesellschaften vorliegen, sei dem Steuerpflichtigen indes bekannt. Es bestehe für ihn keine Rechtsunsicherheit, da er die Stimmrechtsverhältnisse – auch wenn diese mündlich vereinbart wurden – kenne. Ob für die Verwaltung bei der Nachprüfung des umsatzsteuerrechtlich erheblichen Sachverhalts Ermittlungsprobleme bestehen, dürfte den Grundsatz der Rechtssicherheit demgegenüber nicht tangieren.

**6540** Der gebotenen Rechtssicherheit könne in Fällen mündlicher Abreden auch dadurch Geltung verschafft werden, dass die Finanzbehörde und nachfolgend das Gericht im Wege der Amtsermittlung den entscheidungserheblichen Sachverhalt festzustellen haben. Im Rahmen einer solchen Amtsermittlung könnten durch entsprechende Beweiserhebungen auch mündliche Abreden rechtssicher aufgeklärt werden. Sollten im Anschluss daran gleichwohl Zweifel am zugrunde liegenden Sachverhalt verbleiben, habe eine Entscheidung anhand der objektiven Beweislast (Feststellungslast) zu erfolgen, die wiederum klaren Regeln folgt und damit dem Grundsatz der Rechtssicherheit genügen dürfte.

**6541** Die zweite Vorlagefrage des FG bezog sich auf die Auslegung dieses Vorbehalts. Es sollte durch den EuGH geklärt werden, ob der unionsrechtliche Neutralitätsgrundsatz dahingehend auszulegen ist, dass er der hier streitigen Rechtsformbeschränkung für Organgesellschaften und damit zugleich einer Rechtfertigung nach Art. 11 Abs. 2 MwStSystRL entgegensteht. Das FG hielt es unter Berücksichtigung der Rechtsprechung des V. Senats zwar für nicht schlechthin ausgeschlossen, dass die Beschränkung von Organgesellschaften auf juristische Personen und Personengesellschaften, bei denen Gesellschafter neben dem Organträger nur Personen sind, die nach § 2 Abs. 2 Nr. 2 UStG in das Unternehmen des Organträgers finanziell eingegliedert sind, eine Maßnahme zur Vorbeugung von Steuerhinterziehung und -umgehung iSd Art. 11 Abs. 2 MwStSystRL darstellen könnte, weil eine erschwerte Nachprüfbarkeit von Angaben des Steuerpflichtigen latent die Gefahr von Falschangaben und Manipulationen mit sich bringt. Die vom V. Senat des BFH aufgestellten Anforderungen könnten indes gegen die unionsrechtlichen Grundsätze der Verhältnismäßigkeit und der Neutralität verstoßen. Der Neutralitätsgrundsatz verbietet es insbesondere, dass Wirtschaftsteilnehmer, die gleichartige Umsätze tätigen, bei der Erhebung der Mehrwertsteuer unterschiedlich behandelt werden. Hinsichtlich der Tätigung von Umsätzen bestünden zwischen Personengesellschaften, bei denen Gesellschafter neben dem Organträger nur Personen sind, die nach § 2 Abs. 2 Nr. 2 UStG in das Unternehmen des Organträgers finanziell eingegliedert sind, einerseits und Personengesellschaften, bei denen dies nicht der Fall ist andererseits, keine umsatzsteuerrechtlichen Unterschiede. Beide stünden zudem bei Tätigung gleichartiger Umsätze in einem unmittelbaren Wettbewerb zueinander. Die Beschränkung des Tatbestandsmerkmals „Organgesellschaft" in § 2 Abs. 2 Nr. 2 S. 1 UStG auf juristische Personen und Personengesellschaften, bei denen Gesellschafter neben dem Organträger nur Personen sind, die nach § 2 Abs. 2 Nr. 2 UStG in das Unternehmen des Organträgers finanziell eingegliedert sind, führe mithin dazu, dass Wirtschaftsteilnehmer, die gleichartige Umsätze tätigen, bei der Erhebung der MwSt unterschiedlich behandelt werden. Darüber hinaus hatte das FG erhebliche Zweifel daran, ob eine mitgliedstaatliche Maßnahme iSd Art. 11 Abs. 2 MwStSystRL, die zu einem generellen Ausschluss von Personengesellschaften, bei denen Gesellschafter neben dem Organträger nicht nur Personen sind, die nach § 2 Abs. 2 Nr. 2 UStG in das Unternehmen des Organträgers finanziell eingegliedert sind, von der Organschaft führt, nicht über das hinausgeht, was zur Erreichung des Zieles der Vorbeugung von Steuerhinterziehungen und -umgehungen erforderlich ist. Es erscheine nicht ausgeschlossen, dass mildere gesetzgeberische Mittel vorhanden sind, die zugleich in gleich geeigneter Weise einen Schutz vor Steuerhinterziehungen und -umgehungen bieten.

**6542** Der EuGH hat (mit Blick auf seine vorherige Organschaftsrechtsprechung nicht überraschend) entschieden (das Urteil ist von einer bloß dreiköpfigen Kammer gefällt worden),

Art. 11 MwStSystRL steht einer nationalen Regelung wie der des § 2 Abs. 2 Nr. 2 UStG entgegen, die die Möglichkeit für eine Personengesellschaft, zusammen mit dem Unternehmen des Organträgers eine Organschaft zu bilden, davon abhängig macht, dass Gesellschafter der Personengesellschaft neben dem Organträger nur Personen sind, die in dieses Unternehmen finanziell eingegliedert sind. Die Frage, ob das Bestehen einer engen Verbindung durch finanzielle Beziehungen iSv Art. 11 Abs. 1 MwStSystRL im Fall einer Personengesellschaft verlangt, dass deren Gesellschafter neben dem Organträger zwangsläufig in finanzieller Hinsicht in das Unternehmen des Organträgers eingegliedert sind, hat der EuGH verneint. Die Voraussetzung des Vorliegens einer engen Verbindung durch finanzielle Beziehungen darf nicht restriktiv ausgelegt werden. Der Organträger konnte nach Auffassung des EuGH seinen Willen bei der KG durch mehrheitlich gefasste Beschlüsse durchsetzen, sodass das Bestehen enger Verbindungen durch finanzielle Beziehungen vermutet werden könne. Der bloße Umstand, dass die Gesellschafter von der KG theoretisch mittels mündlicher Vereinbarungen den Gesellschaftsvertrag so ändern konnten, dass Beschlüsse künftig einstimmig zu fassen waren, reiche nicht aus, um diese Vermutung zu entkräften. Das Urteil widerspricht der Auslegung von § 2 Abs. 2 Nr. 2 UStG durch Abschnitt 2.8 Abs. 5a UStAE (Stand: Januar 2025) und der darin übernommenen Auffassung des V. Senats des BFH. Nach dem EuGH-Urteil kann sich die finanzielle Eingliederung einer Personengesellschaft aus der Möglichkeit der Willensdurchsetzung des Organträgers bei der Personengesellschaft ergeben; damit kann die finanzielle Eingliederung quasi Annex der organisatorischen Eingliederung sein. Der EuGH hat auch die Rechtsauffassung des FG Berlin-Brandenburg bestätigt, dass der vom V. Senat des BFH angenommene Verstoß gegen den Grundsatz der Rechtssicherheit im Fall von Personengesellschaften nicht vorliegt. Hierbei sei zum einen zu berücksichtigen, dass der unionsrechtliche Grundsatz der Rechtssicherheit nicht die Verwaltung bei der Anwendung von Rechtsnormen schützen dürfte, sondern vielmehr den durch die Norm belasteten Steuerpflichtigen. Ob die Voraussetzungen der finanziellen Eingliederung bei Personengesellschaften vorliegen, sei dem Steuerpflichtigen bekannt. Es bestehe für ihn keine Rechtsunsicherheit, da er die Stimmrechtsverhältnisse – auch wenn diese mündlich vereinbart wurden – kenne. Ob für die Verwaltung bei der Nachprüfung des umsatzsteuerrechtlich erheblichen Sachverhalts Ermittlungsprobleme bestehen, dürfte den Grundsatz der Rechtssicherheit demgegenüber nicht tangieren. Im Rahmen der Feststellungen durch das FA könnten durch entsprechende Beweiserhebungen auch mündliche Abreden rechtssicher aufgeklärt werden. Sollten im Anschluss daran gleichwohl Zweifel am zugrunde liegenden Sachverhalt verbleiben, habe eine Entscheidung anhand der objektiven Beweislast (Feststellungslast) zu erfolgen, die wiederum klaren Regeln folgt und damit dem Grundsatz der Rechtssicherheit genügen dürfte.

Der EuGH hat auch die Zweifel des FG daran bestätigt, ob eine mitgliedstaatliche **6543**
Maßnahme iSd Art. 11 Abs. 2 MwStSystRL, die zu einem generellen Ausschluss von Personengesellschaften, bei denen Gesellschafter neben dem Organträger nicht nur Personen sind, die nach § 2 Abs. 2 Nr. 2 UStG in das Unternehmen des Organträgers finanziell eingegliedert sind, von der Organschaft führt, nicht über das hinausgeht, was zur Erreichung des Zieles der Vorbeugung von Steuerhinterziehungen und -umgehungen erforderlich ist. Es erscheine nicht ausgeschlossen, dass mildere gesetzgeberische Mittel vorhanden sind, die zugleich in gleich geeigneter Weise einen Schutz vor Steuerhinterziehungen und -umgehungen bieten. So wäre zB denkbar, die Wirkungen der Organschaft nur auf Antrag oder nach Bewilligung durch die Finanzverwaltung eintreten zu lassen.[88] Hierdurch könnten Rechtsunsicherheiten im Vorfeld vermieden und zugleich ein wirksamer Missbrauchsschutz sichergestellt werden. Zudem käme als milderes Mittel in Betracht, im Rahmen des Nachweises der Eingliederungsvoraussetzungen nur einen Urkundsbeweis zuzulassen. Ähnlich dem Belegnachweis im Zusammenhang mit innergemeinschaft-

[88] Vgl. hierzu Englisch UR 2016, 822 (835).

lichen Lieferungen könnten hierdurch in verfahrensrechtlicher Hinsicht die im Einzelfall vorliegenden Nachweisschwierigkeiten bei bloß mündlichen Vereinbarungen vermieden werden.

**6544** Es bleibt abzuwarten, wie die Verwaltung (und ggf. der deutsche Gesetzgeber) auf diese Rechtsprechung reagiert. Das Urteil könnte die Bemühungen beflügeln, in Deutschland für die umsatzsteuerliche Organschaft ein Antragsverfahren einzuführen. Ohne eine gesetzliche Neuausrichtung erscheint ein unmittelbares Berufungsrecht auf das EuGH-Urteil (auch mit Blick auf das EuGH vom 16.7.2015 – C-108/14 und C-109/14, Larentia + Minerva und Marenave Schifffahrt[89] (in dem der EuGH die unmittelbare Berufungsmöglichkeit auf Art. Abs. 4 Unterabs. 2 der 6. EG-Richtlinie, jetzt Art. 11 MwStSystRL, ausdrücklich verneint hatte) nicht gegeben, weil das Vorliegen der finanziellen Eingliederung einer Personengesellschaft in einen Organkreis gemessen an den Entscheidungsgründen sehr stark von den Umständen des Einzelfalls, dh insbesondere der Ausprägung der organisatorischen Eingliederung abhängt. Durch eine gesetzliche Neuregelung, die es Personengesellschaften erlaubt, Organgesellschaft zu sein, dürfte die bestehende Organschaftsregelung nicht zwangsläufig einfacher werden. Das Funktionieren der Organschaftsregelung setzt voraus, dass klar ist, wer innerhalb einer Organschaft die Verantwortung gegenüber den Steuerbehörden trägt. Nach den deutschen Vorschriften ist dies der Organträger. Damit der Organträger seiner Verantwortung gerecht werden kann, muss er das Handeln der Organgesellschaften steuern können. Dies ist bei Personengesellschaften nicht ohne weiteres möglich. So besitzt bei einer Personengesellschaft jeder Gesellschafter ein Recht zur Geschäftsführung. Bei Kommanditgesellschaften steht dieses Recht jedenfalls jedem Komplementär zu. Eine entsprechende „Selbstorganschaft" der Gesellschafter gibt es bei Kapitalgesellschaften nicht. Zudem gilt in Personengesellschaften normalerweise das Einstimmigkeitsprinzip, sodass eine Beherrschung der Gesellschaft durch einen Gesellschafter ausgeschlossen ist. Da der Organträger gegenüber den Organgesellschaften gleichsam als „Steuereintreiber" auftritt und für deren steuerliche Verbindlichkeiten haftet, muss er die Geschäftsführung der Organgesellschaften auch steuern können. Dies ist nur möglich, wenn zwischen Organträger und Organgesellschaften ein Über/Unterordnungsverhältnis besteht. Durch diese Anforderung konkretisiert § 2 Abs. 2 Nr. 2 UStG bisher die in der MwStSystRL aufgestellte Voraussetzung einer finanziellen, wirtschaftlichen und organisatorischen Verbindung unter Beachtung der Ziele der Richtlinie. Diesen Aspekt hat der EuGH aber nicht näher beleuchtet, sondern ein Über-/Unterordnungsverhältnis zwischen Organträger und Organgesellschaft bereits mit Blick auf den Wortlaut der unionsrechtlichen Bestimmung verneint.

### 2. Organträger als einziger Steuerpflichtiger, Finanzielle Eingliederung, Mehrheitsbeteiligung ohne Stimmrechtsmehrheit

**6545** Bei dem Vorabentscheidungsersuchen des BFH 11.12.2019 – XI R 16/18[90], ging es (ebenfalls wie in der am 1.12.2022 vom EuGH entschiedenen Rechtssache C-269/20)[91] um die Voraussetzungen und Unionsrechtskonformität der umsatzsteuerlichen Organschaft nach deutschem Recht. In der Vorinstanz hatte das FG Schleswig-Holstein mit Urteil v. 6.2.2018[92] unter Bezugnahme auf die Rechtsprechung des EuGH und des BFH entschieden, dass hinsichtlich der finanziellen Eingliederung ein über die Mehrheitsbeteiligung hinausgehendes Erfordernis einer Stimmrechtsmehrheit nicht erforderlich sei.

**6546** Nachfolgend wurde die Frage gestellt, wer der Steuerpflichtige (also der Unternehmer) eines Organkreises sei. Ist es – wie in Deutschland bislang üblich der Organträger – oder –

[89] HFR 2015, 901.
[90] HFR 2020, 474.
[91] EuGH 1.12.2022 – C-269/20, DStR 2022, 2488 – S/FA T.
[92] FG Schleswig-Holstein 6.2.2018 – 4 K 35/17, MwStR 2018, 846.

wie man es der EuGH-Rechtsprechung entnehmen kann – der Organkreis als separat neben dem Organträger und den Organgesellschaften existente „fiktive Einrichtung".

In seinem Vorabentscheidungsersuchen an den EuGH ging es dem XI. Senat des BFH sowohl um eine weitere Klärung zu den unionsrechtlichen Maßstäben, wie die erforderliche Prüfung der Eingliederungsvoraussetzungen vorzunehmen sei, als auch um Klärung der Frage, ob die deutsche Organschaftsregelung mit den Vorschriften des Unionsrechts gerechtfertigt werden kann. Der XI. Senat hatte dem EuGH folgende Fragen vorgelegt: **6547**

1. Sind Art. 4 Abs. 4 Unterabs. 2 iVm Art. 21 Abs. 1 Buchst. a und Abs. 3 der 6. EG-Richtlinie dahingehend auszulegen, dass sie es einem Mitgliedstaat gestatten, anstelle der Mehrwertsteuergruppe (des Organkreises) ein Mitglied der Mehrwertsteuergruppe (den Organträger) zum Steuerpflichtigen zu bestimmen?
2. Falls die Frage 1 verneint wird: Sind Art. 4 Abs. 4 Unterabs. 2 iVm Art. 21 Abs. 1 Buchst. a und Abs. 3 der 6. EG-Richtlinie insoweit berufbar?
3. Ist bei der nach Rn. 46 des EuGH-Urteils Larentia + Minerva vorzunehmenden Prüfung, ob das in § 2 Abs. 2 Nr. 2 S. 1 UStG enthaltene Erfordernis der finanziellen Eingliederung eine zulässige Maßnahme darstellt, die für die Erreichung der Ziele der Verhinderung missbräuchlicher Praktiken oder Verhaltensweisen und der Vermeidung von Steuerhinterziehung oder -umgehung erforderlich und geeignet ist, ein strenger oder ein großzügiger Maßstab anzulegen?
4. Sind Art. 4 Abs. 1, Abs. 4 Unterabs. 1 der 6. EG-Richtlinie dahingehend auszulegen, dass sie es einem Mitgliedstaat gestatten, im Wege der Typisierung eine Person als nicht selbständig iSd Art. 4 Abs. 1 der 6. EG-Richtlinie anzusehen, wenn sie in der Weise finanziell, wirtschaftlich und organisatorisch in das Unternehmen eines anderen Unternehmers (Organträgers) eingegliedert ist, dass der Organträger seinen Willen bei der Person durchsetzen und dadurch eine abweichende Willensbildung bei der Person verhindern kann?

Im Ausgangsverfahren hatte das FG eine Organschaft zwischen einer GmbH als Organgesellschaft und A als Organträger bestätigt. A hielt 51 % der Geschäftsanteile an der GmbH, während C die restlichen 49 % hielt. Durch eine besondere Regelung im Gesellschaftsvertrag verfügte A trotz seiner Eigenschaft als Mehrheitsgesellschafter nicht über eine Stimmrechtsmehrheit. Das FG ging dennoch davon aus, dass allein die Mehrheitsbeteiligung die rechtssichere Bestimmung von A als Organträger erlaube, da C als Minderheitsgesellschafter von der Stellung als Organträger ausgeschlossen sei. **6548**

Der EuGH musste eine grundsätzliche Entscheidung über die Fortgeltung des (bisherigen) deutschen Rechtsinstituts der Organschaft treffen. Nach nationaler Rechtslage schuldet der Organträger sämtliche durch seine eigenen und die der Organgesellschaften unternehmerischen Aktivitäten entstandene USt. Diese Steuerschuldnerschaft hielt der XI. Senat des BFH mit seiner ersten und zweiten an den EuGH gerichteten Frage für ggf. unionsrechtlich zweifelhaft und scheint alleine die Mehrwertsteuergruppe nach Art. 11 MwStSystRL als rechtlich zulässigen Steuerschuldner anzusehen. **6549**

Die 4. Vorlagefrage des BFH hätte diejenige sein können, die der EuGH zuerst beantwortet und es deshalb ggf. einer Beantwortung der anderen Fragen nicht mehr bedurft hätte. Der BFH selbst erläuterte umfangreich, warum die Frage 4 völlig unabhängig von den anderen Fragen gestellt wurde. Er selbst ging davon aus, dass der nationale Begründungsansatz der Organschaft begrifflich, systematisch und historisch am Merkmal der Selbständigkeit ansetzt und daher auch als zulässige Auslegung bzw. Typisierung durch Art. 4 Abs. 1 oder Abs. 4 Unterabs. 1 der 6. EG-Richtlinie gerechtfertigt sein könnte. Von daher hätte jedenfalls die erste Frage des BFH nach den ggf. unionsrechtlich unzulässigen Widersprüchen der Rechtsfolgen hinsichtlich der Bestimmung bzw. Festlegung des „Steuerpflichtigen bzw. Steuerschuldners" im Rahmen der nationalen Regelung in § 2 Abs. 2 Nr. 2 UStG zwar eine zur Gruppenbesteuerung nach Art. 4 Abs. 4 Unterabsatz 2 der 6. EG-Richtlinie (jetzt Art. 11 MwStSystRL) sein können, aber gleichwohl die Antwort auf die **6550** vierte Frage systematisch der Antwort auf die Frage 1 vorausgehen und ggf. die Beantwortung der Fragen 1 bis 3 entbehrlich machen können.

**6551** Der EuGH hat mit Urteil v. 1.12.2022 – C-141/20 (Norddeutsche Gesellschaft für Diakonie)[93], nur die 1. sowie die 3. und 4. Frage des BFH beantwortet. Er hat entschieden:

1. Art. 4 Abs. 4 Unterabs. 2 der 6. EG-Richtlinie (jetzt Art. 11 MwStSystRL) ist dahin auszulegen, dass er es einem Mitgliedstaat nicht verwehrt, zum einzigen Steuerpflichtigen einer Gruppe von Personen, die zwar rechtlich unabhängig, aber durch gegenseitige finanzielle, wirtschaftliche und organisatorische Beziehungen eng miteinander verbunden sind, den Organträger dieser Gruppe zu bestimmen, wenn dieser in der Lage ist, seinen Willen bei den anderen Mitgliedern dieser Gruppe durchzusetzen, und unter der Voraussetzung, dass diese Bestimmung nicht zur Gefahr von Steuerverlusten führt.
2. Art. 4 Abs. 4 Unterabs. 2 der 6. EG-Richtlinie ist dahin auszulegen, dass er einer nationalen Regelung entgegensteht, die die Möglichkeit einer Einheit, mit dem Unternehmen des Organträgers eine Gruppe von Personen, die zwar rechtlich unabhängig, aber durch gegenseitige finanzielle, wirtschaftliche und organisatorische Beziehungen eng miteinander verbunden sind, zu bilden, an die Bedingung knüpft, dass der Organträger zusätzlich zu einer Mehrheitsbeteiligung an dieser Einheit über eine Stimmrechtsmehrheit bei ihr verfügt.
3. Art. 4 Abs. 4 Unterabs. 2 der 6. EG-Richtlinie ist dahin auszulegen, dass er es einem Mitgliedstaat nicht gestattet, Einheiten im Wege der Typisierung als nicht selbständig anzusehen, wenn sie finanziell, wirtschaftlich und organisatorisch in den Organträger einer Gruppe von Personen, die zwar rechtlich unabhängig, aber durch gegenseitige finanzielle, wirtschaftliche und organisatorische Beziehungen eng miteinander verbunden sind, eingegliedert sind.

**6552** Mit seiner Entscheidung, dass es einem Mitgliedstaat nicht verwehrt ist, bei Vorliegen eines Organkreises, nicht den Kreis (die „Mehrwertsteuergruppe") selbst, sondern ein Mitglied dieser Gruppe, nämlich ihren Organträger, zum einzigen Steuerpflichtigen für Mehrwertsteuerzwecke zu bestimmen, hat der EuGH (entgegen den in der Sache ergangenen Schlussanträgen der Generalanwältin Medina) bestätigt, dass die geltende deutsche Rechtslage, wonach bei bestehender Organschaft der Organträger der einzige Unternehmer ist, dem zugleich alle Umsatzsteuertransaktionen des gesamten Organkreises zugerechnet werden, unionsrechtskonform ist. Somit kann der Organträger nach nationalem Recht entsprechend dem Vereinfachungszweck weiterhin als Steuerschuldner auch für die aufgrund der Organschaft unselbständig tätige Person behandelt werden. Zum anderen kommt es durch die Bestimmung des Organträgers zum einzigen Steuerpflichtigen nicht zur Gefahr von Steuerverlusten, da alle Organgesellschaften nach § 73 AO für solche Steuern des Organträgers haften, für welche die Organschaft zwischen der jeweiligen Organgesellschaft und dem Organträger steuerlich von Bedeutung ist.[94] Dies bezieht sich insbesondere auf die Umsatzsteuer.[95] Tatsächliche Steuerausfälle zB als Folge einer Insolvenz beim Organträger als Steuerschuldner oder zusätzlich bei der Organgesellschaft als Haftungsschuldner stehen dem nicht entgegen, da sich insoweit lediglich das allgemeine Gläubigerrisiko verwirklicht, das den Steuergläubiger wie jeden anderen Gläubiger auch treffen kann. Hätte der EuGH entschieden, dass nach den Vorgaben des Unionsrechts abweichend von § 2 Abs. 2 Nr. 2 UStG Schuldner der Umsatzsteuer die Mehrwertsteuergruppe ist und nicht der Organträger, hätte für den Fiskus das Risiko bestanden, dass Organträger die in der Vergangenheit für den Organkreis entrichteten Steuerbeträge vom Finanzamt für alle noch offenen Jahre hätten zurückfordern können, während die an ihre Stelle tretenden Steuerschuldner (dh der Organkreis als eigenständige „fiktive Einrichtung" – die Gruppe und alle ihre Mitglieder als Gesamtschuldner) die Zahlung der Steuern für alte Jahre wegen Verjährung und ggf. unter

[93] MwStR 2022, 880.
[94] Vgl. BFH 18.1.2023 – XI R 29/22 (XI R 16/18), MwStR 2023, 313.
[95] Vgl. zB BFH 5.4.2022 – VII R 18/21, BStBl. II 2023, 3.

Hinweis auf Vertrauensschutz (§ 176 AO) hätten verweigern können. Dieses Szenario ist nicht eingetreten. Die bisherigen (noch offenen) Steuerfestsetzungen gegenüber den Organträgern haben weiterhin Bestand und es können auch in Zukunft die Steuerfestsetzungen gegenüber den Organträgern ergehen.

Die Umsetzung der in Art. 4 Abs. 4 Unterabs. 2 der 6. EG-Richtlinie vorgesehenen **6553** Bestimmung verlangt nach der EuGH-Entscheidung v. 1.12.2022,[96] C-141/20 (Norddeutsche Gesellschaft für Diakonie)[97], dass die daraufhin erlassene nationale Regelung es Einheiten, zwischen denen finanzielle, wirtschaftliche und organisatorische Verbindungen bestehen, gestattet, nicht mehr als getrennte Mehrwertsteuerpflichtige, sondern zusammen als ein Steuerpflichtiger behandelt zu werden. Somit können, wenn ein Mitgliedstaat von dieser Bestimmung Gebrauch macht, die untergeordnete Einheit oder die untergeordneten Einheiten im Sinne dieser Vorschrift nicht als Steuerpflichtiger oder Steuerpflichtige iSv Art. 4 Abs. 1 der 6. EG-Richtlinie gelten. Damit hat der EuGH bestätigt, was er bereits in seinem Urteil v. 22.5.2008 – C-162/07, Ampliscientifica und Amplifin, entschieden hatte. Anträge von Organträgern, die in der Vergangenheit für den Organkreis entrichteten Steuerbeträge vom Finanzamt erstattet haben zu wollen, können von den Finanzbehörden negativ beschieden werden.

Weiter hat der EuGH entschieden, dass der Umstand, dass nicht die Mehrwertsteuer- **6554** gruppe selbst, sondern ihr Organträger, der sie vertritt, die Rolle des einzigen wahrnimmt, nicht zur Gefahr von Steuerverlusten führen darf. Insoweit erkennt der EuGH die Erläuterungen der Bundesregierung in dem Verfahren an, dass insofern, als sich die Erklärungspflicht, der der Organträger unterliegt, auf die Leistungen erstreckt, die von allen Mitgliedern und an alle Mitglieder der Mehrwertsteuergruppe erbracht werden, und die sich daraus ergebende Steuerschuld alle diese Leistungen umfasst, das Ergebnis dasselbe ist, wie wenn diese Gruppe selbst Steuerpflichtige wäre. Der EuGH hat sich auch mit den Erläuterungen Deutschlands zufrieden gezeigt, dass, selbst wenn nach deutschem Recht sämtliche mehrwertsteuerlichen Pflichten auf dem Organträger als Vertreter der Mehrwertsteuergruppe vor den Finanzbehörden lasten, sich diese gestützt auf die Haftung nach § 73 AO ggf. an die anderen Mitglieder dieser Gruppe halten können.

Mit seiner Entscheidung, dass das Unionsrecht einer nationalen Regelung entgegensteht, **6555** die die Möglichkeit einer Einheit (gemeint ist hier wohl u. a. eine juristische Person iSd § 2 Abs. 2 Nr. 2 UStG), mit dem Unternehmen des Organträgers eine Gruppe von Personen, die zwar rechtlich unabhängig, aber durch gegenseitige finanzielle, wirtschaftliche und organisatorische Beziehungen eng miteinander verbunden sind, zu bilden, an die Bedingung knüpft, dass der Organträger zusätzlich zu einer Mehrheitsbeteiligung an dieser Einheit über eine Stimmrechtsmehrheit bei ihr verfügt, hat der EuGH festgestellt, dass die finanzielle Eingliederung bei einer Organschaft nicht voraussetzt, dass neben einer Mehrheitsbeteiligung damit zugleich auch eine Stimmrechtsmehrheit vorliegen muss. Dies steht der geltenden Auffassung der Finanzverwaltung entgegen. In Abschnitt 2.8 Abs. 5 UStAE (Stand Januar 2025) heißt es bisher dazu u.a., dass unter der finanziellen Eingliederung einer juristischen Person der Besitz der entscheidenden Anteilsmehrheit an der Organgesellschaft zu verstehen ist, die es dem Organträger ermöglicht, durch Mehrheitsbeschlüsse seinen Willen in der Organgesellschaft durchzusetzen (Eingliederung mit Durchgriffsrechten). Entsprechen die Beteiligungsverhältnisse den Stimmrechtsverhältnissen, ist die finanzielle Eingliederung gegeben, wenn die Beteiligung mehr als 50 % beträgt, sofern keine höhere qualifizierte Mehrheit für die Beschlussfassung in der Organgesellschaft erforderlich ist. Diese (gleichzeitige) Stimmrechtsmehrheit ist nach dem EuGH-Urteil nicht erforderlich. Der EuGH hat seine frühere Rechtsprechung bestätigt, dass das Vorliegen eines Unterordnungsverhältnisses einer Organgesellschaft zum Organträger zwar vermuten lässt, dass zwischen den betreffenden Einheiten enge Verbindungen bestehen, doch kann es nicht

[96] EuGH 1.12.2022 – C-141/20, DStR 2022, 2481 – Norddeutsche Gesellschaft für Diakonie.
[97] MwStR 2022, 880.

grundsätzlich als eine für die Bildung einer Mehrwertsteuergruppe notwendige Voraussetzung angesehen werden.[98] Der EuGH erkennt aber an, dass der Organträger in der Lage sein muss, seinen Willen bei den anderen Mitgliedern der Mehrwertsteuergruppe durchzusetzen. Somit ist die von der Finanzverwaltung verlangte Eingliederung mit Durchgriffsrechten grundsätzlich unionsrechtskonform.

**6556** Schließlich hat der EuGH noch entschieden, dass Art. 4 Abs. 4 Unterabs. 2 der 6. EG-Richtlinie (jetzt Art. 11 MwStSystRL) es nicht erlaubt, bei der Organschaft Einheiten im Wege der Typisierung als nicht selbständig anzusehen, wenn sie finanziell, wirtschaftlich und organisatorisch in den Organträger einer Gruppe von Personen, die zwar rechtlich unabhängig, aber durch gegenseitige finanzielle, wirtschaftliche und organisatorische Beziehungen eng miteinander verbunden sind, eingegliedert sind. Hier bleibt einiges im Unklaren.

**6557** Der BFH hatte die entsprechende Frage unabhängig von den Vorlagefragen 1 bis 3 gestellt. Er hatte ausgeführt, eine Person, die „keinen eigenen Willen" hat, sei nicht selbständig iSd Art. 4 Abs. 1 der 6. EG-Richtlinie (jetzt Art. 10 MwStSystRL) (und daher kein Steuerpflichtiger/Unternehmer), weil sie in einem Verhältnis der Unterordnung zu einer übergeordneten Person stehe. Deshalb dürften die Mitgliedstaaten aus Sicht des BFH Personen, die keinen eigenen Willen haben und dadurch in einem Verhältnis der Unterordnung stehen, mangels Selbständigkeit nicht als Steuerpflichtige ansehen, sondern müssten die Umsätze der übergeordneten Person zurechnen. Auf dieser Grundlage sei, so der BFH, fraglich, ob die Mitgliedstaaten berechtigt sind, im Wege der Typisierung zu konkretisieren, in welchen Fällen typischerweise davon auszugehen ist, dass eine Person „keinen eigenen Willen" hat und damit nicht selbständig iSd Art. 4 Abs. 1 der 6. EG-Richtlinie ist (diesen Weg beschritten heute § 2 Abs. 2 Nr. 2 S. 1 des deutschen (und noch plastischer § 2 Abs. 2 Nr. 2 S. 2 des österreichischen) UStG. Eine derartige Befugnis zur Typisierung werde, so der BFH, dem nationalen Gesetzgeber durch das Verfassungsrecht Deutschlands zugebilligt, da Steuergesetze idR Massenvorgänge des Wirtschaftslebens beträfen. So dürfe der Gesetzgeber nach der Rechtsprechung des BVerfG bei der Ordnung von Massenerscheinungen die Vielzahl der Einzelfälle in dem Gesamtbild erfassen, das nach den ihm vorliegenden Erfahrungen die regelungsbedürftigen Sachverhalte zutreffend wiedergibt; eine solche Typisierung sei zulässig, solange die steuerlichen Vorteile der Typisierung im rechten Verhältnis zu der mit der Typisierung notwendig verbundenen Ungleichheit der steuerlichen Belastung stünden und sie außerdem keinen atypischen Fall als Leitbild wähle, sondern sich realitätsgerecht am typischen Fall orientiere.

**6558** Der EuGH hat sich in seinem Urteil die Auffassung der EU-Kommission zu eigen gemacht, dass „eine Mehrwertsteuergruppe als eine für Mehrwertsteuerzwecke geschaffene ‚fiktive Einrichtung' betrachtet werden könnte, wobei dem ökonomischen Wesensgehalt Vorrang vor der Rechtsform gegeben wird. Eine Mehrwertsteuergruppe stellt eine besondere Form eines Steuerpflichtigen dar, die nur im Hinblick auf die Mehrwertsteuer besteht. Sie basiert auf den tatsächlichen finanziellen, wirtschaftlichen und organisatorischen Beziehungen zwischen Unternehmen. Während jedes Mitglied der Gruppe seine eigene Rechtsform behält, hat die Mehrwertsteuergruppe – nur im Hinblick auf die Mehrwertsteuer – Vorrang vor Rechtsformen, die zB auf dem Zivilrecht oder dem Gesellschaftsrecht basieren. „…Weiter hat der EuGH ausgeführt, dass im Ausgangsverfahren der Organträger A als einziger Steuerpflichtiger und Vertreter der Mehrwertsteuergruppe zwar damit betraut sei, die Steuererklärung im Namen aller Mitglieder dieser Gruppe einschließlich der Klägerin (Norddeutsche Gesellschaft für Diakonie) abzugeben, doch trügen diese Mitglieder die mit ihrer jeweiligen wirtschaftlichen Tätigkeit einhergehenden wirtschaftlichen Risiken selbst. Folglich sei davon auszugehen, dass diese Mitglieder selbständigen wirtschaftlichen Tätigkeiten nachgehen und daher nicht im Wege der Typisierung aufgrund

[98] Vgl. EuGH 16.7.2015 – C-108/14 und C-109/14, HFR 2015, 901 – Larentia + Minerva und Marenave Schifffahrt.

ihrer bloßen Zugehörigkeit zu einer Mehrwertsteuergruppe als „nicht selbständig" iSv Art. 4 Abs. 1 und Abs. 4 Unterabs. 1 der Sechsten Richtlinie eingestuft werden könnten.

Der EuGH hat somit zwar entschieden, dass auch die Organgesellschaften in einem Organkreis Unternehmereigenschaft besitzen und nicht (wie zB Angestellte eines Unternehmens) nichtselbständig iSv Art. 4 Abs. 1 und Abs. 4 Unterabs. 1 der 6. EG-Richtlinie (jetzt Art. 10 MwStSystRL) sind. Welche Folgen dies insbesondere für die umsatzsteuerliche Behandlung Tätigkeit der Organgesellschaften hat, bleibt nach dem Urteil unbeantwortet. Wenn die Organgesellschaften Unternehmereigenschaft besitzen, könnte dies bedeuten, dass ihre entgeltlichen Umsätze innerhalb des Organkreises nicht mehr nicht steuerbare Innenumsätze sind, wie dies bisher zB noch Abschn. 14.1 Abs. 4 oder UStAE 2.9 Abs. 2 regelt. Umsätze, die die Organgesellschaften nach außen hin (gegenüber Dritten) erbringen, dürften jedoch nach wie vor dem Organträger zugerechnet werden können. **6559**

Auf der anderen Seite ist wiederum zweifelhaft, dass die Organgesellschaften keine nichtsteuerbaren Umsätze mehr erbringen, wenn der EuGH[99] ausführt, dass die Umsetzung der in Art. 4 Abs. 4 Unterabs. 2 der 6. EG-Richtlinie vorgesehenen Regelung verlangt, dass die aufgrund dieser Bestimmung erlassene nationale Regelung es Einheiten, zwischen denen finanzielle, wirtschaftliche und organisatorische Beziehungen bestehen, gestattet, nicht mehr als getrennte Mehrwertsteuerpflichtige, sondern zusammen als ein Steuerpflichtiger behandelt zu werden. Somit könnten, wenn ein Mitgliedstaat von dieser Bestimmung Gebrauch macht, die untergeordnete Einheit oder die untergeordneten Einheiten im Sinne dieser Vorschrift nicht als Steuerpflichtiger oder Steuerpflichtige iSv Art. 4 Abs. 1 der 6. EG-Richtlinie gelten. Dies würde bedeuten, der EuGH sieht die Organgesellschaften zwar nicht als unselbständige Einheiten an, aber wiederum auch nicht als Unternehmer. Weiter führt der EuGH in diesem Zusammenhang aus, dass die Verschmelzung zu einem einzigen Steuerpflichtigen gem. Art. 4 Abs. 4 Unterabs. 2 der 6. EG-Richtlinie (jetzt Art. 11 Abs. 1 MwStSystRL) es ausschließt, dass die Mitglieder der Mehrwertsteuergruppe weiterhin getrennt Mehrwertsteuererklärungen abgeben und innerhalb und außerhalb ihrer Gruppe weiter als Steuerpflichtige angesehen werden, da nur der einzige Steuerpflichtige befugt ist, diese Erklärungen abzugeben. Diese Vorschrift setze somit, wenn ein Mitgliedstaat von ihr Gebrauch macht, zwingend voraus, dass die nationale Umsetzungsregelung einen einzigen Steuerpflichtigen vorsieht und dass der Gruppe nur eine Mehrwertsteuernummer zugeteilt wird. Auch dies spricht dafür, dass der EuGH die Mehrwertsteuergruppe bzw. den Organkreis als ein einheitliches Unternehmen ansieht, woraus geschlossen werden könnte, dass die Umsätze innerhalb des Organkreises weiterhin nicht steuerbare Innenumsätze sind. Eine Steuerbarkeit von Innenumsätzen würde im Übrigen das Institut der Organschaft insbesondere für den Banken- und Versicherungsbereich künftig unattraktiv machen, da für Innenumsätze in Rechnung gestellte Umsatzsteuern von dem Organträger aufgrund des Vorsteuerausschlusses bei Finanzdienstleistungen grds. nicht als Vorsteuern abziehbar wären. **6560**

### 3. Organträger als einziger Steuerpflichtiger, Innenumsätze, Leistungen einer Organgesellschaft für den hoheitlichen Bereich des Organträgers, Unentgeltliche Wertabgaben

Bei dem Vorabentscheidungsersuchen des BFH 7.5.2020 – V R 40/19[100], ging es ebenfalls[101] um die Voraussetzungen und Rechtsfolgen einer Organschaft. Streitig war auch, ob nichtsteuerbare Innenumsätze im Rahmen einer umsatzsteuerrechtlichen Organschaft vorliegen und ob eine GmbH, die als Organgesellschaft dem Unternehmen einer juristischen Person des öffentlichen Rechts (Organträger) eingegliedert ist, durch Ausführung von **6561**

[99] Wie auch in der Sache C-269/20 (EuGH 1.12.2022 – C-269/20, DStR 2022, 2488 – S/FA T) entschieden.
[100] MwStR 2020, 668.
[101] Wie in der am 1.12.2022 vom EuGH entschiedenen Rechtssache C-141/20 (EuGH 1.12.2022 – C-141/20, DStR 2022, 2481 – Norddeutsche Gesellschaft für Diakonie).

Reinigungs-, Hygiene- sowie Wäschereileistungen eine öffentliche Aufgabe im hoheitlichen Bereich erbringt oder sie eine wirtschaftliche Tätigkeit ausführt.

**6562** Das vorinstanzliche FG Niedersachsen[102] hatte entschieden, dass es für die Nichtsteuerbarkeit von Innenleistungen einer Organschaft nicht darauf ankommt, ob der Organträger die von der Organgesellschaft bezogene Leistung für unternehmerische oder nichtunternehmerische Zwecke verwendet. Der hoheitliche Tätigkeitsbereich eines Unternehmers gehöre zu den nichtwirtschaftlichen Tätigkeiten im engeren Sinne, nicht aber zu den unternehmensfremden Zwecken. Erbringe (wie im Streitfall) der Betrieb gewerblicher Art einer juristischen Person des öffentlichen Rechts eine Leistung an den hoheitlichen, nichtwirtschaftlichen Bereich, liege keine Leistung für Zwecke, die außerhalb des Unternehmens liegen, vor; die Regelung des § 3 Abs. 9a UStG passe in derartigen Fällen nicht, da es nicht um eine unternehmensfremde Verwendung gehe. Soweit eine Organgesellschaft Leistungen an den nichtunternehmerischen Bereich des Organträgers erbringe, bestehe entsprechend § 15 Abs. 2 Nr. 1 UStG kein Vorsteuerabzug. Die Frage der Vorsteueraufteilung gem. § 15 Abs. 4 UStG stelle sich bezogen auf den Streitfall nur deshalb nicht, weil die Klägerin ohnehin steuerfreie Ausgangsleistungen erbringe, die den Vorsteuerabzug ausschlössen.

**6563** Im Ergebnis hatte das FG Niedersachsen entschieden, dass sich eine umsatzsteuerrechtliche Organschaft nicht gegenständlich auf den unternehmerischen Bereich beschränkt. Erbringt eine Organgesellschaft Leistungen für den hoheitlichen Bereich des Organträgers, liege eine unentgeltliche Wertabgabe an den hoheitlichen Bereich einer Organschaft nicht vor, weil (jedenfalls im Streitfall) Rechnungen der leistenden Organgesellschaft vorlägen, die Leistungen nicht für Zwecke, die außerhalb des Unternehmens liegen, erbracht werden und die Rechtsprechung der Eigenverbrauchsbesteuerung nicht auf § 3 Abs. 9a UStG anzuwenden sei.

**6564** Im Streitfall hatte eine Organgesellschaft K (GmbH) Dienstleistungen in Form von Reinigungs- und Krankentransportleistungen für die Organträgerin (Klägerin) erbracht. Die Reinigungsarbeiten wurden dabei sowohl für den wirtschaftlichen als auch für den hoheitlichen Bereich der Organträgerin ausgeführt. Im Rahmen einer bei der Klägerin durchgeführten Außenprüfung wurden die Leistungen der K als für den hoheitlichen Bereich der Klägerin im umsatzsteuerlichen Organkreis erbracht angesehen. Allerdings wurden die Reinigungsleistungen als unternehmensfremde Tätigkeiten eingestuft, die eine unentgeltliche Wertabgabe gem. § 3 Abs. 9a Nr. 2 UStG bei der Klägerin auslösen. Die Bemessungsgrundlage der unentgeltlichen Wertabgabe wurde anteilig von den gesamten Aufwendungen für die Reinigungsleistungen im Verhältnis der zu reinigenden Flächen abzüglich eines Gewinnzuschlags berechnet.

**6565** Nach Auffassung der Klägerin erbringe die K demgegenüber sämtliche Reinigungsleistungen innerhalb der bestehenden umsatzsteuerlichen Organschaft, weshalb es sich um nicht steuerbare Innenumsätze handeln würde. Auch wenn die Klägerin eine juristische Person des öffentlichen Rechts sei, die auch öffentliche Gewalt ausübe, ändere dies nichts daran, dass sie die Stellung als Organträger einnehmen könne. Auch der Umstand, dass Leistungen an den hoheitlichen Bereich erbracht werden, führe nicht dazu, dass diese konkreten Leistungen nicht mehr zum Organkreis gehören würden. Da Leistungen weder unentgeltlich erbracht noch Leistungen für Zwecke, die außerhalb des Unternehmens liegen, durchgeführt werden, seien die Reinigungsleistungen nicht als unentgeltliche Wertabgabe nach § 3 Abs. 9a Nr. 2 UStG zu besteuern. Das FG Niedersachsen hatte sich somit der Auffassung der Klägerin angeschlossen und entschied, dass es sich bei diesen Umsätzen insgesamt um nicht steuerbare Innenumsätze im Rahmen einer Organschaft handelt, soweit K Reinigungs- und Krankentransportleistungen an die Klägerin erbringe.

**6566** Der BFH wollte vom EuGH wissen, ob die in Art. 4 Abs. 4 Unterabs. 2 der 6. EG-Richtlinie (jetzt Art. 11 MwStSystRL) für die Mitgliedstaaten vorgesehene Ermächtigung,

[102] FG Niedersachsen 16.10.2019 – 5 K 309/17, MwStR 2020, 547; Az. BFH V R 40/19.

in ihrem Gebiet ansässige Personen, die zwar rechtlich unabhängig, aber durch gegenseitige finanzielle, wirtschaftliche und organisatorische Beziehungen eng miteinander verbunden sind, zusammen als einen Steuerpflichtigen zu behandeln, in der Weise auszuüben ist,

*„a) dass die Behandlung als ein Steuerpflichtiger bei einer dieser Personen erfolgt, die Steuerpflichtige für alle Umsätze dieser Personen ist oder in der Weise,*

*b) dass die Behandlung als ein Steuerpflichtiger zwingend – und damit auch unter Inkaufnahme erheblicher Steuerausfälle – zu einer von den eng miteinander verbundenen Personen getrennten Mehrwertsteuergruppe führen muss, bei der es sich um eine eigens für Mehrwertsteuerzwecke zu schaffende fiktive Einrichtung handelt?“*

Falls zur ersten Frage die Antwort a) zutreffend sein würde, fragte der BFH weiter, ob aus der aus der EuGH-Rechtsprechung zu den unternehmensfremden Zwecken iSv Art. 6 Abs. 2 der 6. EG-Richtlinie (jetzt Art. 26 MwStSystRL – unentgeltliche Dienstleistungsabgabe) (EuGH-Urteil in der Sache VNLTO) folgt, dass bei einem Steuerpflichtigen,

*„a) der zum einen eine wirtschaftliche Tätigkeit ausübt und dabei entgeltliche Leistungen iSv Art. 2 Nr. 1 der 6. EG-Richtlinie erbringt und*

*b) der zum anderen zugleich eine Tätigkeit ausübt, die ihm im Rahmen der öffentlichen Gewalt obliegt (Hoheitstätigkeit), für die er nach Art. 4 Abs. 5 der 6. EG-Richtlinie nicht als Steuerpflichtiger gilt, die Erbringung einer unentgeltlichen Dienstleistung aus dem Bereich seiner wirtschaftlichen Tätigkeit für den Bereich seiner Hoheitstätigkeit keine Besteuerung nach Art. 6 Abs. 2 Buchst. b der 6. EG-Richtlinie vorzunehmen ist.“*

Der BFH (hier der V. Senat) führte aus, er hätte aufgrund jahrzehntelanger BFH-Recht- **6567** sprechung keine Zweifel gehabt, dass die erste Vorlagefrage entsprechend der Alternative a) zu beantworten sei. Durch den Vorlagebeschluss des XI. BFH-Senats vom 11.12.2019, XI R 16/18 (= EuGH-Sache C-141/20) seien jedoch Zweifel an der zutreffenden Auslegung des Unionsrechts entstanden. Der V. Senat des BFH führte aus, dass er die vom Wortlaut des Art. 4 Abs. 4 Unterabs. 2 der 6. EG-Richtlinie verlangte „Behandlung als ein Steuerpflichtiger“ mit der Zusammenfassung bei einer der eng miteinander verbundenen Personen als verwirklicht ansieht. Hierfür spreche auch der Zweck der Verwaltungsvereinfachung. Nach Auffassung des V. Senats sprechen für die Auffassung, dass die 6. EG-Richtlinie es einem Mitgliedstaat nicht gestattet, anstelle der Mehrwertsteuergruppe (des Organkreises) ein Mitglied der Mehrwertsteuergruppe (den Organträger) zum Steuerpflichtigen zu bestimmen, auch nicht die EuGH-Urteile Skandia America (USA);[103] Kommission/Irland v. 9.4.2013[104] und Ampliscientifica und Amplifin v. 22.5.2008.[105]

Zur 1. Frage, Alternative b), führte der V. Senat aus, bestehe keine Organschaft zwischen **6568** der Klägerin als Organträgerin und der GmbH als Organgesellschaft, erübrige sich im Streitfall die Anwendung von Art. 6 Abs. 2 Buchst. b der 6. EG-Richtlinie von vornherein. Mangels Organschaft wäre die GmbH als eigenständige Steuerpflichtige anzusehen, die an die Klägerin Leistungen erbracht hat, die dann dem Anwendungsbereich der Steuer unterliegen und für die die GmbH Steuerpflichtige wäre. Für die Anwendung von Art. 6 Abs. 2 Buchst. b der 6. EG-Richtlinie fehle es dann an der dort vorausgesetzten „unentgeltlichen Erbringung von Dienstleistungen durch den Steuerpflichtigen“, hier durch die Klägerin, da die Reinigungsleistungen mangels Organschaft nicht mehr als von ihr selbst erbracht anzusehen sind, da es sich dann um Leistungen eines anderen Steuerpflichtigen, der GmbH, handeln würde. Die Bildung einer Mehrwertsteuergruppe sehe das nationale Recht für das Streitjahr und im Übrigen bis heute nicht vor. Eine derartige Mehrwertsteuergruppe mit einer Haftung der eng miteinander verbundenen Personen als Gesamtschuldner könne auch nicht im Wege der Auslegung von § 2 Abs. 2 Nr. 2 UStG, der

103 EuGH 17.9.2014 – C-7/13, HFR 2014, 1031 – Skandia America (USA).
104 Vgl. EuGH 9.4.2013 – C-85/11, DStR 2013, 806 – Kommission/Irland.
105 Vgl. EuGH 22.5.2008 – C-162/07, DStRE 2008, 902 – Ampliscientifica und Amplifin.

ausschließlich eine Verantwortlichkeit des Organträgers als Steuerpflichtiger und Steuerschuldner anordnet, Eingang in das nationale Recht finden. Die Klagestattgabe durch das FG Niedersachsen erweise sich dann bereits aus diesem Grund als zutreffend.

**6569** Der V. Senat des BFH wies darauf hin, dass die Antwort des EuGH auf die erste Frage über den Streitfall hinaus von großer Bedeutung für das Steueraufkommen in Deutschland sei: Die Gesamtheit der Organträger iSv § 2 Abs. 2 Nr. 2 UStG leisteten Steuerzahlungen in einem Umfang von 10 % des gesamten Steueraufkommens aus der Umsatzsteuer in Deutschland.[106] Dieses belief sich nach dem letzten hierzu vorliegenden Bericht des Bundesministeriums der Finanzen vom 31.1.2019 über die Steuereinnahmen des Bundes und der Länder im Haushaltsjahr 2018 auf 234,8 Milliarden €. Sei die erste Vorlagefrage entsprechend der Alternative b) zu beantworten, habe dies dementsprechend erhebliche fiskalische Auswirkungen. Sei die 1. Rechtsfrage entsprechend der Alternative b) zu beantworten, könnten sich (so der V. Senat des BFH) Organträger gegen die sie nach § 2 Abs. 2 Nr. 2 UStG treffende Steuerschuld auf die Unionsrechtswidrigkeit dieser Vorschrift berufen. Danach hätten sie zumindest die Umsätze der Organgesellschaften nicht mehr zu versteuern. Gegen eine hilfsweise Besteuerung ihrer eigenen Umsätze könnten sie gleichfalls geltend machen, dass auch diese aufgrund der fehlerhaften Ausübung der Ermächtigung nach Art. 4 Abs. 4 Unterabs. 2 der 6. EG-Richtlinie bei der Mehrwertsteuergruppe und ggf. deren Mitgliedern zu erfassen seien. Auch insoweit sei § 2 Abs. 2 Nr. 2 UStG, der eine ausschließliche Steuerschuld des Organträgers anordnet, unter Beachtung der Wortlautgrenze nicht in der Weise auslegbar, dass an die Stelle des Organträgers eine Mehrwertsteuergruppe tritt, für die Organträger und Organgesellschaft gleichermaßen als Gesamtschuldner haften. Dies käme einer Auslegung contra legem gleich. Bei einer Beantwortung der ersten 1. Vorlagefrage entsprechend der Alternative b) könne die Steuer nicht bei einer Mehrwertsteuergruppe erhoben werden, da der nationale Gesetzgeber keine Regelungen hierzu erlassen habe und eine unmittelbare Anwendung des Unionsrechts zu Lasten eines „fiktiven" und damit ohne gesetzliche Vorgabe auch nichtexistierenden Gebildes nicht möglich sei. Daher käme auch keine Haftung der Gruppenmitglieder als Gesamtschuldner in Betracht.

**6570** Zur 2. Vorlagefrage führte der V. Senat des BFH aus, ist der Steuerpflichtige eine juristische Person, so stelle sich – wie zB bei einer GmbH oder wie bei der Klägerin als Stiftung des öffentlichen Rechts – zwar nicht die Frage nach einer Abgrenzung zur privaten Lebensführung. Allerdings könne auch eine juristische Person andere als wirtschaftliche Tätigkeiten ausüben. Der EuGH bezeichnet diese Tätigkeiten als „nichtwirtschaftliche Tätigkeit" (EuGH-Urteil VNLTO)[107]. So ist es zB bei einem Verein, der in einem Teilbereich Steuerpflichtiger ist, daneben aber auch allgemeine Interessen seiner Mitglieder wahrnimmt. Derartige „ideelle Tätigkeiten" sind keine „der Mehrwertsteuer unterliegende Tätigkeiten iSv Art. 2 Nr. 1 der 6. EG-Richtlinie (EuGH-Urteil VNLTO)[108]. Es handelt sich somit um eine „nichtwirtschaftliche Tätigkeit". Ebenso kann, so der V. Senat des BFH, eine juristische Person des öffentlichen Rechts wie die Klägerin in der hier vorliegenden Rechtssache in einem Teilbereich Steuerpflichtige sein, daneben aber auch Tätigkeiten ausüben, die ihr iSv Art. 4 Abs. 5 der 6. EG-Richtlinie (jetzt Art. 11 MwStSystRL) im Rahmen der öffentlichen Gewalt (ohne Wettbewerbsrelevanz) obliegen (hoheitliche Tätigkeiten), sodass insoweit keine wirtschaftliche Tätigkeit vorliegt. Auch diese Hoheitstätigkeit kann als „nichtwirtschaftliche Tätigkeit" bezeichnet werden. Übt eine juristische Person, die in einem Bereich Steuerpflichtige ist, daneben auch eine „nichtwirtschaftliche Tätigkeit" aus, ist sie aus Leistungsbezügen für diese „nichtwirtschaftliche" Tätigkeit nicht zum Vorsteuerabzug berechtigt. Dies gilt gleichermaßen für die ideelle Tätigkeit eines Vereins

---

106 UR 2020, 354.

107 Vgl. EuGH 12.2.2009 – C-515/07, HFR 2009, 421 – Vereniging Noordelijke Land- en Tuinbouw Organisatie (VNLTO).

108 Vgl. EuGH 12.2.2009 – C-515/07, HFR 2009, 421 – Vereniging Noordelijke Land- en Tuinbouw Organisatie (VNLTO).

als auch für die Hoheitstätigkeit einer juristischen Person des öffentlichen Rechts. Erwirbt die juristische Person einen Gegenstand gemischt sowohl für Zwecke ihrer wirtschaftlichen Tätigkeit als Steuerpflichtige als auch für ihre „nichtwirtschaftliche Tätigkeit" und zB für ideelle Zwecke, billigt der EuGH der juristischen Person anders als dem Einzelunternehmer keinen vollen Vorsteuerabzug zu. Der EuGH hat dies in seinem Urteil VNLTO[109] damit begründet,

*„dass die Vorsteuer auf Aufwendungen eines Steuerpflichtigen nicht zum Abzug berechtigen kann, soweit sie sich auf Tätigkeiten bezieht, die aufgrund ihres nichtwirtschaftlichen Charakters nicht in den Anwendungsbereich der 6. EG-Richtlinie fallen; für den Fall, dass ein Steuerpflichtiger zugleich steuerpflichtigen oder steuerfreien wirtschaftlichen Tätigkeiten und nichtwirtschaftlichen, nicht in den Anwendungsbereich der 6. EG-Richtlinie fallenden Tätigkeiten nachgeht, ist der Abzug der Vorsteuer auf Aufwendungen auf der Vorstufe nur insoweit zulässig, als diese Aufwendungen den wirtschaftlichen Tätigkeiten des Steuerpflichtigen zuzurechnen sind,*
*dass mit Art. 6 Abs. 2 Buchst. a der 6. EG-Richtlinie keine allgemeine Regel eingeführt werden sollte, nach der Tätigkeiten, die nicht in den Anwendungsbereich der Mehrwertsteuer fallen, als Tätigkeiten betrachtet werden können, die für „unternehmensfremde" Zwecke i. S. dieser Vorschrift ausgeführt werden. Eine solche Auslegung würde nämlich Art. 2 Abs. 1 der 6. EG-Richtlinie jeden Sinn nehmen und*
*dass es um die nicht besteuerten Umsätze der VNLTO geht, die in der Wahrnehmung der allgemeinen Interessen ihrer Mitglieder bestehen und nicht als unternehmensfremd betrachtet werden können, da sie den Hauptzweck dieser Vereinigung darstellen."*

Der V. Senat des BFH verstand dies dahingehend, dass die gemischte Verwendung eines **6571** Gegenstandes für Zwecke der wirtschaftlichen Tätigkeit wie auch für „nichtwirtschaftliche Tätigkeiten" nicht zum vollen Vorsteuerabzug berechtigt, da der EuGH den Tatbestand des Art. 6 Abs. 2 Buchst. a der 6. EG-Richtlinie (jetzt Art. 26 MwStSystRL – bzw. im nationalen Recht § 3 Abs. 9a UStG) mit der Begründung verneint, dass die Verwendung für „nichtwirtschaftliche Tätigkeiten" keine Verwendung für unternehmensfremde Zwecke i. S. dieser Bestimmung ist.

Für den Vorsteuerabzug bezogen auf den Streitfall stellte sich für den BFH die Frage, ob **6572** diese EuGH-Rechtsprechung nur den Umfang des Vorsteuerabzugs betrifft und dabei (im Gegensatz zur Beurteilung beim Einzelunternehmer) zu einem nur anteiligen Vorsteuerabzug führt, oder ob diese EuGH-Rechtsprechung auch bei eigenständiger Anwendung von Art. 6 Abs. 2 Buchst. b der 6. EG-Richtlinie ohne Zusammenhang zum Vorsteuerabzug Gültigkeit beansprucht. Letzteres würde nach Auffassung des BFH dazu führen, dass auch für die Anwendung von Art. 6 Abs. 2 Buchst. b der 6. EG-Richtlinie eine „nichtwirtschaftliche Tätigkeit" nicht als „unternehmensfremd" anzusehen wäre und diese Bestimmung auf eine unentgeltliche Dienstleistung für Zwecke einer ideellen oder hoheitlichen Tätigkeit nicht anzuwenden ist.

In diesem Zusammenhang wird das EuGH-Urteil VNLTO[110] nach den Ausführungen **6573** des BFH im nationalen Schrifttum seit Jahren kontrovers diskutiert und dabei überwiegend i. S. einer Nichtanwendung von Art. 6 Abs. 2 Buchst. b der 6. EG-Richtlinie verstanden[111]. Demgegenüber habe der V. Senat in seiner bisherigen Rechtsprechung die Anwendung von Art. 6 Abs. 2 der 6. EG-Richtlinie in vergleichbaren Fällen bejaht. Dies beträfe zB juristische Personen des öffentlichen Rechts (Städte), die Schwimmbäder betreiben, indem sie diese der Öffentlichkeit gegen Eintrittsgeld und ohne Anwendung von Steuerbe-

[109] Vgl. EuGH 12.2.2009 – C-515/07, HFR 2009, 421 – Vereniging Noordelijke Land- en Tuinbouw Organisatie (VNLTO).
[110] Vgl. EuGH 12.2.2009 – C-515/07, HFR 2009, 421 – Vereniging Noordelijke Land- en Tuinbouw Organisatie (VNLTO).
[111] Vgl. zB Sölch/Ringleb/Heuermann UStG § 3 Rn. 342; Küffner/von Streit DStR 2012, 636 (639) und Rau/Dürrwächter/Nieskens UStG § 3 Rn. 1496; vgl. aber auch Birkenfeld/Wäger USt-HdB/Wäger Abschnitt I Kapitel 3 A, § 2 Abs. 1 und Abs. 2 Nr. 1 UStG Rn. 350 ff., 390 ff.

freiungen nach Art. 13 Teil A der 6. EG-Richtlinie im Rahmen einer wirtschaftlichen Tätigkeit zur Verfügung stellen. Verwendet die Stadt ihr Schwimmbad oder Teile hiervon auch zur Nutzung durch ihre städtischen Schulen wie etwa für den schulischen Schwimmunterricht, ging der V. Senat des BFH bislang von einer Anwendung von Art. 6 Abs. 2 Buchst. a der 6. EG-Richtlinie aus, da er die hoheitliche Nutzung für den Schulbetrieb als unternehmensfremd ansah.[112] Ob diese Rechtsprechung im Hinblick auf das EuGH-Urteil VNLTO[113] aufzugeben ist, obwohl dessen Bedeutung für den hier vorliegenden Zusammenhang nicht eindeutig war, bedurfte nach Auffassung des V. Senats des BFH der Klärung durch den EuGH.

**6574** Wäre die 1. Vorlagefrage entsprechend der Antwort a) zu beantworten und daher im nationalen Recht § 2 Abs. 2 Nr. 2 UStG ohne Verstoß gegen Art. 4 Abs. 4 Unterabs. 2 der 6. EG-Richtlinie anzuwenden, übt die GmbH im Streitfall ihre Tätigkeit nichtselbständig aus, sodass die GmbH und die Klägerin als eine Steuerpflichtige behandelt werden. Zwischen der GmbH und der Klägerin liegt dann nach Auffassung des V. Senats des BFH keine entgeltliche Dienstleistung iSv Art. 2 Nr. 1 der 6. EG-Richtlinie vor. Die Tätigkeit der GmbH ist vielmehr wie eine eigene Tätigkeit der Klägerin zu behandeln. Somit musste der EuGH entscheiden, ob die Klägerin mit Mitteln ihres Unternehmens, zu dem aufgrund von Art. 4 Abs. 4 Unterabs. 2 der 6. EG-Richtlinie (§ 2 Abs. 2 Nr. 2 UStG) auch die Betriebsmittel der GmbH gehören, unentgeltliche Dienstleistungen (Reinigungsleistungen) aufgrund der Verwendung für ihren Hoheitsbereich als „nichtwirtschaftliche Tätigkeit" für unternehmensfremde Zwecke iSv Art. 6 Abs. 2 Buchst. b der 6. EG-Richtlinie erbracht hat.

**6575** Der EuGH hat mit Urteil vom 1.12.2022 – C-269/20 (Finanzamt T)[114], zur 1. Vorlagefrage des BFH mit nahezu wortgleicher Begründung wie in seinem Urteil in der Sache C-141/20 entschieden, dass Art. 4 Abs. 4 Unterabs. 2 der 6. EG-Richtlinie (jetzt Art. 11 MwStSystRL) es einem Mitgliedstaat nicht verwehrt, nicht die Mehrwertsteuergruppe selbst, sondern ein Mitglied dieser Gruppe, nämlich ihren Organträger, zum einzigen Steuerpflichtigen für Mehrwertsteuerzwecke zu bestimmen, wenn dieser Organträger in der Lage ist, seinen Willen bei den anderen Mitgliedern dieser Gruppe durchzusetzen, und unter der Voraussetzung, dass diese Bestimmung nicht zur Gefahr von Steuerverlusten führt.

**6576** Zu der 2. Frage des BFH hinsichtlich einer etwaigen Steuerbarkeit unentgeltlicher Wertabgaben hat der EuGH entschieden, dass im Fall einer Einheit, die die einzige Steuerpflichtige einer Mehrwertsteuergruppe ist und die zum einen wirtschaftliche Tätigkeiten ausübt, für die sie der Steuer unterliegt, und zum anderen Tätigkeiten im Rahmen der Wahrnehmung hoheitlicher Aufgaben, für die sie gem. Art. 4 Abs. 5 der 6. EG-Richtlinie (jetzt Art. 13 MwStSystRL) nicht als mehrwertsteuerpflichtig gilt, die Erbringung einer Dienstleistung im Zusammenhang mit dieser hoheitlichen Tätigkeit durch ein Mitglied dieser Gruppe nicht gem. Art. 6 Abs. 2 Buchst. b dieser Richtlinie besteuert werden darf.

**6577** Zu den Konsequenzen, die sich aus der EuGH-Entscheidung hinsichtlich der unionsrechtlichen Zulässigkeit, den Organträger als einzigen Unternehmer zu bestimmen, für das deutsche Umsatzsteuerrecht ergeben, s. o. die Anmerkungen zu dem EuGH-Urteil C-141/20 (→ Rn. 6573 f.). Mit der Entscheidung des EuGH zu der 2. Vorlagefrage des BFH kann die bisherige Auffassung der Finanzverwaltung, wonach Leistungen einer Organgesellschaft an den hoheitlichen Bereich des Organträgers zwar nicht steuerbare Innenumsätze darstellen, diese Leistungen aber gleichwohl nach § 3 Abs. 9a bzw. § 3 Abs. 1b UStG umsatzsteuerpflichtig sind, nicht aufrecht erhalten werden. Die Finanzverwaltung geht bisher davon aus, ein Unternehmer ist grundsätzlich nur mit seinem unternehmerischen Bereich in eine Organschaft einbezogen. Im Ausgangsfall nahm der Organträger neben seiner

---

[112] BFH 10.2.1994 – V R 33/92, BStBl. II 1994, 668.
[113] Vgl. EuGH 12.2.2009 – C-515/07, HFR 2009, 421 – Vereniging Noordelijke Land- en Tuinbouw Organisatie (VNLTO).
[114] MwStR 2022, 891.

gewerblichen und beruflichen Tätigkeit auch hoheitliche Aufgaben wahr. Letztere stellen nach bisheriger Auffassung der Verwaltung nicht wirtschaftliche Tätigkeiten im engeren Sinne dar und gehören zu ihrem nicht unternehmerischen Bereich. Leistungen der Organgesellschaft an den nicht unternehmerischen Bereich des Organträgers könnten demnach isoliert betrachtet keine nicht steuerbaren Innenumsätze darstellen, weil sie nicht innerhalb des Unternehmens erbracht würden.

Nach Art. 6 Abs. 2 Buchst. b der 6. EG-Richtlinie (jetzt Art. 26 Buchst. b **6578** MwStSystRL) wird die unentgeltliche Erbringung von Dienstleistungen durch den Steuerpflichtigen für seinen privaten Bedarf oder für den Bedarf seines Personals oder allgemein für unternehmensfremde Zwecke Dienstleistungen gegen Entgelt gleichgestellt. Der EuGH hatte schon früher entschieden, dass mit Art. 6 Abs. 2 Buchst. b der 6. EG-Richtlinie keine allgemeine Regel eingeführt werden sollte, nach der Tätigkeiten, die nicht in den Anwendungsbereich der Mehrwertsteuer fallen, als Tätigkeiten betrachtet werden können, die für „unternehmensfremde" Zwecke im Sinne dieser Vorschrift ausgeführt werden.[115] Dies hat der EuGH vorliegend bestätigt. Wird an einen einzigen Steuerpflichtigen einer Mehrwertsteuergruppe von einem Mitglied dieser Gruppe eine Dienstleistung erbracht (also Leistung einer Organgesellschaft an den Organträger), die für den Bereich der hoheitlichen Tätigkeit dieses Steuerpflichtigen (des Organträgers) bestimmt ist, kommt nach der Entscheidung des EuGH die Annahme, dass eine solche Dienstleistung gem. Art. 6 Abs. 2 Buchst. b der 6. EG-Richtlinie steuerbar ist, der Annahme gleich, dass diese Dienstleistung zu unternehmensfremden Zwecken erbracht wird, und würde somit dazu führen, die hoheitliche Tätigkeit, die gem. Art. 4 Abs. 5 der 6. EG-Richtlinie nicht in den Anwendungsbereich der Mehrwertsteuer fällt, einer solchen Tätigkeit gleichzustellen. Eine solche Auslegung nähme sowohl Art. 2 Nr. 1 als auch Art. 4 Abs. 5 der 6. EG-Richtlinie ihren Sinn.

Außerdem betrifft nach ständiger Rechtsprechung, die der EuGH wiederum bestätigt **6579** hat, Art. 6 Abs. 2 Buchst. b der 6. EG-Richtlinie jedenfalls nur die „unentgeltlichen" Umsätze, die für die Zwecke der Mehrwertsteuer entgeltlichen Umsätzen gleichgestellt sind. Im Ausgangsfall hatte der Organträger S für die von der U-GmbH erbrachten Reinigungsleistungen jedoch ein Entgelt gezahlt hat, und zwar sowohl im Bereich seiner wirtschaftlichen Tätigkeit als auch im Bereich seiner hoheitlichen Tätigkeit. Wenn die betreffenden Dienstleistungen iSv Art. 2 der 6. EG-Richtlinie gegen Entgelt erbracht werden, findet Art. 6 Abs. 2 Buchst. b der 6. EG-Richtlinie nach dem vorliegenden Urteil somit keine Anwendung.

Nicht entschieden hat der EuGH, ob die an den hoheitlichen Bereich des Organträgers **6580** erbrachten Dienstleistungen durch die Organgesellschaft (wenn es denn keine (steuerbaren) unentgeltlichen Wertabgaben sein können), als entgeltliche Leistungen nach Art. 2 der 6. EG-Richtlinie bzw. nach Art. 2 Abs. 1 Buchst. c MwStSystRL steuerbar sein können. Insgesamt bleibt nach der vorliegenden Entscheidung (wie auch nach der Entscheidung in der Sache C-141/20) offen, ob Leistungen, die innerhalb des Organkreises erbracht werden, weiterhin nicht steuerbare Innenumsätze sein können. S. dazu oben im Einzelnen die Anmerkung zu dem EuGH-Urteil C-141/20 (→ Rn. 6573 f.).

Mit Urteil BFH v. 18.1.2023 – XI R 29/22 (XI R 16/18)[116] hat der XI. Senat des BFH **6581** die Nachfolgeentscheidung zu dem EuGH-Urteil in der Rechtssache C-141/20 getroffen. Danach ist zum einen die sich aus § 2 Abs. 2 Nr. 2 UStG ergebende Steuerschuldnerschaft des Organträgers für die Umsätze der Organschaft unionsrechtskonform. In Änderung seiner bisherigen Rechtsprechung hat der BFH weiterhin entschieden, dass die finanzielle Eingliederung iSd § 2 Abs. 2 Nr. 2 UStG zwar im Grundsatz erfordert, dass dem Organträger die Mehrheit der Stimmrechte an der Organgesellschaft zusteht. Eine finanzielle Eingliederung liegt aber auch dann vor, wenn die erforderliche Willensdurchsetzung da-

---

115 Vgl. EuGH 12.2.2009 – C-515/07, HFR 2009, 421 – Vereniging Noordelijke Land- en Tuinbouw Organisatie (VNLTO).

116 MwStR 2023, 313.

durch gesichert ist, dass der Gesellschafter zwar über nur 50 % der Stimmrechte verfügt, er aber eine Mehrheitsbeteiligung am Kapital der Organgesellschaft hält und er den einzigen Geschäftsführer der Organgesellschaft stellt.

**6582–6591** *(einstweilen frei)*

## IV. Steuerbarkeit von Innenumsätzen?

**6592** Zu der EuGH-Entscheidung in der Sache C-269/20 hatte der BFH seinerzeit keine Nachfolgeentscheidung getroffen. Vielmehr hatte der V. Senat des BFH mit Beschluss v. 26.1.2023 – V R 20/22 (V R 40/19),[117] C-184/23 (Finanzamt T II) den EuGH erneut um Vorabentscheidung gebeten und ausdrücklich gefragt, ob und ggf. inwieweit Innenumsätze in einem Organkreis steuerbar sind. Insgesamt war nach der EuGH-Entscheidung in der Sache C-269/20 (wie auch nach der Entscheidung in der Sache C-141/20) offengeblieben, ob Leistungen, die innerhalb des Organkreises erbracht werden, weiterhin nicht steuerbare Innenumsätze sein können. Der BFH hatte den EuGH gefragt, ob

1. *die Zusammenfassung mehrerer Personen zu einem Steuerpflichtigen nach Art. 4 Abs. 4 Unterabs. 2 der EG-Richtlinie (= Organschaftsregelung) dazu führt, dass entgeltliche Leistungen zwischen diesen Personen nicht dem Anwendungsbereich der MwSt nach Art. 2 Nr. 1 der 6. EG-Richtlinie unterliegen (ob also Innenumsätze im Organkreis nicht steuerbar sind) und*
2. *entgeltliche Leistungen zwischen diesen Personen jedenfalls dann dem Anwendungsbereich der MwSt unterliegen, wenn der Leistungsempfänger nicht (oder nur teilweise) zum Vorsteuerabzug berechtigt ist, da ansonsten die Gefahr von Steuerverlusten besteht (ob also Innenumsätze jedenfalls dann steuerbar sind, wenn der Leistungsempfänger, wie zB eine Körperschaft des öffentlichen Rechts, aus den von ihm im Organkreis bezogenen Umsätzen bei deren Steuerbarkeit nicht oder nur teilweise zum Vorsteuerabzug berechtigt wäre und somit eine Nichtsteuerbarkeit von Innenumsätzen zu einem geringeren Umsatzsteueraufkommen führen würde).*

Der BFH weist in diesem Zusammenhang u. a. darauf hin, dass mehrere Generalanwälte in bisherigen EuGH-Verfahren in ihren Schlussanträgen unterschiedliche Auffassungen zu der Frage vertreten haben, ob Innenumsätze zwischen den Gruppenmitgliedern dem Anwendungsbereich der MwSt unterliegen und damit steuerbar sind.

**6593** Das erneute Vorabentscheidungsersuchen des XI. Senats an den EuGH war zu begrüßen. In der Rechtssache C-141/20 hatte der EuGH zwar entschieden, dass auch die Organgesellschaften in einem Organkreis Unternehmereigenschaft besitzen und nicht (wie zB Angestellte eines Unternehmens) nichtselbständig iSv Art. 4 Abs. 1 und Abs. 4 Unterabs. 1 der 6. EG-Richtlinie (jetzt Art. 10 MwStSystRL) sind. Welche Folgen dies insbesondere für die umsatzsteuerliche Behandlung Tätigkeit der Organgesellschaften hat, blieb nach dem Urteil unbeantwortet. Wenn die Organgesellschaften Unternehmereigenschaft besitzen, könnte dies bedeuten, dass ihre entgeltlichen Umsätze innerhalb des Organkreises nicht mehr nicht steuerbare Innenumsätze sind, wie dies bisher zB noch Abschn. 14.1 Abs. 4 oder UStAE 2.9 Abs. 2 regelt. Umsätze, die die Organgesellschaften nach außen hin (gegenüber Dritten) erbringen, sind jedoch nach wie vor dem Organträger zuzurechnen.

**6594** Auf der anderen Seite ist wiederum zweifelhaft, dass die Organgesellschaften keine nicht steuerbaren Umsätze mehr erbringen, wenn der EuGH (wie auch der Sache C-269/20 entschieden) ausführt, dass die Umsetzung der in Art. 4 Abs. 4 Unterabs. 2 der 6. EG-Richtlinie vorgesehenen Regelung verlangt, dass die aufgrund dieser Bestimmung erlassene nationale Regelung es Einheiten, zwischen denen finanzielle, wirtschaftliche und organisatorische Beziehungen bestehen, gestattet, nicht mehr als getrennte Mehrwertsteuerpflichtige, sondern zusammen als ein Steuerpflichtiger behandelt zu werden. Somit könnten, wenn ein Mitgliedstaat von dieser Bestimmung Gebrauch macht, die untergeordnete Einheit oder die untergeordneten Einheiten im Sinne dieser Vorschrift nicht als Steuerpflichtiger oder

[117] BStBl. II 2023, 530.

Steuerpflichtige iSv Art. 4 Abs. 1 der 6. EG-Richtlinie gelten. Dies würde bedeuten, der EuGH sieht die Organgesellschaften zwar nicht als unselbständige Einheiten an, aber wiederum auch nicht als Unternehmer. Weiter führte der EuGH in diesem Zusammenhang aus, dass die Verschmelzung zu einem einzigen Steuerpflichtigen gem. Art. 4 Abs. 4 Unterabs. 2 der 6. EG-Richtlinie es ausschließt, dass die Mitglieder der Mehrwertsteuergruppe weiterhin getrennt Mehrwertsteuererklärungen abgeben und innerhalb und außerhalb ihrer Gruppe weiter als Steuerpflichtige angesehen werden, da nur der einzige Steuerpflichtige befugt ist, diese Erklärungen abzugeben. Diese Vorschrift setze somit, wenn ein Mitgliedstaat von ihr Gebrauch macht, zwingend voraus, dass die nationale Umsetzungsregelung einen einzigen Steuerpflichtigen vorsieht und dass der Gruppe nur eine Mehrwertsteuernummer zugeteilt wird. Auch dies spricht dafür, dass der EuGH die Mehrwertsteuergruppe bzw. den Organkreis als ein einheitliches Unternehmen ansieht, woraus geschlossen werden könnte, dass die Umsätze innerhalb des Organkreises weiterhin nicht steuerbare Innenumsätze sind. Eine Steuerbarkeit von Innenumsätzen würde im Übrigen das Institut der Organschaft insbesondere für den Banken- und Versicherungsbereich künftig unattraktiv machen, da für Innenumsätze in Rechnung gestellte Umsatzsteuern von dem Organträger aufgrund des Vorsteuerausschlusses bei Finanzdienstleistungen grds. nicht als Vorsteuern abziehbar wären.

In der Rechtssache C-184/23 (Finanzamt T II) waren am 16.5.2024 die Schlussanträge **6595**
des Generalanwalts (Generalanwalt Athanasios Rantos) ergangen. Der Generalanwalt hatte dem EuGH in seinen Schlussanträgen vorgeschlagen, auf die Fragen des BFH wie folgt zu antworten:[118]

*„Art. 2 Nr. 1 und Art. 4 Abs. 4 Unterabs. 2 der Sechsten Richtlinie 77/388/EWG … sind dahin auszulegen, dass*
*entgeltliche Leistungen zwischen Personen, die einem Zusammenschluss rechtlich unabhängiger, aber durch gegenseitige finanzielle, wirtschaftliche und organisatorische Beziehungen eng miteinander verbundener Personen gem. Art. 4 Abs. 4 Unterabs. 2 der Sechsten Richtlinie 77/388 in der durch die Richtlinie 2000/65 geänderten Fassung angehören, nicht in den Anwendungsbereich der Mehrwertsteuer fallen, und zwar selbst dann nicht, wenn der Leistungsempfänger nicht (oder nur teilweise) zum Vorsteuerabzug berechtigt ist.“*

Der Generalanwalt sah also Umsätze innerhalb des Organkreises als „out of scope of **6596**
VAT“ („do not fall within the scope of value added tax (VAT)“) und damit nicht umsatzsteuerbar, was die derzeitige deutsche Rechtslage bestätigte.

Aus der bisherigen EuGH-Rechtsprechung zum Institut der Organschaft schloss der **6597**
Generalanwalt, dass die Verschmelzung zu einem einzigen Steuerpflichtigen (Unternehmer) gem. Art. 4 Abs. 4 Unterabs. 2 der 6. EG-Richtlinie es ausschließt, dass die Mitglieder der Mehrwertsteuergruppe (Organkreis) weiterhin getrennt Mehrwertsteuererklärungen abgeben und innerhalb und außerhalb ihrer Gruppe weiter als Steuerpflichtige angesehen werden, da nur der einzige Steuerpflichtige befugt ist, diese Erklärungen abzugeben. Diese Vorschrift setzt somit, wenn ein Mitgliedstaat von ihr Gebrauch macht, zwingend voraus, dass die nationale Umsetzungsregelung einen einzigen Steuerpflichtigen vorsieht und dass der Gruppe nur eine Mehrwertsteuernummer zugeteilt wird. Daraus wieder ergab sich für den Generalanwalt, dass mehrere rechtlich selbständige Personen, die eine Mehrwertsteuergruppe iSv Art. 4 Abs. 4 Unterabs. 2 der 6. EG-Richtlinie bilden, nicht mehr als getrennte Steuerpflichtige angesehen werden und für die Zwecke der Mehrwertsteuer zusammen einen einzigen Steuerpflichtigen bilden. Dieser einzige Steuerpflichtige ist entweder die Mehrwertsteuergruppe selbst oder – sofern die einschlägigen nationalen Rechtsvorschriften dies vorsehen und wie der EuGH in den Urteilen Finanzamt T I und Diakonie klargestellt hat – eines ihrer Mitglieder, nämlich der Organträger dieser Gruppe, wenn dieser Organträger in der Lage ist, seinen Willen bei den anderen Mitgliedern dieser Gruppe durch-

[118] ECLI:EU:C:2024:416.

zusetzen, und unter der Voraussetzung, dass seine Bestimmung zum einzigen Steuerpflichtigen nicht zur Gefahr von Steuerverlusten führt. Die Lösung, wonach Leistungen, die ein Mitglied der Mehrwertsteuergruppe an ein anderes Mitglied derselben Gruppe (oder an die Mehrwertsteuergruppe als solche) erbringt, nach Art. 2 Nr. 1 der 6. EG-Richtlinie der Mehrwertsteuer unterliegende Umsätze darstellen, würde, so der Generalanwalt, voraussetzen, dass dieses Mitglied nach dieser Bestimmung ein Steuerpflichtiger ist, was mit dem Wesen der Mehrwertsteuergruppe als einziger Steuerpflichtiger, wie es sich aus dem Wortlaut von Art. 4 Abs. 4 Unterabs. 2 dieser Richtlinie sowie aus der ständigen Rechtsprechung des EuGH ergibt, unvereinbar sei.

**6598** Was die vom BFH befürchteten Umsatzsteueraufkommensverluste betrifft, entgegnete der Generalanwalt im Wesentlichen, dass sich die EuGH-Urteile Finanzamt T I und Diakonie nicht heranziehen lassen, um die Auffassung zu stützen, dass Innenumsätze zwischen den Mitgliedern einer Mehrwertsteuergruppe im Hinblick auf die Gefahr von Steuerverlusten steuerbar seien. Nur die Funktion des Organträgers als einziger Unternehmer dürfe, so der Generalwalt, nach den o. g. EuGH-Entscheidungen nicht zu Steuerverlusten führen. Im Übrigen bezweifelte der Generalanwalt, dass die Gefahr von Steuerverlusten, wie sie vom BFH in Betracht gezogen wurden, tatsächlich besteht. Um seine Bedenken in Bezug auf das Bestehen dieser Gefahr von Steuerverlusten zu veranschaulichen, stelle der BFH nämlich einen Vergleich zwischen zwei Steueransprüchen an, die sich auf die Rechtslage ohne bzw. mit Organschaft gem. Art. 4 Abs. 4 der 6. EG-Richtlinie beziehen. Im Licht der Nr. 81 bis 83 und 86 der vorliegenden Schlussanträge könnte sich das den Innenumsatz empfangende und nicht zum Vorsteuerabzug berechtigte Mitglied der Mehrwertsteuergruppe jedoch in Wirklichkeit dafür entscheiden, die Lieferung von Gegenständen oder die Dienstleistung, die es von den Mitgliedern dieser Gruppe erhält, im Rahmen einer unternehmensinternen Organisationseinheit zu „internalisieren", sodass dieser Vorgang jedenfalls aus mehrwertsteuerrechtlicher Sicht zum selben Ergebnis führen würde. Im vorliegenden Fall könne zB das Krankenhaus, um das es im Ausgangsverfahren geht, die Reinigungsdienste auch durch eine interne Einheit ausführen lassen, statt sie an eine juristische Einheit „auszulagern", die Teil der Mehrwertsteuergruppe ist. Aus mehrwertsteuerlicher Sicht würde das, so der Generalanwalt, nichts ändern. Für dieses Krankenhaus bestünde jedoch ein Anreiz, sich eher für diese Lösung zu entscheiden, um die Mehrwertsteuer nicht entrichten zu müssen, wenn es keinen Mechanismus für eine Mehrwertsteuergruppe ohne Besteuerung der Innenleistungen gäbe. Allerdings wäre in einem solchen Fall die vom Generalanwalt erwähnte steuerliche „Organisationsneutralität" nicht gewährleistet.

**6599** Mit Urteil vom 11.7.2024[119] bestätigte der EuGH die Nichtsteuerbarkeit der Innenleistungen zwischen den Beteiligten einer umsatzsteuerrechtlichen Organschaft. Konkret urteilte er, dass

*„Art. 2 Nr. 1 und Art. 4 Abs. 4 Unterabs. 2 der Sechsten Richtlinie 77/388/EWG des Rates vom 17. Mai 1977 zur Harmonisierung der Rechtsvorschriften der Mitgliedstaaten über die Umsatzsteuern – Gemeinsames Mehrwertsteuersystem: einheitliche steuerpflichtige Bemessungsgrundlage sind dahin auszulegen [ist], dass*

*gegen Entgelt erbrachte Leistungen zwischen Personen, die ein und derselben Mehrwertsteuergruppe angehören, die aus rechtlich selbständigen, aber durch gegenseitige finanzielle, wirtschaftliche und organisatorische Beziehungen eng miteinander verbundenen Personen besteht und von einem Mitgliedstaat als einzige Steuerpflichtige bestimmt wird, selbst dann nicht der Mehrwertsteuer unterliegen, wenn die vom Empfänger dieser Leistungen geschuldete oder entrichtete Mehrwertsteuer nicht als Vorsteuer abgezogen werden darf."*

**6600** Somit bestätigt der EuGH, dass Innenleistungen zwischen den Beteiligten eines Organkreises nicht steuerbar sind, auch wenn einige Beteiligte nicht oder nicht vollständig

[119] EUGH 11.7.2024 – C-184/23, DStR 2024, 1600 – Finanzamt T II.

vorsteuerabzugsberechtigt sind. Dem Wortlaut der MwStSystRL und seiner bisherigen Rechtsprechung folgend, wonach die Mitglieder einer Organschaft einen *einzigen Steuerpflichtigen* (ein Unternehmen) bilden, sind die Leistungen innerhalb dieses Unternehmens keine steuerbaren Leistungen. Es fehlt am Leistungsaustausch. Bereits der Generalanwalt verwies auf die Leitlinie des Mehrwertsteuerausschusses sowie eine Mitteilung der Kommission (s.o.), welche dieses Ergebnis untermauern. Das seitens des BFH im Vorlageverfahren benannte Urteil v. 1.12.2022, Norddeutsche Gesellschaft für Diakonie (s.o.)[120] hat diesen Aspekt nicht behandelt und daher sei auch kein Zweifel gegeben, dass Leistungen innerhalb eines Unternehmens nicht steuerbar seien. Außerdem – so der EuGH – ergibt sich, dass die Mitgliedstaaten, welche vom Wahlrecht der Mehrtwertsteuergruppe (Organschaft) Gebrauch gemacht haben, dass die unionsrechtliche Vorgabe für die nationale Regelung erfordert, dass Einheiten, zwischen denen solche Beziehungen bestehen, dass eine Mehrwertsteuergruppe (Organschaft) entsteht, es gestattet, die Beteiligten nicht mehr als getrennte Mehrwertsteuerpflichtige (Unternehmer), sondern zusammen als ein Steuerpflichtiger zu behandeln. Wenn ein Mitgliedstaat von dieser Bestimmung Gebrauch macht, können die untergeordnete Einheit(en) (Organgesellschaften) nicht als selbständige Steuerpflichtige (Unternehmer) gelten.[121]

Wenn der Organkreis als Unternehmen des Organträgers ein Steuerpflichtiger (ein Unternehmer) ist, so besteht auch keine *Gefahr des Steuerverlustes* bei nicht vorsteuerabzugsberechtigten Gliedern der Organschaft, da – so der EuGH – der Vorsteuerabzug in Gänze nur dem Organkreis (der Mehrwertsteuergruppe) und nicht seinen Gliedern (Organgesellschaften) zusteht. Die Entscheidung betont einmal mehr, dass der Organkreis der Steuerpflichtige (Unternehmer) ist. Die nationale Regelung, wonach der Organträger der Unternehmer ist, ist zwar vom EuGH als möglich erachtet worden aber nicht der Regelfall (seiner Rechtsprechung, in welcher die Mehrwertsteuergruppe selbst und nicht ein Beteiligter der Gruppe der Steuerpflichtige (Unternehmer) ist). **6601**

Auch wenn die EuGH-Entscheidung die Nichtsteuerbarkeit der Innenleistungen bestätigt und damit an der bisherigen Praxis in Deutschland nicht rüttelt, so waren nach der Folgeentscheidung des BFH auch Entscheidungen über Abgrenzungsthemen zum nichtunternehmerischen (nicht-wirtschaftlichen Bereich im engeren Sinne oder unternehmensfremden Bereich) zu erwarten. Diese Erwartungen wurden nicht erfüllt. **6602**

Der BFH[122] entschied, dass wenn eine Organgesellschaft Leistungen gegen Entgelt an den Organträger erbringt, die Nichtsteuerbarkeit das (Leisten gegen) Entgelt nicht entfallen lässt, so dass es mangels Unentgeltlichkeit nicht zu einer Entnahmebesteuerung nach § 3 Abs. 9a Nr. 2 UStG beim Organträger kommt (insoweit Aufgabe des BFH-Urteils v. 20.8.2009[123]). **6603**

Können selbst Nichtunternehmer zu den Personen des Organkreises (iSv Art. 4 Abs. 4 Unterabs. 2 der Sechsten EG-RL, jetzt Art. 11 MwStSystRL) gehören, lassen sich nach dem BFH-Urteil die Wirkungen der Organschaft – wie etwa eine Nichtsteuerbarkeit von Innenumsätzen – nicht auf Leistungen beschränken, die der Organträger für unternehmerische Zwecke verwendet. Umfasst sind daher, wie im Streitfall, auch die Verwendung von Leistungen für den „hoheitlichen Bereich". Über eine „partielle Selbständigkeit" der Organgesellschaft und eine sich hieraus für diese ergebende Steuerschuldnerschaft wäre in einem die Organgesellschaft betreffenden Festsetzungsverfahren zu entscheiden (hier: vorliegend handelte es sich um ein Verfahren in Bezug auf die Organträgerin). Im Streitfall war nicht zu entscheiden, welche Rechtsfolgen eintreten, wenn der Organträger entgeltliche Leistungen an die Organgesellschaft erbringt, die diese für Zwecke verwendet, die

[120] EuGH 1.12.2022 – C-141/20, DStR 2022, 2481 – Norddeutsche Gesellschaft für Diakonie.

[121] Vgl. idS EuGH 22.5.2008 – C-162/07, DStRE 2008, 902 Rn. 19 – Ampliscientifica und Amplifin; 1.12.2022 – C-141/20, EU:C:2022:943 Rn. 45 – Norddeutsche Gesellschaft für Diakonie; 1.12.2022 – C-269/20, EU:C:2022:944 Rn. 39 – Finanzamt T [Leistungen innerhalb einer Mehrwertsteuergruppe].

[122] BFH 29.8.2024 – V R 14/24 (V R 20/22; V R 40/19), DStR 2024, 2760.

[123] BFH 20.8.2009 – V R 30/06, BStBl. II 2010, 863.

außerhalb ihres Unternehmens liegen. Im Streitfall war seitens des BFH wegen des Fehlens einer unentgeltlichen Leistung weder auf die am EuGH-Urteil v. 1.12.2022[124] geübte Kritik einzugehen, noch auf den Vortrag des FA, eine Entnahmebesteuerung sei aus Gründen der Gleichbehandlung vorzunehmen. Für den BFH war aufgrund der vom FG getroffenen Feststellungen davon auszugehen, dass sämtliche Leistungen der Organgesellschaft als nichtsteuerbare Innenumsätze der Organschaft betrachtet wurden, Ausgangsleistungen an Dritte nicht vorlagen und für von der Organgesellschaft bezogene Eingangsleistungen kein Recht auf Vorsteuerabzug geltend gemacht wurde.

**6604–6612** *(einstweilen frei)*

### V. Leistungen von Personenzusammenschlüssen an ihre Mitglieder, Leistungen eines Personenzusammenschlusses an einen Organkreis

**6613** Der EuGH musste aufgrund eines Vorabentscheidungsersuchens Kaplan International Colleges UK (KIC)[125] über den Anwendungsbereich von Art. 132 Abs. 1 Buchst. f MwStSystRL (Steuerbefreiung für Leistungen von Personenzusammenschlüssen an ihre Mitglieder für Zwecke deren steuerfreier Tätigkeiten) entscheiden. Im Wesentlichen fragte das vorlegende Gericht den EuGH, ob die Steuerbefreiung auch auf grenzüberschreitende Sachverhalte anwendbar ist und – bejahendenfalls – wie das nationale Gericht das Vorliegen einer Wettbewerbsverzerrung zu prüfen habe. Auch fragte das Gericht nach dem Zusammenspiel zwischen den Personenzusammenschlüssen und den Regelungen zur Organschaft.

**6614** Die Klägerin (KIC) hatte mehrere Tochtergesellschaften im Vereinigten Königreich (VK), die jeweils ein College betrieben. Die Leistungen der Colleges waren – unstreitig – als Bildungsleistungen umsatzsteuerfrei. Die Studierenden kamen überwiegend aus Asien. Sie wurden rekrutiert über ein Netzwerk von Agenten, die für die Vermittlung eine Provision erhielten. Bis 2014 schlossen die Agenten die Verträge mit der Niederlassung der Klägerin im VK. Bis dahin unterlagen die Leistungen der Agenten dem Reverse-Charge-Verfahren mit der Folge, dass die MwSt von der Klägerin im VK zu entrichten war.

**6615** Ende 2014 errichtete die Unternehmensgruppe der Klägerin eine neue Gesellschaft (KPS) mit Sitz in Hongkong (= Drittland), die seitdem Vertragspartner der Agenten war. Es war unstreitig, dass die Errichtung der KPS in Hongkong aus betriebswirtschaftlicher Sicht gerechtfertigt war und keine missbräuchliche Gestaltung darstellte. KPS erbrachte seitdem Dienstleistungen an die KIC und ihre Tochtergesellschaften, die entsprechend Art. 132 Abs. 1 Buchst. f MwStSystRL als steuerfrei behandelt wurden.

**6616** Die Klägerin war der Auffassung, die Steuerbefreiung nach Art. 132 Abs. 1 Buchst. f MwStSystRL sei auf grenzüberschreitende Sachverhalte anwendbar. Sie könne zur Anwendung kommen, wenn der Personenzusammenschluss seinen Sitz in einem EU-Mitgliedstaat habe und seine Mitglieder in einem anderen Mitgliedstaat oder in mehreren Mitgliedstaaten ansässig seien. Sie könne auch dann zur Anwendung kommen (wie im Fall von KIC), wenn der Personenzusammenschluss seinen Sitz in einem Drittland habe und die Mitglieder in einem EU-Mitgliedstaat (oder in mehreren Mitgliedstaaten) ansässig seien. Diese Argumentation finde in den Arbeitsunterlagen 450, 654, 856 und 883 des MwSt-Ausschusses eine Stütze. Generalanwältin Kokott habe in den Rechtssachen Aviva (C-605/15)[126] und DNB Banka (C-326/15)[127] die Ansicht vertreten, dass die Steuerbefreiung gem. Art. 132 Abs: 1 Buchst. f MwStSystRL nur dann anwendbar sein könne, wenn sowohl der Personenzusammenschluss als auch seine Mitglieder in demselben EU-Mitgliedstaat ansässig seien, doch sei der EuGH diesem Standpunkt in keiner der beiden Rechtssachen gefolgt. Wie die Generalanwältin selbst eingeräumt habe, sehe der Wortlaut des Art. 132 Abs. 1 Buchst. f MwStSystRL keine Einschränkung vor, wonach sowohl der Personenzusammenschluss als

[124] EuGH 1.12.2022 – C-269/20, DStR 2022, 2488 – Finanzamt T.
[125] EuGH 18.11.2020 – C-77/19, MwStR 2021, 110 – Kaplan International Colleges UK.
[126] EuGH 21.9.2017 – C-605/15, MwStR 2017, 826 – Aviva.
[127] EuGH 21.9.2017 – C-326/15, MwStR 2017, 823 – DNB Banka.

auch seine Mitglieder in einem einzigen Mitgliedstaat ansässig sein müssten, während dies im Wortlaut anderer Bestimmungen der MwStSystRL, die einen beschränkten räumlichen Geltungsbereich hätten (wie Art. 11 MwStSystRL – Organschaft), ausdrücklich angegeben sei. Eine Beschränkung der Steuerbefreiung auf Personenzusammenschlüsse und Mitglieder, die alle in demselben Mitgliedstaat ansässig seien, stünde im Widerspruch zu den Grundfreiheiten (betreffend grenzüberschreitende Leistungen zwischen den Mitgliedstaaten). Es widerspräche auch dem Zweck der Befreiung (sowohl bei grenzüberschreitenden Leistungen unter Beteiligung in Mitgliedstaaten und in Drittländern ansässiger Personenzusammenschlüsse, die sicherstellen solle, dass von einem Personenzusammenschluss erbrachte Dienstleistungen von der MwSt befreit seien, wenn die Erbringung dieser Dienstleistungen unmittelbar zur Ausübung der dem Gemeinwohl dienenden Tätigkeiten seiner Mitglieder beitrage[128].

Die britische Steuerbehörde (vor BREXIT) war der Auffassung, dass die Steuerbefreiung keine Anwendung findet. Sie bezog sich ebenfalls auf die Argumentation von Generalanwältin Kokott in den Schlussanträgen in den Rechtssachen C-326/15 (DNB Banka)[129] und Aviva (C-605/15).[130] **6617**

Der EuGH hat im Urteil Kaplan International Colleges UK[131], nur die 3. und 4. Vorlagefrage beantwortet. Nach der Entscheidung kommt die Steuerbefreiung nach Art. 132 Abs. 1 Buchst. f MwStSystRL nicht auf Dienstleistungen zur Anwendung, die von einem Personenzusammenschluss an einen Organkreis iSv Art. 11 MwStSystRL erbracht werden, wenn nicht alle Mitglieder des Organkreises auch zugleich Mitglieder des Personenzusammenschlusses sind. Das Bestehen von Bestimmungen des nationalen Rechts, nach denen das vertretungsberechtigte Mitglied des Organkreises für die Zwecke der Anwendung der Steuerbefreiung der Leistungen eines Personenzusammenschlusses die Merkmale und den Status der Mitglieder des Personenzusammenschlusses besitzt, ist insoweit ohne Belang. **6618**

Das Urteil hat für das deutsche Recht insbesondere vor dem Hintergrund der mit dem „Gesetz zur weiteren steuerlichen Förderung der Elektromobilität und zur Änderung weiterer steuerlicher Vorschriften“[132] mit Wirkung v. 1.1.2020 eingeführten Neuregelung einer Steuerbefreiung von Personenzusammenschlüssen (§ 4 Nr. 29 UStG[133]) besondere Bedeutung. Die Regelung sieht auch – zurückgehend auf die Argumentation von Generalanwältin Kokott in den Schlussanträgen in den Rechtssachen C-326/15 (DNB Banka)[134] und Aviva (C-605/15) – eine Beschränkung auf inländische Zusammenschlüsse für Leistungen an ihre inländischen Mitglieder vor. Hierauf ist der EuGH vorliegend jedoch nicht eingegangen. Die Entscheidung des EuGHs zum Anwendungsbereich der Steuerbefreiung für Personenzusammenschlüsse bei Leistungen an einen Organkreis ist eine neue Erkenntnis und nachvollziehbar. Die Mitglieder des Organkreises müssen auch sämtlich Mitglieder des Personenzusammenschlusses sein. Ansonsten ist eine Steuerbefreiung für Leistungen eines Personenzusammenschlusses an einen Organkreis nicht möglich. Zwar steht dieser Ausschluss der Steuerbefreiung nicht der Entscheidung des EuGHs in der Sache Infohos[135] entgegen. Danach ist es für die Anwendbarkeit der Steuerbefreiung nicht erforderlich, dass die betreffenden Dienstleistungen eines Personenzusammenschlusses ausschließlich den Mitgliedern Zusammenschlusses angeboten werden. Zum anderen können jedoch Dienstleistungen, die an Personen erbracht werden, die nicht Mitglieder des Zusammenschlusses **6619**

[128] Vgl. EuGH-Urteile in den Rechtssachen Aviva (EuGH 21.9.2017 – C-605/15, MwStR 2017, 826), Rn. 28 und 29, und DNB Banka (EuGH 21.9.2017 – C-326/15, MwStR 2017, 823), Rn. 33 und 34.
[129] EuGH 21.9.2017 – C-326/15, MwStR 2017, 823 – DNB Banka.
[130] EuGH 21.9.2017 – C-605/15, MwStR 2017, 826 – Aviva.
[131] EuGH 18.11.2020 – C-77/19, MwStR 2021, 110 – Kaplan International Colleges UK.
[132] v. 12.12.2019, BGBl. I 2019, 2451, vormals „JStG 2019“.
[133] Zur unmittelbaren Anwendung der unionsrechtlichen Grundlage in Art. 132 Abs. 1 MwStSystRL siehe BFH 4.9.2024 – XI R 37/21, DStR 2025, 43 mit Anm. Kirchinger UStB 2025, 52.
[134] EuGH 21.9.2017 – C-326/15, MwStR 2017, 823 – DNB Banka.
[135] EuGH 20.11.2019 – C-400/18, MwStR 2020, 76 – Infohos.

sind, nicht unter Art. 132 Abs. 1 Buchst. f fallen. Wenn jedoch wie im Ausgangsverfahren die von einem Personenzusammenschluss zugunsten einer Organgesellschaft für die Zwecke der MwSt nicht als zugunsten dieser Gesellschaft, sondern als zugunsten des Organkreises (bzw. des Organträgers), dem die Organgesellschaft angehört, erbracht anzusehen sind, besteht nach Auffassung des EuGH (zutreffend) die Gefahr, dass der Umfang der in Art. 132 Abs. 1 Buchst. f MwStSystRL geregelten Steuerbefreiung erweitert wird, sofern nicht alle Mitglieder der Organschaft auch Mitglieder des Personenzusammenschlusses sind.

**6620–6629** *(einstweilen frei)*

## C. Anforderungen an den Organträger

### I. Organträger als einziger Steuerpflichtiger

**6630** Art. 11 MwStSystRL gestattet es den Mitgliedstaaten eine Mehrwertsteuergruppe (im nationalen Recht Organschaft) zu etablieren, die aus mehreren Steuerpflichtigen (im nationalen Recht Unternehmern) einen Steuerpflichtigen macht, der anstelle der mehreren Steuerpflichtigen die Steuer schuldet. Demnach ist die Mehrwertsteuergruppe der neue Steuerpflichtige.[136] Nach § 2 Abs. 2 Nr. 2 UStG ist hingegen der Organträger als „Obergesellschaft" der Steuerpflichtige und die Organgesellschaften werden unselbständige Teile seines Unternehmens (Organkreis). Im nationalen Recht wird somit nicht die Organschaft (Mehrwersteuergruppe) neben den Beteiligten (Organträger und Organgesellschaften) ein eigenständiger (fiktiver) Unternehmer (Steuerpflichtiger). Die Unionrechtskonformität diese Regelung war angesichts divergierender Aussagen in der EuGH-Rechtsprechung lange umstritten[137] (siehe dazu → Rn. 6545 ff.). Im Ergebnis (zur Entscheidung siehe → Rn. 6551 ff.) darf Deutschland – abweichend vom Grundsatz der Mehrwertsteuergruppe als Steuerpflichtigen – den Organträger zum einzigen Steuerpflichtigen (Unternehmer) einer Mehrwertsteuergruppe (Organschaft) bestimmen, wenn dieser Organträger in der Lage ist, seinen Willen bei den anderen Mitgliedern der Organschaft durchzusetzen und unter der Voraussetzung, dass diese Bestimmung des Organträgers als Steuerpflichtigen des Organkreises nicht zur Gefahr von Steuerverlusten führt.[138] Demzufolge darf in Deutschland der Organträger als einziger Steuerpflichtiger (Unternehmer) des Organkreises behandelt werden und unionsrechtskonform sind die Organgesellschaften unselbständige Teiles seines Unternehmens.[139]

**6631–6640** *(einstweilen frei)*

### II. Unternehmereigenschaft

**6641** Unabhängig von der Tatsache, dass bei Vorliegen der Organschaft nur ein Unternehmen iSd Umsatzsteuerrechts vorliegt, muss zur Begründung einer umsatzsteuerlichen Organschaft der Organträger (aber auch die Organgesellschaft) Unternehmer iSd § 2 Abs. 1 UStG sein[140], dh selbständig (im eigenen Namen auf eigene Rechnung handelnd), mit Einnahmeerzielungsabsicht, einer nachhaltigen Tätigkeit nachgehend, die auf die Erbringung von

[136] Vgl. auch Bunjes/Korn UStG § 2 Rn. 171 mwN.

[137] Vgl. EuGH-Vorlage BFH 18.12023 – XI R 29/22 (XI R 16/18), BFHE 279, 320 – zustimmend BFH 12.1.2023 – V ER S 1/23, NV; BFH 11.12.2019 – XI R 16/18, DStR 2020, 645; BFH 26.1.2023 – V R 40/19, DStR 2020, 1367.

[138] Siehe → Rn. 6545 ff. mit Verweis auf EuGH C-141/20 (EuGH 1.12.2022 – C-141/20, DStR 2022, 2481 – Norddeutsche Gesellschaft für Diakonie) und C-269/20 (EuGH 1.12.2022 – C-269/20, DStR 2022, 2488 – S/FA T). Entgegen den Schlussanträgen von GAin Medina (C-141/20, MwStR 2022, 152 mAnm Korf MwStR 2022, 161 – S/FA T); vgl. auch Kurzenberger/Klinker MwStR 2022, 137; Wäger UR 2022, 157.

[139] Vgl. auch BFH 18.1.2023 – XI R 29/22 (XI R 16/18), DStR 2023, 638; Brinkmann/Walter-Yadegardjam DStR 2023, 65; Sterzinger MwStR 2023, 42.

[140] Vgl. BFH 10.8.2016 – XI R 41/14, BStBl. II 2017, 590.

Leistungen im Leistungsaustausch gerichtet ist. Eine nichtunternehmerische Holding kann – auch wenn es abweichende EuGH Ansichten[141] dazu gibt – daher im nationalen Recht nicht Organträgerin sein.[142] Es genügt zudem weder ein Ergebnisabführungsvertrag mit einer unternehmerisch tätigen Organgesellschaft, um den Unternehmerstatus des Organträgers zu begründen (Streichung dieses Passus schon im Rahmen der UStR 2000), noch kann die unternehmerische Tätigkeit einer Organgesellschaft einem nichtunternehmerisch tätigen Organträger in anderer Weise zugerechnet werden.[143] Die die Unternehmereigenschaft des Organträgers begründenden entgeltlichen Leistungen können auch gegenüber einer Gesellschaft erbracht werden, mit der als Folge dieser Leistungstätigkeit eine organschaftliche Verbindung besteht.[144] Beruht die wirtschaftliche Eingliederung einer Organgesellschaft auf Leistungen des Organträgers gegenüber seiner Organgesellschaft, müssen jedoch entgeltliche Leistungen des Organträgers vorliegen, denen für das Unternehmen der Organgesellschaft mehr als nur unwesentliche Bedeutung zukommt.[145] Hieran fehlt es bei der Vermietung von ohne weiteres austauschbaren Büroräumen.[146]

Die Unternehmereigenschaft des Organträgers erfordert nicht, dass diese Außenumsätze gegenüber Dritten ausführt. Es reichen Leistungen an Organgesellschaften, welche wiederum aufgrund dieser Leistungen wirtschaftlich eingegliedert sind.[147] **6642**

Hinsichtlich der Rechtsform gibt es beim Organträger keine Voraussetzung.[148] Organträger können natürliche Personen, juristische Personen oder Personengesellschaften/-vereinigungen sein. Lediglich Unternehmereigenschaft nach § 2 Abs. 1 UStG muss der Organträger innehaben. Seit Änderung des § 2 Abs. 1 S. 1 2. Hs. UStG zum 1.1.2023[149] *(„unabhängig davon, ob er nach anderen Vorschriften rechtsfähig ist.“)* ist auch die Bruchteilsgemeinschaft (deren Unternehmerfähig aufgrund mangelnder Rechtsfähigkeit von der Rechtsprechung verneint wurde[150]) fähig Organträger zu sein. **6643**

Eine Mehrmütterorganschaft ist im nationalen Umsatzsteuerrecht nicht möglich.[151] **6644**

*(einstweilen frei)* **6645–6654**

## III. Juristische Personen des öffentlichen Rechts

Auch eine juristische Person des öffentlichen Rechts kann Organträger sein, wenn und soweit sie unternehmerisch tätig ist. Die Eigenschaft als Unternehmer kann sie durch eine bloße Beteiligung durch eine unentgeltliche Tätigkeit und durch die Tätigkeit der mit ihr verbundenen Gesellschaften nicht erlangen. Die die Unternehmereigenschaft begründenden entgeltlichen Leistungen der juristischen Person des öffentlichen Rechts können auch an eine Gesellschaft erbracht werden, mit der als Folge dieser Leistungstätigkeit eine enge finanzielle, organisatorische und wirtschaftliche (organschaftliche) Verbindung besteht.[152] Auch juristische Personen des öffentlichen Rechts können Unternehmer iSd Umsatzsteuer- **6655**

[141] Vgl. EuGH 9.4.2013 – C-85/11, DStR 2013, 806 – Kommission/Irland; Streit UStB 2013, 295; Slapio UR 2013, 407; Grünwald MwStR 2023, 328.
[142] Vgl. EuGH 20.6.1991 – C-60/90, BeckRS 2004, 77614 – Polsar; BFH 12.10.2016 – XI R 30/14, BStBl. II 2017, 597.
[143] Vgl. Forster/Trejo UStB 2010, 16.
[144] Vgl. UStAE 2.8 Abs. 2 S. 34 unter Hinweis auf BFH 9.10.2002 – V R 64/99, BStBl. II 2003, 375.
[145] Vgl. UStAE 2.8 Abs. 6 S. 5 unter Hinweis auf BFH 18.6.2009 – V R 4/08, BStBl. II 2010, 310 und BFH 6.5.2010 – V R 26/09, BStBl. II 2010, 1114.
[146] Vgl. UStAE 2.8 Abs. 6 S. 6 unter Hinweis auf BFH 1.2.2022 – V R 23/21, BStBl. II 2023, 148.
[147] Ebenso Offerhaus/Söhn/Lange UStG § 2 Rn. 175.
[148] Vgl. auch Sölch/Ringleb/Treiber UStG § 2 Rn. 151.
[149] Vgl. 20.12.2022, BGBl. 2022 I 2294; dazu Sterzinger UR 2023, 5 (7); kritisch Wäger UR 2023, 45 (63).
[150] So bislang BFH 6.9.2007 – V R 41/05, BStBl. II 2008, 65; BFH 22.11.2007 – V R 5/06, BStBl. II 2008, 448; BFH 22.11.2018 – V R 65/17, DStR 2019, 265 (Änderung der Rspr.); dazu Rau/Dürrwächter/Nieskens UStG § 13a Rn. 104.
[151] Vgl. BFH 30.4.2009 – V R 3/08, BStBl. II 2013, 873; BFH 2.12.2015 – V R 36/13, BStBl. II 2017, 563; BFH 18.1.2023 – XI R 29/22, DStR 2023, 638.
[152] Vgl. BFH 9.10.2002 – V R 64/99, BStBl. II 2003, 375.

rechts (§ 2 UStG) mit allen damit verbundenen steuerlichen Erklärungs- und Aufzeichnungspflichten, aber auch dem Recht auf Vorsteuerabzug bei bezogenen Eingangsleistungen sein. § 2 Abs. 1 UStG definiert den umsatzsteuerlichen Unternehmer als jeden, der eine gewerbliche oder berufliche Tätigkeit selbständig ausübt. Das Unternehmen umfasst die gesamte gewerbliche oder berufliche Tätigkeit des Unternehmers. Gewerblich oder beruflich ist jede nachhaltige Tätigkeit zur Erzielung von Einnahmen, auch wenn die Absicht, Gewinn zu erzielen, fehlt oder eine Personenvereinigung nur gegenüber ihren Mitgliedern tätig wird. Unternehmer iSd UStG ist somit grds. jedes selbständig tätige Wirtschaftsgebilde, das nachhaltig Leistungen gegen Entgelt ausführt[153] oder die durch objektive Anhaltspunkte belegte Absicht hat, eine unternehmerische Tätigkeit gegen Entgelt und selbständig auszuüben und erste Investitionsausgaben für diesen Zweck tätigt.[154] Dabei kommt es weder auf die Rechtsform noch auf die Rechtsfähigkeit des Leistenden an.[155] Eine selbständige Tätigkeit liegt vor, wenn sie auf eigene Rechnung und auf eigene Verantwortung ausgeübt wird. Der Begriff der gewerblichen oder beruflichen Tätigkeit iSd UStG geht über den Begriff des Gewerbebetriebes nach dem EStG und dem GewStG hinaus[156]. Eine gewerbliche oder berufliche Tätigkeit setzt voraus, dass Leistungen im wirtschaftlichen Sinn ausgeführt werden. Betätigungen, die sich nur als Leistungen im Rechtssinn, nicht aber zugleich auch als Leistungen im wirtschaftlichen Sinne darstellen, werden von der Umsatzsteuer nicht erfasst.

**6656** Von der gewerblichen oder beruflichen Tätigkeit sind die nichtunternehmerischen Tätigkeiten zu unterscheiden. Diese Tätigkeiten umfassen die nichtwirtschaftlichen Tätigkeiten im engeren Sinne (nichtwirtschaftliche Tätigkeiten ieS) und die unternehmensfremden Tätigkeiten. Als unternehmensfremde Tätigkeiten gelten Entnahmen für den privaten Bedarf des Unternehmers als natürliche Person, für den privaten Bedarf seines Personals oder für private Zwecke des Gesellschafters.[157] Nichtwirtschaftliche Tätigkeiten ieS sind alle nichtunternehmerischen Tätigkeiten, die nicht unternehmensfremd (privat) sind, zB hoheitliche Tätigkeiten juristischer Personen des öffentlichen Rechts.[158]

**6657** Derzeit (dh zunächst in der Zeit bis 31.12.2024 (aufgrund Verlängerung durch das Jahressteuergesetz 2024 nunmehr bis 31.12.2026) nur aufgrund der Option gem. § 27 Abs. 22 bzw. Abs. 22a UStG zur Anwendung der Vorschrift durch die jeweilige öffentliche Einrichtung) sieht § 2 Abs. 3 UStG vor, dass juristische Personen des öffentlichen Rechts nur im Rahmen ihrer Betriebe gewerblicher Art iSd KStG und ihrer land- und forstwirtschaftlichen Betriebe der Steuerpflicht unterliegen. Juristische Personen des öffentlichen Rechts iSv § 2 Abs. 3 UStG sind insbesondere die Gebietskörperschaften (Bund, Länder, Gemeinden, Gemeindeverbände, Zweckverbände), die öffentlich-rechtlichen Religionsgemeinschaften, die Innungen, Handwerkskammern, Industrie- und Handelskammern und sonstige Gebilde, die auf Grund öffentlichen Rechts eigene Rechtspersönlichkeit besitzen. Dazu gehören neben Körperschaften auch Anstalten und Stiftungen des öffentlichen Rechts, zB Rundfunkanstalten des öffentlichen Rechts. Unter bestimmten Voraussetzungen können auch kirchliche Orden juristische Personen des öffentlichen Rechts sein.[159] Die Gesamtheit aller Betriebe gewerblicher Art iSv § 1 Abs. 1 Nr. 6, § 4 KStG und aller land- und forstwirtschaftlichen Betriebe stellt das Unternehmen der juristischen Person des öffentlichen Rechts dar.[160] Das Unternehmen erstreckt sich auch auf die Tätigkeitsbereiche, die nach § 2 Abs. 3 S. 2 UStG als unternehmerische Tätigkeiten gelten. Nur die in diesen Betrieben und Tätigkeitsbereichen ausgeführten Umsätze unterliegen der Umsatzsteuer.

---

[153] Vgl. BFH 4.7.1956 – V 56/55 U, BStBl. III 1956, 275.
[154] Vgl. BFH 22.2.2001 – V R 77/96, BStBl. II 2003, 426, und 8.3.2001 – V R 24/98, BStBl. II 2003, 430.
[155] Vgl. BFH 21.4.1994 – V R 105/91, BStBl. II 1994, 671.
[156] Vgl. BFH 5.9.1963 – V 117/60 U, BStBl. III 1963, 520.
[157] Vgl. BFH 3.3.2011 – V R 23/10, BStBl. II 2012, 74 und BFH 12.1.2011 – XI R 9/08, BStBl. II 2012, 58.
[158] Vgl. BFH 3.3.2011 – V R 23/10, BStBl. II 2012, 74.
[159] Vgl. BFH 8.7.1971 – V R 1/68, BStBl. II 1972, 70.
[160] Vgl. BFH 18.8.1988 – V R 194/83, BStBl. II 1988, 932.

Andere Leistungen sind nicht umsatzsteuerbar, auch wenn sie nicht in Ausübung öffentlicher Gewalt bewirkt werden, es sei denn, die Behandlung als nichtsteuerbar würde zu größeren Wettbewerbsverzerrungen führen.[161]

Nach dem ab 1.1.2025 zwingend (mit Ausnahme der Option gem. § 28 Abs. 22 bzw. Abs. 22a UStG) anzuwendenden § 2b Abs. 1 S. 1 UStG gelten, vorbehaltlich von § 2b Abs. 4 UStG, juristische Personen des öffentlichen Rechts nicht als Unternehmer iSd § 2 UStG, soweit sie Tätigkeiten ausüben, die ihnen im Rahmen der öffentlichen Gewalt obliegen, auch wenn sie im Zusammenhang mit diesen Tätigkeiten Zölle, Gebühren, Beiträge oder sonstige Abgaben erheben. Nach § 2b Abs. 1 S. 2 UStG gilt § 2b Abs. 1 S. 1 UStG nicht, sofern eine Behandlung als Nichtunternehmer zu größeren Wettbewerbsverzerrungen führen würde. § 2b Abs. 1 UStG entspricht damit im Wesentlichen dem Wortlaut des Art. 13 MwStSystRL. Danach werden Tätigkeiten einer juristischen Person des öffentlichen Rechts, die dieser im Rahmen der öffentlichen Gewalt obliegen, nicht unternehmerisch ausgeübt. Die entsprechenden Umsätze unterliegen grundsätzlich nicht der USt. Als Tätigkeiten, die einer juristischen Person des öffentlichen Rechts im Rahmen der öffentlichen Gewalt obliegen, kommen nur solche in Betracht, bei denen die Einrichtung im Rahmen einer öffentlich-rechtlichen Sonderregelung tätig wird (zB aufgrund eines Gesetzes durch Verwaltungsakt, auf Grundlage eines Staatsvertrags oder auf Grundlage besonderer kirchenrechtlicher Regelungen). Führt die Nichtbesteuerung dieser Leistungen jedoch zu größeren Wettbewerbsverzerrungen, ist abweichend vom allgemeinen Grundsatz eine Umsatzbesteuerung vorzunehmen. Erbringt eine juristische Person des öffentlichen Rechts dagegen Leistungen auf privatrechtlicher Grundlage und damit unter den gleichen rechtlichen Bedingungen wie private Wirtschaftsteilnehmer, werden diese Tätigkeiten nicht von § 2b UStG erfasst; diese Leistungen unterliegen stets der Umsatzsteuer. **6658**

Juristische Personen des öffentlichen Rechts (jPöR) iSd § 2b Abs. 1 S. 1 UStG sind insbesondere die Gebietskörperschaften (Bund, Länder, Gemeinden, Gemeindeverbände, Zweckverbände), die öffentlich-rechtlichen Religionsgemeinschaften, die Innungen, Handwerkskammern, Industrie- und Handelskammern und sonstige Gebilde, die auf Grund öffentlichen Rechts eigene Rechtspersönlichkeit besitzen. Dazu gehören neben Körperschaften auch Anstalten und Stiftungen des öffentlichen Rechts, zB Kirchen, Rundfunkanstalten des öffentlichen Rechts. Auf ausländische jPöR ist die Vorschrift des § 2b UStG analog anzuwenden. Ob eine solche Einrichtung eine jPöR ist, ist grundsätzlich nach deutschem Recht zu beurteilen. Das schließt jedoch nicht aus, dass für die Bestimmung öffentlich-rechtlicher Begriffe die ausländischen Rechtssätze mit herangezogen werden.[162] **6659**

Eine gesetzlich vorgeschriebene öffentlich-rechtliche Handlungsform kann nicht mit steuerlicher Wirkung durch eine privatrechtliche Form ersetzt werden und umgekehrt. Wurde ohne rechtliche Grundlage die Form eines öffentlichen Vertrages gewählt, liegt kein Handeln im Rahmen der öffentlichen Gewalt vor. Wurde ohne rechtliche Grundlage die Form eines Privatvertrags gewählt, führt dies ebenso nicht zur Umsatzsteuerbarkeit der vereinbarten Leistungen, wenn diese nur im Rahmen öffentlicher Gewalt möglich sind. Wenn die juristische Person des öffentlichen Rechts die Wahl hat, auf welcher Grundlage sie eine bestimmte Tätigkeit entfaltet, ist die getroffene Wahl für die umsatzsteuerliche Behandlung ausschlaggebend. In der Regel handeln juristische Personen des öffentlichen Rechts auf Grundlage der eigens für sie geltenden öffentlichen Sonderregelungen. Manchmal können sie jedoch nur auf privatrechtlicher Grundlage tätig werden (zB bei der Vermietung von Wohnungen, bei dem Betrieb einer Cafeteria, bei der Überlassung von Werbeflächen oder bei Grundstücksverkäufen außerhalb der staatlichen Boden- und Siedlungspolitik). Darüber hinaus haben Juristische Personen des öffentlichen Rechts insbesondere im Bereich der Leistungsverwaltung (zB bei dem Betrieb von kommunalen Schwimmbädern, bei der Veranstaltung von öffentlichen Wo- **6660**

161 Vgl. BFH 11.6.1997 – XI R 33/94, BStBl. II 1999, 418.
162 Vgl. sinngemäß UStAE 2.11 Abs. 1.

chenmärkten, bei der Überlassung von öffentlichen Stadthallen oder bei der Überlassung von öffentlichen Sporthallen für Zwecke des Schulsports) die Möglichkeit, wahlweise auf öffentlich-rechtlicher Grundlage oder privatrechtlicher Grundlage tätig zu werden, soweit gesetzliche Regelungen dem nicht entgegenstehen (zB richtet sich die Gewährung von Sozialleistungen ausschließlich nach öffentlich-rechtlichen Vorschriften). Aufgrund der in diesem Bereich vielfältigen Gestaltungsmöglichkeiten dürfte regelmäßig nach dem Grundsatz der Rechtmäßigkeit des Verwaltungshandelns davon auszugehen sein, dass die von der juristischen Person des öffentlichen Rechts gewählte Handlungsform auch die rechtlich zulässige ist.

**6661–6670** *(einstweilen frei)*

## IV. Sonderfälle

**6671** Nach ständiger Rechtsprechung des BFH setzt eine Organschaft voraus, dass der Organträger eine eigenständige Unternehmenstätigkeit ausübt; die Eigenschaft als Organträger kann jeder Unternehmer ausfüllen.[163] Soweit sich aus dem Unionsrecht etwas anderes ergeben sollte, entfaltet Art. 4 Abs. 4 Unterabs. 2 der 6. EG-Richtlinie, jetzt: Art. 11 MwStSystRL9, keine unmittelbare Wirkung und ist nicht berufbar.[164] Angesichts des insoweit klaren und unmissverständlichen Wortlauts des § 2 Abs. 2 Nr. 2 S. 1 UStG, dass eine Eingliederung „in das Unternehmen" des Organträgers erforderlich ist, kommt eine vom Wortlaut abweichende richtlinienkonforme Auslegung des § 2 Abs. 2 Nr. 2 S. 1 UStG an dieser Stelle nicht in Betracht. Der BFH muss deshalb auch nicht entscheiden, ob er vor dem Hintergrund des EuGH-Urteils v. 9.4.2013 – C-85/11, Kommission/Irland[165], der Auffassung folgen könnte, das sich aus dem nationalen Recht ergebende Erfordernis einer (eigenen) Unternehmereigenschaft des Organträgers sei unionsrechtlich nur statthaft, wenn dies – was der Fall sei – im nationalen Kontext zur Verhinderung missbräuchlicher Praktiken oder Verhaltensweisen erforderlich und geeignet sei.[166]

**6672** Reine Finanzholdings sind nicht Unternehmer und können somit auch nicht Organträger sein. Das bloße Erwerben und Halten von Gesellschaftsanteilen oder von Schuldverschreibungen wird im nationalen Recht nicht als gewerbliche oder berufliche Tätigkeit iSd § 2 Abs. 1 UStG angesehen, sodass insoweit keine Unternehmereigenschaft vorliegt. Der BFH[167] hatte schon früher entschieden, dass die Erzielung von Einnahmen durch Zufluss von Zinsen und anderen Erträgen aus Kapitalanlagen und Kapitalbeteiligungen nicht auf nachhaltiger gewerblicher oder beruflicher Betätigung beruht. Das bloße Einsammeln von Nutzungen aus einem Kapitalbestand ist keine unternehmerische Tätigkeit. Selbst eine Kapitalgesellschaft kann nach ständiger BFH-Rechtsprechung[168] eine nichtunternehmerische Sphäre[169] haben, weil ansonsten allein durch die Wahl der Rechtsform die Besteuerung vermieden bzw. der Vorsteuerabzug erreicht werden könnte, was gegen die Neutralität des Mehrwertsteuersystems verstoßen würde. Dieser nichtunternehmerische Bereich ist angesprochen, wenn die Tätigkeit des Steuerpflichtigen nicht auf Leistungen gegen Entgelt gerichtet ist (fehlende Einnahmenerzielungsabsicht). Mangels Unternehmereigenschaft einer reinen Finanzholding können die im Zusammenhang mit dem Betei-

---

163 Vgl. zB BFH 9.10.2002 – V R 64/99, BStBl. II 2003, 375; BFH 29.10.2008 – XI R 74/07, BStBl. II 2009, 256.

164 Vgl. EuGH 16.7.2015 – C-108/14 und C-109/14, HFR 2015, 901 – Larentia + Minerva.

165 Vgl. EuGH 9.4.2013 – C-85/11, DStR 2013, 806 – Kommission/Irland.

166 So BFH 2.12.2015 – V R 67/14, BFH/NV 2016, 511; vgl. BFH 12.10.2016 – XI R 30/14, BStBl. II 2017, 597.

167 BFH 15.1.1987 – V R 3/77, BStBl. II 1987, 512.

168 ZB BFH 20.12.1984 – V R 25/76, BStBl. II 1985, 176.

169 Der EuGH unterscheidet zwischen wirtschaftlichen Bereich, nichtwirtschaftlichen Bereich im engeren Sinne und unternehmensfremden Bereich. Der wirtschaftliche Bereich entspricht dem unternehmerischen Bereich.

ligungserwerb sowie anderer Eingangsleistungen in Rechnung gestellte Umsatzsteuer folglich nicht als Vorsteuer geltend gemacht werden.[170]

Der EuGH entscheidet in ständiger Rechtsprechung[171], dass **6673**

- eine Gesellschaft, deren einziger Zweck der Erwerb von Beteiligungen an anderen Unternehmen ist, ohne dass sie unmittelbar oder mittelbar in die Verwaltung dieser Gesellschaften eingreift, kein Unternehmer ist,
- nur Zahlungen, die die Gegenleistung für einen Umsatz oder eine wirtschaftliche Tätigkeit darstellen, in den Anwendungsbereich der MwSt fallen und dies nicht gilt, für Zahlungen, die auf dem bloßen Eigentum an einem Gegenstand beruhen, wie dies bei Dividenden oder anderen Erträgen von Aktien der Fall ist,
- etwas anderes jedoch gelten kann, wenn die finanzielle Beteiligung an einem anderen Unternehmen unbeschadet der Rechte, die dem Anteilseigner in seiner Eigenschaft als Aktionär oder Gesellschafter zustehen, mit unmittelbaren oder mittelbaren Eingriffen in die Verwaltung der Gesellschaft einhergeht, an der die Beteiligung begründet worden ist, soweit ein solcher Eingriff steuerbare Umsätze einschließt wie Verwaltungs-, Buchhaltungs- und IT-Dienstleistungen,
- auf Aktien oder Anteile an einer Gesellschaft beziehende Umsätze in den Anwendungsbereich der MwSt fallen, wenn sie im Rahmen des gewerbsmäßigen Wertpapierhandels oder zum Zweck des unmittelbaren oder mittelbaren Eingreifens in die Verwaltung der Gesellschaften erfolgen, an denen die Beteiligung begründet worden ist, oder wenn sie eine unmittelbare, dauerhafte und notwendige Erweiterung einer steuerbaren Tätigkeit darstellen,
- unter Umständen eine Veräußerung, die zur Umstrukturierung eines Konzerns durch eine Muttergesellschaft erfolgt, als ein Vorgang betrachtet werden kann, der darin besteht, nachhaltig Einnahmen aus Tätigkeiten, die über den bloßen Verkauf von Aktien hinausgehen, zu erzielen,
- das Erwerben, Halten und Veräußern einer gesellschaftsrechtlichen Beteiligung nur dann eine unternehmerische Tätigkeit darstellen kann soweit Beteiligungen im Sinne eines gewerblichen Wertpapierhandels gewerbsmäßig erworben und veräußert werden und dadurch eine nachhaltige, auf Einnahmeerzielungsabsicht gerichtete Tätigkeit entfaltet wird oder wenn die Beteiligung nicht um ihrer selbst willen (bloßer Wille, Dividenden zu erhalten) gehalten wird, sondern der Förderung einer bestehenden oder beabsichtigten unternehmerischen Tätigkeit (zB Sicherung günstiger Einkaufskonditionen, Verschaffung von Einfluss bei potenziellen Konkurrenten, Sicherung günstiger Absatzkonditionen) dient oder wenn, abgesehen von der Ausübung der Rechte als Gesellschafter oder Aktionär, unmittelbar in die Verwaltung der Gesellschaften, an denen die Beteiligung besteht, eingegriffen wird; die Eingriffe müssen dabei zwingend durch unternehmerische Leistungen erfolgen, hierbei kann es sich zB um administrative, finanzielle, kaufmännische oder technische Dienstleistungen an die jeweilige Beteiligungsgesellschaft handeln.[172]

Somit kann auch nach der EuGH-Rechtsprechung eine reine Finanzholding nicht unternehmerisch tätig werden. Eine Holdinggesellschaft, deren einziger Zweck der Erwerb von Beteiligungen an anderen Unternehmen ist, ohne dass sie unmittelbar oder mittelbar in die Verwaltung dieser Gesellschaften eingreift, ist nicht Unternehmer und damit auch nicht zum Vorsteuerabzug berechtigt. Die Eingriffe der Holdinggesellschaft in Beteiligungsgesell- **6674**

[170] Vgl. Forster/Vogel UStB 2002, 228.
[171] Vgl. zB EuGH 11.7.1996 – C-306/94, HFR 1996, 772 – Régie dauphinoise; 6.2.1997 – C-80/95, HFR 1997, 345 – Harnas & Helm; 14.11.2000 – C-142/99, UR 2000, 530 – Floridienne, Berginvest; 12.7.2001 – C-102/00, HFR 2001, 1118 – Welthgrove; 27.9.2001 – C-16/00, HFR 2001, 1213 – Cibo Participations; 29.4.2004 – C-77/01, HFR 2004, 812 – EDM; 29.10.2009 – C-29/08, HFR 2010, 198 – SKF; 6.9.2012 – C-496/11, HFR 2012, 1119 – Portugal Telecom; 16.7.2015 – C-108/14 und C-109/14, MwStR 2015, 583 – Larentia + Minerva und Marenave Schiffahrt; 17.10.2018 – C-249/17, MwStR 2018, 1056 – Ryanair; 8.11.2018 – C-502/17, MwStR 2018, 106 – C Foods Acquisition.
[172] Vgl. auch UStAE 2.3 Abs. 3.

schaften stellen nur dann eine wirtschaftliche (unternehmerische) Tätigkeit dar, wenn sie über die Vereinnahmung der Dividendenzahlungen hinaus die Ausführung entgeltlicher Leistungen einschließen.[173]

**6675** Organträger kann nur ein Unternehmer sein und nicht eine Mehrzahl von Einzelpersonen oder Gesellschaftern. Ein Zusammenschluss (zB als GdbR), bestehend aus einer OHG und deren stillen Gesellschaftern, die zugleich Gesellschafter einer GmbH sind, scheidet als Organträger (der GmbH) aus, da der Zusammenschluss als Innengesellschaft selbst nicht Unternehmer ist. Innengesellschaften, die ohne eigenes Vermögen, ohne Betrieb, ohne Rechtsfähigkeit und ohne Firma bestehen, sind umsatzsteuerrechtlich unbeachtlich, weil ihnen mangels Auftretens nach außen die Unternehmereigenschaft fehlt. Unternehmer sind – beim Vorliegen der sonstigen Voraussetzungen – nur die an der Innengesellschaft beteiligten Personen oder Personenzusammenschlüsse.[174] Zu den Innengesellschaften gehört auch die – typische oder atypische – stille Gesellschaft. Eine besondere Art der Innengesellschaft ist die Meta-Verbindung.[175] Früher musste eine Personengesellschaft als Organträger die Mehrheit der Anteile an den Organgesellschaften jedoch nicht selbst halten, sondern die Anteile konnten auch von den Gesellschaftern der Personengesellschaft gehalten werden, die ihrerseits nicht Teil des Organkreises waren.[176] Diese Auffassung hat der BFH aufgegeben und entschieden, dass eine Organschaft mangels eines Über-/Unterordnungsverhältnisses nicht in Betracht komme, wenn eine Kapital- oder Personengesellschaft als Organträger nicht selbst an der Organgesellschaft beteiligt ist, sondern nur ihre Gesellschafter. Ist eine Kapital- oder Personengesellschaft nicht selbst an der Organgesellschaft beteiligt, reicht es für die finanzielle Eingliederung nicht aus, dass nur ein oder mehrere Gesellschafter auch mit Stimmenmehrheit an der Organgesellschaft beteiligt sind.[177] In diesem Fall ist keine der beiden Gesellschaften in das Gefüge des anderen Unternehmens eingeordnet, sondern es handelt sich vielmehr um gleich geordnete Schwestergesellschaften. Dies gilt auch dann, wenn die Beteiligung eines Gesellschafters an einer Kapitalgesellschaft ertragsteuerlich zu dessen Sonderbetriebsvermögen bei einer Personengesellschaft gehört. Das Fehlen einer eigenen unmittelbaren oder mittelbaren Beteiligung der Gesellschaft kann nicht durch einen Beherrschungsvertrag und Gewinnabführungsvertrag ersetzt werden.[178]

**6676–6685** *(einstweilen frei)*

## D. Anforderungen an die Organgesellschaft

### I. Normalfall (juristische Person)

**6686** Eine umsatzsteuerliche Organschaft liegt nach dem Wortlaut des Gesetzes vor, wenn eine *juristische Person* nach dem Gesamtbild der tatsächlichen Verhältnisse finanziell, wirtschaftlich und organisatorisch in ein Unternehmen eingegliedert ist. Neben den sachlichen Eingliederungsmerkmalen sind auch persönliche Merkmale der Organgesellschaft Voraussetzung für die wirksame Begründung der Organschaft, da als Organgesellschaften (nach bisheriger nationaler Auffassung – s. aber UStAE 2.8. grds.) nur juristische Personen des Zivil- und Handelsrechts (insbesondere Kapitalgesellschaften) in Frage kommen.

[173] Gegen Entgelt tätige sog. Führungsholding, vgl. auch Forster/Vogel UStB 2002, 228.
[174] Vgl. BFH 11.11.1965 – V 146/63 S, BStBl. III 1966, 28.
[175] Vgl. BFH 21.12.1955 – V 161/55 U, BStBl. III 1956, 58; vgl. auch UStAE 2.1 Abs. 5 idF Februar 2024.
[176] Vgl. BFH 2.8.1979 – V R 111/77, BStBl. II 1980, 20; vgl. hierzu auch von Streit UStB 2006, 255.
[177] Vgl. BFH 22.4.2010 – V R 9/09, BStBl. II 2011, 597; 1.12.2010 – XI R 43/08, BStBl. II 2011, 600; 24.8.2016 – V R 36/15, BStBl. II 2017, 595; 1.2.2022 – V R 23/21, BStBl. II 2023, 148.
[178] BFH 1.12.2010 – XI R 43/08, BStBl. II 2011, 600; die Verwaltung hat diese Auffassung übernommen, vgl. UStAE 2.8 Abs. 5b Sätze 4 ff. Stand Februar 2024; vgl. zu der Problematik gleich geordneter Schwestergesellschaften eingehend auch Boor UR 2010, 757 sowie Eberhard/Mai UR 2010, 881.

Neben den typischen juristischen Personen, wie GmbH, AG, SE, Ltd., KGaA sind auch Genossenschaften, eingetragene Vereine oder Vor-Gründungsgesellschaften (einer GmbH) als Organgesellschaften denkbar.[179] **6687**

Organträger kann hingegen jeder Unternehmer iSd UStG sein (siehe → Rn. 6630 ff.). Schädlich wäre demnach insoweit eine Umwandlung der Organgesellschaft von einer Kapitalgesellschaft in eine Personengesellschaft, während die Umwandlung des Organträgers in eine andere Rechtsform keine Auswirkungen auf das Bestehen der umsatzsteuerlichen Organschaft hat – vorausgesetzt, die drei Eingliederungsmerkmale bleiben davon unberührt.[180] **6688**

Dem Wortlaut des § 2 Abs. 2 Nr. 2 UStG sowie des Art. 4 Abs. 4 der 6. EG-Richtlinie (jetzt Art. 11 MwStSystRL) ist zu entnehmen, dass zur Begründung einer Organschaft alle drei Eingliederungsmerkmale kumulativ vorliegen müssen. Es genügt demnach nicht, wenn die Eingliederung nur in Bezug auf zwei der genannten Merkmale besteht, selbst wenn diese sehr stark ausgeprägt sind. Es ist nicht erforderlich, dass alle drei angeführten Merkmale einer Eingliederung sich gleichermaßen deutlich feststellen lassen. Jedoch kann zB aus der finanziellen Eingliederung nicht notwendigerweise die organisatorische Eingliederung gefolgert werden, sondern für diese ist in jedem Fall erforderlich, dass die mit der finanziellen Eingliederung verbundene Möglichkeit einer Beherrschung der Organgesellschaft durch den Organträger in der laufenden Geschäftsführung der Organgesellschaft wirklich wahrgenommen wird.[181] Es kommt nach derzeit noch geltender Verwaltungsauffassung in Deutschland darauf an, dass der Organträger die Organgesellschaft durch die Art und Weise der Geschäftsführung beherrscht und seinen Willen in der Organgesellschaft durchsetzen kann. Nicht ausreichend ist, dass eine vom Organträger abweichende Willensbildung in der Organgesellschaft ausgeschlossen ist.[182] **6689**

*(einstweilen frei)* **6690–6699**

## II. Personengesellschaften

Bis zum Ergehen des EuGH-Urteils v. 16.7.2015, verb. Rs. C-108/14 und C-109/14 (Larentia + Minerva und Marenave Schifffahrt),[183] und der nachfolgenden Rechtsprechung des BFH (zu den Meinungsunterschieden des V. Senats und des XI. Senats des BFH zu dieser Thematik vgl. → Rn. 6521 ff.) war es im nationalen Recht ausgeschlossen, dass eine Personengesellschaft Organgesellschaft sein kann, weil es nach dieser Auffassung an der Möglichkeit einer finanziellen Eingliederung in das Unternehmen des Organträgers mangelte. Die Verwaltung hatte sich schließlich der restriktiven Rechtsprechung des BFH[184] angeschlossen. Danach setzt die finanzielle Eingliederung einer Personengesellschaft setzt voraus, dass Gesellschafter der Personengesellschaft neben dem Organträger nur Personen sind, die nach § 2 Abs. 2 Nr. 2 UStG in das Unternehmen des Organträgers finanziell eingegliedert sind, sodass die erforderliche Durchgriffsmöglichkeit selbst bei der stets möglichen Anwendung des Einstimmigkeitsprinzips gewährleistet ist. Für die danach notwendige Beteiligung des Organträgers sind mittelbare Beteiligungen ausreichend.[185] **6700**

Fraglich (zurecht) nach Gehring[186] ist, ob eine Personengesellschaft generell auch organisatorisch in das Unternehmen des Organträgers eingegliedert werden kann. Dies bedeutet nach Auffassung des BFH bislang doch, *„dass eine vom Willen des Organträgers abweichende Willensbildung bei der Organtochter nicht stattfindet"*.[187] Vielmehr muss der Organträger in der **6701**

179 Vgl. auch Sölch/Ringleb/Treiber UStG § 2 Rn. 160.
180 Vgl. Forster/Vogel UStB 2002, 228.
181 Vgl. BFH 20.2.1992 – V R 80/85, BFH/NV 1993, 133.
182 Vgl. BFH 8.8.2013 – V R 18/13, BStBl. II 2017, 543; 2.12.2015 – V R 15/14, BStBl. II 2017, 553.
183 HFR 2015, 901.
184 BFH 2.12.2015 – V R 25/13, BStBl. II 2017, 547; 3.12.2015 – V R 36/13, BStBl. II 2017, 563.
185 Vgl. UStAE 2.8 Abs. 5a idF Februar 2024.
186 UR 2015, 409.
187 Vgl. BFH 5.12.2007 – V R 26/06, BStBl. II 2008, 451.

Lage sein, seinen Willen in der Organgesellschaft durchzusetzen.[188] Im Falle kapitalistischer Personengesellschaften, bei denen keine natürlichen Personen vollhaftende Gesellschafter sind (wie vor allem der GmbH & Co. KG), ist danach die organisatorische Eingliederung eher vorstellbar.[189] Im Falle von Personengesellschaften, an denen natürliche Personen beteiligt sind, erscheint dies schwieriger. Wenn das Leitungsgremium des vermeintlichen Organträgers und die (geschäftsführungsbefugten) Gesellschafter der vermeintlichen Organgesellschaft sich aus denselben Personen zusammensetzen, fehlt es bereits an der finanziellen Eingliederung und an einem Über- und Unterordnungsverhältnis, weil die beiden Gesellschaften Schwestergesellschaften wären.[190] Ist der Organträger eine Einzelperson, sind Gestaltungen mit Personalunion[191] denkbar – ist jedoch der (für eine Personengesellschaft denknotwendige) zweite Gesellschafter keine vom ersten Gesellschafter als Alleingesellschafter-Geschäftsführer kontrollierte juristische Person, sondern eine weitere natürliche oder zB eine von einem Dritten beherrschte juristische Person, könnte die Personengesellschaft (so Gehring, UR 2015, 409) theoretisch zB im Wege einer Gesamtgeschäftsführungsbefugnis mit Letztentscheidungsrecht des Organträgers herbeigeführt werden. Zu den Besonderheiten der Personengesellschaft gegenüber der juristischen Person hinsichtlich Rechtsfähigkeit und Rechtspersönlichkeit sowie finanzieller und organisatorischer Eingliederung siehe Wäger UR 2017, 664.[192]

**6702** Es bleibt einstweilen abzuwarten, ob und unter welchen Umständen sich die Finanzverwaltung aufgrund des eindeutigen Urteils des EuGH vom 15.4.2021, C-868/19 (Finanzamt für Körperschaften Berlin;[193] s. dazu oben → Rn. 6535 ff.) dazu durchringt, Personengesellschaften unter den Voraussetzungen des § 2 Abs. 2 Nr. 2 UStG generell als Organgesellschaften für möglich zu halten.[194] Im Urteil hatte der die Einbeziehung von Personengesellschaften auch dann für zulässig erachtet, wenn nicht sämtliche Gesellschafter der Personengesellschaft ihrerseits im Organkreis eingegliedert sind (siehe auch → Rn. 6535 ff.). Die für die EU-Mitgliedstaaten bestehende Optionsregelung in Art. 11 Unterabs. 1 MwStSystRL bezieht sich auf die Einführung der Organschaft. Die materiell-rechtlichen Voraussetzungen der Organschaft stehen jedoch nicht mehr im Ermessen der Mitgliedstaaten, wenn sich ein Mitgliedstaat (wie Deutschland) für die Einführung der Organschaft entschlossen hat[195]. Nach dem EuGH 15.4.2021 – C-868/19 (Finanzamt für Körperschaften Berlin)[196], (aber indirekt auch bereits nach EuGH 9.4.2013 – C-85/11 (Kommission/Irland)[197]), können die in Art. 11 Unterabs. 1 MwStSystRL genannten „Personen" für die Bestimmung der Organgesellschaft nicht mehr auf juristische Personen beschränkt werden. Früher wurden in Deutschland in entsprechender Anwendung der Grundsätze für die Organschaft die daraus entstehenden Rechtsfolgen auch gezogen, wenn Personengesellschaften (OHG, KG, GbR) in das Unternehmen eines Unternehmers (zB natürliche Person, Personen- oder Kapitalgesellschaft) finanziell, wirtschaftlich und organisatorisch als Organgesellschaften eingegliedert waren.[198] Wachweger[199] hatte zum seinerzeitigen Stand der Beratungen über eine 6. Richtlinie zur Harmonisierung der Umsatzsteuern die Auffassung vertreten, Organschaft, Unternehmereinheit und organschaftsähnliche Verhältnisse könnten bis zur Aufhebung der Steuergrenzen beibehalten werden.

[188] BFH 8.8.2013 – V R 18/13, BStBl. II 2017, 543.
[189] Vgl. BFH 2.12.2015 – V R 25/13, BStBl. II 2017, 547.
[190] Vgl. BFH 22.4.2010 – V R 9/09, BStBl. II 2011, 597.
[191] Vgl. UStAE 2.8 Abs. 8 idF Februar 2024.
[192] Vgl. auch Wäger UR 2017, 664.
[193] MwStR 2021, 421.
[194] Zur Unionsrechtswidrigkeit des Ausschlusses von Personengesellschaften als Organgesellschaften vgl. im Einzelnen auch Boor UR 2013, 729 sowie Birkenfeld UR 2014, 120.
[195] Vgl. Birkenfeld UR 2010, 198.
[196] MwStR 2021, 421.
[197] HFR 2013, 542.
[198] Vgl. Birkenfeld UR 2010, 198 mwN.
[199] DStZ/A 1974, 115.

Bedenken gegen die Einbeziehung von Personengesellschaften in das Unternehmen eines Organträgers bestanden seinerzeit nicht.[200]

*(einstweilen frei)* 6703–6712

### III. Sonderfälle

Früher wurde diskutiert, welche Auswirkungen sich auf die umsatzsteuerrechtliche Organschaft ergeben, wenn eine der Gesellschaften, die Teil des Organkreises sein sollen, nicht selbst unternehmerisch tätig ist, wie zB bei einer sog. Zwischenholding. Hierunter ist eine Gesellschaft zu verstehen, die – unterhalb der eigentlichen Konzernführungsgesellschaft – Beteiligungen hält und verwaltet.[201] Da § 2 Abs. 2 Nr. 2 S. 1 UStG voraussetzt, dass nur unternehmerisch tätige Gesellschaften in das Unternehmen des Organträgers eingegliedert werden können und damit Organgesellschaften sein können, ist dies für eine Zwischenholding ohne eigene wirtschaftliche Tätigkeit ausgeschlossen. Daraus war vereinzelt geschlossen worden, dass ein Organkreis über eine Zwischenholding hinweg nicht fortgesetzt werden könne, sodass die Gesellschaften unterhalb der Zwischenholding nicht zum Organkreis des oberhalb der Zwischenholding angesiedelten Organträgers gehören könnten. Sofern die Zwischenholding und die ihr nachgeordneten Gesellschaften die Voraussetzungen hierfür erfüllten, könnten sie allenfalls einen zweiten Organkreis unterhalb der Zwischenholding bilden.[202] Dies hat die Verwaltung ausdrücklich verneint. Nach UStAE 2.8 Abs. 5b Sätze 1 bis 3 idF seit Januar 2025 setzt die finanzielle Eingliederung eine unmittelbare oder mittelbare Beteiligung des Organträgers an der Organgesellschaft voraus. Es ist ausreichend, wenn die finanzielle Eingliederung mittelbar über eine unternehmerisch oder nichtunternehmerisch tätige Tochtergesellschaft des Organträgers erfolgt (sog. Blasentheorie). Eine nichtunternehmerisch tätige Tochtergesellschaft wird dadurch jedoch nicht Bestandteil des Organkreises. Somit können auch die unterhalb der nichtunternehmerisch tätigen Tochtergesellschaft angesiedelten Tochtergesellschaften unter den weiteren Voraussetzungen des § 2 Abs. 2 Nr. 2 UStG Organgesellschaften und damit Teil des Organkreises sein. 6713

*(einstweilen frei)* 6714–6723

## E. Eingliederungsmerkmale

### I. Allgemeines

Nach § 2 Abs. 2 Nr. 2 UStG liegt in umsatzsteuerlicher Hinsicht eine Organschaft dann vor, wenn eine juristische Person (durch die Rechtsprechung ist dies auch auf Personengesellschaften zu übertragen, wenn diese wie juristische Personen eingegliedert sind) nach dem Gesamtbild der tatsächlichen Verhältnisse finanziell, wirtschaftlich und organisatorisch in das Unternehmen des Organträgers eingegliedert ist. Hierzu ist erforderlich, dass der Organträger finanziell über die Mehrheit der Stimmrechte bei der abhängigen juristischen Person verfügt[203], wirtschaftlich mit der Organgesellschaft verflochten ist und organisatorisch eine von seinem Willen abweichende Willensbildung bei der Organgesellschaft verhindern kann.[204] 6724

Da hinsichtlich der Eingliederungsvoraussetzungen das Gesamtbild der Verhältnisse maßgebend ist, erfordert die Annahme einer Organschaft nicht, dass alle drei Eingliederungsmerkmale gleichermaßen feststellbar sind. Tritt auf einem der drei Gebiete die Eingliederung weniger stark in Erscheinung, so hindert dies nicht, trotzdem eine Organschaft anzunehmen, wenn sich die Eingliederung deutlich auf den beiden anderen Gebieten zeigt.[205] 6725

---

200 So Birkenfeld UR 2010, 198 mwN.
201 Vgl. von Streit UStB 2006, 255.
202 Vgl. von Streit UStB 2006, 255 unter Hinweis auf Rüth UStB 2005, 352.
203 Vgl. zB BFH 19.5.2005 – V R 31/03, BStBl. II 2005, 671.
204 Vgl. zB BFH 5.12.2007 – V R 26/06, BStBl. II 2008, 451.
205 Vgl. zB BFH 29.10.2008 – XI R 74/07, BStBl. II 2009, 256; 3.4.2008 – V R 76/05, BFH/NV 2008, 1410; 1.4.2004 – V R 24/03, BStBl. II 2004, 905; 16.8.2001 – V R 34/01, BFH/NV 2002, 223.

6726 Allerdings reicht es nicht aus, dass eine Eingliederung nur in Bezug auf zwei der drei Merkmale besteht.[206] Ein vermeintlicher Organträger oder eine vermeintliche Organgesellschaft, die die umsatzsteuerliche Organschaft behauptet, trägt in tatsächlicher Hinsicht die Feststellungslast für die Voraussetzungen des § 2 Abs. 2 Nr. 2 UStG.

6727 War die seit dem Abschluss eines Gesellschaftsvertrags bestehende Gründergesellschaft einer später in das Handelsregister eingetragenen GmbH nach dem Gesamtbild der tatsächlichen Verhältnisse finanziell, wirtschaftlich und organisatorisch in ein Unternehmen eingegliedert, besteht die Organschaft zwischen der GmbH und dem Unternehmen bereits für die Zeit vor der Eintragung der GmbH in das Handelsregister.[207]

6728 Eine Personengesellschaft kann ausnahmsweise wie eine juristische Person als eingegliedert iSd § 2 Abs. 2 Nr. 2 UStG anzusehen sein, wenn die finanzielle Eingliederung wie bei einer juristischen Person zu bejahen ist (s. dazu UStAE 2.8 Abs. 5a). Zur aktuellen – weniger restriktiven – Rechtsprechung siehe → Rn. 6535 ff; insbesondere → Rn. 6700)

6729 Eine GmbH, die an einer KG als persönlich haftende Gesellschafterin beteiligt ist, kann grundsätzlich nicht als Organgesellschaft in das Unternehmen dieser KG eingegliedert sein[208]. Dies gilt auch in den Fällen, in denen die übrigen Kommanditisten der KG sämtliche Gesellschaftsanteile der GmbH halten[209]. Ist jedoch die KG mehrheitlich an der Komplementär-GmbH beteiligt, kann die GmbH als Organgesellschaft in die KG eingegliedert sein, da die KG auf Grund ihrer Gesellschafterstellung sicherstellen kann, dass ihr Wille auch in der GmbH durchgesetzt wird.[210]

6730–6739 *(einstweilen frei)*

## II. Finanzielle Eingliederung

### 1. Allgemeines

6740 Eine juristische Person ist nach ständiger BFH-Rechtsprechung iSv § 2 Abs. 2 Nr. 2 UStG finanziell eingegliedert, wenn der Organträger über Mehrheitsbeteiligung verfügt.[211] Der Organträger muss zudem über eine eigene Mehrheitsbeteiligung an der juristischen Person verfügen. Unter der finanziellen Eingliederung einer juristischen Person ist somit der Besitz der entscheidenden Anteilsmehrheit an der Organgesellschaft zu verstehen, die es dem Organträger ermöglicht, durch Mehrheitsbeschlüsse seinen Willen in der Organgesellschaft durchzusetzen.[212] Eine reine kapitalmäßige Mehrheitsbeteiligung alleine ist nicht ausreichend.

6741 Die finanzielle Eingliederung indiziert weder die wirtschaftliche noch die organisatorische Eingliederung. Es sind vielmehr sämtliche Eingliederungsvoraussetzungen nach dem Gesamtbild der Verhältnisse gesondert positiv festzustellen.[213] Allerdings dürfen die Eingliederungsmerkmale unterschiedlich ausgeprägt sein. So kann durch eine besonders starke finanzielle Beteiligung (beispielsweise 100 % der gesellschaftsrechtlichen Anteile verbunden mit den daraus erwachsenen Stimmrechten) zu geringeren Anforderungen an die organisatorische oder wirtschaftliche Eingliederung führen. Die 100 %-Beteiligung führt aber nicht dazu, dass die anderen Eingliederungsmerkmale gar nicht ausgeprägt sein müssen.[214] Somit kommt der Abhängigkeitsvermutung nach § 17 AktG auch keine Bedeutung für die organisatorische Eingliederung zu.[215]

206 Vgl. BFH 5.12.2007 – V R 26/06, BFH/NV 2008, 711.
207 Vgl. BFH 9.3.1978 – V R 90/74, BStBl. II 1978, 486; vgl. auch UStAE 2.8 Abs. 1 S. 4 idF Februar 2024.
208 Vgl. BFH 14.12.1978 – V R 85/74, BStBl. II 1979, 288.
209 Vgl. BFH 19.5.2005 – V R 31/03, BStBl. II 2005, 671.
210 Vgl. UStAE 2.8 Abs. 2 Sätze 6 bis 8 idF Februar 2024; vgl. auch UStAE 2.2 Abs. 6 Beispiel 2.
211 Vgl. BFH 22.11.2001 – V R 50/00, BStBl. II 2002, 167; 19.5.2005 – V R 31/03, BStBl. II 2005, 671; 30.4.2009 – V R 3/08, BStBl. II 2013, 873; 22.4.2010 – V R 9/09, BStBl. II 2011, 597; 1.12.2010 – XI R 43/08, BStBl. II 2011, 600; 7.6.2011 – V R 53/10, BStBl. II 2013, 218.
212 Eingliederung mit Durchgriffsrechten; vgl. BFH 2.12.2015 – V R 15/14, BStBl. II 2017, 553.
213 Vgl. zB BFH 3.4.2008 – V R 76/05, BStBl. II 2008, 905.
214 Anderer Ansicht noch Streck/Binnewies DB 2001, 1578.
215 Offerhaus/Söhn/Lange/Hartmann UStG § 2 Abs. 2 Nr. 2 Rn. 212.

Die finanzielle Eingliederung kann insbesondere dadurch entfallen, dass sich die Stimmrechtsverhältnisse durch Aufnahme weiterer Gesellschafter ändern und unter die 50%-Grenze sinken. Daneben kann auch die Veräußerung des Betriebes des Organträgers oder der Organgesellschaft zum Verlust der finanziellen Eingliederung führen. **6742**

Unionsrechtswidrig ist die Bedingung an die Mehrheitsbeteiligung auch zwingend die Mehrheit der Stimmrechte zu knüpfen.[216] Die höchstrichterliche Rechtsprechung hat daraufhin festgestellt, dass weder das Erfordernis der Stimmrechtsmehrheit noch der Mehrheitsbeteiligung als zwingend anzusehen sind, wenn der Organträger in der Lage ist seinen Willen in den Organgesellschaften durchzusetzen.[217] So lag im entschiedenen Sachverhalt vom Organträger lediglich eine 50%-Beteiligung an der Organgesellschaft vor aber der Organträger stellte den einzigen Geschäftsführer.[218] Es wird somit eine schwach ausgeprägte finanzielle Eingliederung durch eine stark ausgeprägte organisatorische Eingliederung ausgeglichen.[219] Eine eigene Mehrheitsbeteiligung bleibt dennoch nach der Rechtsprechung erforderlich, sodass eine Organschaft (nur) zwischen Schwestergesellschaften (ohne Einbeziehung eines gemeinsamen Gesellschafters) nicht möglich sei.[220] **6743**

Ob bereits die finanzielle Eingliederung gegeben ist, wenn mittels notarieller Urkunde die Anteile erworben wurden, ist nicht höchstrichterlich entschieden.[221] Stimmrechtsbindungsvereinbarungen und Stimmrechtsvollmachten werden allerdings umsatzsteuerrechtlich erst bzw. nur berücksichtigt, wenn diese in der Satzung beurkundet sind.[222] Stimmrechte aus einem Treuhandvertrag werden – bei schriftlicher Niederlegung der Vereinbarung – dem Treugeber zugerechnet.[223] **6744**

### 2. Mittelbare und unmittelbare Eingliederung

Die finanzielle Eingliederung kann sich entweder aus einer unmittelbaren Beteiligung oder mittelbar aus einer über eine Tochtergesellschaft gehaltenen Beteiligung ergeben. Demgegenüber ist bei einer Beteiligung mehrerer Gesellschafter an zwei Schwestergesellschaften nicht rechtssicher bestimmbar, unter welchen Voraussetzungen der Beteiligungsbesitz der Gesellschafter zusammengerechnet werden kann, um eine finanzielle Eingliederung der einen in die andere Schwestergesellschaft zu begründen.[224] Darüber hinaus ist die finanzielle Eingliederung einer GmbH in eine Personengesellschaft nach dem BFH 1.12.2010 –XI R 43/08[225], auch dann zu verneinen, wenn nur ein Gesellschafter über die Stimmenmehrheit an den beiden Schwestergesellschaften verfügt. **6745**

Eine so genannte „mittelbare finanzielle Eingliederung" ist gegeben, wenn die Mehrheit der Stimmrechte an der Organgesellschaft (mittelbar) erst über eine Beteiligung (als Gesellschafter) an einer Gesellschaft erreicht wird, die unmittelbar an der Organgesellschaft als Gesellschafter mit Stimmenmehrheit beteiligt ist. **6746**

Im Folgenden ist eine finanzielle Eingliederung immer dann gegeben, wenn kaskadenartig die jeweilige Obergesellschaft die nachfolgende Gesellschaft finanziell eingliedert. Dabei werden die Prozentanteile nicht durchgerechnet, sondern jeweils auf die Eingliederung der nächsten Ebene geschaut.[226] **6747**

---

216 Vgl. EuGH 1.12.2022 – C-141/20, MwStR 2022, 880 – Norddeutsche Gesellschaft für Diakonie.

217 Vgl. BFH 18.1.2023 – XI R 29/22 (XI R 16/18), BFHE 279, 320 – zustimmend BFH 12.1.2023 – V ER S 1/23, NV.

218 Vgl. BFH 18.1.2023 – XI R 29/22 (XI R 16/18), BFHE 279, 320.

219 Vgl. Sölch/Ringleb/Treiber UStG § 2 Rn. 181.

220 Vgl. BFH 18.1.2023 – XI R 29/22 (XI R 16/18), BFHE 279, 320.

221 BFH 30.4.2009 – V R 3/08, BStBl. II 2013, 873.

222 BFH 2.12.2015 – V R 25/13, BStBl. II 2017, 547; übernehmend UStAE 2.8 Abs. 5 S. 4.

223 BFH 30.4.2009 – V R 3/08, BStBl. II 2013, 873; ausführlicher Bunjes/Korn UStG § 2 Rn. 197.

224 Vgl. BFH 22.4.2010 – V R 9/09, DStR 2010, 1277.

225 BStBl. II 2011, 600.

226 Vergleichbar Forster/Trejo UStB 2010, 16.

**Beispiel 1:**

6748 So ist die OG1 in den nachfolgenden Fallbeispielen jeweils in das Unternehmen des OT eingegliedert, da der OT die Mehrheit der gesellschaftsrechtlichen Anteile verbunden mit den Stimmrechten innehat. Die OG2 ist im Beispiel 1a über die mehrheitsvermittelnde Beteiligung an der OG1 finanziell eingegliedert. Dies gilt im Fallbeispiel 1b auch dann, wenn die Beteiligung an der OG1 nicht sämtliche Anteile umfasst, aber mehr als 50 % ausmacht, da nicht anteilig „durchgerechnet" wird sondern jeweils die Eingliederung in die nächste Ebene zu prüfen ist. Im Fallbeispiel 1c ist die finanzielle Eingliederung der OG2 aufgrund unmittelbarer und mittelbarer gesellschaftsrechtlicher Beteiligung gegeben. Und im Fallbeispiel 1d wird erforderlich Mehrheit der finanziellen Beteiligung durch die OG1a und OG1b gewährleistet.

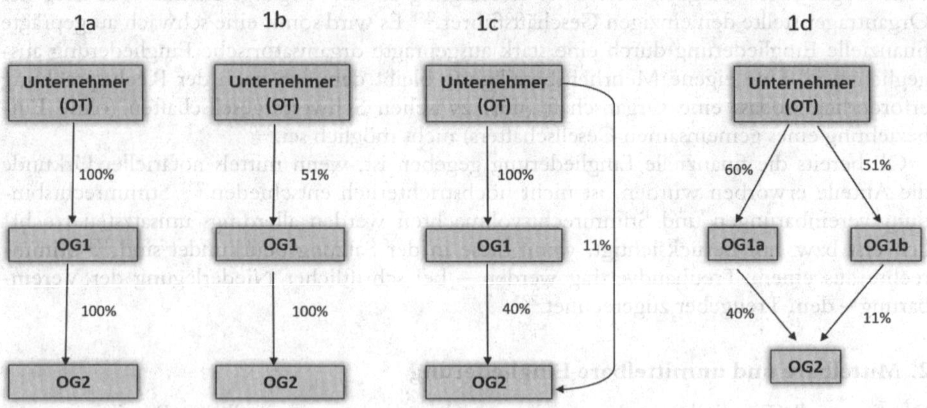


**Abb.:** Beispiel 1 – Fallbeispiele für eine mittelbare finanzielle Eingliederung

6749 Die Finanzverwaltung regelt in UStAE 2.8 Abs. 5b (Stand Januar 2025) unter Übernahme der entsprechenden BFH-Rechtsprechung: Eine finanzielle Eingliederung setzt eine unmittelbare oder mittelbare Beteiligung des Organträgers an der Organgesellschaft voraus. Es ist ausreichend, wenn die finanzielle Eingliederung mittelbar über eine unternehmerisch oder nichtunternehmerisch tätige Tochtergesellschaft des Organträgers erfolgt. Eine nichtunternehmerisch tätige Tochtergesellschaft wird dadurch jedoch nicht Bestandteil des Organkreises. Ist eine Kapital- oder Personengesellschaft nicht selbst an der Organgesellschaft beteiligt, reicht es für die finanzielle Eingliederung nicht aus, dass nur ein oder mehrere Gesellschafter auch mit Stimmenmehrheit an der Organgesellschaft beteiligt sind.[227] In diesem Fall ist keine der beiden Gesellschaften in das Gefüge des anderen Unternehmens eingeordnet, sondern es handelt sich vielmehr um gleich geordnete Schwestergesellschaften. Dies gilt auch dann, wenn die Beteiligung eines Gesellschafters an einer Kapitalgesellschaft ertragsteuerlich zu dessen Sonderbetriebsvermögen bei einer Personengesellschaft gehört. Das Fehlen einer eigenen unmittelbaren oder mittelbaren Beteiligung der Gesellschaft kann nicht durch einen Beherrschungsvertrag und Gewinnabführungsvertrag ersetzt werden.[228]

6750 Für die finanzielle Eingliederung einer Organgesellschaft in das Unternehmen des Organträgers ist es nach Auffassung der Finanzverwaltung auch ausreichend, wenn die finanzielle Eingliederung mittelbar über eine nichtunternehmerisch tätige Tochtergesellschaft des Organträgers erfolgt. Die nichtunternehmerisch tätige Tochtergesellschaft wird dadurch jedoch nicht Bestandteil des Organkreises, dh der Organkreis wird zwischen

[227] Vgl. BFH 22.4.2010 – V R 9/09, BStBl. II 2011, 597; 1.12.2010 – XI R 43/08, BStBl. II 2011, 600; 24.8.2016 – V R 36/15, BStBl. II 2017, 595; 1.2.2022 – V R 23/21, BStBl. II 2023, 148.

[228] Vgl. BFH 1.12.2010 – XI R 43/08, BStBl. II 2011, 600.

Mutter- und Enkelgesellschaft gebildet. Die nichtunternehmerisch tätige Tochter- Zwischenholding, zerstört den Organkreis nicht, sie zählt jedoch nicht zum Organkreis.[229]

**Beispiel 2:**
Die umsatzsteuerrechtliche Organschaft kann nach dem Vorstehenden auch mittels mittelbarer finanzieller Eingliederung über eine nichtunternehmerische Zwischenholding zwischen der A-AG (Organträgerin) und der Enkel-GmbH (Organgesellschaft) bestehen. **6751**

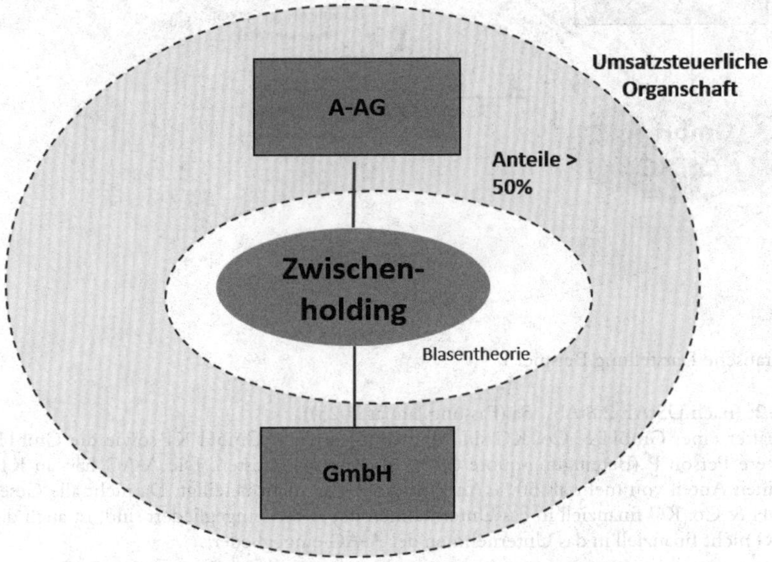


**Abb.:** Grafische Darstellung Beispiel 2

## 3. Finanzielle Eingliederung einer Personengesellschaft

Die Finanzverwaltung hatte sich in UStAE 2.8 Abs. 5a (FassungJanuar 2025) hinsichtlich **6752**
der zwischen dem V. und XI. Senat des BFH widerstreitenden Rechtsprechung (vgl. oben → Rn. 6534) dem V. BFH-Senat[230] angeschlossen. Danach setzt die finanzielle Eingliederung einer Personengesellschaft voraus, dass Gesellschafter der Personengesellschaft neben dem Organträger nur Personen sind, die nach § 2 Abs. 2 Nr. 2 UStG in das Unternehmen des Organträgers finanziell eingegliedert sind, sodass die erforderliche Durchgriffsmöglichkeit selbst bei der stets möglichen Anwendung des Einstimmigkeitsprinzips gewährleistet ist Für die danach notwendige Beteiligung des Organträgers sind mittelbare Beteiligungen ausreichend.

**Beispiel 1** (nach UStAE 2.8 Abs. 5a (Fassung Januar 2025):
Gesellschafter einer GmbH & Co. KG sind die Komplementär-GmbH und eine weitere GmbH als Kommanditistin. Die A-AG hält an beiden GmbHs jeweils einen Anteil von mehr als 50 %. Alle Gesellschafter der GmbH & Co. KG sind finanziell in das Unternehmen der A-AG eingegliedert. Damit ist auch die GmbH & Co. KG in das Unternehmen der A-AG finanziell eingegliedert.

229 Nachfolgendes Beispiel nach Forster/Vogel UStB 2002, 228.
230 Vgl. BFH 2.12.2015 – V R 25/13, BStBl. II 2017, 547; 3.12.2015 – V R 36/13, BStBl. II 2017, 563.

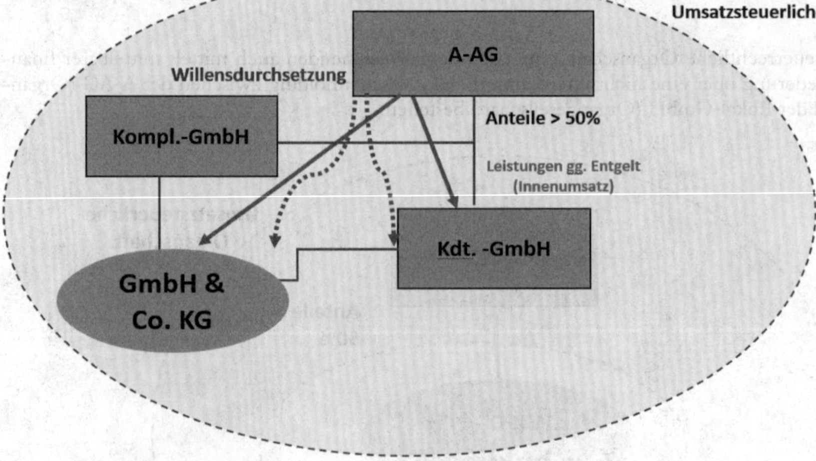


**Abb.:** Grafische Darstellung Beispiel 1

**Beispiel 2:** (nach UStAE 2.8 Abs. 5a (Fassung Januar 2025)):
Gesellschafter einer GmbH & Co. KG sind die Komplementär-GmbH K1 sowie die GmbH K2 und eine weitere Person P (Beteiligungsquote 0,1 %) als Kommanditisten. Die A-AG hält an K1 und K2 jeweils einen Anteil von mehr als 50 %. An P ist die A-AG nicht beteiligt. Da nicht alle Gesellschafter der GmbH & Co. KG finanziell in das Unternehmen der A-AG eingegliedert sind, ist auch die GmbH & Co. KG nicht finanziell in das Unternehmen der A-AG eingegliedert.

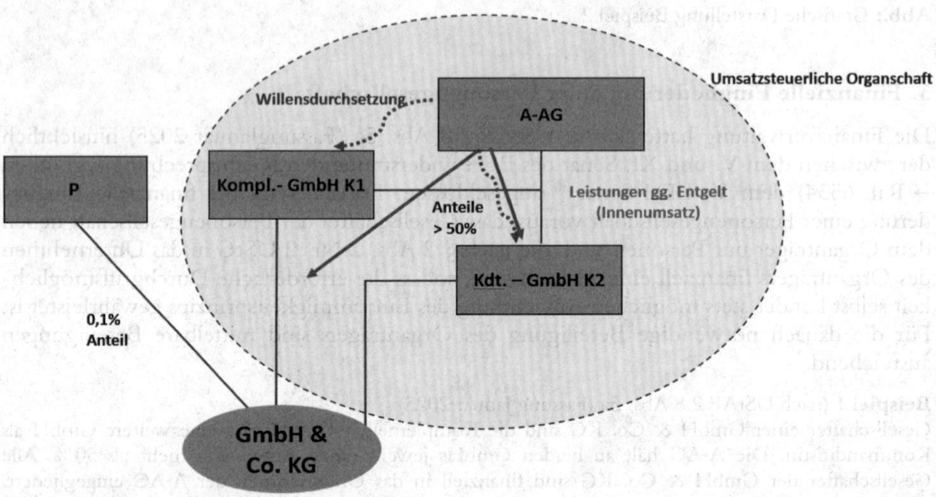


**Abb.:** Grafische Darstellung Beispiel 2

**6753** Sobald ein nicht im Organkreis eingebundener fremder Dritter mit einer gesellschaftsrechtlichen Beteiligung an der Personengesellschaft beteiligt ist, ist nach der restriktiven Ansicht der Finanzverwaltung in UStAE 2.8. Abs. 5a (Fassung Januar 2025) keine finanzielle Eingliederung, wie bei einer juristischen Person gegeben. Die finanzielle Eingliederung wird, unter Rückgriff auf die Rechtsprechung des BFH[231], in einem derartigen Fall für die Personengesellschaft negiert. Unseres Erachtens muss selbiges Ergebnis auch dann gelten, wenn die Beteiligung des Dritten P eine 0,0 %-Beteiligung ist.[232] Vielfach sind Komplementär-GmbH mit 0,0 %-Anteil an der GmbH & Co. KG beteiligt.

Hintergrund dieser Auffassung ist die abweichende Verfasstheit der Personengesellschaft **6754**
im Gegensatz zu juristischen Personen. Während über die finanzielle Eingliederung einer juristischen Person rechtssicher, einfach und ohne Nachweisschwierigkeiten entschieden werden könne, trifft dies nach Auffassung des BFH auf die PersGes nicht zu. Der V. Senat des BFH begründet dies etwa mit dem Einstimmigkeitsprinzip bei der Beschlussfassung (§ 709 Abs. 1 BGB, §§ 119 Abs. 1, 161 Abs. 2 HGB) oder – im Fall abweichender Regelungen im Gesellschaftsvertrag – mit Nachweisschwierigkeiten mangels Formzwangs. Selbiges gelte auch bei Gründung oder Übertragung von Beteiligungen an PersGes. Insgesamt könne die Person des Stpfl. bei PersGes nicht rechtssicher bestimmt werden.

Der EuGH hat in ständiger Rechtsprechung die Mitgliedstaaten dahingehend ermahnt, **6755**
dass die Umsetzung der Regelungen der MwStSystRL ins nationale Recht Rechtssicherheit und Verhältnismäßigkeit gewährleisten müssen. Daher war in stetiger Rechtsprechung des V. Senats die Eingliederung einer Personengesellschaft die Ausnahme. Jedoch gelangte der V. Senat des BFH auch zu dem Ergebnis, dass im Wege einer teleologischen Erweiterung von § 2 Abs. 2 Nr. 2 UStG eine PersGes. ausnahmsweise wie eine juristische Person als eingegliedert angesehen werden kann.[233] Erforderlich sei, dass die finanzielle Eingliederung wie bei einer juristischen Person zu bejahen ist. Dies setze voraus, dass Gesellschafter der PersGes. neben dem Organträger nur Personen sind, die nach § 2 Abs. 2 Nr. 2 UStG in das Unternehmen des Organträgers finanziell eingegliedert sind. Die erforderliche Durchgriffsmöglichkeit müsse selbst bei der – stets möglichen – Anwendung des Einstimmigkeitsprinzips bei PersGes. gewährleistet sein. Treffe dies auf alle Gesellschafter der PersGes. zu, könne der Organträger seinen Willen durchsetzen, sodass dem allgemeinen Einstimmigkeitsprinzip bei der PersGes. von vornherein keine Bedeutung zukomme. Mithin müssen nach dieser Ansicht sämtliche Gesellschafter mittelbar oder unmittelbar in das Unternehmen des Organträgers eingegliedert sein, wie es die Finanzverwaltung in UStAE 2.8. nachfolgend übernommen hat.

Diese Ansicht ist durch die aktuelle Rechtsprechung des EuGH in Frage gestellt. Die im **6756**
v. g. Beispiel 2 sich ergebende Nichteingliederung wegen der Beteiligung der weiteren Person P ist nach der aufgrund des EuGH-Urteils v. 15.4.2021 – C-868/19 (Finanzamt für Körperschaften Berlin)[234], geänderten Rechtsprechung des V. Senats des BFH nicht mehr zwingend. Der Senat[235] hat unter Aufgabe seines Urteils v. 2.12.2015, V R 25/13[236], nunmehr entschieden, eine Personenhandelsgesellschaft mit einer „kapitalistischen Struktur" kann Organgesellschaft sein, wenn neben dem Organträger Gesellschafter der Personenhandelsgesellschaft auch Personen sind, die in das Unternehmen des Organträgers nicht finanziell eingegliedert sind. Der Kläger war Insolvenzverwalter einer A-GmbH & Co. KG (KG). Gesellschafter der KG waren im Streitjahr (2010) die A-Verwaltungs-GmbH als Komplementärin ohne eigenen Kapitalanteil (Komplementär-GmbH) sowie die beiden Kommanditisten VA mit einem Kapitalanteil von 80 % und SA mit 20 %. Bei der KG bedurften Gesellschafterbeschlüsse grundsätzlich der einfachen Mehrheit der abgegebenen Stimmen. Gesellschafter der Komplementär-GmbH waren im Streitjahr ebenfalls VA zu 80 % und SA zu 20 %. Einziger Geschäftsführer war VA. VA verpachtete der KG das Betriebsgrundstück und diverse Maschinen, die wesentliche Betriebsgrundlagen der KG waren. Das FA hatte die Eigenschaft der KG als Organgesellschaft verneint. Die KG gab am 29.12.2015 eine berichtigte Umsatzsteuererklärung für das Streitjahr ab, in der sie keine

231 Vgl. BFH 2.12.2015 – V R 25/13, BStBl. II 2017, 547; 3.12.2015 – V R 36/13, BStBl. II 2017, 563.
232 Ebenso Höink/Langenhövel DK 2017, 469.
233 Vgl. BFH 2.12.2015 – V R 25/13, BStBl. II 2017, 547; 3.12.2015 – V R 36/13, BStBl. II 2017, 563.
234 MwStR 2021, 421.
235 BFH 16.3.2023 – V R 14/21 (V R 45/19), MwStR 2023, 468.
236 BStBl. II 2017, 547.

Umsätze mehr erklärte. VA hatte die Umsätze der KG im Streitjahr aber nicht erfasst, weil nach der bis dahin geltenden BFH-Rspr. kein Organschaftsverhältnis vorlag. Aus dem BFH 16.3.2023, V R 14/21 (V R 45/19)[237], ergibt sich, dass ein Organkreis vorlag und VA Organträger war. VA war aufgrund der Verpachtung an die KG Unternehmer. Auch die KG übte eine unternehmerische Tätigkeit aus. Die KG war in das Unternehmen des VA finanziell eingegliedert, da VA über die Mehrheit der Stimmrechte bei der KG verfügte. Die wirtschaftliche Eingliederung ergab sich aus der Verpachtung von für das Unternehmen der KG wesentlichen Betriebsgegenständen durch VA. Die organisatorische Eingliederung folgte daraus, dass VA einziger Geschäftsführer und Alleingesellschafter der Komplementär-GmbH war, die allein für die KG geschäftsführungs- und vertretungsbefugt war. VA war damit in der Lage, seinen Willen bei der Organgesellschaft durchzusetzen, sodass es ihm auch möglich war, die Umsätze des im Organkreis zusammengefassten Unternehmens ordnungsgemäß zu versteuern und den sich daraus nach § 18 UStG ergebenden Verpflichtungen auch im Hinblick auf die Umsatztätigkeit der Organgesellschaft nachzukommen.

**6757** In der Literatur wird daher zu Recht vertreten, dass nunmehr die Einbindung von Personengesellschaften in den umsatzsteuerrechtlichen Organkreis neu überdacht werden muss.[238] Nach dem EuGH-Urteil „M GmbH“[239] ist die Auslegung durch den V. Senat und dem folgend der Finanzverwaltung zu eng. Die erforderliche Rechtssicherheit des Steuerpflichtigen sei auch bei weniger als 100 % der Anteile an der Personengesellschaft nicht generell gefährdet und für die Beteiligten seien die Stimmrechtsverhältnisse überschaubar. Der Umstand, dass die Personengesellschaft nicht derart verfasst ist, wie eine juristische Person und Anteile ohne Notarvertrag übertragbar oder Stimmrechtsvereinbarungen leicht zu vereinbaren oder Änderungen des Gesellschaftsvertrags mündlich möglich seien, stünden dem nicht entgegen. Damit ist die Frage, ob ein unmittelbares Berufen auf die MwStSystRL dem Steuerpflichtigen als Personengesellschaften ein faktisches Wahlrecht eröffnet offen. Zumindest besteht der Anwendungsvorrang der MwStSystRL gegenüber der derzeitigen Auslegung der Finanzverwaltung.[240] Unseres Erachtens besteht für Personengesellschaften aktuell ein Anwendungsspielraum sich auf die EuGH-Rechtsprechung „M-GmbH“ erfolgreich zu berufen und direkte oder indirekte Stimmrechtsmehrheiten ausreichen zu lassen, um die finanzielle Eingliederung einer Personengesellschaft anzunehmen.[241] Es aber anzuraten, dies mit dem zuständigen Finanzamt in offener Abstimmung vorzunehmen. Die Finanzverwaltung wird sich uE nicht erfolgreich zu Lasten des Steuerpflichtigen auf die EuGH-Rechtsprechung berufen können. Zwar sind die Regelungen der nationalen Verwaltung im Anwendungserlass kein nationales Gesetz, welches gegen das Unionsrecht verstößt, sodass ein Berufen auf das Unionsrecht für die Verwaltung per se ausscheidet. Die Selbstbindung der Verwaltung im UStAE wird sie aber gegen sich gelten lassen müssen. Der Gesetzgeber ist zur Handlung gezwungen, um das Rechtsinstitut der umsatzsteuerrechtlichen Organschaft auch unionsrechtskonform abzubilden.[242]

**Beispiel 3:**

**6758** Ist eine Zwischenholding GmbH & Co. KG als Führungsholding selbst Unternehmer, kann sie ihrerseits bei Vorliegen der weiteren Voraussetzungen bereits Organträger des Organkreises mit der (Tochter-)GmbH sein. Der Organkreis der Personengesellschaft mit der GmbH geht aufgrund der geänderten BFH-Rechtsprechung nunmehr in dem Organkreis der A-AG als Organträger auf, da die finanzielle Eingliederung der GmbH & Co. KG in die A-AG trotz der Beteiligung der natürlichen Person P mit 1 % an der GmbH & Co. KG gegeben ist. Die (mittelbare) finanzielle Eingliederung der GmbH in die A-AG ist über die GmbH & Co. KG gegeben.[243]

---

237 MwStR 2023, 468.
238 Fetzer/Barkschat UStB 2021, 228.
239 EuGH 15.4.2021 – C-868/19, MwStR 2021, 421 – M-GmbH.
240 Widmann UR 2021, 398 f.
241 Ebenso Fetzer/Barkschat UStB 2021, 228, 229.
242 Ähnlich Hartmann NWB 2021, 54.
243 Beispiel in Anlehnung an UStAE 2.8. Abs. 5a (Stand: Januar 2025) unter Berücksichtigung von Fetzer/Barkschat UStB 2021, 228.

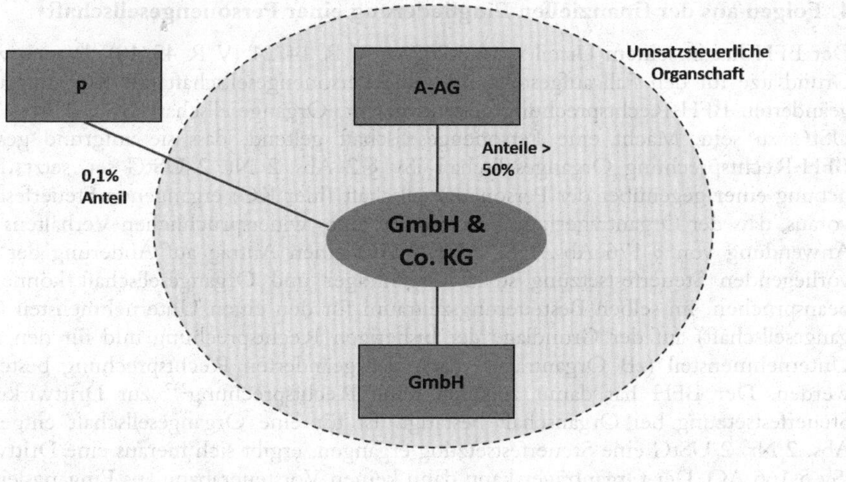


**Abb.:** Grafische Darstellung Beispiel 3

**Beispiel 4:**
Wenn die GmbH & Co. KG eine reine Finanzholding (Nichtunternehmerin) ist, kann sie nicht bereits Organträger der GmbH sein. In diesem Falle wird uE im Wege der sog. Blasentheorie (siehe → Rn. 6713) aber durch die mittelbare finanzielle Beteiligungskette eine Eingliederung der GmbH in den Organkreis der A-AG möglich sein. Nach der aktuellen EuGH-Rechtsprechung wird man bei der sog. Blasentheorie Personengesellschaften nicht anders behandeln dürfen (Rechtsformneutralität) wie juristische Personen[244], bei welchen eine finanzielle Eingliederung mittelbar über einen Nichtunternehmer, welcher nicht Teil des Organkreises ist, (Blase) unstreitig möglich ist.[245] Zur Entwicklung in der Rechtsprechung siehe → Rn. 6521 ff.

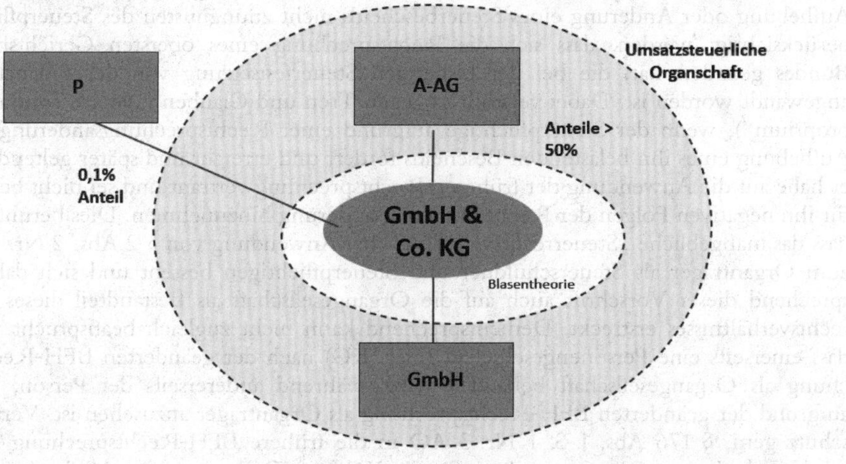


**Abb.:** Grafische Darstellung Beispiel 4

[244] Ebenso Fetzer/Barkschat UStB 2021, 228, 232.
[245] Siehe zur sog. Blasentheorie UStAE 2.8. Abs. 5b.

### 4. Folgen aus der finanziellen Eingliederung einer Personengesellschaft

6759 Der BFH hat in seinem Urteil v. 16.3.2023 – V R 14/21 (V R 45/19),[246] auch wichtige Grundsätze für den Fall aufgestellt, dass eine Personengesellschaft (zB KG) aufgrund der geänderten BFH-Rechtsprechung geltend macht, Organgesellschaft iSv § 2 Abs. 2 Nr. 2 UStG zu sein. Macht eine Personengesellschaft geltend, dass sie aufgrund geänderter BFH-Rechtsprechung Organgesellschaft iSv § 2 Abs. 2 Nr. 2 UStG sei, setzt die Aufhebung einer gegenüber der Personengesellschaft (hier KG) ergangenen Steuerfestsetzung voraus, dass der Organträger zur Vermeidung eines widersprüchlichen Verhaltens bei der Anwendung von § 176 Abs. 1 S. 1 Nr. 3 AO einen Antrag auf Änderung der für ihn vorliegenden Steuerfestsetzung stellt. Organträger und Organgesellschaft können nicht beanspruchen, im selben Besteuerungszeitraum für den einen Unternehmensteil (zB Organgesellschaft) auf der Grundlage der bisherigen Rechtsprechung und für den anderen Unternehmensteil (zB Organträger) nach der geänderten Rechtsprechung besteuert zu werden. Der BFH hat damit zugleich seine Rechtsprechung[247] zur Drittwirkung der Steuerfestsetzung bei Organschaft bestätigt. Ist für eine Organgesellschaft entgegen § 2 Abs. 2 Nr. 2 UStG eine Steuerfestsetzung ergangen, ergibt sich hieraus eine Drittwirkung iSv § 166 AO. Der Organträger kann dann keinen Vorsteuerabzug aus Eingangsleistungen geltend machen, die von Dritten über die Organgesellschaft bezogen wurden. Das Recht des Organträgers, die Nichtbesteuerung von Innenleistungen geltend zu machen, die er an die Organgesellschaft erbracht hat, bleibt unberührt. Bei einer Rechtsprechungsänderung können Organträger und Organgesellschaften nicht beanspruchen, im selben Besteuerungszeitraum für den einen Unternehmensteil (hier: Organgesellschaft) auf der Grundlage der bisherigen Rechtsprechung und für den anderen Unternehmensteil (hier: Organträger) nach der geänderten Rechtsprechung besteuert zu werden. Der BFH verweist in seinem Urteil v. 16.3.2023 –V R 14/21 (V R 45/19)[248], darauf (und dies ist in der Praxis für Personengesellschaften beachtlich, die Organgesellschaften geworden sind, weil alle Eingliederungsmerkmale vorliegen), dass der Grundsatz von Treu und Glauben auch bei der Anwendung von § 176 Abs. 1 S. 1 Nr. 3 AO zu berücksichtigen ist. Danach darf bei der Aufhebung oder Änderung eines Steuerbescheids nicht zuungunsten des Steuerpflichtigen berücksichtigt werden, dass sich die Rechtsprechung eines obersten Gerichtshofs des Bundes geändert hat, die bei der bisherigen Steuerfestsetzung von der Finanzbehörde angewandt worden ist. Dabei verstößt es gegen Treu und Glauben („venire contra factum proprium"), wenn der Steuerpflichtige aufgrund einer Rechtsprechungsänderung zB die Aufhebung eines ihn belastenden Bescheids fordert und erreicht und später geltend macht, er habe auf die Anwendung der früheren Rechtsprechung vertraut und sei nicht bereit, die für ihn negativen Folgen der Rechtsprechungsänderung hinzunehmen. Dies beruht darauf, dass das maßgebliche „Steuerrechtsverhältnis" bei Anwendung von § 2 Abs. 2 Nr. 2 UStG zum Organträger als Steuerschuldner und Steuerpflichtigen besteht und sich dabei entsprechend dieser Vorschrift auch auf die Organgesellschaft als Bestandteil dieses Steuerrechtsverhältnisses erstreckt. Dementsprechend kann nicht zugleich beansprucht werden, dass einerseits eine Personengesellschaft (hier: KG) nach der geänderten BFH-Rechtsprechung als Organgesellschaft behandelt wird, während andererseits der Person, die erst aufgrund der geänderten BFH-Rechtsprechung als Organträger anzusehen ist, Vertrauensschutz gem. § 176 Abs. 1 S. 1 Nr. 3 AO in die frühere BFH-Rechtsprechung gewährt wird, nach der er nicht Organträger für die KG war. Daher ist dieser Widerstreit dahingehend aufzulösen, dass der Unternehmensteil der Organschaft (der Organträger), zu dessen Gunsten der Änderungsschutz nach § 176 Abs. 1 S. 1 Nr. 3 AO wirkt, diesen durch die Stellung eines Änderungsantrags entfallen lassen muss, um so ein widersprüchliches Ver-

---

[246] MwStR 2023, 468; diese Rechtsprechung wurde mit BFH 5.9.2024 – V R 5/23, DStR 2024, 2645, bestätigt; Vgl. auch Bender AO-StB 2025, 7.
[247] BFH 26.8.2021 – V R 13/20, HFR 2022, 198.
[248] MwStR 2023, 468.

halten in Bezug auf die Besteuerung der Umsätze des anderen Unternehmensteils der Organschaft (KG als Organgesellschaft) zu vermeiden. Dieses Antragserfordernis wirkt in der Weise zu Lasten der KG, die als Organgesellschaft mit dem nunmehrigen Organträger gem. § 2 Abs. 2 Nr. 2 UStG verbunden ist, dass eine Aufhebung der für sie vorliegenden Steuerfestsetzung voraussetzt, dass aufgrund eines vom Organträger zu stellenden Antrags eine Besteuerung der Umsätze der Personengesellschaft entsprechend der Rechtsauffassung der KG beim Organträger erfolgen kann. Somit kommt eine Aufhebung der für die KG bestehenden Steuerfestsetzung aufgrund ihrer sich erst aus der geänderten BFH-Rechtsprechung ergebenden Stellung als Organgesellschaft nur in Betracht, wenn der Organträger (VA) gem. § 172 Abs. 1 S. 1 Nr. 2 Buchst. a AO vor Ablauf der für ihn geltenden Festsetzungsfrist beantragt, die Umsätze der KG als Organgesellschaft bei seiner Steuerfestsetzung zu erfassen und damit auf den sich aus § 176 AO ergebenden Vertrauensschutz verzichtet. In allen solchen Fällen, in denen sich aufgrund der geänderten BFH-Rechtsprechung ergibt, dass eine Personengesellschaft als Organgesellschaft in einen Organträger eingebunden ist, während vorher vom Nichtbestehen einer Organschaft ausgegangen wurde, gilt, dass die gegenüber der Personengesellschaft ergangene Umsatzsteuerfestsetzung nur dann zu deren Gunsten geändert werden kann (weil ihre vorherigen Umsätze gegenüber Dritten dem Organträger zuzurechnen sind), dass der Organträger sich selbst diese Umsätze zurechnen lässt und somit gegenüber ihm eine geänderte Steuerfestsetzung (zu seinen Ungunsten) erfolgen kann. Ob ein solcher Antrag noch durch den Organträger gestellt werden kann oder das für den Organträger zuständige Finanzamt die Festsetzung des Organträgers ändern darf (mit der Begründung, der Organträger habe pflichtwidrig selbst keinen Änderungsantrag gem. § 172 Abs. 1 Nr. 2 Buchst. a AO gestellt), hängt davon ab, ob Festsetzungsverjährung beim Organträger eingetreten ist. Allerdings besteht eine Änderungsberechtigung durch das FA nach § 174 Abs. 3 AO zB dann, wenn das FA Umsätze und Vorsteuerbeträge einer GmbH erkennbar deshalb nicht bei dieser berücksichtigt hat, weil es davon ausgeht, dass diese bei einer anderen Person als Organträger zu erfassen seien.[249] Ist ein bestimmter Sachverhalt in einem Steuerbescheid (des nunmehrigen Organträgers) erkennbar in der Annahme nicht berücksichtigt worden, dass er in einem anderen Steuerbescheid (der nunmehrigen KG als Organgesellschaft) zu berücksichtigen sei, und stellt sich diese Annahme als unrichtig heraus, so kann die Steuerfestsetzung, bei der die Berücksichtigung des Sachverhalts unterblieben ist (die des nunmehrigen Organträgers), insoweit gem. § 174 Abs. 3 S. 1 AO nachgeholt, aufgehoben oder geändert werden. Dementsprechend besteht die Änderungsbefugnis gem. § 174 Abs. 3 AO auch dann, wenn Umsätze und Vorsteuerbeträge einer KG erkennbar deshalb nicht beim Organträger berücksichtigt werden, da das FA davon ausgeht, diese seien mangels Organschaft bei der KG zu erfassen. Im vom BFH mit Urteil v. 16.3.2023 – V R 14/21 (V R 45/19)[250], entschiedenen Ausgangsfall waren die Umsätze der Personengesellschaft in dem Steuerbescheid (Steueranmeldung) des Organträgers zwar unzutreffend in der Annahme nicht berücksichtigt worden, dass diese Umsätze in einem anderen Steuerbescheid (der Steueranmeldung der Personengesellschaft (hier: KG)) zu berücksichtigen seien. Allerdings konnte der BFH nicht entscheiden, ob diese Nichtberücksichtigung auch erkennbar war. Erkennbarkeit liegt insbesondere vor, wenn der Steuerpflichtige durch sein eigenes Verhalten die Finanzbehörde veranlasst hat, einen Sachverhalt nicht bei ihm, sondern bei einem anderen zu erfassen Hierfür kann lt. BFH im Streitfall die zeitgleiche Abgabe der Umsatzsteuer-Jahreserklärungen des nunmehrigen Organträgers und der KG, der die damals herrschende Meinung zugrunde lag, nach der eine KG keine Organgesellschaft war, sprechen.

[249] Vgl. BFH 8.2.1996 – V R 54/94, BFH/NV 1996, 733.
[250] MwStR 2023, 468.

### 5. Finanzielle Eingliederung – Ausprägung durch die Finanzverwaltung/ geänderte BFH-Rechtsprechung

6760 Die finanzielle Eingliederung betrifft die Beschlussfassung bei der Organgesellschaft. Dies bedeutet, dem Organträger muss es möglich sein, Beschlüsse in der Gesellschafterversammlung durchzusetzen, dh er muss grds. mehr als 50 % der gesamten Stimmrechte innehaben. Bisher geht die Finanzverwaltung in UStAE 2.8 Abs. 5 S. 2 (Stand Januar 2025) davon aus: Entsprechen die Beteiligungsverhältnisse den Stimmrechtsverhältnissen, ist die finanzielle Eingliederung gegeben, wenn die Beteiligung mehr als 50 % beträgt, sofern keine höhere qualifizierte Mehrheit für die Beschlussfassung in der Organgesellschaft erforderlich ist.[251] Nach der geänderten BFH-Rechtsprechung[252] erfordert die finanzielle Eingliederung iSd § 2 Abs. 2 Nr. 2 UStG im Grundsatz zwar, dass dem Organträger die Mehrheit der Stimmrechte an der Organgesellschaft zusteht. Eine finanzielle Eingliederung liegt aber auch dann vor, wenn die erforderliche Willensdurchsetzung dadurch gesichert ist, dass der Gesellschafter zwar über nur 50 % der Stimmrechte verfügt, er aber eine Mehrheitsbeteiligung am Kapital der Organgesellschaft hält und er den einzigen Geschäftsführer der Organgesellschaft stellt. Somit muss eine Stimmenmehrheit nicht mehr wie früher anzunehmen allgemein und nicht nur im Einzelfall erreicht werden können. Weder das „Erfordernis der Stimmenmehrheit" noch das der „Mehrheitsbeteiligung" ist nach Auffassung des EuGHs als unbedingt erforderlich anzusehen, solange der Organträger in der Lage ist, seinen Willen bei den anderen Mitgliedern der Mehrwertsteuergruppe durchzusetzen. Durch die geänderte Rechtsprechung ändert sich, so der BFH, nichts am Erfordernis der „eigenen Mehrheitsbeteiligung", sodass eine Organschaft zwischen Schwestergesellschaften (ohne Einbeziehung des gemeinsamen Gesellschafters) auch weiterhin nicht in Betracht kommt. Der BFH führt ergänzend aus, nach der bisherigen Rechtsprechung des BFH musste der Organträger für eine finanzielle Eingliederung iSv § 2 Abs. 2 Nr. 2 UStG über die Mehrheit der Stimmrechte verfügen, sofern keine höhere qualifizierte Mehrheit für Beschlüsse in der Organgesellschaft erforderlich ist.[253] Eine Sperrminorität (von zB 50 % der Stimmrechte) reichte danach nicht aus.[254] Weicht die kapitalmäßige Beteiligung von den Stimmrechten ab (zB aufgrund „stimmrechtsloser Geschäftsanteile" bei einer GmbH oder aufgrund von „Vorzugsaktien" ohne Stimmrecht bei einer AG), ist auf das Verhältnis der gesellschaftsrechtlichen Stimmrechte abzustellen.[255] Die Annahme des EuGH in seinem Urteil v. 1.12.2022 – C-141/20 (Norddeutsche Gesellschaft für Diakonie),[256] dass der Organträger nach nationalem Recht zusätzlich zu einer Stimmrechtsmehrheit über eine Mehrheitsbeteiligung verfügen müsse, erweist sich nach dem BFH 18.1.2023 – XI R 29/22 (XI R 16/18)[257] danach als unzutreffend. Erforderlich ist nach der BFH-Rechtsprechung lediglich eine Stimmrechtsmehrheit, die auch ohne Mehrheitsbeteiligung bestehen kann, aber im Regelfall nur bei einer Anteilsmehrheit bestehen wird (zum Fall der GmbH s. § 47 Abs. 1 und 2 GmbHG). Zu beachten ist nach dem BFH 18.1.2023 – XI R 29/22 (XI R 16/18),[258] aber auch, dass nach Auffassung des EuGHs weder das „Erfordernis der Stimmenmehrheit" noch das der „Mehrheitsbeteiligung" als unbedingt erforderlich anzusehen ist, solange der Organträger in der Lage ist, seinen Willen bei den anderen Mitgliedern der Mehrwertsteuergruppe durchzusetzen. Im Zusammenhang mit der vom EuGH für möglich gehaltenen Willensdurchsetzung ohne Stimmrechts-

---

251 So noch BFH 1.12.2010 – XI R 43/08, BStBl. II 2011, 600.

252 BFH 18.1.2023 – XI R 29/22 (XI R 16/18), MwStR 2023, 31, Nachfolgeentscheidung zu dem EuGH-Urteil 1.12.2022 – C-141/20, HFR 2023, 86 – Norddeutsche Gesellschaft für Diakonie.

253 Vgl. zB BFH 22.11.2001 – V R 50/00, BStBl. II 2002, 167; 15.12.2016 – V R 14/16, BStBl. II 2017, 600.

254 Vgl. BFH 8.8.2013 – V R 18/13, BStBl. II 2017, 543.

255 Vgl. BFH 2.12.2015 – V R 25/134, BStBl. II 2017, 547 Rn. 29.

256 HFR 2023, 86.

257 MwStR 2023, 31.

258 MwStR 2023, 31.

mehrheit ist somit zu berücksichtigen, dass die finanzielle, wirtschaftliche und organisatorische Eingliederung nicht gleichermaßen stark ausgeprägt sein muss. Tritt auf einem der drei Gebiete die Eingliederung weniger stark in Erscheinung, hindert dies daher nicht, trotzdem eine Organschaft anzunehmen, wenn sich die Eingliederung deutlich auf den beiden anderen Gebieten zeigt. Bezogen auf die mit der finanziellen Eingliederung verbundene Willensdurchsetzung folgt daraus, dass zwar im Hinblick auf das Weisungsrecht, das der Gesellschafterversammlung gegenüber der Geschäftsführung zusteht (§ 37 Abs. 1 GmbHG) und das nach Stimmrechten auszuüben ist (§ 47 Abs. 1 GmbHG), im Grundsatz an der bisherigen BFH-Rechtsprechung festzuhalten wird. Gleichwohl erscheint es dem BFH gerechtfertigt, eine Mehrheitsbeteiligung trotz Stimmrechten von nur 50 % als lediglich schwächer ausgeprägte finanzielle Eingliederung anzusehen, wenn sie zB durch eine Personenidentität in den Geschäftsführungsorganen von Mehrheitsgesellschafter und GmbH und damit durch eine besonders stark ausgeprägte organisatorische Eingliederung ausgeglichen wird. Dann kann der Organträger seinen Willen bei der laufenden Geschäftsführung durchsetzen und mit Hilfe seiner Stimmrechte in Höhe von 50 % eine abweichende Weisung durch die Gesellschafterversammlung verhindern, sodass es ihm auch möglich ist, die Umsätze der Organgesellschaft ordnungsgemäß zu versteuern und den sich aus der wirtschaftlichen Tätigkeit der Organgesellschaft ergebenden sonstigen umsatzsteuerrechtlichen Verpflichtungen nachzukommen.

Im Interesse der Rechtsklarheit sind Stimmbindungsvereinbarungen oder Stimmrechts- **6761** vollmachten grundsätzlich ohne Bedeutung. Stimmbindungsvereinbarungen und Stimmrechtsvollmachten können bei der Prüfung der finanziellen Eingliederung nur zu berücksichtigen sein, wenn sie sich ausschließlich aus Regelungen der Satzung wie etwa bei einer Einräumung von Mehrfachstimmrechten („Geschäftsanteil mit Mehrstimmrecht") ergeben.[259]

*(einstweilen frei)* **6762–6771**

## III. Wirtschaftliche Eingliederung

### 1. Allgemeines

Das Merkmal der wirtschaftlichen Eingliederung ist am wenigsten durch die Rechtspre- **6772** chung ausgepägt. Es wird durch Leistungsbeziehungen geschaffen, welche – würde man die Organschaft wegdenken – steuerbare wirtschaftliche Leistungen nicht unerheblicher Art wären.

Die wirtschaftliche Eingliederung ist gegeben, wenn die Organgesellschaft gem. dem **6773** Willen des Unternehmers in engem wirtschaftlichem Zusammenhang mit dem Gesamtunternehmen steht und iRd Gesamtunternehmens fördernd und ergänzend tätig wird. Die gegenseitigen Verflechtungen müssen solche wirtschaftlicher (nicht bloß kapitalmäßiger) Art sein. Es muss ein vernünftiger betriebswirtschaftlicher Zusammenhang zwischen der Organgesellschaft und dem übergeordneten Unternehmen bestehen, dh ihre Tätigkeiten müssen aufeinander abgestellt sein, sie müssen sich gegenseitig ergänzen.[260] Die wirtschaftliche Verbindung kann als „upstream" (Leistungen der Organgesellschaft an den Organträger), aber auch als „downstream" (Leistungen des Organträgers an die Organgesellschaft) ausgestaltet sein. Das Zusammenwirken im Sinne einer wirtschaftlichen Förderung und Ergänzung kann grds. auf drei Arten erfolgen: die Organgesellschaft wird für den Organträger tätig, der Organträger und die Organgesellschaft werden gemeinschaftlich gegenüber Dritten (organfremden Unternehmen) tätig oder der Organträger wird für die Organgesellschaft tätig. Es ist ein Anzeichen für wirtschaftliche Eingliederung, wenn eine Gesellschaft ihren Hauptabsatzartikel, der einen hohen Hundertsatz ihres gesamten Warenangebots

[259] Vgl. UStAE 2.8 Abs. 5 Sätze 3 und 4 (Fassung Januar 2025 unter Hinweis auf BFH 2.12.2015 – V R 25/13, BStBl. II 2017, 547).

[260] Vgl. zB BFH 17.4.1969 – V 44/65, BStBl. II 1969, 413.

ausmacht, ausschließlich und ständig von einer anderen Gesellschaft bezieht.[261] Somit ist die wirtschaftliche Eingliederung zB dann gegeben, wenn die Organgesellschaft als Produktionsbetrieb oder als Vertriebsgesellschaft für den Organträger tätig ist. Der Beginn der wirtschaftlichen Eingliederung beginnt hierbei nicht mit Aufnahme der Vertriebstätigkeit, sondern bereits mit den Vorbereitungshandlungen, zB dem Erwerb entsprechenden Betriebsvermögens.[262]

**6774** Unentgeltliche Beistellungen (beispielsweise des Organträgers an die Organgesellschaften) können die wirtschaftliche Eingliederung nicht begründen.[263]

**6775** Die für die umsatzsteuerrechtliche Organschaft erforderliche wirtschaftliche Eingliederung kann bereits dann vorliegen, wenn zwischen dem Organträger und der Organgesellschaft aufgrund gegenseitiger Förderung und Ergänzung mehr als nur unerhebliche wirtschaftliche Beziehungen bestehen; insbesondere braucht die Organgesellschaft nicht wirtschaftlich vom Organträger abhängig zu sein. So liegt etwa die zur Annahme wirtschaftlicher Eingliederung einer Bauträger-GmbH (Organgesellschaft) in das Unternehmen eines Architekten (Organträger) erforderliche gegenseitige Förderung offensichtlich vor, wenn die GmbH sämtliche Architektenleistungen von dem Organträger bezogen hat, und dieser seinerseits ausschließlich für die Organgesellschaft als Architekt tätig gewesen ist.[264] Nach dem Gesamtbild der Verhältnisse kann eine enge wirtschaftliche Verflechtung mit dem Organträger auch dann vorliegen, wenn die Organgesellschaft wegen der Versorgung des Marktes überwiegend Warenlieferungen an fremde Kunden ausführt, die früher Abnehmer des Organträgers waren. Somit kann, wenn eine Produktionsgesellschaft zur Versorgung eines bestimmten Marktes gegründet worden ist, ihre wirtschaftliche Eingliederung als Organgesellschaft auch dann gegeben sein, wenn zwischen ihr und der Muttergesellschaft Warenlieferungen nur im geringen Umfang oder überhaupt nicht vorkommen.[265] Ebenso kann die bloße Verwertung sonstiger Leistungen des herrschenden Unternehmens durch eine Organgesellschaft die wirtschaftliche Eingliederung begründen.[266] Es genügt aber bereits, wenn zwischen der Organgesellschaft und dem Unternehmen des Organträgers ein vernünftiger wirtschaftlicher Zusammenhang im Sinne einer wirtschaftlichen Einheit, Kooperation oder Verflechtung – sei es auch in verschiedenen Wirtschaftszweigen – vorhanden ist. Die Tätigkeiten von Organträger und Organgesellschaft müssen aufeinander abgestimmt sein. Sie müssen sich fördern und ergänzen.[267] Eine dienende Funktion der Organgesellschaft gegenüber dem Organträger im Sinne einer wirtschaftlichen Zweckabhängigkeit ist nicht erforderlich.[268] Für die umsatzsteuerrechtliche Organschaft kann somit eine den Betrieb der Organgesellschaft fördernde Tätigkeit des Organträgers ausreichen.[269] In Betracht kommt dabei neben Lieferungen von Waren auch das Bewirken sonstiger Leistungen.[270] Generell muss keine Abhängigkeit der Organgesellschaft von dem Organträger oder umgekehrt vorliegen.

**6776** Auch die Hingabe von Darlehen[271] oder Bürgschaften[272] kann – im Gegensatz zum Stehenlassen von Gewinnansprüchen – eine wirtschaftliche Eingliederung begründen, wenn dies einen geschäftlichen Zweck verfolgt.[273]

---

[261] Vgl. BFH 22.6.1967 – V R 89/66, BStBl. III 1967, 715.
[262] Vgl. BFH 17.1.2002 – V R 37/00, BStBl. II 2002, 373.
[263] Vgl. BFH 18.6.2009 – V R 4/08, BStBl. II 2010, 310; BFH 20.8.2009 – V R 30/06, BStBl. II 2010, 863; Offerhaus/Söhn/Lange/Hartmann UStG § 2 Rn. 203.
[264] Vgl. BFH 3.4.2003 – V R 63/01, BStBl. II 2004, 434.
[265] Vgl. BFH 15.6.1972 – V R 15/69, BStBl. II 1972, 840.
[266] BFH 17.4.1969 – V R 123/68, BStBl. II 1969, 505.
[267] Vgl. BFH 25.6.1998 – V R 76/97, BFH/NV 1998, 1534.
[268] Vgl. BFH 20.9.2006 – V B 138/05, BFH/NV 2007, 281.
[269] Vgl. BFH 17.4.1969 – V 44/65, BStBl. II 1969, 413.
[270] Vgl. BFH 17.4.1969 – V R 123/68, BStBl. II 1969, 505.
[271] Vgl. EuGH 14.11.2000 – C-142/99, IStR 2001, 15 – Floridienne und Berginvest; BFH 13.11.2019 – V R 30/18, BStBl. II 2021, 248.
[272] Vgl. BFH 13.11.2019 – V R 30/18, BStBl. II 2021, 248.
[273] Ebenso Offerhaus/Söhn/Lange/Hartmann UStG § 2 Rn. 204.

Die wirtschaftliche Eingliederung kann dadurch entfallen, dass die Organgesellschaft nicht mehr in engem wirtschaftlichem Zusammenhang mit dem Gesamtunternehmen fördernd und ergänzend tätig wird. Dies könnte insbesondere bei der Liqui-dation der Organgesellschaft oder des Organträgers der Fall sein. **6777**

### 2. Anforderungen Rechtsprechung bzw. der Finanzverwaltung

Wirtschaftliche Eingliederung bedeutet nach Auffassung der Finanzverwaltung in den UStAE 2.8 Abs. 6 bis 6c (Stand: Januar 2025), dass die Organgesellschaft nach dem Willen des Unternehmers im Rahmen des Gesamtunternehmens, und zwar in engem wirtschaftlichem Zusammenhang mit diesem, wirtschaftlich tätig ist.[274] Voraussetzung für eine wirtschaftliche Eingliederung ist, dass die Beteiligung an der Kapitalgesellschaft dem unternehmerischen Bereich des Anteileigners zugeordnet werden kann, weil das bloße Erwerben, Halten und Veräußern von gesellschaftsrechtlichen Beteiligungen keine unternehmerische Tätigkeit ist.[275] **6778**

Die wirtschaftliche Eingliederung kann bei entsprechend deutlicher Ausprägung der finanziellen und organisatorischen Eingliederung bereits dann vorliegen, wenn zwischen dem Organträger und der Organgesellschaft auf Grund gegenseitiger Förderung und Ergänzung mehr als nur unerhebliche wirtschaftliche Beziehungen bestehen. Für die wirtschaftliche Eingliederung ist nicht ein bestimmtes Mindestumsatzverhältnis zwischen Organträger und Organgesellschaft erforderlich. Im Hinblick auf die deutliche Ausprägung der finanziellen und organisatorischen Eingliederung ist es nach höchstrichterlicher Rechtsprechung vielmehr unschädlich, wenn die wirtschaftliche Eingliederung weniger deutlich zu Tage tritt. So besteht zwischen einem Einzelunternehmer (Organträger, im Immobilienbereich beim An- und Verkauf von unbebauten Grundstücken, als Bauherr und Baubetreuer sowie als Vermittler unternehmerisch tätig) und einer von ihm gehaltenen GmbH (Organgesellschaft, Unternehmensgegenstand An- und Verkauf von bebauten Grundstücken sowie die Vorbereitung und Durchführung von Bauvorhaben als Bauherrin und Baubetreuerin) dadurch ein vernünftiger wirtschaftlicher Zusammenhang im Sinne einer wirtschaftlichen Einheit, Kooperation oder Verflechtung, dass Verkauf von Grund und Boden durch den Organträger und die Bebauung durch die GmbH aufeinander abgestimmt sind. Der Organträger steht auch in nicht unerheblichem Umfang in Geschäftsbeziehungen zu der GmbH, indem er den PKW und die Büroausstattung seines Unternehmens an die GmbH verpachtet und an sie eine Wohnung vermietet, die GmbH als Musterwohnung für Kaufinteressenten nutzt.[276] **6779**

Insbesondere braucht dann die Organgesellschaft nicht vom Organträger abhängig zu sein.[277] Stellt der Organträger für eine von der Organgesellschaft bezogene Leistung unentgeltlich Material bei, reicht dies zur Begründung der wirtschaftlichen Eingliederung nicht aus. Ebenso wie sich die finanzielle Eingliederung nicht aus einer unmittelbar vom Organträger gehaltenen Beteiligung zu ergeben hat, sondern auch auf einer (mittelbaren) Beteiligung über eine andere Tochtergesellschaft beruhen kann, muss auch die wirtschaftliche Eingliederung nicht aufgrund unmittelbarer Beziehungen zum Organträger bestehen, sondern kann auch auf der Verflechtung zwischen zwei Organgesellschaften beruhen.[278]. Es müssen aber mehr als nur unerhebliche Beziehungen zwischen den Unternehmensbereichen bestehen. Dies trifft auf eine Vermietung von nicht eigens für die Unternehmenstätigkeit in besonderer Weise ausgestatteten und daher ohne weiteres austauschbaren Büroräumen nicht zu, da ihr eine nur geringe Bedeutung zukommt. Dies genügt ebenso wie die bloße Übernahme von Verwaltungsaufgaben in den Bereichen Buchführung und laufende **6780**

---

274 Vgl. BFH 22.6.1967 – V R 89/66, BStBl. III 1967, 715.
275 Vgl. UStAE 2.3 Abs. 2 idF Januar 2025.
276 Vgl. BFH 29.10.2008 – XI R 74/07, BStBl. II 2009, 256.
277 Vgl. BFH 3.4.2003 – V R 63/01, BStBl. II 2004, 434.
278 Vgl. BFH 20.8.2009 – V R 30/06, BStBl. II 2010, 863.

Personalverwaltung nicht.[279] Beruht die wirtschaftliche Eingliederung auf Leistungen des Organträgers gegenüber seiner Organgesellschaft, müssen entgeltliche Leistungen vorliegen, denen für das Unternehmen der Organgesellschaft mehr als nur unwesentliche Bedeutung zukommt.[280] Zu einer wirtschaftlichen Eingliederung durch Darlehen kann es nur kommen, wenn diese im Rahmen eines Unternehmens gewährt werden.[281]

**6781** Für die Frage der wirtschaftlichen Verflechtung kommt nach UStAE 2.8 Abs. 6a (idF Januar 2025) der Entstehungsgeschichte der Tochtergesellschaft eine wesentliche Bedeutung zu. Die Unselbständigkeit einer hauptsächlich im Interesse einer anderen Firma ins Leben gerufenen Produktionsfirma braucht nicht daran zu scheitern, dass sie einen Teil ihrer Erzeugnisse auf dem freien Markt absetzt. Ist dagegen eine Produktionsgesellschaft zur Versorgung eines bestimmten Markts gegründet worden, kann ihre wirtschaftliche Eingliederung als Organgesellschaft auch dann gegeben sein, wenn zwischen ihr und der Muttergesellschaft Warenlieferungen nur in geringem Umfange oder überhaupt nicht vorkommen.[282]

**6782** Bei einer Betriebsaufspaltung in ein Besitzunternehmen (zB Personengesellschaft) und eine Betriebsgesellschaft (idR Kapitalgesellschaft) und Verpachtung des Betriebsvermögens durch das Besitzunternehmen an die Betriebsgesellschaft steht nach UStAE 2.8 Abs. 6b (idF Januar 2025) die durch die Betriebsaufspaltung entstandene Betriebsgesellschaft im Allgemeinen in einem Abhängigkeitsverhältnis zum Besitzunternehmen.[283] Auch wenn bei einer Betriebsaufspaltung nur das Betriebsgrundstück ohne andere Anlagegegenstände verpachtet wird, kann eine wirtschaftliche Eingliederung vorliegen.[284]

**6783** Nach UStAE 2.8 Abs. 6c (idF Januar 2025) wird die wirtschaftliche Eingliederung nicht auf Grund von Liquiditätsproblemen der Organtochter beendet. Diese Eingliederung wird nicht durch Eintritt der Vermögenslosigkeit der Organgesellschaft, sondern durch den Verlust des maßgeblichen Einflusses des Organträgers – wie zB im Konkurs der Organgesellschaft – beendet.[285] Die wirtschaftliche Eingliederung auf Grund der Vermietung eines Grundstücks, das die räumliche und funktionale Geschäftstätigkeit der Organgesellschaft bildet, entfällt nicht bereits dadurch, dass für das betreffende Grundstück Zwangsverwaltung und Zwangsversteigerung angeordnet wird.[286] Eine Entflechtung vollzieht sich erst im Zeitpunkt der tatsächlichen Beendigung des Nutzungsverhältnisses zwischen dem Organträger und der Organgesellschaft.

**6784** Die wirtschaftliche Eingliederung kann nicht nur aufgrund unmittelbarer Beziehungen zum Organträger bestehen, sondern auch auf der Verflechtung zwischen den Unternehmensbereichen verschiedener Organgesellschaften beruhen. Dies hat der BFH (BFH 11.5.2023 – V R 28/20[287]), noch einmal in folgendem Fall bestätigt: Gegenstand des Unternehmens der einer GmbH) deren Alleingesellschafter und alleiniger Geschäftsführer G war, war die Vermietung und Verwaltung von Wohn- und Gewerbeimmobilien, die im Eigentum des G standen. Zudem mietete die GmbH Büroräume von einer GbR, an der G zu 95 % beteiligt war. G führte ein Einzelunternehmen, dessen Gegenstand der Erwerb von Immobiliarvermögen war. Die GmbH war zudem Teil der „V-Gruppe", der mehrere Kapitalgesellschaften angehörten, die ihrerseits Dienstleistungen im Immobilienbereich erbrachten. Hier war nach Auffassung des BFH eine wirtschaftliche Eingliederung nicht bereits deshalb zu verneinen, weil G seine Beteiligung an der GmbH nicht seinem Unternehmensvermögen zugeordnet hatte. Entscheidend ist allein, ob die Unternehmensbereiche von Organträger und Organgesellschaft miteinander verflochten sind. Etwaige Zuordnungsentscheidungen sind insoweit nicht maßgebend.

[279] Vgl. BFH 1.2.2022 – V R 23/21, BStBl. II 2023, 148 mwN.
[280] Vgl. BFH 18.6.2009 – V R 4/08, BStBl. II 2010, 310; 6.5.2010 – V R 26/09, BStBl. II 2010, 1114.
[281] Vgl. BFH 13.11.2019 – V R 30/18, BStBl. II 2021, 248.
[282] Vgl. BFH 15.6.1972 – V R 15/69, BStBl. II 1972, 840.
[283] Vgl. BFH 28.1.1965 – V 126/62 U, BStBl. III 1965, 243; 17.11.1966 – V 113/65, BStBl. III 1967, 103.
[284] Vgl. BFH 9.9.1993 – V R 124/89, BStBl. II 1994, 129.
[285] Vgl. BFH 19.10.1995 – V R 128/93, BFH/NV 1996, 275.
[286] Vgl. BMF 1.12.2009, BStBl. I 2009, 1609.
[287] BStBl. II 2023, 992.

Zusammenfassend ergibt sich aus der von der Verwaltung übernommenen BFH-Rechtsprechung für die wirtschaftliche Eingliederung: Für die wirtschaftliche Eingliederung kommt es darauf an, dass zwischen der Organgesellschaft und dem Unternehmen des Organträgers ein vernünftiger wirtschaftlicher Zusammenhang im Sinne einer wirtschaftlichen Einheit, Kooperation oder Verflechtung – auch in verschiedenen Wirtschaftszweigen – besteht. Beruht die wirtschaftliche Eingliederung auf Leistungen des Organträgers gegenüber einer Organgesellschaft, müssen die Leistungen für die Begründung einer wirtschaftlichen Eingliederung entgeltlich erfolgen und für das Unternehmen der Organgesellschaft von mehr als nur unwesentlicher Bedeutung sein. Die wirtschaftliche Eingliederung kann sich aus einer Verflechtung zwischen den Unternehmensbereichen verschiedener Organgesellschaften ergeben. **6785**

Unzureichend sind: unentgeltliche Leistungen und Nutzungsüberlassungen des Organträgers an die Organgesellschaft, Verlustübernahmen durch den Organträger, unentgeltliche Materialbeistellungen durch den Organträger für eine von der Organgesellschaft an den Organträger erbrachte Leistung, administrative und beratende Tätigkeiten des Organträgers für die Organgesellschaft, wenn diese für die Unternehmenstätigkeit der Organgesellschaft nicht wesentlich sind (dies dürfte auch umgekehrt gelten). **6786**

*(einstweilen frei)* **6787–6796**

## IV. Organisatorische Eingliederung

### 1. Allgemeines

Die organisatorische Eingliederung ist, ebenso wie die finanzielle und die wirtschaftliche Eingliederung, eine Teilvoraussetzung der umsatzsteuerrechtlichen Organschaft. Die organisatorische Eingliederung ist diejenige, welche aufgrund der vielen Zweifelfragen, welche höchstrichterlich geklärt werden mussten, am meisten durch Einzelfallentscheidungen des BFH ausgeprägt wurde. **6797**

Die organisatorische Eingliederung erfordert die tatsächliche Wahrnehmung der laufenden Geschäftsführung der Organgesellschaft aufgrund der aus der finanziellen Eingliederung resultierenden Beherrschungsmöglichkeit.[288] Dadurch wird gleichzeitig zum Ausdruck gebracht, dass es einzig auf die Ausgestaltung im Innenverhältnis (Geschäftsführung) ankommt. Das Außenverhältnis (Vertretung) spielt insoweit keine Rolle.[289] **6798**

Früher kam es nach der BFH-Rechtsprechung darauf an, dass die mit der finanziellen Eingliederung verbundene Möglichkeit der Beherrschung der Organgesellschaft durch den Organträger in der laufenden Geschäftsführung tatsächlich wahrgenommen wird.[290] Es kam darauf an, dass der Organträger die Organgesellschaft durch die Art und Weise der Geschäftsführung beherrscht oder aber zumindest durch die Gestaltung der Beziehungen zwischen dem Organträger und der Organgesellschaft sichergestellt ist, dass eine vom Willen des Organträgers abweichende Willensbildung bei der Organgesellschaft nicht stattfindet.[291] Dementsprechend war es keine notwendige Voraussetzung für eine organisatorische Eingliederung, dass der Organträger in der Lage war, positiv seinen Willen bei der Organgesellschaft durchzusetzen. Der BFH hatte dann hier noch einmal die Anforderungen verschärft, denen die Finanzverwaltung folgt. In seinem Urteil v. 8.8.2013[292] hat der BFH ausgeführt, dass der bloße Ausschluss einer vom Willen des Organträgers abweichenden Willensbildung nicht ausreicht, sondern dass es auf die Möglichkeit zur Willensdurchsetzung ankommt. **6799**

288 BFH 20.2.1992 – V R 80/85, BFH/NV 1993, 133.
289 Vgl. Dodenhoff UR 2014, 337 mwN.
290 Vgl. zB BFH 28.1.1999 – V R 32/98, BStBl. II 1999, 258.
291 Vgl. zB BFH 5.12.2007 – V R 26/06, BStBl. II 2008, 451.
292 BFH 8.8.2013 – V R 18/13, BStBl. II 2017, 543.

**Beispiel** (nach Becker UStB 2014, 230):

6800 Die A GmbH ist zu 100 % an der B GmbH beteiligt. Die wirtschaftliche Eingliederung ist gegeben. Geschäftsführer der B GmbH sind die Personen C, D und E. C ist zugleich Geschäftsführer der A GmbH. D und E sind nicht mit der A GmbH personell verbunden. Es besteht Einzelgeschäftsführungsbefugnis. Die Geschäftsführungsordnung der B GmbH räumt C jedoch ein Vetorecht ein.

Es besteht zwar nur eine teilweise Verflechtung der Geschäftsführungen (zu personellen Verflechtungen s. → Rn. 6806 ff.) und zudem eine Einzelgeschäftsführungsbefugnis bei der B GmbH. Allerdings kann aufgrund des Vetorechts die A GmbH durch ihren Geschäftsführer C eine abweichende Willensbildung bei der B GmbH verhindern. Nach früherer Verwaltungsansicht, folgend der BFH-Rechtsprechung, lag somit eine organisatorische Eingliederung der B GmbH in die A GmbH vor. Nach der Verschärfung der Rechtsprechung, dass es darauf ankommt, dass der Organträger seinen Willen bei der Organgesellschaft tatsächlich durchsetzen kann, wäre dies trotz des Vetorechts des C bei der B GmbH nicht gegeben. Sind wie hier für die B GmbH als Organ-GmbH mehrere einzelvertretungsberechtigte Geschäftsführer bestellt, reicht es zwar aus, dass zumindest einer von ihnen auch Geschäftsführer der A GmbH als Organträger-GmbH ist. Allerdings muss zur Willensdurchsetzung der Organträger über ein umfassendes Weisungsrecht gegenüber der Geschäftsführung der Organ-GmbH verfügen und zur Bestellung und Abberufung aller Geschäftsführer der Organ-GmbH berechtigt sein.[293]

6801 Der BFH war in seiner früheren Rechtsprechung insbesondere zur Bestellung von Verwaltern im Vorfeld einer Konkurs- oder Insolvenzeröffnung davon ausgegangen, dass sich die organisatorische Eingliederung – ohne Möglichkeit zur Willensdurchsetzung – auch daraus ergeben kann, dass eine vom Organträger abweichende Willensbildung in der Organgesellschaft ausgeschlossen ist.[294] Der BFH rechtfertigte seine Rechtsprechungsänderung damit, dass die „Verschmelzung zu einem einzigen Steuerpflichtigen" aufgrund der Organschaft zur Folge hat, dass der Organträger als Steuerpflichtiger für alle Organgesellschaften „öffentliche Gelder" als „Steuereinnehmer für Rechnung des Staates" zu vereinnahmen hat. Nicht ausreichend sei, dass der Organträger bei der Organgesellschaft lediglich eine von seinem Willen abweichende Willensbildung ausschließen kann, da ein derartiges Vetorecht es dem Organträger nicht ermögliche, die Aufgabe des „Steuereinnehmers" für die Organgesellschaft zu erfüllen.[295]

6802 Der aktienrechtlichen Abhängigkeitsvermutung aus § 17 AktG kommt keine Bedeutung im Hinblick auf die organisatorische Eingliederung zu.[296] Nach § 17 Abs. 1 AktG handelt es sich bei abhängigen Unternehmen um rechtlich selbständige Unternehmen, auf die ein anderes Unternehmen (herrschendes Unternehmen) unmittelbar oder mittelbar einen beherrschenden Einfluss ausüben kann. Nach § 17 Abs. 2 AktG wird von einem in Mehrheitsbesitz stehenden Unternehmen vermutet, dass es von dem an ihm mit Mehrheit beteiligten Unternehmen abhängig ist. § 2 Abs. 2 Nr. 2 UStG definiert nach der BFH-Rechtsprechung die umsatzsteuerrechtliche Organschaft demgegenüber eigenständig, ohne auf andere zB aktienrechtliche Regelungen zu verweisen. Maßgeblich ist nach § 2 Abs. 2 Nr. 2 UStG allein, ob eine juristische Person nach dem Gesamtbild der tatsächlichen Verhältnisse finanziell, wirtschaftlich und organisatorisch in das Unternehmen des Organträgers eingegliedert ist.

6803 Nicht ausschlaggebend ist, dass die Organgesellschaft in eigenen Räumen arbeitet, eine eigene Buchhaltung und eigene Einkaufs- und Verkaufsabteilungen hat, da dies dem Willen des Organträgers entsprechen kann.[297]

---

293 Vgl. BFH 8.8.2013 – V R 18/13, BStBl. II 2017, 543.

294 Vgl. BFH 20.2.1992 – V R 80/85, BFH/NV 1993, 133 zur sog. Sicherungssequestration unter der Geltung der Konkursordnung; 13.3.1997 – V R 96/96, BStBl. II 1997, 580, 28.1.1999 – V R 32/98, BStBl. II 1999, 258; 16.8.2001 – V R 34/01, BFH/NV 2002, 223; und zum vorläufigen Insolvenzverwalter mit Zustimmungsvorbehalt BFH 1.4.2004 – V R 24/03, BStBl. II 2004, 905.

295 Vgl. BFH 8.8.2013 – V R 18/13, BStBl. II 2017, 543.

296 Vgl. UStAE 2.8 Abs. 7 S. 4, Fassung Januar 2025, unter Hinweis auf BFH 3.4.2008 – V R 76/05, BStBl. II 2008, 905.

297 Vgl. UStAE 2.8 Abs. 7 S. 5, Fassung Januar 2025, unter Hinweis auf BFH 23.7.1959 – V 176/55 U, BStBl. III 1959, 376.

Der BFH hat seine Rechtsprechung vor dem Hintergrund der EuGH-Organschaftsrechtsprechung dahin gehend geändert, dass er nicht mehr auf eine Über- und Unterordnung, sondern vielmehr auf eine Eingliederung mit Durchgriffsrechten abstellt.[298] Danach ist bei der Auslegung der Eingliederungsvoraussetzungen (auch der organisatorischen Eingliederung) auch der mit der Organschaft verfolgte Vereinfachungszweck zu berücksichtigen. Dieser erfordert, dass die Organschaft auch für den Organträger als Steuerschuldner für die organschaftlich zusammengefassten Unternehmen einfach anzuwenden ist. Ohne Antrags- und ohne Feststellungsverfahren muss es dem Organträger daher aufgrund der Eingliederung möglich sein, die – nach § 370 AO strafbewährte – Verantwortung für die Umsatztätigkeit der mit ihm verbundenen juristischen Person zu übernehmen. Dies setzt in Form der Eingliederung iSv § 2 Abs. 2 Nr. 2 UStG Durchgriffsmöglichkeiten voraus, aufgrund derer der Organträger – ähnlich wie bei unselbständigen Betriebsabteilungen im Unternehmen einer Person – die für die Abgabe von Steueranmeldungen und Steuererklärungen notwendigen Informationsansprüche wie auch die zur Erfüllung von Steueransprüchen notwendigen Ausgleichsansprüche[299] gegen die Organgesellschaft durchsetzen kann.[300] **6804**

Bislang gibt es keine BFH-Rechtsprechung, wonach Personengesellschaften generell grds. als Organgesellschaften in das Unternehmen des Organträgers eingegliedert sein können. Hier hat der BFH bisher berücksichtigt, dass sich Personengesellschaften sowohl in finanzieller als auch in organisatorischer Hinsicht als nicht eingliederungsfähig erweisen.[301] Die Eingliederung scheitere an dem bei ihnen für die Beschlussfassung geltenden Einstimmigkeitsprinzip.[302] Ein hiervon abweichendes Mehrheitsprinzip stehe einer Mehrheitsentscheidung durch nur einen Gesellschafter entgegen, da dann im Zweifel nach der Zahl der Gesellschafter zu entscheiden sein soll.[303] Selbst wenn aufgrund darüber hinaus abweichender Regelungen ein Gesellschafter Mehrheitsentscheidungen durchsetzen kann, bestünden zumindest Nachweisschwierigkeiten. Denn abgesehen von Sonderfällen wie etwa der Einbringung von Grundstücken in eine Gesamthand[304] bestehe für den Abschluss und die Änderung von Gesellschaftsverträgen bei Personengesellschaften keinerlei Formzwang. Gesellschaftsvertragliche Stimmrechtsvereinbarungen, die von den §§ 709 BGB und 119 HB abweichen, könnten daher auch mündlich getroffen und geändert werden.[305] **6805**

## 2. Personelle Verflechtungen

Die organisatorische Eingliederung setzt nach UStAE 2.8 Abs. 8 S. 1 (Fassung Februar 2024) in aller Regel die personelle Verflechtung der Geschäftsführungen des Organträgers und der Organgesellschaft voraus.[306] Dies ist nach UStAE 2.8 Abs. 8 S. 2 (Fassung Februar 2024) zB bei einer Personenidentität in den Leitungsgremien beider Gesellschaften gegeben.[307] Wenn die Geschäftsführung über identische Personen verfügt, ist hierüber die organisatorische Eingliederung gewährleistet. **6806**

---

298 Vgl. im Einzelnen Wäger UR 2016, 173; kritisch dazu Englisch UR 2016, 822.
299 Vgl. hierzu BFH 8.8.2013 – V R 18/13, BStBl. II 2017, 543.
300 Vgl. BFH 2.12.2015 – V R 15/14, BStBl. II 2017, 553.
301 Vgl. dazu im Einzelnen Wäger UR 2017, 664.
302 Vgl. § 709 Abs. 1 BGB zur GbR, § 119 Abs. 1 HGB zur OHG und § 161 Abs. 2 HGB zur KG.
303 Vgl. § 709 Abs. 2 BGB, § 119 Abs. 2 HGB.
304 Vgl. § 311b BGB.
305 Vgl. BFH 2.12.2025 – V R 25/13, BStBl. II 2017, 547.
306 Vgl. BFH 3.4.2008 – V R 76/05, BStBl. II 2008, 905; 28.10.2010 – V R 7/10, BStBl. II 2011, 391; 2.12.2015 – V R 15/14, BStBl. II 2017, 553.
307 Vgl. BFH 17.1.2002 – V R 37/00, BStBl. II 2002, 373; 5.12.2007 – V R 26/06, BStBl. II 2008, 451.

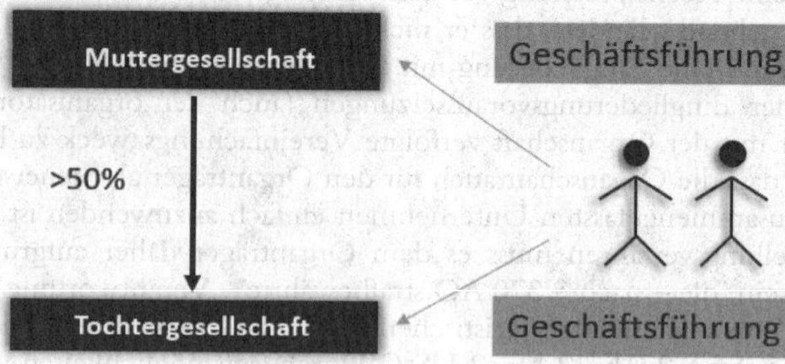


**Abb.:** Beispiel einer organisatorischen Eingliederung mit Personenidentität

Es reicht weder das mit der finanziellen Eingliederung einhergehende Weisungsrecht durch Gesellschafterbeschluss noch eine vertragliche Pflicht zur regelmäßigen Berichterstattung über die Geschäftsführung zur Begründung der organisatorischen Eingliederung aus. Gleiches gilt für die Tätigkeit eines nicht geschäftsführenden Beirats, die Nutzung gemeinsamer Büroräume oder die Erledigung des Rechnungswesens durch gemeinsames Personal von GmbH und Mehrheitsgesellschafter.

**6807** Nach UStAE 2.8 Abs. 8 Sätze 3 ff. (Fassung Januar 2025) ist es für das Vorliegen einer organisatorischen Eingliederung jedoch nicht in jedem Fall erforderlich, dass die Geschäftsführung der Muttergesellschaft mit derjenigen der Tochtergesellschaft vollständig personenidentisch ist. So kann eine organisatorische Eingliederung zB auch dann vorliegen, wenn nur einzelne Geschäftsführer des Organträgers Geschäftsführer der Organgesellschaft sind.[308] Grund hierfür ist, dass die finanzielle, wirtschaftliche und organisatorische Eingliederung der Organgesellschaft nicht auf allen drei Gebieten vollkommen sein muss.

**6808** Ob dagegen eine organisatorische Eingliederung vorliegt, wenn die Tochtergesellschaft über mehrere Geschäftsführer verfügt, die nur zum Teil auch in dem Leitungsgremium der Muttergesellschaft vertreten sind, hängt von der Ausgestaltung der Geschäftsführungsbefugnis in der Tochtergesellschaft ab. Ist in der Organgesellschaft eine Gesamtgeschäftsführungsbefugnis vereinbart und werden die Entscheidungen durch Mehrheitsbeschluss getroffen, kann eine organisatorische Eingliederung nur vorliegen, wenn die personenidentischen Geschäftsführer über die Stimmenmehrheit verfügen. Bei einer Stimmenminderheit der personenidentischen Geschäftsführer oder bei Einzelgeschäftsführungsbefugnis der fremden Geschäftsführer sind zusätzliche institutionell abgesicherte Maßnahmen erforderlich, um eine Beherrschung der Organgesellschaft durch den Organträger sicherzustellen. Eine organisatorische Eingliederung kann zB in Fällen der Geschäftsführung in der Organgesellschaft mittels Geschäftsführungsbefugnis vorliegen, wenn zumindest einer der Geschäftsführer auch Geschäftsführer des Organträgers ist und der Organträger über ein umfassendes Weisungsrecht gegenüber der Geschäftsführung der Organgesellschaft verfügt sowie zur Bestellung und Abberufung aller Geschäftsführer der Organgesellschaft berechtigt ist.[309]

**6809** Die organisatorische Eingliederung erfolgt kaskadenförmig von der jeweiligen Obergesellschaft auf die Ebene der jeweiligen Tochtergesellschaft.

**Beispiel 1:**
So im nachfolgend dargestellten Beispiel die organisatorische Eingliederung gegeben, wenn der Geschäftsführer A zugleich die Geschäftsführung der OG1 innehat. Auf der nächsten Ebene wird die organisatorische Eingliederung durch die Weisungsabhängigkeit des Mitarbeiter E, auf Ebene der OG 1, welche zugleich die Geschäftsführung der OG2 innehat gewährleistet.

---

[308] Vgl. BFH 28.1.1999 – V R 32/98, BStBl. II 1999, 258.
[309] Vgl. BFH 7.7.2011 – V R 53/10, BStBl. II 2013, 218.

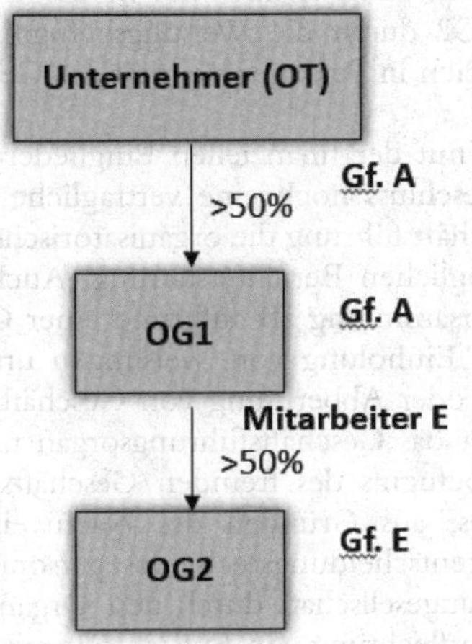


**Abb.:** Grafische Darstellung Beispiel 1

**Beispiel 2:**

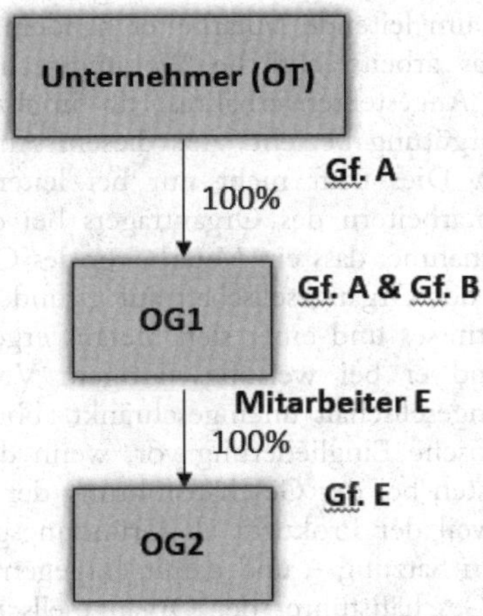


**Abb.:** Grafische Darstellung Beispiel 2

Hingegen ist bei gleichem Sachverhalt eine organisatorische Eingliederung dann ausgeschlossen, wenn auf Ebene einer Organgesellschaft eine abweichende Willensbildung möglich ist. Ist beispielsweise auf Ebene der OG1 ein weiterer Geschäftsführer bestellt, so ist die organisatorische Eingliederung dann nicht gegeben, wenn dieser eigenständig Geschäftsführungsentscheidungen treffen kann. Dies ist u. a. dann der Fall, wenn er Einzelgeschäftsführungsbefugnis innehat. In diesem Fall wären weder OG1 noch OG2 organisatorisch in das Unternehmen des Organträgers eingegliedert. 6810

Da aber auch die Durchsetzung der Willensbildung des Organträgers in der laufenden Geschäftsführung erforderlich ist, ist es nicht allein ausreichend, wenn der A auf Ebene der OG1 gemeinsam mit B Gesamtgeschäftsführungsbefugnis innehat. Es ist erforderlich, dass A sich auf dieser Ebene (beispielsweise durch Einzelgeschäftsführungsbefugnis für A und Gesamtgeschäftsführungsbefugnis für B) in der laufenden Geschäftsführung durchsetzen 6811 kann. Sofern die OG1 mittels Personenidentität in das Unternehmen des Organträgers eingegliedert ist, ist die OG2 durch die Weisungsbefugnis gegenüber dem angestellten Mitarbeiter E, welcher zugleich in Personenidentität die Geschäftsführung der OG2 innehat, sichergestellt.

6812 So begründen weder das mit der finanziellen Eingliederung einhergehende Weisungsrecht durch Gesellschafterbeschluss noch eine vertragliche Pflicht zur regelmäßigen Berichterstattung über die Geschäftsführung die organisatorische Eingliederung. Dies gilt auch für eine Pflicht zur sogar täglichen Berichterstattung. Auch Zustimmungsvorbehalte zugunsten der Gesellschafterversammlung zB aufgrund einer Geschäftsführungsordnung sind als bloße Verpflichtung zur Einholung von Weisungen unbeachtlich. Ebenso reicht das bloße Recht zur Bestellung oder Abberufung von Geschäftsführern ohne weiter gehende personelle Verflechtung über das Geschäftsführungsorgan nicht aus. Alternativ kann auch bei Einzelgeschäftsführungsbefugnis des fremden Geschäftsführers ein bei Meinungsverschiedenheiten eingreifendes, aus Gründen des Nachweises und der Inhaftungnahme schriftlich vereinbartes Letztentscheidungsrecht des personenidentischen Geschäftsführers eine Beherrschung der Organgesellschaft durch den Organträger sicherstellen. Hingegen kann durch die personelle Verflechtung von Aufsichtsratsmitgliedern keine organisatorische Eingliederung hergestellt werden.[310]

6813 Neben dem Regelfall der personellen Verflechtung der Geschäftsführungen des Organträgers und der Organgesellschaft kann sich nach UStAE 2.8 Abs. 9 (Fassung Januar 2025) die organisatorische Eingliederung aber auch daraus ergeben, dass Mitarbeiter des Organträgers als Geschäftsführer der Organgesellschaft tätig sind.[311] Es muss sich entgegen dem o. g. BFH-Urteil[312] nicht um leitende Mitarbeiter handeln. Schließlich besteht die Willensdurchsetzung über das arbeitsrechtliche Weisungsrecht.[313] Wesentlich ist ein zum Organträger bestehendes Angestelltenverhältnis, dh implizit, dass der Mitarbeiter von diesem seine Tätigkeitsvergütung bezieht. Aus diesem Anstellungsverhältnis ergibt eine persönliche Abhängigkeit. Dies trifft nicht nur bei leitenden Mitarbeitern zu.[314] Die Berücksichtigung von Mitarbeitern des Organträgers bei der organisatorischen Eingliederung beruht auf der Annahme, dass ein Mitarbeiter des Organträgers dessen Weisungen bei der Geschäftsführung der Organgesellschaft auf Grund eines zum Organträger bestehenden Anstellungsverhältnisses und einer sich hieraus ergebenden persönlichen Abhängigkeit befolgen wird und er bei weisungswidrigem Verhalten vom Organträger als Geschäftsführer der Organgesellschaft uneingeschränkt abberufen werden kann.[315] Somit liegt zB keine organisatorische Eingliederung vor, wenn der Organträger seinen Willen gegenüber ihrem Prokuristen bei der Geschäftsführung der Organgesellschaft bereits deshalb nicht durchsetzen, weil der Prokurist als Gründungsgesellschafter der Organgesellschaft (GmbH) nach deren Satzung – und damit entgegen § 46 Nr. 5 GmbHG – nicht gegen seinen Willen als Geschäftsführer der Organgesellschaft durch Mehrheitsbeschluss in der Gesellschafterversammlung abberufen werden kann. Ohne Bedeutung für die organisatorische Eingliederung ist, ob gem. § 38 Abs. 2 GmbHG gleichwohl zumindest eine Abberufung aus wichtigem Grund möglich wäre. Denn die organisatorische Eingliederung setzt die Möglichkeit der Beherrschung in der laufenden Geschäftsführung voraus. Dies erfordert ein uneingeschränktes Abberufungsrecht, das nicht nur bei Vorliegen eines wichtigen Grundes besteht. Demgegenüber reicht es nicht aus, dass ein Mitarbeiter des Mehrheitsgesellschafters nur Prokurist bei der vermeintlichen Organgesellschaft ist, während es sich beim einzigen Geschäftsführer der vermeintlichen Organgesellschaft um eine Person handelt, die weder Mitglied der Geschäftsführung noch Mitarbeiter des Mehrheits-

[310] Vgl. UStAE 2.8 Abs. 8 Sätze 5 ff. (Fassung Februar 2024).
[311] Vgl. BFH 20.8.2009 – V R 30/06, BStBl. II 2010, 863.
[312] Siehe FN 309.
[313] Vgl. Forster/Trejo UStB 2010, 16.
[314] Vgl. Becker UStB 2013, 180.
[315] Vgl. BFH 7.7.2011 – V R 53/10, BStBl. II 2013, 218.

gesellschafters ist.[316] Eine organisatorische Eingliederung kann sich im Übrigen nicht daraus ergeben, dass eine nicht geschäftsführende Gesellschafterversammlung und ein gleichfalls nicht geschäftsführender Beirat ausschließlich mit Mitgliedern des Mehrheitsgesellschafters besetzt sind, vertragliche Bedingungen dem Mehrheitsgesellschafter „umfangreiche Beherrschungsmöglichkeiten" sichern und darüber hinaus dieselben Büroräume benutzt und das komplette Rechnungswesen durch gemeinsames Personal erledigt werden.

Nach UStAE 2.8 Abs. 10 (Fassung Januar 2025) kann in Ausnahmefällen eine organisato- **6814**
rische Eingliederung auch ohne personelle Verflechtung in den Leitungsgremien des Organträgers und der Organgesellschaft vorliegen. Voraussetzung für diese schwächste Form der organisatorischen Eingliederung ist jedoch, dass institutionell abgesicherte unmittelbare Eingriffsmöglichkeiten in den Kernbereich der laufenden Geschäftsführung der Organgesellschaft gegeben sind.[317] Weder die mit der finanziellen Eingliederung zwangsläufig einhergehende Möglichkeit der Weisung durch Gesellschafterbeschluss noch regelmäßige (zB monatliche) Berichte über die Geschäftsführung, auch wenn diese auf einer vertraglichen Pflicht zur Berichterstattung beruhen, reichen zur Sicherstellung der organisatorischen Eingliederung aus.[318] Erforderlich sind vielmehr institutionell abgesicherte unmittelbare Eingriffsmöglichkeiten in den Kernbereich der laufenden Geschäftsführung. Der Organträger muss durch schriftlich fixierte Vereinbarungen (zB Geschäftsführerordnung, Konzernrichtlinie, Anstellungsvertrag) in der Lage sein, gegenüber Dritten seine Entscheidungsbefugnis nachzuweisen und den Geschäftsführer der Organgesellschaft bei Verstößen gegen seine Anweisungen haftbar zu machen.[319]

Auch Zustimmungsvorbehalte zugunsten der Gesellschafterversammlung zB auf Grund **6815**
einer Geschäftsführungsordnung können für sich betrachtet keine organisatorische Eingliederung begründen.[320] Dasselbe gilt für Zustimmungserfordernisse bei außergewöhnlichen Geschäften[321] oder das bloße Recht zur Bestellung oder Abberufung von Geschäftsführern ohne weiter gehende personelle Verflechtungen über das Geschäftsführungsorgan.[322] Ebenso kann sich eine organisatorische Eingliederung nicht allein daraus ergeben, dass eine nicht geschäftsführende Gesellschafterversammlung und ein gleichfalls nicht geschäftsführender Beirat ausschließlich mit Mitgliedern des Mehrheitsgesellschafters besetzt sind, vertragliche Bedingungen dem Mehrheitsgesellschafter „umfangreiche Beherrschungsmöglichkeiten" sichern und darüber hinaus dieselben Büroräume benutzt und das komplette Rechnungswesen durch gemeinsames Personal erledigt werden.[323]

### 3. Beherrschungsvertrag

Hat die Organgesellschaft mit dem Organträger einen Beherrschungsvertrag nach § 291 **6816**
AktG abgeschlossen oder ist die Organgesellschaft nach §§ 319, 320 AktG in die Gesellschaft des Organträgers eingegliedert, ist nach UStAE 2.8 Abs. 10 Sätze 4 ff. (Fassung Januar 2025) von dem Vorliegen einer organisatorischen Eingliederung auszugehen, da der Organträger in diesen Fällen berechtigt ist, dem Vorstand der Organgesellschaft nach Maßgabe der §§ 308 bzw. 323 Abs. 1 AktG Weisungen zu erteilen. Soweit rechtlich zulässig muss sich dieses Weisungsrecht jedoch grundsätzlich auf die gesamte unternehmerische Sphäre der Organgesellschaft erstrecken. Aufsichtsrechtliche Beschränkungen stehen der

316 Vgl. BFH 28.10.2010 – V R 7/10, BStBl. II 2011, 391.
317 Vgl. BFH 3.4.2008 – V R 76/05, BStBl. II 2008, 905.
318 Vgl. UStAE 2.8 Abs. 11 S. 1, Stand Februar 2024; vgl. BFH 2.12.2015 – V R 15/14, BStBl. II 2017, 553.
319 Vgl. BFH 5.12.2007 – V R 26/06, BStBl. II 2008, 451; 12.10.2016 – XI R 30/14, BStBl. II 2017, 597; vgl. zu den personellen Verflechtungsmöglichkeiten auch Forster/Körner UR 2015, 822.
320 UStAE 2.8 Abs. 11 S. 2; vgl. BFH 7.7.2011 – V R 53/10, BStBl. II 2013, 218.
321 Vgl. BFH 3.4.2008 – V R 76/05, BStBl. II 2008, 905.
322 Vgl. BFH 7.7.2011 – V R 53/10, BStBl. II 2013, 218; vgl. UStAE 2.8 Abs. 11 S. 3 (Fassung Januar 2025).
323 UStAE 2.8 Abs. 11 S. 4; vgl. BFH 28.10.2010 – V R 7/10, BStBl. II 2011, 391.

Annahme einer organisatorischen Eingliederung nicht entgegen. Nach dem BMF-Schreiben v. 5.5.2024[324] stehen aufsichtsrechtliche Beschränkungen (zB bei Banken – kontrolliert durch die BAFIN) der Annahme einer Organschaft nicht entgegen. Eine organisatorische Eingliederung durch Beherrschungsvertrag wird jedoch erst ab dem Zeitpunkt seiner Eintragung in das Handelsregister begründet, da dieser konstitutive Wirkung zukommt.[325]

**6817** Der im Aktiengesetz normierte Beherrschungsvertrag (§ 291 AktG) ist ein Unternehmensvertrag, durch den eine AG oder KGaA die Leitung ihrer Gesellschaft einem anderen Unternehmen unterstellt. Durch Abschluss des Beherrschungsvertrags entsteht ein sog. Unterordnungs-Konzern, bei dem das „herrschende" Unternehmen in der Weise übergeordnet ist, dass das andere von ihm abhängig wird. Das Gegenstück zum Unterordnungskonzern ist der sog. Gleichordnungskonzern, der vorliegt, wenn sich Unternehmen, die voneinander nicht abhängig sind, durch Vertrag unter einheitliche Leitung stellen, ohne dass dadurch eines von ihnen von einem anderen vertragschließenden Unternehmen abhängig wird. Das Beherrschungsverhältnis, die „Leitungsmacht", ist in § 308 AktG normiert.[326] Durch einen Beherrschungsvertrag stellt die beherrschte Gesellschaft ihre „Leitung" unter den Willen eines anderen Unternehmens. Das herrschende Unternehmen ist nach § 308 Abs. 1 S. 1 AktG berechtigt, dem Vorstand der Gesellschaft hinsichtlich der „Leitung" der Gesellschaft Weisungen zu erteilen, welche vom Vorstand auch befolgt werden müssen (§ 308 Abs. 2 S. 1 AktG).

**6818** Der Begriff der „Leitung" umfasst nur einen Teilausschnitt aus der Geschäftsführung und ist von dieser zu unterscheiden. Unter der „Leitung" wird vor allem die Zielplanung für das Unternehmen der Gesellschaft und die Festlegung der Unternehmenspolitik verstanden.[327] Der Beherrschungsvertrag bewirkt keine vollständige Übertragung der Unternehmensleitung auf Organe oder Angestellte des herrschenden Unternehmens. Grundsätzlich verbleibt diese in der Hand des Vorstands der abhängigen Gesellschaft. Nur wenn von der Herrschaftsbefugnis Gebrauch gemacht wird, hat der Vorstand der abhängigen Gesellschaft sich bei seiner Leitung danach zu richten. Das heißt, selbst bei umfassenden (Einzel-) Geschäftsführungsbefugnissen nicht personenidentischer Vorstandsmitglieder der Beteiligungsgesellschaft kann eine organisatorische Eingliederung in das Unternehmen des Beteiligten vorliegen.[328]

**6819** Bestimmt der Beherrschungsvertrag nichts anderes, so können auch Weisungen erteilt werden, die für die Gesellschaft nachteilig sind, wenn sie den Belangen des herrschenden Unternehmens oder der mit ihm und der Gesellschaft konzernverbundenen Unternehmen dienen. Umgekehrt ist der Vorstand des untergeordneten Unternehmens verpflichtet, die Weisungen des herrschenden Unternehmens zu befolgen. Er ist nicht berechtigt, die Befolgung einer Weisung zu verweigern, weil sie nach seiner Ansicht nicht den Belangen des herrschenden Unternehmens oder der mit ihm und der Gesellschaft konzernverbundenen Unternehmen dient, es sei denn, dass sie offensichtlich nicht diesen Belangen dient. Das herrschende Unternehmen trifft nach § 302 AktG die Verpflichtung zur Verlustübernahme. Es muss während der gesamten Vertragsdauer jeden entstehenden Jahresfehlbetrag ausgleichen, soweit dieser nicht dadurch ausgeglichen wird, dass den anderen Gewinnrücklagen Beträge entnommen werden, die während der Vertragsdauer in sie eingestellt worden sind.[329] Gerade in größeren Konzernen und Unternehmensgruppen ist der Beherrschungsvertrag sinnvolles Gestaltungsmittel zur Sicherstellung der organisatorischen Eingliederung,[330] wenn man auch zugleich die weiteren (steuerlichen) Auswirkungen über die Umsatzsteuer hinaus im Blick behält und wünscht.

---

[324] BMF 5.5.2014, DStR 2014, 955.
[325] Vgl. BFH 10.5.2017 – V R 7/16, BStBl. II 2017, 1261.
[326] Vgl. Plikat UStB 2012, 253.
[327] Vgl. Forster/Körner UStB 2015, 822 mwN.
[328] Vgl. Forster/Körner UStB 2015, 822 mwN.
[329] Vgl. Plikat UStB 2012, 253.
[330] Ebenso Langer/Hammerl DStR 2013, 896; Plikat UStG 2012, 253 (256).

### 4. Sonderfälle

Nach UStAE 2.8 Abs. 10a (Fassung Januar 2025) kann die organisatorische Eingliederung auch über eine Beteiligungskette zum Organträger vermittelt werden. Die in UStAE 2.8 Abs. 7 bis 10 enthaltenen Regelungen der Finanzverwaltung kommen grundsätzlich auch in diesen Fällen zur Anwendung. Sofern sichergestellt ist, dass der Organträger die Organgesellschaften durch die Art und Weise der Geschäftsführung beherrscht, ist es jedoch ausreichend, wenn die der organisatorischen Eingliederung dienenden Maßnahmen zwischen zwei Organgesellschaften ergriffen werden. Dies gilt auch dann, wenn diese Maßnahmen nicht der Struktur der finanziellen Eingliederung folgen (zB bei Schwestergesellschaften). Es ist zudem ausreichend, wenn die organisatorische Eingliederung mittelbar über eine unternehmerisch oder nichtunternehmerisch tätige Tochtergesellschaft des Organträgers erfolgt. Eine nichtunternehmerisch tätige Tochtergesellschaft wird dadurch jedoch nicht zum Bestandteil des Organkreises. **6820**

**Beispiel 1** (nach UStAE 2.8 Abs. 10a (Fassung Januar 2025):
Der Organträger O ist zu 100 % an der Tochtergesellschaft T 1 beteiligt. Die Geschäftsführungen von O und T 1 sind personenidentisch. T 1 ist zu 100 % an der Enkelgesellschaft E beteiligt. Einziger Geschäftsführer der E ist ein bei der Tochtergesellschaft T 1 angestellter Mitarbeiter. Dies führt zu dem Ergebnis, dass die Tochtergesellschaft T 1 auf Grund der personenidentischen Geschäftsführungen organisatorisch in das Unternehmen des Organträgers O eingegliedert ist. Dies gilt auch für die Enkelgesellschaft E, da durch das Anstellungsverhältnis des Geschäftsführers bei T 1 sichergestellt ist, dass der Organträger O die Enkelgesellschaft E beherrscht. **6821**

**Beispiel 2** (nach UStAE 2.8 Abs. 10a (Fassung Januar 2025):
Der Organträger O ist zu 100 % an der Tochtergesellschaft T 1 beteiligt, die als Finanzholding kein Unternehmer iSd § 2 UStG ist. Die Geschäftsführungen von O und T 1 sind personenidentisch. T 1 ist zu 100 % an der grundsätzlich unternehmerisch tätigen Enkelgesellschaft E beteiligt. Auf Grund eines abgeschlossenen Beherrschungsvertrages iSd § 291 AktG beherrscht T 1 die E. Dies führt zu dem Ergebnis, dass die Enkelgesellschaft E organisatorisch in das Unternehmen des Organträgers O eingegliedert ist. Auf Grund der personenidentischen Geschäftsführungen von O und T 1 sowie des zwischen T 1 und E abgeschlossenen Beherrschungsvertrags ist sichergestellt, dass der Organträger O die Enkelgesellschaft E beherrscht. Die nichtunternehmerisch tätige Tochtergesellschaft T 1 wird hierdurch jedoch nicht zum Bestandteil des Organkreises. **6822**

**Beispiel 3** (nach UStAE 2.8 Abs. 10a (Fassung Januar 2025):
Der Organträger O ist zu 100 % an den Tochtergesellschaften T 1 und T 2 beteiligt. Die Geschäftsführungen von O und T 1 sind personenidentisch. Einziger Geschäftsführer der T 2 ist ein bei der Tochtergesellschaft T 1 angestellter Mitarbeiter. Ergebnis ist, dass die Tochtergesellschaft T 1 auf Grund der personenidentischen Geschäftsführungen organisatorisch in das Unternehmen des Organträgers O eingegliedert ist. Dies gilt auch für die Tochtergesellschaft T 2, da durch das Anstellungsverhältnis des Geschäftsführers bei T 1 sichergestellt ist, dass der Organträger O die Tochtergesellschaft T 2 beherrscht. **6823**

**Beispiel 4** (nach UStAE 2.8 Abs. 10a (Fassung Januar 2025):
Der im Ausland ansässige Organträger O unterhält im Inland eine Zweigniederlassung. Daneben ist er zu 100 % an der im Inland ansässigen Tochtergesellschaft T 1 beteiligt. Einziger Geschäftsführer der T 1 ist der bei O angestellte Leiter der inländischen Zweigniederlassung. Ergebnis ist, dass die Tochtergesellschaft T 1 organisatorisch in das Unternehmen des Organträgers O eingegliedert ist. Durch das Anstellungsverhältnis des Geschäftsführers bei O ist sichergestellt, dass der Organträger O die Tochtergesellschaft T 1 beherrscht. Die Wirkungen der Organschaft sind jedoch auf Innenleistungen zwischen den im Inland gelegenen Unternehmensteilen beschränkt. **6824**

*(einstweilen frei)* **6825–6834**

## V. Beendigung der Organschaft

### 1. Allgemeines

6835 Die Organschaft endet, wenn eine oder mehrere der drei Eingliederungsvoraussetzungen des § 2 Abs. 2 Nr. 2 UStG nicht mehr erfüllt sind. Das ist insbesondere der Fall, wenn sich zuungunsten des Merkmals der finanziellen Eingliederung die kapitalmäßigen Anteile an einer Organgesellschaft ändern, zB dadurch, dass diese verkauft wird. Schädlich können sich insbesondere aber auch Änderungen hinsichtlich der organisatorischen Eingliederung auswirken, zB beim Wechsel von Geschäftsführern dahingehend, dass die personelle Verflechtung nicht mehr gewährleistet ist. Häufig kann auch die Umwandlung einer Organgesellschaft von einer Kapital- in eine Personengesellschaft zur Beendigung der Organschaft führen. Die endgültige Eröffnung des Insolvenzverfahrens über das Vermögen der Organgesellschaft beendet grundsätzlich die Organschaft, da die Organgesellschaft damit kraft Gesetzes nicht mehr organisatorisch eingegliedert ist. Während die Eröffnung des Insolvenzverfahrens über das Vermögen des Organträgers grundsätzlich keine Auswirkung auf den Fortbestand der Organschaft hat, ist in den Fällen der Insolvenz der Organgesellschaft die Organschaft regelmäßig beendet.[331]

### 2. Organschaft und Insolvenzeröffnung

6836 Im eröffneten Insolvenzverfahren verliert der Unternehmer als Insolvenzschuldner zwar nicht seine Unternehmereigenschaft, die Verwaltungs- und Verfügungsbefugnis bezüglich seines Unternehmens geht jedoch auf den Insolvenzverwalter über.[332] Zudem ist im Rahmen des Insolvenzverfahrens u. a. zu beachten, welche Umsätze vorinsolvenzlich bzw. erst nach Insolvenzeröffnung erbracht wurden, da dieses erhebliche Bedeutung für die Frage hat, ob aus Sicht des Finanzamtes Insolvenzforderungen nach § 38 InsO oder Masseverbindlichkeiten nach § 55 Abs. 1 InsO vorliegen.[333]

6837 Da die umsatzsteuerrechtliche Organschaft solange besteht, wie die Tatbestandsmerkmale, insbesondere die Eingliederungsvoraussetzungen vorliegen, entfällt die Organschaft spätestens mit Insolvenz der Organgesellschaft.[334] Maßgeblich ist idR das Entfallen der organisatorischen Eingliederung, da nunmehr der Insolvenzverwalter die Entscheidungen er laufenden Geschäftsführung bestimmt oder diese zumindest zustimmungsbedürftig sind. Selbiges gilt für die Eröffnung des Insolvenzverfahrens beim Organträger.[335]

6838 Bestellt das Insolvenzgericht für die Organgesellschaft einen vorläufigen Insolvenzverwalter und ordnet es zugleich gem. § 21 Abs. 2 Nr. 2 Alt. 2 InsO an, dass Verfügungen nur noch mit Zustimmung des vorläufigen Insolvenzverwalters wirksam sind, endet die organisatorische Eingliederung.[336] Im Falle des sog. starken vorläufigen Insolvenzverwalters geht die Verfügungsbefugnis nach § 22 Abs. 1 InsO auf diesen über, sodass die bisherige organisatorische Eingliederung entfällt. In diesem Falle ist die organisatorische Eingliederung nicht mehr gegeben.[337] In Änderung der höchstrichterlichen Rechtsprechung gilt dies auch für den Fall, dass das Insolvenzgericht für die Organgesellschaft einen (schwachen) vorläufigen Insolvenzverwalter bestellt und zugleich nach § 21 Abs. 2 Nr. 2 Alt. 2 InsO anordnet, dass Verfügungen nur noch mit Zustimmung des vorläufigen Insolvenzverwalters

331 Zu Einzelheiten sowie den Folgen der Beendigung vgl. Grawe UStB 2001, 343.

332 Rondorf NWB „Umsatzsteuer in der Unternehmerinsolvenz" GAAAJ-28572, Rn. 1, 13, 18; Rau/Dürrwächter/Stadie UStG § 18 Anhang 2 – Umsatzsteuer und Insolvenz Rn. 9.

333 Rau/Dürrwächter/Stadie UStG § 18 Anhang 2 – Umsatzsteuer und Insolvenz Rn. 53.

334 Vgl. BFH 13.3.1997 – V R 96/96, BStBl. II 1997, 580; BFH 28.1.1999 – V R 32/98, BStBl. II 1999, 258; BFH 21.6.2001 – V R 68/00, BStBl. II 2002, 255.

335 BFH 15.12.2016 – V R 14/16, BStBl. II 2017, 600.

336 BFH 8.8.2013 – V R 18/13, BStBl. II 2017, 543: Änderung der Rechtsprechung.

337 BFH 1.4.2004 – V R 24/03, BStBl. II 2004, 205; BFH 11.11.2008 – XI B 65/08, BFH/NV 2009, 235; BFH 29.1.2009 – V R 67/07, DStR 2009, 1308; BFH 10.3.2009 – XI B 66/08, BFH/NV 2009, 977.

wirksam sind.[338] Auch in diesem Fall entfällt die bisherige organisatorische Eingliederung, da nun der Insolvenzverwaltung Entscheidungen der laufenden Geschäftsführung zustimmen muss.

Die gleichen Grundsätze gelten bei der Bestellung eines Sachwalters. Wenn der Sachverwalter im Rahmen der Eigenverwaltung nach §§ 270 InsO die bisherige organisatorische Eingliederung negiert, ist die Organschaft insoweit beendet. Dies gilt auch dann, wenn personenidentische Sachwalter bei Organträger und Organgesellschaft eingesetzt werden.[339] **6839**

Hingegen beendeten weder die Anordnung der vorläufigen Eigenverwaltung beim Organträger noch die Anordnung der vorläufigen Eigenverwaltung bei der Organgesellschaft eine Organschaft, wenn das Insolvenzgericht lediglich bestimmt, dass ein vorläufiger Sachwalter bestellt wird sowie eine Anordnung nach § 21 Abs. 2 S. 1 Nr. 3 InsO erlassen wird.[340] **6840**

Maßgeblich ist mithin immer, ob die organisatorische Eingliederung bestehen bleibt und der Organträger weiterhin die laufende Geschäftsführung der Organgesellschaft beherrscht. **6841**

*(einstweilen frei)* **6842–6851**

## F. Organschaft – Zusammenhang mit anderen Vorschriften

### I. Geschäftsveräußerung im Ganzen

Die Lieferung eines weder vermieteten noch verpachteten Grundstücks ist im Regelfall keine Geschäftsveräußerung nach § 1 Abs. 1a UStG.[341] Ist der Gegenstand der Geschäftsveräußerung ein Vermietungsunternehmen, muss der Erwerber umsatzsteuerrechtlich die Fortsetzung der Vermietungstätigkeit beabsichtigen.[342] Bei der Veräußerung eines vermieteten Objekts an den bisherigen Mieter zu dessen eigenen wirtschaftlichen Zwecken ohne Fortführung des Vermietungsunternehmens liegt daher keine Geschäftsveräußerung vor.[343] Ebenso führt die Übertragung eines an eine Organgesellschaft vermieteten Grundstücks auf den Organträger nicht zu einer Geschäftsveräußerung, da der Organträger umsatzsteuerrechtlich keine Vermietungstätigkeit fortsetzt, sondern das Grundstück im Rahmen seines Unternehmens selbst nutzt.[344] **6852**

*(einstweilen frei)* **6853–6862**

### II. Grenzüberschreitende Warenbewegungen in einen anderen EU-Mitgliedstaat

Bei einer grenzüberschreitenden Organschaft[345] sind Warenbewegungen zwischen den im Inland und den im übrigen Gemeinschaftsgebiet (MwSt-Gebiet andere EU-Mitgliedstaaten) gelegenen Unternehmensteilen Lieferungen, die beim liefernden inländischen Unternehmensteil nach § 3 Abs. 1 iVm mit § 6a Abs. 1 UStG, beim erwerbenden inländischen Unternehmensteil nach § 1a Abs. 1 Nr. 1 UStG zu beurteilen sind.[346] **6863**

### III. Innenumsätze

Zum Unternehmen gehören sämtliche Betriebe oder berufliche Tätigkeiten desselben Unternehmers. Organgesellschaften sind – unter Berücksichtigung der Einschränkungen in **6864**

338 BFH 8.8.2013 – V R 18/13, BStBl. II 2017, 543; BFH 3.7.2014 – V R 32/13, BFH/NV 2014, 1867; BFH 28.6.2017 – XI R 23/14, DStR 2017, 1987.
339 Vgl. BFH 15.12.2016 – V R 14/16, BStBl. II 2017, 600; UStAE 2.8 Abs. 12 S. 2 und 5.
340 Vgl. UStAE 2.8 Abs. 12 S. 6 mit Verweis auf BFH 27.11.2019 – XI R 35/17, BStBl. II 2021, 252.
341 Vgl. BFH 11.10.2007 – V R 57/06, BStBl. II 2008, 447.
342 Vgl. BFH 6.5.2010 – V R 26/09, BStBl. II 2010, 1114.
343 Vgl. BFH 24.9.2009 – V R 6/08, BStBl. II 2010, 315.
344 Vgl. BFH 6.5.2010 – V R 26/09, BStBl. II 2010, 1114; vgl. auch UStAE 1.5 Abs. 2a.
345 Vgl. UStAE 2.9.
346 Vgl. UStAE 1a.2 Abs. 8.

§ 2 Abs. 2 Nr. 2 Sätze 2 bis 4 UStG[347] – Teile des einheitlichen Unternehmens eines Unternehmers. Innerhalb des einheitlichen Unternehmens sind steuerbare Umsätze grundsätzlich nicht möglich.[348] Näheres zur Diskussionen zur Nichtsteuerbarkeit von Innenumsätze siehe → Rn. 6561 ff.

### IV. Einheitlichkeit der Leistung

**6865** Voraussetzung für das Vorliegen einer einheitlichen Leistung anstelle mehrerer selbständigen Leistungen ist stets, dass es sich um Tätigkeiten desselben Unternehmers handelt. Entgeltliche Leistungen verschiedener Unternehmer sind auch dann jeweils für sich zu beurteilen, wenn sie gegenüber demselben Leistungsempfänger erbracht werden und die weiteren Voraussetzungen für das Vorliegen einer einheitlichen Leistung erfüllt sind. Eine einheitliche Leistung kann, im Gegensatz zur Beurteilung bei Leistungen mehrerer Unternehmer, allerdings im Verhältnis von Organträger und Organgesellschaft vorliegen.[349]

### V. Begriff der Betriebsstätte (feste Niederlassung)

**6866** Eine Betriebsstätte iSd Umsatzsteuerrechts heißt feste Niederlassung und ist abweichend vom ertragssteuerrechtlichen Betriebsstättenbegriff jede feste Geschäftseinrichtung oder Anlage, die der Tätigkeit des Unternehmers dient. Eine solche Einrichtung oder Anlage kann aber nur dann als feste Niederlassung angesehen werden, wenn sie über einen ausreichenden Mindestbestand an Personal- und Sachmitteln verfügt, der für die Erbringung der betreffenden Dienstleistungen erforderlich ist. Außerdem muss die Einrichtung oder Anlage einen hinreichenden Grad an Beständigkeit sowie eine Struktur aufweisen, die von der personellen und technischen Ausstattung her eine autonome Erbringung der jeweiligen Dienstleistungen ermöglicht[350]. Eine solche beständige Struktur liegt zB vor, wenn die Einrichtung über eine Anzahl von Beschäftigten verfügt, von der aus Verträge abgeschlossen werden können, Rechnungslegung und Aufzeichnungen dort erfolgen und Entscheidungen getroffen werden, zB über den Wareneinkauf. Feste Niederlassungen (das UStG benennt sie Betriebsstätten) können auch Organgesellschaften iSd § 2 Abs. 2 Nr. 2 UStG sein.[351] Der Umstand, dass Gesellschaften eng miteinander verflochten sind und ggf. die eine Gesellschaft nur Leistungen an die andere Gesellschaft ausführt, begründet für sich noch nicht die Ansässigkeit der Leistungsempfängerin als feste Niederlassung im EU-Mitgliedstaat des Leistenden.[352]

### VI. Ort der Lieferungen von Gas und Elektrizität

**6867** Bei der Lieferung von Gas oder Elektrizität an einen Wiederverkäufer gilt entweder der Ort, von dem aus dieser sein Unternehmen betreibt, oder – wenn die Lieferung an eine Betriebsstätte des Wiederverkäufers ausgeführt wird – der Ort dieser Betriebsstätte (feste Niederlassung) als Ort der Lieferung. Eine Lieferung erfolgt an eine Betriebsstätte, wenn sie ausschließlich oder überwiegend für diese bestimmt ist. Dementsprechend ist auf die Bestellung durch und die Abrechnung für Rechnung der Betriebsstätte abzustellen. Es kommt nicht darauf an, wie und wo der Wiederverkäufer die gelieferten Gegenstände tatsächlich verwendet. Somit gilt diese Regelung auch für die für den eigenen Verbrauch

---

347 Vgl. UStAE 2.9.

348 Vgl. UStAE 2.7 Abs. 1.

349 Vgl. BFH 29.10.2008 – XI R 74/07, BStBl. II 2009, 256; vgl. auch UStAE 3.10 Abs. 4.

350 Vgl. EuGH 4.7.1985 – C-168/84, BeckRS 2004, 71916 – Berkholz; 2.5.1996 – C-231/94, DStR 1996, 1005 – Faaborg-Gelting Linien; 17.7.1997 – C-190/95, DStRE 1997, 725 – ARO Lease; 20.2.1997 – C-260/95, DStRE 1997, 342 – DFDS; Art. 11 MwStVO.

351 Vgl. UStAE 3a.1 Abs. 3.

352 EuGH 13.6.2024 – C-533/22, DStR 2024, 1490 – SC Adient; EuGH 29.6.2023 – C-232/22, MwStR 2023, 682 – Carbot Plastics Belgium.

des Wiederverkäufers gelieferte Menge. Dies ist insbesondere von Bedeutung bei der Verwendung für eigene Zwecke in eigenen ausländischen Betriebsstätten und ausländischen Betriebsstätten des Organträgers; auch insoweit verbleibt es bei der Besteuerung im Sitzstaat, soweit nicht unmittelbar an die ausländische Betriebsstätte geliefert wird.[353]

## VII. Verwendung einer EU-ausländischen USt-IdNr. bei innergemeinschaftlichen Lieferungen

§ 6a Abs. 1 S. 1 Nr. 4 UStG bestimmt, dass eine innergemeinschaftliche Lieferung nur vorliegt, wenn der Abnehmer gegenüber dem Unternehmer eine ihm von einem anderen Mitgliedstaat erteilte gültige USt-IdNr. verwendet. Erteilt die Steuerverwaltung eines anderen Mitgliedstaates einem Organkreis nur eine USt-IdNr., ist diese bei der Verwendung durch die Organgesellschaft gegenüber einem inländischen Unternehmer anzuerkennen.[354] **6868**

*(einstweilen frei)* **6869–6878**

## VIII. Bauleistender Unternehmer als Leistungsempfänger für Zwecke des Reverse-Charge-Verfahrens nach § 13b UStG

Erbringt bei einem Organschaftsverhältnis nur ein Teil des Organkreises (zB der Organträger oder eine Organgesellschaft) nachhaltig Bauleistungen, ist der Organträger für die Bauleistungen Steuerschuldner, die an diesen Teil des Organkreises erbracht werden. Bei der Berechnung der 10 %-Grenze sind nur die Bemessungsgrundlagen der Umsätze zu berücksichtigen, die dieser Teil des Organkreises erbracht hat; nicht steuerbare Innenumsätze sind dabei unbeachtlich. Die Bescheinigung nach dem Vordruckmuster USt 1 TG stellt das für den Organkreis für Zwecke der Umsatzsteuer zuständige Finanzamt für alle im Inland gelegenen Unternehmensteile iSd Abschnitts 2.9 Abs. 3 bis 5 UStAE auf Antrag oder von Amts wegen aus. Der Antrag ist von dem Organträger zu stellen. Er hat folgende Informationen zu enthalten (vgl. UStAE 13b.3 Abs. 7): **6879**

- Steuernummer, unter der der Organkreis im Inland für Zwecke der Umsatzsteuer geführt wird,
- Name und Anschrift des Organträgers; im Falle der Ansässigkeit des Organträgers im Ausland zusätzlich Name und Anschrift des im Inland gelegenen wirtschaftlich bedeutendsten Unternehmensteils,
- Name und Anschrift der betreffenden Organgesellschaft bzw. im Inland gelegenen Betriebsstätte,
- Steuernummer, unter der die betreffende Organgesellschaft bzw. im Inland gelegene Betriebsstätte ertragsteuerlich geführt wird,
- Bezeichnung des zuständigen Finanzamts, bei dem die betreffende Organgesellschaft bzw. im Inland gelegene Betriebsstätte ertragsteuerlich geführt wird.

## IX. Steuerschuldnerschaft des Leistungsempfängers bei Lieferungen von Gas, Elektrizität, Wärme oder Kälte nach § 13b Abs. 2 Nr. 5 Buchst. a iVm Abs. 5 S. 1 zweiter Halbsatz UStG

Erfüllt bei einem Organschaftsverhältnis nur ein Teil des Organkreises (zB der Organträger oder eine Organgesellschaft) die Voraussetzung als Wiederverkäufer nach § 3g Abs. 1 UStG, ist für Zwecke der Anwendung der Steuerschuldnerschaft des Leistungsempfängers nach § 13b Abs. 2 Nr. 5 Buchst. b und Abs. 5 S. 3 und 4 UStG nur dieser Teil des Organkreises als Wiederverkäufer anzusehen. Nicht steuerbare Innenumsätze sind bei der **6880**

---

353 Vgl. UStAE 3g.1 Abs. 4.
354 Vgl. UStAE 6a.1 Abs. 19.

Ermittlung der Wiederverkäufereigenschaft unbeachtlich. Die Bescheinigung nach dem Vordruckmuster USt 1 TH stellt das für den Organkreis für Zwecke der Umsatzsteuer zuständige Finanzamt für alle im Inland gelegenen Unternehmensteile iSd UStAE 2.9 Abs. 3 bis 5 auf Antrag aus. Der Antrag im ist von dem Organträger zu stellen.[355]

## X. Steuerschuldnerschaft des Leistungsempfängers nach § 13b UStG bei sonstigen Leistungen auf dem Gebiet der Telekommunikation

**6881** Bei diesen sonstigen Leistungen auf dem Gebiet der Telekommunikation schuldet der Leistungsempfänger die Steuer, wenn er ein Unternehmer ist, dessen Haupttätigkeit in Bezug auf den Erwerb dieser Leistungen in deren Erbringung besteht und dessen eigener Verbrauch dieser Leistungen von untergeordneter Bedeutung ist (§ 13b Abs. 5 S. 6 erster Halbsatz UStG, sog. Wiederverkäufer). Erfüllt bei einem Organschaftsverhältnis nur ein Teil des Organkreises (zB der Organträger oder eine Organgesellschaft) die Voraussetzung als Wiederverkäufer, ist für Zwecke der Anwendung der Steuerschuldnerschaft des Leistungsempfängers nach § 13b Abs. 2 Nr. 12 und Abs. 5 S. 6 UStG nur dieser Teil des Organkreises als Wiederverkäufer anzusehen. Nicht steuerbare Innenumsätze sind bei der Ermittlung der Wiederverkäufereigenschaft unbeachtlich. Die Bescheinigung nach dem Vordruckmuster USt 1 TQ stellt das für den Organkreis für Zwecke der Umsatzsteuer zuständige Finanzamt für alle im Inland gelegenen Unternehmensteile iSd UStAE 2.9 Abs. 3 bis 5 auf Antrag aus. Der Antrag ist von dem Organträger zu stellen.[356]

**6882–6891** *(einstweilen frei)*

## XI. Rechnungsdokumente im und mit dem Organkreis

### 1. Begriff der Rechnung (§ 14 UStG)

**6892** Im Organkreis mit (mehreren) Organgesellschaften und dem Organträger erbringen die Parteien untereinander vielfach Leistungen als sog. Innenumsätze, welche auch mittels „Rechnungen" oder Abrechnungsdokumenten belegt werden.

**6893** Sog. Innenumsätze, zB zwischen Betriebsabteilungen desselben Unternehmens oder innerhalb eines Organkreises, sind innerbetriebliche Vorgänge. Werden für sie Belege mit gesondertem Steuerausweis ausgestellt, handelt es sich umsatzsteuerrechtlich nicht um Rechnungen, sondern um unternehmensinterne Buchungsbelege. Die darin ausgewiesene Steuer wird nicht nach § 14c Abs. 2 UStG geschuldet.[357]

### 2. Angabe des Namens und der Anschrift des leistenden Unternehmers und des Leistungsempfängers in einer Rechnung

**6894** Im Fall der umsatzsteuerlichen Organschaft kann der Name und die Anschrift der Organgesellschaft angegeben werden, wenn der leistende Unternehmer oder der Leistungsempfänger unter dem Namen und der Anschrift der Organgesellschaft die Leistung erbracht bzw. bezogen hat.[358]

### 3. Angabe der Steuernummer oder USt-IdNr. des leistenden Unternehmers in einer Rechnung

**6895** Im Fall der umsatzsteuerlichen Organschaft muss die Organgesellschaft die ihr oder dem Organträger erteilte USt-IdNr. oder die Steuernummer des Organträgers angeben.[359]

---

[355] Vgl. UStAE 13b.3a Abs. 3.
[356] Vgl. UStAE 13b.7b Abs. 5.
[357] Vgl. BFH 28.10.2010 – V R 7/10, BStBl. II 2011, 391; UStAE 14c.2 Abs. 2a; vgl. auch UStAE 14.1 Abs. 4.
[358] Vgl. UStAE 14.5 Abs. 4.
[359] Vgl. UStAE 14.5 Abs. 7.

### 4. Angabe der fortlaufenden Nummer (Rechnungsnummer) in einer Rechnung

Bei der Erstellung der Rechnungsnummer bleibt es dem Rechnungsaussteller überlassen, wie viele und welche separaten Nummernkreise geschaffen werden, in denen eine Rechnungsnummer jeweils einmalig vergeben wird. Dabei sind Nummernkreise für zeitlich, geographisch oder organisatorisch abgegrenzte Bereiche zulässig, zB für Zeiträume (Monate, Wochen, Tage), verschiedene Filialen, Betriebsstätten einschließlich Organgesellschaften oder Bestandsobjekte.[360] **6896**

### 5. Unrichtiger Steuerausweis (§ 14c Abs. 1 UStG), Berichtigung eines zu hohen Steuerausweises

Der leistende Unternehmer oder der von ihm beauftragte Dritte kann den Steuerbetrag gegenüber dem Leistungsempfänger berichtigen. Im Rahmen eines Organschaftsverhältnisses ist eine von der Organgesellschaft mit einem zu hohen Steuerausweis ausgestellte Rechnung durch sie oder einen von ihr beauftragten Dritten gegenüber dem Leistungsempfänger zu berichtigen. Die Steuerschuldnerschaft des Organträgers für den zu hohen Steuerausweis bleibt unberührt.[361] **6897**

### 6. Unberechtigter Steuerausweis (§ 14c Abs. 2 UStG)

Bei Umsätzen zwischen Betriebsabteilungen desselben Unternehmens oder innerhalb eines Organkreises handelt es sich nicht um steuerbare Lieferungen oder sonstige Leistungen, sondern um innerbetriebliche Vorgänge (sog. Innenumsätze). Werden für sie Belege mit gesondertem Steuerausweis erteilt, sind diese Belege nicht als Rechnungen iSd § 14c UStG, sondern als unternehmensinterne Buchungsbelege zu beurteilen. Die darin ausgewiesene Steuer wird nicht nach § 14c Abs. 2 UStG geschuldet.[362] Soweit der Aussteller der Rechnung den unberechtigten Steuerausweis gegenüber dem Belegempfänger für ungültig erklärt hat und die Gefährdung des Steueraufkommens beseitigt wurde, ist dem Schuldner des Steuerbetrags die Möglichkeit zur Berichtigung einzuräumen (§ 14c Abs. 2 S. 3 ff. UStG). Im Rahmen eines Organschaftsverhältnisses ist die Organgesellschaft oder ein von ihr beauftragter Dritter berechtigt, eine von ihr ausgestellte Rechnung mit unberechtigtem Steuerausweis gegenüber dem Belegempfänger für ungültig zu erklären.[363] Steuerschuldner nach § 14c Abs. 2 UStG ist der Aussteller der Rechnung (§ 13a Abs. 1 Nr. 4 UStG). Im Rahmen eines Organschaftsverhältnisses schuldet hingegen der Organträger die durch eine Organgesellschaft unberechtigt ausgewiesene Steuer.[364] **6898**

*(einstweilen frei)* **6899–6908**

## XII. Vorsteuerabzug (allgemein)

Nach § 15 Abs. 1 S. 1 Nr. 1 UStG ist nur die gesetzlich geschuldete Steuer für Lieferungen und sonstige Leistungen, die von einem anderen Unternehmer für das Unternehmen des Leistungsempfängers ausgeführt worden sind, als Vorsteuer abziehbar. Die Berechtigung des Organträgers zum Vorsteuerabzug aus Eingangsleistungen auf Ebene der Organgesellschaft richtet sich nach den Verhältnissen im Zeitpunkt des Leistungsbezugs, nicht der Rechnungserteilung.[365] **6909**

---

[360] Vgl. UStAE 14.5 Abs. 11.
[361] Vgl. UStAE 14c.1 Abs. 6.
[362] Vgl. BFH 28.10.2010 – V R 7/10, BStBl. II 2011, 391; UStAE 14.1 Abs. 4; vgl. auch UStAE 14c.2 Abs. 2a.
[363] Vgl. UStAE 14c.2 Abs. 3.
[364] Vgl. UStAE 14c.2 Abs. 4.
[365] Vgl. BFH 13.5.2009 – XI R 84/07, BStBl. II 2009, 868; vgl. auch UStAE 15.2 Abs. 2 S. 11.

### 1. Ordnungsmäßige Rechnung als Voraussetzung für den Vorsteuerabzug

6910 Steuerbeträge, die für einen Innenumsatz (zB zwischen Betriebsabteilungen desselben Unternehmers oder innerhalb eines Organkreises) gesondert ausgewiesen werden (betriebsinterne Abrechnungen), berechtigen nicht zum Vorsteuerabzug.[366]

### 2. Vorsteuerberichtigung (§ 15a UStG), Änderung der Verhältnisse

6911 Verwendung iSd § 15a UStG ist die tatsächliche Nutzung des Berichtigungsobjekts zur Erzielung von Umsätzen. Als Verwendung sind auch die Veräußerung, die unentgeltliche Wertabgabe nach § 3 Abs. 1b und 9a UStG anzusehen. Für die Frage, ob eine Änderung der Verhältnisse vorliegt, sind die Verhältnisse im Zeitpunkt der tatsächlichen Verwendung im Vergleich zum ursprünglichen Vorsteuerabzug entscheidend. Keine Änderung der Verhältnisse iSd § 15a UStG liegt zB in folgenden Fällen der Rechtsnachfolge vor: Begründung oder Wegfall eines Organschaftsverhältnisses. Eine Vorsteuerberichtigung nach § 15a UStG hat aber dann zu erfolgen, wenn eine Gesellschaft mit steuerpflichtigen Umsätzen für ein Wirtschaftsgut den vollen Vorsteuerabzug erhalten hat und später auf Grund der Vorschrift des § 2 Abs. 2 Nr. 2 UStG ihre Selbständigkeit zugunsten eines Organträgers mit nach § 15 Abs. 2 S. 1 Nr. 1 UStG steuerfreien Umsätzen verliert und das Wirtschaftsgut im Gesamtunternehmen des Organträgers zur Ausführung von steuerpflichtigen und steuerfreien Umsätzen verwendet wird.[367]

### 3. Steuer- und Vorsteuerberichtigung bei Änderung der Bemessungsgrundlage (§ 17 UStG)

6912 Wird das Entgelt für eine während des Bestehens einer Organschaft bezogene Leistung nach Beendigung der Organschaft uneinbringlich, ist der Vorsteuerabzug nicht gegenüber dem bisherigen Organträger, sondern gegenüber dem im Zeitpunkt des Uneinbringlichwerdens bestehenden Unternehmen, dem früheren Organ, zu berichtigen.[368]

6913 Ebenfalls führt die Eröffnung eines Insolvenzverfahrens zur Berichtigungspflicht (§ 17 Abs. 2 Nr. 1 UStG.[369] Zum Einfluss der Insolvenz auf das Bestehen der umsatzsteuerrechtlichen Organschaft siehe → Rn. 6835 ff. Diese Berichtigungspflicht trifft noch den Organträger.

6914–6923 *(einstweilen frei)*

## XIII. Besteuerungszeitraum und Deklaration

### 1. Voranmeldungszeitraum (§ 18 UStG)

6924 Der Voranmeldungszeitraum des laufenden Kalenderjahres bestimmt sich regelmäßig nach der Steuer des Vorjahres. Umsätze des Unternehmers, für die der Leistungsempfänger die Umsatzsteuer nach § 13b Abs. 5 Sätze 1 bis 5 UStG schuldet, bleiben unberücksichtigt. Nach Wegfall der Voraussetzungen für eine umsatzsteuerliche Organschaft bzw. nach dem Ausscheiden einer Organgesellschaft aus einer Organschaft bestimmt sich der Voranmeldungszeitraum der bisherigen Organgesellschaft aus Vereinfachungsgründen grundsätzlich anhand der Steuer des vorangegangenen Kalenderjahrs des bisherigen Organkreises; in Neugründungsfällen vgl. UStAE 18.7 Abs. 1 S. 2. Soweit die bisherige Organgesellschaft einen davon abweichenden Voranmeldungszeitraum begehrt, hat sie die fiktive anteilige

---

366 Vgl. UStAE 15.2a Abs. 12 (§ 15a Abs. 6a UStG).

367 Vgl. BFH 12.5.2003 – V B 211/02, V B 220/02, BStBl. II 2003, 784; vgl. auch UStAE 15a.10 Satz 1 Nr. 4; Offerhaus/Söhn/Lange/Hartmann UStG § 2 Rn. 243.

368 Vgl. BFH 7.12.2006 – V R 2/05, BStBl. II 2007, 848; vgl. auch UStAE 17.1 Abs. 5 S. 15.

369 Ausführung zur Berichtigungspflicht im Zusammenhang mit Insolvenzen: Bunjes/Korn UStG § 17 Rn. 119.

Steuer für das vorangegangene Kalenderjahr selbst zu ermitteln.[370] Die Verpflichtung zur Abgabe monatlicher Voranmeldungen besteht für das Jahr der Aufnahme der beruflichen oder gewerblichen Tätigkeit (Neugründungsfälle) und für das folgende Kalenderjahr (§ 18 Abs. 2 S. 4 UStG). Dies gilt auch für eine bisherige Organgesellschaft in Fällen des Wegfalls der Voraussetzungen für eine umsatzsteuerliche Organschaft bzw. des Ausscheidens der Organgesellschaft aus einer Organschaft, wenn die bisherige Organgesellschaft ihre unternehmerische Tätigkeit als eigenständiges Unternehmen – vor Eintritt in den Organkreis – erst in dem Kalenderjahr des Ausscheidens aus dem Organkreis oder in dem diesem Kalenderjahr vorangegangenen Kalenderjahr aufgenommen hat.[371] Der bei einer Betriebsaufspaltung neu entstehende Rechtsträger fällt unter § 18 Abs. 2 S. 4 UStG, wenn durch die Betriebsaufspaltung keine Organschaft begründet wird.[372]

### 2. Besteuerungsverfahren (§ 18 UStG), Unternehmerbescheinigung für Unternehmer, die im Inland ansässig sind

Unternehmern, die in der Bundesrepublik Deutschland ansässig sind und die für Zwecke der steuerlichen Erfassung im Ausland oder für die Vergütung von Vorsteuerbeträgen in einem Drittstaat eine Bestätigung ihrer Unternehmereigenschaft benötigen, stellt das zuständige Finanzamt auf Antrag eine Bescheinigung nach dem Muster USt 1 TN[373] aus. Das gilt auch für Organgesellschaften mit einem im Inland ansässigen Organträger sowie für Organgesellschaften und Zweigniederlassungen im Inland, die zum Unternehmen eines im Ausland ansässigen Unternehmers gehören. Der Antrag ist für alle im Inland gelegenen Unternehmensteile iSd UStAE 2.9 Abs. 3 bis 5 von dem Organträger bei dem für den Organkreis für Zwecke der Umsatzsteuer zuständigen Finanzamt zu stellen.[374] **6925**

### 3. Abgabe der Zusammenfassenden Meldung (§ 18a UStG)

Nichtselbständige juristische Personen iSv § 2 Abs. 2 Nr. 2 UStG (Organgesellschaften) sind verpflichtet, eine eigene ZM für die von ihnen ausgeführten innergemeinschaftlichen Warenlieferungen (§ 18a Abs. 6 UStG), im Übrigen Gemeinschaftsgebiet steuerpflichtige sonstige Leistungen iSv § 3a Abs. 2 UStG[375], für die der in einem anderen EU-Mitgliedstaat ansässige Leistungsempfänger die Steuer dort schuldet, oder Lieferungen iSd § 25b Abs. 2 UStG im Rahmen innergemeinschaftlicher Dreiecksgeschäfte zu übermitteln (§ 18a Abs. 5 S. 4 UStG). Dies gilt unabhängig davon, dass diese Vorgänge umsatzsteuerrechtlich als Umsätze des Organträgers behandelt werden und in dessen Voranmeldung und Steuererklärung für das Kalenderjahr anzumelden sind. Die meldepflichtigen Organgesellschaften benötigen zu diesem Zweck eine eigene USt-IdNr.[376] **6926**

### 4. Bestätigungsverfahren für Betreiber elektronischer Schnittstellen iSv § 25e Abs. 1 UStG (§ 18e Nr. 3 UStG)

Betreiber elektronischer Schnittstellen iSv § 25e Abs. 1 UStG (Betreiber) haften grundsätzlich nicht für die nicht entrichtete Steuer aus einer Lieferung, die mittels ihrer elektronischen Schnittstelle unterstützt wurde, wenn der liefernde Unternehmer im Zeitpunkt der Lieferung über eine nach § 27a UStG erteilte, gültige USt-IdNr. verfügt. § 18e Nr. 3 UStG sieht für diese Zwecke vor, dass das BZSt Betreibern die Gültigkeit der ihnen vom liefernden Unternehmer nach § 25e Abs. 2 S. 1 UStG mitgeteilten deutschen USt-IdNr. **6927**

---

[370] Vgl. UStAE 18.2 Abs. 1.
[371] Vgl. UStAE 18.7 Abs. 1.
[372] Vgl. UStAE 18.7 Abs. 2.
[373] Vgl. UStAE 18.14 Abs. 7.
[374] Vgl. UStAE 18.16 Abs. 1.
[375] Vgl. UStAE 3a.2.
[376] § 27a Abs. 1 S. 3 UStG; vgl. UStAE 18a.1 Abs. 2.

sowie den Namen und die Anschrift auf Anfrage bestätigt.[377] Voraussetzung für die Teilnahme am Bestätigungsverfahren ist eine entsprechende Zulassung des Betreibers durch das nach § 21 Abs. 1 S. 1 oder Satz 2 AO iVm der UStZustV zuständige Finanzamt sowie eine ihm vom BZSt nach § 27a UStG erteilte, gültige USt-IdNr. Der Antrag auf Zulassung ist schriftlich oder elektronisch beim zuständigen Finanzamt zu stellen.[378] Soweit eine Organgesellschaft als Betreiber tätig ist, ist der Antrag vom Organträger für die Organgesellschaft bei dem für den Organträger zuständigen Finanzamt zu stellen. Der Antrag des Organträgers muss folgende Angaben enthalten:[379]

- die Steuernummer, unter der der Organkreis im Inland für Zwecke der Umsatzsteuer geführt wird,
- den Namen und die Anschrift des Organträgers; im Falle der Ansässigkeit des Organträgers im Ausland zusätzlich Name und Anschrift des im Inland gelegenen wirtschaftlich bedeutendsten Unternehmensteils,
- den Namen und die Anschrift der betreffenden Organgesellschaft bzw. im Inland gelegenen Betriebsstätte,
- die der Organgesellschaft vom BZSt nach § 27a Abs. 1 S. 3 UStG erteilte USt-IdNr.[380] – soweit bereits erteilt –,
- die Steuernummer, unter der die betreffende Organgesellschaft bzw. die im Inland gelegene Betriebsstätte ertragsteuerlich geführt wird,
- das zuständige Finanzamt, bei dem die betreffende Organgesellschaft bzw. die im Inland gelegene Betriebsstätte ertragsteuerlich geführt wird sowie
- die Bezeichnung der betriebenen elektronischen Schnittstelle(n).

### 5. Besteuerungsverfahren für im Inland ansässige Unternehmer, die vor dem 1.7.2021 sonstige Leistungen nach § 3a Abs. 5 UStG im Übrigen Gemeinschaftsgebiet erbringen (§ 18h UStG)

6928 Im Inland ansässige Unternehmer, die vor dem 1.7.2021 in einem anderen EU-Mitgliedstaat Telekommunikationsdienstleistungen, Rundfunk- und Fernsehdienstleistungen und/oder sonstige Leistungen auf elektronischem Weg an in diesem EU-Mitgliedstaat ansässige Nichtunternehmer (s. UStAE 3a.1 Abs. 1) erbringen (§ 3a Abs. 5 UStG), für die sie dort die Umsatzsteuer schulden und Umsatzsteuererklärungen abzugeben haben, können sich dafür entscheiden, an dem besonderen Besteuerungsverfahren nach Titel XII Kapitel 6 Abschnitt 3 der MwStSystRL idF von Art. 5 Nr. 15 der Richtlinie 2008/8/EG des Rates v. 12.2.2008 zur Änderung der Richtlinie 2006/112/EG bezüglich des Ortes der Dienstleistung (ABl. EU 2008 Nr. L 44, 11) teilzunehmen (sog. One-Stop-Shop früher Mini-One-Stop-Shop bzw. kleine einzige Anlaufstelle). Im Fall der umsatzsteuerlichen Organschaft kann das Wahlrecht nur durch den Organträger ausgeübt werden. Die Teilnahme an dem besonderen Besteuerungsverfahren ist nur einheitlich für alle EU-Mitgliedstaaten möglich, in denen der Unternehmer bzw. im Fall der umsatzsteuerlichen Organschaft der Organkreis keine Betriebsstätte (UStAE 3a.1 Abs. 3) hat.[381]

[377] Qualifizierte Bestätigungsanfrage, vgl. UStAE 18e.1 Abs. 1.
[378] Vgl. UStAE 18e.1 Abs. 2.
[379] Vgl. UStAE 18e.1 Abs. 3.
[380] Vgl. UStAE 27a.1 Abs. 3.
[381] Vgl. UStAE 18h.1 Abs. 1.

### 6. Besonderes Besteuerungsverfahren für den innergemeinschaftlichen Fernverkauf, für Lieferungen innerhalb eines Mitgliedstaates über eine elektronische Schnittstelle und für von im Gemeinschaftsgebiet, nicht aber im Mitgliedstaat des Verbrauchs ansässigen Unternehmern erbrachte sonstige Leistungen (18j UStG)

Ein Unternehmer, der **6929**

- nach dem 30.6.2021 Lieferungen nach § 3 Abs. 3a S. 1 UStG (vgl. UStAE 3.18 Abs. 1 bis 3) innerhalb eines EU-Mitgliedstaates oder innergemeinschaftliche Fernverkäufe nach § 3c Abs. 1 Sätze 2 und 3 UStG (vgl. UStAE 3c. Abs. 2) im Gemeinschaftsgebiet erbringt oder
- in der EU ansässig ist und nach dem 30.6.2021 in einem anderen EU-Mitgliedstaat sonstige Leistungen an Nichtunternehmer (s. UStAE 3a.1 Abs. 1) ausführt, für die er dort die Steuer schuldet und Umsatzsteuererklärungen abzugeben hat,

kann sich dafür entscheiden, an dem besonderen Besteuerungsverfahren nach § 18j UStG teilzunehmen (sog. One-Stop-Shop – EU-Regelung).

Im Fall der umsatzsteuerlichen Organschaft kann das Wahlrecht nur durch den Organträger ausgeübt werden. Eine Teilnahme an dem besonderen Besteuerungsverfahren ist dem Unternehmer nur einheitlich für alle EU-Mitgliedstaaten und alle Umsätze möglich; dies gilt hinsichtlich sonstiger Leistungen an Nichtunternehmer nur für die EU-Mitgliedstaaten, in denen der Unternehmer bzw. im Fall der umsatzsteuerlichen Organschaft der Organkreis weder einen Sitz noch eine Betriebsstätte (UStAE 3a.1 Abs. 3) hat.[382]

### 7. Besonderes Besteuerungsverfahren für Fernverkäufe von aus dem Drittlandsgebiet eingeführten Gegenständen in Sendungen mit einem Sachwert von höchstens 150 EUR (§ 18k UStG)

Ein Unternehmer, der nach dem 30.6.2021 als Steuerschuldner Fernverkäufe nach § 3 Abs. 3a S. 2[383] oder § 3c Abs. 2 oder 3 UStG[384] in Sendungen[385] mit einem Sachwert[386] von höchstens 150 EUR im Gemeinschaftsgebiet erbringt, für die er dort die Steuer schuldet und Umsatzsteuererklärungen abzugeben hat, oder ein in seinem Auftrag handelnder im Gemeinschaftsgebiet ansässiger Vertreter kann sich dafür entscheiden, an dem besonderen Besteuerungsverfahren nach § 18k UStG teilzunehmen (sog. Import-One-Stop-Shop). Im Fall der umsatzsteuerlichen Organschaft kann das Wahlrecht nur durch den Organträger ausgeübt werden.[387] **6930**

### 8. Aufzeichnungspflichten (§ 22 UStG)

Die allgemeinen Vorschriften über das Führen von Büchern und Aufzeichnungen der §§ 140 bis 148 AO gelten in Übereinstimmung mit § 63 Abs. 1 UStDV auch für die Aufzeichnungen für Umsatzsteuerzwecke. Die Aufzeichnungen sind grundsätzlich im Geltungsbereich des UStG zu führen[388]; abweichend können elektronische Bücher und sonstige elektronische Aufzeichnungen unter den Voraussetzungen des § 146 Abs. 2a und Abs. 2b AO im Ausland geführt und aufbewahrt werden. Sie sind mit den zugehörigen Belegen für die Dauer der Aufbewahrungsfrist (§ 147 Abs. 3 AO, § 14b UStG) geordnet **6931**

---

[382] Vgl. UStAE 18j.1 Abs. 1.
[383] Vgl. UStAE 3.18 Abs. 1, 3 und 4.
[384] Vgl. UStAE 3c.1 Abs. 3, 4.
[385] Vgl. UStAE 3.18 Abs. 6.
[386] Vgl. UStAE 3.18 Abs. 7.
[387] Vgl. UStAE 18k.1 Abs. 1.
[388] Vgl. § 146 Abs. 2 S. 1 AO, § 14b UStG und UStAE 14b.1 Abs. 8 ff.

aufzubewahren. Das Finanzamt kann jederzeit verlangen, dass der Unternehmer die Unterlagen vorlegt.[389]

6932–6941 *(einstweilen frei)*

## XIV. Pauschalierung bei land- und Forstwirten (§ 24 UStG), Umsätze im Rahmen eines land- und forstwirtschaftlichen Betriebs

6942 Die Durchschnittssätze sind nach § 24 Abs. 1 S. 1 UStG nur auf Umsätze anzuwenden, die im Rahmen eines land- und forstwirtschaftlichen Betriebs ausgeführt werden. Veräußert ein Landwirt, der neben seinem landwirtschaftlichen Erzeugerbetrieb einen nicht landwirtschaftlichen Absatzbetrieb unterhält, selbst erzeugte landwirtschaftliche Erzeugnisse (vgl. UStAE 24.2) an Dritte, sind auf diese Umsätze die Durchschnittssätze anzuwenden.[390] Dasselbe gilt, wenn die Lieferung der eigenen Erzeugnisse durch eine Organgesellschaft des landwirtschaftlichen Betriebs erfolgt (vgl. BFH 10.8.2017, V R 64/16, BStBl. II 2019, 455; vgl. auch UStAE 24.1 Abs. 1). Bei der Prüfung der Vieheinheiten-Obergrenze iSv § 24 Abs. 2 S. 1 Nr. 2 UStG iVm §§ 51 und 51a BewG sind sämtliche Vieheinheiten und Nutzflächen aller Betriebe des Unternehmers zu addieren und der Beurteilung zugrunde zu legen (vgl. BFH 26.5.2021, V R 11/18, BStBl. II 2022, 149). Erfolgt die Prüfung im Rahmen eines Organschaftsverhältnisses, gilt dies für alle Betriebe der Organgesellschaft(en) und des Organträgers (vgl. UStAE 24.1 Abs. 2).

6943–6952 *(einstweilen frei)*

## XV. Reiseleistungen (§ 25 UStG)

6953 § 25 UStG gilt nur bei der Inanspruchnahme von Reisevorleistungen durch den Unternehmer, nicht jedoch, soweit dieser Reiseleistungen durch den Einsatz eigener Mittel (Eigenleistungen) – zB eigene Beförderungsmittel, eigenes Hotel, Betreuung durch angestellte Reiseleiter – erbringt. Durch die Weitergabe von Fremdleistungen innerhalb des Organkreises werden Reisevorleistungen nicht zu Eigenleistungen.[391]

6954–6963 *(einstweilen frei)*

## XVI. Erteilung von USt-IdNrn. (§ 27a UStG), Antrag auf Erteilung der Umsatzsteuer-Identifikationsnummer

6964 Organkreise erhalten eine gesonderte USt-IdNr. für den Organträger und jede einzelne Organgesellschaft, die innergemeinschaftliche Warenlieferungen (§ 18a Abs. 6 UStG), steuerpflichtige sonstige Leistungen im Übrigen Gemeinschaftsgebiet iSv § 3a Abs. 2 UStG[392], für die der in einem anderen EU-Mitgliedstaat ansässige Leistungsempfänger die Steuer dort schuldet, oder Lieferungen iSv § 25b Abs. 2 UStG im Rahmen innergemeinschaftlicher Dreiecksgeschäfte ausführt. Der Antrag ist vom Organträger zu stellen. Der Antrag muss folgende Angaben enthalten.[393]

- die Steuernummer, unter der der Organkreis für Zwecke der Umsatzsteuer geführt wird;
- den Namen und die Anschrift des Organträgers;
- die USt-IdNr. des Organträgers (soweit bereits erteilt);
- die Bezeichnung des Finanzamts, bei dem der Organkreis für Zwecke der Umsatzsteuer geführt wird;

[389] Zur Führung der Aufzeichnungen bei Betriebsstätten und Organgesellschaften außerhalb des Geltungsbereichs des UStG vgl. § 146 Abs. 2 Sätze 2 ff. AO (vgl. UStAE 22.1 Abs. 1).
[390] Vgl. BFH 14.6.2007 – V R 56/05, BStBl. II 2008, 158.
[391] Vgl. UStAE 25.1 Abs. 8.
[392] Vgl. UStAE 3a.2.
[393] Vgl. UStAE 27a.1 Abs. 3.

- den Namen und die Anschriften der einzelnen Organgesellschaften, die am innergemeinschaftlichen Handelsverkehr teilnehmen;
- die Steuernummern, unter denen die Organgesellschaften ertragsteuerlich geführt werden;
- die Bezeichnung der zuständigen Finanzämter, bei denen die Organgesellschaften ertragsteuerlich geführt werden.

*(einstweilen frei)* **6965–6974**

## XVII. Zuständigkeit des Finanzamts

In bestimmten Fällen kann sich die Frage stellen, welches Finanzamt bei der Umsatzbesteuerung einer Organgesellschaft zuständig ist für Jahre vor Angehörigkeit der Organgesellschaft zu einem Organkreis. **6975**

**Beispiel:** **6976**

Eine Organgesellschaft OG gehört ab Mitte 2020 zu einem Organkreis. In 2023 stellt sich heraus, dass die OG in den Jahren 2018, 2019 und 2020 Vorsteuerbeträge zu Unrecht geltend gemacht hat. Fraglich ist, gegenüber welchem Finanzamt der Verpflichtung nachgekommen werden muss, diesen Sachverhalt anzuzeigen.

Im Grundsatz sind der Organträger und seine Organgesellschaften im Inland als ein einheitliches Unternehmen anzusehen. Damit ist nicht nur die Rechtsfolge verbunden, dass für den gesamten Organkreis eine einheitliche Umsatzsteuer-Voranmeldung und eine gemeinsame Umsatzsteuererklärung abzugeben ist. Die Umsatzsteuererklärungen sind bei dem für den Organträger zuständigen Finanzamt einzureichen.

Für die Umsatzsteuer mit Ausnahme der EUSt ist das Finanzamt zuständig, von dessen **6977** Bezirk aus der Unternehmer sein Unternehmen im Geltungsbereich des Gesetzes ganz oder vorwiegend betreibt (§ 21 (1) AO). Die Zuständigkeit nach § 21 AO betrifft das gesamte umsatzsteuerrechtliche Besteuerungsverfahren. Sie umfasst alle Tätigkeiten, die mit der Ermittlung, Festsetzung und Erhebung der USt. verbunden sind. Dazu zählen auch verbindliche Auskünfte, die USt.-Nachschau und USt.-Sonderprüfungen.[394] In Fällen der Organschaft (§ 2 Abs. 2 Nr. 2 UStG) ist Unternehmer der Organträger. Das für den Organträger zuständige FA entscheidet allein über die Anerkennung der Organschaft; an diese Entscheidung ist das (sind die) für das Organ zuständige (zuständigen) Finanzbehörden gebunden.[395]

Bei Organschaften kann die Zuständigkeit für die USt und die Zuständigkeit für die **6978** Besteuerung von Körperschaften, Personenvereinigungen und Vermögensmassen nach dem Einkommen und Vermögen nach § 20 AO auseinander fallen, weil für die Besteuerung der Organgesellschaft nach § 20 AO grundsätzlich das FA zuständig ist, in dessen Bezirk die Geschäftsleitung der Organgesellschaft (nicht: des Organträgers) liegt.[396] Maßgebend für die Zuständigkeit sind die Verhältnisse im Zeitpunkt der Veranlagung. Die bestehende Zuständigkeit bleibt erhalten, wenn das Unternehmen aufgegeben wird.[397]

Nach § 173 Abs. 1 Nr. 1 AO sind Steuerbescheide aufzuheben oder zu ändern, soweit **6979** Tatsachen oder Beweismittel nachträglich bekanntwerden, die zu einer höheren Steuer führen. Die Tatsachen müssen bereits beim Erlass des zu ändernden Bescheides existent, dem Finanzamt jedoch noch nicht bekannt gewesen sein. Hierbei kommt es für die Frage, wann das Finanzamt Kenntnis von einer Tatsache erlangt hat, auf den Kenntnisstand der Personen an, die innerhalb des Finanzamts dazu berufen sind, den betreffenden

394 Tipke/Kruse/Drüen AO § 21 Rn. 2b.
395 Vgl. FG Rheinland-Pfalz 22.5.1973 – II 11/68, EFG 1974, 46; vgl. Tipke/Kruse/Drüen AO § 21 Rn. 6.
396 Gosch/Schmieszek, Abgabenordnung/Finanzgerichtsordnung, 168. Lieferung, Stand: 1.8.2016, § 21 UStG Rn. 8.
397 Gosch/Schmieszek, Abgabenordnung/Finanzgerichtsordnung, 168. Lieferung, Stand: 1.8.2016, § 21 UStG Rn. 12.

Steuerfall zu bearbeiten.[398] Kenntnisse anderer Finanzämter können dem zuständigen Finanzamt nicht zugerechnet werden. Innerhalb der gleichen Behörde braucht die für den Steuerfall zuständige Dienststelle nicht die Akten einer anderen Dienststelle zu kennen. Kenntnisse dieser anderen Stelle werden der zuständigen Stelle nicht zugerechnet. Es ist in erster Linie Aufgabe des Steuerpflichtigen, der zuständigen Dienststelle die für die Steuerfestsetzung notwendigen Mitteilungen zu machen. Er kann die Dienststelle nicht darauf verweisen, sich selbst diese Daten zusammenzusuchen. Kenntnisse eines Außenprüfers sind im Rahmen von § 173 AO regelmäßig unbeachtlich.[399]

**6980** Demzufolge müsste vorliegend zwischen der Zuständigkeit des FA für die (spätere) Organgesellschaft und der Zuständigkeit des FA für die Organschaft unterschieden werden, dh für die Jahre 2018 und 2019 wäre das für die OG zuständige FA und für die Jahre ab 2020 das FA des Organträgers anzuschreiben.

**6981–6990** *(einstweilen frei)*

## G. Wirkungen der umsatzsteuerrechtlichen Organschaft

### I. Finanzielle und sonstige Vorteile der Organschaft

**6991** Die Organschaft im Umsatzsteuerrecht hat seit der Einführung des Mehrwertsteuersystems (Allphasen-Netto-Umsatzsteuersystem (mit Vorsteuerabzug)) in finanzieller Hinsicht viel von ihrer früheren Bedeutung verloren. Grds. ist es in diesem System hinsichtlich der finanziellen Auswirkungen der Umsatzbesteuerung gleich, ob eine Leistung mehrere einstufige Unternehmen oder mehrere Stufen innerhalb eines Organkreises durchläuft. Die Belastung des Endverbrauchers mit Umsatzsteuer ist (bei steuerpflichtigen Umsätzen) immer vom Steuersatz und von der Bemessungsgrundlage (dh regelmäßig dem Endverbrauchernettopreis) abhängig. Ein Finanzierungsvorteil entsteht in aller Regel auch nicht daraus, dass Umsatzsteuer auf eine Leistung erst beim Verlassen des Organkreises zu entrichten ist. Durch den Vorsteuerabzug wird bei entsprechender Rechnungstellung bei mehreren einstufigen Unternehmen das gleiche Ergebnis erreicht. Echte finanzielle Vorteile bietet die Organschaft nur noch dann, wenn steuerfreie, den Vorsteuerabzug ausschließende Tätigkeiten innerhalb des Organkreises erfolgen.

**Beispiel**

**6992** Ein Organkreis besteht aus mehreren Versicherungsgesellschaften, die alle nur steuerfreie Versicherungsumsätze ausführen (§ 4 Nr. 10 Buchst. a UStG), die den Vorsteuerabzug ausschließen (§ 15 Abs. 2 ff. UStG). Übernimmt eine dieser Gesellschaften die Lohnabrechnung für die anderen Organkreismitglieder gegen Kostenersatz, so liegen nicht steuerbare Innenumsätze vor. Bei der leistenden Gesellschaft entsteht keine Umsatzsteuer, bei den Leistungsempfängern ergeben sich somit keine Probleme mit dem Vorsteuerabzug. Wäre keine Organschaft gegeben, würde bei der leistenden Gesellschaft für die Lohnabrechnung Umsatzsteuer entstehen, die von den leistungsempfangenden Gesellschaften nicht als Vorsteuer abgezogen werden könnte und damit bei diesen zum Kostenfaktor würde.

**Beispiel**

**6993** Zu einem Organkreis gehört eine berufsbildende Einrichtung in der Rechtsform einer juristischen Person des privaten Rechts (zB GmbH). Diese Einrichtung wird nur gegenüber den übrigen Mitgliedern des Organkreises tätig. Ihre entgeltlichen Leistungen stellen daher nicht steuerbare Innenumsätze dar, die den Vorsteuerabzug nicht ausschließen (§ 15 Abs. 2 ff. UStG). Die Umsatzsteuer, die auf Leistungsbezüge für die Einrichtung entfällt, kann daher als Vorsteuer abgezogen werden, wenn die Außenumsätze des Organkreises den Vorsteuerabzug nicht ausschließen, zB steuerpflichtig sind. Wäre in diesem Fall keine Organschaft gegeben, lägen bei der berufsbildenden Einrichtung grundsätzlich steuerfreie Umsätze vor (§ 4 Nr. 21 Buchst. b UStG), die den Vorsteuerabzug aus ihren Leistungsbezügen ausschließen (§ 15 Abs. 2 ff. UStG).

---

[398] Vgl. u. a. BFH 18.8.2005 – IV R 9/04, BStBl. II 2006, 581.

[399] Vgl. zB BFH 19.5.1998 – I R 140/97, BStBl. II 1998, 599 mwN.

Neben diesen finanziellen Vorteilen können sich durch die Organschaft noch Kostenminderungen im Verwaltungsbereich ergeben. Im Hinblick darauf, dass für die nicht steuerbaren Innenumsätze keine Umsatzsteuer entsteht, ist beim leistenden Mitglied des Organkreises eine Verbuchung der Umsatzsteuer und deren gesonderter Ausweis in der Rechnung und beim leistungsempfangenden Mitglied des Organkreises die Verbuchung einer Vorsteuer nicht erforderlich. Die Einsparungen sind allerdings nicht zuletzt durch die Datenverarbeitung von untergeordneter Bedeutung, zumal Rechnungen in aller Regel schon aus handelsrechtlichen Gründen erteilt werden müssen. Die Gestaltung eines umsatzsteuerlichen Organkreises ist die Anwendung der gesetzlich vorgesehenen und unionsrechtliche möglichen Regelung und kein Gestaltungsmissbrauch. **6994**

*(einstweilen frei)* **6995–7004**

## II. Verwaltungsseitige und andere Nachteile der Organschaft

Nachteile ergeben sich durch die Organschaft insbesondere dann, wenn durch die Zusammenfassung aller Umsätze des Organkreises beim Organträger bestimmte Umsatzgrenzen überschritten werden. Hierbei ist nicht zuletzt an Umsatzgrenze von 800.000 EUR (bis 31.12.2024: 600.000 EUR) für die Anwendbarkeit der Ist-Versteuerung nach § 20 UStG oder von 800.000 EUR für die Anwendbarkeit der Pauschalierung nach § 24 Abs. 1 S. 1 UStG oder an die Vorjahres-Umsatzsteuer-Grenze von 9.000 EUR nach § 18 Abs. 2 S. 2 UStG zu denken. Das Hauptproblem der Organschaft ist in den letzten Jahren jedoch die komplizierte Rechtsmaterie geworden. Rechtsstreite sind regelrecht vorprogrammiert und wurden vielfach bis zum BFH und zum EuGH getragen. Zu denken ist auch an die Behandlung von Organschaften, die erst nachträglich als solche erkannt werden oder von Organschaften, die fälschlicherweise als solche behandelt wurden. Ein – wenn auch nicht besonders häufig vorkommendes – Problem ist für die Finanzverwaltung die Ermittlung des bedeutendsten Unternehmensteils im Inland, wenn der Organträger seine Geschäftsleitung im Ausland hat.[400] Es ist in der Praxis durchaus nicht unüblich, dass die im Inland ansässigen Organgesellschaften zueinander in Konkurrenz stehen und daher nicht bereit sind, ihre Umsatzzahlen und dgl. einer konkurrierenden Organgesellschaft mitzuteilen. Nicht zuletzt ergeben sich Schwierigkeiten beim innergemeinschaftlichen Kontrollverfahren. So ist für den Organkreis nur eine USt-Voranmeldung abzugeben, in der die steuerfreien innergemeinschaftlichen Lieferungen des Organkreises angegeben sind. Dem steht gegenüber, dass jede Organgesellschaft eine eigene Zusammenfassende Meldung abgibt.[401] **7005**

*(einstweilen frei)* **7006–7015**

## III. Haftung bei umsatzsteuerlicher Organschaft

Nach § 73 S. 1 AO haftet eine (zivilrechtlich selbständige) Organgesellschaft für solche Steuern des Organträgers, für welche die Organschaft zwischen ihnen steuerlich von Bedeutung ist. Haftet eine Organgesellschaft, die selbst Organträger ist, nach § 73 S. 1 AO, haften nach § 73 S. 2 AO ihre Organgesellschaften neben ihr ebenfalls nach § 73 S. 1 AO. Bei mehrstufigen Organschaftsverhältnissen haften somit die (nachrangigen) Organgesellschaften der „obersten" Organgesellschaft ebenfalls für die Steuern des „obersten" Organträgers, für welche die Organschaft zwischen der „obersten" Organgesellschaft und dem „obersten" Organträger steuerlich von Bedeutung ist. Sind die nachrangigen Organgesellschaften wiederum selbst Organträger, haften nach § 73 S. 2 AO auch ihre eigenen Organgesellschaften sowie ggf. deren (ebenfalls nachrangige) Organgesellschaften.[402] Den **7016**

[400] Vgl. § 2 Abs. 2 Nr. 2 S. 4 UStG.
[401] Vgl. zu diesen Aspekten auch Steppert UR 1994, 343, der zugleich vorschlägt, das Institut der Organschaft aus Rechtsvereinfachungsgründen abzuschaffen.
[402] Vgl. AEAO zu § 73, Nr. 1.

Steuern stehen nach § 73 S. 3 AO die Ansprüche auf Erstattung von Steuervergütungen gleich.

**7017** Haften bedeutet für die Organgesellschaft, dass sie für die Erfüllung einer Schuld einstehen muss, welche der Organträger als Steuerpflichtiger (Unternehmer) begründet. Schuld ihrerseits ist die Pflicht zu einer Leistung. Da die Organgesellschaft für die Steuern des Organträgers haftet, kann „haften" bei Organschaft idS nur bedeuten, dass sie einstehen muss für eine fremde Schuld, sodass die Organschaftshaftung nach § 73 S. 1 AO eine Fremdhaftung darstellt. Während der Organträger der eigentliche Steuerschuldner ist, ist die Organgesellschaft als Verpflichtete der Fremdhaftung die Haftungsschuldnerin. Die Organschaftshaftung zeichnet sich ihrem Wesen nach dadurch aus, dass die Finanzbehörde die Haftungsschuldnerin Organgesellschaft und den Steuerschuldner Organträger als Steuerpflichtigen nach § 33 Abs. 1 Alt. 2 und 1 AO für Ansprüche aus dem Steuerschuldverhältnis iSd § 37 Abs. 1 Alt. 3 und 1 AO haftbar machen kann, sobald nach § 38 AO der Tatbestand verwirklicht ist, an den das jeweilige Einzelsteuergesetz (§ 43 S. 1 AO) die Leistungspflicht knüpft. Der Haftungsanspruch gegen die Haftungsschuldnerin Organgesellschaft ist nach § 37 Abs. 1 Alt. 3 AO als Anspruch aus dem Steuerschuldverhältnis ein öffentlich-rechtlicher Anspruch. Er dient der Sicherstellung des Steueraufkommens. Der Haftungsanspruch des § 73 S. 1 AO eröffnet dem Fiskus als Steuergläubiger die Möglichkeit, neben dem Organträger als Steuerschuldner die Organgesellschaft als Haftungsschuldnerin für die geschuldete Leistung in Anspruch zu nehmen. Steuerschuldner Organträger und Haftungsschuldnerin Organgesellschaft stehen als Gesamtschuldner iSd § 44 Abs. 1 S. 1 Alt. 1 und 2 AO nebeneinander. Deshalb wirkt die Leistung eines Steuer- oder Haftungsschuldners zugleich schuldbefreiend für alle anderen Gesamtschuldner (vgl. AEAO zu § 73, Nr. 1). Ihrer Art nach ist die Organschaftshaftung eine unbeschränkte persönliche Haftung. Der Haftungstatbestand des § 73 S. 1 AO setzt das Bestehen eines Organschaftsverhältnisses nach den jeweiligen Steuergesetzen (hier: § 2 Abs. 2 Nr. 2 UStG) und dessen steuerliche Anerkennung voraus.[403]

**7018** Der Erlass eines Haftungsbescheides nach § 73 S. 2 iVm Satz 1 AO setzt das Vorliegen der Tatbestandsmerkmale einer Haftung der „obersten" Organgesellschaft für die haftungsrelevanten Steuern des „obersten" Organträgers nach § 73 S. 1 AO voraus. Eine tatsächliche Inanspruchnahme der „obersten" Organgesellschaft ist daher nicht erforderlich.[404] Die Haftung ist auf Steuern und Ansprüche auf Erstattung von Steuervergütungen beschränkt, für die die Organschaft steuerlich von Bedeutung ist. Besteht zB nur eine umsatzsteuerliche Organschaft, so scheidet eine Haftungsinanspruchnahme der Organgesellschaft für die Körperschaftsteuer des Organträgers aus. Die Organgesellschaft haftet dem Grunde nach für alle Steuern, die im Organkreis verursacht worden sind; im Rahmen der Ermessensausübung soll die Haftung aber grundsätzlich auf die in ihrem eigenen Betrieb oder im Betrieb des Organträgers verursachten Steuern beschränkt werden. Eine Begrenzung der Haftungsinanspruchnahme einer (ggf. nachrangigen) Organgesellschaft im Rahmen der Ermessensausübung erfolgt jedoch nicht, wenn der Organträger oder andere Organgesellschaften Vermögenswerte unentgeltlich auf die Organgesellschaft übertragen, unentgeltliche Nutzungen oder Leistungen gewährt haben oder keine Trennung der Vermögenssphären der Organteile möglich ist, sodass die Organgesellschaft auch für Steuern haftet, die durch den Betrieb des Organträgers oder einer anderen Organgesellschaft verursacht worden sind.[405] Die vorstehenden Grundsätze gelten für Ansprüche auf Erstattung von Steuervergütungen, für welche die Organschaft(-en) von Bedeutung ist (sind), entsprechend.[406] Bei der umsatzsteuerlichen Organschaft ist es ermessensgerecht, den Verursachungsbeitrag einer Organgesellschaft auf die auf den Außenumsätzen der Organgesellschaft beruhende Umsatzsteuer

[403] Vgl. Mösbauer UR 1995, 321.
[404] Vgl. AEAO zu § 73, Nr. 2.
[405] Vgl. BFH 19.3.2014 – V B 14/14, BFH/NV 2014, 999 und BGH 29.1.2013 – II ZR 91/11, ZIP 2013, 409.
[406] § 73 S. 3 AO; vgl. AEAO zu § 73, Nr. 3.1.

abzüglich der bei der Organgesellschaft anfallenden Vorsteuer zu bestimmen (vgl. AEAO zu § 73, Nr. 3.1.2).[407]

Die Steuern müssen während der zeitlichen Dauer der Organschaft verursacht worden sein. Die Haftung der Organgesellschaft für Steuern des Organträgers gem. § 73 AO beschränkt sich daher nicht notwendig auf solche Steuern, die während der Dauer des Organschaftsverhältnisses entstanden sind.[408] Der BFH sieht insbesondere nicht, dass sich das Tatbestandsmerkmal „für welche die Organschaft zwischen ihnen steuerlich von Bedeutung ist" nach Wortlaut und Systematik der Regelung lediglich auf die jeweilige Steuerart beziehen soll, welche von der Organschaft umfasst wird. Die steuerliche Bedeutung der Organschaft geht nicht dadurch verloren, dass ein Steueranspruch – zB bei abweichenden Wirtschaftsjahren im Organkreis – möglicherweise erst nach Beendigung der Organschaft entsteht, sofern dieser durch die Organschaft noch beeinflusst ist. Auf den Zeitpunkt der Festsetzung und der Fälligkeit kommt es nicht an.[409] **7019**

*(einstweilen frei)* **7020–7029**

## H. Organschaft im Kontext grenzüberschreitender Sachverhalte

### I. Auswirkungen der Beschränkung auf das Inland bei grenzüberschreitenden Lieferbeziehungen

Nach § 2 Abs. 2 Nr. 2 S. 2 UStG sind die Wirkungen der umsatzsteuerrechtlichen Organschaft auf das Inland beschränkt. Dies ist verwirrend formuliert, denn es sind die Wirkungen der umsatzsteuerrechtlichen Organschaft, welche auf Leistungen zwischen den inländischen Beteiligten der Organschaft beschränkt sind.[410] Die Beschränkung auf das Inland ist für die Zuordnung der Besteuerungsrechte,[411] aber auch, weil Art. 11 MwStSystRL ein Wahlrecht für die Mitgliedstaaten zur Einführung einer Mehrwertsteuergruppe darstellt (siehe → Rn. 6465 ff.) und nicht alle EU-Mitgliedstaaten davon Gebraucht machten und es zudem erhebliche Umsetzungsunterschiede[412] gibt, zwingend erforderlich. Die grenzüberschreitenden Dienstleistungen und Warenlieferungen, welche auch innergemeinschaftliche Verbringungen mit umfassen, sind aufgrund dieser Bestimmung zunächst wie im „Normalfall" ohne umsatzsteuerrechtliche Organschaft zu behandeln. Zum einen gibt es steuerbare unternehmensinterne Vorgänge, wie innergemeinschaftliche Verbringungen und zum anderen aber auch die nichtsteuerbaren Innenumsätze zwischen fester Niederlassung (umsatzsteuerrechtlicher Betriebsstätte) und dem Stammhaus/Hauptniederlassung.[413] Die Beschränkungen der Wirkungen der umsatzsteuerrechtlichen Organschaft sorgen daher für ein Spannungsverhältnis zwischen Inlandsbeschränkung der Organschaft nach § 2 Abs. 2 Nr. 2 S. 2 UStG und Grundsatz der Unternehmenseinheit (§ 2 Abs. 1 S. 2 UStG). **7030**

Im Ausland gelegenen Unternehmensteile sind damit weiterhin unselbständige Teile des Organträgers oder der jeweiligen Organgesellschaft dem sie zivilrechtlich zuzurechnen sind aber umsatzsteuerrechtlich bleiben die Wirkungen der Organschaft auf das Inland beschränkt.[414] Aufgrund der aktuellen EuGH-Rechtsprechung „Skandia America" und „Danske Bank"[415] (siehe dazu auch → Rn. 6492 ff.) sind aber der inländische Organkreis und feste Niederlassungen (umsatzsteuerrechtliche Betriebsstätten) im Ausland inländischer **7031**

[407] § 73 S. 3 AO; vgl. AEAO zu § 73, Nr. 3.1.
[408] Vgl. BFH 5.4.2022 – VII R 18/21, BStBl. II 2023, 3.
[409] Vgl. AEAO zu § 73, Nr. 3. 2.
[410] Ebenso Rau/Dürrwächter/Stadie, UStG, § 2, Rn. 950, 1060.
[411] Sölch/Ringleb/Treiber UStG § 2 Rn. 301.
[412] Vgl. Forster/Striegl MwStR 2024, 465.
[413] Vgl. auch UStAE 2.9 Abs. 3 Nr. 3 und 5.
[414] Rau/Dürrwächter/Stadie UStG § 2 Rn. 1062.
[415] EuGH 11.3.2021 – C-812/19, HFR 2021, 518 – Danske Bank; EuGH 17.9.2014 – C-7/13, HFR 2014, 1031 – Skandia America (USA).

Organgesellschaften als selbständige Unternehmer zu betrachten.[416] Es ist somit immer zu prüfen, wie weit der Unternehmenskreis gezogen wird. Das Leistungen zwischen Hauptniederlassung und fester Niederlassung vielfach unentgeltlich erfolgen und die rechtlich unselbständigen festen Niederlassungen nicht eigenständig rechtlich agieren, hat der EuGH der Besonderheit der Mehrwertsteuergruppe, welche ein eigenständiger Unternehmer ist, dessen Unternehmenskreis mit den Wirkungen auf das Inland beschränkt ist, untergeordnet. Diese Ansicht ist hinsichtlich der Konformität mit dem nationalen Recht umstritten[417] und die Finanzverwaltung aktuell (Januar 2025) hält teilweise weiterhin an der Nichtsteuerbarkeit von Leistungen zwischen Hauptniederlassung und fester Niederlassung auch bei Vorliegen einer Organschaft fest.[418] Dies wird als unionsrechtswidrig betrachtet.[419] Auf EU-Ebene spricht man sich mehrheitlich dafür aus, dass eine feste Niederlassung ein einem andere EU-Mitgliedstaat Teil einer Mehrwertsteuergruppe sein kann und damit folgerichtig steuerbare Leistungsbeziehungen zwischen dieser festen Niederlassung und dem Stammhaus/Hauptniederlassung im anderen EU-Mitgliedstaat erfolgen.[420] Dies gilt vice versa, wenn das Stammhaus/Hauptniederlassung Teile eines inländischen Organkreises ist und Leistungen an die ausländische feste Niederlassung erbringt.[421] Diese Betrachtungsweise hat immer dann erhebliche Auswirkungen, wenn eine eingeschränkte Vorsteuerabzugsberechtigung besteht.[422]

**7032** Bei Organträger wird dies abweichend gesehen werden müssen, da wir Wirkungen des § 2 Abs. 2 Nr. 2 S. 2 UStG überlagert werden durch § 2 Abs. 1 S. 2 UStG (Grundsatz der Unternehmenseinheit). Der inländische Organträger bildet mit seinen ausländischen festen Niederlassungen (Betriebsstätten) ein Unternehmen.[423] Daher sind – mit Ausnahme der Regelungen über das innergemeinschaftliche Verbringen und den korrespondierenden innergemeinschaftlichen Erwerb – zwischen Organträger im Inland und dessen fester Niederlassung im Ausland nichtsteuerbare Innenleistungen möglich.[424] Entsprechendes gilt bei fester Niederlassung als Teil des inländischen Organkreises und Organträger mit Ansässigkeit im Ausland Abweichend gilt, dass feste Niederlassungen im Ausland zu inländischen Organgesellschaften wie fremde Dritte zueinander iSd Umsatzsteuerrechts behandelt werden, da der Organkreis das Unternehmen des Organträgers (und nicht der Organgesellschaft) ist. Feste Niederlassungen im Ausland von inländischen Organgesellschaften werden nicht Teil des inländischen Organkreises, sodass zwischen ihnen im Inland steuerbare Leistungen möglich sind.

**7033** Von Wirkungen der Organschaft werden nur Innenleistungen der im Inland gelegenen Unternehmensteile erfasst. Daher sind Leistungen ausländischer Beteiligter des Organkreises auch wenn diese im Inland stattfinden, nicht von den Wirkungen der Organschaft umfasst. Wenn beispielsweise ein ausländischer Organträger oder eine ausländische Betriebsstätte im Inland einen Liefervorgang an einen Beteiligten des inländischen Organkreises (Organträger oder Organgesellschaft) tätigt, so liegt ein steuerbarer Vorgang vor.[425]

**7034** Aufgrund der Regelungen zu innergemeinschaftlichen Lieferungen, den innergemeinschaftlichen Verbringungen (§ 1a Abs. 2 UStG, § 3 Abs. 1a UStG) sind auch Umsätze zwischen einer ausländischen Registrierung zu Umsatzsteuerzwecken (ausländischen

[416] Ebenso: Mitteilung EU-Kommission v. 2.7.2009, KOM (2009) 325, UR 2009, 632; aA Rau/Dürrwächter/Stadie UStG § 2 Rn. 1062.1.

[417] Bejahend Heinrichshofen UR 2014, 890 (892); verneinend Becker UStB 2014, 346 (354); Neumann-Tomm/Hammerl MwStR 2021, 409.

[418] UStAE 2.9 Abs. 2 S. 2.

[419] Offerhaus/Söhn/Lange/Hartmann UStG § 2 Rn. 262.

[420] Leitlinien des MwSt-Ausschusses v. 16.12.2016, https://ec.europa.eu/taxation_customs/business/vat/vat-committee_de, 207 f.

[421] von Streit/Streit MwStR 2014, 714 (718).

[422] Horgan MwStR 2015, 288.

[423] Ebenso Rau/Dürrwächter/Stadie UStG § 2 Rn. 1077.

[424] Ebenso Offerhaus/Söhn/Lange/Hartmann UStG § 2 Rn. 265.

[425] Ebenso Rau/Dürrwächter/Stadie UStG § 2 Rn. 1064.

USt-IdNr.), ohne, dass eine ausländische feste Niederlassung (Betriebsstätte) begründet wird, zum Organkreis steuerbare Transaktionen. Demnach sind beispielsweise Lieferungen einer Organgesellschaft aus einem ausländischen Warenlager, beispielsweise fremdbetrieben durch eine Spedition, zu anderen inländischen Organgesellschaften oder dem Organträger steuerbare Transaktionen (im Mitgliedstaat des Warenlagers), welche zum Leistungsaustausch mit dem Organkreis führen.

Ungeklärt ist, ob die Beschränkung auf das Inland unionsrechtskonform ist oder ein Verstoß gegen Art. 110 AEUV vorliegt.[426] **7035**

*(einstweilen frei)* **7036–7045**

## II. Organschaft und grenzüberschreitende Reihengeschäfte

Bisher von der Verwaltung und der Gerichtsbarkeit ungeklärt in Bezug auf zB Ausfuhrreihengeschäfte (aber auch innergemeinschaftliche Reihengeschäfte) mit Transportbeginn im Inland ist, ob die Rechtsfolgen der umsatzsteuerlichen Organschaft Wirkungen insbesondere auf die Zuordnung der Warenbewegung zu einer der Lieferungen im Reihengeschäft haben. **7046**

**Beispiel:**

**7047**

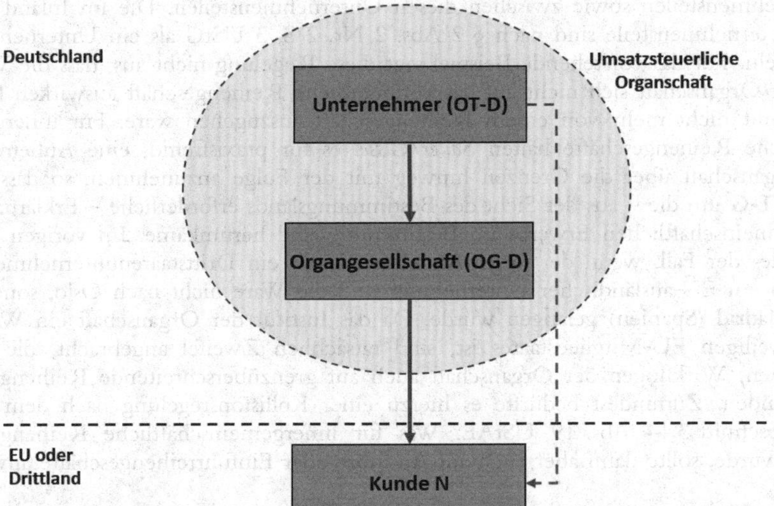


Der norwegische Unternehmer N aus Oslo bestellt bei einer deutschen Organgesellschaft OG-D mit Sitz in Köln eine Maschine. OG bezieht ihrerseits die Maschine von ihrem Organträger OT-D mit Sitz in Stuttgart. OT-D veranlasst den Transport der Maschine von seiner Produktionsstätte in München zu N nach Oslo.

Ohne Beachtung der zwischen OG-D und OT-D bestehenden Organschaft liegt ein Reihengeschäft vor, da mehrere Unternehmer (N, OG-D und OT-D) über denselben Gegenstand (Maschine) Liefergeschäfte abschließen und die Maschine im Rahmen einer Beförderung/Versendung unmittelbar vom ersten Unternehmer (OG-D) zum letzten Abnehmer (N) gelangt. Die Warenbewegung ist der ersten Lieferung zwischen OT-D und OG-D zuzuordnen (§ 3 Abs. 6a S. 2 UStG (Art. 36a MwstSystRL). Der Ort dieser Lieferung liegt in Stuttgart, § 3 Abs. 6 S. 1 UStG (Art. 32 MwStSystRL), da dort der Beginn der Beförderung liegt. Die nachfolgende Lieferung von OG-D an N ist eine ruhende Lieferung

[426] Unionsrechtskonformität bejahend Offerhaus/Söhn/Lange/Hartmann UStG § 2 Rn. 260 mwN; Unionsrechtskonformität verneinend.Tipke/Lang/Englisch § 17 Rn. 64; Birkenfeld UR 2010, 198; Widmann UR 2012, 32; Reiß UR 2016, 739.

nach § 3 Abs. 7 S. 2 Nr. 2 UStG (Art. 31 MwStSystRL) mit Lieferort in Oslo, da dort das Ende der Beförderung ist. Diese ruhende Lieferung wäre nicht steuerbar nach deutschem Recht (sondern nach norwegischem Recht).

**7048** Da zwischen OT-D und OG-D eine Organschaft besteht, sind Leistungen zwischen OG-D und OT-D nach derzeit noch geltender Auffassung als Innenumsätze nicht steuerbar. Der Begriff des Unternehmens in § 2 Abs. 1 S. 2 UStG bleibt von der Beschränkung der Organschaft auf das Inland unberührt. Daher sind grenzüberschreitende Leistungen innerhalb des Unternehmens, insbesondere zwischen dem Unternehmer, zB Organträger oder Organgesellschaft, und seinen Betriebsstätten (Abschnitt 3a.1 Abs. 3 UStAE) oder umgekehrt – mit Ausnahme von Warenbewegungen auf Grund eines innergemeinschaftlichen Verbringens (vgl. Abschnitt 1a.2 UStAE) – nicht steuerbare Innenumsätze (Abschnitt 2.9 Abs. 2 UStAE). Unter Beachtung dieser Rechtsfolge der Organschaft läge im vorstehenden Beispiel kein Reihengeschäft vor, weil es hierfür der Beteiligung von mindestens drei Unternehmern, die über denselben Liefergegenstand Verträge abgeschlossen haben, bedarf. OT-D und OG-D wären nach außen als ein Unternehmen (das des OT-D) anzusehen, obwohl OG-D selbst den Liefervertrag mit N abgeschlossen hat. Es läge deshalb auch nur eine bewegte Warenlieferung vor, die als Ausfuhrlieferung umsatzsteuerfrei sein kann, nämlich die über die Wirkungen der Organschaft dem OT-D zuzurechnende Lieferung der OG-D an N, obwohl nicht OG-D, sondern OT-D den Warentransport veranlasst hat.

**7049** Nach Abschnitt 2.9 Abs. 1 UStAE sind die Wirkungen der Organschaft nach § 2 Abs. 2 Nr. 2 S. 2 UStG auf Innenleistungen zwischen den im Inland gelegenen Unternehmensteilen beschränkt. Sie bestehen nicht im Verhältnis zu den im Ausland gelegenen Unternehmensteilen sowie zwischen diesen Unternehmensteilen. Die im Inland gelegenen Unternehmensteile sind nach § 2 Abs. 2 Nr. 2 S. 3 UStG als ein Unternehmen zu behandeln. Für das vorstehende Beispiel sagt diese Regelung nicht aus, dass die Wirkungen der Organschaft sich nicht auf das vermeintliche Reihengeschäft auswirken könnten und somit nicht mehr von einem Reihengeschäft auszugehen wäre. Für innergemeinschaftliche Reihengeschäfte halten *Sauer/Gissel* es für praxisfremd, eine Außenwirkung der Organschaft über die Grenzen hinweg mit der Folge anzunehmen, so dass OG-D oder OT-G um die – aus der Sicht des Bestimmungslands erforderliche – Erklärung eines innergemeinschaftlichen Erwerbs im Bestimmungsland herumkäme. Im vorigen Beispiel wäre dies der Fall, wenn der letzte Abnehmer nicht ein Drittstaatenunternehmer wäre, sondern ein EU-ausländischer Unternehmer und die Ware nicht nach Oslo, sondern zB nach Madrid (Spanien) gelangen würde. Da das Institut der Organschaft ein Wahlrecht des jeweiligen EU-Mitgliedstaates ist, sind tatsächlich Zweifel angebracht, die (innerstaatlichen) Wirkungen der Organschaft auch auf grenzüberschreitende Reihengeschäfte anzuwenden. Zumindest bedürfte es hierzu einer Kollisionsregelung nach dem Muster von Abschnitt 3.14 Abs. 19 UStAE. Was für innergemeinschaftliche Reihengeschäfte gelten würde, sollte dann aber auch auf Ausfuhr- oder Einfuhrreihengeschäfte anwendbar sein.

**7050–7059** *(einstweilen frei)*

## I. Ausblick

**7060** Die umsatzsteuerrechtliche Organschaft nach § 2 Abs. 2 Nr. 2 UStG bedarf der gesetzlichen Reformierung. Vielfältige Zweifelsfragen an der Vereinbarkeit der nationalen Organschaftsregelung mit der MwSystRL zeugen davon. Hier sind u. a. die Frage nach der Unternehmereigenschaft des Organträger oder der Einbeziehung von Nichtunternehmern zu nennen.[427] Auch die Abschaffung der umsatzsteuerrechtlichen Organschaft wurde diskutiert.[428] Missverständnisse sind sicherlich aufgrund der Entstehungsgeschichte der nationalen umsatzsteuerrechtlichen Organschaft (siehe dazu Kapitel A.) nicht auszuschließen

[427] Vgl. dazu auch Sölch/Ringleb/Treiber UStG § 2 Rn. 155; Bunjes/Korn UStG § 2 Rn. 169, 180 ff.
[428] Negativ dazu Bunjes/Korn UStG § 2 Rn. 176.

und durch unionsrechtskonforme Gesetzesänderungen zu beseitigen. Insgesamt wäre de lege ferenda eine Neuschaffung einer Umsatzsteuergruppe zielführend.

Die weiteren Entwicklungen beim Institut der umsatzsteuerlichen Organschaft, insbesondere mit Blick auf die aktuelle Entscheidung des EuGH in der Sache C-184/23 (Finanzamt T II) vom 11.7.2024 mit der Bestärkung der Nichtsteuerbarkeit der Innenleistungen und sowie der Praxisfolgen der BFH-Folgeentscheidung (BFH 29.8.2024, V R 14/24 – Rn. 6603) bleibt abzuwarten. Die Bestätigung, dass Innenleistungen nicht steuerbar sind, ist nicht die letzte Entscheidung, denn die Abgrenzung zum nichtunternehmerischen Bereich wird weiterhin eine Frage der Folgeentscheidung beim BFH sein. **7061**

Dies gilt auch hinsichtlich der Frage, ob der Gesetzgeber tätig werden wird und die umsatzsteuerliche Organschaft auf eine andere Grundlage stellt. Die umsatzsteuerliche Organschaft steht aufgrund der mit ihr verbundenen Problemfelder seit Jahren immer wieder in der Diskussion. Die damit einhergehenden Reformforderungen und -ansätze mündeten im März 2019 in einem BMF-Eckpunktepapier zur Reform der derzeitigen Organschaftsregelungen.[429] **7062**

In einer Ausgestaltung der Organschaft verfahrensrechtlich als Antragsverfahren wäre denkbar, dass im Gegensatz zum geltenden Recht die Rechtsfolgen der Organschaft (bei unveränderten Eingliederungsvoraussetzungen) künftig nur auf Antrag eintreten würden. Ein solches Antragsverfahren könnte sowohl der Rechtssicherheit als auch der Verwaltungsvereinfachung dienen. Es könnte verhindern, dass ein Organkreis entsteht, ohne dass dies den in den Organkreis fallenden Unternehmen bewusst ist (unerkannte Organschaft). Zugleich würde die Verhinderung der Entstehung solcher unerkannten Organschaften dazu dienen, auch das Leben der Finanzverwaltung erleichtern. Steuerliche Sachverhalte müssten zB nicht nachträglich über mehrere Jahre zutreffend erfasst werden. **7063**

Auch wenn mit Urteil vom 11.7.2024, Rs. C-184/23,[430] die Nichtsteuerbarkeit von Innenleistungen bestätigt wurde und es damit (wohl) bei der derzeitigen umsatzsteuerrechtlichen Organschaftsregelung in § 2 Abs. 2 Nr. 2 UStG bleibt, ist der Gesetzgeber gefordert eine Neuregelung zu schaffen. Eine Umsatzsteuergruppe de lege ferenda auf Basis der unionsrechtlichen Regelungen mit Rechtsanwendersicherheit wäre dienlicher als kleine Korrekturen durch Verwaltungsanweisungen an der bestehenden Regelung. Bei Redaktionsschluss war jedenfalls sicher, dass die Entwicklung der umsatzsteuerrechtlichen Organschaft noch nicht vollendet ist und die Ausführungen in dieser Auflage eine Momentaufnahme eines großen und bedeutsamen Rechtsinstituts der nationalen Umsatzsteuer ist. **7064**

*(einstweilen frei)* **7065–7100**

429 Vgl. hierzu im Einzelnen Meyering/Dekinger UR 2021, 582.
430 EuGH 11.7.2024 – C-184/23, DStR 2024, 1600 – S/FA T II.




# Teil 4. Grunderwerbsteuerliche Organschaft

**Übersicht**

## A. Einführung

### I. Überblick, gesetzliche Grundlagen und Historie

7101 Die gesetzliche Grundlage der grunderwerbsteuerlichen Organschaft ergibt sich aus § 1 Abs. 3 iVm Abs. 4 Nr. 2 GrEStG. Gemäß § 1 Abs. 3 Nr. 1 GrEStG unterliegt der Grunderwerbsteuer ein Rechtsgeschäft, das den Anspruch auf Übertragung eines oder mehrerer Anteile einer Gesellschaft mit inländischem Grundbesitz begründet, wenn durch die Übertragung unmittelbar oder mittelbar mindestens 90 vom Hundert der Anteile der Gesellschaft in der Hand eines Erwerbers (Var. 1) oder in der Hand von herrschenden und abhängigen Unternehmen oder abhängigen Personen (Var. 2) oder in der Hand von abhängigen Unternehmen oder abhängigen Personen allein (Var. 3) vereinigt werden würden (rechtsgeschäftliche Anteilsvereinigung). Nach § 1 Abs. 3 Nr. 2 GrEStG gilt dies auch, wenn es ohne vorausgehendes schuldrechtliches Geschäft zu einer Vereinigung von 90 vom Hundert der Anteile der Gesellschaft kommt (dingliche Anteilsvereinigung, etwa bei einer Verschmelzung). Als **abhängig** iSd Abs. 3 gelten dabei natürliche Personen, soweit sie einzeln oder zusammengeschlossen einem Unternehmen so eingegliedert sind, dass sie den Weisungen des Unternehmers in Bezug auf die Anteile zu folgen verpflichtet sind (§ 1 Abs. 4 Nr. 1 GrEStG) und juristische Personen, die nach dem Gesamtbild der tatsächlichen Verhältnisse finanziell, wirtschaftlich und organisatorisch in ein Unternehmen eingegliedert sind (§ 1 Abs. 4 Nr. 2 GrEStG).

7102 Im GrEStG wird der Begriff der „Organschaft" nicht ausdrücklich verwendet. Dennoch ist das Institut der „grunderwerbsteuerlichen Organschaft" allgemein anerkannt.[1] Die in § 1 Abs. 3 Nr. 1 und Abs. 4 Nr. 2 GrEStG enthaltenen Begriffsbestimmungen für die abhängigen Personen und Unternehmen definieren einen grunderwerbsteuerlich eigenständigen Organschaftsbegriff.[2] Bereits das GrEStG 1940 enthielt eine Regelung zur Organschaft. Es sollte verhindert werden, dass die Steuerentstehung bei Anteilsvereinigung in der Hand einer einzigen Person oder eines einzigen Unternehmens durch Anteilsvereinigung in der Hand mehrerer abhängiger Unternehmen oder in der Hand des herrschenden und eines abhängigen Unternehmens umgangen wird.[3] Während das GrEStG 1940 noch einen expliziten Verweis auf das UStG enthielt („in der Hand von Unternehmen im Sinn des § 2 Abs. 2 UStG vereinigt"), fehlt eine solche ausdrückliche Verweisung in der aktuellen Fassung des Gesetzes. Allerdings ähnelt der Wortlaut des § 1 Abs. 4 Nr. 2 GrEStG sehr stark demjenigen der umsatzsteuerlichen Organschaft gem. § 2 Abs. 2 Nr. 2 S. 1 UStG (zu den Unterschieden und Gemeinsamkeiten vgl. ausf. → Rn. 7178 ff.).

7103 Hinsichtlich der geforderten Beteiligungshöhe sah das GrEStG 1940 noch vor, dass eine Vereinigung aller Anteile der Gesellschaft in der Hand eines Erwerbers oder in der Hand von herrschenden und abhängigen Unternehmen oder abhängigen Personen oder in der Hand von abhängigen Unternehmen oder abhängigen Personen allein vereinigt wurden (im Ergebnis also 100 %). Dies blieb auch bei der Einführung des GrEStG 1983 so.[4] Erst durch das StEntlG 1999/2000/2002 vom 24.3.1999[5] wurde die Regelung dahin geändert, dass nunmehr nur noch die Vereinigung von mindestens 95 % der Anteile erforderlich war. Diese Schwelle wurde durch das Gesetz zur Änderung des GrEStG vom 12.5.2021[6] weiter herabgesetzt auf die derzeit gültige Grenze von 90 %. Hintergrund war, dass politisch eine Verschärfung für Erwerbsvorgänge in Form von Share Deals gewollt war (damit einher ging

---

1 Vgl. beispielweise BFH 30.3.1988 – II R 81/85, BeckRS 1988, 22008483; Pahlke/Joisten GrEStG § 1 Rn. 433; Eder DStR 1994, 735.
2 Vgl. Pahlke/Joisten GrEStG § 1 Rn. 433.
3 Vgl. Begründung zum GrEStG 1940, RStBl. 1940, 392; vgl. auch Pahlke/Joisten GrEStG § 1 Rn. 434.
4 Vgl. zur Geschichte allg. Viskorf/Loose GrEStG Vorb. Rn. 46 ff.
5 BGBl. 1999 I 402.
6 BGBl. 2021 I 986.

u. a. auch eine Verlängerung bestimmter Frist von fünf auf zehn Jahre, etwa in § 1 Abs. 2a GrEStG).[7]

Die Schwelle von 90 % gilt gem. § 23 Abs. 18 GrEStG erstmals für alle Erwerbsvorgänge, die nach dem 30.6.2021 verwirklicht werden. Die alte Regelung in § 1 Abs. 3 Nr. 1 und Nr. 2 GrEStG in der bis zum 30.6.2021 geltenden Fassung ist nach § 23 Abs. 21 S. 1 GrEStG weiter anzuwenden, wenn am 30.6.2021 unmittelbar oder mittelbar weniger als 95 % und mindestens 90 % der Anteile der Gesellschaft in der Hand des Erwerbers oder in der Hand von herrschenden und abhängigen Unternehmen oder abhängigen Personen oder in der Hand von abhängigen Unternehmen oder abhängigen Personen allein vereinigt waren. Lag also am 30.6.2021 bereits eine Anteilsvereinigung von mindestens 90 %, aber nicht von 95 % vor, so bleibt die Schwelle von 95 % maßgeblich. Ansonsten würde es zu Besteuerungslücken kommen, da nach der alten Fassung kein steuerbarer Rechtsvorgang vorlag, nach der neuen Fassung eine Besteuerung aber ausschiede, da die Schwelle von mindestens 90 % schon erreicht wäre. Bei der Ermittlung der allein in einer Hand vereinigten Anteile der Gesellschaft iSd § 23 Abs. 21 S. 1 GrEStG sind auch solche Anteile zu berücksichtigen, über die der Erwerber oder die herrschenden und abhängigen Unternehmen oder abhängigen Personen oder die abhängigen Unternehmen oder abhängigen Personen vor dem 1.7.2021 ein Rechtsgeschäft abgeschlossen haben, das den Anspruch auf Übertragung eines oder mehrerer dieser Anteile begründet (§ 23 Abs. 21 S. 2 GrEStG). Es wird also auf das schuldrechtliche Geschäft abgestellt.[8] **7104**

Zu den Regelungen des § 1 Abs. 3 GrEStG sind eine Vielzahl von Verwaltungsanweisungen ergangen.[9] Speziell für Organschaftsfälle nach § 1 Abs. 3 iVm Abs. 4 GrEStG gilt der koordinierte Ländererlass vom 5.3.2024[10]. Zur Frage der zeitlichen Anwendung des § 1 Abs. 3 GrEStG idF Gesetz zur Änderung des GrEStG vom 12.5.2021 (→ Rn. 7104) sind die gleich lautenden Erlasse zu den Übergangsregelungen aufgrund des Gesetzes zur Änderung des GrEStG[11] ergangen. **7105**

*(einstweilen frei)* **7106–7114**

## II. Bedeutung

### 1. Bedeutung der Grunderwerbsteuer im Allgemeinen

Der Grunderwerbsteuer kommt in den letzten Jahren und Jahrzehnten vermehrt Bedeutung in der steuerlichen Beratung zu. Das liegt zum einen an dem gestiegenen Steuersatz. Hatte dieser mit zunächst 2 % und seit 1997 dann 3,5 % eine Höhe, die bei Immobilientransaktionen durch Berater häufig als eher „vernachlässigenswert" betrachtet wurde, haben die Länder seit der Föderalismusreform 2006 aufgrund Art. 105 Abs. 2a GG die Befugnis zur Bestimmung des Steuersatzes. Der Steuersatz bewegt sich seitdem in einer Spannbreite von 3,5 % (nur in Bayern) bis zu 6,5 % (zB in NRW), sodass die Grunderwerbsteuer nunmehr häufig wesentlicher Bestandteil steuerlicher Beratung von Immobilienkonzernen, Immobilientransaktionen oder allgemein von Unternehmen mit Grundbesitz im Inland ist. **7115**

Die gestiegene Bedeutung der Grunderwerbsteuer ergibt sich zum anderen aus der stetigen Erweiterung der Grunderwerbsteuertatbestände durch den Gesetzgeber, zB durch die Einführung von Ersatztatbeständen wie zuletzt § 1 Abs. 2b GrEStG[12]. Schließlich hat die Neuregelung der (Ersatz-)Bemessungsgrundlage durch das StÄndG 2015[13] zu einer Annährung der Bemessungsgrundlage im Falle der Verwirklichung von Ersatztatbeständen **7116**

[7] Vgl. zum Ganzen Viskorf/Loose GrEStG Vorb. Rn. 79 ff.

[8] Vgl. zu der zeitlichen Anwendung der Regelungen auch GLE zu den Übergangsregelungen aufgrund des GrEStGÄndG v. 29.6.2021, BStBl. I 2021, 1006; Viskorf/Meßbacher-Hönsch GrEStG § 1 Rn. 1026.

[9] Vgl. Übersicht bei Viskorf/Meßbacher-Hönsch GrEStG § 1 Rn. 1028 ff.

[10] BStBl. I 2024, 393.

[11] BStBl. I 2021, 1006.

[12] GrEStGÄndG vom 12.5.2021, BGBl. 2021 I 986.

[13] BGBl. 2015 I 1834.

an den gemeinen Wert und damit einer deutlich höheren Bewertung und damit Besteuerung geführt. Dies kommt auch in den gestiegenen Einnahmen aus der Grunderwerbsteuer zum Ausdruck: Seit 2006 hat sich das Aufkommen der Grunderwerbsteuer von rund 6,1 Mrd. EUR über rund 13,1 Mrd. EUR im Jahr 2017 auf rund 17,1 Mrd. EUR im Jahr 2022 fast verdreifacht.

**7117–7125** *(einstweilen frei)*

### 2. Bedeutung der grunderwerbsteuerlichen Organschaft im Besonderen und Bezug zur Anteilsvereinigung

**7126** Anders als im Umsatz- oder Körperschaftsteuerrecht ist mit der grunderwerbsteuerlichen Organschaft kein Steuervorteil verbunden; sie wirkt vielmehr **steuerbegründend.** Der Organschaft gem. § 1 Abs. 4 Nr. 2 GrEStG kommt insbesondere dadurch Bedeutung zu, dass sie den Tatbestand der Anteilsvereinigung nach § 1 Abs. 3 GrEStG **erweitert.**[14] Sie hat dabei nur Bedeutung für die Anteilsvereinigung nach § 1 Abs. 3 Nr. 1 und Nr. 2 GrEStG.[15] Für die weiteren Regelungen in § 1 Abs. 3 Nr. 3 und Nr. 4 GrEStG (Übertragung von mindestens 90 % der Anteile – und damit schon vereinigter Anteile – einer Gesellschaft) wie auch für die Regelungen der § 1 Abs. 2a, Abs. 2b und Abs. 3a GrEStG hat die Organkreisregelung dagegen keine Relevanz.[16]

**7127** Eine (unmittelbare oder mittelbare) Vereinigung in der Hand des Erwerbers nach § 1 Abs. 3 Nr. 1 **Var. 1** GrEStG ist kein Fall der grunderwerbsteuerlichen Organschaft. Die Regelungen des § 1 Abs. 4 GrEStG werden in diesem Fall nicht benötigt. Ein Grunderwerbsteuertatbestand wird in dieser Konstellation ausgelöst, wenn durch eine Übertragung von Anteilen unmittelbar oder mittelbar mindestens 90 % der Anteile in der Hand des Erwerbers vereinigt werden. Bei einer mittelbaren Anteilsvereinigung werden dabei dem Erwerber Anteile, die eine „zwischengeschaltete" Gesellschaft an der grundstücksbesitzenden Gesellschaft hält, wie eigene Anteile zugerechnet, wenn der Erwerber an der Gesellschaft zu mindestens 90 % beteiligt ist.[17] Die Anteilsvereinigungen nach § 1 Abs. 3 Nr. 1 **Var. 2 und 3** GrEStG sind subsidiär gegenüber einer Anteilsvereinigung nach Abs. 3 Nr. 1 **Var. 1** GrEStG („Anteilsvereinigung in der Hand des Erwerbers"), dh sie kommen erst zum Tragen, wenn nicht (unmittelbar oder mittelbar) mindestens 90 % der Anteile bereits in der Hand eines Rechtsträgers vereinigt sind. Nur dann ist eine Prüfung der Regelungen zur grunderwerbsteuerlichen Organschaft durchzuführen.

**7128** Bei der Anteilsvereinigung nach § 1 Abs. 3 Nr. 1 und Nr. 2 GrEStG wird grunderwerbsteuerrechtlich derjenige, in dessen Hand sich die Anteile vereinigen, so behandelt (Fiktion), als habe er die Grundstücke von der Gesellschaft erworben, deren Anteile sich in seiner Hand vereinigen.[18] Die Vorschrift trägt dem Umstand Rechnung, dass demjenigen, der mindestens 90 % der Anteile an einer grundbesitzenden Gesellschaft in seiner Hand vereinigt, eine dem zivilrechtlichen Eigentum an einem Grundstück vergleichbare Rechtszuständigkeit an dem Gesellschaftsgrundstück zuwächst.[19] Gegenstand der Besteuerung ist aber nicht der Anteilserwerb, sondern die spezifisch grunderwerbsteuerrechtlich veränderte Zuordnung von Grundstücken, die der Gesellschaft gehören.[20]

**7129** Die Regelung zur grunderwerbsteuerlichen Organschaft in § 1 Abs. 4 Nr. 2 GrEStG hat zur Folge, dass als abhängig iSd § 1 Abs. 3 GrEStG solche juristischen Personen gelten, die nach dem Gesamtbild der tatsächlichen Verhältnisse finanziell, wirtschaftlich und organisatorisch in ein Unternehmen eingegliedert sind. Danach führt also nicht nur die Anteilsvereinigung von mindestens 90 % in der Hand eines Erwerbers zur Verwirklichung des

[14] Vgl. Pahlke/Joisten GrEStG § 1 Rn. 435.
[15] Vgl. Viskorf/Meßbacher-Hönsch GrEStG § 1 Rn. 1202.
[16] Vgl. Behrens/Wachter/Drees/Nienhaus/Böing/Behrens GrEStG § 1 Rn. 831.
[17] BFH 8.8.2001 – II R 66/98, DStR 2001, 1793; 27.9.2017 – II R 41/15, DStR 2018, 189 Rn. 16 ff.
[18] stRspr, vgl. etwa BFH 12.2.2014 – II R 46/12, DStR 2014, 850 Rn. 14 mwN.
[19] BFH 12.2.2014 – II R 46/12, DStR 2014, 850 Rn. 14 mwN.
[20] BFH 19.12.2007 – II R 65/06, DStRE 2008, 520.

Grunderwerbsteuertatbestands, sondern auch eine Anteilsvereinigung von mindestens 90 % in der Hand mehrerer unter bestimmten Voraussetzungen verbundener Unternehmen – nämlich, wenn diese nach dem Gesamtbild der tatsächlichen Verhältnisse finanziell, wirtschaftlich und organisatorisch in ein Unternehmen eingegliedert sind – kann Grunderwerbsteuer auslösen.

§ 1 Abs. 4 GrEStG normiert damit einen besonders geregelten Fall der **mittelbaren** **7130** **Anteilsvereinigung.**[21] Die Regelungen des § 1 Abs. 3 und Abs. 4 Nr. 2 GrEStG bezwecken letztlich eine **Erweiterung**[22] des Tatbestands der Anteilsvereinigung, indem die einen Organkreis bildenden Unternehmen eine Hand iSd § 1 Abs. 3 Nr. 1 GrEStG bilden. Insofern ersetzt das Abhängigkeitsverhältnis iSd § 1 Abs. 4 Nr. 2 GrEStG die ansonsten für eine mittelbare Anteilsvereinigung erforderliche direkte oder indirekte Beteiligung des Erwerbers iHv mindestens 90 % an einer zwischengeschalteten Gesellschaft.[23]

Die am Organkreis beteiligten Unternehmen bilden dabei keine eigenständige grund- **7131** erwerbsteuerliche Einheit, sondern bleiben (grunderwerb)steuerlich selbstständig. Der Organkreis ist nicht selbst grunderwerbsteuerlicher Rechtsträger.[24] Das bedeutet, dass Grundstücks- oder Anteilsübertragungen zwischen am Organkreis beteiligten Gesellschaften selbst wiederum Grunderwerbsteuer auslösen können.[25] Ist es bei der Gesellschaft, die dabei das Grundstück erwirbt, bereits zuvor zu einer steuerpflichtigen Anteilsvereinigung gekommen, kommt eine Anrechnung nach § 1 Abs. 6 GrEStG in Betracht.[26] Steuerschuldner sind nach § 13 Nr. 5 Buchst. b GrEStG die zum Organkreis gehörenden Unternehmen und Personen und nicht der Organkreis selbst (s. zur Steuerschuldnerschaft ausf. → Rn. 7339 f.).

Die Bedeutung der grunderwerbsteuerlichen Organschaft kann und sollte nicht unter- **7132** schätzt werden. Zu beachten ist insbesondere, dass sich beispielsweise Rechtsvorgänge oder Umstrukturierungen **ausländischer** Konzerngesellschaften auf die Anteilsstruktur insgesamt auswirken und – bei Vorliegen eines grunderwerbsteuerlichen Organschaftsverhältnisses – Grunderwerbsteuer auf inländischen Grundbesitz auslösen können, obwohl es (wie typisch für die Fälle des § 1 Abs. 3 GrEStG) gar nicht zu einem Rechtsträgerwechsel und möglicherweise auch nicht zu einer Anteilsvereinigung von mindestens 90 % der Anteile in einer Hand gekommen ist. Umstrukturierungen und Anteilsverschiebungen innerhalb eines Konzerns sowie Unternehmenskäufe sollten bei Vorliegen inländischen Grundbesitzes daher immer auf die Frage untersucht werden, ob abhängige Gesellschaften iSd § 1 Abs. 4 Nr. 2 GrEStG vorliegen und diese mindestens 90 % der Anteile der grundbesitzhaltenden Gesellschaft auf sich vereinigen. Bestenfalls sollte die grundbesitzhaltende Gesellschaft – soweit möglich und nicht womöglich mit (noch erheblicheren) ertragsteuerlichen (etwa Aufdeckung stiller Reserven) oder umsatzsteuerlichen Folgen verbunden – aus dem Konzern herausgehalten werden bzw. die Begründung eines grunderwerbsteuerlichen Organschaftsverhältnisses vermieden werden[27] (vgl. zu Vermeidungsstrategien auch → Rn. 7355 ff.).

*(einstweilen frei)* **7133–7141**

### III. Verhältnis zu anderen Vorschriften des GrEStG

Die Abs. 2 ff. des § 1 GrEStG, zu denen auch die Anteilsvereinigung nach § 1 Abs. 3 **7142** GrEStG und damit auch die Regelung zur Organschaft (§ 1 Abs. 4 Nr. 2 GrEStG) gehört, beinhalten sog. **Ersatztatbestände.** Diese Ersatztatbestände sollen Umgehungen der Steu-

---

21 BFH 8.8.2001 – II R 66/98, DStR 2001, 1793; Pahlke/Joisten GrEStG § 1 Rn. 433.
22 BFH 30.3.1988 – II R 81/85, BeckRS 1988, 22008483.
23 BFH 8.8.2001 – II R 66/98, DStR 2001, 1793; Pahlke/Joisten GrEStG § 1 Rn. 435.
24 GLE 5.3.2024, BStBl. I 2024, 393 Rn. 2; Viskorf/Meßbacher-Hönsch GrEStG § 1 Rn. 1208.
25 Vgl. Viskorf/Meßbacher-Hönsch GrEStG § 1 Rn. 1203.
26 Vgl. Müller/Detmering/Lieber Organschaft Rn. 1811.
27 Vgl. auch Müller/Detmering/Lieber Organschaft Rn. 1756.

erpflicht nach dem Grundtatbestand des § 1 Abs. 1 Nr. 1 GrEStG und den Nebentatbeständen (§ 1 Abs. 1 Nr. 2 bis 7 GrEStG) verhindern.[28]

**7143** Nach § 1 Abs. 2 GrEStG unterliegen der Grunderwerbsteuer auch Rechtsvorgänge, die es ohne Begründung eines Anspruchs auf Übereignung einem anderen rechtlich oder wirtschaftlich ermöglichen, ein inländisches Grundstück auf eigene Rechnung zu verwerten (Verschaffung der Verwertungsbefugnis). Dabei führt allein der Abschluss eines Beherrschungs- und Gewinnabführungsvertrags (wie bei § 14 KStG) nicht zu einer Verwertungsbefugnis des beherrschenden Unternehmens.[29]

**7144** § 1 Abs. 2a GrEStG regelt die Grunderwerbsteuerpflicht von Anteilen an grundbesitzenden **Personengesellschaften,** wenn innerhalb von zehn Jahren (bis zum 30.6.2021: fünf Jahren) mindestens 90 % (bis zum 30.6.2021: 95 %) der Anteile der Personengesellschaft unmittelbar oder mittelbar auf neue Gesellschafter übergehen. Das Gleiche gilt nach § 1 Abs. 2b GrEStG aufgrund des GrEStGÄndG vom 12.5.2021[30] auch für nach dem 30.6.2021 (§ 23 Abs. 18 GrEStG) verwirklichte Erwerbsvorgänge, durch die innerhalb von zehn Jahren mindestens 90 % der Anteile an einer grundbesitzenden **Kapitalgesellschaft** unmittelbar oder mittelbar auf neue Gesellschafter übergehen. Ergänzt werden diese Regelungen durch die ebenfalls 2021 eingeführte **Börsenklausel** des § 1 Abs. 2c GrEStG, wonach bestimmte an einer Börse gelistete und gehandelte Aktien unbeachtlich für die 90 %-Grenze sind. Die Anteilsvereinigung nach § 1 Abs. 3 GrEStG ist subsidiär gegenüber diesen beiden Ersatztatbeständen (vgl. Einleitungssatz des § 1 Abs. 3 GrEStG). Dies gilt auch dann, wenn der Tatbestand des § 1 Abs. 2a oder Abs. 2b GrEStG zwar erfüllt, der Erwerb aber steuerfrei ist; in diesem Fall ist eine Besteuerung nach § 1 Abs. 3 GrEStG ebenfalls ausgeschlossen.[31] Die Subsidiarität des § 1 Abs. 3 GrEStG gegenüber der Regelung des § 1 Abs. 2b GrEStG hat aufgrund der fehlenden Erwerberidentität zur Folge, dass eine Anrechnung nach § 1 Abs. 6 GrEStG bei aufeinanderfolgender Verwirklichung der Tatbestände nicht in Betracht kommt; dieses Ergebnis wird kritisch gesehen.[32]

**7145** Vorrangig wiederum sind die Regelungen des § 1 Abs. 3 GrEStG (und der Abs. 2a und Abs. 2b) gegenüber § 1 Abs. 3a GrEStG (vgl. Einleitungssatz des § 1 Abs. 3a GrEStG). Dieser weitere Ergänzungstatbestand greift ein, wenn ein Rechtsträger (unmittelbar oder mittelbar) durch einen Rechtsvorgang eine **wirtschaftliche Beteiligung** von mindestens 90 % (bis zum 30.6.2021: 95 %) an einer grundbesitzenden Gesellschaft innehat. Die Vorschrift soll Steuerumgehungen aufgrund sog. RETT-Blocker-Strukturen vermeiden, bei denen typischerweise Personengesellschaften mit einer Beteiligung von mindestens 10 % zwischengeschaltet werden.[33]

**7146** Die Vorschrift des § 6a GrEStG **(Konzernklausel)** enthält eine Steuerbefreiungsnorm für bestimmte Umstrukturierungen innerhalb eines Konzerns. Erforderlich ist dabei u. a. die Beteiligung ausschließlich eines herrschenden Unternehmens und davon abhängiger Gesellschaften. **Abhängig** iSd Vorschrift ist eine Gesellschaft, an deren Kapital oder Gesellschaftsvermögen das herrschende Unternehmen innerhalb von fünf Jahren vor dem Rechtsvorgang und fünf Jahren nach dem Rechtsvorgang unmittelbar oder mittelbar oder teils unmittelbar, teils mittelbar zu mindestens 95 vom Hundert ununterbrochen beteiligt ist (§ 6a S. 4 GrEStG). Der Abhängigkeitsbegriff ist eigenständig zu beachten und ohne Bedeutung für die Regelung des § 1 Abs. 4 Nr. 2 GrEStG.[34] Als Steuerbefreiungsnorm hat § 6a GrEStG keine Relevanz für Umwandlungen **innerhalb** einer grunderwerbsteuerlichen Organschaft. Denn § 6a GrEStG setzt voraus, dass an dem Umwandlungsvorgang nur

---

28 Vgl. Pahlke/Pahlke GrEStG § 1 Rn. 5.
29 BFH 1.3.2000 – II R 53/98, DStR 2000, 1088 Rn. 12.
30 BGBl. 2021 I 986.
31 GLE 10.5.2022, BStBl. I 2022, 801 Tz. 8 zu § 1 Abs. 2a GrEStG; vgl. auch Viskorf/Meßbacher-Hönsch GrEStG § 1 Rn. 1034.
32 Vgl. etwa Brühl GmbHR 2021, 749.
33 BT-Drs. 17/13033, 110 f., vgl. zum Ganzen auch Viskorf/Meßbacher-Hönsch GrEStG § 1 Rn. 1274 ff.
34 Vgl. Pahlke/Joisten GrEStG § 1 Rn. 432.

Gesellschaften beteiligt sind, an denen das herrschende Unternehmen zu mindestens 95 % beteiligt ist. In diesem Fall liegt aber bereits eine mittelbare Anteilsvereinigung nach § 1 Abs. 3 Nr. 1 Var. 1 GrEStG vor. Da die grunderwerbsteuerliche Organschaft nur der Erweiterung der Tatbestände der § 1 Abs. 3 Nr. 1 Var. 2 und 3 GrEStG dient, hat sie in diesen Fällen keine Bedeutung. Sie wird nur benötigt, wenn das Quantum von 90 % (früher 95 %) nach § 1 Abs. 3 GrEStG gerade nicht erreicht wird. Die Konzernklausel des § 6a GrEStG kann aber bei Umwandlungen **oberhalb** eines Organkreises greifen.[35]

*(einstweilen frei)* **7147–7155**

## B. Voraussetzungen

### I. Überblick

Eine Anteilsvereinigung im Zusammenhang mit einer **grunderwerbsteuerlichen Organschaft** setzt voraus, dass sich Anteile an einer grundbesitzenden Gesellschaft in Höhe des erforderlichen Quantums von 90 % **7156**

- in der Hand von herrschenden und abhängigen Unternehmen oder
- in der Hand von herrschenden Unternehmen und abhängigen Personen oder
- in der Hand abhängiger Unternehmen allein oder
- in der Hand abhängiger Personen allein

vereinigen würden oder vereinigen. Dabei handelt es sich um die in § 1 Abs. 3 Nr. 1 **Var. 2 und 3** iVm Abs. 4 Nr. 2 GrEStG geregelten Fallgestaltungen.

*(einstweilen frei)* **7157–7165**

### II. Inländischer Grundbesitz im Vermögen der Gesellschaft

Steuerfolgen können aus der Regelung zur grunderwerbsteuerlichen Organschaft nur entstehen, wenn es zu einer Vereinigung der Anteile einer Gesellschaft mit inländischem Grundbesitz kommt. Die Zugehörigkeit eines Grundstücks richtet sich dabei nicht nach zivilrechtlichen oder wirtschaftlichen Gesichtspunkten; vielmehr gilt eine eigene spezifisch grunderwerbsteuerliche Zuordnung.[36] Entscheidend ist, ob der Gesellschaft der Grundbesitz im Zeitpunkt der Anteilsvereinigung aufgrund eines Erwerbsvorgangs nach – so der BFH bislang – § 1 Abs. 1 bis 3a GrEStG zuzurechnen ist[37], zB also ein schuldrechtliches Geschäft mit Anspruch auf Übereignung eines Grundstücks durch die Gesellschaft abgeschlossen wurde (§ 1 Abs. 1 Nr. 1 GrEStG). Soweit der BFH bislang für die Zurechnung auf Erwerbsvorgänge nach § 1 Abs. 1 bis (!) 3a GrEStG abgestellt hat, läuft diese Formulierung für Erwerbe nach § 1 Abs. 2a und Abs. 2b GrEStG, die lediglich eine neue Gesellschaft fingieren und bei denen sich die grunderwerbsteuerrechtliche Zurechnung nicht ändert, nach neuer Rechtsprechung des BFH jedoch leer[38], sodass es nur auf Erwerbsvorgänge nach § 1 Abs. 1, Abs. 2, Abs. 3 oder Abs. 3a GrEStG ankommt.[39] **7166**

Aufgrund dieser spezifisch grunderwerbsteuerlichen Zuordnung sind der Gesellschaft ggf. auch Grundstücke anderer Gesellschaften nach § 1 Abs. 3 GrEStG zuzurechnen, beispielsweise, wenn die Gesellschaft ein entsprechendes schuldrechtliches Geschäft iSd § 1 Abs. 3 Nr. 1 oder Nr. 3 GrEStG abgeschlossen hat.[40] Hat eine Gesellschaft eine wirtschaftliche Beteiligung gem. § 1 Abs. 3a GrEStG an einer grundbesitzenden Gesellschaft inne, sind ihr die Grundstücke nur zuzurechnen, wenn die Beteiligung an der **7167**

[35] Vgl. das Bsp. bei Müller/Detmering/Lieber Organschaft Rn. 1764.
[36] Vgl. Pahlke/Joisten GrEStG § 1 Rn. 413.
[37] BFH 19.12.2007 – II R 65/06, DStRE 2008, 520; 1.12.2021 – II R 44/18, DStR 2022, 1375 Rn. 23 f.
[38] BFH 14.12.2022 – II R 40/20, DStR 2023, 700 Rn. 27.
[39] Vgl. Kugelmüller-Pugh DStR 2023, 703; GLE 16.10.2023, BStBl. I 2023, 1872.
[40] BFH 9.8.2004 – II R 39/06, BeckRS 2008, 25013596; vgl. Pahlke/Joisten GrEStG § 1 Rn. 413 mwN; vgl. zum Ganzen auch Behrens/Sparr BB 2023, 1687.

Gesellschaft steuerbar erworben wurde. Das Halten einer mindestens 90%igen Beteiligung alleine genügt nicht.[41]

7168 Hat die Gesellschaft **vor** der steuerbaren Anteilsvereinigung ein schuldrechtliches Veräußerungsgeschäft abgeschlossen oder einen anderen Veräußerungsvorgang iSd § 1 Abs. 1, Abs. 2, Abs. 3 oder Abs. 3a GrEStG verwirklicht, ist ihr das insoweit veräußerte Grundstück grunderwerbsteuerlich nicht mehr zuzurechnen.[42] Wird ein Erwerbsgeschäft rückgängig gemacht (zB aufgrund erfolgreicher Anfechtung), kann sich die Zurechnung eines Grundstücks **rückwirkend** ändern und ein Grundstück doch oder nicht mehr zum Vermögen einer Gesellschaft gehören.[43]

7169–7177 *(einstweilen frei)*

## III. Herrschendes Unternehmen (Organträger)

7178 Nach dem Wortlaut des § 1 Abs. 4 GrEStG kann Organträger (herrschendes Unternehmen) jeder **Unternehmer** sein, also sowohl eine natürliche Person als auch eine Personengesellschaft oder Kapitalgesellschaft. Voraussetzung ist bei einer natürlichen Person allerdings, dass die Anteile an den untergeordneten juristischen Personen **nicht im Privatvermögen** gehalten werden.[44] Es muss neben den Organgesellschaften auch der Organträger zwingend Unternehmer sein. Auch juristische Personen des öffentlichen Rechts können Organträger sein, wenn sie Unternehmer sind.[45]

7179 § 1 Abs. 4 Nr. 2 GrEStG verweist (anders als früher → Rn. 7102) nicht mehr explizit auf das Umsatzsteuerrecht und den dortigen Organschaftsbegriff. Allerdings ähnelt der Wortlaut sehr stark der Definition der umsatzsteuerlichen Organschaft in § 2 Abs. 2 Nr. 2 S. 1 UStG. Bei der Auslegung des § 1 Abs. 4 Nr. 2 GrEStG wird daher üblicherweise auf die für § 2 Abs. 2 Nr. 2 S. 1 UStG geltenden Grundsätze zurückgegriffen und vorausgesetzt, dass der Organträger **umsatzsteuerlicher Unternehmer** sein muss.[46] Auch die Finanzverwaltung beurteilt die Frage, ob eine finanzielle, wirtschaftliche oder organisatorische Eingliederung iSv § 1 Abs. 4 Nr. 2 GrEStG vorliegt, entsprechend der Grundsätze zu § 2 Abs. 2 UStG und setzt voraus, dass der Organträger Unternehmer im umsatzsteuerlichen Sinne sein muss.[47]

7180 **Unternehmer im umsatzsteuerlichen Sinne** ist gem. § 2 Abs. 1 S. 1 UStG, wer eine gewerbliche oder berufliche Tätigkeit selbständig ausübt. Gewerblich oder beruflich ist nach § 2 Abs. 1 S. 3 UStG jede nachhaltige Tätigkeit zur Erzielung von Einnahmen, auch wenn die Absicht, Gewinn zu erzielen, fehlt oder eine Personenvereinigung nur ihren Mitgliedern gegenüber tätig ist (vgl. ausf. zum umsatzsteuerlichen Unternehmerbegriff → Rn. 6641 ff.). Eine reine **Finanzholding,** deren einziger Zweck der Erwerb von Beteiligungen an anderen Unternehmen ist, ohne dass sie unmittelbar oder mittelbar in die Verwaltung dieser Gesellschaften eingreift, erfüllt diese Voraussetzungen nicht. Mangels Ausübung einer wirtschaftlichen Tätigkeit ist eine Finanzholding keine Unternehmerin im umsatzsteuerlichen Sinne[48] und kann daher auch nicht Organträgerin in einer grunderwerbsteuerlichen Organschaft sein.[49]

---

[41] BFH 1.12.2021 – II R 44/18, DStR 2022, 1375 Rn. 28; Pahlke/Joisten GrEStG § 1 Rn. 413.

[42] BFH 11.12.2014 – II R 10/14, DStR 2015, 116 Rn. 18; 1.12.2021 – II R 44/18, DStR 2022, 1375 Rn. 25 f.

[43] Vgl. ausf. Viskorf/Meßbacher-Hönsch GrEStG § 1 Rn. 1086 f.

[44] BFH 20.3.1974 – II R 185/66, BeckRS 1974, 22002586; GLE 5.3.2024, BStBl. I 2024, 393 Tz. 5.

[45] BFH 18.6.2009 – V R 4/08, DStRE 2009, 1389; so auch Viskorf/Meßbacher-Hönsch GrEStG § 1 Rn. 1217.

[46] Vgl. etwa Viskorf/Meßbacher-Hönsch GrEStG § 1 Rn. 1211; Pahlke/Joisten GrEStG § 1 Rn. 440.

[47] GLE 5.3.2024, BStBl. I 2024, 393 Rn. 5.

[48] BFH 11.12.2013 – XI R 38/12, DStR 2014, 466 Rn. 32 ff.; EuGH 27.9.2001 – C-16/00, DStR 2001, 1795 Rn. 18 – Cibo Participations SA.

[49] Vgl. Viskorf/Meßbacher-Hönsch GrEStG § 1 Rn. 1215; Behrens/Meyer-Wirges DStR 2007, 1290.

An dieser Sichtweise wird zT Kritik geübt und ein reiner Gleichlauf mit der Auslegung des umsatzsteuerlichen Unternehmerbegriffs (insbesondere für Finanzholdings) abgelehnt.[50] Gegen eine umsatzsteuerliche Auslegung der Norm lässt sich zB anführen, dass der BFH in mehreren Entscheidungen geurteilt hat, dass der Anwendungsbereich des **§ 6a GrEStG** nicht auf Unternehmen iSd UStG beschränkt ist, sondern die Vorschrift mangels näherer gesetzlicher Eingrenzung für alle Rechtsträger iSd GrEStG, die wirtschaftlich tätig sind, gilt.[51] Ob daraus auch folgt, dass diese (weite) Auslegung ebenfalls für § 1 Abs. 3 und Abs. 4 GrEStG gilt, ist offen.[52] Für diese Auslegung spricht, dass beide Vorschriften – § 6a S. 3 und 4 GrEStG und § 1 Abs. 4 Nr. 2 GrEStG – keinen Verweis auf das UStG enthalten. Dagegen ist allerdings einzuwenden, dass § 1 Abs. 4 Nr. 2 GrEStG den nahezu identischen Wortlaut wie die umsatzsteuerliche Vorschrift zur Organschaft in § 2 UStG hat und damit jedenfalls Anleihen im Umsatzsteuerrecht nimmt, während § 6a S. 3 und 4 GrEStG, die das herrschende und das abhängige Unternehmen definieren, diese Definition vollständig eigenständig und unabhängig vom Umsatzsteuerrecht vornehmen. Auch der BFH geht davon aus, dass aufgrund der Anknüpfung des Wortlauts des § 1 Abs. 4 Nr. 2 GrEStG an § 2 Abs. 2 Nr. 2 UStG bei der Auslegung des § 1 Abs. 4 Nr. 2 GrEStG die für § 2 Abs. 2 Nr. 2 UStG geltenden Grundsätze heranzuziehen sind.[53] In der Praxis sollte daher aus Gründen der Vorsicht – auch wenn die Finanzverwaltung die Rechtsprechungsgrundsätze des BFH zu § 6a GrEStG anwendet[54] – weiterhin auf den umsatzsteuerlichen Unternehmerbegriff abgestellt werden. **7181**

Anders als im Umsatzsteuerrecht, wo nach § 2 Abs. 2 Nr. 2 S. 2 UStG die Wirkungen der Organschaft auf Innenleistungen zwischen den im Inland gelegenen Unternehmensteilen beschränkt sind, gilt eine solche Beschränkung im Grunderwerbsteuerrecht nicht. Das herrschende Unternehmen kann seinen Sitz also auch **im Ausland** haben; entscheidend ist, dass das Grundstück, dessen Erwerb bei dem Rechtsvorgang des § 1 Abs. 3 GrEStG fingiert wird, im Inland belegen ist.[55] **7182**

*(einstweilen frei)* **7183–7191**

## IV. Abhängige Personen und Unternehmen

### 1. Natürliche Personen nach § 1 Abs. 4 Nr. 1 GrEStG

Nach § 1 Abs. 4 Nr. 1 GrEStG gelten als abhängig natürliche Personen, soweit sie einzeln oder zusammengeschlossen einem Unternehmen so eingegliedert sind, dass sie den Weisungen des Unternehmers in Bezug auf die Anteile zu folgen verpflichtet sind. Nach hM hat die Vorschrift keine praktische Bedeutung und läuft leer.[56] Entweder ist die in § 1 Abs. 4 Nr. 1 GrEStG definierte Person zivilrechtlich (etwa nach den Regelungen des Auftragsrechts nach § 662 BGB oder aufgrund eines Geschäftsbesorgungsvertrags nach § 675 BGB) oder aufgrund eines Treuhandverhältnisses zur Herausgabe der Anteile verpflichtet, sodass dieser Herausgabeanspruch zu einer Zurechnung der Anteile beim Auftraggeber bzw. Treuhänder und damit zu einer mittelbaren Anteilsvereinigung führt.[57] Besteht hingegen keine Verpflichtung zur Herausgabe der Anteile, liegt eine Weisungsgebundenheit der natürlichen Person iSd § 1 Abs. 4 Nr. 1 GrEStG gerade nicht vor.[58] **7192**

50 So etwa noch Prinz/Witt/Schober, 2. Aufl. 2019 Rn. 23.14 ff.
51 Etwa BFH 21.8.2019 – II R 15/19, DStR 2020, 343 Rn. 18; 22.8.2019 – II R 18/19, DStR 2020, 337 Rn. 16.
52 So auch Viskorf/Meßbacher-Hönsch GrEStG § 1 Rn. 1214.
53 BFH 21.8.2019 – II R 19/19, DStR 2020, 341 Rn. 19; vgl. auch Micker/Stubbe Ubg 2023, 16.
54 GLE 25.5.2023, BStBl. I 2023, 995 Tz. 3.1.
55 BFH 21.9.2005 – II R 33/04, BeckRS 2005, 25009279; GLE 5.3.2024, BStBl. I 2024, 393 Rn. 5.
56 Vgl. etwa Pahlke/Joisten GrEStG § 1 Rn. 437; Viskorf/Meßbacher-Hönsch GrEStG § 1 Rn. 1220.
57 BFH 4.3.2020 – II R 2/17, DStR 2020, 1432 Rn. 23; Viskorf/Meßbacher-Hönsch GrEStG § 1 Rn. 1220.
58 BFH 4.3.2020 – II R 2/17, DStR 2020, 1432 Rn. 23; Viskorf/Meßbacher-Hönsch GrEStG § 1 Rn. 1220; Pahlke/Joisten GrEStG § 1 Rn. 437.

7193 § 1 Abs. 4 Nr. 1 GrEStG umfasst auch den Zusammenschluss mehrerer natürlicher Personen. Daher kann abhängiges Unternehmen auch eine **Personengesellschaft** sein, an der ausschließlich natürliche Personen beteiligt sind. Eine Personengesellschaft, an der (auch) juristische Personen beteiligt sind (zB eine GmbH & Co. KG), ist dagegen kein Zusammenschluss natürlicher Personen iSd § 1 Abs. 4 Nr. 1 GrEStG.[59] In einem solchen Fall ist aber stets zu prüfen, ob eine solche Personengesellschaft als zwischengeschaltete Gesellschaft zu einer mittelbaren Anteilsvereinigung beiträgt.[60]

### 2. Juristische Personen (Organgesellschaften) nach § 1 Abs. 4 Nr. 2 GrEStG

7194 **a) Persönlicher Anwendungsbereich.** Nach § 1 Abs. 4 Nr. 2 GrEStG gelten als abhängig **juristische Personen,** die nach dem Gesamtbild der tatsächlichen Verhältnisse finanziell, wirtschaftlich und organisatorisch in ein Unternehmen eingegliedert sind. Damit lehnt sich die Definition an die der umsatzsteuerlichen Organschaft an.

7195 Nach der Rspr. des EuGH kann im Umsatzsteuerrecht auch eine **Personengesellschaft** als Organgesellschaft angesehen werden (→ Rn. 6700 ff.).[61] Der BFH folgt dieser Rspr. und wendet § 2 Abs. 2 Nr. 2 S. 1 UStG in teleologischer Extension auch auf Personengesellschaften an.[62] Diese Rspr. beruht auf einer richtlinienkonformen Auslegung des Tatbestandsmerkmals „juristische Person".[63] Die hM geht davon aus, dass eine solche erweiternde Auslegung für das Grunderwerbsteuerrecht abzulehnen ist.[64] Dem ist zum einen aufgrund des Wortlauts der Norm zu folgen, zum anderen aber auch, da sich die Auslegung im Bereich des Umsatzsteuerrechts insbesondere auf die MwStSystRL stützt, es für die Grunderwerbsteuer aber – anders als für die Umsatzsteuer – noch keine Harmonisierung gibt.[65] Auch der BFH hat (bislang) vertreten, dass eine GmbH & Co. KG, selbst wenn sie nach Organisation und Erscheinungsbild einer juristischen Person angeglichen sein sollte, aufgrund des klaren Wortlauts der Norm nicht mit einer juristischen Person gleichgestellt werden könne[66]; es handelt sich allerdings um eine ältere Entscheidung vor Ergehen der genannten Entscheidungen des EuGH und BFH zur umsatzsteuerlichen Organschaft. Ob der BFH dies weiterhin für die Organschaft im grunderwerbsteuerlichen Sinne so entscheiden würde oder sich der umsatzsteuerlichen Auslegung anschließt, ist offen und bislang nicht entschieden.

7196 Juristische Personen sind im Wesentlichen diejenigen des Zivilrechts, also insbesondere **Kapitalgesellschaften.** Der Anwendungsbereich des § 1 Abs. 4 Nr. 2 GrEStG ist nicht auf inländische juristische Personen beschränkt. Das bedeutet, dass auch juristische Personen mit Sitz im Ausland an einem Organkreis beteiligt sein können, solange Grundbesitz im Inland vorhanden ist. Bei **ausländischen Gesellschaften** ist allerdings ebenfalls Voraussetzung, dass sie nach den Vorgaben des § 1 Abs. 4 Nr. 2 GrEStG in das Unternehmen des Organträgers eingegliedert sind.

7197 **b) Finanzielle Eingliederung.** Für eine finanzielle Eingliederung ist die **Mehrheit der Stimmrechte** an der abhängigen juristischen Person erforderlich. Entsprechen die Stimmrechte den Anteilsverhältnissen, ist von einer finanziellen Eingliederung auszugehen, wenn die Beteiligung mehr als 50 % der Anteile entspricht. Das gilt allerdings nicht, wenn die

---

59 BFH 8.8.2001 – II R 66/98, DStR 2001, 1793.

60 Vgl. Viskorf/Meßbacher-Hönsch GrEStG § 1 Rn. 1219.

61 EuGH 16.7.2015 – C-108/14, und C-109/14, DStR 2015, 1673 Rn. 35 ff. – Larentia + Minerva und Marenave Schiffahrts AG.

62 BFH 2.12.2015 – V R 25/13, DStR 2016, 2019 Rn. 37 ff.; 19.1.2016 – XI R 38/12, DStR 2016, 587 Rn. 77 ff.

63 Vgl. Viskorf/Meßbacher-Hönsch GrEStG § 1 Rn. 1219.

64 Vgl. etwa Viskorf/Meßbacher-Hönsch GrEStG § 1 Rn. 1219; Pahlke/Joisten GrEStG § 1 Rn. 437; Behrens/Wachter/Drees/Nienhaus/Böing/Behrens GrEStG § 1 Rn. 1000; zum Überblick vgl. auch Vossel/Peter/Hellstern Ubg 2016, 271 und Satish/Weiß DStR 2018, 1257.

65 So auch Viskorf/Meßbacher-Hönsch GrEStG § 1 Rn. 1219.

66 BFH 8.8.2001 – II R 66/98, DStR 2001, 1793.

Beschlussfassung in der Organgesellschaft eine qualifizierte Mehrheit erfordert; in diesem Fall setzt eine finanzielle Eingliederung voraus, dass der Organträger über Stimmrechte mindestens in Höhe des Quorums für die qualifizierte Mehrheit verfügt. Umgekehrt genügt auch eine geringere Beteiligung als 50 %, wenn der Organträger dennoch eine Stimmenmehrheit hat. Entscheidend ist letztlich, dass der Organträger die Anzahl an Stimmrechten innehat, die es ihm nach Gesetz, Gesellschaftsvertrag bzw. Satzung ermöglicht, durch Mehrheitsbeschluss seinen Willen in der Organgesellschaft durchzusetzen, sodass alle Beschlüsse der abhängigen Gesellschaft iSd herrschenden Unternehmens getroffen werden können.[67] Neuerdings liegt nach geänderter Rechtsprechung des BFH eine finanzielle Eingliederung auch dann vor, wenn die erforderliche Willensdurchsetzung dadurch gesichert ist, dass der Gesellschafter zwar über nur 50 % der Stimmrechte verfügt, er aber eine Mehrheitsbeteiligung am Kapital der Organgesellschaft hält und er den einzigen Geschäftsführer der Organgesellschaft stellt.[68]

Im Interesse der Rechtsklarheit sind **Stimmbindungsvereinbarungen oder Stimmrechtsvollmachten** grds. ohne Bedeutung. Solche Vereinbarungen oder Vollmachten können bei der Prüfung der finanziellen Eingliederung nur zu berücksichtigen sein, wenn sie sich ausschließlich aus Regelungen der Satzung wie etwa bei einer Einräumung von Mehrfachstimmrechten („Geschäftsanteil mit Mehrstimmrecht") ergeben.[69] Die erforderliche Stimmenmehrheit ist auch durch **mittelbare Beteiligungen** erreichbar. Eine mittelbare Beteiligung liegt vor, wenn die Mehrheit der Stimmrechte an der Organgesellschaft über eine Beteiligung (als Gesellschafter) an einer Gesellschaft erreicht wird, die unmittelbar mit Stimmenmehrheit an der Organgesellschaft beteiligt ist, oder wenn die Mehrheit der Stimmrechte an der Organgesellschaft von den Gesellschaftern der Organträgergesellschaft gehalten wird, zB dadurch, dass der Mehrheitsgesellschafter des Organträgers auch über die Stimmenmehrheit in der Organgesellschaft verfügt. Eine finanzielle Eingliederung ist vorhanden, wenn der Organträger auf diese Weise mittelbar seinen Willen in der Organgesellschaft durchsetzen kann. Maßgebend ist, dass die Stimmenmehrheit allgemein und nicht nur im Einzelfall erreicht werden kann.[70] Vgl. ausf. zur finanziellen Eingliederung im umsatzsteuerlichen Sinne → Rn. 6740 ff. 7198

**c) Wirtschaftliche Eingliederung.** Nach der Rspr. des BFH müssen für die wirtschaftliche Eingliederung die Unternehmensbereiche von Organträger und Organgesellschaft miteinander verflochten sein.[71] Charakteristisch ist nach der Rspr., dass die Organgesellschaft im Gefüge des übergeordneten Organträgers als dessen Bestandteil erscheint.[72] Die wirtschaftliche Eingliederung zeigt sich dabei idR in der Verflechtung von Organträger und Organgesellschaft, indem ein vernünftiger betriebswirtschaftlicher Zusammenhang iS einer wirtschaftlichen Einheit, Kooperation oder Verflechtung zwischen ihnen besteht.[73] Die Tätigkeiten von Organträger und Organgesellschaft müssen aufeinander abgestimmt sein und sich dabei fördern und ergänzen.[74] Dies gilt auch dann, wenn Organträger und abhängiges Unternehmen in unterschiedlichen Wirtschaftszweigen tätig sind.[75] 7199

Die wirtschaftliche Eingliederung kann sich dabei u. a. aus **Leistungen des Organträgers** an die Organgesellschaft ergeben. Voraussetzung ist allerdings, dass diese Leistungen entgeltlich erbracht werden und für das Unternehmen der Organgesellschaft mehr als nur unwesentliche Bedeutung haben.[76] Nicht ausreichend sind beispielsweise administrative 7200

67 BFH 7.7.2011 – V R 53/10, BStBl. II 2013, 218 Rn. 19; 12.10.2016 – XI R 30/14, BStBl. II 2017, 597 Rn. 21; Viskorf/Meßbacher-Hönsch GrEStG § 1 Rn. 1223.
68 BFH 18.1.2023 – XI R 29/22, DStR 2023, 638.
69 BFH 2.12.2015 – V R 25/13, DStR 2016, 219 Rn. 29.
70 BFH 22.11.2001 – V R 50/00, BStBl. II 2002, 167.
71 BFH 13.11.2019 – V R 30/18, DStR 2020, 111 Rn. 15 mwN.
72 BFH 20.8.2009 – V R 30/06, DStRE 2009, 1395 mwN.
73 BFH 3.4.2003 – V R 63/01, DStR 2003, 1166; vgl. auch Pahlke/Joisten GrEStG § 1 Rn. 439.
74 BFH 22.10.2009 – V R 14/08, DStR 2010, 323 Rn. 36.
75 BFH 25.6.1998 – V R 76/97, BeckRS 1998, 30017155.
76 BFH 20.8.2009 – V R 30/06, DStRE 2009, 1395; 7.7.2011 – V R 53/10, BStBl. II 2013, 218 Rn. 21.

Tätigkeiten wie Verwaltungsaufgaben (zB Buchführung, Personalverwaltung).[77] Die Stellung eines Darlehens genügt nur, wenn diese im Rahmen eines Unternehmens gewährt wird; die Gewährung eines Darlehens durch entgeltliches Stehenlassen von Ansprüchen reicht dagegen nicht.[78] Dagegen liegt eine wirtschaftliche Eingliederung bei der (entgeltlichen) Überlassung von Wirtschaftsgüter vor, die für das Unternehmen der Tochtergesellschaft nicht nur geringe Bedeutung haben (zB Betriebsgrundstück).[79] Die Organgesellschaft erscheint auch als Bestandteil des Organträgers, wenn sie die Funktion einer Vertriebsabteilung erfüllt.[80] Vgl. ausf. zur wirtschaftlichen Eingliederung im umsatzsteuerlichen Sinne → Rn. 6772 ff.

7201 **d) Organisatorische Eingliederung.** Eine juristische Person ist organisatorisch in das Unternehmen des Organträgers eingegliedert, wenn der Organträger die mit der finanziellen Eingliederung verbundene Möglichkeit der Beherrschung der Tochtergesellschaft in der **laufenden Geschäftsführung** wahrnimmt, wobei er die Organgesellschaft durch die Art und Weise der Geschäftsführung beherrschen muss.[81] Es kommt darauf an, dass der Organträger die Organgesellschaft durch die Art und Weise der Geschäftsführung beherrscht oder aber zumindest nach den zwischen Organträger und Organgesellschaft bestehenden Beziehungen sichergestellt ist, dass eine vom Willen des Organträgers abweichende Willensbildung bei der Organtochter nicht möglich ist.[82]

7202 Typisch sind Fälle der personellen Identität oder Verflechtung in leitenden Positionen (etwa Geschäftsführung), sodass der Organträger seinen Willen in der Organgesellschaft aufgrund organisatorischer Verflechtungen sicherstellen kann. Dabei kann sich die organisatorische Eingliederung auch daraus ergeben, dass **leitende Mitarbeiter** des Organträgers als Geschäftsführer der Organgesellschaft tätig sind. Denn der Organträger kann über seine leitenden Mitarbeiter dieselben Einflussmöglichkeiten auf die Geschäftsführung der Organgesellschaft ausüben wie bei einer personellen Verflechtung über die Geschäftsführung von Organträger und Organgesellschaft.[83] Dies gilt allerdings nicht, wenn der Organträger seinen Willen gegenüber dem leitenden Mitarbeiter nicht durchsetzen kann, etwa weil dieser nicht durch Mehrheitsbeschluss abberufen werden kann.[84] Indizien für eine organisatorische Eingliederung sind beispielsweise gemeinsame Besprechungen der Organe der herrschenden und abhängigen Gesellschaft, schriftliche Richtlinien und Weisungen.[85] Vgl. ausf. zur organisatorischen Eingliederung im umsatzsteuerlichen Sinne → Rn. 6797 ff.

7203 **e) Beurteilung der Eingliederungsvoraussetzungen.** Zur Annahme einer Organschaft ist nicht erforderlich, dass alle drei Eingliederungsmerkmale (die finanzielle, die wirtschaftliche und die organisatorische Eingliederung) **in gleicher Weise stark ausgebildet** sind. Tritt auf einem der drei Gebiete die Eingliederung weniger stark in Erscheinung, so hindert dies nicht, trotzdem eine Organschaft anzunehmen, wenn sich die Eingliederung deutlich auf den beiden anderen Gebieten, beim dritten Merkmal aber weniger deutlich zeigt.[86] Wichtig ist aber, dass keins der Eingliederungsmerkmale vollständig fehlen darf.[87] Ent-

---

77 BFH 20.8.2009 – V R 30/06, DStRE 2009, 1395.
78 BFH 13.11.2019 – V R 30/18, DStR 2020, 111.
79 BFH 16.8.2001 – V R 34/01, BeckRS 2001, 25006446.
80 BFH 17.1.2002 – V R 37/00, DStR 2002, 854.
81 BFH 10.5.2017 – V R 7/16, MwStR 2017, 670 Rn. 15 mwN; Viskorf/Meßbacher-Hönsch GrEStG § 1 Rn. 1225.
82 BFH 22.10.2009 – V R 14/08, DStR 2010, 323 Rn. 34.
83 BFH 20.8.2009 – V R 30/06, DStRE 2009, 1395.
84 Vgl. dazu etwa BFH 7.7.2011 – V R 53/10, BStBl. II 2013, 218 Rn. 25 ff.
85 Vgl. Viskorf/Meßbacher-Hönsch GrEStG § 1 Rn. 1225.
86 BFH 1.4.2004 – V R 24/03, DStR 2004, 951; 11.11.2008 – XI B 65/08, BeckRS 2008, 25014347; zuletzt unter Änderung der Rechtsprechung speziell zur finanziellen Eingliederung: BFH 18.1.2023 – XI R 29/22, DStR 2023, 638.
87 BFH 18.12.1996 – XI R 25/94, DStR 1997, 920.

scheidend ist immer das **Gesamtbild der tatsächlichen Verhältnisse.** In der Regel dürfte beim Vorliegen einer umsatzsteuerlichen Organschaft auch eine grunderwerbsteuerliche Organschaft bestehen.

*(einstweilen frei)* 7204–7212

## C. Rechtsfolgen

### I. Allgemeines

Kommt es zu einer Anteilsvereinigung unter Beteiligung einer Organschaft nach § 1 Abs. 3 iVm Abs. 4 Nr. 2 GrEStG, entsteht Grunderwerbsteuer hinsichtlich des inländischen Grundbesitzes im Vermögen der Grundstücksgesellschaft. Mit dem Anteilserwerb wird grunderwerbsteuerrechtlich derjenige, in dessen Hand sich die Anteile vereinigen, so behandelt, als habe er die Grundstücke von der Gesellschaft erworben, deren Anteile sich in seiner Hand vereinigen **(fingierter Grundstückserwerb).**[88] Es entstehen so viele Grunderwerbsteuerfälle, wie Grundstücke der Grundstücksgesellschaft grunderwerbsteuerlich zuzurechnen sind.[89] 7213

*(einstweilen frei)* 7214–7222

### II. Begründung eines Organschaftsverhältnisses

#### 1. Begründung eines Organschaftsverhältnisses unter Beibehaltung der bestehenden Anteilsverhältnisse

Die bloße **Begründung** einer Organschaft oder auch die **Erweiterung** eines Organschaftsverhältnisses ohne eine Veränderung der Anteilsverhältnisse löst keine Grunderwerbsteuer aus.[90] Voraussetzung einer Steuerentstehung ist immer ein auf die Vereinigung von Anteilen an der grundbesitzenden Gesellschaft gerichtetes Rechtsgeschäft (§ 1 Abs. 3 Nr. 1 GrEStG) bzw. die Anteilsvereinigung ohne vorausgegangenes Rechtsgeschäft (§ 1 Abs. 3 Nr. 2 GrEStG). Die isolierte Schaffung eines Abhängigkeitsverhältnisses iSd § 1 Abs. 4 Nr. 2 GrEStG ist dagegen nicht ausreichend. 7223

**Beispiel:**
Die M-GmbH ist zu 80 % an der grundstücksbesitzenden A-GmbH beteiligt. Die A-GmbH hält 90 % der Anteile der grundstücksbesitzenden C-GmbH. Zwischen der M-GmbH und der A-GmbH wird ein Organschaftsverhältnis begründet.[91] 7224

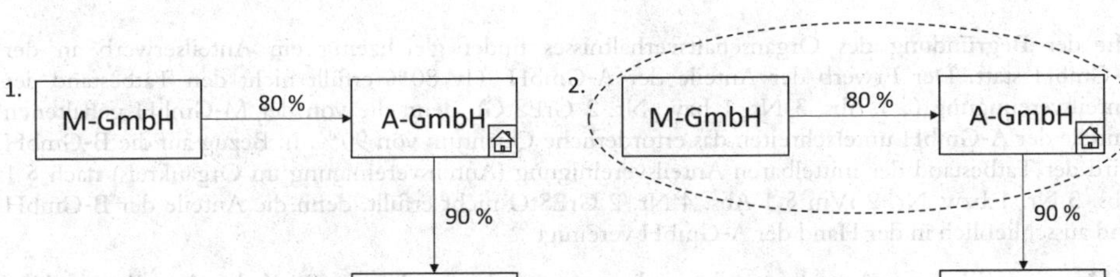


[88] BFH 12.2.2014 – II R 46/12, DStR 2014, 850 Rn. 14.
[89] BFH 17.2.1982 – II R 25/81, BeckRS 1982, 22006031.
[90] Viskorf/Meßbacher-Hönsch GrEStG § 1 Rn. 1228; GLE 5.3.2024, BStBl. I 2024, 393 Rn. 9.
[91] Bsp. nach GLE 5.3.2024, BStBl. I 2024, 393 Rn. 10 c.

Die bloße Begründung eines Organschaftsverhältnisses **ohne Veränderung der Zuordnung von Anteilen** erfüllt nicht den Tatbestand der mittelbaren Anteilsvereinigung (Anteilsvereinigung im Organkreis) nach § 1 Abs. 3 Nr. 1 bzw. Nr. 2 iVm Abs. 4 Nr. 2 GrEStG, weil weder ein Rechtsgeschäft, das die Vereinigung oder Übertragung von Anteilen an der grundstücksbesitzenden Gesellschaft begründet, noch eine tatsächliche Anteilsvereinigung bzw. Anteilsübertragung stattfindet, sodass sich die bestehenden Anteilsverhältnisse nicht ändern. Zudem sind die Anteile der C-GmbH ausschließlich in der Hand der A-GmbH vereinigt[92].

**7225–7233** *(einstweilen frei)*

### 2. Begründung eines Organschaftsverhältnisses unter Veränderung der bestehenden Anteilsverhältnisse

**7234** Die Begründung eines Organschaftsverhältnisses unter Veränderung bestehender Anteilsverhältnisse kann steuerbar sein. Zu beachten ist, dass dies aber nur der Fall ist, wenn auch das nach § 1 Abs. 3 GrEStG erforderliche Quantum für eine Anteilsvereinigung erreicht wird. Das ist zB nicht erfüllt, wenn eine Organschaft begründet wird, der Organträger aber gleichzeitig weniger als 90 % der Anteile erwirbt (und nicht unmittelbar oder mittelbar weitere Anteile innehat).[93] Letztlich entscheidend ist mithin die Anteilsvereinigung von mindestens 90 % der Anteile; dieses Erfordernis wird nicht durch die bestehende Organschaft ersetzt. Wenn also **mindestens 10 % der Anteile unverändert** von einem Gesellschafter gehalten werden, der nicht zum Organkreis gehört, verhindert dies eine ununterbrochene Beteiligungskette und damit eine Anteilsvereinigung.

**Beispiel:**

**7235** Die M-GmbH beteiligt sich zu 80 % an der grundstücksbesitzenden A-GmbH und begründet gleichzeitig ein Organschaftsverhältnis. Die A-GmbH hält 90 % der Anteile an der grundstücksbesitzenden C-GmbH.[94]

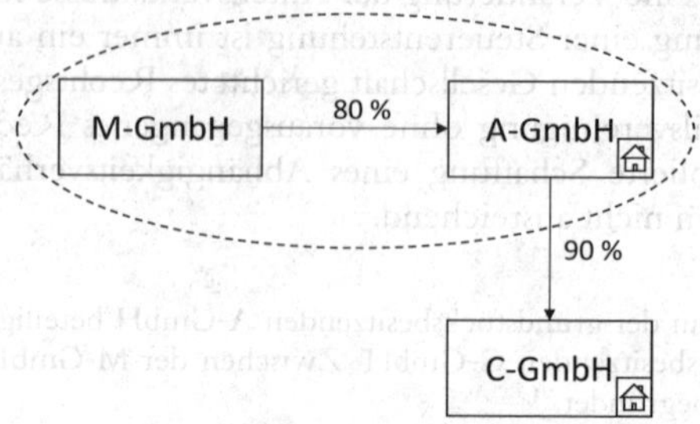


Mit der Begründung des Organschaftsverhältnisses findet gleichzeitig ein Anteilserwerb an der A-GmbH statt. Der Erwerb der Anteile der A-GmbH iHv 80 % erfüllt nicht den Tatbestand der Anteilsvereinigung (§ 1 Abs. 3 Nr. 1 bzw. Nr. 2 GrEStG), denn die von der M-GmbH gehaltenen Anteile der A-GmbH unterschreiten das erforderliche Quantum von 90 %. In Bezug auf die B-GmbH wird der Tatbestand der mittelbaren Anteilsvereinigung (Anteilsvereinigung im Organkreis) nach § 1 Abs. 3 Nr. 1 bzw. Nr. 2 iVm § 1 Abs. 4 Nr. 2 GrEStG nicht erfüllt, denn die Anteile der B-GmbH sind ausschließlich in der Hand der A-GmbH vereinigt.[95]

**7236** Dagegen führt ein Anteilserwerb, in dem **erstmals** mindestens 90 % der Anteile an einer grundbesitzhaltenden Gesellschaft in der Hand von herrschenden und abhängigen Unternehmen vereinigt werden, zu einer Steuerbarkeit des Vorgangs. Auch ein Anteilserwerb unter **gleichzeitiger Begründung eines Organschaftsverhältnisses** kann zu einer

[92] BFH 20.7.2005 – II R 30/04, DStR 2005, 1898.
[93] Vgl. das Beispiel in GLE 5.3.2024, BStBl. I 2024, 393 Rn. 12.
[94] Bsp. nach GLE 5.3.2024, BStBl. I 2024, 393 Rn. 14.
[95] BFH 20.7.2005 – II R 30/04, DStR 2005, 1898.

steuerpflichtigen Anteilsvereinigung führen.[96] Dieser Ansicht ist auch die Finanzverwaltung.[97]

**Beispiel:**
Die M-GmbH ist zu 80 % an der grundstücksbesitzenden A-GmbH sowie zu 60 % an der grundstücksbesitzenden B-GmbH beteiligt. Gleichzeitig mit dem Erwerb von 30 % der Anteile der B-GmbH durch die A-GmbH wird zwischen der M-GmbH und den anderen Gesellschaften ein Organschaftsverhältnis begründet.[98] 7237

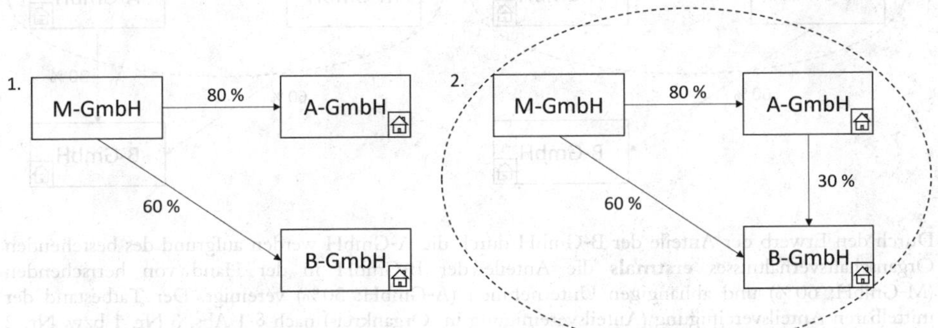


Die bloße Begründung eines Organschaftsverhältnisses ohne Veränderung der Zuordnung von Anteilen an der A-GmbH erfüllt nicht den Tatbestand der Anteilsvereinigung, weil weder ein Rechtsgeschäft, das die Vereinigung oder Übertragung von Anteilen an der grundstücksbesitzenden Gesellschaft begründet, noch eine tatsächliche Anteilsvereinigung bzw. Anteilsübertragung stattfindet, sodass sich die bestehenden Anteilsverhältnisse nicht ändern. Durch den **gleichzeitigen Erwerb** der Anteile der B-GmbH durch die A-GmbH werden im Zuge der Begründung des Organschaftsverhältnisses jedoch erstmals die Anteile der B-GmbH in der Hand von herrschenden (M-GmbH: 60 %) und abhängigen Unternehmen (A-GmbH: 30 %) vereinigt. Der Tatbestand der mittelbaren Anteilsvereinigung (Anteilsvereinigung im Organkreis) nach § 1 Abs. 3 Nr. 1 bzw. Nr. 2 iVm Abs. 4 Nr. 2 GrEStG ist erfüllt.

*(einstweilen frei)* 7238–7246

## III. Veränderung der Anteilsverhältnisse

### 1. Anteilsübertragungen im Organkreis bei bestehendem Organschaftsverhältnis

Besteht bereits ein Organschaftsverhältnis zwischen einem Organträger und einer oder mehreren Organgesellschaften, kann eine Veränderung der Anteilsverhältnisse zu einer unmittelbaren Anteilsvereinigung oder einer mittelbaren Anteilsvereinigung führen. Der „Grundfall" sieht dabei so aus, dass zwischen zwei Gesellschaften ein grunderwerbsteuerliches Organschaftsverhältnis besteht und es zu einem Anteilserwerb kommt, durch den **erstmals** mindestens 90 % der Anteile an einer grundstücksbesitzenden Gesellschaft (mittelbar) vereinigt werden. 7247

[96] BFH 16.1.1980 – II R 52/76, BeckRS 1980, 22005159; Viskorf/Meßbacher-Hönsch GrEStG § 1 Rn. 1230; aA unter Hinweis auf den Wortlaut: Behrens/Wachter/Drees/Nienhaus/Böing/Behrens GrEStG § 1 Rn. 851, wonach das Organschaftsverhältnis schon vor Abschluss des Rechtsgeschäfts zum Anteilserwerb bzw. vor Vereinigung der Anteile begründet worden sein müsse.
[97] GLE 5.3.2024, BStBl. I 2024, 393 Rn. 16 ff.
[98] Bsp. nach GLE 5.3.2024, BStBl. I 2024, 393 Rn. 18.

**Beispiel:**

7248 Die M-GmbH ist zu 80 % an der grundstücksbesitzenden A-GmbH und zu 60 % an der grundstücksbesitzenden B-GmbH beteiligt. Zwischen der M-GmbH und der A-GmbH besteht ein Organschaftsverhältnis. Die A-GmbH erwirbt 30 % der Anteile an der B-GmbH.[99]

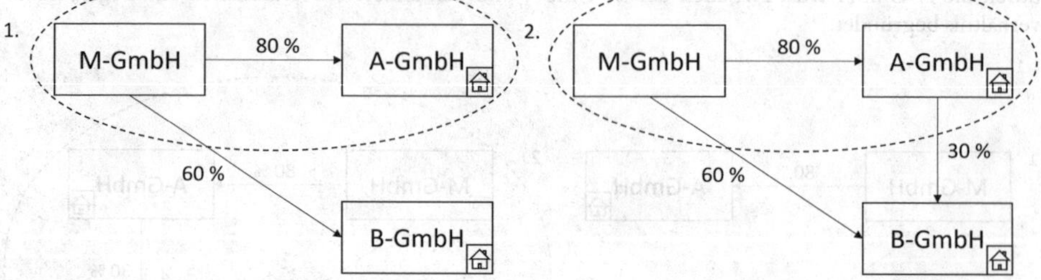


Durch den Erwerb der Anteile der B-GmbH durch die A-GmbH werden aufgrund des bestehenden Organschaftsverhältnisses **erstmals** die Anteile der B-GmbH in der Hand von herrschenden (M-GmbH: 60 %) und abhängigen Unternehmen (A-GmbH: 30 %) vereinigt. Der Tatbestand der mittelbaren Anteilsvereinigung (Anteilsvereinigung im Organkreis) nach § 1 Abs. 3 Nr. 1 bzw. Nr. 2 iVm Abs. 4 Nr. 2 GrEStG ist erfüllt.

7249 Organkreis und die einzelnen Organkreismitglieder sind nach hM[100] als grunderwerbsteuerlich selbständig und jeweils **eigenständige Zurechnungsobjekte** anzusehen. Die den Organkreis bildenden Gesellschaften sind also keine grunderwerbsteuerliche Einheit, sodass Verschiebungen innerhalb des Organkreises – sei es von Grundstücken oder von Anteilen – Grunderwerbsteuer auslösen können. Dies gilt nach Ansicht der Rspr. auch dann, wenn erstmals Anteile zu mindestens 90 % bei einer Person des Organkreises vereinigt werden, die bereits vor der Anteilsübertragung mittelbar in der Hand des Organkreises vereinigt waren und nach der Anteilsübertragung vereinigt bleiben.[101]

**Beispiel:**

7250 Die M-GmbH beteiligt sich zu 80 % an der A-GmbH. Mit dem Anteilserwerb wird zugleich ein Organschaftsverhältnis zwischen diesen Gesellschaften vereinbart. Die A-GmbH ist zu 40 % an der grundstücksbesitzenden B-GmbH beteiligt. Die M-GmbH, die zu 50 % an der B-GmbH beteiligt ist, erwirbt später von der A-GmbH deren Anteile an der B-GmbH hinzu.[102]

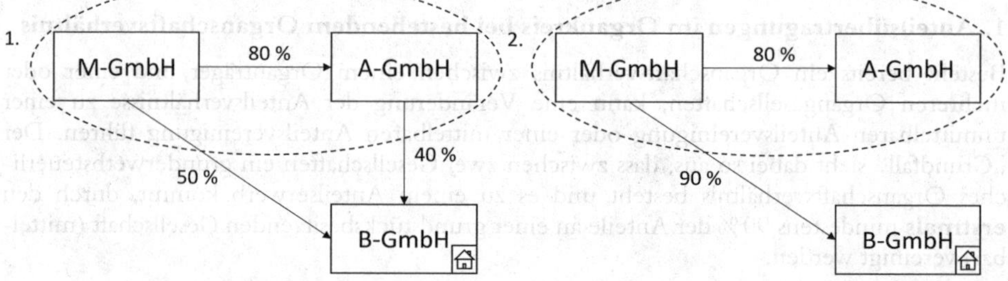


[99] Bsp. nach GLE 5.3.2024, BStBl. I 2024, 393 Rn. 30.

[100] Vgl. etwa Viskorf/Meßbacher-Hönsch GrEStG § 1 Rn. 1203.

[101] BFH 15.1.2003 – II R 50/00, DStRE 2003, 497; vgl. auch Müller/Detmering/Lieber Organschaft Rn. 1813.

[102] Bsp. nach GLE 5.3.2024, BStBl. I 2024, 393 Rn. 32; soweit je nach Haltedauer der Anteile ggf. auch der Tatbestand des § 1 Abs. 2b GrEStG verwirklicht sein könnte, wird aus Gründen der Übersichtlichkeit (wie auch in den anderen Beispielen) auf eine Darstellung verzichtet.

Mit dem Anteilserwerb und der zeitgleichen Begründung des Organschaftsverhältnisses wird eine Anteilsvereinigung im Organkreis gem. § 1 Abs. 3 Nr. 1 bzw. Nr. 2 iVm § 1 Abs. 4 Nr. 2 GrEStG bewirkt, denn im Organkreis vereinigen sich die Anteile der B-GmbH zu mindestens 90 %. Durch den späteren Hinzuerwerb wird in der Person der M-GmbH der Tatbestand der **unmittelbaren** Anteilsvereinigung iSd § 1 Abs. 3 Nr. 1 bzw. Nr. 2 GrEStG verwirklicht. Die vorangegangene mittelbare Anteilsvereinigung im Organkreis steht dem nach Ansicht der Finanzverwaltung[103] nicht entgegen, weil der Organkreis und seine Mitglieder nicht identisch sind.

Eine Anwendung von **§ 1 Abs. 6 GrEStG** (auch in entsprechender Weise) in der dargestellten Konstellation scheidet nach Ansicht der Rspr.[104] trotz bestehender Kritik in der Lit.[105] aus. Weder sei der Erwerber identisch, noch würden – wie es § 1 Abs. 6 GrEStG voraussetze – Rechtsvorgänge nach verschiedenen Absätzen des § 1 GrEStG verwirklicht, sondern jeweils nach § 1 Abs. 3 GrEStG.[106] **7251**

Zu einer Anteilsvereinigung kann es nach Ansicht der Finanzverwaltung[107] auch kommen, wenn die Anteile bislang nur durch ein abhängiges Unternehmen gehalten wurden und nun **teilweise** Anteile auf das herrschende Unternehmen übertragen werden, das bislang an der Grundbesitz-Gesellschaft nicht beteiligt war. **7252**

**Beispiel:**

Die M-GmbH ist zu 80 % an der grundstücksbesitzenden A-GmbH beteiligt. Zwischen der M-GmbH und der A-GmbH besteht ein Organschaftsverhältnis. Die A-GmbH ist zu 90 % an der grundstücksbesitzenden B-GmbH beteiligt. Sie überträgt 40 % der Anteile der B-GmbH auf die M-GmbH.[108] **7253**

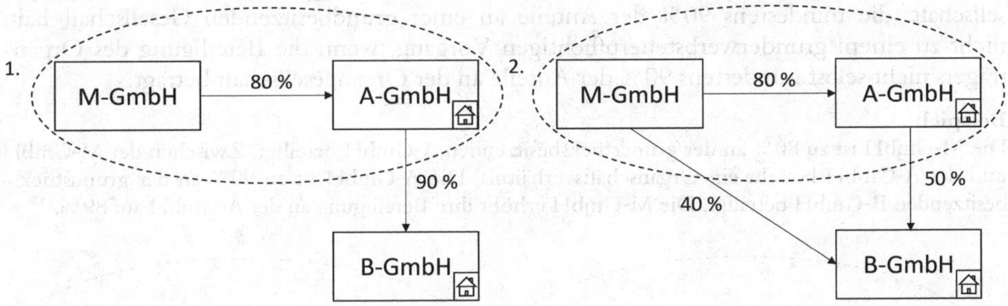


Durch den Erwerb der Anteile der B-GmbH durch die M-GmbH werden **erstmals** die Anteile der B-GmbH in der Hand von herrschenden (M-GmbH: 40 %) und abhängigen Unternehmen (A-GmbH: 50 %) vereinigt. Der Tatbestand der mittelbaren Anteilsvereinigung (Anteilsvereinigung im Organkreis) nach § 1 Abs. 3 Nr. 1 bzw. Nr. 2 iVm Abs. 4 Nr. 2 GrEStG ist erfüllt.

Diese Sichtweise wird als dogmatisch konsequent, bei wirtschaftlicher Betrachtung und im Hinblick auf den Gesetzeszweck aber zT als nicht gerechtfertigt angesehen und daher eine teleologische Reduktion von § 1 Abs. 3 Nr. 1 GrEStG gefordert, wenn ein Grundstück bereits dem Organkreis zuzuordnen war und es nachfolgend zu einer (erstmaligen) Vereinigung in der Hand von herrschenden und abhängigen Unternehmen oder abhängigen Unternehmen allein kommt.[109] Nach aA sei aufgrund der nach Wortlaut und Systema- **7254**

---

103 GLE 5.3.2024, BStBl. I 2024, 393 Rn. 33.
104 BFH 5.11.2002 – II R 41/02, BeckRS 2002, 25001389; 15.1.2003 – II R 50/00, DStRE 2003, 497.
105 Vgl. etwa Behrens/Meyer-Wirges DStR 2007, 1290 (für eine Billigkeitslösung); Übersicht bei Müller/Detmering/Lieber Organschaft Rn. 1815; aA Viskorf/Meßbacher-Hönsch GrEStG § 1 Rn. 1247.
106 BFH 5.11.2002 – II R 41/02, BeckRS 2002, 25001389; 15.1.2003 – II R 50/00, DStRE 2003, 497.
107 GLE 5.3.2024, BStBl. I 2024, 393 Rn. 21.
108 Bsp. nach GLE 5.3.2024, BStBl. I 2024, 393 Rn. 20.
109 Vgl. Müller/Detmering/Lieber Organschaft Rn. 1817; Behrens/Meyer-Wirges DStR 2007, 1290; s. zur Übersicht auch Pahlke/Joisten GrEStG § 1 Rn. 444.

tik des GrEStG gegebenen (formal) eigenständigen Rechtsträgerschaft von beherrschten Untergesellschaften kein Raum für eine teleologische Reduktion.[110]

**7255** Auch bei der Übertragung von mindestens 90 % der Anteile an einer grundbesitzenden Gesellschaft **von einer Organgesellschaft auf den Organträger** innerhalb eines bestehenden Organschaftsverhältnisses wird der Tatbestand der Anteilsübertragung (§ 1 Abs. 3 Nr. 3 bzw. Nr. 4 GrEStG) erfüllt; das Organschaftsverhältnis ist insoweit irrelevant.[111] Bei der Übertragung aller Anteile einer grundstücksbesitzenden Gesellschaft **vom Organträger auf eine Organgesellschaft** entsteht ebenfalls Grunderwerbsteuer nach § 1 Abs. 3 Nr. 3 bzw. Nr. 4 GrEStG, da aus dem Vorliegen einer Organschaft nicht gefolgert werden kann, dass die zu einem Organkreis gehörenden Gesellschaften zu einer grunderwerbsteuerrechtlichen Einheit werden.[112] Dies wäre mit der zivilrechtlichen Selbständigkeit von Beteiligungsgesellschaften nicht vereinbar.[113] Der Erwerb aller Anteile an einer grundstücksbesitzenden Gesellschaft durch eine Gesellschaft, deren Alleingesellschafterin bereits vor der Anteilsvereinigung mittelbar über eine weitere Untergesellschaft (oder auch mehrere Untergesellschaften) alle Anteile an der grundstücksbesitzenden Gesellschaft hielt, unterfällt ebenfalls § 1 Abs. 3 Nr. 3 GrEStG[114]. Schließlich gilt dies nach Ansicht des FG Münster auch bei einer Übertragung der Anteile eines Organträgers an einer grundstücksbesitzenden Organgesellschaft **auf eine andere Organgesellschaft.**[115] In der Regel dürfte allerdings in den dargestellten Konstellationen eine Besteuerung nach § 1 Abs. 2b GrEStG vorrangig sein.[116]

**7256** Dagegen führt eine bloße Erhöhung der Beteiligung des Organträgers an einer Organgesellschaft, die mindestens 90 % der Anteile an einer grundbesitzenden Gesellschaft hält, nicht zu einem grunderwerbsteuerpflichtigen Vorgang, wenn die Beteiligung des Organträgers nicht selbst mindestens 90 % der Anteile an der Organgesellschaft beträgt.

**Beispiel:**

**7257** Die M-GmbH ist zu 80 % an der grundstücksbesitzenden A-GmbH beteiligt. Zwischen der M-GmbH und der A-GmbH besteht ein Organschaftsverhältnis. Die A-GmbH ist zu 90 % an der grundstücksbesitzenden B-GmbH beteiligt. Die M-GmbH erhöht ihre Beteiligung an der A-GmbH auf 89 %.[117]

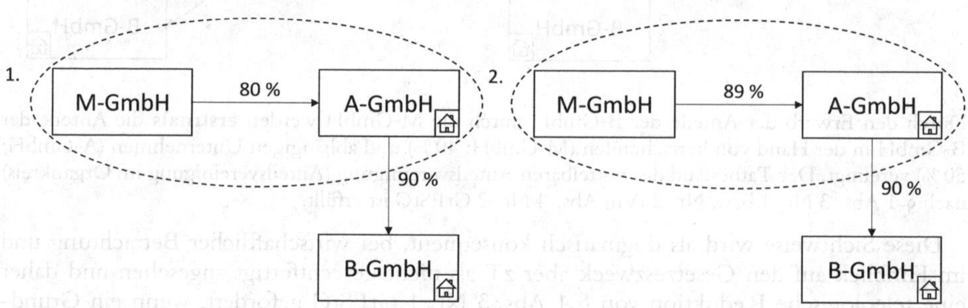


110 Vgl. Pahlke/Joisten GrEStG § 1 Rn. 444 mwN.
111 GLE 5.3.2024, BStBl. I 2024, 393 Rn. 23 unter Hinweis darauf, dass mit Übertragung der Anteile an der B-GmbH auf die M-GmbH der Tatbestand des § 1 Abs. 2b GrEStG verwirklicht und daher die Anwendung des § 16 Abs. 4a GrEStG in Betracht kommt.
112 BFH 30.3.1988 – II R 81/85, BeckRS 1988, 22008483; 15.12.2010 – II R 45/08, DStR 2011, 310 Rn. 14; vgl. auch Viskorf/Meßbacher-Hönsch GrEStG § 1 Rn. 1246.
113 BFH 15.1.2003 – II R 50/00, DStRE 2003, 497; Viskorf/Meßbacher-Hönsch GrEStG § 1 Rn. 1258.
114 BFH 5.11.2002 – II R 41/02, BeckRS 2002, 25001389; vgl. auch Viskorf/Meßbacher-Hönsch GrEStG § 1 Rn. 1257.
115 FG Münster 20.10.1999 – 8 K 5381/96 GrE, BeckRS 1999, 13734; vgl. auch Viskorf/Meßbacher-Hönsch GrEStG § 1 Rn. 1248.
116 Vgl. dazu Viskorf/Meßbacher-Hönsch GrEStG § 1 Rn. 1236.
117 Bsp. nach GLE 5.3.2024, BStBl. I 2024, 393 Rn. 24.

Durch die Erhöhung der Beteiligung der M-GmbH an der A-GmbH um 9 % auf 89 % wird keine Anteilsvereinigung verwirklicht, weil in Bezug auf die A-GmbH nicht das nach § 1 Abs. 3 Nr. 1 bzw. Nr. 2 GrEStG erforderliche Quantum von mindestens 90 % der Anteile in der Hand der M-GmbH vereinigt wird. Hieran ändert auch das bestehende Organschaftsverhältnis nichts, weil dieses die fehlende Beteiligungshöhe von mindestens 90 % nicht ersetzt. Auch in Bezug auf die B-GmbH ergibt sich keine anderweitige Beurteilung. Die Anteile der B-GmbH sind nicht im Organkreis vereinigt, weil die Anteile bereits in der Hand der A-GmbH als Organgesellschaft vereinigt sind.[118] Stockt die M-GmbH dagegen ihre Beteiligung um 10 % auf 90 auf, ist unabhängig von dem Umstand, dass ein Organschaftsverhältnis besteht, eine Anteilsvereinigung iSd § 1 Abs. 3 Nr. 1 bzw. Nr. 2 GrEStG in der Hand der M-GmbH verwirklicht worden.[119]

Von den dargestellten Fällen zu unterscheiden ist die nicht steuerbare **Verkürzung von** 7258
**Beteiligungsketten** durch Übergang von der mittelbaren auf die unmittelbare Anteilsvereinigung. Dies ist beispielsweise denkbar, wenn bei im Übrigen unveränderten Beteiligungsverhältnissen eine Tochtergesellschaft Anteile an einer grundstücksbesitzenden Gesellschaft an ihre Muttergesellschaft überträgt, da die Muttergesellschaft diese Anteile an der grundstücksbesitzenden Gesellschaft (= Enkelgesellschaft) bereits vorher mittelbar und nach der Übertragung durch ihre Tochtergesellschaft nun unmittelbar hält. Voraussetzung ist allerdings, dass innerhalb der Beteiligungskette jeweils Anteile von mindestens 90 % gehalten werden. Dann löst die Anteilsübertragung keine Grunderwerbsteuer nach § 1 Abs. 3 Nr. 1 oder Nr. 2 GrEStG aus.[120]

*(einstweilen frei)* 7259–7267

## 2. Änderung der Anteilsverhältnisse und nachfolgende Begründung eines Organschaftsverhältnisses

Wie dargestellt (→ Rn. 7236 f.) kann ein Anteilserwerb unter gleichzeitiger Begründung 7268
eines Organschaftsverhältnisses zu einer steuerpflichtigen Anteilsvereinigung führen. Nach Ansicht der Finanzverwaltung[121] soll aber auch die Begründung einer Organschaft steuerbar sein, wenn zwischen dieser und dem auf den Erwerb von Anteilen gerichteten Rechtsgeschäft oder dem Übergang von Anteilen ein enger sachlicher und zeitlicher Zusammenhang iS eines **vorgefassten Plans** vorliege. Erfolge in einem zeitlichen Zusammenhang von 15 Monaten mit dem Anteilserwerb bzw. -übergang die Begründung eines Organschaftsverhältnisses, bestehe eine **tatsächliche (widerlegbare) Vermutung,** dass beide Vorgänge auf einem vorgefassten auf ein einheitliches Ziel gerichteten Plan beruhten. Diese Vermutung könne der Steuerpflichtige allerdings dadurch widerlegen, dass er substantiiert belegbare Tatsachen vortrage, die einen anderen Geschehensablauf möglich erscheinen ließen.

**Beispiel:**
Die M-GmbH ist zu 80 % an der grundstücksbesitzenden A-GmbH sowie zu 60 % an der grundstücks- 7269
besitzenden B-GmbH beteiligt. Kurze Zeit nachdem die A-GmbH 30 % der Anteile an der B-GmbH erworben hat, wird zwischen der M-GmbH und der A-GmbH ein Organschaftsverhältnis begründet.[122]

118 BFH 20.7.2005 – II R 30/04, DStR 2005, 1898.
119 GLE 5.3.2024, BStBl. I 2024, 393 Rn. 26 f.
120 BFH 20.10.1993 – II R 116/90, DStR 1994, 203; 12.1.1994 – II R 130/91, DStR 1994, 699; vgl. auch Pahlke/Joisten GrEStG § 1 Rn. 428.
121 GLE 5.3.2024, BStBl. I 2024, 393 Rn. 6 f., 34 ff.
122 Bsp. nach GLE 5.3.2024, BStBl. I 2024, 393 Rn. 36.

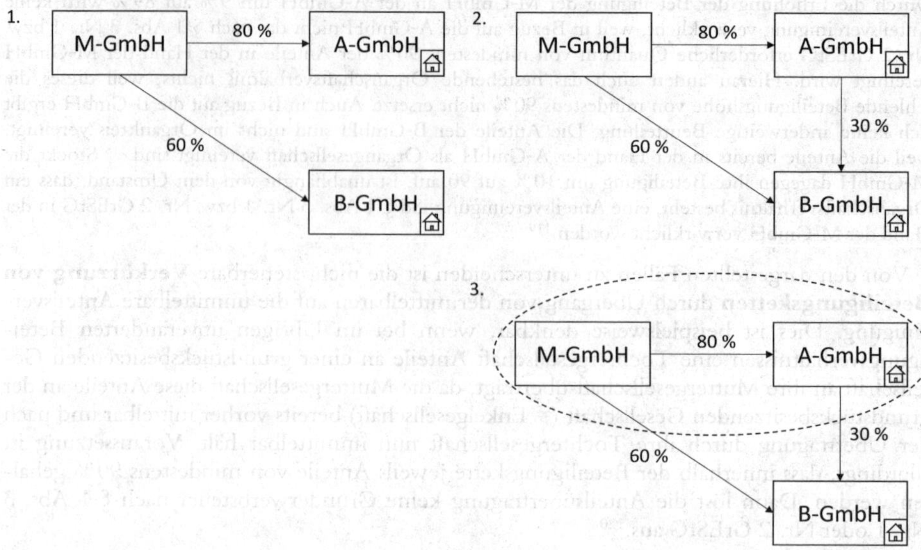


Weder der Erwerb der Anteile der B-GmbH durch die A-GmbH noch die bloße Begründung eines Organschaftsverhältnisses ohne Veränderung in der Zuordnung von Anteilen erfüllen je für sich allein den Tatbestand der mittelbaren Anteilsvereinigung. Jedoch begründet nach Ansicht der Finanzverwaltung der „enge zeitliche und sachliche Zusammenhang" zwischen dem Erwerb von 30 % der Anteile der B-GmbH durch die A-GmbH und der Begründung des Organschaftsverhältnisses zwischen der M-GmbH und der A-GmbH die widerlegbare Vermutung, dass beide Vorgänge durch einen vorgefassten Plan, die Anteile der B-GmbH im Organkreis zu vereinigen, verknüpft sind. Dadurch erfolge im Organkreis eine Anteilsvereinigung iSd § 1 Abs. 3 Nr. 1 bzw. Nr. 2 iVm Abs. 4 Nr. 2 GrEStG.

**7270** Diese Sichtweise der Finanzverwaltung findet im Gesetz keine Stütze und wird auch in der Lit. – u. a. im Hinblick auf den Wortlaut – abgelehnt.[123] Gleichwohl sollte in der **Praxis** bei der Wahl derartiger Gestaltungen auf einen ausreichend großen zeitlichen Abstand zwischen dem Anteilserwerb/-übergang und der Begründung eines Organschaftsverhältnisses geachtet werden oder es sollten belegbare Tatsachen für einen anderen Geschehensablauf vorliegen. Noch ungeklärt ist für diesen Fall das Verhältnis von § 1 Abs. 3 GrEStG und § 1 Abs. 3a GrEStG, wenn es zunächst zu einer wirtschaftlichen Anteilsvereinigung nach § 1 Abs. 3a GrEStG kommt und dann in engem sachlichen und zeitlichen Zusammenhang mit dem Anteilserwerb (15 Monate laut der Finanzverwaltung) ein Organschaftsverhältnis begründet wird.[124]

**7271–7279** *(einstweilen frei)*

## IV. Erweiterung des Organschaftsverhältnisses

**7280** Eine Erweiterung des Organschaftsverhältnisses kann grunderwerbsteuerpflichtig sein, wenn die Anteile an der grundstücksbesitzenden Gesellschaft nicht bereits zu mindestens 90 % in der Hand des Organkreises vereinigt sind und in den Organkreis nunmehr eine Gesellschaft integriert wird, die ebenfalls Anteile an der Grundstücksgesellschaft hält und

[123] Vgl. etwa Viskorf/Meßbacher-Hönsch GrEStG § 1 Rn. 1231; Behrens/Wachter/Drees/Nienhaus/Böing/Behrens GrEStG § 1 Rn. 856; Prinz/Witt Steuerliche Organschaft/Schley Rn. 26.55.

[124] Vgl. dazu Müller/Detmering/Lieber Organschaft Rn. 1830, wonach in diesem Fall eine weitere Anteilsvereinigung nach § 1 Abs. 3 GrEStG ausscheiden soll, da die Anteile bereits wirtschaftlich im Organkreis vereinigt gewesen sein sollen.

durch deren Anteile nun erstmals das Quantum von mindestens 90 % überschritten wird **(Erweiterung des Organschaftsverhältnisses mit damit verbundener Anteilsvereinigung).**

**Beispiel:**

Die M-GmbH ist zu 80 % an der D-GmbH beteiligt. Zwischen der M-GmbH und der D-GmbH besteht ein Organschaftsverhältnis. Die A-GmbH hält 60 % und die D-GmbH 30 % der Anteile an der grundstücksbesitzenden C-GmbH. Die M-GmbH erwirbt 80 % der Anteile an der A-GmbH und erweitert gleichzeitig das Organschaftsverhältnis auf diese.[125] **7281**

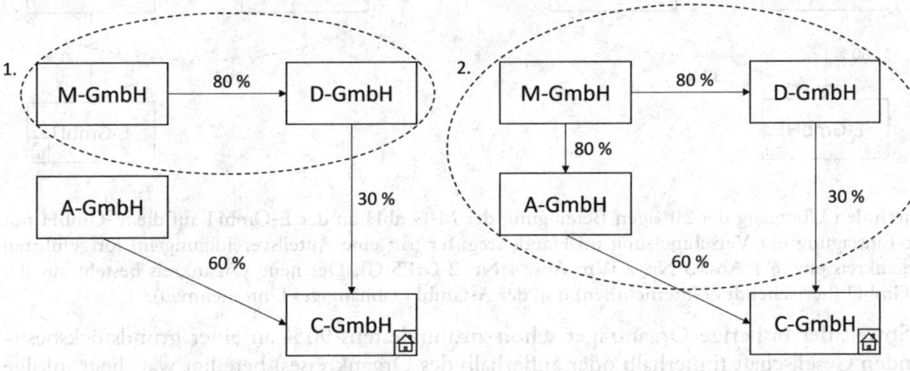


Der Erwerb der Anteile der A-GmbH durch die M-GmbH unter gleichzeitiger Begründung eines Abhängigkeitsverhältnisses und der daraus folgenden Erweiterung des Organschaftsverhältnisses ist darauf gerichtet, alle Anteile an der C-GmbH in der Hand von abhängigen Unternehmen zu vereinigen.[126] In der Hand des Organkreises findet somit eine Anteilsvereinigung im Organkreis in Bezug auf die C-GmbH statt, da mindestens 90 % der Anteile dieser Gesellschaft in der Hand von zwei abhängigen Gesellschaften (A-GmbH: 60 % und D-GmbH: 30 %) des Organkreises vereinigt werden.

Sind bereits mindestens 90 % der Anteile an der Grundstücksgesellschaft im Organkreis vereinigt und wird der Organkreis um eine Gesellschaft erweitert, die ebenfalls Anteile an der Grundstücksgesellschaft hält, liegt keine erneute Anteilsvereinigung vor. Es handelt sich in einem solchen Fall um eine grunderwerbsteuerlich unbeachtliche **Verstärkung** einer bereits bestehenden Vereinigung im Organkreis.[127] **7282**

*(einstweilen frei)* **7283–7291**

## V. Umwandlung des Organträgers

Eine **formwechselnde** Umwandlung führt nicht zu einem Rechtsträgerwechsel und ist daher grunderwerbsteuerlich irrelevant.[128] Ein Rechtsträgerwechsel im Rahmen einer **übertragenden** Umwandlung unter Fortführung des Organschaftsverhältnisses – insbesondere bei einer **Verschmelzung** des Organträgers – kann dagegen zu einer Anteilsvereinigung führen. Erfolgt die Verschmelzung des Organträgers auf eine (bislang) **außerhalb des Organkreises** stehende Gesellschaft, entsteht ein neuer Organkreis. Einschlägig ist in diesem Fall der Tatbestand des § 1 Abs. 3 Nr. 2 GrEStG (Übergang von Anteilen im Wege der Gesamtrechtsnachfolge). **7292**

[125] Bsp. nach GLE 5.3.2024, BStBl. I 2024, 393 Rn. 38.
[126] BFH 16.1.1980 – II R 52/76, BeckRS 1980, 22005159.
[127] GLE 5.3.2024, BStBl. I 2024, 393 Rn. 40 f.
[128] BFH 4.12.1996 – II B 116/96, DStR 1997, 112.

**Beispiel:**

7293 Die M-GmbH hält 80 % der Anteile an der A-GmbH und 30 % der Anteile an der grundstücksbesitzenden E-GmbH. Zwischen der M-GmbH und der A-GmbH besteht ein Organschaftsverhältnis. Die A-GmbH hält ihrerseits 60 % der Anteile an der E-GmbH. Die M-GmbH verschmilzt auf die V-GmbH; das Organschaftsverhältnis wird fortgeführt.[129]

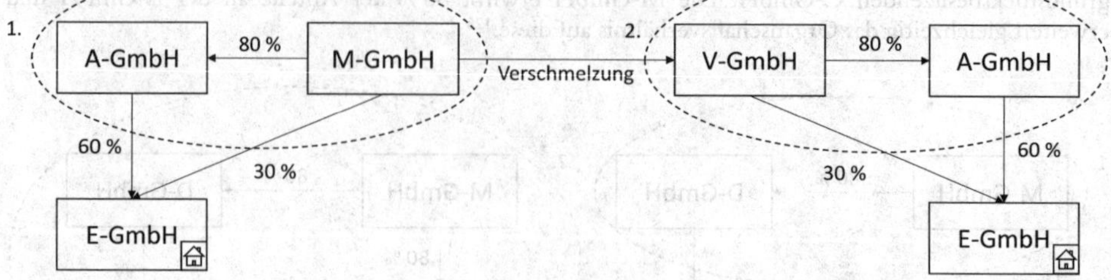


Durch den Übergang der 30%igen Beteiligung der M-GmbH an der E-GmbH auf die V-GmbH mit der Eintragung der Verschmelzung im Handelsregister tritt eine Anteilsvereinigung im fortgeführten Organkreis ein (§ 1 Abs. 3 Nr. 2 iVm Abs. 4 Nr. 2 GrEStG). Der neue Organkreis besteht aus der V-GmbH (herrschendes Unternehmen) und der A-GmbH (abhängiges Unternehmen).

7294 Soweit der bisherige Organträger schon zu mindestens 90 % an einer grundstücksbesitzenden Gesellschaft (innerhalb oder außerhalb des Organkreises) beteiligt war, liegt infolge der Verschmelzung des Organträgers auf einen anderen Rechtsträger ein nach **§ 1 Abs. 3 Nr. 4 GrEStG bzw. nach § 1 Abs. 2b GrEStG** steuerbarer Rechtsträgerwechsel vor; auf das Organschaftsverhältnis nach § 1 Abs. 4 GrEStG kommt es in diesem Fall nicht an.[130] Hält eine Organgesellschaft ihrerseits eine mindestens 90 %ige Beteiligung an einer grundbesitzenden Gesellschaft (Enkelgesellschaft des Organträgers), führt die Verschmelzung des Organträgers nicht zu einer steuerpflichtigen Anteilsvereinigung, da die Anteile bereits zuvor bei der Organgesellschaft vereinigt waren. Die Anteile an der grundbesitzenden Gesellschaft sind nicht dem Organkreis, sondern lediglich der Organgesellschaft zuzuordnen.[131]

7295 Bei einer Verschmelzung **innerhalb des Organkreises** – wenn also der Organträger auf eine Organgesellschaft verschmolzen wird (down-stream) – unter Fortführung des Organschaftsverhältnisses kann es ebenfalls zu einer steuerbaren Anteilsvereinigung kommen.

**Beispiel:**

7296 Die M-GmbH ist zu 100 % an der B-GmbH, zu 60 % an der C-GmbH und zu 70 % an der D-GmbH beteiligt. An der C-GmbH ist des Weiteren die D-GmbH zu 40 % beteiligt. Die B-GmbH, die C-GmbH und die D-GmbH sind Organgesellschaften des Organträgers M-GmbH. Jede der Organgesellschaften verfügt über Grundbesitz. Die M-GmbH wird auf die B-GmbH verschmolzen.[132]

[129] Bsp. nach GLE 5.3.2024, BStBl. I 2024, 393 Rn. 46.
[130] Vgl. Pahlke/Joisten GrEStG § 1 Rn. 446 sowie GLE 5.3.2024, BStBl. I 2024, 393 Rn. 43 und 45.
[131] BFH 20.7.2005 – II R 30/04, DStR 2005, 1898; so auch GLE 5.3.2024, BStBl. I 2024, 393 Rn. 42 ff.
[132] Bsp. nach GLE 5.3.2024, BStBl. I 2024, 393 Rn. 48.

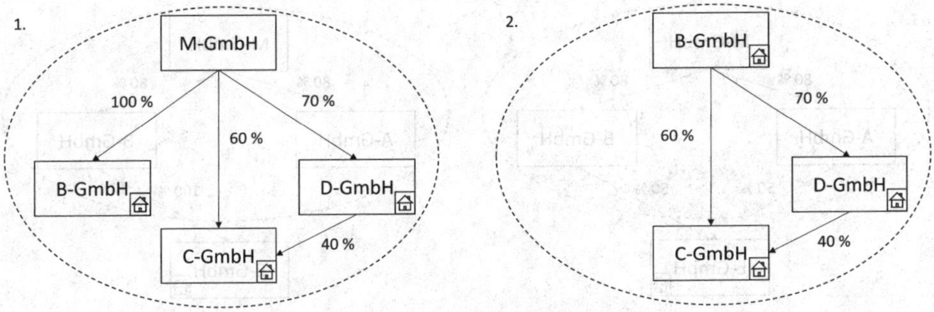


Durch die Verschmelzung findet ein Organträgerwechsel statt; die bisherige Organgesellschaft B-GmbH wird zum herrschenden Unternehmen im Organkreis. Die Anteilsverschiebungen im Organkreis sind bezogen auf die C-GmbH unbeachtlich, da deren Anteile weiterhin im Organkreis vereinigt bleiben. In Bezug auf die D-GmbH findet keine Anteilsvereinigung nach § 1 Abs. 3 Nr. 1 oder Nr. 2 iVm § 1 Abs. 4 Nr. 2 GrEStG statt, weil der Organkreis die erforderliche Beteiligungsgrenze von mindestens 90 % der Anteile der D-GmbH nicht erreicht. Hinsichtlich der Grundstücke der B-GmbH wird kein der Grunderwerbsteuer unterliegender Tatbestand verwirklicht, weil diese durch die Verschmelzung der M-GmbH auf die B-GmbH unberührt bleiben.

*(einstweilen frei)* **7297–7305**

## VI. Umstrukturierungen im Organkreis

Umstrukturierungen durch Anteilsverschiebungen im Organkreis, die dazu führen, dass **7306** vorher wie nachher bei verschiedenen Gesellschaften des Organkreises zusammengerechnet mindestens 90 % der Anteile einer grundstücksbesitzenden Gesellschaft gehalten werden, sind **grunderwerbsteuerlich unbeachtlich,** da die Anteile weiterhin im Organkreis vereinigt bleiben.[133] Wenn also an einer grundbesitzenden Gesellschaft der Organträger und die Organgesellschaften zB zu je unter 90 % beteiligt sind und der Organträger seine Beteiligung an eine Organgesellschaft überträgt, die bislang keine Anteile an der grundbesitzenden Gesellschaft innehat, liegt keine grunderwerbsteuerrechtlich erhebliche Veränderung vor. Die Anteile der Grundstücksgesellschaft bleiben weiterhin im Organkreis vereinigt.[134]

Anders ist dies, wenn eine Anteilsverschiebung innerhalb des Organkreises dazu führt, **7307** dass **erstmals** mindestens 90 % der Anteile an der grundstücksbesitzenden Gesellschaft in der Hand einer Gesellschaft des Organkreises vereinigt werden. In diesem Fall liegt nach Ansicht der Finanzverwaltung[135] auch dann eine Anteilsvereinigung nach § 1 Abs. 3 GrEStG vor, wenn die Anteile bereits zuvor zu mindestens 90 % im Organkreis vereinigt waren.

**Beispiel:**
Die M-GmbH hält je 80 % der Anteile an der A-GmbH und der B-GmbH. Zwischen der M-GmbH **7308** und diesen beiden Gesellschaften besteht ein Organschaftsverhältnis. An der grundstücksbesitzenden E-GmbH sind die A-GmbH sowie die B-GmbH zu je 50 % beteiligt. Die A-GmbH überträgt ihre Anteile an der E-GmbH auf die B-GmbH.[136]

[133] Viskorf/Meßbacher-Hönsch GrEStG § 1 Rn. 1240; GLE 5.3.2024, BStBl. I 2024, 393 Rn. 50; so wohl auch BFH 30.3.1988 – II R 81/85, BeckRS 1988, 22008483.
[134] Vgl. auch das Bsp. bei GLE 5.3.2024, BStBl. I 2024, 393 Rn. 51.
[135] Vgl. GLE 5.3.2024, BStBl. I 2024, 393 Rn. 53.
[136] Bsp. nach GLE 5.3.2024, BStBl. I 2024, 393 Rn. 54.

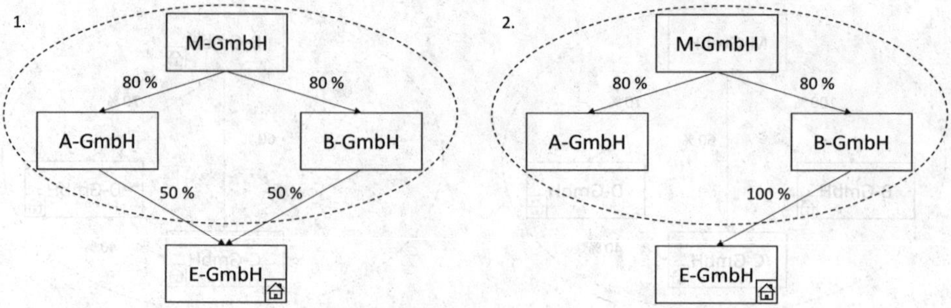


Die Vereinigung der Anteile der E-GmbH in der Hand der B-GmbH unterliegt nach Ansicht der Finanzverwaltung gem. § 1 Abs. 3 Nr. 1 bzw. Nr. 2 GrEStG der Steuer. Es handelt sich nicht um eine grunderwerbsteuerlich unerhebliche Verstärkung einer bereits vorliegenden Anteilsvereinigung, sondern mindestens 90 % der Anteile an der E-GmbH sind erstmalig in der Hand einer (nachgeordneten) Gesellschaft des Organkreises – der B-GmbH – vereinigt. In einem solchen Fall ist § 1 Abs. 3 GrEStG tatbestandlich erfüllt.[137]

7309 Diese Sichtweise wird – ähnlich wie bei der Übertragung eines Teils einer Beteiligung durch eine Organgesellschaft, die zu mindestens 90 % an einer grundstücksbesitzenden Gesellschaft beteiligt ist, an den bislang nicht an dieser Gesellschaft beteiligten Organträger (→ Rn. 7252 f.) kritisiert, da der Grundbesitz in wirtschaftlicher Sicht der Obergesellschaft – vermittelt über abhängige Gesellschaften – bereits „gehöre" und daher nicht gleichzeitig den Untergesellschaften gehören könne.[138] Diese Kritik lässt allerdings die nach Wortlaut und Systematik des GrEStG gegebene (formal) eigenständige Rechtsträgerschaft von beherrschten Untergesellschaften unberücksichtigt[139] (vgl. im Übrigen, auch zur Frage des § 1 Abs. 6 GrEStG, → Rn. 7251 ff.).

7310 Die gleiche Problematik stellt sich, wenn Anteilsverschiebungen dazu führen, dass die Anteile an einer grundstücksbesitzenden Gesellschaft nicht mehr durch eine **einzelne Gesellschaft** des Organkreises, sondern nunmehr von mehreren Gesellschaften dieses Organkreises gehalten werden. Auch diese Konstellation erfüllt nach Ansicht der Finanzverwaltung den Tatbestand des § 1 Abs. 3 Nr. 1 bzw. Nr. 2 iVm Abs. 4 Nr. 2 GrEStG, wenn dadurch erstmals mindestens 90 % der Anteile im Organkreis vereinigt werden.[140]

7311 Die Steuerbefreiungsnorm des **§ 6a GrEStG** (Konzernklausel) hat wie erläutert bei Umstrukturierungen innerhalb eines Organkreises keine Bedeutung, sondern nur evtl. bei Umwandlungen oberhalb eines Organkreises (→ Rn. 7146).

7312–7320 *(einstweilen frei)*

## VII. Zwischengeschaltete Personengesellschaft

7321 Wenn innerhalb einer Beteiligungskette von Kapitalgesellschaften eine **Personengesellschaft** zwischengeschaltet ist, so gelten besondere Zurechnungsgrundsätze: Die (unmittelbar oder mittelbar gehaltenen) Anteile der Personengesellschaft an einer grundstücksbesitzenden Gesellschaft können dem Gesellschafter nur zugerechnet werden, wenn dieser mindestens 90 % der Anteile an der Personengesellschaft innehat. Für die 90 %-Beteiligung ist dabei (anders als nach früherer Rechtsansicht) nicht die sachenrechtliche Beteiligung am

137 BFH 4.12.1996 – II B 110/96, BeckRS 1996, 11762; GLE 5.3.2024, BStBl. I 2024, 393 Rn. 55; Pahlke/Joisten GrEStG § 1 Rn. 444 mwN.
138 Vgl. etwa Kroschewski BB 2001, 1121; zum Überblick auch Viskorf/Meßbacher-Hönsch GrEStG § 1 Rn. 1244 f.
139 So Pahlke/Joisten GrEStG § 1 Rn. 444.
140 GLE 5.3.2024, BStBl. I 2024, 393 Rn. 56.

Gesamthandsvermögen, sondern wie bei der Zwischenschaltung von Kapitalgesellschaften – die **Beteiligung am Gesellschaftskapital** maßgebend. Dies hat der BFH unter Aufgabe seiner früheren Rechtsprechung entschieden.[141] Dieser Ansicht folgt mittlerweile auch die Finanzverwaltung.[142] Lediglich bei unmittelbaren Beteiligungen an grundbesitzenden Personengesellschaften ist die sachenrechtliche Beteiligung am Gesamthandsvermögen weiterhin entscheidend.[143]

Nach früherer Auffassung in der Rechtsprechung[144] sowie der Finanzverwaltung[145] konnten die Anteile, die eine KG an einer anderen Gesellschaft hielt, dem allein kapitalbeteiligten Kommanditisten nicht zugerechnet werden, wenn der Komplementär ebenfalls an der KG beteiligt war, selbst wenn dessen Beteiligung nicht mit einem wertmäßigen Anteil am Gesellschaftsvermögen verbunden ist; denn er hielt in diesem Fall dennoch einen „Anteil an der Gesellschaft"[146]. Konnte allerdings die Beteiligung an der Komplementär-GmbH dem beherrschenden Gesellschafter aufgrund des Bestehens einer grunderwerbsteuerlichen Organschaftsbeziehung zugerechnet werden, konnte es auch nach der früheren Rechtsprechung zu einer Anteilsvereinigung kommen.[147] **7322**

*(einstweilen frei)* **7323–7331**

## VIII. Besteuerungsverfahren

Kommt es zu einer steuerpflichtigen Anteilsvereinigung unter Beteiligung einer grunderwerbsteuerlichen Organschaftsstruktur, so entstehen so viele Grunderwerbsteuerfälle, wie der grundstücksbesitzenden Gesellschaft, deren Anteile vereinigt wurden, Grundstücke grunderwerbsteuerlich zuzuordnen sind.[148] Dabei läuft für jeden aus der Anteilsvereinigung entstandenen Grunderwerbsteueranspruch eine eigene gesonderte Festsetzungsfrist. **7332**

### 1. Bemessungsgrundlage

Die Steuer bemisst sich aufgrund der ausdrücklichen Anordnung in § 8 Abs. 2 S. 1 Nr. 3 GrEStG („in den Fällen des § 1 Abs. 2a bis 3a") nach den Grundbesitzwerten iSd § 151 Abs. 1 S. 1 Nr. 1 iVm § 157 Abs. 1 bis 3 BewG als **Ersatzbemessungsgrundlage.** Angewandt wird dabei das für die Erbschaft- und Schenkungsteuer geltende Bewertungsverfahren. Erforderlich geworden war dies, da die vorher gültige Bewertung nach einem Beschluss des BVerfG mit dem Gleichheitssatz (Art. 3 GG) unvereinbar war.[149] Dies gilt für Erwerbsvorgänge, die nach dem 31.12.2008 verwirklicht wurden. Bei einer Anteilsvereinigung von mindestens 90 % der Anteile wird die Grunderwerbsteuer für den wirtschaftlichen Erwerb des gesamten Grundstücks erhoben und nicht etwa nur anteilig iHd vereinigten Anteile.[150] Der Grundbesitzwert ist gesondert festzustellen (§ 151 Abs. 1 und Abs. 5 BewG) und Grundlagenbescheid für den Grunderwerbsteuerbescheid bzw. den Feststellungsbescheid nach § 17 Abs. 3 GrEStG.[151] **7333**

---

141 BFH 27.9.2017 – II R 41/15, DStR 2018, 189 Rn. 19 ff.
142 Vgl. GLE 5.3.2024, BStBl. I 2024, 383 Tz. 3.2.
143 Vgl. GLE 5.3.2024, BStBl. I 2024, 383 Tz. 3.2; s. zu einer mittelbaren Anteilsvereinigung an einer grundbesitzenden Personengesellschaft bei zwischengeschalteter Kapitalgesellschaft auch BFH 27.5.2020 – II R 45/17, DStR 2020, 2675.
144 BFH 8.8.2001 – II R 66/98, DStR 2001, 1793.
145 GLE 21.3.2007, BStBl. I 2007, 422.
146 BFH 8.8.2001 – II R 66/98, DStR 2001, 1793.
147 Vgl. dazu das Bsp. bei Müller/Detmering/Lieber Organschaft Rn. 1826.
148 BFH 17.2.1982 – II R 25/81, BeckRS 1982, 22006031.
149 BVerfG 23.6.2015 – 1 BvL 13/11, 1 BvL 14/11, DStR 2015, 1678.
150 Vgl. Viskorf/Kugelmüller-Pugh GrEStG § 8 Rn. 95; vgl. zum Bewertungsverfahren insgesamt auch Viskorf/Kugelmüller-Pugh GrEStG § 8 Rn. 111 ff.
151 BFH 20.10.2004 – II R 27/03, DStR 2005, 24.

### 2. Steuersatz

7334 Der Steuersatz beträgt nach § 11 Abs. 1 GrEStG 3,5 %. Seit 2006 haben die Bundesländer nach Art. 105 Abs. 2a S. 2 GG die Befugnis zur Bestimmung des Steuersatzes. Im Einzelnen hat der Steuersatz in den Bundesländern die folgende Höhe:[152]

| **Bundesland** | **Steuersatz** | **Geltung seit** |
|---|---|---|
| Baden-Württemberg | 5,0 % | 5.11.2011 |
| Bayern | 3,5 % | 1.1.1997 |
| Berlin | 6,0 % | 1.1.2014 |
| Brandenburg | 6,5 % | 1.7.2015 |
| Bremen | 5,0 % | 1.1.2014 |
| Hamburg | 5,5 % | 1.1.2023 |
| Hessen | 6,0 % | 1.8.2014 |
| Mecklenburg-Vorpommern | 6,0 % | 1.7.2019 |
| Niedersachsen | 5,0 % | 1.1.2014 |
| Nordrhein-Westfalen | 6,5 % | 1.1.2015 |
| Rheinland-Pfalz | 5,0 % | 1.3.2012 |
| Saarland | 6,5 % | 1.1.2015 |
| Sachsen | 5,5 % | 1.1.2023 |
| Sachsen-Anhalt | 5,0 % | 1.3.2012 |
| Schleswig-Holstein | 6,5 % | 1.1.2014 |
| Thüringen | 5,0 % | 1.1.2024 |

### 3. Steuerbefreiungen

7335 Die personenbezogenen Steuerbefreiungen des § 3 GrEStG finden auf Anteilsvereinigungen nach § 1 Abs. 3 Nr. 1 und 2 GrEStG bei Kapitalgesellschaften mit Ausnahme der Regelung des **§ 3 Nr. 2 GrEStG** (Erwerb von Todes wegen und Schenkungen) keine Anwendung.[153] Bei Personengesellschaften sind – sofern nicht bereits die Besteuerung nach § 1 Abs. 2a GrEStG vorrangig ist – die Regelungen des § 3 Nr. 2 bis 7 GrEStG anwendbar.[154] Dies gilt auch bei einer Übertragung bereits vereinigter Anteile gem. § 1 Abs. 3 Nr. 3 und 4 GrEStG, sofern eine vorrangige Besteuerung nach § 1 Abs. 2a oder Abs. 2b GrEStG nicht in Betracht kommt.[155]

7336 Da einer Kapitalgesellschaft die gesamthänderische Struktur fehlt, greift die Steuerbefreiung des **§ 5 GrEStG** (Übergang auf eine Gesamthand) nicht bei Anteilsvereinigungen einer Kapitalgesellschaft nach § 1 Abs. 3 Nr. 1 und 2 GrEStG in eine Gesamthandsgemeinschaft.[156] Dies gilt auch zwischen Mitgliedern eines Organkreises, sodass Anteilsvereinigungen von in einen Organkreis eingegliederten Kapitalgesellschaften in der Hand der Organmutter ebenfalls nicht nach § 5 GrEStG begünstigt sind.[157] Bei einer Weiterübertragung

[152] Vgl. zum weiteren Überblick auch Pahlke/Pahlke GrEStG § 11 Rn. 4.
[153] BFH 23.5.2012 – II R 21/10, DStR 2012, 1444 Rn. 15 ff.; Pahlke/Pahlke GrEStG § 3 Rn. 12.
[154] Vgl. ausf. Pahlke/Pahlke GrEStG § 3 Rn. 13 f.
[155] Vgl. Pahlke/Pahlke GrEStG § 3 Rn. 15.
[156] BFH 2.4.2008 – II R 53/06, DStR 2008, 1091; vgl. Pahlke/Joisten GrEStG § 5 Rn. 13.
[157] BFH 29.5.1974 – II 53/64, BeckRS 1974, 22002675; vgl. Pahlke/Joisten GrEStG § 5 Rn. 13.

bereits vereinigter Anteile gem. § 1 Abs. 3 Nr. 3 und 4 GrEStG kann grds. § 5 Abs. 2 GrEStG greifen[158], allerdings dürfte in diesen Fällen idR die Besteuerung nach § 1 Abs. 2b GrEStG vorrangig sein, bei der eine Steuerbefreiung nach § 5 GrEStG ausscheidet.[159]

Diese Grundsätze gelten auch bezüglich der Steuerbefreiung nach **§ 6 GrEStG** (Übergang von einer Gesamthand): Bei einer Anteilsvereinigung nach § 1 Abs. 3 Nr. 1 und 2 GrEStG bei einer Kapitalgesellschaft ist die Vorschrift nicht anwendbar, wohl aber bei einer Personengesellschaft. Im Hinblick auf Übertragungen nach § 1 Abs. 3 Nr. 3 und 4 GrEStG kommt eine Steuerbefreiung nach § 6 GrEStG grds. in Betracht, allerdings ist auch hier der Vorrang der (nicht steuerbefreiten) Besteuerung nach § 1 Abs. 2b GrEStG zu beachten.[160] **7337**

Bezüglich der Anwendung der Regelungen der §§ 5 und 6 GrEStG ab dem 1.1.2024 gibt es derzeit erhebliche Unsicherheiten aufgrund des Gesetzes zur Modernisierung des Personengesellschaftsrechts **(MoPeG)**[161]; vgl. zum MoPeG ausf. unter → Rn. 7270 ff. Zur Befreiungsvorschrift des **§ 6a GrEStG** vgl. → Rn. 7146. **7338**

## 4. Steuerschuldnerschaft

Bei der Vereinigung von mindestens 90 % der Anteile an einer Gesellschaft in der Hand mehrerer Unternehmen oder Personen sind nach § 13 Nr. 5 Buchst. b GrEStG Steuerschuldner diese Beteiligten. Das bedeutet, dass bei einer Vereinigung von Anteilen einer grundstücksbesitzenden Gesellschaft in der Hand von herrschenden und abhängigen Unternehmen oder nur in der Hand von abhängigen Unternehmen Steuerschuldner nach § 13 Nr. 5 Buchst. b GrEStG **die an der Anteilsvereinigung beteiligten Gesellschaften** sind. Das sind diejenigen Gesellschaften des Organkreises, deren Anteilsbesitz dafür sorgt, dass das für eine Anteilsvereinigung erforderliche Quantum von 90 % erreicht wird.[162] Diese sind Gesamtschuldner der Steuer (§ 44 AO). Nimmt also eine Gesellschaft innerhalb des Organkreises zwar an dem Erwerbvorgang, aber nicht an der Anteilsvereinigung teil, – etwa weil sie keine Anteile an der grundstücksbesitzenden Gesellschaft hält – ist sie auch nicht Steuerschuldner.[163] Dies gilt auch für den Organträger. **7339**

Findet eine Anteilsvereinigung nur in der Hand **eines** Mitglieds des Organkreises statt, richtet sich die Steuerschuldnerschaft nach § 13 Nr. 5 Buchst. a GrEStG. Steuerschuldner ist in diesem Fall der **Erwerber**[164] und nicht etwa eine die (mittelbare) Anteilsvereinigung vermittelnde Gesellschaft.[165] In den Fällen des § 1 Abs. 3 Nr. 3 und Nr. 4 GrEStG (Weiterübertragung bereits vereinigter Anteile) sind in entsprechender Anwendung des § 13 Nr. 1 GrEStG die an dem Erwerbsvorgang beteiligten Personen Steuerschuldner, also Anteilsinhaber und Anteilserwerber[166]; diese sind ebenfalls Gesamtschuldner. **7340**

## 5. Zuständigkeit und Anzeigepflichten

**a) Zuständiges Finanzamt.** In den Fällen des § 1 Abs. 2a bis 3a GrEStG und damit auch im Falle einer Anteilsvereinigung im Organkreis ist grds. nach § 17 Abs. 3 S. 1 Nr. 2 GrEStG eine **gesonderte Feststellung** der Besteuerungsgrundlagen durch das Finanzamt durchzuführen, in dessen Bezirk sich die Geschäftsleitung der Gesellschaft, deren Anteile vereinigt werden, befindet.[167] Eine Ausnahme von der Pflicht zur gesonderten Feststellung besteht, wenn der betroffene Grundbesitz ausschließlich im Bezirk des Finanzamts der Geschäftsleitung liegt. In einem solchen Fall wird die Grunderwerbsteuer unmittelbar – also **7341**

[158] BFH 2.4.2008 – II R 53/06, DStR 2008, 1091.
[159] Vgl. Pahlke/Joisten GrEStG § 5 Rn. 15.
[160] Vgl. Pahlke/Joisten GrEStG § 6 Rn. 11 f.
[161] BGBl. 2021 I 3436.
[162] Vgl. etwa GLE 5.3.2024, BStBl. I 2024, 393 Rn. 61.
[163] Vgl. das Beispiel in GLE 5.3.2024, BStBl. I 2024, 393 Rn. 62.
[164] GLE 5.3.2024, BStBl. I 2024, 393 Rn. 67.
[165] BFH 2.8.2006 – II R 23/05, DStRE 2007, 110.
[166] BFH 31.3.2004 – II R 54/01, DStRE 2004, 837; 5.3.2024, BStBl. I 2024, 393 Rn. 67.
[167] BFH 21.8.2019 – II R 21/19 (II R 56/15), DStRE 2020, 429 Rn. 38.

ohne gesonderte Feststellung – direkt durch das nach § 17 Abs. 1 S. 1 GrEStG örtlich zuständige Finanzamt (Finanzamt, in dessen Bezirk das Grundstück oder der wertvollste Teil des Grundstücks liegt) festgesetzt.[168] Befindet sich die Geschäftsleitung der Grundstücksgesellschaft nicht im Geltungsbereich des Gesetzes – also nicht im Inland – und sind in verschiedenen Finanzamtsbezirken liegende Grundstücke oder in verschiedenen Ländern liegende Grundstücksteile betroffen, so stellt gem. § 17 Abs. 3 S. 2 GrEStG das nach § 17 Abs. 2 GrEStG zuständige Finanzamt die Besteuerungsgrundlagen gesondert fest. Dabei handelt es sich um das Finanzamt, in dessen Bezirk der wertvollste Grundstücksteil oder das wertvollste Grundstück oder der wertvollste Bestand an Grundstücksteilen oder Grundstücken liegt.

**7342** Gerade in Organschaftsfällen können diese Zuständigkeitsregelungen zu einer Vielzahl von Zuständigkeiten und komplexen Abgrenzungsfragen bezüglich der Zuständigkeit führen (etwa wo sich der wertvollste Grundstücksbestand befindet). Die Finanzverwaltung lässt daher im Einvernehmen zwischen den Steuerpflichtigen und dem Finanzamt, welches nach den gesetzlichen Vorgaben örtlich zuständig ist, nach § 27 AO eine **Zuständigkeitsvereinbarung** dahin zu, dass das Finanzamt für die gesonderte Feststellung zuständig ist, in dessen Bezirk sich die **Geschäftsleitung des Organträgers** befindet.[169] Dabei geht die Finanzverwaltung davon aus, dass die an der Anteilsvereinigung beteiligten Gesellschaften eines Organkreises und die nach § 17 Abs. 3 GrEStG zuständigen Finanzämter der Zuständigkeit für die gesonderte Feststellung durch das Finanzamt, in dessen Bezirk sich die Geschäftsleitung des Organträgers befindet, zugestimmt haben, es sei denn, es erfolgt ein ausdrücklicher Widerspruch (Fiktion des Einverständnisses).[170]

**7343** **b) Anzeigepflichten.** An das nach § 17 GrEStG zuständige Finanzamt (→ Rn. 7341 f.) sind auch etwaig erforderliche Anzeigen zu richten. Für **Notare** ergeben sich Anzeigepflichten dabei aus § 18 GrEStG; relevant sind dabei insbesondere die Anzeigepflichten nach § 18 Abs. 1 Nr. 1 GrEStG (zB Grundstückskaufverträge) und § 18 Abs. 2 S. 2 GrEStG (Übertragung von Anteilen an einer Kapitalgesellschaft, wenn zum Vermögen der Gesellschaft ein im Inland liegendes Grundstück gehört). Bei Vorliegen einer grunderwerbsteuerlichen Organschaft besteht eine Pflicht zur Anzeige also nicht, wenn keine Beurkundung eines Vertrags über die Übertragung von Anteilen der grundstücksbesitzenden Gesellschaft erfolgt. Dies gilt auch bei Anteilsübertragungen im Ausland.

**7344** Besteht keine Anzeigepflicht eines beteiligten Notars, ist besonderes Augenmerk auf die Anzeigepflichten des/der Steuerschuldner nach § 19 GrEStG zu richten. Es handelt sich dabei um die nach § 13 GrEStG zu bestimmenden **Steuerschuldner** (→ Rn. 7339 f.). Im Bereich der grunderwerbsteuerlichen Organschaft und der Anteilsvereinigung sind insbesondere die Anzeigepflichten nach § 19 Abs. 1 Nr. 4 bis 7 GrEStG relevant.[171] Nach § 19 Abs. 1 Nr. 4 bis 7 GrEStG sind über die Tatbestände des § 1 Abs. 3 Nr. 1 bis 4 GrEStG Anzeige zu erstatten. Die Anzeigefrist beträgt zwei Wochen ab Kenntnis des anzeigepflichtigen Vorgangs (§ 19 Abs. 3 GrEStG). Entsprechende Anzeigen gelten nach § 19 Abs. 5 GrEStG als Steuererklärungen, sodass deren Nichtabgabe möglicherweise zu einer Steuerhinterziehung/Steuerverkürzung führen kann (§§ 369 ff. AO).[172] Bedeutung hat die Anzeige insbesondere auch **für die Vorschrift des § 16 GrEStG** (Korrekturnormen für den Fall eines Scheiterns eines Erwerbsvorgangs). Denn eine Korrektur nach § 16 Abs. 1 oder Abs. 2 GrEStG ist nach § 16 Abs. 5 GrEStG nur möglich, wenn der Erwerbsvorgang nicht fristgerecht und in allen Teilen vollständig angezeigt wurde. Generell sollten

---

[168] BFH 20.1.2016 – II R 29/14, DStR 2016, 599 Rn. 16.
[169] GLE 1.3.2016, BStBl. I 2016, 282 Tz. 5.
[170] So bislang jedenfalls GLE 19.9.2018, BStBl. I 2018, 1056 Tz. 8; nach dessen Aufhebung enthält der neue GLE 5.3.2024, BStBl. I 2024, 393 in Rn. 68 nur noch einen Verweis auf den GLE 1.3.2016, BStBl. I 2016, 282, der dazu keine Aussage trifft.
[171] Vgl. Pahlke/Joisten GrEStG § 1 Rn. 472.
[172] Vgl. zur Relevanz im Rahmen der Festsetzungsfrist etwa BFH 16.5.2023 – II R 35/20, DStR 2023, 2445.

bei einem Konzern Beteiligungsverhältnisse, Anteilsübertragungen, Anzeigepflichten usw. durch ein **Tax Compliance Management System (Tax CMS)** überwacht werden.

### 6. Inhalt des Feststellungsbescheids

Der Feststellungsbescheid nach § 17 Abs. 3 S. 1 Nr. 2 GrEStG muss den zu besteuernden Erwerbsvorgang eindeutig bezeichnen. Gegenstand der nach § 17 Abs. 3 S. 1 Nr. 2 GrEStG zu treffenden gesonderten Feststellung im Feststellungsbescheid sind die Besteuerungsgrundlagen. Dazu gehören die verbindliche Entscheidung über die Steuerpflicht des jeweiligen Erwerbsvorgangs dem Grunde nach, über die als Steuerschuldner in Betracht kommenden natürlichen oder juristischen Personen und über die Finanzämter, die zur Steuerfestsetzung berufen sind. Zu den Besteuerungsgrundlagen gehören daneben auch die Angabe der betroffenen Grundstücke und der Zeitpunkt – also das Datum des Steuerstichtags –, auf den der Grundbesitz der Gesellschaft nach § 8 Abs. 2 S. 1 Nr. 3 GrEStG zu bewerten ist. Die Entscheidung über den Bewertungszeitpunkt darf nicht den für die Bewertung der Grundstücke zuständigen Finanzämtern überlassen werden. Nur die Feststellung im Bescheid nach § 17 Abs. 3 S. 1 Nr. 2 GrEStG kann eine einheitliche Beurteilung dieses Zeitpunkts gewährleisten.[173] **7345**

*(einstweilen frei)* **7346–7354**

## D. Schlussbetrachtung und Ausblick

### I. Vermeidungsstrategien

Ein Anfall von Grunderwerbsteuer durch eine Anteilsvereinigung im Zusammenhang mit einer grunderwerbsteuerlichen Organschaft lässt sich vermeiden, wenn es gar nicht zu einer Organschaft iSd § 1 Abs. 3 Var. 2 und 3 iVm Abs. 4 Nr. 2 GrEStG kommt. Dann bestehen keine Abhängigkeitsverhältnisse (§ 1 Abs. 4 Nr. 2 GrEStG), die den Tatbestand der mittelbaren Anteilsvereinigung erweitern und somit steuerbegründend wirken können. Allerdings ist daneben immer auch darauf zu achten, ob nicht eine Anteilsvereinigung iSd **§ 1 Abs. 3 Var. 1 GrEStG** (Vereinigung von mindestens 90 % der Anteile unmittelbar oder mittelbar in der Hand eines Erwerbers) vorliegt oder der Tatbestand des **§ 1 Abs. 2b GrEStG** durch den Übergang von mindestens 90 % der Anteile an einer grundstücksbesitzenden Gesellschaft innerhalb von zehn Jahren auf neue Gesellschafter vorliegt. **7355**

Das Entstehen einer grunderwerbsteuerlichen Organschaft lässt sich vermeiden, wenn kein Abhängigkeitsverhältnis nach § 1 Abs. 4 Nr. 2 GrEStG begründet wird, indem eine juristische Person nicht nach dem Gesamtbild der tatsächlichen Verhältnisse finanziell, wirtschaftlich und organisatorisch in ein Unternehmen eingegliedert ist. Es kann also an die Eingliederungsvoraussetzungen angeknüpft werden. **7356**

Ein Anknüpfungspunkt kann die **organisatorische Eingliederung** sein, indem eine Beherrschung der Geschäftsführung der Organgesellschaft durch den Organträger vermieden wird. Denkbar wäre etwa die Vermeidung einer personellen Verflechtung der Geschäftsführung/der Organe. Entscheidend ist, dass der Organträger seinen Willen bei der Organgesellschaft nicht durchsetzen kann, es also auf Ebene der Organgesellschaft zu einer vom Willen des Organträgers abweichenden Willensbildung kommen kann. Dies wäre zB grds. durch personenverschiedene Geschäftsführer möglich, wobei der Geschäftsführer der einen Gesellschaft dann nicht auch gleichzeitig leitender Angestellter in der anderen Gesellschaft sein darf.[174] Daneben dürfen auch keine sonstigen Zustimmungsvorbehalte, Weisungen o.Ä. bestehen. **7357**

---

173 BFH 4.3.2020 – II R 35/17, BStBl. II 2020, 514 Rn. 15; vgl. Viskorf/Meßbacher-Hönsch GrEStG § 1 Rn. 1269.

174 Vgl. dazu BFH 7.7.2011 – V R 53/10, BStBl. II 2013, 218 Rn. 26.

7358 Eine **finanzielle Eingliederung** lässt sich vermeiden, indem der Organträger nicht über die erforderliche Stimmenmehrheit bei der Organgesellschaft verfügt, beispielweise, wenn der Organträger zwar mehr als 50 % der Anteile innehat, für bestimmte (wesentliche) Beschlüsse aber eine qualifizierte Stimmenmehrheit (zB zwei Drittel oder 75 %) erforderlich ist. Eine andere Möglichkeit wäre die Gewährung von Mehrstimmrechten an den Minderheitsgesellschafter.[175]

7359 Angesichts der geringen Voraussetzungen, die an das Vorliegen einer **wirtschaftlichen Eingliederung** gestellt werden (vernünftiger betriebswirtschaftlicher Zusammenhang iS einer wirtschaftlichen Einheit, Kooperation oder Verflechtung zwischen den Gesellschaften → Rn. 7199 f.), lässt sich das Vorliegen einer grunderwerbsteuerlichen Organschaft auf Ebene der wirtschaftlichen Eingliederung am schwierigsten vermeiden und ist mit den größten Rechtsunsicherheiten verbunden. Dabei ist zudem zu beachten, dass eine weniger starke Ausprägung eines der drei Merkmale durch eine stärkere Ausprägung der anderen beiden Merkmale kompensiert werden kann (→ Rn. 7103). Nur wenn eines (oder mehrere) der Merkmale vollständig fehlt, wird keine grunderwerbsteuerliche Organschaft begründet.[176]

7360 Generell ist bei diesen Vermeidungsstrategien zu fragen, ob das Ziel der Vermeidung einer grunderwerbsteuerlichen Organschaft die dafür erforderlichen Eingriffe in die Unternehmenspolitik und Entscheidungsfindung bzw. Entscheidungsdurchsetzung im Konzern rechtfertigt. Denn es sind erhebliche Schritte erforderlich, um rechtssicher ein Abhängigkeitsverhältnis iSd § 1 Abs. 4 Nr. 2 GrEStG zu vermeiden, da nicht alle drei Eingliederungsmerkmale in gleicher Weise stark ausgebildet sein müssen. Letztlich muss mindestens eines der Merkmale sicher ausgeschlossen sein (→ Rn. 7359). Zudem würde in einem solchen Fall üblicherweise auch keine (ggf. mit steuerlichen Vorteilen) verbundene umsatzsteuerliche Organschaft vorliegen, was ggf. gar nicht gewollt ist. Schließlich ist bei Vornahme entsprechender Schritte immer genau zu prüfen, ob nicht evtl. der Tatbestand des § 1 Abs. 3a GrEStG (Innehaben einer wirtschaftlichen Beteiligung) erfüllt ist. Zu denken ist dabei – vor Vornahme etwaiger Schritte – zur Klärung der Rechtslage auch immer an das Institut der verbindlichen Auskunft.

7361–7369 *(einstweilen frei)*

## II. Das Gesetz zur Modernisierung des Personengesellschaftsrechts (MoPeG)

7370 Wie bei den Ausführungen zu den Steuerbefreiungsvorschriften der §§ 5 und 6 GrEStG erläutert (→ Rn. 7338), hat das MoPeG[177] ggf. auch Auswirkungen auf das Steuerrecht und dabei womöglich auch auf das Grunderwerbsteuerrecht und die dortigen Befreiungsvorschriften. Durch das zum 1.1.2024 in Kraft getretene MoPeG wurden das Recht der Personengesellschaften im BGB umfassend neu geregelt und die Vorschriften zu den Personenhandelsgesellschaften im HGB neu gefasst, wobei Auswirkungen auf das Steuerrecht im Gesetzgebungsverfahren nur eine untergeordnete Rolle gespielt hatten.[178] Ein Element der Reform war die Streichung der Regelungen zum gesamthänderisch gebundenen Vermögen der Gesellschafter (§§ 718, 719 BGB aF). an dessen Stelle nunmehr ein originäres Gesellschaftsvermögen tritt (§ 713 BGB nF). Zu etwaigen steuerlichen Implikationen heißt es dazu in der Gesetzesbegründung nur, dass Änderungen an den ertragsteuerlichen Grundsätzen bei der Besteuerung von Personengesellschaften mit dem vorliegenden Entwurf nicht verbunden seien und soweit in den Steuergesetzen von Gesamthandsvermögen gesprochen werde, dies bei rechtsfähigen Personengesellschaften

[175] Vgl. dazu etwa Prinz/Witt Steuerliche Organschaft/Schley Rn. 26.86 f.
[176] BFH 18.12.1996 – XI R 25/94, DStR 1997, 920.
[177] BGBl. 2021 I 3436.
[178] Vgl. ausf. Röder DStR 2023, 1085.

dahingehend zu verstehen sei, dass damit das Vermögen der Gesellschaft in Abgrenzung zum Vermögen der einzelnen Gesellschafter (Sonderbetriebsvermögen) gemeint sei.[179]

Konkret im Hinblick auf die Grunderwerbsteuer wird daraus zT gefolgert, dass mit der Reform eine Abschaffung des Gesamthandsprinzips einhergehe und damit ab dem 1.1.2024 die Steuerbefreiungsvorschriften der §§ 5 und 6 GrEStG bei Einschaltung einer (Außen-) **Personengesellschaft** nicht mehr einschlägig seien, da der Wortlaut eine „Gesamthand" voraussetze.[180] Auch ein Verstoß gegen die Behaltensfristen (§ 5 Abs. 3 S. 1 GrEStG, § 6 Abs. 3 S. 2 GrEStG) wird erwogen.[181] Nach aA in der Literatur ergebe sich aufgrund des MoPeG keine Änderung für die Vorschriften der §§ 5 und 6 GrEStG, da auch rechtsfähige Personengesellschaften unter den Begriff der „Gesamthand" subsumiert werden könnten.[182] **7371**

Der Gesetzgeber hat auf die Diskussion mit der Schaffung eines neu eingeführten § 24 GrEStG (zunächst im Rahmen des Wachstumschancengesetzes) reagiert: „Rechtsfähige Personengesellschaften (§ 14a Abs. 2 Nr. 2 der AO) gelten für Zwecke der Grunderwerbsteuer als Gesamthand und deren Vermögen als Gesamthandsvermögen." Durch diese Fiktion soll die Abschaffung des Gesamthandprinzips für Zwecke der Grunderwerbsteuer neutralisiert werden, sodass die Befreiungsvorschriften weiterhin anwendbar sind und es nicht zu einem Verstoß gegen die Behaltensfristen kommt.[183] Die Regelung war als Übergangsvorschrift ausgestaltet und sollte zeitlich aufgrund einer geplanten Reform des Grunderwerbsteuerrechts (→ Rn. 7382 ff.) nur bis zum 31.12.2024 (Art. 43, 53 Abs. 8 WtChancenG) gelten. Da das Wachstumschancengesetz Ende des Jahres 2023 nicht verabschiedet war, wurden einige unstreitige Regelungen – u. a. diejenigen zur Grunderwerbsteuer – aus dem Wachstumschancengesetz in das Kreditzweitmarktförderungsgesetz[184] übernommen. Dort ist die Regelung nun auf drei Jahre bis zum 31.12.2026 befristet (Art. 29, 30, 36 Abs. 3 und 5 KrZwMG). In dieser Zeit soll eine rechtssichere gesetzliche Regelung bezüglich der Grunderwerbsteuer geschaffen werden.[185] **7372**

*(einstweilen frei)* **7373–7381**

### III. Reformüberlegungen

Auch vor dem Hintergrund des MoPeG (erste Planungen in 2018) gibt es seit Jahren Reformüberlegungen im Hinblick auf das Grunderwerbsteuerrecht. So stehen die Regelungen der §§ 5 und 6 GrEStG wegen eines möglichen Verstoßes gegen den Gleichheitssatz (Art. 3 Abs. 1 GG) in der Kritik, da diese nur für Personengesellschaften, nicht aber für Kapitalgesellschaften gelten.[186] Den Ausschluss von Kapitalgesellschaften aus dem Anwendungsbereich der §§ 5 und 6 GrEStG hat der BFH bisher damit gerechtfertigt, dass eine Personengesellschaft wegen der dinglichen Mitberechtigung der Gesellschafter am Gesellschaftsvermögen – anders als eine Kapitalgesellschaft – kein verselbständigtes Vermögen hat.[187] Zum 1.1.2024 dürfte dieser Rechtfertigungsgrund für die Ausgrenzung der Kapitalgesellschaften aufgrund des MoPeG entfallen sein[188], da Personengesellschaften nach dem MoPeG nunmehr ein originäres Gesellschaftsvermögen haben. **7382**

Um dieser möglichen Verfassungswidrigkeit zu begegnen und auch aus anderen Gründen gab und gibt es immer wieder Überlegungen zu einer Reform des GrEStG. Konkret hat der Arbeitskreis Grunderwerbsteuer der Universität Leipzig – auch vor dem Hintergrund des MoPeG – ein sog. **Modernisierungsmodell** (MoMo) für das Grunderwerbsteuerrecht **7383**

179 BT-Drs. 19/27635, 107.
180 Vgl. etwa Heinze DStR 2020, 2107; Bachem DStR 2022, 725; Desens GmbHR 2023, 772.
181 Vgl. etwa Desens GmbHR 2023, 772.
182 Vgl. etwa Röder DStR 2023, 1085; Mörwald Ubg 2023, 567.
183 Vgl. dazu Bahlinger DB 2023, 2852.
184 BGBl. I 2023, Nr. 411.
185 BT-Drs. 20/9782, 207.
186 Vgl. etwa Röder DStR 2023, 1085; Mörwald Ubg 2023, 567.
187 BFH 3.6.2014 – II R 1/13, DStR 2014, 1599 Rn. 17; vgl. auch Desens GmbHR 2023, 772 mwN.
188 Vgl. Desens GmbHR 2023, 772.

erarbeitet.[189] Kritisiert werden darin am bislang bestehenden Grunderwerbsteuerrecht u. a. die unterschiedliche Anknüpfung an die Steuerbarkeit in den unterschiedlichen Ergänzungstatbeständen und die fehlende Rechtsformneutralität. Ziele der Reform sind neben der Beseitigung der unterschiedlichen Besteuerung von Personen- und Kapitalgesellschaften u. a. die Sicherstellung der Einmalbesteuerung von auf den Grundstückserwerb gerichteten Anteilserwerben, eine Vereinfachung des Besteuerungsverfahrens, die Herstellung von Rechtssicherheit sowie die Beseitigung von Vollzugsdefiziten.[190]

**7384** Konkret ist nach dem MoMo insbesondere geplant, die bisherige Vielzahl von Ergänzungstatbeständen durch einen **einheitlichen Ergänzungstatbestand für Share Deals,** der sich an der Anteilsvereinigung des § 1 Abs. 3 GrEStG orientiert, zu ersetzen. Steuerbar soll danach sein

1. ein Rechtsgeschäft, das einen Anspruch auf Übereignung eines Anteils oder mehrerer Anteile an einer Grundstücksgesellschaft oder einer vermittelnden Gesellschaft begründet, wenn bei Erfüllung des Anspruchs die Gesamtheit der Anteile einer Grundstücksgesellschaft unmittelbar oder mittelbar in der Hand einer Person als Erwerber oder einer Mehrheit von Personen als Erwerbergruppe erstmals vereinigt werden würde, oder
2. der Übergang des Eigentums eines Anteils oder mehrerer Anteile an einer Grundstücksgesellschaft oder einer vermittelnden Gesellschaft, wenn sich durch den Übergang des Eigentums die Gesamtheit der Anteile an einer Grundstücksgesellschaft unmittelbar oder mittelbar in der Hand einer Person als Erwerber oder einer Mehrheit von Personen als Erwerbergruppe erstmals vereinigt und der Übergang des Eigentums keinen Anspruch aus einem Rechtsgeschäft erfüllt, das bereits einen Erwerbsvorgang nach Nr. 1 begründet hat.[191]

**7385** Alle weiteren Ergänzungstatbestände und auch die Regelungen zur grunderwerbsteuerlichen **Organschaft** sollen gestrichen werden. Zu einer Besteuerung käme es nur bei einer Anteilsvereinigung von 100 % der Anteile bei einem Erwerber oder bei einem sog. abgestimmten Erwerb bei einer Erwerbergruppe. Dadurch sollen Co-Investoren-Modelle zur Vermeidung von Grunderwerbsteuer (zB Erwerb von Anteilen iHv 89,9 % und iHv 10,1 %) durch die Zusammenrechnung von Anteilserwerben einer sog. **Erwerbergruppe** verhindert werden. Um das Zurückbehalten von Anteilen im Interesse des Erwerbers zu vermeiden, sollen nach dem MoMo Anteile, die lediglich im sog. **dienenden Interesse** gehalten werden, rausgerechnet werden. Letztlich dienen dabei die Begriffe der „Erwerbergruppe" und des „dienenden Interesses" als Instrumente der Gestaltungsverhinderung.[192] Die Befreiungsvorschriften der §§ 5, 6 und 6a GrEStG sollen gestrichen und durch eine fristunabhängige (Konzern-)Befreiung ersetzt werden.[193]

**7386** Ob und was von den Ideen des MoMo umgesetzt wird, ist offen. Das BMF hatte den Bundesländern einen (unveröffentlichten) Diskussionsentwurf (vom 15.6.2023) eines Grunderwerbsteuer-Novellierungsgesetzes (GrEStNG-E) zur Abstimmung vorgelegt, das in Teilen auf dem MoMo beruht.[194] Danach war ebenfalls geplant, die Share-Deal-Tatbestände des § 1 Abs. 2a bis 4 GrEStG (also inklusive der Regelungen zur **Organschaft**) unter Abschaffung der 10-Jahres-Fristen sowie der 90 %-Grenzen durch einen einzelnen Ergänzungstatbestand zu ersetzen. Dabei sollten – ähnlich wie im MoMo – u. a. folgende Tatbestandsmerkmale eingeführt werden: „Erwerbergruppe", „dienendes Interesse" und „vermittelnde Gesellschaft". Die Befreiungsvorschriften der §§ 5 bis 7 sollten aufgehoben und durch eine weit gefasste Befreiungsvorschrift für Konzerne ersetzt werden.[195] Das Gesetz

[189] Vgl. ausf. dazu Desens DStR 2023, 729.
[190] Vgl. ausf. Desens DStR 2023, 729.
[191] Vgl. Desens GmbHR 2023, 772.
[192] Vgl. Desens GmbHR 2023, 772.
[193] Vgl. ausf. dazu und zu den weiter angedachten Regelungen des MoMo: Desens DStR 2023, 729.
[194] Vgl. dazu etwa Behrens/Sparr DB 2023, 2460; Kußmaul/Berens Ubg 2024, 9.
[195] Vgl. zu dem Entwurf ausf. auch von Schweinitz/Stuth DStR 2023, 2540; Lichel/Wolff DB 2023, 2021; Dibbert/Dorn GStB 2023, 318.

sollte ursprünglich zum 1.1.2024 in Kraft treten. Da es aber zu keiner Einigung mit den Bundesländern kam, wurde letztlich nur die bis zum 31.12.2026 befristete Einfügung des § 24 GrEStG beschlossen (→ Rn. 7372). Ob es innerhalb dieser vom Gesetzgeber selbst gesetzten Frist zu einer Reform der Grunderwerbsteuer kommt, bleibt abzuwarten.

*(einstweilen frei)* **7387–7400**

# Stichwortverzeichnis

Die mager gedruckten Zahlen bezeichnen die Randnummern.